CB063327

Conheça o
Saraiva Conecta

Uma plataforma que apoia o leitor em sua jornada de estudos e de atualização.

Estude *online* com conteúdos complementares ao livro e que ampliam a sua compreensão dos temas abordados nesta obra.

Tudo isso com a **qualidade Saraiva Educação** que você já conhece!

Veja como acessar

No seu computador
Acesse o *link*
https://somos.in/CDC7

No seu celular ou tablet
Abra a câmera do seu celular ou aplicativo específico e aponte para o *QR Code* disponível no livro.

Faça seu cadastro

1. Clique em **"Novo por aqui? Criar conta"**.

2. Preencha as informações – insira um *e-mail* que você costuma usar, ok?

3. Crie sua senha e clique no botão **"CRIAR CONTA"**.

Pronto! Agora é só aproveitar o conteúdo desta obra!*

Qualquer dúvida, entre em contato pelo *e-mail* **suportedigital@saraivaconecta.com.br**

Confira o material do professor
FLÁVIO MARTINS
para você:

https://somos.in/CDC7

* Sempre que quiser, acesse todos os conteúdos exclusivos pelo *link* ou pelo *QR Code* indicados. O seu acesso tem validade de 24 meses.

FLÁVIO MARTINS

CURSO DE DIREITO CONSTITUCIONAL

7ª edição
Revista e atualizada
2023

Av. Paulista, 901, Edifício CYK, 4º andar
Bela Vista – São Paulo – SP – CEP 01310-100

SAC | sac.sets@saraivaeducacao.com.br

Diretoria executiva	Flávia Alves Bravin
Diretoria editorial	Ana Paula Santos Matos
Gerência de produção e projetos	Fernando Penteado
Gerência editorial	Thais Cassoli Reato Cézar
Novos projetos	Aline Darcy Flôr de Souza
	Dalila Costa de Oliveira
Edição	Jeferson Costa da Silva (coord.)
	Deborah Caetano de Freitas Viadana
Design e produção	Daniele Debora de Souza (coord.)
	Laudemir Marinho dos Santos
	Camilla Felix Cianelli Chaves
	Claudirene de Moura Santos Silva
	Deborah Mattos
	Lais Soriano
	Tiago Dela Rosa
Planejamento e projetos	Cintia Aparecida dos Santos
	Daniela Maria Chaves Carvalho
	Emily Larissa Ferreira da Silva
	Kelli Priscila Pinto
Diagramação	Edson Colobone
Revisão	Denise Pisaneschi
Capa	Tiago Dela Rosa
Produção gráfica	Marli Rampim
	Sergio Luiz Pereira Lopes
Impressão e acabamento	Edições Loyola

DADOS INTERNACIONAIS DE CATALOGAÇÃO NA PUBLICAÇÃO (CIP)
ODILIO HILARIO MOREIRA JUNIOR – CRB-8/9949

N972c   Nunes Junior, Flávio Martins Alves
    Curso de direito constitucional / Flávio Martins Alves Nunes Junior. – 7. ed. – São Paulo: SaraivaJur, 2023.
    1.596 p.; il.
    ISBN: 978-65-5362-600-3 (Impresso)
    1. Direito Constitucional. 2. Constituição. 3. Normas Constitucionais. I. Título.

2022-3749

CDD 342
CDU 342

Índices para catálogo sistemático:
1. Direito constitucional   342
2. Direito constitucional   342

Data de fechamento da edição: 5-1-2023

Dúvidas? Acesse www.saraivaeducacao.com.br

Nenhuma parte desta publicação poderá ser reproduzida por qualquer meio ou forma sem a prévia autorização da Saraiva Educação. A violação dos direitos autorais é crime estabelecido na Lei n. 9.610/98 e punido pelo art. 184 do Código Penal.

| CÓD. OBRA | 643511 | CL | 608000 | CAE | 819267 |

Quando eu me encontro em momentos difíceis
Mãe Maria vem até mim
Dizendo palavras de sabedoria
Deixe estar

When I find myself in times of trouble
Mother Mary comes to me
Speaking words of wisdom
Let it be

Paul McCartney

Para Gabriel,
A quem pretendo deixar raízes e asas.
As primeiras, decorrentes dos valores pelos quais vivi e dos exemplos
que quero deixar; as últimas, para que possa voar sem limites.

Para meu saudoso pai, por me ensinar que através
da educação eu poderia realizar meus sonhos.

Para Elisabete, por tantos anos de amor e companheirismo.

Para meu saudoso tio Paulo, por me ensinar que uma origem pobre e
humilde pode definir nosso passado, mas jamais definirá nosso futuro.

Para minha mãe, minha irmã e minha pequena sobrinha, pelo amor que me foi e é dado,
especialmente em meus momentos mais difíceis.

Para Ringo,
Um companheiro inseparável que, em vez de ser cuidado por mim,
como se poderia presumir, cuida de mim.

Para Paul e Eleanor,
Que me ensinaram, na prática, que
"o amor que você recebe é igual ao amor que você dá".

Para Quintino e Zenaide,
Parte indelével de minha vida e minha história, por todo carinho, cuidado e apoio, sem
os quais não chegaria aonde estou e nem seria quem sou.

Para Deus, pai amado, tão presente e afetuoso com esse filho falível, por me proporcionar tantas conquistas e permitir recomeços. Trouxe-me a luz e com seus braços me conduz à
ilha desconhecida que estamos sempre a procurar.

Para Gabriel,
A quem pretendo deixar raízes e asas.
As primeiras, decorrentes dos valores pelos quais vivi e dos exemplos
que quero deixar; as últimas, para que possa voar seus sonhos.

Para meu saudoso pai, por me ensinar que através
da educação eu poderia realizar meus sonhos.

Para Elisabete, por tantos anos de amor e companheirismo.

Para meu saudoso tio Túlio, por me ensinar que uma origem pobre e
humilde pode definir nosso passado, mas jamais definirá nosso futuro.

Para minha mãe Ilma e minha pequena sobrinha, pelo amor que me fora dado,
especialmente em meus momentos mais difíceis.

Para Rihpen,
Um companheiro insuperável que, em vez de ser cuidado por mim,
como se pode a presumir, cuidou de mim.

Para Paula e Eleanor,
Que me ensinaram na prática, que
o amor que você recebe é igual ao amor que você dá.

Para Quirino e Aparecida,
Por inabalável de minha vida e minha história, por toda carinho, cuidado e por seu
orgulho não obstante onde eu ou a meu caminho seja quem sou.

Para Deus, pai amado, tão presente e zeloso com esse Filho falível, por me proporcionar
nar tantas conquistas e permitir reencontros. Trouxe-me à luz e com Seus braços me conduz a
ilhas desconhecidas que eu jamais sempre a procurar.

AGRADECIMENTOS

Muito obrigado a todos aqueles que receberam tão carinhosamente o nosso *Curso de Direito Constitucional*. Os últimos anos foram mágicos. Antes da pandemia de Covid-19, visitei todos os cantos do país, apresentando nossa obra e nossas ideias. Durante a pandemia, realizei em todos os Estados da Federação eventos *online* de lançamento da nova edição, com o apoio integral da Editora. A partir de agosto do ano passado, retomei minha agenda de palestras pelo Brasil. Como foi maravilhoso retomar as atividades regulares, após um dos períodos mais difíceis de nossas vidas.

Esses últimos anos, apesar de difíceis, foram mágicos. O nosso livro transformou-se em um dos mais vendidos livros de Constitucional do país, vem sendo citado por vários Tribunais Superiores e bancas de concurso e já é adotado pela maioria das faculdades de Direito de todo o país.

A vida é uma longa caminhada. Por isso, preciso lembrar dos primeiros passos.

Muito obrigado a todos os professores e funcionários que me ajudaram no início de minha carreira docente, no interior do Estado de São Paulo. Obrigado, Grasiele Nascimento, Luzia Ragazini, Fábio Reis, Milena Sellman, Antonio Sávio da Silva Pinto, Luiza Sá Toledo, Keziah Alessandra, Gianfranco Caruso e todos os outros.

Muito obrigado àqueles que me ajudaram na minha carreira como professor de cursos preparatórios para concursos públicos, seja no interior (Cláudia e Douglas), seja em São Paulo, quando há cerca de 15 anos fui selecionado por Elisabete Vido, com a qual tive a honra de compartilhar longos e intensos anos de minha vida, e a quem sou eternamente grato por todo o carinho dado ao longo de todos esses anos.

Muito obrigado, Vinícius, amigo de longa data, que me acompanhou em todas as etapas de minha vida profissional e que foi o primeiro revisor desta obra.

Muito obrigado, John, George, Paul e Ringo, que serviram de fundo musical para a elaboração desta obra e de inspiração para minha vida. Levo no meu coração e no meu corpo a ideia de que "o movimento de que você precisa está em seus ombros", como disse Paul.

Muito obrigado aos meus amigos caninos Ringo Starr, Paul McCartney e Eleanor Rigby, que acompanharam a elaboração desta obra. Muitas das páginas deste livro foram escritas com um dos três (ou os três) no meu colo. A eles dedico especialmente o capítulo reservado aos direitos de quinta dimensão (direito dos animais).

Muito obrigado, Gabriel Martins, por seu sorriso encantador e pelos momentos de tanta alegria que tivemos e teremos. Como escrevi no seu presente de aniversário de 14 anos (um livro com a obra completa de Edgard Allan Poe), a vida pode nos tirar a alegria, a liberdade, mas nada pode nos tirar o conhecimento.

Muito obrigado aos meus alunos destes últimos vinte e poucos anos. A acolhida de vocês em todos esses anos foi decisiva para a elaboração deste livro.

Muito obrigado a todos os profissionais da Editora Revista dos Tribunais, que foi responsável pelas duas primeiras edições deste livro. Como disse Vinicius de Moraes, "a vida é a arte do encontro, apesar de tantos desencontros pela vida". Vocês terão minha eterna gratidão pelo empenho dos últimos anos. Obrigado a todos os profissionais da Editora Saraiva, que me acolheram em sua família editorial, em especial Renata, Navarro, Ana Paula, Maria Carolina, Rita, Isabella e todos que acreditaram em mim e não mediram esforços para possibilitar minha chegada, bem como Deborah, Eveline e Daniela, que me ajudaram, desde o início, na elaboração de todas as edições desta obra.

Ser reconhecido por uma grande e respeitada empresa, como é a Editora Saraiva, é motivo de muito orgulho e que nos dá a certeza de que estamos no caminho certo. Como disse Fernando Pessoa, "tenho em mim todos os sonhos do mundo". Contem comigo, com toda a minha dedicação, meu empenho e devoção na atualização e divulgação desta obra.

NOTA DO AUTOR

O autor

Eu me chamo Flávio Martins, sou professor de Direito Constitucional há mais de vinte anos e tenho o Direito Constitucional como uma de minhas paixões. Por essa razão, escrever e atualizar esta obra, não obstante tenha sido tarefa intensa, foi imensamente prazeroso.

Graduei-me no interior do Estado de São Paulo e, desde os bancos escolares, sonhei em ser professor, apesar de inúmeros conselhos em sentido contrário ("como ser professor num país em que a educação não é valorizada?", diziam-me). Não obstante, vinte anos depois de iniciada minha carreira docente, olho para trás com muita alegria e sonho que os próximos vinte sejam repletos de tantos momentos de satisfação como foram os pretéritos.

Iniciei minha carreira docente no mesmo curso de graduação em que me graduei. Jamais me esquecerei da primeira aula que lecionei: para uma turma de 10º semestre, o tema foi *Provas no Processo Penal*. Seguramente foi a aula para a qual mais me preparei em toda a minha vida. Os alunos me acolheram de forma surpreendente, e naquele mesmo ano fui homenageado pela classe, em sua formatura. Jamais poderei esquecer que a corajosa decisão de colocar um jovem recém-formado como professor em uma turma de graduação coube à Dra. Grasiele Nascimento, a quem devo grande parte de minha carreira.

Os anos se passaram e as aulas foram se avolumando, até que me tornei coordenador do curso de Direito da Faculdade em que me graduei. Isso não teria ocorrido se não houvesse a decisão também corajosa do então diretor Fábio Reis de confirmar a nomeação de um jovem professor como coordenador de um importante curso. Foram anos inesquecíveis de minha vida. Com uma equipe brilhante, traçamos planos ousados e conseguimos alcançar todos os nossos objetivos. Com metas claras e compartilhadas com professores e alunos, tornamo-nos uma das quatro melhores faculdades do Estado de São Paulo (incluindo públicas e privadas), segundo vários indicadores, como o Exame da OAB. Seguramente esses resultados não seriam alcançados se não fosse a equipe de brilhantes pessoas que me acompanharam. Um bando de sonhadores, como eu. Como não lembrar da minha querida amiga Luzia Ragazini (que foi coordenadora do curso antes de mim), Milena Zampieri, Antonio Sávio da Silva Pinto, Gianfranco Caruso, Keziah Alessandra, Luiza Sá Toledo, Vinícius Ferreira, Bruno Creado e tantos outros companheiros de docência?

Não obstante, como dizia Vinicius de Moraes, "a vida é a arte do encontro, embora haja tantos desencontros pela vida". Iniciei meu trabalho na preparação para Concursos Públicos e Exame da OAB. Trabalhei em várias instituições de ensino destinadas a essa preparação, em cursos presenciais, telepresenciais, online, com aulas transmitidas pela TV Justiça, e disponíveis até hoje na rede mundial de computadores. Foram anos intensos, de muitas aulas, palestras e que me trouxeram até aqui, forjaram o professor que sou hoje.

Além de professor, exerci outros cargos administrativos, sendo também coordenador de cursos preparatórios para concursos públicos (no interior de São Paulo e na capital) e diretor de faculdade. Não teria conseguido sem o apoio de toda a equipe de professores e funcionários que sempre me apoiou com imenso carinho, como Sandra Fonseca, Léa e Aramis (no interior), Valéria Almeida, Glauce, Luciana, Amanda e tantos outros (na capital).

Depois de anos incríveis na coordenação e na direção de cursos preparatórios e graduações, decidi dedicar-me integralmente à docência e à pesquisa. Desde então, muitos frutos foram colhidos nessa recente trajetória: o curso de doutorado, de pós-doutorado, a coordenação do Módulo Internacional de "Direitos Fundamentais" na Universidade Católica do Porto, ao lado da brilhante professora Catarina Botelho, a realização de outros Módulos Internacionais de "Direitos Fundamentais" na Espanha, no Chile e no Uruguai, a coordenação geral dos cursos de pós-graduação *online* da FAAP, palestras por todo o Brasil, vários livros publicados, como o novo *Direitos Sociais em Tempos de Crise Econômica*, também publicado pela Editora Saraiva, e este livro que está em suas mãos, que eu chamo de "o livro da minha vida".

O livro

Este livro é o resultado de mais de vinte anos de docência, bem como dos meus estudos feitos durante a graduação, a pós-graduação, o mestrado, doutorado e pós-doutorado.

Na sua 7ª edição (a maior de todas), o livro conta com profunda atualização. O livro tem dois grandes objetivos: a) auxiliar aqueles que se preparam para concursos públicos; b) servir de elemento de estudos àqueles que querem conhecer o Direito Constitucional (estudantes universitários) e se aprofundar em alguns temas (professores, estudantes de pós-graduação). Para atender ao primeiro objetivo (preparação para concursos públicos), o livro conta com quadros esquemáticos, fluxogramas e questões selecionadas e comentadas de concursos públicos que estão disponibilizadas exclusivamente na plataforma digital. Quanto ao segundo objetivo (fonte de estudos de Direito Constitucional), o livro traz uma visão crítica de alguns institutos, apresenta o posicionamento do Supremo Tribunal Federal quando necessário e traz à doutrina brasileira algumas teorias importantes discutidas na Europa, América do Sul e América do Norte (mormente os Estados Unidos).

Espero que gostem deste livro. Caso tenham alguma sugestão ou comentário, serão muito bem-vindos para os ajustes que certamente farei para as próximas edições (*e-mail:* falecom@professorflaviomartins.com.br).

PREFÁCIO À 7ª EDIÇÃO

É com imensa emoção que apresento a 7ª edição do meu *Curso de Direito Constitucional*, publicado pela Editora Saraiva, a maior editora de livros jurídicos do Brasil. Como disse Ben Parker, "com grandes poderes, vêm grandes responsabilidades"[1]. Por essa razão, a cada edição dedico-me intensamente à sua atualização e revisão, muitas vezes atendendo a sugestões dos próprios leitores (que, felizmente, são muitos).

Os anos de 2020 a 2022 foram atípicos. A pandemia de Covid-19, além de ceifar a vida de milhares de brasileiros, adiou muitos de nossos projetos e sonhos. Infelizmente, não pude viajar por todo o Brasil, como de costume, ministrando palestras e divulgando a obra. Recolher-me em casa permitiu que eu me dedicasse diuturnamente à revisão e ampliação desta obra. Por essa razão, a 7ª edição é a mais completa, atualizada e aprofundada versão do meu *Curso de Direito Constitucional*. Muitas são as novidades desta edição.

Primeiramente, com o auxílio da tecnologia, esta obra se torna muito mais que um livro. Através do livro, o leitor terá acesso a dezenas de videoaulas ministradas por mim e a centenas de questões de concursos públicos comentadas em vídeo. A presente edição foi atualizada com todas as mais recentes emendas constitucionais, bem como todas as alterações legislativas recentes e os posicionamentos mais recentes da jurisprudência dos principais Tribunais, bem como da jurisprudência internacional.

Dentre os novos temas aqui tratados nesta edição, destacamos os seguintes:

- ✓ Direito de reunião, paralisação de rodovias e Polícias Militares (ADPF 519)
- ✓ Atuação do TSE e do STF nas eleições de 2022 (o choque entre a liberdade de expressão e o combate às "fake news")
- ✓ Aplicação de medidas cautelares diversas da prisão atípicas pelo Poder Judiciário no combate às "fake news"
- ✓ Poder Geral de cautela no processo penal e "fake news"
- ✓ Suspensão de contas de usuários de redes sociais, por determinação do TSE (Resolução n. 23.714/2022)

---

1. Perdoe-me, caro leitor, por iniciar a obra citando um personagem dos quadrinhos (o tio do Homem-Aranha), mas a frase é ótima.

- Princípio da cautelaridade, em caso de suspensão de contas de usuários de redes sociais
- Excepcionalidade da intervenção estatal na liberdade de expressão durante período eleitoral
- Superveniência como regra da intervenção estatal na liberdade de expressão durante período eleitoral
- Suspensão de conteúdos falsos idênticos por iniciativa do TSE (Resolução n. 23.714/2022)
- Barreiras sanitárias protetivas de áreas indígenas e a Lei n. 14.160/2021
- Direito fundamental material de "acesso à internet" e Política de Educação Conectada (Lei n. 14.180/2021 e Lei n. 14.172/2021)
- Igualdade de gênero e mudança na Lei das Eleições
- Licença compulsória ("quebra de patentes") em caso de emergência nacional (como a pandemia de Covid-19)
- Criação do Ministério do Trabalho por Medida Provisória (MP n. 1.058/2021)
- Direito de arena em eventos esportivos e a Lei do Mandante (Lei n. 14.205/2021)
- Programa Alimenta Brasil e direito à alimentação (Lei n. 14.284/2021)
- Renda básica familiar e Lei n. 14.284/2021
- Direito à intimidade de pessoas com HIV e outras doenças (Lei n. 14.289/2022)
- Cooperação entre os povos para o progresso da humanidade e doação de imunizastes conta a Covid-19
- Igualdade material e a criação de novos mecanismos de enfrentamento à violência doméstica ou familiar contra crianças e adolescentes (Lei n. 14.344/2022)
- O acesso gratuito à internet como direito fundamental em sentido material e a Lei n. 14.351/2022 (Programa Internet Brasil)
- O constitucionalismo teocrático e a Lei n. 14.408/2022 (a venda integral do horário da programação em emissoras de rádio e TV
- A gestão e a comercialização da programação dos veículos de comunicação social
- Tratamentos cobertos pelo plano de saúde e o "efeito *backlash*" (Lei n. 14.454/2022)
- Programa "Emprega + Mulheres" (Lei n. 14.457/2022) e o princípio da igualdade de gênero (art. 5º, I, CF)
- A livre concorrência e a "concorrência praticável" ("workable competition")
- A produção, comercialização e utilização de radioisótopos e a Emenda Constitucional n. 118/2022
- Uma nova etapa no constitucionalismo teocrático
- O direito fundamental à proteção de dados pessoais, inclusive nos meios digitais
- A criação de um novo direito individual por emenda constitucional e sua natureza de cláusula pétrea
- O direito fundamental social à "renda básica familiar"
- A renda básica familiar como um "mínimo dos mínimos existenciais"
- O caso *Myrna Mack Chang vs. Guatemala* e a vedação à tortura
- Classificação das cores dos direitos fundamentais (Costas Douzinas)

- Relações especiais de sujeição e a limitação de direitos fundamentais
- Direitos fundamentais heterotópicos
- Direitos fundamentais putativos
- A teoria objetiva (utilitarista) para a definição do núcleo essencial dos direitos fundamentais
- Teoria subjetiva para a definição do núcleo essencial dos direitos fundamentais
- Alteração da idade máxima para Ministros do STJ (EC n. 122/2022)
- Medidas cautelares diversas da prisão aplicadas pelo Judiciário contra membros do Executivo
- Mudanças no Recurso Especial: requisito da "relevância das questões de direito federal infraconstitucional" (EC n. 125/2022)
- Aplicabilidade imediata da Emenda Constitucional n. 125/2022
- Teoria do Trapézio normativo
- Constituições subconstitucionais
- Constituição convencionalizada: as ampliações e reduções constitucionais
- Constituição Espessa ("Thick Constitution")
- Constituição Fina ou Delgada ("Thin Constitution")
- Panprincipiologismo
- Solipsismo judicial
- Constituição pluridimensional ou compósita
- Constituição Austeritária
- Constituição como Árvore Viva ("Living Tree Doctrine")
- Metodologia "fuzzy" e camaleões normativos
- O declínio da crítica à metodologia "fuzzy"
- Apostasia constitucional
- O "Esverdeamento dos Direitos Humanos" nas Cortes Internacionais e a "Teoria Greening"
- A proteção dos direitos pela "via reflexa" ou "por ricochete"
- Fossilização da Constituição
- Constitucionalismo provinciano
- Teoria do "cherry-picking" e a ADI 6.299
- Constitucionalismo Multinível
- Comparação entre as normas da União Europeia e as normas mercosulinas (ADI 1.480)
- Constitucionalismo moralmente reflexivo, de Canotilho
- Constitucionalismo Idílico
- Constitucionalismo fraternal
- Piso salarial da enfermagem (ADI 7.222)
- Estado de Emergência criado pela EC n. 213/2022

- Regime fiscal favorecido aos biocombustíveis (EC n. 123/2022)
- Regime tributário especial para zonas francas, política industrial das tecnologias da informação, comunicação e semicondutores
- Federalismo cooperativo e remuneração dos agentes de combate às endemias (EC n. 120/2022)
- Aplicação do mínimo exigido na educação e "anistia constitucional" durante a pandemia
- Candidaturas coletivas
- A candidatura do Vice-Presidente Hamilton Mourão
- Limite de gastos nas candidaturas de 2022
- Federações partidárias e suplência
- Cotas de candidaturas femininas
- Quadro sinótico: cotas e financiamento de candidaturas de negros, brancos, mulheres e homens
- Quadro sinótico: novas regras sobre o momento de aferição das condições de elegibilidade
- Mudanças no modelo partidário brasileiro
- "Status oecologicus" e "status culturalis" dos direitos fundamentais
- Os critérios do princípio da proporcionalidade, segundo a teoria de Mathias Klaat e Moritz Meister
- Vedação ao retrocesso institucional
- Vedação ao retrocesso ecológico
- Vedação ao retrocesso consumerista
- Vedação ao retrocesso político (e voto impresso)
- Vedação ao retrocesso civil
- Quais partidos não atingiram a cláusula de barreira na eleição de 2022?
- Valor do fundo partidário 2022 e 2023 no *site* do TSE
- STF e decisão sobre as federações de partidos políticos
- STF e o aborto de fetos siameses
- Fim do monopólio na fabricação de radioisótopos para finalidades médicas
- Princípio do cosmopolitismo ético
- Princípio das razões públicas
- Princípio da reserva da administração
- Princípio da proibição do abuso dos direitos fundamentais
- Princípio do "prélèvement"
- Princípio da verdade sabida e o STF
- Princípio do "in dúbio pro legislatura"
- Sobreinterpretação constitucional, de Riccardo Guastini
- Sociedade fechada dos intérpretes da Constituição
- Monopolização do acesso ao STF

- Prefácio à 7ª edição XVII

- ✓ Libertarianismo
- ✓ Comunitarismo
- ✓ Pragmatismo constitucional
- ✓ Antifundacionalismo
- ✓ Consequencialismo
- ✓ Contextualismo
- ✓ Teoria do Romance em Cadeia (Ronald Dworkin)
- ✓ Criptoconsequencialismo
- ✓ Teoria do pensamento jurídico do possível (ou das possibilidades)
- ✓ Constituição dúctil e a teoria do pensamento jurídico do possível
- ✓ Totalitarismo constitucional
- ✓ Conceituação de narcisismo constitucional de Luis Roberto Barroso
- ✓ Hiato constitucional (de Ivo Dantas)
- ✓ Protestantismo Constitucional
- ✓ Republicanismo
- ✓ Terraplanismo constitucional
- ✓ Teoria do "original intent" do originalismo
- ✓ Teoria do "original public meaning" do originalismo
- ✓ Teoria do "original methods" do originalismo
- ✓ Teoria do "framework originalism"
- ✓ Normas constitucionais de reprodução obrigatória
- ✓ Normas constitucionais de reprodução facultativa
- ✓ Normas constitucionais de reprodução proibida
- ✓ Recurso Extraordinário e normas constitucionais de reprodução obrigatória
- ✓ Recurso Extraordinário e normas constitucionais de reprodução facultativa
- ✓ Laboratório legislativo
- ✓ Experimentalismo democrático
- ✓ Normas constitucionais mandatórias
- ✓ Normas constitucionais diretivas
- ✓ Normas constitucionais expressas e implícitas
- ✓ Normas constitucionais bastantes em si
- ✓ Normas constitucionais não bastantes em si

A todos os milhares de leitores das edições anteriores desta obra, só posso dizer MUITO OBRIGADO. Muito obrigado pela confiança depositada em mim e na minha obra. Em tão pouco tempo, o *Curso de Direito Constitucional* se tornou um dos livros jurídicos mais vendidos do Brasil e passou a ser adotado em inúmeras faculdades de Direito de todo o país. Devo isso a cada um de vocês, a cada uma das centenas de faculdades que visitei nos últimos dois anos, a seus professores e coordenadores.

Para os novos leitores que terão acesso à 7ª edição do nosso livro, sejam todos bem-vindos. Espero que percebam, no decorrer das páginas desta obra, a paixão que tenho pelo Direito Constitucional e a fé inabalável que tenho nessa ciência, que entendo ser capaz de transformar e aperfeiçoar o país em que vivemos.

Grande e fraterno abraço,

Flávio Martins

O autor, por Gilmar Machado e Luiz Carlos Fernandes (@cartunista_das_cavernas).

SUMÁRIO

AGRADECIMENTOS 9
NOTA DO AUTOR 11
PREFÁCIO À 7ª EDIÇÃO 13

1 CONSTITUCIONALISMO 1

1.1. Conceito 2
1.2. Evolução Histórica 3
    1.2.1. Pré-constitucionalismo: Pré-História (até 4000 a.C.) 4
    1.2.2. Constitucionalismo antigo: Idade Antiga ou Antiguidade (de 4000 a.C. a 476 d.C.).. 4
        1.2.2.1. Constitucionalismo hebreu 5
        1.2.2.2. Constitucionalismo grego 6
        1.2.2.3. Constitucionalismo romano 9
        1.2.2.4. O constitucionalismo no Antigo Oriente 11
    1.2.3. Constitucionalismo medieval (Idade Média – 276 a 1453 d.C.) 15
        1.2.3.1. Magna Carta de 1215 17
        1.2.3.2. Outros documentos constitucionais da Idade Média 20
    1.2.4. Constitucionalismo na Idade Moderna (de 1453 a 1789) 20
        1.2.4.1. A Constituição de San Marino 21
        1.2.4.2. *Bill of Rights* e *Petition of Rights* e Declaração de Direitos do Bom Povo de Virgínia 23
    1.2.5. Constitucionalismo contemporâneo (neoconstitucionalismo) 31
        1.2.5.1. O efeito "backlash" *(backlash effect)* como consequência do ativismo judicial 39
1.3. Outras modalidades de constitucionalismo 44
    1.3.1. O novo constitucionalismo latino-americano 44
        1.3.1.1. Os ciclos constitucionais na América do Sul 45
        1.3.1.2. A Constituição brasileira de 1988 e o primeiro ciclo constitucional: o constitucionalismo multicultural 47
        1.3.1.3. O segundo ciclo constitucional: as Constituições Pluralistas da Colômbia (1991) e da Venezuela (1999) 49
        1.3.1.4. O terceiro ciclo constitucional: o Estado Plurinacional nas Constituições da Bolívia e do Equador 50
    1.3.2. Constitucionalismo social 52
        1.3.2.1. Constituição do México de 1917 53

    1.3.2.2. Constituição de Weimar de 1919.. 54
    1.3.2.3. Os direitos sociais na Inglaterra, segundo Marshall.................................. 55
    1.3.2.4. O constitucionalismo social no Brasil... 56
  1.3.3. Constitucionalismo transnacional e constitucionalismo multinível............................ 57
  1.3.4. Constitucionalismo global... 59
  1.3.5. Transconstitucionalismo e constitucionalismo provinciano... 61
  1.3.6. Constitucionalismo termidoriano, *whig* ou gerondino... 62
  1.3.7. Constitucionalismo teocrático... 63
  1.3.8. Constitucionalismo do futuro ou do porvir... 65
  1.3.9. Constitucionalismo popular... 67
  1.3.10. Constitucionalismo democrático... 72
    1.3.10.1. O solipsismo judicial... 77
  1.3.11. Constitucionalismo autoritário.. 77
  1.3.12. Constitucionalismo abusivo... 78
    1.3.12.1. Como conter o constitucionalismo abusivo?.. 80
    1.3.12.2. Os retrocessos democráticos como origem do constitucionalismo abusivo. 82
  1.3.13. Patriotismo constitucional... 86
    1.3.13.1. Patriotismo constitucional no Brasil.. 89
    1.3.13.2. Patriotismo constitucional pós-nacional... 91
  1.3.14. Constitucionalismo transformador... 93
  1.3.15. Constitucionalismo ecológico.. 94
  1.3.16. Constitucionalismo vivo (*Living Constitution*).. 97
  1.3.17. Constitucionalismo tardio... 98
  1.3.18. Constitucionalismo funcional (ou protetor) e constitucionalismo aspiracional......... 100
    1.3.18.1. A morte do constitucionalismo aspiracional?... 103
    1.3.18.2. Constitucionalismo moralmente reflexivo (de Canotilho)..................... 104
  1.3.19. Constitucionalismo feminista.. 104
  1.3.20. Constitucionalismo juspositivista-crítico ou constitucionalismo garantista, de Luigi Ferrajoli.. 105
  1.3.21. Panconstitucionalismo ou hiperconstitucionalismo.. 107
    1.3.21.1. As causas.. 108
      1.3.21.1.1. O panprincipiologismo.. 109
    1.3.21.2. Consequências.. 109
  1.3.22. Neojoaquimismo ou neoconstitucionalismo joaquimista... 110
  1.3.23. Narcisismo constitucional.. 112
  1.3.24. Constitucionalismo digital... 113
    1.3.24.1. Constitucionalismo digital e jurisdição constitucional........................... 114
  1.3.25. Constitucionalismo *huehue* (ou constitucionalismo *griefer*)....................................... 115
  1.3.26. *Constitutional rot* (podridão constitucional).. 117
  1.3.27. *Constitutional hardball* (jogo duro constitucional).. 118
  1.3.28. Constitucionalismo aversivo (*aversive constitutionalism*).. 120
  1.3.29. Constitucionalismo fraternal.. 121
  1.3.30. Constitucionalismo idílico... 122
2 DIREITO CONSTITUCIONAL... **123**
  2.1. Origem do Direito Constitucional... 124
  2.2. Conceito de Direito Constitucional.. 125

2.3.	Natureza do Direito Constitucional	125
2.4.	Objeto do Direito Constitucional	126
2.5.	Espécies ou Divisão do Direito Constitucional	126
2.6.	Relações com outros ramos do Direito	128
2.7.	Fontes do Direito Constitucional	133
2.8.	Características do Direito Constitucional	135

3 TEORIA DA CONSTITUIÇÃO ... 137

- 3.1. Considerações acerca do vocábulo "Constituição" ... 138
- 3.2. Origem ... 138
- 3.3. Conceito ... 139
- 3.4. Concepções principais sobre Constituição ... 140
  - 3.4.1. Sentido sociológico (concepção sociológica) de Ferdinand Lassale ... 140
  - 3.4.2. Sentido político (concepção política) de Carl Schmitt ... 143
  - 3.4.3. Sentido jurídico (concepção jurídica) de Hans Kelsen ... 145
    - 3.4.3.1. A norma fundamental hipotética de Kelsen (*Grundnorm*) ... 147
- 3.5. Hierarquia das normas no Brasil ... 148
  - 3.5.1. Bloco de constitucionalidade ... 149
  - 3.5.2. Tratados internacionais sobre direitos humanos ... 152
    - 3.5.2.1. Os tratados internacionais sobre direitos humanos nos demais países da América do Sul ... 156
  - 3.5.3. Leis ... 159
  - 3.5.4. Atos infralegais ... 159
  - 3.5.5. Leis estaduais e municipais? ... 159
  - 3.5.6. Resumo esquemático ... 160
- 3.6. Outras concepções de Constituição ... 160
  - 3.6.1. Concepção cultural ou culturalista ... 160
  - 3.6.2. Concepção jusnaturalista (Constituição jusnaturalista) ... 162
  - 3.6.3. Concepção marxista ... 163
  - 3.6.4. Concepção institucionalista ... 164
  - 3.6.5. Concepção estruturalista ... 164
  - 3.6.6. Concepção biomédica (Constituição biomédica) ... 164
  - 3.6.7. Concepção compromissória (Constituição compromissória) ... 165
  - 3.6.8. Concepção suave ou dúctil (Constituição suave ou dúctil) de Gustav Zagrebelsky .. 165
  - 3.6.9. Concepção empresarial (Constituição empresarial) ... 166
  - 3.6.10. Concepção oral (Constituição oral) ... 166
  - 3.6.11. Concepção instrumental ... 166
  - 3.6.12. Constituição como estatuto do poder ... 167
  - 3.6.13. Constituição como garantia do *status quo* econômico e social ... 167
- 3.7. Concepções modernas de Constituição ... 168
  - 3.7.1. Constituição dirigente, de Canotilho ... 168
  - 3.7.2. Constituição como documento regulador do sistema político (na Teoria dos Sistemas de Niklas Luhmann) ... 170
  - 3.7.3. Constituição como processo político, de Peter Häberle ... 171
  - 3.7.4. Constituição na teoria discursiva do Direito de Jürgen Habermas ... 172
  - 3.7.5. Força normativa da Constituição e Constituição aberta de Konrad Hesse ... 173

3.8.	Supremacia da Constituição	173
3.9.	Objeto e conteúdo das Constituições	175
3.10.	Elementos das Constituições	176
3.11.	Estrutura da Constituição	178
	3.11.1. Preâmbulo	178
	3.11.2. Parte permanente	180
	3.11.3. Ato das Disposições Constitucionais Transitórias	180

4 CONSTITUIÇÕES ... 182

4.1.	Quanto ao conteúdo	183
4.2.	Quanto à forma: escrita e não escrita	184
4.3.	Quanto ao modo de elaboração	185
4.4.	Quanto à origem	185
4.5.	Quanto à extensão	187
4.6.	Quanto à função	187
4.7.	Quanto à essência (ou ontológica), de Karl Loewenstein	188
4.8.	Quanto à sistematização	190
4.9.	Quanto ao sistema: principiológica e preceitual	191
4.10.	Quanto à origem de sua decretação	192
4.11.	Quanto à ideologia	192
4.12.	Quanto à atividade legislativa	193
4.13.	Quanto ao período de duração	194
4.14.	Classificação de Raul Machado Horta	194
4.15.	Classificação de Marcelo Neves: constituição simbólica	195
4.16.	Constituição-balanço ou constituição-registro	196
4.17.	Constituição em branco (*Blanko-Verfassung*)	197
4.18.	Constituição fixa (ou silenciosa)	197
4.19.	Constituição chapa-branca	198
4.20.	Constituição ubíqua	198
4.21.	Quanto ao conteúdo ideológico	198
4.22.	Constituição aberta	199
4.23.	Quanto ao método interpretativo	200
4.24.	Constituição suave ou dúctil	200
4.25.	Constituição compromissória	201
4.26.	Constituição biomédica	201
4.27.	Constituição oral	202
4.28.	Constituição colaborativa (Constituição.com ou *crowdsourced constitution*)	202
4.29.	Quanto à concentração do poder (segundo Néstor Sagüés)	202
4.30.	Quanto à eficácia	203
4.31.	Constituição econômica, constituição fiscal e constituição social	203
4.32.	Quanto à originalidade	204
4.33.	Quanto ao conteúdo ideológico	205
4.34.	Quanto à rigidez	206
	4.34.1. As cláusulas pétreas	207
	4.34.1.1. Forma Federativa de Estado (Federação)	208
	4.34.1.2. Voto direto, secreto, universal e periódico	209

    4.34.1.3. Separação dos Poderes 210
    4.34.1.4. Direitos e garantias individuais... 211
  4.34.2. Cláusulas pétreas e o dilema contramajoritário 213
 4.35. Constituições subconstitucionais ou subconstituições 213
 4.36. Constituição convencionalizada... 214
 4.37. Constituição espessa ("Thick Constitution") e constituição fina ou delçada ("Thin Constitution").. 214
 4.38. Constituição Invisível ("Invisible Constitution")....................................... 215
 4.39. Constituição Pluridimensional ou Compósita 215
 4.40. Constituição Austeritária... 216
 4.41. Constituição como árvore viva ("Constitution as Living Tree")............. 216

5 HISTÓRICO DAS CONSTITUIÇÕES BRASILEIRAS 218
 5.1. O período pré-constitucional 219
 5.2. A gênese do constitucionalismo brasileiro... 220
 5.3. A Assembleia Constituinte do Império e a "Constituição da Mandioca"... 225
 5.4. A Constituição de 1824... 227
  5.4.1. Análise da Constituição de 1824.. 227
  5.4.2. O Ato Adicional de 1834... 231
  5.4.3. Controle de constitucionalidade 232
  5.4.4. Quadro sinótico 232
 5.5. A Constituição de 1891... 232
  5.5.1. Análise da Constituição de 1891 234
  5.5.2. Quadro sinótico 237
 5.6. Constituição de 1934 237
  5.6.1. Análise da Constituição de 1934... 239
  5.6.2. Quadro sinótico 242
 5.7. Constituição de 1937 243
  5.7.1. Análise da Constituição de 1937... 244
  5.7.2. Quadro sinótico 248
 5.8. Constituição de 1946 249
  5.8.1. Análise da Constituição de 1946... 249
  5.8.2. Quadro sinótico 253
 5.9. Constituição de 1967 254
  5.9.1. Análise da Constituição de 1967... 256
  5.9.2. A Emenda Constitucional n. 1, de 1969... 260
  5.9.3. Quadro sinótico 261
 5.10. Constituição de 1988 261
  5.10.1. Análise da Constituição de 1988... 262
  5.10.2. Quadro sinótico 266

6 NORMA CONSTITUCIONAL.. 268
 6.1. A Constituição como um sistema aberto de normas............................... 269
 6.2. A norma constitucional 269
  6.2.1. Regras e princípios 271
  6.2.2. Conflito entre regras e princípios.. 274

	6.2.3. A evolução da força normativa dos princípios	275
6.3.	Classificação dos princípios e regras constitucionais (segundo José Joaquim Gomes Canotilho)	276
6.4.	Norma constitucional interposta	278
6.5.	Norma de reprodução obrigatória, facultativa ou proibida...................................	279
6.6.	Normas constitucionais expressas e implícitas...	280
6.7.	Normas constitucionais mandatórias e diretivas	280
6.8.	Normas constitucionais bastantes em si e não bastantes em si...........................	280

7 APLICABILIDADE DAS NORMAS CONSTITUCIONAIS 281

7.1.	Vigência, validade e eficácia	282
7.2.	Classificação de Ruy Barbosa	284
7.3.	Classificação de José Afonso da Silva..	285
7.4.	Norma constitucional de eficácia absoluta	296
7.5.	Norma constitucional de eficácia exaurida...	297
7.6.	Classificação de Maria Helena Diniz	297
7.7.	Classificação de Celso Ribeiro Bastos e Carlos Ayres Britto.................................	297
7.8.	Classificação de Manoel Gonçalves Ferreira Filho..	298
7.9.	Classificação de Luís Roberto Barroso	298

8 PODER CONSTITUINTE 300

8.1.	Conceito e origem..	301
8.2.	Espécies de poder constituinte	305
	8.2.1. Poder constituinte originário...	305
	8.2.2. Poder constituinte derivado ou instituído	308
	8.2.2.1. Características do poder constituinte derivado decorrente.......	309
	8.2.2.2. Características do poder constituinte derivado reformador......	310
8.3.	Revisão Constitucional e Emenda Constitucional	310
	8.3.1. Limitações do poder constituinte reformador	316
8.4.	Poder constituinte difuso (ou mutação constitucional).......................................	317
8.5.	Poder constituinte supranacional (ou transnacional)	324
8.6.	Poder constituinte material e formal..	327

9 FENÔMENOS CONSTITUCIONAIS... 328

9.1.	Recepção	329
9.2.	Repristinação...	332
9.3.	Desconstitucionalização..	334
9.4.	Recepção material de norma constitucional	334
9.5.	Revogação	335
9.6.	Temas relacionados à Lei Constitucional no tempo	336
	9.6.1. *Vacatio constitutionis*...	336
	9.6.2. Eficácia retroativa das normas constitucionais	337
	9.6.3. Derrotabilidade das normas constitucionais	340

10 INTERPRETAÇÃO CONSTITUCIONAL (HERMENÊUTICA CONSTITUCIONAL) 341

10.1.	Conceitos	342
10.2.	Hermenêutica constitucional..	342
10.3.	Duas indagações de hermenêutica	343

10.3.1. Apostasia constitucional	345
10.4. Classificação da interpretação	345
10.4.1. Quanto ao sujeito	345
10.4.2. Quanto aos efeitos	347
10.5. Correntes interpretativas norte-americanas	348
10.6. Métodos de interpretação constitucional	361
10.7. Princípios de interpretação constitucional	368
10.8. Interpretação conforme à Constituição	378
11 PRINCÍPIOS FUNDAMENTAIS	**382**
11.1. Art. 1º da Constituição de 1988	383
11.2. Separação dos Poderes	393
11.3. Objetivos da República	396
11.3.1. Direito antidiscriminação e o racismo estrutural	398
11.3.1.1. Discriminações individuais, institucionais e estruturais	399
11.3.1.2. Constituição Federal	400
11.3.1.3. Convenção Interamericana contra o Racismo, a Discriminação Racial e Formas Correlatas de Discriminação	401
11.3.1.4. Lei do Racismo (Lei n. 7.716/89)	402
11.3.1.5. A jurisprudência do STF	403
11.4. Princípios que regem as relações internacionais	404
11.4.1. A norma programática do parágrafo único	412
12 CONTROLE DE CONSTITUCIONALIDADE	**414**
12.1. Conceito	415
12.2. Antecedentes históricos	417
12.3. Controle de constitucionalidade no Brasil	417
12.4. Controle de convencionalidade	419
12.4.1. Controle de convencionalidade no Brasil e no direito comparado	420
12.5. Bloco de constitucionalidade	421
12.6. Inconstitucionalidade: nulidade ou anulabilidade?	424
12.7. Estado de coisas inconstitucional	426
12.8. Espécies de inconstitucionalidade	428
12.8.1. Inconstitucionalidade por omissão	429
12.8.2. Inconstitucionalidade por ação	433
12.9. Espécies de controle de constitucionalidade (quanto ao momento)	438
12.9.1. Controle preventivo	438
12.9.2. Controle repressivo	445
12.10. Controle difuso de constitucionalidade	454
12.11. Controle concentrado da constitucionalidade	478
12.12. Ações Diretas de Inconstitucionalidade	478
12.12.1. Ação Direta de Inconstitucionalidade Genérica (ADI Genérica)	478
12.12.2. Ação Declaratória de Constitucionalidade (ADC)	526
12.12.3. Ação Direta de Inconstitucionalidade por Omissão (ADO)	535
12.12.4. Ação Direta de Inconstitucionalidade Interventiva	544
12.12.5. Arguição de Descumprimento de Preceito Fundamental (ADPF)	551

13 TEORIA GERAL DOS DIREITOS FUNDAMENTAIS.. 562
13.1. A nomenclatura.. 563
13.2. A topografia constitucional.. 563
13.3. Distinção: direitos fundamentais e direitos humanos...................... 564
13.4. Distinção: direitos e garantias.. 565
13.4.1. Garantias institucionais (como espécies de garantias constitucionais)................... 566
13.5. O que caracteriza a "fundamentalidade" do Direito?...................... 568
13.6. Direitos fundamentais em sentido material e em sentido formal.... 571
13.7. Antecedentes históricos.. 573
13.8. Direitos fundamentais nas Constituições brasileiras...................... 579
13.9. Direitos fundamentais como cláusulas pétreas.............................. 582
13.10. Classificação dos direitos fundamentais.. 588
13.10.1. Classificação dos direitos em dimensões ou gerações................ 588
13.10.2. Classificação dos direitos em *status*, de Georg Jellinek............ 592
13.10.2.1. Crítica contemporânea à classificação de Jellinek............ 594
13.10.3. Classificação segundo o conteúdo (ou modo de proteção)......... 596
13.10.4. Classificação das cores dos direitos fundamentais (Costas Douzinas)................ 597
13.10.5. Direitos fundamentais heterotópicos e direitos fundamentais putativos.............. 597
13.11. Deveres fundamentais.. 598
13.12. Titulares dos direitos fundamentais.. 598
13.12.1. Brasileiros e estrangeiros.. 598
13.12.1.1. Estrangeiros e direitos sociais.. 600
13.12.1.2. O caso Mama Selo Djalo e o caso Felicia Albanese........... 601
13.12.2. Pessoa jurídica.. 602
13.12.3. Embrião humano... 604
13.12.4. Titularidade *post mortem* dos direitos fundamentais.................. 606
13.12.4.1. Direito dos mortos e cemitérios clandestinos..................... 608
13.12.4.2. Direito à intimidade do morto: acesso a suas redes sociais após a morte.... 609
13.12.5. O direito dos animais... 610
13.12.5.1. Os antecedentes teóricos... 610
13.12.5.2. Os antecedentes normativos.. 613
13.12.5.2.1. A "Lei Sansão" (Lei n. 14.064/2020)........................ 614
13.12.5.2.2. Transporte de animais vivos..................................... 615
13.12.5.2.3. Inconstitucionalidade do abate de animais (ADPF 640)..... 617
13.12.5.3. O entendimento do Supremo Tribunal Federal................... 618
13.12.5.4. Sacrifício de animais em cultos religiosos.......................... 621
13.12.5.5. A Emenda n. 96/2017 ("PEC da Vaquejada") – O efeito *backlash* e o direito dos animais... 621
13.12.5.6. A proibição do abate de animais apreendidos por maus-tratos (ADPF 640).. 622
13.12.5.7. Proibição do uso de animais em testes de produtos cosméticos (ADI 5.995).. 623
13.12.5.8. Por uma mudança de paradigma: os direitos de quinta dimensão (os direitos dos animais)... 623
13.12.5.9. A histórica decisão do STJ de 2018 e o Projeto de Lei aprovado no Senado... 630
13.12.5.10. A histórica decisão do TJ/PR de 2021 reconhecendo que animais não humanos podem ser partes... 630
13.12.5.11. Família multiespécie... 631

13.12.5.12. Veganismo 633
13.12.5.13. O esverdeamento dos direitos humanos nas Cortes Internacionais (Teoria "Greening") 634
13.12.5.13.1. A proteção pela "via reflexa" ou "por ricochete" 635
13.12.6. A Natureza (o Planeta Terra) como titular de direitos fundamentais 635
13.13. Características dos Direitos Fundamentais 640
13.14. Limitações dos Direitos Fundamentais 649
13.14.1. Limitação dos direitos fundamentais e relações especiais de sujeição 655
13.15. A dimensão objetiva e subjetiva dos direitos fundamentais 655
13.15.1. Eficácia irradiante dos direitos fundamentais e o "Caso Lüth" 657
13.16. Transubjetividade dos Direitos Fundamentais (a obra de Luis Heleno Terrinha) 659
13.17. Eficácia dos Direitos Fundamentais 660
13.17.1. Eficácia vertical, horizontal e diagonal dos direitos fundamentais 661

14 DIREITOS INDIVIDUAIS E COLETIVOS (ART. 5º, CF) 665

14.1. Os deveres fundamentais 666
14.1.1. Deveres e obrigações jurídicas 667
14.1.1.1. Classificação dos deveres constitucionais 668
14.1.1.2. O rol de deveres fundamentais 669
14.1.1.3. Ensino domiciliar (homeschooling) 670
14.2. Direitos fundamentais 673
14.3. Direito à vida (art. 5º, caput, CF) 674
14.4. Igualdade (art. 5º, caput, CF) 691
14.5. Igualdade de gênero (art. 5º, I, CF) 705
14.6. Princípio da legalidade (art. 5º, II, CF) 707
14.6.1. Princípio da legalidade e princípio da reserva legal 708
14.6.2. Espécies de reserva legal 710
14.6.3. A criminalização da homofobia e o STF 710
14.7. Proibição da tortura (art. 5º, III, CF) 711
14.8. Liberdade de manifestação do pensamento (art. 5º, IV, CF) 717
14.8.1. Modelo norte-americano 720
14.8.1.1. Teoria do "mercado livre de ideias" (free trade in ideas, marketplace of ideas) ... 720
14.8.1.1.1. Teste da Ação Ilegal Iminente (Imminent Lawless Action Test) ou Teste de Brandenburg 722
14.8.1.1.2. Doutrina das "Fighting Words" 722
14.8.1.1.3. Obscenidade – o "Teste Miller" (Miller-Test, "Teste das Três Pontas da Obscenidade", Three-Prong Obscenity Test) 723
14.8.1.1.4. Outras limitações legais 724
14.8.2. Modelo alemão e brasileiro 724
14.8.2.1. Informações falsas ou inverídicas (fake news) 726
14.8.2.1.1. O combate às "fake news" e os limites de atuação do Poder Judiciário: os tênues limites entre a atuação e o ativismo 728
14.8.2.2. Discurso de ódio (hate speech) 732
14.8.2.3. Liberdade de manifestação do pensamento e a "Marcha da Maconha" 738
14.8.2.4. Liberdade de manifestação do pensamento e concurseiros tatuados 739
14.8.2.5. Inconstitucionalidade da Lei de Radiodifusão Comunitária (Lei n. 9.612/98) ... 740

14.8.2.6. Manifestações em instituições de ensino superior (ADPF 548) 740
14.8.2.7. Vedação ao anonimato.. 741
14.9. Direito de resposta (art. 5º, V, CF) 743
14.9.1. Direito de resposta 744
14.10. Liberdade de consciência e crença (art. 5º, VI, CF) 746
14.11. Prestação de assistência religiosa (art. 5º, VII, CF) 753
14.12. Escusa de consciência (art. 5º, VIII, CF) 754
14.13. Liberdade intelectual, artística, científica e de comunicação (art. 5º, IX) 756
14.14. Intimidade e vida privada (art. 5º, X) 765
14.15. Inviolabilidade do domicílio (art. 5º, XI, CF) 777
14.16. Inviolabilidade das comunicações (art. 5º, XII, CF) 784
14.17. Liberdade de escolha de trabalho (art. 5º, XIII) 789
14.18. Liberdade de informação e sigilo de fonte (art. 5º, XIV e XXXIII, CF)......... 792
14.18.1. Restrições de acesso à informação 795
14.18.2. (In)constitucionalidade de bloqueio de pessoas, por autoridades, nas redes sociais... 796
14.18.3. Sigilo de fonte 798
14.18.3.1. Sigilo de fonte e *blogs* jornalísticos.................................. 798
14.18.3.2. Direito absoluto ou relativo?.. 799
14.19. Liberdade de locomoção (art. 5º, XV, CF)... 801
14.20. Direito de reunião (art. 5º, XVI, CF) 803
14.21. Direito de associação (art. 5º, XVII a XXI, CF)... 806
14.22. Direito de propriedade (art. 5º, XXII a XXVI, CF) 808
14.22.1. Função social da propriedade (art. 5º, XXIII, CF) 809
14.22.2. Direito de herança (art. 5º, XXX e XXXI, CF) 811
14.22.3. Desapropriação e requisição 813
14.23. Propriedade intelectual (art. 5º, XXVII a XXIX, CF) 815
14.23.1. Propriedade autoral 816
14.23.2. Propriedade industrial 820
14.24. Defesa do consumidor (art. 5º, XXXII, CF) 824
14.25. Direito de petição e direito de certidão (art. 5º, XXXIV, CF) 824
14.25.1. Direito de petição 824
14.25.2. Direito de certidão 826
14.26. Inafastabilidade do controle jurisdicional (art. 5º, XXXV, CF) 827
14.26.1. Atenuações da inafastabilidade do controle jurisdicional: justiça desportiva, arbitragem e *habeas data* 829
14.27. Direito adquirido, ato jurídico perfeito e coisa julgada (art. 5º, XXXVI, CF)...... 830
14.28. Princípios Constitucionais do Processo (art. 5º, XXXVII, XXXVIII, LIV a LX, CF) 833
14.29. Princípios e regras penais (art. 5º, XXXIX a L, CF) 863
14.30. Extradição (art. 5º, LI e LII, CF) 873
14.31. Regras sobre a prisão (art. 5º, LXI a LXVII, CF) 873
14.31.1. Direito ao silêncio.. 875
14.31.2. Condução coercitiva 875
14.32. Remédios constitucionais (art. 5º, LXVIII a LXXIII, CF).............................. 877
14.32.1. *Habeas corpus* (art. 5º, LXVIII, CF)... 877
14.32.2. *Habeas data* (art. 5º, LXXII, CF) 892
14.32.3. Mandado de injunção (art. 5º, LXXI, CF)....................................... 894
14.32.4. Ação popular (art. 5º, LXXIII, CF) 897

14.32.5. Mandado de segurança (art. 5º, LXIX, CF) 902
14.32.6. Mandado de segurança coletivo (art. 5º, LXX, CF) 904
14.33. Assistência judiciária gratuita (art. 5º, LXXIV, CF) 906
14.34. Gratuidade de direitos (art. 5º, LXXVI e LXXVII, CF) 907

15 DIREITOS SOCIAIS 909

15.1. O surgimento do constitucionalismo social 910
15.2. Os direitos sociais no ordenamento jurídico brasileiro 913
    15.2.1. Renda básica familiar 915
15.3. Uma questão de nomenclatura 916
    15.3.1. Metodologia "fuzzy" e os camaleões normativos 917
15.4. A natureza jurídica dos direitos sociais 918
15.5. Um limite à eficácia dos direitos sociais: a reserva do possível 920
    15.5.1. Natureza da reserva do possível 920
    15.5.2. A reserva do possível na doutrina e na jurisprudência 921
15.6. Mínimo Existencial 923
    15.6.1. Mínimo existencial e mínimo vital 926
15.7. Proibição do retrocesso 927
    15.7.1. A proibição do retrocesso na Constituição de 1988 931
    15.7.2. As modalidades de vedação ao retrocesso admitidas pelo STF 934
15.8. Direitos sociais em espécie e sua respectiva eficácia 935
    15.8.1. Direito à saúde 936
    15.8.2. Direito à educação 937
    15.8.3. Direito ao trabalho 937
    15.8.4. Direito à moradia 937
    15.8.5. Direito ao transporte 937
    15.8.6. Direito ao lazer 938
    15.8.7. Direito à segurança 938
    15.8.8. Previdência social 939
    15.8.9. Proteção à maternidade 939
    15.8.10. Proteção à infância 939
    15.8.11. Proteção aos desamparados 939
    15.8.12. Alimentação 940

16 DIREITO DE NACIONALIDADE 941

16.1. Apátridas 942
    16.1.1. Processo de reconhecimento da condição de apátrida 944
    16.1.2. Processo especial de naturalização de apátridas 946
16.2. Definições correlatas 946
16.3. Espécies de nacionalidade 948
16.4. Brasileiros natos 949
16.5. Naturalização 956
    16.5.1. Naturalização ordinária (art. 12, II, "a", CF) 958
    16.5.2. Naturalização extraordinária ou quinzenária (art. 12, II, "b", CF) 961
    16.5.3. Naturalização especial 961
    16.5.4. Naturalização provisória 963
16.6. Quase nacionalidade 963

16.7. Diferenças entre brasileiro nato e naturalizado 966
16.8. Perda da nacionalidade 970
      16.8.1. Dupla nacionalidade (art. 12, § 4º, CF) 973
16.9. Repatriação, deportação, expulsão e extradição (Lei n. 11.445/2017) 973
      16.9.1. Repatriação 974
            16.9.1.1. Repatriação sumária 976
      16.9.2. Deportação 977
            16.9.2.1. Deportação sumária 979
      16.9.3. Expulsão 980
            16.9.3.1. Vedações à expulsão 981
            16.9.3.2. Requerimento de suspensão ou revogação da expulsão 982
      16.9.4. Extradição 983
            16.9.4.1. Extradição ativa 984
            16.9.4.2. Extradição passiva 985
            16.9.4.3. Requisitos legais da extradição passiva 987
            16.9.4.4. Compromissos obrigatórios do Estado requerente 991
            16.9.4.5. Prisão e medidas cautelares ao extraditando 992
      16.9.5. Quadro comparativo 993

17 DIREITOS POLÍTICOS 994
17.1. Democracia brasileira 995
17.2. Direitos políticos 998
17.3. Plebiscito e referendo 1001
17.4. Iniciativa popular 1014
17.5. Direito de sufrágio 1019
17.6. Ação de impugnação do mandato eletivo – AIME (art. 14, §§ 10 e 11, CF) 1036
17.7. Perda e suspensão dos direitos políticos (art. 15, CF) 1039
17.8. Princípio da anterioridade eleitoral (art. 16, CF) 1043
17.9. Partidos políticos (art. 17, CF) 1045
      17.9.1. Inexistência de verticalização das coligações (art. 17, § 1º, CF) 1055
      17.9.2. Surgimento dos partidos políticos (art. 17, § 2º, CF) 1057
            17.9.2.1. Incorporação de partidos e sanções anteriores e alteração nos estatutos dos partidos políticos (EC n. 111/2021) 1058
      17.9.3. Direito de antena, fundo partidário, cláusula de barreira e direito das minorias 1058

18 ORGANIZAÇÃO DO ESTADO (A FEDERAÇÃO) 1065
18.1. Sistema de governo 1066
      18.1.1. Parlamentarismo 1066
      18.1.2. Presidencialismo 1069
      18.1.3. Diferenças entre o parlamentarismo e o presidencialismo 1071
            18.1.3.1. A insuficiência do modelo dualista 1072
      18.1.4. Sistema diretorial 1072
      18.1.5. Sistema semipresidencialista 1073
      18.1.6. O presidencialismo é cláusula pétrea? 1074
18.2. Formas de governo 1075
      18.2.1. República 1075
      18.2.2. Monarquia 1076

18.2.3. República é cláusula pétrea? 1077
18.3. Formas de Estado 1077
    18.3.1. Estado Unitário ou Simples 1078
    18.3.2. Estado Regional 1080
    18.3.3. Estado Autonômico 1080
    18.3.4. Estado Federal (Federação) 1081
        18.3.4.1. Origem da Federação 1082
        18.3.4.2. Características da Federação 1085
        18.3.4.3. Quadro sinótico de distinção 1087
        18.3.4.4. Federalismo no Brasil 1087
        18.3.4.5. Espécies de Federalismo 1089
18.4. Língua oficial e símbolos da República 1096
    18.4.1. A língua portuguesa 1096
    18.4.2. Símbolos da República (art. 13, § 1º, CF) 1097
        18.4.2.1. A bandeira nacional 1097
        18.4.2.2. Hino Nacional 1098
        18.4.2.3. Armas nacionais 1099
        18.4.2.4. Selo nacional 1099
        18.4.2.5. Contravenção penal ou liberdade de expressão? 1099
        18.4.2.6. Símbolos estaduais 1100
18.5. Vedação entre os entes federativos 1100
18.6. Os entes federativos brasileiros 1101
    18.6.1. Brasília 1102
    18.6.2. Territórios Federais 1103
18.7. Criação de novos Estados 1106
18.8. Criação de novos Municípios 1109
18.9. União 1111
    18.9.1. Bens da União 1112
    18.9.2. Competências da União 1118
18.10. Estados-Membros 1133
    18.10.1. Bens dos Estados 1133
    18.10.2. Competência dos Estados 1134
    18.10.3. Regiões administrativas ou em desenvolvimento (art. 43, CF) 1137
    18.10.4. Regiões metropolitanas, aglomerações urbanas e microrregiões (art. 25, § 3º, CF). 1137
18.11. Municípios 1139
    18.11.1. Competência dos Municípios 1140
18.12. Distrito Federal 1146
    18.12.1. Competências do Distrito Federal 1147
18.13. Modelos de repartição de competências 1149
18.14. Competência legislativa e administrativa durante a pandemia de Covid-19. 1150
18.15. Intervenção 1152
    18.15.1. Intervenção federal 1152
    18.15.2. Intervenção estadual 1158

19 SEPARAÇÃO DOS PODERES **1162**
    19.1. Nomenclatura 1163
        19.1.1. Separação dos Poderes como cláusula pétrea 1163

19.2. Antecedentes históricos 1164
19.3. Finalidade 1167
19.4. Bipartição, tripartição, quadripartição e pentapartição 1168
19.5. Separação dos Poderes no Brasil 1171
19.6. Princípios que regem a Separação dos Poderes 1174
  19.6.1. Independência e harmonia 1174
    19.6.1.1. Interferência do Judiciário em matéria *interna corporis* de outro Poder 1175
    19.6.1.2. O controle preventivo da constitucionalidade pelo Judiciário 1177
    19.6.1.3. Criação do controle externo de um Poder 1178
    19.6.1.4. A inconstitucionalidade da EC n. 88/2015 ("PEC da Bengala") 1178
    19.6.1.5. Efeitos concretos do mandado de injunção 1179
    19.6.1.6. Aplicação de medidas cautelares diversas da prisão a parlamentares 1179
    19.6.1.7. Aplicação de medidas cautelares diversas da prisão a Prefeitos e Governadores 1183
    19.6.1.8. Interferência do Poder Judiciário na nomeação de servidores públicos (o caso da Presidente do Iphan e do delegado Alexandre Ramagem, de 2020) 1183
  19.6.2. Indelegabilidade 1184
    19.6.2.1. Competência normativa de agências reguladoras 1186
19.7. Funções típicas e atípicas 1187
19.8. Sistema de freios e contrapesos 1189
19.9. Poder Legislativo 1190
  19.9.1. Câmara dos Deputados 1190
  19.9.2. Senado Federal 1193
  19.9.3. Quadro esquemático: diferenças entre Câmara dos Deputados e Senado Federal ... 1194
  19.9.4. Reuniões 1194
  19.9.5. Comissões Parlamentares 1199
    19.9.5.1. Comissão Parlamentar de Inquérito 1201
    19.9.5.2. Comissões Mistas 1221
    19.9.5.3. Comissão Representativa 1222
19.10. Imunidade Parlamentar 1222
  19.10.1. Conceito 1222
  19.10.2. Modalidades 1222
  19.10.3. Imunidade material 1223
  19.10.4. Imunidade formal quanto à prisão 1231
  19.10.5. Imunidade formal quanto ao processo 1240
  19.10.6. Prerrogativa de foro (foro por prerrogativa de função) 1244
  19.10.7. Outras imunidades 1250
19.11. Incompatibilidades dos parlamentares federais 1251
19.12. Perda do mandato e cassação do mandato do deputado federal e do senador 1252
19.13. Processo Legislativo 1255
  19.13.1. Emenda Constitucional 1255
  19.13.2. Lei ordinária 1260
  19.13.3. Lei complementar 1280
  19.13.4. Lei delegada 1282
  19.13.5. Medida provisória 1284
  19.13.6. Decreto legislativo 1294

19.13.7. Resolução 1296
19.14. Função Fiscalizatória Exercida pelo Legislativo 1297
    19.14.1. Tribunal de Contas da União 1300
19.15. Poder Executivo 1308
19.16. Poder Judiciário 1344
    19.16.1. Estatuto da Magistratura 1345
    19.16.2. O quinto constitucional 1350
    19.16.3. Garantias do Poder Judiciário 1351
    19.16.4. Vedações dos membros do Poder Judiciário 1353
    19.16.5. Estrutura do Poder Judiciário (quadro esquemático) 1355
    19.16.6. Supremo Tribunal Federal 1355
        19.16.6.1. Composição 1355
        19.16.6.2. Court-packing (alteração da composição do Tribunal Constitucional) 1356
            19.16.6.2.1. Análise constitucional sobre um possível court-packing 1358
        19.16.6.3. Competência do STF 1359
        19.16.6.4. Súmula Vinculante 1361
            19.16.6.4.1. Legitimados 1361
            19.16.6.4.2. Quórum do STF 1362
            19.16.6.4.3. Requisitos 1362
            19.16.6.4.4. Efeitos 1362
            19.16.6.4.5. Procedimento 1363
            19.16.6.4.6. Cancelamento 1363
            19.16.6.4.7. Reclamação 1364
        19.16.6.5. Superior Tribunal de Justiça 1364
            19.16.6.5.1. Recurso Especial (e a EC n. 125/2022) 1366
        19.16.6.6. Juizados Especiais e Justiça de Paz 1367
        19.16.6.7. Justiça Comum – Justiça Estadual 1367
        19.16.6.8. Justiça Comum – Justiça Federal 1368
        19.16.6.9. Justiça Especial – Justiça Eleitoral 1370
        19.16.6.10. Justiça Especial – Justiça do Trabalho 1371
        19.16.6.11. Justiça Especial – Justiça Militar 1373
        19.16.6.12. Conselho Nacional de Justiça 1374
            19.16.6.12.1. Origem e constitucionalidade 1374
            19.16.6.12.2. Composição 1375
            19.16.6.12.3. Atribuições 1376
19.17. Funções Essenciais à Justiça 1378
    19.17.1. Ministério Público 1379
        19.17.1.1. Evolução histórica 1379
        19.17.1.2. Autonomias 1381
        19.17.1.3. Princípios institucionais 1382
        19.17.1.4. A organização do Ministério Público 1385
        19.17.1.5. As garantias e vedações dos membros do Ministério Público 1388
        19.17.1.6. Funções institucionais do Ministério Público 1394
        19.17.1.7. Conselho Nacional do Ministério Público 1398
    19.17.2. Advocacia Pública 1400
        19.17.2.1. Advocacia-Geral da União 1400

19.17.2.2. Procuradoria do Estado 1402
19.17.3. Advocacia 1403
19.17.4. Defensoria Pública 1404
    19.17.4.1. Evolução histórica 1404
    19.17.4.2. Assistência judiciária e assistência jurídica 1404
    19.17.4.3. Conceito 1407
    19.17.4.4. Defensoria Pública como cláusula pétrea 1407
    19.17.4.5. Hipossuficiência econômica 1408
    19.17.4.6. Defensoria Pública e ação civil pública 1409
    19.17.4.7. Autonomia funcional, administrativa e financeira da Defensoria Pública 1409
        19.17.4.7.1. Autonomia funcional 1410
        19.17.4.7.2. Autonomia administrativa 1411
        19.17.4.7.3. Autonomia orçamentária (financeira) 1412
    19.17.4.8. Princípios da Defensoria Pública 1413
        19.17.4.8.1. Unidade 1413
        19.17.4.8.2. Indivisibilidade 1413
        19.17.4.8.3. Independência funcional 1413
        19.17.4.8.4. Defensor natural 1414
    19.17.4.9. Garantias dos defensores públicos 1415
        19.17.4.9.1. Inamovibilidade 1415
        19.17.4.9.2. Independência funcional 1416
        19.17.4.9.3. Irredutibilidade de vencimentos 1416
        19.17.4.9.4. Estabilidade 1417
        19.17.4.9.5. Prerrogativa de foro 1417
        19.17.4.9.6. Promoção 1418
    19.17.4.10. Prerrogativas dos defensores públicos 1418
        19.17.4.10.1. Intimação pessoal 1418
        19.17.4.10.2. Contagem do prazo em dobro 1419
            19.17.4.10.2.1. Defensores dativos 1419
        19.17.4.10.3. Representação independente de mandato 1420
        19.17.4.10.4. Poder de requisição 1420
        19.17.4.10.5. Deixar de patrocinar ações 1421
        19.17.4.10.6. Honorários de sucumbência 1421
        19.17.4.10.7. Inscrição nos quadros da OAB 1422
    19.17.4.11. Estrutura da Defensoria Pública 1422
        19.17.4.11.1. Defensoria Pública da União 1422
            19.17.4.11.1.1. Atuação exclusiva em Tribunais Superiores? 1423
        19.17.4.11.2. Defensoria Pública dos Estados 1424
        19.17.4.11.3. Defensoria Pública do Distrito Federal 1425
        19.17.4.11.4. Defensoria Pública dos Territórios 1425
        19.17.4.11.5. Defensoria Pública nos Municípios? 1425
        19.17.4.11.6. Número de defensores públicos 1427

20 ORDEM ECONÔMICA E FINANCEIRA 1429
    20.1. Direito e economia 1430
    20.2. Análise econômica do direito (AED) 1431
        20.2.1. A contribuição de Ronald Harry Coase 1434

20.2.2. Vilfredo Pareto e o "ótimo de Pareto" (ou "eficiência de Pareto") ... 1436
20.2.3. A contribuição de Guido Calabresi ... 1437
20.2.4. A contribuição de Richard Posner ... 1438
20.2.5. Noções de AED (análise econômica do Direito) ... 1439
    20.2.5.1. Eficiência e bem-estar social ... 1439
        20.2.5.1.1. Eficiência de Kaldor-Hicks ... 1440
        20.2.5.1.2. Eficiência de Pareto ... 1441
    20.2.5.2. Análise de custo-benefício ... 1441
    20.2.5.3. Teoria da Escolha Racional e a racionalidade limitada ... 1442
    20.2.5.4. Teoria Nudge ... 1443
    20.2.5.5. Falhas de mercado ... 1444
        20.2.5.5.1. Competição imperfeita ... 1444
        20.2.5.5.2. Externalidades ... 1444
        20.2.5.5.3. Bens públicos ... 1445
        20.2.5.5.4. Monopólios naturais ... 1446
        20.2.5.5.5. Assimetria de informação ... 1446
    20.2.5.6. Falhas de governo ... 1448
    20.2.5.7. Teorema de Coase ... 1448
    20.2.5.8. Teorema de Hobbes ... 1449
    20.2.5.9. Teoria dos Jogos ... 1449
20.2.6. A aplicação da AED (análise econômica do Direito) na jurisprudência do STF ... 1450
    20.2.6.1. A limitação da taxa de juros a 12% ao ano (ADI 4) ... 1452
    20.2.6.2. Bloqueio de cruzados novos pelo Plano Collor (ADI 534-MC) ... 1452
    20.2.6.3. Meia entrada para estudantes (ADI 1.950) ... 1452
    20.2.6.4. Penhora de bem de família de fiador (RE 407.688) ... 1452
    20.2.6.5. Meia entrada para doadores de sangue (ADI 3.512) ... 1452
    20.2.6.6. Lei de Biossegurança (ADI 3.510) ... 1453
    20.2.6.7. Fundo de participação dos estados (ADI 875) ... 1453
    20.2.6.8. Extensão do benefício fiscal na importação de pneus (RE 405.579) ... 1453
    20.2.6.9. Limite de renda para benefício assistencial (Rcl 4.374) ... 1453
    20.2.6.10. Prestação de contas de prefeito municipal (RE 848.826) ... 1454
    20.2.6.11. Gestão coletiva de direitos autorais (ADI 5.062) ... 1454
    20.2.6.12. Desaposentação (RE 661.256) ... 1454
    20.2.6.13. Contribuição sindical (ADI 5.794) ... 1455
    20.2.6.14. Conciliação prévia trabalhista (ADI 2.160) ... 1455
    20.2.6.15. Terceirização (RE 958.252) ... 1455
    20.2.6.16. Depósito prévio – ação rescisória trabalhista (ADI 3.995) ... 1455
    20.2.6.17. Aplicativo de transporte (ADPF 449) ... 1455
    20.2.6.18. Proibição do bloqueio de estradas por caminhoneiros grevistas (STP 830) .. 1456
20.3. Constituição econômica ... 1456
  20.3.1. Constituição fiscal, Constituição social e Constituição econômica ... 1456
  20.3.2. A importância atual da Constituição econômica ... 1457
  20.3.3. Experiências constitucionais relevantes ... 1458
  20.3.4. As Constituições econômicas brasileiras ... 1458
20.4. Ordem econômica: fundamentos, fins e princípios ... 1459
  20.4.1. Os fundamentos da ordem econômica ... 1461
    20.4.1.1. Livre-iniciativa ... 1461

20.4.1.1.1. Livre-iniciativa na jurisprudência do STF 1462
20.4.1.1.2. Meia entrada em estabelecimentos culturais e esportivos.. 1463
20.4.1.2. Valorização do trabalho humano 1463
20.4.2. Os fins da ordem econômica 1464
20.4.3. Os princípios que regem a ordem econômica 1465
20.4.3.1. Soberania nacional (art. 170, I, CF) 1465
20.4.3.2. Propriedade privada (art. 170, II, CF) 1466
20.4.3.3. Função social da propriedade privada (art. 170, III, CF) 1466
20.4.3.4. Livre concorrência (art. 170, IV, CF) 1467
20.4.3.5. Defesa do consumidor (art. 170, V, CF) 1468
20.4.3.6. Defesa do meio ambiente (art. 170, VI, CF) 1468
20.4.3.7. Redução das desigualdades regionais e sociais (art. 170, VII, CF) 1469
20.4.3.8. Busca do pleno emprego 1470
20.4.3.9. Tratamento favorecido a pequenas empresas 1471
20.5. Investimentos de capital estrangeiro 1472
20.6. Exploração direta da atividade econômica pelo estado 1472
20.6.1. Grupo A: atividades econômicas em casos de "imperativos da segurança nacional" ou "relevante interesse coletivo" 1473
20.6.1.1. Empresas públicas e sociedades de economia mista 1474
20.6.2. Grupo B: atividades econômicas atribuídas diretamente pela Constituição 1475
20.6.3. Grupo C: atividades econômicas qualificadas como serviços públicos (art. 175, CF) . 1476
20.7. Estado como agente regulador da atividade econômica 1477
20.7.1. Agências reguladoras 1478
20.7.2. Planejamento do desenvolvimento nacional equilibrado 1478
20.7.3. Cooperativismo 1479
20.7.3.1. Cooperativas previstas expressamente na Constituição: cooperativas de garimpeiros, cooperativas de créditos e cooperativas médicas 1480
20.7.4. Abuso do poder econômico 1481
20.7.5. Responsabilidade da pessoa jurídica nos atos contra a ordem econômica e financeira 1481
20.8. Regramento constitucional sobre recursos minerais 1482
20.8.1. Os direitos do proprietário do solo 1482
20.8.2. Autorização ou concessão de pesquisa e lavra de recursos minerais 1482
20.9. Monopólio da União 1483
20.9.1. CIDE Combustível 1484
20.10. Transporte aéreo, aquático e terrestre 1485
20.11. Microempresas e empresas de pequeno porte 1486
20.12. Turismo 1487
20.13. Informação comercial por autoridade estrangeira 1487
20.14. Política urbana 1488
20.14.1. Estatuto da Cidade (Lei n. 10.257/2001) 1489
20.14.2. Plano diretor 1489
20.14.2.1. Obrigatoriedade do plano diretor 1489
20.14.2.2. Iniciativa do plano diretor 1490
20.14.2.3. Emendas ao projeto de plano diretor 1491
20.14.2.4. Revisão do plano diretor 1492
20.14.2.5. Processo de elaboração do plano diretor 1492

20.14.2.6. Conteúdo mínimo do plano diretor 1493
20.14.3. Função social da propriedade urbana 1493
 20.14.3.1. Sanções constitucionais por descumprimento da função social da propriedade urbana 1494
20.14.4. Usucapião especial urbana 1496
20.15. Política agrícola, fundiária e reforma agrária 1497
 20.15.1. Função social da propriedade rural 1497
 20.15.2. Desapropriação para fins de reforma agrária 1498
  20.15.2.1. Procedimento 1499
  20.15.2.2. Orçamento 1500
  20.15.2.3. Isenção tributária 1500
  20.15.2.4. Imóveis que não podem ser desapropriados para fins de reforma agrária 1500
  20.15.2.5. Desapropriação de imóvel invadido por movimentos sociais 1501
 20.15.3. Política agrícola 1502
 20.15.4. Terras públicas 1502
 20.15.5. Beneficiários dos imóveis da reforma agrária 1503
 20.15.6. Aquisição de terras por estrangeiros 1503
  20.15.6.1. Imóveis na faixa de fronteira 1504
 20.15.7. Usucapião especial rural 1504
20.16. Sistema financeiro nacional 1505
 20.16.1. Leis complementares 1505
 20.16.2. Estrutura 1506
  20.16.2.1. Conselho Monetário Nacional 1507
  20.16.2.2. Banco Central do Brasil (sua autonomia e a posição do STF) 1507
  20.16.2.3. Comissão de Valores Mobiliários (CVM) 1507
  20.16.2.4. Cooperativas de crédito 1508
  20.16.2.5. Banco Nacional do Desenvolvimento Econômico e Social (BNDES) 1508
 20.16.3. Participação de capital estrangeiro 1509

CAPÍTULOS EXTRAS:
21 ORDEM SOCIAL E REFORMA DA PREVIDÊNCIA .... *On-line*
21.1. Conceito .... *On-line*
21.2. Seguridade Social .... *On-line*
 21.2.1. Objetivos da Seguridade Social .... *On-line*
  21.2.1.1. Universalidade da cobertura e do atendimento .... *On-line*
  21.2.1.2. Uniformidade e equivalência dos benefícios e serviços às populações urbanas e rurais .... *On-line*
  21.2.1.3. Seletividade e distributividade na prestação dos benefícios e serviços ...... *On-line*
  21.2.1.4. Irredutibilidade do valor dos benefícios .... *On-line*
  21.2.1.5. Equidade na forma de participação no custeio .... *On-line*
  21.2.1.6. Diversidade da base de financiamento .... *On-line*
  21.2.1.7. Caráter democrático e descentralizado da Administração, mediante gestão quadripartite .... *On-line*
  21.2.1.8. Outros princípios .... *On-line*
 21.2.2. Custeio da Seguridade Social .... *On-line*
21.3. Saúde .... *On-line*

21.3.1. A "judicialização" da saúde.. *On-line*
        21.3.1.1. O STF e os medicamentos de alto custo e sem registro na ANVISA........... *On-line*
                21.3.1.1.1. Remédios experimentais... *On-line*
                21.3.1.1.2. Remédios sem registro.. *On-line*
                21.3.1.1.3. Competência para acionar o Estado....................... *On-line*
21.3.2. Diretrizes do Sistema Único de Saúde.. *On-line*
21.3.3. Patamares mínimos de investimento .... *On-line*
21.3.4. Iniciativa privada.. *On-line*
21.3.5. Remoção de órgãos.. *On-line*
        21.3.5.1. Incentivos estatais à doação de sangue .... *On-line*
21.3.6. Atribuições do Sistema Único de Saúde .... *On-line*
21.4. Previdência Social e Reforma da Previdência... *On-line*
     21.4.1. A Reforma da Previdência.. *On-line*
21.5. Assistência Social... *On-line*
     21.5.1. Objetivos da Assistência Social .... *On-line*
     21.5.2. Diretrizes da Assistência Social .... *On-line*
21.6. Educação.. *On-line*
     21.6.1. Princípios que regem o ensino .... *On-line*
           21.6.1.1. "Escola Sem Partido" e princípios constitucionais .... *On-line*
           21.6.1.2. Mensalidade e taxa de matrícula em universidades públicas? ..... *On-line*
           21.6.1.3. Transferência de alunos servidores públicos federais civis ou militares...... *On-line*
     21.6.2. Universidades .... *On-line*
           21.6.2.1. Constitucionalidade do sistema de cotas................................ *On-line*
     21.6.3. Níveis e modalidades de educação e ensino... *On-line*
     21.6.4. Dever do Estado .... *On-line*
           21.6.4.1. Corte de idade para matrícula na educação infantil................ *On-line*
     21.6.5. Iniciativa privada.. *On-line*
     21.6.6. Conteúdos mínimos .... *On-line*
     21.6.7. Ensino religioso nas escolas .... *On-line*
     21.6.8. Competências quanto à educação... *On-line*
     21.6.9. Patamares mínimos de investimento... *On-line*
     21.6.10. Financiamento público do ensino privado .... *On-line*
     21.6.11. Plano Nacional de Educação.. *On-line*
21.7. Cultura... *On-line*
     21.7.1. Datas comemorativas .... *On-line*
     21.7.2. Plano Nacional de Cultura .... *On-line*
     21.7.3. Patrimônio cultural brasileiro .... *On-line*
     21.7.4. Fomento à cultura.. *On-line*
     21.7.5. Sistema Nacional de Cultura... *On-line*
21.8. Desporto .... *On-line*
     21.8.1. Justiça Desportiva .... *On-line*
     21.8.2. Lazer.. *On-line*
21.9. Ciência, Tecnologia e Inovação... *On-line*
     21.9.1. Mercado interno... *On-line*
     21.9.2. Instrumentos de cooperação... *On-line*
     21.9.3. Sistema Nacional de Ciências, Tecnologia e Inovação (SNCTI) .... *On-line*
21.10. Comunicação Social .... *On-line*

21.10.1. Liberdade jornalística .... On-line
21.10.2. Competências da União .... On-line
21.10.3. Propaganda de produtos nocivos .... On-line
21.10.4. Vedação do monopólio ou oligopólio .... On-line
    21.10.4.1. "A Voz do Brasil" .... On-line
21.10.5. Princípios constitucionais aplicáveis à produção e programação. .... On-line
21.10.6. Propriedade de empresas jornalísticas .... On-line
21.10.7. Concessão, permissão e autorização .... On-line
21.10.8. Conselho de Comunicação Social .... On-line
21.10.9. Direito de Antena .... On-line
21.11. Meio Ambiente .... On-line
  21.11.1. Deveres do Poder Público .... On-line
  21.11.2. Danos ao meio ambiente .... On-line
    21.11.2.1. Responsabilidade penal da pessoa jurídica .... On-line
  21.11.3. Patrimônio nacional .... On-line
  21.11.4. Terras devolutas .... On-line
  21.11.5. Usinas nucleares .... On-line
  21.11.6. "Emenda da Vaquejada" .... On-line
  21.11.7. Uso do amianto .... On-line
21.12. Família .... On-line
  21.12.1. Casamento .... On-line
  21.12.2. União estável .... On-line
    21.12.2.1. União homoafetiva .... On-line
  21.12.3. Planejamento familiar .... On-line
    21.12.3.1. Planejamento familiar e embriões congelados .... On-line
    21.12.3.2. Princípio da paternidade responsável .... On-line
  21.12.4. Violência familiar .... On-line
  21.12.5. Mudança de registro civil sem mudança de sexo .... On-line
21.13. Criança, Adolescente e Jovem .... On-line
  21.13.1. Proteção especial .... On-line
  21.13.2. Violência e exploração sexual da criança e do adolescente .... On-line
  21.13.3. Adoção .... On-line
  21.13.4. Filhos .... On-line
  21.13.5. Assistência social de crianças .... On-line
  21.13.6. Estatuto da Juventude .... On-line
  21.13.7. Inimputabilidade .... On-line
    21.13.7.1. Redução da idade penal? .... On-line
  21.13.8. Pais e filhos .... On-line
21.14. Idoso .... On-line
21.15. Índios .... On-line
  21.15.1. Legislação indígena .... On-line
    21.15.1.1. Terras indígenas .... On-line
    21.15.1.2. Demarcação das terras indígenas .... On-line
    21.15.1.3. Usufruto das riquezas .... On-line
  21.15.2. Remoção de grupos indígenas .... On-line
  21.15.3. Legitimidade para ingressar em juízo .... On-line
    21.15.3.1. Comunidades indígenas demandadas .... On-line

   21.15.3.2. Prazos processuais .... *On-line*
   21.15.3.3. Competência .... *On-line*
   21.15.3.4. Legitimidade do Ministério Público .... *On-line*
   21.15.3.5. Legitimidade da Funai .... *On-line*

22 DEFESA DO ESTADO E DAS INSTITUIÇÕES DEMOCRÁTICAS .... *On-line*

 22.1. Introdução .... *On-line*
 22.2. Sistema Constitucional das Crises .... *On-line*
  22.2.1. Princípios do sistema constitucional das crises .... *On-line*
  22.2.2. Sistema constitucional das crises nas Constituições brasileiras .... *On-line*
  22.2.3. Episódios ilustrativos da História brasileira .... *On-line*
  22.2.4. Regime de legalidade extraordinária .... *On-line*
  22.2.5. Diferenças entre golpe de Estado e sistema constitucional das crises ... *On-line*
 22.3. Estado de Defesa .... *On-line*
  22.3.1. Previsão constitucional .... *On-line*
  22.3.2. Cabimento .... *On-line*
  22.3.3. Titularidade .... *On-line*
  22.3.4. Procedimento .... *On-line*
  22.3.5. Tempo de duração .... *On-line*
  22.3.6. Medidas coercitivas .... *On-line*
  22.3.7. Controle .... *On-line*
  22.3.8. Quadro esquemático: estado de defesa .... *On-line*
 22.4. Estado de Sítio .... *On-line*
  22.4.1. Previsão constitucional .... *On-line*
  22.4.2. Cabimento .... *On-line*
  22.4.3. Titularidade .... *On-line*
  22.4.4. Procedimento .... *On-line*
  22.4.5. Tempo de duração .... *On-line*
  22.4.6. Medidas coercitivas .... *On-line*
  22.4.7. Controle .... *On-line*
  22.4.8. Quadro esquemático .... *On-line*
 22.5. Diferenças entre Estado de Defesa e Estado de Sítio .... *On-line*
 22.6. Forças Armadas .... *On-line*
  22.6.1. Estrutura .... *On-line*
  22.6.2. Funções e princípios .... *On-line*
   22.6.2.1. Garantia da Lei e da Ordem (GLO) .... *On-line*
  22.6.3. *Habeas corpus* e punições disciplinares militares (art. 142, § 2º, CF) ... *On-line*
  22.6.4. Regras constitucionais sobre os militares (art. 142, § 3º, CF) .... *On-line*
  22.6.5. Serviço militar obrigatório .... *On-line*
   22.6.5.1. Isenção .... *On-line*
 22.7. Segurança Pública .... *On-line*
  22.7.1. Segurança Pública como direito social .... *On-line*
  22.7.2. Ministério da Segurança Pública .... *On-line*
  22.7.3. Órgãos de Segurança Pública (art. 144, CF) .... *On-line*
  22.7.4. Inquéritos extrapoliciais .... *On-line*
  22.7.5. Investigação de crimes praticados por pessoas com prerrogativa de função ... *On-line*
  22.7.6. Polícia Federal .... *On-line*

22.7.6.1. Estrutura da Polícia Federal... On-line
22.7.6.2. Remuneração.. On-line
22.7.6.3. Atribuições da Polícia Federal... On-line
22.7.7. Polícia Rodoviária Federal.. On-line
22.7.8. Polícia Ferroviária Federal... On-line
22.7.9. Polícias dos Estados .... On-line
22.7.9.1. Polícia Civil.. On-line
22.7.9.2. Polícias Militares... On-line
22.7.10. Polícias do Distrito Federal... On-line
22.7.11. Polícias dos Territórios... On-line
22.7.12. Guardas Municipais... On-line
22.7.13. Segurança viária.. On-line
22.7.14. Força Nacional de Segurança Pública (FNSP) .... On-line

23 A NOVA CONSTITUIÇÃO DE 1988: DOCUMENTOS INTERNACIONAIS COM *STATUS* CONSTITUCIONAL .... On-line

23.1. Introdução... On-line
23.2. A incorporação dos documentos.. On-line
23.3. Alteração do bloco de constitucionalidade e limitações circunstanciais......... On-line
23.4. Convenção Internacional sobre os Direitos das Pessoas com Deficiência ..... On-line
    23.4.1. Procedimento de incorporação .... On-line
    23.4.2. Pessoas com deficiência.. On-line
    23.4.3. Princípios da Convenção .... On-line
    23.4.4. Obrigações gerais.. On-line
    23.4.5. Igualdade e não discriminação .... On-line
    23.4.6. Mulheres e crianças com deficiência... On-line
    23.4.7. Acessibilidade... On-line
    23.4.8. Direito à vida e impossibilidade de esterilização compulsória .... On-line
    23.4.9. Acesso à Justiça... On-line
    23.4.10. Tortura, penas cruéis e tratamento desumano ou degradante .... On-line
    23.4.11. Liberdade de movimentação e nacionalidade... On-line
    23.4.12. Mobilidade pessoal.. On-line
    23.4.13. Liberdade de expressão e de opinião e acesso à informação.............. On-line
    23.4.14. Respeito pelo lar e pela família... On-line
    23.4.15. Educação.. On-line
    23.4.16. Saúde.. On-line
    23.4.17. Habilitação e reabilitação... On-line
    23.4.18. Trabalho e emprego... On-line
    23.4.19. Assistência social... On-line
    23.4.20. Participação na vida política e pública.. On-line
    23.4.21. Participação na vida cultural .... On-line
    23.4.22. Processo de monitoramento .... On-line
    23.4.23. Protocolo Facultativo à Convenção sobre os Direitos das Pessoas com Deficiência .... On-line
23.5. Tratado de Marraqueche.. On-line
    23.5.1. Beneficiários.. On-line
    23.5.2. Mudanças necessárias na Lei de Direitos Autorais .... On-line
    23.5.3. Intercâmbio transfronteiriço.. On-line

23.5.4. Importação de exemplares em formato acessível .... *On-line*
23.5.5. Assembleia e Escritório Internacional .... *On-line*

24 DIGNIDADE DA PESSOA HUMANA .... ***On-line***

24.1. Fundamento jurídico e filosófico .... *On-line*
24.2. Origem histórica .... *On-line*
24.3. Abordagem jurisprudencial .... *On-line*
24.4. É um princípio absoluto? .... *On-line*
24.5. A especial abstração do princípio .... *On-line*
24.6. Natureza do princípio .... *On-line*
24.7. Aplicação do princípio .... *On-line*
    24.7.1. Dimensão axiológica .... *On-line*
    24.7.2. Ponderação entre direitos conflitantes .... *On-line*
    24.7.3. Utilização como controle das restrições .... *On-line*
24.8. Como delimitar o princípio: a proposta da delimitação negativa .... *On-line*

REFERÊNCIAS BIBLIOGRÁFICAS 1516

ÍNDICE DE FIGURAS 1546

1

CONSTITUCIONALISMO

Sumário

1.1. Conceito – **1.2.** Evolução histórica – **1.2.1.** Pré-constitucionalismo: Pré-História (até 4000 a.C.) – **1.2.2.** Constitucionalismo antigo: Idade Antiga ou Antiguidade (de 4000 a.C. a 476 d.C.) – **1.2.2.1.** Constitucionalismo hebreu – **1.2.2.2.** Constitucionalismo grego – **1.2.2.3.** Constitucionalismo romano – **1.2.2.4.** O constitucionalismo no Antigo Oriente – **1.2.3.** Constitucionalismo medieval (Idade Média – 276 a 1453 d.C.) – **1.2.3.1.** Magna Carta de 1215 – **1.2.3.2.** Outros documentos constitucionais da Idade Média – **1.2.4.** Constitucionalismo na Idade Moderna (de 1453 a 1789) – **1.2.4.1.** A Constituição de San Marino – **1.2.4.2.** *Bill of Rights* e *Petition of Rights* e Declaração de Direitos do Bom Povo de Virgínia– **1.2.5.** Constitucionalismo contemporâneo (neoconstitucionalismo) – **1.2.5.1.** O efeito "backlash" (*backlash effect*) como consequência do ativismo judicial – **1.3.** Outras modalidades de constitucionalismo – **1.3.1.** O novo constitucionalismo latino-americano – **1.3.1.1.** Os ciclos constitucionais na América do Sul – **1.3.1.2.** A Constituição brasileira de 1988 e o primeiro ciclo constitucional: o constitucionalismo multicultural – **1.3.1.3.** O segundo ciclo constitucional: as Constituições Pluralistas da Colômbia (1991) e da Venezuela (1999) – **1.3.1.4.** O terceiro ciclo constitucional: o Estado Plurinacional nas Constituições da Bolívia e do Equador – **1.3.2.** Constitucionalismo social – **1.3.2.1.** Constituição do México de 1917 – **1.3.2.2.** Constituição de Weimar, de 1919 – **1.3.2.3.** Os direitos sociais na Inglaterra, segundo Marshall – **1.3.2.4.** O constitucionalismo social no Brasil – **1.3.3.** Constitucionalismo transnacional e constitucionalismo multinível – **1.3.4.** Constitucionalismo global – **1.3.5.** Transconstitucionalismo e constitucionalismo provinciano – **1.3.6.** Constitucionalismo termidoriano, *whig* ou gerondino – **1.3.7.** Constitucionalismo teocrático – **1.3.8.** Constitucionalismo do futuro ou do porvir – **1.3.9.** Constitucionalismo popular – **1.3.10.** Constitucionalismo democrático – **1.3.10.1.** O solipsismo judicial – **1.3.11.** Constitucionalismo autoritário – **1.3.12.** Constitucionalismo abusivo – **1.3.12.1.** Como conter o constitucionalismo abusivo? – **1.3.12.2.** Os retrocessos democráticos como origem do constitucionalismo abusivo – **1.3.13.** Patriotismo constitucional – **1.3.13.1.** Patriotismo constitucional no Brasil – **1.3.13.2.** Patriotismo constitucional pós-nacional – **1.3.14.** Constitucionalismo transformador – **1.3.15.** Constitucionalismo ecológico – **1.3.16.** Constitucionalismo vivo (*Living Constitution*) – **1.3.17.** Constitucionalismo tardio – **1.3.18.** Constitucionalismo funcional (ou protetor) e constitucionalismo aspiracional – **1.3.18.1.** A morte do constitucionalismo aspiracional? – **1.3.18.2.** Constitucionalismo moralmente reflexivo (de Canotilho) – **1.3.19.** Constitucionalismo feminista – **1.3.20.** Constitucionalismo juspositivista-crítico ou constitucionalismo garantista, de Luigi Ferrajoli – **1.3.21.** Panconstitucionalismo ou hiperconstitucionalismo – **1.3.21.1.** As causas – **1.3.21.1.1.** Panprincipiologismo – **1.3.21.2.** Consequências – **1.3.22.** Neojoaquimismo ou neoconstitucionalismo joaquimista – **1.3.23.** Narcisismo constitucional – **1.3.22.** Neojoaquimismo ou neoconstitucionalismo joaquimista – **1.3.23.** Narcisismo constitucional – **1.3.24.** Constitucionalismo digital – **1.3.24.1.** Constitucionalismo digital e jurisdição constitucional – **1.3.25.** *Constitucionalismo huehue* (ou constitucionalismo *griefer*) – **1.3.26.** *Constitutional rot* (podridão constitucional) – **1.3.27.** *Constitutional hardball* (jogo duro constitucional) – **1.3.28.** Constitucionalismo aversivo (*aversive Constitutionalism*) – **1.3.29.** Constitucionalismo fraternal – **1.3.30.** Constitucionalismo idílico

1.1. CONCEITO

Constitucionalismo é o movimento social, político e jurídico, cujo principal objetivo é limitar o poder do Estado por meio de uma Constituição.

É um *movimento social*, pois resultou na soma de uma série de episódios sociais historicamente relevantes, buscando a limitação do poder do Estado e o reconhecimento de direitos fundamentais. Importante exemplo é a Revolução Francesa, que originou o Constitucionalismo Francês, com a posterior abolição de várias instituições e a queda do paradigma do Estado absolutista no *Ancien Régime*[1]. Em Portugal, a primeira Constituição decorreu de movimentos sociais, como a Revolução do Porto de 1820, que contou com amplo apoio popular[2].

É um *movimento político*. Foram necessários acordos e negociações políticas no intuito de limitação do poder estatal e organização do Estado por meio de uma Constituição, como se verifica, por exemplo, no movimento constitucional norte-americano[3], bem como na outorga da *Magna Charta Libertatum*, de 1215[4].

Por fim, é também um *movimento jurídico*, consistente na construção de teorias, desde a busca inicial pela força normativa da Constituição, capaz de alterar a realidade e limitar o poder estatal[5], até as teorias jurídicas mais modernas. Como disse André Ramos Tavares, "o *aspecto jurídico* revela-se pela pregação de um sistema dotado de um corpo normativo máximo, que se encontra acima dos próprios governantes – a Constituição"[6].

Essa definição de constitucionalismo, como um movimento que visa à limitação do poder do Estado por meio de uma Constituição, é uma concepção *moderna* que se cristalizou a partir das primeiras constituições do final do século XVIII. Entendemos que em momentos anteriores da História (Antiguidade e Idade Média) já havia movimentos constitucionalistas, que podem ser identificados pelo escopo de limitação do poder estatal, embora não fosse ainda realidade a elaboração de uma Constituição escrita.

Dessa maneira, podemos afirmar que o constitucionalismo não se desenvolveu de forma idêntica ao longo da História, nem se desenvolveu de forma idêntica em todos os países e continentes. Por esse motivo, depois de demonstrar sua preferência pela expressão *movimentos constitucionais*, em vez de *constitucionalismo*, José Joaquim Gomes Canotilho afirma que, "em termos rigorosos, não há um constitucionalismo, mas vários constitucionalismos (o constitucio-

---

1. "O constitucionalismo francês seria a consequência da Revolução Francesa, que se assinalaria em 14 de julho de 1789, com a Tomada da Bastilha, uma data mais simbólica do que real, em que se concentra a mudança de um regime e de um paradigma de Estado: a passagem do Estado Moderno ao Estado Contemporâneo. Rapidamente, as instituições do *Ancien Régime* seriam abolidas e, no seu lugar, proclamadas as instituições do Liberalismo e do Constitucionalismo" (Jorge Bacelar Gouveia. *Manual de Direito Constitucional*, p. 312).
2. Em 1820, as ideias de revolução eram gerais. Rapazes e velhos, frades e seculares, todos a desejavam. Uns, que conheciam as vantagens do governo representativo, queriam este governo; e todos queriam a corte em Lisboa, porque odiavam a ideia de serem colônia de uma colônia", lembrando que a Corte portuguesa estava no Rio de Janeiro (Rui Ramos. *História de Portugal*, p. 457).
3. Para elaboração de uma única Constituição norte-americana, houve ampla negociação política entre as ex-colônias inglesas, como se verá no item 1.2.4.
4. "Com a invasão normanda, em 1066, foram introduzidas as instituições feudais, cujo desenvolvimento consolidou a força política dos barões, que impuseram ao rei João Sem Terra, em 1215, a *Magna Charta*" (Luís Roberto Barroso. *Curso de Direito Constitucional Contemporâneo*, p. 10).
5. "A Constituição representa o escalão do Direito Positivo mais elevado. [...] Essa Constituição pode ser produzida por via consuetudinária ou através de um ato de um ou vários indivíduos a tal fim dirigido, isto é, através de um ato legislativo" (Hans Kelsen. *Teoria Pura do Direito*, p. 247).
6. *Curso de Direito Constitucional*, p. 12.

nalismo inglês, o constitucionalismo americano, o constitucionalismo francês)"[7], o novo constitucionalismo latino-americano etc. Não obstante, reconhece o Constitucionalismo como teoria ou ideologia. Segundo o constitucionalista português, "é, no fundo, uma teoria normativa da política, tal como a teoria da democracia ou a teoria do liberalismo"[8].

> **REVISANDO**
>
> O constitucionalismo é o movimento social, político e jurídico, cujo principal objetivo é limitar o poder do Estado por meio de uma Constituição.

1.2. EVOLUÇÃO HISTÓRICA

Veremos como se desenvolveu o constitucionalismo nos mais diversos períodos da História. Primeiramente, cabe ressaltar que, embora sujeita a críticas entre os historiadores, e não seja uma classificação uníssona em todo o mundo, usaremos nessa obra a periodização histórica clássica, utilizada pela maioria da doutrina pátria[9], dividindo os períodos históricos da seguinte maneira:

a) **Pré-História (até 4000 a.C.):** período que se estende desde o surgimento dos primeiros hominídeos até o aparecimento dos primeiros registros escritos, por volta de 4000 a.C. Pode ser dividido em dois períodos: Paleolítico (até 10000 a.C.) e Neolítico (10000 a.C. a 4000 a.C.).

b) **Idade Antiga (de 4000 a.C. até 476 d.C.):** período que se estende desde a invenção da escrita até a queda do Império Romano do Ocidente (476 d.C.). Diversos povos se desenvolveram durante esse período, como hebreus, fenícios, celtas, etruscos, e principalmente Grécia e Roma, consideradas as maiores formadoras da civilização ocidental atual.

c) **Idade Média (de 476 d.C. até 1453):** período que se estende desde a queda do Império Romano do Ocidente (476 d.C.) até a Queda de Constantinopla (1453 d.C.). Esse período foi determinante na formação dos Estados ocidentais europeus, testemunhando a ascensão de Estados monárquicos fortes, como Inglaterra, França, Portugal, Polônia, Hungria etc.

d) **Idade Moderna (de 1453 a 1789):** período que se estende desde a Queda de Constantinopla (1453 d.C.) até a Revolução Francesa (1789 d.C.). Esse período foi marcado pelos descobrimentos marítimos, pelo capitalismo, pela invenção da imprensa e pelo Renascimento.

e) **Idade Contemporânea (de 1789 até os dias atuais):** período que se estende desde a Revolução Francesa de 1789, com a ascensão dos revolucionários franceses ao poder e a edição da Declaração dos Direitos do Homem e do Cidadão, até os dias atuais.

---

7. *Direito Constitucional e Teoria da Constituição*. Coimbra: Almedina. 5. ed., p. 51. Em preciosa síntese, Jorge Miranda afirma que "o constitucionalismo como movimento revolucionário de vocação universal é na França que triunfa em 1789. A Declaração de Direitos do Homem e do Cidadão não se dirige apenas aos franceses e o seu art. 16º contém uma noção de Constituição em sentido material (e, implicitamente, em sentido formal). O exemplo inglês, não obstante lhe levar um século de antecedência, não teve o mesmo efeito no século XIX. Já no século XX quer as vicissitudes políticas da própria França quer as dos demais países levariam a uma diluição de influência. Quanto aos Estados africanos saídos da descolonização francesa são as maiores diferenças em relação à França do que a dos Estados latino-americanos frente aos Estados Unidos" (*Manual de Direito Constitucional*, t. I, p. 112).
8. Op. cit., p. 51.
9. Ronaldo Leite Pedrosa. *Direito em História*, passim.

Linha do tempo

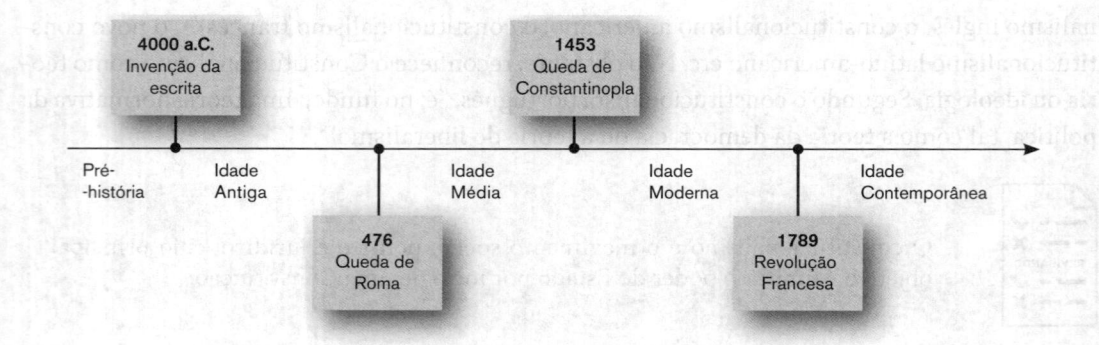

- **4000 a.C.** — Invenção da escrita
- **Pré-história** | **Idade Antiga**
- **476** — Queda de Roma
- **Idade Média**
- **1453** — Queda de Constantinopla
- **Idade Moderna**
- **1789** — Revolução Francesa
- **Idade Contemporânea**

1.2.1. Pré-constitucionalismo: Pré-História (até 4000 a.C.)

Embora a doutrina reconheça a existência do Direito nesse período histórico, ainda que não escrito, tendo cada agrupamento social suas próprias regras transmitidas pela tradição, não há que se falar de Constitucionalismo[10]. As regras não escritas ali existentes podem ser chamadas de *pré-constitucionalismo*, já que compõem um sistema rudimentar, com noções insipientes de território e governo. Maior destaque recebe o período Neolítico, pois, com o início da exploração da agricultura pelo homem, fixando-se em um território, o direito pré-histórico daquela comunidade vai se fixando na região e sendo transmitido pela tradição.

Entendemos, assim como a maioria da doutrina, que o constitucionalismo teve origem no segundo período da História: a Idade Antiga (de 4000 a.C. até 476 d.C.), como adiante se verá.

1.2.2. Constitucionalismo antigo: Idade Antiga ou Antiguidade (de 4000 a.C. a 476 d.C.)

Karl Loewenstein, filósofo, político e constitucionalista alemão (1891-1973), doutor em Direito Público e Ciência Política pela Universidade de Munique, foi um dos primeiros a identificar que as primeiras demonstrações do constitucionalismo podem ser encontradas na Antiguidade, primeiramente junto ao povo hebreu, máxime na conduta dos profetas, responsáveis por verificar se os atos do poder público eram compatíveis com o texto sagrado[11].

Figura 1.1 – Caricatura de Karl Loewenstein (créditos ao final do livro).

---

10. Como diz a doutrina, nesse período histórico, "[...] o direito primitivo não era legislado, as populações não conheciam a escritura formal e suas regras de regulamentação mantinham-se e conservavam-se pela tradição. Um segundo fator de conhecimento é que cada organização social possuía um direito único, que não se confundia com o de outras formas de associação. Cada comunidade tinha suas próprias regras, vivendo com autonomia e tendo pouco contato com outros povos, a não ser em condições de beligerância. Um terceiro aspecto a considerar é a diversidade dos direitos não escritos" (*Fundamentos de História do Direito*. Antonio Carlos Wolkmer, p. 10).

11. *Teoría de la Constitución*. Segundo o autor, "a existência de uma Constituição escrita não se identifica com o Constitucionalismo. Organizações políticas anteriores viveram sob um governo constitucional sem sentir a necessidade de articular os limites estabelecidos ao exercício do poder político; estas limitações estavam tão profundamente enraizadas nas convicções da comunidade e nos costumes nacionais, que eram respeitadas por governantes e governados" (p. 154).

O texto bíblico menciona vários profetas. Destaca-se o século VIII a.C., chamado de *século do ouro da profecia*, por concentrar nesse período vários profetas de grande importância: no século VIII a.C. concentram-se: Elias, Eliseu, Jonas, Amós e Oseias. No século VII a.C., Abdias, Joel, Miqueias, Sofonias, Isaías, Naum e Habacuc. No século VI a.C., Jeremias, Baruc, Daniel e Ezequiel. No século V, Ageu, Zacarias e Malaquias. Séculos depois, durante o reinado de Herodes Antipas (a partir do ano 60 a.C), o profeta João Batista.

Outrossim, o constitucionalista alemão identifica sementes de constitucionalismo na Grécia antiga, sobretudo em Atenas. Ao constitucionalismo hebreu e grego, acrescentaremos a seguir outros movimentos constitucionais na Antiguidade (na Roma Antiga, Mesopotâmia etc.).

1.2.2.1. Constitucionalismo hebreu

Como vimos no item anterior, o Constitucionalismo pode ser identificado na Idade Antiga, junto ao povo hebreu, máxime com a conduta dos profetas. Segundo Karl Loewenstein, "o primeiro povo que praticou o Constitucionalismo foram os hebreus. Flavius Josephus deu à forma de sua sociedade o termo 'teocracia' [...]. Nesse sistema, os detentores do poder na terra são meramente agentes ou representantes do poder divino. [...] O regime teocrático dos hebreus se caracterizou porque o dominador, em vez de ostentar um poder absoluto e arbitrário, estava limitado pela Lei do Senhor, que submetia igualmente a governantes e governados. [...] Os profetas surgiram como vozes reconhecidas da consciência pública, e predicaram contra os dominadores injustos e carentes de sabedoria que haviam se separado do caminho da Lei, constituindo-se na primeira oposição legítima na História da Humanidade contra o poder estatal estabelecido"[12].

A palavra "profeta" (inspirada no latim *prophéta*) vem do grego *prophêtês*, que significa "aquele que fala antes, aquele que prognostica", formada da junção de *pro* (antes) e *phêmi* (quem fala) e o sufixo *tes* (agente). Outrossim, não é raro encontrarmos os que defendem que a palavra deriva do verbo grego "pro-femi", que significa falar no lugar de outrem[13]. No caso, falar em nome de Deus.

O povo hebreu reconhecia a existência de verdadeiros intermediários entre o Deus de Israel e os homens. O texto de Deuteronômio (Dt 18, 9-21) indica a quem devem acudir os israelitas para conhecer a vontade de Deus: ao profeta.

Na cultura hebraica, os governantes também estavam subordinados às leis sagradas. Havendo qualquer transgressão, os profetas apontavam-na. Exemplo importantíssimo, como se verifica no Antigo Testamento, ocorreu durante o reinado de Davi (pai de Salomão), que reinou em Judá por volta do ano 1010 a.C.: teria ele provocado a morte de um soltado, de nome Urias, a fim de ficar com sua esposa, de nome Betsabé[14]. Tal falha foi enfaticamente apontada pelo profeta Natã[15]. Outro exemplo interessante: durante o reinado de Jeroboão II (785-744

---

12. Op. cit., p. 154-5.
13. No livro do Êxodo, capítulo 7, há a seguinte passagem: "O Senhor disse a Moisés: Vê, vou fazer de ti um deus para Faraó, e teu irmão Aarão será teu profeta. Dirás tudo o que eu te mandar, e teu irmão Aarão falará ao rei para que ele deixe sair de sua terra os israelitas" (versículos 1-2).
14. "Na manhã seguinte Davi escreveu uma carta a Joab [...] Dizia na carta: 'Coloca Urias na frente, onde o combate for mais renhido, e desamparai-o para que ele seja ferido e morra'. Joab, que sitiava a cidade, pôs Urias no lugar onde sabia que estavam os mais valorosos guerreiros. Saíram os assediados contra Joab, e tombaram alguns dos homens de Davi; e morreu também Urias, o hiteu" (2º livro de Samuel, capítulo 11, versículos 14-17).
15. "O Senhor mandou a Davi o profeta Natã; este entrou em sua casa e disse-lhe: 'Dois homens moravam na mesma cidade, um rico e outro pobre. O rico possuía ovelhas e bois em grande quantidade; o pobre, porém, só tinha uma ovelha, pequenina, que ele comprara. Ele a criava e ela crescia junto dele, com os seus filhos, comendo do seu pão, bebendo do seu copo e dormindo no seu seio; era para ele como uma filha. Certo dia, chegou à casa do homem rico a visita de um

a.C.) e durante o reinado de Ozias (780-740 a.C.), rei de Judá, destaca-se a atividade do profeta Amós (cidadão de Técua, tribo de Judá), que se rebelou contra a injustiça praticada pelos círculos de poder, denunciando a ganância dos governantes e os pecados dos governados. Contemporâneo de Amós, Oseias, que igualmente criticava o abuso de poder nos dias do rei Jeroboão (rei de Israel) e dos reis Uzias, Jotão e Acaz (que governaram Judá), disse: "Alegram o rei com suas maldades. E os príncipes com suas mentiras. São todos uns adúlteros, semelhantes a um forno aceso" (Oseias, 7, 3-4).

O profeta Miqueias, contemporâneo de Isaías, exerceu seu ministério durante os reinados de Jotão (740-736 a.C.), Acaz (736-716 a.C.) e Ezequias (716-687 a.C.), também não poupou críticas aos governantes: "E vós, príncipes de Israel, não devíeis vós saber o que é justo? E entretanto, odiais o bem e amais o mal [...] Devoram a carne do meu povo, arrancam-lhe a pele, quebram-lhe os ossos [...] Um dia clamarão ao Senhor, mas ele não lhes responderá" (Miqueias, 3, 1-4).

Séculos depois, João Batista (2 a.C. – 27 d.C.) foi um dos maiores críticos do rei Herodes Antipas, ou simplesmente Antipas. O rei, após abandonar sua esposa, casou-se com Herodias, que havia sido esposa do seu irmão Filipe. João Batista repreendeu-o, com base no texto sagrado: "Se um homem tomar a mulher de seu irmão, é uma impureza; ofendeu a honra de seu irmão: não terão filhos" (Levítico 20:21). Como sabido e consabido por todos, essa repreensão o levou à morte.

De fato, há grande semelhança entre a conduta do profeta (na antiguidade), que criticava publicamente o ato do governante, reputando-o como violador das Escrituras e a conduta do magistrado (na atualidade) que invalida o ato do Poder Executivo, por exemplo, que viola a Constituição. Realmente, Karl Loewenstein estava certo: o Constitucionalismo tem origem na Antiguidade, na conduta dos profetas do povo hebreu.

Figura 1.2 – *Salomé com a Cabeça de São João Batista*, por Andrea Solário (créditos ao final do livro).

1.2.2.2. Constitucionalismo grego

A civilização grega teve origem em Creta, no século XX a.C. Assim como a doutrina reconhece demonstrações constitucionalistas no povo hebreu, na Antiguidade, podemos apontar

---

estranho, e ele, não querendo tomar de suas ovelhas, nem de seus bons para aprontá-los e dar de comer ao hóspede que lhe tinha chegado, foi e apoderou-se da ovelhinha do pobre, preparando-a para o seu hóspede'. Davi, indignado contra tal homem, disse a Natã: 'Pela vida de Deus! O homem que fez isso merece a morte. Ele restituirá sete vezes o valor da ovelha, por ter feito isso e não ter tido compaixão'. Natã disse então a Davi: 'Tu és este homem. Eis o que diz o Senhor Deus de Israel: Ungi-te rei de Israel, salvei-te das mãos de Saul, dei-te a casa do teu senhor e pus as suas mulheres nos teus braços. Entreguei-te a casa de Israel e de Judá e, se isso fosse ainda pouco, eu teria ajuntado outros favores. Por que desprezaste o Senhor, fazendo o que é mal aos seus olhos? Feriste com a espada Urias, o hiteu, para fazer de sua mulher a tua esposa, e o fizeste perecer, pela espada dos amonitas. Por isso, jamais se afastará a espada de tua casa [...]. Davi disse a Natã: 'pequei contra o Senhor'. Natã respondeu-lhe: 'O Senhor perdoa o teu pecado; não morrerás. Todavia como desprezaste o Senhor com esta ação, morrerá o filho que te nasceu'. E Natã voltou para a sua casa" (2º Livro de Samuel, capítulo 12, versículos 1-15).

demonstrações iniciais de Constitucionalismo na Grécia Antiga, berço cultural da humanidade e local de nascimento e desenvolvimento da democracia.

Todavia, não podemos apontar, na Antiguidade, um único "direito grego". Como disse meu saudoso e brilhante amigo Ronaldo Leite Pedrosa, "é igualmente necessário ter em mente que não havia um direito grego genérico, aplicado a todas as Cidades-Estado. Ao posto, considerando a inexistência histórica de unidade política, podemos afirmar que havia vários direitos gregos"[16]. No mesmo sentido, o professor português Jorge Bacelar Gouveia lembra que "não é, pois, viável, a construção de um Estado Grego unitário [...]. Assim, se impõe a individualização de duas concretizações assaz diferenciadas e melhor conhecidas – as cidades--Estado de Atenas e Esparta – que dominavam este período"[17].

Vigoravam nas cidades-Estado gregas um conjunto de costumes, tradições, estatutos, que, reunidos, formavam o que os gregos entendiam como "constituição". Com o passar da história, diante da necessidade de atualização e modernização desse conjunto de normas, eram chamados sábios para realizar tal tarefa.

Dentre eles, podemos mencionar Licurgo (na cidade-Estado de Esparta, cerca de 1000 a.C.), que visou estreitar a relação do indivíduo com o Estado, assegurando a educação dos jovens pelo Estado, a partir dos sete anos até os vinte anos de idade, refeições públicas etc. Da mesma forma, Drácon, em Atenas (por volta de 620 a.C.) que, em razão de suas leis rígidas, severas, deu ensejo à expressão "draconiano"; Sólon, que teria vivido entre os anos 638 a 558 a.C., suavizou as leis de Drácon, possibilitando um sistema mais democrático, com a participação da população mais pobre, e Péricles, cujo governo teve longa duração (489 a 429 a.C.), restaurou as artes em Atenas, estimulou a cultura e a filosofia.

a) **Constitucionalismo ateniense**

Marcada pela organização política de base civil e democrática, mormente no tempo de Péricles (algo ressaltado pelo próprio Aristóteles[18]), Atenas é a cidade-Estado mais relevante para nossa análise, historicamente identificada como o grande precedente de limitação do poder político e participação dos cidadãos nos assuntos públicos.

A democracia ateniense decorre da abertura do Parlamento aos cidadãos detentores de direitos políticos (malgrado mulheres, escravos e estrangeiros não possuíssem esses direitos[19]). As leis (*nómos*) eram públicas e talhadas nos muros da cidade ou dos tribunais respectivos. A cidadania e a nacionalidade ateniense atendiam ao critério sanguíneo: cidadão ateniense era o descendente masculino de pai e mãe ateniense.

A legislação e a fiscalização do dinheiro público previam o controle rígido sobre as contas de cada funcionário responsável, submetendo-se à fiscalização ao final de sua gestão. Recusando-se a prestar contas, poderia ser ajuizada contra ele a ação *graphé alogiou*.

---

16. Op. cit., p. 120.
17. *Manual de Direito Constitucional*, v. I, p. 177.
18. "[...] assim que Péricles tomou a direção do povo e começou, pela primeira vez, a ganhar fama, a Constituição tornou-se ainda mais democrática. Com efeito, Péricles retirou ao Areópago alguns dos seus poderes e, em especial, medidas que permitiram ao povo ganhar confiança para chamar a si a maior parte dos assuntos de Estado" (apud Jorge Bacelar Gouveia, op. cit., p. 178).
19. Segundo Luís Roberto Barroso: "Pelos padrões atuais, tratava-se de uma organização política excludente: um terço da população era escrava, os estrangeiros mesmo que livres, bem como as mulheres, não tinham o direito de participação. De uma população estimada em 300 mil pessoas, cerca de 40 mil tinham *status* de cidadão, como tal compreendidos os maiores de 20 anos nascidos de pais atenienses" (*Curso de Direito Constitucional Contemporâneo*, p. 7).

Essa não era a única ação pública prevista no direito ateniense. Primeiramente, deve-se ressaltar que *ação pública (graphé)* podia ser iniciada por qualquer cidadão que se considerasse prejudicado pelo Estado, enquanto a *ação privada (diké)* consistia num debate judiciário entre dois ou mais litigantes. São exemplos de ações públicas (graphé), além da *grafe elogiou*, já mencionada: *graphé doron* (contra oficial que aceitou suborno), *graphé pseudengraphes* (contra oficial por registrar falsamente alguém como devedor do Estado) e a famosa *graphé paranomon* (contra o que propôs um decreto ilegal). Essa última é considerada por muitos como o antecedente mais remoto do controle de constitucionalidade.

Nas palavras de Karl Loewenstein, "todas as instituições políticas dos gregos refletem sua profunda aversão a todo tipo de poder concentrado e arbitrário, e sua devoção quase fanática pelos princípios do Estado de Direito de uma ordem regulada democrática e constitucionalmente, assim como pela igualdade e justiça igualitária (isonomia). As diferentes funções estatais foram amplamente distribuídas entre diversos detentores de cargos, órgãos ou magistrados, o poder dos últimos foi restrito por engenhosas instituições de controle"[20].

> **REVISANDO**
> Na Grécia Antiga, o grande precedente de limitação do poder político e participação dos cidadãos nos assuntos públicos foram as ações públicas *graphés*, em especial a *graphé paranomon*, que é o antecedente remoto do controle de constitucionalidade.

b) Constitucionalismo espartano

Diferentemente de Atenas, Esparta adotou uma organização política militarista, condicionando a liberdade individual às exigências de defesa do território. Não é à toa que a doutrina afirma que: "a orientação do Estado Espartano pautava-se, em larga medida, na consolidação de um sistema jurídico autônomo que visava, de modo permanente, propiciar a manutenção de uma formidável máquina de guerra"[21].

A organização política de Esparta era mais rudimentar que a de Atenas. Segundo a doutrina, os dois *reis heráclitas* exerciam de fato seus poderes, sobretudo durante as guerras, auxiliados pelo *Conselho de Anciãos* (de mandato vitalício), cujas orientações eram ou não referendadas pela *Assembleia* do povo espartano.

Em Esparta, o *Eforato* (única instituição não atribuída à legislação de Licurgo, formado por cinco membros eleitos anualmente) é a instituição mais poderosa do Estado e reduz o poder político da realeza, representando uma espécie de poder moderador. Concede ao povo um mínimo de direitos e conserva o caráter autoritário da vida pública tradicional.

Assim, Esparta era regida por uma espécie de diarquia real de caráter hereditário. Todavia, o poder monárquico não era absoluto, como lembra o próprio Aristóteles: "O legislador nem mesmo acreditou que podia tornar os seus nem bons nem virtuosos; parece até desconfiar deles como de pessoas que não têm virtudes bastantes"[22]. Verifica-se, pois, não com o mesmo grau de detalhamento do constitucionalismo ateniense, uma tentativa de limitação

---

20. Op. cit., p. 155.
21. Rodrigo Freitas Palma. *O Direito Espartano*. Retirado da internet no dia 29-5-2014. Disponível em: <http://www.unieuro.edu.br/sitenovo/revistas/downloads/consilium_02_03.pdf>.
22. *A Política*, p. 55.

do Poder Estatal por meio do direito. Podemos dizer que um ponto unia as legislações ateniense e espartana: o alijamento da mulher como titular de direitos[23].

1.2.2.3. Constitucionalismo romano

Embora haja diversas classificações, é majoritário o entendimento de que a historiografia jurídica romana se divide em: **a) Realeza** (das origens de Roma, em 754 a.C., à queda da realeza, em 510 a.C.); **b) República** (510 a.C. a 27 a.C., quando o Senado investe Otaviano, futuro Augusto, no poder supremo); **c) Principado** (de 27 a.C. até 285 d.C.); **d) Baixo Império** ou **Dominato** (de 285 a 565 d.C., quando morre Justiniano).

a) **Pré-Constitucionalismo na Realeza (754 a.C. a 510 a.C.)**

Na primeira fase *(Realeza)*, os costumes eram a principal fonte do Direito[24] e a jurisprudência era monopolizada pelos pontífices. Durante esse período, foram reis: Rômulo, Numa Pompílio, Tulo Hostílio, Anco Márcio, Tarquínio, Prisco, Sérvio Túlio e Tarquínio, o Soberbo.

Além do Rei, havia o Senado, com cem membros e os comícios. O rei era vitalício e irresponsável. Era o chefe supremo do exército, exercia funções de juiz, sacerdote, tinha amplos poderes administrativos e podia declarar a guerra e celebrar a paz. O Senado, por sua vez, exercia função consultiva junto ao rei e deliberatória quanto aos comícios (toda deliberação dos comícios deveria ser referendada pelo Senado).

Nessa fase, os costumes eram a fonte do Direito. Como disse José Carlos Moreira Alves: "Todos os povos primitivos começam a reger-se pelo costume – complexo de usos praticados pelos antepassados e transmitidos a gerações pela tradição –, pois é ele espontâneo, independente, portanto, da existência de órgãos que o elaborem". Roma não fugiu a essa regra: o *mos maiorium* (costume) foi fonte do direito, na realeza.

b) **Constitucionalismo antigo na República (510 a.C. a 27 a.C.) – Lei das XII Tábuas**

A realeza terminou com uma revolução que baniu Tarquínio, o Soberbo. Em 510 a.C. surge a *República*. Nessa fase, os cônsules ganharam prestígio, com cargos vitalícios e várias atribuições. Nesse período, com a *Lex Licinia*, os plebeus adquiriram o direito de ser cônsules, bem como conseguem o direito de participar de outras magistraturas.

Explica-se: a sociedade romana possuía uma clara divisão de classes. Podemos enumerá-los: os *patrícios* (aristocracia, possuidora das melhores propriedades e que mantinham o controle sobre os demais membros da tribo), os *plebeus* (livres, mas não possuíam riqueza, submetendo-se à classe dominante), os *clientes* (classe intermediária entre as duas anteriores, vinculavam-se jurídica e economicamente aos patrícios, fidelizando-se em troca de proteção) e os *escravos* (não possuíam uma classe social em Roma, sendo apenas coisa – res).

Essa sociedade desigual gerou uma série de tensões, principalmente entre os plebeus e patrícios. O principal pleito dos primeiros é que fossem positivadas as normas jurídicas, já que prevalecia, naquele tempo, o direito consuetudinário, que acabava por privilegiar os *patrícios*.

---

23. "[...] as mulheres da Lacedemônia não recebiam qualquer amparo da lei, como se estivessem isentas de deveres e, por conseguinte, também de direitos. Esse virtual 'esquecimento' da parte de Licurgo não foi perdoado pelo célebre autor da 'Política', o qual, nesta mesma obra, lhe reservou severas críticas". Raquel de Souza, op. cit.
24. Ronaldo Leite Pedrosa, op. cit., p. 156.

Primeiramente, os plebeus lograram a criação do *tribuno da plebe*, com direito de veto às decisões do Senado (494 a.C.), número posteriormente ampliado para dez integrantes (471 a.C.). Uma comissão de patrícios foi até a Grécia estudar as leis de Sólon, fazendo as respectivas adaptações para a realidade romana. Foram escritas inicialmente dez tábuas e, posteriormente, as últimas duas foram escritas, completando as conhecidas doze tábuas[25].

A edição da Lei das XII Tábuas é considerada etapa importante no Constitucionalismo Romano. Como diz Luís Roberto Barroso, "o ideal constitucionalista de limitação do poder foi compartilhado por Roma, onde a República se implantou em 529 a.C., ao fim da monarquia etrusca, com a Lei das Doze Tábuas"[26].

Embora trate ela, em sua maior parte, de instituições de Direito Privado, verifica-se que a Tábua Nona é reservada ao Direito Público. Em seu primeiro item, traz a regra: "que não se estabeleçam privilégios em lei (ou que não se façam leis contra indivíduos). No item 2, traz um direito fundamental: "Aqueles que foram presos por dívidas e as pagarem, gozarão dos mesmos direitos como se não tivessem sido presos".

Outrossim, devem ser apontados os *editos dos magistrados*, como uma incipiente demonstração do Constitucionalismo na República Romana. Os editos eram proclamações de uma espécie de programa do magistrado, feito no início do ano em que desempenharia a magistratura (*edictum perpetuum*) ou para disciplinar sobre temas não previstos nesse programa (*edictum repentinum*). Como diz a doutrina, não podiam os magistrados judiciários "atribuir direito a ninguém, mas, sim, conceder ou negar ações (o que, praticamente, equivalia à criação de direitos)[27].

Figura 1.3 – Lei das XII Tábuas (créditos ao final do livro).

Resumindo essa fase histórica, Karl Loewenstein afirmou que "a organização estatal republicana foi um sistema político com complicados dispositivos de freios e contrapesos para dividir e limitar o poder político dos magistrados estabelecidos. Consistiu em um amplo repertório de limitações mútuas: os controles internos como a estrutura colegial das magistraturas altas e superiores, duração anual dos cargos e proibição de reeleição imediata, e controles internos que se aplicam eficazmente aos detentores do poder como, por exemplo, a intervenção dos tribunos da plebe ante a conduta ilegal de outro tribuno e até dos mais altos magistrados"[28].

---

25. Ronaldo Leite Pedrosa. Op. cit., p. 165. Segundo José Carlos Moreira Alves: "Em 454 a.C., segue para a Grécia uma embaixada, composta por três membros, para estudar a legislação de Sólon. Quando de seu retorno, em 452 a.C., são eleitos os decênviros, que, durante o ano de 451 a.C., elaboram um código em 10 tábuas. Mas, como o trabalho estava incompleto, elege-se novo decenvirato (do qual faziam parte alguns membros do primeiro, e – o que era inovação – alguns plebeus), que, em 450 a.C., redige mais duas tábuas, perfazendo, assim, o total de 12".
26. Op. cit., p. 7.
27. José Carlos Moreira Alves, op. cit., p. 23.
28. Op. cit., p. 156.

c) **Constitucionalismo antigo no Principado (27 a.C. a 285 d.C.)**

Tem início em 13 de janeiro de 27 a.C., com Otaviano, a quem o Senado outorgou o título de *Augustus*). Nesse período, em Roma, havia uma monarquia mitigada (pois o príncipe deveria respeitar as instituições da república). Por sua vez, nas províncias imperiais, era uma monarquia absoluta, porque o *princeps* exercia poderes discricionários.

Nesse período, eram fontes do direito: os costumes, as leis comiciais, os editos dos magistrados, o *senatus consultos*, e as constituições imperiais. Essas últimas nada mais eram do que atos emanados do *princeps* e, quando continham preceito jurídico, eram, pois, fontes do direito. Destacam-se as *edicta* (editos) que, como diz a doutrina, são "normas gerais que, em virtude do *ius edicendi* do príncipe, dele emanavam, e se assemelhavam, na forma, às oriundas dos magistrados republicanos"[29].

d) **Declínio Constitucionalista no Baixo Império ou Dominato (285 d.C. a 565 d.C.)**

O Baixo Império decorre da ascensão de Diocleciano, em 284 d.C., que implantou a monarquia absoluta, dando nova organização ao Império. Se no Principado a monarquia já era absoluta nas províncias, isso foi estendido também para Roma.

O imperador era o senhor absoluto, "*concebido*, segundo as ideias orientais, como *deus* e *dominus*"[30]. O Senado, nesse período, reduz-se à condição de mero conselho municipal.

No *dominato* (monarquia absoluta) há apenas uma fonte atuante de criação organizada do império: a constituição imperial, então denominada *lex*. Lembremos que a expressão "constituição imperial" refere-se a todos os atos emanados do imperador. Nesse período, havia duas espécies de constituição imperial: as *leges generales* e os rescritos (aquelas, medidas gerais; estes, medidas particulares)[31].

No *Baixo Império* ou *Dominato* o imperador passa a ter poder absoluto e divinizado. Como disse Luís Roberto Barroso: "o que terminou, na véspera do início da era cristã, foram a experiência e o ideal constitucionalista, que vinham dos gregos e haviam sido retomados pelos romanos. A partir dali, o constitucionalismo desapareceria do mundo ocidental por bem mais de mil anos, até o final da Idade Média"[32]. No mesmo sentido, nas palavras de Uadi Lammêgo Bulos: "na República romana, o constitucionalismo se desintegrou com as guerras civis dos primeiros séculos antes de Cristo, acabando com o domínio de César e o seu imperialismo despótico"[33].

1.2.2.4. *O constitucionalismo no Antigo Oriente*

O Direito no Oriente se desenvolve na medida em que cidades vão surgindo. Na Baixa Mesopotâmia, nas margens do rio Eufrates, mais próxima ao Golfo Pérsico, já existiam

---

29. José Carlos Moreira Alves, p. 37.
30. José Carlos Moreira Alves, p. 42.
31. José Carlos Moreira Alves, p. 43. Corroborando o que estamos dizendo, Uadi Lammêgo Bulos sintetiza: "o termo *constituição (constitutio)* era utilizado, no Baixo Império, em sentido estrito, para designar qualquer lei feita pelo imperador" (op. cit., p. 68).
32. Op. cit., p. 8.
33. Op. cit., p. 68. Segundo Karl Loewenstein: "o Constitucionalismo Republicano, arquétipo clássico para todos os tempos do Estado Constitucional, não estruturado necessariamente como democracia plena, se desintegrou nas guerras civis dos primeiros séculos antes de Cristo e acabou com o domínio de César, que foi uma monarquia no sentido literal. A mudança se levou a cabo através da acumulação sem limitação temporal dos principais cargos republicanos em sua pessoa, assim como através de sua hábil manipulação e corrupção do Senado. [...] Finalmente, todos os resíduos da Constituição Republicana foram eliminados no Império" (op. cit., p. 157).

cinco cidades nos anos 3100 a 2900 a.C. (Eridu, Badtibira, Sippar, Larak e Shuruppak). Já no Egito, a urbanização dá-se de forma gradual, o que resulta na formação das cidades entre 3100 e 2890 a.C.[34]

Em ambas as civilizações, a monarquia era a forma de governo. Todavia, enquanto no Egito consolidou-se uma monarquia unificada, com poder central definido, titularizado pelo Faraó, na Mesopotâmia optou-se pela criação de cidades-estado, com seus respectivos governantes, com alto grau de independência. Outrossim, enquanto no Egito o rei era o próprio deus, e não apenas um representante divino, na Mesopotâmia os reis eram representantes de deus, submetidos a limitações.

Tanto no Egito como na Mesopotâmia, as normas de direito tinham justificação na revelação divina. Por essa razão, não havia a noção de responsabilidade política pela decisão legislativa. Por exemplo, no prólogo do Código de Hammurabi, afirma-se que o conjunto de leis foi oferecido pelo deus Sarnas, por intermédio do rei Hammurabi. No Egito essa noção é ainda maior, já que o faraó era a própria divindade.

a) Constitucionalismo no Egito Antigo

No Egito, antes do domínio persa, nunca existiu um conjunto de leis de caráter impessoal, em razão da centralização do Estado na pessoa de caráter divino do faraó. Uma característica do antigo direito egípcio é a consagração de um princípio de justiça que é simbolizada na figura de uma deusa, de nome *Maat*. O faraó, com atributos de divindade, incumbia velar pelo princípio de justiça simbolizado pela deusa *Maat*.

Maat era a deusa da verdade, da justiça, da retidão e da ordem, representada como uma jovem mulher ostentando uma pluma de avestruz na cabeça (a qual era pesada contra o coração do morto, no julgamento de Osíris, para verificar o peso de seus pecados), segurando um cetro (símbolo de poder) em uma das mãos e um *Ankh*, símbolo de vida eterna, na outra (como se vê na imagem ao lado). Alguns faraós carregavam o título de *Maat-Meri* (amado de Maat). Portanto, *Maat* não era só uma deusa, mas também a filosofia em torno de uma consciência subliminar de Direito, evocando a noção de "verdade", "ordem" e "justiça".

Figura 1.4 – Deusa Maat (créditos ao final do livro).

Todavia, ao final do Império Novo (1550 a 1070 a.C.), as instruções e leis escritas começaram a proliferar e os faraós das últimas dinastias começaram a ter seus poderes, outrora absolutos, limitados, assim como os demais funcionários do estado egípcio[35]. Os atos dos faraós estavam regula-

---

34. Cristiano Paixão de Araújo Pinto. Direito e Sociedade no Oriente Antigo: Mesopotâmia e Egito. In *Fundamentos de História do Direito*. Antonio Carlos Wolkmer (org.).
35. Interessante exemplo é a instrução encaminhada a um vizir chamado Rekmara, durante a 19ª dinastia (fundada em 1293): "Não afastes nenhum queixoso, sem ter acolhido a sua palavra. Quando um queixoso vem queixar-se a ti, não recuses uma única palavra do que ele diz; mas se o deves mandar embora, deves fazê-lo de modo que ele entenda por que o mandas embora. Atenta no que se diz: queixoso gosta ainda mais que se preste atenção ao que ele diz do que

dos por prescrições consignadas nas leis, não somente os atos administrativos, mas também os atos da vida pessoal.

O diretor do Instituto de História Antiga da Universidade de Milão Mario Atilio Levi expõe: "Um princípio básico da vida egípcia era que o Faraó, feito deus, era o proprietário de tudo que existia, e que nenhuma forma de propriedade ou direito pessoal poderia ter precedência sobre ele. Quando a ideia do maat tornou-se independente do governante divino, essa situação já não existia, e o reconhecimento dos direitos do indivíduo começou a ser identificado com o princípio do maat"[36].

Documentos do Novo Império evidenciam uma mudança no tratamento dos poderes do faraó. Ele "passou a responder por seus atos na terra, como homens comuns, mas ainda era um deus, embora de um tipo inferior aos outros, de quem sua divindade derivava"[37]. Identifica o autor o motivo da mudança: "O caminho da reforma política começou com a separação do *maat* do governante que tinha sido seu intérprete. Uma vez que os homens admitiram a existência da justiça para a qual o Faraó deveria se submeter depois da morte e, como consequência, não tinha completos poderes absolutos, e que o que ele queria não era necessariamente justo, o caminho estava aberto para reformas fundamentais no conceito de soberania. Era possível conceber que o Faraó poderia agir injustamente..."[38].

b) Constitucionalismo na Mesopotâmia

Como vimos anteriormente, enquanto no Egito consolidou-se uma monarquia unificada, com poder central definido, titularizado pelo faraó, na Mesopotâmia optou-se pela criação de cidades-estado ou cidades-reino, com seus respectivos governantes, com alto grau de independência[39].

Outrossim, ao contrário do Egito, como já vimos, em que o rei (faraó) era a divindade, na Mesopotâmia o rei era um representante de deus na terra[40]. Embora, como no Egito, o governo fosse baseado na obediência religiosa, o rei não podia falar como um Deus, mas em nome dele[41].

Foi feito pelo rei Ur-Nammu o texto jurídico mais antigo de que se tem notícia, em alguma data situada entre 2140 e 2004 a.C. (hoje no museu de Istambul, na Turquia), contendo dispositivos de direito penal e comercial[42]. Historicamente posterior, foi feito o Código de Lipit-Ishtar, também em língua suméria, redigido pelo rei que lhe deu o nome (que reinou de 1934 a 1924 a.C.)[43].

---

ver a sua queixa atendida" (*História do Direito*. Rodrigo Freitas Palma, p. 64).
36. Mario Attilio Levi. *Political Power in the Ancient World*. The New American Library, p. 6-8.
37. Op. cit., p. 7.
38. Op. cit., p. 8.
39. Dentre as cidades-reino mais famosas, e que se sobressaíram na Mesopotâmia, citamos, na região da Suméria, Ur, Uruk, Lagash e Larsa; na região da Babilônia, além da cidade de mesmo nome, Kutha, Kish, Borsipa etc. Cada cidade deveria ter, no período de destaque, de 50.000 a 100.000 habitantes, segundo Ronaldo Leite Pedrosa (in *Direito em História*, p. 62).
40. "The king's power was derived from Heaven; not, however, because he was a god amongst men, but because he was the mediator between God and man" (O poder do rei era derivado do Céu; não, contudo, porque ele era deus entre os homens, mas porque ele era o mediador entre Deus e o homem), Mario Ottilio Levi, op. cit., p. 9.
41. Aliás, no prólogo do *Código de Hammurabi*, o rei afirma ter sido chamado pelos deuses *Anu* e *Bel* "para trazer a justiça na terra, destruir os maus e criminosos, para que os fortes não ferissem os fracos".
42. Ronaldo Leite Pedrosa, op. cit., p. 68-69.
43. Segundo a doutrina, nesse Código, "o próprio rei recorda que restabeleceu a salvaguarda geral dos direitos dos mais pobres, liberando a muitos cidadãos da opressão dos poderosos, e propõe a solidariedade familiar" (Rodrigo Freitas Palma. *História do Direito*, p. 48).

Não obstante, embora não tenha sido a primeira, ganhou maior projeção histórica a legislação feita pelo rei Hammurabi[44] (1792 a 1750 a.C.): o Código de Hammurabi.

O Código de Hammurabi encontra-se gravado em uma estela (palavra que vem do grego *stela* – "pedra erguida" ou "alçada") de diorito escuro, de mais de 2 metros de altura e com circunferência de 1,90 m, no qual se leem com facilidade 282 artigos, dispostos em cerca de 3.600 linhas de texto. Foi encontrado na cidade de Susa, capital Elão, em expedição arqueológica de 1901 e hoje se encontra no museu do Louvre, em Paris.

Segundo Alexandre de Moraes: "o Código de Hammurabi (1690 a.C.) talvez seja a primeira codificação a consagrar um rol de direitos comuns a todos os homens, tais como a vida, a propriedade, a honra, a dignidade, a família, prevendo igualmente, a supremacia das leis em relação aos governantes"[45].

De fato, como mencionado na pas-sagem doutrinária anterior, o *Código de Hammurabi* contém artigos que tutelam uma série de direitos fundamentais, como a *honra* (1. Se alguém enganar a outrem, difamando esta pessoa, e este outrem não puder provar, então aquele que enganou deve ser condenado à morte), a *propriedade* (22. Se alguém estiver cometendo um roubo e for pego em flagrante, então ele deverá ser condenado à morte); a *liberdade* (14. Se alguém roubar o filho menor de outrem, este alguém deve ser condenado à morte), a *inviolabilidade do domicílio* (21. Se alguém arrombar uma casa, ele deverá ser condenado à morte na frente do local do arrombamento e ser enterrado), a *incolumidade física* (195. Se um filho bater em seu pai, ele terá suas mãos cortadas) etc.

Figura 1.5 – Um dos exemplares até hoje existentes do Código de Hammurabi (fotografia tirada pelo autor no Museu do Louvre, em Paris, em 2016) (créditos ao final do livro).

Outrossim, ainda que de forma incipiente, vê-se a tentativa, baseada em argumentos religiosos, de limitar os poderes dos reis ao texto legal. Basta dizer que, depois de editar os 282 artigos, o rei Hammurabi, em seu epílogo, determina: "No futuro, através das gerações vindouras, que o rei deste tempo observe as palavras de retidão que escrevi no meu monumento. [...] Se este governante não tiver alta conta minhas palavras, aquelas que escrevi na minha inscrição, se ele desprezar as minhas maldições e não temer a cólera de Deus, se ele destruir a lei que me foi dada, corromper minhas palavras [...], que o grande Deus Anu, o pai dos deuses, que ordenou que ele governasse, retire desse homem a glória da realeza, que Ele quebre o cetro deste rei, e amaldiçoe seu destino".

---

44. Hammurabi era filho de Sin-Muballit e, ao assumir o trono da Babilônia, paulatinamente foi agregando outras cidades até atingir a hegemonia. Como estratégia, não atacava diretamente outras "cidades-reino", mas suas cidades satélites, minando suas economias e seus comércios. Segundo a doutrina, "foi o responsável direto por todo o esplendor alcançado pela Babilônia, principalmente após tê-la transformado num grandioso império. Ao conseguir consolidar a união dos elementos conformadores de sua cultura, tais como os sumérios, os acadianos e outros povos de origem semita, Hammurabi não hesita em se declarar o supremo governante de seu país" (Rodrigo Freitas Palma, op. cit., p. 49).
45. *Direitos Humanos Fundamentais*. São Paulo: Atlas, 2002, 4. ed., p. 24.

Destarte, conforme a doutrina, há um ponto de contato entre todas as leis feitas no Antigo Oriente: "uma análise atenta do prólogo e do epílogo dos 'códigos' de Ur-Namma, de Lipit-Ishtar e de Hammurabi parece permitir a conclusão de que o motivo principal que levou esses reis a proclamar e publicar seus 'códigos legais' foi, sem dúvida, a intenção de apresentar o monarca como um rei justo, o garante da justiça no país"[46].

d) Constitucionalismo Antigo na Índia

A civilização indiana, uma das mais antigas da humanidade, se desenvolveu às margens dos rios Indo e Ganges. Assim como em outras civilizações da Antiguidade, havia grande influência da religiosidade nos atos do poder público e de suas respectivas leis.

Historicamente relevante para nosso estudo é o *Código de Manu*, cuja data de edição é incerta, mas, como lembra a doutrina, "acredita-se que sua redação tenha ocorrido no século II a.C., sendo, portanto, bem ulterior àquelas produzidas no contexto do Antigo Oriente Próximo"[47]. Manu não era um rei ou legislador específico, o que desperta, na doutrina especializada, pelo menos duas posições (para alguns, é um ser mitológico[48] e, para outros, era um nome referente à casta dos brâmanes, sacerdotes todo-poderosos na Índia, que diziam ser os únicos intérpretes das escrituras sagradas[49]).

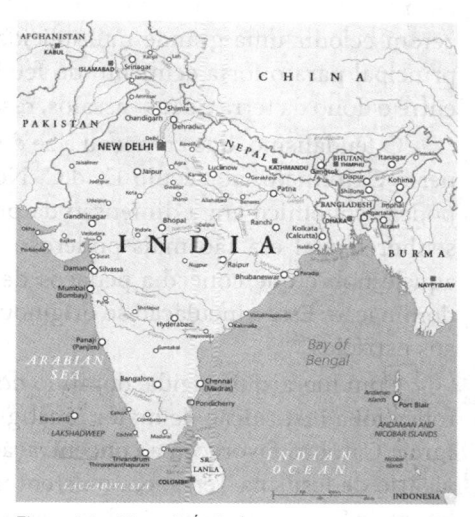

Figura 1.6 – Mapa da Índia (créditos ao final do livro).

O Código de Manu foi organizado em doze livros que tratam de diversas matérias. Refletia o modo de organização da sociedade hindu em castas (os brâmanes – sacerdotes, os guerreiros – componentes da escala militar, os comerciantes – pastores, artesãos e agricultores e, por fim, os sudras (escravos). Fora dessa classificação havia os párias (mendigos e outros tidos como infames). Os ares constitucionalistas da Idade Antiga podem ser encontrados nesse código no Livro VIII, haja vista que o rei não era detentor de poder absoluto. Impôs a lei uma série de regras de conduta ao monarca, quando exercia sua função de julgar: "Um rei, desejoso de examinar os negócios judiciais, deve comparecer à Corte de Justiça em um porte humilde, sendo acompanhado de brâmane e de conselheiros experimentados" (art. 1º). Além disso, "ali, sentado ou de pé, levantando a mão direita, modesto em seus trajes e em seus ornamentos, que ele examine os negócios das partes contestantes" (art. 2º).

1.2.3. Constitucionalismo medieval (Idade Média – 276 a 1453 d.C.)

Segundo a maioria dos historiadores, a Idade Média compreende o período entre os anos 476 (queda do Império Romano do Ocidente[50]) e 1453 (queda de Constantinopla, toma-

---

46. Rodrigo Freitas Palma. *História do Direito*, p. 44.
47. Rodrigo Freitas Palma, op. cit., p. 80.
48. Rodrigo Freitas Palma, op. cit., p. 80.
49. Ronaldo Leite Pedrosa, op. cit., p. 188.
50. No ano de 476 d.C., momento em que o império do ocidente já contava com poucos territórios e tropas a seu serviço,

da pelos turcos otomanos). Esse período histórico foi também denominado "Idade das Trevas"[51], em razão da escassez de registros históricos e outros escritos (máxime durante os séculos V e IX), em comparação com os períodos anteriores. Contudo, atualmente, essa expressão recebe muitas críticas de grande parte da doutrina[52].

O início da Idade Média é marcado pelas "invasões bárbaras", que não consistem apenas em incursões militares, mas também, e, principalmente, em migrações populacionais, com a permissão do antigo Império Romano do Ocidente. Essas migrações populacionais diversas fizeram eclodir uma grande multiplicidade de principados locais autônomos. Esse foi o fator principal para o fortalecimento do feudalismo, no qual as relações de poder se estabeleciam entre o dono da terra e seus vassalos, restando autoridade mínima para o rei, duques e condes[53].

O feudalismo, que começou a se delinear séculos antes, consolidou-se ao término do Império Carolíngio, no século IX d.C. Nesse período, o fator preponderante para mensurar o poder econômico era a dimensão da propriedade do senhor feudal. Como diz a doutrina, "o senhor feudal era tão mais poderoso quanto mais terras possuísse. Chamava-se suserano aquele nobre que concedia pedaços de terra para alguns vassalos, mantendo a estrutura de dominação. Essa vinculação se originou no período de Roma, com os clientes, que se ligavam aos patrícios"[54].

Com hierarquia rígida, domínio do conhecimento formal e riqueza máxima, a Igreja Católica foi a instituição de maior prestígio durante o feudalismo. Essa progressiva expansão da Igreja Católica favoreceu a concentração do poder espiritual no romano pontífice, que, como vigário de Jesus na Terra, era o detentor global do poder espiritual. Em 1223 foi criado o Tribunal do Santo Ofício, órgão da Igreja encarregado de processar e julgar, através da Inquisição, qualquer manifestação ou desconfiança de que alguém se afastava dos dogmas da religião dominante.

Também marcou a Idade Média a realização das "Cruzadas", iniciadas em 1096, sob os auspícios da Igreja e dos nobres. Consistiam em grandes investidas militares contra o Oriente a fim de alcançar a "libertação de Jerusalém". Os combates perduraram até 1291, ano em que os muçulmanos fizeram valer sua supremacia na região.

Foi na Idade Média que surgiram as primeiras Universidades (então denominadas *studia generalia*). A primeira Universidade voltada para o estudo do Direito foi a de Bolonha, na Itália, no século XI.

---

foi deposto Rômulo Augusto, último imperador romano do ocidente, que já estava enfraquecido em razão de invasões bárbaras que ocorreram durante todo o século V (em 400, pelos visigodos; em 406, alanos, vândalos e suevos na Gália; em 409, pelos pireneus; em 452 pelos hunos etc.).

51. Essa expressão tem origem nos textos do italiano Francesco Petrarca (Arezzo, 1304-1374), em 1330. Segundo ele, enquanto a Antiguidade era o período de "luz", em razão de suas realizações culturais, a Idade Média, por não tê-las, consistia no período das "trevas". Foi também usada durante a reforma protestante dos séculos XVI e XVII para se referir ao período de Corrupção Católica. Em resposta, a expressão foi popularizada pelo historiador e cardeal Caesar Baronius (Sora, 1538-1607), referindo-se à "idade das trevas" pela escassez de registros escritos, capazes de lançar luz sobre o historiador.

52. "O período do Estado Medieval não ficou apenas assinalado por uma especial relação entre o poder político e a religião, ao contrário daqueles que sugerem ter sido uma época de 'obscurantismo': antes se caracterizaria pela enorme revolução agrária e comercial que propiciaria, com o nascimento das cidades, sem esquecer o incremento cultural que se ficou a dever ao surgimento das universidades". Jorge Bacelar Gouveia. *Manual de Direito Constitucional*, p. 187.

53. Luís Roberto Barroso, op. cit., p. 9.

54. Ronaldo Leite Pedrosa, op. cit., p. 198.

1 • Constitucionalismo

Não obstante, o feudalismo, que cresceu durante a Alta Idade Média (séculos V ao X), declinou na Baixa Idade Média (séculos X ao XV). Como disse Luís Roberto Barroso, "já pela alta Idade Média e por conta de fatores diversos – que incluem a reação à anarquia da pluralidade de poderes e a revitalização do comércio –, começa a esboçar-se o processo de concentração do poder que levaria à formação dos Estados nacionais como organização política superadora dos modelos muito amplos e difusos (papado, império) e dos muito reduzidos e paroquiais (tribos, feudos). Nasce o Estado moderno, com natureza absolutista, no início do século XVI.

Indubitavelmente, um dos documentos mais marcantes do Constitucionalismo Medieval é a "Magna Carta Libertatum", de 1215, outorgada pelo rei inglês João I (1199-1216), conhecido como "João Sem Terra" e que, em cerca de 60 cláusulas escritas em latim medieval, estabeleceu uma nova aliança entre o rei e seus súditos[55].

1.2.3.1. Magna Carta de 1215

João, nascido em 24 de dezembro de 1166, foi rei da Inglaterra de 6 de abril de 1199 até sua morte, em 1216. O maior legado de seu reinado deu-se ao final, em decorrência da revolta dos barões: a Magna Carta, documento considerado como principal marco do constitucionalismo na Idade Média.

João era o mais jovem de cinco filhos do rei Henrique II e Leonor da Aquitânia, não tendo esperanças iniciais de herdar terras significativas (daí o motivo de seu apelido). Não obstante, após a revolta malsucedida de seus irmãos mais velhos, tornou-se o preferido do rei, sendo nomeado Lorde da Irlanda em 1177, recebendo terras na Inglaterra e no continente. Seus irmãos mais velhos William, Henry e Geoffrey morreram jovens. Tornou-se rei da Inglaterra o irmão de João: Ricardo I, conhecido como Ricardo Coração de Leão, em 1189. João tentou rebelar-se contra a coroa de seu irmão, que estava na Terceira Cruzada, não logrando êxito. Não obstante, com a morte de Ricardo, em 1199, João foi proclamado Rei, celebrando a paz com a França através do Tratado de Goulet, de 1200, o que durou pouco tempo. Reiniciada a guerra com a Inglaterra, em 1202, João conseguiu vitórias iniciais, mas a falta de recursos militares ensejou a queda de seu império no norte da França em 1204. Passou grande parte da década tentando reconquistar essas terras, levantando enormes receitas. Por essa razão, é conhecido como um dos reis que mais tributaram na Inglaterra, motivo pelo qual passou a fazer parte da lenda de Robin Hood, como o rei ganancioso e opressor[56].

Figura 1.7 – João, Rei da Inglaterra (1166-1216) (créditos ao final do livro).

---

55. Existem atualmente quatro exemplares originais, dois deles na Livraria Britânica de Londres, e outros nos arquivos da catedral de Lincoln e Salisbury (Claire Breay. *Magna Carta. Law, Liberty, Legacy*, p. 13).
56. "Dois principais problemas seguiram Ricardo II e continuaram a perseguir seu irmão mais novo, o Rei João. O primeiro era financeiro: como assimilar os vastos custos das campanhas. A solução adotada foi o aumento da exploração por meio de impostos e direitos feudais e privilégios na Inglaterra e Normandia. Isso foi combinado com cada vez maior controle dos procedimentos judiciais, a fim de controlar os lucros da justiça (os subornos, multas e paga-

Foi definitivamente derrotado pela França, na batalha de Bouvines, em 27 de julho de 1214. O humilhante retorno do Rei João à Inglaterra em outubro de 1214 foi seguido de seis meses de uma paz inquieta.

Regressando à Inglaterra, João enfrentou uma rebelião de muitos de seus barões, descontentes com as políticas fiscais e o tratamento dado a muitos dos mais poderosos nobres ingleses. Os barões ingleses, oprimidos por Henrique II, derrotados em sua oferta por autonomia, na rebelião de 1173, levantaram-se para demandar o que eles denominavam como suas "liberdades". A derrota de Bouvines ofereceu àqueles homens uma oportunidade que há tempos eles esperavam. Quanto à igreja, embora alguns bispos tivessem aderido à rebelião, o Papa ficou do lado do Rei João. Negociações foram iniciadas para elaboração de uma legislação, sendo que em janeiro de 1215 um conselho foi criado em Londres para facilitar as tratativas. Acirrados os ânimos, em junho desse ano, foi escolhido "Runnymede" como local das negociações, estando a meio caminho dos rebeldes londrinos e o castelo real de Windsor. Baseando-se em tradições anteriores, o documento foi escrito em latim e selado no dia 15 de junho de 1215. De todas as cláusulas da Magna Carta, a mais conhecida é a cláusula 39: "nenhum homem livre será preso, aprisionado ou privado de sua propriedade, ou tomado fora da lei, ou exilado, ou de maneira alguma destruído, nem agiremos contra ele ou mandaremos alguém contra ele, a não ser por julgamento legal dos seus pares, ou pela lei da terra". A expressão "lei da terra" (ou "law of the land", em inglês, ou "per legem terrae", em latim) é o antecedente do devido processo legal ("due process of law"), tão repetido nas legislações contemporâneas.

Depois de selada pelo Rei, a Magna Carta foi largamente publicada no verão de 1215. Muitas cópias foram enviadas a diversas localidades. As primeiras publicações foram em latim, posteriormente traduzidas para o francês (linguagem da nobreza) e posteriormente para o inglês (linguagem do povo em geral). Existe atualmente uma única tradução francesa da Magna Carta. Dos outros treze ou mais exemplares que foram escritos em junho e julho de 1215, apenas quatro são conhecidos atualmente[57].

É inegável a importância da Magna Carta de 1215, já que podemos considerá-la como sendo a fonte normativa de vários direitos fundamentais largamente reconhecidos pelas legislações dos povos. Por exemplo, podemos afirmar ser ela a origem remota do *habeas corpus*, como afirma Pontes de Miranda, em obra específica sobre o tema[58]. De fato, não previa a Mag-

---

mentos oferecidos pelos litigantes, em busca da justiça real). João herdou a dificuldade política e financeira de seu pai. A isso, ele acrescentou características pessoais e desagradáveis. Seu irmão, Ricardo I, rei da Inglaterra de 1189 a 1199, foi às cruzadas na Terra Santa e conteve a ameaça da invasão francesa da Normandia. Isso foi conseguido, no entanto, apenas com o vasto incremento dos tributos. João não era apenas o irmão mais novo relativamente inexperiente, ofuscado pelas realizações míticas de Ricardo, mas já foi manchado com uma reputação de duplicidade. No início dos anos 1190, enquanto Ricardo estava ausente no Leste, João conspirou com o rei da França, Philip Augustus. Ricardo debelou a conspiração, mas a traição de João nunca foi integralmente esquecida. Além disso, as campanhas de Ricardo ameaçaram exaurir os recursos financeiros da Inglaterra e Normandia. [...] Diante da crise de receita, John utilizou fontes alternativas de renda, recaindo cada vez mais intensamente sobre seus xerifes e barões" (Claire Breay, op. cit., p. 23).

57. "Permanece incerto quantas cópias da Magna Carta foram enviadas em 1215 e quem efetivamente as recebeu. Quatro desses documentos sobreviveram, embora outros tenham sido enviados. Três dessas quatro cópias restantes são aparentemente aquelas enviadas aos bispos de Canberbury, Lincoln e Salisbury, com o outro supostamente encontrado em Londres no século XVII. Um memorando escrito por um funcionário da Chancelaria inglesa no verso do rolo de patentes, mais de um mês após a edição da Magna Carta, observa que cerca de trinta e cinco mandados foram emitidos para a publicação da Magna Carta em Londres" (Claire Breay, op. cit., p. 72).

58. "Os princípios essenciais do *habeas corpus* vem, na Inglaterra, no ano de 1215. Foi no § 29 da Magna Charta Libertatum que se calcaram, através das idades, as demais conquistas do povo inglês para a garantia prática, imediata e utilitária da liberdade física" (*História e Prática do "Habeas Corpus"*, p. 36).

na Carta expressamente essa ação, mas o direito à liberdade de locomoção, por ela tutelado. Outrossim, inegavelmente, é a origem normativa clara e expressa do "devido processo legal", embora utilizando-se de uma expressão diversa ("lei da terra"). Por essa razão, a doutrina afirma que "a carta de 1215 foi a pedra inicial do novo estado de coisas, para a Inglaterra, para as nações-filhas e para o Homem"[59].

Embora sua importância histórica, é imperioso ressaltar que o rei João não tinha intenção de cumprir o conteúdo da Magna Carta. E de fato não cumpriu. Por ter se aproximado do papado[60], João I teve um grande aliado na inexecução da Magna Carta: o papa Inocêncio III denunciou em Roma o documento, declarando-o um documento rebelde. A bula papal de anulação da Magna Carta foi emitida pelo papa em 24 de agosto de 1215. Segundo historiadores, o rei João teria provavelmente enviado emissários a Roma durante o conselho, entre os dias 16 e 23 de julho, por estar enfurecido com o comportamento dos 25 barões que praticamente impuseram as cláusulas do documento selado em Runnymede. Dentre outras afirmações, escreveu o papa que a Magna Carta era "ilegal, injusta, prejudicial aos direitos reais e vergonhosa para o povo inglês".

Diante do descumprimento da Magna Carta pelo rei João, os rebeldes barões novamente se reuniram, entendendo que, se o monarca não podia ser contido, deveria ser substituído. Assim, uma assembleia rebelde formalmente o depôs no outono de 1215, oferecendo o trono a Luís, o filho mais velho do rei Philip Augustus da França. Este entrou, sem oposição, com um grande exército francês em Londres. Rei João resistiu, mas faleceu de grave disenteria, em Newark, em 18 ou 19 de outubro de 1216. Segundo a doutrina especialista, "a morte de João foi o que salvou a Magna Carta"[61]. Isso porque seu herdeiro (Henrique III), de nove anos de idade, assumiu o trono. Ele aceitou o que João havia rejeitado e em 12 de novembro de 1216 emitiu, em seu nome, uma nova versão da Magna Carta, uma versão autenticada com o selo do regente William Marshal.

Figura 1.8 – Fotos tiradas pelo autor de um dos originais da Magna Carta de 1215, exposto na British Library em 2015, em comemoração aos 800 anos do documento, bem como foto de réplica do sepulcro do rei João I (créditos ao final do livro).

---

59. Op. cit., p. 36.
60. Segundo a doutrina, "antes quase alheio aos negócios estritamente peculiares da Inglaterra e, nas raras vezes em que se interpusera, feito advogado dos interesses do povo, o papado ligou-se, desde esse tempo, ao rei, a obrar, ostensivamente, contra a Igreja inglesa e a nação. Garantia-se assim, por penetração mútua e despótica, a eficácia da dupla tirania. A partir dessa época, o poder papal veio sempre em socorro da Coroa, censurando e perseguindo os lutadores da liberdade inglesa" (Pontes de Miranda, op. cit., p. 36).
61. Claire Breay, op. cit., p. 78.

Segundo texto divulgado pelo próprio parlamento inglês, das 63 cláusulas da *Magna Carta*, apenas 4 (quatro) estariam hoje em vigor: 1 (em parte), 13, 39 e 40. Dessas cláusulas, as mais famosas seriam a 39 ("nenhum homem livre será apreendido, aprisionado, despossuído, proscrito, exilado ou arruinado de qualquer forma, nem de qualquer forma processado, exceto pelo julgamento legítimo de seus pares e pela lei do lugar") e 40 ("a ninguém iremos vender, a ninguém negaremos ou atrasaremos o direito ou a justiça". Segundo o sobredito órgão inglês, "essas cláusulas permanecem como lei até hoje e forneceram a base para importantes princípios do direito inglês desenvolvidos do século XIV ao século XVII e que foram exportados para a América e outros países de língua inglesa. Sua frase 'a ninguém' e 'nenhum homem livre' deu a essas disposições uma qualidade universal que ainda é aplicável hoje de uma forma que muitas das cláusulas relacionadas especificamente ao costume feudal não são"[62].

1.2.3.2. Outros documentos constitucionais da Idade Média

Em 1217, o rei Henrique III, ainda menor, firmou uma nova versão da Magna Carta (da qual atualmente existem quatro exemplares no mundo), que foi selada pelo legado do papa, Guala e pelo regente William Marshal. O conteúdo é muito semelhante ao documento do ano anterior, com algumas novas cláusulas (como a ordem de destruir todos os castelos construídos sem autorização durante a guerra e um capítulo sobre a floresta real).

Em 11 de fevereiro de 1225, o rei Henrique III (1216-1272) firmou o que se tornou a final e definitiva versão da Magna Carta. É essa a versão (e não a de 1215) que está no "Statute Book" do Reino Unido nos dias de hoje. Basicamente, seu conteúdo é o mesmo daquele de 1217, mas com mais *status* e autoridade. Refletindo seu novo consenso, o documento de 1225, ao contrário dos documentos predecessores, contou com uma longa lista de testemunhas, e a ele foi dada larga publicidade.

Em 1258, os barões novamente se rebelaram contra o rei e formaram uma Assembleia de 224 membros, dando-lhe oficialmente o nome de Parlamento. Elaboraram os parlamentares as "provisões de Oxford", que foram juradas pelo rei (mas, como seu pai fizera com a Magna Carta, conseguiu a anulação papal desse juramento, em 1261).

1.2.4. Constitucionalismo na Idade Moderna (de 1453 a 1789)

Como vimos anteriormente, prevalece o entendimento de que a Idade Moderna tem início em 29 de maio de 1453, com a tomada de Constantinopla pelos turcos otomanos (embora haja propostas de considerar a Conquista de Ceuta pelos portugueses, em 1415, ou a viagem de Cristóvão Colombo ao continente americano, em 1492, por exemplo).

No final do século XVI nasce o Esta-do moderno, originalmente absolutista, com seus monarcas supostamente ungidos pelo direito divino. O primeiro a empregar o termo "Estado" foi Maquiavel, na obra *O príncipe*, escrita em 1513. Passa a haver um maior distanciamento da Igreja, afirmando-se a noção de soberania, composta de um elemento externo (independência, sobretudo da Igreja) e interno (supremacia).

---

62. <https://www.parliament.uk/about/living-heritage/evolutionofparliament/originsofparliament/birthofparliament/overview/magnacarta/magnacartaclauses/>.

Importantes documentos da primeira parte da Idade Moderna são os "contratos de colonização", elaborados pelos imigrantes que ocupariam as colônias britânicas na América do Norte. Dentre eles, destaca-se o Compact, escrito no navio Mayflower[63]. A Inglaterra do século XVII foi marcada pela luta entre o rei e o Parlamento, culminando com a Petition of Rights, de 1628, as revoluções de 1648 e 1688 e a Bill of Rights, de 1689.

Não há um consenso sobre o início histórico exato do parlamento inglês. Enquanto alguns entendem ter sido a Assembleia de 1258[64] (que elaborou as "provisões de Oxford"), outros entendem que foi o Grande Conselho, convocado por Edward I em 1295[65]. Todavia, é certo que os conflitos entre o rei e o Parlamento começaram no reinado de James I, em 1603, e aumentaram no reinado de Charles I, em 1625[66].

Figura 1.9 – Selo impresso nos Estados Unidos, por volta de 1920, em comemoração à travessia do navio Mayflower (créditos ao final do livro).

1.2.4.1. A Constituição de San Marino

Com uma área de apenas 61 km² e com cerca de 30 mil habitantes, a República de San Marino (também chamada de Sereníssima República de San Marino) é um país completamente envolto pela Itália, fazendo fronteira com as províncias italianas de *Emília-Romana* e *Marcas*. Embora seja um país pequeno, tem imensa importância para o Direito Constitucional, tendo em vista que um dos seus documentos com *status* constitucional foi um importante marco do constitucionalismo na Idade Moderna.

Figura 1.9.1. – Bandeira de San Marino (créditos ao final do livro).

Importante frisar que a Constituição de San Marino é **histórica** e **variada**, ou seja, é fruto de uma lenta evolução histórica e também é formada pela soma de vários documentos, historicamente esparsos, como a Declaração dos Direitos Civis, de 1974, Emendas de 2002 e Estatutos de 1600. Por ter em seu corpo normativo dispositivos constitucionais de 1600, é considerada por alguns como "constituição mais antiga do mundo". Com a devida vênia, não concordamos com

---

63. O Compact foi assinado a bordo do navio Mayflower em 11 de novembro de 1620. Assinaram o documento 41 homens, dos 101 passageiros do navio. Tempestades forçaram o navio a ancorar onde hoje é Massachusetts, e não no local anteriormente estabelecido (rio Hudson). Por essa razão, alguns dos passageiros insinuaram que a liberdade seria plena, não havendo regramento quaisquer sobre eles. O Compact foi um conjunto de regras sociais nos quais os colonos concordavam e aceitavam seguir, para o bem da ordem e da sobrevivência de todos.
64. "Foi esse, na verdade, o primeiro parlamento propriamente dito. Não haja dúvida sobre esse ponto" (Pontes de Miranda, op. cit., p. 43).
65. "Desde aquele tempo, o parlamento tem sido composto por dois grupos: os que integram em virtude de seu *status* aristocrático e os que fazem na qualidade de representantes de outras classes" (Luís Roberto Barroso, op. cit., p. 11).
66. Segundo Pontes de Miranda, o rei Charles (ou Carlos I) "pretendia governar sem leis e sem nobreza" e "foi-se tornando aos poucos detestado e suspeito. No meio de todas essas dificuldades, com que o temperamento do rei não sabia arrostar, dissolveu ele quatro vezes, sucessivamente, o Parlamento, porque lhe recusava subsídios e lhe fazia justas reclamações" (op. cit., p. 71).

essa afirmação. Podemos fazer um paralelo entre a Constituição de San Marino e a Constituição da Inglaterra: ambas são históricas e possuem, com *status* constitucional, inúmeros documentos historicamente esparsos. Por exemplo, na Inglaterra, quatro dispositivos da *Magna Carta* de 1215 continuam em vigor. Assim, sob esse argumento, poderíamos dizer que o documento inglês do século XIII seria a mais antiga Constituição em vigor, ainda que em parte.

Dessa maneira, preferimos a expressão "ordenamento constitucional" de San Marino, em vez de "Constituição de San Marino". Explico: o que ocorre nessa pequena República de San Marino é algo que vem sendo ampliado em todo o mundo contemporâneo: a Constituição não é formada por um único documento, mas por vários documentos de *status* constitucional[67]. Aliás, essa expressão (ordenamento constitucional) também é utilizada pelo italiano Lodovico Luis Espinoza, da Universidade de Pisa[68].

O sistema jurídico atual de San Marino começou em 8 de outubro de 1600. Foi o primeiro ordenamento a denominar o país como República. O governo deu força vinculante a uma compilação dos *Estatutos*, escritos por Camilo Bonelli, tratando das instituições e práticas do governo e da justiça naquela época. O documento foi escrito originalmente em latim, em seis livros. O título em latim é *Statuta Decreta ac Ordinamenta Illustris Reipublicae ac Perpetuae Libertatis Terrae Sancti Marini*. Esse novo diploma veio em substituição do *Statuti Comunali* (Estatuto da Cidade) que servia San Marino desde os anos 1300.

O **Livro Um** contém 62 artigos, descrevendo os vários conselhos de San Marino (tribunais, uma série de cargos administrativos e os poderes atribuídos a eles etc.). Os dois últimos artigos explicam como a lei deve ser interpretada e alterada. O **Livro Dois**, denominado *Civilium Causarum*, contém 75 artigos, prevendo procedimentos civis, abrangendo intimações, interrogatórios, despesas judiciais, bem como outros temas como educação e salários do funcionalismo público. O **Livro Três**, chamado *Maleficiorum*, contém 74 artigos, abordando o Direito Penal, fornecendo uma fórmula pela qual a punição deve ser proporcional ao delito e a quaisquer circunstâncias atenuantes. O **Livro Quatro**, denominado *De Appellationibus*, contém 15 artigos, informando como os juízes são nomeados, bem como aborda temas como sentenças e recursos. O **Livro Cinco**, denominado *Extraordinarium*, contém 46 artigos sobre temas como saneamento, saúde, reservas de água e estradas. Por fim, o **Livro Seis**, com 42 artigos, trata do cultivo e da responsabilidade dos chefes de família pelos atos de seus filhos e servos.

Além dos 6 livros sobreditos, presentes nos *Estatutos de 1600*, a Constituição de San Marino também é formada pela *Declaração dos Direitos dos Cidadãos*, de 1974. Essa Declaração, aprovada em 12 de julho de 1974, contém uma declaração dos direitos do cidadão de San Marino, bem como estabelece as regras sobre Separação dos Poderes. A Declaração foi alterada em 2002, fornecendo mais detalhes sobre a organização do governo, estabelecendo um "Painel de Garantidores", sobre a constitucionalidade das normas, sendo uma espécie de tribunal responsável por avaliar o cumprimento das leis no que diz respeito à Declaração de Direitos.

---

67. Como veremos em capítulo posterior desta obra, é o que ocorre inclusive com o ordenamento constitucional brasileiro que, por força do art. 5º, § 3º, da Constituição Federal, permite que certos tratados internacionais de direitos humanos ingressem no ordenamento jurídico brasileiro com força de norma constitucional (é o que já acontece com a Convenção de Nova York dos Direitos das Pessoas com Deficiência e o Tratado de Marraqueche, sobre os direitos dos deficientes visuais).

68. *L'Ordinamento Costituzionale di San Marino e il ruolo del Collegio Garante della Costituzionalità delle Norme*, p. 1.

1.2.4.2. Bill of Rights e Petition of Rights e Declaração de Direitos do Bom Povo de Virgínia

Em 1628, o Parlamento britânico submeteu ao rei Charles (Carlos I) a Petition of Rights, com importantes limitações de seu poder[69]. Sucedeu-se um período de séria instabilidade política, culminando com a Revolução Gloriosa, em 1668[70]. Essa Revolução[71], ocorrida nos anos de 1688 e 1689, liderada pelos nobres britânicos, insatisfeitos com a postura do rei de reconduzir o país à doutrina católica, resultou na substituição da "dinastia Stuart", católica, pelo protestante Guilherme (William), príncipe de Orange, da Holanda, e sua mulher Maria (respectivamente genro e filha de Jaime II). Ao assumir o trono, Guilherme jurou cumprir a Declaração de Direitos (Bill of Rights), em abril de 1689[72].

Portanto, como se vê, no início da Idade Moderna leis foram feitas com o intuito de limitar o poder do Governante, dando-se destaque à Petition of Rights, de 1628 e Bill of Rights, de 1689.

Em 1776, foi editada a Declaração de Di-reitos do Bom Povo de Virgínia, primeira declaração de direitos fundamentais em sentido moderno, tendo sido elaborada antes da Declaração de Independência dos Estados Unidos, no mesmo ano. A Declaração de Virgínia continha as bases dos direitos humanos, inspirada nas teorias de Locke, Rousseau e Montesquieu. Como afirma João Carlos Brigola, da Universidade Nova de Lisboa, no contexto da independência os territórios da América do Norte, "foram cinco os territórios coloniais que, logo no ano de 1776, optaram pela exibição preambular de declarações de di-reitos: Virgínia, Pensilvânia, Maryland, Delaware e Carolina do Norte. Porém, a posição da Virgínia ocupa um lugar de destaque, tanto mais quanto é conhecido o caráter esporádico e confuso das restantes declarações. [...] Uma análise global ao texto da

Figura 1.10 – Estátua do Rei de Orange (William III da Inglaterra) na parte externa do Palácio de Kensington, em Londres (créditos ao final do livro).

---

69. "A Petição de Direitos protestava contra o lançamento de tributos sem aprovação do Parlamento, as prisões arbitrárias, o uso da lei marcial em tempos de paz e a ocupação de casas particulares por soldados" (Luís Roberto Barroso, op. cit., p. 11).
70. "Tem início um longo período de tensão política e religiosa [...] que vai desaguar na guerra civil (1642-1648), na execução de Charles I (1649) e na implantação da República (1649-1658), sob o comando de Cromwell. A República não sobreviveu à morte de seu fundador, dando-se à restauração monárquica com Charles II, em 1660. Seu filho e sucessor, James II, pretendeu retomar práticas absolutistas e reverter a Inglaterra à Igreja Católica, tendo sido derrubado em 1688, na denominada Revolução Gloriosa" (Luís Roberto Barroso, op. cit., p. 11).
71. Também conhecida como revolução sem sangue, tendo em vista que foi fruto de um acordo político entre o parlamento britânico e Guilherme de Orange, príncipe da Holanda, e o exército inglês, que desertou, redundando na fuga do rei e sua consequente abdicação.
72. "A Declaração de Direitos previa a convocação regular do Parlamento, de cujo consentimento dependiam medidas como a criação de leis, a instituição de tributos e a manutenção de exército permanente em tempos de paz. Assegurava, ademais, imunidade aos parlamentares por suas manifestações no Parlamento e impedia a aplicação de penas sem prévio julgamento" (Luís Roberto Barroso, op. cit., p. 11).

Virgínia revela-nos, em primeiro lugar, a enunciação de valores individuais, naturais e inalienáveis, inerentes a qualquer cidadão – da vida à felicidade, da propriedade à segurança"[73].

Não obstante, somente no final da Idade Moderna é que nasceu aquilo que a doutrina denomina de "Constitucionalismo Moderno": um movimento jurídico cujo objetivo é limitar o poder do Estado através de uma constituição.

O Constitucionalismo moderno tem origem com três constituições do final do século XVIII: a) a Constituição da Córsega, de 1755; b) a Constituição dos Estados Unidos da América, de 1787 e c) a Constituição Francesa, de 1791.

Figura 1.11 – Mapa da França (créditos ao final do livro).

a) Constituição da Córsega, de 18 de novembro de 1755

A Córsega é a quarta maior ilha do mar Mediterrâneo (depois da Sicília, Sardenha e Chipre), com 8.681 km^2, fica a oeste da Itália e tem como principais cidades Ajaccio e Bastia. Embora seja a primeira constituição representativa do Constitucionalismo Moderno, é bem menos conhecida que as duas seguintes (norte-americana e francesa). A explicação é simples: a Córsega, como país, existiu por apenas catorze anos (1755-1769). Curiosamente, no ano em que a República da Córsega precocemente acabou, nasceu o seu mais ilustre filho: Napoleão Bonaparte. Por isso, escreveu a famosa frase: "eu nasci quando minha pátria estava morrendo".

A ilha da Córsega, no início do século XVIII, fazia parte da República de Gênova. Liderada por Pasquali Paoli, a Córsega foi palco da primeira revolução burguesa da Europa, declarando sua independência em 1755, elaborando sua própria Constituição. Altamente inovadora, a Constituição contou com o aperfeiçoamento feito por Jean-Jacques Rousseau, que redigiu o seu "Projeto de Constituição para Córsega", de 1764.

A Constituição da Córsega[74] (também chamada de Constituição Paolina), escrita em italiano, inspirada nas ideias de Jean-Jacques Rousseau, foi a primeira Constituição do mundo a prever a separação dos poderes e o voto universal, nele incluindo o voto de mulheres e estrangeiros residentes, desde que maiores de 25 anos. Tornou-se o primeiro Estado Democrático da Europa, motivo pelo qual Rousseau, no capítulo X do livro II de seu *Contrato Social*, afirmou: "Existe ainda na Europa um país com legislação capaz: é a ilha da Córsega. Tenho o pressentimento que, um dia, esta pequena ilha espantará a Europa"[75].

Todavia, a Córsega independente durou pouco mais de uma década. Em 15 de maio de 1768, a República de Gênova cede à França a soberania sobre a Córsega como garantia de suas dívidas. A Córsega é invadida por milhares de soldados franceses e, desde então, a Córsega faz parte do território francês[76].

---

73. *A Declaração dos Direitos da Virgínia*: enquadramento histórico-político, p. 12.
74. Íntegra da Constituição da Córsega, em francês, disponível em: <http://pasqualepaoli.free.fr/2/2.html>..
75. Jean-Jacques Rousseau, *O Contrato Social*, p. 62.
76. Embora a imprensa noticie crescente movimento separatista corso. A FLNC (Frente de Libertação Nacional da Córsega) surgiu em 1976, com várias ramificações mais e menos violentas. Em 2003, em plebiscito realizado na ilha, 51% dos seus habitantes votaram contra maior independência da ilha, o que fez aumentar a violência de alguns movimentos separatistas.

b) a Constituição norte-americana, de 1787

Como vimos anteriormente, os primeiros textos importantes para o Direito Constitucional elaborados no continente americano foram os "contratos de colonização", em especial o Compact do navio Mayflower. A partir do século XVII, a costa leste norte-americana foi povoada por colonos ingleses[77]. As colônias eram leais à coroa britânica, até meados do século XVIII. Não obstante, imposições tributárias cada vez maiores e restrições às atividades econômicas e comerciais romperam a paz entre a metrópole e a colônia. Destacam-se historicamente o *Stamp Act*, de 1765, e o *Boston Tea Party* (Festa do Chá de Boston), de 1773[78]. Esses atos dos colonos motivaram uma resposta do governo britânico: as "leis intoleráveis" (*intolerable acts*) de 1774: o porto de Boston foi interditado, foi requerida indenização para a Companhia Britânica das Índias Orientais, proibida toda e qualquer manifestação pública contra a metrópole, os colonos estavam obrigados a proporcionar alojamento e estada de soldados britânicos etc.

Os ânimos na colônia se acirraram ainda mais. Em 1774 foi convocado o Primeiro Congresso Continental, dando início a uma reação organizada contra a coroa britânica. Em 1775, o parlamento britânico declarou Massachusetts em estado de rebelião. Iniciou-se a guerra. Nesse mesmo ano, foi convocado o Segundo Congresso Continental (que funcionou até 1788), deliberando sobre a criação de um exército organizado, cujo comando foi entregue ao general George Washington. A Guerra durou até 1783, findando com o Tratado de Paris, de 3 de setembro de 1783, no qual o governo britânico aceitou a independência das colônias norte-americanas[79]. Designou-se uma comissão para elaboração da Declaração de Independência, cujo principal redator foi Thomas Jefferson.

Figura 1.12 – Thomas Jefferson (Presidente dos EUA) (créditos ao final do livro).

---

77. "A primeira colônia foi Virgínia, fundada em 1606, por uma companhia de comércio internacional. Massachusetts foi colonizada pelos puritanos, que vieram no navio Mayflower e desejavam criar uma comunidade regida por seus valores religiosos. Para Maryland foram os católicos, então perseguidos na Inglaterra" (Luís Roberto Barroso, op. cit., p. 15).
78. A Festa do Chá de Boston (*Boston Tea Party*), ocorrida em 16 de dezembro de 1773, foi uma ação dos colonos americanos que atacaram três navios carregados de chá, pertencentes à Companhia Britânica das Índias Orientais, atirando-os às águas do porto de Boston. Esse movimento ocorreu em retaliação à "Lei do Chá" (*Tea Act*), aprovada no parlamento britânico em 1773, autorizando a distribuição de chá britânico em solo norte-americano, causando prejuízo aos comerciantes locais. Mais detalhes são dados por Paixão e Bigliazzi: "No fim de 1773, um navio com carregamento de chá atracou no porto de Boston. Havia um temor generalizado de que, caso fosse efetivamente descarregado o produto, ter-se-ia a materialização da tributação almejada pela metrópole. Assim, um grupo de ativistas coloniais (ao que parece, mal disfarçados de índios *Mohawk*) invadiu o porto no dia 16 de dezembro e lançou cerca de 90 toneladas de chá ao mar. O episódio, normalmente conhecido como *Boston Tea Party*, foi utilizado por Londres para a adoção de severas medidas punitivas" (*História Constitucional inglesa e norte-americana: do surgimento à estabilização da forma constitucional*, p. 112).
79. Segundo Gassen Zaki Gebara, "Derrotados no campo de batalha, os ingleses não só reconheceram o fim da Guerra da Independência, a emancipação das colônias, além de serem compelidos a admitir decisões embaraçosas: o rei Jorge III, por exemplo, teve que receber John Adams em Londres como o primeiro diplomata americano na Corte de Saint James" (*O Constitucionalismo nos Estados Unidos da América: das Treze Colônias à República Presidencialista*).

Thomas Jefferson foi um dos mais influentes "pais fundadores" (*founding fathers*) e foi o segundo vice-presidente dos Estados Unidos (1797-1801). A declaração de Independência foi assinada em 4 de julho de 1776. Nesse instante, surgiu uma Confederação entre as treze colônias, recém-declaradas independentes.

Em 1777, as Colônias aprovaram os "Artigos da Confederação e a União Perpétua", que pode ser considerado o primeiro documento do governo dos Estados Unidos da América. Nas palavras de Gassen Zaki Gebara, "os artigos da Confederação formaram uma instável Organização Política que unia as treze colônias, com capacidade de autogoverno quase que somente em tempos de exceção política. [...] Algumas constituições estaduais como as de Maryland, Pensilvânia e Massachusetts consagravam o *due process of law* antes mesmo da promulgação da Constituição Federal americana. A Declaração dos Direitos da Virgínia, de 1776, tratava do princípio [...] na Secção 8ª [...] A Seção I já proclamava o direito à vida, à liberdade e à propriedade. Outros direitos humanos fundamentais também foram expressamente previstos, tais quais: o princípio da legalidade, o devido processo legal, o Tribunal do Júri, o princípio do juiz natural e imparcial, a liberdade de imprensa e a liberdade religiosa"[80].

A união mostrou-se frágil e incapaz de resolver problemas como o comércio entre as colônias, por exemplo. Foi convocada uma nova convenção, na Filadélfia, a partir de 14 de maio de 1787. Com a participação de doze colônias (Rhode Island não enviou representantes) e sob a liderança de George Washington, Benjamin Franklin, Alexander Hamilton e James Madison, o texto foi aprovado em 17 de setembro de 1787, iniciando-se um processo de ratificação dos Estados, que durou cerca de um ano. O processo de ratificação pelos Estados foi árduo, principalmente em Massachusetts e Nova York[81].

No texto originário, a Constituição norte-americana não previa direitos e garantias fundamentais, que foram acrescidas posteriormente, em 1791, por meio de dez emendas constitucionais (*amendments*). Uma das grandes características da Constituição norte-americana foi a introdução da noção de *supremacia formal da Constituição* sobre os demais atos normativos. Segundo Jorge Miranda, é característica marcante nesse momento "a noção de Constituição e do seu valor superior a todos os demais atos da Federação e dos Estados federados e, em especial, a autoridade reconhecida aos tribunais na sua interpretação"[82]. Curiosamente, embora não houvesse nenhum dispositivo constitucional expresso dando aos tribunais a possibilidade do *judicial review* dos atos normativos, razões sólidas a justificavam[83]. O controle de constitucionalidade foi colocado em prática pela primeira vez em 1803, no acórdão da Suprema Corte, presidido pelo *Chief Justice* John Marshall, no caso *Marbury* vs. *Madison*. Pela primeira vez, declarou-se inválida uma lei por ser contrária à Constituição.

---

80. Op. cit., p. 6. A Declaração de Direitos da Virgínia é a primeira "Declaração de Direitos" no sentido moderno, limitando os poderes do Estado, precedendo a Constituição norte-americana (de 1787) e a Declaração de Direitos do Homem e do Cidadão (de 1789).
81. Em Nova York, o debate deu ensejo à publicação na imprensa de vários artigos de autoria de John Jay, James Madison e Alexander Hamilton. Posteriormente, foram reunidos em um volume único, denominado *O Federalista* (*Federalist Papers*).
82. *Manual de Direito Constitucional*, t. I, p. 136. Segundo o mestre português: "Ao invés da França e dos países europeus durante o século XIX, os Estados Unidos vivem quase desde a sua formação sob o princípio da constitucionalidade – o princípio de que as leis e os outros atos do Estado devem ser conformes com a Constituição e não devem ser aplicados pelos tribunais no caso de serem desconformes".
83. "O poder legislativo é um poder constituído, que não pode ser exercido contra a Constituição, obra do poder constituinte; os tribunais só podem aplicar leis válidas e são inválidas as leis contrárias à Constituição – que é lei superior a todas as outras leis" (Jorge Miranda, op. cit., p. 141).

A Constituição norte-americana é rígida e elástica. Rígida porque possui um processo de alteração mais rigoroso que o destinado às outras leis[84]. Elástica porque "tem podido ser concretizada, adaptada, vivificada (e até metamorfoseada), sobretudo pela ação dos tribunais"[85].

A Constituição norte-americana institui o *federalismo por agregação*. As colônias recém-declaradas independentes se uniram para formar um país, formado por estados relativamente autônomos. O federalismo norte-americano se baseia em quatro princípios jurídicos: a) poder constituinte de cada Estado, nos limites da Constituição Federal, respeitando obrigatoriamente a forma republicana (art. 4º, seção IV); b) intervenção institucionalizada na formação da vontade política federal (com a existência de um Senado, representante dos Estados, com igual representação – 2 senadores por Estado, processo de votação do colégio eleitoral presidencial, emendas à Constituição serem aprovados por 2/3 dos membros das duas câmaras e ratificados por 3/4 dos Estados); c) repartição de competência entre os entes federativos[86]; d) igualdade jurídica dos Estados Federados (representada, por exemplo, pela igualdade de representação no Senado Federal).

Por fim, destacam-se na Constituição norte-americana a *separação dos poderes e o sistema presidencial*. Inspirada diretamente em Montesquieu, previu a tripartição de poderes: executivo, legislativo e judicial. Tais poderes não produzem apenas atos inerentes a sua função, mas também interferem em atos de outros órgãos, ao que se tem denominado de freios e contrapesos (*checks and balances*). Outrossim, o sistema de governo adotado é o presidencialismo. O chefe de governo federal é o presidente dos Estados Unidos, eleito por quatro anos, formalmente através do colégio eleitoral, por sufrágio direto, com previsão de *impeachment*, por deliberação do Congresso, mas por maioria qualificada de dois terços.

c) a Constituição Francesa, de 1791[87]

A França do século XVIII era constituída por uma monarquia absolutista, tendo o rei a palavra final sobre a justiça, a economia, a diplomacia, a guerra, a paz etc., o que se passou a denominar Antigo Regime (ou em francês *Ancien Régime*[88]). A sociedade mantinha a divisão em três Ordens ou Estados: o clero (Primeiro Estado), a nobreza (Segundo Estado) e o povo (Terceiro Estado), este último sempre prejudicado quando da elaboração das leis. O absolutismo se consolida durante o reinado de Luís XIII, vindo a ter sua expressão simbólica mais emblemática na frase de Luís XIV: *"L'Etat c'est moi"* (O Estado sou eu). Além do absolutismo, havia grupos muito privilegiados: o Primeiro Estado (o clero), que correspondia a apenas 0,5%

---

84. Segundo o art. 5º da Constituição norte-americana: "o Congresso, todas as vezes que dois terços de ambas as Câmaras o julgarem necessário, proporá emendas a esta Constituição, ou, a pedido das legislaturas de dois terços dos diversos Estados, convocará uma convenção para a proposta de emendas que, em ambos os casos, serão válidas para todos os fins e propósitos, como parte desta Constituição, quando ratificadas pelas legislaturas de três quartos dos diversos Estados, ou por três quartos das convenções para tanto reunidas, conforme um ou outro modo de ratificação tenha sido proposto pelo Congresso".
85. Jorge Miranda, op. cit., p. 134. Por essa razão, estudar o Direito Constitucional norte-americano não é uma tarefa simples, tendo em vista a enorme importância das decisões judiciais sobre interpretação e aplicação da Constituição, o costume e as Constituições dos Estados com enorme influência em muitos temas, como eleições, participação popular, poder local, educação etc.
86. As competências que não pertencem expressamente ao Estado Federal (como defesa, comércio externo, moeda, correios) pertencem ou podem pertencer aos Estados Federados (como Direito Civil, Direito Penal, poder local etc.).
87. Íntegra da Constituição francesa de 1791. Disponível em: <http://www.fafich.ufmg.br/~harnaut/const91.pdf>.
88. Antigo regime refere-se ao sistema social e político aristocrático adotado na França, bem como o modo característico do regime estatal durante os séculos XVI, XVII e XVIII, decorrente das monarquias absolutas.

da população, e o Segundo Estado (nobreza), composta de cerca de 1,5% dos habitantes. A crise financeira foi um dos motivos propulsores da Revolução, agravada ainda mais com a intervenção do país na guerra revolucionária norte-americana. Foram convocados os Estados Gerais, antiga assembleia parlamentar. O Terceiro Estado, formado pela burguesia (banqueiros, comerciantes, profissionais liberais e proprietários), por trabalhadores e camponeses, rebelou-se, inspirado nas ideias do padre Emmanuel Joseph Sieyès, autor de um panfleto intitulado "O que é o Terceiro Estado" e se proclamou "Assembleia Nacional Constituinte", em 9 de julho de 1789. Escreveu o padre: "O que é o Terceiro Estado? Tudo. O que tem sido até agora na ordem política? Nada. O que ele pede? Tornar-se alguma coisa". Embora o rei tenha tentado dissolver a Assembleia, houve um movimento popular dos mais pobres, tendo como símbolo a "Tomada da Bastilha", prisão destinada a nobres, símbolo do absolutismo, no dia 14 de julho.

A Assembleia Constituinte iniciou uma série de reformas legislativas, dentre elas a abolição do sistema feudal e a promulgação da Declaração dos Direitos do Homem e do Cidadão (*Déclaration des Droits de l'Homme et du Citoyen*), de 1789, que foi o primeiro passo para a elaboração da primeira constituição francesa. Como uma clara oposição ao absolutismo, amparou-se no direito natural ao afirmar, no art. 1º: "os homens nascem e são livres e iguais em direitos. As distinções sociais só podem fundamentar-se na utilidade comum". Em 1790, foi aprovada a "Constituição Civil do Clero", separando Igreja e Estado, ordenando a obediência dos clérigos franceses ao Estado francês, transformando-os em "funcionários públicos eclesiásticos", bem como previu a eleição dos bispos, pelo voto popular, o que contou com veemente oposição papal.

Em *setembro de 1791 foi promulgada a primeira Constituição francesa*. Não se opôs à monarquia (tanto que a manteve), mas ao absolutismo e aos privilégios da nobreza e do clero. Em seu preâmbulo, destaca-se: "Não há mais nobreza, nem distinções hereditárias, nem distinções de ordens, nem regime feudal, nem qualquer dos títulos, denominações e prerrogativas que dele derivavam, nem qualquer ordem de cavalaria, de corporações ou condecorações para as quais se exigiram provas de nobreza, ou que supunham distinções de nascença". O fim do absolutismo já aparece no art. 1º, do Título III ("a soberania é una, indivisível, inalienável e imprescritível. Ela pertence à Nação e nenhuma parte do povo nem indivíduo algum pode atribuir-se o exercício") e principalmente no art. 3º do Capítulo II ("não existe na França autoridade superior à da Lei. O Rei reina por ela e não pode exigir a obediência senão em nome da lei").

Não obstante, após a edição da Constituição de 1791, não houve um período de tranquilidade política. Segundo a doutrina, quatro foram as fases da Revolução Francesa: a) instauração de uma monarquia constitucional (decorrente da Constituição de 1791); b) a Convenção; c) o Diretório; d) a era Napoleônica.

Instalada a monarquia constitucional no ano de 1791, houve eleições no final do mesmo ano para a Assembleia Legislativa, que foi predominantemente ocupada pela burguesia. O rei, auxiliado por países estrangeiros, tentou restabelecer o *Ancien Régime*, com seus poderes absolutos. O rei foi preso em 13 de agosto de 1792, acusado de alta traição. Ocorreram os "massacres de setembro", entre os dias 2 e 7 de setembro de 1792[89]. Em 20 de setembro de

---

89. O massacre começa com a morte de padres refratários (cerca de 23 padres foram degolados na Prisão da Abadia). Várias centenas de servidores das Tulherias foram igualmente mortos. Cerca de 1400 pessoas foram mortas nesses dias.

1792 (até 26 de outubro de 1795) foi criada a Convenção Nacional (ou simplesmente Convenção), que tinha como maioria os jacobinos, liderados por Robespierre. A Convenção julgou e condenou o rei Luís XVI à morte, sendo decapitado na segunda-feira, dia 21 de janeiro de 1793. Assumiram o poder Danton, Robespierre, entre outros. Esse governo jacobino foi considerado o mais radical de toda a Revolução. Milhares de pessoas, entre elas a ex-rainha Maria Antonieta e o químico Lavoisier, foram detidas, julgadas e mortas na guilhotina. Entre 35 mil e 40 mil pessoas foram condenadas à morte.

Em junho de 1793, a Convenção elaborou uma nova Constituição (Constituição Jacobina), que foi ratificada pelo voto popular em agosto de 1793. Cria-se a República Francesa, una e indivisível, com soberania popular, mas repudiando a teoria da separação dos Poderes, criando um único órgão político (Corpo Legislativo), responsável pela nomeação do Conselho Executivo. Previa igualmente o voto universal, reforma agrária quanto às terras da Igreja Católica e aboliu a escravidão nas colônias francesas[90].

Em 27 de julho de 1794 (9 e Termidor, no calendário revolucionário), ocorre um golpe que derruba o governo jacobino e Robespierre. A nova Convenção, agora moderada, girondina, elaborou uma nova Constituição em 1795, suprimindo o sufrágio universal, restabelecendo o voto censitário, reservando poder à burguesia. No final de 1795, a Convenção cedeu lugar ao Diretório, formado por cinco membros eleitos pelos deputados (e que durou apenas quatro anos, até o golpe de 9 de novembro de 1799 ou, no calendário revolucionário, 18 de Brumário do ano VIII).

Em 18 de Brumário (9 de novembro de 1799) começa o regime do Consulado, concentrando-se o poder nas mãos de três cônsules: Roger Ducos, Emmanuel Joseph Sieyès e o general Napoleão Bonaparte[91]. Este último, como primeiro cônsul, estabeleceu-se como chefe de governo conservador, autoritário e autocrático. Neutralizou a oposição interna, fez acordo com a Igreja, reconhecendo novamente o catolicismo.

Figura 1.13 – Napoleão Bonaparte (1769-1821) (créditos ao final do livro).

Como relatado por Steven Englund, "a meta do governo provisório era produzir uma Constituição para um novo regime – sob implacável pressão de Bonaparte, isso foi feito em tempo recorde (menos de sete semanas)". Elaborou-se a Constituição de 13 de dezembro de 1799, reconhecendo a República (art. 1) e o Consulado (art. 39). A Constituição foi submetida à apreciação popular, contando com grande aprovação.

---

90. Íntegra da Constituição francesa de 1793, em espanhol. Disponível em: <http://www.diputados.gob.mx/biblioteca/bibdig/const_mex/const_fra.pdf>.
91. "O ex-padre e o general puderam retornar a seu maçante jogo com as formas. Os membros revisionistas dos dois conselhos tiveram permissão para ir jantar, devendo retornar em seguida para uma sessão que duraria a noite toda. Ali, no grande salão barroco de Saint-Cloud, suavemente iluminado por archotes e velas, mas ainda um tanto lúgubre, cerca de 100 (de um total de 750) legisladores deram o simulacro de um *imprimatur* à dissolução do velho regime e à criação de um novo. Bonaparte, Sieyès e Ducos emergiram como 'cônsules' interinos (óbvio reflexo de Roma), e, às quatro horas da manhã do 20 Brumário fizeram seu juramento à República. Foi formada uma comissão para elaborar o projeto de uma nova Constituição" (Steven Englund. *Napoleão: uma biografia política*, p. 188-189).

Em 1802, por plebiscito popular, Napoleão foi considerado cônsul vitalício[92]. Em 1802 foi elaborada uma nova Constituição, revendo a anterior, reconhecendo Napoleão como Cônsul Vitalício, dando a ele o direito de escolher seu sucessor. No ano de 1804, elaborou-se o famoso Código Civil Napoleônico (que serviu de parâmetro para diversos códigos civis nacionais e estrangeiros, inspirado no direito romano), bem como uma nova Constituição, considerando Napoleão imperador da França, submetida mais uma vez à apreciação popular, e, como sempre, aprovada[93]. Retoma-se uma monarquia hereditária. Segundo o Título I da Constituição: "O governo da França é confiado a um imperador, que leva o título de Imperador da França. Napoleão Bonaparte, primeiro cônsul da República, é o imperador da França"[94]. O último artigo dessa Constituição (art. 142) previa a submissão do texto constitucional à apreciação popular, mediante referendo[95].

Inúmeras outras Constituições foram feitas na França ao longo dos anos: a de 1848 (estabelecendo um sistema presidencial), a de 1852 (prevendo a concentração do poder, conformando-se posteriormente com a restauração do Império, com Napoleão III), a de 1870 (indiciando uma evolução do império em sentido parlamentar), a de 1875 (consagrando um sistema parlamentar), a de 1946 (aperfeiçoando a anterior, mas mantendo o sistema) e a de 1958, com inúmeras revisões desde então[96].

Um grande diferencial pode ser apontado entre o constitucionalismo francês e o norte-americano: a supremacia formal da Constituição sobre as demais leis e a atuação do Poder Judiciário na análise da validade destas últimas[97]. Tal fenômeno, existente no constitucionalismo norte-americano desde o princípio, somente agora passa a ser adotado na França.

---

92. "O 'povo', é claro, aprovou esmagadoramente o novo *status* de Bonaparte (lembremos: nos referendos, a votação era feita em registros públicos; era preciso ter considerável coragem e convicção para votar 'não'). O *oui* obteve 3.653.600 votos, mas esse foi um número inflado; o número verdadeiro deve ter sido mais próximo de 2,8 milhões. O *nons* foram 8.272. Pela primeira vez na história da França, um chefe de Estado foi efetivamente escolhido pelo sufrágio masculino universal" (op. cit., p. 245).
93. "Nesse terceiro plebiscito napoleônico, 'o último ato do povo soberano da França até 1815', o voto foi esmagadoramente favorável a Napoleão: 3.572.329 'sim' para 2.579 'não'. Se os votos a favor somaram 80.000 a menos que em 1802 (2 a 3%), isso foi de certo modo compensado pela redução de 70% dos votos contrários; mas, para subtrair a fraude governamental de costume, podemos reduzir o 'sim' a menos de três milhões num universo de 7,5 milhões de votantes qualificados" (op. cit., p. 263).
94. Íntegra da Constituição Francesa de 1804, em inglês. Disponível em: <http://www.napoleon-series.org/research/government/legislation/c_constitution12.html>.
95. "A seguinte proposição será apresentada à aceitação do povo [...]: o povo deseja a hereditariedade direta, natural, legítima da linhagem de Napoleão Bonaparte e na direta, natural e legítima linhagem de José Bonaparte e Luís Bonaparte".
96. Constituição da França, de 1958, na íntegra. Disponível em: <http://www.conseil-constitutionnel.fr/conseil-constitutionnel/root/bank_mm/portugais/constitution_portugais.pdf>.
97. "Ao invés dos Estados Unidos, a supremacia da Constituição não era até há alguns anos um princípio jurídico operativo, determinante da invalidade das leis com ela incompatíveis. Na concepção francesa, a força jurídica formal da Constituição e a sua rigidez excluem (ou tendem a excluir) o costume; não envolvem – ou não envolviam até há pouco – todos os corolários lógicos comportáveis dentro do sistema jurídico. Aos tribunais foi recusada até há muito pouco tempo competência para apreciar a constitucionalidade das leis" (Jorge Miranda, op. cit., p. 158). Atualmente, o cenário foi alterado: "A Constituição de 1958 criou, porém, um órgão de fiscalização preventiva – o Conselho Constitucional – que, embora de origem e composição políticas, funciona em moldes jurisdicionalizados e cuja importância, sobretudo desde 1974, tem vindo a crescer; e os tribunais comuns não podem deixar de ter em conta a sua jurisprudência. Finalmente, em 2008, surgiria, por revisão constitucional, uma 'exceção de inconstitucionalidade', com reenvio ao Conselho pelo Conselho de Estado ou pelo Tribunal de Cassação de questões de violação de direitos e liberdades suscitadas em qualquer tribunal, o que representa uma viragem histórica" (op. cit., p. 159).

Primeiras Constituições Francesas

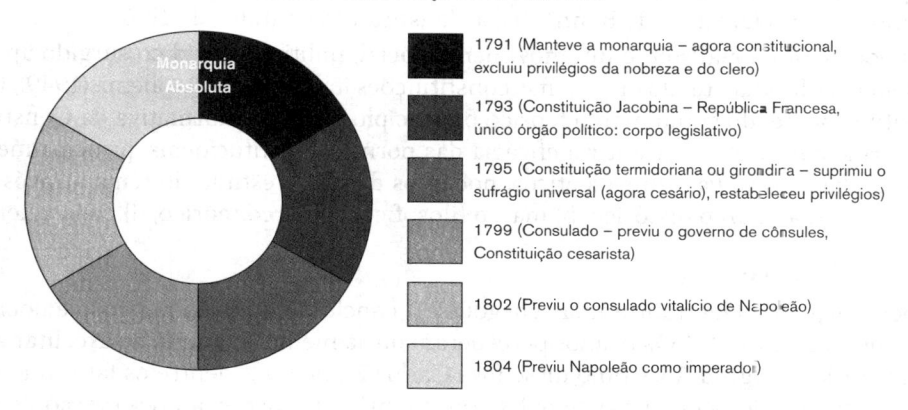

- 1791 (Manteve a monarquia – agora constitucional, excluiu privilégios da nobreza e do clero)
- 1793 (Constituição Jacobina – República Francesa, único órgão político: corpo legislativo)
- 1795 (Constituição termidoriana ou girondina – suprimiu o sufrágio universal (agora cesário), restabeleceu privilégios)
- 1799 (Consulado – previu o governo de cônsules, Constituição cesarista)
- 1802 (Previu o consulado vitalício de Napoleão)
- 1804 (Previu Napoleão como imperador)

1.2.5. Constitucionalismo contemporâneo (neoconstitucionalismo)

Ao longo dos séculos XIX e XX, o constitucionalismo moderno triunfou como modelo jurídico. Inúmeros países passaram a adotar, sob a influência do constitucionalismo francês e norte-americano, uma Constituição escrita, limitando os poderes do governante. A Espanha elaborou sua primeira Constituição em 1812[98] (Constituição de Cádiz, Gaditana – de Cádiz, ou "La Pepa"[99]), a primeira Constituição portuguesa é de 1822, elaborada à revelia do rei português, D. João VI, que se encontrava no Brasil[100].

Não obstante, nasce uma nova etapa no Constitucionalismo após a Segunda Grande Guerra: o chamado neoconstitucionalismo. Esse novo movimento não tem o escopo de contestar as conquistas do Constitucionalismo Moderno (a limitação do poder do Estado), mas visa aperfeiçoar novas práticas, estabelecer novos paradigmas[101].

---

98. Previa a soberania popular, afirmando que a soberania pertence ao povo e não ao rei, a legitimidade dinástica de Fernando VII da Espanha como chefe de Estado, a separação dos poderes etc. Com a derrota francesa na Guerra Peninsular e o respectivo retorno ao trono de Fernando VII, embora tenha ele jurado respeitar a Constituição, aliado a forças conservadoras de então, repudiou posteriormente a Constituição e mandou prender os líderes liberais. Sua importância transcendeu o território espanhol, como lembra a doutrina espanhola: "A Constituição de Cádiz, que forma um todo com os debates que a configuraram e a profusa legislação à base de decretos que foram promulgados nas Cortes ao longo de mais de três anos, foi muito mais que um texto legal: tratou-se de um movimento de ideologia e prática políticas cuja projeção excedeu os âmbitos de aplicação do próprio texto constitucional. [...] Alcançaria âmbitos além da Monarquia espanhola [...] como a influência extraordinária que os sucessos de Cádiz tiveram sobre os desenvolvimentos políticos do mundo luso-brasileiro" (Mônica Quijada. *Una Constitución Singular. La Carta Gaditana en Perspectiva Comparada*, p. 35).
99. "Era 19 de março de 1812. Sendo o dia de São José, os espanhóis a receberam com festas e alegria, sobre o gritos de 'Viva la Pepa' – equivalente feminino de Pepe, alcunha daqueles que se chamam José" (Helga Maria Saboia Bezerra. *A Constituição de Cádiz de 1812*).
100. Foi elaborada pelas Cortes Gerais Extraordinárias e Constituintes da Nação Portuguesa, instaladas em 1821, em decorrência da Revolução do Porto, de 1820. Obrigou que o rei retornasse a Portugal e foi por ele jurada, dentro do próprio navio, em outubro de 1822. Prevê a nação como titular da soberania, separação dos poderes, instalando uma monarquia constitucional. Constituição portuguesa de 1822, na íntegra. Disponível em: <http://www.laicidade.org/wp-content/uploads/2006/10/constituicao-1822.pdf>.
101. "O Constitucionalismo contemporâneo, nesse aspecto, não constitui um movimento de rompimento radical com o constitucionalismo moderno do Estado liberal. Parece apresentar-se muito mais como um avanço na doutrina constitucional liberal do que propriamente uma oposição" (Max Möller, *Teoria Geral do Neoconstitucionalismo*, p. 23). Segundo a doutrina: "o neoconstitucionalismo busca integrar a moral ao direito, introduzir em sua seara uma moralização do fenômeno jurídico, levando em consideração os valores existentes na sociedade" (José Carlos Francisco,

A principal referência inicial desse movimento foi a Constituição alemã de 1949 (conhecida como "Lei Fundamental de Bonn"[102]) e a Constituição da Itália, de 1947.

O neoconstitucionalismo é um movimento social, político e jurídico surgido após a Segunda Guerra Mundial, tendo origem nas constituições italiana (1947) e alemã (1949), fruto do pós-positivismo, tendo como marco teórico o princípio da "força normativa da Constituição" e como principal objetivo garantir a eficácia das normas constitucionais, principalmente dos direitos fundamentais. Para fins didáticos, podemos dividir o estudo do tema através dos seguintes marcos: a) marco histórico; b) marco filosófico; c) marco teórico; d) consequências.

a) Marco Histórico

Após a Segunda Guerra Mundial, chegou-se à conclusão do quão perigoso e nocivo foi o positivismo "legicentrista". Os tiranos perceberam que a melhor maneira de executar a barbárie era inseri-la na legislação. Como disse José Carlos Francisco, "dentre os fatos que motivaram o surgimento do neoconstitucionalismo está, primeiramente, a preservação de direitos humanos e humanitários e proteção contra arbitrariedade das leis. Ainda que em muitos momentos da história da humanidade tenham ocorrido graves violações a direitos, as proporções alcançadas na Segunda Guerra Mundial foram devastadoras [...]" (p. ex., no caso do nazismo)[103].

Um dos exemplos mais tristes da História dos riscos do positivismo jurídico foi a edição das "Leis de Nuremberg", de 1935, na Alemanha. O governo nazista buscou criar um critério objetivo de definição de quem seria judeu e quem teria "sangue puro alemão". Para isso, estabeleceu critérios objetivos quanto aos quatro avós de um indivíduo (seria alemão apenas se nenhum dos avós fosse judeu). Com base nesse critério, foram colocados na lei critérios de segregação racial, considerando ilícitas relações sexuais entre judeus e alemães, vedando o exercício do comércio por parte de judeus etc.

Segundo a doutrina, outros também foram os motivos para a eclosão do movimento neoconstitucionalista. Um deles foi a crescente aproximação entre países, através de tratados socioeconômicos regionais. Para que isso ocorresse, diante da heterogeneidade dos países, "os pontos de convergência foram buscados em aspectos elementares essenciais, vale dizer, em princípios fundamentais que poderiam servir para parametrização básica"[104]. Outro fator importante foi a diversidade interna em cada um dos países, agigantada pela mobilidade das pessoas, ampliação dos negócios e meios de transporte e comunicação. Tornou-se necessário "recorrer a fórmulas normativas e genéricas e flexíveis (notadamente princípios e conceitos jurídicos indeterminados) que permitam comportar a diversidade como o novo parâmetro de relação social"[105]. Por fim, a complexidade e o dinamismo da sociedade contemporânea fazem com que o legislador constitucional não consiga tudo prever, sendo necessário o emprego de termos jurídicos amplos ou abertos, proporcionando plasticidade ou elasticidade.

A Lei Fundamental de Bonn foi o gérmen do neoconstitucionalismo, servindo de paradigma de um novo Estado de Direito: um Estado Constitucional de Direito. Destacam-se na mencionada Constituição: a) importância dada aos princípios e valores como elementares do sistema jurídico; b) ponderação como método de interpretação e aplicação dos princípios e de

---

Neoconstitucionalismo e Atividade Jurisdicional: do passivismo ao ativismo judicial, p. 18).
102. Bonn (ou Bona) foi a capital da Alemanha Ocidental, depois do fim da Segunda Guerra Mundial, a partir de 1949.
103. Op. cit., p. 60.
104. Op. cit., p. 60.
105. Op. cit., p. 60.

resolução dos conflitos de valores e bens constitucionais; c) compreensão da Constituição como norma que irradia efeitos por todo o ordenamento jurídico, condicionando toda a atividade jurídica e política dos poderes do Estado e até mesmo dos particulares nas relações privadas; d) protagonismo dos juízes em relação ao legislador na tarefa de interpretar a Constituição; e) aceitação de conexão entre Direito e moral. Como assinala Jorge Miranda, "a Constituição de Bona, como era de esperar depois do nacional-socialismo e da guerra, faz uma clara profissão de fé na dignidade da pessoa humana e admite, implícita ou explicitamente, que o Direito natural limita o poder do Estado"[106].

A Constituição da República Italiana foi promulgada pela Assembleia Constituinte em 22 de dezembro de 1947, eleita por sufrágio universal no ano anterior. Segundo Jorge Miranda: "domina a Constituição italiana um nítido caráter compromissório [...]. Pontos de grande relevo são uma cuidada parte sobre direitos fundamentais, que engloba 'relações civis', 'ético-sociais', 'econômicas' e 'políticas'; inovações no exercício da função legislativa (iniciativa popular, veto popular com referendo resolutivo ou revogatório, competência legislativa das comissões parlamentares); [...] a existência de um Tribunal Constitucional"[107].

b) Marco Filosófico

Como vimos anteriormente, o marco filosófico do neoconstitucionalismo é o declínio do positivismo jurídico, dando ensejo ao chamado pós-positivismo. O positivismo foi a maneira perfeita encontrada pela burguesia para garantir suas pretensões, assim que assumiu o poder depois das revoluções burguesas. Antes disso, a burguesia baseava-se no jusnaturalismo para atacar as monarquias absolutistas e as injustiças praticadas pelo monarca. Não obstante, ao assumir o poder, não era mais necessário defender direitos não positivados. Bastava colocar seus valores na legislação[108].

Não obstante, como vimos acima, as consequências do positivismo foram trágicas. Milhões de pessoas foram mortas sob o pálio da lei. Resume bem o cenário Luís Roberto Barroso: "em busca de objetividade científica, o positivismo equiparou o Direito à lei, afastou-se da filosofia e de discussões como legitimidade e justiça e dominou o pensamento jurídico da primeira metade do século XX. Sua decadência é emblematicamente associada à derrota do fascismo na Itália e do nazismo na Alemanha, regimes que promoveram a barbárie sob a proteção da legalidade. Ao fim da 2ª Guerra, a ética e os valores começam a retornar ao Direito"[109].

---

106. Op. cit., p. 177. Prossegue o constitucionalista português: "Proclama, pois, entre outros, os seguintes princípios: a) os direitos do homem, invioláveis e inalienáveis, como fundamento da ordem constitucional (art. 1º, n. 2); b) a vinculação dos Poderes legislativo, executivo e judicial pelos direitos fundamentais enunciados na Constituição (art. 1º, n. 3); c) a necessidade de qualquer restrição de direito fundamental se efetuar por lei geral que não afete o seu conteúdo essencial (art. 19, n. 1 e 2); d) a possibilidade de tutela jurisdicional em caso de ofensa de qualquer dos direitos fundamentais (art. 19, n. 4). Em conexão com este empenho de tutela e reforço dos direitos fundamentais e do Estado de Direito e, em geral, de preservação da ordem constitucional de valores, foi instituído um Tribunal Constitucional (arts. 93 e 94), cujo esforço construtivo tem sido relevantíssimo".
107. Op. cit., p. 184.
108. "A teoria positivista busca o isolamento do direito, tratando-o como sistema autônomo, não relacionado à política ou à moral. Constrói a base de sua teoria na noção de norma. O direito se apresenta, então, como um sistema normativo, concentrando-se a teoria positivista em explicar os critérios de pertencimento ou não ao sistema; o que culminará nas noções de jurídico e não jurídico. [...] O conceito de direito já não se distingue da norma jurídica, sua 'forma necessária'. [...] Assim, no campo de atuação do direito é o normativo. Critérios axiológicos, de justiça, ou morais, os quais se referem a problemas metafísicos já não constituem ciência e, por consequência, não têm nada que ver com o Direito" (Max Möller, op. cit., p. 78).
109. Op. cit.

c) Marco Teórico

O principal marco teórico do neoconstitucionalismo é o reconhecimento da "força normativa da Constituição". Essa foi uma importantíssima mudança de paradigma. A Constituição deixou de ser um documento essencialmente político, com normas apenas programáticas, e passou a ter força normativa, caráter vinculativo e obrigatório. Como afirmou Luís Roberto Barroso, "as normas constitucionais são dotadas de imperatividade, que é atributo de todas as normas jurídicas, e sua inobservância há de deflagrar os mecanismos próprios de coação, de cumprimento forçado"[110].

Obra decisiva e fundamental sobre o tema é o livro *A Força Normativa da Constituição* (*Die Normative Kraft der Verfassung*), de Konrad Hesse, escrita em 1959[111]. Konrad Hesse inicia sua obra criticando a afirmação de Ferdinand Lassale de que a Constituição escrita é apenas uma "folha de papel" (*ein Stück Papier*). Da mesma forma, contesta a tese de que é um ato normativo totalmente desvinculado da realidade. Inspirado em Wilhelm Humboldt, que hoje dá nome à Universidade de Berlim, afirma que "toda Constituição, ainda que considerada como simples construção teórica, deve encontrar um germe material de sua força vital no tempo, nas circunstâncias, no caráter nacional, necessitando apenas de desenvolvimento"[112].

Segundo Hesse, para ter sua força normativa, além de incorporar a realidade social, política e histórica do país, a Constituição deve incorporar "o estado espiritual (*geistige Situation*) de seu tempo. Isso lhe há de assegurar, enquanto ordem adequada e justa, o apoio e a defesa da consciência geral"[113]. Por essa razão, sugere Hesse que a Constituição deve se limitar a estabelecer os poucos princípios fundamentais, de modo que seja estável ao longo de anos[114].

Figura 1.14 – Caricatura de Konrad Hesse (créditos ao final do livro).

Em resumo, Konrad Hesse afirma: "a Constituição jurídica está condicionada pela realidade histórica. Ela não pode ser separada da realidade concreta de seu tempo. A pretensão de eficácia da Constituição somente pode ser realizada se se levar em conta essa realidade. A Constituição jurídica não configura apenas a expressão de uma dada realidade. Graças ao elemento normativo, ela ordena e conforma a realidade política e social"[115].

---

110. Op. cit.
111. Konrad Hesse. *A Força Normativa da Constituição*. Porto Alegre: Sérgio Antonio Fabris, 1991.
112. Op. cit., p. 17. Segundo Humboldt, citado por Hesse: "se não quiser permanecer 'eternamente estéril', a Constituição – entendida aqui como 'Constituição jurídica' – não deve procurar construir o Estado de forma abstrata e teórica. Ela não logra produzir nada que já não esteja assente na natureza singular do presente" (p. 18).
113. Op. cit., p. 20.
114. Segundo o autor, "a constitucionalização de interesses momentâneos ou particulares exige, em contrapartida, uma constante revisão constitucional, com a inevitável desvalorização da força normativa da Constituição" (op. cit., p. 21). Alerta, na sequência: "a frequência das reformas constitucionais abala a confiança na sua inquebrantabilidade, debilitando a sua força normativa. A estabilidade constitui condição fundamental da eficácia da Constituição" (p. 22).
115. Op. cit., p. 24. Prossegue o autor: "A Constituição jurídica logra conferir forma e modificação à realidade. Ela logra despertar 'a força que reside na natureza das coisas', tornando-a ativa. Ela própria converte-se em força ativa que influi e determina a realidade política e social. Essa força impõe-se de forma tanto mais efetiva quanto mais ampla for a convicção sobre a inviolabilidade da Constituição, quanto mais forte mostrar-se essa convicção entre os principais responsáveis pela vida social" que o autor chamou de "vontade de Constituição" (*Wille zur Verfassung*) (op. cit., p. 24). Conclui o autor: "compete ao Direito Constitucional realçar, despertar e preservar a vontade de Consti-

d) Consequências

Muitas são as consequências do movimento neoconstitucionalista na práxis do Direito Constitucional. A primeira delas é o *maior reconhecimento da eficácia dos princípios constitucionais, ainda que não escritos*. Segundo Ronald Dworkin, princípio é "um padrão que deve ser observado, não porque vá promover ou assegurar uma situação econômica, política ou social considerada desejável, mas porque é uma exigência de justiça ou equidade ou alguma outra dimensão da moralidade"[116]. Em outras palavras, princípio é uma espécie de norma constitucional de caráter mais amplo, vago, abstrato, impreciso, indeterminado, com o escopo de concretizar uma exigência de justiça ou equidade. São exemplos de princípios constitucionais expressos a "dignidade da pessoa humana" (art. 1º, III, CF), o direito à vida (art. 5º, *caput*, CF), o direito à propriedade (art. 5º, XXII, CF), a "busca do pleno emprego" (art. 170, VIII, CF) etc. Os princípios constitucionais, outrora considerados apenas recomendações, sugestões para o futuro, sem carga normativa ou jurídica, passam a ser considerados normas constitucionais, cujo parâmetro de aplicação foi bem delineado por Robert Alexy: "o ponto decisivo na distinção entre regras e princípios é que os princípios são normas que ordenam que algo seja realizado na maior medida possível dentro das possibilidades jurídicas e fáticas existentes. Princípios são, por conseguinte, *mandamentos de otimização*, que são caracterizados por poderem ser satisfeitos em graus variados e pelo fato de que a medida devida de sua satisfação não depende somente das possibilidades fáticas, mas também das possibilidades jurídicas. O âmbito das possibilidades jurídicas é determinado pelos princípios e regras colidentes"[117].

A força normativa dos princípios é tamanha e pode até mesmo se sobrepujar sobre as regras, ainda que constitucionais. Há exemplos emblemáticos na jurisprudência do STF. Na ADPF 132, o Supremo Tribunal Federal equipara a união homoafetiva (formada por pessoas do mesmo sexo) à união estável, prevista expressamente na Constituição, no art. 226, § 3º ("Para efeito da proteção do Estado, é reconhecida a união estável entre o homem e a mulher como entidade familiar, devendo a lei facilitar sua conversão em casamento")[118]. Por sua vez, na ADPF 54, o STF entendeu, com base na dignidade da pessoa humana da gestante, ser possível a interrupção da gravidez do feto anencéfalo, numa clara relativização do direito à vida (art. 5º, *caput*, CF)[119].

Outra consequência marcante do neoconstitucionalismo é a *expansão da jurisdição constitucional*. Como sintetizado por Luís Roberto Barroso: "antes de 1945, vigorava na maior parte da Europa um modelo de supremacia do Poder Legislativo, na linha da doutrina inglesa de soberania do Parlamento e da concepção francesa da lei como expressão da vontade geral. A partir do final da década de 40, todavia, a onda constitucional trouxe não apenas novas constituições, mas também um novo modelo, inspirado pela experiência americana: o da suprema-

---

tuição (*Wille zur Verfassung*), que, indubitavelmente, constitui a maior garantia de sua força normativa. [...] Ela é fundamental, considerada global ou singularmente" (p. 27-29).
116. Ronald Dworkin, *Levando os Direitos a Sério*, p. 40.
117. Robert Alexy. *Teoria dos Direitos Fundamentais*, p. 90.
118. A decisão amparou-se em vários princípios constitucionais, sobretudo a "dignidade da pessoa humana". Segundo o ministro relator, Carlos Ayres Britto: "a preferência sexual se põe como direta emanação do princípio da 'dignidade da pessoa humana' (art. 1º, III, da CF), e, assim, poderoso fator de afirmação e elevação pessoal".
119. Segundo o ministro Marco Aurélio (relator), em seu voto: "A permanência do feto anômalo no útero da mãe mostrar-se-ia potencialmente perigosa, podendo gerar danos à saúde e à vida da gestante. Constante o sustentado, impor à mulher o dever de carregar por nove meses um feto que sabe, com plenitude de certeza, não sobreviverá, causa à gestante dor, angústia e frustração, resultando em violência às vertentes da dignidade humana – a física, a moral e a psicológica".

cia da Constituição"[120]. Foram criados por toda a Europa tribunais constitucionais, como na Alemanha, Itália, Chipre, Turquia, Grécia, Espanha, Portugal, Bélgica etc. Nos últimos anos do século XX, foram criados tribunais constitucionais nos países do Leste Europeu como Polônia, Hungria, Rússia, República Tcheca, Romênia etc.

No Brasil, inspirado na doutrina e prática norte-americanas, adota-se a supremacia da Constituição com o controle de constitucionalidade desde a Constituição de 1891 (com o controle difuso ou por via de exceção). Não obstante, com o advento da Constituição de 1988, houve um enorme desenvolvimento do controle de constitucionalidade, com a criação de ações como Ação Direta de Inconstitucionalidade por Omissão, Ação Declaratória de Constitucionalidade, Arguição de Descumprimento de Preceito Fundamental etc.

Mais uma consequência do neoconstitucionalismo é o surgimento de uma nova hermenêutica jurídica: *o surgimento de uma hermenêutica constitucional*. Chegou-se à conclusão de que interpretar a Constituição é diferente de interpretar as outras leis, embora haja pontos de contato. Na interpretação constitucional existem métodos próprios e princípios próprios (que serão estudados em capítulo específico desta obra). Segundo Luís Roberto Barroso, "tal circunstância é uma decorrência natural da força normativa da Constituição, isto é, do reconhecimento de que as normas constitucionais são normas jurídicas, compartilhando de seus atributos. [...] O fato é que as especificidades das normas constitucionais levaram a doutrina e a jurisprudência, já de muitos anos, a desenvolver ou sistematizar um elenco próprio de princípios aplicáveis à interpretação constitucional"[121].

Também decorre do neoconstitucionalismo uma *maior eficácia das normas constitucionais, sobretudo dos direitos fundamentais*. Isso pode ser verificado na jurisprudência do Supremo Tribunal Federal. Houve, por exemplo, uma mudança significativa na jurisprudência de nossa Suprema Corte no tocante à ação constitucional do Mandado de Injunção (art. 5º, LXXI, CF), criada pelo texto originário em 1988. Nos primeiros anos, o STF entendia que tal ação não produziria efeitos concretos e, em caso de julgamento procedente, caberia ao Judiciário apenas comunicar o Legislativo sobre a existência da omissão normativa. Era a chamada "posição não concretista" do mandado de injunção. Todavia, em 2007, a partir do julgamento dos Mandados de Injunção 670, 708 e 712, o STF passou a adotar uma "posição concretista". A partir de então, o mandado de injunção passou a produzir efeitos concretos, tutelando o direito pleiteado pela parte (ora com efeito *erga omnes*, ora com efeito *inter partes*). Tal posição foi positivada na Lei do Mandado de Injunção (Lei n. 13.300, de 23 de junho de 2016). Segundo o art. 8º, II, da novel legislação, reconhecida a mora legislativa, o Judiciário deferirá a injunção para "estabelecer as condições em que se dará o exercício dos direitos, das liberdades ou das prerrogativas reclamados ou, se for o caso, as condições em que poderá o interessado promover ação própria visando a exercê-los". Outrossim, a possibilidade do efeito *erga omnes*, já admitida pelo STF, foi igualmente prevista na lei: "poderá ser conferida eficácia *ultra partes* ou *erga omnes* à decisão, quando isso for inerente ou indispensável ao exercício do direito, da liberdade ou da prerrogativa objeto da impetração" (art. 9º, § 1º).

Não obstante, os direitos sociais são aqueles que receberam, graças ao neoconstitucionalismo, a maior mudança paradigmática quanto à sua aplicabilidade. Se no passado eram vistos como meras normas programáticas de reduzidíssima eficácia jurídica, os direitos sociais pos-

---

120. Op. cit.
121. Op. cit.

suem atualmente carga normativa e, segundo o STF, deve o Estado cumprir imediatamente um "mínimo existencial" desses direitos (tema que abordaremos com mais profundidade em capítulo próprio)[122].

Por fim, outra consequência marcante (e polêmica) do neoconstitucionalismo é um *maior protagonismo do Poder Judiciário*, exigindo a implantação de políticas públicas e o cumprimento das normas constitucionais. A consequência é realmente lógica: se a Constituição é a norma mais importante do ordenamento jurídico e vincula todos os Poderes do Estado, sendo o Judiciário o guardião da Constituição, é natural que exija o cumprimento das normas constitucionais, até mesmo as definidoras de direitos sociais (que exigem do Estado uma prestação). A esse maior protagonismo do Poder Judiciário vem sendo dado o nome de "ativismo judicial"[123].

Luís Roberto Barroso afirma que o "ativismo judicial" teve início nos Estados Unidos, na jurisprudência da Suprema Corte[124]. Outrossim, define o fenômeno da seguinte maneira: "a ideia de ativismo judicial está associada a uma participação mais ampla e intensa do Judiciário na concretização dos valores e fins constitucionais, com maior interferência no espaço de atuação dos outros dois Poderes. A postura ativa se manifesta por meio de diferentes condutas, que incluem (i) a aplicação direta da Constituição a situações não expressamente contempladas em seu texto e independentemente de manifestação do legislador ordinário[125];

---

122. Quanto ao mínimo existencial do direito à educação, já decidiu o STF: "a educação infantil representa prerrogativa constitucional indisponível que, deferida às crianças, a estas assegura, para efeito de seu desenvolvimento integral, e como primeira etapa do processo de educação básica, o atendimento em creche e o acesso à pré-escola (CF, art. 208, IV). Essa prerrogativa jurídica, em consequência, impõe, ao Estado, por efeito da alta significação social de que se reveste a educação infantil, a obrigação constitucional de criar condições objetivas que possibilitem, de maneira concreta, em favor das 'crianças até 5 (cinco) anos de idade' (CF, art. 208, IV), o efetivo acesso e atendimento em creches e unidades de pré-escola, sob pena de configurar-se inaceitável omissão governamental, apta a frustrar, injustamente, por inércia, o integral adimplemento, pelo Poder Público, de prestação estatal que lhe impôs o próprio texto da Constituição Federal. A educação infantil, por qualificar-se como direito fundamental de toda criança, não se expõe, em seu processo de concretização, a avaliações meramente discricionárias da Administração Pública nem se subordina a razões de puro pragmatismo governamental" (ARE 639.337/SP – rel. Min Celso de Mello). Quanto ao direito à saúde, decidiu o STF que "O Poder Judiciário pode, sem que fique configurada violação ao princípio da separação dos Poderes, determinar a implementação de políticas públicas nas questões relativas ao direito constitucional à saúde. Trata-se de obrigação solidária de todos os entes federativos, podendo ser pleiteado de qualquer deles, União, Estados, Distrito Federal ou Municípios" (AI 810.864 AgR/RS, rel. Min. Roberto Barroso).
123. Entendemos inapropriada a expressão "ativismo judicial", motivo pelo qual não a utilizaremos. Isso porque, segundo a própria linguística, os sufixos "ismo" e "idade" são diversos, em razão da carga semântica conferida ao primeiro, e à generalidade conferida a este último. O sufixo "ismo" (homossexualismo, por exemplo) é termo partidário, com aspectos ideológicos bem marcados, com a formação de palavras que podem indicar doutrina, sistema, teoria e patologia.
124. Segundo o autor, "as origens do ativismo judicial remontam à jurisprudência norte-americana. Registre-se que o ativismo foi, em um primeiro momento, de natureza conservadora. Foi na atuação proativa da Suprema Corte que os setores mais reacionários encontraram amparo para a segregação racial (Dred Scott v. Sanford, 1857) e para a invalidação das leis sociais em geral (Era Lochner, 1905-1937), culminando no confronto entre o presidente Roosevelt e a Corte, com a mudança da orientação jurisprudencial contrária ao intervencionismo estatal (West Coach v. Parrish, 1937). A situação se inverteu completamente na década de 50, quando a Suprema Corte, sob a presidência de Warren (1953-1969) e nos primeiros anos da Corte Burger (até 1973) produziu jurisprudência progressiva em matéria de direitos fundamentais, sobretudo envolvendo negros (Brown v. Board of Education, 1954), acusados em processo criminal (Miranda v. Arizona, 1966) e mulheres (Richardson v. Frontiero, 1973)" *Judicialização, Ativismo Judicial e Legitimidade Democrática.*
125. Trata-se de um fenômeno crescente no Brasil que recebe o nome de "eficácia horizontal imediata ou direta" dos direitos fundamentais. Assim, o Supremo Tribunal Federal já reconheceu ser aplicável, em alguns casos, normas constitucionais definidoras de direitos fundamentais às relações privadas. Por exemplo, no RE 201.819, relatado pela Min. Ellen Gracie, o STF decidiu que, para se excluir um associado de uma associação, devem-se respeitar o contraditório e a ampla defesa ("As violações a direitos fundamentais não ocorrem somente no âmbito das relações entre

(ii) a declaração de inconstitucionalidade de atos normativos emanados do legislador, com base em critérios menos rígidos que os de patente e ostensiva violação da Constituição[126]; (iii) a imposição de condutas ou de abstenções ao Poder Público, notadamente em matéria de políticas públicas"[127].

Não obstante, se por um lado esse maior protagonismo do Poder Judiciário provoca elogios (já que contribui para uma maior efetividade das normas constitucionais definidoras dos direitos sociais), também recebe muitas críticas, sobretudo duas: a) tal postura do Judiciário acaba por prestigiar as classes mais abastadas da sociedade. Isso porque os mais instruídos poderão acionar o Judiciário por meio de remédios constitucionais e outras ações com o escopo de concretizar seus direitos, que a maioria inculta sequer sabe ser titular; b) tal postura do Poder Judiciário viola a separação dos Poderes e o regime democrático, já que a implantação das políticas públicas é de responsabilidade principal do Poder Executivo, eleito diretamente pelo povo, e não do juiz, escolhido sem a participação popular[128].

Esse crescente ativismo judicial pode ser encontrado em algumas recentes decisões do Supremo Tribunal Federal, seja na deturpação e ampliação indevida de suas atribuições (como na condução do Inquérito Policial das "Fake News", instaurado com base numa interpretação indevida do Regimento Interno do STF e que investiga inúmeras – e indefinidas – pessoas sem prerrogativa de função), seja com a análise indevida do mérito das escolhas políticas do Poder Executivo ou do Poder Legislativo. Pode o Judiciário analisar a constitucionalidade e validade das escolhas dos demais Poderes, mas não pode questionar o mérito dessas escolhas, se não violam os dispositivos legais e constitucionais. Por exemplo, a Emenda Constitucional n. 124, de 14 de julho de 2022, acrescentou o § 12 ao artigo 198, da Constituição Federal, determinando que "lei federal instituirá pisos salariais profissionais nacionais para o enfermeiro, o técnico de enfermagem, o auxiliar de enfermagem e a parteira". A Emenda teve o intuito de prestigiar essa classe trabalhadora que foi tão importante no decorrer da pandemia. Um mês depois de promulgada a Emenda Constitucional n. 124, foi editada a Lei n. 14.434/2022, instituindo o piso salarial de R$ 4.750,00 (quatro mil setecentos e cinquenta reais) mensais. O STF, por maioria de votos, suspendeu a vigência da referida lei, por entender que a escolha do legislador foi equivocada, por conta dos impactos econômicos que ela produzirá. Afirmou o STF que a escolha feita pelo legislador foi irrefletida: "valores e bens jurídicos constitucionais substantivos impõem a avaliação prévia acerca a) do impacto

---

o cidadão e o Estado, mas igualmente nas relações travadas entre pessoas físicas e jurídicas de direito privado. [...] O caráter público da atividade exercida pela sociedade e a dependência de vínculo associativo para o exercício profissional dos seus sócios legitimam, no caso concreto, a aplicação direta dos direitos fundamentais concernentes ao devido processo legal, ao contraditório e à ampla defesa").

126. No RE 635.659, o Min. Gilmar Mendes (relator) declarou inconstitucional o art. 28 da Lei n. 11.343/2006 (lei de drogas), utilizando como fundamento "o direito à privacidade, à intimidade, à honra e à imagem", afirmando que "deles pode-se extrair o direito ao livre desenvolvimento da personalidade e à autodeterminação".

127. *Judicialização, Ativismo Judicial e Legitimidade Democrática*.

128. Essa é a posição de José Francisco Siqueira Neto: "o ativismo judicial, por mais paradoxal que possa parecer, é antidemocrático porque contrário à ideia de democracia contemporânea, que contempla, além do direito de votar e ser votado, da representação política, a participação popular, revestindo a democracia de um viés representativo e participativo. Carece o Poder Judiciário de competência e de legitimidade para decidir sobre o mérito das políticas públicas, salvo os casos de discriminação. O ativismo judicial, muito embora movido por uma parcela de boa intenção, está a agravar a desigualdade social brasileira permitindo que somente os que têm acesso ao Poder Judiciário se beneficiem de recursos públicos extraídos egoisticamente das políticas públicas destinadas ao conjunto da população, especialmente a pobre" (in *Neoconstitucionalismo e Atividade Jurisdicional. Do Passivismo ao Ativismo Judicial*, p. 323).

financeiro e orçamentário sobre Estados e Municípios e os riscos para sua solvabilidade (CF, art. 169, § 1º, I); b) do impacto sobre a empregabilidade no setor, tendo em vista as alegações plausíveis de demissões em massa trazidas aos autos (CF, art. 170, VIII); e c) do impacto sobre a prestação dos serviços de saúde, pelo alegado risco de fechamento de hospitais e de redução nos quadros de enfermeiros e técnicos (CF, art. 196)" (ADI 7.222, DF/MC, rel. Min. Roberto Barroso, j. 4.9.2022). Indubitavelmente, essa decisão (ainda que o intérprete considere correta), adentrou no juízo de conveniência e oportunidade da medida legislativa, sendo, pois, uma demonstração efetiva do "ativismo judicial".

Neoconstitucionalismo
- **Marco histórico:** após a Segunda Guerra Mundial (Constituição italiana de 1947 e Constituição alemã de 1949)
- **Marco filosófico:** pós-positivismo
- **Marco teórico:** força normativa da Constituição
- **Consequências:** maior reconhecimento da eficácia dos princípios; expansão da jurisdição constitucional; surgimento da hermenêutica constitucional; maior protagonismo do Poder Judiciário

1.2.5.1. O efeito "backlash" (backlash effect) como consequência do ativismo judicial

Primeiramente, não se deve confundir "ativismo judicial" com "maior protagonismo do Poder Judiciário". Este último é uma consequência natural do neoconstitucionalismo, já que o Judiciário, como "guardião da Constituição", tem o dever de garantir a sua força normativa, questionando os atos e as omissões do Poder Público que descumprem os ditames constitucionais. Todavia, o primeiro (o ativismo) é o exagero, a ação desmesurada do Poder Judiciário. Enquanto o ativismo pode ser acusado de violar a "separação dos Poderes", o protagonismo do Poder Judiciário pode ser visto como um avanço na implementação dos direitos fundamentais (como no controle das políticas públicas) e na consecução de sua função contramajoritária (nome criado por Alexander Bickel), assegurando os direitos fundamentais de uma minoria, ainda que contra a vontade de uma maioria episódica[129].

---

129. O constitucionalista português Jorge Reis Novais aponta a tensão existente entre o princípio democrático e o Estado de Direito, que dá ensejo à função contramajoritária do Poder Judiciário (sobretudo do Tribunal Constitucional): "essa tensão verifica-se porque a maioria no poder (mesmo pressupondo que tal poder teve origem e legitimação democráticas) pode ameaçar os direitos fundamentais. Pode ameaçá-los de forma sistemática e até teorizar essa atitude de hostilidade ou, no mínimo, de funcionalização/instrumentalização dos direitos fundamentais. Foi o que ocorreu no Estado autocrático do século XX (de matiz conservadora ou de matiz anticapitalista, nos momentos em que o regime invoca o apoio majoritário da população para proceder a violações sistemáticas dos direitos fundamentais). *Direitos fundamentais: trunfos contra a maioria*, p. 21. O STF já afirmou possuir "função contramajoritária", por exemplo, no RE 477.554 AgR/MG, rel. Min. Celso de Mello, j. 16 ago. 2011: "A função contramajoritária do Supremo Tribunal Federal e a proteção das minorias – A proteção das minorias e dos grupos vulneráveis qualifica-se como fundamento imprescindível à plena legitimação material do Estado Democrático de Direito. Incumbe, por isso mesmo, ao Supremo Tribunal Federal, em sua condição institucional de guarda da Constituição (o que lhe confere 'o monopólio da última palavra' em matéria de interpretação constitucional), desempenhar função contramajoritária, em ordem a dispensar efetiva proteção às minorias contra eventuais excessos (ou omissões) da maioria, eis que ninguém se sobrepõe, nem mesmo os grupos majoritários, à autoridade hierarquico-normativa e aos princípios superiores consagrados na Lei Fundamental do Estado".

É oportuno frisar que, embora exerça sua função contramajoritária, o Supremo Tribunal Federal possui indubitavelmente uma legitimação representativa. Como afirmou Luís Roberto Barroso: "Em uma democracia, todo poder é representativo, o que significa que deve ser transparente e prestar contas à sociedade. Nenhum poder pode estar fora do controle social, sob pena de se tornar um fim em si mesmo, prestando-se ao abuso e a distorções diversas. [...] O poder de juízes e tribunais, como todo poder político em um Estado democrático, é representativo. [...] De fato, a legitimidade democrática do Judiciário, sobretudo quando interpreta a Constituição, está associada à sua capacidade de corresponder ao sentimento social. [...] A jurisdição constitucional pode não ser um componente indispensável do constitucionalismo democrático, mas tem servido bem à causa, de uma maneira geral. Ela é um espaço de legitimação discursiva ou argumentativa das decisões políticas, que coexiste com a legitimação majoritária, servindo-lhe de contraponto e complemento"[130].

Uma reação ao ativismo judicial é o "efeito *backlash*". A palavra *backlash* pode ser traduzida como uma forte reação por um grande número de pessoas a uma mudança ou evento recente, no âmbito social, político ou jurídico[131]. Assim, o "efeito *backlash*" nada mais é do que uma forte reação, exercida pela sociedade ou por outro Poder a um ato (lei, decisão judicial, ato administrativo etc.) do poder público. No caso do ativismo judicial, como afirma George Marmelstein, "o efeito *backlash* é uma espécie de efeito colateral das decisões judiciais em questões polêmicas, decorrente de uma reação do poder político contra a pretensão do poder jurídico de controlá-lo"[132]. Nas palavras do brilhante professor de Harvard Cass Sunstein, o efeito *backlash* é uma "intensa e sustentada rejeição pública a uma decisão judicial, acompanhada de medidas agressivas para resistir a essa decisão e remover sua força legal"[133].

Exemplo recente ocorreu no Brasil: em outubro de 2016, o STF julgou procedente a Ação Direta de Inconstitucionalidade ADI 4.983, declarando inconstitucional a Lei estadual cearense n. 15.299/2013, que regulamentava a vaquejada, por considerar tal prática esportiva e cultu-

---

130. *No mundo ideal, Direito é imune à política; no real, não.*
131. Segundo Robert Post e Reva Siegel: "O dicionário Oxford de inglês nos informa que *backlash* se referia inicialmente à 'reação de uma roda ou de um conjunto articulado de rodas em um mecanismo, quando o movimento não é uniforme ou quando se aplica pressão repentina'. O conceito muito rapidamente começou a se associar a efeitos indesejáveis e contraproducentes, como quando o algodão se enrola nas roldanas de uma desmontadora. [...] Até meados do século XX o alcance da palavra se expandiu de forma tal que uma demanda por difamação poderia 'gerar um contragolpe' (*backlash*) e as figuras políticas poderiam preocupar-se devido aos 'golpes (*backlash*) de opinião'. [...] A palavra *backlash* começou a ser aplicada de forma habitual na arena política durante o movimento por direitos civis, quando o termo recebeu um conceito mais amplo. [...] O termo chegou a denominar as forças opostas desatadas pelas mudanças ameaçantes do *status quo*" (*Constitucionalismo Democrático. Por una Reconciliación entre Constitución y Pueblo*, p. 61-63).
132. *Efeito* Backlash *da Jurisdição Constitucional: reações políticas à atuação judicial*. Continua o autor: "O processo segue uma lógica que pode assim ser resumida. (1) Em uma matéria que divide a opinião pública, o Judiciário profere uma decisão liberal, assumindo uma posição de vanguarda na defesa dos direitos fundamentais. (2) Como a consciência social ainda não está bem consolidada, a decisão judicial é bombardeada com discursos conservadores inflamados, recheados de falácias com forte apelo emocional. (3) A crítica massiva e politicamente orquestrada à decisão judicial acarreta uma mudança na opinião pública, capaz de influenciar as escolhas eleitorais de grande parcela da população. (4) Com isso, os candidatos que aderem ao discurso conservador costumam conquistar maior espaço político, sendo, muitas vezes, campeões de votos. (5) Ao vencer as eleições e assumir o controle do poder político, o grupo conservador consegue aprovar leis e outras medidas que correspondam à sua visão de mundo. (6) Como o poder político também influencia a composição do Judiciário, já que os membros dos órgãos de cúpula são indicados politicamente, abre-se um espaço para mudança de entendimento dentro do próprio poder judicial. (7) Ao fim e ao cabo, pode haver um retrocesso jurídico capaz de criar uma situação normativa ainda pior do que a que havia antes da decisão judicial, prejudicando os grupos que, supostamente, seriam beneficiados com aquela decisão".
133. *Backlash's travels*, p. 1.

ral uma espécie de crueldade aos animais. A polêmica decisão ensejou forte reação social (sobretudo nos estados em que a prática da vaquejada ocorria) e reação política, culminando com a edição da Emenda Constitucional n. 96/2017, que acrescentou o § 7º ao art. 225 da Constituição Federal, segundo o qual "não se consideram cruéis as práticas desportivas que utilizem animais, desde que sejam manifestações culturais [...]".

Da mesma forma, pode ser verificado o efeito *backlash* contra a decisão do Supremo Tribunal Federal que reconheceu a união homoafetiva como entidade familiar (ADPF 132 e ADI 4.277). O Congresso Nacional discute a aprovação do "Estatuto da Família" (Projeto de Lei n. 6.583/2012, de autoria do deputado Anderson Ferreira, do PR-PE), já aprovado em Comissão Especial da Câmara dos Deputados. Segundo o art. 2º desse projeto de lei: "define-se entidade familiar como o núcleo social formado a partir da união entre um homem e uma mulher, por meio de casamento ou união estável".

Outro exemplo de efeito *backlash* se deu com a aprovação do texto de Proposta de Emenda Constitucional (PEC 181/2015) em Comissão Especial da Câmara dos Deputados, por 18 votos contra 1. A referida PEC, dentre outras inovações, altera o art. 5º da Constituição Federal para tutelar a vida "desde a concepção". Embora isso não seja uma inovação, já que a vida intrauterina já é tutelada pelo direito brasileiro (como se verá no capítulo destinado aos direitos fundamentais), a vontade do legislador (*mens legislatoris*) é claramente restringir as hipóteses de aborto, inclusive para as atuais hipóteses de aborto legal (por exemplo, quando a gravidez decorre de estupro). A referida PEC é uma resposta conservadora à decisão da 1ª Turma do STF que, em sede de *habeas corpus*, entendeu ser atípico o aborto, se realizado até o terceiro mês de gestação (HC 124.306/RJ, voto-vista do Min. Luís Roberto Barroso).

Por fim, exemplo recente de efeito *backlash* foi a aprovação da Lei n. 14.454/2022. Nesse ano de 2022, após decisão do STJ no sentido de que os planos de saúde só estariam obrigados a cobrir os tratamentos previstos em um rol taxativo da ANS (Agência Nacional de Saúde), o Congresso Nacional editou a lei sobredita, segundo a qual os planos de saúde são obrigados também a cobrir os tratamentos que não estejam no rol da ANS, desde que "exista comprovação da eficácia, à luz das ciências da saúde, baseada em evidências científicas e plano terapêutico, dentre outras hipóteses. Trata-se, portanto, de uma lei elaborada logo após a decisão de um Tribunal Superior, tendo em vista que o legislador discordou veementemente do julgador.

Em outras palavras, podemos dizer que o efeito *backlash* é uma reação majoritária contra uma decisão contramajoritária. Isso porque muitas vezes o Judiciário, para tutela dos direitos das minorias, acaba contrariando o interesse da maioria (exemplo: reconhecendo a união homoafetiva como entidade familiar). Em alguns casos, a maioria, inconformada com a decisão, reage social, política e juridicamente contra a decisão: uma reação majoritária a uma decisão contramajoritária. Por exemplo, o Estatuto da Família é uma reação majoritária a uma decisão contramajoritária do STF, que reconheceu a união homoafetiva como entidade familiar (ADPF 132 e ADI 4.277)[134].

---

134. Não obstante, como afirma a doutrina, ao se estudar o efeito *backlash* não podemos afirmar aprioristicamente que a decisão judicial foi correta ou incorreta: "o primeiro ponto a se esclarecer quando se busca incorporar à dinâmica da jurisdição constitucional a possibilidade do *backlash* é a dissociação entre o conceito em si e o erro ou acerto da decisão objeto da reação". [...] De outro lado, identificado o *backlash* com a manifestação pura e simples do dissenso, outra consequência natural é que este se possa veicular seja diretamente pela sociedade, em manifestações públicas ou de suas estruturas organizadas de vocalização (movimentos sociais, associações, sindicatos, entidades representativas de toda ordem); seja por intermédio do próprio Legislativo, num fenômeno que no universo doutrinário brasileiro é conhecido como 'correção legislativa das decisões judiciais'" (Vanice Regina Lírio do Vale. *Backlash* à decisão do Supremo Tribunal Federal: pela naturalização do dissenso como possibilidade democrática.

Tal fenômeno teve origem na jurisprudência da Suprema Corte dos Estados Unidos, no caso *Brown* v. *Board of Education*, julgado pela Suprema Corte dos EUA, em 17 de maio de 1954, em que o Tribunal decidiu ser inconstitucional a divisão racial entre estudantes brancos e negros em escolas públicas norte-americanas. Contra essa decisão se opuseram muitos políticos e juristas (especialmente do Sul), de forma violenta, muitas vezes. Destacam-se entre os políticos que ganharam destaque com o discurso contrário à decisão do caso *Brown* George Wallace e Bull Connor (este último que negociou o apoio da Ku-Klux-Klan, tendo sido reeleito). Outro caso importante é o caso *Furman* v. *Georgia*, de 1972, no qual tal Tribunal decidiu, por 5 votos a 4, que a pena de morte seria incompatível com a oitava emenda da Constituição norte-americana, que proíbe a adoção de penas cruéis e incomuns. Houve uma reação conservadora, com a eleição de políticos que defendiam maior rigor na legislação penal. Em 1976, a Suprema Corte reviu seu posicionamento (no caso *Gregg* v. *Georgia*), admitindo novamente a pena de morte. Tal fenômeno também ocorreu nos EUA nos casos *Roe* vs. *Wade* (sobre o direito de abortar[135]) e *Obergefell* vs. *Hodges* (sobre o casamento entre pessoas do mesmo sexo[136]).

O efeito *backlash* já foi abordado pelo STF, no julgamento da ADC 29/DF, no voto do min. Luiz Fux (9 nov. 2011). Segundo o ministro: "a verdade é que a jurisprudência do STF nessa matéria vem gerando fenômeno similar ao que os juristas norte-americanos Robert Post e Reva Siegel [...] identificam como *backlash*, expressão que se traduz como um forte sentimento de um grupo de pessoas em reação a eventos sociais ou políticos"[137]. O tema foi citado, da mesma forma, na ADI 4.578/DF (voto do min. Luiz Fux).

---

135. Trata-se de um caso julgado pela Suprema Corte norte-americana em 1973, ajuizado por Norma McCorvey ("Jane Roe") contra Henry Wade, que representava o Estado do Texas, que se opunha ao direito da requerente de abortar. A Suprema Corte decidiu que a mulher, amparada no direito à privacidade – sob a cláusula do devido processo legal da décima quarta emenda, podia decidir por si mesma a continuidade ou não da gravidez. A decisão obrigou a modificação de toda a legislação que restringia o direito ao aborto. Como afirma a professora da *Florida State University College of Law* Mary Ziegler: "Estudantes, juízes da Suprema Corte, e ativistas populares argumentam que a decisão de 1973 ampliou os danos políticos e [...] ajudou a radicalizar as políticas de gênero norte-americanas e ajudou a mobilizar movimentos religiosos conservadores que ajudaram a implementar um retrocesso no movimento feminista" (*Beyond Backlash: Legal History, Polarization, and Roe v. Wade*). As reações persistem muitos anos depois: segundo reportagem do jornal *The Guardian* (de 2013), "quarenta anos depois de Roe *v.* Wade, a decisão da Suprema Corte que tornou o aborto legal em toda a América, o Partido Republicano se lançou como nunca num discurso radicalmente pró-vida".
136. Trata-se de histórica decisão proferida pela Suprema Corte em 26 de junho de 2015, segundo a qual o casamento entre pessoas do mesmo sexo não pode ser proibido por lei estadual. Nessa decisão, o Presidente da Suprema Corte (John G. Roberts), que foi voto vencido, alertou dos riscos das reações conservadoras a decisões polêmicas. No Governo de Donald Trump, houve o retrocesso na tutela dos direitos de homossexuais. Por exemplo, o presidente suspendeu orientação do presidente anterior, de que transgêneros poderiam utilizar o banheiro de escolas públicas, de acordo com sua identidade de gênero. Outrossim, proibiu o ingresso de transgêneros nas Forças Armadas norte-americanas. Como é usual em sua forma de se comunicar, escreveu o presidente em uma rede social: "depois de consultar meus generais e especialistas militares, o Governo dos Estados Unidos não aceitará indivíduos transgêneros nas Forças Armadas. Nossos militares precisam estar focados na vitória e não podem arcar com os tremendos custos médicos e a perturbação que os transgêneros representarão para as Forças Armadas". Todavia, essa decisão está sendo questionada pelo Judiciário norte-americano (e, no dia 30 de outubro de 2017, uma juíza federal de Washington julgou procedente pedido de um grupo de soldados, suspendendo a medida presidencial).
137. A conclusão do ministro Luiz Fux nos parece muito oportuna: "Se a Suprema Corte é o último *player* nas sucessivas rodadas de interpretação da Constituição pelos diversos integrantes de uma sociedade aberta de intérpretes (cf. Häberle), é certo que tem o privilégio de, observando os movimentos realizados pelos demais, poder ponderar as diversas razões ante expostas para, ao final, proferir sua decisão". Como veremos no capítulo referente à *interpretação constitucional*, o STF não é o único intérprete da Constituição. Por essa razão, é oportuno que não seja insensível às interpretações já realizadas por todos os legítimos intérpretes da Constituição, sob pena se transformar numa Corte insensível aos reclamos principais da sociedade.

Por fim, uma questão que vem sendo levantada pela doutrina norte-americana: deve o Judiciário se atentar ao possível efeito *backlash* para proferir suas decisões ou deve apenas e tão somente decidir de acordo com suas convicções, pouco se importando com eventuais reações? Embora haja entendimento de que a Corte não deve se importar com a opinião popular, ainda que veemente, organizada e resistente, como afirma Alexander Bickel[138], concordamos com os professores de Yale (Post e Siegel), criadores do *Constitucionalismo Democrático* (que estudaremos em item posterior). Segundo os autores, embora o Poder Judiciário seja o principal protagonista na interpretação constitucional, não pode deixar de ouvir os demais intérpretes da Constituição, que podem se manifestar através do efeito *backlash*[139]. Dessa maneira, o efeito *backlash* é uma hipótese de "engajamento popular na discussão de questões constitucionais e não é apenas legítimo dentro dessa perspectiva, mas pode contribuir, também, para o próprio fortalecimento do princípio democrático"[140].

Por fim, é oportuno lembrar que, embora deva ser ponderado o efeito *backlash* no momento das decisões judiciais, tal fato deve ser visto como um dos elementos interpretativos, mas não o único. Isso porque é possível que o STF profira uma decisão contramajoritária em defesa de certas minorias, contrariando o interesse da maioria. Nesse sentido, afirmou Clèmerson Merlin Clève: "É preciso considerar, entretanto, que democracia não significa simplesmente governo da maioria. Afinal, a minoria de hoje pode ser a maioria de amanhã, e o guardião desta dinâmica majoritária/contramajoritária, em última instância, é, entre nós, o próprio Poder Judiciário que age como uma espécie de delegado do Poder Constituinte"[141].

Aliás, o próprio STF mencionou expressamente a necessidade de ponderar o efeito *backlash* como elemento interpretativo e democrático de sua decisão: "Obviamente, o Supremo Tribunal Federal não pode renunciar à sua condição de instância contramajoritária de proteção dos direitos fundamentais e do regime democrático. *No entanto, a própria legitimidade democrática da Constituição e da jurisdição constitucional depende, em alguma medida, de sua responsividade à opinião popular*" (ADC 29/DF, voto do Min. Luiz Fux, 9-11-2011) (grifamos).

---

138. Romeno de origem judia, imigrou para os Estados Unidos em 1939 e lecionou na *Yale Law School* até sua morte. "Ele insistia que a função da Corte era anunciar certos valores duradouros – discernir princípios que poderão organizar a vida constitucional. Somente a Corte estava nessa única posição de executar essa tarefa. Na sua visão, 'Cortes têm certas capacidades de lidar com matérias de princípios que legisladores e administradores não possuem. De fato, juízes têm ou deveriam ter o treinamento e o isolamento destinado a estabelecer esses valores duradouros [...] As próprias pessoas, por meio das urnas, são incapazes de sustentar um sistema de valores gerais especificamente aplicados'" (Cass Sunstein. *Backlash's Travels*, p. 4). Não obstante, atenua essa afirmação Néviton Guedes, segundo o qual Bickel "enxergava como manifestação de prudência, virtude essencial ao Poder Judicial, instruía os Tribunais a evitarem pronunciar-se sobre uma questão com fundamentos constitucionais, quando existissem suficientes fundamentos não constitucionais aptos a justificar a sua decisão. Em síntese, Bickel aconselhava os Tribunais a evitarem transformar conflitos jurídicos em conflitos políticos e constitucionais" (*Alexander Bickel e o ano do Supremo Tribunal Federal*).
139. Segundo os autores, "Constitucionalismo Democrático sugere que o efeito backlash seja entendido como uma das muitas práticas de contestação da norma através das quais o público procura influenciar o conteúdo da interpretação constitucional" (*Roe Rage: Democratic Constitutionalism and Backlash*, p. 11).
140. Katya Kozicki. Backlash: *as reações contrárias à decisão do Supremo Tribunal Federal na ADPF 153*, p. 192. No mesmo sentido: "A divergência por parte da população, nesse aspecto, não deve ser vista com receio a ponto de se defender que o Judiciário não deva proferir decisões que garantam direitos das minorias. Muito pelo contrário, o dissenso integra o jogo democrático na medida em que permite que o povo faça a sua própria interpretação da Constituição. O dever do Poder Judiciário de atuar de modo a interpretar a Constituição, assegurando os direitos fundamentais ali previstos, portanto, sobrepõe-se a uma possível reação negativa, que faz parte da normalidade em um contexto de diálogo entre as Cortes e a sociedade em geral" (Mariana Barsaglia Pimentel, Backlash *às decisões do Supremo Tribunal Federal sobre união homoafetiva*, p. 200).
141. *A Eficácia dos Direitos Fundamentais Sociais*, p. 28.

Dessa maneira, o juiz pode, levando-se em conta possíveis reações sociais à sua decisão (*backlash*), ter a devida ponderação no processo decisório para evitar o conflito desnecessário. Não obstante, esse não deve ser o parâmetro principal de sua decisão, como afirmam Post e Riegel: "Não negamos, desde logo, que evitar o conflito – especialmente o conflito desnecessário – pode ser uma decisão prudente. Poderia ser apropriado que os juízes se antecipem às reações populares a processos polêmicos, para cumprir mais eficazmente os valores constitucionais diferenciados. Mas o constitucionalismo democrático sugere que evitar o conflito não deve ser uma restrição significativa quanto às decisões judiciais, chegando a impor-se sobre a melhor compreensão profissional de um juiz de direito constitucional"[142].

1.3. OUTRAS MODALIDADES DE CONSTITUCIONALISMO

1.3.1. O novo constitucionalismo latino-americano[143]

Um dos mais recentes fenômenos jurídico-constitucionais ocorridos na América do Sul, denominado por muitos como o "novo constitucionalismo latino-americano"[144], demonstrou que a percepção de José Joaquim Gomes Canotilho estava correta: não há como se definir o constitucionalismo de maneira universal e única, já que "não há um constitucionalismo, mas vários constitucionalismos [...]. Será preferível dizer que existem diversos movimentos constitucionais com corações nacionais, mas também com alguns momentos de aproximação entre si [...][145]"

Os primeiros constitucionalistas que identificaram esse novo movimento constitucional foram Roberto Viciano Pastor e Rubén Martínez Dalmau, professores da Universidade de Valência. Segundo esses autores, enquanto o já tradicional "neoconstitucionalismo" trata-se de um aprimoramento do Direito Constitucional, fruto da construção teórica dos constitucionalistas e operadores do Direito, tendo como principal escopo a busca por maior eficácia da Constituição, principalmente dos direitos fundamentais, baseando-se na força normativa da Constituição e no princípio da eficiência ou máxima efetividade, o "novo constitucionalismo" é fruto de reivindicações e manifestações populares e tem como principal escopo a busca por uma maior legitimidade democrática da Constituição, garantindo-se a participação política de grupos até então alijados do cenário político.

Outrossim, o fenômeno sobredito não se mostra homogêneo em toda a América do Sul, mostrando estágios diferentes de evolução nos países, de acordo com suas especificidades históricas, políticas e sociais, como adiante se verá. Os próprios autores reconhecem que no Brasil, embora haja consideráveis avanços produzidos pela Constituição de 1988, não houve uma ruptura com tradicional constitucionalismo, mas apenas uma revisitação com as ideias do "neoconstitucionalismo", que, em terras e tribunais brasileiros, apresentou-se tardiamente e ainda vem produzindo paulatinamente suas consequências.

---

142. Op. cit., p. 109.
143. Parte desse capítulo foi por nós apresentada em Portugal, no Congresso Internacional de Direito Constitucional, ocorrido no Instituto Politécnico do Cávado e do Ave, em 2016 e publicado na obra portuguesa *O Direito Constitucional e o seu Papel na Construção do Cenário Jurídico Global*.
144. Malgrado a nomenclatura sobredita seja a mais utilizada, muitas são as denominações do mesmo movimento, como lembra Pedro Brandão (*O Constitucionalismo Pluralista Latino-americano*, p. 10): constitucionalismo mestiço, constitucionalismo andino, neoconstitucionalismo transformador, constitucionalismo do sul, constitucionalismo pluralista, constitucionalismo experimental, constitucionalismo plurinacional, constitucionalismo indígena, novo constitucionalismo indigenista, constitucionalismo da diversidade etc.
145. *Direito Constitucional e Teoria da Constituição*, p. 51.

A Constituinte de 1988, embora tenha rompido com o regime ditatorial anterior, instalou um Estado Democrático ainda embrionário (não houve manifestação popular para ativação do poder constituinte originário, não houve ratificação popular do projeto final de Constituição, não se admite reforma constitucional por iniciativa popular, as hipóteses de referendo e plebiscito são de exclusiva iniciativa do Poder Legislativo, inexiste instituto semelhante ao *recall* norte-americano ou "ostracismo" grego etc.), sofrendo recentemente sérios revezes, colocando-o na direção contrária do movimento constitucional de seus vizinhos latino-americanos.

De maneira diversa, Constituição que de fato rompeu com o tradicional constitucionalismo, buscando uma maior legitimação democrática, foi a Constituição da Venezuela, de 1999 (houve um referendo ativador do processo constituinte, um referendo de aprovação do texto constitucional e a reforma constitucional depende da participação popular). Não obstante, os principais marcos do novo constitucionalismo latino-americano são a Constituição do Equador (2007-2008) e da Bolívia (2009). O primeiro ponto em comum é a efetiva participação popular no processo de reforma da Constituição. Além disso, "como consectário do incremento da democracia participativa, tem-se um maior protagonismo de grupos historicamente marginalizados, como os povos indígenas, mediante a ampla positivação de seus direitos, além da recepção de tratados internacionais e ações constitucionais protetivas de tais direitos."[146]

1.3.1.1. Os ciclos constitucionais na América do Sul

Analisando as mudanças constitucionais da América do Sul sob o prisma do multiculturalismo e do tratamento constitucional dado aos povos originários indígenas, a constitucionalista peruana Raquel Yrigoyen Fajardo estabelece uma cronologia lógica, através de ciclos constitucionais na América do Sul, no intuito de superar o "constitucionalismo liberal monista" do século XIX e o "constitucionalismo social integracionista" do século XX. De fato, segundo a autora, as primeiras Constituições da América do Sul não tiveram o condão de adaptar o constitucionalismo notadamente europeu à realidade latino-americana, como os anseios da população indígena, afro-americana e os diversos movimentos do campo e urbanos. Inexistindo mais de um sistema normativo vigorando no mesmo Estado-nação, o monismo jurídico foi o pálio sobre o qual se edificou um modelo importado, monocultural, excluindo mulheres, escravos e povos originários do processo político.

O *primeiro ciclo constitucional* destinado a se dissociar desse "constitucionalismo monocultural e liberal monista" pode ser denominado como "*constitucionalismo multicultural*".

A Constituição brasileira traz como um dos fundamentos da República (art. 1º) o pluralismo político, que não se confunde apenas com o pluripartidarismo (sendo o pluralismo de ideias, de culturas, de costumes). Dentre os objetivos da República (art. 3º), prevê o fim da discriminação, em todas as suas modalidades (origem, raça, sexo, cor, idade e quaisquer outras formas). Dentre os princípios que regem as relações internacionais (art. 4º), estabelece o repúdio ao racismo e a concessão de asilo político, trazendo como aspiração a formação de uma "comunidade latino-americana de nações" (art. 4º, parágrafo único). Embora disponha ser a língua portuguesa a língua oficial (art. 13), estabelece estarem asseguradas "às comunidades

---

146. Op. cit., p. 24.

indígenas também a utilização de suas línguas maternas e processos próprios de aprendizagem" (art. 210, § 2º, CF). Por fim, na seção destinada à cultura, dispõe que "o Estado protegerá as manifestações das culturas populares, indígenas e afro-brasileiras, e das de outros grupos participantes do processo civilizatório nacional" (art. 215, § 1º, CF).

O *segundo ciclo constitucional*, também denominado *"constitucionalismo pluricultural"*, rompe com o monismo jurídico, reconhecendo (e não apenas tutelando) as tradições, os costumes, as autoridades e o direito indígena, com jurisdição autônoma. São exemplos: a Constituição da Colômbia (de 1991), do México e do Paraguai (de 1992), do Peru (de 1993), Equador (1998) e Venezuela (1999).

O *terceiro ciclo constitucional* dá ensejo a um *Estado plurinacional*, em que os povos indígenas não são apenas protegidos (como no primeiro ciclo) ou têm sua autonomia reconhecida (como no segundo ciclo): eles fazem parte da construção do Estado, integrando o poder constituinte originário. Trata-se de um constitucionalismo plurinacional, tendo como marcos as Constituições do Equador (2008) e Bolívia (2009)[147]. Estamos diante de um "constitucionalismo plurinacional".

Na Constituição boliviana são reconhecidos como idiomas oficiais, além do castelhano, as línguas dos povos indígenas originários campesinos, que são *"aymara, araona, baure, bésiro, canichana, cavineño, cayubaba, chácobo, chimán, ese ejja, guaraní etc."* (art. 5º, I). Outrossim, são considerados princípios ético-morais da sociedade plural boliviana valores de origem indígena: "El Estado asume y promueve como principios ético-morales de la sociedad plural: ama qhilla, ama llulla, ama suwa (no seas flojo, no seas mentiroso ni seas ladrón), suma qamaña (vivir bien), ñandereko (vida armoniosa) y qhapaj ñan (camino o vida noble)". Como se vê, a nação indígena integra o poder constituinte originário, explicitando no texto constitucional seus valores e suas culturas.

Por sua vez, a Constituição do Equador (2008) reconhece o castelhano como idioma oficial, malgrado afirme que "el castellano, el kichwa y el shuar son idiomas oficiales de relación intercultural" (art. 2). Outrossim, no Preâmbulo, celebra a natureza ("la Pacha Mama, de la que somos parte y que es vital para nuestra existencia").

CICLOS CONSTITUCIONAIS NA AMÉRICA DO SUL		
Constitucionalismo multicultural	**Constitucionalismo pluricultural**	**Constitucionalismo plurinacional**
Abertura à diversidade cultural, previsão de outras línguas (além da oficial), proteção dos direitos indígenas, mas mantém o monismo jurídico (CF brasileira de 1988).	Rompe com o monismo jurídico e passa a prever uma jurisdição indígena. Constituição da Colômbia (1991), Paraguai (1992), Peru (1993) e Venezuela (1999).	Os indígenas integram a construção do Estado (no poder originário), prevê jurisdição indígena (não há monismo jurídico) e há importantes mecanismos de democracia direta.

---

147. "Al definirse como un Estado plurinacional, resultado de un pacto entre pueblos, no es un Estado ajeno el que 'reconoce' derechos a los indígenas, sino que los colectivos indígenas mismos se yerguen como sujetos constituyentes y, como tales y junto con otros pueblos, tienen poder de definir el nuevo modelo de Estado y las relaciones entre los pueblos que lo conforman. Es decir, estas Constituciones buscan superar la ausencia de poder constituyente indígena en la fundación republicana y pretenden contrarrestar el hecho de que se las haya considerado como menores de edad sujetos a tutela estatal a lo largo de la historia" (Irigoyen Fajardo, R. Z., 2011).

1.3.1.2. A Constituição brasileira de 1988 e o primeiro ciclo constitucional: o constitucionalismo multicultural

Como vimos anteriormente, três são os ciclos constitucionalistas contemporâneos na América do Sul: a) constitucionalismo multicultural; b) constitucionalismo pluricultural e c) constitucionalismo plurinacional. Apesar de avanços conquistados depois de anos de um regime ditatorial militar, a Constituição brasileira de 1988 se encontra apenas e tão somente no primeiro ciclo constitucionalista da América do Sul.

Se dois são os pilares dos novos movimentos constitucionalistas sul-americanos (efetividade da democracia e autonomia dos povos originários), apenas incipiente é o texto constitucional brasileiro, em ambos os temas.

No tocante aos povos indígenas originários, o texto constitucional brasileiro, longe de reconhecer uma autonomia jurídica, política e cultural, enfatiza o âmbito protetivo e monojurídico constitucional. As terras tradicionalmente ocupadas pelos índios são consideradas "bens da União" (art. 20, XI), cabendo à União demarcá-las (art. 231). Em caso de interesse da soberania do país, podem os grupos indígenas ser removidos de suas terras, *ad referendum* do Congresso nacional (art. 231, § 5º) e as línguas indígenas não são consideradas oficiais, embora a Constituição autorize e reconheça a sua utilização pelas comunidades indígenas (art. 210, § 2º). Esse tratamento dado à população indígena no Brasil talvez se justifique pelo número reduzido que representa percentualmente, se comparado a muitos de nossos países vizinhos. Segundo dados oficiais do Instituto Brasileiro de Geografia e Estatística (IBGE), decorrentes de censo demográfico realizado em 2010, a população indígena corresponde a 817.963 pessoas, sendo 315.180 na área urbana e 502.783 na área rural (num total de habitantes de 190.755.799 pessoas). Portanto, a população indígena corresponde a 0,41% de toda a população brasileira. Houve, ao longo de aproximadamente 500 anos, um genocídio e etnocídio, reduzindo os povos originários a um grupo sem vez e sem voz.

O genocídio indígena no Brasil não é uma mera figura de linguagem. Em 2013, depois de 25 anos "desaparecido", o "Relatório Figueiredo", compilado pelo Procurador Jader de Figueiredo Correia, encomendado pelo Ministro do Interior, Albuquerque Lima, em 1967, revela crimes praticados contra a população indígena no Brasil, praticados por latifundiários e pelo próprio departamento do governo para assuntos indígenas: o então Serviço de Proteção ao Índio (SPI). Foram realizadas caçadas humanas promovidas com metralhadoras e dinamites atiradas de aviões sobre reservas indígenas, inoculações propositais de varíola em povoados isolados, doações de açúcar misturado a estricnina etc.[148] No Brasil, a questão indígena não está na pauta das principais preocupações da população, que se vê diante de uma paulatina fragilização de seu regime democrático, como adiante se verá.

A Constituição Brasileira de 1988 define o Estado como sendo um "Estado Democrático de Direito", inspirando-se na Constituição portuguesa, de 1976, que define a República Portuguesa como um "Estado de direito democrático". Outrossim, no art. 1º, parágrafo único, depois de prever que "todo poder emana do povo", prevê a democracia semidireta ou participativa: trata-se de uma democracia indireta, com algumas hipóteses expressas de democracia direta.

Não obstante, o objetivo central do constituinte de 1988 foi romper com os duros e longos anos de ditadura militar. Não obstante, a democracia brasileira não foi capaz de viabilizar uma

---

148. Íntegra do Relatório Figueiredo, disponível em: <http://midia.pgr.mpf.mp.br/6ccr/relatorio-figueiredo/relatorio-figueiredo.pdf>.

nova modalidade de cidadania solidária, como se tem defendido e como se tem visto nos países vizinhos. Exercida predominantemente na modalidade indireta ou representativa, tem sido usurpada pelos parlamentares que exercem o poder constituinte derivado reformador, em constantes desvios de finalidade.

Os veículos de democracia direta são frágeis, esporádicos e insuficientes. A iniciativa popular para elaboração de projetos de lei, embora exista, traz tamanhas exigências a ponto de inviabilizá-la. Em trinta anos de democracia, apenas três projetos de lei federal foram de iniciativa popular. Ainda mais grave é o tratamento dado aos projetos de lei de iniciativa popular: não há um prazo para o Poder Legislativo apreciar a proposta popular, podendo não ser colocado em pauta, por deliberação da mesa da casa parlamentar ou até mesmo rejeitado facilmente. Em suma, o projeto de lei de iniciativa de um único parlamentar e o projeto de lei de iniciativa popular têm o mesmo tratamento formal.

Se não bastasse, prevalece o entendimento de que não é possível iniciativa popular de propostas de emenda constitucional (e, de fato, não há previsão constitucional expressa). Professores de Direito Constitucional se veem obrigados a defender o indefensável: que o titular do poder constituinte (o povo) não pode alterar a Constituição por vontade direta.

Embora previstos na Constituição, o plebiscito e o referendo são instrumentos meramente formais e de pouco uso. Em trinta anos de democracia, em âmbito nacional, foram utilizados apenas duas vezes (primeiramente, no início dos anos 1990 para discutir a forma de governo e o sistema de governo) e nos anos 2000 para discutir a venda de armas de fogo. Quem tem a possibilidade de convocar esses instrumentos é apenas e tão somente o Congresso Nacional e somente ele pode deliberar sobre o conteúdo da consulta popular.

Não prevê a Constituição brasileira institutos aptos a cancelar o mandato eletivo das autoridades, como o *recall* norte-americano ou o "ostracismo" da Grécia antiga. Instrumentos de democracia direta eficazes resumem-se àqueles direcionados ao Poder Judiciário (que assume maior protagonismo na democracia contemporânea brasileira): ação popular, ajuizada por qualquer cidadão, com o escopo de evitar ou reparar lesão ao patrimônio público ou a moralidade administrativa, bem como os mandados de injunção, destinados a concretizar direitos de cidadania inviabilizados pela inércia do Poder Legislativo.

Destarte, a democracia brasileira, malgrado seja formalmente semidireta ou participativa, é uma democracia indireta e débil. Outrossim, a própria democracia indireta sofre atualmente sérios abalos, comprometendo-a nos dias atuais. Um sistema privado de financiamento milionário das campanhas eleitorais tem afetado diretamente a democracia indireta. Grandes empresas privadas financiam as principais campanhas eleitorais em troca de benefícios e privilégios que serão recebidos após a eleição daqueles que foram seus patrocinados. Juízes e tribunais brasileiros, por iniciativa de um ativo e independente Ministério Público, desvendam progressivamente uma malha de corrupção endêmica que corrói todas as unidades da Federação. Mudar esse cenário parece improvável, num curto prazo, já que o povo não pode sugerir diretamente mudanças constitucionais profundas.

O Poder Legislativo, utilizando-se do poder constituinte reformador, usurpa-o em benefício pessoal. Uma das mais recentes emendas constitucionais beira o escárnio, o escândalo: a Emenda Constitucional n. 91, de 2016. Com a intenção de beneficiar apenas os atuais ocupantes de cargos públicos eletivos, permite, pelo prazo de trinta dias, a mudança imotivada da filiação partidária, excepcionando-se o princípio da fidelidade partidária, de forma casuística. Se não bastasse, a Emenda Constitucional n. 88, de 2015, ampliou a idade de aposentadoria compulsória dos ministros dos Tribunais Superiores, com um claro e implícito propósito: evitar que a presidente da República na época nomeasse mais ministros do Supremo Tribunal Federal. Proposta de emenda constitucional, já aprovada na Câmara dos Deputados, amplia o mandado dos deputados federais. Em resumo, o povo, sem voz e sem cultura (já que os temas acima não são do conhecimento da maior parte da população), se vê sem armas para mudar a atual conjuntura política e democrática do país.

Uma mudança se torna necessária em terras brasileiras. Ultrapassar o primeiro ciclo constitucionalista (multicultural) torna-se uma necessidade, construindo uma nova história ou inspirando-se nas Constituições vizinhas, o avanço se torna indispensável.

1.3.1.3. O segundo ciclo constitucional: as Constituições Pluralistas da Colômbia (1991) e da Venezuela (1999)

A Constituição colombiana de 1991 foi a primeira a reconhecer a jurisdição autônoma indígena, inovando, pois, na temática do pluralismo jurídico. Além de proteger e tutelar a diversidade étnica (como ocorre no primeiro ciclo constitucional)[149], prevê, em seu art. 10, que línguas e dialetos de grupos étnicos são também oficiais em seus territórios[150]. Outrossim, a grande inovação da Constituição colombiana de 1991 foi a previsão de uma jurisdição especial indígena: "Las autoridades de los pueblos indígenas podrán ejercer funciones jurisdiccionales dentro de su ámbito territorial, de conformidad con sus propias normas y procedimientos, siempre que no sean contrarios a la Constitución y leyes de la República. La ley establecerá las formas de coordinación de esta jurisdicción especial con el sistema judicial nacional" (art. 246).

Eventuais conflitos entre a jurisdição especial indígena e a jurisdição comum nacional são resolvidos pela Corte Constitucional Colombiana, que já anulou decisão indígena que teria violado o princípio do juiz natural, bem como reformou decisão indígena que estendia a pena de banimento para outras pessoas além do condenado (Brandão, 2015). Outrossim, a supremacia da Constituição sobre o direito indígena é apenas relativa, como já decidido pela Corte Constitucional colombiana: "resulta claro para la Corte que no se les pueden aplicar a los pueblos indígenas todas las normas constitucionales y legales, pues de lo contrario, el reconocimiento a la diversidad cultural no tendría más que un significado retórico" (Sentença S-349).

Já a Constituição venezuelana de 1999 foi originalmente fruto de uma consulta popular convocada pelo então presidente Hugo Chávez, sobre a necessidade de uma Assembleia Nacional Constituinte[151]. Após elaborada pela Assembleia Nacional Constituinte, o projeto foi submetido a referendo popular, tendo sido aprovado por 71,78% dos votantes. Foi indagado: "Aprueba usted el projecto de Constitución elaborado por la Asamblea Nacional Constituynte?". Embora a prática política venezuelana tenha se distanciado do espírito constitucional, pela concentração dos poderes nas mãos do Poder Executivo, há um significativo avanço na democracia participativa ou semidireta, na medida em que prevê referendos, revogatória de mandato (de políticos eleitos e magistrados) e iniciativa legislativa popular, dentre outros mecanismos. Seguramente, o mais significativo deles é a exigência de aprovação popular,

---

149. "El Estado reconoce y protege la diversidad étnica y cultural de la Nación colombiana" (artículo 7).
150. "El castellano es el idioma oficial de Colombia. Las lenguas y dialectos de los grupos étnicos son también oficiales en sus territorios. La enseñanza que se imparta en las comunidades con tradiciones lingüísticas propias será bilingue" (artículo 10).
151. "Convoca usted una Asamblea Nacional Constituyente con el propósito de transformar el estado y crear un nuevo ordenamiento jurídico que permita el funcionamiento efectivo de una democracia social e participativa?"

mediante referendo, de quaisquer mudanças na Constituição: "El proyecto de Reforma Constitucional aprobado por la Asamblea Nacional se someterá a referendo dentro de los treinta días siguientes a su sanción".

Retrocessos houve na recente história constitucional venezuelana, como a reforma constitucional proposta por Hugo Chávez, em 2007, prevendo um número indefinido de reeleições presidenciais, aumento do percentual para ativar os referendos revogatórios etc. Não obstante, tais retrocessos não retiram o ineditismo do texto constitucional venezuelano originário.

Com a participação efetiva de grupos indígenas na Assembleia Nacional Constituinte venezuelana, prevê em seu preâmbulo a necessidade de refundar o Estado, estabelecendo uma sociedade democrática, participativa e protagonista, multiétnica e pluricultural. Além de reconhecer e tutelar o direito à língua, costumes e cultura indígena (no Capítulo VIII), prevê a efetiva participação política, no art. 125 ["los pueblos indígenas tienen derecho a la participación política. El Estado garantizará la representación indígena en la Asamblea Nacional y en los cuerpos deliberantes de las entidades federales y locales con población indígena, conforme a la ley"].

Outrossim, assim como o fez a Constituição colombiana, previu o pluralismo jurídico, no art. 260: "Las autoridades legítimas de los pueblos indígenas podrán aplicar en su hábitat instancias de justicia con base en sus tradiciones ancestrales y que sólo afecten a sus integrantes, según sus propias normas y procedimientos, siempre que no sean contrarios a esta Constitución, a la ley y al orden público. La ley determinará la forma de coordinación de esta jurisdicción especial con el sistema judicial nacional".

1.3.1.4. O terceiro ciclo constitucional: o Estado Plurinacional nas Constituições da Bolívia e do Equador

Além de simplesmente tutelar a diversidade cultural e étnica (como no primeiro ciclo), dar aos povos indígenas certo grau de autonomia (como no segundo ciclo), o terceiro ciclo constitucional na América do Sul, protagonizado pelas Constituições do Equador e da Bolívia, coloca o povo indígena como protagonista do poder constituinte originário, inserindo no texto constitucional lógicas epistemológicas próprias desses povos, como o "Pachamama" e o "Sumak Kawsay". Na Constituição boliviana, por exemplo, dos 400 artigos, 80 fazem referência aos povos indígenas[152].

A Constituição boliviana reconhece a medicina tradicional dos povos indígenas, assegurando a propriedade intelectual e cultural (art. 42), protege suas línguas originárias (art. 95) e prevê o apoio estatal às manifestações culturais (arts. 106 e 107). A Constituição equatoriana prevê e protege as manifestações culturais, a espiritualidade dos povos indígenas, bem como estabelece um sistema educacional bilíngue (art. 84). Não obstante, apenas essas previsões nada diferenciam tais cartas daquelas feitas no "segundo ciclo constitucional", pluricultural. A primeira grande diferença, marco do terceiro ciclo constitucional latino-americano, é a introdução de valores epistemológicos indígenas no texto constitucional, como o "Sumak Kawsay" (Bem Viver): trata do aspecto coletivo da vida, em todas as suas dimensões. É uma resposta da cosmovisão indígena que visa integrar o ser humano e a natureza de forma respeitosa,

---

152. A insurgência do povo indígena se justifica: "Segundo o Programa das Nações Unidas para o Desenvolvimento, na Bolívia, mais da metade da população está abaixo da linha da pobreza, dentre a qual ¾ da população indígena faz parte desse sector – sendo que aproximadamente 60% da população boliviana é indígena. No Equador, mais de 80% dos indígenas vivem em situação de pobreza" (Brandão, P. *O Constitucionalismo Pluralista Latino-americano*).

não resumindo a vida e a busca por posses materiais, nem ao simples desenvolvimento por meio do crescimento econômico.

A Constituição equatoriana prevê que "se reconoce el derecho de la población a vivir en un ambiente sano y ecológicamente equilibrado, que garantice la sostenibilidad y el buen vivir, sumak kawsay" (art. 14) e, na implementação de políticas públicas, prevê que o Estado deve "promover el bien común y anteponer el interés general al interés particular, conforme al buen vivir".

No mesmo diapasão, a Constituição boliviana, no seu art. 8º, define os princípios éticos e morais da sociedade plural: "ama qhilla, ama llulla, ama suwa (nos seas flojo, no seas mentiroso ni seas ladrón), suma qamaña (vivir bien), ñandereko (vida harmoniosa), teko kavi (vida buena), ivi maraei (tierra sin mal) y qhapaj ñan (caminho o vida noble)".

Trata-se de princípios que não se aplicam apenas a certos grupos étnicos, mas a toda uma sociedade intercultural, refundada no multiculturalismo real, e não apenas formal.

Importante frisar que o Novo Constitucionalismo Latino-americano e o Neoconstitucionalismo não se excluem, mas se complementam. Assim como o intérprete da Constituição brasileira tenta extrair a máxima efetividade do fundamento da "cidadania" (art. 1º) ou do objetivo da "solidariedade" (art. 3º), nas constituições equatoriana e boliviana, o desafio do intérprete neoconstitucionalista é extrair a maior eficácia dos princípios de origem indígena, por exemplo.

Todavia, a principal mudança operada pelo terceiro ciclo constitucional na América do Sul é a refundação do Estado. Como disse Aníbal Quijano, "a população vítima de um Estado excludente não luta necessariamente por mais Estado, mas sobretudo, por outro Estado"[153]. Passa a se reconhecer não apenas uma jurisdição indígena, mas uma nação indígena coexistindo dentro do mesmo Estado: um novo Estado plurinacional. Pensamento inaugurado pela Constituição colombiana de 1991, a jurisdição especial indígena, anteriormente limitada à questão territorial, à lei e à própria Constituição, passa a fazer parte, juntamente com outras instituições indígenas, da estrutura geral do Estado (art. 30 da Constituição boliviana), permitindo às comunidades indígenas o direito coletivo de criar, desenvolver e praticar seus próprios direitos, desde que não afrontem direitos constitucionais, em particular das mulheres, crianças e adolescentes (art. 57 da Constituição equatoriana).

Na Bolívia, eventual conflito entre a Justiça autônoma indígena e a Justiça Comum será resolvido pelo Tribunal Constitucional Plurinacional (eleito pelo povo, preenchidos os requisitos constitucionais[154]). Há, pois, uma migração do pluralismo jurídico *subordinado* para um pluralismo político *igualitário*, já que não há subordinação entre as diversas jurisdições[155].

Por fim, profundas alterações foram inseridas no tocante aos instrumentos de participação popular no controle do Estado e da economia. A Constituição equatoriana permite a revogação do mandato, mediante solicitação de um percentual mínimo de eleitores. Igual previsão temos na Constituição boliviana, fazendo remissão à lei infraconstitucional (art. 240). Em se tratando de iniciativa popular de projeto de lei, na Bolívia, o Poder Legislativo tem 180 dias para abordar a proposta e, não o fazendo, a lei entrará imediatamente em vigor. No Equador, os referendos podem ser convocados pelo Presidente, pela Assembleia Nacional ou por dez por cento dos eleitores (art. 71).

---

153. QUIJANO, A. *Estado-nación y 'movimientos indígenas' en la región Andina: cuestiones abiertas*.
154. "El Tribunal Constitucional Plurinacional estará integrado por Magistradas y Magistrados elegidos con criterios de plurinacionalidad, con representación del sistema ordinario y del sistema indígena originario campesino" (art. 197, I).
155. Importante frisar que na Constituição equatoriana o avanço não foi tão grande, não havendo uma composição intercultural da Corte Constitucional, motivo pelo qual permanece um pluralismo político ainda subordinado.

Dessa maneira, podemos concluir, como o fez Heleno Florindo da Silva, que "o Estado plurinacional e o constitucionalismo latino-americano podem ser vistos como processos de busca por direitos, sobretudo por Direitos Humanos, principalmente, pelo fato de estes últimos serem os resultados dos processos culturais de lutas sociais, políticas, econômicas, dentre outras".[156]

DIFERENÇAS ENTRE O ESTÁGIO BRASILEIRO (1° CICLO) E O ESTÁGIO EQUATORIANO / BOLIVIANO (3° CICLO)	
1° Ciclo (Brasil)	3° Ciclo (Equador/Bolívia)
As línguas indígenas não são línguas oficiais, mas apenas a língua portuguesa. A Constituição permite que os índios sejam educados nas suas línguas maternas.	As línguas indígenas são línguas oficiais.
As terras tradicionalmente ocupadas pelos índios pertencem à União.	
Monismo Jurídico (existe um só Direito, não existindo um direito indígena).	Pluralismo Jurídico, com a existência de um direito indígena e uma justiça indígena.
A natureza é protegida, como direito difuso do ser humano, e os animais são considerados coisas (res) e, como tal, não são sujeitos de direitos, mas objeto do direito.	A natureza é protegida por ser considerada sujeito de direitos (Equador) e os animais igualmente são considerados titulares de direitos fundamentais.

1.3.2. Constitucionalismo social

Como vimos anteriormente, o movimento denominado pela doutrina de "constitucionalismo moderno", que eclodiu com a Constituição norte-americana de 1787 e a Constituição francesa de 1791, consiste na tentativa de limitar o poder do Estado através de uma Constituição ou, nas palavras de Canotilho, "uma técnica específica de limitação do poder com fins garantísticos"[157]. Dessa maneira, Constituição moderna é "a ordenação sistemática e racional da comunidade política através de um documento escrito no qual se declaram as liberdades e os direitos e se fixam os limites do poder político"[158].

O século XVIII e o século anterior foram marcados pela ascensão política da burguesia, opondo-se ao absolutismo. As aspirações humanistas, bem como o anseio pela eliminação dos privilégios e a incerteza dos direitos daqueles que não compartilhavam do poder político, deram a base política, econômica e social para a eclosão de movimentos revolucionários conhecidos como "revoluções burguesas". Assim, o Constitucionalismo moderno tem o escopo principal de sedimentar os anseios da burguesia que ascendera ao poder. Nas palavras de Dalmo de Abreu Dallari, "para dar certeza e segurança às relações econômicas e financeiras, bem como para deixar o caminho livre para novos empreendimentos, era necessário fixar regras claras e duráveis, não sujeitas a decisões arbitrárias de governantes e aos caprichos de uma classe social parasitária e detentora de privilégios, como era a nobreza. A consciência dessa necessidade contribuiu muito para que se desenvolvesse a ideia da Constituição como estatuto

---

156. SILVA, H. F. *Teoria do Estado Plurinacional*, p. 200.
157. *Direito Constitucional e Teoria da Constituição*. Coimbra: Almedina, p. 51.
158. José Joaquim Gomes Canotilho, op. cit., p. 52.

político-jurídico fundamental"[159]. Nesse estágio, o Constitucionalismo nasce com a concepção burguesa da ordem política.

A Primeira Guerra Mundial (de 28 de julho de 1914 a 11 de novembro de 1918) abriu os olhos de muitos pensadores da escola liberal para um fato irrefutável, lembrado por Paulo Bonavides: trabalhadores "morriam de fome e de opressão, ao passo que os mais respeitáveis tribunais do Ocidente assentavam as bases de toda sua jurisprudência constitucional na inocência e no lirismo daqueles formosos postulados de que 'todos são iguais perante a lei'..."[160].

O antigo liberalismo não poderia resolver os problemas gravíssimos das camadas mais pobres da sociedade. A liberdade, por si só, era um remédio inócuo aos famintos e oprimidos. O Estado deveria abandonar sua postura passiva, negativa e assumir um papel positivo, ativo, a fim de que a igualdade jurídico-formal apregoada nos textos constitucionais fosse, de fato, concretizada.

Desse novo pensamento nasce o chamado "Constitucionalismo Social", que tem como marcos históricos a Constituição do México, de 1917, e a Constituição alemã de Weimar, de 1919.

1.3.2.1. Constituição do México de 1917

A primeira Constituição que atribuiu o caráter de fundamentalidade aos direitos trabalhistas, ao lado das liberdades públicas e dos direitos políticos, foi a "Constituição Política dos Estados Unidos Mexicanos", de 1917[161]. Nesse período, na Europa, nascia a consciência de que os direitos fundamentais também teriam uma dimensão social (após a grande guerra de 1914-1918, culminando com a Constituição de Weimar, de 1919, as convenções da recém-criada Organização Internacional do Trabalho e a Revolução Russa e a consequente "Declaração dos Direitos do Povo Trabalhador e Explorado", de janeiro de 1918).

Figura 1.15 – Constituição do México (créditos ao final do livro).

Promulgada em 5 de fevereiro de 1917, na cidade de Querétaro, a "Constituição Política dos Estados Unidos Mexicanos" decorreu de um manifesto clandestino elaborado em 1906 por um grupo revolucionário ("Regeneración"), liderado por Ricardo Flore Magón, contra a ditadura de Porfírio Diaz. Várias propostas desse manifesto foram inseridas no texto constitucional de 1917 (proibição de reeleição para presidente da República, já que Porfírio Diaz havia governado por mais de trinta anos, quebra do poder da Igreja Católica, expansão do sistema de educação pública, reforma agrária etc.).

Não obstante, o ponto mais significativo da "Constituição Política dos Estados Unidos Mexicanos" foi a inserção de um título específico ao direito fundamental social do trabalho (o título sexto – "Del Trabajo y de la Previsión Social", composto de um único artigo – art. 123). Dispõe o *caput* do sobredito artigo: "El Congreso de la Unión y las Legislaturas de los Estados deberán expedir leyes sobre el trabajo, fundadas en las necesidades de cada región, sin contra-

---

159. *A Constituição na Vida dos Povos*, p. 100.
160. *Do Estado Liberal ao Estado Social*, p. 61.
161. Disponível em: <https://www.juridicas.unam.mx/legislacion/ordenamiento/constitucion-politica-de-los-estados-unidos-mexicanos>.

venir a las bases siguientes, las cuales regirán el trabajo de los obreros, jornaleros, empleados, domésticos y artesanos, y de una manera general todo contrato de trabajo".

Segundo Fábio Konder Comparato, "o que importa, na verdade, é o fato de que a Constituição mexicana foi a primeira a estabelecer a desmercantilização do trabalho, própria do sistema capitalista, ou seja, a proibição de equipará-lo a uma mercadoria qualquer sujeita a lei da oferta e da procura no mercado. A Constituição mexicana estabeleceu, firmemente, o princípio da igualdade substancial na posição jurídica entre trabalhadores e empresários na relação contratual de trabalho, criou a responsabilidade dos empregadores por acidentes de trabalho e lançou, de modo geral, as bases para a construção do moderno Estado Social de Direito. Deslegitimou, com isso, as práticas de exploração mercantil do trabalho, e, portanto, da pessoa humana, cuja justificação se procurava fazer, abusivamente, sob a invocação da liberdade de contratar"[162].

O direito ao trabalho teve na Constituição do México de 1917 inúmeros dispositivos a ele dedicados. Inicialmente, o direito individual de liberdade de escolha do trabalho[163], bem como a vedação do trabalho pessoal sem justa retribuição e consentimento[164]. Todavia, é o Título Sexto ("Del Trabajo y de La Previsión Social") o trecho mais marcante e historicamente pioneiro.

1.3.2.2. Constituição de Weimar de 1919

Trata-se da Constituição que instituiu a primeira república alemã, elaborada e votada na cidade de Weimar, sendo produto da grande guerra de 1914-1918, sete meses após o armistício. Antes da edição da Constituição de Weimar[165], movimentos revolucionários alemães contra o kaiser Guilherme II deram ensejo à sua abdicação, constituindo-se um governo provisório (Conselho dos Delegados do Povo), cujos primeiros decretos foram o estabelecimento da jornada de trabalho de oito horas e a atribuição do direito de voto às mulheres, bem como medidas de assistência social aos setores mais carentes da população. Promulgada a lei eleitoral em novembro de 1918, foi convocada Assembleia Nacional Constituinte, eleita em 6 de fevereiro de 1919, votando e aprovando a nova Constituição em 31 de julho de 1919.

Tem uma importância histórica ímpar ao instituir um Estado Social cujas ideias centrais foram

Figura 1.16 – Kaiser Guilherme II da Alemanha, 1900 (créditos ao final do livro).

---

162. A Constituição Mexicana de 1917, artigo retirado da internet em 17 de outubro de 2015. Disponível em: <http://www.dhnet.org.br/educar/redeedh/anthist/mex1917.htm>.
163. "Art. 4º A ninguna persona podrá impedirse que se dedique a la profesión, industria, comercio o trabajo que le acomode, siendo lícitos. El ejercicio de esta libertad sólo podrá vedarse por determinación judicial, cuando se ataquen los derechos de tercero o por resolución gubernativa, dictada en los términos que marque la ley, cuando se ofendan los derechos de la sociedad. Nadie puede ser privado del producto de su trabajo, sino por resolución judicial."
164. "Art. 5º Nadie podrá ser obligado a prestar trabajos personales sin la justa retribución y sin su pleno consentimiento, salvo el trabajo impuesto como pena por la autoridad judicial, el cual se ajustará a lo dispuesto en las fracciones I y II del artículo 123."
165. Disponível (em inglês) em: <http://www.zum.de/psm/weimar/weimar_vve.php>.

introduzidas pela Constituição do México de 1917, influenciando todas as legislações do mundo ocidental. Dividida em duas grandes partes, tem na sua primeira parte a organização do Estado e na sua segunda parte as liberdades individuais e os novos direitos de conteúdo social.

Foi pioneira na previsão da igualdade entre marido e mulher (art. 119), na equiparação de filhos legítimos e ilegítimos (art. 121), na tutela estatal da família e da juventude (arts. 119 e 122), mas tem importância histórica marcante na previsão de disposições sobre educação pública e direito trabalhista, a partir do art. 157. Segundo esse artigo, "o trabalhador recebe especial proteção do *Reich*. O *Reich* elaborará uniforme legislação acerca do tema". A sindicalização está garantida no art. 159 ("o direito de formar sindicatos e melhorar as condições do trabalho e da economia é garantido para cada indivíduo e para todas as ocupações. Todos os acordos e medidas que limitem ou obstruam esse direito são ilegais"). Inovadora e vanguardista foi a previsão de um direito internacional de garantias mínimas do trabalho, no art. 162 ("o *Reich* defende uma regulamentação internacional sobre os direitos dos trabalhadores, que se esforça para garantir um mínimo de direitos sociais para a classe trabalhadora da humanidade").

Talvez o mais marcante dispositivo seja o art. 163, que prevê expressamente o direito ao trabalho: "Apesar de sua liberdade pessoal, todo alemão é obrigado a investir sua energia física e intelectual de forma necessária ao benefício público. A cada alemã será dada a oportunidade de ganhar a vida mediante um trabalho econômico. Não sendo oferecidas aberturas apropriadas de trabalho, ele receberá apoio financeiro. Mais detalhes são especificados pela Lei do *Reich* (império)".

1.3.2.3. Os direitos sociais na Inglaterra, segundo Marshall

Thomas Humphrey Marshall foi um sociológico britânico nascido em 1893 e falecido em 1981, conhecido por seus ensaios, entre os quais se destaca *Citizenship and Social Class* (Cidadania, Classe Social e *Status*), escrito em 1949. Tendo como referencial analítico a Inglaterra do século XX, estabelece o conceito de cidadania sob novas bases.

Para Marshall, o conceito de cidadania é dividido em três partes ou elementos: civil, política e social. Segundo ele, "o *elemento civil* é composto dos direitos necessários à liberdade individual – liberdade de ir e vir, liberdade de imprensa, pensamento e fé, o direito à propriedade [...]. Por *elemento político* se deve entender o direito de participar no exercício do poder político, como um membro de um organismo investido da autoridade política ou como um eleitor dos membros de tal organismo. [...] O *elemento social* se refere a tudo o que vai desde o direito a um mínimo de bem-estar econômico e segurança ao direito de participar, por completo, na herança social e levar a vida de um ser civilizado de acordo com os padrões que prevalecem na sociedade. As instituições mais intimamente ligadas com ele são o sistema educacional e os serviços sociais"[166].

Segundo o autor, a participação nas comunidades locais e associações funcionais constitui a fonte original dos direitos sociais. Essa fonte foi complementada e progressivamente substituída por uma *Poor Law* (Lei dos Pobres)[167]. Para Marshall, a *poor law* elisabetana não tinha apenas o

---

166. *Cidadania, Classe Social e* Status, p. 64-65.
167. As *poor laws* foram um sistema de assistência aos pobres desenvolvido na Inglaterra e Gales desde a Idade Média tardia e das Leis Tudor. Podemos dividir a história das *poor laws* em dois principais estatutos: a antiga *poor law*, aprovada durante o reinado de Elizabeth, e a nova *poor law*, aprovada em 1834.

escopo de aliviar a pobreza: "seus objetivos construtivos sugeriam uma interpretação do bem-estar social que lembrava os mais primitivos, porém mais genuínos, direitos sociais"[168]. Todavia, houve um retrocesso nesse pensamento, segundo o autor: "Pela lei de 1834, a *poor law* renunciou a todas as suas reivindicações de invadir o terreno do sistema salarial ou de interferir nas forças do mercado livre. Oferecia assistência somente àqueles que, devido à idade e à doença, eram incapazes de continuar a lutar. [...] os direitos sociais mínimos que restaram foram desligados do *status* da cidadania"[169]. Segundo Marshall, dessa maneira, os direitos sociais na Inglaterra quase desapareceram no século XVIII e princípio do século XIX. O ressurgimento dos direitos sociais teria ocorrido com o desenvolvimento da educação primária gratuita, sendo que somente a partir do século XX é que eles teriam atingido o plano de igualdade com os outros dois elementos da cidadania.

1.3.2.4. O constitucionalismo social no Brasil

O movimento constitucionalista foi decisivo para o surgimento do Brasil como país independente de Portugal. Estando em terras brasileiras, o rei d. João VI se viu obrigado a retornar a Portugal, tendo em vista que a população exigia sua presença e elaborava, à sua revelia, o texto constitucional português. Isso se justifica porque, influenciado pela Espanha, na qual houve a revolução constitucionalista de 1820 (que restaurou a Constituição de Cádiz, de 1812), em Portugal houve, em 24 de agosto de 1820, a Revolução Liberal do Porto, cujos líderes elaboraram o "Manifesto aos Portugueses"[170], esclarecendo os objetivos principais do movimento: a elaboração de uma Constituição Portuguesa, assegurando os direitos fundamentais dos portugueses.

O mesmo movimento que era respirado em ares portugueses também chegara em ares brasileiros. Ainda com a presença de d. João VI em solo latino-americano, movimentos de revolta no centro do Rio de Janeiro foram registrados pelos historiadores, muitos deles com a intervenção das tropas lideradas pelo príncipe Pedro.

Com o retorno de d. João VI a Portugal e a declaração de independência do país pelo então príncipe regente d. Pedro I, a Constituição brasileira não tardaria, tendo sido outorgada em 25 de março de 1824.

Podemos afirmar que as primeiras duas constituições brasileiras (a "Constituição Política do Império do Brasil", de 1824, e a "Constituição da República dos Estados Unidos do Brasil",

---

168. Op. cit., p. 71.
169. Op. cit., p. 72.
170. "Uma administração inconsiderada, cheia de erros e de vícios, havia acarretado sobre nós toda a casta de males, violando nossos foros e direitos, quebrando nossas fraquezas e liberdades [...] Para cúmulo da desventura deixou de viver entre nós o nosso adorável soberano. Portugueses! Desde esse dia fatal contamos nossas desgraças pelos momentos que tem durado nossa orfandade. [...] Nossos avós foram felizes porque viveram nos séculos venturosos em que Portugal tinha um governo representativo nas cortes da Nação [...]. Imitando nossos maiores, convoquemos as Cortes e esperemos da sua sabedoria e firmeza as medidas que só podem salvar-nos da perdição e assegurar nossa existência política. Eis o voto da Nação e o exército, que o anunciou por este modo, não fez senão facilitar os meios de seu cumprimento [...] A mudança que fazemos não ataca as partes estáveis da monarquia. A religião santa de nossos pais ganhará mais brilhante esplendor [...] As leis do reino, observadas religiosamente, segurarão a propriedade individual e a Nação sustentará a cada um no pacífico gozo dos seus direitos, porque ela não quer destruir, quer conservar [...] Portugueses! Vivei certos dos bons desejos que nos animam. Escolhidos para vigiar sobre os vossos destinos, até ao dia memorável em que vós, competentemente representados, haveis de estabelecer outra forma de governo, empregaremos todas as nossas forças para corresponder à confiança que se fez de nós e se o resultado for, como esperamos, uma Constituição que segure solidamente os direitos da monarquia e os vossos, podeis acreditar que será essa a maior e a mais gloriosa recompensa de nossos trabalhos e fadigas. Porto e Paço do Governo, 24 de agosto de 1820".

de 1891) foram marcadas pelo Constitucionalismo Liberal, cujo objetivo principal era limitar o poder do Estado através da Constituição, prevendo uma série de direitos individuais (liberdades públicas).

Mais de um século depois da Constituição de 1824, temos como marco brasileiro do Constitucionalismo Social a "Constituição da República dos Estados Unidos do Brasil", de 1934, que é a primeira Constituição brasileira a prever expressamente o direito ao trabalho, dentre outros direitos sociais[171].

1.3.3. Constitucionalismo transnacional e constitucionalismo multinível

A expressão constitucionalismo transnacional (chamado por alguns de constitucionalismo supranacional) decorre da tradução de *transnational constitutionalism*, decorrente da doutrina constitucional europeia e americana em língua inglesa. Consiste na elaboração de uma só Constituição aplicável a vários países. Cada país abre mão de uma parcela de autonomia, elege seus representantes que farão parte de uma Assembleia Legislativa Transnacional e elaboram uma só Constituição. Trata-se de uma decorrência do processo de globalização, experimentado principalmente na União Europeia. Nas palavras de Ana Maria Guerra Martins, professora da Universidade de Lisboa, "a Constituição transnacional é, portanto, uma realidade que está para além dos Estados e que os une e integra uma comunidade política mais vasta"[172].

Em tese de doutorado específica sobre o tema, Álvaro de Oliveira Azevedo Neto aponta as origens desse novo constitucionalismo: "a necessidade de se compor esta forma comunitária estatal vem da quebra do modelo social do Estado moderno, que não mais conseguia controlar ou intervir de forma eficiente na sua economia, já que a mesma internacionalizou-se. O caminho que se iniciou com o Tratado de Roma, na década de 50, parece ser o primeiro passo para esculpir o Estado do Futuro"[173].

Uma das principais obras sobre o tema foi organizada por Nicholas Tsagourias e publicada pela Universidade de Cambridge, intitulada *Transnational Constitutionalism: International an European Models*. Segundo o mencionado autor, tradicionalmente o constitucionalismo sempre foi atrelado a um Estado específico, dotado de uma constituição estável e escrita. Por isso, é de certa forma questionado o constitucionalismo para além dos espaços do Estado (pois os Estados podem apresentar certos atributos constitucionais específicos, como uma carta organizacional ou estruturas governamentais diversas). No entanto, "mesmo em tais espaços, surgem questões sobre as condições da adesão, sobre as relações, ou sobre a organização e regulação do poder. [...] Agregações de Estados que compartilham perspectivas comuns podem formar ligações com base em normas organizacionais comuns, princípios e regras. Eles também podem criar suas próprias instituições legislativas, executivas ou judiciais para regular suas vidas e atenuar os conflitos sobre princípios ou regras fundamentais"[174].

---

171. Escrevemos detalhadamente sobre a evolução constitucional dos direitos sociais no Brasil no livro *A Efetividade dos Direitos Sociais*.
172. *Curso de Direito Constitucional da União Europeia*, p. 124.
173. *Constitucionalismo Transnacional: o Sistema Constitucional da União Europeia e o Funcionamento do Tribunal de Justiça da União Europeia como corte constitucional*.
174. Op. cit., p. 4.

Outrossim, o constitucionalismo transnacional europeu "foi inspirado pela necessidade de conter os impulsos negativos dos Estados-nação"[175].

Segundo Ana Maria Guerra Martins[176], diferentemente do "constitucionalismo estadual", do Estado-nação, o constitucionalismo transnacional tem as seguintes características: a) ultrapassa as fronteiras de cada um dos Estados, tendo em vista a criação de um Direito Comum; b) no que diz respeito ao âmbito de aplicação pessoal, aplicam-se tanto aos Estados como aos indivíduos; c) quanto à aplicação temporal, vigoram ilimitadamente e para além da vontade de cada Estado isolado, só podendo ser alteradas num quadro comum; d) coexistência de vários planos constitucionais que se completam, vigorando pacificamente.

Parte da doutrina entende que o Tratado da União Europeia deve ser considerado um exemplo de Constituição Transnacional[177]. É a posição de Ana Maria Guerra Martins, segundo a qual a "qualificação constitucional do TUE – Tratado da União Europeia – deve ser compreendida no quadro de um constitucionalismo global, ou, pelo menos, de um constitucionalismo europeu, em que coexistem vários níveis constitucionais, que tanto se podem situar aquém ou para lá do Estado"[178]. Todavia, a própria autora reconhece que o processo de constitucionalização transnacional europeia ainda não está acabado[179]. Realmente, houve avanços e retrocessos (como o recente *Brexit* – a saída do Reino Unido, pelo voto popular) no constitucionalismo transnacional europeu, mostrando que ainda o processo está longe de uma conclusão. Foi elaborado um projeto de Constituição Europeia, que não foi ratificado por alguns países em 2005 (França e Holanda), motivo pelo qual foi substituído por um "tratado reformador" para a União Europeia, aprovado em Lisboa em 2007.

Da ideia de uma "constituição supranacional", nasce o "constitucionalismo multinível": níveis diferentes de Constituição que vigoram e são eficazes para o mesmo país. Assim, haveria uma Constituição nacional e também uma Constituição transnacional ou supranacional. Nas palavras de Canotilho, o constitucionalismo multinível estuda as relações interconstitucionais, ou seja, a concorrência, convergência, justaposição e conflito de várias constituições de poderes constituintes diversos, dentro do mesmo espaço político. Enquanto na União Euro-

---

175. Op. cit., p. 6.
176. Op. cit., p. 124.
177. É o que diz Pavlos Elefheriadis: "Muitos juristas europeus acreditam que devemos comparar a legislação da União Europeia com a lei constitucional e as instituições da União Europeia aos de um estado. Principais autores descrevem o núcleo do direito da União Europeia como a "lei constitucional da União Europeia, ou argumentaram que da União é uma autoridade política autônoma ou que pode ser comparado a uma república nascente" (*The standing of states in the European Union*, in *Transnation Constitucionalism*, p. 44).
178. Op. cit., p. 123. Segundo a autora, "deve sublinhar-se que o poder constituinte no seio da União não tem, necessariamente, de comungar das mesmas características do poder constituinte estadual. Não se trata da faculdade de um povo elaborar uma constituição, pois não existe um povo europeu, mas vários povos da Europa. A União Europeia encontra-se num processo de formação permanente e em transformação constante, pelo que o poder constituinte no seu seio não se pode ancorar nas concepções tradicionais, decorrentes das revoluções americana e francesa, mas há de comungar desse caráter de processo, de dinâmica, de transformação, que é próprio da integração europeia. O poder constituinte, no seio da União, é um poder constituinte permanente (*permanente Verfassunggebung*), que se manifesta através das alterações à constituição (*Verfasungsentwicklung*) e dos alargamentos. Ao contrário do poder constituinte originário do Estado, que atua de uma só vez, e se esgota no momento de realização da constituição, embora se encontre latente e sempre pronto a atuar, o poder constituinte no seio da União admite vários graus de atuação" (op. cit., p. 129).
179. "A proclamação da Carta dos Direitos Fundamentais da União Europeia em Nice, ainda que, sem caráter vinculativo, deve ser encarada como mais um passo no sentido da afirmação da proteção dos direitos fundamentais no seio da União. Contudo, não se pode escamotear a realidade, devendo admitir-se que a proteção dos direitos fundamentais na União só alcançará a idade adulta quando a Carta adquirir efeitos jurídicos vinculativos" (op. cit., p. 127).

peia essa ideia de "constitucionalismo multinível" já esteja sedimentada, o STF já afirmou que a mesma percepção não se aplica aos países do Mercosul: embora o MERCOSUL possua algum resquício da ideia de constitucionalismo multinível, não há como compará-lo com a União Europeia em termos de ordem supraestatal, uma vez que na União Europeia as normas de direito comunitário aprovadas entram em vigor de forma automática nos países que integram a comunidade europeia, o que não ocorre no MERCOSUL, uma vez que as normas mercosulinas devem passar pelo processo de interiorização de cada país (STF, ADI 1.480, rel. Min. Celso de Melo, j. 4.9.1997).

1.3.4. Constitucionalismo global

Tema bastante discutido nos Estados Unidos, Alemanha e Espanha, dentre outros países, o constitucionalismo global é uma tentativa de se elaborar um arcabouço normativo único (formado por um ou mais textos), de conteúdo materialmente constitucional, servindo de "guarda-chuva legal", em superposição ao direito constitucional de cada país, a partir do qual é instituído um "constitucionalismo multinível". Esse novo movimento compreende diversas linhas de pensamento, que visam avançar do direito internacional para o direito constitucional global, universal. Como lembra a professora alemã Anne Peters[180], o ponto de partida do debate contemporâneo é a consideração de que os tratados de organizações internacionais seriam constituições dessas organizações (o denominado "constitucionalismo transnacional", como já vimos). O "constitucionalismo global" busca seu fundamento filosófico em Kant e Habermas.

O referencial kantiano sobre essa temática é en-contrado em suas obras *Sobre a Expressão Corrente* (1973, Parte III), *Ideia para uma História Universal de um Ponto de Vista Cosmopolita* (1784), *Doutrina do Direito* (1797), bem como a sua *A paz perpétua* (1795), dentre outros textos correlatos. A ideia de uma "comunidade pacífica perpétua de todos os povos da Terra", independentemente de serem amigos, mas que possam ter relações, já fora concebida na sua *Doutrina do Direito*, não como um princípio moral ou filantrópico, mas sim de direito, de um direito cosmopolita. Amparado nessas ideias, Habermas afirma: "no passado, o Estado nacional guardou de forma quase neurótica suas fronteiras territoriais e sociais. Hoje em dia, processos supranacionais irrefreáveis malogram esses controles em diversos pontos"[181].

O tema já foi enfrentado por José Joaquim Gomes Canotilho, ao estabelecer três traços caracterizadores para o "constitucionalismo global": a) alicerçamento do sistema jurídico-político em relações entre Estado/povo, isto é, não de relações horizontais entre Estados, mas sim com as popula-

Figura 1.17 – Caricatura de Immanuel Kant (créditos ao final do livro).

ções dos próprios Estados; b) emergência, através das declarações e documentos internacionais, de um *jus cogens* internacional (que "inclui um mínimo de proteção à vida, liberdade e segurança, no âmbito das liberdades pessoais, e o direito à autodeterminação como direito

---

180. *Global Constitucionalism*.
181. HABERMAS, Jürgen. *A Inclusão do Outro*. São Paulo: Loyola, 2004.

básico da democracia") legitimado em valores, princípios e regras universais; c) a dignidade humana fixada como pressuposto de todos os constitucionalismos. Assim, compreende a transformação do Direito Internacional como um "parâmetro de validade das próprias constituições nacionais cujas normas deveriam ser consideradas nulas se violassem as normas do *jus cogens* internacional"[182].

Iniciamos o presente capítulo afirmando que o constitucionalismo, além de um movimento social, é um movimento político e jurídico. Nesse ponto, avolumam-se pelo mundo afora juristas defendendo que há um paulatino processo de "constitucionalização global", alguns afirmando que a carta da ONU seria uma Constituição Mundial. Trata-se de uma escola de pensamento denominada "Escola da Comunidade Internacional" (*Internacional Community School*), formada pelos pensadores Alfred Verdross, Hermann Mosler, Christian Tomuschat, Antonio Cassese, Bardo Fassbender, dentre outros. Segundo este último, "a Carta que institui as Nações Unidas tem o âmbito de aplicação e o poder correspondente a mais alta autoridade e *status* no sistema jurídico internacional"[183]. Não obstante, parece-nos que ainda é precoce considerar a Carta da ONU uma "Constituição Global", mas indubitavelmente é o primeiro passo de um processo de "constitucionalismo global". É o mesmo entendimento do professor alemão Ingolf Pernice: "como resultado, há escassa base para estender o termo 'Constituição' à Carta da ONU já que não há uma clara atribuição de poderes legislativos, executivos e judiciais a instituições diversas e separadas, nem um sistema para proteção dos direitos fundamentais do indivíduo contra tais legislações ou atos"[184].

Parece consenso que o caminho a ser trilhado pelo "Constitucionalismo Global" (e também pelo "Constitucionalismo Transnacional", que é uma dimensão regionalizada do primeiro) é o chamado "Constitucionalismo Multinível". Esse foi originalmente desenvolvido para conceituar a estrutura constitucional específica da União Europeia, em especial a relação entre o direito constitucional nacional e o direito europeu, mas pode ser estendido a dimensões globais.

Por fim, como dissemos anteriormente, trata-se de um lento processo. Brilhante a conclusão do professor alemão Ingolf Pernice: "o constitucionalismo global [...] deve ser entendido como um *processo passo a passo*, que vai de mãos dadas com a definição e uma necessidade de ação comum, com a busca de apoio generalizado das instituições estabelecidas e das medidas que tomem. Ninguém deve esperar um 'momento constitucional' comparável à Revolução Francesa, ainda que as ameaças e desafios devam ser tomados com seriedade, como aquela força capaz de impulsionar iniciativas reformadoras das instituições existentes ou da criação de novas formas de ação conjunta"[185]. No nosso entender, somente um "constitucionalismo global" seria capaz de combater eficazmente a violação institucional de direitos humanos praticados por governos ditatoriais, ainda que legitimados pela lei ou pela Constituição do Estado-Nação. John Lennon, na utópica *Imagine*, já alertava que imaginar a inexistência de países seria uma tarefa difícil, mas não impossível: "você pode dizer que eu sou um sonhador, mas não sou o único. Eu espero que um dia você se junte a nós. Aí o mundo será um só".

---

182. Op. cit., p. 1370.
183. Apud Ingolf Pernice. *La dimensión global del Constitucionalismo Multinivel: Una respuesta global a los desafíos de la globalización*, p. 10.
184. Op. cit., p. 11.
185. Op. cit., p. 21.

1.3.5. Transconstitucionalismo e constitucionalismo provinciano

Trata-se de uma expressão cunhada por Marcelo Neves, professor da Universidade de Brasília, em obra específica sobre o tema[186]. Refere-se a um processo de convivência cooperativa entre as perspectivas jurídicas apresentadas por ordens jurídicas constitucionais e internacionais, um diálogo jurídico e cultural entre várias instâncias decisórias, de maneira que casos comuns possam ser enfrentados conjuntamente. Nas palavras do mencionado autor, é "o entrelaçamento de ordens jurídicas diversas, tanto estatais como transnacionais, internacionais e supranacionais, em torno dos mesmos problemas de natureza constitucional"[187].

Difere do "constitucionalismo transnacional" e "global", pois reconhece a existência de ordens jurídicas diversas, não buscando a unificação regional ou mundial. O transconstitucionalismo não busca uma unificação normativa, mas uma combinação ou cooperação. Em sua obra, faz uso de uma interessante metáfora: assim como, ao dirigir um automóvel, o motorista pode não enxergar no espelho retrovisor outro carro que esteja ao seu lado, o ordenamento jurídico constitucional de um país pode não solucionar adequadamente um fato. Não obstante, fazendo-se uso do transconstitucionalismo, combinando as ordens jurídicas diversas, buscando a existência de normas e precedentes internacionais, supranacionais, pode-se chegar a uma melhor conclusão, amparando e tutelando diversos olvidados pelo ordenamento constitucional interno. Segundo o autor, tem-se desenvolvido na sociedade global um "cosmopolitismo ético", que cobra dos Estados mais respeito aos direitos humanos, não aceitando a invocação da soberania nacional ou de particularismos culturais, como desculpas para violar a dignidade da pessoa humana.

Verifica-se que o Supremo Tribunal Federal, de maneira lenta e gradual, vem adotando práticas transconstitucionalistas na medida em que inúmeras vezes cita tratados e convenções internacionais não incorporados no ordenamento jurídico brasileiro (como tratados europeus), bem como decisões da Corte Europeia de Direitos Humanos, e também decisões de outros Tribunais Constitucionais. Obviamente, tais decisões e atos não têm o caráter de precedentes, mas de fundamentos cognitivos de embasamento. É o que Marcelo Neves chama de "fertilização constitucional cruzada": "as cortes constitucionais citam-se reciprocamente não como precedente, mas como autoridade persuasiva"[188]. Isso porque é muito comum que "um mesmo problema de direitos fundamentais pode apresentar-se perante uma ordem estatal, local, internacional, supranacional e transnacional (no sentido estrito) ou, com frequência, perante mais de uma dessas ordens, o que implica cooperações e conflitos, exigindo o aprendizado recíproco"[189].

Todavia, como destacou o próprio Supremo Tribunal Federal, deve-se ter cautela quando da utilização de decisões proferidas por Tribunais Constitucionais de outros países, sob pena de perpetrar a prática equivocada do "cherry-picking"[190], que seria o fenômeno através do qual o intérprete do Direito, especialmente o julgador, seleciona estrategicamente um caso decidido no exterior e que se assemelha com o caso paradigma, com vistas a reforçar o argumento comparativo. Decidiu o STF, na ADI 6.299: "denomina-se como 'cherry picking' o fenômeno

---

186. *Transconstitucionalismo.* Marcelo Neves.
187. Op. cit., p. 1.
188. Op. cit., p. 119.
189. Op. cit., p. 121.
190. Cuja ideia seria "apanhar as cerejas" dentro de um cesto, escolhendo criteriosamente apenas algumas, deixando as demais.

pelo qual o intérprete do direito seleciona estrategicamente um país ou um caso estrangeiro que apresenta semelhanças pontuais com o caso paradigma, com vistas a meramente reforçar o argumento comparativo, sem se ter o cuidado de se justificarem os motivos pelos quais o caso em comparação realmente se adequa ao paradigma" (STF, ADI 6.299, MC/DF, rel. Min. Luiz Fux, j. 22-1-2020).

Indubitavelmente, diante da grande dificuldade encontrada na implantação do "constitucionalismo transnacional" e principalmente do "constitucionalismo global", o transconstitucionalismo é uma saída imediata, colocada à disposição dos operadores do direito, máxime dos Tribunais Constitucionais. O oposto do transconstitucionalismo é denominado por Marcelo Neves como "Constitucionalismo Provinciano", que se caracteriza por uma tradição jurídica que enfatiza a pretensão de "identidade constitucional" de um Estado, ignorando o entrelaçamento entre as ordens jurídicas diversas, não se articulando segundo as três ordens constitucionais: estatal (nacional), supranacional e internacional.

1.3.6. Constitucionalismo termidoriano, *whig* ou gerondino

A expressão "termidoriano" é o adjetivo de "termidor" (ou *thermidor* em francês). Esse era o décimo-primeiro mês do calendário revolucionário francês, implantado na França a partir de 22 de setembro de 1792. Correspondia geralmente ao período compreendido entre 19 de julho e 17 de agosto do calendário gregoriano. Como vimos em item anterior, em 27 de julho de 1794 (9 de Termidor, no calendário revolucionário), ocorre um golpe que derruba o governo jacobino e Robespierre. A nova Convenção, agora moderada, girondina, elaborou uma nova Constituição em 1795, suprimindo o sufrágio universal, restabelecendo o sufrágio censitário, reservando poder à burguesia. Assim, de caráter conservador e reacionário, o constitucionalismo termidoriano europeu procurou proteger a grande propriedade privada e conter os reclamos das maiorias populares, bloqueando qualquer reivindicação de direitos sociais que pudessem alterar a ordem existente. Por ser liderado pelos "girondinos" na França, também recebe o nome de "constitucionalismo girondino".

Por sua vez, a expressão *"whig"* tem origem inglesa. Refere-se ao "Whig Party" (partido Whig), que era o partido que representava as ideias liberais do Reino Unido, contrapondo-se ao *Tory Party*, partido conservador. Historicamente, tem origem nas forças políticas escocesas e inglesas que lutaram a favor de um regime parlamentar e protestante (ao contrário do Partido Tory, que defendia o poder do rei). Foi um dos partidos mais influentes até a eclosão da Primeira Guerra Mundial. Os *whigs* desempenharam um papel central na Revolução Gloriosa, de 1688, em oposição aos *Stuarts*, ligados à Igreja Católica Romana. Segundo historiadores ingleses, o período compreendido entre 1714 e 1783 pode ser chamado de "Oligarquia Whig" ou "Supremacia Whig". Segundo Ellen Frankel Paul, o Constitucionalismo Whig "é ligado aos limites dos poderes do governante e à tentativa especialmente de limitar a monarquia, elevando a Assembleia Legislativa à posição de proeminência"[191].

David N. Mayer resume assim a essência do "Constitucionalismo Whig"[192]: "No coração do Constitucionalismo Whig estavam relacionadas duas premissas: primeiro, que a função essencial do governo era proteger os direitos individuais; e segundo, que a função essencial da constitucional era limitar ou controlar o poder, o qual, quase paradoxalmente, tinha a inevitá-

---

191. *What Should Constitutions Do?*, p. 80.
192. David N. Mayer. The English Radical Whig Origins of American Constitutionalism. *Washington University Law Review*, v. 70, Issue 1, jan. 1992.

vel tendência de ameaçar os direitos individuais que o governo foi instituído para proteger. Ambas as acepções permearam os escritos radicais Whigs dos séculos XVII e XVIII. A segunda suposição (enraizada no clássico medo Whig do abuso do poder político) estava explícita em praticamente todos os escritos Whig"[193].

Existe um grande ponto de contato entre o constitucionalismo termidoriano (durante a Revolução Francesa) e o constitucionalismo *whig* inglês: "devido à sua origem no golpe da Revolução Gloriosa e do retrocesso na Revolução Francesa, o Constitucionalismo Whig ou Termidoriano é comumente visto como um desvio elitista e conservador de mudanças políticas"[194]. Outrossim, parte da doutrina identifica modernamente um outro ponto de contato entre os Constitucionalismos Whig e Termidoriano: "no pensamento constitucional, tende-se a chamar de constitucionalismo *whig* (ou para alguns termidoriano) o processo de mudança de regime político constitucional lento e evolutivo, mais que revolucionário e radical. É o mote das chamadas transições constitucionais de nossos dias. Há quem identifique nesse modelo uma ideologia conservadora (fonte de constitucionalismo evolutivo dos whigs), quanto francesa (de onde vem a noção de Termidor)[195].

Denomina-se constitucionalismo termidoriano o processo de mudança de regime político-constitucional lento, evolutivo, conservador, reacionário, e não de forma revolucionária ou radical.

1.3.7. Constitucionalismo teocrático

Os constitucionalistas Larry Catá Backer, nos Estados Unidos, e Ran Hirschl, no Canadá, têm enorme crédito para dar uma reflexão séria e sustentada a este crescente fenômeno constitucional definido como "constitucionalismo teocrático". Embora seja praticamente um consenso à ideia de ser inconciliável a visão de um povo soberano e de um Deus soberano, esses autores afirmam que essa combinação é precisamente o que muitos movimentos políticos têm procurado fazer. Consiste na conciliação entre o constitucionalismo moderno, tradicional, combinando-o com a superioridade da legislação religiosa.

Ran Hirschl, em obra específica sobre o tema, apresenta o crescimento da Teocracia Constitucional ou Constitucionalismo Teocrático: "ao longo das últimas décadas, princípios de governança teocrática ganharam enorme apoio na opinião pública em todo o mundo. A revolução liderada pelos Khomeini no Irã é talvez a manifestação por excelência dessa tendência ampla, mas manchetes de jornais relatam quase diariamente a insurgência fundamentalista religiosa no Iraque e Afeganistão, no Oriente Médio para a Argélia e Marrocos e nas Filipinas e Indonésia. Partidos religiosos ganharam um tremendo apoio popular em sistemas políticos tão diversos como Bangladesh, Índia, Nigéria, Líbano, Egito, Paquistão, Malásia, a vitória arrebatadora do partido pró-islâmico na Turquia em julho de 2007 etc. [...] Uma similar tendência pode ser vista na América do Norte, onde religiosos fundamentalistas, primeiramente os *Christian Right*, passaram a ter uma significativa força política"[196].

---

193. Continua o autor: "a primeira suposição, contudo, enquanto implícita em muitos textos do século XVII, não se tornou explícita até os Whigs da metade do século XVIII, usada nos argumentos para a reforma constitucional".
194. Christiane Costa Assis. *O Constitucionalismo Whig e os Limites do Estado de Direito*, p. 204.
195. José Adércio Leite Sampaio. *Termidores e Whigs*.
196. Ran Hirschl. *The Rise of Constitutional Theocracy*. Prossegue o autor: "ao mesmo tempo, o mundo testemunhou o rápido crescimento do constitucionalismo e da revisão judicial". A supremacia constitucional – um conceito que há tempos é um grande pilar da ordem jurídica americana – é agora compartilhada, de uma forma ou outra, por cente-

Diferente de um Estado Teocrático "puro", em que o líder religioso supremo também é o líder político (por exemplo, no Vaticano), no Constitucionalismo Teocrático existe uma diferença entre a liderança política e a autoridade religiosa. Princípios como a separação dos poderes são constitucionalmente consagrados. Não obstante, no Constitucionalismo Teocrático é comum apoiar ativamente uma religião oficial, uma única denominação. Outrossim, as leis religiosas costumam ser consagradas como a principal fonte de toda a legislação e dos métodos de interpretação judicial[197]. E não é só isso: além de prever uma religião oficial única, nas teocracias constitucionais, nenhuma lei pode ser promulgada se for contrária aos preceitos religiosos. Para operacionalizar a análise da validade, autoridades e organismos religiosos cooperam com tribunais civis por meio de suas decisões que, embora simbólicas, têm um peso notável, desempenhando papel significativo na vida pública.

Ran Hirschl, talvez o maior especialista no assunto, resume o Constitucionalismo Teocrático em quatro elementos principais: "1) a adesão a alguns ou todos os elementos centrais do constitucionalismo moderno, incluindo a distinção formal entre autoridade política e autoridade religiosa, e a existência de uma forma de revisão judicial ativa; 2) a presença de uma única religião ou denominação religiosa, formalmente aprovada pelo Estado como "a religião do Estado"; 3) a consagração constitucional da religião, os seus textos, diretrizes e interpretações como a fonte fundamental de legislação e interpretação judicial das leis. Essencialmente, as leis não podem infringir as leis religiosas endossadas pelo Estado e 4) um nexo de organismos religiosos e tribunais que não só têm um peso simbólico, mas que também têm *status* oficial, operando em conjunto com um sistema de jurisdição civil"[198].

Em todo o mundo (e, infelizmente, no Brasil não é diferente) vê-se uma perigosa reaproximação entre o Estado e a Igreja (da maioria da população). Essa reaproximação se dá por benefícios recíprocos e bilaterais. As Igrejas são beneficiadas e os grupos que estão no poder também se beneficiam. Quanto aos benefícios das Igrejas, vários exemplos podem ser dados. Com o apoio governamental, as Igrejas passam a se sentir mais influentes nas decisões públicas, já que há Ministros religiosos integrantes do governo, bancadas de parlamentares em defesa de suas pautas religiosas etc. Assim, os valores defendidos por essas igrejas passam a ser valores defendidos pelo próprio Estado. Além desses benefícios de ordem política e moral, há outros benefícios mais "mundanos" (financeiros), por mais que devamos "dar a César o que é de César". São reiteradas as anistias governamentais aos débitos tributários das Igrejas e até mesmo a Constituição Federal foi alterada em 2022 em benefício das Igrejas. Trata-se da Emenda

---

nas de países e entidades supranacionais em todo o globo. Cortes constitucionais em muitos desses países são responsáveis por traduzir suas previsões constitucionais em guias práticos a serem usados no dia a dia da vida pública. A migração dos conceitos constitucionais e estruturas se tornou um fenômeno mundial. *No cruzamento desconfortável dessas duas tendências radicais (o enorme aumento do apoio popular aos princípios de governo teocrático e a expansão global do constitucionalismo), uma nova ordem jurídica surgiu: o constitucionalismo teocrático.* (grifamos).

197. Isso exclui o Talibã, que combina autoridade política e religiosa integralmente, não dividindo a autoridade política em unidades constituídas, como um judiciário apto a efetuar revisões judiciais. Essa exigência seria cumprida em sistemas como o Irã, que se rege por uma Constituição e que reconhece, pelo menos formalmente, a distinção entre as instituições clericais e as instituições políticas. Por exemplo, o art. 2º da Constituição do Iraque afirma que a lei não pode "infringir as decisões assentadas no Islã" (Haider Ala Hamoudi. "Constitucional Theocracy". *Osgoode Hall Law Journal*, York University. Volume 29, number 1, verão 2011).
198. Ran Hirschl. *The Rise of Constitutional Theocracy*, p. 73.

Constitucional n. 116/2022, que acrescentou o § 1º-A, do art. 156: "O imposto previsto no inciso I do *caput* deste artigo não incide sobre templos de qualquer culto, ainda que as entidades abrangidas pela imunidade de que trata a alínea *b* do inciso VI do *caput* do art. 150 desta Constituição sejam apenas locatárias do bem imóvel"[199]. No mesmo diapasão, a Lei n. 14.408/2022 permitiu que as concessionárias ou permissionárias de emissoras de rádio e TV vendam o horário integral de sua programação para produtoras independentes. É sabido e consabido por todos que os beneficiários imediatos de tal mudança legislativa são as Igrejas, que compram horários em várias emissoras de TV, e que agora podem comprar o horário integral da programação, mesmo não sendo a concessionária direta.

Por outro lado, também são inegáveis os benefícios que recebe o Estado (especialmente os grupos que estão no poder) quando tem o apoio das Igrejas da maioria: como gratidão aos benefícios (morais e materiais) que são dados às Igrejas, insuflados pelos seus líderes religiosos, os seus participantes não se tornam fiéis apenas da divindade, mas também dos políticos com eles alinhados.

1.3.8. Constitucionalismo do futuro ou do porvir

Trata-se de uma expressão cunhada pelo jurista e político argentino José Roberto Dromi, autor, dentre outras obras, de *La reforma constitucional: el constitucionalismo del porvenir*. Trata-se de uma projeção do que existirá depois do neoconstitucionalismo, analisando as mudanças da pós-modernidade, as críticas que se tem feito. Para o autor, as futuras constituições serão pautadas por sete valores fundamentais: veracidade, solidariedade, consenso, continuidade, participação da sociedade na política, integração, e a universalidade dos direitos fundamentais para todos os povos do mundo.

Por *veracidade*, entende-se que a Constituição não pode fazer promessas irrealizáveis. Com a devida vênia, é uma nova nomenclatura dada à vetusta "força normativa da Constituição" de Konrad Hesse. Se absolutamente distanciada da realidade, com promessas certamente irrealizáveis, a efetividade da Constituição é diminuta. Em outras palavras, "sería separar del Texto Constitucional todo lo que puede representar una mera carta de intenciones, sin cualquier fundamentación o profundidad científica. En otras palabras, sería el equivalente a decir que 'cada Estado tiene una Constitución que puede tener', eso es, respetando las normas mínimas y suficientes para proteger los derechos fundamentales, en todas sus subespecies (los

Figura 1.18 – Caricatura de José Roberto Dromi (créditos ao final do livro).

---

[199]. O referido dispositivo se refere ao IPTU, que é devido pelo proprietário do imóvel. Se uma Igreja aluga um espaço físico para realização dos seus cultos, é o locador (proprietário do imóvel) que é responsável pelo pagamento do imposto. Se ele não efetuar o pagamento, é o proprietário do imóvel (e não a Igreja locatária) que será devidamente cobrado e executado. Ocorre que, conforme afirmou o senador que apresentou essa PEC (um bispo de uma Igreja bastante influente), muitas vezes o proprietário do imóvel repassa à Igreja o dever de pagar o Imposto Predial. Por essa razão, para evitar que as Igrejas fossem indiretamente cobradas por esse imposto, alteraram a Constituição Federal. Em outras palavras, se um proprietário de um imóvel não quer pagar o imposto predial, basta alugá-lo para uma Igreja.

derechos individuales, derechos sociales, políticos etc.), esto impediría al constituyente engañar al Pueblo"²⁰⁰.

Por *solidariedade* entende-se o auxílio mútuo recíproco entre pessoas, povos e Estados. Platão, em *A República*, descreve uma das falas de Sócrates: "nossos cidadãos participarão, pois, em comum dos interesses de cada indivíduo particular, interesses que considerarão como seus próprios, e, em virtude desta união, todos participarão das mesmas alegrias e das mesmas dores"²⁰¹. No caso brasileiro, tal valor constitucional já é uma realidade, tanto no âmbito interno (o art. 3º da Constituição prevê que um dos objetivos da República é a construção de uma "sociedade solidária") e externo (o art. 4º da Constituição prevê que um dos princípios que regem as relações internacionais é a "cooperação entre os povos para o progresso da humanidade"). Por essa razão, Carlos Ayres Britto, enquanto ministro do STF, afirmou ser o constitucionalismo brasileiro uma espécie de "constitucionalismo solidário" ou "constitucionalismo fraternal, servindo tal princípio como fundamento de importantes decisões da Suprema Corte".²⁰²

O *consenso* significa a união de tendências políticas e ideológicas diversas, com o escopo de elaborar um núcleo constitucional comum. No texto constitucional de 1988, já está previsto que um dos fundamentos da República é o "pluralismo político", que é o fomento ao pluralismo de ideias, culturas, etnias etc. Já o valor da *continuidade* é claramente uma revisitação da obra *A Força Normativa da Constituição* de Konrad Hesse. A Constituição não pode ser totalmente divorciada da realidade do país, sob pena de não ser respeitada, já que inatingível. Não obstante, com base nessa realidade, deve estabelecer as diretrizes e metas que devem ser cumpridas. Em outras palavras, "es necesario buscar, siempre, el desarrollo de derechos partiendo no de un 'hoja en blanco', pero de derechos que ya existen en la actualidad, siempre tratando de mejorarlos, no empeorarlos".²⁰³ Por fim, para que tenha continuidade, devem-se evitar modificações sucessivas da Constituição, como já alertou Hesse²⁰⁴.

O valor da *participação da sociedade na vida política* consiste no incremento de ferramentas destinadas a concretizar a soberania popular, como a iniciativa popular, ações populares, plebiscitos, referendos etc. Importante frisar que devem ser instrumentos acessíveis e eficazes. Nesse ponto, a Constituição brasileira de 1988, embora preveja vários desses instrumentos, poucos deles são eficazes. Poucos foram os plebiscitos e referendos realizados no Brasil, não existe o instituto do *recall*, emendas constitucionais são aprovadas sem a participação direta da população etc. Por fim, o valor da *universalidade* corresponde a estender a todos os países o mesmo rol de direitos fundamentais (movimento já mencionado no "constitucionalismo transnacional" e no "constitucionalismo global").

---

200. Rafael José Nadim de Lazari. *Reflexiones críticas sobre la viabilidad del 'constitucionalismo del futuro' en Brasil*
201. *A República*, p. 234.
202. Ao julgar constitucional a "Lei de biossegurança" (Lei n. 11.105/2005), que permite a manipulação genética de embriões humanos, dentre outros tantos argumentos, o ministro relator da ADI 3.510-0/DF, Carlos Ayres Britto, fundamentou sua decisão na solidariedade: "Um olhar mais atento para os explícitos dizeres de um ordenamento constitucional que desde o seu preâmbulo qualifica 'a liberdade, a segurança, o bem-estar, o desenvolvimento, a igualdade e a justiça' como valores supremos de uma sociedade mais que tudo 'fraterna'. O que já significa incorporar às imperecíveis conquistas do constitucionalismo liberal e social o advento do constitucionalismo fraternal, tendo por finalidade específica ou valor fundante a integração comunitária. Que é vida em comunidade (de comum unidade), a traduzir verdadeira comunhão de vida ou vida social em clima de transbordante solidariedade. Trajetória do Constitucionalismo que bem se retrata no inciso I do art. 3º da nossa Constituição".
203. Rafael José Nadim de Lazari, op. cit.
204. *A Força Normativa da Constituição*, passim.

1.3.9. Constitucionalismo popular

A expressão "constitucionalismo popular" tem como maiores defensores os professores norte-americanos Larry Kramer (na obra *"The People Themselves: Popular Constitucionalism and Judicial Review"*[205]) e Mark Tushnet (na obra *"Taking the Constitution Away from the Courts"*[206]), que utiliza a expressão *"populist constitutionalism"* (muitas vezes traduzida erroneamente como "constitucionalismo populista"). Trata-se de um movimento contrário ao chamado *"judicial review"*[207] (a possibilidade que tem o Poder Judiciário de rever os atos dos outros Poderes, inclusive de invalidar as leis) e principalmente ao ativismo judicial da Corte Constitucional, defendendo a retirada substancial da interpretação e da aplicação da Constituição pelas Cortes, "devolvendo tal função ao povo". Nas palavras de Rodrigo Mendes Cardoso, o constitucionalismo popular é "um moderno movimento progressista de um grupo de constitucionalistas norte-americanos proeminentes (dentre eles Larry Kramer), que invariavelmente dirigem suas críticas à supremacia judicial e ao elitismo da Suprema Corte, no plexo democrático norte-americano"[208]. Mais adiante afirma: "o constitucionalismo popular basicamente reivindica uma maior participação dos cidadãos na determinação do significado constitucional, demonstrando, em maior ou menor medida, uma hostilidade às dinâmicas da supremacia judicial, que colocam a Suprema Corte como único ente legitimado a interpretar e aplicar a Constituição"[209].

Figura 1.19 – Caricatura de Mark Tushnet (créditos ao final do livro).

---

205. "O próprio povo: Constitucionalismo Popular e Revisão Judicial".
206. "Levando a Constituição para longe das Cortes".
207. O *"judicial review"* tem origem norte-americana e costuma ser apontado como sendo sua origem o famoso caso *Marbury* vs. *Madison*, no qual o *chief Justice* John Marshall deixou de aplicar uma norma por considerá-la inconstitucional. É o que afirma Mark Tushnet ("A Corte estabeleceu essa tradição no clássico caso *Marbury* v. Madison (1803). [...] O Juiz John Marshall escreveu: 'é enfaticamente a providência e o dever do departamento judicial dizer o que a lei é'" (*Taking The Constitution Away From Courts*, p. 7). Todavia, como afirma a doutrina, "são acirrados os embates historiográficos em torno da história do *judicial review*. O que teria levado a sociedade a consentir numa prática judicial por meio da qual os juízes se recusam a aplicar a lei editada pelo legislador com o argumento de sua incompatibilidade com a Constituição, quando os próprios *founding fathers* não a expressamente instituíram no texto constitucional? Como admitir que um país herdeiro da cultura jurídica inglesa, que primava pelo princípio da supremacia parlamentar, veio a sediar uma prática institucional na qual juízes não democraticamente eleitos deixavam de aplicar leis editadas pelos representantes do povo? [...] Antes do famoso caso *Marbury* v. *Madison*, foram proferidas decisões que já configuravam o ambiente de transição para uma cultura jurídica que viria a dar sustentabilidade à decisão do *chief justice* John Marshall e consagrar-se no conceito de *judicial review*. [...] As decisões de recusa de aplicação de leis surgem de diversas cortes estaduais. [...] São práticas que foram manifestando-se aqui e acolá, cujo grande significado é mostrar que havia algo de novo no horizonte, algo por acontecer. Em outras palavras, a noção inglesa da supremacia do Parlamento tinha sofrido alguma alteração ao longo de todo o processo revolucionário norte-americano, e as práticas judiciais de controle das leis já integravam uma fase do processo de ruptura que se notabilizava pela linguagem da Constituição, sua supremacia e sua intangibilidade. Nesse contexto, o caso *Holmes* v. *Walton*, julgado pela Suprema Corte de Nova Jérsei em 1780, é bem representativo do novo cenário de transição do paradigma conceitual constitucional. [...] Outro caso digno de nota é *Rutgers* v. *Waddington*, julgado pela *Mayor's Court* de Nova Iorque, em agosto de 1784" (*História do Judicial Review*. Marcelo Casseb Continentino, p. 115-132).
208. *As Teorias do Constitucionalismo Popular e do Diálogo na Perspectiva da Jurisdição Constitucional Brasileira*, p. 218-227.
209. Op. cit., p. 220. Segundo o constitucionalista argentino Roberto Gargarella, em precisa síntese: "na segunda metade

De fato, sempre quando o Supremo Tribunal Federal decide de forma polêmica, sobretudo afastando a aplicação da lei (ex.: a 1ª Turma do STF decidiu que aborto até o 3º mês de gestação não é crime – HC 124.306/RJ, rel. Min. Marco Aurélio, 9-8-2016[210]), surge a discussão acerca do conflito entre os *limites da atuação do Judiciário* e a *democracia* (o STF estaria afastando uma lei aprovada pelo Congresso Nacional, eleito por milhões de brasileiros). Essa discussão, que no Brasil é relativamente nova, nos Estados Unidos já dura 200 anos. Por essa razão, a doutrina norte-americana é bem mais desenvolvida[211].

No Brasil, é comum se afirmar que o povo não tem condições técnicas ou até mesmo intelectuais para interpretar sua Constituição, ao contrário do Supremo Tribunal Federal, que é composto de membros com "notável saber jurídico". Contra esse discurso, impactante é a frase de um dos "pais fundadores" (*founding fathers*) norte-americanos, James Madison, escrita no *National Gazette*, em 1792: "Quem são os melhores guardiões das liberdades do povo? Republicanos – O próprio povo. O sagrado monopólio não pode estar tão seguro como nas mãos mais interessadas em preservá-las. Antirrepublicanos – O povo é estúpido, suspeito, licencioso. Ele não pode seguramente confiar em si mesmo. Quando eles estabelecem um governo, deveriam pensar em mais nada, mas apenas obedecer, deixando suas liberdades sob os cuidados dos governantes"[212].

Gabriela Basto Lima sintetiza as ideias de Mark Tushnet, professor da Universidade de Harvard, e um dos criadores do *constitucionalismo popular*: "Tushnet relativiza a importância histórica das Cortes enquanto guardiãs dos direitos individuais. Entretanto, transferida a prerrogativa da interpretação ao povo, à política, o que ocorreria com as garantias tradicionais? A saída defendida é a de que a dinâmica da própria política seria capaz tanto de comportar a influência (direta ou ideológica) de grupos formados por minorias quanto de manter uma linguagem de direitos, firmada através de compromissos. A partir daí, delegará a responsabilidade pela construção da mencionada linguagem de direitos à população organizada"[213].

---

do século XIX, a discussão constitucional norte-americana se marcou no confronto entre as concepções progressistas da interpretação constitucional que postulavam o reinado dos juízes como intérpretes últimos da Constituição, por um lado, e as propostas conservadoras que defendiam o originalismo como estratégia de contenção do projeto constitucional liberal desatado pela Corte Warren, por outro" (apresentação da obra *Constitucionalismo Democrático. Por una reconciliación entre Constitución y Pueblo*, p. 9). Durante a "Corte Warren", os tribunais eram reconhecidos como "foro de princípios" (na expressão de Ronald Dworkin), ou seja, eram lugares privilegiados para difusão da razão humana e para, dessa maneira substancial e inovadora, interpretar a Constituição.

210. Consta da ementa do respectivo acórdão: "anote-se, por derradeiro, que praticamente nenhum país democrático e desenvolvido do mundo trata a interrupção da gestação durante o primeiro trimestre como crime, aí incluídos os Estados Unidos, Alemanha, Reino Unido, Canadá, França, Itália, Espanha, Portugal, Holanda e Austrália". Nesse caso, no nosso entender, o Supremo Tribunal Federal invadiu, e muito, a competência que cabe ao Congresso Nacional, merecendo muitas das críticas que lhe foram dirigidas.

211. Quanto à tensão entre o *judicial review* e a *democracia*, Nimer Sultany divide as correntes doutrinárias norte-americanas da seguinte maneira: a) *deniers* (negam a tensão): Dworkin, Bruce Ackerman e Frederick Schauer; b) *reconcilers* (reconciliam a tensão): John Hart Ely, Cass Sunstein e Larry Kramer; c) *endorsers* (reconhecem o caráter irreconciliável da tensão, mas a endossam): Frank Michelman, Louis Seidman e Laurence Tribe; d) *dissolvers* (dissolvem a tensão através da renúncia ao *judicial review*): Mark Tushnet.

212. Com essa frase impactante, Larry Kramer inicia seu livro *The People Themselves. Popular Constitutionalism and Judicial Review*, p. 23.

213. Op. cit., p. 72. Prossegue a autora: "Tome-se como exemplo a debatida ascensão da população negra à igualdade: o próprio povo foi capaz de formular um novo discurso, que reivindicava uma nova interpretação para os princípios constitucionais. Dessa forma, segundo seu ponto de vista, não é a Constituição em si que determina o esforço dos políticos a implementarem direitos sociais, mas a pressão política dos representantes. [...] A retomada popular da Constituição, portanto, implica a revitalização coletiva da ação e do diálogo político, seja através de manifestações nas ruas,

Mark Tushnet adota um *constitucionalismo popular* mais extremado, tendente a retirar da Corte Constitucional (no nosso caso, do Supremo Tribunal Federal) a última palavra na interpretação constitucional. Na realidade, ele propõe o fim do *judicial review* (a possibilidade de o Poder Judiciário invalidar as leis)[214]. Aliás, o referido autor inicia sua obra afirmando: "O que a Constituição é não é necessariamente o que a Suprema Corte diz que ela é"[215]. Entendemos que o *constitucionalismo popular* de Mark Tushnet, no qual é sugerido o fim do *judicial review* e do protagonismo do Supremo Tribunal Federal como intérprete da Constituição, não deve ser aplicado no Brasil, nesses termos. Entendemos que o Judiciário deve exercer o papel importante de rever os atos dos demais Poderes que transgridem a Constituição. Aliás, defenderemos no decorrer do livro que o Judiciário deve fazer um controle maior das políticas públicas, deve defender o direito das minorias que estejam em oposição ao desejo das maiorias (função contramajoritária), deve buscar a concretização dos valores constitucionais (já que nos filiamos ao *Substancialismo* e não ao mero *Procedimentalismo* – como veremos no capítulo da Hermenêutica Constitucional) e um controle da moralidade dos atos administrativos, já que os desmandos praticados por muitos governantes enfraquecem nosso regime republicano e democrático. Todavia, entendemos que o *constitucionalismo popular* deve ser estudado, para se perceber que o Judiciário não pode estar acima dos demais Poderes, e que os seus ocupantes não são servidores dotados de um poder divino e inquestionável. Aliás, o próprio Tushnet faz uma ponderação que concordamos integralmente: "Eu enfatizo que o que escreverei no meu livro não é definitivamente um argumento de que a interpretação constitucional é a única, ou talvez a melhor interpretação da Constituição. Em vez disso, meus argumentos apresentam os problemas que eleitores e eleitos deveriam refletir, e que são obscurecidos pelos constitucionalistas elitistas que dominam o pensamento legal contemporâneo"[216].

Larry Kramer propõe um *constitucionalismo popular* mais brando que Tushnet. Primeiramente, o autor, ao fazer uma análise do desenvolvimento histórico norte-americano, chega à conclusão que, inicialmente, o guardião supremo da Constituição de 1737 era o próprio povo ("cuja participação em rebeliões, no exercício do voto, na composição e interpretação enquanto jurado nos tribunais, e como detentor do direito de petição, indicaria o caleidoscópio de sua atuação republicana"[217]). Kramer não defende o fim do *judicial review*, mas o fim do monopólio da palavra final do Poder Judiciário na interpretação constitucional e um maior protagonismo do povo na interpretação da Constituição[218]. Chega à mesma conclusão, mas utilizando-se

---

nas cabines de votação ou nas próprias legislaturas, enquanto representação eleita. [...] Um mundo sem *judicial review*, portanto, não seria um mundo dominado pela anarquia, tampouco pela tirania, mas, segundo Tushnet, pela ação política e pelo compromisso com a chamada Constituição fina, através de uma ação orientada pelos princípios e valores da Declaração de Independência e do Preâmbulo constitucional. A vantagem de sua adoção consistiria no fortalecimento do autogoverno, e na maior distribuição da responsabilidade constitucional entre a população.

214. Em sua dissertação de mestrado, Gabriela Carneiro de Albuquerque Basto Lima (*A Tensão entre o Povo e as Cortes: a Escolha do Constitucionalismo Popular*) afirma: "No que se refere a Tushnet, por exemplo, seu objetivo orienta-se pela experiência de um mundo sem *judicial review*, onde sequer a revisão judicial pelas cortes é admitida (e não apenas sua supremacia)".
215. Op. cit., p. 6.
216. Op. cit., p. 11.
217. Gabriela Carneiro de Albuquerque Basto Lima, op. cit., p. 25.
218. "O *judicial review* portanto é admitido, desde que não concorra com a autoridade final. Aliás, no arranjo de Kramer, a nenhum dos Poderes é devida tal prerrogativa. Apesar do tom crítico utilizado para justificar as bases da proposta, há essa importante mediação no arranjo sugerido em seu trabalho. Tal atitude colocará Kramer em um degrau menos radical que os demais companheiros de cruzada, por exemplo Tushnet, que propõe um mundo sem qualquer traço da revisão judicial" (Gabriela Carneiro de Albuquerque Basto Lima, op. cit., p. 52). Segundo Post e

das "teorias do diálogo constitucional", Christine Bateup[219.]

De certa forma, o monopólio da última interpretação constitucional dado ao Judiciário traz duas consequências perversas: a) em algumas situações, poderá a Corte tutelar direito das minorias políticas, econômicas ou religiosas, contra a vontade da maioria democrática da população (mantendo privilégios, em vez de combater abusos)[220]; b) a incursão da Corte Constitucional em temas políticos acaba por vezes freando a discussão popular acerca de temas sensíveis, antecipando-se a conclusão que, muitas vezes, ainda não está madura no seio da sociedade. Em outras palavras, a visão "juriscêntrica" da interpretação constitucional desestimula a interpretação e o debate fora das cortes. "Se o STF decidiu assim, não há mais o que discutir", pensam alguns. Como afirmou José Nunes de Cerqueira Neto, "a ênfase no Judiciário pode em alguma medida comprometer, em vez de promover, a mobilização e o sentimento de cidadania. Se o Judiciário se torna o espaço privilegiado de discussões e disputas, algo parece estar errado com a capacidade de mobilização e manifestação popular. [...] O discurso de supremacia judicial reflete uma postura paternalista que compromete justamente aquilo que se quer proteger: a cidadania"[221].

Por essa razão, concordamos, em parte, com o professor de Harvard Cass Sunstein, segundo o qual as decisões da Suprema Corte devem ser "rasas e estreitas". Trata-se de uma importante teoria constitucional, denominada *minimalismo judicial*[222], tema do seu livro *One*

Riegel: "Kramer identifica como inimiga do constitucionalismo popular a 'supremacia judicial', expressão com a qual quer significar a ideia de que os 'juízes têm a última palavra quando se trata da interpretação constitucional' e que 'suas decisões determinam o significado da Constituição para todos'" (op. cit., p. 119).

219. The Dialogic Promise: Assessing the Normative Potential of Theories of Constitutional Dialogue. *Brooklyn Law Review*, v. 71. Issue 3, article 1. "Ao defender a derrubada do monopólio do Poder Judiciário quanto à função de interpretação da Constituição, Christine Batup sistematiza as teorias do diálogo constitucional, buscando uma interação e compartilhamento entre o Poder Judiciário e as instâncias políticas, particularmente na construção do significado da Constituição. [...] Ao defender uma interlocução entre as Cortes e outros atores constitucionais, refutando o monopólio judicial na interpretação da Constituição, as teorias dialógicas atenuam aquilo que Bickel indicou como 'dificuldade contramajoritária'. Nessa linha, Conrado Hübner Mendes sustenta que as teorias dialógicas 'Defendem que não deve haver competição ou conflito pela última palavra, mas um diálogo permanente e cooperativo entre instituições que, por meio de suas singulares expertises e contextos decisórios, são parceiros na busca do melhor significado constitucional' [...] Na tarefa original de apresentar uma tipologia das distintas teorias do diálogo constitucional surgidas nas últimas décadas, Bateup objetiva demonstrar como essas teorias reagem à dificuldade contramajoritária para, ao final, apresentar uma teoria própria, que efetivamente resolva o déficit democrático do *judicial review*. São duas as categorias de teorias dialógicas sistematizadas pela autora: as teorias do método judicial (*theories of judicial method*) e as teorias estruturais do diálogo (*structural theories of dialogue*). Enquanto a primeira, mais prescritiva, envolve a perspectiva – endógena – de teorias da decisão judicial e da capacidade das Cortes em fomentar comportamentos do legislador, a segunda, mais descritiva, leva em conta uma dinâmica – exógena – do diálogo constitucional no âmbito dos arranjos institucionais" (Rodrigo Mendes Cardoso, op. cit.).

220. Recentemente, o Supremo Tribunal Federal, por seis votos contra cinco, entendeu ser possível lecionar, na escola pública, na cadeira destinada ao "ensino religioso", uma única religião, de forma confessional, o que prestigiou o ensino católico (ADI 4439, 27-9-2017). Outrossim, revendo seu posicionamento anterior, o STF também decidiu que a imposição de "medidas cautelares diversas da prisão" a parlamentar, que impactem direta ou indiretamente no exercício do seu mandato, devem ser submetidas à apreciação da respectiva Casa Parlamentar (embora não haja previsão constitucional a respeito).

221. *Cortes não têm papel central no sistema político-constitucional*.

222. Sobre o tema, recomendo a leitura da dissertação de mestrado de Michelle Denise Durieux Lopes Destri (*Minimalismo Judicial: Alternativa Democrática de Atuação do Poder Judiciário em uma Sociedade Pluralista a partir da Perspectiva de Cass R. Sunstein*). Segundo a autora, minimalismo judicial ou decisional é "o fenômeno de dizer somente o que é necessário dizer para justificar uma decisão, deixando em aberto, na medida do possível, as questões mais fundamentais. [...] A noção de estreiteza significa que o minimalismo quer decidir o caso concreto e não

Case At a Time. Judicial Minimalismo n the Supreme Court. As decisões devem ser "rasas", ou seja, devem primar pela superficialidade – *shallowness*, em vez de profundidade, com utilização exagerada de teorias, teses filosóficas, com o escopo de "oferecer teorias ambiciosas para um resultado"[223]. Da mesma forma, as decisões devem ser "estreitas", limitando-se a solucionar o caso concreto, sem contemplar "uma vasta gama de situações além do caso decidido"[224]. Por exemplo, o aborto até o terceiro mês de gestação não era o tema a ser decidido no HC 124.306/RJ, rel. Min. Marco Aurélio, 9 ago. 2016 (o tema era a necessidade de prisão preventiva dos pacientes). Ao analisar essa questão tão sensível e controvertidíssima na sociedade brasileira, o STF feriu não só o *minimalismo judicial*, mas o princípio democrático (cabe ao Congresso Nacional, eleito democraticamente, decidir se o aborto deve ou não ser criminalizado).

O *minimalismo* (de Cass Sunstein), o *constitucionalismo popular* (*extremo*, de Tushnet ou *brando* de Kramer), bem como o *originalismo*, são teorias que visam evitar o "reino dos juízes", na interpretação constitucional. Esse último (o *originalismo*) foi expresso de maneira sistemática como teoria constitucional na década de 1970, por acadêmicos proeminentes como Raoul Berger, segundo o qual a única forma legítima de interpretar a Constituição é permanecer fiel a seu texto e à sua concepção original[225]. É a defesa da "construção estrita" (*strict constitution*) contra a ideia de "constituição viva" (*living constitution*), que deve ser interpretada e reinventada de acordo com os novos tempos ou com as novas aspirações da sociedade contemporânea. A teoria denominada *originalismo* também evoluiu nos Estados Unidos, não mais sendo a necessária interpretação da Constituição com as intenções originais dos "pais fundadores" (*founding fathers*)[226]. Cass Sunstein ilustra essa evolução teórica, afirmando que

---

estabelecer regras amplas e gerais que possam solucionar casos futuros. Uma decisão minimalista foca sobre o conflito *sub judice* e procura dar solução exclusivamente para este caso, considerando suas especificidades, sem a pretensão de atingir também outras situações, exceto quando as circunstâncias exigirem um julgamento mais amplo. Com relação ao aspecto da superficialidade, os juízes minimalistas tentam evitar discussões sobre o alcance e o significado de princípios fundamentais. [...] O recurso à abstração, algumas vezes, é simplesmente desnecessário e fundamentos mais concretos, atraindo o acordo de pessoas com concepções distintas, são plenamente suficientes" (p. 123).

223. Claudio Ladeira de Oliveira; Suellen Patrícia Moura. *O Minimalismo Judicial de Cass Sunstein e a Resolução do Senado Federal no Controle de Constitucionalidade.*
224. Maria Eugenia Bunchaft. *Constitucionalismo Democrático* versus *Minimalismo Judicial.*
225. O originalismo brindou os conservadores com a confiança de que seus ideais constituíam direito, o qual autorizava a derrubar os procedentes das Cortes progressivas e ativistas, impondo seus valores constitucionais conservadores. Todavia, nas palavras de Post e Siegel, na realidade, "serviu como constitucionalismo vivente à direita" (op. cit., p. 38). Um dos "pais" do movimento foi Robert Bork, professor de Yale, juiz federal. Foi indicado para ser membro da Suprema Corte pelo presidente Ronald Reagan, mas seu nome foi rejeitado pelo senado, majoritariamente democrata à época.
226. Essa foi a tese defendida pelo advogado-geral do presidente norte-americano Ronald Reagan, Edwin Meese III, "que introduziu no discurso do Partido Republicano a ideia de uma jurisprudência de intenção original dos *founding fathers*. Segundo Meese, os juízes devem ser guiados pelo texto da constituição e por seu sentido original" (Carlos Alexandre de Azevedo Campos. *Antonin Scalia e o STF*). Antonin Scalia, por exemplo, é um dos defensores de um "novo originalismo", propondo que interpretação constitucional deveria revelar "o significado público das palavras do texto quando da sua adoção" (*original public meaning*), e não as intenções dos *founding fathers*. Outrossim, segundo ele, quando essa interpretação contrariar os valores contemporâneos, por não ser mais adequada à realidade, poderá o intérprete encontrar evidências de que o propósito original da norma era o de evoluir em sua aplicação, que ele chamou de *faint-hearted originalism*. Como conclui Azevedo Campos, "escolher entre 'originalismo forte' e seus precedentes antigos ou resultados 'justos' é uma evidente oportunidade de julgar conforme preferências pessoais. [...] Não há constrição sobre a atividade judicial, e sim oportunidade de *ativismo seletivo*. Como disse J. Harvie Wilkinson III, 'originalismo tem encoberto ativismo episódico'" (op. cit., p. VI).

"O originalismo de hoje não é o originalismo dos avós, nem o dos pais, e provavelmente nem dos seus filhos mais velhos"²²⁷.

1.3.10. Constitucionalismo democrático

Expressão cunhada por Robert Post e Reva Siegel, professores de Direito da Universidade de Yale; trata-se de uma proposta, marcada pelo pluralismo e pelo maior protagonismo dos demais intérpretes da Constituição, sem retirar a importância do Poder Judiciário. Nas palavras dos autores: "o Constitucionalismo democrático afirma o papel do governo representativo e dos cidadãos mobilizados na garantia da Constituição, ao mesmo tempo em que afirma o papel das Cortes na utilização de um raciocínio técnico-jurídico para interpretar a Constituição. Diferentemente do Constitucionalismo Popular, o constitucionalismo democrático não procura retirar a Constituição das Cortes. Constitucionalismo Democrático reconhece o papel essencial dos direitos constitucionais judicialmente garantidos na sociedade americana. Diferentemente do foco juriscêntrico das Cortes, o Constitucionalismo Democrático aprecia o papel essencial que o engajamento público desempenha na construção e legitimação das instituições e práticas do *judicial review*"²²⁸. Assim, o Judiciário tem um papel importante na interpretação da Constituição, mas deve fazê-lo atentando para os valores defendidos pela sociedade. Isso porque, segundo os autores, "a autoridade judicial para impor a Constituição, como a autoridade de todos os funcionários públicos, depende, em última instância, da confiança dos cidadãos. Se os Tribunais interpretam a Constituição de forma totalmente divergente dos cidadãos, estes encontrarão maneiras de comunicar suas objeções e resistir aos julgamentos judiciais"²²⁹. Segundo o argentino Roberto Gargarella, "para os promotores do constitucionalismo democrático, o papel do Poder Judiciário na interpretação constitucional segue sendo transcendente. Mas não só os juízes devem ostentar o poder de resolver as questões interpretativas sobre a Constituição. A luta pelo sentido do texto constitucional também se realiza nas decisões legislativas, nos pronunciamentos da administração pública e nas reinvindicações dos movimentos sociais, foros igualmente autorizados e relevantes para a definição constitucional"²³⁰.

Figura 1.20 – Caricaturas de Robert Post e Reva Siegel (créditos ao final do livro).

Nas palavras de Maria Eugenia Bunchaft, "em síntese, o Constitucionalismo Democrático de Post e Siegel legitima a atuação do Judiciário por meio da utilização de princípios constitucionais de abertura argumentativa no processo de interpretação constitucional, potencializan-

---

227. *Originalism*, p. 3.
228. Op. cit., p. 7.
229. Op. cit., p. 3.
230. Op. cit., p. 9.

do o engajamento público expresso em termos de interações entre as Cortes e os movimentos sociais. Nesse ponto, a história americana é marcada por lutas pelo conteúdo de interpretações constitucionais sobre questões morais controvertidas que envolvem direitos de minorias. [...] Compreendemos, com base em Post e Siegel, que o refluxo insere-se em um contexto de um amplo processo hermenêutico capaz de inspirar práticas de contestação por meio das quais os movimentos sociais e os cidadãos procuram interpretar o conteúdo do direito constitucional. Nesse sentido, defendemos que a sensibilidade do direito constitucional à opinião popular potencializa a sua legitimidade democrática. É justamente a possibilidade de o povo delinear *sentidos constitucionais*, que explica por que a Constituição inspira legalidade aos cidadãos, ainda que determinadas interpretações constitucionais não prevaleçam em decisões judiciais específicas"[231].

Utilizando-se da metáfora de Ronald Dworkin, do "juiz hércules", Alfredo Canellas afirma que no constitucionalismo democrático há uma migração do "juiz Hércules" para o "juiz Péricles": "Portanto, a permuta da metáfora *dworkiana* do juiz Hércules (que representa um importante instrumento de chancela da supremacia judicial), para um juiz Péricles (que se afasta do perfeccionismo judicial de Hércules), ético-democrático e participante de uma malha dialógica aberta à aceitação de outras visões de mundo se apresenta como solução adequada. Ademais, devem-se incluir e considerar na rede dialógica, além de Péricles, todas as instituições de poder, tanto em suas relações orgânicas quanto externas às demais instituições, bem como o corpo eleitoral e a sociedade, mediante diversos mecanismos, dentre outros, exemplificativamente: plebiscito, referendo, audiência pública, consulta pública, instrumentos de participação, *backlash*, veto executivo, canais de informações de grupos de interesse, grupos acadêmicos, *amicus*, indicação de ministros etc."[232].

O que diferencia o *constitucionalismo democrático* (de Post e Siegel) do *constitucionalismo popular* (de Tushnet, por exemplo) é que o primeiro aceita a tese do monopólio da última palavra interpretativa da Corte Constitucional, desde que permeada pelos valores democráticos e republicanos: "De fato, para Post e Siegel, alguma forma de autoridade final dos juízes é necessária para o Estado de Direito, pois, embora haja uma tensão e conflito entre a supremacia judicial e o constitucionalismo popular, a democracia requer que certas condições sejam garantidas pelos juízes com o fim de que os cidadãos possam participar da deliberação. O ponto é encontrar um equilíbrio entre ambos"[233]. Nas palavras dos próprios criadores do constitucionalismo democrático, "algumas formas de definitividade judicial são essenciais para o Estado de Direito, o qual é necessário para uma democracia em funcionamento. Por essa razão, tanto a supremacia judicial como o constitucionalismo popular aportam benefícios indispensáveis à estrutura política do ordenamento constitucional"[234].

Por sua vez, Post e Siegel criticam o *minimalismo* de Cass Sunstein, sob o argumento de que "em virtude do minimalismo nunca se poderiam proferir decisões tais como aquelas que questionaram a discriminação racial e sexual em 'Brown' e 'Frontiero'"[235]. Entendemos que o

---

231. *Constitucionalismo Democrático* versus *Minimalismo Judicial*, p. 156.
232. *Constitucionalismo Democrático – O Caso do Juiz Hércules e a Ascensão do Juiz Péricles*, p. 5.
233. Roberto Niembro O. *Una Mirada al Constitucionalismo Popular*, p. 203.
234. Op. cit., p. 121.
235. Op. cit., p. 41. Outra diferença entre o *constitucionalismo popular* e o *minimalismo judicial* é a forma de ver a reação social às decisões judiciais, sobretudo as violentas: "o minimalismo aborda o conflito como uma ameaça para a legitimidade e para a coesão social. O constitucionalismo democrático, ao contrário, considera a possibilidade de que as controvérsias relativas ao significado constitucional promovam a coesão em condições de heterogeneidade

minimalismo deve ser aplicado como regra, admitindo-se exceções. Quando o STF profere decisões *profundas*, em vez de *rasas*, limita os elementos interpretativos democráticos (o STF, na ADI 3.510, que trata dos *fetos anencéfalos* – tema que trataremos no capítulo relacionado aos direitos fundamentais – chegou a discutir a ausência de vida relacionada à existência ou não do cérebro, limitando a discussão na seara correta – científica e médica). Outrossim, quando o STF utiliza decisões *largas*, em vez de *estreitas*, viola a própria democracia (como na controvertida decisão que, em sede de *habeas corpus*, começa a discutir a atipicidade do aborto realizado até o terceiro mês de gestação).

Entendemos que o Brasil deve perseguir o *constitucionalismo democrático*. Embora o *judicial review* seja necessário à manutenção do Estado de Direito, não se pode atribuir cegamente ao Poder Judiciário o monopólio da interpretação constitucional. Como já afirmou Peter Häberle (no conhecido livro *Sociedade Aberta dos Intérpretes da Constituição*), todos somos, em maior ou menor medida, intérpretes da Constituição. Como afirma o constitucionalista mexicano Roberto Niembro, "os cidadãos não têm por que aceitar sem reparos as decisões judiciais (ou seja, ser sujeitos passivos), já que o debate popular sobre a Constituição infunde as memórias e os princípios da tradição constitucional, que não seriam desenvolvidos se a cidadania fosse passiva ante às decisões judiciais"[236].

Dessa maneira, o povo deve encarnar seu protagonismo na interpretação constitucional, deixando de ser um mero coadjuvante, à espera de uma decisão judicial. Como assumir o protagonismo na interpretação constitucional? Deve o estudante de Direito estudar com seriedade o texto constitucional, com suas respectivas implicações (com essa base constitucional, terá capacidade de identificar atos inconstitucionais por parte do poder público e questioná-los social e judicialmente); deve o eleitor exigir do candidato a exposição de suas ideias políticas; devem os movimentos sociais questionar os atos do Poder Público, inclusive fiscalizando as políticas públicas, acionando o Judiciário, quando necessário; devem os movimentos sociais se organizar para defender os direitos legítimos das minorias etc. Dessa maneira, a decisão interpretativa da Corte Constitucional somente será efetivamente legítima se levar em consideração os valores democráticos que pautam a questão. O *judicial review* não é um fim em si mesmo, mas visa estabilizar o Estado Democrático de Direito. Por exemplo, para decidir temas polêmicos, deve a Corte Constitucional, formalmente, realizar os instrumentos democráticos previstos em lei como a realização de audiências públicas, a habilitação de *amici curiae* etc. Informalmente, deve levar em consideração o efeito *backlash*, para que sua própria decisão não dê ensejo a reações adversas que, em vez de tutelar o direito, retiram-lhe a proteção.

Outrossim, em casos extremos, poderá a população acionar organismos internacionais, apontando a violação de direitos fundamentais por parte da Corte Constitucional. Por exemplo, já houve casos em que, condenado pela instância máxima, o réu buscou apoio na Corte Interamericana de Direitos Humanos, para fazer valer o seu direito de recorrer (caso Barreto Leiva *vs.* Venezuela, julgamento em 17 de novembro de 2009). Outro exemplo importante: em 2010, o STF decidiu que a Lei da Anistia de 1979 (Lei n. 6.683/79) que perdoou os crimes praticados durante o regime militar (incluindo a tortura) foi recepcionada pela Constituição de 1988, contrariando o entendimento da Corte Interamericana de Direitos Humanos (ADPF

---

normativa" (op. cit., p. 83). Com a devida vênia, fazendo uma analogia pueril, seria como o pai que vê as duas filhas brigando e discutindo. O primeiro (o "minimalista") entende que aquele conflito pode destruir a família. O segundo (o "democrático") entende que o conflito é natural e necessário e que daquela briga nascerá um consenso mais duradouro.

236. Op. cit., p. 204.

153/DF, rel. Min. Eros Grau). Recentemente, a família do jornalista Vladimir Herzog, na sede da Corte Interamericana de Direitos Humanos, requereu a responsabilização do Estado brasileiro pela impunidade do assassinato do jornalista. Trata-se de uma contestação formal de uma decisão da Corte Constitucional.

Outro controle popular, em casos gravíssimos, pode ocorrer quando da prática de crime de responsabilidade por parte de ministro do Supremo Tribunal Federal, nos termos da Lei n. 1.079/50. Segundo o art. 39 da referida lei, configura crime de responsabilidade "proferir julgamento, quando, por lei, seja suspeito na causa" (inciso II) ou "proceder de modo incompatível com a honra, dignidade e decoro de suas funções" (inciso V). Qualquer cidadão poderá denunciar o ministro do STF perante o Senado (art. 41, Lei n. 1.079/50). Se condenado por dois terços dos senadores, nos termos do art. 52, II, e parágrafo único da Constituição, "fica o acusado desde logo destituído do seu cargo" (art. 70, 1ª parte, Lei n. 1.079/50).

Em casos ainda mais extremos, defendem alguns constitucionalistas a utilização do *direito de resistência*[237], na sua modalidade *desobediência civil*. Segundo Maria Garcia, a "desobediência civil pode-se conceituar como a forma particular de resistência ou contraposição, ativa ou passiva do cidadão, à lei *ou a ato de autoridade*, quando ofensivos à ordem constitucional ou aos direitos e garantias fundamentais, objetivando a proteção das prerrogativas inerentes à cidadania"[238]. Nas palavras de Mark Tushnet, "podemos chamar isso de uma forma suave de desobediência civil. [...] O cidadão está desobedecendo ao Supremo Tribunal, mas a serviço da lei como ela é vista pelos cidadãos. Post e Siegel, no mesmo sentido, afirmam que "o constitucionalismo democrático sugere que as reações violentas podem compreender-se como uma das muitas práticas possíveis de impugnação de normas através das quais o povo trata de influir no conteúdo do direito constitucional. É frequente na história e na ciência política que estas práticas logrem finalmente ser exitosas porque, em longo prazo, nosso direito constitucional é claramente permeável à influência política"[239]. A maioria dos teóricos constitucionais acredita que as formas ainda mais fortes de desobediência civil são às vezes justificadas, quando a serviço do direito, mesmo quando se esteja desobedecendo a uma decisão específica da Corte"[240]. O direito de resistência está expresso no art. 2º, § 4º, da Constituição alemã (Lei Fundamental de Bonn) ("não havendo outra alternativa, todos os alemães têm o direito de resistir contra quem tentar subverter essa ordem"), no art. 21 da Constituição de Portugal ("todos têm o direito de resistir a qualquer ordem que ofenda os seus direitos, liberdades e garantias e de repelir pela força qualquer agressão, quando não seja possível recorrer à autoridade pública"), mas não está expresso na Constituição brasileira, estando nela implícito, segundo parte da doutrina[241].

---

237. Segundo José Carlos Buzanello, o direito de resistência pode ser classificado, em graus de intensidade, da seguinte maneira: "1) objeção de consciência; 2) greve política; 3) desobediência civil; 4) direito à revolução; 5) princípio da autodeterminação dos povos" (*Em torno da Constituição do Direito de Resistência*, p. 24).
238. A Desobediência Civil como Defesa da Constituição. *Revista Brasileira de Direito Constitucional*, n. 2, jul./dez. 2003. Segundo a autora: "a desobediência civil deve ser vista como forma de resistência atribuída, especificamente, ao cidadão: somente este é quem, ao nosso ver, pode voltar-se contra os poderes constituídos e à própria lei, nas hipóteses previstas, eis que os cidadãos e os poderes públicos se encontram consagrados na estrutura constitucional de forma integrativa e diretamente relacionados. Tal forma especial de desobediência poderá manifestar-se passivamente ou negativamente, consistindo em não fazer o determinado como ativa ou positivamente, consistindo em fazer o interditado, ou proibido, desde que manifesto o conflito da ordem, da proibição, com a própria ordem constitucional e os direitos e garantias fundamentais" (p. 19).
239. Op. cit., p. 55.
240. Op. cit., p. 30.
241. "A desobediência civil na perspectiva constitucional brasileira decorre da cláusula constitucional aberta, que admite outros direitos e garantias, e dos princípios do regime adotado (art. 5º, § 2º, CF) e liga-se especialmente aos princípios da proporcionalidade e da solidariedade, que permitem protestos contra atos que violem esses princípios da ordem

Sem a possibilidade de ter sua interpretação ouvida, sem o poder de influenciar nas decisões dos tribunais, o povo perde sua sensação de pertencimento da Constituição, como afirmam Post e Siegel: "Por que os americanos seguem fiéis a sua Constituição, mesmo quando suas perspectivas constitucionais não prevalecem? Em nosso juízo, isto é assim porque os americanos creem na possibilidade de persuadir outros – e, portanto, em última instância, a Corte – de que adotem suas perspectivas sobre o significado da Constituição"[242].

Dessa maneira, o *constitucionalismo democrático*, que entendemos ser a meta a ser buscada pelo constitucionalismo brasileiro, não tem o escopo de "afastar a constituição do juízo das Cortes", como prega Mark Tushnet. Como afirmaram Post e Riegel: "os tribunais desempenham um papel especial nesse processo. Exercem uma forma característica de autoridade para reconhecer e garantir direitos, da qual gozam em virtude da Constituição e das normas de razão jurídica profissional que empregam. Se os tribunais interpretam a Constituição em termos que divergem das convicções profundas do povo, esse mesmo povo encontrará formas de comunicar suas objeções e opor-se às decisões judiciais"[243].

Por fim, visando concretizar o constitucionalismo popular, Tom Donnelly[244] sugere uma alteração legislativa, com a implantação do "veto popular" (*people's veto*), que seria um "mecanismo formal destinado à consideração de decisões constitucionais da Suprema Corte, além de representar meio de criar maior engajamento popular. O veto do povo é descrito pelo autor como mecanismo reservado apenas às decisões constitucionais da Suprema Corte que tenham resultado de votação como cinco a quatro, de modo que esta decisão assim votada seria enviada para o Congresso que decidiria, por sua vez, pela necessidade de reconsideração ou não da decisão proferida pela Suprema Corte. Caso o Congresso sinalize pela necessidade de reavaliação, caberia ao povo a deliberação e votação"[245]. Nas palavras do autor norte-americano, seriam requisitos do "veto popular": "primeiro, o mecanismo deve permitir tempo suficiente entre a decisão do Tribunal e o referendo inicial para permitir a deliberação sóbria. [...] Em segundo lugar, o mecanismo de gatilho, apresentado no Congresso, deve exigir um voto supermaiorista. Isso limitaria o número de vezes que o povo americano seria chamado a resolver questões constitucionais – reservando o veto do povo para questões especialmente controversas ou decisões extraordinárias da Corte"[246].

---

política" (op. cit., p. 25). No mesmo sentido, Maria Garcia: "corresponde ao *status civitatis* e decorre do regime dos direitos fundamentais no qual se insere o próprio mandamento do § 2º do art. 5º. É dizer, o regime dos direitos fundamentais consagrado na Constituição brasileira abrange, no seu sistema, a possibilidade de direitos fundamentais implícitos, decorrentes do regime e princípios adotados pela Constituição – dentre eles o direito da desobediência civil" (op. cit., p. 20).

242. Op. cit., p. 33. Mais adiante, afirmam os autores: "A premissa do constitucionalismo democrático é que a autoridade da Constituição depende de sua legitimidade democrática, de sua capacidade para inspirar os norte-americanos como *sua* Constituição. Esta crença é sustentada em tradições de compromissos populares que facultam aos cidadãos apresentar contestações referentes ao significado da Constituição e opor-se a seu governo (mediante a criação de normas constitucionais, a política eleitoral e as instituições da sociedade civil) quando consideram que não respeita a Constituição. Os funcionários do governo, por sua vez, resistem e respondem a esses reclamos dos cidadãos. O significado de nossa constituição tem sido historicamente configurado por esses complexos padrões de intercâmbio" (p. 44-45).

243. Op. cit., p. 45.
244. No texto Making Popular Constitutionalism Work, *Wisconsin Law Review*, v. 2012, Harvard Public Law Working Paper, n. 11-29.
245. Luis Alberto Hungaro. *A Ideia de Veto Popular (people's veto) de Tom Donnelly e a Instrumentalização dos Postulados do Constitucionalismo Popular.*
246. Op. cit., p. 188-189. Nas palavras de Irandavid Gomes de Melo: "Donnely traz um constitucionalismo popular menos abstrato e mais concreto no momento em que cogita um mecanismo formal de revisão judicial que permitiria

Podemos dizer que tanto o *constitucionalismo popular*, quanto o *constitucionalismo democrático*, ao darem maior protagonismo aos demais legítimos intérpretes da Constituição, reduzem o chamado "solipsismo judicial", que será abordado logo a seguir.

1.3.10.1. O solipsismo judicial

O solipsismo consiste numa doutrina filosófica que reduz toda a realidade ao sujeito pensante e que, segundo ela, só existem efetivamente o *eu* e suas sensações, sendo todos os outros entes como participantes de uma única mente pensante. O *solipsismo judicial* é uma forma de sacralização da atividade jurisdicional, tornando-a insuscetível de críticas. Há, portanto, uma crença de que o julgador, por características externas e outras que lhe seriam imanentes, é a pessoa mais capaz de dizer o que é bom, justo e certo para toda a sociedade. Nas palavras de Dhenis Cruz Madeira, "o solipsismo carrega, portanto, uma *radicalização do eu*, uma *expansão da subjetividade*, da solidão ao decidir, ou, pode-se dizer, uma imposição da subjetividade de um em detrimento do outro, fazendo com que a interpretação da lei seja uma simples atividade de captação subjetiva do senso de justiça por um *locutor autorizado*. O julgador solipsista, portanto, considera que sua consciência é muito mais importante do que, propriamente, os argumentos trazidos pelas partes, já que a interpretação e a aplicação da lei ocorrem de modo solitário, tal como um eremita na montanha"[247].

1.3.11. Constitucionalismo autoritário

A expressão "constitucionalismo autoritário" (*authoritarian constitutionalism*) foi criada pelo professor de Direito Constitucional de Harvard Mark Tushnet[248], segundo o qual seria um modelo normativo intermediário entre o constitucionalismo liberal e o autoritarismo, que denota compromissos apenas moderados com o constitucionalismo. Nas palavras do constitucionalista mexicano Roberto Niembro: "o constitucionalismo autoritário não significa um regime distinto, mas uma forma sofisticada de exercer o poder por elites governantes que têm uma mentalidade autoritária em Estados cujo desenvolvimento democrático é precário"[249].

Dessa maneira, no constitucionalismo autoritário, os ocupantes do poder, embora com uma roupagem constitucional e democrática, exercem-no de forma autoritária, encobrindo seus atos com um discurso constitucionalista. Em outras palavras, utiliza-se a Constituição não como limite dos poderes do Estado, mas como forma de um grupo governante sedimentar-se no poder, buscando a legitimidade constitucional e evitando sanções internacionais (com a aparente democracia constitucional).

Figura 1.21 – Caricatura de Mark Tushnet (créditos ao final do livro).

---

uma atuação conjunta entre a população e a Suprema Corte" (*Uma Análise Sistêmica da Teoria Norte-Americana do Constitucionalismo Popular*, p. 18).
247. *O que é solipsismo judicial?*, p. 195.
248. *Authoritarian Constitutionalism*, 100 Cornell L. Ver. 391 (2015).
249. *Desenmascarando el Constitucionalismo Autoritario*, p. 224.

Segundo Niembro, não há muita diferença entre as Constituições de países democráticos e autoritários. "As novas gerações de autoritarismo utilizam os mesmos mecanismos legais existentes em regimes democráticos para encobrir e dissimular suas práticas autoritárias, com o fim de evitar custos que, do contrário, seriam impostos por atores internacionais e nacionais"[250]. Podemos dar como exemplo a Venezuela. Aliás, o próprio Mark Tushnet utiliza a Venezuela de Hugo Chaves como exemplo. Segundo o professor de Harvard, que escreveu seu texto nos tempos do presidente Hugo Chávez: "o caso venezuelano se assemelha ao húngaro: regras autoritárias foram implementadas através de métodos que obedecem à Constituição liberal existente"[251]. A situação na Venezuela piorou, em vez de melhorar. Em 2017, o presidente da República, diante da gradativa perda de apoio popular e parlamentar, suspendeu a imunidade parlamentar do legislativo e depois suspendeu as funções da Assembleia Nacional (de maioria oposicionista), para realização de uma nova Constituição. Como vimos acima, para evitar reações internacionais e internas, dá-se uma roupagem constitucional a um regime de práticas autoritárias.

Karl Loewenstein já previa esse fenômeno quando escreveu seu livro *Teoria da Constituição* (primeiramente publicada em 1957): "Cada vez com mais frequência, a técnica da Constituição escrita é usada conscientemente para camuflar regimes autoritários e totalitários. Em muitos casos, a Constituição escrita não é mais que uma distração para a instalação de uma concentração do poder nas mãos de um detentor único. A Constituição ficou privada de seu intrínseco objetivo: institucionalizar a distribuição do exercício do poder político"[252].

Da mesma forma a doutrina atualmente aponta o exemplo da Turquia: "a Constituição é utilizada como um mecanismo de dominação política que nega as premissas do constitucionalismo e reflete uma ideologia autoritária. Segundo Isiksel, a Constituição Turca de 1982 está permeada pelo espírito dos estados de emergência e está desenhada para limitar as liberdades em lugar de limitar o governo"[253]. A situação turca se tornou mais grave em 2016. Como afirma a brilhante constitucionalista portuguesa Catarina Santos Botelho, "em meados de julho de 2016, o golpe de Estado falhado fundamentou a declaração presidencial do estado de emergência. Aproveitando o ambiente político de insegurança e incerteza, reintroduziu-se questão da transição para um sistema de governo presidencial. Pouco depois, a lei de revisão constitucional, aprovada pelo Parlamento em janeiro deste ano, consagrou um aumento exponencial dos poderes presidenciais e a transição para um sistema de governo presidencial"[254].

1.3.12. Constitucionalismo abusivo

Fenômeno muito semelhante ao *constitucionalismo autoritário*, o *constitucionalismo abusivo* tem sua nomenclatura criada por David Landau[255], professor de Direito Constitucional norte-americano. Para ele, *constitucionalismo abusivo* é o uso de mecanismos de mudan-

---

250. Op. cit., p. 227.
251. Op. cit., p. 437.
252. Op. cit., p. 214.
253. Roberto Niembro, op. cit., p. 242.
254. Catarina Santos Botelho. *Turquia: Democracia (constitucional)?* Sobre a atual situação da Turquia, após a reforma constitucional, afirma Jose A. Albentosa Vidal: "com a reforma aprovada, vai se aprofundar definitivamente no autoritarismo ao que se encaminha a Turquia, de forma decidida. Erdogan se converteu em um verdadeiro sultão neo--otomano com grandes poderes. Sua posição é praticamente incontestável por parte de uma oposição que se debilita à medida que o presidente e seu círculo próximo se tornam maiores e mais fortes" (*Turquia: Autoritarismo, Islamismo y Neo-otomanismo*).
255. *Abusive Constitutionalism*, passim.

ça constitucional para fazer um Estado significativamente menos democrático do que era anteriormente.

Segundo o autor: "o *constitucionalismo abusivo* envolve o uso de mecanismos de mudança constitucional – emenda constitucional e substituição da Constituição – para minar a democracia. Enquanto métodos tradicionais de derrubada da democracia, como o golpe militar, estão em declínio há décadas, o uso de ferramentas constitucionais para criar regimes autoritários e semiautoritários é cada vez mais prevalente. Presidentes poderosos e partidos poderosos podem engenhar uma mudança constitucional, para tornarem-se muito mais estáveis, a fim de neutralizar instituições como tribunais, que teriam a função de verificar o exercício do poder. As constituições resultantes ainda parecem democráticas a distância e contêm muitos elementos que não são diferentes daqueles encontrados nas constituições democráticas liberais, mas, de perto, elas foram substancialmente retrabalhadas para minar a ordem democrática"[256].

Dessa maneira, segundo Landau, o *constitucionalismo abusivo* pode ser praticado por meio de reformas constitucionais, como emendas constitucionais (dando como exemplo a Colômbia) ou substituindo a constituição por outra (dando como exemplo a Venezuela), ou uma combinação das duas estratégias (dando como exemplo a Hungria). No primeiro caso (emendas constitucionais), é comum emendar a Constituição para permitir um número ilimitado de reeleições.

Nas palavras do professor peruano José Miguel Rojas Bernal, "sendo o *constitucionalismo abusivo* uma ameaça factível ao sistema democrático de qualquer país, parece razoável avançar na delimitação dos mecanismos que seriam adequados e críveis para evitar ou se opor a esse fenômeno de modo efetivo"[257].

No Brasil, a primeira vez que o tema foi enfrentado pelo STF foi na ADPF 622, que discutia a constitucionalidade de decreto presidencial (Decreto n. 10.003/2019), que diminuía a participação popular em um dos Conselhos da Administração (Conselho Nacional da Criança e do Adolescente – Conanda). Dentre os fundamentos utilizados pelo Ministro relator (Roberto Barroso) para a concessão da cautelar que suspendeu o ato normativo foi o "constitucionalismo abusivo". Segundo ele, "O constitucionalismo e as democracias ocidentais têm se deparado com um fenômeno razoavelmente novo: os retrocessos democráticos, no mundo atual, não decorrem mais de golpes de estado com o uso das armas. Ao contrário, as maiores ameaças à democracia e ao constitucionalismo são resultado de alterações normativas pontuais, aparentemente válidas do ponto de vista formal, que, se examinadas isoladamente, deixam dúvidas quanto à sua inconstitucionalidade. Porém, em seu conjunto, expressam a adoção de medidas que vão progressivamente corroendo a tutela de direitos e o regime democrático. Esse fenômeno tem recebido, na ordem internacional, diversas denominações, entre as quais: *"constitucionalismo abusivo", "legalismo autocrático" e "democracia iliberal"*. Todos esses conceitos aludem a experiências estrangeiras que têm em comum a atuação de líderes carismáticos, eleitos pelo voto popular, que, uma vez no poder, *modificam o ordenamento jurídico, com o propósito de assegurar a sua permanência no poder*. O modo de atuar de tais líderes abrange: (i) a tentativa de esvaziamento ou enfraquecimento dos demais Poderes, sempre que não compactuem com seus propósitos, com ataques ao Congresso Nacional e às cortes; (ii) o desmonte ou a captura de órgãos ou instituições de controle, como conselhos, agências reguladoras, instituições de combate à corrupção, Ministério Público etc.; (iii) o combate a organizações da sociedade civil, que atuem em prol da defesa de direitos no espaço público; (iv) a rejeição a discursos protetivos

---

256. Op. cit., p. 191.
257. *Poder Constituyente y Constitucionalismo Abusivo*, p. 125.

de direitos fundamentais, sobretudo no que respeita a grupos minoritários e vulneráveis – como negros, mulheres, população LGBTI e indígenas; (v) o ataque à imprensa, sempre que leve ao público informações incômodas para o governo. *A lógica de tal modo de atuar está em excluir do espaço público todo e qualquer ator que possa criticar, limitar ou dividir poder com o líder autocrático, em momento presente ou futuro, de forma a assegurar seu progressivo empoderamento e permanência no cargo.* (...) Embora não me pareça ser o caso de falar em risco democrático no que respeita ao Brasil, cujas instituições amadureceram ao longo das décadas e se encontram em pleno funcionamento, é sempre válido atuar com cautela e aprender com a experiência de outras nações. *Nessa linha, as cortes constitucionais e supremas cortes devem estar atentas a alterações normativas que, a pretexto de dar cumprimento à Constituição, em verdade se inserem em uma estratégia mais ampla de concentração de poderes, violação a direitos e retrocesso democrático"* (grifamos) (ADPF 622 MC, rel. Min. Roberto Barroso, j. 19-12-2019).

1.3.12.1. Como conter o constitucionalismo abusivo?

Como conter o *constitucionalismo abusivo*? Não se trata de uma pergunta de simples resposta. Isso porque, tradicionalmente, o poder constituinte originário é tido como juridicamente ilimitado. Dessa maneira, a pretexto de agir em nome do povo, o constituinte originário poderá adotar medidas em nome de uma governabilidade, de uma estabilidade.

Não obstante, no nosso entender, essa questão nunca foi tão importante como no cenário atual do Direito brasileiro. Isso porque, nas campanhas eleitorais para a Presidência da República em 2018, duas chapas eleitorais cogitaram, ainda que verbalmente, a convocação de uma Assembleia Constituinte (curiosamente, as duas chapas com maior quantidade de votos). Uma das chapas, em seu plano de governo, previa a convocação de uma Assembleia Constituinte para reestruturar o Poder Judiciário e o Ministério Público, enquanto a outra chapa (em declaração do candidato a vice-presidente) pronunciou-se por uma nova Constituição feita por notáveis e submetida posteriormente à apreciação popular.

Pela primeira vez em trinta anos da Constituição de 1988, defendeu-se publicamente sua substituição. Entendemos que criar mecanismos que impeçam uma nova Constituição casuística, que produza retrocessos, é um dos temas centrais do constitucionalismo brasileiro contemporâneo.

Uma primeira tentativa de conter ou evitar o *constitucionalismo abusivo* seria as "cláusulas de substituição" (*cláusulas de reemplazo*): a previsão na Constituição de um rol estrito de hipóteses em que ela poderia ser substituída, bem como o estabelecimento de um processo para se criar uma nova Constituição. Não obstante, essa hipótese parece não ser muito eficaz, na medida em que prevalece o entendimento de que o Poder Constituinte Originário é ilimitado, não tendo seus limites na Constituição anterior. Como afirma Bernal, a inevitável deficiência de uma cláusula constitucional desse tipo será sempre sua potencial inobservância pelo poder constituinte. Landau afirma que essa cláusula teria mais efeitos psicológicos, sociológicos, que jurídicos de limitação.

Uma segunda tentativa seria legitimar as Cortes ou os tribunais constitucionais como "chanceladores" de uma nova Constituição, referendando o texto constitucional, afirmando que ele é fruto de um verdadeiro poder constituinte originário, não se tratando de uma mera substituição constitucional abusiva. Essa tentativa padece do mesmo defeito da anterior: quem imporia essa obrigação? A Constituição anterior. Não obstante, prevalece o entendimento de que o poder constituinte originário é ilimitado, sendo que esse limite sugerido pela Constituição anterior provavelmente não seria cumprido (máxime quando o titular do poder originário está mal-intencionado, como ocorre no *constitucionalismo abusivo*).

Uma terceira tentativa, que nos parece a única viável, é a viabilização de instrumentos internacionais para identificação e combate ao *constitucionalismo abusivo*. Segundo Landau, é necessário que os mecanismos internacionais "captem não apenas as rupturas constitucionais flagrantes, como golpes militares, mas também violações constitucionais mais ambíguas pelos governos incumbentes, como empreendidos na Venezuela, Equador e Honduras"[258]. O ideal seria a criação de um *Tribunal Constitucional Internacional* que tivesse o poder de declarar abusivas, inválidas, alterações ou substituições constitucionais que visassem minar as democracias nacionais. Os mais conservadores e tradicionais constitucionalistas diriam que essa seria uma afronta à soberania dos países. Não obstante, tenho a certeza de que povos oprimidos pelo *constitucionalismo abusivo* (como o da Venezuela) abririam mão facilmente de parte de sua soberania, para voltar a viver num regime democrático e verdadeiramente constitucional.

A essas tentativas, acrescenta-se uma característica social importante: o anseio do povo em manter sua Constituição, respeitando-a. É o que Konrad Hesse denominou, na sua clássica obra *Força Normativa da Constituição*, como "vontade de constituição". Baseia-se na compreensão da necessidade e do valor de uma ordem normativa inquebrantável, que proteja o Estado contra o arbítrio desmedido e disforme. A vontade de Constituição deve sobrepor-se aos interesses momentâneos. As pessoas devem ter consciência da importância da Constituição para o exercício e para a garantia de seus direitos. Num cenário de instabilidade política e social, os juristas, em especial os constitucionalistas, tem papel essencial na conscientização dos demais. Como disse Konrad Hesse: "compete ao Direito Constitucional realçar, despertar e preservar a vontade de Constituição (Wille zur Verfassung), que, indubitavelmente, constitui a maior garantia de sua força normativa"[259].

Propostas para conter o *constitucionalismo abusivo*	a) Adoção de "cláusulas de substituição" (*cláusulas de reemplazo*) no texto da atual Constituição
	b) Legitimar o Tribunal Constitucional como chancelador de uma nova Constituição
	c) Criação, por tratados internacionais, de um Tribunal Constitucional Internacional
	d) Fortalecer a cada dia a "vontade de Constituição" (*Wille zur Verfassung*)

Embora entendamos que no Brasil, no momento, ainda não vivamos num *constitucionalismo abusivo*, essa não é a mesma conclusão de Rafael Estorilio e Juliano Zaiden, este último doutor em Direito pela Universidade Humboldt, de Berlim, autores do artigo "O STF como Agente do Constitucionalismo Abusivo". Segundo os autores, o responsável pelo *constitucionalismo abusivo no Brasil* seria o próprio STF. Para eles, em muitas decisões, o STF mostra uma "postura corporativa e agenciadora de interesses com os outros poderes", que pode ser demonstrada, por exemplo, na falta de isonomia. Segundo os autores, "a quebra de coerência em casos centrais que engendram, sobretudo, forte impacto político acarreta, naturalmente, sério desconforto em relação às expectativas de segurança jurídica e, mais ainda, possível configuração de uso político da Corte"[260]. O mesmo STF, por exemplo, que suspendeu o mandato do então presidente da Câmara dos Deputados Eduardo Cunha (na AC 4.070, rel. Min. Teori Zavascki), entendeu que tal medida de suspensão do mandato não poderia ser aplicada, no caso do então Senador Aécio Neves (AC 4.327, rel. Min. Marco Aurélio).

---

258. Op. cit., p. 255.
259. *A Força Normativa da Constituição*, p. 27.
260. *O STF como Agente do Constitucionalismo Abusivo*, p. 183.

1.3.12.2. Os retrocessos democráticos como origem do constitucionalismo abusivo

Como tenho afirmado há uns anos em palestras e eventos jurídicos de naturezas diversas, ao longo da História, as democracias se desenvolvem através de ciclos pendulares. Por um certo tempo, as democracias evoluem, se robustecem, se fortalecem, mas, depois disso, começam a ser contestadas.

Segundo alguns cientistas políticos, esse ciclo pendular dura cerca de 30 (trinta) anos, em razão da mudança de geração. A nova geração, descontente com as promessas não cumpridas pela geração anterior, tenta mudar os rumos, as ideias, as propostas, as políticas. Obviamente, não se trata de uma ciência exata e esse ciclo pode variar de país para país, de acordo com sua conjuntura cultural, histórica, educacional etc. Há países em que a democracia está mais consolidada e a cultura e educação do seu povo a fortalecem, na medida em que a maioria da população entende a importância do sistema democrático como base de desenvolvimento das políticas. Quanto ao desenvolvimento desse ciclo pendular há, na atual conjuntura, uma boa e uma má notícia.

Primeiramente, nos últimos trinta anos, é possível afirmar que houve um considerável aumento do número de países identificados como democráticos. Isso se deu por vários fatores, dentre eles a transição política dos países comunistas do Leste europeu[261], o fim de várias ditaduras latino-americanas[262], bem como a democratização de países africanos recém-independentes[263].

Segundo o *Polity Project* (projeto que classifica o regime político de vários países cronologicamente)[264], em 1985 havia 42 países democráticos, nos quais habitavam 20% da população mundial. Por sua vez, em 2015, esse número passou para 103 países, onde habitavam 56% da população mundial. Assim, verifica-se o crescimento dos regimes autocráticos até a década de 1980, quando iniciou o seu declínio, estabilizando-se nos últimos 5 anos. O declínio das autocracias a partir dos anos 80 coincidiu com o aumento dos países democráticos no mesmo período. Não obstante, assim como houve o crescimento da democracia, houve também o crescimento da "anocracia"[265].

---

261. Não obstante, como afirma Gustavo Müller, esse processo de "democratização" dos países do Leste europeu não é homogêneo. Segundo ele, "enquanto os países recém-incluídos na União Europeia apresentam um nível elevado de democratização do processo eleitoral, (...) as ex-Repúblicas Soviéticas apresentam níveis críticos. Uma segunda observação relevante a ser feita, ainda em relação aos dois grupos de países acima citados, é que os novos membros da União Europeia demonstram uma tendência geral de consolidação da esfera eleitoral. Já no caso dos países ex-soviéticos, a tendência é de forte corrosão da arena eleitoral, o que significa um distanciamento da democracia e uma aproximação dos autoritarismos" (*Condições para a Democracia ou Democracias sem Condições: Dilemas de um Pensamento Político Contemporâneo*, p. 20).
262. Como afirma Jorge González Jácome, "desde finais da década dos anos oitenta, diferentes países da América do Sul reformaram suas constituições no marco de transições de ditaduras militares a regimes modelados ao estilo das democracias liberais" (*El Autoritarismo Latinoamericano en la Era Democratica*, p. 30).
263. Como afirmou Marina Feferbaum, em obra específica sobre a proteção dos direitos humanos no sistema africano, "a fragilidade do modelo estatal africano é um dos principais fatores que comprometem os direitos humanos na África. A forma da colonização africana, certamente, foi um dos responsáveis. E a emergência de governos autoritários não só impediu o desenvolvimento do continente, como também colocou a África em um ciclo vicioso de estagnação, um moto-contínuo de violações dos direitos humanos. Dois processos, porém, têm tentado quebrar a inércia da África pós-colonial: o processo de democratização e o processo de integração econômica. Com o objetivo de fortalecer as instituições estatais, a implantação de democracias e de comunidades econômicas tem apresentado potencial para fomentar o desenvolvimento e os direitos humanos no continente" (*Proteção Internacional dos Direitos Humanos. Análise do Sistema Africano*, p. 131).
264. Projeto criado pelo CSP (*Center for Systemic Peace*), instituição norte-americana fundada em 1997 e que monitora o comportamento político nos principais Estados do mundo (cuja população seja superior a 500 mil habitantes). Todos os dados de suas pesquisas estão disponíveis no site www.systemicpeace.org.
265. A palavra "anocracia" é um neologismo, oriundo do inglês "anocracy". Consiste num regime de governo marcado por instabilidade política e ineficácia governamental, tendo em vista a existência de um regime democrático, com traços

O último grande movimento de crescimento dos regimes democráticos se deu com a "Primavera Árabe", dos anos 2010 e 2011. Como sabido e consabido por todos, a partir de dezembro de 2010 houve uma onda revolucionária de manifestações e protestos no Oriente Médio e no Norte da África, destacando-se Tunísia, Egito, Líbia, Síria, Argélia, Bahrein, Iraque, Jordânia etc. O movimento começou na Tunísia, com a autoimolação de Mohamed Bouazizi, um jovem tunisiano, que ateou fogo ao próprio corpo como forma de protesto contra as condições de vida em seu país. Os protestos se espalharam por toda a Tunísia, fazendo com que o presidente Zine el-Abidine Ben Ali, no poder desde 1987, fugisse para a Arábia Saudita dias depois. Em razão do sucesso dos protestos na Tunísia, o movimento se espalhou para Argélia, Jordânia, Egito e Iêmen[266].

Não obstante, nos últimos anos, percebe-se um movimento de recuo dos regimes democráticos contemporâneos. Conquistas obtidas pelos regimes democráticos vêm sendo paulatinamente atingidas por ações ou omissões de vários Estados, de vários governos. Tal recuo encontra justificativa nas ideias de muitos pensadores e estudiosos que defendem a existência, na política, de movimentos cíclicos de tipo pendular. Dentre eles, podemos destacar os historiadores norte-americanos Arthur Meier Schlesinger e seu filho Arthur Meier Schlesinger Jr., este último autor do livro *The Cycles of American History*[267], obra na qual ele especula que fases extremamente liberais envolvem grandes esforços de reforma, que podem ser exaustivas, ensejando um retrocesso conservador. Por sua vez, fases mais conservadoras acumulariam problemas sociais não resolvidos, ensejando um movimento liberal superveniente. Sugere igualmente que esse ciclo se dá em cerca de 30 anos, aproximadamente a duração de uma geração humana[268]. Na América Latina, por exemplo, governos que promoveram políticas sociais destinadas aos mais pobres caracterizaram-se por um discurso paternalista e pelo uso opaco de recursos públicos, que levaram ao enfraquecimento das instituições e dos partidos políticos.

---

autocráticos. Comumente, uma anocracia é um tipo de regime em que o poder não está investido apenas em instituições públicas, mas se espalha entre grupos de elite que estão constantemente competindo entre si pelo poder. "Anocracias" são consideradas um regime intermediário entre a autocracia e a democracia. Por ser um regime intermediário, é natural que haja uma transição gradual à "anocracia", partindo de uma democracia ou de uma autocracia, como afirma Marcelo Valença, segundo o qual é comum "a mudança do regime do Estado de autocracias para democracias, de autocracias para 'anocracias' (nível intermediário de liberdade política) ou de 'anocracias' para democracias" (Valença, 2006, p. 570). No mesmo sentido, Colomer, Banerjea e Mello afirmam que "a democratização tem sido associada a transições relativamente curtas de regimes autocráticos. No entanto, 40 das 89 democracias existentes atualmente não foram estabelecidas por meio de uma transição direta ou curta de um regime autocrático, mas por um processo de abertura de um regime intermediário ou 'híbrido' de longa duração, também chamado de 'anocracia'. Esse tipo de regime tipicamente envolve liberdade significativa, juntamente com direitos limitados ao sufrágio, restrições à competição eleitoral ou responsabilização restrita dos governantes eleitos. Uma anocracia não é uma breve situação de transição, mas um tipo de regime que tende a viver tanto quanto as democracias ou as ditaduras autocráticas" (Josep Colomer; David Barnejea; Fernando Mello. *To Democracy Through Anocracy*, p. 2).

266. As manifestações deram ensejo à queda de três chefes de Estado: o Presidente da Tunísia, Zine El-Abidine Bel Ali, o presidente do Egito, Hosni Mubarak, que renunciou em 11 de fevereiro de 2011, após vários dias de protesto, e também na Líbia, com a morte em tiroteio do presidente Muammar al-Gaddafi.
267. *The Cycles of American History*, passim.
268. Gustavo Müller identifica uma "onda reversa" na democratização dos países, afirmando que os países que alcançaram recentemente a democracia, que ele chama de "terceira onda de democratização", em tem sinais do que poderia ser visto como uma "onda reversa". Segundo ele, "os sinais de que seria factível pensar em uma 'onda reversa' ganham alguma relevância, quando analistas do serviço de inteligência dos Estados Unidos projetam, para os próximos anos, um cenário de 'crise de governabilidade' e de 'riscos para a consolidação democrática'" (Gustavo Müller. *Condições para a Democracia ou Democracias Sem Condições: Dilemas de um Pensamento Político Contemporâneo*, p. 22).

Ocorre que, diferentemente do que acontecia em outros momentos históricos, quando se dava um *colapso* do regime democrático, dá-se atualmente um movimento de lenta *erosão*, corrosão do modelo democrático, minando-o internamente, implodindo-o, através de instrumentos dotados de aparente legalidade. Em outras palavras, se antigamente as democracias morriam sob a mira de um canhão, agora padecem lentamente de enfermidades, normalmente provocadas por aqueles que chegaram ao poder democraticamente.

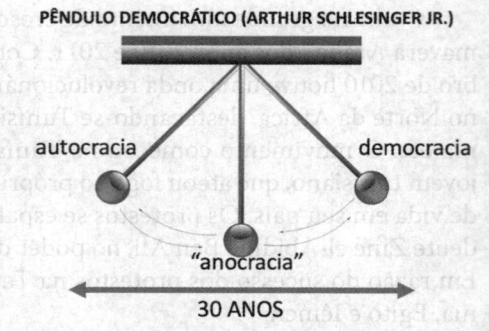

Imagem 1.21.1. Pêndulo democrático, baseado na teoria de Arthur Schlesinger Jr. (créditos ao final do livro).

No *best-seller Como as Democracias Morrem*, Steven Levitsky e Daniel Ziblatt identificam com precisão a mudança contemporânea: "Durante a Guerra Fria, golpes de Estado foram responsáveis por quase três em cada quatro colapsos democráticos. As democracias em países como Argentina, Brasil, Gana, Grécia, Guatemala, Nigéria, Paquistão, Peru, República Dominicana, Tailândia, Turquia e Uruguai morreram dessa maneira"[269]. Prosseguem os autores: "Porém, há uma outra maneira de arruinar uma democracia. É menos dramática, mas igualmente destrutiva. Democracias podem morrer não nas mãos de generais, mas de líderes eleitos – presidentes ou primeiros-ministros que subvertem o próprio processo que os levou ao poder. Alguns desses líderes desmantelam a democracia rapidamente, como fez Hitler na sequência do incêndio do Reichstag em 1933 na Alemanha. Com mais frequência, porém, as democracias caem aos poucos, em etapas que mal chegam a ser visíveis"[270].

Levitsky e Ziblatt, na obra sobredita[271], sistematizam os principais indicadores do comportamento autoritário desta maneira:

RETROCESSO DEMOCRÁTICO	COMPORTAMENTO
Rejeição das regras democráticas do jogo (ou compromisso débil com elas)	Os candidatos rejeitam a Constituição ou expressam disposição de violá-la?
	Sugerem a necessidade de medidas antidemocráticas, como cancelar eleições, violar ou suspender a Constituição, proibir certas organizações ou restringir direitos civis ou políticos básicos?
	Buscam lançar mão (ou endossar o uso) de meios extraconstitucionais para mudar o governo, tais como golpes militares, insurreições violentas ou projetos de massa destinados a forçar mudanças no governo?
	Tentam minar a legitimidade das eleições, recusando-se, por exemplo, a aceitar resultados eleitorais dignos de crédito?
Negação da legitimidade dos oponentes políticos	Descrevem seus rivais como subversivos ou opostos à ordem constitucional existente?
	Afirmam que seus rivais constituem uma ameaça, seja à segurança nacional, seja ao modo de vida predominante?

---

269. *Como as Democracias Morrem*, p. 22.
270. Op. cit., p. 22.
271. Op. cit., p. 50.

Negação da legitimidade dos oponentes políticos	Sem fundamentação, descrevem seus rivais partidários como criminosos cuja suposta violação da lei (ou potencial de fazê-lo) desqualificaria sua participação plena na arena política?
	Sem fundamentação, sugerem que seus rivais sejam agentes estrangeiros, pois estariam trabalhando secretamente em aliança com (ou usando) um governo estrangeiro – com frequência um governo inimigo?
Tolerância ou encorajamento à violência	Têm quaisquer laços com gangues armadas, forças paramilitares, milícias, guerrilhas ou outras organizações envolvidas em violência ilícita?
	Patrocinaram ou estimularam eles próprios ou seus partidários ataques de multidões contra oponentes?
	Endossaram tacitamente a violência de seus apoiadores, recusando-se a condená-los e puni-los de maneira categórica?
	Elogiaram (ou se recusaram a condenar) outros atos significativos de violência política no passado ou em outros lugares do mundo?
Propensão a restringir liberdades civis de oponentes, inclusive a mídia	Apoiaram leis ou políticas que restrinjam liberdades civis, como expansões de leis de calúnia e difamação, ou leis que restrinjam protestos e críticas ao governo ou certas organizações cívicas ou políticas?
	Ameaçaram tomar medidas legais ou outras ações punitivas contra seus críticos em partidos rivais, na sociedade civil ou na mídia?
	Elogiaram medidas repressivas tomadas por outros governos, tanto no passado quanto em outros lugares do mundo?

Várias são as ações que podem ser praticadas pelos detentores do poder, no intuito de minar o regime democrático. Embora o *constitucionalismo abusivo* seja uma dessas ações, não é a única. Há medidas políticas, administrativas e jurídicas que podem, pouco a pouco, minar o regime democrático, como por exemplo, o feroz ataque à imprensa livre e a manipulação das informações por ela veiculadas, a divulgação sistemática de notícias falsas (*fake news*), a não utilização de ferramentas existentes de democracia direta, a não implantação de novas ferramentas democráticas necessárias aos tempos atuais (que muitos denominam como *e-democracy*), a perseguição institucional da oposição, a disseminação de discursos de ódio, uma aproximação excessiva com grupos armados (Forças Armadas, forças policiais, milícias etc.) ou grupos religiosos que lhe dão supedâneo etc.

O fortalecimento da democracia nas próximas décadas torna-se uma medida imperiosa, não somente para evitar o *constitucionalismo abusivo* (um dos seus desdobramentos), como também para minimizar os demais reflexos perniciosos. No nosso entender, os problemas da democracia somente se resolvem com mais democracia. Como disse Winston Churchill, "a democracia é o pior dos regimes políticos, mas não há nenhum sistema melhor que ela". Dessa maneira, entendemos que os mecanismos democráticos devem ser aperfeiçoados, aprimorados, incrementando-se, por exemplo, novos instrumentos de democracia direta (como plebiscito, referendo, iniciativa popular, ferramentas eletrônicas de participação etc.), acompanhados de um incremento na educação plural e de qualidade, para que os jovens, principalmente, conheçam a sua própria História e, dessa maneira, possam evitar que a sociedade cometa os mesmos erros do passado.

1.3.13. Patriotismo constitucional

Trata-se de uma expressão oriunda do alemão (*Verfassungspatriotismus*), utilizada originalmente pelo historiador Dolf Sternberger[272] (professor de Direito de Heidelberg,) na década de 1970, retomada pelo sociólogo *Mario Rainer Lepsius* e popularizada por Jürgen Habermas, a partir dos anos 1980[273]. Na Itália, parte da doutrina utiliza a expressão *patriotismo republicano ou republicanismo patriótico*[274], embora parte da doutrina identifique uma tênue distinção entre as duas expressões[275].

QUEM DISSE?	
Patriotismo constitucional	Dolf Sternberger (década de 1970), Jürgen Habermas (década de 1980) (Alemanha)
Patriotismo republicano (ou republicanismo patriótico)	Maurício Viroli (Itália)

Embora, num primeiro momento, a expressão pareça estar ligada ao nacionalismo, à unidade étnica, nacional e cultural, o conceito é exatamente o contrário. O escopo do "patriotismo

---

272. *Verfassungspatriotismus*, Insel, Frankfurt. A. M. passim; *Patriotismo Constitucional*, Bogotá, Universidade Externado de Colombia, passim. No prefácio da obra, na edição colombiana, José María Rosales afirma que "Dolf Sternberger (1907-1989) tem sido, sem dúvida, um dos mais lúcidos historiadores do pensamento político no século XX. Seus trabalhos historiográficos, na linha das investigações reconstrutivas de Hannah Arendt ou Michael Oakeshott, tem mostrado a profunda continuidade argumentativa que existe desde a experiência e a reflexão políticas no mundo clássico até a modernidade" (op. cit., p. 31).
273. "Habermas faz uso da nomenclatura 'patriotismo constitucional' pela primeira vez durante o debate sobre o passado nacional-socialista que, no verão de 1986, opôs os intelectuais da Alemanha Ocidental. Nesse debate entre os historiadores, estava em questão como dar uma resposta consistente aos alemães de sua identidade política e do próprio passado destes de nazismo e campos de concentração. [...] Habermas queria, na verdade, procurar um mecanismo que proporcionasse a cada cidadão a reinterpretação da identidade coletiva na Alemanha, uma vez que os historiadores procuravam encontrar uma interpretação mais amena para as mazelas sociopolíticas ocorridas durante o holocausto. [...] O povo e o nacionalismo são substituídos pela ideia de patriotismo constitucional. Agora, a identidade do sujeito é constituída por um compartilhamento coletivo de uma permanente aprendizagem com os princípios constitucionais" (Vinícius Silva Bonfim. *O Patriotismo Constitucional na Efetividade da Constituição*, p. 14).
274. Maurizio Viroli, na obra *For Love of Country*, afirma que "o *Verfassungspatriotismus* de Habermas não rompe, de forma alguma, com a tradição republicana; é, na verdade, uma nova versão dela. Ele não só reafirma o princípio do patriotismo republicano de que o amor pela pátria significa, acima de tudo, amor pela república; mas também reconhece, embora com alguma vacilação conceitual, que a república, que é, ou deveria ser, o objeto de amor dos cidadãos, é particularmente a sua própria república; não apenas instituições democráticas, porém instituições que foram construídas num determinado contexto histórico e estão ligadas a um meio de vida – isto é, uma cultura – de cidadãos daquela república em particular". Se no nacionalismo tradicional (xenófobo e protecionista) a impureza racial e a heterogeneidade são fraquezas, no patriotismo republicano os algozes são a tirania, o despotismo, a opressão e a corrupção".
275. Segundo Maria Eugenia Bunchaft: "um dos mais ilustres filósofos italianos, Maurizio Viroli, trabalha com uma ideia de patriotismo um pouco distinta do patriotismo constitucional habermasiano, denominando-o *patriotismo republicano*. O patriotismo republicano, assim como o patriotismo constitucional, também se apoia nos princípios do ordenamento jurídico, tendo, contudo, uma ligação mais forte com a tradição republicana e a identidade nacional. [...] Ele reafirma o cânone do patriotismo republicano de que o amor ao país significa, acima de tudo, amor à república. Também reconhece que a república é ou deveria ser objeto de amor dos cidadãos em sua própria república particular: amor não apenas às instituições democráticas, mas às instituições que foram construídas em um contexto histórico particular e são ligadas ao modo de vida dos cidadãos daquela república particular. [...] Ao invés de invocar a identificação com valores etnoculturais, Habermas e Viroli pretendem uma identificação baseada em uma cultura política participativa. [...] O patriotismo de Viroli descreve o amor ao seu país como um amor apaixonado dos cidadãos por suas instituições republicanas e formas de vida, e permanece particular, embora possa facilmente ser traduzido em solidariedade ativa com outras pessoas. Diante dessa estrutura conceitual, Viroli avalia o patriotismo constitucional como sendo demasiadamente universalista. Argumenta que o amor à república não pode ser apresentado como um apego aos valores universais da democracia". (*Patriotismo Constitucional*, p. 89-90).

constitucional" é afastar-se no nacionalismo exacerbado, totalitário (ultranacionalismo), que ensejou a xenofobia, o preconceito e o holocausto no nazismo, na tentativa de buscar um novo modelo de identificação política, dotada de um profundo multiculturalismo e fundada no respeito à Constituição.

Segundo Dolf Sternberger, a Constituição alemã foi capaz de auxiliar os cidadãos alemães a superar as chagas e a vergonha do nazismo, alcançando um novo estágio diferenciado de "patriotismo". Não mais um patriotismo fundado na identidade étnica, racial, linguística, histórica e cultural, mas fundada no respeito à Constituição, à Lei Fundamental alemã, de 1949 (*Grundgezets*), também conhecida como Lei Fundamental de Bonn[276].

Nas palavras de Habermas, "para nós, na República Federal, patriotismo constitucional significa, entre outras coisas, ter orgulho do fato de que fomos capazes de superar permanentemente o fascismo, estabelecendo uma ordem baseada na lei, e ancorando-a em uma cultura política liberal razoável"[277]. Para ele, o *patriotismo constitucional* é uma força motivadora, um vetor de fortalecimento e união de populações essencialmente multiculturais, pluralistas, não se amparando em ideias de religião, nação, território, idioma etc., tendo "conteúdo universalista de uma forma de patriotismo cristalizado em torno de um estado democrático constitucional"[278].

Figura. 1.22 – Caricatura de Jürgen Habermas (créditos ao final do livro).

Dessa maneira, o patriotismo constitucional é "uma maneira de legitimar a democracia a partir de uma consciência história que possibilita conflitos de interpretação sem que haja a exclusão de qualquer cidadão"[279]. Segundo Maria Eugenia Bunchaft, em obra específica sobre o tema, "a construção da identidade com base na nacionalidade tem sido objeto de forte contestação no seio do pensamento político contemporâneo, razão por que autores sugerem a emergência de novas formas pós-nacionais de identificação política, tais como a perspectiva habermasiana do patriotismo constitucional"[280].

---

276. Segundo Dolf Sternberger: "Cresceu no sentimento nacional uma clara consciência da bondade desta lei fundamental. A Constituição saiu da penumbra em que se encontrava ao nascer. [...] Pois bem, nessa medida se formou de maneira imperceptível um segundo patriotismo, que se funda precisamente na Constituição. O sentimento nacional permanece ferido e nós não vivemos em uma Alemanha completa. Mas vivemos na integridade de uma Constituição, em um Estado constitucional completo e este mesmo é uma espécie de pátria" (*Patriotismo Constitucional*, p. 45).
277. *Identidad Nacional y Identidad Postnacional*, p. 115-116. Prossegue o filósofo alemão: "A Constituição de 1946 deu, em sua parte geral, uma resposta ao regime nazista. Em cada um de seus 63 detalhados artigos de direitos humanos, soa o eco da injustiça sofrida, que é negada ao mesmo tempo palavra por palavra. Esses artigos constitucionais de primeira hora não apenas alcançaram uma negação específica no sentido hegeliano, mas também mostraram os contornos de uma futura ordem social."
278. Antonio Maia. *A ideia de patriotismo constitucional e sua integração à cultura político-jurídico brasileira*, p. 23. Prossegue o autor: "o aspecto central do *Verfassungspatriotismus* reside em seu caráter universalista, ancorado nos princípios republicanos de chauvinismo nacionalista relacionados, via de regra, às noções tradicionais de patriotismo".
279. Vinícius Silva Bonfim, op. cit., p. 14.
280. *Patriotismo Constitucional*, p. 17. Prossegue a autora: "Nesse quadro teórico, a cultura política de um país, segundo o filósofo, cristaliza-se em torno da Constituição em vigor. Toda cultura nacional, sob a luz da própria história, realiza um tipo de leitura diferente para os mesmos princípios constitucionais, os quais também se corporificam em outras

Tal percepção não ocorreu na Alemanha logo após a entrada em vigor da Lei Fundamental alemã, promulgada em 23 de maio de 1949, mas paulatinamente, auxiliada pela forma engenhosa com a qual a Lei Fundamental foi interpretada pelo Tribunal Constitucional alemão. O próprio Sternberger, ao falar do instituto na Alemanha, afirma que "a Constituição saiu da penumbra em que se encontrava ao nascer. Na medida em que ganha vida, ao surgir atores e ações vigorosas e em tanto se vivificam os órgãos que delineavam como devemos utilizar nós mesmos as liberdades que ali se garantiam, aprendemos a nos mover com e dentro desse Estado. Pois bem, nessa medida tem se formado de maneira imperceptível um segundo patriotismo, que se funda precisamente na Constituição. O sentimento nacional permanece ferido e nós não vivemos em uma Alemanha completa. Mas vivemos em uma integridade de uma Constituição, em um Estado constitucional completo e este mesmo é uma espécie de pátria"[281].

Assim, não se pode confundir *patriotismo* com *nacionalismo*. Quanto a este último, segundo Benedict Anderson: "as nações se constituíram como comunidades imaginadas por meio de um arsenal de elementos em comum, com: o mito de origem, heróis, línguas, documentos, folclore. Em suma, utilizaram-se de meios simbólicos e linguísticos na criação de um sentido de lealdade entre os indivíduos"[282].

O nacionalismo é essencialmente excludente, como afirma Bunchaft: "as culturas nacionais são marcadas por profundas divisões internas, sendo que o elemento de exclusão de minorias culturais é intrínseco à formação das identidades nacionais. Qualquer construção de identidade nacional pressupõe, necessariamente, o caminho da exclusão da diferença, pois, na busca da homogeneidade nacional, são abafadas as demais identidades que eventualmente com ela conflitem"[283].

Por isso, faz-se necessário construir uma nova espécie de sentimento de unidade: o *patriotismo*, fundado na lealdade aos princípios constitucionais e às instituições político-democráticas, que conduzirá "a uma coesão política independentemente de uma concepção etnocultural de cidadania"[284].

Em resumo, como afirma a doutrina, "o patriotismo constitucional vem substituir o nacionalismo, ou seja, o Estado-nação é substituído por um Estado Democrático de Direito que encontra sua identidade não em características etnoculturais, mas na prática dos cidadãos que exercitam seus direitos de participação no processo político"[285].

DIFERENÇAS ENTRE O *NACIONALISMO* E O *PATRIOTISMO*	
Nacionalismo	Patriotismo
Sentimento de unidade relacionado a razões étnico-culturais (como língua, cor, etnia, cultura, história).	Sentimento de unidade relacionado aos valores constitucionais democráticos, o respeito à Constituição e às instituições democráticas.

---

constituições republicanas. Em sociedades multiculturais, uma cultura política cristalizada em torno de um projeto constitucional pode assegurar uma coesão política e um grau de integração social capazes de transcender os vínculos de língua, cultura e etnia" (op. cit., p. 17).
281. *Patriotismo Constitucional*, p. 718.
282. Apud Maria Eugenia Bunchaft, op. cit., p. 23.
283. Op. cit., p. 30.
284. Maria Eugenia Bunchaft, op. cit., p. 36.
285. Op. cit., p. 36.

É necessariamente excludente, pois, para se atingir a homogeneidade, é necessário excluir os diferentes.	Enseja o multiculturalismo, pois, independentemente da raça, cor, etnia, as pessoas se congregam em torno de valores mais universais.

Não obstante, há autores que criticam a fraqueza ou astenia do movimento: "talvez a preocupação comum mais compartilhada seja a de que o patriotismo constitucional seria uma concepção de patriotismo muito fraca e sem entusiasmo suficiente para inspirar um genuíno apego e solidariedade"[286].

Identificando o *patriotismo constitucional* nos Estados Unidos, Habermas afirma que "em nível nacional, encontramos o que nos Estados Unidos é chamado de 'religião cívica' – um 'patriotismo constitucional' que une todos os cidadãos independentemente de seus antecedentes culturais ou heranças étnicas. Trata-se de uma grandeza metajurídica, isto é, esse patriotismo é baseado na interpretação de princípios constitucionais universais, reconhecidos dentro do contexto de determinada história e tradição nacional. Tal lealdade constitucional, que não pode ser imposta juridicamente, enraizada nas motivações e convicções dos cidadãos, só pode ser esperada se eles entenderem o Estado Constitucional como uma realização de sua própria história"[287].

Não obstante, podemos afirmar que as crises econômicas das últimas décadas, aliadas às crises migratórias decorrentes da guerra e da pobreza, enfraqueceram o movimento denominado *patriotismo constitucional*, diante da crescente onda conservadora, protecionista, com lampejos isolados de xenofobia.

1.3.13.1. *Patriotismo constitucional no Brasil*

Como afirma José María Rosales, no preâmbulo da inovadora obra *Patriotismo Constitucional*, de Sternberger, o patriotismo constitucional traz "consequências que transcendem o âmbito da experiência constitucional alemã"[288]. Defendemos o entendimento de que a doutrina constitucional, os operadores do Direito e a população em geral devem abraçar a teoria alemã do *Verfassungspatriotismus* ou italiana do *patriotismo republicano*, aplicando-a em terras brasileiras, máxime por conta das nossas peculiaridades históricas (somos um país multicultural, multiétnico e formado majoritariamente por descendentes de imigrantes, de religiões, culturas e costumes diversos), bem como da nossa própria Constituição, que prevê como fundamento da República o "pluralismo político" (art. 1º, IV, CF). É absolutamente incoerente em nosso país defender um nacionalismo xenófobo e exclusivo, por conta das nossas próprias raízes. O "amor à pátria", outrora ligado a essa noção ultrapassada de nacionalismo, deve ser interpretado como "amor à república e à democracia". Os algozes do patriotismo constitucional ou republicano brasileiro não são as heterogeneidades étnicas, culturais ou religiosas (talvez essas sejam nossa força), mas a tirania, a malversação, a corrupção.

Nas palavras de Antonio Maia: "falar de patriotismo e nacionalismo no Brasil não sugere qualquer tipo de característica racista ou xenófoba. Ao contrário, nossa miscigenação racial e composição étnica híbrida devem ser aceitas e louvadas. [...] Este discurso político – uma força motivadora – pode nos ajudar a fortalecer nossa identidade nacional, que, por sua vez, auxiliará os esforços políticos que precisamos fazer para tornar nosso país, em um futuro próximo, uma sociedade menos injusta. A integração do conceito de patriotismo constitucional (na sua

---

286. Ciaran Cronin. *Democracy and Collective Identity:* In *Defence of Constitutional Patriotism*, p. 4.
287. Apud Antonio Maia, op. cit., p. 26.
288. Op. cit., p. 39.

forma mais republicana) à cultura jurídica e política brasileira pode reforçar o processo de construção de um senso de identidade nacional amplamente compartilhado"[289].

Um sentimento brasileiro efetivo de *patriotismo constitucional*, presente não somente nas palavras dos juristas, mas em seus atos (ações individuais e coletivas contra atos que ofendem, por ação ou omissão, a Constituição) e de toda a sociedade (reações organizadas ou não contra atos irrazoáveis do poder público) mostra-se indispensável na atual conjuntura nacional. Passivamente, a população brasileira assiste à edição de uma centena de emendas constitucionais em apenas trinta anos de Constituição, o que seguramente mina sua força normativa, máxime porque alterada de forma episódica, de forma que atenda os interesses políticos ou eleitorais da ocasião. Como afirma Clèmerson Merlin Clève: "a reforma constante pode comprometer a sua força normativa, de modo que um equilíbrio entre a permanência e mudança é indispensável para a manutenção da legitimidade e normatividade constitucionais"[290].

Adotar o *patriotismo constitucional* é abandonar o "silêncio conveniente", a "cômoda inércia", a passividade histórica e adotar um protagonismo no processo de interpretação e aplicação da Constituição, assumindo uma "lealdade cívica", usando a expressão de Hanna Fenichel Pitkin[291]. Segundo a autora, as constituições não podem ser vistas como definitivas, pois as constituições "se fazem". Segundo ela, "a Constituição de uma comunidade política é um processo permanente de experiência civil, de participação cidadã na vida comunitária, ou seja, na vida da Constituição. [...] São dois momentos indissolúveis em que se manifesta a lealdade cívica: a construção de um consenso originário em torno do projeto de comunidade política e a adesão aos resultados de sua institucionalização"[292].

Como afirmou o próprio Sternberger (autor da expressão "patriotismo constitucional"), "as iniciativas cidadãs e as manifestações públicas são fenômenos constitucionais vitais, já que o Estado não está presente somente nos destacamentos de polícia que as acompanham"[293]. Segundo Maria Eugenia Bunchaft, "não há como inspirar um sentido de patriotismo constitucional sem a efetiva cidadania participativa"[294].

Concordamos com Clèmerson Merlin Clève, segundo o qual houve avanços no Brasil, no tocante ao *patriotismo constitucional*. Segundo ele: "os brasileiros, compondo uma comunidade de destino se reconhecem como brasileiros não apenas em função de sua história comum, de sua língua, de sua cultura, arte, gastronomia ou futebol, *mas também porque compartilham determinados princípios, valores, direitos e objetivos*"[295]. No mesmo sentido, afirma Luís Roberto Barroso: "trata-se de um sentimento ainda tímido, mas real e sincero, de maior respeito e até um certo carinho pela Lei Maior, a despeito da volubilidade de seu texto. É um grande progresso. Superamos a crônica indiferença que, historicamente, se manteve em relação à Constituição. E para os que sabem, é a indiferença, não o ódio, o contrário do amor"[296].

Não obstante, como afirma o próprio Clève: "há ainda tudo por fazer. [...] Anos depois da promulgação da Constituição, entretanto, nos deparamos ainda com uma enorme distância

---

289. Op. cit., p. 31.
290. *Aos 20 anos, podemos falar em um patriotismo constitucional*, p. 1.
291. Estudiosa de ciência política, nascida em Berlim em 1931 e professora da Universidade da Califórnia.
292. Apud Dolf Sternberger, op. cit., p. 46.
293. Op. cit., p. 743.
294. Op. cit., p. 71.
295. Op. cit., p. 1.
296. *O Direito Constitucional e a Efetividade de suas Normas*, p. 322.

entre a normatividade e a realidade constitucionais, entre as promessas do Constituinte e a dureza da vida cotidiana"[297].

O fortalecimento do *patriotismo constitucional, republicano* ou *republicanismo constitucional* depende da melhoria da educação do nosso povo. Como afirma Vinícius Silva Bonfim: "o esclarecimento dos cidadãos a respeito dos direitos políticos constitucionalmente garantidos é o caminho mais adequado para a construção do Estado democrático de Direito e de melhores interpretações do constitucionalismo brasileiro. Quanto mais forem os sujeitos constitucionais cidadãos esclarecidos na defesa de seus direitos fundamentais, mais adequada será a aplicação do patriotismo constitucional"[298].

Todavia, os juristas devem servir de exemplo para o restante da população, exercendo o seu dever patriótico de questionar, interpelar e interpretar nossa "Constituição aberta", não apenas esperando passivamente e silenciosamente a porvindoura interpretação feita pelos órgãos constituídos, muitas vezes de legitimidade questionável. Como afirma Vinícius Silva Bonfim: "com a utilização da tese do patriotismo constitucional, conclui-se que o Poder Constituinte é um projeto perene e inacabado, que o processo legislativo deve ser fundado na participação cívica dos sujeitos de direito pela defesa de suas interpretações constitucionais na forma de procedimentos deliberativos democráticos em que se tem como finalidade o pluralismo apoiado na solidariedade procedimental e no reconhecimento mútuo. Que há a necessidade de conexão entre a sociedade civil e a esfera pública para a manifestação dos fluxos comunicativos institucionalizados e que a Constituição não é mais em uma ordem homogênea, linear e substantiva, mas sim, aberta, viva, perene e cidadã"[299].

1.3.13.2. *Patriotismo constitucional pós-nacional*

Inegavelmente, há uma crise do Estado-nação no último século, decorrente de uma fortíssima integração econômico-social, de uma facilitada migração de uma multiplicação de tratados e instituições internacionais, sobretudo para defesa de direitos humanos. Embora os organismos internacionais ainda se mostrem vulneráveis e frágeis na comparação com os interesses dos Estados hegemônicos, vários fatos repercutem nos costumes ou no Direito do Estado-nação. Recentemente, por exemplo, a Corte Interamericana de Direitos Humanos condenou o Brasil, determinando a reabertura das investigações e processo referente à tortura e morte do jornalista Vladimir Hergoz.

Esse movimento transnacional não é incompatível com o *patriotismo constitucional*. Apenas o transforma, fazendo com que as pessoas tenham como ponto em comum a crença no poder transformador da Constituição, inserida num contexto cosmopolita e supranacional. É necessária a formação de uma opinião pública mundial (ou regional, primeiramente) em torno da preocupação com temas globais, como a defesa do meio ambiente, o combate ao crime organizado internacional, o combate à pobreza, o repúdio à tirania, ou seja, a percepção clara de que fazemos parte de uma comunidade internacional. Habermas é um dos maiores entusiastas da necessidade de uma consciência cosmopolita: "apenas sob a pressão de uma modificação da consciência dos cidadãos, efetiva em termos de política interna, a autocompreensão dos atores capazes de atuar globalmente também pode se modificar no sentido de que eles se compreenderem cada vez mais como membros do quadro de uma comunidade internacional e que, por-

---

297. Op. cit., p. 1.
298. *O Patriotismo Constitucional na Efetividade da Constituição*, p. 12.
299. Op. cit., p. 16.

tanto, se encontram tanto submetidos a uma cooperação incontornável como também, consequentemente, ao respeito recíproco dos interesses"[300].

Nas palavras de Maria Eugenia Bunchaft: "na perspectiva habermasiana, o desafio não consiste tanto em tentar encontrar algo novo, mas sim em transportar as grandes conquistas do Estado nacional europeu para outro formato que ultrapassa as fronteiras nacionais" [...] A forma de solidariedade, limitada até agora ao contexto nacional, precisa alcançar uma dimensão mais ampla capaz de inspirar os cidadãos da União, de forma a engendrar um novo processo inclusivo de articulação de diferença em uma cultura política europeia"[301].

Ao contrário do que alguns alardeiam, o *patriotismo constitucional pós-nacional* ou *supranacional* não mitiga a soberania do país, mas a protege. Se o *republicanismo patriótico* elege como algozes a tirania e a corrupção (praticada, sobretudo, pelos detentores do poder), a existência de organismos internacionais fortes em defesa dos direitos protegerá esses valores constitucionais, em vez de enfraquecê-los. Seguramente, um povo oprimido pelos detentores do poder, num regime ditatorial, não tem o mesmo apreço pela tradicional soberania, que refuta a integração internacional, pois sabe que, na sua vigência plena, ela não subsistiria. Como afirma Jacqueline Passos da Silveira: "é fundamental se pensar em mecanismos pós-nacionais para readquirir forças políticas para impor decisões capazes de estabelecer limites ao poderio do mercado e de elaborar políticas distributivas"[302].

Como afirmou José María Rosales: "o Estado-nação não deixou e nem deixará de ser a referência básica no reconhecimento do estatuto da cidadania, mas sua evolução universalista ou cosmopolita, junto ao desbordamento que supõe a consolidação dos cidadãos coletivos na arena política (partidos, sindicatos, movimentos cívicos, organizações não governamentais, grupos de pressão), permitem pensar na possibilidade razoável de uma transformação universalista do estatuto da cidadania, que haveria de começar pelo desenvolvimento de sua capacidade inclusiva"[303].

Outrossim, o *patriotismo constitucional* em âmbito nacional é um estágio necessário para se alcançar o *patriotismo constitucional pós-nacional*, pois, como afirmou Sternberger: "em todo caso tem sentido que os homens devam pertencer a alguma parte, antes de que eles possam se abrir a novos horizontes"[304].

Não obstante, os desafios para implantação de um patriotismo constitucional pós-nacional são grandes. Como afirma Habermas, há um sério "déficit democrático", "que pode ser resumido ao fato de os cidadãos não disporem de meios efetivos para debaterem as decisões europeias e influenciarem os processos políticos de tomada de decisão. As instituições transnacionais possuem pouca legitimidade aos olhos dos cidadãos, porquanto as novas organizações emergem cada vez mais distantes da base política. Destarte, asseveram Fine e Smith que esse déficit surge porque não há maneiras efetivas de deliberação democrática em nível transnacional"[305].

---

300. *A Constelação Pós-nacional: Ensaios Políticos*, p. 73.
301. Op. cit., p. 45.
302. *Direitos Humanos e Patriotismo Constitucional*, p. 168.
303. *Patriotismo Constitucional*, p. 284. Prossegue o autor: "A ideia de uma identidade cívica cosmopolita, herdeira da experiência de patriotismo republicano, poderia contribuir a afiançar a razoabilidade de uma lealdade cívica que transcende os vínculos do Estado-nação. Seu âmbito de aplicação aponta a um novo modelo de comunidade política, pluralista no mais intenso e extenso de seus sentidos, uma comunidade constituída pela inter-relação de diferentes comunidades" (p. 284).
304. Op. cit., p. 784.
305. Maria Eugenia Bunchaft, op. cit., p. 46.

1 • Constitucionalismo   93

CONCEITO: sentimento de identidade relacionada ao respeito à Constituição, aos valores constitucionais e às instituições democráticas

DISTINÇÃO: difere do *nacionalismo*, que consiste no sentimento de identidade relacionado a aspectos étnico-culturais

NOMENCLATURA: Dolf Sternberger (década de 1970) e Jürgen Habermas (década de 1980)

PATRIOTISMO CONSTITUCIONAL

PRESSUPOSTO: só existirá se houver uma efetiva democracia participativa

PÓS-NACIONAL: é o sentimento de unidade relacionada aos valores supranacionais e até mesmo globais, formando-se uma comunidade internacional efetiva (não apenas formalmente, na existência de organismos internacionais)

1.3.14. Constitucionalismo transformador

Expressão cunhada pelo sociólogo português Boaventura de Souza Santos, refere-se a um dos aspectos do novo constitucionalismo latino-americano. Segundo ele, na obra *A Difícil Democracia*: "as novas constituições da Bolívia e do Equador representam um tipo novo de constitucionalismo, muito diferente do constitucionalismo moderno. Designo-o como constitucionalismo transformador. Ao contrário do constitucionalismo moderno, não é um produto de elites, consagra o princípio da coexistência entre a nação cívica e a nação étnico-cultural, rompe com modelo monolítico de institucionalidade estatal e cria vários tipos de autonomias infraestatais. Entre muitas outras inovações, saliento, no caso da Bolívia, a consagração de três tipos de democracia – representativa, participativa e comunitária –, o que contém em si um enorme potencial de radicalização da democracia"[306]. Assim, esse constitucionalismo cria uma nova espécie de democracia: a *democracia intercultural*, formada pela soma das democracias representativa, participativa e comunitária. Segundo o professor boliviano Fernando Mayorga: "esta última se refere à utilização dos usos e costumes dos povos indígenas na eleição de representantes e autoridades, assim como na formação de governos autônomos indígenas"[307].

Figura 1.23 – Caricatura de Boaventura de Souza Santos (créditos ao final do livro).

Segundo Wolkmer e Fagundes, "constitucionalismo 'novo', 'emancipatório' ou 'transformador', que está correndo majoritariamente nos países andinos, o qual tem sido a mais recente fa-

---

306. *A Difícil Democracia*, p. 70.
307. *Estado Plurinacional y Democracia Intercultural en Bolivia*, p. 2.

ceta no estudo do direito constitucional, mexendo nas esferas de poder político e na ordem do Estado de Direito, passando a inovar em diversos aspectos, fatos diferenciados para cultura constitucional nas suas várias etapas históricas"[308].

Em outra obra, Boaventura de Souza Santos diferencia o *constitucionalismo transformador* do *constitucionalismo moderno* da seguinte maneira: "O *constitucionalismo moderno*, que prevaleceu sem oposição até pouco tempo, foi um constitucionalismo construído de cima para baixo, pelas elites políticas do momento, com o objetivo de construir Estados institucionalmente monolíticos e sociedades homogêneas, o que sempre envolveu a sobreposição de uma classe, uma cultura, uma raça, uma etnia, uma região em detrimento de outras. Ao contrário, o *constitucionalismo transformador* parte da iniciativa das classes populares, como uma forma de luta de classes, uma luta dos excluídos e seus aliados, visando criar novos critérios de inclusão social que ponham fim à opressão classista, racial, étnica, cultural etc."[309].

DIFERENÇAS ENTRE O CONSTITUCIONALISMO MODERNO E TRANSFORMADOR	
Constitucionalismo moderno	Constitucionalismo transformador
Construído de cima para baixo (pelas elites)	Construído de baixo para cima (com a participação efetiva das classes mais baixas)
Constrói Estados unos, "monolíticos"	Constrói Estados mais plurais, multiculturais ou multinacionais
Envolve a sobreposição de uma classe, raça, cultura, etnia, sobre outras	Cria critérios de inclusão social
Prevê democracia representativa e poucas hipóteses de democracia participativa	Prevê democracia representativa, participativa e comunitária (cuja somatória é a *democracia intercultural*)

1.3.15. Constitucionalismo ecológico

Também chamado de "constitucionalismo ambiental", "constitucionalismo verde", "constitucionalismo ambiental global" ou *environmental constitutionalism* (no inglês), o *constitucionalismo ecológico* consiste numa aproximação entre o direito constitucional, o direito internacional, os direitos fundamentais e o direito ambiental. Consiste na crescente constitucionalização de temas ambientais, que deixam o *status* da infraconstitucionalidade, em razão de sua importância cada vez crescente.

Segundo José Adércio Leite Sampaio: "as primeiras manifestações constitucionais sobre a questão ambiental tinham um caráter mais programático tanto na forma de um dever genérico de proteção de aspectos particulares do meio ambiente como o patrimônio histórico e cultural ou do patrimônio e recursos naturais, como, de modo mais abrangente, da própria natureza. A viragem dos anos 1970 e 1980 passou a assistir a uma redefinição desse quadro, por meio da afirmação de um direito ao meio ambiente não poluído, livre de contaminação, adequado, sadio, equilibrado, conforme as diferentes dicções constitucionais"[310].

---

308. *Tendências Contemporâneas do Constitucionalismo Latino-americano: Estado plurinacional e pluralismo jurídico*, p. 378.
309. *Pneumatóforo – Escritos Políticos*, p. 23.
310. *Os Ciclos do Constitucionalismo Ecológico*, p. 84.

Três são os ciclos do *constitucionalismo ecológico:* a) constitucionalismo ecológico embrionário: ciclo das enunciações programáticas; b) constitucionalismo ecológico antropocêntrico; c) constitucionalismo ecológico biocêntrico. Como veremos adiante, o Brasil se encontra no segundo ciclo.

No primeiro ciclo do *constitucionalismo ecológico,* as constituições trazem normas programáticas, determinando um dever geral de preservação do meio ambiente, e do patrimônio histórico e cultural. Segundo José Adércio Sampaio, "a Constituição italiana foi a grande precursora dessa fase, embora tratasse apenas do patrimônio histórico e cultural"[311].

Importante: nessas Constituições, a preservação do meio ambiente e da natureza não é um direito das pessoas, mas um dever do Estado.

No segundo ciclo do *constitucionalismo ecológico* (o constitucionalismo ecológico antropocêntrico), a preservação da natureza e do patrimônio histórico e cultural deixa de ser apenas um dever do Estado e passa a ser um direito das pessoas, um direito humano fundamental. O primeiro grande marco foi a Constituição portuguesa de 1976 que, no seu art. 66.1 proclamava que "todos têm direito a um ambiente de vida humano, sadio e ecologicamente equilibrado e o dever de o defender".

Como afirma José Adércio Sampaio, essas normas constitucionais eram interpretadas em sentido objetivo (como dever do Estado e como princípio constitucional), mas também em sentido subjetivo ("como poderes ou direitos subjetivos, que poderiam ser reivindicados judicialmente"[312]). Não obstante, o meio ambiente é um "direito do homem", um "direito fundamental" cujo titular é apenas e tão somente o ser humano. A Constituição brasileira de 1988 afirma que o "meio ambiente é bem de uso comum do povo" (art. 226, CF). Trata-se, pois, de uma visão antropocêntrica do direito e do constitucionalismo: animais e a natureza em geral são *objeto do direito* (protegidos pelo Direito), mas não são *sujeitos de direito.*

Por fim, o terceiro ciclo do *constitucionalismo ecológico* é o *constitucionalismo ecológico biocêntrico,* tendo como expoentes as Constituições da Bolívia (de 2009) e Equador (2008), especialmente esta última. Nesse ciclo, não há apenas a previsão constitucional da proteção do meio ambiente e dos animais não humanos, mas a mudança paradigmática importante: esses deixam de ser *objeto do direito* e passam a ser *sujeitos de direito*[313].

---

311. Op. cit., p. 85. Prossegue o autor: "o processo de universalização do constitucionalismo do ambiente se inicia mais claramente nos anos setenta do século XX. A Suíça não poderia deixar de ocupar a cimeira desse processo. [...] No mesmo ano, o texto constitucional da Bulgária (a denominada 'Constituição Zhivkov') introduziu, no 'constitucionalismo balanço' dos países comunistas, o temário ambiental. [...] Muitos países comunistas seguiram o precedente. [...] Fora do eixo comunista, algumas Constituições também passaram a prever disposições sobre o meio ambiente, ainda com o feitio de um dever do Estado mais que um direito dos indivíduos ou da coletividade", como a Suíça, a Suécia e Papua Nova-Guiné, em 1975 (op. cit., p. 86).
312. Op. cit., p. 87.
313. Como afirma José Adércio Sampaio: "esse novo ciclo ainda é objeto de polêmica. Entretanto, a dicção literal dos textos constitucionais está a indicar um novo olhar sobre o fundamento e orientação da proteção ambiental conferida, a ponto de merecer uma distinção. Se haverá um efeito prático importante sobre a efetividade e o alcance dessa proteção, ainda é cedo para afirmar. Certo é que o texto e a teleologia, pelo menos, instigam um ciclo formalmente novo, de um direito da natureza, ou distinto do anterior, de um direito à natureza. A história e os comportamentos estão a ser contados. E feitos" (op. cit., p. 95).

CICLOS DO CONSTITUCIONALISMO ECOLÓGICO		
1º ciclo	2º ciclo	3º ciclo
Constitucionalismo ecológico embrionário: ciclo das enunciações programáticas	Constitucionalismo ecológico antropocêntrico	Constitucionalismo ecológico biocêntrico
A proteção ao meio ambiente está prevista na Constituição, mas como normas programáticas. Configuram dever do Estado, e não direitos fundamentais.	O meio ambiente sadio passa a ser um direito fundamental humano e difuso, e não apenas um dever do Estado. O titular é o homem.	O meio ambiente passa a ser um *sujeito de direitos*, com proteção autônoma (e não uma proteção indireta, por se tratar de um direito humano).

Sugerimos que o leitor veja o item que escrevemos no capítulo "Teoria Geral dos Direitos Fundamentais" sobre "direitos dos animais" e "direitos da natureza".

Indaga-se: qual a diferença prática entre os dois últimos ciclos do *constitucionalismo ecológico*? Qual a diferença prática entre considerar o meio ambiente e os animais não humanos como *objetos do Direito* e considerá-los *sujeitos de Direito*? Quando adotamos uma visão antropocêntrica do constitucionalismo (todos os direitos pertencem ao homem), sempre poderá haver uma ponderação entre tais direitos humanos, seja pelo legislador, seja pelo aplicador da Constituição. Por exemplo, no Brasil, em 2017 foi aprovada a EC 96/2017, conhecida como "a emenda da vaquejada", que acrescentou o § 7º no art. 226 da Constituição (artigo que trata do meio ambiente). Em resumo, segundo o referido dispositivo constitucional, esportes envolvendo animais não configuram crueldade se decorrem de manifestações culturais. Dessa maneira, nesse contexto, temos dois direitos do ser humano em conflito: o *meio ambiente* (que pertenceria ao homem) e, de outro lado, *a cultura, o lazer e a diversão* (igualmente direitos humanos). No caso da EC 96/2017, o legislador priorizou a diversão e a cultura, em detrimento do meio ambiente, que poderá ser violado caso haja uma lesão ao corpo do animal durante uma prática desportiva. Por sua vez, adotando-se o *constitucionalismo ecológico biocêntrico*, a ponderação entre direitos também pode ocorrer, mas os pesos da balança diferem. Se de um lado estaria a diversão humana, do outro lado estaria a dignidade física do animal. Nesse caso, o segundo direito prevaleceria sobre o primeiro. No atual estágio brasileiro, prevalece o entendimento de que a EC 96/2017 é constitucional. Adotado o *constitucionalismo ecológico biocêntrico*, a referida emenda seria fatalmente declarada inconstitucional, por violação dos "direitos da natureza", mais especificamente por violação dos direitos dos animais não humanos.

Parece que essa é uma tendência irreversível. Cada vez mais em todo o mundo a tutela do meio ambiente deixa de ser apenas instrumental (um instrumento para proteção dos direitos humanos) e passa a contar com uma tutela autônoma, independente. Em se tratando de "direito dos animais", a mudança é brutal em solo brasileiro: há uma crescente doutrina e jurisprudência reconhecendo o direito dos animais não humanos, até como membros de uma "família multiespécie", com direito a uma vida digna etc. Trecho do voto do Ministro Roberto Barroso é a demonstração da mudança paradigmática que defendemos há anos e que vem aos poucos sendo aceita pela jurisprudência: "Todavia, eu penso, ao longo do tempo, foi-se reconhecendo progressivamente o valor intrínseco dos animais, independentemente da sua instrumentalizado para a proteção do meio ambiente. A proteção dos animais em si, como seres sencientes, capazes de sofrimento e capazes de sentir dor. Portanto, eu acho que nós evoluímos para uma proteção autônoma dos direitos dos animais pelo seu valor intrínseco e independentemente do maior ou do menor proveito que essa proteção possa trazer genericamente para o meio ambiente. A evolução da ética animal tem sido um fator relevante no processo civilizatório global. Como já é lembrado e citado da tribuna pelo Doutor Gustavo Teixeira Ramos, inúmeros países têm evoluído nessa direção, inclusive no que diz respeito à testagem para fins cosméticos. Eu considero esse um ponto importante de se destacar, porque já há precedentes em tribunais internacionais e no Direito Comparado até mesmo de reconhecimento dos animais e da própria natureza como sujeitos de direito. Portanto, há uma modificação importante. Talvez seja a quarta ferida narcísica da condição humana. Já não somos o centro do universo desde Copérnico; pertencemos ao reino animal desde Darwin; não mandamos nem na nossa consciência plena desde Freud; e talvez tenhamos que reconhecer, em breve, a titularidade de direitos por animais. E, como disse, há precedentes no Direito Comparado. Verifico, pois, nesse domínio, uma tendência mundial de ampliação de direitos. O Supremo Tribunal Federal não ficou de fora desse processo evolutivo" (ADI 5.995, rel. Min. Gilmar Mendes, trecho do voto do Min. Roberto Barroso, j. 27-5-2021).

1.3.16. Constitucionalismo vivo (*Living Constitution*)

A ideia de *constitucionalismo vivo* decorre de uma teoria norte-americana bastante difundida e denominada por eles de "*living constitution*" ou "constituição viva". Opondo-se à teoria do *originalismo* (no qual a interpretação da Constituição deve ser a mesma dos seus criadores, ou pelo menos se basear nos mesmos princípios por eles estabelecidos), no *constitucionalismo vivo* a Constituição tem o poder permanente de ser alterada informalmente por seus intérpretes, adaptando-se a novas realidades, não previstas ou não existentes no momento de sua edição. Dentre os autores norte-americanos que defendem o *constitucionalismo vivo* (ou a *living constitution*), destacamos David A. Strauss, autor da brilhante obra *The Living Constitution*[314].

Para o *constitucionalismo vivo*, é impossível ficar preso às percepções existentes à época da edição da Constituição, sendo necessário sempre, através de uma evolução da jurisprudência e da sociedade, adaptar a Constituição às novas realidades. Para os opositores dessa ideia, segundo Strauss, o constitucionalismo vivo "é uma espécie de traição, realmente, pegar as palavras da Constituição e dar a elas um significado diferente do entendimento das pessoas que foram responsáveis por incluir tais palavras na Constituição em primeiro lugar"[315].

Não obstante, Strauss apresenta os três problemas principais do *originalismo*: 1) é impossível descobrir o que pensavam os autores das palavras constitucionais. Tal exigência transformaria o intérprete da Constituição num historiador, mais que um jurista. 2) os pensamentos dos autores da Constituição (os *founding fathers* ou "pais fundadores" na nomenclatura norte-americana) referem-se ao mundo em que eles viviam, com seus respectivos problemas. Segundo Strauss: "os criadores ou reformadores da Constituição tinham, na melhor das hipóteses, entendimentos sobre seu mundo. Como aplicar esses entendimentos ao nosso mundo?"[316]. 3) nas palavras de Thomas Jefferson (um dos "pais fundadores" norte-americanos), "o mundo pertence aos vivos", não podendo ser regido por pessoas que, na maioria das vezes (e no caso norte-americano, certamente) já morreram.

Dessa maneira, assim David Strauss define a *living constitution*: "os precedentes, tradições e entendimentos foram uma indispensável parte do que podemos chamar de *constituição*

---

314. Oxford University Press, passim.
315. Op. cit., p. 10.
316. Op. cit., p. 18.

(com *c* minúsculo): a constituição como é operada na prática. Essa *constituição* (com *c* minúsculo), juntamente com a Constituição (com *c* maiúsculo) escrita, é nossa *living Constitution*"[317].

O *constitucionalismo vivo* tem uma crítica, muito repetida no Brasil: em vez de aplicarmos a Constituição, estaríamos aplicando a interpretação da Constituição feita (normalmente pelo Poder Judiciário), de acordo com seus próprios valores (muitas vezes distintos dos valores constitucionais). Segundo Strauss, o desafio é, portanto, "ter uma Constituição que é, ao mesmo tempo, viva, adaptativa e mutante e, simultaneamente, invencível e impermeável a manipulações humanas. [...] O problema é como reconciliar o fato de que queremos ambos uma estática e escrita constituição e uma dinâmica e viva constituição no mesmo sistema"[318].

De fato, como indagou Thomas Jefferson, como sustentar o controle dos mortos sobre os vivos? Não obstante, como afirmou Strauss: "nós não podemos dizer que o texto da Constituição não importa. Não podemos fazer um argumento de qualquer princípio constitucional sem suporte, em algum ponto, que o princípio é consistente com o texto da Constituição. Esse é um elemento essencial da nossa cultura constitucional. E nenhuma provisão da nossa Constituição pode ser desvirtuada, como um precedente pode ou descumprida, como os entendimentos originais normalmente o são"[319].

Por fim, como afirma Strauss, a mudança da Constituição não depende apenas da sua mudança formal (por meio de emendas) ou de novas interpretações feitas pelo Judiciário, mas sim de uma mudança da própria sociedade: "a Constituição, na prática, não muda com as emendas formais. Ela muda somente quando as instituições sociais e as tradições mudam"[320].

Strauss termina seu livro com essa conclusão: "A Constituição [...] tem uma tremenda presença em nossa vida nacional. Muitos de nós a veneram. Mas a Constituição é mais do que o documento sobre os vidros. Ela tem que ser, e deve ser. Nenhuma nação pode sobreviver e só pode viver com aprendizado, mudança e adaptação. [...] Faz perfeito sentido venerar a Constituição e as pessoas responsáveis por sua elaboração. Mas é importante reconhecer que a Constituição é o trabalho de mais do que alguns poucos estadistas. Ela é o trabalho de gerações de pessoas – juristas e não juristas, oficiais públicos e pessoas vivendo suas vidas privadas – que fizeram seu melhor para nos passar o que eles aprenderam"[321].

1.3.17. Constitucionalismo tardio

Essa expressão foi cunhada por Manoel Jorge e Silva Neto, na obra *O Constitucionalismo Brasileiro Tardio*. Segundo o autor, "constitucionalismo tardio é o fenômeno decorrente de causas históricas, políticas e jurídicas, entre outras, de ausência de cultura constitucional nos Estados pós-modernos que são organizados formalmente por meio de uma constituição, o que conduz à ineficácia social dos textos constitucionais. (...) No Brasil, a Constituição não triunfou, tampouco triunfou a ciência que se ocupa do seu estudo. Nem mesmo a habitualmente propalada *constitucionalização do direito* denota a condição vitoriosa dos valores constitucionais"[322]. Infelizmente, no Brasil, a maior parte da população não acredita ser a Constituição Federal capaz de conter os abusos do poder público, bem como de auxiliar na implementação de direitos histo-

---

317. Op. cit., p. 45.
318. Op. cit., p. 2.
319. Op. cit., p. 103.
320. Op. cit., p. 129.
321. Op. cit., p. 139.
322. Op. cit., p. 19.

ricamente violados ou negligenciados. Sinto isso com mais intensidade nas redes sociais. Sempre que publico um texto opinando pela inconstitucionalidade de um ato do poder público, muitas são as respostas de que a Constituição está "atrapalhando" a evolução do país. Por exemplo, quando escrevi sobre a inconstitucionalidade e ilegalidade (no meu entender) da Portaria Ministerial n. 666/2019, que criou os procedimentos de *deportação sumária* e *repatriação sumária*, que recai sobre "pessoas perigosas", fundados em meras suspeitas decorrentes de informações ou investigações, muitos foram os comentários dos internautas de que a "Constituição está longe da realidade", de que a "Constituição atrapalha o combate ao terrorismo" etc. O que as pessoas não percebem é que a Constituição, com seus princípios, visa nos proteger do abuso do poder público quando transgride, por exemplo, o princípio da legalidade. Utilizando-me do caso em tela como parâmetro, hoje o Estado considerou algumas pessoas como "perigosas", impondo-lhes a saída forçada de nosso país. Se tolerarmos a violação legal contra algumas pessoas, daqui a algumas décadas as "pessoas perigosas" definidas pelos atos normativos seremos nós (como já foram os judeus, na Alemanha Nazista, por exemplo).

Manoel Jorge e Silva Neto aponta causas *históricas*, *políticas* e *jurídicas* para o Constitucionalismo Tardio. Sobre as causas históricas, o autor afirma que, "conquanto a ideia de constituição escrita nascesse cerca de trezentos anos após a chegada das naus portuguesas à costa brasileira no século XV, a primeira conclusão que pode ser extratada a respeito de uma das possíveis causas histórias para o constitucionalismo brasileiro tardio é a ausência de pertencimento das comunidades nativas relativamente ao modelo de organização social imposto pelo colonizador, estendendo o sentimento para o modelo de sistema jurídico imposto pelo português e culminando com a presente resistência nacional à efetivação da *vontade de constituição*"[323]. Já as *causas políticas* decorrem da ausência de *cultura democrática*: "como o Brasil não tem cultura democrática, o povo se torna cético quanto às instituições republicanas forjadas pela democracia, como é o caso do Congresso Nacional. Cultura democrática de que nos ressentimos tanto quando a aludida ausência de *cultura constitucional*"[324]. Já as *causas jurídicas* decorreriam do apreço dos juristas brasileiros pela *Escola da Exegese*, redundando num excessivo individualismo jurídico: "Os juristas brasileiros passaram a seguir à risca não apenas o mito da lei acima de tudo, mas principalmente os valores individualistas incorporados à Escola da Exegese. Com isso, a constituição deixou de habilitar o discurso jurídico como instrumento dotado de normatividade e apto a realizar a conformação de comportamentos, públicos ou privados. E por quê? Em virtude do fato de que os valores constitucionais presos aos interesses da coletividade estavam e estão dissociados da visão individualista do direito, preconizada a partir e com fundamento na doutrina francesa"[325].

Concordamos com o autor. Em razão do constitucionalismo tardio no Brasil, a eficácia social da Constituição é diminuta. Ora, como disse Konrad Hesse na sua *Força Normativa da Constituição*, uma Constituição só é realmente eficaz se houver a *vontade de Constituição*, ou seja, se as pessoas acreditarem nela, confiarem nela e a conhecerem.

O brasileiro médio infelizmente não conhece a Constituição. Políticos brasileiros muitas vezes atribuem à Constituição a responsabilidade pelas crises econômicas e políticas que afligem o país. Dessa maneira, é imperioso que os operadores do Direito assumam sua responsabilidade junto à sociedade, na missão de difundir a todos o conhecimento da Constituição.

---

323. Op. cit., p. 35.
324. Op. cit., p. 39.
325. Op. cit., p. 46.

Como disse o ex-Presidente norte-americano John Kennedy, "não fique apenas se perguntando o que o país pode fazer por você. Pergunte também o que você pode fazer pelo seu país". Convido o leitor a conhecer o projeto Constitucionalizando nas Escolas, do qual tenho a honra de fazer parte ao lado dos brilhantes professores e autores de Direito Público Flávia Bahia e Matheus Carvalho.

1.3.18. Constitucionalismo funcional (ou protetor) e constitucionalismo aspiracional

Como esclarece de forma brilhante a professora portuguesa Catarina Santos Botelho, de uma perspectiva externa ou sociológica do Direito Constitucional, podemos dividir o constitucionalismo contemporâneo de duas formas: a) constitucionalismo funcional ou protetor; b) constitucionalismo aspiracional[326].

O *constitucionalismo funcional* ou *protetor* é identificado nas primeiras Constituições modernas, destinadas a limitar imediatamente o poder do Estado diante dos direitos individuais e políticos das pessoas. A preocupação é restringir, naquele momento da História, a atuação do Estado. Como lembra nossa querida amiga professora e acima sobredita, "o constitucionalismo funcional identifica-se com o movimento constitucional oitocentista, que vislumbrava a Constituição como um ato normativo consagrador de um conjunto de direitos fundamentais, de cariz essencialmente negativo, e regulador do poder. Nesta ordem de considerações, o texto constitucional concentra-se no momento presente, naquilo que visa salvaguardar. [...] As normas do texto constitucional não são concebidas como ideais otimistas, como objetivos repletos de probidade, e de difícil concretização"[327].

Podemos afirmar que são textos constitucionais que aderem ao *constitucionalismo funcional* as Constituições dos Estados Unidos, Canadá, Áustria, Bélgica, Dinamarca, Holanda, bem como a Lei Fundamental Alemã.

O *constitucionalismo aspiracional*, como define Catarina Santos Botelho, "está repleto de esperança, de objetivos mais ou menos distantes a atingir. É um instrumento normativo de mudança, de reconstrução social e política da sociedade. Quer isto dizer, note-se, que o texto constitucional não é apenas mais um ato jurídico-público: é o ato normativo de eleição, responsável por reunir em si os ingredientes mágicos de um mundo melhor. É um texto repleto de futuro e que pede aos intérpretes-aplicadores da Constituição que, a par desta, compartilhem a tarefa de encarnar um instrumento ativo de construção de um futuro melhor e mais justo"[328].

Em outras palavras, como afirma Kim Lane Scheppele, "o constitucionalismo aspiracional se refere a um processo de construção da constituição (um processo que inclui tanto a redação quanto a interpretação por vários atores) em que os tomadores de decisão constitucional entendem o que estão fazendo em termos de objetivos que desejam alcançar e aspirações que desejam cumprir. É um ponto de vista fundamentalmente voltado para o futuro. Um país que

---

326. *Aspirações Constitucionais e Força Normativa da Constituição – Requiem pelo "Conceito Ocidental de Constituição"?*, p. 1.
327. Op. cit., p. 7. Continua a professora: "A implicação é óbvia: a Constituição prescreve, assim, apenas aquilo que se sabe que se consegue atingir. Daí não seja de surpreender que, por exemplo, o catálogo de direitos fundamentais não seja particularmente extenso. É de realçar ainda que o constitucionalismo funcional tende a expressar-se mediante normas politicamente neutras, sem juízos morais, e adere a uma lógica de que a força normativa da Constituição caminha a par e passo com o minimalismo normativo" (idem).
328. Op. cit., p. 8.

pretende indicar através da sua constituição que valoriza a liberdade e pretende criar oportunidades para todos, providenciar uma sucessão ordenada de lideranças, encorajar a presença de uma oposição leal e assegurar as bases do desacordo fundamentado na vida política irá, então, colocar tais elementos diretamente no texto constitucional"[329].

São modelos de Constituição que derivam do *constitucionalismo aspiracional* as Constituições de Portugal, Itália, Espanha e todas as Constituições latino-americanas, incluindo a Constituição brasileira de 1988.

O professor colombiano Maurício García Villegas[330] escreve um trabalho específico sobre o *constitucionalismo aspiracional*, sobretudo aquele identificado na América Latina. Segundo ele, o *constitucionalismo aspiracional* pode ser identificado pelas seguintes características: a) decorre de situações nas quais existe uma grande inconformidade com o presente e uma forte crença num futuro melhor; b) o constitucionalismo aspiracional busca a efetividade fática e jurídica de suas normas, incluindo as normas que consagram princípios, valores e direitos sociais, que não são vistas apenas como formulações retóricas, mas como normas que podem ter efeitos imediatos; c) possui texto constitucional que possibilita a tensão entre órgãos políticos e jurisdicionais, em razão da pretensão judicial de tornar efetivos os direitos consagrados no texto constitucional (o que dá ensejo ao ativismo judicial).

Em outras palavras, podemos afirmar que são características das constituições que derivam do *constitucionalismo aspiracional*: a) textos longos e exaustivos; b) generoso catálogo de direitos econômicos, sociais e culturais; c) dificuldade de definição de fronteiras entre o Poder Judiciário e o Poder Executivo.

Enquanto no *constitucionalismo funcional* existe uma certa conexão entre o texto constitucional e a realidade, no *constitucionalismo aspiracional* existe uma desconexão entre ambos. Afinal, no *constitucionalismo aspiracional* o que se pretende é alterar a realidade, de acordo com os valores constitucionais. Esse é o maior perigo desse modelo de constitucionalismo: em razão do distanciamento do texto constitucional e da realidade dos fatos, coloca-se em risco a força normativa da Constituição, diante do descrédito das pessoas quanto ao seu Texto Maior[331]. Catarina Santos Botelho afirma que, "ironicamente, para que uma Constituição aspiracional se mantenha em consonância com a realidade constitucional, necessita de ser continuadamente suportada pelos movimentos sociais que lhe deram corpo"[332]. De fato, a Constituição brasileira de 1988, fortemente aspiracional, foi elaborada diante de certos valores, como a função social do trabalho e da propriedade. Décadas depois, os representantes do povo brasileiro, devidamente e democraticamente eleitos, não compartilham dos mesmos valores e acusam certos princípios constitucionais (como a "função social da propriedade") de "socialistas" ou "comunistas" e, por vezes, pregam a elaboração de uma nova Constituição com "menos direitos", já que certos direitos dos trabalhadores seriam exclusividade do texto brasileiro, impedindo o avanço econômico do país.

---

329. *Aspirational and aversive constitutionalism*: the case for studying cross-constitutional influence through negative models, p. 299.
330. *Constitucionalismo aspiracional*, p. 1.
331. Catarina Santos Botelho afirma que "os perigos do constitucionalismo aspiracional, quando perspectivado radicalmente e sem matizações, são inúmeros. Desde logo, o já referido fosso entre o texto constitucional e a realidade constitucional. Se o texto for demasiado ambicioso ou irrealista, perante a impossibilidade de concretização da grande maioria das normas, as pessoas deixam de se ver na Constituição e de lhe reconhecer uma plena eficácia normativa" (op. cit., p. 15).
332. Op. cit., p. 11.

Da mesma forma, é inegável que uma das principais consequências do *constitucionalismo aspiracional* é o ativismo judicial. Como indaga Catarina Santos Botelho, "competirá à Constituição, ao legislador ou à magistratura levar a cabo tão ambiciosas transformações sociais?"[333]. Continua a autora: "uma das maiores objeções ao constitucionalismo aspiracional assenta na crítica de que este promove o ativismo judicial e seduz os magistrados a colonizarem assuntos políticos e econômicos. [...] O exemplo do Brasil é particularmente elucidativo desta preocupação. Em particular na última década, tem sido amplamente questionado um quiçá excessivo ativismo judicial em temáticas relacionadas com direitos sociais, tais como a saúde ou a habitação. Alguma doutrina adverte para o perigo de um 'messianismo' ou 'emotividade' do poder judicial, expressa em 'decisões extravagantes ou emocionais'"[334].

Constitucionalismo funcional	Constitucionalismo aspiracional
A Constituição se preocupa com o presente, estabelecendo	A Constituição se preocupa com o futuro, estabelecendo os princípios para a construção de um país melhor
Normas de natureza neutra	Normas abstratas, que envolvem valores morais e políticos
Há uma maior conexão entre o texto constitucional e a realidade	Há uma certa desconexão entre o texto constitucional e a realidade
Dificulta o ativismo judicial	Propicia o ativismo judicial

Sobre o modelo de constitucionalismo mais eficaz, concordamos com a professora portuguesa Catarina Santos Botelho. O sucesso da Constituição não dependerá exclusivamente da forma através da qual ela é redigida. Provavelmente, um modelo intermediário, com regras bastante precisas, com algumas tendências aspiracionais, pode ser plenamente eficaz, pois, "para que o texto consiga ser um genuíno instrumento de mudança, dependerá de tantos fatores que estão para além da probidade constitucional do que está positivado na Constituição. <u>O sucesso de um modelo constitucional assenta igualmente num saudável conúbio com os poderes constituídos</u>"[335] (grifamos). A responsabilidade pela eficácia da Constituição é partilhada entre os poderes constituídos, como Poder Judiciário, Tribunais de Contas, Administração Pública, Legislador, sociedade etc. Atualmente, muitas Constituições se situam num espaço intermediário entre o *constitucionalismo funcional* e o *constitucionalismo aspiracional*.

De certa forma, esse também é o entendimento do colombiano Mauricio García Villegas, referindo-se às Constituições latino-americanas: é necessário "um fortalecimento da participação ativa dos atores sociais e dos representantes políticos. Não apenas as Constituições devem manter o apoio das forças políticas que as fizeram possíveis, mas também essas forças devem persistir no compromisso de possibilitar que os postulados constitucionais se traduzam em realidades efetivas"[336].

Não obstante, uma Constituição, por mais que tenha dispositivos aspiracionais, não pode se tornar um "catálogo de ilusões", não podendo ficar demasiadamente distante da realidade.

---

333. Op. cit., p. 12.
334. Op. cit., p. 17.
335. Op. cit., p. 12.
336. Mauricio García Villegas, *Constitucionalismo aspiracional*, p. 97.

Segundo a sobredita constitucionalista portuguesa, três são os fatores decisivos para assegurar a durabilidade de uma Constituição: a) respeito pelo princípio da essencialidade; b) capacidade de abertura; c) força integradora da comunidade política.

Primeiramente, um texto minimalista permite durar por mais tempo, como a Constituição norte-americana. Constituições maximalistas, como as latino-americanas, semelhantes a um catálogo de ilusões, com promessas extensas e perigosamente detalhadas, correm o risco de serem revogadas, quando a realidade dos fatos tornar inexequível grande parte de suas normas. Dessa maneira, o *respeito ao princípio da essencialidade* consiste em não pecar por excesso, inserindo na Constituição apenas as normas que possuam dignidade constitucional.

Quanto ao segundo fator decisivo (a *capacidade de abertura*), a Constituição deve ter a possibilidade de se adaptar às mudanças econômicas e sociais inevitáveis. Como afirma Catarina Santos Botelho, "a Constituição, se quer acompanhar a realidade, tem de permitir alguma evolução. Esta evolução poderá ocorrer tanto através de alterações constitucionais como mediante mutações constitucionais"[337].

Por fim, o terceiro fator decisivo para a longevidade da Constituição é a sua *força integradora*. Segundo Catarina Santos Botelho, "compete, por conseguinte, ao texto constitucional e aos seus intérpretes a difícil tarefa de moderação e de equilíbrio de interesses díspares, próprios de um tecido multicultural e perfilhador de diversas mundividências"[338].

1.3.18.1. A morte do constitucionalismo aspiracional?

José Joaquim Gomes Canotilho, professor da Universidade de Coimbra, denomina o constitucionalismo aspiracional de *constitucionalismo dirigente*. Em sua obra *Constituição Dirigente e Vinculação do Legislador*, Canotilho afirma que o constitucionalismo dirigente normatiza as tarefas estaduais de fins socioeconômicos, de diretivas materiais, num bloco programático-dirigente. Nessa obra, fruto do seu doutoramento, o autor se colocou a tarefa de desenvolver uma tese que fosse capaz de convencer juridicamente sobre a normatividade e vinculação dos textos constitucionais e das normas programáticas. A Constituição dirigente traria a vinculação do legislador, ainda que dentro de uma margem criativa, e a realização de um Estado de Justiça Social.

Não obstante, no prefácio da 2ª edição da mesma obra, Canotilho anuncia a morte do constitucionalismo dirigente ou dirigismo constitucional, ao qual ele se refere como "filho enjeitado". Segundo ele, "não compete à Constituição acrescentar constitutivamente novas tarefas a um Estado pré-constituído segundo a natureza das coisas. Isso traduzir-se-á na conversão de uma lei fundamental em instrumento introvertido e autossuficiente de um projeto incerto e inseguro, mas progressivamente sobrecarregado com tarefas definidas e impostas a nível constitucional"[339].

No nosso entender, como afirmamos no item anterior, o constitucionalismo aspiracional não está morto ou é por si só ineficaz. Evidentemente, sua adoção desmesurada traz riscos

---

337. Catarina Santos Botelho, op. cit., p. 19.
338. Op. cit., p. 21.
339. José Joaquim Gomes Canotilho, *Constituição Dirigente e Vinculação do Legislador*, p. XIV. Conclui o autor que, "em jeito de conclusão, dir-se-ia que a Constituição dirigente está morta se o dirigismo for entendido como normativismo constitucional revolucionário capaz de, por si só, operar transformações emancipatórias. Também suportará impulsos tanáticos qualquer texto constitucional dirigente introvertidamente vergado sobre si próprio e alheio aos processos de abertura do direito constitucional ao direito internacional e aos direitos supranacionais".

profundos, como mencionamos acima. Não obstante, modelos intermediários podem ser eficazes, se houver a participação ativa dos poderes constituídos e da própria sociedade.

1.3.18.2. Constitucionalismo moralmente reflexivo (de Canotilho)

O "constitucionalismo moralmente reflexivo" foi criado por José Joaquim Gomes Canotilho, como substituição possível ao "constitucionalismo dirigente" ou "aspiracional". Canotilho buscou o equilíbrio entre as exigências mínimas de uma Constituição (direitos fundamentais, proteção de minorias e grupos vulneráveis etc.), sem se comprometer com situações particulares. Essa concepção de constituição fica, na teoria constitucional, entre as noções de "procedimentalismo" e "substancialismo", que estudamos no capítulo destinado ao estudo da Interpretação ou Hermenêutica Constitucional.

O constitucionalismo moralmente reflexivo se situa entre a premissa do agir do Estado de forma mais efetiva nas demandas e questões sociais e a premissa da autoconcentração a partir de questões financeiras, como a responsabilidade fiscal e a reserva do possível.

1.3.19. Constitucionalismo feminista

Trata-se de uma expressão cunhada pela professora canadense de Direito Constitucional Beverley Baines, especialmente na obra *Feminist Constitucionalism: Global Perspectives*. Na introdução dessa obra, afirma a autora: "basicamente, constitucionalismo feminista é o projeto de repensar o direito constitucional de uma maneira que aborde e reflita o pensamento e a experiência feministas. Usamos este termo em contraste com a abordagem de direito constitucional e gênero ou direito constitucional e feminismo, examinando, desafiando e redefinindo a própria ideia de constitucionalismo de uma perspectiva feminista. O constitucionalismo feminista exige que não apenas revisitemos tópicos clássicos de novas perspectivas, mas, mais importante, coloquemos novas questões, introduzamos novos tópicos e assumamos a responsabilidade de mudar o foco da discussão e do debate constitucional"[340].

O *constitucionalismo feminista* é um movimento teórico, político e social, cujo escopo é possibilitar a inclusão de uma perspectiva de gênero no Direito Constitucional. É o projeto de repensar o Direito Constitucional de uma maneira que aborde e reflita o pensamento e as experiências feministas.

Decorre desse movimento a defesa por uma *constituinte feminista*. Como indagam Estefânia Barboza e André Demetrio, "as Constituições e, especificamente, a brasileira (1988) foram feitas também por e para as mulheres? Ainda mais, a Constituição brasileira busca proteger as mulheres?"[341]. Uma das exigências do *constitucionalismo feminista* é a instituição de uma *constituinte feminista*, ou seja, uma Constituição que seja feita pelas e para as mulheres, em nível de igualdade com os homens. Como afirmam os autores sobreditos, "a constituinte feminista provocará e confrontará o poder decisório e promoverá a adoção de novas políticas articulatórias equitativas para o Poder Constituinte, na qual deve considerar homens e mulheres iguais"[342].

A primeira Constituição do mundo a ser criada por uma *constituinte feminista* é a porvindoura Constituição chilena. Em 25 de outubro de 2020, os chilenos aprovaram em plebis-

---

340. Beverley Baines e outras, *Feminist Constitucionalism*, p. 1.
341. *Quando o Gênero bate à Porta do STF: a Busca por um Constitucionalismo Feminista*, p. 1.
342. Op. cit., p. 1.

cito a elaboração de uma nova Constituição. A Assembleia Constituinte a ser constituída democraticamente deverá ser formada por mulheres, entre 45% e 55% de seus componentes. Essa determinação é uma determinação da Lei de Paridade de Gênero para o Processo Constituinte, de 20 de março de 2020[343].

Segundo os autores sobreditos, "do mesmo modo que a constituinte feminista, o constitucionalismo feminista é um projeto de repensar o direito constitucional de maneira a enfrentar e refletir o pensamento e a experiência feminista, [...] em uma pretensão de explorar a relação entre o direito constitucional e o feminismo, examinando, desafiando e redefinindo a própria ideia do constitucionalismo a partir de uma perspectiva feminista. E assim, essa teoria estabelece que se revisitem temas clássicos do constitucionalismo, que se proponham novas ideias, mas que, principalmente, se tome a responsabilidade de mudar o foco da discussão e do debate constitucional. Para além disso, ressalta a importância de se ter um direito constitucional com a análise feminista e de gênero"[344].

1.3.20. Constitucionalismo juspositivista-crítico ou constitucionalismo garantista, de Luigi Ferrajoli

Luigi Ferrajoli é um dos mais importantes juristas italianos e o maior teórico do "garantismo", definindo-se a si próprio como "juspositivista crítico". Embora sua obra principal seja *Direito e Razão*, também se dedicou ao estudo do constitucionalismo, através de dois textos principais: 1) *Constitucionalismo Garantista e Neoconstitucionalismo*[345]; 2) *Constitucionalismo más allá del Estado*[346].

O jurista italiano inicia seu estudo criticando o tradicional neoconstitucionalismo, que ele define como sendo um "constitucionalismo não positivista e principialista". Para ele, o modelo contemporâneo de neoconstitucionalismo padece dos seguintes equívocos: a) uma conexão excessiva entre direito e moral; b) uma contraposição e distinção qualitativa entre regras e princípios; c) um ativismo judicial e enfraquecimento da sujeição dos juízes à lei e à certeza do direito, o que debilita as fontes de legitimação da jurisdição.

Dessa maneira, primeiramente, segundo o próprio Ferrajoli, "com a incorporação nas Constituições de princípios de justiça de caráter ético-político, como a igualdade, a dignidade das pessoas e os direitos fundamentais, desaparece o principal traço do positivismo: a separação entre o direito e moral, ou seja, entre validade e justiça"[347].

Por sua vez, Ferrajoli critica a classificação tradicional entre regras e princípios, levando, nas suas palavras, à "configuração das normas constitucionais não como regras suscetíveis de observância e de aplicação, mas sim como princípios suscetíveis de ponderações e balanceamentos, porque se encontram virtualmente em conflito, e, consequentemente, à centralidade conferida à argumentação na própria concepção de direito"[348].

---

343. Segundo o art. 31 da referida lei, "o sistema eleitoral para a Convenção Constitucional se orientará a conseguir uma representação equitativa de homens e mulheres. Com esse objetivo, nos distritos com números pares de representantes, devem resultar eleitos igual número de homens e mulheres e nos distritos em que o número for ímpar, não poderá resultar uma diferença de representantes superior a um, entre homens e mulheres".
344. Op. cit., p. 1.
345. Passim.
346. Passim.
347. *Constitucionalismo Garantista e Neoconstitucionalismo*, p. 96.
348. Op. cit., p. 97.

Além disso, a terceira crítica feita pelo jurista italiano (e, nesse ponto, entendemos que ele tem inteira razão) é que o neoconstitucionalismo dá ensejo a um profundo ativismo judicial, tendo em vista que a regra da ponderação dos princípios conflitantes "vem endossando o enfraquecimento do caráter cognitivo da jurisdição, no qual reside a sua fonte de legitimação, e promovido e facilitado o ativismo judicial e a discricionariedade da jurisdição"[349].

Críticas de Ferrajoli ao neoconstitucionalismo
- a) uma conexão excessiva entre o Direito e a Moral (a ideia de injustiça da norma pode contrastar com o princípio da legalidade)
- b) distinção qualitativa entre regras e princípios (sendo a Constituição "principiológica" – predominando os princípios, aplicando-se a ponderação, enfraquece-se a força normativa do texto constitucional)
- c) o neoconstitucionalismo enseja um ativismo judicial, em razão do caráter abstrato dos princípios e de sua respectiva ponderação por parte dos juízes

O juiz e professor argentino Rodolfo L. Vigo escreveu um livro sobre o tema: *El Neoconstitucionalismo Iuspositivista-Crítico de Luigi Ferrajoli*[350]. Nessa obra, o professor argentino afirma que "o constitucionalismo positivista, crítico ou garantista ferrajoliano compreende três significados: I) um modelo de Direito; II) uma teoria do Direito; III) uma filosofia política. Como **modelo**, assume que o direito dos Estados Constitucionais incorporara limites e vínculos a todos os poderes e os têm garantido pelo controle jurisdicional da constitucionalidade sobre seu exercício, cuja violação gera 'antinomias', ou seja, leis inválidas que devem ser anuladas judicialmente. Como **teoria do Direito**, o constitucionalismo positivista ou crítico tematiza a divergência entre o 'dever ser' (constitucional) e o 'ser' (legislativo) do Direito, que implica a divergência entre 'vigência' e 'validade', dado que é possível a existência de normas vigentes que são inválidas. [...] Como **filosofia política** é teoria da democracia 'substancial', que inclui as garantias dos direitos constitucionalmente estabelecidos (direitos políticos, direitos civis, direitos de liberdade e direitos sociais) que já não são 'valores objetivos', e sim 'princípios jurídicos' que devem ser respeitados estritamente, conquistas históricas fruto de lutas e revoluções, e que se projetam também ao plano nacional, supranacional e internacional"[351].

Nas palavras do professor italiano Luigi Ferrajoli, o *constitucionalismo garantista* é "um reforço do positivismo jurídico, por ele alargado em razão de suas próprias escolhas que deveriam orientar a produção do direito positivo. Representa, por isso, um complemento tanto do positivismo jurídico como do Estado de Direito. [...] Em suma, a separação entre direito e moral, longe de ignorar o ponto de vista moral e político sobre o direito, permite que se funde não

---
349. Op. cit., p. 109.
350. Passim.
351. Op. cit., p. 122. Prossegue o autor: "O garantismo é a 'outra cara do constitucionalismo' e um 'novo paradigma juspositivista do direito e da democracia', mas Ferrajoli insiste em que não existe conexão entre o direito e moral, pois no plano assertivo ou teórico a separação é um corolário do 'princípio da legalidade' que sujeita os juízes só à lei e que impede a derivação do direito válido do direito justo, e na garantia da autonomia é crítico do ponto de vista moral externo ao direito, o que obsta para a derivação do direito justo do direito válido, ainda quando se conforme com a Constituição" (op. cit., p. 123).

somente a sua autonomia, mas o primado sobre o ponto de vista jurídico interno, como ponto de vista da crítica externa, da projeção e da transformação institucional"³⁵².

Outrossim, no *constitucionalismo garantista*, Ferrajoli defende uma substituição do critério da solução dos conflitos entre princípios. Segundo ele, "bem mais que no modelo neoconstitucionalista – que confia a solução das aporias e dos conflitos entre direitos à ponderação judicial, inevitavelmente discricionária mesmo quando argumentada, enfraquecendo, assim, a normatividade das Constituições e a fonte de legitimação da jurisdição – o paradigma do constitucionalismo garantista limita e vincula de modo bem mais forte o Poder Judiciário, em conformidade com o princípio da separação de poderes e com a natureza tanto mais legítima quanto mais cognitiva – e não discricionária – da jurisdição"³⁵³.

1.3.21. Panconstitucionalismo ou hiperconstitucionalismo

Como vimos anteriormente, muitas são as consequências do *neoconstitucionalismo*, como a maior eficácia e normatividade dos princípios constitucionais, bem como a chamada "constitucionalização do direito". Esta última consiste na elevada influência do Direito Constitucional (e da Constituição) sobre os demais ramos do direito. Atualmente, os mais variados ramos do direito (Penal, Processual, Civil, do Trabalho etc.) não podem ser interpretados senão através de uma compatibilização com os princípios constitucionais e demais normas da Constituição, máxime porque ela é o pressuposto de validade de todas as normas jurídicas. Diante desse cenário, nascem novas "disciplinas" como o "Direito Penal Constitucional", o "Direito Civil Constitucional", o "Direito Processual Constitucional" etc., que nada mais são do que as clássicas disciplinas, agora estudadas sob o prisma constitucional. Estudar as disciplinas de forma isolada, compartimentada, embora facilitasse o trabalho do jurista, já era um relativo equívoco, na medida em que elas se interpenetram, tendo a Constituição como elemento central e irradiador dos valores constitucionais.

Não obstante, parte da doutrina entende que há um certo exagero hermenêutico por parte do jurista contemporâneo, excedendo-se na chamada "constitucionalização do direito", bem como na aplicação aparentemente demasiada dos princípios constitucionais ou demais normas constitucionais aos variados ramos do direito. A esse exagero na aplicação dos princípios e normas constitucionais a todos os ramos do direito dá-se o nome de "panconstitucionalismo" ou "hiperconstitucionalismo". Como afirma João Carlos Loureiro, professor da Universidade de Coimbra, embora a Constituição seja o *locus* dos valores fundamentais da sociedade, possuindo efeito irradiante sobre os demais ramos do direito, "o que eu contesto veementemente são os 'hibris' constitucionais (o excesso), tanto no nível substantivo como no de controle"³⁵⁴.

A professora da Universidade de Coimbra, Ana Raquel Gonçalves Moniz, afirma existir uma "propensão crescente para a submissão de todas as questões políticas, sociais ou econômicas à jurisdição dos Tribunais Constitucionais. [...] Não existe quase nenhuma questão política [...] que, mais cedo ou mais tarde, não se desenlace na questão judiciária. [...] Recrudesce a tentação de que o discurso jurídico (e mesmo extrajurídico), [sucumba] à *vis attractiva* do discurso constitucional e, sobretudo, da Justiça Constitucional"³⁵⁵.

---

352. Op. cit., p. 103.
353. Op. cit., p. 103.
354. *Postconstitucionalism, Welfare and Crises*, p. 1.
355. *Os Direitos Fundamentais e a sua Circunstância*, p. 41.

1.3.21.1. As causas

A primeira causa do chamado *panconstitucionalismo* ou *hiperconstitucionalismo* é a intensa "constitucionalização do direito". Tal fenômeno, decorrente do neoconstitucionalismo, tem origem, "de certa forma, com a Constituição portuguesa de 1976, continuado pela Constituição espanhola de 1978 e levado ao extremo pela Constituição brasileira de 1988"[356]. Nas palavras de Luís Roberto Barroso: "a ideia de constitucionalização do Direito aqui explorada está associada a um efeito expansivo das normas constitucionais, cujo conteúdo material e axiológico se irradia, com força normativa, por todo o sistema jurídico. Os valores, os fins públicos e os comportamentos contemplados nos princípios e regras da Constituição passam a condicionar a validade e o sentido de todas as normas do direito infraconstitucional"[357].

Outra causa do chamado *panconstitucionalismo* ou *hiperconstitucionalismo* é a adoção da teoria da eficácia objetiva dos direitos fundamentais ou "efeito irradiante" dos direitos fundamentais. Segundo essa teoria, os direitos fundamentais não têm apenas uma *dimensão subjetiva*, gerando aos titulares os chamados *direitos subjetivos* (a possibilidade de invocar a sua proteção), mas também uma *dimensão objetiva*: os direitos fundamentais irradiam valores e fornecem diretrizes para os órgãos legislativos, judiciários e executivos. Como disse Daniel Sarmento, "a eficácia irradiante enseja a 'humanização' da ordem jurídica, ao exigir que todas as suas normas sejam, no momento de aplicação, reexaminadas pelo aplicador do direito com novas lentes, que terão as cores da dignidade humana, da igualdade substantiva e da justiça social, impressas no tecido constitucional"[358].

A "eficácia irradiante dos direitos fundamentais" teve origem no Tribunal Constitucional alemão, no paradigmático caso Lüth, julgado em 15 de janeiro de 1958, que explicamos melhor no capítulo reservado à *Teoria Geral dos Direitos Fundamentais*.

Por sua vez, a normatividade exponencial dos princípios constitucionais ocorrida no pós-positivismo foi um dos motivos geradores do chamado *panconstitucionalismo* ou *hiperconstitucionalismo*. No atual estágio do constitucionalismo, os princípios, apesar de seu baixo grau de densidade e objetividade, deixaram de ser meras especulações metafísicas e abstratas e passaram para o campo do direito positivo, transformando-se em normas constitucionais, ao lado das regras positivadas, e dotados de normatividade. A esse fenômeno específico (a aplicação desmedida e excessiva dos princípios) dá-se o nome de panprincipiologismo (tema que será abordado em seguida).

Na opinião de Ricardo Peake Braga, esse fenômeno é decorrente do "advento de textos constitucionais extensos, analíticos e povoados por inúmeros princípios, de maior ou menor densidade normativa, [ensejando uma] panconstitucionalização da vida da comunidade, em que todos os aspectos da vida estariam, de algum modo, abrangidos pela Constituição"[359].

Oscar Vilhena afirma que o panconstitucionalismo ou hiperconstitucionalismo não é um processo recente e decorre do deslocamento da autoridade do sistema representativo para o Poder Judiciário, com o avanço das Constituições rígidas e ideologicamente ambiciosas, bem

---

356. Luís Roberto Barroso. *Neoconstitucionalismo e Constitucionalização do Direito. O Triunfo Tardio do Direito Constitucional no Brasil*, p. 1.
357. Op. cit., p. 17.
358. *Direitos Fundamentais e Relações Privadas*, p. 124. Conclui o autor que a eficácia irradiante dos direitos fundamentais "configura um meio valioso para permitir a penetração da axiologia constitucional na legislação ordinária" (op. cit., p. 124).
359. *Panconstitucionalismo, Democracia e Juristocracia*, p. 127.

como dos sistemas de controle de constitucionalidade. Segundo o autor, "muitas constituições contemporâneas são desconfiadas do legislador, optando por sobre tudo decidir e deixando ao legislativo e ao executivo apenas a função de implementação da vontade constituinte, enquanto ao Judiciário fica entregue a função última de guardião da Constituição"[360]. Dessa maneira, uma certa desconfiança na democracia representativa faz com que muitos entendam que questões que deveriam ser exclusivamente resolvidas pelos poderes representativos (Executivo ou Legislativo) devam ser levadas ao Poder Judiciário.

1.3.21.1.1. O panprincipiologismo

O panprincipiologismo ou panprincipiologia consiste na prática instituída por julgadores e doutrinadores, que consiste em criar "novos princípios" que não se encontram expressa ou implicitamente no texto constitucional, com o objetivo principal de resolver um caso concreto de acordo com suas convicções ou preferências pessoais, dando uma roupagem jurídica e constitucional àquilo que não está disciplinado dessa maneira pelo Direito. A força normativa dos princípios não deve ser vista como um problema na aplicação do Direito, mas como uma solução. Graças a essa normatividade dos princípios é que pudemos exigir do Estado um cumprimento mais efetivo e amplo da Constituição. Todavia, a criação artificial de novos princípios ou a aplicação dos princípios constitucionais de forma excessivamente ampla, de modo a burlar a vontade do legislador, trata-se de um exagero que chega a violar a separação dos poderes. Foi o que escreveu Suelen Webber: "com a utilização de pseudoprincípios, acaba-se por transformar o direito brasileiro em vulgata. Os princípios não podem ser utilizados assim. É necessário que se passe a questionar essas decisões que ferem de morte a democracia. Como se decide no Brasil? É fundamental que se questione sobre isso. (...) O Tribunal pode se basear em princípios para decidir, mas princípios estes que representem uma historicidade com suas bases gravadas na defesa da Constituição. Decisões de princípios são uma necessidade! Decisionismos pautados em panprincipiologismo devem de todo modo ser refutados, principalmente quando mascarados com a justificativa de que só assim os direitos fundamentais serão concretizados. O que os juízes pensam em suas convicções pessoais não serve como decisão, muito menos quando eles criam princípios para camuflar esse seu solipsismo"[361].

1.3.21.2. Consequências

Segundo João Carlos Loureiro[362], o panconstitucionalismo faz com que o juiz, a exemplo do rei Midas, queira transformar toda lei em lei constitucional. O exagero de aplicação dos princípios constitucionais em todos os ramos do direito, numa leitura maximalista da Constituição, combinado com uma forte intervenção judicial, daria ensejo ao excessivo ativismo ju-

---

360. *Supremocracia*, p. 443.
361. *O Panprincipiologismo como propulsor da arbitrariedade judicial e impossibilitador da concretização de direitos fundamentais*, p. 1. No mesmo sentido: "Vale ressaltar que não se nega a necessidade de uma abertura interpretativa por parte dos julgadores para a análise de cada caso em concreto, a fim de que as normativas e princípios corretos sejam utilizados nos casos devidos. O que se questiona é o excesso de discricionariedade leva à arbitrariedade judicial, visto que sob o respaldo do livre convencimento do magistrado uma série de decisões sem fundamento são realizadas e mascaradas pela utilização de um princípio que sequer possui qualquer tipo de força normativa" (*Pan-principiologismo, metajuridicidade e segurança jurídica*; Costa e Pinto, p. 155).
362. *Postconstitucionalism, Welfare and Crises*, p. 1

dicial brasileiro, que encontra sérias dificuldades de autocontenção, transformando-se numa espécie de "imperialismo constitucional"[363].

A sempre brilhante Catarina Santos Botelho lembra que o princípio da "proibição do retrocesso social" (teoria praticamente abandonada na Europa, mas que ainda respira na doutrina e jurisprudência brasileiras) é resultado do "panconstitucionalismo", tendo em vista que, segundo esse princípio, como o Estado não pode retroceder na normatização já realizada dos direitos sociais, na prática haveria uma espécie de "constitucionalização das normas infraconstitucionais". Como afirma a professora portuguesa, "se nós aceitarmos a afirmação de que o legislador não pode voltar atrás em qualquer política pública de direitos sociais, então os elevados objetivos do nosso glorioso catálogo de direitos sociais poderiam ser traduzidos numa potencial constitucionalização de toda a legislação infraconstitucional de direitos sociais. Isso mostra que a sedução do panconstitucionalismo – transformação da legislação infraconstitucional em constitucional – ainda está viva"[364].

A maior crítica se dá pelo fato de que o "panconstitucionalismo" fere a autonomia do Poder Legislativo, na medida em que restringe excessivamente a liberdade do legislador ordinário, limitada pelos numerosos princípios constitucionais aparentemente aplicáveis. O próprio Luís Roberto Barroso, defensor da "constitucionalização do direito", afirma que uma das consequências é a limitação do Poder Legislativo, na medida em que "limita sua discricionariedade ou liberdade de conformação na elaboração das leis em geral e impõe-lhe determinados deveres de atuação para realização de direitos e programas constitucionais"[365].

1.3.22. Neojoaquimismo ou neoconstitucionalismo joaquimista

Trata-se de uma expressão criada pelo professor de Direito Constitucional português, da Universidade de Coimbra, João Carlos Loureiro, e relaciona-se ao pensamento de Joaquim de Fiore (também conhecido como Joaquim de Flora), um abade calabrês que, durante a Idade Média, ganhou fama de virtuoso, sábio e até de santo, para alguns, a ponto de figurar na obra história de Dante Alighieri (*Divina Comédia*)[366]. Joaquim de Fiore fez uma interpretação profética das Sagradas Escrituras, afirmando que a História é dotada de três estágios: A *Primeira Idade* seria a "Idade do Pai", correspondente ao governo de Deus Pai, representada pelo poder absoluto. A *Segunda Idade* seria a "Idade do Filho", que corresponde à Idade Contemporânea. Por fim, a *Terceira Idade*, que ainda está por vir, seria a "Idade do Divino Espírito Santo", um tempo novo em que o amor universal e a igualdade entre todos os cristãos serão alcançados.

De suas ideias surgiu o "joaquimismo", que é uma filosofia da História através de uma visão do tempo estruturado em

Figura 1.24 – Imagem medieval de Joaquim de Fiore (créditos ao final do livro).

---

363. Nas palavras de João Carlos Loureiro, "sob a capa redutora do(s) neoconstitucionalismo(s), temos assistido a um imperialismo constitucional" (*Neojoaquimismo, Constitucionalismo e Escassez*), p. 235.
364. "Social Rights Trapped in Enduring Misconceptions of the Social State", p. 7.
365. Luís Roberto Barroso, op. cit., p. 17.
366. No canto XX, Dante afirma que Joaquim (Giovacchino) estaria no paraíso: "e lucemi da lato/ il calavrese abate Giovacchino/ Di spirito profetico dotato...".

três progressivos momentos, rumo à apoteose. Em outras palavras, defende-se a ideia de que haverá uma fase final da História, um tempo abençoado e sinalizado pelo aumento da espiritualidade, com incremento do intelecto e da ciência.

Segundo João Carlos Loureiro, movimento semelhante existiria no constitucionalismo, numa espécie de "sacralização do progresso", que tem como corolário principal o (pseudo)princípio da "proibição do retrocesso social". Segundo o autor, "haveria uma lógica constitucional na narrativa emancipatória, que apontaria para um estado de libertação e uma plenitude. Não por acaso se fez da Constituição baluarte de conquistas e se afirmou um princípio da proibição do retrocesso social ou da evolução reacionária"[367].

Segundo o neojoaquimismo, a evolução social é um direito fundamental e, por sua vez, o retrocesso seria inconstitucional. Segundo o sobredito autor português, "de acordo com uma leitura constitucional neojoaquimista, um princípio básico de uma constituição social deve ser a proibição da chamada regressão social ou evolução social reacionária. Para a leitura ortodoxa ou difícil, isso significa que o grau de concretização normativa dos direitos sociais não pode ser reduzido. A realidade mostra de maneira desagradável a insustentabilidade desse princípio"[368].

Para o professor português, a visão joaquimista do constitucionalismo é uma visão apaixonada, que desconsidera o contexto fático, em prol de uma normatividade absoluta dos direitos, inflexível e até mesmo utópica.

Por exemplo, o (pseudo)princípio da proibição do retrocesso social, bastante alardeado na doutrina brasileira e, por vezes, presente também na jurisprudência, pode assim ser formulado: os direitos já realizados e efetivados através de medidas legislativas ou executivas, pelo poder público, devem ser considerados constitucionalmente garantidos, sendo vedado qualquer retrocesso na sua execução. Como afirmamos em nosso livro *Direitos Sociais em Tempos de Crise Econômica*, "não restam dúvidas de que o princípio da proibição do retrocesso (ou proibição do retrocesso social) não é um princípio constitucionalmente expresso na Constituição brasileira de 1988 (ou em outra Constituição contemporânea). Embora sejam sedutores os argumentos de que a proibição do retrocesso é um princípio constitucional implícito (decorrente do Estado Social de Direito, ou do princípio da segurança jurídica etc.) entendemos se tratar de um princípio de índole política, mas não jurídica"[369].

Atualmente, são cada vez mais raros os "joaquimistas", tendo em vista que o retrocesso, máxime em tempos de crise econômica, é inevitável. Não obstante, podemos dizer que a doutrina brasileira (e parte da jurisprudência) é um dos últimos redutos do movimento, tendo em vista que na Europa, local de seu nascimento, atualmente é peça de museu.

---

367. "Fiat Constitutio, Pereat Mundus?", *Neojoaquimismo, Constitucionalismo e Escassez*, p. 240.
368. *Postconstitucionalism, Welfare and Crises*, p. 1.
369. *Direitos Sociais em Tempos de Crise Econômica*, p. 399. Afirmamos na sequência: "parece-nos que a busca pela constitucionalização do princípio da proibição do retrocesso é uma tentativa do jurista limitar a liberdade política, máxime em razão do seríssimo e histórico déficit no tocante aos direitos sociais. [...] Canotilho, um dos maiores defensores da proibição do retrocesso social, em obra posterior, afirmou que 'a proibição do retrocesso social nada pode fazer contra as recessões e crises econômicas (reversibilidade fática)'. Em texto posterior, foi bem mais pessimista o mestre português: 'o rígido princípio da 'não reversibilidade' ou, formulação marcadamente ideológica, o princípio da proibição da evolução reacionária pressupunha um progresso, uma direção e uma meta emancipatória e unilateralmente definidas: aumento contínuo das prestações sociais. Deve relativizar-se este discurso que nós próprios enfatizamos em outros trabalhos. A dramática aceitação de menos trabalho e menos salário, mas trabalho e salário e para todos, o desafio da bancarrota da previdência social, o desemprego duradouro, parecem apontar para a insustentabilidade do princípio da não reversibilidade social" (p. 400).

1.3.23. Narcisismo constitucional

Expressão cunhada pela professora portuguesa Catarina Santos Botelho. Segundo a referida constitucionalista, o *narcisismo constitucional* "é uma tentativa, consciente ou inconsciente, de perpetuar *ad aeternum* os traços (essenciais) de uma Constituição, desencorajando renascimentos do poder constituinte. No fundo, assiste-se a um fenômeno psicológico que identifica aquela Constituição como a Constituição perfeita e acabada. [...] Os pais fundadores da Constituição (*founding fathers*), de uma forma paternalista, acabam por proteger demasiadamente o texto constitucional, com o intuito de guiar as gerações porvindouras pelos caminhos que entenderam como mais acertados"[370].

Esse sentimento de que a Constituição é perfeita e acabada, pode ser representado tanto pelo constituinte originário, como pelo intérprete da Constituição. No caso do constituinte originário, com a intenção de perpetuar sua obra, insere no texto constitucional um rol extenso de cláusulas pétreas, matérias que não podem ser objeto de reforma constitucional.

Catarina Santos Botelho denomina o constituinte originário que tenta perpetuar sua obra como "pais fundadores helicópteros". Ela explica: "Da mesma forma que os psicólogos reconhecem um fenômeno da 'paternidade helicóptero', em nossa geração de pais superprotetores, eu constato, nesse comportamento narcisista, um mecanismo de enfrentamento que chamo de pais fundadores helicópteros. O poder constituinte, num movimento messiânico e paternalista, quer pairar sobre o presente e o futuro, como um helicóptero. Esse inseguro 'paternalismo geracional' restringe e desencoraja a geração atual de tomar suas decisões"[371].

Não significa que a utilização de cláusulas pétreas seja algo imprudente e antidemocrático. Como afirma Catarina Santos Botelho: "Defender a pertinência de algumas (poucas) cláusulas de eternidade não significa necessariamente a ditadura de uma geração sobre outra geração. Pode haver algum interesse em algemar as mãos das gerações presentes, para impedir elites populistas e/ou radicais de 'amputarem as mãos das gerações presentes e futuras'"[372]. Exige-se, portanto, moderação e parcimônia do Poder Constituinte Originário que, ao elaborar a Constituição, não pode prever um rol extenso e extraordinário de cláusulas pétreas.

Por sua vez, o intérprete pode padecer do mesmo *narcisismo constitucional*, quando é avesso às reformas constitucionais, entendendo que quaisquer alterações mais profundas do texto constitucional configurariam violação às cláusulas pétreas.

Por exemplo, no Brasil, em 2019, o Presidente da República Jair Bolsonaro manifestou-se publicamente sobre a extinção da Justiça do Trabalho que, segundo ele, não existiria em outros países do mundo. Bem, primeiramente, a informação não era correta, já que vários países adotam uma Justiça do Trabalho ou órgãos congêneres que decidem sobre as demandas trabalhistas. Não obstante, a questão central é a seguinte: vários constitucionalistas brasileiros se manifestaram publicamente contra tal manifestação presidencial, afirmando que a extinção da Justiça do Trabalho seria inconstitucional, por violação de cláusula pétrea. Ora, o que são cláusulas pétreas? São os "direitos e garantias individuais", aí incluindo, numa interpretação extensiva, os direitos sociais, como os direitos dos trabalhadores. Ora, modificar a estrutura do Poder Judiciário não é impossível, desde que as demandas trabalhistas sejam julgadas por

---

370. *Narcisismo Constitucional*, passim.
371. *Constitutional Narcissism on the Couch of Psychoanalysis: Constitutional Unamenability in Portugal and Spain*, p. 1.
372. Op. cit., p. 1.

outros órgãos jurisdicionais. Não havendo prejuízo à tutela dos direitos dos trabalhadores, não haverá qualquer inconstitucionalidade.

Dessa maneira, o intérprete manifesta o *narcisismo constitucional* quando dá uma interpretação exagerada das cláusulas pétreas, impedindo que a Constituição seja reformada por gerações futuras. Como escreveu Catarina Santos Botelho, essa postura de ampliar excessivamente as cláusulas pétreas (seja formalmente, no texto constitucional, seja informalmente, através de uma elástica interpretação constitucional) é perigosa: "estas cláusulas de eternidade podem ser perigosas para o Estado de Direito, na medida em que, de certa forma, encorajam as elites políticas a tornear essas limitações, provocando instabilidade institucional e até, no limite, fraude à Constituição"[373]. Luís Roberto Barroso adota um conceito diferenciado de *narcisismo constitucional* e, no nosso entender, um tanto equivocado, já que o fenômeno por ele descrito poderia ser mais bem denominado de *casuísmo constitucional*[374].

1.3.24. Constitucionalismo digital

O tema ganhou destaque na doutrina brasileira, a partir de 2021, com o trabalho de Gilmar Mendes e Victor Oliveira Fernandes, intitulado "Constitucionalismo Digital e Jurisdição Constitucional: uma Agenda de Pesquisa para o Caso Brasileiro". Segundo os autores, "A expressão 'constitucionalismo digital' foi utilizada nos estudos iniciais sobre o tema para se referir a um movimento constitucional de defesa da limitação do poder privado de atores da internet, em oposição à ideia de limitação do poder político estatal. Em trabalhos mais recentes, porém, a terminologia passou a ser utilizada como um guarda-chuva que abrange as mais diversas inciativas jurídicas e políticas, estatais e não estatais, voltadas à afirmação de direitos fundamentais na internet. Nesse último sentido, portanto, seria possível estabelecer uma relação de equivalência entre a ideia de 'constitucionalismo digital' e a noção de 'declaração de direitos fundamentais na internet' [...] O Constitucionalismo Digital corresponde, de forma ainda mais abstrata, a uma corrente teórica do Direito Constitucional contemporâneo que se organiza a partir de prescrições normativas comuns de reconhecimento, afirmação e proteção de direitos fundamentais no ciberespaço"[375]. Entre os estudiosos do tema, destacam-se: Edoardo Celeste, Claudia Padovani, Mauro Santaniello e Meryem Marzouki[376], dentre outros.

---

373. Op. cit., p. 1. Continua a autora: "Como designa Richard Albert, tantas vezes estas cláusulas surgem como 'algemas constitucionais' (*constitutional handcuffs*) das gerações presentes impostas pelas gerações passadas, acentuando a tensão entre democracia e constitucionalismo. [...] Se a soberania reside no povo, é ao povo que pertence o poder de criar e de rever a Constituição. Assim, penso que se recomenda parcimônia na consagração de matérias que não podem ser objeto de revisão. Caso contrário, estar-se-á a distinguir, de forma ilegítima, o povo que aprovou a Constituição (o povo iluminado) e o povo dos nossos dias (o povo subjugado). No fundo, criar-se-ia uma nova hierarquia: a legitimidade dos pais fundadores acima da legitimidade popular. Importa, portanto, que a rigidez do texto constitucional não desenvolva distorções patológicas, de que o narcisismo constitucional é exemplo" (op. cit., p. 1).
374. Para o Ministro do STF, o *narcisismo constitucional* seria a elaboração de normas constitucionais pelo Poder Constituinte Derivado Reformador, de modo a atender necessidades momentâneas atuais, para resolver problemas imediatos de uma geração atual. Tal fenômeno, comumente visto no Brasil, haja vista que a Constituição brasileira é costumeiramente alterada para atender a interesses atuais de certos grupos, recebe do autor o nome de *narcisismo* certamente porque a sociedade (ou a classe política) gostaria de ter uma Constituição que reflita aquilo que ela vê no espelho, ou seja, suas características, anseios e necessidades.
375. *Constitucionalismo Digital e Jurisdição Constitucional*: uma Agenda de Pesquisa para o caso brasileiro, p. 10.
376. Edoardo Celeste. *Digital Constitutionalism*: a new systematic theorization. Claudia Padovani; Mauro Santaniello. *Digital Constitutionalism*: fundamental rights and power limitation in the Internet ecosystem. International Communication Gazette. Meryem Arzouki. *A Decade of CoE Digital Constitutionalism Efforts*: human rights and princi-

Como afirmam Gilmar Mendes e Victor Fernandes, se a internet promoveu um maior exercício de direitos fundamentais (como o direito à liberdade de expressão, direito de reunião, informação etc.), "ela também está a exigir novas conformações protetivas de direitos fundamentais que estão em jogo nos ambientes digitais"[377].

1.3.24.1. Constitucionalismo digital e jurisdição constitucional

A complexidade da tutela constitucional das ações individuais e coletivas no ciberespaço é costumeiramente levada às Cortes Constitucionais pelo mundo afora. Dessa maneira, como afirmam Gilmar Mendes e Victor Fernandes, podem ser identificadas duas formas diversas de abordagem desse fenômeno: a) a primeira, de deferência à cultura jurídica consolidada, aplicando as soluções interpretativas costumeiras para resolver os conflitos entre direitos fundamentais na internet; b) a segunda, mais inovadora, cria soluções novas e efetivas diante da racionalização privada das relações sociais e à intervenção governamental na internet.

Segundo os autores, o "constitucionalismo digital" atinge especialmente duas balizas do Estado constitucional moderno: a) a separação entre os poderes público e privado; b) a demarcação dos espaços das ordens jurídicas nacionais e transnacionais. Por essa razão, haveria princípios do constitucionalismo digital que deveriam ser incorporados "enquanto chaves interpretativas para o controle de constitucionalidade de leis da internet"[378].

A primeira consequência da incorporação dos princípios do "constitucionalismo digital" na jurisdição constitucional seria a redefinição da teoria da eficácia horizontal dos direitos fundamentais. Segundo Gilmar Mendes e Victor Fernandes, as plataformas digitais não podem apenas ser consideradas empresas privadas, já que "empresas como Facebook, Google e Amazon são capazes de interferir no fluxo de informações. [...] Essa interferência no fluxo informacional também é caracterizada pelo uso intensivo de algoritmos e ferramentas de *Big Data* que permitem às plataformas manipular e controlar a forma de propagação dos conteúdos privados de forma pouco transparente"[379]. Por essa razão, "a ampliação do poder de comunicação das grandes empresas da internet impõe aos órgãos legislativos e judiciários a necessidade de definir um regime de responsabilidade civil dos intermediadores pelo conteúdo veiculado nessas redes"[380].

A segunda consequência da incorporação dos princípios do "constitucionalismo digital" na jurisdição constitucional é a necessidade de se levar em conta as relações estabelecidas entre os regimes jurídicos transnacionais da internet. Segundo Gilmar Mendes e Victor Fernandes, "há poucas áreas da jurisdição constitucional que são mais afetadas por esse movimento de transnacionalização do que a adjudicação de direitos fundamentais na internet"[381]. Para os

---

ples facing privatized regulation and multistakeholder governance. International Association for Media and communication Research Conference (IAMCR), Madrid.
377. Op. cit., p. 11. Prosseguem os autores: "esses mesmos avanços tecnológicos que proporcionam novas possibilidades de concretização de direitos fundamentais, todavia, também suscitam novos riscos de violação. No que se refere aos direitos de liberdade de expressão, a ampliação dos espaços digitais de manifestação pública torna a internet um campo fértil para diversas formas de abusos, o que pode ser percebido na disseminação de discursos odiosos, *cyberbullying*, pornografia infantil e mesmo na difusão em massa de notícias falsas (*fake news*)" (p. 12).
378. Op. cit., p. 19.
379. Op. cit., p. 21.
380. Op. cit., p. 23. Prosseguem os autores: "Considerando que as plataformas digitais exercem uma verdadeira função mediadora e adjudicatória de direitos que verdadeiramente precede a atuação do Estado, é necessário que a teoria da eficácia horizontal dos direitos fundamentais seja pensada para viabilizar a preservação dos direitos de personalidades dos usuários para além da avaliação da atuação do legislador" (op. cit., p. 29).
381. Op. cit., p. 30. Segundo os autores, "esse rearranjo do poder político entre governos, instituições internacionais e

autores, "ressalta-se a necessidade de, mesmo na jurisdição constitucional doméstica, serem compreendidos os entrelaçamentos dos regimes jurídicos internacionais, de modo a se reconhecer que a compatibilidade interna da legislação com o texto constitucional deve esforçar-se em torno da harmonização do regime transnacional. Seja em razão da relevância teórica dessas discussões, seja em razão dos impactos que as futuras decisões do STF irão repercutir nessas searas, esses dois focos de redefinição da jurisdição constitucional brasileira devem ser aprofundados enquanto agenda de pesquisa para o caso brasileiro"[382].

1.3.25. Constitucionalismo *huehue* (ou constitucionalismo *griefer*)

Trata-se de uma expressão criada pelo professor Fernando César Costa Xavier, professor da Universidade Estadual de Roraima, escrita no artigo intitulado "Hueue constitucionalism", no prestigioso *International Journal of Constitutional Law*, da Universidade de Oxford. A expressão é oriunda de uma palavra utilizada para descrever o mau comportamento de brasileiros em jogos *multiplayer online* (MOG's – *multiplayer online games*)[383], expressão surgida em 2003[384]. Integram esse mau comportamento três práticas, denominadas *spamming*, *trolling* e *griefing*.

Spam é uma expressão surgida na década de 1970, criada pelo grupo humorístico inglês Monty Python, que, no contexto dos *games*, consiste em enormes quantidades de texto indesejado, cujo volume é tão grande que acaba por inviabilizar a comunicação ou o conteúdo disponível. *Trollagem* (palavra decorrente dos seres do folclore escandinavo: os *trolls*) consiste em provocar um ou mais participantes de um ambiente *online* com a intenção de incitar discordâncias e confrontos, através de comportamentos impertinentes, inferiorização ou ridicularização. Por fim, *griefing* (palavra oriunda do inglês *grief*, que significa imensa tristeza, luto), nas interações *online*, significa tornar desagradável, dolorosa e até traumática a experiência de jogo de outros usuários.

De volta ao contexto constitucional, Fernando César Costa Xavier argumenta que essas três atitudes nocivas dos *gamers* também podem ser percebidas, em certa medida, no comportamento daqueles que atuam na alta política brasileira (por isso, o autor também dá o nome de "constitucionalismo *griefer*"). Segundo o autor, seria uma espécie de ambiente cons-

---

fóruns *multistakeholders* revela que o modelo de governança da internet se afasta da predominância de uma autoridade central hierárquica qual ocorre dentre dos Estados Nacionais e se caracteriza, mais precisamente, pela formação de redes multilaterais em que atores independentes e operacionalmente autônomos se articulam reciprocamente" (op. cit., p. 31).
382. Op. cit., p. 41.
383. Segundo Suely Fragoso, "O acesso doméstico à internet no Brasil ainda é privilégio de menos da metade da população e as velocidades de conexão são baixas. Apesar disso, a presença dos brasileiros na rede é significativa, tanto pelas dimensões da população do país quanto pelo gosto pelas atividades *online*, expresso pelo fato que, desde 2005, os brasileiros permanecem *online* por mais tempo que os usuários da internet de qualquer outro país. [...] Entretanto, análises dos rastros deixados pelas interações dos brasileiros na internet apontam em outra direção e registram uma estória repleta de agressões e marcada pela violência simbólica. [..] Embora os *games* sejam menos populares que outras formas de entretenimento e sociabilidade *online* no Brasil, 33% dos brasileiros que acessam a internet utilizam a rede para jogar. [...] Entre elas, encontra-se um grupo que se destaca dos demais por suas práticas de natureza disruptiva bastante específicas e associadas ao Brasil. Não se trata de um grupo fixo, ou mesmo organizado de antemão: embora às vezes os jogadores combinem ações coordenadas. O gatilho mais frequente para que isso ocorra é o uso do conjunto de memes que os caracteriza, entre os quais se destaca HUEHUEHUE" (*HUEBHUEBHUE eu sou BR: spam, trollagem e griefing nos jogos online*, p. 130).
384. Segundo Suely Fragoso, estudiosa do assunto, a origem dos *huehues* é atribuída aos confrontos ocorridos em 2003, no jogo Ragnarok Online.

titucional disfuncional, marcadamente brasileiro, caracterizado pelo fato de que, no jogo político, os sujeitos que desempenham funções constitucionais se sentem livres para agir, elevando os níveis de comportamento disruptivo a níveis sem precedentes, de modo que, ao se beneficiarem das normas constitucionais para agirem livremente, abusam e corrompem a estabilidade democrática própria da ordem constitucional. Para o autor, seriam exemplos de constitucionalismo *huehue* no Brasil: "o comportamento de pequenos partidos políticos no Congresso Nacional que buscam benefícios (como altos cargos governamentais) sem merecê-los, em troca de apoio incerto. (...)"[385], a conduta do deputado que tatuou o nome do então presidente Michel Temer, em sinal de lealdade e para zombar da oposição (típica conduta de um *griefer*). Segundo o autor, o *griefer* seria um personagem constitucional, bastante presente no Brasil, podendo ser encontrado nos papéis de juízes, acadêmicos e autoridades, sendo que ele "ao mesmo tempo que se beneficia das amplas liberdades conferidas pela ordem constitucional, não apoia ou age cooperativamente em favor das instituições e valores que possibilitam essa ordem, mas, ao contrário, apresenta comportamento social marcadamente destrutivo. A principal característica dos *griefers* é que eles são irresponsáveis e indiferentes aos objetivos constitucionais: embora estejam cientes das regras constitucionais para poder jogar seu jogo, eles delas se recorrem somente quando conveniente"[386].

Uma semelhança entre o "constitucionalismo *huehue*" e o "constitucionalismo abusivo" é que ambos visam minar o constitucionalismo e as instituições democráticas, mas o primeiro se utiliza do *griefing*, a prática sarcástica, desrespeitosa, por meio de afrontas, ofensas e atitudes irresponsáveis, mas deliberadas.

Para Fernando César Costa Xavier, o constitucionalismo *huehue* prenunciaria um momento de crise constitucional e seria suficiente para frustrar qualquer tentativa de experimentar o "constitucionalismo popular colaborativo" usando ferramentas digitais. Segundo o autor, em termos de disfuncionalidade, é mais sério do que a "podridão constitucional" (*constitutional rot*, que veremos a seguir), pois "um congressista, um chefe de governo ou um juiz que zomba da crescente desigualdade econômica ou promove desastres políticos para fazer o público rir – mesmo que isso coloque a Constituição em sério risco – torna as coisas piores"[387]. Embora o "constitucionalismo *huehue*" tenha semelhanças com novos fenômenos constitucionais que foram ou serão aqui estudados (como o "*constitutional rot*", o "*constitutional hardball*" e o "constitucionalismo abusivo"), "o constitucionalismo *huehue* tenta descrever as qualidades (negativas) dos agentes que promovem um cenário de *trollagem* e, *ipso facto*, disruptivo. Na internet e na política constitucional, o *huehueing* ainda está invariavelmente vinculado ao *modus vivendi* brasileiro"[388].

---

385. Op. cit., p. 172.
386. Op. cit., p. 175. Prossegue o autor: "Pode-se dizer que os *griefers* são capazes de invocar garantias pessoais a fim de perseguir objetivos não republicanos – em um sentido filosófico, eles são, portanto, indivíduos, mas ainda não são cidadãos. Por exemplo, a Constituição brasileira garante aos parlamentares que eles gozam de imunidade parlamentar, ou seja, não podem ser processados por suas opiniões, palavras e votos. Essa regra tem um fundamento claro: permitir que representantes da sociedade exerçam suas funções sem medo de represálias, com base em suas convicções autênticas. [...] Os *griefers* não levam suas funções constitucionais a sério e, às vezes, agem deliberadamente de maneira disfuncional. Em geral, agem de má-fé e tratam os jogadores de forma desrespeitosa".
387. Op. cIt., p. 177.
388. Op. cit., p. 178.

1.3.26. *Constitutional rot* (podridão constitucional)

Trata-se de uma expressão criada por Jack Balkin, professor norte-americano da Universidade de Yale. Segundo ele, a "podridão constitucional" (*constitutional rot*) é a "decadência nas características do nosso sistema que o mantém como uma República saudável"[389]. Segundo o autor, quatro seriam as causas da "podridão constitucional", que ele chama ironicamente de "Quatro Cavaleiros da Podridão Constitucional": a) polarização política; b) perda de confiança no governo; c) aumento da desigualdade econômica; d) desastres políticos (falhas importantes na tomada de decisões por nossos representantes, como a Guerra do Vietnã, a Guerra do Iraque e, abrasileirando os exemplos, questionar a eficácia das vacinas ou do isolamento social numa pandemia).

Nas palavras de Jack Balkin, "esses quatro cavaleiros – polarização, perda de confiança, desigualdade econômica e desastre político – reforçam-se mutuamente. Cientistas políticos apontaram que o aumento da desigualdade econômica exacerba a polarização, o que, por sua vez, ajuda a produzir políticas que exacerbam a desigualdade. O aumento da desigualdade e da polarização também estimula a perda de confiança. A polarização e a oligarquia criam excesso de confiança e isolam os tomadores de decisão das críticas necessárias, o que torna os desastres políticos mais prováveis; desastres políticos, por sua vez, minam ainda mais a confiança no governo e assim por diante"[390].

Conclui o autor: "eu acredito que vamos superar isso, juntos. Mas temos que prestar atenção às verdadeiras fontes de disfunção constitucional, deter a podridão que ameaça nosso sistema constitucional e preservar nossa República"[391]. No nosso entender, para superar o *constitucional rot*, temos que atacar de forma contínua e sistemática as suas causas.

Para diminuirmos a *polarização*, que não é apenas uma realidade norte-americana, temos que implantar o *patriotismo constitucional*, fundado na união da população em torno dos valores constitucionais, desde o ensino fundamental. Isso porque, se toda a população conhecer os deveres constitucionais dos agentes públicos, os limites de sua atuação, as competências dos Poderes e dos entes federativos, os objetivos constitucionais da República, estará menos suscetível aos discursos populistas que fomentam a polarização. Outrossim, é necessário que haja um fortalecimento dos partidos políticos, com suas bandeiras e propostas claramente delineadas. A existência de inúmeros partidos sem programas claramente definidos faz com que a política brasileira seja baseada em "pessoas", e não em "instituições". Afinal, é corrente a ideia de que "todos os partidos são iguais", o que enfraquece a democracia e fortalece o populismo. Por fim, é necessária uma conscientização política de toda a população, desde os mais jovens e que todos passem a exigir de todos os candidatos um programa claro a ser cumprido, um plano de governo, discutido por todos. Infelizmente, no Brasil, na eleição presidencial de 2018, não houve uma discussão aprofundada sobre os planos de governo dos candidatos. A prova disso é que os dois candidatos à Presidência que chegaram ao segundo turno traziam consigo um plano de governo composto por alguns *slides* e outro plano de governo que previa uma nova Constituinte.

A *perda da confiança* no governo e nas instituições é um dos sintomas contemporâneos das democracias, tão bem explicada na obra *O povo contra a Democracia*, de Yascha Mounk.

---

389. *Constitutional Rot*, p. 1.
390. Op. cit, p. 4.
391. Op. cit., p. 15.

Para diminuí-la, é necessário que aumentemos o poder de participação da sociedade nas decisões políticas, incrementando cada vez mais a democracia participativa e minimizando a atual ingerência de poucos grupos econômicos nas decisões estatais.

Por sua vez, atacar a *desigualdade econômica* deve ser uma das principais prioridades do Estado e da sociedade, sobretudo no Brasil, um dos países mais desiguais do mundo. A criação de políticas públicas de distribuição de renda, a exigência de uma educação pública e gratuita de qualidade e a eliminação dos subempregos são algumas dessas medidas urgentes.

Por sua vez, adotadas as medidas acima, teremos a chance de minimizar os *desastres políticos*, sobretudo se tivermos um forte sistema de freios e contrapesos, funcionamento adequadamente, bem como instituições de fiscalização e controle mais autônomas e fortalecidas, como o Ministério Público e o Tribunal de Contas.

Não se trata de uma tarefa fácil, mas evitar ou minimizar o *constitutional rot* deve ser uma das prioridades de todos os constitucionalistas contemporâneos.

1.3.27. *Constitutional hardball* (jogo duro constitucional)

Trata-se de um fenômeno descrito por Mark Tushnet, professor emérito da faculdade de Direito de Harvard (também criador da expressão "constitucionalismo autoritário", dentre outras expressões e teorias). Segundo o autor, todo país tem suas regras constitucionais expressas, bem como práticas políticas que são aceitas, mesmo não estando expressamente na Constituição. O *constitutional hardball* ("jogo duro constitucional") é o fenômeno que ocorre quando agentes políticos adotam determinadas práticas que são, para eles, compatíveis com a Constituição, mas que estão em conflito com os entendimentos pressupostos sobre o comportamento político adequado.

Nas palavras do professor Tushnet, o *constitutional hardball* "consiste em reivindicações e práticas políticas – iniciativas legislativas e executivas – que estão, sem muita dúvida, dentro dos limites da doutrina e prática constitucional existentes, mas que estão, no entanto, em alguma tensão com os entendimentos pré-constitucionais existentes. É um 'jogo duro' porque seus praticantes se veem jogando para valer de uma maneira especial: eles acreditam que os riscos da controvérsia política que suas ações provocam são bastante elevados, e que sua derrota e a vitória de seus oponentes seriam um revés sério, talvez permanente, para o cenário político e as posições que ocupam"[392].

Nas palavras de Letícia Regina Camargo Kreuz, o *constitutional hardball* ou "jogo duro constitucional" "importa na exploração de procedimentos, leis, instituições e afins por atores políticos de forma tendenciosa, tangenciando a ilegalidade. Isso importa em uma ameaça à força normativa da Constituição, uma vez que há extensão do que é considerado constitucional e inconstitucional. Ameaça também a ordem democrática, na medida em que a compreensão mútua de cumprimento das regras do jogo é ultrapassada e não se sabe exatamente o que esperar do adversário, especialmente o opositor que tenha perdido um pleito eleitoral"[393].

Tushnet dá como exemplos de *constitutional hardball*, nos Estados Unidos, longas obstruções feitas pelo Senado às indicações judiciais feitas pelo então presidente George W. Bush, em 2002 e 2003. Embora pudesse o Senado estabelecer suas regras de funcionamento,

---

392. *Constitutional Hardball*, p. 523.
393. *Constitucionalismo nos Tempos de Cólera*: neoconservadorismo e desnaturação constitucional, p. 192.

a omissão em apreciar as indicações presidenciais não eram usuais. Outro exemplo, segundo Tushnet, teria sido a instauração de processo de *impeachment* contra o ex-presidente Bill Clinton. Segundo o autor, embora a instauração do processo seja constitucionalmente admitida, "a Câmara dos Representantes não deve realizar agressivamente um processo de *impeachment*, a menos que, desde o início, haja uma probabilidade razoável de que o inquérito resulte na remoção do alvo do cargo. O *impeachment* de Clinton foi inconsistente com esse entendimento"[394].

Segundo Tushnet, o *constitutional hardball* pode ocorrer de duas formas, nas ações dos agentes políticos: "Descrevi o jogo duro constitucional como uma estratégia adotada por políticos racionais. Surge de *forma ofensiva*, quando políticos de um partido minoritário veem a oportunidade aberta para uma (possível) transformação permanente de seu *status*. Esses políticos jogam duro constitucional para mudar seu status. Também vem de *forma defensiva*, quando os políticos de um partido dominante veem a possibilidade de serem definitivamente destituídos do poder. Esses políticos jogam duro constitucional para preservar seu *status*".

À luz da explicação do professor de Harvard, poderíamos exemplificar o *constitutional hardball* em duas situações ocorridas nos anos de 2020 e 2021: a primeira delas foi o "orçamento secreto".

O denominado "orçamento secreto" foi uma estratégia criada pelo Congresso Nacional, através das chamadas "emendas de relator" ao Orçamento da União. Nessas emendas, não ficaria identificado o nome do parlamentar beneficiado por ela, o que dificultaria excessivamente o controle dos gastos públicos e viabilizaria manobras orçamentárias destinadas a formar maiorias parlamentares momentâneas, com a destinação casuística de tais emendas. O STF, em novembro de 2021, referendou decisão cautelar da ministra Rosa Weber e suspendeu o "orçamento secreto", por maioria de votos (foram vencidos os ministros Gilmar Mendes e Nunes Marques). Segundo o voto da ministra relatora, "enquanto as emendas individuais e de bancada vinculam o autor da emenda ao beneficiário das despesas, tornando claras e verificáveis a origem e a destinação do dinheiro gasto, as emendas do relator operam com base na lógica da ocultação dos congressistas requerentes da despesa. [...] Causa perplexidade a descoberta de que parcela significativa do orçamento da União Federal esteja sendo ofertada a grupo de parlamentares, mediante distribuição arbitrária entabulada entre coalizões políticas, para que tais congressistas utilizem recursos públicos conforme seus interesses pessoais, sem a observância de critérios objetivos destinados à concretização das políticas públicas a que deveriam servir as despesas" (STF, ADPF 854, rel. Min. Rosa Weber, j. 9-11-2021).

O segundo exemplo seria a recusa do Senado, em especial a Comissão de Constituição e Justiça dessa Casa, em apreciar a indicação de nome para ministro do Supremo Tribunal Federal. Em 2021, o presidente da República Jair Bolsonaro indicou para a vaga de ministro do STF deixada por Marco Aurélio Mello o ex-ministro da Justiça André Mendonça. Ocorre que a Comissão de Constituição e Justiça do Senado, na pessoa de seu presidente David Alcolumbre, não colocou em pauta a sabatina do indicado, como já ocorrera nos Estados Unidos nos governos de George Bush e Barack Obama.

Letícia Regina Camargo Kreuz, em sua tese de doutorado, argumenta que o *impeachment* da ex-presidente Dilma Roussef teria sido uma hipótese de *constitutional hardball*, tendo em vista que foram utilizados argumentos legais (tanto do ponto de vista material

---

394. Op. cit., p. 527.

quanto procedimental), para realização dos escopos de uma maioria política que se formara a partir daquele momento.

Segundo Mark Tushnet, é importante identificar os casos de *constitutional hardball* e minimizá-lo. Segundo o autor, a solução deveria vir dos próprios agentes políticos: "Em primeiro lugar, podemos simplesmente esperar que, uma vez identificado e nomeado o fenômeno sistêmico do jogo duro constitucional, os atores políticos decidam não jogar o jogo. Eles desistirão da aspiração de alcançar a vitória total sobre seus oponentes. [...] Em segundo lugar, podemos esperar que os atores políticos sejam de fato suficientemente maduros para adotar as soluções óbvias. Terceiro, podemos esperar que os atores políticos percebam que o "verme" vai se transformar algum dia. Ou seja, eles podem acreditar corretamente que, jogando duro constitucional hoje, podem ser capazes de assumir o controle de todas as alavancas do poder de governo, mas podem perceber que algum dia e seus oponentes aproveitarão a oportunidade para jogar duro constitucional em troca. [...] Existe alguma maneira de a política produzir políticos que se recusam a jogar duro constitucional? A resposta, eu suspeito, está em escapar dos limites da política convencional. A dinâmica que descrevi ocorre porque os dois partidos principais são ideologicamente polarizados. Uma solução institucional seria a criação de um terceiro, um centro energizado"[395].

1.3.28. Constitucionalismo aversivo (*aversive constitutionalism*)

A expressão "constitucionalismo aversivo" foi criada por Kim Lane Sheppele, professora de Direito e Sociologia da Universidade de Princeton, no importante artigo "Aspirational and Aversive Constitutionalism: the Case for Studying Cross-constitutional Influence Through Negative Models". Trata-se de um modelo constitucional (de elaboração ou interpretação da norma constitucional) feito de forma comparativa: ao se elaborar uma nova Constituição, o constituinte originário baseia-se nas experiências constitucionais que ele não quer, seja através de exemplos internacionais, como malsucedidos do passado. Assim, o "constitucionalismo aversivo" pode ser interno ou externo: pode envolver a rejeição de materiais ou ideias políticas do passado ou pode comparar e rejeitar modelos constitucionais estrangeiros.

Por exemplo, um dos motivos pelos quais a atual Constituição alemã (Lei Fundamental de Bonn, de 1949) não prevê expressamente um rol de direitos sociais é que a Constituição alemã anterior (Constituição de Weimar, de 1919) previa inúmeros direitos sociais, que não foram concretizados, caracterizando promessas constitucionais vazias. Desse modo, consiste em olhar para trás, aos princípios e processos do passado, para construir um novo modelo constitucional, à luz do que deu errado e como evitar os mesmos erros. Esse "constitucionalismo aversivo" influencia não apenas o constituinte originário ou reformador, como também o intérprete da Constituição: quando uma Constituição é feita através desse "constitucionalismo aversivo", sabemos que a intenção da norma é mudar o *status quo ante* e isso deve ser um elemento interpretativo importante, já que o intérprete deve levar em consideração tanto a *mens legis* (a vontade da lei) quanto a *mens legislatoris* (a vontade do legislador).

Nas palavras de Kim Lane Sheppele, "O *constitucionalismo aversivo* chama a atenção para os modelos negativos que são proeminentes nas mentes dos construtores da constituição. Os construtores da constituição [constituintes originários, dizemos no Brasil] podem ter apenas uma vaga noção de para onde estão indo e como devem chegar lá; com mais frequência, eles têm

---

395. Op. cit., p. 553.

uma noção mais clara do que *desejam evitar*. Afinal, as constituições raramente são escritas quando a vida política é monótona. As constituições são tipicamente elaboradas ou substancialmente modificadas em momentos de ruptura, quando há uma crise, ou mudança de regime, ou oportunidade histórica. Como os redatores da constituição, e depois os intérpretes, entendem do que é essa ruptura e como o futuro de um lado da ruptura se relaciona com o passado do outro lado da ruptura estão entre os elementos mais definidores de uma trajetória constitucional. Como resultado, certos exemplos constitucionais cruzados podem surgir na mente dos construtores da constituição porque fornecem exemplos do que não fazer, do que recusar nos termos mais fortes. Esse exemplo não precisa ser estrangeiro, exceto no sentido de que o próprio passado de um país (mesmo seu passado imediato) pode parecer importante no futuro em tal momento. Mas pode ser"[396].

Segundo a doutrina, o processo constituinte do Chile, desde 2019, tem se baseado num modelo de "constitucionalismo aversivo". Segundo Sérgio Verdugo e Marcela Prieto, "o processo constitucional chileno pode ser entendido como manifestação de uma dupla aversão ou rejeição de dois modelos negativos: primeiro, da Era Pinochet e seus planos constitucionais, e segundo, da abordagem bolivariana à construção constitucional"[397]. A rejeição ao modelo pinochetista se vê na tentativa de fortalecer o regime democrático, bem como a tutela dos direitos sociais. Por sua vez, o processo constituinte chileno também rejeita o modelo andino, bolivariano, presente em países como Bolívia e Equador (e que costumamos chamar de novo constitucionalismo latino-americano), que admitem um plurinacionalismo, um fortalecimento da participação direta da população na democracia, na maior autonomia dos povos originários, um fortalecimento do Poder Executivo e ausência de limites do poder constituinte originário. Já no Chile, segundo os sobreditos autores, busca-se um consenso multipartidário, sem que haja uma excessiva interferência nos poderes instituídos. Todavia, segundo os autores, a rejeição ao modelo bolivariano não significa que o processo constituinte chileno não queira ser transformador: "A rejeição do caminho bolivariano não significa que o processo chileno carecerá necessariamente de características transformadoras. Nem toda forma de constitucionalismo transformador é necessariamente bolivariano: há outras maneiras pelas quais esse processo poderia ser transformador para o Chile. [...] Por fim, a ênfase nos direitos sociais, econômicos e culturais, bem como na inclusão potencial dos direitos indígenas, também poderia desempenhar esse papel. A transformação alcançada dessas formas e por meio do modelo pós-soberano pode proporcionar estabilidade e legitimidade no longo prazo"[398].

1.3.29. Constitucionalismo fraternal

Idealizado pelo ex-Ministro do STF Carlos Ayres Britto, o constitucionalismo fraternal tem inspiração no próprio preâmbulo da Constituição de 1988, segundo o qual o Estado é destinado a assegurar "o exercício dos direitos sociais e individuais, a liberdade, a segurança, o bem-estar, o desenvolvimento, a igualdade e a justiça como valores supremos de uma *sociedade fraterna, pluralista e sem preconceitos* (...)" (grifamos).

Segundo as palavras do ex-Ministro, "se a vida em sociedade é uma vida plural, pois o fato é que ninguém é cópia fiel de ninguém, então que esse pluralismo do mais largo espectro seja

---

396. *Aspirational and Aversive Constitutionalism: the case for studying cross-constitutional influence through negative models*, p. 300.
397. *The Dual Aversion of Chile's Constitution-Making Process*, p. 153.
398. Op. cit., p. 168.

plenamente aceito. Mais até que plenamente aceito, que ele seja cabalmente experimentado e proclamado como valor absoluto. E nisso é que se exprime o núcleo de uma sociedade fraterna, pois uma das maiores violências que se pode cometer contra seres humanos é negar suas individualizadas preferências estéticas, ideológicas, profissionais, religiosas, partidárias, geográficas, sexuais, culinárias etc."[399]

O STF proferiu várias decisões utilizando o argumento do constitucionalismo fraternal, como a ADI 3.510, que trata da constitucionalidade da lei de biossegurança. Ao entender constitucional a destruição de embriões humanos para fins de pesquisa científica, o STF entendeu que não há nada mais fraterno que dar a vida pelo seu semelhante. Assim, estaríamos destruindo uma vida humana no início de sua formação (para aqueles que entendem que o embrião congelado possui vida) para salvar a vida de muitas outras pessoas, por meio da pesquisa científica. Todavia, as decisões mais importantes em que o "constitucionalismo fraternal" foi utilizado são a ADI 4.277 e ADPF 132, que reconhecem que a união homoafetiva deve ser tratada como entidade familiar. Nesses casos, parafraseando o ex-Ministro Ayres Britto, uma das maiores violências que se pode cometer contra seres humanos é negar suas individualizadas preferências sexuais. Afirmar que uma pessoa homossexual está impossibilitada de constituir uma família vai totalmente de encontro do "constitucionalismo fraternal" adotado em nossa Constituição de 1988.

1.3.30. Constitucionalismo idílico

"Idílico" é algo que resulta de um sonho, de um devaneio, de uma utopia. Utilizando-se dessa expressão, Samuel Sales Fonteles afirma que o constitucionalismo idílico é uma distorção da realidade que deriva de um envolvimento sentimental com a Constituição, por uma falha do processo de aceitação que se assemelha a uma dissonância cognitiva. Dessa maneira, o intérprete da Constituição se utiliza de seus valores morais e íntimos para alterar o texto constitucional a seu critério, desprezando as vontades do poder constituinte originário ou reformador.

O autor dá como exemplo a discussão acerca das possíveis candidaturas avulsas no Brasil (a possibilidade de se candidatar a um cargo público sem filiação partidária). A Constituição de 1988 é clara ao exigir a filiação partidária como condição de elegibilidade (art. 14, § 3º, V, CF). Assim, ainda que o intérprete da Constituição, utilizando-se de princípios constitucionais (como o direito à liberdade, o princípio democrático etc.), entenda ser conveniente a candidatura avulsa (como nós entendemos), não pode ele alterar o texto constitucional, apenas por conta de suas preferências. A utilização do "constitucionalismo idílico" é uma das faces do ativismo judicial, no momento em que o julgador invade a competência de outros (no caso, invade as escolhas do poder constituinte).

Conteúdo digital – Acesse: https://somos.in/CDC7

Conteúdo em vídeo
Questões com gabarito comentado

---

399. *Teoria da Constituição*, p. 216.

2

DIREITO CONSTITUCIONAL

Sumário

2.1. Origem do Direito Constitucional – **2.2.** Conceito de Direito Constitucional – **2.3.** Natureza do Direito Constitucional – **2.4.** Objeto do Direito Constitucional – **2.5.** Espécies ou divisão do Direito Constitucional – **2.6.** Relações com outros ramos do Direito – **2.7.** Fontes do Direito Constitucional – **2.8.** Características do Direito Constitucional.

2.1. ORIGEM DO DIREITO CONSTITUCIONAL

Sob a influência veemente das revoluções burguesas do final do século XVIII e das consequentes Constituições modernas, as primeiras cadeiras de Direito Constitucional foram criadas no norte da Itália, em Ferrara, em 1797, cujo primeiro titular foi Giuseppe Di Luzo e, posteriormente, no ano seguinte, surgiram também nas Universidades de Pádua e Bolonha[1]. Curiosamente, na França a disciplina surgiu tardiamente, em 1834, na Universidade de Paris, sob a titularidade do publicista italiano Pelegrino Rossi[2]. No Brasil, o Direito Constitucional foi criado como disciplina autônoma, através do Decreto-lei n. 2.639, de 27 de setembro de 1940.

Como afirma Jorge Bacelar Gouveia, "a terminologia utilizada – 'Direito Constitucional' – acabaria por se cristalizar com o tempo e é hoje a designação mais utilizada um pouco por todo o mundo, igualmente sendo reconhecida em múltiplas institucionais internacionais e comparatísticas"[3]. A expressão surgiu na França e na Itália, quando da elaboração dos primeiros manuais, diante do advento do constitucionalismo liberal, tendo como primeiro expoente o já mencionado Pelegrino Rossi[4].

Figura 2.1 – Pellegrino Rossi (créditos ao final do livro).

Assim, podemos afirmar, como o faz García-Pelayo, que "o Direito Constitucional como disciplina autônoma nasce em uma situação histórico-concreta, motivada pela transformação fundamental da estrutura jurídico-política tradicional, que dá lugar a um sistema de normas material e (em geral) formalmente diferenciado"[5], fruto do constitucionalismo moderno e das revoluções liberais. Essa também é a opinião de Paulo Bonavides[6].

---

1. Não obstante, parte da doutrina considera como a origem a disciplina "About the study of the law", que tratava das leis inglesas, ministrada por sir William Blackstone, em 1758 (Nestor Pedro Sagüés. *Manual de Derecho Constitucional*, p. 19).
2. "Lecionado em universidades italianas, como Ferrara, Pavia e Bolonha, o Direito Constitucional passou à França, depois de 1830, quando ali se institucionalizou em definitivo a ordem revolucionária da sociedade burguesa, fato ocorrido, segundo tudo indica, sob a monarquia liberal de Luís Felipe. Guizot, ministro da Instrução Pública, determinou, em 1834, na Faculdade de Direito de Paris, a instalação da primeira cadeira de Direito Constitucional. Cometeu-a a um professor italiano, Pelegrino Rossi, de Bolonha, especialista na matéria" (Paulo Bonavides, op. cit., p. 38).
3. *Manual de Direito Constitucional*, v. 1, p. 31.
4. "De origem italiana, e refugiado na Suíça por causa do seu ideal liberal e nacionalista, Pellegrino Rossi coube o mérito de ter realizado a primeira grande síntese do Direito Constitucional saído da Revolução Francesa de 1789, não obstante as suas lições só teriam sido publicadas em 1866, 18 anos depois da sua morte. O sucesso de Pellegrino Rossi, contudo, não seria imediato, pois que enfrentou diversas dificuldades quando começou a desenvolver o seu ensino em Paris, mas rapidamente alcançaria grande reputação por força de uma visão que ia bastante além de uma dimensão literal da Carta Constitucional então vigente" (Jorge Bacelar Gouveia. *Manual de Direito Constitucional*, p. 32).
5. *Derecho Constitucional Comparado*, p. 29. Prossegue o autor: "mas a grande época de florescimento do Direito Constitucional tem lugar a partir do último terço do século XIX. Então se produz uma espécie de unificação da imagem jurídica do mundo, pois o sistema constitucional não só se afirma nos Estados europeus, mas também se estende fora deles. A essa expansão quantitativa se une a crença de que tal sistema representava a fórmula definitiva da convivência política, de que era uma das grandes e definitivas invenções da humanidade, efetiva e radicalmente vinculada ao progresso e à prosperidade dos povos, de maneira que para todo Estado atrasado que pretendia entrar na esfera da civilização, era inescusável a implantação do regime constitucional" (op. cit., p. 29).
6. "A origem da expressão Direito Constitucional, consagrada há cerca de um século, prende-se ao triunfo político e

2.2. CONCEITO DE DIREITO CONSTITUCIONAL

O Direito Constitucional surgiu como sendo uma disciplina, ramo do Direito Público, com o objetivo de estudar as normas e as instituições fundamentais associadas às Constituições. Embora tal conceito tenha sido apropriado no início da Idade Moderna, não mais corresponde à realidade. Direito Constitucional não é apenas uma ciência que estuda a Constituição, embora esse também seja um importante objeto de seu estudo.

O Direito Constitucional, como ciência, é formado por uma inter-relação com outros saberes e ciências, como Sociologia, Política e Filosofia. Em outras palavras, como afirmou Canotilho: "o direito constitucional é um *intertexto aberto*. Deve muito a experiências constitucionais, nacionais e estrangeiras; no seu 'espírito' transporta ideias de filósofos, pensadores e políticos" [...], não sendo "um singular movimento de rotação em torno de si mesmo, mas sim um gesto de translação perante outras galáxias do saber humano"[7].

Não obstante, embora haja várias definições do Direito Constitucional, preferimos conceituá-lo dessa maneira: é o ramo do Direito Público que investiga e sistematiza as instituições fundamentais do Estado, bem como estabelece a origem, a forma, o desenvolvimento e os limites da aquisição e do exercício do poder, tendo como elemento central a Constituição. Em outras palavras, Meirelles Teixeira definiu o Direito Constitucional como sendo "o conjunto de princípios e normas que regulam a própria existência do Estado moderno, na sua estrutura e no seu funcionamento, o modo de exercício e os limites de sua soberania, seus fins e interesses fundamentais"[8].

2.3. NATUREZA DO DIREITO CONSTITUCIONAL

Primeiramente, o Direito Constitucional é inegavelmente um ramo do Direito Público. Não obstante, como aponta a doutrina, "um dos mais árduos problemas da ciência jurídica contemporânea é o da distinção do direito objetivo em direito público e direito privado"[9].

---

doutrinário de alguns princípios ideológicos na organização do Estado moderno. Impuseram-se tais princípios desde a Revolução Francesa, entrando a inspirar as formas políticas do chamado Estado liberal, Estado de direito ou Estado constitucional" (op. cit., p. 36).
7. Op. cit., p. 19.
8. *Curso de Direito Constitucional*, p. 27.
9. Vicente Ráo. *O Direito e a Vida dos Direito*, p. 219. Como bastante difundido na doutrina pátria, a primeira distinção entre Direito Público e Direito Privado vem com o Direito Romano, pelas mãos de Ulpiano. Segundo ele, Direito Público é o que versa sobre o modo de ser do Estado, enquanto o Direito Privado versa sobre interesse dos particulares. Não obstante, como alerta Vicente Ráo: "não haveria como aceitar-se, mesmo perante os princípios jurídicos romanos, tão rigorosa separação entre interesse público e interesse particular, pois, na realidade, todos estes interesses se interpenetram" (op. cit., p. 220). Por essa razão, passou-se a dizer que Direito Público é composto de normas que visam *predominantemente* a tutela dos interesses do Estado, e Direito Privado é composto de normas que visam *predominantemente* a tutelar o interesse de particulares. Outro critério foi adotado por Augusto Thon, para o qual no Direito Público o Estado teria o dever de invocar a aplicação da norma quando violada, enquanto no Direito Privado o particular teria a faculdade de invocá-la, em caso de violação (o que não se revela correto, já que há normas de Direito Público, como Direito Penal, em que a vítima tem a faculdade ou não de processar o autor da infração). Embora haja outros critérios (e nenhum seja infalível), André Franco Montoro sintetiza: "Poderíamos continuar a enumeração de critérios propostos. Mas nenhum é, inteiramente, satisfatório. O que revela o caráter não rigorosamente lógico, mas sim prático e histórico dessa divisão, que acompanha desde Roma a evolução do Direito e, apesar das críticas que recebeu durante séculos, não foi hoje substituída com vantagem por qualquer outra. Dentre os critérios possíveis, optamos pelo que se fundamenta no objeto material da ciência do Direito [...]. Em princípio, podemos dizer que o Direito Público regula as relações ou

Goffredo Telles Júnior adverte: "Holliger expôs cento e quatro doutrinas sobre esse assunto, e concluiu, afinal, que nenhuma é satisfatória"[10]. De fato, essa divisão é importante apenas para fins didáticos, para entender e diferenciar os diversos ramos da "árvore jurídica normativa". Parece-nos bastante apropriada a distinção feita por Maria Helena Diniz, utilizando-se da combinação de critérios diversos. Segundo ela, "o *direito público* seria aquele que regula as relações em que o Estado é parte, ou seja, rege a organização e atividade do Estado considerado em si mesmo (direito constitucional), em relação com outro Estado (direito internacional) e em suas relações com os particulares, quando procede em razão de seu poder soberano e atua na tutela do bem coletivo (direito administrativo e tributário). O *direito privado* é o que disciplina as relações entre particulares, nas quais predomina, de modo imediato, o interesse de ordem privada, como compra e venda, doação, usufruto, casamento, testamento, empréstimo etc."[11]. Por fim, vale ressaltar que, por ter como objeto de estudo preceitos importantes que regem o direito privado, parte da doutrina o situa como uma espécie de "superDireito"[12].

2.4. OBJETO DO DIREITO CONSTITUCIONAL

Como vimos nos itens anteriores, a grande maioria dos autores define o Direito Constitucional através do objeto de seu estudo, que não se reduz apenas e tão somente ao texto constitucional. O Direito Constitucional tem por objeto "o conhecimento científico e sistematizado da organização fundamental do Estado, através da investigação e estudo dos princípios e regras constitucionais atinentes à forma do Estado, à forma e ao sistema de Governo, ao modo de aquisição e exercício do poder, à composição e funcionamento de seus órgãos, aos limites de sua atuação e aos direitos e garantias fundamentais"[13].

2.5. ESPÉCIES OU DIVISÃO DO DIREITO CONSTITUCIONAL

Segundo Paulo Bonavides, abrangem o Direito Constitucional várias ciências jurídicas que, ao lado de outras matérias não jurídicas (como a Ciência Política e a Filosofia), compõe o elenco de matérias que se ocupam do ordenamento constitucional do Estado, integrantes do Direito Constitucional: a) Direito Constitucional Positivo, Particular ou Especial; b) Direito Constitucional Comparado; c) Direito Constitucional Geral[14].

a) Direito Constitucional Positivo, Particular ou Especial: é o Direito Constitucional especial de um Estado específico, a organização e o funcionamento dos poderes constitucionais. Tem como objeto o estudo de uma só Constituição, analisando os princípios e regras

---

situações jurídicas em que o Estado é parte, como a competência dos Poderes Legislativos, Executivo e Judiciário, a elaboração do orçamento, a fixação dos impostos, o processo de punição dos criminosos pelo Estado etc. E o Direito Privado regula as relações jurídicas entre particulares, como a compra e venda, a locação, o empréstimo e os contratos em geral, o casamento, a herança etc." (*Introdução à Ciência do Direito*, p. 459).
10. *Iniciação na Ciência do Direito*, p. 225.
11. *Compêndio de Introdução à Ciência do Direito*, p. 273.
12. "No quadro geral do direito, o Direito Constitucional ocupa uma posição singular. Como diz Paulino Jacques, 'o Direito Constitucional é um Direito-síntese, contendo, como contém, um pouco de todos os ramos do Direito, e, consequentemente, um super-Direito'. De fato, encontram-se na Constituição preceitos que se enquadram em todos os ramos do Direito Público e até mesmo do Privado. Ali se acham disposições sobre penas, legislação trabalhista, direito de família, normas sobre regime comercial, direito de funcionários públicos, enfim, sobre os mais variados aspectos da vida social" (Silveira Neto. *Direito Constitucional*. São Paulo: Max Limonad, 1970).
13. Dirley da Cunha Júnior. *Curso de Direito Constitucional*, p. 43.
14. *Curso de Direito Constitucional*, p. 41.

vigentes em determinado Estado. Assim, temos o Direito Constitucional brasileiro, americano, alemão etc.

b) Direito Constitucional Comparado: tem o escopo de analisar textos constitucionais diferentes, de países ou tempos diversos. Assim, é possível comparar as normas constitucionais de países diferentes, vigentes ou não, bem como Constituições de um mesmo país elaboradas em épocas diversas[15].

c) Direito Constitucional Geral: corresponde a uma "Teoria Geral do Direito Constitucional", sem fazer análise específica de uma constituição específica. Tem o escopo de identificar e sistematizar princípios, conceitos e instituições comuns a vários países. Manuel García-Pelajo distingue o Direito Constitucional Geral do Direito Constitucional Comparado, da seguinte forma: "o que diferencia o Direito Constitucional Geral do Direito Constitucional Comparado é que, enquanto este se interessa pelos grupos jurídico-constitucionais em sua singularidade e contraste frente a outros grupos, o primeiro se preocupa somente com as notas gerais e comuns a esses grupos"[16].

DIREITO CONSTITUCIONAL	**POSITIVO, PARTICULAR OU ESPECIAL:** é o estudo da Constituição de um Estado específico, tendo como objeto de estudo uma só Constituição.
	COMPARADO: tem o objetivo de analisar textos constitucionais diferentes, de países diversos, vigentes ou não, bem como comparar constituições de um mesmo país, mas elaboradas em momentos históricos diversos.
	GERAL: sem analisar uma constituição específica, estuda a "Teoria Geral" do Direito Constitucional, abordando temas como *Poder Constituinte*, a *Eficácia das Normas Constitucionais*, a *Interpretação Constitucional* etc.

Além da classificação sobredita, tradicional, hodiernamente tem-se acrescido uma quarta modalidade de Direito Constitucional: o *Direito Constitucional Internacional, Transnacional ou Supranacional*. Nas palavras de Néstor Pedro Sagüés: "com esta expressão ultimamente se alude ao direito que devem organizar (ou "constitucionalizar") entes internacionais ou transnacionais"[17], como União Europeia, Organização das Nações Unidas etc.

Kildare Gonçalves Carvalho[18] menciona uma outra classificação do Direito Constitucional quanto à matéria: a) Direito Constitucional Material; b) Direito Constitucional Adjetivo. Segundo o mencionado autor, *Direito Constitucional Material ou Substantivo* cuida da organização do Estado, do seu modo de ser, de sua estrutura, variando de Estado para Estado. Já o *Direito Constitucional Adjetivo* envolve regras pertinentes à aplicabilidade da Constituição, assim consideradas o preâmbulo, o ato de promulgação, de publicação, de aplicação material propriamente dita (como o art. 5º, § 1º, que trata da aplicabilidade das normas definidoras de direitos fundamentais), bem como o seu processo de modificação (como o art. 60, que trata do procedimento da emenda constitucional). Essa distinção do Direito, em substantivo (que trata

---

15. Como afirma Paulo Bonavides: "Um desses critérios consiste em confrontar no tempo as Constituições de um mesmo Estado, observando-se em épocas distintas da evolução constitucional a semelhança e discrepância das instituições que o Direito Positivo haja conhecido. Outro critério de adoção cabível é o da comparação do Direito no espaço, com análise às Constituições de vários Estados, vinculados estes, de preferência, a áreas geográficas contíguas" (op. cit., p. 42).
16. Apud Dirley da Cunha Júnior, op. cit., p. 45.
17. *Manual de Derecho Constitucional*, p. 16.
18. *Direito Constitucional: Teoria do Estado e da Constituição*. Direito Constitucional Positivo, p. 7.

de normas de direito material) e adjetivo (que trata de normas de direito processual) vem sendo abandonada por grande parte da doutrina.

DIREITO CONSTITUCIONAL	MATERIAL ou SUBSTANTIVO: trata da organização do Estado, sua estrutura, as limitações do poder (através dos direitos fundamentais) etc.
	ADJETIVO: trata das regras pertinentes à aplicabilidade, bem como seu processo de modificação.

Por fim, Jorge Bacelar Gouveia, professor da Universidade Nova de Lisboa e um dos grandes constitucionalistas portugueses, assim classifica o Direito Constitucional: a) *Direito Constitucional Material*: o conjunto dos princípios e normas constitucionais que versam sobre os direitos fundamentais; b) *Direito Constitucional Econômico, Financeiro e Fiscal*: conjunto de princípios e regras constitucionais que cuidam da organização econômica da sociedade, estabelecendo as regras de intervenção do poder público no plano dos regimes econômico, financeiro e fiscal; c) *Direito Constitucional Organizatório*: conjunto de princípios e regras que fixam e organizam o poder público, como ele se organiza e funciona; d) *Direito Constitucional Garantístico*: conjunto de regras e princípios que estabelecem os mecanismos destinados à proteção da Constituição[19].

2.6. RELAÇÕES COM OUTROS RAMOS DO DIREITO

Se o Direito é um sistema hierárquico de normas, tendo a Constituição como pressuposto de validade de todas as leis, é um corolário inafastável ter o Direito Constitucional como o ramo mais importante do Direito, "o começo de todo o Direito, o próprio tronco comum ao qual se prendem e do qual também derivam os vários domínios da ordenação jurídica do Estado, de modo que cada um destes ramos o pressupõe, sendo gerados e amparados por ele, que contém o gérmen de suas normas e instituições"[20].

Por essa razão, o Direito Constitucional tem íntima relação com praticamente todos os ramos do Direito, sobretudo os que destacaremos abaixo:

a) Direito Constitucional e Direito Administrativo

A relação do Direito Administrativo com o Direito Constitucional é tão estreita, que alguns entendem que este é parte integrante daquele. Segundo Hely Lopes Meirelles, o Direito

---

19. *Manual de Direito Constitucional*, p. 34. Mais adiante, propõe uma outra classificação do Direito Constitucional, a depender do conteúdo das normas tratadas: a) Direito Constitucional Internacional; b) Direito Constitucional dos Direitos Fundamentais; c) Direito Constitucional Econômico; d) Direito Constitucional Ambiental; e) Direito Constitucional Eleitoral; f) Direito Constitucional dos Partidos Políticos; g) Direito Constitucional Parlamentar; h) Direito Constitucional Procedimental; i) Direito Constitucional Processual; j) Direito Constitucional de Segurança; k) Direito Constitucional de Exceção.
20. Dirley da Cunha Júnior, op. cit., p. 44. Prossegue o autor: "O Direito Constitucional, assim, representa o Direito Supremo do Estado, o tronco do sistema jurídico do qual derivam e se desenvolvem todos os ramos do Direito positivo, que nele encontram os seus princípios fundamentais. Nesse sentido, o Direito Constitucional desempenha uma função primordial no sistema jurídico, fornecendo os fundamentos e as bases de compreensão de todos os seus ramos, com os quais se relaciona. E é inegável que o Direito Constitucional, como centro e fonte de todo o sistema jurídico, mantém relação com todos os ramos do Direito, com eles interagindo, e, mais do que isso, submetendo-os a um processo de *constitucionalização* ou *filtragem constitucional*, quer por que os mais importantes princípios e regras específicas dos diversos domínios da ciência jurídica estão dispostos na Constituição, quer por que aqueles princípios e aquelas regras passaram a se sujeitar a uma leitura ou reinterpretação sob uma perspectiva constitucional" (op. cit., p. 46).

Administrativo sintetiza-se "no conjunto harmônico de princípios jurídicos que regem os órgãos, os agentes e as atividades públicas tendentes a realizar concreta, direta e imediatamente os fins desejados pelo Estado"[21]. Ora, os principais princípios que regem os órgãos, as atividades e os agentes públicos estão expressa ou implicitamente na Constituição Federal. Outrossim, a Constituição Federal tem como um dos seus elementos principais (os chamados *elementos orgânicos*) os dispositivos que organizam a estrutura do Estado e, por consequência, os órgãos responsáveis pela administração, bem como os respectivos agentes públicos.

Por essa razão, a Constituição reservou, no título III do seu texto (Da Organização do Estado) um capítulo para dispor sobre a Administração Pública. Nesse capítulo (capítulo VII), há normas sobre os princípios constitucionais da Administração Pública (como a legalidade, impessoalidade, moralidade etc.) e as regras constitucionais sobre os seus servidores (Seção II, arts. 39 a 41).

b) Direito Constitucional e Direito Penal

O Direito Constitucional possui estreita relação com o Direito Penal. Segundo Cezar Roberto Bitencourt, o Direito Penal é "um conjunto de normas jurídicas que tem por objeto a determinação de infrações de natureza penal e suas sanções correspondentes – penas e medidas de segurança"[22]. Por ser um dos mais importantes ramos do Direito Público, cuja principal consequência é a sanção penal, sobretudo a privativa de liberdade, violadora de um dos mais importantes direitos fundamentais (a liberdade de locomoção), é natural que encontre muito de seus limites expressos e implícitos na Constituição Federal.

Dessa maneira, é tema materialmente constitucional (e, por consequência, também formalmente constitucional, previsto nos textos constitucionais, como na Constituição brasileira) vários assuntos norteadores do Direito Penal. A Constituição Federal possui diretrizes e parâmetros para o Estado legislar sobre Direito Penal (como o princípio da reserva legal e a competência privativa da União para sobre ele legislar), critérios para aplicação da lei penal (como a irretroatividade da lei penal), normas expressas sobre as penas (como um rol de penas vedadas pela Constituição).

Outrossim, expressos ou implícitos na Constituição, há uma série de princípios constitucionais que norteiam a aplicação do Direito Penal, naquilo que muitos definem como "Direito Penal Constitucional". Podem ser mencionados, dentre outros, os seguintes princípios constitucionais: princípio da legalidade, princípio da exclusiva proteção a bens jurídicos, princípio da alteridade, princípio da fragmentariedade, princípio da intervenção mínima ou subsidiariedade, princípio da ofensividade ou lesividade, princípio da insignificância etc.

---

21. *Direito Administrativo Brasileiro*, p. 40.
22. *Tratado de Direito Penal*, v. 1, p. 2. Na sequência, Cezar Bitencourt menciona outros conceitos doutrinários semelhantes: para "Maggiore, 'Direito Penal é o sistema de normas jurídicas, por força das quais o autor de um delito (réu) é submetido a uma perda ou diminuição de direitos pessoais'; Cuello Calón, 'Direito Penal é o conjunto de normas estabelecidas pelo Estado que definem os delitos, as penas e as medidas de correção e de segurança com os quais são sancionados'. Na mesma direção seguem as definições dos principais penalistas pátrios: Magalhães Noronha definia o Direito Penal como 'o conjunto de normas jurídicas que regulam o poder punitivo do Estado, tendo em vista os fatos de natureza criminal e as medidas aplicáveis a quem os pratica'. Para Frederico Marques, Direito Penal 'é o conjunto de normas que ligam ao crime, como fato, a pena como consequência, e disciplinam também as relações jurídicas daí derivadas, para estabelecer a aplicabilidade de medidas de segurança e a tutela do direito de liberdade em face do poder de punir do Estado'" (p. 3).

Por fim, cada vez mais os penalistas se veem diante de temas constitucionais, quando analisados os limites de elaboração e aplicação das normas penais. Exemplo disso foi o histórico *habeas corpus* 82.959, julgado pelo STF, que declarou inconstitucional o regime integralmente fechado (com base no princípio constitucional da individualização das penas). Exemplo mais recente, mas não menos histórico e importante, é o Recurso Extraordinário 635.659, relatado pelo ministro Gilmar Mendes, que analisa a constitucionalidade do art. 28 da Lei n. 11.343/2006 (Lei de Drogas), verificando eventual lesão da lei ordinária a princípios constitucionais como intimidade, alteridade etc. Em seu voto, o min. relator ressalta as relações entre o Direito Penal e o Direito Constitucional: "A Constituição de 1988 contém diversas normas que determinam, expressamente, a criminalização de um amplo elenco de condutas, conforme se observa nos seguintes incisos do art. 5º [...] É possível identificar, em todas essas normas, um mandado de criminalização dirigido ao legislador, tendo em conta os bens e valores objeto de proteção. Em verdade, tais disposições traduzem importante dimensão dos direitos fundamentais, decorrente de sua feição objetiva na ordem constitucional. Tal concepção legitima a ideia de que o Estado se obriga não apenas a observar os direitos de qualquer indivíduo em face do Poder Público, como, também, a garantir os direitos fundamentais contra agressão de terceiros".

c) Direito Constitucional e Direito Processual

O Direito Processual é mais um importante ramo do Direito Público, consistente num conjunto de normas destinadas a regular o processo, principal instrumento estatal de aplicação do Direito Material. Ele é utilizado, seja quando o Direito Material não é cumprido voluntariamente pelo indivíduo (quando alguém não paga sua dívida, quando o pai abandona seu filho etc.) ou quando a própria lei fixa o processo como o único meio de aplicação do Direito Material (como no Processo Penal, única forma de se aplicarem as penas, já que, como determina o brocardo latino, *"nulla poena sine judicio"*). Por ser esse instrumento público relevantíssimo, não ficaria distante das normas constitucionais.

Tendo em vista que o processo (e, de forma geral, toda a atividade estatal) tem como fim mediato a solução pacífica dos conflitos de interesse e é inspirado por princípios de natureza pública, não poderia ficar alheio ao tratamento constitucional. E não é só: é sabido e consabido por todos que as Constituições dos países, consideradas suas leis fundamentais, têm o escopo de disciplinar, dentre outros assuntos, o exercício do poder do Estado e suas funções estatais, não ficando, pois, alheia a jurisdição. Da mesma forma, abandonando a vetusta teoria de que o processo é apenas um instrumento privatista das partes, mas sim um instrumento público de pacificação social, o tratamento constitucional se torna imperioso. Todavia, percebe-se que a relação existente entre o processo e a Constituição não se dá de uma só maneira. Podemos dizer que a influência ocorrida entre ambos se dá de forma bilateral. Como já disse o professor Cândido Rangel Dinamarco: "A visão analítica das relações entre processo e Constituição revela ao estudioso dois sentidos vetoriais em que elas se desenvolvem, a saber: a) no sentido Constituição-processo, tem-se tutela constitucional deste e dos princípios que devem regê-lo, alçados a nível constitucional; b) no sentido processo-Constituição, a chamada jurisdição constitucional, voltada ao controle da constitucionalidade das leis e atos administrativos e à preservação de garantias oferecidas pela Constituição ('jurisdição constitucional das liberdades')"[23].

---

23. *A Instrumentalidade do Processo*, p. 25.

Portanto, em outras palavras, podemos dizer que o Direito Constitucional influencia por demais o processo, ao passo que também o processo influencia o regramento constitucional. A influência do direito processual no regramento constitucional pode ser verificada através das ações de controle de constitucionalidade (com previsão de antecipação da tutela, efeitos retroativos, legitimidade, competência etc.), das ações constitucionais para defesa da liberdade (como o *habeas corpus*), para defesa de outros direitos líquidos e certos (como o mandado de segurança) etc. A esse fenômeno daremos o nome de *Jurisdição Constitucional* (o regramento constitucional influenciado pelo direito processual). Em contrapartida, como vimos, o processo é igualmente influenciado e inspirado no regramento constitucional. Ora, a Constituição prevê uma série de regras ligadas à competência, à constituição dos Tribunais, ao exercício da jurisdição, como também, e principalmente, aos princípios constitucionais ligados ao processo[24].

d) Direito Constitucional e Direito Civil

Malgrado seja ramo do Direito Privado, o Direito Civil, máxime alguns de seus ramos, encontram fonte normativa na Constituição. É o que acontece, por exemplo, com o Direito de Família. Núcleo da sociedade, a família recebe dispositivo constitucional específico (art. 226, CF), que dispõe, em seu *caput*, "a família, base da sociedade, tem especial proteção do Estado". O mesmo artigo trata do casamento religioso, com efeitos civis (art. 226, § 2º), união estável (art. 226, § 3º), divórcio (art. 226, § 6º), planejamento familiar (art. 226, § 7º) etc.

Outrossim, cada vez mais os institutos de Direito Civil passam a ser analisados, estudados, à luz dos princípios constitucionais expressos ou implícitos. Trata-se de um fenômeno não exclusivo do Direito Civil, mas de todos os ramos do Direito. A doutrina vem dando o nome de "constitucionalização do Direito": quando se fala em constitucionalização do direito, a ideia mestra é a irradiação dos efeitos das normas (ou valores) constitucionais aos outros ramos do direito"[25].

e) Direito Constitucional e Direito do Trabalho

A primeira Constituição que atribuiu o caráter de fundamentalidade aos direitos trabalhistas, ao lado das liberdades públicas e dos direitos políticos, foi a "Constituição Política dos Estados Unidos Mexicanos", de 1917[26]. Nesse período, na Europa, nascia a consciência de que os direitos fundamentais também teriam uma dimensão social (após a grande guerra de 1914-1918), culminando com a Constituição de Weimar, de 1919, as convenções da recém-criada Organização Internacional do Trabalho e a Revolução Russa e a consequente "Declaração dos Direitos do Povo Trabalhador e Explorado", de janeiro de 1918.

Promulgada em 5 de fevereiro de 1917, na cidade de Querétaro, a "Constituição Política dos Estados Unidos Mexicanos" decorreu de um manifesto clandestino elaborado em 1906 por um grupo revolucionário ("Regeneración"), liderado por Ricardo Flore Magón, contra a

---

24. Quanto aos princípios do processo previstos na Constituição, o estimado professor Luis Gustavo Grandinetti Castanho de Carvalho faz uma distinção: "Há uma distinção entre princípio constitucional aplicado ao Direito Processual e princípio processual-constitucional. O primeiro é um princípio da natureza política que foi primeiro inserido em Cartas Constitucionais, para, só após, ser estendido ao Direito Processual. Já o princípio processual-constitucional é justamente o oposto. É o princípio elaborado pela ciência processual e, devido a sua reconhecida importância política, passou a ocupar lugar nas Constituições Federais". *O Processo Penal em Face da Constituição*, p. 5.
25. *A Constitucionalização do Direito*, p. 39.
26. Disponível em: <https://www.juridicas.unam.mx/legislacion/ordenamiento/constitucion-politica-de-los-estados--unidos-mexicanos>.

ditadura de Porfírio Diaz. Várias propostas desse manifesto foram inseridas no texto constitucional de 1917 (proibição de reeleição para presidente da República, já que Porfírio Diaz havia governado por mais de 30 anos, quebra do poder da Igreja Católica, expansão do sistema de educação pública, reforma agrária etc.). Não obstante, o ponto mais significativo da "Constituição Política dos Estados Unidos Mexicanos" foi a inserção de um título específico ao direito fundamental social do trabalho (o título sexto – *Del Trabajo y de la Previsión Social*, composto de um único artigo – art. 123). Dispõe o *caput* do sobredito artigo: "El Congreso de la Unión y las Legislaturas de los Estados deberán expedir leyes sobre el trabajo, fundadas en las necesidades de cada región, sin contravenir a las bases siguientes, las cuales regirán el trabajo de los obreros, jornaleros, empleados, domésticos y artesanos, y de una manera general todo contrato de trabajo".

Segundo Fábio Konder Comparato, "o que importa, na verdade, é o fato de que a Constituição mexicana foi a primeira a estabelecer a desmercantilização do trabalho, própria do sistema capitalista, ou seja, a proibição de equipará-lo a uma mercadoria qualquer, sujeita a lei da oferta e da procura no mercado. A Constituição mexicana estabeleceu, firmemente, o princípio da igualdade substancial na posição jurídica entre trabalhadores e empresários na relação contratual de trabalho, criou a responsabilidade dos empregadores por acidentes de trabalho e lançou, de modo geral, as bases para a construção do moderno Estado Social de Direito. Deslegitimou, com isso, as práticas de exploração mercantil do trabalho, e portanto da pessoa humana, cuja justificação se procurava fazer, abusivamente, sob a invocação da liberdade de contratar"[27].

O direito ao trabalho teve na Constituição do México de 1917 inúmeros dispositivos a ele dedicados. Inicialmente, o direito individual de liberdade de escolha do trabalho[28], bem como a vedação do trabalho pessoal sem justa retribuição e consentimento[29]. Todavia, é o Título Sexto ("*Del Trabajo y de La Previsión Social*") o trecho mais marcante e historicamente pioneiro.

Na Constituição de 1988, marcante é a presença do Direito do Trabalho no texto constitucional, a começar pelo art. 1º, que prevê como um dos fundamentos da república "os valores sociais do trabalho". No título II, capítulo II, ao tratar dos Direitos Sociais, reserva artigos específicos sobre os direitos individuais do trabalho (art. 7º) e direitos coletivos do trabalho (arts. 8º a 11).

f) Direito Constitucional e Direito Tributário

Como vimos no primeiro capítulo desta obra, o Constitucionalismo tem como escopo principal limitar os poderes do Estado por meio de uma constituição e isso é visto claramente no Direito Tributário, na possibilidade e nos limites de o Estado tributar. Por essa razão, a Constituição Federal estabelece as limitações do poder de tributar (art. 150), discrimina as espécies de tributo (art. 145), demarca as competências tributárias etc.

---

27. A Constituição Mexicana de 1917. Disponível em: <http://www.dhnet.org.br/educar/redeedh/anthist/mex1917.htm>.
28. "Art. 4º. A ninguna persona podrá impedirse que se dedique a la profesión, industria, comercio o trabajo que le acomode, siendo lícitos. El ejercicio de esta libertad sólo podrá vedarse por determinación judicial, cuando se ataquen los derechos de tercero o por resolución gubernativa, dictada en los términos que marque la ley, cuando se ofendan los derechos de la sociedad. Nadie puede ser privado del producto de su trabajo, sino por resolución judicial".
29. "Art. 5º. Nadie podrá ser obligado a prestar trabajos personales sin la justa retribución y sin su pleno consentimiento, salvo el trabajo impuesto como pena por la autoridad judicial, el cual se ajustará a lo dispuesto en las fracciones I y II del artículo 123".

g) Direito Constitucional e Direito Internacional Público

Uma das tendências do constitucionalismo contemporâneo é a busca por um "constitucionalismo transnacional" ou "constitucionalismo global". Embora não tenhamos chegado a esse estágio, a Constituição Federal prevê expressamente como se dá o processo de incorporação dos tratados internacionais que, em regra, ingressam no direito brasileiro com força de lei ordinária.

A Constituição Federal prevê que o presidente da República é a autoridade competente para celebração dos tratados, convenções e atos internacionais (art. 84, VIII), sujeitos a referendo do Congresso Nacional, por meio de decreto-legislativo (art. 49, I). Outrossim, em regra inserida pela Emenda Constitucional 45/2004 (Reforma do Judiciário), prevê que os tratados sobre direitos humanos, aprovados pelas duas Casas do Congresso Nacional, por três quintos dos seus membros e em dois turnos, ingressam no direito brasileiro com força de Emenda Constitucional (art. 5º, § 3º, CF).

Outrossim, ao tratar dos princípios fundamentais que regem a República Federativa do Brasil, reserva a Constituição um artigo específico destinado aos princípios que regem as relações internacionais (art. 4º), que prevê a concessão de asilo político, autodeterminação dos povos etc.

h) Direito Constitucional e Disciplinas não jurídicas

Íntima relação há entre o Direito Constitucional e a *Teoria Geral do Estado* (também chamada de Ciência Política). Enquanto essa estuda o Estado como um fato social e político, o primeiro sistematiza juridicamente os princípios e regras fundamentais que organizam e limitam o poder do Estado.

O Direito Constitucional busca na *sociologia* as possibilidades e as limitações de sua atuação no campo social, diante das obrigações jurídicas impostas pelo texto constitucional como a "erradicação da pobreza" (um dos objetivos da República, previsto no art. 3º, da CF), a eficácia imediata dos direitos sociais (art. 5º, § 1º, CF) etc.

Cada vez mais busca na *filosofia* o substrato teórico necessário para interpretar e delimitar seus institutos, bem como orientar a postura do intérprete da Constituição.

2.7. FONTES DO DIREITO CONSTITUCIONAL

Largamente utilizada em inúmeros ramos do Direito, o estudo das fontes do Direito teve origem provavelmente em Savigny no início do século XIX, como afirma Tércio Sampaio Ferraz[30]. A expressão "fontes do direito" significa a origem do Direito, bem como os meios pelos quais ele se exterioriza. Em outras palavras, poderíamos dizer que as Fontes do Direito Constitucional correspondem ao local de onde surge o Direito Constitucional, à forma como ele se exterioriza, corporifica na sociedade.

---

30. Segundo o mencionado autor: "a teoria das fontes, em suas origens modernas, reporta-se à tomada de consciência de que o direito não é essencialmente um *dado*, mas uma *construção* elaborada no interior da conduta humana. Ela desenvolve-se, pois, desde o momento em que a ciência jurídica percebe seu objeto (o direito) como um produto cultural e não mais como um dado da natureza ou sagrado [...]. Esse tipo de reflexão já aparece, por exemplo, em Savigny no início do século XIX, o qual procura distinguir entre a *lei* (enquanto um ato do Estado) e seu sentido, isto é, seu espírito, que para ele repousa nas convicções comuns de um povo (o chamado 'espírito do povo': *volksgeist*)" (*Introdução ao Estudo do Direito*, p. 182).

Um século depois de Savigny, o jurista francês François Geny passa a falar de duas espécies de fontes do direito: as fontes materiais e as fontes formais. *Fontes materiais* são os fatos, elementos e circunstâncias que fazem nascer o Direito. São, portanto, elementos *materiais* (biológicos, psicológicos, fisiológicos) que contribuem para a formação do direito, elementos *históricos* (representados pela conduta humana no tempo), elementos *racionais* (representados pela elaboração da razão humana sobre a própria experiência da vida, formulando princípios universais) e elementos *ideias* (representados pelas diferentes aspirações do ser humano, formuláveis em postulados valorativos de seus interesses). Por sua vez, as *fontes formais* correspondem àquilo que foi construído, "significando a elaboração técnica do material por meio de formas solenes que se expressam em leis, normas consuetudinárias, decretos regulamentadores etc."[31].

Diante desse cenário, podemos dizer que as fontes materiais do Direito Constitucional são os elementos materiais, racionais, ideais e culturais da sociedade, dos quais emana o Direito Constitucional. Assim, a Constituição (que, como veremos adiante, é a principal *fonte formal do Direito Constitucional*) tem origem em todos esses elementos existentes na sociedade, mantendo com eles uma relação bilateral, como ressaltou Konrad Hesse, na sua obra clássica *A Força Normativa da Constituição*. Segundo ele, a realidade social dá origem à Constituição normativa, jurídica, que só terá sua força normativa reconhecida se de fato espelhar essa realidade. Se divorciada da realidade dos fatos, poucos terão o desejo de cumpri-la, o que o mestre alemão chamou de "vontade de constituição" (*wille zur Verfassung*). Segundo o autor: "pode-se afirmar: a Constituição jurídica está condicionada pela realidade histórica. Ela não pode ser separada da realidade concreta de seu tempo. A pretensão de eficácia da Constituição somente pode ser realizada se se levar em conta essa realidade"[32].

Se *fontes formais* são as formas por meio das quais o Direito se exterioriza, a principal fonte formal do Direito Constitucional é a Constituição. Ela estabelece a organização política, social e jurídica do Estado, as limitações do exercício de seu poder, as formas de aquisição do poder, os direitos e garantias fundamentais etc. Todavia, embora seja a principal fonte formal do Direito Constitucional (e, por isso, fonte formal imediata), não é a única. Há outras fontes formais do Direito Constitucional, a saber: os costumes, a doutrina, os princípios gerais do Direito Constitucional e a jurisprudência.

Os *costumes* são importantes na medida em que servem de orientação para o Constituinte e para o intérprete da Constituição e ganham maior destaque nos países de Constituição não escrita ou consuetudinária, onde os costumes constitucionais integram o Direito Constitucional.

A *doutrina constitucional* tem o condão não de apenas interpretar o conteúdo das leis constitucionais, mas também de criar, inovar, estabelecer novos parâmetros constitucionais, transformando a realidade. Teses doutrinárias vistas no capítulo anterior, como o "constitucionalismo transnacional" e o "novo constitucionalismo latino-americano" tem o escopo e o condão de alterar a interpretação constitucional e a postura do constitucionalista.

Muitos são os *princípios gerais do Direito Constitucional* que são utilizados não apenas pelo constituinte como também pelo intérprete e aplicador da Constituição. Ainda que não escritos, servem como norte do Direito Constitucional. Por exemplo, embora não escrito na Constituição

---

31. Op. cit., p. 182.
32. Op. cit., p. 24.

brasileira, o princípio da proporcionalidade é um dos critérios mais importantes para solução do conflito entre direitos fundamentais e análise de normas restritivas desses direitos.

Por fim, a jurisprudência constitucional vem ganhando em nosso país cada vez mais destaque, projeção e importância, máxime porque muitas das decisões do Supremo Tribunal Federal (que, embora não seja o único, é o principal intérprete da Constituição) têm efeito vinculante. Cada vez mais em nosso país, torna-se próxima a frase dita pelo juiz da Suprema Corte norte-americana Hughes: "we are under a Constitution but the Constitution is what the judges say it is" (nós estamos sob uma Constituição, mas Constituição é aquilo que os juízes dizem que ela é).

2.8. CARACTERÍSTICAS DO DIREITO CONSTITUCIONAL

Segundo Marcelo Rebelo de Souza (que se tornou Presidente de Portugal) e Jorge Bacelar Gouveia, são características do Direito Constitucional: a) supremacia; b) transversalidade; c) politicidade; d) estadualidade; e) legalismo; f) fragmentariedade; g) juventude; h) abertura.

A *supremacia* do Direito Constitucional sobre os demais ramos do Direito se dá pelo posicionamento hierárquico da Constituição sobre as outras normas jurídicas. Segundo Jorge Bacelar Gouveia, "olhando para esse escalonamento da ordem jurídica, o Direito Constitucional, quanto à respectiva força jurídica, assume uma posição suprema, colocando-se no topo da respectiva pirâmide, desse fato decorrente importantes corolários"[33].

A *transversalidade* se expressa nas muitas conexões entre o Direito Constitucional e outros ramos do Direito, que por ele são informados. É um grande tronco de onde arrancam os ramos da grande árvore que corresponde a essa ordem jurídica. Por isso, na expressão de Pellegrino Rossi, o Direito Constitucional são as "têtes de chapitre"[34] dos vários ramos do Direito.

A *politicidade* do Direito Constitucional decorre do seu objeto ser o estatuto do poder público, seus limites, seu exercício, sua origem etc. Essa característica tem um desafio, cada vez mais crescente: "pode aqui residir uma dificuldade acrescida, nem sempre fácil de transpor, de perceber os casos que devem ser deixados ao livre jogo da atividade política, assim dispensando ou aliviando a intervenção jurídica que necessariamente o Direito Constitucional acarreta"[35].

A *estadualidade* decorre do fato de o Direito Constitucional ser sujeito e objeto do próprio Estado. Já o *legalismo* decorre do fato de ser a Constituição a principal fonte formal do Direito Constitucional, pois a limitação do poder do Estado seria muito mais dificultosa se feita pela via consuetudinária ou jurisprudencial.

A *fragmentariedade* "significa que raramente lhe compete efetuar uma regulamentação completa das matérias sobre que se debruça, deixando muitos dos seus elementos de regime a outros níveis reguladores, aparecendo o Direito Constitucional como um setor mínimo fundamental"[36].

---

33. Op. cit., p. 41. Prossegue o autor: "a localização no cume da hierarquia da ordem jurídica implica que o respectivo sentido ordenador não possa ser contrariado por qualquer outra fonte, que lhe deve assim obediência, tal fato se traduzindo na ideia de conformidade constitucional ou de constitucionalidade".
34. Cabeças de capítulos.
35. Jorge Bacelar Gouveia, op. cit., p. 43. É o que ocorre com a crescente jurisdicionalização da política, um dos temas mais tormentosos do Direito Constitucional contemporâneo.
36. Jorge Bacelar Gouveia, op. cit., p. 45.

A *juventude* do Direito Constitucional decorre de fatores históricos, como vimos. Juntamente como Direito Administrativo e o Direito Internacional Público, o Direito Constitucional é um dos mais jovens ramos do Direito.

Por fim, a *abertura* se dá ao fato de que "o Direito Constitucional aceita complementaridades e recepções de outros ordenamentos, internacionais e internos, e com eles mantém relações intersistemáticas que não podem ser desprezadas, sobretudo na parte dos direitos fundamentais"[37].

Conteúdo digital – Acesse: https://somos.in/CDC7

Conteúdo em vídeo
Questões com gabarito comentado

---

37. Op. cit., p. 46.

3

TEORIA DA CONSTITUIÇÃO

Sumário

3.1. Considerações acerca do vocábulo "Constituição" – **3.2.** Origem – **3.3.** Conceito – **3.4.** Concepções principais sobre Constituição – **3.4.1.** Sentido sociológico (concepção sociológica) de Ferdinand Lassale – **3.4.2.** Sentido político (concepção política) de Carl Schmitt – **3.4.3.** Sentido jurídico (concepção jurídica) de Hans Kelsen – **3.4.3.1.** A norma fundamental hipotética de Kelsen (*Grundnorm*) – **3.5.** Hierarquia das normas no Brasil – **3.5.1.** Bloco de constitucionalidade – **3.5.2.** Tratados internacionais sobre direitos humanos – **3.5.2.1.** Os tratados internacionais sobre direitos humanos nos demais países da América do Sul – **3.5.3.** Leis – **3.5.4.** Atos infralegais – **3.5.5.** Leis estaduais e municipais? – **3.5.6.** Resumo esquemático – **3.6.** Outras concepções de Constituição – **3.6.1.** Concepção cultural ou culturalista – **3.6.2.** Concepção jusnaturalista (Constituição jusnaturalista) – **3.6.3.** Concepção marxista – **3.6.4.** Concepção institucionalista – **3.6.5.** Concepção estruturalista – **3.6.6.** Concepção biomédica (Constituição biomédica) – **3.6.7.** Concepção compromissória (Constituição compromissória) – **3.6.8.** Concepção suave ou dúctil (Constituição suave ou dúctil) de Gustav Zagrebelsky – **3.6.9.** Concepção empresarial (Constituição empresarial) – **3.6.10.** Concepção oral (Constituição oral) – **3.6.11.** Concepção instrumental – **3.6.12.** Constituição como estatuto do poder – **3.6.13.** Constituição como garantia do *status quo* econômico e social – **3.7.** Concepções modernas de Constituição – **3.7.1.** Constituição dirigente, de Canotilho – **3.7.2.** Constituição como documento regulador do sistema político (na Teoria dos Sistemas de Niklas Luhmann) – **3.7.3.** Constituição como processo político, de Peter Häberle – **3.7.4.** Constituição na teoria discursiva do Direito de Jürgen Habermas – **3.7.5.** Força normativa da Constituição e Constituição aberta de Konrad Hesse – **3.8.** Supremacia da Constituição – **3.9.** Objeto e conteúdo das Constituições – **3.10.** Elementos das Constituições – **3.11.** Estrutura da Constituição – **3.11.1.** Preâmbulo – **3.11.2.** Parte permanente – **3.11.3.** Ato das Disposições Constitucionais Transitórias.

3.1. CONSIDERAÇÕES ACERCA DO VOCÁBULO "CONSTITUIÇÃO"

A palavra "Constituição" tem origem no verbo latino *constituere*, que significa constituir, estabelecer, firmar, formar, organizar, delimitar. Na língua portuguesa, a palavra "Constituição" tem sentido plurívoco, podendo significar ato de constituir, organização, estabelecimento, modo de ser, ato de estabelecer ou fixar etc. Entre os estudiosos, identificam-se vários conceitos diversos de Constituição. O próprio STF, em decisão do Ministro Celso de Mello, já ressaltou a pluralidade de conceitos de Constituição: "cabe ter presente que a construção do significado de Constituição permite, na elaboração desse conceito, que sejam considerados não apenas os preceitos de índole positiva, expressamente proclamados em documento formal (que consubstancia o texto escrito da Constituição), mas, sobretudo, que sejam havidos, igualmente, por relevantes, em face de sua transcendência mesma, os valores de caráter suprapositivo, os princípios cujas raízes mergulham no direito natural e o próprio espírito que informa e dá sentido à Lei Fundamental do Estado. Não foi por outra razão que o Supremo Tribunal Federal, certa vez, e para além de uma perspectiva meramente reducionista, veio a proclamar – distanciando-se, então, das exigências inerentes ao positivismo jurídico – que a Constituição da República, muito mais do que o conjunto de normas e princípios nela formalmente positivados, há de ser também entendida em função do próprio espírito que a anima, afastando-se, desse modo, de uma concepção impregnada de evidente minimalismo conceitual" (STF, ADI 595/ES, rel. Min. Celso de Mello, 28-2-2002).

José Afonso da Silva reafirma a pluralidade de conceitos de Constituição: "a palavra constituição é empregada com vários significados, tais como: a) conjunto dos elementos essenciais de alguma coisa: a constituição do universo, a constituição dos corpos sólidos; b) temperamento, compleição do corpo humano: uma constituição psicológica explosiva, uma constituição robusta; c) organização, formação: a constituição de uma assembleia, a constituição de uma comissão; d) o ato de estabelecer juridicamente: a constituição de normas que regem uma corporação, uma instituição: a constituição da propriedade; e) a lei fundamental de um Estado"[1].

3.2. ORIGEM

A noção geral de Constituição já existia entre gregos e romanos, no domínio do pensamento jurídico, filosófico e político. Aristóteles, por exemplo, já distinguia as normas de organização (que organizavam e fixavam os fundamentos do Estado) e as normas comuns, elaboradas e interpretadas de acordo com as primeiras.

Não obstante, somente com o advento do constitucionalismo moderno, no final do século XVIII, tal ideia ganhou projeção, com o intuito de limitar o poder do Estado. Segundo Manoel Gonçalves Ferreira Filho, "tal distinção, porém, somente veio a ser valorizada no século XVIII, na Europa ocidental. E isto ocorreu com o propósito de limitar o poder, afirmando a existência de leis que seriam a ele anteriores e superiores. É daí em diante que o termo Constituição passou a ser empregado para designar o corpo de regras que definem a organização fundamental do Estado"[2]. As primeiras Constituições modernas, como vimos no capítulo 1 desta obra, são

---

1. Op. cit., p. 37.
2. *Curso de Direito Constitucional*, op. cit., p. 3. Prossegue o autor: "Isto ocorreu ao mesmo tempo em que se reconhecia que o homem pode alterar a organização política que os eventos históricos deram a um determinado Estado. Ou seja, que o homem pode modelar o Estado segundos princípios racionais, estabelecendo para este uma (nova) Consti-

a Constituição da Córsega (de 1755), a Constituição dos Estados Unidos (de 1787) e a Constituição Francesa (de 1791).

3.3. CONCEITO

Como se viu, impossível identificar um único conceito de Constituição, que pode pender para uma visão mais positivista (largamente utilizada em todo mundo), definindo Constituição como "Lei Fundamental; a Lei das Leis; a Lei que define o modo concreto de ser e de existir do Estado; a Lei que ordena e disciplina os seus elementos essenciais"[3] ou jusnaturalista, como sendo o conjunto de regras de Direito Natural que servem como base e fundamento à instituição do Estado e limitação de seus poderes.

Segundo José Afonso da Silva, embora entenda ser uma visão parcial do conceito de Constituição, define-a como sendo "sua lei fundamental, [...] a organização dos seus elementos essenciais: um sistema de normas jurídicas, escritas ou costumeiras, que regula a forma do Estado, a forma de seu governo, o modo de aquisição e o exercício do poder, o estabelecimento de seus órgãos, os limites de sua ação, os direitos fundamentais do homem e as suas respectivas garantias. Em síntese, a constituição é o conjunto de normas que organiza os elementos constitutivos do Estado"[4].

Jorge Miranda[5] sintetiza as correntes doutrinárias diversas acerca da Constituição: *a) concepções jusnaturalistas:* Constituição como expressão e reconhecimento no plano jurídico dos princípios e regras do Direito Natural; *b) concepções positivas* (prevalentes de meados do século XIX até a Segunda Guerra Mundial, tendo como representantes Laband, Jellinek, Carré de Malberg e Kelsen) têm a Constituição como lei, tendo sobre as outras leis uma relação lógica de supraordenação; *c) concepções historicistas* têm a Constituição como a expressão da estrutura histórica de cada povo, tendo como autores Burke, De Maistre, Gierke; *d) concepções sociológicas*, que têm a Constituição como consequência dos mutáveis fatores sociais que condicionam o exercício do poder, com expressão em Lassalle, Sismondi e Lorenz Von Stein; *e) concepções marxistas*, que têm a Constituição como superestrutura jurídica da organização econômica que prevalece em qualquer país, sendo um instrumento da ideologia da classe dominante; *f) concepções institucionalistas*, de Hauriou, Santi Romano, Burdeau e Mortari, têm a Constituição como expressão da organização social, seja como expressão das ideias duradouras na comunidade política, seja como ordenamento resultante das instituições, das forças e dos fins políticos; *g) concepção decisionista*, de Carl Schmitt, tem a Constituição como decisão política fundamental, válida só por força do ato do poder constituinte; dentre outras.

---

tuição. Nova Constituição forçosamente consagrada num documento escrito. A Constituição escrita apresenta como novidade fundamental essa crença na possibilidade de, pondo-se de parte a organização costumeira do Estado, dar-se ao mesmo uma estrutura racional inspirada num sistema preconcebido. Ora, essa crença, se pode ter apontado cá ou lá anteriormente, só se difundiu e ganhou o público na segunda metade do século XVIII, triunfando com a Revolução de 1789. A ideia de Constituição escrita, instrumento de institucionalização política, não foi inventada por algum doutrinador imaginoso; é uma criação coletiva apoiada em precedentes históricos e doutrinários. Elementos que se vão combinar na ideia de Constituição escrita podem ser identificados, de um lado, nos pactos e nos forais ou cartas de franquia e contratos de colonização; de outro, nas doutrinas contratualistas medievais e na das leis fundamentais do Reino, formulada pelos legistas. Combinação esta realizada sob os auspícios da filosofia iluminista" (p. 4).

3. Dirley da Cunha Júnior, op. cit., p. 66.
4. Op. cit., p. 37-3.
5. *Manual de Direito Constitucional*, t. II, p. 66-67.

3.4. CONCEPÇÕES PRINCIPAIS SOBRE CONSTITUIÇÃO

3.4.1. Sentido sociológico (concepção sociológica) de Ferdinand Lassale

Nascido em 11 de abril de 1825 em Breslau ou Breslávia (hoje Wroclaw ou Vratislávia, na Polônia), ingressou na Universidade de Breslau e mais tarde na Universidade de Berlim (hoje Universidade Humboldt, onde estudaram Einstein, Marx, dentre outros), e lá cursou filosofia, tornando-se seguidor das ideias de Georg Hegel (que foi professor daquela universidade até sua morte, em 1831). Foi um republicano comprometido e sempre defendeu as ideias democráticas publicamente, motivo pelo qual foi condenado a deixar Berlim, sendo perdoado posteriormente pelo rei, com a intercessão do professor Alexander von Humboldt (que hoje dá nome à Universidade de Berlim). Teve contato com Karl Marx entre os anos de 1850 e 1860 e, embora formalmente membro da Liga Comunista, rompeu com Marx, que repudiou publicamente as ideias de Lassale de Estado e Constituição.

Figura 3.1 – Caricatura de Ferdinand Lassale (créditos ao final do livro).

Em 16 de abril de 1862, em uma associação liberal-progressista, Ferdinand Lassale foi convidado para proferir uma conferência em Berlim, sobre a essência da Constituição (*Über das Verfassungswesen*), cujas palavras iniciais foram: "Começo, pois, minha conferência com esta pergunta: O que é uma Constituição? Em que consiste a verdadeira essência de uma Constituição?"[6] O referido discurso foi transformado em livro que, na língua portuguesa, foi publicado como "O que é uma Constituição?" "Essência da Constituição"[7].

Sua morte foi inusitada. Ele se envolveu romanticamente com uma mulher mais jovem, Helene von Dönniges, e no verão de 1864 decidiram se casar. Todavia, o pai da jovem opôs-se à relação, obrigando sua filha a se casar com um nobre chamado Bajor von Racowitza. Lassale desafiou o nobre para um duelo e perdeu a batalha, morrendo na manhã do dia 28 de agosto de 1864, sendo sepultado em sua terra natal.

O que é Constituição para Ferdinand Lassale? Segundo Lassale, a constituição real é a soma dos fatores reais de poder (relações de poder que existem na sociedade: poder político, poder religioso, poder econômico, poder militar etc.). Diversa da constituição real está, segundo ele, a constituição jurídica, norma jurídica emanada do Estado, que ele denomina como sendo uma folha de papel (*ein Stück Papier*).

---

6. Ferdinand Lassale. *O que é uma Constituição*, p. 37.
7. Segundo Franz Mehring, que fez a introdução do livro de Lassale, "apesar de esta conferência ter tido uma grande importância indireta, e apesar dos muitos ensinamentos seus que se infundiram, como merece ainda continuar infundindo, na consciência da classe trabalhadora, seu resultado imediato não foi grande. Lassalle não conseguiu alcançar a finalidade a que se propunha, que era abrir os olhos do censo eleitoral progressista sobre a verdadeira medula histórico-política do conflito constitucional que vinha tramitando. Seu discurso foi escutado com atenção e obteve o aplauso que todo discurso pronunciado desde a oposição podia estar seguro de obter; mas o auditório não pareceu dar-se conta da profunda diferença que se interpunha entre aquele discurso e o que estava acostumado a escutar dos lábios dos chefes progressistas; dentro de poucas semanas, as palavras de Lassalle ficaram completamente apagadas diante do esmagador triunfo eleitoral obtido pelo Partido do Progresso em 6 de maio de 1862" (op. cit., p. 24).

Ferdinand Lassale começa seu discurso com uma interessante indagação: "Em que se distinguem uma Constituição e uma lei", já que ambas necessitariam de promulgação legislativa? Por que as pessoas admitem as constantes e necessárias mudanças legislativas, enquanto gritam "Deixar estar a Constituição!", quando o texto constitucional é alterado? Segundo ele, muitos dirão que a constituição escrita é uma lei fundamental, diferentemente das outras leis. Todavia, ele indaga: "quais ideias e noções são as que vão associadas a este nome de 'lei fundamental'"? Segundo Lassale, em todo país, existe uma força ativa e informadora, que influencia de tal modo todas as leis promulgadas nesse país: "os fatores reais de poder que regem uma determinada sociedade. Os fatores reais de poder que regem cada sociedade são essa força ativa e eficaz que informa todas as leis e instituições políticas da sociedade em questão, fazendo com que não possam ser, em substância, mais do que tal e como são"[8].

Depois dessa afirmação, Lassale, em seu discurso, dá importantes exemplos: se o legislador, em uma monarquia absoluta, dispusesse que o país passara a ser uma república democrática, ouviria do rei: "poderão estar destruídas as leis, mas a realidade é que o exército me obedece, obedece às minhas ordens; a realidade é que os comandantes dos arsenais e dos quartéis sairão à rua com os canhões e nas baionetas, não tolerarei que me atribuais mais posição nem prerrogativas do que as que eu queira"[9]. Portanto, o texto escrito, ainda que considerado solene, "sagrado", fundante etc., será apenas uma folha de papel, distante da realidade.

De nada adianta o texto constitucional distanciar-se da realidade, dos fatores reais de poder. Lassale faz uma brilhante analogia: "Vocês podem colocar em sua horta uma maçã e pregar-lhe um papel dizendo: 'Esta árvore é uma figueira'. Bastará isso para que vocês o digam e proclamem para que se torne figueira e deixasse de ser maçã? Não. E ainda que vocês congregassem todos os seus servos, todos os vizinhos da comarca, em várias léguas de distância, e lhes fizessem jurar todos solenemente que aquilo era uma figueira, a árvore continuaria sendo o que é, e na próxima colheita dirão bem alto de seus frutos que não serão figos, mas maçãs. O mesmo acontece com as Constituições. De nada serve o que se escreve numa folha de papel se não se ajusta à realidade, aos fatores reais e efetivos de poder"[10]. A esse fenômeno de distanciamento entre a Constituição escrita da realidade social, Ivo Dantas deu o nome de "hiato constitucional".

Segundo Lassale, o desejo, a necessidade de se elaborar uma nova constituição escrita ou constituição jurídica nasce da mudança significativa nos fatores reais de poder. Quando as relações sociais se alteram (quando um ditador assume o poder, quando o povo revoluciona-se contra o poder vigente etc.), tem-se a necessidade de registrar num documento esses novos "fatores reais de poder"[11].

Dessa maneira, se essa constituição jurídica for divorciada da realidade, da constituição real, será uma mera "folha de papel" (*ein Stück Papier*). Assim, a Constituição escrita, jurídica,

---

8. Op. cit., p. 42.
9. Op. cit., p. 43.
10. Op. cit., p. 68.
11. Segundo Lassale, "Colhem-se estes fatores reais de poder, registram-se em uma folha de papel, se lhes dá expressão escrita, e a partir desse momento, incorporados a um papel, já não simples fatores reais de poder, mas que se erigiram em direito, em instituições jurídicas, e quem atentar contra eles atentará contra a lei e será castigado [...]. Vimos, senhores, que relação guardam entre si as duas Constituições de um país, essa Constituição real e efetiva, formada pelo somatório de fatores reais e efetivos que vigoram na sociedade, e essa outra Constituição escrita, à qual, para distingui-la da primeira, daremos o nome de folha de papel" (op. cit., p. 53).

não pode se divorciar da constituição real (os fatores reais de poder), sob pena de tornar-se ilegítima e ineficaz.

Por essa razão, Lassale entende que todos os países têm e sempre tiveram uma Constituição, já que sempre existiram esses fatores reais de poder. Por sua vez, a necessidade de Constituições escritas surgiu efetivamente com as revoluções burguesas do final do século XVIII. Nas suas palavras: "Todos os países sempre têm e tiveram uma Constituição real e efetiva. [...] Do mesmo modo e pela mesma lei de necessidade que todo corpo tem de uma constituição, sua própria constituição, boa ou má, estruturada de um modo ou de outro, todo país tem, necessariamente uma Constituição, real e efetiva, pois não se concebe país algum em que não imperem determinados fatores reais de poder, quaisquer que sejam"[12].

Conclui seu discurso com uma indagação: "quando se pode dizer que uma Constituição escrita é boa e duradoura?". Responde Lassale: "quando esta Constituição escrita corresponde à Constituição real, a qual tem suas raízes nos fatores de poder que regem no país. Onde a Constituição escrita não corresponde à real, estoura inevitavelmente um conflito que não há maneira de evitar e no qual, passado algum tempo, mais cedo ou mais tarde, a Constituição escrita, a folha de papel, terá necessariamente de sucumbir perante o empuxo da Constituição real, das verdadeiras forças vigentes no país. [...] Os problemas constitucionais não são, primordialmente, problemas de direito, mas de poder; a verdadeira Constituição de um país somente reside nos fatores reais e efetivos de poder que regem nesse país; e as Constituições escritas não têm valor e nem são duradouras mais do que quando dão expressão fiel aos fatores de poder vigentes na realidade social"[13].

No nosso entender, o discurso de Lassale é genial e destinado a um grupo de pessoas que, como a grande maioria, espera passivamente (e de forma até omissa e silenciosa) uma solução para os males, vinda de um rei, de um parlamento, de uma Assembleia Constituinte etc. O produto desse ato legislativo (a constituição jurídica ou escrita) será realmente uma mera folha de papel se não espelhar a realidade social (ou, nas palavras de Lassale, os fatores reais de poder). De que adianta estar na Constituição que "todo poder emana do povo", se no Brasil o povo não pode fazer propostas de Emenda Constitucional? O povo não pode mudar sua própria constituição escrita! O povo não pode cancelar pelo voto direto o mandato de políticos com os quais esteja insatisfeito. Para que isso se torne de fato constitucional, deve vir da realidade dos fatos para a lei, e não o contrário. Lassale, ao falar do poder preponderante, dá sempre como exemplo o Exército, por se tratar de um "poder organizado", ainda que composto de um contingente menor que o da população em geral. A conclusão de Lassale é genial, no nosso entender: "Não se esqueçam vocês desta conferência, senhores, e quando voltarem a se ver alguma vez no momento crítico de ter que dar a si mesmos uma Constituição, espero que vocês já saberão como se fazem estas coisas, e que não se limitarão a assinar uma folha de papel, deixando intactas as forças reais que mandam no país"[14].

---

12. Op. cit., p. 55. Prossegue o autor: "Assim, pois, todo país tem, e sempre teve, em todos os tempos de sua história, uma Constituição real e verdadeira. O específico dos tempos modernos – há que se fixar bem nisto, e não esquecê-lo, pois tem muita importância – não são as Constituições reais e efetivas, mas as Constituições escritas, as folhas de papel".
13. Op. cit., p. 63.
14. Op. cit., p. 71.

3.4.2. Sentido político (concepção política) de Carl Schmitt

Carl Schmitt, jurista e filósofo alemão, nascido em 11 de julho de 1888, é um dos mais importantes e polêmicos juristas alemães, por conta de sua estreita ligação com o nazismo, dando base às ações de Adolf Hitler. Não à toa recebeu a alcunha de "jurista maldito". Nasceu na região da Vestfália, estudando Direito em Berlim, Munique e Estrasburgo. No ano de 1933, tornou-se professor da Universidade de Berlim, bem como ingressou no Partido Nazista, nunca se retratando de suas ideias e de tal filiação.

A partir de 1936, perdeu o prestígio dentro do próprio Partido Nazista, recebendo crítica de seus pares, demitindo-se de vários cargos que ocupava, exceto na Universidade de Berlim. Tal fato não impediu que fosse preso pelos aliados, estando recluso por mais de um ano em campo de concentração, mas não foi levado a julgamento perante o Tribunal de Nuremberg[15]. Segundo o professor e biógrafo norte-americano Willian E. Scheuerman, "nenhum dos escritos pós-guerra de Schmitt sugere qualquer arrependimento ou senso de responsabilidade de sua parte para a catástrofe alemã. Pelo contrário, Schmitt claramente se considerava uma vítima não só do nazismo, mas também das tentativas de reeducar os alemães depois da guerra. Entre 1945 e 1947, ele passou mais de um ano em uma prisão militar norte-americana (os interrogadores americanos parecem ter destruído sua biblioteca pessoal) e, em seguida, Schmitt foi banido do ensino universitário após a guerra. Durante todo o restante de sua vida, ele claramente considera este castigo imerecido"[16].

Figura 3.2 – Caricatura de Carl Schmitt (créditos ao final do livro).

Em sua obra, destacamos o livro *Teoria da Constituição*[17], no qual estabelece o conhecido sentido político de Constituição. Assim como Ferdinand Lassale, Carl Schmitt não considera Constituição a Lei Constitucional. Para Schmitt, Constituição e Lei Constitucional são fenômenos distintos.

Segundo Carl Schmitt, Constituição é uma decisão política fundamental, da qual pode ser feita uma norma jurídica ou não. Critica aqueles que consideram Constituição como sinônimo de Lei Constitucional: "as ideias e palavras que falam de Constituição como uma 'lei fundamental', ou uma 'norma fundamental', são quase sempre obscuras e imprecisas. São uma série de normas das mais variadas classes, por exemplo, os 181 artigos da Constituição de Weimar, uma 'unidade' sistemática, normativa e lógica. [...] A unidade do *Reich* alemão não descansa naqueles 181 artigos e em sua vigência, mas na existência política do povo alemão"[18].

Dessa maneira, afirma que "só é possível um conceito de Constituição quando se distinguem Constituição e Lei Constitucional. [...] Toda lei, como regulação normativa, e também a lei constitucional, necessita para sua validez, em último termo, uma decisão política prévia,

---

15. "Schmitt foi aprisionado porque os americanos em primeiro lugar consideravam acusá-lo nos Julgamentos de Nuremberg, mas abandonaram a ideia por causa da dificuldade de ligar Schmitt diretamente às atrocidades nazistas. Ironicamente, Schmitt parece ter se beneficiado da preferência tradicional da jurisprudência liberal pela maior clareza e especificidade relativa à definição de atos criminosos" (Carl Schmitt. *The End of Law*, p. 176).
16. Op. cit., p. 176.
17. Carl Schmitt. *Teoría de la Constitución*, passim.
18. Op. cit., p. 11.

adotada por um poder ou autoridade politicamente existente"[19]. Bem, essa decisão tomada pela autoridade existente (que pode ser o povo ou alguém que diz representar o povo) é, segundo ele, a Constituição.

Uma das mais importantes consequências de sua posição é a seguinte: o governante deve respeitar a "Constituição, mas, em casos excepcionais, pode deixar de cumprir a "Lei Constitucional": "A Constituição é intangível, enquanto que as leis constitucionais podem ser suspensas durante o estado de exceção, e violadas pelas medidas do estado de exceção. [...] Tudo isto não atenta contra a decisão política fundamental, nem à substância da Constituição, sem que precisamente se dá no serviço da manutenção e existência da mesma".

A teoria se fez prática na Alemanha nazista. Hitler foi nomeado chanceler em janeiro de 1933 e, em razão de um suspeito incêndio no Parlamento (*Rechstag*) alemão, creditado aos comunistas, convenceu o então presidente a decretar estado de sítio. Hitler convenceu o parlamento, no qual tinha maioria, a aprovar a "Lei de habilitação de grandes poderes" (*Ermächtigungsgesetz*), que autorizava o Chanceler a editar leis, no estado de sítio ou emergência, sem a participação do parlamento. Segundo Carl Schmitt, era possível até mesmo suspender a lei constitucional, que não era o mesmo que Constituição.

Ainda decorre do pensamento de Carl Schmitt a ideia de que o Guardião da Constituição (*Der Hüter der Verfassung*) deve ser o líder do *Reich*, e não um Tribunal, opondo-se, pois, à teoria do judeu Hans Kelsen, que foi o maior defensor da existência de um Tribunal Constitucional[20].

---

19. Op. cit., p. 25. Continua o autor: "A distinção entre Constituição e Lei Constitucional só é possível, todavia, porque a essência da Constituição não está contida em uma lei ou em uma norma. No fundo de toda normatividade reside uma decisão política do titular do poder constituinte, ou seja, do Povo na Democracia e do Monarca na Monarquia autêntica" (p. 27).

20. *O Guardião da Constituição*, passim. Gilberto Bercovici sintetiza o pensamento de Carl Schmitt: "A primeira parte do livro é dedicada ao esforço de Carl Schmitt em desqualificar o Poder Judiciário como protetor da Constituição [...] Para Schmitt, esta busca pelo guardião da Constituição no Poder Judiciário também se deve à influência do papel da Suprema Corte norte-americana, que exerce funções bem distintas das reservadas aos tribunais alemães. [...] Carl Schmitt entende que o controle judicial de constitucionalidade só poderia existir em um Estado Judicialista (*Justizstaat ou Jurisdiktionsstaat*), em que toda a vida política fosse submetida ao controle dos tribunais. A consequência disto não seria a judicialização da política, mas a politização da justiça. [...] Descartada, para Schmitt, a possibilidade de o Poder Judiciário ser o guardião da Constituição, ele passa a analisar a segunda hipótese: o Parlamento. [...] A 'ocupação pluralista' do Estado faz com que não haja qualquer direção, integridade ou unidade na política econômica, ou seja, o Parlamento é incapaz de lidar com as crises econômicas, quanto mais ser o guardião da Constituição. Para Carl Schmitt, apenas o Poder Executivo, na figura do Presidente do *Reich*, dotado dos poderes discricionários previstos no artigo 48 da Constituição de Weimar, será capaz de tomar as decisões necessárias para solucionar o 'Wirtschaftsnotstand' ('estado de emergência econômico'). Apenas com uma autoridade política estável e situada fora da luta dos partidos políticos e demais forças sociais poderia voltar a ser garantida a 'esfera livre' da religião e da vida privada, por meio das 'garantias institucionais'. [...] Carl Schmitt, ainda, afirma que o Presidente do *Reich* não representa apenas um poder neutro, mas tem também uma função de integração política, nos termos do Rudolf Smend, pois representa o Estado todo, em contraposição ao pluralismo do Parlamento. A unidade política do Estado, para Schmitt, está representado pelo Presidente, eleito por toda a nação. [...] A posição de Carl Schmitt, ao reforçar o poder presidencial em detrimento do parlamento, como atestam os últimos gabinetes de Weimar (Brüning, Papen e Schleicher), nomeados pelo Presidente Hindenburg à revelia das maiorias parlamentares, ajudou a gerar a crise política final do regime democrático, que desembocaria no nazismo. [...] O problema surge, segundo Pablo Lucas Verdú, quando os órgãos de controle de constitucionalidade não se limitam mais a defender e a interpretar, como instância máxima, a Constituição, mas passam a assenhorear-se dela" (Carl Schmitt, *O Estado Total* e *O Guardião da Constituição*).

Podemos dizer que a teoria de Carl Schmitt, que diferencia Constituição e Lei Constitucional, embora eivada de polêmicas e riscos, tem um corolário na doutrina constitucional brasileira contemporânea: a diferença entre normas materialmente constitucionais e normas formalmente constitucionais. De fato, o texto constitucional de 1988, por exemplo, foi elaborado por vários grupos políticos distintos, com ideologias diversas. A afirmação de ser um "todo harmônico, uno" é mais um desejo que uma realidade. Além disso, soma-se o fato de que o texto constitucional foi elaborado depois de um regime autoritário militar. Em casos semelhantes, o constituinte normalmente tenta ser mais detalhista em seu trabalho, sabedor de que o texto constitucional terá maiores dificuldades de ser formalmente alterado. Diante dessa conjuntura, temos uma lei constitucional que trata de assuntos relevantíssimos (como a forma de Estado, a forma de Governo, a forma de aquisição e exercício do poder), mas trata de assuntos nada relevantes, que poderiam ser tratados pela lei infraconstitucional.

As normas que dispõem sobre temas essencialmente constitucionais (que Carl Schmitt chamaria de Constituição) hoje são chamadas de normas materialmente constitucionais, enquanto as normas que se encontram no texto constitucional, mas que não tratam dos temas essenciais do Estado, são chamadas de normas formalmente constitucionais. Exemplo mais citado de norma formalmente constitucional na Constituição de 1988 é o art. 242, § 2º: "O Colégio Pedro II, localizado na cidade do Rio de Janeiro, será mantido na órbita federal". Obviamente, não se trata de matéria constitucional a administração de um colégio, mas, por opção do constituinte originário, foi colocado no texto constitucional. Não é materialmente, mas é formalmente constitucional. Na prática, sendo uma norma constitucional (formalmente ou materialmente), necessita de um procedimento mais rigoroso de alteração. Em resumo, alterar substancialmente o Poder Judiciário, como foi feito em 2004, ou alterar o Colégio Pedro II, são temas que demandam Emenda Constitucional.

3.4.3. Sentido jurídico (concepção jurídica) de Hans Kelsen

Hans Kelsen nasceu em 11 de outubro de 1881 na cidade de Praga, atual capital da República Tcheca, que naquela época era pertencente ao então Império Austro-Húngaro, de lá saindo com 3 anos e se mudando para Viena. Na capital austríaca teve início sua formação jurídica, tendo também posteriormente estudado em Heildelberg e Berlim. Iniciou seus estudos de Direito em Viena, em 1900, concluindo o curso em 1906. Teve a oportunidade de ter como professor Georg Jellinek, um dos maiores publicistas de seu tempo. A partir de 1911, aos 30 anos de idade, Kelsen passou a lecionar na Faculdade de Direito de Viena, publicando no mesmo ano o livro *Problemas Capitais da Teoria do Direito Estatal*.

O fato de ser judeu mudou os destinos da vida profissional e pessoal de Kelsen. Em 1917 foi convocado para servir como assessor jurídico no Ministério da Guerra, o que lhe deu oportunidade para, a partir de 1918, colaborar na redação da nova Constituição da Áustria. Nessa Constituição, foi criada a Corte Constitucional para exercer o controle de

Figura 3.3 – Caricatura de Hans Kelsen (créditos ao final do livro).

constitucionalidade dos atos do Legislativo e do Executivo. Como vimos no item anterior, tal teoria foi ferozmente criticada pelo nazista Carl Schmitt, que defendia que a análise da constitucionalidade deveria ficar a cargo do chefe do Poder Executivo, o líder do *Reich*, o *Führer*.

Em 1920, foi aprovado o projeto de Constituição austríaca, e neste mesmo ano Kelsen passou a ser membro e conselheiro permanente da Suprema Corte Constitucional da Áustria. Nos anos seguintes, entre 1921 e 1930, atuou como juiz da Corte Constitucional austríaca. De 1930 a 1933, lecionou na Universidade de Colônia. Em 1933, por determinação do governo nacional socialista de Hitler, deixou a universidade e mudou-se para sua cidade natal, Praga. Por volta de 1940, tendo sido anexada a Áustria pelo III *Reich*, e em razão de sua origem judaica, viu-se forçado a emigrar para os Estados Unidos, deixando a Europa, que sucumbiu ao jugo nacional-socialista. Em 1941, ingressou na Universidade de Harvard. Em 1943, tornou-se professor de Ciência Política da Universidade de Berkeley, onde permaneceu até sua morte, em 1973, aos 91 anos de idade.

Sua principal obra certamente é *Teoria Pura do Direito*, publicada originalmente em 1934[21].

Na sua Teoria Pura do Direito, Kelsen pretendeu isolar o Direito das demais ciências, como a Política, a Filosofia, a Sociologia etc., criando pressupostos específicos das ciências jurídicas. Segundo ele, sua obra se propõe a "garantir um conhecimento apenas dirigido ao Direito e excluir desse conhecimento tudo quanto não pertença ao seu objeto, tudo quanto não se possa, rigorosamente, determinar como Direito. Quer isto dizer que ela pretende libertar a ciência jurídica de todos os elementos que lhe são estranhos"[22].

Para Kelsen, o Direito é um sistema hierárquico de normas jurídicas emanadas do Estado. Essa hierarquia se dá na medida em que a norma jurídica inferior obtém sua validade na norma jurídica superior. Nas palavras de Kelsen, "o fundamento de validade de uma norma apenas pode ser a validade de uma outra norma. Uma norma que representa o fundamento de validade de uma outra norma é designada como norma superior, por confronto com uma norma que é, em relação a ela, a norma inferior"[23].

A hierarquia das normas é, pois, o cerne da teoria kelseniana. Para Kelsen, "a ordem jurídica não é um sistema de normas jurídicas ordenadas no mesmo plano, situadas uma ao lado das outras, mas é uma construção escalonada de diferentes camadas ou níveis de normas jurídicas"[24]. Nessa hierarquia das normas, em que a validade da norma inferior é obtida na norma superior, a Constituição é a lei mais importante do ordenamento jurídico de um país.

Assim, se para Lassale a Constituição real é formada pelos fatores reais de poder, e se para Schmitt Constituição é uma decisão política fundamental, para Kelsen Constituição é uma LEI: a lei mais importante do ordenamento jurídico e o pressuposto de validade de todas as leis[25].

---

21. "A *Teoria Pura* teve duas edições originais em alemão: uma em 1934 e uma em 1960, ambas editadas pelo editor vienense Franz Deuticke, que, em 1905, publicara o primeiro trabalho de Kelsen, *A Filosofia Política de Dante*. A primeira apresentação completa da teoria foi traduzida para italiano, japonês, coreano e espanhol. De fato, ela já estava presente quase inteira em *Teoria Geral do Estado* de 1925, mas só foi publicada com o título *Teoria Pura do Direito* em 1934" (Paula Campos Pimenta Velloso. *Edição e Recepção de Kelsen no Brasil*, p. 201).
22. *Teoria Pura do Direito*, p. 1.
23. Op. cit., p. 215.
24. Op. cit., p. 247.
25. Afirma o autor: "se começarmos levando em conta o escalão de Direito positivo [...], a Constituição representa o escalão de Direito positivo mais elevado. A Constituição é aqui entendida num sentido material, quer dizer: com esta pala-

Exemplo simples e elucidativo da hierarquia das normas nos é dado por Michel Temer: "o Chefe de Seção de uma repartição pública indefere requerimento por mim formulado. Expediu ele um comando individual. Sendo assim, devo verificar se tal preceito firmado por aquele agente público é consoante com normas superiores. Devo compatibilizar aquela ordem com a Portaria do Diretor de Divisão; esta com a Resolução do Secretário de Estado; a Resolução com o Decreto do Governador; este com a Lei Estadual; a Lei Estadual com a Constituição do Estado (se se tratar de Federação); esta com a Constituição Nacional. Tudo para verificar se os comandos expedidos pelas várias autoridades, sejam executivas ou legislativas, encontram verticalmente suporte para a sua validade"[26].

Assim, segundo Kelsen, Constituição é a LEI mais importante do ordenamento jurídico de um país, sendo o pressuposto de validade de todas as leis. Dessa maneira, para que uma lei seja válida, precisa ser compatível com a Constituição. Caso não seja compatível, será inválida, inconstitucional.

Importante: a essa definição de Constituição enquanto lei dá-se o nome de sentido jurídico positivo, o mais difundido e conhecido aspecto da concepção kelseniana. Todavia, resta uma indagação: se todas as leis e atos normativos retiram sua validade da Constituição, de onde a Constituição retira sua validade?

3.4.3.1. A norma fundamental hipotética de Kelsen (Grundnorm)

Segundo Kelsen, acima da Constituição há uma outra norma, uma norma fundamental (*grundnorm*), chamada norma fundamental hipotética, cujo único mandamento é "obedeça à Constituição". A essa percepção dá-se o nome de sentido lógico-jurídico. Nas palavras de Kelsen, "a norma que representa o fundamento de validade de uma outra norma é, em face desta, uma norma superior. Mas a indagação do fundamento de validade de uma norma não pode, tal como a investigação da causa de um determinado efeito, perder-se no interminável. Tem de terminar numa norma que se pressupõe como a última e a mais elevada. Como norma mais elevada, ela tem de ser pressuposta, visto que não pode ser posta por uma autoridade, cuja competência teria de se fundar numa norma ainda mais elevada. A sua validade já não pode ser derivada de uma norma mais elevada, o fundamento da sua validade já não pode ser posto em questão. Uma tal norma, pressuposta como a mais elevada, será aqui designada como norma fundamental (*grundnorm*)"[27].

---

vra significa-se a norma positiva ou as normas positivas através das quais é regulada a produção das normas jurídicas gerais. Esta Constituição pode ser produzida por via consuetudinária ou através de um ato de um ou vários indivíduos a tal fim dirigido, isto é, através de um ato legislativo. Como, nesse segundo caso, ela é sempre condensada num documento, fala-se de uma Constituição 'escrita', para a distinguir de uma Constituição não escrita, criada por via consuetudinária. A Constituição material pode consistir, em parte, de normas escritas, noutra parte de normas não escritas, de Direito criado consuetudinariamente. As normas não escritas da Constituição, criadas consuetudinariamente, podem ser codificadas; e, então, quando esta codificação é realizada por um órgão legislativo e, portanto, tem caráter vinculante, elas transformam-se em Constituição escrita" (op. cit., p. 247).

26. *Elementos de Direito Constitucional*, p. 19.
27. Op. cit., p. 217. Norberto Bobbio aborda a mesma teoria, com outras palavras: "É uma norma ao mesmo tempo atributiva e imperativa, segundo se considere do ponto de vista do poder ao qual dá origem ou da obrigação que dele nasce. Pode ser formulada da seguinte maneira: 'o poder constituinte está autorizado a estabelecer normas obrigatórias para toda a coletividade', ou: 'a coletividade é obrigada a obedecer às normas estabelecidas pelo poder constituinte'. Note-se bem: a norma fundamental não é expressa, mas nós a pressupomos para fundar o sistema normativo. Para fundar o sistema normativo é necessária uma norma última, além da qual seria inútil ir" (*Teoria do Ordenamento Jurídico*, p. 59).

Dessa maneira, dois são os sentidos de Constituição, segundo Kelsen: a) sentido jurídico-positivo: Constituição é a lei mais importante do ordenamento jurídico de um país, sendo o pressuposto de validade de todas as leis; b) sentido lógico-jurídico: uma norma supraconstitucional, pré-constituída, não escrita e cujo único mandamento é "obedeça à Constituição".

Por conta dessa visão que restringe a Constituição a uma lei e o Direito a um conjunto de leis, Kelsen foi acusado de nazista, ou de ter uma teoria nazista. Bem, evidentemente, como vimos acima, Kelsen não era nazista, mas exatamente o contrário: era judeu e, por isso, foi perseguido e exilou-se na América. Não obstante, não há como negar que sua teoria, sua percepção do Direito, veio bem a calhar aos regimes ditatoriais do século XX, como o nacional-socialismo de Adolf Hitler[28]. Na sua Teoria Pura do Direito, Kelsen afirmava: "Segundo o Direito dos Estados totalitários, o governo tem o poder para encerrar em campos de concentração, forçar a quaisquer trabalhos e até matar os indivíduos de opinião, religião ou raça indesejável. Podemos condenar com a maior veemência tais medidas, mas o que não podemos é considerá-las como situando-se fora da ordem jurídica desses Estados"[29].

Apesar das críticas feitas a sua teoria, inegavelmente o sentido jurídico de Constituição é o mais utilizado pelos juristas ao longo do último século. No Brasil, quando se pergunta a um estudante de Direito o que é Constituição, logo ele se refere à lei constitucional.

3.5. HIERARQUIA DAS NORMAS NO BRASIL

No Brasil, indaga-se: como se dá a hierarquia das normas? Qual a hierarquia que há entre as leis brasileiras?

Primeiramente, é comum se utilizar da teoria de Kelsen para representar o ordenamento jurídico de um país através de uma figura geométrica: uma pirâmide[30]. Trata-se de uma "pirâmide" por conta de razões numéricas: em um país, comumente há uma só Constituição nacional, enquanto há poucas leis imediatamente abaixo dela, tendo, mais abaixo, um número

---

28. Segundo Alysson Leandro Mascaro, 'Hans Kelsen, logo nas primeiras décadas do século XX, levará os pressupostos de um juspositivismo estrito aos limites extremos. *A Teoria Pura do Direito* é sua obra distintiva. Para Kelsen, é verdade que o direito seja um fenômeno social, complexo, enredado em condicionantes e variantes da realidade. Mas a análise do direito como ciência revela uma coerência e uma necessidade de critérios formais estáveis. A teoria pura de Kelsen abstrai de valores, considerações morais, cultura e ideologia. Se ela não revela a pureza do fenômeno jurídico concreto, assim encaminha o estatuto do direito enquanto uma ciência. O juspositivismo estrito de Kelsen é uma constatação das próprias variações extremas de conteúdo do direito dos Estados capitalistas contemporâneos. Numa gama que vai do bem-estar social ao nazismo, é a forma jurídica normativa que restou como constante do direito estatal contemporâneo, e não um determinado padrão de conteúdo dessas mesmas normas. Mas, ao mesmo tempo em que é um resultante de uma circunstância história específica, o juspositivismo é também uma reiteração desse mesmo padrão. [...] Os pressupostos de Kelsen são bastante formalistas. Sua fundamentação teórica busca raízes na filosofia de Immanuel Kant, filósofo idealista alemão do século XVIII. Para Kelsen, grandes questões teóricas do direito são resolvidas a partir de um privilégio da razão em face da realidade. A racionalidade preside grande parte da ciência do direito, como uma necessidade universal. Hans Kelsen procede a um reducionismo do fenômeno do direito em termos teóricos. Somente a norma jurídica estatal identifica cientificamente o direito. Para compreender a normatividade do direito, não é preciso vasculhar as fontes sociológicas, políticas, históricas e culturais do poder" (*Introdução ao Estudo do Direito*, p. 55-56).
29. Op. cit., p. 44.
30. Segundo Norberto Bobbio, "Normalmente representa-se a estrutura hierárquica de um ordenamento jurídico através de uma pirâmide, donde se falar também de construção em pirâmide do ordenamento jurídico. Nessa pirâmide o vértice é ocupado pela norma fundamental; a base é constituída pelos atos executivos. Se a olharmos de cima para baixo, veremos uma série de processos de produção jurídica; se a olharmos de baixo para cima veremos, ao contrário, uma série de processos de execução jurídica. Nos graus intermediários, estão juntas a produção e a execução; nos graus extremos, ou só produção (norma fundamental) ou só execução (atos executivos)" (op. cit., p. 51).

cada vez maior de atos normativos. A ideia é que todos os atos normativos nascem da Constituição e, a cada "degrau" ou "escala" da pirâmide, o número se torna cada vez mais numeroso. Cada país tem uma pirâmide diferente, com "degraus" diferentes, como lembra Norberto Bobbio: "embora todos os ordenamentos tenham a forma de pirâmide, nem todas as pirâmides têm o mesmo número de andares".

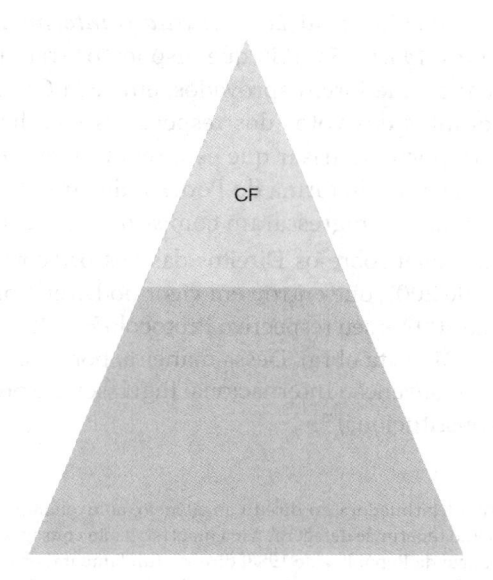

No Brasil, no "topo de nossa pirâmide" encontramos a Constituição de 1988. Atualmente, o conceito de Constituição, tem sido interpretado, ainda que positivamente, de maneira mais ampla que no passado. Hoje em dia, Constituição não se resume ao texto constitucional aprovado em 1988 pelo Poder Constituinte originário, com as sucessivas reformas constitucionais. Constituição não é apenas o texto.

3.5.1. Bloco de constitucionalidade

Atualmente, muito por conta do art. 5º, § 2º, da Constituição[31], o conteúdo constitucional tem sido interpretado extensivamente: Constituição não se resume ao texto constitucional, também consistindo nos princípios que dela decorrem, bem como nos tratados internacionais sobre direitos humanos. Vamos interpretar por partes esse "bloco constitucional" ou "bloco de constitucionalidade".

Também constituem parte da Constituição os *princípios que dela decorrem*, ainda que implícitos na Constituição. O Supremo Tribunal Federal, na ADPF 132 e na ADI 4.277, ao reconhecer proteção jurídica às uniões estáveis homoafetivas, fundamentou-se no direito à *busca da felicidade* (argumento também usado no Recurso Extraordinário 898.060, que reconheceu que a paternidade socioafetiva não exime de responsabilidade o pai biológico). No *Habeas Corpus* 119.941, o STF reconheceu que o *"nemo tenetur se detegere" (ninguém é obrigado a produzir prova contra si mesmo)* é um princípio constitucional, ainda que não expresso na

---

31. "Os direitos e garantias expressos nesta Constituição não excluem outros decorrentes do regime e dos princípios por ela adotados, ou dos tratados internacionais em que a República Federativa do Brasil seja parte".

Constituição[32]. Da mesma forma, o STF já reconheceu outros direitos constitucionais implícitos, como o *direito das minorias*[33], o *duplo grau de jurisdição*[34] etc. Esses princípios, embora não escritos, são indubitavelmente normas constitucionais, fazendo parte do chamado "bloco de constitucionalidade".

Além do texto constitucional e dos princípios que dela decorrem (ainda que implicitamente), também fazem parte da Constituição os *tratados internacionais de direitos humanos, incorporados nos termos do art. 5º, § 3º*, que dispõe: "os tratados e convenções internacionais sobre direitos humanos que forem aprovados, em cada Casa do Congresso Nacional, em dois turnos, por três quintos dos votos dos respectivos membros, serão equivalentes às emendas constitucionais". Importante frisar que essa regra foi criada pela Emenda Constitucional n. 45/2004 (conhecida como "Reforma do Poder Judiciário"). Atualmente, no Brasil, há três documentos internacionais que ingressaram com *status* de norma constitucional:

a) A Convenção Internacional sobre os Direitos das Pessoas com Deficiência, assinado em Nova York, em 30 de março de 2007, que entrou em vigor no Direito brasileiro através do Decreto n. 6.949, de 25 de agosto de 2009, e seu respectivo Protocolo Facultativo (estudamos o conteúdo dessa Convenção no capítulo 21 desta obra). Dessa maneira, por expressa previsão na Constituição Federal (art. 5º, § 3º), essa Convenção Internacional ingressou no ordenamento jurídico brasileiro com força de norma constitucional[35].

---

32. "Cabe registrar que a cláusula legitimadora do direito ao silêncio, ao explicitar, agora em sede constitucional, o postulado segundo o qual 'nemo tenetur se detegere', nada mais fez senão consagrar, desta vez no âmbito do sistema normativo instaurado pela Carta da República de 1988, diretriz fundamental proclamada, desde 1791, pela Quinta Emenda que compõe o 'Bill of Rights' norte-americano. [...]". No mesmo sentido, no *Habeas Corpus* 95.037, o Ministro Celso de Mello decidiu: "tenho enfatizado, em decisões proferidas no Supremo Tribunal Federal, a propósito da prerrogativa constitucional contra a autoincriminação, e com apoio na jurisprudência prevalente no âmbito desta Corte, que assiste, a qualquer pessoa, regularmente convocada para depor perante Comissão Parlamentar de Inquérito, o direito de se manter em silêncio, sem se expor – em virtude do exercício legítimo dessa faculdade – a qualquer restrição em sua esfera jurídica, desde que as suas respostas, às indagações que lhe venham a ser feitas, possam acarretar-lhe grave dano ('*nemo tenetur se detegere*')".
33. No RE 477.554, sobre a união civil de pessoas do mesmo sexo, o STF afirmou que "a proteção das minorias e dos grupos vulneráveis qualifica-se como fundamento imprescindível à plena legitimação material do Estado Democrático de Direito – Incumbe, por isso mesmo, ao Supremo Tribunal Federal, em sua condição institucional de guarda da Constituição (o que lhe confere 'o monopólio da última palavra' em matéria de interpretação constitucional), desempenhar função contramajoritária, em ordem a dispensar efetiva proteção às minorias contra eventuais excessos (ou omissões) da maioria". Por sua vez, no Mandado de Segurança 26.441, relatado pelo Min. Celso de Mello, determinou a instalação de Comissão Parlamentar de Inquérito, ainda que com número inferior ao determinado pela Constituição, sob o argumento de que "a rejeição de ato de criação de Comissão Parlamentar de Inquérito, proferida em sede de recurso interposto por Líder de partido político que compõe a maioria congressual, não tem o condão de justificar a frustração do direito de investigar que a própria Constituição da República outorga às minorias que atuam nas Casas do Congresso Nacional".
34. "A garantia do devido processo legal engloba o direito ao duplo grau de jurisdição, sobrepondo-se à exigência prevista no art. 594 do CPP. O acesso à instância recursal superior consubstancia direito que se encontra incorporado ao sistema pátrio de direitos e garantias fundamentais. Ainda que não se empreste dignidade constitucional ao duplo grau de jurisdição, trata-se de garantia prevista na Convenção Interamericana de Direitos Humanos, cuja ratificação pelo Brasil deu-se em 1992, data posterior à promulgação do Código de Processo Penal. A incorporação posterior ao ordenamento brasileiro de regra prevista em tratado internacional tem o condão de modificar a legislação ordinária que lhe é anterior" (HC 88. 420, rel. Min. Ricardo Lewandowski, julgamento em 17-4-2007).
35. Importante frisar que há posição minoritária, defendida pelo Ministro Celso de Mello, no sentido de que TODO tratado internacional sobre direitos humanos, não importa o seu procedimento de aprovação, terá força de norma constitucional. No julgamento dos Recursos Extraordinários 349.703 e 466.343 e do HC 87.585, decidiu o Ministro: "os tratados internacionais de direitos humanos assumem, na ordem positiva interna brasileira, qualificação constitucional, acentuando, ainda, que as convenções internacionais em matéria de direitos humanos, celebradas pelo

b) O *Tratado de Marraqueche* foi firmado em Marraqueche (ou Marraquexe, do francês Marrakech) em 27 de junho de 2013. Foi aprovado pelo Congresso Nacional, por meio do Decreto Legislativo n. 261, de 25 de novembro de 2015, com o procedimento previsto no art. 5º, § 3º, da Constituição Federal. Por fim, o referido tratado ingressou no ordenamento jurídico brasileiro, com *status* de norma constitucional, através do Decreto presidencial n. 9.522, de 8 de outubro de 2018.

c) A *Convenção Interamericana contra o Racismo, a Discriminação Racial e Formas Correlatas de Intolerância* foi aprovada pelo Congresso Nacional, com o procedimento especial do art. 5º, § 3º, da CF (dois turnos e por 3/5 dos membros das duas Casas do Congresso Nacional) em 12 de maio de 2021, e teve sua ratificação depositada junto à Secretaria da OEA no dia 28 de maio de 2021. Por fim, a referida convenção ingressou no ordenamento jurídico com o decreto presidencial n. 10.932, de 10 de janeiro de 2022, embora, como defendemos no capítulo 23 dessa obra (disponível na plataforma digital), já entendíamos que a entrada em vigor, especialmente em convenções ou tratados de direitos humanos aprovados nos termos do art. 5º, § 3º, da Constituição é anterior ao decreto presidencial.

Embora, segundo o Supremo Tribunal Federal, os únicos documentos internacionais com *status* de norma constitucional sejam a Convenção de Nova York, o Tratado de Marraqueche (porque somente eles foram aprovados pelo Congresso Nacional, nos termos do art. 5º, § 3º, da Constituição Federal, e, a partir de 2021, a *Convenção Interamericana contra o Racismo, a Discriminação Racial e Formas Correlatas de Intolerância*), existe entendimento minoritário, defendido por renomados juristas de escol, como Celso de Mello, Flávia Piovesan, Valerio Mazzuoli, decorrente da interpretação do art. 5º, § 2º, da Constituição Federal, segundo o qual todos os tratados internacionais sobre direitos humanos, não importando seu procedimento de aprovação no Brasil, teriam *status* de norma constitucional. Concordamos com essa posição, embora minoritária, como sustentaremos mais adiante.

Pelo que descrevemos acima, percebe-se que a Constituição é, ainda que sob um prisma positivista e legalista, a somatória de pelo menos três elementos: a) o texto constitucional; b) os princípios que dela decorrem; c) os tratados internacionais incorporados com *status* constitucional. A essa somatória, a esse bloco, dá-se o nome de bloco de constitucionalidade.

TEXTO CONSTITUCIONAL	PRINCÍPIOS CONSTITUCIONAIS DECORRENTES	CONVENÇÃO INTERNACIONAL SOBRE OS DIREITOS DAS PESSOAS COM DEFICIÊNCIA	TRATADO DE MARRAQUECHE	CONVENÇÃO INTERAMERICANA CONTRA O RACISMO, A DISCRIMINAÇÃO RACIAL E FORMAS CORRELATAS DE INTOLERÂNCIA

BLOCO DE CONSTITUCIONALIDADE

Brasil antes do advento da EC n. 45/2004, como ocorre com o Pacto de São José da Costa Rica, revestem-se de caráter materialmente constitucional, compondo, sob tal perspectiva, a noção conceitual de bloco de constitucionalidade". Nesse mesmo sentido posiciona-se a respeitável autora de Direitos Humanos Flávia Piovesan: "Ao efetuar a incorporação, a Carta atribui aos direitos internacionais uma natureza especial e diferenciada, qual seja, a natureza de norma constitucional. Os direitos enunciados nos tratados de direitos humanos de que o Brasil é parte integram, portanto, o elenco dos direitos constitucionalmente consagrados. Essa conclusão advém ainda da interpretação sistemática e teleológica do Texto, especialmente em face da força expansiva dos valores da dignidade humana e dos direitos fundamentais, como parâmetros axiológicos a orientar a compreensão do fenômeno constitucional" (*Direitos Humanos e o Direito Constitucional Internacional*, p. 122).

Conceituar o bloco de constitucionalidade e delimitá-lo é de extrema importância, já que esse bloco será o parâmetro ou paradigma no controle de constitucionalidade. Em outras palavras, para saber se uma lei é constitucional ou não, deve-se verificar se é compatível ou não com o bloco de constitucionalidade, e não apenas com o texto constitucional. Na ADI 2.971, o Min. Celso de Mello afirmou: "a delimitação conceitual do que representa o parâmetro de confronto é que determinará a própria noção do que é constitucional ou inconstitucional, considerada a eficácia subordinante dos elementos referenciais que compõem o bloco de constitucionalidade".

A origem do bloco de constitucionalidade é francesa (*"bloc de constitucionnalité"*), oriunda da doutrina administrativista de Hauriou, que tratava do "bloco de legalidade" ou "bloco legal". O *leading case* que marcou a definição do bloco de constitucionalidade na França foi a decisão do Conselho Constitucional da França, em 16 de julho de 1971, que estabeleceu as bases do valor jurídico do Preâmbulo da Constituição de 1958, o qual inclui em seu texto o respeito tanto à Declaração dos Direitos do Homem e do Cidadão de 1789 como ao preâmbulo da Constituição anterior[36]. Segundo a doutrina, o fenômeno do bloco de constitucionalidade não é uma realidade apenas francesa. Já é adotado na Espanha, na Itália e em grande parte da América Latina[37].

Indaga-se: qual a hierarquia dos demais tratados internacionais sobre direitos humanos, que não foram incorporados ao direito brasileiro com o procedimento previsto no art. 5º, § 3º, da Constituição Federal? Responderemos no próximo item.

3.5.2. Tratados internacionais sobre direitos humanos

A Constituição de 1988, com o advento da EC 45/2004, é clara ao afirmar que os tratados internacionais sobre direitos humanos aprovados com o procedimento do art. 5º, § 3º (aprovação nas duas Casas do Congresso Nacional, em dois turnos, por 3/5 dos seus membros), têm força de norma constitucional e fazem parte do bloco de constitucionalidade, como vimos acima.

---

36. A decisão trata do direito à liberdade de associação. O Conselho Constitucional francês, para verificar a constitucionalidade de um projeto de lei, deveria verificar se a liberdade de associação estaria no rol dos direitos humanos, servindo de parâmetro no controle de constitucionalidade. O Conselho afirmou que existe um bloco de valores, que, apesar de não estarem expressos na Constituição, servem de parâmetro nesse controle. A sobredita decisão revela que o Conselho Constitucional, a partir dessa decisão, passou a considerar um bloco de normas e princípios materialmente constitucionais, ampliando os domínios estritos da Constituição.
37. Segundo Manuel Eduardo Góngora Mera, "algunas cortes constitucionales han reconocido jerarquía constitucional a las normas del DIDH introduciendo la doctrina del bloque de constitucionalidad por vía de la interpretación de cláusulas de apertura. Por ejemplo, las cortes de Bolivia, Colombia, Ecuador, Perú y la antigua Corte Suprema de Venezuela reconocieron que la cláusula abierta de derechos constitucionales (según la cual ciertos derechos no incluidos expresamente en el texto constitucional pueden tener estatus constitucional) concedía jerarquía a los tratados que incorporaran derechos fundamentales. Colombia y Ecuador invocaron, además, la cláusula de primacía (según la cual, en caso de conflicto entre una norma nacional y un tratado internacional, debe primar el tratado) para incluir a tratados de derechos humanos dentro del parámetro de constitucionalidad. Para similares propósitos, las cortes constitucionales de Bolivia, Colombia y Perú han invocado también la cláusula interpretativa (según la cual los derechos constitucionales deben interpretarse de conformidad con los tratados internacionales ratificados por el país). En otros países donde no se efectuaron reformas constitucionales de apertura al derecho internacional de los derechos humanos, sus cortes constitucionales han avanzado hacia el reconocimiento de la jerarquía constitucional de los tratados de derechos humanos invocando reformas constitucionales y legislativas relacionadas con la justicia constitucional o el procedimiento de las acciones de constitucionalidad como el amparo". La Difusión del bloque de constitucionalidad en la jurisprudencia latinoamericana y so potencial en la construcción del jus constitutionale commune latinoamericano.

Por sua vez, a Constituição de 1988 não prevê expressamente qual a hierarquia dos tratados internacionais sobre direitos humanos que não tenham sido aprovados com o sobredito procedimento especial. Por exemplo, podemos destacar o Pacto de São José da Costa Rica, aprovado pelo Congresso Nacional com o procedimento tradicional de um decreto legislativo (maioria relativa, nas duas casas), e que entrou em vigor no Brasil por meio de decreto presidencial na década de 1990.

Quanto a esses tratados sobre direitos humanos, não aprovados nos termos do art. 5º, § 3º, da Constituição Federal, destacam-se duas posições:

a) Para parte minoritária da doutrina (com a qual concordamos), todos os tratados internacionais sobre direitos humanos têm força de norma constitucional (em razão do art. 5º, § 2º, da Constituição Federal: "Os direitos e garantias expressos nesta Constituição não excluem outros decorrentes do regime e dos princípios por ela adotados, ou dos tratados internacionais em que a República Federativa do Brasil seja parte"). Comungam dessa posição Celso de Mello, Flávia Piovesan, Valerio Mazzuoli, dentre outros.

Segundo Flávia Piovesan, ao considerar todo e qualquer tratado internacional sobre direitos humanos como parte integrante do "ordenamento constitucional" brasileiro, deixa-se de ser adotada uma "pirâmide" normativa e passa-se a adotar um "trapézio", já que o topo da figura geométrica deixaria de ser formado por uma só norma. Trata-se da "Teoria do Trapézio", assim explicada pela própria autora: "Logo, é neste contexto – marcado pela tendência de Constituições latino-americanas em assegurar um tratamento especial e diferenciado aos direitos e garantias internacionalmente consagrados – que se delineia a visão do trapézio jurídico contemporâneo a substituir a tradicional pirâmide jurídica"[38].

b) Para a maioria dos ministros do STF, os tratados internacionais sobre direitos humanos não aprovados com o procedimento do art. 5º, § 3º, da Constituição Federal têm força de norma supralegal e infraconstitucional (estão acima das leis e abaixo da Constituição).

Assim, abaixo da Constituição brasileira (ou do bloco de constitucionalidade), encontramos, segundo a jurisprudência majoritária do Supremo Tribunal Federal, os tratados internacionais sobre direitos humanos que não foram aprovados com o procedimento especial do art. 5º, § 3º, da Constituição Federal (incluindo os tratados aprovados antes de 2004). Esses tratados ou convenções internacionais (dentre os quais se destaca o Pacto de São José da Costa Rica) têm força de norma supralegal e infraconstitucional, segundo o STF, desde o julgamento do Recurso Extraordinário 349.703, de 2008, que julgou inválida a prisão civil do depositário infiel[39].

Essa configuração da "pirâmide brasileira", com a presença de um segundo patamar, formado por alguns tratados internacionais de direitos humanos, criou um dúplice controle de validade das leis: para que as leis sejam válidas, precisam ser compatíveis com a Constituição (e com o bloco de constitucionalidade) e com tais tratados supralegais. O controle de verificação da compatibilidade das leis com a constituição é o já conhecido controle de constituciona-

---

38. *Direitos Humanos e Diálogos entre Jurisdições*, p. 70.
39. "Desde a adesão do Brasil, sem qualquer reserva, ao Pacto Internacional dos Direitos Civis e Políticos (art. 11) e à Convenção Americana sobre Direitos Humanos – Pacto de San José da Costa Rica (art. 7º, 7), ambos no ano de 1992, não há mais base legal para prisão civil do depositário infiel, pois o caráter especial desses diplomas internacionais sobre direitos humanos lhes reserva lugar específico no ordenamento jurídico, estando abaixo da Constituição, porém acima da legislação interna. O *status* normativo supralegal dos tratados internacionais de direitos humanos subscritos pelo Brasil torna inaplicável a legislação infraconstitucional com ele conflitante, seja ela anterior ou posterior ao ato de adesão".

lidade. Agora, a análise de verificação da compatibilidade das leis com os tratados supralegais vem recebendo da doutrina[40] e da jurisprudência[41] o nome de controle de convencionalidade, embora o utilizem de forma um tanto distinta. Dessa maneira, consideramos o controle de convencionalidade a verificação da compatibilidade das leis e demais atos normativos com os tratados de caráter supralegal (isso porque os tratados de direitos humanos que possuem *status* constitucional compõem, como vimos, o bloco de constitucionalidade e, por isso mesmo, faz-se, quanto a eles, o controle de constitucionalidade).

Não obstante, essa posição adotada pelo STF (da supralegalidade e infraconstitucionalidade dos tratados internacionais sobre direitos humanos) enfraquece a tutela dos direitos humanos no Brasil, em nosso entender[42]. Não é à toa que é uma decisão isolada na América do Sul, como veremos a seguir.

E não é só: como a grande maioria dos tratados internacionais sobre direitos humanos tem força de norma infraconstitucional (segundo o STF), implantou-se no Brasil um fenômeno inusitado: o Judiciário brasileiro passou a dar aos tratados internacionais uma interpretação doméstica, muitas vezes divorciada de organismos internacionais, como a Corte Interamericana de Direitos Humanos. André de Carvalho Ramos deu a esse fenômeno o nome de "tratados internacionais nacionais": "o modo de criação dessa espécie tipicamente brasileira é o seguinte: o Brasil ratifica tratados e reconhece a jurisdição de órgãos internacionais encarregados de interpretá-los; porém, subsequentemente, o Judiciário nacional continua a interpretar tais tratados nacionalmente, sem qualquer remissão ou lembrança da jurisprudência dos órgãos internacionais que os interpretam"[43].

---

40. Na doutrina brasileira, foi Valerio Mazzuoli o primeiro a empregar tal expressão (*Curso de Direito Constitucional*, p. 382), todavia, de forma diferente da adotada pelo STF e que nós consideramos correta. Segundo o autor, "os tratados de direitos humanos internalizados com essa maioria qualificada servem de meio de controle concentrado (de convencionalidade) da produção normativa doméstica, para além de servirem como paradigma para o controle difuso. [...] Em relação aos tratados de direitos humanos que não servirão de paradigma do controle de convencionalidade (expressão reservada aos tratados com nível constitucional), mas do controle de supralegalidade das normas infraconstitucionais. Assim, as leis contrárias aos tratados comuns são inválidas por violação ao princípio da hierarquia, uma vez que tais tratados (sendo supralegais) acima delas se encontram".
41. Na ADI 5.240, de 20-8-2015, o Min. Teori Zavascki assim se manifestou: "a questão da natureza do Pacto de São José da Costa Rica surge, na verdade, porque a convenção trata de direitos humanos. Se tratasse de outros temas, penso que não haveria dúvida a respeito da sua natureza equivalente à lei ordinária, e há afirmação do Supremo Tribunal Federal, desde muito tempo nesse sentido. A questão surgiu com a Emenda n. 45, que veio a conferir certas características especiais às convenções sobre direitos humanos. Essa convenção foi anterior à Emenda n. 45, por isso que se gerou debate. Mas, mesmo que seja considerada, como reza a jurisprudência do Supremo, uma norma de hierarquia supralegal (e não constitucional), penso que o controle – que se poderia encartar no sistema de controle da convencionalidade – deve ser exercido para aferir a compatibilidade da relação entre uma norma supralegal e uma norma legal. E o exercício desse controle só pode ser da competência do Supremo Tribunal Federal".
42. Recentemente, diante do conflito entre o art. 14 da Constituição Federal (que exige a filiação partidária como condição de elegibilidade) e o Pacto de São José da Costa Rica (que não estabelece a filiação partidária como condição para o exercício de tal direito), alguns Ministros do STF já se posicionaram no sentido de que o Pacto de São José não prevalecerá sobre a Constituição. Assim, um direito do cidadão brasileiro não será tutelado, em detrimento do que afirma a Convenção Americana de Direitos Humanos, graças a isolada posição do STF.
43. Op. cit., p. 511. Prossegue o autor: "De que adiantaria a Constituição pregar o respeito a tratados internacionais se o Brasil continuasse a interpretar os comandos neles contidos nacionalmente? [...] Contudo, há pouca discussão sobre a consequência natural da ratificação de tratados internacionais pelo Brasil, que é a adoção dos parâmetros internacionais de interpretação dessas normas. Verifico, então, que o Direito Internacional no Brasil está manco: formalmente, o Brasil está plenamente engajado; na aplicação prática, há quase um total silêncio sobre a interpretação dada pelo próprio Direito Internacional (na voz de seus intérpretes autênticos, como, por exemplo, a Corte Interamericana de Direitos Humanos, o Tribunal Permanente de Revisão do Mercosul etc.)" (p. 511).

Esse fenômeno brasileiro de criar seus "tratados internacionais nacionais" deu ensejo não só a decisões divorciadas da interpretação dos órgãos internacionais, como também a decisões que descumprem decisões da Corte Interamericana de Direitos Humanos. Destacamos três casos emblemáticos de descumprimento brasileiro de decisões internacionais:

a) caso *Gomes Lund e outros* versus *Brasil*:

O primeiro deles se refere ao entendimento absolutamente distinto dado pelo Supremo Tribunal Federal e pela Corte Internacional de Direitos Humanos no tocante à anistia dada à tortura durante a ditadura militar. No dia 29 de abril de 2010, o STF julgou a ADPF 15, que apreciou a recepção pela Constituição de 1988 da "Lei da Anistia" (Lei n. 6.683/79). Segundo essa decisão, a lei que anistiou os crimes praticados no contexto político do regime militar, inclusive os crimes de tortura, foi recepcionada pela Constituição Federal de 1988. No final do mesmo ano, em 24 de novembro de 2010, a Corte Interamericana de Direitos Humanos proferiu sentença no *Caso Gomes Lund e outros* ("Guerrilha do Araguaia") vs. Brasil, condenando o Brasil, decidindo que "As disposições da Lei da Anistia brasileira que impedem a investigação e sanção de graves violações de direitos humanos são incompatíveis com a Convenção Americana".

b) caso *Herzog e outros* versus *Brasil*:

Condenação semelhante foi aplicada ao Brasil pela Corte Interamericana de Direitos Humanos no *Caso Herzog e Outros* vs. *Brasil*, na sentença de 15 de março de 2018. A Corte Interamericana de Direitos Humanos condenou o Brasil, por ter aplicado a Lei da Anistia, n. 6.683/79, e deixado de investigar e processar os responsáveis pela tortura e morte do jornalista.

c) caso *Sétimo Garibaldi* versus *Brasil*:

A Corte Interamericana de Direitos Humanos condenou o Estado Brasileiro a "conduzir eficazmente e dentro de um prazo razoável o inquérito e qualquer processo que chegar a abrir, como consequência deste, para identificar, julgar e, eventualmente, sancionar os autores da morte do senhor Garibaldi". Ocorre que, internamente, em 17 de março de 2016, a 6ª Turma do Superior Tribunal de Justiça, no Recurso Especial 1.351.177, por maioria de votos, manteve o arquivamento do inquérito policial, sob o argumento de que inexistem novas provas a autorizar a reabertura do inquérito policial. O voto vencido, proferido pelo Ministro Rogério Schietti Cruz, que lamentou o descumprimento da decisão da Corte Interamericana de Direitos Humanos, não teve o condão de convencer seus pares[44].

Figura 3.4 – Caricatura de Vladimir Herzog (créditos ao final do livro).

---

44. Segundo o Ministro, em seu voto: "Creio desnecessário dizer o quão constrangedor é para o sistema judiciário brasileiro ver apontada, em âmbito internacional, a incúria com que, conforme afirmado, se houveram as autoridades responsáveis pela investigação de um crime de homicídio, classificado por nossa Constituição da República como hediondo. [...] Acredito, entretanto, ser ainda mais constrangedor perceber que, mesmo após o reconhecimento formal dessas inúmeras falhas e omissões estatais na condução das investigações relativas ao caso de homicídio de um nacional, não houve qualquer esforço do Judiciário brasileiro em dar efetivo cumprimento à sentença proferida pela Corte Interamericana de Direitos Humanos".

3.5.2.1. Os tratados internacionais sobre direitos humanos nos demais países da América do Sul

a) Argentina

Na Argentina, com a reforma constitucional de 1994, tratados e convenções internacionais receberam, pelo texto constitucional (art. 75, item 22), hierarquia superior às leis ("jerarquía superior a las leyes")[45], e alguns tratados e convenções internacionais sobre direitos humanos (como a Convenção Americana de Direitos Humanos e o Pacto Internacional de Direitos Econômicos, Sociais e Culturais) receberam *status* de norma constitucional[46].

Dessa maneira, a Constituição argentina, que originariamente era codificada ou unitária (formada por um único documento), passou a ser variada ou dispersa (formada por mais de um documento). Fenômeno semelhante, porém, mais tímido, ocorreu com a Constituição brasileira, com o advento do art. 5º, § 3º, da Constituição Federal (criado pela Emenda Constitucional n. 45/2004).

b) Bolívia

A Bolívia aderiu ao Pacto Internacional de Direitos Econômicos, Sociais e Culturais por meio do Decreto n. 18.950, de 17 de maio de 1982. Bastante inovadora e corajosa é a Constituição boliviana no tratamento da hierarquia dos tratados internacionais de direitos humanos. Por expressa previsão constitucional, os tratados sobre direitos humanos devidamente aprovados ingressam no ordenamento jurídico boliviano com força de norma constitucional, formando o bloco de constitucionalidade (*"bloque de constitucionalidad"*): "La Constitución es la norma suprema del ordenamiento jurídico boliviano y goza de primacía frente a cualquier otra disposición normativa. El bloque de constitucionalidad está integrado por los Tratados y Convenios internacionales en materia de Derechos Humanos y las normas de Derecho Comunitario, ratificados por el país" (art. 410, II)[47].

c) Chile

Acerca dos tratados internacionais, o art. 5º da Constituição chilena (que foi alterado por uma reforma constitucional em 1989) afirma que "Es deber de los órganos del Estado respetar y promover tales derechos, garantizados por esta Constitución, así como por los tratados internacionales ratificados por Chile y que se encuentren vigentes". Embora a Constituição não seja clara quanto à

---

45. "La Declaración Americana de los Derechos y Deberes del Hombre; la Declaración Universal de Derechos Humanos; la Convención Americana sobre Derechos Humanos; el Pacto Internacional de Derechos Económicos, Sociales y Culturales; el Pacto Internacional de Derechos Civiles y Políticos y su Protocolo Facultativo; la Convención sobre la Prevención y la Sanción del Delito de Genocidio; la Convención Internacional sobre la Eliminación de todas las Formas de Discriminación Racial; la Convención sobre la Eliminación de todas las Formas de Discriminación contra la Mujer; la Convención contra la Tortura y otros Tratos a Penas Crueles, Inhumanos o Degradantes; la Convención sobre los Derechos del Niño; en las condiciones de su vigencia, tienen jerarquía constitucional, no derogan artículo alguno de la primera parte de esta Constitución y deben entenderse complementarios de los derechos y garantías por ella reconocidos. Sólo podrán ser denunciados, en su caso, por el Poder Ejecutivo Nacional, previa aprobación de las dos terceras partes de la totalidad de los miembros de cada Cámara".
46. Lisandro Ezequiel Fastman. *Los Derechos Sociales y su Exigibilidad Judicial en la República Argentina y en la Ciudad Autónoma de Buenos Aires:* la Aplicación Interna de los Derechos Fundamentales, passim.
47. Sobre o assunto, afirma a doutrina boliviana: "a tempo de declarar a la Constitución como la norma suprema de todo el ordenamiento jurídico boliviano, con primacía frente a otra disposición normativa, se establece el bloque de constitucionalidad, integrado por los Tratados y Convenios Internacionales en materia de DDHH y las normas de Derecho Comunitario ratificadas por Bolivia (CPE art. 410). Resulta bastante necesario el posicionamiento de los DDHH dentro del bloque de constitucionalidad, dado que su nivel de protección y aplicación debe corresponderse al nivel superior que el Estado pudiera darles para asegurar el efectivo cumplimiento de los derechos dentro y fuera del territorio boliviano" (Nataly Viviana Vargas Gamboa. *Los Tratados Internacionales de Derechos Humanos en la Nueva Constitución Política del Estado Plurinacional de Bolivia*, p. 334).

hierarquia dos tratados internacionais sobre direitos humanos, aponta a doutrina chilena que eles possuem natureza constitucional[48], tendo sido aventada até mesmo a eventual supraconstitucionalidade desses tratados[49].

d) Colômbia

Embora não previsto expressamente no texto constitucional (como ocorre na constituição boliviana), a Corte Constitucional colombiana adota a teoria do "bloco de constitucionalidade", para dar tratamento especial aos tratados internacionais de direitos humanos, como afirma a doutrina: "en su jurisprudencia más temprana la Corte Constitucional distinguió entre los sentidos de la noción del bloque de constitucionalidad (Sentencia C-1991, de 1998; Sentencia C-358 de 1997; Sentencia C-582 de 1999). El primero es el 'bloque de constitucionalidad stricto sensu', el cual incluye aquellos principios y normas que han sido normativamente integrados a la Constitución, es decir que tienen rango constitucional. *Estas normas internacionales que son integradas por este mecanismo son aquellas a las que se refiere el primer inciso del artículo 93, los tratados internacionales que reconocen los derechos humanos* y que prohíben su limitación en los estados de excepción"[50] (grifamos).

e) Equador

Quanto aos tratados internacionais, o art. 417 da Constituição equatoriana prevê que "en el caso de los tratados y otros instrumentos internacionales de derechos humanos se aplicarán los

---

48. Segundo Claudio Nasch Rojas, "hay que considerar que la consagración y protección de los derechos humanos no es resultado exclusivamente de un sentir nacional, sino que responde también a un movimiento internacional, del cual Chile, y particularmente los proponentes de la enmienda y aquéllos a los que les fue propuesta, estaban perfectamente conscientes y del que se encontraban dispuestos a participar. Además, si se examina atentamente la Constitución de 1980 original – aún sin la enmienda reseñada –, a la luz de lo señalado en los párrafos anteriores, se llega a la conclusión de que 'los derechos esenciales de la naturaleza humana' son un límite constitucional al ejercicio de la soberanía y, por lo tanto, gozan de esa jerarquía desde que entró en vigencia dicha Constitución. Además, del propio texto del artículo 5.2 puede concluirse que los derechos humanos consagrados en tratados de los cuales Chile es parte son derechos esenciales de la persona humana, ya que la Constitución se refiere a los derechos consagrados en los tratados como 'tales derechos'" (*Derecho Internacional de Los Derechos Humanos en Chile. Recepción y aplicación en ámbito interno*, p. 22).
49. "Por último, cabe señalar que hablar en este caso de supraconstitucionalidad es una posibilidad legítima, tal como lo ha señalado la Corte Suprema, ya que los derechos humanos entendidos por la propia Constitución como un límite a la soberanía del Estado podrían ser considerados jerárquicamente superiores a la misma Constitución" (Claudio Nasch Rojas, op. cit., p. 23). Segundo a Corte Suprema do Chile, no Caso López López (sentencia de 14 de octubre de 2009, considerando n. 10): "esta construcción determinó que esta Corte Suprema haya expresado en innumerables fallos que 'de la historia fidedigna del establecimiento de la norma constitucional contenida en el artículo 5º de la Carta Fundamental, queda claramente establecido que la soberanía interna del Estado de Chile reconoce su límite en los valores que emanan de la naturaleza humana; valores que son superiores a toda norma que puedan disponer las autoridades del Estado, incluido el propio Poder Constituyente, lo que impide sean desconocidos', construcción supraconstitucional que importa incluso reconocer que los derechos humanos están por sobre la Constitución Política de la República, entre ellos los que se encuentren en tratados internacionales, no por estar dichos derechos fundamentales consagrados en instrumentos internacionales, los que siempre tendrán rango legal y deberán ser aprobados por el quórum respectivo, sino por referirse a derechos esenciales, en lo cual existe concordancia con lo resuelto por el Tribunal Constitucional".
50. María Angélica Prada, op. cit., p. 372. "En segundo lugar se encuentra el 'bloque de constitucionalidad lato sensu', el cual se 'refiere a aquellas disposiciones que 'tienen un rango normativo superior a las leyes ordinarias', aunque a veces no tengan rango constitucional, como las leyes estatutarias y orgánicas, pero que sirven como referente necesario para la creación legal y para el control constitucional. Un ejemplo de los tratados internacionales que fueron integrados al sistema jurídico colombiano a través del bloque de constitucionalidad lato sensu son los tratados que establecen los límites territoriales del país y los tratados mediante los cuales la comunidad internacional establece las reglas generales para la fijación de los límites territoriales, marítimos, y del espacio aéreo y ultraterrestre" (p. 366).

principios pro ser humano, de no restricción de derechos, de aplicabilidad directa y de cláusula abierta establecidos en la Constitución". Quanto à hierarquia dos tratados internacionais, aparentemente receberam da Constituição o caráter de supralegalidade e infraconstitucionalidade (art. 425). Não obstante, a Corte Constitucional equatoriana já decidiu que tratados internacionais sobre direitos humanos possuem hierarquia de normas constitucionais (sentencia 077-12-SEP e sentencia 065-12-SEP).

f) Paraguai

Quanto aos tratados internacionais de direitos humanos, embora a Constituição paraguaia não seja muito clara, aparentemente receberam eles o *status* de norma supralegal e infraconstitucional (art. 137). Todavia, os tratados sobre direitos humanos possuem uma hierarquia superior à dos demais tratados, tendo em vista que o procedimento de denúncia ou alteração é o mesmo que o destinado às emendas constitucionais, motivo pelo qual é possível entender que possuem estes últimos hierarquia constitucional. Nesse sentido, afirma a doutrina paraguaia: "La Constitución del Paraguay en el artículo 142 equiparó a su propia jerarquía, al menos en cuanto a estabilidad se refiere, los tratados relativos de derechos humanos, ya que éstos no podrán ser denunciados sino por los procedimientos que rigen para la enmienda de la Constitución. Asimismo, la Constitución de 1992 optó por incluir como principio de la conducción de la política exterior: 'La República admite los principios del derecho internacional y proclama el respeto de los derechos humanos'. En su artículo 145, establece que el Paraguay, en condiciones de igualdad con otros Estados, admite un orden jurídico supranacional que garantice la vigencia de los derechos humanos"[51].

g) Peru

Quanto aos tratados internacionais sobre direitos humanos, embora façam parte do ordenamento jurídico peruano (como dispõe expressamente o art. 55 da Constituição), não está clara sua hierarquia, ao contrário do que fazia a Constituição anterior, de 1979, que dava a eles hierarquia constitucional. Não obstante, a doutrina peruana[52] costuma fazer uma interpretação sistemática dos dispositivos constitucionais e, com isso, atribuir *status* constitucional aos tratados sobre direitos humanos. Por exemplo, a cláusula quarta das disposições constitucionais transitórias afirma que "las normas relativas a los derechos y a las libertades que la Constitución reconoce se interpretan de conformidad con la Declaración Universal de Derechos Humanos y con los tratados y acuerdos internacionales sobre las mismas materias ratificados por el Perú".

---

51. Cynthia Gonzáles Feldmann. *La implementación de tratados internacionales de derechos humanos por el Paraguay*, p. 20.
52. "En la Constitución Política se establece que los tratados o acuerdos en materia de derechos humanos, soberanía, dominio o integridade del Estado, defensa nacional y obligaciones financieras del Estado, son aprobados por el Congreso antes de ser ratificados por el Presidente de la República. En lo que se refiere específicamente a los tratados de derechos humanos, el artículo 105 de la Constitución Política del Perú de 1979 establecía que los tratados relativos a derechos humanos tienen jerarquía constitucional. Sin embargo, a pesar que ello no está expresamente señalado en la actual Constitución, consideramos que al haberse prescrito en el artículo 2º de la Carta Magna la enumeración de derechos fundamentales, en consecuencia, se les otorga rango constitucional. Asimismo, por la existencia del artículo 3º, se hace extensivo este rango constitucional a todos los demás derechos fundamentales contenidos en otros instrumentos, como los tratados de derechos humanos que se encuentran debidamente ratificados y en vigor por nuestro país" (Wuille M. Ruiz Figueroa. *Perú*: Constitución Política y Tratados de Derechos Humanos, p. 14).

h) Uruguai

Quanto aos tratados internacionais, não dispõe expressamente a Constituição uruguaia acerca de sua hierarquia, prevalecendo o entendimento de que possuem força legal. Não obstante, como já decidiu a Suprema Corte de Justicia, os tratados internacionais sobre direitos humanos possuem força de norma constitucional: "La corporación comparte la línea de pensamiento según la cual las convenciones internacionales de derechos humanos e integran a la Carta por la vía del art. 72, por tratarse de derechos inherentes a la dignidad humana que la comunidad internacional reconoce en tales pactos" (Sentencia 201/02 S.C.J.).

3.5.3. Leis

No terceiro patamar da pirâmide brasileira encontramos as leis (leis ordinárias, complementares, delegadas, medidas provisórias – que, embora não sejam leis, têm força de lei –, assim como os decretos legislativos e resoluções. Importante frisar que, apesar de no passado ter havido divergência na doutrina e na jurisprudência, entende-se que, atualmente, lei complementar e lei ordinária têm a mesma hierarquia. Essa é a posição do Supremo Tribunal Federal[53].

3.5.4. Atos infralegais

Abaixo das leis há uma série de atos normativos, emanados do Poder Executivo, cujo principal propósito é regulamentar a lei que lhes é superior. Segundo Tércio Sampaio Ferraz, "por conterem normas gerais, muitas leis, para adquirirem eficácia técnica, exigem regulamentos. Os regulamentos, assim, explicitam as normas legais, tendo em vista sua execução. Não basta, por exemplo, criar, por lei, um tributo. É preciso disciplinar a forma como será cobrado, a autoridade que irá cobrá-lo, a agência que irá recolhê-lo, os prazos em que isso deve ocorrer etc."[54].

3.5.5. Leis estaduais e municipais?

Por se tratar de uma federação, o Estado brasileiro edita leis e atos normativos em âmbito federal, estadual e municipal. Existe hierarquia entre esses atos? Não! Não há hierarquia entre leis federais, estaduais e municipais. Trata-se, na realidade, de uma repartição de competências,

---

53. "Contribuição social sobre o faturamento – COFINS (CF, art. 195, I). 2. Revogação da Lei n. 9.430/96 da isenção concedida às sociedades civis de profissão regulamentada pelo art. 6º, II, da Lei Complementar 70/91. Legitimidade. Inexistência de relação hierárquica entre lei ordinária e lei complementar. Questão exclusivamente constitucional, relacionada à distribuição material entre as espécies legais. Precedentes. A LC 70/91 é apenas formalmente complementar, mas materialmente ordinária, com relação aos dispositivos concernentes à contribuição social por ela instituída" (RE 509.300 AgR-EDv/MG, rel. Min. Gilmar Mendes, 17-3-2016).
54. *Introdução ao Estudo do Direito*, p. 192. Prossegue o autor: "É verdade que, teoricamente, nem sempre um regulamento pressupõe uma lei determinada. Existem os chamados regulamentos autônomos, estabelecidos por decreto, e subordinados à ordem jurídica em seu conjunto. [...] Os decretos que regulamentam leis, porém, dentro da concepção liberal do direito que reconhece o princípio da legalidade como regra estrutural do sistema, devem servir ao fiel cumprimento da lei, não podendo, em tese, contrariar-lhes os conteúdos prescritivos nem acrescentar-lhes outros. [...] Isto, ademais, não ocorre apenas com os decretos, mas também com outros atos normativos do Executivo, como as portarias (atos normativos ministeriais que estabelecem normas, em princípio, de eficácia individual e apenas para os órgãos da administração), instruções (atos administrativos internos que vinculam no âmbito de órgãos) etc." (p. 193).

estabelecida pela Constituição Federal. Assim, não poderá a lei federal invadir a competência dos Estados (prevista, por exemplo, no art. 25 da Constituição Federal), bem como o Estado não pode invadir a competência dos municípios (art. 30, CF) etc. Caso uma lei invada a competência destinada a outro ente federativo, estaremos diante da inconstitucionalidade ou invalidade da norma, por violação da Constituição Federal. Assim, embora não haja hierarquia entre leis federais, estaduais e municipais, todas elas estão subordinadas e condicionadas na sua validade à Constituição Federal[55].

3.5.6. Resumo esquemático

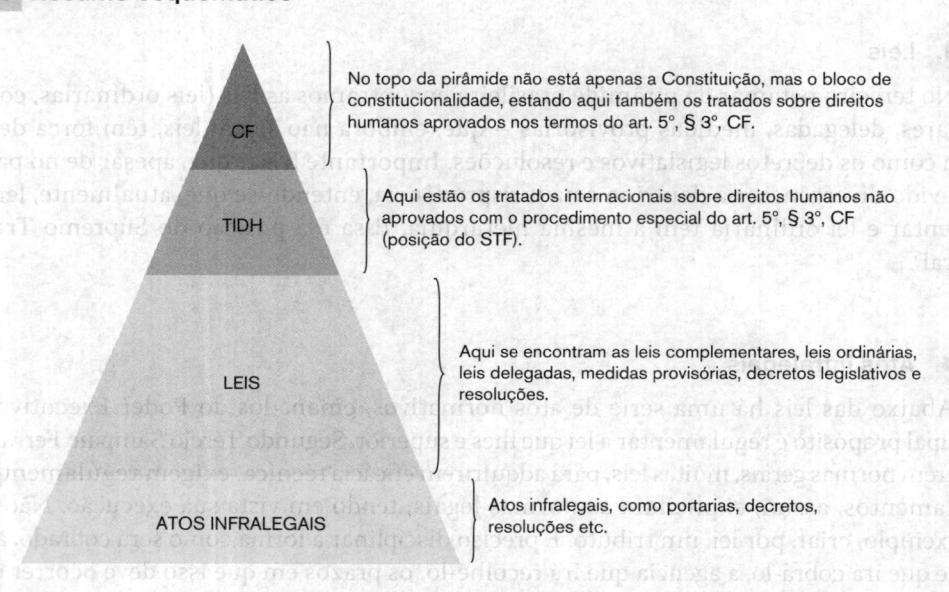

CF — No topo da pirâmide não está apenas a Constituição, mas o bloco de constitucionalidade, estando aqui também os tratados sobre direitos humanos aprovados nos termos do art. 5º, § 3º, CF.

TIDH — Aqui estão os tratados internacionais sobre direitos humanos não aprovados com o procedimento especial do art. 5º, § 3º, CF (posição do STF).

LEIS — Aqui se encontram as leis complementares, leis ordinárias, leis delegadas, medidas provisórias, decretos legislativos e resoluções.

ATOS INFRALEGAIS — Atos infralegais, como portarias, decretos, resoluções etc.

3.6. OUTRAS CONCEPÇÕES DE CONSTITUIÇÃO

3.6.1. Concepção cultural ou culturalista

Tal concepção é atribuída por grande parte da doutrina brasileira a José Horácio Meirelles Teixeira, professor de Direito Constitucional, nascido em Lorena, no interior de São Paulo[56], em 1907. Foi professor na Pontifícia Universidade Católica de São Paulo e membro da Academia Paulista de Letras Jurídicas. Segundo o mencionado autor, tal concepção (cultural) visa a suplantar a visão unilateral das concepções anteriores (sociológica, política e jurídica), fundindo-as num só conceito pluralista, segundo o qual Constituição é "expressão da cultura total, em deter-

---

55. Segundo Tércio Sampaio Ferraz, "é preciso reconhecer que, ao lado dos limites horizontais (que nos permitem dizer, por exemplo, que a lei federal não prevalece sobre a estadual, apenas disciplina âmbitos diversos), aparecem distinções verticais, pois, em alguns casos, nada obsta que a matéria própria para uma competência seja objeto de uma outra" (op. cit., p. 194).
56. Cidade pela qual tenho elevada estima, tendo sido agraciado pela Câmara de Vereadores com o título de cidadão honorário. Lá tive a honra de iniciar minha carreira docente, lecionando por cerca de dez anos e coordenando por seis anos o curso de Direito da Faculdade em que me graduei.

minado momento histórico, e, em segundo lugar, como elemento configurante das demais partes da cultura influindo sobre a evolução cultural com determinados sentidos; [...] se por um lado, reflete e sintetiza a sociedade, por outro procura moldá-la, determiná-la, dirigi-la"[57].

Segundo o sobredito autor, o Direito não é apenas fato social. Como todo objeto cultural, interage e se condiciona reciprocamente: "o Direito também reage sobre os demais campos culturais, atuando, assim, como fator configurante das outras manifestações culturais, produzindo efeitos sobre a vida individual e social, determinando comportamentos individuais e sociais"[58]. Outrossim, não se pode limitar o conceito de Constituição a uma decisão política fundamental ou reduzi-la a uma lei, por mais importante que seja[59].

Embora reconheçamos o brilho da obra do professor Meirelles Teixeira, entendemos que tal concepção é oriunda da obra de Konrad Hesse (Força Normativa da Constituição – *Die normative Kraft der Verfassung*), base de sua aula inaugural na Universidade de Freiburg, em 1959.

Konrad Hesse inicia sua obra criticando a concepção unilateral sociológica de Ferdinand Lassale, afirmando que "essa negação do direito constitucional importa na negação do seu valor enquanto ciência jurídica. Como toda ciência jurídica, o Direito Constitucional é ciência normativa [...]"[60]. Adotada a concepção de Lassale, "o Direito Constitucional não estaria a serviço de uma ordem estatal justa, cumprindo-lhe tão somente a miserável função – indigna de qualquer ciência – de justificar as relações de poder dominantes. Se a Ciência da Constituição adota essa tese e passa a admitir a Constituição real como decisiva, tem-se a sua descaracterização como ciência normativa, operando-se a sua conversão numa simples ciência do ser. Não haveria mais como diferenciá-la da Sociologia ou da Ciência Política"[61].

Embora não se resuma à realidade social, aos fatores reais de poder, a Constituição, para Hesse, não está desvinculada por completo dessa realidade. Segundo ele, "o significado da ordenação jurídica na realidade em face dela somente pode ser apreciado se ambas – ordenação e realidade – forem consideradas em sua relação, em seu inseparável contexto, e no seu condicionamento recíproco"[62].

---

57. José Horácio Meirelles Teixeira. *Curso de Direito Constitucional*, p. 90.
58. Op. cit., p. 84.
59. "Por outro lado, não é dado também limitar o conceito de Constituição a uma decisão política fundamental, fruto de uma vontade política consciente de existir (de certo modo e de certa forma) da unidade política. É verdade que essa concepção de Constituição teve o mérito de enaltecer a importância do Poder Constituinte como expressão suprema da vontade política da Nação, mas isso não pode implicar a redução do conceito de Constituição a apenas esse aspecto. E, finalmente, não é escorreito enclausurar o conceito de Constituição a uma fortaleza puramente jurídica, afastando-a da base empírica que a produziu. A Constituição não pode ser entendida apenas como norma pura, limitada exclusivamente a um enfoque normativo, sem a mínima correspondência com a realidade social e política que visa regular. Ela não é uma norma jurídica cega, indiferente a essa realidade, apática às relações de poder efetivamente existentes em determinada comunidade política. A Constituição não está desvinculada da realidade histórico-concreta de seu tempo" (Dirley da Cunha Júnior, op. cit., p. 86-87).
60. *A Força Normativa da Constituição*, p. 11. Inicia o autor sua obra mencionando a concepção sociológica: "Em 16 de abril de 1862, Ferdinand Lassale proferiu, numa associação liberal-progressista de Berlim, sua conferência, sobre a essência da Constituição (*Über das Verfassungswesen*). Segundo sua tese fundamental questões constitucionais não são questões jurídicas, mas sim questões políticas. [...] Esse documento chamado Constituição – a Constituição jurídica – não passa, nas palavras de Lassale, de um pedaço de papel (*ein Stück Papier*)".
61. Op. cit., p. 11.
62. Op. cit., p. 13. Segundo Hesse, "para usar a terminologia acima referida, 'Constituição real' e 'Constituição jurídica' estão em uma relação de coordenação. Elas condicionam-se mutuamente, mas não dependem, pura e simplesmente, uma da outra. Ainda que não de forma absoluta, a Constituição jurídica tem significado próprio. Sua pretensão de

Assim, a eficácia plena de uma Constituição jurídica (que Lassale chamava de folha de papel) depende de sua relação estreita com a realidade social. Se uma Constituição é elaborada à margem da realidade, totalmente divorciada dos fatores sociais existentes e dos valores da sociedade, certamente não produzirá os efeitos desejados. Segundo Hesse, "constitui requisito essencial da força normativa da Constituição que ela leve em conta não só os elementos sociais, políticos e econômicos dominantes, mas também que, principalmente, incorpore o estado espiritual (*geistige Situation*) de seu tempo. Isso lhe há de assegurar, enquanto ordem adequada e justa, o apoio da consciência geral"[63].

Todavia, a relação entre a Constituição jurídica e a realidade não é apenas unilateral, mas bilateral: "Em síntese, pode-se afirmar: a Constituição jurídica está condicionada pela realidade histórica. Ela não pode ser separada da realidade concreta de seu tempo. A pretensão de eficácia da Constituição somente pode ser realizada se se levar em conta essa realidade. A Constituição jurídica não configura apenas a expressão de uma dada realidade. Graças ao elemento normativo, ela ordena e conforma a realidade política e social"[64].

O mérito dessa concepção é aliar os aspectos das acepções anteriores (sociológica, política e jurídica), que pecam pela unilateralidade, como afirma José Afonso da Silva: "Essas concepções pecam pela unilateralidade. Vários autores, por isso, têm tentado formular conceito unitário de constituição, concebendo-a em sentido que revele conexão de suas normas com a totalidade da vida coletiva; constituição total, mediante a qual se processa a integração dialética dos vários conteúdos da vida coletiva na unidade e uma ordenação fundamental e suprema"[65].

3.6.2. Concepção jusnaturalista (Constituição jusnaturalista)

Antes do advento das Constituições escritas, a burguesia lutava contra o arbítrio do rei absoluto e contra os privilégios dados a certos grupos, como clero e nobreza. Como seus valores, suas pretensões, não estavam positivados, buscaram fundamento em algo transcendental, não escrito: o direito natural. Assim, o direito natural seria o direito imutável, intangível e que

---

eficácia apresenta-se como elemento autônomo no campo de forças do qual resulta a realidade do Estado. A Constituição adquire força normativa na medida em que logra realizar essa pretensão de eficácia. [...] Toda Constituição, ainda que considerada como simples construção teórica, deve encontrar um germe material de sua força vital no tempo, nas circunstâncias, no caráter nacional, necessitando apenas de desenvolvimento" (op. cit., p. 16-17).

63. Op. cit., p. 21. Prossegue o autor: "abstraídas as disposições de índole técnico-organizatória, ela deve limitar-se, se possível, ao estabelecimento de alguns poucos princípios fundamentais, cujo conteúdo específico, ainda que apresente características novas em virtude das céleres mudanças na realidade sociopolítica, mostre-se em condições de ser desenvolvido. A 'constitucionalização' de interesses momentâneos ou particulares exige, em contrapartida, uma constante revisão constitucional, com a inevitável desvalorização da força normativa da constituição". E chega a uma conclusão que preocupa a nós, brasileiros: "A frequência de reformas constitucionais abala a confiança na sua inquebrantabilidade, debilitando a sua força normativa. A estabilidade constitui condição fundamental da eficácia da Constituição" (p. 22).

64. Op. cit., p. 24. Prossegue o autor: "A Constituição jurídica logra conferir forma e modificação à realidade. Ela logra despertar 'a força que reside na natureza das coisas', tornando-a ativa. Ela própria converte-se em força ativa que influi e determina a realidade política e social. Essa força impõe-se de forma tanto mais efetiva quanto mais ampla for a convicção sobre a inviolabilidade da Constituição, quanto mais forte mostrar-se essa convicção entre os principais responsáveis pela vida constitucional. [...] A Constituição jurídica não significa simples pedaço de papel, tal como caracterizada por Lassale. Ela não se afigura 'impotente para dominar, efetivamente, a distribuição de poder', tal como ensinado por Georg Jellinek e como, hodiernamente, divulgado por um naturalismo e sociologismo que se pretende cético. A Constituição não está desvinculada da história concreta do seu tempo. Todavia, ela não está condicionada, simplesmente, por essa realidade".

65. Op. cit., p. 39.

dá fundamento ao direito positivo. Sua origem variou de acordo com o tempo e a doutrina (já teve origem na natureza – durante a Grécia antiga –, em Deus – na Idade Média –, ou na razão – na Idade Moderna). Resume bem o contexto histórico Ingo Wolfgang Sarlet: "A partir do século XVI, mas principalmente nos séculos XVII e XVIII, a doutrina jusnaturalista, de modo especial por meio das teorias contratualistas, chega ao seu ponto culminante de desenvolvimento"[66].

Com o surgimento das Constituições escritas, que positivaram os valores burgueses, como igualdade perante a lei, legalidade, propriedade etc., a concepção jusnaturalista perdeu sua projeção, mas não sua importância integralmente. Com o advento do neoconstitucionalismo e do pós-positivismo, passou-se a buscar novamente dentro dos valores constitucionais positivados os direitos naturais implícitos. Exemplo disso é cada vez mais adotada teoria do bloco de constitucionalidade, que não limita o conceito de Constituição ao texto constitucional. Assim, atualmente, o jusnaturalismo vem sendo utilizado como parâmetro de aplicação da Constituição e análise do seu conteúdo, como afirma Max Möller: "A partir da previsão, nas Constituições, de um sistema de direitos fundamentais que, por sua estrutura normativa e conteúdos abertos, constituem verdadeiras portas de entrada a conteúdos morais e valorativos nos sistemas jurídicos – permitindo ao intérprete construir racionalmente o sentido desses termos e limitando materialmente a atuação do legislador – a preocupação jusnaturalista sobre o que deve conter o direito ressurge com grande força, mesmo ante uma ótica positivista"[67].

3.6.3. Concepção marxista

Defendida por Karl Marx, entende que a Constituição é a formalização da estrutura jurídica, da organização econômica e instrumento da ideologia da classe dominante de um país. Segundo Alysson Leandro Mascaro, um dos maiores expoentes do marxismo no Brasil, o Direito não nasce de uma vontade geral ou de um contrato social, muito menos numa pretensa paz social ou congênere ou de um direito natural eterno e racional. Para ele, "toda a lógica do direito não está ligada às necessidades de bem comum, nem a verdades jurídicas transcendentes. [...] Como o Estado é a forma na qual os indivíduos de uma classe dominante fazem valer seus interes-

Figura 3.5 – Caricatura de Karl Marx (créditos ao final do livro).

---

66. *A Eficácia dos Direitos Fundamentais.* Uma Teoria Geral dos Direitos Fundamentais na Perspectiva Constitucional, p. 39. Prossegue o autor: "De irrefutável importância para o reconhecimento posterior dos direitos fundamentais nos processos revolucionários do século XVIII, foi a influência das doutrinas jusnaturalistas, de modo especial a partir do século XVI. Já na Idade Média, desenvolveu-se a ideia da existência de postulados de cunho suprapositivo que, por orientarem e limitarem o poder, atuam como critérios de legitimação de seu exercício. De particular relevância, foi o pensamento de Santo Tomás de Aquino, que, além da existência de duas ordens distintas, formadas, respectivamente, pelo direito natural, que a desobediência ao direito natural por parte dos governantes poderia, em casos extremos, justificar até mesmo o exercício do direito de resistência da população [...]" (op. cit., p. 38).
67. *Teoria Geral do Neoconstitucionalismo.* Bases Teóricas do Constitucionalismo Contemporâneo, p. 72. Segundo o autor, "é evidente que não estamos diante da volta do jusnaturalismo como teoria do direito, inclusive porque impossível retomar um passado já superado e negar os avanços experimentados pela ciência do Direito. No entanto, a atualidade da contribuição jusnaturalista radica no fato da necessidade de uma aceitação de um direito que não está totalmente determinado, onde as regras apontam somente a uma solução *a priori*, e onde o direito interpretado deve submeter-se a testes de adequação a normas materiais; que não raro podem prever conteúdos indeterminados que façam menção a critérios de Justiça" (p. 72-73).

ses comuns e que sintetiza a sociedade civil inteira de uma época, segue-se que todas as instituições coletivas são mediadas pelo Estado, adquire por meio dele uma forma política"[68].

Sendo considerado, pois, um instrumento de dominação das elites, os países socialistas passaram a adotar um modelo de constituição que foi denominado "constituição econômica marxista-leninista", que se baseava na eliminação do sistema capitalista mediante o controle estatal dos meios de produção e planificação da economia. É o faz, por exemplo, a Constituição de Cuba, que no seu art. 15 apregoa: "São de propriedade estatal socialista de todo o povo: 1. As terras que não pertencem aos agricultores pequenos ou as cooperativas integradas por esses, o subsolo, as minas, os recursos naturais...; os centros açucareiros, as fábricas, os meios fundamentais de transporte, e quantas empresas, bancos e instalações tenham sido nacionalizadas e expropriadas dos imperialistas e latifundiários burgueses, assim como as fábricas, empresas...".

3.6.4. Concepção institucionalista

Trata-se de uma concepção idealizada por Maurice Hauriou, jurista e sociólogo francês, nascido em 1856 e falecido em 1929. É considerado um dos pais do Direito Administrativo francês. Graduou-se e doutorou-se em Direito na Universidade de Bordeaux. Segundo ele, "o Estado distingue-se da sociedade e a função daquele é a de proteger a sociedade. Para tanto, desenvolvem-se várias instituições capazes de instrumentalizar essa função, sendo a constituição um desses meios"[69].

3.6.5. Concepção estruturalista

Trata-se de concepção idealizada pelo constitucionalista e processualista italiano Enrico Spagna Musso, segundo o qual "a Constituição é o resultado das estruturas sociais, servindo para equilibrar as relações políticas e o processo de transformação da sociedade"[70].

Ao indagar qual "deve ser o método de análise para definir-se como uma ciência válida de direito constitucional", o autor italiano responde: "o método jurídico-estruturalista", segundo o qual, "em uma análise mais próxima, um método jurídico-estruturalista de investigação implica que o Estado de Direito em geral e da disposição constitucional em espécie destinam-se apenas para efeitos de apreciação jurídica, como uma figura social na inter-relação com outros dados sociais"[71].

3.6.6. Concepção biomédica (Constituição biomédica)

Trata-se de concepção idealizada por João Carlos Simões Gonçalves Loureiro, doutor pela Universidade de Coimbra e cuja tese de doutoramento foi "Constituição e biomedicina.

---

68. *Filosofia do Direito*, p. 294.
69. Kildare Golçalves Carvalho, op. cit., p. 54. Prossegue o autor: "A constituição de um país, cujo estudo é objeto do Direito Constitucional [...] possui dupla dimensão: 1. A constituição política do Estado, que compreende a organização e o funcionamento do governo, e a organização da liberdade política, é dizer, a participação dos cidadãos e instituições; 2. A constituição social, que sob vários pontos de vista, é mais importante que sua constituição política, e que, a seu turno, compreende: a) as liberdades individuais que formam a base da estrutura da sociedade civil; b) as instituições sociais espontâneas que estão ao serviço e proteção das liberdades civis e de suas atividades" (op. cit., p. 55).
70. Uadi Lammêgo Bullos, op. cit., p. 105.
71. Enrico Spagna Musso. *Scritti di Diritto Costituzionale*, t. I, p. 1142.

Contribuição para uma teoria dos deveres bioconstitucionais na esfera da genética humana". Constituição biomédica ou biológica ou bioconstituição seria aquela que estabelece normas assecuratórias da identidade genética do ser humano, visando salvaguardar o biodireito. Tal concepção inspirou a quarta revisão à Constituição portuguesa, em 1997, trazendo inovações para o campo dos direitos fundamentais, criando uma constituição biomédica. Por exemplo, no art. 10, 3, prevê: "a lei garantirá a dignidade pessoal e a identidade genética do ser humano, nomeadamente na criação, desenvolvimento e utilização das tecnologias e na experimentação científica". Segundo Uadi Lammêgo Bulos, "em termos principiológicos, a bioconstituição portuguesa, por assim dizer, finca-se nos seguintes vetores constitucionais: inviolabilidade e integridade da pessoa humana; igualdade no acesso à saúde; não venalização do corpo humano; familiaridade, prevenção e precaução de doenças incuráveis"[72].

3.6.7. Concepção compromissória (Constituição compromissória)

Nomenclatura utilizada por José Joaquim Gomes Canotilho, na sua clássica obra *Direito Constitucional e Teoria da Constituição*. Segundo o autor português: "Numa sociedade plural e complexa, a constituição é sempre um produto do 'pacto' entre forças políticas e sociais. Através de 'barganha' e de 'argumentação', de 'convergências' e 'diferenças', de cooperação na deliberação mesmo em caso de desacordos persistentes, foi possível chegar, no procedimento constituinte, a um compromisso constitucional ou, se preferirmos, a vários 'compromissos constitucionais'"[73]. Assim, constituição compromissória é aquela que é fruto do acordo, do compromisso, da negociação de forças e tendências políticas diversas existentes num contexto histórico de um país.

3.6.8. Concepção suave ou dúctil (Constituição suave ou dúctil) de Gustav Zagrebelsky

Trata-se de concepção idealizada por Gustav Zagrebelsky, jurista italiano de origem russa, membro da Associação Italiana de Constitucionalistas, professor de Direito Constitucional da Universidade de Turim, tendo sido membro do Tribunal Constitucional Italiano, entre os anos de 1995 e 2004. Sua obra principal é *Il Diritto Mite* (O Direito Dúctil ou Suave). Segundo o autor, "as sociedades pluralistas atuais, isto é, as sociedades marcadas pela presença de uma diversidade de grupos sociais com interesses, ideologias e projetos diferentes, mas sem que nenhum tenha força suficiente para fazer-se exclusivo ou dominante e, portanto, estabelecer a base material da soberania estatal no sentido do passado – isto é, as sociedades dotadas em seu conjunto de um certo grau de relativismo, conferem à Constituição não a

---

72. Op. cit., p. 106. Sobre o assunto, Canotilho afirma, ao comentar a revisão constitucional de 1997: "as novidades mais importantes situam-se, porém, a outros níveis – aos níveis da consciência ético-jurídica da comunidade. Por um lado, avança-se no terreno movediço da 'constituição biomédica', consagrando-se um prematuro dever de proteção da identidade genética do ser humano, nomeadamente na criação, desenvolvimento e utilização das tecnologias e na experimentação científica" (op. cit., p. 212).
73. Op. cit., p. 218. Prossegue o autor: "O caráter compromissório da Constituição de 1976 representa uma força e não uma debilidade. Mesmo quando se tratava de 'conflitos profundos' (*deep conflict*), houve a possibilidade de se chegar a bases normativas razoáveis. Basta referir o compromisso entre o princípio liberal e o princípio socialista, o compromisso entre uma visão personalista-individual dos direitos, liberdades e garantias e uma perspectiva dialético-social dos direitos econômicos, sociais e culturais" (op. cit., p. 218). Em nosso entender, o mesmo se aplica à Constituição de 1988, fruto da negociação entre a corrente individualista liberal e a corrente social, fazendo da Constituição visivelmente um texto "compromissório" entre correntes ideológicas diversas.

tarefa de estabelecer diretamente um projeto predeterminado de vida em comum, senão a de realizar as condições de possibilidade da mesma"[74].

Em várias decisões, o STF se utilizou da teoria de Gustav Zagrebelsky. No RHC 131.544 (de 21-6-2016), afirmou que "o Direito, para Gustav Zagrebelsky, é uma prudência, e não uma ciência: a pluralidade de princípios e a ausência de uma hierarquia formal entre eles faz com que não exista uma ciência exata sobre sua articulação, mas sim uma prudência em sua ponderação".

Segundo Marcelo Novelino, "a Constituição deve ser compreendida 'mais como um centro a alcançar que como um centro do qual partir'. O adjetivo 'dúctil' ou 'suave' ('mitte') é utilizado com o intuito de expressar a necessidade de a constituição acompanhar a descentralização do Estado e refletir o pluralismo social, político e econômico"[75].

No seu discurso de posse como Ministro Presidente do STF, Gilmar Mendes afirmou que a Constituição brasileira é "uma constituição suave (*mitte*), no conceito de Zagrebelsky, que permite, dentro dos limites constitucionais, tanto a espontaneidade da vida social como a competição para assumir a direção política, condições para a sobrevivência de uma sociedade pluralista e democrática".

3.6.9. Concepção empresarial (Constituição empresarial)

Concepção mencionada por Sérgio Sérvulo da Cunha e Uadi Lammêgo Bulos. Segundo este último, "inexistentes no panorama do constitucionalismo do nosso tempo, as constituições empresariais existiram nos séculos XVI e XVII. [...] Por meio de regimentos ou alvarás, as constituições empresariais definiam as prerrogativas e as tarefas a serem desempenhadas pela população colonial. [...] Citem-se, apenas, o Alvará Régio de 10 de março de 1647, que confirmou os estatutos da Companhia Geral do Comércio do Brasil"[76]. Designam o conjunto de normas cujo conteúdo estabelece a organização jurídica de uma comunidade, num período histórico.

3.6.10. Concepção oral (Constituição oral)

É aquela em que o governante oralmente proclama o conjunto de normas que regerão a vida em sociedade. Segundo Uadi Lammêgo Bulos, "exemplifica-a a Carta da Islândia do século IX, quando os *vikings* instituíram, solene e oralmente, o primeiro parlamento livre da Europa"[77].

3.6.11. Concepção instrumental

Segundo essa concepção, Constituição é um instrumento do governo, cujo objetivo é definir competências, para limitar a ação dos poderes públicos (por essa razão, também chamada de constituição formal, processual ou instrumental). Segundo Uadi Lammêgo Bulos, "segundo seus críticos, reveste-se de uma neutralidade estatal e de um indiferentismo político que camu-

---

74. Trecho da obra do professor italiano, citada pelo STF na ADI 1.289.
75. Op. cit., p. 107.
76. Op. cit., p. 108.
77. Op. cit., p. 108.

flam interesses e aspirações, calcados na ideologia da classe dominante"[78]. Adotam essa concepção W. Hennis e Manoel Gonçalves Ferreira Filho. Segundo Inocêncio Mártires Coelho, "assim compreendida, a constituição não passa de uma 'lei processual', em cujo texto se estabelecem competências, regulam-se processos e definem-se limites para a ação política. [...] Não deve ser superavaliada, porque uma Constituição excessivamente 'processual' ou 'formal', além de não corresponder – como deve – às necessidades da práxis política, ao limite acaba se convertendo na ordem de domínio dos agentes de uma determinada ideologia, eis que por trás de todo positivismo jurídico e de toda neutralidade estatal, escondem-se, protegidos, aqueles que positivaram a Lei Fundamental, segundo seus valores, aspirações, interesses ou ideias"[79].

3.6.12. Constituição como estatuto do poder

Trata-se de acepção idealizada por Georges Burdeau, cientista político francês e autor de Direito Público, graduado em Direito pela Faculdade de Estrasburgo, tendo sido professor de Direito em Rennes, Nancy, Paris, dentre outras instituições. Segundo o professor francês, Constituição é um mecanismo destinado a legitimar o poder soberano, segundo certa noção de direito, prevalente na sociedade. Segundo Uadi Lammêgo Bulos, "de acordo com essa tese, o texto constitucional, enquanto estatuto do poder, é o pressuposto lógico do próprio Estado de Direito, servindo para balizar a conduta de governantes, verdadeiros prepostos da sociedade jurídica, e a conduta dos governados, os quais devem submeter-se ao poder de direito"[80].

Segundo Inocêncio Mártires Coelho, "das mais conhecidas e admiradas, a teoria constitucional de Burdeau tornou-se material de consumo intelectual obrigatório, seja porque limpidamente exposta, seja porque sintetizada em forma de compreensão quase imediata: 'a Constituição é o estatuto do poder'. A Constituição, pela forma como atua sobre o poder – afirma Burdeau – deve ser considerada verdadeiramente criadora do Estado de Direito pois, se antes dela, o poder é mero fato, resultado das circunstâncias, com a constituição ele muda de natureza para se converter em Poder de Direito, desencarnado e despersonalizado"[81].

3.6.13. Constituição como garantia do *status quo* econômico e social

Concepção adotada por Ernst Forsthoff, professor alemão de Direito Constitucional, que, ao lado de Carl Schmitt, por meio de suas teorias, tentou legitimar o regime nazista em O Estado Total (Der totale Staat). Considera a Constituição uma garantia do *status quo* econômico e social. Segundo Kildare Gonçalves, "O Estado não é, na sua essência, uma ordem jurídico-estatal, ou um quadro normativo, mas uma instância de vontade política. A teoria da constituição de Forsthoff é ainda a de um Estado de Direito formal, cuja constituição é um sistema de artifícios técnico-jurídicos, e cuja garantia reside, portanto, na neutralidade da lei fundamental"[82].

---

78. Op. cit., p. 108.
79. *Constituição:* Conceito, Objeto e Elementos, p. 14.
80. Op. cit., p. 109.
81. Op. cit., p. 17.
82. Op. cit., p. 52.

3.7. CONCEPÇÕES MODERNAS DE CONSTITUIÇÃO

3.7.1. Constituição dirigente, de Canotilho

José Joaquim Gomes Canotilho, professor de Direito Constitucional da Universidade de Coimbra, nascido em 1941, seguramente é um dos mais importantes juristas de língua portuguesa. Sua obra mais conhecida é *Direito Constitucional e Teoria da Constituição*, mas a noção de "constituição dirigente" decorre de sua tese de doutoramento, publicada no livro *Constituição Dirigente e Vinculação do Legislador*[83].

Embora as primeiras constituições modernas tenham sido liberais (previam apenas e exclusivamente os direitos de primeira dimensão, que exigiam do Estado uma postura passiva, uma inação), com o advento da 1ª Guerra Mundial, as Constituições passaram a prever metas estatais, destinadas a implementar os direitos sociais através de políticas públicas, relacionadas à saúde, educação, trabalho etc. Nesse contexto se desenvolve a doutrina de Canotilho, afirmando a importância e a necessidade de que o Estado implemente medidas públicas que atendam às demandas sociais.

Figura 3.6 – Caricatura de José Joaquim Gomes Canotilho (créditos ao final do livro).

A Constituição, então, "passa a desempenhar um importante papel de determinação no plano de direção e de transformação da implementação de políticas públicas na ordem socioeconômica"[84].

Dessa maneira, Constituição Dirigente é a que fixa uma direção para o Estado seguir, vinculando os Poderes Públicos e estabelecendo critérios concretos para a execução de suas metas. Dessa maneira, enseja uma judicialização da atividade pública, na medida em que a política passa a ser conformada pelo Direito. Embora não se tenha anulado o espaço da política, que continua apta a escolher os melhores caminhos na implantação das políticas públicas, sujeita-a de forma imperativa às normas constitucionais. Catarina Botelho, brilhante professora portuguesa, denomina a *constituição dirigente* uma *constituição aspiracional*, em contraposição à *constituição funcional*. Esta última é um ato normativo consagrador de um conjunto de direitos fundamentais, de natureza essencialmente negativa. Por essa razão, na *constituição funcional*, "o texto constitucional concentra-se no momento presente, naquilo que se visa salvaguardar. As normas do texto constitucional não são concebidas como ideais otimistas, como objetivos repletos de probidade, e de difícil concretização"[85]. Por sua vez, afirma a autora: "em contrapartida, o constitucionalismo *aspiracional*, como o próprio nome indica, está repleto de esperança, de objetivos mais ou menos distantes a atingir. Perspectiva

---

83. José Joaquim Gomes Canotilho. *Constituição Dirigente e Vinculação do Legislador*, passim.
84. Bernardo Gonçalves Fernandes. *Curso de Direito Constitucional*, p. 77.
85. *Aspirações Constitucionais e Força Normativa da Constituição – Réquiem pelo Conceito Ocidental de Constituição*. A autora dá como exemplo as Constituições dos Estados Unidos da América, a Constituição do Canadá, a Constituição austríaca, a Lei Fundamental alemã, a Constituição belga, a Constituição dinamarquesa, a Constituição da Irlanda, dentre outras.

o texto como sendo um instrumento normativo de mudança, de reconstrução social e política da sociedade"[86]. As críticas ao constitucionalismo aspiracional (da Constituição dirigente) são veementemente feitas pela brilhante professora da Universidade Católica do Porto: a) uma desconcertante falta de conexão entre o texto constitucional e a realidade constitucional; b) fomenta um elevado ativismo judicial, incumbindo-se o Judiciário no papel de concretizar as ambiciosas transformações sociais; c) a mera previsão constitucional de muitos direitos sociais mostra-se ineficaz, transformando-os numa espécie de "aleluia jurídico" (na expressão jocosa de Canotilho).

Não obstante, a teoria de Canotilho, escrita em 1982, foi rejeitada mais recentemente pelo próprio autor. No prefácio da segunda edição de seu livro, Canotilho aponta a "mudança relativa da opinião do autor relativamente ao livro em referência"[87]. Vários são os argumentos por ele utilizados para justificar o insucesso de Constituições como a portuguesa, de 1976 e a brasileira, de 1988. Um dos equívocos da constituição dirigente, segundo ele, é desprezar o processo de internacionalização, que "torna evidente a transformação das ordens nacionais em ordens jurídicas parciais, nas quais as constituições são relegadas para um plano mais modesto"[88]. Outrossim, segundo ele, "não compete à constituição acrescentar constitutivamente novas tarefas a um Estado pré-constituído segundo a natureza das coisas. Isso traduzir-se-á na conversão de uma lei fundamental em instrumento introvertido e autossuficiente de um projeto incerto e inseguro, mas progressivamente sobrecarregado com tarefas definidas e impostas a nível constitucional"[89].

Critica as "constituições dirigentes" que afirmam ser os direitos fundamentais de aplicação imediata, mesmo nos claros casos em que é necessária a ação legislativa regulamentar: "o problema não está na contestação da bondade política e dogmática da vinculatividade imediata, mas sim no alargamento não sustentável da força normativa direta das normas constitucionais a situações necessariamente carecedoras da *interpositio legislativa*"[90]. Veemente sua crítica no sentido de que, quando a Constituição estabelece metas sociais de difícil consecução, quando jurisdicionalizadas, "pode lançar a constituição na querela dos 'limites do estado social' e da 'ingovernabilidade'"[91]. Realmente, prometer é muito fácil. O difícil é cumprir as promessas constitucionais.

Segundo o autor, sua teoria foi construída num momento de redemocratização dos países, como Portugal e Brasil, em que os "textos constitucionais inseriam-se, pois, no movimento da modernidade projetante, optimisticamente crente na força transformadora das normas constitucionais"[92]. Embora muitas sejam suas críticas à "Constituição Dirigente" nos dias atuais[93], para Canotilho, sua teoria resiste nos dias de hoje, com outra concepção: "a ideia de di-

---

86. Op. cit.
87. Op. cit., p. I.
88. Esse movimento é muito mais forte na Europa, onde se argumenta a supraconstitucionalidade do Tratado da União Europeia, modificando profundamente a visão de soberania e Constituição nacional até então existente.
89. Op. cit., p. XIV.
90. Op. cit., p. XVI.
91. Op. cit., p. XX.
92. Op. cit., p. VI.
93. Canotilho aponta alguns problemas que a tese do constitucionalismo dirigente não foi capaz de solucionar: 1)

rectividade constitucional terá ainda hoje sentido quando inserida numa compreensão crítica próxima do chamado constitucionalismo moralmente reflexivo"[94], tendo de fornecer as exigências constitucionais mínimas (*constitucional essential*, nas palavras de Rawls), ou seja, o complexo de direitos e liberdades definidores das cidadanias, pessoal, política e intocáveis pelas maiorias parlamentares.

Concordamos com Bernardo Gonçalves Fernandes, que, diante da nova posição do jurista de Coimbra, conclui: "a constituição dirigente não morreu, pois ainda sobrevivem importantes dimensões de programaticidade e dirigismo constitucional, ainda que em uma perspectiva mais reflexiva (leve) e menos impositiva"[95].

3.7.2. Constituição como documento regulador do sistema político (na Teoria dos Sistemas de Niklas Luhmann)

Niklas Luhmann foi um sociólogo alemão, nascido em 1927 e falecido em 1998, cursando Direito na Universidade de Freiburg, entre os anos de 1946 e 1949, quando obteve seu doutoramento. Desenvolveu a Teoria Sistêmica da Sociedade, segundo a qual, com a Modernidade, a sociedade passou a se constituir a partir de diversos sistemas (ou subsistemas) sociais especializados (Política, Direito, Religião, Cultura, Ciência, Economia etc.), de modo que cada um assume reações próprias e uma linguagem (a partir de um processo de codificação) própria. Assim, cada sistema é fechado do ponto de vista operacional e organizado a partir de seu código. É esse código que permite a organização do sistema, dotando-o de identidade e diferenciando-o dos demais sistemas sociais. Todavia, pode ocorrer a irritação mútua desses sistemas, sendo lido por cada um, à luz do seu código. Luhmann chama o fenômeno de "acoplamento estrutural". Segundo Luhmann, Constituição é o produto do acoplamento estrutural entre os

Figura 3.7 – Caricatura de Niklas Luhmann (créditos ao final do livro).

---

problemas de inclusão: segundo ele, a constituição pretendeu e pretende ser o estatuto jurídico do político. No entanto, o político mostra-se rebelde a uma normatização legalista porque não é possível à norma constitucional conformar autoritariamente a sociedade; 2) problemas de referência: as constituições dirigentes focaram apenas no indivíduo, mostrando-se praticamente indiferentes aos novos sujeitos do poder: entidades organizativas e atores neocorporativos (ordens profissionais); 3) problemas de reflexividade: as conhecidas fontes de direito – a começar pela constituição – revelam-se funcionalmente desadequadas para servirem de impulso e constituírem as bases juridicamente conformadoras de uma sociedade diferenciada; 4) problemas de universalização: a pretensão da universalização das normas contidas na constituição dirigente se torna ameaçada por não conseguir adotar ou mesmo traduzir as novas realidades (mercado, sistemas de informações, alta tecnologia, conglomerados empresariais etc.); 5) problemas de materialização do direito: como a constituição dirigente assumia e corria os riscos de ocupar o lugar de superdiscurso social, a esfera jurídica dos diversos âmbitos sociais (direito social, direito dos consumidores, direito do ambiente etc.) era contextualizada; 6) problemas de reinvenção do território: a constituição dirigente era fundamentalmente a constituição do Estado. A supranacionalização do direito com as liberdades globalitárias esvaziam o Estado e a sua constituição etc.

94. Op. cit., p. IX.
95. Op. cit., p. 80.

sistemas do Direito e da Política[96]. Segundo Canotilho, Luhmann pretende "substituir por uma 'teoria funcionalista de constituição' a clássica 'teoria normativa de constituição'[97], fazendo com que a Constituição seja, nas palavras de Uadi Lammêgo Bulos, "um instrumento funcional que serve para reduzir a complexidade do sistema político. Nesse contexto, propicia a reflexão da funcionalidade do Direito, abandonando o exame isolado da relação de hierarquia das normas constitucionais"[98].

3.7.3. Constituição como processo político, de Peter Häberle

Peter Häberle é um renomado constitucionalista alemão, nascido em 1934, tendo estudado Direito em Tübingen, Bonn, Freiburg e Montpellier, tornando-se doutor em 1961 sob a orientação de Konrad Hesse, na faculdade de Direito da Universidade de Freiburg. Sua obra mais conhecida no Brasil é *A sociedade aberta dos intérpretes da Constituição*.

Para Häberle, "a verdadeira constituição é sempre o 'resultado' de um processo de interpretação conduzido à luz da publicidade. [...] A lei constitucional e a interpretação constitucional republicana acontecem numa sociedade pluralista e aberta como obra de todos os participantes (homens concretos ou grupos), neles se encontrando momentos de diálogo e de conflito, de continuidade e descontinuidade, de tese e antítese"[99]. Em sua clássica obra, o constitucionalista alemão afirma "os critérios de interpretação constitucional hão de ser tanto mais abertos quanto mais pluralista for a sociedade"[100].

Figura 3.8 – Caricatura de Peter Häberle (créditos ao final do livro).

Tal concepção tem como grande vantagem, na visão de Canotilho, "a abertura pluralista que permite uma permanente confirmação no tempo, mediante um processo historicamente condicionado e aberto"[101]. Segundo Uadi Lammêgo Bulos, "Peter Häberle, idealizador desse arquétipo de compreensão constitucional, assinala que as constituições não são atos voluntarísticos do poder constituinte, porque dizem respeito à evolução social da comunidade. Acre-

---

96. Segundo Bernardo Gonçalves Fernandes, "é justamente nesse ponto que decorre a necessidade do Direito 'irritar' a Política e vice-versa, permitindo uma separação mútua. De um lado, o Direito parece depender da política para dotar de legitimidade suas normas, já que esta faz uso do poder para garantir acatamento social a suas determinações, e com isso, permitir estabilizações. De outro, a Política se utiliza do Direito para diversificar o uso do poder politicamente concentrado. [...] Em resumo, para Luhmann, a Constituição é um elemento funcional na estruturação tanto do sistema jurídico quanto do sistema político. Todavia, tal comunhão não significa que ambos a compreendam com o mesmo significado. Para a Política, a Constituição é instrumento de legitimação da vontade soberana. Para o Direito, a Constituição é elemento de fundação das suas normas, sem recurso a um suposto Direito Natural" (op. cit., p. 82-83).
97. Op. cit., p. 108.
98. Op. cit., p. 111.
99. José Joaquim Gomes Canotilho, op. cit., p. 91.
100. Peter Häberle. *Hermenêutica Constitucional:* a sociedade aberta dos intérpretes da Constituição, p. 13.
101. Op. cit., p. 96.

dita que qualquer constituição participa de uma ordem fragmentária, indeterminada e passível de interpretação, num contexto descontínuo, permeado de teses e antíteses. Conclui, assim, que o texto constitucional é o reflexo de um processo interpretativo aberto e conduzido à luz da força normativa da publicidade"[102].

Mais do que um documento escrito, a Constituição é um "processo público", aberto e pluralista de interpretação cotidiana do texto à luz dos contextos que permeiam as especificidades da vida social.

Inocêncio Mártires Coelho faz severa crítica à concepção constitucional de Peter Häberle, afirmando que coloca em risco uma das mais importantes dimensões ou finalidades da Constituição, que é a dimensão ordenadora e conformadora da sociedade, em razão do enfraquecimento do seu caráter normativo[103].

3.7.4. Constituição na teoria discursiva do Direito de Jürgen Habermas

Jürgen Habermas é um filósofo e sociológico alemão, nascido em 1929, membro da Escola de Frankfurt, que dedicou sua vida ao estudo da democracia e das teorias do agir comunicativo. Para o direito, sua obra tornou-se cada vez mais importante, tendo se dedicado constantemente a questões jurídicas, cujo ápice se deu com a publicação do livro *Direito e Democracia:* entre facticidade e validade. A partir de sua obra *Teoria da Ação Comunicativa*[104], Habermas passa a compreender o direito como um importante componente da vida em sociedade, sendo ele um componente do mundo da vida, coordenando os sistemas da Política e da Economia. Isso se dá por uma razão, segundo Alysson Leandro Mascaro: "na visão habermasiana, o direito é o *locus* privilegiado do agir comunicativo superior, garantidor da democracia, da liberdade e da interação igualitária entre os sujeitos e os grupos sociais"[105].

Figura 3.9 – Caricatura de Jürgen Habermas (créditos ao final do livro).

Para Habermas, a "Constituição, como cerne do Direito, representa, de um lado, um norte normativo por meio de princípios de liberdade e de igualdade e, de outro, as balizas para o sistema político que passa a respeitar a legitimidade discursiva e a democracia participativa"[106].

---

102. Op. cit., p. 112.
103. Segundo o autor, "essa compreensão, bem se vê, chega a ser fascinante, sobretudo para aqueles que, a pretexto de combaterem o positivismo e a dogmática jurídica, como que 'processualizam' a visão do Direito e do Estado, sem se darem conta de que assim agindo dissolvem a normatividade constitucional numa dinâmica absoluta, retirando da Lei Fundamental uma de suas mais importantes dimensões ou finalidades, que é, precisamente, a dimensão ordenadora e conformadora da vida em sociedade" (op. cit., p. 15).
104. Segundo Alysson Leandro Mascaro, "Para Habermas, o fundamento da sociabilidade reside na comunicação e, portanto, os problemas maiores da filosofia hão de se dirigir à questão do entendimento entre os indivíduos e os grupos sociais. O consenso passa a ser o objeto maior do projeto político habermasiano. O direito, nesse quadro, resultará como ferramenta superior de consenso" (op. cit., p. 350).
105. Op. cit., p. 366.
106. Bernardo Gonçalves Fernandes, op. cit., p. 84.

3.7.5. Força normativa da Constituição e Constituição aberta de Konrad Hesse

A doutrina de Konrad Hesse é extremamente importante e, por essa razão, já foi mencionada em outras passagens desta mesma obra. Jurista alemão dos mais destacados, nascido em 1919 e falecido em 2005, foi professor de Direito Público na Universidade de Freiburg, onde permaneceu até se aposentar, em 1985. Na sua obra, destaca-se a *Força Normativa da Constituição*, escrita em 1959.

Sua concepção de Constituição é uma das mais respeitadas e difundidas. Segundo Hesse, Constituição consiste numa ordem jurídica fundamental de uma sociedade, fixando os princípios diretores que conduzam à idade de unidade política e desenvolvimento estatal, fixando procedimentos capazes de solucionar controvérsias internas à comunidade e criando as bases dos princípios componentes da ordem jurídica. Tenta conciliar os aspectos históricos, políticos e sociais com a normatividade da Constituição (o que já explicamos no item referente à concepção culturalista, mencionada por Meirelles Teixeira).

Figura 3.10 – Caricatura de Konrad Hesse (créditos ac final do livro).

Outrossim, além da tese da força normativa (que já abordamos em passagens diversas desta obra), Hesse desenvolveu a defesa da "abertura constitucional" (posteriormente abordada por Peter Häberle, na Sociedade Aberta dos Intérpretes da Constituição). Segundo Bernardo Gonçalves Fernandes, "nesses termos, a Constituição adequada é aquela na qual projetos alternativos de vida fossem capazes de conviver sem sucumbirem, recebendo, portanto, a possibilidade efetiva de participarem com igualdade do jogo democrático. Porém, é mister salientar que a abertura não é ilimitada, pois a Constituição conforma o Estado a partir de regras e princípios que ela mesma estatui e que não estão sujeitos a transações ou barganhas políticas (conteúdos constitucionais não abertos)"[107].

3.8. SUPREMACIA DA CONSTITUIÇÃO

Com o advento das revoluções burguesas e do constitucionalismo moderno do fim do século XVIII, surge a noção de supremacia da Constituição sobre as demais normas jurídicas. Segundo tal percepção, a Constituição é o pressuposto de validade de todas as normas jurídicas, estando hierarquicamente acima de todas as demais leis do país. Não obstante, como vimos no capítulo 1 desta obra, a noção de supremacia da Constituição sobre as demais leis decorre mais do constitucionalismo norte-americano (e da Constituição de 1787) que do constitucionalismo francês, cuja noção de supremacia da Constituição veio a se fortalecer muito tempo depois[108].

---

107. Op. cit., p. 91.
108. Segundo Luís Roberto Barroso, "a supremacia da Constituição é o postulado sobre o qual se assenta o próprio direito constitucional contemporâneo, tendo sua origem na experiência americana. Decorre ela de fundamentos históricos, lógicos e dogmáticos, que se extraem de diversos elementos, dentre os quais a posição de preeminência do poder constituinte sobre o poder constituído, a rigidez constitucional, o conteúdo material das normas que contém e sua vocação de permanência. A Constituição, portanto, é dotada de superioridade jurídica em relação a todas as normas do sistema e, como consequência, nenhum ato jurídico pode subsistir validamente se for com ela incompatível. Para assegurar essa supremacia, a ordem jurídica contempla um conjunto de mecanismos conhecidos como

Como afirma Raul Machado Horta, a noção de supremacia da constituição ganhou "força de criação original e poderosa no controle judiciário da constitucionalidade das leis, obra da jurisprudência da Suprema Corte norte-americana, que elaborou a universalmente famosa *American doctrine of judicial supremacy*"[109].

O princípio da supremacia da Constituição ganha maior projeção com a obra *Teoria Pura do Direito*, de Hans Kelsen. Segundo Kelsen, "a Constituição representa o escalão do Direito Positivo mais elevado"[110].

A supremacia da Constituição sobre as demais leis conduz a uma superioridade hierárquico-normativa e, segundo Canotilho, também tem como consequências: a) as normas constitucionais constituem uma *lex* superior que recolhe o fundamento de validade em si própria (autoprimazia normativa); b) as normas da Constituição são normas de normas (*normae normarum*), afirmando-se como uma fonte de produção jurídica de outras normas, e c) a superioridade normativa das normas constitucionais gera o princípio da conformidade de todos os atos dos poderes públicos com a Constituição[111].

Do princípio da supremacia da Constituição decorre o fato de que todos os atos normativos devem ser compatíveis com a Constituição, material e formalmente, sob pena de serem inválidos. A compatibilidade deve ser material (o conteúdo dos atos deve ser harmonioso com o conteúdo constitucional) e formal (os atos devem ser elaborados conforme os procedimentos estabelecidos pela Lei Maior).

Da supremacia da Constituição decorre o controle de constitucionalidade. Nos países em que não se adota tal princípio, não se reconhecendo uma hierarquia formal da Constituição sobre as demais leis, não há como se fazer o controle de constitucionalidade. Nesses países, em vez da supremacia da constituição, pode vigorar a "supremacia do Parlamento". Historicamente, na Europa, desde o surgimento do Parlamento na Idade Moderna, adotou-se como modelo principal da "supremacia do Parlamento", no qual todos os atos emanados do Parlamento tinham a mesma hierarquia e a última palavra acerca da interpretação das normas era dada pelo próprio parlamento, que poderia revogar atos anteriores. Não obstante, a partir da década de 1950, esse modelo foi substituído na maioria dos países pela "supremacia da Constituição", com a previsão de Tribunais Constitucionais, responsáveis pelo controle de constitucionalidade (exceção feita ao Reino Unido e à Holanda).

No Brasil, desde a primeira Constituição republicana (de 1891) adotou-se o modelo norte-americano de "supremacia da Constituição", cabendo ao Poder Judiciário o poder de examinar a constitucionalidade das leis, através do controle difuso, pela via incidental.

Importante destacar que a supremacia da Constituição, a hierarquia normativa da Constituição sobre as demais leis só se verifica em países de constituição rígida (que possui um procedimento de alteração mais rigoroso que o destinado às outras leis). Em países de constituição flexível, cujo procedimento de alteração é o mesmo que o destinado às outras leis, não se

---

jurisdição constitucional, destinados a, pela via judicial, fazer prevalecer os comandos contidos na Constituição. Parte importante da jurisdição constitucional consiste no controle de constitucionalidade, cuja finalidade é declarar a invalidade e paralisar a eficácia dos atos normativos que sejam incompatíveis com a Constituição" (*Curso de Direito Constitucional Contemporâneo*, p. 84).
109. *Direito Constitucional*, p. 103.
110. Op. cit., p. 242.
111. *Direito Constitucional e Teoria da Constituição*, p. 1074.

reconhece uma hierarquia normativa da Constituição sobre outras normas, inexistindo, por conseguinte, controle de constitucionalidade. Segundo Raul Machado Horta, "a aderência da rigidez ao conceito de Constituição formal acentua e robustece a distinção entre lei ordinária e lei constitucional, mediante disposição hierárquica, sob a égide suprema da Lei Magna. Para manter inalterável essa hierarquia, a Constituição rígida e formal reclama, doutrinária e praticamente, instrumento eficaz que a defenda"[112].

Segundo José Afonso da Silva, é possível distinguir a supremacia material e a supremacia formal da Constituição. Segundo ele, "reconhece a primeira até nas constituições costumeiras e nas flexíveis. Isso é certo do ponto de vista sociológico, tal como também se lhes admite rigidez sociopolítica. Mas, do ponto de vista jurídico, só é concebível a supremacia formal, que se apoia na regra da rigidez, de que é o primeiro e principal corolário. O próprio Burdeau, que fala na supremacia material, realça que é somente no caso da rigidez constitucional que se pode falar em supremacia formal da constituição, acrescentando que a previsão de um modo especial de revisão constitucional dá nascimento à distinção de duas categorias de leis: as leis ordinárias e as leis constitucionais"[113].

Por fim, é oportuno destacar, como faz Dirley da Cunha Júnior, que "todas as normas constitucionais das constituições rígidas, independentemente de seu conteúdo, têm estrutura e natureza de normas jurídicas, ou seja, são providas de juridicidade, que encerram um imperativo, vale dizer, uma obrigatoriedade de comportamento"[114]. Assim, tanto as normas materialmente constitucionais, como as normas formalmente constitucionais (que, embora não tenham conteúdo constitucional, foram inseridas no texto constitucional), gozam de hierarquia formal sobre as demais leis. Uma lei ordinária que fere a separação dos poderes (art. 2º) ou fere a norma constitucional que regula o Colégio Pedro II, no Rio de Janeiro (art. 242, § 2º) é uma norma inconstitucional.

3.9. OBJETO E CONTEÚDO DAS CONSTITUIÇÕES

O objeto e conteúdo mínimo das Constituições sempre foi e será a organização fundamental do Estado. Exemplo é a Constituição norte-americana, de 1787, que, embora não tenha previsto (no seu texto originário) um rol de direitos e garantias fundamentais, estabeleceu a Federação, o Presidencialismo, a República etc. Não obstante, esse objeto e conteúdo mínimos varia de acordo com o tempo e o espaço. Com o passar dos anos, os conteúdos constitucionais vêm sendo ampliados, acompanhando a evolução social. Assim, as constituições contemporâneas tendem a constitucionalizar um maior número de matérias, o que faz gerar, a cada edição de uma nova constituição, uma espécie de constituição expansiva (tema que será abordado no capítulo seguinte).

Diante de tal questão, surgiu a seguinte classificação, bastante conhecida: constituição em sentido material e constituição em sentido formal.

---

112. *Direito Constitucional*, p. 96.
113. Op. cit., p. 46. Conclui o professor: "Nossa Constituição é rígida. Em consequência, é a lei fundamental e suprema do Estado brasileiro. Toda autoridade só nela encontra fundamento e só ela confere poderes e competências governamentais. Nem o governo federal, nem os governos dos Estados, nem dos Municípios ou do Distrito Federal são soberanos, porque todos são limitados, expressa ou implicitamente, pelas normas positivas daquela lei fundamental. Exercem suas atribuições nos termos nela estabelecidos. Por outro lado, todas as normas que integram a ordenação jurídica nacional só serão válidas se se conformarem com as normas da Constituição Federal" (p. 46).
114. Op. cit., p. 99.

a) Constituição em sentido formal: segundo Gilmar Ferreira Mendes, "é o documento escrito e solene que positiva as normas jurídicas superiores da comunidade do Estado, elaboradas por um processo constituinte específico. São constitucionais, assim, as normas que aparecem no Texto Magno, que resultam das fontes do direito constitucional, independentemente do seu conteúdo. Em suma, participam do conceito da Constituição formal todas as normas que forem tidas pelo Poder Constituinte Originário ou de reforma como normas constitucionais, situadas no ápice da hierarquia das normas jurídicas"[115]. Dessa maneira, todos os dispositivos que estão no texto constitucional, independentemente do conteúdo, fazem parte da "constituição em sentido formal" (os artigos que tratam da separação dos poderes, do voto ou do Colégio Pedro II).

b) Constituição em sentido material: segundo Gilmar Ferreira Mendes, é "o conjunto de normas que instituem e fixam as competências dos principais órgãos do Estado, estabelecendo como serão dirigidos e por quem, além de disciplinar as interações e controles recíprocos entre tais órgãos. Compõem a Constituição também, sob esse ponto de vista, as normas que limitam a ação dos órgãos estatais, em benefício da preservação da esfera da autodeterminação dos indivíduos e grupos que se encontram sob a regência desse Estatuto Político. Essa normas garantem às pessoas uma posição fundamental ante o poder público (direitos fundamentais)". Assim, constituição em sentido material é um conjunto de normas que versam sobre o Direito Constitucional, que possuem matéria e conteúdo constitucional (organização do Estado, aquisição e exercício do poder, direitos e garantias fundamentais etc.). Essas normas (materialmente constitucionais) podem estar compiladas no próprio texto constitucional, mas também em outros atos normativos (como em tratados internacionais)[116]. Reforça a ideia de constituição material a teoria do "bloco de constitucionalidade", criada na França e largamente adotada na jurisprudência do Supremo Tribunal Federal (tema que abordamos neste capítulo, na concepção jurídica de Constituição).

3.10. ELEMENTOS DAS CONSTITUIÇÕES

Como vimos no item anterior, o conteúdo das constituições tem variado de acordo com o tempo e o espaço. Se o conteúdo mínimo é a estrutura e organização do Estado, com o passar do tempo novos temas foram considerados essencialmente (materialmente) constitucionais. Atualmente, difícil imaginar uma Constituição que não preveja um rol mínimo de direitos e garantias fundamentais. Para identificar quais são os temas presentes em todas as Constituições, de maneira geral, a doutrina estabeleceu um rol de "elementos das Constituições". Repetiremos a classificação de José Afonso da Silva, que consideramos a mais correta, identificando, ao todo, cinco elementos:

---

115. *Curso de Direito Constitucional*, p. 57.
116. "Ocorre que nem todas as normas do ordenamento jurídico que tratam de tema que se possa considerar como tipicamente constitucional se acham contidas no texto constitucional da Constituição. Servem disso exemplo as tantas normas de direito eleitoral, que cuidam de tema central para a organização do Estado, definindo como se alcança a titularidade de cargos públicos. Repare-se que a Constituição não contém todas as regras sobre direito eleitoral, muitas delas estão dispostas no Código Eleitoral e em outras leis (ordinárias ou complementares). Essas normas dispõem sobre matéria que se reputa de natureza constitucional, mas estão vertidas em diplomas diferentes da Constituição. Elas não ostentam o mesmo *status* jurídico das normas que estão dispostas no Texto Magno. Se estão contidas em uma lei ordinária, podem ser revogadas ou modificadas por outro diploma dessa mesma natureza, sem as solenidades inerentes à elaboração de uma Emenda à carta" (Gilmar Ferreira Mendes, op. cit., p. 60).

a) elementos orgânicos: são os elementos que organizam a Estrutura do Estado. Na Constituição Brasileira, podemos mencionar o art. 2º (que trata da Separação dos Poderes), o art. 18 (que trata da Federação), o art. 92 (que organiza o Poder Judiciário), o art. 144 (que organiza a Segurança Pública), dentre tantos outros;

b) elementos limitativos: são os elementos que limitam o poder do Estado, fixando direitos à população. Nesse caso, temos um extenso rol, na Constituição de 1988, de Direitos e Garantias Fundamentais. Quando a Constituição, por exemplo, no art. 5º, XI, prevê a inviolabilidade do domicílio, no momento em que prevê um direito do indivíduo, está limitando a atuação do poder do Estado (que só poderá entrar nas casas nas hipóteses previstas pela Constituição ou pela lei infraconstitucional, em razão do princípio da legalidade);

c) elementos socioideológicos: são os dispositivos de cunhos ideológicos, principiológicos previstos na Constituição. Revelam um compromisso de constituições modernas. Na Constituição de 1988, temos "os valores sociais do trabalho e da livre-iniciativa" como fundamentos da República (art. 1º), mostrando uma coexistência dos valores liberais e sociais do constituinte originário; bem como temos a "propriedade privada", "a livre concorrência" e a "redução das desigualdades regionais e sociais" e a "busca do pleno emprego" como princípios que regem a ordem econômica (art. 170);

d) elementos de estabilização constitucional: são os dispositivos que buscam uma estabilidade política e social, em caso de tumulto institucional. Temos como exemplo a intervenção federal, prevista no art. 34 da Constituição de 1988. Por exemplo, se um Estado-membro tenta se separar do Estado Brasileiro, será punido com intervenção por parte da União[117]. Da mesma forma, o "estado de defesa" e o "estado de sítio", previstos nos arts. 136 e seguintes da Constituição, são importantes exemplos[118];

e) elementos formais de aplicabilidade: são os dispositivos constitucionais que auxiliam na aplicação de outras normas constitucionais. Em outras palavras, são dispositivos instrumentais: ajudam na aplicação de outros artigos. Exemplo mais importante é o art. 5º, § 1º, da Constituição Federal: "as normas definidoras dos direitos e garantias fundamentais têm aplicação imediata". Ora, depois de prever um extenso rol de direitos e garantias individuais e coletivos, o constituinte estabeleceu a aplicação imediata dessas normas. Em outras palavras, não é necessária regulamentação, não é necessária a edição de uma lei posterior para aplicação dos direitos fundamentais. Inexistindo uma lei regulamentar, deverá o magistrado se utilizar dos meios supridores dessas lacunas (integração do direito), como a analogia, por determinação constitucional[119]. Parte da doutrina exemplifica também como elemento for-

---

117. Segundo o art. 34, I, da CF, "a União não intervirá nos Estados, nem no Distrito Federal, exceto para: I – manter a integridade nacional".
118. São estados de emergência decretados pelo Presidente da República, com a participação do Congresso Nacional (posterior, no estado de defesa; anterior, no estado de sítio). Consistem na suspensão de direitos e garantias individuais, para manutenção da ordem pública. Enquanto o estado de defesa tem prazo determinado e é uma medida de âmbito regional, o estado de sítio pode ter prazo indeterminado, possui medidas restritivas mais gravosas, e tem âmbito nacional.
119. Foi o que ocorreu no Brasil até bem pouco tempo atrás com o mandado de injunção e com o direito de resposta. O primeiro, previsto no art. 5º, LXXI, da Constituição Federal, era o único remédio constitucional que carecia de complemento legislativo. Não havia, até bem pouco tempo atrás, uma lei regulamentando o procedimento do mandado de injunção. Tal omissão legislativa fez com o que o STF aplicasse, por analogia, a lei do Mandado de Segurança (Lei n. 12.016/2009). Por sua vez, até recentemente, não havia uma lei regulamentando o direito de resposta, previsto no art. 5º, V, da Constituição (desde que o STF decidiu que a Lei de Imprensa não foi recepcionada pela CF/88). Essa omissão não impediu que o direito de resposta fosse pleiteado perante o Poder Judiciário, pois as nor-

mal de aplicabilidade o Preâmbulo da Constituição (tema que será abordado mais profundamente no próximo item). Isso porque o preâmbulo, embora não seja reconhecido como uma norma formalmente constitucional, possui um efeito interpretativo: auxilia na interpretação das normas constitucionais, sendo utilizado como parâmetro interpretativo.

ELEMENTOS
- ORGÂNICOS
- LIMITATIVOS
- SOCIOIDEOLÓGICOS
- FORMAIS DE APLICABILIDADE
- DE ESTABILIZAÇÃO CONSTITUCIONAL

3.11. ESTRUTURA DA CONSTITUIÇÃO

A Constituição de 1988 é dividida em três partes distintas: a) preâmbulo; b) parte permanente; c) Ato das Disposições Constitucionais transitórias. Analisemos cada uma delas.

3.11.1. Preâmbulo

O preâmbulo é uma espécie de carta de intenções do constituinte originário. Expressa, em poucas palavras, quais os objetivos mais relevantes e os valores principais que norteiam o novo texto constitucional.

O preâmbulo da Constituição de 1988 dispõe: "Nós, representantes do povo brasileiro, reunidos em Assembleia Nacional Constituinte para instituir um Estado Democrático, destinado a assegurar o exercício dos direitos sociais e individuais, a liberdade, a segurança, o bem-estar, o desenvolvimento, a igualdade e a justiça como valores supremos de uma sociedade fraterna, pluralista e sem preconceitos, fundada na harmonia social e comprometida, na ordem interna e internacional, com a solução pacífica das controvérsias, promulgamos, sob a proteção de Deus, a seguinte CONSTITUIÇÃO DA REPÚBLICA FEDERATIVA DO BRASIL".

Assim, muitos temas já foram adiantados pelo constituinte originário no preâmbulo, na introdução da Constituição: a democracia, a tutela dos direitos fundamentais, a fraternidade e o pluralismo etc. Curiosamente, não abordou a Federação (talvez por já ser uma realidade arraigada no Brasil desde o texto constitucional de 1891).

Importante: o preâmbulo é considerado norma constitucional? O tema foi enfrentado pelo Supremo Tribunal Federal, na ADI 2.076, relatada pelo Min. Carlos Velloso. Segundo o STF, o preâmbulo não é considerado norma constitucional, sendo uma norma de natureza política, e não de natureza jurídica. Para a Corte Suprema, "não contém o preâmbulo, portanto, relevância jurídica [...] O que acontece é que o preâmbulo contém, de regra, proclamação ou exortação no sentido dos princípios inscritos na Carta: princípio do Estado Democrático de Direito, princípio republicano, princípio dos direitos e garantias etc. Esses princípios, sim, inscritos na Constituição, constituem normas centrais de reprodução obrigatória, ou que não pode a Constituição do Estado-membro dispor de forma contrária".

---

mas definidoras dos direitos fundamentais têm aplicação imediata. O problema foi resolvido recentemente, quando foi editada a Lei do Direito de Resposta (Lei n. 13.188/2015).

Não se tratando de norma constitucional (mas uma norma de natureza política), não seria o preâmbulo objeto de emenda constitucional. Não obstante, curiosamente, a Assembleia Legislativa do Acre aprovou a EC 19/2000, que alterou o preâmbulo da Constituição do Estado do Acre, aprovada originalmente no dia 3 de outubro de 1989. Por que razão a Assembleia Legislativa acreana quis alterar o preâmbulo, um mero parágrafo de conotação política? As razões são igualmente políticas. O Preâmbulo original da Constituição do Acre era o único que não mencionava expressamente a "proteção de Deus". Certamente, os deputados estaduais acreanos entenderam prestigiar a laicidade do Estado[120]. A Emenda Constitucional n. 19/2000 acrescentou a "proteção de Deus" no preâmbulo da Constituição acreana[121].

Embora não seja considerado norma constitucional, não significa que o preâmbulo seja totalmente desprovido de eficácia. Servirá como norte interpretativo, como elemento de auxílio na interpretação das normas constitucionais como indicativo do pensamento do constituinte originário (auxiliando, pois, numa "interpretação histórica"). O próprio STF, que outrora reconheceu a ausência de normatividade jurídica do preâmbulo, já se utilizou de parte de seu conteúdo como fundamento de suas decisões. Por exemplo, na ADI 3.510, que tratou da constitucionalidade da Lei de Biossegurança, um dos fundamentos do Min. Relator, Carlos Ayres Brito, foi o "constitucionalismo fraternal" e o princípio da fraternidade, decorrente do próprio preâmbulo constitucional ("no âmbito de um ordenamento constitucional que desde o seu preâmbulo qualifica a 'liberdade, a segurança, o bem-estar, o desenvolvimento, a igualdade e a justiça' como valores supremos de uma sociedade mais que tudo 'fraterna', o que já significa incorporar o advento do constitucionalismo fraternal às relações humanas..."). Por exercer tal influência interpretativa, muitos denominam o preâmbulo como um "elemento formal de aplicabilidade" (como vimos no item anterior).

Outrossim, frise-se que, embora presente em todas as Constituições brasileiras, o preâmbulo não é obrigatório. Trata-se de uma tradição constitucional pátria, que não necessita ser repetida em constituições futuras.

Quais são as consequências decorrentes de o preâmbulo não ser uma norma constitucional? Vislumbramos três importantes consequências:

a) o preâmbulo não é norma de repetição obrigatória nas Constituições estaduais. Foi o que disse o STF na ADI 2.076 ("não contém o preâmbulo, portanto, relevância jurídica. O preâmbulo não constitui norma central da Constituição, de reprodução obrigatória na Constituição do Estado-membro");

b) a palavra "Deus" no preâmbulo não fere a laicidade do Estado brasileiro, máxime porque, além de não definir qual a divindade (que ficará a cargo de cada religião), o STF entendeu que esse preâmbulo é uma manifestação política do poder constituinte originário, não sendo norma jurídica;

---

120. Preâmbulo original da Constituição do Acre: "A Assembleia Estadual Constituinte, usando dos poderes que lhe foram outorgados pela Constituição Federal, obedecendo o ideário democrático, com o pensamento voltado para o povo e inspirada nos heróis da revolução acreana, promulga a seguinte Constituição do Estado do Acre".
121. Preâmbulo da Constituição do Acre, com a alteração realizada pela EC 19/2000: "A Assembleia Estadual Constituinte, usando dos poderes que lhe foram outorgados pela Constituição Federal, obedecendo ao ideário democrático, com o pensamento voltado para o povo, inspirada nos heróis da revolução acreana e sob a proteção de Deus, promulga a seguinte Constituição do Estado do Acre".

c) o preâmbulo não pode ser usado como parâmetro ou paradigma no controle de constitucionalidade (em outras palavras, não se pode questionar a constitucionalidade de uma lei que viole apenas e tão somente o preâmbulo, já que este não possui natureza constitucional).

3.11.2. Parte permanente

A "parte permanente" da Constituição, nome atribuído pela doutrina, corresponde aos dispositivos principais do texto constitucional. No caso da Constituição brasileira de 1988, os dispositivos que vão do arts. 1º ao 250. Tratam da estrutura do Estado, da divisão dos poderes, dos direitos fundamentais etc. Por que recebe o nome de parte permanente? Seria ela uma parte imutável da Constituição? Não. Não se confunde permanência com imutabilidade. A parte permanente da Constituição pode ser alterada pelos meios regulares de reforma constitucional (que deve ser feito dentro dos limites – materiais e formais – da própria Constituição). Muitas foram, até o momento, as emendas constitucionais, que alteraram a parte permanente de nossa Constituição. O nome "parte permanente" deve-se ao fato de que as normas ali presentes não possuem prazo determinado de vigência, de duração. Assim, as normas constitucionais da "parte permanente" vigerão até que normas constitucionais as revoguem, total ou parcialmente.

3.11.3. Ato das Disposições Constitucionais Transitórias

Depois da parte permanente (que termina atualmente no art. 250 da Constituição), o constituinte originário estabeleceu um conjunto de regras temporárias, transitórias, de cunho constitucional. Por exemplo, no art. 2º, estabeleceu a realização de um plebiscito a ser realizado em 1993, indagando à população sobre o sistema de governo e a forma de governo. Outrossim, previu a possibilidade de realização de uma única "revisão constitucional", pelo menos cinco anos depois de promulgada a Constituição (art. 3º do ADCT). Previu, de forma temporária, a permanência do sistema tributário nacional previsto na Constituição anterior, pelo prazo de cinco meses (art. 34 do ADCT) etc.

Apesar de começar uma nova numeração (art. 1º do ADCT, e não art. 251), o Supremo Tribunal Federal decidiu que o ADCT, ao contrário do preâmbulo, é norma constitucional. Na ADI 829, decidiu o STF: "contendo as normas constitucionais transitórias exceções à parte permanente da Constituição, não tem sentido pretender-se que o ato que as contém seja independente desta, até porque é da natureza mesma das coisas que, para haver exceção, é necessário que haja regra, de cuja existência aquela, como exceção, depende. A enumeração autônoma, obviamente, não tem o condão de dar independência àquilo que, por sua natureza mesma, é dependente".

Assim, sendo norma constitucional, o ADCT é passível de Emendas Constitucionais. A Ação Direta de Inconstitucionalidade sobredita (ADI 829) referiu-se à Emenda Constitucional n. 2, de 1992, que alterou a data do plebiscito sobre forma e sistema de governo. Em vez de ser realizado no dia 7 de setembro de 1993 (data prevista pelo constituinte originário), Emenda Constitucional antecipou o plebiscito para o dia 21 de abril do mesmo ano. O STF entendeu tal mudança constitucional. Se o ADCT é norma constitucional, pode ser alterado por emendas. Recentemente, a Emenda Constitucional n. 93, de 2016, alterou artigos do ADCT, prorrogando a "desvinculação de receitas da União" – DRU e estabelecendo o mesmo benefício aos Estados, Distrito Federal e Municípios.

Outrossim, por ser norma constitucional, poderá qualquer artigo do ADCT servir de parâmetro no controle de constitucionalidade. Em outras palavras, se uma lei infraconstitucional violar formal ou materialmente algum dispositivo do ADCT, não será válida.

Dessa maneira, o que diferencia o ADCT da parte permanente da Constituição é o caráter provisório ou excepcional de suas normas. Algumas normas do ADCT foram criadas para serem aplicadas uma só vez (como o art. 2º, que prevê a realização de um plebiscito em 1993). Outras normas do ADCT têm prazo determinado de vigência (o art. 76 do ADCT, alterado recentemente pela Emenda Constitucional n. 93, de 2016, prevê a desvinculação das receitas da União até 31 de dezembro de 2023).

Conteúdo digital – Acesse: https://somos.in/CDC7

Conteúdo em vídeo
Questões com gabarito comentado

4

CLASSIFICAÇÃO DAS CONSTITUIÇÕES

> **Sumário**

4.1. Quanto ao conteúdo – **4.2.** Quanto à forma: escrita e não escrita – **4.3.** Quanto ao modo de elaboração – **4.4.** Quanto à origem – **4.5.** Quanto à extensão – **4.6.** Quanto à função – **4.7.** Quanto à essência (ou ontológica), de Karl Loewenstein – **4.8.** Quanto à sistematização – **4.9.** Quanto ao sistema: principiológica e preceitual – **4.10.** Quanto à origem de sua decretação – **4.11.** Quanto à ideologia – **4.12.** Quanto à atividade legislativa – **4.13.** Quanto ao período de duração – **4.14.** Classificação de Raul Machado Horta – **4.15.** Classificação de Marcelo Neves: Constituição simbólica – **4.16.** Constituição-balanço ou Constituição-registro – **4.17.** Constituição em branco (*blanko-verfassung*) – **4.18.** Constituição fixa (ou silenciosa) – **4.19.** Constituição chapa-branca – **4.20.** Constituição ubíqua – **4.21.** Quanto ao conteúdo ideológico – **4.22.** Constituição aberta – **4.23.** Quanto ao método interpretativo – **4.24.** Constituição suave ou dúctil – **4.25.** Constituição compromissória – **4.26.** Constituição biomédica – **4.27.** Constituição oral – **4.28.** Constituição colaborativa (constituição.com ou *crowdsourced constitution*) – **4.29.** Quanto à concentração do poder (segundo Néstor Sagüés) – **4.30.** Quanto à eficácia – **4.31.** Constituição econômica, constituição fiscal e constituição social – **4.32.** Quanto à originalidade – **4.33.** Quanto ao conteúdo ideológico – **4.34.** Quanto à rigidez – **4.34.1.** As cláusulas pétreas – **4.34.1.1.** Forma Federativa de Estado (Federação) – **4.34.1.2.** Voto direto, secreto, universal e periódico – **4.34.1.3.** Separação dos Poderes – **4.34.1.4.** Direitos e garantias individuais – **4.34.2.** Cláusulas pétreas e o dilema contramajoritário – **4.35.** Constituições subconstitucionais ou subconstituições – **4.36.** Constituição convencionalizada – **4.37.** Constituição espessa ("Thick Constitution") e Constituição fina ou delgada ("Thin Constitution") – **4.38.** Constituição invisível ("Invisible Constitution") – **4.39.** Constituição pluridimensional ou compósita – **4.40.** Constituição Austeritária – **4.41.** Constituição como Árvore Viva ("Constitution as living tree").

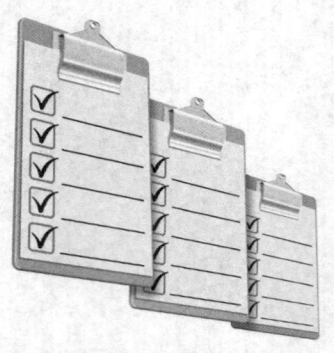

Figura 4.1 – Classificação (créditos ao final do livro).

As constituições podem ser classificadas de muitas formas, se analisados conteúdo, forma de elaboração, rigidez, ideologia etc. Paulatinamente, diante de novos critérios, a doutrina identifica classificações diversas. Abordaremos, neste capítulo, as principais classificações adotadas na doutrina brasileira e estrangeira.

4.1. QUANTO AO CONTEÚDO

a) Constituição formal – é a constituição que não trata apenas de matéria constitucional, podendo tratar também de outros assuntos, pois o que importa é o seu processo solene de aprovação, na comparação com outras normas. Recebe o nome "formal" porque *não importa o seu conteúdo, mas a forma solene através da qual ela foi aprovada*. Assim, constituição formal é um documento solenemente aprovado, não importando de quais assuntos trata.

Não obstante, como aponta o constitucionalista uruguaio José Korzeniak, o conceito de *constituição formal* é plurívoco: "alguns autores usam a expressão *constituição formal* para referir-se concretamente às constituições escritas; outros exigem que, além disso, todas as suas normas se encontrem em um só documento (são as constituições 'codificadas'). Todavia, a maioria estima que o conceito formal de Constituição requer uma referência indispensável ao processo de elaboração de suas normas, que deve ser distinto ao das leis, o que há de trazer como consequência uma hierarquia superior da Constituição com relação a estas últimas"[1].

b) Constituição material – é a constituição que somente possui matéria, conteúdo constitucional, independentemente de estar em um documento ou em mais. Assim, é a Constituição que só trata da organização do Estado, aquisição e exercício do poder, direitos e garantias fundamentais etc. Podemos dar como exemplo a Constituição norte-americana de 1787, que, num só texto, previa apenas matéria constitucional.

Importante frisar que, na Constituição material, as normas cujo conteúdo é constitucional não estão presentes apenas num texto constitucional, formalmente promulgado. Podem fazer parte de um conjunto esparso de normas, como tratados internacionais sobre direitos fundamentais. Como afirma o professor uruguaio José Korzeniak, "toda norma jurídica que tenha 'conteúdo constitucional' deve considerar-se integrando a 'Constituição em sentido material'. Assim ocorrerá geralmente com as disposições da 'Constituição formal' que, por seu conteúdo, estarão também formando parte da 'Constituição material'. Mas pode ocorrer o caso em que outras normas que não integram a Constituição em sentido formal – por exemplo, leis ordinárias – devam considerar-se parte da Constituição material, por ter *conteúdos ou matérias constitucionais*. Por exemplo, uma lei que criara um importante órgão de governo não previsto pela *constituição formal*, seria uma norma de *conteúdo constitucional* e, por isso, integraria a *constituição material*"[2].

Ainda mais importante frisar, como lembra o constitucionalista uruguaio, que o contrário também pode ocorrer: "é possível que algumas normas que integram a *constituição em*

---

1. *Primer Curso de Derecho Público*. Derecho Constitucional, p. 56. As conclusões do professor uruguaio são importantes: "O conceito formal de Constituição não abarca o caso das constituições não escritas ('consuetudinárias'), e requer o tipo 'rígido' de Constituição, que sobrepõe um procedimento para sua reforma, distinto do procedimento de elaboração das leis ordinárias".
2. Op. cit., p. 58. Nas palavras de Paulo Bonavides, "do ponto de vista material, Constituição é o conjunto de normas pertinentes à organização do poder, à distribuição da competência, ao exercício da autoridade, à forma de governo, aos direitos da pessoa humana, tanto individuais como sociais. Tudo quanto for, enfim, conteúdo básico referente à composição e ao funcionamento da ordem política exprime o *aspecto material* da Constituição. [...] [Segundo Kelsen] por Constituição em sentido material se entendem as normas referentes aos órgãos superiores e às relações dos súditos com o poder estatal" (op. cit., p. 81).

sentido formal não devam considerar-se formando parte da *constituição em sentido material*. Seria o caso de disposições que, por falta de técnica na formulação da Constituição, incluíram-se nesta, ainda quando sua matéria, o tema que regulam, não são de índole constitucional". No Brasil, o exemplo máximo é o artigo que trata do Colégio Pedro II (art. 242, § 2º). São apenas normas formalmente constitucionais e não materialmente constitucionais.

Mantida essa classificação dualista, devemos afirmar que a Constituição brasileira de 1988 é uma *constituição formal*. Realmente, a nossa Constituição, além de tratar de temas materialmente constitucionais (separação dos poderes – art. 2º; direitos e garantias fundamentais – art. 5º e seguintes etc.), trata de assuntos que não são de conteúdo constitucional (como o art. 242, § 2º, que trata do Colégio Pedro II). Todos os dispositivos ali presentes são *formalmente constitucionais*, exigindo um procedimento mais rigoroso de alteração.

Importante: com o passar do tempo, o conceito de *constituição formal* passou a ser mitigado e criticado pela doutrina constitucional, na medida em que restringe a Constituição ao texto escrito, não importando o seu conteúdo. Noções que decorrem do pós-positivismo mostram que há outros elementos igualmente constitucionais que não estão nos limites estritos do texto constitucional. Exemplo disso é a teoria do *bloco de constitucionalidade*, aceita no Supremo Tribunal Federal, reconhecendo que a Constituição é formada, além do texto constitucional, pelos princípios que dela decorrem (ainda que não escritos) e os tratados internacionais sobre direitos humanos que tenham *status* constitucional.

Ainda que não tivesse sido adotada a teoria do *bloco de constitucionalidade*, o art. 5º, § 3º, da Constituição Federal (acrescentado pela Emenda Constitucional n. 45/2004) já reconhece que alguns tratados internacionais sobre direitos humanos podem ingressar no Direito brasileiro com força de norma constitucional. Dessa maneira, cada vez mais se chega à conclusão de que a Constituição brasileira não se resume ao texto constitucional aprovado em 1988, com as supervenientes emendas. Destarte, a Constituição brasileira, que sempre foi *formal*, circunscrita ao texto constitucional, está "se materializando", motivo pelo qual parte da doutrina entende que, em vez de material ou formal, a Constituição de 1988 passou a ser *mista*.

4.2. QUANTO À FORMA: ESCRITA E NÃO ESCRITA

a) Constituição escrita (ou instrumental) – trata-se de um documento solene (ou mais de um), formalmente aprovado pelo Poder Constituinte originário. Segundo José Korzeniak, "modernamente o tipo mais difundido, supõe dois elementos: a) como seu nome indica, suas normas estão graficamente expressas em um documento ou texto (se é uma *constituição escrita codificada*) ou em vários documentos (se for uma *constituição escrita dispersa*); b) é necessário, ademais, que esse ou esses documentos escritos, sejam a expressão deliberada do Poder Constituinte (que resolveu ditar essa constituição escrita)"[3]. É o caso da Constituição de 1988 (e todas as outras constituições brasileiras). Isso porque o direito brasileiro é de tradição romano-germânica, em que a principal fonte do direito é a lei. Todas as Constituições anteriores foram escritas: 1824, 1891, 1934, 1937, 1946, 1967 (e a Emenda Constitucional n. 1, de 1969).

b) Constituição não escrita (ou costumeira ou consuetudinária) – é formada por costumes e tradições seculares, muitos deles não escritos. Dá-se como exemplo a Constituição da Inglaterra. Realmente, em relação ao direito brasileiro (de tradição romano-germânica), o direito inglês tem modelo diferente (um modelo anglo-saxônico, também chamado de *common law*). Nesse sistema, a fonte do direito principal não é a lei, mas o costume e a jurisprudência.

---

3. Op. cit., p. 59.

Embora na Inglaterra haja inúmeras leis escritas, muitas delas sobre a organização do Estado e sobre direitos fundamentais, muitas das regras que regem o Estado e as organizações públicas não são escritas[4].

Por exemplo, enquanto a Constituição brasileira prevê um artigo específico sobre as atribuições do Presidente da República (art. 84, CF), com um extenso rol de incisos, na Inglaterra não temos dispositivos legais que estabeleçam um rol de atribuições do Primeiro-Ministro ou da Rainha.

4.3. QUANTO AO MODO DE ELABORAÇÃO

a) **Constituição dogmática** – é fruto de um trabalho legislativo específico. O legislador, num determinado momento histórico, discute, debate, elabora um texto e aprova a nova Constituição. Recebe o nome "dogmática" porque reflete os dogmas, o pensamento de um determinado momento histórico.

Podemos afirmar que a *constituição dogmática* é como uma "fotografia" de um determinado momento histórico. É um texto que reflete os valores, o pensamento de um momento específico de um país.

b) **Constituição histórica** – decorre de uma lenta evolução histórica. Dá-se como exemplo a Constituição da Inglaterra, cujos atuais contornos são fruto de século de evolução. Lentamente, ao longo de tensões históricas, o Rei foi cedendo seus poderes ao Parlamento, até chegar aos moldes atuais.

A Constituição brasileira de 1988, assim como todas as constituições anteriores, é dogmática. Ela foi fruto de um trabalho legislativo constituinte específico (no final dos anos 1980), refletindo o pensamento daquele momento histórico. Uma prova interessante disso é a análise do art. 5º da Constituição, no tocante à ordem dos incisos iniciais, que mostram os valores do constituinte de então. Nos dois primeiros incisos do art. 5º, o constituinte tratou da *igualdade* e da *legalidade*, para no inciso III tratar da *vedação à tortura*. Por que o constituinte deu um destaque tão diferenciado à tortura? Porque o Brasil acabara de sair de um regime ditatorial, em que a tortura foi uma prática largamente utilizada no país (e em toda América Latina). Assim, lendo atentamente a Constituição de 1988, tem-se uma visão geral do período em que foi elaborada. É uma constituição dogmática.

4.4. QUANTO À ORIGEM

a) **Promulgada (ou de estabelecimento democrático)** – é a Constituição democrática, feita pelos representantes do povo, legitimamente por ele escolhidos. Na evolução constitucional brasileira, tivemos as seguintes constituições promulgadas: 1891, 1934, 1946 e 1988. Em todas essas constituições, houve a eleição de uma Assembleia Constituinte, responsável pela elaboração da Constituição. É fato que, em alguns casos, a representatividade não é sempre límpida e cristalinamente democrática. Por exemplo, na Assembleia Constituinte de 1988, participaram alguns "senadores biônicos", que não foram escolhidos pelo voto direto da população. Mesmo assim, constituições desse jaez são bem diferentes das *cartas constitucionais*, impostas, outorgadas pelo governante sem a participação popular.

---

4. Por essa razão, concordamos com o professor uruguaio José Korzeniak ao afirmar que "o exemplo tradicionalmente citado de constituição consuetudinária é o da Inglaterra, *ainda que esta Constituição seja parcialmente consuetudinária e parcialmente escrita*, sendo muito numerosas as normas que revestem esta última característica" (op. cit., p. 59).

b) Outorgada (ou *carta constitucional*) – é a Constituição imposta ao povo pelo governante. No Brasil, tivemos as Constituições de 1824 (outorgada por D. Pedro I), 1937 (outorgada por Getúlio Vargas) e 1967 (outorgada pelos militares). Como vimos em capítulo anterior, alguns poderiam afirmar que a Constituição de 1967 foi promulgada. Isso porque, elaborado o anteprojeto pelos militares (especialmente sob a condução de Francisco Campos), foi submetido à apreciação da Assembleia Legislativa. Todavia, essa Assembleia, como vimos, teve tempo extremamente exíguo, o Parlamento estava dilacerado pela cassação de mandatos e extinção de direitos políticos, inexistindo garantias parlamentares. Em resumo, teve a mesma liberdade que o gerente de um banco que abre o cofre, por ter a arma do assaltante em suas têmporas. Segundo a doutrina argentina, atualmente dá-se como exemplo a "Constituição de Mônaco, de 1962, ditada por um príncipe soberano desse Estado, e os documentos constitucionais emanados do governo de fato, baseados geralmente nas forças armadas"[5].

c) Cesarista (ou bonapartista) – é a Constituição elaborada pelo governante e submetida à apreciação do povo mediante *referendo*. Recebe o nome de "bonapartista" porque foi utilizada mais de uma vez por Napoleão Bonaparte. Como vimos no primeiro capítulo desta obra, Napoleão, nascido na Córsega, não tinha qualquer vínculo sanguíneo com o rei. Ao se tornar cônsul vitalício e, principalmente, imperador da França, como legitimar-se no Poder, não apenas pela força, mas juridicamente? Optou pelo referendo. Elaborou as constituições que estabeleciam o novo regime e as submeteu à apreciação popular.

Aqui usamos a expressão "referendo" em vez de "plebiscito", diante da sistemática brasileira de ambos os institutos. Embora fora do país possam ter nomes distintos e definições distintas, no Brasil, plebiscito e referendo diferem por conta do momento da consulta popular: enquanto no plebiscito a consulta popular é anterior ao ato legislativo ou administrativo, no referendo a consulta popular é posterior ao ato legislativo ou administrativo. Assim, na constituição cesarista, trata-se de referendo, já que o povo se manifesta após a elaboração do ato constitucional.

Figura 4.2 – Napoleão Bonaparte (1769-1821) (créditos ao final do livro).

d) Pactuada (ou dualista) – é fruto de um acordo entre duas forças políticas de um país. Dá-se o nome de "pactuada" por conta do pacto efetuado entre essas forças igualmente existentes. Dá-se como principal exemplo a *Magna Carta* inglesa, de 1215, fruto do acordo (ou pressão) dos barões ingleses rebelados com o Rei João I (Sem Terra). Outro exemplo, encontrado na doutrina uruguaia, é o da "Carta do Reino de Wurtemberg de 1918, redigida por uma comissão mista formada por delegados de uma Assembleia Popular e o Monarca e 'aprovada por ambas as partes'"[6]. Segundo Canotilho, "nessas constituições, o diploma fundamental não é já uma carta doada pela vontade do soberano, mas um *pacto* entre o soberano e a representação nacional"[7].

---

5. Néstor Pedro Sagüés. *Manual de Derecho Constitucional*, p. 47.
6. José Korzeniak, op. cit., p. 63.
7. Op. cit., p. 148.

4.5. QUANTO À EXTENSÃO

a) Sintética (tópica, breve, curta, sucinta) – é a Constituição resumida, concisa, que trata apenas dos temas principais. Segundo Canotilho, "limitam-se, em geral, a um instrumento de governo, tendo como objetivo primordial organizar, definir e limitar o poder"[8]. Dá-se como exemplo a Constituição norte-americana de 1787. Originalmente, foi composta por apenas sete artigos. Desde sua entrada em vigor, foi alterada vinte e sete vezes, através de emendas constitucionais (não deixando de ter caráter compacto, conciso, sintético). Como afirmou Canotilho, "a Constituição dos Estados Unidos tinha apenas sete artigos, com numerosas divisões em secções, faltando-lhe inclusivamente um catálogo de direitos (objeto das primeiras dez emendas aprovadas em 1791 – *Bill of Rights*)"[9].

Não se deve confundir "constituição sintética" com "pequena constituição" (*piccole costituzione*). Esta última é a constituição provisória (ou *pré-constituição*), cuja finalidade é reger os aspectos constitucionais do país provisoriamente, até a edição da *constituição definitiva*[10].

b) Analítica (ampla, extensa, larga, prolixa, longa, desenvolvida, volumosa, inchada) – é a Constituição extensa, prolixa, repetitiva. Trata não somente dos temas essenciais, mas de outros temas que poderiam ficar apenas na legislação infraconstitucional. É o caso da Constituição brasileira de 1988. Nossa Constituição entra nos detalhes de muitas instituições, órgãos etc. Tal cenário é comum nas Constituições dos países que saíram de regimes ditatoriais. O constituinte tem a (falsa) impressão de que, colocando vários temas no texto constitucional, por conta da sua rigidez, haverá uma segurança jurídica maior contra eventual novo arbítrio.

4.6. QUANTO À FUNÇÃO

a) Garantia (funcional) – é a Constituição que se limita a fixar os direitos e garantias fundamentais do cidadão, sem se preocupar em fixar metas, objetivos, direções estatais. É uma espécie de carta declaratória de direitos. Catarina Botelho, brilhante professora da Universidade Católica do Porto, utiliza a expressão "constituição funcional" como fruto do movimento constitucional oitocentista, sendo uma constituição como "ato consagrador de um conjunto de direitos fundamentais", concentrando-se no presente, naquilo que visa salvaguardar, sem ideias otimistas, pensando no futuro, e de difícil concretização[11].

b) Dirigente (aspiracional) – nomenclatura criada por José Joaquim Gomes Canotilho em sua tese de doutorado na Universidade de Coimbra. Trata-se da Constituição que, além de prever uma série de direitos e garantias fundamentais, fixa metas estatais. Chama-se "dirigente" porque fixa uma direção para o Estado seguir. Catarina Botelho denomina tal constituição "aspiracional", pois está repleta de espe-

Figura 4.3 – Caricatura de José Joaquim Gomes Canotilho (créditos ao final do livro).

---

8. Op. cit., p. 217.
9. Op. cit., p. 216.
10. No Brasil, tivemos o Decreto n. 1, de 1889, e o Ato Institucional n. 1, de 1964. Em Portugal, segundo Canotilho, houve a Lei n. 3/74, de 14 de maio, instituidora de uma estrutura constitucional provisória (op. cit., p. 217).
11. *Aspirações Constitucionais e Força Normativa da Constituição – Réquiem pelo Conceito Ocidental de Constituição?*, p. 7. A autora dá como exemplos de *Constituições Funcionais* a Constituição dos Estados Unidos da América, do Canadá, da Áustria, a Lei Fundamental alemã, a Constituição belga, dinamarquesa, da Irlanda etc.

rança, de objetivos mais ou menos distantes a atingir. "O texto constitucional não é apenas mais um ato jurídico-público: é o ato normativo de eleição, responsável por reunir em si os ingredientes mágicos de um mundo melhor. [...] Perante este quadro, resulta evidente que o texto constitucional não vale somente pelo que ele é, mas sobretudo pelo que ele *pode ser*"[12].

Nessa classificação, podemos afirmar que a Constituição brasileira de 1988 é dirigente ou aspiracional, em razão de inúmeros dispositivos que fixam metas para o Estado seguir. Exemplo máximo é o art. 3º da Constituição, que prevê um rol de objetivos da República, dentre eles "erradicar a pobreza e a marginalização".

Importante frisar que, como vimos no capítulo anterior, o próprio professor Canotilho atualmente adota posição diversa da por ele criada e critica de forma veemente as Constituições de cunho dirigente, que não conseguem cumprir as metas realizadas. As críticas feitas por Catarina Botelho se aplicam integralmente ao Brasil: há uma falta desconcertante de conexão entre o texto constitucional e a realidade, o que acaba gerando uma série de frustrações (e até movimentos em favor da substituição da Constituição). Esse perigoso afastamento entre a realidade e o texto constitucional diminui a chamada "vontade de constituição" (utilizando-se a expressão de Konrad Hesse), culminando na perda da sua força normativa.

4.7. QUANTO À ESSÊNCIA (OU ONTOLÓGICA), DE KARL LOEWENSTEIN

a) **Semântica** – é a Constituição que esconde a dura realidade de um país. Lendo o texto constitucional, jamais seria possível imaginar a situação real de um determinado país. É comum em regimes ditatoriais, que tentam esconder (sob o ponto de vista normativo) seus desmandos no mundo real. Podemos dar como exemplo a Constituição brasileira de 1824, que, apesar de prever a liberdade de locomoção como direito fundamental, não foi capaz de suprimir a escravidão. Aliás, a escravidão sequer foi tema tratado na Constituição de D. Pedro I, tanto que a famosa Lei Áurea, de 1888, foi uma mera lei ordinária[13]. Segundo Karl Loewenstein, "Se não houvesse em absoluto nenhuma constituição formal, o desenvolvimento fático do processo de poder não seria notavelmente diferente. No lugar de servir à limitação do poder, a Constituição é aqui o instrumento para estabilizar e eternizar a intervenção dos dominadores fáticos na comunidade"[14]. Numa brilhante analogia feita por Loewenstein entre a constituição e uma camisa (que adiante explicarei), a constituição semântica "não é um traje, mas um disfarce".

Figura 4.4 – Caricatura de Karl Loewenstein (créditos ao final do livro).

---

12. Op. cit., p. 8.
13. Podemos também dar como exemplo de Constituição semântica a atual Constituição da Venezuela, que, sob o ponto de vista normativo, é bastante avançada, com ferramentas efetivas de democracia semidireta, como a possibilidade de revogação dos mandatos eletivos pelo voto popular. Todavia, a realidade política do país é bem diversa. A tentativa de revogação do mandato do atual Presidente tem sido sistematicamente negada por ele, sob o argumento de fraude nos documentos que lhe deram origem.
14. Op. cit., p. 219.

b) Nominal (ou nominalista) – é a Constituição que não reflete a realidade atual do país, pois se preocupa com o futuro. É a Constituição que só trata dos objetivos a serem cumpridos no futuro, deixando de lado a realidade presente. Segundo Karl Loewenstein, "uma constituição pode ser juridicamente válida, mas se a dinâmica do processo político não se adapta às suas normas, a Constituição carece de realidade existencial. Nesse caso, cabe qualificar a Constituição de nominal. [...] A situação de fato impede, ou não permite por ora, a completa integração das normas constitucionais na dinâmica da vida política. [...] A esperança, todavia, persiste, dada a boa vontade dos detentores e destinatários do poder, que cedo ou tarde a realidade do processo de poder corresponderá ao modelo estabelecido na Constituição. A função primária da constituição nominal é educativa, seu objetivo é, em um futuro mais ou menos longínquo, converter-se em uma constituição normativa e determinar realmente a dinâmica do processo de poder"[15].

c) Normativa – é a Constituição que reflete a realidade atual do país. Isso não depende, segundo Loewenstein, apenas do aspecto normativo do texto constitucional, mas de uma relação bilateral entre os detentores e os destinatários do poder: "Para que uma constituição seja viva, deve ser para isso efetivamente 'vivida' pelos destinatários e detentores do poder, necessitando de um ambiente nacional favorável para sua realização. [...] Para que uma Constituição seja viva, não é suficiente que seja válida em sentido jurídico. Para ser real e efetiva, a Constituição terá que ser observada lealmente por todos os interessados e terá que estar integrada em toda a sociedade estatal, e esta com ela. A Constituição e a Comunidade terão que passar por uma simbiose. Somente nesse caso cabe falar de uma constituição normativa: suas normas dominam o processo político ou, ao contrário, o processo de poder se adapta às normas da Constituição e se somam a elas"[16].

Karl Loewenstein, para auxiliar no entendimento de sua classificação, faz uma curiosa analogia entre a "Constituição" e uma "camisa" ou qualquer outra peça de roupa. Primeiramente, *constituição semântica* é a "camisa que esconde as cicatrizes, as imperfeições do corpo". A realidade, cheia de cicatrizes, injustiças e imperfeições, é escondida pelo texto normativo. Por sua vez, *constituição nominal* é a camisa comprada com número menor, claramente abaixo do manequim. Ela ainda não reflete a realidade do corpo, mas é uma projeção do que se espera para o futuro (depois da dieta, no caso da camisa, ou depois da evolução social, no caso da Constituição)[17]. Por fim, *constituição normativa* é a camisa que veste bem, comprada no tamanho certo e que reflete a realidade do corpo. Nas palavras do constitucionalista alemão, a *constituição normativa* é "como um traje que se veste bem"[18].

Prevalece o entendimento na doutrina brasileira de que a Constituição de 1988 é normativa. Embora, de fato, não reflita integralmente a realidade dos fatos (sobretudo quanto às normas programáticas e definidoras de direitos sociais), inegável dizer que a Constituição possui força normativa e eficácia em quaisquer de suas normas. Até mesmo as normas mais abstratas, programáticas, são capazes de produzir efeitos concretos. A norma que define o direito à saúde (art. 196) ou o direito à educação (art. 205), mesmo sendo abstrata e pouco tangível, é capaz de produzir efeitos concretos e, em última análise, ensejar a impetração de mandado de

---

15. Op. cit., p. 218.
16. Op. cit., p. 217.
17. Segundo Karl Loewenstein, "o traje ficou guardado no armário durante certo tempo e é colocado quando o corpo nacional já cresceu" (op. cit., p. 218).
18. Op. cit., p. 217.

segurança por parte daquele que se acha titular do direito (falaremos melhor do tema quando tratarmos da *eficácia das normas constitucionais* e dos *direitos sociais*).

O próprio Karl Loewenstein referiu-se ao constitucionalismo brasileiro como sendo normativo: "Não se pode desconhecer, outrossim, os progressos inegáveis de um processo normativo: Argentina, Brasil, Chile, Colômbia, Uruguai, México e Costa Rica persistem, ainda que com interrupções ocasionais, um autêntico normativismo"[19].

Não obstante, parte da doutrina entende que a normatividade não é plena, e, por isso, a Constituição de 1988 estaria num estágio intermediário entre a Constituição nominal e a constituição normativa[20].

4.8. QUANTO À SISTEMATIZAÇÃO

Trata-se de uma classificação exclusiva das *constituições escritas*, referindo-se à existência de um documento constitucional ou mais.

a) Unitária (codificada ou unitextual) – é a Constituição formada por um único documento, um único texto legislativo, uma única lei. Historicamente, foi como se tratou toda constituição brasileira, fruto de um trabalho legislativo específico. Também é chamada de *codificada*, pois tudo é colocado dentro de um mesmo código, de uma mesma norma.

Segundo Canotilho, "tudo o que é constitucional, em termos formais está na Constituição"[21]. Para o professor português, dois são os seus requisitos: "1) não existência de 'leis de emenda' da Constituição fora do texto constitucional, pois as alterações resultantes das leis constitucionais de revisão 'serão inseridas no lugar próprio mediante substituições, supressões e aditamentos necessários' (CRF, art. 287, 1); 2) não existência de *leis com valor constitucional* ao lado da Constituição, como acontece em alguns países onde a disciplina de certas matérias é feita através de leis com força constitucional"[22] (grifamos).

b) Variada (ou dispersa) – é a constituição formada por mais de um documento, formada por um conjunto de textos feitos simultaneamente ou em momentos históricos diversos. Dão-se como exemplo de constituições variadas ou dispersas as de Israel, Canadá e Nova Zelândia[23].

Tradicionalmente, a Constituição brasileira de 1988 foi chamada de *unitária*, pois, realmente, compunha-se de um documento único. Não obstante, paulatinamente essa teoria foi se enfraquecendo, recebendo seu golpe mortal com o advento da Emenda Constitucional n. 45, que acresceu o § 3º ao art. 5º da Constituição Federal. Segundo ele, alguns tratados internacionais sobre direitos humanos podem ingressar no direito brasileiro com força de norma constitucional (os tratados aprovados pelas duas casas do Congresso Nacional, em dois turnos, por 3/5 dos seus membros).

---

19. Op. cit., p. 220.
20. Segundo Pedro Lenza, citando Guilherme Peña de Moraes, a Constituição de 1988 pretende ser normativa, dotada de um aspecto educativo e prospectivo (*Direito Constitucional Esquematizado*, p. 115). Segundo Uadi Lammêgo Bulos, a Constituição brasileira é nominal. Segundo ele, "esperamos, um dia, por uma constituição normativa, em consonância com a vida, com os fatores de transformação da sociedade, para valer na prática, produzindo resultado concreto no plano da vida" (op. cit., p. 115).
21. Op. cit., p. 215.
22. Op. cit., p. 215.
23. José Korzeniak, op. cit., p. 60.

Atualmente, no Brasil, temos uma convenção internacional aprovada dessa maneira: a Convenção Internacional sobre os Direitos das Pessoas com Deficiência, aprovada em Nova York (e que ingressou no direito brasileiro por meio do Decreto n. 6.949, de 2009).

Dessa maneira, é imperioso reconhecer que a Constituição brasileira hoje em dia é *variada*. Ora, acima citamos o trecho da obra do mestre de Coimbra, segundo o qual na Constituição *unitária* não existem leis com valor constitucional. No Brasil há desde o advento da Emenda Constitucional n. 45/2004!

Nossa Constituição não é formada por único documento apenas. Por mais positivista que seja o jurista, com os olhos voltados apenas para os textos normativos formais, ele deve reconhecer que a Constituição brasileira é formada, atualmente, por pelo menos três normas (o texto constitucional de 1988, a Convenção sobre os direitos das pessoas com deficiência e o Tratado de Marraqueche), sem contar os tratados que forem aprovados no futuro e sem contar as teorias pós-positivistas como a do *bloco de constitucionalidade*, que não restringem a constituição ao seu mero âmbito formal positivado.

Curiosamente, pois, nossa Constituição nasceu unitária e passou a ser variada. Segundo as palavras do constitucionalista argentino Néstor Sagüés, o mesmo ocorreu na Argentina, que incorporou posteriormente documentos com *status* constitucional. Segundo ele, a constituição que nasce *unitária* e se torna *variada* pode ser chamada de *constituição mista*: "a constituição mista inicia-se como codificada, mas incorpora apêndices ou constitucionaliza normas que alteram sua fisionomia inicial, como é o caso da atual constituição da Argentina"[24].

4.9. QUANTO AO SISTEMA: PRINCIPIOLÓGICA E PRECEITUAL

a) Principiológica – é a Constituição que possui mais princípios que regras, ou seja, predominam os princípios. Trata-se de um movimento crescente, com o advento do neoconstitucionalismo e do pós-positivismo. "Segundo Rocco Nelson e Jackson Medeiros, "com o pós-positivismo, que pode ser identificado nas décadas finais do século XX, constatou-se acentuação da 'hegemonia axiológica dos princípios' pelas novas Constituições que eram promulgadas, convertendo-os 'em pedestal normativo sobre o qual assenta todo o edifício jurídico dos novos sistemas constitucionais'. A confirmação da normatividade dos princípios os fez ser colocados no sistema jurídico com hegemonia na construção normativa, de maneira que passaram à centralidade da norma constitucional, como regentes da ordem jurídica. Os princípios são, pois, as vigas mestras do texto constitucional"[25].

b) Preceitual – possui mais regras que princípios, ou seja, predominam as regras.

A importância dessa classificação está na necessidade de diferenciar as duas espécies de normas constitucionais: as regras e os princípios (tema que abordamos no capítulo 6 desta obra).

Em poucas palavras, enquanto as regras são normas de conteúdo mais determinado, delimitado, preciso, específico, os princípios são normas de conteúdo mais amplo, vago, determinado, impreciso. Por exemplo, a "democracia", prevista no art. 1º, parágrafo único, da Constituição Federal é um princípio, enquanto os dispositivos legais que tratam da eleição presidencial e sucessão presidencial (arts. 77 e seguintes da Constituição) são regras.

---

24. Op. cit., p. 47.
25. *As Bases do Neoconstitucionalismo como Justificadora da Maior atuação do Poder Judiciário*, p. 21.

Da mesma forma, como se verá amiúde no capítulo 6, enquanto as regras devem ser cumpridas integralmente, os princípios são "mandamentos de otimização", devendo ser cumpridos na maior intensidade possível.

Feita a diferenciação entre regras e princípios, indaga-se: a Constituição brasileira é preceitual ou principiológica? Prevalece o entendimento de que a Constituição é principiológica, tendo um número considerável de princípios constitucionais, máxime se entendermos que as normas definidoras de direitos fundamentais, em regra, são princípios constitucionais, amplos, vagos, abstratos, abrangentes. É o entendimento de Paulo Bonavides: "O exame teórico da juridicidade dos princípios constitucionais é indissociável a uma prévia indagação acerca da eficácia normativa dos princípios gerais do Direito cujo ingresso na Constituição se faz com força positiva incontrastável, perdendo, desde já, grande parte daquela clássica e alegada indeterminação, habitualmente invocada para retirar-lhes o sentido normativo de cláusulas operacionais. A inserção constitucional dos princípios ultrapassa, de último, a fase hermenêutica das chamadas normas programáticas. Eles operam nos textos constitucionais da segunda metade deste século uma revolução de juridicidade sem precedentes nos anais do constitucionalismo. De princípios gerais se transformaram, já, em princípios constitucionais"[26].

4.10. QUANTO À ORIGEM DE SUA DECRETAÇÃO

a) Autoconstituição (constituição autônoma ou homoconstituição) – é a Constituição feita em um país, para nele vigorar. É o caso de todas as Constituições brasileiras, que foram aqui editadas (democraticamente ou não) para vigorar em nosso território.

b) Heteroconstituição (heterônoma) – é a Constituição feita por um país ou organismo internacional para vigorar em outro país. Dá-se como exemplo a Constituição do Chipre, que surgiu de um acordo celebrado em Zurique, nos idos dos anos 1960, num acordo entre Grã-Bretanha, Grécia e Turquia[27].

4.11. QUANTO À IDEOLOGIA

a) Ortodoxa – é a Constituição que adota uma única ideologia estatal, não admitindo ideologias diversas. São exemplos as Constituições da ex-União Soviética (de 1923, 1936 e 1977). Segundo o art. 6º da Constituição soviética, de 1977, "a força de liderança da sociedade soviética e o núcleo de seu sistema político é o Partido Comunista, armado com o marxismo-leninismo, determina as perspectivas gerais do desenvolvimento da sociedade e o curso da política interna e externa [...] e dá forma substancial planejada, sistemática e teórica à luta pela vitória do comunismo". Ao tratar dos direitos fundamentais, no art. 47, afirmou: "aos cidadãos da URSS, em conformidade com os objetivos da construção do comunismo, está garantida a liberdade de trabalho científico, técnico e artístico", e, no art. 50: "de acordo com os interesses do povo e, a fim de fortalecer e desenvolver o sistema socialista, aos cidadãos da URSS são garantidos a liberdade de expressão, de imprensa e de reunião".

---

26. Op. cit., p. 258.
27. Segundo Jorge Miranda, são exemplos "algumas das Constituições, ou das primeiras constituições dos países da *Commonwealth* aprovadas por leis do Parlamento britânico (Canadá, Nova Zelândia, Austrália, Jamaica etc.), a primeira constituição da Albânia (obra de uma conferência internacional, de 1913) ou a Constituição cipriota (procedente dos acordos de Zurique, de 1960, entre a Grã-Bretanha, a Grécia e a Turquia) ou a Constituição da Bósnia-Herzegovina (após os chamados acordos de Dayton de 1995)" (op. cit., p. 108).

Também podemos dar como exemplo a Constituição cubana, de 1976 que, no seu art. 53, "reconhece aos cidadãos a liberdade de palavra e imprensa *conforme os fins da sociedade socialista*". Dessa maneira, a Constituição determina qual o conteúdo permitido das expressões, vedando a defesa de ideologias diversas.

b) Eclética – é a Constituição que permite (e estimula) a existência de ideologias diversas. É o caso da Constituição brasileira, que em seu art. 1º estabelece como um dos fundamentos da República o "pluralismo político". Pluralismo político não se confunde com pluralismo de partidos políticos (pluripartidarismo), sendo o pluralismo de ideias, de culturas, de valores. Assim, na Constituição brasileira não existe a implantação de uma única ideologia política e econômica, permitindo e estimulando a existência de ideologias diversas. É, pois, uma constituição eclética.

4.12. QUANTO À ATIVIDADE LEGISLATIVA

Essa classificação visa a verificar qual o grau de liberdade dado pela Constituição ao legislador ordinário.

a) Constituição-lei – é a Constituição cujo tratamento é o mesmo destinado às demais leis. É apenas mais uma lei dentro do ordenamento jurídico. Trata-se da Constituição adotada nos países que não possuem a *supremacia da Constituição*, mas a *supremacia do Parlamento* (como a Inglaterra). Com esse tipo de constituição, o legislador ordinário tem ampla liberdade (já que não possui uma norma hierarquicamente superior que o limite). Segundo Virgílio Afonso da Silva, "essa denominação se deve ao fato de que, segundo essa acepção, a constituição em muito pouco se distinguiria da legislação ordinária. [...] A constituição não está acima do poder legislativo, mas à disposição dele. Nesse sentido, a constituição é, na verdade, uma lei como qualquer outra"[28].

b) Constituição-fundamento (ou total ou ubiquidade constitucional) – é a Constituição que, por tentar disciplinar muitos detalhes da vida social, dá uma reduzidíssima liberdade ao legislador ordinário. Também é chamada de *constituição total* exatamente por tentar disciplinar os detalhes de instituições, institutos e órgãos, buscando estar presente em todas as searas da ação estatal (daí a expressão *ubiquidade constitucional*). Segundo Virgílio Afonso da Silva, "a constituição fundamento é muitas vezes também chamada de Constituição Total. A ideia central desse conceito consiste na reivindicação de que a constituição é a lei fundamental, não somente de toda a atividade estatal e das atividades relacionadas ao Estado, mas também a lei fundamental de toda a vida social"[29].

c) Constituição-moldura (ou constituição-quadro) – é um meio-termo entre a *constituição-lei* e a *constituição-total*. É a constituição que, qual a moldura de um quadro, estabelece os limites de atuação do legislador ordinário. Prevalece na doutrina brasileira tratar-se do caso da Constituição de 1988. Segundo Virgílio Afonso da Silva, "o conceito de constituição-moldura é usado, então, com o intuito de fixar uma posição intermediária entre os dois con-

---

28. *A Constitucionalização do Direito*, p. 111.
29. Op. cit., p. 112. Segundo o autor: "Um dos exemplos mais marcantes nesse sentido é a teoria da constituição aberta, de Peter Häberle, que, embora não sustente um conceito de constituição total, defende uma concepção de interpretação constitucional que, por expandir de tal forma a abrangência da constituição, acaba refletindo uma ideia de constituição total. [...] Diante de uma concepção assim expansiva de constituição, é natural que a liberdade legislativa e, especialmente, a liberdade de conformação dos outros ramos do direito, tendam a ser mitigadas, e que todo o direito e toda a atividade legislativa sejam encarados como meros instrumentos de realização da constituição".

ceitos extremos de constituição vistos acima"[30]. Recentemente, o próprio Supremo Tribunal Federal decidiu que a Constituição brasileira de 1988 é uma constituição-moldura: "A Constituição da República, a despeito de não ter estabelecido um modelo normativo pré-pronto e cerrado de financiamento de campanhas, forneceu uma *moldura* que traça limites à discricionariedade legislativa, com a positivação de *normas fundamentais* (e.g., princípio democrático, o pluralismo político ou a isonomia política), que norteiam o processo político, e que, desse modo, reduzem, em alguma extensão, o espaço de liberdade do legislador ordinário na elaboração de critérios para as doações e contribuições a candidatos e partidos políticos" (ADI 4.650/DF, 17/09/2015, Pleno, rel. Min. Luiz Fux).

4.13. QUANTO AO PERÍODO DE DURAÇÃO

a) Constituição provisória (pré-constituição) – é a Constituição elaborada para vigorar provisoriamente, até a edição da Constituição definitiva. Costuma ser feita em tempos de ruptura política. A realidade política do país é alterada abruptamente (com um golpe, por exemplo), tendo-se a necessidade de fazer uma norma constitucional provisória para aquele período. Podemos dar dois exemplos constitucionais brasileiros: o Decreto n. 1, de 1889, e o Ato Institucional n. 1, de 1964.

Proclamada a República no Brasil em 15 de novembro de 1889, não havia mais como manter os ditames da Constituição de 1824, que tratavam da monarquia, de um Estado Unitário. Por isso, o Decreto n. 1, de 15 de novembro de 1889, "proclama provisoriamente e decreta como forma de governo da Nação Brasileira a República Federativa, e estabelece as normas pelas quais se devem reger os Estados Federais". Foi a *constituição provisória* aplicada até a promulgação da Constituição republicana de 1891.

Por sua vez, da mesma forma, o Ato Institucional n. 1, de 9 de abril de 1964, após afirmar falaciosamente a "manutenção da Constituição de 1946", estabeleceu novas regras constitucionais provisórias. Tanto é verdade que, no preâmbulo desse ato, afirma que tais modificações estão sendo introduzidas "pelo Poder Constituinte Originário da revolução vitoriosa".

b) Constituição definitiva – é a Constituição que não possui prazo determinado de duração, vigorando até que outra a revogue. É o caso da Constituição de 1988, que continua em vigor há cerca de 30 anos.

4.14. CLASSIFICAÇÃO DE RAUL MACHADO HORTA

Raul Machado Horta é um importante constitucionalista mineiro, que cunhou duas novas espécies de constituição:

a) Expansiva – é a Constituição que, além de prever novos temas, amplia matérias antes tratadas. É o caso da Constituição de 1988, que ampliou significativamente temas antes abordados. No tocante ao controle de constitucionalidade, por exemplo, ampliou significativamen-

---

30. Op. cit., p. 117. Segundo o autor: "seguindo a linha de caminho intermediário, a ideia de moldura evitaria a politização da constituição, que seria representada por aquilo que aqui foi chamado de constituição-lei. A constituição-lei, por ser uma lei como qualquer outra, estaria, como já visto nas palavras de Anschutz, à disposição do legislador. Concretizar a constituição ou simplesmente modificá-la seriam, por isso, juízos meramente reservados exclusivamente à política. Já a judicialização da constituição seria a consequência do que aqui se chamou de constituição--fundamento ou constituição-total, o caminho para um Estado judiciário estaria aberto, pois ao legislador, como mermo intérprete concretizador da constituição, não sobraria nenhuma liberdade de conformação e a atividade jurisdicional, como forma de garantir a constituição-fundamento, passaria a primeiro plano" (op. cit., p. 117).

te o número de ações que fazem parte do controle concentrado de constitucionalidade (como a ADI por omissão, a Ação Declaratória de Constitucionalidade, a Arguição de Descumprimento de Prefeito Fundamental). No tocante aos direitos fundamentais, vários novos direitos e garantias foram expressos na nova Constituição, como o *habeas data*, o "mandado de injunção", o sigilo de fonte, a inadmissibilidade de provas obtidas por meios ilícitos etc.

Segundo Raul Machado Horta, "a expansividade da Constituição de 1988, em função dos temas novos e da ampliação conferida a temas permanentes, como no caso dos Direitos e Garantias Fundamentais, pode ser aferida em três planos distintos: o do conteúdo anatômico e estrutural da Constituição, o da comparação constitucional interna e o da comparação constitucional externa"[31].

b) Plástica – é a Constituição que permite sua ampliação, regulamentação por meio de leis infraconstitucionais. É o caso da Constituição brasileira, que, em vários dispositivos, faz referência expressa à elaboração de leis que lhe são regulamentares ("nos termos da lei", "na forma da lei", "segundo a lei" etc.). Segundo Raul Machado Horta, "a numerosa matéria que ficou entregue à legislação ordinária, seja na via da lei complementar ou da lei federal, poderá impressionar pela sensação que ela transmite uma constituição incompleta ou inacabada. Considerando a natureza obrigatória da norma constitucional, o preenchimento de regras constitucionais pela legislação ordinária demonstra, entretanto, que a Constituição dispõe de plasticidade. A plasticidade permitirá a permanente projeção da Constituição na realidade social e econômica, afastando o risco da imobilidade que a rigidez constitucional sempre acarreta"[32].

4.15. CLASSIFICAÇÃO DE MARCELO NEVES: CONSTITUIÇÃO SIMBÓLICA

Constituição simbólica é aquela cujo simbolismo é maior que seus efeitos práticos. Segundo o autor, é o caso da Constituição brasileira, não só por conta do grande número de dispositivos programáticos, como também pelo excesso de normas de altíssimo grau de abstração. Exemplo recente pode ser dado pela Emenda Constitucional n. 90/2015. O constituinte reformador alterou o art. 6º da Constituição Federal, acrescendo uma única palavra: o "transporte" no rol dos direitos sociais. O que foi alterado na vida das pessoas no dia seguinte à promulgação da emenda constitucional sobredita? A mudança fática inexistiu (embora eficácia jurídica deva ser dada ao mencionado dispositivo constitucional, como qualquer outro – veremos em capítulo específico). O efeito simbólico da Emenda Constitucional é maior que seus efeitos práticos. Segundo o autor, "a constitucionalização simbólica está, portanto, intimamente associada à presença excessiva de disposições constitucionais pseudoprogramáticas. Dela não resulta a normatividade programático-finalística, antes o diploma constitucional atua como álibi para os agentes políticos. Os dispositivos pseudoprogramáticos só constituem 'letra morta' em um sentido exclusivamente

---

31. *Direito Constitucional*, p. 177. Segundo o autor, "a comparação constitucional interna relaciona a Constituição Federal de 1988 e as Constituições brasileiras que a precederam, considerando a extensão de cada uma e as mudanças que experimentaram durante a vigência. [...] A comparação constitucional externa relaciona a Constituição Federal de 1988 e as Constituições estrangeiras mais extensas, permitindo avaliar a dimensão e a expansividade da matéria constitucional do texto brasileiro no conjunto das Constituições estrangeiras mais longas" (op. cit., p. 177-180).
32. Op. cit., p. 181-182. Segundo o autor: "a constituição plástica estará em condições de acompanhar, através do legislador ordinário, as oscilações da opinião pública e da vontade do corpo eleitoral. A norma constitucional não se distanciará da realidade social e política. A Constituição normativa não conflitará com a constituição real. A coincidência entre a norma e a realidade assegurará a duração da Constituição no tempo" (op. cit., p. 182).

normativo-jurídico, sendo relevantes na dimensão político-ideológica do discurso constitucionalista-social"[33].

Em sua obra *A Constitucionalização Simbólica*, Marcelo Neves, já na apresentação, aponta a "discrepância entre as funções hipertroficamente simbólicas e a insuficiente concretização jurídica de diplomas constitucionais. O problema não se reduz, portanto, à discussão tradicional sobre a ineficácia das normas constitucionais. Por um lado, pressupõe-se a distinção entre o texto e norma constitucionais; por outro, procura-se analisar os efeitos sociais da legislação constitucional normativamente ineficaz. Nesse contexto, discute-se a função simbólica de textos constitucionais carentes de concretização normativo-jurídica"[34].

Assim como é comum criar uma "legislação simbólica" na seara penal (aumentando penas ou criando novos tipos penais, com o intuito de criar apenas uma imagem de maior segurança e maior repressão à criminalidade), é comum, sobretudo no Brasil, utilizar-se desse simbolismo na seara constitucional (e a constitucionalização do direito ao transporte é um dos exemplos mais recentes).

Marcelo Neves classifica a constitucionalização simbólica em três formas básicas de manifestação: a) a constituição simbólica destinada à corroboração de determinados valores sociais; b) a constituição como fórmula de compromisso dilatório; c) a constituição-álibi.

No primeiro caso (constituição destinada à corroboração de determinados valores sociais), apresentam-se os dispositivos constitucionais que, sem relevância normativo-jurídica, confirmam as crenças e o *modus vivendi* de determinados grupos, como seria o caso da afirmação de princípios de "autenticidade" e "negritude" nos países africanos. No segundo caso, cujo exemplo dado pelo autor seria a Constituição de Weimar, de 1919, os compromissos-fórmula dilatórios ou não autênticos não levam a uma decisão objetiva lançada através de transações, servindo exatamente para afastá-la e adiá-la. Por fim, a compreensão de constituição-álibi, embora dê uma aparente e pronta resposta por parte dos detentores do poder aos reclamos sociais, visa apenas a legitimar o poder então vigente, delas não decorrendo nenhuma modificação real do processo de poder.

4.16. CONSTITUIÇÃO-BALANÇO OU CONSTITUIÇÃO-REGISTRO

Foi o modelo utilizado pela ex-União Soviética, de modelo marxista-leninista, que fazia um "balanço" dos avanços sociais que antecederam sua elaboração. Segundo Manoel Gonçalves Ferreira Filho, "conforme a doutrina soviética que se inspira em Lassale, é a Constituição que descreve e registra a organização política estabelecida. Na verdade, segundo essa doutrina, a Constituição registraria um estágio das relações de poder. Por isso é que a URSS, quando alcançado um novo estágio na marcha para o socialismo, adotaria nova Constituição, como o fez em 1924, 1936 e em 1977. Cada uma de tais Constituições faria o *balanço* do novo estágio"[35]. Dá-se como exemplo a Constituição soviética de 1977, aprovada em 7 de outubro daquele ano, tendo sido a última constituição do estado soviético.

O preâmbulo da Constituição soviética de 1977 faz um detalhado balanço da evolução social e política, implantado pelas sucessivas constituições, e estabelece os parâmetros da novel constituição[36].

---

33. Op. cit., p. 116.
34. Op. cit., p. 1.
35. Op. cit., p. 14.
36. "A Grande Revolução Socialista de Outubro, feita pelos operários e camponeses da Rússia sob a liderança do Partido

4.17. CONSTITUIÇÃO EM BRANCO (*BLANKO-VERFASSUNG*)

Constituição em branco é a Constituição que não estabelece um procedimento formal de alteração. Não estabelece as regras de modificação da própria constituição, não consagrando quaisquer limitações explícitas ao poder de reforma constitucional. Segundo Uadi Lammêgo Bulos, "o processo de mudança subordina-se à discricionariedade dos órgãos revisores, que, por si próprios, ficam encarregados de estabelecer as regras para a propositura de emendas ou revisões constitucionais. As primeiras constituições dos Estados da união norte-americana possuíam o sentido em branco. Também foi o caso das Constituições da França de 1799, 1814 e 1830 e do Estatuto do Reino da Sardenha de 1848"[37].

4.18. CONSTITUIÇÃO FIXA (OU SILENCIOSA)

Constituição fixa (ou silenciosa) é aquela que só pode ser modificada pelo mesmo poder que a criou (o poder constituinte originário), não prevendo procedimentos especiais de modificação. Exemplo seria a Carta espanhola de 1876. Assim como as "constituições em branco", a "constituição fixa ou silenciosa" não prevê um procedimento de reforma. Todavia, enquanto

---

Comunista liderado por Lenin, derrubou a propriedade, quebrou os grilhões da opressão, estabeleceu a ditadura do proletariado e criou o Estado soviético, um novo tipo de Estado, o instrumento básico para defender as conquistas da revolução e para a construção do socialismo e do comunismo. A humanidade, assim, começou a virada de uma época capitalista para socialista. Depois de alcançar a vitória na Guerra Civil e repelir a intervenção imperialista, o governo soviético realizou profundas transformações sociais e econômicas, e acabou de uma vez por todas com a exploração do homem pelo homem, os antagonismos entre as classes, [...]. A unificação das Repúblicas Soviéticas na União das Repúblicas Socialistas Soviéticas multiplicou as forças e oportunidades dos povos do país na construção do socialismo, da propriedade social, dos meios de produção e uma verdadeira democracia para as massas de trabalho foram estabelecidas. Pela primeira vez na história da humanidade uma sociedade socialista foi criada. A força do socialismo foi vividamente demonstrada pela façanha imortal do povo soviético e suas Forças Armadas em conseguir sua histórica vitória na Grande Guerra Patriótica. Esta vitória consolidou a influência e prestígio internacional da União Soviética e criou novas oportunidades para o crescimento das forças do socialismo, de libertação nacional, democracia e paz em todo o mundo. Continuando seus esforços criativos, os trabalhadores da União Soviética têm assegurado o rápido desenvolvimento, a toda volta do país e melhoria constante do sistema socialista. [...] Os objetivos da ditadura do proletariado tendo sido cumpridas, o Estado soviético tornou-se um estado de todo o povo. O papel de liderança do Partido Comunista, a vanguarda de todas as pessoas, tem crescido. Na URSS uma sociedade socialista desenvolvida foi construída. Nesta fase, quando o socialismo está se desenvolvendo em suas próprias fundações, as forças criativas do novo sistema e as vantagens do caminho socialista de vida estão se tornando cada vez mais evidentes, e as pessoas que trabalham estão mais e mais amplamente a desfrutar os frutos do seu grande ganho revolucionário. É uma sociedade em que as forças produtivas poderosas e ciência e cultura progressista foram criados, em que o bem-estar das pessoas está em constante crescimento, e mais e mais favoráveis condições estão a ser fornecidas para o desenvolvimento integral do indivíduo. É uma sociedade de relações sociais socialistas maduras, em que, com base no desenho junto de todas as classes e estratos sociais e da igualdade jurídica e factual de todas as suas nações e nacionalidades e sua cooperação fraterna, uma nova comunidade histórica de pessoas foi formada – o povo soviético. A meta suprema do Estado soviético é a construção de uma sociedade comunista sem classes na qual haverá autogoverno público comunista. Os principais objetivos do Estado socialista do povo são: para colocar o material e base técnica do comunismo, para aperfeiçoar as relações sociais socialistas e transformá-las em relações comunistas, para moldar o cidadão da sociedade comunista, para elevar os padrões de vida e culturais das pessoas, para salvaguardar a segurança do país, e promover a consolidação da paz e o desenvolvimento da cooperação internacional. O povo soviético, guiado pelas ideias do comunismo científico e fiel às suas tradições revolucionárias, contando com os grandes sociais, econômicos e políticos ganhos do socialismo, esforçando-se para o futuro desenvolvimento da democracia socialista, tendo em conta a posição internacional da URSS como parte do sistema mundial do socialismo, e consciente da sua responsabilidade internacionalista, preservar a continuidade das ideias e princípios da primeira Constituição soviética de 1918, de 1924 Constituição da URSS e de 1936 Constituição da URSS, por este meio afirmar o princípio de modo que a estrutura social e política da URSS, e definir os direitos, liberdades e deveres dos cidadãos, e os princípios da organização do Estado socialista de todo o povo, e os seus objetivos, e apregoa estas nesta Constituição".

37. Op. cit., p. 107.

nas "constituições em branco" o poder constituinte reformador terá discricionariedade no ato de mudança da Constituição, nas "constituições fixas ou silenciosas" a alteração somente poderá ser feita por um novo poder constituinte originário.

4.19. CONSTITUIÇÃO CHAPA-BRANCA

"Constituição chapa-branca" é uma expressão criada por Carlos Ari Sundfeld, para se referir à Constituição de 1988. Segundo o autor, é uma Constituição elaborada para favorecer a *lobbies* de organizações estatais e paraestatais mais articuladas, e classes como juízes, membros do Ministério Público e demais serventuários. Nas palavras de Soraya Lunardi e Dimitri Dimouli, "apesar da retórica relacionada aos direitos fundamentais e das normas liberais e sociais, o núcleo duro do texto preserva interesses corporativos do setor público e estabelece normas de distribuição e de apropriação dos recursos públicos entre vários grupos. Temos aqui uma leitura socialmente pessimista da Constituição que insiste na continuidade da visão estatalista-patrimonialista da Constituição e na centralidade do Poder Executivo em detrimento tanto da promessa democrática como da tutela judicial dos direitos individuais"[38].

4.20. CONSTITUIÇÃO UBÍQUA

A palavra "ubiquidade" significa o poder ou a faculdade divina de estar presente, ao mesmo tempo, em mais de um lugar. Em se tratando de Direito Constitucional, portanto, "Constituição ubíqua" seria aquela que tenta reger todas as realidades da vida social, aplicando-se profundamente a todos os ramos do Direito. Trata-se de uma expressão decorrente da teoria de Daniel Sarmento.

Nesse ponto, assemelha-se à Constituição fundamento ou Constituição total, que estudamos acima. Segundo Daniel Sarmento, a "Constituição ubíqua" traz como consequência a excessiva constitucionalização do direito, ou seja, a cada vez maior interferência do Direito Constitucional na interpretação de todos os ramos do Direito, que acaba por limitar excessivamente o poder de conformação do legislador ordinário. A esse excesso dá-se o nome de "panconstitucionalização do Direito", que abordamos no Capítulo 1 desta obra[39].

4.21. QUANTO AO CONTEÚDO IDEOLÓGICO

a) **Constituição liberal** – é a Constituição que prevê apenas direitos de primeira dimensão, direitos individuais ou liberdades públicas. Estabelece, à luz do Liberalismo, que o Estado tem o dever de não interferir na liberdade das pessoas. As primeiras duas constituições brasileiras (1824 e 1891) foram constituições liberais, assim como as primeiras constituições que surgiram no movimento chamado "constitucionalismo moderno", no final do século

---

38. *Teorias Explicativas da Constituição Brasileira*, p. 11.
39. Segundo Soraya Lunardi e Dimitri Dimouli, "a panconstitucionalização é vista com ressalvas em razão de seus riscos. Em primeiro lugar, a vagueza das normas constitucionais e seus conflitos internos ampliam o poder discricionário dos tribunais, que podem facilmente abusar de sua posição, invocando norma constitucional para fundamentar decisões nos mais variados sentidos. Em segundo lugar, as contradições entre valores e princípios colocam em risco a estabilidade e a eficácia constitucional, sendo impossível sua implementação no estado atual do texto. Diagnostica-se, assim, uma patologia constitucional que deve ser enfrentada com duas estratégias defensivas da supremacia constitucional. Primeiro, mediante reformas que, sem afetar o projeto progressista da Constituição, tornem seu texto menos prolixo e contraditório. Segundo, mediante o rigor argumentativo que permita controlar a ampla margem de liberdade do Poder Judiciário, exigindo uma fundamentação rigorosa das opções interpretativas" (op. cit., p. 16).

XVIII. Nas palavras de André Ramos Tavares, "cronologicamente, essas Constituições correspondem ao primeiro período de surgimento dos direitos humanos, mais exatamente às denominadas liberdades públicas, que exigiam a não intervenção do Estado na esfera privada dos particulares. Daí o conceito de 'Constituições negativas', já que impunham a omissão ou negativa de ação ao Estado, preservando-se, assim, as liberdades públicas"[40].

b) Constituição social – é a Constituição que, além de prever direitos individuais, prevê um rol de direitos sociais. Assim, o Estado também tem o dever de agir, de fazer, de implantar os direitos sociais (saúde, educação, moradia, trabalho etc.). As primeiras constituições sociais foram a Constituição do México, de 1917, e a Constituição alemã (constituição de Weimar) de 1919. No Brasil, todas as constituições foram sociais, desde a Constituição de 1934. Nas palavras de André Ramos Tavares, "as constituições sociais correspondem a um momento posterior na evolução do constitucionalismo. Passa-se a consagrar a necessidade de que o Estado atue positivamente, corrigindo-se as desigualdades sociais e proporcionando, assim, efetivamente, a igualdade de todos. É o chamado Estado do Bem Comum"[41].

4.22. CONSTITUIÇÃO ABERTA

Nomenclatura que decorre, principalmente, da obra de Peter Häberle (*A Sociedade Aberta dos Intérpretes da Constituição*). Constituição não se resume ao texto constitucional e à respectiva interpretação feita por um grupo reduzidíssimo de pessoas e instituições (um grupo fechado, normalmente de membros do Poder Judiciário). A Constituição é fruto de um processo contínuo de interpretação feito por todos os seus destinatários. Todos são potenciais intérpretes da Constituição e dessa interpretação nasce o conteúdo real da Constituição, motivo pelo qual se dá o nome de "constituição aberta". Por essa razão, costumes, valores, postulados morais acabam influenciando diretamente a interpretação da Constituição, integrando-a.

Como afirmou Pablo Lucas Verdù, "a meu juízo, a abertura constitucional quer dizer que as Constituições atuais dos Estados democráticos se abrem a outros conteúdos, tanto normativos (direito canônico, direito comunitário, [acrescentamos aqui o direito internacional]) como extranormativos (usos e convenções), como metanormativos (valores, postulados morais)"[42].

Em obra específica sobre o tema, Carlos Roberto Siqueira Castro afirma que "nessa perspectiva de direito constitucional comunitário, que corresponde à ideia de sociedade e de constituição aberta, é natural que a própria interpretação da Constituição deixe de representar monopólio dos agentes estatais ou dos intérpretes oficiais, especialmente dos juízes e operadores orgânicos da ordem jurídica, passando a respeitar o papel da opinião pública enquanto fonte popular legítima de pronunciamento do sentido ou dos novos sentidos da Carta Política"[43].

Segundo Peter Häberle, "todo aquele que vive no contexto regulado por uma norma e que vive com este contexto é, indireta ou, até mesmo diretamente um intérprete dessa norma. O

---

40. *Curso de Direito Constitucional*, p. 174.
41. Op. cit., p. 174.
42. Apud Carlos Roberto Siqueira Castro, op. cit., p. 30. No mesmo sentido, Dietrich Schindler afirma que "há muitas mais coisas dentro de um texto constitucional e fora dele, que lhe dão sentido plenário; mais aspectos e conteúdos que o imaginado e descrito por um curto positivismo. Na medida que um texto fundamental está inserido em um meio cultural e sociopolítico, que aquele mesmo é cultural e o promove, há que deduzir sua correspondente abertura a essas dimensões extranormativas que às vezes têm relevância jurídica" (apud Carlos Roberto Siqueira Castro, op. cit., p. 31).
43. *A Constituição Aberta e os Direitos Fundamentais*, p. 44. Prossegue o autor: "Os destinatários do sistema constitucional, ou seja, a comunidade política, são os participantes ativos, conquanto não oficiais, do processo hermenêutico aberto".

destinatário da norma é participante ativo, muito mais ativo do que se pode supor tradicionalmente, do processo hermenêutico. Como não são apenas os intérpretes jurídicos da Constituição que vivem a norma, não detêm eles o monopólio da interpretação da Constituição"[44].

4.23. QUANTO AO MÉTODO INTERPRETATIVO

a) Constituição estrita (*strict constitution*) – é a Constituição cuja única forma legítima de ser interpretada é permanecendo fiel a seu texto e à sua concepção original, especialmente atendendo à vontade dos constituintes originários. Tal classificação está relacionada a uma corrente interpretativa chamada *originalismo*.

b) Constituição viva (*living constitution*) – a Constituição tem o poder permanente de ser alterada informalmente por seus intérpretes, adaptando-se a novas realidades, não previstas ou não existentes no momento de sua edição. Dentre os autores norte-americanos que defendem o *constitucionalismo vivo* (ou a *living constitution*), destacamos David A. Strauss, autor da brilhante obra *The Living Constitution*[45]. A Constituição deve ser interpretada e reinventada de acordo com os novos tempos ou com as novas aspirações da sociedade contemporânea. Isso porque é impossível ficar preso às percepções existentes à época da edição da Constituição, sendo necessário sempre, através de uma evolução da jurisprudência e da sociedade, adaptar a Constituição às novas realidades.

4.24. CONSTITUIÇÃO SUAVE OU DÚCTIL

Nomenclatura que decorre da teoria do italiano Gustav Zagrebelsky (*Il diritto mite*). Segundo o autor, "as sociedades pluralistas atuais, isto é, as sociedades marcadas pela presença de uma diversidade de grupos sociais com interesses, ideologias e projetos diferentes, mas sem que nenhum tenha força suficiente para fazer-se exclusivo ou dominante e, portanto, estabelecer a base material da soberania estatal no sentido do passado – isto é, as sociedades dotadas em seu conjunto de um certo grau de relativismo, conferem à Constituição não a tarefa de estabelecer diretamente um projeto predeterminado de vida em comum, senão a de realizar as condições de possibilidade da mesma"[46]. Segundo Marcelo Novelino, "a Constituição deve ser compreendida 'mais como um centro a alcançar que como um centro do qual partir'. O adjetivo 'dúctil' ou 'suave' ('mitte') é utilizado com o intuito de expressar a necessidade de a constituição acompanhar a descentralização do Estado e refletir o pluralismo social, político e econômico"[47]. Em várias decisões, o STF se utilizou da teoria de Gustav Zagrebelsky. No RHC 131.544 (de 21-6-2016), afirmou que "o Direito, para Gustavo Zagrebelsky, é uma prudência, e não uma ciência: a pluralidade de princípios e a ausência de uma hierarquia formal entre eles

---

44. Op. cit., p. 15. Carlos Roberto Siqueira Castro concorda conosco sobre a importância de Häberle nessa classificação: "a ideia de abertura constitucional ganha corpo na doutrina publicista dos anos 90, tendo como referência maior os penetrantes estudos de Häberle desenvolvidos vinte anos antes na Alemanha acerca da constituição aberta a sua vez inspirados na obra sociológica de Karl Popper sobre a sociedade aberta. Transcreve-se, aqui, a descrição de tal entendimento, consoante procedida por Pablo Lucas Verdù, que enfatiza os dados da ambiência sociocultural e dos valores assimilados (e assimiláveis) pelas comunidades políticas, como determinantes do fenômeno da abertura constitucional" (op. cit., p. 30).
45. Oxford University Press, passim.
46. Trecho da obra do professor italiano, citada pelo STF na ADI 1.289.
47. Op. cit., p. 107.

faz com que não exista uma ciência exata sobre sua articulação, mas sim uma prudência em sua ponderação".

4.25. CONSTITUIÇÃO COMPROMISSÓRIA

Nomenclatura adotada por José Joaquim Gomes Canotilho, e que se assemelha à constituição de Zagrebelsky, com uma diferença: enquanto Canotilho aborda a *causa*, Zagrebelsky aborda o *efeito*. Explico melhor: quando da elaboração de uma constituição compromissória, o Poder Constituinte Originário era formado por grupos ideologicamente diversos, não havendo hegemonia de um sobre o outro. Por essa razão, a Constituição estabelece, de forma plural, compromissos diversos a serem cumpridos por todos os grupos diversos. Segundo Canotilho, "numa sociedade plural e complexa, a constituição é sempre um produto do 'pacto' entre forças políticas e sociais. Através de 'barganha' e de 'argumentação', de 'convergências' e 'diferenças', de cooperação na deliberação constituinte, a um *compromisso constitucional* ou, se preferirmos, a vários 'compromissos constitucionais'"[48].

Reconhecendo essa pluralidade de valores, Zagrebelsky aborda os seus efeitos: não havendo hierarquia entre os princípios constitucionais, devem ser aplicados de forma suave, dúctil, por meio de prudência e ponderação.

4.26. CONSTITUIÇÃO BIOMÉDICA

Trata-se de uma nomenclatura derivada da doutrina portuguesa (João Carlos Simões Gonçalves Loureiro) e mencionada por José Joaquim Gomes Canotilho. É a Constituição que aborda temas relacionados ao biodireito, à biomedicina (como a identidade genética e sua eventual manipulação etc.) Dá-se como exemplo a Constituição portuguesa de 1976, com o advento da Revisão n. 4, de 1997. Segundo Canotilho, referindo-se à mencionada Revisão Constitucional, "avança-se no terreno movediço da 'constituição biomédica', consagrando-se um prematuro dever de proteção da identidade genética do ser humano, nomeadamente na criação, desenvolvimento e utilização das tecnologias e na experimentação científica (art. 26/3)"[49].

---

48. Op. cit., p. 218. Continua o professor português: "O caráter compromissório da Constituição de 1976 representa uma *força* e não uma *debilidade*. Mesmo quando se tratava de 'conflitos profundos' (*deep conflict*), houve a possibilidade de se chegar a bases normativas razoáveis. Basta referir o compromisso entre o princípio liberal e o princípio socialista, o compromisso entre uma visão personalista-individual dos direitos, liberdades e garantias e uma perspectiva dialético-social dos direitos econômicos, sociais e culturais, o compromisso entre 'legitimidade eleitoral' e 'legitimidade revolucionária', um compromisso entre princípio da unidade do Estado e o princípio da autonomia regional e local, o compromisso entre democracia representativa e democracia participativa. [...] Noutros casos, pode falar-se de 'consenso sobreposto ou por sobreposição' (*overlapping consensus*) como, por exemplo, no recorte de um sistema de governo que recolhe dimensões básicas do parlamentarismo e valoriza o papel constitucional do presidente da república como aconteceu nos sistemas semipresidencialistas ('forma de governo semipresidencial' ou 'parlamentar-presidencial'). Finalmente, noutros casos, conseguiu-se um *compromisso dinâmico e pluralista* gerador de transformações na compreensão de problemas constitucionais, como é, por exemplo, o caso do reconhecimento de 'direitos, liberdades e garantias dos trabalhadores', a articulação de um sistema constitucional concentrado da fiscalização da constitucionalidade com o sistema de fiscalização judicial difusa, a conciliação da apropriação coletiva de meios de produção com o princípio da liberdade de iniciativa econômica privada. Globalmente considerados, os compromissos constitucionais possibilitaram um projeto constitucional que tem servido para resolver razoavelmente os problemas suscitados pelo pluralismo político, pela complexidade social e pela democracia conflitual" (grifamos – Op. cit., p. 218-129).
49. Op. cit., p. 212.

4.27. CONSTITUIÇÃO ORAL

É aquela em que o governante proclama o conjunto de normas que regerão a vida em sociedade, de forma oral, em um ato solene. Dá-se como exemplo a Constituição da Islândia do século IX, quando os *vikings* instituíram, solene e oralmente, o primeiro parlamento livre da Europa.

4.28. CONSTITUIÇÃO COLABORATIVA (CONSTITUIÇÃO.COM OU *CROWDSOURCED CONSTITUTION*)

Trata-se da constituição elaborada mediante um processo colaborativo direto da população, principalmente através de meios tecnológicos, como a internet. Dá-se como exemplo a atual constituição da Islândia. Segundo Uadi Lammêgo Bulos, referindo-se à Constituição islandesa, "as reuniões da Assembleia Constituinte foram transmitidas online, permitindo aos internautas opinarem a respeito da nova Constituição islandesa. Tais opiniões foram convertidas em um rascunho constitucional, entregue ao parlamento em 29 de julho de 2011"[50].

4.29. QUANTO À CONCENTRAÇÃO DO PODER (SEGUNDO NÉSTOR SAGÜÉS)

Nascido em 1942, Néstor Pedro Sagüés, professor titular da Universidade de Buenos Aires, estabelece a presente classificação em sua obra *Manual de Direito Constitucional*, referindo-se "não em função de sua origem, mas da sua cota de poder que outorga ao Estado"[51].

a) Totalitárias – trata-se de uma subordinação absoluta do homem ao Estado, não admitindo qualquer forma de interferência do cidadão nas decisões políticas do Estado (aliás, não se trata de cidadão, mas de súdito).

b) Autoritárias – têm uma forte concentração do poder no Estado, ainda que em doses menores que a anterior. É o caso da Constituição de 1937, que suprimiu a *ação popula*r e o direito de voto (como esmiuçaremos no próprio capítulo).

---

50. Op. cit., p. 113. Pedro Lenza revela detalhes da elaboração da Constituição islandesa: "Com a sua independência da Dinamarca em 1944, a Islândia, por referendo nacional, adotou documento provisório como a sua nova Constituição republicana, estabelecendo as perspectivas de sua necessária revisão. Por falta de consenso político, contudo, o processo revisional não foi implementado. Em 2008, a Islândia enfrentou grave crise financeira, surgindo, então, movimentos para uma imediata revisão constitucional, destacando-se a denominada, na língua inglesa, *Kitchenware Revolution* (algo como 'panelaço'), e que sinalizavam o total descontentamento da população com as autoridades que levaram o país ao colapso econômico. Em 14 de novembro de 2009, um grupo de cerca de 1.200 participantes, mas sem reconhecimento oficial, realizou conferência na capital do país (*Reykjavík*, que, em português, pode ser traduzido como Reiquejavique ou Reiquiavique), intitulando-se Assembleia Nacional, comprovando a falta de aceitação popular dos governantes, bem como a real necessidade de uma nova Constituição. Em 27 de novembro de 2010, houve a eleição do povo de 25 indivíduos para, em assembleia nacional constituinte, sem vinculação partidária, estabelecer a nova Constituição. Em razão de apontados problemas técnicos com o processo de escolha dos representantes, a Suprema Corte da Islândia invalidou as escolhas. Os nomes, contudo, foram reconhecidos como legítimos e, assim, estabeleceu-se um 'Conselho Constitucional' para a elaboração de um esboço (projeto, rascunho) de Constituição (*draft*). As discussões foram transmitidas ao vivo e com a possibilidade de participação popular por meio das redes sociais, como o Twitter, Facebook, Youtube e Flickr. Mais de 3.600 sugestões foram postadas na página oficial no Facebook. Em 29 de julho de 2011, o documento (*draft*) foi encaminhado ao parlamento. Antes da deliberação parlamentar, havia a previsão de análise do documento por referendo popular, sem caráter vinculativo e que foi realizado em 20 de outubro de 2012, contando com a participação de 49% dos eleitores e, desses, 73% reconhecendo o *draft* como a nova Constituição do país" (op. cit., p. 97).
51. Op. cit., p. 48.

c) **De poder moderado** – reconhece um amplo espectro de direitos pessoais, sem prejuízo de sua restrição (principalmente em situações de emergência), mas enquadrando tais limitações segundo pautas de razoabilidade.

4.30. QUANTO À EFICÁCIA

O professor argentino Néstor Sagüés, inspirado na doutrina alemã, ainda classifica as Constituições, segundo a eficácia, em três:

a) **Constituição retratista** – é a que se limita a descrever uma realidade, sem pretender corrigi-la ou aperfeiçoá-la. Segundo Sagüés, "a constituição retratista é eficaz e sincera, ainda que pouco inovadora"[52].

b) **Constituição contrato** – desenha uma ordem jurídico-política realizável e exigível no presente ou em um curto prazo, cujo cumprimento pode reclamar os interessados, em caso de omissão ou infração. Trata-se de uma constituição possível, com vocação de eficácia.

c) **Constituição promessa** – caracteriza-se por desenhar um esquema de poder e direitos pessoais e sociais destinado ao futuro, praticamente inexigível na atualidade. "É uma constituição fantasiosa, teórica, utopista e pouco leal com a comunidade a que é destinada"[53]. Tal conceituação se assemelha muito à *constituição nominalista* (de Carl Schmitt) e *simbólica* (de Marcelo Neves).

4.31. CONSTITUIÇÃO ECONÔMICA, CONSTITUIÇÃO FISCAL E CONSTITUIÇÃO SOCIAL

Vital Moreira, professor da Universidade de Coimbra, classifica como Constituição econômica a Constituição que estabelece as principais diretrizes da economia e estipula os princípios que regem a ordem econômica. Nas palavras do professor português, Constituição econômica é "o conjunto de preceitos e instituições jurídicas que, garantindo os elementos definidores de um determinado sistema econômico, instituem uma determinada forma de organização e funcionamento da economia e constituem, por isso mesmo, uma determinada ordem econômica; ou, de outro modo, aquelas normas ou instituições jurídicas que, dentro de um determinado sistema e forma econômicos, que garantem e (ou) instauram, realizam uma determinada ordem econômica concreta"[54]. A Constituição brasileira de 1988 certamente é uma Constituição econômica. Para chegar a essa conclusão, basta verificar o seu Título VII (Da Ordem Econômica e Financeira).

Por sua vez, *Constituição fiscal* consiste no conjunto de regras e princípios constitucionais que disciplinam a tomada de decisões na área de política fiscal, limitando a atuação do Estado nessa seara. Em outras palavras, é o conjunto de normas constitucionais que limitam os poderes fiscais do Estado (cobrar, gastar e emitir moeda). Segundo o professor Jaroslaw Kantorowickz, da Universidade de Leiden, na Holanda, em obra específica sobre o tema, "as constituições fiscais contêm um conjunto específico de leis, regras e regulamentos de cada país, que afetam a tomada de decisões na área de política fiscal. As constituições fiscais cobrem o direito constitucional, bem como o direito estatutário ordinário, como leis fiscais e financeiras básicas, decisões do tribunal constitucional, normas e compromissos culturais. As constituições fiscais de-

---

52. Op. cit., p. 49.
53. Op. cit., p. 49.
54. Vital Moreira. *Economia e Constituição*, 1979.

terminam as regras do 'jogo' das finanças públicas, fornecendo assim uma estrutura para os formuladores de políticas e impulsionando ou desencorajando certos padrões de política. Ao moldar incentivos e limitar a arbitrariedade, a constituição fiscal pode, portanto, determinar o curso da política fiscal e os resultados fiscais".

Existem dois tipos de *Constituições fiscais*, de acordo com o grau de descentralização: as *Constituições fiscais descentralizadas* e as *Constituições fiscais integradas ou centralizadas*. Segundo J. J. Kantorowicz, em trabalho específico sobre o tema, nas *Constituições fiscais descentralizadas*, os Estados-membros possuem grande autonomia de tributar e gastar e, por isso, as regras e estruturas orçamentárias intergovernamentais são relativamente fracas. Para o autor, as Constituições dos Estados Unidos, Canadá, Suíça, Austrália, Argentina e México são *Constituições fiscais descentralizadas*, enquanto as Constituições da Áustria, Bélgica, Alemanha, Índia, Itália, Rússia, África do Sul, Espanha e Brasil são *Constituições fiscais integradas ou concentradas*.

Outra classificação importante das Constituições fiscais diz respeito à "coerência" ou alinhamento entre os arranjos institucionais ou federativos. Daí, surgem as *Constituições fiscais coerentes* e as *Constituições fiscais menos coerentes*. Enquanto as primeiras "combinam arranjos de uma forma que 'se encaixam bem' entre si, as *constituições fiscais menos coerentes* combinam arranjos de forma menos equilibrada, por exemplo, combinando baixa autonomia tributária com sua alta autonomia de gastos ou baixa responsabilidade fiscal com um quadro orçamentário fraco".

A Constituição brasileira de 1988 também pode ser classificada como uma Constituição fiscal, já que reserva uma importante parte de seu conteúdo à *Tributação e o Orçamento* (Título VI, da Constituição Federal), estabelecendo os princípios gerais do Sistema Tributário Nacional (arts. 145 a 149-A, CF), trata das "limitações do poder de tributar" (arts. 150 a 152 etc.).

Por fim, *Constituição social* (como vimos em item anterior) é aquela que prevê o dever estatal de concretizar os direitos sociais, como saúde, educação, moradia, alimentação etc. As primeiras Constituições sociais foram a Constituição do México, de 1917, e a Constituição da Alemanha (Constituição de Weimar), de 1919. No Brasil, todas as Constituições foram sociais, desde a Constituição de 1934.

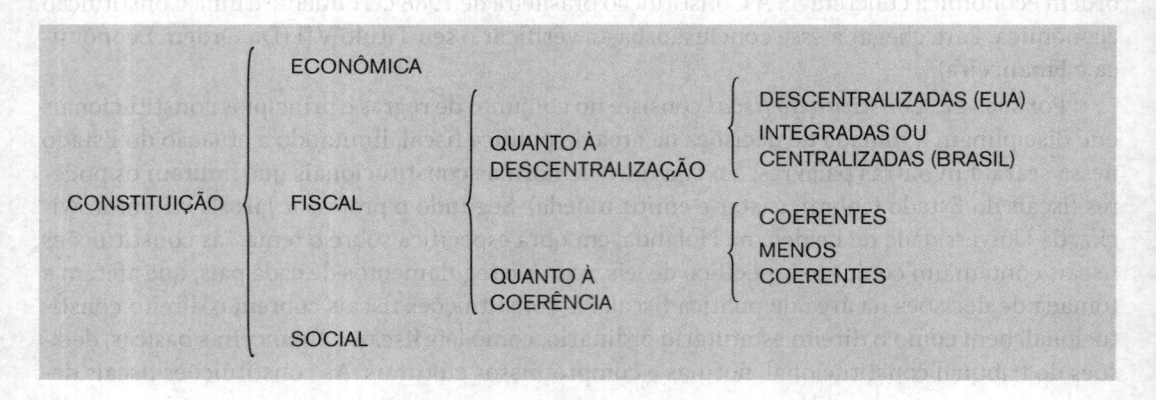

CONSTITUIÇÃO
- ECONÔMICA
- FISCAL
  - QUANTO À DESCENTRALIZAÇÃO
    - DESCENTRALIZADAS (EUA)
    - INTEGRADAS OU CENTRALIZADAS (BRASIL)
  - QUANTO À COERÊNCIA
    - COERENTES
    - MENOS COERENTES
- SOCIAL

4.32. QUANTO À ORIGINALIDADE

Karl Loewenstein faz uma importante crítica à maioria das Constituições modernas: todas elas são, nos aspectos principais, padronizadas, cópias de constituições anteriores (todas preveem uma separação de Poderes – na maioria das vezes, por meio de uma tripartição – a eleição direta de um Poder Legislativo. O professor alemão chega a ironizar que, se um homem de Marte visse à Terra e lhe fossem apresentadas as Constituições vigentes, não conseguiria imaginar como os países são tão diversos. Por isso, quanto à originalidade, podemos ter dois tipos de constituição:

a) **original (ou originária)** – é um documento de governo que contém um princípio funcional novo, verdadeiramente criador, e, portanto, original, para o processo de poder político e para a formação estatal;

b) **derivada** – é um tipo de Constituição que segue fundamentalmente os modelos constitucionais nacionais ou estrangeiros, levando a cabo tão somente uma adaptação das necessidades nacionais.

Segundo o professor argentino Linares Quintana, não é fácil identificar se a Constituição é original ou derivada, havendo sempre uma carga de subjetivismo. Segundo ele, "decidir se uma Constituição é realmente criadora ou simplesmente uma cópia, supõe com frequência um juízo de valor subjetivo"[55]. Não obstante, como afirma o constitucionalista argentino, atualmente são raras as constituições originais[56].

Podemos afirmar que a Constituição brasileira de 1988 é *derivada*. Apesar de algumas inovações (como a autonomia dada ao Ministério Público e à Defensoria Pública e, principalmente, por considerar o Município como ente federativo, numa espécie de *federalismo de segundo grau*), a Constituição manteve os temas e padrões organizativos de constituições anteriores. Até mesmo avanços no tocante aos direitos fundamentais ou ações constitucionais foram inspirados no direito constitucional estrangeiro. Podemos afirmar que são exemplos atuais de constituições originais as Constituições da Bolívia e do Equador, que, de fato, mudam paradigmas constitucionais: criam Estados plurinacionais, criam um *constitucionalismo ecológico biocêntrico* etc.

4.33. QUANTO AO CONTEÚDO IDEOLÓGICO

Karl Loewenstein propõe outra classificação das constituições, em substituição às já tradicionais e classificadas. Ele propõe distinguir as constituições pela existência ou não de um conteúdo ideológico.

a) **ideológico-programática:** é a constituição carregada ideologicamente, possuindo um programa ideológico claro. Segundo o constitucionalista argentino Linares Quintana, ao citar a obra de Loewenstein, a maioria das constituições da atualidade é ideológico-programática, sendo "com frequência verdadeiros catecismos políticos, mais que indicações materiais para o desenvolvimento racional do processo governativo"[57]. Esse fenômeno foi considerado por Loewenstein como motivo de piora do constitucionalismo contemporâneo: "muitas das recentes constituições são tão conscientemente ideológicas, que quase se poderia dizer que uma Constituição não parece estar completa quando não está imbuída por todas as partes de uma deter-

---

55. *Tratado de la Ciencia del Derecho Constitucional*, t. III, p. 159.
56. "As constituições originais são pouco frequentes. Ao longo dos anos tem ocorrido pouco espírito inventivo da criação das constituições, o que, a juízo de Loewenstein, tem sua razão de ser no caráter fundamentalmente conservador do homem político. Uma espécie de inércia conduz as reformas constitucionais, na maioria dos casos, novamente aos canais tradicionais da experiência nacional" (op. cit., p. 159).
57. Op. cit., p. 164.

minada ideologia. [...] Esse ponto pode ajudar a explicar a piora do estilo contemporâneo na formulação constitucional, cuja verbosidade não tem nada em comum com a concisão da Constituição americana ou a precisão da belga"[58];

b) utilitária: é a constituição ideologicamente neutra, ou puramente utilitária. Essa constituição, segundo Lowenstein, "propõe, sem nenhum tipo de preferência ideológica, oferecer um quadro funcional dentro do qual as forças sociais e políticas da comunidade deverão enfrentar-se em livre concorrência"[59].

Concordamos com Linares Quintana, segundo o qual não existe uma Constituição integralmente utilitária, já que toda Constituição tem uma carga ideológica[60]. Não obstante, mesmo com esse alerta, ainda podemos distinguir as *constituições ideológico-programáticas* (como a brasileira e a portuguesa) das *constituições utilitárias*, cuja ideológica decorre das normas garantistas, de não de normas abstratas de exortação (como a Constituição norte-americana).

4.34. QUANTO À RIGIDEZ

a) Imutável (eterna, pétrea, granítica, permanente) – é a Constituição que não pode ser alterada, modificada. O único exemplo que temos na história brasileira é apenas parcial: a Constituição de 1824 não podia ser alterada nos primeiros quatro anos, por força do art. 174: "se passados quatro anos, depois de jurada a Constituição do Brasil, se conhecer que algum dos seus artigos merece reforma, se fará a proposição por escrito, a qual deve ter origem na Câmara dos Deputados, e ser apoiada pela terça parte deles".

b) Rígida – é a Constituição que possui um procedimento mais rigoroso de alteração, se comparada às demais leis. Nas palavras de Canotilho, "só pode ser modificada através de um *procedimento de revisão específico* e dentro de certos limites (formais, circunstanciais e materiais)"[61]. É o caso da Constituição brasileira de 1988, que possui uma série de regras constitucionais que estabelecem um procedimento de reforma mais rigoroso. Um exemplo seria o quórum de aprovação: enquanto o quórum de aprovação de uma lei ordinária é maioria simples ou relativa (mais da metade dos presentes) e o quórum de aprovação de uma lei complementar é maioria absoluta (mais da metade de todos os membros), o quórum de aprovação de uma emenda constitucional é de 3/5 (devendo, ainda, ser aprovada em dois turnos, nas duas casas do Congresso Nacional). Importante frisar que, como vimos no capítulo anterior (no item destinado à supremacia da Constituição), a rigidez constitucional é um dos pressupostos da existência do controle de constitucionalidade das leis e atos normativos.

c) Flexível – é a constituição que exige o mesmo procedimento de alteração destinado às outras leis. É a Constituição fácil de ser alterada, por não estar hierarquicamente acima das outras leis. É adotada nos países que não possuem a *supremacia da Constituição*, mas a *suprema-*

---

58. *Teoría de la Constitución*, p. 212.
59. Apud Linares Quintana, op. cit., p. 163.
60. "A classificação das constituições em *ideológico-programáticas* e *utilitárias* introduzem a questão prévia de se realmente podem existir constituições carentes em absoluto de uma ideologia. Cremos que se impõe a resposta negativa. Aceitando que a ideologia é um sistema de ideias ou postulados que se apresentam para servir de base à totalidade das soluções que requerem os problemas políticos, parece-nos inaceitável conceber a existência de um documento constitucional cujas soluções aos grandes problemas institucionais da organização e funcionamento do governo, não respondam a um sistema de ideias ou postulados" (op. cit., p. 164).
61. Op. cit., p. 215.

cia do Parlamento, como o caso da Inglaterra. Importante reiterar que, em países de constituição flexível, não há controle de constitucionalidade.

d) Semirrígida ou semiflexível – é a constituição que tem uma parte rígida (difícil de ser alterada) e outra flexível (fácil de ser alterada). Tivemos como exemplo a Constituição de 1824, depois dos primeiros quatro anos (em que foi imutável). Segundo o art. 178 daquela Constituição, alguns dispositivos poderiam ser alterados mediante o mesmo procedimento destinado às leis ordinárias, enquanto outras normas constitucionais possuíam um procedimento mais rigoroso de alteração. A distinção feita por D. Pedro, inspirada na teoria de Benjamin Constant, referia-se às normas materialmente e formalmente constitucionais. Quanto às normas materialmente constitucionais o procedimento de alteração era mais rigoroso; quanto às normas formalmente constitucionais, poderiam elas ser alteradas pelos procedimentos ordinários ("é só constitucional o que diz respeito aos limites e atribuições respectivas dos Poderes Políticos, e aos Direitos Políticos e Individuais dos Cidadãos. Tudo o que não é Constitucional, pode ser alterado sem as formalidades referidas, pelas legislaturas ordinárias").

e) Transitoriamente flexível – são suscetíveis de reforma, de acordo com os procedimentos ordinários, mas somente por determinado período. Ultrapassado esse período inicial, o documento passa a ser rígido. Exemplo citado por Uadi Lammêgo Bulos é o da "Constituição de Baden de 1947, que previa no seu art. 128: 'A lei pode estabelecer normas jurídicas especiais até 31 de dezembro de 1948, no mais tardar, para libertação do povo alemão do nacional-socialismo e do militarismo, e para remoção de suas consequências'. A Carta irlandesa de 1937 durante os três anos de sua vigência também demonstrou uma flexibilidade provisória, enquadrando-se, portanto, nessa tipologia"[62].

Importante frisar que a Constituição de 1988 não é apenas uma constituição rígida: é muito rígida, extremamente rígida ou, como muitos dizem, *super-rígida*. Isso porque, além de possuir um procedimento mais rigoroso de alteração, possui um conjunto de matérias que não podem ser suprimidas: as chamadas cláusulas pétreas.

4.34.1. As cláusulas pétreas

Como veremos no capítulo seguinte (sobre a história das constituições brasileiras), as cláusulas pétreas não surgiram na Constituição de 1988. Constituições brasileiras anteriores já previram matérias intangíveis do texto constitucional. Em constituições brasileiras anteriores, duas foram as cláusulas pétreas: Federação e República (art. 90, 4°, da Constituição de 1891, art. 178, § 5°, da Constituição de 1934; art. 217, § 6°, da Constituição de 1946 e art. 50, § 1°, da Constituição de 1967).

Cláusulas pétreas são as matérias que não podem ser suprimidas da Constituição, embora possam ser alteradas. Trata-se de um erro muito comum entender que são cláusulas inalteráveis. Alteração pode ocorrer, e é oportuno que se faça. Por exemplo, é possível alterar no Brasil a "separação dos Poderes", embora seja ela uma cláusula pétrea. Parece imperioso alterar a relação que há entre Poder Executivo e Poder Legislativo, que nos últimos anos vem gerando altíssimos e intoleráveis níveis de corrupção, por conta de um chamado "presidencialismo de coalização", por meio do qual só se consegue governar se "cooptar", por meios legítimos ou ilegítimos, parte do Legislativo para integrar o governo. A reforma da separação dos poderes é possível e, dentro de certos parâmetros, não fere a cláusula pétrea do art. 60, § 4°, III, da Constituição.

---

62. Op. cit., p. 118.

Importante frisar que, nos termos do art. 60, § 4º, não são admitidas emendas constitucionais "tendentes a abolir" cláusulas pétreas. O que significa a expressão "tende a abolir"? "Tender a" significa "caminhar na direção de", direcionar-se a um determinado lugar. Assim, não será proibida apenas uma emenda constitucional que abole a Federação, transformando o Brasil num Estado Unitário, mas também qualquer emenda constitucional "tendente a abolir" a Federação. Exemplo: não pode uma Emenda Constitucional reduzir drasticamente a competência dos Estados, em benefício da União. Uma emenda desse jaez estará tendendo a abolir a Federação (cuja característica principal é a autonomia dada aos entes federativos).

São cláusulas pétreas expressas na Constituição: a) a Forma Federativa de Estado; b) o voto direto, secreto, universal e periódico; c) a separação dos poderes; c) os direitos e garantias individuais (art. 60, § 4º, CF).

4.34.1.1. Forma Federativa de Estado (Federação)

Assim como em constituições brasileiras anteriores, a Federação é a primeira cláusula pétrea. Dessa maneira, não se pode abolir a Federação, como não é possível editar uma Emenda Constitucional "tendente a abolir" a Federação.

Federação consiste na nossa *forma de Estado* e consiste na união de vários Estados-membros relativamente autônomos. Cada Estado tem autonomia relativa para legislar (e até mesmo para elaborar sua própria Constituição), administrar etc. Importante frisar que cada Estado-membro tem *autonomia*, e não *independência*. A união de Estados independentes se chama confederação. No Brasil, não há independência de cada ente federativo, mas uma parcela de autonomia.

Como a Federação é a primeira cláusula pétrea, não é possível alterar a Constituição brasileira para transformar o Brasil novamente em um Estado Unitário (como já o fora, durante a Constituição de 1824). Da mesma forma, não será possível uma emenda tendente a abolir essa federação, reduzindo excessivamente a autonomia, a competência dos Estados, pois estará caminhando no sentido de abolir essa federação.

O Presidencialismo é cláusula pétrea? Como sabido e consabido por todos, o sistema de governo adotado pela Constituição de 1988 é o presidencialismo. Todavia, não consta do art. 60, § 4º, que tal sistema de governo seja presidencialista. Por essa razão, entendemos ser possível uma Emenda Constitucional alterando nosso sistema de governo para parlamentarista (como na Inglaterra) ou semipresidencialista (como em Portugal). Todavia, em nosso entender, diante de uma interpretação sistemática da Constituição, essa alteração, se houver, deve ser submetida à apreciação direta da população, mediante plebiscito ou referendo. Explico: embora não exista previsão constitucional dessa determinação, quando editada a Constituição de 1988, o art. 2º do ADCT previu a realização de um plebiscito em 1993 acerca do sistema de governo (presidencialismo ou parlamentarismo). Esse plebiscito foi realizado e o povo brasileiro optou por permanecer no presidencialismo. Dessa maneira, entendemos que eventual alteração, em respeito à sistemática estabelecida pelo poder constituinte originário, deve igualmente ser submetida à apreciação popular.

O assunto ainda não foi julgado pelo Supremo Tribunal Federal, mas há um Mandado de Segurança pendente de julgamento (o MS 22.972/DF). O assunto não foi julgado pelo Supremo Tribunal Federal, já que o MS 22.972/DF, que tratava da questão, foi extinto, sem julgamento de mérito.

A República é cláusula pétrea? Como sabido e consabido por todos, desde o ano de 1889, o Brasil adota como forma de governo a República. Em Constituições brasileiras anteriores, ao lado da Federação, *a República foi muitas vezes considerada cláusula pétrea*. Curiosamente, na Constituição de 1988, a República não é uma cláusula pétrea expressa. Realmente, não se encontra no rol do art. 60, § 4º, da Constituição Federal.

Não obstante, embora não seja uma cláusula pétrea expressa, segundo a doutrina francamente majoritária e segundo o Supremo Tribunal Federal, a República é uma cláusula pétrea implícita. Até mesmo José Afonso da Silva, único constitucionalista de escol que adotava posição diversa, mudou de opinião em edições mais recentes de seu *Curso de Direito Constitucional*. Segundo o autor: "Os fundamentos que justificam a inclusão da República entre as cláusulas intangíveis continuam presentes na Constituição, que só os afastou por um momento, a fim de que o povo decidisse sobre ela. Como o povo o fez no sentido de sua preservação, todos aqueles fundamentos readquiriram plena eficácia de cláusulas intocáveis por via de emenda constitucional. Não se trata, no caso, de simples limitação implícita, mas de limitação que encontra no contexto constitucional seus fundamentos, tanto quanto o encontraria se a limitação fosse expressa".

Nesse mesmo sentido, posiciona-se Gilmar Ferreira Mendes: "A periodicidade dos mandatos é consequência do voto periódico estabelecido como cláusula pétrea. Uma emenda não está legitimada para transformar cargos políticos que o constituinte originário previu como suscetíveis de eleição em cargos vitalícios ou hereditários. Isso, aliado também à decisão do poder constituinte originário colhida das urnas do plebiscito de 1993 sobre a forma de governo, gera obstáculo a uma emenda monarquista" (*Curso de Direito Constitucional*).

Por fim, como dissemos, também é a posição proferida pelo Supremo Tribunal Federal, em Mandado de Segurança impetrado por parlamentares, para impedir a votação e o trâmite de uma Proposta de Emenda monarquista: "Mandado de segurança contra ato da Mesa do Congresso que admitiu a deliberação de proposta de emenda constitucional que a impetração alega ser tendente à abolição da república (Obs.: na vigência da Constituição anterior, a matéria 'república' também era cláusula pétrea). Cabimento do mandado de segurança em hipóteses em que a vedação constitucional se dirige ao próprio processamento da lei ou da emenda, vedando sua apresentação (como é o caso previsto no parágrafo único do art. 57) ou a sua deliberação (como na espécie). Nesses casos, a inconstitucionalidade diz respeito ao próprio andamento do processo legislativo, e isso porque a Constituição não quer – em face da gravidade das deliberações, se consumadas – que sequer se chegue à deliberação proibindo-a taxativamente. A inconstitucionalidade, se ocorrente, já existe antes de o projeto ou de a proposta se transformar em lei ou em emenda constitucional, porque o próprio processamento já desrespeita, frontalmente a Constituição" (*RTJ* 99/1031).

Indaga-se: se é tão claro que a República não pode ser modificada para Monarquia, por que o constituinte originário não previu a República como uma cláusula pétrea expressa? Explico: o art. 2º do ADCT previu a realização de um plebiscito em 1993, indagando ao povo brasileiro não somente o melhor sistema de governo (presidencialismo ou parlamentarismo), mas também a melhor forma de governo (República ou Monarquia). Ora, como considerar a República uma cláusula pétrea expressa, se poderia ser alterada cinco anos depois, por meio de plebiscito? Seria uma grande incoerência da Constituição, motivo pelo qual se preferiu não a inserir como cláusula pétrea expressa (embora seja cláusula pétrea implícita).

4.34.1.2. Voto direto, secreto, universal e periódico

Trata-se de uma inovação na Constituição de 1988. Em nenhuma constituição brasileira anterior houve outra cláusula pétrea que não fosse a República e a Federação. Outrossim, não é todo tipo de voto que é cláusula pétrea. Cláusula pétrea é o voto direto, secreto, universal e periódico.

Voto direto é aquele em que o povo escolhe diretamente seu representante (governador, presidente, deputado, vereador etc.), sem intermediários. Nem sempre o voto foi direto no Brasil. Na Constituição de 1824 e na Constituição de 1967 o voto era indireto. Não obstante, embora o voto direto seja uma cláusula pétrea, existe na Constituição de 1988 uma hipótese expressa de voto indireto: segundo o art. 81 da Constituição Federal, se o Presidente e o Vice-Presidente da República deixam o cargo na segunda metade do mandato presidencial (os dois últimos anos do mandato), haverá eleições indiretas no Congresso Nacional no prazo de 30 dias. Nesse caso, quem escolherá o Presidente do país será o Congresso Nacional, nos termos da lei. Não há como alegar a inconstitucionalidade desse dispositivo. Isso porque, segundo o Supremo Tribunal Federal, não se pode declarar a inconstitucionalidade de normas constitucionais originárias (normas que nasceram pelo Poder Constituinte originário).

Voto secreto é o voto sigiloso, contrário do voto aberto. No início da República brasileira, o voto era aberto, o que ensejava grande manipulação por parte dos poderosos de então (originando o chamado "voto de cabresto"), bem como a fraude na apuração eleitoral (originando o chamado "voto de bico de pena").

Voto universal é aquele em que todos têm o direito de votar, preenchidos alguns requisitos mínimos (como idade e alistamento eleitoral). Nem sempre o voto no Brasil foi universal. O voto feminino só surgiu com o Código Eleitoral de 1932. Durante a Constituição de 1824 o voto era *censitário* (somente os mais ricos poderiam votar). Em algumas Constituições brasileiras anteriores os mendigos e os analfabetos eram proibidos de votar. Na Constituição de 1988, o voto é universal, e isso é uma cláusula pétrea.

Voto periódico é aquele em que, de tempos em tempos, o eleitor tem o direito de escolher seu representante. Os mandatos das autoridades podem ser alterados por Emenda Constitucional, assim como também se pode ampliar ou reduzir as hipóteses de reeleição. Não obstante, não se pode retirar, por emenda constitucional, a periodicidade do voto.

Indaga-se: o voto obrigatório também é cláusula pétrea? Segundo o art. 14 da Constituição Federal, o voto é obrigatório no Brasil para a maioria das pessoas (os maiores de 18 e os menores de 70 anos). Não obstante, o voto obrigatório não é cláusula pétrea. Assim, é possível uma Emenda Constitucional transformando o voto de obrigatório em facultativo.

4.34.1.3. *Separação dos Poderes*

A separação dos poderes está prevista inicialmente no art. 2º da Constituição Federal: "são Poderes da União, independentes e harmônicos entre si, o Legislativo, o Executivo e o Judiciário". Embora a expressão mais adequada seja "separação das funções estatais", em vez de "separação dos poderes", já que o poder do Estado é uno e indivisível, a expressão "separação dos poderes", além de ser extremamente usada e difundida, está prevista no art. 60, § 4º, da Constituição.

Ser uma cláusula pétrea não significa que é imutável, intangível. Tanto é verdade que, no ano de 2004, houve uma grande Emenda Constitucional reformando e modernizando o Poder Judiciário (a EC 45/2004, mais conhecida como Reforma do Judiciário). Alterações, modernizações são possíveis, desde que não haja violação dos princípios essenciais que regem a separação dos poderes: independência e harmonia.

Não pode uma Emenda Constitucional retirar ou diminuir excessivamente a independência de qualquer um dos Poderes, subordinando-o ao outro. Da mesma forma, uma Emenda Constitucional que gere desarmonia entre os Poderes será igualmente inconstitucional.

Histórica e importante decisão do Supremo Tribunal Federal foi proferida na ADI 3.367, relatada pelo Ministro Cezar Peluso. A referida ação direta de inconstitucionalidade foi ajuizada pela Associação dos Magistrados Brasileiros (AMB), questionando a constitucionalidade de alguns dispositivos da Reforma do Judiciário, máxime o Conselho Nacional de Justiça.

O Conselho Nacional de Justiça (CNJ) foi criado pela Reforma do Judiciário (EC 45/2004), sendo inserido no art. 103-B, da Constituição Federal. O autor da ADI questionou a inconstitucionalidade do CNJ, utilizando-se de dois principais argumentos: a) o CNJ seria um controle externo do Judiciário e, por essa razão, estaria mitigando sua autonomia e independência; b) a composição do CNJ estaria ferindo a separação dos poderes, na medida em que, dos 15 membros, 6 não fariam parte do Poder Judiciário (2 advogados, 2 membros do Ministério Público e 2 cidadãos).

O STF decidiu que o Conselho Nacional de Justiça é constitucional. Primeiramente, não se trata de controle externo do Poder Judiciário, sendo um órgão do Poder Judiciário (é, pois, um controle interno). Ora, o art. 92 da Constituição Federal estabelece que o CNJ é um de seus órgãos. Outrossim, quanto ao segundo argumento, o STF decidiu que a participação no CNJ de pessoas externas ao Poder Judiciário é uma medida republicana e democrática. Em vez de ser um retrocesso, é um avanço na estrutura do Poder Judiciário. Decidiu o STF: "Ora, não é esse o caso do Conselho Nacional de Justiça, que se define como órgão interno do Judiciário e, em sua formação, apresenta maioria qualificada (três quintos) de membros da magistratura (arts. 92, I-A e 103-B). Desses caracteres vem-lhe a natureza de órgão de controle interno, conduzido pelo próprio Judiciário, conquanto democratizado na composição por meio da participação minoritária de representantes das áreas profissionais afins". Da mesma forma, decidiu que: "Pressuposto agora que a instituição do Conselho, não apenas simboliza, mas também opera ligeira abertura das portas do Judiciário para que representantes da sociedade tomem parte no controle administrativo-financeiro e ético-disciplinar da atuação do Poder, robustecendo-lhe o caráter republicano e democrático, nada mais natural que os dois setores sociais, cujos misteres estão mais próximos das atividades profissionais da magistratura, a advocacia e o Ministério Público, integrem o Conselho responsável por esse mesmo controle".

4.34.1.4. Direitos e garantias individuais

Igualmente de forma inédita, a Constituição de 1988 foi a primeira constituição brasileira a prever os direitos e garantias como cláusulas pétreas. Segundo a Constituição, são cláusulas pétreas tanto os *direitos*, quanto as *garantias*. Direitos são normas de conteúdo declaratório (como vida, liberdade, propriedade, honra etc.), enquanto as garantias são normas de conteúdo assecuratório (como a vedação do anonimato, a indenização por dano moral, o *habeas corpus*, o *habeas data* etc.).

Indaga-se: os direitos e garantias individuais estão previstos apenas no art. 5º da Constituição Federal? Não! Direitos e garantias estão espalhados por toda a Constituição (embora concentrados muitos deles no rol extenso do art. 5º). Essa é a posição do STF. O Supremo Tribunal Federal já decidiu que a *anterioridade tributária*, prevista no art. 150 da Constituição Federal, é um direito individual do contribuinte: "Uma Emenda Constitucional, emanada, portanto, de Constituinte derivada, incidindo em violação à Constituição originária, pode ser declarada inconstitucional, pelo Supremo Tribunal Federal, cuja função precípua é de guarda da Constituição. A Emenda Constitucional n. 3, de 17-3-1993, que no art. 2º autorizou a União a instituir o IPMF, incidiu em vício de inconstitucionalidade ao dispor, no § 2º desse dispositivo, que, quanto a tal tributo, não se aplica o art. 150, III, "b" e VI, da Constituição, porque, desse modo, violou os seguintes princípios e normas imutáveis: o princípio da anterioridade, que é garantia individual do contribuinte (art. 60, § 4º, inciso IV e art. 150, III, "b", da Constituição" (rel. Min. Sydney Sanches). Da mesma forma, o STF, na ADI 3.685, também já decidiu que a anterioridade eleitoral, prevista no art. 16 da Constituição Federal, é um direito individual do eleitor e, por isso, cláusula pétrea: o art. 16 representa garantia individual do cidadão-eleitor, detentor originário do poder exercido pelos representantes eleitos e "a quem assiste o direito de receber, do Estado, o necessário grau de segurança e de certeza jurídicas contra alterações abruptas das regras inerentes à disputa eleitoral" (ADI 3.685, rel. Min. Ellen Gracie).

Por fim, o art. 60, § 4º, IV, da Constituição trata de direitos e garantias individuais. Indaga-se: os direitos sociais também são cláusulas pétreas? Segundo o Supremo Tribunal Federal, deve-se fazer uma interpretação extensiva, ampliativa ou generosa das cláusulas pétreas, a fim de considerar também os direitos sociais como cláusulas insuprimíveis da Constituição. Na ADI 939, decidiu o Min. Marco Aurélio: "tivemos o estabelecimento de direitos e garantias de forma geral. Refiro-me àqueles previstos no rol, que não é exaustivo, do art. 5º da Carta, os que estão contidos, sob a nomenclatura 'direitos sociais'; no art. 7º e, também, em outros dispositivos da Lei Básica federal, isto sem considerar a regra do § 2º do art. 5º".

Idade penal como cláusula pétrea?

Questiona-se se a idade penal de 18 anos, prevista no art. 228 da Constituição Federal, seria uma cláusula pétrea, por ser um direito individual dos menores de 18 anos. Trata-se de tema extremamente polêmico. No ano de 2015, como a Câmara dos Deputados aprovou, em dois turnos, a redução da idade penal para 16 anos, um grupo de parlamentares impetrou no STF o Mandado de Segurança 33.697, a fim de fazer controle preventivo de constitucionalidade da Proposta de Emenda Constitucional n. 171/93. Não obstante, o STF negou seguimento a esse Mandado de Segurança. Havendo uma grande possibilidade de o Congresso Nacional reduzir a idade penal, alterando o art. 228 da Constituição, certamente o tema voltará à pauta do cenário social, político e jurídico brasileiro.

Embora sejamos contrários à redução da idade penal como controle da criminalidade (já que entendemos que o que diminui o crime não é a quantidade da punição, mas a certeza dela – como já disse Beccaria), consideramos que a redução da idade penal não encontra óbice convencional ou constitucional.

Primeiramente, não encontra óbice convencional. A Convenção sobre os Direitos da Criança (que entrou em vigor no Brasil por força do Decreto n. 99.710, de 21 de novembro de 1990), no seu art. 1º, permite expressamente que cada país legisle acerca da maioridade penal, embora fixe como parâmetro os 18 anos. Segundo a sobredita Convenção, criança é "todo ser humano com menos de dezoito anos de idade, a não ser que, em conformidade com a lei aplicável à criança, a maioridade seja alcançada antes". Ainda que a Convenção proibisse a redução da idade penal, adotando-se a posição do STF (da infraconstitucionalidade da maioria dos tratados internacionais sobre direitos humanos), a Constituição poderia ser alterada, reduzindo a idade penal.

Da mesma forma (embora nosso posicionamento seja minoritário), entendemos que a redução da idade penal não fere cláusula pétrea. Entendemos que o tratamento diferenciado dado às infrações praticadas por crianças e adolescentes é, sim, uma cláusula pétrea. Adolescentes e adultos não podem ser tratados da mesma forma, segundo largamente alardeado pela doutrina. Não obstante, a exata definição da idade penal não pode ser considerada uma cláusula pétrea e, portanto, irredutível. Se esse fosse o escopo do constituinte originário, teria inserido tal tema no rol dos direitos e garantias individuais. Dizer o contrário é interpretar a Constituição de acordo com seus próprios valores, seus próprios objetivos e pensamentos (ainda que bem-intencionados). A criação das cláusulas pétreas é de responsabilidade do poder constituinte originário, não possibilitando interpretações tão elásticas que, não apenas inadequadas, são antidemocráticas. Ora, não se pode excluir do mais legítimo intérprete da Constituição (o povo) o poder de alterar a Constituição, por meio do Legislativo, quando ela não mais atende, no seu ponto de vista, aos reclamos da sociedade.

4.34.2. Cláusulas pétreas e o dilema contramajoritário

Questão interessante foi levantada pelos professores norte-americanos Stephen Holmes, da Universidade de Nova York, e Laurence Tribe: as cláusulas pétreas não ferem a democracia? Por que uma lealdade supersticiosa na vontade do constituinte originário deve prevalecer sobre a soberania popular?

Por exemplo, suponhamos que a idade penal de 18 anos, prevista no art. 228 da Constituição Federal, seja uma cláusula pétrea (teoria com a qual não concordamos, mas que é majoritária no Brasil). Caso seja realmente uma cláusula pétrea, não poderá ser reduzida por uma Emenda Constitucional. Não obstante, reduzir a idade penal é uma vontade da grande maioria da população brasileira, tanto é verdade que elegeu como Presidente um candidato que defendia a redução da idade penal. Impedir a redução da idade penal, considerando o tema cláusula pétrea, contra a vontade de milhões de brasileiros, não fere a democracia?

Esse dilema recebe o nome de "dilema contramajoritário" (*countermajoritarian dilemma*).

Segundo Stephen Holmes, embora as cláusulas pétreas sejam aparentemente antidemocráticas (porque impedem que a vontade majoritária momentânea prevaleça), são necessárias no processo democrático constitucional. Segundo ele, "os cidadãos de hoje são míopes; eles têm um pequeno autocontrole, são tristemente indisciplinados e são sempre propensos a sacrificar duráveis princípios por prazeres e benefícios efêmeros. A constituição é a cura institucionalizada para a miopia crônica: ela retira o poder temporariamente das maiorias em nome das normas obrigatórias"[63].

Outrossim, Laurence Tribe questiona se as "cláusulas pétreas" seriam mesmo "restrições" à vontade do povo. Alguns poderiam perguntar: "se nós acreditamos na soberania do povo, porque nós aceitamos todas essas restrições?". E a melhor resposta é: "elas não são restrições. Elas são o povo". O titular do poder constituinte originário é o povo. Portanto, o texto constitucional originário é a expressão da vontade popular.

Concluindo, a *democracia ilimitada é autodestrutiva*. A vontade da maioria, em determinados momentos, se cumprida, pode aniquilar minorias e pode desestruturar um Estado de Direito Democrático, Social e Pluralista. É possível que, no momento, tenhamos uma imensa maioria de cristãos em nosso país, mas a laicidade é uma garantia constitucional que não pode ser suprimida. É possível que a maioria imensa da população seja favorável à adoção da pena de morte para quaisquer crimes, mas tal mudança constitucional feriria cláusula pétrea. Em resumo, as cláusulas pétreas não ferem a democracia. No dia em que a população não mais suportar as amarras impostas pelo constituinte originário, poderá mudar a Constituição, fazer uma nova. Enquanto quiser manter a Constituição vigorando, tem de se limitar às cláusulas por ela impostas.

4.35. CONSTITUIÇÕES SUBCONSTITUCIONAIS OU SUBCONSTITUIÇÕES

Seriam as constituições cujos objetivos são apenas momentâneos, restritos ao momento em que são elaboradas. São também chamadas de "subconstituições". Por essa razão, são cons-

---

63. *Constitutionalism and Democracy*, p. 196.

tituições que não se pautam pela sua longevidade, já que se destinam a regulamentar situações especiais do momento histórico, político e social do país. Nas palavras de Uadi Lammego Bulos, "são aquelas que são limitadas nos seus objetivos, dispondo sobre interesses momentâneos e esporádicos. Em geral as subconstituições não servem para o futuro, pois já são editadas sem compromisso de estabilidade e perpetuidade que revestem as Constituições duradouras"[64].

4.36. CONSTITUIÇÃO CONVENCIONALIZADA

Expressão decorrente da teoria de Nestor Sagües. Segundo o próprio autor argentino, é a "constituição adaptada, conformada e reciclada conforme as diretrizes do controle de convencionalidade. Uma constituição que se bem formalmente conserva o mesmo texto que a nacional, tem variações em seu conteúdo normativo: em parte é mais reduzida (no sentido de que alguns de seus dispositivos resultam inaplicáveis), mas em outros, possuem um conteúdo modificado, ocasionalmente mais amplo"[65].

Podemos afirmar que tal classificação se aplica à Constituição brasileira de 1988. Embora a incorporação no ordenamento jurídico brasileiro das normas internacionais de direitos humanos seja mais tímida do que aquela que ocorre nos demais países da América Latina[66], o impacto dos tratados e convenções internacionais sobre direitos humanos e do respectivo controle de convencionalidade pode ser percebido na aplicabilidade da Constituição brasileira. Por exemplo, assim como mencionado por Nestor Sagües, na Constituição brasileira houve *redução* de algumas normas e *ampliação* de outras. No primeiro caso (a redução do conteúdo), deixou de ser aplicada no Brasil a parte final do art. 5º, LXVIII, da Constituição Federal, que permite a prisão civil do depositário infiel. Embora o texto constitucional ainda expressamente admita tal prisão, ela não mais é aplicável, por força do Pacto de São José da Costa Rica. Tal entendimento é pacífico atualmente e é até o conteúdo da Súmula Vinculante n. 25. No segundo caso (a ampliação do conteúdo), podemos mencionar a ampliação dada ao significado do "direito ao silêncio", mencionado no art. 5º, LXIII, da Constituição Federal. Por força do art. 8º, do Pacto de São José da Costa Rica, a referida norma constitucional deve ser interpretada com sentido muito mais amplo, já que, embora tal expressão não esteja prevista em nossa Constituição, "ninguém é obrigado a produzir prova contra si mesmo".

4.37. CONSTITUIÇÃO ESPESSA ("THICK CONSTITUTION") E CONSTITUIÇÃO FINA OU DELGADA ("THIN CONSTITUTION")

São expressões criadas pelo professor de Direito Constitucional de Harvard, Mark Tushnet, já mencionado várias vezes neste livro, especialmente no primeiro capítulo. A *constituição espessa* é aquela que possui muitas disposições detalhadas que descrevem como o governo deve ser e deve se organizar. Segundo Tushnet, "seus termos são tão claros que ninguém pensaria em se afastar das suas exigências óbvias"[67]. Apesar de serem normas importantes, são indiferentes ao público, não sensibiliza as pessoas e normalmente não geram controvérsias populares. Já a *constituição fina ou delgada* é composta pelas garantias fundamentais da

---

64. Op. cit., p. 154.
65. *El Control de Convencionalidad em Argentina. Ante las Puertas de la Constitución Convencionalizada?*, p. 117.
66. Tendo em vista que no Brasil a teoria majoritária (adotada pelo STF, inclusive) considera que os tratados internacionais de direitos humanos ingressam, em regra, com força de norma infraconstitucional e supralegal, salvo se aprovados por um quórum qualificado de 3/5 do Congresso Nacional, nos termos do art. 5º, § 3º, CF.
67. *Taking the constitution Away from de Courts*, p. 10.

igualdade, liberdade de expressão e outras liberdades, tendo intensa repercussão no seio da própria sociedade[68].

4.38. CONSTITUIÇÃO INVISÍVEL ("INVISIBLE CONSTITUTION")

Expressão criada pelo constitucionalista norte-americano Laurence Tribe, segundo o qual, a Constituição de um país não se resume ao seu texto normativo, sendo que há uma "constituição invisível", formada por conteúdos históricos, morais, valorativos e políticos, que não se encontram no texto constitucional. Por exemplo, a questão do aborto ser ou não um direito fundamental das mulheres não está prevista expressamente no texto constitucional norte-americano, mas, segundo muitos, decorreria do direito constitucional à intimidade. Dessa maneira, integraria parte da "constituição invisível". Segundo o autor, é importante encontrar o conteúdo dessa "constituição invisível", o que está invisível no âmago da Constituição e não apenas em suas cercanias, ou seja, o que está presente na Constituição, mas não é visto. Podemos também dizer que esse conteúdo invisível da Constituição vai se transmudando e se desenvolvendo com o passar do tempo, atualizando-se aos anseios e necessidades das novas gerações, o que se compatibiliza com a noção norte-americana de "living constitution", que vimos anteriormente. Contra a noção de "constituição invisível", surgem três grandes correntes: o "ativismo judicial", a "panprincipiologia" ou "panprincipiologismo" e o "solipsismo judicial".

O ativismo judicial consiste na hipervalorização da atividade jurisdicional que acaba por invadir a esfera de competência dos demais Poderes, encorajada pelo fenômeno do "judicial review". Como cabe principalmente ao magistrado interpretar a Constituição, muitas vezes ele cria a "parte invisível" da Constituição de forma artificial, somente para justificar suas impressões pessoais no momento de sua decisão. O "panprincipiologismo" (que abordamos no Capítulo 1 desta obra), consiste na prática adotada por muitos tribunais e doutrinadores, que consiste em encontrar e criar novos princípios que não residem (nem no texto, nem na parte invisível) da Constituição, muitas vezes para apenas resolver um caso concreto. Por fim, o solipsismo judicial (também abordado no Capítulo 1 de nossa obra) é uma forma de sacralização da atividade jurisdicional, tornando-a insuscetível de críticas. O solipsismo vê a atividade jurisdicional de forma salomônica, como se o magistrado tivesse recebido dos céus o dom especial de fazer justiça. Como corolário dessa visão, é comum vermos decisões judiciais com expressões como "compreendo dessa maneira", "decido conforme minha consciência" etc.

4.39. CONSTITUIÇÃO PLURIDIMENSIONAL OU COMPÓSITA

Trata-se de uma expressão criada por José Adércio Leite Sampaio, segundo a qual a Constituição deve ser vista de modo pluridimensional por conjugar, ao mesmo tempo, o seu texto normativo, a realidade existencial dos fatos e o sentimento constitucional coletivo militante

---

68. O autor, que é um grande crítico do *judicial review* (o poder que o Judiciário tem de dar a última palavra no conflito entre os Poderes e ditar os nortes da interpretação da Constituição e das leis), analisa como essa "constituição fina" é interpretada pelos Tribunais. Como os juristas contemporâneos têm receio em permitir que o povo interprete a Constituição a seu modo, reservaram aos Tribunais o poder de fazê-lo. Com isso, ou o Tribunal julga de acordo com a vontade da maioria ou, quando profere decisões mais liberais ou contramajoritárias, surge um efeito contrário (*efeito backlash*) que resulta na elaboração de leis mais restritivas (como as leis estaduais norte-americanas que restringem o aborto).

(esse último, uma motivação de intentos de preservação da Constituição como laços necessários dos cidadãos, num patriotismo construído sobre valores constitucionais, que seria um *patriotismo constitucional* – tema que estudamos no Capítulo 1 desta obra).

Nas palavras do autor, a Constituição "se chama 'pluridimensional' exatamente porque resulta da conjugação dialética das dimensões normativo-textual (enunciados de norma), fático-limitador-interativo (a complexidade do real) e volitivo-pragmático (do querer e da ação)"[69]. Diante dessas múltiplas faces (normativa, fática e volitiva), o autor afirma que a Constituição Pluridimensional trabalha com quatro aberturas: a) no espaço: pois busca uma harmonia com a ordem jurídica interior (as normas infraconstitucionais) e exterior (com as normas internacionais); b) ao tempo: pois é o resultado de uma construção histórica, mas também alimenta os projetos futuros do povo; c) ao mundo dos sentidos: pois é movida pelo sentimento constitucional volitivo coletivo; d) aos projetos de vida boa: pois é a busca do bem comum e individual. Assim, segundo o autor, a Constituição Compósita é uma expressão contemporânea do que deve ser uma Constituição, preparada para os desafios atuais do Estado e do Direito em um mundo em transformação.

4.40. CONSTITUIÇÃO AUSTERITÁRIA

Outra expressão criada pelo constitucionalista José Adércio Leite Sampaio decorre do termo "austeridade" financeira, que seria um maior rigor, rigidez no controle das contas públicas. Segundo o autor, "a 'Constituição Social' e 'democrática', paralisada pela suposta sobrecarga normativa e geradora de crises, estaria a dar lugar a uma 'Constituição Austeritária', que se ateria não a projetos irrealizáveis de liberdade e igualdade, mas a busca dos direitos possíveis"[70]. Dessa maneira, o autor entende que é necessário se desprender do constitucionalismo simbólico, aspiracional, em que a Constituição é repleta de promessas irrealizáveis e partir para um constitucionalismo mais real, eficaz, baseado na busca da eficiência econômica como legitimação. Segundo o autor, "esse processo de significação constitucional é, ao fim, uma rendição jurídico-política à lógica econômica, tendo como bandeira de triunfo a 'Constituição Austeritária', com a centralidade movida dos direitos para o 'Estado Fiscal', e como substratos determinantes as demandas do capitalismo financeirizado"[71].

4.41. CONSTITUIÇÃO COMO ÁRVORE VIVA ("CONSTITUTION AS LIVING TREE")

Trata-se de uma expressão utilizada pelo autor canadense Wil Waluchow e adotada pela Suprema Corte do Canadá, com características distintas do *originalismo* e da *living constitution*, que estudamos anteriormente. Segundo o autor canadense, há que se adotar uma nova compreensão de Carta de Direitos, não como um ponto fixo e pré-determinado, mas como uma árvore viva, nas quais os direitos que estão previstos na Carta de Direitos são não pontos fixos de pré-compromissos, mas simbolizam que a Carta é uma árvore viva, capaz de expandir-se dentro de seus limites. Ou seja, embora existam pré-compromissos morais, eles seriam flexíveis.

A metáfora da *árvore viva* foi adotada pela primeira vez no caso *Edwards vs. Canadá* (1929), conhecido como "Caso da Pessoa", processo no qual a expressão "pessoa" foi aplicada

---

69. Op. cit., p. 51.
70. *A Constituição Austeritária*, p. 1.
71. Op. cit., p. 51.

não somente aos homens, mas também às mulheres. Segundo um dos Ministros julgadores desse caso, "a estabilidade e a integridade constitucional desempenham um papel fundamental na interpretação da Constituição. Mesmo assim, plantou no Canadá uma árvore viva capaz de crescer e se expandir dentro de seus limites naturais. O fato de as mulheres não terem o direito de votar e ocupar cargos públicos em 1867 não significa que o entendimento não possa mudar. À medida que o tempo muda, a interpretação da constituição também deve mudar". Esse entendimento permitiu que a Suprema Corte canadense reconhecesse a família composta pela união homoafetiva, em 2004.

Conteúdo digital – Acesse: https://somos.in/CDC7

Conteúdo em vídeo
Questões com gabarito comentado

5

HISTÓRICO DAS CONSTITUIÇÕES BRASILEIRAS

Sumário

5.1. O período pré-constitucional – **5.2.** A gênese do constitucionalismo brasileiro – **5.3.** A Assembleia Constituinte do Império e a "Constituição da Mandioca" – **5.4.** A Constituição de 1824 – **5.4.1.** Análise da Constituição de 1824 – **5.4.2.** O Ato Adicional de 1834 – **5.4.3.** Controle de constitucionalidade – **5.4.4.** Quadro sinótico – **5.5.** A Constituição de 1891 – **5.5.1.** Análise da Constituição de 1891 – **5.5.2.** Quadro sinótico – **5.6.** Constituição de 1934 – **5.6.1.** Análise da Constituição de 1934 – **5.6.2.** Quadro sinótico – **5.7.** Constituição de 1937 – **5.7.1.** Análise da Constituição de 1937 – **5.7.2.** Quadro sinótico – **5.8.** Constituição de 1946 – **5.8.1.** Análise da Constituição de 1946 – **5.8.2.** Quadro sinótico – **5.9.** Constituição de 1967 – **5.9.1.** Análise da Constituição de 1967 – **5.9.2.** A Emenda Constitucional n. 1, de 1969 – **5.9.3.** Quadro sinótico – **5.10.** Constituição de 1988 – **5.10.1.** Análise da Constituição de 1988 – **5.10.2.** Quadro sinótico.

Figura 5.1 – Constituição Brasileira (créditos ao final do livro).

5.1. O PERÍODO PRÉ-CONSTITUCIONAL

Como sabido e consabido por todos, a primeira Constituição brasileira foi outorgada em 1824. Não obstante, é oportuno analisar o ordenamento jurídico aplicado em terras brasileiras antes do primeiro texto constitucional.

A colonização do Brasil começou efetivamente pela organização das "capitanias hereditárias", consistente na divisão do território em doze porções irregulares, criando-se núcleos de povoamento, quase sem pontos de contato uns com os outros, o que contribuiu para a gênese do Estado brasileiro. Embora a fonte de poder fosse a coroa portuguesa, na metrópole, o poder era exercido de forma quase absoluta pelos "donatários" das capitanias hereditárias, sem qualquer vínculo com as demais[1].

No ano de 1549, instituiu-se o sistema de "governadores-gerais", sendo que o primeiro foi Tomé de Souza, que aportou na Bahia, em 25 de março de 1549, trazendo consigo o Regimento do Governador-Geral, com 48 artigos. Tal documento consistiu na tentativa da coroa portuguesa de incrementar sua presença no Brasil e apoiar os donatários das capitanias, com orientações precisas sobre a organização do poder público (fazenda, justiça, defesa etc.), bem como orientações sobre as relações com os indígenas e sua catequese e o estímulo às atividades agrícolas e comerciais. Outrossim, foram criados os cargos de provedor-mor (destinado à administração fazendária) e de ouvidor-geral (autoridade máxima de Justiça). Dessa maneira, podemos afirmar que o Regimento do Governador-Geral foi o primeiro antecedente constitucional aplicado em terras brasileiras, já que tinha o condão de organizar e limitar o poder público local.

A partir de 1580, com a unificação das coroas ibéricas sob o reinado de Filipe II, houve alterações na estrutura legislativa e administrativa destinada à colônia. Foram promulgadas as Ordenações Filipinas em 1603, com normas exclusivas para as atividades produtivas coloniais[2]. As Ordenações Filipinas vigoraram no Brasil até o final do período colonial, e até mesmo depois da independência, sendo gradativamente revogadas por leis locais.

Fator ímpar na mudança da história administrativa e política do Brasil foi a vinda da família real portuguesa, em 1808, fugindo de Napoleão Bonaparte, que exigia que Portugal fechasse os portos portugueses para a Inglaterra, e prendesse os ingleses que se encontravam em território português. Aliado histórico da Inglaterra, Portugal resistiu até onde pôde, tentando procrastinar o cumprimento das ordens napoleônicas. Em 27 de outubro de 1807, França e Espanha assinaram o Tratado de Fontainebleau, que dispunha sobre a invasão de Portugal, na qual soldados franceses atravessariam o território espanhol. Comandados pelo General Junot, 25 mil soldados franceses percorreram 20 quilômetros diariamente, chegando a Lisboa em 30 de novembro de 1807. Todavia, lá chegando, só conseguiram ver no horizonte os navios que levavam muitos membros da nobreza e, principalmente, a família real[3].

---

1. José Afonso da Silva. *Curso de Direito Constitucional Positivo*, p. 69-70.
2. No Brasil colonial aplicou-se a legislação portuguesa. Dessa maneira, primeiramente foram aplicadas as Ordenações Afonsinas (1446), as Ordenações Manuelinas (1521) e, na sequência, as Ordenações Filipinas (1603).
3. "O dia 29 de novembro de 1807 amanheceu ensolarado em Lisboa. Uma brisa leve soprava do leste. Apesar do céu azul, as ruas ainda estavam tomadas pelo lamaçal, devido à chuva do dia anterior. Nas imediações do porto, havia confusão por todo lado. Um espetáculo inédito na história de Portugal se desenrolava sobre as águas calmas do Rio Tejo: a rainha, seus príncipes, princesas e toda a nobreza abandonavam o país para ir viver do outro lado do mundo. Incrédulo, o povo se aglomerava na beira do cais para assistir à partida. Às 7h da manhã, a nau Príncipe

Às 11 horas da manhã do dia 22 de janeiro de 1808, os navios portugueses ancoraram em Salvador, e não no Rio de Janeiro, que seria seu destino. Isso se deu por decisão do príncipe Regente, D. João VI. Até hoje há dúvida se foi uma decisão política e estratégica (com o objetivo de fomentar a unificação política e administrativa da colônia) ou um acaso, decorrente de forte tempestade que afligiu os navios em alto-mar. Quatro dias após sua chegada, o príncipe regente assinou o Decreto de Abertura dos Portos às Nações Amigas, que beneficiou diretamente o comércio britânico.

A esquadra real partiu de Salvador rumo ao Rio de Janeiro, lá chegando no dia 8 de março de 1808, desembarcando no cais do Largo do Paço. A família real foi alocada em três prédios no centro da cidade e, para alojar os demais tripulantes, várias residências foram confiscadas e assinaladas com a sigla "P.R." (Príncipe-Regente), alcunhado pela população como ("Ponha-se na Rua" ou "Prédio Roubado").

Figura 5.2 – Retrato de D. João VI, por Jean-Baptiste Debret (créditos ao final do livro).

Várias medidas foram tomadas pelo Príncipe Regente em terras brasileiras: a) a criação da Imprensa Régia e a autorização para o funcionamento de tipografias e a publicação de jornais, em 1808; b) a fundação do primeiro Banco do Brasil, em 1808; c) a criação da Academia Real Militar, em 1810; d) abertura de algumas escolas, dentre as quais duas de Medicina; e) elevação do Estado do Brasil à condição de reino, unido a Portugal e Algarves; a mudança de denominação das unidades territoriais, que deixaram de se chamar capitanias e passaram a se chamar províncias, em 1821; f) criação da Biblioteca Real, em 1810, do Jardim Botânico, em 1811 etc.

5.2. A GÊNESE DO CONSTITUCIONALISMO BRASILEIRO

Podemos afirmar, como o faz Afonso Arinos de Melo Franco, que o pensamento mais avançado do Brasil, no final do século XVII, era republicano, antiaristocrático, o que pode ser extraído, por exemplo, da Inconfidência Mineira, ocorrida entre 1788 e 1789, influenciada pelo movimento de independência norte-americana[4]. Com a chegada da Corte lusitana a terras brasileiras, o incipiente constitucionalismo brasileiro foi alimentado por acontecimentos

---

Real influ as velas e começou a deslizar em direção ao Atlântico. Levava a bordo o príncipe regente, D. João, sua mãe, a rainha louca D. Maria I, e os dois herdeiros do trono, os príncipes D. Pedro e D. Miguel. O restante da família real estava distribuído em outros três navios. O Alfonso de Albuquerque transportava a princesa Carlota Joaquina, mulher do príncipe regente, e quatro das suas seis filhas. [...] Entre 10.000 e 15.000 pessoas acompanharam o príncipe regente na viagem ao Brasil [...] O grupo incluía pessoas da nobreza, conselheiros reais e militares, juízes, advogados, comerciantes e suas famílias. Também viajavam médicos, bispos, padres, damas de companhia, camareiros, pajens, cozinheiros e cavalariços" (Laurentino Gomes, *1808*, p. 68).

4. Segundo o autor, "as ideias constitucionais que predominavam nos meios cultos do Brasil, ao fim da era setentista, eram republicanas, sendo os modelos preferidos as Constituições americana de 1787 e francesa de 1793. A transferência da Corte lusa, em 1808, veio, porém, alterar completamente os dados do problema, conferindo ao Brasil, dentro do panorama americano" (*Curso de Direito Constitucional Brasileiro*, p. 16).

vindos de além-mar: a Constituição espanhola (Constituição de Cádiz, de 1812) e a Revolução Constitucionalista do Porto, de 1820[5].

Com a conquista da Espanha por Napoleão e a consequente subida ao trono de José Bonaparte, em 1808, o rei espanhol Fernando VII deixou-se prender, destronar e exilar na França (ao contrário da corte portuguesa, que fugiu da Europa). A resistência espanhola contra os invasores não foi liderada pelo rei, mas fruto do levantamento espontâneo do povo, com o auxílio da Inglaterra. Foram reunidas as Cortes Constituintes de Cádiz, em 24 de setembro de 1810, cujo trabalho foi concluído em 18 de março de 1812, em 384 artigos, de uma nova e minuciosa Constituição. Assim resume a Constituição de Cádiz o mestre Afonso Arinos: "o texto, embora monárquico, incorporava as garantias constitucionais do mais avançado pensamento liberal. Com efeito, os dogmas principais da doutrina democrática clássica, vitoriosos desde as obras de Locke e Montesquieu, se encontram na Constituição de Cádiz. O art. 3º declarava que 'a soberania residia essencialmente na nação e, portanto competia exclusivamente a esta o direito de estabelecer as suas leis fundamentais'. O art. 14 dispunha que o governo espanhol era 'uma Monarquia moderada' (portanto, do tipo inglês, e não absoluta, tal como a anterior, da Espanha). O art. 371 determinava que 'todos os espanhóis tinham a liberdade de escrever, imprimir e publicar suas ideias políticas, sem necessidade de licença'. [...] Como se vê, 'a liberdade de pensamento era garantida nos mais latos termos, que são os ainda hoje vigentes, termos que se chocavam frontalmente com toda a tradição absolutista e inquisitorial da Espanha'"[6].

Retornando à Espanha, o rei Fernando VII restaurou o governo absoluto e revogou a Constituição de Cádiz. Depois de anos de um governo autoritário, ilimitado e sem leis, pressionado pelos militares, o rei foi obrigado a restaurar, por decreto, a validade da Constituição de Cádiz, restaurando também as liberdades públicas. Vigente entre os anos de 1820 e 1823, a rediviva Constituição de Cádiz influenciou a história de Brasil e Portugal.

A revolução espanhola de 1820 encontrou em Portugal um terreno fértil para sua germinação e florescimento. Já em 1818 homens como Fernandes Tomás, Ferreira Borges e Silva Carvalho fundaram uma associação secreta chamada Sinédrio, que deflagrou a Revolução do Porto, em 24 de agosto de 1820, elaborando-se o "Manifesto aos Portugueses"[7], esclarecendo

---

5. Esse também é o pensamento de Afonso Arinos: "O documento fundamental do constitucionalismo ibérico é a Constituição de Cádiz, terminada, depois de longa elaboração, em março de 1812. Esta lei, baseada na Constituição francesa de 1791, embora conservasse muitos aspectos que correspondiam à formação política e religiosa do povo espanhol, influiu consideravelmente nas ideias da revolução portuguesa de 1820 e, através desta, repercutiu no Brasil" (op. cit., p. 17).
6. Op. cit., p. 18.
7. "Uma administração inconsiderada, cheia de erros e de vícios, havia acarretado sobre nós toda a casta de males, violando nossos foros e direitos, quebrando nossas fraquezas e liberdades [...] Para cúmulo da desventura deixou de viver entre nós o nosso adorável soberano. Portugueses! Desde esse dia fatal contamos nossas desgraças pelos momentos que tem durado nossa orfandade. [...] Nossos avós foram felizes porque viveram nos séculos venturosos em que Portugal tinha um governo representativo nas cortes da Nação [...] Imitando nossos maiores, convoquemos as Cortes e esperemos da sua sabedoria e firmeza as medidas que só podem salvar-nos da perdição e assegurar nossa existência política. Eis o voto da Nação e o exército, que o anunciou por este modo, não fez senão facilitar os meios de seu cumprimento [...] A mudança que fazemos não ataca as partes estáveis da monarquia. A religião santa de nossos pais ganhará mais brilhante esplendor [...] As leis do reino, observadas religiosamente, segurarão a propriedade individual e a Nação sustentará a cada um no pacífico gozo dos seus direitos, porque ela não quer destruir, quer conservar [...] Portugueses! Vivei certos dos bons desejos que nos animam. Escolhidos para vigiar sobre os vossos destinos, até ao dia memorável em que vós, competentemente representados, haveis de estabelecer outra forma de governo, empregaremos todas as nossas forças para corresponder à confiança que se fez de nós e se o resultado for,

os objetivos principais do movimento: a elaboração de uma Constituição portuguesa, assegurando os direitos fundamentais dos portugueses. Vitoriosa a revolução, foram convocadas as Cortes Constituintes, que se reuniram em janeiro de 1821.

As notícias da vitoriosa revolução portuguesa chegaram ao Brasil, sendo impossível esconder da população o que ocorria além-mar[8]. Num primeiro momento, o rei declarou ilegais as Cortes reunidas em Portugal, mas autorizou propostas de reformas governativas, que prometiam sancionar "como convier, segundo os usos, costumes e leis fundamentais da Monarquia".

Começam a aflorar no Brasil movimentos constitucionalistas, primeiramente no Pará e na Bahia[9], chegando posteriormente ao Rio de Janeiro. No dia 25 de fevereiro de 1821, o povo, insuflado por militares, padres e políticos, reuniu-se no Rocio (atual praça Tiradentes), ali ficando durante toda a madrugada. Na manhã do dia seguinte, o Rei enviou seu filho mais velho, Pedro, para apresentar à multidão um decreto que prometia "adotar para o Reino do Brasil a Constituição que as Cortes de Portugal fizessem, salvas as modificações que as circunstâncias locais tornassem necessárias". Essa reserva final (sobre a adaptação das normas) não satisfez a multidão, que queria a aplicação integral da Constituição portuguesa vindoura, o que foi imediatamente acolhido pelo Rei.

Se, por um lado, o consentimento real mostrou flexibilidade, por outro lado mostrou fraqueza. Pressionado pela multidão, no dia 21 de abril de 1821, foi obrigado a jurar a Constituição de Cádiz: "sou servido ordenar que, de hoje em diante, fique estrita e literalmente observada neste Reino do Brasil a mencionada Constituição espanhola, até o momento em que se ache inteira e definitivamente estabelecida a Constituição deliberada e decidida pelas Cortes de Lisboa". Eis um fato inusitado: Por um dia, aplicou-se no Brasil a Constituição da Espanha! E foi apenas por um dia. Dom Pedro I reuniu as tropas e dissipou a insurreição, matando muitos os manifestantes (motivo pelo qual, no dia seguinte, via-se em uma das paredes uma tabuleta com os dizeres: "Açougue dos Bragança"). Com isso, o rei assinou três novos decretos: declarou nula a adoção da Constituição de Cádiz, determinou que um governo provisório seria liderado por D. Pedro e ordenou a persecução penal dos manifestantes insurgentes.

Sem ter outra opção, o Rei foi obrigado a retornar a Portugal em 26 de abril de 1821[10], lá chegando em 3 de julho, depois de 68 dias de viagem, "tão vulnerável quanto havia partido. [...]

---

como esperamos, uma Constituição que segure solidamente os direitos da monarquia e os vossos, podeis acreditar que será essa a maior e a mais gloriosa recompensa de nossos trabalhos e fadigas. Porto e Paço do Governo, 24 de Agosto de 1820."

8. Segundo Afonso Arinos, "notícias da revolução portuguesa, vitoriosa em setembro, chegaram pela primeira vez à Corte do Rio de Janeiro a 17 de outubro, por um brigue de guerra lusitano. Censuradas as informações, ficaram limitadas ao círculo mais íntimo do palácio. Mas, já no dia seguinte, outro navio de guerra, este britânico, entrava na Guanabara com as novidades, e não foi mais possível esconder à população o que estava ocorrendo na distante Metrópole" (op. cit., p. 25).

9. "No Pará, a 1 de janeiro de 1821 houve um levante que instalou no poder uma Junta Revolucionária, a qual se apressou em jurar fidelidade às Cortes que logo iam se reunir, e à Constituição portuguesa que por elas ia ser elaborada. Fatos semelhantes ocorreram na Bahia, a 10 de fevereiro. Ali, a Junta insurgente, aclamada pelo povo, jurou a Constituição futura de Portugal, bem como, interinamente, a espanhola de 1812" (Afonso Arinos de Melo Franco, op. cit., p. 26).

10. "D. João partiu do Rio de Janeiro em 26 de abril, cinco dias depois do massacre da Praça do Comércio. Sua comitiva incluía cerca de 4.000 portugueses – um terço do total que o havia acompanhado na fuga para o Rio de Janeiro, treze anos antes. Conta-se que o reio embarcou chorando de emoção. Se dependesse apenas de sua vontade, ficaria no Brasil para sempre. Porém, uma vez mais, aquele rei gordo, bonachão, sossegado, solitário, indeciso e, muitas vezes, medroso, curvava-se ao peso das responsabilidades que a História lhe impunha" (Laurentino Gomes, op. cit., p. 321).

Antes de colocar os pés em terra, o rei foi humilhado e insultado. Ainda a bordo do navio, teve de jurar a nova Constituição, elaborada à sua revelia. [...] D. João prestou o juramento a meia voz, balbuciante, com aquela covardia que lhe era própria"[11]. A saída de D. João VI do Brasil, como se imaginava, implicaria a perda da colônia brasileira. Antes de embarcar para Lisboa, o rei recebeu o Ministro Antônio Vilanova Portugal que lhe entregou uma carta em tom profético: "A união de Portugal com o Brasil não pode durar muito. Se Vossa Majestade tem saudades do berço de seus avós, regresse a Portugal; mas se quer ter a glória de fundar um grande Império e fazer da Nação brasileira uma das maiores potências do globo, fique no Brasil. Onde Vossa Majestade ficar, é seu; a outra parte há de perder".

Com a partida do rei, D. Pedro assume a regência e, de imediato lança ao povo a proclamação na qual manifesta sua incondicional adesão ao regime constitucional que se estava criando em Portugal. Nas brilhantes palavras de Afonso Arinos, provar sua fidelidade ao novel constitucionalismo era quase uma obsessão do jovem príncipe regente[12].

O constitucionalismo moderno mudou a história desses dois países: obrigou que o Rei português voltasse à Europa e fez com que seu filho, agora príncipe regente, norteasse seus atos e declarações. Sensível às ideias do seu tempo, o príncipe regente expediu leis condizentes com as mais novas e vitoriosas teses do constitucionalismo liberal, como o decreto de 21 de maio, tutelando o direito à propriedade (chamado de "sagrado direito de propriedade"). Dois dias depois, o decreto de 23 de maio previu a tutela da liberdade de locomoção ("nenhuma pessoa livre no Brasil podia jamais ser presa sem ordem, por escrito, do juiz ou magistrado criminal competente, salvo caso de flagrante delito"). Em 5 de junho, por decreto, criou uma espécie de Conselho ou Junta, composta por nove membros, admitindo a responsabilidade dos seus membros no exercício da função: "o rei é inviolável na sua pessoa. Os ministros são responsáveis pela falta de observância das leis, especialmente pelo que obrarem contra a liberdade, segurança e propriedade dos cidadãos e por qualquer dissipação ou mau uso dos bens públicos".

Aos poucos, foi se tornando evidente que ocorreria o desligamento entre as duas coroas. O príncipe regente, apoiado na experiência de José Bonifácio de Andrada e Silva[13], preparava-se para tanto[14]. Em janeiro de 1822, decidiu o Governo regencial que as leis votadas em Lisboa não teriam execução no Brasil sem a sanção do príncipe regente.

---

11. Laurentino Gomes, op. cit., p. 323.
12. "A referida preocupação de constitucionalismo chegava a ser, no príncipe real, quase uma mania. Tem-se a impressão de que ele procurava, a todo transe, tranquilizar o ânimo suspicaz dos seus novos patrícios, duvidosos talvez da sinceridade democrática daquele mancebo, em cujas veias corriam velhos sangues autocráticos. Numerosas, enfáticas e, por vezes, pueris são naquela fase as declarações de constitucionalismo de D. Pedro, expressas em toda sorte de atos oficiais. Vejamos alguns exemplos. Em 2 de março manda que o antigo largo do Rocio passe a se chamar praça da Constituição, em memória do juramento ali levado a efeito a 26 de fevereiro do ano anterior. Em abril, tendo em vista a visita a Minas Gerais, para vencer as resistências de certos grupos influentes, que se dizia serem adeptos das Cortes de Lisboa, D. Pedro exige, antes de entrar em Vila Rica, que lhe reconheçam a autoridade de regente constitucional. Em seguida, ao entrar na capital da Província, expede proclamação em que se lê: 'Sois livres. Sois constitucionais. Uni-vos comigo e marchareis constitucionalmente'" (op. cit., p. 42).
13. Nas palavras de Laurentino Gomes, José Bonifácio está para o Brasil assim como Thomas Jefferson está para os Estados Unidos, com três principais diferenças: enquanto o brasileiro era um homem bem-humorado, amante de mulheres e bebidas, o norte-americano era um sisudo fazendeiro. Outrossim, enquanto o brasileiro era um abolicionista, Thomas Jefferson tinha 150 escravos. Assim, para este, todo homem nasce livre, desde que seja branco. Por fim, enquanto Thomas Jefferson entendia que a morte de oposicionistas era tolerável, José Bonifácio sempre se mostrou contra a barbárie, motivo pelo qual defendeu uma monarquia constitucional, em vez de uma república (1822, p. 80).
14. Esse também é o pensamento de Laurentino Gomes, em *1822*.

Esse processo de gradativa "constitucionalização do Brasil", consistente na elaboração de atos normativos destinados a limitar o poder do Estado, confunde-se com o processo de independência do Brasil.

Se, num primeiro momento, a separação de Portugal não era a intenção da elite intelectual brasileira, acabou sendo, graças a medidas autoritárias tomadas pela Assembleia Constituinte portuguesa de 1821, que cassou privilégios e benefícios concedidos por D. João VI, sem qualquer participação dos deputados brasileiros (que eram minoria na Assembleia) e decidiu separar o Brasil em províncias autônomas ultramarinas. D. Pedro, em carta, queixou-se a seu pai: "Fiquei regente, e hoje sou capitão-general, porque governo só a província do Rio de Janeiro". No dia 29 de setembro do mesmo ano, a Assembleia Constituinte, denominada "Cortes Gerais Extraordinárias e Constituintes da Nação Portuguesa", anulavam os tribunais de justiça e outras instituições brasileiras criadas por D. João VI, restabeleceram o antigo sistema de monopólio comercial português sobre os produtos comprados ou vendidos por brasileiros e, principalmente, determinavam que o príncipe regente D. Pedro retornasse a Lisboa, "a fim de instruir-se". Tais notícias chegaram ao Brasil no dia 9 de dezembro de 1821, no navio Infante Dom Sebastião. A revolta da população inicia-se a partir daí. Manifestos, abaixo-assinados, panfletos, jornais, manifestações diversas pregavam a separação do Brasil e a permanência de D. Pedro.

O local central dos movimentos populares foi o Convento de Santo Antonio, situado no Largo da Carioca. Frei Francisco Sampaio elaborou uma representação, em nome dos moradores da cidade, que contou com a assinatura de 8.000 pessoas, pedindo a permanência de D. Pedro, sendo-lhe entregue pessoalmente no dia 9 de janeiro de 1822. Em edital publicado no dia seguinte, D. Pedro respondeu com uma frase que entrou para nossa história: "Como é para o bem de todos e a felicidade geral da nação, estou pronto: diga ao povo que fico!".

Os ânimos se exaltaram[15]. Houve até mesmo uma tentativa de sequestrar D. Pedro, levando-o à força para Portugal[16]. A morte de seu primogênito, nesse ambiente de tensão entre Brasil e Portugal, foi mais um fator que contribuiu para os ânimos separatistas de D. Pedro[17].

---

15. "Na semana do Fico, bandos de portugueses armados percorriam as ruas do Rio de Janeiro em atitude de desafio aos brasileiros que apoiavam a decisão do príncipe regente de contrariar as cortes de Lisboa e permanecer no Brasil. 'Esta cabrada se leva a pau', gritavam. Na Bahia, a procissão da tradicional festa de São José, santo padroeiro dos comerciantes portugueses, foi dispersada no dia 19 de março de 1822 por uma chuva de pedras atiradas do alto dos morros por filhos de escravos, supostamente por ordens de seus senhores brasileiros. Dois dias depois, oficiais e soldados lusitanos foram novamente vaiados e obrigados a fugir sob uma saraivada de pedras disparada na Baixa dos Sapateiros" (*1822*, p. 87).

16. "Os brasileiros mal tiveram tempo de comemorar o Fico. Na tentativa de forçar o príncipe a recuar e obedecer às ordens das cortes, o general Jorge de Avilez de Souza Tavares, comandante da Divisão Auxiliadora, principal guarnição militar portuguesa no Rio de Janeiro, ocupou o Morro do Castelo, elevação que antigamente dominava o centro e a zona portuária da cidade. Na porta do teatro São João, onde D. Pedro compareceu na noite do dia 11, o tenente-coronel português José Maria da Costa lançou um desafio: Havemos de leva-lo pelas orelhas, gritou. 'A tropa vai cercá-lo e prendê-lo'. Referia-se a um plano secreto, urdido por parte das tropas, de sequestrar o príncipe e leva-lo à força para bordo da fragata União, já preparada para transportá-lo com a família de volta para Lisboa" (Laurentino Gomes, op. cit., p. 50). Embora tenham se retirado do Brasil as tropas portuguesas fiéis à metrópole, os ânimos voltaram a se exaltar: "Um mês mais tarde, no dia 5 de março, novo esquadrão português, comandado por Francisco Maximiliano de Souza, apareceu na entrada da baía de Guanabara. Trazia 1.200 soldados destinados a substituir as forças do general Avilez. Uma vez mais, D. Pedro se manteve inflexível. Os navios entraram na baía, mas tiveram de ficar ao largo sob a pontaria dos canhões das fortalezas cariocas e com suas tropas impedidas de desembarcar" (op. cit., p. 51).

17. Preocupado com as notícias de um possível sequestro e enfrentamento com tropas fiéis à metrópole, D. Pedro determinou que sua família fosse enviada à Real Fazenda de Santa Cruz, mais afastada da cidade. Depois de uma via-

Em 18 de janeiro de 1822, chegou ao Rio de Janeiro, vindo de Santos, José Bonifácio de Andrada e Silva, logo nomeado ministro por D. Pedro. Ao lado do príncipe regente e de sua esposa, Leopoldina, José Bonifácio exerceu papel crucial no processo de independência do país. Segundo Laurentino Gomes, "caberia a ele ser o principal conselheiro do príncipe regente e futuro imperador D. Pedro I num momento crucial para a construção do Brasil. Bonifácio esteve à frente do ministério de D. Pedro por escassos 18 meses, de janeiro de 1822 a julho de 1823, mas nenhum outro homem público brasileiro realizou tanto em tão pouco tempo. Sem ele, o Brasil de hoje provavelmente não existiria".

Em 16 de fevereiro de 1822, por decreto, criou-se o Conselho de Procuradores-Gerais das Províncias do Brasil, composto de representantes das diversas províncias, em número proporcional às respectivas populações, eleitos pelos eleitores paroquiais, com atribuições como aconselhar o príncipe-regente, opinar sobre os projetos de reforma política e administrativa. Era, pois, um embrião de Poder Legislativo. Todavia, a parte mais esclarecida da população queria mais do que um mero conselho consultivo: desejava uma assembleia constituinte. De forma ousada, D. Pedro expediu decreto convocatório de uma Assembleia Constituinte em 3 de junho de 1822, sem romper definitivamente com Portugal, na medida em que dizia "desejar cordialmente a sua união com todas as outras partes integrantes da grande família portuguesa", sendo a Assembleia "Luso-Brasiliense".

As cortes portuguesas reagiram. Proibiram o embarque de armas e reforços para as províncias obedientes ao Rio de Janeiro e determinaram que D. Pedro dissolvesse o novo governo, cancelasse a convocação da constituinte e prendesse os ministros contrários às decisões de Lisboa. Essas ordens chegaram às mãos de D. Pedro, jovem de 23 anos, na tarde do dia 7 de setembro de 1822, às margens do riacho Ipiranga, em São Paulo. Os desdobramentos são conhecidos por todos. Nas palavras de Laurentino Gomes, "o destino cruzou o caminho de D. Pedro em situação de desconforto e nenhuma elegância. Ao se aproximar do riacho do Ipiranga, às 16h30 de 7 de setembro de 1822, o príncipe regente, futuro imperador do Brasil e rei de Portugal, estava com dor de barriga. [...] Foi, portanto, como um simples tropeiro, coberto pela lama e a poeira do caminho, às voltas com as dificuldades naturais do corpo e de seu tempo, que D. Pedro proclamou a Independência do Brasil. A cena real é bucólica e prosaica, mais brasileira e menos épica do que a retratada no quadro de Pedro Américo. E, ainda assim, importantíssima. Ela marca o início da história do Brasil como nação independente"[18].

Em 12 de outubro de 1822, D. Pedro, aos 24 anos, foi aclamado imperador e defensor perpétuo do Brasil, no Campo de Santana, Rio de Janeiro. Foi coroado no dia 1º de dezembro de 1822. A Assembleia Constituinte, convocada por D. Pedro em junho de 1822, só foi instalada um ano mais tarde, no dia 3 de maio de 1823.

5.3. A ASSEMBLEIA CONSTITUINTE DO IMPÉRIO E A "CONSTITUIÇÃO DA MANDIOCA"

Como vimos no item anterior, D. Pedro convocou a novel Assembleia Constituinte no dia 3 de junho de 1822, meses antes da independência. As regras acerca do funcionamento dessa Assembleia foram baixadas em aviso de 19 de junho, elaborado por José Bonifácio.

---

gem desconfortável, o filho João Carlos, de apenas nove meses, frágil e doente, morreu no dia 4 de fevereiro, depois de 28 horas de seguidas convulsões. D. Pedro escreveu a seu pai, rei D. João: 'A Divisão Auxiliadora [...] foi a que assassinou o meu filho, o neto de Vossa Majestade. Em consequência, é contra ela que levanto a minha voz'" (Laurentino Gomes, *1822*, p. 51).

18. *1822*, p. 20.

A Assembleia devia ser composta de 100 deputados, eleitos pelas províncias, com número proporcional às respectivas populações. A maior bancada era de Minas Gerais, com 20 deputados, seguida por Pernambuco e Bahia, com 13, e São Paulo, com 9 deputados. A eleição era indireta: o povo das freguesias escolhia os eleitores paroquiais e estes, por sua vez, elegiam os deputados. Curiosamente, analfabetos podiam votar (como a maior parte da população brasileira era analfabeta, excluí-la da votação reduziria o número de eleitores a uma pequena minoria). Dos parlamentares que assumiram o cargo em maio de 1823, "47 eram doutores de Coimbra (na maioria bacharéis em Direito, havendo alguns médicos e bacharéis em ciências matemáticas); 19 eram padres, dos quais um bispo e 6 oficiais das forças armadas, sendo um da Marinha e 5 do Exército"[19]. Destacam-se entre os parlamentares da nossa primeira Assembleia Constituinte: Antonio Carlos de Andrada e Silva (líder de fato desta), Araújo Lima (depois marquês de Olinda) e José de Alencar (pai do famoso romancista de mesmo nome).

O discurso inicial do imperador, quando da abertura dos trabalhos, em 3 de maio de 1823, era o prenúncio do porvindouro embate. Depois de abordar a necessidade da separação dos poderes, dando destaque à necessária força do Poder Executivo, concluiu: "espero que a Constituição que façais, mereça a minha imperial aceitação". Soma-se a essa conclusão a célebre frase dita no dia de sua coroação, em 1º de dezembro: "juro defender a Constituição que está para ser feita, se for digna do Brasil e de mim". Os trabalhos da novel Assembleia Constituinte, que elegeu uma comissão de sete membros para sua elaboração, estavam fadados ao insucesso[20].

A constituinte funcionava quatro horas por dia, das dez da manhã às duas da tarde. Em 1º de setembro de 1823, a assembleia leu o projeto de constituição que deveria discutir e aprovar, com 272 artigos. Antes disso, por apresentar uma proposta abolicionista à Assembleia Constituinte, o que foi seguido de grande conspiração, José Bonifácio deixou o Ministério. Fora do governo, José Bonifácio e seus irmãos passaram a fazer parte de uma oposição ao imperador, presente na Assembleia Constituinte.

A "Constituição da Mandioca" morreu antes mesmo de nascer. Indaga-se: por que o apelido jocoso "Constituição da Mandioca"? Explica-se: previa o voto indireto e censitário, no qual os eleitores de primeiro grau (paróquia) tinham de provar uma renda mínima de 150 alqueires de farinha de mandioca, para eleger os eleitores de segundo grau (províncias), que necessitavam de uma renda mínima de 250 alqueires[21]. Estes últimos elegiam os deputados e sena-

Figura 5.3 – Retrato de D. Pedro I, 1902, por Benedito Calixto (créditos ao final do livro).

---

19. Afonso Arinos de Melo Franco, op. cit., p. 48.
20. "A comissão de sete membros, eleita pela Assembleia a 5 de maio para redigir o projeto, ficou constituída dos seguintes nomes: Antonio Carlos, José Bonifácio, Pereira da Cunha (Inhambupe), Araújo Lima (Olinda), Costa Aguiar, Ferreira da Câmara e Muniz Tavares" (Afonso Arinos de Melo Franco, op. cit., p. 67).
21. A escolha por essa medida (alqueires de farinha de mandioca) tinha uma dupla função: excluir os mais pobres do processo eleitoral, bem como excluir os portugueses que não eram proprietários de terra, mas comerciantes (que teriam sua renda em dinheiro, e não em propriedade rural).

dores, que precisavam de uma renda de 500 e 1.000 alqueires, respectivamente. Além dessa característica ímpar, a "Constituição da Mandioca" tinha outras preocupações: limitar e reduzir os poderes do imperador, valorizando e ampliando os do legislativo; concentrar o poder político nas mãos da aristocracia rural (na medida em que somente os mais ricos fazendeiros podiam eleger os parlamentares). Outrossim, o projeto declarava a indissolubilidade do Legislativo, bem como transferia para este o controle das Forças Armadas.

D. Pedro irritou-se por demais com a tentativa de limitação exacerbada de seus poderes. No dia 11 de novembro, toda a guarnição militar da cidade foi retirada dos quartéis e concentrada no parque da Boa Vista, em frente ao palácio imperial. Diante do movimento das tropas, decidiu a Assembleia Constituinte permanecer permanentemente reunida, atravessando a madrugada do dia 12. Essa noite ficou conhecida como "noite da agonia", na qual os deputados continuaram no prédio, resistindo à pressão imperial. Na manhã do dia 12 de novembro, D. Pedro liderou suas tropas, cercando a Assembleia Constituinte. Chegou à Assembleia, à uma da tarde, o decreto do imperador, informando a dissolução da Assembleia. Nesse decreto, D. Pedro prometeu dar ao país uma constituição "duplicadamente mais liberal do que o que a extinta Assembleia acabou de fazer". Não houve mortes, mas algumas prisões e exílio. Os irmãos Andrada, Antonio Carlos e Martim Francisco foram detidos, assim como outros parlamentares, à saída da Assembleia. José Bonifácio foi preso em casa e, assim como seus irmãos, foi exilado para a Europa.

5.4. A CONSTITUIÇÃO DE 1824

No próprio decreto que extinguiu a Assembleia Constituinte, o imperador deixou claro que elaboraria uma Constituição. Dissipou a oposição mais vibrante, com o exílio dos irmãos Andrada, e, por decreto de 13 de novembro de 1823, criou um Conselho de Estado, incumbido de elaborar a nova Constituição[22]. O referido conselho reuniu-se diariamente, sob a presidência do próprio imperador, apresentando-lhe seu trabalho no dia 11 de dezembro, menos de um mês depois. Embora sua ideia inicial tenha sido convocar uma nova Assembleia Constituinte para elaborar uma Constituição promulgada, a partir do trabalho elaborado pelo Conselho de Estado, D. Pedro, por meio do decreto de 11 de março de 1824, decidiu outorgar a primeira Constituição Brasileira. Em 25 de março de 1824, realizou o juramento da novel Constituição, na igreja catedral, logo após a realização de uma missa e respectiva leitura do texto.

5.4.1. Análise da Constituição de 1824

Constituição fortemente liberal, previa um extenso rol de direitos e garantias individuais, denominados "direitos civis e políticos" (direitos de primeira dimensão), máxime no art. 179. Não obstante, no início do Constitucionalismo Moderno, podemos afirmar que as Constituições não tinham o condão de alterar a realidade social, já que desprovidas da força normativa como nos dias atuais. Exemplo disso é a Constituição de D. Pedro, que, apesar de prever a liberdade de locomoção (no art. 179, *caput* e inciso VI), não aboliu a escravidão, motivo pelo

---

22. O referido conselho era composto por dez membros, dos quais seis eram os ministros do governo: Maciel da Costa, Carvalho e Melo, Ferreira França (marquês de Nazaré), Mariano da Fonseca (marquês de Maricá), Silveira Mendonça e Vilela Barbosa. Os quatro nomeados tinham sido todos constituintes: Álvares de Almeida (marquês de Santo Amaro), Pereira da Cunha (marquês de Inhambupe), Carneiro de Campos (marquês de Caravelas) e Nogueira da Gama (marquês de Baependi). Assim, dos dez redatores da Constituição de 1824, sete haviam pertencido à Assembleia dissolvida.

qual pode ser chamada de constituição semântica, como abordaremos amiúde em capítulo próprio. Vejamos os aspectos principais dessa Constituição:

a) Direitos e garantias fundamentais

Como vimos acima, a Constituição de 1824 previa um rol de "direitos civis e políticos". Quanto a direitos individuais, previstos no art. 179, destacam-se o princípio da legalidade (inciso I), liberdade e propriedade (*caput*), liberdade de manifestação do pensamento (inciso IV), liberdade de crença (inciso V), liberdade de locomoção (inciso VI), inviolabilidade domiciliar (inciso VII), princípio do juiz natural (inciso XI), igualdade (inciso XIII) e, de forma inovadora e avançada, previu "a instrução primária e gratuita a todos os cidadãos" (art. 179, XXXII).

À exceção do dever de educação, não previu direitos sociais, que só vieram a ser constitucionalizados depois da primeira guerra mundial, sobretudo na Constituição de Weimar, de 1919.

Quanto aos direitos políticos, estavam eles previstos nos arts. 90 e seguintes. O voto era indireto e censitário. Indireto, pois os cidadãos aptos a votar (brasileiros maiores de 21 anos e estrangeiros naturalizados brasileiros, excluídos os religiosos, dentre outros – art. 92) elegiam seus representantes em Assembleias Paroquiais e estes, por sua vez, elegiam os "representantes da nação". Censitário, porque era necessária a comprovação de uma renda mínima anual para votar. Nas Assembleias Paroquiais, estavam excluídos da votação "os que não tiverem de renda líquida anual cem mil réis por bens de raiz, indústria, comércio ou empregos". Para ser eleito pelas Assembleias Paroquiais tinha de ser comprovada renda líquida anual de duzentos mil réis e, para ser eleito deputado, quatrocentos mil réis anuais.

O voto censitário mostra quão importante foi a influência da obra de Benjamin Constant no texto constitucional brasileiro. Segundo o autor franco-suíço: "somente a propriedade assegura o ócio necessário à capacitação do homem para o exercício dos direitos políticos"[23].

b) Forma de Estado e forma de Governo

O Brasil, cujo nome oficial era "Império do Brazil", era um Estado Unitário, sendo o seu território divido em Províncias. Embora houvesse a descentralização política e administrativa, o Brasil não era uma Federação, haja vista que não havia autonomia por parte das Províncias. Estas possuíam os "Conselhos de Província", eleitos, e que podiam fazer projetos sobre os negócios provinciais, que eram enviados à Assembleia Geral ou ao Imperador.

O Governo era "Monárquico Hereditário, Constitucional e Representativo", nos termos do art. 2º. Ao contrário dos países vizinhos da América do Sul, o Brasil se manteve na monarquia, embora com poderes limitados pela própria Constituição.

c) Religião oficial

O Brasil era um Estado confessional, na medida em adotou uma religião oficial: Católica Apostólica Romana. Não obstante, permitia a adoção e a prática de outras religiões, reservadamente ou coletivamente, desde que em locais que não tivessem forma exterior de templo: "A Religião Católica Apostólica Romana continuará a ser a Religião do Império. Todas as outras religiões serão permitidas com seu culto doméstico, ou particular em casas para isso destinadas, sem forma alguma exterior do Templo" (art. 5º). Cabia ao Imperador "nomear os bispos" e remunerá-los (art. 102). Tamanha a influência da religião no Direito que o primeiro capítulo da Constituição começa com a expressão "Em nome da Santíssima Trindade".

---

23. Benjamin Constant. *Princípios Políticos Constitucionais*, cap. 6.

d) Separação dos Poderes

Com base na teoria de Benjamin Constant, o Brasil adotou a quadripartição de poderes: além dos poderes Legislativo, Executivo e Judiciário (então chamado de Judicial), previa a Constituição de 1824 o "Poder Moderador"[24]. Esse poder era exercido privativamente pelo Imperador (art. 98) e tinha a função de fiscalizar o exercício dos demais poderes. Não obstante, conhecendo os detalhes do "Poder Moderador" da Constituição de 1824, percebe-se o objetivo de D. Pedro I: concentrar os poderes em suas mãos, ao contrário do que pretendia fazer a Assembleia Constituinte de 1823, por ele dissolvida[25].

Segundo o art. 99, "a pessoa do imperador é inviolável e sagrada: ele não está sujeito a responsabilidade alguma". Outrossim, no exercício do Poder Moderador, poderia o imperador dissolver a Câmara dos Deputados (art. 101, V) e suspender os magistrados (art. 101, VII). Em resumo, o Imperador, além de ser chefe do Poder Executivo (art. 102), no exercício do Poder Moderador poderia dissolver o Legislativo e suspender membros do Judiciário. Em resumo, não há dúvida de que D. Pedro conseguiu seu intento autoritário.

O Poder Legislativo, chamado de "Assembleia Geral", já era dividido em duas casas ou câmaras: a Câmara dos Deputados e a Câmara de Senadores ou Senado (art. 14). Cada legislatura compreendia quatro anos (art. 17), havendo previsão de imunidade parlamentar material (art. 26) e imunidade parlamentar formal quanto à prisão (art. 27). Enquanto os deputados eram eleitos para mandato determinado (art. 35), os senadores eram vitalícios, eleitos em lista tríplice, com escolha final do Imperador (arts. 40 e 43).

Quanto ao Poder Judiciário (ou Judicial), previsto nos arts. 151 e seguintes, havia previsão de um "Supremo Tribunal de Justiça" (art. 163), com competência para julgar os recursos "pela maneira que a lei determinar", julgar os crimes praticados pelos Ministros das Relações (Tribunais das Províncias), Empregados do Corpo Diplomático e os Presidentes das Províncias, bem como o conflito de jurisdição das relações provinciais (art. 164).

---

24. "A contribuição mais relevante do pensamento de Benjamin Constant para as instituições políticas do Brasil Império foi a ideia de previsão constitucional de um Poder Moderador, que na dicção do autor francês era chamado de Poder Real. Aliás, como alerta Afonso Arinos, o próprio Constant reconhece que a originalidade da propositura desse instituto não lhe pertence; ele se inspirara nos escritos de Clermont Tannerre deputado aos Estados-Gerais, que fora morto no período revolucionário francês. Trazemos à colação, neste momento, algumas passagens da obra 'Princípios Políticos Constitucionais', com os ensinamentos de Benjamin Constant, sobre o Poder Real. Senão vejamos: 'O poder real (refiro-me ao chefe do Estado, qualquer que seja o seu título) é poder neutro e o dos ministros é um poder ativo [...] O poder real precisa estar situado acima dos fatos, e que, sob certo aspecto, seja neutro, a fim de que sua ação se estenda a todos os pontos que se necessite e o faça com um critério preservador, reparador, não hostil. A monarquia constitucional tem esse poder neutro na pessoa do Chefe do Estado. O verdadeiro interesse deste poder é evitar que um dos poderes destrua o outro, e permitir que todos se apciem, compreendam-se e que atinem comumente" (Cleber Francisco Alves. *A influência do pensamento liberal de Benjamin Constant na formação do Estado Imperial Brasileiro*).
25. O Poder Moderador foi idealizado pelo suíço Benjamin Constant, em contraposição à conhecida e difundida tripartição de Poderes, de Montesquieu. Segundo a doutrina, somente duas Constituições previram expressamente o Poder Moderador, orgânico e autônomo: a Constituição brasileira de 1824 e a Constituição portuguesa de 1826. Afonso Arinos de Melo Franco sagazmente afirmou que, "quando o detentor destas funções arbitrárias era um homem da moderação e virtudes de Pedro II, era de se esperar uma boa execução delas. Mas muito duvidoso seria tal resultado quando as atribuições estivessem enfeixadas nas mãos de um Pedro I, por exemplo. Aliás, no seu curto reinado, o primeiro imperador mostrou bem a diferença de comportamento entre ele o filho" (op. cit., p. 94).

e) Reforma Constitucional

A Constituição de 1824 foi imutável nos primeiros quatro anos, por força do art. 174. Depois desse período de imutabilidade, poderia ela ser alterada "por proposição por escrito, a qual deve ter origem na Câmara dos Deputados, e ser apoiada pela terça parte deles" (art. 174, *in fine*).

A Constituição de 1824 era semirrígida ou semiflexível. Isso porque, nos termos do art. 178, parte dela era rígida (tendo um procedimento mais rigoroso de alteração) e parte era flexível (podendo ser alterada de acordo com o procedimento ordinário de alteração das leis)[26]. Essa característica também decorre da teoria de Benjamin Constant: "esse pensador entendia que, no texto de uma Constituição, nem toda matéria devia ser considerada juridicamente constitucional. Daí se seguia, logicamente, que certos capítulos ou artigos da Constituição exigiam cautelas especiais para sua reforma, enquanto outros não"[27].

f) Educação

A Constituição de 1824 previu entre os direitos civis e políticos a gratuidade da instrução primária para todos os cidadãos: "Art. 179. A inviolabilidade dos Direitos Civis, e Políticos dos Cidadãos Brazileiros, que tem por base a liberdade, a segurança individual, e a propriedade, é garantida pela Constituição do Imperio, pela seguinte maneira: XXXII. A instrução primária, é gratuita a todos os cidadãos".

Outrossim, previu a criação de Colégios e Universidades, no art. 179, XXXIII: "Colégios e Universidades, onde serão ensinados os elementos das Ciências, Bellas Letras e Artes".

Não previu o texto constitucional imperial a atribuição de competências específicas das províncias para efetivação das garantias sobreditas. Outorgada a Constituição, assegurando a gratuidade da instrução primária, foi-se avolumando uma pressão sobre a coroa, exigindo vagas escolares. Em 15 de outubro de 1827 foi promulgada lei, ordenando a criação de "escolas de primeiras letras" em vilas e lugares mais populosos do Império, sob as expensas das províncias[28].

Em 1º de outubro de 1828 foi promulgada a Lei de Organização das Câmaras Municipais, que foram elevadas à categoria de Inspetoras do Ensino Nacional, fiscalizando as escolas primárias e secundárias em todo o território brasileiro. Em 1831, D. Pedro I abdicou ao trono em favor de seu filho menor, Pedro de Alcântara. Para minimizar os conflitos políticos decorrentes desse ato irrazoável, em 12 de agosto de 1834 foi promulgada a Lei n. 16, conhecida como Ato Adicional de 1834, iniciando um efetivo processo de descentralização do ensino no Brasil, em favor das províncias e das câmaras municipais. Segundo a doutrina, "O ato transferiu grande parte da pressão pela expansão do número de escolas, anteriormente exercida à administração imperial, para as províncias, delegando a essas as prerrogativas de legislar e, por conseguinte, 'a obrigação de manter o ensino primário e

---

26. "É só constitucional o que diz respeito aos limites, e atribuições respectivas dos Poderes Políticos, e aos Direitos Políticos e individuais dos cidadãos. Tudo o que não é Constitucional, pode ser alterado sem as formalidades referidas, pelas Legislaturas ordinárias" (art. 178).
27. Cleber Francisco Alves, op. cit.
28. Segundo o art. 1º dessa lei: "Em todas as cidades, vilas e lugares mais populosos, haverão as escolas de primeiras letras que forem necessárias".

secundário, ficando o governo central com a competência normativa apenas nas escolas da capital do Império e sobre o ensino superior'"[29].

Assim, as Assembleias Legislativas provinciais passaram a ter poder de legislar e organizar vários setores da administração pública, entre eles a instrução primária e secundária. Infelizmente, tal cenário contribuiu para uma realidade que se perpetuaria pelos séculos seguintes: quase unanimidade da historiografia da educação brasileira, "a instrução primária ou elementar no período imperial foi um fracasso"[30].

Janaína Menezes faz preciso diagnóstico: "A política imperial de educação, delineada a partir do Ato Adicional de 1834, revelou-se descomprometida com um centro de unidade e ação que tivesse por objetivo criar uma educação mais homogênea e unificada no país.

No afã de transferir para as províncias principalmente o ônus financeiro por tal gestão, o Ato contribuiu para que a descentralização da educação básica, instituída em 1834, mantida pela República, impedisse o governo central de assumir uma posição estratégica de formulação e coordenação da política de universalização do ensino fundamental, a exemplo do que então se passava nas nações europeias, nos Estados Unidos e no Japão"[31].

Curiosamente, embora prevista na Constituição Imperial a criação de Universidades durante o Império, nenhuma foi criada nesse período. Até a proclamação da República, o Brasil contava com apenas 24 escolas de formação profissional, todas de iniciativa da Coroa e independentes da Igreja.

5.4.2. O Ato Adicional de 1834

Após a abdicação de D. Pedro I, que retornou à Europa para guerrear contra seu próprio irmão, D. Miguel, no intuito de fazer sua filha rainha de Portugal, surgiu no Brasil forte pressão para reformar a Constituição de 1824. As principais pretensões eram: "a eliminação da vitaliciedade do Senado, e uma relativa descentralização política, que, sem chegar à Federação de tipo norte-americano, reconhecesse, no entanto, maior autonomia às Províncias"[32].

O Ato Adicional, aprovado em 12 de agosto de 1834 pela Lei n. 16, composto de 32 artigos, trouxe as seguintes inovações: a) criou a Regência Una, em substituição à Regência Trina, prevista nos arts. 121 a 130 da Constituição de 1824[33]. A regência passou a ser escolhida pelo voto,

---

29. *O financiamento da educação básica pública no Brasil:* 500 anos de história. Janaína S. S. Menezes. Disponível em: <http://www.histedbr.fe.unicamp.br/acer_histedbr/seminario/seminario7/TRABALHOS /J/Janaina%20specht%20da%20silva%20menezes.pdf>.
30. *O Ato Adicional de 1834 na história da educação brasileira.* André Paulo Castanha. Disponível em: <http://www.rbhe.sbhe.org.br/index.php/rbhe/article/download/162/171>. Segundo o autor, o ensino acabou ficando na iniciativa privada, sobretudo o secundário, e o ensino primário foi relegado ao abandono, com pouquíssimas escolas, sobrevivendo à custa do sacrifício de alguns mestres, que se viam na contingência de ensinar. Na quase totalidade das províncias, a instrução pública se manteve, durante muitos anos, em nível precário, devido à exiguidade dos recursos financeiros e à falta de pessoal qualificado para ministrar até mesmo o ensino das primeiras letras.
31. Op. cit. "Enquanto as províncias, em 1874, aplicavam em instrução pública quase 20% de suas parcas receitas, o governo central não gastava com educação mais que 1% da renda total do Império. No que dizia respeito à instrução primária e secundária, o governo não dava um ceitil às províncias para ajudá-las a cumprir a obrigação constitucional de oferecer educação básica gratuita a toda a população."
32. Afonso Arinos de Melo Franco, op. cit., p. 107.
33. Com a abdicação de D. Pedro I, como o seu filho, sucessor do trono, tinha apenas 5 anos, o Legislativo elegeu uma Regência Provisória, composta por três senadores: Francisco de Lima e Silva, Vergueiro e Marquês de Caravelas. No

com mandato de 4 anos[34]; b) criação das Assembleias Legislativas das províncias, órgão que substituía os antigos Conselhos Gerais e que legislava sobre a organização civil, judiciária e religiosa locais, sobre a instrução pública, desapropriações, funcionalismo, política e economia municipais, transporte e obras públicas etc.

5.4.3. Controle de constitucionalidade

Não havia previsão de qualquer modalidade de controle de constitucionalidade, seja político ou jurídico, seja difuso ou concentrado. O controle de constitucionalidade só apareceria na Constituição seguinte.

5.4.4. Quadro sinótico

CONSTITUIÇÃO DE 1824	
Direitos e garantias fundamentais	Previa os direitos individuais, embora sem muita eficácia prática. Também previa direitos políticos. Previa o direito social à educação.
Nome oficial	Império do Brazil.
Forma de Estado e forma de Governo	O Brasil era um Estado Unitário, sendo um governo Monárquico, "Hereditário e Representativo".
Religião oficial	Católica Apostólica Romana.
Separação dos poderes	Adotou-se a quadripartição de poderes, de Benjamin Constant (Executivo, Legislativo, Judicial e Moderador).
Reforma constitucional	Nos primeiros quatro anos era imutável e, depois, semirrígida (parte dela era rígida e parte era flexível).
Controle de constitucionalidade	Não havia previsão.

5.5. A CONSTITUIÇÃO DE 1891

A primeira Constituição brasileira, de 1824, foi a que mais durou em nosso país. Em grande parte, graças à maneira conciliadora e política de D. Pedro II. Diferentemente de seu pai, que exercia o poder de forma rígida e autoritária, Pedro II preferia exercer as funções de Chefe de Estado, deixando as tarefas de governar aos Ministros por ele nomeados. Habilmente, nomeava oposição e situação, alternadamente. Assim governou o Brasil por décadas.

Alguns fatores históricos enfraqueceram o apoio da elite dominante à Monarquia e ao reinado de Pedro II: a) a condução por ele dada à Guerra do Paraguai; b) a questão sucessória; c) a abolição da escravidão.

A Guerra do Paraguai durou seis anos, período durante o qual travaram-se várias batalhas. Depois de algumas derrotas de tropas brasileiras, o Imperador D. Pedro II nomeou como

---

dia 17 de junho de 1831 foi eleita a Regência Trina Permanente. Em 1835, ocorreu a primeira eleição para escolha do regente único. Foi eleito o padre Diogo Antônio Feijó, paulista, do Partido Moderado, com cerca de seis mil votos.

34. "Se o Imperador não tiver Parente algum, que reúna as qualidades exigidas no art. 122 da Constituição, será o Império governado, durante a sua menoridade, por um Regente eletivo e temporário, cujo cargo durará quatro anos, renovando-se para esse fim a eleição de quatro em quatro anos" (art. 26 do Ato Adicional).

comandante das tropas brasileiras Luís Alves de Lima e Silva, o Duque de Caxias, decisivo no desfecho vencedor brasileiro. No início de 1869, o exército brasileiro tomou Assunção. O Imperador insistiu que a guerra continuasse até a morte de Solano López, ditador paraguaio, o que contou com a oposição do Duque de Caxias, que se demitiu do Comando do Exército. Caxias considerava a continuidade da guerra uma carnificina (já que os últimos "soldados" de Solano López eram crianças e mulheres paraguaias). O comando do Exército foi passado ao genro de Pedro II, Conde D'Eu, que conduziu as operações até a morte de Solano López. Oitenta por cento da população paraguaia foi morta. O Brasil se endividou, recorrendo a empréstimos estrangeiros. O exército se tornou uma força política importante, apoiando movimentos republicanos e abolicionistas[35].

Segundo Laurentino Gomes, "nos anos finais da Monarquia, os militares sentiam-se frustrados, mal recompensados, desprestigiados pelo governo. Reclamavam dos soldos, congelados havia muitos anos, da redução dos efetivos das Forças Armadas depois da Guerra do Paraguai, da demora nas promoções, da falta de modernização dos equipamentos e regulamentos"[36].

A questão sucessória foi ponto nevrálgico e decisivo para o fim da Monarquia, na medida em que a sucessora da coroa seria Princesa Isabel, cujo marido era francês (Conde D'Eu). Os defensores da República apontavam que a morte do Imperador colocaria em risco a soberania do Brasil, que poderia ceder aos interesses estrangeiros.

Não obstante, a abolição da escravidão foi o fato histórico mais relevante para a queda da monarquia: com o fim da escravidão, a elite agrícola, que apoiava a Monarquia, indignou-se com o Imperador por "perder sua propriedade" sem direito a indenização. A soma desses fatores históricos ensejou a proclamação da República pelos militares, no dia 15 de novembro de 1889[37]. D. Pedro II, assim como toda a família real, foi expulso do país. Brasileiro, não podia mais ficar em seu país, exilando-se em Portugal e depois na França, onde morreu logo depois, em 1891, no hotel Bedford, na rua de l'Arcade. O governo francês lhe deu honras de chefe de Estado, com exéquias realizadas na igreja Madeleine, acompanhadas por milhares de franceses. No dia de sua morte, ao abrir o armário em que se encontravam seus pertences pessoais, o Conde D'Eu encontrou um pequeno embrulho contendo uma substância escura e um bilhete com a seguinte mensagem: "É terra de meu país; desejo que seja posta no meu caixão, se eu morrer fora de minha pátria".

No dia 3 de dezembro de 1889, o Governo Provisório constituiu, pelo Decreto n. 29, uma comissão especial incumbida de elaborar o anteprojeto da Constituição. O anteproje-

---

35. Segundo Laurentino Gomes, "Começou pelo Piauí o rastilho do incêndio que atearia fogo aos quartéis e botaria abaixo o edifício imperial brasileiro. Foi a chamada Questão Militar, série de conflitos envolvendo o Exército e o governo imperial entre agosto de 1886 e maio de 1887 e cujos desdobramentos levaria ao golpe contra a Monarquia dois anos e meio mais tarde. [...] A situação chegou a tal ponto que, às vésperas da Proclamação da República, a Monarquia não tinha mais autoridade para impor disciplina aos quartéis, deixando as Forças Armadas uma instituição à deriva e à mercê da maré revolucionária que assediava o trono" (*1808*, p. 175).
36. Op. cit., p. 179.
37. Segundo Laurentino Gomes, "No Instituto dos Meninos Cegos, foi também lavrado o primeiro decreto do governo republicano. Mais enfático do que o manifesto antes assinado por Deodoro, comunicava em seus artigos iniciais: 'Art. 1º Fica proclamada provisoriamente e decretada como forma de governo da Nação Brasileira a República Federativa'. Art. 2º As províncias do Brasil, reunidas pelo laço da federação, ficam constituindo os Estados Unidos do Brasil" (op. cit., p. 284).

to foi entregue ao Governo Provisório em 24 de maio de 1890. Como lembra Afonso Arinos de Melo Franco, "dentro do Governo Provisório, o elemento dominante na revisão e reforma do projeto [...] foi o *Ministro da Fazenda Ruy Barbosa*". No dia 22 de junho de 1890 foi assinado pelo Governo Provisório o projeto de Constituição. No mesmo dia, pelo Decreto n. 510, foi convocada a Assembleia Constituinte, cuja eleição foi regulada pelo Decreto n. 511, que tratava da elegibilidade, bem como do processo de eleição e apuração.

Eleitos os integrantes da Assembleia Constituinte, composta por 205 deputados e 63 senadores, foi ela reunida em 10 de novembro de 1890. A promulgação da nova Constituição se deu em 24 de fevereiro de 1891, fortemente influenciada pelas Constituições argentina, norte-americana e suíça.

Figura 5.4 – Fotografia de Ruy Barbosa, 1907 (créditos ao final do livro).

5.5.1. Análise da Constituição de 1891

Constituição marcadamente liberal, mostra forte influência da Constituição norte-americana, seja no nome dado ao país (Estados Unidos do Brasil), seja na forma de Estado (Federação), na presença do controle difuso de constitucionalidade etc.

a) Direitos e garantias fundamentais

No tocante aos direitos políticos, eram considerados eleitores os maiores de 21 anos, excluídos os mendigos, os analfabetos, as mulheres, dentre outros (art. 70).

Não previa direitos sociais (que só foram previstos na Constituição seguinte), mas estabeleceu um rol de direitos individuais, no art. 72, dentre eles a legalidade (art. 72, § 1º), a igualdade (art. 72, § 2º), a liberdade de locomoção (art. 72, § 10), a inviolabilidade domiciliar (art. 72, § 11) etc.

Previu pela primeira vez expressamente o *habeas corpus* (art. 72, § 22), mas este era capaz de tutelar quaisquer direitos, e não apenas a liberdade de locomoção. A essa posição inusitada, adotada no Brasil, albergada por Ruy Barbosa, deu-se o nome de "teoria brasileira do *habeas corpus*".

b) Forma de Estado e forma de Governo

O Brasil passou a ser expressamente uma Federação. Isso pode ser percebido inclusive no nome oficial dado ao Estado Brasileiro (Estados Unidos do Brasil). No art. 1º já se percebe a nova Forma de Governo (República) e a nova Forma de Estado (Federação). Assim como o faz a Constituição atual, de 1988, em seu art. 1º, prevê a indissolubilidade dos entes federativos (que, na época, eram os Estados, antigas Províncias). Estabeleceu competências de cada um dos entes federativos, bem como excepcionalmente a intervenção (art. 6º).

c) Religião oficial

Não previa, ao contrário da Constituição anterior, uma religião oficial. O Brasil passou a ser um Estado laico, ou leigo. Para reforçar tal pensamento, estabeleceu no art. 72, § 3º: "Todos os indivíduos e confissões religiosas podem exercer pública e livremente o seu culto". Por fim, estabeleceu ser "leigo o ensino ministrado nos estabelecimentos públicos" (art. 72, § 6º).

De todas as Constituições brasileiras, é a que mais evidenciou a separação entre Estado e Igreja. No seu curto preâmbulo, não fez menção a Deus ("Nós, os representantes do povo brasileiro, reunidos em Congresso Constituinte, para organizar um regime livre e democrático, estabelecemos, decretamos e promulgamos a seguinte...".

d) Separação dos poderes

Previu a tripartição de poderes (art. 15), pondo fim ao chamado Poder Moderador. No mesmo dispositivo constitucional estabeleceu os princípios que regem a separação dos poderes: harmonia e independência.

Manteve o bicameralismo do Poder Legislativo federal, com a Câmara dos Deputados e o Senado Federal (art. 16). Não obstante, assim como os deputados federais, os senadores eram eleitos para mandato determinado de nove anos (art. 30), e não mais vitalícios, como na Constituição anterior. A presidência do Senado era exercida pelo Vice-Presidente da República, que exercia o "voto de qualidade" (art. 32). Outrossim, no art. 11, com o intuito de separar Estado e Igreja, considerou vedado aos entes federativos "estabelecer, subvencionar ou embaraçar o exercício de cultos religiosos" (art. 11, § 2º).

Quanto ao Poder Executivo, a Constituição de 1891 adotou o sistema de governo Presidencialista, com o Presidente eleito juntamente com o Vice-Presidente para um mandato de 4 anos (art. 43), em sufrágio universal pela maioria absoluta dos votos (art. 47). Prevê a possibilidade de *impeachment* (julgamento por crime de responsabilidade) no art. 53, elencando os crimes de responsabilidade no art. 54.

No tocante ao Poder Judiciário, criou o Supremo Tribunal Federal, composto por 15 juízes (art. 56), indicados pelo Presidente e aprovados pelo Senado (art. 48, § 12).

e) Reforma constitucional

A reforma constitucional estava prevista no art. 90, podendo ser de iniciativa do Congresso Nacional ou da Assembleia dos Estados. Era uma Constituição rígida, tendo em vista que o processo de alteração era mais rigoroso que o destinado às outras leis.

Pela primeira vez, outrossim, criou cláusulas pétreas, matérias que não poderiam ser suprimidas da Constituição: forma republicana, forma federativa e a igualdade da representação dos Estados no Senado (art. 90, § 4º).

f) Educação

Com a proclamação da República, em 1889, era necessário refundar o Estado brasileiro, através de novas bases. Antes mesmo da promulgação de uma nova Constituição, foram editados alguns atos normativos tratando da educação[38].

---

38. O Decreto n. 6, de 1889, extinguiu o voto censitário e impôs como condição para o exercício da cidadania a alfabeti-

Não obstante, o novo texto constitucional não previu a gratuidade da instituição pública primária, em parte pela visão federalista dualista da época, entendendo que cabia aos Estados-membros proporcionar tais condições, em parte pela visão liberal: "o mutismo em relação à obrigatoriedade daquela instrução, além do federalismo, teve como base o seu embate ao princípio do liberalismo oligárquico que percebia a oportunidade educacional como uma demanda individual inerente à virtuosidade do indivíduo"[39].

Segundo a Constituição de 1891 (a primeira Constituição Republicana), competia ao Congresso Nacional legislar sobre ensino superior (art. 34, item 30). Da mesma forma, determinava o art. 35 que "incumbe, outrossim, ao Congresso, mas não privativamente: 3º) criar instituições de ensino superior". Dessa maneira, a Constituição de 1891, adotando o modelo federal, discriminou a competência da União e dos Estados em matéria educacional. Enquanto à União cabia legislar sobre o ensino superior, aos Estados competia legislar sobre ensino secundário e primário. Não obstante, Estados podiam criar e manter instituições de ensino superior e secundário.

Acerca do ensino religioso, em homenagem à recém-instituída laicidade do Estado brasileiro, previa o art. 72, § 6º, "será leigo o ensino ministrado nos estabelecimentos públicos".

Entre os anos de 1889 e 1918 foram criadas 56 novas escolas superiores, na maioria privada. A partir daí, nasce a diversificação do ensino superior do Brasil, que remanesce até os dias atuais: instituições públicas e leigas, federais ou estaduais, bem como instituições privadas, confessionais ou não. Quanto às universidades, segundo a doutrina, "o primeiro momento é o de criação de universidades estaduais. Alguns Estados da Federação, em parceria com lideranças políticas, intelectuais e representantes da sociedade, tomaram a iniciativa de criar suas próprias instituições universitárias, antecipando-se, dessa forma, à política do Governo Federal para a criação de uma universidade no Brasil. Essa fase teve início no ano de 1912, quando foi criada a primeira universidade brasileira, a Universidade do Paraná"[40].

Segundo doutrina especializada, no final do governo imperial e no início da República, os governos estaduais passaram a conceder subvenções aos municípios, consistindo na transferência de recursos do nível estadual para as escolas municipais particulares, sendo seu valor administrado pelo município[41].

g) Controle de constitucionalidade

Nos moldes do direito norte-americano, previu o Controle Difuso de Constitucionalidade, no qual cabe ao Poder Judiciário declarar uma lei inconstitucional, na análise de um caso concreto. Em seu texto originário, previa que era competência do Supremo Tribunal Federal (art. 59) julgar recurso contra decisão que contestasse a validade das leis em face da Constituição.

---

zação dos eleitores; o Decreto n. 7, do mesmo ano, atribuiu aos Estados a instrução pública em todos os graus; o Aviso n. 17, de 1890, tornou laico o currículo do Instituto Nacional (anteriormente denominado Pedro II) etc.
39. Janaína S. S. Menezes, op. cit.
40. Helena Sampaio, Elisabeth Balbachesky; Veronica Peñaloza. *Universidades Estaduais no Brasil* – Características Institucionais. Disponível em: <http://nupps.usp.br/downloads/docs/dt9804.pdf>.
41. Op. cit.

5.5.2. Quadro sinótico

CONSTITUIÇÃO DE 1891	
Direitos e garantias fundamentais	Previa, além de direitos políticos (excluídos mendigos, analfabetos e mulheres), direitos individuais. Previu o *habeas corpus* que tutelava quaisquer direitos, e não apenas a liberdade de locomoção.
Nome oficial	Estados Unidos do Brasil.
Forma de Estado e forma de Governo	O Brasil era uma República Federativa, adotando-se o Presidencialismo como Sistema de Governo.
Religião oficial	Não havia religião oficial, sendo o Brasil um estado laico ou leigo.
Separação dos Poderes	Adotou-se a tripartição de Poderes, prevendo a harmonia e independência entre eles, o bicameralismo do Congresso Nacional, e criou-se o Supremo Tribunal Federal.
Reforma constitucional	Era uma Constituição rígida, adotando um procedimento mais rigoroso de alteração, e pela primeira vez previu cláusulas pétreas, como a Federação e a República.
Controle de constitucionalidade	Previu o controle difuso de constitucionalidade, cabendo ao Poder Judiciário, no caso concreto, apreciar a constitucionalidade das leis e atos normativos.

5.6. CONSTITUIÇÃO DE 1934

O início republicano brasileiro, conhecido como "República Velha", compreende os períodos entre a sua proclamação, em 1889, e a eclosão da Revolução de 1930. Os primeiros governantes foram militares (Marechal Deodoro da Fonseca e Marechal Floriano Peixoto), período que ficou conhecido como "República da Espada," e o período de 1894 a 1930 foi marcado por presidentes civis, ligados ao setor agrário ("República das Oligarquias").

Nosso primeiro período republicano foi marcado pela concentração política nas mãos de dois partidos: Partido Republicano Paulista (PRP) e Partido Republicano Mineiro (PRM), marcado pelo coronelismo eleitoral[42], em razão do voto aberto, e por fraudes eleitorais. Às alterações fraudulentas no resultado das eleições dava-se o nome de voto de bico de pena, já que o relatório das urnas era alterado pelos poderosos de então. Foram implementadas políticas que beneficiaram o setor agrário, revezando-se na Presidência da República presidentes de Minas Gerais e São Paulo, o que ficou conhecido como "política do café com leite". Não obstante, em 1930, houve o rompimento dessa política, pois o partido paulista do Presidente Washington Luís indicou como sucessor o também paulista Júlio Prestes, rompendo com a política do "café com leite". Eleito o paulista, um movimento liderado por Getúlio Vargas, derrotado nas eleições, provocou a Revolução de 1930[43].

---

42. A figura do "coronel" era muito comum durante os primeiros anos da República, principalmente nas regiões do interior do país. Consistia na figura de um grande fazendeiro que utilizava seu poder econômico para garantir a eleição dos candidatos que apoiava. Surgiu a expressão "voto de cabresto", pois o coronel obrigava os eleitores de seu "curral eleitoral" a votar nos candidatos apoiados por ele. Como o voto era aberto, havia meios de efetuar esse controle.

43. A Revolução de 1930 foi um movimento armado, liderado pelos estados de Minas Gerais, Paraíba e Rio Grande do Sul, que culminou com o Golpe de Estado de 1930, depondo o Presidente da República, Washington Luís, em 24 de outubro de 1930, impedindo a posse do presidente paulista eleito, Júlio Prestes, pondo fim à "República Velha".

O presidente Washington Luís e o presidente eleito Júlio Prestes foram presos e exilados. Getúlio Vargas assumiu a chefia do "Governo Provisório" em 3 de novembro de 1930.

No dia 11 de novembro, o Governo Provisório baixou um decreto, de número 19.398, no qual se instituíram juridicamente as linhas mestras de sua competência (funcionando como uma espécie de "constituição provisória" ou "pré-constituição")[44]. Com 17 artigos, essa lei constitucional dissolvia o Congresso Nacional, bem como todos os Legislativos Estaduais e municipais do país[45].

Em São Paulo, deflagrou-se a Revolução Constitucionalista de 1932, com o objetivo de derrubar o governo provisório de Getúlio Vargas e convocar uma Assembleia Nacional Constituinte. Para instigar o restante da população contra os paulistas, o Governo Federal afirmou se tratar de um movimento separatista. O levante começou em 9 de julho de 1932, tendo fim no dia 2 de outubro do mesmo ano, quando os paulistas foram derrotados pelas tropas do governo federal.

Figura 5.5 – Retrato oficial de Getúlio Vargas, 1930 (créditos ao final do livro).

Vitorioso na Revolução Constitucionalista de 1932, o Governo Federal convocou eleições para a Assembleia Constituinte, que ocorreu em maio de 1933 e foi instalada em 15 de novembro do mesmo ano, composta por 254 parlamentares[46]. Anteriormente, o Governo Provisório havia criado uma comissão de juristas para elaborar um anteprojeto de Constituição (a "Comissão do Itamaraty", que recebeu esse nome por ter se reunido no Palácio do Itamaraty)[47]. A Assem-

---

44. Nesse sentido também se manifesta Afonso Arinos de Mello Franco: "o chamado decreto de instalação do Governo Provisório é, na verdade, uma lei constitucional outorgada por um poder de fato. É uma Constituição Provisória, e como tal deve ser encarada pela História do nosso Direito Constitucional. A situação jurídica estabelecida pela Constituição Provisória perdurou enquanto existiu o próprio Governo Provisório, o qual só se extinguiu juridicamente com a promulgação da Constituição Federal de 16 de julho de 1934" (op. cit., p. 172).
45. "Art. 1º O Governo Provisório exercerá discricionariamente, em toda sua plenitude, as funções e atribuições, não só do Poder Executivo, como também do Poder Legislativo, até que eleita a Assembleia Constituinte, estabeleça esta a reorganização constitucional do país. Art. 2º É confirmada, para todos os efeitos, a dissolução do Congresso Nacional das atuais Assembleias Legislativas dos Estados (quaisquer que sejam as suas denominações), Câmaras ou assembleias municipais e quaisquer outros órgãos legislativos ou deliberativos, existentes nos Estados, nos municípios, no Distrito Federal ou Território do Acre, e dissolvidos os que ainda o não tenham sido de fato."
46. Além de 214 parlamentares eleitos, 40 eram representantes de sindicatos, recomendados pelo próprio governo, a exemplo do que se fazia na Alemanha de Hitler e na Itália de Mussolini.
47. Segundo Afonso Arinos de Mello Franco, "podemos concluir que a subcomissão constitucional do Itamarati marcou uma fase de indubitável importância na evolução do Direito Constitucional brasileiro. No seu trabalho ela incorporou, adaptando-as às nossas condições peculiares, muitas das conquistas jurídicas de outros povos, naquele período que já foi chamado de racionalização do poder democrático. E as linhas principais do seu projeto são, ainda hoje, observáveis na arquitetura da nossa Constituição. Concluído o trabalho em 3 de novembro, ela remeteu, nessa data, diretamente ao Governo Provisório, o anteprojeto, sem submetê-lo ao plenário da Comissão, de que era simples órgão delegado. A razão desse procedimento foi a de que a Constituinte já se achava convocada para o dia 15 do mesmo mês, sendo, assim, impossível que a Comissão, no seu conjunto, pudesse apreciar conscienciosamente o

bleia Constituinte tomou o projeto do Governo como base, distribuindo os capítulos entre relatores diversos. Depois de aprovadas todas as emendas ao anteprojeto, foi ela promulgada no dia 16 de julho de 1934.

5.6.1. Análise da Constituição de 1934

O texto constitucional de 1934 teve como principais influências a Constituição alemã de 1919 (Constituição de Weimar) e a Constituição espanhola, de 1931. Segundo a doutrina, trata-se de uma Constituição que inova substancialmente o ordenamento jurídico constitucional brasileiro[48].

a) **Direitos e garantias fundamentais**

Inspirada na Constituição do México, de 1917, e na Constituição de Weimar, de 1919, foi a primeira Constituição brasileira a prever os direitos sociais, máxime os relacionados ao direito ao trabalho. A partir do art. 121, trata dos direitos do trabalhador (como o salário mínimo, proibição do trabalho infantil, férias anuais remuneradas etc.). Previu, no art. 149, que a educação era direito de todos, devendo ser ministrada pela família e pelos Poderes Públicos. As normas sobre saúde pública não compunham um capítulo especial, mas se achavam disseminadas em capítulos diferentes da Constituição.

Além dos novos direitos sociais, previa, como as Constituições anteriores, um rol de direitos e garantias individuais, máxime no art. 113. No tocante aos Remédios Constitucionais, além do *habeas corpus*, previu o mandado de segurança e a ação popular.

No tocante aos direitos políticos, considerava eleitores os maiores de 18 anos, excluindo-se os mendigos, os analfabetos, dentre outros (art. 108). Foi a primeira Constituição a admitir o voto feminino, que foi criado anteriormente pelo Código Eleitoral de 1932. O voto era universal, direto e secreto (e não mais público, como na República Velha).

b) **Forma de Estado e forma de Governo**

Foi mantido o nome de República dos "Estados Unidos do Brasil", adotado pela Constituição anterior, acrescido da forma de Governo em seu início: República ("República dos Estados Unidos do Brasil"). Já no art. 1º, previa a união indissolúvel dos entes federativos. Portanto, o Brasil continuou a ser uma Federação e uma República. A República e a Federação eram consideradas cláusulas pétreas (art. 118). No tocante à repartição de competências na Federação, ampliou a competência da União em detrimento da competência dos Estados.

c) **Religião oficial**

Manteve o Estado laico, com a respectiva proibição de "estabelecer, subvencionar ou embaraçar o exercício de cultos religiosos", bem como "ter relação de aliança ou dependência com

---

anteprojeto. De fato, portanto, a chamada subcomissão foi a verdadeira Comissão Constitucional do Governo Provisório. Revela, ademais, notar, que este último não introduziu qualquer modificação no anteprojeto do Itamarati, enviando-o, tal e qual, à Assembleia Constituinte" (op. cit., p. 186-187).

48. Segundo Afonso Arinos de Mello Franco, "uma observação, ainda que superficial, da Constituição de 1934, dá conta, desde logo, da abundância e da importância de suas inovações, em relação ao nosso anterior Direito Constitucional escrito. Resultado das crises econômicas, políticas e sociais de que fizemos menção, e da consequente transformação das ideias jurídicas, o seu texto exprime novas diretrizes, tanto no conteúdo quanto na forma" (op. cit., p. 197).

qualquer culto" (art. 17). Outrossim, estabeleceu a liberdade de consciência e crença, garantindo-se o livre exercício dos cultos religiosos, "desde que não contravenham à ordem pública e aos bons costumes" (art. 113, 4). Não obstante, ao contrário da Constituição anterior, que tentou afastar radicalmente Estado e Igreja, a Constituição de 1934 fez uma parcial aproximação, na medida em que admitiu a criação de cemitérios particulares religiosos (art. 113, 7), reconheceu novamente o casamento religioso (art. 146) e previu que o ensino religioso era de frequência facultativa (art. 153).

A prova dessa reaproximação entre Estado e Igreja também pode ser encontrada no Preâmbulo da Constituição de 1934, que, pela primeira vez, fez menção a Deus: "Nós, os representantes do povo brasileiro, pondo a nossa confiança em Deus, reunidos em Assembleia Nacional Constituinte para organizar um regime democrático...".

d) Separação dos poderes

O art. 3º da Constituição previa a tripartição de poderes (Executivo, Legislativo e Judiciário), prevendo serem eles "independentes e coordenados entre si". Além da independência e coordenação entre os poderes, previa expressamente a indelegabilidade de suas atribuições (art. 3º, § 1º).

No tocante ao Poder Legislativo, sua maior alteração foi o esvaziamento do Senado Federal, que perdeu seus poderes, passando a ser uma casa colaboradora da Câmara dos Deputados ("Art. 22. O Poder Legislativo é exercido pela Câmara dos Deputados com a colaboração do Senado Federal").

O sistema de governo era Presidencialista, sendo que o mandato do Presidente era de quatro anos, não podendo ser reeleito para um mandato consecutivo, mas somente depois de quatro anos (art. 52). Previu a prática de crimes de responsabilidade e o processo e julgamento do Presidente por tais crimes, nos arts. 57 e 58 (*impeachment*). Segundo o art. 1º das "Disposições Transitórias", promulgada a Constituição, a Assembleia elegerá, no dia imediato, o Presidente da República (Getúlio Vargas) para o primeiro quadriênio constitucional.

Quanto ao Poder Judiciário, denominou o Supremo Tribunal Federal "Corte Suprema" (art. 73), composta por 11 ministros, número que poderia ser elevado até 16, nomeados pelo Presidente e aprovados pelo Senado Federal. Outrossim, implantou a Justiça do Trabalho, mantendo-a na esfera administrativa (art. 122), e a Justiça Eleitoral (art. 82).

Previu o Ministério Público, nos arts. 95 a 98, estabelecendo como chefe do Ministério Público Federal o Procurador-Geral da República, "de livre nomeação do Presidente da República" (art. 95, § 1º), bem como o Tribunal de Contas, nos arts. 99 a 102.

e) Reforma constitucional

Assim como a Constituição anterior, era também uma constituição super-rígida. Além de possuir um procedimento mais rigoroso de alteração, possuía um conjunto de matérias que não poderiam ser modificadas (estrutura política do Estado, organização ou competência dos poderes da soberania, elencando o rol de artigos inalteráveis (art. 178), bem como não sendo possível projeto de emenda tendente a abolir a "forma republicana federativa" – art. 178, § 5º).

A proposta de Emenda Constitucional era de iniciativa de 1/4 de deputados ou senadores, ou mais da metade das Assembleias Legislativas Estaduais (não havendo previsão de iniciativa por parte do Presidente da República). Para ser aprovada, deveria ser aceita pela maioria absoluta da Câmara e do Senado, em dois anos consecutivos.

f) Controle de constitucionalidade

Manteve o controle difuso de constitucionalidade, criado pela Constituição anterior, de 1891. Não obstante, quanto a este, trouxe duas importantes inovações: a) criou a cláusula de reserva de Plenário – "só por maioria absoluta de votos da totalidade dos seus Juízes, poderão os Tribunais declarar a inconstitucionalidade de lei ou ato do Poder Público" (art. 179); b) previu a participação do Senado no controle difuso (caso o Judiciário declarasse uma lei inconstitucional, poderia o Senado suspender a execução, no todo ou em parte, estendendo os efeitos *inter partes* para *erga omnes* – art. 91, IV).

Além do controle difuso, com os dois sobreditos acréscimos, trouxe para o Brasil a primeira ação de controle concentrado de constitucionalidade: a ADI interventiva. Segundo o art. 12, para assegurar a observância de alguns princípios constitucionais (os sensíveis), o Procurador-Geral da República poderia ajuizar tal ação perante a Corte Suprema.

Vale frisar que todos os três institutos criados na Constituição de 1934 estão previstos na Constituição de 1988. A cláusula de reserva de plenário no seu art. 97, a participação do Senado no controle difuso de constitucionalidade, no seu art. 52, X e, por fim, a ADI interventiva nos arts. 34, VII, e 36.

g) Educação

Houve um forte movimento intelectual para elaboração de uma reforma do ensino superior. Pressionado pela burguesia intelectual liberal e pela Igreja Católica, o governo contemporizou com ambas as partes. Introduziu o ensino religioso nas escolas públicas[49], de caráter facultativo, bem como permitiu a criação de instituições de ensino pela iniciativa privada (sob a supervisão governamental)[50], mas instituiu as universidades como referenciais para a oferta do ensino superior e concentrou os poderes de regulamentação do ensino superior na União.

A Constituição de 1934, inspirada nas Constituições sociais do México (de 1917) e da Alemanha (de 1919), considerou, no art. 149, a educação como direito de todos, devendo ser ministrada pela família e pelos Poderes Públicos, destinada aos brasileiros e estrangeiros domiciliados no país.

No art. 150, parágrafo único, previu o "ensino primário integral gratuito e de frequência obrigatória extensivo aos adultos" e a "tendência à gratuidade do ensino educativo ulterior ao primário, a fim de o tornar mais acessível".

Pela primeira vez, a Constituição estabeleceu um percentual mínimo das receitas a serem aplicadas na educação, no art. 156: "A União e os Municípios aplicarão nunca menos de dez por cento, e os Estados e o Distrito Federal nunca menos de vinte por cento, da renda resultante dos impostos na manutenção e no desenvolvimento dos sistemas educativos".

Estabeleceu a Constituição de 1934 uma repartição de competências no tocante à educação. Segundo o texto constitucional, competia à União, dentre outras atribuições, fixar o plano nacional de educação e coordenar sua execução e exercer ação supletiva, onde se faça necessária, por deficiência de iniciativa ou de recursos.

---

49. "O ensino religioso será de frequência facultativa e ministrado de acordo com os princípios da confissão religiosa do aluno manifestada pelos pais ou responsáveis e constituirá matéria dos horários nas escolas públicas primárias, secundárias, profissionais e normais" (art. 153).
50. "Ensino, nos estabelecimentos particulares, ministrado no idioma pátrio, salvo o de línguas estrangeiras" (art. 150, parágrafo único, "d").

Além de admitir a iniciativa privada na educação ("ensino, nos estabelecimentos particulares" – art. 150, parágrafo único, "d"; "reconhecimentos dos estabelecimentos particulares de ensino somente quando assegurarem a seus professores a estabilidade, enquanto bem servirem, e uma remuneração condigna" – art. 150, parágrafo único, "e"), previu a isenção de qualquer tributo a algumas instituições privadas, no art. 154: "os estabelecimentos particulares de educação, gratuita, primária ou profissional, oficialmente considerados idôneos, serão isentos de qualquer tributo".

Segundo a doutrina, agigantou-se a utilização de financiamento público das instituições privadas: "o sistema de bolsas de ensino destinado a alunos carentes e os empréstimos subsidiados tornaram-se exemplos de atrativos que fizeram com que instituições particulares deixassem de se preocupar com a interferência do Estado para, afoitamente, ir ao encalço da verba pública"[51].

Quanto à competência administrativa na seara da educação, previa o art. 10, VI, ser competência concorrente entre União e Estados "difundir a instrução pública em todos os seus graus". Quanto à competência legislativa, competia à União legislar sobre as diretrizes da educação nacional (art. 152), podendo as leis estaduais disciplinar os assuntos específicos de cada Estado (art. 5º, § 3º).

Foram criadas nesse período a Universidade Nacional do Rio de Janeiro, a Universidade do Distrito Federal (também no Rio de Janeiro, mas foi fechada pelo Estado Novo, em 1935) e a Universidade de São Paulo.

5.6.2. Quadro sinótico

CONSTITUIÇÃO DE 1934	
Direitos e garantias fundamentais	Quanto aos direitos e garantias individuais, previu pela primeira vez o mandado de segurança e a ação popular. Quanto aos direitos políticos, foi a primeira constituição a prever o voto feminino. Foi a primeira Constituição a prever os direitos sociais.
Nome oficial	República dos Estados Unidos do Brasil.
Forma de Estado e forma de Governo	Foram mantidos a Forma de Estado (Federação), a Forma de Governo (República) e o Sistema de Governo (Presidencialismo).
Religião oficial	Não havia religião oficial, sendo o Brasil um estado laico ou leigo, como na Constituição anterior. Todavia, houve algumas aproximações com a Igreja (reconheceu o casamento religioso e tratou do ensino religioso facultativo nas escolas).
Separação dos Poderes	Manteve a tripartição de Poderes, mas esvaziou os poderes do Senado, que passou a ser auxiliar da Câmara dos Deputados. No Judiciário, denominou o órgão de cúpula "Corte Suprema", criou a Justiça do Trabalho e a Justiça Eleitoral, bem como previu expressamente o Ministério Público e o Tribunal de Contas.
Reforma constitucional	Era uma Constituição super-rígida, como a anterior, pois, além de possuir um processo rigoroso de alteração, previu também cláusulas pétreas, como República e Federação.

---

51. Janaína S. S. Menezes, op. cit.

CONSTITUIÇÃO DE 1934	
Controle de constitucionalidade	Manteve o controle difuso de constitucionalidade acrescendo duas novidades: a) cláusula de reserva de plenário; b) participação do Senado na suspensão da execução da lei. Criou a Ação Direta de Inconstitucionalidade Interventiva.

5.7. CONSTITUIÇÃO DE 1937

O Direito Constitucional passava por uma profunda crise em muitos países. Na Alemanha, com a ascensão de Hitler ao poder, deu-se a superação da Constituição de Weimar, em vigor desde 1919, pela realidade política. Em fevereiro de 1933, o *Reichstag* (parlamento) alemão foi incendiado. O fato foi utilizado pelos nazistas como argumento de um suposto ataque comunista à Alemanha, motivo pelo qual forçou o Presidente a decretar "estado de emergência", suspendendo direitos fundamentais, com fundamento no art. 48 da Constituição de Weimar.

Figura 5.6 – Retrato de Benito Mussolini e Adolf Hitler juntos. Wikimedia Commons. Imagem de domínio público.

No dia seguinte, várias pessoas foram presas e a imprensa contestadora foi reprimida. Em março de 1933 foi publicada a "lei de autorização" ou "lei de concessão" (*Ermächtigungsgesetz*), que permitia a edição de leis diretamente pelo governo imperial, ainda quando divergissem do texto constitucional[52]. Ainda na Alemanha, vários partidos foram extintos, e, com a morte do Presidente, em 1934, as funções de chefe de Estado e chefe de Governo foram unificadas numa só pessoa: o *führer*. Na Itália, nos anos de 1925 e 1926, Benito Mussolini promoveu uma ampla perseguição política, impondo um partido único, iniciando uma ditadura fascista. Em famoso discurso no teatro Scala, de Milão, Mussolini disse: "Tudo no Estado, nada contra o Estado, nada fora do Estado". Kildare Gonçalves Carvalho bem define regimes autoritários ou totalitários: "classificam-se como regimes autoritários as ditaduras nas quais, embora haja Constituições, não são elas observadas, pois prevalece a vontade do grupo que está no poder, que age com violência e exclusão"[53]. Na Espanha, a Guerra Civil, que deixou cerca de um milhão de mortos, resultou na ascensão de Franco como Chefe de Estado.

No Brasil, a democrática Constituição de 1934 não teve o condão de impedir o futuro tenebroso que estava por vir. Afonso Arinos afirma: "o presidente eleito pela Assembleia Constituinte era o mesmo antigo ditador, cujos compromissos com a nova Constituição eram nenhuns, visto que ela se elaborara praticamente à sua revelia, contrariando as ideias que no momento mais o atraíam, e as ambições de perpetuidade em um poder sem freios legais, que sempre lhe foram caras"[54].

---

52. Essa lei foi aprovada pelo *Reichstag* por 444 votos contra 94 (o partido nazista já era ampla maioria no parlamento germânico). A lei permitiu que o gabinete de Hitler aprovasse leis sem o consentimento do presidente ou do parlamento.
53. Op. cit., p. 216.
54. Op. cit., p. 205.

Getúlio, cujo mandato chegaria ao fim em 1938, talvez inspirado em Hitler e em seu polêmico incêndio da *Reichstaat*, também criou um estopim para implantar um regime de exceção: o Plano Cohen, um documento feito por um capitão, membro do Serviço Secreto, para simular uma revolução comunista no Brasil[55]. O Ministro da Guerra, Eurico Gaspar Dutra (que depois se tornou Presidente), encaminhou ao Congresso a decretação de "estado de guerra" em todo o território nacional, aprovado por cerca de três quartos dos parlamentares. Cinquenta dias depois, Getúlio Vargas mandou cercar a Câmara, impôs o recesso ao Poder Legislativo e outorgou a nova Constituição.

5.7.1. Análise da Constituição de 1937

Outorgada por Getúlio Vargas em 10 de novembro de 1937, ficou conhecida como Polaca, por conta da sua inspiração na constituição autoritária polonesa, de 1935. No preâmbulo, já demonstra o regime de exceção no qual o Brasil se encontrava: "Atendendo ao estado de apreensão criado no País pela infiltração comunista, que se torna dia a dia mais extensa e mais profunda, exigindo remédios, de caráter radical e permanente". A autoria do texto da Constituição de 1937 é atribuída a Francisco Campos, em razão da qual lhe foi dado o apelido de "Chico Ciência"[56].

O texto constitucional de 1937 foi irrelevante para o cenário político então existente. Segundo Afonso Arinos de Mello Franco: "ela é irrelevante, pois que o seu texto nunca chegou propriamente a ser aplicado, a não ser muito imperfeitamente e na medida em que servia aos objetivos políticos e pessoais de Vargas e seu grupo"[57].

Segundo o último artigo da Polaca (art. 187), a Constituição entraria em vigor imediatamente, devendo ser submetida a plebiscito nacional, na forma regulada em decreto do Presidente da República (que nunca foi feito).

a) Direitos e garantias fundamentais

Seguramente inspirado no regime nazista alemão, o art. 186 da Constituição declarou o estado de emergência em todo o país. Isso se refletiu num grave retrocesso à tutela dos direitos e garantias fundamentais. Deixaram de ter previsão constitucional o mandado de segurança e a ação popular (criados na Constituição anterior). Previu-se a pena de morte, não somente para crimes militares, mas também para o ato de "tentar subverter por meios violentos a ordem política e social" (art. 122, 13, "e") e se admitiu, pela primeira vez no nosso Direito Constitucional, a possibilidade de criação de Tribunal de Exceção (art. 173).

---

55. No dia 30 de setembro de 1937, o general Góes Monteiro, chefe do Estado-Maior do Exército brasileiro, noticiou, através do programa radiofônico *Hora do Brasil*, a descoberta de um plano cujo objetivo era derrubar o presidente Getúlio Vargas. Segundo o General, o plano teria sido arquitetado pelo Partido Comunista e por organizações comunistas internacionais.
56. Francisco Luís da Silva Campos, nascido em 18 de novembro de 1891, mineiro de Dolores do Indaiá, graduou-se em Direito em Belo Horizonte, na atual UFMG, onde passou a lecionar, desde abril de 1918. Em 1921 foi eleito deputado federal, reeleito em 1924. Fez parte do movimento que levou o candidato derrotado Getúlio Vargas ao poder. No governo provisório de Vargas, Campos assumiu o Ministério da Educação e Saúde. Foi figura central no movimento golpista que manteve Getúlio Vargas no poder em 1937. Foi nomeado por Getúlio, no novo regime ditatorial, como Ministro da Justiça, sendo-lhe incumbida a tarefa de elaborar a Constituição.
57. Op. cit., p. 208.

Quanto aos direitos políticos, estavam eles previstos no art. 117 da Constituição, excluindo-se os analfabetos e os mendigos, dentre outros. Todavia, trata-se de uma norma sem eficácia, já que as primeiras eleições ocorreriam depois da realização de um plebiscito, que nunca ocorreu.

No tocante aos direitos sociais, foram igualmente previstos no texto constitucional, máxime os direitos dos trabalhadores, previstos na Constituição de 1934, embora a greve e o *lock- -out* tenham sido proibidos.

b) Forma de Estado e forma de Governo

O nome oficial do Estado Brasileiro voltou a ser "Estados Unidos do Brasil", como na Constituição de 1891. A forma de governo era, ao menos formalmente, uma República (art. 1º).

Como sistema de governo foi mantido o presidencialismo, agora de caráter ditatorial. Segundo o art. 175 da Constituição, o mandato do Presidente duraria até a realização do plebiscito a que se refere o art. 187 (que, como vimos acima, nunca foi realizado). Se República é, como diz Sahid Maluf, "o governo temporário e eletivo"[58], o Brasil não era uma República, já que o governante não tinha mandato determinado e não foi eleito pelo povo.

O Federalismo, previsto expressamente na Constituição, era apenas e tão somente formal, em razão do caráter de absoluta concentração do poder na União (e no Poder Executivo ditatorial). Por essa razão, a doutrina costuma chamá-lo de Federalismo nominal.

c) Religião oficial

O Brasil continuou a ser um Estado laico, não havendo religião oficial. O art. 122, item 4, afirmava que "todos os indivíduos e confissões religiosas podem exercer pública e livremente o seu culto". Outrossim, o art. 32 vedava aos entes federativos "estabelecer, subvencionar ou embaraçar o exercício de cultos religiosos". Embora tenha revogado algumas conquistas da Igreja Católica obtidas na Constituição anterior (reconhecimento do casamento religioso, permissão de cemitérios privados religiosos e a supressão da palavra "Deus" no preâmbulo), manteve a previsão constitucional do ensino religioso nas escolas (art. 133) e a inexistência do divórcio, ao se referir à "família, constituída pelo casamento indissolúvel" (art. 124).

d) Separação dos Poderes

Embora prevista a tripartição de Poderes, esta também era apenas nominal no texto constitucional. Quanto ao Poder Legislativo, foi extinto o Senado Federal. Importante frisar que, nos termos do art. 178 da Constituição, "são dissolvidos nesta data a Câmara dos Deputados, o Senado Federal, as Assembleias Legislativas dos Estados e as Câmaras Municipais". A parte final do dispositivo sobredito afirmava: "As eleições ao Parlamento nacional serão marcadas pelo Presidente da República, depois de realizado o plebiscito a que se refere o art. 187". Como sabemos, nunca houve plebiscito. Assim, durante o governo ditatorial de Getúlio Vargas, não houve Poder Legislativo da União. O Brasil era, pois, legislado por meio de decretos-leis, feitos pelo Presidente Vargas, dentre os quais se destacam o Código Penal (Decreto-Lei n. 2.848/40) e o Código de Processo Penal (Decreto-Lei n. 3.689/41)[59]. Tal conduta era permitida

---

58. *Teoria Geral do Estado*, p. 209.
59. Afonso Arinos de Mello Franco, citando Karl Loewenstein, afirma: "imponente, não formidável e terrífica é a produção legislativa desde o Estado Novo, superando mesmo a habitual atividade das impressoras na Itália e Alemanha

pelo art. 13 da Constituição, que afirmava: "O Presidente da República, nos períodos de recesso do parlamento ou de dissolução da Câmara dos Deputados, poderá, se o exigirem as necessidades do Estado, expedir decretos-leis sobre as matérias de competência legislativa da União".

O Poder Executivo, portanto, concentrava as atividades de administração e legislação. Embora fosse absolutamente "letra morta", os arts. 85 e 86 previam o processo de *impeachment* do Presidente, que seria julgado pelo Legislativo (que, como vimos, estava dissolvido).

Com um Executivo centralizador e ditatorial, um Legislativo inexistente, o Judiciário não passaria incólume no Estado Novo. Aparentemente independente, sofria o controle do governo, devido a um dispositivo constitucional que permitia ao Presidente da República a aposentadoria compulsória de qualquer agente. Por fim, houve grave interferência no controle de constitucionalidade, como se verá logo mais à frente[60]. Manteve a Justiça do Trabalho na seara administrativa, como o fizera a anterior, em 1934.

e) Reforma constitucional

Formalmente, a Constituição de 1937 era rígida, tendo um procedimento diferenciado de aprovação. Poderia ser emendada, nos termos do art. 174, por iniciativa do Presidente da República ou da Câmara dos Deputados (que, como vimos acima, havia sido dissolvida pelo Presidente). Os projetos de iniciativa da Câmara (que nunca se instalou) deveriam passar pelo crivo do Presidente, que poderia devolvê-los à Casa para nova votação ou submetê-los à população, mediante plebiscito. Nada disso jamais ocorreu. O que houve no período ditatorial foi a edição de vinte e uma emendas, através de leis constitucionais, "que a alteravam ao sabor das necessidades e conveniência do momento e, não raro, até do capricho do chefe do governo"[61].

O momento histórico é assim resumido por Afonso Arinos de Mello Franco: "Começam a aparecer, então, as chamadas leis constitucionais, que visavam afeiçoar a plástica estrutura do Estado Novo às condições recém-criadas, mas sempre no empenho de conservar o Sr. Getúlio Vargas à frente do movimento. Deve-se ressaltar que as leis constitucionais eram, como tudo mais naquele confuso período, atos de puro arbítrio pessoal, sem qualquer base jurídica legítima. [...] O Presidente poderia expedir decretos-leis sobre as matérias de competência legislativa ordinária da União, a qual não compreendia a reforma constitucional. [...]. Mas não devemos nos surpreender de que uma Constituição, inexistente na prática, pudesse ser reformada de maneira que contrariava frontalmente o seu texto literal. Tudo o que então se fazia era uma sucessão repugnante e monstruosa das mais despejadas mistificações. Trata-se da página mais vergonhosa e triste de toda a nossa formação constitucional"[62].

f) Controle de constitucionalidade

Embora tenha mantido o controle difuso de constitucionalidade (implantado pela Constituição de 1891) e a "cláusula de reserva de Plenário", no art. 96, previu um grande retrocesso:

---

ditatoriais. Textos legislativos fluem do presidente como decretos-leis, sobre as assinaturas de um ou mais ministros, ou dos ministros individualmente, sob a forma de decretos, instruções e regulamentos; elas se duplicam e multiplicam por numerosos e volumosos atos semelhantes provenientes dos Estados, pelos interventores e departamentos administrativos. É uma torrente sem fim, sempre crescente, que afoga o consulente" (op. cit., p. 213).

60. Nesse sentido: Paulo Vargas Groff. Direitos Fundamentais nas Constituições Brasileiras. *Revista de Informação Legislativa*.
61. José Afonso da Silva, op. cit., p. 83.
62. Op. cit., p. 217.

segundo o art. 96, parágrafo único, caso declarada a inconstitucionalidade de uma lei que, "a juízo do Presidente da República, seja necessária ao bem-estar do povo", poderia o Presidente submetê-la novamente ao exame do Parlamento, que poderia suspender a decisão judicial.

Não previu a Ação Direta de Inconstitucionalidade Interventiva, implantada pela Constituição anterior, de 1934. Dessa maneira, na Constituição de 1937, o Brasil passou a admitir novamente somente o controle difuso de constitucionalidade, agora com sérias restrições.

g) Educação

Inegavelmente, a Constituição de Getúlio Vargas consistiu num retrocesso da democracia e dos direitos sociais, dentre eles a educação. Não mais previu um percentual mínimo de investimento na educação. De maneira inédita, a Constituição de 1937, outorgada por Getúlio Vargas, malgrado admitisse a gratuidade do ensino primário, previu, aos menos necessitados, "uma contribuição módica e mensal". Eis o art. 130 dessa Constituição: "O ensino primário é obrigatório e gratuito. A gratuidade, porém, não exclui o dever de solidariedade dos menos para com os mais necessitados; assim, por ocasião da matrícula, será exigida aos que não alegarem, ou notoriamente não puderem alegar escassez de recursos, uma contribuição módica e mensal para a caixa escolar". Aos menos favorecidos, o Estado fundaria institutos de ensino profissional, bem como subsidiaria os institutos dos Estados, Municípios e da iniciativa privada. Em outras palavras, duras, mas realistas, podermos dizer que "os ricos proveriam seus estudos através do sistema público ou particular, e os pobres, sem usufruir desse sistema, deveriam ter como destino as escolas profissionais ou contar com a boa vontade dos ricos com as 'caixas escolares'"[63].

Passou a impor a educação física, o ensino cívico e os trabalhos manuais em todas as escolas primárias, normais e secundárias (art. 130), manteve o ensino religioso facultativo (art. 133) e permitiu expressamente a livre-iniciativa para prestação de serviços educacionais (art. 120). Aliás, dá a entender a prevalência do ensino privado em comparação ao ensino público, que seria destinado apenas aos mais necessitados: "à infância e à juventude, a que faltarem os recursos necessários à educação em instituições particulares, é dever da Nação, dos Estados e dos Municípios assegurar, pela fundação de instituições públicas de ensino em todos os seus graus, a possibilidade de receber uma educação adequada às suas faculdades, aptidões e tendências vocacionais".

A distinção constitucional feita quanto à educação dos ricos e pobres foi confirmada por vários decretos-leis editados entre 1942 e 1946, conhecidos como "Reforma Capanema", em alusão ao então Ministro da Educação, Gustavo Capanema. Instalou-se efetivamente o chamado dualismo educacional: enquanto o ensino secundário público e o ensino superior eram destinados às elites, aos mais pobres era destinado o ensino profissionalizante.

No tocante à divisão administrativa de competência referente à educação, previa o art. 15, IX, que competia à União "fixar as bases e determinar os quadros da educação nacional, traçando as diretrizes a que deve obedecer a formação física, intelectual e moral da infância e da juventude". No tocante à competência legislativa, o art. 16 determinava ser competência da União legislar sobre as diretrizes de educação nacional (XXIV). No tocante às universidades, a

---

63. André Wagner Rodrigues. *A organização do Ensino legada pelo Estado Novo (1937-1945)*. Disponível em: <http://www.historiaemperspectiva.com/2011/11/organizacao-do-ensino-legada-pelo.html>.

Constituição de 1937 não possuía regra expressa acerca do tema. Todavia, em 1938, decreto-lei estabeleceu que competia à União manter a instituição padrão (Universidade do Brasil), transferindo-se as demais aos Estados, com repasse de recursos feito pela União. Foram criadas as seguintes instituições estaduais: Universidade de São Paulo (1934), Rio Grande do Sul (1934), Bahia (1946), Pernambuco (1946), Universidade do Paraná (1946, a despeito de ter sido criada em 1912) etc.

No tocante à competência legislativa, competia privativamente à União legislar sobre "diretrizes de educação nacional" (art. 16, XXIV). Embora não tenha previsto expressamente a isenção tributária às instituições privadas de ensino, decretos-leis posteriores assim o fizeram, como no caso do Decreto-Lei n. 4.048/42.

No ano de 1945, o Brasil contava com 42.000 alunos no ensino superior, dos quais 48% estavam no setor privado.

5.7.2. Quadro sinótico

CONSTITUIÇÃO DE 1937	
Direitos e garantias fundamentais	Houve sérios retrocessos na garantia de direitos fundamentais. Mandado de Segurança e Ação Popular deixaram de ser previstos. Admitiu-se a pena de morte, não apenas nos crimes militares. Os direitos políticos, embora previstos, foram suspensos. Quanto aos direitos sociais, foram proibidos a greve e o *lock-out*.
Nome oficial	Estados Unidos do Brasil.
Forma de Estado e forma de Governo	O sistema de governo continuou a ser o Presidencialismo (embora o Presidente, que não foi eleito, não tivesse mandato determinado). A República e a Federação eram apenas nominais. O Presidente não foi eleito, nem tinha mandato temporário. Houve concentração dos poderes e competências na União, em detrimento dos Estados.
Religião oficial	Não havia religião oficial, sendo o Brasil um estado laico ou leigo, como na Constituição anterior. Embora mantidas certas reinvindicações da Igreja (inexistência do divórcio e ensino religioso nas escolas), alguns privilégios não foram mantidos (cemitérios religiosos e reconhecimento do casamento religioso).
Separação dos Poderes	Manteve a tripartição de Poderes, apenas nominalmente. O Legislativo foi suspenso até realização de um plebiscito (que nunca houve). Concentrou-se no Presidente a função executiva e legislativa (por meio de decretos-leis). O Judiciário restou pressionado, na medida em que funcionários civis e militares poderiam ser aposentados compulsoriamente, a critério do governo.
Reforma constitucional	Era uma Constituição rígida, que admitia reforma através de um procedimento mais rigoroso (que não foi adotado, haja vista a inexistência do Poder Legislativo). Houve dezenas de leis constitucionais, editadas sem a participação do legislativo, pelo Presidente-ditador.
Controle de constitucionalidade	Manteve o controle difuso de constitucionalidade, com a cláusula de reserva de plenário. Todavia, ensejou um grave retrocesso, na medida em que o Presidente poderia submeter ao Legislativo as decisões de inconstitucionalidade proferidas pelo Judiciário, podendo revertê-las. Revogou a Ação Direta de Inconstitucionalidade Interventiva (ADI Interventiva) implantada pela Constituição de 1934.

5.8. CONSTITUIÇÃO DE 1946

As ditaduras implantadas em todo o mundo começaram a sofrer forte oposição, que ficou exponenciada com a Segunda Guerra Mundial. Num primeiro momento, Getúlio Vargas manteve um posicionamento neutro. Em de janeiro de 1942, no Rio de Janeiro, a maioria dos países do continente decidiu por condenar os ataques japoneses aos Estados Unidos em 7 de dezembro de 1941 e romper relações diplomáticas com os países do Eixo (Alemanha, Itália e Japão). Tal postura tornou o Brasil um país hostil na visão de alemães e italianos. A partir de então, navios brasileiros passaram a ser atacados ao largo da costa americana e do Caribe, dentre outras localidades, por submarinos alemães e italianos. Em agosto de 1942, o Brasil declarou guerra aos italianos e alemães, enviando para a Europa cerca de 25 mil soldados.

Iniciara-se uma etapa contraditória na política brasileira: o país defendia a democracia internacionalmente, mas mantinha uma ditadura internamente. A queda do Estado Novo seria questão de tempo, e as pressões internas foram aumentando paulatinamente. Em 1943, importantes lideranças civis e liberais mineiras lançaram um documento contestando o regime ditatorial (conhecido como o Manifesto dos Mineiros), ensejando forte repressão por parte do Governo. Afonso Arinos de Mello Franco destaca a importância desse documento: "O manifesto tornara-se, pois, num teste decisivo. Mostrara a fatalidade de uma evolução que o Governo não mais poderia deter. A sua repercussão foi profunda em todo o País, e a debilidade das represálias mostrava que a ditadura se aproximava do fim"[64].

Diante da pressão interna, o Presidente Vargas elaborou a Lei Constitucional n. 9, de 28 de fevereiro de 1945, com o propósito de convocar eleições e redemocratizar o país. Dentre os "considerandos" iniciais da lei, um deles é claro: "considerando as tendências manifestas da opinião pública brasileira". Nessa lei constitucional, foi previsto o mandato presidencial de seis anos (art. 79), o sufrágio direto (art. 77) e a determinação de que seria fixada em noventa dias a data das novas eleições presidenciais (art. 4º da Lei). Não obstante, diante de alguns atos praticados pelo Presidente que levavam a crer que ele insistiria em permanecer no poder, candidatando-se à reeleição, foi deposto no dia 29 de outubro de 1945 pelo Alto Comando do Exército. Assumiu interinamente a presidência José Linhares, presidente do Supremo Tribunal Federal, que presidiu as eleições que ocorreram em 2 de dezembro de 1945. Foi eleito o general Eurico Gaspar Dutra, antigo Ministro da Guerra do Estado Novo, assim como foram eleitos os membros do Legislativo, que compuseram a nova Assembleia Constituinte.

5.8.1. Análise da Constituição de 1946

Depois da Segunda Guerra Mundial, muitos países fizeram suas Constituições, como El Salvador, Guatemala, Colômbia, Bolívia (1946), França, Iugoslávia, Hungria, Transjordânia, Equador, Haiti, Panamá (1946), Itália, Polônia, Líbano, China, Laos, Peru, Venezuela (1947), Tcheco-Eslováquia, Romênia, Bulgária, Birmânia, México, Nicarágua (1948), Alemanha e Índia (1949) etc.

Deposto o ditador Getúlio Vargas, as eleições presidenciais e para a Assembleia Constituinte se deram em 2 de dezembro de 1945, instalando-se a Assembleia Constituinte em 2 de fevereiro de 1946. Foi criada a Comissão da Constituição, com a tarefa de elaborar o projeto, que se reuniu inicialmente em 15 de março de 1946. O projeto foi apresentado ao plenário da

---

64. Op. cit., p. 216.

Assembleia em 27 de maio, sofrendo 4.092 emendas. A redação final foi publicada em 17 de setembro, aprovada solenemente no dia 18, data da Constituição.

José Afonso da Silva faz uma severa crítica à Constituição de 1946: "Serviu-se, para sua formação, das Constituições de 1891 e 1934. Voltou-se, assim, às fontes formais do passado, que nem sempre estiveram conformes com a história real, o que constituiu o maior erro daquela Carta Magna, que nasceu de costas para o futuro, fitando saudosamente os regimes anteriores, que provaram mal. Talvez isso explique o fato de não ter conseguido realizar-se plenamente. Mas, assim mesmo, não deixou de cumprir sua tarefa de redemocratização, propiciando condições para o desenvolvimento do país durante os vinte anos em que o regeu"[65].

Podemos dizer que se trata de uma Constituição de recuperação das conquistas do passado, alcançadas pela Constituição de 1934 e que foram suprimidas pela Constituição de 1937. Apesar de um período extremamente turbulento na área política[66], a Constituição de 1946 reestabeleceu os valores primários do Estado de Direito.

a) **Direitos e garantias fundamentais**

No tocante aos direitos individuais, reestabeleceu o mandado de segurança (art. 141, § 24) e a ação popular (art. 141, § 38), bem como vedou a criação de Tribunais de Exceção (art. 141, § 26), que eram permitidos pela Constituição de 1937. Aboliu a pena de morte, salvo em caso de guerra declarada (art. 141, § 31), e criou o princípio constitucional da inafastabilidade do controle jurisdicional: "a lei não poderá excluir da apreciação do Poder Judiciário qualquer lesão de direito individual" (art. 141, § 4º).

Previu rol de Direitos Sociais, no Título V ("Da Ordem Econômica e Social"), especialmente os direitos dos trabalhadores (art. 157), reconhecendo novamente o direito de greve (art. 158) e o direito à educação (art. 166).

No tocante aos direitos políticos, manteve o voto feminino, instituído pelo Código Eleitoral de 1932 e constitucionalizado pela Constituição de 1934. Considerou os analfabetos inalistáveis, mas não fez menção aos "mendigos", como em Constituições anteriores.

b) **Forma de Estado e forma de governo**

O Brasil manteve a forma de Estado federativa, dessa vez não apenas nominal, como na Constituição de 1937, estabelecendo um rol de competência aos Estados-membros. Como afirmam Paulo Bonavides e Paes de Andrade, "uma das preocupações mais frequentes no ânimo dos constituintes de 1946 fora a da restauração do federalismo brasileiro nos moldes clássicos da tradição republicana de 1891, em linhas mestras de respeito ao equilíbrio e harmonia dos poderes, consoante decorria do texto, posto que a realidade se apresentasse de todo distinta"[67].

---

65. Op. cit., p. 85.
66. Como lembra José Afonso da Silva, "sucederam-se crises políticas e conflitos constitucionais de poderes, que se avultaram logo após o primeiro período governamental, quando se elegeu Getúlio Vargas com um programa social e econômico que inquietou as forças conservadoras, que acabaram provocando formidável crise que culminou com o suicídio do chefe do governo. Sobe o Vice-Presidente Café Filho, que presidiu às eleições para o quinquênio seguinte, sendo derrotadas as mesmas forças opostas a Getúlio. Nova crise. Adoece Café Filho. Assume o Presidente da Câmara dos Deputados, Carlos Luz, que é deposto por um movimento militar liderado pelo general Teixeira Lott, que também impede Café Filho de retornar à Presidência. Assume o Presidente do Senado, Sen. Nereu Ramos, que entrega a Presidência a Juscelino Kubitschek de Oliveira, contra o qual espocam rebeliões golpistas, mas sem impedirem concluísse seu mandato" (op. cit., p. 85).
67. *História Constitucional do Brasil*, p. 423.

A forma de governo era Republicana, não mais nominal, já que os governantes eram eleitos para um mandato determinado e o nome do Estado Brasileiro se manteve o mesmo: "Estados Unidos do Brasil".

c) Religião oficial

Manteve a laicidade do Estado Brasileiro. No art. 141, § 7º, previu a inviolabilidade de consciência e de crença, sendo "assegurado o livre exercício dos cultos religiosos, salvo o dos que contrariem a ordem pública ou os bons costumes".

Assim como nas Constituições anteriores, manteve o ensino religioso, de matrícula facultativa (art. 168, V), bem como a indissolubilidade do casamento (art. 163). Reestabeleceu a aproximação mais estreita que havia entre Estado e Igreja, como na Constituição de 1934, reestabelecendo os efeitos civis do casamento religioso (art. 163, § 2º) e permitindo a manutenção de cemitérios particulares por associações religiosas (art. 141, § 10).

Em um curto preâmbulo, o Constituinte originário fez menção a Deus, como na Constituição de 1934: "Nós, os representantes do povo brasileiro, reunidos, sob a proteção de Deus, em Assembleia Constituinte para organizar um regime democrático, decretamos e promulgamos a seguinte...". Por fim, por expressa previsão no art. 196, foi mantida a representação diplomática junto à Santa Sé.

d) Separação dos Poderes

Manteve a tripartição de Poderes, adotada desde a Constituição de 1891, prevendo expressamente a independência e harmonia entre eles (art. 36), bem como a indelegabilidade de suas funções (art. 36, § 2º).

O Poder Legislativo voltou a ser exercido por um Congresso Nacional bicameral, formado pela Câmara dos Deputados e pelo Senado Federal (art. 37). A Câmara dos Deputados compunha-se de representantes do povo, eleitos pelo sistema proporcional (art. 56), para mandato de quatro anos (art. 57). Os Senadores eram representantes dos Estados e do Distrito Federal, eleitos pelo sistema majoritário (art. 60), para mandato de oito anos (art. 60, § 2º).

Sendo o sistema de governo presidencialista, o chefe do Poder Executivo era o Presidente da República (art. 78), eleito pelo voto direto para mandato de cinco anos (art. 82). O texto originário da Constituição não vinculava a candidatura do Presidente à do Vice-Presidente (art. 81), o que traria no futuro consequências históricas. Previa o processo do Presidente da República pelo crime de responsabilidade (*impeachment*).

No Poder Judiciário, foi criado o Tribunal Federal de Recursos (art. 94). Quanto à Justiça do Trabalho, transformou-a em órgão do Poder Judiciário, mantendo a estrutura que tinha como órgão administrativo, inclusive com a representação classista.

e) Reforma constitucional

Assim como as Constituições de 1891 e 1934, a Constituição de 1946 foi super-rígida, ou seja, além de possuir um processo de alteração mais rigoroso (art. 217), possuía um conjunto de matérias que não poderiam ser abolidas (art. 217, § 6º), quais sejam: Federação e República.

f) Controle de constitucionalidade

Manteve o controle difuso de constitucionalidade, bem como a cláusula de reserva de plenário, agora no art. 200 ("só pelo voto da maioria absoluta dos seus membros poderão os Tribunais declarar a inconstitucionalidade de lei ou de ato do Poder Público") e a suspensão da lei declarada inconstitucional pelo Senado Federal (art. 64).

Reestabeleceu a Ação Direta de Inconstitucionalidade (ADI) interventiva, nos arts. 7º e 8º, que havia sido eliminada pela Polaca, de 1937.

Importante frisar que a Emenda Constitucional n. 18, de 1965, que tratou da reforma tributária, trouxe uma importantíssima inovação: a Ação Direta de Inconstitucionalidade (ADI) genérica, à época denominada "representação contra inconstitucionalidade de lei ou ato normativo" (art. 101, I, "k").

g) Educação

Segundo o Anuário Estatístico do Brasil, na década de 1940, o analfabetismo no Brasil estava entre 56 e 50,5%[68].

No seu art. 167, a nova Constituição de 1946 assegurou expressamente a educação prestada pela iniciativa privada ("o ensino dos diferentes ramos será ministrado pelos Poderes Públicos e é livre à iniciativa particular, respeitadas as leis que o regulem").

Ainda sobre a iniciativa privada, a Constituição de 1946 previu: "à União, aos Estados, ao Distrito Federal e aos Municípios é vedado lançar impostos sobre [...] instituições de educação [...] desde que as suas rendas sejam aplicadas integralmente no País para os respectivos fins" (art. 31, V, "b").

Segundo a doutrina, "o debate entre os defensores da Escola Pública e os defensores da Escola Privada extrapolou o tempo que durou a constituinte, tendo lances dramáticos nas discussões posteriores sobre a Lei de Diretrizes e Bases, até sua promulgação em 1961, como pode ser conferido pelos anteprojetos de Clemente Mariano (a favor da oficialização do ensino) e, posteriormente, do substitutivo Carlos Lacerda (a favor da privatização do ensino). Ainda hoje é um tema central no debate das questões educacionais"[69].

Previu a gratuidade do "ensino primário" para todos e do ensino posterior gratuito para os que provarem a pobreza ("o ensino primário oficial é gratuito para todos; o ensino oficial ulterior ao primário sê-lo-á para quantos provarem falta ou insuficiência de recursos" – art. 168, II). Manteve o ensino religioso nas escolas oficiais, de matrícula facultativa (art. 168, V).

Ao contrário da Constituição anterior, voltou a prever um percentual mínimo de aplicação dos recursos na educação: "Anualmente, a União aplicará nunca menos de dez por cento, e os Estados, o Distrito Federal e os Municípios nunca menos de vinte por cento da receita resultante dos impostos na manutenção e desenvolvimento do ensino" (art. 169).

Quanto à competência legislativa, dizia a Constituição de 1946 ser competência da União "legislar sobre: diretrizes e bases da educação nacional" (art. 5º, XV, "d").

Por fim, dividiu o sistema de ensino em dois: federal e dos territórios (organizado pela União, nos termos do art. 170) e dos Estados e Distrito Federal. Segundo a doutrina, "começa o ciclo das Leis de Diretrizes e Bases [...] que permitiu a descentralização da educação na esfe-

---

68. Romualdo Luiz Portela de Oliveira e Sonia Terezinha de Souza Penin. A Educação na Constituinte de 1946. *Revista da Faculdade de Educação de São Paulo*, jan.-dez. 1986, p. 262.
69. Op. cit., p. 273. Segundo os autores, "defender o ensino particular tem como significado defender o ensino religioso já que, pelo menos até o momento da Constituinte de 1946, a escola particular foi quase sinônimo de escola religiosa" (p. 275).

ra federal para a estadual, com a institucionalização dos sistemas de educação e recriação dos Conselhos de Educação com funções normativas"[70]. O art. 171, parágrafo único, previa: "para o desenvolvimento desses sistemas a União cooperará com auxílio pecuniário, o qual, em relação ao ensino primário, provirá do respectivo Fundo Nacional".

Anos depois, foi aprovada a Lei de Diretrizes e Bases da Educação Nacional (LDB), prevista na Constituição de 1946. Os pleitos da população eram vários e intensos, segundo a doutrina: "os estudantes, junto com os setores liberais e de esquerda da intelectualidade, defendiam uma reforma profunda de todo o sistema educacional que alterasse toda a estrutura existente e rompesse com o modelo que resultara dos compromissos do Estado Novo. No ensino superior, o que se pretendia era a expansão das universidades públicas e gratuitas, que associavam o ensino à pesquisa, as quais deveriam ser um motor para o desenvolvimento do país, aliando-se às classes populares na luta contra a desigualdade social. Os estudantes reivindicavam, inclusive, a substituição de todo o ensino privado por instituições públicas. Essa reinvindicação chocava-se frontalmente com os interesses do setor privado, dominado por escolas superiores autônomas do tipo tradicional, que temia um cerceamento de sua liberdade de expansão e se opunha a um projeto de dominância das universidades públicas"[71].

Não obstante, como vimos acima, na aprovação da Lei de Diretrizes e Bases da Educação, em 1961, venceu o setor privatista e conservador, preservando o sistema existente, estabelecendo mecanismos de controle da expansão do ensino superior e do conteúdo do ensino. Outrossim, a referida lei, no seu art. 27, relativizava a gratuidade e obrigatoriedade do ensino primário, quase que o anulando, afirmando estarem isentos dessa obrigatoriedade: "a) comprovado o estado de pobreza do pai ou responsável; b) insuficiência de escolas; c) matrícula encerrada". Dessa forma, segundo a doutrina, a LDB de 1961 "acabou por expressar de forma marcante a força de uma tendência pedagógica articulada a uma posição política de natureza conservadora-reacionária, vale dizer, de minoria"[72].

Houve um processo de federalização das universidades. Foi reconhecida a Universidade do Paraná (que vinha funcionando oficiosamente desde 1912) e foram criadas as universidades da Bahia, Pernambuco, Rio Grande do Sul etc.

5.8.2. Quadro sinótico

CONSTITUIÇÃO DE 1946	
Direitos e garantias fundamentais	Restabeleceu vários direitos que haviam sido revogados pela Constituição anterior (mandado de segurança, ação popular, direito de greve etc.), aboliu a pena de morte, salvo em caso de guerra declarada, e criou novos direitos (como a inafastabilidade do controle jurisdicional).
Nome oficial	Estados Unidos do Brasil.
Forma de Estado e forma de Governo	Manteve o presidencialismo, a República e a Federação, que dessa vez deixaram de ser nominais. Os governantes eram eleitos democraticamente pelo voto direto e para um mandato determinado.

---

70. Maria Cristina Teixeira, op. cit.
71. Eunice R. Durham., op. cit.
72. Renata Machado de Assis. A educação brasileira durante o período militar: a escolarização dos 7 aos 14 anos. *Educação em Perspectiva*, Viçosa, v. 3, n. 2., jul./dez. 2012.

CONSTITUIÇÃO DE 1946	
Religião oficial	Não havia religião oficial, sendo o Brasil um estado laico ou leigo, como nas Constituições anteriores. Reestabeleceu toda a aproximação entre Estado e Igreja que ocorrera na Constituição de 1934 (inexistência do divórcio, cemitérios religiosos, efeitos civis do casamento religioso e ensino religioso nas escolas).
Separação dos Poderes	Manteve a tripartição de Poderes, deixando de ser apenas nominal. O Poder Legislativo da União voltou a ser bicameral, com o ressurgimento do Senado Federal, eleito pelo voto direto. Criou o Tribunal Federal de Recursos e considerou a Justiça do Trabalho órgão do Poder Judiciário (e não mais administrativo).
Reforma constitucional	Era uma Constituição super-rígida, na medida em que possuía um procedimento mais rigoroso de alteração, bem como algumas matérias que não poderiam ser suprimidas (Federação e República).
Controle de constitucionalidade	Manteve o controle difuso de constitucionalidade, com a cláusula de reserva de plenário e participação do Senado, com a possibilidade de suspensão da execução da lei declarada inconstitucional. Reestabeleceu a Ação Direta de Inconstitucionalidade Interventiva (ADI Interventiva) implantada pela Constituição de 1934 e revogada pela Constituição de 1937. Por meio da Emenda Constitucional n. 18, de 1965, criou a ADI Genérica, ajuizada no STF e de iniciativa exclusiva do Procurador-Geral da República.

5.9. CONSTITUIÇÃO DE 1967

Em 3 de outubro de 1960, foi eleito presidente da República, para o mandato de 1961 a 1965, Jânio da Silva Quadros, natural de Campo Grande, mas que exerceu a vida política em São Paulo (foi antes Vereador e Prefeito na cidade de São Paulo e Governador do Estado de São Paulo, entre os anos 1955 e 1959). Curiosamente, não conseguiu eleger o candidato a Vice-Presidente de sua chapa, Milton Campos, político mineiro e um dos subscritores do Manifesto dos Mineiros. Elegeu-se Vice-Presidente o gaúcho João Goulart, conhecido como Jango.

O governo de Jânio foi curtíssimo, durando apenas sete meses. Nesse período, implantou uma política externa independente, relacionando-se com todos os países, ainda que da área socialista, como a então União Soviética e a China, o que desagradou setores conservadores da política e da imprensa brasileira. Pressionado, principalmente pelos militares, Jânio renunciou em 21 de agosto de 1961, alegando a existência de "forças terríveis", em célebre carta de renúncia.

Com a renúncia do Presidente, deveria assumir a Presidência o então Vice-Presidente eleito, João Goulart, que se encontrava em viagem oficial à República Popular da China. Acusado pelos militares de ser comunista, sofreu séria resistência para assumir o cargo. Houve um acordo político para solucionar o impasse: criar-se-ia o regime parlamentarista, por meio de uma Emenda Constitucional aprovada às pressas, sendo Jango apenas chefe de Estado. Todavia, em 1963, houve plebiscito popular, optando a população pelo retorno do presidencialismo, quando Jango assumiu a Presidência com plenos poderes.

Figura 5.7 – Caricatura de João Goulart (créditos ao final do livro).

Em 1964, houve um movimento reacionário, por parte das Forças Armadas, do alto clero da Igreja católica e de setores conservadores da elite intelectual burguesa brasileira, receosa de se implantar no Brasil um regime semelhante ao socialismo de outros países, como Cuba. Em 13 de março desse ano, realizou-se o histórico comício na cidade do Rio de Janeiro, em frente à Estação Central do Brasil, com 300 mil pessoas, em que Jango decretou a nacionalização das refinarias privadas de petróleo e a desapropriação, para fins de reforma agrária, de propriedades às margens de ferrovias e rodovias. A oposição militar ao governo cresceu exponencialmente.

Ao contrário do que ocorreu em episódios anteriores, em que os militares intervieram na política para assegurar a transmissão do poder a outro civil, dessa vez os militares decidiram assumir diretamente o poder, instaurando um regime autoritário, centralizador e burocrático. Expediu-se um Ato Institucional em 9 de abril de 1964, mantendo a ordem constitucional vigorante, mas impondo várias cassações de mandatos e suspensões de direitos políticos. O Ato Institucional n. 1 pode ser denominado constituição provisória, a ponto de ter um preâmbulo no qual afirma que as modificações estavam sendo "introduzidas pelo Poder Constituinte originário da Revolução Vitoriosa"[73].

Nesse Ato Institucional se elimina o voto direto para Presidente (art. 2º), suspendem-se por seis meses as garantias de vitaliciedade e estabilidade (art. 7º), bem como se permite "suspender os direitos políticos pelo prazo de dez (10) anos e cassar mandatos legislativos federais, estaduais e municipais, excluída a apreciação judicial desses atos" (art. 10).

Foi eleito como Presidente o Marechal Humberto de Alencar Castello Branco, pelo Congresso Nacional, no dia 11 de abril de 1964, governando com base se no sobredito Ato Institucional. Por meio do Ato Institucional n. 2, extinguiram-se todos os treze partidos políticos existentes no Brasil ("Ficam extintos os atuais Partidos Políticos e cancelados os respectivos registros").

Foram criados a Aliança Renovadora Nacional (ARENA) e o Movimento Democrático Brasileiro (MDB). Outrossim, esse Ato Institucional deu ao Presidente o poder de fechar o Congresso Nacional, as Assembleias Legislativas e as Câmaras Municipais. Seguiu-se o Ato Institucional n. 3, que estendia o princípio da eleição indireta também aos governadores, assembleias estaduais e determinava que os prefeitos fossem nomeados pelos governadores locais. O Congresso Nacional foi fechado em outubro.

O Presidente Castello Branco utilizou-se dos poderes que lhe foram dados pelo art. 31 do Ato Institucional n. 2: decretou através do Ato Complementar n. 23, de 20 de outubro de 1966, o recesso do Congresso Nacional, autorizando o Presidente a legislar por meio de decretos-leis. Por meio do Ato Institucional n. 4, de 7 de dezembro de 1966, convocou extraordinariamente o Congresso Nacional para discutir a nova Constituição apresentada pelo Presidente da República: a porvindoura Constituição de 1967.

---

73. Continua o preâmbulo, de forma esclarecedora: "O presente Ato Institucional só poderia ser editado pela revolução vitoriosa, representada pelos Comandos em Chefe das três Armas que respondem, no momento, pela realização dos objetivos revolucionários, cuja frustração estão decididas a impedir. Os processos constitucionais não funcionaram para destituir o governo, que deliberadamente se dispunha a bolchevizar o País. Destituído pela revolução, só a esta cabe ditar as normas e os processos de constituição do novo governo e atribuir-lhes os poderes ou os instrumentos jurídicos que lhe assegurem o exercício do Poder no exclusivo interesse do País. Para demonstrar que não pretendemos radicalizar o processo revolucionário, decidimos manter a Constituição de 1946, limitando-nos a modificá-la, apenas, na parte relativa aos poderes do Presidente da República [...]. Fica assim, bem claro que a revolução não procura legitimar-se através do Congresso. Este é que recebe deste Ato Institucional, resultante do exercício do Poder Constituinte, inerente todas as revoluções, a sua legitimação".

5.9.1. Análise da Constituição de 1967

Depois de invocar a "proteção de Deus", o constituinte originário, no Preâmbulo da Constituição de 1967, afirma se tratar de uma Constituição promulgada, em 24 de janeiro de 1967. Não obstante, a Constituição, que parecia ser promulgada, era de fato outorgada. Ora, o governo militar, por meio do Ato Institucional n. 2, extinguiu a maioria dos partidos políticos. Mandatos parlamentares foram cassados pelo governo militar, grandes líderes brasileiros foram excluídos compulsoriamente da vida pública. A Constituição foi votada por um Congresso Nacional deformado, retalhado, deficiente. Outrossim, ao Congresso foi imposto um prazo exíguo (quarenta e dois dias) para analisar o projeto de Constituição. Não era permitido ao Congresso Nacional substituir o projeto do Executivo por outro. Em resumo, tratando-se de um Congresso Nacional pressionado e sem garantias, podemos afirmar tratar-se de uma Constituição outorgada.

O projeto foi elaborado pelo Ministro da Justiça, Carlos Medeiros Silva, bem como por Francisco Campos (que já havia auxiliado Getúlio Vargas na elaboração da Constituição de 1937). Sem tempo suficiente para análise e fortemente pressionado, o Congresso Nacional aprovou o projeto de Constituição, sem muitas alterações.

a) Direitos e garantias fundamentais

A Constituição de 1967 previa um capítulo sobre os direitos e garantias individuais (art. 153) e um artigo (165) com um rol de direitos sociais dos trabalhadores, para melhoria das suas condições sociais. No tocante aos direitos individuais, como se espera de um regime ditatorial, houve diminuição. Por exemplo, no tocante ao acesso ao Poder Judiciário, poderia a lei condicionar esse direito ao exaurimento das vias administrativas. Houve restrição da liberdade de publicação de livros e periódicos, ao afirmar que não seriam tolerados os que fossem considerados propaganda de subversão da ordem, bem como as publicações e exteriorizações contrárias à moral e aos bons costumes. Foi restringido o direito de reunião, facultando-se à Polícia o poder de designar o local para ela. Foi estabelecido o foro militar para os civis (art. 122, 1º), criou-se a pena de suspensão dos direitos políticos, declarada pelo STF, para aquele que abusasse dos direitos políticos ou dos direitos de manifestação do pensamento. Por fim, todas as punições aplicadas pelos Atos Institucionais anteriores foram mantidas (até edição posterior da "Lei da Anistia" – Lei n. 6.683/79).

Em se tratando de direitos sociais, também houve retrocessos: houve redução para 12 anos da idade mínima de permissão para o trabalho; a supressão da estabilidade como garantia constitucional; restrições ao direito de greve etc.

Quanto aos direitos políticos (exercidos de forma limitada, em razão da constante suspensão do Congresso Nacional, da cassação de mandatos etc.), eram considerados eleitores os maiores de 18 anos, de ambos os sexos, excluindo-se os analfabetos. Outrossim, previu a suspensão de direitos políticos decretada pelo Presidente da República (art. 144, § 2º).

b) Forma de Estado e forma de governo

Depois de ser denominado "Império do Brasil" (na Constituição de 1824) e "Estados Unidos do Brasil" (nas Constituições seguintes), a Constituição de 1967 denominou o Estado Brasileiro "República Federativa do Brasil" (nome que ostenta até os dias atuais).

Todavia, tanto a forma de governo (República) quanto a forma de Estado (Federação) eram apenas nominais. A República era apenas nominal, tendo em vista que muitos dos representantes eleitos democraticamente pelo povo tiveram arbitrariamente seus mandatos cassados.

Outrossim, os Presidentes militares que usurparam o poder do povo não foram escolhidos democraticamente. O Federalismo era apenas nominal, na medida em que o Brasil era, na prática, um Estado unitário e autoritário. Já nos primeiros dias do governo militar, sete governadores eleitos e cujos mandatos estavam em curso foram depostos, nomeando-se outros que eram aliados dos militares (os chamados "governadores biônicos")[74].

Em 1977, aproveitando-se do recesso do Congresso Nacional, o Presidente militar Ernesto Geisel criou a figura do "senador biônico", na qual um dos Senadores de cada Estado seria eleito indiretamente, "pelo sufrágio do colégio eleitoral constituído".

c) Religião oficial

Assim como nas Constituições anteriores, manteve-se a laicidade do Estado Brasileiro. O art. 9º, como nas Constituições anteriores, vedava o estabelecimento de cultos ou igrejas por parte do Estado, bem como embaraçar o seu exercício. Outrossim, o art. 150, § 5º, garantia a liberdade de consciência e crença: "é plena a liberdade de consciência e fica assegurado aos crentes o exercício dos cultos religiosos, que não contrariem a ordem pública e os bons costumes".

Não obstante, a aproximação que houve entre Estado e Igreja em Constituições anteriores foi mantida na Constituição dos militares. Atendendo ao pleito da Igreja, o art. 167, § 1º, determinou que "o casamento é indissolúvel". O divórcio no Brasil só foi admitido 10 anos depois, por meio da Emenda Constitucional n. 9, de 9 de novembro de 1955, e pela Lei do Divórcio (Lei n. 6.515/77). Outrossim, foi mantido o "ensino religioso, de matrícula facultativa" (art. 168, § 3º, IV), bem como os efeitos civis do casamento religioso (art. 167, § 2º).

d) Separação dos poderes

Formalmente, foi mantida a tripartição de poderes (Executivo, Legislativo e Judiciário), numa clara preponderância do primeiro sobre os demais.

Quanto ao Poder Legislativo, foi mantido o bicameralismo no âmbito federal (Câmara dos Deputados e Senado Federal). Quanto ao Poder Executivo da União, era exercido pelo Presidente, eleito pelo voto indireto (art. 76) de um Colégio Eleitoral, regulado em lei complementar, para mandato de 4 anos.

Quanto ao Judiciário, foi criado o Conselho Nacional da Magistratura, com sede na Capital da União e Jurisdição em todo o território nacional, composto de sete Ministros do Supremo Tribunal Federal (art. 120), com competência para conhecer reclamações contra membros dos Tribunais, podendo determinar a disponibilidade e aposentadoria. A composição do Tribunal Federal de Recursos foi aumentada para vinte e sete ministros vitalícios (art. 121).

e) Reforma constitucional

Assim como em outras Constituições brasileiras, a Constituição de 1967 era super-rígida, ou seja, possuía um procedimento mais rigoroso de alteração, bem como algumas matérias que não poderiam ser suprimidas (as cláusulas pétreas).

---

74. Segundo José Afonso da Silva, "Essa Constituição, promulgada em 24.1.67, entrou em vigor em 15.3.67, quando assumia a Presidência o Marechal Arthur da Costa e Silva. Sofreu ela poderosa influência da Carta Política de 1937, cujas características básicas assimilou. Preocupou-se fundamentalmente com a segurança nacional. Deu mais poderes à União e ao Presidente da República. Reformulou, em termos mais nítidos e rigorosos, o sistema tributário nacional e a discriminação de rendas, ampliando a técnica do federalismo cooperativo, consistente a participação de uma entidade na receita de outra, com acentuada centralização" (op. cit., p. 87).

Quanto à emenda constitucional, poderia ser de iniciativa de ¼ dos deputados ou senadores, do Presidente da República e mais da metade das Assembleias Legislativas (rol que foi mantido na Constituição de 1988). O quórum de aprovação era de maioria absoluta (art. 51), e as matérias que não poderiam ser suprimidas (cláusulas pétreas) eram Federação e República (art. 50, § 1º).

Não obstante, com as constantes e arbitrárias suspensões do Congresso Nacional, não era rara a emenda constitucional elaborada pelos próprios militares, como a mais importante delas: a Emenda Constitucional n. 1, de 17 de outubro de 1969, sobre a qual falaremos adiante.

f) Controle de constitucionalidade

Em síntese, foram mantidos os institutos do controle de constitucionalidade adotados na Constituição anterior, com as mudanças da reforma de 1965. Foi mantido o controle difuso, com a respectiva cláusula de reserva de plenário (art. 111) e a possibilidade de suspensão da execução da lei por deliberação do Senado (art. 45, IV). Foi mantida a ADI interventiva (art. 11, § 1º, "c") e a ADI genérica, à época só ajuizada pelo Procurador-Geral da República (art. 114, I, "l").

g) Educação

Uma das primeiras medidas do governo militar foi a intervenção nas universidades públicas, afastando-se docentes considerados marxistas e aliados dos estudantes. Ato contínuo, o decreto-lei do então presidente Castello Branco, de 1967, vedou "aos órgãos de representação estudantil, qualquer ação, manifestação ou propaganda de caráter político-partidário, racial e religioso, bem como incitar, promover ou apoiar ausências coletivas aos trabalhos escolares". Acirrou-se a repressão sobre o movimento estudantil, redundando na prisão dos líderes, suspensão de professores, mantendo as universidades sob forte vigilância. Em 1968, com o advento do Ato Institucional n. 5, a repressão se agravou, na medida em que vários direitos fundamentais foram suspensos, como o *Habeas Corpus*, para crimes contra a segurança nacional e crimes políticos (importante frisar que manifestações estudantis eram convenientemente enquadradas na lei de segurança nacional). Assim, manifestantes estudantis que protestassem contra o governo militar eram presos e não podiam impetrar *habeas corpus*.

Assim como a Constituição anterior, previu a Constituição de 1967 que competia à União legislar sobre "planos nacionais de educação e de saúde" (art. 8º, XIV) e sobre "diretrizes e bases da educação nacional" (art. 8º, XII, "q"). Como a Constituição anterior, manteve o ensino religioso, de matrícula facultativa (art. 168, § 3º, IV).

Quanto ao direito à educação, previu que "o ensino dos sete aos quatorze anos é obrigatório para todos e gratuito nos estabelecimentos primários oficiais" (art. 168, § 3º, II). Outrossim, nos moldes da Constituição anterior, previu que "o ensino oficial ulterior ao primário será, igualmente, gratuito para quantos, demonstrado efetivo aproveitamento, provarem falta ou insuficiência de recursos" (art. 168, § 3º, III).

Incentivou, como nas Constituições anteriores, o ensino privado, ao afirmar que "o ensino é livre à iniciativa particular, a qual merecerá o amparo técnico e financeiro dos Poderes Públicos, inclusive bolsas de estudo" (art. 168, § 2º). No mesmo sentido, a parte final do art. 168, § 3º, III, afirmava que "o Poder Público substituirá o regime de gratuidade pelo de concessão de bolsas de estudo, exigido o posterior reembolso no caso de ensino de grau superior".

Quanto à organização do sistema de ensino, manteve regra muito semelhante à da Constituição anterior.

Com o advento da Emenda Constitucional n. 1, de 1969, a liberdade de cátedra foi substituída pela liberdade de comunicação de conhecimentos no exercício do magistério.

Segundo o art. 19, III, não poderiam os entes federativos instituir imposto sobre "patrimônio, renda ou serviços dos partidos políticos e de instituições de educação [...] observados os requisitos da lei". Não foram estabelecidos percentuais da receita tributária para aplicação obrigatória na educação, mas se previu como princípio sensível, capaz de autorizar a intervenção municipal, a não aplicação, no ensino primário, em cada ano, por parte do Município, de 20% da receita tributária municipal (art. 15, § 3º, "f"). Quase vinte anos depois, foi editada a Emenda Constitucional n. 24, de 1983, criando dever semelhante à União, Estados e Distrito Federal: "Anualmente, a União aplicará nunca menos de treze por cento, e os Estados, o Distrito Federal e os Municípios vinte e cinco por cento, no mínimo, da receita resultante de impostos, na manutenção e desenvolvimento do ensino".

Foi editada a Lei de Diretrizes e Bases (LDB) para o ensino de 1º e 2º graus em 1971. Com essa lei (Lei n. 5.692/71), a educação fundamental e média passou a ter a seguinte estrutura: ensino de 1º grau (obrigatório), com 8 anos de duração e carga horária de 720 horas anuais, destinado à formação da criança e do pré-adolescente da faixa etária dos 7 aos 14 anos; e ensino de 2º grau, com 3 anos ou 4 anos de duração e carga horária de 2.200 horas para os cursos de 3 anos, e de 2.900 horas para os de 4 anos, destinado à formação do adolescente.

Nesse período, o setor privado, cuja participação oscilava em torno de 45% até 1965, atingiu 50% em 1970 e, a partir dessa época, alcançou e manteve uma participação superior a 60%[75]. Embora o ensino privado tenha crescido em maior percentual, também houve aumento considerável do ensino público. Segundo a doutrina, "a matrícula no setor público aumentou, nesse período, de 182.700 a 492.000, ou seja, teve um incremento de cerca de 260%. [...] O aumento da demanda por ensino superior está associado ao crescimento das camadas médias e às novas oportunidades de trabalho no setor mais moderno da economia. Como a pesquisa não era um interesse principal, houve a proliferação de escolas isoladas, concentradas na oferta de cursos de baixo custo e menores exigências acadêmicas"[76].

E não apenas isso: o governo militar incentivou enormemente o crescimento desse setor. Segundo a doutrina: "a tendência do governo militar em privilegiar as camadas de renda mais elevada e os setores empresariais ocorreu, também, nas áreas da saúde e previdência, que se tornaram mercadorias de alto custo. Na área educacional, apesar das reformas, o Estado se descomprometeu gradativamente de financiar a educação pública; os recursos foram comprometidos com o capital privado, repassado as verbas para as escolas particulares. A iniciativa privada dominou a pré-escola, avançou no 2º grau e predominou no nível superior. Apenas uma pequena parcela da população teve acesso aos mais elevados níveis de escolarização, enquanto significativa fração do povo não teve nem mesmo acesso à escola"[77].

Nesse período, começou a crescer no Brasil um novo fenômeno: o ensino superior pela iniciativa privada como negócio ou investimento, fato que é visto de forma exponencial nos

---

75. Eunice R. Durkam, op. cit.
76. Op. cit.
77. Renata Machado de Assis. A educação brasileira durante o período militar: a escolarização dos 7 aos 14 anos. *Educação em Perspectiva*, Viçosa, v. 3, n. 2., jul./dez. 2012.

dias atuais[78]. Outro fenômeno foi a concentração das novas matrículas no ensino privado da região sudeste. Nas regiões mais pobres, o investimento privado foi pequeno, pois o capital concentrou-se nos grandes centros urbanos.

5.9.2. A Emenda Constitucional n. 1, de 1969

Para reprimir a resistência política e social ao regime militar autoritário, os militares editaram o Ato Institucional n. 5, de 13 de dezembro de 1968. No preâmbulo desse inescrupuloso ato, algumas das motivações podem ser destacadas: "considerando, no entanto, que atos nitidamente subversivos, oriundos dos mais distintos setores políticos e culturais, comprovam que os instrumentos jurídicos, que a Revolução vitoriosa outorgou à Nação para sua defesa, desenvolvimento e bem-estar de seu povo, estão servindo de meios para combatê-la e destruí-la"; "se torna imperiosa a adoção de medidas que impeçam que sejam frustrados os ideais superiores da Revolução, preservando a ordem".

Segundo o Ato Institucional n. 5, o Presidente poderia decretar o recesso do Poder Legislativo (federal, estadual e municipal) – art. 2º; poderia o Presidente decretar, sem quaisquer motivações, a intervenção em Estado ou Município (art. 3º), nomeando livremente interventores; poderia o Presidente suspender os direitos políticos de qualquer cidadão por 10 anos e cassar mandatos eletivos (art. 4º); suspendeu as garantias constitucionais de vitaliciedade, inamovibilidade e estabilidade (art. 6º), suspendeu a garantia do *habeas corpus* para os crimes políticos e contra a segurança nacional (art. 7º). Em resumo, o Brasil declaradamente deixou de ser um Estado de Direito e passou a ser um Estado ditatorial. A Constituição jurídica, mera "folha de papel", fora rasgada pelos militares, por meio de seus atos institucionais, sobretudo pelo AI5.

Em 17 de outubro de 1969, estando o Congresso Nacional suspenso, com o falacioso argumento de que sua legitimidade era extraída do Ato Institucional n. 16, de 1969, do Ato Institucional n. 5, de 1968, os Ministros da Marinha de Guerra, do Exército e da Aeronáutica Militar impuseram uma nova Emenda Constitucional: a Emenda n. 1, de 1969, que alterou substancialmente a Constituição de 1967. Por essa razão, é considerada por muitos uma nova Constituição: a Constituição outorgada de 1969.

A Emenda n. 1, de 1969, estabeleceu eleições indiretas para o cargo de Governador de Estado, a ampliação do mandato presidencial para cinco anos e a extinção da imunidade dos parlamentares. Da mesma forma, foram mantidos em vigor o Ato Institucional n. 5, bem como demais Atos baixados posteriormente, por expressa previsão no novel art. 182.

---

78. "A lucratividade dos empreendimentos atraiu também todo um novo conjunto de empresários, sem compromissos anteriores com a educação. Direcionados pelo objetivo de ampliar a lucratividade do empreendimento pela captação da demanda disponível, o sector privado passou a ser governado pelo mercado. Criou-se, desta forma, o sector que corresponde ao que Geiger denomina 'mass private sector', ao lado de um sector público que se orientou no sentido de atender uma demanda mais qualificada. A expansão deste seguimento do sector privado que podemos chamar de empresarial se orientou para satisfação dos componentes mais imediatos da demanda social, que consiste na obtenção do diploma. Esta tendência é reforçada no Brasil por uma longa tradição cartorial da sociedade brasileira, que associa diploma de ensino superior ao acesso a uma profissão regulamentada e assegura a seus portadores nichos privilegiados no mercado de trabalho. Neste contexto, podem ser lucrativos estabelecimentos de ensino nos quais a qualidade da formação oferecida é de importância secundária. O sistema privado dividiu-se internamente entre um segmento comunitário ou confessional não lucrativo, que se assemelha ao sector público e, outro, empresarial" (op. cit.).

5.9.3. Quadro sinótico

CONSTITUIÇÃO DE 1967	
Direitos e garantias fundamentais	Reduziu vários direitos individuais e sociais, bem como, embora tenha previsto direitos políticos, praticamente não foram exercidos, em razão do uso sistemático das eleições indiretas e das cassações de mandatos e suspensões arbitrárias de direitos políticos.
Nome oficial	República Federativa do Brasil.
Forma de Estado e forma de governo	Manteve o presidencialismo, mas prevendo eleições indiretas para Presidente da República (e depois para governadores e prefeitos). República e a Federação voltaram a ser nominais. O poder político era concentrado de forma autoritária no Poder Executivo da União, comandado pelos militares.
Religião oficial	Não havia religião oficial, sendo o Brasil um estado laico ou leigo, como nas Constituições anteriores. Manteve toda a aproximação entre Estado e Igreja que ocorrera na Constituição anterior (inexistência do divórcio, efeitos civis do casamento religioso e ensino religioso nas escolas).
Separação dos Poderes	Manteve a tripartição de Poderes, embora houvesse a concentração dos poderes no Poder Executivo da União. O Poder Legislativo da União era bicameral, mas teve suas atividades suspensas pelo Presidente. O Judiciário teve suas garantias suspensas pelo Ato Institucional n. 5.
Reforma constitucional	Era uma Constituição super-rígida, na medida em que possuía um procedimento mais rigoroso de alteração, bem como algumas matérias que não poderiam ser suprimidas (Federação e República).
Controle de constitucionalidade	Manteve o controle difuso de constitucionalidade, com a cláusula de reserva de plenário e participação do Senado, com a possibilidade de suspensão da execução da lei declarada inconstitucional. Manteve a ADI interventiva e a ADI genérica, que poderiam ser ajuizadas no STF apenas pelo Procurador-Geral da República.

5.10. CONSTITUIÇÃO DE 1988

A luta pela redemocratização do país começou desde o golpe militar de 1964, intensificando-se após o Ato Institucional n. 5, de 1968, que foi, nas palavras de José Afonso da Silva, "o instrumento mais autoritário da história política do Brasil"[79]. Na década de 1980 os movimentos se agigantaram, com a população tomando as ruas, num movimento conhecido como "Diretas Já"[80]. Pleiteava o povo brasileiro uma Emenda Constitucional que instituísse eleições diretas para Presidente da República.

A expectativa popular foi frustrada e a Emenda Constitucional não foi aprovada pelo Congresso Nacional; faltaram 22 votos favoráveis. Seriam feitas novamente eleições indiretas, dessa vez com candidatos civis. Dois foram os candidatos: Paulo Salim Maluf e Tancredo Neves, que foi eleito em 15 de janeiro de 1985 por 480 votos contra 180. Nas palavras do próprio Tancredo, iniciava-se a "Nova República".

---

79. Op. cit., p. 88.
80. Em 10 de abril de 1984, cerca de 1 milhão de pessoas compareceram às ruas no centro do Rio de Janeiro. Menos de uma semana depois, quase 2 milhões de pessoas se reuniram nas ruas de São Paulo.

Não obstante, um dia antes de tomar posse, em 14 de março de 1985, Tancredo foi hospitalizado. Assumiu interinamente o Vice-Presidente, José Ribamar Sarney. Depois de ser submetido a seis cirurgias, Tancredo faleceu no dia 21 de abril, sem jamais tomar posse. Assumiu definitivamente a presidência José Ribamar Sarney. Embora ligado às tendências autoritárias que governaram anteriormente o país, Sarney deu continuidade às propostas de Tancredo e nomeou Comissão para elaboração do anteprojeto de uma nova Constituição. Outrossim, enviou ao Congresso Nacional proposta de emenda constitucional convocando uma Assembleia Constituinte. Foi aprovada a Emenda Constitucional n. 26, de 27 de novembro de 1985. Todavia, os membros dessa Assembleia Constituinte seriam os membros do Congresso Nacional, reunidos em sessão unicameral, aprovando o texto constitucional pela maioria absoluta dos seus membros, em dois turnos. Por essa razão, muitos afirmam que, em vez de termos uma Assembleia Constituinte, tivemos um Congresso Constituinte.

A Assembleia Constituinte foi composta por 559 parlamentares de diversas crenças políticas, elegendo-se como presidente da Assembleia o deputado federal Ulysses Guimarães, do Partido do Movimento Democrático Brasileiro (PMDB).

Figura 5.8 – Caricatura de Ulysses Guimarães (créditos ao final do livro).

5.10.1. Análise da Constituição de 1988

A Constituição de 1988 foi denominada pelo presidente da Assembleia Constituinte "Constituição Cidadã", em razão do foco na redemocratização do país, estabelecendo como cláusula pétrea o voto direto, secreto, universal e periódico, bem como a priorização dos direitos fundamentais, que tiveram substancial ampliação no texto constitucional.

a) **Direitos e garantias fundamentais**

A Constituição de 1988 foi a primeira Constituição brasileira a inverter a ordem do capítulo referente aos direitos fundamentais. Se em todas as outras Constituições os direitos fundamentais estavam nos últimos artigos, agora os Direitos Fundamentais estão no início do texto constitucional, no Título II, logo após os Princípios Fundamentais.

Além dessa diferença "geográfica", os direitos fundamentais tiveram um substancial incremento. No tocante aos direitos individuais, foi vedada expressamente a tortura (art. 5º, III), vedada a censura e a licença (art. 5º, IX), criou-se o *habeas data* (art. 5º, LXXII) e o mandado de injunção (art. 5º, LXXI) etc.

Quanto aos direitos sociais, foi a primeira constituição a reservar ao tema um capítulo específico (Capítulo II do Título II). Depois de prever um rol de direitos sociais (art. 6º), como saúde, educação, lazer, segurança etc., previu os direitos individuais e coletivos dos trabalhadores (arts. 7º a 11).

Quanto aos direitos políticos, deixaram de ser meramente figurativos e se tornaram efetivos, com o voto direto, secreto, universal e periódico. É a primeira Constituição brasileira a admitir o voto do analfabeto. Como se espera em uma democracia, os direitos políticos não podem mais ser suspensos de forma arbitrária, mas apenas nas hipóteses previstas no art. 15.

b) Forma de Estado e forma de governo

O nome oficial do Estado brasileiro foi mantido: República Federativa do Brasil. Destarte, a forma de governo continuou a ser uma República e a forma de Estado continuou a ser uma Federação. Todavia, se ambas eram apenas "nominais" na Constituição de 1967, voltaram a ser "reais". Os representantes do povo, integrantes do Poder Legislativo e Executivo, passaram a ser eleitos pelo voto direto e secreto, para mandato determinado. Outrossim, o Federalismo passou a ser real, distribuindo competências para Estados, Municípios e Distrito Federal, não mantendo a concentração de poderes feita pela Constituição anterior.

Grande novidade criada pela Constituição de 1988 foi a transformação dos Municípios em entes federativos, criando uma espécie de "federalismo de segundo grau'.

c) Religião oficial

O Brasil continuou a ser um Estado laico, não havendo religião oficial. O art. 19 da Constituição veda a aproximação entre Estado e Igreja, em dispositivo semelhante aos de Constituições anteriores. Outrossim, o art. 5º, VI, prevê a liberdade de consciência e crença. Não obstante, alguma proximidade entre Estado e Igreja ainda pode ser encontrada na Constituição de 1988, como a menção a "Deus" no seu Preâmbulo, bem como a previsão do ensino religioso nas escolas (art. 210, § 1º).

d) Separação dos Poderes

Manteve a tripartição de Poderes (Executivo, Legislativo e Judiciário), estabelecendo expressamente os princípios da independência e harmonia (art. 2º), mas não mais o princípio da indelegabilidade.

Quanto ao Poder Legislativo da União, manteve o bicameralismo, sem a existência dos antigos "senadores biônicos", eleitos diretamente. Todos os parlamentares são eleitos pelo voto direto (sendo os senadores eleitos pelo sistema majoritário e os demais parlamentares pelo sistema proporcional).

Quanto ao Poder Judiciário, criou o Superior Tribunal de Justiça (antigo Tribunal Federal de Recursos). Em 2004, foi editada importante Emenda Constitucional, que ficou conhecida como Reforma do Poder Judiciário (EC 45/2004). Dentre as inovações criou o Conselho Nacional de Justiça (art. 103-B) e a Súmula Vinculante (art. 103-A), bem como inúmeros mecanismos destinados a buscar a celeridade processual, que passou a ser um novo direito fundamental (art. 5º, LXXVIII).

e) Reforma constitucional

Assim como em Constituições anteriores, é uma constituição super-rígida: além de ter um procedimento mais rigoroso de alteração, possui um conjunto de matérias que não podem ser suprimidas (cláusulas pétreas).

Se nas Constituições anteriores as cláusulas pétreas eram sempre as mesmas (Federação e República), o rol foi bastante ampliado na Constituição de 1988: são cláusulas pétreas a Federação, o voto (direto, secreto, universal e periódico), a separação dos Poderes e os direitos e garantias individuais. Embora a República não seja uma cláusula pétrea expressa, é tida pela doutrina e pela jurisprudência como cláusula pétrea implícita.

A Emenda Constitucional possui um procedimento mais rigoroso de elaboração, podendo ser proposta pelo mesmo rol taxativo da Constituição anterior, dessa vez com um quórum de aprovação de 3/5 dos seus membros.

Uma importante diferença foi a previsão de uma Revisão Constitucional (art. 3º, ADCT), que seria realizada (e foi) cinco anos depois de promulgada a Constituição, em sessão unicameral, pelo voto da maioria absoluta dos seus membros.

f) Controle de constitucionalidade

O controle difuso foi mantido nos moldes das constituições anteriores. Foi mantida a cláusula de reserva de plenário (art. 97) e a participação do Senado no controle difuso (art. 52, X). No tocante ao controle concentrado de constitucionalidade, foi mantida a ADI interventiva (art. 34, VII) e a ADI genérica, essa última com sua legitimidade ativa bastante ampliada. Se antes apenas o Procurador-Geral da República poderia ajuizar a ADI genérica, agora temos um rol de 9 pessoas, previstas no art. 103 da Constituição Federal.

Foram também criadas novas ações do controle concentrado de constitucionalidade: a Ação Direta de Inconstitucionalidade por Omissão (ADI por omissão – art. 103, § 2º), a Arguição de Descumprimento de Preceito Fundamental (art. 102, § 1º) e a Ação Declaratória de Constitucionalidade (esta última acrescida pela Emenda Constitucional n. 3, de 1993).

g) Educação

A década de 1980 foi marcada por um período lento de transição até a democracia, passando pelo declínio da repressão política, culminando com a eleição de um presidente civil em 1985. Economicamente foi marcada por uma crise econômica intensa e uma inflação crescente. No ensino superior, foi uma década de estagnação, marcada pelo declínio de matrículas no ensino privado, em razão da sobredita crise econômica.

Segundo dados da época, "mesmo no auge de seu crescimento, a taxa bruta de matrículas no ensino superior, em relação à população de 20 a 24 anos não foi maior que 12,0%. Nos anos 80 e boa parte dos noventa, decresce para 11 e 10,0%"[81].

A Constituição de 1988 dá um tratamento especial e mais detalhado à educação. Primeiramente, considera-a um direito social (art. 6º).

Assim como em constituições anteriores, determina ser competência da União legislar sobre "diretrizes e bases da educação nacional" (art. 22, XXIV). Todavia, estabeleceu ser competência concorrente (na qual a União faz a lei geral e os Estados fazem a lei específica) legislar sobre "educação" (art. 24, IX). Não obstante, em se tratando da competência não legislativa comum a todos os entes federativos, estabeleceu ser dever de todos "proporcionar os meios de acesso à cultura, à educação..." (art. 23, V). O art. 211 estabelece a distribuição das competências administrativas no tocante à educação: "A União organizará o sistema federal de ensino e o dos Territórios, financiará as instituições de ensino públicas federais e exercerá, em matéria educacional, função redistributiva e supletiva, de forma a garantir equalização de oportunidades educacionais e padrão mínimo de qualidade" (§ 1º). "Os Municípios atuarão prioritariamente no ensino fundamental e na educação infantil" (§ 2º). "Os Estados e o Distrito Federal atuarão prioritariamente no ensino fundamental e médio" (§ 3º).

---

81. Eunice R. Durham, op. cit.

Ampliando a questão da gratuidade, estabeleceu: "gratuidade do ensino público em estabelecimentos oficiais" (art. 206, IV). Outrossim, estabeleceu que o dever do Estado com a educação será efetivado mediante garantia de "educação básica obrigatória e gratuita dos 4 (quatro) aos 17 (dezessete) anos de idade, assegurada inclusive sua oferta gratuita para todos os que a ela não tiveram acesso na idade própria" (art. 208, I), bem como "educação infantil, em creche e pré-escola, às crianças até 5 (cinco) anos de idade" (art. 208, IV). Quanto ao ensino médio, estabeleceu a "progressiva universalização do ensino médio gratuito" (art. 208, II). Dispõe que "o acesso ao ensino obrigatório e gratuito é direito público subjetivo" (art. 208, § 1º) e que "o não oferecimento do ensino obrigatório pelo Poder Público, ou sua oferta irregular, importa responsabilidade da autoridade competente" (art. 208, § 2º).

Segundo a legislação atual, a educação básica se divide em: a) educação infantil (primeira etapa) – primeira etapa da educação básica, é oferecida em creches e pré-escolas, as quais se caracterizam como espaços institucionais não domésticos que constituem estabelecimentos educacionais públicos ou privados que educam e cuidam de crianças de 0 a 5 anos de idade no período diurno, em jornada integral ou parcial, regulados e supervisionados por órgão competente do sistema de ensino e submetidos a controle social; b) ensino fundamental (segunda etapa) – com 9 (nove) anos de duração, de matrícula obrigatória para as crianças a partir dos 6 (seis) anos de idade, tem duas fases sequentes com características próprias, chamadas de anos iniciais, com 5 (cinco) anos de duração, em regra para estudantes de 6 (seis) a 10 (dez) anos de idade; e anos finais, com 4 (quatro) anos de duração, para os de 11 (onze) a 14 (quatorze) anos; e c) ensino médio (terceira etapa) – duração mínima de 3 anos, função de dar competências para prática social vinculadas ao mundo do trabalho. Vejamos o quadro esquemático de tal classificação:

QUADRO I – NÍVEIS DE ENSINO*				
Níveis	Etapas		Duração	Faixa etária
Educação básica (competência prioritária dos Estados, DF e Municípios)	Educação infantil (competência prioritária dos Municípios)	creche	3 anos	0 a 3 anos
		pré-escola	3 anos	3 a 6 anos
	Ensino fundamental (competência prioritária dos Estados, DF e Municípios)		9 anos	6 a 14 anos
	Ensino médio (competência prioritária dos Estados e DF)		3 anos	15 a 17 anos
Educação superior (competência prioritária da União)	Ensino superior	graduação	variável	acima de 18 anos
		pós-graduação		

* Fonte: *Tributação e Custeio da Educação Pública no Brasil após 1988*, tese de Doutorado de Fulvia Helena Gioia.

Assim, segundo a Constituição Federal, a educação básica é obrigatória e gratuita, dos 4 (quatro) aos 17 (dezessete) anos de idade, englobando, pois, as três etapas (educação infantil, ensino fundamental e ensino médio). Esse acesso é, nos termos da própria Constituição, um "direito público subjetivo" (art. 208, § 1º, CF).

No tocante ao mínimo percentual exigido de investimento na educação, o art. 212 determina: "a União aplicará, anualmente, nunca menos de dezoito, e os Estados, o Distrito Federal e os Municípios vinte e cinco por cento, no mínimo, da receita resultante de impostos, compreendida a proveniente de transferências, na manutenção e desenvolvimento do ensino". Todavia, não se leva em consideração, nesse montante, "a parcela da arrecadação de impostos transferida pela União aos Estados, ao Distrito Federal e aos Municípios, ou pelos Estados aos respectivos Municípios, não é considerada, para efeito do cálculo previsto neste artigo, receita do governo que a transferir".

Prevê o art. 213 da Constituição Federal o financiamento público de escolas privadas: "os recursos públicos serão destinados às escolas públicas, podendo ser dirigidos a escolas comunitárias, confessionais ou filantrópicas, definidas em lei, que: I – comprovem finalidade não lucrativa e apliquem seus excedentes financeiros em educação; II – assegurem a destinação de seu patrimônio a outra escola comunitária, filantrópica ou confessional, ou ao Poder Público, no caso de encerramento de suas atividades". Por fim, o § 1º deste dispositivo determina que "os recursos de que trata este artigo poderão ser destinados a bolsas de estudo para o ensino fundamental e médio, na forma da lei, para os que demonstrarem insuficiência de recursos, quando houver falta de vagas e cursos regulares da rede pública na localidade da residência do educando, ficando o Poder Público obrigado a investir prioritariamente na expansão de sua rede na localidade".

Manteve, como nas Constituições anteriores, o ensino religioso de matrícula facultativa, nas escolas públicas de ensino fundamental (art. 210, § 1º).

Outrossim, o art. 150, como em Constituições anteriores, dispõe que é vedado à União, aos Estados, ao Distrito Federal e aos Municípios "instituir impostos sobre 'patrimônio, renda ou serviços dos partidos políticos, inclusive suas fundações, das entidades sindicais dos trabalhadores, das instituições de educação [...] sem fins lucrativos, atendidos os requisitos da lei" (VI, "c").

A partir dos anos 2000, em razão da maior estabilidade econômica, vários indicadores tiveram melhoria. Segundo a doutrina, "houve uma transformação do sistema de financiamento do ensino fundamental que incentivou o acesso, a permanência e o sucesso escolar no nível fundamental, o qual praticamente se universalizou como do médio"[82]. Esse movimento redundou num avanço significativo das matrículas no ensino superior, como se vê na tabela abaixo.

5.10.2. Quadro sinótico

CONSTITUIÇÃO DE 1988	
Direitos e garantias fundamentais	Houve grande ampliação dos direitos individuais, como a proibição da tortura, a vedação da censura e licença, o sigilo de fonte, a proibição de provas ilícitas, o *habeas data*, o mandado de injunção etc. Houve também ampliação dos direitos sociais, para os quais foi reservado um capítulo específico. Quanto aos direitos políticos, admitiu-se o voto do analfabeto e o voto direto, secreto, universal e periódico passou a ser cláusula pétrea.
Nome oficial	República Federativa do Brasil.

---

82. Eunice R. Durkam, op. cit.

Forma de Estado e forma de Governo	Manteve a República como forma de Governo e a Federação como forma de Estado, suprimindo as distorções da Constituição anterior. Como sistema de governo, manteve o Presidencialismo, com o Presidente eleito pelo voto direto para mandato determinado de 4 anos.
Religião oficial	Não há religião oficial, mas manteve a aproximação entre Estado e Igreja que ocorrera na Constituição anterior (efeitos civis do casamento religioso e ensino religioso nas escolas).
Separação dos Poderes	Manteve a tripartição de Poderes, com os princípios da independência e harmonia. Manteve o bicameralismo federal do Poder Legislativo, criou o Superior Tribunal de Justiça e, com o advento da Reforma do Poder Judiciário (EC 45/2004), também o Conselho Nacional de Justiça.
Reforma constitucional	Constituição super-rígida, na medida em que possui um procedimento mais rigoroso de alteração, bem como algumas matérias que não podem ser suprimidas. Ampliou o rol de cláusulas pétreas, se comparado às constituições anteriores.
Controle de constitucionalidade	Manteve o controle difuso de constitucionalidade, com a cláusula de reserva de plenário e participação do Senado, com a possibilidade de suspensão da execução da lei declarada inconstitucional. Manteve a ADI interventiva e a ADI genérica, cujos legitimados ativos foram ampliados. Criou a ADI por Omissão, a Arguição de Descumprimento de Preceito Fundamental e a Ação Declaratória de Constitucionalidade.

Conteúdo digital – Acesse: https://somos.in/CDC7

Conteúdo em vídeo
Questões com gabarito comentado

6

NORMA CONSTITUCIONAL

Sumário

6.1. A Constituição como um sistema aberto de normas – **6.2.** A norma constitucional – **6.2.1.** Regras e princípios – **6.2.2.** Conflito entre regras e princípios – **6.2.3.** A evolução da força normativa dos princípios – **6.3.** Classificação dos princípios e regras constitucionais (segundo José Joaquim Gomes Canotilho) – **6.4.** Norma constitucional interposta – **6.5.** Norma de reprodução obrigatória, facultativa ou proibida – **6.6.** Normas constitucionais expressas e implícitas – **6.7.** Normas constitucionais mandatórias e diretivas – **6.8.** Normas constitucionais bastantes em si e não bastantes em si.

6.1. A CONSTITUIÇÃO COMO UM SISTEMA ABERTO DE NORMAS

Segundo o professor José Joaquim Gomes Canotilho, a Constituição é um *sistema normativo aberto de regras e princípios*. Isto porque "1) é um sistema jurídico porque é um sistema dinâmico de normas; 2) é um *sistema aberto* porque tem uma estrutura dialógica, traduzida na disponibilidade e capacidade de aprendizagem das normas constitucionais para captarem a mudança da realidade e estarem abertas às concepções cambiantes da 'verdade' e da 'justiça'; 3) é um *sistema normativo*, porque a estruturação das expectativas referentes a valores, programas, funções e pessoas, é feita através de *normas*; 4) é um *sistema de regras e princípios*, pois as normas do sistema tanto podem revelar-se sob a forma de *princípios* como sob sua forma de *regras*"[1].

Ainda sobre ser um "sistema aberto", Dirley da Cunha Júnior afirma: "ora, se a Constituição [...] deve interagir com a realidade político-social de onde ela provém, é mais do que natural que as normas que a compõem devem estar *abertas* aos acontecimentos sociais para acompanhar a sua evolução e adaptar-se às transformações sociais. Mas essa desejada abertura das normas constitucionais somente é possível quando, entre as normas da Constituição, algumas delas expressem-se sob a forma de *princípios*"[2].

Comprovando a estreita ligação entre o *texto normativo* e a realidade dos fatos sociais, na histórica Ação que reconheceu ser a união homoafetiva uma entidade familiar (ADI 4.277), o Min. Joaquim Barbosa inicia seu voto desta maneira: "Inicialmente, gostaria de ressaltar que estamos diante de uma situação que demonstra claramente o descompasso entre o mundo dos fatos e o universo do Direito. Visivelmente nos confrontamos aqui com uma situação em que o Direito não foi capaz de acompanhar as profundas e estruturais mudanças sociais, não apenas entre nós brasileiros, mas em escala global. É precisamente nessas situações que se agiganta o papel das Cortes constitucionais [...]". Na ementa do julgamento da respectiva ação, constou a conclusiva expressão: "Imperiosidade da interpretação não reducionista do conceito de família como instituição que também se forma por vias distintas do casamento civil. *Avanço da Constituição Federal de 1988 no plano dos costumes*. Caminhada na direção do pluralismo como categoria sociopolítico-cultural. Competência do Supremo Tribunal Federal para manter, interpretativamente, o Texto Magno na posse do seu fundamental atributo da coerência, o que passa pela eliminação do preconceito quanto à orientação sexual das pessoas".

Como se vê, a Constituição é, pois, um sistema normativo *aberto*, tendo em vista que a realidade social interfere diretamente na sua interpretação e aplicação, num silogismo constante, como vimos no capítulo 2 desta obra.

6.2. A NORMA CONSTITUCIONAL

Assim como afirma Canotilho, "a teoria da metodologia jurídica tradicional distinguia entre *normas* e *princípios* (*norm-prizip, principles-rules, norm und Grundsatz*). Abandonar-se-á aqui essa distinção para, em sua substituição, se sugerir: 1) as regras e princípios são duas espécies de normas; 2) a distinção entre regas e princípios é uma distinção entre duas espécies de normas"[3]. De fato, a anterior classificação (hoje em dia praticamente em desuso) não considerava o princípio uma norma constitucional. Antes do neoconstitucionalismo, mui-

---

1. Op. cit., p. 1143.
2. Op. cit., p. 137.
3. Op. cit., p. 1144.

tos diriam que os princípios previstos na Constituição sequer eram normas jurídicas, mas metas programáticas a serem cumpridas com o passar do tempo, de reduzidíssimo (ou inexistente) teor normativo. Bem, como vimos no capítulo 1 desta obra, com o neoconstitucionalismo, os princípios ganharam alto grau de normatividade e eficácia, motivo pelo qual, ao lado das regras, também são normas constitucionais.

Daniel Sarmento resume a evolução dos princípios até se tornarem uma das normas jurídicas, aludindo a três fases de normatividade: "Na primeira, correspondente ao predomínio do jusnaturalismo, os princípios eram encarecidos no plano moral, concebidos como postulados de justiça, mas não se lhes reconhecia natureza propriamente normativa. Na segunda fase, de domínio do positivismo jurídico, os princípios não eram concebidos como normas, mas sim como meios de integração do Direito. Naquele período, os princípios eram considerados como imanentes ao ordenamento, e não transcendentes a ele, e a sua construção dava-se por meio de um processo de abstração que extraía do próprio sistema jurídico as suas principais orientações. Já a fase atual, equivalente ao pós-positivismo, teria como característica central a valorização dos princípios, não só na dimensão ético-moral, como também no plano propriamente jurídico"[4].

Embora a doutrina pátria, majoritariamente positivista, tenha por muito tempo negado normatividade aos princípios[5], a grande "virada" metodológica se deu a partir da década de 1990, com a obra e teoria de dois grandes filósofos, um deles norte-americano (Ronald Dworkin) e o outro alemão (Robert Alexy).

Ronald Dworkin foi um importante filósofo norte-americano, nascido em 1931 e falecido em 2013, quando lecionava Teoria Geral do Direito na University College London e na New York University School of Law. Estudou na Universidade de Harvard e na Universidade de Oxford, tendo lecionado, posteriormente, na Universidade de Yale. Depois, lecionou Teoria Geral do Direito em Oxford, como sucessor de H. L. A. Hart. Autor de importantes obras, como *A Matter of Principle*, *Laws Empire* (1986); *Life's Dominion* (1993), destacando-se a obra *Taking Rights Seriously* (Levando os Direitos a Sério), de 1977.

---

4. Daniel Sarmento e Cláudio Pereira de Souza Neto. *Direito Constitucional*, p. 379.
5. Segundo Daniel Sarmento: "O reconhecimento da normatividade dos princípios ocorreu em paralelo à crise do positivismo jurídico, deflagrada após o final da II Guerra Mundial, e à onda de constituições fortemente principiológicas, editadas em seguida, que contavam com robustos mecanismos de controle judicial de constitucionalidade. A tendência, estimulada pela jurisdição constitucional, foi no sentido do paulatino reconhecimento de que todas as normas constitucionais eram normas jurídicas, inclusive os princípios mais indeterminados, antes vistos como meras proclamações políticas. No Brasil, até não muito tempo atrás, prevalecia a concepção legalista, tributária do positivismo, de que os princípios jurídicos não seriam propriamente normas, mas meros instrumentos para integração de lacunas, aos quais o intérprete não deveria se socorrer senão em situações excepcionais. Essa posição está positivada no art. 4º da hoje denominada Lei de Introdução às Normas do Direito Brasileiro, segundo o qual 'quando a lei for omissa, o juiz decidirá o caso de acordo com a analogia, os costumes e os princípios gerais do Direito'. Os princípios eram, portanto, mera fonte subsidiária do Direito. Só era legítimo que o magistrado recorresse a eles quando não houvesse nenhuma outra fonte do Direito aplicável. Atualmente, esta concepção não corresponde mais ao ponto de vista dominante na doutrina e na jurisprudência nacionais, que têm enfatizado não só a força normativa, como também a máxima relevância dos princípios – especialmente os constitucionais. Pelo contrário, hoje já se percebem até excessos nesta área, que culminam numa equivocada desvalorização das regras jurídicas, e num uso muitas vezes pouco racional e fundamentado da principiologia constitucional, caracterizando o fenômeno da 'euforia dos princípios', ou até mesmo, nos seus momentos mais patológicos, da 'carnavalização da Constituição'. Na literatura jurídica brasileira, a 'virada' principiológica deu-se a partir da década de 90, com a recepção das lições sobre princípios, nem sempre bem compreendidas, de dois grandes filósofos do Direito contemporâneos – Ronald Dworkin e Robert Alexy –, que buscaram traçar diferenças *qualitativas* e não meramente *quantitativas* entre estas espécies normativas" (op. cit., p. 380).

Por sua vez, Robert Alexy, um dos mais influentes filósofos do Direito contemporâneo, nasceu na Alemanha em 1945. Iniciou seus estudos de Direito e Filosofia em 1968, graduando-se em direito e filosofia pela Universidade de Göttingen, tendo recebido o título de PhD em 1976, com a dissertação *Teoria da Argumentação Jurídica*. Sua obra de destaque que influenciou a dogmática acerca dos princípios constitucionais no Brasil foi *Teoria dos Direitos Fundamentais*.

Dessa maneira, podemos afirmar que, segundo doutrina francamente majoritária, há duas espécies de normas constitucionais: as regras e os princípios, cujas diferenças serão vistas a seguir.

Na Constituição brasileira, coexistem regras e princípios. Um sistema exclusivo de regras seria ruim, pois não permitiria o balanceamento de valores e interesses numa sociedade pluralista, como afirma Canotilho. Da mesma forma, como diz o mesmo português, um sistema baseado exclusivamente em princípios pecaria pela indeterminação, pela inexistência de regras precisas[6].

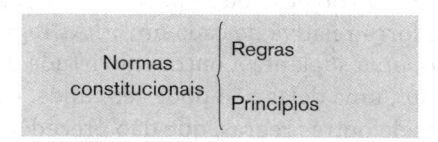

Normas constitucionais { Regras / Princípios }

6.2.1. Regras e princípios

O primeiro jurista brasileiro a conceituar os princípios constitucionais, de forma monográfica, foi Sampaio Dória, no livro *Princípios Constitucionais*, de 1926[7], já apontando a generalidade e abstração dos princípios.

Embora não seja uma nomenclatura uníssona[8], prevalece o entendimento de que há duas espécies de normas constitucionais: as regras e os princípios. Por muito tempo, difundiu-se a percepção de que a diferença entre ambos era hierárquica: os princípios seriam hierarquicamente superiores às regras. Isso se deve, em parte, a importantes doutrinadores de Direito Administrativo, dentre os quais destacamos Celso Antônio Bandeira de Mello, no seu famoso *Curso de Direito Administrativo*, que afirma: "violar um princípio é muito mais grave que transgredir uma norma. A desatenção ao princípio implica ofensa não apenas a um específico mandamento obrigatório, mas a todo o sistema de comandos"[9].

---

6. "Um modelo ou sistema constituído exclusivamente por regras conduzir-nos-ia a um sistema jurídico de limitada racionalidade prática. Exigiria uma disciplina legislativa exaustiva e completa – legalismo – do mundo e da vida, fixando, em termos definitivos, as premissas e os resultados das regras jurídicas. Conseguir-se-ia um 'sistema de segurança', mas não haveria qualquer espaço livre para a complementação e o desenvolvimento de um sistema, como o constitucional, que é necessariamente um sistema aberto. Por outro lado, um legalismo estrito de regras não permitiria a introdução dos conflitos, das concordâncias, do balanceamento de valores e interesses, de uma sociedade pluralista e aberta. Corresponderia a uma organização polícia monodimensional (Zagrebelsky). O modelo ou sistema baseado exclusivamente em princípios (Alexy: *Prinzipien-Modell des Rechtssystems*) levar-nos-ia a consequências também inaceitáveis. A indeterminação, a inexistência de regras precisas, a coexistência de princípios conflitantes, a dependência do 'possível' fático e jurídico, só poderiam conduzir a um sistema falho de segurança jurídica e tendencialmente incapaz de reduzir a complexidade do próprio sistema" (op. cit., p. 1146).
7. Ruy Samuel Espíndola. *Conceito de Princípios Constitucionais*, p. 107.
8. Em obra específica sobre o tema, Ruy Samuel Espíndola menciona classificações de Celso Antônio Bandeira de Mello, José Afonso da Silva, Eros Roberto Grau, Paulo Bonavides, Luís Roberto Barroso, dentre outros (op. cit., passim).
9. Celso Antônio Bandeira de Mello. *Curso de Direito Administrativo*, p. 38.

A distinção entre regras e princípios é um dos pilares fundamentais no edifício da teoria dos direitos fundamentais[10]. Não obstante, vários são os entendimentos doutrinários através dos quais princípios e regras constitucionais são identificados (e a hierarquia formal-normativa não é um deles)[11].

Segundo o filósofo do Direito norte-americano Ronald Dworkin, princípio é "um padrão que deve ser observado, não porque vá promover ou assegurar uma situação econômica, política ou social considerada desejável, mas porque é uma exigência de justiça ou equidade ou alguma outra dimensão da moralidade"[12]. Para o autor, a diferença entre princípios e regras jurídicas é de natureza lógica. Segundo ele, "princípios e regras distinguem-se quanto à natureza da orientação que oferecem. As regras são aplicáveis à maneira do tudo ou nada. Dados os fatos que uma regra estipula, então ou a regra é válida, e neste caso a resposta que ela fornece deve ser aceita, ou não é válida, e neste caso em nada contribui para a decisão"[13].

Por sua vez, enquanto as regras possuem apenas a dimensão da validade, os princípios também têm a dimensão do peso[14]. Segundo Dworkin, "os princípios possuem uma dimensão que as regras não têm – a dimensão do peso ou importância [...], aquele que vai resolver o conflito tem de levar em conta a força relativa de cada um"[15]. As regras são diferentes, já que, "se duas regras estão em conflito, uma suplanta a outra em virtude de sua importância maior. Se duas regras entram em conflito, uma delas não pode ser válida. [...] Um sistema jurídico pode regular esses conflitos através de outras regras, que dão precedência à regra promulgada pela autoridade de grau superior, à regra promulgada mais recentemente, à regra mais específica ou outra coisa desse gênero"[16].

Dworkin alerta, com razão, que "a forma de um padrão nem sempre deixa claro se ele é uma regra ou um princípio. [...] Em muitos casos a distinção é difícil de estabelecer"[17]. Outros-

---

10. Letícia Balsamão Amorim. *A distinção entre regras e princípios, segundo Robert Alexy*, p. 123.
11. Em obra específica sobre o tema, Humberto Ávila assim define as regras e princípios: "As regras são normas imediatamente descritivas, primariamente retrospectivas e com pretensão de decidibilidade e abrangência, para cuja aplicação se exige a avaliação da correspondência, sempre centrada na finalidade que lhes dá suporte ou nos princípios que lhes são axiologicamente sobrejacentes, entre a construção conceitual da descrição normativa e a construção conceitual dos fatos. Os princípios são normas imediatamente finalísticas, primariamente prospectivas e com pretensão de complementariedade e de parcialidade, para cuja aplicação se demanda uma avaliação da correlação entre o estado de coisas a ser promovido e os efeitos decorrentes da conduta havida como necessária à sua promoção" (*Teoria dos Princípios*, p. 70).
12. *Levando os Direitos a Sério*, p. 36. Dessa maneira, distingue o "princípio" da "política", que, segundo ele, é "aquele tipo de padrão que estabelece um objetivo a ser alcançado, em geral uma melhoria em algum aspecto econômico, político ou social da comunidade" (op. cit., p. 36).
13. Op. cit., p. 39. Segundo o autor, as regras podem até ter exceções, mas elas devem estar previstas no próprio texto, sob pena de estarem incorretas. Assim, "pelo menos em teoria, todas as exceções podem ser arroladas e quanto mais o forem, mais completo será o enunciado da regra" (p. 40).
14. Como disse Virgílio Afonso da Silva, "no caso dos princípios, essa indagação acerca da validade não faz sentido. No caso de colisão entre princípios, não há que se indagar sobre problemas de validade, mas somente de peso. Tem prevalência aquele princípio que for, para o caso concreto, mais importante, ou, em sentido figurado, aquele que tiver maior peso. Importante é ter em mente que o princípio que não tiver prevalência não deixa de valer ou de pertencer ao ordenamento jurídico. Ele apenas não terá tido peso suficiente para ser decisivo naquele caso concreto. Em outros casos, porém, a situação pode inverter-se" (*Princípios e Regras:* mitos e equívocos acerca de uma distinção, p. 10).
15. *Levando os Direitos a Sério*, p. 42. Em razão dessa característica, uma consequência é inevitável: "esta não pode ser, por certo, uma mensuração exata e o julgamento que determina que um princípio ou uma política particular é mais importante que outra frequentemente será objeto de controvérsia. Não obstante, essa dimensão é uma parte integrante do conceito de um princípio, de modo que faz sentido perguntar que peso ele tem ou quão importante ele é" (p. 42-43).
16. Op. cit., p. 43.
17. Op. cit., p. 43.

sim, os princípios costumam atuar de forma mais vigorosa nas questões judiciais difíceis ("hard cases"), como a utilização de células tronco embrionárias, interrupção da gravidez do feto anencefálico ou o caso "Riggs contra Palmer", muito utilizado pelo filósofo norte-americano[18]. O positivismo enfrenta esses casos difíceis e enigmáticos através da "teoria do poder discricionário" (se um caso não é regido por uma regra estabelecida, o juiz deve decidi-lo exercendo seu poder discricionário). Quanto maior o apego ao positivismo, maiores serão as críticas ao uso dos princípios, pois, como disse Ronald Dworkin, "o positivismo é um modelo de e para um sistema de regras". Por isso, sugere o filósofo, ao criticar o positivismo, enquanto sistema de regras: "sua representação do direito como um sistema de regras tem exercido um domínio tenaz sobre nossa imaginação, talvez graças a sua própria simplicidade. Se nos livrarmos desses modelos de regras, poderemos ser capazes de construir um modelo mais fiel à complexidade e sofisticação de nossas próprias práticas"[19].

Robert Alexy entende que, enquanto as regras contêm determinações no âmbito fático e juridicamente possível, princípios são as normas que ordenam que algo seja realizado na maior medida possível, dentro das possibilidades jurídicas e fáticas existentes. Segundo o constitucionalista alemão, "o ponto decisivo na distinção entre regras e princípios é que os princípios são normas que ordenam que algo seja realizado na maior medida possível dentro das possibilidades jurídicas e fáticas existentes. Princípios são, por conseguinte, *mandamentos de otimização*, que são caracterizados por poderem ser satisfeitos em graus variados e pelo fato de que a medida devida de sua satisfação não depende somente das possibilidades fáticas, mas também das possibilidades jurídicas. O âmbito das possibilidades jurídicas é determinado pelos princípios e regras colidentes"[20].

Assim, em resumo, enquanto as *regras* são normas de conteúdo mais determinado, delimitado, claro, preciso, os *princípios* são normas de conteúdo mais amplo, vago, indeterminado, impreciso. O que diferencia a regra do princípio não é o assunto da norma jurídica, mas a forma através da qual ela é tratada. Por exemplo, o assunto "transporte" é tratado pela Constituição de forma diversa. Há um princípio constitucional, no art. 6º da Constituição Federal (alterado pela Emenda Constitucional n. 90/2015), de que o "transporte" é um direito social. Trata-se de um princípio (a Constituição não diz a amplitude desse direito, os limites de sua proteção etc.). Trata-se de uma norma ampla, vaga e abstrata, prevendo o direito social ao transporte. Por sua vez, o art. 230, § 2º, prevê que "aos maiores de sessenta e cinco anos é garantida a gratuidade dos transportes coletivos urbanos". A norma, que também trata de transporte, desta vez é uma *regra* constitucional, pois é uma norma clara, precisa, delimitada. Ambas tratam do mesmo tema (transporte), mas a primeira é um princípio e a segunda uma regra.

Outrossim, como vimos anteriormente, enquanto as regras devem ser cumpridas integralmente (aplicando-se a máxima "ou tudo ou nada"), os princípios devem ser cumpridos na maior intensidade possível (ou, como disse Robert Alexy, são "mandamentos de otimização"). Isto se dá, exatamente porque os princípios são vagos, amplos, imprecisos. Impossível

---

18. "Um Tribunal de Nova Iorque teve que decidir se um herdeiro nomeado no testamento de seu avô poderia herdar o disposto naquele testamento, muito embora ele tivesse assassinado seu avô com esse objetivo" (op. cit., p. 37).
19. Op. cit., p. 71-72.
20. *Teoria dos Direitos Fundamentais*, p. 90. Continua Robert Alexy: "já as regras são normas que são sempre ou satisfeitas ou não satisfeitas. Se uma regra vale, deve se fazer exatamente aquilo que ela exige; nem mais, nem menos. Regras contêm, portanto, determinações no âmbito daquilo que é fática e juridicamente possível. Isso significa que a distinção entre regras e princípios é uma distinção qualitativa, e não uma distinção de grau. Toda norma é ou uma regra ou um princípio" (p. 91).

seria cumpri-los na integralidade, motivo pelo qual devem ser cumpridos na maior intensidade possível.

Utilizando-se de nosso exemplo anterior, não pode o poder público descumprir a norma do art. 230, § 2º, que trata da gratuidade do transporte urbano aos maiores de 65 anos. Trata-se de uma regra. O descumprimento ensejará a impetração de mandado de segurança por parte do titular do direito (ou outra medida coletiva juridicamente possível). Por sua vez, quanto à norma do art. 6º da Constituição (direito ao transporte), impossível o Estado a cumprir integralmente. Cumprirá essa norma na maior intensidade possível, dentro dos limites fáticos, jurídicos e orçamentários.

6.2.2. Conflito entre regras e princípios

Por fim, o conflito entre regras e princípios é resolvido de forma diversa. O conflito entre regras é resolvido por meio dos *métodos tradicionais de solução das antinomias*, ensejando, muitas vezes, a revogação da norma. Os métodos tradicionais de solução das antinomias são: a) critério hierárquico; b) critério cronológico; c) critério da especialidade.

Pelo *critério hierárquico*, a norma superior prevalece sobre a norma inferior. Por essa razão, havendo conflito entre uma norma jurídica hierarquicamente superior e uma norma inferior, a primeira prevalecerá sobre a segunda. Esse critério não se aplica às normas constitucionais, pois, segundo o STF, não há hierarquia entre normas constitucionais originárias. Dessa maneira, não há que se aplicar o critério hierárquico caso haja o conflito de normas constitucionais (regras ou princípios).

Pelo *critério cronológico*, a norma posterior prevalecerá sobre a norma inferior. Esse critério só pode ser utilizado em normas da mesma hierarquia e *pode ser utilizado nas regras constitucionais*. Exemplo é a antinomia esdrúxula existente entre o art. 77, *caput*, da Constituição e o § 3º do mesmo artigo. O art. 77, *caput*, prevê que o segundo turno das eleições presidenciais ocorrerá, se houver, no último domingo de outubro do último ano do mandato presidencial. Por sua vez, o § 3º desse mesmo artigo afirma que o segundo turno, se houver, ocorrerá "em até vinte dias após a proclamação do resultado". Ora, quando será realizado o segundo turno das eleições? No último domingo de outubro ou 20 dias depois do primeiro turno? A incongruência se dá por uma razão simples. O *caput* do art. 77 da Constituição foi alterado pela Emenda Constitucional n. 16, de 1997. O constituinte reformador alterou o *caput* do art. 77 e, negligentemente, não alterou o § 3º do mesmo artigo. Nesse caso, temos de aplicar o critério cronológico, segundo o qual a regra posterior (de 1997) prevalece sobre a regra anterior (de 1988). Houve, no caso, uma revogação parcial tácita do art. 77, § 3º, da Constituição.

Por fim, pelo *critério da especialidade*, a regra especial prevalece sobre a regra geral, não necessitando, no caso, que haja revogação de uma norma pela outra. Se duas regras tratam, aparentemente, sobre o mesmo assunto, prevalecerá a regra especial, em detrimento da regra geral. Exemplo: quem é competente para julgar o crime de homicídio doloso praticado por um deputado federal? Segundo o art. 5º, XXXVIII, "d", da Constituição Federal, o *júri* é competente para julgar os crimes dolosos contra a vida. Todavia, o art. 53, § 1º, dispõe que "os deputados e senadores, desde a expedição do diploma, serão submetidos a julgamento perante o Supremo Tribunal Federal". Nesse caso, aplica-se o princípio da especialidade: a regra especial (competência do STF) prevalece sobre a regra geral (competência do Júri). Importante: estamos falando do conflito entre duas normas da Constituição Federal. Se o conflito fosse entre o art. 5º, XXXVIII, e um dispositivo qualquer de uma Constituição Estadual, prevaleceria o primeiro (por conta do critério hierárquico). Este é o fundamento da Súmula Vinculante n. 45: "A competência constitucional do Tribunal do Júri prevalece sobre o foro por prerrogativa de função estabelecido exclusivamente pela constituição estadual".

Dessa forma, o conflito entre *regras constitucionais* será resolvido através dos critérios tradicionais de solução das antinomias, podendo ensejar, se for o caso, a revogação da regra constitucional. Por sua vez, o mesmo não se dá com o conflito entre os *princípios constitucionais*.

Primeiramente, é oportuno frisar que o conflito entre princípios constitucionais é muito mais comum que o conflito de regras. Isso porque, como os princípios são vagos, amplos, imprecisos, costumeiramente invadem a esfera de outros princípios. Exemplo comum é o conflito entre a "liberdade de manifestação do pensamento" e a "honra" ou a "intimidade". Como se resolve o conflito entre princípios? Impossível resolver a questão aprioristicamente, em tese, estabelecendo uma pseudo-hierarquia entre os princípios constitucionais.

O conflito entre princípios é resolvido na análise do caso concreto, fazendo-se uma ponderação dos princípios, verificando-se o *peso*, a importância de cada princípio, como citou Ronald Dworkin. No caso concreto, faz-se um juízo de proporcionalidade entre os princípios em conflito para verificar qual princípio deve prevalecer.

Exemplo importante foi julgado pelo STF, no ARE 652.777 (de 23-4-2015, relatado pelo Min. Teori Zavascki). Trata-se do conflito entre princípios constitucionais decorrente da publicação em sítio eletrônico mantido pela Administração Pública do nome dos servidores e dos valores correspondentes dos seus vencimentos e vantagens pecuniárias. Afirmou-se, no caso, o conflito entre dois princípios constitucionais: a *intimidade* dos servidores públicos (art. 5º, X, CF) e o *direito à informação* (art. 5º, XIV, CF). A solução desse conflito não é feita abstratamente, aprioristicamente. Não é possível responder, abstratamente, qual princípio é mais importante: intimidade ou informação. É necessária a análise do caso concreto. Nesse caso, o STF decidiu que o direito público à informação prevalece sobre o direito à intimidade dos servidores públicos. Segundo o STF, "é o preço que se paga pela opção por uma carreira pública no seio de um Estado republicano".

Importante frisar que, concluído o sopesamento entre os princípios constitucionais, resolvido o caso concreto, ambos os princípios constitucionais continuarão intactos, sem qualquer revogação de um em detrimento do outro. Os servidores, no nosso exemplo, continuarão com suas intimidades e o cidadão, em geral, continuará com seu direito à informação.

Por fim, uma pergunta mais complexa: e se houver o conflito entre uma regra e um princípio? Qual deverá prevalecer? A pergunta, na realidade, parte de um pressuposto equivocado. Isso porque, embora não exista hierarquia entre regras e princípios, existe uma anterioridade lógica entre eles. Explico: as regras (normas específicas e objetivas) nascem dos princípios (normas amplas e abstratas). As regras sobre a eleição presidencial (art. 77) decorrem do princípio da democracia (art. 1º, parágrafo único, CF). Dessa maneira, quando há o aparente conflito entre regras e princípios, na realidade, está havendo o conflito entre um princípio constitucional e *outro princípio constitucional*, do qual nasceu a regra em análise. Assim, o que se deve fazer, no caso concreto, é a análise, por meio do sopesamento ou ponderação, do conflito entre os dois princípios constitucionais em conflito.

6.2.3. A evolução da força normativa dos princípios

A força normativa dos princípios pode ser identificada em três momentos históricos distintos: a) o jusnaturalismo; b) o positivismo; c) o pós-positivismo.

Durante o *jusnaturalismo*, a busca por postulados de justiça como escopo universal tomou conta da dogmática jurídica, mas a ausência de uma fundamentação epistemológica profunda fez com que a abstração proposta pelos princípios caísse em descrédito durante o *positivismo*, segunda fase a ser examinada. Como lembra Fabiano Mendes Cardoso, a partir do século XVI, com a intenção de se afastar do dogmatismo medieval, da supremacia teológica cristã e do absolutismo dos reis, surgiu a base filosófica do jusnaturalismo moderno: a crença de que o homem possui direitos naturais, independentemente da sua positivação nas leis escritas, permeada pelos ideais de justiça e liberdade. Segundo o autor, "essa vertente perdurou por longo período, até o advento da Escola Histórica do Direito, nas últimas décadas do século XIX, precursora do positivismo jurídico"[21].

Durante o *positivismo*, os princípios passaram a ser extraídos dos textos legais vigentes, por via de abstrações sucessivas. A ideia de completude dos sistemas jurídicos sustentava que os princípios não seriam estranhos ao ordenamento, sendo extraídos do próprio direito positivo, mas carentes de normatividade, máxime na comparação com o direito positivo, a lei escrita. Segundo Paulo Bonavides, "o juspositivismo, ao fazer dos princípios na ordem constitucional meras pautas programáticas supralegais, tem assinalado, via de regra, a sua carência de normatividade, estabelecendo, portanto, a sua irrelevância jurídica"[22].

Já na fase do *pós-positivismo* os princípios atingem o cume da hierarquia normativa, na estrutura dos ordenamentos jurídicos. Segundo Paulo Bonavides, "a teoria dos princípios chega à presente fase do pós-positivismo com os seguintes resultados já consolidados: a passagem dos princípios da especulação metafísica e abstrata para o campo concreto e positivo do Direito, com baixíssimo teor de densidade normativa; a transição crucial da ordem jusprivatista (sua antiga inserção nos Códigos) para a órbita juspublicística (seu ingresso nas Constituições); a suspensão da distinção clássica entre princípios e normas; o deslocamento dos princípios da esfera da jusfilosofia para o domínio da ciência jurídica; a proclamação de sua normatividade; a perda de seu caráter de normas programáticas; o reconhecimento definitivo de sua positividade e concretude por obra sobretudo das Constituições; a distinção entre regras e princípios, como espécies diversificadas do gênero norma e, finalmente, por expressão máxima de todo este desdobramento doutrinário, o mais significativo de seus efeitos: a total hegemonia e preeminência dos princípios"[23].

6.3. CLASSIFICAÇÃO DOS PRINCÍPIOS E REGRAS CONSTITUCIONAIS (SEGUNDO JOSÉ JOAQUIM GOMES CANOTILHO)

Segundo José Joaquim Gomes Canotilho, são os seguintes, os princípios constitucionais: a) princípios jurídicos fundamentais (*Rechtsgrundsätze*); b) princípios políticos constitucionalmente conformadores; c) princípios constitucionais impositivos; d) princípios-garantia.

a) princípios jurídicos fundamentais – "são os princípios historicamente objetivados e progressivamente introduzidos na consciência jurídica e que encontram uma recepção expres-

---

21. *O Pós-Positivismo e a Normatividade dos Princípios Constitucionais*, p. 436. Lembra o autor que, no início do século XX, principalmente através do filósofo italiano Del Vecchio, buscou-se uma retomada da ideia jusnaturalista, mediante uma reanálise da temática dos princípios, colocando o ideal de justiça como cerne dos princípios gerais do direito.
22. Op. cit., p. 264.
23. Op. cit., p. 265.

sa ou implícita no texto constitucional". Pertencem à ordem jurídica positiva (estão positivados no texto constitucional) e constituem importante fundamento para a interpretação, integração, conhecimento e aplicação do direito positivo. Esses princípios têm uma função negativa (ao definir o "Estado de Direito", está negando o Estado arbitrário; ao definir o "Estado Democrático", está negando o Estado ditatorial) e uma função positiva (informam materialmente os atos do poder público, como o "princípio da publicidade").

b) princípios políticos constitucionalmente conformadores – são os princípios constitucionais que explicitam as valorações políticas fundamentais do legislador constituinte. Por exemplo, são os princípios definidores da Forma de Estado, princípios da organização econômico-social, princípios definidores da estrutura do Estado (unitário, com descentralização local), os princípios estruturantes do regime político (princípio republicano, princípio pluralista), princípios caracterizadores da forma de governo etc.

c) princípios constitucionais impositivos – são os princípios que impõem aos órgãos do Estado, sobretudo ao legislador, a realização de fins e a execução de tarefas. São os princípios definidores dos fins do Estado (como o art. 3º, que trata dos "objetivos da República"), princípios diretivos fundamentais (como o art. 1º, que trata dos fundamentos da República) etc.

d) princípios-garantia – são os princípios que visam a instituir direta e imediatamente uma garantia aos cidadãos. Exemplo: o direito à vida, previsto no art. 5º, *caput*, da Constituição de 1988[24], contraditório e ampla defesa (art. 5º, LV), vedação da tortura (art. 5º, III), liberdade de consciência e crença (art. 5º, VI) etc.

Por sua vez, segundo José Joaquim Gomes Canotilho, as regras constitucionais se dividem em: a) regras jurídico-organizatórias; b) regras jurídico-materiais.

a) regras jurídico-organizatórias: podem ter *regras de competência* (reconhecendo certas atribuições a determinados órgãos constitucionais, como o art. 84, que trata das atribuições do Presidente da República), *regras de criação de órgãos* (visando à criação ou instituição de certos órgãos, como o art. 92 da Constituição, que estabelece os órgãos do Poder Judiciário), *regras de procedimento* (normas procedimentais consideradas essenciais, como as regras referentes ao controle de constitucionalidade, como o art. 97, que trata da cláusula de reserva de plenário);

b) regras jurídico-materiais: podem ter *regras de direitos fundamentais* destinadas ao reconhecimento de garantia dos direitos fundamentais (como o art. 5º, § 1º, que assegura a eficácia imediata das normas definidoras dos direitos fundamentais); *regras de garantias institucionais* (que protegem as instituições, públicas ou privadas, como o art. 99 da Constituição, que assegura ao Poder Judiciário a autonomia financeira e administrativa); *regras determinadoras de fins e tarefas do Estado* (são preceitos que fixam essencialmente os fins e as tarefas prioritárias do Estado); e *regras constitucionais impositivas* (impondo ao legislador o dever de legislar sobre determinados assuntos ou de realizar atos administrativos e de gestão, como o art. 212 da Constituição, que determina a aplicação, por parte da União, de pelo menos 18% da receita resultante dos impostos).

---

24. Analisando os textos constitucionais dos países do Mercosul, bem como os tratados internacionais sobre direitos humanos referendados por esses países, verifica-se que, em regra, o direito à vida recebe dessas legislações o tratamento de "princípio", e não de "regra". Sendo, pois, um princípio constitucional, decorrente da dignidade da pessoa humana, o direito à vida deve ser tutelado na maior intensidade possível, mas não de forma absoluta. Isso porque tutelar o direito à vida de forma absoluta e irrestrita significaria violar outros direitos fundamentais igualmente relevantes. É por essa razão que a própria Constituição Federal admite a limitação da vida pela aplicação da pena de morte, em caso de guerra declarada (art. 5º, XLVII).

6.4. NORMA CONSTITUCIONAL INTERPOSTA

A *norma constitucional interposta* é uma nomenclatura criada pelo renomado constitucionalista italiano Gustavo Zagrebelsky. Como é sabido por todos, muitos dispositivos constitucionais fazem remissão a uma norma infraconstitucional regulamentadora ("nos termos da lei", "na forma da lei", "segundo a lei" etc.). Segundo Zagrebelsky, como essas normas infraconstitucionais cumprem um mandamento constitucional e regulamentam a Constituição, também seriam normas constitucionais: as normas constitucionais interpostas. Segundo o referido autor, mesmo não sendo normas formalmente constitucionais (não estão no texto da Constituição), devem ser consideradas normas materialmente constitucionais. Na prática, sendo normas constitucionais, poderiam ser utilizadas como parâmetro no controle de constitucionalidade.

Afirma Gustavo Zagrebelsky: "se as normas constitucionais fizerem referência expressa a outras disposições normativas, a violação constitucional pode advir da violação dessas outras normas, que, muito embora não sejam formalmente constitucionais, vinculam os atos e procedimentos legislativos, constituindo-se normas constitucionais interpostas"[25].

Entendemos que essa teoria não é adotada no Brasil. Uma lei que regulamenta a Constituição não é uma norma constitucional (nem material, muito menos formalmente constitucional). Imaginemos o seguinte exemplo: a Lei de Interceptação Telefônica (Lei n. 9.296/96) decorre da determinação constitucional do art. 5º, XII, da Constituição. Malgrado sua importância, trata-se de uma norma infraconstitucional.

Esse tema foi examinado pelo STF no julgamento do MS 26.915, relatado pelo Ministro Gilmar Mendes. Trata-se de um Mandado de Segurança que questiona ato do Presidente da Câmara dos Deputados que teria violado o Regimento Interno da Câmara dos Deputados. O Ministro afirmou que violações ao Regimento Interno das Casas Parlamentares, em regra, não podem ser apreciadas pelo Poder Judiciário, já que se trata de matéria *interna corporis*. Segundo o Ministro, "se é certo que a jurisprudência do Supremo Tribunal Federal reconhece a possibilidade de avançar na análise da constitucionalidade da administração ou organização interna das Casas Legislativas, também é verdade que isso somente tem sido admitido em situações excepcionais, em que há flagrante desrespeito ao devido processo legislativo ou aos direitos e garantias fundamentais".

Nesse Mandado de Segurança, o Ministro Gilmar Mendes, ao criticar a teoria que veda absolutamente o controle jurisdicional dos atos *interna corporis*, utilizou-se de alguns argumentos, como o de que, "com reconhecimento do princípio da supremacia da Constituição como corolário do Estado Constitucional e, consequentemente, a ampliação do controle judicial de constitucionalidade, consagrou-se a ideia de que nenhum assunto, quando suscitado à luz da Constituição, poderá estar previamente excluído da apreciação judicial". Outro argumento utilizado foi o da "norma constitucional interposta", embora seja extremamente minoritário no Brasil.

Princípios constitucionais	Princípios jurídicos fundamentais
	Princípios políticos constitucionais conformadores
	Princípios constitucionais impositivos
	Princípios-garantia

---

25. *La Giustizia Costituzionale*, p. 40-41

Regras constitucionais
- Regras jurídico-organizatórias (regras de competência, regras de criação de órgãos, regras de procedimento)
- Regras jurídico-materiais (regras de direitos fundamentais, regras de garantias institucionais, regras determinadoras de fins e tarefas do Estado, regras constitucionais impositivas)

6.5. NORMA DE REPRODUÇÃO OBRIGATÓRIA, FACULTATIVA OU PROIBIDA

Trata-se de outra classificação nas normas constitucionais. A *norma de reprodução obrigatória* ou *de observância obrigatória*, como o próprio nome diz, obriga o poder constituinte estadual, ao elaborar a Constituição do Estado, a seguir o que está estabelecido no texto da Constituição Federal. Isso ocorre, por exemplo, nas normas que tratam do processo legislativo (STF, ADI 1.434); do quórum para instalação de CPI (STF, ADI 3.619); do quórum para emenda constitucional (STF, ADI 6.453) etc. Já a *norma de reprodução facultativa*, também chamada de *norma de imitação* (segundo Raul Machado Horta) é aquela que não tem necessidade de estar presente na Constituição estadual, mas, por vontade do legislador do Estado, foi nela inserida. Embora não se trate exatamente de uma norma constitucional, poder-se-ia dar como exemplo a menção a "Deus", que está no preâmbulo da Constituição Federal e que foi replicada nas Constituições dos 26 Estados da Federação. Melhores exemplos seriam: a) o regramento constitucional sobre a eleição indireta após a dupla vacância (o STF entendeu que o ente federativo tem liberdade para tratar desse assunto, dentro de alguns parâmetros, que estudamos no capítulo destinado à "Separação dos Poderes"); b) a vedação da reeleição para o mesmo cargo nas Assembleias Legislativas (como nas Mesas da Câmara e Senado) (STF, ADI 792 e ADI 2.371). Por fim, as *normas de reprodução proibida* são aquelas que não podem ser inseridas na Constituição Estadual. Podemos dar, como exemplo, a norma constitucional que prevê a necessidade de autorização de 2/3 da Câmara dos Deputados para que haja o processo contra o Presidente da República (no crime comum ou de responsabilidade). Essa norma se aplica apenas ao Presidente (que é o Chefe de Estado), não podendo ser estendida aos Governadores, pelas Constitucionais. Outro exemplo seria a proibição de replicar, na Constituição estadual a norma da Constituição Federal que prevê as imunidades do Presidente da República (e que são exclusivas do Chefe de Estado – STF, Inq. 3.983).

A noção de *norma constitucional de reprodução obrigatória* afeta diretamente o controle de constitucionalidade de várias formas: a) contra a decisão do Tribunal de Justiça que julga uma ADI (ação direta de inconstitucionalidade) que tem como parâmetro uma norma da Constituição estadual, caberá Recurso Extraordinário, desde que tal norma da Constituição estadual seja uma norma de reprodução obrigatória (STF, AgR-RE 353350), não se aplicando tal entendimento quando a norma constitucional for de *reprodução facultativa* (STF, Rcl 370); b) caberá ADI para o Tribunal de Justiça contra uma lei municipal que atenta contra a Constituição Federal, desde que se trate de uma *norma constitucional de reprodução* obrigatória (ou seja, que deveria estar na Constituição Estadual).

Por fim, essa atribuição de competências legislativas, dada pela Constituição aos Estados, dá ensejo àquilo que a doutrina chama de *experimentalismo democrático*. Isso porque os Estados funcionam como *laboratórios legislativos*, pois atuam no desenvolvimento de novas normas constitucionais e legais, construindo novas experiências que poderão ser adotadas por outros entes federativos ou pela própria União, através da lei federal. É o que se vê no artigo 24, da Constituição, que prevê ser competência concorrente legislar sobre "procedimentos em matéria processual". Com base nesse dispositivo, decidiu o STF: "a prerrogativa de legislar sobre procedimentos possui o condão de transformar os Estados em verdadeiros 'laboratórios legislativos'. Ao conceder-se aos entes federados o poder de regular o procedimento de uma matéria, baseando-se em peculiaridades próprias, está-se a possibilitar que novas e exitosas experiências sejam formuladas. Os Estados passam a ser partícipes importantes no desenvolvimento do direito nacional e a atuar ativamente na construção de possíveis experiências que poderão ser adotadas por outros entes ou em todo território nacional" (ADI 2.922, rel. Min. Gilmar Mendes, Pleno, j. 3-4-2014).

6.6. NORMAS CONSTITUCIONAIS EXPRESSAS E IMPLÍCITAS

Enquanto as normas constitucionais expressas são aquelas encontradas textualmente na Constituição, as normas implícitas são aquelas que, embora não escritas, decorrem dos princípios constitucionais estabelecidos. Não apenas as normas expressas, como também as normas implícitas, integram o chamado "bloco de constitucionalidade" (ordenamento constitucional que servirá de parâmetro ao controle de constitucionalidade).

Podem ser dados como exemplos de normas constitucionais implícitas o Princípio Republicano (ADI 2.821), o princípio da proporcionalidade (STF, HC 99.832), o princípio da fraternidade (STJ, AgRg 113.084), o princípio do promotor natural (STF, ADI 2.854), direito à busca da felicidade (STF, RE 899.060) etc.

6.7. NORMAS CONSTITUCIONAIS MANDATÓRIAS E DIRETIVAS

Como relatado por José Afonso da Silva, em sua clássica obra "Aplicabilidade das Normas Constitucionais", com base na doutrina norte-americana, as normas constitucionais se classificam em: a) normas constitucionais mandatórias (*mandatory provisions*): as normas constitucionais essenciais cujo cumprimento é obrigatório e inescusável; b) *normas constitucionais diretivas (directory provisions)*: as normas constitucionais de caráter meramente regulamentar, podendo o legislador ordinário dispor de outro modo, sem que tal norma seja considerada inconstitucional.

6.8. NORMAS CONSTITUCIONAIS BASTANTES EM SI E NÃO BASTANTES EM SI

Nomenclatura utilizada por Pontes de Miranda. As *normas constitucionais bastantes em si* são aquelas que produzem todos os seus efeitos, sem precisar de um complemento (atualmente essas normas costumam receber o nome de *normas constitucionais de eficácia plena*). Já as *normas constitucionais não bastantes em si* são aquelas que não produzem todos os seus efeitos, precisando de um complemento (e atualmente chamadas de *norma constitucional de eficácia limitada de princípio institutivo*). Sobre esse tema, tratamos melhor no capítulo destinado à "Eficácia das Normas Constitucionais".

Conteúdo digital – Acesse: https://somos.in/CDC7

Conteúdo em vídeo
Questões com gabarito comentado

7

APLICABILIDADE DAS NORMAS CONSTITUCIONAIS

Sumário

7.1. Vigência, validade e eficácia – **7.2.** Classificação de Ruy Barbosa – **7.3.** Classificação de José Afonso da Silva – **7.4.** Norma constitucional de eficácia absoluta – **7.5.** Norma constitucional de eficácia exaurida – **7.6.** Classificação de Maria Helena Diniz – **7.7.** Classificação de Celso Ribeiro Bastos e Carlos Ayres Britto – **7.8.** Classificação de Manoel Gonçalves Ferreira Filho – **7.9.** Classificação de Luís Roberto Barroso.

7.1. VIGÊNCIA, VALIDADE E EFICÁCIA

No campo normativo, uma questão que se faz essencial é a análise da validade, vigência e eficácia das normas jurídicas (e também das normas constitucionais). Validade, vigência e eficácia da norma são diferentes. E mais: são independentes! Uma norma pode ser válida e não ser vigente, pode ser vigente e não ser eficaz, pode ser eficaz e não ser vigente etc. Vejamos as diferenças:

Validade, sob um ponto de vista jurídico-positivista, é a compatibilidade da norma jurídica com sua norma superior, que lhe dá validade. Assim, uma lei será válida se compatível com a Constituição e com os atos normativos que lhe são superiores. No Brasil, no atual estágio da "pirâmide normativa", uma lei ordinária federal será válida se for compatível com os tratados supralegais (e infraconstitucionais) e com a Constituição Federal. Outrossim, parte da doutrina afirma que a validade também exige a compatibilidade das leis com seus respectivos procedimentos de criação. Por exemplo, Maria Helena Diniz divide a validade em *constitucional* e *formal*. Segundo ela, "a validade constitucional, intimamente relacionada com a eficácia constitucional, indica que a disposição normativa é conforme às prescrições constitucionais; assim, nesse sentido, válida é a norma que respeita um comando superior; ou seja, o preceito constitucional [...] A validade formal, ou técnico-jurídica de uma norma, significa que ela foi elaborada por órgão competente em obediência aos procedimentos legais"[1]. No nosso entendimento, tal aspecto já está inserido no conceito que adotamos (como o procedimento de criação das normas está, em essência, na Constituição, o desrespeito ao seu procedimento de criação viola a Lei Maior e, por isso, não é válida, constitucional).

Sob o ponto de vista jusnaturalista ou não positivista, há outras formas de se perscrutar a validade das normas (o respeito aos costumes e a aceitação pela população, como no *realismo escandinavo*[2], o respeito ao "espírito do povo", como no *historicismo alemão*[3] etc.). Não obstante, utilizaremos nessa obra a acepção de validade jurídico-positiva: é a compatibilidade da norma jurídica com aquelas normas que lhe são hierarquicamente superiores.

Vigência é a possibilidade de invocação da lei num caso concreto, em razão de seu ingresso anterior no ordenamento jurídico. Diz-se que uma lei "entrou em vigor". "Vigor" é sinônimo de força ("qualidade de quem é vigoroso; energia, capacidade de agir; condição do que está em pleno funcionamento, do que está vigorando"[4]); no caso, força normativa para se aplicar aos casos concretos. Segundo Maria Helena Diniz, "é uma qualidade da norma atinente ao tempo de sua atuação, podendo ser invocada para produzir, concretamente, efeitos"[5].

---

1. *Lei de Introdução às Normas do Direito Brasileiro Interpretada*. 19. ed. São Paulo: Saraiva, 2017. p. 67.
2. "Em sua obra *Sobre el derecho y la justicia*, Alf Ross procura lançar as bases de uma teoria do direito e da justiça sob o prisma da moderna filosofia empirista. Contestando todas as doutrinas que dão ao direito uma validez transcendente, pondera que a validade jurídica apoia-se na realidade dos fatos. Deveras, para ele, o direito vigente é o conjunto abstrato das ideias normativas que servem como um esquema de interpretação para os fenômenos jurídicos em ação, isto é, de normas efetivamente obedecidas, porque são vividas como socialmente obrigatórias pelo juiz e outras autoridades jurídicas, ao aplicar o direito" (Maria Helena Diniz. *Compêndio de Introdução à Ciência do Direito*, p. 100).
3. "Para Puchta o direito humano (jurídico-positivo) confunde-se com o direito natural, isto é, com o direito nascido do espírito popular, como convicção ou vontade comum do justo (*volksgeist*). O direito era o direito do povo, ou seja, o que surgia da convicção popular íntima e comum" (op. cit., p. 116).
4. *Dicionário da Língua Portuguesa*. Academia Brasileira de Letras.
5. *Lei de Introdução às Normas do Direito Brasileiro Interpretada*, p. 67.

No Brasil, em regra, as leis entram em vigor 45 dias da data da sua publicação. Esse prazo entre a publicação das leis e sua entrada em vigor recebe o nome de *vacatio legis* (o período de vacância das leis). Esse período tem a função de permitir que a população se adapte ao novo texto normativo, a fim de que não haja surpresas.

Infelizmente, no Brasil, criou-se uma espúria tradição legislativa de concluir os textos legais com um artigo afirmando "esta lei entra em vigor na data de sua publicação". Embora seja possível tal norma jurídica (já que o prazo da *vacatio legis* pode ser, por expressa previsão legal, ampliado, reduzido ou até suprimido), fere o interesse público, não permitindo que a população se adapte ao novo texto normativo. Por essa razão, o presidente Michel Temer, em maio de 2016, vetou artigo da Lei n. 13.290/2016 (que fixou nova infração de trânsito: dirigir automóvel em rodovias sem ter os faróis ligados) que determinava que a vigência da lei se desse na data da sua publicação. Ora, no dia seguinte, motoristas seriam multados sem sequer ter conhecimento real da nova legislação. O presidente, em suas razões de veto, afirmou: "sempre que a norma possua grande repercussão, deverá ter sua vigência iniciada em prazo que permita sua divulgação e conhecimento. Assim sendo, é essencial a incidência da *vacatio legis* que permita a ampla divulgação da norma".

Eficácia de uma norma pode ser vista sob o ponto de vista *social* e *jurídico*. *Eficácia social* é o respeito à legislação por meio da população. Em alguns determinados casos, por conta do tempo transcorrido após a entrada em vigor da legislação, por exemplo, a lei não atende mais aos reclamos sociais ou não mais espelha a realidade dos fatos, não corresponde aos valores sociais majoritários. Exemplo que me parece um dos mais importantes é o da Lei n. 5.700/71 (que trata dos *símbolos nacionais*, como o hino nacional, a bandeira etc.). Por exemplo, o art. 34 da referida lei afirma: "é vedada a execução de quaisquer arranjos vocais do Hino Nacional, a não ser o de Alberto Nepomuceno; igualmente não será permitida a execução de arranjos artísticos instrumentais do Hino Nacional que não sejam autorizados pelo presidente da República, ouvido o Ministério da Educação e Cultura". Se não bastasse, o art. 35 afirma ser contravenção a violação de qualquer dispositivo da lei, sujeitando o infrator à pena de multa. Ora, na realidade atual brasileira, em várias cerimônias (como foi recentemente a abertura dos Jogos Olímpicos, em que o hino foi cantado maravilhosamente num arranjo do eterno Paulinho da Viola), os dispositivos da lei são desrespeitados. Nesse caso, podemos afirmar que, embora formalmente em vigor, esse dispositivo não tem mais eficácia social. A sociedade não mais respeita a sobredita legislação (até mesmo as autoridades ignoram o seu conteúdo – não tenho notícia que Paulinho da Viola tenha sido levado à delegacia, por transgredir a sobredita lei – o que seria teratológico)[6]. Não se confunde *ineficácia social* com *desuso*. Desuso é o desaparecimento dos pressupostos fáticos para os quais a lei se destina. Enquanto na *ineficácia social* a lei deixa de ser respeitada pela sociedade, embora os pressupostos fáticos de aplicação ainda existam, no *desuso* não há mais como se aplicar a lei, já que os fatos para os quais ela se destina não mais existem.

---

6. Acerca da Lei n. 5.700/71, o brilhante professor Felipe Chiarello de Souza Pinto, em obra específica sobre o tema, sustenta a *invalidade* da norma, em vez de atacar a *eficácia social*, como fizemos. Segundo o autor, as normas referidas na sobredita lei não foram recepcionadas pela Constituição de 1988, por violação à liberdade de manifestação do pensamento (art. 5º, IV) e liberdade de manifestação artística e intelectual (art. 5º, IX). Segundo ele: "nenhum governo tem o direito de impedir que os indivíduos de sua nação deixem de exprimir, seja na forma escrita, seja na falada, suas considerações a respeito de qualquer assunto que lhes interessa, valendo-se, no entanto, de afirmações verdadeiras" (*Os Símbolos Nacionais e a Liberdade de Expressão*, p. 88).

Por sua vez, *eficácia jurídica* de uma norma é a possibilidade de produção de efeitos concretos. Se uma lei pode produzir efeitos, tem eficácia, que pode variar quanto a sua intensidade, como adiante veremos. Interessa-nos a *eficácia jurídica das normas constitucionais*. De fato, as normas constitucionais têm eficácia variada. Algumas normas constitucionais produzem muitos efeitos e outras normas constitucionais produzem poucos efeitos. Em razão da eficácia das normas, surgem importantes classificações, das quais destacaremos duas delas.

7.2. CLASSIFICAÇÃO DE RUY BARBOSA

Inspirado na doutrina norte-americana, Ruy Barbosa classifica as normas constitucionais em: a) normas constitucionais autoexecutáveis (*self-executing provisions*) e b) normas constitucionais não autoexecutáveis (*not self-executing provisions*). Segundo José Afonso da Silva: "a distinção surgiu da verificação de que as constituições consubstanciam normas, princípios e regras de caráter geral, a serem convenientemente desenvolvidos e aplicados pelo legislador ordinário, já que não podem, nem devem, descer às minúcias de sua aplicação. São, na expressão de Ruy, 'largas sínteses, sumas de princípios gerais, onde, por via de regra, só se encontram o *subscractum* de cada instituição nas suas normas dominantes, a estrutura de cada uma, reduzida, as mais das vezes, a uma característica, a uma indicação, a um traço. Ao legislador cumpre, ordinariamente, revestir-lhes a ossatura delineada, impor-lhes o organismo adequado, e lhes dar capacidade de ação"[7].

Normas constitucionais executáveis são as normas constitucionais que não precisam de complementação; são capazes de produzir todos os seus efeitos, sem necessidade de qualquer complemento. Na Constituição de 1988, podemos mencionar o art. 2º, que estabelece quais os três poderes da União, bem como o art. 18, § 1º, que estabelece qual a capital federal.

À luz da doutrina de Ruy Barbosa, José Afonso da Silva esclarece: "normas constitucionais *self-executing* (ou *self-enforcing*, ou *self-acting*; autoexecutáveis, autoaplicáveis, bastantes em si) são as desde logo aplicáveis, porque revestidas de plena eficácia jurídica, por regularem diretamente as matérias, situações ou comportamentos de que cogitam, enquanto normas constitucionais *not self-executing* (ou *not self-enforcing*, ou *not self-acting*; não autoexecutáveis, não autoaplicáveis, não bastantes em si) são as de aplicabilidade dependente das leis ordinárias"[8].

Todavia, tal classificação é bastante criticada pela doutrina moderna majoritária: "A classificação pura e simples das normas constitucionais em *autoaplicáveis* e *não autoaplicáveis* não corresponde, com efeito, à realidade das coisas e às exigências da ciência jurídica, nem às necessidades de aplicação das constituições, pois sugere a existência, nestas, de normas ineficazes ou destituídas de imperatividade"[9]. Como veremos a seguir, todas as normas constitucionais produzem efeitos, ainda que efeitos mínimos. Outrossim: "a teoria clássica norte-americana não destaca, como acentua a crítica, a importância das normas programáticas que revelam o novo

---

7. *Aplicabilidade das Normas Constitucionais*, p. 73.
8. Op. cit., p. 74. Prossegue o autor: "Ruy Barbosa, fundado nos autores e na jurisprudência norte-americana, difundiu a doutrina entre nós, e conceitua as normas autoexecutáveis como sendo 'as determinações, para executar as quais não se haja mister de constituir ou designar uma autoridade, nem criar ou indicar um processo especial, e aquelas que o direito instituído se ache armado por si mesmo, pela sua própria natureza, dos seus meios de execução e preservação'. Não autoexecutáveis são as que 'não revestem dos meios de ação essenciais ao seu exercício os direitos, que outorgam, poderes, cujo uso tem de aguardar que a Legislatura, segundo o seu critério, os habilite a se exercerem'" (op. cit., p. 74).
9. Op. cit., p. 75.

caráter das constituições contemporâneas, não oferecendo uma visão ordenada e científica de seus variados efeitos jurídicos, assim como das demais normas de princípios constantes das cartas políticas do mundo atual, que consagram novos valores e reclamam a realização de outros ideais na vida política e social, perseguindo a concretização do bem comum"[10].

7.3. CLASSIFICAÇÃO DE JOSÉ AFONSO DA SILVA

Inspirado na doutrina italiana de Vezio Crisafulli, José Afonso da Silva escreveu uma importante monografia acerca do tema: *Aplicabilidade das Normas Constitucionais*. Nascido em Gênova, no ano de 1910 e falecido em 1986, em Roma, Vezio Crisafulli lecionou Direito Constitucional nas universidades de Urbino, Trieste, Pádua e Roma, onde terminou sua carreira em 1985. Em 14 de maio de 1968, foi nomeado membro do Tribunal Constitucional. Dentre suas obras estão *La Costituzione e le sue disposizioni di principio, Lezioni di diritto costituzionale* etc. José Afonso da Silva, mineiro de Silva Campos, nascido em 1925, livre-docente pela Universidade de São Paulo, é procurador do Estado de São Paulo aposentado e autor de várias obras, dentre as quais destacamos neste capítulo o célebre livro *Aplicabilidade das Normas Constitucionais*.

Nessa obra, classifica as normas constitucionais em três modalidades: a) norma constitucional de eficácia plena; b) norma constitucional de eficácia contida; c) norma constitucional de eficácia limitada.

a) Norma constitucional de eficácia plena

É a norma constitucional que produz todos seus efeitos, sem precisar de qualquer regulamentação, complementação. Trata-se de regra geral. Assim, em regra, as normas constitucionais possuem eficácia plena, como ressalta José Afonso da Silva: "a clássica teoria norte-americana sobre a aplicabilidade das normas constitucionais sustentava serem excepcionais os casos em que as disposições da constituição eram, por si mesmas, executórias [...]. Hoje prevalece entendimento diverso. A orientação doutrinária moderna é no sentido de reconhecer eficácia plena e aplicabilidade imediata à maioria das normas constitucionais, mesmo a grande parte daquelas de caráter socioideológico, as quais até bem recentemente não passavam de princípios programáticos"[11].

São exemplos o art. 2º da Constituição (que estabelece quais são os três Poderes da União), o art. 18, § 1º (que define a capital federal), o art. 20 (que define os bens da União) etc.

Segundo José Afonso da Silva, embora não haja um critério único e seguro para distinguir as normas constitucionais de eficácia plena das demais, poder-se-ão "fixar regras sobre o assunto, no que as conclusões da clássica doutrina norte-americana sobre ele podem oferecer, ainda, contribuição valiosa. Segundo essa doutrina, uma norma constitucional é autoaplicável (corresponde, *mutatis mutandis*, às de eficácia plena) quando, completa no que determina, lhe é supérfluo o auxílio supletivo da lei, para exprimir tudo o que intenta, e realizar tudo o que exprime"[12].

---

10. Op. cit., p. 76.
11. Op. cit., p. 90.
12. Op. cit., p. 97. Continua o professor: "completa, nesse sentido, será a norma que contenha todos os elementos e requisitos para a sua incidência direta. Todas as normas regulam certos interesses em relação a determinada matéria. Não se trata de regular a matéria em si, mas de definir certas situações, comportamentos ou interesses vinculados a determinada matéria. Quando essa regulamentação normativa é tal que se pode saber com precisão, qual a conduta

Importante: depois de conceituar as normas constitucionais de eficácia plena, o professor José Afonso da Silva conclui que são elas *de aplicabilidade imediata*. Segundo ele: "as normas de eficácia plena incidem diretamente sobre os interesses a que o constituinte quis dar expressão normativa. São de *aplicabilidade imediata*, porque dotadas de todos os meios e elementos necessários à sua executoriedade. No dizer clássico, são autoaplicáveis. As condições gerais para essa aplicabilidade são a existência apenas do aparato jurisdicional, o que significa aplicam-se só pelo fato de serem normas jurídicas, que pressupõem, no caso, a existência do Estado e de seus órgãos"[13].

b) Norma constitucional de eficácia contida (ou redutível ou restringível)

É a norma constitucional que, apesar de produzir todos os efeitos, pode ter sua eficácia reduzida por conta de lei infraconstitucional. Alguns artigos da Constituição permitem, expressamente, que haja restrição por parte de normas infraconstitucionais. Segundo José Afonso da Silva, cinco são os pontos característicos desse tipo de norma constitucional: "I – são normas que, em regra, solicitam a intervenção do legislador ordinário, fazendo expressa remissão a uma legislação futura; *mas o apelo ao legislador ordinário visa a restringir-lhes a plenitude da eficácia*, regulamentando os direitos subjetivos que dela decorrem para os cidadãos, indivíduos ou grupos; II – *Enquanto o legislador ordinário não expedir a normação restritiva, sua eficácia será plena;* nisso também diferem das normas de eficácia limitada, de vez que a interferência do legislador ordinário, em relação a estas, tem o escopo de lhes conferir plena eficácia e aplicabilidade concreta e positiva; III – *são de aplicabilidade direta e imediata, visto que o legislador constituinte deu normatividade suficiente aos interesses vinculados à matéria que cogitam;* IV – algumas dessas normas já contêm um conceito ético juridicizado (bons costumes, ordem pública etc.), como valor societário ou político a preservar, que implica a limitação de sua eficácia; V – sua eficácia pode ainda ser afastada pela incidência de outras normas constitucionais, se ocorrerem certos pressupostos de fato (estado de sítio, por exemplo)"[14] (grifamos).

É o caso do art. 5º, LVIII, da Constituição, que afirma: "o civilmente identificado não será submetido a identificação criminal, salvo nas hipóteses previstas em lei". A primeira parte do referido dispositivo legal produz todos os seus efeitos (o civilmente identificado, ou seja, aquele que é portador do documento de identificação civil, não será submetido à identificação criminal – identificação datiloscópica e fotográfica). Todavia, a segunda parte do dispositivo legal permite a restrição do direito por meio de uma lei infraconstitucional: "salvo nas hipóteses previstas em lei". No caso, trata-se da Lei n. 12.037, de 1º de outubro de 2009, que traz as hipóteses em que, mesmo sendo portador do documento de identificação civil, o agente será submetido à identificação criminal (por exemplo, se "o documento apresentar rasura ou tiver indício de falsificação" – art. 3º, I – ou se "o estado de conservação ou a distância temporal ou da

---

positiva ou negativa a seguir, relativamente ao interesse descrito na norma, é possível afirmar-se que esta é completa e juridicamente dotada de plena eficácia, embora possa não ser socialmente eficaz. Isso se reconhece pela própria linguagem do texto, porque a norma de eficácia plena dispõe peremptoriamente sobre os interesses regulados. Alguns exemplos, extraídos aqui e ali, da Constituição Federal ilustram essa ideia geral sobre as normas plenamente eficazes e de aplicabilidade imediata: 1. 'A República Federativa do Brasil é formada pela união indissolúvel dos Estados e Municípios e do Distrito Federal [...]' (art. 1º). 2. É vedada a cassação de direitos políticos (art. 15); "É vedada a utilização pelos partidos políticos de organização paramilitar' (art. 17, § 4º) [...]".

13. Op. cit., p. 100.
14. Op. cit., p. 102-103.

localidade da expedição do documento apresentado impossibilite a completa identificação dos caracteres essenciais" – art. 3º, VI). Como se vê, embora a norma constitucional produza todos os efeitos, a lei infraconstitucional tem o condão de reduzi-los, em parte.

Outro importante exemplo é o art. 5º, XIII, da Constituição Federal, que determina: "é livre o exercício de qualquer trabalho, ofício ou profissão, atendidas as qualificações profissionais que a lei estabelecer". A primeira parte do referido dispositivo constitucional produz todos os seus efeitos (todos podem escolher livremente sua profissão), mas a segunda parte permite que a lei restrinja o acesso a algumas profissões, estabelecendo qualificações profissionais mínimas ao seu exercício.

Dessa maneira, a lei infraconstitucional pode restringir o acesso a algumas profissões, como fez a Lei n. 8.906/94 (Estatuto da OAB), que em seu art. 8º exige, para o exercício da advocacia, a aprovação no Exame da Ordem dos Advogados do Brasil. Essa restrição ao exercício da advocacia é mesmo constitucional? O Supremo Tribunal Federal decidiu que sim. No Recurso Extraordinário 603.583, relatado pelo Min. Marco Aurélio, o STF decidiu que "O Exame de Ordem, inicialmente previsto no art. 48, inciso III, da Lei n. 4.215/63 e hoje no art. 84 da Lei n. 8.906/94, no que a atuação profissional repercute no campo de interesse de terceiros, mostra-se consentâneo com a Constituição Federal, que remete às qualificações previstas em lei".

Basicamente, para considerar constitucional o Exame da OAB, dois foram os argumentos usados: a) a própria Constituição permite restrições infraconstitucionais, estabelecendo critérios para o exercício das profissões; b) a advocacia é uma profissão de extrema relevância social, o que faz com que seja razoável tal limitação legal[15].

Segundo José Afonso da Silva, essas normas constitucionais de eficácia contida são "normas de aplicabilidade imediata e direta. Tendo eficácia independente da interferência do legislador ordinário, sua aplicabilidade não fica condicionada a uma normação ulterior, mas fica dependente dos limites (daí: eficácia contida) que ulteriormente se lhe estabeleçam mediante lei, ou de que as circunstâncias restritivas, constitucionalmente admitidas, ocorram (atuação do Poder Público para manter a ordem, a segurança pública, a defesa nacional, a integridade nacional etc., na forma permitida pelo direito objetivo)"[16].

---

15. "No tocante ao exercício, se o ofício é lícito, surge a obrigação estatal de *não opor embaraços irrazoáveis ou desproporcionais*. Há o direito de obterem-se as habilitações versadas em lei para a prática profissional, observadas, igualmente, condições equitativas e as qualificações técnicas previstas em lei. [...] Essa dimensão desvenda outro aspecto a ser realçado: o constituinte originário limitou as restrições à liberdade de ofício às exigências de qualificação profissional. Cabe indagar: por que assim o fez? Ora, precisamente porque o trabalho, além da dimensão subjetiva, também ostenta relevância que transcende os interesses do próprio indivíduo. Em alguns casos, o mister desempenhado pelo profissional resulta em assunção de riscos – os quais podem ser individuais ou coletivos. Quando o risco é predominantemente do indivíduo – exemplo dos mergulhadores, dos profissionais que lidam com a rede elétrica, dos transportadores de cargas perigosas etc., para tentar compensar danos à saúde, o sistema jurídico atribui-lhe vantagens pecuniárias (adicional de periculosidade, insalubridade) ou adianta-lhe a inativação. São vantagens que, longe de ferirem o princípio da isonomia, consubstanciam imposições compensatórias às perdas físicas e psicológicas que esses profissionais sofrem. Quando, por outro lado, o risco é suportado pela coletividade, então, cabe limitar o acesso à profissão e o respectivo exercício, exatamente em função do interesse coletivo. Daí a cláusula constante da parte final do inciso XIII do artigo 5º da Carta Federal, de ressalva das qualificações exigidas pela lei. Ela é a salvaguarda de que as profissões que representam riscos à coletividade serão limitadas, serão exercidas somente por aqueles indivíduos conhecedores da técnica. [...] A esta altura, posso adiantar o entendimento de que o exame de suficiência é compatível com o juízo de proporcionalidade e não alcançou o núcleo essencial da garantia constitucional da liberdade de ofício. [...]"

16. Op. cit., p. 114.

Importante: essas restrições infraconstitucionais permitidas pelo próprio texto constitucional podem ser ilimitadas, irrazoáveis, ou há "limites desses limites"? As restrições legais não são ilimitadas. Não seria constitucional a lei que alterasse o Exame da OAB, permitindo um único exame por candidato e, em caso de reprovação, deveria escolher outra profissão. Seria uma limitação desmedida, irrazoável e, principalmente, inconstitucional. Quais são os "limites dos limites"?

As leis infraconstitucionais que restringem as normas constitucionais devem obedecer três critérios: a) não podem ferir o núcleo essencial dos direitos fundamentais; b) devem ser razoáveis; c) devem ser proporcionais.

Primeiramente, as normas constitucionais não podem ferir o *núcleo essencial dos direitos fundamentais*. Abordaremos esse tema com mais profundidade no capítulo em que trataremos dos "direitos fundamentais". Nesse momento, podemos afirmar que as normas constitucionais possuem um núcleo intangível que não pode ser reduzido pela lei infraconstitucional. Prevalece na doutrina brasileira e na jurisprudência que este *núcleo essencial* é encontrado na análise do caso concreto (é a teoria relativa do núcleo essencial). Assim, ao depararmos com uma lei que restringe o acesso a algumas profissões, por exemplo, devemos examinar se essa restrição é tão excessiva a ponto de ferir ou não o núcleo essencial do direito constitucional[17].

No Recurso Extraordinário 511.961, o Supremo Tribunal Federal considerou inconstitucional a exigência de diploma de jornalismo para a prática de atividades jornalísticas, sob o argumento de que "a reserva legal estabelecida pelo art. 5º, XIII, não confere ao legislador o poder de restringir o exercício da liberdade profissional a ponto de atingir o seu próprio núcleo essencial".

Da mesma forma, a lei restritiva deve ser *razoável*. Estudaremos melhor o princípio da razoabilidade no capítulo destinado à "hermenêutica constitucional". Podemos adiantar, nesse instante, que a razoabilidade, oriunda da jurisprudência norte-americana, do devido processo legal substantivo (*substantive due process of law*) conclui que será inválido, inconstitucional, o ato do poder público irrazoável. Assim, se a restrição infraconstitucional não for razoável, será inconstitucional[18].

No Recurso Extraordinário 414.426, o Supremo Tribunal Federal decidiu que "nem todos os ofícios ou profissões podem ser condicionados ao cumprimento de condições legais para o seu exercício. A regra é a liberdade. Apenas quando houver potencial lesivo na atividade é que pode ser exigida inscrição em conselho de fiscalização profissional. A atividade de músico prescinde de controle. Constitui, ademais, manifestação artística protegida pela garantia da liberdade de expressão"[19].

---

17. No Recurso Extraordinário 603.583, o STF decidiu: "enquanto princípio expressamente consagrado na Constituição ou enquanto postulado constitucional imanente, o princípio da proteção do núcleo essencial destina-se a evitar o esvaziamento do conteúdo do direito fundamental decorrente de restrições descabidas, desmesuradas ou desproporcionais".
18. No mesmo Recurso Extraordinário, o STF decidiu: "Assim, parece certo que, no âmbito desse modelo de reserva legal qualificada presente na formulação do art. 5º, XIII, *paira uma imanente questão constitucional quanto à razoabilidade e à proporcionalidade* das leis restritivas, especificamente, das leis que disciplinam as qualificações profissionais como condicionantes do livre exercício das profissões. A reserva legal estabelecida pelo art. 5º, XIII, não confere ao legislador o poder de restringir o exercício da liberdade a ponto de atingir o seu próprio núcleo essencial".
19. Ainda nesse julgamento, prosseguiu a Min. relatora Ellen Gracie: "Sob tal perspectiva, as exigências de inscrição na Ordem dos Músicos do Brasil e de o afiliado estar em dia com o pagamento de anuidade ferem o livre exercício da profissão. Foi o que, sob a égide da Constituição anterior, decidiu esta Corte, no julgamento da Representação

Por fim, a lei restritiva deve ser *proporcional*[20]. O princípio da proporcionalidade, que também será mais bem estudado no capítulo sobre "hermenêutica constitucional", deriva da jurisprudência do Tribunal Constitucional alemão e estabelece critérios para aferição da constitucionalidade da lei que restringe normas constitucionais: adequação, necessidade e proporcionalidade em sentido estrito. Pelo critério da *adequação*, verifica-se se a lei restritiva atinge os objetivos por ela estabelecidos; pela *necessidade*, faz-se uma análise comparativa entre a solução legislativa e outras soluções possíveis; pela *proporcionalidade em sentido estrito*[21], faz-se uma ponderação entre o direito tutelado pela lei restritiva e o direito restrito na norma constitucional.

Por fim, deve-se fazer uma ressalva: segundo doutrina moderna (da qual se destaca a obra de Virgílio Afonso da Silva[22]), a classificação da norma constitucional em *eficácia contida* (ou

---

930-DF, em que foi examinado tema semelhante. Naquela ocasião, foi declarada, por maioria, a inconstitucionalidade da lei que impediu o exercício da profissão aos que não estivessem inscritos no Conselho Federal dos Corretores de Imóveis".

20. No sobredito Recurso Extraordinário, o STF decidiu: "a doutrina constitucional mais moderna enfatiza que, em se tratando de imposição de restrições a determinados direitos, deve-se indagar não apenas sobre a admissibilidade constitucional da restrição eventual fixada (reserva legal), mas também sobre a compatibilidade das restrições estabelecidas com o *princípio da proporcionalidade*. Essa orientação, que permitiu converter o princípio da reserva legal no *princípio da reserva legal proporcional*, pressupõe não só a legitimidade dos meios utilizados e dos fins perseguidos pelo legislador, como também a *adequação* desses meios para consecução dos objetivos pretendidos e a *necessidade* de sua utilização. O subprincípio da *adequação* exige que as medidas interventivas adotadas mostrem-se aptas a atingir os objetivos pretendidos. O subprincípio da *necessidade* significa que nenhum meio menos gravoso para o indivíduo revelar-se-ia igualmente eficaz na consecução dos objetivos pretendidos. Um juízo definitivo sobre a proporcionalidade da medida há também de resultar da rigorosa ponderação e do possível equilíbrio entre o significado da intervenção para o atingido e os objetivos perseguidos pelo legislador (*proporcionalidade em sentido estrito*)".

21. Nesse Recurso Extraordinário, o STF decidiu: "Por fim, o exame de proporcionalidade em sentido estrito requer o sopesamento entre a importância de realização do fim objetivado pela medida e a intensidade da restrição ao direito fundamental. É dizer: o perigo de dano decorrente da prática da advocacia sem o exame de conhecimentos serve a justificar a restrição ao direito fundamental e geral à liberdade do exercício de profissão? Os benefícios provenientes da medida restritiva são superiores à ofensa à garantia do inciso XIII do artigo 5º da Carta? A resposta é positiva".

22. Curiosamente, trata-se do filho de José Afonso da Silva. Em sua brilhante obra *Direitos Fundamentais*. Conteúdo essencial, restrições e eficácia, afirma: "No direito constitucional brasileiro poucas são as discussões teóricas que gozam de uma sintonia tão grande entre teoria e prática como a questão da aplicabilidade e eficácia das normas constitucionais. E poucas são as teorias que, a despeito da existência de algumas críticas pontuais, são tão aceitas, por tão longo tempo, quanto aquela desenvolvida por José Afonso da Silva em fins da década de 1960. Especialmente sua distinção tríplice das normas constitucionais quanto à sua aplicabilidade. [...] A tese aqui defendida é, no entanto, incompatível com essa teorização, pelo menos no âmbito dos direitos fundamentais. A base da classificação de José Afonso da Silva reside, segundo me parece, em duas distinções essenciais: (1) entre as normas que podem e as que não podem ser restringidas; (2) entre as normas que necessitam e as que não necessitam de regulamentação ou desenvolvimento infraconstitucional. A partir dessa constatação e daquilo que já foi analisado até aqui, fica clara a razão da incompatibilidade, já que, em primeiro lugar, foi rejeitada, a partir de um modelo de suporte fático amplo, a distinção entre *restrição* e *regulação*: toda regulação é, ao mesmo tempo, uma restrição, já que regular o exercício de um direito implica excluir desse exercício aquilo que a regulação deixar de fora; e, além disso, toda restrição é, ao mesmo tempo, regulação, já que não se restringe direito fundamental sem fundamentação, mas sempre com o objetivo de harmonizar o exercício de todos eles. [...] A categoria 'normas constitucionais de eficácia contida' suscita pelo menos três ordens de questionamentos. O primeiro deles, mais simples, é meramente terminológico. O segundo, um pouco mais complexo, tem relação com o primeiro, mas se refere a questões classificatórias. [...] O último, por fim, mais importante para este trabalho, diz respeito à própria existência da categoria. [...] Uma primeira crítica à categoria 'normas constitucionais de eficácia contida' diz respeito ao particípio 'contida'. Nesse sentido, mais correto seria falar em normas *contíveis, restringíveis* ou *redutíveis*, o que exprimiria melhor o fato de que a eficácia da norma em questão não é necessariamente contida ou restringida, havendo apenas uma *possibilidade* dessa ocorrência. [...] O problema classificatório: Manoel Gonçalves Ferreira Filho, além da questão termino-

redutível ou restringível) é um grave equívoco doutrinário. Segundo Virgílio Afonso da Silva, a *norma constitucional de eficácia contida* tem três grandes problemas (de nomenclatura, de forma e de essência). Quanto à nomenclatura, o mais correto seria *contível* e não *contida* (já que existe uma possibilidade de contingenciamento, e não uma certeza). Quanto à classificação, poderia ser *dual* e não *tripla*, já que tanto a norma de eficácia plena como a norma de eficácia contida têm *aplicabilidade imediata*, como disse o próprio José Afonso da Silva. Mas há um problema maior, que adiante se verá.

Na verdade, toda norma constitucional pode sofrer restrições infraconstitucionais, desde que sejam razoáveis e proporcionais. É um grave equívoco imaginar que somente algumas normas específicas podem sofrer tais restrições.

Ora, é muito comum que haja uma lei infraconstitucional restringindo norma constitucional classificada como de *eficácia plena*. Vejamos alguns exemplos: O direito à vida, previsto no art. 5º, *caput*, da Constituição Federal, sofre restrições infraconstitucionais (o aborto é permitido quando a gravidez é oriunda de estupro – art. 128, CP; o Código Brasileiro de Aeronáutica, no seu art. 303, § 2º, permite a destruição ou "o abate" de aeronaves hostis etc.), o Mandado de Segurança sofre restrições infraconstitucionais, inclusive com prazo decadencial de 120 dias (determinado pela Lei n. 12.016/2009) etc.

Na realidade, portanto, toda norma constitucional pode sofrer restrições infraconstitucionais, cuja constitucionalidade será verificada através dos três critérios acima mencionados (respeito ao *núcleo essencial do direito constitucional, princípio da proporcionalidade e razoabilidade*). Em se tratando das chamadas *normas constitucionais de eficácia contida*, o que há de diferente é que a própria norma constitucional refere-se às futuras restrições infraconstitucionais.

c) **Norma constitucional de eficácia limitada**

É a norma constitucional que produz poucos efeitos. Importante: a norma de eficácia limitada não é desprovida de eficácia. Isso porque toda norma constitucional produz efeitos, sendo que haverá sempre alguns efeitos mínimos: a) não recepcionar a legislação anterior incompatível; b) condicionar a legislação futura; c) servir de parâmetro no controle de constitucionalidade[23]. Sobre isso o próprio José Afonso da Silva asseverava: "as normas constitucionais

---

lógica, aponta, ainda, um problema classificatório na teoria de José Afonso da Silva. Segundo ele, a classificação possível seria apenas dúplice e não tríplice. [...] De fato, se compararmos a conceituação que o próprio José Afonso da Silva dá a essas duas espécies de normas, percebemos que para ambas ele utiliza a expressão 'aplicabilidade imediata'. [...] Nesse ponto, também, a crítica parece ser procedente. [...] De diferente natureza é, no entanto, o problema que decorre de tudo o que foi analisado no decorrer deste trabalho. Esse problema aqui é chamado de 'existencial' porque diz respeito à própria existência das chamadas normas constitucionais restringíveis. *Não porque não existiriam normas constitucionais restringíveis, mas, ao contrário, porque, como ficou claro ao longo do trabalho, todas as normas constitucionais podem ser restringidas pela legislação ordinária*" (op. cit., p. 222-223).

23. Por mais abstrata que seja a norma de eficácia limitada, não recepcionará as leis anteriores incompatíveis, bem como condicionará a legislação futura. Por exemplo: a Emenda Constitucional n. 90, de 15 de setembro de 2015, incluiu a palavra "transporte" no rol dos direitos sociais. Inegavelmente, trata-se de uma norma de eficácia limitada, já que a produção de efeitos concretos é reduzida. Não obstante, um dos efeitos imediatos produzidos por essa norma é a não recepção, bem como o condicionamento de toda a legislação pátria acerca do transporte. Por exemplo, se havia em alguma unidade da federação alguma legislação que proibia novas formas de transporte através de aplicativos eletrônicos (como, por exemplo, o *Uber*), essa legislação não será recepcionada. Outrossim, leis proibitivas dessa natureza serão igualmente vedadas, já que o transporte passou a ser expressamente um direito social. Nesse sentido, em 2019, o STF julgou o RE 1.054.110 e a ADPF 449, corroborando nosso entendimento, embora tenha utilizado outro argumento: a violação da livre concorrência. Os ministros entenderam que os aplicativos

em tela são de aplicabilidade imediata no que tange à legislação anterior, inclusive em relação a normas da constituição preexistente [...], bem como em relação à legislação futura, que elas têm que se conformar"[24].

Segundo José Afonso da Silva, há duas espécies de normas constitucionais de eficácia limitada: 1) norma constitucional de eficácia limitada de princípio programático (norma programática); 2) norma constitucional de eficácia limitada de princípio institutivo.

c.1) Norma constitucional de eficácia limitada de princípio programático (norma programática)

Norma programática é a norma constitucional que fixa um programa de atuação para o Estado. Produz poucos efeitos porque precisa de reiteradas, constantes políticas públicas destinadas à consecução dos objetivos da norma. Segundo José Afonso da Silva, são "aquelas normas constitucionais através das quais o constituinte, em vez de regular, direta e imediatamente, determinados interesses, limitou-se a traçar-lhes os princípios para serem cumpridos pelos seus órgãos (legislativos, executivos, jurisdicionais e administrativos), como programas das respectivas atividades, visando à realização dos fins sociais do Estado"[25].

É o caso do art. 205, da Constituição, ao afirmar que "a educação, direito de todos e dever do Estado e da família, será promovida e incentivada com a colaboração da sociedade, visando ao pleno desenvolvimento da pessoa", e do art. 196, que afirma "a saúde é direito de todos e dever do Estado, garantido mediante políticas sociais e econômicas que visem à redução do risco de doença e de outros agravos e ao acesso universal e igualitário às ações e serviços para sua promoção, proteção e recuperação".

Em importante obra específica sobre o tema, Regina Maria Macedo Nery Ferrari aponta que a origem dessas normas constitucionais decorre do *constitucionalismo social*, após a Segunda Guerra Mundial. Segundo ela: "surge, então, o Estado, como meio apropriado para realizar a proteção dos indivíduos dessas pressões, com certos deveres de prestações positivas,

---

fazem parte da livre concorrência, encontrando-se na categoria de transporte privado remunerado, e que a prática não afronta a livre-iniciativa, sendo que uma proibição atingiria a liberdade profissional. Segundo o STF, os municípios devem respeitar a Lei Federal n. 13.640/2018, que regulamenta o transporte privado de passageiros por aplicativos móveis, sendo da competência do Congresso Nacional tratar a matéria. Quanto ao transporte como direito social, Alexandre de Moraes afirmou que o transporte nessa modalidade veio para suprir uma deficiência nos serviços públicos de mobilidade, mas que pode haver fiscalização por parte dos municípios. Realmente, obviamente é possível a fiscalização dos serviços, mas não é possível a proibição.

24. Op. cit., p. 132.
25. Op. cit., p. 135. José Afonso da Silva divide as normas programáticas em três modalidades ou categorias: "I – *Normas programáticas vinculadas ao princípio da legalidade*: a) participação nos lucros, ou resultados, desvinculada da remuneração, e, excepcionalmente, participação na gestão da empresa, *conforme definido em lei* (art. 7º, XI); como a lei já existe, pode-se afirmar que a norma deixou de ser programática, concretizando-se; b) 'proteção do mercado de trabalho da mulher, mediante incentivos específicos, *nos termos da lei* (art. 7º, XX) [...]'; II – *Normas programáticas referidas aos Poderes Públicos*, notando-se que umas vinculam só os Poderes da União, enquanto outras incluem também os órgãos estaduais e municipais: a) à União – 1) à qual compete 'elaborar e executar planos nacionais e regionais de [...] desenvolvimento econômico e social' (art. 21, IX); convém esclarecer que, em parte pelo menos, essa matéria exige regulamentação legal (art. 48, IV); 2) 'Compete à União desapropriar por interesse social, para fins de reforma agrária, o imóvel rural que não esteja cumprindo sua função social, mediante prévia e justa indenização dos títulos da dívida agrária, com cláusula de preservação do valor real, resgatáveis no prazo de até vinte anos, a partir do segundo ano de sua emissão, e cuja utilização será definida em lei" (art. 184); III – *Normas programáticas dirigidas à ordem econômico-social em geral*: a) 'a ordem econômica, fundada na valorização do trabalho humano e na livre-iniciativa, tem por fim assegurar a todos existência digna, conforme os ditames da justiça social, observados os seguintes princípios' [...] (art. 170)" (op. cit., p. 146-147).

tendo em vista melhorar as condições de vida e neutralizar as distorções econômicas geradas na sociedade e promover a igualdade material. Assim, ampliam-se as atividades do Estado com sua intervenção na vida econômico-social, assegurando direitos que se referem à 'segurança social, ao trabalho, ao salário digno, à liberdade sindical, à participação no lucro das empresas, à educação, ao acesso à cultura, dentre outros. Essa nova realidade repercute nos textos constitucionais, com a inclusão, ao lado e como complementação dos direitos individuais, dos direitos sociais e econômicos, isto é, um conjunto de disposições voltadas a determinar o direito dos trabalhadores e a estrutura da economia, integrando o que se tem denominado de 'conteúdo social das constituições'. As constituições passam a ter a conotação do dirigir, na medida em que definem fins e programas de ação do Estado, o que nem sempre tem sido veiculado mediante normas precisas, dotadas de todos os elementos necessários para incidir; ao contrário, no mais das vezes, o enunciado de suas normas é dotado de grande imprecisão, o que vem comprometer sua eficácia e aplicabilidade"[26].

Apesar de produzirem poucos efeitos, as normas programáticas efetivamente os produzem. Nunca podemos dizer que são normas desprovidas de eficácia. São, por óbvio, normas jurídicas, normas constitucionais. José Afonso da Silva assevera: "não poucos autores negam juridicidade às normas constitucionais programáticas. Seriam normas sem conteúdo imperativo, por impraticabilidade. [...] O certo é que sua vinculatividade vem sendo mais e mais reconhecida. Significa que o fato de dependerem de providências institucionais para sua realização não quer dizer que não tenham eficácia. Ao contrário, sua imperatividade direta é reconhecida, como imposição constitucional aos órgãos públicos. São por isso também aplicáveis nos limites dessa eficácia"[27].

Além dos três efeitos mínimos mencionados no item anterior (produzidos por toda norma constitucional de eficácia limitada[28]), o Supremo Tribunal Federal, por várias vezes, já reconheceu que essas normas são capazes de produzir efeitos concretos, embora essa posição nem sempre tenha sido a majoritária[29]. A mudança se dá, principalmente, por conta do neoconstitucionalismo, cujo principal objetivo é a busca pela maior eficácia da constituição e que, embora tardiamente, chegou ao Brasil lentamente após a Constituição de 1988.

Na importante obra *Normas Constitucionais Programáticas*, escrita há cerca de vinte anos, Regina Nery Ferrari já tratava da necessidade da atuação mais efetiva do Poder Judiciário na exigência de cumprimento de parte das normas programáticas, de modo que ultrapassa a visão vetusta de inexistência de qualquer eficácia: "é forçoso reconhecer que a efetividade das normas constitucionais programáticas depende não só da atuação rápida e eficiente do Legis-

---

26. Regina Maria Macedo Nery Ferrari. *Normas Constitucionais Programáticas*, p. 157.
27. Op. cit., p. 150-151.
28. Além de não recepcionar a legislação anterior incompatível, bem como condicionar a legislação futura, pode servir de parâmetro no controle de constitucionalidade. Sobre isso, afirma José Afonso da Silva: "assim, descortina-se a eficácia das normas programáticas em relação à legislação futura, desvendando, aí, sua função de condicionamento da atividade do legislador ordinário, mas também da administração e da jurisdição, cujos atos hão de respeitar os princípios nela consagrados" (op. cit., p. 155).
29. Em 1996, no MS 6.564/RS, o Tribunal Regional Federal da 4ª Região decidiu: "normas constitucionais meramente programáticas, *ad exemplum*, o direito à saúde, protegem um interesse geral, todavia, não conferem aos beneficiários desse interesse o poder de exigir sua satisfação, pela via do *mandamus*, eis que não delimitado o seu objeto, nem fixada sua extensão, antes que o legislador exerça o *múnus* de completá-las através da legislação integrativa. Essas normas (arts. 195, 196, 204 e 227 da CF) são de eficácia limitada, ou, em outras palavras, não têm força suficiente para desenvolver-se integralmente, ou não dispõem de eficácia plena, posto que dependem, para ter incidência sobre os interesses tutelados, de legislação complementar".

lativo e da Administração, mas, principalmente, do Poder Judiciário, que necessita assumir um papel mais ativo no que diz respeito à concretização das normas constitucionais, libertando-se de certas noções arraigadas para atuar dentro de limites do razoável"[30]. E a jurisprudência atendeu aos reclamos doutrinários.

Por exemplo, no Recurso Extraordinário com agravo (ARE) 393.337, relatado pelo Min. Celso de Mello, que trata da educação infantil, o STF decidiu que: "a destinação de recursos públicos, sempre tão dramaticamente escassos, faz instaurar situações de conflito, quer com a execução de políticas públicas definidas no texto constitucional, quer, também, com a própria implementação de direitos sociais assegurados pela Constituição da República, daí resultando contextos de antagonismo que impõem, ao Estado, o encargo de superá-los mediante opções por determinados valores, em detrimento de outros igualmente relevantes, compelindo o Poder Público, em face dessa relação dilemática causada pela insuficiência de disponibilidade financeira e orçamentária, a proceder a verdadeiras 'escolhas trágicas', em decisão governamental cujo parâmetro, fundado na dignidade da pessoa humana, deverá ter em perspectiva a intangibilidade do mínimo existencial, em ordem a conferir real efetividade às normas programáticas positivadas na própria Lei Fundamental".

Da mesma forma, no Recurso Extraordinário 271.286, acerca do direito à saúde, o STF decidiu: "o caráter programático da regra inscrita no art. 196 da Carta Política – que tem por destinatários todos os entes políticos que compõem, no plano institucional, a organização federativa do Estado brasileiro – *não pode converter-se em promessa constitucional inconsequente*, sob pena de Poder Público, fraudando justas expectativas nele depositadas pela coletividade, substituir, de maneira ilegítima, o cumprimento de seu impostergável dever, por um gesto irresponsável de infidelidade governamental ao que determina a própria Lei Fundamental do Estado".

Outrossim, no Recurso Extraordinário 939.490, decidiu o Min. relator, Marco Aurélio: "O Estado – União, Estados propriamente ditos, ou seja, unidades federadas, e Municípios, deve aparelhar-se para a observância irrestrita dos ditames constitucionais, não cabendo tergiversar mediante escusas relacionadas com a deficiência de caixa. Eis a enorme carga tributária suportada no Brasil a contrariar essa eterna lengalenga".

O critério adotado pelo Supremo Tribunal Federal, utilizado como parâmetro da análise da eficácia das normas programáticas, é o "mínimo existencial" das normas programáticas. Eis o raciocínio: não se pode exigir o cumprimento na íntegra das normas programáticas, mas é possível se exigirem duas coisas: a) a existência de um plano de ação – um conjunto de políticas públicas – destinado a cumprir os objetivos constitucionais; b) o cumprimento de um "mínimo existencial" de suas normas. Não há como se exigir um serviço público de saúde exemplar, sem quaisquer falhas, mas não se pode permitir que pessoas morram nas filas dos hospitais por falta de medicamentos. Entre o ideal e o inaceitável há uma situação intermediária, que é aquela que pode ser exigida pelo Poder Judiciário.

A identificação do "mínimo existencial" é bastante debatida na doutrina (abordaremos com maior profundidade no capítulo referente aos "direitos fundamentais"). Há alguns que identificam um mínimo existencial em cada direito fundamental, enquanto outros identificam um rol estrito de direitos fundamentais que comporiam esse mínimo existencial. O Supremo Tribunal Federal assim definiu o "mínimo existencial", no Recurso Extraordinário

---

30. Op. cit., p. 240.

639.337: "a noção de 'mínimo existencial', que resulta, por implicitude, de determinados preceitos constitucionais (CF, art. 1º, III, e art. 3º, III), compreende um complexo de prerrogativas cuja concretização revela-se capaz de garantir condições adequadas de existência digna, em ordem a assegurar, à pessoa, acesso efetivo ao direito geral de liberdade e, também, a prestações positivas originárias do Estado, viabilizadoras da plena fruição de direitos sociais básicos, tais como o direito à educação, o direito à proteção integral da criança e do adolescente, o direito à saúde, o direito à assistência social, o direito à moradia, o direito à alimentação e o direito à segurança".

Outrossim, segundo o Supremo Tribunal Federal, não pode o Estado-administração alegar a "reserva do possível" (limitações financeiras e orçamentárias) para descumprir o "mínimo existencial" dos direitos fundamentais: "a cláusula da reserva do possível – que não pode ser invocada, pelo Poder Público, com o propósito de fraudar, de frustrar e de inviabilizar a implementação de políticas públicas definidas na própria Constituição – encontra insuperável limitação na garantia constitucional do mínimo existencial, que representa, no contexto de nosso ordenamento positivo, emanação direta do postulado da essencial dignidade da pessoa humana" (ADPF 45). Outrossim, na ADPF 347, o Supremo Tribunal Federal decidiu: "o argumento de escassez de recursos não pode prevalecer, por tratar-se da satisfação do mínimo existencial dos presos, o que afasta a limitação pela reserva do possível, assim como 'a posição de garante do Estado em relação aos presos'".

Por fim, Paulo Bonavides, citando a obra original de Vezio Crisafulli, faz uma classificação das normas programáticas: a) normas programáticas *stricto sensu* e b) normas programáticas *lato sensu*.

As normas programáticas *stricto sensu* são aquelas em que o constituinte, em vez de regular um certo objeto, preestabelece para si mesmo um programa de ação. Estabelecem um programa de atuação para o Estado. Segundo Crisafulli, são dotadas de dupla eficácia: eficácia imediata e eficácia mediata, pois "como se viu, não regulam diretamente as matérias a que se referem, mas regulam propriamente a atividade estatal concernente a ditas matérias: têm por objeto imediato os comportamentos estatais e só mediatamente e por assim dizer, em segundo grau, aquelas determinadas matérias"[31].

Por sua vez, normas programáticas *lato sensu* seriam as normas principiológicas, "como os princípios gerais e também os princípios constitucionais"[32], que não produzem todos os seus efeitos. Isso porque, como sabido e consabido por todos, os princípios são normas amplas, vagas, indeterminadas e, nas palavras de Robert Alexy, são mandamentos de otimização (devem ser cumpridos na maior intensidade possível).

c.2) Norma constitucional de eficácia limitada de princípio institutivo

Norma de eficácia limitada de princípio institutivo é a norma constitucional que produz poucos efeitos porque precisa de uma regulamentação infraconstitucional. Segundo José Afonso da Silva, "tais normas são de eficácia limitada e de aplicabilidade mediata ou indireta, porque dependentes de legislação"[33]. Sobre tais normas, prossegue o autor: "o legislador constituinte reconhece a conveniência de disciplinar certa matéria relativamente à organização de

---

31. Apud Paulo Bonavides, op. cit., p. 249.
32. Paulo Bonavides, op. cit., p. 249.
33. Op. cit., p. 119.

instituições constitucionais, mas, ao mesmo tempo, por razões várias, e até de pressão, limita-se a traçar esquemas gerais (princípios, como começo) sobre o assunto, incumbindo ao legislador ordinário a complementação do que foi iniciado, segundo a forma, os critérios, os requisitos, as condições e as circunstâncias previstos na norma mesma. [...] Essas normas deixam menor ou maior campo à atuação discricionária do legislador ordinário, mas sempre há um mínimo que um poder mais elevado – o constituinte – quer ver atendido"[34].

Temos vários exemplos na nossa Constituição: art. 7º, XI: "participação nos lucros, ou resultados, desvinculada da remuneração, e, excepcionalmente, participação na gestão da empresa, conforme definido em lei"; art. 37, VII: "o direito de greve será exercido nos termos e nos limites definidos em lei específica"; art. 153, VII: "Compete à União instituir impostos sobre grandes fortunas, nos termos de lei complementar".

Nos três exemplos acima, a norma constitucional não produz todos os seus efeitos, necessitando da complementação infraconstitucional.

Indaga-se: o que ocorre caso a norma infraconstitucional não seja feita? Estaremos diante da *inconstitucionalidade por omissão* (uma omissão do Estado que fere a Constituição, pois deixa de dar à norma constitucional a eficácia de que ela necessita).

Para atacar a inconstitucionalidade por omissão, o ordenamento jurídico brasileiro prevê duas ações: a) a ação direta de inconstitucionalidade por omissão; b) o mandado de injunção.

Embora ambas as ações sejam destinadas a questionar a inconstitucionalidade por omissão, há muitas diferenças entre ambas: a) natureza; b) legitimados; c) objeto; d) efeitos.

Quanto à *natureza*, a Ação Direta de Inconstitucionalidade por Omissão, prevista no art. 103, § 2º, da Constituição Federal, é uma modalidade de *controle concentrado* de constitucionalidade (estudaremos melhor no capítulo destinado ao tema). Por sua vez, o mandado de injunção, que pode ser ajuizado por qualquer pessoa que se diga titular do direito constitucional, é uma espécie de meio *difuso* de combate à inconstitucionalidade das normas.

Quanto aos *legitimados*, enquanto a ADI por omissão pode ser ajuizada somente pelas nove pessoas previstas no art. 103, da Constituição Federal (presidente, Mesa do Senado, Mesa da Câmara dos Deputados, governador, procurador geral da República etc.), o mandado de injunção pode ser impetrado por qualquer pessoa que se diga titular do direito constitucional pendente de regulamentação.

Quanto ao *objeto*, enquanto a ADI por omissão pode ser ajuizada com relação a qualquer norma constitucional de eficácia limitada pendente de regulamentação, o Mandado de Injunção só pode ser ajuizado quanto às normas constitucionais definidoras de direitos fundamentais. Caberá Mandado de Injunção quando a ausência de norma regulamentadora inviabiliza o exercício de um direito constitucional. Assim, nos três exemplos acima, cabe Mandado de Injunção quanto à norma que trata do direito à participação nos lucros da empresa, bem como quanto à norma que trata da greve do servidor público. Ambas as normas preveem direitos fundamentais, pendentes de regulamentação[35]. Não cabe Mandado de Injunção quanto

---

34. Op. cit., p. 123.
35. Importante frisar que já foi editada a Lei n. 10.101, de 19 de dezembro de 2000, que dispõe sobre a participação dos trabalhadores nos lucros ou resultados da empresa. Outrossim, quanto ao direito de greve do servidor público, o Supremo Tribunal Federal, no julgamento dos Mandados de Injunção 670, 708 e 712, por unanimidade, declarou a omissão legislativa e, por maioria, aplicou ao setor público, no que couber, a lei de greve vigente no setor privado (Lei n. 7.783/89).

ao art. 153, VII, da Constituição, pois não se trata de norma definidora de direito, visto que se refere à criação de um novo imposto. Todavia, caberá ADI por omissão.

Os *efeitos* também são diferentes nas duas ações sobreditas. Na ADI por omissão, por expressa previsão constitucional, os efeitos são bastante reduzidos. Segundo o art. 103, § 2º, da Constituição: "declarada a inconstitucionalidade por omissão de medida para tornar efetiva norma constitucional, será dada ciência ao Poder competente para a adoção das providências necessárias e, em se tratando de órgão administrativo, para fazê-lo em trinta dias". A Lei n. 9.868/99 (alterada pela Lei n. 12.063/2009) permitiu a fixação de prazo maior, quando a omissão é de responsabilidade de órgão administrativo: "em caso de omissão imputável a órgão administrativo, as providências deverão ser adotadas no prazo de 30 (trinta) dias, ou em prazo razoável a ser estipulado excepcionalmente pelo Tribunal, tendo em vista as circunstâncias específicas do caso e o interesse público do envolvido". Por sua vez, no caso do Mandado de Injunção, os efeitos são bem mais concretos que apenas comunicar o Poder Legislativo sobre sua (já sabida) omissão. Segundo o art. 8º da Lei n. 13.300/2016, reconhecida a mora legislativa, o Judiciário determinará prazo razoável para que o impetrado promova a edição de norma regulamentadora e, descumprido esse prazo, poderá "estabelecer as condições em que se dará o exercício dos direitos". Assim, a legislação brasileira adotou a *posição concretista* do mandado de injunção, que já era adotada pela jurisprudência do Supremo Tribunal Federal antes mesmo da edição da Lei n. 13.300/2016.

AÇÃO DIRETA DE INCONSTITUCIONALIDADE POR OMISSÃO	MANDADO DE INJUNÇÃO
Art. 103, § 2º, CF, regulamentado pela Lei n. 9.868/99	Art. 5º, LXXI, CF, regulamentado pela Lei n. 13.300/2016
Natureza: hipótese de controle concentrado de constitucionalidade	Natureza: meio difuso de combater a inconstitucionalidade da norma
Legitimados: as nove pessoas do art. 103, CF (presidente, Mesa do Senado, Mesa da Câmara dos Deputados, governador etc.)	Legitimados: qualquer pessoa que se diga titular do direito pendente de regulamentação
Objeto: cabe em favor de qualquer norma constitucional pendente de regulamentação	Objeto: cabe quanto às normas constitucionais definidoras de direitos, mas que não podem ser exercidos em razão da ausência de regulamentação
Efeitos: se a omissão for do Poder Legislativo, caberá ao Poder Judiciário apenas informá-lo sobre sua omissão (art. 103, § 2º, CF) e sendo a omissão de órgão administrativo, o Judiciário fixará o prazo de 30 dias para edição do ato (ou outro prazo razoável)	Efeitos: primeiramente, o Judiciário fixará prazo razoável para edição da norma regulamentar e, descumprido esse prazo, estabelecer as condições em que se dará o exercício dos direitos (art. 8º, Lei n. 13.300/2016)

7.4. NORMA CONSTITUCIONAL DE EFICÁCIA ABSOLUTA

Embora não faça parte da classificação de José Afonso da Silva, parte da doutrina indica uma quarta modalidade de norma constitucional quanto à eficácia: a *norma constitucional de eficácia absoluta*. Seria a norma constitucional que não pode ser suprimida da Constituição ou, como vimos em capítulos anteriores, as cláusulas pétreas. Segundo Uadi Lammêgo Bulos: "as normas constitucionais de eficácia absoluta e aplicabilidade imediata possuem uma supereficácia paralisante de toda a atividade reformadora que venha, expressa ou implicitamente, contrariá-las. [...] são inalteráveis, paralisando, totalmente, propostas de emendas e revisões constitucionais que pretendam reformulá-los, mediante duplo processo revisional"[36].

7.5. NORMA CONSTITUCIONAL DE EFICÁCIA EXAURIDA

Também não integrante da classificação tradicional de José Afonso da Silva, a *norma constitucional de eficácia exaurida* é a norma constitucional que já produziu todos os efeitos que lhe eram previstos. É encontrada no Ato das Disposições Constitucionais Transitórias (ADCT). Como já produziu todos os efeitos que eram previstos, tem *eficácia* esgotada. Por exemplo, temos o art. 2º, do ADCT: "No dia 7 de setembro de 1993 o eleitorado definirá, através de plebiscito, a forma (república ou monarquia constitucional) e o sistema de governo (parlamentarismo ou presidencialismo) que devem vigorar no País". O plebiscito foi realizado em 1993 (embora tenha ocorrido no dia 21 de abril daquele ano, por força da Emenda Constitucional n. 2/92), fazendo com que a norma tenha produzido todos os efeitos que lhe eram previstos.

7.6. CLASSIFICAÇÃO DE MARIA HELENA DINIZ

Maria Helena Diniz, na obra *Norma Constitucional e seus efeitos*, traz uma classificação semelhante à de José Afonso da Silva. Repete a *norma constitucional de eficácia plena*, dando-lhe o mesmo nome. Repete a *norma constitucional de eficácia contida*, chamando-a de restringível. Outrossim, chama a norma constitucional de eficácia limitada de princípio institutivo de *norma constitucional de eficácia relativa dependente de complementação*.

Todavia, acrescenta nesse rol as denominadas *normas constitucionais de eficácia absoluta*: as normas que não podem ser modificadas, as cláusulas pétreas. Essa teoria é passível de duas críticas: a) não nos parece adequado vincular a eficácia de uma norma constitucional com a sua possibilidade ou não de revogação; b) como vimos em capítulo específico, as cláusulas pétreas podem ser modificadas, aperfeiçoadas, alteradas. Segundo a Constituição Federal, elas não podem ser suprimidas. Então, em vez de afirmar que as *normas de eficácia absoluta* são aquelas que não podem ser alteradas, seria melhor dizer que *normas de eficácia absoluta são aquelas que, por expressa previsão do texto constitucional originário, não podem ser suprimidas*.

7.7. CLASSIFICAÇÃO DE CELSO RIBEIRO BASTOS E CARLOS AYRES BRITTO

Trata-se de classificação que se refere à *vocação* das normas constitucionais para atuação ou não do legislador, podendo ser classificadas em: *a) normas constitucionais de aplicação* e *b) normas constitucionais de integração*.

Normas constitucionais de aplicação seriam aquelas que não necessitam de atuação do legislador e que, nas palavras de José Afonso da Silva, seriam as normas constitucionais de eficácia plena. Subdividem-se em: *1) normas constitucionais de aplicação irregulamentáveis* (quando não há qualquer hipótese de atuação do legislador, ainda que ele queira) e *2) normas constitucionais de aplicação regulamentáveis* (a norma é dotada de eficácia plena, mas o legislador pode, se quiser, regulamentá-la para auxiliar na sua melhor aplicação).

---

36. Op. cit., p. 477.

Normas constitucionais de integração seriam aquelas que necessitam de uma atuação do legislador para produzir seus efeitos. Dividem-se em: 1) *normas constitucionais de integração completáveis* (requerem uma atuação dos poderes públicos para que possam produzir eficácia plena e que, nas palavras de José Afonso da Silva, seriam as normas de eficácia limitada) e 2) *normas constitucionais de integração restringíveis* (aquelas que podem sofrer restrição por parte do legislador infraconstitucional e que, nas palavras de José Afonso da Silva, seriam as normas constitucionais de eficácia contida).

7.8. CLASSIFICAÇÃO DE MANOEL GONÇALVES FERREIRA FILHO

Manoel Gonçalves Ferreira Filho se utilizava da classificação tradicional, norte-americana, das normas constitucionais quanto à eficácia. Citando Ruy Barbosa e Jorge Miranda, classifica as normas constitucionais em *a) normas constitucionais autoexecutáveis; b) normas constitucionais não autoexecutáveis*.

Normas constitucionais autoexecutáveis são "aquelas que, sendo completas e definidas quanto à hipótese e à disposição, bastam por si mesmas e assim podem e devem ser aplicadas de imediato. Têm aplicabilidade imediata"[37]. Por sua vez, "as normas *não autoexecutáveis* são aquelas que não podem ter aplicação imediata, porque dependem de regra ulterior que as complemente. Não têm aplicabilidade imediata. Três são as espécies de regras não autoexecutáveis: a) normas *incompletas*, ou seja, aquelas que não são suficientemente definidas, seja quanto à hipótese, seja quanto à disposição; por exemplo, normas que criam institutos processuais mas não esclarecem qual o procedimento aplicável; b) *normas condicionadas*, isto é, aquelas que, embora pareçam suficientemente definidas na hipótese e no dispositivo, foram condicionadas pelo constituinte a uma lei posterior, que precise os seus elementos integrantes; e c) *normas programáticas*, quer dizer, as que indicam planos ou programas de atuação governamental. Estas não só reclamam lei ordinária de complementação ou regulamentação, mas também exigem medidas administrativas para que possam tornar-se efetivas"[38].

7.9. CLASSIFICAÇÃO DE LUÍS ROBERTO BARROSO

Segundo Luís Roberto Barroso[39], importante constitucionalista carioca e nomeado Ministro do Supremo Tribunal Federal, as normas constitucionais podem ser classificadas em: *a) normas constitucionais de organização; b) normas constitucionais definidoras de direitos; c) normas constitucionais programáticas*.

Normas constitucionais de organização são aquelas que se direcionam aos poderes do Estado e seus agentes, podendo repercutir ou causar impacto na esfera dos indivíduos. Definem a competência dos órgãos constitucionais, criam órgãos públicos e estabelecem os procedimentos de revisão da própria constituição.

Normas constitucionais definidoras de direitos são as normas que envolvem ou guardam relação com os direitos classicamente intitulados como direitos subjetivos. Subdividem-se em a) normas que originam situações jurídicas desfrutáveis que irão depender apenas de uma abstenção – seriam os direitos de primeira dimensão; b) normas que ensejam a exigibilidade de prestações positivas do Estado – seriam os direitos de segunda dimensão; c) normas que

---

37. *Curso de Direito Constitucional*, p. 12.
38. Op. cit., p. 13.
39. *Curso de Direito Constitucional Contemporâneo*, p. 200-203.

agasalham interesses cuja realização depende da produção de normas infraconstitucionais de cunho integrador.

Por fim, *normas constitucionais programáticas* são as normas que indicam os fins a serem alcançados pelo poder público, bem como estabelecem princípios ou programas de ação a serem implementados. Segundo o autor, "traçam fins sociais a serem alcançados pela atuação futura dos poderes públicos"[40].

Conteúdo digital – Acesse: https://somos.in/CDC7

Conteúdo em vídeo
Questões com gabarito comentado

---

40. Não obstante, depois de conceituar as normas programáticas, diferentemente do que expusemos acima, em item anterior, conclui que "não geram direitos subjetivos na sua versão positiva, mas geram-nos em sua feição negativa. São dessa categoria as regras que preconizam a redução das desigualdades regionais e sociais (art. 170, VII), o apoio à cultura (art. 215), o fomento às práticas desportivas (art. 217), o incentivo à pesquisa (art. 218), dentre outras. Modernamente, já se sustenta a operatividade positiva de tais normas, no caso de repercutirem sobre direitos materialmente fundamentais, como por exemplo os que se referem ao mínimo existencia." (op. cit., p. 202). Concordamos com a segunda parte de sua afirmação, pois entendemos que as normas programáticas geram direitos subjetivos (negativos ou positivos), máxime no que toca ao mínimo existencial dos direitos fundamentais. Isso é sentido, principalmente na jurisprudência do Supremo Tribunal Federal, quando se trata do direito à saúde e educação.

PODER CONSTITUINTE

8

> **Sumário**

8.1. Conceito e origem – **8.2.** Espécies de poder constituinte – **8.2.1.** Poder constituinte originário – **8.2.2.** Poder constituinte derivado ou instituído – **8.2.2.1.** Características do poder constituinte derivado decorrente – **8.2.2.2.** Características do poder constituinte derivado reformador – **8.3.** Revisão Constitucional e Emenda Constitucional – **8.3.1.** Limitações do poder constituinte reformador – **8.4.** Poder constituinte difuso (ou mutação constitucional) – **8.5.** Poder constituinte supranacional (ou transnacional).

8.1. CONCEITO E ORIGEM

Definida a Constituição (como fizemos em capítulo anterior), surge uma dúvida sobre qual seria o poder, a força, capaz de elaborá-la, perscrutando quais suas características, amplitudes etc. Trata-se da análise do chamado *poder constituinte*. Como ressalta Manoel Gonçalves Ferreira Filho em obra específica sobre o tema, "a ideia da existência de um poder que estabelece a Constituição, ou seja, que estabelece a organização fundamental do Estado, distinto dos estabelecidos pela Constituição, não obstante encontre raízes remotas na Antiguidade, surge tão só no século XVIII associada à ideia de Constituição escrita"[1].

Poder constituinte é o poder de criar uma constituição, bem como a competência para reformá-la. Segundo José Afonso da Silva, "é o poder que cabe ao povo de dar-se uma constituição. É a mais alta expressão do poder político, porque é aquela energia capaz de organizar política e juridicamente a Nação"[2].

A origem da teoria do poder constituinte é reputada ao padre francês Emmanuel Joseph Sieyès. O padre Sieyès (chamado por muitos de abade), no ano de 1789, escreveu a obra *O que é o Terceiro Estado?* (*Qu'est-ce que le Tiers-État?*). Sieyès, nascido em 1748 e falecido em 1836, foi ordenado padre em 1773. Segundo historiadores, teria ficado desgostoso com o rápido crescimento hierárquico da nobreza dentro dos níveis eclesiásticos, em detrimento dos plebeus. Também se afirma que a opção pelo clero não se deu por qualquer tipo de vocação, mas porque seria o meio mais cômodo de fazer avançar sua carreira de escritor político. A obra foi muito bem-sucedida e Sieyès foi eleito deputado, integrando a Assembleia Constituinte francesa (que redundou na Constituição francesa de 1791), bem como na elaboração da Declaração dos direitos do Homem e do Cidadão, de 1789.

Primeiramente, vale explicar rapidamente do que se trata o "Terceiro Estado". Na monarquia francesa que perdurou até a Revolução Francesa (como

Figura 8.1 – Retrato de Emmanuel Joseph Sieyès, por Jacques Louis David (créditos ao final do livro).

também no restante da Europa), *Terceiro Estado* indicava as pessoas que não faziam parte do *clero (Primeiro Estado)* e da *nobreza (Segundo Estado)*. No capítulo 1 desta obra, quando tratamos do constitucionalismo francês, mostramos as distorções existentes entre os "três Estados", mostrando o quanto o Terceiro estado era subjugado pelos dois primeiros, mesmo sendo a grande maioria (aproximadamente 96% da população, englobando a burguesia, os cortesãos, os camponeses etc.). A obra de Sieyès é diminuta em seu tamanho, mas grandiosa na importância histórica. Foi tida como a doutrina que inspirou a Revolução Francesa e, não à toa, é chamada de "Manifesto da Revolução Francesa"[3]. A importância de Sieyès na história da

---

1. *Poder Constituinte*, p. 3.
2. *Poder Constituinte e Poder Popular*, p. 67.
3. No prefácio da tradução brasileira da obra de Sieyès, José Ribas Vieira, professor de Ciência Política da UFF, contextualiza a obra do padre francês: "Para entendermos por que Sieyès elaborou esses opúsculos, devemos lembrar o fato de, neste momento, a França vive uma profunda crise econômica e social. É diante deste quadro que Luís XVI, se-

França não se resume à elaboração dessa obra. Participou ativamente do golpe que levou Napoleão Bonaparte ao Poder (conhecido como 18 de Brumário – 9 de novembro de 1799), sendo um dos três cônsules a compor o Poder Executivo de então, cedendo poderes posteriormente a Napoleão, que se tornou cônsul vitalício e único e, depois, imperador da França[4].

Sieyès inicia seu trabalho da seguinte forma: "Devemos responder a três perguntas: 1) O que é o Terceiro Estado? Tudo. 2) O que tem sido ele, até agora, na ordem política? Nada. 3) O que é que ele pede? Ser alguma coisa"[5].

---

guindo conselhos de seu Ministro Necher, decide convocar os estados Gerais (em 1º de maio de 1789) para discutirem a reforma da tributação francesa. Assim, o aumento da taxação tributária seria um recurso último com que o Poder Real teria de suprir o déficit orçamentário. Em razão dos direitos assegurados ao clero e à nobreza nos estados Gerais é que podemos perceber o caráter minoritário destinado ao denominado Terceiro estado. Em face desta realidade, o processo revolucionário de 1789 será deflagrado a partir de um conflito entre o Terceiro estado e as duas ordens privilegiadas. Contudo, isto não significa, ainda, uma ruptura total destes setores sociais. Assim, os grandes senhores liberais unem-se à alta burguesia para formarem o 'Partido Nacional Patriota' e o seu 'Comitê dos Trinta', figurando entre os fundadores os marqueses LaFayette e de Condorcet, Talleyrand, Mirabeau e o nosso abade Sieyès. Cabe sublinhar que o pensamento de Sieyès se explicita tendo em vista o ato de convocatória dos estados Gerais de julho de 1788, autorizando aos franceses apresentarem suas ideias sobre a reforma de Estado. Neste procedimento, foram editados quarenta mil *cahiers de doleances*; entre esses, os quatro opúsculos [...] elaborados por Sieyès. É dentro dessa numerosa publicação de ideias que sobressai o mais famoso de todos: *Qu'est-ce que le Tiers État?* Esta obra é editada em fevereiro de 1789, consubstanciando a proposta da igualdade dos direitos do Terceiro estado em relação a duas ordenas privilegiadas: o clero e a nobreza. Logo após a instalação dos Estados Gerais, o conflito apresentava-se entre o clero e a nobreza em relação ao Terceiro estado. Nesta perspectiva, em 17 de junho de 1789, tomando como base, principalmente, os representantes do Terceiro estado, estes declaram a sua legitimidade de se instituírem em Assembleia Nacional com ou sem a presença das duas ordens privilegiadas. Prevalece a noção contida na obra de ilegitimidade da hegemonia do clero e da nobreza ao representarem apenas duzentos mil indivíduos. Dentro desta perspectiva, a Assembleia Nacional assume o compromisso de elaborar uma constituição para a sociedade francesa. Entretanto, um último obstáculo restava para a instituição desta nova ordem jurídica: a existência de uma estrutura social segmentada em privilégios fiscais. Na noite histórica de 4 de agosto de 1789, a Assembleia Nacional decreta a igualdade fiscal ao abolir todos os direitos de tributos feudais. É neste momento que é fácil depreender a posição de Sieyès, pois caracteriza toda a sua visão modernizadora bem limitada ao se opor à abolição dos direitos fiscais eclesiásticos" (op. cit., p. 2-8).

4. No prefácio da edição brasileira, José Ribas Vieira faz considerações sobre a vida e a trajetória de Sieyès: "Sieyès, filho de um coletor de direitos reais, nasceu em 13 de maio de 1748, em Fréjurs-en-Provence. Entrou para a carreira eclesiástica como uma forma de encontrar uma melhor oportunidade de ascensão social dentro de uma família bastante numerosa e com parcos recursos financeiros. Dessa forma, o autor preparou-se para ser padre sem a mínima vocação, animado somente por uma ambição sem limites. Entretanto, através da correspondência com seu pai, podemos avaliar como esta carreira foi para Sieyès brutal e frustrante. [...]. Em 3 de setembro de 1791, a Assembleia Constituinte completa os seus trabalhos e é eleita uma Assembleia Legislativa. Entretanto, o momento histórico que se segue é de uma profunda radicalização política, culminando, na noite de 9 e 10 de agosto de 1792, com uma comuna insurgente de Paris. Tal processo ocasiona combates violentos, acarretando a dissolução da Assembleia, a instalação da Convenção e o término da monarquia. [...] Durante esta época conturbada, Sieyès manteve-se em uma posição eclipsada e discreta. Eleito para a Convenção pelo Departamento de Sarthe, votou pela morte de Luís XVI. [...] Os denominados setores burgueses reassumem o controle do processo revolucionário através do golpe de 9 Termidor (27 de julho de 1794). [...] Para o primeiro Diretório, entre os indicados estava Sieyès, que recusou o posto, pois não perdoava aos termidorianos uma elaboração constitucional que debilitava a autoridade de estado. [...] Embora julgue necessária a revisão constitucional, Sieyès optou pelo Golpe de estado. Isto ocorre com o primeiro 18 Brumário (9 de novembro de 1799), quando Napoleão Bonaparte assume o controle militar de Paris. [...] Os cônsules foram Roger Ducos, Bonaparte e Sieyès. Mais uma vez, a influência deste pensador francês transparece na Constituição de 22 Primário, ano VIII (13 de dezembro de 1799). [...] Apesar de sua enorme contribuição para a Constituição de 1799, Sieyès é afastado do Consulado. É destinada a ele a posição de presidente do Senado. Com este cargo de pouco prestígio, o autor de *Qu'est-ce que le Tiers État?* Torna-se opositor de Bonaparte. Com a restauração de 1814/1815, por ter sido regicida, é obrigado a refugiar-se em Bruxelas. Volta a Paris após a Revolução de Julho de 1830, falecendo em 20 de junho de 1836".

5. Op. cit., p. 10.

No primeiro capítulo, afirma como o Terceiro Estado é sobrepujado pela nobreza[6], que ocupa os principais cargos estatais, enquanto poderiam ser ocupados de melhor maneira pelo Terceiro Estado: "Quem ousaria assim dizer que o Terceiro estado não tem em si tudo o que é preciso para formar uma nação completa? Se se suprimisse as ordens privilegiadas, isso não diminuiria em nada a nação; pelo contrário, lhe acrescentaria"[7].

No segundo capítulo ("O que o Terceiro Estado tem sido até agora? Nada"), Sieyès afirma o quanto o Terceiro estado foi alijado dos cargos públicos mais relevantes e do próprio Poder Legislativo de então: "Resumindo, o Terceiro estado não teve, até agora, verdadeiros representantes nos Estados gerais. Desse modo, seus direitos políticos são nulos"[3].

No terceiro capítulo ("O que pede o Terceiro Estado? Ser alguma coisa"), Sieyès clama que o Terceiro Estado tenha a mesma voz que os outros Estados no Legislativo[9], bem como "que os representantes do Terceiro Estado sejam escolhidos apenas entre os cidadãos que realmente pertençam ao Terceiro Estado"[10], "que seus deputados sejam em número igual ao da nobreza e do clero"[11] e que "os Estados Gerais votem não por ordens, mas por cabeças"[12].

No quarto capítulo ("O que tentaram fazer pelo Terceiro Estado. As propostas do Governo e dos privilegiados"), Sieyès afirma que "as leis, que, pelo menos, deveriam estar livres de parcialidade, também se mostram cúmplices dos privilegiados. Para quem parecem ter sido feitas? Para os privilegiados. Contra quem? Contra o povo".

No quinto capítulo ("O que deveria ter sido feito. Os princípios fundamentais"), Sieyès começa a estabelecer suas importantes conclusões. Afirma que, "se precisamos de Constituição, devemos fazê-la. Só a nação tem direito de fazê-la. [...] Assim, não há nenhuma dificuldade quanto à pergunta: o que deveria ter sido feito? Convocar a nação para que ela mandasse à metrópole representantes extraordinários com procuração especial para definir a composição da assembleia nacional ordinária"[13].

No sexto capítulo ("O que falta fazer. A execução dos princípios"), Sieyès afirma que "tem o Terceiro Estado de formar sozinho uma Assembleia Nacional, e para autorizar por força da razão e da equidade, a sua pretensão legítima de deliberar e de votar por toda a nação, sem exceção"[14]. No sétimo e último capítulo ("A Assembleia Nacional"), Sieyès esclarece quais se-

---

6. "A partir do momento em que o governo se transforma no patrimônio de uma determinada classe, ele imediatamente se expande além de qualquer limite; são criados postos, não pela necessidade dos governados, mas por causa das necessidades dos governantes etc. [...] Mas os privilegiados conseguiram usurpar todos os postos lucrativos e honoríficos; isto é, ao mesmo tempo, uma injustiça muito grande com relação a todos os cidadãos e uma traição para com a coisa pública."
7. Op. cit.
8. Op. cit. Sieyès destaca a diferença numérica entre o Terceiro Estado e os outros dois: "Desse modo, não há, no total, duzentos mil privilegiados das duas primeiras ordens. Comparem este número com o de vinte e cinco a vinte e seis milhões de almas, e poderão julgar a questão".
9. "Que o povo quer ser alguma coisa é, na verdade, muito pouco. Quer ter verdadeiros representantes nos Estados Gerais, ou seja, deputados oriundos de sua ordem, hábeis em interpretar sua vontade e defender seus interesses. [...] O Terceiro Estado pede, pois, que os votos sejam emitidos 'por cabeça e não por ordem'. Estas reclamações se resumem a isso" (op. cit.).
10. Op. cit.
11. Op. cit.
12. Segundo Sieyès, "os privilegiados temem a igualdade de influência na terceira ordem e a declaram inconstitucional; este modo de agir é um tanto chocante, sobretudo se se leva em conta que, até agora, foram dois contra um, sem que se visse nenhuma inconstitucionalidade nesta injusta superioridade".
13. Op. cit.
14. Op. cit. Prossegue o padre francês: "a organização de uma representação extraordinária, ou, pelo menos, a concessão

riam os eleitores da Assembleia Nacional Constituinte: "não é por ser privilegiado, mas por ser cidadão, que temos direito à eleição dos deputados e à elegibilidade".

A partir da obra de Sieyès, o titular do poder constituinte passou a ser o *povo* (embora Sieyès utilizasse a expressão "nação"[15]). "Povo, para ele, é o conjunto dos indivíduos, é um mero coletivo, uma reunião de indivíduos que estão sujeitos a um poder. Ao passo que a nação é mais do que isso, porque a nação é a encarnação de uma comunidade em sua permanência, nos seus interesses constantes, interesses que eventualmente não se confundem nem se reduzem aos interesses dos indivíduos que a compõem em determinado instante"[16].

Antes da obra do padre francês, a titularidade do poder constituinte era discutida na doutrina. Para alguns, titular do poder seria "Deus", pois, segundo São Paulo, "todo poder vem de Deus"[17]. Para outros, o titular do poder constituinte era o próprio monarca, representante da divindade. A partir do *panfleto* histórico do abade francês, o titular do poder constituinte passou a ser o povo. Nas palavras de Anna Cândida da Cunha Ferraz, "conforme a opinião predominante, o titular do poder constituinte originário é o povo. Essa concepção está vinculada à doutrina democrática do poder e, consequentemente, à soberania popular. O poder supremo, num Estado, pertence ao povo; a soberania reside no povo; logo, o Poder Constituinte pertence ao povo, e por ele, em seu nome e interesse será exercido"[18].

Obviamente, o povo não é o titular direto do poder constituinte, já que não edita a Constituição diretamente nem a altera dessa forma. O povo é o titular indireto do poder constituinte, já que quem a edita ou a reforma são os representantes do povo[19]. No primeiro caso

---

de um novo poder especial, tal como foi explicado acima, para regular, antes de tudo, o grande problema da constituição, é, pois, o verdadeiro meio de colocar um fim à dissensão e aos possíveis problemas da nação".

15. Segundo Sieyès, "nação" seria o povo com o desejo de permanecer em um determinado território, conceito um pouco diverso do atualmente adotado. Para fins de análise do poder constituinte, manteremos a expressão "povo", sendo considerada como um conjunto de pessoas da mesma nacionalidade. Nas palavras de Manoel Gonçalves Ferreira Filho, "É preciso ter presente que, no ensinamento de Sieyès, nação não deve ser confundida com o conjunto de homens que a compõem, num determinado momento histórico. Para ele, a nação encarna a permanência de uma comunidade; é a expressão dos interesses permanentes de uma comunidade" (op. cit., p. 12).
16. Manoel Gonçalves Ferreira Filho, op. cit. Prossegue o autor: "Quando ele contrapõe nação ao povo, está afirmando que o supremo poder não está à disposição dos interesses dos indivíduos enquanto indivíduos, mas o supremo poder existe em função do interesse da comunidade como um todo, da comunidade em sua permanência no tempo. Ele faz a distinção porque lhe parece óbvio que em certa ocasião pode haver uma oposição ou, pelo menos, uma discrepância entre os interesses do povo – conjunto de indivíduos que vivem num determinado momento – e os interesses permanentes de uma comunidade" (p. 23).
17. "Segundo narram os intérpretes, São Paulo formulou essa afirmação para condenar e combater uma tendência anarquista que se manifestava entre os primeiros cristãos. [...] Esse texto da *Epístola aos Romanos* pode ser interpretado, como efetivamente o foi, de duas maneiras diferentes, pelo menos. A primeira é a interpretação literal: todo governo vem de Deus. Isso significa que foi Deus que escolheu para governar determinado povo em determinado momento, A, B ou C. Era Deus que escolhia Carlos Magno, era Deus que escolhia Henrique V, na França, Henrique II e assim por diante. [...] Mas essas colocações não são as que merecem o aplauso de Santo Tomás de Aquino. Evidentemente, Santo Tomás de Aquino aceita que todo poder vem de Deus, mas no sentido de que todo poder vem de Deus porque Deus é autor da natureza humana. [...] Para Santo Tomás de Aquino, a frase da Epístola aos Romanos, para ser bem entendida, deveria ser completada: *sed per populum* – 'mas pelo povo, através do povo'" (Manoel Gonçalves Ferreira Filho, op. cit., p. 28).
18. *Poder Constituinte dos Estados-membros*, p. 30.
19. Nas palavras de Sieyès, "os representantes extraordinários terão um novo poder que a nação lhes dará como lhe aprouver. Como uma grande nação não pode, na realidade, se reunir todas as vezes que circunstâncias fora da ordem comum exigem, é preciso que ela confie a representantes extraordinários os poderes necessários a essas ocasiões" (op. cit.). Segundo Manoel Gonçalves Ferreira Filho, Sieyès tem pensamento diferente de Rousseau: "Na doutrina de Rousseau, como o governo legítimo exige a participação de cada um, todos têm, evidentemente, o direito de partici-

francês, por exemplo, foi uma Assembleia Constituinte que elaborou a primeira constituição francesa, em 1791.

8.2. ESPÉCIES DE PODER CONSTITUINTE

Segundo a doutrina moderna, há pelo menos quatro espécies de poder constituinte: a) poder constituinte originário; b) poder constituinte derivado; c) poder constituinte difuso; d) poder constituinte supranacional. Estudemos cada uma dessas espécies.

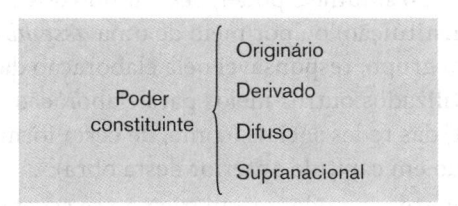

Poder constituinte
- Originário
- Derivado
- Difuso
- Supranacional

8.2.1. Poder constituinte originário

O poder constituinte originário (também chamado *de instituinte* ou *de primeiro* grau) é o poder de *criar* uma Constituição. Divide-se em *histórico* (o poder de criar a primeira Constituição de um país) ou *revolucionário* (o poder de criar uma nova constituição de um país). Obviamente, não é comum e frequente a manifestação do *poder constituinte originário histórico*, já que não é comum o surgimento de um novo país. Todavia, isso pode ocorrer, em se tratando de movimentos separatistas. Surgindo um novo país, em regra, surgirá uma nova constituição. Por sua vez, a expressão *poder constituinte originário revolucionário* se dá por razões jurídicas, e não fáticas. Nem toda nova constituição é fruto de uma revolução armada, agressiva, violenta. Trata-se de uma revolução no sentido jurídico (já que se abandona uma constituição então vigente – o pressuposto de validade de todas as leis –, colocando outra em seu lugar)[20].

Poder constituinte originário
- **Histórico:** o poder de criar a primeira Constituição de um país
- **Revolucionário:** o poder de criar uma nova Constituição de um país

São características do poder constituinte originário:

a) **Inicial** – o poder originário antecede o ordenamento jurídico, existe antes do surgimento das leis. Trata-se de um *poder de fato*, e não de um *poder de direito*. Ou seja, o poder originário já existia antes da elaboração das leis, e não é disciplinado pelo direito. Nas palavras de Manoel Gonçalves Ferreira Filho, "o Poder Constituinte edita atos juridicamente iniciais,

---

par do processo político. O eleitorado é um direito do indivíduo. Na doutrina de Sieyès, não. Consoante esta doutrina, a nação é que atribui a quem ela quiser o poder de falar por ela" (p. 25).

20. "Na caracterização jurídica, revolução é uma quebra de continuidade, em última análise, quebra de continuidade no desenvolvimento da ordem jurídica. Não é a mudança da ordem jurídica pelos caminhos por ela previstos a fim de adaptar-se a circunstâncias novas; e, sim, a modificação anormal da ordem jurídica; a alteração contra a normalidade por ela própria prevista" (Manoel Gonçalves Ferreira Filho, op. cit., p. 38).

porque dão origem, dão início à ordem jurídica, e não estão fundados nessa ordem, salvo o Direito Natural"[21].

b) Incondicionado – o poder originário pode ser exercido de qualquer maneira, não possuindo formas preestabelecidas de manifestação. Nas palavras de Manoel Gonçalves Ferreira Filho, "a nação não está sujeita a qualquer forma prefixada para manifestar sua vontade; não tem ela que seguir qualquer procedimento determinado para realizar a sua obra de constitucionalização"[22]. Comumente, é exercido por meio de uma *revolução* (no sentido fático, quando um determinado grupo assume o poder, destituindo dos seus cargos os atuais ocupantes, impondo uma nova constituição) ou por meio de uma *assembleia constituinte* (quando o povo elege um determinado grupo, responsável pela elaboração da Constituição). Nada impede que, no futuro, sejam utilizados outros meios para elaboração de uma Constituição, como o auxílio direto da internet, das redes sociais (como, de certa forma, já houve na Constituição islandesa, como mencionado em capítulo anterior desta obra)[23].

c) Latente ou permanente – o poder originário não se esgota com o uso. Dessa maneira, o fato de elaborarmos uma nova Constituição brasileira em 2030 não nos impedirá de elaborar uma nova Constituição em 2040, e assim por diante. Isso porque o poder originário fica "latente", esperando a próxima manifestação popular. Segundo Manoel Gonçalves Ferreira Filho, "o Poder Constituinte não desaparece com sua obra realizada. Ele permanece depois dela. É isso que se chama permanência do Poder Constituinte"[24].

d) Ilimitado? Trata-se de uma questão extremamente polêmica. Seria o poder originário ilimitado? Há duas formas de responder a essa questão. Primeiramente, segundo uma teoria tradicional (positivista), poder-se-ia afirmar que o poder originário é ilimitado, já que não possui limites em nenhuma outra lei[25]. Realmente, não há leis que limitem o poder constituinte originário. As cláusulas pétreas existentes no texto constitucional não se aplicam a uma nova constituição. Portanto, não há limites legais. Todavia, como sabido e consabido por todos, o direito não se resume ao texto legal. Outrossim, adotar essa posição (extremamente positivista) seria o mesmo que admitir que uma nova Constituição pode instituir atrocidades, como a escravidão de minorias, a eugenia para "purificação da raça" etc. Por isso, em razão do pós-positivismo, prevalece o entendimento de que há limites extralegais ao poder constituinte originário.

Dentre os limites extralegais, podem ser citados: a) o direito natural (para aqueles que aceitam sua existência) – assim, para os defensores de tal tese, não poderia uma nova Consti-

---

21. Op. cit., p. 15.
22. Op. cit., p. 14.
23. José Afonso da Silva aborda o "exercício direto, criação popular da constituição, que pode ser por aclamação, que hoje é reminiscência histórica, ou por referendo; por esta forma, um projeto de constituição preparado pelo governo provisório ou de transição ou por uma comissão restrita é submetido diretamente ao referendo popular, sem passar pela deliberação de uma Assembleia Constituinte" (op. cit., p. 70).
24. Op. cit., p. 12. Continua o autor: "a nação cuja vontade é ditar a Constituição, não fica submetida à Lei Magna editada. Isso dito, bem claramente no capítulo V da obra básica de Sieyès. [...] Textualmente: 'seria ridículo supor a nação ligada, ela própria, pelas próprias formalidades ou pela Constituição, com a qual ela subordinou os seus mandatários'" (p. 13).
25. De acordo com Manoel Gonçalves Ferreira Filho, "segundo Sieyès, o Poder Constituinte da nação é ilimitado. [...] No pensamento de Sieyès, significa que o Poder Constituinte da nação não está de modo algum limitado pelo direito anterior. Assim, o Poder Constituinte não tem de respeitar limites postos pelo direito positivo anterior" (op. cit., p. 14).

tuição ferir direitos naturais como vida e liberdade[26]. Assim, não poderia uma nova Constituição escravizar minorias ou instituir a eugenia; b) limites de fato[27]; c) princípio da proibição do retrocesso social – para parte da doutrina, não pode a nova Constituição retroceder na tutela dos direitos fundamentais. Como lembra Luzia Marques da Silva Cabral Pinto, em obra específica sobre o tema, o Tribunal Constitucional alemão já reconheceu limitações extralegais ao poder constituinte originário[28].

Os tratados internacionais sobre direitos humanos seriam limites do poder constituinte originário? Embora doutrinadores estrangeiros respondam positivamente, no Brasil prevalece a tese de que os tratados internacionais (não importa sobre quais assuntos versem) não estão acima do texto constitucional e, por isso, não limitam o poder constituinte originário[29]. Como vimos em capítulo anterior, segundo a sistemática atual brasileira, os tratados sobre direitos humanos podem ingressar no direito brasileiro com força de emenda constitucional (se aprovados nos termos do art. 5º, § 3º, da Constituição) ou com força de norma supralegal e infraconstitucional (se não forem aprovados com o procedimento do sobredito dispositivo constitucional). Dessa maneira, não há no Brasil tratados considerados com *status supraconstitucional*. Tal teoria, defendida sobretudo na Europa (como vimos no capítulo 1 desta obra, quando tratamos do *constitucionalismo transnacional* e do *constitucionalismo global*, não encontra eco em terras nacionais, infelizmente.

Seria muito válido, em nosso entender, defender a supraconstitucionalidade dos tratados internacionais de direitos humanos, numa espécie de *constitucionalismo multinível*. Continuaríamos a ter nossa Constituição, como pressuposto de validade das leis internas, mas até mesmo essa constituição estaria limitada por textos supraconstitucionais. Isso visaria evitar novos regimes de exceção (como tivemos no passado) em que mudanças constitucionais foram capazes de violar drasticamente direitos fundamentais (cassando mandatos parlamentares, suspendendo garantias como do *habeas corpus*, suspendendo as eleições etc.). Seria, provavelmente, a única forma jurídica de conter o chamado *constitucionalismo abusivo*, que estudamos no Capítulo 1 deste livro.

---

26. "Sieyès é expresso em afirmar que o Poder Constituinte da nação está limitado pelo Direito Natural. É ele um adepto do Direito Natural, à moda, é claro, da Escola do Direito das Gentes, e de Rousseau. É o que está no capítulo V do *Que é o terceiro Estado?*. Textualmente, Sieyès afirma: 'a nação existe antes de tudo, é a origem de tudo, sua vontade é sempre legal, ela é a própria lei; antes dela e acima dela somente existe o direito natural'" (Manuel Gonçalves Ferreira Filho, op. cit., p. 14). Anna Cândida da Cunha Ferraz afirma: "Assinalam outros autores a necessidade de acatar os 'valores naturais absolutos' de que a liberdade e dignidade do homem são os exemplos mais significativos e que, conforme o direito natural, são 'precedentes e superiores' a toda Constituição" (op. cit., p. 35).
27. "Os limites de fato estão em que, quem estabelece uma Constituição não pode chocar-se frontalmente com as concepções mais arraigadas – a cosmovisão – da comunidade, porque, do contrário, não obterá a adesão dessa comunidade para as novas instituições, que permanecerão letra morta, serão ineficazes" (Manoel Gonçalves Ferreira Filho, op. cit., p. 76).
28. "O Tribunal Constitucional reconhece a existência de um direito suprapositivo vinculando mesmo o legislador constitucional (incluindo o poder constituinte) e é competente para valorar o direito positivo à luz daquele direito (BVerfGE, 1, p. 14 ss.). [...] ao Tribunal Constitucional, enquanto guardião da Constituição, caberá zelar pelo respeito da parte supralegal da ordem constitucional que preexiste à constituição positiva, respeito esse que será afinal *conditio sine qua non* da obrigatoriedade jurídica das normas constitucionais" (*Os Limites do Poder Constituinte e a Legitimidade Material da Constituição*, p. 76).
29. Segundo Manoel Gonçalves Ferreira Filho, "É um objetivo ideal a subordinação do direito interno às regras fundamentais do Direito Internacional, especialmente àquelas regras do Direito Internacional que tutelam os direitos do homem. Mas, segundo a concepção que ainda prevalece, o Direito Internacional não é superior ao direito interno, isto é, o Direito Internacional não subordina o Poder Constituinte às suas normas" (op. cit., p. 77).

8.2.2. Poder constituinte derivado ou instituído

Também chamado de *poder instituído* ou *de segundo grau*, o poder constituinte derivado se divide em dois: a) poder constituinte derivado decorrente; b) poder constituinte derivado reformador.

a) Poder constituinte derivado decorrente – é o poder que cada Estado-membro tem de elaborar sua própria Constituição. Cada um dos 26 Estados brasileiros tem uma Constituição que, segundo a doutrina majoritária[30], é fruto do poder constituinte derivado decorrente. Nas palavras de Anna Cândida da Cunha Ferraz, em obra específica sobre o tema, "essa modalidade de Poder Constituinte, prevista na Constituição, intervém para exercer uma tarefa de caráter nitidamente constituinte, qual seja a de estabelecer a organização fundamental de entidades componentes do Estado Federal. Tem o Poder Constituinte Decorrente um caráter de complementariedade em relação à Constituição; destina-se a perfazer a obra do Poder Constituinte originário nos Estados Federais, para estabelecer a Constituição dos seus Estados componentes"[31].

Além dos Estados-membros, também o Distrito Federal é possuidor do poder constituinte derivado decorrente. Isso porque, embora não tenha uma "constituição distrital", o Supremo Tribunal Federal entende que a Lei Orgânica do Distrito Federal tem *status* de Constituição Estadual. É possível provar tal tese: assim como, se uma lei estadual fere a Constituição Estadual, pode ser atacada por uma ADI junto ao TJ do Estado, se uma lei distrital fere a Lei Orgânica do Distrito Federal, também é passível de ADI perante o Tribunal de Justiça do DF. Isso mostra que a Lei Orgânica do DF muito se assemelha à Constituição, sendo também fruto do poder constituinte derivado decorrente. Todavia, como afirma a doutrina, os Municípios não têm poder decorrente, já que a Lei Orgânica do Município não é fruto de um poder constituinte, mas de mera competência legislativa[32].

Segundo Anna Cândida da Cunha Ferraz, são espécies de poder constituinte derivado decorrente: 1) poder constituinte decorrente inicial (também chamado de *instituidor* ou *institucionalizador*, destina-se a estabelecer uma Constituição estadual, ponto de partida para a organização interna do Estado-membro e base sobre a qual se fundamentam todas as institui-

---

30. Celso Ribeiro Bastos negava a existência do poder decorrente, entendendo tratar-se de mera competência legislativa dos Estados-membros, e não de uma espécie destacada de poder constituinte. Segundo Anna Cândida da Cunha Ferraz: "Várias correntes a rejeitam. O Poder Constituinte, alegam alguns, é um poder político, poder de fato, ilimitado e incondicionado, capaz de institucionalizar um Estado soberano. Destarte, só é Poder Constituinte o poder de fato, força social, dotado daquelas características; é só é Estado a entidade dotada de soberania. Ora, as unidades federadas não são Estados, por isso que não são soberanas" (op. cit., p. 59). Todavia, a autora refuta tais argumentos, afirmando que "Um Estado pressupõe, como decorrência lógica, a auto-organização através de uma Constituição; e uma Constituição supõe um poder capaz de elaborá-la. Isso significa que tudo quanto для matéria de uma Constituição requer o exercício do Poder Constituinte em qualquer tempo ou circunstância. [...] A estruturação do Estado-membro pela Constituição Estadual implica a criação de uma nova ordem de poder dentro do Estado Federal. Trata-se de função de natureza constituinte na medida em que participa da função constituinte que atua na institucionalização do próprio Estado Federal" (op. cit., p. 61).
31. *Poder Constituinte do Estado-membro*, p. 19.
32. Tanto é verdade que, se uma lei municipal ferir a Lei Orgânica do Município, não poderá ser objeto de controle de constitucionalidade, mas de mero controle de legalidade, feito por qualquer juiz. Não obstante, existem posições doutrinárias em sentido contrário, reconhecendo o *poder constituinte derivado do Município*: "os municípios detêm competências legislativas ordinárias, administrativas (não detêm competências jurisdicionais) e competências legislativas constitucionais, ou seja, o poder constituinte decorrente de elaborar suas constituições (chamadas de leis orgânicas) e lógico o poder derivado de reformar suas constituições" (José Luiz Quadros de Magalhães. *O Poder Constituinte Decorrente*).

ções estaduais e se exercem os poderes constituídos estaduais). Ocorrerá sempre que se der a criação de um novo Estado-membro, pelo desmembramento ou divisão de outro Estado, pela fusão etc.; 2) poder constituinte decorrente de revisão estadual (o poder de rever e modificar a constituição do Estado-membro).

b) Poder constituinte derivado reformador – é o poder de reformar, de alterar a Constituição já existente. Sendo a Constituição rígida, esse procedimento é mais dificultoso que o destinado às outras leis. Ao contrário de constituições brasileiras anteriores (que apenas admitiam como processo de reforma a *emenda constitucional*), a Constituição de 1988 estabeleceu duas modalidades de reforma: a revisão e a emenda constitucional, que serão estudadas ainda neste capítulo.

> Poder constituinte derivado
>
> **Decorrente:** o poder que cada Estado-membro tem para elaborar sua própria Constituição.
>
> **Reformador:** o poder de reformar uma Constituição já existente.

8.2.2.1. Características do poder constituinte derivado decorrente

O poder decorrente é *secundário*, já que tem origem na própria Constituição (ao contrário do poder originário, que nasce antes da própria constituição). Por isso, trata-se de um poder de direito, e não de fato (é um poder regulamentado pelo direito, tendo origem nele). No caso da Constituição Brasileira, o poder decorrente nasce nos termos do art. 25 (em se tratando dos Estados) e do art. 32 (em se tratando do Distrito Federal). Nas palavras de Manoel Gonçalves Ferreira Filho, "ele retira sua força do Poder Constituinte originário, e não de si próprio, como ocorre com o Poder Constituinte originário"[33].

Também é *condicionado*. Ao contrário do poder originário, que não possui formas preestabelecidas de manifestação, o poder decorrente possui formas já determinadas na Constituição: em se tratando dos Estados, trata-se das *constituições estaduais* (art. 25, *caput*, CF), e, em se tratando do Distrito Federal, trata-se da Lei Orgânica do Distrito Federal (art. 32, *caput*, CF).

Por fim, o poder decorrente também é *limitado*, tendo seus limites na própria Constituição Federal, em três princípios: a) princípios sensíveis; b) princípios estabelecidos; c) princípios extensíveis. *Princípios sensíveis* são os previstos no art. 34, VII, da Constituição Federal (forma republicana, sistema representativo, regime democrático, não aplicação do mínimo exigido na saúde ou educação etc.). Recebem esse nome porque, se violados, autorizam a intervenção federal. *Princípios estabelecidos* são os previstos na Constituição Federal e que se referem expressamente aos Estados. São exemplos o art. 25, § 1º (que trata da competência dos Estados), e o art. 26 (que trata dos bens dos Estados). Ora, não poderá a Constituição Estadual estabelecer competências diferentes daquelas previstas no art. 25 da Constituição Federal, nem poderá incluir em seus bens outros que sejam da União, desrespeitando o art. 26. Por fim, *princípios extensíveis* são aqueles que se referem à União, mas que são aplicados aos Estados e ao DF, em razão do princípio da simetria. Como exemplo, podemos citar as normas constitu-

---

33. Op. cit., p. 112. Segundo Anna Cândida da Cunha Ferraz, é "poder de direito, construção jurídica da Constituição Federal, que pode inegavelmente pautá-lo e condicioná-lo, estabelecer limites à sua obra, precedentes e até posteriores, pela constante possibilidade da Revisão Constitucional Federal" (op. cit., p. 82).

cionais referentes ao processo legislativo (arts. 59 a 69, CF). Embora sejam normas que se referem às leis da União, aplicam-se, *mutatis mutandis*, às normas estaduais e distritais, em razão do princípio da simetria. Por essa razão, é possível a previsão de "medida provisória" nas Constituições estaduais, desde que respeitados os parâmetros da Constituição Federal (prazo, submissão à apreciação do Poder Legislativo etc.).

8.2.2.2. Características do poder constituinte derivado reformador

Assim como o poder derivado decorrente, o poder reformador é *secundário*, tendo origem na própria Constituição. Ao contrário do *poder originário*, que, por ser anterior à Constituição, é um poder de fato, e não de direito, o poder derivado é exatamente o contrário: é um poder de direito, regulamentado pelo direito. A Emenda Constitucional foi estabelecida pelo art. 60 da Constituição, enquanto a Revisão Constitucional foi estabelecida pelo art. 3º do Ato das Disposições Constitucionais Transitórias.

Outrossim, o poder derivado decorrente é *condicionado*, possuindo formas preestabelecidas de manifestação. Segundo a Constituição Federal, há duas formas de se elaborar a reforma constitucional: a revisão constitucional e a emenda constitucional (que abordaremos na sequência).

Por fim, o poder derivado decorrente é *limitado*, já que possui seus limites na própria Constituição Federal (abordaremos igualmente na sequência); como exemplo, destacamos as já estudadas cláusulas pétreas (que são limitações materiais ao poder de reforma constitucional).

8.3. REVISÃO CONSTITUCIONAL E EMENDA CONSTITUCIONAL

Como vimos acima, nos termos da Constituição de 1988, há duas formas de se elaborar a reforma constitucional: a Revisão Constitucional e a Emenda Constitucional. A primeira está prevista no art. 3º do Ato das Disposições Constitucionais Transitórias (ADCT) e a segunda (a Emenda Constitucional) está prevista no art. 60 da parte permanente da Constituição.

a) **Revisão Constitucional (art. 3º, ADCT)**

A *revisão constitucional*, prevista no art. 3º do ADCT, poderia ser feita somente após 5 anos da promulgação da Constituição Federal. Além disso, deveria ser aprovada em *sessão unicameral*, pela maioria absoluta dos membros do Congresso Nacional.

Portanto, primeiramente, vê-se um limite temporal para elaboração da *revisão constitucional*: somente poderia ser feita após 5 anos depois de promulgada a Constituição. O constituinte revisor não esperou mais do que o mínimo constitucional para elaborar a revisão constitucional. Ela foi feita 5 anos depois de promulgada a Constituição (e muito malfeita, segundo muitos). Alguns de seus dispositivos, provavelmente feitos de forma precipitada, foram alterados posteriormente.

Outrossim, a revisão constitucional foi aprovada em *sessão unicameral*. Sessão unicameral é aquela que reúne as duas casas do Congresso Nacional (Senado e Câmara dos Deputados), sem fazer distinção entre os votos de deputados ou de senadores. Ou seja, as duas casas reúnem-se de maneira homogênea, não havendo distinção entre os votos dos parlamentares. Aplica-se a regra: "um homem, um voto". *Sessão unicameral*, prevista no art. 3º do ADCT, não se confunde com *sessão conjunta*, prevista no art. 57, § 3º, da CF (embora, em ambas, as duas casas estejam fisicamente reunidas, na primeira não há distinção entre os votos de deputados e senadores, enquanto na segunda há essa distinção).

Por fim, o quórum de aprovação da revisão constitucional foi de *maioria absoluta* (mais da metade de todos os membros do Congresso Nacional, que estavam reunidos em sessão unicameral).

Duas questões se fazem oportunas: a) a revisão constitucional poderia alterar ou suprimir matérias em que a Emenda Constitucional estaria proibida?; b) é possível realizar atualmente no Brasil uma nova Revisão Constitucional?

Quanto à primeira pergunta, é uníssono na doutrina e na jurisprudência que os limites materiais da Revisão Constitucional são os mesmos limites da Emenda Constitucional. Ou seja, assim como as Emendas Constitucionais não podem suprimir as cláusulas pétreas, a Revisão Constitucional também não poderia. Assim, a diferença entre a Revisão e a Emenda não é exatamente o conteúdo, mas a forma.

Quanto à segunda pergunta, realmente a resposta não é tão simples. Poderia ser feita atualmente uma nova Revisão Constitucional?

Prevalece o entendimento de que não é possível no Brasil uma nova Revisão Constitucional. Pelo menos dois são os argumentos utilizados. Primeiramente, é francamente majoritário o entendimento de que as regras de alteração da Constituição não podem ser modificadas (sendo limitações implícitas ou cláusulas pétreas implícitas). Eis o raciocínio: quando o constituinte originário estabeleceu as regras de alteração da constituição, tais regras se tornaram imutáveis. Não poderá o poder constituinte derivado reformador alterar as regras estabelecidas pelo poder originário, no tocante à possibilidade de mudança. Como se diz costumeiramente no esporte, "não se pode mudar as regras do jogo no meio do jogo". Outrossim, possibilitar a mudança das regras de alteração da Constituição seria ensejar o seu enfraquecimento, facilitando suas sucessivas mudanças, e, por essa razão, violaria o princípio da *Força Normativa da Constituição*, originalmente estabelecido por Konrad Hesse.

Todavia, há entendimento minoritário, que recebe o nome de *Teoria da Dupla Revisão* (defendida por Manoel Gonçalves Ferreira Filho e Jorge Miranda). Segundo essa teoria, bastaria fazer uma alteração do art. 3º do ADCT (por meio de uma Emenda Constitucional), possibilitando a realização de uma nova (ou novas) Revisão Constitucional[34].

Tal posição é extremamente criticada por duas razões: a) assim como uma Emenda Constitucional permitiria uma nova Revisão Constitucional, poderia permitir duzentas outras revisões, o que liquidaria com a rigidez constitucional e a consequente supremacia formal da Constituição (como dizia o antigo caboclo, "porteira em que passa um boi passa uma boiada");

---

34. "Serão, todavia, intangíveis as cláusulas pétreas? Claro está que as matérias que elas protegem são imodificáveis, enquanto elas vigorarem. Mas elas próprias podem ser alteradas, revogadas? À luz do ensinamento de todo um rol de eminentíssimos juristas [...] elas podem ser modificadas ou abolidas. [...] Para modificá-las, seria preciso, primeiro, revogar a 'cláusula pétrea'; depois, segundo, alterar as disposições sobre a matéria em questão. É a tese da dupla revisão que, com brilho habitual, defende Jorge Miranda" (Manoel Gonçalves Ferreira Filho, op. cit., p. 179). Em capítulo seguinte, afirma o autor: "não há impedimento jurídico à convocação de uma revisão constitucional, nos termos de Emenda adotada com a observância rigorosa do art. 60 da Constituição em vigor. E esta se fará mais livremente se, nessa emenda convocatória, for revogado o § 4º do art. 60 da Lei Magna em vigor" (op. cit., p. 190). Jorge Miranda afirma: "se, ao invés, forem eliminadas cláusulas de limites impróprios ou de segundo grau, como são elas que os constituem como limites, este ato acarretará, porém, automaticamente, que os correspondentes princípios, já, em próxima revisão, não terão de ser observados. É só, a este propósito, que pode falar-se em *dupla revisão*" (op. cit., t. II, p. 245).

b) a teoria da dupla revisão, assim como permite a alteração de parte do processo de reforma da Constituição, poderia simplesmente revogar as cláusulas pétreas (art. 60, § 4º) e, em última análise, simplesmente transformar a Constituição num texto flexível.

Dessa maneira, como prevalece o entendimento de que não é possível mais realizar uma nova Revisão Constitucional, entende-se que a Constituição de 1988 só pode ser alterada por meio de *Emenda Constitucional*, prevista no art. 60 da Constituição Federal.

b) Emenda Constitucional (art. 60, CF)

Até dezembro de 2018 já tinham sido feitas 99 emendas constitucionais à Constituição de 1988. Isso se deve ao fato de a Constituição brasileira ser uma *constituição analítica*, detalhada. Outrossim, segundo propostas de importantes movimentos políticos legislativos, outras tantas mudanças no texto constitucional ainda podem ser feitas: reforma tributária, reforma política, reforma da Previdência etc.

b.1) Proposta de Emenda Constitucional (PEC)

A Emenda Constitucional pode ser proposta por: a) pelo menos 1/3 dos deputados federais ou dos senadores; b) pelo Presidente da República; c) por mais da metade das Assembleias Legislativas, pela maioria simples de seus membros.

Atualmente, sendo 513 deputados federais no total, são necessários 171 deputados para subscrição de uma Proposta de Emenda Constitucional (PEC). Sendo, ao todo, 81 senadores, são necessários 27 senadores para subscrição de uma PEC no Senado.

Como vimos, o Presidente da República também pode elaborar Proposta de Emenda Constitucional. Embora a origem seja democraticamente duvidosa (apareceu pela primeira vez na Constituição de Getúlio Vargas, de 1937), o fato é que permaneceu nas Constituições seguintes.

Por fim, a Proposta de Emenda Constitucional pode ser feita por mais da metade das Assembleias Legislativas das unidades da Federação. Como são, atualmente, 26 Estados e o Distrito Federal, são necessárias 14 Assembleias Legislativas, com a mesma proposta de Emenda Constitucional, aprovada pela maioria simples (ou relativa) em cada uma dessas casas. Esta última hipótese, de difícil consecução, visa a prestigiar a Federação e as respectivas unidades federativas.

Quanto aos legitimados, prevalece o entendimento de que esse rol, previsto no art. 60, I, II e II, da Constituição, é *taxativo*. Isso significa que, para o entendimento da maioria da doutrina, *não se admite Proposta de Emenda Constitucional de Iniciativa Popular* porque inexiste previsão constitucional. Embora essa seja a posição majoritária (e a cobrada em provas objetivas de concurso público), é atualmente uma posição indefensável. Ela destoa de uma visão moderna ou não do Direito Constitucional. É no mínimo um contrassenso, depois de afirmar que o titular do poder constituinte é o povo, afirmar que o povo não pode fazer proposta de Emenda Constitucional. A grande parcela dos países democráticos que nos cercam admite uma maior participação popular no processo de alteração da Constituição. Se o Brasil é uma democracia semidireta (e afirma ser, no art. 1º, parágrafo único, da Constituição Federal), o mínimo de atuação direta que se espera é a possibilidade de propor as mudanças no texto constitucional. Por essa razão, autores mais tradicionais ou mais modernos afirmam tratar-se de uma decorrência da interpretação sistemática da Constituição o fato de que poderia o povo apresentar, por analogia ao art. 61, § 2º, da Constituição, proposta de emenda constitucional de iniciativa popular.

b.1.1) Iniciativa popular na Emenda Constitucional estadual: novo posicionamento do STF

Em 25 de outubro de 2018, o STF, no julgamento da ADI 825, de relatoria do Ministro Alexandre de Moraes, decidiu que a Constituição estadual pode prever a edição de Emenda Constitucional de iniciativa popular. A ação foi ajuizada pelo Governo do Estado do Amapá, que admite a iniciativa popular para reforma de sua Constituição. Segundo os ministros, embora a Constituição Federal não autorize expressamente proposta de iniciativa popular para emendas ao próprio texto, mas apenas para normas infraconstitucionais, não há impedimento para que as constituições estaduais prevejam a possibilidade, ampliando a competência constante na Constituição Federal. Prevaleceu o entendimento do Ministro Edson Fachin, segundo o qual "na democracia representativa, além dos mecanismos tradicionais de seu exercício, por meio dos representantes eleitos pelo povo, também há esses mecanismos de participação direta".

Como veremos no capítulo deste livro reservado aos direitos políticos, alguns Estados da Federação permitem a iniciativa popular para a reforma da própria Constituição Estadual: Amapá, Acre, Alagoas, Amazonas, Bahia, Ceará, Distrito Federal, Espírito Santo, Goiás, Sergipe, Santa Catarina, Roraima, Rio Grande do Sul, Pernambuco, Paraíba e Pará. As Constituições do Maranhão, Mato Grosso, Mato Grosso do Sul, Minas Gerais, Paraná, Piauí, Rio de Janeiro, Rio Grande do Norte, Rondônia e Tocantins não têm previsão.

b.2) Procedimento de aprovação da Emenda Constitucional

Feita a proposta de Emenda Constitucional, ela será discutida, votada e, eventualmente, aprovada pelas duas casas do Congresso Nacional. Segundo a Constituição Federal (art. 60, § 2º), "a proposta será discutida e votada em cada Casa do Congresso Nacional, em dois turnos, considerando-se aprovada se obtiver, em ambos, três quintos dos votos dos respectivos membros". Assim, a PEC será votada nas duas casas do Congresso Nacional (Senado e Câmara), aprovando-se em dois turnos (duas vezes em cada uma das casas) e por 3/5 dos votos dos seus respectivos membros. Indaga-se: em qual das casas iniciará a discussão da Proposta de Emenda Constitucional? Qual será a casa iniciadora? Depende de quem foi a Proposta de Emenda. Se a proposta de Emenda for de iniciativa de 1/3 dos Senadores, a PEC será discutida inicialmente no Senado. Em todas as outras hipóteses (PEC de iniciativa da Câmara, do Presidente, das Assembleias Legislativas ou do povo – para aqueles que admitem essa tese), a casa iniciadora será a Câmara dos Deputados.

Haverá prazo para discussão da PEC? Não há prazo. O Congresso Nacional poderá aprovar uma PEC em tempo reduzido, em poucas semanas, bem como pode demorar décadas. Não há previsão constitucional quanto ao prazo do processo de aprovação da Proposta de Emenda Constitucional.

Todavia, é oportuno frisar que entre os dois turnos de aprovação em cada casa há um período mínimo de interstício, previsto no Regimento Interno das Casas Parlamentares. Segundo o art. 202, § 6º, do Regimento Interno da Câmara dos Deputados, o interstício será de cinco sessões[35]. Por sua vez, o Regimento Interno do Senado prevê que o interstício entre o primeiro e o segundo turno será de, no mínimo, "cinco dias úteis" (art. 362).

---

35. "A proposta será submetida a dois turnos de discussão e votação, com interstício de cinco sessões."

b.2.1) Desrespeito ao interstício entre os dois turnos de votação

Importante: caso haja violação do Regimento Interno (da Câmara ou do Senado), desrespeitando o interstício mínimo entre as votações, poderá ser declarada a inconstitucionalidade formal da Emenda Constitucional? Infelizmente, o STF entende que não. Segundo posição majoritária do Supremo Tribunal Federal, a Constituição Federal apenas existe os "dois turnos de votação", não especificando o interstício mínimo entre eles[36]. Dessa forma, não poderia o STF declarar a inconstitucionalidade da emenda constitucional, por se tratar de "mera" violação regimental.

Infelizmente, essa postura omissa do Supremo Tribunal Federal permitiu uma prática lamentável: já houve emendas constitucionais em que os dois turnos foram realizados NO MESMO DIA. Foi o que ocorreu com a aprovação no Senado da Emenda Constitucional n. 97/2017, quando os dois turnos foram realizados EM MEIA HORA. Da mesma forma, o Senado fez o mesmo com a Emenda Constitucional n. 96/2017 ("Emenda da Vaquejada"), aprovando-a, em dois turnos, NO MESMO DIA.

Entendemos que o Supremo Tribunal Federal está equivocado. Embora, em regra, violações regimentais não possam ser apreciadas pelo Poder Judiciário (por se tratar de matéria *interna corporis*), no presente caso, a realização de dois turnos de votação no mesmo dia, ou em dias seguintes, implica violar o "espírito da Constituição". Ora, quando a Constituição exige a realização de dois turnos de votação, está exigindo que o legislador tenha parcimônia, prudência e tempo para reflexão. Esse foi o entendimento do Ministro Carlos Ayres Britto nas ADIs 4.357 e 4.425 (ele foi voto vencido). Segundo o ministro, "o artifício de abrir e encerrar, numa mesma noite, sucessivas sessões deliberativas, não atende à exigência constitucional da realização de uma segunda rodada de discussão e votação, precedida de razoável intervalo até para a serenização de ânimos eventualmente exacerbados, ao lado de amadurecimento das ideias". Esse entendimento foi seguido pelos Ministros Marco Aurélio, Celso de Mello e Joaquim Barbosa.

b.2.2) Sanção ou veto?

Aprovada a Proposta de Emenda Constitucional pelo Congresso Nacional, não haverá sanção ou veto presidencial. O Presidente não participa do processo de aprovação da Emenda. A única participação possível do Presidente é a elaboração da PEC, nos termos do art. 60, II, CF. Depois de eventual PEC, não mais participará do processo de aprovação, não havendo sanção ou veto. Isso porque, como a Emenda Constitucional é fruto do poder constituinte derivado reformador, o titular desse poder é o *povo*, mas seu exercício será realizado pelo Congresso Nacional.

b.2.3) Promulgação da Emenda Constitucional

Depois de aprovada a Proposta de Emenda Constitucional, ela será, nos termos do art. 60, § 3º, da Constituição, "promulgada pelas Mesas da Câmara dos Deputados e do Senado Fede-

---

36. "A aprovação de emendas à Constituição não recebeu da Carta de 1988 tratamento específico quanto ao intervalo temporal mínimo entre os dois turnos de votação (CF, art. 62, § 2º), de sorte que inexiste parâmetro objetivo que oriente o exame judicial do grau de solidez da vontade política de reformar a Lei Maior. A interferência judicial no âmago do processo político, verdadeiro locus da atuação típica dos agentes do Poder Legislativo, tem de gozar de lastro forte e categórico no que prevê o texto da Constituição Federal. Inexistência de ofensa formal à Constituição brasileira" (ADI 4.357/DF, Rel. Min. Ayres Britto, relator p/ acórdão: Min. Luiz Fux, Tribunal Pleno, j. 14-3-2013).

ral, com o respectivo número de ordem". Quanto à parte final, trata-se de uma simples conclusão constitucional. Depois da Emenda Constitucional n. 95, serão aprovadas as Emendas n. 96, a 97, e assim por diante. Quanto à primeira parte do dispositivo legal, é oportuno frisar que são responsáveis pela promulgação da Emenda Constitucional duas mesas: a Mesa da Câmara e a Mesa do Senado.

Importante: não se pode confundir Mesa da Câmara, Mesa do Senado e Mesa do Congresso Nacional. A Mesa da Câmara é o órgão que representa a Câmara dos Deputados (e cujos representantes são eleitos pelos seus pares, periodicamente, para mandato de dois anos, não se admitindo reeleição para o mesmo cargo para o período subsequente, desde que na mesma legislatura). Da mesma forma, Mesa do Senado é o órgão representativo do Senado, cujos representantes são eleitos periodicamente pelos Senadores, com os mesmos critérios da Mesa da Câmara dos Deputados. Mesa do Congresso Nacional é uma terceira Mesa, que não é eleita pelos parlamentares. Nos termos do art. 57, § 5º, da Constituição Federal, "A Mesa do Congresso Nacional será presidida pelo Presidente do Senado Federal, e os demais cargos serão exercidos, alternadamente, pelos ocupantes de cargos equivalentes na Câmara dos Deputados e no Senado Federal". Assim, a Mesa do Congresso Nacional não promulga a Emenda Constitucional, mas as Mesas da Câmara e do Senado, sim.

b.3) Limitações circunstanciais

Há três circunstâncias nas quais a Constituição Federal não poderá ser emendada: intervenção federal, estado de sítio e estado de defesa (art. 60, § 1º, CF).

Intervenção federal, prevista no art. 34 da Constituição Federal, consiste na intervenção da União em algum Estado ou no Distrito Federal, retirando-lhe parcela da autonomia, em razão da infringência de uma das hipóteses constitucionais. Por exemplo, se um Estado tentar se separar do país, por infringir o art. 34, I, da CF ("A União não intervirá nos Estados nem no Distrito Federal, exceto para: I – manter a integridade nacional"). Decretada a intervenção federal em qualquer dos Estados-membros brasileiros ou no Distrito Federal, não poderá ser emendada a Constituição Federal.

Da mesma forma, durante o estado de defesa e o estado de sítio. Essas duas medidas, previstas nos arts. 136 e seguintes da Constituição Federal, são instrumentos constitucionais excepcionais, decretados em hipóteses extremas – previstas na Constituição – pelo Presidente da República e que consistem na suspensão de alguns direitos para garantia da estabilidade e da ordem pública. Dentre outras diferenças, enquanto o estado de defesa é uma medida de âmbito nacional e que passará pelo crivo posterior do Congresso Nacional, o estado de sítio é uma medida de âmbito nacional e deve passar pelo crivo anterior do Congresso Nacional (para ser instaurado, a decretação do Presidente deve ser aprovada pelo Congresso, nos termos do art. 137 da CF).

Uma dúvida surgiu recentemente, quando foi decretada a intervenção federal no Estado do Rio de Janeiro, no ano de 2018: essas limitações circunstanciais impedem a TRAMITAÇÃO de uma Proposta de Emenda Constitucional ou apenas a APROVAÇÃO de uma Emenda Constitucional (permitindo, pois, sua tramitação – discussão nas Casas do Congresso Nacional)?

b.3.1) Tramitação ou aprovação proibidas?

No Mandado de Segurança 35.535/DF, o Ministro Dias Toffoli deixou de conceder liminar para suspender a tramitação de Proposta de Emenda Constitucional, entendendo que a

Constituição veda a "aprovação" da Emenda Constitucional, mas não sua "tramitação": "o dispositivo contém clara vedação à aprovação de emenda na vigência de intervenção federal, mas não proíbe expressamente a tramitação de PEC no mesmo período. Não vislumbro de que modo se possa interpretar a Constituição Federal no sentido de restringir a atuação de um dos Poderes da República sob óptica ampliada de proibições constitucionais. [...] Nessa concepção, ficam suspensos – é certo – todos os atos deliberativos do processo legislativo da emenda constitucional, mas não a tramitação das propostas de emendas" (MS 35.535/DF, rel. Min. Dias Toffoli, j. 26-6-2018).

b.3.2) Incorporação de tratados internacionais com *status* constitucional

A Constituição Federal determina que "não poderá ser emendada na vigência de intervenção federal, estado de defesa ou estado de sítio" (art. 60, § 1º, CF). Em nosso entender, essa vedação não impede que haja, durante essas circunstâncias extraordinárias, incorporação de tratados internacionais sobre direitos humanos, com *status* constitucional. Isso porque, nesses casos, não se trata exatamente de uma "emenda constitucional", mas da incorporação de tratados com hierarquia constitucional.

Aliás, foi o que ocorreu em 2018 com o *Tratado de Marraqueche*. Mesmo existindo a intervenção federal no Estado do Rio de Janeiro, por força do Decreto n. 9.522, de 8 de outubro de 2018, o *Tratado de Marraqueche* ingressou no Direito brasileiro com força de norma constitucional. Houve alteração do "bloco de constitucionalidade", mas não necessariamente do texto constitucional. Por essa razão, entendemos que não há violação da limitação circunstancial do art. 60, § 1º, da CF.

b.4) Rejeição da PEC

Por fim, se uma Proposta de Emenda Constitucional for rejeitada ou havida por prejudicada, nos termos do art. 60, § 5º, da Constituição Federal, não poderá ser objeto de nova proposta na mesma sessão legislativa. Sessão legislativa é o ano legislativo, diferente do período legislativo (semestre legislativo) e da legislatura (o período de quatro anos). Se uma Proposta de Emenda Constitucional foi rejeitada (ou havida por prejudicada), somente poderá ser reapresentada no ano seguinte, na próxima sessão legislativa.

Desrespeitado o procedimento de criação da Emenda Constitucional, será inconstitucional (inconstitucionalidade formal), podendo ser questionada durante o seu processo de criação (*controle preventivo da constitucionalidade*) ou depois de sua edição (*controle repressivo*), seja pela via difusa, seja pela via concentrada (como se estudará no capítulo destinado ao controle de constitucionalidade).

8.3.1. Limitações do poder constituinte reformador

Como vimos acima, uma das características do poder constituinte derivado reformador é sua *limitação*. Eis as modalidades de limites existentes:

a) Limites materiais – são as matérias que não podem ser suprimidas da Constituição (as chamadas cláusulas pétreas). Adotadas anteriormente por constituições brasileiras do passado, as cláusulas pétreas foram ampliadas na Constituição de 1988 e hoje estão previstas no art. 60, § 4º.

b) Limites formais ou procedimentais – trata-se de um procedimento mais rigoroso de aprovação (como o quórum de aprovação de 3/5, na Emenda Constitucional, e o quórum de maioria absoluta, na Revisão Constitucional).

c) Limites circunstanciais – são circunstâncias nas quais não se pode alterar a Constituição (por exemplo, o estado de sítio ou o estado de defesa).

d) Limites temporais – um período de tempo no qual não se pode alterar a Constituição. Limitação dessa natureza foi inserida na Constituição de 1824, que, no seu art. 174, proibia sua alteração por quatro anos. "Proibição equivalente estava na Constituição americana de 1787, art. 5º. Verdade que a proibição alcançaria até 1788, por um ano, portanto. Era o temor de que provavelmente se modificasse a Constituição na semana seguinte"[37].

Não há previsão na Constituição de 1988. Embora a Revisão Constitucional só possa ter sido feita depois de 5 anos da promulgação da Constituição (art. 3º do ADCT), a Emenda Constitucional já poderia ser feita no dia seguinte à promulgação da Emenda Constitucional.

e) Limites implícitos – não podem ser alteradas as regras de modificação da Constituição, embora não haja previsão constitucional expressa. São limitações implícitas. Não pode ser alterado o quórum de 3/5 para aprovação da emenda constitucional, reduzindo-o para maioria absoluta, assim como também não pode ser revogado o rol de cláusulas pétreas, previsto no art. 60, § 4º, da Constituição Federal. Embora não haja previsão expressa, trata-se de um corolário lógico do sistema. Permitir emendas constitucionais sobre esse tema seria permitir a extinção da rigidez constitucional e, por consequência, o fim da supremacia da Constituição. Manoel Gonçalves Ferreira Filho, citando obra de Nelson de Souza Sampaio, elenca quatro limites implícitos ao poder de reforma constitucional: a) a manutenção dos direitos fundamentais do homem (embora, no texto constitucional de 1988, apareçam como limitações expressas – limitações materiais); b) a inalterabilidade do titular do Poder Constituinte originário; c) a inalterabilidade do titular do Poder Constituinte derivado, ou seja, a inalterabilidade de quem pode fazer a mudança da Constituição e d) a proibição de alteração das regras que disciplinam formalmente o procedimento de alteração constitucional[38].

8.4. PODER CONSTITUINTE DIFUSO (OU MUTAÇÃO CONSTITUCIONAL)

Além dos tradicionais e já estudados *poder constituinte originário* e *derivado*, a doutrina atualmente aponta a existência de um poder constituinte difuso. Trata-se de um *poder de fato*, e não de direito (ou seja, não é um poder regulamentado pelo direito, existindo antes da edição da própria Constituição). Trata-se do poder de alterar o sentido, a interpretação da Constituição, *sem alteração do seu texto*. Nas palavras de José Afonso da Silva, "mutações constitucionais são mudanças não formais que se operam no correr da história de uma Constituição, sem alterar o enunciado formal, sem mudar a letra do texto. Segundo a doutrina tradicional, isso se dá por força da modificação das tradições, da adequação político-social, dos costumes, de alteração empírica e sociológica, pela interpretação e pelo ordenamento de estatutos que afetam a estrutura orgânica do Estado"[39]. A expressão *mutação constitucional* foi cunhada, em 1895,

---

37. Manoel Gonçalves Ferreira Filho, op. cit., p. 138.
38. Op. cit., p. 118-121.
39. Op. cit., p. 283. A expressão "poder constituinte difuso" foi utilizada no Brasil primeiramente por Anna Cândida da Cunha Ferraz: "tais alterações constitucionais, operadas fora das modalidades organizadas de exercício do poder constituinte instituído ou derivado, justificam-se e têm fundamento jurídico: são, em realidade, obra ou manifestação de uma espécie inorganizada do poder constituinte, o chamado *poder constituinte difuso*, na feliz expressão de

por Paul Laband, em sua obra *Mutações na Constituição do Reich Alemão*, ao analisar as mudanças empreendidas na Constituição do *Reich* alemão de 1871, já que havia uma discrepância entre texto constitucional e a realidade política[40].

Dessa maneira, o texto constitucional não é alterado, mas o seu sentido, a sua interpretação. Chama-se "difuso" (expressão cunhada pelo francês Georges Burdeau) porque pode ser feito por qualquer intérprete da Constituição. É um corolário da *teoria da sociedade aberta dos intérpretes da Constituição*, de Peter Häberle. Como vimos em capítulo anterior, segundo o jurista alemão, todos aqueles que se deparam com o texto constitucional são seus potenciais intérpretes. Dessa maneira, qualquer dos intérpretes poderá realizar essa *mutação constitucional*, e não apenas os órgãos do Poder Judiciário (ou apenas o STF). É claro que, quando o STF faz uma *mutação constitucional*, isso ganha enorme projeção na doutrina e na jurisprudência, tendo em vista que muitas de suas decisões têm até efeito vinculante. Todavia, a mutação não é exclusividade do Poder Judiciário ou do STF.

a) Hipóteses de mutação constitucional

A *mutação constitucional* pode ocorrer de três maneiras[41]: a) mudança de interpretação da Constituição (a mais comum); b) praxe constitucional; c) construção constitucional.

Hipótese mais frequente, a *mudança da interpretação*[42] *da Constituição* pode ser feita por qualquer intérprete da Constituição, mas principalmente pelo Judiciário (e, claro, pelo guardião da Constituição Federal, o STF). Embora o texto constitucional permaneça o mesmo, a interpretação do texto é alterada. Segundo a doutrina, essa atuação do Poder Judiciário que, no processo hermenêutico de análise do texto constitucional, altera o seu sentido é um dos corolários de um movimento denominado *ativismo judicial*[43]. Segundo minha querida amiga

---

Burdeau" (op. cit., p. 10). Segundo Denise Soares Vargas, "essas modificações informais ocorrem quando surgem mudanças nas circunstâncias sociopolíticas, impondo-lhe um significado diferente do até então atribuído. Esses processos informais de mudança da Constituição em que se mudam o sentido, o significado, o alcance do texto, sem empreender-lhe qualquer reforma, acarreta uma mudança material denominada de mutação constitucional Trata-se de uma mudança oblíqua ou oculta, à margem do poder reformador" (*Mutação Constitucional Via Decisões Aditivas*, p. 30).

40. Denise Soares Vargas, op. cit., p. 33. Trata-se, pois, de tema abordado inicialmente pela doutrina alemã: "o processo de alteração do conteúdo da norma com preservação da forma foi objeto de amplo estudo pela doutrina germânica, sendo ali denominado de *mutação constitucional* (*Verfassungswandlung*), em oposição à *reforma constitucional* (*Verfassungsänderung*). Também se costuma falar em *reforma tácita*. A mutação constitucional é fruto do poder constituinte difuso, expressão cunhada por Burdeau e que reflete uma espécie inorganizada do *poder constituinte*, destinado a completar a Constituição, preencher vazios, completar a obra do constituinte. Atualizando o seu conteúdo, preservando-se a força normativa da Constituição" (Emerson Garcia. *Conflito entre Normas Constitucionais*, p. 476).
41. Embora na doutrina haja divergência acerca do tema. José Afonso da Silva, depois de mencionar autores diversos com diferentes classificações, conclui: "penso que podemos discutir como válidas as mutações constitucionais provenientes: a) dos atos de complementação constitucional; b) da interpretação e da construção constitucionais; c) das práticas político-sociais, convertidas em convenções constitucionais" (op. cit., p. 288).
42. Como afirmou Denise Soares Vargas, "a atividade criativa, no processo hermenêutico, é uma realidade a que não se pode negar. Afinal, interpretar não é apenas revelar, mas produzir um sentido" (op. cit., p. 47).
43. "O ativismo judicial é também utilizado no sentido de que cortes, notadamente as cortes constitucionais e supremas, assumem *competências legiferantes* reservadas, *a priori*, pela constituição, aos outros poderes, em especial ao Legislativo. Sob essa perspectiva, o ativismo judicial não seria um comportamento apenas judicial, mas atividade *quase legislativa*. Alguns acusam a prática de juízes 'legislate from the bench', ou seja, criarem o direito em vez de aplicá-lo. [...] Hodiernamente, no âmbito das modernas técnicas de decisão de inconstitucionalidade – interpretação conforme à Constituição, declaração de nulidade parcial sem redução de texto, sentenças aditivas – essa discussão tem envolvido as fronteiras entre o juiz constitucional como *legislador negativo* e como *legislador positivo*. [...] As sentenças manipulativas, notadamente as sentenças aditivas, em especial as desenvolvidas pela Corte Constitu-

e brilhante professora portuguesa Catarina Botelho, "a *mutação constitucional* é um tipo de interpretação constitucional que atende a significativas alterações societais e culturais. Nesta modalidade, o texto da constituição permanece incólume, apenas se alterando o seu sentido. Não é necessário um processo de revisão constitucional, com todos os constrangimentos que lhe são associados"[44].

Por exemplo, houve alteração no significado da palavra "casa"[45] (art. 5º, XI, CF), bem como recente alteração da interpretação do significado da "presunção de inocência", nos termos do art. 5º, LVII, da CF. O texto constitucional não foi alterado, mas foi substancialmente modificada a interpretação do texto[46].

Recentemente, o STF, no Recurso Extraordinário 778.889, relatado pelo Min. Roberto Barroso, tratando sobre a equiparação da licença-adotante ao prazo da licença-gestante, decidiu: "A licença-maternidade prevista no artigo 7º, XVIII, da Constituição abrange tanto a licença gestante quanto a licença adotante, ambas asseguradas pelo prazo mínimo de 120 dias". Dentre outros argumentos, decidiu o STF: "Mutação Constitucional. Alteração da realidade social e nova compreensão do alcance dos direitos do menor adotado. Avanço do significado atribuído à licença parental e à igualdade entre os filhos, prevista na Constituição. Superação de antigo entendimento do STF"[47]. Portanto, embora o texto constitucional não tenha sido alterado, mudou o entendimento, a interpretação acerca dele.

---

cional da Itália, são exemplos conhecidos desta dimensão de ativismo judicial e, por meio das quais, as cortes promovem verdadeiras alterações legislativas" (Carlos Alexandre de Azevedo Campos. *Dimensões do Ativismo Judicial do STF*, p. 166).

44. "Mude-se a Constituição!" Artigo publicado no jornal português *Observador*.
45. Segundo STF, no RHC 90.376, "para fins da proteção jurídica a que se refere o art. 5º, XI, da Constituição da República, o conceito normativo de 'casa' revela-se abrangente e, por estender-se a qualquer aposento de habitação coletiva, desde que ocupado (CF, art. 150, § 4º, II), compreende, observada essa específica limitação espacial, os quartos de hotel. [...] Sem que ocorra qualquer das situações excepcionais taxativamente previstas ano texto constitucional (art. 5º, XI), nenhum agente público poderá, contra a vontade de quem de direito ('*invito domino*'), ingressar, durante o dia, sem mandado judicial, em aposento ocupado de habitação coletiva, sob pena de a prova resultante dessa diligência de busca e apreensão reputar-se inadmissível, porque impregnada de ilicitude originária". No HC 82.788/RJ e no HC 251.445/GO, o STF também decidiu que o conceito de "casa", para o fim da proteção jurídico-constitucional a que se refere o art. 5º, XI, da Lei Fundamental, reveste-se de caráter amplo, pois compreende, na abrangência de sua designação tutelar, qualquer compartimento habitado, qualquer aposento ocupado e habitação coletiva e qualquer compartimento privado não aberto ao público onde alguém exerce profissão ou atividade.
46. Sobre a legitimidade do Poder Judiciário na realização da mutação constitucional, Denise Vargas conclui: "eis, portanto, a base da legitimidade da atuação judicial na mutação constitucional: previsão constitucional para o exercício da jurisdição; competência para resolver institucionalmente conflitos, inclusive contra a maioria violadora da Constituição; atuação dentro do programa da norma e consentânea com os princípios enraizados na Constituição" (op. cit., p. 104).
47. Segundo o STF, "As crianças adotadas constituem grupo vulnerável e fragilizado. Demandam esforço adicional da família para sua adaptação, para a criação de laços de afeto e para a superação de traumas. Impossibilidade de se lhes conferir proteção inferior àquela dispensada aos filhos biológicos, que se encontram em condição menos grave. Violação do princípio da proporcionalidade como vedação à proteção insuficiente. Quanto mais velha a criança e quanto maior o tempo de internação compulsória em instituições, maior tende a ser a dificuldade de adaptação à família adotiva. Maior é, ainda, a dificuldade de viabilizar sua adoção, já que predomina no imaginário das famílias adotantes o desejo de reproduzir a paternidade biológica e adotar bebês. Impossibilidade de conferir proteção inferior às crianças mais velhas. Tutela da dignidade e da autonomia da mulher para eleger seus projetos de vida. Dever reforçado do Estado de assegurar-lhes condições para compatibilizar maternidade e profissão, em especial quando a realização da maternidade ocorre pela via da adoção, possibilitando o resgate da convivência familiar em favor de menor carente. Dívida moral do Estado para com menores vítimas da inepta política estatal de institucionalização precoce".

Outrossim, o STF, no julgamento da ADPF 132 e da ADI 4.277, reconheceu a união homoafetiva como entidade familiar, não obstante o texto de dispositivos do Código Civil brasileiro e da Constituição não fosse expresso a respeito. Trata-se, na nomenclatura doutrinária atual, de uma sentença manipulativa de efeitos aditivos, estendendo às relações homossexuais os mesmos direitos das relações heterossexuais. Segundo Denise Vargas, "esse tipo de mutação via decisão de perfil aditivo se justificou, no caso do reconhecimento da união homoafetiva, pelo caráter contramajoritário da corte que, no papel de guardião da Constituição, tem a competência para desempenhar a proteção de vulneráveis e minorias contra omissões, exclusões ou excessos empreendidos pelas maiorias"[48].

No caso da relativização da "presunção de inocência", prevista no art. 5º, LVII, da Constituição, em decisão proferida pelo STF nas Ações Declaratórias de Constitucionalidade 43 e 44, a decisão carrega alta carga de polêmica. O STF entendeu ser possível a execução da pena privativa de liberdade após a condenação em segunda instância (esgotadas as instâncias ordinárias), embora possa excepcionalmente dar ao recurso interposto efeito suspensivo.

O Ministro Edson Fachin afirmou: "interpreto a regra do art. 5º, LVII, da Constituição da República, segundo a qual 'ninguém será considerado culpado até o trânsito em julgado de sentença penal condenatória', entendendo necessário concebê-la em conexão a outros princípios e regras constitucionais que, levados em consideração com igual ênfase, não permitem a conclusão segundo a qual apenas após esgotadas as instâncias extraordinárias é que se pode iniciar a execução da pena privativa de liberdade", mas admitindo exceção no caso concreto: "permanece sendo excepcional a possibilidade de atribuição de efeito suspensivo aos recursos especial e extraordinário na seara criminal. A regra geral continua a ser o recebimento desses recursos excepcionais no efeito meramente devolutivo. E é evidente que tal possibilidade persiste especialmente para atribuir-lhe efeito suspensivo diante de teratologia ou abuso de poder". Por fim, reafirmando a relatividade dos direitos fundamentais, concluiu: "se pudéssemos dar à regra do art. 5º, LVII, da CF, caráter absoluto, teríamos de admitir, no limite, que a execução da pena privativa de liberdade só poderia operar-se quando o réu se conformasse com sua sorte e deixasse de opor novos embargos declaratórios". Esse também foi o entendimento de Luís Roberto Barroso, ao afirmar que a "presunção de inocência é ponderada e ponderável em outros valores, como a efetividade do sistema penal" e que a interpretação absoluta do princípio incentivou a interposição sucessiva de recursos para postergar o trânsito em julgado, acentuando a seletividade do sistema penal, agravando o descrédito da sociedade em relação ao sistema de justiça. Em outras palavras, esse também foi o entendimento do Min. Teori Zavascki: "a dignidade defensiva dos acusados deve ser calibrada, em termos de processo, a partir das expectativas mínimas de justiça depositadas no sistema criminal do país". Também foi o entendimento da Ministra Rosa Weber e do Ministro Luiz Fux, que asseveraram: "Estamos tão preocupados com o direito fundamental do acusado que nos esquecemos do direito fundamental da sociedade, que tem a prerrogativa de ver aplicada sua ordem penal". Também nesse sentido, o Ministro Gilmar Mendes decidiu que, embora haja a possibilidade de concessão excepcional de efeito suspensivo, a execução da pena em decorrência de condenação em segunda instância não viola a presunção de inocência, e a Ministra Cármen Lúcia afirmou que "A comunidade quer uma resposta, e quer obtê-la com uma duração razoável do processo".

---

48. Op. cit., p. 100.

Votaram de forma diversa o Ministro Dias Toffoli (no sentido de que a execução da pena fica suspensa com a pendência de recurso especial ao STF, mas não de recurso extraordinário ao STF), o Ministro Ricardo Lewandowski (que afirmou: "não vejo como fazer uma interpretação contrária a esse dispositivo tão taxativo"), o Ministro Celso de Mello (segundo o qual a nova jurisprudência do STF "reflete preocupante inflexão hermenêutica de índole regressista no plano sensível dos direitos e garantias individuais, retardando o avanço de uma agenda judiciária concretizadora das liberdades fundamentais") e o Ministro Marco Aurélio (relator), segundo o qual "o dispositivo não abre campo a controvérsias semânticas. A Carta Federal consagrou a excepcionalidade da custódia no sistema penal brasileiro, sobretudo no tocante à supressão da liberdade anterior ao trânsito em julgado da decisão condenatória. A regra é apurar, em execução de título judicial condenatório precluso na via da recorribilidade, prender".

Trata-se de um importante exemplo de mutação constitucional. Se no passado, o STF fazia uma interpretação absoluta, irrestrita, do art. 5º, LVII, da Constituição, afirmou expressamente nas ADCs 43 e 44 a relatividade desse direito fundamental. Abordaremos esse tema com maior profundidade no capítulo reservado aos direitos fundamentais. Não obstante, adiantamos que, de fato, os direitos fundamentais são relativos, e não absolutos. Dizer que um direito é absoluto é permitir que o detentor desse direito utilize de todos os meios, éticos ou não, mas jurídicos, ferindo inúmeros outros direitos que não tiveram a sorte de ser chamados de "absolutos" também. Talvez o maior e mais emblemático exemplo seja o seguinte: o ex-senador Luiz Estevão foi condenado a 31 anos de prisão, por desvios de verbas destinadas à construção do Fórum Trabalhista de São Paulo. Sua condenação se deu em 2006. Contra a decisão, fez um total de 34 recursos (e o corréu, igualmente condenado, fez 29 recursos) todos infrutíferos. Caso mantido o entendimento anterior do STF, o réu condenado faria mais algumas dezenas de recursos até ser efetivamente preso. Embora a "presunção de inocência" seja um importantíssimo direito constitucional, não é o único direito constitucional. Há outros direitos que, no caso concreto, podem se sobrepor ao primeiro. A sensação de impunidade gerada por sucessivos recursos protelatórios nos fazia lembrar diariamente a frase do mestre Ruy Barbosa: "Justiça que tarda não é justiça".

Por sua vez, a *praxe constitucional* é uma reiteração de atos políticos que acabam por alterar o sentido da Constituição, sem alteração do seu texto. Exemplo significativo é o *parlamentarismo, no reinado de D. Pedro II*. Explica-se: D. Pedro II tinha uma personalidade bem diferente de seu pai. Enquanto o primeiro era um homem dos holofotes que mostrou ter uma grande sede de poder e sempre quis estar no comando, seu filho, embora educado para reinar, preferia as ciências, a literatura, ao reinado. Ao longo das décadas, foi se distanciando do poder, na medida em que nomeava os ministros que de fato governavam. Na prática, criou uma *monarquia parlamentarista*, embora não houvesse previsão na Constituição de 1824[49].

Exemplo contemporâneo de mutação constitucional decorrente da *praxe constitucional* é a devolução da Medida Provisória, claramente inconstitucional, pelo presidente do Senado Federal (que também é o presidente do Congresso Nacional). Embora não haja previsão cons-

---

49. Outro exemplo de *praxe constitucional* capaz de mudar a Constituição (sem alteração do seu texto) quase ocorreu no ano de 2016, durante o final do governo Dilma Rousseff. Diante de uma gravíssima crise política, um dos últimos atos da ex-presidente foi nomear o ex-presidente Luiz Inácio Lula da Silva Ministro Chefe da Casa Civil. Com elevado capital político, muitos diriam que ele, de fato, seria o *Chefe de Governo*, enquanto a Presidente exerceria o papel de *Chefe de Estado*. Ou seja, se isso de fato ocorresse, estaríamos diante de um informal semipresidencialismo, sem qualquer alteração do texto constitucional.

titucional para tal, tornou-se uma prática política brasileira o ato do presidente do Senado diante de uma Medida Provisória claramente inconstitucional editada pelo presidente da República, que, em vez de ser submetida à análise do Congresso Nacional, é imediatamente devolvida ao Chefe do Poder Executivo. Isso ocorreu em 2021, por exemplo, com a devolução da "Medida Provisória das *Fake News*", considerada liminarmente inconstitucional pelo STF e devolvida pelo presidente do Senado ao presidente da República. Essa prática, embora sem previsão constitucional, por estar sendo aceita pelos Três Poderes (inclusive o Poder Judiciário), pode ser enquadrada como uma hipótese de mutação constitucional.

Por fim, *construção constitucional* é a criação doutrinária ou jurisprudencial que altera, de forma inovadora, o significado da Constituição. Dá-se como exemplo a "teoria brasileira do *habeas corpus*", na Constituição de 1891. Explica-se: por conta de uma teoria adotada principalmente por Ruy Barbosa, no Brasil, o *habeas corpus* tutelaria quaisquer direitos, e não apenas a liberdade de locomoção. Por ser uma teoria genuinamente brasileira, recebeu o nome de "teoria brasileira do *habeas corpus*". Segundo José Afonso da Silva, "a *construção constitucional* é uma forma de interpretação fecunda na medida em que, partindo de uma compreensão sistemática de princípios e normas constitucionais, constrói instituições explicitamente não previstas"[50].

Hipóteses de mutação constitucional	Mudança de interpretação da Constituição
	Praxe constitucional
	Construção constitucional

b) Limites da mutação constitucional

Quais seriam os limites da mutação constitucional? Não há dúvidas de que não podemos ficar presos à interpretação originária do texto constitucional, já que, nas palavras de Thomas Jefferson, "o mundo é dos vivos", não podendo ser governado pelos mortos e suas vontades, seus valores. Todavia, é imperioso reconhecer os limites da mutação constitucional, sob pena de flexibilizarmos exageradamente a Constituição, de acordo com a vontade e os valores do intérprete.

Acerca dos limites da mutação constitucional, Uadi Lammêgo Bulos afirma que eles não existem. Segundo o autor, "as mudanças informais da Constituição não encontram limites em seu exercício. A única limitação que poderia existir – mas de natureza subjetiva, e, até mesmo, psicológica – seria a consciência do intérprete de não extrapolar a forma plasmada na letra dos preceptivos supremos do Estado"[51].

---

50. Op. cit., p. 293. Continua o autor: "a mais fantástica construção constitucional, de repercussão universal, se deu com a criação do instituto do controle de constitucionalidade das leis por sentença do *Chief Justice* Marshall, em 1803, na Corte Suprema dos Estados Unidos da América, partindo da ideia de que o Poder Legislativo é um poder definido e limitado, a Constituição é uma lei superior, se ela puder ser modificada pela lei ordinária, então as Constituições escritas serão absurdas tentativas feitas pelo povo para limitar um poder em sua natureza ilimitável. Certamente todos os que fizeram Constituições escritas as contemplam como coisas que formam a lei fundamental e suprema da Nação, e, por conseguinte, a teoria de todos os governos dessa espécie deve ser a da nulidade do ato da legislatura que contrarie a Constituição" (op. cit., p. 294).
51. Op. cit., p. 91.

Segundo Denise Soares Vargas, as limitações à mutação constitucional estão condensadas em três ordens de ideias: "ela deve se circunscrever aos sentidos possíveis do texto; decorrer de genuína mudança na sociedade e não avançar no campo próprio da reforma constitucional"[52].

> Limites da mutação constitucional
> - Deve permanecer entre os sentidos possíveis do texto.
> - Deve decorrer de genuína mudança na sociedade.
> - Não deve avançar no campo da reforma constitucional.

Primeiramente, ao afirmar que a mutação constitucional "deve permanecer entre os sentidos possíveis do texto", quer-se dizer que, nas palavras de Konrad Hesse, "somente há mutação constitucional quando a alteração na realidade regulada pela norma opera-se de modo compatível com o espectro interpretativo do texto"[53]. Ou seja, a mutação constitucional não pode ultrapassar os limites interpretativos do texto constitucional. Uma mudança radical como essa somente poderia ser feita formalmente, através de uma emenda constitucional, e não por um processo interpretativo[54]. "Luís Roberto Barroso, adotando a classificação de Burdeau, aponta como limites à mutação, e, por sua vez, ao poder difuso: a) as possibilidades semânticas do relato da norma; b) a preservação dos princípios fundamentais que dão identidade àquela Constituição"[55].

Por essa razão, em nosso entender, é absolutamente inadequada a tentativa de mutação constitucional operada pelo STF no tocante ao art. 52, X, da Constituição Federal, no julgamento das ADIs 3.470 e 3.406. Explico: o art. 52, X, da Constituição trata da participação do Senado Federal no controle difuso de constitucionalidade, podendo suspender a execução, no todo ou em parte, da lei declarada inconstitucional pelo STF. Alegando estar ocorrendo uma *mutação constitucional*, o STF afirmou incidentalmente que a remessa para o Senado seria mera comunicação, e que este não teria poderes para suspender ou não a lei. Ora, tal interpretação está completamente fora dos limites do texto constitucional, sendo uma mutação constitucional inválida, em nosso entender. Esse nosso posicionamento não é isolado, encontrando outras vozes semelhantes na doutrina brasileira[56].

---

52. Op. cit., p. 69. Nesse sentido, felizmente não prevaleceu no Supremo Tribunal Federal a tese de que o art. 52, X, estaria "revogado" pelos fatos, numa espécie de "mutação constitucional" usurpadora do poder constituinte derivado reformador (trata-se da Reclamação 4.335/AC). O entendimento defendido por Gilmar Ferreira Mendes e Eros Grau, acerca do controle difuso de constitucionalidade, eliminava a participação do Senado Federal como órgão responsável pela suspensão da norma declarada inconstitucional pelo STF. Segundo esses Ministros, a remessa dos autos para o Senado seria mera comunicação. A atuação do Senado estaria esvaziada, a pretexto de fazer uma mutação constitucional. Ora, a supressão da participação do Senado no controle de constitucionalidade depende de Emenda Constitucional, não podendo ocorrer por decisão do STF, sob pena de violar claramente a separação dos poderes.
53. Op. cit., p. 295.
54. Segundo a doutrina, "na situação em que uma alteração do âmbito da norma constitucional aparecer em clara contradição com o seu texto, tal modificação não pode ser considerada uma mutação constitucional válida ou aceitável" (op. cit., p. 296). No mesmo sentido: "as mutações constitucionais decorrem de alterações ocorridas no âmbito normativo desde que elas (no elemento realidade) possam ser compatíveis com as diferentes e possíveis compreensões do texto da norma. Não sendo isso possível, não há que se falar em mutação constitucional" (Anderson Vichinkeski Teixeira; João Luiz Rocha do Nascimento. *Mutação Constitucional como Evolução Normativa ou Patologia Constitucional?*, p. 433).
55. Tiago de Oliveira Melgaço. *Mutação Constituição e Poder Constituinte Difuso*, p. 437.
56. "Como sustenta Carvalho, o conceito e o limite de mutação constitucional no caso em exame colidem com a Cons-

Essas práticas de *mutação constitucional* usualmente utilizadas pelo Supremo Tribunal Federal, que desvirtuam o texto constitucional, foram previstas por Konrad Hesse: "onde o intérprete passa por cima da Constituição, ele não mais interpreta, senão ele modifica ou rompe a Constituição"[57]. Dessa maneira, quando o intérprete elabora uma interpretação que não se encontra no limite do texto constitucional, está desvirtuando a Constituição e, por isso, *avançando no campo da reforma constitucional*.

Como afirmou Konrad Hesse, "a fixação do texto como limitação às mutações constitucionais não significa uma segurança absoluta. [...] Não obstante, Hesse é convicto de que, ao se considerar o texto da norma como limite à mutação constitucional, ter-se-á alcançado uma garantia, mesmo que não absoluta"[58].

Por sua vez, quanto à "genuína mudança na sociedade", Konrad Hesse afirma que nem toda mudança na sociedade implicará mutação constitucional. Para ele, "as alterações sociais só devem ser consideradas relevantes para o conteúdo da norma e desencadeadoras de uma mutação constitucional, na medida em que compuserem o seu âmbito normativo, conforme as possibilidades de interpretação do texto da norma"[59].

Por fim, fazemos nossas as palavras de Anderson Vichinkeski e João Luiz Rocha: "uma evolução normativa por intermédio da interpretação constitucional deve ter por objeto uma norma de conteúdo abstrato (dignidade humana, por exemplo) ou uma norma com conteúdos múltiplos que permita sua ressignificação (liberdade, por exemplo, pois já foi tantas vezes redefinida na jurisprudência do STF). Decidir contra expressa disposição literal de norma constitucional vai muito além de uma evolução normativa: constitui evidência de uma patologia constitucional existente dentro do sistema"[60].

8.5. PODER CONSTITUINTE SUPRANACIONAL (OU TRANSNACIONAL)

Trata-se da possibilidade de se elaborar uma só Constituição para vários países. Vimos o tema no capítulo 1 desta obra, no item reservado ao constitucionalismo transnacional ou supranacional. Como vimos, a expressão "constitucionalismo transnacional" (chamado por alguns de constitucionalismo supranacional) decorre da tradução de *transnational constitutionalism*, decorrente da doutrina constitucional europeia e americana em língua inglesa. Consiste na elaboração de uma só Constituição aplicável a vários países. Cada país abre mão de uma parcela de autonomia, elege seus representantes que farão parte de uma Assembleia Legislativa Transnacional e elaboram uma só Constituição. Trata-se de uma decorrência do processo de globalização, experimentado principalmente na União Europeia. Nas palavras de

---

tituição Federal, dado que a única forma de mudar o seu texto é por meio de reforma constitucional e somente o Poder Legislativo a tanto se encontra autorizado, devendo, ainda, observar o procedimento específico, pois o 'juiz não é nem competente e nem pode se socorrer do procedimento adequado para prover à alteração constitucional. Destarte, uma alteração do texto constitucional pela via interpretativa jurisdicional [...] atenta contra a Constituição" (op. cit., p. 461).

57. Op. cit., p. 298.
58. Op. cit., p. 299.
59. Iara Menezes Lima e João André Alves Lança. *Força Normativa da Constituição e os Limites à Mutação*, p. 293. Prosseguem os autores: "Hesse, baseando-se nas concepções da teoria estruturante do direito, identifica que, se a norma é integrada pelos dados da realidade que compõem o âmbito normativo, as modificações ocorridas no interior desse âmbito logicamente levarão a uma alteração no conteúdo da norma jurídica. E, apenas quando a modificação for verificada dentro desse domínio, é que poderia ocorrer uma mutação constitucional" (p. 293).
60. Op. cit., p. 467.

Ana Maria Guerra Martins, professora da Universidade de Lisboa, "a Constituição transnacional é, portanto, uma realidade que está para além dos Estados e que os une e integra uma comunidade política mais vasta"[61]. Uma das principais obras sobre o tema foi organizada por Nicholas Tsagourias e publicada pela Universidade de Cambridge, intitulada *Transnational Constitutionalism*: International and European Models. Segundo o mencionado autor, tradicionalmente o constitucionalismo sempre foi atrelado a um Estado específico, dotado de uma constituição estável e escrita. Por isso, é de certa forma questionado o constitucionalismo para além dos espaços do Estado (pois os Estados podem apresentar certos atributos constitucionais específicos, como uma carta organizacional ou estruturas governamentais diversas). No entanto, "mesmo em tais espaços, surgem questões sobre as condições da adesão, sobre as relações, ou sobre a organização e regulação do poder. [...] Agregações de Estados que compartilham perspectivas comuns podem formar ligações com base em normas organizacionais comuns, princípios e regras. Eles também podem criar suas próprias instituições legislativas, executivas ou judiciais para regular suas vidas e atenuar os conflitos sobre princípios ou regras fundamentais"[62]. Outrossim, o constitucionalismo transnacional europeu "foi inspirado pela necessidade de conter os impulsos negativos dos Estados-nação"[63].

Parte da doutrina entende que o Tratado da União Europeia deve ser considerado um exemplo de Constituição transnacional[64]. É a posição de Ana Maria Guerra Martins, segundo a qual a "qualificação constitucional do TUE – Tratado da União Europeia – deve ser compreendida no quadro de um constitucionalismo global, ou, pelo menos, de um constitucionalismo europeu, em que coexistem vários níveis constitucionais, que tanto se podem situar aquém ou para lá do Estado"[65]. Episódios ocorridos recentemente na Polônia são a demonstração do *poder constituinte supranacional* ou *transnacional*, bem como suas provações. Em abril de 2018, entrou em vigor na Polônia, membro da União Europeia, uma nova lei sobre o Supremo Tribunal, antecipando a aposentadoria dos seus ministros, sobretudo aqueles que se manifestavam de forma contrária ao Poder Executivo. Tratava-se de uma inovação legislativa que claramente violava a separação dos poderes, podendo se amoldar em fenômenos constitucionais como o denominado *court packing* ou o "constitucionalismo abusivo". O caso foi levado ao Tribunal de Justiça da União Europeia, que em junho de 2019 decidiu que o di-

---

61. *Curso de Direito Constitucional da União Europeia*, p. 124.
62. Op. cit., p. 4.
63. Op. cit., p. 6.
64. É o que diz Pavlos Elefheriadis: "Muitos juristas europeus acreditam que devemos comparar a legislação da União Europeia com a lei constitucional e as instituições da União Europeia aos de um estado. Principais autores descrevem o núcleo do direito da União Europeia como a 'lei constitucional da União Europeia', ou argumentaram que da União é uma autoridade política autônoma ou que pode ser comparado a uma república nascente" (The standing of states in the European Union, in *Transnational Constitutionalism*, p. 44).
65. Op. cit., p. 123. Segundo a autora, "deve sublinhar-se que o poder constituinte no seio da União não tem, necessariamente, de comungar das mesmas características do poder constituinte estadual. Não se trata da faculdade de um povo elaborar uma constituição, pois não existe um povo europeu, mas vários povos da Europa. A União Europeia encontra-se num processo de formação permanente e em transformação constante, pelo que o poder constituinte no seu seio não se pode ancorar nas concepções tradicionais, decorrentes das revoluções americana e francesa, mas há de comungar desse caráter de processo, de dinâmica, de transformação, que é próprio da integração europeia. O poder constituinte, no seio da União, é um poder constituinte permanente (*Verfassunggebung*), que se manifesta através das alterações à constituição (*Verfasungsentwicklung*) e dos alargamentos. Ao contrário do poder constituinte originário do Estado, que atua de uma só vez, e se esgota no momento de realização da constituição, embora se encontre latente e sempre pronto a atuar, o poder constituinte no seio da União admite vários graus de atuação" (op. cit., p. 129).

reito da União Europeia se assenta na premissa fundamental de que cada Estado-membro partilha com todos os outros os valores comuns previstos no art. 2º do Tratado da União Europeia (TUE). Dessa maneira, concluiu o Tribunal que a Polônia, ao reduzir a idade de aposentadoria dos juízes do Supremo Tribunal, violou o princípio da inamovibilidade, que é inerente à sua independência. Tal decisão consistiu num profundo avanço na concretização do *constitucionalismo transnacional* ou *poder constituinte transnacional*. Anos depois, em 14 de julho de 2021, o Tribunal de Justiça da União Europeia (TJUE) ordenou à Polônia o fim imediato das atividades da "Câmara Disciplinar" da Suprema Corte, órgão responsável por supervisionar juízes, com o poder de retirar sua imunidade e até mesmo reduzir seus salários. Segundo o Tribunal de Justiça da União Europeia, esta Câmara "não oferece todas as garantias de imparcialidade e independência e que não está a salvo de influências diretas ou indiretas dos poderes Legislativo e Executivo".

Todavia, a história é construída através de avanços e retrocessos. Em 2021, o Tribunal Constitucional polonês decidiu que vários artigos do Tratado da União Europeia são inconstitucionais no país, numa decisão que viola o princípio da primazia do direito comunitário sobre o direito nacional. Por essa razão, em 27 de outubro de 2021, o Tribunal de Justiça da União Europeia condenou a Polônia ao pagamento de 1 milhão de euros por dia[66]. O futuro é incerto, podendo redundar no recuo do governo polonês ou até na saída da Polônia do bloco. Todavia, o que se vê é uma disputa entre o *poder constituinte transnacional* e a soberania dos países.

A própria professora Ana Maria Guerra Martins reconhece que o processo de constitucionalização transnacional europeia ainda não está acabado[67]. Realmente, houve avanços e retrocessos (como o recente *Brexit* – a saída do Reino Unido, pelo voto popular) no constitucionalismo transnacional europeu, mostrando que ainda o processo está longe de uma conclusão. Foi elaborado um projeto de Constituição Europeia, que não foi ratificado por alguns países em 2005 (França e Holanda), motivo pelo qual foi substituído por um "tratado reformador" para a União Europeia, aprovado em Lisboa em 2007.

Acreditamos na importância do *poder constituinte transnacional* para a contenção de abusos nacionais, sobretudo de governos autocráticos que se utilizam de inúmeros artifícios para violar princípios constitucionais que deveriam ser universais. Além disso, organismos multilaterais têm o condão de minimizar a desigualdade econômica e social dos países, como se mostrou no processo de vacinação durante a pandemia de Covid-19. Se não fossem as ações da OMS, o abismo que separa os países mais ricos e pobres, que já é gigantesco e vergonhoso, seria ainda maior.

---

66. Consta da condenação: "Considerando que as disposições da legislação nacional em vigor infringem o direito da UE, a Comissão intentou uma ação por incumprimento no Tribunal de Justiça em 1 de abril de 2021. Enquanto se aguarda o acórdão do Tribunal de Justiça no processo C-204/21 ('decisão final'), a Comissão pediu ao Tribunal de Justiça que, no âmbito de um processo de medidas provisórias, ordenasse à Polônia a adoção de uma série de medidas provisórias. Por despacho de 14 de julho de 2021, o então Vice-Presidente do Tribunal acolheu todos os pedidos da Comissão enquanto se aguarda a prolação da decisão final. Considerando que a Polônia não cumpriu as obrigações que lhe incumbem por força desse despacho, em 7 de setembro de 2021, a Comissão apresentou um pedido de condenação da Polônia no pagamento de uma sanção pecuniária diária de montante susceptível de encorajar esse Estado-Membro a aplicar o mais rapidamente possível as medidas provisórias impostas pelo despacho provisório" (Order of the Vice-President of the Court in Case C-204/21 R).
67. "A proclamação da Carta dos Direitos Fundamentais da União Europeia em Nice, ainda que, sem caráter vinculativo, deve ser encarada como mais um passo no sentido da afirmação da proteção dos direitos fundamentais no seio da União. Contudo, não se pode escamotear a realidade, devendo admitir-se que a proteção dos direitos fundamentais na União só alcançará a idade adulta quando a Carta adquirir efeitos jurídicos vinculativos" (op. cit., p. 127).

8.6. PODER CONSTITUINTE MATERIAL E FORMAL

Na doutrina portuguesa, encontra-se uma outra classificação do Poder Constituinte: *poder constituinte material* e *poder constituinte formal*. Enquanto o poder constituinte material traduz as opções políticas materiais, de conteúdo, que enformam a nova ordem constitucional, seja ou não por oposição a uma ordem constitucional preexistente, o *poder constituinte formal* representa a formalização desse conteúdo através da redação da nova Constituição. Assim, o *poder constituinte formal* está necessariamente subordinado ao *poder constituinte material*, sendo instrumento deste.

Nas palavras de Marcus Gouveia dos Santos, "O poder constituinte material é responsável pela concepção da nova ideia de direito que será concretizada em um estatuto jurídico, sendo a expressão máxima da soberania do Estado no seu âmbito interno. Através dele são adotados valores sociais e culturais, opções políticas e econômicas que norteiam a nova ideia de direito. O poder constituinte material se manifesta em momentos esporádicos da história da sociedade, sempre que existir discrepância entre a ideia de direito e a constituição formal. Embora ocorra a manifestação do poder constituinte material na formação, na restauração ou na transformação de um Estado, é mais comum sua ocorrência na mudança de regime político, uma vez que com esta ficaria mais assente a nova ideia de direito a ser proposta. As formas de implementação dessa mudança de regime político são a revolução e a transição constitucional"[68]. Por sua vez, o poder constituinte formal é posterior, "uma vez que somente após a consagração da nova ideia de Direito poderá esta ser formalizada na Constituição formal, ocasião em que o novo direito será qualificado como norma constitucional. O poder constituinte formal confere estabilidade, garantia de permanência e supremacia hierárquica a ideia de direito manifestada pelo poder constituinte material. Para o desempenho de sua tarefa de positivação das normas constitucionais, o poder constituinte formal deve adotar um procedimento e ser constituído de um órgão competente. Tal decisão cabe ao poder constituinte material e depende de fatores jurídicos e políticos, como a forma de Estado, a legitimidade do poder e a participação social. Assim, geralmente a constituição formal é produzida após um processo de elaboração e redação de suas normas"[69].

Conteúdo digital – Acesse: https://somos.in/CDC7

Conteúdo em vídeo
Questões com gabarito comentado

---

68. *Limites ao Poder Constituinte*, p. 1359.
69. Op. cit., p. 1360.

9

FENÔMENOS CONSTITUCIONAIS

Sumário

9.1. Recepção – 9.2. Repristinação – 9.3. Desconstitucionalização – 9.4. Recepção material de norma constitucional – 9.5. Revogação – 9.6. Temas relacionados à Lei Constitucional no tempo – 9.6.1. *Vacatio constitutionis* – 9.6.2. Eficácia retroativa das normas constitucionais – 9.6.3. Derrotabilidade das normas constitucionais.

9.1. RECEPÇÃO

Recepção é o ato através do qual uma nova Constituição recebe, aceita, mantém a validade das leis infraconstitucionais anteriores com ela compatíveis. Quando uma Constituição é substituída por outra, não se faz necessário reescrever toda a legislação infraconstitucional (até porque tal tarefa seria impossível). Por essa razão, as leis anteriores à Constituição permanecerão válidas e vigentes, por força do fenômeno ora em estudo.

Não obstante, o que ocorre com as leis anteriores à Constituição com ela incompatíveis? Essas leis não serão recepcionadas, não serão recebidas pela nova Constituição. Trata-se da "não recepção". Ocorre o seguinte fenômeno: no momento em que uma Constituição é revogada, todo o ordenamento jurídico de um país, por um pequeno instante, perde sua validade (em razão da revogação do "pressuposto de validade" de todas as leis). Não obstante, no mesmo momento em que uma Constituição é revogada, outra Constituição (democrática ou não) é colocada em seu lugar. Dessa maneira, as antigas leis que sejam compatíveis com a nova Constituição obterão uma nova validade, uma nova "paternidade", enquanto as leis anteriores com ela incompatíveis continuarão sem validade.

Tecnicamente, pois, não se trata de "revogação". O fenômeno da revogação ocorre com atos normativos da mesma hierarquia e natureza (lei ordinária revoga lei ordinária, lei complementar revoga lei complementar, lei estadual revoga lei estadual, Constituição revoga Constituição etc.). A revogação é fenômeno que atinge a *vigência* das normas. Por sua vez, a "não recepção" atinge a *validade* das normas e, por consequência, a vigência. Isso porque, no momento em que perdem a validade pela "não recepção", deixaram também de viger (por essa razão, parte da doutrina usa uma expressão intermediária: "revogação por inconstitucionalidade").[1-2]

Da mesma forma, não há que se declarar a inconstitucionalidade de uma lei anterior à Constituição. Como já disse o Supremo Tribunal Federal, não se trata de uma questão de direito constitucional, mas de direito intertemporal. A nova lei (a norma constitucional) "revogará por inconstitucionalidade" a lei infraconstitucional anterior. Segundo o STF: "a teoria da inconstitucionalidade supõe, sempre e necessariamente, que a legislação, sobre cuja constitucionalidade se questiona, seja posterior à Constituição. Porque tudo estará em saber se o legislador ordinário agiu dentro de sua esfera de competência ou fora dela, se era competente ou incompetente para editar a lei que tenha editado. Quando se trata de antagonismo existente entre Constituição e lei anterior, a questão é de distinta natureza; obviamente não é de hierarquia das leis; não é, nem pode ser, exatamente porque a lei maior é posterior à lei menor e, por conseguinte, não poderia limitar a competência do Poder Legislativo, que a editou. Num caso, o problema será de direito constitucional; noutro, de direito intertemporal. Se a lei anterior é contrariada pela lei posterior, trata-se de revogação, pouco importando que a lei posterior seja

---

1. Não obstante, decisões do STF (como adiante se verá) e parte da doutrina utilizam a expressão "revogação" para se referir à "não recepção" das leis pela nova Constituição: "Havendo contradição entre qualquer norma preexistente e preceito constitucional, esta deve, dentro do sistema, ser aferida com rigor, pois é indubitável o imediato efeito ab--rogativo da Constituição sobre todas as normas e atos normativos que com ela conflitarem, não sendo nem mesmo necessário quaisquer cláusulas expressas de revogação" (Maria Helena Diniz. *Lei de Introdução às Normas do Direito Brasileiro Interpretada*, p. 89).
2. É o que faz Lúcio Bittencourt: "A revogação se verifica quando a lei, tachada de incompatível com a Constituição, já se achava em vigor por ocasião do advento desta. Não se trata, porém, de revogação pura e simples, como a que decorre em virtude do conflito intertemporal entre duas leis da mesma hierarquia. Não, uma lei incompatível com a Constituição é, sempre, uma lei inconstitucional, pouco importando que tenha precedido o Estatuto Político ou lhe seja posterior. A revogação é consequência da inconstitucionalidade" (apud Luís Roberto Barroso, op. cit., p. 83).

ordinária, complementar ou constitucional. Em síntese, a lei posterior à Constituição, se a contrariar, será inconstitucional; a lei anterior à Constituição, se a contrariar, será por ela revogada, como aconteceria com qualquer lei que a sucedesse. "[...] A Constituição sobrevinda não torna inconstitucionais leis anteriores com ela conflitantes: revoga-as. Pelo fato de ser superior, a Constituição não deixa de produzir efeitos revogatórios. Seria ilógico que a lei fundamental, por ser suprema, não revogasse, ao ser promulgada, leis ordinárias. A lei maior valeria menos que a lei ordinária" (ADI 1.717-MC, rel. Min. Sydney Sanches).

Quem pode declarar a "não recepção" da norma? Somente o Supremo Tribunal Federal? Aplica-se o mesmo procedimento do controle de constitucionalidade? Essas são perguntas importantes, que precisam ser analisadas amiúde.

Primeiramente, qualquer juiz ou Tribunal poderá declarar que uma lei ou ato normativo não foi recepcionado pela nova Constituição. Trata-se de um corolário da atividade jurisdicional apreciar a vigência, validade e eficácia das normas. Assim, poderá o juiz de primeira instância, o Tribunal Estadual ou Federal e, claro, o Supremo Tribunal Federal declarar que uma lei não foi recepcionada pela Constituição.

Importante decisão foi proferida pelo Supremo Tribunal Federal na ADPF 130, que analisou a "não recepção" da Lei de Imprensa (Lei n. 5.250/67). Segundo o STF, a Lei de Imprensa perdeu integralmente sua validade com o advento da Constituição de 1988. Todos os seus dispositivos não foram recepcionados pela nova Constituição, pois, segundo o Supremo Tribunal Federal, há "impossibilidade de conciliação que, sobre ser do tipo material ou de substância (vertical), contamina toda a Lei de Imprensa"[3].

Se, por um lado, a possibilidade de todos os órgãos do Poder Judiciário declararem a não recepção de uma lei é um corolário do Estado de Direito e da função típica do Poder Judiciário, por outro lado gera um grande problema: a incerteza. De fato, como todo juiz poderia declarar uma lei não recepcionada, era comum a divergência na jurisprudência em alguns casos. Por exemplo, por muitos anos perdurou a divergência na doutrina e na jurisprudência acerca da incomunicabilidade do indiciado no inquérito policial (art. 21 do Código de Processo Penal, de 1941), bem como o foro especial da mulher no divórcio e anulação do casamento (art. 100, I, do Código de Processo Civil de 1973).

Por muitos anos, não era possível fazer controle concentrado quanto a essas normas anteriores à Constituição, tendo em vista que um dos requisitos desse controle é exatamente o *temporal*: "o vício da inconstitucionalidade é congênito à lei e *há de ser apurado em face da Constituição vigente ao tempo de sua elaboração*".[4] Assim, a análise jurisdicional da não

---

3. Segundo o STF, "são de todo imprestáveis as tentativas de conciliação hermenêutica da Lei n. 5.250/67 com a Constituição, seja mediante expurgo puro e simples de destacados dispositivos da lei, seja mediante o emprego dessa refinada técnica de controle de constitucionalidade que atende pelo nome de 'interpretação conforme a Constituição'. A técnica *interpretação conforme* não pode artificializar ou forçar a descontaminação da parte restante do diploma legal interpretado, pena de descabido incursionamento do intérprete em legiferação por conta própria. Inapartabilidade de conteúdo, de fins e de viés semântico (linhas e entrelinhas) do texto interpretado. Caso-limite de interpretação necessariamente conglobante ou por arrastamento teleológico, a pré-excluir do intérprete/aplicador do Direito qualquer possibilidade da declaração de inconstitucionalidade apenas de determinados dispositivos da lei sindicada, mas permanecendo incólume uma parte sobejante que já não tem significado autônomo. Não se muda, a golpes de interpretação, nem a inextrincabilidade de comandos nem as finalidades da norma interpretada. Impossibilidade de se preservar, após artificiosa hermenêutica de depuração, a coerência ou o equilíbrio interno de uma lei (a Lei Federal 5.250/67) que foi ideologicamente concebida e normativamente apetrechada para operar em bloco ou como um todo *pro indiviso*".
4. ADI 1.717-MC, *DJ* de 25-2-2000.

recepção das normas somente podia ser feita pela via difusa (por meio de qualquer órgão jurisdicional, na análise de um caso concreto).

Todavia, com o advento da Lei n. 9.882/99 (que regulamentou a Arguição de Descumprimento de Preceito Fundamental), esse cenário foi substancialmente alterado. Por expressa previsão no art. 1º, parágrafo único, da sobredita lei: "Caberá também arguição de descumprimento de preceito fundamental quando for relevante o fundamento da controvérsia constitucional sobre lei ou ato normativo federal, estadual ou municipal, incluídos os anteriores à Constituição". Assim, poderá o Supremo Tribunal Federal (ou o Tribunal de Justiça, caso haja previsão da ADPF na Constituição do Estado) declarar, em sede de ADPF, que uma lei anterior à Constituição não foi por ela recepcionada? O que muda? A decisão proferida em ADPF, nos termos do art. 10, § 3º, da Lei n. 9.882/99, "terá eficácia contra todos e efeito vinculante relativamente aos demais órgãos do Poder Público".

Foi o que disse o Min. Gilmar Mendes, na ADPF 33: "diante de todos esses argumentos e considerando a razoabilidade e o significado para a segurança jurídica da tese que recomenda a extensão do controle abstrato de normas também ao direito pré-constitucional, não se afiguraria despropositado cogitar da revisão da jurisprudência do STF sobre a matéria. A questão ganhou, porém, novos contornos com a aprovação da Lei n. 9882, de 1999, que disciplina a arguição de descumprimento de preceito fundamental e estabelece, expressamente a possibilidade de exame da compatibilidade do direito pré-constitucional com norma da Constituição Federal. Assim, toda vez que se configura controvérsia relevante sobre a legitimidade do direito federal, estadual ou municipal, anteriores à Constituição, em face de preceito fundamental da Constituição, poderá qualquer dos legitimados para a propositura de ação direta de inconstitucionalidade propor arguição de descumprimento".

Assim como o STF pode declarar que uma lei não foi recepcionada pela Constituição, decisão que terá efeitos *erga omnes* e *vinculantes*, também poderá declarar, com os mesmos efeitos, que uma lei foi recepcionada pela Constituição de 1988. Importante decisão do Supremo Tribunal Federal nesse sentido foi a APDF 153, relatada pelo Min. Eros Grau, que diz respeito à Lei n. 6.683/79 (a chamada "Lei da Anistia"). Segundo o STF, a Lei da Anistia foi recepcionada pela Constituição de 1988: "A anistia da lei de 1979 foi reafirmada, no texto da EC 26/85, pelo Poder Constituinte da Constituição de 1988; a nova Constituição a (re)instaurou em seu ato originário. A Emenda Constitucional n. 26/85 inaugura uma nova ordem constitucional, consubstanciando a ruptura da ordem constitucional que decaiu plenamente no advento da Constituição de 5 de outubro de 1988. [...] A reafirmação da anistia da lei de 1979 está integrada na nova ordem".

Dessa maneira, como se viu nos julgados acima, o Supremo Tribunal Federal não admite a teoria da *inconstitucionalidade superveniente* de ato normativo produzido antes da nova Constituição. Da mesma maneira, não se admite uma *constitucionalização superveniente*, ou seja, se a lei era inconstitucional na vigência da Constituição anterior, eventual compatibilidade com a nova Constituição não fará dela constitucional (independentemente de existência de manifestação anterior de inconstitucionalidade por parte do Poder Judiciário – já que tal decisão será declaratória, e não constitutiva, pois a lei nasce inconstitucional, sendo ato nulo e írrito desde seu nascimento).

Ainda sobre a recepção, um aspecto é extremamente importante: a análise a ser feita, para se aferir se a lei foi recepcionada ou não, recai sobre o aspecto *material*, ou seja, o conteúdo da norma (e não seus aspectos formais)[5]. Ainda que a natureza do ato normativo nem mais exista na nova Constituição, ele será recebido, recepcionado, caso seu conteúdo seja com ela compatível. Assim, a recepção tem o condão de alterar a natureza normativa de alguns atos. Exemplifico: o Código Penal originalmente é um decreto-lei, aprovado por Getúlio Vargas durante um regime de exceção (Decreto-lei n. 2.848, de 7 de dezembro de 1940). Da mesma forma, o Código de Processo Penal também é um decreto-lei de Vargas (Decreto-lei n. 3.689, de 3 de outubro de 1941). Embora não exista mais decreto-lei atualmente, segundo a Constituição Federal, essas normas foram recepcionadas como *leis ordinárias*. Assim, para todos os efeitos, o Código Penal e o Código de Processo Penal são hoje leis ordinárias (e, por isso, podem ser revogadas ou modificadas por leis ordinárias)[6]. Outro exemplo é o Código Tributário Nacional, que nasceu como uma lei ordinária (Lei n. 5.172, de 25 de outubro de 1966), mas foi recepcionado como lei complementar. Quando nasceu, em 1966, estava em vigor a Constituição de 1946, segundo a qual as normas gerais sobre matéria tributária poderiam ser tratadas por lei ordinária. Segundo a Constituição de 1988 (art. 146, III), "cabe à lei complementar estabelecer normas gerais em matéria de legislação tributária". Assim, o Código Tributário Nacional, originariamente uma lei ordinária, foi recepcionado como lei complementar. Para todos os efeitos, é uma lei complementar (e, por isso, pode ser revogado ou modificado por lei complementar)[7].

9.2. REPRISTINAÇÃO

Repristinação, em termos gerais, significa o regresso, o retorno de uma lei revogada, quando sua lei revogadora deixa de existir. É uma espécie de "ressurreição" da norma revogada, no momento em que sua lei revogadora igualmente perde a vigência. Tal fenômeno é previsto, primeiramente, no art. 2º, § 3º, da Lei de Introdução às Normas do Direito Brasileiro, segundo o qual, "salvo disposição em contrário, a lei revogada não se restaura por ter a lei revogadora perdido a vigência". Como se vê, por expressa disposição legal, o fenômeno da repristinação é a regra no direito brasileiro, mas pode ocorrer em casos excepcionais (nos termos da lei: "salvo disposição em contrário").

Dessa maneira, poderá ocorrer a repristinação das normas caso a nova lei (revogadora), ao revogar a lei anterior, expressamente determine a repristinação de uma primeira norma, por esta revogada. Explicando melhor: se uma Lei A é revogada por uma Lei B e esta, por sua vez, é revogada por uma Lei C, esta última poderá, por previsão expressa, repristinar a Lei A, no todo ou em parte ("volta a viger a Lei A", "repristina-se o art. X da Lei A" etc.). Não obstante, entendo, como já fez parte da doutrina, ser uma impropriedade denominar tal fenômeno como repristinação. A lei revogada só se restaura por expressa previsão na nova lei. Todavia, isso se dá pela força única e exclusiva da nova lei, ou seja, trata-se de uma nova lei, com "corpo forte, novo e sadio", que se utiliza do "espírito de uma lei que já morreu"[8].

---

5. Como diz Luís Roberto Barroso, "a doutrina brasileira não deu maior atenção ao tema, embora se leia em Manoel Gonçalves Ferreira Filho que a 'compatibilidade é de conteúdo, não de forma. A forma é regida pela regra *tempus regit actum*, de modo que é irrelevante para a recepção'" (op. cit., p. 88).
6. Como recentemente a Lei n. 13.344/2016, que alterou o Código Penal e o Código de Processo Penal, no tocante ao "tráfico interno e internacional de pessoas".
7. Essa recepção como lei complementar já havia ocorrido com a Constituição anterior, de 1967, que no art. 19, § 1º, dispunha: "Lei complementar estabelecerá normas gerais de direito tributário".
8. Nesse sentido, Maria Helena Diniz afirma que: "aquela lei revogada não ressuscitará, pois a norma que a restabelece, não a faz reviver, por ser uma nova lei, cujo teor é idêntico ao daquela. A lei restauradora nada mais é do que uma

Entendido o fenômeno da repristinação, indaga-se: o que é repristinação na seara constitucional? Imaginemos que uma lei não foi recepcionada pela Constituição de 1967, mas é compatível com a Constituição de 1988. Ela será repristinada pela nova Constituição? Não. Isso porque, como vimos no item anterior, segundo o Supremo Tribunal Federal, o fenômeno da não recepção implica a *revogação* da lei (pela perda da sua validade, ou, como alguns chamam, "revogação por inconstitucionalidade"). Assim, se a lei foi revogada pela Constituição anterior, não poderá voltar a viger automaticamente em razão da nova Constituição, exceto se houver previsão expressa constitucional em sentido contrário (o que é pouco provável de acontecer). Todavia, pode ocorrer uma situação intermediária: podem existir dúvidas sobre a recepção ou não da norma com relação à Constituição, quando entra em vigor uma nova Constituição, claramente com ela compatível. Nesse caso, entendemos que a lei manterá sua vigência e validade. Isso porque há o princípio da *presunção de constitucionalidade das leis*. Se não houve declaração expressa da não recepção no controle concentrado (ADPF), que produz efeito vinculante e *erga omnes*, decisões isoladas de membros do Poder Judiciário não terão o condão de afastar a lei do ordenamento jurídico. Todavia, não se trata exatamente do fenômeno da repristinação. Afirma-se que a lei não deixou de ser recepcionada pela Constituição anterior. Assim, em outras palavras, não está sujeito a regresso aquele que nunca se foi.

Todavia, há na legislação brasileira de conteúdo constitucional uma hipótese importante de repristinação: a cautelar da Ação Direta de Inconstitucionalidade, prevista no art. 11, § 2º, da Lei n. 9.868/99: "A concessão da medida cautelar torna aplicável a legislação anterior acaso existente, salvo expressa manifestação em sentido contrário". Qual a razão de ser desse artigo? A cautelar da ADI tem efeitos *erga omnes*, vinculante e, em regra, *ex nunc* (não retroativa)[9]. Imaginemos que a Lei A foi revogada pela Lei B, que acaba de ser declarada inconstitucional, em decisão cautelar de Ação Direta de Inconstitucionalidade. Como vimos, essa decisão terá, em regra, efeito *ex nunc*. Assim, como os efeitos serão produzidos somente a partir da decisão, todos os efeitos já produzidos pela Lei B continuarão válidos (e o primeiro efeito por ela gerado foi a revogação da Lei A). Nesse caso, essa decisão cautelar, com efeito *ex nunc*, manterá revogada a Lei A e suspenderá a aplicação da Lei B, criando uma lacuna jurídica séria. O assunto tratado pelas Leis A e B não terá mais legislação respectiva. Por essa razão, por expressa previsão legal, haverá a repristinação: a Lei A, anteriormente revogada, voltará a viger, em razão da suspensão cautelar da Lei B, considerada inconstitucional.

Embora semelhante, entendemos que são diversos os efeitos da decisão definitiva de inconstitucionalidade no controle concentrado. Isso porque, declarada inconstitucional a lei revogadora, em decisão definitiva no controle de constitucionalidade (por exemplo, na ADI genérica), os efeitos dessa decisão são *ex tunc* (retroativos). Assim, se uma lei revogadora é declarada inconstitucional, todos os seus efeitos já gerados são atingidos, desconstituídos (como o primeiro efeito por ela gerado, que foi revogar a lei anterior). Declarada inconstitucional, é como se a lei revogadora jamais tivesse existido e, assim, jamais tivesse revogado a lei anterior. Ocorrerão, nesse caso, *efeitos repristinatórios* (pois, realmente, a lei anteriormente revogada voltará a ser aplicada imediatamente com a decisão), mas não exatamente *repristinação* (pois não houve, de fato, regular revogação).

---

nova norma com conteúdo igual ao da lei anterior revogada" (op. cit., p. 83).
9. Segundo o art. 11, § 1º, da Lei n. 9.868/99, "a medida cautelar, dotada de eficácia contra todos, será concedida com efeito *ex nunc*, salvo se o Tribunal entender que deva conceder-lhe eficácia retroativa'.

9.3. DESCONSTITUCIONALIZAÇÃO

A desconstitucionalização ocorre quando a nova Constituição, ao revogar a Constituição, transforma parte desta em lei infraconstitucional. Poderia recair sobre dispositivos que não são materialmente constitucionais que, a critério da nova Constituição, não seriam mantidos no texto constitucional, mas teriam força de lei complementar ou ordinária. Nesse sentido, José Afonso da Silva afirma: "a propósito, ensina Carl Schmitt que algumas prescrições legais-constitucionais podem seguir valendo como prescrições legais, ainda sem especial reconhecimento legal, depois de abolida a constituição. Esmein já sustentara o mesmo ponto de vista, dizendo que as Constituições escritas podem conter, e contêm, o mais das vezes, disposições que não são constitucionais, senão pela forma, e que absolutamente não são objeto delas. São regras de direito administrativo ou de direito penal, por exemplo, que não têm nenhuma relação necessária com a forma do Estado igualmente compatíveis com outros regimes. [...] Dá-se-lhes tratamento de leis ordinárias – no fundo é o que são – mas, ao mesmo tempo, são reconduzidas à qualidade destas. Desgarram-se da Constituição, em que estavam encaixadas, e é por isso que permanecem em vigor; mas, ao mesmo tempo, perdem a eficácia de normas constitucionais e, daí por diante, podem, como outra lei qualquer, ser modificadas pelo legislador ordinário"[10].

Esse fenômeno não existe no Brasil, a não ser que a nova Constituição expressamente o faça[11]. Como lembra Luís Roberto Barroso, "entre nós, Pontes de Miranda, José Afonso da Silva e Manoel Gonçalves Ferreira Filho admitem a tese"[12]. Isso porque, como vimos no capítulo anterior, o poder constituinte originário é legalmente ilimitado, não possuindo limites em nenhuma outra lei. Ora, se a nova Constituição pode ab-rogar a Constituição anterior, também pode derrogar a Constituição anterior, mantendo parte dela ainda vigente, mas agora com força de lei infraconstitucional.

9.4. RECEPÇÃO MATERIAL DE NORMA CONSTITUCIONAL

Trata-se de um fenômeno identificado por Jorge Miranda, segundo o qual a nova Constituição pode manter em vigor, ainda que por pouco tempo, parte da Constituição anterior, com *status* constitucional. Difere da *desconstitucionalização*, pois, nesta última, a norma constitucional anterior permanece vigendo, mas com força de lei infraconstitucional. Na *recepção material de norma constitucional*, a norma constitucional anterior permanece vigendo como norma constitucional. Nas palavras de Luís Roberto Barroso, "é possível cogitar-se, por exemplo, de que a nova Carta expressamente mantenha em vigor, e com o mesmo caráter constitucional, preceitos do ordenamento que está sendo substituído. Por evidente, o poder constituinte que tem força para revogar também tem para conservar. Apenas nesse caso, que se denomina recepção material, o título jurídico da superioridade mantida não é a ordem constitucional anterior, mas a atual"[13].

Dá-se como exemplo o art. 34 do Ato das Disposições Constitucionais Transitórias da Constituição de 1988, que dispõe: "o sistema tributário nacional entrará em vigor a partir do

---

10. *Aplicabilidade das Normas Constitucionais*, p. 218.
11. Concorda com nossa afirmação Luís Roberto Barroso, ao dizer que "sem embargo, *salvo os casos em que haja previsão constitucional nesse sentido*, não merece acolhida a tese da permanência da norma constitucional anterior com caráter ordinário" (op. cit., p. 64).
12. *Interpretação e Aplicação da Constituição*, p. 64.
13. *Interpretação e Aplicação da Constituição*, p. 63.

primeiro dia do quinto mês seguinte ao da promulgação da Constituição, mantido, até então, o da Constituição de 1967, com a redação dada pela Emenda n. 1, de 1969, e pelas posteriores". Como se vê, o sistema tributário nacional da Constituição anterior permaneceu em vigor, com *status* constitucional, pelo prazo de cinco meses, por expressa previsão na nova Constituição.

9.5. REVOGAÇÃO

Revogação é a supressão da vigência de uma lei operada por outra lei da mesma hierarquia, fonte e natureza[14]. Dessa maneira, uma lei ordinária federal revogará outra lei ordinária federal. Não há revogação de leis estaduais por leis federais (já que são de fontes legislativas diversas), bem como não há revogação de uma lei complementar por uma lei ordinária (embora haja casos excepcionais que serão estudados no capítulo destinado ao *Processo Legislativo*) ou revogação de uma lei inferior por uma lei superior, pois, nesse caso, há a retirada da validade da norma, com a subsequente perda da vigência (embora, como vimos acima, segundo a jurisprudência do STF, utilize-se a expressão "revogação" indistintamente para normas da mesma hierarquia ou de hierarquias diversas – nesse caso, preferimos usar a expressão "revogação por inconstitucionalidade", para diferenciá-la da revogação *pura e simples*).

Assim, quando uma nova Constituição entra em vigor (imediatamente ou após a *vacatio constitutionis* – que adiante se verá), revoga a Constituição anterior (integral ou parcialmente). A revogação, em regra, da Constituição anterior, é integral (ab-rogação). Não obstante, como vimos acima, se houver expressa previsão na nova Constituição, pode ocorrer uma derrogação (revogação parcial), mantendo em vigor alguns dispositivos da Constituição anterior (*recepção material de norma constitucional*).

Outrossim, também ocorre o fenômeno da revogação quando uma Emenda Constitucional revoga parte da Constituição em vigor. Trata-se do fenômeno da derrogação (revogação parcial), que pode recair sobre normas constitucionais originárias (fruto do poder constituinte originário) ou normas já alteradas por emendas constitucionais anteriores (fruto do poder constituinte derivado reformador). Obviamente, essas alterações poderão ser feitas, desde que não haja violação das denominadas cláusulas pétreas, previstas no art. 60, § 4º, que foram objeto de estudo em capítulo anterior. Assim, por exemplo, não poderá uma Emenda Constitucional revogar um direito e garantia fundamental, por violação do art. 60, § 4º, IV, da Constituição Federal. A revogação da norma constitucional por meio de uma Emenda Constitucional poderá ser *expressa* ou *tácita*.

Revogação expressa, como o próprio nome insinua, é aquela em que a norma revogadora (no caso, uma Emenda Constitucional) declara expressamente quais os dispositivos constitucionais que estão sendo alterados. Por exemplo, a Emenda Constitucional n. 40/2003 revogou expressamente o polêmico art. 192, § 3º, da CF, que definia o limite máximo de juros anuais no

---

14. Segundo Maria Helena Diniz, "revogar é tornar sem efeito uma norma, retirando sua obrigatoriedade. Revogação é um termo genérico, que indica a ideia da cessação da existência da norma obrigatória. Assim sendo, ter-se-á permanência da lei quando, uma vez promulgada e publicada, começa a obrigar indefinidamente até que outra a revogue. A lei nova começa a vigorar a partir do dia em que a lei revogadora vier a perder sua força. Em outros termos, a data da cessação da eficácia de uma lei não é da promulgação ou publicação da lei que a revoga, mas a em que a lei revocatória se torna obrigatória. Enquanto não começar a obrigatoriedade da lei nova, a anterior continuará a ter eficácia, a não ser que se determine sua suspensão" (*Lei de Introdução às Normas do Direito Brasileiro Interpretada*, p. 85-86).

país em 12% (doze por cento) – o que nunca foi cumprido, ensejando decisões judiciais das mais controvertidas e inventivas[15].

Não obstante, embora seja mais comum a *revogação expressa* operada pela Emenda Constitucional, também pode se dar a *revogação tácita*. Foi o que ocorreu com o art. 77 da Constituição Federal. O *caput* desse dispositivo foi alterado pela Emenda Constitucional n. 16/97, que fixou a data do segundo turno, quando e onde houver, como sendo o último domingo de outubro do ano das eleições. Todavia, § 3º do mesmo artigo continuou a prever que o segundo turno ocorreria "até vinte dias após a proclamação do resultado". Ora, temos uma norma constitucional nova, fruto de uma Emenda Constitucional de 1997 (que não viola cláusula pétrea), contrariando texto constitucional originário de 1988. Trata-se de pura e simples revogação parcial (derrogação) tácita de parte do § 3º do art. 77.

9.6. TEMAS RELACIONADOS À LEI CONSTITUCIONAL NO TEMPO

9.6.1. *Vacatio constitutionis*

Como vimos em capítulo anterior, *vacatio legis* é o período de vacância da lei, existente entre sua publicação e sua entrada em vigor. A finalidade da *vacatio legis* é permitir que a população tenha conhecimento da nova legislação, podendo a ela se adaptar. Segundo o art. 1º, *caput*, da Lei de Introdução às Normas do Direito Brasileiro, "salvo disposição contrária, a lei começa a vigorar em todo o país quarenta e cinco dias depois de oficialmente publicada". Assim, em regra, o prazo da *vacatio legis* é de 45 dias, mas, por expressa previsão na legislação, esse prazo poderá ser maior, menor ou nem existir ("esta lei entra em vigor na data da sua publicação").

É possível também que haja *vacatio legis* do texto constitucional. Nesse caso, teremos a chamada *vacatio constitutionis*. Por exemplo, a Constituição brasileira de 1967 foi promulgada e publicada no dia 24 de janeiro de 1967, para entrar em vigor no dia 15 de março de 1967. A Constituição Federal de 1969 (ou Emenda Constitucional n. 1, de 1969) foi promulgada no dia 17 de outubro de 1969 e entrou em vigor no dia 30 do mesmo mês.

Segundo José Afonso da Silva, "nesse período, portanto, continua a reger os destinos do Estado a lei maior que já existia. [...] As leis que porventura tenham sido promulgadas no período de *vacatio constitutionis* em conformidade com regras constitucionais vigentes valem enquanto durar a *vacatio*, mas ficam revogadas, por inconstitucionais, com a entrada em vigor do novo texto constitucional, desde que não se conformem com os ditames deste"[16].

---

15. Como a norma era inexequível, por ser impossível regular dessa forma a realidade do mercado por meio de um dispositivo constitucional, o Supremo Tribunal Federal decidiu inúmeras vezes que o dispositivo em análise seria uma "norma constitucional de eficácia limitada de princípio institutivo", ou seja, pendente de regulamentação. Ora, era claro que o dispositivo não fazia menção à legislação ordinária no tocante aos juros anuais de 12%, mas, sim, ao crime de usura, que seria objeto de legislação ordinária. Diante da inusitada decisão, alguns diziam à época: "O STF espera que seja feita uma lei para explicar que doze não é exatamente doze". No Recurso Extraordinário 570, o STF disse que "a autoaplicabilidade da norma constitucional constante do art. 192, § 3º, em sua positivação originária, é objeto de entendimento pacificado no Supremo Tribunal Federal". Tantas foram as decisões que o STF editou a Súmula Vinculante 7: "A norma do § 3º do artigo 192 da Constituição, revogada pela Emenda Constitucional n. 40/2003, que limitava a taxa de juros reais a 12% ao ano, tinha sua aplicação condicionada à edição de lei complementar".
16. *Aplicabilidade das Normas Constitucionais*, p. 54.

9.6.2. Eficácia retroativa das normas constitucionais

Não há dúvida de que as normas constitucionais, assim que promulgadas, devem ter efeitos imediatos. Todavia, não há que se confundir efeitos imediatos com efeitos retroativos[17]. Importante decisão do Supremo Tribunal Federal (ADI 493) destaca as possibilidades de retroatividade da norma constitucional:

a) retroatividade máxima ou restitutória: nesse caso, a norma constitucional ataca fatos já consumados, atos jurídicos perfeitos;

b) retroatividade média: a norma constitucional atinge os efeitos pendentes de atos jurídicos verificados antes dela, ou seja, atinge as prestações vencidas, mas não adimplidas (como os juros já vencidos, mas ainda não pagos);

c) retroatividade mínima, temperada ou mitigada: a nova lei constitucional atinge apenas os efeitos dos atos anteriores, verificados após a data em que entra em vigor.

Em regra, o Supremo Tribunal Federal considera, na verificação da eficácia das normas constitucionais, a *retroatividade mínima*, ou seja, ela retroage aos negócios anteriores, mas somente com relação aos fatos por eles gerados após a entrada em vigor da Constituição. Foi o que decidiu o STF no Recurso Extraordinário 140.499/GO: "Já se firmou a jurisprudência desta Corte no sentido de que os dispositivos constitucionais têm vigência imediata, alcançando os efeitos futuros de fatos passados (retroatividade mínima). Salvo disposição expressa em contrário – e a Constituição pode fazê-lo –, eles não alcançam os fatos consumados no passado nem as prestações anteriormente vencidas e não pagas (retroatividade máxima e média)".

Outro importante exemplo se deu com a aplicação imediata e *retroatividade mínima* da Emenda Constitucional n. 35/2001. Explica-se: antes do advento dessa Emenda Constitucional, os parlamentares só poderiam ser processados criminalmente se houvesse autorização prévia das respectivas Casas Parlamentares. Essa regra foi alterada pela nova Emenda Constitucional. A partir de 2001, pelos crimes praticados antes da diplomação, os parlamentares poderiam ser processados normalmente, podendo a Casa parlamentar suspender o processo. Assim, a manifestação da casa não era mais obrigatória e anterior ao processo (agora, a manifestação da casa é posterior ao início do processo e facultativa). Indaga-se: e quanto aos crimes praticados antes da EC 35/2001 e que estavam à espera de manifestação da respectiva casa? Segundo o STF, a Emenda foi aplicada imediatamente. Ou seja, iniciaram-se imediatamente os processos (aplicando-se, pois, a *retroatividade mínima* – pois a Emenda foi aplicada a crimes praticados antes de sua vigência, mas referindo-se a atos processuais futuros)[18].

Não obstante, como ressaltado pelo próprio STF no sobredito Recurso Extraordinário (RE 140.990), nada impede que, por expressa previsão constitucional, a norma tenha *retroatividade média* ou *retroatividade máxima*. Foi o que fez a Emenda Constitucional n. 54/2007, que considerou, de forma retroativa, os nascidos no estrangeiro, de pai brasileiro ou mãe brasileira, entre 7 de junho de 1994 e 20 de setembro de 2007, brasileiros natos, desde que registrados em repartição brasileira competente. Nos termos do art. 2º da sobredita Emenda Constitucional,

---

17. Luís Roberto Barroso, op. cit., p. 92.
18. No Inq. 1.344-5/DF, o STF decidiu que: "do que resulta induvidoso – independentemente de qualquer indagação sobre a eficácia temporal de emenda à Constituição – a aplicabilidade imediata aos casos pendentes da norma constitucional que fez desnecessária a licença prévia da Câmara. Cuidando a hipótese de instituto de alcance puramente processual, não é de aplicar-se à abolição da licença prévia o entendimento – já endossado pelo Tribunal – da incidência da garantia constitucional de ultratividade da lei penal mais favorável à alteração superveniente de normas que, embora de caráter processual, tenham reflexos imediatos sobre o fato delituoso anterior à sua vigência".

"os nascidos no estrangeiro entre 7 de junho de 1994 e a data da promulgação desta Emenda Constitucional, filhos de pai brasileiro ou mãe brasileira, poderão ser registrados em repartição diplomática ou consular brasileira competente ou em ofício de registro, se vierem a residir na República Federativa do Brasil".

Pergunta relevante e extremamente atual e pertinente é: qual o grau de eficácia retroativa da Constituição diante de direitos adquiridos? Pode a norma constitucional desconstituir direitos adquiridos?

Primeiramente, é oportuno frisar que o tema "direito adquirido" tem relevância constitucional expressa e implícita. Primeiramente, decorre do princípio da *segurança jurídica*, na medida em que legislações futuras não poderão ferir o direito já incorporado ao patrimônio do indivíduo. Outrossim, a intangibilidade do direito adquirido está prevista no art. 5º, XXXVI, CF: "a lei não prejudicará o direito adquirido, o ato jurídico perfeito e a coisa julgada".

Segundo a doutrina, "direito adquirido (*erworbenes Recht*) é o que já se incorporou definitivamente ao patrimônio e à personalidade de seu titular, de modo que nem lei nem fato posterior possa alterar tal situação jurídica, pois há direito concreto, ou seja, direito subjetivo e não direito potencial ou abstrato"[19]. Dessa maneira, o direito já incorporado ao patrimônio do indivíduo (em outras palavras, o direito que já pode ser exercido) não pode ser atingido pela retroatividade das leis futuras (ainda que constitucionais). Todavia, trata-se de um importante princípio constitucional (corolário da *segurança jurídica*), que deve ser aplicado na maior intensidade possível, mas não de forma absoluta.

Primeiramente, é francamente majoritário o entendimento de que os direitos adquiridos podem ser atingidos por normas constitucionais originárias (fruto do poder constituinte originário). Segundo a doutrina, "no momento constituinte originário, nenhum instituto da ordem jurídica então em vigor está ao resguardo de mudanças e modificações, pois o poder originário não se compadece com o regime anterior, comprometido que está, somente, com a imposição de uma nova ordem constitucional e, consequentemente, jurídica, isto é, a nova ideia de Direito. É nessa perspectiva que ganha sentido a afirmação de que *não há direito adquirido contra a Constituição*, isto é, apenas o poder constituinte originário, que sofre limitações tão-somente de ordem política, tem o condão de desconstituir situações consolidadas sob a égide do ordenamento jurídico anterior"[20].

Por sua vez, é bastante polêmica a possibilidade de uma norma constitucional fruto do poder constituinte derivado (uma Emenda Constitucional) retroagir para desconstituir direitos que foram adquiridos antes de sua entrada em vigor. Duas são as posições: a) a garantia do direito adquirido refere-se apenas ao legislador ordinário, não obstando a ação do constituinte derivado, no ato de reforma da Constituição. Dizer o contrário seria tornar o ordenamento jurídico "engessado", perenizando injustiças, privilégios, que podem ser detectados pelo constituinte derivado; b) a garantia do direito adquirido também foi concebida em face do legislador constitucional, que, além de não poder suprimir esse dispositivo (art. 5º, XXXVI, CF), por se tratar de cláusula pétrea, não poderia editar uma Emenda Constitucional que violasse qualquer direito adquirido[21].

---

19. Maria Helena Diniz, op. cit., p. 185.
20. Carlos Antonio de Almeida Melo. *A Constituição Originária, a Constituição Derivada e o Direito Adquirido*: considerações, limites e possibilidades, p. 105.
21. Defendendo essa segunda posição, Carlos Antonio de Almeida Melo afirma: "Efetivamente não há direito adquirido contra a Constituição originária, pois, como visto, sua inicialidade inaugura uma nova ideia de direito e um

O Supremo Tribunal Federal, na maior parte de suas decisões sobre o tema, inclina-se à primeira posição: os direitos adquiridos não prevalecem sobre as normas constitucionais, sejam elas fruto do *poder constituinte originário*, sejam fruto do *poder constituinte derivado*. Por exemplo, no RE 94.414, decidiu o STF: "É firme a jurisprudência desta Corte – assim, por exemplo, já se decidiu nos REs 90.391 e 100.144, o primeiro do Plenário e o segundo desta Segunda Turma – no sentido de que, ainda com referência à relação de trabalho regida pela CLT, não há direito adquirido contra texto constitucional resultante do Poder Constituinte originário ou do Poder Constituinte derivado. As normas constitucionais se aplicam de imediato, sem que se possa invocar contra elas a figura do direito adquirido. Mesmo nas Constituições que vedam ao legislador ordinário a edição de leis retroativas, declarando que a lei nova não prejudicará o direito adquirido, o ato jurídico perfeito e a coisa julgada, esse preceito se dirige apenas ao legislador ordinário, e não ao constituinte, seja ele originário, seja ele derivado".

Outrossim, o Supremo Tribunal Federal firmou o entendimento de que não há direito adquirido a regime jurídico de institutos de direito, concluindo que os direitos adquiridos podem ser alterados pelo legislador superveniente. Foi o que decidiu o STF no Recurso Extraordinário 116.683, relatado pelo Min. Celso de Mello: "A Administração Pública, observados os limites ditados pela Constituição Federal, atua de modo discricionário ao instituir o regime jurídico de seus agentes e ao elaborar novos Planos de Carreira, não podendo o servidor a ela estatutariamente vinculado invocar direito adquirido para reivindicar enquadramento diverso daquele determinado pelo Poder Público, com fundamento em norma de caráter legal".

Na ADI 3.510 (que versou sobre a contribuição de inativos e a alegação de violação de direito adquirido), o Min. Joaquim Barbosa asseverou: "A tese de exacerbação do direito adquirido protegido por cláusulas pétreas, no presente caso, é também absolutamente desarrazoada e antijurídica. Em primeiro lugar, porque não faz sentido sustentar, em um estado de direito democrático e social, que alguém possa adquirir o direito de não pagar tributos. Essa tese corrói as próprias bases da organização político-social à luz da qual o Estado Moderno se ergueu nos últimos séculos. Por outro lado, trata-se de uma concepção não razoável porque não faz sentido querer isentar de contribuição previdenciária solidária os milhares de pessoas que se aproveitaram de um sistema iníquo de privilégios, de normas frouxas e excessivamente generosas que permitiram a jubilação precoce de pessoas no ápice da sua capacidade e produtiva, muitas delas mal entradas nos quarenta anos de vida".

Como dissemos anteriormente, não pode ser invocada a garantia da intangibilidade do direito adquirido para manutenção de privilégios irrazoáveis, já que o direito constitucional não é absoluto, mas relativo. Não obstante, tal visão não é uníssona na doutrina. Em sentido diametralmente oposto, Uadi Lammêgo Bulos afirma que, "certamente, o pensamento pretoriano destruiu a garantia do direito adquirido, relativizando conquistas alcançadas e incorporadas, em definitivo, ao patrimônio do povo brasileiro"[22].

---

novo ordenamento jurídico. Entretanto, cabe direito adquirido contra emendas constitucionais que desbordem os limites materiais estabelecidos no art. 60, § 4º, inciso IV. OU, nas abalizadas palavras de Raul Machado Horta: 'O Poder Constituinte Originário poderá, em tese, suprimir o direito adquirido, de modo geral incluindo nessa supressão a regra que veda a lei prejudicial ao direito adquirido. No caso do Poder Constituinte de revisão, será questionável a emenda que propuser a supressão do direito adquirido assegurado pelo constituinte originário. A emenda ficará exposta à arguição de inconstitucionalidade. Por outro lado, à emenda constitucional é vedado, por cláusula expressa na Constituição, propor a abolição do princípio que protege o direito adquirido contra a lei prejudicial a ele'" (op. cit., p. 114).

22. Op. cit., p. 631.

9.6.3. Derrotabilidade das normas constitucionais

Segundo Uadi Lammêgo Bulos, "derrotabilidade é o ato pelo qual uma norma constitucional deixa de ser aplicada, mesmo presentes todas as condições de sua aplicabilidade, de modo a prevalecer a justiça material no caso concreto"[23].

No Brasil, a "derrotabilidade" da norma constitucional pode ocorrer em razão de significativas mudanças sociais que fazem com que órgãos jurisdicionais, sobretudo o STF (responsável pela guarda da Constituição), possam considerar a norma inaplicável em algumas situações concretas.

Pode-se mencionar como exemplo, ainda que parcial, a não aplicação do art. 5º, *caput*, da Constituição Federal (no que tange ao direito à vida) aos casos de interrupção da gravidez quando há anencefalia (ADPF 54), utilizando-se, dentre outros argumentos, da dignidade da pessoa humana: "A imposição estatal da manutenção de gravidez cujo resultado final será irremediavelmente a morte do feto vai de encontro aos princípios basilares do sistema constitucional, mais precisamente à dignidade da pessoa humana, à liberdade, à autodeterminação, à saúde, ao direito de privacidade, ao reconhecimento pleno dos direitos sexuais e reprodutivos de milhares de mulheres. O ato de obrigar a mulher a manter a gestação, colocando-a em uma espécie de cárcere privado em seu próprio corpo, desprovida do mínimo essencial de autodeterminação e liberdade, assemelha-se à tortura ou a um sacrifício que não pode ser pedido a qualquer pessoa ou dela exigido".

Mais recentemente, outro exemplo de derrotabilidade (*defeasibility*) julgado pelo STF se deu nas Ações Declaratórias de Constitucionalidade 44 e 45, já estudadas no capítulo anterior, relacionadas ao princípio da presunção de inocência. O STF não aplicou o princípio, na sua integralidade e plenitude, àqueles réus já condenados em segunda instância, permitindo, pois, salvo se houver efeito suspensivo do recurso, o cumprimento da pena privativa de liberdade antes do trânsito em julgado da sentença penal condenatória.

Conteúdo digital – Acesse: https://somos.in/CDC7

Conteúdo em vídeo
Questões com gabarito comentado

---

23. Op. cit., p. 133. Segundo o autor, o responsável pela expressão (*defeasibility*) foi Herbert Lionel Adolphus Hart, influente filósofo e Professor da Universidade de Oxford. Segundo o autor, "Embora Hart tivesse sido um jurista do *Common Law*, o fato é que suas constatações aplicam-se em gênero, número e grau aos ordenamentos de direito escrito e codificado, como o nosso" (op. cit., p. 134).

10

INTERPRETAÇÃO CONSTITUCIONAL (HERMENÊUTICA CONSTITUCIONAL)

Sumário

10.1. Conceitos – 10.2. Hermenêutica constitucional – 10.3. Duas indagações de hermenêutica – 10.3.1. Apostasia constitucional – 10.4. Classificação da interpretação – 10.4.1. Quanto ao sujeito – 10.4.2. Quanto aos efeitos – 10.5. Correntes interpretativas norte-americanas – 10.6. Métodos de interpretação constitucional – 10.7. Princípios de interpretação constitucional – 10.8. Interpretação conforme à Constituição.

10.1. CONCEITOS

Interpretar algo significa transportar para uma linguagem inteligível, compreensível, aquilo que está escrito de forma técnica, científica. Significa determinar com precisão o sentido de um texto, descobrir o significado obscuro de algo. Tem origem na expressão latina *interpres* ("agente, tradutor"), de *inter* ("entre"), mais o radical *prat* (com o sentido de "dar a conhecer").

Segundo Carlos Maximiliano, em obra clássica sobre o tema (*Hermenêutica e Aplicação do Direito*), "a interpretação, como as artes em geral, possui a sua técnica, os meios para chegar aos fins colimados. Foi orientada por princípios e regras que se desenvolveu e aperfeiçoou à medida que evolveu a sociedade e desabrocharam as doutrinas jurídicas. A arte ficou subordinada, em seu desenvolvimento progressivo, a uma ciência geral, o Direito, obediente, por sua vez, aos postulados da Sociologia; e a outra, interpretação, especial, a Hermenêutica"[1].

Dentre as ciências, como a matemática, a sociologia, o direito, a economia, uma que se destaca pelo conteúdo diferenciado é a *Hermenêutica*, pois é a ciência que estuda a interpretação. A palavra *hermenêutica* vem de *Hermes*, que na mitologia grega era quem intermediava a comunicação entre os deuses e os homens[2].

Segundo Konrad Hesse, a "tarefa da interpretação é encontrar o resultado constitucionalmente 'exato' em um procedimento racional e incontrolável, fundamentar esse resultado racional e controlável e, desse modo, criar certeza jurídica e previsibilidade – não, por exemplo, somente decidir por causa da decisão"[3].

10.2. HERMENÊUTICA CONSTITUCIONAL

Prevalece o entendimento na doutrina de que existe uma *hermenêutica constitucional*, diferenciada da *hermenêutica do Direito*, por ter métodos próprios e princípios próprios[4]. Nesse sentido posicionam-se Celso Ribeiro Bastos, Konrad Hesse, José Joaquim Gomes Canotilho, Jorge Miranda, Luís Roberto Barroso etc.

Realmente, existe uma *hermenêutica constitucional* por uma série de fatores: a) a supremacia da Constituição – quando interpretamos qualquer lei ou ato normativo, sempre temos de considerar a existência de um ano normativo superior, que lhe dá validade (principalmente a Constituição). Todavia, quando interpretamos a própria Constituição, não há atos normativos que lhe sejam superiores (a não ser que se adote a minoritária teoria da supraconstitucio-

---

1. *Hermenêutica e Aplicação do Direito*, p. 1.
2. Na mitologia grega, Hermes era o deus mensageiro, dos pesos e medidas, dos oradores, dos poetas. Era considerado, na Grécia antiga, o patrono dos diplomatas, dos comerciantes, da ginástica e dos astrônomos. Era filho de Zeus (deus dos deuses) e Maia. Após a conquista da Grécia pelo Império Romano, houve um sincretismo com o deus romano Mercúrio (deus do lucro, do comércio e também o mensageiro dos deuses). O mito de Hermes teria surgido por volta de 500 a.C., na região da Península do Peloponeso, e o sincretismo com a mitologia romana e egípcia auxiliou na perpetuação de sua imagem através dos séculos até a contemporaneidade, exercendo significativa influência sobre a cultura do Ocidente. As primeiras descrições do mito de Hermes datam do período arcaico da cultura grega. Uma das mais importantes consta do *hino Homérico a* Hermes, uma criação anônima dos séculos VII ou VI a.C., que trata do seu nascimento e primeiras proezas. O nome *Hermes* pode ter derivado de *hermeneus*, que significa intérprete. Platão, dando voz a Sócrates, tentou estabelecer uma origem do nome, dizendo que Hermes estava ligado ao discurso, à interpretação e à transmissão de mensagens, todas atividades ligadas ao poder da fala.
3. *Elementos de Direito Constitucional da República Federal da Alemanha*, p. 55.
4. Negando a existência da *hermenêutica constitucional*, temos Uadi Lammêgo Bulos, afirmando que se aplicam na interpretação constitucional os mesmos métodos e princípios de interpretação de outras normas.

nalidade dos tratados internacionais, decorrente do constitucionalismo supranacional, global ou multinível); b) diferentemente de outras leis, as constituições possuem um elevado número de normas com alto grau de abstração, mais princípios (normas amplas, abstratas, vagas, abertas, que permitem a adaptação por parte do aplicador) que regras. Já as leis infraconstitucionais são formadas majoritariamente por regras, normas de conteúdo mais preciso, determinado, delimitado, e, por essa razão, as interpretações ocorrem de formas diferentes; c) diferentemente das leis infraconstitucionais, as normas constitucionais têm dispositivos de caráter político, programático, ideológico, demandando métodos de interpretação diversos.

10.3. DUAS INDAGAÇÕES DE HERMENÊUTICA

Desde que a hermenêutica passou a ser um dos objetivos do estudo do Direito, duas indagações foram feitas. A primeira delas refere-se à necessidade de interpretação quando um texto é efetivamente claro (*in claris cessat interpretatio?*). Outra indagação refere-se à meta que deve ser buscada pelo intérprete: a busca pela vontade da lei (*mens legis*) ou pela vontade do legislador (*mens legislatoris*). Analisemos as questões:

a) *In claris cessat interpretatio?*

Quando um texto legal é claro não é necessária a interpretação? Konrad Hesse afirmava que, "onde não existem dúvidas, não se interpreta e, muitas vezes, também não é necessária a interpretação"[5]. A pergunta parte de uma premissa equivocada. Como efetivamente saber se um texto é claro se não é interpretado? Dessa maneira, mesmo sendo o texto aparentemente claro, é necessário submetê-lo a vários tipos de interpretação, de modo que possamos encontrar o sentido mais apropriado da norma. Segundo Carlos Maximiliano, "o conceito de clareza é relativo: o que a um parece evidente, antolha-se obscuro e dúbio a outro, por ser este menos atilado e culto, ou por examinar o texto sob um prisma diferente ou diversa orientação. Basta, às vezes, passar do exame superficial para o rigoroso, sobretudo se jogar com o elemento histórico, o sistemático e os valores jurídico-sociais; logo se verificará ser menos translúcida a forma do que se julgava a princípio"[6].

Por exemplo, o art. 5º, XI, da Constituição Federal afirma que a casa poderá ser violada, mediante mandado judicial, durante o "dia". Mas exatamente o que é dia? Se indagarmos qualquer criança, ela saberá diferenciar o dia da noite. Mas, para os fins específicos do art. 5º, XI, da CF, quando exatamente começa e quando termina o dia? Dia é quando está claro? Compreende o período entre o nascer e o pôr do sol (do alvorecer ao crepúsculo)? Bem, depois de anos de polêmica interpretativa, chegamos à conclusão de que a melhor interpretação é aquela segundo a qual dia compreende o período entre as 6 e as 18 horas. Como se vê, mesmo sendo um texto aparentemente claro, necessitou ser interpretado.

b) *Mens legis* ou *mens legislatoris*?

Quando interpretamos uma norma legal, o que devemos buscar: a vontade do legislador (*mens legislatoris*) ou a vontade da lei (*mens legis*)? Encontramos na doutrina defensores de ambas as posições. Há aqueles que defendem a busca pela *vontade do legislador* (os chamados *subjetivistas*). Para os *subjetivistas*, a busca pela vontade da lei é algo incerto, impreciso, pois

---

5. *Elementos de Direito Constitucional da República Federal da Alemanha*, p. 54.
6. Op. cit., p. 37.

daria poder demasiado ao intérprete, em detrimento do que foi buscado pelo legislador. Distanciar-se dos desejos do legislador, eleito democraticamente, seria antidemocrático.

Por sua vez, prevalece o entendimento daqueles que sugerem a busca pela vontade da lei (*mens legis*). São os chamados *objetivistas*. Para os objetivistas, a expressão "vontade do legislador" é uma ficção doutrinária. Em regra, não há apenas *um* legislador, mas centenas de legisladores, com vontades diversas. Outrossim, segundo o princípio da legalidade, "ninguém é obrigado a fazer ou deixar de fazer alguma coisa, senão em virtude de *lei*" (e não daquilo que o legislador queria dizer com a lei). Por fim, o *objetivismo* tem a vantagem de poder adaptar a lei, de forma evolutiva, à nova realidade dos fatos, aplicando a norma a casos sequer imaginados pelo legislador (como aplicar as leis penais do Código Penal de 1940 aos crimes praticados na internet).

Segundo Luís Roberto Barroso, "uma lei posta em vigor, a lei se desprende do complexo de pensamentos e tendências que animaram seus autores. Isso é tanto mais verdade quanto mais se distancie no tempo o início de vigência da lei. O intérprete, ensinou Ferrara, deve buscar não aquilo que o legislador quis, mas aquilo que na lei aparece objetivamente querido: a *mens legis* e não a *mens legislatoris*. Não é, propriamente, que a vontade subjetiva do legislador de ocasião seja inteiramente indiferente"[7].

Em se tratando de *interpretação constitucional*, verifica-se que o Supremo Tribunal Federal, embora possa utilizar o *subjetivismo* como elemento de fundamentação (é importante também – e não apenas isso – verificar a vontade do legislador na elaboração da norma), baseia-se no *objetivismo*, máxime quando dá à norma Constitucional uma interpretação evolutiva, diferente daquela dada pelo constituinte originário.

Maior exemplo encontramos na ADPF 132/RJ, que reconheceu ser família a união homoafetiva, equiparando-a à união estável (embora o texto constitucional mencione apenas a união entre homem e mulher). Segundo o STF, "como já se sabia em Roma, *ubi societas, ibi jus* (onde está a sociedade, está o direito) – o direito segue a evolução social, estabelecendo normas para a disciplina dos fenômenos já postos. Não é diferente neste caso: o ato de constituição da união homoafetiva existe, ocorre e gera efeitos juridicamente relevantes, que, portanto, merecem tratamento pelo direito. [...] Enquanto a lei não acompanha a evolução da sociedade, a mudança de mentalidade, a evolução do conceito de moralidade, ninguém, muito menos os juízes, pode fechar os olhos a essas novas realidades. Posturas preconceituosas ou discriminatórias geram grandes injustiças".

Por fim, na ADPF 153, relatada pelo Min. Eros Grau, que tratou da recepção da "Lei da Anistia", pela Constituição de 1988, decidiu o STF: "O significado válido dos textos é variável no tempo e no espaço, histórica e culturalmente. A interpretação do direito não é mera dedução dele, mas sim processo de contínua adaptação de seus textos normativos à interpretação das leis dotadas de generalidade e abstração".

Segundo Konrad Hesse, essa também é a preferência do Tribunal Constitucional alemão: "Decisivo para a interpretação de uma prescrição legal é a vontade objetivada do legislador que se expressa nela, assim como ela resulta do texto da determinação legal e da conexão de sentido na qual aquela está colocada"[8].

---

7. *Interpretação e Aplicação da Constituição*, p. 117.
8. Op. cit., p. 56.

10.3.1. Apostasia constitucional

A expressão "apostasia" significa renúncia de uma crença, de uma religião, a renegação de uma teoria. A "apostasia constitucional" seria o repúdio parcial dado pelo intérprete a certos dispositivos constitucionais, ignorando-os, como se não existissem, por razões de conveniência política ou social.

Um exemplo claro dessa "apostasia constitucional" é a interpretação dada pelo Supremo Tribunal Federal ao art. 57, § 4º, da Constituição, que afirma que, na composição das Mesas da Câmara e do Senado, não é possível a recondução para o mesmo cargo na eleição subsequente. Pois bem, a interpretação dada a esse dispositivo ignorou-o, criando inúmeras hipóteses de recondução ao mesmo cargo (como na eleição que ocorre em legislaturas diferentes). Ignora-se o texto constitucional, tomando decisões diversas daquelas pensadas pelo constituinte.

Tal postura deve ser repudiada. O texto constitucional não pode ser simplesmente desprezado, somente por vontade ou convicção do julgador intérprete. Como afirma Samuel Fonteles, "na apostasia constitucional, o texto constitucional é objeto de traição. Renega-se a constituição e sua supremacia, ou seja, aparta-se do Estado de Direito e do dever de obediência e fidelidade que decorrem da Democracia. Trata-se, acima de tudo, de uma renúncia à humildade necessária para aceitar as convenções jurídico-sociais"[9].

10.4. CLASSIFICAÇÃO DA INTERPRETAÇÃO

A interpretação das normas jurídicas (e também das normas constitucionais) pode ser classificada de várias maneiras, sob ângulos diversos. Vejamos:

10.4.1. Quanto ao sujeito

a) Doutrinária – trata-se da interpretação feita pela doutrina, nacional ou estrangeira, através de livros, artigos, pareceres etc. Segundo Luís Roberto Barroso, é o "produto do trabalho intelectual dos jurisconsultos, professores e escritores em geral. Também os advogados, elaborando teses jurídicas e ousando criativamente na defesa dos interesses que patrocinam, prestam importante contribuição de cunho doutrinário"[10].

b) Judicial – trata-se da interpretação feita pelos magistrados e Tribunais, na aplicação da norma constitucional. Ocorre na aplicação direta de um preceptivo constitucional (questão constitucional) e na verificação da compatibilidade da norma em face da Constituição (controle de constitucionalidade).

c) Autêntica – trata-se da interpretação feita pelo próprio legislador, por meio de uma lei interpretativa. Trata-se de um fenômeno largamente aceito no Direito brasileiro. Aliás, o Supremo Tribunal Federal já se manifestou pela existência da interpretação autêntica (leis interpretativas) no direito brasileiro: "É plausível, em face do ordenamento constitucional brasileiro, o reconhecimento da admissibilidade das *leis interpretativas*, que configuram instrumento juridicamente idôneo de veiculação da denominada *interpretação autêntica*. Tais leis não traduzem usurpação das atribuições constitucionais do Judiciário e, em consequência, não ofendem o postulado fundamental da divisão funcional do poder" (ADI 605/DF – rel. Min. Celso de

---

9. *Apostasia Constitucional*, p. 1.
10. *Interpretação e Aplicação da Constituição*, p. 118.

Mello). Aliás, o próprio Código Tributário Nacional, no seu art. 106, prevê que a lei interpretativa em matéria tributária tem efeitos retroativos (retroagindo até a publicação da lei interpretada): "a lei aplica-se a ato ou fato pretérito: I – em qualquer caso, quando seja expressamente interpretativa".

Todavia, indaga-se: também pode ser feito em se tratando de normas constitucionais? É possível uma lei constitucional interpretativa? Assim como grande parte da doutrina, entendemos ser possível a interpretação autêntica constitucional, desde que a lei interpretativa seja também de natureza constitucional. A maior parte da doutrina, tanto brasileira como portuguesa, admite a interpretação constitucional autêntica, desde que se faça pelo órgão competente para a reforma constitucional, com observância do mesmo procedimento desta[11].

Admitem a interpretação autêntica em norma constitucional: Paulo Bonavides, Celso Bastos, Carlos Maximiliano, José Joaquim Gomes Canotilho, Jorge Miranda, dentre outros. Todavia, Luís Roberto Barroso se pronuncia de forma contrária[12].

d) Aberta[13] – decorre da teoria de Peter Häberle (*Sociedade Aberta dos Intérpretes da Constituição*). Intérprete da Constituição não pode ser apenas o Poder Judiciário, muito menos o Supremo Tribunal Federal. Todos são intérpretes da Constituição. Segundo o professor alemão, "a interpretação constitucional não é um evento exclusivamente estatal, seja do ponto de vista teórico, seja do ponto de vista prático. A esse processo têm acesso potencialmente todas as forças da comunidade política. O cidadão que formula um recurso constitucional é intérprete da Constituição tal como o partido político que propõe um conflito entre órgãos"[14]. No mesmo sentido, o *constitucionalismo* popular de Mark Tushner, nos Estados Unidos, apregoa as mesmas ideias, com nomenclatura diversa. Outro constitucionalista norte-americano, Jack Balkin, da Universidade de Yale, utiliza a expressão *protestantismo constitucional* para se referir a esse fenômeno da democratização da interpretação constitucional[15]. Contrapõe-se a esse tipo de interpretação a chamada *sociedade fechada dos intérpretes da constitucional* ou *monopolização do acesso ao STF*[16].

O direito brasileiro, máxime o controle de constitucionalidade, inspirou-se em tais ideias para recentes alterações legislativas que admitiram o *amicus curiae* (a possibilidade de enti-

---

11. Luís Roberto Barroso, op. cit., p. 118.
12. Segundo o autor, "a rigor, a interpretação constitucional, para ser verdadeiramente autêntica, na conformidade da definição, teria de emanar da mesma fonte instituidora: o poder constituinte originário. Isso, normalmente, não será possível, pois uma vez concluída a sua obra, o poder constituinte originário se exaure, ou, melhor dizendo, volta ao seu estado latente e difuso. De modo que não se pode falar em interpretação constitucional verdadeiramente autêntica" (op. cit., p. 123).
13. "Todo aquele que vive no contexto regulado por uma norma e que vive com este contexto é, indireta ou, até mesmo, diretamente, um intérprete dessa norma. O destinatário da norma é participante ativo, muito mais ativo do que se pode supor tradicionalmente, do processo hermenêutico. Como não são apenas os intérpretes jurídicos da Constituição que vivem a norma, não detêm eles o monopólio da interpretação da Constituição" (*Hermenêutica Constitucional:* A Sociedade Aberta dos Intérpretes da Constituição, p. 15).
14. Op. cit., p. 23.
15. Essa expressão tem inspiração no protestantismo religioso do século XVI, que permitia que cada pessoa interpretasse a Bíblia a seu modo, não sendo a interpretação mais um monopólio da Igreja. Transportando para o Direito Constitucional, nenhuma autoridade ou instituição estatal (como o Supremo Tribunal Federal) tem o monopólio da interpretação constitucional.
16. Esse nome foi utilizado pelo professor carioca Gustavo Binenhojm para se referir ao regramento constitucional anterior à Constituição de 1988 que reservada exclusivamente ao Procurador-Geral da República a possibilidade de ajuizar a ação direta de inconstitucionalidade ao STF, gerando uma "monopolização do acesso ao STF", o que foi atenuado pela Constituição atual que, no seu art. 103, estabelece 9 (nove) legitimados dessa ação.

dades de elevada representatividade colaborarem com suas ideias no julgamento da ação), previsto, por exemplo, no art. 7º, § 2º, da Lei n. 9.868/99: "o relator, considerando a relevância da matéria e a representatividade dos postulantes, poderá, por despacho irrecorrível, admitir, observado o prazo fixado no parágrafo anterior, a manifestação de outros órgãos ou entidades". Outrossim, na mesma Lei n. 9.868/99, que trata do processo do controle concentrado de constitucionalidade, há a possibilidade de realização de audiências públicas, com depoimentos de pessoas com experiência e autoridade na matéria (art. 9º, § 1º).

Outrossim, a doutrina brasileira defende a ampliação dos métodos de interpretação aberta, como o faz Daniel Sarmento: "a abertura pluralista da interpretação constitucional não se limita à ampliação dos participantes no processo constitucional. Essa abertura importa no reconhecimento de que a Constituição é interpretada e concretizada também fora das cortes, e que o seu sentido é produzido por meio de debates e interações que ocorrem nos mais diferentes campos em que se dá o exercício da cidadania"[17].

10.4.2. Quanto aos efeitos

a) Declarativa – na interpretação declarativa, o intérprete não amplia nem reduz o sentido da norma legal (ou constitucional). O texto constitucional continua compatível com a realidade existente. Como exemplo, ao definir a primeira hipótese de brasileiro nato, o art. 12, I, "a", da Constituição Federal prevê a hipótese dos nascidos na "República Federativa do Brasil". A melhor interpretação desse dispositivo seria "os nascidos no território brasileiro". Nesse caso, o intérprete não está ampliando o sentido da norma, nem restringindo-o, mas apenas esclarecendo, declarando.

b) Restritiva – na interpretação restritiva, o legislador constituinte disse mais do que pretendia. Por essa razão, cabe ao intérprete restringir o sentido da norma. O Supremo Tribunal Federal, por várias vezes, já fez esse tipo de interpretação, como no MS 30.578/DF: "tendo em vista a ordem jurídica em vigor, torna-se necessária a interpretação restritiva da alínea 'r' do inciso I do art. 102, da Constituição Federal, a qual foi incluída pela EC 45/2004, a fim de que o STF, não atue, em mandado de segurança originário, como instância ordinária revisora de toda e qualquer decisão do Conselho Nacional de Justiça". Da mesma forma, utilizou-se o STF da interpretação restritiva do art. 150, VI, "d", da Constituição: "O Supremo Tribunal vem se posicionando no sentido de que a imunidade tributária referida no art. 150, VI, "d", da Carta deve ser interpretada restritivamente, não abrangendo todo e qualquer insumo ou ferramenta indispensável à edição de veículos de comunicação" (RE 915.014/SE, rel. Min. Roberto Barroso).

c) Extensiva – ao contrário da interpretação restritiva, na interpretação extensiva, tendo em vista que o legislador disse menos do que pretendia, cabe ao intérprete ampliar o sentido da norma. Foi o que fez o Supremo Tribunal Federal, ao interpretar o conceito de "casa", do art. 5º, XI, da Constituição Federal: "para efeito da proteção constitucional (CF, art. 5º, XI, e CP, art. 150, § 4º, II) – amplitude dessa noção conceitual, que também compreende os aposentos de habitação coletiva (como, por exemplo, os quartos de hotel, pensão, motel e hospedaria,

---

17. *Direito Constitucional*, p. 404. Prossegue o autor: "Essa possibilidade de interpretação constitucional fora das cortes é vital para a legitimação democrática da empreitada constitucional. O cidadão e os movimentos sociais devem ter sempre a possibilidade de lutar, nos mais diversos espaços, pela sua leitura da Constituição, buscando aproximar as práticas constitucionais do seu ideário político e de suas utopias" (p. 405).

desde que ocupados)" (RE 90.376/RJ, rel. Min. Celso de Mello). Da mesma forma, ao interpretar o art. 60, § 4º, IV, da CF, que trata dos "direitos e garantias *individuais*", como cláusulas pétreas, o STF entendeu ser necessária uma interpretação extensiva, incluindo os direitos sociais no rol das cláusulas pétreas. Na ADI 939, decidiu o Min. Marco Aurélio: "tivemos o estabelecimento de direitos e garantias de forma geral. Refiro-me àqueles previstos no rol, que não é exaustivo, do art. 5º da Carta, os que estão contidos, sob a nomenclatura 'direitos sociais'; no art. 7º e, também, em outros dispositivos da Lei Básica federal, isto sem considerar a regra do § 2º do art. 5º".

Uma modalidade de *interpretação extensiva* é a chamada *sobreinterpretação constitucional*: uma espécie de interpretação extensiva do próprio texto constitucional, de forma que se possa extrair normas constitucionais implícitas, resultando numa inexistência de espaços vazios de normatização constitucional. Trata-se de uma expressão criada pelo italiano Riccardo Guastini, segundo o qual a sobreinterpretação possui dois aspectos: a) a recusa da interpretação literal da constitucional; b) a construção de normas implícitas, idôneas para completar lacunas enquanto não sejam evitáveis.

10.5. CORRENTES INTERPRETATIVAS NORTE-AMERICANAS

a) Interpretativismo e não interpretativismo

Segundo a doutrina norte-americana, existem duas correntes da interpretação constitucional: a) corrente interpretativistas; b) corrente não interpretativista.

Quanto ao *interpretativismo*, o intérprete está limitado a interpretar os dispositivos expressos na Constituição, na lei constitucional, bem como os princípios claramente implícitos. Trata-se, pois, de uma corrente limitadora das atividades do intérprete, que passa a ser um mero intérprete do texto. Segundo Bernardo Gonçalves Fernandes, os "*interpretativistas* vêm defendendo, ainda, uma posição conservadora – como faz, por exemplo, grandes expoentes como o juiz Robert Bork e o *Justice* Antonin Scalia – na qual atestam que o intérprete, mas, principalmente, os juízes, ao interpretar a Constituição, devem se limitar a captar os sentidos dos preceitos expressos ou, pelo menos, tidos como claramente implícitos"[18].

Segundo José Joaquim Gomes Canotilho, "as correntes interpretativistas consideram que os juízes, ao interpretarem a Constituição, devem limitar-se a captar o sentido dos preceitos expressos na Constituição, ou, pelo menos, nela claramente implícitos. [...] Estes limites são postulados pelo princípio democrático – a 'decisão pelo judicial' não deve substituir a decisão política legislativa da maioria democrática"[19].

Por sua vez, no *não interpretativismo*, o intérprete tem maior autonomia ao interpretar a norma, com a aplicação de valores e princípios substantivos, como princípios da liberdade e justiça. Mais importante ao intérprete é buscar os valores constitucionais, como igualdade e justiça, que buscar a estrita vontade do legislador constitucional. Segundo Bernardo Gonçalves Fernandes, o *não interpretativismo*, que se encontra em franco crescimento, de maneira

---

18. *A Teoria da Interpretação Judicial para além do Interpretativismo e Não Interpretativismo*. Prossegue o autor: "Alegam que dar um passo para além das molduras do texto seria subverter o princípio do *rule of Law*, desnaturando-o na forma de um direito feito por magistrados (*law of judges*). Isso se mostraria imperativo no controle judicial dos atos legislativos, que deveria ser limitado à moldura constitucional sob alegação de violação do princípio democrático (fato da lei ou ato legislativo ter sido feito contando com o apoio de uma maioria de membros do órgão)".
19. Op. cit., p. 1179.

geral, ainda que pese uma constelação de divergências internas, "preza mais pela concretização dos direitos consagrados no texto constitucional que por sua interpretação formalista. Princípios de justiça, de liberdade e igualdade deveriam falar mais alto, compondo o 'projeto' constitucional de uma sociedade que se preze democrática, ao invés de uma subserviência cega a uma leitura redutora do princípio democrático"[20].

Segundo José Joaquim Gomes Canotilho, "as posições não interpretativas defendem a possibilidade e a necessidade de os juízes invocarem e aplicarem 'valores e princípios substantivos' – princípios da liberdade e da justiça – contra atos da responsabilidade do legislativo em desconformidade com o 'projeto' da Constituição"[21].

Embora difundida em todo o mundo, essa classificação bipartida, recebe críticas da própria doutrina norte-americana, como de John Hart Ely[22].

b) Procedimentalismo de John Hart Ely (procedimentalismo x substancialismo)

Nascido em Nova York, John Hart Ely graduou-se na Universidade de Princeton, em 1960, e na Yale Law School, em 1963. Foi professor de Yale e Harvard e reitor da Escola de Direito de Stanford entre 1982 e 1987, permanecendo nessa Universidade até 1996, quando começou a lecionar na *University of Miami School of Law*, falecendo nessa cidade em 2003. Seu mais notável trabalho foi escrito em 1989 (*Democracy and Distrust*), ganhando o prêmio *Order of the Coif Triennial Book Award*, de melhor livro de direito público do biênio 1980-1982. Nesse trabalho, critica o "interpretativismo", do qual Hugo Black era um expoente, argumentando que o exagerado "textualismo" não fazia justiça à textura aberta de muitas disposições constitucionais, bem como criticando o "não interpretativismo", que, segundo ele, ao dar poder exagerado aos juízes para invocar valores morais e constitucionais, seria antidemocrático.

John Hart Ely, na sua obra *Democracy and Distrust*, critica as correntes *interpretativista* e *não interpretativista*. Enquanto a primeira corrente, extremamente legalista e literal, é limitada, máxime em se tratando de normas vagas e abstratas, como os princípios constitucionais (segundo ele, o interpretativismo só é eficaz em se tratando de normas mais literais), a segunda corrente peca pela violação democrática, dando aos magistrados poderes excessivos (um órgão

---

20. Op. cit. Prossegue o autor: "enquanto os interpretativistas vão afirmar que a solução adequada, constitucionalmente, para os dilemas e conflitos que surgem na seara jurídica deve ser buscada (e trabalhada) na intenção dos criadores da Constituição, os não interpretativistas, de modo geral, irão buscar as respostas nos valores (e tradições) advindos da própria sociedade".
21. Op. cit., p. 1180.
22. "John Hart Ely refuta ambas as teses clássicas. Nesse sentido, resumidamente: 1) contra os interpretativistas (que adotam uma noção mais restrita de atuação do Judiciário), sustenta o professor que o estrito respeito ao texto que fixa aplicação da Constituição no limite encontrado no próprio texto exige um respeito à vontade da maioria expressa e traduzida na forma da lei. Ele então conclui que a maioria pode muito bem conceder benefícios em detrimento da minoria. Assim sendo, apesar do critério da maioria estar alocado no centro do sistema democrático americano, ele, segundo Ely, não é e nem deve ser absolutizado. Nesse sentido, afirma que as minorias precisam ser protegidas contra possíveis abusos que podem ocorrer em uma democracia representativa. 2) contra os não interpretativistas, Ely se volta ao problema de quais seriam os modos de complementação e integração do texto constitucional pelos magistrados. Ou seja, uma questão atinente às fontes nas quais seriam retiradas as complementações e colmatações. Seriam do Direito natural, tradições, razão, consenso, princípios, digressões morais? Nesse sentido, o elemento democrático (de uma construção normativa fruto do sistema de repressão popular) poderia ser firmemente abalado, pois estaríamos sujeitos a subjetividades ou mesmo a arbitrariedades dos juízes com base em critérios que não seriam dotados de certeza e segurança" (Bernardo Gonçalves Fernandes, op. cit.).

que não foi eleito pelo povo, que não possui representação política, diz aos representantes do povo que não podem governar como desejam)[23].

Em vez de uma concepção substantiva (que permitira aos magistrados fazer escolhas fundamentadas em argumentos morais ou éticos), Ely adota uma concepção procedimental. Tal qual um árbitro em uma partida de futebol (que não diz quem é o vencedor, apenas atuando no intuito de garantir que o jogo seja jogado de maneira justa e em igualdade de condições), o juiz deve deixar a democracia seguir seu curso, agindo apenas de modo a desobstruir os bloqueios que se formam no processo democrático. Segundo Bernardo Gonçalves Fernandes, "o Judiciário não tem (e nem deve!) autoridade para alterar decisões fruto de deliberações democráticas (legislativas), não cabendo a eles a tarefa de uma pretensa interpretação valorativa da Constituição garantidora de direitos (já que esses direitos devem ser especificados em uma instância política, não sendo da alçada de uma instância jurídica), mas podem sim (os Tribunais) agir no intuito da defesa e da preservação de direitos relativos à comunicação e à participação que constroem a vontade democrática nos processos políticos"[24].

Assim como Ely, também são procedimentalistas Habermas, Luhmann e Garapon. Para Ely, a função dos juízes é garantir e proteger o direito dos cidadãos de participarem das decisões políticas e governamentais, independentemente do mérito e do conteúdo das opções políticas em jogo, pois a tarefa de definir os valores de uma comunidade é de responsabilidade dos órgãos dotados de representação democrática. Deve o Judiciário interferir em caso de funcionamento deficitário do processo democrático. Quando o dispositivo constitucional apresentar cláusulas abertas, como os princípios, o autor apresenta como soluções o dever de o Judiciário proteger os direitos ligados à democracia, como voto, eleição, organizações políticas, liberdade de manifestação etc., bem como devem verificar a representação dos eleitores pelos eleitos, protegendo os direitos das minorias[25].

Uma das consequências da *teoria procedimentalista* de Ely é a visão meramente procedimental do devido processo legal *(due processo of law)*, ao contrário do que comumente é feito pela Suprema Corte norte-americana (e pelo Supremo Tribunal Federal, no Brasil), que dá ao princípio uma natureza igualmente substancial ou material. Assim, para Ely, a Constituição regula em primeira ordem os problemas de organização e de procedimentos, não servindo para distinguir, estabelecer e implementar valores fundamentais.

---

23. "Conceitos tais como do direito natural, princípios neutros, razão, tradição e consenso, e que poderiam sinalizar para a desmistificação do que seriam os valores substantivos de que a teoria não interpretativista lança mão, são amplamente rechaçados pelo autor. Sobre o direito natural, por exemplo, Ely observa que, no caso da escravidão, nos Estados Unidos, 'tal foi, inclusive, utilizada por ambos os lados', tanto pelos abolicionistas quanto pelos escravocratas. A razão, por sua vez, que seria o instrumento percuciente para propiciar ao exegeta (ao juiz, principalmente) uma interpretação imparcial dos termos constitucionais, é considerada ou como uma fonte vazia, tendo em vista que não existe apenas uma única forma de raciocínio, ou como 'tão flagrantemente elitista e não democrática que deveria ser esquecida, de pronto'. Quanto ao argumento de que o raciocínio do juiz seria elitista, decorreria do fato de este advir dos rincões da classe média-alta, o que faria com que este desse maior relevância para assuntos envolvendo liberdade de expressão, associação, privacidade do domicílio, do que para questões como acesso ao trabalho, alimentos ou moradia" (André Ramos Tavares. *A Constituição é um Documento Valorativo?*, p. 341).
24. Op. cit.
25. "Suas palavras são precisas: A Constituição americana é um processo de governo, e não uma ideologia governante. Já a atuação do Judiciário, o exercício do controle de constitucionalidade (*judicial review*), por sua vez, assumiria, nesse contexto descrito por Ely, apenas uma função de *reforço* da representação (*representation-reinforcing*), de forma a evitar que minorias políticas fossem excluídas do processo democrático e o processo de governo estabelecido na Constituição. Não seria, pois, o Judiciário ou a Corte Suprema a ditar os valores (porque supostamente estabelecidos pela Constituição) aos demais Poderes" (André Ramos Tavares, op. cit., p. 342).

André Ramos Tavares sintetiza o *procedimentalismo* de forma especial: "o que esta corrente está a defender é que o conteúdo da Constituição seja quase que exclusivamente a previsão de procedimentos que estabelecem os meios para se alcançar decisões coletivas. Valores fundamentais ou substantivos, desnecessário dizer, quedam ao relento"[26].

Opõe-se ao *procedimentalismo* de Ely (oriundo das ideias de Kant, tendo como defensores Habermas, Luhmann, Rogério Gesta Leal, Gisele Cittadino, Cláudio Pereira de Souza, dentre outros) o *substancialismo* (ou *teoria substancialista*), segundo o qual a Constituição adota valores e princípios reputados relevantes para a sociedade. Dentre os substancialistas, destacam-se Mauro Cappelletti, Ronald Dworkin, Laurence Tribe, Ingo Sarlet, Paulo Bonavides, Eros Grau, Fábio Konder Comparato, Jacinto Nelson de Miranda Coutinho, Clèmerson Merlin Clève, dentre outros. Laurence Tribe, por exemplo, critica veementemente a teoria *procedimentalista* de Ely: "liberdade religiosa, vedação à escravidão, propriedade privada – muito de nossa história constitucional pode ser escrita com referência nestas instituições sociais e valores substantivos. Que a Constituição há muito se refere a estas questões não causará espanto a ninguém. O que é embaraçoso é que alguém possa dizer, em razão desta realidade, que a Constituição se preocupa ou deveria se preocupar, predominantemente, com o processo e não substância".

Em nosso entendimento, o *procedimentalismo* é defensável à luz da Constituição norte-americana de 1787 (vigente até hoje), pois, inegavelmente, reduzida, desprovida de muitos valores e princípios econômicos, políticos, valorativos, é um instrumento de garantia de competências e procedimentos, nos moldes de um Estado mínimo de ideologia liberal. Mesmo assim, como vimos acima, há na própria doutrina norte-americana críticas veementes ao procedimentalismo. Filiamo-nos ao *substancialismo*, máxime no Brasil, cuja Constituição, assim entendemos, é também um instrumento de defesa dos direitos fundamentais, norteadora das ações do Estado nos anos que se seguirem. Não se deve extrair do texto constitucional apenas as "condições procedimentais da democracia", mas também os valores estabelecidos pelo constituinte originário. Esse também é o entendimento de André Ramos Tavares: "o homem se diferencia dos animais exatamente por ser propositivo (*purposive beings*). O ser humano estabelece propósitos, traça projetos de acordo com aquilo que acredita ser o certo, o melhor. É, portanto, da natureza humana intentar esposar valores. Isto se comunica à Constituição, um documento humano. Afinal, a Constituição é um resultado cultural, e assim deve ser compreendido. Tentar negar isso seria negar a própria natureza humana. Negar a assunção de valores pela Constituição é, em grande medida, ignorar alguns dos principais comandos consagrados nas constituições contemporâneas"[27].

---

26. *A Constituição é um Documento Valorativo?*, p. 339. Prossegue o autor: "Duas são as premissas deste movimento: (i) neutralidade e (ii) democracia. A característica da neutralidade é de fácil explanação. Uma vez que o ordenamento constitucional não encampa valores, não há qualquer comprometimento com determinada ideologia. O resultado não será ilegítimo pelo conteúdo, afinal não há certo ou errado, mas o será por meio da análise do processo que o engendrou. Habermas bem explicita a tônica neutra da corrente formalista ao tratar da teoria do discurso que esposa: 'A meu juízo o Princípio do Discurso deve ser situado num nível de abstração que é neutro relativamente à distinção entre moralidade e direito'. Quanto à característica democrática dessa corrente, tal se assenta no fato de aceitar a premissa de que uma opção constitucionalmente valorativa tolhe o âmbito decisório do Legislativo do próprio povo. [...]" (op. cit., p. 339).
27. Op. cit., p. 347.

c) Minimalismo de Cass R. Sunstein

Nascido em 1954, Cass R. Sunstein graduou-se pela Universidade de Harvard em 1975. Lecionou na *University of Chicago Law School*, bem como na *Columbia Law School* e na Universidade de Harvard. Vários foram seus livros publicados, destacando-se *After the Rights Revolution* (1990), *The Partial Constitution* (1993), *Democracy and the Problem of Free Speech* (1993), *Nudge:* Improving Decisions about Health, *Wealth and Happiness* (2008), dentre outros.

Cass R. Sunstein critica o *judicial review*, controle de constitucionalidade realizado pelo Judiciário, por ser este o último intérprete da Constituição, e afirma que os juízes, em suas sentenças, devem deixar a questão em aberto, sem apresentar respostas substantivas ou conclusivas, pois cabe ao Poder Legislativo, eleito democraticamente, dar respostas finais a todas as questões jurídicas. Esse movimento se autodenomina *minimalismo judicial* (*judicial minimalism*). Dessa maneira, o Judiciário não teria legitimidade para decidir questões que não possam ser consideradas essenciais à resolução do caso concreto, "evitando a apreciação de casos complexos que ainda não atingiram um nível de maturidade no curso das decisões na sociedade"[28].

Sustein afirma que uma decisão minimalista deve ter como características principais: superficialidade (*shallowness*) e estreiteza ou restrição (*narrowness*). Assim, em vez de estabelecer regras gerais de aplicação a casos futuros ou similares, deveria o Judiciário decidir apenas o caso que tem em mãos[29]. Segundo Bernardo Gonçalves Fernandes, "as decisões devem ser 'estreitas em vez de largas' e 'rasas em vez de profundas'. Nestes termos, devem ser estreitas na medida em que a corte deve decidir simplesmente o caso concreto sem antecipar como outros casos semelhantes (ou análogos) seriam solucionados. E devem ser rasas, na medida em que não devem tentar justificar a decisão por fundamentos que envolvam princípios constitucionais básicos"[30].

Em artigo denominado *Beyond Judicial Minimalism*, Cass R. Sunstein afirma que "decisões estreitas e rasas têm vantagens reais na medida em que reduzem os custos da decisão e os custos do erro; abrindo espaço para a participação democrática em questões fundamentais; refletindo uma norma de respeito cívico [...]"[31]. Segundo Sunstein, "é importante ver que em muitos domínios, inclusive no direito, superficialidade e estreiteza são muito diferentes. Nós poderíamos imaginar uma decisão que é *superficial mas ampla*. Considere, por exemplo, que a visão de que a segregação racial é sempre proibida, desacompanhada de uma análise profunda dos motivos pelos quais é errada a segregação racial. Nós poderíamos também imaginar que uma decisão *profunda mas estreita*. Considere, por exemplo, a proibição de censura de um protesto político particular, acompanhada de uma decisão teoricamente ambiciosa do princípio da liberdade de expressão, mas limitada à situação particular"[32].

---

28. Bernardo Gonçalves Fernandes, op. cit.
29. Cass R. Sunstein. *On Case at a Time*, p. 10-11.
30. Op. cit.
31. Cass R. Sunstein. *Beyond Judicial Minimalism*, p. 1.
32. Op. cit. Sunstein, ao final de seu texto, admite a necessidade de decisões mais profundas: "alguns casos não podem ser decididos sem uma introdução na forma de teoria. Alguns casos constitucionais não podem ser decididos sem uma ambiciosa teoria. Se uma teoria (envolvendo, por exemplo, o direito de liberdade de expressão) está disponível, e se os juízes podem ser convencidos de que a teoria é boa, não deveria haver nenhum tabu sobre sua aceitação judicial. [...] Superficialidade, não menos que a estreiteza, tem funções pragmáticas e, em alguns casos, essas justificações, muitas vezes, revelam-se inadequadas. É verdade que as decisões mais ambiciosas criam verdadeiros perdedo-

Utilizando-se de um exemplo norte-americano de 1995 (sobre a discriminação sexual no Instituto Militar da Virgínia), a Suprema Corte, adotando uma compreensão *minimalista*, não poderia estabelecer uma regra geral acerca da constitucionalidade ou não da discriminação sexual de qualquer escola militar norte-americana que somente aceite alunos do sexo masculino. Deveria se pronunciar estritamente no caso do Estado da Virgínia. Utilizando-se de um exemplo brasileiro, na ADPF 54, o Supremo Tribunal Federal não deveria estabelecer normas gerais acerca da interrupção da gravidez do feto anencéfalo, mas apenas decidir acerca dos casos concretos que lhe forem apresentados.

d) O constitucionalismo popular de Mark Tushnet

Mark Victor Tushnet, nascido em 18 de novembro de 1945, graduou-se por Harvard e pela *Yale Law School* e é professor da *Harvard Law School*. Dentre suas obras, destacam-se *The New Constitutional Order* (2003), *The Oxford Handbook of Legal Studies* (2003), *Weak Courts, Strong Rights*: Judicial Review and Social in Comparative Constitutional Law (2010).

Tushnet, também crítico do *judicial review* (controle de constitucionalidade norte-americano pelo Poder Judiciário), defende a tese do *constitucionalismo popular* ou *populista* (*populist constitutional law*). Segundo o autor, em obra de nome sugestivo (*Taking the Constitution Away from the Courts* – *"Levando a Constituição para Longe dos Tribunais"*) em uma "teoria populista do direito constitucional, a interpretação constitucional feita pelas cortes não tem nenhum peso normativo decorrente do fato e serem produzidas por Cortes"[33], tendo em vista que, mantendo os poderes do Judiciário como o último intérprete da Constituição, haveria uma superioridade do Judiciário sobre os demais.

Para Bernardo Gonçalves Fernandes, "Tushnet apresenta-se como um crítico da Suprema Corte no que tange ao monopólio da mesma em dizer o que é direito constitucional. Nesse sentido entende que essa postura, acaba por retirar a importância das opiniões que são prolatadas fora da Suprema Corte. Assim sendo, a definição do que é direito constitucional e de como devemos entender a Constituição só tem relevância se é emitida pela Suprema Corte. A defesa, então, é pela ampliação das opiniões em torno das questões constitucionais"[34].

Em prefácio da Obra *Constitucionalismo Popular en Latinoamérica*, Mark Tushnet afirma: "O constitucionalismo popular é uma teoria constitucional que desenvolve a observação de Rousseau sobre a democracia representativa, segundo a qual o povo da Grã-Bretanha era livre ao momento de emitir seu voto para eleger o parlamento para depois passar a ser escravo. Assim, o constitucionalismo popular se pergunta até onde chega essa escravidão no período que vai de uma eleição a outra, uma vez que adotamos uma constituição desenhada para regular de forma permanente, tanto os procedimentos para legislar como a substância do

---

res, que não ficarão satisfeitos ao descobrirem que seus compromissos definidos foram considerados fora dos limites. Mas, por vezes, os perdedores merecem perder. Considere-se, por exemplo, a largura e a profundidade refletida em decisões judiciais que a segregação racial é inconstitucional, que o governo não pode tomar posições em favor das religiões particulares, que o Presidente não tem autoridade inerente para aproveitar a propriedade privada, que o discurso político não pode ser regulamentado a menos que apresente perigo claro e presente e que o princípio da igualdade impede os governos de transformar a diferença de sexo em uma fonte sistemática de desvantagem social. Por boas razões, as decisões deste tipo são raras. Mas nos mais gloriosos períodos da vida democrática, decisões nacionais refletem o alto grau de profundidade teórica, sendo mais largas que estreitas, o mesmo sendo verdade no Direito Constitucional. Muitos desses momentos merecem celebração, não lamento" (op. cit.).

33. *Taking the Constitution Away from the Courts*, 1999, p. 23.
34. Op. cit.

que o parlamento pode decidir"[35]. Ao apontar a necessidade de mecanismos sequenciais de constitucionalismo popular, menciona as audiências públicas no Supremo Tribunal Federal do Brasil. Segundo o autor, "as sessões públicas e as consultas se encontram na ponto do espectro, já que requerem a presença física das pessoas em um ou vários lugares determinados. Na outra ponta estão as 'assembleias virtuais', possíveis graças à internet, que nos permite consultar as pessoas. Desenhar mecanismos para o exercício efetivo da soberania popular através desta ferramenta é outra importante tarefa para os partidários do constitucionalismo popular".

De acordo com Roberto Niembro Ortega, "em termos gerais, o constitucionalismo popular se caracteriza por enfrentar a supremacia judicial e a visão elitista segundo a qual os juízes são melhores intérpretes constitucionais, ainda que nem todos necessariamente sejam "contraCorte" ou "contracontrole judicial". O ponto-chave é a limitação da supremacia judicial e a elaboração da doutrina constitucional como uma agência coletiva, cujo protagonista é o povo. É popular, nos diz Tushnet, porque distribui amplamente a responsabilidade sobre a Constituição e reforça o papel das pessoas em sua interpretação"[36].

e) *Constitutional choices* e a defesa do substancialismo de Lawrence Tribe

Lawrence Tribe, nascido em Xangai, na China, filho de um polonês e uma chinesa, é professor da *Carl M. Loeb University* e de Harvard, lecionando desde 1968. Auxiliou na elaboração da África do Sul, República Tcheca, Ilhas Marshall. Escreveu dezenas de livros e artigos, incluindo o *best-seller American Constitutional Law*.

Nesse clássico livro, bem como na coletânea *Constitutional Choices*, faz críticas veementes às teorias *procedimentalistas*, como a de John Hart Ely. Segundo Tribe, as *teorias procedimentalistas*, que visam apenas a garantir mecanismos de participação democrática, sem reconhecer o caráter axiológico da Constituição, são extremamente limitadas, pois a Constituição seria um conjunto de escolhas e opções desenvolvidas por uma pluralidade de sujeitos.

Para Bernardo Gonçalves Fernandes, "Tribe, embora reconheça certo caráter procedimental em algumas normas constitucionais (dispositivos de viés processual), não admite que seja desconsiderado o caráter substantivo das constituições com os valores que lhes são inerentes, sobretudo se os direitos fundamentais são postos no cerne do debate constitucional"[37].

---

35. Ana Micaela Alterio. *Constitucionalismo Popular en Latinoamérica*, p. 2.
36. *Constitucionalismo Popular en Latinoamérica*, p. 16. Prossegue o autor: "Nas palavras de Kramer, 'o papel do povo não está limitado a atos ocasionais de criação constitucional, sem um controle ativo e contínuo sobre a interpretação e implementação da Constituição, sem que o Tribunal Supremo possa monopolizar a interpretação da mesma' [...] Para o autor, a supremacia judicial é um princípio ideológico que leva aos cidadãos a pensar que não podem contradizer os juízes do Tribunal Supremo. Nesta lógica, não se pode refutar a interpretação do Tribunal se primeiro não sentimos que temos o direito de fazê-lo. [...] Em suma, o monopólio judicial sobre a Constituição foi pintado como algo inexorável e inevitável, como algo que foi pensado para ser assim e que nos salva de nós mesmos. Pelo contrário, o constitucionalismo popular reconhece que o debate popular sobre a Constituição se leva a cabo com independência das interpretações judiciais. [...] De fato, uma das batalhas do constitucionalismo popular é acabar com a ideia de que os juízes fazem um melhor trabalho – que o resto de nós – ao interpretar a Constituição.[...] Em suma, o constitucionalismo popular está baseado nas ideias de que todos devemos participar na configuração do direito constitucional através de nossas ações políticas, outorga um papel central à cidadania na interpretação da Constituição, abre as visões dominante sobre o impacto das decisões dos tribunais, mostra a forma em que a sociedade influi, reconstrói os valores das decisões judiciais, impulsiona uma maior participação nas estruturas políticas e econômicas e defende um olhar departamentalista do controle da Constituição, segundo o qual nenhuma rama do poder tem o direito de arrogar-se a supremacia sobre as outras" (op. cit., p. 20).
37. Op. cit.

Não obstante, ao contrário de Tushnet (pai do *constitucionalismc popular*), Tribe não defende o fim do *judicial review*. Ao contrário, defende a manutenção da Suprema Corte na atuação em defesa das minorias, da análise do conteúdo axiológico da Constituição, bem como o equilíbrio entre os poderes e da própria democracia constitucional fundada nesse modelo.

Segundo Tribe, é improvável a institucionalização de processos de decisão democratizados na jurisdição constitucional (defendida pelo *procedimentalismo* de Ely) sem que haja referência a valores objetivos. Tribe defende o ativismo com base na identificação dos valores objetivos da Constituição.

f) Análise econômica do direito de Richard Posner

A análise econômica decorre da obra *Economic Analysis of Law*, lançada no início da década de 1970, em Chicago, por Richard Posner. Posner formou-se em Direito em Harvard, em 1962. Iniciou a docência em Stanford, em 1968, e na Universidade de Chicago, em 1969. Em 1981 tornou-se Juiz do Tribunal de Apelação da 7ª Região (*U.S. Court of Appeals for the Seventh Circuit*).

Segundo Posner, a Economia é a ciência por excelência das escolhas racionais, e, como o Direito é um instrumento para a consecução de fins sociais, tem como fim central a eficiência econômica. Afirma Bernardo Gonçalves Fernandes que "a tese central da análise econômica do direito, então, poderia ser sintetizada em uma perspectiva de cunho utilitarista, na qual a decisão de um juiz deve se pautar por uma relação custo-benefício. Com isso, o direito só é perspectivo quando promove a maximização das relações econômicas, sendo que a maximização da riqueza (*wealth maximization*) deve orientar a atuação do magistrado"[38].

A teoria de Posner foi usada na polêmica decisão que convalidou a eleição de *George Bush* sobre *Al Gore*, mantendo-se o resultado original do pleito, ainda que sabidamente viciado. Segundo Posner (no livro *Breaking the Deadlock:* the 2000 Election, the Constitution and the Courts), a decisão contrária (pela recontagem dos votos) causaria um grande prejuízo às instituições do país, bem como uma instabilidade pela indecisão sobre quem seria o futuro Presidente. A avaliação sobre as consequências da decisão é mais importante que seu conteúdo normativo e valorativo. Segundo Posner, a decisão por não recontar os votos está correta, tendo a Suprema Corte agido corretamente, analisando as consequências práticas de sua decisão, mais particularmente de uma decisão que não iria terminar a recontagem da eleição presidencial na Flórida e não poria fim à polêmica eleitoral. A decisão, então, é, na opinião do Juiz Posner, um exemplo excelente e louvável da "abordagem pragmática com a lei", da qual ele tem sido um defensor por muito tempo[39].

g) Sociedade fechada dos intérpretes da Constituição (Gustavo Binenbojm)

Essa expressão, cunhada pelo professor carioca Gustavo Binenbojm, consiste numa crítica ao modelo que se afasta da "sociedade aberta dos intérpretes da Constituição". Na "sociedade fechada", os intérpretes da Constituição são poucos ou até mesmo único (o Tribunal Constitucional ou, no nosso caso, o Supremo Tribunal Federal) e a constitucionalidade pode ser questionada por uns poucos privilegiados (como a legitimidade exclusiva do Procurador-Geral da República para ajuizar Ação Direta de Inconstitucionalidade, que era o modelo anterior à Constituição de 1988). Embora a busca pela "sociedade aberta da Constituição", por sua visão

---

38. Op. cit.
39. *Overcoming Democracy:* Richard Posner and Bush *v.* Gore.

democrática, deva ser a meta de todo constitucionalista, Tribunal e cidadão, encontramos algumas decisões do STF que vão na direção oposta, caminhando para uma "sociedade fechada", como no entendimento atual da impossibilidade de o Tribunal de Contas da União considerar, no exercício de sua atividade típica, uma lei inconstitucional (tema que veremos no Capítulo de "Controle de constitucionalidade").

h) Protestantismo constitucional

Expressão cunhada por Jack Balkin, professor norte-americano da Universidade de Yale. Assim como o "protestantismo" defendeu, na sua origem, a interpretação do texto bíblico por qualquer fiel, não sendo monopólio da Igreja, o "protestantismo constitucional" defende que a Constituição não deve ser interpretada apenas por um Tribunal Constitucional, mas por todas as pessoas. Trata-se de uma outra nomenclatura (norte-americana) dada à "sociedade aberta dos intérpretes da constitucional, dada por Peter Häberle (alemão).

i) Libertarianismo e comunitarismo

O *libertarianismo* é uma corrente filosófica idealizada por Friedrich A. Hayek e Robert Nozick, segundo a qual a atividade estatal deve se concentrar principalmente na economia e na proteção de direitos patrimoniais, e não a questões sociais, como políticas públicas destinadas a cumprir direitos sociais, como um programa de renda básica familiar (hoje previsto no art. 6º, parágrafo único, da Constituição). Tal corrente defende um Estado Mínimo, sendo refratário à intervenção estatal no domínio econômico e às políticas de redistribuição de renda.

Já o *comunitarismo* se opõe ao *libertarianismo*. Enquanto este se preocupa com as liberdades do indivíduo, especialmente na seara patrimonial, o *comunitarismo* consiste na defesa da valorização da comunidade, em detrimento dos direitos individuais. Opõe-se, portanto, ao liberalismo contemporâneo. Como afirma a doutrina, "de acordo com os comunitaristas, o liberalismo veria no indivíduo um ser desenraizado (*unencumbered self*), por desprezar o fato de que as pessoas já nascem no interior de comunidades que estão impregnadas de valores e sentidos comuns compartilhados, e são socializadas neste contexto, nele forjando as suas identidades". Assim, para o *comunitarismo*, direitos individuais muitas vezes devem ceder aos interesses da comunidade onde eles estão inseridos. Isso se viu muito durante a pandemia de Covid-19, em que direitos e princípios fundamentais (como liberdade de locomoção, liberdade de culto, livre iniciativa etc.) foram restritos, em favor da saúde pública.

j) Pragmatismo constitucional (Posner) e teoria da integridade ou teoria do romance em cadeia ou *Chain Novel* (Dworkin)

Corrente norte-americana, defendida por Richard Posner, o *pragmatismo constitucional* pauta-se pela preocupação com as consequências da decisão judicial ou interpretação constitucional, e não principalmente com a legislação ou os precedentes judiciais. A *análise econômica do Direito (AED)*, que será bastante estudada no nosso capítulo sobre a "Ordem Econômica" está intimamente ligada com o *pragmatismo constitucional*. Dá-se preferência aos resultados práticos às construções filosóficas, legislação e jurisprudência que tratam do caso.

A doutrina brasileira, bem como a jurisprudência e até mesmo a lei, aproxima-se cada vez do *pragmatismo constitucional*. Basta ver o art. 20, *caput*, da Lei de Introdução às Normas do Direito Brasileiro, alterado em 2018. Segundo tal norma, "nas esferas administrativa, controladora e judicial, não se decidirá com base em valores jurídicos abstratos, sem que sejam consideradas as consequências práticas da decisão".

São três as características do *pragmatismo: a) antifundacionalismo:* qualquer fundamento filosófico, metafísico, concepções abstratas, princípios perpétuos ou qualquer fundação do pensamento devem ser rejeitados, em detrimento dos efeitos práticos da decisão ou interpretação constitucional; *b) consequencialismo:* prioriza-se a consequência, os efeitos práticos das decisões, em detrimento das considerações doutrinárias, filosóficas ou jurisprudenciais sobre o tema; *c) contextualismo:* toda decisão ou interpretação pragmática deve observar o contexto histórico e as necessidades humanas e sociais. Analisando o contexto social e econômico, o intérprete ou o juiz verifica qual a interpretação ou decisão que melhor produzirá efeitos.

Todavia, na doutrina também podem ser encontradas críticas ao *pragmatismo* ou *consequencialismo*: Segundo Daniel Sarmento, "uma das principais objeções ao consequencialismo é a de que tende a assumir um caráter utilitarista, e o utilitarismo pode levar à relativização da garantia dos direitos fundamentais e da dignidade humana em favor da realização de metas coletivas, em contrariedade ao conhecido imperativo categórico kantiano, que impõe que todas as pessoas sejam sempre tratadas como fins e nunca como meios"[40].

Já a *teoria do romance em cadeia* (ou *teoria da integridade*) é defendida pelo jurista norte-americano Ronald Dworkin. Segundo o autor, o juiz, assim como aquele escritor que escreve o capítulo de um romance cujos capítulos anteriores foram escritos por outros autores, deve julgar levando em considerações decisões que já foram proferidas sobre fatos semelhantes. Opõe-se ao *pragmatismo constitucional*, pois este está mais preocupado com os efeitos práticos da decisão do que com os precedentes judiciais sobre o caso.

Ronald Dworkin, professor da *New York School of Law*, sobre o qual já falamos no capítulo reservado às normas constitucionais, é autor de várias obras importantes, dentre as quais destacamos *O Império do Direito*, bem como *Levando os Direitos a Sério, A Justiça de Toga*, dentre outros.

Para Dworkin, o direito deve ser visto como parte de um empreendimento coletivo e compartilhado por toda a sociedade. É defensor de uma interpretação construtiva, segundo a qual a decisão proferida hoje decorre de decisões anteriores e influenciará decisões futuras. Faz o professor norte-americano uma metáfora de um romance em cadeia, versando sobre um direito ou princípio, no qual cada juiz é autor de um capítulo. O juiz está não apenas vinculado ao passado, àquilo que já foi decidido sobre o tema, mas tem a responsabilidade de influenciar decisões futuras. Segundo Bernardo Gonçalves Fernandes, "a integridade nega que as manifestações do Direito sejam meros relatos factuais voltados para o passado, como quer o convencionalismo atrelado ao positivismo; ou programas instrumentais voltados para o futuro, como pretende o pragmatismo atrelado ao realismo. Para o Direito como integridade, as afirmações jurídicas são, ao mesmo tempo, posições interpretativas voltadas tanto para o passado quanto para o futuro"[41].

Na opinião de Ronald Dworkin, "o direito como integridade, portanto, começa no presente e só se volta para o passado na medida em que seu enfoque contemporâneo assim o determine. Não pretende recuperar, mesmo para o direito atual, os ideais ou objetivos práticos dos políticos que primeiro o criaram. Pretende, sim, justificar o que eles fizeram [...] em uma história geral digna de ser contada aqui, uma história que traz consigo uma afirmação complexa:

---

40. Op. cit., p. 524.
41. Op. cit.

a de que a prática atual pode ser organizada e justificada por princípios suficientemente atraentes para oferecer um futuro honrado. O direito como integridade deplora o mecanismo do antigo ponto de vista de que 'lei é lei', bem como o cinismo do novo 'relativismo'. Considera esses dois pontos de vista como enraizados na mesma falsa dicotomia entre encontrar e inventar a lei. Quando um juiz declara que um determinado princípio está imbuído no direito, sua opinião não apenas reflete uma afirmação ingênua sobre os motivos dos estadistas do passado, uma afirmação que um bom cínico poderia refutar facilmente, mas sim, uma proposta interpretativa: o princípio se ajusta a alguma parte complexa da parte jurídica e a justifica; oferece uma maneira atraente de ver, na estrutura dessa prática, a coerência de princípio que a integridade requer"[42].

O Supremo Tribunal Federal costuma adotar, e muito, decisões pragmáticas, pautadas nas consequências possivelmente geradas. Em 2022, por exemplo, o Tribunal considerou inconstitucional a lei que estabelecia o piso salarial do setor de enfermagem, sob o argumento de que sua aplicação implicaria muitas demissões no setor (ADI 7.222/MC, Min. Relator Roberto Barroso, j. 4-9-2022).

k) Criptoconsequencialismo

Como uma forma abrandada ou camuflada do *pragmatismo constitucional*, o criptoconsequencialismo consiste em considerações sobre as consequências ou efeitos da decisão judicial ou interpretação, mas sem que elas constem expressamente. Segundo a doutrina, ao contrário dos argumentos pragmáticos ou consequencialistas que são encontrados em várias decisões dos Tribunais, como o STF, o "criptoconsequencialismo" deve ser combativo, já que não permite o contraditório, a dialética, a tentativa de refutar o argumento pragmático ou consequencialistas, já que ele sequer aparece explicitamente na decisão proferida.

l) Teoria do pensamento jurídico do possível (ou das possibilidades)

Assim como a teoria da "sociedade aberta dos intérpretes da Constituição" entende que vários são os intérpretes da Constituição (e não apenas alguns poucos, como os tribunais), a teoria alemã do *pensamento jurídico do possível* entende que a interpretação constitucional deve ser aberta para várias possibilidades, para várias alternativas. Como afirmou o próprio Peter Häberle, "o pensamento do possível é o pensamento em alternativas. Deve estar aberto para terceiras ou quartas possibilidades, assim como para compromissos. Pensamento do possível é pensamento indagativo. (...) O pensamento do possível ou o pensamento pluralista de alternativas abre suas perspectivas para 'novas' realidades, para o fato de que a realidade de hoje pode corrigir a de ontem, especialmente a adaptação às necessidades do tempo de uma visão normativa, sem que se considere o novo como o melhor"[43].

Tal teoria foi utilizada várias vezes pelo STF, como na decisão que entendeu ser possível, de forma excepcional, que a autoridade policial pode afastar do lar os autores de violência doméstica ou familiar contra a mulher[44]; bem como na decisão que analisou a regra do quinto constitucional diante da inexistência de membros do Ministério Público com 10 (dez) anos de atividade[45].

---

42. Ronald Dworkin. *O Império do Direito*, p. 274.
43. Op. cit., p. 87.
44. ADI 6.138.
45. ADI 1.289 ("O Tribunal procurou adotar solução que propiciasse, na maior medida possível, a realização dos prin-

De certa maneira, essa teoria está ligada à noção de *constituição dúctil*, de Gustav Zagrebelsky, na obra *Il Diritto Mite*. Para o autor, "as sociedades pluralistas atuais, isto é, as sociedades marcadas pela presença de uma diversidade de grupos sociais com interesses, ideologias e projetos diferentes, mas sem que nenhum tenha força suficiente para fazer-se exclusivo ou dominante, (...) conferem à Constituição não a tarefa de estabelecer diretamente um projeto predeterminado de vida em comum, senão a de realizar as condições de possibilidade da mesma"[46]. Em outras palavras, em sociedades pluralistas como a nossa, não há grupos majoritários e hegemônicos capazes de impor seus projetos econômicos, sociais, religiosos e culturais. Uma Constituição que defende o "pluralismo" (previsto, por exemplo, no art. 1º, da CF/88) propõe a coexistência de soluções, princípios e ideias diversas, tendo um promisso de possibilidades e não um projeto rígido preestabelecido.

m) Totalitarismo constitucional

Essa expressão se refere aos múltiplos deveres, imposições de elaboração de normas legais e concretização de políticas públicas, feitas pela *constituição programática* e *dirigente*. *Constituição dirigente* ou *aspiracional* é aquela que prevê uma direção para o Estado seguir, descrevendo as aspirações constitucionais que devem ser buscadas. Já a *constituição programática*, conceito correlato, é aquela que estabelece um programa detalhado de programas que o Estado deve seguir. Quando a Constituição traz um amplo sistema de normas que impõe ao legislador um dever de elaborar inúmeras normas, muitas delas seguindo os ditames, as finalidades e as especificidades previstas na norma constitucional, tem-se o *totalitarismo constitucional*. Por essa razão, quando classificamos as constituições (no capítulo 4 deste livro), referimo-nos à *constituição total*, aquela que dá reduzida liberdade ao legislador ordinário, já que a Constituição tentou tratar de todos os assuntos e, nos assuntos que delegou ao legislador ordinário, muitas vezes estabeleceu os parâmetros a serem utilizados pela legislação.

n) Republicanismo

O republicanismo ou princípio republicano permeia toda a Constituição brasileira, não apenas por representar a forma de governo escolhida pelo constituinte (a forma republicana ou República), mas por consistir em um parâmetro interpretativo através do qual os atos do poder público devem visar o interesse público. Isso porque legisladores, juízes e administradores são representantes do povo, atuando em seu nome (já que a res é pública e não individual dos detentores do poder). Assim, exige-se que os atos do poder público sejam dotados de moralidade e sem qualquer confusão entre o público e o privado na atuação de agentes estatais[47]. Outrossim, na República se estimula uma cada vez maior participação dos cidadãos nas decisões do Estado, bem como o controle e fiscalização dos atos de seus governantes.

---

cípios constitucionais em questão, permitindo a participação de membros do Ministério Público na composição do tribunal trabalhista. (...) Interpretação constitucional aberta como pressuposto e limite o chamado "pensamento jurídico do possível").
46. Trecho da obra do professor italiano, citada pelo STF na ADI 1.289.
47. No Brasil, a confusão entre o público e o privado é histórica. O financiamento de campanhas eleitorais por grandes empresas (no passado) ou por grandes empresários (na atualidade), como formas de se facilitar os futuros contratos com o governo é algo histórico. A decretação de sigilo de dados que têm interesse público (como visitas de lobistas de um Ministério à sede do governo) confunde o direito individual de intimidade com o interesse público de informação. Recentemente, em troca de apoio político, um Governador (acionista de um banco, que leva seu nome), foi beneficiado por ter seu banco como um dos poucos aptos a fornecer o empréstimo consignado aos beneficiários de um programa assistencial (o denominado "Auxílio Brasil").

o) Terraplanismo constitucional

Assim como é absurda a tese de que a Terra é plana, no *terraplanismo constitucional* há interpretações constitucionais absurdas, irrazoáveis, injustificáveis. No Brasil contemporâneo, alguns juristas (alguns ilustres, inclusive) conseguiram extrair da Constituição a possibilidade de um Poder Moderador exercido pelas Forças Armadas (tema sobre o qual tratamos no Capítulo reservado à "Defesa do Estado e Instituições Democráticas"). Segundo o STF, "em nenhuma hipótese, a Constituição submete o poder civil ao poder militar. É simplesmente absurda a crença de que a Constituição legitima o descumprimento de decisões judiciais por determinação das Forças Armadas. Significa ignorar valores e princípios básicos da teoria constitucional. Algo assim como um terraplanismo constitucional" (MI 7.311, relator Min. Roberto Barroso).

p) Originalismo e *living constitution*

Como vimos acima, o *originalismo* (que tem como principal defensor o juiz norte-americano e antigo *justice* da Suprema Corte norte-americana Antonin Scalia) defende que a interpretação da norma constitucional deve sempre buscar a intenção do constituinte originário, que a elaborou. Como afirmou Daniel Sarmento, o *originalismo* "sustenta que a Constituição deve ser interpretada de acordo com a intenção dos autores do seu texto, ou com o sentido que tinham as palavras e expressões usadas no momento em que a norma constitucional foi editada, e não o seu sentido atual. O originalismo rejeita a ideia de *living constitution*, que possa ser atualizada, sem alterações formais no seu texto, para acompanhar as mudanças ocorridas na sociedade"[48].

O originalismo possui quatro correntes: *a) original intent* (*intenção original*): tendo como defensor Robert Bork, essa corrente mais radical do originalismo defende a busca da intenção dos constituintes originários, que elaboraram a Constituição (e que nos EUA recebem o nome de *founding fathers* – pais fundadores); *b) original public meaning* (*sentido público das palavras*): tendo como defensor Antonin Scalia, busca a interpretação do significado objetivo das palavras, quando do momento de sua elaboração; *c) original methods* (*originalismo dos métodos originais*): nesse modelo, o intérprete deve se basear nos métodos interpretativos majoritários existentes à época da promulgação da Constituição; *d) framework originalismo* (*originalismo de moldura*): defendido por Jack Balkin, professor de Yale, tenta conciliar o originalismo, com suas escolhas fundamentadas no momento constituinte, com a ideia de uma Constituição viva (*living constitution*), cujas novas construções teóricas devem ser feitas dentro dos limites constitucionais, como são os limites dimensionais impostos pela moldura a um quadro. Tal corrente do originalismo já foi mencionada pelo STF, no julgamento da ADI 5.127[49].

---

48. Op. cit., p. 418.
49. Nessa ação, o Min. Edson Fachin, em seu voto, afirmou que "em seu livro *living originalismo*, Jack Balkin, não obstante deixe claro apresentar, de um lado, uma teoria constitucional, e, de outro, uma teoria da interpretação e construção constitucionais, bastante específicas – todas elas pensadas a partir da peculiar realidade dos Estados Unidos da América –, traz ao debate a interessante chave de leitura do denominado originalismo de moldura (*framework originalism*), que, ao mesmo tempo em que reconhece um dever de fidelidade às escolhas fundamentais, não ignora a noção de disputabilidade de sentido e de novas construções a serem realizadas no marco da moldura constitucional".

10.6. MÉTODOS DE INTERPRETAÇÃO CONSTITUCIONAL

Como dissemos no início deste capítulo, existe uma *interpretação constitucional*, diferente da genérica interpretação das normas jurídicas, que possui *métodos* próprios de interpretação, bem como *princípios* próprios. Quanto aos *métodos de interpretação constitucional*, a doutrina brasileira, de forma quase unânime, reitera os métodos elencados e sistematizados por Ernst-Wolfgang Böckenförde. Em nosso entender, a profusão na utilização dessa classificação em terras brasileiras se deve a Canotilho, talvez o primeiro a traduzir tal sistematização para a língua portuguesa.

Segundo Canotilho, "pode-se dizer que a interpretação das normas constitucionais é um conjunto de métodos, desenvolvidos pela doutrina, e pela jurisprudência, com base em critérios ou premissas (filosóficas, metodológicas, epistemológicas) diferentes, mas, em geral, reciprocamente complementares"[50]. Veremos, a seguir, os métodos de interpretação constitucional tradicionalmente aceitos no Brasil.

a) **Método jurídico (ou hermenêutico clássico) – Friedrich Carl von Savigny e Ernst Forsthoff**

Embora a norma constitucional tenha características diferentes das demais normas legais, isso não retira o seu caráter normativa, a sua concepção enquanto lei. Por essa razão, o *método jurídico* ou *hermenêutico clássico* aplica à norma constitucional todos os métodos tradicionais de interpretação das demais leis. Em resumo, a norma constitucional é interpretada como outra lei. Quais são os métodos tradicionais de interpretação das normas jurídicas? Vejamos.

1) Método literal ou gramatical – consiste na análise da "letra da lei", da etimologia da palavra, da gramática utilizada pelo legislador, da pontuação etc. É, normalmente, a primeira interpretação a ser feita pelo intérprete, embora, na maioria das vezes não seja suficiente para extrair o real significado da norma. Não obstante, muitas vezes pode ser decisiva para encontrar seu verdadeiro significado. Foi a interpretação que solucionou uma grande dúvida no direito constitucional brasileiro: o art. 5º, XII, da Constituição Federal, que trata da inviolabilidade das comunicações. A primeira parte desse dispositivo afirma: "é inviolável o sigilo da correspondência e das comunicações telegráficas, de dados e das comunicações telefônicas, salvo, no último caso, por ordem judicial...". O que significa "último caso", descrito no art. 5º, XII, da CF? Surgiram duas interpretações: se o art. 5º, XII, trata de quatro formas diferentes de comunicação (correspondência, comunicação telegráfica, dados e comunicação telefônica), o último caso seria a "comunicação telefônica". Todavia, há uma questão gramatical relevante: o art. 5º, XII, em vez de utilizar vírgulas entre as quatro comunicações, por duas vezes, utilizou-se da letra "e": "é inviolável o sigilo da correspondência e das comunicações telegráficas, de dados e das comunicações telefônicas, salvo, no último caso, por ordem judicial...". Dessa maneira, a interpretação correta é a seguinte: o art. 5º, XII prevê dois blocos de comunicação (o primeiro bloco trata da "correspondência e comunicações telegráficas" e o segundo bloco trata dos "dados e comunicações telefônicas"), separados por uma vírgula. Assim, "último caso" seriam os "dados e comunicações telefônicas", que admitem a interceptação, por ordem judicial. Aliás, anos depois, foi o que dispôs o art. 1º, parágrafo único, da Lei n. 9.296, de 1996, que jamais foi declarado inconstitucional pelo STF, presumindo-se, pois, sua constitucionalidade

---

50. Op. cit., p. 1194.

("o disposto nesta Lei aplica-se à interceptação do fluxo de comunicações em sistemas de informática e telemática").

2) Método lógico – é o método interpretativo que se utiliza de raciocínios lógicos. Assim como utilizado na interpretação das normas jurídicas em geral, pode ser utilizado na interpretação da norma constitucional. Por exemplo, o art. 129, I, da Constituição Federal afirma que "são funções institucionais do Ministério Público: I – promover, privativamente, a ação penal pública, na forma da lei". Segundo a Constituição Federal, o Ministério Público é o titular exclusivo da ação penal pública. Todavia, tem-se feito igualmente a seguinte interpretação: se o Ministério Público pode processar criminalmente os autores das infrações penais, pode igualmente investigá-los, já que "quem pode fazer o mais pode fazer o menos". Foi o que decidiu o Supremo Tribunal Federal no Recurso Extraordinário 593.727/MG: "O Ministério Público dispõe de competência para promover, por autoridade própria, e por prazo razoável, investigações de natureza penal, desde que respeitados os direitos e garantias que assistem a qualquer indiciado ou a qualquer pessoa sob investigação do Estado, observadas, sempre, por seus agentes, as hipóteses de reserva constitucional de jurisdição e, também, as prerrogativas profissionais de que se acham investidos, em nosso País, os Advogados (Lei n. 8.906/94, art. 7º, notadamente os incisos I, II, III, XI, XIII, XIV e XIX), sem prejuízo da possibilidade – sempre presente no Estado democrático de Direito – do permanente controle judicial dos atos, necessariamente documentados, praticados pelos membros dessa instituição". Sobre o mesmo assunto, no HC 91.661/PE, o STF decidiu: "Ora, é princípio basilar da hermenêutica constitucional o dos "poderes implícitos", segundo o qual, quando a Constituição Federal concede os fins, dá os meios. Se a atividade-fim – promoção da ação penal pública – foi outorgada ao *Parquet* em foro de privatividade, não se concede como não lhe oportunizar a colheita de prova para tanto, já que o CPP autoriza que "peças de informação" embasem a denúncia."

Quanto aos denominados "poderes implícitos", o Supremo Tribunal Federal utilizou como substrato de sua decisão o caso *McCulloch v. Maryland* (1819): "Impende considerar, no ponto, em ordem a legitimar esse entendimento, a formulação que se fez em torno dos poderes implícitos, cuja doutrina – construída pela Suprema Corte dos Estados Unidos da América, no célebre caso *McCulloch v. Maryland (1819)* – enfatiza que a outorga de competência expressa a determinado órgão estatal importa em deferimento implícito, a esse mesmo órgão, dos meios necessários à integral realização dos fins que lhe foram atribuídos" (HC 89.837/DF, rel. Min. Celso de Mello).

3) Método teleológico – a teleologia, palavra originária do grego, significa o estudo dos fins, do propósito, dos objetivos ou finalidades. A expressão foi criada pelo filósofo alemão Christian Wolff no livro *Philoshopia Rationalis*, de 1728. Segundo esse método, o intérprete deve buscar a finalidade da norma, os objetivos da lei, não se limitando a sua literalidade. Por exemplo, foi o entendimento do Ministro Marco Aurélio, que se utilizou desse método no Agravo Regimental no Recurso Extraordinário 915.014/SE, segundo o qual a imunidade tributária referida no art. 150, VI, "d", da Constituição Federal (que trata da vedação de instituição de impostos sobre "livros, jornais, periódicos e o papel destinado a sua impressão") deve ser estendida ao insumo ou ferramenta que seja utilizado para a fabricação de veículo de comunicação. Segundo ele, "entendo ser generosa a interpretação, tendo em conta a imunidade. Portanto, numa interpretação teleológica, há de consagrar-se essa imunidade quanto a insumo ou ferramenta que seja utilizada para a fabricação de veículo de comunicação" (voto vencido).

Outrossim, o Supremo Tribunal Federal fez interpretação teleológica no art. 14, § 7º, da Constituição Federal (que prevê a inelegibilidade pelo parentesco): "a Corte deu interpretação teleológica ao disposto no art. 14, § 7º, da Constituição, consolidando entendimento de que a dissolução do vínculo matrimonial no curso do mandato não afasta a inelegibilidade nos casos em que há evidente fraude na separação ou divórcio, com o intuito de burlar a vedação constitucional e perpetuar o grupo familiar no poder. Nesse sentido decidiu o Plenário no RE 568.596, sob a sistemática da repercussão geral. Consta do voto do relator: 'Assim, não obstante referir-se o § 7º do art. 14 da Constituição à inelegibilidade de cônjuges e outros parentes, não podem ficar imunes à proibição nele contida os ex-cônjuges, tendo em conta a própria teleologia do dispositivo, que é exatamente a de impedir a eternização de determinada família ou clã no poder'" (RE 758.461/PB, rel. Min. Teori Zavascki).

4) Método histórico (e originalismo) – segundo o método histórico, o intérprete deve buscar a *vontade do legislador*, por meio da análise da sucessão legislativa. Verificando-se as alterações operadas no ordenamento jurídico, tenta-se extrair os reais objetivos do legislador (no caso da Constituição, do constituinte reformador). Em outras palavras (como a expressão "vontade do legislador" é extremamente criticada, por ser uma ficção doutrinária), interpretação histórica é a busca do estado do direito existente à época da elaboração da lei.

Para Daniel Sarmento, "Nos Estados Unidos, há uma corrente conservadora que advoga a primazia do elemento histórico da interpretação constitucional: o *originalismo*, o qual sustenta que a Constituição deve ser interpretada de acordo com a intenção dos autores do seu texto, ou com o sentido que tinham as palavras e expressões usadas no momento em que a norma constitucional foi editada, e não o seu sentido atual. O originalismo rejeita a ideia de *living Constitution*, que possa ser atualizada, sem alterações formais no seu texto, para acompanhar as mudanças ocorridas na sociedade"[51].

O Supremo Tribunal Federal fez referência à interpretação histórica *método histórico* no Recurso Extraordinário 279.469/RS (embora, na realidade, esteja fazendo a subespécie do método – a *interpretação genética*). Trata-se de uma decisão acerca do afastamento do militar que, com menos de dez anos de serviço, pretendeu candidatar-se a cargo eletivo (vereador). Segundo o STF: "compulsando os registros das discussões, na Assembleia Nacional Constituinte, acerca das restrições ao exercício da capacidade eleitoral passiva dos militares, vê-se, logo, que a intenção do constituinte originário foi de excluir em definitivo o militar que, com menos de 10 anos de serviço, quisesse concorrer a cargo eletivo. É que lhe estava sempre presente, nos trabalhos que debatiam a elegibilidade do servidor militar, a questão da politização partidária dentro dos quartéis e corporações militares. E a justificativa vinha da ordem de princípios: o direito de ser eleito contrapõe-se ao dever de servir às Forças Armadas, promovendo a segurança do país, independentemente da opção política de caráter pessoal. [...] Daí se tira, a título de reforço, quando menos, que não é imprópria a interpretação segundo a qual o militar, com menos de 10 anos de serviço, deve afastar-se definitivamente, quando pretenda concorrer a cargo eletivo, e que tal desligamento, concebido à luz do inc. I do § 8º do art. 14 da CF, em nada agride, em princípio, o Estado Democrático de Direito".

5) Método genético – trata-se de uma espécie do *método histórico*, pois também visa a identificar a *vontade do legislador* (*mens legislatoris*). Todavia, em vez de analisar a sucessão legislativa, analisa a gênese da lei, os detalhes do processo de criação da norma, o seu processo legislativo. Assim, analisa os discursos dos parlamentares, as emendas parlamentares aos projetos de lei etc. Embora denominando-o *interpretação histórica*, o Min. Luís Roberto Barroso,

---
51. Op. cit., p. 418.

no RE 669.069, que considerou "prescritível a ação de reparação de danos à Fazenda Pública decorrente de ilícito civil", afirmou: "eu pedi uma breve pesquisa histórica para ver se os trabalhos constituintes esclareciam exatamente o que se quis dizer com esta cláusula. E verifiquei, Presidente, que, numa redação anterior, penúltima redação antes da aprovação do texto final, essa cláusula dizia: 'Ressalvadas as respectivas ações, que serão imprescritíveis'. E, aí, esta locução caiu, na última versão do texto constitucional, o que aumentou um pouco a perplexidade a ponto de sugerir que talvez *a interpretação histórica seja no sentido de que o constituinte não quis tornar essas ações imprescritíveis*" (grifamos).

6) Método sistemático – "sistema", palavra com origem grega e latina, consiste num conjunto de elementos interdependentes de modo a formar um todo organizado. Através da *interpretação sistemática*, o intérprete não pode interpretar um dispositivo isoladamente, de forma insulada, sob pena de chegar a conclusões equivocadas. Isso porque, como a Constituição é um conjunto de normas constitucionais ordenadas, é imperioso interpretar uma norma, em conjunto com as demais, sem perder a noção de sistema, de um todo. O Supremo Tribunal Federal se utilizou da interpretação sistemática, por exemplo, no Recurso Extraordinário 778.889, que versou sobre a equiparação do prazo da licença-adotante ao prazo de licença-gestante. Segundo o STF, "A licença-maternidade prevista no artigo 7º, XVIII, da Constituição abrange tanto a licença-gestante quanto a licença-adotante, ambas asseguradas pelo prazo mínimo de 120 dias. *Interpretação sistemática da Constituição à luz da dignidade da pessoa humana, da igualdade entre filhos biológicos e adotados, da doutrina da proteção integral, do princípio da prioridade e do interesse superior do menor*" (grifamos).

Outrossim, no HC 126.292, de 2016, que versou sobre a execução provisória da pena antes do trânsito em julgado (mas após a condenação em segunda instância), o STF também se utilizou da interpretação sistemática: "para chegar a essa conclusão, basta uma análise conjunta dos dois preceitos à luz do princípio da unidade da Constituição. Veja-se que, enquanto o inciso LVII define que 'ninguém será considerado *culpado* até o trânsito em julgado da sentença penal condenatória', logo abaixo, o inciso LXI prevê que 'ninguém será *preso* senão em flagrante delito ou por ordem escrita e fundamentada de autoridade judiciária competente'. Como se sabe, a Constituição é um conjunto orgânico e integrado de normas, que devem ser interpretadas *sistematicamente* na sua conexão com todas as demais, e não de forma isolada. Assim, considerando-se ambos os incisos, é evidente que a Constituição diferencia o regime da culpabilidade e o da prisão. Tanto isso é verdade que a própria Constituição, em seu art. 5º, LXVI, ao assentar que 'ninguém será levado à prisão ou nela mantido, quando a lei admitir a liberdade provisória, com ou sem fiança', admite a prisão antes do trânsito em julgado, a ser excepcionada pela concessão de um benefício processual (a liberdade provisória)".

b) Método tópico-problemático – Theodor Viehweg

Esse método decorre da teoria do jurista alemão Theodor Viehweg, em seu clássico livro *Topik und Jurisprudenz*. Segundo o autor, o intérprete sempre parte de um problema para chegar à norma. Segundo Viehweg, "a tópica é uma técnica de pensar por problemas desenvolvida a partir da retórica. Ela apresenta uma estrutura espiritual que inclusive em suas particularidades se distingue claramente de uma estrutura dedutivo-sistêmica"[52].

---

52. *Tópica e Jurisprudência*, p. 16. Segundo o autor, a expressão é inspirada em Aristóteles: "Para se compreender de modo mais preciso em que consiste a tópica, antes de tudo, deve-se recorrer a Aristóteles, quem lhe atribuiu esse nome. O seu célebre escrito *Tópica* é uma das seis obras aristotélicas que, sucessivamente, foram reunidas no *Organon*" (p. 21).

Tal método parte de três premissas: a) a interpretação busca resolver problemas concretos; b) o caráter aberto da norma constitucional; c) a preferência pela discussão do problema, já que a abertura das normas constitucionais não permite que sejam feitas subsunções a partir delas mesmas.

Assim, como numa "via de mão única", o intérprete parte sempre de um problema concreto, um fato da vida, para tentar "encaixá-lo" na norma constitucional. Por exemplo, se a autoridade policial ingressou na casa sem mandado judicial, alegando permanência de um crime, o intérprete parte desse fato, tentando "encaixá-lo" no art. 5º, XI, da Constituição Federal.

Segundo Inocêncio Mártires Coelho, "aceitando-se, modernamente, que a Constituição é um sistema *aberto* de regras e princípios, o que significa dizer que ela admite/exige distintas e cambiantes interpretações; que um problema é toda questão que, aparentemente, permite mais de uma resposta; e que, afinal, a tópica é a técnica do pensamento problemático, pode-se dizer que os instrumentos hermenêuticos tradicionais não resolvem as aporias emergentes da interpretação concretizadora desse modelo constitucional e que por isso mesmo, o método tópico problemático representa, se não o único, pelo menos o mais adequado dos caminhos de que se dispõe para chegar à Constituição"[53].

Por fim, como lembra Daniel Sarmento, "não é incomum na nossa jurisprudência constitucional o recurso ao pensamento tópico-problemático, caracterizado pela preocupação com as especificidades do caso. Isso ocorreu, por exemplo, em decisão do STF em que se afastou a exigência de comprovação de três anos de prática jurídica para posse no cargo de Procuradora da República, de candidata que já exercia a função de Promotora de Justiça. A Corte, apesar de considerar constitucional a exigência em questão, imposta pelo poder constituinte derivado (art. 129, § 3º), entendeu que, no caso específico, a sua imposição não seria razoável, uma vez que a candidata já vinha atuando como membro do Ministério Público"[54].

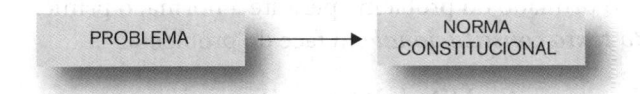

PROBLEMA ⟶ NORMA CONSTITUCIONAL

c) Método hermenêutico-concretizador – Konrad Hesse

Trata-se de um aprimoramento do método anterior (tópico-problemático). Segundo Konrad Hesse, o intérprete não parte diretamente de um problema da vida para chegar à norma constitucional. Antes disso, ele parte de uma pré-compreensão da norma constitucional. Afirma Konrad Hesse: "concretização pressupõe um 'entendimento' do conteúdo da norma a ser concretizada. Esse não se deixa desatar da '(pré)-compreensão' do intérprete e do problema concreto a ser resolvido, cada vez. [...] Ele entende o conteúdo da norma de uma (pré-)compreensão, que primeiramente lhe torna possível olhar a norma com certas esperanças"[55].

Segundo Daniel Sarmento, "ao se deparar com um problema jurídico qualquer, o intérprete, antes de consultar as normas pertinentes, já tende a antecipar uma solução, com base na sua pré-compreensão. A pré-compreensão envolve não apenas a concepção particular de mundo do intérprete, mas, sobretudo, valores, tradições e preconceitos da comunidade em que ele

---

53. *Métodos e Princípios da Interpretação Constitucional*, p. 166.
54. Op. cit., p. 424.
55. Op. cit., p. 61.

está inserido. Afinal, os seres humanos não são desenraizados, mas compartilham, em geral, visões de mundo com aqueles que vivem no mesmo contexto histórico e cultural"[56].

Partindo dessa pré-compreensão da norma constitucional, o intérprete faz um "círculo hermenêutico" entre o fato e a norma. Em vez da "via de mão única" entre o fato e a norma, decorrente do *método tópico-problemático*, no *método hermenêutico-concretizador* o intérprete age numa "via de mão dupla", até encontrar a melhor interpretação da norma. Nas palavras de Daniel Sarmento, "o intérprete não pode, porém, aferrar-se à sua pré-compreensão, recusando-se a rever as suas antecipações de sentido. É necessário que haja uma abertura para que o intérprete "ouça-o que lhe dizem a norma e o problema enfrentado. É preciso, também, que tome consciência da sua pré-compreensão, até para evitar a prática de arbitrariedades inconscientes"[57].

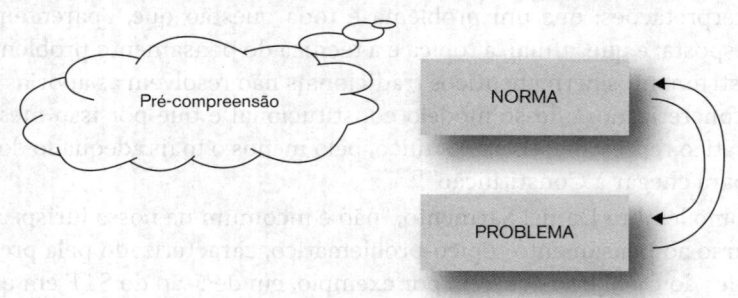

Pré-compreensão → NORMA ⇄ PROBLEMA

José Joaquim Gomes Canotilho estabelece a diferença entre o *método hermenêutico-concretizador*, de Konrad Hesse, e o *método tópico-problemático*, de Theodor Viehweg: "o método hermenêutico é uma via hermenêutico-concretizante, que se orienta não para um pensamento axiomático, mas para um pensamento problematicamente orientado. Todavia, este método concretizador afasta-se do método tópico-problemático, porque enquanto o último pressupõe ou admite o primado do problema perante a norma, o primeiro assenta no pressuposto do *primado do texto constitucional* em face do problema"[58].

d) Método científico-espiritual (Rudolf Smend)

Trata-se de método criado pelo jurista alemão Rudolf Smend. Consiste em método valorativo sociológico. Busca os valores implícitos na Constituição, não se preocupando muito com os conceitos do texto. Segundo José Joaquim Gomes Canotilho, "o recurso à ordem de valores obriga a uma 'captação espiritual' do conteúdo axiológico último da ordem constitucional. A ideia de que a interpretação visa não tanto dar resposta ao sentido dos conceitos do texto constitucional, mas fundamentalmente compreender o *sentido e realidade* de uma lei constitucional, conduz à articulação desta lei com a *integração* espiritual real da comunidade (com os seus valores, com a realidade existencial do Estado)"[59].

e) Método normativo estruturante (Friedrich Müller)

Trata-se de método criado pelo jurista alemão Friedrich Müller, tendo como premissas: investigação das várias funções de realização do direito constitucional (legislação, administra-

---

56. Op. cit., p. 421.
57. Op. cit., p. 422.
58. Op. cit., p. 1196.
59. Op. cit., p. 1197.

ção e jurisdição); b) *norma* é diferente de texto normativo (este último é apenas a ponta do *iceberg*); c) norma é um domínio normativo, um pedaço da realidade social; d) esse método trabalha com os dois tipos de concretização: interpretação do texto e interpretação da norma (domínio ou região normativa).

A função do intérprete é buscar o real sentido da *norma constitucional*, não confundido com o texto constitucional, que é apenas a *ponta do "iceberg"*. Por exemplo, o art. 5º, LXIII, da Constituição Federal afirma que "o preso será informado de seus direitos, entre os quais o de permanecer calado, sendo-lhe assegurada a assistência da família e de advogado". Embora a Constituição Federal tenha se referido apenas ao silêncio do preso, deve ser ampliada para outras situações (o silêncio do indiciado solto etc.). Na realidade, o que a Constituição quis expressar (embora não tenha expressado) é a vedação da obrigatoriedade de produção de prova contra si mesmo. Se o intérprete for além do *texto constitucional*, irá encontrar o conteúdo verdadeiro da *norma constitucional*.

Segundo Inocêncio Mártires Coelho, "na tarefa de concretizar a norma constitucional [...], o aplicador, para fazer justiça à complexidade e magnitude de sua tarefa, deverá considerar não apenas os elementos resultantes da interpretação do programa normativo, que é expresso pelo texto da norma, mas também aqueles decorrentes da investigação do seu âmbito normativo, que igualmente pertence à norma, e com igual hierarquia, enquanto representa o pedaço da realidade social que o programa normativo 'escolheu' ou, em parte, criou para si, como seu âmbito de regulamentação. Em síntese, no dizer do próprio Müller, o teor literal de qualquer prescrição de direito positivo é apenas a 'ponta do *iceberg*', todo o resto, talvez a parte mais significativa, que o intérprete-aplicador deve levar em conta para realizar o direito, isso é constituído pela situação normada, na feliz expressão de Miguel Reale"[60].

f) **Método comparativo (Peter Häberle, Canotilho)**

Trata-se do método através do qual o intérprete da Constituição faz uma análise comparativa com a legislação de outros países. Segundo Inocêncio Mártires Coelho, "consistindo o direito comparado, essencialmente, num processo de busca e constatação de pontos comuns ou divergentes entre dois ou mais direitos nacionais – uma tarefa que, nos domínios do direito constitucional, pressupõe o estudo separado, ainda que simultâneo, dos textos e contextos constitucionais em cotejo – então parece lógico que, para tanto, os comparatistas devam se utilizar, isolada ou conjuntamente, dos mesmos métodos de interpretação de que se valem os constitucionalistas, em geral, porque a comparação, enquanto tal, não configura nenhuma proposta hermenêutica que se possa reputar independente, quer no âmbito filosófico, quer no estritamente jurídico"[61].

Nas palavras de José Joaquim Gomes Canotilho, "a interpretação comparativa pretende captar, de forma jurídico-comparatística, a evolução da conformação, diferenciada ou semelhante, de institutos jurídicos, normas e conceitos nos vários ordenamentos jurídicos com o fito de esclarecer o significado a atribuir a determinados enunciados linguísticos utilizados na formulação de normas jurídicas. Em tempos recentes, a comparação jurídica é erguida a 'quinto método de interpretação'. [...] Através dela, é possível estabelecer a comunicação entre várias

---

60. Op. cit., p. 173.
61. Op. cit., p. 175.

constituições (Häberle) e descobrir critério da melhor solução para determinados problemas concretos"[62].

10.7. PRINCÍPIOS DE INTERPRETAÇÃO CONSTITUCIONAL

Vários são os princípios de interpretação constitucional, segundo a doutrina brasileira, igualmente utilizados pelo Supremo Tribunal Federal. Segundo Virgílio Afonso da Silva, "os princípios de interpretação constitucional a que a doutrina brasileira, de forma praticamente uniforme, faz referência são aqueles referidos por Konrad Hesse em seu manual de direito constitucional"[63].

a) Princípio da unidade da Constituição

Segundo esse princípio, como a Constituição é um todo harmônico, é una, um dispositivo constitucional originário não pode suprimir outro. Caso haja uma aparente colisão entre duas normas constitucionais originárias (fruto do poder constituinte originário), elas deverão ser compatibilizadas, interpretadas em conjunto de modo a manter a unidade da Constituição.

Para José Joaquim Gomes Canotilho, o princípio da unidade "obriga o intérprete a considerar a constituição na sua globalidade e a procurar harmonizar os espaços de tensão existentes entre as normas constitucionais a concretizar. [...] Daí que o intérprete deva sempre considerar as normas constitucionais não como normas isoladas e dispersas, mas sim como preceitos integrados em um sistema interno de normas e princípios"[64].

Importante frisar que esse princípio é de aplicação obrigatória em se tratando de normas constitucionais originárias aparentemente conflitantes. Isso porque, segundo a jurisprudência do STF, não há hierarquia entre normas constitucionais originárias, não podendo uma norma constitucional originária ser declarada inconstitucional. Por exemplo, na ADI 815/DF, o STF decidiu que "nossas Constituições republicanas – inclusive a atual – não mais contêm princípio distintivo que se assemelhe ao constante na Constituição imperial de 1824. [...] Ao contrário, delas resulta a estrita observância do princípio da unidade da Constituição. [...] Por outro lado, as cláusulas pétreas não podem ser invocadas para a sustentação da tese da inconstitucionalidade de normas constitucionais inferiores em face de normas constitucionais superiores, porquanto a Constituição as prevê apenas como limites ao Poder Constituinte derivado ao rever ou ao emendar a Constituição elaborada pelo Poder Constituinte originário, e não como abarcando normas cuja observância se imponha ao próprio Poder Constituinte originário com relação às outras que não sejam consideradas como cláusulas pétreas, e, portanto, possam ser emendadas".

Havendo conflito entre uma norma constitucional originária e uma norma constitucional fruto de reforma (Emenda Constitucional ou Revisão Constitucional, quando houver), pode ocorrer revogação (da norma *anterior* pela norma *posterior*) ou inconstitucionalidade da segunda, por violar, por exemplo, uma cláusula pétrea. Todavia, tanto a revogação quando a inconstitucionalidade são medidas extremas, que só poderão ser adotadas depois da tentativa de aplicação da unidade.

---

62. Op. cit., p. 1198.
63. *Interpretação Constitucional*, p. 117.
64. Op. cit., p. 1208.

O Supremo Tribunal Federal já utilizou o *princípio da unidade* em várias de suas decisões. Por exemplo, na ADI 2.650/DF, o STF decidiu: "O presente caso exige, para além de uma interpretação gramatical, uma interpretação sistemática da Constituição, tal que se leve em conta a sua integralidade e a sua harmonia, sempre em busca da máxima da unidade constitucional, de modo que a interpretação das normas constitucionais seja realizada de maneira a evitar contradições entre elas. Esse objetivo será alcançado mediante interpretação que extraia do termo 'população diretamente interessada' o significado de que, para a hipótese de desmembramento, deve ser consultada, mediante plebiscito, toda a população do estado-membro ou do município, e não apenas a população da área a ser desmembrada".

b) Princípio do efeito integrador

Segundo esse princípio, o intérprete deve agir de forma responsável, de modo a manter a integridade social e política. Assim, não pode o intérprete agir de forma leviana, adotando uma interpretação que coloque em risco a estabilidade das instituições e da sociedade em geral. Afirma José Joaquim Gomes Canotilho que na "resolução dos problemas jurídico-constitucionais deve dar-se primazia aos critérios ou pontos de vista que favoreçam a integração política e social e o reforço da unidade política"[65].

Por exemplo, aplicou tal postura o Ministro Celso de Mello, no Mandado de Segurança 34.099, impetrado por deputado federal contra ato do Presidente da Câmara dos Deputados, que julgou inepta denúncia apresentada contra o vice-presidente da República, Michel Temer, negando início ao processo de *impeachment*. Segundo o Ministro Celso de Mello, "a existência de mencionados precedentes revela-se bastante para justificar o não conhecimento da presente ação de mandado de segurança, especialmente se se tiver em consideração o fato de que se acha excluída da esfera de competência do Poder Judiciário a possibilidade de revisão de atos 'interna corporis', como se qualificam aqueles que se cingem à interpretação e à aplicação de normas regimentais". Ora, nesse caso, se o Ministro tivesse concedido a segurança liminarmente, ordenando a instauração do processo de *impeachment* contra o vice-presidente, seria uma grave violação da separação dos poderes, envolvendo-se em matéria *interna corporis* do Legislativo. Decidir de forma diversa colocaria em risco a relação entre os três Poderes e violaria, em nosso entendimento, o princípio do efeito integrador[66].

Outrossim, o STF também se utilizou do princípio do efeito integrador no julgamento da Petição 3.388/RR, sobre a demarcação das terras indígenas conhecidas como "Raposa Serra do Sol". Nessa decisão, o STF afirmou: "Os arts. 231 e 232 da Constituição Federal são de finalidade nitidamente fraternal ou solidária, própria de uma quadra constitucional que se volta para a efetivação de um novo tipo de igualdade: a igualdade civil-moral de minorias, *tendo em vista o protovalor da integração comunitária*. Era constitucional compensatória de desvantagens historicamente acumuladas, a se viabilizar por mecanismos oficiais de ações afirmativas. No caso, os índios a desfrutar de um espaço fundiário que lhes assegure meios dignos de subsistência econômica para mais eficazmente poderem preservar sua identidade somática,

---

65. Op. cit., p. 1208.
66. Com a devida vênia, não agiu com a mesma cautela o Ministro Marco Aurélio no Mandado de Segurança 34.087, versando sobre caso idêntico (o indeferimento do início do processo de *impeachment* contra o Vice-Presidente da República). Nas palavras do ministro: "Ante o quadro, defiro parcialmente a liminar para, afastando os efeitos do ato impugnado, determinar o seguimento da denúncia, vindo a desaguar na formação da Comissão Especial, a qual emitirá parecer, na forma dos arts. 20, cabeça, da Lei n. 1.079/1950 e art. 218, § 5º, do Regimento Interno da Câmara dos Deputados".

linguística e cultural. Processo de uma aculturação que não se dilui no convívio com os não índios, pois a aculturação de que trata a Constituição não é perda de identidade étnica, mas somatório de mundividências. Uma soma, e não uma subtração. Ganho, e não perda. *Relações interétnicas de mútuo proveito, a caracterizar ganhos culturais incessantemente cumulativos. Concretização constitucional do valor da inclusão comunitária pela via da identidade técnica"* (grifamos).

c) Princípio da concordância prática ou harmonização

Trata-se de um corolário do princípio da unidade, visto acima. O princípio da concordância prática ou harmonização visa a compatibilizar direitos fundamentais em conflito. É um princípio comumente utilizado, tendo em vista que os direitos fundamentais normalmente têm o formato de princípios, normas de conteúdo mais amplo, vago, indeterminado. Destarte, caberá ao intérprete tentar harmonizar os direitos em conflitos, visando à melhor solução. Nas palavras de José Joaquim Gomes Canotilho, "reduzido ao seu núcleo essencial, o princípio da concordância prática impõe a coordenação e combinação dos bens jurídicos em conflito de forma a evitar o sacrifício (total) de uns em relação aos outros. O campo de eleição do princípio da concordância prática tem sido até agora o dos direitos fundamentais (colisão entre direitos fundamentais ou entre direitos fundamentais e bens jurídicos constitucionalmente protegidos)"[67].

Para Konrad Hesse (que sistematizou os princípios como aqui apresentados), "princípio da concordância prática: bens jurídicos protegidos jurídico-constitucionalmente devem, na resolução do problema, ser coordenados um ao outro de tal modo que cada um deles ganhe realidade"[68].

No Mandado de Segurança 31.659, versando sobre a divulgação da remuneração dos servidores públicos e eventual violação da intimidade destes, decidiu o Supremo Tribunal Federal: "Princípio da concordância prática ou da harmonização, evitando que um seja totalmente sacrificado em prestígio do outro. Os princípios da transparência e da publicidade consubstanciam elementos essenciais à manutenção do Estado Democrático de Direito, já que permitem a fiscalização e, em último grau, o controle popular das atividades desempenhadas pelos agentes públicos. No mais, é o preço que se paga pela opção por uma carreira pública no seio de um Estado republicano" (STF – MS 31.659).

Outrossim, no AI 675.276/RJ, em caso envolvendo o ex-presidente da CBF Ricardo Teixeira, que se sentiu ofendido em sua honra (art. 5º, X) por uma reportagem do jornalista Juca Kfouri (art. 5º, IV e IX), manifestou-se o STF: "O exercício regular do direito de crítica, que configura direta emanação da liberdade constitucional de manifestação do pensamento, ainda que exteriorizado em entrevista jornalística, não importando o conteúdo ácido das opiniões nela externadas, não se reduz à dimensão do abuso da liberdade de expressão, qualificando-se, ao contrário, como verdadeira excludente anímica, que atua, em tal contexto, como fator de descaracterização do intuito doloso de ofender. Precedentes do Supremo Tribunal Federal. Jurisprudência comparada (Corte Europeia de Direitos Humanos e Tribunal Constitucional Espanhol".

d) Princípio da justeza ou conformidade funcional ou constitucional ou exatidão funcional

Segundo o princípio da justeza ou conformidade funcional, não pode o intérprete da Constituição alterar as competências já definidas pela Constituição. Ora, a interpretação constitu-

---

67. Op. cit., p. 1209.
68. Op. cit., p. 66.

cional tem limites. A Constituição já estabeleceu quais são as competências de cada Poder, bem como dos entes federativos. Não pode o intérprete da Constituição perverter essa ordem já definida pela Lei Maior. Segundo José Joaquim Gomes Canotilho, "tem em vista impedir, em sede de concretização da Constituição, a alteração da repartição de funções constitucionalmente estabelecida. O seu alcance primeiro é este: o órgão (ou órgãos) encarregados da interpretação da lei constitucional não pode chegar a um resultado que subverta ou perturbar o esquema organizatório-funcional constitucionalmente estabelecido"[69].

Nas palavras de Konrad Hesse, "um princípio da interpretação constitucional é o critério da *exatidão funcional*. Se a Constituição ordena a respectiva tarefa e a colaboração dos titulares de funções estatais em uma determinada forma, então o órgão interpretador tem de manter-se no quadro das funções a ele atribuídas; ele não deve, de maneira e pelo resultado de sua interpretação, remover a distribuição das funções"[70].

O Supremo Tribunal Federal por pouco não violou o princípio da justeza ou conformidade funcional na Reclamação 4.335. Num primeiro momento, os Ministros Gilmar Mendes e Eros Grau julgaram procedente o pedido, afirmando que o art. 52, X, da Constituição Federal teria passado por uma "mutação constitucional", não mais persistindo como nos moldes seculares existentes desde a Constituição de 1934. Ou seja, por meio dessa decisão judicial, o Supremo Tribunal Federal estará retirando do Senado a possibilidade de suspender a lei declarada inconstitucional (art. 52, X). Felizmente, posicionaram-se contra essa "transcendência dos motivos determinantes" e consequente "revogação judicial" do art. 52, X, da CF os Ministros Luís Roberto Barroso, Marco Aurélio, Joaquim Barbosa, Ricardo Lewandowski e Sepúlveda Pertence. Dessa maneira, felizmente, foi mantida a competência do Senado, que não poderia ser alterada por decisão do intérprete constitucional (ainda que este seja o STF). Depois dessa decisão, várias foram as resoluções do Senado suspendendo atos normativos considerados inconstitucionais (Resolução n. 12/2006 – suspende a execução da Lei estadual n. 11.564/98 de Pernambuco, em virtude de declaração de inconstitucionalidade; Resolução n. 13/2006 – suspende a execução do art. 7º, I e II, da Lei n. 6.889 do Município de São Paulo; Resolução n. 5/2012 – suspende parte do art. 44 da Lei n. 11.343/2006 – Lei de Drogas etc.).

e) **Princípio da força normativa da Constituição**

Trata-se de princípio decorrente da teoria de Konrad Hesse, intitulada *Força Normativa da Constituição*, que encontra reflexos na interpretação constitucional. Segundo José Joaquim Gomes Canotilho, "na solução dos problemas jurídico-constitucionais deve dar-se prevalência aos pontos de vista que, tendo em conta os pressuposto da constituição (normativa), contribuem para uma eficácia ótima da lei fundamental. Consequentemente, deve dar-se primazia às soluções hermenêuticas que, compreendendo a historicidade das estruturas constitucionais, possibilitam a atualização normativa garantindo, do mesmo pé, a sua eficácia e permanência"[71].

Dessa maneira, o intérprete deve, com sua interpretação, tentar garantir a maior efetividade e, principalmente, maior longevidade e permanência da Constituição. Com base nesse princípio, prevalece o entendimento de que não é mais possível uma nova Revisão Constitucional. A interpretação contrária, que admite nova ou novas revisões constitucionais (teoria da dupla

---

69. Op. cit., p. 1208.
70. Op. cit., p. 67.
71. Op. cit., p. 1210.

revisão), é extremamente perigosa e, ao permitir mudanças frequentes e sem limites do texto constitucional, certamente o enfraquece e nada contribui com a longevidade da Constituição.

f) Princípio da eficiência ou (máxima efetividade)

Certamente um dos corolários do neoconstitucionalismo e intimamente ligado ao princípio da *força normativa da Constituição*, o princípio da eficiência ou máxima efetividade visa extrair de cada dispositivo constitucional a maior eficácia possível. Esse princípio é importante para todas as normas constitucionais, incluindo as chamadas normas programáticas (que fixam programas de atuação para o Estado). Segundo José Joaquim Gomes Canotilho: "a uma norma constitucional deve ser atribuído o sentido que maior eficácia lhe dê. É um princípio operativo em relação a todas e quaisquer normas constitucionais, e, embora a sua origem seja ligada à tese da atualidade das normas programáticas, é hoje sobretudo invocado no âmbito dos direitos fundamentais"[72].

Para Inocêncio Mártires Coelho, o princípio da eficiência ou máxima efetividade "veicula um apelo aos realizadores da Constituição para que em toda situação hermenêutica, sobretudo em sede de direitos fundamentais, procurem densificar os seus preceitos, sabidamente abertos e predispostos a interpretações expansivas"[73].

O Supremo Tribunal Federal utilizou esse princípio no julgamento do Agravo Regimental no Recurso Extraordinário 639.337, relatado pelo Min. Celso de Mello: "a destinação de recursos públicos, sempre tão dramaticamente escassos, faz instaurar situações de conflito, quer com a execução de políticas públicas definidas no texto constitucional, quer, também, com a própria implementação de direitos sociais assegurados pela Constituição da República, daí resultando contextos de antagonismo que impõem, ao Estado, o encargo de superá-los mediante opções por determinados valores, em detrimento de outros igualmente relevantes, compelindo, o Poder Público, em face dessa relação dilemática, causada pela insuficiência de disponibilidade financeira e orçamentária, a proceder a verdadeiras 'escolhas trágicas', em decisão governamental cujo parâmetro, fundado na dignidade da pessoa humana, deverá ter em perspectiva a intangibilidade do mínimo existencial, em ordem a conferir real efetividade às normas programáticas positivadas na própria Lei Fundamental. A cláusula da reserva do possível – que não pode ser invocada, pelo Poder Público, com o propósito de fraudar, de frustrar e de inviabilizar a implementação de políticas públicas definidas na própria Constituição – encontra insuperável limitação na garantia constitucional do mínimo existencial, que representa, no contexto de nosso ordenamento positivo, emanação direta do postulado da essencial dignidade da pessoa humana".

g) Princípio da presunção de constitucionalidade das leis

Trata-se de um princípio constitucional que reflete na interpretação de todas as normas jurídicas. Em regra, as leis e atos normativos do poder público se presumem constitucionais. Trata-se de um corolário da *segurança jurídica*, já que as pessoas não podem, em regra, descumprir uma lei que consideram inconstitucional (há raras exceções, como o Chefe do Poder Executivo, que poderá descumpri-la, como se verá no capítulo referente ao controle de constitucionalidade).

---

72. Op. cit., p. 1208.
73. *Interpretação Constitucional*, p. 166.

Como as leis se presumem constitucionais, o Poder Judiciário somente poderá declará-las inconstitucionais quando não houver outra interpretação igualmente adequada que as considere constitucionais. Outrossim, a Constituição Federal (art. 97) exige um quórum mais qualificado dos Tribunais para que haja a declaração de uma lei inconstitucional – a chamada *cláusula de reserva de plenário*. O princípio da presunção de constitucionalidade das leis também é chamado de "princípio do *in dubio pro legislatore*". Na ADC 41, trecho do voto do Min. Luiz Fux afirma que "juízes e tribunais não devem declarar a inconstitucionalidade de lei ou ato normativo quando a inconstitucionalidade não for patente e inequívoca, existindo tese jurídica razoável para preservação da norma (princípio do *in dubio pro legislatore)*".

Importante frisar que a *presunção de constitucionalidade* das leis e atos normativos é *relativa (juris tantum)*, e não absoluta *(juris et de jure)*. Isso significa que, embora a lei e os atos normativos se presumam constitucionais, havendo "provas" em sentido contrário, podem ser declaradas inconstitucionais. A Emenda Constitucional n. 3, de 1993, criou a Ação Declaratória de Constitucionalidade (ADC), cujo propósito é declarar a constitucionalidade das leis e atos normativos federais. Quando entrou em vigor, muitos juristas se perguntaram qual a necessidade de uma ação cujo propósito era declarar uma norma constitucional que já se presumia constitucional. A resposta é: a ADC (Ação Declaratória de Constitucionalidade) tem a função de transformar a *presunção relativa* de constitucionalidade das leis em *presunção absoluta*. Assim, a partir do momento em que julgada procedente essa ação, haverá efeitos vinculantes para todos os demais órgãos do Poder Judiciário e da Administração Pública (presunção absoluta de constitucionalidade).

Foi o que ocorreu com a Ação Declaratória de Constitucionalidade 9, que julgou constitucional a Medida Provisória 2.152, que tratou da gestão da crise de energia elétrica no governo Fernando Henrique Cardoso. A referida medida provisória ordenava o racionamento de energia elétrica por parte de todos, sob pena de pagamento de "sobretaxa" e corte da energia. Embora fosse presumidamente constitucional, juízes de todo o país, por meio do controle difuso, começaram a declará-la inconstitucional, o que justificou o ajuizamento da referida ADC. O STF decidiu: atendimento aos princípios da proporcionalidade e da razoabilidade, tendo em vista a preocupação com os direitos dos consumidores em geral, na adoção de medidas que permitam que todos continuem a utilizar-se, moderadamente, de uma energia que se apresenta incontestavelmente escassa. [...] Ação declaratória de constitucionalidade cujo pedido se julga procedente". A partir dessa decisão, a presunção de constitucionalidade tornara-se absoluta e, com isso, nenhum juiz ou Tribunal poderia declará-la inconstitucional; os órgãos Administração Pública eram obrigados a respeitá-la.

h) Princípio da supremacia da Constituição

Segundo Celso Ribeiro Bastos, "o postulado da supremacia da Constituição repele todo o tipo de interpretação que venha de baixo, é dizer, repele toda a tentativa de interpretar a Constituição a partir da lei. O que cumpre ser feito é sempre o contrário, vale dizer, procede-se à interpretação do ordenamento jurídico a partir da Constituição"[74].

Dessa maneira, quando se interpreta uma lei, o intérprete sempre deve ter como foco extrair sua respectiva validade da Constituição, sempre deve ter os olhos voltados para a Constituição (verificada eventual incompatibilidade, deve-se entender pela inconstituciona-

---

74. *Hermenêutica e Interpretação Constitucional*, p. 102.

lidade da norma). O contrário não pode ser feito: não se pode interpretar a norma constitucional tendo os olhos voltados para a lei infraconstitucional, limitando o texto constitucional à luz da legislação infraconstitucional. Por exemplo, quando se interpreta a palavra "dia" no art. 5º, XI, da Constituição Federal, não se pode ter como base o art. 212, *caput*, do Código de Processo Civil, que estabelece: "os atos processuais serão realizados em dias úteis, das 6 (seis) às 20 (vinte) horas". Ora, não se pode interpretar a Constituição de modo a compatibilizá-la com a lei infraconstitucional. O que deve ser feito é exatamente o contrário: verificar se as leis infraconstitucionais são compatíveis com a Lei Maior, já que esta é o pressuposto de validade de todas as leis.

Sobre o princípio ora em análise, decidiu o Supremo Tribunal Federal: "O princípio da supremacia da ordem constitucional – consectário da rigidez normativa que ostentam os preceitos de nossa Constituição – impõe ao Poder Judiciário, qualquer que seja a sede processual, que se recuse a aplicar leis ou atos estatais reputados em conflito com a Carta Federal. A superioridade normativa da Constituição traz, ínsita em sua noção conceitual, a ideia de um estatuto fundamental, de uma *fundamental law*, cujo incontrastável valor jurídico atua como pressuposto de validade de toda a ordem positiva instituída pelo Estado. Dentro dessa concepção, reveste-se de nulidade o ato emanado do Poder Público que vulnerar os preceitos inscritos na Constituição. Uma lei inconstitucional é uma lei nula, desprovida, consequentemente, no plano jurídico, de qualquer conteúdo eficacial. [...] A convicção dos juízes e tribunais, de que uma lei ou ato do Poder Público é inconstitucional, só pode levá-los, no plano decisório, a uma única formulação: o reconhecimento de sua invalidez e a recusa de sua aplicabilidade" (STF – RE 107.869 – Min. Celso de Mello).

i) **Princípio da razoabilidade** (*substantive due process of law*)

Embora alguns autores (e até mesmo algumas decisões do Supremo Tribunal Federal) confundam esse princípio com a *proporcionalidade*, há diferenças substanciais, a começar pela própria origem do princípio. Trata-se de um princípio com origem na Suprema Corte norte-americana, derivado do princípio do *devido processo legal* (*due process of law*). Como lembra Daniel Sarmento, "experiência paralela ocorreu nos Estados Unidos, com o desenvolvimento pela Suprema Corte do país, a partir de meados do século XIX, da ideia do devido processo legal substantivo, que pode ser associado à exigência de razoabilidade das normas e condutas estatais"[75].

---

75. Op. cit., p. 468. Prossegue o autor: "Inicialmente, o principal foco do devido processo legal substantivo foi a proteção dos direitos econômicos e patrimoniais. Naquele contexto, a Suprema Corte norte-americana tornou-se verdadeiro bastião do liberalismo econômico e do absenteísmo estatal, bloqueando a edição de normas que intervinham nas relações sociais e econômicas, inclusive daquelas editadas para proteger as partes mais fracas, dos abusos das mais poderosas. Este período ficou conhecido como *Era de Lochner*. A expressão faz referência ao caso *Lochner v. New York*, julgado pela Suprema Corte americana em 1905, quando aquele Tribunal invalidou lei do Estado de Nova Iorque que estabelecera jornada máxima de trabalho para os padeiros em 10 horas diárias e 60 horas semanais. Entendeu a Corte que aquela intromissão do Estado no campo da autonomia contratual se afigurava indevida, ofendendo a cláusula do devido processo legal. Essa orientação conservadora se estendeu até o final da década de 30, quando a Corte foi praticamente forçada a mudar de orientação, após confrontar-se com o populassíssimo Presidente Franklin Roosevelt, que vinha empreendendo medidas econômicas fortemente intervencionistas no contexto do chamado *New Deal*, com o objetivo de salvar o país da depressão econômica em que mergulhara. A cláusula do devido processo legal, na sua dimensão substantiva, deixa então de ser vista como obstáculo às medidas de intervenção estatal na economia. Só medidas absolutamente desarrazoadas nesta área seriam consideradas inconstitucionais. O controle de razoabilidade torna-se extremamente autocontido e deferente em relação às decisões dos poderes Legislativo e Executivo. O devido processo legal substantivo ganha então um novo foco nos Estados Unidos: a proteção das liberdades civis não econô-

Segundo a teoria norte-americana, o *devido processo legal* teria duas modalidades: processual ou procedimental e material ou substantiva.

Enquanto o *devido processo legal processual* (*procedure due process of law*) consiste no conjunto de direitos e garantias aplicadas ao processo (contraditório, ampla defesa, devido processo legal, publicidade etc.), o *devido processo legal substantivo ou material* (*substantive due process of law*) consiste na invalidade dos atos do poder público que não sejam razoáveis.

O Supremo Tribunal Federal, embora timidamente, já se utilizou do princípio da razoabilidade para a declaração da inconstitucionalidade de atos normativos do poder púbico, fundamentando, inclusive, suas decisões no art. 5º, LIV, da Constituição Federal (devido processo legal). Na ADI 1.158/AM, o Supremo Tribunal Federal decidiu: "A norma legal, que concede a servidor inativo gratificação de férias correspondente a um terço (1/3) do valor da remuneração mensal, ofende o critério da razoabilidade que atua, enquanto projeção concretizadora da cláusula do *substantive due process of law*, como insuperável limitação ao poder normativo do Estado". Outrossim, na ADI 2.019, o STF decidiu: "Ato normativo que, ao erigir em pressuposto de benefício assistencial não o estado de necessidade dos beneficiários, mas sim as circunstâncias em que foram eles gerados, contraria o princípio da razoabilidade, consagrado no mencionado dispositivo constitucional. Ação direta julgada procedente, para declarar a inconstitucionalidade da lei sob enfoque".

j) **Princípio da proporcionalidade (adequação, necessidade e proporcionalidade em sentido estrito)**

Primeiramente, existe uma divergência terminológica quanto à expressão "princípio" da proporcionalidade, alguns preferindo a expressão "regra" da proporcionalidade, outros, "dever" da proporcionalidade[76]. Diferentemente do princípio da razoabilidade, o princípio da proporcionalidade tem origem no Tribunal Constitucional alemão, em julgado de 1971. Segundo Virgílio Afonso da Silva, "a regra da proporcionalidade no controle das leis restritivas de direitos fundamentais surgiu por desenvolvimento jurisprudencial do Tribunal Constitucional alemão. [...] Na forma desenvolvida pela jurisprudência constitucional alemã, tem ela uma estrutura racionalmente definida, com subelementos independentes – a análise da adequação, da necessidade e da proporcionalidade em sentido estrito – que serão aplicados em uma ordem predefinida, e que conferem à regra da proporcionalidade a individualidade que a diferencia, claramente, da mera exigência da razoabilidade"[77].

Está implícito na Constituição brasileira e expresso na Constituição portuguesa de 1976 (art. 18, item 2): "... devendo as restrições limitar-se ao necessário para salvaguardar os direitos ou interesses constitucionalmente protegidos".

---

micas, campo em que a atuação judicial vai se caracterizar pelo maior ativismo" (p. 469).

76. Segundo Virgílio Afonso da Silva, "no Brasil, o termo mais difundido para designar o objeto do presente estudo é *princípio da proporcionalidade*, aceito sem grandes controvérsias terminológicas. Em trabalho recente, contudo, Humberto Bergmann Ávila demonstra, com razão, que a questão é mais controversa do que parece e que a utilização do termo 'princípio' pode ser errônea, principalmente quando se adota o conceito de princípio jurídico em contraposição ao conceito de regra jurídica, com base na difundida teoria de Robert Alexy. [...] O problema terminológico é evidente. O chamado princípio da proporcionalidade não pode ser considerado um princípio, pelo menos não com base na classificação de Alexy, pois não tem como produzir efeitos em variadas medidas, já que é aplicado de forma constante, sem variações. [...] Mas Alexy enquadra-o, sim, em outra categoria, pois classifica-o explicitamente como regra" (*O Proporcional e o Razoável*, p. 26).

77. Op. cit., p. 25. Continua o autor: "a regra da proporcionalidade, portanto, não só tem a mesma origem que o chamado princípio da razoabilidade, como frequentemente se afirma, mas também deste se diferencia em sua estrutura e em sua forma de aplicação" (op. cit., p. 25).

O objetivo do princípio da proporcionalidade é verificar a constitucionalidade das leis e atos normativos que limitam os efeitos de normas constitucionais, máxime as definidoras de direitos fundamentais.

Para verificar se uma lei ou ato restritivo é constitucional, utiliza-se o princípio da proporcionalidade, através de três critérios, que devem ser utilizados nessa ordem: 1) adequação; 2) necessidade; 3) proporcionalidade em sentido estrito.

Primeiramente, pela *adequação*, verifica-se uma relação de causa e efeito. Analisa-se se a norma restritiva do direito constitucional alcança os objetivos pelos quais ela foi estabelecida. Trata-se de uma análise linear: a lei restritiva alcança os objetivos por ela traçados? Virgílio Afonso da Silva faz um reparo a esse conceito tradicional: a adequação, em vez de aferir se os objetivos são "alcançados", verifica se os objetivos foram "fomentados, promovidos". Assim, segundo o autor, "uma medida somente pode ser considerada inadequada se sua utilização não contribuir em nada para fomentar a realização do objetivo pretendido"[78].

Por sua vez, *necessidade* não é uma análise linear, mas comparativa. O intérprete compara a solução dada pela lei restritiva com outras alternativas que poderiam ser menos lesivas ao direito fundamental violado. Nas palavras de Virgílio Afonso da Silva, "um ato estatal que limita um direito fundamental é somente necessário caso a realização do objetivo perseguido não possa ser promovida, com a mesma intensidade, por meio de outro ato que limite, em menor medida, o direito fundamental atingido"[79].

Por fim, *proporcionalidade em sentido estrito* consiste na ponderação de interesses em conflito. Verifica-se o peso entre o direito violado pela norma restritiva e o direito por ela tutelado. A restrição legislativa será inconstitucional, caso o direito por ela restrito seja mais importante que o direito por ela tutelado. Segundo Virgílio Afonso da Silva, "consiste em um sopesamento entre a intensidade da restrição ao direito fundamental atingido e a importância da realização do direito fundamental que com ele colide e que fundamenta a adoção da medida restritiva"[80].

Muitas são as normas restritivas de direitos fundamentais. Para verificar a constitucionalidade dessas normas, deve-se usar o princípio da proporcionalidade. Vejamos alguns exemplos. A Lei n. 13.301, de 27 de junho de 2016 (conhecida como "Lei do Mosquito"), permite o "ingresso forçado em imóveis públicos e particulares, no caso de situação de abandono, ausência ou recusa de pessoa que possa permitir o acesso de agente público, regularmente designado e identificado, quando se mostre essencial para a contenção das doenças". Trata-se de uma restrição da inviolabilidade domiciliar, além das hipóteses previstas no art. 5º, XI, da Constituição Federal. Seria uma restrição constitucional? Entendemos que sim. Primeiramente, parece atender ao critério da *adequação*. Isso porque a Lei n. 13.301 parece alcançar o objetivo de diminuir, ainda que relativamente, o número de focos do mosquito transmissor do vírus *chikungunya* e do vírus *zika*. Por sua vez, em nosso entender, foi atendido igualmente o critério da *necessidade*. Isso porque inexistiam hipóteses menos lesivas e imediatas capazes de

---

78. Op. cit., p. 14. Segundo o autor: "a causa do problema está na tradução imprecisa da decisão. A sentença em alemão seria melhor compreendida se se traduzisse o verbo *fördern*, usado na decisão, por *fomentar*, e não por *alcançar*, como faz Gilmar Ferreira Mendes, porque, de fato, o verbo *fördern* não pode ser traduzido por *alcançar*. *Fördern* significa fomentar, promover. Adequado, então, não é somente o meio com cuja utilização um objetivo é alcançado, mas também o meio com cuja utilização a realização de um objetivo é fomentada, promovida, ainda que o objetivo não seja completamente realizado" (op. cit., p. 30).
79. Op. cit., p. 17.
80. Op. cit., p. 20.

conter os focos do mosquito. Por fim, inegável que o direito tutelado pela norma legal (a saúde pública) é bem maior que o direito supostamente violado pela respectiva norma (a intimidade do proprietário).

Outro exemplo importante é o art. 303 do Código Brasileiro de Aeronáutica (Lei n. 7.565/86), alterado pela Lei n. 9.614/98, que permite a destruição de aeronaves hostis quando esgotados os meios coercitivos legalmente previstos. A sobredita lei foi criada com o condão de evitar o tráfico de armas, drogas, o contrabando nas fronteiras e, em última análise, o terrorismo praticado por meio de aeronave. Em nosso entender, a restrição clara ao direito à vida é igualmente constitucional. O critério da *adequação* nos parece que foi atendido, pois a lei alcança seus objetivos: consegue diminuir os crimes sobreditos. Por sua vez, o critério da *necessidade* parece que foi igualmente alcançado, já que a restrição feita pela lei, tão excepcional, parece ser a maneira menos lesiva para solucionar o problema proposto, dentre todas as medidas possíveis. Por fim, o critério da *proporcionalidade em sentido estrito* parece igualmente atendido, na medida em que a segurança pública, tão intensamente abalada pelo narcotráfico, contrabando, tráfico de armas etc., é mais relevante que a vida dos tripulantes.

Por fim, segundo o Tribunal Constitucional alemão (e tal entendimento é igualmente adotado pelo Supremo Tribunal Federal), dois são os aspectos do princípio da proporcionalidade: ***a) proibição de excesso – Übermaßverbot*** (que o Tribunal Constitucional alemão usa como sinônimo de proporcionalidade); ***b) proibição de insuficiência / proibição de proteção insuficiente – Untermaßverbot.***

Primeiramente, a proibição do excesso significa que não pode o Estado restringir excessivamente os efeitos da norma constitucional, violando os critérios caracterizadores do princípio da proporcionalidade. Trata-se da fixação de limites aos limites do Poder Público.

Por sua vez, o termo *Untermaßverbot* (proibição da proteção insuficiente) foi utilizado pela primeira vez, ao que tudo indica, por Claus-Wilhelm Canaris, "Grundrechte und Privatrecht", e ganhou importância na jurisprudência do Tribunal Constitucional alemão em decisão importante sobre a legalização do aborto[81]. Nas palavras de Daniel Sarmento, "no cenário contemporâneo, sabe-se que os poderes públicos têm funções positivas importantes para a proteção e a promoção dos direitos e a garantia do bem-estar coletivo. [...] A ideia de proporcionalidade como proibição de proteção deficiente desenvolveu-se no direito constitucional germânico a partir da concepção de que os direitos fundamentais não são meros direitos subjetivos negativos, mas possuem também uma dimensão objetiva, na medida em que tutelam certos bens jurídicos e valores que devem ser promovidos e protegidos diante de riscos e ameaças originários de terceiros"[82].

O Supremo Tribunal Federal se utilizou do princípio da *proibição da proteção insuficiente*, no AI 598.212, ordenando a criação da Defensoria Pública no Estado do Paraná: "É lícito ao Poder Judiciário, em face do princípio da supremacia da Constituição, adotar, em sede jurisdicional, medidas destinadas a tornar efetiva a implementação de políticas públicas, se e quando se registrar situação configuradora de inescusável omissão estatal, que se qualifica como comportamento revestido da maior gravidade político-jurídica, eis que, mediante inércia, o Poder Público também desrespeita a Constituição, também ofende direitos que nela

---

81. Em 1974, o Tribunal Constitucional Federal alemão reconheceu a inconstitucionalidade da lei que legalizara o aborto nos primeiros três meses de gestação, entendendo que o legislador alemão, ao legalizar o aborto, deixara de proteger, no grau necessário, a vida do feto.
82. Op. cit., p. 482.

se fundam e também impede, por ausência (ou insuficiência) de medidas concretizadoras, a própria aplicabilidade dos postulados e princípios da Lei Fundamental. Vedação da proteção insuficiente)".

Da mesma forma, no ARE 745.745 AgR, o Supremo Tribunal Federal decidiu: "a colmatação de omissões inconstitucionais como necessidade institucional fundada em comportamento afirmativo dos juízes e tribunais e de que resulta uma positiva criação jurisprudencial do direito – controle jurisdicional de legitimidade da omissão do Poder Público: atividade de fiscalização judicial que se justifica pela necessidade de observância de certos parâmetros constitucionais (proibição de retrocesso social, proteção ao mínimo existencial, *vedação da proteção insuficiente* e proibição de excesso)" (grifamos).

Os alemães Mathias Kaat e Moritz Meister sugerem o acréscimo de dois novos critérios ao princípio da proporcionalidade: o *meio legítimo* (o meio utilizado para a restrição de um direito fundamental, além de adequado ao fim objetivado, deve ser legítimo, válido) e o *objetivo legítimo* (a proporcionalidade somente estará presente se o objetivo buscado pela restrição ao direito fundamental também for legítimo).

k) Princípio das razões públicas

Segundo esse princípio, na interpretação constitucional não devem ser utilizados argumentos vinculados a doutrinas religiosas ou metafísicas. Esse princípio tem origem na filosofia kantiana e sua ideia de "razões públicas", desenvolvida posteriormente pelo filósofo norte-americano John Rawls. Segundo esse princípio, na interpretação constitucional somente são admissíveis argumentos independentes de doutrinas religiosas ou metafísicas controvertidas a que cada cidadão adira. Esse princípio é importante, sobretudo quando os dispositivos constitucionais em análise são do interesse especial de credos ou religiões, mormente os que tratam da família, da proteção constitucional da vida etc.

10.8. INTERPRETAÇÃO CONFORME À CONSTITUIÇÃO

Trata-se de princípio de interpretação constitucional, decorrente da *presunção de constitucionalidade das leis*, mas também deve ser considerado como método de julgamento.

Segundo a *interpretação conforme à Constituição*, havendo duas ou mais interpretações razoáveis de uma mesma lei, deve o intérprete (ou o julgador) optar pela interpretação segundo a qual a lei é constitucional (isso porque, como vimos, as leis se presumem constitucionais).

A primeira vez que tal princípio foi adotado no Supremo Tribunal Federal foi na Representação 1.417, relatada pelo Ministro Moreira Alves, em 1987: "a interpretação da norma sujeita a controle deve partir de uma hipótese de trabalho, a chamada presunção de constitucionalidade, da qual se extrai que, entre dois entendimentos possíveis do preceito impugnado, deve prevalecer o que seja conforme à Constituição".

Por exemplo, assim que editada a Lei n. 11.340/2006 (Lei Maria da Penha), duas posições logo surgiram: segundo uma posição, a lei, que dá um tratamento diferenciado a homens e mulheres, seria inconstitucional, por violação do art. 5º, I, da Constituição Federal. Não obstante, prevaleceu o entendimento de que a lei é constitucional por dar tratamento desigual aos desiguais, ao implantar um tratamento especial dado à mulher, historicamente a maior vítima da violência doméstica em nosso país. Segundo o STF, "o artigo 1º da Lei n. 11.340/2006 surge, sob o ângulo do tratamento diferenciado entre os gêneros – mulher e homem – harmônica com a Constituição Federal, no que necessária a proteção ante as peculiaridades física e moral da mulher e a cultura brasileira" (ADC 19/DF, rel. Min. Marco Aurélio). Das duas interpretações possíveis, o STF acolheu a interpretação segundo a qual a lei é constitucional.

O referido princípio foi primeiramente utilizado no Tribunal Constitucional alemão e na Suprema Corte do Estado da Flórida, nos Estados Unidos, ambas as vezes em 1953. Segundo o Tribunal Constitucional alemão, "uma lei não deve ser declarada nula se for possível interpretá-la de forma compatível com a constituição, pois deve-se pressupor não somente que uma lei seja compatível com a constituição mas também que essa presunção expressa o princípio segundo o qual, em caso de dúvida, deve ser feita uma interpretação conforme à Constituição" (*BVerfGE* 2, 266-282). Da mesma forma, decidiu a Suprema Corte do Estado da Flórida: "Se a lei é razoavelmente suscetível de duas interpretações, sendo que, segundo uma delas, seria a lei considerada inconstitucional e, segundo a outra, válida, é o dever da Corte adotar aquela construção que salve a lei da inconstitucionalidade" (*Boyton* v. *State*, 2D 536, 546).

Como dissemos acima, a *interpretação conforme à Constituição* não é apenas um método de interpretação, como também um método de julgamento, na consecução do controle de constitucionalidade. Tanto que está previsto expressamente no art. 28, parágrafo único, da Lei n. 9.868/99: "a declaração de constitucionalidade ou de inconstitucionalidade, *inclusive a interpretação conforme à Constituição* e a declaração parcial de inconstitucionalidade sem redução de texto, têm eficácia contra todos e efeito vinculante em relação aos órgãos do Poder Judiciário e à Administração Pública federal, estadual e municipal" (grifamos).

Em regra, pode ser feita por qualquer juiz ou Tribunal (inclusive pelos órgãos fracionários dos tribunais), máxime porque interpretar as leis conforme à Constituição nada mais é do que uma atividade inerente ao exercício do Poder Jurisdicional. Aliás, por essa razão, o art. 949 do Código de Processo Civil afirma que, se a arguição de inconstitucionalidade for rejeitada pelo órgão fracionário do Tribunal (em outras palavras, se a norma for considerada constitucional), "prosseguirá o julgamento". Não obstante, o mesmo não poderá ser feito caso ocorra a *interpretação conforme à Constituição com redução de texto*, que será estudada a seguir.

Podemos elencar dois limites ao método ora estudado: a) não pode contrariar expressão literal do texto; b) não pode perverter a vontade do legislador.

Outrossim, não se pode confundir a *interpretação conforme à Constituição* com a *declaração parcial de inconstitucionalidade sem redução de texto*. Esta última, que é um típico caso de controle de constitucionalidade, ocorre quando, depois de considerada determinada hipótese legal inconstitucional, o Judiciário não consegue suprimir quaisquer palavras ou expressões legislativas, pois tais vedações estão implícitas no texto legal ou normativo.

Existem, segundo a doutrina, duas modalidades de *interpretação conforme à Constituição:* a) com redução de texto; b) sem redução de texto.

a) Interpretação conforme à Constituição com redução de texto

Nesse caso, o Judiciário, malgrado considere a norma constitucional, entende que um pequeno trecho, uma palavra, é inconstitucional, suprimindo-a, portanto. Em nosso entender, trata-se do tradicional controle de constitucionalidade, mais do que um método diferenciado de interpretação. Foi o que fez o Supremo Tribunal Federal na ADI 1.127/DF, relatada pelo Ministro Marco Aurélio, quanto ao art. 7º, § 2º, do Estatuto da OAB (Lei n. 8.906/94), que previa ao advogado, no exercício da função, três imunidades profissionais: injúria, difamação ou desacato. O STF, embora entendesse constitucional a concessão de imunidades profissionais ao advogado, considerou a palavra "desacato" inconstitucional: "a imunidade profissional do advogado não compreende o desacato, pois conflita com a autoridade do magistrado na condução da atividade jurisdicional".

Dessa maneira, tratando-se de controle de constitucionalidade, devem ser aplicadas as regras destinadas a esse mecanismo, podendo ocorrer de forma difusa ou concentrada, bem como devendo ser respeitada a *cláusula de reserva de plenário*, prevista no art. 97 da Constituição: somente pela maioria absoluta dos membros dos Tribunais (ou dos seus respectivos órgãos especiais) uma lei poderá ser declarada inconstitucional. Assim, não poderá um órgão fracionário do Tribunal, em regra, fazer a *interpretação conforme à Constituição sem redução de texto*.

b) **Interpretação conforme à Constituição sem redução de texto**

Trata-se da verdadeira *interpretação conforme à Constituição*, pois, nesse caso, o Judiciário não declara parte da lei inconstitucional. Apesar de existir interpretação plausível pela inconstitucionalidade da norma, o Judiciário opta pela interpretação segundo a qual a lei é constitucional. Existem duas subespécies de *interpretação conforme à Constituição sem redução de texto*: 1) com fixação da interpretação constitucional; 2) com exclusão da interpretação inconstitucional.

No primeiro caso, o Judiciário considera que a lei é constitucional, *desde que seja interpretada de determinada maneira*. Em outras palavras, o Judiciário faz a interpretação conforme à Constituição, determinando qual a interpretação correta. Foi o que fez o Supremo Tribunal Federal na ADI 1.371/DF, relatada pelo Min. Néri da Silveira: "ação julgada procedente, em parte, para, sem redução de texto, dar ao artigo 80 da Lei Complementar Federal n. 75/93, interpretação conforme à Constituição, para fixar como única exegese constitucionalmente possível aquela que admite a filiação partidária, se o membro do MP estiver afastado de suas funções institucionais, devendo cancelar sua filiação partidária, antes de reassumir essas funções, não podendo ainda, desempenhar funções pertinentes ao MP eleitoral senão dois anos após o cancelamento da filiação político-partidária".

No segundo caso (*interpretação conforme à Constituição sem redução de texto, com a exclusão da interpretação inconstitucional*), o Judiciário considera a lei constitucional, mas exclui a interpretação incorreta, inconstitucional. "A lei é constitucional, desde que não seja interpretada dessa forma...", dirá o Judiciário. Foi o que fez o STF no julgamento da ADI 3.684/DF, relatada pelo Min. Cezar Peluso, que tratou da possível competência penal que teria sido atribuída à Justiça do Trabalho pela Reforma do Judiciário (EC 45/2004), que alterou o art. 114 da Constituição Federal. Decidiu o STF: "do exposto, defiro a liminar para, com efeito *ex tunc*, atribuir interpretação conforme à Constituição a seu art. 114, I, IV e IX, declarando, nos termos já enunciados, que, no âmbito de jurisdição da Justiça do Trabalho, não entra competência para processar e julgar ações penais".

O mesmo método foi utilizado no julgamento da ADI 4.274, relatada pelo Min. Carlos Ayres Britto, que considerou a "Marcha da Maconha" (manifestação popular em defesa da legalização das drogas ou parte delas) constitucional, não configurando o crime previsto na Lei de Drogas: "Nem mesmo a Constituição está a salvo da ampla, livre e aberta discussão dos seus defeitos e das suas virtudes, desde que sejam obedecidas as condicionantes ao direito constitucional de reunião, tal como a prévia comunicação às autoridades competentes. Ação direta julgada procedente para dar ao § 2º do art. 33 da Lei n. 11.343/2006 'interpretação conforme à Constituição' e dele excluir qualquer significado que enseje a proibição de manifestações e debates públicos acerca da descriminalização ou legalização do uso de drogas ou de qualquer substância que leve o ser humano ao entorpecimento episódico, ou então viciado, das suas faculdades psicofísicas".

Conteúdo digital – Acesse: https://somos.in/CDC7

Conteúdo em vídeo
Questões com gabarito comentado

PRINCÍPIOS FUNDAMENTAIS

11

> **Sumário**

11.1. Art. 1º da Constituição de 1988 – **11.2.** Separação dos Poderes – **11.3.** Objetivos da República – **11.3.1.** Direito antidiscriminação e o racismo estrutural – **11.3.1.1.** Discriminações individuais, institucionais e estruturais – **11.3.1.2.** Constituição Federal – **11.3.1.3.** Convenção Interamericana contra o Racismo, a Discriminação Racial e Formas Correlatas de Discriminação – **11.3.1.4.** Lei do Racismo (Lei n. 7.716/89) – **11.3.1.5.** A jurisprudência do STF – **11.4.** Princípios que regem as relações internacionais – **11.4.1.** A norma programática do parágrafo único.

Depois de estudarmos nos dez primeiros capítulos os temas referentes à *Teoria Geral do Direito Constitucional*, a partir de agora vamos nos dedicar ao estudo do *Direito Constitucional Positivo*, ou seja, vamos estudar os dispositivos da Constituição Federal, bem como os atos normativos que lhes sejam correlatos. Começaremos pelo primeiro Título da Constituição Federal: "Título I – Dos Princípios Fundamentais".

Como estudamos em capítulo anterior, *princípios* são espécies de normas jurídicas, ao contrário do que se pensava anteriormente. Portanto, sendo modalidades de *normas jurídicas, normas constitucionais*, os princípios são dotados de normatividade jurídica e, portanto, eficácia.

Por conta do neoconstitucionalismo (estudado no primeiro capítulo) e em razão do princípio da *eficiência ou máxima efetividade* (estudado no capítulo anterior), deve o intérprete extrair de cada norma constitucional a maior eficácia possível. Todavia, como vimos no capítulo VII, os princípios são, nas palavras de Robert Alexy, "mandamentos de otimização". Assim, devemos extrair de cada princípio a maior eficácia possível.

A Constituição de 1988 é, como vimos em capítulo específico, uma *constituição principiológica*, diante do elevado número de princípios constitucionais nela presentes. Todavia, no Título I, os princípios que ali se encontram são "fundamentais". "Fundamento", do latim *fundamentum*, significa "base, alicerce". Portanto, os primeiros princípios previstos na Constituição foram tidos pelo constituinte originário como os mais importantes, os que servem de base para todo o ordenamento jurídico-constitucional.

O Título I da Constituição é composto por quatro artigos, assim divididos: art. 1º (dentre outros temas, trata dos "fundamentos da República"), art. 2º (separação dos Poderes), art. 3º (objetivos da República), art. 4º (princípios que regem as relações internacionais).

11.1. ART. 1º DA CONSTITUIÇÃO DE 1988

O primeiro artigo de nossa Constituição começa tratando do nome oficial do Estado brasileiro: "República Federativa do Brasil". Como estudamos em capítulo reservado à história das Constituições brasileiras, trata-se do terceiro nome que nos foi dado. Primeiramente, *Império do Brazil*; depois, *Estados Unidos do Brasil* e, desde a Constituição de 1967, *República Federativa do Brasil*.

Esse nome é bastante esclarecedor, na medida em que já informa a forma de governo (República) e a forma de estado (Federação). Não explicitou nesse momento o sistema de governo (Presidencialismo), que será tratado em artigos subsequentes, no capítulo reservado ao Poder Executivo, principalmente.

a) República

A República (do latim *res publica*, coisa pública) configura forma de governo na qual o governante é um representante do povo, por ele escolhido, para um mandato determinado, podendo ser responsabilizado por seus atos, já que é um gestor da coisa pública. Com origem na Idade Antiga (ou Antiguidade), a República se opõe à Monarquia, na qual o governante, embora se considere um representante do povo, não é por ele escolhido, bem como não tem um mandato determinado e, em regra, não pode ser responsabilizado por seus atos.[1] Por

---

1. "A monarquia é uma forma de governo que já foi adotada, há muitos séculos, por quase todos os Estados do mundo. Com o passar dos séculos, ela foi sendo gradativamente enfraquecida e abandonada. Quando nasce o Estado Moder-

exemplo, o art. 99 da Constituição brasileira de 1824 afirmava: "A pessoa do Imperador é inviolável, e sagrada: ele não está sujeito a responsabilidade alguma".

Aristóteles concebeu três formas básicas de governo: a *Monarquia*, governo de um só; a *Aristocracia* (governo de mais de um) e a *República* (governo em que o povo governa no interesse do povo). Maquiavel, em *O Príncipe*, declarou que todo Estado, todos os domínios que exerceram e exercem poder sobre os homens, foram e são ou *Repúblicas* ou *Principados*. Desde então, tem prevalecido a classificação dualista das formas de governo em *República* e *Monarquia* (o primeiro caracterizado pela eletividade periódica do chefe de Estado e o segundo pela hereditariedade e vitaliciedade do respectivo titular da chefia do Estado). Com pequena variação, Montesquieu, em *O Espírito das Leis*, aponta três espécies de governo: o republicano, o monárquico e o despótico, esclarecendo: "o governo republicano é aquele em que o povo, como um todo, ou somente uma parcela do povo, possui o poder soberano; a monarquia é aquele em que um só governa, mas de acordo com as leis fixas e estabelecidas, enquanto no governo despótico, uma só pessoa, sem obedecer às leis e regras, realiza tudo por sua vontade e seus caprichos". Como se vê, não houve grandes avanços desde a Antiguidade, como ressalta Hans Kelsen: "a teoria política da Antiguidade distinguia três formas de Estado: monarquia, aristocracia e democracia. A teoria moderna não foi além dessa tricotomia. A organização do poder soberano é apresentada como o critério dessa classificação. Quando o poder soberano de uma comunidade pertence a um indivíduo, diz-se que o governo, ou a constituição, é *monárquico*. Quando o poder pertence a vários indivíduos, a constituição é chamada *republicana*. Uma república é uma aristocracia ou uma democracia, conforme o poder soberano pertença a uma minoria ou uma maioria do povo".[2]

Segundo Dalmo de Abreu Dallari, "a República, que é forma de governo que se opõe à monarquia, tem um sentido muito próximo do significado de democracia, uma vez que indica a possibilidade de participação do povo no governo. [...] As características fundamentais da República, mantidas desde o século XVII e que foram a razão de seu prestígio e de sua receptividade, são as seguintes: *Temporariedade*. O Chefe de Governo recebe um mandato, com o prazo de duração predeterminado. E para evitar que as eleições reiteradas do mesmo indivíduo criasse um paralelo com a monarquia, estabeleceu-se a proibição de reeleições sucessivas. *Eletividade*. Na República o Chefe de Governo é eleito pelo povo, não se admitindo a sucessão hereditária ou por qualquer forma que impeça o povo de participar da escolha. *Responsabilidade*. O chefe do Governo é politicamente responsável, o que quer dizer que ele deve prestar contas de sua orientação política, ou ao povo diretamente ou a um órgão de representação popular".[3]

Por fim, importante frisar que, embora a República não seja uma cláusula pétrea expressa no art. 60, § 4º, da Constituição Federal, como vimos em capítulo anterior, é considerada pela doutrina e pela jurisprudência do STF como cláusula pétrea implícita.

---

no a necessidade de governos fortes favorece o ressurgimento da monarquia, não sujeita a limitações jurídicas, donde o qualificativo de *monarquia absoluta*. Aos poucos, entretanto, vai crescendo a resistência ao absolutismo e, já a partir do final do século XVIII, surgem as *monarquias constitucionais*. [...] As características fundamentais da monarquia, das quais decorrem os argumentos favoráveis e contrários a ela são: *vitaliciedade*. O monarca não governa por um tempo certo e limitado, podendo governar enquanto viver ou enquanto tiver condições para continuar governando; *hereditariedade*. A escolha do monarca se faz pela simples verificação da linha de sucessão; *irresponsabilidade*. O monarca não tem responsabilidade política" (Dalmo de Abreu Dallari, op. cit., p. 228).

2. *Teoria Geral do Direito e do Estado*, p. 405.
3. Op. cit., p. 230.

b) Federação

Além do *princípio republicano*, o art. 1º da Constituição de 1988 também prevê o *princípio federativo*. Ora, desde a Constituição de 1891, o Brasil é uma Federação, com inspiração norte-americana. Federação é a união de vários estados, cada qual com uma parcela de autonomia. Opõe-se ao Estado Unitário, que possui um comando central único, ainda que descentralizado administrativa e/ou politicamente.

Importante frisar que a *Federação*, em artigo subsequente (art. 60, § 4º, I), será considerada cláusula pétrea, não sendo possível qualquer Proposta de Emenda Constitucional tendente a aboli-la. Outrossim, como vimos em capítulo anterior, segundo a doutrina e segundo a jurisprudência do STF, embora não prevista expressamente na Constituição, a *República* é uma cláusula pétrea implícita.

Para reafirmar e garantir a estabilidade da Federação brasileira, o art. 1º prevê a "união indissolúvel dos Estados e Municípios e do Distrito Federal". Esse trecho do art. 1º da Constituição Federal já denota a importância que será dada aos Municípios: eles serão tratados como entes federativos, dotados de autonomia administrativa e legislativa (ao contrário das constituições anteriores, em que o Município não era considerado ente federativo). Outrossim, o art. 1º da Constituição, ao prever o princípio da *indissolubilidade* da Federação, veda o *direito de secessão* (de separação do território brasileiro). Qualquer tentativa separatista será punida com intervenção, nos termos do art. 34, I, da Constituição Federal: "A União não intervirá nos Estados nem no Distrito Federal, exceto para: I – manter a integridade nacional".

Falaremos mais sobre a Federação em capítulo porvindouro, específico sobre o tema.

c) Estado Democrático de Direito

A Constituição brasileira inspirou-se na Constituição portuguesa de 1976 para qualificar o Estado brasileiro como "Estado Democrático de Direito" (embora o texto português preveja um "Estado de Direito Democrático").

Primeiramente, o Brasil é um "Estado de Direito", expressão surgida na Alemanha (*Rechtsstaat*), no início do século XIX. Portanto, é um país regido pelo princípio da legalidade, seja para as pessoas, seja para (e principalmente para) o Estado. Assim, enquanto as pessoas podem fazer o que a lei não proíbe, o Estado deve fazer aquilo que a lei determina, o que a lei impõe. A própria Constituição Federal prevê uma série de direitos e garantias fundamentais, nos quais o Estado não só é obrigado a não interferir (liberdades públicas), como também tem a obrigação de agir, cumprindo um mínimo existencial de cada um desses direitos ("proibição da proteção insuficiente").

Segundo José Joaquim Gomes Canotilho, "esta palavra – *Rechtsstaat* – isto é, *Estado de Direito*, aparece no início do século XIX, como uma dimensão da discutida 'via especial' do constitucionalismo alemão. [...] No final do século, estabilizaram-se os traços jurídicos essenciais deste Estado: o Estado de direito é um *Estado liberal de direito*. [...] Neste contexto, os *direitos fundamentais liberais* decorriam não tanto de uma declaração revolucionária de direitos, mas do respeito de uma *esfera de liberdade individual*. [...] A limitação do Estado pelo direito teria de estender-se ao próprio soberano: este estava também submetido ao império da lei, transformando-se em 'órgão do Estado'".[4]

---

4. Op. cit., p. 97.

Todavia, o Brasil não é "apenas" um Estado de Direito (máxime porque já houve Estados de Direito autoritários, ilegítimos). O Brasil é um "Estado Democrático", ideia reforçada pelo parágrafo único do art. 1º. Essa também é a conclusão de Canotilho: "O Estado Constitucional não é nem deve ser apenas um Estado de direito. Se o princípio do estado de direito se revelou como uma 'linha Maginot' entre Estados que têm uma constituição e Estados que não têm uma constituição, isso não significa que o Estado Constitucional moderno possa limitar-se a ser apenas um Estado de direito. Ele tem de estruturar-se como Estado de direito democrático, isto é, como uma ordem de domínio legitimada pelo povo. A articulação do 'direito' e do 'poder' no Estado constitucional significa, assim, que o poder do Estado deve organizar-se e exercer-se em termos democráticos. O princípio da soberania popular é, pois, uma das traves mestras do Estado Constitucional".[5]

O mencionado parágrafo único do art. 1º da Constituição Federal inicia com a famosa expressão "todo o poder emana do povo", inspirada na frase do ex-presidente norte-americano Abraham Lincoln: "democracia é o governo do povo, pelo povo e para o povo", e na obra *O que é o Terceiro Estado?*, do padre francês Emmanuel Joseph Sieyès.

Trata-se do princípio da *soberania popular*, fonte dos direitos políticos que serão adiante estudados. A palavra e o conceito de democracia vieram da Grécia, especialmente de Atenas. Significa literalmente "poder do povo" ou "poder exercido pelo povo". Até hoje, Atenas é considerada um dos maiores exemplos de democracia direta (embora poucos fossem os cidadãos – as pessoas dotadas desses direitos políticos, já que estavam excluídos os escravos, os estrangeiros e as mulheres). Se a democracia é o poder exercido pelo povo, por meio de representantes eleitos ou diretamente, em alguns casos (como apregoa nossa Constituição), é imperioso reforçar que as decisões são tomadas por uma maioria, mas que jamais podem desproteger, excluir do processo decisório ou até mesmo discriminar as minorias. Caso contrário, confundiríamos "democracia" com "ditadura da maioria", como, em outras palavras, alertou Hans Kelsen.[6]

Qual a espécie de Democracia prevista no art. 1º da Constituição Federal? Trata-se da *democracia semidireta ou representativa*.

As três principais modalidades de democracia são: a) *democracia direta* – aquela em que as pessoas tomam suas decisões diretamente, sem intermediários (tendo como exemplo a democracia ateniense da Antiguidade); b) *democracia indireta ou representativa* – é a regra geral, na qual o povo elege um grupo de representantes periodicamente, responsáveis por tomar as decisões em nome do povo; c) *democracia semidireta ou participativa* – trata-se de uma democracia indireta, com algumas hipóteses de democracia direta.

Portanto, por ser uma *democracia semidireta ou participativa*, a Constituição assegura que, em regra, as decisões estatais serão proferidas por representantes escolhidos pelo povo e, em alguns casos previstos na própria Constituição, o povo tomará diretamente suas decisões.

---

5. Op. cit., p. 98.
6. "O princípio de maioria não é, de modo algum, idêntico ao domínio absoluto da maioria, à ditadura da maioria sobre a minoria. A maioria pressupõe, pela sua própria definição, a existência de uma minoria; e, desse modo, o direito da maioria implica o direito de existência da minoria. O princípio de maioria em uma democracia é observado apenas se todos os cidadãos tiverem permissão para participar da criação da ordem jurídica, embora o seu conteúdo seja determinado pela vontade da maioria. Não é democrático, por ser contrário ao princípio da maioria, excluir qualquer minoria da criação da ordem jurídica, mesmo se a exclusão for decidida pela maioria" (op. cit., p. 411).

Podemos exemplificar como hipóteses de atuação direta do povo: a) plebiscitos e referendos (art. 49, XV, CF); b) ação popular (art. 5º, LXXIII, CF); c) iniciativa popular (art. 61, § 2º, CF) etc.

Por fim, embora não haja previsão expressa na Constituição Federal, além de ser um Estado de Direito e Democrático, podemos afirmar igualmente que o Brasil também é um *Estado Social*. Isso porque a Constituição de 1988 prevê uma série de direitos sociais, impondo metas e programas estatais, distanciando-se, pois, do Estado Liberal do século XIX. Embora seja um Estado Social de Direito, o constituinte originário preferiu não se utilizar dessa expressão, ao contrário do que foi feito na Constituição Espanhola, de 1978, que, em seu art. 1º, estabelece: "Espanha se constitui em um Estado Social e Democrático de Direito, que propugna como valores superiores de seu ordenamento jurídico a liberdade, a justiça, a igualdade e o pluralismo político".

d) Fundamentos da República

Destacam-se no art. 1º de nossa Constituição os "Fundamentos da República", previstos nos seus cinco incisos. Primeiramente, "fundamentos" são a base principiológica sobre a qual será construído o país. São portanto, metaprincípios, dos quais decorrerão todos os outros princípios e regras constitucionais. São eles: 1) soberania; 2) cidadania; 3) dignidade da pessoa humana; 4) valores sociais do trabalho e da livre iniciativa; 5) pluralismo político.

1) Soberania: a soberania do Estado é formada pela união da independência, no plano internacional, e da supremacia, no plano nacional. Assim, internacionalmente, o país não está subordinado a nenhum outro país. Internamente, não haverá outra força que suplante o poder do Estado, o qual é emanado pelo próprio povo (nos termos do art. 1º, parágrafo único).[7] Nesse sentido: "Soberania significa poder político supremo e independente, como observa Marcello Caetano: *supremo* porque não está limitado por nenhum outro na ordem interna; *independente*, porque na ordem internacional, não tem de acatar regras que não sejam voluntariamente aceitas e está em pé de igualdade com os poderes supremos dos outros povos"[8].

---

7. Segundo Francisco Rezek, "o fato de encontrar-se sobre certo *território* bem delimitado uma *população* estável e sujeita à autoridade de um *governo* não basta para identificar o Estado enquanto pessoa jurídica de direito das gentes: afinal, esses três elementos se encontram reunidos em circunscrições administrativas várias, em províncias federadas como a Califórnia e o Paraná, até mesmo em municípios como Diamantina e Buenos Aires. Identificamos o Estado quando seu governo – ao contrário do que sucede com o de tais circunscrições – não se subordina a qualquer autoridade que lhe seja superior, não reconhece, em última análise, nenhum poder maior de que dependam a definição e o exercício de suas competências, e só se põe de acordo com seus homólogos na construção da ordem internacional, e na fidelidade aos parâmetros dessa ordem, a partir da premissa de que aí vai um esforço horizontal e igualitário de coordenação no interesse coletivo. Atributo fundamental do Estado, a soberania o faz titular de competências que, precisamente porque existe uma ordem jurídica internacional, não são ilimitadas; mas nenhuma outra entidade as possui superiores" (*Direito Internacional Público*, p. 224).
8. José Afonso da Silva. *Comentário Contextual à Constituição*, p. 35. Segundo Valerio Mazzuoli, "o conceito de governo autônomo e independente induz à ideia de Estado soberano, que é aquele que, em última análise, não reconhece nenhum poder superior capaz de ordenar o exercício de suas competências internas, cedendo apenas a essa intangibilidade para se pôr ao lado de seus homólogos na realização do ideal comum de construção da ordem internacional, e na medida necessária para que tal ordem se desenvolva e se torne a gestora dos interesses comuns das várias nações do planeta. A ideia de gerência independente dos assuntos internos (v.g., dos meios de atuação política, das definições das suas competências etc.) é corolário do princípio da *kompetenz kompetenz* ('competência da competência') desenvolvido pelo jurista alemão Jellinek ao final do século XIX" (op. cit., p. 439).

Não tendo sido utilizado durante a Antiguidade[9], tem-se afirmado que o conceito de *soberania* foi empregado a partir do ano de 1576, na obra *Les Six Livres de la République*, de Jean Bodin, sobretudo no capítulo VIII do Livro I, totalmente voltado ao esclarecimento do conceito de soberania. Quase dois séculos depois, Jean Jacques Rousseau, em seu histórico *O Contrato Social*, dá grande ênfase ao conceito de soberania, já transferindo sua titularidade da pessoa do governante para o povo. Segundo Dalmo de Abreu Dallari, "no combate da burguesia contra a monarquia absoluta, que teve seu ponto alto na Revolução Francesa, a ideia da soberania popular iria exercer grande influência, caminhando no sentido de soberania nacional, concebendo-se a nação como o próprio povo numa ordem. No começo do século XIX ganha corpo a noção de soberania como expressão de poder político, sobretudo porque interessava às grandes potências, empenhadas em conquistas territoriais, sustentar sua imunidade a qualquer limitação jurídica. Entretanto, a partir da metade do século, vai surgir na Alemanha a teoria da personalidade jurídica do Estado, que acabará sendo apontado como o verdadeiro titular da soberania. E já no século XX, aperfeiçoada a doutrina jurídica do Estado, a soberania passa a ser indicada como uma de suas notas características, colocando-se entre os temas fundamentais do direito público, desenvolvendo-se uma completa teoria jurídica da soberania".[10] São características da soberania: *una* (não se admite num mesmo Estado a convivência de duas soberanias); *indivisível* (ela se aplica a todos os fatos ocorridos no Estado, sendo inadmissível a existência de várias partes separadas da soberania); *inalienável* (aquele que a detém desaparece quando fica sem ela); *imprescritível* (jamais seria verdadeiramente superior se tivesse um prazo de duração); *originária* (nasce no exato momento em que nasce o Estado, como seu atributo inseparável); *incondicionada* (só encontra limites postos pelo próprio Estado) e *coativa* (o Estado não só ordena, mas dispõe de meios para fazer cumprir suas ordens).

2) Cidadania: numa visão estrita, cidadania é a possibilidade de interferir nas decisões políticas do Estado. Assim, cidadãos seriam os titulares dos direitos políticos. Não obstante, há também uma visão ampla de cidadania, segundo a qual ela corresponde à titularidade dos direitos fundamentais, como também de deveres perante os semelhantes. Sobre a evolução do conceito de *cidadania*, brilhantemente expõe Gianpaolo Smanio: "A Constituição Federal de 1988, chamada de 'Constituição Cidadã', efetivou uma mudança na conceituação de cidadania, conferindo maior amplitude ao seu significado, ao colocá-la dentre os princípios fundamentais da República Federativa do Brasil (art. 1º, II). A cidadania deixou de estar relacionada apenas com a nacionalidade, deixou de ser considerada apenas um *status* de reconhecimento do Estado, para ser um conceito amplo, compatível com uma nova dimensão da cidadania, como expressão de direitos fundamentais e de solidariedade. Conforme análise de Hannah Arendt, o primeiro dos direitos do homem é o direito a ter direitos, o que implica na dimensão e conceito de cidadania, como um meio para a proteção de direitos e também como um princípio, pois

---

9. "No Estado da Antiguidade, desde a época mais remota até o fim do Império Romano, não se encontra qualquer noção que se assemelhe à soberania. Em Aristóteles, no Livro I de *A Política*, apontam-se as peculiaridades da Cidade, sobretudo aquelas que a diferenciam da sociedade familiar, afirmando-se então a ideia de superioridade da cidade-Estado, por ser dotada de *autarquia*. Esta expressão, entretanto, não indica supremacia do poder, significando apenas que ela era autossuficiente, capaz de suprir às próprias necessidades [...]. No final da Idade Média, os monarcas já têm supremacia, ninguém lhes disputa o poder, sua vontade não sofre qualquer limitação, tornando-se patente o atributo que os teóricos logo iriam perceber, a soberania, que no século XVI aparece como um conceito plenamente amadurecido, recebendo um tratamento teórico sistemático e praticamente completo" (*Elementos de Teoria Geral do Estado*, p. 76).
10. *Elementos de Teoria Geral do Estado*, p. 79.

a destituição da cidadania implica na perda desses direitos. Portanto, quando a nossa Constituição estabelece a cidadania como um princípio fundamental da República, abrange essa dimensão de concretização dos direitos fundamentais".[11]

3) Dignidade da pessoa humana: trata-se da fonte de todos os direitos e garantias fundamentais da pessoa humana. Se o ser humano é titular de direitos e garantias, é porque deve ser tratado dignamente.

Segundo o professor de Direito Constitucional Jorge Reis Novais, da Universidade de Lisboa, em brilhante obra sobre o tema, não obstante o reconhecimento praticamente universal da dimensão jurídica da *dignidade humana*, somente em meados do século XX, com as Constituições do pós-guerra, o princípio chegou ao direito constitucional[12].

Segundo Daniel Sarmento, o princípio da dignidade da pessoa humana tem dupla função: além de dar legitimidade ao Estado e à ordem jurídica, ao estabelecer que eles existem em razão da pessoa humana (e não apenas na mera forma jurídica, como se deu no Holocausto), tem uma função hermenêutica, interpretativa: "ela deve permear a interpretação e aplicação das normas constitucionais de todas as áreas, como as que tratam da organização do Estado, disciplina da economia, tributação, família etc. Mais do que isso, a dignidade deve se irradiar para todos os ramos da ordem jurídica – inclusive do Direito Privado – impondo a releitura dos preceitos e institutos de todas as áreas sob as suas lentes. Como diretriz hermenêutica, a dignidade humana se prestou, por exemplo, para justificar uma ousada – e correta! – leitura pelo STF do art. 226, § 3º, da Constituição Federal, que estendeu o instituto da união estável para casais formados por pessoas do mesmo sexo".[13]

Há outras duas aplicações importantíssimas do princípio da dignidade da pessoa humana. Primeiramente, ele também é utilizado como *critério para ponderação entre interesses constitucionais conflitantes*. Nas palavras de Daniel Sarmento, "cuida-se de um parâmetro importante, que busca reduzir o arbítrio do intérprete, bem como diminuir o risco de que a ponderação se converta em instrumento para o enfraquecimento dos direitos fundamentais diante dos interesses das maiorias".[14] Essa também é a opinião de Luiz Antonio Rizzatto Nunes, em obra específica sobre o tema: "como o mais importante princípio constitucional é o da digni-

---

11. *Legitimidade Jurídica das Políticas Públicas:* a Efetivação da Cidadania, p. 13. No mesmo sentido, José Afonso da Silva afirma: "a nova ideia de cidadania se constrói, pois, sob o influxo do progressivo enriquecimento dos direitos fundamentais do homem. A Constituição de 1988, que assume as feições de uma *constituição dirigente*, incorporou essa nova dimensão da cidadania quando, no art. 1º, II, a indicou como um dos fundamentos do Estado Democrático de Direito. [...] A cidadania, assim considerada, consiste na consciência de pertinência à sociedade estatal como *titular dos direitos fundamentais, da dignidade como pessoa humana, da integração participativa no processo do poder, com a igual consciência de que essa situação subjetiva envolve também deveres de respeito à dignidade do outro*, de contribuir para o aperfeiçoamento de todos" (grifamos) (op. cit., p. 26).
12. "Durante o século XIX, com exceções pouco significativas, a dignidade permanece ausente dos textos jurídicos e constitucionais e, mesmo durante a primeira metade do século XX, o surgimento é esparso e muito tímido. A primeira manifestação é a Constituição finlandesa de 1919, onde se incumbe a lei de proteger a vida, a *dignidade*, a liberdade pessoal e a propriedade dos cidadãos. Também no mesmo ano de 1919, o art. 151 da Constituição de Weimar, na parte sistemática da *Constituição econômica*, acolheu indiretamente o conceito, não no sentido de dignidade da pessoa humana que hoje é comum à generalidade das novas constituições, mas enquanto objetivo programático de 'garantia de uma existência humana digna para todos'. [...] Posteriormente, só nos últimos anos da década de trinta, combinando as referidas preocupações sociais com a chamada 'doutrina social da Igreja', a ideia de *dignidade humana* surgiu em algumas Constituições e textos constitucionais onde havia uma evidente inspiração católica" (*A Dignidade da Pessoa Humana*, p. 48).
13. *Dignidade da Pessoa Humana*, p. 81.
14. Op. cit., p. 81.

dade humana, é ele que dá a diretriz para a harmonização dos princípios, e, via de consequência, é nela – dignidade – que a proporcionalidade se inicia de aplicar. [...] Tanto no conflito em abstrato de princípios como no caso real, concreto, é a dignidade que dirigirá o intérprete – que terá em mãos o instrumento da proporcionalidade – para a busca da solução"[15].

Além disso, tem o condão de *identificação de outros direitos fundamentais*, não previstos no rol estrito dos arts. 5º a 17 da Constituição Federal. Ora, o próprio art. 5º, § 2º, da Constituição Federal prevê que o rol de direitos, ali presente, não exclui os direitos decorrentes de seus princípios e de tratados internacionais. Assim, "o principal critério para a identificação desses outros direitos fundamentais é o princípio da dignidade da pessoa humana. É esse critério que justifica que se concebam como direitos fundamentais, por exemplo, a fundamentação das decisões judiciais (art. 93, IX, CF) e o meio ambiente (art. 225), mas não o direito dos titulares de serviços notariais e registrais a manutenção dos seus cartórios (art. 32, ADCT). Afinal, os primeiros têm forte conexão com a dignidade humana, de que carece o último. Em síntese, devem ser considerados fundamentais os direitos que, conquanto não contidos no catálogo constitucional pertinente, representem concretizações relevantes do princípio da dignidade da pessoa humana"[16].

Seria, ao contrário dos demais princípios, absoluta a *dignidade da pessoa humana*? Grande parte da doutrina, nacional ou estrangeira, considera o caráter absoluto da dignidade da pessoa humana, em decorrência, sobretudo, da teoria de Kant (em *Fundamentação da Metafísica dos Costumes*), segundo a qual a máxima que exprime a dignidade da pessoa humana – tratar as pessoas como fins e nunca como meios – foi levada à condição de imperativo categórico, ou seja, à qualidade de regra universal e incondicional, válida para toda e qualquer situação[17]. É o que faz Fernando Ferreira dos Santos, em obra específica sobre o tema: "a dig-

---

15. *O Princípio Constitucional da Dignidade da Pessoa Humana*, p. 55.
16. Op. cit., p. 85. Existe uma polêmica grande acerca da eventual possibilidade de se utilizar o princípio da *dignidade da pessoa humana* para considerar a perda da "fundamentalidade" de alguns direitos fundamentais. Por exemplo, poder-se-ia argumentar que o art. 5º, LVIII, da Constituição Federal, que veda a identificação criminal àqueles já identificados civilmente, com o passar do tempo e com o avanço da tecnologia para colheita de impressões digitais, perdeu o seu caráter de fundamentalidade. Seria fundamental quando da década de 1980, quando feita a Constituição Federal, mas não possui mais tal caráter essencial. Sobre Sarmento: "o tema é polêmico e ainda não foi enfrentado pela jurisprudência brasileira. A possibilidade é enfaticamente rejeitada por Ingo Wolfgang Sarlet, que aduziu que a sua admissão exporia a grave risco os direitos fundamentais, em razão da diversidade de filosofias constitucionais existentes, o que acabaria tornando o reconhecimento da fundamentalidade dependente da ideologia do juiz de plantão. Um juiz libertário, por exemplo, poderia adotar leitura que excluísse a fundamentalidade dos direitos sociais, enquanto um marxista poderia fazê-lo em relação às liberdades civis tradicionais. Para evitar esse risco – afirma Sarlet – seria preferível tratar a todos os direitos inseridos no catálogo constitucional como fundamentais, independentemente de qualquer juízo acerca do seu conteúdo" (op. cit., p. 85). Concordamos com Sarlet, sobretudo por conta dos riscos de se adotar a *dignidade da pessoa humana*, princípio altamente vago, abstrato e intangível, como critério para deixar de considerar um direito fundamental. Todavia, essa não é a opinião de Sarmento, um tanto mais flexível do que nós e Sarlet: "Não me parece, realmente, que se deva atribuir força definitiva à simples localização de um dispositivo no corpo da Constituição. [...] Mas, na minha concepção, a topologia constitucional não é irrelevante para a caracterização da fundamentalidade do direito, pois dela decorre a distribuição do ônus argumentativo sobre a questão. Se o direito estiver inserido no catálogo, haverá presunção de que se trata de direito fundamental, e o ônus argumentativo caberá àquele que sustentar o contrário. Já se ele estiver fora do catálogo, deve-se presumir que não é fundamental, competindo a quem sustenta a sua fundamentalidade o ônus de demonstrar que se trata de concretização importante do princípio da dignidade da pessoa humana" (op. cit., p. 87).
17. Segundo Alysson Leandro Mascaro, "Para Kant, não sendo um Deus, não age natural ou necessariamente no caminho da moralidade. Por isso, racionalmente, a moralidade se apresenta como um imperativo. Trata-se de um *dever-ser* que se apresenta à vontade e à racionalidade humana, e não simplesmente um desdobramento natural do ser do homem. Além disso, é um imperativo para agir. O imperativo categórico é não apenas um saber que

nidade da pessoa humana é um princípio absoluto, porquanto, repetimos, ainda que se opte em determinada situação pelo valor coletivo, por exemplo, esta opção não pode nunca sacrificar, ferir o valor da pessoa"[18].

Todavia, concordamos com a maioria da doutrina (Robert Alexy, Michael Kloepfer, Ingo Wolfgang Sarlet, Luís Roberto Barroso, Ricardo Lobo Torres, Daniel Sarmento, dentre outros), no sentido de que, assim como todos os demais princípios constitucionais, a dignidade da pessoa humana é relativa. Não obstante, inegavelmente, por ser um metaprincípio, o "princípio dos princípios", somente em casos excepcionalíssimos, quase inexistentes, tal princípio poderá ser relativizado. Caso fosse um princípio absoluto, pelo menos metade dos presos brasileiros, que vive em situação degradante nos presídios nacionais, deveria ser imediatamente solta.

Teoria norte-americana, extremamente polêmica (*Cenário da Bomba-Relógio, Ticking Time Bomb Scenario* ou *Ticking Bomb Scenario*), visa relativizar a proibição da tortura. Segundo essa teoria, na iminência de explosões que ceifarão a vida de milhões, a dignidade da pessoa humana do terrorista poderá ser violada, para se descobrir o paradeiro dos objetos explosivos. Segundo a doutrina norte-americana, "a possibilidade da admissão da tortura somente seria colocada sobre a mesa se houvesse uma extrema probabilidade de que o torturado possuísse informações valiosas e houvesse o risco de um ataque de significativas proporções, ceifando a vida de pessoas inocentes. A execução de uma busca ilegal sobre uma pessoa é presumivelmente inconstitucional, assim como também a tortura, a menos que o agente seja informado por uma combinação de probabilidades, que fazem com que seja significativamente provável que o torturado revele informações sob intensa, talvez lancinante, dor física ou mental". Tal assunto é pouquíssimo tratado na doutrina brasileira, encontrando fértil doutrina norte-americana, com respectivos comentários de outros países, como em Portugal.[19] Frise-se que essa teoria, polêmica até mesmo em terras americanas,[20] costuma ser refutada na doutrina brasileira.[21]

Não obstante, uma das maiores críticas à dignidade da pessoa humana é exatamente o seu caráter amplo e abstrato. É comum encontrarmos, num debate jurídico entre teses antagôni-

---

orienta a moral, mas uma diretiva que tem em vista a ação. [...] O imperativo categórico não é uma orientação moral que busca um certo fim. Ele não se apresenta como uma ferramenta para alcançar um determinado objetivo. Não é apenas um dever. É um dever que obriga sem condicionantes nem limitações nem finalidades outras que o cumprimento desse próprio dever" (*Filosofia do Direito*, p. 219).

18. *Princípio Constitucional da Dignidade da Pessoa Humana*, p. 94.
19. "Como situações típicas hipotéticas deste tipo de *tortura para salvamento*, é normalmente apresentado o *caso do bombista (ticking time bomb scenario)*, em que a tortura surge como única e derradeira possibilidade de obter informações sobre a localização ou a desativação de uma bomba-relógio, colocada para explodir num local populoso, num contexto em que o torturado dispõe dessas informações, mas se recusa a revelá-las. Trata-se, no fundo, de situações de tortura forçadas pelo dilema moral ou pela escolha trágica em que se vê colocada a autoridade pública que, para evitar um mal maior – a morte de pessoas inocentes – recorre à tortura dita altruística, ou seja, utilizada em situações de emergência com a estrita finalidade de salvar vidas humanas ou de resgatar pessoas, num contexto em que o tempo urge e a tortura é o derradeiro meio de obter informações que podem permitir o êxito da operação de salvamento" (Jorge Reis Novais, *A Dignidade da Pessoa Humana*, p. 203).
20. *Defusing The Ticking Bomb Scenario. Why we must say no to torture, always* (desconstruindo o cenário da bomba-relógio. Por que temos que dizer não à tortura, sempre). Disponível em: <www.apt.ch/content/files_res/tickingbombscenario.pdf>.
21. "A proibição da tortura, por exemplo, é absoluta. Nenhuma situação pode justificá-la, jamais" (Daniel Sarmento, op. cit., p. 98). "Inegavelmente, há situações em que um direito ou garantia fundamental é absoluto, devendo ser exercido de maneira irrestrita. É o caso da proibição à tortura e do tratamento desumano ou degradante. Aqui não existe relatividade alguma. O marginal, assaltante, sequestrador, meliante, corrupto ou 'monstro' da pior estirpe não pode ser torturado com o uso de expedientes psíquicos ou materiais" (Uadi Lammêgo Bulos, op. cit., p. 531).

cas, o fundamento na *dignidade da pessoa humana* para sustentar ambas as teses. Por exemplo, aqueles que defendem o aborto até o terceiro mês de gestação costumam sustentar sua tese na *dignidade da pessoa humana* da gestante. Por sua vez, aqueles que são contrários à legalização do aborto utilizam como fundamento a *dignidade da pessoa humana* antes do nascimento. Por essa razão, em busca de um conceito mais preciso da dignidade da pessoa humana, decidimos, a partir da 3ª edição de nosso livro, criar um novo capítulo: *Dignidade da Pessoa Humana* (capítulo 22 – disponível na plataforma digital).

4) Valores sociais do trabalho e da livre iniciativa: nesse dispositivo, a Constituição de 1988 mostra o quanto é *compromissória* (nas palavras de Canotilho), ou *suave* (nas palavras de Zagrebelsky). No mesmo dispositivo manteve a ponderação entre os valores sociais do trabalho (e a necessidade da tutela constitucional dos direitos do empregado), bem como mostrou a importância da livre iniciativa, da iniciativa privada, do capitalismo. Essa mesma dicotomia é apresentada no art. 170 da Constituição Federal: "A ordem econômica, fundada na valorização do trabalho humano e na livre iniciativa, tem por fim assegurar a todos existência digna, conforme os ditames da Justiça social...". Segundo José Afonso da Silva: "os antigos consideravam o trabalho (basicamente manual, então) como algo degradante para o homem, algo inferior ao ócio, à vida contemplativa e à atividade militar. Alguns modernos, ao contrário, chegaram a divinizar o trabalho, a ponto de expressar uma 'mania de trabalhar por trabalhar', sem consideração de seus fins. Ambas as concepções desconsideram o trabalho como valor social, o trabalho como atividade humana destinada a transformar ou adaptar recursos naturais com o fim de produzir bens e serviços. [...] Os valores sociais do trabalho estão precisamente na sua função de criar riquezas, de prover a sociedade de bens e serviços e, enquanto atividade social, fornecer à pessoa bases de sua autonomia e condições de vida digna".[22] Por sua vez, quanto à livre iniciativa, "ela constitui um valor do Estado Liberal. Mas no contexto de uma constituição preocupada com a justiça social não se pode ter como um puro valor o lucro pelo lucro. Seus valores (possibilidade de o proprietário usar e trocar seus bens, autonomia jurídica, possibilidade de os sujeitos regularem suas relações do modo que lhes seja mais conveniente, garantia a cada um para desenvolver livremente a atividade escolhida), hoje, ficam subordinados à função social da empresa e ao dever do empresário de propiciar melhores condições de vida aos trabalhadores, exigidas pela valorização do trabalho".[23]

Sobre a livre iniciativa, já se manifestou o Supremo Tribunal Federal: "O princípio da livre iniciativa não pode ser invocado para afastar regras de regulamentação do mercado e de defesa do consumidor" (RE 349.686, rel. Min. Ellen Gracie, 14-6-2005).

5) Pluralismo político: a Constituição fomenta o pluralismo de ideias, de cultura de costumes. Não se pode confundir *pluralismo político* com *pluripartidarismo* (pluralismo de partidos). Esse último é apenas uma consequência do primeiro. Com base no pluralismo político, o Supremo Tribunal Federal declarou inconstitucional a chamada "cláusula de barreira": "Funcionamento parlamentar. Propaganda partidária gratuita. Fundo Partidário. Surge conflitante com a Constituição Federal lei que, em face da gradação de votos obtidos por partido político, afasta o funcionamento parlamentar e reduz, substancialmente, o tempo de propaganda partidária gratuita e a participação no rateio do Fundo Partidário" (ADI 1.351/DF – 2006, rel. Min. Marco Aurélio).

---

22. Op. cit., p. 39.
23. Op. cit., p. 39.

11.2. SEPARAÇÃO DOS PODERES

O art. 2º da Constituição Federal estabelece as diretrizes centrais da separação dos Poderes no Brasil: "São Poderes da União, independentes e harmônicos entre si, o Legislativo, o Executivo e o Judiciário".

Embora a expressão mais adequada seja "separação das funções estatais" (já que o poder do Estado é uno, indivisível), é largamente utilizada a expressão "separação dos Poderes", prevista inclusive no art. 60, § 4º, III, da Constituição Federal.

A teoria da separação das funções estatais tem origem em Aristóteles, em sua obra *A Política*. Embora o filósofo grego, aluno de Platão, não previsse órgãos distintos, identificou funções estatais distintas (deliberação, comando e judicatura). No século XVII, a teoria ganha outra dimensão com a obra de John Locke (*Segundo Tratado sobre o Governo Civil*), que definiu quatro funções estatais (função legislativa, exercida pelo Parlamento; função executiva, exercida pelo Rei; função federativa, também exercida pelo rei, referente à guerra e paz, bem como outras relações externas; e, por fim, prerrogativa, que seria o poder de fazer o bem público sem se subordinar às regras).

Todavia, foi com a obra de 1748 do barão de Montesquieu (o francês Charles-Louis de Secondat) que a teoria ganhou dimensão universal: *O Espírito das Leis (L'esprit des lois)*. Montesquieu, como é conhecido, prevê a Tripartição de Poderes (Executivo, Legislativo e Judiciário).

No Brasil, desde a Constituição de 1891, adotou-se a teoria da Tripartição de Poderes de Montesquieu. Exceção foi feita pela primeira Constituição brasileira (de 1824), que, inspirada na teoria de Benjamin Constant, adotou a *quadripartição de Poderes* (o quarto poder seria o Poder Moderador, exercido pelo Imperador).

Constant desenvolveu teoria acerca da Monarquia Constitucional, na qual o poder real deveria ser um poder neutro, protegendo, balanceando e restringindo os excessos dos demais poderes (por isso, um poder moderador). A proposta de Benjamin Constant foi adotada expressamente pelas Constituições de Portugal (1826) e Brasil (1824). Não obstante, adaptando-se a teoria de Benjamin Constant (segundo a qual o Presidente exerceria apenas o Poder Moderador, enquanto o Executivo seria exercido por um Conselho de Ministros ou Gabinete), no Brasil o Imperador exerce simultaneamente o Poder Moderador e chefiava o Poder Executivo, denotando a clara concentração de poderes em suas mãos.

A teoria da separação dos poderes ganhou dimensões internacionais, como resposta às monarquias absolutistas europeias. Atribui-se ao rei francês Luís XIV, o Rei Sol, a frase: "O Estado sou eu!" (*L'État c'est moi!*). Tanto é verdade que, com o advento da Revolução Francesa, na Declaração de Direitos do Homem de 1789, constou: "toda sociedade na qual a garantia dos direitos não está assegurada, nem a separação dos poderes determinada, não tem Constituição". A finalidade da teoria da separação dos poderes é clara: evitar a concentração do poder nas mãos de uma só pessoa ou de algumas pessoas.

A Constituição de 1988 prevê dois princípios que regem expressamente a Separação dos Poderes: independência e harmonia. Em Constituições anteriores (1891, 1934, 1946, 1967 e 1969), também havia expressa previsão do princípio da "indelegabilidade". A *indelegabilidade* não está prevista expressamente em nossa Constituição, no nosso entender, em razão do grande número de exceções em que um Poder delega suas funções típicas a outro. Por exemplo, a *lei delegada*, prevista no art. 68 da Constituição, consiste na possibilidade de o Congresso Nacional delegar ao Presidente da República a possibilidade de elaborar uma lei sobre um assunto específico. Concorda conosco Dalmo de Abreu Dallari: "recebida de início com muitas reservas e despertando forte resistência, a delegação de poderes, sobretudo a delegação de poder legislativo, foi aos poucos penetrando nas Constituições. Atualmente, superada já a fase de resistências, admite-se como fato normal a delegação, exigindo-se apenas que seja ela limitada no tempo e quanto ao objeto".[24]

a) Independência e harmonia

Os três poderes, embora exerçam controles recíprocos, como adiante se verá, são independentes. Assim, um poder não pode se subordinar ao outro. Uma emenda constitucional não poderá diminuir a liberdade de um poder, subordinando-o ao outro.

Decisão importante proferida pelo Supremo Tribunal Federal (na ADI 3.367) diz respeito à Emenda Constitucional n. 45/2004 (conhecida como "Reforma do Poder Judiciário"), que criou o CNJ (Conselho Nacional de Justiça). A Associação dos Magistrados Brasileiros (AMB) ajuizou a sobredita ação, utilizando-se, principalmente, de dois argumentos: a) a criação do CNJ fere a separação dos poderes, por se tratar de uma espécie de controle externo do Poder Judiciário; b) a participação de pessoas estranhas ao Poder Judiciário (como advogados e membros do MP) no CNJ configuraria um controle externo e, portanto, inconstitucional.

O Supremo Tribunal Federal, nesse ponto, julgou improcedente o pedido e, portanto, considerou constitucional o Conselho Nacional de Justiça. Primeiramente, o Conselho Nacional de Justiça não configura controle externo do Poder Judiciário. Isso porque, nos termos do art. 92, I-A, da Constituição Federal, o CNJ é um órgão do Poder Judiciário. Portanto, trata-se de um controle interno, e não um controle externo. Segundo o STF, "Ora, não é esse o caso do Conselho Nacional de Justiça, que se define como órgão interno do Judiciário e, em sua formação, apresenta maioria qualificada (três quintos) de membros da magistratura (arts. 92, I-A, e 103-B). Desses caracteres vem-lhe a natureza de órgão de controle e interno, conduzido pelo próprio Judiciário, conquanto democratizado na composição por meio da participação minoritária de representantes das áreas profissionais afins".

Outrossim, a participação de pessoas externas ao Poder Judiciário no CNJ (como advogados e membros do Ministério Público), em vez de ser um retrocesso inconstitucional, é um avanço democrático e republicano, segundo o STF: "Pressuposto agora que a instituição do Conselho não apenas simboliza, mas também opera ligeira abertura das portas do Judiciário para que representantes da sociedade tomem parte no controle administrativo-financeiro e ético-disciplinar da atuação do Poder, robustecendo-lhe o caráter republicano e democrático, nada mais natural que os dois setores sociais, cujos misteres estão mais próximos das atividades profissionais da magistratura, a advocacia e o Ministério Público, integrem o Conselho responsável por esse mesmo controle".

Da mesma forma, o Supremo Tribunal Federal já decidiu que a *posição concretista* do mandado de injunção, largamente utilizada pelo STF (consistente na produção de efeitos concretos, destinados a tutelar o direito pleiteado pela parte – teoria encampada pela recente Lei n. 13.300/2016), não fere a separação dos Poderes: "O argumento de que a Corte estaria então a legislar – o que se afiguraria inconcebível, por ferir a independência e harmonia entre os poderes [art. 2º da Constituição do Brasil] e a separação dos poderes [art. 60, § 4º, III] – é insubsistente. O Poder Judiciário está vinculado pelo dever-poder de, no mandado de injunção,

---

24. Op. cit., p. 222.

formular supletivamente a norma regulamentadora de que carece o ordenamento jurídico. No mandado de injunção o Poder Judiciário não define norma de decisão, mas enuncia o texto normativo que faltava para, no caso, tornar viável o exercício do direito de greve dos servidores públicos. Mandado de injunção julgado procedente, para remover o obstáculo decorrente da omissão legislativa e, supletivamente, tornar viável o exercício do direito consagrado no artigo 37, VII, da Constituição do Brasil" (MI 712/PA, rel. Min. Eros Grau, 25-10-2007).

Outrossim, o Supremo Tribunal Federal já julgou que a legitimidade do controle jurisdicional de abusos praticados por Comissão Parlamentar de Inquérito não fere a separação dos poderes: "A essência do postulado da divisão funcional do poder, além de derivar da necessidade de conter os excessos dos órgãos que compõem o aparelho de Estado, representa o princípio conservador das liberdades do cidadão e constitui o meio mais adequado para tornar efetivos e reais os direitos e garantias proclamados pela Constituição. Esse princípio, que tem assento no art. 2º da Carta Política, não pode constituir e nem qualificar-se como um inaceitável manto protetor de comportamentos abusivos e arbitrários, por parte de qualquer agente do Poder Público ou de qualquer instituição estatal. O Poder Judiciário, quando intervém para assegurar as franquias constitucionais e para garantir a integridade e a supremacia da Constituição, desempenha, de maneira plenamente legítima, as atribuições que lhe conferiu a própria Carta da República. O regular exercício da função jurisdicional, por isso mesmo, desde que pautado pelo respeito à Constituição, não transgride o princípio da separação dos poderes" (MS 23.452/RJ, rel. Min. Celso de Mello).

Por fim, se nas decisões sobreditas o STF entendeu que tais atos normativos não feriam a separação dos poderes, o mesmo não se deu na ADI 5.316/DF, referente à Emenda Constitucional n. 88/2015, conhecida vulgarmente como "Emenda da Bengala". O art. 2º da sobredita emenda constitucional tem duas partes importantes. A primeira parte amplia de 70 para 75 anos a idade da aposentadoria compulsória dos Ministros do STF, dos Tribunais Superiores e dos Tribunais de Contas da União. A parte final traz uma regra inusitada: "nas condições do art. 52 da Constituição Federal". Dessa maneira, segundo a parte final do art. 2º da EC 88/2015, para que os Ministros continuem em seus respectivos cargos, dos 70 aos 75 anos, seriam submetidos a uma nova sabatina perante o Senado! Em decisão cautelar, na ação sobredita, o Supremo Tribunal Federal declarou inconstitucional a parte final da referida emenda: "o princípio constitucional da separação dos Poderes (CRFB, art. 2º), cláusula pétrea inscrita no art. 60, § 4º, III, da Constituição da República, revela-se incompatível com arranjos institucionais que comprometam a independência e a imparcialidade do Poder Judiciário, predicados necessários à garantia da justiça e do Estado Democrático de Direito. A expressão 'nas condições do art. 52 da Constituição Federal' [...], ao sujeitar à confiança política do Poder Legislativo a permanência no cargo de magistrados do Supremo Tribunal Federal, dos Tribunais Superiores e dos Membros do Tribunal de Contas da União, vulnera as condições materiais necessárias ao exercício imparcial e independente da função jurisdicional" (rel. Min. Luiz Fux).

b) **Sistema de freios e contrapesos**

Embora os poderes sejam independentes e harmônicos, isso não significa que inexista uma interferência entre eles. Há um sistema de controles recíprocos entre os três Poderes, denominado *sistema de freios e contrapesos* (*checks and balances*). A origem de tal sistema é inglesa, por conta do relacionamento entre a Câmara dos Lordes, balanceando os projetos de lei da Câmara dos Comuns. O próprio Montesquieu, em seu *O Espírito das Leis*, referiu-se ao sistema de freios e contrapesos, afirmando que "isto se dará se elas formarem um corpo com direito de frear as iniciativas do Povo, assim como o Povo terá o direito de frear as delas". A expressão foi criada no direito norte-americano, máxime com o *judicial review* (a possibilidade de declaração de inconstitucionalidade pelo Poder Judiciário), em razão do caso Marbury *v.* Madison.

Assim, o Poder Judiciário interferirá, dentro de certos limites, no Poder Legislativo, que, por sua vez, interferirá no Poder Executivo etc. Por exemplo: a) o Poder Executivo pode vetar um projeto de lei do Poder Legislativo que, no seu entender, seja inconstitucional ou contrário ao interesse público (art. 66, § 1º); b) o Poder Legislativo pode rejeitar uma medida provisória editada pelo Presidente da República (art. 62); c) o Poder Judiciário pode declarar uma lei ou ato normativo inconstitucional (art. 102, I, "a"); d) o Presidente da República escolherá os Ministros do STF, com a participação do Senado (art. 101, parágrafo único) etc.

11.3. OBJETIVOS DA REPÚBLICA

Maior demonstração do *caráter dirigente* da Constituição de 1988, o art. 3º traz os objetivos da República. Trata-se de um dispositivo de caráter principiológico e programático. Dessa maneira, não produzirá todos os efeitos imediatamente, devendo ser visto como um "mandamento de otimização", ou seja, o Estado deve cumprir o máximo possível desses objetivos, dentro dos limites jurídicos, orçamentários e fáticos. São objetivos da República:

a) Construir uma sociedade livre, justa e solidária

O primeiro objetivo da República foi inspirado no preâmbulo da Constituição de Portugal, que se propõe construir "um país mais livre, mais justo e mais fraterno".

Uma sociedade *livre* é aquela que possui e fomenta todas as formas de liberdade (liberdade de locomoção, de pensamento, de religião, de preferência sexual etc.). Sociedade *justa* é aquela em que cada um tem aquilo que lhe é de direito, aquilo que é fruto de seu esforço de seu trabalho. Uma sociedade justa não tolera a concentração de riquezas e a impunidade, o que mostra o quanto estamos distante de alcançarmos nosso objetivo constitucional. Por fim, sociedade *solidária* é aquela em que todos se auxiliam reciprocamente.

Como dissemos acima, embora não se possa extrair do presente dispositivo constitucional eficácia plena, inegavelmente se trata de uma norma constitucional, capaz de produzir efeitos concretos. Aliás, o Supremo Tribunal Federal já fundamentou algumas de suas decisões no princípio da solidariedade.

Por exemplo, na importante ADI 3.510, relatada pelo Min. Carlos Ayres Britto, que versou sobre a constitucionalidade da Lei de Biossegurança (Lei n. 11.105/2005), no tocante à manipulação genética de embriões humanos, um dos argumentos utilizados pelo STF foi a "solidariedade" prevista no art. 3º, I, CF: "Um olhar mais atento para os explícitos dizeres de um ordenamento constitucional que desde o seu preâmbulo qualifica 'a liberdade, a segurança, o bem-estar, o desenvolvimento, a igualdade e a justiça' como valores supremos de uma sociedade mais que tudo 'fraterna'. O que já significa incorporar às imperecíveis conquistas do constitucionalismo liberal e social o advento do constitucionalismo fraternal, tendo por finalidade específica ou valor fundante a integração comunitária. Que é vida em comunidade (de comum unidade), a traduzir verdadeira comunhão de vida ou vida social em clima de transbordante solidariedade. Trajetória do Constitucionalismo que bem se retrata no inciso I do art. 3º da nossa Constituição".

Outrossim, no Recurso Extraordinário 450.855, relatado pelo Min. Eros Grau, o STF decidiu: "O sistema público de previdência social é fundado no princípio da solidariedade (art. 3º, I, da CB/88), contribuindo os ativos para financiar os benefícios pagos aos inativos. Se todos, inclusive inativos e pensionistas, estão sujeitos ao pagamento das contribuições, bem como aos aumentos de suas alíquotas, seria flagrante a afronta ao princípio da isonomia se o legislador distinguisse, entre os beneficiários, alguns mais e outros menos privilegiados, eis que todos contribuem, conforme as mesmas regras, para financiar o sistema".

b) Garantir o desenvolvimento nacional

Um dos objetivos da República é garantir o desenvolvimento nacional, não se restringindo ao desenvolvimento econômico, mas também se referindo ao desenvolvimento social, cultural etc. É o que afirma José Afonso da Silva: "não se quer um mero crescimento econômico, sem justiça social – pois, faltando esta, o desenvolvimento nada mais é do que simples noção quantitativa, como constante aumento do produto nacional, como se deu no regime anterior, que elevou o país à oitava potencia do mundo, ao mesmo tempo em que o desenvolvimento social foi mínimo e a miséria se ampliou. Isso é simples crescimento, não desenvolvimento; pois incremento econômico sem participação do povo no seu resultado, sem elevação do nível de vida da população, sem mudanças, não caracteriza desenvolvimento"[25].

Dessa maneira, deve o poder público agir de forma a equilibrar os desenvolvimentos diversos, não prestigiando apenas o desenvolvimento econômico, em detrimento dos demais. Foi o que decidiu o STF na Petição 3.388, relatada pelo Min. Carlos Ayres Britto: "ao Poder Público de todas as dimensões federativas o que incumbe não é subestimar, e muito menos hostilizar comunidades indígenas brasileiras, mas tirar proveito delas para diversificar o potencial econômico-cultural dos seus territórios (dos entes federativos). O desenvolvimento que se fizer sem ou contra os índios, ali onde eles se encontrarem instalados por modo tradicional, à data da Constituição de 1988, desrespeita o objetivo fundamental do inciso II do art. 3º da CF, assecuratório de um tipo de 'desenvolvimento nacional' tão ecologicamente equilibrado quanto humanizado e culturalmente diversificado, de modo a incorporar a realidade indígena".

Da mesma maneira, a busca pelo desenvolvimento econômico não pode invalidar outros valores constitucionais, como a necessidade de preservação da integridade do meio ambiente, prevista no art. 225 da Constituição Federal, como já decidiu o STF: "a questão do desenvolvimento nacional (CF, art. 3º, II) e a necessidade de preservação da integridade do meio ambiente (CF, art. 225): o princípio do desenvolvimento sustentável como fator de obtenção do justo equilíbrio entre as exigências da economia e as da ecologia. O princípio do desenvolvimento sustentável, além de impregnado de caráter eminentemente constitucional, encontra suporte legitimador em compromissos internacionais assumidos pelo Estado brasileiro e representa fator de obtenção do justo equilíbrio entre as exigências da economia e as da ecologia, subordinada, no entanto, a invocação desse postulado, quando ocorrente situação de conflito entre valores constitucionais relevantes, a uma condição inafastável, cuja observância não comprometa nem esvazie o conteúdo essencial de um dos mais significativos direitos fundamentais: o direito à preservação do meio ambiente, que traduz bem de uso comum da generalidade das pessoas, a ser resguardado em favor das presentes e futuras gerações" (ADI 3.540-MC, rel. Min. Celso de Mello).

---

25. Op. cit., p. 47.

c) Erradicar a pobreza e a marginalização e reduzir as desigualdades sociais e regionais

Primeiramente, o inciso III do art. 3º prevê como objetivo da República "erradicar a pobreza e a marginalização". Objetivo ousado, trata-se de uma meta a ser buscada pelo Estado. Todas as políticas públicas (realizadas pelo Legislativo e Executivo, sobretudo) devem ter como escopo o fim da pobreza e da marginalização. Segundo José Afonso da Silva, "a pobreza consiste na falta de renda e recursos suficientes para o sustento, na fome e na desnutrição, más condições de saúde, limitado acesso à educação e na maior incidência de doenças e mortalidade infantil. Quando a pobreza se aprofunda ao ponto de a pessoa não dispor do mínimo à sua subsistência, faltando até o trabalho, então se tem a pobreza absoluta, que é a miséria, com o que a pessoa se torna excluída. E aí se tem a marginalização, porque a pessoa, nesse estado de penúria, fica à margem da vida social. [...] Em verdade, também a erradicação da pobreza e da marginalização é um modo de se construir aquela sociedade livre, justa e solidária, objetivo fundamental consignado no inciso I"[26].

Outrossim, outros dois são os objetivos presentes no art. 3º, III: reduzir as desigualdades sociais e reduzir as desigualdades regionais. A desigualdade social é marcada pela distância entre os mais ricos e os mais pobres. A Constituição Federal não exige que todos tenham o mesmo grau de riqueza, já que fomenta a livre-iniciativa e os valores capitalistas. Todavia, tem como objetivo diminuir a diferença entre os diversos graus de riqueza. Outrossim, tem como objetivo reduzir as desigualdades regionais (a diferença entre as regiões mais ricas e menos ricas). Por essa razão, o art. 43, § 1º, I, da Constituição Federal prevê a possibilidade de criação, por lei complementar, das chamadas "regiões em desenvolvimento", com a criação de organismos regionais que elaborarão planos regionais para fomentar o desenvolvimento econômico de algumas regiões. Segundo o § 2º, II e III, do mesmo artigo entre os incentivos regionais, haverá: "II – juros favorecidos para financiamento de atividades prioritárias;" e "III – isenções, reduções ou diferimento temporário de tributos federais devidos por pessoas físicas ou jurídicas".

d) Promover o bem de todos, sem preconceitos de origem, raça, sexo, cor, idade e quaisquer outras formas de discriminação

Um dos objetivos da República é pôr fim a todas as formas de preconceito e discriminação. Expressamente, a Constituição Federal prevê o preconceito de "origem, raça, sexo, cor e idade". Embora não preveja expressamente o preconceito em razão da "preferência sexual", ela está inserida implicitamente na cláusula genérica "quaisquer outras formas de discriminação".

O art. 3º, IV, da Constituição Federal já foi utilizado como um dos principais fundamentos da ADI 4.277/DF, histórica decisão do Supremo Tribunal Federal que equiparou a união homoafetiva à união estável: "o sexo das pessoas, salvo disposição constitucional expressa ou implícita em sentido contrário, não se presta como fator de desigualação jurídica. Proibição de preconceito, à luz do inciso IV do art. 3º da Constituição Federal, por colidir frontalmente com o objetivo constitucional de 'promover o bem de todos'. [...] Salto normativo da proibição do preconceito para a proclamação do direito à liberdade sexual".

11.3.1. Direito antidiscriminação e o racismo estrutural

Como vimos, um dos objetivos da República é pôr fim aos "preconceitos de origem, raça, sexo, cor, idade e quaisquer outras formas de discriminação" (art. 3º, IV, CF).

---

26. Op. cit., p. 48.

Silvio Almeida, densa obra e de indispensável leitura[27], faz uma distinção entre *preconceito*, *discriminação* e *racismo*. Segundo o autor, "preconceito racial é o juízo baseado em estereótipos acerca de indivíduos que pertençam a um determinado grupo racializado, e que pode ou não resultar em práticas discriminatórias. Considerar negros violentos e inconfiáveis, judeus avarentos ou orientais 'naturalmente' preparados para as ciências exatas são exemplos de preconceitos"[28]. Já a *discriminação racial* seria "a atribuição de tratamento diferenciado a membros de grupos racialmente identificados", podendo ser *direta* ou *indireta*. A discriminação direta seria o repúdio ostensivo a indivíduos ou grupos, motivado pela condição racial. Já a discriminação indireta seria um processo em que as minorias raciais seriam ignoradas, ou seja, sob o discurso de uma "neutralidade racial" (*colorblindness*), esquecem-se e negligenciam-se as diferenças sociais decorrentes do racismo e da discriminação. Já o *racismo*, segundo Silvio Almeida, seria "uma forma sistemática de discriminação que tem a raça como fundamento, e que se manifesta por meio de práticas conscientes ou inconscientes que culminam em desvantagens ou privilégios para indivíduos, a depender do grupo racial ao qual pertençam"[29].

Assim como o preconceito e a discriminação podem recair sobre uma raça ou cor, também podem recair sobre o sexo, a idade, a preferência sexual, a convicção religiosa etc. Ao conjunto de regras e princípios que buscam eliminar quaisquer formas de discriminação dá-se o nome de "direito antidiscriminação". Sobre o tema, essencial para o Direito brasileiro a obra *Tratado de Direito Antidiscriminatório*, do professor Adilson José Moreira[30]. Segundo o autor, "podemos definir o Direito Antidiscriminatório a partir de diferentes parâmetros. Ele pode ser visto, quanto à sua *natureza específica*, como um campo jurídico composto por uma série de normas que pretendem reduzir ou eliminar disparidades significativas entre grupos, um dos objetivos centrais dos textos constitucionais das sociedades democráticas. Essa meta pode ser alcançada por meio de um sistema protetivo composto por normas legais e iniciativas governamentais destinadas a impedir a discriminação negativa, forma de tratamento desvantajoso intencional e arbitrário, e também por iniciativas públicas ou privadas destinadas a promover a discriminação positiva, ações voltadas para a integração social de minorias"[31].

Em 2021, o Conselho Nacional de Justiça editou a Resolução n. 423/2021, tornando como obrigatório nos concursos da Magistratura o "direito da antidiscriminação", envolvendo os conceitos fundamentais, as modalidades de discriminação, a legislação antidiscriminação nacional e internacional, as ações afirmativas etc.

11.3.1.1. Discriminações individuais, institucionais e estruturais

A Convenção Interamericana contra o Racismo, a Discriminação Racial e Formas Correlatas de Intolerância, em seu preâmbulo, aponta três modalidades diversas de discriminação: as discriminações *individuais*, *institucionais* e *estruturais*.

A *discriminação individual* seria um desvio de caráter atribuído a indivíduos ou grupos isolados, decorrente da intolerância com grupos diversos. Formas individuais de discriminação devem ser combatidas pela lei, mas, como lembra Silvio Almeida, limitar-se a essa respon-

---

27. *Racismo Estrutural*.
28. Op. cit., p. 26.
29. Op. cit.., p. 27.
30. *Tratado de Direito Antidiscriminatório*. Editora Contracorrente.
31. Op. cit., p. 46.

sabilização é ineficaz: "no fim das contas, quando se limita o olhar sobre o racismo a aspectos comportamentais, deixa-se de considerar o fato de que as maiores desgraças produzidas pelo racismo foram feitas sob o abrigo da legalidade e com o apoio moral de líderes políticos, líderes religiosos e dos considerados 'homens de bem'"[32].

Já a *discriminação institucional* seria o resultado do funcionamento das instituições, que passam a atuar em uma dinâmica que confere, ainda que indiretamente, desvantagens e privilégios em decorrência da raça, cor, etnia, gênero etc. Nas palavras de Sílvio Almeida, "no caso do racismo institucional, o domínio se dá com o estabelecimento de parâmetros discriminatórios baseados na raça, que servem para manter a hegemonia do grupo racial no poder"[33].

Por sua vez, a *discriminação estrutural* é parte de um processo social que ocorre pelas costas dos indivíduos e lhes parece legado pela tradição, sendo reproduzida por diversas práticas presentes na organização política, econômica e jurídica da sociedade.

Examinemos abaixo, algumas normas e entendimentos jurisprudenciais que compõem o "direito antidiscriminatório no Brasil".

11.3.1.2. Constituição Federal

A Constituição de 1988 filiou-se, segundo a maioria da doutrina brasileira, ao *substantivismo*, ou seja, escolheu alguns princípios e valores que devem nortear a sociedade, ainda que grande parte da população os desrespeite, por razões históricas, culturais etc. Um desses valores claramente previstos na Constituição é o repúdio ao racismo. Vários são os dispositivos constitucionais que tratam do assunto.

No art. 4º, VIII, a Constituição Federal afirma ser um dos princípios que regem as relações internacionais o repúdio ao racismo. Por sua vez, estabelece no art. 3º, IV, que um dos objetivos da República é "promover o bem de todos, sem preconceitos de origem, raça, sexo, cor, idade e quaisquer outras formas de discriminação".

Mais adiante, afirma a Constituição que a prática do racismo constitui "crime inafiançável e imprescritível". Trata-se de uma regra importante e excepcionalíssima. Em regra, no Brasil, todos os crimes prescrevem. Isso, aliás, é um direito fundamental de todos nós, contra o desejo punitivo estatal. Em resumo, se o Estado não punir os criminosos no prazo estabelecido em lei, perderá a possibilidade de punir, o *jus puniendi*. A prescrição é a perda do direito de punir do Estado pelo decurso do prazo.

Como se vê, a Constituição Federal, no art. 5º, XLIII, afirma que "a prática do racismo constitui crime inafiançável e imprescritível". Ao longo dos anos seguintes, surgiu uma dúvida: somente os crimes de racismo, previstos na Lei específica sobre o tema (Lei n. 7.716/89), configuram crimes imprescritíveis ou outros crimes, previstos em outras leis, praticados com atitudes racistas também configuram crimes imprescritíveis? O exemplo mais importante é o crime de "injúria racial", previsto no art. 140, § 3º, do Código Penal, consistente em imputar a alguém uma qualidade negativa, com intenção de menosprezar, ferir sua honra, utilizando-se de elementos raciais.

---

32. Op. cit., p. 30.
33. Op. cit., p. 33. Continua o autor: "em resumo, o racismo é uma decorrência da própria estrutura social, ou seja, do modo normal com que se constituem as relações políticas, econômicas, jurídicas e até familiares, não sendo uma patologia social e nem um desarranjo institucional" (p. 41).

Sempre defendemos nesta obra que a "prática de racismo", expressão utilizada pela Constituição Federal, não pode se resumir ao "crime de racismo", previsto na Lei n. 7.716/89. Ora, um dos princípios que regem a interpretação constitucional é a "supremacia da Constituição", ou seja, se na interpretação das normas jurídicas devemos buscar sua conformação com os ditames constitucionais, não podemos fazer o contrário: delimitar as normas constitucionais nos estritos limites estabelecidos pela lei infraconstitucional. Esse foi o entendimento do STF, em 2021, quando, por maioria de votos (oito votos contra um) entendeu que o crime de injúria racial também configura "prática de racismo" e, por isso, crime imprescritível. Segundo o STF, "Desse modo, a prática do crime de injúria racial traz em seu bojo o emprego de elementos associados ao que se define como raça, cor, etnia, religião ou origem para se ofender ou insultar alguém. Em outras palavras, a conduta do agente pressupõe que a alusão a determinadas diferenças se presta ao ataque à honra ou à imagem alheia, à violação de direitos que, situados, em uma perspectiva civilista, no âmbito dos direitos da personalidade, decorrem diretamente do valor fundante de toda a ordem constitucional: a dignidade da pessoa humana. [...] Assim, o crime de injúria racial, porquanto espécie do gênero racismo, é imprescritível. Por conseguinte, não há como se reconhecer a extinção da punibilidade que pleiteiam a impetração" (HC 154.248, rel. Min. Edson Fachin, j. 28-10-2021).

11.3.1.3. *Convenção Interamericana contra o Racismo, a Discriminação Racial e Formas Correlatas de Discriminação*

A Convenção Interamericana contra o Racismo, a Discriminação Racial e Formas Correlatas de Intolerância é um tratado no âmbito da OEA (Organização dos Estados Americanos), adotada em 5 de junho de 2013, na Guatemala, durante o 43º período ordinário de sessões da Assembleia Geral da OEA. Até o dia 17 de maio de 2021, haviam assinado a Convenção, os seguintes países: Antígua e Barbuda, Argentina, Bolívia, Brasil, Chile, Colômbia, Costa Rica, Equador, Haiti, Panamá, Peru e Uruguai. Todavia, desses países, nem todos haviam feito o *depósito* da respectiva Convenção. Depósito é o comunicado aos demais países e o respectivo registro do comprovante de que o tratado foi ratificado internamente. Na data sobredita, fizeram o respectivo depósito da convenção: Antígua e Barbuda, Costa Rica, Equador, México e Uruguai.

Internamente, no Brasil, em dezembro de 2020 e em fevereiro de 2021, os Plenários da Câmara dos Deputados e do Senado Federal, respectivamente, aprovaram a referida Convenção. Na forma do art. 52 da Constituição Federal, o Senado editou o Decreto Legislativo n. 1/2021. No nosso entender, a Convenção Interamericana contra o Racismo já teria ingressado no Direito brasileiro, antes mesmo da publicação do decreto presidencial. Sobre isso falamos mais especificamente no Capítulo 23 desta obra (disponível na plataforma digital). Em síntese, a ausência do decreto presidencial não impede que a norma tenha entrado em vigor no Brasil. Isso porque, como a Convenção foi aprovada com o procedimento do art. 5º, § 3º, da Constituição Federal, equipara-se às emendas constitucionais. Ora, as emendas constitucionais não contam com a participação do presidente da República, na sua promulgação ou publicação. Como utilizamos analogicamente o processo legislativo para a entrada em vigor dos tratados internacionais no direito interno, há que se considerar, nesse caso, dispensável o decreto presidencial.

Segundo o art. 1º, item 1, da Convenção, "discriminação racial é qualquer distinção, exclusão, restrição ou preferência, em qualquer área da vida pública ou privada, cujo propósito ou efeito seja anular ou restringir o reconhecimento, gozo ou exercício, em condições de igualdade, de um ou mais direitos humanos e liberdades fundamentais consagrados nos instrumentos internacionais aplicáveis aos Estados-Partes. A discriminação racial pode basear-se em raça, cor, ascendência ou origem nacional ou étnica".

Por sua vez, o mesmo art. 1º da Convenção acrescenta duas modalidades de discriminação racial: a indireta e a múltipla (ou agravada). Vejamos:

a) discriminação racial indireta "é aquela que ocorre, em qualquer esfera da vida pública ou privada, quando um dispositivo, prática ou critério aparentemente neutro tem a capacidade de acarretar uma desvantagem particular para pessoas pertencentes a um grupo específico, com base nas razões estabelecidas no Artigo 1.1, ou as coloca em desvantagem, a menos que esse dispositivo, prática ou critério tenha um objetivo ou justificativa razoável e legítima à luz do Direito Internacional dos Direitos Humanos" (Art. 1, item 2).

b) discriminação múltipla ou agravada "é qualquer preferência, distinção, exclusão ou restrição baseada, de modo concomitante, em dois ou mais critérios dispostos no Art. 1.1, ou outros reconhecidos em instrumentos internacionais, cujo objetivo ou resultado seja anular ou restringir o reconhecimento, gozo ou exercício, em condições de igualdade, de um ou mais direitos humanos e liberdades fundamentais consagrados nos instrumentos internacionais aplicáveis aos Estados-Partes, em qualquer área da vida pública ou privada" (art. 1, item 3).

Segundo o art. 1º, item 4, "racismo consiste em qualquer teoria, doutrina, ideologia ou conjunto de ideias que enunciam um vínculo causal entre as características fenotípicas ou genotípicas de indivíduos ou grupos e seus traços intelectuais, culturais e de personalidade, inclusive o falso conceito de superioridade racial. O racismo ocasiona desigualdades raciais e a noção de que as relações discriminatórias entre grupos são moral e cientificamente justificadas. Toda teoria, doutrina, ideologia e conjunto de ideias racistas descritas neste Artigo são cientificamente falsas, moralmente censuráveis, socialmente injustas e contrárias aos princípios fundamentais do Direito Internacional e, portanto, perturbam gravemente a paz e a segurança internacional, sendo, dessa maneira, condenadas pelos Estados-Partes".

Segundo o art. 1º, item 5, "as medidas especiais ou de ação afirmativa adotadas com a finalidade de assegurar o gozo ou exercício, em condições de igualdade, de um ou mais direitos humanos e liberdades fundamentais de grupos que requeiram essa proteção não constituirão discriminação racial, desde que essas medidas não levem à manutenção de direitos separados para grupos diferentes e não se perpetuem uma vez alcançados seus objetivos".

Segundo o art. 1º, item 6, da Convenção, "intolerância é um ato ou conjunto de atos ou manifestações que denotam desrespeito, rejeição ou desprezo à dignidade, características, convicções ou opiniões de pessoas por serem diferentes ou contrárias. Pode manifestar-se como a marginalização e a exclusão de grupos em condições de vulnerabilidade da participação em qualquer esfera da vida pública ou privada ou como violência contra esses grupos".

11.3.1.4. *Lei do Racismo (Lei n. 7.716/89)*

Criada em 1989, a Lei n. 7.716 define os crimes de preconceito racial. A legislação determina a pena de reclusão a quem tenha cometido atos de discriminação ou preconceito de raça, cor, etnia, religião ou procedência nacional. Apesar da mudança no papel, os negros no Brasil ainda sofrem racismo e frequentemente se veem em situação de discriminação. Sancionada em janeiro de 1989, a lei determina punição a quem comete crime de discriminação racial. Pessoas que incitarem a discriminação e o preconceito também podem ser punidas.

11.3.1.5. A jurisprudência do STF

Cada vez mais, inspirados nos valores constitucionais de combate ao racismo e no objetivo constitucional de pôr fim à discriminação, o STF vem interpretando as normas de forma cada vez mais efetiva nesse objetivo. Vejamos algumas dessas decisões.

a) Injúria racial é crime imprescritível (HC 154.248)

Nessa histórica decisão, proferida em 2021, o STF teve a oportunidade de analisar o racismo e o dever do jurista em combatê-lo: "No Brasil, é certo, nunca houve um conflito racial aberto ou uma segregação formal. O racismo nesses trópicos é velado, dissimulado, encoberto pelo mito da democracia racial e pela cordialidade do brasileiro. Não é, porém, difícil constatar a sua presença na realidade brasileira. Apesar de o país ser altamente miscigenado, a convivência entre brancos e negros se dá majoritariamente em relações hierarquizadas, de subordinação e subalternidade. Os brasileiros estão acostumados a ver a população afrodescendente desempenhar determinados papéis, como os de porteiro, pedreiro, operário, empregada doméstica e também o de jogador de futebol. Salvo exceções – felizmente, cada vez mais frequentes –, os negros não ocupam os estratos mais elevados da sociedade, os cargos de prestígio político e as posições sociais e econômicas mais elevadas. Nas posições de poder, nos meios de comunicação e nos espaços públicos elitizados, a imagem do Brasil ainda é a imagem de um país de formação predominantemente europeia" (HC 154.248, trecho do voto do Min. Edson Fachin, j. 28-10-2021).

Tendo em vista que a injúria racial é uma das mais costumeiras "práticas de racismo" no Brasil, à luz do art. 5º, da Constituição Federal, por maioria de votos, o STF entendeu tratar-se de crime imprescritível.

b) Homofobia configura racismo (ADO 26 e MI 4.733)

Em 13 de junho de 2019, o Plenário do STF entendeu que houve omissão inconstitucional do Congresso Nacional por não editar lei que criminalize atos de homofobia e de transfobia. Com o julgamento da Ação Direta de Inconstitucionalidade por Omissão (ADO) 26, de relatoria do ministro Celso de Mello, e do Mandado de Injunção (MI) 4.733, assim, por maioria de oito votos a favor e três contrários, a Corte reconheceu a mora do Congresso Nacional para incriminar atos atentatórios a direitos fundamentais dos integrantes da comunidade LGBTI+

c) cotas raciais (ADC 41)

O Plenário do STF, na ADC 41, reconheceu de modo contundente a existência desse descompasso entre o ideal civilizatório que emana das normas vigentes e as mazelas da realidade social que persistem na atualidade. Naquela oportunidade, o ministro Luís Roberto Barroso, ao proferir o voto condutor do julgamento, acompanhado por todos os demais integrantes do STF, descreveu de modo objetivo o assim chamado racismo à brasileira, entranhado em nossa sociedade de maneiras muitas vezes sub-reptícias, herdeiro das feridas abertas pela escravidão, nunca cicatrizadas: "O racismo no Brasil se caracteriza pela covardia. Ele não se assume e, por isso, não tem culpa nem autocrítica (Abdias do Nascimento)". No caso da reserva de vagas em concursos públicos, a análise da legitimidade da desequiparação instituída em favor dos negros passa pela constatação da existência do chamado "racismo estrutural" (ou institucional) e das consequências que ele produz em nossa sociedade. Esse tipo de racismo não decorre necessariamente da existência de ódio racial ou de um preconceito consciente de brancos em relação aos negros. Ele constitui antes um sistema institucionalizado que, apesar de não ser explicitamente "desenhado" para discriminar, afeta, em múltiplos setores, as condições de vida, as oportunidades, a percepção de mundo e a percepção de si que pessoas, negras e brancas, adquirirão ao longo de suas vidas.

À luz desse entendimento, decidiu o STF que: "É constitucional a Lei n. 12.990/2014, que reserva a pessoas negras 20% das vagas oferecidas nos concursos públicos para provimento de cargos efetivos e empregos públicos no âmbito da administração pública federal direta e indireta, por três fundamentos" (ADC 41, rel. Min. Roberto Barroso, Pleno, j. 8-6-2017).

11.4. PRINCÍPIOS QUE REGEM AS RELAÇÕES INTERNACIONAIS

Inovação do texto constitucional de 1988, há um artigo reservado aos princípios que regem as relações internacionais. São estes os princípios:

a) Independência nacional

A independência é um dos aspectos da *soberania*. Como vimos nos comentários ao art. 1º da Constituição Federal, a soberania é a soma da independência (no plano externo) e da supremacia (no plano interno).

Assim, no plano internacional, o Brasil é independente, não se subordinando às vontades de outros países. O Supremo Tribunal Federal já utilizou o presente princípio para justificar a decisão do Presidente da República de não extraditar estrangeiro a outro país, ainda que presentes os requisitos legais para tanto: "o artigo 1º da Constituição assenta como um dos fundamentos do Estado brasileiro a sua soberania – que significa o poder político supremo dentro do território, e, no plano internacional, no tocante às relações da República Federativa do Brasil com outros Estados soberanos, nos termos do art. 4º, I, da Carta Magna. A soberania nacional no plano transnacional funda-se no princípio da independência nacional, efetivada pelo presidente da República, consoante suas atribuições previstas no art. 84, VII e VIII, da lei Maior. A soberania, dicotomizada em interna e externa, tem na primeira a exteriorização da vontade popular (art. 14 da CRFB) através dos representantes do povo no parlamento e no governo; na segunda, a sua expressão no plano internacional, por meio do presidente da República. No campo da soberania, relativamente à extradição, é assente que o ato de entrega do extraditando é exclusivo, da competência indeclinável do presidente da República, conforme consagrado na Constituição, nas Leis, nos Tratados e na própria decisão do Egrégio STF na Ext. 1.085. O descumprimento do Tratado, em tese, gera uma lide entre Estados soberanos, cuja resolução não compete ao STF, que não exerce soberania internacional, máxime para impor a vontade da República italiana ao chefe de Estado brasileiro" (Reclamação 11.243, rel. Min. Luiz Fux).

b) Prevalência dos direitos humanos

Nas relações internacionais (como também nas relações jurídicas internas), sempre haverá conflito entre valores jurídicos igualmente tutelados. Segundo o art. 4º, II, da Constituição Federal, se entre esses valores estiverem os "direitos humanos", prevalecerão sobre outros interesses (econômicos, financeiros, diplomáticos, comerciais etc.).

Com base nesse princípio, o Supremo Tribunal Federal entendeu ser possível negar o pedido de extradição de estrangeiro, mesmo quando há sua expressa anuência: "a anuência do extraditando ao pedido e sua entrega não desobriga o Estado requerente de instruir devidamente esse pedido. Mais: o assentimento do acusado com a extradição não dispensa o exame dos requisitos legais para o deferimento do pleito pelo STF, que participa do processo de extradição para velar pela observância do princípio que a CF chama de 'prevalência dos direitos humanos'" (Ext. 1.195, rel. Min. Ayres Britto).

Outrossim, na análise do processo de extradição, como já decidiu o STF, o respeito aos direitos humanos do extraditando prevalece sobre outros interesses: "o fato de o estrangeiro ostentar a condição jurídica de extraditando não basta para reduzi-lo a um estado de submissão incompatível com a essencial dignidade que lhe é inerente como pessoa humana e que lhe confere a titularidade de direitos fundamentais inalienáveis, dentre os quais avulta, por sua insuperável importância, a garantia do *due process of law*. Em tema de direito extradicional, o STF não pode e nem deve revelar indiferença diante de transgressões ao regime das garantias processuais fundamentais. É que o Estado brasileiro – que deve obediência irrestrita à própria Constituição que lhe rege a vida institucional – assumiu, nos termos desse mesmo estatuto político, o gravíssimo dever de conferir prevalência aos direitos humanos (art. 4º, II)" (Ext. 633, rel. Min. Celso de Mello).

c) **Autodeterminação dos povos**

Segundo esse princípio, o Brasil entende que cada país é dono do seu próprio destino e que cada povo deve ser respeitado por suas decisões. Se um determinado país decide eleger um governante que claramente desrespeita liberdades fundamentais, se um país decide rejeitar um plebiscito de paz entre o Estado e um grupo guerrilheiro revolucionário (como ocorreu recentemente na Colômbia), o Brasil respeitará essas decisões. Segundo José Afonso da Silva, "provém do princípio das nacionalidades, produto da Revolução Francesa, segundo o qual cada Nação é um Estado e cada Estado uma pessoa nacional – o que significa, historicamente, o direito de uma Nação de escolher seu próprio governo. O princípio significa que todos os povos têm o direito de estabelecer livremente sua condição política e de determinar seu desenvolvimento econômico, social e cultural; e, para realização de seus fins, podem dispor livremente de suas riquezas e recursos naturais, sem prejuízo das obrigações que derivam da cooperação econômica internacional"[34].

d) **Não intervenção**

O Brasil mostra-se contrário à intervenção (militar, econômica etc.) de um país em outro. Por essa razão, desde o princípio, autoridades brasileiras manifestaram-se de forma contrária à intervenção dos Estados Unidos no Iraque, que redundou na deposição, condenação e morte do ditador Saddam Hussein. Segundo José Afonso da Silva, "esse princípio é corolário (e complemento) do princípio da autodeterminação. De fato, este seria inteiramente ineficaz se se admitisse a ingerência de um Estado nos assuntos dos outros. Significa ele, que nenhum Estado ou grupo de Estados tem o direito de intervir, direta ou indiretamente, por qualquer razão ou motivo, nos assuntos internos ou externos de qualquer outro. Exclui não somente a intervenção armada, mas também outra forma de interferência ou tendência atentatória à personalidade do Estado e dos elementos políticos, econômicos e culturais que o constituem"[35].

e) **Igualdade entre os Estados**

O princípio da igualdade entre os Estados é defendido pelo Brasil há bastante tempo, tendo como maior expoente o ex-senador Ruy Barbosa, que, por conta de seus brilhantes

---

34. Op. cit., p. 51.
35. Op. cit., p. 51

discursos, sobretudo defendendo a igualdade entre os Estados, passou a ser conhecido como "Águia de Haia"[36].

O Brasil se mostra contrário à distinção entre os países, não importando sua ideologia política, seu modelo econômico etc. Todos os países devem receber o mesmo tratamento dos organismos internacionais, não podendo ser alijados por quaisquer motivos que se mostrem discriminatórios ou irrazoáveis.

Por exemplo, em 31 de janeiro de 1962, Cuba foi suspensa da OEA (Organização dos Estados Americanos), fundada em 30 de abril de 1948, sob o argumento de que "o presente governo de Cuba, que se identificou oficialmente como marxista-leninista, incompatibilizou-se com os princípios e objetivos do sistema interamericano". Desde o início, o Brasil se manifestou de forma contrária a tal exclusão (San Tiago Dantas discordou da posição dos Estados Unidos, rechaçando propostas do governo norte-americano no sentido de impor sanções a Cuba, em razão da *igualdade entre os Estados* e do princípio da *não intervenção*). Vale frisar que a suspensão de Cuba foi revogada em 2009, pela 39ª Assembleia Geral da Organização dos Estados Americanos.

Sobre a igualdade entre os Estados, Valerio Mazzuoli afirma: "o direito à igualdade entre os Estados está preconizado pela Carta das Nações Unidas de 1945 (art. 2º, § 1º): 'A Organização é baseada no princípio da igualdade soberana de todos os seus membros'. Em decorrência dessa regra, a Carta da ONU considera como juridicamente idênticos todos os entes dotados do atributo da soberania (é dizer, os Estados). Esta igualdade é igualdade *jurídica*, jamais de fato. Como já observou o jurista norte-americano James Garner, o princípio da igualdade 'não implica ou não deveria implicar outra coisa senão a igualdade perante o direito internacional, isto é, o direito de todos os Estados, grandes ou pequenos, à mesma proteção do direito e à igualdade de tratamento quando se apresentam perante as jurisdições internacionais, como querelantes ou querelados'"[37].

f) Defesa da paz

A Constituição Federal prevê a possibilidade de declaração de guerra. Segundo o art. 21, II, trata-se de competência da União. A guerra é declarada pelo Presidente da República, no

---

36. Em 15 de junho de 1907 (até 18 de outubro), houve a 2ª Conferência de Paz, na cidade de Haia, com a presença de 175 delegados de 44 Estados. Por decreto de abril de 1907, Ruy Barbosa foi nomeado embaixador extraordinário e plenipotenciário e 1º Delegado, para representar o país. A atuação de Ruy Barbosa foi decisiva para a recusa do tratamento diferenciado entre os Estados, pois defendeu avidamente a igualdade entre os todos os entes dotados de soberania. Segundo Celso Lafer, "A posição de Rui sobre igualdade jurídica dos Estados e a democratização do sistema internacional tornou-se um tema recorrente da diplomacia brasileira no âmbito multilateral. [...] A posição do Brasil, pela voz de Rui Barbosa, representou uma primeira formulação brasileira da tese de democratização do sistema internacional e, nesta linha, uma contestação ao exclusivismo do papel da gestão da vida internacional atribuído às grandes potências pelas modalidades de atuação do Concerto Europeu que caracterizou o século XIX" (Conferências de Paz de Haia – 1899 e 1907). Em interessantíssima obra, publicada pelo Ministério das Relações Exteriores, que traz os telegramas de Ruy Barbosa durante a Conferência de Paz de Haia, de 1907, Carlos Henrique Cardim afirma: "a participação do Brasil na Segunda Conferência e Paz da Haia pode ser definida e resumida em duas palavras: seriedade e luta por princípios. Rio Branco e Rui Barbosa, homens públicos virtuosos, abridores de caminhos, com total dedicação, antíteses da improvisação, combinaram *virtù* e fortuna na defesa forte e pacífica do princípio da igualdade. Provaram a importância de valores, princípios e coerência na diplomacia, e construíram um dos paradigmas da política externa brasileira – a igualdade entre os Estados – hoje inscrito na Constituição, em seu artigo quarto" (*II Conferência da Paz Haia*, 1907, p. 29).
37. Op. cit., p. 510.

caso de agressão estrangeira, com prévia anuência do Congresso Nacional (art. 49, II, CF), ou "referendado por ele, quando ocorrida no intervalo das sessões legislativas" (art. 84, XIX, CF).

Embora a guerra seja extraordinária, excepcional, o princípio que rege as relações internacionais é a defesa da paz. Segundo José Afonso da Silva, a defesa da paz não significa apenas deixar de declarar a guerra. Segundo o autor, "a paz autêntica há de ser concebida no sentido de ausência de qualquer combate armado – e tal é o sentido que se deve emprestar ao termo no contexto constitucional, dada a vocação pacifista do Brasil. Pois é essa paz, como forma de direito fundamental do homem (direito de terceira dimensão), cuja defesa foi erigida em princípio constitucional das relações internacionais da República Federativa do Brasil"[38].

g) Solução pacífica dos conflitos

Corolário do princípio anterior ("defesa da paz"), um dos princípios constitucionais que regem as relações internacionais é a "solução pacífica dos conflitos". Por essa razão, havendo conflitos, divergências econômicas, políticas, diplomáticas, entre o Brasil e outros países, as saídas deverão ser negociadas, diplomáticas e jamais (ou quase nunca) bélicas, agressivas.

Segundo José Afonso da Silva, "este é um princípio tradicional do Constitucionalismo brasileiro desde a Constituição de 1891 (art. 34, n. 11), passando pelo art. 4º de 1934 e formosamente traduzido no art. 4º da Constituição de 1946: 'o Brasil só recorrerá à guerra, se não couber ou se malograr o recurso ao arbitramento ou aos meios pacíficos de solução do conflito, regulados por órgão internacional de segurança, de que participe [...]'. Revela-se aí a índole pacifista dos brasileiros. [...]"[39].

h) Repúdio ao terrorismo e ao racismo

Nas relações internacionais, um dos princípios é o "repúdio ao terrorismo e ao racismo", demonstrando que o Brasil buscará, no plano internacional, a colaboração com outros países para a punição de ambos os crimes. Segundo o STF, "a divisão dos seres humanos em raças resulta de um processo de conteúdo meramente político-social. Desse pressuposto origina-se o racismo que, por sua vez, gera a discriminação e o preconceito segregacionista. [...] Adesão do Brasil a tratados e acordos multilaterais, que energicamente repudiam quaisquer discriminações raciais, aí compreendidas as distinções entre homens por restrições ou preferências oriundas de raça, cor, credo, descendência ou origem nacional ou étnica, inspiradas na pretensa superioridade de um povo sobre outro, de que são exemplos a xenofobia, 'negrofobia', 'islamafobia' e o antissemitismo" (HC 82.424, rel. Min. Moreira Alves, Relator p/ acórdão: Min. Maurício Corrêa).

Outrossim, o Supremo Tribunal Federal, à luz do art. 4º, VIII, da Constituição Federal considerou ser possível a extradição de estrangeiro pelo crime de terrorismo, diferentemente dos crimes políticos e de opinião: "os atos delituosos de natureza terrorista, considerados os parâmetros consagrados pela vigente Constituição da República, não se subsumem à noção de criminalidade política, pois a Lei Fundamental proclamou o repúdio ao terrorismo como um dos princípios essenciais que devem reger o Estado brasileiro em suas relações internacionais (CF, art. 4º, VIII), além de haver qualificado o terrorismo, para efeito de repressão interna, como crime equiparável aos delitos hediondos, o que o expõe, sob tal perspectiva, a tratamento jurídico impregnado de máximo rigor, tornando-o inafiançável e insuscetível da

---

38. Op. cit., p. 51.
39. Op. cit., p. 53.

clemência soberana do Estado e reduzindo-o, ainda, à dimensão ordinária dos crimes meramente comuns (CF, art. 5º, XLIII). A Constituição da República, presentes tais vetores interpretativos (CF, art. 4º, VIII, e art. 5º, XLIII), não autoriza que se outorgue, às práticas delituosas de caráter terrorista, o mesmo tratamento benigno dispensado ao autor de crimes políticos ou de opinião, impedindo, desse modo, que se venha a estabelecer, em torno do terrorista, um inadmissível círculo de proteção que o faça imune ao poder extradicional do Estado brasileiro, notadamente se se tiver em consideração a relevantíssima circunstância de que a Assembleia Nacional Constituinte formulou um claro e inequívoco juízo de desvalor em relação a quaisquer atos delituosos revestidos de índole terrorista, a estes não reconhecendo a dignidade de que muitas vezes se acha impregnada a prática da criminalidade política" (Extradição 855-2, rel. Min. Celso de Mello).

Nesse contexto, o Decreto n. 3.018, de 6 de abril de 1999, promulgou a Convenção para Prevenir e Punir os Atos de Terrorismo, concluída em Washington, em 1971. Segundo o art. 1º dessa Convenção, "os Estados Contratantes obrigam-se a cooperar entre si, tomando todas as medidas que considerem eficazes de acordo com suas respectivas legislações e, especialmente, as que são estabelecidas nesta Convenção, para prevenir e punir os atos de terrorismo e, em especial, o sequestro, o homicídio e outros atentados contra a vida e a integridade das pessoas a quem o Estado tem o dever de proporcionar proteção especial conforme o direito internacional, bem como a extorsão conexa com tais delitos". Mais recentemente, o Decreto n. 5.639, de 26 de dezembro de 2005, promulgou a Convenção Interamericana contra o Terrorismo, assinada em Barbados, em 3 de junho de 2002. Nessa convenção, destacamos a impossibilidade de negar a extradição pelo crime de terrorismo, sob a alegação de tratar-se de crime político (art. 11), bem como a impossibilidade de atribuir ao terrorista a condição de refugiado (art. 12), bem como asilo (art. 13).

Quanto ao racismo, o Pacto Internacional dos Direitos Civis e Políticos (incorporado ao direito brasileiro pelo Decreto n. 592, de 6 de julho de 1992) prevê, no seu art. 2º, que os "Estados-partes do presente Pacto comprometem-se a respeitar e garantir a todos os indivíduos que se achem em seu território e que estejam sujeitos a sua jurisdição os direitos reconhecidos no presente Pacto, *sem discriminação alguma por motivo de raça, cor, sexo, língua, religião, opinião política ou de outra natureza, origem nacional ou social, situação econômica, nascimento ou qualquer condição*" (grifamos). Já a Convenção Internacional sobre a Eliminação de todas as Formas de Discriminação Racial (incorporada ao direito brasileiro pelo Decreto n. 65.810, de 8 de dezembro de 1969), no seu art. 2º, prevê que "Os Estados Partes condenam a discriminação racial e comprometem-se a adotar, por todos os meios apropriados e sem tardar uma política de eliminação da discriminação racial em todas as suas formas e de promoção de entendimento entre todas as raças e para esse fim".

Além de tratados internacionais referentes à repressão ao terrorismo e ao racismo, a legislação brasileira, a começar pela Constituição Federal, prevê um tratamento mais rigoroso a ambos os crimes.

Primeiramente, quanto ao crime de racismo, trata-se de um dos crimes *imprescritíveis*, nos termos do art. 5º, XLII, da Constituição Federal. Assim, não importa há quanto tempo o crime de racismo foi praticado. Poderá ser objetivo de investigação, processo e punição, não se aplicando o prazo prescricional. Outrossim, o crime de racismo é inafiançável, nos termos do mesmo artigo constitucional (não admite, pois, a liberdade provisória com fiança, nos termos da legislação processual penal). Por fim, o crime de racismo está previsto na Lei n. 7.716/89, possuindo modalidades diversas, dentre as quais se destaca a do art. 20: 'praticar, induzir ou incitar a discriminação ou preconceito de raça, cor, etnia, religião ou procedência nacional".

Por sua vez, o crime de terrorismo foi redefinido pela Lei n. 13.260, de 16 de março de 2016 (antes, estava prevista em controvertido e criticado artigo da Lei de Segurança Nacional – Lei n. 7.170/83). Segundo o art. 2º da referida lei, "o terrorismo consiste na prática por um ou mais indivíduos dos atos previstos neste artigo, por razões de xenofobia, discriminação ou preconceito de raça, cor, etnia e religião, quando cometidos com a finalidade de provocar terror social ou generalizado, expondo a perigo pessoa, patrimônio, a paz pública ou a incolumidade pública". Outrossim, o mesmo artigo define quais são os atos de terrorismo ("usar ou ameaçar usar, transportar, guardar, portar ou trazer consigo explosivos, gases tóxicos, venenos, conteúdos biológicos, químicos, nucleares ou outros meios capazes de causar danos ou promover destruição em massa; sabotar o funcionamento ou apoderar-se, com violência, grave ameaça a pessoa ou servindo-se de mecanismos cibernéticos, do controle total ou parcial, ainda que de modo temporário, de meio de comunicação ou de transporte, de portos, aeroportos, estações ferroviárias ou rodoviárias, hospitais, casas de saúde, escolas, estádios esportivos, instalações públicas ou locais onde funcionem serviços públicos essenciais, instalações de geração ou transmissão de energia, instalações militares, instalações de exploração, refino e processamento de petróleo e gás e instituições bancarias e sua rede de atendimento" etc.).

Por expressa previsão constitucional (art. 5º, XLIII), o crime de terrorismo é equiparado a hediondo (assim como o tráfico de drogas e o crime de tortura). Por essa razão, constitucionalmente são vedadas: fiança, graça e anistia. *Fiança* é uma modalidade de liberdade provisória, expressamente vedada pela Constituição Federal aos crimes de terrorismo. *Graça* é o perdão individual concedido pelo Presidente. Segundo o Supremo Tribunal Federal, embora não haja vedação expressa ao *indulto* (perdão coletivo concedido pelo Presidente), poderá o decreto presidencial limitar a concessão desse benefício, não aplicando aos condenados por crime hediondo ou equiparado (HC 81.810)[40].

Por sua vez, a *anistia* é o perdão coletivo, concedido por Lei federal, emanada do Congresso Nacional (art. 21, XVII, CF).

i) Cooperação entre os povos para o progresso da humanidade

Trata-se da acepção internacional do princípio da solidariedade. No plano nacional, a Constituição Federal estabelece como princípio e objetivo a "sociedade solidária" (art. 3º, I, CF). No plano internacional, almeja a colaboração recíproca de todos os povos, para progresso da humanidade. Cooperar significa atuar em conjunto para o atingimento de uma finalidade comum, com benefícios a todos os envolvidos. Assim, cooperação internacional significa auxílio mútuo entre dois ou mais países, com a finalidade de atingir um objetivo comum, de ordem política, humanitária, econômica, ambiental etc.

Segundo Marilda Rosado de Sá Ribeiro, "a cooperação pode ser vista como um ideal, guardando analogia com a evolução ocorrida nos princípios aplicáveis à proteção dos direitos humanos. A análise dos Direitos do Homem feita por Norberto Bobbio assume, em determinado momento, a perspectiva de uma filosofia da história. Trata-se de colocar o sentido diante de um evento ou série de eventos, segundo uma concepção finalista e teleológica da história,

---

40. "Pelo fato de não existir a vedação expressa ou inferida na Lei Maior à concessão de indulto a condenados pela prática de crime hediondo, não se pode cogitar a inconstitucionalidade das normas incidentes no caso. [...] Está claro, pois, que o indulto parcial foi expressamente denegado aos condenados por tais crimes."

como algo orientado para um fim, para um télos. Se o homem é considerado um animal teleológico, que atua em função de finalidades projetadas para o futuro, há uma problemática transposição do nível do indivíduo para o da humanidade, como um todo, permitindo que se plasme uma história que é, na formulação kantiana, não uma história cognoscitiva, mas uma história cuja função é aconselhadora, exortativa ou sugestiva".[41]

Por exemplo, o Decreto Legislativo n. 207, de 2004, autorizou a participação de Forças Armadas Brasileiras no contingente militar multinacional da missão da ONU no Haiti, sendo uma demonstração do princípio ora em comento. Mais recentemente, foi aprovada a Lei n. 14.343/2022, autorizando o Poder Executivo federal a doar imunizantes contra a Covid-19 a outros países, em caráter de cooperação humanitária internacional.

j) Concessão de asilo político

A Constituição estabelece como um dos princípios que regem as relações internacionais a concessão do asilo político. Como diz Valerio Mazzuoli, "o instituto jurídico do asilo (que não se confunde com o refúgio) pertence ao Direito Internacional Público e se encontra atualmente regulamentado por convenções internacionais específicas. Também não se confunde com o que se chama de *exílio*, palavra que provém do latim *exilu*, que significa expatriação forçada ou por livre escolha, conotando um ato de *fuga* ou de *expulsão*"[42].

No Brasil, o Estatuto do Estrangeiro (Lei n. 6.815/80) não regula a concessão do *asilo*, mas apenas regulamenta a *condição do asilado*, especialmente nos arts. 28 e 29[43]. Assim, as regras acerca da concessão do asilo político não serão encontradas no ordenamento jurídico exclusivamente nacional, mas em tratados (ou convenções) internacionais das quais o Brasil é signatário. Primeiramente, o Pacto de São José da Costa Rica, no seu art. 22, item 7, afirma que: "toda pessoa tem o direito de buscar e receber asilo em território estrangeiro, em caso de perseguição por delitos políticos ou comuns conexos com delitos políticos e de acordo com a legislação de cada Estado e com os convênios internacionais". Não obstante, específica sobre o tema *asilo político*, temos a Convenção de Caracas sobre asilo territorial, assinada em 1957 (e que ingressou no direito brasileiro por força do Decreto n. 42.628/57).

Há duas modalidades de *asilo político*: a) asilo territorial; b) asilo diplomático (ou extraterritorial).

Primeiramente, o *asilo territorial, espécie principal de asilo político*, consiste na aceitação de um estrangeiro em nosso território, com o intuito de proteger sua incolumidade ou sua vida, em razão do grave risco apresentado em seu país, por razões sociais ou políticas. Nas palavras de Valerio Mazzuoli, é "o recebimento de estrangeiro em território nacional, sem os requisitos de ingresso, para evitar punição ou perseguição baseada em crime de natureza po-

---

41. *Princípio da Cooperação no Direito Internacional*, p. 22.
42. *Curso de Direito Internacional Público*, p. 733.
43. "Art. 28. O estrangeiro admitido no território nacional na condição de asilado político ficará sujeito, além dos deveres que lhe forem impostos pelo Direito Internacional, a cumprir as disposições da legislação vigente e as que o Governo brasileiro lhe fixar. Art. 29. O asilado não poderá sair do País sem prévia autorização do Governo brasileiro. Parágrafo único. A inobservância do disposto neste artigo importará na renúncia ao asilo e impedirá o reingresso nessa condição. Art. 30. O estrangeiro admitido na condição de permanente, de temporário (art. 13, I, e de IV a VII), ou de asilado é obrigado a registrar-se no Ministério da Justiça, dentro dos 30 (trinta) dias seguintes à entrada ou à concessão do asilo e a identificar-se pelo sistema datiloscópico, observadas as disposições regulamentares."

lítica ou ideológica geralmente (mas não necessariamente) cometido em seu país de origem. Ou seja, trata-se do recebimento de estrangeiro, em território nacional, para o fim de preservar a sua liberdade ou a sua vida, colocadas em risco no seu país de origem dado o desdobramento de convulsões sociais ou políticas"[44].

Por sua vez, o *asilo diplomático*, modalidade provisória e precária de asilo político, diferente do asilo territorial, é concedido pelo país fora de seu território (em embaixadas ou navios ou aeronaves, que são consideradas parte do território por extensão). Trata-se de um fenômeno admitido exclusivamente nos países da América Latina, como afirmou Francisco Rezek: "o chamado *asilo diplomático* é uma forma provisória do asilo político, só praticamente regularmente na América latina, onde surgiu como instituição costumeira no século XIX, e onde se viu tratar em alguns textos convencionais a partir de 1928"[45]. Três são as convenções internacionais que tratam do asilo diplomático: a Convenção de Havana de 1928, a de Montevidéu, de 1933, e a de Caracas, de 28 de março de 1954, assinada concomitantemente à Convenção sobre Asilo Territorial. Caso recente e famoso de asilo diplomático foi concedido pelo Equador ao australiano Julian Assange, idealizador da organização transnacional *WikiLeaks*. Assange, no dia 19 de junho de 2012, ingressou na embaixada do Equador em Londres, conseguindo *asilo político*, na modalidade *asilo diplomático*. Até hoje, sem obter salvo-conduto para deixar a Inglaterra, o australiano se encontra dentro do prédio da embaixada equatoriana.

Não há que se confundir o *asilo político (territorial ou diplomático)* com o *refúgio*. Este tem natureza humanitária, enquanto o primeiro tem natureza política. Outrossim, enquanto o *asilo político* é tratado pelas normas internacionais sobreditas, o *refúgio* é regulamentado pela Lei federal n. 9.474, de 1997. Segundo o art. 1º da sobredita lei, "será reconhecido como refugiado todo indivíduo que: I – devido a fundados temores de perseguição por motivos de raça, religião, nacionalidade, grupo social ou opiniões políticas encontre-se fora de seu país de nacionalidade e não possa ou não queira acolher-se à proteção de tal país; II – não tendo nacionalidade e estando fora do país onde antes teve sua residência habitual, não possa ou não queira regressar a ele, em função das circunstâncias descritas no inciso anterior; III – devido a grave e generalizada violação de direitos humanos, é obrigado a deixar seu país de nacionalidade para buscar refúgio em outro país".

Nas palavras de Valerio Mazzuoli, "diferença a ser destacada entre os institutos do *asilo* e do *refúgio* diz respeito à motivação de ambas as situações. Enquanto o primeiro se aplica em situações de perseguição por crime de natureza política ou ideológica (de caráter nitidamente mais individual), o segundo tem por motivos determinações outras questões, como perseguições baseadas em motivos de raça, grupo social, religião e situações econômicas de grande penúria (situações que atingem sempre uma coletividade). Portanto, quando se trata do refúgio propriamente dito, não se cuida de situações individuais em que pessoas buscam asilo em dado país para a salvaguarda de sua vida, mas de situações em que vários seres humanos saem dos seus respectivos Estados – por razões econômicas, ou geradas por uma guerra civil, ou baseadas em perseguições por motivos de raça, religião, nacionalidade etc. – em direção a outro local onde possam viver sob manto de um sistema mais protecionista e não arbitrário"[46].

Os arts. 7º e seguintes da Lei n. 9.474/97 tratam do pedido de refúgio. Segundo o art. 7º, "o estrangeiro que chegar ao território nacional poderá expressar sua vontade de solicitar reco-

---

44. Op. cit., p. 734.
45. *Direito Internacional Público*, p. 217.
46. Op. cit., p. 745.

nhecimento como refugiado a qualquer autoridade migratória que se encontre na fronteira, a qual lhe proporcionará as informações necessárias quanto ao procedimento cabível". Em hipótese alguma será feita sua deportação (art. 7º, § 1º), sendo que o refúgio pode ser concedido ainda que o estrangeiro ingresse irregularmente no Brasil (art. 8º). O pedido de refúgio será examinado pelo CONARE (Comitê Nacional para os Refugiados), órgão de deliberação coletiva, no âmbito do Ministério da Justiça.

Recentemente, por conta da grave crise econômica e política na Venezuela, aumentou enormemente o número de pedidos de refúgio de venezuelanos que ingressaram no Brasil, sobretudo pela fronteira com o Estado de Roraima. Segundo dados do CONARE, nos anos de 2016 e 2015, os pedidos de refúgio de venezuelanos cresceram cerca de 7.000%.

Asilo territorial	Asilo diplomático	Refúgio
Concedido por razões políticas (a quem é perseguido politicamente em outro país, acusado de crime político ou de opinião)	Concedido por razões políticas (a quem é perseguido politicamente em outro país, acusado de crime político ou de opinião)	Concedido por razões humanitárias, quando há perseguição por religião, opinião, nacionalidade ou grave violação de direitos humanos
Convenção de Caracas, de 1954	Convenção de Caracas, de 1954	Lei n. 9.474/97
O estrangeiro é acolhido no território brasileiro	O estrangeiro é acolhido em repartição diplomática brasileira (ou território por extensão)	O estrangeiro é acolhido no território brasileiro
Admitido pela maioria dos países do mundo	Admitido pelos países da América Latina	Admitido pela maioria dos países do mundo

11.4.1. A norma programática do parágrafo único

Segundo o art. 4º, parágrafo único, da Constituição Federal, "a República Federativa do Brasil buscará a integração econômica, política, social e cultural dos povos da América Latina, visando à formação de uma comunidade latino-americana de nações".

Como disse John Lennon na inesquecível "Imagine", "imagine não haver países; é fácil se você tentar". Em terras brasileiras, Antônio Carlos Jobim disse que "é impossível ser feliz sozinho". Indubitavelmente, as pessoas são mais felizes se vivem juntas, e, por consequência, os países serão mais prósperos se viverem mais próximos, compartilhando suas culturas, seus costumes, bem como seus dilemas, seus problemas. Por isso, a Constituição estabelece essa meta: construir uma sociedade latino-americana de nações. Evidentemente, trata-se de uma norma programática, pois fixa um programa de ação, que será lentamente cumprido pelo Estado brasileiro. Não obstante, o fato de ser uma norma programática não significa que é uma norma desprovida de eficácia. Como disse José Afonso da Silva, "não se trata de simples faculdade, mas de um mandamento constitucional a ser cumprido pelo Estado Brasileiro, buscando a integração, com o objetivo de formar uma comunidade latino-americana de Nações e, se é de 'Nações', quer-se mais do que simples comunidade dos Estados: quer-se uma convivência econômica, política, social e cultural dos povos latino-americanos"[47].

---

47. Op. cit., p. 53.

Uma demonstração de aproximação entre os países da América do Sul é o Tratado de Assunção, assinado por Argentina, Paraguai, Brasil e Uruguai, em 26 de março de 1991, com vistas a criar o Mercado Comum do Sul (MERCOSUL), visando à integração desses Estados por parte da livre circulação de bens, serviços e fatores produtivos, bem como facilitação da circulação das pessoas, nacionais dos respectivos Estados.

Outrossim, em Tratado assinado em 23 de maio de 2008 (entre Argentina, Bolívia, Brasil, Chile, Colômbia, Equador, Guiana, Paraguai, Suriname, Uruguai e Venezuela), foi criada a UNASUL – União de Nações Sul-Americanas (*Unasur*, em espanhol), como organização dotada de personalidade jurídica internacional. Segundo o art. 2º do sobredito tratado, a Unasul "tem como objetivo construir, de maneira participativa e consensuada, um espaço de integração e união no âmbito cultural, social, econômico e político entre seus povos, priorizando o diálogo político, as políticas sociais, a educação, a energia, a infraestrutura, o financiamento e o meio ambiente, entre outros, com vistas a eliminar a desigualdade socioeconômica, alcançar a inclusão social e a participação cidadã, fortalecer a democracia e reduzir as assimetrias no marco do fortalecimento da soberania e independência dos Estados". O referido tratado ingressou no direito brasileiro por força do Decreto n. 7.667, de 11 de janeiro de 2012.

Conteúdo digital – Acesse: https://somos.in/CDC7

Conteúdo em vídeo
Questões com gabarito comentado

CONTROLE DE CONSTITUCIONALIDADE

Sumário

12.1. Conceito – **12.2.** Antecedentes históricos – **12.3.** Controle de constitucionalidade no Brasil – **12.4.** Controle de convencionalidade – **12.4.1.** Controle de convencionalidade no Brasil e no direito comparado – **12.5.** Bloco de constitucionalidade – **12.6.** Inconstitucionalidade: nulidade ou anulabilidade? – **12.7.** Estado de coisas inconstitucional – **12.8.** Espécies de inconstitucionalidade – **12.8.1.** Inconstitucionalidade por omissão – **12.8.2.** Inconstitucionalidade por ação – **12.9.** Espécies de controle de constitucionalidade (quanto ao momento) – **12.9.1.** Controle preventivo – **12.9.2.** Controle repressivo – **12.10.** Controle difuso de constitucionalidade – **12.11.** Controle concentrado da constitucionalidade – **12.12.** Ações Diretas de Inconstitucionalidade – **12.12.1.** Ação Direta de Inconstitucionalidade Genérica (ADI Genérica) – **12.12.2.** Ação Declaratória de Constitucionalidade (ADC) – **12.12.3.** Ação Direta de Inconstitucionalidade por Omissão (ADO) – **12.12.4.** Ação Direta de Inconstitucionalidade Interventiva – **12.12.5.** Arguição de Descumprimento de Preceito Fundamental (ADPF).

12.1. CONCEITO

Controle de constitucionalidade consiste na verificação da compatibilidade das leis e dos atos normativos com a Constituição. Decorre da supremacia formal da Constituição sobre as demais leis do ordenamento jurídico de um país. Ora, se a Constituição é a lei mais importante do ordenamento jurídico, sendo o pressuposto de validade de todas as leis, para que uma lei seja válida precisa ser compatível com a Constituição. Caso a lei ou o ato normativo não seja compatível com a Constituição, será inválido, inconstitucional.

Com o advento das revoluções burguesas e do constitucionalismo moderno do fim do século XVIII, surge a noção de supremacia da Constituição sobre as demais normas jurídicas. Como vimos no capítulo 1 desta obra, a noção de supremacia da Constituição sobre as demais leis decorre mais do constitucionalismo norte-americano (e da Constituição de 1787) que do Constitucionalismo francês, cuja noção de supremacia da Constituição veio a se fortalecer muito tempo depois[1]. Todavia, o princípio da supremacia da Constituição ganha maior projeção com a obra Teoria Pura do Direito, de Hans Kelsen. Segundo Kelsen, "a Constituição representa o escalão do Direito Positivo mais elevado"[2].

Figura 12.1 – Caricatura de Konrad Hesse (créditos ao final do livro).

A supremacia da Constituição sobre as demais leis conduz a uma superioridade hierárquico-normativa e, com isso, o fato de que todos os atos normativos devem ser compatíveis com a Constituição, material e formalmente, sob pena de serem inválidos. A compatibilidade deve ser material (o conteúdo dos atos deve ser harmonioso com o conteúdo constitucional) e formal (os atos devem ser elaborados conforme os procedimentos estabelecidos pela Lei Maior).

Da supremacia da Constituição decorre o controle de constitucionalidade. Nos países em que não se adota tal princípio, não se reconhecendo uma hierarquia formal da Constituição sobre as demais leis, não há como fazer o controle de constitucionalidade. Nesses países, em vez da supremacia da constituição, pode vigorar a "supremacia do Parlamento". Historicamente, na Europa, desde o surgimento do Parlamento na Idade Moderna, adotou-

---

1. Segundo Luís Roberto Barroso, "a supremacia da Constituição é o postulado sobre o qual se assenta o próprio direito constitucional contemporâneo, tendo sua origem na experiência americana. Decorre ela de fundamentos históricos, lógicos e dogmáticos, que se extraem de diversos elementos, dentre os quais a posição de preeminência do poder constituinte sobre o poder constituído, a rigidez constitucional, o conteúdo material das normas que contém e sua vocação de permanência. A Constituição, portanto, é dotada de superioridade jurídica em relação a todas as normas do sistema e, como consequência, nenhum ato jurídico pode subsistir validamente se for com ela incompatível. Para assegurar essa supremacia, a ordem jurídica contempla um conjunto de mecanismos conhecidos como jurisdição constitucional, destinados a, pela via judicial, fazer prevalecer os comandos contidos na Constituição. Parte importante da jurisdição constitucional consiste no controle de constitucionalidade, cuja finalidade é declarar a invalidade e paralisar a eficácia dos atos normativos que sejam incompatíveis com a Constituição" (*Curso de Direito Constitucional Contemporâneo*, p. 84).
2. Op. cit., p. 242.

-se como modelo principal da "supremacia do Parlamento", no qual todos os atos emanados do Parlamento tinham a mesma hierarquia e a última palavra acerca da interpretação das normas era dada pelo próprio parlamento, que poderia revogar atos anteriores. Não obstante, a partir da década de 1950, esse modelo foi substituído na maioria dos países pela "supremacia da Constituição", com a previsão de Tribunais Constitucionais, responsáveis pelo controle de constitucionalidade (exceção feita ao Reino Unido e à Holanda).

No Brasil, desde a primeira Constituição republicana (de 1891) adotou-se o modelo norte-americano de "supremacia da Constituição", cabendo ao Poder Judiciário o poder de examinar a constitucionalidade das leis, através do controle difuso, pela via incidental.

Importante destacar que a supremacia da Constituição, a hierarquia normativa da Constituição sobre as demais leis, só se verifica em países de constituição rígida (que possuem um procedimento de alteração mais rigoroso que o destinado às outras leis). Em países de constituição flexível, cujo procedimento de alteração é o mesmo que o destinado às outras leis, não se reconhece uma hierarquia normativa da Constituição sobre outras normas, inexistindo, por conseguinte, controle de constitucionalidade. Segundo Raul Machado Horta, "a aderência da rigidez ao conceito de Constituição formal acentua e robustece a distinção entre lei ordinária e lei constitucional, mediante disposição hierárquica, sob a égide suprema da Lei Magna. Para manter inalterável essa hierarquia, a Constituição rígida e formal reclama, doutrinária e praticamente, instrumento eficaz que a defenda"[3].

Segundo José Afonso da Silva, é possível distinguir a supremacia material e a supremacia formal da Constituição. Segundo ele, "reconhece a primeira até nas constituições costumeiras e nas flexíveis. Isso é certo do ponto de vista sociológico, tal como também se lhes admite rigidez sociopolítica. Mas, do ponto de vista jurídico, só é concebível a supremacia formal, que se apoia na regra da rigidez, de que é o primeiro e principal corolário. O próprio Burdeau, que fala na supremacia material, realça que é somente no caso da rigidez constitucional que se pode falar em supremacia formal da constituição, acrescentando que a previsão de um modo especial de revisão constitucional dá nascimento à distinção de duas categorias de leis: as leis ordinárias e as leis constitucionais"[4].

Dessa maneira, podemos resumir que o controle de constitucionalidade é a verificação da compatibilidade das leis e atos normativos com a Constituição, sendo realizado nos países que adotam o princípio da supremacia formal da Constituição e, por isso mesmo, uma rigidez constitucional daí decorrente.

---

3. *Direito Constitucional*, p. 96.
4. Op. cit., p. 46. Conclui o professor: "Nossa Constituição é rígida. Em consequência, é a lei fundamental e suprema do Estado brasileiro. Toda autoridade só nela encontra fundamento e só ela confere poderes e competências governamentais. Nem o governo federal, nem os governos dos Estados, nem dos Municípios ou do Distrito Federal são soberanos, porque todos são limitados, expressa ou implicitamente, pelas normas positivas daquela lei fundamental. Exercem suas atribuições nos termos nela estabelecidos. Por outro lado, todas as normas que integram a ordenação jurídica nacional só serão válidas se se conformarem com as normas da Constituição Federal" (p. 46).

12.2. ANTECEDENTES HISTÓRICOS

O antecedente histórico mais remoto do controle de constitucionalidade pode ser encontrado na Antiguidade, em Atenas. Trata-se de uma ação pública, criada por volta do ano de 415 a.C., como substituta do ostracismo[5], que teria caído em desuso na mesma época. O nome significa "ação contra leis", podendo ser ajuizada contra leis e atos já elaborados, bem como durante o período de proposição. Sobre o tema, Fábio Konder Comparato discorreu: "na democracia ateniense, existia um processo punitivo especial para propostas de lei ou deliberação que contraviessem aos princípios fundamentais do regime: era o *grafe paranomon*. Qualquer cidadão tinha o direito de embargar uma moção a ser votada pela assembleia do povo (*ekklesia*), alegando que ela feria a *politeia*, ou constituição da cidade. A votação era então suspensa e a questão submetida a um órgão judicial. O mesmo ocorria com decisões já tomadas pela assembleia, de natureza legislativa ou não. Se a alegação do denunciante fosse julgada procedente, o autor da moção ou do projeto de lei era condenado a uma multa, anulando-se a votação eventualmente já concluída. A pessoa condenada três vezes por esse delito perdia seus direitos cívicos"[6].

Figura 12.2 – Panteão (créditos ao final do livro).

Séculos depois, o controle de constitucionalidade é um corolário da Constituição norte-americana de 1787, embora não previsto expressamente. Como foi extraído dessa Constituição o princípio da supremacia formal da Constituição sobre as outras leis, em 1803 o *Chief Justice* John Marshall, no famoso caso Marbury v. Madison, declarou uma lei inválida, inconstitucional (a lei que dava à Suprema Corte a competência para julgar o respectivo caso).

12.3. CONTROLE DE CONSTITUCIONALIDADE NO BRASIL

a) Constituição de 1824

Na primeira Constituição brasileira não havia controle de constitucionalidade. Embora já se tivesse a noção de que a Constituição teria a função de limitar o poder do Estado, não se tinha a clara percepção de que a Constituição estaria formalmente acima das demais leis. A prova disso é que a previsão constitucional da "liberdade de locomoção" não foi capaz de abolir a escravidão, o que ocorreu décadas depois, graças a uma lei ordinária (a "Lei Áurea"), de 1888.

b) Constituição de 1891

Nos moldes do direito norte-americano, previu o controle difuso de constitucionalidade, no qual cabe ao Poder Judiciário declarar uma lei inconstitucional, na análise de um caso con-

---

5. Do grego *ostrakismós*, ostracismo significa desterro, por meio de votação secreta, a que os atenienses condenavam os representantes à deposição do cargo e exílio por 10 anos, quando sua presença era considerada nociva. Trata-se de um dos exemplos mais remotos de democracia direta.
6. *Réquiem para uma Constituição*.

creto. Em seu texto originário, previa que era competência do Supremo Tribunal Federal (art. 59) julgar recurso contra decisão que contestasse a validade das leis em face da Constituição.

c) Constituição de 1934

Manteve o controle difuso de constitucionalidade, criado pela Constituição anterior, de 1891. Não obstante, quanto a este, trouxe duas importantes inovações: a) criou a cláusula de reserva de Plenário – "só por maioria absoluta de votos da totalidade dos seus Juízes, poderão os Tribunais declarar a inconstitucionalidade de lei ou ato do Poder Público" (art. 179); b) previu a participação do Senado no controle difuso (caso o Judiciário declarasse uma lei inconstitucional, poderia o Senado suspender a execução, no todo ou em parte, estendendo os efeitos *inter partes* para *erga omnes* – art. 91, IV).

Além do controle difuso, com os dois sobreditos acréscimos, trouxe para o Brasil a primeira ação do controle concentrado de constitucionalidade: a ADI interventiva. Segundo o art. 12, para assegurar a observância de alguns princípios constitucionais (os sensíveis), o Procurador-Geral da República poderia ajuizar tal ação perante a Corte Suprema.

Vale frisar que todos os três institutos criados na Constituição de 1934 estão previstos na Constituição de 1988. A cláusula de reserva de plenário no seu art. 97, a participação do Senado no controle difuso de constitucionalidade, no seu art. 52, X, e, por fim, a ADI interventiva, nos arts. 34, VII, e 36.

d) Constituição de 1937

Embora tenha mantido o controle difuso de constitucionalidade (implantado pela Constituição de 1891) e a "cláusula de reserva de plenário", no art. 96, previu um grande retrocesso: segundo o art. 96, parágrafo único, caso declarada a inconstitucionalidade de uma lei que, "a juízo do Presidente da República, seja necessária ao bem-estar do povo" poderia o Presidente submetê-la novamente ao exame do Parlamento, que poderia suspender a decisão judicial.

Não previu a ação direta de inconstitucionalidade interventiva, implantada pela Constituição anterior, de 1934. Dessa maneira, na Constituição de 1937, o Brasil passou a admitir novamente somente o controle difuso de constitucionalidade, agora com sérias restrições.

e) Constituição de 1946

Manteve o controle difuso de constitucionalidade, bem como a cláusula de reserva de plenário, agora no art. 200 ("só pelo voto da maioria absoluta dos seus membros poderão os Tribunais declarar a inconstitucionalidade de lei ou de ato do Poder Público"), e a suspensão da lei declarada inconstitucional pelo Senado Federal (art. 64).

Restabeleceu a ação direta de inconstitucionalidade (ADI) interventiva, nos arts. 7º e 8º, que havia sido eliminada pela Polaca, de 1937.

Importante frisar que a Emenda Constitucional n. 18, de 1965, que tratou da reforma tributária, trouxe uma importantíssima inovação: a ação direta de inconstitucionalidade (ADI) genérica, à época denominada "representação contra inconstitucionalidade de lei ou ato normativo" (art. 101, I, "k").

f) Constituição de 1967

Foram mantidos os institutos do controle de constitucionalidade adotados na Constituição anterior, com as mudanças da reforma de 1965. Foi mantido o controle difuso, com a respectiva cláusula de reserva de plenário (art. 111) e a possibilidade de suspensão da execução da lei por deliberação do Senado (art. 45, IV). Foi mantida a ADI interventiva (art. 11, § 1º, "c") e a ADI genérica, à época só ajuizada pelo Procurador-Geral da República (art. 114, I, "l").

g) Constituição de 1988

O controle difuso foi mantido nos moldes das constituições anteriores. Foi mantida a cláusula de reserva de plenário (art. 97) e a participação do Senado no controle difuso (art. 52, X). No tocante ao controle concentrado de Constitucionalidade, foram mantidas a ADI interventiva (art. 34, VII) e a ADI genérica, essa última com sua legitimidade ativa bastante ampliada. Se antes apenas o Procurador-Geral da República poderia ajuizar a ADI genérica, agora temos um rol de nove pessoas, previstas no art. 103, da Constituição Federal.

Foram também criadas novas ações do controle concentrado de constitucionalidade: a ação direta de inconstitucionalidade por omissão (ADI por omissão) – art. 102, § 3º, a arguição de descumprimento de preceito fundamental (art. 102, § 1º) e a ação declaratória de constitucionalidade (esta última acrescida pela Emenda Constitucional n. 3, de 1993).

12.4. CONTROLE DE CONVENCIONALIDADE

Como vimos em capítulo anterior desta obra, a "pirâmide normativa" brasileira passou por algumas modificações nos últimos anos, em decorrência de Reforma Constitucional e em decorrência da jurisprudência do STF. Primeiramente, segundo o art. 5º, § 3º, da Constituição Federal, alguns tratados internacionais sobre direitos humanos ingressam no direito brasileiro com força de norma constitucional (desde que aprovados nas duas casas do Congresso Nacional, por 3/5 dos seus membros).

Atualmente, foi o que aconteceu com a Convenção Internacional sobre os Direitos das Pessoas com Deficiência, assinada em Nova York, em 30 de março de 2007, e que ingressou no direito brasileiro através do Decreto n. 6.949, de 25 de agosto de 2009.

Temos também o *Tratado de Marraqueche, que* foi firmado em Marraqueche (ou Marraquexe, do francês Marrakech) em 27 de junho de 2013. Foi aprovado pelo Congresso Nacional, por meio do Decreto Legislativo n. 261, de 25 de novembro de 2015, com o procedimento previsto no art. 5º, § 3º, da Constituição Federal. Por fim, o referido tratado ingressou no ordenamento jurídico brasileiro, com *status* de norma constitucional, através do Decreto Presidencial n. 9.522, de 8 de outubro de 2018.

Por fim, e mais recentemente, tivemos a *Convenção Interamericana contra o Racismo, a Discriminação Racial e Formas Correlatas de Intolerância*, que foi aprovada pelo Congresso Nacional, com o procedimento especial do art. 5º , § 3º , da CF (dois turnos e por 3/5 dos membros das duas Casas do Congresso Nacional), em 12 de maio de 2021, e teve sua ratificação depositada junto à Secretaria da OEA no dia 28 de maio de 2021. Todavia, parte considerável da doutrina entendeu que essa Convenção ainda não teria entrado em vigor no Brasil porque ainda não havia sido editado o decreto presidencial. Remetemos o leitor para o Capítulo 23 desta obra, disponível na plataforma digital, em que examinamos detalhadamente a incorporação no Direito brasileiro dos documentos internacionais e examinamos a polêmica acerca da exigência (ou não) do decreto presidencial.

Em nosso entender, ingressando no Brasil com força de norma constitucional, é Constituição, faz parte do "bloco de constitucionalidade", e, por isso, se uma lei infraconstitucional qualquer for incompatível com o seu conteúdo, será inválida, inconstitucional. Estamos diante, em nosso entender, de um típico (ou ampliado) controle de constitucionalidade.

Todavia, como vimos em capítulo anterior desta obra, alguns tratados internacionais sobre direitos humanos ingressam no direito brasileiro com força de norma supralegal (acima das leis) e infraconstitucional (abaixo da Constituição). Essa é a posição do Supremo Tribunal Federal, decorrente do Recurso Extraordinário 349.703, de 2008. Esses tratados ou Convenções (como o Pacto de São José da Costa Rica) estão num "segundo degrau da pirâmide normativa brasileira", acima das leis e abaixo da Constituição. Por estarem acima das leis, na teoria de Kelsen, dão validade às normas inferiores.

Como se chama a análise da compatibilidade das leis e atos normativos com esses tratados ou convenções supralegais? É o chamado controle de convencionalidade, nome dado pela doutrina[7] e pela jurisprudência[8], embora o utilizem de forma um tanto distinta.

Dessa maneira, essa configuração da "pirâmide brasileira", com a presença de um segundo patamar formado por alguns tratados internacionais de direitos humanos, criou um dúplice controle de validade das leis: para que as leis sejam válidas, precisam ser compatíveis com a Constituição (e com o bloco de constitucionalidade) e com tais tratados supralegais. O controle de verificação da compatibilidade das leis com a Constituição é o já conhecido controle de constitucionalidade. O controle de verificação da compatibilidade das leis com os tratados e convenções supralegais é o controle de convencionalidade.

Posicionamo-nos como o fez o Supremo Tribunal Federal (e não como parte da doutrina): controle de convencionalidade se refere à verificação da compatibilidade das leis e demais atos normativos com os tratados de caráter supralegal (isso porque os tratados de direitos humanos que possuem *status* constitucional compõem, como vimos, o bloco de constitucionalidade, e, por isso mesmo, faz-se, quanto a eles, o controle de constitucionalidade).

12.4.1. Controle de convencionalidade no Brasil e no direito comparado

Como vimos acima, o controle de convencionalidade no Brasil decorre da posição atual do Supremo Tribunal Federal, segundo a qual os Tratados Internacionais de Direitos Humanos têm forma de norma supralegal e infraconstitucional. Dessa maneira, para que as leis sejam válidas, precisam ser compatíveis com esses tratados supralegais. Controle de convencionalidade, no Brasil, portanto, é a verificação da compatibilidade das leis e atos normativos com os tratados supralegais.

---

7. Na doutrina brasileira, foi Valerio Mazzuoli o primeiro a empregar tal expressão (*Curso de Direito Constitucional*, p. 382), todavia, de forma diferente da adotada pelo STF e que nós consideramos correta. Segundo o autor, "os tratados de direitos humanos internalizados com essa maioria qualificada servem de meio de controle concentrado (de convencionalidade) da produção normativa doméstica, para além de servirem como paradigma para o controle difuso. [...] Em relação aos tratados de direitos humanos que não servirão de paradigma do controle de convencionalidade (expressão reservada aos tratados com nível constitucional), mas do controle de supralegalidade das normas infraconstitucionais. Assim, as leis contrárias aos tratados comuns são inválidas por violação ao princípio da hierarquia, uma vez que tais tratados (sendo supralegais) acima delas se encontram".

8. Na ADI 5.240, de 20-8-2015, o Min. Teori Zavascki assim se manifestou: "a questão da natureza do Pacto de São José da Costa Rica surge, na verdade, porque a convenção trata de direitos humanos. Se tratasse de outros temas, penso que não haveria dúvida a respeito da sua natureza equivalente à lei ordinária, e há afirmação do Supremo Tribunal Federal, desde muito tempo nesse sentido. A questão surgiu com a Emenda n. 45, que veio a conferir certas características especiais às convenções sobre direitos humanos. Essa convenção foi anterior à Emenda n. 45, por isso que se gerou debate. Mas, mesmo que seja considerada, como reza a jurisprudência do Supremo, uma norma de hierarquia supralegal (e não constitucional), penso que o controle – que se poderia encartar no sistema de controle da convencionalidade – deve ser exercido para aferir a compatibilidade da relação entre uma norma supralegal e uma norma legal. E o exercício desse controle só pode ser da competência do Supremo Tribunal Federal".

Infelizmente, como vimos no capítulo reservado à hierarquia das normas, o Brasil é o único país da América do Sul que não reconhece *status* constitucional às normas internacionais sobre direitos humanos, em razão da posição majoritária do Supremo Tribunal Federal. Entendemos que a posição mais correta seria a da constitucionalidade (ou supraconstitucionalidade) de quaisquer tratados internacionais sobre direitos humanos, inclusive os aprovados antes da EC 45/2004, mas essa não é a posição atualmente adotada no Brasil. Para o STF, os tratados internacionais sobre direitos humanos aprovados antes de 2004 têm força de norma supralegal, mas infraconstitucional. Dessa maneira, atualmente, no Brasil, controle de convencionalidade não pode ser feito sobre normas constitucionais (já que, segundo o STF, as normas constitucionais estão acima dos tratados internacionais sobre direitos humanos aprovados antes de 2004).

Por sua vez, como afirma André de Carvalho Ramos, "o parâmetro de confronto no controle de convencionalidade internacional é a norma internacional, em geral um determinado tratado. Já o objeto desse controle é toda norma interna, não importando sua hierarquia nacional. Como exemplo, o controle de convencionalidade internacional exercido pelos tribunais internacionais pode inclusive analisar a compatibilidade de uma norma oriunda do Poder Constituinte Originário com as normas previstas em um tratado internacional de direitos humanos"[9].

Como afirma o professor colombiano Manual Fernando Quinche Ramírez, "Esse fato de assumir as convenções internacionais sobre direitos humanos como verdadeiras Constituições de ordem internacional vem sendo introduzido indistintamente em cenários judiciais, de ciência política e de Direito Internacional. Assim o fez a Corte Europeia de Direitos Humanos no caso Ireland *vs.* United Kingdom (1979), onde se proclamou que a Convenção Europeia para a Proteção dos Direitos Humanos e Liberdades Fundamentais era a carta constitucional da Europa; postura logo acolhida pelo Tribunal Europeu de Justiça no caso Parti ecologiste 'Les Verts' *vs.* European Parliament (1986). Igualmente e no plano da Ciência Política, estudam-se as condições de construção da ordem internacional ocidental, destacando como uma das características fundamentais, a de estabelecimento e construção de uma ordem constitucional"[10].

12.5. BLOCO DE CONSTITUCIONALIDADE

Para saber se uma lei é constitucional ou não, precisamos conhecer o parâmetro ou paradigma dessa verificação, ou seja, quando uma lei será efetivamente inconstitucional? Uma resposta simples seria: quando incompatível com a Constituição, ora! Todavia, a resposta não é tão simples. Isso porque no "topo de nossa pirâmide", no ápice do nosso ordenamento jurídico, não está apenas a Constituição (pelo menos, não mais).

Atualmente, muito por conta do art. 5º, § 2º, da Constituição[11], o conteúdo constitucional tem sido interpretado extensivamente: Constituição não se resume ao texto constitucional, também consistindo nos princípios que dela decorrem, bem como os tratados internacionais sobre direitos humanos. Vamos interpretar por partes esse "bloco constitucional" ou "bloco de constitucionalidade".

---

9. *Curso de Direitos Humanos*, p. 406.
10. *El Control de Convencionalidad y el Sistema Colombiano.*
11. "Os direitos e garantias expressos nesta Constituição não excluem outros decorrentes do regime e dos princípios por ela adotados, ou dos tratados internacionais em que a República Federativa do Brasil seja parte."

Também constituem parte da Constituição os princípios que dela decorrem, ainda que implícitos na Constituição. O Supremo Tribunal Federal, na ADPF 132 e na ADI 4.277, ao reconhecer proteção jurídica às uniões estáveis homoafetivas, fundamentou-se no direito à busca da felicidade (argumento também usado no Recurso Extraordinário 889.060, que reconheceu que a paternidade socioafetiva não exime de responsabilidade o pai biológico). No *Habeas Corpus* 119.941, o STF reconheceu que o *nemo tenetur se detegere* (ninguém é obrigado a produzir prova contra si mesmo) é um princípio constitucional, ainda que não expresso na Constituição[12]. Da mesma forma, o STF já reconheceu outros direitos constitucionais implícitos, como o direito das minorias[13], o duplo grau de jurisdição etc.[14].

Além do texto constitucional e dos princípios que dele decorrem (ainda que implicitamente), fazem parte da Constituição os tratados internacionais de direitos humanos, incorporados nos termos do art. 5º, § 3º, que dispõe: "os tratados e convenções internacionais sobre direitos humanos que forem aprovados, em cada Casa do Congresso Nacional, em dois turnos, por três quintos dos votos dos respectivos membros, serão equivalentes às emendas constitucionais". Importante frisar que essa regra foi criada pela Emenda Constitucional n. 45/2004 (conhecida como "Reforma do Poder Judiciário"). Até o momento, como vimos acima, temos os seguintes documentos internacionais aprovados com *status* de norma constitucional no Brasil: a) a Convenção Internacional sobre os Direitos das Pessoas com Deficiência, assinada em Nova York, em 30 de março de 2007, que entrou em vigor no Direito brasileiro através do Decreto n. 6.949, de 25 de agosto de 2009; b) o Tratado de Marraqueche, firmado em Marraqueche (ou Marraquexe, do francês Marrakech), em 27 de junho de 2013. Foi aprovado pelo Congresso Nacional, por meio do Decreto Legislativo n. 261, de 25 de novembro de 2015, com o procedimento previsto no art. 5º, § 3º, da Constituição Federal. Por fim, o referido tratado ingressou no ordenamento jurídico brasileiro, com *status* de norma constitucional, através do

---

12. "Cabe registrar que a cláusula legitimadora do direito ao silêncio, ao explicitar, agora em sede constitucional, o postulado segundo o qual *nemo tenetur se detegere*, nada mais fez senão consagrar, desta vez no âmbito do sistema normativo instaurado pela Carta da República de 1988, diretriz fundamental proclamada, desde 1791, pela Quinta Emenda que compõe o 'Bill of Rights' norte-americano. [...]". No mesmo sentido, no *Habeas Corpus* 95.037, o Ministro Celso de Mello decidiu: "tenho enfatizado, em decisões proferidas no Supremo Tribunal Federal, a propósito da prerrogativa constitucional contra a autoincriminação, e com apoio na jurisprudência prevalente no âmbito desta Corte, que assiste, a qualquer pessoa, regularmente convocada para depor perante Comissão Parlamentar de Inquérito, o direito de se manter em silêncio, sem se expor – em virtude do exercício legítimo dessa faculdade – a qualquer restrição em sua esfera jurídica, desde que as suas respostas, às indagações que lhe venham a ser feitas, possam acarretar-lhe grave dano (*nemo tenetur se detegere*)".
13. No RE 477.554, sobre a união civil de pessoas do mesmo sexo, o STF afirmou que "a proteção das minorias e dos grupos vulneráveis qualifica-se como fundamental imprescindível à plena legitimação material do Estado Democrático de Direito – Incumbe, por isso mesmo, ao Supremo Tribunal Federal, em sua condição institucional de guarda da Constituição (o que lhe confere 'o monopólio da última palavra' em matéria de interpretação constitucional), desempenhar função contramajoritária, em ordem a dispensar efetiva proteção às minorias contra eventuais excessos (ou omissões) da maioria". Por sua vez, no Mandado de Segurança 26.441, relatado pelo Min. Celso de Mello, determinou a instalação de Comissão Parlamentar de Inquérito, ainda que com número inferior ao determinado pela Constituição, sob o argumento de que "a rejeição de ato de criação de Comissão Parlamentar de Inquérito, proferida em sede de recurso interposto por Líder de partido político que compõe a maioria congressual, não tem o condão de justificar a frustração do direito de investigar que a própria Constituição da República outorga às minorias que atuam nas Casas do Congresso Nacional".
14. "A garantia do devido processo legal engloba o direito ao duplo grau de jurisdição, sobrepondo-se à exigência prevista no art. 594 do CPP. O acesso à instância recursal superior consubstancia direito que se encontra incorporado ao sistema pátrio de direitos e garantias fundamentais. Ainda que não se empreste dignidade constitucional ao duplo grau de jurisdição, trata-se de garantia prevista na Convenção Interamericana de Direitos Humanos, cuja ratificação pelo Brasil deu-se em 1992, data posterior à promulgação do Código de Processo Penal. A incorporação posterior ao ordenamento brasileiro de regra prevista em tratado internacional tem o condão de modificar a legislação ordinária que lhe é anterior" (HC 88. 420, rel. Min. Ricardo Lewandowski, julgamento em 17-4-2007).

Decreto presidencial n. 9.522, de 8 de outubro de 2018; c) A Convenção Interamericana contra o Racismo, a Discriminação Racial e Formas Correlatas de Intolerância foi aprovada pelo Congresso Nacional, com o procedimento especial do art. 5º, § 3º, da CF (dois turnos e por 3/5 dos membros das duas Casas do Congresso Nacional) em 12 de maio de 2021, teve sua ratificação depositada junto à Secretaria da OEA no dia 28 de maio de 2021.

Dessa maneira, por expressa previsão na Constituição Federal (art 5º, § 3º), esses documentos internacionais ingressaram no ordenamento jurídico brasileiro com força de norma constitucional[15].

A essa somatória, a esse bloco, dá-se o nome de bloco de constitucionalidade. Conceituar o bloco de constitucionalidade e delimitá-lo é de extrema importância, já que esse bloco será o parâmetro ou paradigma no controle de constitucionalidade. Em outras palavras, para saber se uma lei é constitucional ou não, deve-se verificar se é compatível ou não com o bloco de constitucionalidade, e não apenas com o texto constitucional. Na ADI 2.971, o Min. Celso de Mello afirmou: "a delimitação conceitual do que representa o parâmetro de confronto é que determinará a própria noção do que é constitucional ou inconstitucional, considerada a eficácia subordinante dos elementos referenciais que compõem o bloco de constitucionalidade".

Como vimos em capítulo anterior, a origem do bloco de constitucionalidade é francesa (*bloc de constitutionnalité*), oriunda da doutrina administrativista de Hauriou, que tratava do "bloco de legalidade" ou "bloco legal". O *leading case* que marcou a definição do bloco de constitucionalidade na França foi a decisão do Conselho Constitucional da França, em 16 de julho de 1971, que estabeleceu as bases do valor jurídico do Preâmbulo da Constituição de 1958, o qual inclui em seu texto o respeito tanto à Declaração dos Direitos do Homem e do Cidadão de 1789 como ao preâmbulo da Constituição anterior[16]. Segundo a doutrina, o fenômeno do bloco de constitucionalidade não é uma realidade apenas francesa. Já é adotado na Espanha, na Itália e em grande parte da América Latina[17].

---

15. Importante frisar que há posição minoritária, defendida pelo ministro Celso de Mello, no sentido de que todo tratado internacional sobre direitos humanos, não importa o seu procedimento de aprovação, terá força de norma constitucional. No julgamento dos Recursos Extraordinários 349.703 e 466.343 e do HC 37.585, decidiu o ministro: "os tratados internacionais de direitos humanos assumem, na ordem positiva interna brasileira, qualificação constitucional, acentuando, ainda, que as convenções internacionais em matéria de direitos humanos, celebradas pelo Brasil antes do advento da EC n. 45/2004, como ocorre com o Pacto de São José da Costa Rica, revestem-se de caráter materialmente constitucional, compondo, sob tal perspectiva, a noção conceitual de bloco de constitucionalidade". Nesse mesmo sentido, posiciona-se a respeitável autora de Direitos Humanos Flávia Piovesan: "Ao efetuar a incorporação, a Carta atribui aos direitos internacionais uma natureza especial e diferenciada, qual seja, a natureza de norma constitucional. Os direitos enunciados nos tratados de direitos humanos de que o Brasil é parte integram, portanto, o elenco dos direitos constitucionalmente consagrados. Essa conclusão advém ainda da interpretação sistemática e teleológica do Texto, especialmente em face da força expansiva dos valores da dignidade humana e dos direitos fundamentais, como parâmetros axiológicos a orientar a compreensão do fenômeno constitucional" (*Direitos Humanos e o Direito Constitucional Internacional*, p. 122).
16. A decisão trata do direito à liberdade de associação. O Conselho Constitucional francês, para verificar a constitucionalidade de um projeto de lei, deveria verificar se a liberdade de associação estaria no rol dos direitos humanos, servindo de parâmetro no controle de constitucionalidade. O Conselho afirmou que existe um bloco de valores, que, apesar de não estarem expressos na Constituição, servem de parâmetro nesse controle. A sobredita decisão revela que o Conselho Constitucional, a partir dessa decisão, passou a considerar um bloco de normas e princípios materialmente constitucionais, ampliando os domínios estritos da Constituição.
17. Segundo Manuel Eduardo Góngora Mera, "algunas cortes constitucionales han reconocido jerarquía constitucional a las normas del DIDH introduciendo la doctrina del bloque de constitucionalidad por vía de la interpretación de cláusulas de apertura. Por ejemplo, las cortes de Bolivia, Colombia, Ecuador, Perú y la antigua Corte Suprema de Venezuela reconocieron que la cláusula abierta de derechos constitucionales (según la cual ciertos derechos no incluidos expre-

Portanto, para saber se uma lei é constitucional ou não, devemos fazer uma análise de compatibilidade do texto normativo infraconstitucional com: a) o texto constitucional; b) os princípios decorrentes da constituição, implícitos ou expressos; c) os tratados internacionais sobre direitos humanos incorporados no Direito brasileiro com força de norma constitucional. À soma desses três elementos dá-se o nome de bloco de constitucionalidade.

12.6. INCONSTITUCIONALIDADE: NULIDADE OU ANULABILIDADE?

Quando uma lei é editada, contrariando o conteúdo de norma que lhe é superior, vimos que não terá validade. A invalidade da norma decorre de uma NULIDADE ou de uma ANULABILIDADE? Qual a diferença? Nulidade existe desde o nascimento da norma; trata-se de um "vício congênito". Ela já nasce inválida, nula, írrita, natimorta. Eventual decisão que reconhece a nulidade é uma decisão declaratória. Por sua vez, anulabilidade é o reconhecimento posterior da invalidade da norma. Ela nasceu válida, pois se presumiu válida, mas decisão posterior reconhece sua invalidade (trata-se, pois, de uma decisão constitutiva).

No Brasil, doutrina, jurisprudência e lei posicionam-se majoritariamente pela teoria da nulidade. Destacam-se entre os juristas que defendem tal entendimento: Ruy Barbosa, Alfredo Buzaid, Castro Nunes. Outrossim, é o entendimento do Supremo Tribunal Federal: "a declaração de inconstitucionalidade reveste-se, ordinariamente, de eficácia *ex tunc*, retroagindo ao momento em que editado o ato estatal reconhecido inconstitucional pelo Supremo Tribunal Federal" (RE 395.902-AgR, rel. Min. Celso de Mello). Portanto, em regra, a decisão judicial que reconhece a inconstitucionalidade de uma norma é uma decisão declaratória: declara que o ato é nulo e írrito e, por isso, desconstitui os efeitos eventualmente por ele gerados; já a eficácia dessa decisão é retroativa (efeitos *ex tunc*).

Todavia, sobretudo com o advento da Lei n. 9.868/99, que regulamenta o processo e julgamento da ação direta de inconstitucionalidade e da ação declaratória de constitucionalidade perante o Supremo Tribunal Federal, a teoria da nulidade foi relativizada. Isso porque a teoria da nulidade poderia causar um sério transtorno: se uma lei fosse declarada inconstitucional muito tempo depois de sua edição, faticamente seria impossível desconstituir seus efeitos. Outrossim, a inconstitucionalidade pode ter sido reconhecida não de forma evidente ("chapada"), mas fruto de uma evolução interpretativa constitucional. Reconhecer efeitos retroativos à decisão de inconstitucionalidade seria estremecer outros valores constitucionais, como a segurança jurídica (art. 5º, *caput*, da Constituição), na medida em que todos cumpriram aquela lei, por presumir ser ela constitucional. Aliás, foi o que disse o Min. Luiz Fux no julgamento da ADI 4.425-QO, de 23-3-2015: "a modulação temporal das decisões em controle judicial de

---

samente en el texto constitucional pueden tener estatus constitucional) concedía jerarquía a los tratados que incorporaran derechos fundamentales. Colombia y Ecuador invocaron, además, la cláusula de primacía (según la cual, en caso de conflicto entre una norma nacional y un tratado internacional, debe primar el tratado) para incluir a tratados de derechos humanos dentro del parámetro de constitucionalidad. Para similares propósitos, las cortes constitucionales de Bolivia, Colombia y Perú han invocado también la cláusula interpretativa (según la cual los derechos constitucionales deben interpretarse de conformidad con los tratados internacionales ratificados por el país). En otros países donde no se efectuaron reformas constitucionales de apertura al derecho internacional de los derechos humanos, sus cortes constitucionales han avanzado hacia el reconocimiento de la jerarquía constitucional de los tratados de derechos humanos invocando reformas constitucionales y legislativas relacionadas con la justicia constitucional o el procedimiento de las acciones de constitucionalidad como el amparo". La difusión del bloque de constitucionalidad en la jurisprudencia latinoamericana y su potencial en la construcción del jus constitutionale commune latinoamericano".

constitucionalidade decorre diretamente da Carta de 1988 ao consubstanciar instrumento voltado à acomodação otimizada entre o princípio da nulidade das leis inconstitucionais e outros valores constitucionais relevantes, notadamente a segurança jurídica e a proteção da confiança legítima, além de encontrar lastro também no plano infraconstitucional (Lei n. 9.868/99, art. 27)".

Por essa razão, o art. 27 da Lei n. 9.868/99 afirma que: "ao declarar a inconstitucionalidade de lei ou ato normativo e, tendo em vista razões de segurança jurídica ou de excepcional interesse social, poderá o Supremo Tribunal Federal, por maioria de dois terços de seus membros, restringir os efeitos daquela declaração ou decidir que ela só tenha eficácia a partir de seu trânsito em julgado ou de outro momento que venha a ser fixado". Assim, como base nesse dispositivo legal, declarada uma lei inconstitucional, poderá o STF fixar a data a partir da qual sua decisão produzirá efeitos. Várias são as hipóteses: a) em regra, os efeitos da decisão são retroativos (retroagindo até o nascimento da lei – efeito *ex tunc*); b) o STF pode determinar que sua decisão retroaja apenas por um período posterior à edição da lei – alguns meses, alguns anos etc.; c) o STF pode determinar que sua decisão não retroagirá, produzindo efeitos a partir do trânsito em julgado (efeito *ex nunc*); d) o STF pode determinar que sua decisão produzirá efeitos somente no futuro – depois de alguns meses, anos etc. – é o chamado efeito *pro futuro* ou prospectivo). Nesse caso, a decisão do STF, em vez de ser declaratória, será constitutiva, pois manterá os efeitos já produzidos pela lei inconstitucional, determinando, criando um momento a partir do qual os efeitos de sua decisão serão gerados.

Várias foram as vezes em que o Supremo Tribunal Federal se utilizou da chamada "modulação" ou "manipulação" dos efeitos da ADI, nos termos do art. 27 da Lei n. 9.868/99 (exemplos: ADI 4.425, 2.797, 4.029, 2.791 etc.). Outrossim, embora a Lei n. 9.868/99, no seu art. 27, trate da modulação dos efeitos no controle concentrado de constitucionalidade, o Supremo Tribunal Federal admite a mesma modulação quando a declaração de inconstitucionalidade ocorre no controle difuso. Foi o que fez o STF no Recurso Extraordinário 586.453/SE. Segundo o Min. Luiz Fux, "exatamente porque o Recurso Extraordinário com repercussão geral visa, dentre outras coisas, a evitar a insegurança jurídica, a modulação é inerente ao próprio dever de jurisdição". Nessa mesma ação, o Min. Celso de Mello se pronunciou no sentido de que "a técnica da modulação temporal, a ser utilizada mediante ponderação concreta dos valores em conflito, representa atenuação da doutrina clássica da nulidade, com efeito *ex tunc* dos atos inconstitucionais". Sobre tal questão, bastante elucidativo e professoral o voto do Min. Ricardo Lewandowski, no Recurso Extraordinário 770.692-9/SC[18].

---

18. "A Constituição, segundo a lição clássica de Kelsen, é a norma fundamental que empresta validade a todas as demais normas de um sistema jurídico. Por essa razão, a compatibilidade destas com aquela configura verdadeiro imperativo categórico, na acepção kantiana da expressão. Dito de outra maneira, a incompatibilidade de uma norma qualquer com o texto magno faz desaparecer o fundamento que permite que ela exista validamente em um dado ordenamento legal. Daí falar-se no princípio da supremacia das normas constitucionais, sobretudo em se tratando de constituições escritas e rígidas. Para preservar essa supremacia, existem mecanismos de defesa, preventivos e repressivos, destinados a salvaguardar a higidez do sistema jurídico, mediante a neutralização das normas incompatíveis com o texto constitucional. Entre nós, o controle repressivo, cometido ao Poder Judiciário, é de natureza híbrida, visto que pode ser realizado tanto pelo Supremo Tribunal Federal, como por qualquer outro órgão judicante, singular ou coletivo. No primeiro caso, tem-se o controle concentrado de constitucionalidade e, no segundo, o incidental ou difuso. Embora a Constituição não explicite qual a pena cominada à norma inconstitucional, ela decorre do princípio da supremacia, correspondendo à sanção de nulidade ou anulabilidade, com efeitos, respectivamente, *ex tunc* ou *ex nunc*. No controle difuso de constitucionalidade, a nulidade, como regra, é reconhecida *ipso iure*, operando *ab initio*, ou seja, retroativamente; no controle concentrado, também se declara a nulidade do ato normativo, geralmente com eficácia *ex tunc*, podendo, todavia, ser ele apenas anulado, estabelecendo-se que a decisão que

12.7. ESTADO DE COISAS INCONSTITUCIONAL

Trata-se de uma expressão originária da Corte Constitucional da Colômbia, decorrente de algumas *Sentencias de Unificación* (*Sentencia* SU-559, de 6 de novembro de 1997; *Sentencia* T-068, de 5 de março de 1998; *Sentencia* SU-250, de 26 de maio de 1998; *Sentencia* T-590, de 20 de outubro de 1998; *Sentencia* T-525, de 23 de julho de 1999; *Sentencia* T-253, de 28 de abril de 1998; *Sentencia* T-025, de 22 de janeiro de 2004).

Segundo a Corte Constitucional colombiana, o estado de coisas inconstitucional decorre da constatação de violações generalizadas, contínuas e sistemáticas de direitos fundamentais, por vários órgãos estatais, demandando soluções estruturais igualmente amplas, para a solução dos problemas e supressão das omissões estatais. Segundo a Corte Constitucional colombiana, estará presente o estado de coisas inconstitucional, quando presente o seguinte cenário: a) grave, permanente e generalizada violação de direitos fundamentais, afetando um amplo e indeterminado número de pessoas; b) comprovada omissão reiterada de órgãos estatais diversos, no cumprimento de seus deveres institucionais para a tutela dos direitos fundamentais (por exemplo, falta de medidas legislativas, administrativas e políticas); c) insuficiência de uma solução unilateral, voltada para um único órgão (é necessária a construção de uma solução múltipla, plurilateral, dirigindo-se a uma pluralidade de órgãos e autoridades).

O primeiro caso julgado pela Corte Constitucional colombiana (*Sentencia* SU-559/97) versava sobre problemas sistemáticos relacionados à educação (inequitativa distribuição fiscal na seara da educação, desrespeito a regras previdenciárias dos professores etc.). Decidiu a Cor-

---

reconhece a inconstitucionalidade opera *ex nunc* ou *pro futuro*. Apesar de suscitar controvérsias na doutrina por entenderem certos teóricos – ainda jungidos a uma visão mais ortodoxa acerca do tema – que a norma inconstitucional, ao menos em nosso sistema, é sempre nula, cabendo ao Judiciário simplesmente declarar tal condição, quando instado a fazê-lo, a pena de anulabilidade encontra, atualmente, previsão expressa em ordenamentos jurídicos de vários países, inclusive na legislação ordinária brasileira. Como a inconstitucionalidade pode ser arguida a qualquer tempo, não é difícil imaginar que a adoção sistemática da sanção de nulidade acarretaria graves transtornos às relações sociais, visto que a própria certeza do direito poderia ser colocada em xeque. A anulação da norma inconstitucional, com a modulação dos efeitos temporais da decisão, surge assim como precioso instrumento que permite temperar o princípio da supremacia constitucional com outros valores socialmente relevantes, em especial o da segurança jurídica. [...] Nesse sentido, o art. 27, da Lei n. 9.868/99 estabelece que o Supremo, por maioria de dois terços de seus membros, e tendo em vista razões de segurança jurídica ou de excepcional interesse social, pode restringir os efeitos de decisão que, nas ações diretas ou declaratórias, reconheça a inconstitucionalidade de lei ou ato normativo, estabelecendo que ela só tenha eficácia a partir do trânsito em julgado ou outro momento. O art. 11 da Lei n. 9.882/99 estende essa possibilidade às ações de arguição de descumprimento de preceito fundamental. As referidas disposições afastam, pois, a imposição obrigatória da sanção de nulidade, com efeitos *ex tunc*, visto que autorizam o STF a estabelecer discricionariamente, tendo como balizas os conceitos indeterminados de 'segurança jurídica' ou de 'excepcional interesse social', que sua decisão, em certos casos, tenha eficácia em momento posterior à vigência da norma declarada inconstitucional. É dizer, o direito positivo, agora, consagra a tese, já defendida por alguns no passado, em sede doutrinaria, segundo a qual a decisão de inconstitucionalidade tem natureza constitutivo-negativa, e não apenas declaratória, como se entendia tradicionalmente, a partir de uma interpretação clássica do princípio da supremacia, combinada com a leitura mais estrita dos dispositivos constitucionais que tratam da matéria. [...] Ora, esses fundamentos que autorizam a modulação dos efeitos nas decisões proferidas nos processos de índole objetiva, também se aplicam, *mutatis mutandis*, aos processos de natureza subjetiva. Nesse sentido, existem precedentes nesta Corte, dentre os quais sobressai o acórdão prolatado, em 06.06.2002, no paradigmático RE 197.917/SP, cujo relator foi o Ministro Maurício Corrêa. [...] Por essas razões, entendo que convém emprestar-se efeitos prospectivos às decisões em tela, sob pena de impor-se pesados ônus aos contribuintes que se fiaram na tendência jurisprudencial indicada nas decisões anteriores desta Corte sobre o tema, com todas as consequências negativas que isso acarretará nos planos econômico e social. [...] Assim, ante as peculiaridades do caso, e em homenagem não apenas ao princípio da segurança jurídica, mas também aos postulados da lealdade, da boa-fé e da confiança legítima, sobre os quais se assenta o próprio Estado Democrático de Direito, proponho que se confira efeitos *ex nunc* as decisões proferidas nos REs 353.657 e 370.682".

te colombiana: "A Corte tem o dever de colaborar de maneira harmônica com os órgãos restantes do Estado para a realização de seus fins. Do mesmo modo deve comunicar a autoridade competente sobre a notícia relativa à prática de um delito e notificá-la de que um determinado estado de coisas resulta violatória da Constituição Política. [...] Como a situação descrita se apresenta em muitos municípios, adverte-se às autoridades competentes que o tal estado de coisas deverá corrigir-se dentro do marco das funções que lhe são atribuídas pela lei, em prazo que seja razoável".

Esse estado de coisas inconstitucional pode se dar por meio de atos do Estado, mas principalmente se dá por meio de um conjunto sistemático de omissões do poder público, igualmente consideradas inconstitucionais. Como vimos em capítulo anterior (sobre o princípio da proporcionalidade), no tocante à tutela dos direitos fundamentais, o Estado tem uma série de deveres. No tocante aos direitos sociais (saúde, educação, moradia, alimentação etc.), deve cumprir um "mínimo existencial" desses direitos. No tocante aos direitos individuais (vida, liberdade, propriedade, honra etc.), o Estado não poderá restringir excessivamente esses direitos, a ponto de ferir seu núcleo essencial (proibição do excesso – *ubermassberbot*), mas também não pode deixar de agir, omitindo-se a ponto de não tutelar o direito fundamental (proibição da proibição insuficiente – *untermassverbot*), os dois aspectos do princípio da proporcionalidade, de acordo com a jurisprudência do Tribunal Constitucional alemão. Se os poderes públicos, de forma sistêmica, reiterada e generalizada, praticam atos e/ou omissões que violam os direitos fundamentais, está-se diante de um estado de coisas inconstitucional, ensejando uma série de medidas igualmente generalizadas, plurais, envolvendo vários agentes e órgãos públicos, a fim de diminuir a violação aos direitos fundamentais sistematicamente violados.

Poder-se-ia questionar a legitimidade do Poder Judiciário para estabelecer quais as tarefas estatais que devem ser cumpridas, quiçá determinando um cronograma de execução. Muitos diriam que tal postura violaria o princípio democrático, já que o Judiciário não foi eleito pelo povo, ao contrário dos Poderes Legislativo e Executivo, que, em última análise, têm o dever de implantar as políticas públicas e estabelecer quais as prioridades do Estado. Em parte, a crítica está correta. Todavia, não caberá ao Judiciário estabelecer aprimoramentos às políticas públicas eficazes ou ordenar a substituição de uma política pública por outra. O Judiciário, em nosso entender, deve agir, quando descumprido o mínimo existencial dos direitos fundamentais, utilizando-se como parâmetro de aferição o princípio da dignidade da pessoa humana. Assim, entendemos que, em casos extremos, pode e deve o Judiciário agir, em defesa da Constituição e de sua força normativa.

Foi o que ocorreu no julgamento da ADPF 347/DF, relatada pelo Min. Marco Aurélio, versando sobre o sistema carcerário brasileiro, pois, nas palavras do então Ministro da Justiça, "as prisões brasileiras são verdadeiras 'masmorras medievais'".

Primeiramente, quanto à crítica da falta de legitimidade do Judiciário em temas desse jaez, o Ministro Marco Aurélio decidiu exatamente da forma como nos posicionamos acima: "a forte violação de direitos fundamentais, alcançando a transgressão à dignidade da pessoa humana e ao próprio mínimo existencial justifica a atuação mais assertiva do Tribunal"[19]. E,

---

19. Prossegue o Ministro relator: "trata-se de entendimento pacificado, como revelado no julgamento do aludido recurso extraordinário n. 592.581/RS, da relatoria do ministro Ricardo Lewandowski, no qual assentada a viabilidade de o Poder Judiciário obrigar a União e estados a realizarem obras em presídios para garantir a integridade física dos presos, independentemente de dotação orçamentária".

na sequência, refuta com aspereza os argumentos de ilegitimidade democrática: "a intervenção judicial mostra-se legítima presente padrão elevado de omissão estatal frente a situação de violação generalizada de direitos fundamentais. Verificada a paralisia dos poderes políticos, argumentos idealizados do princípio democrático fazem pouco sentido prático".

Outrossim, no caso em tela, a atuação do Judiciário se mostra necessária porque os outros dois poderes (Legislativo e Executivo), eleitos democraticamente, podem transformar a democracia numa ditadura da maioria. Explico: tamanha a criminalidade e a pouca preocupação com o bem-estar dos presos, seria impopular qualquer medida tomada pelo poder público em favor dos detentos, pois, como muitos apregoam, "direitos humanos só para humanos direitos". O Judiciário é guardião da Constituição e, por isso mesmo, da Democracia, que necessariamente implica a defesa do direito das minorias. Disse o Min. Marco Aurélio em seu voto: "A sociedade não tolera mais a criminalidade e a insegurança pública, e isso implica ser contrária à preocupação com a tutela das condições dignas do encarceramento. Essa rejeição tem como consequência direta bloqueios políticos, que permanecerão se não houver intervenção judicial. Pode-se prever a ausência de probabilidade de os poderes políticos, por si sós, tomarem a iniciativa de enfrentar tema de tão pouco prestígio popular. Em casos assim, bloqueios costumam ser insuperáveis. [...] Em síntese, a solução das graves violações de direitos fundamentais dos presos, decorrentes da falência do sistema prisional, presentes políticas públicas insuficientes e de resultados indesejados, não consegue avançar nas arenas políticas ante a condição dos presos, de grupo social minoritário, impopular e marginalizado".

Como dissemos acima, não pode o Judiciário invadir a seara discricionária dos demais poderes políticos, sob pena de violação da separação dos poderes, mas, diante do descumprimento do mínimo existencial de alguns direitos, pode estabelecer as diretrizes gerais e mínimas relacionadas às políticas públicas que devam ser implementadas. Nesse sentido, afirmou o STF: "Ao Supremo cumpre interferir nas escolhas orçamentárias e nos ciclos de formulação, implementação e avaliação de políticas públicas, mas sem detalhá-las. Deve formular ordens flexíveis, com margem de criação legislativa e de execução a serem esquematizadas e avançadas pelos outros Poderes, cabendo-lhe reter jurisdição para monitorar a observância da decisão e o sucesso dos meios escolhidos. [...] Como destaca a doutrina colombiana, o Tribunal não chega a ser um 'elaborador' de políticas públicas, e sim um 'coordenador institucional'".

Com esses argumentos de legitimidade de sua atuação, e declarada a inconstitucionalidade sistemática e generalizada, pela proteção insuficiente (na expressão do Tribunal Constitucional alemão) ou pelo estado de coisas inconstitucional (na expressão da Corte Constitucional Colombiana), o STF deferiu cautelar, ordenando, dentre outros, os seguintes atos: a) para os juízes – o dever de fundamentar expressamente a não concessão de medidas cautelares da prisão (art. 319 do CPP), com a intenção de diminuir o número de presos provisórios; b) para os juízes e tribunais – para evitar o número de presos provisórios, que realizem, em até noventa dias, audiências de custódia (nos termos do Pacto de São José da Costa Rica); c) para os juízes e tribunais – que apliquem, quando possível, penas alternativas à prisão; d) à União, que libere o saldo acumulado do Fundo Penitenciário Nacional para utilização com a finalidade para a qual foi criado, abstendo-se de realizar novos contingenciamentos.

12.8. ESPÉCIES DE INCONSTITUCIONALIDADE

Como vimos acima, se uma lei infraconstitucional fere a Constituição, será inválida, inconstitucional. Todavia, indaga-se: o que exatamente significa "ferir a Constituição"? Bem, veremos agora as espécies de inconstitucionalidade. A primeira classificação possível é a inconstitucionalidade por omissão e a inconstitucionalidade por ação, esta última se subdividindo em várias outras hipóteses, que adiante serão estudadas.

12.8.1. Inconstitucionalidade por omissão

O Estado pode editar leis e atos normativos que contrariem formal ou materialmente a Constituição. Uma lei que restringe demasiadamente um direito fundamental, por exemplo, será inválida, inconstitucional. Trata-se da inconstitucionalidade por ação (que será estudada no item seguinte).

Todavia, existem omissões estatais que também podem ser declaradas inconstitucionais. Por vezes, a Constituição Federal impõe ao Estado deveres (expressos ou implícitos) que, caso não sejam cumpridos, podem ensejar a condenação do Estado, por sua inação inconstitucional.

Por exemplo, como vimos em capítulo anterior (destinado ao estudo da aplicabilidade das normas constitucionais), há na Constituição várias normas constitucionais de eficácia limitada de princípio institutivo (as normas constitucionais que precisam de complementação, regulamentação). Por exemplo, o art. 5º, VII, prevê o direito à assistência religiosa em locais de internação coletiva, "nos termos da lei"; o art. 7º, XI, prevê como direito dos trabalhadores a participação nos lucros das empresas, "conforme definido em lei"; o art. 37, VII, prevê o direito de greve do servidor público, "nos termos e nos limites definidos em lei específica" etc. Caso o Estado não faça essas leis, determinadas pela Constituição, está agindo (ou melhor, não agindo) de forma contrária aos ditames constitucionais.

Foi o que o Supremo Tribunal Federal declarou na ADI 3.682/MT, relatada pelo Min. Gilmar Mendes, no tocante ao art. 18, § 4º, da Constituição, que remete à lei complementar federal a fixação de prazo para criação de novos municípios: "Existência de notório lapso temporal a demonstrar a inatividade do legislador em relação ao cumprimento de inequívoco dever constitucional de legislar, decorrente do comando do art. 18, § 4º, da Constituição. Apesar de existirem no Congresso Nacional diversos projetos de lei apresentados visando à regulamentação do art. 18, § 4º, da Constituição, é possível constatar a omissão inconstitucional quanto à efetiva deliberação e aprovação da lei complementar em referência. [...] A *inertia deliberandi* das Casas Legislativas pode ser objeto da ação direta de inconstitucionalidade por omissão".

Recentemente, foi ajuizada ação direta de inconstitucionalidade por omissão (ADO), pelo Governador do Estado do Maranhão, quanto ao art. 153, VII, da CF, que possibilita à União criar o "imposto sobre grandes fortunas, nos termos de lei complementar" (que até hoje não foi editada). Afirmou o governador: "ante o fragilizado pacto federativo vigente no Brasil, estando a União no topo da pirâmide, a concentrar a maior parcela das receitas fiscais, ocupando os estados-membros papel coadjuvante na arrecadação tributária e na repartição de receitas, é inegável a dependência financeira destes últimos em relação à primeira". O Procurador-Geral da República opinou pelo não conhecimento da ação, alegando: a) que o Governador não tem legitimidade para ajuizar ação quanto à ausência de um imposto a ser criado por outro ente federativo – União; b) que o art. 153 da CF prevê uma faculdade da União, e não um dever de criar imposto sobre grandes fortunas; c) a ADO (ação direta de inconstitucionalidade por omissão) não poderia criar provisoriamente um recurso, sob pena de violação da separação dos poderes. Embora o STF ainda não tenha julgado a ação, entendemos que o Governador realmente não tem legitimidade para ajuizá-la. Isso porque, embora seja um dos legitimados da ADO (art. 103, CF), segundo tradicional jurisprudência do STF, é necessário que haja pertinência temática (como adiante se verá), ou seja, que haja interesse do respectivo Estado no objeto da ação. No caso, o IGF (imposto sobre grandes fortunas) é um tributo que não está sujeito à repartição entre os entes federativos, ficando exclusivamente com a União. Dessa maneira, o interesse do Estado é apenas reflexo, indireto. Por isso, entendemos que o mérito dessa ação não seja julgado[20].

Todavia, não somente nessas hipóteses, em que a Constituição determina um dever de legislar, poderá ocorrer a omissão inconstitucional por parte do Estado. Os direitos fundamentais previstos na Constituição impõem ao Estado deveres de fazer e não fazer. Por exemplo, em se tratando de direitos sociais, como a saúde, a educação, a moradia etc., o dever principal do Estado é um dever de fazer (garantir a saúde mínima da população, garantir a educação nos padrões constitucionais mínimos etc.). Caso o Estado não aja, de forma a cumprir o mínimo existencial desses direitos, estará agindo (ou melhor, não agindo) de forma inconstitucional. Outrossim, até mesmo nos direitos individuais (ou de primeira dimensão), em que o Estado tem o dever principal de não fazer (vida, liberdade, propriedade etc.), haverá subsidiariamente ao Estado uma obrigação de fazer. Por exemplo, quanto ao direito à vida, o Estado tem o dever principal de não fazer (de não tirar nossas vidas indevidamente, bem como não restringir excessivamente o direito à vida por meio da lei – proibição do excesso), mas também terá obrigações de fazer, na medida em que deve assegurar a todos uma vida minimamente digna, como corolário da dignidade da pessoa humana. Assim, se o Estado não fizer o mínimo para a proteção desses direitos, estará se omitindo de forma inconstitucional, em razão do princípio da proibição da proteção insuficiente, já estudado em capítulo anterior.

Por exemplo, o Supremo Tribunal Federal (STA 223 AgR/PE, relatada pela Min. Ellen Gracie) condenou o Estado de Pernambuco por conta de sua omissão no tocante ao direito à saúde, afirmando ter legitimidade constitucional para colmatar tal omissão, bem como a inação estatal no tocante à saúde fere a Constituição Federal, dando ensejo a que o Judiciário aprecie violação de alguns princípios, como o da proibição da proteção insuficiente. Na ementa dessa decisão já consta: "dever estatal de assistência à saúde resultante de norma constitucional (CF, arts. 196 e 197) – obrigação jurídico-constitucional que se impõe ao poder público, inclusive aos estados-membros da Federação – configuração, no caso, de típica hipótese de omissão inconstitucional imputável ao Estado de Pernambuco – Desrespeito à Constituição provocado por inércia estatal. Comportamento que transgride a autoridade da lei fundamental da República. [...] A colmatação de omissões inconstitucionais como necessidade institucional fundada em comportamento afirmativo dos juízes e tribunais e de que resulta uma positiva criação jurisprudencial do direito. Controle jurisdicional de legitimidade da omissão do poder público: atividade de observância de certos parâmetros constitucionais (proibição do retrocesso social, proteção ao mínimo existencial, vedação da proteção insuficiente e proibição de excesso)".

Verificada a inconstitucionalidade por omissão, quais os instrumentos jurídicos cabíveis para reprimi-la? Primeiramente, em se tratando de omissão do Poder Público no tocante à

---

20. Todavia, quanto ao mérito dessa ação, entendemos, ao contrário do Procurador-Geral da República, que se trata de um dever da União, e não uma faculdade, a criação do imposto sobre grandes fortunas. Entender como uma faculdade é esvaziar o comando do poder constituinte originário, ferindo o princípio da força normativa da Constituição. Deve o Estado legislar acerca do tema, como ordenou o poder constituinte originário. Não obstante, deve fazê-lo com a cautela, proporcionalidade e razoabilidade devida, pois muitos países mostraram ser inadequada uma tributação das grandes fortunas (quanto mais se tributam as grandes fortunas, mais elas fogem do país).

elaboração de regulamentação (nos casos de normas constitucionais de eficácia limitada de princípio institutivo), as duas principais ações são: a) ADO (ação direta de inconstitucionalidade por omissão) e b) mandado de injunção. Ambas serão estudadas mais adiante. Todavia, adianto que a primeira (ADO) pode ser ajuizada pelos nove legitimados do art. 103 da CF (Presidente, Governador, Mesa do Senado etc.) em favor de qualquer norma constitucional pendente de regulamentação (seja a norma que prevê um direito, que cria um tributo etc.). Já o mandado de injunção pode ser ajuizado por qualquer pessoa (ou instituições previstas na Lei n. 13.300/2016) em se tratando das normas constitucionais que preveem direitos, que não podem ser exercidos por ausência de regulamentação (é o caso da greve do servidor público – art. 37, VII, CF etc.).

E quanto às omissões estatais inconstitucionais que não são normativas? Por exemplo, a omissão do Estado na implantação de políticas públicas aptas a garantir os direitos sociais, ou a omissão do Estado não protegendo suficientemente os direitos fundamentais? Nessa hipótese, outras ações poderão ser ajuizadas, como o mandado de segurança, alegando direito líquido e certo à saúde, à educação etc. Esse é o entendimento de José Cretella Júnior: "A lesão pode constituir também em omissão. Se alguém requerer expedição de certidão à repartição administrativa competente, para a defesa de direitos e esclarecimento de situação [...], a negativa da expedição ou a omissão de expedição, isto é, o 'silêncio', a 'desídia' ou 'inércia', ensejam o mandado, já que se concretiza a coação. Trata-se de ato omissivo. Não é necessário, pois, que se trate de ato executório, porque o ato omissivo, em que não há esse caráter, também enseja a impetração do mandado de segurança"[21].

Da mesma forma, contra a omissão estatal é cabível arguição de descumprimento de preceito fundamental (art. 102, § 1º, CF). Nesse caso, embora a Lei n. 9.882/99, no seu art. 1º, admita a ação para "evitar ou reparar lesão a preceito fundamental, resultante de ato do Poder Público", o STF já admite a ação para combater omissões do Poder Público. Tal cabimento é pertinente máxime quando outras ações possíveis (como a ação direta de inconstitucionalidade por omissão) são capazes de sanar a lesividade (como dispõe o art. 4º, § 1º, da Lei n. 9.882/99: "não será admitida arguição de descumprimento de preceito fundamental quando houver qualquer outro meio eficaz de sanar a lesividade"). Na já mencionada ADPF 347 (que inaugurou no Brasil a tese do estado de coisas inconstitucional), o STF se manifestou pelo cabimento da ação para combater as omissões estatais: "Na Arguição de Descumprimento de Preceito Fundamental, como nós sabemos, pela legislação, exige-se em primeiro lugar, que haja preceitos fundamentais violados, e aqui ninguém hesitaria em reconhecer que há a violação da dignidade humana, da integridade física e moral dos presos – para citar apenas dois desses aspectos. [...] Existe um conjunto de ações e omissões notórias que fazem com que se tenha esse estado de generalizada inconstitucionalidade por falha estrutural do sistema. Desse modo, também não excitaria em reconhecer como presente esse segundo elemento, que é um ato do Poder Público, na verdade, aqui um conjunto de ações e de inações".

Contra a omissão do Poder Público que fere a Constituição, por descumprir o mínimo existencial dos direitos fundamentais, por ferir o princípio da proibição da proteção insuficiente, também pode ser ajuizada ação popular (art. 5º, LXXIII, CF). Embora o artigo da Constituição se refira a "ato lesivo" do poder público, a jurisprudência vem admitindo a referida ação para combater omissões inconstitucionais. Foi o que decidiu o TRF da 4ª Região, na Re-

---

21. José Cretella Júnior. *Comentários à Lei do Mandado de Segurança*, p. 112.

messa *Ex Officio* 1.859/PR, que tratava da omissão da Embrapa (Empresa Brasileira de Pesquisa Agropecuária), que deixou de adotar medidas judiciais cabíveis para reaver de terceiros invasores áreas de terra que constituem patrimônio da União ("o terceiro requisito da ação popular é a lesividade do ato ao patrimônio público. Na conceituação atual, lesivo é todo ato ou omissão administrativa que desfalca o erário ou prejudica a Administração, assim como o que ofende bens ou valores artísticos, cívicos, culturais, ambientais ou históricos da comunidade"). Da mesma forma, o STJ já se manifestou nesse sentido, admitindo a ação popular contra omissões estatais inconstitucionais: "pode ser proposta ação popular ante a omissão do Estado em promover condições de melhoria na coleta do esgoto da Penitenciária Presidente Bernardes, de modo a que cesse o despejo de elementos poluentes no Córrego Guarucaia (obrigação de não fazer), a fim de evitar danos ao meio ambiente" (REsp 889.766/SP, rel. Min. Castro Meira). Outrossim, a Lei n. 4.717/65 (que regulamenta a ação popular), em seu art. 6º, afirma ser cabível ação popular contra ação ou omissão: "a ação será proposta contra as pessoas públicas ou privadas e as entidades referidas no art. 1º, contra as autoridades, funcionários ou administradores que houverem autorizado, aprovado, ratificado ou praticado o ato impugnado, ou que, por omissas, tiverem dado oportunidade à lesão, e contra os beneficiários diretos do mesmo".

Outrossim, para atacar a omissão estatal é possível ajuização de ação civil pública, prevista no art. 129, III, CF e na Lei n. 7.347/85. Todavia, ao contrário da ação popular, que pode ser ajuizada por qualquer cidadão (nos termos do art. 5º, LXXIII, CF), a ação civil pública pode ser ajuizada pelos entes previstos no art. 5º da sobredita lei (Ministério Público, Defensoria Pública, associação etc.). Sobre o assunto, já julgou o STJ: "A omissão injustificada da administração em efetivar as políticas públicas constitucionalmente definidas e essenciais para a promoção da dignidade humana não deve ser assistida passivamente pelo Poder Judiciário. [...] O Ministério Público é órgão responsável pela tutela dos interesses individuais homogêneos, coletivos e difusos relativos à infância e à adolescência, na forma do art. 201, do Estatuto da Criança e do Adolescente. Cabe ao *Parquet* ajuizar Ação Civil Pública com a finalidade de garantir o direito a creche e a pré-escola de crianças até seis anos de idade. De acordo com o princípio constitucional da inafastabilidade do controle jurisdicional (art. 5º, XXXV, da CF), garantia básica do Estado Democrático de Direito, a oferta insuficiente de vagas em creches para crianças de zero a seis anos faz surgir o direito de ação para todos aqueles que se encontrem nessas condições. [...] Se é certo que ao Judiciário recusa-se a possibilidade de substituir-se à Administração Pública, o que contaminaria ou derrubaria a separação mínima das funções do Estado moderno, também não é menos correto que, na nossa ordem jurídica, compete ao juiz interpretar e aplicar a delimitação constitucional e legal dos poderes e deveres do administrador, exigindo, de um lado, cumprimento integral e tempestivo dos deveres vinculados" (REsp 440.502/SP, rel. Min. Herman Benjamin). No mesmo sentido: "A falta de saneamento básico gera sérios problemas para a saúde da população. As consequências dessa omissão estatal têm sido mais graves para as classes socioeconômicas desfavorecidas. [...] Cabe ao Poder Executivo a decisão acerca da oportunidade da implementação das políticas públicas, mas deve ser respeitada a garantia dos direitos referentes ao 'mínimo existencial'. [...] Ante o exposto, com fundamento no art. 557, § 1º-A, CPC, dou provimento ao recurso especial para condenar o município a elaborar o projeto técnico de encanamento de esgotos no prazo de 60 dias" (REsp 1366337/RS, rel. Min. Humberto Martins).

Da mesma forma, também é cabível contra a omissão estatal ação de improbidade administrativa, nos termos da Lei n. 8.429/92, que, no seu art. 5º, afirma: "ocorrendo lesão ao patrimônio público por ação ou omissão, dolosa ou culposa, do agente ou de terceiro, dar-se-á o integral ressarcimento do dano". Outrossim, ao definir os atos de improbidade, descreve a omissão do agente público no exercício de suas atribuições (art. 9º, I, e principalmente o art. 11 – "constitui ato de improbidade administrativa que atenta contra os princípios da administração pública qualquer ação ou omissão que viole os deveres de honestidade, imparcialidade, legalidade, e lealdade às instituições...").

Por fim, contra a omissão estatal inconstitucional, também é possível a ADI interventiva, com fulcro nos arts. 34, VII, e 36 da Constituição Federal. Por exemplo, se houver por parte do Estado-membro grave violação dos direitos da pessoa humana (seja por ações ou omissões), nos termos do art. 34, VII, "b", CF, poderá ser ajuizada ADI interventiva, pelo Procurador-Geral da República, nos termos do art. 36, III, CF.

Dessa maneira, podemos resumir no seguinte quadro esquemático as seguintes ações contemporâneas capazes de atacar as omissões estatais inconstitucionais, à luz da doutrina e da jurisprudência:

INCONSTITUCIONALIDADE POR OMISSÃO	
Por ausência de complemento normativo	**Por descumprimento do mínimo essencial**
Mandado de injunção (art. 5º, LXXI, CF e Lei n. 13.300/2016)	Ação popular (art. 5º, LXXIII, CF e Lei n. 4.717/65)
ADI por omissão (art. 102, § 3º, CF e Lei n. 9.868/99)	Ação civil pública (Lei n. 7.347/85)
	ADPF (art. 102, § 1º, CF e Lei n. 9.882/99)
	Mandado de segurança (art. 5º, LIX, CF e Lei n. 12.016/2009)
	ADI interventiva (arts. 34, VII, e 36, III, CF e Lei n. 12.562/2011)

12.8.2. Inconstitucionalidade por ação

A inconstitucionalidade por ação consiste na hipótese mais conhecida de inconstitucionalidade: trata-se da lei ou do ato normativo que fere, desrespeita a Lei Maior. Há duas espécies de inconstitucionalidade por ação: material e formal.

a) Inconstitucionalidade material

Ocorre a inconstitucionalidade material quando o conteúdo da lei ou ato normativo fere a Constituição. Assim, se o conteúdo de uma lei violar as regras ou princípios constitucionais, poderá ser declarado inconstitucional, pelo vício material. Por exemplo, na ADI 2.404, o Supremo Tribunal Federal declarou inconstitucional a expressão "em horário diverso do autorizado" do art. 254 do Estatuto da Criança e do Adolescente (Lei n. 8.069/90). Apesar de mantida a obrigação de exibir ao público o aviso da classificação etária, as emissoras de rádio e televisão não mais praticam infração administrativa caso transmitam programas em horário diverso do autorizado, pois, segundo o STF, o Estado "só pode indicar, informar, recomendar, e não proibir, vincular ou censurar. [...] Diante do exposto, o dispositivo ora questionado, ao estabelecer punição às empresas de radiodifusão por exibirem programa em horário diverso do 'autorizado', incorre em abuso constitucional", por violação ao art. 5º, IX, da Constituição Federal. Por violar o mesmo dispositivo constitucional, o STF declarou inconstitucional o inciso II e a parte final do inciso III do art. 45 da Lei n. 9.504/97, que proibiam a utilização do humor na cobertura jornalística das eleições. Segundo o inciso II, "Art. 45 [...] é vedado às emissoras de rádio e televisão, em sua programação normal e em seu noticiário: [...] II – usar trucagem, montagem ou outro recurso de áudio ou vídeo que, de qualquer forma, degradem ou ridicularizem candidato, partido ou coligação, ou produzir ou veicular programa com esse efeito". Para o STF, "a crítica jornalística em geral, pela sua relação de inerência com o interesse público, não é aprioristicamente suscetível de censura. [...] Decisão a que se pode agregar a ideia de que a locução 'humor jornalístico' enlaça pensamento crítico, informação e criação artística".

Se o conteúdo da lei violar regra ou princípio constitucional, será declarado materialmente inconstitucional. Foi o que fez o STF, na ADI 2.019/MS, ao declarar inconstitucional a "inusitada" lei estadual que instituiu a "bolsa estupro": segundo a Lei sul-mato-grossense n. 1.949/99, o Estado do Mato Grosso do Sul daria uma bolsa mensal às crianças que foram geradas por estupros. Segundo o STF: "ato normativo que, ao erigir em pressuposto de benefício assistencial não o estado de necessidade dos beneficiários, mas sim as circunstâncias em que foram eles gerados, contraria o princípio da razoabilidade, consagrado no mencionado dispositivo constitucional (art. 5º, LIV, CF)". Importante frisar que há várias iniciativas semelhantes no Congresso Nacional. Mantida a orientação do STF, todos os projetos de lei federal que criam a "bolsa estupro" são inconstitucionais (materialmente inconstitucionais).

Por fim, o último exemplo, já mencionado no capítulo anterior, foi a ADI 5.316, na qual o Supremo Tribunal Federal declarou inconstitucional parte da Emenda Constitucional n. 88/2015 ("emenda da bengala"). Segundo o STF, a parte final do art. 2º da sobredita Emenda, ao condicionar a manutenção dos Ministros dos Tribunais Superiores à sabatina no Senado Federal, viola a cláusula pétrea da separação dos poderes (art. 60, § 4º, III, CF). O conteúdo da Emenda, portanto, fere a Constituição (inconstitucionalidade material).

b) Inconstitucionalidade formal

Ao contrário da inconstitucionalidade material, na qual o problema está no conteúdo da norma, na inconstitucionalidade formal, o problema, o vício, está no processo de criação da norma, na sua forma, portanto. Existem três modalidades de inconstitucionalidade formal: inconstitucionalidade formal orgânica; inconstitucionalidade formal propriamente dita; inconstitucionalidade formal por violação a pressupostos objetivos do ato normativo.

b.1) Inconstitucionalidade formal orgânica

Trata-se do vício de inconstitucionalidade decorrente da incompetência para elaboração da lei ou ato normativo. A Constituição Federal enumera a competência dos entes federativos. Por exemplo, traz um rol de competências privativas da União no art. 22, I (legislar sobre direito penal, processual, civil, trabalhista etc.). Portanto, se um Município elabora uma lei penal, será formalmente inconstitucional, já que não tem competência para legislar sobre tal assunto.

Recentemente, a Câmara de Vereadores da cidade de São Paulo aprovou a Lei municipal n. 16.222/2015, proibindo o comércio de *foie gras* (expressão que, no francês, significa fígado gorduroso; trata-se de patê de fígado de pato – uma iguaria da culinária francesa), visando à proteção do meio ambiente (já que a Constituição veda a crueldade contra os animais). Foi ajuizada Ação Direta de Inconstitucionalidade perante o TJSP que suspendeu liminarmente a lei, por "usurpação de competência" (Processo n. 2137241-60.2015.8.26.0000, rel. Des. Sérgio Rui). Embora a decisão seja liminar, o mesmo Tribunal de Justiça do Estado de São Paulo já havia declarado inconstitucional lei municipal de Sorocaba/SP que também havia proibido a comercialização do *foie gras*: "a proibição e comercialização de *foie gras* não encerra matéria de predominante interesse local" (ADI 2038201-71.2016.8.26.0000, rel. Des. Antonio Carlos Malheiros). Por que essas leis são inconstitucionais? Por que a Constituição Federal estabelece, no art. 24, V, que legislar sobre "produção e consumo" é competência concorrente entre União, Estados e Distrito Federal, bem como legislar sobre "proteção do meio ambiente" (art. 24, VI, CF). A lei municipal que versa sobre esses assuntos está usurpando a competência dos Estados. O município não tem competência para fazer tais leis. Se o fizer, essas leis serão inconstitucionais (inconstitucionalidade formal orgânica).

Da mesma maneira, o Supremo Tribunal Federal, na ADI 2.947/RJ, relatada pelo Min. Cezar Peluso, declarou inconstitucional a Lei estadual carioca n. 2.749/97, que proibia revista íntima de funcionários, pois legislar sobre Direito do Trabalho é competência privativa da União (art. 22, I, CF). Segundo o STF, houve "usurpação de competência privativa da União. É inconstitucional norma do Estado ou do Distrito Federal que disponha sobre proibição de revista íntima em empregados de estabelecimentos situados no respectivo território".

Mais um exemplo: o Estado de São Paulo, há alguns anos, aprovou a Lei n. 11.819/2005, instituindo em território paulista o "interrogatório por videoconferência". O STF considerou a lei inconstitucional, argumentando ser "competência exclusiva da União legislar sobre matéria processual (art. 22, I, da Constituição Federal)" (HC 90.900/SP, rel. Min. Ellen Gracie). Quatro anos depois, foi editada a Lei federal n. 11.900/2009, que alterou o art. 185, § 2º, do Código de Processo Penal, prevendo o interrogatório por videoconferência. Esta última lei é constitucional, pois compete à União legislar sobre Direito Processual.

b.2) Inconstitucionalidade formal propriamente dita

A inconstitucionalidade formal propriamente dita ocorre quando há um vício no processo de formação da lei (processo legislativo). O vício pode se dar em qualquer uma das fases desse processo. Primeiramente, pode ocorrer um vício de iniciativa. Nesse caso, o projeto de lei é elaborado por quem não tem legitimidade para fazê-lo. Por exemplo, um projeto de lei elaborado por parlamentares prevendo a criação ou a extinção de Ministério ou órgão da Administração Pública será inconstitucional. Isso porque, segundo o art. 61, § 1º, II, "e", CF, compete privativamente ao Presidente da República elaborar projetos de lei dessa natureza. Da mesma forma, também são de iniciativa privativa do Presidente os projetos de lei que "fixem ou modifiquem os efetivos das Forças Armadas" (art. 61, § 1º, I, CF), bem como disponham sobre "criação de cargos, funções ou empregos públicos na administração direta e autárquica ou aumento de sua remuneração" (art. 61, § 1º, II, "a", CF) etc.

Em razão do princípio da simetria constitucional, tais regras se aplicam aos prefeitos e governadores dos Estados e do DF, ou seja, projeto de lei estadual que verse sobre a remuneração dos servidores públicos da Administração Estadual devem ser de iniciativa do Governador. Por essa razão, o STF declarou inconstitucional dispositivo da Constituição do Estado do Maranhão que estabeleceu a remuneração dos servidores da polícia militar (ADI 3.555, rel. Min. Cezar Peluso). Da mesma forma, declarou inconstitucional lei estadual paulista que criou órgão da administração pública estadual, ligado à Secretaria de Estado da Saúde, na ADI 1.275, relatada pelo Min. Ricardo Lewandowski: "o texto normativo criou novo órgão na Administração Pública estadual, o Conselho de Administração, além de acarretar ônus para o Estado-membro, afronta o disposto no artigo 61, § 1º, II, alínea 'e', da Constituição do Brasil".

Importante frisar que, conforme a jurisprudência do STF, eventual sanção presidencial posterior não apagará o vício de iniciativa, ou seja, a inconstitucionalidade permanecerá, apesar da posterior concordância do chefe do Poder Executivo ("a sanção do projeto de lei não convalida o vício de inconstitucionalidade resultante da usurpação do poder de iniciativa. A ulterior aquiescência do chefe do Poder Executivo, mediante sanção do projeto de lei, ainda quando dele seja a prerrogativa usurpada, não tem o condão de sanar o vício radical da inconstitucionalidade. Insubsistência da Súmula 5/STF" – ADI 2.867, rel. Min. Celso de Mello[22]).

Da mesma forma, a Constituição Federal reserva ao Poder Judiciário a iniciativa exclusiva dos projetos de lei para "propor a criação de novas varas judiciárias" (art. 96, I, "d", CF). Se o projeto de lei for feito pelo Poder Legislativo ou pelo Poder Executivo, padecerá de inconstitucionalidade formal propriamente dita, pelo vício formal subjetivo (vício de iniciativa). Foi o que decidiu o STF, na ADI 3.131-7/PB, relatada pelo Min. Carlos Velloso: "A lei objeto da causa é, na verdade, ofensiva à Constituição Federal porque não houve a iniciativa legislativa do Tribunal de Justiça (CF, art. 96, II, *d*)".

Outrossim, o art. 127, § 2º, da Constituição Federal assegura ao Ministério Público autonomia funcional e administrativa, bem como a iniciativa legislativa quanto à criação, extinção de seus cargos e serviços auxiliares. Se o projeto de lei sobre tais temas for feito pela Assembleia Legislativa do Estado ou pelo Governador, será inconstitucional, pelo vício de iniciativa.

Além do vício de iniciativa, caso haja algum outro vício, irregularidade, nas demais etapas da criação da norma, no seu processo legislativo, ela também será inconstitucional. Trata-se de inconstitucionalidade formal propriamente dita por vício formal objetivo. Por exemplo, caso uma lei seja aprovada com quórum inferior ao determinado pela Constituição, será inconstitucional. Da mesma maneira, será inconstitucional a Emenda Constitucional que for editada durante estado de sítio ou de defesa (art. 60, § 1º, CF), ou na mesma sessão legislativa em que anteriormente tenha sido rejeitada (art. 60, § 5º, CF).

Outrossim, em se tratando de leis federais, em razão do bicameralismo do Poder Legislativo da União, o projeto deve ser aprovado nas duas casas do Congresso Nacional (Câmara dos Deputados e Senado Federal). É o que dispõe o art. 65 da Constituição Federal: "o projeto de lei aprovado por uma Casa será revisto pela outra, em um só turno de discussão e votação, e enviado à sanção ou promulgação, se a Casa revisora o aprovar, ou arquivado, se o rejeitar". Desrespeitado esse processo, será a lei inconstitucional, pelo vício formal objetivo. Por exemplo, se a casa revisora fizer emendas não apreciadas pela casa iniciadora, desrespeitado foi o sistema bicameral, redundando na inconstitucionalidade. Não obstante, é importante frisar que, segundo a jurisprudência do STF, caso a emenda seja meramente de redação, sem alterar substancialmente o conteúdo da lei, não será necessário o regresso à casa iniciadora (na ADI 2.182, relatada pela Min. Cármen Lúcia, o STF decidiu: "Iniciado o projeto de lei na Câmara de Deputados, cabia a esta o encaminhamento à sanção do Presidente da República depois de examinada a emenda apresentada pelo Senado da República. O substitutivo aprovado no Senado da República, atuando como Casa revisora, não caracterizou novo projeto de lei a exigir segunda revisão. Ação direta de inconstitucionalidade improcedente").

Por fim, há uma terceira e última[23] hipótese de inconstitucionalidade formal propriamente

---

22. A Súmula 5, do STF ("a sanção do projeto supre a falta de iniciativa do Poder Executivo"), embora não tenha sido expressamente cancelada, há muitos anos deixou de ser aplicada pelo próprio Tribunal.
23. Pedro Lenza sugere outra hipótese de inconstitucionalidade formal, ainda não reconhecida pelo STF: a inconstitucionalidade formal por vício de decoro parlamentar ou vício na formação da vontade no procedimento legislativo,

dita: a inconstitucionalidade formal por violação a pressupostos objetivos do ato normativo, modalidade identificada pelo professor de Coimbra, José Joaquim Gomes Canotilho. Em algumas situações, a lei, ou ato normativo, é feita pela autoridade correta, legítima, respeita integralmente o seu procedimento de criação, mas não atende a um requisito objetivo externo. Por exemplo, imaginemos uma medida provisória de iniciativa do Presidente da República (autoridade legítima para fazê-la, nos termos do art. 62, CF) e que respeita todo o seu procedimento de análise e votação no Congresso Nacional, nos termos do art. 62 da CF, mas não preenche o requisito objetivo de elaboração: relevância e urgência. A medida provisória será inconstitucional. Foi o que decidiu o STF na ADI 2.527-9, relatada pela Min. Ellen Gracie ("Esta Suprema Corte somente admite o exame jurisdicional do mérito dos requisitos de relevância e urgência na edição de medida provisória em casos excepcionalíssimos, em que a ausência desses pressupostos seja evidente"). O mesmo foi decidido pelo STF, na ADI 1.397, relatada pelo Min. Carlos Velloso ("Requisitos de urgência e relevância: caráter político. Em princípio, a sua apreciação fica por conta dos Poderes Executivo e Legislativo, a menos que a relevância ou urgência evidenciar-se improcedente"). Outro exemplo seria uma lei estadual criando novo município, depois de realizados "estudos de viabilidade municipal" e "plebiscito junto às populações" diretamente envolvidas, nos termos do art. 18, § 4º, da Constituição. Aparentemente, todo o procedimento está correto. Todavia, segundo a Constituição, existe um pressuposto objetivo e externo a esse ato: somente poderão ser criados novos municípios no período a ser fixado por lei complementar federal (que até hoje não existe). Assim, sendo aprovada hoje uma lei estadual criando novo município, será ela inconstitucional (como decidiu o STF na ADI 2.240).

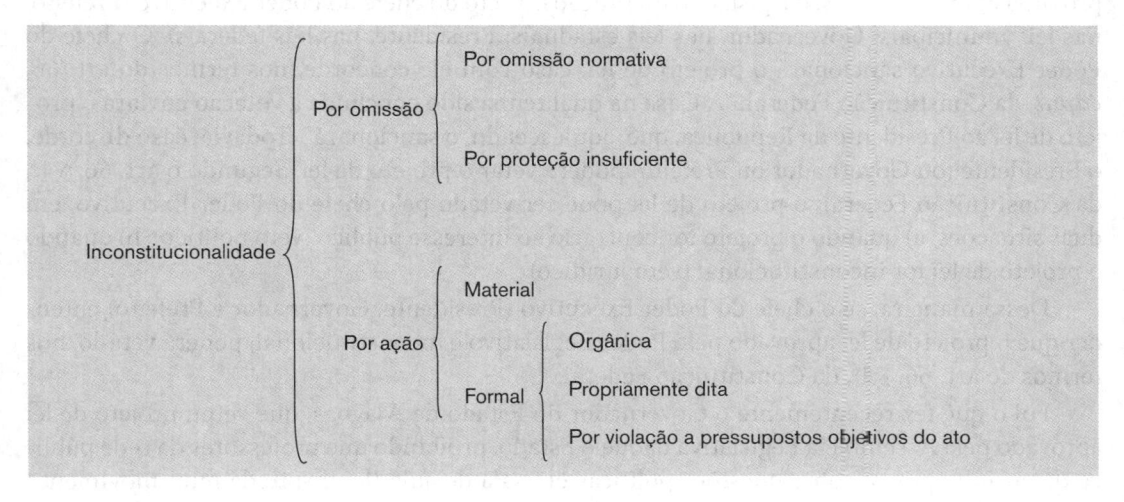

- Inconstitucionalidade
  - Por omissão
    - Por omissão normativa
    - Por proteção insuficiente
  - Por ação
    - Material
    - Formal
      - Orgânica
      - Propriamente dita
      - Por violação a pressupostos objetivos do ato

---

na qual a lei seria inconstitucional, desde que comprovado o desvio de finalidade por parte dos parlamentares, como no caso da "compra de votos". Parece-nos difícil prosperar a tese, haja vista que seria necessária a comprovação do desvio de finalidade de um número considerável de parlamentares, a ponto de macular o quórum de aprovação da norma. A existência de um deputado (ou muitos) corrupto não retiraria a validade da norma aprovada. Foi esse o parecer do Procurador-Geral da República na ADI 4.887, ainda pendente de julgamento. Todavia, parece-nos mais viável a tese em se tratando de medida provisória, quando provada que a iniciativa do Presidente foi espúria, fruto de corrupção, de desvio de finalidade. Nesse caso, poder-se-ia argumentar a violação do princípio democrático e da moralidade, argumentando o vício do ato normativo (reportagens recentes apontam que empresas teriam negociado pagamento de milhões a lobistas para conseguir junto à Casa Civil atos normativos que concedessem incentivos fiscais. Em nosso entender, comprovadas as denúncias, poder-se-ia alegar a inconstitucionalidade dos atos normativos decorrentes das espúrias negociatas antirrepublicanas).

12.9. ESPÉCIES DE CONTROLE DE CONSTITUCIONALIDADE (QUANTO AO MOMENTO)

Quanto ao momento da realização do controle de constitucionalidade, ele pode ser preventivo ou repressivo. O controle preventivo ocorre antes do nascimento da lei ou ato normativo, impedindo que um ato inconstitucional surja. É o controle que "mata na origem, mata no ninho". Por sua vez, caso o controle preventivo não consiga exercer seu papel, surgindo uma lei ou ato normativo inconstitucional em nosso ordenamento jurídico, será necessário reprimi-lo, atacá-lo: trata-se do controle repressivo, realizado depois do nascimento da lei ou ato normativo inconstitucional.

12.9.1. Controle preventivo

Como vimos acima, o controle preventivo ocorre antes do nascimento da lei ou ato normativo. Trata-se de ferramenta extremamente útil no controle de constitucionalidade, pois não permitirá que o ordenamento jurídico seja inovado de forma inválida, inconstitucional. Os três Poderes podem fazer controle preventivo, como adiante se verá: o Poder Executivo, o Poder Legislativo e o Poder Judiciário.

a) Controle preventivo realizado pelo Poder Executivo

O Poder Executivo poderá fazer controle preventivo de constitucionalidade das leis através do veto jurídico. Explico: depois de aprovado um projeto de lei pelo Poder Legislativo, a próxima etapa do processo legislativo é a sanção ou veto do chefe do Poder Executivo (Prefeito, nas leis municipais; Governador, nas leis estaduais; Presidente, nas leis federais). O chefe do Poder Executivo sancionará o projeto de lei, caso com ele concorde, nos termos do art. 66, *caput*, da Constituição Federal: "A Casa na qual tenha sido concluída a votação enviará o projeto de lei ao Presidente da República, que, aquiescendo, o sancionará". Todavia, caso discorde, o Presidente (ou Governador ou Prefeito) poderá vetar o projeto de lei. Segundo o art. 66, § 1º, da Constituição Federal, o projeto de lei pode ser vetado pelo chefe do Poder Executivo, em duas situações: a) quando o projeto for contrário ao interesse público (veto político); b) quando o projeto de lei for inconstitucional (veto jurídico).

Dessa maneira, se o chefe do Poder Executivo (Presidente, Governador e Prefeito) entender que o projeto de lei aprovado pelo Poder Legislativo é inconstitucional, poderá vetá-lo, nos termos do art. 66, § 1º, da Constituição Federal.

Foi o que fez recentemente o Governador do Estado de Alagoas, que vetou projeto de lei aprovado pela Assembleia Legislativa daquele Estado, proibindo que professores da rede pública de ensino opinem sobre questões políticas em sala de aula (lei inspirada num movimento nacional denominado "Escola Sem Partido" e que, em Alagoas, recebeu o nome "Lei Escola Livre"). O Governador, por entender que o projeto de lei seria inconstitucional, por violar o art. 5º, IV, CF (liberdade de manifestação do pensamento), vetou (veto jurídico)[24].

---

24. Depois de vetado o projeto de lei mencionado, a Assembleia Legislativa alagoana rejeitou o veto do Governador (procedimento que se estudará em capítulo porvindouro desta obra. Assim, a lei entrou em vigor naquele Estado. Como o controle preventivo não funcionou, foi ajuizada pela CONTEE (Confederação Nacional dos Trabalhadores em Estabelecimentos de Ensino) uma Ação Direta de Inconstitucionalidade perante o STF (ADI 5.537), cuja relatoria será do Min. Roberto Barroso, mas que aguarda julgamento. A Advocacia-Geral da União já se manifestou pela inconstitucionalidade da norma. Primeiramente, alegou inconstitucionalidade formal orgânica, por violação do art. 22, XXIV, da Constituição, que estabelece ser competência privativa da União legislar sobre diretrizes e bases da

Da mesma forma, recentemente o Presidente da República vetou parte da Lei n. 13.281, de 4 de maio de 2016 (que alterou o Código de Trânsito Brasileiro), alegando inconstitucionalidade do art. 254, VII, que previa: "é proibido ao pedestre deliberadamente, interromper, restringir ou perturbar a circulação na via sem autorização do órgão ou entidade de trânsito com circunscrição sobre ela", aplicando-lhe multa, que seria agravada aos organizadores da manifestação (art. 254, § 1º). Segundo as razões de veto presidencial, "os dispositivos representariam grave ofensa às liberdades de expressão e manifestação, direitos constitucionalmente assegurados e que só admitiriam restrição em situação de colisão com outros direitos constitucionais. Além disso, busca-se regular o exercício daqueles direitos em diploma reservado a regular o trânsito, estranho portanto ao seu conteúdo".

Em ambos os casos acima, o chefe do Poder Executivo vetou projeto de lei, alegando sua inconstitucionalidade. Assim, por meio do veto jurídico, não permitiu (ou tentou não permitir) que o ordenamento jurídico fosse inovado de forma indevida, inválida, inconstitucional. Importante frisar que o veto do chefe do Poder Executivo não é definitivo. Uma de suas características é a reversibilidade, já que ele pode ser rejeitado pela casa parlamentar, nos termos do art. 66, § 4º, CF: "o veto será apreciado em sessão conjunta, dentro de trinta dias a contar de seu recebimento, só podendo ser rejeitado pelo voto da maioria absoluta dos Deputados e Senadores". Foi o que ocorreu com a lei alagoana sobredita ("Lei Escola Livre"), já que a Assembleia Legislativa de Alagoas rejeitou o veto do governador.

Por fim, uma questão: o veto político (por contrariedade ao interesse público) também não é uma hipótese de controle preventivo? Não. O chefe do Poder Executivo, mesmo entendendo que um projeto de lei é constitucional, pode vetá-lo, no todo ou em parte, por considerá-lo contrário ao interesse público. Não há problemas de constitucionalidade, portanto, mas de conveniência política. Por exemplo, o Presidente da República vetou o art. 2º da Lei n. 13.290/2016, que transformou em infração de trânsito dirigir veículos automotores em rodovias com o farol baixo desligado. O art. 2º trazia uma frase conhecida: "esta lei entra em vigor na data da sua publicação". O Presidente entendeu que era necessário um prazo de *vacatio legis* para que as pessoas se adaptassem à nova realidade. Assim, mesmo sendo constitucional, o art. 2º da lei foi vetado, por contrariar o interesse público (não é controle de constitucionalidade, mas análise de conveniência político-social).

b) Controle preventivo realizado pelo Poder Legislativo

Assim como o Poder Executivo pode impedir que uma lei ingresse no ordenamento jurídico por meio do controle preventivo (através do veto jurídico), o Poder Legislativo também poderá fazê-lo. Existe, durante o processo legislativo, um "filtro" que analisa a constitucionalidade dos projetos de lei, evitando que leis inconstitucionais surjam. Estamos falando das Comissões de Constituição e Justiça (CCJs).

O que são as Comissões de Constituição e Justiça? São comissões internas, presentes em todas as casas legislativas, formadas por parlamentares e que têm como função principal apreciar a constitucionalidade dos projetos de lei.

Presentes em todas as casas legislativas (Câmara dos Deputados, Senado Federal, Assembleia Legislativa do Estado, Câmara Legislativa do DF e Câmara de Vereadores), o nome

---

educação nacional. Outrossim, alegou inconstitucionalidade material, por violação do art. 206 da Constituição, que garante que o ensino deve respeitar o pluralismo de ideias e concepções pedagógicas.

pode variar. Na Câmara dos Deputados se chama "Comissão de Constituição e Justiça e de Cidadania" (art. 32, IV, do Regimento Interno da Câmara dos Deputados), o mesmo que a do Senado (art. 72, III, do Regimento Interno do Senado). Na Assembleia Legislativa de São Paulo, por exemplo, chama-se "Comissão de Constituição, Justiça e Redação" (art. 30 do Regimento Interno da Assembleia Legislativa Paulista). Na Câmara Legislativa do Distrito Federal, o nome é "Comissão de Constituição e Justiça" (art. 58, I, do Regimento Interno da Câmara Legislativa do DF).

Como afirmado acima, as Comissões de Constituição e Justiça são compostas de parlamentares. A composição dessas comissões deve atender ao disposto no art. 58, § 1º, da Constituição Federal: "na constituição das Mesas e de cada Comissão, é assegurada, tanto quanto possível, a representação proporcional dos partidos ou dos blocos parlamentares que participam da respectiva Casa". A intenção é que cada comissão seja um "espelho", um "reflexo" da respectiva casa. Se a casa é formada majoritariamente de parlamentares da "situação", assim serão as respectivas comissões.

Dentre outras, a principal atribuição das Comissões de Constituição e Justiça é verificar a constitucionalidade dos projetos de lei que tramitam na casa. É o que diz, por exemplo, o art. 32, IV, do Regimento Interno da Câmara dos Deputados, ao afirmar serem de competência da CCJ "aspectos constitucional, legal, jurídico, regimental e de técnica legislativa de projetos, emendas ou substitutivos sujeitos à apreciação da Câmara ou de suas Comissões". Da mesma forma, segundo o Regimento Interno do Senado (art. 101, I), compete à CCJ do Senado "opinar sobre a constitucionalidade, juridicidade e regimentalidade das matérias que lhe forem submetidas por deliberação do Plenário...".

É importante frisar que esse "filtro" parlamentar muitas vezes não funciona. Por ele podem passar incólumes projetos de lei materialmente ou formalmente inconstitucionais. Por exemplo, recentemente foi aprovado na Câmara dos Deputados parecer favorável à constitucionalidade do "Estatuto da Família" (Projeto de Lei n. 6.583/2013). Segundo o art. 2º desse projeto, "para os fins desta lei, define-se entidade familiar como o núcleo social formado a partir da união entre um homem e uma mulher, por meio de casamento ou união estável, ou ainda por comunidade formada por qualquer dos pais e seus descendentes", excluindo do conceito de família as uniões de pessoas do mesmo sexo. O parecer do Dep. Federal Diego Garcia, segundo o qual "são basicamente três os elementos fundamentais da família a que se refere a Constituição: a família é a base da sociedade, merece uma atenção especial por parte do Estado e a natural distinção dos sexos (homem e mulher)", foi aprovado por Comissão instalada para apreciar sua (in)constitucionalidade. À luz da jurisprudência do STF, esse tratamento discriminatório é absolutamente inconstitucional e, mesmo assim, não foi retido pelo "filtro" interno da Câmara dos Deputados.

Por fim, uma questão importante: o parecer das Comissões de Constituição e Justiça é terminativo? Declarado um projeto de lei inconstitucional pela CCJ, ele não será apreciado pelo plenário da Casa? O procedimento dependerá do regimento interno de cada casa. Todavia, podemos estabelecer a seguinte regra: rejeitado um projeto de lei na CCJ por inconstitucionalidade, em regra, será ele arquivado, sendo admitido recurso, nos termos do Regimento Interno[25].

---

25. Segundo o Regimento Interno do Senado (art. 101, § 1º), "Quando a Comissão emitir parecer pela inconstitucionalidade e injuridicidade de qualquer proposição, será esta considerada rejeitada e arquivada definitivamente, por despacho do Presidente do Senado, salvo, não sendo unânime o parecer, recurso interposto nos termos do art. 254".

c) Controle preventivo realizado pelo Poder Judiciário

Terceira e última hipótese de controle preventivo (e a mais polêmica) versa sobre a atuação do Poder Judiciário na apreciação da constitucionalidade dos projetos de lei. Pode, em regra, o Judiciário declarar um projeto de lei inconstitucional, ordenando que o Poder Legislativo deixe de discutir tal matéria? Não! Isso seria uma interferência indevida de um Poder sobre o outro, violando os arts. 2º e 60, § 4º, III, da Constituição Federal.

Todavia, embora o Poder Judiciário não possa, em regra, interferir indevidamente nos processos legislativos em formação, declarando a inconstitucionalidade, há exceções, delimitadas pela jurisprudência do Supremo Tribunal Federal.

Segundo o STF, poderá um parlamentar (ou um conjunto de parlamentares) impetrar mandado de segurança (art. 5º, LXIX, CF) para obstar o processo legislativo considerado inconstitucional. Examinemos os detalhes dessa hipótese.

c.1) Legitimidade

Segundo o Supremo Tribunal Federal, a legitimidade para impetração do mandado de segurança para questionar a constitucionalidade dos projetos de lei, obstando o andamento do processo legislativo, é apenas e tão somente dos parlamentares. A primeira vez em que o STF se manifestou dessa maneira foi no MS 20.257, impetrado por senadores contra a tramitação de Proposta de Emenda Constitucional (PEC) à Constituição de 1967/69, aumentando o mandato dos prefeitos, vice-prefeitos e vereadores de dois para quatro anos.

No MS 24.667-7/DF, decidiu o STF: "O Supremo Tribunal Federal admite a legitimidade do parlamentar – e somente do parlamentar – para impetrar mandado de segurança com a finalidade de coibir atos praticados no processo de aprovação de lei ou emenda constitucional incompatíveis com disposições constitucionais que disciplinam o processo legislativo". Outrossim, no MS 24.041/DF, decidiu o STF: "os membros do Congresso Nacional têm legitimidade ativa para impetrar mandado de segurança com o objetivo de ver observado o devido processo legislativo constitucional. Com esse entendimento, o Tribunal, reconhecendo o direito público subjetivo de deputado federal à correta observância das regras da Constituição, conheceu de mandado de segurança por ele impetrado mediante o qual se impugnava a convocação de sessão do Congresso Nacional pelo 1º Vice-Presidente do Senado Federal, ante a licença do Presidente por 60 dias". Portanto, trata-se de direito líquido e certo do parlamentar de participar de um processo legislativo constitucional.

Importante: segundo o Supremo Tribunal Federal, se o parlamentar que ajuizou o mandado de segurança perder supervenientemente o mandato (pelo término do mandato parlamentar ou cassação do mandato), perderá também a legitimidade ativa, devendo a ação ser extinta, sem julgamento de mérito: "a perda superveniente de titularidade do mandato legislativo tem efeito desqualificador da legitimidade ativa do congressista que, apoiado nessa específica condição político-jurídica, ajuizou ação de mandado de segurança com o objetivo de questionar a validade jurídica de determinado procedimento que ambas as Casas do Congresso Nacional

---

Segundo o Regimento Interno da Câmara dos Deputados, o parecer "da Comissão de Constituição e Justiça e de Cidadania, quanto à constitucionalidade ou juridicidade da matéria", será terminativo (art. 54, I), admitindo-se recurso ao Plenário, nos termos do art. 132, § 2º.

têm adotado em matéria de apreciação das medidas provisórias. É que a atualidade do exercício do mandato parlamentar configura, nesse contexto, situação legitimante e necessária, tanto para a instauração, quanto para o prosseguimento da causa perante o STF" (MS 27.971, rel. Min. Celso de Mello).

Não obstante, no MS 30.260/DF, o Supremo Tribunal Federal entendeu ser possível o mandado de segurança impetrado por partido político, quando este é o titular do direito que se quer pleitear por meio da ação (no caso em tela, discutiu-se quem seria o detentor do mandato eletivo: o candidato ou o partido): "desse modo, tanto o Impetrante quando o Partido Socialista Brasileiro – PSB, ao qual é filiado, têm igual interesse de agir, dispondo de plena legitimidade ativa para a presente ação, pois ambos têm capacidade legal reconhecida para a proteção do interesse legítimo reclamado (art. 1º, da Lei n. 12.016/2009)".

À luz da jurisprudência atual, terceiros (cidadãos, associações, entidades de classe etc.) não poderão impetrar mandado de segurança para questionar a constitucionalidade dos projetos de lei, ainda que aleguem ser os destinatários da futura lei, máxime porque, no decorrer do processo legislativo, ele poderá ser alterado, reformado ou até mesmo rejeitado. Por essa razão, no MS 20.452, impetrado pelo Senador Severo Gomes, o Deputado Federal Airton Santana e o Vice-Governador de São Paulo Orestes Quércia, o STF decidiu: "ressalte-se que o Vice-Governador foi excluído da lide por ilegitimidade ativa, restando claro, portanto, que a legitimidade para impetração de mandado de segurança contra tramitação de propostas de emendas constitucionais é apenas dos parlamentares".

No futuro, essa posição pode ser revisitada (e assim defendemos), à luz do constitucionalismo popular (de Mark Tushnet). Não se pode transformar a democracia semidireta brasileira numa ditadura de quatro anos, em que o Poder Legislativo, depois de ser eleito democraticamente, recebe uma "carta branca", podendo legislar de forma contrária aos interesses da população. Poderiam ser criados mecanismos (internos no Poder Legislativo ou até mesmo jurisdicionais) para que povo pudesse obstar propostas legislativas nocivas, inconstitucionais. Não obstante, repito: essa ainda não é a posição adotada no Brasil, seja na doutrina, seja na jurisprudência.

c.2) Limites

Caso um parlamentar impete mandado de segurança, alegando violação do seu direito líquido e certo de participar de um processo legislativo constitucional, qual será o âmbito de análise do Poder Judiciário? Poderá ser apreciado vício formal, vício material, vício regimental etc. Bem, acerca desse tema, o Supremo Tribunal Federal recentemente estabeleceu os limites de sua atuação no controle preventivo de constitucionalidade, no Mandado de Segurança 32.033, relatado pelo Min. Teori Zavascki.

No julgamento dessa ação, duas foram as posições defendidas pelos Ministros do STF: a) um controle amplo da constitucionalidade (defendido por Gilmar Mendes, Celso de Mello e Dias Toffoli, segundo os quais o Judiciário poderia apreciar a inconstitucionalidade formal e material dos projetos de lei); b) um controle restrito da constitucionalidade (defendido por Teori Zavascki, Luiz Fux, Ricardo Lewandowski, Rosa Weber, Cármen Lúcia, Joaquim Barbosa e Marco Aurélio, que nega o controle da inconstitucionalidade material dos projetos de lei, mas apenas da inconstitucionalidade formal).

CONTROLE PREVENTIVO PELO JUDICIÁRIO (MS 32.033/DF)	
Posição Minoritária (Ampliativa)	Posição Majoritária (Restritiva)
Gilmar Mendes, Dias Toffoli e Celso de Mello	Teori Zavascki, Rosa Weber, Luiz Fux, Ricardo Lewandowski, Marco Aurélio, Cármen Lúcia, Joaquim Barbosa

A posição vencedora foi a mais restritiva, com o escopo de salvaguardar a separação dos Poderes e impedir a interferência indevida de um Poder (o Judiciário) sobre outro (o Legislativo). Nessa votação, a Min. Rosa Weber afirmou: "essa a posição restritiva que tenho adotado, reitero, no exame de pedidos que envolvem a jurisdicionalização do exercício de competências próprias do Legislativo, atenta à minha compreensão sobre o princípio da separação e harmonia entre os Poderes da República". Concluiu seu voto o Min. Ricardo Lewandowski com a frase "O Judiciário pode tudo, mas não pode tudo!". O Min. Joaquim Barbosa chamou o controle amplo da constitucionalidade preventivamente pelo STF de "intervenção tão brusca quanto insólita". Estas foram as conclusões do Supremo Tribunal Federal:

1. Em se tratando de projetos de lei, só se admite o controle preventivo de constitucionalidade pelo Judiciário para apreciação da inconstitucionalidade formal (vício já ocorrido no processo de criação da norma), não sendo admissível a apreciação do conteúdo da norma (inconstitucionalidade material), pois seria uma intervenção prematura e desnecessária (pois o projeto poderá ser modificado ou rejeitado durante o processo que ainda não findou). Segundo o STF, "Nessas excepcionais situações, em que o vício de inconstitucionalidade está diretamente relacionado a aspectos formais e procedimentais da atuação legislativa, a impetração de segurança é admissível, segundo a jurisprudência do STF, porque visa a corrigir vício já efetivamente concretizado no próprio curso do processo de formação da norma, antes mesmo e independentemente de sua final aprovação ou não. Sendo inadmissível o controle preventivo da constitucionalidade material das normas em curso de formação, não cabe atribuir a parlamentar, a quem a Constituição nega habilitação para provocar o controle abstrato repressivo, a prerrogativa, sob todos os aspectos mais abrangente e mais eficiente, de provocar esse mesmo controle antecipadamente, por via de segurança" (MS 32.033/DF, redator do acórdão: Min. Teori Zavascki)[26].

2. Em se tratando de Propostas de Emenda Constitucional (PECs), pode o Judiciário fazer o controle preventivo tanto quanto aos aspectos procedimentais (inconstitucionalidade formal) quanto aos aspectos materiais (inconstitucionalidade material), ou seja, violação das cláusulas pétreas. Segundo o Min. Teori Zavascki, o controle preventivo pelo Judiciário poderá ser feito em duas situações: "a primeira, quando se trata de Proposta de Emenda à Constituição – PEC que seja manifestamente ofensiva à cláusula pétrea; e a segunda, em relação a projeto de lei ou de PEC em cuja tramitação for manifesta ofensa a alguma das cláusulas constitucionais

---

26. E ainda consta do acórdão: "A prematura intervenção do Judiciário em domínio jurídico e político de formação dos atos normativos em curso no Parlamento, além de universalizar um sistema de controle preventivo não admitido pela Constituição, subtrairia dos outros Poderes da República, sem justificação plausível, a prerrogativa constitucional que detém de debater e aperfeiçoar os projetos, inclusive para sanar seus eventuais vícios de inconstitucionalidade. Quanto mais evidente e grotesca possa ser a inconstitucionalidade material de projetos de lei, menos ainda se deverá duvidar do exercício responsável do papel do Legislativo, de negar-lhe aprovação, e do Executivo, de opor-lhe veto, se for o caso. Partir da suposição contrária significaria menosprezar a seriedade e o senso de responsabilidade desses dois Poderes do Estado. E se, eventualmente, um projeto assim se transformar em lei, sempre haverá a possibilidade de provocar o controle repressivo pelo Judiciário, para negar-lhe validade, retirando-a do ordenamento jurídico".

que disciplinam o correspondente processo legislativo. Nos dois casos, as justificativas para excepcionar a regra estão claramente definidas na jurisprudência do Tribunal: em ambos, o vício de inconstitucionalidade está diretamente relacionado a aspectos formais e procedimentais da atuação legislativa".

CONTROLE PREVENTIVO PELO JUDICIÁRIO (MS 32.033/DF)	
Projeto de Lei	Proposta de Emenda Constitucional (PEC)
Inconstitucionalidade formal (vício no processo de criação da lei)	Inconstitucionalidade formal (vício no processo de criação da lei)
	Inconstitucionalidade material (violação das cláusulas pétreas)

A posição segundo a qual é possível declarar a inconstitucionalidade de PEC que viola cláusula pétrea não é nova, vindo desde o MS 20.257, que declarou a inconstitucionalidade da "PEC Monarquista", que visava a abolir a República. O argumento usado pelo STF, nesse MS 20.257, foi o de que, ao violar cláusula pétrea, a PEC estava violando o processo de elaboração desse ato normativo, previsto hoje no art. 60, CF: "Mandado de segurança contra ato da Mesa do Congresso que admitiu a deliberação de proposta de emenda constitucional que a impetração alega ser tendente a abolição da república. Cabimento do mandado de segurança em hipóteses em que a vedação constitucional se dirige ao próprio processamento da lei ou da emenda, vedando a sua apresentação (como é o caso previsto no parágrafo único do art. 57) ou a sua deliberação (como na espécie). Nesses casos, a inconstitucionalidade diz respeito ao próprio andamento do processo legislativo, e isso porque a Constituição não quer em face da gravidade dessas deliberações, proibindo-a taxativamente. A inconstitucionalidade, se ocorrente, já existe antes de o projeto ou de a proposta de transformar em lei ou em emenda constitucional, porque o próprio processamento já desrespeita, frontalmente, a Constituição" (MS 20.257/DF, Redator para o acórdão Min. Moreira Alves). Assim, segundo essa posição, em outras palavras, segundo a posição majoritária do STF, liderada por Teori Zavascki, o controle preventivo recai sobre vícios formais (inconstitucionalidade formal) – vício no processo de criação das leis e das propostas de Emenda Constitucional (incluindo nesse caso a violação das cláusulas pétreas)[27].

Além dos limites sobreditos, há outro limite importante à apreciação do Judiciário acerca dos projetos de lei em trâmite: não podem ser examinadas pelo Poder Judiciário fundamentais

---

27. Preferimos a posição vencida, minoritária (posição ampliativa) à posição vencedora (restritiva). Essa posição restritiva adotada pelo STF por um lado resguarda a Separação dos Poderes (art. 2º, CF), mas, por outro lado, retira da apreciação do Poder Judiciário sérias ameaças a direito, violando o art. 5º, XXXV, CF ("a lei não excluirá da apreciação do Poder Judiciário lesão ou ameaça a direito"). Havendo um projeto de lei teratológico, monstruoso, materialmente inconstitucional, o Judiciário só poderá se manifestar depois que ele entrar em vigor, produzindo os terríveis efeitos nele previstos. Aliás, essa foi a crítica do Min. Gilmar Mendes: "é muito mais fácil a uma maioria ponderosa aprovar projeto de lei que contraria cláusula pétrea do que aprovar a própria emenda constitucional, porque esta tem trâmites e dificuldades – nós vemos os incidentes que ocorrem hoje no próprio Supremo Tribunal Federal em torno do chamado interstício para fins de aprovação de primeiro se segundo turno. É só lembrar um exemplo histórico: Hitler só não modificou a Constituição de Weimar, fez por lei. A rigor, é disto que se cuida: é mais fácil fazer uma aberração por lei do que por emenda constitucional. Agora, se esse projeto de lei contraria chapadamente – é isso que tem que ser examinado, senão nós saímos para os aspectos formais –, se de fato se dá a contrariedade ao texto constitucional, a esse chamado núcleo pétreo ou as cláusulas estruturantes, por projeto de lei, nós já temos exatamente o caso de inconstitucionalidade material vedado hoje no artigo 60, § 4º".

regimentais, por se tratar de matéria *interna corporis*, que só podem encontrar solução no âmbito do Poder Legislativo. Foi o que decidiu o STF, no MS 22.503/DF, relatado pelo Min. Marco Aurélio. No mesmo sentido, em decisão mais recente, de 2016, reiterou o STF: "O Supremo Tribunal Federal já assentou que os atos classificados como *interna corporis* não estão sujeitos ao controle judicial (Precedentes: MS 22.183, Redator para o acórdão Ministro Maurício Corrêa, *DJ* 12/12/97; MS 26.062-AgR, rel. Min. Gilmar Mendes, *DJe* 4/4/2008; MS 24.356, rel. Min. Carlos Velloso, *DJ* 12/9/2003). *In casu*, restou claro que o ato praticado pelo impetrado, diante da situação fática descrita pelos impetrantes, envolveu a interpretação dos dispositivos regimentais, ficando restrita a matéria ao âmbito de discussão da Câmara dos Deputados. Dessa forma, afigura-se incabível o mandado de segurança, pois não se trata de ato sujeito ao controle jurisdicional" (MS 31.951 AgR/DF, rel. Min. Luiz Fux). Embora essa seja a posição francamente majoritária do STF, há posição minoritária do Ministro Gilmar Mendes, referindo-se às normas regimentais que decorrem diretamente de normas constitucionais ("normas constitucionais interpostas")[28].

12.9.2. Controle repressivo

Enquanto o controle preventivo ocorre antes do nascimento da lei, o controle repressivo é realizado depois que a lei ou ato normativo já ingressou no ordenamento jurídico. Não sendo mais possível evitar o surgimento de uma lei inconstitucional (pelo controle preventivo), a única coisa a fazer é reprimi-la, tirá-la do ordenamento jurídico, por meio do controle repressivo. O modelo de controle repressivo varia de país para país, podendo ser mencionados os seguintes modelos principais: a) controle político; b) controle jurisdicional; c) controle híbrido. No controle político, a verificação da constitucionalidade das leis e atos normativos é feita por um órgão distinto dos três Poderes, normalmente uma Corte Constitucional ou Tribunal Constitucional. Como lembra Clèmerson Merlin Clève, é o caso da França: "Somente com a Constituição de 1958 o país experimentou um 'authentique controle de la constitutionnalité des lois'. Embora o Conselho Constitucional seja dotado de caráter marcadamente político, não exercendo, portanto, no que se refere à fiscalização de constitucionalidade, função jurisdicional, foi organizado de modo a alcançar uma importância, hoje, pouco contestada no quadro das instituições francesas"[29].

Já no controle jurisdicional, a verificação da compatibilidade das leis e atos normativos é realizada pelo Poder Judiciário, seja por alguns poucos Tribunais, seja por qualquer juiz, de

---

28. Tal entendimento do Min. Gilmar Mendes foi exarado no Mandado de Segurança 26.915/DF. Segundo o Ministro, "alternando momentos de maior e menor ativismo judicial, o Supremo Tribunal Federal, ao longo de sua história, tem entendido que a discricionariedade das medidas políticas não impede o seu controle judicial, desde que haja violação a direitos assegurados pela Constituição. Mantendo essa postura, o Supremo Tribunal Federal, na última década, tem atuado ativamente no tocante ao controle judicial das questões políticas, nas quais observa violação à Constituição. [...] Tal juízo, entretanto, não pode vir desacompanhado de reflexão crítica acurada. A doutrina tradicional da insindicabilidade das questões *interna corporis* sempre esteve firmada na ideia de que as Casas Legislativas, ao aprovar os seus regimentos, estariam a disciplinar tão somente questões internas, de forma que a violação às normas regimentais deveria ser considerada apenas como tais. [...] Zagrebelsky afirma, por outro lado, que se as normas constitucionais fizerem referência expressa a outras disposições normativas, a violação constitucional pode advir da violação dessas outras normas, que, muito embora não sejam normas constitucionais, vinculam os atos e procedimentos legislativos, constituindo-se normas constitucionais interpostas". Assim, Gilmar Mendes prevê que, excepcionalmente, poderá o Poder Judiciário apreciar eventual violação a normas regimentais quando estas forem normas constitucionais interpostas, ou seja, normas que regulamentam dispositivos constitucionais e que, nas palavras de Raul Machado Horta, constituem a nossa Constituição Plástica.
29. *A Fiscalização Abstrata da Constitucionalidade no Direito Brasileiro*.

maneira difusa. Por fim, no controle híbrido ou misto, há uma mistura dos dois modelos anteriores: haverá hipóteses de controle jurisdicional (quando o Judiciário analisa a constitucionalidade das leis ou projetos de lei) e controle político.

Entendemos que, no Brasil, o controle repressivo de constitucionalidade é predominantemente jurisdicional. Em regra, quem analisa a constitucionalidade das leis e atos normativos é o Poder Judiciário, poder que é dado pela própria Constituição Federal (art. 97, art. 102, I, "a" etc.). Todavia, haverá hipóteses de controle repressivo de constitucionalidade feito por outros órgãos, seja de forma autônoma (Congresso Nacional suspendendo medida provisória tida como inconstitucional – art. 62; chefe do Poder Executivo que descumpre uma lei considerada inconstitucional etc.), seja dentro do controle jurisdicional (como a participação do Senado no controle difuso de constitucionalidade – art. 52, CF). Essa também é a opinião de Luís Roberto Barroso: "No Brasil, onde o controle de constitucionalidade é eminentemente de natureza judicial – isto é, cabe aos órgãos do Poder Judiciário a palavra final acerca da constitucionalidade ou não de uma norma – existem, no entanto, diversas instâncias de controle político da constitucionalidade, tanto no âmbito do Poder Executivo – e.g., o veto de uma lei por inconstitucionalidade – como no do Poder Legislativo – e.g., rejeição de um projeto de lei pela Comissão de Constituição e Justiça da casa legislativa, por inconstitucionalidade"[30].

Não obstante, não há no Brasil um órgão separado dos três Poderes capaz de fazer qualquer hipótese de controle repressivo de constitucionalidade, como em países da Europa. Outrossim, essas hipóteses em que Poder Executivo e Legislativo podem atuar no controle repressivo são excepcionais, sendo a regra, pois, o controle repressivo jurisdicional.

Antes de estudarmos o controle de constitucionalidade repressivo realizado pelo Poder Judiciário (que é a regra no Brasil, como vimos), examinemos as outras hipóteses autônomas de realização do controle concentrado pelos outros Poderes:

a) **Controle repressivo realizado pelo Poder Legislativo**

O controle repressivo de constitucionalidade pelo Poder Legislativo ocorrerá em duas situações: 1) rejeição de medida provisória considerada inconstitucional; 2) suspensão de lei delegada ou decreto do Poder Executivo:

1) Rejeição de medida provisória considerada inconstitucional: segundo o art. 62 da Constituição Federal, é de competência do chefe do Poder Executivo (em regra, o Presidente da República) editar medida provisória, em caso de relevância e urgência, para vigorar por prazo determinado. Editada a medida provisória, começará a produzir efeitos imediatamente, a partir de sua publicação, mas, nos termos do 62, *caput*, da Constituição Federal, deverá ser submetida de imediato ao Congresso Nacional.

Caberá ao Congresso Nacional apreciar não somente a constitucionalidade como também a conveniência e oportunidade da medida provisória. A primeira análise será feita por uma comissão mista de Deputados e Senadores, que emitirá parecer (art. 62, § 9º, CF). Após o parecer dessa Comissão Mista, os parlamentares apreciarão a medida provisória (em sessão bicameral, iniciada na Câmara dos Deputados – art. 62, § 8º, CF), verificando, primeiramente a incidência de seus pressupostos constitucionais de relevância e urgência (art. 62, § 5º, CF). Ato

---

30. Op. cit., p. 43.

contínuo, os parlamentares apreciarão a constitucionalidade, a conveniência e a oportunidade da medida provisória, podendo, em resumo, aprová-la, rejeitá-la ou emendá-la, como estudaremos em capítulo específico sobre o tema.

Se o Congresso Nacional rejeitar uma medida provisória por considerá-la inconstitucional, estaremos diante do controle repressivo de constitucionalidade feito pelo Poder Legislativo. Trata-se de controle repressivo (e não preventivo) porque o ato normativo já existia, já produzia efeitos desde sua publicação. A rejeição feita pelo Congresso Nacional terá o condão de afastar a lei do ordenamento jurídico, com efeitos retroativos, em regra (art. 62, § 3º, CF). Essa apreciação da inconstitucionalidade pode ser material (porque o seu conteúdo violou a Constituição) ou formal (porque foi desrespeitado o seu processo de criação).

Além da rejeição da medida provisória pelo Congresso Nacional, podemos aqui também acrescentar o ato de "devolução" da Medida Provisória pelo Presidente do Senado, o que se tornou uma "praxe" constitucional, aceita pelo próprio Supremo Tribunal Federal e que, no nosso entender, configura uma hipótese aceita politicamente de mutação constitucional. A esse tema, remetemos o leitor para o capítulo de Separação dos Poderes, em que tratamos do procedimento da medida provisória.

2) Suspensão de lei delegada ou decreto do Poder Executivo: segundo o art. 68 da Constituição Federal, o Congresso Nacional pode delegar ao Presidente da República a possibilidade de elaborar uma lei delegada sobre um assunto específico. Embora prevista na Constituição Federal, trata-se de um ato normativo que há muitos anos não vem sendo editado (a última lei delegada feita no Brasil foi a Lei Delegada n. 13, de 27 de agosto de 1992, pelo então Presidente Fernando Collor de Mello). Em se tratando de lei delegada, o Congresso Nacional deve delegar ao Presidente uma matéria específica, que constará na Resolução delegativa, prevista no art. 68, § 2º, CF. O Presidente da República não pode extrapolar dos limites da delegação. Se extrapolar, ultrapassando os limites daquilo que lhe foi delegado, o Congresso Nacional poderá, por meio de um decreto legislativo, sustar a lei delegada, nos termos do art. 49, V, *in fine*, da Constituição Federal: "É da competência exclusiva do Congresso Nacional sustar os atos normativos do Poder Executivo que exorbitem [...] dos limites de delegação legislativa".

Outrossim, segundo o art. 84, IV, da Constituição Federal, compete ao Presidente da República "expedir decretos e regulamentos", para fiel execução das leis. A função primordial dos decretos presidenciais é regulamentar as leis que lhes são superiores. Por exemplo, a Lei n. 10.826/2003 ("Estatuto do Desarmamento") faz referência às armas de uso restrito, "na forma do regulamento desta Lei" (art. 3º, parágrafo único, da Lei n. 10.826/2003). O regulamento desta lei foi feito pelo Presidente da República (Decreto n. 5.123/2004). Se o decreto do chefe do Poder Executivo extrapolar dos limites da função regulamentar, poderá o Congresso Nacional, por decreto legislativo, suspender o decreto, nos termos do art. 49, V, primeira parte, CF: "É da competência exclusiva do Congresso Nacional sustar os atos normativos do Poder Executivo que exorbitem do poder regulamentar...".

Foi o que ocorreu recentemente com o polêmico Decreto Presidencial n. 8.243/2014, que criou a "Política Nacional de Participação Social", a pretexto de regulamentar a Lei n. 10.683/2003. Segundo o Congresso Nacional, o referido decreto teria extrapolado os limites da função regulamentar, criando órgãos da Administração Pública, o que necessitaria lei federal e, por isso, foi suspenso por decreto legislativo. Trata-se de hipótese de controle repressivo de constitucionalidade, na medida em que o ato normativo (decreto) já existe, produzindo efeitos.

b) Controle repressivo realizado pelo Poder Executivo

Segundo a doutrina e segundo o Supremo Tribunal Federal (jurisprudência que vem desde Constituições brasileiras anteriores), pode o chefe do Poder Executivo (federal, estadual, distrital e municipal) descumprir uma lei que ele considere inconstitucional, determinando que seus subordinados o façam. Tal possibilidade, que num primeiro momento aparenta ferir o princípio da presunção de constitucionalidade das leis e a segurança jurídica, pode ser, no caso concreto, a única saída viável para salvaguardar o interesse da administração pública, o que justificaria essa atitude extrema de "estado de necessidade administrativo".

Essa possibilidade tinha ainda maior respaldo jurídico-constitucional antes da Constituição de 1988. Isso porque, na vigência da Constituição de 1967/69, somente o Procurador-Geral da República poderia ajuizar ação direta de inconstitucionalidade perante o STF. Portanto, Presidente da República, Governador e Prefeito, diante de lei claramente inconstitucional que feria os interesses da Administração Pública, não poderiam ajuizar ADI para questionar a sua constitucionalidade. Com o advento da Constituição de 1988, Presidente e Governadores (dos Estados e do DF) hoje podem ajuizar a ADI, nos termos do art. 103, I e V, CF. O argumento anterior à Constituição de 1988 permanece para o Prefeito, que, não sendo parte legítima para ajuizar uma ADI, tem como principal medida para salvaguardar os interesses da Administração Pública descumprir uma lei tida por ele como inconstitucional. Não obstante, mesmo com a alteração do rol dos legitimados da ação direta de inconstitucionalidade (art. 103, I a IX, CF), a jurisprudência e a doutrina continuam admitindo o descumprimento da lei inconstitucional pelo chefe do Poder Executivo, dentro de alguns limites. É a posição do Supremo Tribunal Federal: "O Poder Executivo e Legislativo, por sua chefia – e isso mesmo tem sido questionado com o alargamento da legitimação ativa na ação direta de inconstitucionalidade – podem tão só determinar aos seus órgãos subordinados que deixem de aplicar administrativamente as leis ou atos com força de lei que considerem inconstitucionais" (ADI 221-MC/DF, rel. Min. Moreira Alves). No mesmo sentido, a 1ª Turma do STJ já decidiu: "O Poder Executivo deve negar execução a ato normativo que lhe pareça inconstitucional" (REsp 23.121/GO, rel. Min. Humberto Gomes de Barros).

O primeiro limite é que esse descumprimento não pode ser leviano, imotivado, irrazoável, sob pena de configurar crime de responsabilidade. O art. 85 da Constituição Federal, por exemplo, afirma ser crime de responsabilidade do Presidente da República o ato que atenta contra a Constituição Federal, especialmente contra "o cumprimento das leis e das decisões judiciais" (art. 85, VII, CF). Por sua vez, a Lei n. 1.079/50, que regulamenta o art. 85 da Constituição, definindo os crimes de responsabilidade, prevê como crime "infringir, patentemente, e de qualquer modo, dispositivo da lei orçamentária" (art. 10, item 4). Outrossim, o descumprimento da lei pode ensejar intervenção federal, nos termos do art. 34, VI, 1ª parte, CF ("prover a execução da lei federal") ou intervenção estadual no município (art. 35, IV, 1ª parte, CF) para "prover a execução de lei [...]".

Outro limite importante é que essa atuação do chefe do Poder Executivo poderá durar até que haja decisão que o vincule, por parte do Poder Judiciário, seja no controle difuso, seja no controle concentrado. Caso o Judiciário declare a lei inconstitucional, deverá o chefe do Poder Executivo cumpri-la integralmente. Foi o que aconteceu em 2001, quando o Presidente Fernando Henrique Cardoso editou a Medida Provisória n. 2.198, acerca do racionamento de energia (conhecida vulgarmente como "Medida Provisória do Apagão"). O então Governador de Minas Gerais Itamar Franco se recusou a cumprir a referida medida provisória, o que contou com o respaldo do próprio Ministro do STF Marco Aurélio, que, em entrevista, afirmou ser posição do Tribunal que administradores, como governadores, ignorem a lei que considerem inconstitucional. Disse o Ministro: "o Governador pode recusar a observância da MP, mesmo sem entrar com ação"[31]. Não obstante, o descumprimento mineiro não durou muito tempo: o Presidente da República, por meio do Advogado-Geral da União, Gilmar Mendes, ajuizou uma Ação Declaratória de Constitucionalidade (ADC 9) e, por 8 votos a 2, declarou a constitucionalidade da medida, vinculando todos os órgãos do Judiciário e toda a Administração Pública, federal, municipal e estadual (inclusive a administração mineira).

Todavia, embora ainda seja esse o entendimento majoritário, há posições doutrinárias em sentido contrário. Miguel Ramos Campos, por exemplo, afirma: "a atual Carta Republicana, como gizado alhures, prevê instrumentos adequados e eficazes para esse mister, como as ações diretas, conjugadas com a possibilidade de concessão da medida cautelar, que, a nosso sentir, não contraria o sentido do princípio da presunção da constitucionalidade das leis, pois a decisão final no controle de constitucionalidade terá como regra efeito *ex tunc*, não sendo mais, portanto, razoável admitir a manutenção da vetusta prerrogativa do Executivo ante o novo quadro constitucional"[32]. Em posição, intermediária, Elival da Silva Ramos defende que a possibilidade de descumprimento da lei considera inconstitucional pelo chefe do Executivo, até decisão cautelar, cujo pedido foi por ele formulado: "nessas hipóteses, parece-nos razoável admitir que o Chefe do Executivo pode recusar-se a cumprir a lei *sub judice* apenas até o julgamento do pedido de medida cautelar, por ele próprio formulado. Se o Pretório Excelso acolher o pedido, a execução da lei doravante estará suspensa por força de concessão da medida cautelar, com eficácia *erga omnes*. Se ao contrário, o rejeitar, estará recusando o *fumus boni juris* da arguição ou os danos que a execução temporária da lei possa provocar (*periculum in mora*), juízo esse que deve ser acatado pelo chefe do Poder Executivo requerente"[33]. Bem, essa posição poderia ser aplicada somente para o Governador e para o Presidente, que podem ajuizar a ação direta de inconstitucionalidade, não se aplicando aos Prefeitos, por ausência de legitimidade.

---

31. Disponível em: <www1.folha.uol.com.br/fsp/brasil/fc0706200104.htm>.
32. *Poder Executivo*. Negativa de Aplicação de Lei Supostamente Inconstitucional, p. 21. No mesmo sentido, Peter John Arrowsmith Cook Júnior afirma: "com o advento da Constituição Federal de 1988, que reconheceu inclusive aos Governadores de Estado – mas não apenas ao Presidente da República – a legitimação para a propositura de ação direta de inconstitucionalidade, observada a temática da lei impugnada, parece-me incompreensível permitir-se ao Chefe do Executivo lançar mão de verdadeira autotutela do Direito Constitucional. Demais disso, há muito o Regimento Interno do Supremo Tribunal Federal prevê a possibilidade de concessão de medida cautelar em ação direta de inconstitucionalidade, o que afasta a adequação-necessidade do simples repúdio pelo Chefe do Executivo ao cumprimento de lei. Não se diga ser óbice a tal entendimento a assertiva de que 'a todos os Poderes compete a guarda da Constituição'. Ora, é inequívoco que aos Poderes Públicos compete o dever de zelar pela Constituição, porém dentro de seus limites. Assim, ao Supremo Tribunal Federal, guardião da Constituição, v.g., não será permitido declarar a inconstitucionalidade de lei sem provocação. O Poder Legislativo exercerá o controle preventivo da constitucionalidade em suas comissões e mesmo em deliberação plenária quando da apreciação de projetos de lei. [...] O Poder Executivo, por sua vez, exercerá a fiscalização de constitucionalidade preventiva por meio do veto. Assim, não prospera o argumento de que o Presidente da República, o Governador do Estado ou mesmo o Prefeito podem recusar a aplicação de lei por inconstitucionalidade, sob a justificativa de que esta é nula, ou melhor, inexistente, simplesmente por não lhe tocar a aferição de sua validade após a sanção (ou veto, rejeitado pelo Poder Legislativo)" (*A recusa à aplicação de lei pelo Executivo, sob o juízo de inconstitucionalidade*, p. 359).
33. *A Inconstitucionalidade das Leis:* Vício e Sanção, p. 237.

Nossa posição: entendemos que, apesar de ser excepcional e dentro dos limites acima mencionados (a inexecução deve ser motivada e razoável e só pode perdurar até decisão do Poder Judiciário que vincule o Executivo), pode o chefe do Poder Executivo descumprir a lei considerada inconstitucional. As teorias mais modernas de direito constitucional fomentam a necessária interpretação aberta da Constituição (Peter Häberle) e o constitucionalismo popular (Mark Tushnet), não depositando exclusivamente no Poder Judiciário o papel de intérprete da Constituição, máxime porque, dos três poderes, é o que tem menor representação democrática popular. Como frisamos acima, o descumprimento não pode ser leviano, inconsequente, irrazoável, desmotivado, sob pena de ensejar crime de responsabilidade e autorizar a intervenção no ente federativo. Todavia, diante de um ato normativo clamorosamente inconstitucional, resumir-se a cumpri-lo de forma inconteste, faz com que o administrator esteja desrespeitando indiretamente a própria Constituição. Em resumo, somos favoráveis ao descumprimento excepcional, por parte do chefe do Poder Executivo[34].

Outrossim, embora haja certa divergência na doutrina, concordamos com a posição que, em nosso entender, melhor compatibiliza os princípios da presunção de constitucionalidade das leis e a supremacia da Constituição (que permitiria a inexecução da norma inconstitucional): descumprida a lei ou norma inconstitucional, deve o Poder Executivo acionar o Poder Judiciário por meio dos instrumentos de que tem legitimidade (Presidente e Governador podem ajuizar ADI com pedido cautelar), perdurando a inexecução da norma até que haja a decisão do Judiciário que o vincule em sentido contrário.

c) Declaração e inconstitucionalidade pelo Tribunal de Contas

O Poder Legislativo, nos termos da Constituição Federal, possui duas funções típicas: legislar e fiscalizar. Nos termos do art. 70 da Constituição Federal, a fiscalização contábil, financeira, orçamentária, operacional da União será feita mediante controle interno de cada Poder e, além disso, mediante controle externo pelo Congresso Nacional, com o auxílio do Tribunal de Contas da União (art. 71, CF). Embora haja entendimento doutrinário de que o Tribunal de Contas seja um órgão do Poder Legislativo[35], prevalece o entendimento de que se trata de um órgão autônomo. Nesse sentido, posiciona-se a competente professora Fernanda de Carvalho Lage, para quem tive a honra de outrora lecionar: "com relação à atuação do Tribunal de Contas da União em auxílio do Congresso Nacional, observa-se que aquele não está de forma alguma subordinado a este, que não atua como delegado seu, e não pode lhe ditar ordens nem de-

---

34. Nesse sentido, Luís Roberto Barroso: "Sem embargo da razoabilidade do argumento adverso, o conhecimento tradicional acerca da possibilidade de o Estado descumprir lei que fundadamente considere inconstitucional não foi superado, como se colhe na jurisprudência e na doutrina que prevaleceram. Costuma-se lembrar, como uma primeira razão, o fato de que o Prefeito não figura no elenco do art. 103, de modo que pelo menos em relação a ele dever-se-ia aplicar o regime anterior, com a consequência curiosa de que, na prática, passaria o Chefe do Poder Executivo municipal a ter, nessa material, mais poder que o Presidente e o Governador. Mas o principal fundamento continua a ser o mesmo que legitimava tal linha de ação sob as Cartas anteriores: o da supremacia constitucional. Aplicar a lei inconstitucional é negar aplicação à Constituição" (*O Controle de Constitucionalidade no Direito Brasileiro*, p. 71).

35. "Resulta do exposto que o Tribunal de Contas é parte componente do Poder Legislativo, na qualidade de órgão auxiliar, e os atos que pratica são de natureza administrativa. [...] Celso Antônio Bandeira de Mello, no seu insuperável trabalho *Natureza e Regime Jurídico das Autarquias*, abonando a lição citada, escreve: 'Poder-se-ia citar, ainda, o caso do Tribunal de Contas. É o caso do Legislativo e desempenha funções administrativas de controle como instrumento auxiliar daquele Poder'" (Michel Temer. *Elementos de Direito Constitucional*, p. 134).

terminar como deve atuar em situações específicas. [...]"³⁶. No mesmo sentido, José de Ribamar Barreiros Soares³⁷. Por essa razão, não sendo órgão integrante do Poder Legislativo, embora dele auxiliar, não colocamos tal hipótese no item anterior (reservado ao Legislativo), mas num item autônomo.

Segundo a Súmula 347 do STF, "O Tribunal de Contas, no exercício de suas atribuições, pode apreciar a constitucionalidade das leis e dos atos do Poder Público".

Várias são as atribuições constitucionais do Tribunal de Contas da União (art. 71, CF), dentre as quais destacamos: "apreciar, para fins de registro, a legalidade dos atos de admissão de pessoal [...] bem como a das concessões de aposentadorias..." (art. 71, III, CF), "fiscalizar a aplicação de quaisquer recursos repassados pela União mediante convênio, acordo, ajuste ou outros instrumentos congêneres..." (art. 71, VI), "sustar, se não atendido, a execução do ato impugnado, comunicando a decisão à Câmara dos Deputados e ao Senado Federal" (art. 71, X, CF) etc.

Não consta expressamente no rol do art. 71 da Constituição Federal o poder de analisar a constitucionalidade das leis (da mesma forma que não existe disposição expressa na Constituição afirmando que o juiz, no controle difuso, pode declarar uma lei inconstitucional). Ora, tanto o juiz, no controle difuso, quanto o Tribunal de Contas, no exercício de suas respectivas funções, analisando um caso concreto, poderão declarar uma lei ou ato normativo do poder público inconstitucional. Como afirmou Cláudio Fajardo: "Apesar de extensas, não consta entre as competências dos Tribunais de Contas a reconhecida pelo STF de apreciar a constitucionalidade de leis. Não é de se estranhar, pois também para os juízes e tribunais não há expressa previsão constitucional para apreciar a constitucionalidade de leis, pela via difusa, já que essa é uma atribuição instrumental para o exercício da jurisdição e não uma competência finalística. Em suma, a competência para apreciar a constitucionalidade não requer discriminação específica, nem para os juízes e tribunais do Poder Judiciário, nem para o Tribunal de Contas, pois se trata de competência acessória ao exercício, quer da jurisdição, quer do controle externo"³⁸.

---

36. *A Natureza Jurídica do Tribunal de Contas da União*. Prossegue a autora: "Vale ressaltar o posicionamento de Carlos Ayres Britto sobre o tema: 'Feita a ressalva, começo por dizer que o Tribunal de Contas da União não é órgão do Congresso nacional, não é órgão do Poder Legislativo. Quem assim me autoriza a falar é a Constituição Federal, com todas as letras do seu art. 44, *litteris*: 'O Poder Legislativo é exercido pelo Congresso Nacional, que se compõe da Câmara dos Deputados e do Senado Federal. Logo, o Parlamento brasileiro não se compõe do Tribunal de Contas da União. Da sua estrutura orgânica ou formal deixa de fazer parte a Corte Federal de Contas e o mesmo é de se dizer para a dualidade Poder Legislativo/Tribunal de Contas, no âmbito das demais pessoas estatais de base territorial e natureza federada".
37. *A Natureza Jurídica do Tribunal de Contas da União*, p. 262. Segundo o autor: "O Tribunal de Contas da União é um órgão administrativo autônomo, que não pertence à estrutura de nenhum dos Poderes da República, nem está subordinado a qualquer um deles. O controle e fiscalização dos atos da administração pública requerem a existência de um órgão independente, autônomo em relação aos Poderes Executivo, Legislativo e Judiciário, como corolário de um Estado Democrático de Direito. [...] Como entidade administrativa independente, exerce o seu mister constitucional de órgão fiscalizador da legalidade e do mérito dos atos de todos aqueles que lidam com recursos públicos. Cabendo também ao Congresso nacional a tarefa de exercer o controle externo, esses entes acabam por atuar de forma integrada, embora resguardada a independência de cada um, daí a assertiva constitucional no sentido de que 'o controle externo, a cargo do Congresso Nacional, será exercido com o auxílio do Tribunal de Contas', vale dizer, será exercido de forma integrada com a fiscalização contábil, financeira e orçamentária atribuída ao Tribunal de Contas da União".
38. *Súmula STF n. 347*: uma nova abordagem sobre a competência do TCU para apreciar a constitucionalidade de leis e de atos normativos do Poder Público, p. 25.

A sobredita Súmula foi adotada em 13 de dezembro de 1963, tendo por base o julgado do MS 8.372/CE, de 11 de dezembro de 1961, relatado pelo então Ministro Pedro Chaves. Como o Supremo Tribunal Federal decidiu desde as primeiras decisões que ensejaram a Súmula, não se trata de uma declaração de inconstitucionalidade da lei ou ato normativo (até porque o Tribunal de Contas não possui atividade jurisdicional). O Tribunal de Contas apreciará a constitucionalidade da norma e, verificando a inconstitucionalidade, deixará de aplicá-la. No próprio mandado de segurança que ensejou a Súmula, decidiu o STF: "não poderia declarar a inconstitucionalidade da lei. Na realidade, esta declaração escapa à competência específica dos Tribunais de Contas. Mas há que distinguir entre declaração de inconstitucionalidade e não aplicação de leis inconstitucionais, pois esta é a obrigação de qualquer tribunal ou órgão de qualquer dos poderes do Estado"[39].

Embora ainda seja aceita por parte da doutrina e na jurisprudência a apreciação incidental, num caso concreto, da constitucionalidade das leis e atos normativos por parte do Tribunal de Contas, já existem decisões dissidentes. Em decisão monocrática no MS 25.888/DF, o Min. Gilmar Mendes suspendeu liminarmente decisão proferida pelo TCU, sugerindo a revisão (e quiçá o cancelamento) da Súmula 347 do STF. Segundo o Ministro, "A Súmula 347 do STF foi editada em 1963, tendo como base o art. 77 da Constituição de 1946, há muito revogado. A regra do Regimento Interno do TCU, que prevê essa competência, não pode se sobrepor à Constituição"[40]. O plenário do STF ainda não se posicionou quanto ao tema, mas gostaríamos de dar nossa opinião. A posição nova do Min. Gilmar Mendes, tentando revisitar (ou até cancelar) a Súmula 347, não é a mais adequada, com a devida vênia. O argumento do aumento do rol dos legitimados do controle concentrado (hoje temos as nove pessoas do art. 103, CF) não teve o condão de retirar a possibilidade de o Chefe do Poder Executivo descumprir uma lei inconstitucional (como já decidiu o STF). Da mesma maneira, não terá o condão de retirar tal atribuição do Tribunal de Contas. Outrossim, ressalte-se, como dissemos acima, que não se trata de uma declaração de inconstitucionalidade feita pelo Tribunal de Contas, mas de, por dever de ofício, no exercício de suas atividades constitucionais, deixar de aplicar a lei ou ato normativo inválido, írrito, inconstitucional. Mais recentemente, em decisão monocrática, o Ministro Alexandre de Moraes suspendeu os efeitos de decisão do Tribunal de Contas, determinando que não mais declare a inconstitucionalidade dos atos normativos. Segundo o Minis-

---

39. Nesse mesmo sentido manifestou-se o Ministro Themístocles Cavalcanti: "Exerce o Tribunal de Contas o controle de constitucionalidade usando apenas da técnica da interpretação que conduz à valorização da lei maior. Neste ponto tem aplicado o princípio da supremacia da Constituição. Não pode, entretanto, anular o ato, nem anular a lei, mas apenas deixar de aplicá-la por inconstitucional. Ao Poder Judiciário cabe a competência privativa de declarar a inconstitucionalidade, mas, qualquer dos poderes responsável pela aplicação de uma lei, ou de um ato, pode deixar de aplicá-los quando exista um preceito constitucional que com eles conflitem de maneira ostensiva, evidente. Privativo do Poder Judiciário é considerar inválido o ato ou a lei em face da Constituição" (apud Cláudio Fajardo, op. cit., p. 28).

40. Continua o Ministro: "A referida regra sumular foi aprovada na Sessão Plenária de 13.12.1963, num contexto constitucional totalmente diferente do atual. Até o advento da Emenda Constitucional n. 1, de 1965, que introduziu em nosso sistema o controle abstrato de normas, admitia-se como legítima a recusa, por parte de órgãos não jurisdicionais, à aplicação da lei considerada inconstitucional. No entanto, é preciso levar em conta que o texto constitucional e 1988 introduziu uma mudança radical no nosso sistema de controle de constitucionalidade. Em escritos doutrinários, tenho enfatizado que a ampla legitimação conferida ao controle abstrato, com a inevitável possibilidade de se submeter qualquer questão constitucional ao Supremo Tribunal Federal, operou uma mudança substancial no modelo de controle de constitucionalidade até então vigente no Brasil. [...] Assim, a própria evolução do sistema de controle de constitucionalidade no Brasil, verificada desde então, está a demonstrar a necessidade de se reavaliar a subsistência da Súmula 347 em face da ordem constitucional instaurada com a Constituição de 1988".

tro, "Trata-se, portanto, de excepcionalidade concedida somente aos órgãos detentores de função jurisdicional. [...] Não bastasse a configuração do desrespeito à função jurisdicional e a competência exclusiva do STF, essa hipótese fere as funções do Legislativo [...] pois a competência do TCU declarar a inconstitucionalidade de lei ou ato normativo do poder público, incidentalmente, em seus procedimentos administrativos atentaria frontalmente contra os mecanismos recíprocos de freios e contrapesos (*checks and balances*), estabelecidos no texto constitucional" (MS 35.490 MC/DF, rel. Min. Alexandre de Moraes, 6-2-2018).

Entendemos que essa decisão está profundamente equivocada. Primeiro, é risível o argumento de que a decisão do TCU não se submeteria ao sistema de freios e contrapesos. Ora, tal frase foi dita numa decisão judicial que suspendeu a decisão. Obviamente, há o controle jurisdicional que pode recair sobre tais decisões (como no próprio mandado de segurança em comento). Outrossim, é um equívoco grave dizer que o STF exerce o monopólio do controle de constitucionalidade. Como estamos vendo no decorrer deste capítulo, embora o controle de constitucionalidade em regra seja jurisdicional, há muitas outras exceções: controle realizado pelo Legislativo e até pelo Executivo. Outrossim, como afirma Peter Häberle, o Judiciário não é o único intérprete da Constituição. Tentar minimizar o poder dos demais intérpretes da Constituição é atentar contra o constitucionalismo democrático, que tanto defendemos.

d) Controle repressivo no Conselho Nacional de Justiça (art. 103-CF)

A Emenda Constitucional n. 45/2004 (conhecida como Reforma do Judiciário) trouxe muitas inovações, dentre as quais se destaca o "Conselho Nacional de Justiça" (CNJ), previsto no art. 103-B da Constituição Federal. Trata-se de um novo órgão do Poder Judiciário (art. 92, I-A, CF) que, sob a Presidência do Presidente do STF (art. 103-B, § 1º, CF), tem como competência o "[...] controle da atuação administrativa e financeira do Poder Judiciário e do cumprimento dos deveres funcionais dos juízes [...]" (art. 103-B, § 4º, CF), podendo "[...] apreciar, de ofício ou mediante provocação, a legalidade dos atos administrativos praticados por membros ou órgãos do Poder Judiciário [...]" (art. 103-B, § 4º, II, CF).

Indaga-se: ao apreciar, de ofício ou mediante provocação, os atos praticados por órgãos do Poder Judiciário (como uma norma regimental feita por um Tribunal), poderá o Conselho Nacional de Justiça analisar a sua constitucionalidade, negando a validade do ato? Entendemos que sim. Assim como o Tribunal de Contas (que nem é órgão do Poder Judiciário), no exercício de sua função constitucional, pode apreciar a constitucionalidade da lei ou ato normativo (segundo a Súmula 347 do STF), quanto mais o Conselho Nacional de Justiça, um dos órgãos do Poder Judiciário (art. 92, I-A, CF). Retirar do CNJ essa possibilidade é concentrar ainda mais a função hermenêutica da Constituição nas mãos de um único órgão do Poder Judiciário (o STF), fazendo ouvidos moucos às opiniões constitucionais prolatadas fora da Suprema Corte. Negar ao CNJ o poder de apreciar a validade dos atos (principalmente os que emanam do próprio Poder Judiciário, como os atos normativos exarados pelos Tribunais) é corporificar a famosa frase do *Chief Justice* Charles Evans: "The Constitution means what the Supreme Court says it means" ("A Constituição é aquilo que a Suprema Corte diz que ela é").

Lembro que integram o CNJ, além de nove membros do Poder Judiciário, dois advogados, indicados pelo Conselho Federal da OAB, dois membros do Ministério Público e dois cidadãos (indicados um pela Câmara dos Deputados e outro pelo Senado Federal). A composição do CNJ trata-se de um lampejo de democratização e republicanismo aplicado ao Poder Judiciário. Não permitir que ele faça a apreciação da constitucionalidade dos atos normativos que se lhe apresentam, no exercício de sua função constitucional, prevista no art. 103-B, § 4º, II, CF, parece-nos um grave equívoco. A posição que nega ao CNJ essa possibilidade fere, em nosso entendimento, as visões mais modernas de interpretação constitucional, que asseguram uma interpretação aberta da Constituição (Peter Häberle) ou que efetivam um constitucionalismo popular (Mark Tushnet). Segundo Roberto Niembro Ortega, "o monopólio judicial sobre a Constituição foi pintado como algo inexorável e inevitável, como algo que foi pensado para ser assim e que nos salva de nós mesmos. Pelo contrário, o constitucionalismo popular reconhece que o debate popular sobre a Constituição se leva a cabo com independência das interpretações judiciais"[41].

Todavia, essa não é a posição do STF. No Mandado de Segurança 32.582 MC/DF, o Min. Celso de Mello decidiu: "não se desconhece que o Conselho Nacional de Justiça, embora incluído na estrutura constitucional do Poder Judiciário, qualifica-se como órgão de índole eminentemente administrativa, não se achando investido de atribuições institucionais que lhe permitam proceder ao controle abstrato de constitucionalidade referente a leis e atos estatais em geral, inclusive à fiscalização preventiva abstrata de proposições legislativas, competência esta, de caráter prévio, de que nem mesmo dispõe o próprio Supremo Tribunal Federal". Na mesma decisão: "a despeito da controvérsia doutrinária existente, que o Conselho Nacional de Justiça – quer colegialmente, quer mediante atuação monocrática de seus Conselheiros ou do Senhor Corregedor Nacional de Justiça – não dispõe de competência para exercer o controle incidental ou concreto de constitucionalidade (muito menos o controle preventivo abstrato de constitucionalidade)".

e) Controle repressivo realizado pelo Poder Judiciário

Como vimos acima, o controle de constitucionalidade repressivo (depois do surgimento da lei ou do ano normativo) no Brasil é predominantemente jurisdicional. Assim, cabe principalmente ao Poder Judiciário apreciar a constitucionalidade das leis e atos normativos. Todavia, qual juiz ou Tribunal poderá declarar uma lei inconstitucional? Existem dois sistemas principais: a) o controle difuso; b) o controle concentrado.

A palavra "difuso" significa algo que se espalha largamente por todas as direções, algo disseminado. Pois bem, controle difuso de constitucionalidade é aquele que pode ser exercido por qualquer juiz ou Tribunal, não se limitando a um ou alguns órgãos jurisdicionais apenas. Como adiante se verá, o controle difuso tem inspiração norte-americana. Por sua vez, a palavra "concentrado" significa algo que converge para um determinado ponto ou centro. Assim, controle concentrado de constitucionalidade é aquele que pode ser feito apenas por alguns Tribunais. Como adiante se verá, o controle concentrado tem inspiração austríaca.

O Brasil adota qual dos dois controles? Ambos! O Brasil, no tocante ao controle repressivo realizado pelo Poder Judiciário, adota um sistema misto, admitindo tanto o controle difuso quanto o controle concentrado.

Analisaremos, a partir de agora, em tópicos separados em razão da importância, o controle difuso e o controle concentrado de constitucionalidade.

12.10. CONTROLE DIFUSO DE CONSTITUCIONALIDADE

Como dissemos acima, algo difuso é algo espalhado, disperso, disseminado. Controle difuso de constitucionalidade é aquele que pode ser feito por qualquer juiz ou Tribunal. Assim,

---

41. *Constitucionalismo Popular en Latinoamérica*, p. 20.

qualquer juiz ou Tribunal poderá examinar a constitucionalidade de uma lei ou ato normativo. Todavia, há importantes condições: no controle difuso, qualquer juiz ou Tribunal poderá declarar uma lei inconstitucional, desde que haja um caso concreto e que a inconstitucionalidade seja matéria incidental.

Primeiramente, é da essência do controle difuso que qualquer juiz (de qualquer Justiça e instância) e qualquer Tribunal (federal ou estadual) podem declarar uma lei inconstitucional. Embora não haja previsão expressa na Constituição dessa afirmação, é um corolário da atividade jurisdicional. Ora, a atividade do magistrado deriva do latim *juris* (direito) *dictio* (dicção, dizer). Se o juiz "diz o direito", inegavelmente deve apreciar a invalidade das normas que atentem contra a Constituição.

Não obstante, os poderes do magistrado no controle difuso não são amplos nem ilimitados. Primeiramente, só pode exercer o controle difuso de constitucionalidade desde que haja um caso concreto. Dessa maneira, não é possível iniciar um processo perante o juiz de primeira instância com o único objetivo de declarar uma lei (municipal, estadual ou federal) inconstitucional. O magistrado somente poderá examinar a sua constitucionalidade durante a análise de um caso concreto. Por exemplo, se alguém está sendo processado criminalmente pelo crime de porte de drogas (art. 28 da Lei n. 11.343/2006), em sua sentença, o magistrado poderá absolver o réu pela atipicidade da conduta (art. 386, III, CPP), sob o argumento de que a lei é inconstitucional[42]. Isso poderá ocorrer antes mesmo que a cúpula do Judiciário se manifeste (aliás, sobre esse assunto, está pendente de julgamento o RE 635.659, relatado pelo Min. Gilmar Mendes, sobre esse assunto[43]).

Por fim, no controle difuso, é imperioso afirmar que a inconstitucionalidade é matéria incidental (*incidenter tantum*). Ou seja, qualquer juiz ou Tribunal pode apreciar, no caso concreto, a inconstitucionalidade de uma lei ou ato normativo, desde que a inconstitucionalidade não seja a matéria principal do processo. A matéria principal pode ser a concessão de liberdade provisória, a não aplicação de uma pena, o direito de recorrer em liberdade, o valor de um tributo, a aplicação de uma multa etc. Ocorre que, para apreciar qualquer um desses pedidos, o magistrado deverá examinar primeiramente a constitucionalidade ou não da norma jurídica da qual o ato emana. Para absolver o réu pelo crime de porte de drogas, o magistrado terá, primeiramente, de apreciar a constitucionalidade da Lei federal n. 11.343/2006. A inconstitucionalidade é, pois, uma matéria prejudicial (uma matéria de mérito, mas que precisa ser julgada antes da matéria principal).

a) Origem

O controle difuso de constitucionalidade tem origem norte-americana, embora não previsto expressamente na Constituição dos Estados Unidos de 1787. Como demonstramos no

---

42. Segundo noticiado pela imprensa, foi o que fez em 2014 o juiz do Distrito Federal Frederico Ernesto Cardoso Maciel, que absolveu homem que portava trouxas de maconha, por considerar inconstitucional a proibição dessa droga. Na sua decisão, o magistrado afirmou: "soa incoerente o fato de outras substâncias entorpecentes, como o álcool e o tabaco, serem não só permitidas e vendidas, gerando milhões em lucro para os empresários dos ramos, mas consumidas e adoradas pela população, o que demonstra também que a proibição de outras substâncias entorpecentes recreativas, como o THC, são fruto de uma cultura atrasada e de política equivocada e violam o princípio da igualdade, restringindo o direito de uma parte da população de utilizar outras substâncias".
43. Em seu voto, o Min. Relator, Gilmar Mendes, afirmou que o art. 28 da Lei de Drogas é inconstitucional, pois a criminalização estigmatiza o usuário e compromete medidas de prevenção e redução de danos, bem como gera uma punição desproporcional ao usuário, violando o direito à personalidade.

capítulo 1 desta obra, uma das grandes características da Constituição norte-americana foi a introdução da noção de supremacia formal da Constituição sobre os demais atos normativos. Segundo Jorge Miranda, é característica marcante nesse momento "a noção de Constituição e do seu valor superior a todos os demais atos da Federação e dos Estados federados e, em especial, a autoridade reconhecida aos tribunais na sua interpretação"[44]. Curiosamente, embora não houvesse nenhum dispositivo constitucional expresso dando aos tribunais a possibilidade do *judicial review* dos atos normativos, razões sólidas a justificavam[45]. O controle de constitucionalidade foi colocado em prática pela primeira vez em 1803, no acórdão da Suprema Corte, presidido pelo *Chief Justice* John Marshall, no caso Marbury vs. Madison. Pela primeira vez, declarou-se inválida uma lei, por ser contrária à Constituição.

Detalha bem o caso Luís Roberto Barroso: "Marbury v. Madison foi a primeira decisão na qual a Suprema Corte afirmou seu poder de exercer o controle de constitucionalidade, negando a aplicação a leis que, de acordo com sua interpretação, fossem inconstitucionais. [...] No desenvolvimento de seu voto, Marshall dedicou a primeira parte à demonstração de que Marbury tinha direito à investidura no cargo. Na segunda parte, assentou que, se Marbury tinha o direito, necessariamente deveria haver um remédio jurídico para assegurá-lo. Na última parte, enfrentou duas questões distintas: a de saber se o *writ of mandamus* era a via própria e, em caso positivo, se a Suprema Corte poderia legitimamente concedê-lo. À primeira questão respondeu afirmativamente. O *writ of mandamus* consistia em uma ordem para a prática de determinado ato. Marshall, assim, examinou a possibilidade de se emitir uma determinação dessa natureza a um agente do Poder Executivo. Sustentou, então, que havia duas categorias de ato do Executivo que não eram passíveis de revisão judicial: os atos de natureza política e aqueles que a Constituição ou a lei houvesse atribuído a sua exclusiva discricionariedade. Fora essas duas exceções, onde a Constituição e a lei impusessem um dever ao Executivo, o Judiciário poderia determinar seu cumprimento. Estabeleceu, dessa forma, a regra de que os atos do Poder Executivo são passíveis de controle jurisdicional, tanto quanto a sua constitucionalidade como quanto a sua legalidade. Ao enfrentar a segunda questão – se a Suprema Corte tinha competência para expedir o *writ* – Marshall desenvolveu o argumento que o projetou na história do direito constitucional. Sustentou, assim, que o § 13 da Lei Judiciária de 1789, ao criar uma hipótese de competência originária da Suprema corte fora das que estavam previstas no art. 3º da Constituição, incorria em uma inconstitucionalidade. [...] Diante do conflito entre a lei e a Constituição, Marshall chegou à questão central do acórdão: [...] Um ato do Poder Legislativo contrário à Constituição é nulo"[46].

No Brasil, com clara inspiração no direito norte-americano, o controle difuso de constitucionalidade foi introduzido na Constituição de 1891. Ao interpretar o art. 59, § 1º, "a", daquela Constituição, afirmou Ruy Barbosa: "a redação é claríssima. Nela se reconhece, não só a competência das justiças da União, como a das justiças dos Estados, para conhecer da legitimidade das leis perante a Constituição. [...] O tribunal é apenas o instrumento da lei preponde-

---

44. *Manual de Direito Constitucional*, t. I, p. 136. Segundo o mestre português, "Ao invés da França e dos países Europeus durante o século XIX, os Estados Unidos vivem quase desde a sua formação sob o princípio da constitucionalidade – o princípio de que as leis e os outros atos do Estado devem ser conformes com a Constituição e não devem ser aplicados pelos tribunais no caso de serem desconformes".
45. "O poder legislativo é um poder constituído, que não pode ser exercido contra a Constituição, obra do poder constituinte; os tribunais só podem aplicar leis válidas e são inválidas as leis contrárias à Constituição – que é lei superior a todas as outras leis" (Jorge Miranda, op. cit., p. 141).
46. *O Controle de Constitucionalidade no Direito Brasileiro*, p. 9.

rante. Os maiores jurisconsultos e os maiores publicistas designam no Poder Judiciário o árbitro supremo, o intérprete final da Constituição"[47].

Assim, o controle difuso de constitucionalidade existe no Brasil desde a Constituição de 1891, com alguns incrementos nas Constituições seguintes. Por exemplo, na Constituição de 1934 foi acrescida a "cláusula de reserva de plenário", bem como a atuação do Senado Federal, que a seguir explicaremos.

b) Controle difuso nos Tribunais – "cláusula de reserva de plenário" (art. 97, CF)

Como vimos acima, é da essência do controle difuso que a apreciação da constitucionalidade das leis e atos normativos possa ser feita por todos os juízes e tribunais. Todavia, desde a Constituição de 1934, a apreciação da constitucionalidade feita pelos tribunais (estaduais ou federais) deve obedecer a um procedimento, denominado cláusula de reserva de plenário (ou regra do *full bench*), previsto no art. 97 da Constituição Federal.

Segundo o art. 97 da Constituição, "somente pelo voto da maioria absoluta de seus membros ou dos membros do respectivo órgão especial poderão os tribunais declarar a inconstitucionalidade de uma lei ou ato normativo do Poder Público".

A intenção do mencionado artigo da Constituição é evitar que qualquer órgão fracionário de um Tribunal (câmara ou turma), bem como um julgador, isoladamente declare a lei inconstitucional. Trata-se de uma cláusula de garantia, de proteção do princípio da presunção de constitucionalidade das leis.

Assim, os Tribunais somente poderão declarar uma lei inconstitucional pela maioria absoluta de todos os seus membros ou dos membros do respectivo órgão especial. O que é "órgão especial"? Segundo o art. 93, XI, da Constituição Federal, os tribunais com maior número de julgadores (com mais de 25 julgadores) podem constituir um órgão especial com o mínimo de 11 e o máximo de 25 membros, para que possa exercer as atividades administrativas e jurisdicionais delegadas da competência do tribunal pleno. Assim, em vez de reunir periodicamente todos os membros daquele tribunal, reúne-se, em seu nome, o órgão especial[48].

Como funciona, na prática, a declaração de inconstitucionalidade perante os tribunais, durante o julgamento de um recurso ou de uma ação originária? Imaginemos que, na primeira instância, o juiz declarou a inconstitucionalidade da Lei de Drogas (Lei n. 11.343/2006), o que ensejou recurso de apelação por parte do Ministério Público junto ao Tribunal de Justiça do Estado. Como será julgado esse recurso?

O assunto é tratado pelo Código de Processo Civil, nos arts. 948 e 949, no capítulo reservado ao "Incidente de Arguição de Inconstitucionalidade". Segundo o art. 949, I, do CPC, se a arguição de inconstitucionalidade for "rejeitada, prosseguirá o julgamento". Ou seja, caso o órgão fracionário, "... após ouvir o Ministério Público e as partes [...]" (art. 948, CPC), considere a lei ou ato normativo constitucional, proferirá o julgamento normalmente. Nesse caso, não há por que acionar o pleno daquele tribunal ou o seu órgão especial para se pronunciar pelo óbvio: que a lei é constitucional (as leis se presumem constitucionais!). Nesse sentido, Cassio Scarpinella afirma: "Se o órgão fracionário entender que a norma é constitucional, não há lu-

---

47. *Comentários à Constituição Federal Brasileira*, v. IV, p. 139.
48. Por exemplo, o art. 8º do Regimento Interno do Tribunal de Justiça do Estado de São Paulo trata do seu órgão especial: "o Órgão Especial, constituído por vinte e cinco desembargadores, é composto pelo Presidente, Vice-Presidente e o Corregedor Geral da Justiça, na condição de membros natos, segundo as classes a que pertençam, e pelos desembargadores das classes de antiguidades e de eleitos, na forma da lei e disposições regulamentares".

gar para instauração do incidente. Não há necessidade de instauração do incidente quando a hipótese é de constitucionalidade da norma jurídica"[49].

Todavia, se o órgão fracionário do Tribunal considerar que a lei ou ato normativo é realmente inconstitucional, acolhendo a arguição de inconstitucionalidade da parte, "acolhida, a questão será submetida ao plenário do tribunal ou ao seu órgão especial, onde houver" (art. 949, II, CPC).

Veja o esquema abaixo:

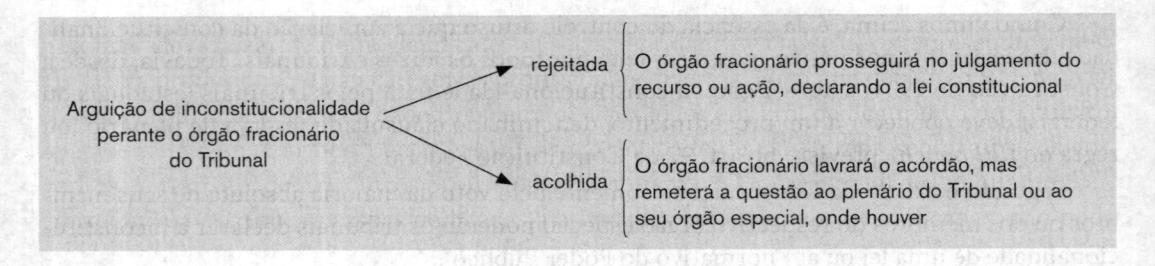

```
                                              rejeitada  {O órgão fracionário prosseguirá no julgamento do
                                                          recurso ou ação, declarando a lei constitucional
Arguição de inconstitucionalidade
perante o órgão fracionário
do Tribunal
                                              acolhida   {O órgão fracionário lavrará o acórdão, mas
                                                          remeterá a questão ao plenário do Tribunal ou ao
                                                          seu órgão especial, onde houver
```

Como se dará o julgamento perante o tribunal pleno ou órgão especial do Tribunal, caso a questão lhe seja remetida pelo órgão fracionário? A resposta se encontra no art. 950 do Código de Processo Civil. Primeiramente, a sessão de julgamento será designada pelo Presidente do Tribunal, nos termos do art. 950, *caput*, do CPC: "remetida cópia do acórdão a todos os juízes, o presidente do tribunal designará a sessão de julgamento".

Os §§ 1º, 2º e 3º do art. 950 do Código de Processo Civil (com a nova redação dada pela Lei n. 13.105, de 16 de março de 2015) trouxeram medidas salutares que visam democratizar o processo de controle difuso de constitucionalidade, nos moldes do que já havia sido feito na legislação referente ao controle concentrado de constitucionalidade (Lei n. 9.869/99 e Lei n. 9.882/99 – que serão estudadas ainda neste capítulo).

Primeiramente, nos termos do art. 950, § 1º, "as pessoas jurídicas de direito público responsáveis pela edição do ato questionado poderão manifestar-se no incidente de inconstitucionalidade se assim o requererem, observados os prazos e as condições previstos no regimento interno do tribunal". Dessa maneira, as pessoas jurídicas de direito público que elaboraram o ato questionado (Congresso Nacional, em se tratando de lei federal; Assembleia Legislativa do Estado, em se tratando de lei estadual; Câmara de Vereadores, em se tratando de lei municipal; Presidente da República, em se tratando de medida provisória etc.) poderão se manifestar, caso queiram, no incidente de inconstitucionalidade, nos prazos e na forma estabelecidos pelo Regimento Interno do respectivo Tribunal.

Além das autoridades que elaboraram o ato questionado, outras "duas pessoas" poderão se manifestar no incidente de inconstitucionalidade. Segundo o art. 950, § 2º, do Código de Processo Civil, as pessoas legitimadas para ajuizar a ADI (ação direta de inconstitucionalidade), previstas no art. 103 da CF, caso requeiram, poderão se manifestar sobre o objeto da ação, podendo apresentar memoriais e requerer a juntada de documentos, no prazo e na forma do Regimento Interno de cada Tribunal. Dessa maneira, poderão se manifestar nos autos do re-

---

49. Antonio Carlos Marcato (org.). *Código de Processo Civil Interpretado*, p. 1640.

curso ou da ação em trâmite no Tribunal, no incidente de inconstitucionalidade, o Presidente da República, a Mesa da Câmara dos Deputados, Partido Político com representação no Congresso Nacional, o Conselho Federal da OAB e todos os demais legitimados da ADI, previstos no art. 103 da Constituição Federal. Embora não haja previsão no Código de Processo Civil, entendemos que a participação dessas autoridades está condicionada à apreciação do relator, que poderá inferir em razão da ausência de pertinência temática (instituto que será estudado ainda neste capítulo).

Da mesma forma, o Código de Processo Civil (art. 950, § 3º) prevê a possibilidade de participação de "... outros órgãos ou entidades", que serão admitidos mediante despacho irrecorrível do relator, "considerando a relevância da matéria e a representatividade dos postulantes". Trata-se da importantíssima figura do *amicus curiae*, que será tratado ainda neste capítulo, quando da análise da ação direta de inconstitucionalidade (e da Lei n. 9.868/99).

Depois da possível participação de todas as entidades sobreditas (autoridade que elaborou o ato normativo, legitimados da ADI e *amicus curiae*), será julgado o incidente de inconstitucionalidade pelo tribunal pleno ou órgão especial do Tribunal. Caso o tribunal pleno ou órgão especial proclame a constitucionalidade da norma ou caso a votação não alcance a maioria exigida pelo art. 97 da Constituição Federal (maioria absoluta), a arguição será julgada improcedente (e a lei será tida como constitucional). Poderá, não obstante, o tribunal pleno ou o órgão especial, pela maioria absoluta de seus integrantes, considerar a lei ou ato normativo inconstitucional, julgando procedente a arguição.

Em ambos os casos, julgando procedente ou improcedente a arguição de inconstitucionalidade, o tribunal pleno ou órgão especial prolatará o acórdão e devolverá os autos ao órgão fracionário que suscitou o incidente (câmara ou turma), que prosseguirá no julgamento, de acordo com o pronunciamento do pleno ou órgão especial.

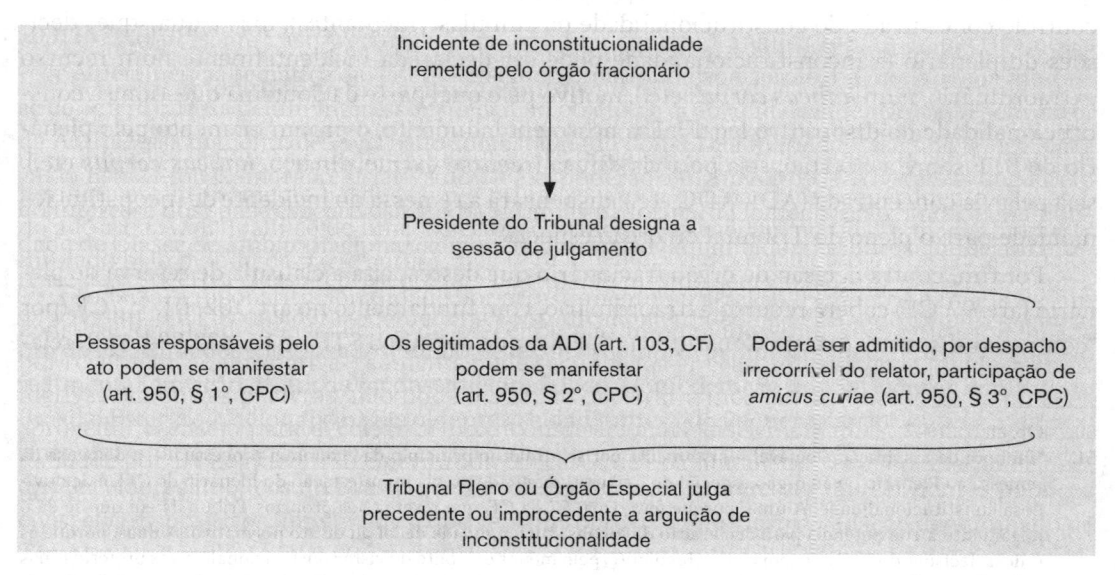

```
Incidente de inconstitucionalidade
remetido pelo órgão fracionário
              │
              ▼
Presidente do Tribunal designa a
      sessão de julgamento
```

| Pessoas responsáveis pelo ato podem se manifestar (art. 950, § 1º, CPC) | Os legitimados da ADI (art. 103, CF) podem se manifestar (art. 950, § 2º, CPC) | Poderá ser admitido, por despacho irrecorrível do relator, participação de *amicus curiae* (art. 950, § 3º, CPC) |

```
Tribunal Pleno ou Órgão Especial julga
procedente ou improcedente a arguição de
         inconstitucionalidade
```

Importante: existem duas hipóteses previstas na jurisprudência e na legislação em que o órgão fracionário do Tribunal não remeterá o incidente de inconstitucionalidade ao tribunal pleno ou ao órgão especial do Tribunal (podendo, portanto, o órgão fracionário declarar a lei ou ato normativo inconstitucional): a) quando já houver pronunciamento anterior do tribunal pleno ou do órgão especial sobre a questão; b) quando já houver pronunciamento do Supremo Tribunal Federal sobre a questão. Trata-se do disposto no art. 949, parágrafo único, do Código de Processo Civil: "os órgãos fracionários dos tribunais não submeterão ao plenário ou ao órgão especial a arguição de inconstitucionalidade quando já houver pronunciamento destes ou do plenário do Supremo Tribunal Federal sobre a questão". Segundo Cassio Scarpinella, esse dispositivo "está inspirado no princípio da economia processual e positiva vencedora orientação jurisprudencial do STF: De acordo com seu comando, dispensa-se a remessa do incidente de declaração de inconstitucionalidade para o 'Tribunal' (*rectius*, Plenário ou, onde houver, órgão especial), toda vez que já houver pronunciamento anterior do plenário do STF ou do próprio Tribunal acerca daquela tese. É dizer por outras palavras: desde que o plenário do STF ou o próprio Tribunal já tenham se manifestado a respeito da constitucionalidade da lei ou do ato normativo que daria ensejo ao incidente, dispensa-se sua instauração. Nessa hipótese, aplica-se, desde logo, a tese relativa à constitucionalidade ou inconstitucionalidade da norma ao caso concreto perante o órgão fracionário competente para o julgamento"[50].

Primeiramente, se o próprio tribunal pleno ou órgão especial daquele tribunal já se manifestou pela constitucionalidade ou inconstitucionalidade da norma, não se faz necessário remeter novamente a mesma questão à sua apreciação a cada vez que surgir uma nova arguição de inconstitucionalidade da lei ou ato normativo. Caso contrário, a cada semana o tribunal pleno ou órgão especial se manifestaria sobre o mesmo tema, o que seria impensável, irrazoável, custoso e teratológico.

Outrossim, o Código de Processo Civil também dispensa a remessa para o pleno ou órgão especial quando há pronunciamento do "plenário do Supremo Tribunal Federal sobre a questão". Importante: o CPC não se refere apenas às decisões vinculantes do STF (proferidas no controle concentrado de constitucionalidade ou súmulas vinculantes), mas a quaisquer decisões do plenário (a inconstitucionalidade pode ser declarada incidentalmente num recurso extraordinário, num *habeas corpus* etc.), motivo pelo qual parte da doutrina questiona a constitucionalidade do dispositivo legal[51]. Em nosso entendimento, o pronunciamento pelo plenário do STF sobre a questão, seja pela via difusa (recurso extraordinário, *habeas corpus* etc.), seja pela via concentrada (ADI, ADC etc.), dispensará a remessa do incidente de inconstitucionalidade para o pleno do Tribunal ou órgão especial.

Por fim, contra decisão de órgão fracionário que desrespeita a cláusula de reserva de plenário (art. 97, CF) caberá recurso extraordinário, com fundamento no art. 102, III, "a", CF (por "contrariar dispositivo desta Constituição"). Foi o que decidiu o STF no RE 432.884 AgR, rela-

---

50. Op. cit., p. 1642.
51. "Embora de inspiração elogiável – justamente por se afinar ao princípio da economia processual – a dispensa da remessa ao Plenário ou ao órgão especial do Tribunal diante de prévia manifestação do Plenário do STF é de duvidosa constitucionalidade. A uma, porque fere o art. 97 da CF, que reserva aos próprios Tribunais em que se dá o julgamento a competência para declaração da inconstitucionalidade de lei ou de ato normativo. A duas, porque as únicas decisões do STF que têm efeito vinculante, pelo menos do ponto de vista constitucional, são as proferidas nas ações diretas de inconstitucionalidade e nas ações declaratórias de constitucionalidade e Súmulas expedidas depois da EC 45/2004 (CF, art. 103-A). Fora daí, sem desconsiderar, evidentemente, o efeito persuasivo – embora, por vezes, decisivo – do precedente do STF não tem ele, para a ordem constitucional vigente, o condão de se impor às instâncias inferiores" (Cassio Scarpinella, op. cit., p. 1642).

tado pelo Min. Joaquim Barbosa: "Da decisão que declara a inconstitucionalidade de lei federal, sem observância da reserva de plenário, é cabível o recurso extraordinário, fundado na violação do art. 97 da Constituição (art. 102, III, *a*, da Constituição)".

b.1) Súmula Vinculante 10

Como vimos no item anterior, é bastante minucioso o processo de declaração de inconstitucionalidade nos Tribunais, em razão do art. 97 da Constituição Federal. Por essa razão, um fenômeno curioso começou a surgir nos Tribunais: o órgão fracionário (câmara ou turma) começou a deixar de aplicar as normas consideradas inconstitucionais aos casos concretos, embora não se manifestasse expressamente sobre o tema. Como se sabe, não poderia o órgão fracionário declarar a inconstitucionalidade de uma lei ou ato normativo sem remeter a questão ao pleno ou órgão especial. Assim, uma saída inusitada seria apenas deixar de aplicar a norma, sem se referir aos motivos.

Ocorre que, reiteradas vezes, o Supremo Tribunal Federal declarou essa conduta inadmissível, por violar a cláusula de reserva de plenário (art. 97, CF). Nesse sentido: RE 482.090, rel. Min. Joaquim Barbosa; RE 597.168 AgR, rel. Min. Ricardo Lewandowski; HC 92.438, rel. Min. Joaquim Barbosa etc. Tantas foram as decisões do STF que foi editada a Súmula Vinculante 10: "Viola a cláusula de reserva de plenário (CF, art. 97) a decisão de órgão fracionário de tribunal que, embora não declare expressamente a inconstitucionalidade da lei ou ato normativo do Poder Público, afasta sua incidência, no todo ou em parte".

Outrossim, caso seja violada a Súmula Vinculante 10 do STF, admite-se reclamação para o STF, nos termos do art. 103-A, § 3º, da Constituição Federal: "Do ato administrativo ou decisão judicial que contrariar a súmula aplicável [...] caberá reclamação ao Supremo Tribunal Federal que, julgando-a procedente, [...] cassará a decisão judicial reclamada, e determinará que outra seja proferida com ou sem a aplicação da súmula, conforme o caso". No mesmo sentido, o novo Código de Processo Civil, no seu art. 988, IV, 1ª parte, afirma que "caberá reclamação da parte interessada ou do Ministério Público para: [...] III – garantir a observância de enunciado de súmula vinculante e de decisão do Supremo Tribunal Federal em controle concentrado de constitucionalidade".

Nesse caso, o STF julgou procedente a Reclamação 7.218 AgR/AM, relatada pelo Min. Ricardo Lewandowski: "Para que seja observada a cláusula de reserva de plenário, é necessário que o Plenário ou o Órgão Especial do Tribunal reúna-se com o fim específico de julgar a inconstitucionalidade de uma lei ou ato normativo. Embora tenha a atual redação do item IV do Enunciado 331 do TST resultado de votação unânime do pleno daquele Tribunal, o julgamento ocorreu em incidente de uniformização de jurisprudência. Dessa forma, restou violada a Súmula Vinculante 10. Agravo regimental provido, para julgar procedente a reclamação".

b.2) Controle de convencionalidade

A partir do reconhecimento da supralegalidade de alguns tratados internacionais (que se deu no STF com o julgamento do Recurso Extraordinário 466.343), passou-se a reconhecer no

Brasil um segundo controle de validade das leis: o controle de convencionalidade, nome utilizado pela doutrina[52] e pela jurisprudência[53].

Segundo o STF, os tratados internacionais sobre direitos humanos que não são aprovados com o procedimento específico previsto no art. 5º, § 3º, da Constituição Federal terão força de norma supralegal e infraconstitucional. Tal sistemática aplica-se ao Pacto de São José da Costa Rica (Convenção Americana de Direitos Humanos) e ao Pacto Internacional dos Direitos Civis e Políticos, já que incorporados ao direito brasileiro antes da edição da EC 45/2004 (que criou o art. 5º, § 3º, da CF). Segundo o STF, "a esses diplomas internacionais sobre direitos humanos é reservado o lugar específico no ordenamento jurídico, estando abaixo da Constituição, porém acima da legislação interna. O *status* normativo supralegal dos tratados internacionais de direitos humanos subscritos pelo Brasil, torna inaplicável a legislação infraconstitucional com ele conflitante, seja ela anterior ou posterior ao ato de ratificação" (HC 95.967, relatado pela Min. Ellen Gracie).

A lei ou ato normativo que contraria os tratados internacionais supralegais (mas infraconstitucionais) não será válida. A verificação dessa compatibilidade recebe o nome de controle de convencionalidade, que pode ser feito por qualquer juiz ou tribunal. Indaga-se: para fazer o controle de convencionalidade nos Tribunais, é necessário respeitar a cláusula de reserva de plenário? Entendemos que não, em razão de inexistência de previsão legal ou constitucional. Apreciar a validade dos atos normativos é atividade inerente à jurisdição, seja se a invalidade decorre da incompatibilidade com a Constituição ou com os tratados supralegais.

Dessa maneira, entendemos que qualquer juiz poderá fazer o controle de convencionalidade e, em sede de tribunal, qualquer órgão fracionário também poderá fazê-lo. Esse também é o entendimento de Leonardo Martins e Thiago Oliveira Moreira: "Assim, o juiz ou tribunal deve declarar a invalidade, com efeitos *inter partes* de lei ou ato quando for verificada a sua inconveniência em relação aos Tratados Internacionais, não existindo a figura da 'cláusula de reserva de plenário', previsto para o controle de convencionalidade segundo o art. 97 da CF"[54].

Todavia, entendemos que o mesmo raciocínio não pode ser aplicado àqueles tratados internacionais sobre direitos humanos incorporados ao direito brasileiro com força de norma constitucional, por força do art. 5º, § 3º, da Constituição Federal (é o caso da Convenção Inter-

---

52. Na doutrina brasileira, foi Valerio Mazzuoli o primeiro a empregar tal expressão (*Curso de Direito Constitucional*, p. 382), todavia, de forma diferente da adotada pelo STF e que nós consideramos correta. Segundo o autor, "os tratados de direitos humanos internalizados com essa maioria qualificada servem de meio de controle concentrado (de convencionalidade) da produção normativa doméstica, para além de servirem como paradigma para o controle difuso. [...] Em relação aos tratados de direitos humanos que não servirão de paradigma do controle de convencionalidade (expressão reservada aos tratados com nível constitucional), mas do controle de supralegalidade das normas infraconstitucionais. Assim, as leis contrárias aos tratados comuns são inválidas por violação ao princípio da hierarquia, uma vez que tais tratados (sendo supralegais) acima delas se encontram".
53. Na ADI 5.240, de 20-8-2015, o Min. Teori Zavascki assim se manifestou: "a questão da natureza do Pacto de São José da Costa Rica surge, na verdade, porque a convenção trata de direitos humanos. Se tratasse de outros temas, penso que não haveria dúvida a respeito da sua natureza equivalente à lei ordinária, e há afirmação do Supremo Tribunal Federal, desde muito tempo nesse sentido. A questão surgiu com a Emenda n. 45, que veio a conferir certas características especiais às convenções sobre direitos humanos. Essa convenção foi anterior à Emenda n. 45, por isso que se gerou debate. Mas, mesmo que seja considerada, como reza a jurisprudência do Supremo, uma norma de hierarquia supralegal (e não constitucional), penso que o controle – que se poderia encartar no sistema de controle da convencionalidade – deve ser exercido para aferir a compatibilidade da relação entre uma norma supralegal e uma norma legal. E o exercício desse controle só pode ser da competência do Supremo Tribunal Federal".
54. *Direito Internacional dos Direitos Humanos*, p. 110.

nacional sobre os Direitos das Pessoas com Deficiência, aprovada pelo Decreto n. 6.949/2009). Nesse caso estamos tratando de norma constitucional, e, por essa razão, o controle aqui feito é de constitucionalidade, e não apenas de convencionalidade, sendo necessário, pois, o respeito à cláusula de reserva de plenário (art. 97, CF).

b.3) Análise da não recepção das leis

Como vimos em capítulo anterior, as leis anteriores à Constituição que com ela não sejam compatíveis não serão recepcionadas, não serão recebidas. Qualquer juiz ou tribunal poderá reconhecer, seja pela via difusa, seja pela via concentrada (somente através de ADPF, nos termos do art. 1º, parágrafo único, I, Lei n. 9.882/99), que uma lei anterior à Constituição por ela não foi recepcionada. Indaga-se: nos Tribunais, para se fazer essa análise da não recepção da lei ou ato normativo, é necessário respeitar a cláusula de reserva de plenário (art. 97, CF), remetendo o incidente de inconstitucionalidade para o tribunal pleno ou órgão especial? Entendemos que não.

A Constituição Federal, no seu art. 97, é clara ao exigir a cláusula de reserva de plenário (*full bench*) somente quanto à decisão que "declarar a inconstitucionalidade de lei ou ato normativo do Poder Público". Portanto, tal exigência não se aplica à declaração de inconvencionalidade da lei (como vimos no item anterior) e à não recepção da lei, pela nova Constituição.

Esse também é o entendimento do STF: "A cláusula de reserva de plenário (*full bench*) é aplicável somente aos textos normativos erigidos sob a égide da atual Constituição. As normas editadas quando da vigência das Constituições anteriores se submetem somente ao juízo de recepção ou não pela atual ordem constitucional, o que pode ser realizado por órgão fracionário dos Tribunais sem que se tenha por violado o art. 97 da CF" (AI 669.872 AgR, rel. Min. Luiz Fux). No mesmo sentido: "Dessa forma, inaplicável a reserva de plenário prevista no artigo 97 da Constituição Federal, existindo mero juízo de recepção do texto pré-constitucional. Em outros termos, examinar se determinada norma foi ou não revogada pela Constituição Federal não depende da observância do princípio do *full bench*" (AI 831.166 AgR, rel. Min. Gilmar Mendes).

b.4) Turmas Recursais dos Juizados Especiais

Os juizados especiais foram previstos pelo art. 98, I, da Constituição Federal, que, dentre outras características, reconheceu, "... nas hipóteses previstas em lei, a transação e o julgamento de recursos por turmas de juízes de primeiro grau". Dessa maneira, autorizou-se constitucionalmente a criar as chamadas Turmas Recursais do Juizado Especial, o que se deu com a Lei n. 9.099/95, que disciplina os recursos a ser julgados por uma Turma Recursal, composta de juízes da mesma instância. Indaga-se: no julgamento dos recursos pelas Turmas Recursais dos Juizados Especiais, deve-se respeitar a cláusula de reserva de plenário? Não.

O art. 97 da Constituição exige o princípio do *full bench* nos Tribunais. Turma Recursal dos Juizados Especiais, por mais que aparente ser um Tribunal, não o é. Esse é o entendimento do Supremo Tribunal Federal: "Realmente, o art. 97 da Constituição, ao subordinar o reconhecimento da inconstitucionalidade de preceito normativo a decisão nesse sentido da 'maioria absoluta de seus membros ou dos membros dos respectivos órgãos especiais', está se dirigindo aos Tribunais indicados no art. 92 e aos respectivos órgãos especiais de que trata o art. 93, XI. A referência, portanto, não atinge juizados de pequenas causas (art. 24, X) e juizados especiais (art. 98, I) que, pela configuração atribuída pelo legislador, não funcionam, na esfera recursal, sob regime de plenário ou de órgão especial. As Turmas Recursais, órgãos colegiados desses juizados, podem, portanto, sem ofensa ao art. 97 da Constituição e à Súmula Vinculante 10, decidir sobre a constitucionalidade ou não de preceitos normativos" (ARE 792.562 AgR, rel. Min. Teori Zavascki).

b.5) Juízes de Primeira Instância

Por expressa previsão constitucional, o art. 97, ao tratar da cláusula de reserva de plenário, aplica-se somente às declarações de inconstitucionalidade feitas pelos Tribunais, não se aplicando, por óbvio, às decisões dos juízes de primeira instância. Dessa maneira, poderá o juiz (federal, estadual, do trabalho etc.) declarar, num caso concreto, a inconstitucionalidade de uma lei, desde que essa inconstitucionalidade seja matéria incidental.

Esse é o entendimento do STF: "veja-se, assim, que o objetivo da Súmula Vinculante n. 10 é dar eficácia à cláusula constitucional da reserva de plenário, cuja obediência é imposta aos tribunais competentes da estrutura judiciária do Estado Brasileiro. Ocorre que a decisão, ora reclamada, foi proferida por juiz singular, o que torna o objeto da presente ação incompatível com o paradigma de confronto constante da Súmula Vinculante n. 10. Isso porque é inviável a aplicação da súmula ou da cláusula de reserva de plenário, dirigida a órgãos judicantes colegiados, a juízo de caráter singular, por absoluta impropriedade, quando da realização de controle difuso de constitucionalidade" (Rcl 13.158, rel. Min. Dias Toffoli). No mesmo sentido: "O art. 97 da Constituição Federal e a Súmula Vinculante 10 são aplicáveis ao controle de constitucionalidade difuso realizado por órgãos colegiados. Por óbvio, o controle de constitucionalidade incidental, realizado pelos juízes singulares, independe de prévia declaração de inconstitucionalidade por tribunal" (Rcl 14.889 MC, rel. Min. Joaquim Barbosa).

b.6) Tribunal de Contas

Como vimos acima, segundo a Súmula 347 do Supremo Tribunal Federal, "o Tribunal de Contas, no exercício de suas atribuições, pode apreciar a constitucionalidade das leis e dos atos do Poder Público". Indaga-se: caso entenda pela inconstitucionalidade de uma lei ou ato normativo, no exercício de suas atribuições, deverá respeitar o art. 97 da Constituição Federal (a cláusula de reserva de plenário)? Entendemos que não. O art. 97 da Constituição Federal está no Capítulo da Constituição reservado ao "Poder Judiciário", criando uma regra específica para os Tribunais que integram o Poder Judiciário. Como vimos anteriormente, o Tribunal de Contas seguramente não é órgão do Poder Judiciário (integra o Legislativo, para alguns, ou é órgão autônomo, para outros).

b.7) Decisões das Turmas do STF

Segundo a jurisprudência do Supremo Tribunal Federal, não se aplica a cláusula de reserva de plenário (art. 97, CF) às decisões proferidas pelo próprio STF, quando do controle difuso de constitucionalidade realizado por uma de suas turmas. Assim, se, em sede de recurso extraordinário (ou *habeas corpus* ou qualquer outro recurso ou ação), uma das turmas do STF declarar incidentalmente a inconstitucionalidade de uma lei ou ato normativo, não haverá necessariamente a remessa para o Tribunal Pleno.

No RE 361.829 ED, relatado pela Min. Ellen Gracie, decidiu o STF: "O STF exerce, por excelência, o controle difuso de constitucionalidade quando do julgamento do recurso extraordinário, tendo os seus colegiados fracionários competência regimental para fazê-lo sem ofensa ao art. 97 da CF". Nessa decisão, o STF considerou que a remessa da arguição de inconstitucionalidade de uma das Turmas para o Pleno do Tribunal é uma faculdade (e não um dever), que decorre de suas normas regimentais: "o encaminhamento de recurso extraordinário ao Plenário do STF é procedimento que depende de apreciação, pela Turma, da existência das hipóteses regimentais previstas e não, simplesmente, de requerimento da parte".

A sobredita decisão do STF, pois, faz remissão às normas regimentais, que disciplinariam a questão. Segundo o art. 11 do Regimento Interno do STF: "A Turma remeterá o feito ao julgamento do Plenário independente de acórdão e de nova pauta: I – quando considerar relevante a arguição de inconstitucionalidade ainda não decidida pelo Plenário, e o Relator não lhe houver afetado o julgamento; II – quando, não obstante decidida pelo Plenário, a questão de inconstitucionalidade, algum Ministro propuser o seu reexame".

Pois bem, não vemos nada de errado quanto ao inciso II da sobredita norma regimental. Se o Plenário do STF já se manifestou sobre a inconstitucionalidade da lei ou ato normativo, não será necessária a remessa novamente ao Pleno por uma de suas turmas. Aliás, isso é até mesmo regulamentado pelo Código de Processo Civil (art. 949, parágrafo único). Não obstante, caso a turma entenda ser possível a mudança do entendimento do STF, nada impede que seja a questão remetida ao Pleno.

Todavia, questionamos a validade do inciso I da sobredita norma regimental, segundo a qual a arguição de inconstitucionalidade será remetida ao pleno, se preenchidos dois requisitos: a) a arguição de inconstitucionalidade for relevante; b) arguição ainda não decidida pelo Plenário. Aqui haverá um juízo discricionário da Turma do STF, que só remeterá a arguição de inconstitucionalidade para o pleno se "considerar relevante a arguição". De semelhante teor é o art. 22, *caput*, do Regimento Interno do STF: "O Relator submeterá o feito ao julgamento do Plenário, quando houver relevante arguição de inconstitucionalidade ainda não decidida". Ora, mais uma vez, reforça-se a tese de que a remessa só será feita ao pleno se a arguição for "relevante". Assim, as "arguições irrelevantes" (!?) não precisam ser remetidas ao pleno.

Dessa maneira, concordamos com a crítica feita pelo nosso querido amigo Pedro Lenza, segundo a qual: "a atribuição foi expressamente fixada para o Plenário ou para o órgão especial, e não para a Turma. Como o STF não tem órgão especial, a atribuição, então, seria do Pleno. Portanto, a regra regimental não se adapta à fixada no art. 97"[55]. Uma norma regimental flexibilizar dessa forma um dispositivo constitucional (art. 97, CF) que assegura princípios constitucionais como a presunção de constitucionalidade das leis nos faz lembrar a obra de George Orwell, em que o legislador da estória (os porcos da fazenda) fixou como lei maior: "todos são iguais, mas uns são mais iguais que outros".

Esse tema também foi tratado no Recurso Extraordinário com Agravo (ARE) 661.288 (de 6-5-2014), relatado pelo Min. Dias Toffoli. Embora tenha sido vencido o Min. Marco Aurélio (que opinou pela remessa dos autos ao Pleno, por força do art. 97, da CF), decidiu a maioria dos Ministros: "a cláusula de reserva de plenário não é exigida quando o Supremo Tribunal Federal, na sua competência recursal, mantém acórdão recorrido que declarou a inconstitucionalidade de norma local em processo de controle de controle por ação direta estadual. Nesses casos, assenta-se tão somente a conformidade do *decisum* recorrido com o entendimento desta Corte, órgão incumbido do papel de intérprete máximo da Constituição. Hipótese diversa é aquela em que, afastada a inconstitucionalidade pelo Tribunal de origem, esta Corte dá provi-

---

55. Op. cit., p. 320.

mento ao recurso extraordinário para extinguir do ordenamento jurídico a norma impugnada. Em tais condições, em observância ao disposto no art. 97 da Constituição Federal, deve ser o julgamento do feito afetado ao Plenário desta Corte" (voto do Min. Luís Roberto Barroso).

Dessa maneira, sistematizando a posição atual do STF, podemos assim resumir:

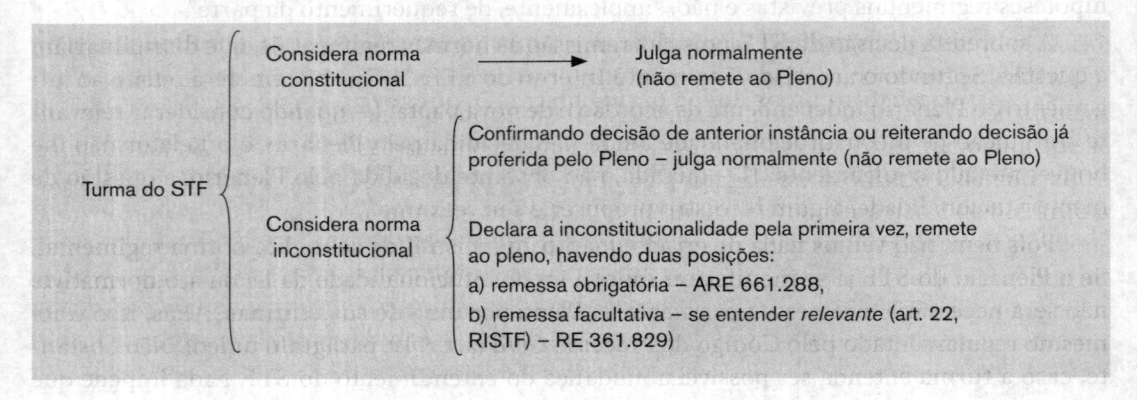

Turma do STF	Considera norma constitucional → Julga normalmente (não remete ao Pleno)
	Considera norma inconstitucional:
	Confirmando decisão de anterior instância ou reiterando decisão já proferida pelo Pleno – julga normalmente (não remete ao Pleno)
	Declara a inconstitucionalidade pela primeira vez, remete ao pleno, havendo duas posições: a) remessa obrigatória – ARE 661.288, b) remessa facultativa – se entender *relevante* (art. 22, RISTF) – RE 361.829

b.8) Declaração cautelar de (in)constitucionalidade

Como veremos a seguir, ao estudarmos o controle concentrado da constitucionalidade, a própria Constituição Federal e a legislação correspondente (Lei n. 9.868/99 e Lei n. 9.882/99) admitem a concessão de cautelares, quando há a necessidade de antecipação dos efeitos da decisão definitiva, por conta da relevância e urgência.

Essas declarações cautelares de inconstitucionalidade feitas pelos Tribunais (por exemplo, feita pelo Tribunal de Justiça do Estado, em sede de uma ADI estadual) devem respeitar a cláusula de reserva de plenário?

Primeiramente, quando a decisão negar a cautelar de inconstitucionalidade, declarando, pois, a lei constitucional (ainda que a decisão seja provisória), não será necessária a remessa ao pleno ou órgão especial do Tribunal. Aliás, é o que dispõe o art. 949, I, do Código de Processo Civil.

E se a cautelar for pela inconstitucionalidade? Será necessária a remessa para o Pleno ou Órgão Especial? Como coadunar ao mesmo tempo esses dois valores constitucionais: a cláusula de reserva de plenário, que resguarda a presunção de constitucionalidade das leis, e, de outro lado, o direito atingido pela norma inconstitucional, com consequências que podem se dar imediatamente, justificando a suspensão urgente?

Entendemos que esse dilema foi enfrentado pela Lei n. 9.868/99, que, no art. 10, estabeleceu um critério de ponderação entre os valores sobreditos: a) em regra, a medida cautelar será concedida pela maioria absoluta dos membros do Tribunal; b) em caso de recesso, poderá a medida cautelar ser concedida pelo Ministro Relator. Nesse caso, entendeu a legislação que, em caso de urgência e estando o Tribunal em recesso, justifica-se a decisão cautelar de inconstitucionalidade, a fim de não permitir o perecimento do direito. Outrossim, a Lei n. 9.882/99, que regulamenta a ADPF, igualmente determina que "o Supremo Tribunal Federal, por decisão da maioria absoluta dos seus membros, poderá deferir pedido de medida liminar" (art. 5º, *caput*), mas também admite exceção: "em caso de extrema urgência ou perigo de lesão grave, ou ainda, em período de recesso, poderá o relator conceder a liminar, *ad referendum* do Tribunal

Pleno" (art. 5º, § 1º). Todavia, ambas as leis se referem ao controle concentrado da constitucionalidade. Como aplicar esse critério ao controle difuso, já que inexiste lei a respeito?

O STF, atualmente, vem decidindo no sentido de que a cláusula de reserva de plenário aplica-se somente às decisões definitivas de inconstitucionalidade dos Tribunais, não se aplicando às decisões precárias, liminares: "a regra inscrita no art. 97 da Constituição Federal possui um domínio temático de incidência normativa específica, restringindo-se unicamente em sua aplicabilidade às hipóteses de declaração final de inconstitucionalidade, quer em sede de controle incidental (modelo difuso), quer no âmbito da fiscalização abstrata de constitucionalidade (modelo concentrado)" (Reclamação 10.864 AgR/AP, relatado pela Min. Cármen Lúcia).

c) **Efeitos do controle difuso**

Como vimos acima, o controle difuso pode ser feito por qualquer juiz (ou tribunal), desde que haja um caso concreto e que a inconstitucionalidade seja matéria incidental. Não obstante, os efeitos dessa decisão ficarão adstritos às partes daquele processo ou se estenderão a todos?

Os efeitos do controle difuso de constitucionalidade aplicam-se somente às partes, são *inter partes*. Não haveria sentido se estender os feitos dessa decisão a outras pessoas que sequer foram cientificadas da existência do processo e jamais tiveram a possibilidade de opinar (como ocorre, ainda que tenuemente, no controle concentrado).

Outrossim, para as partes atingidas no processo pelo controle difuso, os efeitos são *ex tunc*, retroativos. Como vimos no início do capítulo, a lei inconstitucional é nula, írrita, inválida desde o seu nascimento. Assim, a declaração de inconstitucionalidade é um "ato declaratório" e não "constitutivo", declara a invalidade originária da lei ou do ato normativo. Por exemplo, se a parte questiona a validade de contrato baseado numa lei considerada inconstitucional, declarada a inconstitucionalidade dessa norma, incidentalmente, os efeitos dessa decisão serão retroativos (desconstituindo-se o contrato e os efeitos daí decorrentes). Da mesma maneira, se uma pessoa incidentalmente questiona a validade dos tributos que lhe foram impostos, declarada incidentalmente a inconstitucionalidade da lei, no caso concreto, os efeitos deverão ser retroativos, e os tributos deverão ser devolvidos.

Não obstante, reiteradas decisões do STF admitem a modulação dos efeitos da declaração de inconstitucionalidade no controle difuso. Isso porque a retroatividade da decisão (que é a regra) em algumas situações pode implicar danos à segurança jurídica. Devolver os tributos declarados inconstitucionais que foram pagos nos últimos 20 anos pode causar sério dano ao erário, de modo a justificar a não retroatividade da decisão de inconstitucionalidade. Foi o que fez o STF no Recurso Extraordinário 586.453/SE. Segundo o Min. Luiz Fux, "exatamente porque o Recurso Extraordinário com repercussão geral visa, dentre outras coisas, a evitar a insegurança jurídica, a modulação é inerente ao próprio dever de jurisdição". Nesse mesmo recurso, o Min. Celso de Mello se pronunciou no sentido de que "a técnica da modulação temporal, a ser utilizada mediante ponderação concreta dos valores em conflito, representa atenuação da doutrina clássica da nulidade, com efeito *ex tunc* dos atos inconstitucionais".

Um dos casos mais importantes e elucidativos dessa modulação dos efeitos se deu no julgamento do Recurso Extraordinário 197.917/SP, que julgou inconstitucional artigo da Lei Orgânica do Município de Mira Estrela, que fixava um número desproporcional de vereadores, violando o art. 29, IV, "a", da CF. Se os efeitos dessa decisão fossem *ex tunc*, vários vereadores eleitos perderiam seus respectivos mandatos, o que violaria a segurança jurídica, dentre outros princípios constitucionais. Por isso, o STF, ao declarar a lei inconstitucional, determinou que fosse aplicada a partir das próximas eleições: "Princípio da segurança jurídica. Situação excepcional em que a declaração de nulidade, com seus normais efeitos *ex tunc*, resultaria grave ameaça a todo o sistema legislativo vigente. Prevalência do interesse público para assegurar, em caráter de exceção, efeitos *pro futuro* à declaração incidental de inconstitucionalidade". Em seu voto, o Min. Gilmar Mendes afirmou: "a declaração de inconstitucionalidade da lei não afeta a composição da atual legislatura da Câmara Municipal, cabendo ao legislativo municipal estabelecer nova disciplina sobre a matéria, em tempo hábil para que se regule o próximo pleito eleitoral (declaração de inconstitucionalidade *pro futuro*)". Embora essa decisão tenha produzido apenas efeitos *inter partes* (como sempre no controle difuso), influenciou o Tribunal Superior Eleitoral, que editou a Resolução n. 21.702-04, estabelecendo um critério para fixação do número de vereadores em todos os municípios brasileiros[56].

Dessa maneira, ao declarar a inconstitucionalidade de uma lei ou ato normativo no controle difuso, os efeitos serão *inter partes* e, em regra, *ex tunc* (retroativos), podendo o Judiciário, excepcionalmente, para preservação da segurança jurídica ou do interesse social, modular os seus efeitos: determinando que a retroatividade é limitada (em alguns meses, dias, semanas), que a decisão não retroage, produzindo efeitos apenas a partir da sua publicação (efeitos *ex nunc*) ou fixando uma data futura a partir da qual a decisão produzirá seus efeitos (efeito prospectivo ou *pro futuro*).

c.1) A atuação do Senado no controle difuso (art. 52, X)

O controle difuso pode se dar em todas as instâncias, por todos os órgãos do Poder Judiciário. Assim, poderá um juiz de primeira instância declarar uma lei inconstitucional, com efeito *inter partes*. A parte sucumbente provavelmente recorrerá ao Tribunal, que também poderá (respeitado o art. 97, CF) declarar a lei inconstitucional, com efeito *inter partes*. Nesse caso, a parte sucumbente poderá levar a questão ao STF, por meio de recurso extraordinário (art. 102, III, CF) ou reclamação (art. 102, I, "l", CF). O STF, por óbvio, também poderá declarar incidentalmente a lei ou ato normativo inconstitucional. Todas essas decisões produzirão efeitos *inter partes*.

Todavia, a Constituição Federal possui um mecanismo de conversão desses efeitos *inter partes* (para as partes) em *erga omnes* (contra todos): o art. 52, X, CF. Esse mecanismo não é novo no Brasil, existindo desde a Constituição de 1934 (art. 91, IV).

Segundo o art. 52, X, da Constituição Federal, declarada uma lei inconstitucional no controle difuso em decisão definitiva do STF, a questão será remetida ao Senado Federal, que poderá suspender a execução da lei, no todo ou em parte. Algumas observações são importantes acerca dessa atuação do Senado, no controle difuso.

A remessa do processo pelo STF ao Senado não é uma faculdade, mas um dever imposto pela Constituição. Aliás, segundo o art. 178 do Regimento Interno do STF, declarada incidentalmente a inconstitucionalidade da norma, após o trânsito em julgado, será comunicado o Senado. Assim, declarada incidentalmente uma lei inconstitucional (em um recurso extraor-

---

56. Esse fato despertou a ira de parte do Congresso Nacional. Foram ajuizadas ADIs contra a Resolução do TSE (ADIs 3.345 e 3.365). Julgadas improcedentes as ações diretas, o Congresso Nacional editou uma Emenda Constitucional (EC 58/2009) alterando o art. 29 da Constituição Federal, estabelecendo novos critérios de fixação do número de vereadores.

dinário, em um *habeas corpus* etc.), em decisão definitiva, deverá a questão ser remetida ao Senado, para apreciação. Importante: segundo o art. 52, X, CF, somente as decisões definitivas que declararem a inconstitucionalidade das leis serão remetidas ao Senado. Assim, decisões cautelares, liminares (precárias, portanto), não serão remetidas ao Senado até que haja a decisão definitiva. Outrossim, caso o STF se manifeste pela constitucionalidade da norma, não há que remeter o processo ao Senado.

A declaração de inconstitucionalidade pelo STF pode se dar quanto a leis ou atos normativos federais, estaduais e municipais. Assim, se o STF declara incidentalmente uma lei municipal ou estadual inconstitucional, deverá comunicar o Senado, que poderá suspender a execução da lei, no todo ou em parte, nos termos do art. 52, X, CF. Foi o que aconteceu com a Resolução n. 1, de 2012, que suspendeu o parágrafo único do art. 99 da Lei Orgânica do Município de Betim, Estado de Minas Gerais, declarado inconstitucional por decisão definitiva do Supremo Tribunal Federal nos autos do Recurso Extraordinário 317.574/MG. Outrossim, a Resolução n. 2, de 2012, do Senado Federal suspendeu a expressão "e a seguradora" do art. 7º da Lei n. 6.374, de 1º de março de 1989, do Estado de São Paulo, declarada inconstitucional nos autos do Recurso Extraordinário 588.149/SP. Por fim, a Resolução n. 5, de 2012, suspendeu a expressão "vedada a conversão em penas restritivas de direitos" do § 4º do art. 33 da Lei federal n. 11.343/2006 (Lei de Drogas). Portanto, vimos um exemplo de suspensão da execução de lei municipal, estadual e federal.

Recebendo a comunicação do Supremo Tribunal Federal, o Senado Federal instaurará o procedimento referido nos arts. 386 ao 388 do seu Regimento Interno: a comunicação do STF será instruída com o texto da lei declarado inconstitucional, com o acórdão do STF, com o parecer do Procurador-Geral da República e com o registro taquigráfico do julgamento (art. 387 do Regimento Interno). O procedimento será remetido à Comissão de Constituição e Justiça e Cidadania, que, depois de analisar e discutir o tema, fará projeto de resolução.

Assim, o ato normativo feito pelo Senado através do qual suspende a execução da lei ou ato normativo declarado inconstitucional pelo STF é uma resolução, cujo quórum de aprovação é de maioria absoluta, não contando com sanção presidencial.

Importante: essa atuação do Senado na suspensão da execução de leis inconstitucionais é exclusiva do controle difuso de constitucionalidade, não se aplicando ao controle concentrado. Assim, se o Supremo Tribunal Federal declarar uma lei inconstitucional em uma ação direta de inconstitucionalidade, não haverá remessa para o Senado, já que a própria decisão do STF produzirá efeito *erga omnes* e vinculante.

Indaga-se: a atuação do Senado, nos termos do art. 52, X, da CF, é discricionária ou vinculada? Em outras palavras, o Senado é obrigado a suspender a execução da lei ou se trata apenas de uma faculdade? Entendemos, como a maioria da doutrina, que é uma faculdade do Senado suspender a execução da lei. É possível que, diante de uma análise política, considerando os interesses sociais (ou eventualmente até discordando da decisão do Supremo Tribunal Federal), o Senado entenda melhor não suspender a execução da norma. Posição contrária (entender que o Senado está obrigado a suspender a execução da lei) seria transformar o Senado Federal em mero órgão burocrático do Supremo Tribunal Federal: este decide e aquele, burocraticamente, suspende a execução da norma.

O que significa a expressão "no todo ou em parte"? Como vimos no parágrafo anterior, o Senado não está obrigado a suspender a execução da lei declarada inconstitucional pelo STF.

Assim, imaginemos que o STF tenha declarado dez artigos de uma lei inconstitucionais. O Senado poderá suspender a execução dos dez, de nenhum deles, ou de parte deles. Assim, o Senado poderá concordar integralmente com o STF, suspendendo todos os dispositivos declarados inconstitucionais pelo Supremo. Poderá também, como vimos antes, discordar do STF, deixando de suspender os atos normativos declarados inconstitucionais no caso concreto. De forma intermediária, a concordância poderá ser parcial, e apenas alguns dispositivos declarados inconstitucionais serão suspensos (mantendo em vigor os outros dispositivos). Não poderá o Senado Federal, por óbvio, suspender dispositivos legais que não foram declarados inconstitucionais pelo STF. Nesse caso, insatisfeito com uma lei em vigor, deverá o Senado fazer projeto de lei com a intenção de revogá-la.

Segundo a doutrina, editada a resolução do Senado, nos termos do art. 52, X, CF, não poderá ser ela revogada. Na prática, isso significaria "repristinar" uma lei suspensa do ordenamento jurídico de maneira inadmissível. Por isso, como afirma Pedro Lenza, "uma vez editada a resolução, não nos parece possível a sua posterior revogação pelo próprio Senado Federal com o objetivo de se restabelecer a eficácia da norma declarada inconstitucional no controle difuso. No caso, o restabelecimento da norma dependeria de nova atuação pelo Poder Legislativo editando um novo ato. A resolução que suspende o ato declarado inconstitucional é irrevogável"[57].

Outrossim, não será remetida ao Senado a decisão do Supremo Tribunal Federal que considerar a não recepção de uma lei anterior à Constituição Federal. O art. 52, X, da Constituição Federal refere-se à "lei declarada inconstitucional por decisão definitiva do Supremo Tribunal Federal", e não à decisão de não recepção. Essa é a posição do Supremo Tribunal Federal: "o conflito de norma com preceito constitucional superveniente resolve-se no campo da não recepção, não cabendo a comunicação ao Senado prevista no inciso X do art. 52 da Constituição Federal" (RE 387.271, rel. Min. Marco Aurélio).

Por fim, a resolução do Senado Federal produzirá efeito *erga omnes*. Embora não se trate tecnicamente de uma revogação (pois esta só ocorre por meio de outra lei posterior, da mesma natureza, fonte e hierarquia), a suspensão da execução da norma se dá de forma genérica para todo o país.

Outrossim, além de produzir efeitos *erga omnes*, os efeitos serão igualmente *ex nunc* (não retroativos). Isso decorre da própria redação do art. 52, X, da Constituição Federal, pois compete ao Senado "suspender a execução da Lei". Ora, o verbo "suspender" significa sustar, interromper a aplicação (e não anular, invalidar). Portanto, a Resolução do Senado, que suspender a execução da lei declarada inconstitucional pelo STF, produzirá efeitos *erga omnes* e *ex nunc*.

Aquele que se sentir prejudicado pelos efeitos pretéritos gerados pela lei cuja execução foi suspensa pelo Senado deverá individualmente pleitear junto ao Poder Judiciário, já que a manifestação do Senado, malgrado produza efeito *erga omnes*, não possui efeitos retroativos, mas *ex nunc*.

c.2) Abstrativização do controle difuso

A participação do Senado no controle difuso de constitucionalidade não é uma novidade no direito brasileiro, estando presente desde a Constituição de 1934. Todavia, também é antiga

---

57. Op. cit., p. 326.

a crítica da doutrina quanto a sua participação. Se uma lei foi declarada inconstitucional pelo Supremo Tribunal Federal (embora no controle difuso), por que seria necessária a participação do Senado Federal?

Um dos maiores críticos dessa participação do Senado foi Gilmar Mendes, importante autor de Direito Constitucional. Segundo Gilmar Mendes, seria "possível, sem qualquer exagero, falar-se aqui de uma autêntica mutação constitucional em razão da completa reformulação do sistema jurídico e, por conseguinte, da nova compreensão que se conferiu à regra do art. 52, X, da Constituição de 1988. Valendo-se dos subsídios da doutrina constitucional a propósito da mutação constitucional, poder-se-ia cogitar aqui de uma autêntica 'reforma da Constituição sem modificação expressa do texto'"[58].

Transformado em Ministro do Supremo Tribunal Federal, levou ao Tribunal sua posição doutrinária. Para tanto, utilizou-se (indevidamente, em nosso entendimento) da "mutação constitucional" (a mudança do sentido ou da interpretação da Constituição, sem alteração do seu texto). Gilmar Mendes, na Reclamação 4.335, decidiu que a remessa do processo para o Senado seria "mera comunicação", não tendo este o poder discricionário de suspender a execução da norma. Nesse entendimento, foi acompanhado do então Ministro Eros Grau.

Como brasileiros, somos capazes de compreender todas as críticas relacionadas ao Senado Federal, que no passado recente teve um senador preso em flagrante, vários senadores investigados criminalmente, dentre eles o próprio Presidente do Senado. Todavia, nada, absolutamente nada, justifica a criação de uma interpretação que retira uma atribuição constitucional de um órgão como o Senado. Como vimos em capítulo anterior, tal interpretação viola o princípio da justeza ou conformidade funcional.

Segundo essa posição, a remessa para o Senado seria mera comunicação, pois a própria decisão do Supremo Tribunal Federal, no controle difuso (num recurso extraordinário, num *habeas corpus* etc.), produziria efeitos *erga omnes*. A essa posição deu-se o nome de abstrativização do controle difuso.

De fato, essa teoria busca uma abstrativização dos efeitos do controle difuso, que, como vimos, é *inter partes*. Essa posição tenta transformar (não por meio de lei, mas de um processo interpretativo) o controle difuso em algo semelhante ao controle concentrado, incorporando os seus efeitos.

Essa teoria foi aplicada pelo Supremo Tribunal Federal no importante *Habeas Corpus* 82.959, relatado pelo Min. Marco Aurélio. Nesse *habeas corpus*, o Supremo Tribunal Federal considerou inconstitucional o art. 2º, § 1º, da Lei n. 8.072/90 (Lei de Crimes Hediondos), que vedava a progressão de regimes nos crimes hediondos, por violar o princípio da individualização da pena (art. 5º, XLVI, CF). O Ministro Gilmar Mendes, depois de considerar inconstitucional o regime integralmente fechado, por considerar violado o núcleo essencial do direito fundamental, decidiu que os efeitos dessa decisão seriam aplicáveis a outros condenados, mas com efeitos *ex nunc*: "aplicável às condenações que envolvam situações ainda suscetíveis de serem submetidas ao regime de progressão".

Como afirmamos acima, embora parcialmente sedutora essa posição (pois tem como vantagem pacificar a jurisprudência e diminuir o número de recursos com o mesmo fundamento,

---

58. O papel do Senado Federal no controle de constitucionalidade: um caso clássico de mutação constitucional. *RIL*, 162/165.

por conta dos efeitos *erga omnes*), sempre nos pareceu inadequada, antidemocrática. Ora, a Constituição Federal, regulamentada pela Lei n. 9.868/99, prevê o controle concentrado (a ADI, principalmente) como mecanismo de declaração da inconstitucionalidade das leis e atos normativos com efeito *erga omnes*. Ao contrário do recurso extraordinário, o controle concentrado possui mecanismos democráticos que permitem a participação da sociedade no processo de declaração de inconstitucionalidade (audiências públicas, *amicus curiae* etc.). Não poderia, portanto, o Supremo Tribunal Federal, a pretexto de fazer uma "mutação constitucional" (uma mudança informal da Constituição), fazer uma "reforma constitucional". Seria necessária, portanto, uma Emenda Constitucional para revogar ou atenuar a participação do Senado no controle difuso.

Felizmente, essa foi a posição que prevaleceu no STF, com o julgamento da Reclamação n. 4.335/AC. Enquanto os Ministros Gilmar Mendes e Eros Grau defenderam a abstrativização do controle difuso, oito Ministros se posicionaram contrários a essa posição (Teori Zavascki, Luís Roberto Barroso, Rosa Weber, Celso de Mello, Sepúlveda Pertence, Joaquim Barbosa, Ricardo Lewandowski e Marco Aurélio). Assim, o STF decidiu, naquele momento, pelo respeito ao conteúdo do art. 52, X, da Constituição Federal, deixando de aplicar a abstrativização do controle difuso, ou, como dizem alguns, a germanização do controle difuso. Por exemplo, no *Habeas Corpus* n. 135.100, de 2016, relatado pelo Min. Celso de Mello, que tratou da execução da pena privativa de liberdade antes do trânsito em julgado da condenação (e após a condenação em segunda instância), tese inaugurada pelo STF no *Habeas Corpus* n. 126.292/SP, o STF decidiu: "tal decisão, pelo fato de haver sido proferida em processo de perfil eminentemente subjetivo, não se reveste de eficácia vinculante, considerado o que prescrevem o art. 102, § 2º, e o art. 103-A, *caput*, da Constituição da República, a significar, portanto, que aquele aresto, embora respeitabilíssimo, não se impõe à compulsória observância dos juízes e Tribunais em geral". Em outras palavras, por se tratar de controle difuso, o efeito é *inter partes*. Para produzir efeitos *erga omnes*, seria necessária uma declaração no controle concentrado. E ela veio, meses depois: em outubro de 2016, no julgamento das Ações Declaratórias de Constitucionalidade n. 43 e 44 (controle concentrado, portanto), o STF entendeu ser possível a execução da pena privativa de liberdade após a condenação em segunda instância.

Não obstante, a celeuma foi novamente levantada no ano de 2017, no bojo das ADIs 3.406/RJ e 3.470/RJ, com relatoria da Ministra Rosa Weber. Essas ações foram ajuizadas contra a Lei n. 5.379/2001 do Estado do Rio de Janeiro, que proibia a extração do asbesto/amianto em todo o território daquele Estado. Como consta do *Informativo* n. 886, "A partir da manifestação do Ministro Gilmar Mendes, o Colegiado entendeu ser necessário, a fim de evitar anomias e fragmentação da unidade, equalizar a decisão que se toma tanto em sede de controle abstrato quanto em sede de controle incidental. O ministro Gilmar Mendes observou que o art. 525 do Código de Processo Civil reforça esse entendimento. Asseverou se estar fazendo uma releitura do disposto no art. 52, X, da CF, no sentido de que a Corte comunica ao Senado a decisão de declaração de inconstitucionalidade, para que ele faça a publicação, intensifique a publicidade. O ministro Celso de Mello considerou se estar diante de verdadeira mutação constitucional que expande os poderes do STF em tema de jurisdição constitucional. Para ele, o que se propõe é uma interpretação que confira ao Senado Federal a possibilidade de simplesmente, mediante publicação, divulgar a decisão do STF. Mas a eficácia vinculante resulta da decisão da Corte".

Um novo argumento (agora legislativo) que foi utilizado para sustentar a tese do Ministro Gilmar Mendes (sempre defensor da abstrativização do controle difuso) é o art. 525, § 12, do Código de Processo Civil, de 2015. Esse dispositivo está inserido no capítulo do "Cumprimento Definitivo da Sentença que Reconhece a Exigibilidade de Obrigação de Pagar Quantia Certa". Nos termos do § 12, o executado poderá apresentar impugnação no prazo de quinze dias, podendo alegar a "inexequibilidade do título", quando a obrigação tiver sido reconhecida em "título executivo judicial fundado em lei ou ato normativo considerado inconstitucional pelo Supremo Tribunal Federal (...) em controle de constitucionalidade concentrado ou difuso".

Como se vê no texto de lei, a decisão proferida no controle difuso pelo STF produziria efeitos em quaisquer processos. A única interpretação desse dispositivo que nos parece razoável, constitucional, é a seguinte: a impugnação do executado só poderá ser feita, sob o argumento da inconstitucionalidade decorrente do controle difuso, quando já houver a manifestação do Senado Federal, nos termos do art. 52, X, da Constituição Federal. Esse também é o entendimento de Fabrício Muraro Novais e Muriel Amaral Jacob: "importa registrar que o STF, após declarar a inconstitucionalidade de lei em controle difuso, deverá comunicar essa decisão ao Senado Federal que poderá (há discricionariedade) suspender a execução, no todo ou em parte, da lei eivada do vício de inconstitucionalidade, nos termos do art. 52, inciso X da Constituição Federal. Com efeito, nessa linha de entendimento, o alcance eficacial do § 12 do art. 525 do CPC, na parte que se refere ao controle difuso, fica condicionado à edição de Resolução do Senado Federal"[59].

Em nosso entender, esse dispositivo legal é de constitucionalidade duvidosa, mas aparentemente o STF utilizará desse dispositivo legal o argumento para fazer valer a teoria há tempos defendida por alguns dos Ministros: a abstrativização do controle difuso. Esse também é o entendimento de Fabrício Muraro Novais e Muriel Amaral Jacob: "É dizer que o STF sempre teve como objetivo, às vezes inconfessável, a objetivação ou abstrativização do controle difuso-concreto de constitucionalidade. (...) Pelo que se depreende, o STF passou a acolher a denominada teoria da abstrativização do controle difuso. Com efeito, se o Plenário do STF decidir a constitucionalidade ou inconstitucionalidade de uma lei ou ato normativo, ainda que no modelo de controle difuso-concreto, essa sua decisão produzirá efeitos idênticos aos produzidos no processo de controle concentrado, ou seja, terá eficácia *erga omnes* e efeito vinculante"[60].

Não obstante, embora essa seja a inequívoca vontade do STF, é necessário ainda cristalizar essa questão. A recente discussão e acolhimento da tese abstrativização do controle difuso

---

59. *Mutação Constitucional e Abstrativização do Controle Difuso de Constitucionalidade no Brasil: Alcance Eficacial do art. 525, § 12 do Código de Processo Civil*, p. 321. Esse também é o entendimento de Nelson e Rosa Nery, com base nesses argumentos, trazidos pelos autores anteriormente citados: "o reconhecimento da inconstitucionalidade de lei ou ato normativo pelo STF em *controle concreto* (difuso), o que ocorre, *v. g.* por meio do julgamento do recurso extraordinário (CF 102 III), só tem eficácia *inter partes*, não prejudicando nem beneficiando terceiros. O texto normativo, quando se refere à declaração de inconstitucionalidade pelo STF em controle concreto da constitucionalidade de lei ou ato normativo (CPC 525 § 12 *in fine*), só faz sentido se interpretado conforme à Constituição, vale dizer, se considerar-se a incidência da CF, art. 52, X: julgado o RE afirmando a inconstitucionalidade – controle difuso, e remetido o acórdão ao Senado Federal, a Câmara Alta expediu resolução suspendendo a execução da lei ou do ato normativo em todo o território nacional. Somente nesse caso é que o texto normativo poderá ser aplicado. Vale lembrar que o STF, quando julga RE, não é tribunal de teses, mas tribunal que julga o caso concreto, subjetivo, corrigindo a decisão que aplicou incorretamente a CF ou lei que o STF considera inconstitucional".
60. Op. cit., p. 322.

ocorreram de forma difusa, no curso das ADIs 2.406 e 3.470. Esse não era o objetivo principal dessas ações, evidentemente. Aguardemos as próximas decisões do STF acerca da questão[61].

Como já demonstramos acima, posicionamo-nos de forma contrária à abstrativização do controle difuso, máxime enquanto estiver expressa na Constituição a redação do art. 52, X (que o STF insiste em alterar por meio de sua interpretação, na chamada mutação constitucional). Além de encontrar esse insuperável (no nosso entender) obstáculo constitucional, a abstrativização do controle difuso, se visa garantir a celeridade dos processos (já que padroniza a jurisprudência a partir de um Recurso Extraordinário, por exemplo), viola, no nosso entender, a democracia. Explico: o controle concentrado é dotado de uma série de ferramentas legais democratizantes do processo, como as "audiências públicas", por exemplo. Numa Ação Direta de Inconstitucionalidade, há mais ferramentas democráticas de participação que num recurso extraordinário, fazendo com que a sociedade (um importante intérprete da Constituição, como vimos em capítulo anterior) interaja e participe do processo de discussão acerca da inconstitucionalidade de uma norma.

c.3) A transcendência dos motivos determinantes

Segundo essa teoria, não apenas o dispositivo da decisão judicial, mas também a *ratio*, a fundamentação da decisão proferida em sede de controle de constitucionalidade também vinculará outros processos. Assim, o efeito vinculante recairia não apenas sobre o dispositivo, mas também sobre a fundamentação da decisão proferida no controle de constitucionalidade.

Antes da vigência do novo Código de Processo Civil, o STF não admitia a transcendência dos motivos determinantes. Por exemplo, na Reclamação n. 8.168/SC, o STF decidiu que: "É improcedente a reclamação que trate de situação que não guarda relação de estrita pertinência com o parâmetro de controle. II – A jurisprudência do Supremo Tribunal Federal se consolidou no sentido de ser incabível reclamação fundada na teoria da transcendência dos motivos determinantes de acórdão com efeito vinculante" (STF, Rcl 8.168/SC rel. p/ Acórdão Min. Edson Fachin, j. 19-11-2015).

Não obstante, o Código de Processo Civil de 2015 deu um novo colorido à questão. Primeiramente, o art. 927 do novo CPC afirma que "os juízes e os tribunais observarão: I – as decisões do Supremo Tribunal Federal em controle concentrado de constitucionalidade". Evidentemente, os juízes e Tribunais brasileiros devem respeitar as decisões do STF proferidas em controle concentrado de constitucionalidade, máxime porque elas têm efeito vinculante. Todavia, parece que a vontade do legislador (*mens legislatoris*), ao elaborar o Código de Processo Civil, foi ir além disso. É o que diz João Lordelo: "para Didier Jr., principal idealizador do NCPC, não se trata aqui de respeito à coisa julgada produzida nesses processos. São os fundamentos determinantes do julgamento que produzem o efeito vinculante para todos os órgãos jurisdicionais. Ex: Lei X do Estado da Bahia é declarada inconstitucional, em controle concentrado. Arguida a inconstitucionalidade da Lei Y (idêntica, mas de Pernambuco) em controle

---

61. Esse também é o pensamento Bruno R. Cavalcanti: "embora o Supremo tenha se posicionado de maneira diferente, no julgamento das ADIs 3.470 e 3.406, ainda não houve a consolidação de um '*overruling*', mas de um caso isolado, que tratou da inconstitucionalidade de dispositivo previsto em lei federal, em que se permitia o uso do amianto. Portanto, no próprio julgamento do Plenário, os ministros entenderam que se tratou de um caso isolado devido à gravidade do caso, tendo em vista se tratar de substância cancerígena que ocasiona graves problemas de saúde, inclusive respaldada pela OMS (Organização Mundial de Saúde)" (*A Teoria da Abstrativização no Controle Difuso*).

difuso, deverá ser observado esse precedente prévio pelo juiz (transcendência dos motivos determinantes). Temos aqui a transcendência dos motivos determinantes, em que não apenas o dispositivo, mas também *ratio* da decisão em controle de constitucionalidade – que se encontra na fundamentação – vincula"[62].

Em 2017, no julgamento da Reclamação n. 11.473 AgR/CE, o STF decidiu: "De acordo com a jurisprudência do Supremo Tribunal Federal, não se aplica a teoria da transcendência dos motivos determinantes das decisões às reclamações ajuizadas na vigência do CPC/1973" (STF, Rcl 11.473 AgR/CE, rel. Min. Roberto Barroso, 1ª T., j. 17-3-2017). Se interpretarmos, *a contrario sensu*, tal decisão, poderemos dizer que o STF reconhece a transcendência das motivos determinantes a partir da vigência do novo Código de Processo Civil.

Ainda em 2017, no julgamento das sobremencionadas ADIs 3.406/RJ e 3.470/RJ (as ações que tratavam do amianto), o STF declarou incidentalmente a inconstitucionalidade do art. 2º da Lei federal n. 9.055/95 e adotou, no nosso entender, a transcendência dos motivos determinantes. Como se depreende do *Informativo* n. 886, "a Ministra Cármen Lúcia, na mesma linha, afirmou que a Corte está caminhando para uma inovação da jurisprudência, no sentido de não ser mais declarado inconstitucional cada ato normativo, mas a própria matéria que nele se contém". Esse também foi o entendimento do João Lordelo: "Houve, portanto, transcendência dos motivos determinantes, pois foi conferido efeito vinculante a uma declaração incidental, que se encontrava na fundamentação do acórdão em duas ADIs"[63].

Importante: o STF, no julgamento das ADIs 3.406/RJ e 3.470/RJ, aplicou efetivamente a transcendência dos motivos determinantes (ao proferir efeito *erga omnes* e vinculante para um trecho de sua fundamentação), e também flertou com a abstrativização do controle difuso (ao dizer que a participação do Senado Federal – art. 52, X – estaria passando por uma mutação constitucional). Não houve, efetivamente, nesse julgamento, uma abstrativização do controle difuso, pois estávamos diante do controle concentrado de constitucionalidade (ação direta de inconstitucionalidade), mas o STF não deixou de novamente ressuscitar essa tese, agora com o apoio argumentativo das inovações do Código de Processo Civil.

c.4) Mudanças decorrentes do novo Código de Processo Civil

O recurso extraordinário, previsto no art. 102, III, da Constituição Federal, é o principal instrumento jurisdicional no qual ocorre o controle difuso. Embora o controle difuso de constitucionalidade possa ocorrer em qualquer instância, por qualquer juiz ou em qualquer tribunal (em um mandado de segurança, *habeas corpus* etc.), inegavelmente é o recurso extraordinário de competência do STF o *locus* em que isso ocorre com mais frequência. Isso porque, nos termos do art. 102 da Constituição, é cabível o referido recurso quando a decisão "contrariar dispositivo desta Constituição" (art. 102, III, "a"), "declarar a inconstitucionalidade de tratado ou lei federal" (art. 102, III, "b") etc.

---

62. *Afinal, o STF adotou a teoria da abstrativização do controle difuso ou da transcendência dos motivos determinantes?*
63. Op. cit. Esse também é o entendimento de José Roberto Mello Porto e Danniel Adriano Araldi Martins: "A rigor, seria mais apropriado assegurar que o Supremo Tribunal Federal abraçou a tese da transcendência dos motivos determinantes, que sugere que todos os dispositivos tidos como inconstitucionais em um processo de controle concentrado são atingidos pelo efeito vinculante, ainda que constem na fundamentação, não tendo sido objeto da impugnação pelo legitimado. O exemplo do amianto é preciso" (*STF não adota (ainda) a abstrativização do controle difuso*).

A lei que regulamenta o recurso extraordinário é o Código de Processo Civil (Lei n. 13.105, de 16 de março de 2015), que revogou expressamente os dispositivos da Lei n. 8.038/90. Houve grandes e importantes mudanças procedimentais operadas pelo novo Código de Processo Civil. Dentre as mudanças do Código de Processo Civil, podemos destacar a tentativa de uniformizar a jurisprudência. Aliás, o art. 926, *caput*, do CPC afirma: "os tribunais devem uniformizar sua jurisprudência e mantê-la estável, íntegra e coerente".

O art. 927 do CPC afirma que os juízes e os tribunais observarão: a) as decisões do STF em controle concentrado de constitucionalidade; b) os enunciados de súmula vinculante; c) os acórdãos em julgamento de recursos extraordinários repetitivos; d) os enunciados das súmulas do STF em matéria constitucional etc. Quanto às duas primeiras hipóteses (decisões do STF no controle concentrado e súmulas vinculantes), a vinculação dos juízes e tribunais é um corolário da própria Constituição, já que tanto as decisões no controle concentrado como as súmulas vinculantes produzem efeitos *erga omnes* e *ex tunc*. Todavia, as duas hipóteses seguintes afirmam que os magistrados também observarão "as súmulas do STF em matéria constitucional" e a decisão proferida em recursos extraordinários repetitivos.

Como deve ser interpretado o art. 927, IV, do Código de Processo Civil? Segundo a norma, "os juízes e os tribunais observarão os enunciados das Súmulas do Supremo Tribunal Federal em matéria constitucional". A partir de agora, os juízes e Tribunais são obrigados a decidir conforme todas as súmulas do STF sobre matéria constitucional? Entendemos que não. As súmulas podem influenciar enormemente as decisões dos juízes e Tribunais, mas não podem vincular os magistrados. Caso contrário, todas as súmulas seriam vinculantes. Como o Judiciário tem, por força do art. 926, *caput*, do novo CPC, o dever de uniformizar sua jurisprudência, é enormemente aconselhável que o Judiciário respeite as súmulas dos seus Tribunais superiores, mas a vinculação deve ser reservada às Súmulas Vinculantes (art. 103-A, CF). Nesse sentido, a doutrina: "Súmulas são redigidas e editadas para serem observadas/respeitadas/seguidas, ainda que não haja, no ordenamento, nenhum remédio processual especificamente concebido para atacar decisões que desrespeitam súmulas persuasivas (= não vinculantes)"[64].

Outrossim, o art. 927, III, do Código de Processo Civil afirma que os magistrados observarão as decisões em julgamento de recursos extraordinários repetitivos. Os arts. 1.036 a 1.041 do Código de Processo Civil tratam do "Julgamento dos Recursos Extraordinário e Especial Repetitivos". Segundo o art. 1.036, havendo multiplicidade de recursos extraordinários com idêntica questão de direito, o Presidente ou Vice-Presidente do TJ ou TRF selecionará dois ou mais recursos representativos e encaminhará ao STF, determinando a suspensão do trâmite de todos os processos pendentes no Estado ou região (art. 1.036, § 1º, CPC). Ao chegar ao STF, poderá o Ministro Relator determinar a suspensão do processamento de todos os processos pendentes, individuais ou coletivos, sobre o tema que tramitem em todo o território nacional (art. 1.037, II, CPC). Esses recursos serão julgados no prazo de um ano e terão preferência sobre os demais feitos, salvo os casos envolvendo réus presos e *habeas corpus* (art. 1.037, § 4º).

O art. 1.038 aproxima bastante o processo de julgamento dos recursos extraordinários repetitivos com o controle concentrado da constitucionalidade, como adiante se verá.

Segundo o mencionado dispositivo legal, poderá o Ministro relator admitir a participação de *amicus curiae*, para que possa opinar acerca do tema ali discutido. Importante frisar que o

---

64. Teresa Arruda Alvim Wambier et al. *Primeiros Comentários ao Novo Código de Processo Civil*, p. 1318.

CPC trouxe uma grande inovação legislativa: o art. 1.038 permite que o relator admita a "manifestação de pessoas, órgãos ou entidades [...] considerando a relevância da matéria" (tradicionalmente, não se admitia uma pessoa como *amicus curiae*, mas apenas órgãos ou entidades). Por expressa previsão da lei, pode ser admitida uma pessoa física como *amicus curiae*.

Outrossim, nos termos do art. 1.038, II, poderá o Ministro relator determinar a realização de audiências públicas, ouvindo depoimentos de pessoas experientes e com conhecimento da matéria (iniciativa inspirada no art. 9º, § 1º, da Lei n. 9.868/99, que trata da audiência pública na ADI). Já o inciso III do art. 1.038 permite que o relator requisite informações a outros tribunais (inspirado no art. 9º, § 2º, da Lei n. 9.868/99).

Proferida a decisão dos recursos extraordinários repetitivos, "os processos suspensos em primeiro grau e segundo graus de jurisdição retomarão o curso para julgamento e aplicação da tese firmada pelo tribunal superior" (art. 1.040, III, CPC). Dessa maneira, em nosso entender, a mudança legislativa operada pelo novo Código de Processo Civil criou uma hipótese que aproxima muito o controle difuso do controle concentrado: o julgamento dos recursos extraordinários repetitivos (arts. 1.036 a 1.041, CPC). Poder-se-ia questionar a constitucionalidade do referido dispositivo legal, porque teria criado uma nova hipótese de efeito vinculante, fora das hipóteses constitucionais. Em nosso entendimento, a lei é constitucional. Não é qualquer recurso extraordinário que terá o condão de suspender todos os processos brasileiros sobre o tema, mas apenas os recursos extraordinários repetitivos, que terão um procedimento diferenciado, "democratizado" (com audiências públicas, *amicus curiae* etc.) e cujas decisões deverão ser respeitadas pelas instâncias inferiores. Outrossim, como um dos maiores beneficiários desse dispositivo é o Supremo Tribunal Federal (em razão da diminuição do número de recursos sobre o tema, e a maior eficácia de sua própria decisão), parece-me que esse dispositivo legal jamais será declarado inconstitucional.

c.5) Controle difuso em ação civil pública

Como vimos acima, qualquer juiz ou tribunal, em qualquer ação ou recurso, poderá apreciar a constitucionalidade das leis ou atos normativos, desde que haja um caso concreto e que a inconstitucionalidade seja matéria incidental. Outrossim, como vimos, o controle difuso produz efeitos *inter partes*, aplicando-se somente às partes do processo.

A questão é: pode ser declarada uma lei inconstitucional, incidentalmente, em sede de ação civil pública? A polêmica se dá porque o art. 16 da Lei n. 7.347/85 (Lei da Ação Civil Pública) afirma que "a sentença civil fará coisa julgada *erga omnes*, nos limites da competência territorial do órgão prolator". Como compatibilizar o art. 16 da Lei da Ação Civil Pública (que prevê os efeitos *erga omnes*) e o controle difuso de constitucionalidade (que possui efeito *inter partes*)?

A questão foi decidida pelo Supremo Tribunal Federal. Segundo o STF, poderá ocorrer o controle difuso em ação civil pública desde que a inconstitucionalidade seja a matéria incidental (*incidenter tantum*), esteja apenas na causa de pedir (e não no pedido), sendo uma questão prejudicial necessária ao julgamento do mérito. Nesse sentido: "O Supremo Tribunal Federal tem reconhecido a legitimidade da utilização da ação civil pública como instrumento idôneo de fiscalização incidental de constitucionalidade, pela via difusa, de quaisquer leis ou atos do Poder Público, mesmo quando contestados em face da Constituição da República, desde que, nesse processo coletivo, a controvérsia constitucional, longe de identificar-se como objeto único da demanda, qualifique-se como simples questão prejudicial, indispensável à resolução do litígio principal" (Rcl 1898 ED/DF, rel. Min. Celso de Mello).

Por mais que a ação civil pública tenha efeito *erga omnes*, como afirma a própria Lei n. 7.347/85, como disse o Supremo Tribunal Federal, a coisa julgada não alcança a questão prejudicial da inconstitucionalidade. Outrossim, estará a ação civil pública sujeita a toda a cadeia recursal prevista nas leis processuais, em que se inclui o recurso extraordinário para o Supremo Tribunal Federal, nos termos do art. 102, III, da Constituição Federal. Por essas razões, o STF "admitiu a possibilidade de utilização da ação civil pública como instrumento adequado e idôneo de controle incidental de constitucionalidade, pela via difusa, de quaisquer leis ou atos do Poder Público, proclamando não se registrar, em tal hipótese, situação configuradora de usurpação da competência desta Corte Suprema" (Rcl 600/SP, rel. Min. Néri da Silveira).

12.11. CONTROLE CONCENTRADO DA CONSTITUCIONALIDADE

Como vimos acima, as duas modalidades admitidas no Brasil de controle repressivo da constitucionalidade pelo Judiciário são: o controle difuso e o controle concentrado. Enquanto o primeiro (difuso, disperso) pode ser feito por qualquer juiz ou Tribunal, este último (concentrado) somente pode ser exercido por alguns tribunais. Dessa maneira, o controle concentrado consiste na apreciação da constitucionalidade das leis e atos normativos feitos por alguns tribunais, com competência constitucional para fazê-lo. Também é chamado de controle por via de ação, porque se dá por meio de cinco ações constitucionais: a) Ação Direta de Inconstitucionalidade Genérica (ADI Genérica); b) Ação Direta de Inconstitucionalidade Interventiva (ADI Interventiva); c) Ação Direta de Inconstitucionalidade por Omissão (ADO); d) Ação Declaratória de Constitucionalidade (ADC); e) Arguição de Descumprimento de Preceito Fundamental (ADPF).

Ação	Fundamento Legal
Ação Direta de Inconstitucionalidade Genérica (ADI Genérica)	Art. 102, I, "a", CF e Lei n. 9.868/99
Ação Direta de Inconstitucionalidade Interventiva (ADI Interventiva)	Arts. 34, VII, e 36, III, CF e Lei n. 12.562/2011
Ação Direta de Inconstitucionalidade por Omissão (ADO)	Art. 103, § 2º, CF e Lei n. 9.868/99
Ação Declaratória de Constitucionalidade (ADC)	Art. 102, I, "a", CF e Lei n. 9.868/99
Arguição de Descumprimento de Preceito Fundamental (ADPF)	Art. 102, § 1º, CF e Lei n. 9.882/99

12.12. AÇÕES DIRETAS DE INCONSTITUCIONALIDADE

12.12.1. Ação Direta de Inconstitucionalidade Genérica (ADI Genérica)

É a principal ação que integra o controle concentrado da constitucionalidade. Ajuizada perante alguns poucos tribunais (Tribunal de Justiça do Estado e, principalmente, o Supremo Tribunal Federal), tem o objetivo de, mesmo sem existir um caso concreto, apreciar a constitucionalidade das leis e atos normativos do poder público.

Essa ação surgiu na vigência da Constituição de 1946, por meio da Emenda Constitucional n. 16, de 1965, que alterou o art. 101, I, "k": "Art. 101. Ao Supremo Tribunal Federal compete:

[...] k) a representação contra inconstitucionalidade de lei ou ato de natureza normativa, federal ou estadual, encaminhada pelo Procurador-Geral da República". Como se vê, à época era chamada de "representação contra inconstitucionalidade" e só podia ser ajuizada pelo Procurador-Geral da República (o que perdurou até a Constituição de 1988, que ampliou bastante os legitimados, como adiante se verá).

a) Competência

Enquanto todos os juízes e tribunais podem declarar uma lei inconstitucional no controle difuso, somente dois tribunais são competentes para julgar a ADI Genérica: o Tribunal de Justiça do Estado e o Supremo Tribunal Federal.

Quanto ao Tribunal de Justiça do Estado, segundo o art. 125, § 2º, da CF, "cabe aos Estados a instituição de representação de inconstitucionalidade de leis ou atos normativos estaduais ou municipais em face da Constituição Estadual, vedada a atribuição da legitimação para agir a um único órgão". Embora mantivesse a expressão oriunda da década de 1960 ("representação de inconstitucionalidade"), inegavelmente se trata de uma ação (ação direta de inconstitucionalidade estadual).

Quanto ao Supremo Tribunal Federal, a competência decorre do art. 102, I, "a", 1ª parte, da Constituição Federal: "Compete ao Supremo Tribunal Federal, precipuamente, a guarda da Constituição, cabendo-lhe a ação direta de inconstitucionalidade de lei ou ato normativo federal ou estadual".

Assim, se tivermos uma lei federal contrariando a Constituição Federal, a competência será do Supremo Tribunal Federal, já que ele é o guardião da Constituição Federal, nos termos do art. 102, I, "a", CF. Por exemplo, na ADI 4.815, analisou-se a constitucionalidade dos arts. 20 e 21 do Código Civil (Lei Federal n. 10.406, de 10 de janeiro de 2002), que estaria contrariando o art. 5º, IV (liberdade de manifestação do pensamento) e IX (liberdade artística e intelectual). A ação foi julgada procedente pelo STF para dar interpretação conforme à Constituição aos arts. 20 e 21 do Código Civil, no sentido de que é possível a realização de biografias não autorizadas (para escrever uma biografia, não é necessária a autorização do biografado). Dessa maneira:

Lei	Contrariando a	Competência	Justificativa
Federal	CF	STF	Art. 102, I, "a", CF

Por sua vez, da mesma maneira que a anterior, se lei estadual fere a Constituição Federal, também será cabível ADI para o Supremo Tribunal Federal, nos termos do mesmo art. 102, I, "a", da Constituição Federal (a CF se refere à "inconstitucionalidade de lei ou ato normativo federal ou estadual e ação declaratória de constitucionalidade de lei ou ato normativo federal"). Por exemplo, na ADI 5.537, ajuizada no Supremo Tribunal Federal, questiona-se a inconstitucionalidade da Lei do Estado de Alagoas (Lei n. 7.800/2016), conhecida como "Lei Escola Livre", que proíbe os professores da rede pública de tecer qualquer consideração de ordem política, religiosa ou ideológica. Questiona-se a violação do art. 5º, IV, CF (liberdade de manifestação do pensamento) e o art. 22, XXIV, CF (compete privativamente à União legislar sobre diretrizes da educação nacional). Assim:

Lei	Contrariando a	Competência	Justificativa
Estadual	CF	STF	Art. 102, I, "a", CF

Agora, se a Lei Estadual viola a Constituição do Estado, competente para apreciar a constitucionalidade dessa lei será o Tribunal de Justiça do próprio Estado, já que este é o guardião da Constituição estadual (art. 125, § 2º, CF). Por exemplo, no Tribunal de Justiça do Estado de São Paulo foi ajuizada a ADI Estadual 1669200000, questionando a constitucionalidade da Lei Estadual paulista n. 12.520/2007, que trata da instalação de hidrômetro residencial, que estaria violando os arts. 5º, 47, II e XII, da Constituição Estadual paulista. A ação foi julgada procedente, por considerar "usurpação da prerrogativa exclusiva do Poder Executivo de perquirir a conveniência e oportunidade da instalação de aparelhos eliminadores de ar nos hidrômetros das unidades com ligação de água e esgoto". Dessa maneira:

Lei	Contrariando a	Competência	Justificativa
Estadual	CE	TJ	Art. 125, § 2º, CF

Questão importante: quem será competente para julgar a inconstitucionalidade de uma lei estadual que, ao mesmo tempo, fere a Constituição Estadual e a Constituição Federal? Trata-se de uma hipótese muito comum, máxime porque, muitas vezes, a Constituição Estadual repete dispositivos da Constituição Federal. Nesse caso, caberá tanto uma ADI estadual (no Tribunal de Justiça do Estado) como uma ADI perante o Supremo Tribunal Federal. Todavia, segundo a jurisprudência do STF, se forem ajuizadas concomitantemente, a ADI federal suspenderá a ADI estadual: "Rejeição das preliminares de litispendência e continência, porquanto, quando tramitam paralelamente duas ações diretas de inconstitucionalidade, uma no Tribunal de Justiça local e outra no STF, contra a mesma lei estadual impugnada em face de princípios constitucionais estaduais que são reprodução de princípios da CF, suspende-se o curso da ação direta proposta perante o Tribunal estadual até o julgamento final da ação direta proposta perante o STF" (ADI 1.423 MC, rel. Min. Moreira Alves). No mesmo sentido: ADI 3.773-1/SP, rel. Min. Menezes Direito. Dessa maneira:

Lei	Contrariando a	Competência	Justificativa
Estadual	CE e CF	TJ ou STF	Na hipótese de tramitação simultânea, suspende a ADI estadual (ADI 1.423/SP)

Por sua vez, se Lei Municipal contrariar a Constituição Estadual, caberá Ação Direta de Inconstitucionalidade para o Tribunal de Justiça do Estado. Essa competência decorre diretamente do próprio texto constitucional, que dispõe: "Cabe aos Estados a instituição de representação de inconstitucionalidade de leis ou atos normativos estaduais ou municipais em face da Constituição Estadual" (art. 125, § 2º, CF/88). Por exemplo, o Tribunal de Justiça de São Paulo julgou procedente ADI estadual ajuizada contra a Lei municipal n. 11.153/2015, do município de Sorocaba, que proibia a produção e a comercialização de *foie gras* (patê de fígado de ganso) naquele município, por violação dos arts. 1º e 144 da Constituição Estadual paulista.

Portanto:

Lei	Contrariando a	Competência	Justificativa
Municipal	CE	TJ	Art. 125, § 2°, CF

Não obstante, se uma lei municipal ferir a Constituição Federal, não caberá Ação Direta de Inconstitucionalidade (nem para o TJ nem para o STF). Isso porque jamais poderia o Tribunal de Justiça do Estado apreciar a constitucionalidade perante a Lei Maior, já que estaria usurpando competência do STF. Por sua vez, não cabe ADI no STF por expressa previsão no art. 102, I, "a", CF, que só prevê a ação contra lei federal ou estadual.

Nesse caso, embora não caiba ADI, cabe controle difuso (qualquer juiz ou Tribunal, no caso concreto, poderá apreciar a constitucionalidade da lei municipal). Outrossim, com o advento da Lei n. 9.882/99, também caberá ADPF (Arguição de Descumprimento de Preceito Fundamental), por expressa previsão legal: "Caberá também arguição de descumprimento de preceito fundamental: quando for relevante o fundamento da controvérsia constitucional sobre lei ou ato normativo federal, estadual ou municipal, incluídos os anteriores à Constituição" (art. 1°, parágrafo único, I). Dessa maneira:

Lei	Contrariando a	Competência	Justificativa
Municipal	CF	Não cabe ADI (salvo exceção – RE 650.898, ADI 5.647)	Art. 102, I, "a", CF

Não obstante, é possível que a lei municipal fira, simultaneamente, a Constituição Estadual e a Constituição Federal (aliás, isso é comum, na medida em que a Constituição Estadual muitas vezes repete dispositivos da Constituição Federal). Nesse caso, como vimos acima, não caberá ADI para o Supremo Tribunal Federal (por ausência de previsão constitucional). Todavia, caberá ADI para o Tribunal de Justiça do Estado, já que, de fato, lei municipal está a contrariar a Constituição do Estado (art. 125, § 2°, CF). Essa é a posição do STF: "Não configuração de usurpação quando os tribunais de justiça analisam, em controle concentrado, a constitucionalidade de leis municipais e estaduais em face de normas constitucionais estaduais que reproduzem regra da Constituição Federal de observância obrigatória" (Ag.Reg. na Reclamação 12.563/RR, rel. Min. Gilmar Mendes).

Todavia, em fevereiro de 2017, no RE 650.898, relatado pelo Min. Marco Aurélio, o STF decidiu que "Tribunais de Justiça podem exercer controle abstrato de constitucionalidade de leis municipais utilizando como parâmetro normas da Constituição Federal, desde que se trate de normas de reprodução obrigatória pelos Estados". Dessa maneira, poderá o Tribunal de Justiça julgar a ADI de uma lei municipal que fere a Constituição Federal, desde que se trate de uma norma constitucional de repetição obrigatória pela Constituição Estadual, que esteja ou devesse estar na Constituição Estadual. Esse entendimento foi reiterado em 2021, no julgamento da ADI 5.647. Segundo o STF, "controle concentrado de constitucionalidade, pelo Tribunal de Justiça local, de leis e atos normativos municipais em face da Constituição Federal. Possibilidade, desde que o parâmetro de controle seja de reprodução obrigatória ou quando existir, no âmbito da Constituição estadual, norma de caráter remissivo à Constituição da República.

Interpretação conforme à Constituição. Parcial procedência. 1. A jurisprudência mais recente desta Suprema Corte, firmada, inclusive, sob a sistemática da repercussão geral, admite o controle abstrato de constitucionalidade, pelo Tribunal de Justiça, de leis e atos normativos estaduais e municipais em face da Constituição da República, apenas quando o parâmetro de controle invocado seja norma de reprodução obrigatória ou exista, no âmbito da Constituição estadual, regra de caráter remissivo à Carta federal" (ADI 5.647, rel. Min. Rosa Weber, Pleno, j. 17-11-2021).

Segundo o Supremo Tribunal Federal, contra essa decisão do Tribunal de Justiça será possível recurso extraordinário, se a decisão "contrariar dispositivo desta Constituição" (art. 102, III, "a", CF). Foi o que disse o Min. Gilmar Mendes na decisão sobredita: "a eventual revisão do posicionamento firmado na decisão [...] deve ser aferida nas instâncias recursais ordinárias e extraordinárias – no caso, pelo recurso extraordinário". No mesmo sentido: "Admissão da propositura da ação direta de inconstitucionalidade perante o Tribunal de Justiça local, com possibilidade de recurso extraordinário se a interpretação da norma constitucional estadual, que reproduz norma constitucional federal de observância obrigatória pelos Estados, contrariar o sentido e o alcance desta" (Rcl 383, rel. Min. Moreira Alves). Dessa maneira:

Lei	Contrariando a	Competência	Justificativa
Municipal	CE e CF	TJ	Se a decisão do TJ violar dispositivo constitucional, cabe Recurso Extraordinário (Rcl 12.563, Rcl 383)

Por sua vez, quem é competente para apreciar a constitucionalidade das leis distritais (feitas pelo Distrito Federal)? Depende. Para respondermos a essa pergunta, precisamos partir de duas premissas: como vimos no capítulo deste livro reservado ao Poder Constituinte, a Lei Orgânica do Distrito Federal (art. 32, *caput*, CF) equipara-se a uma Constituição Estadual, segundo o Supremo Tribunal Federal. Dessa maneira, estamos diante de um texto constitucional, embora não tenha esse nome. Outra premissa importante: nos termos do art. 32, § 1º, da Constituição Federal, o Distrito Federal tem as "competências legislativas reservadas aos Estados e Municípios". Dessa maneira, o Distrito Federal poderá fazer leis no exercício da competência estadual, assim como também poderá fazer leis no exercício da competência municipal.

Assim, se estivermos diante de uma lei distrital ferindo a Lei Orgânica do Distrito Federal, caberá Ação Direta de Inconstitucionalidade para o Tribunal de Justiça do DF. Isso porque, como vimos, a Lei Orgânica do DF tem *status* de Constituição estadual.

Agora, se lei distrital fere a Constituição Federal, a competência para seu julgamento dependerá da sua natureza: se a lei distrital for feita no exercício da competência municipal, não caberá ADI, mas apenas controle difuso e ADPF (pois terá o mesmo tratamento de uma lei municipal). Aliás, é o que dispõe a Lei Orgânica do Distrito Federal (Lei n. 8.185/91). Por sua vez, se a lei distrital for feita no exercício de competência estadual, caberá ADI para o STF, nos termos do art. 102, I, "a", CF. Portanto, podemos esquematizar desta forma:

Lei	Contrariando a	Competência	Justificativa
Lei distrital	CF	Depende	Se tiver caráter municipal, não caberá ADI. Se tiver caráter estadual, caberá ADI para o TJ do DF
Lei distrital	LODF	TJDF	Lei de Organização Judiciária do DF

Importante ressaltar que, conforme entendimento recente do STF (Recurso Extraordinário 650.898), tratando-se de norma constitucional de reprodução obrigatória pelos Estados e DF, poderá o Tribunal de Justiça utilizar a Constituição Federal como parâmetro do controle de constitucionalidade de leis municipais ou distritais de caráter municipal.

Por fim, em caso de lei municipal que contraria a Lei Orgânica do Município, não haverá ADI ou qualquer outra modalidade de controle de constitucionalidade. Como vimos no capítulo reservado ao poder constituinte, a lei orgânica do Município, malgrado sua importância, não é fruto de um poder constituinte municipal, que não existe. Dessa maneira, se alguma lei municipal contrariar a Lei Orgânica do Município, não haverá controle de constitucionalidade, mas controle de legalidade, que pode ser apreciado por qualquer juiz ou tribunal, na análise do caso concreto. Foi o que decidiu o TRF da 4ª Região: "não se trata de hipótese de controle de constitucionalidade a ofensa de lei municipal em face da Lei Orgânica do Município. Foi aduzido que o controle de constitucionalidade só se dá em face de normas constitucionais, espécie a que a Lei Orgânica não se subsume, apesar de sua hierarquia" (Agravo de Instrumento 2009.04.00.009229-2/SC, rel. Juiz Roer Raupp Rios).

Portanto, podemos resumir a competência do controle de constitucionalidade desta maneira:

Lei	Contrariando a	Competência	Justificativa
Federal	CF	STF	Art. 102, I, "a", CF
Estadual	CF	STF	Art. 102, I, "a", CF
Estadual	CE	TJ	Art. 125, § 2°, CF
Estadual	CE e CF	TJ ou STF	Na hipótese de tramitação simultânea, suspende a ADI estadual (ADI 1.423/SP)
Municipal	CE	TJ	Art. 125, § 2°, CF
Municipal	CF	Não cabe ADI (salvo exceção – RE 650.898, ADI 5.647)	Art. 102, I, "a", CF
Municipal	CE e CF	TJ	Se a decisão do TJ violar dispositivo constitucional, cabe Recurso Extraordinário (Rcl 12.563, Rcl 383)
Lei distrital	CF	Depende	Se tiver caráter municipal, não caberá ADI, salvo exceção (RE 650.898). Se tiver caráter estadual, caberá ADI para o TJ do DF
Lei distrital	LODF	TJDF	Lei de Organização Judiciária do DF
Municipal	LOM	Controle de legalidade	

b) Legitimidade

Até o advento da Constituição de 1988, o único legitimado da ADI Genérica era o Procurador-Geral da República (art. 114, I, "l", da Constituição de 1967). Com a Constituição de 1988, esse rol foi ampliado para nove legitimados, previstos no art. 103 da Constituição Federal.

Essa ampliação decorre de vários fatores, que ainda estão presentes e nos quais precisamos insistir: é necessário democratizar o processo de interpretação da Constituição Federal, admitindo-se uma interpretação aberta (como apregoado por Peter Häberle), num modelo de constitucionalismo popular, como defende Mark Tushnet. Sem diminuir a importância da interpretação constitucional feita pela Corte Maior (o Supremo Tribunal Federal), todos somos potenciais intérpretes da Constituição. Por essa razão, nada mais comum que haja um rol considerável de pessoas e entidades que possam questionar a constitucionalidade das leis. Os legitimados que constam do rol taxativo[65] do art. 103 da CF são: "I – o Presidente da República; II – a Mesa do Senado Federal; III – a Mesa da Câmara dos Deputados; IV – a Mesa de Assembleia Legislativa ou da Câmara Legislativa do Distrito Federal; V – o Governador de Estado ou do Distrito Federal; VI – o Procurador-Geral da República; VII – o Conselho Federal da Ordem dos Advogados do Brasil; VIII – partido político com representação no Congresso Nacional; IX – confederação sindical ou entidade de classe de âmbito nacional". Examinemos cada uma dessas hipóteses.

b.1) Presidente da República

O Presidente da República pode ajuizar Ação Direta de Inconstitucionalidade no STF contra leis ou atos normativos federais ou estaduais.

Indaga-se: caso o Presidente da República tenha sancionado o projeto de lei, poderá, mesmo assim, ajuizar uma Ação Direta de Inconstitucionalidade contra ele? Sim, por duas razões. Primeiramente, como vimos no início deste capítulo, a sanção presidencial não tem o condão de apagar o vício originário do projeto de lei, não mais se aplicando a Súmula 5 do STF, que dispunha de forma contrária. Segundo o STF: "a sanção do projeto de lei não convalida o vício de inconstitucionalidade resultante da usurpação do poder de iniciativa. A ulterior aquiescência do Chefe do Poder Executivo, mediante sanção do projeto de lei, ainda quando dele seja a prerrogativa usurpada, não tem o condão de sanar o vício radical da inconstitucionalidade. Insubsistência da Súmula n. 5/STF" (*RTJ* 202/78).

Outrossim, é possível que estejamos diante de um novo Presidente da República. Imagine que um Presidente da República sancione um projeto de lei que, na opinião do novo Presidente eleito, é inconstitucional. Poderá esse novo Presidente ajuizar uma ADI perante o STF? Embora pouco provável, o próprio Presidente que sancionou o projeto de lei ou cujo projeto de Lei ou Emenda for de sua autoria poderá ajuizar a ADI caso se convença posteriormente de sua inconstitucionalidade.

b.2) Mesa do Senado Federal

A Mesa do Senado Federal é o órgão que representa o Senado, sendo que seus membros são eleitos a cada dois anos, pelos próprios parlamentares, em sessão legislativa prevista no art. 57, § 4º, da Constituição Federal. Está regulamentada pelo art. 46 e seguintes do Regimento

---

65. O STF decidiu que o rol do art. 103 da Constituição Federal é taxativo: "Ação Direta de Inconstitucionalidade – Legitimidade ativa *ad causam* – CF/88, art. 103 – Rol taxativo – Entidade de classe – Representação institucional de mera fração de determinada categoria funcional – Descaracterização da autora como entidade de classe – Ação direta não conhecida – A Constituição da República, ao disciplinar o tema concernente a quem pode ativar, mediante ação direta, a jurisdição constitucional concentrada do Supremo Tribunal Federal, ampliou, significativamente o rol – sempre taxativo – dos que dispõem da titularidade de agir em sede de controle normativo abstrato (...)" (ADI 1.875-AgR, rel. Min. Celso de Mello).

Interno do Senado. Segundo o art. 46, "A Mesa se compõe de Presidente, dois Vice-Presidentes e quatro Secretários". Não há que se confundir a Mesa do Senado (que tem legitimidade para ajuizar a ADI) com a Mesa do Congresso Nacional. Esta última, prevista no art. 57, § 5º, da CF, formada, alternadamente, por ocupantes de cargos equivalentes das Mesas da Câmara e do Senado, não tem legitimidade para ajuizar a ADI.

b.3) Mesa da Câmara dos Deputados

A Mesa da Câmara dos Deputados é o órgão que representa a Câmara, sendo que seus membros são eleitos a cada dois anos, pelos próprios parlamentares, em sessão legislativa prevista no art. 57, § 4º, da Constituição Federal. Está regulamentada pelos arts. 14 e seguintes do Regimento Interno da Câmara dos Deputados. Segundo o art. 14, § 1º, do Regimento Interno, "A Mesa compõe-se de Presidência e Secretaria, constituindo-se, a primeira, do Presidente e de dois Vice-Presidentes e a segunda, de quatro Secretários".

Assim como dissemos no item anterior, não se pode confundir a Mesa da Câmara dos Deputados (que tem legitimidade para ajuizar a ADI) com a mesa do Congresso Nacional (art. 57, § 5º, CF), que não está prevista no rol dos nove legitimados para ajuizar Ação Direta de Inconstitucionalidade.

b.4) Mesa da Assembleia Legislativa ou da Câmara Legislativa do Distrito Federal

Assembleia Legislativa é o Poder Legislativo dos Estados-membros. Assim, a Assembleia Legislativa de qualquer dos 26 Estados-membros pode ajuizar Ação Direta de Inconstitucionalidade perante o Supremo Tribunal Federal. Como adiante se verá, ao contrário dos três primeiros legitimados, a Assembleia Legislativa não pode ajuizar ação sobre qualquer assunto, tendo de comprovar a pertinência temática (somente pode ajuizar Ação Direta de Inconstitucionalidade sobre temas que sejam de interesse do respectivo Estado). Assim, poderão ajuizar ADI contra leis e atos normativos federais, que sejam de interesse do seu Estado, bem como contra leis e atos normativos do seu respectivo Estado e, excepcionalmente, até mesmo contra leis e atos normativos de outros Estados-membros, desde que comprovado o interesse do seu respectivo Estado.

O texto originário da Constituição de 1988 não previa como legitimada a "Câmara Legislativa do Distrito Federal". Por essa razão, por conta dessa omissão, o Supremo Tribunal Federal já entendia, por analogia, que a Câmara Legislativa do DF também seria legitimada para ajuizar a ADI. A omissão foi suprida pela Emenda Constitucional n. 45/2004 (Reforma do Judiciário), que expressamente incluiu a Câmara Legislativa do Distrito Federal como um dos legitimados da ADI. Não obstante, o que foi dito acima acerca do interesse de agir da Assembleia Legislativa também se aplica à Câmara Legislativa do Distrito Federal. Assim, a Câmara Legislativa somente poderá ajuizar Ação Direta de Inconstitucionalidade contra leis e atos normativos que sejam do interesse do Distrito Federal (podendo ser leis federais, leis distritais e, excepcionalmente, leis de algum Estado que, comprovadamente, firam o interesse do Distrito Federal).

b.5) Governador de Estado ou do Distrito Federal

O Governador de cada Estado poderá ajuizar Ação Direta de Inconstitucionalidade perante o Supremo Tribunal Federal, nos termos do art. 103, V, CF. Assim como para as Assembleias Legislativas dos Estados, o Governador só poderá ajuizar ações contra leis e atos normativos que firam o interesse dos seus respectivos Estados. Trata-se da exigível pertinência temática, que será adiante estudada.

Poderá o Governador ajuizar ADI contra lei de outro Estado? Como dissemos, o Governador poderá ajuizar ADI contra leis e atos normativos que sejam do interesse do seu respectivo Estado. Dessa maneira, poderá ajuizar ADI contra leis federais, do seu próprio Estado ou até mesmo de outro Estado, desde que haja comprovado interesse do seu Estado. Foi o que decidiu o Supremo Tribunal Federal: "Em se tratando de impugnação a diploma normativo a envolver outras Unidades da Federação, o Governador há de demonstrar pertinência temática, ou seja, a repercussão do ato considerados os interesses do Estado" (ADI 2.747, rel. Min. Marco Aurélio). Foi o que decidiu o STF, na ADI 2.656-9, relatada pelo Min. Maurício Correa. Trata-se de uma ADI ajuizada pelo Governador de Goiás contra uma Lei paulista, que tratava da proibição de comercialização de produtos contendo qualquer tipo de amianto. Segundo o STF: "Conforme demonstrado na inicial, a lei paulista produz evidentes reflexos na economia goiana, evidenciando a existência de pertinência temática. Nesse sentido é o entendimento do Tribunal manifestado na ADIMC 2.157, Moreira Alves, *DJ* 07/12/00, e na ADIMC, Ellen Gracie, *DJ* 14/12/01".

O texto originário da Constituição não previa o "Governador do Distrito Federal" como um dos legitimados da ADI, o que já permitia a aplicação analógica. Todavia, a lacuna legislativa foi suprida pela Emenda Constitucional n. 45/2004, que incluiu expressamente o Governador do DF no rol dos legitimados da ADI (art. 103, V, *in fine*, CF). Obviamente, a mesma exigência de pertinência temática exigida para o Governador do Estado também é exigida para o Governador do DF. Assim, só poderá ajuizar ADI quando a lei ou ato normativo interessar ao Distrito Federal (podendo ser lei federal, lei distrital ou, excepcionalmente, lei estadual).

b.6) Procurador-Geral da República

Nos termos do art. 128, § 1º, da Constituição Federal, o Procurador-Geral da República é o chefe do Ministério Público da União, nomeado pelo Presidente da República dentre integrantes da carreira, maiores de trinta e cinco anos, após aprovação do seu nome pela maioria absoluta dos membros do Senado Federal, para mandato de dois anos, permitida a recondução.

Antes da Constituição de 1988, era o único legitimado da Ação Direta de Inconstitucionalidade. Ao contrário dos dois legitimados anteriores (Mesa da Assembleia Legislativa e Governador), poderá ajuizar ADI sobre qualquer assunto, não sendo necessário comprovar pertinência temática, pois, como adiante se verá, é um dos legitimados absolutos.

Além de ser um dos legitimados da ADI, o Procurador-Geral da República exerce na ação um segundo papel: o de *custos legis*. Isso porque, segundo a Lei n. 9.868/99, que regula o procedimento da Ação Direta de Inconstitucionalidade, o Procurador-Geral da República, depois de prestadas as informações das autoridades que fizeram o ato normativo impugnado, deverá ser ouvido na ação, no prazo de quinze dias (art. 8º, Lei n. 9.868/99). Nessa sua manifestação, poderá opinar pela constitucionalidade ou inconstitucionalidade da lei.

Indaga-se: se a Ação Direta de Inconstitucionalidade foi ajuizada pelo Procurador-Geral da República, poderá ele se manifestar (nos termos do art. 8º da Lei n. 9.868/99) pela constitucionalidade da norma? Sim. É possível que o Procurador-Geral da República tenha se convencido de argumentos diversos dos que embasaram sua inicial, assim como também é possível que tenha sido alterado o próprio Procurador-Geral, que, apesar do princípio da unidade do MP, discorda do seu antecessor. Aliás, essa possibilidade está prevista no próprio Regimento Interno do Supremo Tribunal Federal: Art. 169. "O Procurador-Geral da República poderá submeter ao Tribunal, mediante representação, o exame de lei ou ato normativo federal ou estadual, para que seja declarada a sua inconstitucionalidade. § 1º Proposta a representação, não se admitirá a desistência, ainda que afinal o Procurador-Geral se manifeste pela sua improcedência".

Portanto, o Procurador-Geral da República, nos termos do art. 8º da Lei n. 9.868/99, poderá opinar pela constitucionalidade ou inconstitucionalidade da lei. Poderá se manifestar pela constitucionalidade da lei, ainda que tenha sido ele o autor da ação, mas isso não configurará desistência, que é vedada pelo art. 5º da Lei n. 9.868/99.

b.7) Conselho Federal da Ordem dos Advogados do Brasil

A importância da Ordem dos Advogados do Brasil não se extrai apenas da história democrática brasileira, mas também do texto normativo. Segundo o art. 44, I, do Estatuto da OAB (Lei Federal n. 8.906/94), a OAB tem por finalidade "defender a Constituição, a ordem jurídica do Estado democrático de direito, os direitos humanos, a justiça social, e pugnar pela boa aplicação das leis, pela rápida administração da justiça e pelo aperfeiçoamento da cultura e das instituições jurídicas". Por essa razão, a Constituição legitimou um dos órgãos da OAB (o Conselho Federal) para ajuizar Ação Direta de Inconstitucionalidade junto ao Supremo Tribunal Federal.

O Conselho Federal da OAB é o "órgão supremo da OAB", nos termos do art. 45, § 1º, do Estatuto da OAB (Lei n. 8.906/94). Ele é composto dos conselheiros federais, integrantes das delegações de cada unidade federativa, bem como dos seus ex-presidentes, na qualidade de membros honorários vitalícios, nos termos do art. 51 da sobredita lei.

Importante: não há que se confundir o Conselho Federal da OAB com os Conselhos Seccionais e as Subseções. Os Conselhos Seccionais têm atuação nos respectivos territórios dos Estados, DF e Territórios, enquanto as Subseções são partes do Conselho Seccional (art. 45, § 3º, do Estatuto da OAB). Somente o Conselho Federal da OAB tem legitimidade para ajuizar ADI perante o STF.

b.8) Partido político com representação no Congresso Nacional

Os partidos políticos também podem ajuizar Ação Direta de Inconstitucionalidade perante o Supremo Tribunal Federal, desde que tenham representação no Congresso Nacional, ou seja, desde que tenham ao menos um deputado federal ou um senador.

Segundo o Supremo Tribunal Federal, o órgão do partido político que terá legitimidade para ajuizar a ADI é o Diretório Nacional, e não o Diretório Regional ou Executiva Regional: "Ilegitimidade ativa *ad causam* de Diretório Regional ou Executiva Regional. Firmou a jurisprudência desta Corte o entendimento de que o partido político, para ajuizar ação direta de inconstitucionalidade perante o STF, deve estar representado por seu Diretório Nacional, ainda que o ato impugnado tenha sua amplitude normativa limitada ao Estado ou ao Município do qual se originou" (ADI 1.528 QO, rel. Min. Ellen Gracie). No mesmo sentido: "A representação partidária perante o STF, nas ações diretas, constitui prerrogativa jurídico-processual do Diretório Nacional do Partido Político" (ADI 779 AgR, rel. Min. Celso de Mello).

Questão importante: imaginemos que um partido político com um ou poucos parlamentares federais ajuíze uma Ação Direta de Inconstitucionalidade e, no curso dessa ação, perca a representação no Congresso Nacional (porque, por exemplo, os parlamentares deixaram o partido). Nesse caso, o mérito da ação será julgado ou será declarada a extinção do processo por perda superveniente de legitimidade *ad causam*?

Embora o STF tenha adotado outrora posição diversa, o entendimento atual é o de que a perda superveniente da representação do partido no Congresso Nacional não obsta o prosseguimento da ação. Ou seja, o Supremo Tribunal Federal julgará o mérito da ação, mesmo tendo o partido político perdido sua representatividade no Congresso Nacional: "Partido Político. Legitimidade ativa. Aferição no momento da propositura. Perda superveniente da representação parlamentar. Não desqualificação para permanecer no polo ativo da relação processual. Objetividade e indisponibilidade da ação" (ADI 2.618 AgR, rel. Min. Gilmar Mendes). A mudança de entendimento do Supremo se deu com voto do então Ministro Sepúlveda Pertence na ADI 2.054/DF ("o Tribunal, apreciando questão de ordem suscitada pelo Min. Sepúlveda Pertence, que pedira vista do processo na Sessão Plenária de 19.6.2002, decidiu que, embora tenha havido, na legislatura, a perda de representação parlamentar no Congresso Nacional do autor da ação (o que, em tese, extingue a legitimação do partido político para prosseguir, perante o STF, no polo ativo do processo de controle normativo abstrato), e de se determinar o prosseguimento da ação"). Um dos motivos dessa mudança foi o argumento de que a tese da perda superveniente da legitimidade poderia ensejar uma "desistência fraudulenta" por parte do partido político. Por exemplo, ajuizada ADI por partido político com pequena representação no Congresso Nacional, verificando-se que o resultado jurisdicional será diverso do esperado, o partido expulsaria os seus parlamentares, para apenas e tão somente impedir o julgamento do mérito da ADI. Por expressa previsão no art. 5º da Lei n. 9.868/99, não se admite a desistência da ADI.

b.9) Confederação sindical ou entidade de classe de âmbito nacional

Nos termos do art. 103, IX, da Constituição Federal, a "confederação sindical" pode ajuizar Ação Direta de Inconstitucionalidade perante o STF. O conceito de confederação sindical está no art. 535 da CLT: "As Confederações organizar-se-ão com o mínimo de 3 (três) federações e terão sede na Capital da República". Essa legitimidade não se estende às Federações Sindicais, bem como aos sindicatos, como já decidiu o STF: "preliminarmente, não tenho como legitimadas à ação as Federações sindicais autoras (Federação Nacional dos Estivadores, Federação Nacional dos Conferentes e Consertadores de Carga e Descarga Vigias Portuários). Cuida-se de entidades sindicais que não atendem ao requisito do inciso IX do art. 103, da Constituição, porque seu nível não é de confederação sindical. São entidades sindicais de segundo grau" (ADI 929, MC, voto do rel. Min. Néri da Silveira).

Assim como as Federações Sindicais e os sindicatos, as Centrais Sindicais (CUT, CGT, Força Sindical etc.) também não têm legitimidade para ajuizar ADI perante o STF. Foi o que decidiu o Supremo Tribunal Federal na ADI 1.442-1/DF, relatada pelo Min. Celso de Mello: "no plano da organização sindical brasileira, somente as confederações sindicais dispõem de legitimidade ativa 'ad causam' para o ajuizamento da ação direta de inconstitucionalidade (CF, art. 103, IX), falecendo às centrais sindicais, em consequência, o poder para fazer instaurar, perante o Supremo Tribunal Federal, o concernente processo de fiscalização normativa abstrata".

Além das confederações sindicais, vistas acima, são legitimados para ajuizar a ADI as "entidades de classe de âmbito nacional". Segundo o STF, a "classe" a que se refere o art. 103, IX, da Constituição Federal é "classe profissional", e não apenas classe social. Assim, a Associação Brasileira dos Admiradores de Orquídea, por mais que represente uma classe sociocultural, não poderá ajuizar ADI. Da mesma maneira, não é legitimada para ajuizar ADI perante o STF a União Nacional dos Estudantes (UNE) ou qualquer outra representação estudantil. Isso porque, segundo o STF: "A União Nacional dos Estudantes, como entidade associativa dos estudantes universitários brasileiros, tem participado, ativamente, ao longo do tempo, de movimentos cívicos nacionais na defesa das liberdades públicas, ao lado de outras organizações da sociedade; e insuscetível de dúvida sua posição de entidade de âmbito nacional na defesa de interesses estudantis, e mais particularmente, da juventude universitária. Não se reveste, entretanto, das condições de entidade de classe de âmbito nacional para os fins previstos no inciso IX, segunda parte, do art. 103, da Constituição. [...] No que concerne às 'entidades de classe de âmbito nacional', vem o STF conferindo-lhes compreensão sempre a partir da representação nacional efetiva de interesses profissionais definidos. Ora, os membros da denominada 'classe estudantil' ou, mais limitadamente, da 'classe estudantil universitária', frequentando os estabelecimentos de ensino público ou privado, na busca do aprimoramento de sua educação na escola, visam, sem dúvida, tanto ao pleno desenvolvimento da pessoa, ao preparo para o exercício da cidadania, como à qualificação para o trabalho. Não se cuida, entretanto, nessa situação, do exercício de uma profissão, no sentido do art. 5º, XIII, da Lei Fundamental de 1988" (ADI 894-MC, rel. Min. Néri da Silveira).

Assim, segundo o STF, só é admitida a propositura de ações como essas quando formuladas por entidades de classe e confederações sindicais, vedada a participação de associações que congregam pessoas vinculadas por convicções e práticas intelectuais e religiosas. Por essa razão, destoa por completo da jurisprudência do STF a decisão do ministro Nunes Marques que conheceu ADPF ajuizada pela Anajure (Associação Nacional dos Juristas Evangélicos), sob o argumento de que "na existência de aparente divergência jurisprudencial, deve-se prestigiar a concreção do Acesso à Justiça, conforme art. 5º, XXXV, da Constituição Federal" (ADPF 701, rel. Min. Nunes Marques, j. 3-4-2021).

Outra questão importante: o que caracteriza uma entidade de classe ter "âmbito nacional"? Basta o nome "nacional, interamericana, brasileira, universal" etc.? Não! Fosse assim, um grupo de três pessoas reunir-se-ia, criaria uma associação de nome "Associação Nacional dos Professores de Direito Constitucional" e, no dia seguinte, ajuizaria uma ADI. Segundo o STF, para ajuizar uma ADI, a entidade de classe precisa de representação em pelo menos nove Estados da Federação: "A jurisprudência do STF tem consignado, no que concerne ao requisito da especialidade, que o caráter nacional da entidade de classe não decorre da mera declaração formal, consubstanciada em seus estatutos ou atos constitutivos. Essa particular característica de índole especial pressupõe, além da atuação transregional da instituição, a existência de associados ou membros em pelo menos nove Estados da Federação" (ADI 108-QO, rel. Min. Celso de Mello). No mesmo sentido, a ADI 3.617 AgR, relatada pelo Min. Cezar Peluso: "carece de legitimação para propor ação direta de inconstitucionalidade, a entidade de classe que, embora de âmbito estatutário nacional, não tenha representação em, pelo menos, nove Estados da Federação". Esse número de nove Estados decorre de analogia com a Lei dos Partidos Políticos (Lei n. 9.096/95), que no seu art. 7º exige que o partido político tenha caráter nacional e apoiamento de eleitores distribuídos por um terço, ou mais, dos Estados. Como são 26 Estados ao todo, o número mínimo de Estados é nove. Não obstante, o STF admitiu uma exceção: a classe profissional que esteja presente em menos de nove Estados. Foi o que ocorreu na ADI 2.866, relatada pelo Min. Gilmar Mendes, que "considerou inaplicável, no caso, o critério adotado para a definição do caráter nacional dos partidos políticos (art. 7º da Lei n. 9.096/95), em razão da relevância nacional da atividade dos associados da ABERSAL, não obstante a produção de sal ocorrer em poucas unidades da federação".

Da mesma forma, além da representatividade profissional, a "entidade de classe de âmbito nacional" deve gozar de homogeneidade, ou seja, a entidade de classe deve representar a mesma classe profissional, e não categorias profissionais diversas. Foi o que decidiu o STF na ADI 3.381/DF, ajuizada pela Sociedade Brasileira de Psicólogos em Prol da Segurança do Trânsito, relatada pela Min. Cármen Lúcia. Nesse caso, a entidade de classe representava psicólogos, peritos de trânsito, dentre outros profissionais. Segundo o STF, essa entidade, "enquanto congrega em sua estrutura pessoas dedicadas a atividades profissionais diversificadas, não pode ser considerada entidade de classe". No mesmo sentido, na ADI 1.839/DF, relatada pelo Min. Ilmar Galvão e ajuizada pelo MONAMI (Movimento Nacional de Autores, Músicos e Intérpretes). Segundo o STF, por congregar em seus estatutos, "além dos autores, músicos e intérpretes, ainda, os produtores, agitadores culturais, promotores, empresários e demais profissionais da área", não teria o requisito da homogeneidade para ajuizar a Ação Direta de Inconstitucionalidade. Decisão mais recente do STF atenuou o rigor desse requisito. A ADI 4.701/PE foi ajuizada pela UNIDAS (União Nacional das Instituições de Autogestão em Saúde), que é composta de instituições heterogêneas ligadas à saúde. O STF decidiu que a homogeneidade no caso está presente por conta do objetivo comum dessas entidades diversas: "os associados da requerente se uniram em razão da comunhão de interesses em relação a um objeto específico (prestação do serviço de assistência suplementar à saúde na modalidade autogestão). Esse elemento caracteriza a união de propósito na representação associativa, afastando a excessiva generalidade que, segundo esta Corte, impediria o conhecimento da ação. Ademais, o objeto social da requerente está diretamente relacionado ao objeto da presente ação, o que demostra a existência de pertinência temática" (voto do Min. Relator Luís Roberto Barroso).

Por fim, outro requisito é que amplitude, ou seja, a associação deve representar toda a classe profissional, e não apenas uma fração dela. Foi o que decidiu o STF na ADPF 254, relatada pelo Min. Luiz Fux: "As associações que representam fração de categoria profissional não são legitimadas para instaurar controle concentrado de constitucionalidade de norma que extrapole o universo de seus representados". Essa ação foi ajuizada pela Anamaes (Associação Nacional dos Magistrados Estaduais), mas versava sobre interesse de todo o Poder Judiciário, e não apenas da Justiça Estadual.

Por fim, uma última questão: existem dois tipos de associação: a) associação de primeiro grau (um agrupamento de pessoas); b) associação de segundo grau (um agrupamento de outras associações ou entidades, também chamado de "associação de associações". Reformando sua jurisprudência, o STF entende atualmente que ambas as associações podem ajuizar ADI, preenchidos os demais requisitos (representação mínima em nove Estados, homogeneidade etc.). Anteriormente, as "associações de associações" ou associações de segundo grau não podiam ajuizar ADI.

Na ADI 3.153 AgR, relatada pelo Min. Sepúlveda Pertence, o STF decidiu: "Ação Direta de Inconstitucionalidade: legitimação ativa. 'Entidade de classe de âmbito nacional; compreensão da 'associação de associações' de classe: revisão da jurisprudência do Supremo Tribunal Federal. O conceito de entidade de classe é dado pelo objetivo institucional classista, pouco importando que a eles diretamente se filiem os membros da respectiva categoria social ou agremiações que os congreguem, com a mesma finalidade – como tal legitimada à propositura da ação direta de inconstitucionalidade (CF, art. 103, IX) – aquela na qual se congregam associações regionais correspondentes a cada unidade da Federação, a fim de perseguirem, em todo o País, o mesmo objetivo institucional de defesa dos interesses de uma determinada classe. Nesse sentido, altera o Supremo Tribunal sua jurisprudência, de modo a admitir a legitimação das 'associações de associações de classe', de âmbito nacional, para a ação direta de inconstitucionalidade".

c) **Pertinência temática**

Embora não prevista em lei, o Supremo Tribunal Federal construiu um requisito que passou a ser exigido para alguns dos legitimados: a pertinência temática.

Em razão desse requisito, podemos classificar os nove legitimados da Ação Direta de Inconstitucionalidade em dois grupos: a) legitimados universais (ou neutros); b) legitimados interessados (ou especiais). Os legitimados universais são aqueles que podem ajuizar ADI sobre qualquer assunto. São legitimados universais: Presidente da República, Mesa do Senado, Mesa da Câmara dos Deputados, Procurador-Geral da República, Conselho Federal da OAB e Partido Político com representação no Congresso Nacional.

Por sua vez, três são os legitimados interessados: Mesa da Assembleia Legislativa ou da Câmara Legislativa do Distrito Federal (art. 103, IV, CF), Governador de Estado ou do Distrito Federal (art. 103, V, CF) e Confederação Sindical ou entidade de classe de âmbito nacional (art. 103, IX, CF).

A pertinência temática deve ser vista como uma condição da ação, na modalidade interesse de agir. Trata-se de um interesse especial no objeto da ação, que deve ser provado pelo autor da ADI. Dessa maneira, o Governador do Estado (ou do DF) e a Mesa da Assembleia Legislativa do Estado (ou Câmara Legislativa do DF) só poderão ajuizar ADI sobre os temas que forem do interesse dos seus respectivos Estados. Da mesma forma, a Confederação Sindical, ou Entidade de Classe de âmbito nacional, só poderá ajuizar ADI quanto aos assuntos que sejam interesse da respectiva classe representada.

Assim, o STF considera a confederação sindical ou entidade de classe de âmbito nacional um dos legitimados interessados, sendo necessário comprovar a pertinência temática: "Agravo regimental em ação direta de inconstitucionalidade. Confederação dos Servidores Públicos do Brasil e Estatuto Nacional da Microempresa e da Empresa de Pequeno Porte. Ausência de pertinência temática. Não há pertinência temática entre o objeto social da Confederação Nacional dos Servidores Públicos do Brasil, que se volta à defesa dos interesses dos servidores públicos civis, e os dispositivos impugnados, que versam sobre o regime de arrecadação denominado de 'Simples Nacional'" (ADI 3.906 AgR, rel. Min. Menezes Direito).

Da mesma forma, exige a pertinência temática quando a ADI é ajuizada por Assembleia Legislativa ou Câmara Legislativa do DF: "Em se tratando de Mesa de Assembleia Legislativa – que não é daquelas entidades cuja legitimação ativa para propor ação direta de inconstitucionalidade lhe é conferida para a defesa da ordem jurídica em geral –, em nada lhe diz respeito, para sua competência ou para sofrer os seus efeitos, seja constitucional, ou não, o preceito ora impugnado, que se adstringe à determinação da aposentadoria compulsória dos membros do Poder Judiciário, inclusive estadual, aos setenta anos de idade. E a pertinência temática é, segundo a orientação firme desta Corte, requisito de observância necessária para o cabimento da ação direta de inconstitucionalidade" (ADI 2.242, rel. Min. Moreira Alves).

Por fim, o STF também exige a pertinência temática nas ações ajuizadas pelo Governador do Estado ou do DF: "Legitimidade – Governador de Estado – Lei do Estado – Ato normativo abrangente – Interesse das demais Unidades da Federação – Pertinência temática. Em se tratando de impugnação a diploma normativo a envolver outras Unidades da Federação, o Governador há de demonstrar a pertinência temática, ou seja, a repercussão do ato considerados os interesses do Estado" (ADI 2.747, rel. Min. Marco Aurélio).

Dessa maneira, podemos dividir os nove legitimados da ADI em duas categorias:

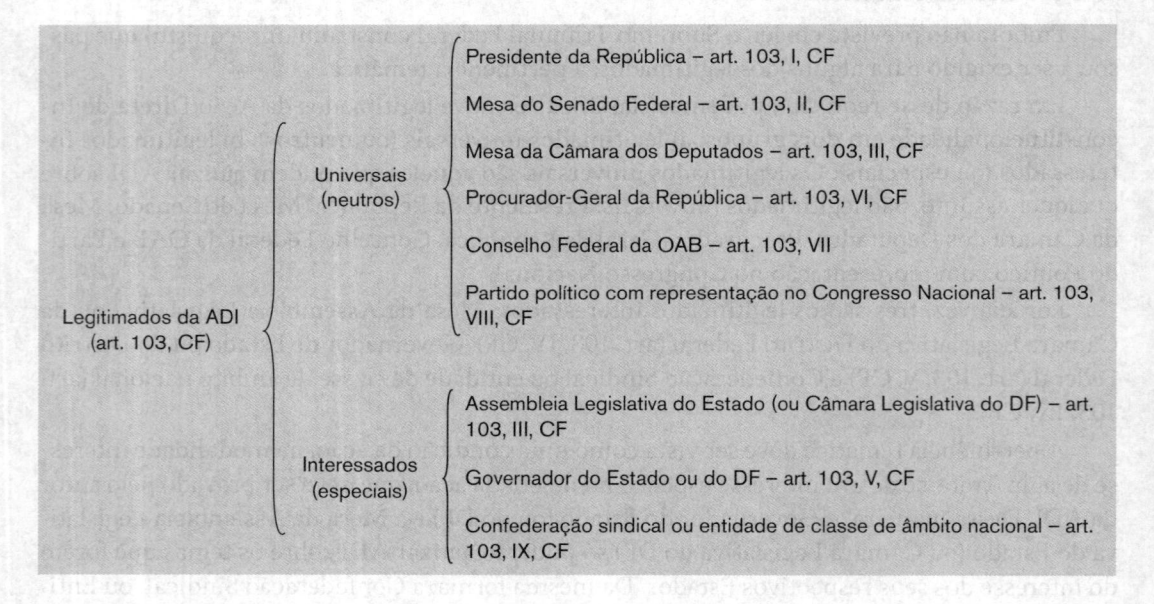

Legitimados da ADI (art. 103, CF)		
Universais (neutros)		Presidente da República – art. 103, I, CF
		Mesa do Senado Federal – art. 103, II, CF
		Mesa da Câmara dos Deputados – art. 103, III, CF
		Procurador-Geral da República – art. 103, VI, CF
		Conselho Federal da OAB – art. 103, VII
		Partido político com representação no Congresso Nacional – art. 103, VIII, CF
Interessados (especiais)		Assembleia Legislativa do Estado (ou Câmara Legislativa do DF) – art. 103, III, CF
		Governador do Estado ou do DF – art. 103, V, CF
		Confederação sindical ou entidade de classe de âmbito nacional – art. 103, IX, CF

d) Capacidade postulatória

Segundo o Supremo Tribunal Federal, os legitimados previstos no art. 103, I a VII, da Constituição Federal possuem capacidade postulatória advinda da própria Constituição, não necessitando de advogado. Dessa maneira, o Governador do Estado, por exemplo, pode ajuizar ADI por meio da Procuradoria do Estado ou pessoalmente, se quiser. Na ADI 4.917 (que discutiu a constitucionalidade da Lei n. 12.734/2012, que versava sobre os *royalties* do petróleo), foi assinada pelo próprio Governador do Rio de Janeiro, Sérgio Cabral (embora tenha também a assinatura de procuradores do Estado). Ainda que tivesse sido assinada apenas pelo Governador, não haveria qualquer irregularidade, já que, segundo o STF, tem ele capacidade postulatória para a ADI.

Segundo o STF: "O Governador do Estado e as demais autoridades e entidades referidas no art. 103, incisos I a VII, da Constituição Federal, além de ativamente legitimados à instauração do controle concentrado de constitucionalidade das leis e atos normativos, federais e estaduais, mediante ajuizamento da ação direta perante o Supremo Tribunal Federal, possuem capacidade processual plena e dispõem, *ex vi* da própria norma constitucional, de capacidade postulatória. Podem, em consequência, enquanto ostentarem aquela condição, praticar, no processo de ação direta de inconstitucionalidade, quaisquer atos ordinariamente privativos de advogado" (ADI 127-MC-QO, rel. Min. Celso de Mello, julgamento em 20-11-1989, *DJ* de 4-12-1992).

Ainda sobre a capacidade postulatória do Governador, decidiu o STF: "A legitimação é, assim, destinada exclusivamente à pessoa do Chefe do Poder Executivo estadual, e não ao Estado enquanto pessoa jurídica de direito público interno, que sequer pode intervir em feitos da espécie. [...] Por essa razão, inclusive, reconhece-se à referida autoridade, independentemente de sua formação, aptidão processual plena ordinariamente destinada aos advogados, constituindo-se verdadeira hipótese excepcional de *jus postulandi*" (ADI 1.814, rel. Min. Mauricio Correa).

Dessa maneira, estão excluídos desse entendimento os legitimados dos incisos VIII e IX do art. 103 da Constituição Federal: partido político com representação no Congresso Nacional e confederação sindical ou entidade de classe de âmbito nacional. Por exemplo, o partido político somente poderá ajuizar ADI por meio do seu representante legal, com capacidade postulatória, não podendo ser ajuizada a ação por um de seus políticos, como já decidiu o STF: "legitimidade ativa *ad processum* e *ad causam*. Partido Político. Representação. Capacidade postulatória. Art. 103, VIII, da CF de 1988. Não sendo a signatária da inicial representante legal de Partido Político, não podendo, como vereadora, ajuizar ação direta de inconstitucionalidade e não estando sequer representada por advogado, faltando-lhe, ademais, capacidade postulatória, não tem legitimidade ativa *ad processum* e *ad causam* para a propositura" (ADI 131-QO, rel. Min. Sydney Sanches).

Por fim, segundo o STF, essa capacidade postulatória decorrente da própria constituição refere-se aos autores da ação, e não os requeridos que igualmente serão ouvidos no curso da ADI: "capacidade postulatória dos órgãos requeridos. Capacidade que, nas ações da espécie, é diretamente reconhecida aos legitimados ativos arrolados no art. 103 da Constituição Federal e não aos órgãos requeridos, que, apesar de prestarem informações, não podem recorrer sem a regular representação processual" (ADI 2.098-ED-AgR, rel. Min. Ilmar Galvão).

Todavia, em 2021, destoando da tradicional jurisprudência do STF, o ministro Marco Aurélio não conheceu ADI ajuizada e assinada pelo presidente da República. Tratava-se da ADI 674, ajuizada pelo presidente da República Jair Bolsonaro, contra atos normativos praticados por Estados-membros, para tentativa de contenção do contágio durante a pandemia de Covid-19. O presidente entendia que atos normativos estaduais que obrigavam o isolamento social consistiam em violações inconstitucionais à liberdade de locomoção. O ministro Marco Aurélio, liminarmente, indeferiu a inicial, sob o argumento de que "O art. 103, I, da Constituição Federal é pedagógico ao prever a legitimidade do Presidente da República para a propositura de ação direta de inconstitucionalidade, sendo impróprio confundi-la com a capacidade postulatória. O Chefe do Executivo personifica a União, atribuindo-se ao Advogado-Geral a representação judicial, a prática de atos em Juízo. Considerado o erro grosseiro, não cabe o saneamento processual" (ADI 6764, rel. Min. Marco Aurelio, j. 22-3-2021). Entendemos que essa decisão foi influenciada pelo contexto grave em que proferida (mais de mil mortes diárias, no ápice da pandemia de Covid-19 no Brasil) e a necessidade de evitar uma interminável discussão jurídica entre uma falsa dicotomia entre saúde e liberdade de ir e vir. Diante desse cenário, entendemos que a jurisprudência tradicional do STF ainda deve ser mantida, não servindo essa decisão como parâmetro a ser seguido.

e) Objeto da ADI

Segundo o art. 102, I, "a", da Constituição Federal, compete ao Supremo Tribunal Federal o julgamento da Ação Direta de Inconstitucionalidade de leis e atos normativos federais e estaduais. Por sua vez, o art. 125, § 2º, da Constituição Federal afirma competir aos Tribunais de Justiça o julgamento das Ações Diretas de Inconstitucionalidade de leis e atos normativos estaduais e municipais. Todavia, indaga-se: qual a natureza dessas leis e atos normativos? Cabe ADI contra lei anterior à constituição, contra a medida provisória, atos infralegais, normas de efeitos concretos etc.? Responderemos a essas (e a outras) perguntas a seguir.

e.1) Leis

Podem ser objeto de Ação Direta de Inconstitucionalidade os atos normativos primários, que decorrem diretamente da Constituição Federal, no seu art. 59: emendas à Constituição (I), leis complementares (II), leis ordinárias (III), leis delegadas (IV), medidas provisórias (V), decretos legislativos (VI) e resoluções (VII).

Todavia, posição anterior do Supremo Tribunal Federal entendia que somente as leis dotadas de abstração e generalidade poderiam ser objeto de Ação Direta de Inconstitucionalidade. Era a posição do STF: "só constitui ato normativo idôneo a submeter-se ao controle abstrato da ação direta aquele dotado de um coeficiente mínimo de abstração ou, pelo menos, de generalidade. Precedentes" (ADI 1.937-MC/QO, rel. Min. Sepúlveda Pertence). Dessa maneira, atos legislativos de efeitos concretos não eram submetidos à ADI (como, por exemplo, a lei que abrira créditos extraordinários).

Não obstante, o Supremo Tribunal Federal, a partir da ADI 4.048/DF, relatada pelo Min. Gilmar Mendes, mudou seu posicionamento. A partir de então, "O Supremo Tribunal Federal deve exercer sua função precípua de fiscalização da constitucionalidade das leis e dos atos normativos quando houver um tema ou uma controvérsia constitucional suscitada em abstrato, independentemente do caráter geral ou específico, concreto ou abstrato de seu objeto. Possibilidade de submissão das normas orçamentárias ao controle abstrato de constitucionalidade".

No voto do Ministro Gilmar Mendes, algumas considerações são oportunas. Primeiramente, a posição anterior, "desenvolvida para afastar do controle abstrato de normas os atos administrativos de efeito concreto, às chamadas leis formais suscita, sem dúvida, alguma insegurança, porque coloca a salvo do controle de constitucionalidade um sem-número de leis". Outrossim, segundo o Ministro, a Constituição Federal não faz distinção entre as leis genéricas e as leis de efeitos concretos[66].

---

66. Parte da doutrina ainda questiona, apesar da nova jurisprudência do STF, a possibilidade de ajuizar ADI contra atos normativos de efeitos concretos como a resolução do Senado que condena o Presidente da República por crime de responsabilidade. Segundo Pedro Lenza, esse ato "não tem qualquer generalidade e abstração, constituindo, portanto, ato concreto e impossível de ser controlado pelo controle de constitucionalidade" (op. cit., p. 343). Embora concordemos com o fato de não caber ADI contra tal resolução, discordamos do fundamento. Como vimos acima, segundo o STF, o fato da norma jurídica produzir efeitos concretos, não sendo dotada de generalidade e abstração, não impede a ADI. Aqui, a questão é outra: a resolução que condena o Presidente da República por crime de responsabi-

e.2) Atos normativos

Não somente as leis (previstas no art. 59 da Constituição Federal) podem ser objeto de Ação Direta de Inconstitucionalidade. Todos os atos normativos do poder público poderão ser objeto de ADI, como a medida provisória (que, apesar de não ser uma lei, é um ato normativo com força de lei), resolução do Conselho Nacional de Justiça ou do Conselho Nacional do Ministério Público, que extrapolar os limites de sua atividade constitucional, as normas do Regimento Interno dos Tribunais, deliberações administrativas dos órgãos judiciários, desde que dotadas de força normativa (ADI 728, rel. Min. Marco Aurélio) etc. Outrossim, o STF entendeu ser "cabível o controle concentrado de resoluções de tribunais que deferem reajuste de vencimentos" (ADI 662, rel. Min. Eros Grau).

e.3) Súmulas

Por mais que o novo Código de Processo Civil tenha tentado dar maior força às Súmulas dos Tribunais, elas não são consideradas leis ou atos normativos, motivo pelo qual, por ausência de previsão constitucional (tanto o art. 102, I, "a", como o art. 125, § 2º, CF), não podem ser objeto de Ação Direta de Inconstitucionalidade. Esse é o entendimento do STF: "Súmula da Jurisprudência Predominante. Ação Direta de Inconstitucionalidade. Ato Normativo. Súmula n. 16, do Superior Tribunal de Justiça. A Súmula, porque não apresenta as características de ato normativo, não está sujeita a jurisdição constitucional concentrada" (ADI 594/DF, rel. Min. Carlos Velloso).

e.4) Súmulas vinculantes

Vimos acima que as súmulas dos Tribunais não podem ser objeto de Ação Direta de Inconstitucionalidade. E as súmulas vinculantes, previstas no art. 103-A da Constituição Federal? Manifestou-se de forma favorável, ainda que incidentalmente, no HC 96.301/2008, a Ministra Ellen Gracie: ao afirmar que o *habeas corpus* não seria o veículo correto para revisar o conteúdo das súmulas vinculantes, afirmou que o mecanismo adequado seria a Ação Direta de Inconstitucionalidade.

Todavia, com a devida vênia, a posição não é a mais correta. Assim como as súmulas, a súmula vinculante não é considerada lei ou ato normativo. Outrossim, a própria Constituição Federal (art. 103-A, § 2º) afirma que os nove legitimados da ADI podem requerer ao Supremo Tribunal Federal a aprovação, a revisão e até mesmo o cancelamento da súmula vinculante.

A Lei n. 11.417/2006, que regulamenta o art. 103-A da Constituição Federal, além de manter os nove legitimados sobreditos, acrescentou outros três legitimados que poderão requerer ao STF não só a edição, como também a revisão e o cancelamento do enunciado da súmula vinculante: o Defensor Público-Geral da União (art. 3º, VI), os "Tribunais Superiores,

---

lidade (art. 52, I, CF), além de ser um ato de efeitos concretos, é um ato que se exaure com a própria publicação. O mesmo se dá com a resolução da Câmara dos Deputados que autoriza o processo de *impeachment* contra o Presidente (art. 51, I, CF), ou o decreto legislativo do Congresso Nacional que autoriza a saída do Presidente do Território Nacional por período superior a 15 dias (art. 49, III, CF). Todos esses atos normativos se exaurem no momento em que publicados, não produzindo efeitos supervenientes (a autorização é uma só, a condenação também). Por essa razão, por terem exaurido todos os seus efeitos, no momento da publicação, entendemos não ser admissível ADI. Entendemos, pois, ser aplicável a jurisprudência do STF, segundo a qual: "Lei ou norma de caráter ou efeito concreto já exaurido não pode ser objeto de controle abstrato de constitucionalidade, em ação direta de inconstitucionalidade" (ADI 2.980, rel. Min. Cezar Peluso).

os Tribunais de Justiça de Estados ou do Distrito Federal e Territórios, os Tribunais Regionais Federais, os Tribunais Regionais do Trabalho, os Tribunais Regionais Eleitorais e os Tribunais Militares" (art. 3º, XI) e os Municípios, incidentalmente, nos processos em que sejam parte (art. 3º, § 1º).

Outrossim, a Lei da Súmula Vinculante (Lei n. 11.417/2006) prevê procedimento específico para revisão e cancelamento da súmula vinculante, com alguns institutos muito próximos do controle concentrado da constitucionalidade, como a possibilidade de admissão do *amicus curiae* (art. 3º, § 2º), a possibilidade de modulação dos efeitos, por 2/3 dos membros do STF (art. 4º) etc. Dessa maneira, como existe um procedimento específico para cancelamento ou revisão da súmula vinculante, que pode ser iniciado pelos mesmos legitimados da ADI (art. 103, CF), entendemos que não haverá interesse processual, na modalidade necessidade, para o ajuizamento da Ação Direta de Inconstitucionalidade. Caso seja ajuizada, não deverá ser julgado o mérito, por ausência de uma das condições da ação.

e.5) Emenda Constitucional

Como estudamos no capítulo reservado ao Poder Constituinte, a Emenda Constitucional é fruto do poder constituinte derivado reformador, cuja característica, dentre outras, é a limitação. Existem vários limites constitucionais impostos à edição de uma emenda constitucional, sejam eles formais ou materiais (tema estudado amiúde em capítulo anterior).

Uma das mais importantes limitações às Emendas Constitucionais é a limitação material (as cláusulas pétreas). Assim, não poderá uma Emenda Constitucional ferir uma das cláusulas pétreas, previstas no art. 60, § 4º, CF. Por exemplo, na ADI 5.316, o Supremo Tribunal Federal julgou inconstitucional parte da Emenda Constitucional n. 88/2015 (conhecida como "Emenda da Bengala"). Segundo o STF, foi declarada inconstitucional a expressão "nas condições do artigo 52 da Constituição Federal", que condicionava a permanência de alguns Ministros do STF à sabatina no Senado Federal. Outrossim, na ADI 3.685, relatada pela Min. Ellen Gracie, o STF declarou inconstitucional parte da Emenda Constitucional n. 52/2006, por violação do princípio da anterioridade eleitoral, considerado direito individual do eleitor e, por isso, cláusula pétrea: "a utilização da nova regra às eleições gerais, que se realizarão a menos de sete meses colide com o princípio da anterioridade eleitoral, disposto no art. 16 da CF, que busca evitar a utilização abusiva ou casuística do processo legislativo como instrumento de manipulação e de deformação do processo eleitoral".

Da mesma forma, além das limitações materiais, as Emendas Constitucionais se submetem a outras limitações de ordem formal ou circunstancial. Por exemplo, "a matéria constante de proposta de emenda rejeitada ou havida por prejudicada não pode ser objeto de nova proposta na mesma sessão legislativa" (art. 60, § 5º, CF). Assim, se uma Proposta de Emenda Constitucional for rejeitada, não poderá ser apresentada na mesma sessão legislativa (mesmo ano). Caso seja votada e aprovada na mesma sessão legislativa, será formalmente inconstitucional. Da mesma forma, se uma Emenda Constitucional não tiver sido aprovada nas duas Casas do Congresso Nacional, em dois turnos, com o quórum de 3/5, procedimento exigido pelo art. 60, § 2º, da CF, será formalmente inconstitucional.

Todavia, o Supremo Tribunal Federal apreciará eventual desrespeito ao processo legislativo da Emenda previsto na Constituição Federal, não podendo apreciar eventual violação de norma regimental. Por exemplo, a Emenda Constitucional n. 62/2009 teria sido aprovada pelo

Senado Federal em dois turnos, que ocorreram no mesmo dia! (2 de dezembro de 2009), com menos de uma hora de intervalo entre ambos. Embora a Constituição Federal determine que a votação da emenda deva se dar em dois turnos, não prevê um interstício mínimo entre as duas votações. Esse interstício está previsto no Regimento Interno do Senado Federal, sendo de cinco dias úteis (art. 362). Norma semelhante está no Regimento Interno da Câmara dos Deputados (segundo o qual, nos termos do art. 202, § 6º, são necessárias cinco sessões entre as duas votações). Ao apreciar a constitucionalidade da referida Emenda Constitucional na ADI 4.425/DF, o STF decidiu: "esta Suprema Corte não pode se arvorar à condição de juiz da robustez do debate parlamentar para além das formas expressamente exigidas pela Constituição Federal" (voto do Min. Luiz Fux). Assim, nesse caso, considerou válida a Emenda Constitucional, já que inexiste na Constituição interstício mínimo entre os dois turnos de aprovação de uma Emenda Constitucional.

e.6) Norma constitucional originária

Norma constitucional originária é aquela que é fruto do poder constituinte originário (ou instituinte ou de primeiro grau). Segundo o Supremo Tribunal Federal, não existe hierarquia entre as normas constitucionais originárias. Dessa maneira, uma norma originária não pode ser objeto de ADI: "Norma constitucional originária. Objeto nomológico insuscetível de controle de constitucionalidade. Princípio da unidade hierárquico-normativa e caráter rígido da Constituição brasileira. Doutrina. Precedentes. Carência da ação. Inépcia reconhecida. Não se admite controle concentrado ou difuso de constitucionalidade de normas produzidas pelo poder constituinte originário" (ADI 4.097 AgR/DF, rel. Min. Cezar Peluso).

Dessa maneira, caso haja conflito entre duas normas constitucionais originárias, deverá o intérprete compatibilizá-las, harmonizá-las, já que nenhuma das duas pode ser declarada inconstitucional. Por exemplo, o art. 60, § 4º, II, da Constituição Federal prevê que o "voto direto" é uma das cláusulas pétreas. Por sua vez, o art. 81, § 1º, da Constituição Federal prevê que, vagando os cargos de Presidente e Vice-Presidente nos últimos dois anos do mandato, haverá eleições indiretas pelo Congresso Nacional no prazo de 30 dias. Ambas as normas (art. 60, § 4º, II, e art. 81, § 1º) são fruto do poder constituinte originário, e, por isso, nenhuma delas pode ser declarada inconstitucional. Caberá ao intérprete harmonizá-las. Assim, enquanto o art. 60, § 4º, II (voto direto), é a regra, o art. 81, § 1º (voto indireto para Presidente), é a exceção.

O Supremo Tribunal Federal não adota a teoria do constitucionalista alemão Otto Bachof (*Normas Constitucionais Inconstitucionais?*), segundo o qual normas constitucionais originárias podem ser declaradas inconstitucionais. Segundo Bachof, além de existir uma hierarquia entre normas constitucionais originárias (o que não é aceito no Brasil), um dispositivo constitucional originário, condicionado à aprovação popular por plebiscito, será inconstitucional caso esse plebiscito não seja feito: "pode carecer de legalidade uma norma constitucional isolada, se é apenas esta norma que não corresponde aos requisitos postos pela Constituição, como, por exemplo, a ratificação através de um plebiscito. [...] Se uma Constituição, em tudo o resto, se tornou juridicamente eficaz, não corresponde aos requisitos de eficácia por aquela mesma estabelecidas, pode bem falar-se de uma norma constitucional inconstitucional"[67].

---

67. *Normas Constitucionais Inconstitucionais?*, p. 51.

e.7) Leis anteriores à Constituição Federal

Segundo o Supremo Tribunal Federal, leis anteriores à Constituição Federal não podem ser objeto de Ação Direta de Inconstitucionalidade. Isso porque, como vimos em capítulo anterior, se a lei anterior à Constituição for com ela incompatível, não será recepcionada. Trata-se do fenômeno da não recepção (ou, segundo alguns, "revogação por inconstitucionalidade"), que pode ser declarada por qualquer juiz ou Tribunal, de forma difusa (não sendo necessário, como vimos antes, aplicar o procedimento do art. 97, CF – cláusula de reserva de plenário).

Esse é o funcionamento pacífico do Supremo Tribunal Federal: "A teoria da inconstitucionalidade supõe, sempre e necessariamente, que a legislação, sobre cuja constitucionalidade se questiona, seja posterior à Constituição. [...] Quando se trata de antagonismo existente entre Constituição e a lei anterior, a questão é de distinta natureza; obviamente não é de hierarquia de leis; não é, nem pode ser, exatamente porque a lei maior é posterior à lei menor e, por conseguinte, não poderia limitar a competência do Poder Legislativo, que a editou. [...] Lei anterior não pode ser inconstitucional em relação à Constituição superveniente; nem o legislador poderia infringir Constituição futura. A Constituição sobrevinda não torna inconstitucionais leis anteriores com ela conflitantes: revoga-as" (ADI 888, rel. Min. Eros Grau). No mesmo sentido: ADI 1.717-MC, ADI 2.197, ADI 2.531, ADI 1.691, ADI 1.143 etc.

Portanto, qualquer juiz ou Tribunal, na análise do caso concreto, poderá declarar que uma lei não foi recepcionada pela Constituição Federal. Todavia, como tal cenário causava uma longeva incerteza (na medida em que cada juiz poderia decidir de forma diferente), a Lei n. 9.882/99 (que regulamenta a Arguição de Descumprimento de Preceito Fundamental) previu ser possível ajuizar a ADPF contra lei anterior à Constituição (art. 1º, parágrafo único, I). Assim, julgada procedente a ADPF contra lei ou ato normativo anterior à Constituição Federal, o efeito será *erga omnes* e vinculante (art. 10, § 3º, Lei n. 9.882/99). Foi o que o STF fez na ADPF 130, que apreciou a não recepção da Lei de Imprensa (Lei n. 5.250/67). Depois de afirmar que "a ADPF, fórmula processual subsidiária do controle concentrado de constitucionalidade, é via adequada à impugnação de norma pré-constitucional", decidiu que toda a Lei de Imprensa não foi recepcionada pela Constituição de 1998.

e.8) Decretos e regulamentos

Decretos, regulamentos, instruções normativas e atos congêneres são atos infralegais, cujo objetivo é regulamentar a lei que lhes é superior. Caso contrariem dispositivo constitucional, poderão ser objeto de Ação Direta de Inconstitucionalidade? Não! Isso porque essas normas serão ilegais, e não inconstitucionais. Haverá, portanto, controle de legalidade, e não controle de constitucionalidade.

Por exemplo, foi o que decidiu o STF, na ADI 2.006, relatada pelo Min. Maurício Corrêa: "Quando instrução normativa baixada por autoridades fazendárias regulamenta diretamente normas legais, e não constitucionais, e, assim, só por via oblíqua atingem a Constituição, este Tribunal entende que se trata de ilegalidade, não sujeita ao controle abstrato de constitucionalidade".

No mesmo sentido, na ADI 264, relatada pelo Min. Celso de Mello, decidiu o STF: "a ação direta de inconstitucionalidade não é instrumento hábil ao controle da validade de atos normativos infralegais em face da lei sob cuja égide foram editados, ainda que, num desdobramento, se estabeleça, mediante prévia aferição da inobservância dessa mesma lei, o confronto consequente com a Constituição Federal. Crises de legalidade, caracterizadas pela inobservância, por parte da autoridade administrativa, do seu dever jurídico de subordinação normativa a lei, revelam-se estranhas ao controle normativo abstrato, cuja finalidade restringe-se, exclusivamente, à aferição de eventual descumprimento, desde que direto e frontal, das normas inscritas na Carta Política. A ação direta de inconstitucionalidade – quando utilizada como instrumento de controle abstrato de mera legalidade dos atos editados pelo Poder Público – descaracteriza-se em sua função político-jurídica, na medida em que, reduzindo-se em sua dimensão institucional, converte-se em meio processual desvinculado da finalidade para a qual foi concebido".

Todavia, embora os decretos, regulamentos e demais atos infralegais não sejam objeto de Ação Direta de Inconstitucionalidade, há uma exceção: os decretos autônomos.

Embora não seja a regra, tem-se admitido a edição de decretos autônomos, que, sem regulamentar lei superior, criam normas autônomas. Por exemplo, o art. 84, VI, da Constituição Federal permite que o Presidente da República edite decreto sobre a "organização e funcionamento da administração federal, quando não implicar aumento de despesa nem criação ou extinção de órgãos públicos". Esses decretos, que criam novidades normativas, poderão ser objeto de ADI, segundo a jurisprudência do STF: "Impugnação de decreto autônomo, que institui benefícios fiscais. Caráter não meramente regulamentar. Introdução e novidade normativa. Preliminar repelida. Precedentes. Decreto que, não se limitando a regulamentar lei, institua benefício fiscal ou introduza outra novidade normativa, reputa-se autônomo e, como tal, é suscetível de controle concentrado de constitucionalidade" (ADI 3.664, rel. Min. Cezar Peluso). No mesmo sentido: "Pode ser objeto de ação direta de inconstitucionalidade, o ato normativo subalterno cujo conteúdo seja de lei ordinária em sentido material e, como tal, goze de autonomia nomológica" (ADI 3.731-MC, rel. Min. Cezar Peluso).

e.9) Tratados internacionais

Como vimos em capítulo anterior, os tratados internacionais ingressam no direito brasileiro através de um procedimento de incorporação previsto na Constituição Federal: celebração dos tratados pelo Presidente da República (art. 84, VIII, CF), referendo do Congresso Nacional, por meio de decreto legislativo (art. 49, I, CF) e decreto presidencial.

Aprovado o tratado internacional pelo procedimento acima, ingressará no ordenamento jurídico brasileiro. Qual será a hierarquia? Depende.

Em regra, os tratados internacionais ingressam no direito brasileiro com força de lei ordinária. Por sua vez, nos termos do art. 5º, § 3º, da Constituição Federal, se versarem sobre direitos humanos e forem aprovados nas duas Casas do Congresso Nacional, em dois turnos, por 3/5 dos seus membros, ingressarão no direito brasileiro com força de emenda constitucional. Atualmente, o único exemplo que temos é a Convenção Internacional sobre os Direitos das Pessoas com Deficiência (incorporada ao direito brasileiro pelo Decreto n. 6.949/2009). Por fim, segundo o STF, se os tratados versarem sobre direitos humanos, mas não forem aprovados pelo procedimento do art. 5º, § 3º, CF, ingressarão no direito brasileiro com força de norma supralegal e infraconstitucional. Como exemplo, temos a Convenção Americana de Direitos Humanos (Pacto de São José da Costa Rica), que ingressou no direito brasileiro através do Decreto n. 678/92.

Assim, dessa maneira, os tratados internacionais podem ingressar no direito brasileiro com três hierarquias diferentes: a) lei ordinária; b) norma supralegal e infraconstitucional; c) emenda constitucional. Essa é a posição atual do Direito brasileiro, decorrente de entendimento jurisprudencial do STF e da própria Constituição Federal (art. 5º, § 3º, CF).

Dessa maneira, todas essas normas estão subordinadas ao poder constituinte originário, com as limitações daí decorrentes. Portanto, poderão ser declaradas inconstitucionais, podendo ser objeto de Ação Direta de Inconstitucionalidade.

Isso pode ocorrer com todos os tratados celebrados posteriormente à Constituição de 1988 porque, por maior que seja seu *status*, sua hierarquia terá força de emenda constitucional que, como vimos anteriormente, pode ser objeto de ADI. Evidentemente, caso o Brasil declare inconstitucional um tratado internacional celebrado com outro país, haverá certamente problemas diplomáticos, o que não impede o Judiciário de fazer a referida declaração de invalidade.

Por fim, como mencionamos no capítulo 8 desta obra, defendemos a tese de que haja, no futuro, a admissão da supraconstitucionalidade dos tratados internacionais sobre direitos humanos, na implantação de um constitucionalismo supranacional ou mundial, multinível, no qual a Constituição de cada Estado estaria limitada por alguns tratados supraconstitucionais. Se um dia adotada essa tese, as normas previstas nesses tratados, gerais e supraconstitucionais, não poderiam ser objeto de Ação Direta de Inconstitucionalidade.

e.10) Leis revogadas

Segundo a jurisprudência do STF, não é possível ajuizar Ação Direta de Inconstitucionalidade contra uma lei já revogada. Isso porque, nesse caso, não estando mais a lei no ordenamento jurídico, a ADI teria o condão apenas de regular efeitos concretos, o que descaracterizaria sua natureza. É o que decidiu o Supremo Tribunal Federal na ADI 221, relatada pelo Min. Moreira Alves: "revogada a lei arguida de inconstitucional, a ação direta a ela relativa perde o seu objeto, independentemente da ocorrência de efeitos concretos que dela hajam decorrido".

O mesmo raciocínio se dá às leis que são revogadas no curso da Ação Direta de Inconstitucionalidade. Ocorrerá, nesse caso, a perda superveniente do objeto, que impedirá o julgamento do mérito da ADI. Assim já julgou o STF: "a superveniente revogação – total (ab-rogação) ou parcial (derrogação) – do ato estatal impugnado em sede de fiscalização normativa abstrata faz instaurar, ante a decorrente perda do objeto, situação de prejudicialidade, total ou parcial, da ação direta de inconstitucionalidade, independentemente da existência, ou não, de efeitos residuais concretos que possam ter sido gerados pela aplicação do diploma legislativo questionado" (ADI 2.010-QO/DF, rel. Min. Celso de Mello).

Aplica-se o mesmo raciocínio às leis temporárias, cujos efeitos já foram exauridos antes ou durante o ajuizamento da Ação Direta de Inconstitucionalidade. Segundo o STF, "Diploma legislativo de vigência temporária. Pleno exaurimento de sua eficácia jurídico-normativa. Irrelevância de existirem, ou não, efeitos residuais concretos resultantes do ato normativo cujos efeitos esgotaram-se em razão de decurso temporal. Extinção anômala do processo de fiscalização normativa abstrata em decorrência da falta de interesse de agir" (ADI 5.120/CE, rel. Min. Celso de Mello).

É, portanto, posição minoritária a do Ministro do STF Gilmar Mendes, que, na ADI 1.244, propõe revisão da jurisprudência do Tribunal. Segundo o Ministro, em atenção aos princípios da máxima efetividade e da força normativa da Constituição, poderia o STF analisar a constitucionalidade de leis revogadas no curso da ADI. "Para o fim de admitir o prosseguimento do controle abstrato nas hipóteses em que a norma atacada tenha perdido a vigência após o ajuizamento da ação, seja pela revogação, seja em razão do seu caráter temporário, restringindo o alcance dessa revisão às ações diretas pendentes de julgamento e às que vierem a ser ajuizadas. O Min. Gilmar Mendes, considerando que a remessa de controvérsia constitucional já instaurada perante o STF para as vias ordinárias é incompatível com os princípios da máxima efetividade e da força normativa da Constituição, salientou não estar demonstrada nenhuma razão de base constitucional a evidenciar que somente no âmbito do controle difuso seria possível a aferição da constitucionalidade dos efeitos concretos de uma lei" (ADI –QO-QO 1.244/SP, Informativo n. 305).

Não obstante, o Supremo Tribunal Federal vem admitindo uma hipótese de ADI contra lei já revogada no momento do ajuizamento da ação: trata-se do caso de sucessão de leis inconstitucionais. Se o autor da ação está questionando a constitucionalidade de uma lei revogadora, a lei revogada, se contiver igual vício de inconstitucionalidade e for posterior à Constituição de 1988, também deverá fazer parte do objeto da ADI. Essa é a posição do STF: "Necessidade, em tal hipótese, de formulação de pedidos sucessivos de declaração de inconstitucionalidade tanto do diploma ab-rogatório quanto das normas por ele revogadas, desde que também eivadas do vício da ilegitimidade constitucional. Ausência de impugnação, no caso, do diploma legislativo cuja eficácia restaurar-se-ia em função do efeito repristinatório. Hipótese de incognoscibilidade da ação direta" (ADI 2.215-MC, rel. Min. Celso de Mello).

Embora a posição majoritária do STF seja pela perda superveniente do objeto, em caso de revogação da norma no curso da ADI, podemos encontrar na jurisprudência do Supremo Tribunal Federal uma atenuação: quando a revogação da norma se deu em estágio avançado da Ação Direta de Inconstitucionalidade, poderá o mérito da ação ser julgado.

Primeiramente, o Supremo Tribunal Federal, na ADI 3.232, relatada pelo Min. Cezar Peluso, decidiu: "o fato de a lei objeto da impugnação ter sido revogada, não diria, no curso dos processos, mas já quase ao cabo deles, não subtrai à Corte a jurisdição nem a competência para examinar a constitucionalidade da lei até então vigente e suas consequências jurídicas, que, uma vez julgadas procedentes as três ações, não seriam, no caso, de pouca monta". Nesse caso, a lei foi revogada propositalmente, às vésperas do julgamento pelo STF, a fim de frustrar o julgamento do mérito. Em seu voto acerca da Questão de Ordem, afirmou o Ministro Ricardo Lewandowski: "está caracterizada uma fraude processual, em que se quer frustrar o Tribunal, não permitindo que ele examine o mérito da questão que já lhe foi apresentada". Trata-se de uma revogação dolosa, intencional da norma, com o intuito principal de retirar o tema da jurisdição do Supremo Tribunal Federal. Aplicar-se-ia um dos mais antigos e importantes princípios gerais do Direito: *nemo auditur propriam turpitudinem allegans* (ninguém pode se beneficiar da sua própria torpeza).

O mesmo ocorreu na ADI 3.306/DF, relatada pelo Min. Gilmar Mendes. Nessa ação, houve "sucessivas leis distritais que tentaram revogar os atos normativos impugnados. [...] Quadro fático que sugere a intenção de burlar a jurisdição constitucional da Corte. Configurada a fraude processual com a revogação dos atos normativos impugnados na ação direta, o curso procedimental e o julgamento final da ação não ficam prejudicados".

Outrossim, na ADI 4.426, o mérito da ação foi julgado, apesar de ter sido revogada (ou perdido a eficácia) a norma. Isso porque, quando da inclusão do julgamento em pauta no STF, a norma ainda estava em vigor. Segundo o STF, "Singularidades do caso afastam, excepcionalmente, a aplicação da jurisprudência do Supremo Tribunal Federal sobre a prejudicialidade da ação, visto que houve impugnação em tempo adequado e a sua inclusão em pauta antes do exaurimento da eficácia da lei".

Dessa maneira, podemos dizer que não cabe ADI contra lei revogada. Se a revogação se deu no curso da ADI, em regra, obstará o julgamento do mérito. Todavia, se a revogação se deu em estágio avançado da ADI, principalmente quando comprovada a intenção do legislador de retirar o tema da competência do STF, não obstará o prosseguimento da ADI.

e.11) Medidas provisórias

As medidas provisórias, previstas no art. 62 da Constituição Federal, malgrado não sejam leis, são atos normativos com força de lei e, portanto, poderão ser objeto de Ação Direta de Inconstitucionalidade.

Poderá ser declarada inconstitucional uma medida provisória, seja por meio da inconstitucionalidade material (caso fira, por exemplo, uma cláusula pétrea), seja por inconstitucionalidade formal (caso não respeite seu procedimento de criação). Esse sempre foi o entendimento do Supremo Tribunal Federal: "As medidas provisórias, que são editadas com força de lei, conforme o art. 62, *caput*, da Constituição, atendem ao pressuposto do art. 102, I, "a", do Estatuto Maior, quando confere ao STF competência para processar e julgar, originariamente, a ação declaratória de constitucionalidade de lei ou ato normativo federal" (ADC 9-MC, rel. Min. Néri da Silveira).

Caso a medida provisória impugnada não seja aprovada no prazo constitucional, cessando sua eficácia, segundo o STF, assim como ocorre com as leis temporárias, obstará o prosseguimento da ADI, por conta da perda superveniente do objeto: "Se porventura cessar a eficácia da Medida Provisória, objeto da ação [...], prejudicado ficará o feito de controle concentrado de sua validade eventualmente em curso" (ADC 9-MC, rel. Min. Néri da Silveira).

Outrossim, caso o Congresso Nacional aprove a medida provisória, convertendo-a em lei, ou altere o seu conteúdo, transformando-o num projeto de lei de conversão (art. 62, § 12, CF), deverá o autor da ADI aditar a petição inicial, sob pena de extinção do processo sem julgamento do mérito, como já decidiu o STF: "A ausência de aditamento da petição inicial, em sede de controle normativo abstrato, gera a extinção anômala do respectivo processo, eis que se revela imprescindível, no caso de reedição da medida provisória impugnada ou na hipótese de sua conversão em lei, que o autor formalmente adite o pedido inicial, em ordem a permitir que se estenda à medida provisória reeditada ou à lei de conversão dela resultante a impugnação originalmente deduzida" (ADI 1.588 AGR-QO/DF, rel. Min. Celso de Mello).

Por fim, a questão mais polêmica: pode o Poder Judiciário apreciar os requisitos de relevância e urgência, necessários à edição da medida provisória?

Segundo a jurisprudência, em regra, tal análise caberá ao próprio chefe do Poder Executivo, que elaborou o ato normativo, bem como ao Poder Legislativo, que tem a competência constitucional para apreciar e votar a medida provisória. Somente em casos extremos, excepcionais, é que o Poder Judiciário poderá examinar os requisitos de "relevância e urgência", para declarar a medida provisória inconstitucional. Na ADI 2213-MC/DF, relatada pelo Min. Celso de Mello, decidiu o STF: "A edição de medidas provisórias, pelo Presidente da República, para legitimar-se juridicamente, depende, dentre outros requisitos, da estrita observância dos pressupostos constitucionais da urgência e da relevância (CF, art. 62, *caput*). – Os pressupostos da urgência e da relevância, embora conceitos jurídicos relativamente indeterminados e fluidos, mesmo expondo-se, inicialmente, à avaliação discricionária do Presidente da República, estão sujeitos, ainda que excepcionalmente, ao controle do Poder Judiciário, porque compõem a própria estrutura constitucional que disciplina as medidas provisórias, qualificando-se como requisitos legitimadores e juridicamente condicionantes do exercício, pelo Chefe do Poder Executivo, da competência normativa primária que lhe foi outorgada, extraordinariamente, pela Constituição da República. Doutrina. Precedentes. – A possibilidade de controle jurisdicional, mesmo sendo excepcional, apoia-se na necessidade de impedir que o Presidente da República, ao editar medidas provisórias, incida em excesso de poder ou em situação de manifesto abuso institucional, pois o sistema de limitação de poderes não permite que práticas governamentais abusivas venham a prevalecer sobre os postulados constitucionais que informam a concepção democrática de Poder e de Estado, especialmente naquelas hipóteses em que se registrar o exercício anômalo e arbitrário das funções estatais. Utilização abusiva de medidas provisórias – Inadmissibilidade – Princípio da separação dos poderes – Competência extraordinária do Presidente da República. – A crescente apropriação institucional do poder de legislar, por parte dos sucessivos Presidentes da República, tem despertado graves preocupações de ordem jurídica, em razão do fato de a utilização excessiva das medidas provisórias causar profundas distorções que se projetam no plano das relações políticas entre os Poderes Executivo e Legislativo. – Nada pode justificar a utilização abusiva de medidas provisórias, sob pena de o Executivo – quando ausentes razões constitucionais de urgência, necessidade e relevância material –, investir-se, ilegitimamente, na mais relevante função institucional que pertence ao Congresso Nacional, vindo a converter-se, no âmbito da comunidade estatal, em instância hegemônica de poder, afetando, desse modo, com grave prejuízo para o regime das liberdades públicas e sérios reflexos sobre o sistema de *checks and balances*, a relação de equilíbrio que necessariamente deve existir entre os Poderes da República. – Cabe, ao Poder Judiciário, no desempenho das funções que lhe são inerentes, impedir que o exercício compulsivo da competência extraordinária de editar medida provisória culmine por introduzir, no processo institucional brasileiro, em matéria legislativa, verdadeiro cesarismo governamental, provocando, assim, graves distorções no modelo político e gerando sérias disfunções comprometedoras da integridade do princípio constitucional da separação de poderes. – Configuração, na espécie, dos pressupostos constitucionais legitimadores das medidas provisórias ora impugnadas. Consequente reconhecimento da constitucionalidade formal dos atos presidenciais em questão".

e.12) Alteração do parâmetro constitucional invocado

Caso, no curso da Ação Direta de Inconstitucionalidade, seja alterada por Emenda Constitucional a norma constitucional utilizada como parâmetro do controle, haverá extinção do processo sem julgamento de mérito. É o que decidiu o STF, na ADI 1.120, relatada pelo Min. Celso de Mello: "A superveniente alteração/supressão das normas, valores e princípios que se subsumem à noção conceitual de bloco de constitucionalidade, por importar em descaracterização do parâmetro constitucional de confronto, faz instaurar, em sede de controle abstrato, situação configuradora de prejudicialidade da ação direta, legitimando, desse modo, ainda que mediante decisão monocrática do Relator da causa, a extinção anômala do processo de fiscalização concentrada de constitucionalidade".

No mesmo sentido, decidiu o STF, na ADI 1.434, relatada pelo Min. Sepúlveda Pertence: "Controle direto de inconstitucionalidade: prejuízo. Julga-se prejudicada total ou parcialmente a ação direta de inconstitucionalidade no ponto em que, depois de seu ajuizamento, emenda à Constituição haja ab-rogado ou derrogado norma de Lei Fundamental que constituísse paradigma necessário à verificação da procedência ou improcedência dela ou de algum de seus fundamentos, respectivamente: orientação de aplicar-se no caso, no tocante à alegação de inconstitucionalidade material, dada a revogação primitiva do art. 39, § 1º, CF 88, pela EC 19/98".

Todavia, em caso isolado, o Supremo Tribunal Federal decidiu de forma contrária, criando uma exceção: quando a mudança do parâmetro constitucional se deu no curso da Ação Direta de Inconstitucionalidade. Na ADI 2.158, relatada pelo Min. Dias Toffoli, afirmou-se que: "ora, se o nosso sistema constitucional veda a convalidação da lei inconstitucional, é necessário que existam mecanismos eficazes para expungir a norma (ainda) inconstitucional do ordenamento jurídico, mesmo que em face do parâmetro de controle revogado ou alterado. Caso contrário, fica sensivelmente enfraquecida a própria regra que proíbe a convalidação. Com as merecidas vênias, entendo que cumpre a este Supremo Tribunal Federal, ao menos quando já ajuizada a ação direta, declarar a inconstitucionalidade da norma, com eficácia *erga omnes* e efeito vinculante, em benefício da máxima efetividade da jurisdição constitucional. [...] Por tal razão, não chego ao ponto de admitir o ajuizamento de novas ações diretas depois de alterado o parâmetro de controle. Defendo, apenas, que não assentemos o prejuízo das ações em curso, o que faço para evitar situações como a presente".

Dessa maneira, podemos fazer um paralelo entre duas situações semelhantes. O STF criou exceções para duas regras jurisprudenciais já consolidadas: se a revogação da lei tida como inconstitucional se deu em estágio avançado da ADI, não obstará o seu prosseguimento. Outrossim, se houve mudança do parâmetro constitucional invocado, em avançado estágio da ADI, igualmente poderá ser julgado seu mérito.

e.13) Divergência entre a ementa da lei e o seu conteúdo

Segundo o Supremo Tribunal Federal, não se trata de inconstitucionalidade quando há divergência entre a ementa da lei (o seu enunciado) e o seu respectivo conteúdo. Trata-se de um vício legislativo, que não é capaz de invalidar a norma. Segundo o STF, na ADI 1.096-MC/RS, relatada pelo Min. Celso de Mello: "A lei que veicula matéria estranha ao enunciado constante de sua ementa não ofende qualquer postulado inscrito na Constituição e nem vulnera qualquer princípio inerente ao processo legislativo. Inexistência, no vigente sistema de direito constitucional positivo brasileiro, de regra idêntica a consagrada pelo art. 49 da revogada Constituição Federal de 1934".

e.14) Respostas emitidas pelo TSE

Segundo o Supremo Tribunal Federal, na ADI 1.805-MC/DF, relatada pelo Min. Néri da Silveira, as respostas emitidas pelo Tribunal Superior Eleitoral às consultas que lhe são dirigidas não podem ser objeto de Ação Direta de Inconstitucionalidade, pois não possuem "eficácia vinculativa aos demais órgãos do Poder Judiciário".

f) **Procedimento da ADI Genérica**

O procedimento da Ação Direta de Constitucionalidade é estabelecido pela Lei n. 9.868/99, que regulamenta o art. 102, I, "a", da Constituição Federal. Vejamos os aspectos mais pertinentes desse procedimento:

f.1) Prazo decadencial

Não existe prazo decadencial para ajuizar Ação Direta de Inconstitucionalidade, como já decidiu o Supremo Tribunal Federal: "O ajuizamento da ação direta de inconstitucionalidade não está sujeito à observância de qualquer prazo de natureza prescricional ou de caráter decadencial, eis que atos inconstitucionais jamais se convalidam pelo mero decurso do tempo" (ADI 1.439-MC, rel. Min. Celso de Mello). Não obstante, como vimos acima, só pode ser ajuizada Ação Direta de Inconstitucionalidade contra norma vigente (não cabe contra leis já revogadas) e cujos efeitos não têm se exaurido (no caso de leis temporárias ou medidas provisórias depois do decurso do seu prazo de vigência).

f.2) Legitimados da ADI

Os legitimados da Ação Direta de Inconstitucionalidade estão previstos no art. 103 da Constituição Federal, rol este replicado no art. 2º da Lei n. 9.868/99. Já estudamos cada um dos legitimados na ADI em itens anteriores deste capítulo. Reforça-se o entendimento de que esse rol é taxativo: "Os municípios não figuram no rol de entidades legitimadas para a propositura de ação direta de inconstitucionalidade perante esta Corte previsto nos artigos 103, da Constituição, e 2º, da Lei n. 9.868/99" (ADI 4.654, rel. Min. Gilmar Mendes). No mesmo sentido: "A Constituição da República, ao disciplinar o tema concernente a quem pode ativar, mediante ação direta, a jurisdição constitucional concentrada do Supremo Tribunal Federal, ampliou, significativamente, o rol – sempre taxativo – dos que dispõem da titularidade de ação direta de inconstitucionalidade, aquelas que são constituídas por mera fração de determinada categoria funcional" (ADI 1.875-AgR).

f.3) Petição inicial

Segundo o art. 3º da Lei n. 9.868/99, a petição inicial indicará: "I – o dispositivo da lei ou do ato normativo impugnado e os fundamentos jurídicos do pedido em relação a cada uma das impugnações; II – o pedido, com suas especificações". A esse dispositivo legal aplica-se subsidiariamente o Código de Processo Civil, cujos requisitos da inicial estão no art. 319.

É indispensável que o autor da ADI indique os dispositivos de lei ou ato normativo impugnado. Como vimos acima, caso haja alteração superveniente da norma (como a alteração de medida provisória pelo Congresso Nacional), deverá o autor aditar a inicial, sob pena de extinção do processo sem julgamento de mérito: "A jurisprudência predominante do Supremo Tribunal Federal tem assentado o entendimento de que a falta de aditamento da inicial, diante da reedição da medida provisória impugnada, ou de sua conversão em lei, enseja a extinção do processo sem julgamento de mérito" (ADI 3.957, rel. Min. Ricardo Lewandowski).

Descumpridos os requisitos legais, deverá o relator indeferir a inicial, por conta de sua inépcia: "Impugnação genérica e abstrata de suas normas. Ausência de indicação dos fatos e fundamentos jurídicos do pedido com suas especificações. Não observância à norma processual. Consequência: inépcia da inicial" (ADI 1.775, rel. Min. Mauricio Correa).

Segundo o STF, eventuais vícios na inicial poderão ser supridos, por meio do aditamento, até o momento destinado à requisição das informações (art. 6º, Lei n. 9.868/99): "É lícito, em ação direta de inconstitucionalidade, aditamento à petição inicial anterior à requisição das informações" (ADI 3.103, rel. Min. Cezar Peluso). Não poderá ser feito o pedido de aditamento por ocasião do pedido de liminar (ADI 654-MC, rel. Min. Carlos Velloso).

Além da norma impugnada, o autor da ADI deverá indicar os pedidos e os fundamentos jurídicos do pedido. Não obstante, o Supremo Tribunal Federal não estará adstrito à causa de pedir indicada pelo autor da ação. Assim, ajuizada a ADI com pedido de inconstitucionalidade de uma determinada lei com base em certos argumentos, o Supremo Tribunal Federal poderá apreciar esses argumentos e quais outros que entender pertinentes.

É uníssona a jurisprudência do STF quanto à abertura da *causa petendi* da ADI: "as ações diretas de inconstitucionalidade possuem *causa petendi* aberta. É dizer: ao julgar improcedentes ações dessa natureza, o Supremo Tribunal Federal afirma a integral constitucionalidade dos dispositivos questionados" (RE 343.818, rel. Min. Moreira Alves). No mesmo sentido, "é da jurisprudência do Plenário, o entendimento de que, na ação direta de inconstitucionalidade, seu julgamento independe da *causa petendi* formulada na inicial, ou seja, dos fundamentos jurídicos nela deduzidos, pois, havendo, nesse processo objetivo, arguição de inconstitucionalidade, a Corte deve considerá-la sob todos os aspectos em face da Constituição e não apenas diante daqueles focalizados pelo autor" (ADI 1.896-MC, rel. Min. Sydney Sanches).

f.4) Procuração

Segundo o art. 3º, parágrafo único, da Lei n. 9.868/99, a petição inicial será acompanhada de instrumento de procuração, quando subscrita por advogado. Indaga-se: quando a petição inicial não será feita por advogado? Como vimos em item anterior, segundo a jurisprudência do STF, os legitimados previstos no art. 103, I a VII, possuem capacidade postulatória, podendo ajuizar ADI sem a assistência de um advogado. Nesse sentido: ADI 2.906, rel. Min. Marco Aurélio; ADI 127-MC-QO, rel. Min. Celso de Mello.

Se feita por advogado, a petição inicial deve ser acompanhada de instrumento de procuração, com poderes especiais. Esse é o entendimento do STF: "É de exigir-se, em ação direta de inconstitucionalidade, a apresentação, pelo proponente, de instrumento de procuração ao advogado subscritor da inicial, com poderes específicos para atacar a norma impugnada" (ADI 2.187-QO, rel. Min. Octavio Gallotti). No mesmo sentido: ADI 2.461, rel. Min. Gilmar Mendes.

f.5) Indeferimento da inicial

Segundo o art. 4º da Lei n. 9.868/99, "a petição inicial inepta, não fundamentada e a manifestamente improcedente serão liminarmente indeferidas pelo relator".

Petição inicial inepta é aquela que não cumpre os requisitos previstos no art. 3º da Lei n. 9.868/99. Assim, caso o autor não descreva quais são os dispositivos legais impugnados, ou faça menções apenas genéricas à inconstitucionalidade, será indeferida a inicial, em razão da inépcia. Caso o autor ajuíze a Ação Direta de Inconstitucionalidade contra lei ou ato normativo insuscetível do controle abstrato, deverá o relator indeferir a inicial (por exemplo, lei anterior à Constituição, norma constitucional originária, leis revogadas etc.). Segundo o STF: "norma constitucional originária. Objeto nomológico insuscetível de controle de constitucionalidade. Princípio da unidade hierárquico-normativa e caráter rígido da Constituição brasileira. Carência da ação. Inépcia reconhecida" (ADI 4.097-AgR, rel. Min. Cezar Peluso).

Outrossim, caso seja a ação manifestamente improcedente, deverá o relator indeferir a inicial, como já decidiu o STF: "é manifestamente improcedente a ação direta de inconstitucionalidade que verse sobre norma [...] cuja constitucionalidade foi expressamente declarada pelo Plenário do STF, mesmo que em recurso extraordinário. Aplicação do art. 4º, da Lei n. 9.868/99" (ADI 4.071-AgR, rel. Min. Menezes Direito).

Segundo o art. 4º, parágrafo único, da Lei n. 9.868/99, "cabe agravo da decisão que indeferir a petição inicial". O prazo desse agravo era de cinco dias, nos termos do art. 317 do Regimento Interno do Supremo Tribunal Federal. Todavia, com o advento do novo Código de Processo Civil, nos termos do art. 1.021, § 2º, o agravo interno será dirigido ao relator, no prazo de 15 dias.

f.6) Impossibilidade de desistência

Segundo o art. 5º da Lei n. 9.868/99, "proposta a ação direta, não se admitirá desistência". Por essa razão, o Regimento Interno do STF, no seu art. 169, § 1º, consta que, "proposta a representação, não se admitirá desistência, ainda que afinal o Procurador-Geral se manifeste pela sua improcedência". Assim, caso o Procurador-Geral da República se manifeste, na função de *custos legis*, pela improcedência da ação e pela constitucionalidade da norma, tal manifestação não implicará desistência.

Outrossim, segundo o STF, essa norma regimental (art. 169, § 1º), destinada especificamente ao Procurador-Geral da República, aplica-se extensivamente a todos os demais legitimados da Ação Direta de Inconstitucionalidade: "o princípio da indisponibilidade, que rege o processo de controle concentrado de constitucionalidade, impede a desistência da ação direta já ajuizada. O art. 169, § 1º, do RISTF, que veda ao Procurador-Geral da República essa desistência, aplica-se, extensivamente, a todas as autoridades e órgãos legitimados pela Constituição de 1988 para a instauração do controle concentrado de constitucionalidade" (ADI 387-MC, rel. Min. Celso de Mello). No mesmo sentido: ADI 4.125, rel. Min. Cármen Lúcia.

f.7) Pedido de informações

Segundo o art. 6º da Lei n. 9.868/99, "o relator pedirá informações aos órgãos ou às autoridades das quais emanou a lei ou o ato normativo impugnado".

Assim, tratando-se de medida provisória, será notificado o Presidente da República; em caso de lei federal, a Mesa do Congresso Nacional; em se tratando de lei estadual, a Mesa da Assembleia Legislativa do Estado etc. Segundo o Supremo Tribunal Federal, a critério do relator, necessitando de mais informações, poderá solicitar informações complementares, "com o objetivo de permitir-lhe uma avaliação segura sobre os fundamentos da controvérsia" (ADI 2.982-ED, rel. Min. Gilmar Mendes).

Segundo o parágrafo único do art. 6º, "as informações serão prestadas no prazo de trinta dias contado do recebimento do pedido". Todavia, segundo o art. 170, § 2º, do Regimento Interno do Supremo Tribunal Federal, essa etapa poderá ser dispensada, em caso de urgência, pelo Relator, *ad referendum* do Tribunal. Foi o que decidiu o STF, na ADI 136-QO, rel. Min. Aldir Passarinho).

f.8) Impossibilidade de intervenção de terceiros

Por expressa previsão no art. 7º da Lei n. 9.868/99, "não se admitirá intervenção de terceiros no processo de ação direta de inconstitucionalidade". Segundo o Supremo Tribunal Federal, "o pedido de intervenção assistencial, ordinariamente, não tem cabimento em sede de ação direta de inconstitucionalidade, eis que terceiros não dispõem, em nosso sistema de direito positivo, de legitimidade para intervir no processo de controle normativo abstrato, pois o processo de fiscalização normativa abstrata qualifica-se como processo de caráter objetivo" (ADI

575-AgR/PI, rel. Min. Celso de Mello). Malgrado não admita a intervenção de terceiros, trouxe uma das maiores inovações do direito brasileiro: a admissão do *amicus curiae*.

f.9) *Amicus curiae*

A participação do *amicus curiae* (amigo da corte) ou dos *amici curiae* (amigos da corte) está prevista no art. 7º, § 2º, da Lei n. 9.868/99: "o relator, considerando a relevância da matéria e a representatividade dos postulantes, poderá, por despacho irrecorrível, admitir, observado o prazo fixado no parágrafo anterior, a manifestação de outros órgãos ou entidades".

A admissão do *amicus curiae* é uma inovação legislativa absolutamente salutar, que visa a democratizar o procedimento do controle concentrado da constitucionalidade, na medida em que permite que órgãos ou entidades de elevada representatividade possam participar do processo, contribuindo com suas opiniões. Tal instituto é sempre lembrado pelo professor norte-americano Mark Tushnet, pai do constitucionalismo democrático, segundo o qual a interpretação da Constituição não pode ser uma exclusividade do Poder Judiciário. Todos nós somos potenciais intérpretes da Constituição, como lembra Peter Häberle.

f.9.1) Prazo para admissão do *amicus curiae*

O art. 7º, § 2º, da Lei n. 9.868/99, ao referir-se ao prazo para admissão do *amicus curiae*, afirma: "observado o prazo fixado no parágrafo anterior". Todavia, o parágrafo anterior (art. 7º, § 1º) foi vetado pelo Presidente da República. O dispositivo vetado referia-se ao prazo das informações (30 dias contados do recebimento do pedido, nos termos do art. 6º, parágrafo único).

Dessa maneira, o prazo para admissão do *amicus curiae* é o mesmo prazo das informações (art. 6º, parágrafo único). Segundo o STF: "A inteligência sistemática do disposto no § 2º, não podendo levar ao absurdo da admissibilidade ilimitada de intervenções, com graves transtornos ao procedimento, exige seja observado, quando menos por aplicação analógica, o prazo constante do parágrafo único do art. 6º" (ADI 2.997, rel. Min. Cezar Peluso).

Outrossim, o Supremo Tribunal Federal costuma ser flexível com esse prazo. Desde que o pedido de ingresso do *amicus curiae* não seja feito às vésperas do julgamento do mérito da ação, por decisão do Ministro relator, tem sido admitido além do prazo das informações. Nesse sentido: "O que se observa atualmente, contudo, é que a Corte tem sido flexível na admissão dos *amici curiae* mesmo depois de passado o prazo das informações" (ADI 3.725, rel. Min. Menezes Direito). Embora não haja um critério rígido para determinação do termo final de admissão do *amicus curiae* (ficará a cargo do juízo de razoabilidade do Ministro Relator), o STF, na ADI 4.071, relatada pelo Min. Menezes Direito, decidiu que o *amicus curiae* poderá ingressar nos autos até a data em que o relator liberar o processo para pauta (malgrado haja decisões admitindo sua admissão em momento posterior).

f.9.2) Despacho irrecorrível do Ministro Relator

Segundo o art. 7º, § 2º, da Lei n. 9.868/99, a admissão ou não do *amicus curiae* será decidida, por despacho irrecorrível, do Ministro Relator. Malgrado a redação da norma, prevendo a irrecorribilidade da decisão do Ministro Relator, várias foram as decisões do STF admitindo agravo contra a decisão do Ministro Relator que indefere o pedido de admissão como *amicus curiae*. Por exemplo, na ADI 2.591-ED, relatada pelo Min. Eros Grau, decidiu o STF: "a Corte já assentou não ter, o *amicus curiae*, legitimidade para recorrer de decisões proferidas em processos de ação direta de inconstitucionalidade, senão apenas para, na condição de requerente, impugnar a decisão que lhe não admita a intervenção na causa, naqueloutra qualidade".

Todavia, recentemente, o STF mostrou quão divergente é o tema: na ADI 3.396-ED, em agravo regimental interposto por procurador da Fazenda Nacional contra decisão do Min. Celso de Mello, que negou seu pedido de participação no julgamento da ADI como *amicus curiae*, cinco ministros entenderam que o recurso não deve ser conhecido (porque a decisão do ministro relator seria irrecorrível), mas outros cinco ministros votaram pelo conhecimento do recurso. Votaram pela admissibilidade do agravo: Celso de Mello, Cezar Peluso, Gilmar Mendes, Ricardo Lewandowski e Marco Aurélio. Por sua vez, votaram pela irrecorribilidade da decisão do Ministro Relator os ministros Carlos Ayres Brito, Dias Toffoli, Luiz Fux, Rosa Weber e Edson Fachin.

Em 2018 (17 de outubro de 2018), o assunto voltou à pauta. No RE 602.584, o plenário do STF decidiu pelo texto legal, através do qual não cabe interposição de agravo regimental para reverter decisão do Ministro Relator que tenha inadmitido no processo o ingresso de pessoa ou entidade como *amicus curiae*. Segundo o Ministro Relator, Luiz Fux, o amigo da Corte não é parte, nem terceiro, mas apenas agente colaborador. "A razão é meramente colaborativa, não constitui um direito, mas apenas um privilégio para aquele que pleiteia". O voto foi acompanhado pelos ministros Dias Toffoli, Rosa Weber e Cármen Lúcia. Foram votos vencidos os Ministros Edson Fachin e Marco Aurélio.

f.9.3) Quem pode ser *amicus curiae*?

Segundo o art. 7º, § 2º, da Lei n. 9.868/99, poderão ser habilitados como *amici curiae* "órgãos ou entidades", considerando a representatividade dos postulantes.

Dessa forma, é necessário que os órgãos ou entidades pleiteantes demonstrem sua "representatividade", ou seja, demonstrem que representam legitimamente uma parcela da sociedade. Foi admitido como *amicus curiae* nas ADIs 5.070 e 5.097 o IBCCrim (Instituto Brasileiro de Ciências Criminais); na ADI 4.650 foram admitidos como *amici curiae* o Movimento de Combate à Corrupção Eleitoral, o PSTU, a CNBB, dentre outros. A "representatividade" dos postulantes será examinada pelo Ministro relator, que deferirá ou não sua admissão.

Pela própria redação do artigo ora em comento, podem ser *amici curiae* "órgãos ou entidades", excluindo-se as pessoas físicas. Nesse sentido, o STF é pacífico: "Portanto, deixo de admitir a participação dos demais postulantes, pessoas jurídicas. Por fim, também deixo de admitir a participação dos postulantes, pessoas naturais, dado que o art. 7º, § 2º, da Lei n. 9.868/99 é expresso em se referir a órgãos ou entidades" (ADI 4.167, rel. Min. Joaquim Barbosa). No mesmo sentido: "A jurisprudência deste Tribunal é assente quanto ao não cabimento de recursos interpostos por terceiros estranhos à relação processual nos processos objetivos de controle de constitucionalidade" (ADI 3.615-ED, rel. Min. Cármen Lúcia).

Importante: não obstante a posição do STF, negando a admissão de pessoa física como *amicus curiae*, entendemos que esse entendimento deveria ser revisto com o advento do novo Código de Processo Civil, que, no seu art. 138, permite a admissão dos *amici curiae*: "pessoa natural ou jurídica, órgão ou entidade especializada, com representatividade adequada [...]". Ora, por expressa previsão legal, permite-se que pessoa natural seja *amicus curiae*, desde que tenha representatividade adequada. Assim, o presidente de uma Associação, um parlamentar ou qualquer ocupante de cargo público eletivo pode ser, entendemos, *amicus curiae*, em razão do que está disposto no novo Código de Processo Civil.

Como já mencionamos acima (ao tratarmos do controle difuso), o novo Código de Processo Civil admite a participação da pessoa física como *amicus curiae* no recurso extraordinário e também em quaisquer outros processos (art. 138, CPC).

Não obstante, em agosto de 2020, o STF manteve o posicionamento anterior, não admitindo a participação de pessoa física como *amicus curiae* no controle concentrado de constitucionalidade. Segundo o STF: "em face da natureza objetiva de que se reveste o processo de fiscalização concentrada de constitucionalidade, nele não se discutem situações individuais (RTJ 170/801-802, rel. Min. Celso de Mello), eis que inadmissível proceder à 'defesa de direito subjetivo' em sede de controle abstrato" (ADI 3396 AgR, pleno, rel. Min. Celso de Mello, j. 6-8-2020).

Segundo o Supremo Tribunal Federal, aplica-se ao *amicus curiae* a necessidade de pertinência temática: "A pertinência temática também é requisito para a admissão de *amicus curiae* e a Requerente não o preenche. Reduzir a pertinência temática ao que disposto no estatuto das entidades sem considerar a sua natureza jurídica colocaria o Supremo Tribunal Federal na condição submissa de ter que admitir sempre qualquer entidade em qualquer ação de controle abstrato de normas como *amicus curiae*, bastando que esteja incluído em seu estatuto a finalidade de defender a Constituição da República" (ADI 3.931, rel. Min. Cármen Lúcia).

f.9.4) *Amicus curiae* pode recorrer?

Afora a polêmica se o *amicus curiae* pode recorrer contra a decisão que indeferiu sua admissão (tema mencionado acima), o Supremo Tribunal Federal entende que, por não ser parte, o *amicus curiae* não pode recorrer de quaisquer decisões proferidas no curso da Ação Direta de Inconstitucionalidade: "Embargos de declaração. Legitimidade recursal limitada às partes. Não cabimento de recurso interposto por *amici curiae*. Embargos de declaração opostos pelo Procurador-Geral da República conhecidos. [...] Entidades que participam na qualidade de *amicus curiae* dos processos objetivos de controle de constitucionalidade, não possuem legitimidade para recorrer, ainda que aportem aos autos informações relevantes ou dados técnicos" (ADI 2.591-ED, rel. Min. Eros Grau).

f.9.5) *Amicus curiae* pode fazer sustentação oral?

Segundo o art. 131, § 3º, do Regimento Interno do Supremo Tribunal Federal, é facultado aos *amici curiae* "produzir sustentação oral". Esse é o entendimento do Supremo Tribunal Federal: "a admissão de *amicus curiae* confere ao processo um colorido diferenciado, emprestando-lhe caráter pluralista e aberto fundamental para o reconhecimento de direitos e a realização de garantias constitucionais em um Estado Democrático de Direito" (ADI 3.494, rel. Min. Gilmar Mendes). No mesmo sentido: "a intervenção do *amicus curiae*, quando admitida, confere-lhe, dentre outras faculdades processuais, a de promover a sustentação oral de suas razões perante o Plenário do Supremo Tribunal Federal, conforme esta Corte teve o ensejo de proclamar por ocasião do julgamento de questão de ordem suscitada na ADI 2.777/SP" (ADI 3.045, rel. Min. Celso de Mello).

f.10) Manifestação do Advogado-Geral da União

Segundo o art. 8º da Lei n. 9.868/99, "decorrido o prazo das informações, serão ouvidos, sucessivamente, o Advogado-Geral da União e o Procurador-Geral da República, que deverão manifestar-se, cada qual, no prazo de quinze dias".

Por sua vez, o art. 103, § 3º, da Constituição Federal determina que, "quando o Supremo Tribunal Federal apreciar a inconstitucionalidade, em tese, de norma legal ou ato normativo, citará, previamente, o Advogado-Geral da União, que defenderá o ato ou texto impugnado".

Dessa maneira, pela redação do art. 103, § 3º, da CF, o Advogado-Geral da União é obrigado a defender a constitucionalidade da lei que está sendo questionada na Ação Direta de Inconstitucionalidade. Esse dispositivo foi criado por conta do caráter abstrato do controle concentrado de constitucionalidade. Como não há réu, já que se está discutindo a constitucionalidade da lei em tese, escolheu-se uma autoridade responsável por fazer a defesa da constitucionalidade da lei.

Todavia, esse dispositivo constitucional sempre foi muito criticado, por causar algumas perplexidades, sobretudo duas: a) quando o Presidente da República é o autor da ADI, embora ele tenha capacidade postulatória, normalmente é representado pela Advocacia-Geral da União. Ou seja, a mesma instituição será responsável pela petição inicial (defendendo a inconstitucionalidade) e depois será intimada para defender a constitucionalidade; b) pela interpretação literal do art. 103, § 3º, da CF, o Advogado-Geral da União seria obrigado a defender leis estaduais ou federais que contrariassem interesses da União, o que seria irrazoável, já que sua instituição, nos termos do art. 131, "... representa a União, judicial e extrajudicialmente [...]".

Por conta dessas críticas, o Supremo Tribunal Federal passou a abrandar a necessidade de o Advogado-Geral da União defender a constitucionalidade das leis ou atos normativos impugnados: "O múnus a que se refere o imperativo constitucional (CF, artigo 103, § 3º) deve ser entendido com temperamentos. O Advogado-Geral da União não está obrigado a defender tese jurídica se sobre ela está Corte já fixou entendimento pela inconstitucionalidade" (ADI 1.616, rel. Min. Mauricio Corrêa).

f.11) Manifestação do Procurador-Geral da República

Depois do parecer da Advocacia-Geral da União, participará na ADI, sucessivamente, o Procurador-Geral da República, no prazo de 15 dias (art. 8º, Lei n. 9.868/99).

Ao contrário do Advogado-Geral da União, o Procurador-Geral da República atuará como *custos legis*, podendo opinar pela constitucionalidade ou inconstitucionalidade da lei. Como vimos acima, poderá opinar pela constitucionalidade da norma, ainda que tenha sido o autor da ADI, o que não implicará desistência, por conta da vedação legal do art. 5º da Lei n. 9.868/99.

f.12) Outras diligências

Segundo o art. 9º da Lei n. 9.868/99, concluída a etapa anterior (parecer da Advocacia-Geral da União e do Procurador-Geral da República), o Ministro Relator lançará o relatório, com cópia para todos os Ministros, e pedirá dia para julgamento. Nesse momento, poderá solicitar algumas diligências: a) "em caso de necessidade de esclarecimento de matéria ou circunstância de fato ou de notória insuficiência das informações existentes nos autos, poderá o relator requisitar informações adicionais, designar perito ou comissão de peritos para que emita parecer sobre a questão, ou fixar data para, em audiência pública, ouvir depoimentos de pessoas com experiência e autoridade na matéria" (art. 9º, § 1º, Lei n. 9.868/99); b) "o relator poderá, ainda, solicitar informações aos Tribunais Superiores, aos Tribunais Federais e aos Tribunais Estaduais, acerca da aplicação da norma impugnada no âmbito de sua jurisdição" (art. 9º, § 2º, Lei n. 9.868/99). Essas diligências devem ser realizadas no prazo de trinta dias, contado da solicitação do relator (art. 9º, § 3º, Lei n. 9.868/99).

Trata-se de outra medida de democratização do procedimento da ADI, sobretudo quanto à possibilidade de ouvir os Tribunais e, principalmente, a possibilidade de realização de audiências públicas, com a participação de pessoas com experiência e autoridade na matéria. A primeira audiência pública realizada pelo Tribunal foi convocada pelo Ministro Carlos Ayres Britto, Relator da ADI 2.510, que impugnava dispositivos da Lei de Biossegurança (Lei n. 11.105/2005), tendo ocorrido no dia 20 de abril de 2007.

f.13) Decisão na ADI Genérica

Segundo o art. 22 da Lei n. 9.868/99, "a decisão sobre a constitucionalidade ou a inconstitucionalidade da lei ou do ato normativo somente será tomada se presentes na sessão pelo menos oito Ministros". Para que haja a declaração de inconstitucionalidade ou constitucionalidade da norma serão necessários pelo menos seis votos. Em resumo, em toda decisão de Ação Direta de Inconstitucionalidade são necessários oito votos e, para declarar a lei constitucional ou inconstitucional, são necessários seis votos, pelo menos.

Caso não seja alcançado o número mínimo para se declarar a constitucionalidade ou a inconstitucionalidade da norma (6 Ministros), o julgamento será suspenso até o comparecimento dos Ministros ausentes, até se atingir o número necessário para a declaração (art. 23, parágrafo único).

Importante: a Ação Direta de Inconstitucionalidade possui caráter dúplice ou ambivalente, ou seja, ajuizada uma ADI na qual se pleiteia a inconstitucionalidade de uma lei ou ato normativo, o Supremo Tribunal Federal poderá declarar a lei inconstitucional (julgando procedente a ação) ou, julgando pela improcedência da ação, declarar a lei constitucional, ao contrário do que esperava o autor. Numa simples figura de linguagem, ao se ajuizar a ADI, o autor está como "a jogar uma moeda para o alto", sendo que ela pode dar "cara" (inconstitucionalidade) ou "coroa" (constitucionalidade). Não obstante, "quem decide o lado da moeda" é o Supremo Tribunal Federal, por seis votos, ao menos.

Dessa maneira, em razão do caráter dúplice ou ambivalente da ADI, dispõe o art. 24 da Lei n. 9.868/99: "Proclamada a constitucionalidade, julgar-se-á improcedente a ação direta ou procedente eventual ação declaratória; e, proclamada a inconstitucionalidade, julgar-se-á procedente a ação direta ou improcedente eventual ação declaratória".

	Ação Direta de Inconstitucionalidade (ADI)	Ação Declaratória de Constitucionalidade (ADC)
Se o STF entender que a lei é inconstitucional	Julga procedente	Julga improcedente
Se o STF entender que a lei é constitucional	Julga improcedente	Julga procedente

Importante: segundo o STF, a decisão passa a valer a partir da publicação da ata da sessão de julgamento no DJE, sendo desnecessário aguardar o trânsito em julgado, "exceto nos casos excepcionais a serem examinados pelo Presidente do Tribunal, de maneira a garantir a eficácia da decisão" (ADI 711-QO, rel. Min. Néri da Silveira). Assim, é o entendimento do Supremo Tribunal Federal: "Desnecessário o trânsito em julgado para que a decisão proferida no julgamento do mérito da ADI seja cumprida. Ao ser julgada improcedente a ação direta de inconstitucionalidade – ADI 2.335 – a Corte, tacitamente, revogou a decisão contrária, proferida em sede de medida cautelar. Por outro lado, a lei goza de presunção de constitucionalidade. Além disso, é de ser aplicado o critério adotado por esta Corte, quando do julgamento da Questão de Ordem na ADI 711 em que a decisão, em julgamento de limiar, é válida a partir da publicação no Diário da Justiça da ata da sessão de julgamento. A interposição de embargos de declaração, cuja consequência fundamental é a interrupção do prazo para interposição de outros recursos, não impede a implementação da decisão" (Rcl 2.576, rel. Min. Ellen Gracie).

Por fim, como dissemos outrora, não haverá, no controle concentrado de constitucionalidade, a atuação do Senado, por meio de resolução, já que a própria decisão do STF produzirá efeitos *erga omnes*, como lembra Paulo Hamilton Siqueira Júnior: "é pacífico na doutrina e na jurisprudência o entendimento da desnecessidade de comunicação ao Senado Federal, para fins de suspensão, quando a inconstitucionalidade é declarada em processo de apreciação em tese, dissociada de um caso concreto"[68].

f.14) Irrecorribilidade da decisão

Segundo o art. 26 da Lei n. 9.868/99, "a decisão que declara a constitucionalidade ou a inconstitucionalidade da lei ou do ato normativo em ação direta ou em ação declaratória é irrecorrível, ressalvada a interposição de embargos declaratórios, não podendo, igualmente, ser objeto de ação rescisória".

Importante, conforme entendimento do STF (e como mencionamos acima), as entidades que participam do processo na qualidade de *amicus curiae* não podem recorrer: "entidades que participam na qualidade de *amicus curiae* dos processos objetivos de controle de constitucionalidade, não possuem legitimidade para recorrer, ainda que aportem aos autos informações relevantes ou dados técnicos" (ADI 2.591-ED, rel. Min. Eros Grau).

f.15) Valor da causa

Tendo em vista que o controle concentrado de constitucionalidade das leis se dá por meio de um processo objetivo, sem qualquer significação econômica, não é necessária a indicação de valor da causa.

f.16) Fungibilidade

O STF admite a aplicação do princípio da fungibilidade entre as ações que compõem o controle concentrado de constitucionalidade. Segundo o Supremo Tribunal Federal, "É lícito conhecer de ação direta de inconstitucionalidade como arguição de descumprimento de preceito fundamental, quando coexistentes todos os requisitos de admissibilidade desta, em caso de inadmissibilidade daquela" (ADI 4.180-MC, rel. Min. Cezar Peluso).

g) Espécies de decisão

Segundo o art. 28, parágrafo único, da Lei n. 9.868/99, o Supremo Tribunal Federal poderá declarar as seguintes decisões: a) declaração de constitucionalidade; b) declaração de inconstitucionalidade; c) interpretação conforme à Constituição sem redução de texto; d) declaração parcial de inconstitucionalidade sem redução de texto.

---

68. *Direito Processual Constitucional*, p. 271.

Primeiramente, por conta do princípio da presunção de constitucionalidade das leis, a declaração de inconstitucionalidade é excepcional, enquanto da declaração de constitucionalidade é a regra.

Além da tradicional declaração de inconstitucionalidade ou constitucionalidade, outras duas decisões se destacam no art. 28, parágrafo único, da Lei n. 9.868/99: a interpretação conforme à Constituição e a declaração parcial de inconstitucionalidade sem redução de texto.

Segundo a interpretação conforme à Constituição, havendo duas ou mais interpretações razoáveis de uma mesma lei, deve o intérprete (ou o julgador) optar pela interpretação segundo a qual a lei é constitucional (isso porque, como vimos, as leis se presumem constitucionais).

Por exemplo, assim que editada a Lei n. 11.340/2006 (Lei Maria da Penha), duas posições logo surgiram: segundo uma posição, a lei, que dá tratamento diferenciado a homens e mulheres seria inconstitucional, por violação do art. 5º, I, da Constituição Federal. Não obstante, prevaleceu o entendimento de que a lei é constitucional, por dar tratamento desigual aos desiguais, por implantar um tratamento especial dado à mulher, historicamente a maior vítima da violência doméstica em nosso país. Segundo o STF, "o artigo 1º da Lei n. 11.340/2006 surge, sob o ângulo do tratamento diferenciado entre os gêneros – mulher e homem – harmônica com a Constituição Federal, no que necessária a proteção ante as peculiaridades física e moral da mulher e a cultura brasileira" (ADC 19/DF, rel. Min. Marco Aurélio). Das duas interpretações possíveis, o STF acolheu a interpretação segundo a qual a lei é constitucional.

A interpretação conforme à Constituição não é apenas um método de interpretação, como também um método de julgamento, na consecução do controle de constitucionalidade. Podemos elencar dois limites ao método ora estudado: a) não pode contrariar expressão literal do texto; b) não pode perverter a vontade do legislador.

Outrossim, não se pode confundir a interpretação conforme à Constituição com a declaração parcial de inconstitucionalidade sem redução de texto. Esta última, que é um típico caso de controle de constitucionalidade, ocorre quando, depois de considerada determinada hipótese legal inconstitucional, o Judiciário não consegue suprimir quaisquer palavras ou expressões legislativas, pois tais vedações estão implícitas no texto legal ou normativo.

Existem, segundo a doutrina, duas modalidades de interpretação conforme à Constituição: a) com redução de texto; b) sem redução de texto. Na primeira, o Judiciário, malgrado considere a norma constitucional, entende que um pequeno trecho, uma palavra, é inconstitucional, suprimindo-a, portanto. Nesse caso, em nosso entender, trata-se do tradicional controle de constitucionalidade, mais do que um método diferenciado de interpretação. Foi o que fez o Supremo Tribunal Federal na ADI 1.127-8/DF, relatada pelo Ministro Marco Aurélio, quanto ao art. 7º, § 2º, do Estatuto da OAB (Lei n. 8.906/94), que previa ao advogado, no exercício da função, três imunidades profissionais: injúria, difamação ou desacato. O STF, embora entendesse constitucional a concessão de imunidades profissionais ao advogado, considerou a palavra "desacato" inconstitucional: "a imunidade profissional do advogado não compreende o desacato, pois conflita com a autoridade do magistrado na condução da atividade jurisdicional".

Já na interpretação sem redução de texto, o Judiciário não declara parte da lei inconstitucional. Apesar de existir interpretação plausível pela inconstitucionalidade da norma, o Judiciário opta pela interpretação segundo a qual a lei é constitucional. Existem duas subespécies de interpretação conforme à Constituição sem redução de texto: 1) com fixação da interpretação constitucional; 2) com exclusão da interpretação inconstitucional.

No primeiro caso, o Judiciário considera que a lei é constitucional, desde que seja interpretada de uma determinada maneira. Em outras palavras, o Judiciário faz a interpretação conforme à Constituição, determinando qual a interpretação correta. Foi o que fez o Supremo Tribunal Federal, na ADI 1.371/DF, relatada pelo Min. Néri da Silveira: "ação julgada procedente, em parte, para, sem redução de texto, dar ao artigo 80 da Lei Complementar Federal n. 75/93, interpretação conforme à Constituição, para fixar como única exegese constitucionalmente possível aquela que admite a filiação partidária, se o membro do MP estiver afastado de suas funções institucionais, devendo cancelar sua filiação partidária, antes de reassumir essas funções, não podendo ainda, desempenhar funções pertinentes ao MP eleitoral senão dois anos após o cancelamento da filiação político-partidária".

No segundo caso (interpretação conforme à Constituição sem redução de texto, com a exclusão da interpretação inconstitucional), o Judiciário considera a lei constitucional, mas exclui a interpretação incorreta, inconstitucional. "A lei é constitucional, desde que não seja interpretada dessa forma...", dirá o Judiciário. Foi o que fez o STF no julgamento da ADI 3.684/DF, relatada pelo Min. Cezar Peluso, que tratou da possível competência penal que teria sido atribuída à Justiça do Trabalho pela Reforma do Judiciário (EC 45/2004), que alterou o art. 114 da Constituição Federal. Decidiu o STF: "do exposto, defiro a liminar para, com efeito *ex tunc*, atribuir interpretação conforme à Constituição a seu art. 114, I, IV e IX, declarando, nos termos já enunciados, que, no âmbito de jurisdição da Justiça do Trabalho, não entra competência para processar e julgar ações penais".

O mesmo método foi utilizado no julgamento da ADI 4.274, relatada pelo Min. Carlos Ayres Britto, que considerou a "Marcha da Maconha" (manifestação popular em defesa da legalização das drogas ou parte delas) constitucional, não configurando o crime previsto na Lei de Drogas: "Nem mesmo a Constituição está a salvo da ampla, livre e aberta discussão dos seus defeitos e das suas virtudes, desde que sejam obedecidas as condicionantes ao direito constitucional de reunião, tal como a prévia comunicação às autoridades competentes. Ação direta julgada procedente para dar ao § 2º do art. 33 da Lei n. 11.343/2006 'interpretação conforme à Constituição' e dele excluir qualquer significado que enseje a proibição de manifestações e debates públicos acerca da descriminalização ou legalização do uso de drogas ou de qualquer substância que leve o ser humano ao entorpecimento episódico, ou então viciado, das suas faculdades psicofísicas".

h) Efeitos da ADI Genérica

h.1) Decisão definitiva

Segundo o art. 28, parágrafo único da Lei n. 9.868/99, a decisão definitiva na Ação Direta de Inconstitucionalidade "tem eficácia contra todos e efeito vinculante em relação aos órgãos do Poder Judiciário e à Administração Pública federal, estadual e municipal". Outrossim, além desses dois efeitos, a decisão terá efeitos retroativos (*ex tunc*).

Primeiramente, o efeito da decisão definitiva da ADI é *erga omnes* ou "contra todos". Isso porque a Ação Direta de Inconstitucionalidade consiste num controle abstrato de constitucionalidade, num processo objetivo, sem que haja réus, por exemplo. Assim, depois de uma análise abstrata da constitucionalidade da lei, a decisão do Supremo Tribunal Federal produzirá efeitos contra todos (*erga omnes*).

Outrossim, o efeito da decisão definitiva da ADI é vinculante. O 'efeito vinculante' apareceu pela primeira vez na Constituição de 1988 por força da Emenda Constitucional n. 3/93, que criou a Ação Declaratória de Constitucionalidade (ADC). Nos termos do art. 102, § 2º (com a redação dada por aquela Emenda), a ADC teria efeito *erga omnes* e "vinculante, relativamente aos demais órgãos do Poder Judiciário e ao Poder Executivo. Anos depois, a Lei n. 9.868/99, que regula a ADI e a ADC, manteve o efeito vinculante para a ADC, como já estava na Constituição Federal, e o estendeu à Ação Direta de Inconstitucionalidade, surgindo dúvidas quanto à sua constitucionalidade. O STF, na ADI 1.662/SP, declarou constitucional o parágrafo único do art. 28 da Lei n. 9.868/99, e, assim, foi confirmado o efeito vinculante dado à ADI. Anos depois, a Emenda Constitucional n. 45/2004 (Reforma do Poder Judiciário) alterou novamente o art. 102, § 2º, para dar a ele a redação que temos hoje: "As decisões definitivas de mérito, proferidas pelo Supremo Tribunal Federal, nas ações diretas de inconstitucionalidade e nas ações declaratórias de constitucionalidade produzirão eficácia contra todos e efeito vinculante, relativamente aos demais órgãos do Poder Judiciário e à administração pública direta e indireta, nas esferas federal, estadual e municipal". Portanto, não há mais qualquer dúvida: a ADI tem efeito vinculante.

Como o próprio nome diz, por ser vinculante, a decisão definitiva de mérito na ADI vinculará todos os órgãos do Poder Judiciário e toda a Administração Pública. Assim, todos os juízes e tribunais deverão decidir conforme foi estabelecido pelo STF, assim como toda a Administração Pública deverá cumprir a norma, de acordo com o que foi decido pelo STF. Importante: a vinculação não atinge o Poder Legislativo. Assim, poderá o Poder Legislativo discutir, votar e até aprovar uma lei versando sobre o assunto decidido pelo STF, de forma diversa. O efeito vinculante não poderia "engessar", "fossilizar" o Poder Legislativo, eleito democraticamente. Obviamente, se a lei feita pelo Poder Legislativo contrariar a Constituição (ou o bloco de constitucionalidade), será declarada inconstitucional, pelo controle difuso ou concentrado. Aliás, esse é entendimento do Supremo Tribunal Federal: "o efeito vinculante e a eficácia contra todos (*erga omnes*), que qualificam os julgamentos que o Supremo Tribunal Federal profere em sede de controle normativo abstrato, incidem, unicamente, sobre os demais órgãos do Poder Judiciário e os do Poder Executivo, não se estendendo, porém, em tema de produção normativa, ao legislador, que pode, em consequência, dispor, em novo ato legislativo, sobre a mesma matéria versada em legislação anteriormente declarada inconstitucional pelo Supremo, ainda que no âmbito de processo de fiscalização concentrada de constitucionalidade, sem que tal conduta importe em desrespeito à autoridade das decisões do STF" (Rcl 5.442-MC, rel. Min. Celso de Mello).

Não obstante, como frisado pelo STF na decisão acima, os efeitos vinculantes da decisão do Supremo não vinculam o Poder Legislativo quanto à sua "produção normativa", ou seja, quanto ao seu poder de legislar, de editar novos atos normativos. A decisão do Supremo Tribunal Federal na ADI vinculará o Poder Legislativo (e todos os outros poderes) no tocante às outras funções (não legislativas), chamadas de funções atípicas. Assim, nos atos de administração, o Poder Legislativo deve seguir aquilo que foi decidido pelo STF em decisão vinculante, bem como, nos atos de julgamento (como a condenação do Presidente por crime de responsabilidade), deve ser cumprida a decisão do Supremo que tiver efeitos vinculantes.

Sobre o tema, manifestou-se Gilmar Mendes, afirmando que a declaração de inconstitucionalidade não impedirá que o Legislativo edite norma idêntica àquela declarada inconstitucional, sendo necessária uma nova ação para declarar a invalidade dessa nova norma: "Uma nova lei, ainda que de teor idêntico ao do texto normativo declarado inconstitucional, não estaria abrangida pela força de lei. Também o Supremo Tribunal tem entendido que a declaração de inconstitucionalidade não impede o legislador de promulgar lei de conteúdo idêntico ao do texto anteriormente censurado. Tanto é assim que, nessas hipóteses, tem o Tribunal processado e julgado nova ação direta, entendendo legítima a propositura de uma nova ação direta de inconstitucionalidade e não de simples reclamação"[69].

O que diferencia o efeito vinculante que temos hoje e a coisa julgada nacional que tínhamos antigamente? Explico: antes de existir o efeito vinculante, a decisão do Supremo Tribunal Federal já produzia efeitos em todo o Brasil. A maior diferença repousa sobre os efeitos do descumprimento da decisão do STF: antigamente, contra uma decisão que contrariasse a coisa julgada nacional decorrente da decisão do STF, seriam necessários recursos ordinários e extraordinários, até que a questão chegasse à Suprema Corte. Atualmente, por ter efeito vinculante, contra decisão que contraria o entendimento vinculante do STF caberá reclamação, diretamente ao STF.

Importante frisar que o "efeito vinculante" não se aplica ao Poder Legislativo na sua função típica de legislar, de modo a evitar o fenômeno da "fossilização da Constituição", prática vedada no ordenamento jurídico brasileiro, aplicando-se a todas as decisões com efeito vinculante (incluindo aí a súmula vinculante). Assim, poderá o Legislativo elaborar uma norma jurídica contrária ao entendimento dos Tribunais (que poderão novamente declarar a inconstitucionalidade da norma, salvo se essa alteração normativa for constitucional). Trata-se, muitas vezes, de uma "reação legislativa" que pode ser denominada de "efeito *backlash*", que vimos no Capítulo 1 desta obra.

Por fim, o efeito da decisão definitiva da ADI também é *ex tunc* (eficácia retroativa). Como vimos no início deste capítulo, uma lei declarada inconstitucional é nula, írrita, desde sua origem. Assim, o Supremo Tribunal Federal declarará sua nulidade, invalidade, desde o seu nascimento. Dessa maneira, declara uma lei inconstitucional, todos os efeitos por ela gerados devem ser desconstituídos, pois uma lei inválida não poderia ter produzido efeitos. Todavia, essa é a regra, comportando importante exceção.

Em regra, os efeitos da decisão definitiva da ADI são *ex tunc*. Não obstante, nos termos do art. 27 da Lei n. 9.868/99, o Supremo Tribunal Federal poderá modular os seus feitos. Segundo o art. 27, ora mencionado: "Ao declarar a inconstitucionalidade de lei ou ato normativo, e tendo em vista razões de segurança jurídica ou de excepcional interesse social, poderá o Supremo Tribunal Federal, por maioria de dois terços de seus membros, restringir os efeitos daquela declaração ou decidir que só tenha eficácia a partir de seu trânsito em julgado ou de outro modo que venha a ser fixado".

Assim, como base nesse dispositivo legal, declarada uma lei inconstitucional, poderá o STF fixar a data a partir da qual sua decisão produzirá efeitos. Várias são as hipóteses: a) em regra, os efeitos da decisão são retroativos (retroagindo até o nascimento da lei – efeito *ex tunc*); b) o STF pode determinar que sua decisão retroaja apenas por um período posterior à edição da lei – alguns meses, alguns anos etc.; c) o STF pode determinar que sua decisão não retroagirá, produzindo efeitos a partir do trânsito em julgado (efeito *ex nunc*); d) o STF pode determinar que sua decisão produzirá feitos somente no futuro – depois de alguns meses, anos etc.; é o chamado efeito *pro futuro* ou prospectivo). Nesse caso, a decisão do STF, em vez de ser declaratória, será constitutiva, pois manterá os efeitos já produzidos pela lei inconstitucional, determinando, criando um momento a partir do qual os efeitos de sua decisão serão gerados.

---

69. *Direitos Fundamentais e Controle de Constitucionalidade*, p. 433.

Portanto, os efeitos da declaração definitiva de inconstitucionalidade são, em regra, *ex tunc* (retroagem até a entrada em vigor da legislação infraconstitucional). Caso o STF não se manifeste sobre eventual modulação dos efeitos, sua decisão retroagirá: "A ordem natural das coisas direciona no sentido de ter-se como regra a retroação da eficácia do acórdão declaratório constitutivo negativo à data da integração da lei proclamada inconstitucional, no arcabouço normativo, correndo à conta da exceção a fixação do termo inicial distinto. [...] Inexistindo pleito de fixação de termo inicial diverso, não se pode alegar omissão relativamente ao acórdão por meio do qual se concluiu pelo conflito do ato normativo autônomo abstrato com a Carta da República, fulminando-o desde a vigência" (ADI 2.728-ED, rel. Min. Marco Aurélio).

Não obstante, caso o Supremo Tribunal Federal decida modular os efeitos da ADI, terá de fazê-lo, por dois terços de seus membros (8 Ministros). Foi o que decidiu o STF: "A atribuição de efeitos prospectivos à declaração de inconstitucionalidade, dado o seu caráter excepcional, somente tem cabimento quando o Tribunal manifesta-se expressamente sobre o tema, observando-se a exigência do quórum qualificado previsto em lei" (AI 457.766-AgR, rel. Min. Ricardo Lewandowski).

Várias foram as vezes em que o Supremo Tribunal Federal se utilizou da chamada "modulação" ou "manipulação" dos efeitos da ADI, nos termos do art. 27 da Lei n. 9.868/99 (exemplos: ADI 4.425, 2.797, 4.029, 2.791 etc.), sempre fundamentando sua decisão, por dois terços dos seus membros (8 Ministros), na "segurança jurídica ou excepcional interesse social". Por exemplo, na ADI 4.029, relatada pelo Min. Luiz Fux, decidiu o STF: "a segurança jurídica, cláusula pétrea constitucional, impõe ao Pretório Excelso valer-se do comando do art. 27 da Lei n. 9.868/99 para modular os efeitos de sua decisão, evitando que a sanatória de uma situação de inconstitucionalidade propicie o surgimento de panorama igualmente inconstitucional. A modulação de efeitos possui variadas modalidades, sendo adequada ao caso *sub judice* a denominada *pure prospectivity*, técnica de superação da jurisprudência em que o 'novo entendimento se aplica exclusivamente para o futuro, e não àquela decisão que originou a superação da antiga tese'".

h.2) Decisão cautelar

Os arts. 10 a 12 da Lei n. 9.868/99 referem-se à medida cautelar na Ação Direta de Inconstitucionalidade. A expressão "medida cautelar" decorre do próprio texto constitucional (art. 102, I, "p", CF: "o pedido de medida cautelar das ações diretas de inconstitucionalidade"). Embora haja grande discussão doutrinária acerca do conceito de cautelar, em se tratando de ação declaratória de inconstitucionalidade, deve ser entendida como a antecipação dos efeitos (ou parte deles) da decisão definitiva. Assim, poderá o Supremo Tribunal Federal, preenchido o procedimento que adiante se verá, declarar cautelarmente uma lei inconstitucional, com efeitos *erga omnes*.

Segundo o art. 10, *caput*, da Lei n. 9.868/99, a cautelar deve ser concedida por "decisão da maioria absoluta dos membros do Tribunal, observado o disposto no art. 22 [...]". Em outras palavras, para concessão da medida cautelar são necessários seis votos, estando presentes oito Ministros. Todavia, há uma exceção: "salvo no período do recesso". Assim, estando o Supremo Tribunal Federal no período do recesso, o Ministro relator poderá deferir, monocraticamente, a decisão cautelar na ADI.

Para concessão da medida cautelar, o Ministro relator primeiramente permitirá a manifestação dos órgãos ou autoridades que fizeram o ato impugnado, no prazo de cinco dias (art.

10, *caput, in fine*). Todavia, em caso de excepcional urgência, poderá deferir a medida cautelar sem a sua audiência (art. 10, § 3º). Outrossim, se o Ministro relator julgar indispensável, ouvirá o Advogado-Geral da União e o Procurador-Geral da República, no prazo de três dias (art. 10, § 1º). Como se vê, entendendo ser urgente a concessão da medida cautelar, poderá o STF concedê-la *inaudita altera pars*, sem ouvir o órgão que elaborou o ato impugnado e sem colher os pareceres do Advogado-Geral da União e do Procurador-Geral da República.

Todavia, mesmo nos casos de urgência, a medida cautelar somente poderá ser concedida por maioria absoluta dos Ministros do STF, não podendo ser concedida monocraticamente pelo Ministro Relator. A única exceção admitida em lei se dá no período do recesso: "A decisão sobre medida cautelar é da competência do Tribunal Pleno e sua concessão depende do voto da maioria absoluta de seus membros, ouvidos, previamente, os órgãos ou autoridades dos quais emanou a lei (Lei n. 9.868/99, art. 10). A lei abre uma única exceção à regra: 'Salvo no período de recesso'. Em nenhum momento, salvo o recesso, a lei autoriza a decisão de cautelar pelo relator. Mesmo nos casos de 'excepcional urgência'" (MS 25.024-MC, rel. Min. Eros Grau).

Segundo o art. 11, § 1º, da Lei n. 9.868/99, a medida cautelar produzirá efeitos contra todos (*erga omnes*) e *ex nunc*, salvo se o Tribunal entender que deva conceder-lhe eficácia retroativa.

Primeiramente, o efeito da cautelar na ADI é *erga omnes*. Não poderia ser diferente, por se tratar de um processo objetivo, em que tecnicamente não há partes. Outrossim, o efeito, em regra, será *ex nunc*, ou seja, não retroativo, produzindo efeitos a partir da publicação da decisão.

Outrossim, em regra, os efeitos da medida cautelar são *ex nunc*, produzidos a partir da publicação, no *Diário da Justiça da União*, da ata do julgamento do pedido de cautelar (ADI 711-QO, rel. Min. Néri da Silveira). Todavia, embora os efeitos da cautelar sejam, em regra, *ex nunc*, poderá o STF, expressamente, determinar que sejam dados à decisão de inconstitucionalidade efeitos retroativos: "a eficácia *ex tunc* da medida cautelar não se presume, pois depende de expressa determinação constante da decisão que a defere, em sede de ação direta de inconstitucionalidade. A medida cautelar em ação direta de inconstitucionalidade, reveste-se, ordinariamente, de eficácia *ex nunc*, operando, portanto, a partir do momento em que o Supremo Tribunal Federal a defere. Excepcionalmente, no entanto, e para que não se frustrem os seus objetivos, a medida cautelar poderá projetar-se com eficácia *ex tunc*, em caráter retroativo, com repercussão sobre situações pretéritas. Para que se outorgue eficácia *ex tunc* ao provimento cautelar, em sede de ação direta de inconstitucionalidade, impõe-se que o Supremo Tribunal Federal assim o determine, expressamente, na decisão que conceder essa medida extraordinária" (ADI 2.105, rel. Min. Celso de Mello).

A medida cautelar em ADI tem efeito vinculante? O art. 102, § 2º, da Constituição Federal afirma que "as decisões definitivas de mérito, proferidas pelo Supremo Tribunal Federal, [...] produzirão eficácia contra todos e efeito vinculante...". Numa interpretação literal do texto constitucional, o efeito vinculante não se estenderia às decisões cautelares. Por sua vez, o art. 28, parágrafo único, da Lei n. 9.868/99 afirma que "a declaração de constitucionalidade ou inconstitucionalidade [...] tem eficácia contra todos e efeito vinculante...". Embora não exclua a medida cautelar, o referido artigo está no capítulo específico reservado às decisões definitivas. Ou seja, numa interpretação sistemática, as medidas cautelares estariam igualmente excluídas do efeito vinculante. Como se posiciona o STF?

Segundo o STF, a medida cautelar em Ação Direta de Inconstitucionalidade também tem efeito vinculante. Na Reclamação 2.256/RN, relatada pelo Min. Gilmar Mendes, decidiu o STF: "Se não subsiste dúvida relativamente à eficácia *erga omnes* da decisão proferida em sede de cautelar na ação direta de inconstitucionalidade, é lícito indagar se essa decisão seria, igualmente, dotada de efeito vinculante. [...] A decisão cautelar, lemos nos compêndios, destina-se a resguardar, a salvaguardar o efeito útil do processo contra o risco de sua própria demora. [...] Vê-se, pois, que a decisão concessiva de cautelar em ação direta de inconstitucionalidade é também dotada de efeito vinculante".

Todavia, importante frisar que a decisão que nega a medida cautelar não tem efeito vinculante. Ou seja, caso o Supremo Tribunal Federal não conceda a medida cautelar de inconstitucionalidade, não significa que está declarando a constitucionalidade da lei, cautelarmente. Enquanto a decisão concessiva da cautelar tem efeito vinculante, a decisão denegatória da cautelar não tem. Foi o que decidiu o STF: "Esta Suprema Corte entendeu que a existência de juízo denegatório de provimento cautelar, quando proferido em sede de controle abstrato de constitucionalidade, não impede que se proceda ao julgamento concreto, pelo método difuso, de idêntico litígio constitucional" (Rcl 2.810-AgR/MG, rel. Min. Celso de Mello). Em outra decisão, o STF é ainda mais claro: "Somente as decisões concessivas das liminares em ADIs e ADCs é que se dotam de efeito vinculante. No caso da ADI 2.797, o que se teve foi a decisão denegatória de liminar" (Rcl. 3.233-AgR/SP, rel. Min. Carlos Britto).

Por fim, o último efeito da decisão cautelar é o efeito repristinatório, previsto no art. 11, § 2º, da Lei n. 9.868/99: "a concessão da medida cautelar torna aplicável a legislação anterior acaso existente, salvo expressa manifestação em sentido contrário". Explica-se: imaginemos que uma lei seja declarada inconstitucional em medida cautelar, pelo STF. Como vimos, em regra, essa decisão produzirá efeitos *ex nunc*, ou seja, a partir de então. Todos os efeitos gerados pela lei, até a publicação da decisão cautelar do STF permanecerão válidos, intactos. Ocorre que um dos primeiros efeitos (na verdade, o primeiro) gerados pela lei foi a revogação de lei anterior que versava sobre o mesmo tema. Dessa maneira, com a produção de efeitos *ex nunc* da decisão cautelar, criar-se-ia um "limbo jurídico", uma "lacuna normativa". A nova lei, declarada inconstitucional cautelarmente pelo STF, estaria suspensa, e a lei anterior teve sua revogação mantida pela lei agora suspensa. Em resumo, não haverá mais lei tratando sobre o tema. Por essa razão, a decisão cautelar da ADI, que possui efeito *ex nunc*, terá o efeito repristinatório sobre a lei anterior. Por isso, o art. 11, § 2º, da Lei n. 9.868/99 afirma: "a concessão da medida cautelar torna aplicável a legislação anterior acaso existente".

Trata-se do efeito repristinatório da cautelar da ADI, fenômeno inspirado na repristinação das normas, previsto no art. 2º, § 3º, da Lei de Introdução às Normas do Direito Brasileiro: "salvo disposição em contrário, a lei revogada não se restaura por ter a lei revogadora perdido a vigência". Assim, em regra, não há repristinação no Direito brasileiro, exceto se a nova lei revogadora expressamente determinar que a lei anterior volte a viger.

No caso da cautelar da ADI, para se evitar uma lacuna normativa acerca de um determinado assunto, a lei revogada voltará a viger, por força da decisão do STF (art. 11, § 2º, Lei n. 9.868/99). Esse é o entendimento do STF: "a orientação pacífica do Supremo Tribunal Federal encaminhou-se no sentido de reconhecer que, deferida a liminar que suspende a aplicação da norma questionada, é de se aplicar, integralmente, o direito anterior" (Rcl 2.256-MC, rel. Min. Gilmar Mendes).

Embora haja certa confusão por parte da doutrina e por parte do próprio STF, tal fenômeno não ocorre da mesma maneira nas decisões definitivas de inconstitucionalidade. Isso porque, como vimos no item anterior, em regra, as decisões definitivas de inconstitucionalidade produzem efeitos *ex tunc*, em regra. Dessa maneira, todos os efeitos já gerados pela norma inconstitucional serão desconstituídos, inclusive o primeiro efeito por ela gerado: revogar as leis anteriores. Dessa maneira, com a declaração definitiva de inconstitucionalidade e seus respectivos efeitos *ex tunc*, a revogação jamais ocorrera e, por consequência, não se trataria de uma repristinação. No caso da cautelar da ADI, com seus efeitos *ex nunc*, a revogação da lei anterior fica mantida, por isso se tornam necessários seus efeitos repristinatórios. Todavia, os efeitos repristinatórios também poderão ocorrer na decisão definitiva de inconstitucionalidade, caso o STF decida modular os seus efeitos. Ora, nessa situação, a decisão de inconstitucionalidade poderá produzir efeitos *ex nunc* ou *pro futuro*, mantendo a revogação da lei anterior, sendo necessário, pois, o efeito repristinatório para que não haja a mencionada lacuna normativa. Nesse sentido, já decidiu o STF: "a eficácia *erga omnes* das decisões prolatadas por esta Corte, em ação direta de inconstitucionalidade, quando suspendem *ex nunc*, o ato normativo impugnado, se adstringe a revigorar, para o futuro e até a decisão final da ação, a normatividade vigente anteriormente, impondo a todos a observância desta" (ADI 1.423-QO, rel. Min. Moreira Alves).

Por fim, caso interessante já foi julgado pelo Supremo Tribunal Federal: o "efeito repristinatório indesejado". Ele acontece quando as duas leis (revogada e revogadora) padecem do mesmo vício de inconstitucionalidade. Nesse caso, declarando-se a lei revogadora inconstitucional, repristinar-se-ia a lei revogada, também inconstitucional. Nessa hipótese, em casos semelhantes, o STF determina que ambas as leis sejam objeto da Ação Direta de Inconstitucionalidade, sob pena de não conhecimento da ação: "A questão do efeito repristinatório indesejado. Necessidade, em tal hipótese, de formulação de pedidos sucessivos de declaração de inconstitucionalidade tanto do diploma ab-rogatório quando das normas por ele revogadas, desde que também eivadas do vício da ilegitimidade constitucional. Ausência de impugnação, no caso, do diploma legislativo cuja eficácia restaurar-se-ia em função do efeito repristinatório. Hipótese de incognoscibilidade da ação direta. Ação direta não conhecida" (ADI 2.215-MC, rel. Min. Celso de Mello). No mesmo sentido: "Considerações em torno da questão da eficácia repristinatória indesejada e da necessidade de impugnar os atos normativos que, embora revogados, exteriorizem os mesmos vícios de inconstitucionalidade que inquinam a legislação revogadora. Ação direta que impugna, não apenas a lei estadual, n. 1.123/2000, mas também os diplomas legislativos que, versando matéria idêntica (serviços lotéricos), foram por ela revogados. Necessidade, em tal hipótese, de impugnação de todo o complexo normativo. Correta formulação, na espécie, de pedidos sucessivos de declaração de inconstitucionalidade tanto do diploma ab-rogatório quanto das normas por ele revogadas, porque também eivadas do vício da ilegitimidade constitucional" (ADI 3.148, rel. Min. Celso de Mello).

EFEITOS DA ADI	
DECISÃO CAUTELAR	**DECISÃO DEFINITIVA**
Erga omnes (art. 11, § 1°, Lei n. 9.868/99)	*Erga omnes* (art. 28, parágrafo único, Lei n. 9.868/99)
Vinculante (Rcl 3.233-AgR/SP, Rcl 2.810-AgR/MG)	Vinculante (art. 28, parágrafo único, Lei n. 9.868/99 e art. 102, § 2°, CF)
Ex nunc, em regra (pode o STF decidir pelos efeitos retroativos – art. 11, § 1°, *in fine*, Lei n. 9.868/99)	*Ex tunc*, em regra (nos termos do art. 27, Lei n. 9.868/99, por 2/3 de seus Ministros, o STF pode modular os efeitos da ADI)
Efeito repristinatório, em regra (art. 11, § 2°, Lei n. 9.868/99)	

i) **Efeitos *ex tunc* da ADI e "coisa julgada inconstitucional"**

Como sabemos, a declaração de inconstitucionalidade em decisão definitiva no controle concentrado de constitucionalidade produz efeito *ex tunc*, retroativos. A questão é: essa retroatividade tem o condão de desconstituir decisões judiciais anteriores proferidas em sentido contrário, baseadas na lei agora declarada inconstitucional? Trata-se da denominada "coisa julgada inconstitucional", ou seja, uma decisão judicial transitada em julgado baseada em uma lei declarada posteriormente inconstitucional no controle concentrado de constitucionalidade.

A questão envolve dois valores constitucionais importantes e conflitantes: de um lado a segurança jurídica, caracterizada pela imutabilidade da coisa julgada, e de outro lado a força normativa da Constituição e o princípio da máxima efetividade das normas constitucionais.

O assunto ainda é polêmico, e certamente haverá no futuro próximo novos desdobramentos na jurisprudência do STF, máxime com o advento do novo Código de Processo Civil, com algumas inovações.

Não obstante, podemos resumir a questão da seguinte maneira: a desconstituição da coisa julgada por conta de uma decisão posterior do STF não é absolutamente vedada, como pensam alguns. A imutabilidade da coisa julgada não é absoluta, nem uma cláusula pétrea, como largamente difundido. Ora, o art. 5º, XXXVI, da Constituição Federal, ao tratar da coisa julgada, afirma: "a lei não prejudicará o direito adquirido, o ato jurídico perfeito e a coisa julgada". Portanto, a proteção constitucional impede que uma nova lei retroaja para ferir o estabelecido pela coisa julgada. Isso não significa que a coisa julgada é imutável. Fosse ela imutável, seriam inadmissíveis ações como ação rescisória, no processo civil e revisão criminal, no processo penal. Não obstante, embora a imutabilidade da coisa julgada não seja absoluta, inegavelmente o respeito à coisa julgada é um princípio constitucional, decorrente da segurança jurídica, princípio previsto no art. 5º, *caput*, da Constituição Federal. Portanto, defendemos a tese de que uma decisão de inconstitucionalidade no controle concentrado por parte do STF não terá o condão de, automaticamente, desconstituir todas as coisas julgadas sobre o mesmo assunto, não importando quando foram proferidas. Em caso contrário, estaríamos diante da absurda desconstituição de decisões transitadas em julgado há décadas, o que macularia de morte a segurança jurídica.

Bem, não sendo, pois, a desconstituição da coisa julgada um efeito automático da decisão de inconstitucionalidade no controle difuso, qual seria o mecanismo para efetuar sua revisão? Há duas posições acerca da questão.

Parte da doutrina entende que seria possível ajuizar uma ação de declaração da nulidade da decisão já transitada em julgado, alegando sua inconstitucionalidade. Como o vício da inconstitucionalidade seria o maior dos vícios de uma decisão judicial, essa ação não teria prazo, sendo, pois, uma nova modalidade de *querela nullitatis* (nulidade que pode ser arguida a qualquer tempo). Para outra posição, mais moderada, o meio capaz de desconstituir a coisa julgada inconstitucional seria a ação rescisória. Concordamos com essa segunda posição. Em nosso entender, o uso da ação rescisória é a melhor maneira capaz de tutelar ambos os direitos, de proteger ambos os princípios: a segurança jurídica e a força normativa da Constituição.

Todavia, há uma grande dúvida, ainda pendente de solução: qual o prazo para ajuizar essa ação rescisória? Entendemos que o prazo seria de dois anos, a contar do trânsito em julgado da decisão judicial. Assim, se, trinta anos depois, o STF declarou a lei inconstitucional, entendemos não ser possível ajuizar uma ação rescisória contra decisão baseada na lei agora tida como inválida. Admitir a rescisória nesse caso seria macular a segurança jurídica, igualmente constitucional.

Todavia, o novo Código de Processo Civil traz inovações nesse assunto, contrárias à posição que aqui defendemos. Segundo o art. 525, § 15, do novo Código de Processo Civil (que está no capítulo referente ao cumprimento de sentença), se o STF declarar uma lei inconstitucional, em controle de constitucionalidade concentrado ou difuso (art. 525, § 12), após o trânsito em julgado de uma decisão judicial qualquer, "caberá ação rescisória, cujo prazo será contado do trânsito em julgado da decisão proferida pelo Supremo Tribunal Federal". Assim, nos termos do novo Código de Processo Civil, se o STF declarar uma lei inconstitucional depois de 50 anos, poderão ser desconstituídas, por meio de ação rescisória, todas as decisões judiciais transitadas em julgado baseadas na lei declarada (só agora) inconstitucional. Em nosso entender, esse dispositivo é flagrantemente inconstitucional, por restringir excessivamente o núcleo essencial do princípio constitucional da segurança jurídica. Não obstante, aguardemos posicionamento do Supremo Tribunal Federal acerca desse assunto.

j) **Princípio da parcelaridade**

Na Ação Direta de Inconstitucionalidade, o STF poderá julgar procedente total ou parcialmente o pedido da parte, declarando a lei inconstitucional no todo ou em parte (bem como outros dispositivos, por arrastamento, como se verá no item seguinte). Essa declaração "em parte" de inconstitucionalidade pode recair sobre partes de dispositivos legais, até mesmo sobre algumas palavras. Foi o que fez o Supremo Tribunal Federal na ADI 1.127/DF, relatada pelo Ministro Marco Aurélio, quanto ao art. 7°, § 2°, do Estatuto da OAB (Lei n. 8.906/94), que previa ao advogado, no exercício da função, três imunidades profissionais: injúria, difamação ou desacato. O STF, embora entendesse constitucional a concessão de imunidades profissionais ao advogado, considerou a palavra "desacato" inconstitucional: "a imunidade profissional do advogado não compreende o desacato, pois conflita com a autoridade do magistrado na condução da atividade jurisdicional.

k) **Inconstitucionalidade por arrastamento**

Em alguns casos, o Supremo Tribunal Federal, ao declarar a inconstitucionalidade de uma determinada lei, por consequência, também declara a inconstitucionalidade de outros atos normativos, intimamente ligados com o primeiro, ainda que não haja requerimento expresso do autor da ADI. Trata-se de uma exceção ao princípio da inércia, no qual o magistrado está limitado pelo pedido da parte autora.

Todavia, a inconstitucionalidade por arrastamento ou atração (também chamada de "inconstitucionalidade consequente de preceitos não impugnados" ou "inconstitucionalidade por reverberação normativa") somente pode ser aplicada em casos de estreita vinculação normativa. Em outras palavras, não pode o STF, ao declarar a inconstitucionalidade de uma lei, aproveitar o ensejo para declarar como inconstitucionais leis semelhantes. A inconstitucionalidade por arrastamento só é permitida em casos de estreita, inequívoca vinculação de uma norma à outra.

O arrastamento pode se dar quanto a outras normas presentes na mesma lei, declarada inconstitucional. Foi o que ocorreu na ADI 1.358/DF, relatada pelo Min. Gilmar Mendes: "dada a inconstitucionalidade da própria pensão especial, isto é, do art. 1° da lei, tal como já analisado, as demais normas presentes na lei, tais como aquelas resultantes dos artigos 2° e 3°, ficam sem qualquer sentido normativo autônomo e devem, assim, ser declaradas inconstitucionais por arrastamento". Em caso semelhante, na ADI 1.923/DF, ao declarar inconstitucional dispositivo de uma mesma lei, tal decisão refletiu sobre outra norma da mesma lei: "perde sua razão de ser o § 1º do mesmo art. 14 (inconstitucionalidade por reverberação normativa)" (voto do Min. Carlos Ayres Britto).

Outrossim, o arrastamento também pode se dar quanto a normas decorrentes logicamente da norma declarada inconstitucional, como acontece normalmente com os decretos regulamentares. Ora, declarada a lei inconstitucional, os decretos que a regulamentam são igualmente inconstitucionais, por arrastamento: "julgo procedente a presente ação direta, para declarar a inconstitucionalidade da Lei n. 12.343, de 29 de janeiro de 2003, do Estado de Pernambuco, estendendo essa mesma eficácia, ainda, por via de arrastamento, ao Decreto n. 24.446, de 21 de junho de 2002, dessa mesma unidade da Federação" (ADI 2.995/PE, voto do Min. Celso de Mello).

l) **Inconstitucionalidade progressiva**

Em regra, a lei nasce constitucional ou inconstitucional. Todavia, em casos excepcionais, por conta de circunstâncias externas, é possível que a lei, que nascera constitucional, vá se tornando inconstitucional com o passar do tempo. Trata-se do fenômeno da "inconstitucionalidade progressiva" ou "lei ainda constitucional". Esse fenômeno, anteriormente identificado pelo Tribunal Constitucional alemão, é um dos justificadores da modulação dos efeitos da ADI. Se a lei se transformou em inconstitucional com o passar do tempo, a decisão de inconstitucionalidade deve retroagir somente até o momento em que se deu essa transformação.

A questão foi decidida pelo STF no HC 70.514/RS, relatado pelo Min. Sydney Sanches, sobre a constitucionalidade da Lei n. 7.871/89, que confere prazo em dobro para as Defensorias Públicas recorrerem. Não obstante, a lei foi declarada constitucional "ao menos até que sua organização, nos Estados, alcance o nível de organização do respectivo Ministério Público, que é a parte adversa, como órgão de acusação, no processo da ação penal pública".

Essa progressividade também pode se dar com a "não recepção" das leis infraconstitucionais anteriores à Constituição. Assim, com o advento de uma nova Constituição, a lei anterior foi recepcionada, mas, com o passar do tempo, por conta de circunstâncias externas, ela vai perdendo sua validade e deixa de ser recepcionada pela Constituição. Nesse caso, também, o Judiciário, ao fazer a declaração de não recepção da norma, poderá fazer a modulação dos seus efeitos, retroagindo os efeitos de sua decisão até o momento em que a lei, outrora recepcionada, deixou de sê-lo: "Entendo que o alcance no tempo de decisão judicial determinante de não recepção de direito pré-constitucional pode ser objeto de discussão. Como demostrado, há possibilidade de se modularem os efeitos da não recepção de norma pela Constituição de 1988, conquanto que juízo de ponderação justifique o uso de tal recurso de hermenêutica constitucional" (ADI 631.533, rel. Min. Gilmar Mendes).

Foi o que aconteceu com o art. 68 do Código de Processo Penal de 1941. Segundo ele, sendo a vítima pobre, a ação civil *ex delicto* e a execução de sentenças penais condenatórias serão ajuizadas pelo Ministério Público, se a vítima assim requerer. Todavia, com o advento da Defensoria Pública, seria esta a instituição legitimada a ajuizar essas ações, e não mais o Ministério Público. A questão é: enquanto a Defensoria Pública não estiver devidamente estruturada, quem ajuizará essa ação? Trata-se da hipótese agora em comento. Com o advento da Constituição de 1988, o art. 68 do CPP foi recepcionado, mas, com a estruturação evolutiva da

Defensoria Pública, ele vai deixando lentamente de ser recepcionado pela Constituição. Como disse o grande processualista e meu dileto amigo Guilherme Madeira, "somente terá o Ministério Público a legitimidade para promoção da ação civil *ex delicto* quando se tratar de estado que não tenha organizado a Defensoria Pública"[70]. Quanto a essa questão, já se manifestou o STF: "A questão das situações constitucionais imperfeitas – subsistência, no estado de São Paulo, do art. 68 do CPP, até que seja instituída e regularmente organizada a Defensoria Pública local" (RE 341.717, AgR, rel. Min. Celso de Mello).

m) Atalhamento constitucional ou desvio do poder constituinte

Trata-se de uma manobra do Poder Legislativo, no exercício do poder constituinte derivado reformador, alterando o texto constitucional e tentando burlar os limites que lhe são impostos pelas regras e princípios constitucionais, expressos ou implícitos.

Por exemplo, o art. 16 da Constituição Federal prevê o princípio da anterioridade eleitoral, segundo o qual as regras que alteram o processo eleitoral só podem ser aplicadas às eleições que ocorrerem um ano depois, pelo menos. Inconformado com essa limitação, impedindo de mudar as regras de coligação partidária no ano da eleição, o Congresso Nacional aprovou a Emenda Constitucional 52/2006, que permitiria a aplicação de nova regra eleitoral às eleições que ocorreriam meses depois. Felizmente, o STF declarou inconstitucional essa parte da Emenda, por violação da cláusula pétrea "anterioridade eleitoral", um direito individual do eleitor. Nessa ADI, em seu voto, o Ministro Ricardo Lewandowski afirma: "o dispositivo impugnado, *data venia*, casuístico, incorre no vício que os publicistas franceses de longa data qualificam de *détounemet de pouvoir*, isto é, de desvio de poder ou de finalidade, expediente mediante o qual se busca atingir um fim ilícito utilizando-se de um meio aparentemente legal. Em outras palavras, repita-se, buscou-se, no caso, como se viu, atalhar o princípio da anualidade, dando efeito retroativo à Emenda 52, promulgada em plena vigência do moralizador artigo 16 da Carta Magna".

Em nosso entender, também foi o que houve com a Emenda Constitucional n. 91, de 18 de fevereiro de 2016, que permitiu a todos os políticos detentores de mandato eletivo livremente mudar de partido político, por um período determinado. Tal "libertinagem partidária", criada pela EC 91/2016, em nosso entender, teve o condão de atalhar o princípio constitucional da fidelidade partidária (art. 17, § 1º, CF) e, por isso, deveria ser considerado igualmente inconstitucional. A Emenda ora em comento foi objeto de Ação Direta de Inconstitucionalidade (ADI 5.497), ainda pendente de julgamento.

n) Inconstitucionalidade chapada

Trata-se de expressão utilizada pelo Supremo Tribunal Federal, ao se referir à inconstitucionalidade manifesta, clara, inequívoca. Expressão cunhada pelo ex-Ministro Sepúlveda Pertence na ADI 1.802-MC/DF: "... finalmente, se afigura chapada a inconstitucionalidade não só formal mas também material do § 2º do art. 12, da lei questionada". Na ADI 3.232-1, o Ministro Carlos Ayres Britto utilizou-se de expressão semelhante e não menos curiosa: "Senhor Presidente, a lei é de uma inconstitucionalidade enlouquecida, desvairada, a ponto de habilitar o Poder Executivo a, mediante decreto, criar cargos sem quantitativo, ou seja, sem limite numérico".

---

70. *Curso de Processo Penal*, p. 300.

12.12.2. Ação Declaratória de Constitucionalidade (ADC)

Essa ação foi criada pela Emenda Constitucional n. 3/93, que alterou o art. 102, I, "a", da Constituição Federal, incluindo a parte final, "e a ação declaratória de constitucionalidade de lei ou ato normativo federal", bem como incluiu o § 2º no mesmo artigo para criar, pela primeira vez no direito brasileiro, o "efeito vinculante", nome que foi dado, naquele momento à recém-criada ação.

Num primeiro momento, muitos questionavam a utilidade de uma ação para declarar a constitucionalidade das leis e atos normativos, em razão do princípio da presunção de constitucionalidade das leis. Muitos se perguntavam: por que declarar uma lei inconstitucional, se as leis já se presumem constitucionais?

O que muitos não perceberam é o espírito da ADC (Ação Declaratória de Constitucionalidade): ela tem a função de transformar a presunção de constitucionalidade relativa em presunção de constitucionalidade absoluta. Explico: todas as leis e atos normativos presumem-se constitucionais. Todavia, essa presunção é relativa (poderá ser declarada inconstitucional, em regra, pelo Poder Judiciário). Todavia, com a ADC (Ação Declaratória de Constitucionalidade), a presunção passa a ser absoluta, não admitindo decisões e atos administrativos em sentido diverso, por conta do efeito vinculante da decisão. Vejamos os aspectos principais dessa ação:

a) Competência

Competente para julgar a Ação Declaratória de Constitucionalidade é o Supremo Tribunal Federal, por força do art. 102, I, "a", *in fine*, CF. Todavia, nada impede que a Constituição do Estado preveja a "Ação Declaratória de Constitucionalidade" estadual. Sobre o tema se manifestou Gilmar Mendes: "Assim, não parece subsistir dúvida de que a ação declaratória de constitucionalidade tem a mesma natureza da ação direta de inconstitucionalidade, podendo-se afirmar até que aquela nada mais é do que uma ADIn com sinal trocado. Ora, tendo a Constituição de 1988 autorizado o constituinte estadual a criar a representação de inconstitucionalidade de lei ou ato normativo estadual ou municipal em face da Carta Magna estadual (CF, art. 125, § 2º) e restando evidente que tanto a representação de inconstitucionalidade, no modelo da Emenda n. 16, de 1965, e da Constituição de 1967/69, quanto a ação declaratória de constitucionalidade prevista na Emenda Constitucional n. 3, de 1993, possuem caráter dúplice ou ambivalente, parece legítimo concluir que, independentemente de qualquer autorização expressa do legislador constituinte federal, estão os Estados-membros legitimados a instituir a ação declaratória de constitucionalidade"[71].

b) Objeto

Por expressa previsão constitucional (art. 102, I, "a", *in fine*) e legal (art. 13, *caput*, Lei n. 9.869/99), ao contrário da ADI, somente leis ou atos normativos federais podem ser objeto de ação declaratória de constitucionalidade perante o STF.

Enquanto na Ação Direta de Inconstitucionalidade, perante o STF, poderão ser questionados leis e atos normativos federais e estaduais, na Ação Declaratória de Constitucionalidade o objeto é mais restrito: leis e atos normativos federais, apenas.

Não obstante, se criada pela Constituição estadual, a ADC estadual, a ser ajuizada perante o TJ, deverá versar sobre leis e atos normativos estaduais, respeitando o princípio da simetria constitucional, que rege a questão.

---

71. *Ação Declaratória de Constitucionalidade no Âmbito Estadual*.

c) Legitimados

Com o advento da Emenda Constitucional n. 3/93, eram apenas quatro os legitimados da ADC (Presidente da República, Mesa do Senado Federal, Mesa da Câmara dos Deputados e Procurador-Geral da República), nos termos do então § 4º do art. 103 da Constituição Federal. Criou-se uma incoerência terrível: enquanto os legitimados da ADI eram nove pessoas (previstas no art. 103, CF), os legitimados da ADC eram apenas quatro. A incoerência se agigantava pelo fato de que ADI e ADC são "os dois lados de uma mesma moeda", máxime por conta do caráter dúplice ou ambivalente que possuem. Ora, numa ADI a lei pode ser declarada constitucional (como vimos acima), e numa ADC a lei poderá ser declarada inconstitucional. Era inadmissível que esses legitimados fossem diversos.

Essa questão foi resolvida com o advento da Emenda Constitucional n. 45/2004 (Reforma do Judiciário), que alterou o art. 103 da Constituição Federal, equiparando os legitimados da ADC aos legitimados da ADI, alterando o art. 103, *caput*, e revogando o § 4º desse artigo, que fazia a distinção.

Em resumo, desde 2004, os legitimados da Ação Declaratória de Constitucionalidade são os mesmos legitimados da Ação Direta de Inconstitucionalidade, que estudamos em itens anteriores.

Aplicam-se aos legitimados da ADC as mesmas considerações que fizemos quanto aos legitimados da ADI (a pertinência temática necessária para alguns deles, o número mínimo de representantes nas entidades de caráter nacional etc.).

d) Petição inicial

Segundo o art. 14 da Lei n. 9.868/99, a petição inicial indicará: o dispositivo da lei ou do ato normativo questionado e os fundamentos jurídicos do pedido, bem como o pedido, com suas especificações. Não obstante, assim como ocorre na ADI, o Supremo Tribunal Federal não estará adstrito à causa de pedir indicada pelo autor da ação. Assim, ajuizada a ADC com pedido de constitucionalidade de uma determinada lei federal com base em certos argumentos, o Supremo Tribunal Federal poderá apreciar esses argumentos e quais outros que entender pertinentes.

Além dos dois requisitos acima, há um terceiro requisito muito importante. A petição inicial indicará "a existência de controvérsia judicial relevante sobre a aplicação da disposição objeto da ação declaratória". Esse requisito, que inexiste na ADI, justifica-se pelo fato de que, se não existe controvérsia jurisprudencial sobre o assunto, não haverá interesse de agir, já que as leis se presumem constitucionais. A necessidade de se ajuizar uma ADC se justificará se houver controvérsia jurisprudencial importante sobre a constitucionalidade da lei ou ato normativo.

Se o autor da ADC não juntar um número considerável de decisões contraditórias acerca da constitucionalidade da lei, a petição inicial será indeferida, por inépcia. A lei exige a prova de "controvérsia judicial relevante", o que denota um juízo de discricionariedade por parte do Supremo Tribunal Federal, que verificará se a prova da controvérsia jurisprudencial é relevante ou não.

Nesse sentido, já julgou o STF: "A Lei n. 9.868/99 estabelece, em seu art. 14, que a petição inicial da ação declaratória de constitucionalidade indicará a existência de controvérsia judicial relevante sobre a aplicação da disposição objeto da ação declaratória. Esta comprovação é imprescindível pois constitui elemento fundamental para que a ação possa ser recebida e conhecida. Sem ela a petição é inepta, por carecer de elemento essencial legalmente exigido" (ADC 15, rel. Min. Cármen Lúcia).

No mesmo sentido, decidiu o STF: "O Supremo Tribunal Federal firmou orientação que exige a comprovação liminar, pelo autor da ação declaratória de constitucionalidade da ocorrência, 'em proporções' de dissídio judicial, cuja existência, precisamente em função do antagonismo interpretativo que dele resulta, faça instaurar, ante a elevada incidência de decisões que consagram esses limites conflitantes, verdadeiro estado de insegurança jurídica, capaz de gerar um cenário de perplexidade social e de provocar grave incerteza quanto à validade constitucional de determinada lei ou ato normativo federal" (ADC 8-MC, rel. Min. Celso de Mello).

Por fim, a Lei n. 9.868/99, ao tratar de "controvérsia judicial", não se referiu a decisões de 1ª instância ou de Tribunais. Assim, entendemos que quaisquer controvérsias judiciais (de Justiças ou instâncias diferentes) poderão autorizar o ajuizamento de ADC, preenchendo o requisito previsto no art. 14, III, da sobredita lei.

e) Procuração

O art. 14, parágrafo único, da Lei n. 9.868/99 determina que "a petição inicial, acompanhada de instrumento de procuração, quando subscrita por advogado, será apresentada em duas vias". Indaga-se: quando a petição inicial não será feita por advogado? Como vimos em item anterior (o mesmo vale para a ADI), segundo a jurisprudência do STF, os legitimados previstos no art. 103, I a VII, possuem capacidade postulatória, podendo ajuizar ADI e ADC sem a assistência de um advogado. Nesse sentido: ADI 2.906, rel. Min. Marco Aurélio; ADI 127-MC-QO, rel. Min. Celso de Mello.

Se feita por advogado, a petição inicial deve ser acompanhada de instrumento de procuração, com poderes especiais. Esse é o entendimento do STF: "É de exigir-se, em ação direta de inconstitucionalidade, a apresentação, pelo proponente, de instrumento de procuração ao advogado subscritor da inicial, com poderes específicos para atacar a norma impugnada" (ADI 2.187-QO, rel. Min. Octavio Gallotti). No mesmo sentido: ADI 2.461, rel. Min. Gilmar Mendes.

f) Indeferimento da inicial

Segundo o art. 15 da Lei n. 9.868/99, "a petição inicial inepta, não fundamentada e a manifestamente improcedente serão liminarmente indeferidas pelo relator".

Petição inicial inepta é aquela que não cumpre os requisitos previstos no art. 14 da Lei n. 9.868/99. Assim, caso o autor não descreva quais são os dispositivos legais impugnados, ou não apresente a prova de controvérsia judicial relevante, será indeferida a inicial, em razão da inépcia. Caso o autor ajuíze a Ação Declaratória de Constitucionalidade sobre lei estadual, por exemplo, deverá o relator indeferir a inicial.

Outrossim, caso seja a ação manifestamente improcedente, deverá o relator indeferir a inicial, como já decidiu o STF: "é manifestamente improcedente a ação direta de inconstitucionalidade que verse sobre norma [...] cuja constitucionalidade foi expressamente declarada pelo Plenário do STF, mesmo que em recurso extraordinário. Aplicação do art. 4º, da Lei n. 9.868/99" (ADI 4.071-AgR, rel. Min. Menezes Direito). *A contrario sensu*, o mesmo raciocínio deve ser aplicado à ADC. Caso o Supremo Tribunal Federal já tenha se manifestado pela constitucionalidade da lei federal em sede de Recurso Extraordinário, a inicial deverá ser indeferida, por ser o pedido manifestamente improcedente.

Segundo o art. 15, parágrafo único, da Lei n. 9.868/99, "cabe agravo da decisão que indeferir a petição inicial". O prazo desse agravo era de cinco dias, nos termos do art. 317 do Regimento Interno do Supremo Tribunal Federal. Todavia, com o advento do novo Código de Processo Civil, nos termos do art. 1.021, § 2º, o agravo interno será dirigido ao relator, no prazo de 15 dias.

g) Impossibilidade de desistência

Segundo o art. 16 da Lei n. 9.868/99, "proposta a ação declaratória, não se admitirá desistência". Por essa razão, o Regimento Interno do STF, no seu art. 169, § 1º, consta que, "proposta a representação, não se admitirá desistência, ainda que ao final o Procurador-Geral se manifeste pela sua improcedência". Assim, caso o Procurador-Geral da República se manifeste, na função de *custos legis*, pela improcedência da ação e pela inconstitucionalidade da norma, tal manifestação não implicará desistência.

Outrossim, segundo o STF, essa norma regimental (art. 169, § 1º), destinada especificamente ao Procurador-Geral da República, aplica-se extensivamente a todos os demais legitimados da ADI e da ADC: "o princípio da indisponibilidade, que rege o processo de controle concentrado de constitucionalidade, impede a desistência da ação direta já ajuizada. O art. 169, § 1º, do RISTF, que veda ao Procurador-Geral da República essa desistência, aplica-se, extensivamente, a todas as autoridades e órgãos legitimados pela Constituição de 1988 para a instauração do controle concentrado de constitucionalidade" (ADI 387-MC, rel. Min. Celso de Mello). No mesmo sentido: ADI 4.125, rel. Min. Cármen Lúcia.

h) Impossibilidade de intervenção de terceiros

Por expressa previsão no art. 18 da Lei n. 9.868/99, "não se admitirá intervenção de terceiros no processo de ação declaratória de constitucionalidade", assim como ocorre na ADI.

i) *Amicus curiae*

O art. 18, § 2º, da Lei n. 9.868/99, que previa a admissão do *amicus curiae* na Ação Declaratória de Constitucionalidade, foi vetado pelo Presidente da República (Fernando Henrique Cardoso). Nas razões do veto, disse o Presidente que ele se deu por razões formais (pois o § 2º fazia menção ao § 1º, que por ele também tinha sido vetado) e que "resta assegurada, todavia, a possibilidade de o Supremo Tribunal Federal, por meio de interpretação sistemática, admitir no processo da ação declaratória a abertura processual prevista para a ação direta no § 2º do art. 7º".

Foi exatamente o que fez o Supremo Tribunal Federal, embora não haja previsão legal expressa para admissão do *amicus curiae* na Ação Declaratória de Constitucionalidade. Na ADC 24, relatada pela Min. Cármen Lúcia, decidiu o Supremo Tribunal Federal: "Não há razão lógico-jurídica plausível para afastar a aplicação da regra prevista no § 2º do art. 7º da Lei n. 9.868/99, específico das ações diretas de inconstitucionalidade, às ações declaratórias de constitucionalidade. Nesse sentido, este Supremo Tribunal Federal já admitiu o ingresso e a sustentação oral de *amicus curiae* em ação declaratória de constitucionalidade, atendidos os requisitos constantes do § 2º do art. 7º referido".

Aliás, essa discussão deixa de ser polêmica com o advento do novo Código de Processo Civil, que admite o *amicus curiae* em qualquer processo, por qualquer juízo ou tribunal, nos termos do seu art. 138.

Embora tenha sido vetado, pois, o art. 18, § 2º, da Lei n. 9.868/99, aplica-se por analogia à ADC o art. 7º, § 2º, da mesma lei, que dispõe: "o relator, considerando a relevância da matéria e a representatividade dos postulantes, poderá, por despacho irrecorrível, admitir, observado o prazo fixado no parágrafo anterior, a manifestação de outros órgãos ou entidades".

Assim, todas as observações que fizemos sobre a admissão do *amicus curiae* na ADI se aplicam também para a ADC (prazo, natureza, recorribilidade, pertinência temática etc.)

j) Não participação do Advogado-Geral da União e pedido de informações

Ao contrário da Ação Direta de Inconstitucionalidade, na Ação Declaratória de Constitucionalidade não será aberta vista para o Advogado-Geral da União. Há uma explicação: a presença do Advogado-Geral da União na ADI, prevista no art. 103, § 3º, da Constituição Federal, visa a criar uma espécie de contraditório, trazendo à tona um defensor da constitucionalidade da lei, quando ela é atacada pelo autor da ação. No caso da ADC, o autor da ação não está atacando a constitucionalidade da norma, pelo contrário: está requerendo que a norma seja declarada constitucional.

Seria possível contra-argumentar que, por ter caráter dúplice ou ambivalente, a ADC pode, quando do seu julgamento, ensejar a declaração de inconstitucionalidade da norma. Esse argumento parece não ter sensibilizado o legislador, que não previu a participação do Advogado-Geral da União. Não obstante, entendemos que, nos termos do art. 20, § 1º, da Lei n. 9.868/99, poderá o ministro relator da ADC, se entender conveniente, ouvir o Advogado-Geral da União, por considerá-lo "pessoa com experiência e autoridade na matéria". Todavia, trata-se de mera faculdade, não de uma imposição legal.

Da mesma maneira, a Lei n. 9.868/99 não prevê a solicitação de informações às autoridades das quais emanou a lei ou ato normativo, no prazo de 30 dias (art. 6º). As razões são as mesmas da não participação do Advogado-Geral da União: na ADC não se está pleiteando a inconstitucionalidade da lei ou ato normativo, mas o contrário. Não obstante, entendemos que, a critério do ministro Relator, se entender conveniente, poderá solicitar quaisquer informações, nos termos do art. 20, § 1º, que permite "requisitar informações adicionais". Trata-se, novamente, de mera faculdade, e não imposição legal.

k) Participação do Procurador-Geral da República

Segundo o art. 19 da Lei n. 9.868/99, "decorridos o prazo do artigo anterior, será aberta vista ao Procurador-Geral da República, que deverá pronunciar-se no prazo de quinze dias". A expressão "prazo do artigo anterior" perdeu o sentido no momento em que parte do art. 18 foi vetada pelo Presidente da República. Assim, depois de deferida a petição inicial, deverá o Ministro relator abrir vistas para o Procurador-Geral da República, para que se manifeste no prazo de 15 dias. O Procurador-Geral da República atuará como *custos legis*, podendo opinar pela constitucionalidade ou inconstitucionalidade da lei. Como vimos acima, poderá opinar pela inconstitucionalidade da norma, ainda que tenha sido o autor da ADC, o que não implicará desistência, por conta da vedação legal do art. 16 da Lei n. 9.868/99.

l) Outras diligências

Segundo o art. 20 da Lei n. 9.868/99, concluída a etapa anterior (parecer do Procurador-Geral da República), o Ministro Relator lançará o relatório, com cópia para todos os Ministros e pedirá dia para julgamento. Nesse momento, poderá solicitar algumas diligências: a) "em caso de necessidade de esclarecimento de matéria ou circunstância de fato ou de notória insuficiência das informações existentes nos autos, poderá o relator requisitar informações adicionais, designar perito ou comissão de peritos para que emita parecer sobre a questão, ou fixar data para, em audiência pública, ouvir depoimentos de pessoas com experiência e autoridade na matéria" (art. 20, § 1º, Lei n. 9.868/99); b) "o relator poderá, ainda, solicitar informações aos Tribunais Superiores, aos Tribunais Federais e aos Tribunais Estaduais, acerca da aplicação da norma impugnada no âmbito de sua jurisdição" (art. 20, § 2º, Lei n. 9.868/99). Essas diligências devem ser realizadas no prazo de 30 dias, contado da solicitação do relator (art. 20, § 3º, Lei n. 9.868/99).

Trata-se de outra medida de democratização do procedimento da ADC, idêntico ao já mencionado na ADI, sobretudo quanto à possibilidade de ouvir os Tribunais e, principalmente, a possibilidade de realização de audiências públicas, com a participação de pessoas com experiência e autoridade na matéria. A primeira audiência pública realizada pelo Tribunal foi convocada pelo Ministro Carlos Ayres Britto, Relator da ADI 2.510, que impugnava dispositivos da Lei de Biossegurança (Lei n. 11.105/2005), tendo ocorrido no dia 20 de abril de 2007.

m) Decisão na ADC

Segundo o art. 22 da Lei n. 9.868/99, "a decisão sobre a constitucionalidade ou a inconstitucionalidade da lei ou do ato normativo somente será tomada se presentes na sessão pelo menos oito Ministros". Para que haja a declaração de inconstitucionalidade ou constitucionalidade da norma serão necessários pelo menos seis votos. Em resumo, em toda decisão de Ação Direta de Inconstitucionalidade são necessários oito votos e, para declarar a lei constitucional ou inconstitucional, são necessários seis votos, pelo menos.

Caso não seja alcançado o número mínimo para se declarar a constitucionalidade ou a inconstitucionalidade da norma (6 Ministros), o julgamento será suspenso até o comparecimento dos Ministros ausentes, até se atingir o número necessário para a declaração (art. 23, parágrafo único).

Importante: a ADC, assim como a ADI, possui caráter dúplice ou ambivalente, ou seja, ajuizada uma ADC na qual se pleiteia a constitucionalidade de uma lei ou ato normativo, o Supremo Tribunal Federal poderá declarar a lei constitucional (julgando procedente a ação) ou, julgando pela improcedência da ação, declarar a lei inconstitucional, ao contrário do que esperava o autor.

Dessa maneira, em razão do caráter dúplice ou ambivalente da ADI, dispõe o art. 24 da Lei n. 9.868/99: "Proclamada a constitucionalidade, julgar-se-á improcedente a ação direta ou procedente eventual ação declaratória; e, proclamada a inconstitucionalidade, julgar-se-á procedente a ação direta ou improcedente eventual ação declaratória".

	Ação Direta de Inconstitucionalidade (ADI)	Ação Declaratória de Constitucionalidade (ADC)
Se o STF entender que a lei é inconstitucional	Julga procedente	Julga improcedente
Se o STF entender que a lei é constitucional	Julga improcedente	Julga procedente

Importante: segundo o STF, a decisão passa a valer a partir da publicação da ata da sessão de julgamento no *DJe*, sendo desnecessário aguardar o trânsito em julgado, "exceto nos casos excepcionais a serem examinados pelo Presidente do Tribunal, de maneira a garantir a eficácia da decisão" (ADI 711-QO, rel. Min. Néri da Silveira). Assim, é o entendimento do Supremo Tribunal Federal: "Desnecessário o trânsito em julgado para que a decisão proferida no julgamento do mérito da ADI seja cumprida. Ao ser julgada improcedente a ação direta de inconstitucionalidade – ADI 2.335 – a Corte, tacitamente, revogou a decisão contrária, proferida em sede de medida cautelar. Por outro lado, a lei goza de presunção de constitucionalidade. Além disso, é de ser aplicado o critério adotado por esta Corte, quando do julgamento da Questão de Ordem na ADI 711 em que a decisão, em julgamento de liminar, é válida a partir da publicação no *Diário da Justiça* da ata da sessão de julgamento. A interposição de embargos de declaração, cuja consequência fundamental é a interrupção do prazo para interposição de outros recursos, não impede a implementação da decisão" (Rcl 2.576, rel. Min. Ellen Gracie).

n) Irrecorribilidade da decisão

Segundo o art. 26 da Lei n. 9.868/99, "a decisão que declara a constitucionalidade ou a inconstitucionalidade da lei ou do ato normativo em ação direta ou em ação declaratória é irrecorrível, ressalvada a interposição de embargos declaratórios, não podendo, igualmente, ser objeto de ação rescisória".

Importante, conforme entendimento do STF (e como mencionamos acima), as entidades que participam do processo na qualidade de *amicus curiae* não podem recorrer: "entidades que participam na qualidade de *amicus curiae* dos processos objetivos de controle de constitucionalidade, não possuem legitimidade para recorrer, ainda que aportem aos autos informações relevantes ou dados técnicos" (ADI 2.591-ED, rel. Min. Eros Grau).

o) Valor da causa

Tendo em vista que o controle concentrado de constitucionalidade das leis se dá por meio de um processo objetivo, sem qualquer significação econômica, não é necessária a indicação de valor da causa.

p) Fungibilidade

Segundo o STF, admite-se a aplicação do princípio da fungibilidade entre as ações que compõem o controle concentrado de constitucionalidade. Segundo o Supremo Tribunal Federal, "É lícito conhecer de ação direta de inconstitucionalidade como arguição de descumprimento de preceito fundamental, quando coexistentes todos os requisitos de admissibilidade desta, em caso de inadmissibilidade daquela" (ADI 4.180-MC, rel. Min. Cezar Peluso).

q) Espécies de decisão

Segundo o art. 28, parágrafo único, da Lei n. 9.868/99, o Supremo Tribunal Federal poderá declarar as seguintes decisões: a) declaração de constitucionalidade; b) declaração de inconstitucionalidade; c) interpretação conforme à Constituição sem redução de texto; d) declaração parcial de inconstitucionalidade sem redução de texto. Abordamos cada uma dessas decisões quando comentamos as "espécies de decisão" na ADI, neste mesmo capítulo.

r) Decisão definitiva na ADC

Segundo o art. 102, § 2º, da Constituição Federal, "as decisões definitivas de mérito, proferidas pelo Supremo Tribunal Federal, nas [...] ações declaratórias de constitucionalidade produzirão eficácia contra todos e efeito vinculante, relativamente aos demais órgãos do Poder Judiciário e à administração pública direta e indireta, nas esferas federal, estadual e municipal". Outrossim, o art. 28, parágrafo único, da Lei n. 9.868/99 afirma que a declaração de constitucionalidade "tem eficácia contra todos e efeito vinculante em relação aos órgãos do Poder Judiciário e à Administração Pública federal, estadual e municipal".

Primeiramente, o efeito da decisão definitiva da ADC é *erga omnes* ou "contra todos". Isso porque a Ação Declaratória de Constitucionalidade consiste num controle abstrato de constitucionalidade, num processo objetivo, sem que haja réus, por exemplo. Assim, depois de uma análise abstrata da constitucionalidade da lei, a decisão do Supremo Tribunal Federal produzirá efeitos contra todos (*erga omnes*).

Outrossim, o efeito da decisão definitiva da ADI é vinculante. O "efeito vinculante" apareceu pela primeira vez na Constituição de 1988 por força da Emenda Constitucional n. 3/93, que criou a Ação Declaratória de Constitucionalidade (ADC). Nos termos do art. 102, § 2º (com a redação dada por aquela Emenda), a ADC teria efeito *erga omnes* e "vinculante", relativamente aos demais órgãos do Poder Judiciário e ao Poder Executivo. Anos depois, a Lei n. 9.868/99, que regula a ADI e a ADC, manteve o efeito vinculante para a ADC, como já estava na Constituição Federal, e o estendeu à Ação Direta de Inconstitucionalidade.

Como vimos quando do estudo da ADI, a vinculação não atinge o Poder Legislativo. Assim, poderá o Poder Legislativo discutir, votar e até aprovar uma lei versando sobre o assunto decido pelo STF, de forma diversa. O efeito vinculante não poderia "engessar", "fossilizar" o Poder Legislativo, eleito democraticamente. Obviamente, se a lei feita pelo Poder Legislativo contrariar a Constituição (ou o bloco de constitucionalidade), será declarada inconstitucional, pelo controle difuso ou concentrado. Aliás, esse é o entendimento do Supremo Tribunal Federal: "o efeito vinculante e a eficácia contra todos (*erga omnes*), que qualificam os julgamentos que o Supremo Tribunal Federal profere em sede de controle normativo abstrato, incidem, unicamente, sobre os demais órgãos do Poder Judiciário e os do Poder Executivo, não se estendendo, porém, em tema de produção normativa, ao legislador, que pode, em consequência, dispor, em novo ato legislativo, sobre a mesma matéria versada em legislação anteriormente declarada inconstitucional pelo Supremo, ainda que no âmbito de processo de fiscalização concentrada de constitucionalidade, sem que tal conduta importe em desrespeito à autoridade das decisões do STF" (Rcl 5.442-MC, rel. Min. Celso de Mello).

Não obstante, como frisado pelo STF na decisão acima, os efeitos vinculantes da decisão do Supremo não vinculam o Poder Legislativo quanto à sua "produção normativa", ou seja, quanto ao seu poder de legislar, de editar novos atos normativos. A decisão do Supremo Tribunal Federal na ADI vinculará o Poder Legislativo (e todos os outros poderes) no tocante às outras funções (não legislativas), chamadas de funções atípicas. Assim, nos atos de administração, o Poder Legislativo deve seguir aquilo que foi decidido pelo STF em decisão vinculante, bem como nos atos de julgamento (como a condenação do Presidente por crime de responsabilidade); deve ser cumprida a decisão do Supremo que tiver efeitos vinculantes.

Por fim, o efeito da decisão definitiva da ADC também é *ex tunc* (eficácia retroativa). Ora, as leis e atos normativos já nascem constitucionais. Trata-se do princípio da presunção de constitucionalidade das leis. Surgindo dúvidas acerca dessa constitucionalidade, autoriza-se o ajuizamento da ADC, que, julgada procedente, apenas faz ter a certeza de que a lei realmente era constitucional. Portanto, os efeitos dessa decisão são *ex tunc*. Assim, caso tenha havido decisão judicial em sentido contrário, pela inconstitucionalidade da norma, será cabível reclamação ao STF, por conta do efeito vinculante. Caso a decisão já tenha transitado em julgado, será cabível ação rescisória, no prazo de dois anos, a partir do trânsito em julgado da decisão individual que se quer rescindir.

Importante, como vimos acima, a ADC também possui caráter dúplice ou ambivalente, ou seja, caso julgue improcedente o pedido, poderá declarar a lei ou ato normativo inconstitucional. Nesse caso, declarada a inconstitucionalidade da norma, poderá o Supremo Tribunal Federal modular os efeitos de sua decisão, nos termos do art. 27 da Lei n. 9.868/99, como explicamos acima.

s) **Decisão cautelar na ADC**

Segundo o art. 21 da Lei n. 9.868/99, "o Supremo Tribunal Federal, por decisão da maioria absoluta de seus membros, poderá deferir pedido de medida cautelar na ação declaratória de constitucionalidade, consistente na determinação de que os juízes e os Tribunais suspendam o julgamento dos processos que envolvam a aplicação da lei ou do ato normativo objeto da ação até seu julgamento definitivo".

Primeiramente, a Lei estabelece um quórum mínimo para concessão da cautelar em ação declaratória de constitucionalidade: maioria absoluta dos Ministros do STF (6 ministros), não permitindo, ainda que em casos excepcionais, a concessão de cautelar por um único Ministro (como ocorre na ADI, no caso de recesso).

Segundo o parágrafo único do mesmo artigo, essa suspensão deve durar até 180 dias, sob pena de perda de sua eficácia. Esse é o prazo, portanto, dado pela Lei, para que o Supremo Tribunal Federal julgue o mérito da ADC.

Essa decisão cautelar em Ação Declaratória de Constitucionalidade, como já julgado pelo STF na ADC 4, produzirá efeitos *erga omnes* e vinculante: "exsurge, pois, premente, a necessidade de que essa Colenda Corte, como medida cautelar a vigorar até o julgamento definitivo da ação, determine o sobrestamento imediato da execução dessas decisões antecipatórias da tutela jurisdicional. [...] Uma decisão liminar, na espécie, por revestir-se também de eficácia *erga omnes* e de efeito vinculante, asseguraria a plena aplicação da lei controvertida até a pronúncia da decisão definitiva pelo Supremo Tribunal Federal" (trechos do voto do Min. Sydney Sanches).

Como o efeito da cautelar é suspender, naquele instante e a partir daquele instante, todos os processos que tramitam sobre o tema, entendemos que o seu efeito é *ex nunc*. Dizer que essa cautelar tem efeitos retroativos seria permitir a revisão de processos findos que decidiram de forma diversa, o que não seria razoável, nem compatível, com a decisão provisória da cautelar.

Por fim, o indeferimento da liminar em ADC não significa necessariamente reconhecer a inconstitucionalidade da lei. Trata-se, apenas, do reconhecimento da inexistência de urgência capaz de autorizar a suspensão de todos os processos acerca do mesmo assunto. Indeferida a cautelar na ADC, todos os processos tramitarão normalmente em todo o país, mas isso não significa, evidentemente, que a lei foi declarada inconstitucional, não recaindo sobre essa decisão qualquer efeito vinculante. Dessarte, entendemos incorreta a conclusão de Pedro Lenza, segundo a qual: "na hipótese de indeferimento de cautelar, em razão do efeito ambivalente da ação, referida decisão significaria o mesmo que a procedência da ADI"[72]. Aliás, *mutatis mu-*

---

72. Op. cit., p. 435.

tandis, o Supremo Tribunal Federal já demonstrou que nosso posicionamento é o mais adequado. Ora, a decisão que nega a medida cautelar em ADI não tem efeito vinculante. Ou seja, caso o Supremo Tribunal Federal não conceda a medida cautelar de inconstitucionalidade, não significa que está declarando a constitucionalidade da lei, cautelarmente. Enquanto a decisão concessiva da cautelar tem efeito vinculante, a decisão denegatória da cautelar não tem. Foi o que decidiu o STF: "Esta Suprema Corte entendeu que a existência de juízo denegatório de provimento cautelar, quando proferido em sede de controle abstrato de constitucionalidade, não impede que se proceda ao julgamento concreto, pelo método difuso, de idêntico litígio constitucional" (Rcl 2.810-AgR/MG, rel. Min. Celso de Mello). Em outra decisão o STF é ainda mais claro: "Somente as decisões concessivas das liminares em ADIs e ADCs é que se dotam de efeito vinculante. No caso da ADI 2.797, o que se teve foi a decisão denegatória de liminar" (Rcl. 3.233-AgR/SP, rel. Min. Carlos Britto). O mesmo raciocínio aplicado à ADI deve ser aplicado à ADC, nesse caso.

EFEITOS DA ADC	
Decisão Cautelar	**Decisão Definitiva**
Erga omnes (art. 21, Lei n. 9.868/99)	*Erga omnes* (art. 28, parágrafo único, Lei n. 9.868/99 e art. 102, § 2º, CF)
Vinculante (art. 21, Lei n. 9.868/99)	Vinculante (art. 28, parágrafo único, Lei n. 9.868/99 e art. 102, § 2º, CF)
Ex nunc (suspende, a partir da decisão, todos os processos que estejam tramitando sobre o assunto)	*Ex tunc*

12.12.3. Ação Direta de Inconstitucionalidade por Omissão (ADO)

A Ação Declaratória de Inconstitucionalidade por Omissão (ADI por Omissão ou simplesmente ADO) foi trazida para o direito brasileiro, inspirado no direito português, pela Constituição de 1988, no art. 102, § 2º. Por meio da Lei n. 12.063/2009, que alterou a Lei n. 9.868/99, foram criados vários artigos específicos que regulamentam ADO (arts. 12-A a 12-G da Lei n. 9.868/99).

Trata-se de ação destinada a atacar a omissão do poder público, diante de uma norma constitucional. Como vimos acima, ainda neste capítulo, há duas espécies de inconstitucionalidade: a inconstitucionalidade por ação e a inconstitucionalidade por omissão. Esta última (inconstitucionalidade por omissão) se dá de duas formas, sendo que uma delas é o descumprimento do dever de complementar os dispositivos constitucionais pendentes de regulamentação. São as chamadas normas constitucionais de eficácia limitada de princípio institutivo (por exemplo, o art. 5º, VII, prevê o direito à assistência religiosa em locais de internação coletiva, "nos termos da lei"; o art. 7º, XI, prevê como direito dos trabalhadores a participação nos lucros das empresas, "conforme definido em lei"; o art. 37, VII, prevê o direito de greve do servidor público, "nos termos de lei específica" etc.). Caso o Estado não faça essas leis, determinadas pela Constituição, está agindo (ou melhor, não agindo) de forma contrária aos ditames constitucionais.

Foi o que o Supremo Tribunal Federal declarou na ADI 3.682/MT, relatada pelo Min. Gilmar Mendes, no tocante ao art. 18, § 4º, da Constituição, que remete à lei complementar federal a fixação de prazo para criação de novos Municípios: "Existência de notório lapso temporal a demonstrar a inatividade do legislador em relação ao cumprimento de inequívoco dever constitucional de legislar, decorrente do comando do art. 18, § 4º, da Constituição. Apesar de existirem no Congresso Nacional diversos projetos de lei apresentados visando à regulamentação do art. 18, § 4º, da Constituição, é possível constatar a omissão inconstitucional quanto à efetiva deliberação e aprovação da lei complementar em referência. [...] A *inertia deliberandi* das Casas Legislativas pode ser objeto da ação direta de inconstitucionalidade por omissão".

Embora existam outras hipóteses de omissão inconstitucional (que denominamos no início deste capítulo como inconstitucionalidade por omissão pelo descumprimento de preceito fundamental), a omissão inconstitucional que enseja a ADO (Ação Direta de Inconstitucionalidade por omissão) é a omissão por ausência de complemento normativo.

Verificada essa modalidade de inconstitucionalidade por omissão (ausência de regulamentação do dispositivo constitucional), quais os instrumentos jurídicos cabíveis para reprimi-la? a) ADO (ação direta de inconstitucionalidade por omissão) e b) mandado de injunção.

Dessa maneira, a ADI por omissão não é cabível contra qualquer omissão do poder público, mas somente quanto às omissões por ausência (ou insuficiência do dever de complemento normativo, como sintetizamos neste quadro:

INCONSTITUCIONALIDADE POR OMISSÃO	
Por Ausência de Complemento Normativo	**Por Descumprimento do Mínimo Essencial**
Mandado de Injunção (art. 5º, LXXI, CF e Lei n. 13.300/2016)	Ação Popular (art. 5º, LXXIII, CF e Lei n. 4.717/65)
ADI por Omissão (art. 102, § 3º, CF e Lei n. 9.868/99)	Ação Civil Pública (Lei n. 7.347/85)
	ADPF (art. 102, § 1º, CF e Lei n. 9.882/99)
	Mandado de Segurança (art. 5º, LIX, CF e Lei n. 12.016/2009)
	ADI Interventiva (arts. 34, VII, e 36, III, CF e Lei n. 12.562/2011)

Assim, a omissão inconstitucional que nos interessa aqui é a omissão inconstitucional por ausência de complemento normativo. Vários artigos da Constituição Federal fazem referência à legislação infraconstitucional, dela necessitando para produzir todos os seus efeitos. São as chamadas normas constitucionais de eficácia limitada de princípio institutivo, na nomenclatura largamente utilizada no Brasil e criada por José Afonso da Silva (como vimos em capítulo anterior). Essas normas geram para o Poder Público um dever de legislar, de regulamentar a norma constitucional. A omissão, caso haja, será inconstitucional, podendo ser vergastada por meio de ADO.

Existem duas espécies de inconstitucionalidade por omissão por ausência de complemento normativo: a) omissão total ou absoluta; b) omissão parcial. Na primeira, a norma infraconstitucional que regulamentaria a norma constitucional de eficácia limitada não existe por completo. Por exemplo, até hoje não foi editada a lei específica que regulamenta o direito de greve do servidor público, nos termos do art. 37, VII, da Constituição Federal. Por sua vez, a omissão pode ser parcial, quando, embora existindo o complemento, ele não regula a norma constitucional por completo.

Nesse sentido, manifestou-se o Supremo Tribunal Federal: "o desrespeito à Constituição tanto pode ocorrer mediante ação estatal quanto mediante inércia governamental. A situação de inconstitucionalidade pode derivar de um comportamento ativo do Poder Público, que age ou edita normas em desacordo com o que dispõe a Constituição, ofendendo-lhe, assim, os preceitos e os princípios que nela se acham consignados. Essa conduta estatal, que importa em um *facere* (atuação positiva), gera a inconstitucionalidade por ação. Se o Estado deixar de adotar as medidas necessárias à realização concreta dos preceitos da Constituição, em ordem a torná-los efetivos, operantes e exequíveis, abstendo-se, em consequência, de cumprir o dever de prestação que a Constituição lhe impôs, incidirá em violação negativa do texto constitucional. Desse *non facere* ou *non praestare*, resultará a inconstitucionalidade por omissão, que pode ser total, quando é nenhuma a providência adotada, ou parcial, quando é insuficiente a medida efetivada pelo Poder Público" (ADI 1.458 MC, rel. Min. Celso de Mello).

a) Competência

Competente para julgar a Ação Direta de Inconstitucionalidade por Omissão (ADO) o Supremo Tribunal Federal, por força do art. 102, I, "a", CF. Todavia, nada impede que a Constituição do Estado preveja a ADO estadual. Por exemplo, a Constituição do Estado de São Paulo, no art. 74, VI, prevê ser competência do Tribunal de Justiça do Estado julgar "a representação de inconstitucionalidade de lei ou ato normativo estadual ou municipal, contestados em face desta Constituição, o pedido de intervenção em Município e ação de inconstitucionalidade por omissão, em face de preceito desta Constituição".

b) Objeto

Como vimos acima, não é qualquer omissão inconstitucional que pode ser objeto da ADO, mas somente as omissões inconstitucionais por ausência de complemento normativo. Se o Estado se omite no tocante à distribuição de medicamentos ou à criação de vagas nas creches, não caberá ADO para atacar tais omissões, mas outros tantos mecanismos já mencionados.

Se no curso da ADO a lei regulamentar é elaborada, a ação será extinta sem julgamento de mérito, por conta da perda do objeto (a omissão não mais existe). Outrossim, o STF também julgou extinto o processo sem julgamento de mérito quando o projeto de lei foi encaminhado para deliberação do Congresso Nacional (ADI 130-2/DF), mas esse posicionamento foi revisto posteriormente, por conta da possível (provável e comum) demora no processo legislativo. Assim, caberá ADO mesmo se a norma regulamentadora estiver sendo discutida no Congresso Nacional, máxime se essa discussão já se prolonga no tempo, caracterizando "conduta manifestamente negligente ou desidiosa das Casas Legislativas" (ADO 3.682, voto do Min. Gilmar Mendes).

c) Legitimados

Podem ajuizar Ação Direta de Inconstitucionalidade por Omissão os mesmos legitimados da ADI Genérica, previstos no art. 103, I a IX, da Constituição Federal. Aliás, é que está disposto no art. 12-A da Lei n. 9.868/99: "Podem propor ação direta de inconstitucionalidade por omissão os legitimados à propositura da ação direta de inconstitucionalidade e da ação declaratória de constitucionalidade".

Aplicam-se aos legitimados da ADO as mesmas considerações que fizemos quanto aos legitimados da ADI (a pertinência temática necessária para alguns deles, o número mínimo de representantes nas entidades de caráter nacional etc.).

d) Petição inicial

Segundo o art. 12-B da Lei n. 9.868/99, a petição inicial indicará: a omissão inconstitucional total ou parcial quanto ao cumprimento de dever constitucional de legislar ou quanto à adoção de providências de índole administrativa e o pedido, com suas especificações.

Embora o artigo mencionado se refira à "adoção de providências de índole administrativas", entendemos que, como disse Luís Roberto Barroso, são omissões de cunho normativo: "são impugnáveis, no controle abstrato da omissão a inércia legislativa em editar quaisquer dos atos normativos primários suscetíveis de impugnação em ação direta de inconstitucionalidade [...] O objeto aqui, porém, é mais amplo: também caberá a fiscalização da omissão inconstitucional em se tratando de atos normativos secundários, como regulamentos ou instruções, de competência do Executivo, e até mesmo, eventualmente, de atos próprios dos órgãos judiciários"[73].

e) Procuração

O art. 12-B, parágrafo único, da Lei n. 9.868/99 determina que "a petição inicial, acompanhada de instrumento de procuração, quando subscrita por advogado, será apresentada em duas vias". Indaga-se: quando a petição inicial não será feita por advogado? Como vimos em item anterior (o mesmo vale para a ADI Genérica e para a ADC), segundo a jurisprudência do STF, os legitimados previstos no art. 103, I a VII, possuem capacidade postulatória, podendo ajuizar ADI, ADC e ADO sem a assistência de um advogado. Nesse sentido: ADI 2.906, rel. Min. Marco Aurélio; ADI 127-MC-QO, rel. Min. Celso de Mello.

Se feita por advogado, a petição inicial deve ser acompanhada de instrumento de procuração, com poderes especiais. Esse é o entendimento do STF: "É de exigir-se, em ação direta de inconstitucionalidade, a apresentação, pelo proponente, de instrumento de procuração ao advogado subscritor da inicial, com poderes específicos para atacar a norma impugnada" (ADI 2.187-QO, rel. Min. Octavio Gallotti). No mesmo sentido: ADI 2.461, rel. Min. Gilmar Mendes.

f) Indeferimento da inicial

Segundo o art. 12-C da Lei n. 9.868/99, "a petição inicial inepta, não fundamentada e a manifestamente improcedente serão liminarmente indeferidas pelo relator".

Segundo o art. 12-C, parágrafo único, da Lei n. 9.868/99, "cabe agravo da decisão que indeferir a petição inicial". O prazo desse agravo era de 5 (cinco) dias, nos termos do art. 317 do Regimento Interno do Supremo Tribunal Federal. Todavia, com o advento do novo Código de Processo Civil, nos termos do art. 1.021, § 2º, o agravo interno será dirigido ao relator, no prazo de 15 dias.

g) Impossibilidade de desistência

Segundo o art. 12-D da Lei n. 9.868/99, "proposta a ação direta de inconstitucionalidade por omissão, não se admitirá desistência". Por essa razão, o Regimento Interno do STF, no seu art. 169, § 1º, consta que, "proposta a representação, não se admitirá desistência, ainda que ao final o Procurador-Geral se manifeste pela sua improcedência". Assim, caso o Procurador-

---

73. Op. cit., p. 229.

-Geral da República se manifeste, na função de *custos legis*, pela improcedência da ação e pela inconstitucionalidade da norma, tal manifestação não implicará desistência.

Outrossim, segundo o STF, essa norma regimental (art. 169, § 1º), destinada especificamente ao Procurador-Geral da República, aplica-se extensivamente a todos os demais legitimados da ADI e da ADC: "o princípio da indisponibilidade, que rege o processo de controle concentrado de constitucionalidade, impede a desistência da ação direta já ajuizada. O art. 169, § 1º, do RISTF, que veda ao Procurador-Geral da República essa desistência, aplica-se, extensivamente, a todas as autoridades e órgãos legitimados pela Constituição de 1988 para a instauração do controle concentrado de constitucionalidade" (ADI 387-MC, rel. Min. Celso de Mello). No mesmo sentido: ADI 4.125, rel. Min. Cármen Lúcia.

h) Aplicação subsidiária do procedimento da ADI Genérica

Segundo o art. 12-E da Lei n. 9.868/99, aplica-se subsidiariamente ao procedimento da ADO o procedimento da ADI Genérica, no que couber: "aplicam-se ao procedimento da ação direta de inconstitucionalidade por omissão, no que couber, às disposições constantes da Seção I do Capítulo II desta lei" (a Seção I do Capítulo II versa sobre o procedimento da Ação Direta de Inconstitucionalidade).

São regras procedimentais da Seção I do Capítulo II, que se aplicam subsidiariamente ao procedimento da ADO: 1) solicitação de informações aos órgãos ou autoridades responsáveis (no caso, responsáveis pela omissão); 2) admissão do *amicus curiae*; 3) possibilidade de requisição de informações adicionais, designação de perito ou comissão de peritos, audiências públicas; 4) solicitar informações a Tribunais Superiores, Tribunais federais e estaduais.

Primeiramente, podem ser solicitadas informações a órgãos ou autoridades responsáveis pela omissão normativa. Por exemplo, em se tratando de omissão do Congresso Nacional, poderiam ser solicitadas informações à Mesa do Congresso, a fim de que possa informar se já existe processo legislativo em trâmite, em que estágio se encontra etc.

Outrossim, e mais importante: admite-se na ADO a participação do *amicus curiae*. Tudo aquilo que foi falado anteriormente sobre o *amicus curiae* (atuação, natureza, recorribilidade etc.) aplica-se integralmente ao procedimento da Ação Direta de Inconstitucionalidade por Omissão.

Da mesma maneira, assim como existe na ADI e ADC, poderá o Ministro relator da ADO solicitar informações adicionais (ao órgão ou autoridade omitente), designar perito ou comissão de peritos e, principalmente, convocar audiência pública, a fim de que possam ser ouvidas autoridades conhecedoras e experientes no tema discutido, bem como podem ser solicitadas informações aos Tribunais, acerca da aplicação do tema ora questionado.

Não obstante, há algumas peculiaridades no processo da Ação Direta de Inconstitucionalidade por Omissão, previstas expressamente na Lei n. 9.868/99, que adiante se verá.

i) Intervenção de terceiros (regra especial)

Ao contrário das ações antes estudadas (ADI e ADC), a Ação Direta de Inconstitucionalidade por Omissão (ADO) admite uma hipótese especial de intervenção de terceiros, no art. 12-E, § 1º, da Lei n. 9.868/99: "os titulares referidos no art. 2º desta lei poderão manifestar-se, por escrito, sobre o objeto da ação e pedir a juntada dos documentos reputados úteis para o exame da matéria, no prazo das informações, bem como apresentar memoriais".

Como se vê pela leitura do dispositivo legal, ajuizada a ADO por um dos legitimados do art. 103 da CF, um dos outros oito legitimados poderá participar da ação como assistente, podendo: a) se manifestar por escrito; b) requerer a juntada de documentos; c) apresentar memoriais.

Em nosso entender, admitiu a Lei da ADO uma espécie de assistência, modalidade de intervenção de terceiros, prevista no art. 119 e seguintes do novo Código de Processo Civil.

Ao contrário da admissão do *amicus curiae*, que, por expressa previsão legal, é examinada em despacho irrecorrível do Ministro relator, não há previsão legal de indeferimento da participação assistencial dos colegitimados da ADO. Por essa razão, entendemos que sua participação não poderá ser indeferida, a não ser que requerida em momento inoportuno, às vésperas do julgamento. Eventual indeferimento de sua participação será passível de agravo, no prazo de 15 dias.

Outrossim, não há previsão legal sobre a possibilidade de os assistentes recorrerem contra a decisão final, motivo pelo qual entendemos deva ser aplicada a mesma regra do *amicus curiae* pela impossibilidade de interpor recursos (não obstante, sugerimos aguardar eventual decisão do STF acerca do assunto).

j) Participação do Advogado-Geral da União

Segundo o art. 12-E, § 2º, da Lei n. 9.868/99, "o relator poderá solicitar a manifestação do Advogado-Geral da União, que deverá ser encaminhada no prazo de 15 (quinze) dias".

Antes da edição desse dispositivo legal (que foi incluído pela Lei n. 12.063/2009), o entendimento do Supremo Tribunal Federal era no sentido de que não era necessária a participação do Advogado-Geral da União na ADO. Isso porque, como a função do Advogado-Geral da União, nos termos da Constituição Federal, é defender o texto impugnado, não havendo texto impugnado não haveria motivos para sua participação. Decidira o Supremo Tribunal Federal: "A audiência do Advogado-Geral da União, prevista no artigo 103, § 3º, da CF de 1988, é necessária na ação direta de inconstitucionalidade, em tese, de norma legal, ou ato normativo (já existentes), para se manifestar sobre o ato ou texto impugnado. Não, porém, na ação direta de inconstitucionalidade, por omissão, prevista no § 2º do mesmo dispositivo, pois nesta se pressupõe, exatamente, a inexistência de norma ou ato normativo" (ADI 23 QO, rel. Min. Sydney Sanches).

Não obstante, agora, segundo expressa previsão legal, o Ministro relator poderá solicitar a manifestação do Advogado-Geral da União. Trata-se de uma faculdade do Ministro relator, que poderá ocorrer em dois casos, em nosso entender: a) quando se tratar de omissão parcial (quando o complemento da norma constitucional foi incompleto); b) quando, mesmo se tratando de omissão total, o Ministro relator entender que a participação do Advogado-Geral é importante para o deslinde da causa.

k) Participação do Procurador-Geral da República

Assim como nas duas ações já estudadas (ADI e ADC), o Procurador-Geral da República participará como *custos legis*, no prazo de 15 dias. Não obstante, por expressa previsão legal (art. 12-E, § 3º, da Lei n. 9.868/99), aqui há uma grande diferença: o Procurador-Geral da República só participará como fiscal da lei (*custos legis*) "nas ações em que não for autor".

Dessa maneira, se o autor da ADO foi o Procurador-Geral, não participará posteriormente como fiscal da lei. Essa mesma regra não é aplicada à ADI e à ADC. Nessas duas ações, mesmo sendo o autor da ação, o Procurador-Geral da República se manifesta como fiscal da lei, podendo até mesmo opinar pela improcedência da ação (o que não implicará desistência, como vimos anteriormente).

l) Medida Cautelar em ADO

Antes da Lei n. 12.063/2009, que alterou a Lei n. 9.868/99 e criou o procedimento específico da ADO, não havia previsão de cautelar na Ação Direta de Inconstitucionalidade por Omissão, sendo esse também o entendimento do Supremo Tribunal Federal. Agora, a medida cautelar está prevista nos arts. 12-F e 12-G da Lei n. 9.868/99.

Segundo o art. 12-F, *caput*, da Lei n. 9.868/99, "em caso de excepcional urgência e relevância da matéria, o Tribunal, por decisão da maioria absoluta de seus membros, observado o disposto no art. 22, poderá conceder medida cautelar, após a audiência dos órgãos ou autoridades responsáveis pela omissão inconstitucional, que deverão pronunciar-se no prazo de 5 (cinco) dias".

Portanto, para concessão da cautelar na ADI, serão necessários os votos da maioria absoluta dos Ministros do STF (seis Ministros, portanto), respeitada a regra do art. 22 da Lei n. 9.868/99 (ou seja, presentes pelo menos oito Ministros).

Não existe previsão legal de concessão de medida cautelar somente pelo Ministro relator (como na ADI, no caso de recesso). Assim, é necessário o quórum qualificado para concessão da cautelar na ADO, após o juízo de "relevância e urgência da matéria".

Outrossim, a legislação não prevê a possibilidade de concessão de cautelar *inaudita altera pars*, ou seja, antes da decisão cautelar, é necessária a "audiência dos órgãos ou autoridades responsáveis pela omissão inconstitucional", que terão o prazo de cinco dias para se manifestar.

No que consiste a cautelar da ADO? Segundo o art. 12-F, § 1º, da Lei n. 9.868/99, "a medida cautelar poderá consistir na suspensão da aplicação da lei ou do ato normativo questionado, no caso de omissão parcial, bem como na suspensão de processos judiciais ou de procedimentos administrativos, ou ainda em outra providência a ser fixada pelo Tribunal".

Portanto, poderá o Tribunal, por maioria absoluta dos seus membros, proferir três tipos diferentes de decisão: a) suspender o ato impugnado, em caso de omissão parcial; b) suspender todos os processos judiciais sobre o tema; c) tomar qualquer outra providência que entender conveniente.

A oitiva prévia do Procurador-Geral da República será uma faculdade do Ministro relator da ADO, por força do art. 12-F, § 2º, da Lei n. 9.868/99: "o relator, julgando indispensável, ouvirá o Procurador-Geral da República, no prazo de 3 (três) dias". A lei não prevê a oitiva do Advogado-Geral da União.

Outrossim, nos termos do art. 12-F, § 3º, da Lei n. 9.868/99, "no julgamento do pedido de medida cautelar, será facultada sustentação oral aos representantes judiciais do requerente e das autoridades ou órgãos responsáveis pela omissão constitucional, na forma estabelecida no Regimento do Tribunal". Assim, durante o julgamento da cautelar, poderão ser ouvidas as "duas partes": o autor da ação e as autoridades responsáveis pela omissão questionada.

Dessa maneira, podemos sistematizar dessa forma a concessão da cautelar na ADO:

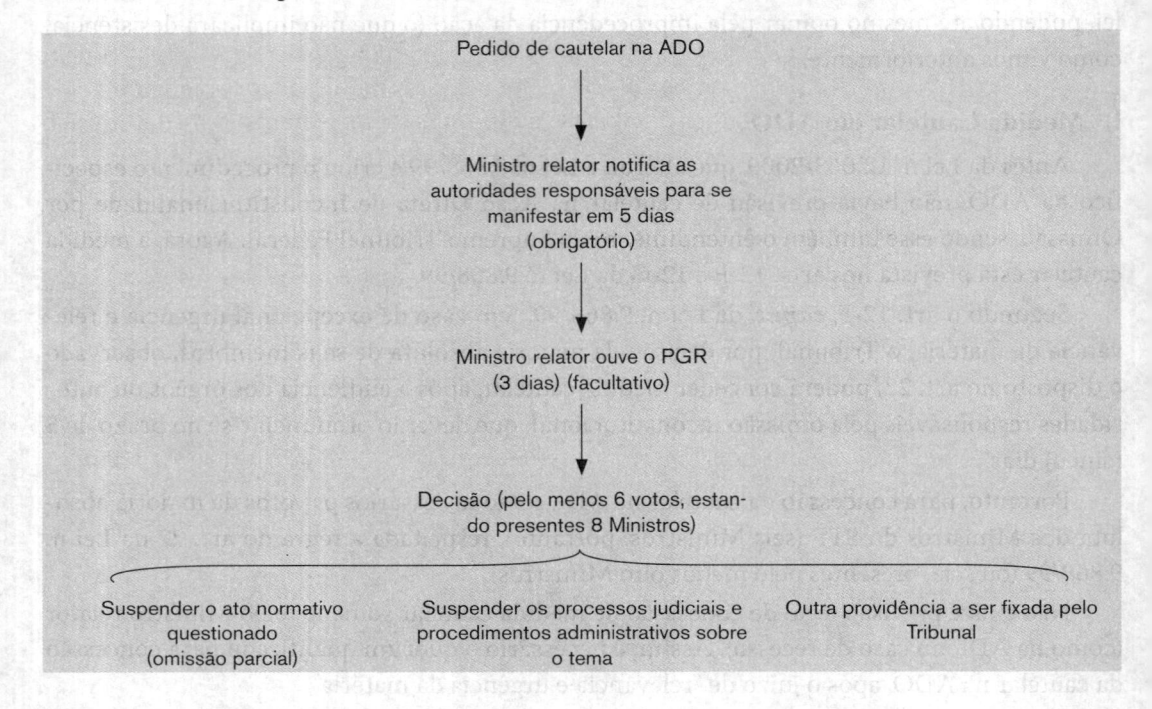

```
Pedido de cautelar na ADO
            │
            ▼
Ministro relator notifica as
autoridades responsáveis para se
    manifestar em 5 dias
        (obrigatório)
            │
            ▼
Ministro relator ouve o PGR
   (3 dias) (facultativo)
            │
            ▼
Decisão (pelo menos 6 votos, estan-
    do presentes 8 Ministros)
```

| Suspender o ato normativo questionado (omissão parcial) | Suspender os processos judiciais e procedimentos administrativos sobre o tema | Outra providência a ser fixada pelo Tribunal |

m) Decisão definitiva da ADO

Segundo o art. 103, § 2º, da Constituição Federal, "declarada a inconstitucionalidade por omissão de medida para tornar efetiva norma constitucional, será dada ciência ao Poder competente para a adoção das providências necessárias e, em se tratando de órgão administrativo, para fazê-lo em trinta dias".

Por sua vez, de maneira semelhante (com um detalhe diverso), o art. 12-H da Lei n. 9.868/99 dispõe que: "Declarada a inconstitucionalidade por omissão, com observância do disposto no art. 22, será dada ciência ao Poder competente para adoção das providências necessárias. § 1º Em caso de omissão imputável a órgão administrativo, as providências deverão ser adotadas no prazo de 30 (trinta) dias, ou em prazo razoável a ser estipulado excepcionalmente pelo Tribunal, tendo em vista as circunstâncias específicas do caso e o interesse público envolvido".

Primeiramente, nos termos da Lei, a decisão definitiva da ADO só pode ser proferida por maioria absoluta dos Ministros do STF (seis Ministros), desde que presentes oito Ministros.

Tanto a Constituição quanto a Lei n. 9.868/99 dão um tratamento diferente ao órgão omitente na decisão de procedência da ADO: se a omissão for do Poder Legislativo (e normalmente a omissão será dele), o STF apenas dará "ciência ao Poder competente para adoção das providências necessárias". Assim, sendo a omissão do Congresso Nacional, será oficiada a Mesa do Congresso Nacional, informando-a sobre a omissão e solicitando as providências necessárias.

Quanto à comunicação feita ao Poder Legislativo, a Constituição e a lei não preveem a possibilidade de fixação de prazo para legislar, muito menos prevê a possibilidade de sanções caso a omissão persista. Esse tratamento (relativamente astênico) visa a preservar a separação dos Poderes, um dos princípios constitucionais (art. 2º, CF) e cláusula pétrea (art. 60, § 4º, III, CF). Urge mencionar que, na ADI 3.682, o Supremo Tribunal Federal chegou a "sugerir" um prazo para o Congresso Nacional legislar. A mencionada ação foi julgada "procedente para declarar o estado de mora em que se encontra o Congresso Nacional, a fim de que, em prazo razoável de 18 (dezoito) meses adote ele todas as providências legislativas necessárias. [...] Não se trata de impor um prazo para a atuação legislativa do Congresso nacional, mas apenas da fixação de um parâmetro temporal razoável, tendo em vista o prazo de 24 meses determinado pelo Tribunal nas ADI n. 2.240, 3.316, 3.489 e 3.689 para que as leis estaduais que criaram municípios ou alteram seus limites territoriais continuem vigendo" (ADO 3.682, rel. Min. Gilmar Mendes). De maneira semelhante, na ADO 24-MC/DF, o Ministro Dias Toffoli sugeriu a fixação de prazo razoável para elaboração da norma regulamentadora da Constituição: "acolho a sugestão do autor da demanda e fixo o prazo razoável de 120 (cento e vinte) dias para a edição da lei em questão. [...] Por certo, o prazo aqui indicado não tem por objetivo resultar em interferência desta Corte na esfera de atribuições dos demais Poderes da República. Antes, há de expressar como que um apelo ao Legislativo que supra a omissão inconstitucional concernente à matéria relevante para a cidadania brasileira – a defesa dos usuários de serviços públicos no País".

Pela leitura das duas decisões acima verifica-se o dilema dos julgadores. Se de um lado está a insofismável e indesculpável omissão constitucional, de outro lado está a separação dos Poderes. Como determinar um prazo ao Congresso Nacional para exercer sua função típica, sem que haja previsão constitucional ou legal para tanto? Seria o mesmo que o Congresso Nacional oficiar o Supremo Tribunal Federal para que julgue uma determinada ADI até o final do mês. Obviamente existem relações entre os Poderes, interferências recíprocas, mas todas elas são regulamentadas por lei, já que vivemos num "Estado de Direito". Enquanto as decisões do STF continuarem a ser "sugestões" ou "apelos", não violarão a separação dos Poderes. Entendemos ser necessária uma reforma legal ou constitucional. Deixar como está significa a utilização da máquina jurisdicional para um provimento jurisdicional inútil. É lamentável movimentar a cúpula do Poder Judiciário, o Procurador-Geral da República e todos os serventuários a eles ligados para, ao final, o provimento jurisdicional ser um "apelo" ao Legislativo. Para isso, um *e-mail* ou um telefonema seria mais econômico.

Por essa razão, em 30 de novembro de 2016, o STF julgou procedente a ADO 25, fixando o prazo de 12 meses ao Congresso Nacional, e, por maioria de votos, deliberou que, caso o prazo transcorra *in albis*, caberá ao Tribunal de Contas da União fixar o valor do montante total a ser transferido aos Estados-membros e ao DF, considerando os critérios dispostos no art. 91 do ADCT para fixação do montante a ser transferido anualmente, a saber, as exportações para o exterior de produtos primários e semielaborados, a relação entre as exportações e as importações, os créditos decorrentes de aquisições destinadas ao ativo permanente e a efetiva manutenção e aproveitamento do crédito do imposto a que se refere o art. 155, § 2º, X, "a", do texto constitucional.

E não é só: até o Mandado de Injunção, com a regulamentação operada pela Lei n. 13.300/2016, mostra ser muito mais eficaz. Segundo o art. 8º da sobredita lei, julgado procedente o Mandado de Injunção, o Judiciário determinará "prazo razoável para que o impetrado promova a edição da norma regulamentadora" (art. 8º, I), e, descumprido esse prazo, estabelecerá "as condições em que se dará o exercício dos direitos". Uma mudança legislativa, de modo a aproximar os efeitos da ADO e do Mandado de Injunção, parece-nos a maneira de revigorar a primeira.

Enquanto a Constituição foi extremamente cautelosa quando a omissão é do Poder Legislativo, não teve o mesmo cuidado o constituinte originário quando a omissão foi atribuída ao Poder Executivo e órgão administrativo. Nesse caso, se a omissão for de órgão administrativo (que deixou de editar algum regulamento necessário, por exemplo), a Constituição Federal dispõe que, julgada procedente a ADO, será comunicado o órgão para fazer o ato em 30 dias. Por sua vez, inovando o assunto, a Lei n. 9.868/99 estabelece o prazo de 30 dias para elaboração do ato normativo ou outro prazo razoável a ser estabelecido pelo Tribunal. Ou seja, a critério do Tribunal, caso entenda que o prazo constitucional de 30 dias é exíguo, poderá estabelecer um prazo maior para elaboração do ato normativo.

12.12.4. Ação Direta de Inconstitucionalidade Interventiva

Trata-se da mais antiga ação do controle concentrado existente no direito brasileiro. Enquanto a ADI Genérica foi fruto da Emenda Constitucional n. 16/65, a ADO surgiu com o texto originário da Constituição de 1988 (assim como a ADPF, que foi regulamentada 11 anos depois, pela Lei n. 9.882/99) e a ADC surgiu com a EC 3/93, a ADI interventiva surgiu no Brasil na década de 1930, na Constituição de 1934, no art. 12, para assegurar a observância de alguns princípios constitucionais (os sensíveis), tendo como legitimado o Procurador-Geral da República.

Está prevista no art. 36, III, c/c art. 34, VII, ambos da Constituição Federal, regulamentados pela Lei n. 12.562, de 23 de dezembro de 2011. O STF utiliza a sigla "IF" (Intervenção Federal) para se referir aos autos da ADI Interventiva.

a) **Conceito**

Embora a Constituição Federal sempre tenha se referido à "representação interventiva", mesma expressão usada pela Lei n. 12.562/2011, entende-se que se trata de uma ação efetivamente ajuizada pelo Procurador-Geral da República, junto ao Supremo Tribunal Federal.

Trata-se, portanto, de uma ação ajuizada pelo Procurador-Geral da República junto ao Supremo Tribunal Federal, quando há violação a um dos princípios previstos no art. 34, VII, da Constituição Federal, tendo dois objetivos: a) declarar um ato ou omissão inconstitucional; b) decretar a intervenção.

Quanto ao primeiro objetivo (declarar um ato ou omissão inconstitucional), verifica-se que a ADI Interventiva é bem diferente das três ações anteriores. Enquanto a ADI e a ADC versam sobre leis e atos normativos e a ADO versa sobre uma omissão normativa, a ADI Interventiva questiona a constitucionalidade de qualquer ato ou omissão do Poder Público. Pode questionar o descaso do Governador do Estado com a dignidade dos presidiários, bem como os atos de corrupção do Governador do Distrito Federal (IF 5.179) etc.

Como dissemos, a ADI Interventiva também tem como escopo decretar a intervenção no ente federativo. Como sabemos, o Brasil é uma Federação, ou seja, a união de vários Estados, cada qual com uma parcela de autonomia. A intervenção, medida extrema e excepcional, é um remédio existente para estabilidade da federação. Por exemplo, se um Estado-membro tenta se separar do Brasil, poderá ser nele decretada a intervenção federal (art. 34, I, CF).

A intervenção federal pode ser decretada de várias formas, como de ofício pelo Presidente (art. 34, I, CF, por exemplo), mediante solicitação do Poder Legislativo ou Executivo coacto (art. 34, IV, CF), requisição do Poder Judiciário (art. 34, II, CF) ou mediante ADI Interventiva (art. 34, III, 1ª parte, CF). Dessa maneira, a ADI Interventiva é uma das hipóteses que podem ensejar a Intervenção da União no Estado ou no Distrito Federal (e, como veremos adiante, nos casos de ADI Interventiva Estadual, intervenção do Estado no Município).

b) Cabimento

Caberá ADI Interventiva contra qualquer ato ou omissão do Poder Público que viole os princípios sensíveis previstos no art. 34, VII, da Constituição Federal.

Primeiramente, como dissemos acima, a ADI Interventiva não apenas contra atos normativos, embora isso também seja possível. Cabe contra qualquer ato (normativo ou concreto) ou omissão do poder público que viole os chamados princípios sensíveis.

Princípios sensíveis são os princípios previstos no art. 34, VII, da Constituição Federal e que recebem esse nome (dado originalmente por Pontes de Miranda) porque, se violados, autorizam a intervenção.

São princípios sensíveis:

1) Forma republicana, sistema representativo e regime democrático: se o poder público estadual, por meio de atos normativos, atos concretos ou omissões, violar esses primeiros princípios sensíveis, poderá ensejar o ajuizamento da ADI interventiva. Por exemplo, foi ajuizada ADI Interventiva contra o Distrito Federal (IF 5.179) por conta de um suposto esquema de corrupção capitaneado pelo então Governador José Roberto Arruda (que foi posteriormente preso e cassado, nessa ordem, inclusive). Nessa ação, o Procurador-Geral da República alegou violação da "forma republicana". Isso porque, enquanto a República é caracterizada pela gestão da coisa pública, o governo do Distrito Federal estava agindo como dono da coisa gerida. A ação foi julgada improcedente pelo STF, sob o argumento de que a crise gerada estava arrefecendo: "Adoção, porém, pelas autoridades competentes, de providências legais eficazes para debelar a crise institucional. Situação histórica consequentemente superada à data do julgamento. Desnecessidade reconhecida à intervenção, enquanto medida extrema e excepcional. Pedido julgado improcedente". Da mesma forma, se houver violação do sistema representativo ou do regime democrático, também caberá a ADI Interventiva.

2) Direitos da pessoa humana: se o poder público, por meio de atos (concretos ou normativos) ou omissões, violar, em seus respectivos territórios, direitos da pessoa humana, poderá o Procurador-Geral da República ajuizar ADI Interventiva. Nesse caso, conhecendo o sistema carcerário brasileiro, que já ensejou a declaração por parte do STF do "estado de coisas inconstitucional", poderíamos afirmar que o Procurador-Geral da República poderia ajuizar ADI Interventiva contra todos os Estados da Federação. Embora não tenha feito isso contra todos os Estados da Federação, fê-lo contra alguns. Na IF 114, questionou a omissão do poder público no tocante ao linchamento de presos no Estado de Mato Grosso; na IF 5.129, questionou a situação de calamidade do presídio Urso Branco, em Porto Velho/RO etc.

3) Autonomia municipal: se o poder público estadual, de alguma forma (atos e omissões), violar a autonomia municipal, poderá o Procurador-Geral da República ajuizar a ADI Interventiva. Por exemplo, segundo o art. 158, III, CF, pertence aos Municípios 50% do produto da arrecadação do imposto do Estado sobre a propriedade de veículos automotores licenciados

em seus respectivos territórios. Caso não seja repassada ao Município a sua respectiva receita tributária, tal inércia ensejará a ADI Interventiva.

4) Prestação de contas da administração pública, direta e indireta: a prestação de contas é o instrumento que permite acompanhar e fiscalizar os atos e despesas realizados pelos gestores públicos. A análise das prestações de contas a que são submetidos os administradores públicos é feita pelos Tribunais de Contas e pelo Poder Legislativo, no exercício do controle externo, além dos mecanismos de controle interno de cada Poder. Assim como a Constituição Federal (art. 71, I) prevê que uma das competências do Tribunal de Contas da União é apreciar as contas prestadas anualmente pelo Presidente, regra semelhante estará prevista nas Constituições dos Estados. Por exemplo, o art. 33, I, da Constituição do Estado de São Paulo prevê que uma das competências do Tribunal de Contas do Estado de São Paulo é "apreciar as contas prestadas anualmente pelo Governador do Estado, mediante parecer prévio que deverá ser elaborado em sessenta dias, a contar do seu recebimento".

5) Aplicação do mínimo exigido na saúde e educação: segundo o art. 212, *caput*, da Constituição Federal, os Estados e o Distrito Federal devem aplicar pelo menos 25% da receita resultante de impostos, compreendida a proveniente de transferências, na manutenção e desenvolvimento do ensino. Por sua vez, o art. 198, § 2º, II, prevê que os Estados e o Distrito Federal devem aplicar anualmente em ações e serviços públicos de saúde o "produto da arrecadação dos impostos a que se refere o art. 155 e dos recursos de que tratam os arts. 157 e 159, inciso I, alínea "a", e inciso II, deduzidas as parcelas que forem transferidas aos respectivos Municípios". Em outras palavras, a Constituição Federal estabelece um "mínimo existencial orçamentário" no tocante aos direitos de saúde e educação por parte dos entes federativos. Descumprido esse mínimo, será possível ajuizar a ADI Interventiva. Importante frisar que o texto originário da Constituição Federal tratava apenas do direito à educação, sendo acrescida a saúde por meio de Emenda Constitucional (EC 29/2000).

c) **Competência**

Competente para julgar a ADI Interventiva (IF) é o Supremo Tribunal Federal, nos termos do art. 36, III, da Constituição Federal. Não obstante, a própria Constituição Federal (art. 35, IV) permite a ADI Interventiva Estadual, que será ajuizada perante o Tribunal de Justiça do Estado-membro. Veremos, em item adiante, a ADI Interventiva Estadual.

d) **Legitimado**

Ao contrário das três ações anteriormente estudadas (ADI, ADC e ADO), cujos legitimados são os nove previstos no art. 103 da Constituição Federal, a ADI Interventiva Federal tem como único legitimado o Procurador-Geral da República, nos termos do art. 36, III, da Constituição Federal.

Parte da doutrina, com o advento da Constituição de 1988, critica a manutenção da legitimidade do Procurador-Geral da República, entendendo que seria mais conveniente atribuir a autoridade da ação para o Advogado-Geral da União, que representa judicialmente os interesses da União. Antes da Constituição de 1988, inexistindo a Advocacia-Geral da União, fazia sentido a titularidade ser do Procurador-Geral da República. Não obstante, apesar das críticas doutrinárias, não há como negar a força normativa do art. 36, III, da Constituição. Qualquer alteração necessitaria de Emenda Constitucional.

Por fim, o legitimado passivo é o ente federativo (Estado ou Distrito Federal) que, por meio das autoridades que serão ouvidas no curso da ADI Interventiva, praticou ato ou omissão violador de princípios sensíveis.

e) Procedimento

O procedimento da ADI Interventiva está previsto na Lei n. 12.562, de 23 de dezembro de 2011, que regulamenta o art. 36, III, da Constituição Federal. A mesma lei também regula o procedimento da ação para cumprimento de lei federal, também ajuizada pelo Procurador-Geral da República, prevista no art. 36, III, *in fine*, da Constituição Federal (e que será estudada no capítulo reservado à Federação).

e.1) Petição inicial

Segundo o art. 3º da Lei n. 12.562/11, a petição inicial deverá conter: "I – a indicação do princípio constitucional que se considera violado; II – a indicação do ato normativo, do ato administrativo, do ato concreto ou da omissão questionados; III – a prova da violação do princípio constitucional; IV – o pedido, com suas especificações".

A petição inicial, que será apresentada em duas vias, deverá conter cópia do ato questionado (em se tratando de ato normativo que está sendo impugnado), bem como os documentos que comprovam a violação do princípio sensível (art. 3º, parágrafo único).

e.2) Indeferimento da inicial

Segundo o art. 4º da Lei n. 12.562/11, "a petição inicial será indeferida liminarmente pelo relator, quando não for o caso de representação interventiva, faltar algum dos requisitos estabelecidos nesta Lei ou for inepta". Segundo o parágrafo único do mesmo artigo, "da decisão de indeferimento da petição inicial caberá agravo, no prazo de 5 (cinco) dias".

Quanto ao prazo do agravo, há um conflito de leis no tempo, a ser resolvido pelo Supremo Tribunal Federal. Segundo a lei específica (Lei n. 12.562/2011), o prazo desse agravo é de cinco dias. Todavia, com o advento do novo Código de Processo Civil, nos termos do art. 1.021, § 2º, o agravo interno será dirigido ao relator, no prazo de 15 dias.

Nesse caso, poder-se-ia aplicar o critério da especialidade, afirmando que o prazo previsto na Lei n. 12.562/2011 é especial, se comparado ao prazo geral previsto no novo CPP, permanecendo o prazo de cinco dias. Não obstante, poder-se-ia aplicar critério cronológico, segundo o qual a nova lei revoga a lei anterior (nesse caso, aplicando-se o novo CPC, o prazo seria de 15 dias). Aguardemos manifestação do Supremo Tribunal Federal acerca do tema. O mesmo dilema não se aplica ao agravo contra decisão que indefere inicial de ADI, ADC e ADO. Nesse caso, o prazo do agravo interno estava previsto no Regimento Interno do STF, e não em lei ordinária. Portanto, o novo Código de Processo Civil se aplica imediatamente àqueles casos.

e.3) Liminar em ADI Interventiva

Segundo o art. 5º, *caput*, da Lei n. 12.562/2011, "o Supremo Tribunal Federal, por decisão da maioria absoluta de seus membros, poderá deferir pedido de medida liminar na representação interventiva".

Primeiramente, ao contrário da ADI Genérica, que permite a concessão de cautelar pela decisão monocrática do Ministro relator (em caso de recesso), a liminar em ADI Interventiva exige a decisão de maioria absoluta dos Ministros do STF (6 Ministros). Não há previsão legal (como na Lei n. 9.868/99) de que haja pelo menos o voto de oito Ministros, sendo exigido esse quórum apenas para a decisão definitiva (art. 9º, Lei n. 12.562/11).

Antes dessa decisão, o Ministro relator poderá (poderá, e não deverá) ouvir os órgãos ou autoridades responsáveis pelo ato ou omissão impugnado, bem como o Advogado-Geral da União ou o Procurador-Geral da República, no prazo de cinco dias (art. 5º, § 1º, Lei n. 12.562/2011).

No que consiste a liminar em ADI Interventiva? Segundo o art. 5º, § 2º, da Lei n. 12.562/2011, "a liminar poderá consistir na determinação de que se suspenda o andamento de processo ou os efeitos de decisões judiciais ou administrativas ou de qualquer outra medida que apresente relação com a matéria objeto da representação interventiva".

Assim, três podem ser os conteúdos da liminar em ADI Interventiva: a) suspender o andamento de processos, que aparentemente estejam violando princípios sensíveis; b) suspender os efeitos de decisões judiciais ou administrativas que estejam violando princípios sensíveis (exemplos: ato da administração penitenciária, presos são removidos para penitenciária insalubre; ato do governador que pratica ato atentatório à moralidade e à "forma republicana" etc.); c) outra medida que o Tribunal entender conveniente.

Assim, podemos resumir a concessão de liminar na ADI Interventiva desta maneira:

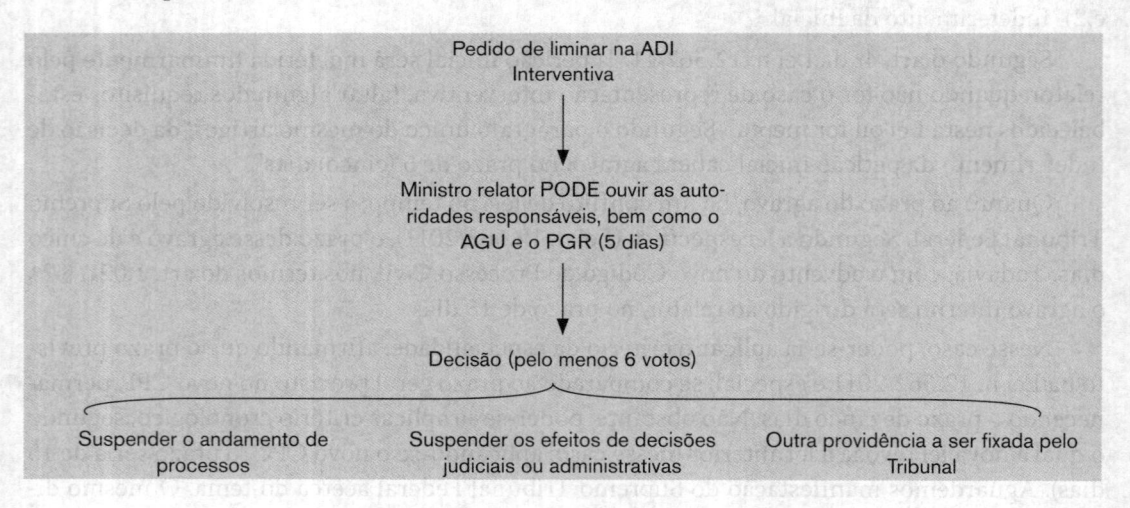

```
                    Pedido de liminar na ADI
                          Interventiva
                                │
                                ▼
                Ministro relator PODE ouvir as auto-
                ridades responsáveis, bem como o
                        AGU e o PGR (5 dias)
                                │
                                ▼
                    Decisão (pelo menos 6 votos)
        ┌───────────────────────┼───────────────────────┐
Suspender o andamento de   Suspender os efeitos de decisões   Outra providência a ser fixada pelo
      processos              judiciais ou administrativas              Tribunal
```

e.4) Pedido de informações

Segundo o art. 6º, *caput*, da Lei n. 12.562/2011, "apreciado o pedido de liminar ou, logo após recebida a petição inicial, se não houver pedido de liminar, o relator solicitará as informações às autoridades responsáveis pela prática do ato questionado, que as prestarão em até 10 (dez) dias".

Embora o artigo ora em comento mencione apenas "atos", também é possível ouvir as autoridades responsáveis por omissões que lesionam princípios sensíveis.

e.5) Advogado-Geral da União e Procurador-Geral da República

Segundo o art. 6º, § 1º, da Lei n. 12.562/2011, "Decorrido o prazo para prestação das informações, serão ouvidos, sucessivamente, o Advogado-Geral da União e o Procurador-Geral da República, que deverão manifestar-se, cada qual, no prazo de 10 (dez) dias".

O Advogado-Geral da União (que, conforme muitos defendem, deveria ser o autor da ação) deverá ser ouvido, na medida em que há interesses diretos da União, já que a ação pode redundar na intervenção federal em Estado-Membro ou Distrito Federal. Outrossim, curiosamente, a Lei prevê a manifestação do Procurador-Geral da República, no prazo de 10 dias, mesmo sendo ele o autor da ação (o que foi dispensado apenas na ADO).

e.6) Outras diligências

Segundo o art. 7º, *caput*, da Lei n. 12.562/2011, o Ministro relator poderá, se entender necessário, requisitar informações adicionais, designar perito ou comissão de peritos para que elabore laudo sobre a questão ou, ainda, fixar data para declarações, em audiência pública, de pessoas com experiência e autoridade na matéria. Tais medidas, de clara democratização do procedimento do controle concentrado, também são admitidas na ADI Genérica, ADC e ADO, como estudamos anteriormente.

e.7.) *Amicus curiae*

Sem o mesmo detalhamento da Lei n. 9.868/99, a Lei da ADI Interventiva permite a participação de *amicus curiae*, na medida em que o art. 7º, parágrafo único, dispõe que: "poderão ser autorizadas, a critério do relator, a manifestação e a juntada de documentos por parte de interessados no processo".

Ao contrário da Lei n. 9.868/99, não há menção a prazo do ingresso do *amicus curiae*, previsão de recurso (ou não) contra decisão que indefere seu ingresso etc. Não obstante, entendemos que deve ser aplicada, por analogia, a Lei n. 9.868/99, bem como o art. 138 do Código de Processo Civil, que permite a admissão do *amicus curiae* em qualquer instância e qualquer processo. Assim como fez o novo Código de Processo Civil, a Lei da ADI Interventiva não exclui a pessoa física, motivo pelo qual entendemos que poderá ser ela *amicus curiae* em ADI Interventiva.

Embora não haja previsão expressa na Lei da ADI Interventiva, poderá o *amicus curiae* fazer sustentação oral, estando implícita na expressão "manifestação", prevista na Lei n. 12.562/2011.

e.8) Decisão na ADI Interventiva

Segundo o art. 8º da Lei n. 12.562/2011, vencidos os prazos para manifestação do Advogado-Geral da União e do Procurador-Geral da República, bem como realizadas eventuais diligências a critério do Ministro Relator, este fará relatório com cópia para todos os Ministros.

Por expressa previsão no art. 9º da Lei, a representação interventiva será julgada procedente ou improcedente pelo voto de pelo menos seis Ministros (maioria absoluta do STF), desde que presentes pelo menos oito Ministros (mesmo quórum exigido nas decisões de ADI Genérica, ADO e ADC). Assim como também previsto na Lei n. 9.868/99, não alcançado o quórum mínimo de seis Ministros para uma ou outra decisão, aguardar-se-á a votação dos Ministros faltantes (art. 10, parágrafo único, Lei n. 12.562/2011).

Julgado procedente o pedido, o Supremo Tribunal Federal declarará a inconstitucionalidade do ato ou da omissão praticada pelo Poder Público, publicando o acórdão. Ato contínuo, o Presidente do Supremo Tribunal Federal comunicará o Presidente da República, no prazo de até 15 dias.

Importante: no sistema brasileiro, quem decreta a intervenção é sempre o chefe do Poder Executivo (Presidente, na intervenção federal; Governador, na intervenção estadual). Assim, jamais poderia o Poder Judiciário, ainda que por seu órgão máximo, decretar a intervenção. Por isso, julgada procedente a ADI Interventiva, deverá ser comunicado o Presidente da República, para que possa tomar as providências previstas no art. 36, §§ 1º e 3º, da Constituição Federal.

Julgada procedente a ADI Interventiva, o Presidente poderá, de acordo com seu critério de conveniência política e social, decretar a intervenção no Estado-membro ou Município. Podemos resumir a decisão da ADI Interventiva desta maneira:

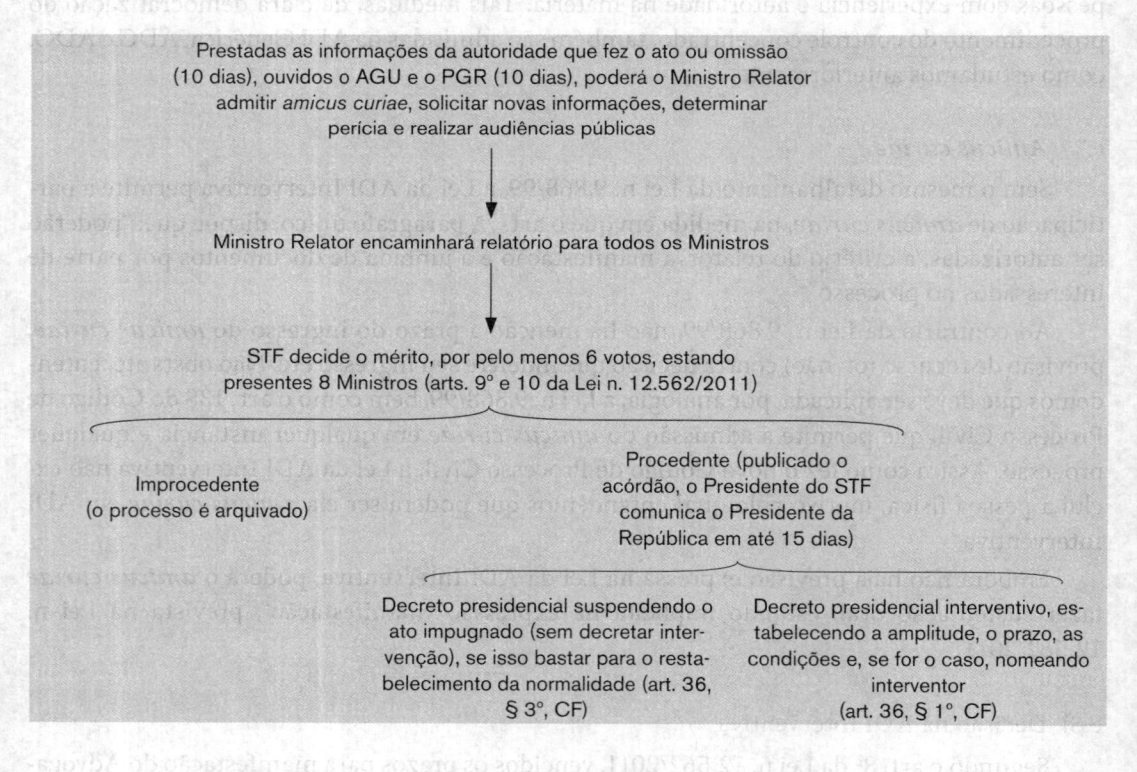

> Prestadas as informações da autoridade que fez o ato ou omissão (10 dias), ouvidos o AGU e o PGR (10 dias), poderá o Ministro Relator admitir *amicus curiae*, solicitar novas informações, determinar perícia e realizar audiências públicas
>
> ↓
>
> Ministro Relator encaminhará relatório para todos os Ministros
>
> ↓
>
> STF decide o mérito, por pelo menos 6 votos, estando presentes 8 Ministros (arts. 9º e 10 da Lei n. 12.562/2011)
>
> Improcedente (o processo é arquivado)
>
> Procedente (publicado o acórdão, o Presidente do STF comunica o Presidente da República em até 15 dias)
>
> Decreto presidencial suspendendo o ato impugnado (sem decretar intervenção), se isso bastar para o restabelecimento da normalidade (art. 36, § 3º, CF)
>
> Decreto presidencial interventivo, estabelecendo a amplitude, o prazo, as condições e, se for o caso, nomeando interventor (art. 36, § 1º, CF)

e.9) Irrecorribilidade da decisão

Assim como as decisões da ADI Genérica, da ADO e da ADC, a decisão definitiva da ADI Interventiva também é irrecorrível, sendo insuscetível de impugnação por ação rescisória (art. 12, Lei n. 12.562/2011). Embora não haja previsão legal, entendemos poder ser aplicada por analogia a Lei n. 9.868/99, que admite contra a decisão de procedência ou improcedência Embargos de Declaração.

f) ADI Interventiva Estadual

Como mencionamos acima, assim como há a ADI Interventiva Federal, também há previsão constitucional da ADI Interventiva Estadual, prevista no art. 35, IV, da Constituição Federal: "o Tribunal de Justiça der provimento a representação para assegurar a observância de princípios indicados na Constituição Estadual". Vejamos as peculiaridades dessa ação:

f.1) Competência

A competência será do Tribunal de Justiça do Estado (art. 35, IV, CF), não havendo ADI Interventiva perante o Tribunal de Justiça do Distrito Federal porque, por expressa previsão no art. 32 da Constituição Federal, o DF não é dividido em municípios. O objetivo da ADI Interventiva estadual (semelhante ao objetivo da ADI Interventiva federal) é declarar um ato ou omissão inconstitucional e, ato contínuo, decretar a intervenção estadual (a intervenção do Estado em um Município).

f.2) Legitimado

Respeitado o princípio da simetria constitucional, a Constituição do Estado deverá prever como legitimado da ADI Interventiva o Procurador-Geral de Justiça. Ora, assim como o chefe do Ministério Público Federal (Procurador-Geral da República) é o legitimado da ADI Interventiva Federal, deve ser o chefe do Ministério Público Estadual o legitimado da ADI Interventiva estadual. Foi o que fez a Constituição do Estado do Rio de Janeiro, no seu art. 161, IV, "b": "Compete ao Tribunal de Justiça: [...] IV – processar e julgar originariamente: b) a representação do Procurador-Geral de Justiça que tenha por objeto a intervenção em Município".

f.3) Cabimento

Segundo o art. 35, IV, da Constituição Federal, caberá ADI Interventiva estadual "para assegurar a observância de princípios indicados na Constituição Estadual". Enquanto a ADI Interventiva Federal prevê um rol de princípios sensíveis, no art. 34, VII, o cabimento da ADI Interventiva Estadual está vinculado aos princípios previstos na Constituição do respectivo Estado.

f.4) Decreto de intervenção

Assim como somente o Presidente da República poderá decretar a intervenção federal, somente o Governador do Estado poderá decretar a intervenção estadual. Assim, julgada procedente a ADI Interventiva estadual, poderá o governador: a) por decreto, suspender o ato municipal que fere princípio estabelecido na Constituição Estadual; b) decretar a intervenção no município, estabelecendo os limites, a amplitude, o prazo e, se o caso, nomeando interventor.

12.12.5. Arguição de Descumprimento de Preceito Fundamental (ADPF)

A Arguição de Descumprimento de Preceito Fundamental foi prevista pelo texto originário da Constituição de 1988 (originalmente no art. 102, parágrafo único, depois transformado, pela EC 3/93, em art. 102, § 1º). Todavia, somente foi regulamentada 11 anos depois, pela Lei n. 9.882/99, quando de fato passou a ser implementada. Antes da edição dessa norma, o STF entendeu ser inaplicável a ação, por se tratar de norma constitucional de eficácia limitada de princípio institutivo, dependente do complemento legal: "a arguição de descumprimento de preceito fundamental, perante o STF, exige lei formal, não autorizando, à sua falta, a aplicação da analogia, dos costumes e dos princípios gerais do direito" (AgrPet 1.140/TO, rel. Min. Sydney Sanches). Vejamos os aspectos mais relevantes da ADPF:

a) **Legitimados**

A Constituição Federal não prevê quais são os legitimados da ADPF, deixando tal tema a cargo da legislação infraconstitucional. O tema foi tratado pelo art. 2º da Lei n. 9.882/99: "Podem propor arguição de descumprimento de preceito fundamental: I – os legitimados para a ação direta de inconstitucionalidade". Dessa maneira, as nove pessoas do art. 103, I a IX, da Constituição Federal poderão ajuizar ADPF, aplicando-se-lhes todas as observações que fizemos acima quanto aos legitimados da ADI (pertinência temática, capacidade postulatória etc.).

Importante: foi vetado pelo Presidente da República à época (Fernando Henrique Cardoso) o inciso II do art. 2º da Lei n. 9.882/99, que permitia a ADPF ajuizada por "qualquer pessoa lesada ou ameaçada por ato do Poder Público". Ou seja, a intenção do legislador ordinário era criar duas espécies de ADPF: a primeira, ajuizada pelos mesmos legitimados da ADI, e a segunda, por qualquer pessoa do povo. A segunda hipótese morreu antes mesmo de nascer, pelo veto presidencial. Segundo as razões do veto, "a admissão de um acesso individual e irrestrito é incompatível com o controle concentrado de legitimidade dos atos estatais – modalidade em que se insere o instituto da arguição e a generalidade do objeto da impugnação fazem presumir a elevação excessiva do número de feitos a reclamar a apreciação do Supremo Tribunal Federal". Em outras palavras, pode não ter sido a intenção do legislador ordinário, mas, com os vetos presidenciais à Lei n. 9.882/99, a ADPF foi transformada num instrumento do controle concentrado da constitucionalidade.

Dessa maneira, qualquer pessoa do povo não poderá ajuizar ADPF perante o STF, já que o art. 2º, II, da Lei n. 9.882/99 foi vetado. Segundo o STF, "ação proposta por particular. Ausência de legitimidade. Somente podem propor arguição de descumprimento de preceito fundamental os legitimados para a ação direta de inconstitucionalidade" (ADPF 11 AgR, rel. Min. Gilmar Mendes).

Todavia, caso queira, "faculta-se ao interessado, mediante representação, solicitar a propositura de arguição de descumprimento de preceito fundamental ao Procurador-Geral da República, que, examinando os fundamentos jurídicos do pedido, decidirá do cabimento do seu ingresso em juízo" (art. 2º, § 1º, Lei n. 9.882/99).

b) **Competência**

Segundo o art. 102, § 1º, da Constituição Federal, a competência para julgar a Arguição de Descumprimento de Preceito Fundamental é do Supremo Tribunal Federal. Outro não é o disposto no art. 1º, *caput*, da Lei n. 9.882/99: "A arguição prevista no § 1º do art. 102 da Constituição Federal será proposta perante o Supremo Tribunal Federal...".

Outrossim, assim como as quatro outras ações já estudadas (ADI Genérica, ADC, ADO e ADI Interventiva), é possível que haja previsão na Constituição Estadual de ADPF Estadual, em razão do princípio da simetria constitucional. Evidentemente, prevista na Constituição do

Estado, deverá atender aos parâmetros da ADPF Federal, ou seja, deverá ter como legitimados os mesmos legitimados da ADI Genérica Estadual, como competente o Tribunal de Justiça etc.

c) Cabimento

Segundo o art. 1º, *caput*, da Lei n. 9.882/99, a Arguição de Descumprimento de Preceito Fundamental "terá por objeto evitar ou reparar lesão a preceito fundamental, resultante de ato do Poder Público".

Como se vê, há duas espécies de ADPF: a) preventiva (visa a evitar lesão a preceito fundamental) e b) repressiva (visa a reparar lesão a preceito fundamental). Todavia, é imperioso identificar o que seria preceito fundamental.

A Constituição Federal não prevê um rol específico do que seria preceito fundamental, e a Lei n. 9.882/99 também não delimita o que seria. Por essa razão, fica a cargo da doutrina e da jurisprudência estabelecer quais seriam os preceitos fundamentais da Constituição Federal. Intuitivamente, podemos de antemão identificar como preceitos fundamentais: a) os princípios fundamentais da República Federativa do Brasil (arts. 1º a 4º, CF); os direitos e garantias fundamentais (arts. 5º a 17, CF); as cláusulas pétreas (art. 60, § 4º, CF); os princípios constitucionais sensíveis (art. 34, VII, CF). Por essa razão, como já decidiu o Supremo Tribunal Federal, "compete ao supremo Tribunal Federal o juízo acerca do que se há de compreender, no sistema constitucional brasileiro, como preceito fundamental" (ADPF 1-QO, rel. Min. Néri da Silveira). Importante parâmetro de definição do que seria preceito fundamental foi estabelecido no voto do Ministro Gilmar Mendes, na ADPF 33-MC: "É muito difícil indicar, *a priori*, os preceitos fundamentais da Constituição passíveis de lesão tão grave que justifique o processo e o julgamento da arguição de descumprimento. Não há dúvida de que alguns desses preceitos estão enunciados, de forma explícita, no texto constitucional. Assim, ninguém poderá negar a qualidade de preceitos fundamentais da ordem constitucional aos direitos e garantias individuais (art. 5º, dentre outros). Da mesma forma, não se poderá deixar de atribuir essa qualificação aos demais princípios protegidos pela cláusula pétrea do art. 60, § 4º, da Constituição, quais sejam, a forma federativa de Estado, a separação de Poderes e o voto direto, secreto, universal e periódico. Por outro lado, a própria Constituição explicita os chamados 'princípios sensíveis', cuja violação pode dar ensejo à decretação de intervenção federal nos Estados-Membros (art. 34, VII). É fácil ver que a amplitude conferida às cláusulas pétreas e a ideia de unidade da Constituição (*Einheit der Verfassung*) acabam por colocar parte significativa da Constituição sob a proteção dessas garantias. [...] O efetivo conteúdo das 'garantias de eternidade' somente será obtido mediante esforço hermenêutico. Apenas essa atividade poderá revelar os princípios constitucionais que, ainda que não contemplados expressamente nas cláusulas pétreas, guardam estreita vinculação com os princípios por elas protegidos e estão, por isso, cobertos pela garantia de imutabilidade que delas dimana. Os princípios merecedores de proteção, tal como enunciados normalmente nas chamadas 'cláusulas pétreas', parecem despidos de conteúdo específico. Essa orientação, consagrada por esta Corte para os chamados 'princípios sensíveis', há de se aplicar à concretização das cláusulas pétreas e, também, dos chamados 'preceitos fundamentais'. [...] É o estudo da ordem constitucional no seu contexto normativo e nas suas relações de interdependência que permite identificar as disposições essenciais para a preservação dos princípios basilares dos preceitos fundamentais em um determinado sistema. [...] Destarte, um juízo mais ou menos seguro sobre a lesão de preceito fundamental consistente nos princípios da divisão de Poderes, da forma federativa do Estado ou dos direitos e garantias individuais exige, preliminarmente, a identificação do conteúdo dessas categorias na ordem constitucional e, especialmente, das suas relações de interdependência. Nessa linha de entendimento, a lesão a preceito fundamental não se configurará apenas quando se verificar possível afronta a um princípio fundamental, tal como assente na ordem constitucional, mas também a disposições que confiram densidade normativa ou significado específico a esse princípio. Tendo em vista as interconexões e interdependências dos princípios e regras, talvez não seja recomendável proceder-se a uma distinção entre essas duas categorias, fixando-se um conceito extensivo de preceito fundamental, abrangente das normas básicas contidas no texto constitucional".

Dessa maneira, a ADPF visa a evitar ou reparar lesão a preceito fundamental, resultante de ato do Poder Público. Que ato do poder público poderá ser atacado por ADPF?

Podem ser atacados por ADPF quaisquer atos do poder público, como um ato normativo (leis, resoluções, decretos, portarias etc.) ou ato administrativo.

Importante: segundo o art. 4º, § 1º, da Lei n. 9.882/99, somente caberá ADPF quando não houver outro meio eficaz de sanar a lesividade. Portanto, a ADPF é uma ação residual. Se houver outro mecanismo jurisdicional de evitar ou reparar a lesividade, a ADPF não será recebida, por falta de interesse processual. Por essa razão, não caberá ADPF se contra o ato ou omissão do poder público couber: a) ação popular; b) mandado de segurança; c) ADI Genérica; d) ADI Interventiva; e) Ação Direta de Inconstitucionalidade por Omissão etc. Segundo a jurisprudência, esse artigo tem de ser interpretado com reservas, sob pena de esvaziar por completo o cabimento da ADPF, pois sempre (ou quase sempre) haverá um mecanismo jurisdicional capaz de combater as lesividades, já que, nos termos do art. 5º, XXXV, da Constituição Federal, "a lei não excluirá da apreciação do Poder Judiciário lesão ou ameaça a direito". Nesse sentido: "Princípio da subsidiariedade (art. 4º, § 1º, da Lei n. 9.882/99): inexistência de outro meio eficaz de sanar a lesão, compreendido no contexto da ordem constitucional global, como aquele apto a solver a controvérsia constitucional relevante de forma ampla, geral e imediata. A existência de processos ordinários e recursos extraordinários não deve excluir, *a priori*, a utilização da arguição de descumprimento de preceito fundamental em virtude da feição marcadamente objetiva dessa ação" (ADPF 33, rel. Min. Gilmar Mendes). No mesmo sentido: "Da mesma forma, o princípio da subsidiariedade para o cabimento da ADPF não oferece obstáculo à presente ação. É que este Supremo vem entendendo que a subsidiariedade exigida pelo art. 4º, § 1º, da Lei n. 9.882/99 não pode ser interpretada com raciocínio linear e fechado. A subsidiariedade de que trata a legislação diz respeito a outro instrumento processual-constitucional que resolva a questão jurídica com a mesma efetividade, imediaticidade e amplitude que a própria ADPF. Em se tratando de decisões judiciais, não seria possível o manejo de qualquer ação de nosso sistema de controle concentrado. Da mesma forma, o recurso extraordinário não daria resolução de maneira definitiva como a ADPF. É que muito embora a tendência do Supremo em atribuir dimensão objetiva ao recurso extraordinário, a matéria ainda não é totalmente pacificada o que coloca o efeito vinculante da ADPF como instrumento processual-constitucional ideal para o combate imediato dessas decisões judiciais" (ADPF 79-MC, rel. Min. Cezar Peluso).

Segundo o art. 1º, parágrafo único, I, da Lei n. 9.882/99, também caberá a ADPF quando for relevante o fundamento da controvérsia constitucional sobre "lei ou ato normativo federal, estadual ou municipal, incluídos os atos anteriores à Constituição". Ora, em razão da subsidiariedade da ADPF, que acabamos de comentar, caberá a ADPF para questionar a constitucionalidade das leis e atos normativos que não admitem ADI, por exemplo: a) lei anterior à Constituição Federal; b) lei municipal que contraria a Constituição Federal; c) lei revogada; d) decretos infralegais (que não sejam autônomos) etc.

Quanto a atos infralegais, não passíveis de controle de constitucionalidade, decidiu o STF pelo cabimento da ADPF: "Arguição de Descumprimento de Preceito Fundamental. Ato regulamentar. Autarquia estadual. Instituto de Desenvolvimento Econômico-Social do Pará. [...] Afronta ao princípio federativo e ao direito social fundamental ao salário mínimo digno. [...] Cláusula da subsidiariedade ou do exaurimento das instâncias. Inexistência de outro meio eficaz para sanar lesão a preceito fundamental de forma ampla, geral e imediata" (ADPF 33 MC, rel. Min. Gilmar Mendes). Não obstante, como vimos acima, se o ato infralegal extrapolar os limites de sua função regulamentar, sendo um decreto autônomo, será objeto de ADI Genérica: "Impugnação de resolução do Poder Executivo estadual. Disciplina do horário de funcionamento de estabelecimentos comerciais, consumo e assuntos análogos. Ato normativo autônomo. Conteúdo de lei ordinária em sentido material. Admissibilidade do pedido de controle abstrato. Precedentes. Pode ser objeto de ação direta de inconstitucionalidade" (ADI 3.731-MC, rel. Min. Cezar Peluso).

No tocante à lei anterior à Constituição, histórico exemplo foi a ADPF 130, que decidiu pela não recepção total da Lei de Imprensa (Lei n. 5.250/67): "Total procedência da arguição de descumprimento de preceito fundamental, para o efeito de declarar como não recepcionado pela Constituição de 1988 todo o conjunto de dispositivos da Lei Federal 5.250, de 9-2-1967" (voto do Min. Carlos Ayres Britto).

Também é possível ADPF contra decisões judiciais (desde que não haja outro meio jurídico capaz de sanar a lesividade – como adiante se explicará melhor). Nesse sentido, decidiu o STF: "No presente caso, verificar-se-ia, em uma primeira análise sob a perspectiva dessa regra geral, ser cabível a arguição de descumprimento de preceito fundamental, na medida em que a impugnação é dirigida contra decisão judicial, que sabidamente não pode ser objeto de outra ação no controle concentrado abstrato de constitucionalidade. Sucede que a regra exposta comporta exceção, como se infere do próprio julgamento da ADPF 33. A exceção consiste em que, havendo outro meio para impugnar o ato, de forma ampla, geral e imediata, que não por ações do controle concentrado de constitucionalidade, também não será admitida a ADPF" (ADPF 111, rel. Min. Carlos Britto). No mesmo sentido, admitindo ADPF contra decisão judicial, manifestou-se o Min. Teori Zavascki, na ADPF 127: "A arguição de descumprimento de preceito fundamental foi concebida pela Lei n. 9.882/99 para servir como um instrumento de integração entre os modelos difuso e concentrado de controle de constitucionalidade, viabilizando que atos estatais antes insuscetíveis de apreciação direta pelo Supremo Tribunal Federal, tais como normas pré-constitucionais ou mesmo decisões judiciais atentatórias a cláusulas fundamentais da ordem constitucional, viessem a figurar como objeto de controle em processo objetivo".

Não obstante, segundo o Supremo Tribunal Federal, não cabe Arguição de Descumprimento de Preceito Fundamental contra decisão judicial já transitada em julgado: "Não cabe Arguição de Descumprimento de Preceito Fundamental contra decisão judicial transitada em julgado. Este instituto de controle concentrado de constitucionalidade não tem como função desconstituir a coisa julgada" (ADPF 81 MC, rel. Min. Celso de Mello). No mesmo sentido foi o voto do Min. Gilmar Mendes na ADPF 105: "em atendimento ao princípio da segurança jurídica, uma interpretação compreensiva deve assentar que não se pode ampliar o rol de objetos possíveis da ADPF, de modo a fazê-la alcançar decisões judiciais acobertadas pela preclusão consistente na coisa julgada".

Outrossim, em razão do princípio da subsidiariedade da ADPF, como já julgado pelo Supremo Tribunal Federal, não caberá Arguição para revisão ou cancelamento de Súmula ou Súmula Vinculante, pois existe procedimento específico para tal: "A arguição de descumprimento de preceito fundamental não é a via adequada para se obter a interpretação, a revisão ou o cancelamento de súmula vinculante" (ADPF 147-AgR, rel. Min. Cármen Lúcia).

Da mesma forma, não é possível ADPF contra atos envolvendo apenas particulares, tendo em vista que, por expressa previsão legal (art. 1º, Lei n. 9.882/99), só é cabível a ação contra lesão ou perigo de lesão a preceito fundamental "resultante de ato do Poder Público". Assim, contra atos praticados por particulares, serão necessários outros mecanismos jurisdicionais, capazes de evitar ou reparar lesão a direito.

Outrossim, segundo o Supremo Tribunal Federal, não cabe Arguição de Descumprimento de Preceito Fundamental contra atos políticos, como o veto do chefe do Poder Executivo. Foi o que o Supremo Tribunal Federal decidiu na ADPF 1, relatada pelo Min. Néri da Silveira: "O ato do indicado Poder Executivo municipal é veto aposto a dispositivo constante de projeto de lei aprovado pela Câmara Municipal da Cidade do Rio de Janeiro, relativo ao IPTU. No processo legislativo, o ato de vetar, por motivo de inconstitucionalidade ou de contrariedade ao interesse público, e a deliberação legislativa de manter ou recusar o veto, qualquer que seja o motivo desse juízo, compõem procedimentos que se hão de reservar à esfera de independência dos poderes políticos em apreço. Não é, assim, enquadrável, em princípio, o veto, devidamente fundamentado, pendente de deliberação política do Poder Legislativo – que pode, sempre, mantê-lo ou recusá-lo – no conceito de 'ato do Poder Público', para os fins do art. 1º, da Lei n. 9.882/99".

Por fim, segundo o Supremo Tribunal Federal, não cabe ADPF contra atos legislativos ainda em formação (projetos de lei sendo discutidos pelo Poder Legislativo), por duas razões: a) o art. 1º, parágrafo único, II, da Lei n. 9.882/99, que previa essa possibilidade foi vetado; b) seria uma interferência abusiva, indevida e inconstitucional do Poder Judiciário no Poder Legislativo (aliás, esse foi o motivo do veto presidencial ao art. 1º, parágrafo único, II, da Lei). Decidiu o STF, na ADPF 43/DF, relatada pelo Min. Carlos Britto: "decisão que negou seguimento à Arguição de Descumprimento de Preceito Fundamental, uma vez que, à luz da Lei n. 9.882/99, esta deve recair sobre ato do Poder Público não mais suscetível de alterações. A Proposta de Emenda à Constituição não se insere na condição de ato do Poder Público pronto e acabado, porque ainda não ultimado o seu ciclo de formação".

Dessa forma, podemos sistematizar o cabimento da ADPF da seguinte maneira, à luz da jurisprudência do STF:

Cabe ADPF contra	Não cabe ADPF contra
Lei municipal que fere a CF	Atos legislativos em formação (ADPF 43)
Lei anterior à Constituição que não foi recepcionada	Atos políticos (ADPF 1)
Decretos e atos infralegais (que não sejam autônomos)	Súmulas ou Súmulas Vinculantes (ADPF 147)

Decisão judicial (que não admita recurso ou meio capaz de evitar a lesividade)	Decisão judicial transitada em julgado (ADPF 105)
Ato ou omissão do poder público que não admita outro meio capaz de evitar a lesividade (art. 4°, § 1°, Lei n. 9.882/99)	Qualquer ato ou omissão do poder público que admita outro meio capaz de evitar a lesividade (art. 4°, § 1°, Lei n. 9.882/99)
Lei revogada	Atos praticados por particulares

d) Procedimento

O procedimento da Arguição de Descumprimento de Preceito Fundamental está previsto na Lei n. 9.882/99, cujos detalhes serão a seguir estudados.

d.1) Petição inicial

Segundo o art. 3º da Lei n. 9.882/99, a petição inicial deverá conter: "I – a indicação do preceito fundamental que se considera violado; II – a indicação do ato questionado; III – a prova da violação do preceito fundamental; IV – o pedido, com suas especificações; V – se for o caso, a comprovação da existência da controvérsia judicial relevante sobre a aplicação do preceito fundamental que se considera violado".

O parágrafo único do art. 3º afirma que a petição inicial, em duas vias, será acompanhada de mandato, "se for o caso". Isso porque, como vimos em itens anteriores, sete dos legitimados da ADI (e, portanto, da ADPF) – os previstos no art. 103, I a VII, CF – possuem capacidade postulatória, podendo ajuizar ação desacompanhados de advogado (como o Presidente, o Governador etc.).

Se feita por advogado, a petição inicial deve ser acompanhada de instrumento de procuração, com poderes especiais. Esse é o entendimento do STF: "É de exigir-se, em ação direta de inconstitucionalidade, a apresentação, pelo proponente, de instrumento de procuração ao advogado subscritor da inicial, com poderes específicos para atacar a norma impugnada" (ADI 2.187-QO, rel. Min. Octavio Gallotti). No mesmo sentido: ADI 2.461, rel. Min. Gilmar Mendes. No mesmo sentido: "a procuração apresentada pelos advogados da requerente não inclui poderes específicos para impugnar, pela via da arguição de descumprimento de preceito fundamental, os atos indicados na inicial. A jurisprudência desta Corte está consolidada no sentido de que é de exigir-se em ação direta de inconstitucionalidade, a apresentação, pelo proponente, de instrumento de procuração ao advogado subscritor da inicial, com poderes específicos para atacar a norma impugnada. [...] Ante o exposto, nego seguimento à presente arguição de descumprimento de preceito fundamental" (ADPF 220, rel. Min. Gilmar Mendes).

Segundo o STF, se o ato impugnado pela ADPF for revogado no curso da ação, haverá extinção anômala, sem julgamento do mérito, pela perda do objeto: "em hipóteses semelhantes à espécie, tem decidido esse Supremo Tribunal Federal pela extinção anômala do processo de controle normativo abstrato, motivada pela perda superveniente de seu objeto, que tanto pode decorrer da revogação do ato impugnado como do exaurimento de sua eficácia" (ADPF 63-AgR, rel. Min. Dias Toffoli).

d.2) Indeferimento da inicial

Segundo o art. 4º, *caput*, da Lei n. 9.882/99, "a petição inicial será indeferida liminarmente, pelo relator, quando não for o caso de arguição de descumprimento de preceito fundamental, faltar algum dos requisitos prescritos nesta lei ou for inepta", cabendo agravo contra essa decisão, no prazo de cinco dias (art. 4º, § 2º). Repito aqui o mesmo que disse acerca do agravo contra decisão que indefere a inicial da ADI Interventiva: quanto ao prazo do agravo, há um conflito de leis no tempo, a ser resolvido pelo Supremo Tribunal Federal. Segundo a lei específica (Lei n. 9.882/99), o prazo desse agravo é de cinco dias. Todavia, com o advento do novo Código de Processo Civil, nos termos do art. 1.021, § 2º, o agravo interno será dirigido ao relator, no prazo de 15 dias. Nesse caso, poder-se-ia aplicar o critério da especialidade, afirmando que o prazo previsto na Lei n. 9.882/99 é especial, se comparado ao prazo geral previsto no novo CPP, permanecendo o prazo de cinco dias. Não obstante, poder-se-ia aplicar critério cronológico, segundo o qual a nova lei revoga a lei anterior (nesse caso, aplicando-se o novo CPC, o prazo seria de 15 dias). Aguardemos manifestação do Supremo Tribunal Federal acerca do tema. O mesmo dilema não se aplica ao agravo contra decisão que indefere inicial de ADI, ADC e ADO. Nesse caso, o prazo do agravo interno estava previsto no Regimento Interno do STF, e não em lei ordinária. Portanto, o novo Código de Processo Civil se aplica imediatamente àqueles casos.

d.3) Liminar em ADPF

Segundo o art. 5º, *caput*, da Lei n. 9.882/99, "O Supremo Tribunal Federal, por decisão da maioria absoluta de seus membros, poderá deferir pedido de medida liminar na arguição de descumprimento de preceito fundamental". Não obstante, segundo o § 1º desse mesmo artigo, "em caso de extrema urgência ou perigo de lesão grave, ou, ainda, em período de recesso, poderá o relator conceder a liminar, *ad referendum* do Tribunal Pleno". Esta é a hipótese mais concessiva de liminar prevista em todo o controle concentrado de constitucionalidade. Em três ações do controle concentrado (ADC, ADO e ADI Interventiva), somente maioria absoluta do STF poderá conceder liminar. No caso da ADI Genérica, o Ministro Relator poderá conceder cautelar, somente em caso de recesso. No caso da ADPF, o Ministro Relator poderá conceder a liminar monocraticamente, *ad referendum* do Tribunal Pleno, em duas situações: a) extrema urgência ou perigo de lesão grave; b) período de recesso.

Antes da concessão da liminar, o Ministro Relator poderá (e não deverá) ouvir os órgãos ou autoridades responsáveis pelo ato questionado, bem como o Advogado-Geral da União ou o Procurador-Geral da República, no prazo comum de cinco dias (art. 5º, § 2º, Lei n. 9.882/99).

Comparemos, pois, os quóruns para concessão de liminar, no controle concentrado de constitucionalidade:

QUÓRUM PARA CONCESSÃO DE CAUTELAR NO CONTROLE CONCENTRADO					
ADI Genérica	**ADC**	**ADO**	**ADI Interventiva**	**ADPF**
Maioria absoluta (regra), presentes 8 Ministros (art. 10, Lei n. 9.868/99)	Maioria absoluta (art. 21, Lei n. 9.868/99)	Maioria absoluta, presentes 8 Ministros (art. 12-F, Lei n. 9.868/99)	Maioria absoluta (art. 5º, Lei n. 12.562/2011)	Maioria absoluta (regra)
Min. Relator no período de recesso (art. 10, Lei n. 9.868/99)				Min. Relator no período do recesso (art. 5º, § 1º, Lei n. 9.882/99)

				Min. Relator, em caso de urgência ou perigo de lesão grave (art. 5°, § 1°, Lei n. 9.882/99)

No que consistirá a decisão liminar em ADPF? Segundo o art. 5°, § 3°, da Lei n. 9.882/99: "a liminar poderá consistir na determinação de que juízes e tribunais suspendam o andamento de processo ou os efeitos de decisões judiciais, ou de qualquer outra medida que apresente relação com a matéria objeto da arguição de descumprimento de preceito fundamental, salvo se decorrentes da coisa julgada". Dessa maneira, além de poder suspender processos sobre o tema objeto da ADPF, poderá o STF ordenar a suspensão dos efeitos de decisões judiciais (salvo os decorrentes da coisa julgada, em razão do princípio da segurança jurídica), bem como, de forma genérica, poderá adotar "qualquer outra medida" que entender conveniente. Aliás, a mesma cláusula genérica foi prevista na liminar da ADO ("outra providência a ser fixada pelo Tribunal" – art. 12-F, § 1°, Lei n. 9.868/99) e da ADI Interventiva ("qualquer outra medida que apresente relação com a matéria" – art. 5°, § 2°, Lei n. 12.562/2011).

Segundo o STF, terá a liminar da ADPF efeito vinculante: "a jurisprudência do STF, tratando-se de provimento cautelar outorgado em sede de controle abstrato, quer se cuide de ação direta de inconstitucionalidade ou de ação declaratória de constitucionalidade ou, ainda, de arguição de descumprimento de preceito fundamental, tem atribuído, a tais medidas, caráter vinculante" (Rcl 6.064-MC, rel. Min. Celso de Mello).

d.4) Pedido de informações e outras diligências

Segundo o art. 6°, *caput*, da Lei n. 9.882/99, "apreciado o pedido de liminar, o relator solicitará as informações às autoridades responsáveis pela prática do ato questionado, no prazo de 10 (dez) dias". Outrossim, "se entender necessário, poderá o relator ouvir as partes nos processos que ensejaram a arguição, requisitar informações adicionais, designar perito ou comissão de peritos para que emita parecer sobre a questão, ou, ainda, fixar data para declarações, em audiência pública, de pessoas com experiência e autoridade na matéria". São medidas complementares que podem ser produzidas em todas as ações que compõem o controle concentrado de constitucionalidade.

Embora sem os mesmos detalhamentos da Lei n. 9.868/99, a Lei da ADPF (Lei n. 9.882/99) prevê a admissão do *amicus curiae*, na medida em que dispõe: "poderão ser autorizadas, a critério do relator, sustentação oral e juntada de memoriais, por requerimento dos interessados no processo" (art. 6°, § 2°). Ao contrário da Lei n. 9.868/99, não há menção a prazo do ingresso do *amicus curiae*, previsão de recurso (ou não) contra decisão que indefere seu ingresso etc. Não obstante, entendemos que deve ser aplicada, por analogia a Lei n. 9.868/99, bem como o art. 138 do Código de Processo Civil, que permite a admissão do *amicus curiae* em qualquer instância e qualquer processo. Assim como fez o novo Código de Processo Civil, a Lei da ADPF não exclui a pessoa física, motivo pelo qual entendemos que poderá ser ela *amicus curiae* em ADI Interventiva. Não obstante, em agosto de 2020, o STF manteve o posicionamento anterior, não admitindo a participação de pessoa física como *amicus curiae* no controle concentrado de constitucionalidade. Segundo o STF: "em face da natureza objetiva de que se reveste o processo de fiscalização concentrada de constitucionalidade, nele não se discutem situações individuais (RTJ 170/801-802, rel. Min. Celso de Mello), eis que inadmissível proceder à 'defesa de direito subjetivo' em sede de controle abstrato (ADI 3396 AgR, pleno, rel. Min. Celso de Mello, j. 6-8-2020).

d.5) Decisão na ADPF

Segundo o art. 7º da Lei n. 9.882/99, "decorrido o prazo das informações, o relator lançará o relatório, com cópia a todos os ministros, e pedirá dia para julgamento". Acrescenta o parágrafo único que "o Ministério Público, nas arguições que não houver formulado, terá vista do processo, por 5 (cinco) dias, após o decurso do prazo para informações". Como se vê, a Lei n. 9.882/99 cria regra semelhante à ADO: quando o Procurador-Geral de Justiça for o autor da ação, não se manifestará posteriormente, como *custos legis*. Nas demais hipóteses, manifestar-se-á após as informações da autoridade da qual emanou o ato.

A decisão da ADPF será proferida por maioria dos membros do STF (6 Ministros), devendo estar presentes pelo menos 8 Ministros (ou, como prescreve o art. 8º da Lei n. 9.882/99, dois terços dos Ministros).

A decisão da ADPF, segundo o art. 10, § 3º, da Lei n. 9.882/99, produzirá efeitos contra todos (*erga omnes*) e "efeito vinculante relativamente aos demais órgãos do Poder Público". Embora a redação seja diversa da Lei n. 9.868/99, entendemos que a vinculação deve ser interpretada da mesma maneira: recaindo sobre todos os órgãos do Poder Judiciário e da Administração Pública, sem vincular a atividade normativa, sobretudo do Poder Legislativo, sob pena de "engessar", "paralisar" ou "fossilizar" a atividade legislativa. Como corolário do efeito vinculante, o art. 13 determina que "caberá reclamação contra o descumprimento da decisão proferida pelo Supremo Tribunal Federal, na forma do seu Regimento Interno". O referido artigo chega a ser desnecessário, na medida em que contra qualquer ato ou decisão que desrespeita decisão do STF com efeito vinculante será cabível reclamação para esse tribunal.

Importante: segundo o art. 11 da Lei n. 9.882/99, caso o Supremo Tribunal Federal declare uma lei inconstitucional na ADPF, poderá, por dois terços de seus membros, por razões de segurança jurídica ou excepcional interesse social, modular os efeitos da ação: "restringir os efeitos daquela declaração ou decidir que ela só tenha eficácia a partir de seu trânsito em julgado ou de outro momento que venha a ser fixado". Assim, aplica-se tudo o que falamos quando da modulação dos efeitos da ADI Genérica. O STF, ao declarar a inconstitucionalidade de uma lei, sua decisão terá, em regra, efeitos retroativos (*ex tunc*). Todavia, por dois terços de seus membros (8 Ministros), poderá modular os efeitos dessa decisão, determinando que: a) a retroatividade seja limitada, em alguns meses, semanas, anos etc., mas em data posterior à entrada em vigor da norma; b) a decisão produzirá efeitos *ex nunc*, apenas (a partir de sua publicação); c) a decisão só produza efeitos no futuro (efeito *pro futuro* ou prospectivo).

O Presidente do Tribunal determinará o imediato cumprimento da decisão, lavrando-se o acórdão posteriormente, como determina o art. 10, § 1º, da Lei n. 9.882/99.

d.6) Irrecorribilidade da decisão

Segundo o art. 12 da Lei n. 9.882/99, "a decisão que julgar procedente ou improcedente o pedido em arguição de descumprimento de preceito fundamental é irrecorrível, não podendo ser objeto de ação rescisória".

d.7) Fungibilidade

Assim como também em outras ações do controle concentrado de constitucionalidade, o Supremo Tribunal Federal admite a fungibilidade da ADPF com outras ações do mesmo controle: "Aplicação do princípio da fungibilidade. [...] É lícito conhecer de ação direta de inconstitucionalidade como arguição de descumprimento de preceito fundamental, quando coexistentes todos os requisitos de admissibilidade desta, em caso de inadmissibilidade daquela" (ADI 4.180 MC, rel. Min. Cezar Peluso).

Conteúdo digital – Acesse: https://somos.in/CDC7

Conteúdo em vídeo
Questões com gabarito comentado

13

TEORIA GERAL DOS DIREITOS FUNDAMENTAIS

> Sumário

13.1. A nomenclatura – **13.2.** A topografia constitucional – **13.3.** Distinção: direitos fundamentais e direitos humanos – **13.4.** Distinção: direitos e garantias – **13.4.1.** Garantias institucionais (como espécies de garantias constitucionais) – **13.5.** O que caracteriza a "fundamentalidade" do Direito? – **13.6.** Direitos fundamentais em sentido material e em sentido formal – **13.7.** Antecedentes históricos – **13.8.** Direitos fundamentais nas Constituições brasileiras – **13.9.** Direitos fundamentais como cláusulas pétreas – **13.10.** Classificação dos direitos fundamentais – **13.10.1.** Classificação dos direitos em dimensões ou gerações – **13.10.2.** Classificação dos direitos em *status*, de Georg Jellinek – **13.10.2.1.** Crítica contemporânea à classificação de Jellinek – **13.10.3.** Classificação segundo o conteúdo (ou modo de proteção) – **13.10.4.** Classificação das cores dos direitos fundamentais (Costas Douzinas) – **13.10.5.** Direitos Fundamentais heterotópicos e direitos fundamentais putativos – **13.11.** Deveres fundamentais – **13.12.** Titulares dos direitos fundamentais – **13.12.1.** Brasileiros e estrangeiros – **13.12.1.1.** Estrangeiros e direitos sociais – **13.12.1.2.** O caso Mama Selo Djalo e o caso Felicia Albanese – **13.12.2.** Pessoa jurídica – **13.12.3.** Embrião humano – **13.12.4.** Titularidade *post mortem* dos direitos fundamentais – **13.12.4.1.** Direito dos mortos e cemitérios clandestinos – **13.12.4.2.** Direito à intimidade do morto: acesso a suas redes sociais após a morte – **13.12.5.** O direito dos animais – **13.12.5.1.** Os antecedentes teóricos – **13.12.5.2.** Os antecedentes normativos – **13.12.5.2.1.** A "Lei Sansão" (Lei n. 14.064/2020) – **13.12.5.2.2.** Transporte de animais vivos – **13.12.5.2.3.** Inconstitucionalidade do abate de animais (ADPF 640) – **13.12.5.3.** O entendimento do Supremo Tribunal Federal – **13.12.5.4.** Sacrifício de animais em cultos religiosos – **13.12.5.5.** A Emenda n. 96/2017 ("PEC da Vaquejada") – O efeito *backlash* e o direito dos animais – **13.12.5.6.** A proibição do abate de animais apreendidos por maus-tratos (ADPF 640) – **13.12.5.7.** Proibição do uso de animais em testes de produtos cosméticos (ADI 5.995) – **13.12.5.8.** Por uma mudança de paradigma: os direitos de quinta dimensão (os direitos dos animais) – **13.12.5.9.** A histórica decisão do STJ de 2018 e o Projeto de Lei aprovado no Senado – **13.12.5.10.** A histórica decisão do TJ/PR de 2021 reconhecendo que animais não humanos podem ser partes – **13.12.5.11.** Família multiespécie – **13.12.5.12.** Veganismo – **13.12.5.13.** O esverdeamento dos Direitos Humanos nas Cortes Internacionais (Teoria "Greening") **13.12.6.** A Natureza (o Planeta Terra) como titular de direitos fundamentais – **13.13.** Características dos direitos fundamentais – **13.14.** Limitações dos direitos fundamentais – **13.14.1.** Limitação dos direitos fundamentais e relações especiais de sujeição – **13.15.** A dimensão objetiva e subjetiva dos direitos fundamentais – **13.15.1.** Eficácia irradiante dos direitos fundamentais e o "Caso Lüth" – **13.16.** Transubjetividade dos direitos fundamentais (a obra de Luis Heleno Terrinha) – **13.17.** Eficácia dos direitos fundamentais – **13.17.1.** Eficácia vertical, horizontal e diagonal dos direitos fundamentais.

Figura 13.1 – Direitos Humanos (créditos ao final do livro).

13.1. A NOMENCLATURA

A Constituição de 1988 adota, no seu Título II, a nomenclatura Direitos e Garantias Fundamentais pela primeira vez em sua história. Na Constituição de 1824, a expressão utilizada era "Garantias dos Direitos Civis e Políticos" (Título 8º). A Constituição de 1891, inspirada em Declarações de Direitos dos séculos XVII e XVIII na Inglaterra, Estados Unidos e França, utilizou-se da expressão "Declaração de Direitos" (Título IV, Seção II). Já a Constituição de 1934 manteve a expressão "Declaração de Direitos" (Título III), acrescentando o capítulo intitulado "Dos Direitos e das Garantias Individuais" (Título III, Capítulo II), expressão que foi mantida na Constituição de 1937 (art. 122), na Constituição de 1946 (Título IV, Capítulo II), na Constituição de 1967 (Título II, Capítulo IV).

Ao adotar a expressão direitos e garantias fundamentais, o Brasil seguiu uma tendência mundial: Constituição de Portugal, de 1976 (Parte I, Título I), Constituição da Espanha, de 1978 (Título I), Lei Fundamental da Alemanha, de 1949 (Capítulo I) etc.

13.2. A TOPOGRAFIA CONSTITUCIONAL

Ao contrário de todas as Constituições brasileiras, nas quais os direitos fundamentais normalmente se encontravam dentre os últimos artigos do texto legal, na Constituição de 1988, é um dos primeiros e principais temas constitucionais. Logo depois do Título I (Dos Princípios Fundamentais), inicia-se o Título II (Dos Direitos e Garantias Fundamentais). A topografia dos direitos fundamentais na Constituição de 1988 inspirou-se, provavelmente, na Lei Fundamental da Alemanha, de 1949, que faz o mesmo. Assim como o Brasil, também o fez a Constituição colombiana de 1991, a constituição equatoriana de 1998, dentre outras.

A mudança paradigmática da topografia do tema demonstra uma mudança não apenas formal, mas espiritual do constituinte originário, que coloca a pessoa humana no centro das preocupações, e não mais a organização do Estado, com suas competências e sua estrutura. A maior preocupação do Estado deve ser o bem-estar das pessoas, os direitos de todos, como bem demonstra o Preâmbulo da Constituição de 1988: "Nós, representantes do povo brasileiro, reunidos em Assembleia Nacional Constituinte para instituir um Estado Democrático, destinado a assegurar o exercício dos direitos sociais e individuais, a liberdade, a segurança, o bem-estar, o desenvolvimento, a igualdade e a justiça como valores supremos de uma sociedade fraterna, pluralista e sem preconceitos, fundada na harmonia social e comprometida, na ordem interna e internacional, com a solução pacífica das controvérsias...".

Não por outro motivo, a Constituição de 1988 recebeu do presidente da Assembleia Constituinte, Ulysses Guimarães, uma famosa alcunha. Em discurso proferido na sessão de 5 de outubro de 1988, disse: "A Constituição é caracteristicamente o estatuto do homem. É sua marca de fábrica. O inimigo mortal do homem é a miséria. O estado de direito, consectário da igualdade, não pode conviver com estado de miséria. Mais miserável do que os miseráveis é a sociedade que não acaba com a miséria. Topograficamente é hierarquizada a precedência e a preeminência do homem, colocando-o no umbral da Constituição e catalogando-lhe o número não superado, só no art. 5°, de 77 incisos e 104 dispositivos. Não lhe bastou, porém, defendê-los contra os abusos originários do Estado e de outras procedências. Introduziu o homem no Estado, fazendo-o credor de direitos e serviços, cobráveis inclusive com o mandado de injunção. Tem substância popular e cristã o título que a consagra: 'a Constituição cidadã'".

13.3. DISTINÇÃO: DIREITOS FUNDAMENTAIS E DIREITOS HUMANOS

Como já abordamos, ainda que perfunctoriamente, em outra obra[1], muitas são as expressões utilizadas para se referir ao fenômeno dos direitos: direitos naturais, direitos humanos, direitos individuais, direitos públicos subjetivos, direitos do homem, direitos fundamentais etc., destacando-se, dentre todas, as expressões direitos humanos e direitos fundamentais.

A primeira expressão (direitos humanos) é largamente utilizada por estudiosos do Direito Internacional, bem como por filósofos, sociológicos etc. Não obstante, a própria Constituição de 1988 referiu-se aos direitos humanos em vários de seus dispositivos: art. 4°, II ("prevalência dos direitos humanos"); art. 5°, § 3° ("os tratados e convenções internacionais sobre direitos humanos que forem aprovados..."); art. 109, § 5° ("Nas hipóteses de grave violação de direitos humanos, o Procurador-Geral da República, com a finalidade de assegurar o cumprimento de obrigações..."); art. 134, *caput* ("A Defensoria Pública é instituição permanente, essencial à função jurisdicional do Estado, incumbindo-lhe, como expressão e instrumento do regime democrático, fundamentalmente, a orientação jurídica, a promoção dos direitos humanos..."). Já é segunda (direitos fundamentais), máxime com o advento da Constituição de 1988 (por conta da nomenclatura dada ao Título II), é majoritariamente utilizada pelos constitucionalis-

---

1. Remédios Constitucionais, p. 20. Afirmamos nessa obra: "direitos naturais são aqueles inerentes à alma humana, que nascem com o ser humano, independentemente de positivação. Não obstante, como lembra o professor José Afonso da Silva, 'não se aceita mais com tanta facilidade a tese de que tais direitos sejam naturais, provenientes da razão humana ou da natureza das coisas'. Concordamos com o professor Ingo Wolfgang Sarlet, no sentido de que [...] 'a própria positivação em normas de direito internacional, de acordo com a lúcida lição de Bobbio, já revelou, de forma incontestável, a dimensão histórica e relativa dos direitos humanos, que assim se desprenderam – ao menos em parte (mesmo para os defensores de um jusnaturalismo) – da ideia de um direito natural'. Direitos individuais é uma expressão cada vez menos utilizada, pois baseada no individualismo que fez gerar os primeiros direitos, a partir das declarações do século XVIII. Não obstante, a Constituição brasileira, em várias passagens, se utiliza dessa expressão, como no Capítulo I do Título II, que diz 'Dos direitos e deveres individuais e coletivos'. Outrossim, no art. 60, § 4°, IV, a Constituição determina, como cláusula pétrea, 'os direitos e garantias individuais'. A expressão direito público subjetivo significa que o direito subjetivo é oponível contra o Estado. Primeiramente, direito subjetivo consiste numa posição de vantagem conferida pela lei (direito objetivo). Assim, a lei (podendo ser a Constituição) dá a uma pessoa uma posição de vantagem (credor) em relação a outra pessoa (devedor). Se esta última 'pessoa' é o Estado, podemos chamar o direito de 'público subjetivo'. As expressões liberdades públicas e liberdades fundamentais são cada vez menos utilizadas, já que vinculadas à concepção individualista do direito, consistente na esfera de inviolabilidade do direito individual exercido contra o Estado, que nela não poderá interferir" (op. cit., p. 20-21).

tas. Embora parte da doutrina considerem expressões sinônimas, podemos fazer uma distinção entre direitos humanos e direitos fundamentais.

Podemos afirmar que direitos humanos são os direitos previstos em tratados e demais documentos internacionais, que resguardam a pessoa humana de uma série de ingerências que podem ser praticadas pelo Estado ou por outras pessoas, bem como obrigam o Estado a realizar prestações mínimas que assegurem a todos existência digna (direitos sociais, econômicos, culturais). Ainda que não incorporados ao ordenamento jurídico de um país, são tidos como direitos humanos, e são capazes de influenciar o Direito Constitucional de todos os lugares, sobretudo em razão do transconstitucionalismo (tema que vimos no capítulo 1 deste livro). Em resumo, direitos humanos são os direitos previstos em tratados e outros documentos internacionais, ainda que não incorporados ao ordenamento jurídico de um país.

Por sua vez, direitos fundamentais são aqueles direitos, normalmente direcionados à pessoa humana, que foram incorporados ao ordenamento jurídico de um país. Essa é a razão pela qual, na maioria das vezes, quando o estudioso se refere aos direitos previstos em tratados internacionais, fala direitos humanos e, quando estuda a Constituição de um país, refere-se a direitos fundamentais. Nesse sentido, Ingo Wolfgang Sarlet afirma: "o termo 'direitos fundamentais' se aplica àqueles direitos (em geral atribuídos à pessoa humana) reconhecidos e positivados na esfera do direito constitucional positivo de determinado Estado, ao passo que a expressão 'direitos humanos' guarda relação com os documentos de direito internacional, por referir-se àquelas posições jurídicas que se reconhecem ao ser humano como tal, independentemente de sua vinculação com determinada ordem constitucional, e que, portanto, aspiram à validade universal, para todos os povos e em todos os lugares, de tal sorte que revelam um caráter supranacional (internacional) e universal"[2].

13.4. DISTINÇÃO: DIREITOS E GARANTIAS

O Título II da Constituição Federal refere-se aos "Direitos e Garantias Fundamentais". Indaga-se: qual a diferença entre um direito fundamental e uma garantia fundamental?

Direitos fundamentais são normas de conteúdo declaratório, previstas na Constituição. São posições de vantagem conferidas pela lei. A Constituição assegura, por exemplo, o direito à vida (art. 5º, *caput*), à liberdade de manifestação do pensamento (art. 5º, IV), à liberdade de religião (art. 5º, VI), direito à honra (art. 5º, X), direito à informação (art. 5º, XIV), à liberdade de locomoção (art. 5º, XV) etc.

Por sua vez as garantias fundamentais são normas de conteúdo asseguratório, previstas na Constituição. São instrumentos destinados a garantir, a assegurar os direitos previamente tutelados.

Ruy Barbosa já fazia essa clássica distinção: "uma coisa são garantias constitucionais, outra coisa são os direitos, de que essas garantias traduzem, em parte, a condição de segurança, política ou judicial. Os direitos são aspectos, manifestações da personalidade humana em sua existência subjetiva, ou nas suas situações de relação com a sociedade, ou os indivíduos que a compõem. As garantias constitucionais, 'stricto sensu', são as solenidades tutelares, de que a lei circunda alguns desses direitos contra os abusos de poder"[3].

---

2. *Curso de Direito Constitucional*, p. 297.
3. *Comentários à Constituição Federal Brasileira*, t. V, p. 179.

Vejamos alguns exemplos elucidativos: enquanto a honra é um direito, assegurado pela Constituição Federal (art. 5º, X), para assegurar e preservar esse direito, a Constituição prevê a indenização por dano moral (art. 5º, V). Esta última é uma garantia. Da mesma maneira, a Constituição prevê o direito à informação (art. 5º, XIV, 1ª parte), corolário do Estado Democrático e Republicano de Direito. Para garantir, assegurar e fortalecer esse direito, a Constituição assegurou o sigilo de fonte, quando necessário ao exercício profissional (art. 5º, XIV, *in fine*). A parte final do inciso XIV é a garantia do cumprimento da primeira parte do mesmo inciso.

Por fim, se a liberdade de locomoção (art. 5º, XV, CF) é um dos mais importantes direitos constitucionais, para assegurá-la temos a garantia constitucional do *habeas corpus* (art. 5º, LXVIII, CF): um instrumento destinado a assegurar, preservar, tutelar o direito à liberdade ambulatória. Alguns perguntariam: o *habeas corpus* não seria um remédio constitucional? Claro, também é. Lembre-se: remédios constitucionais são garantias constitucionais que têm o formato de ação judicial, como dissemos em obra específica sobre o tema: "os remédios constitucionais são uma espécie de garantias fundamentais. São normas de conteúdo assecuratório dos direitos fundamentais e que possuem estrutura procedimental de ação"[4]. Portanto, todo remédio constitucional é uma garantia constitucional (que possui uma especificidade: uma estrutura procedimental de ação judicial), mas nem toda garantia constitucional é um remédio constitucional. Por exemplo, o *habeas corpus* é, ao mesmo tempo, um remédio constitucional e uma garantia constitucional. Já o "sigilo de fonte" é uma garantia constitucional, mas não é um remédio constitucional.

Direitos	Garantias
Normas de conteúdo declaratório	Normas de conteúdo assecuratório
Liberdade de locomoção, honra, direito à informação etc.	*Habeas corpus*, vedação do anonimato, sigilo de fonte etc.

13.4.1. Garantias institucionais (como espécies de garantias constitucionais)

Como afirmamos no decorrer da nossa obra, enquanto os direitos são normas de conteúdo declaratório, as garantias são normas de conteúdo assecuratório, ou seja, destinam-se a assegurar, proteger, concretizar os direitos fundamentais.

Não obstante, segundo a doutrina, existem duas espécies de garantias: a) garantias fundamentais (garantias clássicas); b) garantias institucionais. A teoria das *garantias institucionais*, surgida na Alemanha e bastante recepcionada em Portugal e na Espanha, ainda é pouco abordada no Brasil[5].

As *garantias fundamentais (garantias clássicas)* são os dispositivos constitucionais que se destinam à proteção dos direitos, seja como forma de sua salvaguarda ou através da utilização de instrumentos para se socorrer ao Judiciário, em caso de iminente violação (como ocorre nos *remédios constitucionais*).

---

4. *Remédios Constitucionais*, p. 111.
5. "A Teoria das Garantias Institucionais construída por Carl Schmitt, malgrado críticas, teve o mérito de tratar a questão de forma clara, objetiva e franqueou novos horizontes. Esta teoria, criada pelo Direito alemão, foi recepcionada em Portugal e na Espanha, mas, ainda, não encontrou pleno desenvolvimento no Brasil. Analisada adequadamente, poderá funcionar como interessante argumento para proteger instituições defensoras de direitos fundamentais, como é o caso do Ministério Público" (Bruno Gomes Borges da Fonseca. *Ministério Público é Cláusula Pétrea? Análise na Perspectiva da Teoria das Garantias Institucionais)*, p. 126).

Por sua vez, as *garantias institucionais* são diversas. Enquanto as garantias fundamentais referem-se à pessoa, em suas relações particulares, as *garantias institucionais* incidem sobre toda a sociedade[6]. Elas são garantias que têm por objetivo tutelar determinadas instituições de direito público que, devido à sua importância, devem ser protegidas contra a ação erosiva do legislador. Trata-se de uma nomenclatura decorrente da doutrina alemã[7], especialmente da obra de Carl Schmitt, segundo o qual as garantias institucionais são previsões constitucionais colocadas como uma maneira de tornar impossível que os direitos fundamentais sejam suprimidos por via de legislação ordinária. Dá como exemplos de garantias institucionais a proibição dos Tribunais de Exceção, o matrimônio como base da vida familiar, o direito dos funcionários públicos, a liberdade da ciência e ensino nas universidades etc.

Como lembra Jorge Miranda, as *garantias institucionais* só começaram a fazer parte dos textos constitucionais a partir do século XX. Segundo ele, "as garantias institucionais, numa acepção restrita e rigorosa, no século XIX, ou estavam fora das Constituições ou, quando nelas admitidas, não eram alvo da atenção dos estudiosos. [...] Ao invés, no século XX, o dilatar do âmbito da Constituição material, a consciência de que o indivíduo vive situado em comunidades e instituições, as pressões dos grupos e a intervenção do Estado nos domínios econômico, social e cultural concorrem para fazer salientar constitucionalmente, a par dos direitos fundamentais, instituições numerosas"[8].

Gilberto Bercovici, em sua tese de livre-docência, afirma que Carl Schmitt, interpretando a Constituição de Weimar, de 1919, buscou relativizar os direitos clássicos com as garantias institucionais, mencionadas pela primeira vez em sua obra *Teoria da Constituição*[9]. Segundo Bercovici, "as garantias institucionais protegeriam os indivíduos desde que estes pertencessem a alguma instituição, e não porque eles possuíssem direitos subjetivos fundamentais: a proteção está ligada à instituição, não à pessoa"[10]. Nas palavras do sobredito autor, Schmitt "aprofundou sua conceituação de garantias institucionais, diferenciando tais garantias, reservadas às instituições de direito público (como a igreja, o exército, a autonomia orgânica local etc.), das chamadas garantias de instituto (*Institutsgarantien*), destinadas às instituições de direito privado (como casamento, propriedade etc.)". Nossa querida amiga professora portuguesa Maria d'Oliveira Martins, em obra específica sobre o tema, afirma que "as garantias institucionais servem, assim, para proteger complexos normativos jurídicos públicos e jurídicos privados

---

6. Jorge Miranda elucida a distinção: "Para saber então se determinada norma se reporta a um direito ou a uma garantia institucional, haverá que indagar se ela estabelece uma faculdade de agir ou de exigir em favor de pessoas ou de grupos, se coloca na respectiva esfera jurídica uma situação ativa que uma pessoa ou um grupo possa exercer por si e invocar diretamente perante outras entidades – hipótese em que haverá um direito fundamental; ou se, pelo contrário, se confina a um sentido organizatório objetivo, independentemente de uma atribuição ou de uma atividade pessoal – caso em que haverá apenas uma garantia institucional" (*Manual de Direito Constitucional*, tomo IV, p. 93).
7. Como afirma Bruno Gomes Borges da Fonseca, "A ideia de garantias institucionais nasceu na Alemanha no início do século XX, quando da vigência da Constituição de Weimar de 1919. Decorreu da relação entre as figuras do instituto jurídico (posteriormente, instituição jurídica) e das garantias constitucionais, com formação de novo conceito: garantias institucionais". O autor cita as obras de Friedrich Giese (de 1919), Martin Wolf (de 1923), Ludwig Waldecker (de 1924), mas obviamente seu principal autor é Carl Schmitt (*Ministério Público é Cláusula Pétrea? Análise na Perspectiva da Teoria das Garantias Institucionais*, p. 126).
8. *Manual de Direito Constitucional*, tomo IV, p. 82.
9. Isso porque "para Schmitt, as garantias institucionais prevaleceriam sobre os chamados direitos de liberdade: nas suas próprias palavras, 'a liberdade não é uma instituição jurídica'. Ou seja, os direitos de liberdade só poderiam ser garantidos se ligados a alguma instituição jurídica, prevalecendo, assim, a garantia institucional sobre a garantia das liberdades" (*Entre o Estado Total e o Estado Social*, p. 19).
10. Tese de livre-docência.

desde que tenham como escopo a proteção da dignidade da pessoa humana, quer estejam dentro ou fora da parte relativa aos direitos fundamentais"[11]. Segundo a autora lisboeta, as garantias institucionais diferem dos direitos fundamentais, existindo garantias institucionais intrínsecas aos direitos fundamentais ou fora destes.

Caso adotemos essa nomenclatura de Carl Schmitt, podemos afirmar que, no Direito Constitucional brasileiro, a liberdade de imprensa, a família, a propriedade, a estabilidade dos servidores públicos, a autonomia universitária etc. são garantias institucionais[12].

Na ADI n. 5.700/DF (rel. Min. Alexandre de Moraes, plenário, j. 23-8-2019), o STF abordou o tema, ao tratar das garantias institucionais do Ministério Público: "o texto constitucional estabeleceu garantias institucionais invioláveis e impostergáveis, para que o Ministério Público pudesse exercer suas funções de Estado de maneira plena e independente. De um lado, assim como as garantias do Poder Judiciário, essas garantias são instrumentos para perpetuidade da separação independente e harmônica dos Poderes e Instituições do Estado e, por outro lado, igualmente defendem a efetividade dos direitos fundamentais e a própria perpetuidade do regime democrático, pois permitem o exercício efetivo de suas competências constitucionais".

Por fim, Jorge Miranda lembra que devemos utilizar a distinção entre "direitos fundamentais", "garantias fundamentais" e "garantias institucionais" com cautela, tendo em vista ser aplicável o mesmo regime jurídico quanto à preservação do conteúdo essencial pelo legislador ordinário, quanto aos destinatários das normas e quanto aos órgãos competentes para regulamentação legislativa. Outrossim, segundo o mestre português, "há direitos fundamentais indissociáveis de garantias institucionais"[13]. De certa forma, esse também é o pensamento de Canotilho, para o qual as garantias institucionais não são direitos atribuídos diretamente à pessoa, mas aproximam-se dos direitos fundamentais, em virtude do caráter duplo atribuído aos direitos fundamentais – individual e institucional –, e indiretamente se expandem para a proteção do indivíduo.

Dessa maneira, entendemos que as garantias institucionais do Ministério Público, por exemplo, são cláusulas pétreas, na medida em que preservam a "separação dos Poderes", que é uma cláusula pétrea expressa no art. 60, § 4º, da Constituição. Nesse mesmo sentido, posiciona-se Bruno Gomes Borges da Fonseca: "ao reconhecer o Ministério Público como garantia institucional, seja pelo reconhecimento da dimensão objetiva dos direitos fundamentais ou por apresentá-lo como espécie de garantia constitucional, a norma de salvaguarda prevista no inciso IV do § 4º do art. 60 da CF/88 protege o *Parquet* contra emenda constitucional que almeje aboli-lo ou mesmo desnaturá-lo"[14].

13.5. O QUE CARACTERIZA A "FUNDAMENTALIDADE" DO DIREITO?

Como mencionamos acima, direitos fundamentais são aqueles reconhecidos e positivados no ordenamento jurídico interno do país. A Constituição de 1988, além de reconhecer um

---

11. *Contributo para a Compreensão da Figura das Garantias Institucionais*, p. 121.
12. Jorge Miranda dá alguns exemplos. Segundo ele, é indiscutível que, entre tantos outros, são direitos fundamentais o direito à vida, o direito de reunião, o direito de sufrágio, o direito à greve ou o direito à habitação. E que são garantias institucionais o casamento, a adoção, o serviço público da rádio e da televisão, as instituições particulares de solidariedade social não lucrativas, o serviço nacional de saúde, as associações públicas etc.
13. Op. cit., p. 84.
14. Op. cit., p. 141.

vasto rol de direitos individuais e coletivos (nos numerosos incisos do art. 5º, bem como em dispositivos esparsos, como adiante se verá), prevê os direitos sociais, o direito de nacionalidade etc. Todos eles, indubitavelmente, são direitos fundamentais (aliás, no capítulo 15 deste livro, reservaremos um tópico para justificar a "fundamentalidade" dos direitos sociais).

Não obstante, por razões óbvias (por não estarmos mais na década de 1950), não há como sustentar a tese de que direitos fundamentais são apenas aqueles positivados na Constituição. Eles o são, é claro, mas não são os únicos. A própria Constituição Federal reconhece a existência de outros direitos fundamentais não previstos expressamente. Ora, o art. 5º, § 2º, da Constituição Federal afirma que "Os direitos e garantias expressos nesta Constituição não excluem outros decorrentes do regime e dos princípios por ela adotados, ou dos tratados internacionais em que a República Federativa do Brasil seja parte".

Dessa maneira, haverá outros direitos fundamentais decorrentes: a) dos princípios adotados pela Constituição; b) dos tratados internacionais celebrados pelo Brasil.

Quanto ao primeiro aspecto (direitos decorrentes dos princípios constitucionais) é farta a jurisprudência do Supremo Tribunal Federal reconhecendo direitos fundamentais que não estão expressos na Constituição Federal. Vejamos alguns exemplos.

O duplo grau de jurisdição (ou direito de ver reexaminada uma decisão judicial, preferencialmente por outros juízes, de superior instância) não está previsto expressamente na Constituição. Seria ele um direito constitucional? Eis um tema tormentoso até os dias atuais. Todavia, a jurisprudência majoritária do Supremo Tribunal Federal reconhece-o como direito fundamental, embora não previsto expressamente na Constituição. Primeiramente, decorreria do devido processo legal (art. 5º, LIV, CF). Outrossim, aplicado à seara penal, decorreria do art. 8º, do Pacto de São José da Costa Rica, que o assegura expressamente.

Esse foi o argumento decisivo na histórica Ação Penal 470/MG (o "caso do Mensalão"), em que vários réus condenados criminalmente pelo STF tiveram o direito de recorrer para o próprio STF. Em voto decisivo, o Ministro Celso de Mello afirmou: "Esse direito ao duplo grau de jurisdição, consoante adverte a Corte Interamericana de Direitos Humanos, é também invocável mesmo nas hipóteses de condenações penais em decorrência de prerrogativa de foro, decretadas, em sede originária, por Cortes Supremas de Justiça estruturadas no âmbito dos Estados integrantes do sistema interamericano que hajam formalmente reconhecido, como obrigatória, a competência da Corte Interamericana de Direitos Humanos em todos os casos relativos à interpretação ou aplicação do Pacto de São José da Costa Rica"[15].

Outro direito fundamental implícito na Constituição é o direito à busca da felicidade ("the pursuit of happiness"). Não está previsto expressamente na Constituição (embora haja Proposta de Emenda Constitucional para introduzi-lo no rol do art. 6º), mas já foi reconhecido pelo Supremo Tribunal Federal em algumas de suas decisões. Por exemplo, na ADPF 132, relatada pelo Ministro Ayres Britto, o Supremo Tribunal Federal reconheceu a união de pessoas do

---

15. Importante: nessa decisão (AP 470), o Supremo Tribunal Federal, ao aplicar o Pacto de São José da Costa Rica e considerar o duplo grau de jurisdição como direito fundamental, admitiu recurso até mesmo nas hipóteses de condenação originária nos Tribunais (mudando clássica jurisprudência sobre o assunto). Assim, condenado criminalmente originariamente por um Tribunal, como o STF, terá o réu direito de recorrer. Tal decisão fundamentou-se no caso "Barreto Leiva contra Venezuela", julgado pela Corte Interamericana de Direitos Humanos em 17-11-2009, segundo a qual o duplo grau de jurisdição (direito de ser julgado duas vezes, de forma ampla e ilimitada) vale para todos os réus, inclusive para os julgados pelo Tribunal máximo do seu país, por conta do foro especial ou prerrogativa de função ou, principalmente, em casos de conexão com quem desfruta dessa prerrogativa.

mesmo sexo como entidade familiar, equiparada à união estável, fundando-se nesse direito. Em seu voto, o Ministro Celso de Mello afirmou: "entendo que a extensão, às uniões homoafetivas, do mesmo regime jurídico aplicável à união estável entre pessoas de gênero distinto justifica-se e legitima-se pela direta incidência, dentre outros, dos princípios constitucionais da igualdade, da liberdade, da dignidade, da segurança jurídica e do postulado constitucional implícito que consagra o direito à busca da felicidade, os quais configuram, numa estrita dimensão que privilegia o sentido de inclusão decorrente da própria Constituição da República (arts. 1º, III, e 3º, IV), fundamentos autônomos e suficientes aptos a conferir suporte legitimador à qualificação das conjugalidades entre pessoas do mesmo sexo como espécie do gênero entidade familiar".

Portanto, como afirmamos, os direitos fundamentais são aqueles previstos expressamente na Constituição Federal, bem como aqueles que decorrem dos princípios nela previstos e dos tratados internacionais e outros documentos internacionais celebrados pelo Brasil.

Como identificar como direitos fundamentais os direitos previstos fora do Título II da Constituição Federal? Ou seja, como identificar a "fundamentalidade" de outros direitos constitucionais. Tratamos do tema no capítulo 11 deste livro, mas reforçamos nosso entendimento. Entendemos que o principal critério para a identificação desses outros direitos fundamentais é o princípio da dignidade da pessoa humana. "É esse critério que justifica que se concebam como direitos fundamentais, por exemplo, a fundamentação das decisões judiciais (art. 93, IX, CF) e o meio ambiente (art. 225), mas não o direito dos titulares de serviços notariais e registrais à manutenção dos seus cartórios (art. 32, ADCT). Afinal, os primeiros têm forte conexão com a dignidade humana, de que carece o último. Em síntese, devem ser considerados fundamentais os direitos que, conquanto não contidos no catálogo constitucional pertinente, representem concretizações relevantes do princípio da dignidade da pessoa humana"[16].

Questão polêmica é a seguinte: pode um direito fundamental perder sua "fundamentalidade" com o passar do tempo? Um direito constitucional pode deixar de ser fundamental? Como dissemos em capítulo anterior, existe uma polêmica grande acerca da eventual possibilidade de se utilizar o princípio da dignidade da pessoa humana para considerar a perda da "fundamentalidade" de alguns direitos fundamentais. Por exemplo, poder-se-ia argumentar que o art. 5º, LVIII, da Constituição Federal, que veda a identificação criminal àqueles já identificados civilmente, com o passar do tempo e com o avanço da tecnologia para colheita de impressões digitais, perdeu o seu caráter de fundamentalidade. Seria fundamental quando da década de 80, quando feita a Constituição Federal, mas não possui mais tal caráter essencial. Sobre o tema, Sarmento afirma: "o tema é polêmico e ainda não foi enfrentado pela jurisprudência brasileira. A possibilidade é enfaticamente rejeitada por Ingo Wolfgang Sarlet, que aduziu que a sua admissão exporia a grave risco os direitos fundamentais, em razão da diversidade de filosofias constitucionais existentes, o que acabaria tornando o reconhecimento da fundamentalidade dependente da ideologia do juiz de plantão. Um juiz libertário, por exemplo, poderia adotar leitura que excluísse a fundamentalidade dos direitos sociais, enquanto um marxista poderia fazê-lo em relação às liberdades civis tradicionais. Para evitar esse risco – afirma Sarlet – seria preferível tratar a todos os direitos inseridos no catálogo constitucional como fundamentais, independentemente de qualquer juízo acerca do seu conteúdo"[17].

---

16. Daniel Sarmento, op. cit., p. 85.
17. Op. cit., p. 85.

Concordamos com Sarlet, sobretudo por conta dos riscos de se adotar a dignidade da pessoa humana, princípio altamente vago, abstrato e intangível, como critério para deixar de considerar um direito fundamental. Todavia, essa não é a opinião de Sarmento, um tanto mais flexível do que nós e Sarlet: "Não me parece, realmente, que se deva atribuir força definitiva à simples localização de um dispositivo no corpo da Constituição. [...] Mas, na minha concepção, a topologia constitucional não é irrelevante para a caracterização da fundamentalidade do direito, pois dela decorre a distribuição do ônus argumentativo sobre a questão. Se o direito estiver inserido no catálogo, haverá presunção de que se trata de direito fundamental, e o ônus argumentativo caberá àquele que sustentar o contrário. Já se ele estiver fora do catálogo, deve-se presumir que não é fundamental, competindo a quem sustenta a sua fundamentalidade o ônus de demonstrar que se trata de concretização importante do princípio da dignidade da pessoa humana"[18].

13.6. DIREITOS FUNDAMENTAIS EM SENTIDO MATERIAL E EM SENTIDO FORMAL

Direitos fundamentais em sentido material são os direitos decorrentes da dignidade da pessoa humana, pretensões de certos grupos ou povos, decorrentes da evolução histórica e de novas necessidades que se apresentam, ainda que não positivadas no ordenamento constitucional do país. Em razão da historicidade, característica dos direitos fundamentais, com o passar da História, novos direitos vão surgindo: novas necessidades, novos desejos, novas pretensões. Quando essas pretensões recebem um caráter de obrigatoriedade, indispensabilidade, por estarem ligadas à dignidade da pessoa humana, nascem os chamados direitos fundamentais em sentido material. Muitas vezes, podem ser objeto de legislação infraconstitucional ou de atos diversos do Poder Público (por exemplo, criando um plano de expansão da internet gratuita – que não é, como veremos a seguir, um direito fundamental em sentido formal).

Ato contínuo, normalmente, as Constituições dos países passam a reconhecer no seu arcabouço normativo aqueles direitos que, até então, eram meramente materiais. Nascem a partir daí os direitos fundamentais em sentido formal: os direitos fundamentais formalmente reconhecidos pelo texto constitucional de um país. Como afirmou o professor José Joaquim Gomes Canotilho: "os direitos consagrados e reconhecidos pela constituição designam-se, por vezes, direitos fundamentais formalmente constitucionais, porque eles são enunciados e protegidos por norma com valor constitucional formal (normas que têm a forma constitucional)"[19]. Poder-se-ia afirmar também que os direitos implícitos na Constituição, decorrentes dos princípios constitucionais (art. 5º, § 2º, CF), também seriam direitos fundamentais em sentido formal, embora sempre haverá dúvida se realmente estão implícitos ou não. Sobre tema, Ingo Wolfgang Sarlet afirma: "a fundamentalidade formal encontra-se ligada ao direito constitucional positivo, no sentido de um regime jurídico definido a partir da própria constituição, seja de forma expressa, seja de forma implícita".

Vejamos um primeiro exemplo: uma das grandes necessidades do indivíduo na sociedade contemporânea é o acesso à rede mundial de computadores (internet). Sem sombra de dúvida, o acesso à internet faz com que a pessoa exerça de forma mais completa os seus direitos individuais e sociais. Ora, com acesso à internet, a pessoa tem melhor acesso à informação, atra-

---

18. Op. cit., p. 87.
19. Op. cit., p. 401.

vés de *sites* de notícia (art. 5º, XIV), melhor qualidade de locomoção, chegando mais rápido em seus destinos, por meio de aplicativos que facilitam a rota (art. 5º, XV), consegue ter alguns momentos de lazer (art. 6º) e maior acesso às fontes da cultura nacional (art. 215). Em resumo, ter acesso à internet está longe de ser algo supérfluo, desnecessário, dispensável nos dias atuais. Durante a pandemia da Covid-19, isso se mostrou ainda mais essencial. Indaga-se: o acesso à internet é, pois, um direito fundamental? Bem, primeiramente, não é um direito fundamental em sentido formal, pelo menos não o é expressamente. Por enquanto! (tramita no Congresso Nacional a PEC 6/2011, já aprovada na Comissão de Constituição e Justiça do Senado, que acresce ao rol do art. 6º da Constituição Federal o direito ao "acesso à Rede Mundial de Computadores (Internet)". Todavia, embora não seja um *direito fundamental em sentido formal*, entendemos que é um *direito fundamental em sentido material*. Como afirmamos acima, o direito fundamental material é a necessidade que, pouco a pouco, vai se cristalizando na sociedade até ser inserida no texto constitucional e, a partir daí, ser considerada um *direito fundamental em sentido estrito*. Normalmente, antes de se tornar um *direito fundamental em sentido formal*, aquele direito em sentido material passa a constar da legislação infraconstitucional.

É o que se vê no Brasil, a passos largos (mas não tão rápidos), quanto ao acesso à internet, especialmente de nossos estudantes. Por exemplo, a Lei n. 14.180/2021 criou a "Política de Inovação Educação Conectada", com o objetivo de "apoiar a universalização do acesso à internet de alta velocidade e fomentar o uso pedagógico de tecnologias digitais na educação básica" (art. 1º). No mesmo ano foi editada a Lei n. 14.172/2021, que dispõe sobre a garantia de acesso à internet com fins educacionais a alunos e a professores da educação básica pública. Como previsto no art. 2º dessa norma, a União destinou cerca de 3 bilhões de reais para os Estados, para implementação desse programa. Por fim, a Lei n. 14.351/2022 criou o "Programa Internet Brasil", que visa a promover o acesso gratuito à internet em banda larga móvel aos alunos da educação básica integrantes de famílias inscritas no Cadastro Único para Programas Sociais do Governo Federal (CadÚnico) matriculados na rede pública de ensino, por meio da disponibilização de chip, pacotes de dados e dispositivos de acesso.

A Finlândia foi o primeiro país do mundo a transformar o acesso à internet (em julho de 2010) em direito fundamental. Todo finlandês tem direito de acessar gratuitamente uma conexão de 1Mbps (megabyte por segundo). A tendência, como vimos acima, é que o direito fundamental em sentido material, com o passar do tempo, passe a ser cada vez mais exigível, até que se torne um direito fundamental em sentido formal.

Outro exemplo importante é o chamado direito ao esquecimento, que também não está previsto expressamente na Constituição de 1988 (não é, pois, um direito fundamental em sentido formal, a não ser que o considere implícito). Consiste no direito a que sejam esquecidas algumas informações verídicas, mas desairosas, ofensivas ou violadoras da intimidade, ocorridas no passado. Imaginemos que um jovem de 18 anos, em seu aniversário, embriaga-se e pratica atos absolutamente vexatórios e dos quais se arrependerá no dia seguinte. O fato será esquecido por todos, EXCETO se algum dos seus amigos grava a cena inóspita e a posta nas redes sociais. Aquele vídeo ou aquela foto poderá se espalhar por toda a internet, ali permanecendo por décadas. Anos depois, aquele mesmo vídeo impede que a pessoa consiga um emprego, uma namorada etc. Tem ela direito a que aquele fato seja esquecido, retirando-se, por exemplo, da internet, todas as cópias do vídeo mencionado. É o direito ao esquecimento.

Trata-se de um direito novo, decorrente das novas tecnologias e dos novos métodos de informação. Antigamente o esquecimento era a inexorável consequência do tempo. Hoje, graças à internet, algumas informações não conseguem ser esquecidas, maculando a honra, a intimidade, a dignidade da pessoa humana. Segundo Gilmar Mendes: "se a pessoa deixou de atrair notoriedade, desaparecendo o interesse público em torno dela, merece ser deixada de lado, como desejar. Isso é tanto mais verdade com relação, por exemplo, a quem já cumpriu pena criminal e que precisa reajustar-se à sociedade"[20].

Repito: não é um direito fundamental expresso na Constituição, embora muitos afirmem ser uma decorrência do art. 5º, X (direito à intimidade e vida privada). Estamos diante, novamente, de um direito fundamental em sentido material, mas que ainda não tem um sentido formal, pois não foi formalizado pela Constituição. Todavia, isso não o impede de ser reconhecido jurisdicionalmente. O Superior Tribunal de Justiça já reconheceu o direito ao esquecimento, como explicaremos no capítulo anterior, quando abordarmos o direito à intimidade e à vida privada.

Diante desse cenário, Ingo Wolfgang Sarlet define os direitos fundamentais de forma ampla, englobando tanto os direitos fundamentais em sentido formal, como também os direitos fundamentais em sentido material: "todas as posições jurídicas concernentes às pessoas (naturais ou jurídicas, consideradas na perspectiva individual ou transindividual) que, do ponto de vista do direito constitucional positivo, foram, expressa ou implicitamente, integradas à Constituição e retiradas da esfera de disponibilidade dos poderes constituídos, bem como todas as posições jurídicas que, por seu conteúdo e significado, possam lhe ser equiparadas, tendo, ou não, assento na constituição formal"[21].

13.7. ANTECEDENTES HISTÓRICOS

A evolução histórica dos direitos fundamentais se confunde com a evolução do constitucionalismo, motivo pelo qual remetemos o leitor para o capítulo 1 deste livro. Todavia, façamos uma abordagem tópica acerca dos direitos fundamentais nos seguintes períodos históricos: a) Idade Antiga ou Antiguidade (de 4000 a.C. a 476 d.C.); b) Idade Média (de 476 d.C. a 1453); c) Idade Moderna (de 1453 a 1789); d) Idade Contemporânea (de 1789 até os dias atuais).

a) Direitos fundamentais na Antiguidade

O conceito que hoje adotamos de constitucionalismo (um movimento social, político e jurídico, com o propósito de se limitar o poder do Estado por meio de uma Constituição) não começou na Idade Antiga, tendo lá apenas algumas noções introdutórias, como no povo hebreu e na Grécia antiga. Não havia, como se tem hoje, uma Constituição limitadora do poder do Estado, trazendo um rol de direitos fundamentais. Havia leis esparsas, muitas delas tutelando direitos, como as leis de Atenas (*nómos*) que asseguravam o exercício democrático, por meio de ações públicas (as *graphés*). Em Roma, a Lei das XII Tábuas tutelava o direito de herança (tábua V), posse e propriedade (tábua VI) etc. No Egito antigo houve leis assegurando direitos e limitando, sobretudo ao final do Império Novo (1550 a 1070 a.C.), os poderes do faraó.

Na Mesopotâmia, várias leis foram editadas, tendo como mais conhecida historicamente o Código de Hamurábi, com 282 artigos, que tutelam uma série de direitos fundamentais, como a honra (1. Se alguém enganar a outrem, difamando esta pessoa, e este outrem não puder

---

20. Op. cit., p. 405.
21. Op. cit., p. 405.

provar, então que aquele que enganou deve ser condenado à morte), a propriedade (22. Se estiver cometendo um roubo e for pego em flagrante, então ele deverá ser condenado à morte); a liberdade (14. Se alguém roubar o filho menor de outrem, este alguém deve ser condenado à morte), a inviolabilidade do domicílio (21. se alguém arrombar uma casa, ele deverá ser condenado à morte na frente do local do arrombamento e ser enterrado), a incolumidade física (195. Se um filho bater em seu pai, ele terá suas mãos cortadas) etc.

Além dos exemplos legislativos sobreditos, a Antiguidade contribuiu muito mais para os direitos fundamentais com as ideias. Indubitavelmente, Atenas influenciou nosso Direito mais pelos seus filósofos (sobretudo Sócrates, Platão e Aristóteles), que pelas suas leis (que também são importantes). Por isso, como afirma Ingo Wolfgang Sarlet: "De modo especial, os valores da dignidade da pessoa humana, da liberdade e da igualdade dos homens encontram suas raízes na filosofia clássica, especialmente no pensamento greco-romano e na tradição judaico-cristã. Saliente-se, aqui, a circunstância de que a democracia ateniense constituía um modelo político fundado na figura do homem livre e dotado de individualidade"[22].

b) Direitos fundamentais na Idade Média

Na Idade Média, marco teórico dos direitos fundamentais, certamente foi o fortalecimento do jusnaturalismo: a ideia de que existem direitos naturais que servem de base e fundamento ao direito positivo e que não podem por este ser contrariados. Embora com origem na Antiguidade (considerando-se Aristóteles como precursor), passa a ter na Idade Média uma nova concepção (teológica), na qual "associava a origem da lei natural a uma vontade divina. O direito natural se coloca em uma posição de superioridade frente ao direito positivo porque é visto como uma norma fundada na mesma vontade de Deus e dada a conhecer por esta à razão humana, como disse São Paulo, como a lei escrita por Deus no coração dos homens"[23].

Nesse contexto: "Santo Tomás de Aquino professava a existência de duas ordens distintas, formadas, respectivamente, pelo direito natural, como expressão da natureza racional do homem, e pelo direito positivo, sustentando que a desobediência ao direito natural por parte dos governantes poderia, em casos extremos, justificar até mesmo o exercício do direito de resistência da população"[24]. Já nos séculos XVI e XVII, a visão de direito natural ganha outra concepção. Inicialmente com o holandês Hugo Grócio, no seu livro Das Leis de Guerra e Paz, segundo o qual "a verdadeira lei é uma reta razão, congruente, perdurável, que impulsiona a cumprir o dever e a proibir o mal". Com Thomas Hobbes, em *O Leviatã*, o direito natural passou a ser a liberdade que cada homem possui de usar os meios que considerar necessários para preservação da própria vida. Todavia, foi com John Locke, em *O Segundo Tratado sobre o Governo Civil* que se passou a reconhecer os direitos naturais e inalienáveis do homem (vida, liberdade, propriedade e resistência), oponíveis até mesmo contra os detentores do poder. Já com Rousseau, em *O Contrato Social*, embora não se reconheça a propriedade como direito natural (ao contrário de Locke), reafirmou-se a tese do jusnaturalismo, segundo o qual "todos os homens nascem livres e a liberdade faz parte da natureza do homem".

Além da teoria jusnaturalista, que tentava frear os arbítrios das monarquias absolutistas, considerando existir direitos naturais preexistentes e superiores, há um ato normativo digno

---

22. Op. cit., p. 405.
23. Max Möeler. *Teoria Geral do Neoconstitucionalismo*: Bases Teóricas do Constitucionalismo Contemporâneo, p. 160.
24. Ingo Wolfgang Sarlet, op. cit., p. 301.

de nota nesse período: a "Magna Carta Libertatum", de 1215, outorgada pelo rei inglês João I (1199-1216), conhecido como "João Sem Terra" e que, em cerca de 60 cláusulas escritas em latim medieval, estabeleceu uma nova aliança entre o rei e seus súditos.

É inegável a importância da Magna Carta de 1215, já que podemos considerá-la como sendo a fonte normativa de vários direitos fundamentais largamente reconhecidos pelas legislações dos povos. Por exemplo, podemos afirmar ser ela a origem remota do *habeas corpus*, como afirma Pontes de Miranda, em obra específica sobre o tema[25]. De fato, não previa a Magna Carta expressamente essa ação, mas o direito à liberdade de locomoção, por ela tutelado. Outrossim, inegavelmente é a origem normativa clara e expressa do "devido processo legal", embora utilizando-se de uma expressão diversa ("lei da terra"). Por essa razão, a doutrina afirma que "a carta de 1215 foi a pedra inicial do novo estado de coisas, para a Inglaterra, para as nações-filhas e para o Homem"[26].

Não obstante é sempre oportuno relembrar que os direitos previstos na Magna Carta eram destinados sobretudo a uma pequena minoria: os barões ingleses revoltosos com os arbítrios do poder público, máxime em se tratando de tributação. Não é à toa ter sido um documento escrito em latim[27].

c) **Direitos fundamentais na Idade Moderna**

A Inglaterra do século XVII foi marcada pela luta entre o Rei e o Parlamento, culminando com a "Petition of Rights", de 1628, as revoluções de 1648 e 1688 e a "Bill of Rights", de 1689.

Em 1628, o Parlamento britânico submeteu ao rei Charles (Carlos I) a "Petition of Rights", com importantes limitações de seu poder[28]. Sucedeu-se um período de séria instabilidade política, culminando com a Revolução Gloriosa, em 1668[29]. Essa Revolução[30], ocorrida nos anos de 1688 e 1689, liderada pelos nobres britânicos, insatisfeitos com a postura do rei de reconduzir o país à doutrina católica, resultou na substituição da "dinastia Stuart", católica, pelo protestante Guilherme (William), príncipe de Orange, da Holanda, e sua mulher Maria (respecti-

---

25. "Os princípios essenciais do *habeas corpus* vem, na Inglaterra, no ano de 1215. Foi no § 29 da Magna Charta Libertatum que se calcaram, através das idades, as demais conquistas do povo inglês para a garantia prática, imediata e utilitária da liberdade física" (*História e Prática do* "Habeas Corpus", p. 36).
26. Op. cit., p. 109.
27. Nas palavras de Ingo Wolfgang Sarlet: "há que se descartar o caráter de autênticos direitos fundamentais desses direitos e privilégios reconhecidos na época medieval, uma vez que outorgados pela autoridade real num contexto social e econômico marcado pela desigualdade, cuidando-se mais, propriamente, de direitos de cunho estamental, atribuídos a certas castas nas quais se estratificava a sociedade medieval, alijando grande parte da população do seu gozo" (op. cit., p. 303).
28. "A Petição de Direitos protestava contra o lançamento de tributos sem aprovação do Parlamento, as prisões arbitrárias, o uso da lei marcial em tempos de paz e a ocupação de casas particulares por soldados" (Luís Roberto Barroso, op. cit., p. 11).
29. "Tem início um longo período de tensão política e religiosa [...] que vai desaguar na guerra civil (1642-1648), na execução de Charles I (1649) e na implantação da República (1649-1658), sob o comando de Cromwell. A República não sobreviveu à morte de seu fundador, dando-se à restauração monárquica com Charles II, em 1660. Seu filho e sucessor, James II, pretendeu retomar práticas absolutistas e reverter a Inglaterra à Igreja Católica tendo sido derrubado em 1688, na denominada Revolução Gloriosa" (Luís Roberto Barroso, op. cit., p. 11).
30. Também conhecida como revolução sem sangue, tendo em vista que foi fruto de um acordo político entre o parlamento britânico e Guilherme de Orange, príncipe da Holanda, e o exército inglês, que desertou, redundando na fuga do rei e sua consequente abdicação.

vamente genro e filha de Jaime II). Ao assumir o trono, Guilherme jurou cumprir a Declaração de Direitos ("Bill of Rights"), em abril de 1689[31].

Portanto, como se vê, no início da Idade Moderna leis foram feitas com o intuito de limitar o poder do Governante, dando-se destaque à *Petition of Rights*, de 1628, e *Bill of Rights*, de 1689. Não obstante, somente no final da Idade Moderna é que nasce aquilo que a doutrina denomina de "Constitucionalismo Moderno": um movimento jurídico cujo objetivo é limitar o poder do Estado através de uma constituição.

As primeiras Constituições modernas, como vimos no capítulo 1 deste livro, foram a Constituição da Córsega (1755), a Constituição dos Estados Unidos (1787) e a Constituição Francesa (1791), tendo maior projeção as duas últimas.

A previsão de direitos fundamentais não foi a principal preocupação dessas duas Constituições. Por exemplo, no seu texto originário, a Constituição norte-americana não previa direitos e garantias fundamentais, que foram acrescidas posteriormente, em 1791, por meio de dez emendas constitucionais (*amendments*). A preocupação maior era romper com a Inglaterra e estabelecer as bases orgânicas do novo país, que possuía a diferenciada forma federativa.

Já na França, em razão da Revolução Francesa de 1789, a Assembleia Constituinte iniciou uma série de reformas legislativas, dentre elas a abolição do sistema feudal e a promulgação da Declaração dos Direitos do Homem e do Cidadão ("*Déclaration des Droits de l'Homme et du Citoyen*"), de 1789, que foi o primeiro passo para elaboração da primeira constituição francesa. Como uma clara oposição ao absolutismo, amparou-se no direito natural ao afirmar, no art. 1º: "os homens nascem e são livres e iguais em direitos. As distinções sociais só podem fundamentar-se na utilidade comum". Em 1790, foi aprovada a "Constituição Civil do Clero", separando Igreja e Estado, ordenando a obediência dos clérigos franceses ao Estado francês, transformando-os em "funcionários públicos eclesiásticos", bem como previu a eleição dos bispos, pelo voto popular, o que contou com veemente oposição papal.

d) Direitos fundamentais na Idade Contemporânea

Como vimos no início desta obra, ao longo dos séculos XIX e XX, o Constitucionalismo Moderno triunfou como modelo jurídico. Inúmeros países passaram a adotar, sob a influência do constitucionalismo francês e norte-americano, uma Constituição escrita, limitando os poderes do governante. A Espanha elaborou sua primeira Constituição em 1812[32] (Constituição

---

31. "A Declaração de Direitos previa a convocação regular do Parlamento, de cujo consentimento dependiam medidas como a criação de leis, a instituição de tributos e a manutenção de exército permanente em tempos de paz. Assegurava, ademais, imunidade aos parlamentares por suas manifestações no Parlamento e impedia a aplicação de penas sem prévio julgamento" (Luís Roberto Barroso, op. cit., p. 11).
32. Previa a soberania popular, afirmando que a soberania pertence ao povo e não ao rei, a legitimidade dinástica de Fernando VII da Espanha como chefe de Estado, a separação dos poderes etc. Com a derrota francesa na Guerra Peninsular e o respectivo retorno ao trono de Fernando VII, embora tenha ele jurado respeitar a Constituição, aliado a forças conservadoras de então, repudiou posteriormente a Constituição e mandou prender os líderes liberais. Sua importância transcendeu o território espanhol, como lembra a doutrina espanhola: "A Constituição de Cádiz, que forma um todo com os debates que a configuraram e a profusa legislação a base de decretos que foram promulgados nas Cortes ao longo de mais de três anos, foi muito mais que um texto legal: tratou-se de um movimento de ideologia e práticas políticas cuja projeção excedeu os âmbitos de aplicação do próprio texto constitucional. [...] Alcançaria âmbitos além da Monarquia espanhola [...] como a influência extraordinária que os sucessos de Cádiz tiveram sobre os desenvolvimentos políticos do mundo luso-brasileiro" (Mônica Quijada. *Una Constitución Singular. La Carta Gaditana en Perspectiva Comparada*, p. 35).

de Cádiz, Gaditana – de Cádiz, ou "La Pepa"[33]), a primeira Constituição portuguesa é de 1822, elaborada à revelia do rei português, D. João VI, que se encontrava no Brasil[34].

Não obstante, nasce uma nova etapa no Constitucionalismo após a Segunda Guerra Mundial: o chamado neoconstitucionalismo. Esse novo movimento não tem o escopo de contestar as conquistas do Constitucionalismo Moderno (a limitação do poder do Estado), mas visa aperfeiçoar novas práticas, estabelecer novos paradigmas[35]. A principal referência inicial desse movimento foi a Constituição alemã de 1949 (conhecida como "Lei Fundamental de Bonn"[36]) e a Constituição da Itália, de 1947.

Diante da maturação do constitucionalismo moderno e do surgimento do neoconstitucionalismo, qual o atual estágio dos direitos fundamentais? No nosso entender, alguns são os traços marcantes desse tema nos tempos atuais:

a) A utilização dos princípios para identificação dos direitos fundamentais: por força do pós-positivismo, direitos fundamentais não são apenas aqueles que estão expressos no texto constitucional. Direitos decorrentes dos princípios constitucionais também recebem o *status* de normas constitucionais, para formação de um bloco de constitucionalidade (tema que explicamos no capítulo anterior). Aliás, a própria Constituição Federal, no art. 5º, § 2º, afirma que "os direitos e garantias expressos nesta Constituição não excluem outros decorrentes do regime e dos princípios por ela adotados". Dessa maneira, o STF já reconheceu como direito fundamental a "busca da felicidade", o "duplo grau de jurisdição", o direito de não ser obrigado a produzir prova contra si mesmo, dentre outros direitos implícitos, decorrentes dos princípios (sobretudo da dignidade da pessoa humana).

b) O princípio da eficiência ou máxima efetividade: como vimos no capítulo reservado à Interpretação Constitucional, um dos princípios da hermenêutica constitucional contemporânea é o princípio da eficiência ou máxima efetividade: o intérprete deve dar a cada dispositivo constitucional a maior eficácia possível, máxime quando se tratar de normas definidoras de direitos fundamentais. Em razão da força normativa da Constituição, não pode um dispositivo constitucional ser desprovido de eficácia, por mais amplo, abstrato e genérico que seja. Por exemplo, a norma constitucional que define o transporte como direito social (art. 6º, CF) não é absolutamente desprovido de eficácia, produzindo efeitos junto ao poder público, como proibir que sejam editadas leis ou atos que violem o acesso devido ao transporte (como uma lei que, em vez de regulamentar, proíbe o Uber ou qualquer outro transporte alternativo).

---

33. "Era 19 de março de 1812. Sendo o dia de São José, os espanhóis a receberam com festas e alegria, sobre o gritos de 'Viva la Pepa' – equivalente feminino de Pepe, alcunha daqueles que se chamam José" (Helga Maria Saboia Bezerra. *A Constituição de Cádiz de 1812*).
34. Foi elaborada pelas Cortes Gerais Extraordinárias e Constituintes da Nação Portuguesa, instaladas em 1821, em decorrência da Revolução do Porto, de 1820. Obrigou que o rei retornasse a Portugal e foi por ele jurada, dentro do próprio navio, em outubro de 1822. Prevê a Nação como titular da soberania, separação dos poderes, instalando uma monarquia constitucional. Constituição portuguesa de 1822, na íntegra. Disponível em: <http://www.laicidade.org/wp-content/uploads/2006/10/constituicao-1822.pdf>.
35. "O Constitucionalismo contemporâneo, nesse aspecto, não constitui um movimento de rompimento radical com o constitucionalismo moderno do Estado liberal. Parece apresentar-se muito mais como um avanço na doutrina constitucional liberal do que propriamente uma oposição" (Max Möller, *Teoria Geral do Neoconstitucionalismo*, p. 23). Segundo a doutrina: "o neoconstitucionalismo busca integrar a moral ao direito, introduzir em sua seara uma moralização do fenômeno jurídico, levando em consideração os valores existentes na sociedade" (José Carlos Francisco, *Neoconstitucionalismo e Atividade Jurisdicional*: do passivismo ao ativismo judicial, p. 18).
36. Bonn (ou Bona) foi a capital da Alemanha Ocidental, depois do fim da Segunda Guerra Mundial, a partir de 1949.

c) O transconstitucionalismo: movimento que estudamos no capítulo 1 deste livro, o transconstitucionalismo significa a interface, o intercâmbio constante entre o direito constitucional interno e o direito internacional (seja dos tratados internacionais não incorporados ao direito pátrio, seja do direito constitucional de outros países). Muitas são as vezes que o Tribunal Constitucional se inspira em textos normativos da União Europeia para fundamentar suas decisões. Quanto mais conseguirmos essa interação constante entre as fontes normativas diversas, mais e melhor conseguiremos tutelar os direitos fundamentais.

d) A utilização maior dos tratados internacionais sobre direitos humanos: é um movimento mundial a utilização maior e mais frequente dos tratados internacionais sobre direitos humanos, dando-lhes uma hierarquia normativa destacada, dentro do ordenamento jurídico de cada país. Alguns países, por exemplo, dão aos tratados internacionais de direitos humanos hierarquia constitucional. Foi o que fez a Constituição argentina, no art. 77, item 22[37], e a Constituição boliviana, no art. 13, inciso III[38]. No Brasil, como vimos em capítulos anteriores, os tratados internacionais sobre direitos humanos podem ingressar no direito brasileiro com *status* de norma constitucional, quando aprovados nos termos do art. 5º, § 3º, da Constituição Federal. Nos demais casos, esses tratados são considerados normas supralegais e infraconstitucionais.

e) A busca pelo cumprimento de um mínimo existencial: corolário do princípio da eficiência ou máxima efetividade, teve origem no Tribunal Constitucional alemão a teoria do "mínimo existencial" dos direitos, aplicando-se sobretudo aos "direitos sociais". É óbvio que o Estado não conseguirá, de plano, implementar todas as medidas aptas a concretizar os direitos sociais como saúde, educação, segurança, lazer, moradia etc. Todavia, segundo farta jurisprudência (que estudaremos no capítulo reservado aos direitos sociais), o Estado deve cumprir um mínimo desses direitos. Por exemplo, o Supremo Tribunal Federal entendeu que, no tocante à saúde, deve o Estado garantir gratuita e imediatamente a medicação e o tratamento dos portadores de enfermidades graves.

f) Relatividade dos direitos fundamentais: embora pareça ser um contrassenso, nossa geração que, ao mesmo tempo buscou uma maior e mais intensa efetividade dos direitos fundamentais, também busca compreender a extensão desses direitos, em razão da premissa de que os direitos não são absolutos, mas relativos. Trata-se de uma concepção que parece ser reacionária, indevidamente restritiva, mas necessária. Quando o Supremo Tribunal Federal deu uma interpretação relativa ao princípio do estado de inocência (art. 5º, LVII, CF), nas ADCs 43 e 44, muitos se levantaram dizendo que o STF estaria a rasgar a Constituição. Na realidade, assim como a presunção de inocência, também são relativos a vida, a liberdade, a honra, a intimidade,

---

37. "La Declaración Americana de los Derechos y Deberes del Hombre; la Declaración Universal de Derechos Humanos; la Convención Americana sobre Derechos Humanos; el Pacto Internacional de Derechos Económicos, Sociales y Culturales; el Pacto Internacional de Derechos Civiles y Políticos y su Protocolo Facultativo; la Convención sobre la Prevención y la Sanción del Delito de Genocidio; la Convención Internacional sobre la Eliminación de todas las Formas de Discriminación Racial; la Convención sobre la Eliminación de todas las Formas de Discriminación contra la Mujer; la Convención contra la Tortura y otros Tratos o Penas Crueles, Inhumanos o Degradantes; la Convención sobre los Derechos del Niño; en las condiciones de su vigencia, tienen jerarquía constitucional, no derogan artículo alguno de la primera parte de esta Constitución y deben entenderse complementarios de los derechos y garantías por ella reconocidos. Sólo podrán ser denunciados, en su caso, por el Poder Ejecutivo Nacional, previa aprobación de las dos terceras partes de la totalidad de los miembros de cada Cámara."

38. "Los tratados y convenios internacionales ratificados por la Asamblea Legislativa Plurinacional, que reconocen los derechos humanos y que prohíben su limitación en los Estados de Excepción prevalecen en el orden interno."

ou seja, todos os direitos fundamentais. O desafio da doutrina é encontrar quais os limites possíveis desses direitos (veremos neste capítulo).

13.8. DIREITOS FUNDAMENTAIS NAS CONSTITUIÇÕES BRASILEIRAS

Como estudamos no capítulo 5 desta obra (Histórico das Constituições Brasileiras), com o regresso de D. João VI a Portugal, o então príncipe regente (D. Pedro I) editou uma série de decretos, assegurando uma série de direitos individuais ou liberdades públicas, reafirmadas posteriormente pela Constituição de 1824.

a) Direitos Fundamentais na Constituição de 1824

A primeira constituição previu um rol de "direitos civis e políticos". Quanto a direitos individuais, previstos no art. 179, destacam-se o princípio da legalidade (inciso I), liberdade e propriedade (*caput*), liberdade de manifestação do pensamento (inciso IV), liberdade de crença (inciso V), liberdade de locomoção (inciso VI), inviolabilidade domiciliar (inciso VII), princípio do juiz natural (inciso XI), igualdade (inciso XIII) e, de forma inovadora e avançada, previu que "a instrução primária, e gratuita a todos os cidadãos" (art. 179, XXXII). Embora previsse um rol de direitos individuais, eles não tiveram o condão de mudar a realidade dos fatos, pois, sendo o constitucionalismo moderno ainda embrionário, não gozava a Constituição da força normativa que tem nos dias de hoje. Na prática, apesar de prever a liberdade (art. 179, *caput*), conviveu de forma leniente com a escravidão durante praticamente todo o seu período de vigência.

A exceção do dever de educação não previu direitos sociais, que só vieram a ser constitucionalizados depois da Primeira Guerra Mundial, sobretudo na Constituição de Weimar, de 1919. Quanto aos direitos políticos, estavam eles previstos nos arts. 90 e seguintes. O voto era indireto e censitário. Indireto pois os cidadãos aptos a votar (brasileiros maiores de 21 anos e estrangeiros naturalizados brasileiros, excluídos os religiosos, dentre outros – art. 92, I) elegiam seus representantes em Assembleias Paroquiais e estes, por sua vez, elegiam os "representantes da nação". Censitário porque era necessária a comprovação de uma renda mínima anual para se votar. O voto censitário mostra o quão importante foi a influência da obra de Benjamin Constant no texto constitucional brasileiro. Segundo o autor franco-suíço: "somente a propriedade assegura o ócio necessário à capacitação do homem para o exercício dos direitos políticos"[39].

b) Direitos Fundamentais na Constituição de 1891

Notadamente liberal, não previu direitos sociais, como saúde, educação e assistência aos desamparados. Embora não tenha previsto os direitos sociais, que só foram previstos na Constituição seguinte, estabeleceu um rol de direitos individuais, no art. 72, dentre eles a legalidade (art. 72, § 1º), igualdade (art. 72, § 2º), liberdade de locomoção (art. 72, § 10), inviolabilidade domiciliar (art. 72, § 11) etc.

No tocante aos direitos políticos, eram considerados eleitores os maiores de 21 anos, excluídos os mendigos, analfabetos, as mulheres, dentre outros (art. 70).

Previu pela primeira vez expressamente o *habeas corpus* (art. 72, § 22), mas esse era capaz de tutelar quaisquer direitos, e não apenas a liberdade de locomoção. A essa posição

---

39. Benjamin Constant. *Princípios Políticos Constitucionais*. Cap. 6.

inusitada, adotada no Brasil, albergada por Ruy Barbosa, deu-se o nome de "teoria brasileira do *habeas corpus*".

c) Direitos Fundamentais na Constituição de 1934

Inspirada na Constituição do México, de 1917, e na Constituição de Weimar, de 1919, foi a primeira Constituição brasileira a prever os direitos sociais, máxime os relacionados ao direito ao trabalho. A partir do art. 121, trata dos direitos do trabalhador (como o salário mínimo, proibição do trabalho infantil, férias anuais remuneradas etc.). Previu, no art. 149, que a educação era direito de todos, devendo ser ministrada pela família e pelos Poderes Públicos. As normas sobre saúde pública não compunham um capítulo especial, mas se achavam disseminadas em capítulos diferentes da Constituição.

Além dos novos direitos sociais, previa, como nas Constituições anteriores, um rol de direitos e garantias individuais, máxime no art. 113. No tocante aos Remédios Constitucionais, além do *habeas corpus*, previu o mandado de segurança e a ação popular.

No tocante aos direitos políticos, considerava eleitor os maiores de 18 anos, excluindo-se os mendigos, os analfabetos, dentre outros (art. 108). É a primeira Constituição a admitir o voto feminino, que foi criado anteriormente pelo Código Eleitoral de 1932. O voto era universal, direto e secreto (e não mais público, como na República Velha).

d) Direitos Fundamentais na Constituição de 1937

Com inspiração no regime nazista alemão, o art. 186 da Constituição declara o estado de emergência em todo o país. Isso se refletiu num grave retrocesso à tutela dos direitos e garantias fundamentais. Deixou de ter previsão constitucional o mandado de segurança e a ação popular (criadas na Constituição anterior). Previu a pena de morte não somente para crimes militares, mas também para o ato de "tentar subverter por meios violentos a ordem política e social" (art. 122, 13, "e") e admitiu, pela primeira vez no nosso Direito Constitucional a possibilidade de criação de Tribunal de Exceção (art. 173).

Quanto aos direitos políticos, estavam eles previstos no art. 117 da Constituição, excluindo-se os analfabetos e os mendigos, dentre outros. Todavia, trata-se de uma norma sem eficácia, já que as primeiras eleições ocorreriam depois da realização de um plebiscito, que nunca ocorreu.

No tocante aos direitos sociais, foram igualmente previstos no texto constitucional, máxime os direitos dos trabalhadores, previstos na Constituição de 1934, embora a greve e o *lock-out* tenham sido proibidos.

e) Direitos Fundamentais na Constituição de 1946

Restabeleceu o mandado de segurança (art. 141, § 24) e a ação popular (art. 141, § 38), que haviam sido revogados pela Constituição anterior, bem como vedou a criação de Tribunais de Exceção (art. 141, § 26), que eram permitidos pela Constituição de 1937. Aboliu a pena de morte, salvo em caso de guerra declarada (art. 141, § 31) e criou o princípio constitucional da inafastabilidade do controle jurisdicional: "a lei não poderá excluir da apreciação do Poder Judiciário qualquer lesão de direito individual" (art. 141, § 4º).

Previu rol de Direitos Sociais, no Título V ("Da Ordem Econômica e Social"), especialmente os direitos dos trabalhadores (art. 157), reconhecendo novamente o direito de greve (art. 158) e o direito à educação (art. 166).

No tocante aos direitos políticos, manteve o voto feminino, instituído pelo Código Eleitoral de 1932 e constitucionalizado pela Constituição de 1934. Considerou os analfabetos inalistáveis, mas não fez menção aos "mendigos", como em Constituições anteriores.

f) Direitos Fundamentais na Constituição de 1967

A Constituição de 1967 previa um capítulo sobre os direitos e garantias individuais (art. 150) e um artigo (158) com um rol de direitos sociais dos trabalhadores, para melhoria das suas condições sociais. No tocante aos direitos individuais, como se espera de um regime ditatorial, houve diminuição. Por exemplo, no tocante ao acesso ao Poder Judiciário, poderia a lei condicionar esse direito ao exaurimento das vias administrativas. Houve restrição da liberdade de publicação de livros e periódicos ao afirmar que não seriam tolerados os que fossem considerados como propaganda de subversão da ordem, bem como as publicações e exteriorizações contrárias à moral e aos bons costumes. Foi restringido o direito de reunião, facultando à Polícia o poder de designar o local para ela. Foi estabelecido o foro militar para os civis (art. 122, § 1º), criou-se a pena de suspensão dos direitos políticos, declarada pelo STF, para aquele que abusasse dos direitos políticos ou dos direitos de manifestação do pensamento. Por fim, todas as punições aplicadas pelos Atos Institucionais anteriores foram mantidas (até edição posterior da "Lei da Anistia" – Lei n. 6.683/79).

Em se tratando de direitos sociais também houve retrocessos: houve redução para doze anos da idade mínima de permissão para o trabalho; a supressão da estabilidade como garantia constitucional; restrições ao direito de greve etc.

Quanto aos direitos políticos (exercidos de forma limitada, em razão da constante suspensão do Congresso Nacional, da cassação de mandatos etc.), eram considerados eleitores os maiores de 18 anos, de ambos os sexos, excluindo-se os analfabetos. Outrossim, previu a suspensão de direitos políticos decretada pelo presidente da República (art. 144, § 2º).

g) Direitos Fundamentais na Constituição de 1988

Como mencionamos no início deste capítulo, a Constituição de 1988 foi a primeira Constituição brasileira a inverter a ordem do capítulo referente aos direitos fundamentais. Se em todas as outras Constituições os direitos fundamentais estavam nos últimos artigos, agora os Direitos Fundamentais estão no início do texto constitucional, no Título II, logo após os Princípios Fundamentais.

Além dessa diferença "topográfica", os direitos fundamentais tiveram um substancial incremento. No tocante aos direitos individuais, foi vedada expressamente a tortura (art. 5º, III), vedadas a censura e a licença (art. 5º, IX), criou-se o *habeas data* (art. 5º, LXXII) e o mandado de injunção (art. 5º, LXXI) etc.

Quanto aos direitos sociais, foi a primeira constituição a reservar ao tema um capítulo específico (Capítulo II, do Título II). Depois de prever um rol de direitos sociais (art. 6º), como saúde, educação, lazer, segurança etc., previu os direitos individuais e coletivos dos trabalhadores (arts. 7º a 11).

Quanto aos direitos políticos, deixaram de ser meramente figurativos e se tornaram efetivos, com o voto direto, secreto, universal e periódico. É a primeira Constituição brasileira a admitir o voto do analfabeto. Como se espera em uma democracia, os direitos políticos não podem mais ser suspensos de forma arbitrária, mas apenas nas hipóteses previstas no art. 15.

13.9. DIREITOS FUNDAMENTAIS COMO CLÁUSULAS PÉTREAS

As cláusulas pétreas não surgiram na Constituição de 1988. Constituições brasileiras anteriores já previram matérias intangíveis do texto constitucional. Em constituições brasileiras anteriores, duas foram as cláusulas pétreas: Federação e República (art. 90, 4º, da Constituição de 1891, art. 178, § 5º, da Constituição de 1934; art. 217, § 6º, da Constituição de 1946, e art. 50, § 1º, da Constituição de 1967).

Não obstante, de forma inédita, a Constituição de 1988 foi a primeira constituição brasileira a prever os direitos e garantias como cláusulas pétreas. Segundo a Constituição, são cláusulas pétreas tanto os *direitos* (normas de conteúdo declaratório), quanto as *garantias* (normas de conteúdo assecuratório). Não obstante, na exata redação do art. 60, § 4º, IV, são cláusulas pétreas os "direitos e garantias *individuais*" (grifamos).

Primeiramente, deve-se frisar que os direitos e garantias individuais não estão apenas no art. 5º da Constituição Federal, mas igualmente presentes em numerosos outros dispositivos constitucionais. O Supremo Tribunal Federal já decidiu que a *anterioridade tributária*, prevista no art. 150 da Constituição Federal, é um direito individual do contribuinte: "Uma Emenda Constitucional, emanada, portanto, de Constituinte derivada, incidindo em violação à Constituição originária, pode ser declarada inconstitucional, pelo Supremo Tribunal Federal, cuja função precípua é de guarda da Constituição. A Emenda Constitucional n. 3, de 17.03.1993, que no art. 2º, autorizou a União a instituir o IPMF, incidiu em vício de inconstitucionalidade, ao dispor, no parágrafo 2º desse dispositivo, que, quanto a tal tributo, não se aplica o art. 150, III, "b" e VI da Constituição, porque, desse modo, violou os seguintes princípios e normas imutáveis: o princípio da anterioridade, que é garantia individual do contribuinte (art. 60, § 4º, inciso IV e art. 150, III, "b", da Constituição" (rel. Min. Sydney Sanches). Da mesma forma, o STF, na ADI n. 3685, também já decidiu que a anterioridade eleitoral, prevista no art. 16, da Constituição Federal, é um direito individual do eleitor e, por isso, cláusula pétrea: O art. 16 representa garantia individual do cidadão-eleitor, detentor originário do poder exercido pelos representantes eleitos e 'a quem assiste o direito de receber, do Estado, o necessário grau de segurança e de certeza jurídicas contra alterações abruptas das regras inerentes à disputa eleitoral" (ADI n. 3.685, rel. Min. Ellen Gracie).

Por sua vez, o principal questionamento a ser feito recai sobre os direitos sociais. Seriam eles também cláusulas pétreas? O art. 60, § 4º, da Constituição Federal é claro ao afirmar que são cláusulas pétreas os direitos e garantias *individuais* (grifamos).

Para responder a essa questão, surgiram na doutrina brasileira três teorias: *a) teoria restritiva, literal*, segundo a qual somente os direitos e garantias notadamente individuais seriam cláusulas pétreas (os direitos e garantias previstos no art. 5º, da Constituição Federal, bem como outros direitos previstos em outras normas, mas que sejam individuais ou liberdades públicas, de caráter defensivo ou "negativo"); *b) teoria extensiva, ampliativa*, segundo a qual todo e qualquer direito ou garantia fundamental seria cláusula pétrea; *c) teorias intermediárias*, através das quais, além dos direitos e garantias individuais, outros direitos também seriam tidos como cláusulas pétreas, de acordo com alguns critérios.

Poucos são aqueles que se filiam à *teoria restritiva, literal*. Embora o texto constitucional seja claro, ao estabelecer como cláusulas pétreas os "direitos e garantias *individuais*" (grifamos), o próprio art. 5º da Constituição Federal prevê direitos coletivos que, segundo uma interpretação excessivamente restrita, poderiam ser suprimidos da Constituição, como afirma Vítor de Andrade Monteiro: "caso fosse adotada essa forma de interpretação excessivamente restritiva, seria necessário admitir que os direitos fundamentais coletivos, que também estão previstos no art. 5º da Constituição, não estariam protegidos contra reformas constitucionais que fossem prejudiciais. Seguindo esse raciocínio, dever-se-ia entender que apenas o mandado de segurança individual, e não o coletivo, integraria o rol de cláusulas pétreas, o que se mostraria por demais incoerente"[40]. Essa posição argumenta que "se o Constituinte efetivamente tivesse tido a intenção de gravar os direitos sociais como a vedação da sua abolição, ele o teria feito, ou mencionando expressamente esta categoria de direitos no artigo 60, § 4º, inc. IV, ou referindo-se de forma genérica a todos os direitos e garantias fundamentais, mas não apenas aos direitos e garantias individuais"[41].

É a posição defendida por Gilmar Ferreira Mendes, segundo o qual somente gozariam do *status* de cláusula pétrea as ditas *liberdades fundamentais*, porquanto exigem do Estado prestações negativas. Segundo o autor: "ao consagrar a cláusula pétrea em apreço, referiu-se o constituinte, expressa e inequivocamente, aos direitos e garantias individuais. [...] É certo que o constituinte pretendeu conferir disciplina destacada aos direitos individuais e aos direitos sociais, tal como se pode depreender do disposto nos artigos 6º, 7º e 8º do texto constitucional. A cláusula pétrea do art. 60, § 4º, não parece abranger os direitos sociais, que, como visto, se não confundem com os direitos individuais propriamente ditos. [...] Assinale-se, a propósito, que uma peculiaridade dos direitos sociais ou, se se quiser, dessas pretensões a prestações de índole positiva é a de que elas estão voltadas mais para a conformação do futuro do que para a preservação do *status quo*. Tal como observado por Krebs, pretensões aconformação do futuro (*zukunfgestaltung*) impõe decisões que estão submetidas a elevados riscos; o direito ao trabalho (CF, art. 6º) exige uma política estatal adequada de criação de empregos. Da mesma forma, o direito à educação (CF, art. 205 c.c. art. 6º), o direito à assistência social (CF, art. 203 c.c. art. 6º) e à previdência social (CF, art. 201 c.c. art. 6º) dependem da satisfação de uma série de pressupostos de índole econômica, política e jurídica. Parece inquestionável, assim, que os direitos e garantias individuais a que se refere o art. 60, § 4º, IV, da Constituição são, fundamentalmente, aqueles analiticamente elencados no art. 5º"[42].

A majoritária doutrina brasileira claramente filia-se à *teoria extensiva, ampliativa*, posicionando-se no sentido de que todos os direitos fundamentais (incluindo-se, claro, os direitos sociais) são também cláusulas pétreas. Por exemplo, prevalece o entendimento de que os direitos sociais aplicados ao trabalhador (como os previstos no art. 7º da Constituição Federal) não podem ser suprimidos, por serem cláusulas pétreas. Nesse sentido, Arnaldo Süssekind afirma que "na verdade, ao impedir que as emendas à Carta Magna possam 'abolir os direitos e garantias individuais' (art. 60, § 4º, IV), é evidente que essa proibição alcança os direitos relacionados no art. 7º, assim como a liberdade sindical do trabalhador e do empresário de organizar sindicatos de conformidade com as demais disposições do artigo 8º, e neles ingressarem e desfiliarem-se"[43].

Ingo Sarlet elabora farta argumentação na intenção de sustentar que todos os direitos fundamentais (individuais, coletivos, sociais etc.) são cláusulas pétreas: "verifica-se que todos

---

40. *A Fundamentalidade dos Direitos Sociais: Uma Análise sob a Perspectiva do Direito Social à Moradia Adequada*, p. 98.
41. Ingo Wolfgang Sarlet. *Os Direitos Sociais como Direitos Fundamentais: Contributo para um Balanço aos Vinte Anos da Constituição Federal de 1988*. Defende essa *teoria restritiva ou literal* Octávio Bueno Magano (Revisão Constitucional, in *Cadernos de Direito Constitucional e Ciência Política*, n. 7, 1994).
42. *Os Limites da Revisão Constitucional*, p. 69-91.
43. *As Cláusulas Pétreas e a Pretendida Revisão dos Direitos Constitucionais do Trabalhador*, p. 2.

os direitos fundamentais consagrados em nossa Constituição (mesmo os que não integram o Título II) são, na verdade e em última análise, direitos de titularidade individual, ainda que alguns sejam de expressão coletiva. [...] Os direitos e garantias individuais referidos no art. 60, § 4º, inc. IV, da nossa Lei Fundamental incluem, portanto, os direitos sociais e os direitos de nacionalidade e cidadania (direitos políticos)"[44].

Da mesma forma, Paulo Bonavides afirmou que "faz-se mister, em boa doutrina, interpretar a garantia dos direitos sociais como cláusulas pétreas e matéria que requer, ao mesmo passo, um entendimento adequado dos direitos e garantias individuais do art. 60 [...] os direitos sociais recebem em nosso direito constitucional positivo uma garantia tão elevada e reforçada que lhes faz legítima a inserção no mesmo âmbito conceitual da expressão *direitos e garantias individuais* do art. 60. Fruem, por conseguinte, uma intangibilidade que os coloca inteiramente além do alcance do poder constituinte originário"[45]. Chega a doutrina a declarar o "equívoco" do constituinte originário ao utilizar a palavra "individuais". Em dissertação de mestrado específica sobre o tema, afirma Vera Lúcia Pereira Resende que "há, todavia, que se pensar na possibilidade dos constituintes originários terem se equivocado com relação à palavra *individuais*, quando na realidade estariam tratando dos direitos fundamentais como um todo, haja vista as conturbadas discussões que ocorreram na Assembleia Nacional Constituinte"[46].

Da mesma forma, embora essa questão não tenha sido amiúde examinada pelo Supremo Tribunal Federal, já se utilizou de uma *interpretação extensiva, ampliativa ou generosa* das cláusulas pétreas, a fim de considerar também os direitos sociais como sendo cláusulas insuprimíveis da Constituição. Na ADI 939, decidiu o Ministro Marco Aurélio: "tivemos o estabelecimento de direitos e garantias de forma geral. Refiro-me àqueles previstos no rol, que não é exaustivo, do art. 5º da Carta, os que estão contidos, sob a nomenclatura 'direitos sociais'; no art. 7º e, também, em outros dispositivos da Lei Básica federal, isto sem considerar a regra do § 2º do art. 5º").

Se a *teoria restritiva, literal*, pode sofrer (e sofre) inúmeras críticas, o mesmo ocorre (em menor medida) com a teoria *extensiva, ampliativa*. Entre as teorias extremas do *originalismo* e da *living constitution*[47], há um certo consenso: não pode o intérprete da Constituição proce-

---

44. Op. cit., p. 427. Reforça o autor: "Desde logo, em se tomando como ponto de partida o enunciado literal do art. 60, § 4º, inc. IV, da CF, poder-se-ia afirmar – e, de fato, há quem sustente tal ponto de vista – que apenas os direitos e garantias individuais (art. 5º, da CF) se encontram incluídos no rol das 'cláusulas pétreas' de nossa Constituição. Caso fôssemos aferrar-nos a esta exegese de cunho estritamente literal, teríamos de reconhecer que não apenas os direitos sociais (arts. 6º a 11), mas também os direitos de nacionalidade (arts. 12 e 13), bem como os direitos políticos (arts. 14 a 17) fatalmente estariam excluídos da proteção outorgada pela norma contida no art. 60, § 4º, inc. IV, de nossa Lei Fundamental" (p. 424-425). E conclui o autor: "Constituindo os direitos sociais (assim como os políticos) valores basilares de um Estado social e democrático de Direito, sua abolição acabaria por redundar na própria destruição da identidade da nossa ordem constitucional, o que, por evidente, se encontra em flagrante contradição com a finalidade precípua das 'cláusulas pétreas'" (p. 429-430).
45. *Curso de Direito Constitucional*, p. 642.
46. *Os Direitos Sociais como Cláusulas Pétreas na Constituição Federal de 1988*, p. 96.
47. O *originalismo* foi expresso de maneira sistemática como teoria constitucional na década de 1970, por acadêmicos proeminentes como Raoul Berger, segundo o qual a única forma legítima de interpretar a Constituição é permanecer fiel a seu texto e à sua concepção original. O originalismo brindou os conservadores com a confiança de que seus ideais constituíam direito, o qual autorizava a derrubar precedentes das Cortes progressistas e ativistas, impondo seus valores constitucionais conservadores. Um dos precursores do movimento foi Robert Bork, professor de Yale. O originalismo é a defesa da "constituição estrita" (*strict constitution*) contra a ideia de "constituição viva" (*living constitution*), que deve ser interpretada e reinventada de acordo com os novos tempos ou com as novas aspirações da sociedade contemporânea.

der a uma mutação constitucional de acordo com seus valores pessoais. Aliás, como afirma Denise Soares Vargas, as limitações à mutação constitucional estão condensadas em três ordens de ideias: "ela deve se circunscrever aos sentidos possíveis do texto; decorrer de genuína mudança na sociedade e não avançar no campo próprio da reforma constitucional"[48].

Assim, embora seja mais consentâneo com Estado Social considerar os direitos sociais, econômicos e culturais como cláusulas pétreas, não parece ter sido esse o escopo do constituinte originário (o responsável pela fixação dessas cláusulas pétreas). Outrossim, através de uma *interpretação sistemática* chegar-se-ia à mesma conclusão. Isso porque a Constituição brasileira, no seu *Título II*, classifica os direitos fundamentais em: a) direitos individuais e coletivos (capítulo I); b) direitos sociais (capítulo II); c) nacionalidade (capítulo III); d) direitos políticos (capítulo IV); e) partidos políticos (capítulo V). Se o constituinte originário quisesse transformar os direitos sociais em cláusulas pétreas o teria feito expressamente.

Por essa razão, surgiram na doutrina *teorias intermediárias*, que não se quedam à interpretação absolutamente literal do art. 60, § 4º, IV, da Constituição, nem dão as costas ao texto constitucional, inserindo um rol de direitos fundamentais não previsto expressamente pelo constituinte originário.

Realmente, a opção simples da literalidade não parece ser a melhor opção. Direitos igualmente previstos no art. 5º da Constituição Federal (como o mandado de segurança coletivo) estariam excluídos da proteção constitucional da irredutibilidade. Da mesma forma, direitos como a nacionalidade e direitos políticos igualmente estariam desprotegidos. Significa dizer que uma emenda constitucional poderia suprimir a nacionalidade originária de certos grupos ou criar restrições excessivas à elegibilidade. Há direitos fundamentais que não se encontram no *capítulo* I do *Título* II da Constituição que possuem características idênticas aos direitos individuais e que deveriam, pois, ter o mesmo tratamento. Assim, para uma posição intermediária, todos os direitos fundamentais que podem ser equiparados aos direitos individuais, de liberdade, devem ser considerados cláusulas pétreas[49]. Dessa maneira, o direito de nacionali-

---

48. *Mutação Constitucional Via Decisões Aditivas*, p. 69.
49. Aliás, parece ser esse o tratamento dado pela Constituição portuguesa. Segundo Ingo Sarlet, em Portugal "há disposição expressa estabelecendo que os direitos análogos aos direitos, liberdades e garantias se encontram sujeitos ao mesmo regime jurídico (art. 17, CRP), destacando-se, nesse particular, a sua condição de limites materiais ao poder de revisão da Constituição (art. 288 da CRP), o que se aplica, inclusive, às assim denominadas liberdades sociais (na condição de direitos análogos), ainda que constantes no capítulo dos direitos econômicos, sociais e culturais" (op. cit., p. 425). Segundo Catarina Botelho: "o art. 17 da CRP estabelece uma paridade de regime material entre os direitos, liberdades e garantias (plasmados no Título II) e outros que tenham natureza análoga, independentemente da sua localização. [...] A maioria da doutrina continua a socorrer-se do critério da *determinabilidade*, segundo o qual, como vimos, uma norma possuirá determinabilidade quando o intérprete-aplicador, pela sua simples leitura ou recorrendo à exegese hermenêutica, consiga descortinar nela uma suficiente densidade de conteúdo que lhe permita concretizá-la" (op. cit., p. 309-310). Segundo Canotilho: "a qualificação ou não de um direito como direito de natureza análoga aos direitos, liberdades e garantias possui, porém, um relevantíssimo alcance, pois, em caso afirmativo, esses direitos gozam de um regime constitucional particularmente cuidadoso – o *regime dos direitos, liberdades e garantias*. [...] A tarefa de densificação metódica deve procurar, em cada caso concreto, a analogia relativamente: (1) a cada uma das categorias (direitos, liberdades e garantias) e não em relação ao conjunto dos direitos, liberdades e garantias; (2) a cada uma das espécies sistematizadas na constituição (direitos, liberdades e garantias de natureza pessoal; direitos, liberdades ou garantia de participação política; direitos, liberdades ou garantias dos trabalhadores)", op. cit., p. 403. Quanto aos limites materiais de revisão, o art. 288 da Constituição portuguesa é bem mais amplo que a Constituição brasileira. Primeiramente, indica como cláusulas pétreas "os direitos, liberdades e garantias dos cidadãos" (e não "direitos individuais", como a nossa). Outrossim, acrescenta também os "direitos dos trabalhadores, das comissões de trabalhadores e das associações sindicais" no rol dos limites materiais da revisão.

dade (previsto no art. 12 da Constituição), o direito de se eleger (previsto no art. 14 da Constituição), a proibição de diferença de salários por motivo de sexo, idade, cor ou estado civil (prevista no art. 7º, XXX, da Constituição) ou a regra de que "ninguém será obrigado a filiar-se ou a manter-se filiado a sindicato" (prevista no art. 8º, V, da Constituição) equiparam-se claramente aos direitos individuais, por conta de seu caráter não prestacional e, por essa razão, devem ser considerados cláusulas pétreas. Essa teoria intermediária é citada por Rodrigo Brandão, segundo o qual "ainda que se pudesse, à luz das premissas antes delineadas, incluir no âmbito de proteção do art. 60, § 4º, IV, da CRFB/1988 direitos equiparáveis aos direitos da liberdade (direitos de defesa, *v.g.*: as liberdades sociais, como o direito de greve e à livre associação sindical (arts. 9º e 8º, da CRFB/88), restariam excluídos os direitos sociais prestacionais e os direitos difusos e coletivos"[50].

Todavia, embora essa posição pareça ser a que melhor compatibiliza o escopo do poder constituinte originário com os valores constitucionais do Estado Social de Direito há um obstáculo à sua adoção: diferentemente da Constituição portuguesa (que estabelece a extensão do regime dos direitos, liberdades e garantias aos "direitos fundamentais de natureza análoga – art. 17), a Constituição brasileira não estabelece a mesma distinção. Como afirma Ingo Wolfgang Sarlet: "entre nós, à míngua de um regime jurídico diferenciado expressamente previsto na Constituição, tal entendimento não poderá prevalecer, já que não encontramos qualquer sustentáculo no direito constitucional positivo para justificar uma distinção no que diz com a fundamentalidade dos direitos sociais"[51]. Outrossim, estabelecer como critério o *caráter defensivo ou não prestacional* do direito fundamental não parece ser uma decisão segura, na medida em que, como vimos no capítulo anterior, atualmente é sabido por todos que até mesmo os tradicionais direitos de defesa implicam ao Estado deveres de agir, fazer[52].

Dessa maneira, parece a melhor teoria a ser adotada no Brasil a *teoria extensiva ou ampliativa* das cláusulas pétreas, considerando os direitos sociais, econômicos e culturais também como cláusulas pétreas. Não obstante, há que se fazer uma temperança, nem sempre

---

50. *Direitos Fundamentais, Cláusulas Pétreas e Democracia: Uma Proposta de Justificação e de Aplicação do art. 60, § 4º, IV, da CF/88.*
51. *A Eficácia dos Direitos Fundamentais*, p. 426.
52. Como afirma Vítor de Andrade Monteiro: "é inegável que, até mesmo para o desempenho de obrigações de natureza negativa, cabe ao Estado proporcionar as condições institucionais necessárias ao seu desenvolvimento. Com efeito, pode-se constatar que inclusive típicos direitos de natureza defensiva, como o direito de ir e vir, exigem uma estrutura estatal apta a promover sua garantia, como, por exemplo, efetivo policial, repartições públicas, veículos etc. No mesmo sentido, o direito à liberdade de expressão não comporta apenas a proibição de censura, mas também a viabilização de condições favoráveis ao exercício dessa liberdade. Destarte, nota-se que mesmo os direitos civis e políticos, tradicionalmente considerados como obrigações de natureza negativa, também possuem em sua estrutura um dever de fazer do Estado, em outras palavras, também possuem características de obrigação positiva, o que importa, necessariamente, no dispêndio de recursos públicos. Por outro lado, os direitos sociais são marcadamente reconhecidos por consistirem em direitos a prestações positivas do Estado. De fato, esses direitos tem na obrigação de fazer sua faceta mais visível, sendo chamados, por essa razão, de direitos prestacionais. Contudo, a estrutura dos direitos sociais também é composta de obrigações de não fazer, portanto, obrigações de natureza não prestacional. Essas obrigações são identificadas até mesmo nos direitos onde a característica prestacional se mostra mais visível. O direito à saúde, por exemplo, implica também o dever de não causar males à saúde da população; da mesma forma que o direito à preservação do meio ambiente impõe o dever de não destruir o meio ambiente, para citar alguns exemplos. Doutra banda, encontram-se no ordenamento jurídico pátrio, no rol de direitos sociais, alguns direitos com notada característica não prestacional, como os direitos de greve e de liberdade de associação sindical, onde o principal dever do Estado é de não fazer, ou, na classificação de Hoof, obrigação de respeitar" (op. cit., p. 100).

lembrada pela doutrina: direitos criados posteriormente pelo poder constituinte derivado reformador não podem ser tidos como cláusulas pétreas[53]. Essa ressalva é importante, haja vista que vários direitos sociais foram criados (ou melhor, constitucionalizados) pelo poder constituinte derivado reformador: a *moradia*, incorporada à Constituição pela Emenda Constitucional 26/2000, a *alimentação*, incorporado à Constituição pela Emenda Constitucional 64/2010, e o *transporte*, incorporado à Constituição pela Emenda Constitucional 90/2015.

Há que se considerar essa exceção, já que cabe apenas ao poder constituinte originário (e não ao poder constituinte reformador) estabelecer quais as cláusulas irredutíveis da Constituição. Dessa maneira, um direito (individual ou social) criado por cláusula pétrea poderá sofrer restrições normativas posteriores. Assim como foi criado por emenda constitucional, poderá ser restrito ou suprimido por outra emenda constitucional. Essa é a posição, por exemplo, de Gilmar Ferreira Mendes, segundo o qual as cláusulas pétreas "se fundamentam na superioridade do poder constituinte originário sobre o de reforma. Por isso, aquele pode limitar o conteúdo das deliberações deste. Não faz sentido, porém, que o poder constituinte de reforma limite-se a si próprio. Como ele é o mesmo agora ou no futuro, nada impedirá que o que hoje proibiu amanhã permita. Enfim, não é cabível que o poder de reforma crie cláusulas pétreas. Apenas o poder constituinte originário pode fazê-lo. Se o poder constituinte de reforma não pode criar cláusulas pétreas, o novo direito fundamental que venha a estabelecer – diverso daqueles que o constituinte originário quis eternizar – não poderá ser tido como um direito perpétuo, livre de abolição por uma emenda subsequente"[54]. Não obstante, também nesse ponto há posição em sentido contrário[55].

Essa posição é a única que garante a estabilidade constitucional em caso de inconsequentes mudanças no texto constitucional, garantindo direitos fundamentais sociais inexequíveis. Se determinado governo, com ampla maioria no Poder Legislativo federal, consegue mudar a Constituição, assegurando inúmeros direitos sociais através de normas-regras (que, segundo a doutrina, devem ser cumpridas integralmente), caso as consideremos cláusulas pétreas, poderemos inviabilizar os governos seguintes, que estarão adstritos ao projeto de um governo anterior.

---

53. Eventualmente, podem ser considerados irredutíveis com argumento na "proibição do retrocesso", a depender da sua amplitude conceitual adotada e, claro, da sua efetiva adoção (que não é pacífica).
54. *Curso de Direito Constitucional*, p. 130. Todavia, o autor faz uma ressalva: "cabe, porém, aqui, um cuidado. É possível que uma emenda à Constituição acrescente dispositivos ao catálogo dos direitos fundamentais sem que, na realidade, esteja criando direitos novos. A emenda pode estar apenas especificando direitos já concebidos pelo constituinte originário. O direito já existia, passando apenas a ser mais bem explicitado. Nesse caso, a cláusula pétrea já o abrangia, ainda que implicitamente. É o que se deu, por exemplo, com o direito à prestação jurisdicional célere somado, como inciso LXXVIII, ao rol do art. 5º, da Constituição, pela Emenda Constitucional n. 45, de 2004. Esse direito já existia, como elemento necessário do direito de acesso à Justiça – que há de ser ágil para ser efetiva – e do princípio do devido processo legal, ambos assentados pelo constituinte originário" (p. 130).
55. Segundo George Marmelstein: "nada impede que novos direitos sejam acrescentados ao rol de direitos fundamentais através da emenda à Constituição. Pode-se mencionar, por exemplo, o direito à duração do processo (art. 5º, inc. LXXVIII) e o direito à moradia (art. 6º). Eles não estavam no rol originário na Constituição de 88, tendo sido acrescentados, respectivamente, pela Emenda Constitucional n. 45, de 2004, e pela Emenda Constitucional n. 26, de 2000. Mesmo assim, uma vez incluídos no texto por Emenda Constitucional, eles se tornam também cláusulas pétreas. Vale ressaltar que o mesmo raciocínio se aplica aos tratados internacionais de direitos humanos que sejam incorporados ao direito brasileiro com força de emenda constitucional, observado o quórum do art. 5º, § 3º, da Constituição de 88. Nesse caso, o tratado internacional de direitos humanos também se tornará cláusula pétrea, não podendo mais ser abolido de forma arbitrária" (op. cit., p. 270-271).

13.10. CLASSIFICAÇÃO DOS DIREITOS FUNDAMENTAIS

Várias podem ser as classificações dos direitos fundamentais, segundo a legislação e segundo a doutrina. Primeiramente, se analisarmos a Constituição de 1988, o Título reservado aos Direitos Fundamentais (Título II) é dividido da seguinte maneira: a) direitos e deveres individuais e coletivos; b) direitos sociais; c) direito de nacionalidade; d) direitos políticos; e) partidos políticos. Evidentemente, não se trata da melhor classificação dos direitos fundamentais, mas útil para identificar a legislação constitucional acerca do tema. Concentremo-nos em três classificações doutrinárias tradicionais: a de Karel Vasak, a de Georg Jellinek e a de José Carlos Vieira de Andrade.

13.10.1. Classificação dos direitos em dimensões ou gerações

Trata-se de uma classificação idealizada pelo jurista tcheco-francês Karel Vasak, a partir de uma conferência proferida em 1979 no Instituto Internacional de Direitos Humanos, em Estrasburgo. Karel Vasak, nascido em junho de 1929 na então Tchecoslováquia, mudou-se para a França para estudar Direito, adquiriu cidadania francesa e tornou-se, em 1969, secretário-geral do Instituto Internacional de Direitos Humanos em Estrasburgo, posição que manteve até 1980. Foi também autor da obra *The International Dimensions of Human Rights*[56].

Segundo o autor, haveria três gerações de direitos fundamentais. Essa classificação recebe muitas críticas, a começar pela nomenclatura. Atualmente, prefere-se a expressão dimensões, em vez de gerações. Isso porque a expressão "geração" dá a ideia de substituição do velho pelo novo. Bem, não é o que ocorre com os direitos fundamentais. Uma nova dimensão de direitos fundamentais não substitui a primeira. Pelo contrário, ambas coexistem e se complementam, motivo pelo qual é preferível utilizar a expressão dimensão.

Embora tenha sido criada por Karel Vasak, essa classificação foi largamente difundida graças à obra *A Era dos Direitos*, de Norberto Bobbio[57], jurista e filósofo italiano, bastante conhecido em terras brasileiras. Segundo o mestre italiano: "do ponto de vista teórico, sempre defendi – e continuo a defender, fortalecido por novos argumentos – que os direitos do homem, por mais fundamentais que sejam, são direitos históricos, ou seja, nascidos em certas circunstâncias, caracterizadas por lutas em defesa de novas liberdades contra velhos poderes, e nascidos de modo gradual. [...] Ao lado dos direitos sociais, que foram chamados de direitos de segunda geração, emergiram hoje os chamados direitos de terceira geração, que constituem uma categoria, para dizer a verdade, ainda excessivamente heterogênea e vaga. [...] O mais importante deles é o reivindicado pelos movimentos ecológicos: o direito de viver num ambiente não poluído. Mas já se apresentam novas exigências que só poderiam chamar-se de direitos de quarta geração, referentes aos efeitos cada vez mais traumáticos da pesquisa biológica, que permitirá manipulações do patrimônio genético de cada indivíduo"[58].

a) Direitos de primeira dimensão (ou geração)

Direitos de primeira dimensão (ou geração) são os que primeiro surgiram na legislação dos povos. Por isso mesmo, são os direitos individuais ou liberdades públicas, como vida, liberdade, propriedade etc.

---

56. Karel Vasak. *The International Dimensions of Human Rights*. Paris: Greenwook Press, 1982.
57. *A Era dos Direitos*. Rio de Janeiro: Elsevier, 2004.
58. Op. cit., p. 9.

Nos direitos de primeira dimensão, o Estado tem o dever principal de não fazer, de não agir, de não interferir na liberdade pública do indivíduo. Por exemplo, o Estado não pode tirar minha vida indevidamente, exceto nos casos excepcionalíssimos permitidos. Da mesma forma, não poderá tirar minha propriedade, liberdade etc. "São, por este motivo, apresentados como direitos de cunho 'negativo', uma vez que dirigidos a uma abstenção, e não a uma conduta positiva por parte dos poderes públicos, sendo, nesse sentido, direitos de resistência ou de oposição perante o Estado"[59].

Todavia, repito: nos direitos de primeira dimensão, o Estado tem o dever principal de não fazer, restando um dever secundário de fazer, de agir. Por exemplo, no tocante ao direito à vida, o Estado tem o dever principal de não tirar minha vida, mas tem o dever secundário de garantir a todos uma vida digna (dever de fazer). Por essa razão, Stephen Holmes e Cass Sunstein (na obra *Cost of Rights*) criticam essa distinção, entre direitos de primeira dimensão (negativos) e direitos de segunda dimensão (positivos), afirmando que todos os direitos têm custos, já que obrigam direta ou indiretamente o Estado a praticar atos custosos.

Os direitos de primeira dimensão são fruto do Estado Liberal e eram os únicos direitos previstos nas Constituições decorrentes das Revoluções Burguesas dos séculos XVII e XVIII. No Brasil, estão previstos desde a Constituição de 1824 (que já previa direitos individuais, como a liberdade de locomoção, a vida etc.).

Também podem ser incluídos no rol dos direitos de primeira dimensão ou geração os direitos políticos, que historicamente nasceram com os direitos civis. No Brasil, por exemplo, na Constituição de 1824, havia duas categorias de direitos: os direitos individuais e os direitos políticos (as pessoas com renda anual superior a 100.000 réis poderiam votar e os com renda superior a 200.000 réis poderiam ser votados).

b) Direitos de segunda dimensão (ou geração)

Direitos de segunda dimensão são os direitos sociais, como a saúde, a educação, o trabalho, a assistência aos desamparados. Ao contrário dos direitos de primeira dimensão, aqui o Estado tem o dever principal de fazer, de agir, de implementar políticas públicas que tornem realidade os direitos constitucionalmente previstos.

Como veremos no capítulo 15 (dedicado aos direitos sociais), esses direitos surgiram na Constituição do México, de 1917, e na Constituição de Weimar, de 1919. O mais marcante dispositivo dessa constituição foi o art. 163, que previa expressamente o direito ao trabalho: "Apesar de sua liberdade pessoal, todo alemão é obrigado a investir sua energia física e intelectual de forma necessária ao benefício público. A cada alemã será dada a oportunidade de ganhar a vida mediante um trabalho econômico. Não sendo oferecidas aberturas apropriadas de trabalho, ele receberá apoio financeiro. Mais detalhes são especificados pela Lei do *Reich* (império)".

No Brasil, a primeira Constituição a prever os direitos sociais foi a de 1934, como vimos acima. A partir do seu art. 121, tratava dos direitos do trabalhador (como o salário mínimo, proibição do trabalho infantil, férias anuais remuneradas etc.). Previu, no art. 149, que a educação era direito de todos, devendo ser ministrada pela família e pelos Poderes Públicos. As normas sobre saúde pública não compunham um capítulo especial, mas se achavam disseminadas em capítulos diferentes da Constituição.

---

59. Ingo Wolfgang Sarlet, op. cit., p. 308.

c) Direitos de terceira dimensão (ou geração)

Direitos de terceira dimensão são os direitos metaindividuais, ou transindividuais, que pertencem a uma coletividade determinável ou indeterminável de pessoas, como o meio ambiente sadio, previsto na Constituição de 1988, no art. 225: "Todos têm direito ao meio ambiente ecologicamente equilibrado, bem de uso comum do povo e essencial à sadia qualidade de vida [...]". Seria também de terceira dimensão a busca da paz, presente nos incisos VI e VII do art. 4º da Constituição Federal, que asseguram a "defesa da paz" e a "solução pacífica dos conflitos".

Segundo Norberto Bobbio: "os direitos de terceira geração, como o de viver num ambiente não poluído, não poderiam ter sido sequer imaginados quando foram propostos os de segunda geração, do mesmo modo como estes últimos (por exemplo, o direito à instrução ou à assistência) não eram sequer concebíveis quando foram promulgadas as primeiras declarações setecentistas"[60].

As primeiras Constituições brasileiras, de 1824 e 1891, extremamente liberais, somente previam direitos de primeira dimensão ou geração. Não previam direitos sociais (segunda dimensão), muito menos direitos de terceira dimensão. A proteção do meio ambiente, por exemplo, somente surgiu no Brasil por meio de lei infraconstitucional, no Código Florestal, de 1934 (Decreto n. 23.793/34). Não obstante, a Constituição de 1934 não tutelou o direito ambiental, mantendo-o sob a proteção infraconstitucional. Curiosamente, a primeira Constituição brasileira a tratar, ainda que perfunctoriamente, sobre o meio ambiente (e, portanto, da terceira dimensão dos direitos) foi a Constituição de 1937, ao dispor sobre "medidas de polícia para proteção das plantas e dos rebanhos contra as moléstias ou agentes nocivos" (art. 18, "e") e sobre os "monumentos históricos, artísticos e naturais, assim como as paisagens" (art. 134), considerando os atentados contra estes crimes contra o patrimônio nacional. O tênue avanço dado pela Constituição de 1937 foi deixado de lado pelas Constituições de 1946 e 1967, que não trataram da proteção ao meio ambiente, que ganha outra dimensão com a Constituição de 1988.

Como já dissemos em outra obra: "a tutela jurisdicional do meio ambiente é corolário do segundo movimento renovatório de acesso à justiça. Nas palavras de Mauro Cappelletti e Bryan Garth (na obra 'Acesso à Justiça'), há três 'ondas renovatórias' de acesso à Justiça. A primeira onda renovatória visa a ultrapassar o obstáculo econômico de acesso à justiça, buscando garantir aos pobres e hipossuficientes o acesso à assistência jurisdicional e jurídica. A segunda onda renovatória consiste na criação de representação e instrumentos adequados de tutela dos direitos difusos e coletivos (como o meio ambiente sadio). Por fim, a terceira onda renovatória consiste na revisitação do processo"[61].

d) Direitos de quarta dimensão (ou geração)

Parte da doutrina aponta uma nova dimensão dos direitos fundamentais, além das gerações identificadas por Karel Vasak: a quarta dimensão. Para parte da doutrina, direitos de quarta dimensão são os direitos decorrentes do avanço tecnológico, mormente relacionado à ciência genética, à noção de biodireito e biotecnologia. Essa é a posição de Norberto Bobbio, para o qual "os direitos da nova geração, como foram chamados, que vieram depois daqueles

---

60. Op. cit., p. 10.
61. Flávio Martins Alves Nunes Júnior. *Leis Penais Especiais*, p. 402.

em que se encontraram as três correntes de ideias do nosso tempo, nascem todos dos perigos à vida, à liberdade e à segurança, provenientes do aumento do progresso tecnológico. Bastam estes três exemplos centrais do debate atual: o direito de viver em um ambiente não poluído, do qual surgiram os movimentos ecológicos que abalaram a política tanto dentro dos próprios Estados quanto no sistema internacional; o direito à privacidade, que é colocado em sério risco pela possibilidade que os poderes públicos têm de memorizar todos os dados relativos à vida de uma pessoa e, com isso, controlar os seus comportamentos sem que ela perceba; o direito, o último da série, que está levando debates nas organizações internacionais, e a respeito do qual provavelmente acontecerão os conflitos mais ferrenhos entre duas visões opostas da natureza do homem: o direito à integridade do próprio patrimônio genético, que vai bem mais além do que o direito à integridade física, já afirmado nos artigos 2 e 3 da Convenção Europeia dos Direitos do Homem"[62].

Não obstante, há outro entendimento do que seriam os direitos de quarta dimensão: seriam os direitos decorrentes da democracia, informação e pluralismo. Trata-se da posição de Paulo Bonavides, com o qual concordamos. Segundo o autor: "a globalização política neoliberal caminha silenciosa, sem nenhuma referência de valores. [...] Há, contudo, outra globalização política, que ora se desenvolve, sobre a qual não tem jurisdição a ideologia neoliberal. Radica-se na teoria dos direitos fundamentais. A única verdadeiramente que interessa aos povos da periferia. Globalizar direitos fundamentais equivale a universalizá-los no campo institucional. [...] A globalização política na esfera da normatividade jurídica introduz os direitos de quarta geração: o direito à democracia, o direito à informação e o direito ao pluralismo. Deles depende a concretização da sociedade aberta do futuro, em sua dimensão de máxima universalidade, para a qual parece o mundo inclinar-se no plano de todas as relações de convivência [...] Os direitos da primeira geração, direitos individuais, os da segunda direitos sociais, e os da terceira, direitos ao desenvolvimento, ao meio ambiente, à paz e à fraternidade, permanecem eficazes, são infraestruturais, formam a pirâmide cujo ápice é o direito à democracia"[63].

Concordamos com o autor sobredito. No nosso entender, direitos decorrentes de novas tecnologias (sejam elas médicas, de comunicação etc.) são direitos novos, mas que fazem parte das dimensões anteriores. A possibilidade da clonagem, o direito de hospedar um *site* na internet, o direito ao esquecimento de informações na internet (direito que o STF entendeu não decorrer diretamente ou indiretamente do nosso texto constitucional) são todos direitos novos, decorrentes das novas tecnologias, mas nem por isso integram uma nova geração de direitos. São direitos novos, inseridos nas dimensões anteriores.

Todavia, a nossa geração clama por uma maior eficácia dos direitos de quarta dimensão, tidos como consequências da democracia, informação e pluralismo. Como veremos no capítulo 17, a democracia brasileira, embora seja chamada de semidireta, tem pouquíssimos instrumentos eficazes de participação popular. Pouquíssimos foram os projetos de lei de iniciativa popular em âmbito federal, tivemos, em trinta anos, apenas um plebiscito e um referendo, não temos a possibilidade do referendo revogatório (ou *recall*). Em resumo, eis um ramo, uma geração dos direitos que precisamos urgentemente aperfeiçoar. Outrossim, no tocante ao direito à informação, somente recentemente o Supremo Tribunal Federal entendeu que a população tem direito de conhecer a remuneração de cada servidor público, sem que isso caracterize violação do direito à intimidade. Trata-se, no nosso entender, de direitos de quarta dimensão.

---

62. Op. cit., p. 96.
63. Op. cit., p. 571.

e) Direitos de quinta e sexta dimensões (ou gerações)

Parte da doutrina entende existirem direitos de quinta dimensão, definindo-os assim: "Para José Alcebíades de Oliveira e Antonio Wolkmer tal dimensão trata dos direitos vinculados aos desafios da sociedade tecnológica e da informação, do ciberespaço, da internet e da realidade virtual em geral. Para José Adércio Sampaio, a quinta dimensão abarca o dever de cuidado, amor e respeito para com todas as formas de vida, bem como direitos de defesa contra as formas de dominação biofísica geradores de toda sorte de preconceitos"[64].

Entendemos, à luz daquilo que foi sugerido por José Adércio Sampaio, que direitos de terceira dimensão são os direitos de dever, cuidado, respeito quanto a outras formas de vida, além da humana. Embora o tema não seja novo (oriundo de discussões de Pitágoras e Aristóteles), já tendo sido objeto de "Declaração Universal dos Direitos dos Animais" da Unesco, encontra forte resistência entre os constitucionalistas clássicos, que repetem à exaustão a frase de que animais não são titulares de direitos. Embora seja recente a discussão no Brasil, trata-se de tema há tempos discutido no exterior[65]. Aceitando a existência dos direitos dos animais, deve-se fazer uma análise da titularidade, amplitude, eficácia, limites etc. Ou seja, mais do que um novo direito, decorrente de evolução tecnológica, é uma nova geração ou dimensão de direitos. O mesmo esforço intelectual utilizado acerca dos "novos" direitos sociais, desde a década de 1910, agora deve ser feito para esclarecer e concretizar os direitos dos seres vivos que compartilham conosco o ambiente em que vivemos.

Em resumo, sustentamos e defenderemos no decorrer deste capítulo que são direitos de 5ª dimensão (ou geração) os direitos dos animais não humanos.

13.10.2. Classificação dos direitos em *status*, de Georg Jellinek

Outra importante classificação dos direitos é atribuída ao jurista e filósofo alemão Georg Jellinek, graduado em Direito, História da Arte e Filosofia pela Universidade de Viena, de onde passou a ser professor a partir de 1879. Em 1891 se tornou professor da Universidade de Heidelberg e escreveu sua principal obra *Teoria Geral do Estado*[66]. Todavia, a classificação que ora comentaremos é o tema central da obra *Sistema dos Direitos Públicos Subjetivos*[67], da qual extrairemos as noções principais.

Para Georg Jellinek, os direitos fundamentais podem ser classificados em "quatro estados" ou "quatro *status*", que variam de acordo com a situação jurídica envolvendo o indivíduo e o Estado. Desses quatro *status*, três conferem direitos fundamentais e um confere um dever fundamental. O professor alemão, então, reserva um capítulo de sua obra (*Sistema dos Direitos Públicos Subjetivos*) para cada um dos quatro *status*, a saber: a) *status* negativo (*status libertatis*); b) *status* positivo (*status civitatis*); c) *status* ativo (*activae civitatis*) e d) *status* passivo (*status subjectionis*).

---

64. Ingo Wolfgang Sarlet, op. cit., p. 313.
65. Por exemplo, Cass Sunstein produziu vários artigos, dentre os quais destacamos *The Rights of Animals: A Very Short Primer*.
66. *Teoria General del Estado*. Montevideo: Júlio Cesar Faira Editor, 2015.
67. *Sistema dei Diritti Pubblici Subbiettivi*. Milano: Società Editrice Libraria, 1912.

a) **Status negativo (*status libertatis*)**

O estado negativo (*status libertatis*): o Estado não interfere na esfera de atuação do indivíduo, podendo este até mesmo repelir eventual interferência estatal. Todavia, Jellinek afirma que essa liberdade não é absoluta: "a liberdade protegida incondicionalmente em qualquer campo poderia ter o efeito de subverter todo o Estado"[68], dando como exemplo o "direito" de não pagar qualquer imposto ou não prestar o serviço militar, quando devido, "sendo tarefa do legislador, tendo em conta as características individuais do Estado, dar a esses direitos um conteúdo contrato, para o qual não se pode encontrar uma fórmula geral"[69]. Atrelados ao *status libertatis* ou *status negativus* ou *status* negativo estariam os direitos de cunho defensivo, precipuamente os denominados de primeira dimensão ou direitos negativos, incluindo os direitos à vida, liberdade, igualdade, propriedade, típicos direitos individuais.

b) **Status positivo (*status civitatis*)**

Diferentemente do *status libertatis* (negativo), no *status* positivo há a necessidade de uma ação positiva do Estado, constituindo uma obrigação de dar, fazer ou prestar estatal. Atrelados ao *status* positivo ou *status civitatis* de Jellinek estarão os direitos de segunda dimensão, ou direitos positivos, como saúde, educação, assistência aos desamparados etc. Jellinek abre o capítulo (O estado positivo – *status* civitatis), com este raciocínio: "toda ação estatal é uma ação no interesse público. O interesse geral não é absolutamente necessário que coincida, mas pode coincidir com o interesse individual. Quando essa hipótese se verifica e a coincidência é reconhecida pelo Estado, este concede ao indivíduo pretensões jurídicas mediante atividades estatais e fornece-lhe remédios jurídicos para realizá-las"[70].

c) **Status ativo (*status activae civitatis*)**

Jellinek dá a esse capítulo um nome sugestivo: "Das pessoas que funcionam como órgãos do Estado". O *status* ativo refere-se à relação na qual o indivíduo pode interferir nas decisões políticas do Estado, estando incluídos aqui os direitos políticos, como voto, referendo, plebiscito, iniciativa popular etc. Segundo Jellinek: "a vontade do Estado é a vontade humana. A formação da vontade estatal, de fato e de direito, deve ser operada pelos indivíduos, na qualidade de órgãos do Estado"[71].

d) **Status passivo (*status subjectionis*)**

Consiste na subordinação individual ao Estado, abrangendo a esfera de deveres do indivíduo perante o ente estatal. Nessa relação, o indivíduo não é titular de direitos fundamentais, mas de deveres fundamentais. Normas jurídicas devem determinar as pessoas e as condições em que estas mesmas vão manifestar à vontade.

O escritor alemão Wingfried Brugger acrescenta mais dois *status* na teoria de Jellinek: o *status oecologicus* e o *status culturalis*. O primeiro compreenderia as normas constitucionais

---

68. Op. cit., p. 114.
69. Op. cit., p. 114.
70. Op. cit., p. 127.
71. Op. cit., p. 151.

de proteção ao meio ambiente, bem como o dever de proteção infraconstitucional. Já o segundo compreenderia a relação do Estado com a sociedade na qual o primeiro tem o dever de fomentar a cultura e a educação do povo.

13.10.2.1. Crítica contemporânea à classificação de Jellinek

Tradicionalmente, por influência da teoria de Georg Jellinek, enquanto os direitos individuais ou liberdades públicas são direitos negativos (que impõem ao Estado um dever de não fazer), os direitos sociais são direitos positivos (que impõem ao Estado um dever de fazer). Por exemplo, no tocante ao direito à vida, o Estado teria o dever de não tirar a vida das pessoas, enquanto, no que toca o direito à saúde, o Estado teria uma série de deveres destinados a implementar esse direito social.

Essa distinção tradicionalmente admitida por grande parte da doutrina impactou na justiciabilidade dos direitos fundamentais, prestigiando os direitos individuais ou liberdades públicas, na comparação com os direitos sociais. Segundo Jorge Novais: "uma pretendida justiciabilidade efetiva dos direitos sociais colocava na diferença estrutural entre os tradicionais direitos negativos, em que aquilo a que o particular tem direito é uma omissão, uma abstenção de atuação por parte do Estado, e os direitos sociais enquanto direitos a uma prestação fática, e, logo, a uma atuação estatal positiva. Essa diferença estrutural projetar-se-ia em duas consequências de peso desvalorizadoras dos direitos sociais no plano da vinculatividade jurídica das obrigações estatais que lhes correspondiam e da correspondente justiciabilidade"[72].

Todavia, como aponta largamente a doutrina, essa classificação não é mais consentânea com a doutrina constitucional moderna. Como afirma Catarina Santos Botelho: "os direitos sociais também implicam obrigações negativas. Senão veja-se: o direito à saúde pressupõe o dever estatal de não privar os cidadãos do acesso à saúde, e o direito à educação, o dever de a não anular. [...] Em contrapartida, os direitos, liberdades e garantias possuem uma vertente de prestação estadual, ainda que de natureza diversa das prestações estaduais nos direitos sociais"[73].

No mesmo sentido, Jorge Reis Novais afirma que "podemos considerar o direito à vida como um direito de liberdade, mas, por exemplo, o direito à proteção da vida nele integrável é, sobretudo, um direito positivo: ele exige que o Estado desenvolva todo um conjunto de atuações normativas ou fáticas, jurídicas ou materiais, com vista à proteção da vida. O direito à vida como um todo integra direitos ou pretensões negativas, mas também direitos ou pretensões positivas"[74].

Nos Estados Unidos, Stephen Holmes e Cass Sunstein iniciam sua clássica obra *The Cost of Rights* criticando a clássica distinção entre "direitos positivos" e "direitos negativos", já que

---

72. Op. cit., p. 124. Em outras palavras, resume o autor: "há uma diferença estrutural entre direitos negativos e direitos positivos que determina, como inevitabilidade lógica, ou uma não justiciabilidade ou, pelo menos, uma justiciabilidade relativamente enfraquecida dos segundos" (p. 127).
73. Op. cit., p. 120. Aliás, foi o que afirmamos em nosso *Curso de Direito Constitucional*: "nos direitos de primeira dimensão o Estado tem o dever principal de não fazer, restando um dever secundário de fazer, de agir. Por exemplo, no tocante ao direito à vida, o Estado tem o dever principal de não tirar minha vida, mas tem o dever secundário de garantir a todos uma vida digna (dever de fazer). Por essa razão, Stephen Holmes e Cass Sunstein (na obra *Cost of Rights*) criticam essa distinção, entre direitos de primeira dimensão (negativos) e direitos de segunda dimensão (positivos), afirmando que todos os direitos têm custos, já que obrigam direta ou indiretamente o Estado a praticar atos custosos" (op. cit., p. 749).
74. Op. cit., p. 130.

todos os direitos impõem ao Estado deveres de fazer e não fazer, em maior ou menor intensidade. Por essa razão, concordamos com Jorge Reis Novais, segundo o qual essa distinção vem se mostrando superada. Aliás, na Constituição brasileira, por exemplo, encontramos alguns direitos sociais que produzem mais obrigações negativas que positivas ao Estado, como o direito de greve, previsto no art. 9º: "Em que pese a definição ser adequada a uma série de direitos fundamentais sociais, ela não pode se aplicar indistintamente a todos aqueles assim considerados pela Constituição Federal de 1988. A título de exemplo, vale considerar o direito fundamental social à greve, previsto no art. 9º da Constituição Federal. Nesta hipótese, a primeira dimensão jurídica que se sobressai é o direito a que o Estado não obste a realização da greve, um direito à não intervenção"[75].

Outrossim, depois de examinar as obras de Alexy, Holmes e Sunstein, dentre outros, Ana Carolina Lopes Olsen afirma que "há que se ressaltar que a partir da noção de feixe de posições jusfundamentais, não mais se defende – mesmo entre nós – que existem direitos fundamentais exclusivamente negativos, ou de defesa e outros exclusivamente positivos ou prestacionais. É certo que não se pode falar em uma dicotomia entre as duas funções, na medida em que já se assumiu que, em verdade, ambas as dimensões dos direitos fundamentais se completam e, no caso concreto, podem ser depreendidas de uma mesma norma jusfundamental"[76].

Malgrado a distinção entre direitos negativos e positivos (direitos de defesa e de prestação) não goze do mesmo prestígio de outrora, ainda temos que reconhecer que, na maioria das vezes, os direitos possuem um caráter majoritariamente de defesa ou de prestação[77] e que a justiciabilidade dos primeiros é maior do que a dos segundos. Não que os segundos não sejam direitos fundamentais, como vimos acima. Importantes fatores que serão adiante estudados (como a reserva do possível e a estrutura normativa das normas que definem os direitos) impactam diretamente na eficácia e na justiciabilidade das normas. Tal conclusão não retira em nada (talvez apenas restrinja) a justiciabilidade dos direitos sociais, que deve ser perquirida, como adiante se fará. Segundo Jorge Reis Novais: "não será correto extrapolar para a conclusão de que, por esse fato, da menor ou menos densa justiciabilidade dos direitos positivos resulta uma injusticiabilidade dos direitos sociais e a impossibilidade da sua jusfundamentalização"[78]. Outrossim, a reduzida justiciabilidade não se refere apenas e tão somente aos direitos sociais (chamados positivos) quais a todas as obrigações positivas do Estado, ainda que decorrentes dos direitos chamados negativos. Como afirma o autor português: "também um direito de liberdade terá uma justiciabilidade enfraquecida se aquilo que estiver em causa no caso concreto for uma dimensão positiva"[79].

---

75. Ana Carolina Lopes Olsen, op. cit., p. 49.
76. Op. cit., p. 60.
77. Como afirma Ana Carolina Lopes Olsen: "é possível falar-se em normas de direitos fundamentais que apresentem o caráter preponderante de direito de defesa ou de direito a prestação. A título de exemplo, observe-se que o direito de liberdade de expressão – ainda que seja possível de ele depreender um direito a uma prestação fática e normativa, no sentido de criação de meios para que o pensamento seja manifestado, e esta manifestação seja juridicamente protegida – representa primordialmente o direito do titular a uma abstenção do Estado, no sentido de que ele não poderá tolher a livre manifestação do pensamento. [...] Logo, ainda que seja possível deduzir um direito positivo, é a dimensão negativa do direito de livre manifestação do pensamento que se sobressai" (op. cit., p. 61).
78. Op. cit., p. 129.
79. Op. cit., p. 131. Prossegue o autor: "Se considerarmos o direito à vida ou o direito à integridade física – direitos de liberdade –, mas considerarmos apenas o direito que cada um de nós tem a que o Estado proteja a nossa vida ou a nossa integridade física, este direito à proteção enquanto direito positivo não tem seguramente a mesma densidade

13.10.3. Classificação segundo o conteúdo (ou modo de proteção)

O professor da Universidade de Coimbra, José Carlos Vieira de Andrade, na obra *Os direitos fundamentais na Constituição Portuguesa de 1976* traz importante classificação dos direitos fundamentais segundo o conteúdo (ou modo de proteção). Segundo ele, os direitos fundamentais podem ser: a) direitos de defesa; b) direitos a prestações; c) direitos de participação.

a) Direitos de defesa

Nos direitos de defesa, o Estado tem um dever de abstenção, um dever de não agir, de não interferir nas liberdades públicas condicionais. Karel Vasak os chamava de direitos de primeira geração e Jellinek os chamava de *status* negativo ou *status libertatis*. Como afirma Gilmar Mendes: "esses direitos objetivam a limitação da ação do Estado. Destinam-se a evitar ingerência do Estado sobre os bens protegidos (liberdade, propriedade...) e fundamentam pretensão de reparo pelas agressões eventualmente consumadas. Na nossa ordem jurídica, esses direitos de defesa estão contidos, em grande medida, no art. 5º da Constituição Federal. A título de exemplo, enquadram-se nessa categoria de direitos fundamentais o de não ser obrigado a agir ou deixar de agir pelos Poderes Públicos senão em virtude da lei (inc. II), não ser submetido a tortura, nem a tratamento desumano ou degradante (inc. III), na liberdade de manifestação de pensamento (inc. IV), a liberdade de crença e de exercício de culto (inc. VI), a liberdade de expressão artística, científica e intelectual (inc. IX), a inviolabilidade da vida privada e da intimidade (inc. X), o sigilo de comunicações (inc. XII), a liberdade de exercício de trabalho, ofício ou profissão (inc. XIII), a liberdade de locomoção (inc. XV), entre outros"[80].

Como os direitos de defesa exigem do Estado uma abstenção, protegem o indivíduo contra as ações do Estado que afetem essas liberdades. Por exemplo, no tocante à intimidade e vida privada, o Estado não pode divulgar certos dados pessoais dos seus cidadãos, respondendo pelos abusos que eventualmente cometer.

b) Direitos de prestações

São direitos que exigem uma ação do Estado, em vez de uma inação. Segundo Gilmar Mendes: "se os direitos de defesa asseguram as liberdades, os direitos prestacionais buscam favorecer as condições materiais indispensáveis ao desfrute efetivo dessas liberdades. Os direitos a prestação supõem que, para a conquista e manutenção da liberdade, os Poderes Públicos devem assumir comportamento ativo na sociedade civil. O traço característico dos direitos a prestação está em que se referem a uma exigência de prestação positiva, e não de uma omissão. Na relação jurídica, ao direito prestacional corresponde uma obrigação de dar"[81].

Há duas modalidades de direitos de prestações ou direitos prestacionais: a) direitos a prestações materiais; b) direitos a prestação jurídica.

Os direitos a prestações materiais (ou direitos prestacionais em sentido estrito) decorrem do Estado Social de Direito, que estabelece como objetivos da República erradicar a pobreza e a marginalização (art. 3º, III, CF), como também construir uma sociedade justa (art. 3º, I, CF), reduzindo as desigualdades sociais e regionais (art. 3º, III, CF). São exemplos de direitos de prestação material os direitos sociais previstos no art. 6º da Constituição Federal (saúde, edu-

---

de controle judicial, não tem a mesma justiciabilidade que tem o direito a que o Estado não atente contra a nossa vida ou a nossa integridade física" (p. 131).
80. Op. cit., p. 158.
81. Op. cit., p. 160.

cação, moradia, alimentação, transporte etc.). Em regra, são devidos pelo Estado (que tem o dever de garantir a saúde, a educação, o transporte etc.), mas pode refletir sobre os particulares (como no caso dos direitos do trabalhador, previstos no art. 7º da Constituição Federal). A eficácia dessas normas constitucionais variará da forma utilizada pelo constituinte originário: regra ou princípio (falaremos melhor no capítulo 15 – dos direitos sociais). Se a norma tiver a forma de princípio constitucional, deverá o Estado cumprir a norma na maior intensidade possível, de acordo com os limites fáticos e jurídicos existentes (exemplo: direito ao transporte – art. 6º, CF). Por sua vez, se a norma tiver a forma de regra constitucional, deverá o Estado cumprir integralmente (exemplo: o direito ao transporte coletivo urbano gratuito aos maiores de 65 anos – art. 230, § 2º, CF).

Já os direitos prestacionais a pretensão jurídica consistem na exigência do Estado de emitir normas jurídicas determinadas pelo texto constitucional. Por exemplo: o art. 5º, XXXII, da Constituição Federal afirma que "o Estado promoverá, na forma da lei, a defesa do consumidor". O dever no Estado, nesse caso, consiste em elaborar a norma legal que estabeleça a defesa do consumidor (como o Código de Defesa do Consumidor).

c) **Direitos de participação**

Consistem nos direitos orientados a garantir a participação dos cidadãos na vontade do país por meio dos direitos políticos. Nas palavras de Georg Jellinek, corresponde ao *status* ativo (*status activae civitatis*).

13.10.4. Classificação das cores dos direitos fundamentais (Costas Douzinas)

Segundo o autor grego Costas Douzinas, os dieitos fundamentais podem ser classificados em cores. Alguns seriam azuis, alguns outros verdes e outros vermelhos.

Os "direitos fundamentais azuis" seriam os direitos de primeira dimensão, por simbolizarem a liberdade individual. Por suas vezes, os "direitos fundamentais vermelhos" simbolizam as reinvindicações de igualdade e garantias de um padrão de vida decente. Por fim, os "direitos fundamentais verdes" seriam os de terceira dimensão, tendo esse nome porque o meio ambiente sadio é um dos mais importantes direitos metaindividuais, que integram os direitos de terceira dimensão ou geração.

13.10.5. Direitos fundamentais heterotópicos e direitos fundamentais putativos

Os primeiros (direitos fundamentais heterotópicos) são aqueles que, embora previstos na Constituição Federal, não estão no catálogo do Título II, reservado aos direitos e garantias fundamentais. Vários são os exemplos encontrados na doutrina e na jurisprudência. O STF, por exemplo, já reconheceu a "anterioridade eleitoral" (art. 16, CF) como direito fundamental do eleitor, a "anterioridade tributária (art. 150, CF) como direito fundamental do contribuinte e o meio ambiente ecologicamente equilibrado como direito fundamental de toda a coletividade.

Por sua vez, os *direitos fundamentais putativos* são aqueles que só existem no imaginário daquele que se diz titular. Todavia, utilizado de forma casuística (com boa-fé ou má-fé), não encontram respaldo nem na lei, nem na doutrina, nem na jurisprudência. Atualmente, alegar a titularidade do "direito ao esquecimento" junto ao STF será considerado um direito putativo, já que esse Tribunal decidiu que ele não está previsto, expressa ou tacitamente, no ordenamento jurídico brasileiro.

13.11. DEVERES FUNDAMENTAIS

Como vimos no item anterior, o alemão Georg Jellinek, na obra *Sistema dos Direitos Públicos Subjetivos*, prevê que um dos *status* dos direitos fundamentais seria o *status* passivo (*status subjectionis*), consistente no dever imposto pelo Estado às pessoas, ou seja, em vez de um direito fundamental, um dever fundamental.

O Capítulo I do Título II da Constituição Federal trata dos "Direitos e Deveres Individuais e Coletivos". Analisando todos os 78 incisos do art. 5º da Constituição Federal encontraremos muitos direitos. Onde estão os deveres? Realmente, a Constituição de 1988 estabeleceu um rol bastante amplo de direitos fundamentais, não apenas no art. 5º da Constituição Federal. Poucas foram as menções a deveres fundamentais, diferentemente da Constituição espanhola, de 1978, que possui vários dispositivos destinados aos deveres dos cidadãos, como o dever de pagar impostos: "todos contribuirão ao sustento dos gastos públicos de acordo com sua capacidade econômica mediante um sistema tributário justo inspirado nos princípios de igualdade e progressividade que, em nenhum caso, terá alcance confiscatório" (art. 31, 1).

Os direitos fundamentais na Constituição de 1988 são encontrados em duas situações: a) expressamente em alguns dispositivos constitucionais, como no art. 229: "os pais têm o dever de assistir, criar e educar os filhos menores, e os filhos maiores têm o dever de ajudar e amparar os pais na velhice, carência ou enfermidade". b) implícitos nos dispositivos definidores de direitos fundamentais. Nesse último caso, quando a Constituição prevê determinado direito fundamental, exige de outras pessoas o respeito àquele direito. Por exemplo, o direito à honra, previsto no art. 5º, X, impede que esse direito seja violado por outro, sob pena de responsabilidade penal e civil, esta última prevista no art. 5º, V, CF. Outrossim, existe uma gama de direitos sociais do trabalhador (art. 7º), cujo dever recai sobre o outro polo da relação trabalhista (o empregador).

13.12. TITULARES DOS DIREITOS FUNDAMENTAIS

13.12.1. Brasileiros e estrangeiros

Para identificar a titularidade dos direitos fundamentais, a primeira fonte normativa que deve ser buscada é o art. 5º, *caput*, da Constituição Federal, que prevê: "todos são iguais perante a lei, sem distinção de qualquer natureza, garantindo-se aos brasileiros e aos estrangeiros residentes no País a inviolabilidade do direito à vida, à liberdade, à igualdade, à segurança e à propriedade".

Dessa maneira, por expressa previsão constitucional, são titulares dos direitos fundamentais os brasileiros e os estrangeiros residentes no país. Quanto aos primeiros (os brasileiros), serão titulares tanto os brasileiros natos, quanto os naturalizados, exceto os casos de distinção previstos expressamente na Constituição Federal. No capítulo 16 desse livro (sobre Nacionalidade), abordaremos as diferenças entre o brasileiro nato e o naturalizado, dentre elas, por exemplo, a limitação de aquisição de propriedades de empresas jornalísticas ou de radiodifusão de sons e imagens (art. 222, CF).

Além dos brasileiros (natos ou naturalizados), também são titulares de direitos fundamentais os estrangeiros residentes no país. Aliás, o art. 95 do Estatuto do Estrangeiro (Lei n. 6.815/80), prevê que "o estrangeiro residente no Brasil goza de todos os direitos reconhecidos aos brasileiros, nos termos da Constituição e das leis".

Não obstante, somente os brasileiros e os estrangeiros residentes no país são titulares de direitos fundamentais? Os estrangeiros que não residentes no Brasil (os turistas, por exemplo) não são titulares do direito à vida, à propriedade, não podem impetrar *habeas corpus*?

Estamos diante de uma terrível impropriedade de nosso texto constitucional. Evidentemente que os turistas que nos visitam são titulares de direitos fundamentais. É uma questão de bom senso, inclusive. Por que a Constituição cometeu um erro tão primário, deixando de fora do seu texto os estrangeiros não residentes no Brasil e os que eventualmente não tenham nacionalidade (os apátridas)? Só conseguimos ver uma explicação: trata-se de uma "tradição legislativo-constitucional". Essa expressão "brasileiros e estrangeiros residentes no país" é a mesma desde a Constituição de 1891, sendo repetida na primeira Constituição republicana, de 1891 (art. 72), na Constituição de 1934 (art. 113), na Constituição de 1937 (art. 122), na Constituição de 1946 (art. 141), na Constituição de 1967 (art. 150) e, agora, na Constituição de 1988 (art. 5º, *caput*). Infelizmente, cometer o mesmo erro tantas vezes não faz dele um acerto, mas apenas um erro reiterado e injustificado.

Coube ao Supremo Tribunal Federal corrigir essa terrível impropriedade. Para o STF, todos que estão no Brasil são titulares de direitos fundamentais. Trata-se do princípio da universalidade. Assim, estrangeiro, residente ou não no Brasil, será titular do direito à vida, à liberdade, à propriedade, bem como poderá impetrar *habeas corpus* ou qualquer outro remédio constitucional, exceto a "ação popular", que é reservada aos cidadãos brasileiros. Segundo o STF: "A garantia de inviolabilidade dos direitos fundamentais, salvo as exceções de ordem constitucional, se estende também aos estrangeiros não residentes ou domiciliados no Brasil. O caráter universal dos direitos do homem não se compatibiliza com estatutos que os ignorem. A expressão residentes no Brasil deve ser interpretada no sentido de que a Carta Federal só pode assegurar a validade e o gozo dos direitos fundamentais dentro do território brasileiro" (HC 74.051, voto do Min. Marco Aurélio, 2ª Turma, j. 18-6-1996).

Assim, quaisquer pessoas que estiverem no Brasil serão titulares de direitos fundamentais. Não obstante, haverá algumas distinções, constitucionalmente previstas, atendendo a critérios de razoabilidade. Por exemplo, os estrangeiros (residentes ou não) não são titulares de direitos políticos (exceto o português equiparado que preencha os requisitos convencionais – *vide* capítulo 16), os brasileiros naturalizados não poderão ocupar alguns cargos públicos eletivos etc.

Dessa maneira, discordamos veementemente (e o STF também parece discordar) da posição ultrapositivista de Dimitri Dimoulis e Leonardo Martins, para os quais: "a tentativa de parte da doutrina de propor uma interpretação extensiva considerando que é residente qualquer estrangeiro que se encontre em trânsito no território nacional carece de fundamento constitucional, pois equipara os não residentes aos residentes. Se a Constituição objetivasse oferecer tal garantia seria suficiente se referir a 'estrangeiros' sem incluir o requisito da residência"[82]. Fosse correto esse entendimento (e felizmente não o é), o Brasil seria o país mais perigoso do mundo para os turistas que, aqui chegando, não seriam titulares de propriedade, liberdade e, caso presos, não poderiam impetrar *habeas corpus*, por exemplo.

Aliás, é oportuno ressaltar que existem direitos fundamentais (poucos, é verdade) que são exclusivos do estrangeiro. É o caso do direito à naturalização extraordinária (art. 12, II, "b", da Constituição Federal), reconhecidamente um direito público subjetivo quando preenchidos os

---

82. *Teoria Geral dos Direitos Fundamentais*, p. 78.

requisitos constitucionais (como explicaremos no capítulo 16), bem como a concessão de asilo político, decorrente do art. 4º, X, CF.

13.12.1.1. Estrangeiros e direitos sociais

Questão interessante: o estrangeiro não residente no Brasil também terá *direitos sociais*, como direito à saúde? Embora alguns países admitam restrições ao exercício desses direitos sociais a estrangeiros, a doutrina e a jurisprudência brasileira ainda não se detiveram sobre o tema. Qual o dilema? De um lado, temos a universalidade dos direitos fundamentais, mas de outro temos o custo dos direitos (*Cost of Rights*, na expressão de Stephen Holmes e Cass Sunstein) que são de responsabilidade de todos os brasileiros e estrangeiros que aqui residem, através de seus tributos. Um estrangeiro que atravessa a fronteira poderá ser atendido pelo nosso Sistema Único de Saúde? As poucas decisões sobre o assunto inclinam-se para a universalidade dos direitos e, portanto, o atendimento médico e hospitalar ao estrangeiro, ainda que não residente no Brasil. Por exemplo, o TRF da 4ª Região determinou que o SUS (Sistema Único de Saúde) custeasse o transplante de medula de estrangeiro que estava no Brasil em situação irregular: "O art. 5º da Constituição Federal, quando assegura os direitos e garantias fundamentais a brasileiros e estrangeiros residentes no país, não está a exigir o domicílio do estrangeiro. O significado do dispositivo constitucional, que consagra a igualdade de tratamento entre brasileiros e estrangeiros, exige que o estrangeiro esteja sob a ordem jurídico-constitucional brasileira, não importa em que condição. Até mesmo o estrangeiro em situação irregular no país encontra-se protegido e a ele são assegurados os direitos e garantias fundamentais" (TRF 4ª Região, AG 2005040132106/PR, j. 29-8-2006).

Em 2018, o governo do Estado de Roraima editou um decreto determinando que os hospitais públicos do Estado somente poderiam atender estrangeiros se estes estivessem munidos de passaporte. A medida evidentemente servia para limitar o atendimento público à saúde dos venezuelanos que imigravam (e ainda imigram) para o Brasil, quase todos sem o passaporte (já que o governo venezuelano é lento e burocrático para a expedição de quaisquer documentos). O Supremo Tribunal Federal, à luz do princípio da universalidade dos direitos fundamentais, suspendeu o sobredito decreto, reafirmando, como dissemos acima, que todos que estão no território brasileiro (ainda que imigrantes em situação de irregularidade) são titulares de direitos fundamentais.

A questão é mais sensível nas regiões de fronteira do Brasil com outros países (onde muitos estrangeiros costumam migrar para o Brasil para se utilizar de nosso Sistema de Saúde). Por conta dessa questão, o Governo Federal criou o SIS-Fronteira (Sistema Integrado de Saúde das Fronteiras), com o objetivo de planejar e lançar ações e acordos bilaterais ou multilaterais entre os países fronteiriços, após o diagnóstico da situação de saúde além do território nacional. O sistema foi criado pela Portaria 1.120/2005 do Ministério da Saúde e é complementado pela Lei n. 11.107/2005 e pelo Decreto n. 6.017/2007, que permitem a criação de consórcios binacionais. Em trabalho específico sobre o tema, Kaciane Mochizuke menciona o consórcio binacional que abrange a área da saúde realizado nas cidades de Dionísio Cerqueira (SC), Barracão (PR), Bom Jesus do Sul (PR), e Bernardo de Irigoyen (Misiones – Argentina)[83]. Dessa maneira, com esses acordos bilaterais entre os Estados envolvidos, consegue-se conciliar a

---

83. *A Garantia do Atendimento à Saúde do Estrangeiro em Solo Brasileiro.*

universalidade dos direitos, a prevalência dos direitos humanos e os impactos orçamentários causados pela prestação do direito social envolvido.

Questão ainda mais polêmica é se o Estado brasileiro também é obrigado a assegurar o direito à *assistência social*, que é um dos direitos fundamentais, previsto no art. 6º da Constituição Federal e que independe de contribuição. Um estrangeiro idoso e sem condições de se sustentar, em situação de miserabilidade, terá direito à assistência social, promovida pelo Estado brasileiro? Vejamos os dois casos abaixo.

13.12.1.2. O caso Mama Selo Djalo e o caso Felicia Albanese

George Marmelstein, um brilhante, estudioso e inspirador constitucionalista brasileiro[84], explica um caso que, como juiz federal, teve que julgar na Turma Recursal do Ceará: "um estrangeiro pediu um benefício assistencial, que foi negado pelo INSS em razão de ele não ser brasileiro. Portanto, a discussão básica é saber se um estrangeiro faz jus ao benefício. Há um elemento complicador: a situação do referido estrangeiro é precária. Ele ingressou no Brasil como turista e resolveu ficar, violando as leis de imigração. Existem outros fatores relevantes, como o fato de ele ser de Guiné-Bissau, ser portador de uma doença terminal, estar no Brasil há quase dez anos"[85].

Depois de tecer brilhantes argumentos acerca da universalidade dos direitos fundamentais[86], o magistrado concluiu sua decisão dessa forma: "Mama Djalo é um africano, pobre, doente e sem familiares para ajudá-lo. Ele veio ao Brasil de boa vontade com o intuito de melhorar seu bem-estar e fugir das péssimas condições de vida em seu país de origem. Talvez para a maioria de nós seja difícil sentir empatia por alguém que vem de um local que nem sequer sabemos indicar no mapa. Mas a obrigação de qualquer ser humano é ajudar outro ser humano que esteja em necessidade. Essa obrigação, para nós que somos brasileiros, não é uma mera obrigação moral. Trata-se, na verdade, de uma obrigação constitucional, que está claramente prevista no artigo 3º da Constituição Federal: constitui objetivo da República Federativa do Brasil 'promover o bem de todos, sem preconceito de origem'. Em razão disso, por obrigação constitucional, deve ser mantida a sentença e reconhecido o direito de Mama Djalo receber o benefício assistencial enquanto permanecer no Brasil" (Processo 0507062-90.2009.4.05.8100, j. 19-4-2010).

---

84. Tive a honra de conhecer pessoalmente o professor George Marmelstein em 2018, numa palestra que proferimos juntos em Quixadá/CE, e a admiração que por ele eu tinha, por conta de sua obra, agigantou-se
85. *Benefício Assistencial para Estrangeiro – Caso Mama Selo Djalo.*
86. "Nossa Constituição estabelece que o benefício assistencial é devido 'a quem dela necessitar' (art. 203), não fazendo, em princípio, qualquer discriminação por conta da nacionalidade. A própria Lei Orgânica da Assistência Social determina que o benefício será devido 'à pessoa portadora de deficiência' (art. 20). Pessoa, até onde sei, não é só o brasileiro, mas qualquer ser humano (art. 1º do Pacto de São José da Costa Rica). Se Mama Djalo é estrangeiro que reside no país e se não há uma norma expressa que o inclua no rol de beneficiários dos direitos assistenciais, o INSS não está autorizado a discriminá-lo na esfera administrativa por falta de suporte jurídico para tanto. [...] Poder-se-ia alegar que nenhum país do mundo daria direitos sociais a um imigrante que ingressou ilegalmente no país. Não é bem assim. O mundo está mudando. Até mesmo um país geralmente acusado de ser xenofóbico, como os Estados Unidos da América, reconhece que os imigrantes ilegais não podem ser discriminados arbitrariamente, pois também estão protegidos pela cláusula da igualdade. No paradigmático caso *Plyler* v. *Doe* (1982), a Suprema Corte norte-americana estabeleceu que 'seja qual for o seu estatuto ao abrigo da legislação de imigração, um estrangeiro é uma 'pessoa' em qualquer sentido comum do termo', razão pela qual os estados-membros não poderiam se negar a matricular filhos de imigrantes ilegais nas escolas públicas. Os estrangeiros, 'mesmo os estrangeiros cuja presença no país é ilegal, têm sido reconhecidos como 'pessoas' e, por isso, não podem sofrer discriminação injusta'. Dito de outro modo: para os juízes norte-americanos, até mesmo os estrangeiros que estão em situação irregular no país podem ser considerados titulares de direitos de caráter social".

Em 2017, o STF caminhou em direção semelhante quando decidiu o caso Felícia Albanese, estrangeira residente no Brasil há mais de 54 anos. Segundo o STF: "a assistência social prevista no art. 203, inciso V, da Constituição Federal beneficia brasileiros natos, naturalizados e estrangeiros residentes no país, atendidos os requisitos constitucionais e legais" (RE 587.97/SP, rel. Min. Marco Aurélio, Tribunal Pleno, j. 20-4-2017). O ministro relator (Marco Aurélio) assim fundamentou seu voto: "Em verdade, ao lado dos povos indígenas, o País foi formado por imigrantes, em sua maioria europeus, os quais fomentaram o desenvolvimento da nação e contribuíram sobremaneira para a criação e a consolidação da cultura brasileira. Incorporados foram a língua, a culinária, as tradições, os ritmos musicais, entre outros. Desde a criação da nação brasileira, a presença do estrangeiro no País foi incentivada e tolerada, não sendo coerente com a história estabelecer diferenciação tão-somente pela nacionalidade, especialmente quando a dignidade está em cheque no momento de fragilidade do ser humano – idade avançada ou algum tipo de deficiência"[87].

13.12.2. Pessoa jurídica

Ao conceituarmos direitos fundamentais, dissemos que são os direitos previstos na Constituição Federal (ou nela implícitos), majoritariamente destinados à pessoa humana. Em outras palavras, as pessoas jurídicas também podem ser titulares de alguns direitos fundamentais. Por razões óbvias, não se falará, nesse caso, de direitos humanos, mas de direitos fundamentais. Por que "alguns" direitos fundamentais, e não "todos" os direitos fundamentais? Explica-se: alguns direitos fundamentais são incompatíveis com a natureza jurídica, como, por exemplo, o direito de reunião (art. 5º, XVI, CF) e a liberdade de locomoção (art. 5º, XV, CF), que são exclusivos da pessoa humana.

Aliás, por essa razão, o Supremo Tribunal Federal, no *Habeas Corpus* 92.921/BA (rel. Min. Ricardo Lewandowski, 1ª Turma, j. 19-8-2008), entendeu não ser cabível impetrado em favor de pessoa jurídica, já que esta não é titular do direito à liberdade de locomoção ("uma coisa é ter-se o interesse jurídico para se atacar até mesmo uma decisão, na ação penal, mediante recurso, uma apenação imposta, um decreto condenatório imposto quanto à interdição, quanto à multa. Algo diverso é cogitar-se da liberdade de ir e vir que o *habeas corpus* visa a proteger. E essa tem sido a doutrina do Tribunal, pacífica" (voto do Min. Marco Aurélio). Assim, mesmo quando a pessoa jurídica é ré no processo penal (nos crimes ambientais), não caberá *habeas corpus* em seu favor, já que não é ela titular da liberdade de locomoção.

Sobre o mesmo tema, o Superior Tribunal de Justiça foi um pouco mais além: reafirmou o entendimento do Supremo Tribunal Federal de que a pessoa jurídica não pode ser paciente no *habeas corpus*, já que não é titular da liberdade de locomoção, mas nada impede que seja impetrante (em favor de uma pessoa física): "A impetração ser feita por pessoa jurídica encontra precedentes e apoio na doutrina e na jurisprudência (*v.g.* RHC 3.716-4-PR, DJU de 15-8-

---

[87]. Prosseguiu o Ministro: "O escritor inglês John Donne conseguiu descrever o sentimento em linguagem poética, ao afirmar que a 'morte de cada homem diminui-me porque sou parte da Humanidade. Portanto, nunca procure saber por que os sinos dobram; eles dobram por ti'. Esse é o sentido da solidariedade estampado no artigo 3º, inciso I, do Diploma Maior, objetivo fundamental da República. [...] Mesmo que esses elementos não convençam, o constituinte instituiu a obrigação do Estado de prover assistência aos desamparados, sem distinção. Com respaldo no artigo 6º da Carta, compele-se os Poderes Públicos a efetivar políticas para remediar, ainda que minimamente, a situação precária daqueles que acabaram relegados a essa condição" (RE 587.970/SP, Tribunal Pleno, voto do Min. Marco Aurélio, j. 20-4-2017).

1994). Todavia, o pedido deve ter por objetivo interesse direto de pessoa física. Carece de sentido o uso do remédio jurídico em favor de pessoa jurídica (*v.g.*, art. 5º, LXVIII, da Carta Magna, e arts. 647 e 648 do CPP).

Assim, como dissemos acima, a pessoa jurídica é titular de alguns direitos fundamentais. Segundo doutrina e jurisprudência, a pessoa jurídica é titular da propriedade, do direito à informação e até mesmo do direito à honra, o ponto de vista *objetivo* (o que as pessoas pensam sobre ela), e nunca sob o ponto de vista *subjetivo* (o que ela pensa de si própria), tanto que, nos termos da Súmula 227 do STJ, "a pessoa jurídica pode sofrer dano moral".

E não é só: alguns direitos fundamentais são exclusivos da pessoa jurídica, como o art. 5º, XXIX, da Constituição Federal, que trata da "proteção às criações industriais, à propriedade das marcas, aos nomes das empresas e a outros signos distintivos, tendo em vista o interesse social e o desenvolvimento tecnológico e econômico do país".

Dessa forma, discordamos integralmente, com a devida vênia, da afirmação de Dimitri Dimoulis e Leonardo Martins: "parece-nos que, diante da formulação da Constituição Federal, deve-se, em rigor, repetir o raciocínio apresentado em relação aos direitos de estrangeiros não residentes no país. Os direitos das pessoas jurídicas não gozam de proteção constitucional"[88]. Mais uma vez os autores se apegaram a um exacerbado literalismo na interpretação da Constituição. Negam o direito dos estrangeiros turistas e negam os direitos às pessoas jurídicas. Erram nas duas negações, mas pelo menos mantêm certa coerência errática.

Por fim, indaga-se: a pessoa jurídica de direito público também seria titular de direitos fundamentais? Gilmar Mendes foi precursor no Brasil em responder afirmativamente, pelo menos no que toca aos direitos do tipo procedimental. No julgamento do Mandado de Injunção 725, do qual foi relator, o ministro entendeu que "não se deve negar aos municípios, peremptoriamente, a titularidade de direitos fundamentais [...] e a eventual possibilidade das ações constitucionais cabíveis para a sua proteção". Assim, destacando que as pessoas jurídicas de direito público podem ser titulares de direitos fundamentais, 'parece ser bastante razoável a hipótese em que o município, diante da omissão legislativa inconstitucional impeditiva do exercício desse direito, se veja compelido a impetrar mandado de injunção". Em sua obra, afirma: "tem-se admitido que as entidades estatais gozam de direitos do tipo procedimental. Essa a lição de Hesse, que a ilustra citando o direito de ser ouvido em juízo e o direito ao juiz predeterminado por lei. A esses exemplos poder-se-ia agregar o direito à igualdade de armas – que o STF afirmou ser prerrogativa, também, da acusação pública no processo penal, e o direito à ampla defesa"[89].

Também concorda com a possível titularidade dos direitos fundamentais pela pessoa jurídica de Direito Público o constitucionalista George Marmelstein: "Essa ideia – por mais estranha que seja – pode ser assimilada com mais facilidade de se pensar que os direitos fundamentais visam não somente à proteção da dignidade da pessoa humana, mas também a limitação do poder. E, em determinadas hipóteses, até mesmo o Estado estará em uma situação de sujeição ao poder. A título de exemplo, quando a Fazenda Pública é parte litigante em um processo judicial, ela está sujeita ao poder do juiz. Daí por que se entende que as garantias constitucionais de caráter processual (ampla defesa, contraditório, tutela efetiva etc.) também

---

88. Op. cit., p. 91.
89. Op. cit., p. 172.

se aplicam em favor da Fazenda Pública, até porque o Poder Judiciário tem o dever de observar a Constituição, mesmo que em benefício do próprio Estado"[90].

13.12.3. Embrião humano

A Convenção Americana de Direitos Humanos (Pacto de São José da Costa Rica) trata do tema no art. 4º, item 1: "toda pessoa tem o direito de que se respeite sua vida. Esse direito deve ser protegido pela lei e, em geral, desde o momento da concepção". No caso "Artavia Murillo e outros ("fecundação *in vitro*") *vs.* Costa Rica"[91], a Corte Interamericana de Direitos Humanos, ao examinar o termo "concepção", chegou à conclusão que esta só ocorre quando se cumpre o segundo estágio do desenvolvimento embrionário (a nidação ou implantação)[92].

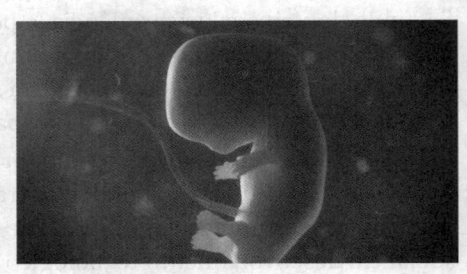

Figura 13.2 – Embrião (créditos ao final do livro)

Questão importante examinada pela Corte Interamericana de Direitos Humanos foi a interpretação da expressão "em geral", presente no art. 4, item 1, do Pacto de São José da Costa Rica. Segundo a Corte: "el Diccionario de la Real Academia de la Lengua Española señala que significa 'en común, generalmente' o 'sin especificar ni individualizar cosa alguna'. Según la estructura de la segunda frase del artículo 4.1 de la Convención, el término 'el general' se relaciona con la expresión 'a partir de la concepción'. La interpretación literal indica que dicha expresión se relaciona con la previsión de posibles excepciones a una regla particular. Los demás métodos de interpretación permitirán entender el sentido de una norma que contempla excepciones. [...] La expresión 'en general' permite inferir excepciones a una regla"[93].

---

90. *O Estado pode ser titular de direitos fundamentais?* Prossegue o autor: "Nesse sentido, tem-se entendido que as pessoas jurídicas de direito público podem ingressar com mandado de segurança caso também sejam vítimas de abuso do poder de outro ente estatal. Imagine a seguinte situação: a União, de forma abusiva, deixa de repassar para um determinado Município as verbas do FUNDEF (Fundo de Manutenção e Desenvolvimento do Ensino Fundamental). Em uma hipótese assim, é perfeitamente aceitável que se reconheça ao referido município o direito fundamental de impetrar mandado de segurança contra o ato federal abusivo. O ente municipal poderia, inclusive, alegar, na sua argumentação, uma violação ao direito à educação, embora os verdadeiros titulares desse direito sejam os alunos e não o próprio município. Logo, as pessoas jurídicas de direito público, excepcionalmente, quando estiverem em uma posição de sujeição, poderão invocar as normas constitucionais que consagram direitos fundamentais para se protegerem do abuso do poder de outro ente estatal".
91. Disponível em: <http://www.corteidh.or.cr/docs/casos/articulos/seriec_257_esp.pdf>.
92. "Teniendo en cuenta la prueba científica presentada por las partes en el presente caso, el tribunal constata que, si bien al ser fecundado el óvulo se da paso a una célula diferente y con la información genética suficiente para el posible desarrollo de un 'ser humano', lo cierto es que si dicho embrión no se implanta en el cuerpo de la mujer sus posibilidades de desarrollo son nulas. Si un embrión nunca lograra implantarse en el útero, no podría desarrollarse pues no recibiría los nutrientes necesarios, ni estaría en un ambiente adecuado para su desarrollo. En este sentido, la Corte entiende que el término 'concepción' no puede ser comprendido como un momento o proceso excluyente del cuerpo de la mujer, dado que un embrión no tiene ninguna posibilidad de supervivencia si la implantación no sucede. [...] Asimismo, ya fue señalado que, al momento de redactarse el artículo 4 de la Convención Americana, el diccionario de la Real Academia diferenciaba entre el momento de la fecundación y el momento de la concepción, entendiendo concepción como implantación. Al establecerse lo pertinente en la Convención Americana no se hizo mención al momento de la fecundación".
93. Em outro trecho da decisão, dispôs que: "la clausula 'en general' tiene como objeto y fin el permitir que, ante un conflicto de derechos, sea posible invocar excepciones a la protección del derecho a la vida desde la concepción. En otras palabras, el objeto y fin del articulo 4.1 de la Convención es que no se entienda el derecho a la vida como un derecho absoluto, cuya alegada protección pueda justificar la negación total de otros derechos". En consecuencia, nos es admisible el argumento del Estado en el sentido de que sus normas constitucionales otorgan una mayor protección del derecho a la vida y, por consiguiente, procede hacer prevalecer este derecho en forma absoluta. Por el contrario, esta visión niega la existencia de

Por fim, a Corte Interamericana de Direitos Humanos, por considerar que o descarte do embrião pode ocorrer tanto nos casos de fecundação natural como nos casos de fecundação *in vitro*, seria desproporcional pretender uma proteção absoluta do embrião e proibir a prática de procedimentos de fecundação *in vitro*.

No Brasil, a legislação tutela a vida intrauterina, seja do embrião, ainda não implantado no ventre materno, seja do feto ou nascituro (o embrião já implantado no ventre materno). Quanto a este, a Lei n. 11.804, de 2008, prevê os alimentos gravídicos devidos pelo provável pai, tendo como escopo a proteção da vida e saúde não somente da gestante, mas também, e principalmente, do feto. Outrossim, a prática do aborto é considerada crime (art. 124 e seguintes do Código Penal), salvo hipóteses legais (aborto praticado para salvar a vida da gestante ou quando a gravidez decorre de estupro – art. 128, CP) ou jurisprudenciais (na ADPF 54, o Supremo Tribunal Federal decidiu que é possível a interrupção da gravidez quando constatada a anencefalia).

Quanto à proteção do embrião "excedente" nos procedimentos de reprodução assistida, a lei federal em vigor (Lei n. 11.105/2005), conhecida como lei de "biossegurança", afirma ser possível a "utilização de células-tronco embrionárias obtidas de embriões humanos produzidos por fertilização *in vitro* e não utilizados no respectivo procedimento, atendidas algumas condições já vistas.

Portanto, como se vê, o âmbito da lei brasileira é bastante limitado: trata apenas dos embriões inviáveis ou já congelados quando da publicação da Lei n. 11.105/2005 ou, quando já congelados na data da lei, completarem três anos de congelamento. Assim, a lei não trata dos embriões excedentes em procedimentos de reprodução assistida realizados a partir de 2005. O que fazer com os embriões excedentes? A legislação pátria inescusavelmente se omite.

A ADI 3.510, ajuizada pelo Procurador-Geral da República, teve como relator o Ministro Carlos Ayres Britto e questionou a constitucionalidade do art. 5º, da Lei n. 11.105, de 24 de março de 2005 (Lei de Biossegurança). Dispõe o art. 5º da Lei n. 11.105/2005: "É permitida, para fins de pesquisa e terapia, a utilização de células-tronco embrionárias obtidas de embriões humanos produzidos por fertilização *in vitro* e não utilizados no respectivo procedimento, atendidas as seguintes condições: I – sejam embriões inviáveis; ou II – sejam embriões congelados há 3 (três) anos ou mais, na data da publicação desta lei, ou que, já congelados na data da publicação desta lei, depois de completarem 3 (três) anos, contados a partir da data de congelamento" (ADI 3.510/DF, rel. Min. Ayres Britto, Tribunal Pleno, j. 29-5-2008). Em resumo, a sobredita lei autoriza a manipulação genética de embriões humanos para fins de pesquisa e terapia, desde que inviáveis ou congelados há mais de 3 anos.

Na sua decisão, o STF diferenciou: a) o embrião que cresce no ventre materno; b) o embrião separado do ventre materno. Para o Supremo Tribunal Federal, enquanto o primeiro é titular de alguns direitos fundamentais, o segundo não o é, podendo ser objeto de pesquisa científica e respectiva destruição. Com esse entendimento, a Lei de Biossegurança foi declarada constitucional.

Em sua decisão, cita o ministro relator a teoria de Ronald Dworkin (em seu livro *Domínio da Vida*), segundo o qual a proteção jurídica à vida vai aumentando à medida que a tais etapas do evolver da criatura humana vai-se adensando a carga de investimento nela (investimento

---

derechos que pueden ser objeto de restricciones desproporcionadas bajo una defensa de la protección absoluta del derecho a la vida, lo cual sería contrario a la tutela de los derechos humanos, aspecto que constituye el objeto y fin del tratado".

natural ou da própria natureza, investimento pessoal dos genitores e familiares). "É o que se poderia chamar de tutela jurídica proporcional ao tamanho desse investimento simultaneamente natural e pessoal, dado que também se faz proporcionalmente maior a cada etapa da vida humana a carga de frustração ou bancarrota do respectivo processo (a curva ascendente de expectativas somente se transmuta em descendente com a chegada da velhice)"[94].

Dessa maneira, a vida humana é proporcionalmente tutelada na medida em que cresce o investimento sobre ela (investimento da natureza, da própria família etc.). O embrião, separado do útero materno, não é titular de direitos fundamentais. A Corte Interamericana de Direitos Humanos afirmou que a vida deve ser tutelada desde a concepção (entendida como nidação, ou implantação no útero materno). O fato de não ser obrigatória a tutela estatal, nada impede que o Estado, por meio da lei, regulamente as hipóteses de armazenagem, proteção e descarte dos embriões congelados (como já há legislação no Uruguai). Depois de implantado no útero materno, o embrião deixa de ser um grupo de poucas células e se transforma num ser individualizado, que de desenvolve diariamente no milagre da vida. Nesse estágio, é titular de alguns direitos fundamentais, máxime o direito à vida. Depois do nascimento, já não é mais embrião ou feto: é pessoa e, por isso, titular de todos os direitos fundamentais.

Um problema final é o seguinte: o que fazer com os embriões "congelados" (criopreservados) não utilizados pelo casal, nem utilizados para fins de pesquisa científica? Inexistindo lei acerca disso (por absoluta e inescusável omissão do Congresso Nacional), o Conselho Federal de Medicina editou Resolução (Resolução n. 2.168/2017), que permite o DESCARTE, no item V: "1. As clínicas, centros ou serviços podem criopreservar espermatozoides, oócitos, embriões e tecidos gonádicos. 2. O número total de embriões gerados em laboratório será comunicado aos pacientes para que decidam quantos embriões serão transferidos a fresco, conforme determina esta Resolução. Os excedentes, viáveis, devem ser criopreservados. 3. No momento da criopreservação, os pacientes devem manifestar sua vontade, por escrito, quanto ao destino a ser dado aos embriões criopreservados em caso de divórcio ou dissolução da união estável, doenças graves ou falecimento de um deles ou de ambos, e quando desejam doá-los; 4. Os embriões criopreservados com três anos ou mais poderão ser descartados se essa for a vontade expressa dos pacientes. 5. *Os embriões criopreservados e abandonados por três anos ou mais poderão ser descartados*" (grifamos).

Como dissemos anteriormente, é absolutamente necessária uma legislação a respeito dos embriões congelados (ou, mais precisamente, criopreservados). Discute-se imensamente no Brasil a legalização ou não do aborto. Não obstante, praticamente não se discute o descarte indiscriminado de embriões humanos que, para a maioria dos cientistas, filósofos e religiosos, é uma vida em formação ou, pelo menos, uma vida humana em potencial.

13.12.4. Titularidade *post mortem* dos direitos fundamentais

É famosa a frase "com a morte, extinguem-se todos os direitos e deveres". De fato, não há como negar que, com a morte, a maioria dos direitos instantaneamente desaparece. O primeiro direito a se encerrar no instante da morte é a vida. E o fim da vida põe termo à liberdade de locomoção, ao direito de reunião, de manifestação do pensamento e da propriedade (pois, mencionando frases famosas, "daqui não se leva nada").

---

94. *Domínio da vida. Aborto, Eutanásia e liberdades individuais*, p. 122.

Não obstante, a doutrina constitucional (e, em menor medida, a lei e a jurisprudência) passa a reconhecer a titularidade *post mortem* dos direitos fundamentais. É o caso do direito à honra e à imagem. Mesmo com o fim da vida, o morto continua com seu direito de imagem e o direito à sua honra, que não poderão ser violados. Não se trata de direito dos familiares, como pensam alguns. A imagem não é da família, sobre a qual recairão apenas reflexos patrimoniais. Aliás, esse foi o entendimento do Superior Tribunal de Justiça: "Os direitos da personalidade, de que o direito à imagem é um deles, guardam como principal característica a sua intransmissibilidade. Nem por isso, contudo, deixa de merecer proteção a imagem de quem falece, como se fosse coisa de ninguém, porque ela permanece perenemente lembrada nas memórias, como bem imortal que se prolonga para muito além da vida" (REsp n. 268.660/RJ, rel. Min. César Asfor Rocha).

Corroborando nosso entendimento, a Lei n. 13.188/2015, que regulamenta o direito de resposta, previsto no art. 5º, V, da Constituição Federal, permite que a ação seja ajuizada pelo "cônjuge, descendente, ascendente ou irmão do ofendido que tenha falecido depois do agravo" (art. 3º, § 2º, II). Nesse caso, não estamos falando de reflexos patrimoniais da ofensa ou da mentira, que seriam de titularidade da família, mas da imagem do morto, que continua existindo, sendo passível de resposta, nos termos da lei.

Interessantíssima decisão foi proferida pela juíza Cristiane Pederzolli, da 17ª Vara Federal da Seção Judiciária do Distrito Federal, no processo número 118-44.2010. 4.01.3400, que liminarmente a remessa do corpo de estrangeira falecida no Brasil para o exterior, porque, como corolário da dignidade da pessoa humana, teria o direito de ser sepultada ao lado dos seus familiares.

Trata-se do "direito de ser sepultado" ou *"derecho a sepultación"* ou *"derecho a ser sepultado"* (na Espanha) ou *"right to be buried"* ou *"rights of burial"* (nos países da Common Law)[95]. Segundo a juíza: "a dignidade da pessoa humana não abrange o ser humano, tão somente, em seu aspecto moral, mas, também, em seu aspecto físico, no direito de ter seu corpo íntegro, seja durante a vida seja após a sua morte (morte digna). Vale lembrar que, conforme noticiado nos autos, o corpo de MONIKA MARIA NEUPER já estaria em avançado estado de degeneração, o que vem a reforçar a necessidade urgente de sua liberação e entrega aos seus parentes". Em caso similar, o Tribunal de Justiça do Distrito Federal, na Apelação Cível 20100111829518, relatado pelo Desembargador Getúlio de Moraes Oliveira, decidiu: "o traslado de restos mortais do genitor da parte autora, sepultado em jazigo destinado a pessoas economicamente carentes para jazigo particular, encontra-se em consonância com o princípio da dignidade da pessoa humana".

Em tese específica sobre o tema, Renato de Souza Marques Craveiro afirma que o direito de ser sepultado ou *"ius sepulchri,* em apertada síntese, é o direito de ser sepultado e de permanecer sepultado, tendo garantida a inviolabilidade do sepulcro, salvo em hipóteses legalmente definidas (como, por exemplo, exumação de cadáver necessária à administração da justiça). Trata-se, nas palavras de Justino Adriano Farias da Silva, do direito a ser sepultado, direito de

---

95. Segundo o professor Christopher McCrudden, professor de Direitos Humanos da Universidade de Michigan, citando o clássico livro de Hugo Grócio: "a explicação mais óbvia se encontra na dignidade do homem que supera outras criaturas. Seria uma vergonha se seu corpo fosse deixado para ser devorado por bestas de presa, para ser rasgado por animais selvagens, de ser privado daquelas honras que, na hora da morte, são devidos à nossa natureza comum. Por conseguinte, os direitos de sepultamento, cuja quitação constitui um dos ofícios da humanidade, não podem ser negados nem aos inimigos, que um estado de guerra não privou dos direitos e da natureza dos homens". *Human Dignity and Judicial Interpretation of Human Rights.*

permanecer sepultado, direito à sepultura ou direito sobre a sepultura e direito de sepultar. Deste modo, resta claro que o *ius sepulchri* é o direito que mais de perto vai tutelar a honra do morto na parte final, cronologicamente falando"[96].

13.12.4.1. Direito dos mortos e cemitérios clandestinos

Em 1991, arqueólogos descobriram os esqueletos intactos de centenas de afro-americanos escravizados, em um canteiro de obras na parte baixa de Manhattan, Nova York. O governo federal, que planejava construir um prédio de escritórios no local, reuniu-se com comunidades afro-americanas, acadêmicos e ativistas e, juntos, assinaram um acordo para suspender a construção, enterrar novamente os corpos e estabelecer um monumento nacional no local. O Congresso Nacional destinou fundos para um memorial no local, redirecionando o tribunal federal que ali seria construído, para permitir isso. Foi construído o "African Burial Ground National Monument".

Em 2018, foram encontradas na cidade de Sugar Land, no Texas, durante a construção de uma escola, os restos mortais de 95 negros escravizados. O local, historicamente conhecido como "Buraco do Inferno nos Brazos" (*Hellhole on the Brazos*) era uma antiga fazenda estadual imperial e o local de plantações de cana-de-açúcar, onde negros escravizados viviam e trabalhavam em condições desumanas. Por ordem do juiz Shoemake, as construções foram paralisadas, a fim de que que os corpos fossem exumados. Pesquisadores conseguiram um financiamento para as extrações de DNA, análises, comparações com bancos de dados existentes, divulgação pública e estudos genealógicos.

Nesses dois casos, verifica-se uma colisão entre direitos fundamentais: de um lado, o direito à propriedade (e de edificar em determinado local) e de outro o direito à memória dos mortos e o direito à informação (sobre a própria História). É necessário, no caso concreto, fazer uma ponderação entre interesses. Nos dois casos acima, decidiu-se (administrativamente, no primeiro caso, e judicialmente, no segundo caso) preservar o direito à imagem e à memória dos mortos, em detrimento do direito de propriedade e liberdade de edificação.

No Brasil, na década de 1990, na cidade de São Paulo, foi descoberta no Cemitério de Perus uma vala comum, com cerca de 1.000 ossadas sem identificação de vítimas de esquadrões da morte, indigentes e presos políticos. A prefeitura determinou a apuração dos fatos e fez um convênio com a Universidade Estadual de Campinas (Unicamp) para identificação das ossadas. Dentre as ossadas, foram identificadas 31 vítimas da ditadura militar. Atendendo à recomendação das Comissões da Verdade Nacional e Municipal, foram plantados 31 ipês, bem como foi instalada no local uma placa com o nome dos 31 militantes assassinados. Outrossim, no local foi construído o "Memorial aos Desaparecidos Políticos", onde está escrito: "Aqui os ditadores tentaram esconder os desaparecidos políticos, as vítimas da fome, da violência do Estado policial, dos esquadrões da morte e, sobretudo, os direitos dos cidadãos pobres da cidade de São Paulo. Fica registrado que os crimes contra a liberdade serão sempre descobertos".

Como se vê, o direito à imagem e à honra dos mortos permanece mesmo após a sua morte. O direito a um sepultamento digno integra a dignidade da pessoa humana e, caso não seja feito (como no caso dos cemitérios clandestinos), obriga o Estado a realizar algum ato em respeito à memória dos falecidos. Isso servirá para proteger não só o direito dos mortos (o di-

---

96. Renato de Souza Marques Craveiro. *O Direito à Honra* Post Mortem *e sua Tutela*, p. 161.

reito à imagem e o tratamento digno de seus restos mortais), mas também o direito de toda a sociedade (o direito à informação, para conhecer a História e os erros do passado).

13.12.4.2. Direito à intimidade do morto: acesso a suas redes sociais após a morte

Atualmente, as redes sociais consistem na principal forma de interação entre as pessoas, através das quais o indivíduo manifesta seu pensamento, bem como divulga parte de sua vida pessoal que considera disponível. Para garantia da intimidade das informações disponíveis e vinculadas à conta do usuário (fotografias, mensagens privadas etc.), cada empresa exige uma senha pessoal que dá acesso às informações. Não obstante, dúvidas surgem acerca de tais informações quando ocorre a morte do usuário.

Algumas empresas (como Twitter e Facebook) criaram uma regra, que permite a transformação da conta em "memorial". O conteúdo fica disponível apenas para amigos já confirmados, não sendo possível fazer o *login* na respectiva conta, mesmo com a senha.

Outrossim, é possível que o usuário elabore um testamento acerca de seus "dados digitais". Lembremos que muitos dos dados armazenados têm valores patrimoniais consideráveis (filmes, músicas etc.). É o que se costuma denominar de "herança digital". Segundo Pereira e Costa, "herança digital é definida como um aglomerado de ativos digitais, ou seja, e-mails, contas de mídias sociais, fotos, arquivos em formatos eletrônicos, que são peças importantes na atualidade, na denominada vida digital"[97].

Outrossim, entendemos que poderá o usuário expressamente autorizar, *post mortem*, o acesso às suas contas (nas redes sociais, nos e-mails etc.). Assim como a pessoa pode dispor, em vida, de parte da sua intimidade, poderá fazê-lo também para produção de efeitos após sua morte.

Todavia, caso não haja essa autorização expressa do *de cujus*, em um testamento ou documento similar, entendemos que não é possível que outras pessoas acessem seus dados. Isso porque a morte não extingue todos os direitos do falecido, incluindo o direito à sua intimidade e honra. Como afirma Leonardo Luís: "Na inexistência de testamento que verse especificamente acerca do direito de acesso dos herdeiros a tais dados, parte dos especialistas entendem que os provedores devem manter as contas de seus usuários como pessoais e intransferíveis para proteger a privacidade deles"[98].

Excepcionalmente, desde que comprovado o interesse, poderão os familiares requerer judicialmente o acesso a tais contas. Não obstante, reiteramos: é necessário que haja o comprovado interesse de titularidade desses herdeiros. Por exemplo, os herdeiros comprovam que o acesso a determinada propriedade constante da herança depende do acesso a certas informações que estão em contas do falecido. Outro exemplo seria a demonstração de que a conta era utilizada apenas e tão somente para fins comerciais e o expressivo número de seguidores tem implicações patrimoniais que podem ser exploradas pelos familiares. Caso contrário, inexistindo o interesse dos herdeiros, deve-se preservar a intimidade do falecido.

Dessa maneira, concordamos com Flavia Hunzicker Vannucci e Roberta Salvático Vaz de Mello: "Caso não haja qualquer disposição de vontade, entendemos que a regra é a da proteção

---

97. *Herança Digital: As Redes Sociais e Sua Proteção pelo Direito Sucessório Brasileiro*, p. 1.
98. *Bens Digitais Guardados na Nuvem estão entrando em Testamentos*, p. 1.

dos dados virtuais com a exclusão dos perfis ou sua manutenção apenas como memorial, impedindo o acesso direto à conta deixada pelo *de cujus*"[99].

13.12.5. O direito dos animais

Nota: quando publicamos a primeira edição deste livro, não imaginávamos a repercussão que teria o presente texto. Felizmente, as ideias que aqui seguem, e que defendemos ao longo do ano de 2017 em dezenas de palestras que ministramos por todo o Brasil, passaram a ecoar nas universidades, nos cursos de graduação e pós-graduação e até mesmo em concursos públicos (o tema foi objeto de dissertação na 2ª fase do concurso do Ministério Público de Minas Gerais, por exemplo).

Figura 13.3 – Grupo de cães e gatos (créditos ao final do livro).

13.12.5.1. Os antecedentes teóricos

A forma como o homem se relaciona com os animais mudou ao longo da história (aliás, a forma como o homem se relaciona com seu semelhante – quando não o considera como semelhante – também mudou muito, haja vista que a escravidão foi abolida apenas no fim do século XIX).

Na Antiguidade, enquanto algumas civilizações consideravam os animais como corolários da divindade (como a civilização egípcia[100] e indiana[101]), na Grécia antiga não eram objeto de consideração moral, já que, "privados de um mundo espiritual, seriam incapazes de distinguir um ato de justiça e um ato de injustiça".

No direito romano, os animais passaram a ser considerados *res*, aplicando-se-lhes as regras atinentes à propriedade privada. Foram considerados bens móveis e semoventes (conforme previa uma *constitutio* de Justiniano, de 531 d.C.) ou *res nullius* (coisa ninguém, a exemplo

---

99. *Os Dados Pessoais em Rede Social e a Morte do Sujeito*, p. 1.
100. "No Egito antigo, a comunicação entre os homens e os deuses era realizada, muitas vezes, através de objetos inanimados como estátuas de culto localizadas nos templos das divindades. Entretanto, em algumas situações, encontramos também animais funcionando como símbolos do domínio de ação do Deus, representando a sua função ou o seu emblema e também alguns, considerados sagrados, sendo cultuados pelos fiéis. [...] Desta forma, um espécime, escolhido através de critérios de seleção especiais, era considerado a imagem viva do deus, o corpo escolhido por ele para habitar entre os homes. Os templos das cidades possuíam um recinto próprio para alojar esse animal sagrado e onde eram dedicados cuidados e honras a ele. [...] Os templos de Sobek possuíam crocodilos, os de Bast gatos, para Hórus havia falcões e para Tot os íbis ou os babuínos" (Marcio Sant'Anna. *O culto aos animais sagrados no Egito antigo*).
101. Na Índia, os reflexos acompanharam toda a civilização hindu. A divinização de alguns animais é comum na religião hindu, na qual os touros são considerados sagrados, sendo símbolo da procriação desde os tempos pré-históricos, associados ao deus Shiva, bem como são veneradas as vacas. Os ratos também são considerados animais sagrados, sendo que em Rajastão, é conhecido o Templo Karni Mata (conhecido como "Templo dos Ratos"), no qual os ratos são chamados de kaba e são adorados pelos indianos. A preocupação com o bem-estar de outros animais surgiu como sistema de pensamento hindu, bem como com a crença religiosa de que os ancestrais retornam em forma animal e que os animais devem, portanto, ser tratados com o respeito devido a um ser humano.

dos animais silvestres) ou *res derelicta* (coisa abandonada pelo seu proprietário). Tal concepção influenciou o direito brasileiro, já que, segundo o art. 82 do Código Civil de 2002, "são móveis os bens suscetíveis de momento próprio, ou de remoção por força alheia, sem alteração da substância ou da destinação econômico-social". Ao interpretar o referido artigo, a doutrina equipara o animal a uma cadeira (*sic*): "os que se removem de um lugar para outro, por movimento próprio, são os semoventes, ou seja, os animais e, por força estranha, as coisas inanimadas (p. ex., cadeira, relógio, óculos, livro, caneta etc.)"[102]. Durante certo período do Império Romano, o sacrifício sistemático de animais (e homens!) era comum nas arenas como o Circo Máximo de Roma e o conhecido Coliseu, bem como em arenas menores em todos os domínios do Império.

Na Idade Média, Santo Agostinho utiliza as teorias helênicas de superioridade para afirmar que "Deus nos colocou acima dos irracionais, concedendo-nos a mente, a razão e o sentimento. [...] Por justíssima ordenação do criador, a vida e a morte das plantas e dos animais está subordinada ao homem"[103]. Santo Tomás de Aquino, na *Summa Theologica* 2, 2, Q64, art. 1), afirma que "não é pecado utilizar as coisas para o fim a que se destina. As coisas, como as plantas que têm simplesmente vida, são todas iguais para os animais, e todos os animais são iguais para o homem. Por conseguinte, não é proibido utilizar as plantas para o benefício dos animais e os animais para o benefício do homem. [...] É portanto permitido tanto tirar a vida às plantas para o uso dos animais como os animais para o uso do homem. Assim se obedece ao mandamento do próprio Deus"[104]. Em 1637, René Descartes publicou o famoso *Discurso sobre o método para bem conduzir a razão na busca da verdade dentro da ciência (Discours de la méthode pour bien conduire sa raison, et chercher la verité dans les sciences)*, no qual compara o animal irracional a uma máquina, a serviço do homem: "o principal argumento de Descartes para demonstrar a diferença entre a máquina e o homem, por um lado, e a semelhança entre a máquina e o animal não humano, por outro, consiste na

Figura 13.4 – Fotografia tirada pelo autor de seu cão Ringo Starr (créditos ao final do livro).

Figura 13.5 – Fotografia tirada pelo autor de seu cão Paul McCartney (créditos ao final do livro).

---

102. Maria Helena Diniz. *Curso de Direito Civil Brasileiro*, p. 331.
103. *A Cidade de Deus*, p. 126.
104. Santo Tomás de Aquino. *Suma de Teología*. Madrid: Biblioteca de Autores Cristianos, 1993.

incapacidade tanto da máquina quanto do animal não humano de usarem uma linguagem. Prosseguindo do texto do *Discurso*, Parte V, Descartes afirma que, ao contrário do caso dos animais, se existissem máquinas o máximo possível (tanto quanto moralmente possível) semelhantes ao homem, haveria sempre dois meios muito eficazes para distingui-los, dentre os quais o primeiro é que as máquinas, diferentemente dos homens, jamais seriam capazes de empregar palavras para transmitir seus pensamentos"[105].

A teoria de Descartes foi veementemente combatida por Voltaire, um dos primeiros intelectuais a refletirem de forma diversa quanto aos animais não humanos, na obra Tratado sobre a Tolerância[106] e no seu *Dicionário Filosófico*, escrito em 1764. Segundo François Marie Arouet (Voltaire), nessa última obra, ao comentar o verbete irracionais: "que ingenuidade, que pobreza de espírito, dizer que os irracionais são máquinas privadas de conhecimento e sentimento, que procedem sempre da mesma maneira, que nada aprendem, nada aperfeiçoam! [...] Vês-me entrar em casa aflito, procurar um papel com inquietude, abrir a escrivaninha, onde me lembra tê-lo guardado, encontrá-lo, lê-lo com alegria. Percebes que experimentei os sentimentos de aflição e prazer, que tenho memória e conhecimento. Vê com os mesmos olhos esse cão que perdeu o amo e procura-o por toda parte com ganidos dolorosos, entra em casa agitado, inquieto, desce e sobe e vai de aposento em aposento e enfim encontra no gabinete o ente amado, a quem manifesta sua alegria pela ternura dos ladridos, com saltos e carícias. Bárbaros agarram esse cão, que tão prodigiosamente vence o homem em amizade, pregam-no em cima de uma mesa e dissecam-no vivo para mostrar-te suas veias mesaraicas[107]. Descobres nele todos os mesmos órgãos de sentimento de que te gabas. Responde, maquinista, teria a natureza entrosado nesse animal todos os elatérios do sentimento sem objetivo algum? Terá nervos para ser insensível? Não inquines à natureza tão impertinente contradição"[108].

No mesmo sentido, Jean-Jacques Rousseau, no livro *Discurso Sobre a Origem e os Fundamentos da Desigualdade entre os Homens (Discours sur l'origine et les fondements de l'inégalité parmi les hommes)*, afirma que os animais não podem reconhecer as leis do direito natural, mas "devem participar do direito natural e que o homem está obrigado, para com eles, a certa espécie de deveres. Parece, com efeito, que, se sou obrigado a não fazer nenhum mal a meu semelhante, é menos porque ele é um ser racional do que porque é um ser sensível, qualidade que, segundo comum ao animal, e ao homem, deve ao menos dar a um o direito de não ser maltratado inutilmente pelo outro"[109].

É atribuída a Leonardo da Vinci (1452-1519) a frase "haverá um dia em que os homens conhecerão o íntimo dos animais, e, nesse dia, um crime contra um animal será considerado um crime contra a humanidade"[110].

O filósofo australiano Peter Singer, no livro *Libertação Animal*, aponta uma das teorias mais importantes, a qual nos filiaremos, de Jeremy Bentham. Segundo Singer: "Jeremy Bentham, numa passagem que revela grande antevisão, escrita numa altura em que os franceses tinham libertado negros escravizados, enquanto nas colônias britânicas eles continuavam sendo tratados como nós tratamos agora os animais, escreveu: 'Poderá existir um dia em que o

---

105. Ethel Menezes Rocha. *Animais, Homens e Sensações segundo Descartes*.
106. Voltaire. *Tratado sobre a Tolerância*. São Paulo: Martins Fontes, 1993.
107. Veias que vêm do reto e do intestino delgado e chegam à cabeça do pâncreas e contribuem para formar a veia porta.
108. Voltaire. *Dicionário Filosófico*, p. 127.
109. *Discurso sobre a Origem da Desigualdade entre os Homens*, p. 11.
110. Maria Cristina Brugnara Veloso. *A Condição Animal: Uma Aporia Moderna*, p. 48.

resto da criação animal adquirirá aqueles direitos que nunca lhe poderiam ter sido retirados senão pela mão da tirania. Os franceses descobriram que a negrura da pele não é razão para um ser humano ser abandonado sem mercê ao capricho de um algoz. Poderá ser que um dia se reconheça que o número de penas, a vilosidade da pele ou a forma da extremidade do sacrum são razões igualmente insuficientes para abandonar um ser sensível ao mesmo destino. Que outra coisa poderá determinar a fronteira do insuperável? Será a faculdade da razão, ou talvez a faculdade do discurso? Mas um cavalo ou cão adultos são incomparavelmente mais racionais e comunicativos do que uma criança com um dia ou uma semana ou mesmo um mês de idade. Suponhamos que eram de outra forma – que diferença faria. A questão não é: podem eles racionar? Nem podem eles falar?, mas podem eles sofrer?"[111].

Em terras brasileiras, os primeiros a abordarem a questão de forma diversa do tradicional "animal = *res*" foram José do Patrocínio, o famoso jornalista abolicionista, que também escrevia textos jornalísticos em favor dos animais, e Olavo Bilac, em poesias como "O Pássaro Cativo"[112].

Estudos acerca do bem-estar dos animais não humanos, salvo preciosas e honrosas exceções, não é alvo do estudo aprofundado dos constitucionalistas brasileiros, ficando também ao largo da jurisprudência do Supremo Tribunal Federal. Não obstante, em terras estrangeiras o assunto já conta com importante maturação. Dentre muitas obras sobre o assunto, destaco a do norte-americano Cass R. Sunstein (*Animal Rights*), professor da Universidade de Chicago, a do filósofo australiano Peter Singer (*Libertação Animal*) e a do português Fernando Araújo (*A Hora do Direito dos Animais*), dentre outros.

13.12.5.2. Os antecedentes normativos

O primeiro dispositivo legal brasileiro a tratar do bem-estar dos animais foi a Lei Municipal de São Paulo (Código de Posturas), de 1886, que previa: "é proibido a todo e qualquer cocheiro, condutor de carroça, pipa d'água etc., maltratar os animais com castigos bárbaros e imoderados. Esta disposição é igualmente aplicada aos ferradores". Em âmbito nacional, a primeira norma talvez tenha sido o Decreto n. 16.590, de 1924, do presidente Arthur da Silva Bernardes, que regulamentava as casas de diversões públicas, vedando as "corridas de touros, garraios, novilhos, brigas de galo e canários e quaisquer outras diversões desse gênero que causem sofrimento aos animais".

Em 1934, Decreto n. 24.645, de 1934, do presidente Getúlio Vargas, "estabelece medidas de proteção aos animais". No art. 1º, afirma: "todos os animais existentes no País são tutelados do Estado", aplicando-se a "todo ser irracional, quadrúpede ou bípede, doméstico ou selvagem, exceto os daninhos" (art. 17). Em 1967, a Lei de Proteção à Fauna (Lei n. 5.197/67) transformou a caça profissional em crime e o Decreto n. 221/67 (Código de Pesca) impôs restrições à pesca predatória. Nas décadas seguintes, outras normas legais semelhantes foram editadas, até o

---

111. Peter Singer. *Libertação Animal*, p. 23
112. "Não quero a tua esplêndida gaiola! Pois nenhuma riqueza me consola. De haver perdido aquilo que perdi. Prefiro o ninho humilde construído. De folhas secas, plácido, e escondido". O Supremo Tribunal Federal não se compadeceu com os argumentos poéticos de Bilac, negando *habeas corpus* impetrado em favor de animais: "Na relação jurídica processual do *habeas corpus* figura o paciente, que há de ser necessariamente pessoa física, o indivíduo que sofre ou se encontra ameaçado de sofrer constrangimento ilegal em sua liberdade de ir, ficar ou vir. Destarte, está adstrito à liberdade pessoal. Imbuídos, por certo, dos melhores sentimentos, inspirados no canto poético do 'Pássaro Cativo', de Olavo Bilac, é que o advogado Fortunato Benchimol e a Associação Protetora dos Animais vieram a juízo. Entrementes, como ficou demonstrado, o remédio constitucional do *habeas corpus* não ampara a pretensão" (RHC – rel. Djaci Falcão – RTJ 63/399).

advento da Constituição de 1988, que foi posteriormente regulamentada pela Lei n. 9.605/97 (Lei dos Crimes Ambientais).

O art. 225, da Constituição Federal, ao tratar do meio ambiente ecologicamente equilibrado afirma incumbir ao Poder Público: "proteger a fauna e a flora, vedadas, na forma da lei, as práticas que coloquem em risco sua função ecológica, provoquem a extinção de espécies ou submetam os animais à crueldade". Após o advento da Constituição de 1988, várias foram as leis destinadas à proteção dos animais. Por exemplo, leis estaduais de Goiás, Alagoas, Paraíba, Paraná, Pernambuco, Rio de Janeiro, São Paulo, Rio Grande do Sul, Mato Grosso do Sul, Espírito Santo, Minas Gerais e Goiás proíbem a utilização de animais de qualquer espécie nos circos, havendo projeto de Lei Federal em fase avançada de discussão na Câmara dos Deputados (PL 7.291/2006).

Segundo o art. 23 da Constituição Federal, é competência comum da União, dos Estados, do Distrito Federal e dos Municípios, "proteger o meio ambiente" (inciso VI), bem como proteger a fauna (inciso VII).

13.12.5.2.1. A "Lei Sansão" (Lei n. 14.064/2020)

Conhecida como "Lei Sansão" (em homenagem a um cão vítima de maus-tratos na cidade de Confins, em Minas Gerais), foi publicada em 2020 a Lei n. 14.064/2020, que alterou a Lei de Crimes Ambientais (Lei n. 9.605/98), para aumentar a pena do crime de maus-tratos, quando praticados contra cães e gatos. Segundo o art. 32, § 1º-A, "quando se tratar de cão ou gato, a pena para as condutas descritas no *caput* deste artigo será a de reclusão, de 2 (dois) a 5 (cinco) anos, multa e proibição da guarda".

Essa lei foi editada depois de inúmeros e repugnantes casos de maus-tratos praticados pelo homem contra animais, largamente noticiados pela imprensa. Não obstante, a lei sobredita criou uma distinção inédita: a prática de maus-tratos e mutilação aos animais é punida com pena de detenção de até 1 (um) ano. Por sua vez, se os maus-tratos são praticados contra cães ou gatos, a pena máxima será de 5 (cinco) anos de reclusão. O projeto de lei, de autoria do deputado mineiro Fred Costa, previa o aumento da pena para os maus-tratos praticados contra quaisquer animais. Não obstante, o projeto foi alterado pela Câmara dos Deputados, especificando a espécie maltratada que gera o aumento da pena.

Se a referida lei traz um avanço (a mutilação de animais, por exemplo, tinha uma pena máxima reduzidíssima de um ano de detenção, podendo até ser substituída por uma multa – *multa vicariante*), traz um grande retrocesso, no nosso entender: ao tratar apenas de cães e gatos, mostrou se preocupar mais com o ser humano que com os animais. Explico: a mudança de paradigma que abaixo defenderemos consiste em considerar os animais como seres sencientes, dotados de sensibilidade e titulares de alguns direitos fundamentais. Tratar de forma diferenciada espécies de animais é um ato irrazoável, egoístico e antropocêntrico. Ou seja, protegemos mais os animais que estão mais próximos do ser humano.

Por conta da irrazoabilidade e desproporcionalidade da norma, Bruno Salles chega a defender sua inconstitucionalidade: "Não há justificativa plausível para se proteger com mais rigor a agressão ou tortura a um cão ou gato do que a agressão a qualquer outra espécie. Pela norma ora editada, um pássaro doméstico, um roedor ou um réptil devem ter menos proteção, ainda que sejam domesticados. Trata-se de um critério que não atende a qualquer lógica e que, mais uma vez, reflete o dramático populismo penal que impera no Brasil. A distinção de duas espécies animais em detrimento de todas as outras já seria o bastante para críticas à nova norma jurídica. No entanto, o que revela ainda maior consternação é o fato de que a qualificadora do delito impõe penas que variam de dois a cinco anos de reclusão, uma pena maior do que a de homicídio culposo (art. 121, § 3º, do CP), ou a de violência doméstica (art. 129, § 9º, do CP). [...] Mencionada norma, de acordo com nosso sistema jurídico penal e constitucional, deveria ser declarada inconstitucional. Seja por seu preceito primário, que não justifica uma incriminação mais gravosa, apenas por se tratar de espécie específica, seja por seu preceito secundário que prevê penas absolutamente incompatíveis com o contexto de reprovabilidade do nosso sistema jurídico penal"[113].

Essa violação do tratamento isonômico aos animais, prestigiando os animais que, em tese, são mais próximos do ser humano, em detrimento dos demais, é, sem dúvida, um ato de populismo penal. Não obstante, no nosso entender, não deve ser declarada sua inconstitucionalidade. Isso porque a declaração de inconstitucionalidade ensejará o retorno ao *status quo ante* que colocava ainda mais em risco a inviolabilidade física e a vida de animais, como cães e gatos, por exemplo, já que a pena máxima de tal crime é de apenas um ano, podendo ser substituída por uma multa. Ou seja, declarar a inconstitucionalidade da norma fará com que a proteção jurídica retroceda, o que não nos parece razoável.

Entendemos que a legislação deve ser urgentemente alterada, para ampliar a pena dos maus-tratos praticados contra outros animais (não podendo, no nosso entendimento, realizar-se uma analogia nessa norma penal, já que não se admite, em normas penais incriminadoras, a analogia *in malam partem*, ou seja, para prejudicar o réu).

13.12.5.2.2. Transporte de animais vivos

A legislação brasileira que trata do transporte de animais vivos não é farta. Temos a Lei Federal n. 8.171/91, regulamentada pelo Decreto presidencial n. 5.741/2006, que "organiza o Sistema Unificado de Sanidade Agropecuária". Nessa legislação, o bem-estar animal é apenas e tão-somente secundário, motivo pelo qual há projetos de leis específicos que tratam de transporte de animais vivos, com foco biocêntrico (e não antropocêntrico).

Em 2018, houve uma grande polêmica acerca do tema no Brasil. Uma embarcação de nome *Nada*, de bandeira panamenha, estava carregada com 27 mil bois vivos, com destino à Turquia. Todavia, atendendo à reclamação de inúmeros moradores (por conta do cheiro da embarcação), o juiz federal da 25ª Vara Civil de São Paulo nomeou perita que verificou, no navio, situação de profundos maus-tratos[114]. Depois do relatório pericial, o magistrado, no dia 2-2-2018, determinou a suspensão da exportação de animais vivos, em todo o território nacional, por conta dos maus-tratos comprovados aos animais. A Advocacia-Geral da União recorreu junto ao Tribunal Regional Federal da 3ª Região, que suspendeu a liminar.

Mostra-se, portanto, necessária uma nova legislação acerca do transporte de animais vivos, de modo que compatibilize os interesses econômicos ligados ao agronegócio, importante para a economia brasileira, com o bem-estar mínimo dos animais.

---

113. *As Inconstitucionalidades da Nova Lei de Cães e Gatos e o Populismo Penal*, p. 1.
114. Segundo a perita: "os animais, uma vez aprisionados dentro dos caminhões, enfrentaram viagens entre 8 a 14 horas de trajeto. Muitos caminhões e suas caçambas dispunham de varetas com pontas metálicas conectadas ao sistema elétrico do veículo, cujo objetivo é impedir mediante descargas elétricas que os animais se deitem no assoalho do veículo".

Quanto ao transporte de animais de estimação, a legislação também não entra em detalhes e se preocupa mais com a segurança do transporte viário e menos com o bem-estar do animal. Segundo o art. 235 do Código de Trânsito Brasileiro, é infração de trânsito "conduzir pessoas, animais ou cargas nas partes externas do veículo" e, segundo o art. 252, é infração de trânsito transportar "pessoas, animais ou volume à sua esquerda ou entre os braços e pernas.

Quem poderá legislar acerca do transporte envolvendo animais? O STF, em 11-10-2018, julgou inconstitucional lei municipal de Santos/SP que regulamentava o transporte de animais vivos. Segundo o STF, o Município teria usurpado competência legislativa da União (art. 22, VIII, IX, X, XI), já que a própria lei federal regulamenta o transporte de animais vivos e sua fiscalização (Lei n. 8.171/91 e o Decreto n. 5.741/2006, que a regulamenta). Outrossim, além da inconstitucionalidade formal detectada (inconstitucionalidade formal orgânica), o STF entendeu haver inconstitucionalidade material porque "sob a justificativa de criar mecanismo legislativo de proteção aos animais, o legislador municipal impôs restrição desproporcional ao direito dos empresários do agronegócio de realizarem sua atividade" (ADPF 514 MC – REF/SP, rel. Min. Edson Fachin, j. 11-10-2018, Informativo 919).

Segundo o art. 24, VII, da Constituição Federal, é competência concorrente da União, Estados e Distrito Federal legislar sobre "proteção do meio ambiente". Por exemplo, o Estado de São Paulo editou a Lei Estadual n. 11.977/2005, que trata do "Código de Proteção aos Animais do Estado". Dentre os artigos dessa norma, destacamos o art. 21: "é vedada a apresentação ou utilização de animais em espetáculos circenses", e o art. 20: "é vedado realizar ou promover lutas entre animais da mesma espécie ou de espécies diferentes, touradas, simulacros de tourada e vaquejadas, em locais públicos e privados". Outrossim, a mesma lei estabelece "condições para criação e uso de animais para pesquisa científica", condições humanizadas de abate de animais (art. 19). Por fim, a norma paulista também regulamenta o transporte de animais no Estado de São Paulo[115].

Figura 13.6 – Elefante Africano (créditos ao final do livro).

Dessa maneira, cabe à União legislar sobre normas gerais acerca do transporte envolvendo animais (e outros temas de proteção ambiental), cabendo aos Estados legislar sobre normas específicas, nos termos do art. 24, CF (competência concorrente). Por sua vez, o Município, realmente, não seria competente para legislar acerca do tema.

---

115. "É vedado: I – fazer viajar um animal a pé, mais de 10 (dez) quilômetros sem lhe dar descanso, água e alimento; II – conservar animais embarcados por mais de 6 (seis) horas sem água e alimento, devendo as empresas de transporte providenciar as necessárias modificações em seu material, veículos e equipamentos, adequando-as às espécies animais transportadas [...]; III – conduzir por qualquer meio de locomoção, animais colocados de cabeça para baixo, de mãos e pés atados, ou de qualquer modo que lhe produza sofrimento ou estresse...".

13.12.5.2.3. Inconstitucionalidade do abate de animais (ADPF 640)

Em setembro de 2021, o STF referendou a liminar dada na ADPF 640, pelo ministro Gilmar Mendes, para declarar inconstitucionais normas legais que autorizavam o abate de animais apreendidos "em situação de maus-tratos".

Em seu voto, acompanhado pelos demais ministros, o ministro Gilmar Mendes iniciou sua argumentação no "Estado de direito do ambiente" alemão: "Na Alemanha, por exemplo, evidencia-se a concepção de um Estado de direito do ambiente (*Umweltrechtstaat*), para ressaltar-se a responsabilidade das exigências de os Estados e as comunidades políticas conformarem as suas políticas e estruturas organizatórias de forma ecologicamente autossustentada" e o "dever de adopção de comportamentos públicos e privados amigos do ambiente de forma a dar expressão concreta à assumpção da responsabilidade dos poderes públicos perante as gerações futuras". Cita também a doutrina portuguesa de Canotilho: "Nesse sentido, Canotilho assevera a configuração contemporânea de um Estado Constitucional Ecológico e de uma Democracia Sustentada, que explicita horizontes de releitura e competição de perspectivas individualistas, publicistas, associativas e globalistas de consideração do meio ambiente de forma concorrente, e aponta para uma percepção integrativa do ambiente e para um agir integrativo da administração". Cita também doutrina brasileira, que defende uma visão biocêntrica do meio ambiente: "Especialmente no que diz com a vedação de práticas cruéis contra os animais, o constituinte revela de forma clara a sua preocupação com o bem-estar dos animais não humanos e a refutação de uma visão meramente instrumental da vida animal. A CF88 também traz de forma expressa no mesmo dispositivo a tutela da função ecológica da flora e da fauna, o que dá a dimensão de sistema ou ecossistema ambiental, no sentido de contemplar a proteção jurídica ampla e integrada dos recursos naturais e da Natureza em si. Dessa forma, ao que parece, a ordem constitucional está a reconhecer a vida do animal não humano e a Natureza em geral como um fim em si mesmo, de modo a superar ou ao menos relativizar o antropocentrismo kantiano" (Tiago Fensterseifer; Ingo Wolfgang Sarlet. *Direito Constitucional Ambiental*. 3 ed. rev. atual. e ampl. São Paulo: RT, 2013) (ADPF 640, rel. Min. Gilmar Mendes, Pleno, j. 10-9-2021).

Outrossim, referiu-se a decisão anterior do STF que se afasta da visão antropocêntrica do meio ambiente: "a vedação da crueldade contra animais na Constituição Federal deve ser considerada uma norma autônoma, de modo que sua proteção não se dê unicamente em razão de uma função ecológica ou preservacionista, e a fim de que os animais não sejam reduzidos à mera condição de elementos do meio ambiente. *Só assim reconheceremos a essa vedação o valor eminentemente moral que o constituinte lhe conferiu ao propô-la em benefício dos animais sencientes*" (ADI 4983, rel. Min. Marco Aurélio, Tribunal Pleno, j. 6-10-2016, Processo Eletrônico DJe-087, Divulg. 26-4-2017, Public. 27-4-2017 – grifamos).

Segundo o ministro, "há um círculo vicioso de exploração e crueldade conta os animais que culmina com sua extinção" (ADPF 640, rel. Min. Gilmar Mendes, Pleno, j. 10-9-2021).

Todavia, o ministro fez algumas ressalvas: é admitida a criação de animais para consumo, em razão de sua grande relevância para a economia nacional e alimentação da população (evitando-se práticas que causem sofrimento injustificado aos animais), bem como o sacrifício de animais em cultos religiosos de matrizes africanas, desde que não sejam cometidos excessos ou crueldades (STF, RE 496.601, rel. Min. Edson Fachin, j. 28-3-2019), bem como é possível o sacrifício nos casos comprovados de doenças, pragas ou outros riscos sanitários. Não era o caso dos autos. Nesse caso, examinava-se a constitucionalidade do abate de animais apreendidos por estarem em situações de abandono ou maus-tratos. Nesse caso, o abate ocorreria por uma mera conveniência administrativa, contenção de gastos etc.

Segundo o ministro Gilmar Mendes, "É certo que os problemas estruturais e financeiros mencionados nas decisões judiciais e nas manifestações administrativas são relevantes. Contudo, tais questões não autorizam o abate dos animais apreendidos em situações de maus-tratos, mas sim o uso dos instrumentos acima descritos, quais sejam a soltura em habitat natural ou em cativeiros, a doação a entidades especializadas ou a pessoas habilitadas e inclusive o leilão. Percebe-se, portanto, que as autoridades públicas têm se utilizado da norma de proteção aos animais em sentido inverso ao estabelecido pela Constituição, para determinar a opção preferencial de abate de animais apreendidos em situação de risco. [...] Em outras palavras, a interpretação colacionada aos autos de que 'na dúvida, deverá o animal ser abatido para descarte' não se compatibiliza com as normas constitucionais de proteção dos animais contra abusos, crueldades ou maus-tratos. A finalidade das normas protetivas não autoriza concluir que os animais devam ser resgatados de situações de maus-tratos para, logo em seguida, serem abatidos" (ADPF 640, rel. Min. Gilmar Mendes, Pleno, j. 10-9-2021).

13.12.5.3. O entendimento do Supremo Tribunal Federal

Assim como para a maioria da doutrina constitucional brasileira, para o Supremo Tribunal Federal, o animal é coisa, é *res*, é objeto de direito (e não sujeito de direito). No julgamento do *Habeas Corpus* 50.343, o Supremo Tribunal Federal decidiu: "À toda evidência, o magno instituto não alcança os animais. [...] A legislação, tanto cogita do direito que o homem pode ter sobre os animais, como de especial proteção a estes assegurada. *Porém, situam-se eles como coisa ou bem, podendo apenas ser objeto de direito, jamais integrar uma relação jurídica na qualidade de sujeito de direito. Não vejo como se erigir o animal como titular de direito*" (RHC 50343, 1ª Turma, voto do Min. relator Djaci Falcão, 15-12-1972) (grifamos).

Não obstante, mesmo sendo *res*, é protegido pelo Direito Constitucional, como se vê no art. 225, da Constituição Federal, que veda a *crueldade aos animais*. Como base nesse dispositivo constitucional, três decisões do Supremo Tribunal Federal merecem destaque nessa última década.

Uma das primeiras decisões do STF acerca do bem-estar animal e a vedação da crueldade aos animais se deu em 1997, no Recurso Extraordinário 153.531, relatado pelo Ministro Marco Aurélio. O tema ali tratado foi o conflito entre uma manifestação cultural catarinense, conhecida como "farra do boi", e a proibição constitucional da crueldade aos animais (RE 153.531/SC – 2ª Turma, relator Min. Francisco Rezek, relator p/ acórdão Min. Marco Aurélio, j. 3-6-1997).

Nesse recurso, o voto do Ministro Francisco Rezek é acalentador. Isso porque, desde que nos propusemos a tratar do assunto "direito dos animais", ouvimos em contrapartida: no Brasil há temas mais urgentes para o constitucionalista se dedicar! A existência de temas mais prementes não nos proíbe de pensarmos também em temas que hoje não são tidos como os mais urgentes: "por que, num país de dramas sociais tão pungentes, há pessoas preocupando-se com a integridade física ou com a sensibilidade dos animais? Esse argumento é de uma inconsistência que rivaliza com sua impertinência. A ninguém é dado o direito de estatuir para outrem qual será sua linha de ação, qual será, dentro da Constituição da República, o dispositivo que, parecendo-lhe ultrajado, deva merecer seu interesse e sua busca de justiça. De resto, com a negligência no que se refere à sensibilidade de animais anda-se meio caminho até a indiferença que se faça a seres humanos. Essas duas formas de desídia são irmãs e quase sempre se reúnem, escalonadamente" (trecho do voto do Min. Francisco Rezek).

Ao julgar a mencionada questão, o STF, embora tenha reconhecido o direito à manifestação cultural corolário de um direito constitucional, tal direito não é absoluto, encontrando óbice no art. 225, VII, que veda a crueldade aos animais. Assim, decidiu o STF: "a obrigação de o Estado garantir a todos o pleno exercício de direitos culturais, incentivando a valorização e a difusão das manifestações, não prescinde da observância da norma do inciso VII do artigo 225 da Constituição Federal, no que veda prática que acabe por submeter os animais à crueldade. Procedimento discrepante da norma constitucional denominada 'farra do boi'" (RE 153.531/SC – 2ª Turma, relator Min. Francisco Rezek, relator p/ acórdão Min. Marco Aurélio, j. 3-6-1997).

Mais recentemente, o Supremo Tribunal Federal, na ADI 1.856, de 2011, relatada pelo Min. Celso de Mello, declarou inconstitucional a Lei fluminense n. 2.895/98, que permitia a exposição e a competição entre raças de aves combatentes, vulgarmente conhecida como "briga de galo". Segundo o STF: "a promoção de briga de galos, além de caracterizar prática criminosa tipificada na legislação ambiental, configura conduta atentatória à Constituição da República, que veda a submissão de animais a atos de crueldade, cuja natureza perversa, à semelhança da 'farra do boi' (RE 153.531/SC), não permite sejam eles qualificados como inocente manifestação cultural, de caráter meramente folclórico" (ADI 1856/RJ, rel. Min. Celso de Mello, Tribunal Pleno, j. 26-5-2011).

Ainda de que forma aligeirada, visão diferenciada foi dada por Carlos Ayres Britto que, de forma sensível, como de costume, afirmou: "esse tipo de crueldade caracteriza verdadeira tortura. Isso é uma tortura, e a Constituição proíbe a tortura, às expressas, no inciso III do art. 5º. Agora, eu só quero terminar dizendo o seguinte: essa crueldade, caracterizadora de tortura, manifesta-se no uso do derramamento de sangue e da mutilação física como um meio, porque o fim é a morte. O jogo só vale se for praticado até a morte de um dos contendores, de um dos galos, que são seres vivos. Quer dizer, é um meio. Derramar sangue e mutilar fisicamente o animal não é sequer o fim. O fim é, verdadeiramente, a morte de cada um deles; a briga até a exaustão e a morte. E não se pode perder a oportunidade para que a Suprema Corte manifeste o seu repúdio, com base na Constituição, a esse tipo de prática, que não é esporte nem manifestação de cultura".

Mais recentemente, na ADI 4.983, o Supremo Tribunal Federal apreciou a constitucionalidade da Lei cearense n. 15.299/2013, que regulamenta a vaquejada como prática desportiva e cultural do Estado. O Tribunal declarou a lei inconstitucional, por entender violadora do art. 225, VII, da CF, com os votos dos Ministros Marco Aurélio (relator), Luís Roberto Barroso, Rosa Weber, Celso de Mello, ficando vencidos os Ministros Edson Fachin, Gilmar Mendes, Teori Zavascki, Luiz Fux e Dias Toffoli.

Segundo o Ministro Marco Aurélio: "a crueldade intrínseca à vaquejada não permite a prevalência do valor cultural como resultado desejado". Segundo ele: "o boi inicialmente é enclausurado, açoitado e instigado a sair em disparada. Em seguida, a dupla de vaqueiros montados a cavalo tenta agarrá-lo pela cauda. O rabo do animal é torcido até que ele caia com as quatro patas para cima. O relator afirmou ainda que laudos técnicos contidos no processo demonstram consequências nocivas à saúde dos animais: fraturas nas patas e rabo, ruptura de ligamentos e vasos sanguíneos, eventual arrancamento do rabo, e comprometimento da medula óssea" (ADI n. 4.983/CE, rel. Min. Marco Aurélio, Tribunal Pleno, j. 6-10-2016).

O Ministro Roberto Barroso, apesar de reconhecer a importância da vaquejada como manifestação cultural regional, reconheceu que esse fator não torna a atividade imune a outros valores constitucionais, em especial ao valor da proteção ao meio ambiente. Em sentido contrário, o Ministro Fachin decidiu: "É preciso despir-se de eventual visão unilateral de uma sociedade eminentemente urbana com produção de acesso a outras manifestações culturais, para se alargar o olhar e alcançar essa outra realidade. Sendo a vaquejada manifestação cultural, encontra proteção expressa na Constituição. E não há razão para se proibir o evento e a competição, que reproduzem e avaliam tecnicamente atividade de captura própria de trabalho de vaqueiros e peões desenvolvidos na zona rural desse país".

No nosso entender, com a devida vênia, o entendimento do Min. Edson Fachin padece de um sério erro. Não há dúvida que a manifestação cultural é uma expressão de um direito constitucional importante. Todavia, o fato de não haver no interior do Brasil as mesmas opções culturais dos grandes centros não justifica, não legitima, a prática reiterada de ações violadoras de direitos. Ora, se no interior de um Estado a festa regional é o "arremesso de anões" ou o "estupro de virgens", a falta de cinemas ou teatros não fará dessas condutas menos lícitas. O fato é verificar se há ou não crueldade aos animais na prática cultural da vaquejada, assim entendemos.

No caso ora em comento, há um fato ainda mais interessante sobre o aspecto constitucional: o Congresso Nacional aprovou atos normativos transformando a vaquejada como manifestação cultural em âmbito nacional, protegendo-a (especialmente a EC 96/2017, que será adiante estudada). Poderia uma lei confrontar decisão judicial do STF, com efeito vinculante? Falamos sobre isso no capítulo anterior (sobre controle de constitucionalidade)[116].

Nas três decisões acima comentadas, o Supremo Tribunal Federal não reconheceu o "direito dos animais", mas o direito do homem a um meio ambiente ecologicamente equilibrado, direito de terceira dimensão: "Trata-se, consoante já o proclamou o Supremo Tribunal Federal (RTJ 158/205-206, rel. Min. Celso de Mello), com apoio em douta lição expendida por Celso Lafer, de um típico direito de terceira geração (ou de novíssima dimensão), que assiste, de modo subjetivamente indeterminado, a todo o gênero humano" (voto do Min. Celso de Mello, na ADI n. 1.856, Tribunal Pleno, j. 26-5-2011).

---

116. Dois são os temas que necessitam ser analisados. Primeiramente, o efeito vinculante de uma decisão do STF não vincula o Poder Legislativo, que poderá legislar sobre o tema, de forma contrária. Imaginemos que, 20 anos depois da decisão do STF, o Congresso Nacional dá ao mesmo tema um entendimento diverso, em face da evolução social sobre a questão. No caso da "vaquejada", passaram-se 20 dias, em vez de 20 anos. Mesmo assim, na Rcl 5.442-MC, rel. Min. Celso de Mello, o STF decidiu que os efeitos vinculantes da decisão do Supremo não vinculam o Poder Legislativo quanto à sua "produção normativa", ou seja, quanto ao seu poder de legislar, de editar novos atos normativos. Portanto, conclusão 1: pode o Poder Legislativo editar uma norma legal que contraria decisão vinculante do STF. Não obstante, nada impede que o STF, provocado, declare essa lei inconstitucional (aliás, seriam os mesmos motivos pelos quais declarou a lei cearense inconstitucional = crueldade aos animais). A questão mais complexa é: a quem cabe a palavra final na interpretação constitucional? Os juristas brasileiros, na sua maioria, dirão: cabe ao STF, ele dá a última palavra! A Constituição é o que o STF diz que ela é! Bem, essa posição está amparada no constitucionalismo norte-americano (do século passado!). Segundo constitucionalistas norte-americanos, como Mark Tushnet, da Universidade de Harvard, o Judiciário não pode exercer o monopólio da interpretação constitucional (assim como o faz Peter Häberle, na Sociedade Aberta dos Intérpretes da Constituição). Qual dos dois tem mais legitimidade, sob o ponto de vista da soberania popular: o Congresso Nacional ou o Supremo Tribunal Federal? Tendo a dizer que é o primeiro, escolhido (apesar de todas as mazelas eleitorais que conhecemos) diretamente pelo povo. Todavia, na minha opinião, a melhor saída para o caso é o seguinte: se sancionada a nova lei nacional da vaquejada, ajuizada uma Ação Direta de Inconstitucionalidade, que seja feita dessa vez uma discussão pública, democrática, com a participação de *amici curiae*, audiências públicas e que, ao final, possa o STF estabelecer um parâmetro intermediário. Dizer que toda vaquejada é inconstitucional parece-me um exagero. Poderiam ser estabelecidos parâmetros mais objetivos do que seria permitido e do que seria considerado crueldade ao animal, nessa manifestação cultural.

13.12.5.4. Sacrifício de animais em cultos religiosos

Comentaremos melhor esse assunto no capítulo seguinte, quando tratarmos do *direito à liberdade de consciência, crença e culto*. O STF examinou essa questão no RE 494.601, decidindo que "é constitucional a lei de proteção animal que, a fim de resguardar a liberdade religiosa, permite o sacrifício de animais em religiões de matriz africana".

A decisão proferida pelo Supremo Tribunal Federal é consentânea com a jurisprudência de outros Tribunais Constitucionais. De fato, tem-se entendido que a liberdade de crença e de culto prevalece sobre o meio ambiente (na visão antropocêntrica) ou sobre o direito à vida dos animais (na visão biocêntrica).

Segundo o STF, o direito supostamente violado pelo sacrifício dos animais seria o meio ambiente (já que ele não reconhece os animais como sujeitos de direitos). Afirmou o Ministro Marco Aurélio: "mesmo condutas inseridas no contexto religioso devem observar o grau de protagonismo conferido, pela Constituição Federal, ao *meio ambiente*" (grifamos).

Nesse caso, podemos entender plenamente as razões da decisão do STF. Nós discordamos dos valores considerados em conflito. Embora o STF, mais uma vez, tenha considerado os animais meros objetos do direito (segundo ele, o direito violado seria o meio ambiente), entendemos que os animais são titulares de direitos fundamentais. Dessa maneira, em nosso ponto de vista, teríamos dois pesos numa balança, a serem ponderados: a vida do animal e o direito à liberdade de culto humano. O resultado da ponderação poderia ser o mesmo, mas os valores ponderados seriam diferentes.

Dessa maneira, como já defendemos em edições anteriores desta obra, em nosso entender, a questão merece legislação infraconstitucional. Simplesmente afirmar que é permitido incondicionalmente o abate de animais para fins religiosos significa "coisificar" a vida não humana, algo incompatível com o direito contemporâneo, biocêntrico (e não mais antropocêntrico).

Para maior aprofundamento, sugerimos a leitura do capítulo seguinte.

13.12.5.5. A Emenda n. 96/2017 ("PEC da Vaquejada") – O efeito backlash e o direito dos animais

Em 2017, o Congresso Nacional, como "resposta" à decisão do Supremo Tribunal Federal que considerou a "vaquejada" crueldade aos animais, aprovou a Emenda Constitucional 96, de forma bastante célere (basta mencionar que os dois turnos de votação no Senado Federal ocorreram no mesmo dia!). O Congresso Nacional acrescentou o § 7º ao art. 225 da Constituição Federal: "Para fins do disposto na parte final do inciso VII do § 1º deste artigo, não se consideram cruéis as práticas desportivas que utilizem animais, desde que sejam manifestações culturais, conforme o § 1º do art. 215 desta Constituição Federal, registradas como bem de natureza imaterial integrante do patrimônio cultural brasileiro, devendo ser regulamentadas por lei específica que assegure o bem-estar dos animais envolvidos".

Com essa Emenda Constitucional, o Congresso Nacional reagiu à decisão do Supremo Tribunal Federal, dando ensejo ao chamado efeito *backlash*, que estudamos no capítulo 1 desse livro (ao qual remetemos o leitor).

Poderia o Congresso Nacional elaborar essa lei, que contraria a decisão do Supremo Tribunal Federal, com feito vinculante? Sim. O efeito vinculante das decisões do Supremo Tribunal Federal vincula todos os demais órgãos do Poder Judiciário, bem como a Administração Pública, mas não vincula o Poder Legislativo, no seu ato de legislar. Dessa maneira, em tese, poderia o Congresso Nacional legislar em sentido contrário.

Sob um ponto de vista antropocentrista, segundo o qual o único titular dos direitos fundamentais é o ser humano, a presente Emenda Constitucional é constitucional, pois fez, de forma normativa, uma ponderação entre dois interesses humanos: de um lado o meio ambiente (que seria um bem de uso comum do SER HUMANO) e de outro lado a manifestação cultural do SER HUMANO (manifestada por meio de esportes envolvendo animais).

Não obstante, como a seguir tentaremos demonstrar, temos uma posição diferente. No nosso entender, os animais não são mais apenas objetos de direito, mas sujeitos de direito. Seriam os animais titulares de direitos fundamentais. Dessa maneira, a Emenda Constitucional 96/2017 perpetrou um retrocesso no tocante ao direito dos animais, para prestigiar a diversão humana, decorrente de suas manifestações culturais.

Por esse motivo, entendemos que a Emenda Constitucional 96/2017 é formal e materialmente inconstitucional.

Formalmente inconstitucional porque, como dissemos acima, os dois turnos de votação no Senado Federal foram realizados no mesmo dia! Ora, embora a Constituição Federal não preveja um interstício mínimo entre os dois turnos de votação da Emenda Constitucional, o objetivo constitucional é claro: evitar que o Congresso Nacional modifique, de inopino, de forma irrefletida, a Constituição Federal. Ora, quando uma Casa parlamentar viola o Regimento Interno nessa intensidade, não viola apenas a regra regimental, mas indireta ou reflexamente a própria Constituição Federal.

Materialmente inconstitucional porque, como defenderemos a seguir, os animais são titulares de direitos fundamentais. A Emenda Constitucional produziu um desproporcional retrocesso na tutela do direito dos animais, violando a cláusula pétrea dos "direitos e garantias individuais". Obviamente, nenhum direito é absoluto, como veremos adiante. Não obstante, a restrição aos direitos fundamentais deve se dar de forma razoável e proporcional. Na ponderação entre o bem-estar do animal não humano e a diversão do animal humano, entendemos que a opção da Emenda Constitucional 96 viola a "proporcionalidade em sentido estrito" (que estudamos no capítulo destinado à Hermenêutica Constitucional).

13.12.5.6. A proibição do abate de animais apreendidos por maus-tratos (ADPF 640)

Como vimos acima, em setembro de 2021, o STF julgou a ADPF 640, entendendo serem inconstitucionais todas as decisões administrativas ou judiciais que autorizem o sacrifício de animais silvestres ou domésticos apreendidos em situação de maus-tratos em decorrência de interpretação ilegítima de dispositivos da Lei dos Crimes Ambientais (Lei n. 9.605/98).

Embora o ministro relator tenha fundamentado majoritariamente na tutela do Meio Ambiente, à luz da doutrina brasileira e estrangeira, referiu-se também à posição doutrinária e jurisprudencial mais avançada, que defende uma visão biocêntrica da tutela ambiental, ou seja, a visão de que a proteção da vida dos animais não decorre da proteção humana do meio ambiente sadio, mas de uma tutela específica e independente.

No nosso entender, a decisão é acertada. Ainda que não se reconheça o animal como "sujeito de direitos" (como defendemos no item seguinte), indubitavelmente, os animais são objeto da proteção jurídico-constitucional, máxime porque o art. 225, § 1º, VII, da Constituição Federal veda a crueldade aos animais. Dessa maneira, pode-se admitir o abate ou o sacrifício de animais para alimentação, para testes médico-científicos ou para evitar pragas que coloquem em risco a vida humana (como no episódio de 2020 na Dinamarca, que ensejou o sacrifício de milhões de animais, diante da mutação do vírus da Covid-19). Não obstante, não se deve admitir o sacrifício ou abate de animais para tutela de bens jurídicos humanos menores, como lazer (como no caso da morte de cães ou galos de briga), testes em produtos cosméticos, fabricação de roupas e outros utensílios ou para se evitar gastos públicos excessivos com sua guarda e manutenção.

Admitir entendimento em sentido contrário, permitindo o sacrifício de animais que já sofreram maus-tratos, além de ser um ato de profunda crueldade, traz um precedente perigoso: quais serão os próximos seres vulneráveis que não protegeremos, por razões econômicas? Pobres ou imigrantes?

13.12.5.7. Proibição do uso de animais em testes de produtos cosméticos (ADI 5.995)

Em maio de 2021, o STF julgou constitucional lei estadual do Rio de Janeiro que proibia o uso de animais em testes de cosméticos, perfumes, produtos de higiene pessoal, limpeza e seus componentes. A votação se deu por dez votos a um. O único voto divergente foi o ministro Nunes Marques. Embora o tema central dessa ação tenha sido a competência legislativa dos entes federativos, a análise do direito dos animais foi uma das questões centrais.

O ministro relator, Gilmar Mendes, explicou que "o STF tem reconhecido a possibilidade de os estados ampliarem proteções dadas por norma federal, especialmente, quando voltadas ao direito à vida e à proteção do meio ambiente". O ministro Alexandre de Moraes foi na mesma linha. Segundo ele, "não se justifica uma exploração aos animais para questão cosmética, principalmente na atual fase em que a química permite várias outras possibilidades".

Trecho do voto do ministro Roberto Barroso é a demonstração da mudança paradigmática que defendemos há anos e que vem aos poucos sendo aceita pela jurisprudência: "Todavia, eu penso, ao longo do tempo, foi-se reconhecendo progressivamente o valor intrínseco dos animais, independentemente da sua instrumentalizado para a proteção do meio ambiente. A proteção dos animais em si, como seres sencientes, capazes de sofrimento e capazes de sentir dor. Portanto, eu acho que nós evoluímos para uma proteção autônoma dos direitos dos animais pelo seu valor intrínseco e independentemente do maior ou do menor proveito que essa proteção possa trazer genericamente para o meio ambiente. A evolução da ética animal tem sido um fator relevante no processo civilizatório global. Como já é lembrado e citado da tribuna pelo Doutor Gustavo Teixeira Ramos, inúmeros países têm evoluído nessa direção, inclusive no que diz respeito à testagem para fins cosméticos. Eu considero esse um ponto importante de se destacar, porque já há precedentes em tribunais internacionais e no Direito Comparado até mesmo de reconhecimento dos animais e da própria natureza como sujeitos de direito. Portanto, há uma modificação importante. Talvez seja a quarta ferida narcísica da condição humana. Já não somos o centro do universo desde Copérnico; pertencemos ao reino animal desde Darwin; não mandamos nem na nossa consciência plena desde Freud; e talvez tenhamos que reconhecer, em breve, a titularidade de direitos por animais. E, como disse, há precedentes no Direito Comparado. Verifico, pois, nesse domínio, uma tendência mundial de ampliação de direitos. O Supremo Tribunal Federal não ficou de fora desse processo evolutivo" (ADI 5.995, rel. Min. Gilmar Mendes, trecho do voto do Min. Roberto Barroso, j. 27-5-2021).

13.12.5.8. Por uma mudança de paradigma: os direitos de quinta dimensão (os direitos dos animais)

Defendemos, à luz da farta doutrina estrangeira que rege o tema, bem como à luz dos princípios constitucionais do direito brasileiro, uma mudança de paradigma acerca do assunto ora em análise. Defendemos que a tutela do bem-estar dos animais, hoje um corolário da tutela do meio ambiente sadio (em que o homem é o titular), seja tido como um direito fundamental dos próprios animais. Defendemos que os animais deixem de ser objetos de direito (coisas, semoventes, *res*) e passem a ser sujeitos de direito. Para tanto, utilizaremos como suporte teórico as obras de Jeremy Bentham, filósofo e jurista inglês (*The Principles of Moral and Legislation*), Cass R. Sunstein, professor da Universidade de Harvard (*Animal Rights*), Peter Singer, filósofo australiano, professor da Universidade de Princeton, nos Estados Unidos (*Animal Liberation*) e Fernando Araújo (*A Hora do Direito dos Animais*).

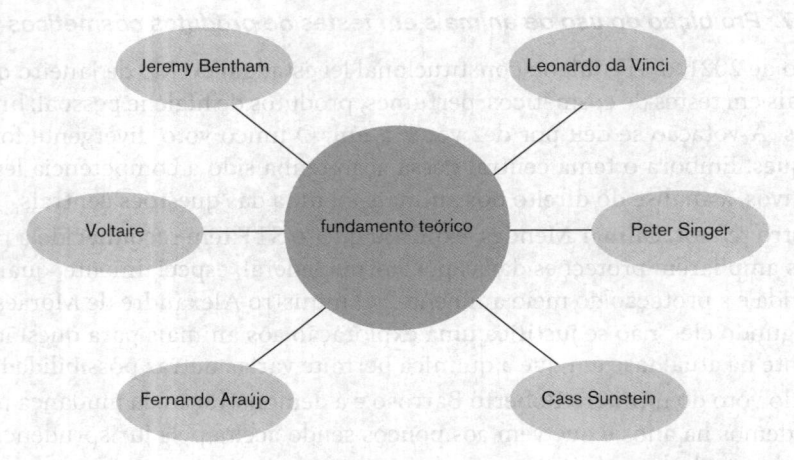

```
           Jeremy Bentham          Leonardo da Vinci

  Voltaire          fundamento teórico         Peter Singer

           Fernando Araújo           Cass Sunstein
```

Primeiramente, o enfraquecimento da tradicional visão antropocêntrica do Direito, deu ensejo a teorias de que os animais não humanos são titulares de direitos fundamentais. Historicamente, o ser humano sempre foi tido como o único titular dos direitos fundamentais. O art. 225, *caput*, da Constituição brasileira, ao tratar do meio ambiente, prevê que "todos têm direito ao meio ambiente ecologicamente equilibrado, bem de uso comum do povo e essencial à sadia qualidade de vida, impondo-se ao Poder Público e à coletividade o dever de defendê-lo e preservá-lo para as presentes e futuras gerações". Como se vê, o meio ambiente é um bem DO POVO, para a qualidade de vida DO SER HUMANO, para garantir o bem-estar das presentes e futuras gerações de SERES HUMANOS. Como veremos melhor no item seguinte (a natureza como titular de direitos), filósofos como Michel Serres (França) e Hans Jonas (Alemanha) defendem uma nova postura ética do ser humano e uma nova postura do Direito.

Como lembra Sunstein, nos últimos dez anos, a questão dos direitos dos animais se moveu da periferia e migrou para o centro do debate político e legal. O debate é internacional. Em 2002, a Alemanha foi o primeiro país da Europa a votar a garantia dos direitos dos animais na sua Constituição, acrescentando as palavras "e animais" na cláusula que obriga o estado a respeitar e proteger a dignidade dos seres humanos. O projeto que alterou a sua Constituição teve o voto favorável de 543 deputados e apenas 19 votos contrários. Segundo o art. 20a da Constituição alemã: "Tendo em conta também a sua responsabilidade frente às gerações futuras, o Estado protege os recursos naturais vitais e os animais, dentro do âmbito da ordem constitucional, através da legislação e de acordo com a lei e o direito por meio dos poderes executivo e judiciário". Desde 1990, o Código Civil alemão (*Bürgerliches Gesetzbuch*) não mais reconhece os animais como sendo coisas.

No dia 1º de maio de 2017, entrou em vigor em Portugal o "Estatuto dos Animais" (Lei n. 8/2017). Desde esse dia, o animal deixou de ser *res* (coisa, semovente), passando a ter a natureza de "ser vivo dotado de sensibilidade". Segundo o novo art. 201-B, do Código Civil português, "os animais são seres dotados de sensibilidade e objeto de proteção jurídica em virtude da sua natureza"[117].

A Constituição da Bolívia, de 2009, mostra uma preocupação destacada com o meio ambiente e os seres vivos já em seu preâmbulo: "cumprindo o mandato de nossos povos, com a fortaleza de nossa *Pachamama* e graças a Deus, refundamos a Bolívia". *Pachamama* significa "Mãe Terra", na língua indígena quíchua. Não obstante, a Lei n. 700, de 1º de junho de 2015, aprovada pela "Assembleia Legislativa Plurinacional" prevê expressamente que são "direitos dos animais": "a) serem reconhecidos como seres vivos; b) um ambiente saudável e protegido; c) serem protegidos contra todo tido de violência, maus-tratos e crueldade; d) serem auxiliados e atendidos" (art. 3º).

A Constituição do Equador é a mais avançada da América do Sul no que toca ao direito dos animais (e da natureza, em geral). Já no Preâmbulo, a Constituição celebra "a natureza, a *Pachamama*, da qual somos parte e que é vital para nossa existência". A partir do art. 71, prevê os direitos da natureza, distanciando-se de uma visão antropocentrista, que dominou (e ainda domina) o Direito desde as primeiras constituições modernas. Por essa razão, a doutrina equatoriana considera que os animais são titulares de direitos fundamentais. É o caso de Molina Chillagana Catalina Geoconda[118], Ernesto Pazmiño Granizo[119], Joan Estefany Correa Paredes[120], dentre outros.

O precursor de tal entendimento na América do Sul foi Alfredo Gonzáles Prada, que defendeu a tese *"El Derecho y el Animal"*, na Universidad Nacional Mayor de San Marcos, em Lima, no Peru (a mais antiga universidade do continente americano, fundada em 1551). Segundo o autor, todos os seres vivos dotados de sensibilidade são sujeitos de direitos (nas palavras do autor, são sujeitos de gozo, embora não sejam sujeitos de disposição), ainda que não tenham capacidade de exigir o seu cumprimento ou de assumir deveres (o que ocorre com os doentes mentais, os recém-nascidos e os animais não humanos). Segundo o autor: "cabe considerar o animal como sujeito de direito e que não pode repugnar nunca, dentro de uma mentalidade jurídica verdadeiramente humana, sancionar uma obrigação onde nossa moral já conhece um

---

117. Segundo o art. 201-C: "a proteção jurídica dos animais opera por via das disposições do presente código e de legislação especial". Somente em casos excepcionais os animais poderão receber o tratamento jurídico das coisas, desde que compatível com a natureza (de seres vivos dotados de sensibilidade), nos termos do art. 201-D: "na ausência de lei especial, são aplicáveis subsidiariamente aos animais as disposições relativas às coisas, desde que não sejam incompatíveis com a sua natureza".
118. "El modelo del buen vivir debe reconocer a los animales como sujetos de derecho. El buen vivir evoca felicidad, justicia, igualdad, solidariedad cuyo fin es el ser humano como elemento que integra un medio físico (aspectos abióticos) y con otros seres vivos (aspecto biótico), planificado para impedir el despilfarro de los recursos naturales que cayeron en manos de quien también se enriquecieron, este enfoque humanístico busca una sociedad justa de derechos y con valores sin embarbo buscar bienestar para los animales no implica desvincularse del bienestar humano y el bien común" (*Los Animales Sujetos de Derecho en La Constitución de 2008*, p. 37).
119. *Un Análisis de Porqué los Animales Son Sujetos de Derechos*.
120. "El reconocimiento a la naturaleza, y en consecuencia a los animales, de los derechos manifestados en el texto constitucional de nuestro país, se deben, en realidad, a la cosmovisión de nuestras comunidades y pueblos indígenas, quienes transmitieron su conocimiento y perspectivas respecto al familiaridad existente entre el ser humano y la pachamama" (*Los Primates, Sujetos del Derecho Ecuatoriano*, p. 43).

dever. Toca, pois, ao Direito e não unicamente à Ética consagrar um regime onde sejam reconhecidos esses interesses animais, que num conceito genuíno de Humanidade, reclamam proteção com a mesma força e o mesmo direito que os interesses do homem"[121].

Dessa forma, não há justificativa moral, ética, filosófica ou jurídica para tratar de forma tão diferente animais humanos e não humanos. Defendemos a tese de que os direitos dos animais são direitos de quinta dimensão. Isso porque despertam os mesmos desafios intelectuais gerados pelas gerações anteriores. Quando surgiram os direitos sociais, a doutrina e a jurisprudência tiveram que responder a algumas perguntas (algumas cuja resposta até hoje não é certa): quais são os titulares desses direitos? Quais são os deveres do estado? Qual a amplitude e os limites desses direitos? Essas mesmas questões devem ser enfrentadas com os direitos de uma nova dimensão, que se afasta do antropocentrismo secular.

Um dos primeiros teóricos a fundamentar o direito dos animais foi o filósofo e jurista inglês Jeremy Bentham, na obra *Introduction to the Principles of Moral and Legislation*. Segundo o autor, o critério da racionalidade ou da oralidade não é suficiente para identificar os sujeitos de direitos, os titulares de direitos fundamentais. O entendimento clássico e majoritário ainda no Brasil de que somente os seres humanos são titulares de direitos porque são os únicos que falam, raciocinam e são capazes de assumir obrigações parece sucumbir diante desse pensamento do autor inglês: "mas um cavalo ou cão completamente desenvolvido é, sem sombra de comparação, um animal mais racional e mais interligado do que uma criança de um dia, uma semana ou até um mês de idade. Mas, supondo que o caso fosse o contrário, isso seria válido? A questão não é nem se eles possuem razão, nem se eles podem falar. Mas sim: eles podem sofrer?"[122].

Figura 13.7 – Retrato de Jeremy Bentham (créditos ao final do livro).

Em Portugal, mesmo raciocínio tem Fernando Araújo, segundo o qual "se fossemos assentar a discriminação em 'capacidades racionais' e aceitássemos qualquer grau de sofrimentos nos seres discriminados, seríamos levados à conclusão de que as crianças, os deficientes profundos e os irreversivelmente incapacitados entre os humanos poderiam justificadamente ficar mais expostos ao sofrimento do que os demais membros da sua espécie, e até do que muitos não humanos"[123].

A discussão não é nova. Como afirmamos anteriormente, em 1764, Voltaire faz uma comparação irrefutável: "Vês-me entrar em casa aflito, procurar um papel com inquietude, abrir a escrivaninha, onde me lembra tê-lo guardado, encontrá-lo, lê-lo com alegria. Percebes que experimentei os sentimentos de aflição e prazer, que tenho memória e conhecimento. Vê com os mesmos olhos esse cão que perdeu o amo e procura-o por toda parte com ganidos dolorosos, entra em casa agitado, inquieto, desce e sobe e vai de aposento em aposento e enfim en-

---

121. Alfredo Gonzales Prada. *El Derecho y el Animal*. Tesis para el Doctorado em Jurisprudencia, p. 42.
122. *Introduction to the Principles of Moral and Legislaton*, p. 283.
123. *A Hora do Direito dos Animais*, p. 97.

contra no gabinete o ente amado, a quem manifesta sua alegria pela ternura dos ladridos, com saltos e carícias"[124]. Quem somos nós para nos considerarmos titulares de direitos fundamentais e tratarmos os outros seres vivos como "coisas", se os sentimentos de aflição, agonia, alegria e regozijo são tão semelhantes?

Como afirma Peter Singer: "discriminar os seres apenas com base na sua espécie é uma forma de preconceito, imoral e indefensável, do mesmo modo que a discriminação com base na raça é imoral e indefensável"[125]. De fato, há 200 anos a legislação brasileira considerava o escravo como coisa, *res*, semovente. Movimentos sociais, políticos e jurídicos fizeram, depois de muita luta, suor e sangue, triunfar o abolicionismo. Há muita semelhança entre o racismo de nossos antepassados e o especismo de nossa geração. Se nossos antepassados acreditavam que havia etnias superiores a outras, nossa geração considera que a espécie humana é superior a outras espécies de seres vivos. A nossa seria titular de direitos e as outras estariam no universo para nos servirem e, nos termos da EC 96/2017, até mesmo para nos divertirem. Concorda conosco o festejado penalista argentino Eugênio Raul Zaffaroni: "É inquestionável o paralelo entre a abolição jurídica da escravidão e o avanço animalista. Basta recordar que a sentença da Suprema Corte dos Estados Unidos que desatou a guerra da secessão privilegiava a propriedade sobre a liberdade dos escravos há apenas um século e meio. O reconhecimento da personalidade jurídica de entes considerados coisas avançou no direito através de séculos"[126].

Existe uma diferença entre o bem-estar animal (*animal welfare*) e os direitos dos animais (*animal rights*). No primeiro, admite-se que o animal é propriedade do homem, entendendo necessária uma regulamentação acerca do seu melhor tratamento, minimizando o sofrimento dos animais, estabelecendo regras de abate humanitário, excepcionando a pesquisa científica com animais etc. Já a teoria do *animal rights* corresponde a um estágio adiante, tendo os animais como sujeitos de direito, que podem ser protegidos contra qualquer forma de exploração[127].

Felizmente, cresce na doutrina brasileira o número de autores que defende a mudança de paradigma, transformando os animais em "sujeitos de direitos". Por exemplo, "o animal não humano é relevante enquanto indivíduo, portador de valor intrínseco e dignidade própria, dada a sua capacidade de sentir dor e experimentar sofrimento, seja físico, seja psíquico. É o fato da *senciência* animal, valorado pela Constituição, que revela a *dignidade animal*, incompatível com as equiparações tradicionais entre *animais* e *coisas*, *animais* e *bens* ou com a consideração dos animais como *simples meios* para o uso arbitrário desta ou daquela vontade humana. Em outras palavras, o Direito Animal opera com a transmutação do conceito *civilista* de animal como *coisa*, para o conceito *animalista* de animal como *sujeito de direitos*"[128].

---

124. Voltaire. *Dicionário Filosófico*, p. 127.
125. Op. cit., p. 354.
126. Eugenio Raul Zaffaroni. *La Pachamama y el Humano*, p. 21.
127. Nelson Rosenvald defende o primeiro estágio. Segundo o brilhante civilista, ainda não estamos preparados para considerar os animais como titulares de direitos, mas, para ele, devemos nos afastar lentamente da visão antropocêntrica que hoje norteia o Direito: "Que ainda prevaleça uma visão antropocêntrica, porém menos exacerbada e em conformação com uma perspectiva intergeracional, pois nossos filhos e netos não merecem viver em um planeta no qual o ser humano caminha a passos largos para se tornar a espécie única" (*O Direito Civil em Movimento. Desafios Contemporâneos*, p. 31).
128. Vicente de Paula Ataíde Júnior. *As Famílias Multiespécies à Luz dos Princípios do Direito Animal*, p. 18.

Quais animais seriam titulares de direitos fundamentais? Como afirma Cass Sunstein: "as pessoas não veem os animais da mesma forma. Podem concordar com a proteção dos interesses dos seus cães, gatos, cavalos e golfinhos, mas não gostam de pensar o mesmo sobre mosquitos e baratas (ratos, camundongos e esquilos são vistos como um caso intermediário). É frequentemente questionado, aos que acreditam nos direitos dos animais, que a sua posição conduziria a uma verdadeira conclusão absurda à de que as pessoas não podem matar mosquitos, ou livrar suas casas de ratos e baratas"[129].

Qual o critério a ser utilizado para identificar os animais titulares de direitos? Há duas formas de responder essa questão. Uma forma seria a capacidade cognitiva dos animais envolvidos, a capacidade de expressar sentimentos como alegria, tristeza e apreensão. Preferimos o critério criado por Bentham, citado tanto por Sunstein, como por Peter Singer, que coloca a ênfase sobre se e em qual medida o animal em questão é capaz de sofrer.

Se cães, gatos, aves e ratos são capazes de sofrer – e não há dúvidas que eles são – então seus interesses são relevantes. Mas isso não significa que tais direitos seriam absolutos, não comportando interpretações radicais. Como afirma Cass Sunstein, é necessário "um certo grau de equilíbrio. Se os seres humanos estão sob o risco de doenças causadas por mosquitos e ratos, eles têm uma forte justificativa, talvez mesmo de autodefesa, para eliminá-los ou transferi-los". Da mesma forma, a pesquisa científica realizada em ratos pode ser essencial para a descoberta da cura de doenças importantes e, nesse caso, num juízo de ponderação, seu direito seria sacrificado em detrimento de outro direito tido como mais relevante.

Quais seriam os direitos dos animais? Entendemos que, basicamente, os animais têm o direito de viver dignamente. Segundo Martha Nussbaum, são "elementos de uma existência digna dos animais: desfrutar de oportunidades adequadas de nutrição e atividade física, viver livremente de dor, miséria e crueldade, dispor de liberdade para atuar de modo característico de cada uma das espécies, viver sem medo e gozar de oportunidades para elaborar relações gratificantes com outras criaturas da mesma espécie (ou de outras distintas) e ter a opção de desfrutar da luz e do ar em tranquilidade"[130].

O avanço legislativo, doutrinário e jurisprudencial pelo mundo afora é grande, nesse tema: a Declaração Universal dos Direitos dos Animais, da UNESCO (Bruxelas, Bélgica, 1978), confirma a ideia de que "todo animal possui direitos". Da mesma maneira, o protocolo sobre o Bem-Estar Animal da União Europeia não reduz os animais a meros bens ou produtos agrícolas. Em 2014, na Argentina, foi concedido um *habeas corpus* em favor de um orangotango do zoológico de Palermo sob o argumento de que se tratava de um "confinamento injustificado e um animal com comprovada capacidade cognitiva". Em Portugal, como afirmamos acima, desde 1º de maio de 2017, os animais não são mais considerados coisas, mas seres vivos dotados de sensibilidade. Na América do Sul, por conta do novo constitucionalismo latino-americano e a respectiva proteção da Pachamama, as Constituições do Equador e da Bolívia se destacam pelo protagonismo.

---

129. *The Rights of Animals: A Very Short Primer.*
130. *Las Fronteras de La Justicia: Consideraciones sobre la Exclusión.*

Fazemos nossa a conclusão de Cass Sunstein: "toda pessoa razoável acredita nos direitos dos animais. Até mesmo os mais críticos apoiam as leis anticrueldade. [...] Não há nenhuma boa razão para permitir o nível de sofrimento que agora está sendo experimentado por milhões, até bilhões de seres vivos". Devemos evitar exageros (como a tese da autonomia dos animais, entendida como o direito de ser livre do controle dos homens), "já que o controle dos humanos parece ser compatível com a vida digna dos animais".

Por fim, nesta obra, nossa intenção principal é trazer o tema para o palco central das discussões constitucionais. Trouxemos mais indagações que respostas, mas esperamos ter introduzido na discussão pátria algumas bases para a admissão de uma nova categoria, geração ou dimensão dos direitos fundamentais. Entendemos que esses novos direitos devem ser reconhecidos, mas sempre à luz da regra da proporcionalidade, é claro. Fazemos nossas as conclusões de Cass Sunstein: "é apropriado considerar o equilíbrio de interesses, e às vezes nossos interesses superam os de outros animais".

Foi o que ocorreu em 2020, durante a pandemia de Covid-19. O governo dinamarquês determinou o abate de 17 milhões de visons (mamíferos mustelídios do gênero Mustela), capazes de se contaminar com o coronavírus e transmitir ao ser humano, com alguma espécie de mutação, podendo comprometer a eficácia de vacinas. O mesmo procedimento foi adotado na Irlanda, Holanda e Espanha, com o sacrifício de milhares de animais. Nesse caso, tais medidas foram tomadas para proteção da vida humana[131].

Todavia, continua o professor norte-americano Cass Sunstein: "o problema é que, na maioria das vezes, os interesses dos animais não são contados. Acredito que, a longo prazo, nossa vontade de submeter animais a sofrimentos injustificados será uma forma de barbaridade inconcebível – não o mesmo, mas de muitas maneiras moralmente semelhante à escravidão e ao extermínio em massa de seres humanos".

Por isso, admitir que os animais são titulares de direitos fundamentais será um grande avanço na visão contemporânea do Direito, na qual o homem é um ser inserido no ambiente que o cerca, suas condutas não têm um fim em si mesmo, mas devem ser sopesadas à luz de direitos dos outros seres vivos e da própria natureza. Como diz Fernando Araújo: "o direito ao não sofrimento dos animais retiraria à arrogância antropocêntrica (à ideia de homem como único fim em si mesmo) a sua faceta tirânica e cruel, obrigando-a à reponderação dos interesses em causa, mesmo na sua mera instrumentalidade – despertando-a para o elementar requisito moral que nos veda que apreciemos um bem, o bem do antropocentrismo, sem levar em conta o mal em que se alicerça, o mal que consente ou o mal que produz"[132].

Por fim, defendemos que os animais são titulares de direitos, mas não consideramos correta certa tendência jurisprudencial a "humanizar os animais". Entendemos que o mais correto é, em vez de humanizar os animais, considerando-os seres humanos dotados de todos os direitos fundamentais, devemos considerá-los como seres vivos que, por conta de sua sensibilidade ou senciência, são titulares de alguns direitos fundamentais, como, principalmente, a vida digna.

---

131. Na Dinamarca, o assunto rendeu desdobramentos políticos profundos. Depois de abater os primeiros milhões de animais, houve uma reação política e popular que ensejou a demissão do Primeiro-Ministro dinamarquês e a suspensão dos abates, sob o argumento de que não havia evidências científicas de que a mutação do vírus tornaria imperioso o sacrifício dos animais.
132. *A Hora do Direito dos Animais*, p. 113-114.

13.12.5.9. A histórica decisão do STJ de 2018 e o Projeto de Lei aprovado no Senado

Em junho de 2018, a 4ª Turma do STJ reconheceu o direito de visitas a um animal (uma cadelinha adquirida durante a união estável desfeita), no Recurso Especial 1.713.167/SP, 4ª Turma, rel. Min. Luis Felipe Salomão, j. 19-6-2018). Primeiramente, no próprio acórdão, o Tribunal ressaltou a importância do tema: "inicialmente, deve ser afastada qualquer alegação de que a discussão envolvendo a entidade familiar e o seu animal de estimação é menor, ou se trata de mera futilidade a ocupar o tempo desta Corte. Ao contrário, é cada vez mais recorrente no mundo da pós-modernidade e envolve questão bastante delicada, examinada tanto pelo ângulo da afetividade em relação ao animal, como também pela necessidade de sua preservação constitucional".

Figura 13.8 – Garota com cão de estimação (créditos ao final do livro).

Embora tenha reconhecido o *status* de coisas aos animais, o STJ ponderou que "*os animais de companhia são seres que, inevitavelmente, possuem natureza especial e, como ser senciente – dotados de sensibilidade, sentindo as mesmas dores e necessidades biopsicológicas dos animais racionais, também devem ter o seu bem-estar considerado*" (grifamos).

Não obstante, depois de considerar os animais como seres sencientes, o STJ concedeu o direito de visita ao animal pelo ex-companheiro, para "proteção do ser humano e do seu vínculo afetivo com o animal". Consta da ementa: "Assim, na dissolução da entidade familiar em que haja algum conflito em relação ao animal de estimação, independentemente da qualificação jurídica a ser adotada, a resolução buscará atender, sempre a depender do caso em concreto, aos fins sociais, atentando para a própria evolução da sociedade, com a proteção do ser humano e do seu vínculo afetivo com o animal".

Entendemos que essa decisão é um marco histórico para o reconhecimento dos animais como sujeitos de direitos, sencientes, dotados de sensibilidade. A cada edição deste livro, novos são os autores que sustentam o mesmo. Isso mostra que Victor Hugo estava certo: "não há força capaz de enfrentar uma ideia cujo tempo tenha chegado".

Em 2019, o Senado Federal aprovou projeto de lei ordinária, a exemplo de tantos outros países, para transformar a natureza jurídica dos animais não humanos. De coisas, semoventes, os animais seriam seres sencientes, dotados de sensibilidade. Quando do fechamento da edição desta obra, o projeto de lei ainda não tinha sido aprovado pela Câmara dos Deputados, mas a aprovação no Senado já é uma imensa evolução no caminho do reconhecimento dos animais como sujeitos de alguns direitos fundamentais.

13.12.5.10. A histórica decisão do TJ/PR de 2021 reconhecendo que animais não humanos podem ser partes

Em 2021, histórica decisão foi proferida pelo Tribunal de Justiça do Estado do Paraná. A ação originária foi ajuizada em agosto de 2020 pelos cães Spyke e Rambo e a Organização não Governamental (ONG) que os resgatou. Na petição inicial, foi relatado que os animais estavam há 29 dias sozinhos no imóvel, pois os tutores estavam viajando. Segundo a petição, poucas vezes alguém apareceu para fornecer água e alimento aos cães. Preocupados, os vizinhos passaram a alimentar os animais e chamaram a ONG e a Polícia Militar para verificar a situação.

Os dois animais foram resgatados pela Organização e levados a uma clínica veterinária, onde foi constatado que o cão Spike estava com lesões e feridas. Diante dos fatos relatados, a ONG e os cachorros ajuizaram a ação de reparação de danos em face de seus antigos tutores, solicitando que os cães fossem reconhecidos como parte autora do processo. Pediram, também, o ressarcimento dos valores gastos pela ONG, além da condenação dos réus ao pagamento de indenização por danos morais, pelo sofrimento causado, e uma pensão mensal aos animais, até que eles passem para a guarda definitiva da ONG. Ao apreciar a demanda, o Juízo de Primeiro Grau extinguiu a ação sem resolução de mérito em relação aos cachorros Spyke e Rambo, por entender que não possuem capacidade de ser parte em um processo. Os autores da ação recorreram, mediante recurso de agravo de instrumento, solicitando a reforma da decisão pelo TJPR, tendo a 7ª Câmara Cível reconhecido os cães como parte autora.

O acórdão da 7ª Câmera Cível do Tribunal de Justiça do Paraná (TJPR) que reconhece a capacidade de animais serem parte em processos judiciais foi publicado na quinta-feira. O relator do recurso, juiz substituto em Segundo Grau Marcel Guimarães Rotoli de Macedo, destacou na decisão: "Os animais, enquanto sujeitos de direitos subjetivos, são dotados da capacidade de ser parte em juízo (personalidade judiciária), cuja legitimidade decorre não apenas do direito natural, como também do direito positivo estatal". O recurso foi julgado em sessão realizada em 14 de setembro e o voto do relator foi acompanhado pela juíza substituta em Segundo Grau Fabiana Silveira Karam e pelo desembargador D'Artagnan Serpa Sá, que participaram do julgamento. A Dra. Karam declarou em seu voto: "Eu diria, jamais de forma injustificada, que, além das formas, o amor prevalece". No mesmo sentido, pontuou o desembargador D'Artagnan: "Reconhece-se a importância do animal não humano como indivíduo, vez que seu sofrimento, físico ou mental, importa por si só, como ser senciente que reconhecidamente é, tanto pela legislação como pela doutrina e jurisprudência, carecendo, portanto, de amparo a sua dignidade assim como proteção a qualquer crueldade, em respeito ao mandamento constitucional" (Agravo de Instrumento n. 0059204-56. 2020.8.16.0000, j. 27-9-2021).

13.12.5.11. Família multiespécie

O conceito de família tem sido modificado ao longo das últimas décadas, na medida em que se altera o contexto sociocultural no qual ela se insere. Se, durante a vigência do Código Civil de 1916, a família estava associada ao casamento, a Constituição de 1988 adotou um conceito mais amplo, incluindo a união estável heterossexual.

O Supremo Tribunal Federal, ao considerar a união de pessoas do mesmo sexo como entidade familiar, decidiu, na ADPF 132, que "a Constituição de 1988, ao utilizar-se da expressão 'família', não limita sua formação a casais heteroafetivos nem a formalidade cartorária, celebração civil ou liturgia religiosa. Família como instituição privada que, voluntariamente constituída entre pessoas adultas, mantém com o Estado e a sociedade civil uma necessária relação tricotômica. [...] <u>Imperiosidade da interpretação não reducionista do conceito de família</u> como instituição que também se forma por vias distintas do casamento civil. <u>Avanço da Constituição Federal de 1988 no plano dos costumes</u>. Caminhada na direção do pluralismo como categoria sócio-político-cultural" (STF – ADPF 132, rel. Min. Ayres Britto, plenário, j. 5-5-2011) (grifamos).

Nas palavras de Gordilho e Coutinho, "família é um conceito plurívoco e varia de acordo com as necessidades de tempo e lugar, não existindo um conceito ontológico de família. A concepção da palavra sofreu diversas alterações que corresponderam a diferentes valores incorporados pela sociedade. O conceito de família está além de uma simples relação consanguínea ou grau de parentesco, sendo <u>muito mais caracterizada pelo vínculo afetivo entre os seus membros, de modo que surgiram novas formas de família, tais como a monoparental, homoafetiva, reconstituída e, por fim, a família multiespécie</u>"[133] (grifamos).

Afinal, o que seria uma família multiespécie? Como afirma Vicente de Paula Ataide Júnior, "as famílias multiespécies constituem uma realidade que não pode ser ignorada. Varas de famílias, cotidianamente, estão recebendo novas demandas nas quais novos direitos familiares, não exclusivamente humanos, estão sendo discutidos, em significativa quantidade, admitidos. Por essas razões, é importante encontrar os princípios adequados para fundamentar essas decisões e produzir uma jurisprudência apta para gerar segurança jurídica, incluindo todos os membros dessas novas entidades familiares"[134].

Como afirma o brilhante professor e estimado colega Gilberto Ferreira Marchetti Filho, "dentro da plenitude do conceito de família moderna, baseada no amor e afeto em busca da felicidade, tem-se que é 'indispensável considerar a inclusão do animal de companhia e sua influência na estruturação das regras familiares funcionais ou disfuncionais e na origem das mudanças provocadas por esta configuração'. Nessa ordem de ideias, entende-se que, dentro do conceito moderno de família, os animais de companhia e de estimação podem ser considerados como membros da família"[135].

Não obstante, embora possamos considerar os animais de estimação como integrantes da família, na maioria das vezes, inegavelmente tal realidade social não é tratada minuciosamente pela lei brasileira, que trata de adoção, guarda, alimentos, visitas em caso de crianças e adolescentes. Nesse caso, diante da omissão legislativa, como se deve agir?

Segundo entendimento doutrinário e jurisprudencial, inexistente legislação específica acerca do tema, deverá o magistrado, caso a questão seja levada ao Poder Judiciário, resolver o caso com base na analogia, nos costumes e nos princípios gerais do direito, levando em consideração não apenas o interesse e o bem-estar das pessoas, como também o bem-estar do animal, já que é um ser senciente, dotado de sensibilidade, que pode sofrer física e psicologicamente com a mudança do núcleo familiar.

Nesse sentido, afirmam Romero Júnior e Tereza Rodrigues Vieira: "no Brasil, devido a inexistência de lei, a regulamentação da guarda dos animais de estimação na dissolução do casamento ou união estável, não é tarefa fácil, quando não há consenso entre o casal. Assim, o juiz deve buscar a melhor solução para a lide, utilizando-se da analogia, costumes e dos princípios gerais do direito"[136].

No mesmo sentido, já decidiu o Tribunal de Justiça do Estado de São Paulo: "considerando que na disputa por um animal de estimação entre duas pessoas após o término de um casamento e de uma união estável há uma semelhança com o conflito de guarda e visitas de uma criança ou de um adolescente, <u>mostra-se possível a aplicação analógica dos arts. 1.583 a 1.590</u>

---

133. "Direito Animal e o Fim da Sociedade Conjugal", in *Família Multiespécie*, p. 199.
134. "As Famílias Multiespécies à Luz dos Princípios do Direito Animal, in *Família Multiespécie*, p. 14. Por essa razão, defende o autor que um dos efeitos desse conceito "é garantir que tais animais, no âmbito das relações familiares humanas nas quais estão inseridos, sejam tratados como *membros*, não mais como *patrimônio*, usufruindo de *direitos familiares* (enquanto parte dos seus direitos fundamentais de 4ª dimensão), como o *direito à guarda adequada, inclusive a compartilhada, o direito de receber visitas e o direito à pensão alimentícia*" (p. 21).
135. "Adoção de Animais de Companhia e Estimação na Família Multiespécie", in *Família Multiespécie*, p. 132.
136. *Animais, Divórcio e o Direito*, p. 188.

do Código Civil" (Agravo de Instrumento n. 2052114-52.2018.8.26.0000. Desembargador Relator José Rubens Queiroz Gomes, j. 23-3-2018)[137] (grifamos).

Também aplicou ao caso concreto envolvendo a família multiespécie a analogia o Tribunal de Justiça do Estado do Rio de Janeiro, por meio da 22ª Câmara Cível, em voto do Desembargador Marcelo Lima Buhatem, segundo o qual "a despeito da ausência de previsão normativa regente sobre o tema, mas sopesando todos os fatores acima evidenciados, aos quais se soma o princípio que veda o *non liquet*, permitir ao recorrente, caso queira, ter consigo a companhia do cão Dully, exercendo sua posse provisória, facultando-lhe buscar o cão em fins de semana alterados, das 10:00 de sábado às 17:00 de domingo".

Diante desse cenário, diante do caso concreto, poderá o magistrado determinar a guarda (provisória, definitiva e até mesmo compartilhada), fixar o direito de visitas, bem como determinar a obrigação de contribuir com alimentos, em favor dos animais domésticos, utilizando-se, por analogia, da legislação de Direito de Família, até que seja editada uma lei específica sobre o tema.

Tendo em vista que o conceito de família é plural e ajustável às novas realidades da sociedade, questões envolvendo o destino dos animais de estimação após a dissolução do vínculo entre o casal devem ser analisadas pela *Vara de Família*.

Assim entendeu a 7ª Câmara de Direito Privado do Tribunal de Justiça do Estado de São Paulo, ao reconhecer que as *varas de família* são competentes para solucionar questões relativas à guarda e à visita de animais de estimação. Os desembargadores aplicaram, por analogia, o disposto no Código Civil acerca da guarda e visita de crianças e adolescentes. Segundo o Tribunal: "considerando que na disputa por um animal de estimação entre duas pessoas após o término de um casamento e de uma união estável há uma semelhança com o conflito de guarda e visitas de uma criança ou de um adolescente, mostra-se possível a aplicação analógica dos arts. 1.583 a 1.590 do Código Civil" (Agravo de Instrumento n. 2052114-52.2018.8.26.0000, Desembargador Relator José Rubens Queiroz Gomes, j. 23-3-2018).

13.12.5.12. Veganismo

Em decorrência do crescente e cada vez mais difundido *constitucionalismo ecológico biocêntrico*, que tem os animais como sujeitos de direitos e até mesmo a própria natureza (como se verá no item seguinte), surge a teoria constitucional de que a plena interpretação da Constituição Federal, no seu art. 225, exigiria da sociedade a prática do veganismo.

Segundo Vicente de Paula Ataíde Júnior, Maykon Fagundes Machado e Adriana Cecílio Marco dos Santos, "a interpretação adequada deste dispositivo demanda a nítida compreensão de que a exploração dos animais leva à destruição do meio ambiente e, essa consequência, inexoravelmente, trará o fim da espécie humana. Não há como negociar com a relação natural entre causa e efeito. Se não repensarmos hábitos e estilos de vida, não teremos futuras gerações. Tudo que estamos vivendo neste momento é a prova de que essas afirmações não estão eivadas de nenhum exagero, pelo contrário, o presente estudo demonstra, com base em dados cientificamente certificados, que há uma correlação entre exploração animal, a vulneração do meio ambiente e como os inegáveis efeitos de tais ações têm o poder de afetar a vida da espécie hu-

---

137. No mesmo sentido, decidiu o Tribunal de Justiça do Estado de São Paulo: "Conflito Negativo de Competência. Ação de guarda de animal doméstico adquirido na constância de relacionamento amoroso. Competência para julgar a demanda do juízo em que se discute o reconhecimento e dissolução de união estável. Conflito julgado procedente. Competência do Juízo da 3ª Vara da Família e Sucessões do Foro Regional do Jabaquara da Comarca da Capital" (Conflito de Competência n. 0026423-07.2017.8.26.0000, relator Issa Ahmed, j. 4-12-2017).

mana. Assim sendo, é premente trazer o debate sobre o veganismo como uma forma de verdadeiramente tornar o art. 225 da CF/88 um vetor da práxis social. Um meio ambiente ecologicamente equilibrado só se revelará possível ante uma necessária mudança na filosofia de vida da sociedade atual. O veganismo propõe essa profunda transformação cultural colocando como premissa a proteção à vida, humana e não humana; por conseguinte, a preservação do meio ambiente e a manutenção da expectativa de existência de futuras gerações da espécie humana"[138].

No nosso entender, trata-se de uma teoria interessantíssima, que merece reflexão de todos nós. Todavia, entendo que existe, entre a *Constituição* e os *fatos*, uma relação bilateral. Se, por um lado, os fatos são influenciados e norteados pela Constituição, esta também decorre dos fatos. Não pode o texto constitucional, de inopino, mudar um hábito milenar, ainda que comprovadamente nocivo.

Não obstante, até que se atinja (possivelmente) o veganismo no futuro, entendo que devem ser adotadas algumas práticas (seja por meio da lei, seja por meio do administrador ou até mesmo do juiz) que protegem os animais destinados ao consumo humano: deve ser garantido o seu bem-estar, alimentação, repouso, transporte digno e abate indolor, na medida do possível. Outrossim, entendo ser igualmente indispensável uma efetiva educação ambiental e ética, como afirma a doutrina: "A conscientização é necessária, pois inicia no homem um processo de consideração acerca da sua real potência perante o mundo e da validade que o faz se colocar em uma esfera de ser tão superior aos demais seres que chega ao ponto de se utilizar de forma descomunal dos outros animais sem tampouco refletir qual seria o objetivo final das suas atitudes no mundo. [...] Somente a educação ambiental eivada de ideologias globais de forma a criar uma visão planetária pode conseguir abranger a mente das sociedades a ponto de fazer a humanidade perceber e alcançar em todas as suas esferas que o exagero da exploração animal não é crível e tampouco razoável"[139].

13.12.5.13. O esverdeamento dos direitos humanos nas Cortes Internacionais (Teoria "Greening")

A expressão "esverdeamento dos direitos humanos" vem sendo utilizada por Cortes Internacionais, especialmente a Corte Interamericana de Direitos Humanos e a Corte Europeia de Direitos Humanos. Embora as Convenções Internacionais não se refiram expressamente ao direito ao meio ambiente equilibrado e à proteção autônoma dos animais, as Cortes têm se valido dos direitos expressamente previstos nas Convenções, sobretudo o respeito ao direito à vida, para afirmar de modo reflexo a proteção jurídica. Por exemplo, no caso *Öneryildiz vs. Turquia*, a Corte Europeia de Direitos Humanos se baseou na violação do direito à vida para responsabilizar o Estado turco pelas mortes causadas na explosão de gás metano em um aterro sanitário. Segundo a Corte, houve violação da "saúde dos seres humanos e animais" (grifamos)[140].

Já no sistema interamericano de proteção dos direitos humanos, como afirma Valério Mazzuoli, "a Convenção Americana não comporta em seu texto qualquer direito de cunho (...) ambiental. Assim, para que questões de cunho ambiental sejam submetidas ao sistema interamericano, é preciso socorrer-se ao chamado *greening* ou "esverdeamento", fenômeno que

---

138. *A Constituição e o Veganismo*, p. 1.
139. Patrícia Fortes Attademo Ferreira; Claudia Krauskopf. "Reflexões sobre o Papel da Educação Ambiental no Pensar Ético e na Proteção aos Animais", in *Família Multiespécie*, p. 282.
140. Sobre o tema, recomendamos a leitura do texto: "O 'esverdeamento' da Convenção Europeia de Direitos Humanos: Vícios e Virtudes", de José Adércio Leite Sampaio.

ocorre quando se tenta (e se consegue) proteger direitos de cunho ambiental nos sistemas regionais de direitos humanos. (...)"[141].

O que se vê é uma evolução da proteção jurídica dada ao meio ambiente e aos animais: uma migração entre a proteção indireta, reflexa ou por "ricochete" e a proteção direta, reconhecendo-se os animais e a própria natureza (que veremos a seguir) como titulares de direitos fundamentais.

13.12.5.13.1. A proteção pela "via reflexa" ou "por ricochete"

Segundo Valério Mazzuoli, "a técnica da proteção ambiental pela via reflexa (ou 'por ricochete') se desenvolve a partir da concepção de que de dentro da estrutura do atual direito internacional do meio ambiente, a proteção da biosfera mostra-se eficaz por intermédio da indireta, porém necessária, proteção dos seres humanos. Isso porque a concepção de que o meio ambiente, por si só, já configura um direito a ser protegido mostra-se pouco eficaz à medida que no âmbito internacional os chamados direitos de solidariedade estão envoltos em um sistema de monitoramento extremamente frágil. (...) Portanto, para que tal situação não ocorra ao meio ambiente, a abordagem mais apropriada caminha no sentido de se buscar um *esverdeamento* (ou *greening*) dos mecanismos de proteção aos direitos civis, políticos, econômicos, sociais e culturais já existentes"[142].

13.12.6. A Natureza (o Planeta Terra) como titular de direitos fundamentais

"Sente-se ao lado de um córrego da montanha, veja as águas emergirem. Ouça o lindo som da música e como ela voa. Encontre-me no meu campo de grama, filho da mãe-natureza. Cante uma canção preguiçosa sob o sol" (Mother Nature's Son. Lennon/McCartney).

Primeiramente, o enfraquecimento da tradicional visão antropocêntrica do Direito deu ensejo a teorias de que os animais não humanos são titulares de direitos fundamentais, como vimos acima. Historicamente, o ser humano sempre foi tido como o único titular dos direitos fundamentais. Os animais e a natureza em geral devem ser respeitados, para garantir o bem-estar das próximas gerações de seres

Figura 13.9 – Planeta Terra (créditos ao final do livro).

---

141. *O Direito internacional do meio ambiente e o "greening" da Convenção Americana de Direitos Humanos*. Prossegue o autor: "a proteção ambiental no sistema interamericano surge do exercício de 'escrever verde por linhas tortas', ou seja, não da preocupação ambiental em si, mas da pragmática necessidade de se proteger dispositivos da Convenção Americana. (...) Assim, a proteção ambiental no sistema interamericano tem evidenciado a necessidade de estar vinculada à demonstração de violações a dispositivos da Declaração ou Convenção Americanas. (...) No entanto, o 'escrever verde por linhas tortas' mostra-se o mecanismo mais apropriado ao presente momento histórico em que o direito internacional do meio ambiente não conta com organismos similares ao sistema das Nações Unidas, como o Comitê de Direitos Econômicos Sociais e Culturais. Tal constatação reforça a necessidade do 'esverdeamento' ou *greening* dos sistemas de proteção aos direitos humanos existentes, vinculando a causa ambiental ao cumprimento de seus dispositivos".
142. Op. cit., p. 1.

humanos. O art. 225, *caput*, da Constituição brasileira, ao tratar do meio ambiente, prevê que "todos têm direito ao meio ambiente ecologicamente equilibrado, bem de uso comum do povo e essencial à sadia qualidade de vida, impondo-se ao Poder Público e à coletividade o dever de defendê-lo e preservá-lo para as presentes e futuras gerações". Como se vê, o meio ambiente é um bem DO POVO, para a qualidade de vida DO SER HUMANO, para garantir o bem-estar das presentes e futuras gerações de SERES HUMANOS.

Todavia, como lembra a doutrina: "embora ainda predomine o enfoque antropocêntrico no Direito, mesmo em sua forma mitigada, há uma mudança de paradigma em curso. O estudo do biólogo James Lovelock, do físico Fritjof Capra, dos filósofos Hans Jonas, Martin Heiddeger e Michel Serres, do sociológico Edgar Morin e do teólogo Leonardo Boff permitiu elaborar um alicerce teórico para considerar a Terra um ente dotado de subjetividade que pode estar na posição de sujeito de direito"[143]. Esse será o fundamento teórico que utilizaremos nesse livro:

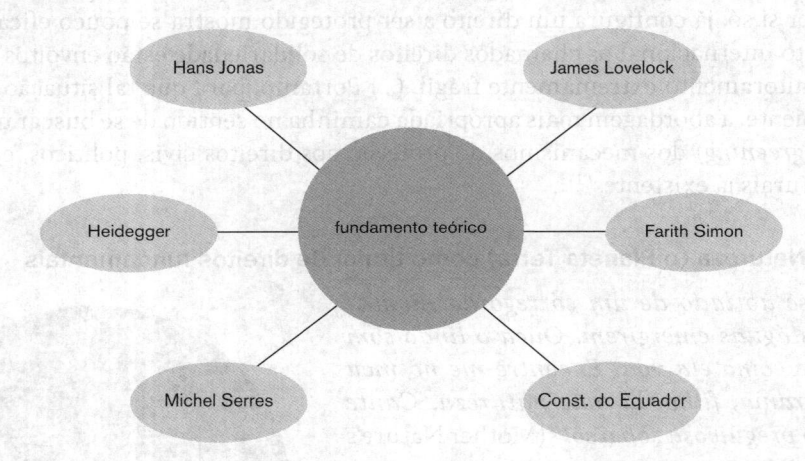

[Diagrama: fundamento teórico — Hans Jonas, James Lovelock, Heidegger, Farith Simon, Michel Serres, Const. do Equador]

Um primeiro fundamento teórico que pode nos levar a essa conclusão se deve a James Lovelock, cientista inglês, criador da Hipótese de Gaia ou Hipótese Biogeoquímica e autor do livro *A Vingança de Gaia*[144], *Gaia, Alerta Final*[145], dentre outros. A hipótese de Gaia foi desenvolvida nos anos 1960 pelo sobredito cientista, após participar de uma equipe da NASA que analisou a possibilidade de existir vida em Marte. A Hipótese de Gaia sugere que a Terra é um imenso organismo vivo, capaz de obter energia para seu funcionamento, regular seu clima e temperatura, eliminar seus detritos, combater suas próprias doenças, assim como os outros seres vivos.

Outrossim, além da Ciência, a Filosofia também contribui para uma nova visão holística e sistêmica dos direitos fundamentais. Hans Jonas, filósofo alemão, autor de *O Princípio da Responsabilidade*, "afirma que deixou de ser absurdo indagar se a condição da natureza extra-humana é capaz de impor aos homens uma exigência moral em causa própria e por seu pró-

---

143. Mateus Gomes Viana. *A Terra como Sujeito de Direitos*.
144. James Lovelock. *A Vingança de Gaia*, passim. Gaia é a deusa da mitologia grega. Seu nome é utilizado como metáfora para a "Terra viva", um organismo vivo que há pelo menos 3 bilhões de anos, ao contrário de planetas mortos como Marte e Vênus, controla sua temperatura e composição para estar estável. Lovelock afirma que o aquecimento global é real e letal.
145. James Lovelock. *Gaia, Alerta Final*, passim.

prio direito. Isso significa ampliar o reconhecimento de fins em si para além da esfera do humano"[146]. Como afirma Paulo César Nodari, "Não é mais possível ao ser humano pensar-se vivente na Terra sem tomar em consideração e em respeito sua relação com os demais seres vivos e vivendo como se fôssemos a última geração"[147]. Nas palavras do próprio Jonas: "Aja de modo que os efeitos de tua ação sejam compatíveis com a permanência de uma autêntica vida humana sobre a Terra; Aja de modo que os efeitos da tua ação não sejam destrutivos para a possibilidade futura de uma tal vida; Não ponha em perigo as condições necessárias para a conservação indefinida da humanidade sobre a Terra"[148]. Por sua vez, Michel Serres, filósofo francês, autor de *O Contrato Natural*[149] começa seu livro analisando uma pintura de Francisco Goya (Duelo com Porretes – "*Duelo a Garrotazos*", exposto no Museu do Prado, em Madrid). A pintura (uma das "pinturas negras" de Francisco Goya) mostra a luta fratricida entre dois espanhóis em um atoleiro. A imagem é uma alegoria para representar a relação entre os seres humanos e o ambiente em que estão. Matando-se por interesses egoístas, os homens não percebem que podem ser engolidos pela lama[150].

Nas palavras do filósofo francês: "é preciso proceder a uma revisão dilacerante do direito natural moderno que supõe uma proposição não formulada, em virtude da qual o homem, individualmente ou em grupo, se pode tornar por si sujeito do direito. [...] A Declaração dos Direitos do Homem teve o mérito de dizer 'todos os homens' e a fraqueza de pensar 'apenas os homens' ou os homens sozinhos. Não estabelecemos ainda nenhum equilíbrio em que o mundo entra em linha de conta no balanço final. Os próprios objetos são sujeitos de direito e já não simples suportes passivos da apropriação, mesmo coletiva. O direito tenta limitar o parasitismo abusivo entre os homens, mas não fala dessa mesma ação sobre as coisas. Se os próprios objetivos se tornam sujeitos de direito, então todas as balanças tendem para um equilíbrio"[151].

Em 2008, o Equador aprovou sua nova Constituição nacional na qual a natureza (também denominada de Pachamama), juntamente com os seres humanos e de forma semelhante a eles, é incluída como sujeito da lei, titular de direitos fundamentais[152]. Nos seus arts. 71 a 74, a

---

146. Mateus Gomes Viana, op. cit., p. 252.
147. *Ética da Responsabilidade em Hans Jonas*, p. 12.
148. Hans Jonas. *O princípio da responsabilidade: ensaio de uma ética para uma civilização tecnológica*, p. 47-48.
149. Michel Serres. *O Contrato Natural*.
150. Segundo Serres: "dois inimigos brandem os seus varapaus, em luta sobre as areias movediças. Atento às táticas mútuas, cada qual responde golpe a golpe e replica com uma esquiva. [...] Ora, o pintor – Goya – fez mergulhar os dois contendores na lama até os joelhos. A cada movimento, o buraco viscoso engole-os e ambos se enterram na lama gradualmente. A que ritmo? Isso depende da agressividade: na luta mais encarniçada, os movimentos mais vivos e secos aceleram o atolamento. Os beligerantes não adivinham o abismo em que se precipitam, mas do exterior, nós, pelo contrário, vemo-lo bem. [...] Cada um por si, eis a questão pertinente. Em segundo lugar, está a relação do combate, tão entusiástica que apaixona a plateia e esta, fascinada, participa nela com os seus gritos e moedas. Entretanto, não esquecemos o mundo das próprias coisas, a areia movediça, a água, a lama, os caniços do pântano? Em que areias movediças nos atolamos em conjunto, adversários ativos e espectadores perigosos?" (*O Contrato Natural*, p. 12).
151. Op. cit., p. 63-64. "A natureza, não mais entendida como um objeto inerte disponível para apropriação sem limites, deveria ser entendida como um sujeito participante de uma forma de 'contrato social' que abrange tudo o que excluímos de nossas definições de sociedade. A história tornou os seres humanos equivalentes às forças naturais; em contrapartida, conclui Serres, a natureza deveria ser dotada de direitos semelhantes àqueles conquistados pelos humanos ao longo da história" (Direitos Não Humanos).
152. A Constituição boliviana igualmente dá um destaque grande à natureza, inclusive no Preâmbulo, mas não a considera titular de direitos fundamentais. Segundo o Preâmbulo: "cumpliendo el mandato de nuestros pueblos, con la fortaleza de nuestra Pachamama y gracias a Dios, refundamos Bolivia".

Constituição equatoriana prevê os "direitos da natureza". Deixando de lado uma visão antropocêntrica, de que a tutela do meio ambiente decorre dos direitos difusos do ser humano, a referida Constituição prevê que a natureza (ou a Pachamama, na linguagem indígena expressa no texto constitucional) como titular do direito fundamental. Segundo o art. 71, *caput*: "a natureza ou Pachamama, onde se reproduz e realiza a vida, tem direito a que se respeite integralmente sua existência e a manutenção e regeneração dos seus ciclos vitais, estrutura, funções e processos evolutivos". O art. 10 deixa inequívoco o novo entendimento: "A natureza será sujeito daqueles que lhe reconheçam a Constituição".

Reconhecendo a natureza, o planeta Terra, como titular de direitos fundamentais, quem seriam os legitimados para exigir o cumprimento desses direitos em juízo? Nos termos do art. 71, parágrafo único, da Constituição equatoriana: "toda pessoa, comunidade, povo ou nacionalidade poderá exigir da autoridade pública o cumprimento dos direitos da natureza. Para aplicar e interpretar esses direitos se observam os princípios estabelecidos na Constituição".

Com base nessa nova visão jurídica e constitucional, foi ajuizada no Equador uma ação paradigmática e histórica: o Caso Vilcabamba. Vilcabamba é um rio equatoriano que margeia a estrada entre a cidade de Vilcabamba, na Província de Loja (imagem abaixo). Em razão de obra de alargamento da estrada Vilcabamba-Quinara, realizada pelo Governo Provincial de Loja, sem estudos de impacto ambiental, grande quantidade de pedras foi depositada no leito do rio, dando ensejo ao alagamento de várias propriedades na região. Foi ajuizada uma "acción de protección" (n. 11121-2011-0010), prevista no art. 88, da Constituição equatoriana. No polo ativo constavam dois proprietários prejudicados pelas enchentes, Richard Frederick Wheeler e Eleanor GeerHuddle e o próprio rio, representado judicialmente pelos seres humanos. Nas palavras de Sofía Suárez: "nesse dia la natureza compareció en el juzgado"[153]. Alterando decisão de improcedência da primeira instância, a Corte Provincial de Loja, em 30 de março de 2011, julgou procedente, "declarando que la entidad demandada está violentando el derecho que la Naturaleza tiene de que se le espete integralmente su existencia y el mantenimiento y reneración de sus ciclos vitales, estructura, funciones y procesos evolutivos"[154].

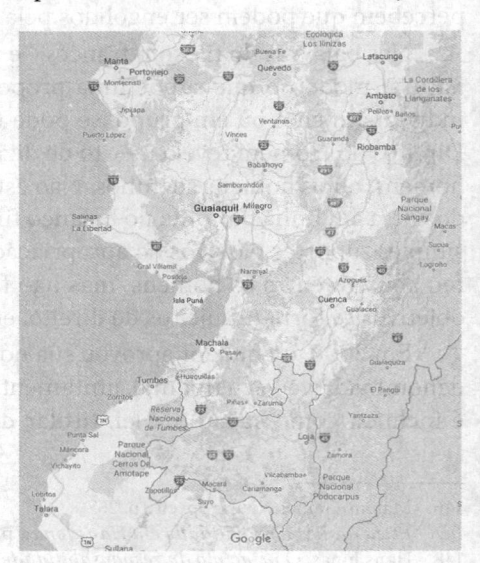

Figura 13.10 – Província de Loja, Equador (créditos ao final do livro).

Da mesma forma, como lembra a doutrina, a Corte Constitucional colombiana, na sentença T-622 de 20 de novembro de 2016, declarou um rio (o Atrato) como sujeito de direitos[155]. Nessa decisão, a Corte Constitucional da Colômbia reconheceu o "rio Atrato e seus afluentes como uma entidade sujeito de direitos à proteção, conservação e manutenção e restauração a cargo do Estado e as comunidades éticas".

---

153. Apud Felipe Klein Gussoli. *A Natureza como Sujeito de Direito na Constituição do Equador*.
154. Íntegra da decisão disponível em: <http://www.elcorreo.eu.org/IMG/pdf/Sentencia_ce_referencia.pdf>.
155. Farith Simon. *Introducción al Estudio del Derecho*, p. 260.

Segundo o professor equatoriano Farith Simon: "estabelecer que a natureza é sujeito de direitos é uma decisão que depende do direito positivo de cada país e, segundo Valencia Zea y Ortiz, não deve confundir os conceitos ou noções com as coisas das quais se predicam. Assim, ao outorgar normativamente à natureza direitos, ela é convertida em sujeito de direitos, em seu titular"[156].

Segundo Germana de Oliveira Moraes, essa nova postura jurídica e constitucional visa romper com as visões clássicas do desenvolvimento associadas ao crescimento econômico perpétuo, ao progresso linear e antropocêntrico. Frente à mudança de sentido do vínculo entre os seres humanos e a natureza, com a internacionalização de sentimentos de pertencimento e unidade, não se admite mais que a Economia possa considerar a natureza como provedora de bens de produção, como tampouco que o Direito trate dos seres dos demais reinos e espécies que não sejam humanos como bens jurídicos suscetíveis de apropriação por particulares, e sim como sujeitos de direitos[157].

Segundo Farith Simon, podemos agrupar os argumentos que justificam os direitos da natureza em quatro ordens: utilitaristas, essencialistas, animistas e políticos.

a) A justificativa utilitarista

Proteger a natureza, reconhecendo-a como titular de direitos, é um meio para alcançar certos objetivos. "A mudança do *status* jurídico da natureza de *objeto* a *sujeito* de direitos asseguraria uma melhor e maior proteção do ambiente. [...] Na justificação utilitarista, busca-se elevar o nível de proteção jurídica à natureza, assumindo-se que as leis ambientais são insuficientes e que se tem revelado ineficientes para deter a destruição do meio ambiente e preservá-la para futuras gerações"[158].

b) Justificativa essencialista ou do valor intrínseco

Segundo essa justificativa, "quando se reconhecem os direitos da Natureza, está se admitindo que há valores próprios ou intrínsecos nela. [...] Os que defendem esta posição sustentam que se produz uma mudança radical do antropocentrismo que considera que 'todas as medidas e valores partem do ser humano, e os demais objetos e seres são meios para seus fins', até um biocentrismo, que implicaria que a Natureza tem valores próprios, igual todas as formas de vida, uma igualdade que se traduz no que 'todas as espécies são iguais em seus direitos a viver e florescer e alcançar suas próprias formas de se desenvolver'"[159].

c) Justificativa "animista"

Como afirma Farith Simon, sustenta-se que a carta constitucional equatoriana é fruto de uma nova forma de constitucionalismo (um novo constitucionalismo latino-americano ou constitucionalismo andino), com a incorporação de conceitos da cosmovisão de seus povos ancestrais, da compreensão de seu entorno e de suas práticas de convivência. Esses dois conceitos são *Sumak Kawsay* (bem viver) e *Pachamama* (mãe natureza). Outrossim, para embasar esse posicionamento, utiliza-se a *hipótese Gaia*, acima mencionada: "o uso da hipótese Gaia, como base científica para sustentar a visão da natureza como um sujeito com vida e,

---

156. *Derechos de la Naturaleza: Innovación Transcendental, retórica jurídica o proyecto político?*, p. 27.
157. *Por Los Derechos de Pachamama y por el Buen Vivir*.
158. *Introducción al Estudio del Derecho*, p. 242.
159. Op. cit., p. 244.

portanto, com valor intrínseco, é recorrente, o que tem permitido a seus defensores dar um valor 'científico' a suas afirmações"[160].

Dessa maneira, o "animismo assume que a natureza tem um direito de existir e seguir seus próprios processos vitais, que cumpre com um dever que é sustentar a vida"[161].

d) Justificativa política

Segundo Farith Simon, escolher transformar a natureza como sujeito de direitos é uma decisão política do Estado. Segundo ele: "reconhecer a natureza como sujeito de direitos, promover o *bem viver*, é questionar o modelo neoliberal em relação à organização da economia e da sociedade, mas em última instância o mesmo sistema capitalista"[162]. Dessa maneira, em vez de se permitir um capitalismo ilimitado e desmedido, a Constituição fixa parâmetros para limitação da livre-iniciativa, numa decisão política constitucional.

13.13. CARACTERÍSTICAS DOS DIREITOS FUNDAMENTAIS

Os direitos fundamentais têm conteúdo concreto diferente dependendo do Estado e do momento histórico, em razão de inúmeros fatores extrajurídicos ligados à cultura e a história de cada povo. Por essa razão, não é tarefa simples elencar as características dos direitos fundamentais. Outrossim, pelas razões sobreditas, algumas dessas características serão vistas de forma diferente, dependendo do momento histórico e do país em que são consideradas. Como afirma Gilmar Mendes: "no interior dos Estados democráticos, o modo como são tratados os direitos fundamentais varia"[163]. Não obstante, citando Hesse, concluiu: "a validez universal dos direitos fundamentais não supõe uniformidade. A razão é bem conhecida: o conteúdo concreto e a significação dos direitos fundamentais para um Estado dependem de numerosos fatores extrajurídicos, especialmente das peculiaridades, da cultura e da história dos povos"[164]. Vejamos as características principais, apontadas pela doutrina pátria:

a) Historicidade: os direitos decorrem de uma evolução histórica. Na medida em que a sociedade se desenvolve, novas pretensões vão surgindo e, com elas, novos direitos (normalmente, considerados inicialmente apenas sob o aspecto material e, depois, se positivados, no aspecto material). Dessa maneira, não é raro nos depararmos com novos direitos (e não necessariamente novas gerações de direitos), decorrentes de evolução da tecnologia ou de novas realidades sociais.

Um exemplo claro dessa característica é o surgimento de um direito ao esquecimento, que também não está previsto expressamente na Constituição de 1988 (não é, pois, um direito fundamental em sentido formal, a não ser que o considere implícito), e que consiste no direito a que sejam esquecidas algumas informações verídicas, mas desairosas, ofensivas ou violadoras da intimidade, ocorridas no passado. Como vimos anteriormente, o Superior Tribunal de Justiça já reconheceu o direito ao esquecimento, no Recurso Especial 1.335.153, relatado pelo Min. Luis Felipe Salomão, ainda que não esteja previsto expressamente, por ora, em nossa Constituição. Sobre o assunto, o Supremo Tribunal Federal já reconheceu a repercussão geral da questão, estando pendente o julgamento do mérito.

---

160. Op. cit., p. 248.
161. Op. cit., p. 250.
162. Op. cit., p. 251.
163. Op. cit., p. 142.
164. Op. cit., p. 142.

Outrossim, como mencionamos no início do capítulo, é provável que as próximas gerações considerem (e muitos já consideram nos dias atuais) o acesso à internet como direito fundamental, como já reconhecido na Finlândia. A evolução histórica faz com que nasçam novos direitos fundamentais.

Segundo alguns autores, a recíproca também é verdadeira. Com o passar da história, necessidades que se mostravam prementes deixam de sê-lo em novas gerações. Assim, a fundamentalidade do direito se esvai com o passar do tempo, na medida em que vai se desprendendo das necessidades mínimas da pessoa. Quanto à perda da fundamentalidade (e as duas posições sobre o tema), remetemos o leitor para o início deste capítulo, quando tratamos dos direitos fundamentais em sentido formal e material.

b) Universalidade: destinam-se, de modo indistinto, a todos os seres humanos. Por esse motivo, a interpretação restritiva do art. 5º, *caput*, da CF, que exclui o estrangeiro de passagem pelo território brasileiro, não nos parece acertada. Não obstante, como lembra Ingo Wolfgang Sarlet, de acordo com o princípio da universalidade, todas as pessoas, pelo fato de serem pessoas, são titulares de direitos e deveres fundamentais, o que, por sua vez, não significa que não possa haver diferenças a serem consideradas, inclusive, em alguns casos, por força do próprio princípio da igualdade, além de exceções expressamente estabelecidas pela Constituição, como dá conta a distinção entre brasileiro nato e naturalizado, algumas distinções relativas aos estrangeiros, entre outras[165].

Evidentemente, quando afirmamos que todos são titulares dos direitos fundamentais, devemos entender tal expressão com reservas. Isso porque há certos direitos que são reservados apenas a algumas pessoas, em razão da sua natureza jurídica ou em razão de suas peculiaridades fáticas. Assim, apenas brasileiros e portugueses equiparados (residentes no Brasil há mais de três anos, se assim o requererem) são titulares de direitos políticos. Da mesma forma, alguns direitos são específicos das pessoas jurídicas (nome empresarial etc.).

c) Limitabilidade ou relatividade: os direitos fundamentais não são absolutos, mas relativos. Como é absolutamente natural que haja um conflito de direitos fundamentais, na análise de um caso concreto, se tivéssemos um direito fundamental absoluto, qualquer outro direito que contra ele se opusesse, seria aprioristicamente afastado. A relatividade dos direitos fundamentais pode ser constatada até mesmo na Declaração dos Direitos Humanos das Nações Unidas, no seu art. 29: "O indivíduo tem deveres para com a comunidade, fora da qual não é possível o livre e pleno desenvolvimento de sua personalidade. No exercício deste direito e no gozo destas liberdades ninguém está sujeito senão às limitações estabelecidas pela lei com vista exclusivamente a promover o reconhecimento e o respeito dos direitos e liberdades dos outros...".

Algumas vezes essas limitações são previstas expressamente na Constituição Federal, como no art. 5º, XIII, que afirma ser livre o exercício de qualquer trabalho, ofício ou profissão, atendidas as qualificações profissionais que a lei estabelecer. Ou seja, a lei pode limitar o acesso a algumas profissionais, baseando-se em outros direitos fundamentais.

Até mesmo a vida, que é o maior bem jurídico, não é um direito absoluto. A legislação brasileira infraconstitucional estabelece uma série de hipóteses em que a vida deixa de ser juridicamente tutelada, podendo ser violada, em alguns casos. É o que acontece no aborto "sentimental", previsto no art. 128, do Código Penal ("Não se pune o aborto praticado por médico:

---

165. Op. cit., p. 229.

[...] II – se a gravidez resulta de estupro e o aborto é precedido de consentimento da gestante ou, quando incapaz, de seu representante legal"). Da mesma forma, a Lei n. 7.565/86 (Código Brasileiro de Aeronáutica) permite a destruição de aeronaves hostis, no art. 303, vulgarmente conhecido como "Lei do Abate" ("esgotados os meios coercitivos legalmente previstos, a aeronave será classificada como hostil, ficando sujeita à medida de destruição". Como se vê, a própria lei estabeleceu alguns casos em que a lei deixa de ser tutelada juridicamente, para preservação de outros direitos considerados legal e aprioristicamente mais relevantes (o bem-estar sentimental e a dignidade da pessoa da gestante que foi estuprada – no caso do "aborto sentimental" e a segurança pública – no caso da "lei do abate"). Todavia, em alguns casos, inexistindo previsão legal em caso de conflito entre princípios juridicamente tutelados, caberá ao juiz fazer a análise do caso concreto, identificando qual princípio deve ser preservado em detrimento de outro.

Inúmeros outros direitos podem ser limitados pela lei ou por outros direitos. A liberdade de manifestação encontra limites na intimidade, na honra alheia, por exemplo. A liberdade de religião igualmente não é absoluta, pois jamais admitiríamos uma seita que adote como prática religiosa o sacrifício humano etc.

Não obstante, parte da doutrina busca elencar alguns direitos absolutos. Norberto Bobbio menciona um direito, proclamado em instrumentos internacionais, que seria absoluto: o direito a não ser escravizado[166]. Gilmar Mendes afirma que o direito de não ser submetido a penas cruéis (art. 5º, XLVII, "e") não parece tampouco suscetível de limitação. Isso talvez se explique tendo em conta que tal direito, na realidade, expressa perspectiva do núcleo essencial do direito à incolumidade física[167]. O exemplo mais comum mencionado pela doutrina de direito absoluto está previsto no art. 5º, III, da Constituição Federal: "ninguém será submetido à tortura, nem a tratamento desumano ou degradante".

Diz Uadi Lammêgo Bulos: "Aqui não existe relatividade alguma. O marginal, assaltante, sequestrador, meliante, corrupto ou 'monstro' da pior estirpe não pode ser torturado com o uso de expedientes psíquicos ou materiais. Aqui o inciso III do art. 5º da Carta Maior consagra, sim, uma garantia ilimitada e absoluta. Do contrário, fulminar-se-ia o Estado Democrático de Direito (CF, art. 1º), fomentando-se a cultura do 'olho por olho, dente por dente'. [...] Assim, salvo hipóteses específicas, como a da proibição à tortura, as liberdades públicas possuem limites, não servindo de substrato para a salvaguarda de práticas ilícitas"[168].

Esse argumento, embora sedutor e garantista, encontra exceções fora do Brasil, sobretudo quando confrontado com situações absolutamente extremas, como a prática do terrorismo. O presidente dos Estados Unidos George Walker Bush defendeu abertamente a utilização, em caso de terrorismo, da técnica de interrogatório chamada *waterboarding*, que consiste basicamente em pendurar o prisioneiro de cabeça para baixo e descê-lo até o pescoço em um recipiente com água, causando a sensação de sufocamento, sob o argumento de que não se trata de tortura (mas sim uma técnica para obtenção da verdade, no intuito de salvar vidas humanas). No mesmo cenário, a Alta Corte de Justiça de Israel decidiu que não constitui tortura a colocação de sacos na cabeça durante o interrogatório de presos acusados de terrorismo. A Corte Europeia de Direitos Humanos (CEDH) também julgou no mesmo sentido, considerando váli-

---

166. Apud Gilmar Mendes, *Curso de Direito Constitucional*, p. 241.
167. Op. cit., p. 241.
168. Op. cit., p. 424.

das algumas técnicas bastante rígidas utilizadas pela polícia britânica para interrogar pessoas suspeitas de envolvimento com o IRA.

Tratamos em capítulo anterior de uma teoria extremamente polêmica, mas aplicada em alguns países, mormente nos Estados Unidos da América: a Teoria do Cenário da Bomba Relógio, *Ticking-Time Bomb Scenario* ou *Ticking-Bomb Scenario*), que visa a relativizar a proibição da tortura. Segundo essa teoria, na iminência de explosões que ceifarão a vida de milhões, a dignidade da pessoa humana do terrorista poderá ser violada para se descobrir o paradeiro dos objetos explosivos. Segundo a doutrina norte-americana: "a possibilidade da admissão da tortura somente seria colocada sobre a mesa se houvesse uma extrema probabilidade de que o torturado possuísse informações valiosas e houvesse o risco de um ataque de significativas proporções, ceifando a vida de pessoas inocentes. A execução de uma busca ilegal sobre uma pessoa é presumivelmente inconstitucional, assim como também a tortura, a menos que o agente seja informado por uma combinação de probabilidades, que fazem com que seja significativamente provável que o torturado revele informações sobre intenso, talvez lancinante, dor física ou mental". Tal assunto é pouquíssimo tratado na doutrina brasileira, encontrando fértil doutrina norte-americana, com respectivos comentários de outros países, como em Portugal[169]. Frise-se que essa teoria, polêmica até mesmo em terras americanas[170] costuma ser refutada na doutrina brasileira[171].

Entendemos que, como os direitos fundamentais são postos em nossa Constituição como princípios, e não regras, devem ser considerados como mandamentos de otimização, ou seja, devem ser cumpridos no grau máximo de sua efetividade. No caso do art. 5º, III, da Constituição Federal, ele realmente chega bem perto da eficácia absoluta. Ora, ninguém em sã consciência defenderá a prática da tortura para se obter confissão em crimes hediondos ou quaisquer outros crimes ocorridos em nossa realidade contemporânea. O Brasil já passou recentemente por um período em que a tortura era utilizada como método de investigação, produzindo uma chaga que jamais será cicatrizada.

Ocorre que não se pode olvidar que, em situações extremas, longínquas da realidade social brasileira, a tortura pode ser a única forma de salvar milhares, milhões de pessoas. É claro que esse exemplo é exagerado. Ele só é feito nessas proporções porque a vedação à tortura é quase absoluto, por fazer parte do elemento essencial do direito à integridade física.

---

169. "Como situações típicas hipotéticas deste tipo de tortura para salvamento, é normalmente apresentado o caso do bombista (*ticking time bomb scenario*), em que a tortura surge como única e derradeira possibilidade de obter informações sobre a localização ou a desativação de uma bomba relógio, colocada para explodir num local populoso, num contexto em que o torturado dispõe dessas informações, mas se recusa a revelá-las. Trata-se, no fundo, de situações de tortura forçadas pelo dilema moral ou pela escolha trágica em que se vê colocada a autoridade pública que, para evitar um mal maior – a morte de pessoas inocentes – recorre à tortura dita altruística, ou seja, utilizada em situações de emergência com a estrita finalidade de salvar vidas humanas ou de resgatar pessoas, num contexto em que o tempo urge e a tortura é o derradeiro meio de obter informações que podem permitir o êxito da operação de salvamento" (*A Dignidade da Pessoa Humana*. Jorge Reis Novais, p. 203).
170. Defusing the Thicking Bomb Scenario. Why we must say no to torture, always (Desconstruindo o cenário da bomba relógio. Por que temos que dizer não à tortura, sempre). Disponível em: <http://www.apt.ch/content/files_res/tickingbombscenario.pdf>.
171. "A proibição da tortura, por exemplo, é absoluta. Nenhuma situação pode justificá-la, jamais" (Daniel Sarmento, op. cit., p. 98). "Inegavelmente, há situações em que um direito ou garantia fundamental é absoluto, devendo ser exercido de maneira irrestrita. É o caso da proibição à tortura e do tratamento desumano ou degradante. Aqui não existe relatividade alguma. O marginal, assaltante, sequestrador, meliante, corrupto ou 'monstro' da pior estirpe não pode ser torturado com o uso de expedientes psíquicos ou materiais" (Uadi Lammêgo Bulos, op. cit., p. 531).

Evidentemente, essa exceção não pode ser vista como a porta de entrada das exceções, admitindo-se a tortura para outras situações menos extremas. Jamais! A tortura é crime equiparado a hediondo e, se praticada no Brasil, por quem quer que seja, terá o tratamento rigoroso dado pela Constituição (crime inafiançável, insuscetível de graça, anistia etc.) e pelas leis (regime inicialmente fechado etc.). Tentando desconstruir o argumento do Cenário da Bomba-Relógio, a Associação para a Prevenção da Tortura *The Association for the Prevention of Torture* (APT), entidade não governamental criada em 1977 e localizada em Genebra, publicou um texto denominado: *Defusion the Ticking-Bomb Scenario* (Desativando o Cenário da Bomba-Relógio). Diz o texto: Qualquer exceção jurídica criada devido ao Cenário da Bomba-Relógio nos precipitaria inevitavelmente em uma ladeira escorregadia, ao fundo da qual a tortura se tornaria arbitrária e impune, ou disseminada e sistemática, ou tudo isso. O resultado final de qualquer brecha na proibição da tortura é a erosão das instituições democráticas e a destruição de qualquer sociedade aberta, livre e justa. Em conclusão, teremos muito mais a perder, criando uma exceção jurídica para acomodar um futuro Cenário da Bomba-Relógio, do que mantendo a proibição absoluta da tortura, mesmo que isto signifique assumir algum risco hipotético. E isso devido ao fato de não estar em jogo o que poderíamos fazer em um futuro imaginário, mas o tipo de sociedade na qual queremos viver hoje e todos os dias.

Por fim, embora os direitos fundamentais possam ser relativizados, vigora o princípio da *proibição do abuso de direito fundamental* que, embora não esteja previsto expressamente em nosso ordenamento jurídico nacional, está previsto na Convenção Americana de Direitos Humanos. Segundo o princípio, nenhum direito fundamental deve ser interpretado no sentido de autorizar a prática de atividades que visem à destruição de outros direitos ou liberdades. Segundo George Marmelstein, "o exercício de direitos fundamentais não pode ser abusivo a ponto de acobertar práticas ilícitas/criminosas cometidas em detrimento de outros direitos fundamentais ou de valores constitucionais relevantes"[172].

d) Concorrência: os direitos fundamentais podem ser exercidos simultaneamente (ao mesmo tempo que o jornalista transmite uma notícia, colocando em prática o direito de informação, emite sua opinião, colocando em prática o direito de opinião).

Canotilho exemplifica a concorrência de direitos, que ele chama de acumulação de direitos: Outro modo de concorrência de direitos verifica-se com a acumulação de vários direitos que se entrecruzam; um determinado 'bem jurídico' leva à acumulação, na mesma pessoa, de vários direitos fundamentais. Assim, por exemplo, a 'participação na vida pública' é erigida pela CRP em 'instrumento de consolidação do regime democrático'. Para se obter uma eficaz proteção desse 'bem constitucional' é necessário acumular no cidadão vários direitos, que vão desde o direito geral de 'tomar parte na vida pública e na direção dos assuntos políticos do país' (art. 48) até ao direito de sufrágio (art. 49), passando pela liberdade partidária (art. 51), o direito de esclarecimento e informação sobre os atos do Estado e gestão de assuntos públicos, o direito de petição e ação popular (art. 52) e o direito de reunião e manifestação (art. 45)[173].

---

172. Op. cit., p. 412. Continua o autor: "Aqui no Brasil, não há uma norma constitucional expressa acolhendo o princípio da proibição de abuso de direito fundamental. Mas ele está latente no sistema constitucional brasileiro. Basta ver inúmeras normas da própria Constituição que possibilitam a limitação ou até mesmo a perda total de direitos fundamentais quando existe abuso no seu exercício. O domicílio é inviolável, mas pode ser invadido em caso de flagrante delito" (op. cit., p. 413).
173. *Direito Constitucional e Teoria da Constituição*, p. 1251-1252.

e) **Inalienabilidade:** primeiramente, os direitos fundamentais são inalienáveis, pois são inegociáveis, intransferíveis, já que seu titular não pode se despojar deles, haja vista que são, normalmente, desprovidos de conteúdo econômico patrimonial. Assim, os seus titulares não podem vendê-los, aliená-los, comercializá-los etc. Exemplo: a função social da propriedade não pode ser vendida porque não corresponde a um bem disponível (art. 5º, XXIII). Como lembra Gilmar Mendes, inalienável é um direito ou uma coisa em relação a que estão excluídos quaisquer atos de disposição, quer jurídica – renúncia, compra e venda, doação –, quer material – destruição material do bem. Isso significa que um direito inalienável não admite que o seu titular o torne impossível de ser exercitado para si mesmo, física ou juridicamente. Nesse sentido, o direito à integridade física é inalienável, o indivíduo não pode vender uma parte do seu corpo ou uma função vital, nem tampouco se mutilar voluntariamente[174]. Alguns autores usam a inalienabilidade como sinônimo de indisponibilidade ou irrenunciabilidade. Quanto à indisponibilidade ou irrenunciabilidade, podemos afirmar que os direitos fundamentais não podem ser renunciados, malgrado a pessoa possa deixar de se utilizar de um direito por um tempo. É o que diz Dirley da Cunha Júnior: os direitos fundamentais são irrenunciáveis, uma vez que seu titular não pode dispor, embora possa deixar de exercê-los. É admissível, portanto, sob certas condições, a autolimitação voluntária ao exercício dos direitos fundamentais num caso concreto, que deve estar sempre sujeito à reserva de revogação, a todo tempo[175].

Também é o pensamento de Canotilho: segundo o qual, os direitos fundamentais, como totalidade, são irrenunciáveis; os direitos, liberdades e garantias, isoladamente considerados, são também irrenunciáveis, devendo distinguir-se entre renúncia ao núcleo substancial do direito (constitucionalmente proibida) e limitação voluntária ao exercício (aceitáveis sob certas condições) de direitos; [...] a admissibilidade de uma autorrestrição mais ampla que a restrição legal está sujeita ao mesmo limite absoluto da reserva de lei, a restritiva manutenção do núcleo essencial do direito afetado; a autolimitação voluntária ao exercício de um direito num caso concreto (uma renúncia geral de exercício é inadmissível) deve considerar-se sempre sob reserva de revogação a todo tempo. [...] Da renúncia de direitos deve distinguir-se o não exercício fático de um direito. [...] Poderá, assim, existir uma disposição individual acerca de posições de direitos fundamentais, mas o 'uso negativo' de um direito não significa renúncia a esse mesmo direito[176].

Por fim, como afirmou o mestre português, a autolimitação voluntária do direito está sujeita à revogação, a todo tempo (por exemplo, um candidato que participa de um *reality show* e, portanto, deixa de exercer sua intimidade por um tempo, a qualquer momento pode desistir de participar desse programa, retomando seu direito fundamental).

Sobre esse tema (intimidade e *reality shows*), Paula Fernanda Gorzoni afirma: "[...] não deveria o Estado agir paternalisticamente neste âmbito e impor escolhas estritamente pessoais aos particulares, como um ideal ou projetos relacionados a convicções religiosas, mesmo que essas escolhas violem seus próprios direitos fundamentais. Isso implicaria um juízo de valor por parte do Estado para decidir o que é bom ou ruim para cada indivíduo, um juízo acerca da verdade moral. Esse juízo depende de como cada pessoa determina o bem e o mal, isto é, seus valores morais, religiosos, intelectuais e estéticos, que estão ligados à concepção de homem de cada um e das necessidades básicas da natureza de cada um. Assim, nestes casos, deveria pre-

---

174. Op. cit., p. 242.
175. Op. cit., p. 587.
176. Op. cit., p. 470.

valecer o princípio da autonomia pessoal. [...] um participante do Big Brother tem sua privacidade violada, porém tal fato constitui resultado de situação que a própria pessoa escolheu. Se o indivíduo decidiu participar do programa por convicção própria, porque considera relevante para sua vida (muitos participam com o intuito de alcançar a 'fama', se tornar uma celebridade), em princípio deveria prevalecer essa escolha do particular. Não cabe ao Estado decidir o que é melhor para a vida de cada um neste aspecto existencial e aqui não se enfatiza o fato de haver desigualdade fática entre os sujeitos privados (participantes do *reality show* e emissora de TV). Como é possível observar, a relação também é contratual, porém o que prevalece neste caso não é o aspecto patrimonial e sim existencial"[177].

f) Imprescritibilidade: o passar do tempo não retira a possibilidade de exercício do direito fundamental. Como diz José Afonso da Silva, o exercício de boa parte dos direitos fundamentais ocorre só no fato de existirem reconhecidos na ordem jurídica. Em relação a eles não se verificam requisitos que importem em sua prescrição. Vale dizer, nunca deixam de ser exigíveis. Pois prescrição é um instituto jurídico que somente atinge, coarctando, a exigibilidade dos direitos de caráter patrimonial, não a exigibilidade de direitos personalíssimos, ainda que não individualistas, como é o caso. Se são sempre exercíveis e exercidos, não há intercorrência temporal de não exercício que fundamente a perda da exigibilidade pela prescrição[178]. Por exemplo, um artista que por 20 anos praticou a denominada evasão de privacidade, expondo sua vida íntima em todas as revistas, com requintes de detalhes, poderá, na sua maturidade, exigir respeito do Estado e dos particulares à sua vida privada.

g) Vinculação aos Três Poderes: Os direitos fundamentais, como se verá no item adiante, vinculam não somente o Estado, como também os particulares (em maior ou menor grau, de acordo com a teoria adotada). Quanto aos poderes constituídos, de forma inequívoca, estão eles submetidos aos direitos fundamentais, devendo sempre estar em conformidade com eles. Como diz Gilmar Mendes: "o fato de os direitos fundamentais estarem previstos na Constituição torna-os parâmetros de organização e de limitação dos poderes constituídos. A constitucionalização dos direitos fundamentais impede que sejam considerados meras autolimitações dos poderes constituídos – dos Poderes Executivo, Legislativo e Judiciário –, passíveis de serem alteradas ou suprimidas ao talante destes. Nenhum desses Poderes se confunde com o poder que consagra o direito fundamental, que lhes é superior. Os atos dos poderes constituídos devem conformidade aos direitos fundamentais e se expõem à invalidade se os desprezarem"[179].

Quanto ao Poder Legislativo, no momento de edição das normas, deve se preocupar com seu conteúdo, que não poderá afrontar os direitos fundamentais. Todavia, como adiante se verá, nada impede que a lei limite, respeitados alguns critérios e parâmetros que serão estudados, os direitos fundamentais. Esse é um equívoco bastante comum na doutrina e até mesmo na jurisprudência. Como dispõem as constituições europeias, a limitação do direito fundamental é possível, desde que não haja afronta ao núcleo essencial do direito fundamental. No ordenamento jurídico brasileiro, encontramos leis infraconstitucionais que limitam os direitos fundamentais, de forma legítima e válida. Por exemplo, a Lei n. 11.900/2009 restringiu o direito de presença, disciplinando o interrogatório por videoconferência, em casos excepcio-

---

177. *Supremo Tribunal Federal e a Vinculação dos Direitos Fundamentais nas Relações entre Particulares.*
178. Op. cit., p. 181.
179. Op. cit., p. 245.

nais. Não obstante, caso essa limitação feita pelo legislador seja atentatória ao núcleo essencial do direito fundamental, será a lei inconstitucional.

Eis um exemplo ímpar: em 2004, o deputado federal Nazareno Fonteles, do PT do Piauí, elaborou projeto de Lei Complementar (PLC 137) no intuito de estabelecer o limite máximo de consumo e a poupança fraterna. Segundo o projeto de lei, nenhum brasileiro poderia gastar mais de R$ 8.766,00 por mês, o que corresponderia ao Limite Máximo de Consumo, definido pelo art. 1º como dez vezes o valor da renda *per capita* nacional, mensal, calculada pelo Instituto Brasileiro de Geografia e Estatística – IBGE, em relação ao ano anterior. Outrossim, todos os valores que excedessem o Limite Máximo de Consumo deveriam ser depositados em contas de poupança, no Banco do Brasil e na Caixa Econômica Federal (a Poupança Fraterna), permanecendo retidos por sete anos, devendo ser devolvidos aos seus proprietários, durante os quatorze anos seguintes, em parcelas mensais. Ora, tal projeto de lei é de flagrante inconstitucionalidade, limitando o direito à propriedade, previsto no art. 5º da Constituição Federal, de maneira absolutamente exagerada, demasiada e inadmissível.

Mas alguns parlamentares foram bem criativos. Nesse mesmo período, o deputado federal Irapuan Teixeira apresentou projeto de lei que previa a doação compulsória de órgãos para os condenados a penas privativas de liberdade superiores a 30 anos. O projeto de lei chega a elencar quais são os órgãos que poderiam ser removidos compulsoriamente (um terço do fígado, um pulmão, um rim e uma córnea!). Ou seja, condenado a uma pena superior a 30 anos, o preso ficaria sem um rim, um terço do fígado ou cego de um olho. Ora, uma Constituição que prevê que ninguém será submetido a tratamento desumano ou degradante (art. 5º, III, CF), que veda a aplicação de penas cruéis (art. 5º, XLVI) e tem como fundamento da República a dignidade da pessoa humana (art. 1º) não toleraria jamais a mutilação de presos.

Lembramos que a limitação dos direitos fundamentais deve ser respeitada também se estivermos diante de normas constitucionais de eficácia contida, redutível, ou restringível, como estudamos em capítulo específico sobre o tema. Esse é o entendimento de Luiz Alberto David Araújo: O legislador infraconstitucional [...] não recebe uma autorização ilimitada de redução do comando constitucional. Deve sempre preservar um conteúdo mínimo do direito, sob pena de estar descaracterizando a norma constitucional. A legislação restritiva (autorizada constitucionalmente) deve limitar-se ao conteúdo mínimo, sob pena de sufocar o direito garantido constitucionalmente. Figure-se a hipótese absurda de o legislador infraconstitucional, ou mesmo o Conselho Federal da OAB, fixar o Exame da Ordem em dez fases anuais e eliminatórias. Nesse caso, o exercício profissional só poderia ser exercido depois de dez anos de término do curso de cinco anos. Evidentemente, o direito ao livre exercício profissional estaria sufocado pela legislação infraconstitucional[180].

Além da possível limitação aos direitos fundamentais, desde que respeitando o núcleo essencial dos direitos, o legislador muitas vezes tem o dever de legislar, diante da determinação constitucional. Isso porque, muitas vezes, a Constituição prevê o direito a uma prestação jurídica. Segundo Gilmar Mendes: "há direitos fundamentais cujo objeto se esgota na satisfação pelo Estado de uma prestação de natureza jurídica. O objeto do direito será a normação pelo Estado do bem jurídico protegido como direito fundamental. Essa prestação jurídica pode consistir na emissão de normas jurídicas penais ou de normas de organização e de procedimento. Por exemplo, no art. 5º, XLII, a Constituição determina que a lei disciplinará o crime

---

180. *Curso de Direito Constitucional*, p. 220.

de racismo, já antecipando que a pena será de reclusão (a prática do racismo constitui crime inafiançável e imprescritível, sujeito à pena de reclusão, nos termos da lei). Da mesma forma, o art. 5º, XXXII, afirma que o Estado promoverá, na forma da lei, a defesa do consumidor. Nesses casos, e em outros semelhantes, o dever do Estado é fazer a lei. Se não a fizer, estaremos diante da inconstitucionalidade por omissão.

Dessa maneira, os direitos e garantias fundamentais impõem ao legislador uma dupla proibição: a proibição do excesso (*übermassverbot*), através da qual não poderá restringir excessivamente os direitos fundamentais, a ponto de ferir seu núcleo essencial, bem como a proibição da proteção insuficiente (*untermassverbot*), segundo a qual deve adotar as medidas mínimas de cumprimento desses direitos (por exemplo, elaborando as leis necessárias ao cumprimento dos direitos fundamentais devidamente estabelecidos pelo poder constituinte).

Por fim, outra vinculação ao Poder Legislativo pode ser vislumbrada. A partir do momento em que o Legislador regulamentou um direito fundamental, não pode revogar essa regulamentação sem lhe dar um substituto à altura, sob pena de ferir o princípio da proibição do retrocesso (que será estudado no capítulo 15). Como diz Gilmar Mendes, quem admite tal princípio sustenta que, no que pertine a direitos fundamentais que dependem de desenvolvimento legislativo para se concretizar, uma vez obtido certo grau de sua realização, legislação posterior não pode reverter as conquistas obtidas. A realização do direito pelo legislador constituiria, ela própria, uma barreira para que a proteção atingida seja desfeita sem compensações[181].

Assim como os direitos fundamentais vinculam o Poder Legislativo, também vinculam o Poder Executivo que, em todos os seus atos, deverá respeitar o conteúdo desses direitos fundamentais. Isso se aplica não apenas para as pessoas jurídicas de direito público, mas também para as pessoas de direito privado que disponham de poderes públicos, de faculdades do *jus imperium*, ao tratar com o particular. Como afirma Gilmar Mendes: A vinculação da Administração às normas de direitos fundamentais torna nulos os atos praticados com ofensa ao sistema desses direitos. De outra parte, a Administração deve interpretar e aplicar as leis segundo os direitos fundamentais. A atividade discricionária da Administração não pode deixar de respeitar os limites que lhe acenam os direitos fundamentais. Em especial, os direitos fundamentais devem ser considerados na interpretação e aplicação pelo administrador público, de cláusulas gerais e de conceitos jurídicos indeterminados[182].

Assim, por exemplo, na realização de um concurso público, não pode a Administração fixar a idade máxima, sob pena de ferir o princípio da igualdade (salvo quando houver estreita vinculação entre o limite etário e a atividade exercida). Aliás, é o que afirma a Súmula 683, do STF: o limite de idade para inscrição em concurso público só se legitima em face do art. 7º, XXV, da Constituição, quando possa ser justificado pela natureza das atribuições do cargo a ser preenchido.

Essa foi a posição do Supremo Tribunal Federal em várias situações semelhantes: A Constituição Federal, em face do princípio da igualdade, aplicável ao sistema de pessoal civil, veda diferença de critérios de admissão em razão de idade, ressalvadas as hipóteses expressamente previstas na Lei e aquelas em que a referida limitação constitua requisito necessário em face da

---

181. Op. cit., p. 246.
182. Op. cit., p. 247.

natureza e das atribuições do cargo a preencher. Existência de disposição constitucional estadual que, a exemplo da federal, também veda o discrime (RE 140945, rel. Min. Ilmar Galvão).

Mais recentemente, no STF, no Recurso Extraordinário 898.450, entendeu inconstitucional a proibição da exclusão de candidatos tatuados nos concursos públicos. Segundo o ministro relator (Luiz Fux), a criação de barreiras arbitrárias para impedir o acesso de candidatos a cargos públicos fere os princípios constitucionais da isonomia e da razoabilidade. Em seu entendimento, qualquer obstáculo a acesso a cargo público deve estar relacionado unicamente ao exercício das funções, como, por exemplo, idade e altura que impossibilitem o exercício de funções específicas. Destacou que a tatuagem, por si só, não pode ser confundida como uma transgressão ou conduta atentatória aos bons costumes, pois é uma autêntica forma de liberdade de manifestação do indivíduo, pela qual não pode ser punido, sob pena de flagrante violação dos princípios constitucionais.

Por fim, o Poder Judiciário também está vinculado aos direitos fundamentais de duas formas: a) o Poder Judiciário deve fiscalizar, quando provocado, os demais poderes quanto à aplicação dos direitos fundamentais; b) o Poder Judiciário deve zelar para que suas decisões tenham conteúdo que respeite os direitos fundamentais.

Quanto ao primeiro aspecto, pode o Poder Judiciário declarar uma lei inconstitucional quando o seu conteúdo ferir o núcleo essencial dos direitos fundamentais. Foi o que o Supremo Tribunal Federal fez ao declarar inconstitucional o regime integralmente fechado, previsto no art. 2º, da Lei de Crimes Hediondos (Lei n. 8.072/90), por ferir o núcleo essencial do direito à individualização da pena, previsto no art. 5º da Constituição Federal. Outrossim, deve anular os atos administrativos que ferirem os direitos fundamentais, como o concurso público que fixa indevidamente um limite máximo de idade, ferindo o direito à igualdade. Da mesma forma, deve o Judiciário controlar a omissão do Poder Público quanto ao cumprimento mínimo dos atos necessários a implementar os direitos fundamentais. Aplicando o Judiciário o princípio da proibição da proteção insuficiente (*untermassverbot*), determinará, dentro dos limites da separação dos Poderes, que os demais poderes pratiquem os atos necessários a concretizar os direitos fundamentais. Foi o que fez o STF no julgamento da ADPF 347, que reconheceu o estado de coisas inconstitucional no sistema carcerário brasileiro.

Sobre os limites da atuação do Poder Judiciário no controle das omissões do Poder Público, remetemos o leitor ao capítulo 15, no qual tratamos de temas essenciais como o mínimo existencial dos direitos sociais e o princípio da reserva do possível.

Por fim, o Poder Judiciário está vinculado aos direitos fundamentais não somente quando fiscaliza o cumprimento destes pelos demais Poderes, como também está diretamente vinculado aos direitos fundamentais, no conteúdo de cada decisão, bem como no seu modo de agir. Destarte, deve o magistrado respeitar, na condução do processo, princípios como contraditório, ampla defesa, juiz natural, proibição de provas ilícitas, publicidade etc.

13.14. LIMITAÇÕES DOS DIREITOS FUNDAMENTAIS

Como vimos acima, quando tratamos da relatividade dos direitos fundamentais, os direitos não são absolutos, mas relativos. Considerar um direito como sendo absoluto é aceitar dois "efeitos colaterais" igualmente graves: a) sempre que houver um outro direito colidindo com esse direito tido como absoluto, será ele aprioristicamente descartado, desprezado, violado; b) se um direito é absoluto, provavelmente seus titulares abusarão de seu exercício (por exemplo, considerada absoluta a presunção de inocência, permitia que o réu condenado fizesse dezenas de recursos com o único objetivo de procrastinar o trânsito em julgado da sentença penal condenatória). A própria Declaração Universal dos Direitos Humanos da ONU, de 1948, depois de trazer um rol essencial de direitos (vida, liberdade, igualdade, presunção de inocência, nacionalidade etc.) afirma: "no exercício de seus direitos e liberdades, todo ser humano estará sujeito apenas as limitações determinadas pela lei, exclusivamente com o fim de assegurar o devido reconhecimento e respeito dos direitos e liberdades de outrem e de satisfazer as justas exigências da moral, da ordem pública e do bem-estar de uma sociedade democrática" (art. 29).

Duas são as limitações possíveis aos direitos fundamentais: a) as limitações internas (ou limites imanentes); b) as limitações externas.

a) Limitações internas (limites imanentes)

A palavra "imanente" significa algo que está contido na natureza de um ser ou de um objeto. De fato, limite imanente é aquele que está ínsito, ligado ao próprio direito.

Há duas formas de se definirem limites imanentes (limitações internas dos direitos fundamentais). Para Canotilho, são os limites que estão presentes dentro da própria Constituição, impostos por outros direitos fundamentais. Por exemplo, a liberdade de consciência e crença está limitada por outros direitos como a vida (não se pode praticar sacrifícios humanos durante um culto religioso). Da mesma forma, a liberdade de manifestação do pensamento está limitada por outros direitos como a honra e a intimidade (art. 5º, X). Assim, para o mestre português: "os chamados 'limites imanentes' são o resultado de uma ponderação de princípios jurídico-constitucionais conducente ao afastamento definitivo, num caso concreto, de uma dimensão, que *prima facie*, cabia no âmbito prospectivo de um direito, liberdade e garantia"[183]. Canotilho refere-se à imanência da limitação com relação ao texto constitucional como um todo, ou seja, limite imanente é aquele que está contido dentro da própria Constituição, mas imposto por outros direitos, em razão do sopesamento no caso concreto.

Exemplo emblemático é o HC 82.424, (caso "Ellwanger"), no qual o Supremo Tribunal Federal entendeu que o editor gaúcho Siegfried Ellwanger teria praticado crime de racismo em obra literária antissemita. Os direitos à liberdade intelectual (art. 5º, IV, CF) e liberdade de manifestação do pensamento (art. 5º, IV) não são absolutos, "não são incondicionais, razão pela qual devem ser exercidas de maneira harmônica, observados os limites traçados pela própria Constituição Federal" (voto do Min. Maurício Corrêa). Nesse mesmo julgamento, afirmou o Min. Celso de Mello: "aquele que ofende a dignidade de qualquer ser humano, especialmente quando movido por razões de cunho racista, ofende a dignidade de todos e de cada um".

Críticas são feitas à posição do mestre português: como seria imanente um limite que decorre de outros direitos? Segundo Virgílio Afonso da Silva: "não me parece acertado denominar imanente um limite que não apenas surge somente com o caso concreto, como também dele depende"[184].

Outra posição acerca dos limites imanentes é aquela segundo a qual são limites existentes dentro do próprio direito, por um processo interno, não definido nem influenciado por aspectos externos (como colisões com outros direitos). Assim, sem a necessidade de ponderar o direito fundamental com outros direitos igualmente tutelados, analisaríamos *a priori* a extensão

---

183. Op. cit., p. 1.148.
184. *Direitos Fundamentais*, p. 166.

do direito, verificando qual seria sua amplitude, quais seriam seus limites. Segundo Virgílio Afonso da Silva, várias são as estratégias de se tentar encontrar os limites que restringem o "suporte fático" dos direitos fundamentais, excluindo-se, de antemão, determinadas condutas do âmbito da proteção desses direitos. Segundo o autor: "as estratégias mais importantes são: 1) a interpretação histórico-sistemática; 2) a delimitação do âmbito da norma, sobretudo na versão desenvolvida por Friedrich Müller; 3) a fixação de uma prioridade estanque das liberdades básicas, na forma como proposta por John Rawls"[185].

1) Interpretação histórico-sistemática: segundo essa estratégia, cabe ao intérprete constitucional definir qual a essência de cada direito fundamental a partir de uma análise histórica e sistemática. Primeiramente, utiliza-se de uma interpretação histórica (analisam-se as leis constitucionais anteriores, bem como o processo constituinte, com as discussões parlamentares que ensejaram a Constituição) para saber quais eram os objetivos do constituinte, quais eram os fatos (suporte fático) que ele pretendia proteger com o direito fundamental em análise. Por exemplo, foi um critério utilizado pelo Ministro Marco Aurélio no julgamento do HC 82.424 ("caso Ellwanger"), ao indagar se a vedação ao racismo se aplicava ao preconceito contra o povo judeu ("Não encontrei, na análise dos Anais da Constituinte, qualquer menção, única que fosse, ao povo judeu quando fora discutido o racismo", disse o ministro).

2) Âmbito da norma e especificidade (Friedrich Müller): segundo essa estratégia, somente estariam protegidos pelo direito fundamental os fatos que lhe sejam específicos, ou seja, "toda e qualquer ação que não seja estruturalmente necessária para o exercício do direito fundamental, e que, nesse sentido, possa ser substituída por outra é uma ação não específica, e, portanto, não é protegida pelo direito fundamental"[186]. Exemplo: a Constituição assegura a liberdade artística (art. 5º, IX). Indaga-se: esse direito protege o artista que quer pintar um quadro num cruzamento viário movimentado, parando todo o trânsito? Protege também o artista que quer tocar seu saxofone durante toda a madrugada, acordando toda a vizinhança? O direito à liberdade artística é protegido pela Constituição, mas os meios acima utilizados não são específicos para o seu exercício.

3) A prioridade das liberdades básicas (John Rawls): "Para Rawls, fazem parte do rol de liberdades fundamentais apenas as liberdades de pensamento e de consciência, liberdades políticas e de associação, as liberdades decorrentes da integridade das pessoas e os direitos e liberdades abarcados pelo Estado de Direito. [...] Segundo ele, para que as liberdades fundamentais possam ser combinadas em um sistema e adaptadas a certas condições necessárias para o seu exercício duradouro, é preciso que sejam regulamentadas"[187], e não restritas (regulamentação é diferente de restrição).

---

185. Op. cit., p. 82-83.
186. Virgílio Afonso da Silva, op. cit., p. 88.
187. Op. cit., p. 91. Robert Alexy critica essa posição de Rawls, entendendo que a "regulamentação" também pode "restringir" indiretamente: "Em determinada cidade, uma questão política vem sendo discutida intensamente. Os representantes das diversas concepções sobre a questão conclamam os cidadãos a participar dos frequentes debates que são realizados no parque principal da cidade. Os cidadãos comparecem em massa. Por diversas razões, a Administração Municipal não gosta da ideia: as pessoas pisam na grama e a estragam; debates noturnos atrapalham outros moradores; mães com crianças e admiradores de flores podem aproveitar o parque apenas parcialmente etc. Por isso, a Administração resolve proibir tais reuniões para debates – a não ser nas tardes de domingo – e, como alternativa, oferece um estacionamento na periferia da cidade onde esses encontros seriam liberados. Segundo Alexy, a regulamentação é meramente acerca do local e do horário, mas mesmo assim representa uma restrição às liberdades de reunião e de expressão" (op. cit., p. 101).

b) Limitações externas

Como vimos acima, nas limitações internas, os limites são encontrados dentro da própria Constituição (segundo Canotilho) ou, numa teoria mais adequada, dentro do próprio direito. As limitações externas são diferentes: são restrições impostas aos direitos fundamentais, seja por outros direitos constitucionais, seja por meio de leis infraconstitucionais.

No primeiro caso, um direito fundamental pode sofrer restrições por meio de outro direito fundamental, distinto do primeiro. Isso é muito frequente, na medida em que as normas definidoras de direitos fundamentais têm, em regra, a forma de princípios que, como vimos em capítulo anterior, são normas de conteúdo vago, amplo, indeterminado. Diante desse cenário, é muito comum a colisão com outros princípios igualmente constitucionais. Como lembra Virgílio Afonso da Silva: "um princípio, compreendido como mandamento de otimização é, *prima facie*, ilimitado. A própria ideia de mandamento de otimização expressa essa tendência expansiva. Contudo, em face da impossibilidade de existência de direitos absolutos, o conceito de mandamento de otimização já prevê que a realização de um princípio pode ser restringida por princípios colidentes"[188].

Foi o que ocorreu quando da decisão do Recurso Extraordinário com Agravo 652.777, pelo Supremo Tribunal Federal. A questão tratava da divulgação da remuneração dos servidores públicos em sítio eletrônico mantido pela Administração Pública. O direito à intimidade dos servidores públicos (art. 5º, X, CF) foi limitado pelo direito à informação de toda a coletividade (art. 5º, XIV, CF). Segundo o Ministro Teori Zavascki: "é o preço que se paga pela opção por uma carreira pública no seio de um Estado republicano. A prevalência do princípio da publicidade administrativa outra coisa não é senão um dos mais altaneiros modos de concretizar a República enquanto forma de governo".

No segundo caso, a restrição aos direitos fundamentais pode se dar por meio de regras infraconstitucionais. Uma lei infraconstitucional poderá, portanto, limitar um direito fundamental, dentro de certos limites. Vejamos alguns exemplos.

A Lei n. 13.188/2015, que regulamenta o direito de resposta (art. 5º, V, CF), prevê um prazo decadencial de 60 (sessenta) dias, contado da data da divulgação, publicação ou transmissão da matéria ofensiva (art. 3º). Seria essa limitação constitucional? Semelhante restrição foi imposta há mais tempo pela Lei do Mandado de Segurança (Lei n. 12.016/2009), que no seu art. 23 afirma que "o direito de requerer mandado de segurança extinguir-se-á decorridos 120 (cento e vinte) dias, contados da ciência, pelo interessado, do ato impugnado".

A Lei n. 13.301/2016 permite o "ingresso forçado em imóveis públicos e particulares, no caso de situação de abandono, ausência ou recusa de quem possa permitir o acesso de agente público", em caso de suspeita de foco do mosquito transmissor do vírus da dengue, vírus chikungunya e vírus da zika. Trata-se de uma limitação infraconstitucional a um direito fundamental (direito à inviolabilidade do domicílio – art. 5º, XI, CF).

Seriam essas limitações infraconstitucionais válidas, constitucionais? Quais são os limites dessas limitações (ou "limites dos limites" – Shranken-schranken)? Bem, todas as perguntas são interessantes.

---

188. Op. cit., p. 140.

As leis infraconstitucionais que restringem as normas constitucionais devem obedecer a três critérios, três limites: a) não podem ferir o núcleo essencial dos direitos fundamentais; b) devem ser razoáveis; c) devem ser proporcionais.

Primeiramente, as normas infraconstitucionais não podem ferir o núcleo essencial dos direitos fundamentais (o núcleo intangível, irredutível desses direitos). Ao contrário da Constituição de Portugal, de 1976 (art. 18, III), da Constituição da Alemanha, de 1949 (art. 19, II) e da Constituição espanhola de 1978 (art. 53, n. 1), a Constituição brasileira não prevê expressamente a garantia da irredutibilidade do núcleo essencial dos direitos. Não obstante, como afirmou em seu voto o Min. Gilmar Mendes, no Recurso Extraordinário 511.961: "enquanto princípio expressamente consagrado na Constituição ou enquanto postulado constitucional imanente, o princípio da proteção do núcleo essencial destina-se a evitar o esvaziamento do conteúdo do direito fundamental decorrente de restrições descabidas, desmesuradas ou desproporcionais".

Não se pode confundir núcleo essencial com cláusulas pétreas. Essas últimas são matérias determinadas pelo poder constituinte originário e que não podem ser suprimidas da Constituição. Já o núcleo essencial da norma corresponde a um núcleo intangível, irredutível (o núcleo sensível da norma que não admite qualquer hipótese de restrição). Cada cláusula pétrea tem seu núcleo essencial. Por exemplo, segundo o art. 60, § 4º, IV, da Constituição Federal, são cláusulas pétreas os direitos e garantias individuais. Isso significa que eles não podem ser suprimidos da Constituição. Todavia, podem ser restritos, delimitados pela lei infraconstitucional. Todavia, essa lei não poderá ferir o núcleo essencial de cada direito fundamental.

Todavia, indaga-se: como identificar o núcleo essencial, o núcleo intangível de cada direito fundamental (já que ele não está expresso na Constituição)? Há duas teorias aptas a responder essa pergunta: 1) teoria absoluta (*absolute Theorie*); 2) teoria relativa (*relative Theorie*).

Segundo a teoria absoluta, o núcleo essencial do direito fundamental é encontrado através da análise abstrata da norma, sem a utilização de um caso concreto. O intérprete debruça-se sobre a norma constitucional e tenta identificar qual o núcleo irredutível, intangível dessa norma. Esclarecedor o voto do Min. Gilmar Mendes, no HC 82.959 (que declarou inconstitucional o regime integralmente fechado nos crimes hediondos): "os adeptos da chamada teoria absoluta ('*absolute Theorie*') entendem o núcleo essencial dos direitos fundamentais (*Wesensgehalt*) como unidade substancial autônoma (*substantieller wesenskern*) que, independentemente de qualquer situação concreta, estaria a salvo de eventual decisão legislativa. Essa concepção adota uma interpretação material, segundo a qual existe um espaço interior livre de qualquer intervenção estatal. Em outras palavras, haveria um espaço que seria suscetível de limitação por parte do legislador; outro seria insuscetível de limitação".

Da *teoria absoluta* decorrem duas subcategorias. A primeira é denominada *teoria objetiva* (utilitarista, com forte influência de Jeremy Bentham), segundo a qual, partindo-se de uma análise abstrata da norma, encontra-se o núcleo essencial, através de uma análise da sua utilidade na ordem jurídica e na sociedade. A outra teoria é a *teoria subjetiva*, que identifica o núcleo essencial de modo a proteger a subjetividade do titular do direito, avaliando, segundo um método de subtração, qual o conteúdo restante do direito fundamental após uma possível restrição. De qualquer maneira, as teorias objetiva e subjetiva encontram uma grande dificuldade de considerar o que é indispensável ou útil para elaborar a definição do núcleo essencial do direito fundamental.

Todavia, prevalece no Brasil a teoria relativa, com a qual concordamos. O núcleo essencial dos direitos fundamentais não é encontrado aprioristicamente, mas na solução de cada caso concreto, através da aplicação do princípio da proporcionalidade. Segundo Gilmar Mendes, no voto sobredito: "os sectários da chamada teoria relativa (*'relative Theorie'*) entendem que o núcleo essencial há de ser definido para cada caso, tendo em vista o objetivo perseguido pela norma de caráter restritivo. O núcleo essencial seria aferido mediante a utilização de um processo de ponderação entre meios e fins (*zweck-mittel-prüfung*), com base no princípio da proporcionalidade. O núcleo essencial seria aquele mínimo insuscetível de restrição ou redução com base nesse processo de ponderação".

Como afirmamos acima, embora não previsto expressamente em nossa Constituição, a garantia do núcleo essencial foi acolhida pelo direito brasileiro, como afirma Gilmar Mendes no voto ora em análise: "embora o texto constitucional brasileiro não tenha estabelecido expressamente a ideia de um núcleo essencial, é certo que tal princípio decorre do modelo garantístico utilizado pelo constituinte. A não admissão de um limite ao afazer legislativo tornaria inócua qualquer proteção fundamental".

No *Habeas Corpus* 82.959/SP, relatado pelo Min. Marco Aurélio, o Supremo Tribunal Federal entendeu que a Lei n. 8.072/90, ao prever o regime integralmente fechado, restringiu excessivamente o núcleo essencial da individualização da pena (art. 5º, XLVI, CF). Da mesma forma, no Recurso Extraordinário 511.961, o Supremo Tribunal Federal considerou inconstitucional a exigência de diploma de jornalismo para a prática de atividades jornalísticas, sob o argumento de que "a reserva legal estabelecida pelo art. 5º, XIII, não confere ao legislador o poder de restringir o exercício da liberdade profissional a ponto de atingir o seu próprio núcleo essencial".

Dessa maneira, a restrição infraconstitucional não pode ser excessiva (princípio da proibição do excesso – *ubermassverbot*). Para verificar se a restrição foi excessiva ou não, deve-se analisar o critério da proporcionalidade (que estudamos mais atentamente no capítulo reservado à Interpretação Constitucional, ao qual remetemos o leitor). O princípio da proporcionalidade deriva da jurisprudência do Tribunal Constitucional alemão e estabelece critérios para aferição da constitucionalidade da lei que restringe normas constitucionais: adequação, necessidade e proporcionalidade em sentido estrito. Pelo critério da adequação, verifica-se se a lei restritiva atinge os objetivos por ela estabelecidos; pela necessidade, faz-se uma análise comparativa entre a solução legislativa e outras soluções possíveis; pela proporcionalidade em sentido estrito[189], faz-se uma ponderação entre o direito tutelado pela lei restritiva e o direito restrito na norma constitucional.

Por fim, a lei restritiva deve ser razoável (remetemos também o leitor ao capítulo destinado à Interpretação Constitucional, no qual falamos sobre o princípio da razoabilidade). Razoabilidade, oriunda da jurisprudência norte-americana, do devido processo legal substantivo (*substantive due processo of law*) conclui que será inválido, inconstitucional, o ato do

---

189. Nesse Recurso Extraordinário, o STF decidiu: "Por fim, o exame de proporcionalidade em sentido estrito requer o sopesamento entre a importância de realização do fim objetivado pela medida e a intensidade da restrição ao direito fundamental. É dizer: o perigo de dano decorrente da prática da advocacia sem o exame de conhecimentos serve a justificar a restrição ao direito fundamental e geral à liberdade do exercício de profissão? Os benefícios provenientes da medida restritiva são superiores à ofensa à garantia do inciso XIII do artigo 5º da Carta? A resposta é positiva".

poder público irrazoável. Assim, se a restrição infraconstitucional não for razoável, será inconstitucional[190].

No Recurso Extraordinário 414.426, o Supremo Tribunal Federal decidiu que "nem todos os ofícios ou profissões podem ser condicionadas ao cumprimento de condições legais para o seu exercício. A regra é a liberdade. Apenas quando houver potencial lesivo na atividade é que pode ser exigida inscrição em conselho de fiscalização profissional. A atividade de músico prescinde de controle. Constitui, ademais, manifestação artística protegida pela garantia da liberdade de expressão"[191].

13.14.1. Limitação dos direitos fundamentais e relações especiais de sujeição

Como afirma parte da doutrina, há algumas relações envolvendo pessoas com o Estado que autorizam uma maior restrição dos direitos fundamentais, por conta de certos deveres de sujeição (como ocorre com os presos, que têm limitados vários de seus direitos fundamentais – além da liberdade – como o direito à intimidade e a inviolabilidade das suas comunicações com o mundo externo ao cárcere). Como afirmou o brilhante George Marmelstein, "vale tecer alguns comentários sobre as chamadas relações especiais de sujeição. As relações especiais de sujeição ou de poder são aquelas situações em que a necessidade de viabilizar o adequado funcionamento de determinadas instituições exige uma limitação mais intensa de direitos fundamentais específicos dos indivíduos que as integram. Como exemplos deste tipo de relações, podem ser apontadas as relações jurídicas em que se inserem os funcionários públicos, os presos, os militares e os estudantes. Nesses casos, a eficiência administrativa (em relação aos servidores públicos), a segurança (em relação aos presos), a hierarquia militar (em relação aos militares) e a disciplina educacional (em relação aos estudantes) justificam maior restrição a determinados direitos fundamentais titularizados por indivíduos nessas situações, a fim de viabilizar o funcionamento da instituição em que estão inseridos"[192].

13.15. A DIMENSÃO OBJETIVA E SUBJETIVA DOS DIREITOS FUNDAMENTAIS

Os direitos fundamentais, na dimensão subjetiva, compreendem direitos públicos subjetivos, ou seja, a possibilidade de o indivíduo invocar a norma jurídica jurisdicionalmente contra o Estado, exigindo-lhe a prática de uma abstenção (quando se trata de uma liberdade pública, como o direito à propriedade) ou uma ação (quando se trata de um direito social, como a educação). Segundo Ingo Wolfgang Sarlet: "quando nos referimos aos direitos fundamentais

---

190. No mesmo Recurso Extraordinário, o STF decidiu: "Assim, parece certo que, no âmbito desse modelo de reserva legal qualificada presente na formulação do art. 5º, XIII, paira uma imanente questão constitucional quanto à razoabilidade e à proporcionalidade das leis restritivas, especificamente, das leis que disciplinam as qualificações profissionais como condicionantes do livre exercício das profissões. A reserva legal estabelecida pelo art. 5º, XIII, não confere ao legislador o poder de restringir o exercício da liberdade a ponto de atingir o seu próprio núcleo essencial".
191. Ainda nesse julgamento, prosseguiu a Min. relatora Ellen Gracie: "Sob tal perspectiva, as exigências de inscrição na Ordem dos Músicos do Brasil e de o afiliado estar em dia com o pagamento de anuidade ferem o livre exercício da profissão. Foi o que, sob a égide da Constituição anterior, decidiu esta Corte, no julgamento da Representação 930-DF, em que foi examinado tema semelhante. Naquela ocasião, foi declarada, por maioria, a inconstitucionalidade da lei que impediu o exercício da profissão aos que não estivessem inscritos no Conselho Federal dos Corretores de Imóveis".
192. Op. cit., p. 234.

como direitos subjetivos, temos em mente a noção de que ao titular de um direito fundamental é aberta à possibilidade de impor judicialmente seus interesses juridicamente tutelados perante o destinatário (obrigado)"[193].

Não obstante, no Brasil tem sido recepcionada a noção de que a função dos direitos fundamentais não se limita a serem direitos subjetivos, pois eles também representam decisões valorativas de natureza jurídico-objetiva da Constituição, que se projetam em todo o ordenamento jurídico. Nas palavras de Canotilho: "fala-se em fundamentação objetiva de uma norma consagradora de um direito fundamental quando se tem em vista o seu significado para a coletividade, para o interesse público, para a vida comunitária. É esta fundamentação objetiva que se pretende salientar quando se assinala à 'liberdade de expressão' uma função objetiva, um 'valor geral', uma 'dimensão objetiva' para a vida comunitária"[194], "[...] um conjunto de valores objetivos básicos e fins diretivos da ação positiva dos poderes públicos". Essa dimensão objetiva, portanto, faz com que o direito fundamental não seja visto apenas sob o ponto de vista individual (direito subjetivo), alcançando uma estatura de norma que estabelece e filtra os valores básicos da sociedade política, expandindo-os para todo o ordenamento jurídico e norteando todos os atos do Poder Público, com deveres de ação e omissão: "aos órgãos estatais incumbe assegurar níveis eficientes de proteção para os diversos bens funcionais, o que implica não apenas a vedação de omissões, mas também a proibição de uma proteção manifestamente insuficiente, tudo sujeito a controle por parte dos órgãos estatais, inclusive por parte do Poder Judiciário. Assim, os deveres de proteção implicam deveres de atuação (prestação) do Estado, e, no plano da dimensão subjetiva – na condição de direitos à proteção – inserem-se no conceito de direitos a prestações (direitos à proteção) estatais"[195].

Segundo Gilmar Mendes: "sob esse enfoque, os direitos de defesa apresentam um aspecto de direito a prestação positiva, na medida em que a dimensão objetiva dos direitos fundamentais cobra a adoção de providências, quer materiais, quer jurídicas, de resguardo dos bens protegidos. Isso corrobora a assertiva de que a dimensão objetiva interfere na dimensão subjetiva dos direitos fundamentais, neste caso atribuindo-lhe reforço de efetividade"[196]. No HC 104410, relatado pelo Ministro Gilmar Mendes, afirmou o Supremo Tribunal Federal que "A Constituição de 1988 contém um significativo elenco de normas que, em princípio, não outorgam direitos, mas que, antes, determinam criminalização de condutas (CF, art. 5º, XLI, XLII, XLIII, XLIV; art. 7º, X; art. 227, § 4º). Em todas essas normas é possível identificar um mandato de criminalização expresso, tendo em vista os bens e valores envolvidos. Os direitos fundamentais não podem ser considerados apenas como proibições de intervenção (*Eingriffsverrbote*), expressando também um postulado de proteção (*shutzegebote*). Pode-se dizer que os direitos fundamentais expressam não apenas uma proibição do excesso (*übermassverbote*), como também podem ser traduzidos como proibições de proteção insuficiente ou imperativos de tutela (*untermassverbote*). Os mandatos constitucionais de criminalização, portanto, impõem ao legislador, para o seu devido cumprimento, o dever de observância do princípio da proporcionalidade como proibição de excesso e como proibição de proteção insuficiente".

---

193. Op. cit., p. 341.
194. Op. cit., p. 1240.
195. Ingo Wolfgang Sarlet, op. cit., p. 345.
196. Op. cit., p. 168.

Outrossim, outra consequência da dimensão objetiva dos direitos fundamentais é a eficácia irradiante ou efeito de irradiação dos direitos fundamentais, segundo o qual os direitos, como objetivos valores a serem seguidos, norteia toda a aplicação e interpretação das normas infraconstitucionais (gerando uma interpretação conforme à Constituição), bem como a realização de todos os atos do poder público (atos políticos, administrativos etc.) e até mesmo as relações privadas. Na ADPF 144/2008, o Supremo Tribunal abordou a questão da "eficácia irradiante" da presunção de inocência e a possibilidade de extensão desse princípio no âmbito do processo eleitoral.

13.15.1. Eficácia irradiante dos direitos fundamentais e o "Caso Lüth"

A eficácia irradiante dos direitos fundamentais consiste na adoção de uma *dimensão objetiva* dos direitos. Segundo essa teoria, os direitos fundamentais não têm apenas uma *dimensão subjetiva*, gerando aos titulares os chamados *direitos subjetivos* (a possibilidade de invocar a sua proteção), mas também uma *dimensão objetiva*: os direitos fundamentais irradiam valores e fornecem diretrizes para os órgãos legislativos, judiciários e executivos. Como disse Daniel Sarmento, "a eficácia irradiante enseja a 'humanização' da ordem jurídica, ao exigir que todas as suas normas sejam, no momento de aplicação, reexaminadas pelo aplicador do direito com novas lentes, que terão as cores da dignidade humana, da igualdade substantiva e da justiça social, impressas no tecido constitucional"[197].

CASO Lüth (BVerfGE 7, 198-230)

Seguramente esse é um dos casos mais importantes julgados pelo Tribunal Constitucional Alemão (*Bundesverfassungsgericht*) no tocante aos direitos fundamentais. A decisão foi proferida em 15 de janeiro de 1958, pelo 1º Senado do Tribunal Constitucional, influenciando a doutrina e a jurisdição constitucional de toda a Europa, mormente em Portugal, Espanha, Itália e Alemanha, tornando-se um pilar ideológico do *neoconstitucionalismo*. Dieter Grimm, um dos juízes desse caso, em artigo comemorativo aos 50 anos do Tribunal Constitucional Alemão, considerou a decisão como a mais importante já proferida pela Corte alemã, já que "a ponderação de bens, a proporcionalidade, a irradiação dos direitos fundamentais sobre o direito ordinário e o dever de proteção que decorrem dos direitos fundamentais, a partir dessa decisão, tornaram-se artigos de exportação do Direito Constitucional alemão"[198].

No ano de 1940, o já famoso diretor de cinema alemão Veit Harlan fez um filme de propaganda antissemita, de título *Jud Süß* (*Judeu Suß*), baseado em livro homônimo de 1925 (de Lion Feuchtwanger) e lançado no dia 5 de setembro de 1940 e que versava de forma polêmica sobre a figura histórica de Joseph Süß Oppenheimer[199]. Ocorre que, diferentemente da versão do autor (que dizia ser uma obra baseada em fatos reais e um retrato fiel do livro de mesmo nome), o filme era uma propaganda antissemita, retratando um judeu sombrio e traiçoeiro, que representa um perigo físico e moral para a sociedade alemã. O diretor recebeu recursos

---

197. *Direitos Fundamentais e Relações Privadas*, p. 124.
198. Néviton Guedes. *Uma Decisão Judicial que se tornou Celebridade Internacional*, p. 1.
199. Süss ou Süß foi um banqueiro e investidor judeu, ligado a Carlos Alexandre de Württemberg, Duque de Württemberg, em Stuttgart. Durante sua vida conquistou inimigos poderosos, alguns dos quais conspiraram para sua prisão e execução após a morte de Carlos Alexandre.

quase ilimitados de Goebbels, que chegou a escolher pessoalmente os figurantes, dentre judeus nos guetos poloneses e tchecos, em cooperação com o Departamento Central de Segurança do Reich, chefiado por Adolf Eichmann. O filme era exibido para as tropas do Leste europeu, antes das ações de fuzilamento de judeus, bem como para os integrantes da SS, encarregados da vigilância nos campos de concentração e extermínio.

Em 1949, o diretor Veit Harlan foi acusado perante o Tribunal Estadual de Hamburgo por crime contra a humanidade, porque teria, com sua obra, preparado psicologicamente o processo de extermínio dos judeus. Tal processo fazia parte de um denominado "processo de desnazificação" (*entnazifizierungsverfahren*). Após 52 dias de processo, Harlan foi declarado inocente, sob o argumento de que teria sido coagido a realizar a obra, tendo sido a sentença absolutória confirmada em instância superior.

Após a absolvição, Erich Lüth, presidente do clube de imprensa de Hamburgo, em uma palestra, dirigiu-se a empresários e produtores cinematográficos, sugerindo um boicote ao diretor Veit Harlan, diretor do filme *Jud Süß*, afirmando que a absolvição penal não impediria a "condenação moral" do autor e sua obra. Segundo Gisele Leite, antes do lançamento do novo filme de Harlan (*Amada Imortal*), vários judeus de prestígio social e grande influência na mídia fizeram um movimento pelo boicote da obra. Erich Lüth, que também era judeu, promoveu fervoroso manifesto contra o cineasta, conclamando os "alemães decentes" a não assistirem ao filme, o que redundou num fracasso de público e um grande prejuízo financeiro para o diretor e sua respectiva produtora[200].

A produtora e empresária do diretor Veit Harlan ajuizou ação contra Erich Lüth, a fim de que ele não mais se manifestasse em favor do boicote das obras de Harlan. Lüth foi condenado pela Justiça Estadual de Hamburgo a não mais se manifestar em favor do boicote, seja por parte de empresários, seja por parte do público, bem como a ele foi imposta uma pena pecuniária, por ter sua conduta sido considerada contrária à moral e aos bons costumes, com base no Código Civil alemão (parágrafo 826 do BGB). Contra essa decisão, Erich Lüth interpôs recurso de apelação ao Tribunal de Justiça (*Oberlandesgericht*) de Hamburgo e posteriormente recurso constitucional (*Verfasssungsbeschwerde*) para o Tribunal Constitucional (*Bundesverfassungsgericht*).

O Tribunal Constitucional alemão reformou as decisões inferiores, afirmando que toda a ordem jurídica deveria ser interpretada à luz do Direito Constitucional, especialmente dos direitos fundamentais, ainda que se cuidasse, como no caso em questão, de relações jurídicas entre particulares. Segundo o Tribunal, Lüth tinha o direito de se manifestar publicamente sobre o filme e o cineasta, bem como sugerir o boicote a ambos, estando tais manifestações inseridas no direito fundamental à liberdade de expressão.

Eis a famosa ementa do julgado: "1. Os direitos fundamentais são, em primeira linha, direitos de defesa do cidadão contra o Estado; na determinação dos direitos fundamentais da Lei Fundamental corporifica-se uma ordem axiológica objetiva, que vale para todas as áreas do Direito como uma decisão fundamental constitucional. 2. No Direito Civil, o conteúdo jurídi-

---

200. *Neovisão da Ordem Constitucional*, p. 1. Karina Nunes Fritz lembra que "Lüth não foi o único a se manifestar contra a exibição do filme [...]: quarenta e oito professores da Universidade de Göttingen, onde Rudolf von Jhering lecionou, assinaram um manifesto e o deputado Dr. Schmid-Tübingen pronunciou-se no Parlamento em Berlin (*Bundestag*) contra a exibição do filme" (*Decisões Históricas; o Caso Lüth e a Eficácia Horizontal dos Direitos Fundamentais*, p. 1).

co dos direitos fundamentais se desenvolve indiretamente através das normas jusprivadas. Ele toma principalmente determinações de caráter obrigatório e é realizável para o juiz principalmente por meio das cláusulas gerais. 3. O juiz cível pode violar os direitos fundamentais através da sentença (§ 90 BVerfGG) quando ele desconhece a influência dos direitos fundamentais sobre o direito civil. O Tribunal Constitucional examina nas decisões cíveis apenas a questão da violação dos direitos fundamentais, não em geral um erro jurídico. 4. Também normas civis podem ser consideradas 'leis gerais' no sentido do art. 5º, inciso 2 da Lei Fundamental e, dessa forma, restringir o direito fundamental à livre manifestação do pensamento. 5. As 'leis gerais' precisam ser interpretadas à luz do significado especial do direito fundamental à livre manifestação da opinião para um Estado livre e democrático. 6. O direito fundamental do art. 5 da GG tutela não apenas a exteriorização da opinião em si, mas também o efeito espiritual através da manifestação do pensamento. 7. A manifestação da opinião, que contém uma exortação ao boicote, não viola necessariamente os bons costumes, no sentido do § 826 BGB; ela pode ser justificada, na ponderação de todas as circunstâncias do caso, através da liberdade de manifestação de opinião".

13.16. TRANSUBJETIVIDADE DOS DIREITOS FUNDAMENTAIS (A OBRA DE LUIS HELENO TERRINHA)

Em outubro de 2018, foi publicada na cidade do Porto a obra *Direitos Fundamentais e Ordem Colectiva* pelo brilhante professor português Luís Heleno Terrinha, com o qual tive oportunidade de lecionar como convidado na Universidade Católica, no módulo internacional de direitos fundamentais que coordeno, juntamente com a professora Dra. Catarina Botelho[201].

O objetivo do autor é suplantar a leitura individualista que normalmente se dá aos direitos fundamentais, que os transforma em "meros" direitos subjetivos, demonstrando-se uma dimensão coletiva, ou, como prefere o autor, "transubjetiva" dos direitos fundamentais. Menciona o autor a "necessidade de aprender os direitos fundamentais *na sociedade* e, para lá do plano meramente individual (ou individualista), a sua inserção ou dimensão coletiva"[202].

Por exemplo, no *direito de associação*, não há apenas um aspecto subjetivo, individual, que consiste na liberdade pública que impede a interferência do Estado. Também há um aspecto "transubjetivo", já que a associação é um instrumento da "plena realização de um Estado Democrático de Direito"[203]. Por sua vez, no *direito de opinião*, "detecta-se uma função de estabilização de um processo político livre"[204]; no *direito de propriedade*, denota-se a já decantada função social; na *liberdade religiosa*, sublinha-se a contribuição da religião para a autodescrição cultural da sociedade; na *liberdade artística*, destaca-se a supraindividualidade da arte, capaz de moldar a realidade sociocultural do país etc.

Segundo o autor, sua intenção é "apresentar e abordar certas perspectivas acerca dos direitos fundamentais que, do nosso ponto de vista, podem complementar bem a leitura tipica-

---

201. *Direitos Fundamentais e Ordem Colectiva*. Teorias Não Subjectivas da Justfundamentalidade. Porto: Universidade Católica Editora, 2018.
202. Op. cit., p. 10.
203. Op. cit., p. 16.
204. Op. cit., p. 16.

mente mais dogmática da jusfundamentalidade. Ao direito fundamental como direito subjetivo junta-se, então, o direito fundamental como garantia da diferenciação da sociedade moderna, como regra de conflitos entre racionalidades sociais distintas, como sustentáculo do exercício do poder político e, por fim, como instrumento de proteção e promoção da auto-organização social"[205].

Para maior aprofundamento nessa temática, recomendamos enfaticamente a leitura da obra do sobredito autor português.

13.17. EFICÁCIA DOS DIREITOS FUNDAMENTAIS

Em capítulo anterior, estabelecemos as diferenças entre validade, vigência e eficácia das normas, esta última, sob o ponto de vista jurídico, sendo a possibilidade de produção de efeitos concretos.

Quanto às normas definidoras dos direitos fundamentais, o art. 5°, § 1°, da Constituição Federal traz uma premissa norteadora: "As normas definidoras dos direitos e garantias fundamentais têm aplicação imediata".

Essa norma foi inspirada em disposições semelhantes da Constituição de Portugal (art. 18, item 1), da Constituição do Uruguai (art. 332) e da Lei Fundamental Alemã (art. 1°, inciso III).

Primeiramente, embora prevista no art. 5°, § 1°, da Constituição Federal, não se aplica apenas aos direitos e garantias individuais (previstos no art. 5°), mas a todos os direitos e garantias fundamentais (direitos sociais, nacionalidade, direitos políticos). Ora, o art. 5°, § 1°, trata das "normas definidoras de direitos e garantias fundamentais", não limitando a regra aos direitos individuais e coletivos. Nesse sentido, Ingo Wolfgang Sarlet: "o constituinte não pretendeu, com certeza, excluir do âmbito do art. 5°, § 1°, de nossa Carta, os direitos políticos, de nacionalidade e os direitos sociais, cuja fundamentalidade – pelo menos no sentido formal – parece inquestionável"[206].

Qual o real significado do art. 5°, § 1°, da Constituição Federal? O objetivo do constituinte originário foi dar aos dispositivos constitucionais definidores de direitos fundamentais a maior eficácia possível, não necessitando de norma regulamentadora para exercê-los na sua plenitude.

Importante: existem no rol do art. 5° da Constituição Federal não apenas normas constitucionais de eficácia plena. Por exemplo, o art. 5°, XIII, da Constituição Federal (que prevê a liberdade de escolha de trabalho) é, inegavelmente, uma norma constitucional de eficácia contida (assim como o art. 5°, LVIII, da Constituição Federal, que veda a identificação criminal do civilmente identificado, salvo nas hipóteses previstas em lei). Outrossim, há no art. 5° da Constituição Federal normas de eficácia limitada de princípio institutivo, ou seja, que necessitam de regulamentação infraconstitucional para produzir todos os efeitos. Por exemplo, o art. 5°, VII, da Constituição Federal assegura a prestação de assistência religiosa nas entidades civis e mi-

---

205. Op. cit., p. 111. Segundo o autor, essa visão "transubjetiva" dos direitos fundamentais pode equipar o jurista a entender melhor os problemas sociais subjacentes e, "de outra banda, resolver de forma mais criativa, ponderada e esclarecida os conflitos jusfundamentais" (op. cit., p. 111).
206. *A Eficácia dos Direitos Fundamentais*, p. 270.

litares de internação coletiva, "nos termos da lei". Outrossim, o art. 5º, XXXII, afirma que "o Estado promoverá, na forma da lei, a defesa do consumidor".

O fato de ser uma norma constitucional de eficácia limitada não a torna incompatível com o art. 5º, § 1º, da Constituição Federal? Não, na medida em que conceituamos corretamente o que são normas de eficácia limitada. Como fizemos no capítulo acerca do tema, normas de eficácia limitada não são desprovidas de eficácia. Elas produzem poucos efeitos, já que a produção completa desses efeitos depende da regulamentação legal. Dessa maneira, o art. 5º, § 1º, da Constituição Federal serve de parâmetro de aplicação de todas as normas constitucionais definidoras de direitos, principalmente dessas normas que dependem de regulamentação: deve o intérprete da constituição extrair de cada dispositivo constitucional a maior eficácia possível, máxime das normas definidoras de direitos fundamentais.

Segundo Ingo Wolfgang Sarlet: "se, portanto, todas as normas constitucionais sempre são dotadas de um mínimo de eficácia, no caso dos direitos fundamentais, à luz do significado outorgado ao art. 5º, § 1º, de nossa Lei Fundamental, pode afirmar-se que aos poderes públicos incumbem a tarefa e o dever de extrair das normas que os consagram (os direitos fundamentais) a maior eficácia possível"[207]. É por essa razão que, mesmo inexistindo norma regulamentadora até 2016, o Supremo Tribunal Federal reconheceu como autoaplicável o art. 5º, LXXI, da Constituição Federal, que prevê o mandado de injunção.

13.17.1. Eficácia vertical, horizontal e diagonal dos direitos fundamentais

Historicamente, os direitos fundamentais surgiram e foram aplicados verticalmente, seja quando o texto constitucional impunha ao Estado uma obrigação de não fazer (de não interferir na esfera da individualidade das pessoas), seja quando impunha uma obrigação de fazer (como nos direitos sociais, por intermédio dos quais o Estado tem o dever de garantir moradia, educação etc.). Trata-se da eficácia vertical dos direitos fundamentais.

Assim, em um processo judicial, o Estado tem o dever de garantir o contraditório e ampla defesa, nos termos do art. 5º, LV, da CF. Indaga-se: os direitos fundamentais também devem ser aplicados nas relações entre particulares? Com outras palavras, indaga Canotilho: As normas constitucionais consagradoras de direitos, liberdades e garantias devem ou não ser obrigatoriamente observadas e cumpridas pelas pessoas privadas (individuais ou coletivas), quando estabelecem relações jurídicas com outros sujeitos jurídicos privados?[203]

Vários nomes são atribuídos a esse fenômeno: (a) eficácia privada dos direitos fundamentais; (b) eficácia externa dos direitos fundamentais; (c) eficácia horizontal dos direitos fundamentais etc.

Para uma teoria mais conservadora (teoria do *state action*), somente há eficácia vertical dos direitos fundamentais. Conforme afirma Bruno Fontenele Cabral, a *State Action Doctrine* é uma doutrina norte-americana que afirma que os direitos fundamentais estabelecidos pela Constituição dos Estados Unidos, tais como os previstos na 1ª Emenda e na Emenda 14, somente protegem os cidadãos contra ações do Estado (*state action*) e não se aplicam a relações entre particulares. No entanto, essa doutrina apresenta duas exceções, em que po-

---
207. Op. cit., p. 280.
208. Op. cit., p. 1268.

dem ser aplicados os direitos fundamentais nas relações entre particulares. A primeira exceção é denominada *public function exception*, que trata da possibilidade de se alegar a proteção dos direitos fundamentais numa relação privada quando uma das partes envolvidas estiver no exercício de uma função pública. Já a segunda exceção é a chamada *entanglement exception* e estabelece que, se o governo delega uma de suas funções para uma entidade privada, essa entidade será considerada um agente estatal somente em relação às funções delegadas pelo governo[209].

No Brasil, é pacífica a aceitação da eficácia horizontal dos direitos fundamentais (a aplicação dos direitos fundamentais nas relações privadas marido e esposa; empregado e empregador, fornecedor e cliente etc. Todavia, um alerta inicial deve ser feito: a eficácia horizontal deve ser aplicada com cautela, sob pena de ferir a autonomia da vontade, princípio que rege as relações privadas. Não há como aplicar às relações entre particulares os direitos fundamentais na mesma amplitude que nas relações que envolvem o Estado. Ora, para o Estado realizar um contrato ou contratar alguém para os seus quadros, precisa cumprir os ditames constitucionais, realizando licitações para cumprir o princípio da igualdade, publicidade, moralidade etc., ou concursos públicos com igualdade de acesso a homens, mulheres, tatuados etc. Já para contratar um funcionário para o meu escritório, a liberdade é muito maior. Poderei contratar apenas mulheres, apenas pessoas da minha religião ou até mesmo da minha família, sem que alguém alegue a prática de nepotismo. É diferente, pois, a aplicação dos direitos fundamentais nas relações públicas e privadas. Há duas modalidades de eficácia horizontal:

a) Eficácia indireta ou mediata dos direitos fundamentais na esfera privada: é a hipótese mais frequente no direito brasileiro. Os direitos fundamentais são aplicados nas relações privadas, por meio de uma lei infraconstitucional. Assim, a lei infraconstitucional serve como instrumento de aplicação dos direitos fundamentais nas relações privadas. Como exemplo, temos o Código Civil e o Código Penal. Este último, na sua Parte Especial, ao prever uma série de crimes, exige que as pessoas respeitem os direitos fundamentais das outras, sob pena de uma sanção penal. Recentemente, a Lei n. 13.271/2016 (Lei da Revista Íntima) proíbe que empresas privadas, bem como órgãos e entidades da administração pública, façam revista íntima em suas funcionárias ou clientes do sexo feminino. Ora, essa lei tem o objetivo de aplicar nas relações privadas (entre cliente e fornecedor, por exemplo) o direito à intimidade, previsto no art. 5º, X, da Constituição Federal.

b) Eficácia direta ou imediata dos direitos fundamentais na esfera privada. Nessa hipótese, os direitos fundamentais são aplicados diretamente às relações privadas, sem a necessidade de uma lei infraconstitucional, que sirva de instrumento para tal. Não se trata da hipótese mais frequente de eficácia horizontal, mas encontra exemplos importantes na jurisprudência do Supremo Tribunal Federal.

No Recurso Extraordinário 201.819, o Supremo Tribunal Federal decidiu que a exclusão de um associado de uma associação depende do respeito ao contraditório e ampla defesa (art. 5º, LV, CF). Historicamente, esse direito sempre foi tido apenas como eficácia vertical, tendo

---

209. *Station Action Doctrine. Os limites da Eficácia Horizontal dos Direitos Fundamentais nos Estados Unidos.*

o Estado o dever de assegurar seu exercício pelas partes do processo. Atualmente, o Supremo Tribunal Federal reserva a esse direito uma outra eficácia: "a doutrina tradicional dominante do século XIX e mesmo ao tempo da República de Weimar sustenta orientação segundo a qual os direitos fundamentais destinam-se a proteger o indivíduo contra eventuais ações do Estado, não assumindo maior relevância para as relações de caráter privado. [...] Afirmou-se ainda que a eficácia imediata dos direitos fundamentais sobre as relações privadas acabaria por suprimir o princípio da autonomia privada, alterando profundamente o próprio significado do direito privado como um todo. [...] Segundo esse entendimento, compete, em primeira linha, ao legislador a tarefa de realizar ou concretizar os direitos fundamentais no âmbito das relações privadas. Cabe a este garantir as diversas posições fundamentais relevantes mediante fixação de limitações diversas. [...] São legítimas as decisões de um empregador que selecionasse seus empregados com utilização de referenciais relacionados com a confissão religiosa ou a convicção política? [...] Assim, entende Hesse que cabe ao legislador e, se este se revelar omisso ou indiferente, ao próprio juiz interpretar o direito privado à luz dos direitos fundamentais, exercendo o dever de proteção que se impõe ao Estado. [...] Um dos direitos fundamentais que se apontam como de incidência no âmbito dos relacionamentos privados é o direito de ampla defesa. Esse direito é tido como de observância obrigatória, em se tratando de exclusão de sócio ou de membro de sociedade particular".

Da mesma forma, antes mesmo da edição da Lei n. 13.271/2016 (Lei da Revista Íntima), no julgamento do Recurso Extraordinário 160.222, relatado pelo Min. Sepúlveda Pertence, o Supremo Tribunal Federal decidiu: Submissão das operárias de indústria de vestuário a revista íntima, sob ameaça de dispensa. Sentença condenatória de primeiro grau fundada na garantia constitucional da intimidade. Por fim, no Recurso Extraordinário 161.243/DF, relatado pelo Min. Carlos Velloso, o Supremo Tribunal Federal decidiu: "Princípio da igualdade. Ao recorrente, por não ser francês, não obstante trabalhar para empresa francesa no Brasil, não foi aplicado o Estatuto do Pessoal da Empresa, que concede vantagens aos empregados, cuja aplicabilidade seria restrita ao empregado de nacionalidade francesa. Ofensa ao princípio da igualdade". Dessa forma, aplicou diretamente nas relações entre empregado e empregador o princípio da igualdade, proibindo tratamento diferenciado aos empregados, por conta de sua nacionalidade.

Por fim, além da eficácia vertical, da eficácia horizontal, parte da doutrina hoje reconhece a eficácia diagonal dos direitos fundamentais. A expressão foi criada pelo professor chileno de Direito do Trabalho da Universidade Adolfo Ibáñez do Chile, no texto *Procedimiento de Tutela y Eficacia Diagonal de los Derechos Fundamentales*[210].

Segundo o autor, a aplicação dos direitos fundamentais nas relações entre empregado e empregador não podem ser vistas como uma eficácia horizontal, já que ambos não estão em pé de igualdade, sob o ponto de vista econômico e jurídico. Segundo o autor, para o direito do trabalho, a aplicação direta dos direitos fundamentais resulta de toda lógica, dados os intensos poderes que tem o empregador sobre o trabalhador. Trata-se não só de poderes

---

210. *Procedimiento de Tutela y Eficacia Diagonal de los Derechos Fundamentales.*

econômicos, mas também de poderes jurídicos, que nos permitem sustentar que, mais que uma eficácia horizontal entre iguais, é bem mais uma eficácia diagonal dos direitos fundamentais entre empregador e trabalhador. Afirma Sergio Contreras que o empregador tem direitos e deveres diretivos e sancionatórios que o aproximam e o assemelham do Estado. Esse poder consiste num conjunto de atribuições do empregador na relação de trabalho, tão intenso que desequilibra a relação empregador/empregado, subtraindo-lhe uma eficácia horizontal e colocando-lhe em um horizonte de uma eficácia diagonal dos direitos fundamentais entre particulares.

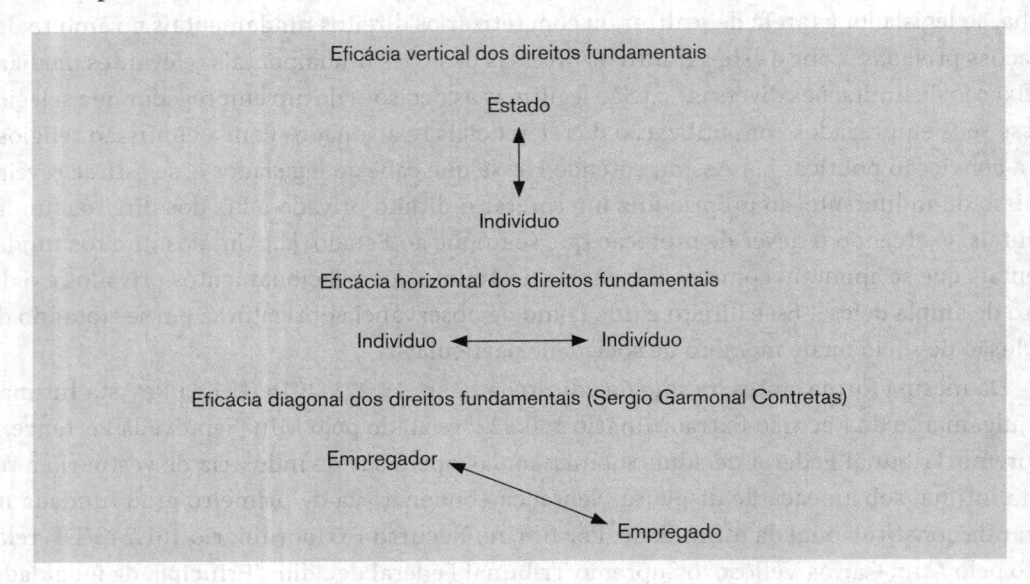

Eficácia vertical dos direitos fundamentais

Estado
↕
Indivíduo

Eficácia horizontal dos direitos fundamentais

Indivíduo ⟷ Indivíduo

Eficácia diagonal dos direitos fundamentais (Sergio Garmonal Contretas)

Empregador
↘
Empregado

Conteúdo digital – Acesse: https://somos.in/CDC7

Conteúdo em vídeo
Questões com gabarito comentado

14

DIREITOS INDIVIDUAIS E COLETIVOS (ART. 5°, CF)

Sumário

14.1. Os deveres fundamentais – **14.1.1.** Deveres e obrigações jurídicas – **14.1.1.1.** Classificação dos deveres constitucionais – **14.1.1.2.** O rol de deveres fundamentais – **14.1.1.3.** Ensino domiciliar (*homeschooling*) – **14.2.** Direitos fundamentais – **14.3.** Direito à vida (art. 5°, *caput*, CF) – **14.4.** Igualdade (art. 5°, *caput*, CF) – **14.5.** Igualdade de gênero (art. 5°, I, CF) – **14.6.** Princípio da legalidade (art. 5°, II, CF) – **14.6.1.** Princípio da legalidade e princípio da reserva legal – **14.6.2.** Espécies de reserva legal – **14.6.3.** A criminalização da homofobia e o STF – **14.7.** Proibição da tortura (art. 5°, III, CF) – **14.8.** Liberdade de manifestação do pensamento (art. 5°, IV, CF) – **14.8.1.** Modelo norte-americano – **14.8.1.1.** Teoria do "mercado livre de ideias" (*free trade in ideas, marketplace of ideas*) – **14.8.1.1.1.** Teste da Ação Ilegal Iminente (*Imminent Lawless Action Test*) ou Teste de *Brandenburg* – **14.8.1.1.2.** Doutrina das "Fighting Words" – **14.8.1.1.3.** Obscenidade – o "Teste Miller" (*Miller-Test*, "Teste das Três Pontas da Obscenidade", *Three-Prong Obscenity Test*) – **14.8.1.1.4.** Outras limitações legais – **14.8.2.** Modelo alemão e brasileiro – **14.8.2.1.** Informações falsas ou inverídicas (*fake news*) – **14.8.2.1.1.** O combate às "fake news" e os limites de atuação do Poder Judiciário: os tênues limites entre a atuação e o ativismo – **14.8.2.2.** Discurso de ódio (*hate speech*) – **14.8.2.3.** Liberdade de manifestação do pensamento e a "Marcha da Maconha" – **14.8.2.4.** Liberdade de manifestação do pensamento e concurseiros tatuados – **14.8.2.5.** Inconstitucionalidade da Lei de Radiodifusão Comunitária (Lei n. 9.612/98) – **14.8.2.6.** Manifestações em instituições de ensino superior (ADPF 548) – **14.8.2.7.** Vedação ao anonimato – **14.9.** Direito de resposta (art. 5°, V, CF) – **14.9.1.** Direito de resposta – **14.10.** Liberdade de consciência e crença (art. 5°, VI, CF) – **14.11.** Prestação de assistência religiosa (art. 5°, VII, CF) – **14.12.** Escusa de consciência (art. 5°, VIII, CF) – **14.13.** Liberdade intelectual, artística, científica e de comunicação (art. 5°, IX) – **14.14.** Intimidade e vida privada (art. 5°, X) – **14.15.** Inviolabilidade do domicílio (art. 5°, XI, CF) – **14.16.** Inviolabilidade das comunicações (art. 5°, XII, CF) – **14.17.** Liberdade de escolha de trabalho (art. 5°, XIII) – **14.18.** Liberdade de informação e sigilo de fonte (art. 5°, XIV e XXXIII, CF) – **14.18.1.** Restrições de acesso à informação – **14.18.2.** (In)constitucionalidade de bloqueio de pessoas, por autoridades, nas redes sociais – **14.18.3.** Sigilo de fonte – **14.18.3.1.** Sigilo de fonte e *blogs* jornalísticos – **14.18.3.2.** Direito absoluto ou relativo? – **14.19.** Liberdade de locomoção (art. 5°, XV, CF) – **14.20.** Direito de reunião (art. 5°, XVI, CF) – **14.21.** Direito de associação (art. 5°, XVII a XXI, CF) – **14.22.** Direito de propriedade (art. 5°, XXII a XXVI, CF) – **14.22.1.** Função social da propriedade (art. 5°, XXIII, CF) – **14.22.2.** Direito de herança (art. 5°, XXX e XXXI, CF) – **14.22.3.** Desapropriação e requisição – **14.23.** Propriedade intelectual (art. 5°, XXVII a XXIX, CF) – **14.23.1.** Propriedade autoral – **14.23.2.** Propriedade industrial – **14.24.** Defesa do consumidor (art. 5°, XXXII, CF) – **14.25.** Direito de petição e direito de certidão (art. 5°, XXXIV, CF) – **14.25.1.** Direito de petição – **14.25.2.** Direito de certidão – **14.26.** Inafastabilidade do controle jurisdicional (art. 5°, XXXV, CF) – **14.26.1.** Atenuações da inafastabilidade do controle jurisdicional: justiça desportiva, arbitragem e *habeas data* – **14.27.** Direito adquirido, ato jurídico perfeito e coisa julgada (art. 5°, XXXVI, CF) – **14.28.** Princípios constitucionais do processo (art. 5º, XXXVII, XXXVIII, LIV a LX, CF) – **14.29.** Princípios e regras penais (art. 5º, XXXIX a L, CF) – **14.30.** Extradição (art. 5º, LI e LII, CF) – **14.31.** Regras sobre a prisão (art. 5º, LXI a LXVII, CF) – **14.31.1.** Direito ao silêncio – **14.31.2.** Condução coercitiva – **14.32.** Remédios constitucionais (art. 5º, LXVIII a LXXIII, CF) – **14.32.1.** *Habeas corpus* (art. 5º, LXVIII, CF) – **14.32.2.** *Habeas data* (art. 5º, LXXII, CF) – **14.32.3.** Mandado de injunção (art. 5º, LXXI, CF) – **14.32.4.** Ação popular (art. 5º, LXXIII, CF) – **14.32.5.** Mandado de segurança (art. 5º, LXIX, CF) – **14.32.6.** Mandado de segurança coletivo (art. 5º, LXX, CF) – **14.33.** Assistência judiciária gratuita (art. 5º, LXXIV, CF) – **14.34.** Gratuidade de direitos (art. 5º, LXXVI e LXXVII, CF).

Figura 14.1 – Imigrantes (créditos ao final do livro).

O Título II da Constituição Federal, que trata dos "Direitos e Garantias Fundamentais", tem como primeiro capítulo (Capítulo I) os "Direitos e Deveres Individuais e Coletivos", capítulo que é formado de um único artigo: o famoso art. 5º.

Como dissemos no capítulo anterior, embora preveja os *deveres fundamentais*, o constituinte se dedica integralmente aos *direitos fundamentais* nesse art. 5º da Constituição Federal, pouco ou nada falando dos *deveres fundamentais*. Antes de estudarmos, com vagar, os *direitos fundamentais*, estudemos os *deveres*.

14.1. OS DEVERES FUNDAMENTAIS

Poucos são os artigos constitucionais que tratam exclusivamente de deveres (como o art. 229 da Constituição Federal, que trata dos deveres dos pais com relação aos filhos e dos filhos com relação aos pais), de forma diferente da Constituição espanhola, de 1978[1]. Por essa razão, podemos afirmar que o art. 5º da Constituição Federal somente possui *direitos fundamentais*, não possuindo *deveres fundamentais*? Não.

Primeiramente, não devemos esquecer que, ao prever um direito individual, em razão do caráter objetivo dos direitos fundamentais (tema visto no final do capítulo anterior), dele decorre uma série de deveres: *para o Estado* e *para os demais indivíduos*.

O direito individual (também chamado direito de defesa, liberdade pública ou direito negativo) gera ao Estado um dever imediato e principal de não fazer: o *dever de abster-se*. Ora, quando a Constituição Federal nos assegura o direito de propriedade (art. 5º, XXII), informa que o Estado tem o dever de não interferir na nossa propriedade, exceto nos casos em que são

---

1. Por exemplo, o art. 31 da Constituição espanhola afirma que "todos contribuirão para o sustento dos gastos públicos de acordo com sua capacidade econômica mediante um sistema tributário justo inspirado nos princípios de igualdade e progressividade que, em nenhum caso, terá alcance confiscatório".

permitidos, como a desapropriação (art. 5º, XXIV, CF) etc. Não obstante, além do dever principal de inação, haverá também sempre um dever de agir. Por exemplo, ao assegurar o direito à vida, a Constituição determina que o Estado se abstenha de tirar nossas vidas arbitrariamente, bem como determina que o Estado proporcione a todos nós uma vida digna.

Os *deveres fundamentais* decorrentes do caráter objetivo dos direitos fundamentais não repercutem apenas no Estado, mas também nos demais indivíduos, em razão da eficácia horizontal dos direitos fundamentais, que estudamos no capítulo anterior. Dessa maneira, devem os indivíduos respeitar os direitos fundamentais dos demais, como o direito à honra (art. 5º, X, CF), sob pena das consequências previstas na lei ou na própria Constituição, como o direito de resposta e a indenização por dano material ou moral (art. 5º, V).

Deveres decorrentes dos direitos fundamentais	**a) para o Estado:** um dever imediato de não fazer (não interferir na vida, na propriedade etc.) e o dever de fazer (garantir a vida digna, promover os direitos sociais etc.)
	b) para os indivíduos: o dever de respeitar os direitos fundamentais das demais pessoas

14.1.1. Deveres e obrigações jurídicas

Julio Pinheiro Faro Homem de Siqueira escreveu um trabalho específico acerca dos *deveres fundamentais*[2], no qual faz interessante distinção entre os *deveres* e as *obrigações* (embora muitos considerem expressões sinônimas).

Segundo o autor, uma norma jurídica pode estabelecer dois tipos de condutas devidas: a) uma obrigação de fazer, tem que se comportar; b) obrigação de não fazer, de se abster, de tolerar, tem que não se comportar. Essas normas, que estabelecem um *dever ser*, estabelecem um *dever* ou uma *obrigação*. Para distinguir um do outro, é necessário analisar a "norma secundária da conduta", ou seja, qual sanção para o descumprimento da norma primária. Segundo o sobredito autor, "é essa dualidade entre normas que admitem ou não sanção que permite distinguir entre deveres jurídicos e obrigações jurídicas"[3].

Segundo o autor, "os *deveres (jurídicos) se relacionam com normas não imperativas*, permitindo ao indivíduo se conduzir conforme sua vontade, suportando, sozinho, quando de suas escolhas, o ônus que lhe é autoatribuído, isto é, o sujeito assume o controle de sua vontade, suportando um ônus, que não pode senão ser referido como uma autossanção. Já as *obrigações (jurídicas) se relacionam com as normas imperativas*, as quais determinam o indivíduo a se conduzir de acordo com o ordenamento (jurídico), suportando, sozinho, quando de suas escolhas, a sanção que lhe é heteroatribuída, ou seja, a vontade do sujeito é controlada".

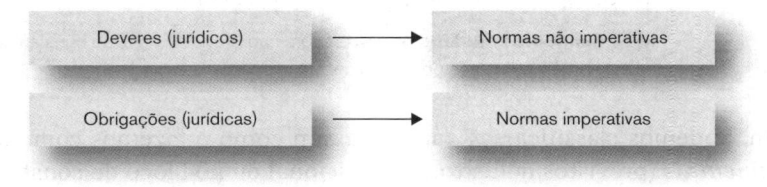

Deveres (jurídicos) → Normas não imperativas

Obrigações (jurídicas) → Normas imperativas

---

2. Elementos para uma Teoria dos Deveres Fundamentais: uma Perspectiva Jurídica. *Revista de Direito Constitucional e Internacional*, v. 95/2016, p. 125-159.
3. Op. cit., p. 4.

Em outras palavras, os *deveres jurídicos* decorrem das chamadas *normas não imperativas* (sem sanção), e, se descumpridos, quem arcará com as consequências da inação é a própria pessoa (o ônus é dela). Por sua vez, as *obrigações jurídicas* decorrem das *normas imperativas* (com sanção) e o descumprimento das obrigações implica a sanção imposta por um terceiro.

Por sua vez, para o autor sobredito, o nome *dever* é mais amplo e abrange o termo *obrigação*. Nas suas palavras, "os deveres podem ser vistos por uma perspectiva ampla, podendo se referir a obrigações e a deveres propriamente ditos (deveres em sentido estrito)"[4], como se verifica no esquema abaixo.

DEVERES JURÍDICOS (em sentido amplo)
- **OBRIGAÇÃO:** decorre das normas imperativas (com sanção). Possui um vínculo entre pelo menos dois sujeitos, estabelecendo uma correlação entre o direito (subjetivo) de um e o dever do outro.
- **DEVER PROPRIAMENTE DITO (dever no sentido estrito):** decorre das normas não imperativas (sem sanção). Não pressupõe a relação entre direito-dever, ou seja, não há direitos correlativos a direitos.

14.1.1.1. Classificação dos deveres constitucionais

Grande parte da doutrina se refere aos *deveres* previstos expressa ou tacitamente na Constituição como "deveres fundamentais". Não obstante, podemos utilizar como sinônimas as expressões *direitos fundamentais* e *direitos constitucionais*[5].

Podemos classificar os *deveres fundamentais* de acordo com alguns critérios. A primeira classificação possível refere-se à "fundamentalidade", ou seja, a previsão no ordenamento constitucional do país. Assim, podemos classificá-los como: *a) deveres formalmente constitucionais* (previstos no texto constitucional, no catálogo específico dos deveres); *b) deveres formalmente e materialmente constitucionais (*previstos no texto constitucional, no rol específico ou fora dele, mas que decorrem dos princípios constitucionais); *c) deveres materialmente constitucionais* (deveres previstos em textos infraconstitucionais, mas que, por conta do seu conteúdo e importância, bem como de sua relação com os princípios constitucionais, equiparam-se aos deveres formalmente constitucionais).

Deveres fundamentais
- **Formalmente constitucionais:** previstos no texto constitucional, no catálogo específico dos deveres.
- **Formalmente e materialmente constitucionais:** previstos no texto constitucional ou fora dele, mas decorrentes dos princípios constitucionais.
- **Materialmente constitucionais:** embora não previstos no texto constitucional, estão intimamente ligados aos princípios constitucionais.

Outrossim, podemos classificar os *deveres*, assim como o fazemos com os *direitos*, em *deveres fundamentais* (previstos no texto constitucional ou no bloco de constitucionalidade)

---

4. Op. cit., p. 5.
5. "Inexiste, pois, distinção prática entre deveres constitucionais e deveres fundamentais, já que estes podem ser tanto direta quanto indiretamente constitucionais, possuindo, portanto, uma maior amplitude em relação àqueles" (op. cit., p. 6).

e *deveres humanos* (previstos em tratados internacionais ainda não incorporados ao ordenamento constitucional brasileiro). Os deveres também podem ser classificados em *positivos* e *negativos*. Ambos limitam o comportamento do indivíduo, mas nos *deveres positivos* a obrigação é de fazer, enquanto nos *deveres negativos* a obrigação é de não fazer. Adotando o critério do destinatário, podemos classificar os deveres em *deveres de função pública* e *deveres de prestação particular*. "Essa classificação diz respeito a obrigações de conduta positiva, ou seja, ao que deve ser feito (ordens), podendo pertencer a órgãos públicos, no primeiro caso, ou a particulares, no segundo caso"[6].

14.1.1.2. O rol de deveres fundamentais

Os *deveres fundamentais* estão previstos num rol taxativo da Constituição? Entendemos que não. Concordamos com Julio Pinheiro Faro Homem de Siqueira, segundo o qual "há deveres não apenas no catálogo específico, indicado topograficamente na Constituição pelo constituinte, mas também fora dele, e, ainda, fora do próprio texto constitucional"[7]. Não concordamos com uma frase de que "a nossa Constituição tem muitos direitos e poucos deveres". Além de encontrarmos inúmeros deveres expressos ou implícitos no texto constitucional, como adiante se verá, o princípio da legalidade (art. 5º, II, CF) permite que o Estado crie uma série de deveres, por meio da lei: "ninguém será obrigado a fazer ou deixar de fazer alguma coisa senão em virtude de lei".

Decorrem expressamente da Constituição várias *obrigações constitucionais* (a primeira espécie dos *deveres em sentido amplo*, como mostramos na classificação acima). São obrigações decorrentes de outros direitos. Por exemplo, decorrem do direito de reunião (art. 5º, XVI, da Constituição) algumas obrigações: fins pacíficos, sem armas, sem frustrar outra reunião marcada para o mesmo local. Da mesma forma, outro exemplo é a obrigação da associação de ter, para representar seus associados, autorização expressa deles (art. 5º, XXI, CF).

Por sua vez, utilizando-nos da classificação sugerida pelo autor sobredito, podemos assim listar os *deveres fundamentais* previstos em nossa Constituição:

a) Deveres organizatórios: relativos à organização do Estado e à distribuição de seu poder. Podem ser chamados de deveres procedimentais ou instrumentais do Estado de Direito. Podem ser encontrados na Constituição entre os arts. 17 e 144 e entre os arts. 163 e 250. Por exemplo, o art. 19 prevê uma obrigação negativa para o Estado, que não pode "estabelecer cultos religiosos ou igrejas, subvencioná-los, embaraçar-lhes o funcionamento ou manter com eles ou seus representantes relações de dependência ou aliança" (art. 19, I, CF). "A maioria dos deveres que se pode extrair dessa extensa lista é de obrigações, pois para vários deles há sanções como aquelas decorrentes da improbidade administrativa, da declaração de inconstitucionalidade e da intervenção federal ou estadual, dentre outras"[8].

b) Deveres do cidadão: a obrigatoriedade do serviço militar obrigatório (art. 143, CF), obrigação de votar, decorrente do art. 14 da Constituição, bem como a obrigação de prestar serviços civis, como atuação como mesário nas eleições, ou de servir como jurado, bem como comparecer junto aos poderes públicos quando intimado, e eventualmente ser convocado, em

---

6. Op. cit., p. 9.
7. Op. cit., p. 9.
8. Op. cit., p. 10.

caso de mobilização nacional, decretada pelo Presidente (art. 84, XIX, CF) e regulamentada pela Lei n. 11.631/2007, que no seu art. 4º, parágrafo único, V, permite a "convocação de civis e militares".

c) Obrigação de contribuir com a manutenção dos gastos públicos, de acordo com sua capacidade. Embora não haja um dispositivo constitucional específico (como na Constituição espanhola), há um sistema constitucional inteiro prevendo tal obrigação (já que o descumprimento implicará uma sanção).

d) Deveres da família: um conjunto de deveres restritos às relações intrafamiliares, previstos na Constituição, entre os arts. 226 e 230, como o dever de dar assistência a pais e filhos. Quanto ao dever de educar os filhos e a (im)possibilidade do ensino domiciliar (*homeschooling*), abordaremos no item seguinte.

e) Dever de trabalhar: decorre implicitamente dos princípios constitucionais, como os "valores sociais do trabalho" (art. 1º, IV, CF). Trata-se de um *dever em sentido estrito* (na classificação que vimos anteriormente), já que o seu descumprimento não implicará sanção, mas apenas o ônus de permanecer desempregado, sofrendo as sanções morais daí decorrentes.

f) Dever de se educar: assim como no caso anterior, trata-se de um dever decorrente dos princípios constitucionais (e o seu descumprimento não implica uma sanção externa, mas um ônus a ser arcado pela própria pessoa). Por sua vez, se a pessoa tem o *dever* de se educar, o Estado tem a *obrigação* de fornecer o ensino obrigatório e gratuito.

g) Dever de conservar o meio ambiente: é o dever decorrente do art. 225 da Constituição Federal de proteger o meio ambiente, aplicando-se tanto ao Estado como à sociedade.

14.1.1.3. Ensino domiciliar (homeschooling)

O Plenário do Supremo Tribunal Federal, em setembro de 2018, negou provimento ao Recurso Extraordinário (RE) 888.815, com repercussão geral reconhecida, que discutia a possibilidade ou não do ensino domiciliar (*homeschooling*). O cerne da questão seria verificar se o "ensino escolar" seria meio lícito de cumprimento, pela família, do *dever* de prover a educação de seus filhos.

Figura 14.2 – *Homeschooling* (créditos ao final do livro).

O recurso teve origem em mandado de segurança impetrado pelos pais de uma menina de 11 anos contra ato da secretária de Educação do Município de Canela/RS, que negou pedido para que a criança fosse educada em casa. O mandado de segurança foi negado tanto na primeira instância quanto no Tribunal de Justiça do Estado do Rio Grande do Sul.

a) Direito comparado

Nos Estados Unidos é comum a prática do *homeschooling*. Até hoje não houve decisão da Suprema Corte especificamente sobre a questão[9], mas o tema costuma ser resolvido pela

---

9. Embora, no caso *Wisconsin v. Yoder, 206 U.S. 205 (1972)* (sobre o direito de pais *Amish* educarem seus filhos fora das escolas públicas, por razões religiosas), a Corte tenha decidido que os pais "têm o direito de estabelecer uma casa e criar seus filhos", juntamente com o direito de "adorar a Deus de acordo com os ditames de sua consciência".

aplicação da primeira e da décima quarta emenda constitucional. A primeira emenda, ou "cláusula do livre exercício", dispõe que "o Congresso não fará lei relativa ao estabelecimento de religião ou proibindo o livre exercício desta; ou restringindo a liberdade de palavra ou de imprensa; o direito do povo de reunir-se pacificamente e de dirigir petições ao governo para a reparação de seus agravos". Já a décima quarta emenda, ou "cláusula do devido processo legal", dispõe que "Nenhum Estado fará ou executará qualquer lei restringindo os privilégios ou imunidades dos cidadãos dos Estados Unidos; nem privará qualquer pessoa da vida, liberdade ou propriedade sem processo legal regular".

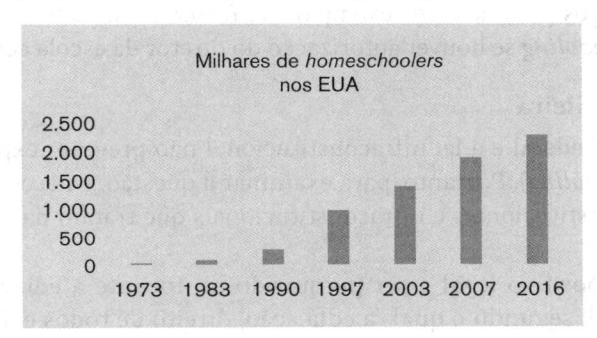

Milhares de *homeschoolers* nos EUA

	1973	1983	1990	1997	2003	2007	2016

Crescimento do número de *homeschoolers*, segundo dados do *U.S. Department of Education*.

Embora não haja previsão constitucional expressa, o *homeschooling* é tratado, nos Estados Unidos, pelas legislações estaduais. Como afirma Édison Prado de Andrade, referindo-se aos Estados Unidos, até 1988 "28 Estados aprovaram nova legislação sobre *homeschooling*, muitas delas em resposta a decisões judiciais que alegavam que a Constituição Federal e a legislação sobre o assunto eram vagas e deficientes"[10]. Atualmente, 50 Estados norte-americanos regulamentam o ensino domiciliar. Segundo estatísticas, o número de *homeschoolers* nos Estados Unidos é crescente, atingindo em 2016 cerca de 2,3 milhões de estudantes[11].

Em *Portugal*, a educação domiciliar está prevista em lei[12]. Os pais devem procurar a escola da região, a fim de obter o programa e outros documentos relevantes. No final de cada ciclo, a criança é submetida a exames. Na *Dinamarca*, é permitido o *homeschooling*, mas os pais devem informar o município sobre tal escolha, bem como oferecendo dados sobre o local onde ocorre o ensino, sendo o educando submetido a exame anual. Na *Inglaterra*, embora a educação seja obrigatória, não sendo exigida a frequência escolar, admite-se o *homeschooling*, desde que a educação seja eficiente e adequada para sua idade (*Education Act* de 1996). Na *Finlân-*

---

10. *Educação Domiciliar: Encontrando o Direito*, p. 174.
11. O tratamento legal, nos Estados Unidos, pode ser dividido em três categorias: a) os requisitos da *educação domiciliar* são os mesmos das escolas particulares (Califórnia, Indiana, Texas), sendo que os pais devem cumprir as mesmas leis aplicadas às demais escolas particulares; b) em outros estados, os requisitos da *escola domiciliar* são baseados na fórmula única do estatuto de frequência obrigatória do Estado (New Jersey, Maryland etc.); c) em outros Estados (Maine, New Hampshire, Iowa), há normas específicas sobre o *homeschooling*.
12. A modalidade do *ensino doméstico* vem a ser, nos termos da alínea *a* do inciso 4 do art. 3º do Decreto-lei n. 553/80, que aprova o *Estatuto do Ensino Particular e Cooperativo*, "aquele que é lecionado no domicílio do aluno, por um familiar ou por pessoa que com ele habite".

dia, também é admitido o *homeschooling*, desde que os pais cumpram o currículo escolar nacional, sendo o educando submetido a avaliações que, se insatisfatórias, ensejam a aplicação de multa aos pais. Na *França* também é permitida a educação domiciliar, devendo os pais efetuar registro anual junto ao Município, no órgão de inspeção acadêmica (*Inspection Académique*), havendo um conteúdo mínimo a ser lecionado (que inclui francês, matemática, pelo menos uma língua estrangeira etc.). Em caso de avaliação negativa do educando, será obrigatória sua matrícula em escola pública. Na *Alemanha* as normas são mais restritivas ao *homeschooling*, que só ocorrerá em casos excepcionais: caso os pais tenham uma profissão que force a família a se movimentar por longos períodos, por exemplo. Na *Itália*, a escolaridade é obrigatória, sendo permitido o *homeschooling* se houver autorização do diretor da escola competente.

b) A legislação brasileira

A Constituição Federal e a lei infraconstitucional não preveem expressamente o ensino domiciliar (*homeschooling*). Portanto, para examinar a questão, é necessário examinar os demais dispositivos constitucionais e infraconstitucionais que tratam da educação e da participação da família.

O primeiro dispositivo legal a ser perquirido no tocante à educação é o art. 205 da Constituição Federal, segundo o qual "a educação, direito de todos e *dever do Estado e da família*, será promovida e incentivada com a colaboração da sociedade, visando ao pleno desenvolvimento da pessoa, seu preparo para o exercício da cidadania e sua qualificação para o trabalho" (grifamos). Outrossim, indubitavelmente a *educação é direito* da pessoa humana, requisito indispensável para o exercício regular e completo de tantos outros direitos fundamentais.

Não obstante, não existe no Brasil legislação infraconstitucional que regulamente o *homeschooling* (disciplinando qual seria o programa, qual seria a forma de avaliação, se seria ou não necessária autorização do Estado etc.). Existem propostas legislativas (como a Proposta de Emenda Constitucional n. 444, de 2009, que acrescentaria o § 4º ao art. 208 da Constituição, possibilitando o *homeschooling*, com avaliações periódicas sob a responsabilidade da autoridade educacional).

Essa inexistência de legislação fez com que o Supremo Tribunal Federal entendesse não ser possível, no momento, a prática da educação domiciliar, sob pena de ferir os direitos da criança ou adolescente, que, nos termos do art. 227, *caput*, da Constituição Federal, tem prioridade absoluta na proteção de seus direitos fundamentais, dentre eles a educação.

Obviamente, os pais têm o direito de educar seus filhos, de acordo com seus valores, sua cultura, sua religião. Proibir permanentemente o *homeschooling* não parece (e não é) a melhor solução. Fernanda Morgan e José Vicente Mendonça afirmam que "impedir, de modo absoluto, que pais e responsáveis eduquem seus filhos no ambiente domiciliar é ferir garantias fundamentais. Se não há, no meio público, alternativa acessível para quem não pode pagar mensalidade, não se deve responder à falta de direitos com menos direitos"[13]. Inexistindo proibição constitucional expressa, aplicar-se-ia o art. 5º, II, da Constituição, segundo o qual "ninguém é obrigado a fazer ou deixar de fazer alguma coisa, senão em virtude de lei".

---

13. *O ensino domiciliar já existe no Brasil*: falta regulamentar.

Por essa razão, é imperiosa a legislação acerca do *homeschooling*, no Brasil. Para tanto, podem ser analisadas as legislações estrangeiras, de modo a verificar quais melhores opções se adaptam à realidade brasileira: autorização prévia, avaliações periódicas, multa em caso de fraco desempenho etc.

c) A decisão do STF

O Supremo Tribunal Federal, no julgamento do Recurso Extraordinário 888.815, examinou pela primeira vez a possibilidade ou não do ensino domiciliar. O Ministro originalmente relator, Luís Roberto Barroso, votou favoravelmente à prática do *homeschooling*, sob o argumento de que a família é uma das partes fundamentais na educação, ao lado do Estado, e de que não haveria vedação constitucional. Embora tenha identificado a ausência de regramento infraconstitucional, o Ministro curiosamente estabeleceu em seu voto os parâmetros a serem seguidos para a prática do *homeschooling*[14]. Não obstante, o Ministro relator foi vencido. Alexandre de Moraes (escolhido para relatar o acórdão) votou pelo desprovimento do recurso, sob o argumento de que a inexistência de previsão legal impede o exercício do *homeschooling*. Segundo o Ministro, quando adotada a prática do ensino domiciliar, deverá ela ser fiscalizada e acompanhada, através de regras que prevejam o cadastramento de alunos, avaliações pedagógicas, até mesmo para evitar um aumento ainda maior da evasão escolar. Para isso, é necessária a edição de lei infraconstitucional.

Entendemos que a decisão do STF foi acertada. Estamos diante de um conflito entre dois direitos fundamentais importantíssimos: de um lado a liberdade da família de educar seus filhos de acordo com seus valores, costumes, religiões, língua. Não obstante, de outro lado, há o direito à educação da criança e do adolescente, que não pode estar apenas à mercê dos critérios e deliberações de seus pais.

14.2. DIREITOS FUNDAMENTAIS

O art. 5º, da Constituição Federal, malgrado trate majoritariamente de *direitos individuais* (vida, liberdade, honra, propriedade etc.), aborda também *direitos coletivos*, como tutela constitucional do consumidor (art. 5º, XXXII), mandado de segurança coletivo (art. 5º, LXX), ação popular para defesa do patrimônio público (art. 5º, LXXIII etc.). A partir do próximo item, analisaremos os direitos individuais e coletivos, previstos no art. 5º da Constituição Federal.

---

14. Com a devida vênia, a proposta de regramentos infraconstitucionais parece extrapolar bastante a competência jurisdicional do Poder Judiciário. Essa é uma das críticas feitas pelo professor de Harvard Cass Sunstein, que defende o *minimalismo judicial*. Propor as regras específicas para a prática do *homeschooling*, ou para a prática do *aborto* (em outro caso polêmico), não é, em nosso entender, uma atribuição do Poder Judiciário, mas do Poder Legislativo, escolhido diretamente pelo voto popular. Aliás, no julgamento do Recurso Extraordinário sobre o *homeschooling*, foi o que decidiu o Ministro Edson Fachin, segundo o qual não pode o Judiciário normatizar o ensino domiciliar, cabendo ao Legislativo fazê-lo. O Ministro estabeleceu o prazo de um ano para que o Legislador discipline essa prática de ensino (o que, em nosso entender, é outro erro. Num recurso extraordinário, não poderia, cremos, o Judiciário exigir que o Legislativo legisle, decisão que só está legalmente permitida em algumas ações, como o Mandado de Injunção ou, segundo a jurisprudência recente, na Ação Direta de Inconstitucionalidade por Omissão. Nesse recurso extraordinário, a casa legislativa responsável sequer participou da ação).

14.3. DIREITO À VIDA (ART. 5º, *CAPUT*, CF)

O direito à vida está umbilicalmente ligado ao princípio da dignidade da pessoa humana. Isso porque, sem a tutela adequada do direito à vida, não há como exercer a dignidade da pessoa humana e os direitos dela decorrentes. Outrossim, o direito à vida não corresponde a um dever de inação estatal (mera liberdade pública), já que, além de assegurar a existência ou subsistência, é dever do Estado assegurar uma vida digna.

Dessa maneira, o direito à vida tem duas acepções: a) o direito de continuar vivo (ou direito de não ser morto); b) o direito a ter uma vida digna. No primeiro aspecto, o Estado tem o dever de não fazer, de não interferir em nossas vidas, retirando-as arbitrariamente. No segundo aspecto, o Estado tem o dever de fazer, proporcionando a todos um mínimo existencial de uma vida digna.

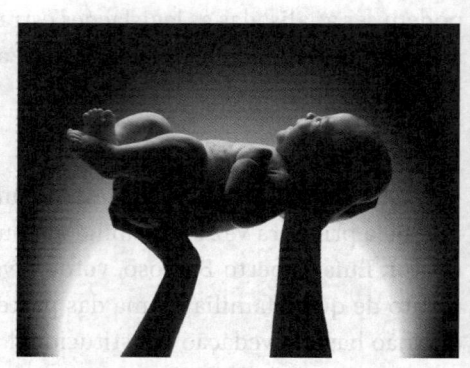

Figura 14.3 – Direito à vida (créditos ao final do livro).

Analisando os textos constitucionais dos países do Mercosul, bem como tratados internacionais sobre direitos humanos referendados por esses países, verifica-se que, em regra, o direito à vida recebe dessas legislações o tratamento de "princípio", e não de "regra". A distinção entre regras e princípios é um dos pilares fundamentais no edifício da teoria dos direitos fundamentais[15], sobre o qual nos debruçamos em capítulos anteriores. Em apartada síntese, segundo o filósofo do Direito norte-americano Ronald Dworkin, princípio é "um padrão que deve ser observado, não porque vá promover ou assegurar uma situação econômica, política ou social considerada desejável, mas porque é uma exigência de justiça ou equidade ou alguma outra dimensão da moralidade"[16]. Para o autor, a diferença entre princípios e regras jurídicas é de natureza lógica. Segundo ele, princípios e regras "distinguem-se quanto à natureza da orientação que oferecem. As regras são aplicáveis à maneira do tudo-ou-nada. Dados os fatos que uma regra estipula, então ou a regra é válida, e neste caso a resposta que ela fornece deve ser aceita, ou não é válida, e neste caso em nada contribui para a decisão"[17].

Por sua vez, enquanto as regras possuem apenas a dimensão da validade, os princípios também têm a dimensão do peso[18]. Segundo Dworkin, "os princípios possuem uma dimensão que as regras não têm – a dimensão do peso ou importância [...], aquele que vai resolver o con-

---

15. Letícia Balsamão Amorim. A distinção entre regras e princípios, Segundo Robert Alexy.
16. *Levando os Direitos a Sério*, p. 36. Dessa maneira, distingue o "princípio" da "política", que, segundo ele, é "aquele tipo de padrão que estabelece um objetivo a ser alcançado, em geral uma melhoria em algum aspecto econômico, político ou social da comunidade", op. cit., p. 36.
17. Op. cit., p. 39. Segundo o autor, as regras podem até ter exceções, mas elas devem estar previstas no próprio texto, sob pena de estarem incorretas. Assim, "pelo menos em teoria, todas as exceções podem ser arroladas e quanto mais o forem, mais completo será o enunciado da regra" (p. 40).
18. Como disse Virgílio Afonso da Silva, "no caso dos princípios, essa indagação acerca da validade não faz sentido. No caso de colisão entre princípios, não há que se indagar sobre problemas de validade, mas somente de peso. Tem prevalência aquele princípio que for, para o caso concreto, mais importante, ou, em sentido figurado, aquele que tiver maior peso. Importante é ter em mente que o princípio que não tiver prevalência não deixa de valer ou de pertencer ao ordenamento jurídico. Ele apenas não terá tido peso suficiente para ser decisivo naquele caso concreto. Em outros casos, porém, a situação pode inverter-se" (*Princípios e Regras*: mitos e equívocos acerca de uma distinção).

flito tem de levar em conta a força relativa de cada um"[19]. As regras são diferentes, já que, "se duas regras estão em conflito, uma suplanta a outra em virtude de sua importância maior. Se duas regras entram em conflito, uma delas não pode ser válida. [...] Um sistema jurídico pode regular esses conflitos através de outras regras, que dão precedência à regra promulgada pela autoridade de grau superior, à regra promulgada mais recentemente, à regra mais específica ou outra coisa desse gênero"[20].

Dworkin alerta, com razão, que "a forma de um padrão nem sempre deixa claro se ele é uma regra ou um princípio. [...] Em muitos casos a distinção é difícil de esta-belecer"[21]. Outrossim, os princípios costumam atuar de forma mais vigorosa nas questões judiciais difíceis ("hard cases"), como a utilização de células tronco embrionárias, interrupção da gravidez do feto anencefálico ou o caso "Riggs contra Palmer", muito utilizado pelo filósofo norte-americano[22]. O positivismo enfrenta esses casos difíceis e enigmáticos através da "teoria do poder discricionário" (se um caso não é regido por uma regra estabelecida, o juiz deve decidi-lo exercendo seu poder discricionário). Quanto maior o apego ao positivismo, maiores serão as críticas ao uso dos princípios, pois, como disse Ronald Dworkin, "o positivismo é um modelo de e para um sistema de regras". Por isso, sugere o filósofo, ao criticar o positivismo, enquanto sistema de regras: "sua representação do direito como um sistema de regras tem exercido um domínio tenaz sobre nossa imaginação, talvez graças a sua própria simplicidade. Se nos livrarmos desses modelos de regras, poderemos ser capazes de construir um modelo mais fiel à complexidade e sofisticação de nossas próprias práticas"[23].

Robert Alexy entende que, enquanto as regras contêm determinações no âmbito fático e juridicamente possível, princípios são as normas que ordenam que algo seja realizado na maior medida possível, dentro das possibilidades jurídicas e fáticas existentes. Segundo o constitucionalista alemão, "o ponto decisivo na distinção entre regras e princípios é que os princípios são normas que ordenam que algo seja realizado na maior medida possível dentro das possibilidades jurídicas e fáticas existentes. Princípios são, por conseguinte, mandamentos de otimização, que são caracterizados por poderem ser satisfeitos em graus variados e pelo fato de que a medida devida de sua satisfação não depende somente das possibilidades fáticas, mas também das possibilidades jurídicas. O âmbito das possibilidades jurídicas é determinado pelos princípios e regras colidentes"[24].

---

19. *Levando os Direitos a Sério*, p. 42. Em razão dessa característica, uma consequência é inevitável: "esta não pode ser, por certo, uma mensuração exata e o julgamento que determina que um princípio ou uma política particular é mais importante que outra frequentemente será objeto de controvérsia. Não obstante, essa dimensão é uma parte integrante do conceito de um princípio, de modo que faz sentido perguntar que peso ele tem ou quão importante ele é" (p. 42-43).
20. Op. cit., p. 43.
21. Op. cit., p. 43.
22. "Um Tribunal de Nova Iorque teve que decidir se um herdeiro nomeado no testamento de seu avô poderia herdar o disposto naquele testamento, muito embora ele tivesse assassinado seu avô com esse objetivo" (op. cit., p. 37).
23. Op. cit., p. 71-72.
24. *Teoria dos Direitos Fundamentais*, p. 90. Continua Robert Alexy: "já as regras são normas que são sempre ou satisfeitas ou não satisfeitas. Se uma regra vale, deve se fazer exatamente aquilo que ela exige; nem mais, nem menos. Regras contêm, portanto, determinações no âmbito daquilo que é fática e juridicamente possível. Isso significa que a distinção entre regras e princípios é uma distinção qualitativa, e não uma distinção de grau. Toda norma é ou uma regra ou um princípio" (p. 91).

Sendo, pois, um princípio constitucional, decorrente da dignidade da pessoa humana, o direito à vida deve ser tutelado na maior intensidade possível. Todavia, tutelar o direito à vida de forma absoluta e irrestrita significaria violar outros direitos fundamentais igualmente relevantes. É por essa razão que a própria Constituição Federal admite a limitação da vida pela aplicação da pena de morte, em caso de guerra declarada (art. 5º, XLVII).

A Convenção Americana de Direitos Humanos (Pacto de São José da Costa Rica) trata do tema no art. 4º, item 1: "toda pessoa tem o direito de que se respeite sua vida. Esse direito deve ser protegido pela lei e, em geral, desde o momento da concepção. Ninguém pode ser privado da vida arbitrariamente". O Pacto de Direitos Civis e Políticos (que ingressou no direito brasileiro pelo Decreto n. 592, de 6 de julho de 1992) afirma que "o direito à vida é inerente à pessoa humana. Este direito deverá ser protegido pela lei. Ninguém poderá ser arbitrariamente privado de sua vida" (art. 6º, item 1). A Declaração Universal dos Direitos Humanos, no seu art. 3º, dispõe que "toda pessoa tem direito à vida, à liberdade e à segurança pessoal".

a) Início da proteção

A partir de qual momento a vida é tutelada pelo Direito Constitucional? A nossa Constituição Federal não determina, ao contrário do que faz o Pacto de São José da Costa Rica, que no seu art. 4º, item 1, afirma que a vida deve ser protegida desde a concepção. Mas, o que é concepção? É a fecundação do óvulo pelo espermatozoide ou a nidação (a implantação do óvulo fecundado no útero materno)? Embora o assunto seja polêmico, a Corte Interamericana de Direitos Humanos sobre isso decidiu. No caso "Artavia Murillo e outros ('fecundação *in vitro*') *vs*. Costa Rica"[25], cuja sentença foi prolatada em 28 de novembro de 2012, a Corte Interamericana de Direitos Humanos decidiu que "somente quando se cumpre o segundo estágio do desenvolvimento embrionário (a *nidação* ou *implantação*) é que se permite entender que houve a concepção"[26]. Por essa razão, parece-nos desnecessária (e populista) a PEC 181/2015, que alteraria o art. 5º, *caput*, da Constituição para proteger a vida "desde a concepção". Ora, a vida já é protegida desde a concepção, em razão do Pacto de São José da Costa Rica, que é norma constitucional (para alguns) e norma supralegal e infraconstitucional (para o STF).

Outrossim, à luz do entendimento da Corte Interamericana de Direitos Humanos, segundo a qual a "concepção" ocorre a partir da "nidação" ou "implantação", não configura método abortivo a utilização da "pílula do dia seguinte", que ocorre em momento anterior à nidação, não podendo sua fabricação e distribuição ser proibida. Não obstante, vários países latino-ame-

---

25. Disponível em: <www.corteidh.or.cr/docs/casos/articulos/seriec_257_esp.pdf>.
26. "Teniendo en cuenta la prueba científica presentada por las partes en el presente caso, el tribunal constata que, si bien al ser fecundado el óvulo se da paso a una célula diferente y con la información genética suficiente para el posible desarrollo de un 'ser humano', lo cierto es que si dicho embrión no se implanta en el cuerpo de la mujer sus posibilidades de desarrollo son nulas. Si un embrión nunca lograra implantarse en el útero, no podría desarrollarse pues no recibiría los nutrientes necesarios, ni estaría en un ambiente adecuado para su desarrollo. En este sentido, la Corte entiende que el término 'concepción' no puede ser comprendido como un momento o proceso excluyente del cuerpo de la mujer, dado que un embrión no tiene ninguna posibilidad de supervivencia si la implantación no sucede. [...] Asimismo, ya fue señalado que, al momento de redactarse el artículo 4 de la Convención Americana, el diccionario de la Real Academia diferenciaba entre el momento de la fecundación y el momento de la concepción, entendiendo concepción como implantación. Al establecerse lo pertinente en la Convención Americana no se hizo mención al momento de la fecundación."

ricanos tentaram limitar a fabricação de tal fármaco (Equador[27], Argentina[28], Chile, Peru[29], Honduras e Costa Rica). Todavia, como observam Prats e Zuñiga, "afirma a Corte Interamericana de Direitos Humanos que o embrião, antes da implantação, não está compreendido nos termos do art. 4º da Convenção Americana de Direitos Humanos e reafirma o princípio da proteção gradual e incremental da vida pré-natal"[30]. Dessa maneira, "esta consideração estatutária do embrião e da proteção gradual da vida, implica que a mulher não tem um dever de tolerar o risco da gravidez. Ou seja, tem pleno direito a usar todos os meios disponíveis para evitar a nidação de um embrião em seu endométrio. Tem um direito irrestrito aos contraceptivos, ao dispositivo intrauterino, à pílula do dia seguinte, a rechaçar o coito, a inseminação e a transferência de embriões"[31]. Em 2019, foi apresentado na Câmara dos Deputados o Projeto de Lei n. 261, de autoria do Deputado Márcio Labre (PSL/RJ), proibindo o comércio e a distribuição das pílulas do dia seguinte. O projeto foi retirado pelo próprio parlamentar, dias depois, por conta de muitas críticas. Entendemos que tal tentativa de proibição é inconstitucional, pois viola a dignidade da pessoa da mulher, forçando-a a permitir uma gravidez indesejada, contrariando os parâmetros da própria Corte Interamericana de Direitos Humanos.

Questão importante examinada pela Corte Interamericana de Direitos Humanos foi a interpretação da expressão "em geral", presente no art. 4, item 1, do Pacto de São José da Costa Rica. Segundo a Corte: "toda pessoa tem o direito de que se respeite sua vida. Esse direito deve ser protegido pela lei e, em geral, desde o momento da concepção". Segundo a Corte, "el Diccionario de la Real Academía de la Lengua Española señala que significa 'en común, generalmente' o 'sin especificar ni individualizar cosa alguna'. Según la estructura de la segunda frase del artículo 4.1 de la Convención, el término 'el general' se relaciona con la expresión 'a partir de la concepción'. La interpretación literal indica que dicha expresión se relaciona con la previsión de posibles excepciones a una regla particular. Los demás métodos de interpretación permitirán entender el sentido de una norma que contempla excepciones. [...] La expresión 'en general' permite inferir excepciones a una regla"[32].

---

27. Em maio de 2006, o Tribunal Constitucional do Equador declarou a inconstitucionalidade da anticoncepção de emergência.
28. Em marco de 2002, a Corte Suprema de Justiça da Argentina proibiu a venda da pílula por ser considerada abortiva, de acordo com pedido de organizações contrárias ao aborto.
29. O Tribunal Constitucional peruano, em 13 de novembro de 2006, proibiu a distribuição das pílulas do dia seguinte, sob o argumento de que "a concepção ocorre durante o processo de fecundação, quando um novo ser se forma. [...] A forma como a chamada 'pílula do dia seguinte' afeta o endométrio e, portanto, o processo de implantação, deve-se declarar que o direito à vida do concebido é afetado pela ação do referido produto" (Exp. N. 02005-2009-PA/TC.Lima).
30. *Consideraciones Juridicas Acerca Del Uso de La Anticoncepción Oral de Emergencia em Costa Rica*, p. 53.
31. Marina Casas Varez e Gabriela Cabezas. *Reflexiones en Torno a la Sentencia de la Corte Interamericana de Derechos Humanos sobre la Fertilización In Vitro en Costa Rica*, p. 15.
32. Em outro trecho da decisão, dispôs que: "la clausula 'en general' tiene como objeto y fin el permitir que, ante un conflicto de derechos, sea posible invocar excepciones a la protección del derecho a la vida desde la concepción. En otras palabras, el objeto y fin del articulo 4.1 de la Convención es que no se entienda el derecho a la vida como un derecho absoluto, cuya alegada protección pueda justificar la negación total de otros derechos". En consecuencia, nos es admisible el argumento del Estado en el sentido de que sus normas constitucionales otorgan una mayor protección del derecho a la vida y, por consiguiente, procede hacer prevalecer este derecho en forma absoluta. Por el contrario, esta visión niega la existencia de derechos que pueden ser objeto de restricciones desproporcionadas bajo una defensa de la protección absoluta del derecho a la vida, lo cual sería contrario a la tutela de los derechos humanos, aspecto que constituye el objeto y fin del tratado".

Assim, dessa maneira, segundo a interpretação do art. 4º, item 1, da Convenção Americana de Direitos Humanos (Pacto de São José da Costa Rica), feita pela Corte Interamericana de Direitos Humanos, a vida humana deve ser tutelada pelo Direito Constitucional dos países desde a concepção, entendendo-a como *nidação*, podendo a lei, em casos justificados, estabelecer hipóteses de restrição desse direito.

A lei brasileira é compatível com o Pacto de São José da Costa Rica, no que toca à tutela da vida intrauterina. Várias leis brasileiras protegem a vida antes do nascimento, como o Código Penal, que no seu art. 124 e seguintes prevê como tipo penal o aborto (praticado pela gestante ou por terceiro, com ou sem o consentimento da primeira). Várias hipóteses de aborto são consideradas crime no Brasil, como o aborto *honoris causa* (para "proteger" a honra da gestante ou da família, em caso de uma gravidez adulterina, por exemplo), o aborto econômico (quando a família tem parcas condições financeiras de cuidar do próximo filho), o aborto eugenésico (quando detectada alguma imperfeição física no feto) etc.

Da mesma forma, tutelando a vida intrauterina, a Lei n. 11.804/2008 trata dos "alimentos gravídicos", devidos desde a gravidez, pelo provável futuro pai, quando há indícios de paternidade (art. 6º da Lei). Os alimentos gravídicos corresponderão aos "valores suficientes para cobrir as despesas adicionais do período de gravidez e que sejam dela decorrentes, da concepção ao parto, inclusive as referentes à alimentação especial, assistência médica e psicológica, exames complementares, internações, parto, medicamentos e demais prescrições preventivas e terapêuticas indispensáveis, a juízo do médico, além de outras que o juiz considere pertinentes". Além do bem-estar físico e psicológico da gestante, a lei brasileira está atenta ao bem-estar físico do feto, da pessoa em formação, da vida intrauterina.

Importante decisão acerca da vida embrionária foi tomada pelo Supremo Tribunal Federal na ADI 3.510, relatada pelo Min. Carlos Ayres Brito. Remetemos o leitor até o capítulo anterior, quando tratamos do embrião enquanto titular de direitos fundamentais. Basicamente, assim como fez o Supremo Tribunal Federal, concordamos com a teoria de Ronald Dworkin (na obra *Domínio da Vida*), para o qual o direito constitucional protege o direito à vida quanto maior o investimento da natureza em sua formação. Não há que se confundir o início da vida com o início da proteção constitucional da vida. O primeiro tema é praticamente insolúvel. Quando a vida começa? Há respostas vindas da religião, do direito, da ciência etc., muitas delas diversas e antagônicas. Não cabe ao jurista decidir (se é que pode) sobre quando a vida começa. O que nós podemos e devemos decidir é quando começa a proteção jurídica da vida. Segundo o STF, baseado na obra de Ronald Dworkin, a tutela constitucional da vida é maior quanto maior o investimento da natureza e da sociedade sobre ela: num primeiro momento (o da fecundação, natural ou *in vitro*), o investimento é ainda muito pequeno. São pequenas células que, se não implantadas no ventre materno, não se multiplicarão. Nesse momento, a proteção constitucional também é mínima. Tanto é verdade que, segundo a Corte Interamericana de Direitos Humanos, os Estados não são obrigados a proteger a vida embrionária (se é que ela existe) antes da nidação. Nada impede que os países o façam, legislando acerca da conservação criogênica dos embriões congelados, ou permitam o descarte desses embriões. Caberá ao legislador estabelecer os parâmetros de proteção.

Todavia, no momento em que as células embrionárias são implantadas no ventre materno, o investimento da natureza na multiplicação daquelas células é espantoso, e, na medida em que a vida intrauterina se desenvolve, também aumenta o investimento sentimental de toda a família e de toda a sociedade sobre a vida em formação. Nesse instante, o Direito Constitucional protege a vida embrionária, assegurando-lhe, ao menos, o direito à vida digna (daí decorrendo, em nosso caso, a lei de alimentos gravídicos). Por fim, após o nascimento, não temos mais um mero embrião ou feto, temos uma pessoa, que será titular de todos os direitos fundamentais, salvo nas hipóteses em que a própria constituição excepciona.

b) Aborto

Dentre os países do Mercosul, o Brasil possui uma legislação de cunho intermediário, ou seja, considera o aborto, em regra, como crime (art. 124 e seguintes do Código Penal), embora admita alguns casos de aborto legal (art. 128, CP).

Na *Argentina*, assim como no Brasil, o Código Penal previa que o aborto não será considerado crime se houver consentimento da gestante e se for praticado por médico, havendo risco para a vida da gestante ou quando a gravidez decorre de uma violação ou atentado ao pudor (art. 86). Todavia, a Corte Suprema argentina autorizou o aborto, confirmando decisão do Supremo Tribunal de Chubut, que autorizou o aborto de uma jovem de 15 anos que foi violentada por seu padrasto e decidiu interromper a gravidez. Anteriormente, a Câmara de Apelações havia negado a autorização, uma vez que somente as mulheres com incapacidade mental teriam direito a terminar com a referida gestação.

Em 2018, a proposta aprovada pela Câmara dos Deputados na Argentina, que legalizava o aborto praticado nas primeiras 14 semanas de gestação, foi rejeitada pelo Senado no dia 9 de agosto, por 38 votos contra 31. A referida tramitação movimentou muitos setores sociais do país, contra e a favor do projeto de lei. Segundo previsão constitucional argentina, o projeto, por ter sido rejeitado, somente poderá ser rediscutido na próxima sessão legislativa (regra semelhante à brasileira). Em dezembro de 2020, o Congresso Nacional argentino autorizou o aborto até o 14º mês de gestação, juntando-se ao Uruguai, que abaixo explicaremos.

Depois de trinta anos de uma batalha política de rara intensidade, o *Uruguai* foi o quarto país da América Latina a autorizar o aborto com maior amplitude (depois de Cuba, Guiana e Porto Rico). Trata-se da Lei n. 18.987, de 2012, que descriminaliza o aborto, desde que cumpridos os requisitos dessa lei. Para ser legal, o aborto deve preencher os seguintes requisitos: que a interrupção voluntária da gravidez se realize nas primeiras doze semanas e que se cumpra um procedimento que implica: consulta com equipe multidisciplinar integrada por profissionais de ginecologia, psicologia e assistência social; período de reflexão de cinco dias e ratificação da vontade de interromper a gravidez mediante consentimento informado.

O Código Penal do *Paraguai* é bastante rígido. Prevê como crime (art. 349 e seguintes), embora com pena reduzida quando para "salvar a honra da esposa, mãe, filha ou irmã" (art. 353). Considera-se legal, nos termos da terceira parte do art. 352 do Código Penal, o aborto para salvar a vida da gestante por conta da gravidez ou do parto. Nesse sentido, o governo paraguaio rechaçou recomendação da ONU de despenalizar o aborto em algumas situações, conforme noticiado na imprensa paraguaia[33]. Não há no Paraguai legislação acerca da reprodução humana assistida e de eventual relativização do direito à vida do embrião humano (o que, pelas declarações do atual chefe de Estado, não parece estar nos planos do atual governo).

---

33. Disponível em: <www.aciprensa.com/noticias/paraguay-rechaza-en-la-onu-presion-para-despenalizar-aborto-38410//>.

O Código Penal da *Venezuela* considera o aborto crime (arts. 432 e seguintes), mas prevê uma hipótese legal permissiva: o aborto provocado como meio indispensável para salvar a vida da parturiente (art. 435, terceira parte). O Comitê das Nações Unidas sobre os Direitos da Criança recomendou que a Venezuela altere sua legislação sobre o aborto, a fim de diminuir o alto índice de mortalidade entre jovens[34].

No *Brasil*, há duas hipóteses de aborto legal: a) *aborto necessário*; b) *aborto sentimental*. O aborto necessário é aquele destinado a salvar a vida da gestante e está previsto no art. 128, I, do Código Penal. Já o aborto sentimental, previsto no art. 128, II, do Código Penal, é aquele praticado quando "a gravidez resulta de estupro e o aborto é precedido de consentimento da gestante ou, quando incapaz, de seu representante legal".

As hipóteses de aborto legal previstas no Código Penal brasileiro são inequívocas limitações do direito à vida intrauterina. Não obstante, como vimos no capítulo anterior, é possível que haja limitações infraconstitucionais, desde que razoáveis e proporcionais. Nesse caso, o legislador infraconstitucional está tutelando a vida da gestante (no inciso I) e a dignidade da pessoa humana da gestante e seu bem-estar psicológico (inciso II), ao não obrigar que tenha um filho do seu estuprador. Não há, outrossim, que se alegar violação do Pacto de São José da Costa Rica, pois, como vimos, a própria Corte Interamericana de Direitos Humanos entende que a expressão "em geral", do art. 4º, 1, do Pacto, permite a limitação infraconstitucional por parte do legislador ordinário.

Aborto legal no Brasil	**Aborto necessário (art. 128, I, CP):** aborto realizado quando há risco para a vida da gestante.
	Aborto sentimental (art. 128, II, CP): quando a gravidez é decorrente de estupro.

b.1) Fetos anencefálicos

Na ADPF 54, relatada pelo Ministro Marco Aurélio, o Supremo Tribunal Federal entendeu ser constitucional a interrupção da gravidez do feto anencéfalo (sem cérebro). Dentre os argumentos utilizados pelo Supremo Tribunal Federal, destaco dois deles: 1) inexistindo cérebro, inexiste vida; 2) obrigar que a mulher continue sua gravidez sabedora de que seu filho não sobreviverá viola a dignidade da pessoa humana.

O primeiro argumento (sem cérebro não há vida) decorre de uma interpretação sistemática da legislação brasileira. A Lei n. 9.434/97 define o momento a partir do qual se dá a morte: "[...] diagnóstico de morte encefálica, constatada e registrada por dois médicos [...]" (art. 3º). O raciocínio é: se com o fim da atividade encefálica não há mais vida, se nunca houve cérebro, nunca houve vida! Atenção: graças a esse argumento, o Supremo Tribunal Federal não se referiu a aborto do feto anencéfalo, mas à interrupção do feto anencéfalo. A diferença é tênue, mas existe: o aborto consiste em pôr fim à vida intrauterina, e, no presente caso, inexistindo vida, não haverá exatamente um aborto, mas a interrupção de uma gravidez.

---

34. "El Comité muestra su preocupación respecto a que los índices de mortalidad en el grupo de edad de 15 a 17 años se han triplicado de 1997 a 2009 y aunque, según la información proporcionada por el Estado, este índice ha decrecido en 2013, sigue siendo muy alto". Disponível em: <www.el-nacional.com/mundo/ONU-Venezuela-evitar-muertes--jovenes_0_488951102.html>.

Com a devida vênia, discordamos desse argumento do Supremo Tribunal Federal. Se não absolutamente equivocado, é exageradamente pretensioso. Definir o início da vida pode ser de responsabilidade do cientista, do religioso, do filósofo, mas não do jurista. Será mesmo que não existe vida sem cérebro? Temos certeza disso? Eu confesso que não tenho.

Mais uma coisa: interpretar uma norma constitucional (art. 5º, *caput*) à luz de uma Lei infraconstitucional (a lei dos transplantes – Lei n. 9.434/97) parece ser um grave erro hermenêutico, que viola o princípio interpretativo da supremacia da constituição, que vimos no capítulo referente à interpretação constitucional.

Não obstante, malgrado discordemos do primeiro principal argumento, entendemos que o segundo argumento é absolutamente irrefutável: obrigar que a gestante leve adiante a gravidez de um feto anencéfalo é violar a dignidade da pessoa humana. Segundo o Ministro Marco Aurélio, "a vida é um bem a ser preservado a qualquer custo, mas, quando a vida se torna inviável, não é justo condenar a mãe a meses de sofrimento, de angústia, de desespero". Por fim, destaco o voto do Min. Carlos Ayres Britto: "levar às últimas consequências esse martírio contra a vontade da mulher corresponde à tortura, a tratamento cruel. Ninguém pode impor a outrem que se assuma enquanto mártir; o martírio é voluntário. Quem quiser assumir sua gravidez até as últimas consequências, mesmo sabendo portador de um feto anencéfalo, que o faça. Ninguém está proibindo".

b.2) Aborto e microcefalia

Microcefalia (do grego *mikrós*, que significa pequeno, e *kephalé*, que significa cabeça) é uma condição neurológica em que o tamanho da cabeça ou o perímetro cefálico occipito-frontal é bem abaixo da idade e sexo. Pode ser congênita, adquirida ou pode se desenvolver nos primeiros anos de vida. São causas comuns da microcefalia o consumo abusivo de álcool ou drogas por parte da gestante, bem como diabetes materna mal controlada, hipotireoidismo materno e infecções durante a gravidez, especialmente rubéola, toxoplasmose e zika vírus.

A Associação Nacional dos Defensores Públicas (ANADEP) ajuizou a ADI 5.581, questionando dispositivos da Lei n. 13.301/2016, que trata da adoção de medidas de vigilância em saúde relativas aos vírus da dengue, chikungunya e zika, bem como *se declare a inconstitucionalidade do enquadramento da interrupção da gestação, em relação à mulher que tiver sido infectada pelo vírus zika*. Embora o mérito da ação não tenha sido julgado (até o fechamento desta edição), o Procurador-Geral da República manifestara-se pela procedência desse pedido, sob o argumento de que o STF deveria autorizar o aborto em caso de microcefalia, nos mesmos moldes da autorização do feto anencéfalo: com o intuito de proteger a saúde da mulher. Por sua vez, o parecer da Advocacia-Geral da União é diametralmente contrário, sob o argumento de violação ao direito à vida.

O assunto aqui é mais complexo que o do item anterior. No caso de anencefalia, embora o assunto seja polêmico, muitos entendem que inexiste vida, em razão da inexistência de cérebro. No caso da microcefalia, a existência de vida é inequívoca, embora haja gravíssimas e irreversíveis sequelas que limitam enormemente a vida da pessoa acometida por essa doença. Admiti-lo, sem restrições, seria um grave precedente para tolerar uma gravíssima e reprovável eugenia, como afirma Samuel Fonteles: "o abortamento eugenésico, como é aquele vindicado por quem busca abortar fetos microcefálicos, está a serviço de um genocídio de deficientes físicos. A pretexto de conferir liberdade à mulher gestante, o fim colimado pode ser simplesmente impedir o nascimento de pessoas portadoras de taras hereditárias. Ou seja, a situação é ainda menos humanitária do que o pleito de abortamento de fetos saudáveis, pois, nesse caso, a deficiência não se aloja na causa de pedir. Os pedidos de interrupção de gravidez lastreados na microcefalia são indiscretos quanto aos propósitos do postulante: visam à eliminação do futuro encargo de velar pela existência digna de um portador de deficiência"[35].

Dessa forma, entendemos que a decisão de permitir o aborto em caso dessa doença (ou de outras doenças graves, ou em quaisquer outros casos, ainda que inexista doença) não cabe ao Poder Judiciário, mas ao Poder Legislativo, representante do povo. Aliás, esse é também o entendimento de José dos Santos Carvalho Filho: "a ausência de legislação específica quanto ao aborto de fetos com má-formação deve ser encarada como decisão do Legislativo, que, sendo conforme à Constituição, deve ser respeitada, pois o Poder Judiciário não instância recursal de deliberações políticas. [...] É por isso que, a despeito de assumir posicionamento pessoal em prol da liberdade de escolha quanto à interrupção da gravidez, entendo que o aborto de fetos com microcefalia não é pauta para o Supremo Tribunal Federal"[36].

Por unanimidade, o plenário do STF julgou prejudicada a ADI 5.581, pela perda do objeto. Dessa maneira, não chegou a apreciar o mérito da questão, motivo pelo qual reforçamos o argumento de que a decisão de um possível aborto em caso de microcefalia (ou outra doença grave) caberá ao Legislativo, e não ao Judiciário.

Nesse mesmo sentido, em 2022, a Segunda Turma do STF, por maioria de votos, no HC 220.431, não autorizou o aborto de uma gravidez de fetos siameses. Foi voto vencido o Ministro Edson Fachin que considerou, no caso, que a interrupção terapêutica da gestação é necessária para resguardar a vida e a dignidade da mulher. Para esse Ministro, o alcance do julgamento da ADPF 54 (que trata da anencefalia) não se limita a uma ou outra moléstia, mas à inviabilidade da vida fora do útero e às consequências desse fato para a gestante. Segundo o Ministro, não cabe ao STF criar uma lista de todas as doenças, situações limítrofes e riscos à saúde de fetos e grávidas, pois a corte estabelece definição constitucional referente à laicidade, à dignidade humana, à autodeterminação e à saúde das mulheres.

b.3) Aborto até o terceiro mês de gestação

Em novembro de 2016, em polêmica decisão, a 1ª Turma do Supremo Tribunal Federal concedeu *habeas corpus*, de ofício, a réus presos preventivamente pela prática de aborto. Seriam os réus funcionários de uma clínica que praticaria esse crime clandestinamente. No voto do Ministro Luís Roberto Barroso, "é preciso conferir interpretação conforme à Constituição aos próprios arts. 124 a 126 do Código Penal – que tipificam o crime de aborto – para excluir do seu âmbito de incidência a interrupção voluntária da gestação efetivada no primeiro trimestre. A criminalização, nessa hipótese, viola diversos direitos fundamentais da mulher, bem como o princípio da proporcionalidade" (HC 124.306, voto do Min. Luís Roberto Barroso). Concordaram com o Ministro Barroso os Ministros Edson Fachin e Rosa Weber. O Ministro Luiz Fux limitou-se a conceder o *habeas corpus* de ofício, restringindo-se a revogar a prisão preventiva.

---

35. *Aborto e Microcefalia*: uma Análise Constitucional, p. 35.
36. *Aborto de fetos com microcefalia não é tema para o STF*.

Diante desse precedente inesperado, que autorizaria o aborto até o terceiro mês de gestação (mas com efeito evidentemente *inter partes*), foi ajuizada pelo PSOL (Partido Socialismo e Liberdade)[37] a ADPF (arguição de descumprimento de preceito fundamental) 442, cujo pedido de cautelar foi indeferido em novembro de 2017 pela Ministra relatora, Rosa Weber[38]. Diante da complexidade do tema, a Ministra relatora convocou audiências públicas, mediante inscrição eletrônica, cujos inscritos seriam selecionados segundo os seguintes critérios: "(i) representatividade, especialização técnica e expertise do expositor ou da entidade interessada e (ii) garantia da pluralidade da composição da audiência e das perspectivas argumentativas a serem defendidas, como forma de se assegurar a legitimidade do processo de tomada de decisão" (decisão monocrática proferida pela Min. Rosa Weber no dia 23 de março de 2018). Foram realizadas audiências públicas no mês de agosto de 2018. A questão ainda está pendente de julgamento perante o STF.

Duas questões devem ser abordadas, nesse tema imensamente polêmico: a) a *possibilidade* de se permitir o aborto até o terceiro mês de gestação; b) o *meio* de se permitir tal prática.

Primeiramente, uma indagação: por que escolher exatamente o terceiro mês de gestação? O que há de especial nesse momento? Segundo a "teoria da atividade neural", a vida só começaria no momento em que a crista neural se faz presente no feto. Segundo médicos e cientistas, a partir do terceiro mês de gestação, o feto começa a criar "alças" sensório-motoras, criando-se conexões (sinapses) entre os neurônios.

Ainda que consideremos que a vida se inicia no momento da concepção (nidação ou implantação), como sugere o Pacto de São José da Costa Rica, nada impede que a legislação restrinja o seu âmbito de proteção, em atenção a outros princípios que considere tuteláveis. A lei brasileira já admite o aborto em casos excepcionais (gravidez decorrente de estupro, por exemplo). É indubitável que, nesse caso, há a vida intrauterina. Não obstante, a lei brasileira, levando em consideração outros valores fundamentais, como a dignidade da pessoa da gestante, permite a prática do aborto.

Como vimos no capítulo anterior (sobre teoria geral dos direitos fundamentais), leis restringem direitos fundamentais, ainda que muito valiosos, como a vida. Não obstante, embora seja possível efetuar tal restrição, a segunda indagação nos parece tão importante quanto a primeira: a quem cabe decidir se é possível a interrupção da gravidez até o terceiro mês de gestação? Em nosso entender, diante de um Estado Democrático de Direito, tal decisão deve ser proferida pelo legislador, escolhido diretamente pelo povo (e não pelo Judiciário).

---

37. Na inicial, o Partido Político faz uma detida análise do direito comparado acerca da criminalização do aborto, bem como aponta a suposta violação da dignidade da pessoa humana decorrente da legislação brasileira que criminaliza a gestante que pratica tal ato. Outrossim, o partido, na sua inicial, faz uma verificação da *máxima da proporcionalidade*, através dos seus critérios de *adequação, necessidade* e *proporcionalidade em sentido estrito*, chegando à conclusão de que a criminalização do aborto é uma medida desproporcional, que restringe excessivamente direitos fundamentais e, portanto, seria inconstitucional. A petição inicial pode ser lida integralmente neste *link*: <https://www.conjur.com.br/dl/psol-stf-descriminalize-aborto-meses.pdf>.
38. Decidiu a Ministra: "em referência à petição n. 70.681/2017, trata-se de arguição de descumprimento de preceito fundamental, com pedido de medida liminar, ajuizada pelo Partido Socialismo e Liberdade – PSOL, em face da alegada controvérsia constitucional, relevante acerca da recepção dos arts. 124 e 126 do Decreto-lei n. 2.848/1940 (Código Penal), que instituem a criminalização da interrupção voluntária da gravidez (aborto), pela ordem normativa constitucional vigente [...] indefiro os pedidos formulados".

Assim, com a devida vênia, entendemos que não cabe ao Supremo Tribunal Federal a decisão política de descriminalizar o aborto dessa maneira, ainda que se utilizando de princípios de *status* constitucional, como proporcionalidade, dignidade da pessoa humana etc. É possível descriminalizar o aborto, seja integralmente (como em alguns países), seja até o terceiro mês de gestação (como no Uruguai). Todavia, cabe ao Congresso Nacional, eleito democraticamente, tomar essa decisão, e não ao Supremo Tribunal Federal. O Supremo Tribunal Federal deveria aprender com experiências estrangeiras, como a dos Estados Unidos. Muitas vezes, quando a Suprema Corte quer proferir uma decisão contramajoritária, ainda que tomada de boas intenções, muitas vezes não atenta ao fato de que a reação conservadora em sentido contrário pode ser tão intensa, tão profunda, que pode prejudicar as pessoas que o Supremo pensava inicialmente em proteger. Caso o Supremo decida permitir o aborto até o terceiro mês de gestação, podemos esperar uma reação profunda social e institucional em sentido contrário, até mesmo uma Emenda Constitucional, tornando ainda mais excepcional a prática do aborto e quiçá até suprimindo algumas hipóteses de aborto legal hoje existentes.

c) **Eutanásia, ortotanásia, distanásia e mistanásia**

Eutanásia consiste em matar alguém para aliviar seu sofrimento. Nos cinemas, foi retratada no filme *Menina de ouro*, de Clint Eastwood, no qual uma boxeadora, depois de ficar tetraplégica, pede para que seu treinador a mate e ele o faz, no leito hospitalar. O tema é discutido em todo o mundo. Quando conta com o pedido da vítima, muitas vezes recebe o nome de "suicídio assistido", sendo permitido, por exemplo, em alguns Estados norte-americanos.

No Brasil, a eutanásia configura crime de homicídio privilegiado (art. 121, § 1º, do Código Penal), configurando "relevante valor moral", para fins de diminuição da pena. Já há muitos anos tramita no Congresso Nacional um projeto de novo Código Penal, que traria um tipo específico de eutanásia. Até que seja aprovada uma nova lei, a eutanásia configura homicídio privilegiado.

Não obstante, não há como confundir *eutanásia* com *ortotanásia*.

Ortotanásia é a "eutanásia por omissão", ou melhor, permitir a evolução e o percurso da doença, evitando métodos extraordinários de suporte da vida, como medicamentos e aparelhos. Por exemplo, deixar de prolongar a vida de um doente em estado terminal, desligando todos os aparelhos que prolongam sua vida. No caso da *ortotanásia*, os médicos não praticarão a *distanásia* (prática pela qual se prolonga a vida, através de meios artificiais e desproporcionais).

Assim, a **distanásia** é a prática do ato ou procedimento que prolonga excepcionalmente a vida, através de métodos artificiais e desproporcionais.

Mistanásia, por fim, advém do vocábulo grego *mis* (infeliz) e *thanatos* (morte). Refere-se à morte de pessoas excluídas socialmente, cuja vida é abreviada por omissão do Estado. Leo Pessini definia a mistanásia como sendo a "morte miserável, precoce e evitável [...]. É a morte impingida pelos três níveis de governo por meio da manutenção da pobreza, da violência, das drogas, da falta de infraestrutura e de condições mínimas para a vida digna"[39]. Dessa maneira,

---

39. *Sobre o Conceito Ético de Mistanásia*, p. 1. Nas palavras de Matheus Vargas, "a *mistanásia* é uma condição social desumana que atinge, em grande parte, os indivíduos vulneráveis socialmente, sendo consequência de eventos violadores do direito à saúde, no qual poderiam ser evitados. A nomenclatura que traduz essa condição foi criada em 1989 pelo teólogo moralista brasileiro Márcio Fabri dos Anjos, como um neologismo ao antigo termo 'eutanásia

a *mistanásia* é uma violação, por parte do Estado, do direito à vida, seja por ação ou por omissão. Isso porque tutelar o direito à vida, por parte do Estado, não exige apenas uma obrigação de não fazer (de não matar as pessoas), mas também uma obrigação de fazer, garantindo a todos uma vida minimamente digna, proporcionando as políticas públicas que garantam a saúde e a vida da população.

NOMENCLATURA	
	Eutanásia: é o ato intencional de proporcionar a morte de alguém para aliviar seu sofrimento, causado por uma doença incurável ou dolorosa, ou outra hipótese extraordinária.
	Ortotanásia: deixar de realizar um ato (ministrar medicamento, utilizar procedimento ou equipamento) que prolongaria artificialmente a vida de uma pessoa portadora de doença incurável.
	Distanásia: prática de ato ou procedimento que prolonga excepcionalmente a vida, através de métodos artificiais e desproporcionais.
	Mistanásia: é a morte precoce de pessoas vulneráveis, decorrente da inércia do Estado.

Durante muitos anos, prevaleceu na doutrina o entendimento de que a *ortotanásia* também seria homicídio privilegiado. Não obstante, o entendimento mudou ao longo dos últimos anos. No passado, entendia-se que a vida deveria ser prolongada a qualquer custo, por mais sofrimento que isso causasse. Atualmente, uma visão mais humana do direito deu ensejo a um novo conceito: além do direito à vida, há o morrer dignamente. Ora, o último estágio da vida de todos os seres vivos é a morte, inevitável, infelizmente. Integra o conceito de dignidade da pessoa humana o direito de morrer dignamente. A um doente em estado terminal, vale muito mais passar os últimos momentos de vida ao lado dos familiares que tanto ama, cercado por um ambiente fraterno, do que num hospital, cercado de máquinas, ainda que por um dia a mais. E mais: a opção por uma ou outra morte cabe ao doente ou sua família.

Como afirmou Leo Pessini, "uma vez que a morte acontecerá para todos, e também para o próprio médico, a medicina deve criar as condições para que ela aconteça em paz. Um morrer em paz pode ser definido como aquele em que a dor e o sofrimento são minimizados. [...] Chegará um momento em nossa vida no qual os tratamentos serão fúteis. Atingir-se-á o limite final das capacidades médicas. A administração humana da morte é a responsabilidade final mais exigente para o médico, que é convidado a reconhecer em seu paciente uma limitação inerente à ciência e à arte da medicina: nossa condição de seres mortais e finitos"[40].

De acordo com essa concepção, inexistindo lei infraconstitucional sobre o tema, o Conselho Federal de Medicina elaborou a Resolução n. 1.805, que regulamenta a ortotanásia no Brasil[41]. Dessa maneira, respeitados os requisitos procedimentais previstos nessa resolução, a

---

social'. [...] A forma mais comum da *mistanásia* ocasionada pela ação ou omissão estatal é a omissão de socorro estrutural que se resume na ausência de atenção do Estado em fornecer os insumos necessários para o adequado serviço de saúde ao indivíduo, como a falta de medicamentos de uso emergencial, onde o não atendimento imediato levará ao óbito. [...] A morte mistanásica no Brasil ocorre como sequela da violação das condições mínimas para uma considerável qualidade de vida, tendo como principal fator a omissão de socorro estrutural como efeito da ineficiente gestão financeira e organizacional do setor responsável pelo sistema de saúde pública, em comparação às necessidades dos pacientes que utilizam dos serviços estatais" (*Mistanásia*, p. 1).

40. *Distanásia*: Até Quando Prolongar a Vida?, p. 60.
41. Resolução n. 1.805 do Conselho Federal de Medicina. "Art. 1º É permitido ao médico limitar ou suspender procedimentos e tratamentos que prolonguem a vida do doente em fase terminal, de enfermidade grave e incurável, respei-

ortotanásia é constitucional, válida. Não obstante, a *ortotanásia* praticada fora dos limites dessa resolução poderá configurar crime, como o desligamento arbitrário dos equipamentos de uma UTI, dando ensejo à morte de vários pacientes: trata-se de homicídio qualificado (art. 121, § 1º, do Código Penal) pela prática de atos que impossibilitam a defesa da vítima.

d) Suicídio

Suicídio não é crime no Brasil, por duas razões: seria impossível punir criminalmente o suicida, por razões óbvias. Poder-se-ia punir aquele que tentou se suicidar, mas, por opção do legislador ordinário, preferiu-se não fazê-lo. A pessoa já demonstrou não ter apreço pela vida. Colocá-la atrás das grades não seria a melhor opção do legislador.

Curiosamente, o suicídio já foi considerado crime em alguns países, como na Inglaterra até o advento da Lei do Suicídio (*Suicide Act*), de 1961[42]. Antes, a legislação era o "Felo de se Act", de 1882. "Felo de se" é uma expressão em latim, que no inglês seria "felon of himself" e, no português, criminoso de si mesmo. É um termo antigo para se referir ao suicídio. Um adulto que cometia suicídio era considerado criminoso, e a pena era a perda da propriedade para o rei e um "sepultamento vergonhoso", geralmente em local inapropriado, sem a presença de religiosos e de noite. A partir do século XVIII, a jurisprudência inglesa passou a declarar os suicidas como vítimas mentalmente enfermas, dando aos familiares direito à herança. Entrando em desuso, essa legislação foi formalmente revogada em 1961, através do *Suicide Act*.

Assim como na Inglaterra dos dias atuais, no Brasil configura crime induzir, instigar ou auxiliar suicídio alheio (art. 122, Código Penal). Ainda que por razões humanitárias, o Brasil criminaliza o auxílio a suicídio alheio (ou suicídio assistido), tema altamente controvertido em todo o mundo.

e) O direito de morrer

Esse tema seria impensável há décadas, quando se afirmava a supremacia do direito à vida sobre quaisquer outros direitos, motivo pelo qual se preferia prolongar artificialmente a vida, ainda que se utilizando de meios dolorosos, artificiais e excepcionais, em vez de abreviá-la dignamente.

Não obstante, como a morte é inevitável, decorre da dignidade da pessoa humana o direito de morrer dignamente, sem sofrimento. A existência de um "direito de morrer" já foi reconhecido pelo filósofo Hans Jonas: a existência de um direito à morte decorre do próprio direito à vida. Protege-se juridicamente o direito à vida, o qual, todavia, não deve ser entendido como pressupondo uma obrigação de viver, exigível pela sociedade, nas situações de prolonga-

---

tada a vontade da pessoa ou de seu representante legal. § 1º O médico tem a obrigação de esclarecer ao doente ou a seu representante legal as modalidades terapêuticas adequadas para cada situação.§ 2º A decisão referida no *caput* deve ser fundamentada e registrada no prontuário. § 3º É assegurado ao doente ou a seu representante legal o direito de solicitar uma segunda opinião médica. Art. 2º O doente continuará a receber todos os cuidados necessários para aliviar os sintomas que levam ao sofrimento, assegurada a assistência integral, o conforto físico, psíquico, social e espiritual, inclusive assegurando-lhe o direito da alta hospitalar".

42. Art. 1º Suicídio deixa de ser um crime. A regra legal segundo a qual é um crime a pessoa cometer suicídio é por esse ato ab-rogada. Art. 2º Responsabilidade criminal pela cumplicidade em suicídio alheio. Uma pessoa que auxilia, induz, aconselha ou procura o suicídio alheio, ou uma tentativa de suicídio alheio, será responsabilizada a prisão por termo não superior a 14 (quatorze) anos.

mento penoso do final da vida dos pacientes terminais"[43]. Em 9 de março de 2018, a Suprema Corte da Índia, no julgamento da *Common Cause A Regd. Society v. Union of India & Anr.*, considerou que o direito de morrer com dignidade é uma faceta intrínseca do direito à vida, a fim de que cada indivíduo possa ter o direito de decidir se aceita ou não a intervenção médica em caso de doença terminal.

Pelo menos em alguns casos, a vontade da pessoa doente (ou da família) deve ser levada em consideração no tocante a sua própria morte. Vimos anteriormente que, no Direito brasileiro, já é considerada a vontade da vítima nos casos de *ortotanásia*, nos casos de doença incurável e estado terminal. Não é necessária a *distanásia* (o prolongamento artificial da vida), que causaria mais sofrimento e impediria que a vítima morresse em paz, com menos dor e angústia. Assim, *morrer dignamente* também é um direito fundamental, que decorre da dignidade da pessoa humana e, por isso, é levado em consideração na *ortotanásia*.

Não obstante, além dos casos de ortotanásia, o desejo da pessoa também pode ser considerado em outros casos? Vejamos abaixo algumas questões polêmicas abordadas atualmente pela doutrina:

e.1) Testamento vital (diretivas antecipadas de vontade)

Consiste num documento, devidamente assinado por pessoa juridicamente capaz, informando quais tratamentos médicos aceita ou rejeita. Diferentemente dos testamentos em geral, que produzem efeitos *post mortem*, os testamentos vitais produzem efeitos jurídicos antes da morte do declarante. A questão surgiu nos Estados Unidos e atualmente por lá é regulamentado pelo *Patient Self-Determination Act*, de 1990, cuja ementa determina que "os indivíduos que recebem serviços (de saúde) terão a oportunidade de participar e dirigir as decisões de cuidados de saúde que afetam a si próprios".

Embora inexista legislação brasileira acerca do tema, o Conselho Federal de Medicina editou a Resolução n. 1.995/2002. O art. 1º da referida resolução já dispõe que "definir diretivas antecipadas de vontade como o conjunto de desejos, prévia e expressamente manifestados pelo paciente, sobre cuidados e tratamentos que quer, ou não, receber no momento em que estiver incapacitado de expressar, livre e autonomamente, sua vontade". Segundo o art. 2º, § 3º, da referida resolução, as diretivas antecipadas do paciente prevalecerão sobre qualquer outro parecer não médico, inclusive sobre o desejo dos familiares. A referida resolução traz, inclusive, um modelo de "testamento vital", que pode ser feito pela pessoa interessada.

Não obstante, como noticiado pela imprensa, a prática do "testamento vital" vem sendo pouco utilizada, por conta da insegurança jurídica causada pela inexistência de lei específica sobre o tema. De fato, é absurda a inércia do Poder Legislativo, que dá ensejo a uma hiperbólica atividade legiferante (e de constitucionalidade duvidosa) do Conselho Federal de Medicina.

e.2) Suicídio assistido

O suicídio assistido, como o próprio nome indica, configura a prática de suicídio (a morte causada pela própria pessoa) com o auxílio de um terceiro. A diferença entre o *suicídio assis-*

---

43. Apud Letícia Ludwing Möller. *Direito à Morte com Dignidade e Autonomia*, p. 95.

tido e a *eutanásia* é que, no primeiro, a morte resulta da própria pessoa (ainda que orientada ou auxiliada por um terceiro), enquanto na *eutanásia* a morte é causada exclusivamente pela ação ou omissão de terceiro.

O suicídio está regulamentado na lei de vários países, como Suíça, Bélgica, Holanda e em alguns Estados norte-americanos (Califórnia, Montana, Washington, Oregon etc.). No Estado do Oregon, por exemplo, há o *Oregon Death with Dignity Act* (Lei do Oregon sobre a Morte com Dignidade), permitindo o suicídio assistido através da prescrição de medicamento para pôr termo à vida, desde que preenchidos alguns requisitos legais.

Por ausência de previsão legal, o Brasil não admite a prática de suicídio assistido (como ministrar medicamento, com a permissão do paciente, que antecipa sua morte). A prática de tal ato configura o crime de participação em suicídio, previsto no art. 122 do Código Penal.

e.3) Transfusão de sangue e "Testemunhas de Jeová"

A religião conhecida como "Testemunhas de Jeová", presente em 240 países, com mais de 120 mil congregações e mais de 8 milhões de fiéis (segundo o *site* oficial da própria Igreja no Brasil)[44], prega que a ingestão de sangue (nela se incluindo a transfusão) é incompatível com os preceitos bíblicos. Embora exista uma dissidência na própria Igreja e que defende uma nova interpretação bíblica não proibitiva[45], tal proibição decorreria de três passagens bíblicas: *Gênesis 9:4*[46]; *Levítico 17:14*[47]; *Atos 15:20*[48].

O tema é complexo e decorre de um inequívoco conflito entre dois direitos fundamentais: a *liberdade de consciência e crença* e o *direito à vida*.

Primeiramente, tratando-se de pessoa juridicamente capaz, entendemos que sua vontade deve prevalecer. Trata-se de solução semelhante à do "testamento vital": a pessoa plenamente capaz pode escolher a quais métodos terapêuticos aceita e a quais não aceita ser submetido, por quaisquer convicções, sobretudo religiosas.

Essa também era a posição de Celso Ribeiro Bastos: "ninguém pode ser constrangido a consultar um médico ou a submeter-se a um tratamento terapêutico específico contra sua vontade livre e conscientemente manifestada. Fazendo uma certa analogia, equivaleria a estabelecer a exigência de que o cidadão com problemas visuais mínimos fosse obrigado a procurar o oftalmologista, ou obrigado a adquirir as lentes indicadas pelo médico, sem opção pela recusa em usá-las. [...] Assim, a posição daqueles que sustentam a possibilidade de transfusão de sangue mesmo contra a vontade do paciente estão indiretamente incitando as pessoas a deixarem de procurar auxílio médico, do que pode resultar um problema de saúde pública extremamente grave"[49].

O Supremo Tribunal Federal reconheceu a existência de repercussão geral no Recurso Extraordinário 979.742, que versará sobre a questão. Embora a questão esteja pendente de

---

44. Informação disponível no *site* <www.jw.org/pt/testemunhas-de-jeova>.
45. Um grupo de fiéis dissidentes é conhecido como "Testemunhas de Jeová Associadas para a Reforma do Sangue".
46. "Deus disse a Noé: 'Somente a carne com a sua alma – seu sangue – não deveis comer'".
47. "Não deveis comer o sangue de qualquer tipo de carne, porque a alma de todo tipo de carne é seu sangue. Quem o comer será decepado da vida."
48. "Abstenham-se do sangue."
49. Celso Ribeiro Bastos. *Direito de Recusa de Pacientes Submetidos a Tratamento Terapêutico às Transfusões de Sangue, por Razões Científicas e Convicções Religiosas*, p. 24.

julgamento (no momento do fechamento desta edição), o Ministro relator Luís Roberto Barroso destacou que a questão reside na identificação de solução para o conflito potencial entre a liberdade religiosa e o dever do Estado de assegurar prestações de saúde universais e igualitárias[50].

Não obstante, entendemos que a consequência não pode ser a mesma em se tratando de pessoas que não são plenamente capazes. Entendemos que, nesse caso, como as convicções religiosas ainda não passaram por um processo pleno de convencimento e maturação (por conta da adolescência, por exemplo), o direito à vida deve prevalecer, motivo pelo qual, em nosso entender, poderão os médicos realizar a transfusão de sangue (ou outro procedimento terapêutico), ainda que ele seja contrário à vontade do incapaz doente ou de sua família. Esse foi o entendimento do Superior Tribunal de Justiça, no HC 268.459: "em verdade, como inexistem direitos absolutos em nossa ordem constitucional, de igual forma a liberdade religiosa também se sujeita ao concerto axiológico, acomodando-se diante das demais condicionantes valorativas. Desta maneira, no caso em foco, ter-se-ia que aquilatar, a fim de bem se equacionar a expressão penal da conduta dos envolvidos, em que medida teria impacto a manifestação da vontade, religiosamente inspirada, dos pacientes. No juízo de ponderação, o peso dos bens jurídicos, de um lado, a vida e o superior interesse do adolescente, que ainda não teria discernimento suficiente (ao menos em termos legais) para deliberar sobre os rumos de seu tratamento médico, sobrepairam sobre, de outro lado, a convicção religiosa dos pais, que teriam se manifestado contrariamente à transfusão de sangue. Nesse panorama, tem-se como inócua a negativa de concordância para a providência terapêutica, agigantando-se, ademais, a omissão do hospital, que, entendendo que seria imperiosa a intervenção, deveria, independentemente de qualquer posição dos pais, ter avançado pelo tratamento que entendiam ser o imprescindível para evitar a morte" (HC 268.459/SP, rel. Min. Maria Thereza de Assis Moura, 6ª Turma, j. 2-9-2014)[51].

Em resumo, esse é o nosso entendimento:

DESEJO DE NÃO TRANSFUSÃO DE SANGUE	**Por paciente maior e capaz:** é relevante, devendo ser respeitado pelos médicos. O STF discutirá o custeio de procedimentos extraordinários em decorrência da recusa dos procedimentos tradicionais. **Por paciente menor ou incapaz ou por representante legal:** é irrelevante, devendo os médicos priorizar o direito à vida. Foi o entendimento do STJ, no HC 268.459/SP, de 2-9-2014.

---

50. A questão é ainda mais complexa: em caso de recusa do paciente à transfusão de sangue, por razões religiosas, deverá o Estado arcar com as despesas de outros procedimentos extraordinários, indisponíveis na rede pública do Estado? O tema é polêmico e ainda será julgado pelo STF.
51. O caso concreto foi trágico. Por conta da inércia do hospital, a adolescente morreu, por falta de cuidados médicos aptos a salvarem sua vida. Não obstante, nesse *habeas corpus*, os pais foram inocentados, com o seguinte argumento: "não há falar em tipicidade da conduta dos pais que, tendo levado sua filha para o hospital, não ofereceram consentimento para transfusão de sangue – pois, tal manifestação era indiferente para os médicos, que, nesse cenário, tinham o dever de salvar a vida. Contudo, os médicos do hospital, crendo que se tratava de medida indispensável para se evitar a morte, não poderiam privar a adolescente de qualquer procedimento, mas, antes, a eles cumpria avançar no cumprimento de seu dever profissional".

f) **Relatividade do direito à vida**

Como afirmamos no capítulo anterior, os direitos fundamentais não são absolutos, ainda que umbilicalmente ligados à dignidade da pessoa humana, como é o caso do direito à vida.

A própria Constituição Federal admite, por exemplo, a pena de morte, em caso de guerra declarada (art. 5º, XLVII, "a", CF, c/c art. 84, XIX)[52]. Os crimes apenados com a morte estão previstos no Código Penal Militar (por exemplo, o art. 355 do Decreto-lei n. 1.001/69)[53], e a execução da pena de morte está regulamentada pelo art. 707 do Código de Processo Penal Militar (Decreto-lei n. 1.002/69)[54].

Além da pena de morte em caso de guerra declarada, também consiste limitação ao direito à vida o aborto legal, previsto no art. 128, II, do Código Penal (aborto sentimental), quando a gravidez é decorrente de estupro. No quarto mês de gestação, por exemplo, não há dúvidas de que existe o direito à vida. Mesmo assim, a lei brasileira admitirá o aborto, já que o legislador priorizou, nesse caso, o bem-estar psicológico da mulher, decorrente da dignidade da pessoa humana, em detrimento da vida intrauterina.

Por fim, outro exemplo importante da relatividade do direito à vida é o art. 303 do Código Brasileiro de Aeronáutica (Lei n. 7.565/86), conhecido como "Lei do Abate". Segundo o § 2º do art. 303, "Esgotados os meios coercitivos legalmente previstos, a aeronave será classificada como hostil, ficando sujeita à medida de destruição, nos casos dos incisos do *caput* deste artigo e após autorização do Presidente da República ou autoridade por ele delegada". Trata-se de medida excepcionalíssima de restrição ao direito à vida, visando combater o narcotráfico internacional, bem como o contrabando e, em última análise, até mesmo o terrorismo por meio de aeronaves. O Decreto n. 5.144/2004, no seu art. 10, delega ao Comandante da Aeronáutica a competência para autorizar a aplicação da medida de destruição.

Essas três restrições do direito à vida são válidas, constitucionais? Para responder a essa pergunta, temos de recordar os critérios de validade das leis restritivas dos direitos fundamentais, que analisamos no capítulo anterior. Recordamos apenas se tratar de um critério tríplice: a) as leis restritivas não podem ser excessivas (princípio da proibição do excesso), violando o núcleo essencial dos direitos fundamentais; b) as leis devem atender aos critérios da proporcionalidade (adequação, necessidade e proporcionalidade em sentido estrito); c) as leis devem ser razoáveis.

Em nosso entender, as três exceções sobreditas (a pena de morte nos crimes previstos no Código Penal Militar, o aborto sentimental e o abate de aeronave hostil) são válidas, constitucional, pois atendem ao tríplice critério que acabamos de mencionar.

---

52. Art. 5º, XLVII: não haverá penas: a) de morte, salvo em caso de guerra declarada, nos termos do art. 84, XIX. Art. 84. Compete privativamente ao Presidente da República: XIX – declarar guerra, no caso de agressão estrangeira, autorizado pelo Congresso Nacional ou referendado por ele, quando ocorrida no intervalo das sessões legislativas, e, nas mesmas condições, decretar, total ou parcialmente, a mobilização nacional.
53. Art. 355. Tomar o nacional armas contra o Brasil ou Estado aliado, ou prestar serviço nas forças armadas de nação em guerra contra o Brasil: Pena – morte, grau máximo; reclusão, de vinte anos, grau mínimo.
54. Art. 707. O militar que tiver de ser fuzilado sairá da prisão com uniforme comum e sem insígnias, e terá os olhos vendados, salvo se o recusar, no momento em que tiver de receber as descargas. As vozes de fogo serão substituídas por sinais. 1º O civil ou assemelhado será executado nas mesmas condições, devendo deixar a prisão decentemente vestido.

14.4. IGUALDADE (ART. 5°, *CAPUT*, CF)

O art. 5°, *caput*, da Constituição Federal começa afirmando que "todos são iguais perante à lei" e, mais adiante, dentre os direitos assegurados, prevê a "igualdade". O pleonasmo encontrado no *caput* mostra a preocupação do constituinte originário com o princípio da igualdade, em um país de tamanha desigualdade.

O Preâmbulo da Constituição afirma que a finalidade do constituinte originário foi instituir um Estado Democrático, destinado a assegurar, dentre outros direitos, "a igualdade e a justiça como valores supremos de uma sociedade pluralista, fraterna e sem preconceitos".

À luz do princípio da igualdade, o STF declarou inconstitucionais as normas do Ministério da Saúde e da Agência Nacional de Vigilância Sanitária (Anvisa) que proibiam que homossexuais doassem sangue, por dar um tratamento a certo grupo social "de forma injustificadamente desigual, afrontando-se o direito fundamental à igualdade" (ADI 5.543, rel. Min. Edson Fachin, j. 1°-5-2020).

Importante saber: de que igualdade a Constituição está tratando? Existem duas igualdades, segundo a doutrina (desde os tempos de Aristóteles): a) *igualdade formal*; b) *igualdade material*.

Igualdade formal consiste em dar a todos idêntico tratamento, não importando a cor, a origem, a nacionalidade, o gênero ou a situação financeira. Historicamente, foi a única acepção de igualdade adotada pelo Poder Público no Brasil. Todas as pessoas seriam tratadas com absoluta igualdade, podendo cada um lutar com suas armas para a obtenção dos seus resultados, obtidos por conta de seus próprios méritos (meritocracia). O discurso historicamente seduziu multidões, seja no Brasil, seja no exterior. Veja este discurso: "O país acordou. O grande tempo começou. O que nós sonhamos há anos se tornou realidade. Aqueles que não conseguem ver além de seus próprios narizes merecem nossa pena mais do que qualquer outra coisa. Para vencer essa catástrofe econômica é necessária uma liderança absolutamente forte nos assuntos internos. E o mais importante, é que seja dado ao governo uma posição soberana. Vocês não devem agir por si, devem obedecer, se entregar, se submeter a esse esmagador dever de obediência. O que o país tem de mais precioso é o povo e pelo amor desse povo nós iremos nos sacrificar e nunca afrouxar, nunca perder a coragem, nunca perder a fé. Nós não dizemos aos ricos: 'por favor, deem algo aos pobres'. Ao invés, nós dizemos: 'povo, ajude a si mesmo!' Todos devem ajudar, seja você rico ou pobre. Nossa crença no país é inabalável. E nossa vontade é esmagadora! E quando vontade e crença combinam tão intensamente, nem os céus irão negar vocês?".

Esse discurso foi aplaudido e saudado por milhões de pessoas que aclamaram o seu orador: Adolf Hitler.

A igualdade formal em um país de "elevada desigualdade real", em vez de igualar, apenas reforça a desigualdade que existe na vida. Dizer que todos devem lutar com suas armas é injusto quando as "armas" são de calibres tão diversos. Vejamos um exemplo: historicamente, os vestibulares das universidades públicas brasileiras foram perfeitos exemplos de igualdade formal. Não importando o perfil dos candidatos (sua origem, cor, condição social etc.), as condições de acesso sempre foram idênticas. Qual a conclusão histórica disso? Aos cursos universitários mais concorridos, somente os mais ricos, os que tiveram uma melhor educação básica (que, no Brasil, infelizmente, encontra-se no ensino privado, e não no público), têm acesso.

Quando um pobre, egresso do ensino público, ingressa num desses cursos, torna-se "capa de jornal", exemplo a ser seguido, a vitória da meritocracia. Segundo o INEP (Instituto Nacional de Estudos e Pesquisas Educacionais), apenas 2,66% dos concluintes dos cursos de medicina em 2010 eram negros ou pardos. Realmente, séculos de igualdade formal deram ensejo a uma desigualdade real de gigantescas proporções.

Diante do que acabamos de expor, a igualdade prevista no art. 5º, *caput*, da Constituição Federal, a igualdade a ser buscada pelo Estado, é a igualdade material, que tem origem teórica em Aristóteles. Igualdade material consiste em dar aos desiguais um tratamento desigual, na medida da desigualdade. No Brasil, um dos primeiros a pregar esse tipo de igualdade foi Ruy Barbosa, num discurso proferido na capital paulista, intitulado "Oração aos Moços": "a regra da igualdade não consiste senão em quinhoar desigualmente aos desiguais na medida em que se desigualam. Nesta desigualdade social, proporcionada à desigualdade natural, é que se acha a verdadeira lei da igualdade".

A igualdade material decorre não apenas do art. 5º, *caput*, da Constituição Federal, mas da interpretação sistemática de vários dispositivos constitucionais, a começar pelo Preâmbulo. Era intenção do constituinte instituir um Estado Democrático, destinado a promover a igualdade, a justiça, em uma sociedade fraterna. Outrossim, no art. 3º da Constituição Federal, são objetivos da República construir uma sociedade solidária (art. 3º, I), erradicar a pobreza (art. 3º, III), reduzir as desigualdades sociais (art. 3º, III, *in fine*) etc. Não há como reduzir as desigualdades sociais quando todos são tratados de forma idêntica.

Dessa maneira, o Supremo Tribunal Federal entende que "a igualdade, desde Platão e Aristóteles, consiste em tratar-se de modo desigual os desiguais" (MS 26.690, rel. Min. Eros Grau, Tribunal Pleno, j. 3-9-2008).

Atualmente, predomina na sociedade contemporânea o discurso da "meritocracia", segundo o qual todas as pessoas, tendo o mesmo tratamento (igualdade formal) conseguiriam sucesso, através do esforço, dedicação, aliados às suas capacidades pessoais. Dessa maneira, a sociedade atual seria justa, tendo em vista que todos podem ascender por seus próprios méritos. Alguns autores começam a refletir mais profundamente sobre esse tema, como o professor norte-americano Daniel Markovits, na incrível obra *A cilada da meritocracia*.

Primeiramente, não há dúvidas de que o regime meritocrático é mais justo que o regime anterior (aristocrático), segundo o qual as pessoas ascendiam socialmente por conta de seus sobrenomes ou seus títulos. Todavia, o sistema meritocrático, com o passar do tempo, também gera grandes distorções: aqueles que ascenderam pelos seus próprios méritos chegam a determinados cargos e têm determinadas rendas que fazem com que sejam criadas melhores oportunidades para seus filhos e familiares. Assim, aqueles que alcançaram os melhores cargos, por seus méritos, pagam a melhor educação para seus filhos, para que esse grupo continue nos melhores postos de trabalho. Paralelamente, os cargos intermediários, por conta do avanço da tecnologia, vão pouco a pouco desaparecendo, aumentando a desigualdade social entre os grupos. Por essa razão, entendemos que o Estado tem o dever de reconhecer essa desigualdade social e dar um tratamento desigual àqueles que não têm as mesmas oportunidades. Essa é a essência da igualdade material.

Vejamos alguns exemplos de igualdade material no Direito brasileiro.

a) **Exemplos de igualdade material no Direito brasileiro**

A própria Constituição Federal, em vários dispositivos, traz exemplos de igualdade material. Vejamos alguns desses exemplos:

a.1) Imunidade parlamentar

O art. 53 da Constituição Federal (que trata da imunidade parlamentar) assegura aos parlamentares irresponsabilidade penal e civil por suas opiniões, palavras e votos. Assim, as mesmas palavras podem configurar crime (de apologia ao crime, injúria etc.) se praticadas por um particular ou fato atípico, se proferidas por um parlamentar no Plenário da sua respetiva Casa. Eis um tratamento desigual, dado aos desiguais. É justo esse tratamento tão diferenciado? Sem dúvida. A imunidade parlamentar visa dar aos parlamentares a liberdade de opinião necessária ao exercício da função parlamentar.

a.2) Foro por prerrogativa de função

Outro exemplo previsto em vários dispositivos da Constituição Federal é o foro por prerrogativa de função. Enquanto qualquer um de nós que pratica um crime é julgado na primeira instância do Poder Judiciário, os Governadores são julgados no Superior Tribunal de Justiça (art. 105, I, "a", CF), o Presidente é julgado no Supremo Tribunal Federal (art. 102, I, "b"), assim como os Ministros de Estado, Deputados Federais e Senadores (art. 102, I, "b", CF). Mais uma vez, a Constituição Federal dá um tratamento diferenciado àqueles que ocupam cargos públicos para, assim, dar maior segurança no exercício da sua função.

Trata-se de um *foro privilegiado*? Embora essa expressão seja largamente utilizada pela imprensa e pela população em geral, há uma séria incorreção constitucional. Não se trata de um privilégio, mas de uma prerrogativa. Enquanto o privilégio diz respeito à pessoa (é um benefício pessoal, não importando o cargo que alguém ocupa), a prerrogativa diz respeito à função (não importando a pessoa que a exerce). No caso ora em comento, trata-se de uma prerrogativa. Tanto é verdade que, encerrado o mandato da autoridade (pelo transcurso do prazo, por renúncia ou cassação do mandato), o processo não permanecerá no Tribunal. Por exemplo, cassado o mandato do deputado federal Eduardo Cunha, os processos e a investigação que tramitava contra ele no Supremo Tribunal Federal foram remetidos à inferior instância.

Privilégio	Prerrogativa
Diz respeito à pessoa. Fere o princípio constitucional da igualdade.	Diz respeito à função exercida. Não fere o princípio constitucional da igualdade.

Importante frisar que, segundo a atual jurisprudência do STF, somente a Constituição Federal pode estabelecer hipóteses de foro por prerrogativa de função. Dessa maneira, dispositivos de Constituições estaduais que inovam nesse assunto, criando hipóteses de foro privilegiado (ou por prerrogativa de função) serão inconstitucionais. Em 2020, o STF decidiu que "a regra é que todos os cidadãos sejam julgados inicialmente perante juízes de primeiro grau, em consonância ao princípio republicano. [...] A Constituição da República já disciplinou de forma minudente e detalhada as hipóteses de prerrogativa de foro, a evidenciar sua exaustão e, em consequência, a impossibilidade de ampliação de seu alcance pelo poder constituinte decorrente" (STF, ADI 6504, rel. Min. Rosa Weber, Pleno, j. 25-10-2021). Dessa maneira, serão inconstitucionais as normas estaduais que preveem foro especial para delegados, defensores, procuradores etc.

a.3) Vagas reservadas nos concursos para pessoas com deficiência

Outro exemplo previsto na Constituição Federal está no art. 37, VIII: "a lei reservará percentual dos cargos e empregos públicos para as pessoas portadoras de deficiência e definirá os critérios de sua admissão". O tema é regulamentado pela Lei n. 8.112/90, que no seu art. 5º, § 2º, afirma que: "às pessoas portadoras de deficiência é assegurado o direito de se inscreverem em concurso público para provimento de cargo cujas atribuições sejam compatíveis com a deficiência de que são portadoras; para tais pessoas serão reservadas até 20% (vinte por cento) das vagas oferecidas no concurso". Assim, a própria Constituição Federal estabeleceu um tratamento diferenciado às pessoas com deficiência, reservando-lhes vagas em concursos públicos.

Indaga-se: a depender das atividades a serem exercidas pelo futuro funcionário público, pode o edital do concurso público suprimir essas vagas (por exemplo, em concursos policiais)? O Supremo Tribunal Federal, na Reclamação 13.145, relatada pela Min. Cármen Lúcia, decidiu que: "Cabe à Administração Pública examinar, com critérios objetivos, se a deficiência apresentada é ou não compatível com o exercício do cargo, assegurando a ampla defesa e o contraditório ao candidato, sem restringir a participação no certame de todos e de quaisquer candidatos portadores de deficiência, como pretende a União".

a.4) Processo criminal contra o Presidente da República

Segundo o art. 86 da Constituição Federal, o Presidente da República somente poderá ser processado criminalmente, se houver autorização de dois terços da Câmara dos Deputados. Por exemplo, em 2017, o então Presidente da República Michel Temer foi denunciado criminalmente duas vezes pelo então Procurador-Geral da República Rodrigo Janot. Não obstante, como a Câmara dos Deputados, nas duas ocasiões, não autorizou o processo contra ele, o Supremo Tribunal Federal não pôde receber a denúncia.

Importante dizer que essa regra, essa prerrogativa, é exclusiva do Presidente da República, não se estendendo aos Governadores e Prefeitos. Isso porque é uma regra exclusiva do Chefe de Estado, que é apenas o Presidente da República. Segundo o STF, no julgamento das ADIs 4.798, 4.764 e 4.797, em 4 de maio de 2017, não podem as Constituições estaduais exigir autorização prévia da Assembleia Legislativa para o processo criminal do Governador. Com essa decisão, o STF declarou a inconstitucionalidade das Constituições do Piauí (ADI 4.798), do Acre (ADI 4.764) e de Mato Grosso (ADI 4.797). Segundo o STF, "A Constituição Estadual não pode condicionar a instauração de processo judicial por crime comum contra Governador à licença prévia da Assembleia Legislativa" (ADI 4.764, rel. Min. Celso de Mello, relator p/ acórdão: Min. Roberto Barroso, Tribunal Pleno, 4-5-2017).

a.5) Igualdade e direitos do consumidor

Não apenas a Constituição estabelece hipóteses de igualdade material tratando desigualmente os desiguais. A legislação infraconstitucional também o faz. Por exemplo, o art. 6º, VIII, do Código de Defesa do Consumidor prevê que um dos direitos básicos do consumidor é a "[...] inversão do ônus da prova, a seu favor, no processo civil, quando, a critério do juiz, for verossímil a alegação ou quando for ele hipossuficiente, segundo as regras ordinárias de experiências". Dessa maneira, por conta da disparidade econômica entre o consumidor e o fornecedor, a lei infraconstitucional permitiu esse tratamento diferenciado. Outro exemplo é o princípio do *favor rei*, existente no Processo Penal brasileiro. Indubitavelmente, no processo penal, o réu tem um tratamento diferenciado da acusação, que se dá de várias maneiras: Embargos infringentes exclusivos para a defesa (art. 609, parágrafo único, CPP), Revisão Criminal de processos findos exclusiva da defesa (art. 621, CPP), a dúvida que favorece o réu no processo penal (art. 386, VII, CPP) etc.

a.6) Idade máxima em concursos públicos

Com base no princípio da igualdade, o Supremo Tribunal Federal entendeu que só é possível a limitação de idade máxima em concurso público quando justificável pela atividade que será exercida, dentro dos limites da razoabilidade: "os pronunciamentos do Supremo são reiterados no sentido de não se poder erigir como critério de admissão não haver o candidato ultrapassado determinada idade, correndo à conta de exceção situações concretas em que o cargo a ser exercido engloba atividade a erigir a observância de certo limite. [...] Mostra-se pouco razoável a fixação, contida em edital, de idade máxima – 28 anos – a alcançar ambos os sexos, para ingresso como soldado policial militar" (RE 345.598 AgR, rel. Min. Marco Aurélio).

É o que dispõe a Súmula 683 do STF: "o limite de idade para a inscrição em concurso público só se legitima em face do art. 7º, XXX, da Constituição, quando possa ser justificado pela natureza das atribuições do cargo a ser preenchido".

Da mesma forma que a idade máxima, a altura mínima também pode ser estabelecida, atendendo aos critérios da razoabilidade, a depender da função a ser exercida: "razoabilidade de exigência de altura mínima para ingresso na carreira de delegado de polícia, dada a natureza do cargo a ser exercido. Violação do princípio da isonomia. Inexistência" (RE 140.889, rel. Min. Maurício Correa).

Importante frisar que essa limitação deve estar prevista em lei, não bastando previsão no edital. Como já decidiu o STF, "apenas lei pode definir os requisitos para ingresso nas Forças Armadas, notadamente o requisito de idade. Descabe, portanto, a regulamentação por outra espécie normativa, ainda que por delegação legal" (RE 600.855, rel. Min. Cármen Lúcia, Tribunal Pleno, j. 9-2-2011). No mesmo sentido: "o limite de idade deve estar previsto em lei em sentido estrito, não bastando a previsão em norma infralegal" (ARE 667.309 AgR, rel. Min. Cármen Lúcia, 1ª T., j. 20-3-2010, *DJE* de 9-4-2012).

Importante frisar que não basta *a previsão legal* e a *vinculação com a função a ser exercida*. É necessário também que a limitação da idade no concurso público deve atender aos critérios de razoabilidade. Como toda e qualquer restrição a direitos fundamentais, é necessário que ela seja razoável, sob pena de ferir o devido processo legal substantivo (*substantive due process of law*). Já decidiu o STF: "Ausência de razoabilidade na fixação de limite etário de 24 (vinte e quatro) anos para ingresso no cargo de policial militar do Estado" (ARE 901.899 AgR, rel. Min. Dias Toffoli, 2ª T., j. 15-12-2015).

Requisitos para a limitação de idade em concursos públicos	**1º requisito:** a restrição da idade deve ser justificável pela atividade que será exercida (Súmula 683, STF).
	2º requisito: o limite de idade deve estar previsto em lei em sentido estrito, não bastando a mera previsão infralegal.
	3º requisito: o limite etário deve ser razoável.

Por fim, em 2020 o STF decidiu que a fixação de idades mínima ou máxima em concursos da Magistratura é sempre inconstitucional, já que a Constituição estabelece três anos de atividade jurídica como requisito para ingresso na carreira. O mesmo entendimento valeria, portanto, para concursos do Ministério Público. Na ADI 5.329, entendeu o ministro Alexandre de Moraes, que conduziu a tese vencedora, que o estabelecimento de um limite máximo de idade para investidura em cargo cujas atribuições são de natureza preponderantemente intelectual contraria o entendimento do STF de que restrições desse tipo somente se justificam em vista de necessidade relacionada às atribuições do cargo, como ocorre em carreiras policiais. Pelas características da própria atividade jurisdicional, o atingimento da idade de 50 anos, por si só, não desabona o candidato (ADI 5.329, rel. p/ ac. Min. Alexandre de Moraes, j. 7-12-2020).

a.7) Possibilidade de alteração de registro civil (nome e gênero) sem necessidade de cirurgia e autorização judicial

O Supremo Tribunal Federal entendeu ser possível a alteração de nome e gênero no assento de registro civil, mesmo sem a realização de procedimento cirúrgico de redesignação de sexo.

A decisão foi proferida no julgamento da Ação Direta de Inconstitucionalidade (ADI) 4.275, no dia 1º de março de 2018. A ação foi ajuizada pela Procuradoria-Geral da República, a fim de que fosse realizada a interpretação conforme do art. 58 da Lei de Registros Públicos (Lei n. 6.015/73).

Todos os ministros reconheceram o direito e a maioria entendeu que, para a alteração, não é necessária autorização judicial. Votaram nesse sentido os Ministros Edson Fachin, Luís Roberto Barroso, Rosa Weber, Luiz Fux, Celso de Mello e a presidente da Corte, Cármen Lúcia. Foram vencidos, nesse ponto, o Ministro Marco Aurélio (relator), que considerou necessário procedimento de jurisdição voluntária, e, em menor extensão, os Ministros Alexandre de Moraes, Ricardo Lewandowski e Gilmar Mendes, que exigiam autorização judicial para a alteração.

Dentre os fundamentos da decisão do STF, utilizou-se a igualdade. Segundo Gilmar Mendes, "com base nos *princípios da igualdade*, da liberdade, da não discriminação por razão de orientação sexual ou identificação de gênero, esta Corte tem dever de proteção às minorias discriminadas". Por sua vez, Cármen Lúcia afirmou se tratar de "mais um passo na caminhada pela *efetivação material do princípio da igualdade*, no sentido da não discriminação e do não preconceito".

Meses depois, o Supremo Tribunal Federal reafirmou o mesmo entendimento, no julgamento do Recurso Extraordinário 670.422 (Min. Relator Dias Toffoli), que, ao reconhecer a repercussão geral, decidiu que "o transgênero tem direito fundamental subjetivo à alteração de seu prenome e de sua classificação de gênero no registro civil, não se exigindo, para tanto, nada além da manifestação da vontade do indivíduo, o qual poderá exercer tal faculdade tanto pela via judicial como diretamente pela via administrativa".

a.8) Políticas públicas e igualdade

Inúmeras políticas públicas, elaboradas pelo legislador ou administrador, comumente buscam um tratamento diferenciado a grupos vulneráveis ou minoritários, de modo a buscar a "igualdade perante a lei" em face da "desigualdade perante a vida". Por exemplo, a Lei n. 14.344/2022 cria mecanismos para a prevenção e enfrentamento da violência doméstica e familiar contra a criança e adolescente, um grupo evidentemente mais vulnerável.

Por fim, o tratamento diferenciado (a igualdade material) não é exclusividade do legislador (ordinário ou constitucional), mas de todo o poder público. Por exemplo, pode o Poder Executivo criar políticas públicas destinadas aos mais pobres, facilitando a eles o acesso à universidade, como o ProUni (política pública destinada a financiar, com dinheiro público, vagas em Instituições de Ensino Superior privadas).

Como afirmam Lílian Caroline Urnau e Marie Claire Sekkel, "minimizar os saldos negativos da desigualdade social, possibilitando novas perspectivas existenciais a determinados agrupamentos sociais, constitui um dos focos centrais das Políticas Públicas, desde a configuração do chamado *Welfare State*"[55]. No mesmo sentido, Marco Aurélio Gonçalves Ferreira afirma que "os direitos da cidadania e as políticas públicas governamentais são esferas distintas. Enquanto que no primeiro prevalece a igualdade sem distinção de qualquer natureza, no outro se debate um modelo de igualdade que busca conformar as desigualdades produzidas pelo sistema capitalista, ou seja, as políticas públicas interferem no sentido de compensar as acentuadas desigualdades produzidas pelo mercado"[56].

b) Ações afirmativas

Ações afirmativas são políticas públicas temporárias, destinadas a dar a certos grupos, historicamente desprestigiados, um tratamento diferenciado. Em obra específica sobre o tema, Joaquim Barbosa assim definiu: "as ações afirmativas podem ser definidas como um conjunto de políticas públicas e privadas de caráter compulsório, facultativo ou voluntário, concebidas com vistas ao combate à discriminação racial, de gênero e de origem nacional, bem como para corrigir os efeitos presentes da discriminação praticada no passado, tendo por objetivo a concretização do ideal de efetiva igualdade de acesso a bens fundamentais como a educação e o emprego"[57]. Têm origem nos Estados Unidos da América, do qual se originou inclusive a nomenclatura: *affirmative actions*.

Figura 14.4 – Contornos humanos em papel (créditos ao final do livro).

b.1) Ações afirmativas nos Estados Unidos

Na Constituição norte-americana de 1787 não havia menção ao princípio da igualdade (seja formal, seja material), bem como não havia um rol de direitos fundamentais, que só foram

---

55. *Desafios às Políticas Públicas Diante da Desigualdade Social*, p. 143.
56. *A Difícil Relação entre Igualdade, Justiça e Políticas Públicas no Sistema de Justiça Brasileiro*, p. 2685.
57. Ação Afirmativa e Princípio Constitucional da Igualdade, p. 40.

inseridos por meio de emendas constitucionais (trata-se do *Bill of Rights*, de 1791, composta pelas dez primeiras emendas ao texto constitucional norte-americano). Não obstante, o princípio da igualdade perante a lei somente foi adotado com a décima quarta emenda, em 1868.

A Décima Quarta Emenda à Constituição dos Estados Unidos foi adotada em 9 de julho de 1868. A Emenda aborda direitos de cidadania e igualdade perante a lei, tendo como resposta as pretensões de ex-escravos após a Guerra Civil americana. Foi utilizada como base de decisões históricas, como *Brown v. Board of Education* (1954), sobre segregação racial, *Bush v. Gore* (2000), sobre eleição presidencial e *Obergefell v. Hodges* (2015) sobre casamento entre pessoas do mesmo sexo. A "cláusula da proteção da igualdade", tendo como responsável John Binghan, de Ohio, foi a resposta nacional às leis estaduais que estabeleciam a discriminação racial, nas quais negros não podiam processar, dar provas ou ser testemunhas. Em 1880, a Suprema Corte afirmou no caso *Strauder v. West Virginia* que a cláusula da proteção da igualdade era destinada a assegurar aos negros o gozo de todos os direitos civis desfrutados pelos brancos. No caso *Yick Wo v. Hopkins*, de 1886, a Suprema Corte também aplicou a Emenda para imigrantes estrangeiros nos Estados Unidos, embora cidadãos chineses. Em *Plyler v. Doe* (1982), a Suprema Corte anulou uma lei texana que negava a educação pública a imigrantes ilegais, como violação da "cláusula de proteção da igualdade", da décima quarta emenda. Segundo o Tribunal, os imigrantes ilegais, embora não sejam cidadãos americanos, são pessoas, e, por isso, recebem a proteção da décima quarta emenda. Em 1954, no caso *Hernandez v. Texas*, a Corte decidiu que a décima quarta emenda também protege outros grupos raciais étnicos, como os mexicanos-americanos, como outros historicamente desfavorecidos, como mulheres com filhos "ilegítimos". Em 1978, no caso *Regents of University of California v. Bakke*, a Corte decidiu que a raça poderia ser usada como um dos fatores de seleção no vestibular, sem violação da "cláusula de proteção da igualdade". Em 2003, no caso *Grutter v. Bollinger*, a Corte confirmou um processo de admissão com base na raça como um dos fatores da admissão para a faculdade de direito da Universidade

Como vimos, apesar do *Bill of Rights* de 1791, a igualdade não fazia parte da sociedade americana, que admitia a escravidão. Nos Estados do Sul, as leis eram de uma crueldade ímpar. Na Carolina do Sul era ilegal "qualquer número de escravos, negros livres, mulatos ou mestiços, mesmo em companhia de pessoas brancas, reunir-se com o propósito de obter instrução intelectual ou de culto religioso".

O Caso *Plessy v. Ferguson*, de 1896, legitimou e difundiu a teoria *"separate but equals"* (separados, mas iguais). Homer Plessy, cidadão americano e descendente de negros, foi preso por se recusar a sair de um assento em trem que era reservado aos brancos. Ajuizou uma ação questionando a constitucionalidade da Lei da Louisana, por suposta violação da Décima Quarta Emenda. A Suprema Corte dos Estados Unidos afirmou que as leis que separavam lugares para brancos e negros eram constitucionais. Brancos e negros eram iguais, mas podiam, por expressa previsão em lei, ocupar lugares separados nas escolas, nos trens etc.

A mudança de paradigma se deu com o caso *Brown v. Board Education*, superando o precedente de *Plessy v. Ferguson*. A doutrina "separate but equal" (separados, mas iguais), aceita por mais de cinquenta anos, caiu por terra em 1954, no caso *Brown v. Board of Education*. Segundo a Suprema Corte, mesmo que as escolas segregadoras de brancos e negros fossem de igual qualidade quanto a instalações e professores, a segregação era sempre prejudicial aos estudantes negros e, portanto, inconstitucional. Nessa decisão, "a Suprema Corte concluiu que a doutrina dos 'separados mas iguais' não tem mais aplicabilidade e que a segregação entre brancos e negros só produz desigualdades e injustiças. Portanto, seria inconstitucional qualquer lei que disponha de modo a segregar e a excluir os negros do acesso às iguais oportunidade educacionais dos brancos"[58].

As ações afirmativas tiveram origem nos Estados Unidos nos governos de John Kennedy e Lyndon Johnson, na década de 1960. Aliás, a expressão *affirmative action* surgiu na *Executive Order* 10.925, de 6 de março de 1963, de iniciativa do Presidente Kennedy, que instituiu um *Committee on Equal Employment Opportunity*, criado para estudar as relações de trabalho no Governo Federal e promover a diversidade racial.

Em 1964, o Congresso aprovou o *Civil Rights Act*, proposto anteriormente pelo Presidente John F. Kennedy, em seu pronunciamento de junho de 1963 e influenciado pelo ativismo de Martin Luther King e seu famoso discurso de 28 de agosto de 1963: "Eu tenho um sonho que meus quatros filhos viverão um dia numa nação onde eles não serão julgados pela cor da pele, mas pelo conteúdo do caráter". Dentre as normas, destacamos os títulos II e III. No título II, considerou ilegal qualquer discriminação baseada em raça, cor, religião ou origem nacional em hotéis, motéis, restaurantes, teatros etc. No título III, proibiu leis estaduais e municipais negando acesso a facilidades públicas baseadas na raça, cor, religião ou procedência nacional.

Em 1965, a *Executive Order*, do Presidente Lyndon Johnson, reafirmou a expressão *affirmative action*, determinando que só seriam contratadas pela administração empresas que atuassem em prol da diversidade racial.

A primeira vez que a Suprema Corte dos Estados Unidos apreciou a constitucionalidade das *affirmative actions* foi no caso *Regents of the University of California v. Bakke*, de 1978. A Universidade teria estabelecido 16% das vagas do curso de medicina para minorias. Alan Bakke, branco, sentiu-se prejudicado pela regra, ajuizando a ação. A Suprema Corte, embora tenha declarado parte da lei inconstitucional, decidiu que o critério racial era válido: "para superar o racismo, nós devemos primeiramente levar a raça em consideração. Não há alternativa. E para que possamos tratar algumas pessoas com equidade, nós temos que tratá-las diferentemente. Nós não podemos – nós não devemos – permitir que a 'cláusula de igual proteção' perpetue a supremacia racial".

b.2) Ações afirmativas no Brasil

A desigualdade social e racial no Brasil está arraigada em nossa história. A Constituição de 1824, malgrado tratar-se do direito à liberdade de locomoção, não foi capaz de abolir a escravidão no Brasil, já que, segundo a legislação brasileira, os escravos figuravam na classe dos bens móveis, ao lado dos semoventes. Se algum dispositivo da Constituição Imperial era aplicado aos escravos, era o art. 179, *caput*: a "inviolabilidade dos Direitos Civis, e Politicos dos Cidadãos Brazileiros, que tem por base a liberdade, a segurança individual, e *a propriedade* [...]". Infelizmente, não eram titulares de direito, mas objeto do direito à propriedade. Eles não eram titulares da propriedade. Eles eram a propriedade!

Em 13 de maio de 1888 foi sancionada a lei que aboliu a escravidão no Brasil ("Lei Áurea"), sendo precedida de um importante movimento abolicionista. Os senhores de escravo, "expro-

---

58. Eder Bomfim Rodrigues. Ações Afirmativas nos EUA e sua Legitimidade no Brasil.

priados", não tiveram seu pleito indenizatório atendido. Segundo a opinião do Ministro da Fazenda, Ruy Barbosa, "se é para algum ser indenizado, devem ser os escravos". Não obstante, "os fazendeiros – em especial, os cafeicultores – ganharam uma 'compensação': a importação de força de trabalho europeia, de baixíssimo custo, bancada pelo poder público. Parte da arrecadação fiscal de todo o País foi desviada para o financiamento da imigração, destinada especialmente ao Sul e Sudeste. [...] Os ex-escravos, além de serem descriminados pela cor, somaram-se à população pobre e formaram os indesejados, nos novos tempos, os deserdados da República. O aumento do número de desocupados, trabalhadores temporários, mendigos e crianças abandonadas das ruas redunda também em aumento da violência, que pode ser verificada pelo maior espaço dedicado ao tema nas páginas dos jornais. Escrevendo sobre esse período, Lima Barreto ressalta que 'Nunca houve anos no Brasil em que os pretos fossem mais postos à margem'"[59].

b.3) Antecedentes normativos

As primeiras ações afirmativas em cunho legislativo no Brasil ocorreram na década de 1940, com o Decreto-lei n. 5.452/24 (CLT), que estabeleceu no seu art. 373-A a adoção de políticas destinadas a corrigir distorções responsáveis pela desigualdade entre homens e mulheres.

A primeira vez no Brasil em que se discutiu uma política de ação afirmativa racial foi nos anos 1980, com um projeto de lei do deputado federal Abdias Nascimento (Projeto de Lei n. 1.332/83), com vagas reservadas a negros nos concursos públicos, dentre outras ações. O projeto não foi aprovado. Em 1988, o governo federal cria a Fundação Cultural Palmares, vinculada ao Ministério da Cultura, com a função de servir de apoio à ascensão social da população negra.

A Constituição Federal, com o estabelecimento expresso de valores como "justiça", fixando a redução das desigualdades sociais como um dos "objetivos da República", criou o cenário para que fossem construídas no Brasil as primeiras efetivas ações afirmativas. A primeira deles ocorreu em 1995, com a alteração da legislação eleitoral, estabelecendo uma cota mínima de 30% para as mulheres candidatas de todos os partidos políticos.

As Leis n. 8.112/90 e 8.213/91 trataram de cotas para portadores de deficiência no serviço público da União e no setor privado, respectivamente. No Congresso Nacional, na década de 1990, vários projetos de lei tratavam das ações afirmativas para negros, especialmente, mas nenhum deles foi aprovado.

Em 20 de novembro de 1995, por decreto, o governo federal criou o GTI – Grupo de Trabalho Interministerial para desenvolver políticas de valorização e promoção da população negra. Em 13 de maio de 1996, é lançado o Programa Nacional dos Direitos Humanos, pela recém-criada Secretaria de Direitos Humanos, estabelecendo, dentre outros objetivos, "desenvolver ações afirmativas para o acesso dos negros aos cursos profissionalizantes, à universidade e às áreas de tecnologia de ponta".

Somente a partir dos anos 2000 é que o governo federal passou a implantar ações afirmativas, ainda que timidamente. Em setembro de 2001, o Ministério do Desenvolvimento Agrário elaborou portaria estabelecendo cota de 20% para negros na estrutura institucional do

---

59. Gilberto Maringoni. O Destino dos Negros após a Abolição.

Ministério e do INCRA. No mesmo ano, o Ministério da Justiça elaborou portaria semelhante. O Ministério das Relações Exteriores decidiu que seriam concedidas vinte bolsas de estudos federais a afrodescendentes que se prepararam para o concurso de admissão ao Instituto Rio Branco.

Em 28 de janeiro de 2000, o então governador do Estado do Rio de Janeiro, Anthony Garotinho, sancionou a Lei n. 3.524, de iniciativa do Poder Executivo, que dispôs sobre critérios de seleção e admissão de estudantes da rede pública estadual de ensino em universidades públicas estaduais. A lei foi aprovada por unanimidade pela Assembleia Legislativa. Em 9 de novembro de 2001, o Governador do Rio de Janeiro sancionou a Lei Estadual n. 3.708, de iniciativa do Poder Legislativo, estabelecendo cotas para negros nas universidades estaduais. O Decreto Estadual n. 30.766, de 2002, regulamentou a lei, criando o Sistema de Cota para Negros e Pardos no Acesso à UERJ e à UENF. Ambas as leis foram revogadas pela Lei n. 4.154/2003, que, por sua vez, foi revogada pela Lei n. 5.346, de 2008, que mantiveram o sistema de cotas sociais e raciais, com alterações. Foi ajuizada no Tribunal de Justiça do Rio de Janeiro ação de autoria do deputado Flávio Bolsonaro contra a Lei Estadual, mas foi julgada improcedente por maioria dos desembargadores (Processo 2009.007.00009).

Outra ação afirmativa de cunho social: através da Lei n. 11.096/2005, foi instituído o programa Universidade para Todos – ProUni, que pretende facilitar o acesso de pessoas carentes ao ensino universitário, com a "concessão de bolsas de estudo integrais e bolsas de estudo parciais de 50% (cinquenta por cento) ou de 25% (vinte e cinco por cento) para estudantes de cursos de graduação e sequenciais de formação específica, em instituições privadas de ensino superior, com ou sem fins lucrativos".

b.4) A histórica decisão do STF: ADPF 186

Embora o Supremo Tribunal Federal tenha analisado a questão da igualdade e diferenciações criadas pelo próprio Estado (ADI 1.276/SP, rel. Min. Octávio Gallotti, a ADI 1.276/SP, rel. Min. Ellen Gracie, RMS 26.071, rel. Min. Ayres Britto, ADI 1.946/DF, rel. Min. Sydney Sanches), a mais histórica decisão se deu em 2012, quando o Supremo Tribunal Federal julgou a *ADPF 186*, relatada pelo Min. Ricardo Lewandowski.

A ação foi ajuizada contra atos do CEPE – Conselho de Ensino, Pesquisa e Extensão da UnB (Universidade de Brasília), que instituíram o sistema de reserva de vagas com base em critério etnicorracial (20% de cotas étnico-raciais) no processo de seleção para o ingresso de estudantes. Segundo o STF, nessa histórica decisão: "não contraria – ao contrário, prestigia – o princípio da igualdade material, previsto no *caput* do art. 5º da Carta da República, a possibilidade de o Estado lançar mão seja de políticas de cunho universalista, que abrangem um número indeterminados de indivíduos, mediante ações de natureza estrutural, seja de ações afirmativas, que atingem grupos sociais determinados, de maneira pontual, atribuindo essas certas vantagens, por um tempo limitado, de modo a permitir-lhes a superação de desigualdades decorrentes de situações históricas particulares. O modelo constitucional brasileiro incorporou diversos mecanismos institucionais para corrigir as distorções resultantes de uma aplicação puramente formal do princípio da igualdade. [...] No entanto, as políticas de ação afirmativa fundadas na discriminação reversa apenas são legítimas se a sua manutenção estiver condicionada à persistência, no tempo, do quadro de exclusão social que lhe deu origem.

Caso contrário, tais políticas poderiam converter-se benesses permanentes, instituídas em prol de determinado grupo social, mas em detrimento da coletividade como um todo, situação – é escusado dizer – incompatível com o espírito de qualquer Constituição que se pretende democrática, devendo, outrossim, respeitar a proporcionalidade entre os meios empregados e os fins perseguidos" (rel. Min. Ricardo Lewandowski, Tribunal Pleno, j. 16-4-2012).

O STF julgou a constitucionalidade do sistema de cotas da UnB constitucional. Embora o objeto da ação tenha sido as regras do vestibular da UnB, essa decisão serve de parâmetro para todas as situações semelhantes.

Importante frisar que o STF entendeu ser constitucional o sistema de cotas raciais, *desde que temporário*, ou seja, enquanto persistir a desigualdade que se quer atingir. No momento, segundo dados oficiais, por exemplo, menos de 5% dos universitários de medicina são negros e 1% dos juízes são negros. Quando o número de universitários, juízes e demais servidores públicos atingir à proporção que há na sociedade (cerca de 50% de brancos e negros), não será mais necessária à ação afirmativa.

Quais os critérios podem ser utilizados para verificação da "negritude" do candidato, de modo a se mostrar apto à vaga especial? Segundo o STF, "É legítima a utilização, além da autodeclaração, de critérios subsidiários de heteroidentificação, desde que respeitada a dignidade da pessoa humana e garantidos o contraditório e ampla defesa (ADC 41, rel. Roberto Barroso, Tribunal Pleno, j. 8-6-2017).

b.5) Leis que instituem ações afirmativas posteriores à ADPF 186

A *Lei n. 12.711/2012* determinou que 50% das vagas em Instituições federais de Ensino Superior são reservadas a estudante egressos do ensino público. Trata-se de um exemplo de *cota social*, já que, em regra (e infelizmente), somente os pobres cursam o ensino fundamental ou médio na rede pública.

Em 9 de junho de 2014, foi publicada a *Lei n. 12.990/2014*, que reserva 20% das vagas dos concursos públicos da administração federal para negros (art. 1º).

Em 2017, o STF decidiu, na ADC 41, que a referida Lei Federal é constitucional. Segundo o STF, "é constitucional a reserva de 20% das vagas oferecidas nos concursos públicos para provimento de cargos efetivos e empregos públicos no âmbito da administração pública direta e indireta" (rel. Min. Roberto Barroso, Tribunal Pleno, j. 8-6-2017).

Outrossim, decidiu que os Estados e Municípios poderão legislar, dentro de suas respectivas competências, acerca de cotas raciais ou sociais nos concursos públicos. Portanto, a aplicação da Lei n. 12.990/2014 não se dá automaticamente aos Estados e Municípios. Na cidade de São Paulo, por exemplo, foi aprovada a Lei n. 15.939/2014, assegurando 20% das vagas para todos os cargos públicos da administração municipal para negros. O Maranhão aprovou lei estadual em 2015, com o mesmo percentual. O Paraná possui lei com reserva de vagas nos concursos para negros, desde 2003 (Lei n. 14.274/2003) etc.

Em 2018, o STF decidiu que o sistema de cotas também se aplica às Forças Armadas, já que estas integram a Administração Pública Federal: "As Forças Armadas integram a Administração Pública Federal, de modo que as vagas oferecidas nos concursos por elas promovidos sujeitam-se à política e cotas prevista na Lei n. 12.990/2014" (ADC 41 ED/DF – rel. Min. Roberto Barroso, Tribunal Pleno, j. 12-4-2018).

Em 2015, o Conselho Nacional de Justiça editou a *Resolução n. 203*, estabelecendo que "Serão reservadas aos negros o percentual mínimo de 20% (vinte por cento) das vagas oferecidas nos concursos públicos para provimento de cargos efetivos do Quadro de Pessoal dos órgãos do Poder Judiciário enumerados no art. 92, I-A, II, III, IV, V, VI e VII, da Constituição Federal, e de ingresso na magistratura dos órgãos enumerados no art. 92, III, IV, VI e VII".

b.6) Efeito das cotas durante a carreira funcional

Ao decidir pela constitucionalidade da Lei federal sobre cotas raciais nos concursos públicos (Lei n. 12.990/2014), o STF analisou também a possibilidade de aplicação desses critérios diferenciados não apenas no processo seletivo de ingresso à carreira, mas também nos processos internos para promoção e remoção dos servidores.

Segundo o STF, o sistema de cotas em concurso público não produz efeito somente no momento da seleção, mas durante toda a carreira do servidor. Foi o que decidiu o Ministro Roberto Barroso na ADC 41, ao interpretar o art. 4º da Lei n. 12.990/2014[60], ao afirmar que: "embora seja possível entender que o dispositivo somente seria aplicável ao momento da nomeação dos candidatos aprovados, a interpretação adequada do preceito é aquela que garante a aplicação dos critérios de alternância e proporcionalidade também na composição da lista de antiguidade das carreiras. Com isso, garante-se que a política produza efeitos durante toda a carreira funcional do seu beneficiário, influenciando promoções e remoções. Ainda, impede-se que os negros sejam colocados sempre ao final da 'fila', privilegiando-se tão somente o critério, superado pela Lei, das notas obtidas pelos candidatos" (ADC 41/DF, Pleno, j. 8-6-2017, voto do Min. Roberto Barroso).

b.7) Ações afirmativas como solução definitiva?

Embora o tema seja extremamente polêmico, creio que todos concordam que as cotas, raciais ou sociais, não são a solução para a desigualdade social e racial profunda que temos em nosso país. A solução é clara: um ensino fundamental público de extrema qualidade. É a educação que será o instrumento capaz de dar a todos as mesmas condições de acesso ao ensino universitário, de aprovação nos concursos públicos etc. Não obstante, parece que a solução está distante, muito distante de acontecer.

Até mesmo políticas públicas como o ProUni, que num primeiro momento auxiliam estudantes mais carentes a ingressar no ensino público, não têm o mesmo efeito transformador que uma mudança revolucionária na qualidade do ensino fundamental público. As maiores beneficiárias do ProUni, FiEs e outras políticas públicas semelhantes são as grandes instituições de ensino privadas, muitas delas de capital estrangeiro, muitas delas de qualidade muito duvidosa, que passaram a ter milhões de novos alunos, ocupando as vagas antes ociosas, com as mensalidades pagas, no todo ou em parte, com o dinheiro público. Inegavelmente essa não é a solução definitiva para resolver a desigualdade social brasileira (talvez nem seja a solução temporária).

---

60. "A nomeação dos candidatos aprovados respeitará os critérios de alternância e proporcionalidade, que consideram a relação entre o número de vagas total e o número de vagas reservadas a candidatos com deficiência e a candidatos negros."

Embora as ações afirmativas não sejam (e não são) a solução da tamanha desigualdade racial e social que temos em nosso país, entendo que nada fazer é muito, muito pior. Dizer que todos devem ser tratados de forma idêntica (como sugeria Hitler, em seu discurso) seria razoável num mundo de oportunidades iguais. Tratar igualmente aqueles que não tiveram e não têm as mesmas oportunidades é ficar satisfeito com os dados oficiais que temos: 1% dos juízes e menos de 5% dos médicos brasileiros são negros. Ser contrário às cotas raciais e sociais, nos dias atuais, num país como o Brasil, é como dizer que brancos e negros são iguais, mas é melhor que fiquem separados.

c) Decisão judicial manipulativa de efeitos aditivos

O que deve fazer o Judiciário diante de uma lei que fere o princípio da igualdade, reconhecendo a um determinado grupo de pessoas um direito ou uma garantia, em detrimento de outro grupo muito semelhante, que não foi colocado sob o pálio da norma jurídica?

Tradicionalmente, a resposta sempre foi: deve o Judiciário declarar essa lei inconstitucional! Ora, se a lei viola o princípio da igualdade, fere o art. 5º, *caput*, e, por isso, não é válida. Como o Judiciário exerce o papel de "legislador negativo", só tem o poder de invalidar as normas, no todo ou em parte. Todavia, essa posição tradicional tem um problema, "um efeito colateral". Ao declarar a lei inconstitucional, o grupo que era desprestigiado pela lei continuará desprestigiado (sem o direito reconhecido) e, agora, o outro grupo perderá o direito que tinha. Utilizando uma frase popular: para jogar a água suja, joga-se tudo fora, inclusive o bebê que estava dentro da bacia.

Surge, portanto, na jurisprudência a possibilidade da "decisão judicial manipulativa de efeitos aditivos", expressão que surgiu na doutrina italiana, cunhada por Carlo Lavagna, no artigo *Sulle Sentenze Additive Della Corte Costituzionale*, por ele definida como "o efeito normativo mais amplo do que o da própria norma controlada determinado em sede de controle parcial de constitucionalidade"[61]. Segundo Gilmar Mendes, "o órgão de jurisdição constitucional modifica ou adita normas submetidas a sua apreciação, a fim de que saiam do juízo constitucional com incidência normativa ou conteúdo distinto do original, mas concordante com a Constituição" (Gilmar Mendes – RE 641.320/RS).

Na decisão manipulativa de efeitos aditivos, o Judiciário rompe com a tradição do "legislador negativo" e inova o suporte fático da norma jurídica, estendendo o benefício, o direito, a garantia prevista na lei, para o outro grupo que não foi beneficiado pelo legislador (numa distinção inconstitucional). É certo que essa posição é passível de críticas, máxime a da violação da separação dos Poderes, mas tem sido utilizada pelo Supremo Tribunal Federal em algumas situações, como no MI 708, que estendeu aos servidores públicos as determinações da Lei n. 7.783/89, que trata do direito de greve dos demais trabalhadores. Em seu voto, o Ministro Relator (Gilmar Mendes), cita um grande constitucionalista português, Rui Medeiros, segundo o qual, na sentença manipulativa, anula-se a disposição que exclui do benefício a categoria pretendida, estendendo assim o tratamento mais favorável.

---

61. "Em Itália, as sentenças com efeitos aditivos surgiram no caminho do pensamento aristotélico do horror da natureza ao vazio (*horror vacui*), tomando o Tribunal Constitucional para si uma função de reparação que evitasse que a declaração simples de inconstitucionalidade terminasse por gerar grave lesão aos direitos fundamentais" (Kellyne Laís Laburu Alencar de Almeida. *As Sentenças com Efeitos Aditivos e o Princípio da Separação dos Poderes*, p. 25)

Da mesma forma, outra sentença manipulativa de efeitos aditivos ocorreu na ADI 2.652/DF, relatada pelo Ministro Maurício Corrêa. Essa ação trata do art. 14 do antigo CPC, que fazia uma distinção inconstitucional entre advogados públicos e privados. Segundo o STF, houve "violação ao princípio da isonomia e ao da inviolabilidade no exercício da profissão". Por essa razão, a ação foi "julgada procedente para, sem redução de texto, dar interpretação ao parágrafo único do art. 14 do CPC conforme à Constituição Federal e declarar que a ressalva contida na parte inicial desse artigo alcança todos os advogados, com esse título atuando em juízo, independentemente de estarem sujeitos também a outros regimes jurídicos" (STF, ADI 2.652/DF, Tribunal Pleno – rel. Maurício Corrêa, 8-5-2003).

14.5. IGUALDADE DE GÊNERO (ART. 5°, I, CF)

Embora não fosse necessário, por conta do princípio da igualdade previsto no art. 5°, *caput*, da Constituição Federal, o constituinte originário entendeu por bem estabelecer um inciso específico para a igualdade de gênero: "homens e mulheres são iguais em direitos e obrigações, nos termos desta Constituição".

Historicamente, as mulheres sempre tiveram um tratamento desprestigiado, se comparado aos homens. Adquiriram o direito de votar apenas em 1932, através do Código Eleitoral vigente, bem como,

Figura 14.5 – Igualdade de gênero (créditos ao final do livro).

na vigência do Código Civil de 1916, tinham um papel inferior numa família notadamente patriarcal. Aliás, a doutrina da época afirmava a diferença substancial entre o adultério masculino (juridicamente perdoável) e o feminino (juridicamente mais grave)[62].

A primeira consequência da publicação da Constituição de 1988 foi a não recepção de dispositivos legais altamente discriminatórios. Por exemplo, o art. 233 do Código Civil de 1916 afirmava: "o marido é o chefe da sociedade conjugal, função que exerce com a colaboração da mulher, no interesse comum do casal e dos filhos". O sobredito dispositivo legal perdeu sua validade com o advento da Constituição Federal de 1988.

Outra consequência é a inconstitucionalidade dos dispositivos que fazem distinções injustificáveis entre homens e mulheres, reforçando a histórica desigualdade em detrimento dessas últimas. Por essa razão, o STF entendeu ser "inconstitucional, por violação ao princípio da isonomia (art. 5°, I, da Constituição da República), cláusula de contrato de previdência complementar que, ao prever regras distintas entre homens e mulheres para cálculo e concessão de

---

62. "Entretanto, do ponto de vista puramente psicológico, torna-se sem dúvida mais grave o adultério da mulher. Quase sempre, a infidelidade no homem é fruto de capricho passageiro ou de um desejo momentâneo. Seu deslize não afeta de modo algum o amor pela mulher. O adultério desta, ao revés, vem demonstrar que se acham definitivamente rotos os laços afetivos que a prendiam ao marido e irremediavelmente comprometida a estabilidade do lar. Para o homem, escreve Somerset Maugham, uma ligação passageira não tem significação sentimental, ao passo que para a mulher sim. Além disso, os filhos adulterinos que a mulher venha a ter ficarão necessariamente ao cargo do marido, o que agrava a imoralidade, enquanto os do marido com a amante jamais estarão sob os cuidados da esposa. Por outras palavras, o adultério da mulher transfere para o marido o encargo de alimentar prole alheia, ao passo que não terá essa consequência o adultério do marido. Por isso, a sociedade encara de modo mais severo o adultério da primeira" (Washington de Barros Monteiro. *Curso de Direito Civil*, v. 2, p. 117).

complementação de aposentadoria, estabelece valor inferior do benefício para as mulheres, tendo em conta o seu menor tempo de contribuição" (RE 639.138, rel. Min. Gilmar Mendes, redator p/ ac. Min. Edson Fachin, Pleno, j. 18-8-2020).

Indaga-se: essa igualdade constitucional entre homem e mulher é uma igualdade material ou formal? Trata-se de igualdade material. Homens e mulheres não têm tratamento idêntico por parte do Estado, que poderá dar tratamento diferenciado, na medida em que os gêneros se desigualam.

Na própria Constituição Federal, há dispositivos constitucionais que dão um tratamento diferenciado entre homem e mulher. Por exemplo, o art. 201, § 7º, estabelece que, no regime geral da previdência social, a aposentadoria do homem depende de 35 anos de contribuição e a da mulher, de 30 anos de contribuição (inciso I). Outrossim, no art. 143, § 2º, afirma que "as mulheres e os eclesiásticos ficam isentos do serviço militar obrigatório em tempo de paz, sujeitos, porém, a outros encargos que a lei lhes atribuir". Outro exemplo importante é o art. 17, § 8º, da Constituição (acrescentado pela EC n. 117/2022), segundo o qual os recursos decorrentes dos fundos públicos para financiamento dos partidos e das campanhas eleitorais devem ser destinados às candidaturas de mulheres, proporcionalmente ao número de candidatas, respeitando o mínimo de 30%.

Não só a Constituição Federal estabeleceu diferenças quanto ao gênero. A lei infraconstitucional por vezes o faz. Um dos casos mais emblemáticos e conhecidos é o da Lei n. 11.340/2006 ("Lei Maria da Penha"), que trata da violência doméstica e familiar contra a mulher. Alguns dos dispositivos da lei tiveram sua constitucionalidade questionada perante o STF. Na ADC 19, relatada pelo Min. Marco Aurélio, o Supremo Tribunal Federal, ao julgar a constitucionalidade da norma, decidiu que "a Lei Maria da Penha retirou da invisibilidade e do silêncio a vítima de hostilidades ocorridas na privacidade do lar e representou movimento legislativo claro no sentido de assegurar às mulheres agredidas o acesso efetivo à reparação, à proteção e à Justiça. A norma mitiga realidade de discriminação social e cultural que, enquanto existente no país, legitima a adoção de legislação compensatória a promover a igualdade material, sem restringir, de maneira desarrazoada, o direito das pessoas pertencentes ao gênero masculino" (voto do Min. Marco Aurélio – relator). No mesmo sentido, o Supremo Tribunal Federal, em outro caso (RE 489.064-0/RJ, relatado pela Min. Ellen Gracie), decidiu que: "a adoção de critérios diferenciados para o licenciamento dos militares temporários, em razão do sexo, não viola o princípio da isonomia".

Há muitos outros exemplos: a) a Lei n. 13.104, de 9 de março de 2015, alterou o Código Penal, para incluir uma nova forma de homicídio qualificado: o *feminicídio*. Segundo o art. 121, § 2º, VI, do Código Penal, considera-se o homicídio qualificado "contra a mulher por razões da condição de sexo feminino"; b) a Lei n. 13.271, de 15 de abril de 2016 ("Lei da Revista Íntima") determina que "as empresas privadas, os órgãos e entidades da administração pública, direta e indireta, ficam proibidos de adotar qualquer prática de revista íntima de suas funcionárias e de clientes do sexo feminino"; c) a Lei n. 14.457/2022 criou o Programa "Emprega + Mulheres", destinado à inserção e manutenção de mulheres no mercado de trabalho por meio da implementação de várias medidas, como a flexibilização do regime de trabalho, horários de entrada e de saída flexíveis etc.; d) alteração feita na "Lei das Eleições" (Lei n. 9.504/97) determina que o número de vagas para candidatas mulheres deve ser de no mínimo 30%.

No nosso entender, entendemos que todas essas normas que um tratamento diferenciado à mulher são constitucionais. Embora homens e mulheres sejam iguais perante a lei, por conta da lenta construção de uma sociedade patriarcal, a mulher é a principal vítima da violência doméstica, da violação de sua intimidade, bem como tem acesso mais restrito e tortuoso no mercado de trabalho ou na vida político-partidária. O que todas essas leis fazem é tentar dar um tratamento desigual às mulheres que, embora sejam "iguais perante a lei", são desiguais perante a vida.

Exemplos de igualdade material entre homens e mulheres	201, § 7º, CF: sistema diferenciado de previdência social. 143, § 2º, CF: isenção do serviço militar obrigatório, em tempo de paz. Lei n. 11.340/2006: Lei Maria da Penha. Lei n. 13.104/2015: alteração do Código Penal que cria o feminicídio. Lei n. 13.271/2016: Lei da Revista Íntima. Lei n. 14.457/2022: Programa "Emprega + Mulheres". Lei n. 9.504/97: Lei das Eleições.

14.6. PRINCÍPIO DA LEGALIDADE (ART. 5º, II, CF)

Um dos princípios mais importantes de nossa Constituição, o princípio da legalidade está previsto no art. 5º, II, da Constituição Federal, que apregoa: "ninguém será obrigado a fazer ou deixar de fazer alguma coisa senão em virtude de lei".

Trata-se de um dos pilares do Estado de Direito (previsto no art. 1º, *caput*, da Constituição Federal). Esta expressão, que vem do alemão *Rechtsstaat*, aparece no início do século XIX e consiste na limitação do Estado pelo direito, como lembra Canotilho: "a limitação do Estado pelo direito teria de estender-se ao próprio soberano: este estava também submetido ao império da lei (*Herrschaft des Gesetzes*) transformando-se em 'órgão do Estado'. No âmbito da atividade administrativa, fundamentalmente dedicada à defesa e segurança públicas, os poderes públicos deviam atuar nos termos da lei (princípio da legalidade da administração) e obedecer a princípios matérias como, por exemplo, o princípio da proibição do excesso (*übermassverbot*). Logicamente, estes princípios conduzem à exigência do controle judicial da atividade da administração"[63].

Não obstante, o princípio da legalidade tem uma aplicação diferenciada para o Estado e para as pessoas em geral. O Estado tem o dever de fazer o que a lei determina, o que a lei impõe. Por exemplo, na licitação feita pelo poder público, o princípio da legalidade possui caráter absolutamente vinculado, reduzindo ao mínimo a liberdade do administrador.

Por sua vez, o princípio da legalidade para o particular tem aplicação diversa: o particular pode fazer o que a lei não proíbe. É em razão do art. 5º, II, que os estabelecimentos comerciais podem se recusar a aceitar cheques. A conduta não é proibida por lei, que só exige como forma de pagamento a ser aceita o dinheiro em moeda corrente. O fornecedor poderá se recusar a aceitar outras formas de pagamento: "a aceitação do cheque como forma de pagamento pela compra e venda de mercadorias ou prestação de serviços constitui mera liberalidade do fornecedor; não havendo obrigação em seu recebimento, pois apenas a moeda nacional possui curso forçado e força liberatória, não sendo dado ao credor recusá-lo como forma de pagamento de dívidas" (TJRS, AC 70048429690/RS, rel. Paulo Roberto Lessa Franz, 10ª Câmara Civil).

---

63. Op. cit., p. 97

Legalidade	**Para o Estado:** o Estado deve fazer o que a lei determina.
	Para as pessoas: as pessoas podem fazer o que a lei não proíbe.

Na ADI 3.510, que analisou a constitucionalidade da Lei de Biossegurança, o Min. Relator, Carlos Ayres Britto, dentre outras considerações, utilizou-se do *princípio da legalidade* (art. 5º, II) aplicado ao particular. O casal que se submete a um processo de fertilização artificial não é obrigado a se utilizar de todos os embriões que foram gerados e que porventura estejam congelados. Não são obrigados a fazê-lo porque não há lei assim exigindo. Segundo o STF: "o recurso a processos de fertilização artificial não implica o dever da tentativa de nidação no corpo da mulher de todos os óvulos afinal fecundados. Não existe tal dever (inciso II do art. 5º da CF), porque incompatível com o próprio instituto do 'planejamento familiar' na citada perspectiva da 'paternidade responsável'" (ADI n. 3.510, rel. Min. Ayres Britto, Tribunal Pleno, j. 28-5-2010).

Portanto, como prevê a Constituição (art. 5º, II), "ninguém será obrigado a fazer ou deixar de fazer alguma coisa senão em virtude de lei". Indaga-se: essa "lei" a que a Constituição se refere, é lei no sentido amplo ou lato (qualquer ato normativo do poder público, envolvendo decretos, portarias, resoluções, medidas provisórias etc.) ou lei no sentido estrito (um ato emanado do Poder Legislativo)? A expressão "lei" do art. 5º, II, da Constituição Federal se refere à lei no sentido lato ou amplo. Assim, é possível que sejamos obrigados a fazer algo, por conta de uma medida provisória, por exemplo. A Medida Provisória n. 2.198, de 24 de agosto de 2001 (que estabeleceu o programa de enfrentamento da crise energética), determinou que todos economizassem 20% de sua energia elétrica. Da mesma forma, a Prefeitura de um Município poderá, por ato normativo (resolução, portaria etc.) da Secretaria de Transportes, reduzir a velocidade máxima permitida em algumas vias públicas. As pessoas serão obrigadas a dirigir seus veículos naquela velocidade, sob pena de multa.

Durante a pandemia de Covid-19, o STF se manifestou algumas vezes sobre a constitucionalidade de decretos e outros atos normativos feitos por governadores e prefeitos, impondo deveres de conduta às pessoas (como uso obrigatório de máscaras, toque de recolher, proibição de frequentar praças ou lugares públicos, obrigatoriedade de apresentação de comprovante vacinal para ingressar em espaços públicos etc.). Em todos esses casos, o STF entendeu que tais decretos e atos normativos não feriam o princípio da legalidade. Primeiramente, como vimos, trata-se de uma exigibilidade de lei no sentido amplo. Por sua vez, não se tratava de imposições irrazoáveis ou desproporcionais aos direitos. Por exemplo, em 2021, o STF decidiu que "A leitura do ato normativo municipal impugnado na origem revela fundamentação relacionada à necessidade de contenção da disseminação da COVID-19 e à garantia do adequado funcionamento dos serviços de saúde, além de embasamento técnico. (...) verifico que a restrição impugnada na origem é medida de combate à pandemia da Covid-19 prevista no rol exemplificativo do art. 3º da Lei Federal 13.979/2020, tendo a Municipalidade competência para sua adoção, nos termos da jurisprudência deste Supremo Tribunal Federal" (STP 824-MC/RJ, rel. Min. Luiz Fux, j. 30-9-2021).

14.6.1. Princípio da legalidade e princípio da reserva legal

Não se pode confundir o princípio da legalidade com o princípio da reserva legal. Enquanto o princípio da legalidade, base do Estado de Direito, é o parâmetro norteador de todos os atos do poder público e das pessoas, a reserva legal consiste numa determinação constitucional de elaboração de uma lei em sentido estrito para disciplinar determinadas relações.

Nas palavras de Gilmar Mendes, "diante de normas densas de significado fundamental, o constituinte defere ao legislador atribuições de significado instrumental, procedimental ou conformador/criador do direito"[64].

A Constituição Federal de 1988 traz muitos dispositivos com expressões como "na forma da lei", "nos termos da lei", "segundo a lei". Exemplos não faltam: "é assegurada, nos termos da lei, a prestação de assistência religiosa nas entidades civis e militares de internação coletiva" (art. 5º, VII); "a lei estabelecerá o procedimento para desapropriação por necessidade ou utilidade pública, ou por interesse social, mediante justa e prévia indenização em dinheiro..." (art. 5º, XXIV); "aos autores pertence o direito exclusivo de utilização, publicação ou reprodução de suas obras, transmissível aos herdeiros pelo tempo que a lei fixar" (art. 5º, XXVII); "não há crime sem lei anterior que o defina, nem pena sem prévia cominação legal" (art. 5º, XXXIX) etc.

Outro exemplo importante: o art. 37, I, da Constituição Federal estabelece que "os cargos, empregos e funções públicas são acessíveis aos brasileiros que preencham os requisitos estabelecidos em lei [...]". Por conta desse dispositivo, não pode o poder público, na realização de um concurso público, estabelecer como condição de acesso a cargos públicos a avaliação psicológica ou teste psicotécnico, exceto nas hipóteses previstas em lei. Já decidiu o Supremo Tribunal Federal: "antiga é a jurisprudência desta Corte no sentido de que a exigência de avaliação psicológica ou teste psicotécnico, como requisito ou condição necessária ao acesso a determinados cargos públicos de carreira, somente é possível, nos termos da Constituição Federal, se houver lei em sentido material (ato emanado do Poder Legislativo) que expressamente a autorize, além de previsão no edital do certame" (AI 758.533 QO-RG/MG, rel. Gilmar Mendes, j. 26-6-2010). Tantas foram as decisões nesse sentido que o Supremo Tribunal Federal editou a Súmula Vinculante 44: "Só por lei se pode sujeitar a exame psicotécnico a habilitação de candidato a cargo público".

Esclarecedora definição foi dada pelo Ministro Celso de Mello, na ADI 2.075 MC: "o princípio constitucional da *reserva de lei formal* traduz limitação ao exercício das atividades administrativas e jurisdicionais do Estado. A reserva de lei – analisada sob tal perspectiva – constitui postulado revestido de função excludente, de caráter negativo, pois veda, nas matérias a ela sujeitas, quaisquer intervenções normativas, a título primário, de órgãos estatais não legislativos. Essa cláusula constitucional, por sua vez, projeta-se em uma dimensão positiva, eis que a sua incidência reforça o princípio, que, fundado na autoridade da Constituição, impõe à administração e à jurisdição a necessária submissão aos comandos estatais emanados, exclusivamente, do legislador" (rel. Min. Celso de Mello, j. 7-2-2001, Tribunal Pleno).

Dessa maneira, há uma diferença substancial entre o princípio da legalidade e o princípio da reserva legal. Enquanto o primeiro se refere à lei no sentido amplo (qualquer ato normativo do poder público), o segundo se refere à lei no sentido estrito (ato emanado do Poder Legislativo).

---

64. Op. cit., p. 205.

Princípio da Legalidade	Princípio da Reserva Legal
Lei no sentido amplo (lato)	Lei no sentido estrito

14.6.2. Espécies de reserva legal

Por fim, existem duas espécies de reserva legal: a) *reserva legal simples*; b) *reserva legal qualificada*.

Na reserva legal simples, a Constituição remete ao legislador ordinário a necessidade de elaborar o ato normativo, mas não estabelece detalhes (seus objetivos, seus limites, seus requisitos), dando a ele maior liberdade. Por exemplo, o art. 5º, LVIII, determina que "o civilmente identificado não será submetido à identificação criminal, salvo nas hipóteses previstas em lei". A Constituição não determina quais são os limites dessa lei, bem como os objetivos, os parâmetros etc. Cabe ao legislador ordinário, com liberdade, estabelecer os casos em que a identificação criminal será exigida (trata-se da Lei n. 12.037/2009).

Por sua vez, na reserva legal qualificada, a Constituição, além de remeter ao legislador ordinário, estabelece parâmetros a serem seguidos por essa legislação. Por exemplo, o art. 5º, XII, da Constituição Federal estabelece que: "é inviolável o sigilo da correspondência e das comunicações telegráficas, de dados e das comunicações telefônicas, salvo, no último caso, por ordem judicial, nas hipóteses e na forma que a lei estabelecer para fins de investigação criminal ou instrução processual penal". Nessa hipótese, o legislador ordinário tem uma liberdade bem mais restrita, na medida em que o constituinte determinou que a lei a ser elaborada tem uma finalidade específica. Outro exemplo: o art. 5º, LX, da Constituição Federal determina que "a lei só poderá restringir a publicidade dos atos processuais quando a defesa da intimidade ou o interesse social o exigirem". Assim, não basta fazer uma lei excepcionando a publicidade processual. Essa lei deve ter como parâmetros (impostos pela Constituição) a defesa da intimidade e do interesse social.

Reserva Legal
- **Simples:** o constituinte não estabelece quais serão os parâmetros da lei infraconstitucional regulamentar.
- **Qualificada:** o constituinte estabelece os parâmetros a serem seguidos pela legislação infraconstitucional regulamentar.

14.6.3. A criminalização da homofobia e o STF

Em 2019, a maioria dos Ministros do Supremo Tribunal Federal votou para reconhecer a omissão do Congresso Nacional em legislar sobre a criminalização da homofobia e da transfobia. Dessa maneira, o Tribunal decidiu aplicar analogicamente a essa conduta o crime de racismo, previsto na Lei n. 7.716/89.

Primeiramente, a homofobia, como qualquer outra forma de preconceito, é absolutamente odiosa, vil, desumana e, no meu entender, pode e merece ser criminalizada. Nos termos estritamente legais, o preconceito homofóbico não se enquadra no crime de racismo, previsto na lei sobredita, já que esta se refere ao preconceito de "raça, cor, etnia, religião ou procedência nacional", embora as ofensas e os discursos homofóbicos possam ser enquadrados em outros tipos penais (como os crimes contra a honra, por exemplo).

Foram ajuizadas duas ações perante o STF: a ADO (ação direta de inconstitucionalidade por omissão) 26, ajuizada pelo Partido Popular Socialista (PPS), bem como o Mandado de Injunção n. 4.733, ajuizado pela Associação Brasileira de *Gays*, Lésbicas e Transgêneros. Em ambas as ações, sustenta-se que a suposta omissão do Congresso Nacional, por não criminalizar a homofobia e a transfobia, é inconstitucional.

O Supremo Tribunal Federal entendeu que houve omissão inconstitucional do Congresso Nacional por não editar lei que criminalize atos de homofobia e transfobia e, por maioria, reconheceu a mora do Congresso Nacional para incriminar atos atentatórios a direitos fundamentais dos integrantes da comunidade LGBT, decidindo também pelo enquadramento da homofobia como tipo penal definido na lei do Racismo (Lei n. 7.716/89) até que o Congresso Nacional edite lei sobre a matéria. Votaram nesse sentido: Celso de Mello, Edson Fachin, Alexandre de Moraes, Luís Roberto Barroso, Rosa Weber, Luiz Fux, Cármen Lúcia e Gilmar Mendes. Foram votos vencidos: Ricardo Lewandowski e Dias Toffoli.

Segundo o STF: "até que sobrevenha lei emanada do Congresso Nacional destinada a implementar os mandados de criminalização definidos nos incisos XLI e XLII do art. 5º da Constituição da República, as condutas homofóbicas e transfóbicas, reais ou supostas, que envolvem aversão odiosa à orientação sexual ou à identidade de gênero de alguém, por traduzirem expressões de racismo, compreendido este em sua dimensão social, ajustam-se, por identidade de razão e mediante adequação típica, aos preceitos primários de incriminação defendidos na Lei 7.716, de 08/01/1989, constituindo também, na hipótese de homicídio doloso, circunstância que o qualifica, por configurar motivo torpe".

No nosso entender, ao aplicar a analogia para criar um novo tipo penal (a homofobia e a transfobia), o STF violou o princípio da reserva legal em matéria penal. Ora, segundo a Constituição Federal, "não há crime sem lei anterior que o defina". Um dos corolários inafastáveis desse princípio é a proibição da analogia (como se verá ainda neste capítulo). Isso existe exatamente para que o Poder Judiciário, utilizando-se de uma forma de integração do Direito (a analogia), crie novos tipos penais.

Alguns poderiam perguntar: mas o STF já não fez isso no passado, no caso *Ellwanger* (HC 82.424), ao afirmar que o preconceito contra os judeus também é racismo? Entendemos que as situações são similares, mas não iguais. O texto original da Lei do Racismo (Lei n. 7.716/89) referia-se a "raça ou cor". O judaísmo não é exatamente uma raça, mas uma religião. Esse problema teria sido superado hoje, pois a nova redação da lei refere-se a "raça, cor, etnia, religião ou procedência nacional". No caso *Ellwanger*, o STF entendeu que o conceito de raça não é biológico, mas social. Por essa razão, o preconceito contra os judeus poderia ser considerado uma espécie de racismo. Nesse caso, houve, no nosso entender, uma *interpretação extensiva*, aquela em que o legislador disse menos do que queria, cabendo ao intérprete ampliar o sentido da norma (o que é permitido em Direito Penal). Diferentemente, na analogia, há uma efetiva lacuna na lei, e, por essa razão, o legislador decidiu inovar o Direito, aplicando uma lei semelhante. Essa prática é admitida no Direito, exceto no Direito Penal, onde repousa o princípio da reserva legal.

14.7. PROIBIÇÃO DA TORTURA (ART. 5º, III, CF)

A Constituição Federal não se limitou a fixar a dignidade da pessoa humana como um dos principais fundamentos da República. No art. 5º, III, estabeleceu que "ninguém será submetido a tortura nem a tratamento desumano ou degradante". Malgrado todos os direitos fundamentais tenham uma ligação com a dignidade da pessoa humana, sendo normalmente dela corolários, alguns têm uma relação estreita, uma proximidade umbilical. É o caso do art. 5º, III, da Constituição Federal. O tratamento digno e a prática da tortura são noções diametralmente opostas. Além do art. 5º, III, a Constituição Federal voltará a tratar da tortura no inciso XLIII (que estudaremos adiante), vedando ao crime de tortura, assim como a outros crimes, a fiança, a anistia e a graça.

A previsão da dignidade da pessoa humana em tratados e convenções internacionais não é recente. A Declaração Universal dos Direitos Humanos da ONU, de 10 de dezembro de 1948, estabelece que "ninguém será submetido à tortura, nem a tratamento ou castigo cruel, desumano ou degradante" (art. V). No mesmo sentido, a Convenção Americana de Direitos Humanos (Pacto de São José da Costa Rica), em seu art. 5º, 2, afirma que "Ninguém deve ser submetido a torturas, nem a penas ou tratos cruéis, desumanos ou degradantes. Toda pessoa privada da liberdade deve ser tratada com o respeito devido à dignidade inerente ao ser humano".

No ordenamento jurídico brasileiro, a vedação à tortura também não é recente. Na Constituição de 1824, no art. 179, XIX, já estava prescrito que "Desde já ficam abolidos os açoites, a tortura, a marca de ferro quente, e todas as mais penas cruéis". Embora ausente nas Constituições republicanas que vieram na sequência, a vedação à tortura sempre esteve implícita em todos os textos constitucionais, decorrentes da dignidade da pessoa humana.

Figura 14.6 – Tortura (créditos ao final do livro).

Quanto à legislação infraconstitucional, a primeira manifestação legislativa brasileira foi no Estatuto da Criança e do Adolescente (Lei n. 8.069/90), no art. 233, que previa: "submeter criança ou adolescente, sob sua autoridade, guardada ou vigilância a tortura". O referido dispositivo teve sua constitucionalidade questionada, tendo em vista se tratar de um tipo penal aberto, por não definir especificamente o que seria o ato correspondente à tortura. Essa polêmica teve seu fim quando entrou em vigor a Lei de Tortura (Lei n. 9.455/97), que definiu expressamente o crime de tortura, revogando o art. 233 do Estatuto da Criança e do Adolescente.

Recentemente, foi editada a Lei n. 12.847/2013, que institui o Sistema Nacional de Prevenção e Combate à Tortura. Conforme dispõe o art. 1º dessa lei, o objetivo principal é fortalecer a prevenção e o combate à tortura, por meio de articulação cooperativa de seus integrantes.

a) **Tortura é um crime imprescritível?**

A Constituição Federal, no art. 5º, XLIII, afirma que "a lei considerará inafiançáveis e insuscetíveis de graça ou anistia, a prática da tortura, o tráfico ilícito de entorpecentes e drogas afins, o terrorismo e os definidos como crimes hediondos...". Outrossim, o art. 5º, XLII e XLIV, prevê expressamente como crimes imprescritíveis o racismo (XLII) e a ação de grupos armados, civis ou militares, contra a ordem constitucional e o Estado Democrático (XLIV). Dessa maneira, não há previsão expressa em nossa Constituição de que o crime de tortura seja imprescritível.

Prescrição é uma das hipóteses de extinção da punibilidade, prevista no art. 107 do Código Penal, e que consiste na perda do direito de punir do Estado pelo decurso do tempo. A prescrição dos crimes, em vez de ser uma cláusula de impunidade, é um corolário da dignidade da pessoa humana, na medida em que o Estado não pode investigar, processar e punir supostos infratores décadas depois da prática da infração que lhes é imputada. O *jus puniendi* "não pode eternizar-se como uma espada de Dâmocles pairando sobre a cabeça do indivíduo. Por isso, o Estado estabelece critérios limitadores para o exercício do direito de punir e [...] fixa lapso temporal dentro do qual o Estado estará legitimado a aplicar a sanção penal adequada".

Prevalece na doutrina brasileira e sobretudo na jurisprudência que a tortura é um crime prescritível. O argumento é positivista: os únicos crimes imprescritíveis no Brasil decorrem de previsão constitucional expressa: o racismo (art. 5º, XLII, CF) e a ação de grupos armados contra a ordem constitucional e o Estado Democrático (art. 5º, XLIV).

Não obstante, cresce o entendimento de que esse posicionamento deve ser revisto. E, em nosso entender, deve ser revisto.

O Estatuto de Roma, que ingressou no ordenamento jurídico brasileiro pelo Decreto n. 4.388/2002, em seu art. 5º, insere na competência do Tribunal Penal Internacional os "crimes contra a humanidade". Dentre os referidos crimes, menciona no art. 7º, 1, "f", a tortura, definindo-a como "ato por meio do qual uma dor ou sofrimentos agudos, físicos ou mentais, são intencionalmente causados a uma pessoa que esteja sob a custódia ou o controle do acusado [...]". Outrossim, o art. 29 do sobredito Estatuto determina que "os crimes da competência do Tribunal não prescrevem".

A imprescritibilidade da tortura também decorre de entendimento reiterado da Corte Interamericana de Direitos Humanos.

Em sentença de 24 de novembro de 2010, a Corte Interamericana de Direitos Humanos, no caso Lund e outros (Guerrilha do Araguaia), condenou o Brasil, sob o argumento de que é vedada lei de anistia que impeça a investigação e a punição dos que cometem graves violações dos direitos humanos. Segundo a Corte, o Estado deve assegurar-se de que os culpados de infrações reconhecidas como crimes no Direito Internacional ou na legislação nacional, entre eles a tortura e outros tratamentos cruéis, compareçam perante a justiça e não tentem eximir os autores da responsabilidade jurídica, como ocorreu com certas anistias. Diante desse cenário, decidiu que "As disposições da Lei da Anistia brasileira que impedem a investigação e sanção de graves violações de direitos humanos são incompatíveis com a Convenção Americana, carecem de efeitos jurídicos", devendo o Estado brasileiro "conduzir eficazmente, perante a jurisdição ordinária, a investigação penal dos fatos do presente caso a fim de esclarecê-los, determinar as correspondentes responsabilidades penais e aplicar efetivamente as sanções e consequências que a lei preveja".

Condenação semelhante foi aplicada ao Brasil pela Corte Interamericana de Direitos Humanos no *Caso Herzog e Outros vs. Brasil*, na Sentença de 15 de março de 2018. A Corte Interamericana de Direitos Humanos condenou o Brasil, por ter aplicado a Lei da Anistia, n. 6.683/79, e deixado de investigar e processar os responsáveis pela tortura e

Figura 14.7 – Caricatura de Vladimir Herzog (créditos ao final do livro).

morte do jornalista. Segundo a sentença, "o Estado deve reiniciar, com a devida diligência, a investigação e o processo penal cabíveis, pelos fatos ocorridos em 25 de outubro de 1975, para identificar, processar e, caso seja pertinente, punir os responsáveis pela tortura e morte de Vladimir Herzog, em atenção ao caráter de crime contra a humanidade desses fatos e às respectivas consequências jurídicas para o Direito Internacional. [...] O Estado deve adotar as medidas mais idôneas, conforme suas instituições, para que se reconheça, sem exceção, a imprescritibilidade das ações emergentes de crimes contra a humanidade e internacionais, em atenção à presente Sentença e às normas internacionais na matéria".

Parte da doutrina brasileira igualmente passou a adotar o posicionamento semelhante ao da Corte Interamericana, no sentido de que a tortura é imprescritível. Segundo Paulo Bonavides, "o crime de tortura é um dos mais hediondos que ferem os direitos naturais da pessoa humana. Não há direito mais sagrado do que a integridade moral e a integridade física do homem em toda a dimensão do princípio superlativo, que é o da dignidade da pessoa humana. O direito à liberdade e à inteireza do ser humano é inviolável. E, logo, um crime imprescritível, pois ofende nas suas raízes o direito natural. Uma sociedade que não se fundamenta no direito natural não é uma sociedade constitucional do ponto de vista da materialidade dos valores éticos, que devem conduzir sempre a conduta"[65].

Tais argumentos legais, doutrinários e jurisprudenciais não convenceram o Supremo Tribunal Federal, que apreciou a recepção ou não da Lei da Anistia (Lei n. 6.683/79). Segundo o art. 1º dessa lei, "É concedida anistia a todos quantos, no período compreendido entre 2 de setembro de 1961 e 15 de agosto de 1979, cometeram crimes políticos ou conexos com estes...". E complementa: "Consideram-se conexos, para efeito deste artigo, os crimes de qualquer natureza relacionados com crimes políticos ou praticados por motivação política" (art. 1º, § 1º). Segundo o Supremo Tribunal Federal, na ADPF 153/DF, relatada pelo Min. Eros Grau, a "Lei da Anistia" foi recepcionada pela Constituição de 1988, inclusive quanto ao crime de tortura.

Segundo o Supremo Tribunal Federal, a validade de uma norma varia de acordo com o tempo, o espaço e a história. Se olharmos a "Lei de Anistia" unicamente com a visão contemporânea, de um Estado Democrático de Direito, chegaremos à conclusão de que ela é incompatível com a dignidade da pessoa humana. Da mesma maneira, se olharmos um manequim clássico dos anos 1980, com calças de boca de sino e ternos quadriculados, acharemos que tal estilo é horroroso, de péssimo gosto. O intérprete deve se esforçar para entender o contexto no qual a lei foi editada. Provavelmente, sem ela, não seria possível a transição para o regime democrático. É o "remédio amargo" tomado num momento de "séria doença" (ditadura), tentando alcançar o que se entende como "cura" (democracia). Segundo o Supremo Tribunal Federal, "o significado válido dos textos é variável no tempo e no espaço, histórica e culturalmente. A interpretação do direito não é mera dedução dele, mas sim processo de contínua adaptação de seus textos normativos à realidade e seus conflitos. Mas essa afirmação aplica-se exclusivamente à interpretação das leis dotadas de generalidade e abstração, leis que constituem preceito primário, no sentido de que se impõem por força própria autônoma. Não àquelas, designadas de leis medida (*Massnahmegesetze*), que disciplinam diretamente determinados interesses, mostrando-se imediatas e concretas, e consubstanciam, em si mesmas, um ato administrativo especial. No caso das leis-medidas interpreta-se, em conjunto com o seu texto, a realidade no

---

65. *Constitucionalistas Afirmam*: Não há Prescrição para Crime de Tortura. Disponível em: <https://oab-rj.jusbrasil.com.br/noticias/169954/constitucionalistas-afirmam-nao-ha-prescricao-para-crime-de-tortura>.

e do momento histórico no qual ela foi editada, não a realidade atual" (ADPF 153/DF – rel. Min. Eros Grau, Tribunal Pleno, j. 29-4-2010).

Em resumo, segundo posição atual do STF, a tortura é um crime prescritível e, quanto às torturas praticadas durante o regime militar, praticadas entre 1961 e 1979, foram anistiadas, por força da Lei n. 6.683/2010. Há decisões judiciais em sentido contrário, malgrado sejam minoritárias. Por exemplo, o Superior Tribunal de Justiça, no Recurso Especial 379.414/PR, relatado pelo Min. José Delgado, decidiu que "a proteção à dignidade da pessoa humana é fundamento da República Federativa do Brasil e existe enquanto esta existir. Por isso, não é possível falar em prescrição de ação que visa implementar um dos pilares do Estado, principalmente porque a Constituição não estipulou qualquer prazo de prescrição relativamente ao direito inalienável à dignidade". Da mesma forma decidiu o TRF da 4ª Região, na Apelação 2007.70.00.028982-3.

b) A vedação à tortura é um direito absoluto?

Eis uma das perguntas mais complexas do direito constitucional. Como falamos há pouco, a proibição da tortura está umbilicalmente ligada à dignidade da pessoa humana (art. 1º, III, CF). Quanto mais próximo está o direito fundamental da dignidade da pessoa humana, menor o seu poder de relativização. Não obstante, como sustenta a maioria da doutrina constitucional, brasileira e estrangeira, qualquer direito constitucional pode ser relativizado. Tratamos amiúde desse assunto no capítulo anterior, ao tratar da relatividade dos direitos fundamentais. Façamos uma breve recordação.

Parte da doutrina brasileira admite o caráter absoluto do art. 5º, III, da Constituição Federal, afirmando aprioristicamente que jamais poderá ser admitida uma exceção. É o que faz Uadi Lammêgo Bulos: "Aqui não existe relatividade alguma. O marginal, assaltante, sequestrador, meliante, corrupto ou 'monstro' da pior estirpe não pode ser torturado com o uso de expedientes psíquicos ou materiais. Aqui o inciso III do art. 5º da Carta Maior consagra, sim, uma garantia ilimitada e absoluta. Do contrário, fulminar-se-ia o Estado Democrático de Direito (CF, art. 1º), fomentando-se a cultura do 'olho por olho, dente por dente'. [...] Assim, salvo hipóteses específicas, como a da proibição à tortura, as liberdades públicas possuem limites, não servindo de substrato para a salvaguarda de práticas ilícitas". Nesse sentido, a Corte Interamericana de Direitos Humanos decidiu, no caso *Myrna Mack Chang vs. Guatemala*, ser a vedação à tortura uma norma de *jus cogens* (norma que possui um quilate normativo superior a outras normas de direito internacional).

No capítulo anterior, dissemos que a concepção acerca do direito fundamental varia de acordo com a história, o país e sua respectiva cultura e experiência pretérita. Pois bem, nos Estados Unidos admitia-se até recentemente a técnica de interrogatório chamada *waterboarding*, em casos extremos. No mesmo cenário, a Alta Corte de Justiça de Israel decidiu que não constitui tortura a colocação de sacos na cabeça durante o interrogatório de presos acusados de terrorismo. Nos Estados Unidos, é majoritária a Teoria do Cenário da Bomba-Relógio (*Ticking-Time Bomb Scenario* ou *Ticking-Bomb Scenario*), já abordada em dois momentos nesta obra.

O princípio visa relativizar a proibição da tortura. Segundo essa teoria, na iminência de explosões que ceifarão a vida de milhões, a dignidade da pessoa humana do terrorista poderá ser violada, para se descobrir o paradeiro dos objetos explosivos. Segundo a doutrina norte-americana, "a possibilidade da admissão da tortura somente seria colocada sobre a mesa se houvesse uma extrema probabilidade de que o torturado possuísse informações valiosas e houvesse o risco de um ataque de significativas proporções, ceifando a vida de pessoas inocentes. A execução de busca ilegal sobre uma pessoa é presumivelmente inconstitucional, assim como a tortura, a menos que o agente seja informado por uma combinação de probabilidades, que fazem com que seja significativamente provável que o torturado revele informações sobre intenso, talvez lancinante, dor física ou mental". Tal assunto é pouquíssimo tratado na doutrina brasileira, encontrando fértil doutrina norte-americana, com respectivos comentários de outros países, como em Portugal. Frise-se que essa teoria, polêmica até mesmo em terras americanas, costuma ser refutada na doutrina brasileira.

Como dissemos no capítulo anterior, como os direitos fundamentais são postos em nossa Constituição como princípios, e não regras, devem ser considerados como mandamentos de otimização, ou seja, devem ser cumpridos no grau máximo de sua efetividade. No caso do art. 5º, III, da Constituição Federal, ele realmente chega bem perto da eficácia absoluta. Ora, ninguém em sã consciência defenderá a prática da tortura para se obter confissão em crimes hediondos ou quaisquer outros crimes ocorridos em nossa realidade contemporânea. O Brasil já passou, recentemente, por um período em que a tortura era utilizada como "método de investigação", produzindo uma chaga que jamais será cicatrizada. Mas não se pode olvidar que, em situações extremas, longínquas da realidade social brasileira, a tortura pode ser a única forma de salvar milhares, milhões de pessoas. É claro que esse exemplo é exagerado. Ele só é feito nessas proporções porque a vedação à tortura é quase absoluta, por fazer parte do elemento essencial do direito à integridade física. Evidentemente, essa exceção não pode ser vista como a porta de entrada das exceções, admitindo-se a tortura para outras situações menos extremas. Jamais! A tortura é crime equiparado a hediondo e, se praticada no Brasil, por quem quer que seja, terá o tratamento rigoroso dado pela Constituição (crime inafiançável, insuscetível de graça, anistia etc.) e pelas leis (regime inicialmente fechado etc.).

Diz Uadi Lammêgo Bulos: "Aqui não existe relatividade alguma. O marginal, assaltante, sequestrador, meliante, corrupto ou 'monstro' da pior estirpe não pode ser torturado com o uso de expedientes psíquicos ou materiais. Aqui o inciso III do art. 5º da Carta Maior consagra, sim, uma garantia ilimitada e absoluta. Do contrário, fulminar-se-ia o Estado Democrático de Direito (CF, art. 1º), fomentando-se a cultura do 'olho por olho, dente por dente'. [...] Assim, salvo hipóteses específicas, como a da proibição à tortura, as liberdades públicas possuem limites, não servindo de substrato para a salvaguarda de práticas ilícitas".

Esse argumento, embora sedutor e garantista, encontra exceções fora do Brasil, sobretudo quando confrontado com situações absolutamente extremas, como a prática do terrorismo. O Presidente dos Estados Unidos George Walker Bush defendeu abertamente a utilização, em caso de terrorismo, da técnica de interrogatório chamada de *waterboarding*, sob o argumento de que não se trata de tortura (mas sim uma técnica para obtenção da verdade, no intuito de salvar vidas humanas). No mesmo cenário, a Alta Corte de Justiça de Israel decidiu que não constitui tortura a colocação de sacos na cabeça durante o interrogatório de presos acusados de terrorismo. A Corte Europeia de Direitos Humanos (CEDH) também julgou no mesmo sentido, considerando válidas algumas técnicas bastante rígidas utilizadas pela polícia britânica para interrogar pessoas suspeitas de envolvimento com o IRA.

Evidentemente, a exceção da "bomba-relógio" não pode ser vista como a porta de entrada das exceções, admitindo-se a tortura para outras situações menos extremas. Jamais! A tortura é crime equiparado a hediondo e, se praticada no Brasil, por quem quer que seja, terá o tratamento rigoroso dado pela Constituição (crime inafiançável, insuscetível de graça, anistia etc.) e pelas leis (regime inicialmente fechado etc.). Tentando desconstruir o argumento do "Cenário da Bomba-Relógio", a Associação para a Prevenção da Tortura – *The Association for the Prevention of Torture* (APT), entidade não governamental criada em 1977 e localizada em Genebra, publicou um texto denominado *"Defusion the Ticking-Bomb Scenario"* (Desativando o Cenário da Bomba-Relógio). Diz o texto: "Qualquer exceção jurídica criada devido ao Cenário da Bomba-Relógio nos precipitaria inevitavelmente em uma ladeira escorregadia, ao fundo da qual a tortura se tornaria arbitrária e impune, ou disseminada e sistemática, ou tudo isso. O resultado final de qualquer brecha na proibição da tortura é a erosão das instituições democráticas e a destruição de qualquer sociedade aberta, livre e justa. Em conclusão, teremos muito mais a perder, criando uma exceção jurídica para acomodar um futuro Cenário da Bomba-Relógio, do que mantendo a proibição absoluta da tortura, mesmo que isto signifique assumir algum risco hipotético. E isso devido ao fato de não estar em jogo o que poderíamos fazer em um futuro imaginário, mas o tipo de sociedade na qual queremos viver hoje e todos os dias".

c) O tratamento degradante – o uso de algemas

Tratamento degradante é o desonrante, deteriorante, já que degradar é privar de dignidades, honras. Ora, assim como a Constituição Federal veda a tortura, também veda, no mesmo dispositivo legal (art. 5º, III), o tratamento desumano ou degradante.

Em regra, esse tratamento configura crime, como cárcere privado (art. 148, *caput*, CP), constrangimento ilegal (art. 146, CP), ameaça (art. 147, CP), redução a condição análoga à de escravo (art. 149, CP) etc. Um tema que passou a ser examinado pelo Supremo Tribunal Federal foi o uso de algemas, quais seus limites e quais as consequências do descumprimento desses limites.

Em 2007, o Supremo Tribunal Federal entendeu que "o uso legítimo de algemas não é arbitrário, sendo de natureza excepcional, a ser adotado nos casos e com as finalidades de impedir, prevenir ou dificultar a fuga ou reação indevida do preso, desde que haja fundada suspeita ou justificado receio de que tanto venha a ocorrer, e para evitar agressão do preso contra os próprios policiais, contra terceiros ou contra si mesmo. O emprego dessa medida tem como balizamento jurídico necessário os princípios da proporcionalidade e da razoabilidade" (HC 89.429/RO, rel. Min. Cármen Lúcia, 1ª Turma, j. 22-8-2006).

No ano seguinte, em 2008, o Supremo Tribunal Federal editou a Súmula Vinculante 11: "Só é lícito o uso de algemas em casos de resistência e de fundado receio de fuga ou de perigo à integridade física própria ou alheia, por parte do preso ou de terceiros, justificada a excepcionalidade por escrito, sob pena de responsabilidade disciplinar, civil e penal do agente ou da autoridade e de nulidade da prisão ou do ato processual a que se refere, sem prejuízo da responsabilidade civil do Estado".

14.8. LIBERDADE DE MANIFESTAÇÃO DO PENSAMENTO (ART. 5º, IV, CF)

Seguramente um dos direitos fundamentais mais relevantes está previsto no art. 5º, IV, da Constituição Federal: "é livre a manifestação do pensamento, sendo vedado o anonimato".

Estamos diante de um direito e de uma garantia fundamental, previstos ambos na primeira e na segunda parte do inciso, respectivamente. A primeira parte ("é livre a manifestação do pensamento") é um direito individual, ou liberdade pública ou direito negativo, ou seja, o Estado não poderá, em regra, interferir em nossa liberdade de expressão. Trata-se de um direito de primeira dimensão (na clássica nomenclatura criada por Karel Vasak) ou *status* negativo (na classificação de Georg Jellinek). A segunda parte do dispositivo constitucional ("sendo vedado o anonimato") é uma garantia constitucional destinada a proteger uma série de outros direitos fundamentais, como honra e intimidade.

Direito	Garantia
Norma de conteúdo declaratório	Norma de conteúdo assecuratório
Liberdade de manifestação do pensamento	Vedação do anonimato (assegura, preserva outros direitos, como intimidade, honra etc.)

O direito constitucional à liberdade de manifestação do pensamento compreende a comunicação: a) *entre presentes* (numa conversa, numa aula, numa palestra, num discurso); b) *entre ausentes conhecidos* (numa carta, num *e-mail*, numa mensagem eletrônica enviada pelo celular); c) *entre ausentes desconhecidos* (num artigo de jornal, numa mensagem postada em uma rede social, *blog* ou qualquer outro sítio da internet).

É corolário da dignidade da pessoa humana (art. 1º, III, CF) e também da cidadania (art. 1º, II, CF). Ora, inimaginável seria um cidadão que é obrigado constitucionalmente a permanecer calado, ou que sofre severas restrições à liberdade de se manifestar.

O direito à liberdade de expressão tem amplitude diversa, a depender do titular. Por exemplo, por expressa previsão constitucional, os **parlamentares** gozam de uma amplíssima liberdade de expressão, não respondendo penal e civilmente por suas opiniões prolatadas. Por exemplo, em setembro de 2020, em plena pandemia do novo coronavírus e diante da morte de mais de cem mil brasileiros, um deputado federal estimulou as pessoas a descumprirem a Lei 13.979/2020 ("Lei do Coronavírus"), sob o argumento de que as máscaras adoecem. Ora, descumprir uma norma sanitária durante uma epidemia configura o crime previsto no art. 268 do Código Penal. Ao incitar que as pessoas desrespeitem tal norma, o parlamentar teria praticado o crime previsto no art. 286 do Código Penal (incitação ao crime). Não obstante, apesar de infelizes e nocivas suas palavras, não responderá penal ou civilmente, por determinação do art. 53, *caput*, da Constituição Federal.

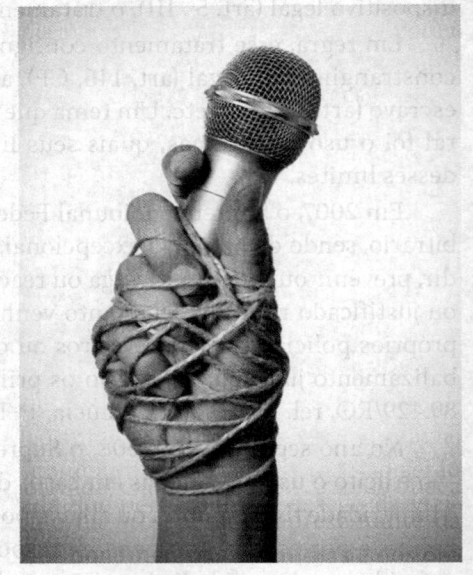

Figura 14.8 – Liberdade de manifestação (créditos ao final do livro).

Por sua vez, a liberdade de expressão no exercício da **arte** também deve ser vista de forma diversa, mais ampla (para isso, remetemos o leitor à nossa análise do art. 5º, IX, da Constituição Federal). Isso porque a arte é feita para mexer com as emoções, impactar o destinatário. Muitas vezes, as artes podem chocar, revoltar, desagradar, sobretudo quando contrariam nossas clássicas visões sobre o mundo e as pessoas. O fato de não gostarmos da manifestação artística não nos dá o direito de impedir sua exibição. Foi o que determinou o STF, em decisão cautelar, autorizando a exibição do "Especial de Natal" do grupo "Porta dos Fundos", disponível na plataforma de *streaming* de vídeos *Netflix*.

Nas palavras do Ministro Dias Toffoli, "não se descuida da relevância do respeito à fé cristã (assim como de todas as demais crenças religiosas ou a ausência dela). Não é de se supor, contudo, que uma sátira humorística tenha o condão de abalar valores da fé cristã, cuja existência retrocede há mais de 2 (dois) mil anos, estando insculpida na crença da maioria dos cidadãos brasileiros" (Medida Cautelar na Reclamação 38.782/RJ, rel. Min. Gilmar Mendes, j. 9-1-2020).

Por fim, também merece um destaque diferenciado a chamada **liberdade de cátedra**, ou seja, a liberdade de ensinar, de titularidade dos professores. Em 2020, o STF declarou inconstitucional a Lei n. 7.800/2016, do Estado de Alagoas (conhecida como "Lei da Escola Livre" ou "Lei da Escola Sem Partido"). O STF afirmou existir "violação do direito à educação com o alcance pleno e emancipatório que lhe confere a Constituição. Supressão de domínios inteiros do saber do universo escolar. Incompatibilidade entre o suposto dever de neutralidade, previsto na lei, e os princípios constitucionais da liberdade de ensinar, de aprender e do pluralismo de ideias (CF/1988, arts. 205, 206 e 2014)" (ADI 5.537/AL, plenário, rel. Min. Roberto Barroso, j. 24-8-2020). Da mesma forma, em novembro de 2021, o STF concedeu liminar para suspender lei estadual de Rondônia que proibia nas escolas a denominada linguagem neutra, tanto nas aulas, como nos materiais didáticos de instituições de ensino. Segundo decisão liminar do ministro Edson Fachin, "a norma traz marcas de discriminação, de negação da diversidade e da liberdade de aprender e ensinar e do pluralismo de ideias e de concepções pedagógicas e, por conseguinte, de todos os fundamentos, princípios, garantias e valores em que se alicerça e sustenta a Constituição Federal" (ADI 7.019, rel. Min. Edson Fachin, j. 16-11-2021).

Trata-se de um direito absoluto? Claro que não. Se há pouco discutíamos a relatividade (ou não) da proibição da tortura, que dirá a liberdade de manifestação do pensamento? Como vimos no capítulo anterior, os direitos fundamentais são relativos, não podendo servir de base para violação de todos os outros direitos que contra eles estiverem colidindo.

Dessa maneira, a lei poderá limitar a liberdade de expressão em alguns casos em que considera proteger outros direitos, como, por exemplo, o direito à honra, à intimidade, à vida privada etc. Da mesma forma, a lei poderá restringir, em parte, a liberdade de expressão, para tutela de interesses coletivos mais relevantes. Foi com esse argumento que o STF entendeu ser constitucional a lei que proíbe a realização de "showmícios", mas permitiu a realização de *shows* destinados a arrecadação para campanha política (ADI 5.970, rel. Min. Dias Toffoli, j. 7-10-2021).

Por exemplo, o abuso na liberdade de manifestação do pensamento poderá implicar consequências penais e civis. Quanto às consequências civis, há um inciso específico no art. 5º da Constituição Federal para tratar do assunto: art. 5º, V, CF, que estudaremos na sequência. Outrossim, o abuso na liberdade de manifestação do pensamento pode configurar vários crimes: ameaça (art. 147, CP), calúnia, injúria ou difamação (arts. 138 e seguintes do CP), apologia de crime ou criminoso (art. 287, CP), racismo (art. 20, Lei n. 7.716/89) etc.

Para coibir eventuais abusos da liberdade de expressão, qual o momento ideal para a intervenção do Poder Judiciário. Como afirmou o STF na ADPF 130, relatada pelo Ministro Ayres Brito, sob pena de praticar indesejável e proibida censura prévia, o momento ideal da atuação do Poder Judiciário é posterior, verificando eventuais abusos cometidos. Em outra decisão, o STF afirmou que "deve ser dada preferência por sanções *a posteriori*, que não envolvam a proibição prévia da divulgação. O uso abusivo da liberdade de expressão pode ser reparado por mecanismos diversos, que incluem a retificação, a retratação, o direito de resposta, a responsabilização civil ou penal e a interdição da divulgação. Somente em hipóteses extremas se deverá utilizar a última possibilidade. Nas questões envolvendo honra e imagem, por exemplo, como regra geral será possível obter reparação satisfatória após a divulgação, pelo desmentido – por retificação, retratação ou direito de resposta – e por eventual reparação do dano, quando seja o caso. Já nos casos de violação da privacidade (intimidade ou vida privada), a simples divulgação poderá causar o mal de um modo irreparável. Veja-se a diferença. No caso de violação à honra: se a imputação de um crime a uma pessoa se revelar falsa, o desmentido cabal minimizará a sua consequência. Mas no caso da intimidade, se se divulgar que o casal se separou por disfunção sexual de um dos cônjuges – hipótese que em princípio envolve fato que não poderia ser tornado público – não há reparação capaz de desfazer o mal causado" (Reclamação 18.638 MC/CE, rel. Min. Roberto Barroso, 17-9-2014).

As limitações ao direito de liberdade de expressão variam de acordo com valores adotados por cada país, frutos da sua história, cultura, costumes e princípios, o que é refletido em sua legislação e jurisprudência. Por exemplo, o nível de restrições à liberdade de expressão nos Estados Unidos é completamente diferente do que vemos no Brasil ou na Alemanha. De forma sintética, podemos dividir os países em dois grandes grupos, quando o assunto é liberdade de expressão e suas respectivas restrições. Como afirma o professor alemão Winfried Brugger, da Universidade Heidelberg, no texto *The Treatment of Hate Speech in German Constitutional Law*, no Direito Constitucional moderno podemos notar duas tendências diversas de tratamento à liberdade de expressão: uma *posição americana*, que prioriza a liberdade de expressão sobre a maioria dos direitos que contra ela se chocam, ainda quando o discurso é cheio de ódio, e uma *posição alemã*, seguida por muitos outros países, em que muitos discursos não são tutelados pelo direito, como os discursos de ódio.

Vejamos abaixo os dois principais modelos jurídico-constitucionais de análise do direito à liberdade de expressão.

14.8.1. Modelo norte-americano

Influenciadas pelo Liberalismo, que marca a história dos Estados Unidos, a doutrina e a jurisprudência norte-americana dão uma amplíssima proteção à liberdade de expressão, em decorrência da Primeira Emenda à Constituição: "o Congresso não legislará no sentido de estabelecer uma religião, ou proibindo o livre exercício dos cultos; ou <u>cerceando a liberdade de palavra, ou de imprensa</u>" (grifamos). Uma consequência dessa visão que tutela largamente a liberdade de expressão é a adoção da "teoria do mercado livre de ideias".

14.8.1.1. Teoria do "mercado livre de ideias" (free trade in ideas, marketplace of ideas)

A expressão "mercado livre de ideias" ou, no original em inglês *marketplace of ideas* é uma analogia ao conceito econômico de um mercado livre. A teoria afirma que a verdade emergirá da competição livre das ideias em um discurso livre e transparente, concluindo que as ideias serão eliminadas de acordo com sua superioridade ou inferioridade e ampla aceitação pela população.

Com fundamento filosófico na obra *On Liberty*, de 1859, de John Stuart Mill[66], na obra

---

66. Stuart Mill foi um filósofo inglês e um dos mais influentes pensadores na história do Liberalismo clássico. Sua obra *On Liberty* é um ensaio filosófico publicado em 1859, aplicando o sistema ético de utilitarismo à sociedade e ao Estado.

Areopagitica, de John Milton[67], de 1644, ou na obra *Four Theories of the Press*, de Fredrick Siebert[68], de 1963, a expressão foi comumente utilizada pela Suprema Corte dos EUA.

A primeira menção ao *free trade in ideas* ("livre comércio de ideias") ocorreu na dissidência do juiz Oliver Wendell Holmes Jr. no processo *Abrams vs. United States* (1919)[69]. Já a frase atual *marketplace of ideas* ("mercado livre de ideias") foi dita pelo juiz William O. Douglas, na decisão *United States v. Rumely* (1953). Segundo o juiz, "como as editoras de jornais, revistas ou livros, esta editora concorre pela mente dos homens no mercado livre de ideias" (grifamos). A partir da decisão da Suprema Corte norte-americana no caso *Brandenburg v. Ohio*, de 1969, a teoria do "mercado livre de ideias" tornou-se a teoria predominante no tratamento da liberdade de expressão na jurisprudência norte-americana. Até os dias de hoje, a teoria encontra guarida na Suprema Corte dos Estados Unidos. Por exemplo, em 2017, a Corte norte-americana invocou a teoria do "mercado livre de ideias" inúmeras vezes no processo *Matal v. Tam* (2017) em decisão que invalidou disposição de lei federal de marcas, que proibia marcas depreciativas. Tanto o juiz Samuel Alito, em sua opinião majoritária, como o juiz Anthony Kennedy, em sua opinião concorrente, referiram-se ao mercado de ideias (*marketplace of ideas*).

O nosso Supremo Tribunal Federal, por vezes, utilizou-se da teoria do "mercado livre de ideias", como argumento para sustentar a pluralidade de ideias, mas sem a amplitude da jurisprudência norte-americana (ADPF 187/DF, Plenário, 15-6-2011; RE 136.861, Informativo 614; ADI 2.566/DF, Plenário, j. 16-5-2018, voto do Min. Celso de Mello).

Com a devida vênia, o STF, embora tenha utilizado por várias vezes a expressão "livre mercado de ideias", fê-lo de forma incorreta, ou ao menos diversa da norte-americana. O STF se utilizou da expressão "livre mercado de ideias" como sinônimo de discurso plural e não hegemônico ou de um "necessário respeito ao discurso antagônico no contexto da sociedade civil" (Emb. Decl. no ARE 891.648/SP, 2ª Turma, j. 15-9-2015, rel. Celso de Mello). Ocorre que o "livre mercado de ideias" norte-americano consiste na regra da não interferência estatal nos discursos, a não apreciação do mérito dos discursos, já que eles devem conviver igualmente na sociedade, para que o melhor vença. Esse, definitivamente, não é o modelo brasileiro.

A teoria do *marketplace of ideas*, que torna excepcionalíssima qualquer restrição à liberdade de expressão, decorre do texto bastante enfático da Primeira Emenda à Constituição norte-americana ("O Congresso não legislará no sentido de estabelecer uma religião, ou proibindo o livre exercício dos cultos; ou cerceando a liberdade de palavra, ou de imprensa") e do pensamento liberal norte-americano (basta lembrar que um dos teóricos que embasam tal pensamento é o liberal Stuart Mill). Dessa maneira, para os defensores do "mercado livre de ideias", quando o discurso poderá ser coibido pelo Estado? Veremos as hipóteses abaixo.

---

67. John Milton foi um poeta inglês, considerado um dos maiores escritores da língua inglesa, cuja obra refletia profundas convicções pessoais pela liberdade e autodeterminação. Sua obra *Areopagitica*, de 1644, está entre as defesas mais influentes da liberdade de expressão e da liberdade de imprensa. Segundo Milton, restringir a liberdade de expressão não era necessário porque, "em um encontro livre e aberto", a verdade prevalecerá.
68. Segundo o autor, "deixemos todos livres para se expressar. O verdadeiro e o correto sobreviverão. O falso e o incorreto serão vencidos. O governo deve se manter fora da batalha e não pesar as probabilidades a favor de um ou outro lado" (p. 45).
69. "O bem final desejado é melhor alcançado pelo livre comércio de ideias ("free trade in ideas") – que o melhor teste de verdade é o poder do pensamento para ser aceito na competição do mercado, e essa verdade é a única base sobre a qual seus desejos podem ser realizados com segurança."

14.8.1.1.1. Teste da Ação Ilegal Iminente (*Imminent Lawless Action Test*) ou Teste de Brandenburg

O teste foi adotado a partir do caso *Brandenburg v. Ohio* (1969), motivo pelo qual também é conhecido como *Teste de Brandenburg*. Em 1964, o líder da Ku Klux Klan de Ohio, Clarence Brandenburg, convidou um repórter de televisão para televisionar um evento do clã. No evento, o líder do grupo clama por vingança contra judeus e negros, conclamando as pessoas para uma marcha em Washington, contra a opressão da raça branca caucasiana. Foi condenado em primeira instância a 10 anos de prisão, mas a decisão foi revertida na Suprema Corte, que decidiu que "as liberdades de expressão e de imprensa não permitem que o Estado proíba a defesa do uso da força e da violação ao direito, exceto se essa defesa for orientada a incitar ou produzir uma ação ilegal iminente e seja provável que incite ou produza essa ação". Trata-se do "teste da ação ilegal iminente", que deu um passo além do "teste do perigo claro e presente", formulado pelo juiz Holmes, no julgamento de *Schenck vs. United States* (1919)[70].

Em resumo, o *Teste da Ação Ilegal Iminente* ou *Teste de Brandenburg* é uma estrutura teórica utilizada para determinar se a liberdade de expressão pode ou não ser limitada pelo Estado. Segundo o teste, o Estado somente poderá proibir legalmente o discurso se preenchidos dois requisitos cumulativos: a) o discurso é direcionado a incitar ou produzir ação ilegal iminente; b) probabilidade de que o discurso incite ou produza tal ação. Dessa maneira, o discurso não poderá ser coibido por conta do seu conteúdo, ainda que imoral ou repugnante. Somente a *ação ilegal iminente* que pode ser efetivamente causada por esse discurso é que justifica sua restrição.

TESTE DA AÇÃO ILEGAL IMINENTE (TESTE DE *BRANDENBURG*)		
O Estado só pode limitar a liberdade de expressão se presentes dois requisitos:		
O discurso é direcionado a incitar ou produzir ação ilegal iminente.	+	É provável que o discurso incite ou produza tal ação.

14.8.1.1.2. Doutrina das "Fighting Words"

A *Doutrina das "Fighting Words"* ("palavras beligerantes" ou "palavras de luta") visa limitar a liberdade de expressão, protegida pela Primeira Emenda à Constituição norte-americana. A doutrina foi criada em 1942 pela Suprema Corte dos Estados Unidos, no caso *Chaplinsky v. New Hampshire*[71]. Nesse caso, sustentou-se que as *fighting words* são "palavras de insulto ou 'luta', que por sua própria expressão infligem dano ou tendem a incitar uma violação imediata da paz".

Decidiu a Suprema Corte que "existem certas classes de discursos bem definidos e estreitamente limitados, cuja prevenção e punição nunca foram pensadas para que se tornassem

---

70. O "teste do perigo claro e presente" foi uma doutrina adotada pela Suprema Corte dos Estados Unidos para determinar em que circunstâncias poderiam ser colocados limites à Primeira Emenda (da liberdade de expressão e de imprensa).
71. Chaplinsky era testemunha de Jeová e, ao ser impedido de pregar por um delegado municipal, teria dito palavras como "maldito gângster" e "maldito fascista", tendo sido preso.

uma questão constitucional. Estes incluem o indecente, o obsceno, o profano, o calunioso e o insulto ou <u>as 'fighting words' – aquelas que por sua própria expressão infligem dano ou tendem a incitar uma violação imediata da paz</u>. Tem sido bem observado que tais declarações não são parte essencial de qualquer exposição de ideias, e são de valor social tão leve como um passo para a verdade que qualquer benefício que possa ser derivado delas é claramente superado pelo interesse social na ordem e na moralidade" (grifamos).

Depois do caso *Chaplinsky*, a Suprema Corte restringiu o significado das *fighting words*, como no caso *Terminiello v. Chicago* (1949), como sendo as palavras que "<u>produzem um perigo claro e presente de um mal intolerável sério que se eleva acima do mero inconveniente ou aborrecimento</u>" (grifamos). Não basta que o discurso seja impopular (como em *Edwards vs. Carolina do Sul*, 1963), mas sim que haja um perigo claro e presente de violação da paz (como em *Feiner v. New York*, 1951).

No Brasil, essa doutrina foi aplicada no RE 898.450 (que analisou a questão dos candidatos tatuados em concursos públicos). Se, em regra, as tatuagens não podem afastar o candidato do certame, há algumas exceções, como a tatuagem que ostenta as "fighting words": "a tatuagem que incite a prática de uma violência iminente pode impedir o desempenho de uma função pública quando ostentar a aptidão de provocar uma reação violenta imediata naquele que a visualiza, nos termos do que predica a doutrina norte-americana das 'fighting words', como, v.g., 'morte aos delinquentes'. Palavras que estimulam o emprego imediato da violência não podem ser abrigadas sob o manto da liberdade de expressão, e podem ser combatidas pelo Estado, bem como originar efeitos danosos para quem as utilizar. Uma tatuagem contendo, por exemplo, a expressão 'morte aos menores de rua' se encaixa perfeitamente no contexto de '*fighting words*' e não pode ser aceita pelo Estado, muito menos por quem pretenda ser agente público" (RE 898.450, plenário, rel. Min. Luiz Fux, j. 17-8-2016).

14.8.1.1.3. Obscenidade – o "Teste Miller" (Miller-Test, "Teste das Três Pontas da Obscenidade", Three-Prong Obscenity Test)

A obscenidade é, segundo a jurisprudência norte-americana, um atributo do discurso que o afasta da proteção constitucional da Primeira Emenda (liberdade de expressão). Não obstante, como definir se um discurso ou uma obra é obsceno? A jurisprudência norte-americana criou alguns testes de verificação.

O *Miller-Test* constitui uma análise do discurso, a fim de verificar a incidência de obscenidade. O teste foi criado em 1973, no caso *Miller v. California*, motivo pelo qual recebeu esse nome.

Desenvolve-se em três etapas. Verificar-se-á que o discurso é obsceno quando: a) o homem médio, segundo padrões contemporâneos da comunidade, considere que a obra, tida como um todo, atrai o interesse lascivo; b) quando a obra retrata ou descreve, de modo ofensivo, conduta sexual, nos termos do que definido na legislação estadual aplicável; c) quando a obra, como um todo, não possua um sério valor literário, artístico, político ou científico.

Ao se referir ao "homem médio", a Suprema Corte excluiu o juízo de valor de pessoas mais sensíveis da comunidade. Outrossim, os valores a serem considerados são os da "comunidade" e não os "nacionais". O que ofende uma pessoa média em Manhattan (no Kansas) pode ser diferente daquilo que ofende uma pessoa média em Manhattan (em Nova York). Por fim, segundo o *Miller-Test*, a obra ou o discurso deve ser examinado "como um todo", e não apenas em partes.

No Brasil, o *Miller-Test* foi utilizado pelo STF no Recurso Extraordinário 898.450/SP (que examinou a questão de candidatos tatuados em concursos públicos). Se, em regra, as tatuagens não podem afastar o candidato do certame, há exceções, como as tatuagens obscenas. Para aferir o conceito de *obscenidade*, o STF se utilizou do *Miller-Test*: "a tatuagem considerada obscena deve submeter-se ao *Miller-Test*, que, por seu turno, reclama três requisitos que repugnam essa forma de pigmentação, a saber: (i) o homem médio, seguindo padrões contemporâneos da comunidade, considere que a obra, tida como um todo, atrai o interesse lascivo; (ii) quando a obra retrata ou descreve, de modo ofensivo, conduta sexual, nos termos do que definido na legislação estadual aplicável, (iii) quando a obra, como um todo, não possua um sério valor literário, artístico, político ou científico" (RE 898.450, plenário, rel. Min. Luiz Fux, j. 17-8-2016).

14.8.1.1.4. Outras limitações legais

Assim como nos casos de "obscenidade", a *pornografia infantil* não está protegida pela Primeira Emenda que tutela a liberdade de expressão. No caso *New York v. Ferber*, a Suprema Corte dos Estados Unidos decidiu que não está protegida pelo direito fundamental à liberdade de expressão: a representação visual de crianças ou adolescentes em filmes ou fotografias em uma variedade de atividades sexuais, reais ou simuladas, ou exposição dos genitais. A razão pela qual tais representações podem ser proibidas foi o interesse governamental em proteger o bem-estar físico e psicológico das crianças.

Curiosamente, a Suprema Corte dos Estados Unidos não considerou pornografia infantil a "pornografia virtual", com representação de crianças ou adolescentes através de imagens computadorizadas, ou em casos de adultos representando crianças. Tal decisão foi proferida no caso *Ashcroft. v. Free Speech Coalition* (2002).

Da mesma forma, os *crimes contra a honra*, como calúnia e difamação, não estão protegidos pela liberdade de expressão.

Outrossim, nos Estados Unidos, os pastores e outras autoridades religiosas geralmente são livres para dizer o que desejam aos seus fiéis. E muitos o fazem, falando vigorosamente sobre uma série de tópicos potencialmente inflamados, incluindo política, aborto, raça e casamento gay. Mas há uma linha que não deve ser cruzada: endossar candidatos políticos. O Congresso aprovou uma emenda ao código tributário dos EUA em 1954 que proibia as organizações 501 (c) (3) – grupos isentos de impostos, como igrejas e instituições de caridade – de qualquer atividade de campanha política. E, nas últimas décadas, fortaleceu ligeiramente essa proibição. Mais recentemente, em 1987, o Congresso esclareceu a linguagem para especificar que também se aplica a fazer declarações contra candidatos políticos. Chamamos tal legislação de "Igreja Sem Partido", um fenômeno que defendemos seja igualmente implantado em nosso país.

14.8.2. Modelo alemão e brasileiro

Diferentemente do modelo norte-americano, que tutela a liberdade de expressão de maneira amplíssima, com raros e delimitados casos de restrição, o modelo alemão e brasileiro considera a liberdade de expressão com o mesmo *status* dos demais direitos fundamentais, motivo pelo qual, havendo um conflito com qualquer outro direito fundamental, deverá o intérprete fazer um juízo de ponderação. Como afirma Daniel Sarmento, "na Alemanha, a liberdade de expressão é considerada como um dos mais importantes direitos fundamentais no sistema constitucional, muito embora, ao contrário do que ocorre nos Estados Unidos, ela não desfrute de uma posição de superioridade em relação aos demais direitos"[72].

No mesmo diapasão, afirmam Riva Sobrado de Freitas e Matheus Felipe de Castro que, "em países como a Alemanha, especialmente após a Segunda Guerra Mundial, observa-se preocupação clara com a regulação da Liberdade de Expressão e a repercussão do discurso de ódio. Sem dúvida, a liberdade de expressão constitui direito fundamental, mas convive com o princípio da dignidade da pessoa humana a lhe opor limites. É importante ressaltar também que o princípio da dignidade da pessoa humana adquire valor máximo de hierarquia no ordenamento jurídico alemão consagrado no art. 1º da Lei Fundamental, Constituição promulgada no pós-guerra conhecida como Lei Fundamental de Bonn"[73].

Por exemplo, o Tribunal Constitucional alemão, no caso *Lebach* – 35 VerfGE 202, proibiu a exibição de um programa de televisão que faria a reconstituição de um crime, vários anos depois da sua prática, no momento em que o condenado estava prestes a ser solto. O Tribunal entendeu que não havia mais interesse público sobre o debate e que a exibição do programa inviabilizaria a ressocialização do réu, violando os direitos de sua personalidade. Tais direitos prevaleceram, no caso, sobre a liberdade de expressão.

Assim como no modelo brasileiro, a Alemanha possui uma série de limites externos à liberdade de expressão, previstos principalmente na legislação infraconstitucional, como exemplifica Winfried Brugger: "a criminalização, pelo Código Penal alemão, da incitação ao ódio, insulto ou ataque à dignidade humana de partes da população ou de grupos identificados pela nacionalidade, raça, etnia ou religião; a penalização, ainda, da participação em organizações neonazistas, e da exibição de símbolos, bandeiras, uniformes e saudações nazistas etc."[74].

No Brasil, inúmeras são as limitações externas da liberdade de expressão e impostas pela lei infraconstitucional. Podemos citar, por exemplo, o crime de racismo (Lei n. 7.716/89), os crimes contra a honra (arts. 138 a 140 do Código Penal), incitação ao crime (art. 286 do Código Penal), apologia de crime ou criminoso (art. 287 do Código Penal) etc.

Além das limitações externas (decorrentes de outros direitos fundamentais ou de normas infraconstitucionais), o direito à liberdade de expressão possui limites internos ou limites imanentes. Ou seja, o direito fundamental à liberdade de expressão não protege todos os discursos possíveis. Os principais exemplos de limites internos ou imanentes da liberdade de expressão são as *notícias falsas ou inverídicas* (*fake news*) e os *discursos de ódio*.

---

72. *A Liberdade de Expressão e o Problema do "Hate Speech"*, p. 10. Prossegue o autor: "os Tribunais com frequência ponderam a liberdade de expressão com outros bens jurídicos, sobretudo direitos da personalidade, empregando o princípio da proporcionalidade, de forma similar ao que ocorre no Canadá. Na verdade, no Direito alemão é a dignidade da pessoa humana, e não a liberdade de expressão, o valor máximo da ordem jurídica" (p. 10).
73. *Liberdade de Expressão e Discurso do Ódio: Um Exame sobre as Possíveis Limitações à Liberdade de Expressão*, p. 347. Seguem os autores: "Dessa forma, haverá sempre ponderação entre a Liberdade de Expressão e outros direitos fundamentais. Para os casos de violação de um direito constitucional, a solução se dará pelo princípio da proporcionalidade, com base em uma análise multinível".
74. Op. cit., p. 10.

14.8.2.1. Informações falsas ou inverídicas (fake news)

A difusão de notícias falsas ou inverídicas, muitas vezes divulgadas com finalidades políticas ou econômicas, sobretudo nas redes sociais, é um dos males contemporâneos. Em 2017, Declaração conjunta da Relatoria Especial da ONU para Liberdade de Opinião e Expressão e pela Relatoria Especial da OEA pela Liberdade de Expressão afirmou que "desinformação e propaganda são frequentemente projetadas e implementadas com o objetivo de confundir a população e interferir no direito do público de conhecer e no direito das pessoas de buscar e receber e também transmitir informações e ideias de toda índole, sem considerar os limites, direitos estes protegidos pelas garantias legais internacionais dos direitos à liberdade de expressão e de opinião".

A veiculação de informações falsas ou inverídicas (popularmente denominadas de *fake news*) extrapola, no nosso entender, os limites da *liberdade de expressão*, máxime por violar o direito difuso à informação (art. 5º, XIV, CF). Ora, se o Estado assegura a todos o "direito à informação", tem o dever de assegurar que as informações sejam verdadeiras, e não mentirosas, tendenciosas. Omitir-se diante das mentiras reiteradamente difundidas consiste numa violação do princípio da proporcionalidade, na sua modalidade, proibição da proteção insuficiente (*untermassverbot*). Por essa razão, pode o legislador ordinário coibir essa modalidade de discurso, penal ou civilmente. No Brasil, a divulgação dolosa de certas notícias falsas, para fins eleitorais, configura crime, com pena de reclusão de 2 a 8 anos, desde 2019, por força da Lei n. 14.192/2021, que acrescentou o art. 323, *caput*, do Código Eleitoral: "divulgar, na propaganda eleitoral ou durante período de campanha eleitoral, fatos que sabe inverídicos em relação a partidos ou a candidatos e capazes de exercer influência perante o eleitorado". Quanto às demais notícias falsas que não configuram crime, mas têm o intuito de confundir, iludir, induzir outras pessoas a equívocos, entendemos que há limites internos e externos que retiram de tal discurso a proteção jurídico-constitucional. Primeiramente, trata-se de um limite interno (limite imanente) do direito à liberdade de expressão, já que essa não pode proteger todos os discursos, sobretudo os imorais, os mentirosos, os tendenciosos, cujo propósito é confundir, iludir, enganar. Outrossim, trata-se de um limite externo, na medida em que a liberdade de expressão, um importante direito fundamental, encontra seu limite em outro direito fundamental: o direito à informação verídica.

Essa também é a posição do STF: "a informação que goza de proteção constitucional é a verdadeira. A divulgação deliberada de uma notícia falsa, em detrimento de outrem, não constitui direito fundamental do emissor. Os veículos de comunicação têm o dever de apurar, com boa-fé e dentro de critérios de razoabilidade, a correção do fato ao qual darão publicidade. [...] Para haver responsabilidade, é necessário haver clara negligência na apuração do fato ou dolo na difusão da falsidade" (Medida Cautelar na Reclamação 18.638/CE, rel. Min. Roberto Barroso, 17-9-2014).

Propalar informações falsas acaba por violar outro direito fundamental: o direito à informação, previsto no art. 5º, XIV, CF ("é assegurado a todos o acesso à informação"). Como afirma Deborah Sant'Anna Lima Bosque, "entende-se que a legitimidade do exercício do direito de informação é fragilizada se for veiculada de forma falsa e manipulada em meios de comunicação privado ou público, sendo de grande relevância a tutela coletiva deste direito que, caso não seja cumprido, leva os indivíduos a serem alienados diante das questões do país e do mundo que vivem"[75]. Não obstante, é necessário distinguir as *notícias falsas* das paródias, das sátiras. Como afirma Giulia Ferrigno Poli Ide Alves, "a sátira diferencia-se da notícia farsante (*hoax*) na medida em que a primeira não tem o condão e sequer o intuito de enganar, enquanto a segunda tem"[76].

Seguindo a teoria do "comércio livre de ideias", a Suprema Corte norte-americana entendeu que a divulgação de informações falsas (*false speech*) também recebe a proteção constitucional da Primeira Emenda (caso *United States v. Alvarez*, 567 US 709 2012). Já os Tribunais do Brasil e da Alemanha julgam de forma diferente.

O Tribunal Constitucional alemão decidiu que "onde as expressões de opinião estão ligadas a afirmações factuais, a proteção merecida pode depender da verdade do fundamento factual. Se essas suposições forem falsas, a liberdade de expressão irá rotineiramente ceder à proteção da personalidade" (BVerfGE 61, 1). Um caso emblemático de análise e restrição da divulgação de *ideias falsas* ocorreu em 1994. O Tribunal Constitucional entendeu válido o governo da Baviera, que condicionou a autorização de um Congresso no qual participaria o "historiador" revisionista David Irving, ao compromisso de que, no evento, não fosse defendida a tese de negação do Holocausto. Como afirma Daniel Sarmento, "entendeu a Corte que a negação do Holocausto não era uma manifestação de opinião, mas a afirmação de um fato, e que as afirmações inverídicas sobre fatos, por não contribuírem em nada para a formação da opinião pública, não são constitucionalmente protegidas pela liberdade de expressão. (...) Portanto, negar este terrível acontecimento histórico implicaria, na ótica da Corte, em continuar a discriminação contra o povo judeu"[77].

Nesse famoso caso, o Tribunal Constitucional fez um alerta: não se deve confundir *opiniões controversas* e *notícias falsas*. "Em outras palavras, na dicção do próprio Tribunal: afirmar que a Alemanha não deu causa à 2ª Guerra Mundial é uma opinião, que, embora improvável, deve ser admitida (BVerfGE 90, 1, conhecido como 'Caso Fabricação Histórica'). Porém, negar ou minimizar o Holocausto é uma afirmação sobre fatos – afirmação essa já cabalmente refutada"[78].

O tema em questão vem sendo enfrentado pelo STF no curso do Inquérito 4.782/DF (conhecido como "inquérito das *fake news*"), relatado pelo Min. Alexandre de Moraes. Em uma das suas decisões, foi determinada a suspensão de várias contas de usuários nas redes sociais, sob o argumento de utilização indevida do direito à liberdade de expressão para difusão de notícias falsas: "as diligências iniciais, descritas nos autos especialmente na decisão datada de 26 de maio de 2020, indicam possível existência de uso organizado de ferramentas de informática, notadamente contas em redes sociais, para criar, divulgar e disseminar informações falsas ou aptas a lesar as instituições do Estado de Direito, notadamente o STF". Por essa razão, o Tribunal decidiu pelo "afastamento afastamento excepcional de garantias individuais, que não podem ser utilizados como um *verdadeiro escudo protetivo* para a prática de atividades ilícitas" (trecho do voto do Min. Alexandre de Moraes, Inq. 4781, 22-7-2020).

Como afirmamos desde a primeira edição desta obra, o combate às *fake news* será, nos próximos anos, uma tarefa árdua, com múltiplos agentes: as próprias empresas, especialmente

---

75. *A Tutela Difusa do Direito de Informação Verdadeira Através da Ação Civil Pública*, p. 1.802.
76. *Reflexões sobre o Fenômeno da Desinformação: Impactos Democráticos e o Papel do Direito*, p. 265.
77. Op. cit., p. 10.
78. João Trindade Cavalcante Filho. *O Discurso do Ódio na Jurisprudência Alemã, Americana e Brasileira*, p. 105.

as redes sociais, devem criar seus métodos de controle; o legislador deve delimitar o conceito de *fake news*, estabelecer formas de controle e repressão dessa prática; o Judiciário deve ponderar os interesses em conflito, não confundindo a difusão proposital de informações enganosas (*fake news*) com as sátiras, as opiniões controvertidas etc. Nas eleições presidenciais de 2022, um dos temas mais discutidos nos Tribunais (especialmente no Tribunal Superior Eleitoral e Supremo Tribunal Federal) e por toda a sociedade foi a colisão entre a liberdade de expressão (e seus limites) e o direito à informação (e a difusão de notícias falsas), bem como os limites de atuação do Poder Judiciário. Por reiteradas vezes, decisões e atos normativos do Tribunal Superior Eleitoral, feitos na tentativa de conter a disseminação de notícias falsas foram muitas vezes acusadas de serem violações indevidas da liberdade de expressão. Por essa razão, criamos o novo tópico abaixo.

14.8.2.1.1. O combate às "fake news" e os limites de atuação do Poder Judiciário: os tênues limites entre a atuação e o ativismo

O avanço da tecnologia, especialmente a tecnologia da informação, mudou a sociedade contemporânea de forma definitiva. Indubitavelmente, o avanço tecnológico trouxe consigo inúmeros benefícios, como a aproximação entre as pessoas, a realização de reencontros improváveis, o aumento da liberdade de locomoção em razão do trabalho à distância, a profunda redução de gastos das empresas, em razão da realização de atividades remotas etc.

Todavia, o avanço tecnológico trouxe também muitos perigos. Primeiramente, criou-se uma falsa percepção de que o "ambiente virtual" é um espaço em que a legislação não se aplica, especialmente a proteção legal do **direito à honra e à intimidade.** Sociólogos ou psicólogos podem explicar melhor, mas é nítido o recrudescimento da população que, em vez de dialogar com quem pensa diferente, ofende, humilha, ameaça (como se essas três condutas fossem lícitas). Na internet, podem ser encontradas manifestações que inspiram, ajudam e curam, também podem ser encontradas manifestações do mais profundo ódio, preconceito e racismo. Umberto Eco, autor italiano de obras importantíssimas, também é famoso por uma frase dita por ele no fim de sua vida: "a internet deu voz aos imbecis". De fato, manifestações racistas, homofóbicas, preconceituosas, propositalmente falsas e enganosas sempre houve. Todavia, antes ocorriam no balcão de um bar, na mesa de bilhar ou no almoço de família. Agora, tais manifestações não causam perplexidade (ou admiração) apenas naquele círculo reduzido de pessoas em volta de uma mesa, podendo hoje atingir um número incontável de pessoas. Personalidades políticas ou sociais emergem desse cenário, sabedores de que quanto mais agressiva ou controversa a manifestação, maior engajamento ela produzirá. Nas eleições parlamentares de 2022, alguns dos deputados federais mais votados do país foram aqueles que souberam melhor usar as redes sociais. Discursos moderados, ponderados, pacifistas não causam o mesmo engajamento que discursos ofensivos, agressivos, despropositados. Esse fenômeno vem ocorrendo em todo o mundo.

Outro seríssimo perigo é a utilização de ferramentas tecnológicas para induzir pessoas em erro, com a propagação intencional de informações sabidamente falsas ou adulteradas, mais conhecidas atualmente como ***fake news***. Tais práticas podem ter finalidades das mais diversas e comumente os seus responsáveis buscam vantagens (econômicas, sociais e, principalmente, políticas e eleitorais). Nas eleições brasileiras de 2018, 2020 e 2022, esse foi um dos temas jurídicos de maior discussão. Já comentamos acima que a propagação de notícias ou informações sabidamente falsas ou adulteradas não está acobertada pelo direito à liberdade de expressão. Em alguns casos, se praticada durante o período de campanha eleitoral, pode configurar crime. Segundo o art. 323, do Código Eleitoral, é crime "divulgar, na propaganda eleitoral ou durante período de campanha eleitoral, fatos que sabe inverídicos em relação a partidos ou a candidatos e capazes de exercer influência perante o eleitorado".

Primeiramente, esse tipo penal se refere à divulgação de FATOS inverídicos (criados falsamente ou adulterados), não se aplicando a opiniões, como ocorre na jurisprudência alemã (podemos questionar as razões da guerra, mas não podemos negar o holocausto). Outro requisito é que haja DOLO (a ciência de que o fato divulgado é falso). Assim, o usuário incauto que difunde uma notícia falsa, acreditando ser ela verdadeira, não comete esse crime. Por fim, trata-se de um crime de *perigo concreto* e não de *perigo abstrato*, ou seja, não basta apenas praticar a conduta. Essa prática deve ter potencialidade real de influenciar o eleitorado ("capazes de exercer influência perante o eleitorado"). O envio de uma mensagem sabidamente falsa a um integrante da família, no nosso entender, não configura, em regra, o crime. Todavia, é importante frisar (e esse é um erro extremamente comum no Brasil) que o fato de não ser crime não significa que a conduta é lícita (compatível com o Direito). Ora, aplica-se ao Direito Penal o princípio da fragmentariedade (o Direito Penal só pune as violações mais profundas dos direitos fundamentais). Assim, embora não seja crime, outros ramos do Direito podem ser aplicados à conduta imprudente ou imoral do interlocutor que difunde a notícia falsa. Em uma rede social, por exemplo, tal conduta pode violar as normas contratuais de uso do serviço (dando ensejo à sua interrupção, temporária ou definitiva), pode ensejar a retirada das postagens, por ordem judicial, acompanhada ou não do dever de retratação, bem como pode ensejar indenização por danos morais ou materiais. Em se tratando de ocupante de cargo público, aplicar-se-á, se o caso, a responsabilização administrativa e política.

A questão que se levanta é complexa e de difícil resolução: quais os limites de atuação do Poder Judiciário no combate à propagação de notícias inverídicas ou adulteradas (*fake news*), sem que haja restrição indevida do direito à liberdade de expressão? No nosso entender, o Judiciário deverá se pautar por quatro pilares para nortear sua atividade: a) **excepcionalidade da intervenção jurisdicional; b) proporcionalidade da intervenção jurisdicional (menor restrição possível à liberdade de expressão); c) intervenção posterior (em regra); d) impossibilidade de atuação de ofício; e) agilidade; f) eficácia.**

Primeiramente, deve ser **excepcional**, tendo em vista que o direito à liberdade de expressão é um dos pilares do princípio republicano e democrático. Como vimos anteriormente, a liberdade de expressão, quando se refere a autoridades públicas é (ou deveria ser) de maior amplitude, desde que não haja ofensas relacionadas a temas alheios, estranhos à atividade pública. Como vimos acima, ao tratar das *fake news*, a adulteração proposital dos fatos não pode ser confundida com opiniões ácidas, essas últimas protegidas (em regra) pela liberdade de expressão. Assim, a intervenção jurisdicional deve ser excepcional, sob pena de violação da *liberdade de expressão*. De certa maneira, a excepcionalidade da intervenção jurisdicional está prevista no art. 27, § 1º, da Resolução n. 23.671/2021 do TSE[79].

---

79. "A livre manifestação do pensamento de pessoa eleitora identificada ou identificável na internet somente é passível de limitação quando ofender a honra ou a imagem de candidatas, candidatos, partidos federações ou coligações, ou divulgar fatos sabidamente inverídicos". Entendemos que o referido dispositivo, embora correto, está incompleto. Há outros discursos que também podem ensejar intervenção jurisdicional (como manifestações racistas, homofóbicas, misóginas, discursos de ódio etc.).

A não interferência jurisdicional na opinião das pessoas, ainda que ácidas, tem uma diferenciação quando isso ocorre em veículos de comunicação social. Caso polêmico ocorreu em 2022, durante a campanha eleitoral presidencial, com o veículo de imprensa Jovem Pan. Durante toda a programação da emissora, durante esse período, jornalistas e comentaristas davam um tratamento diferenciado aos dois principais candidatos. Ainda que as manifestações se refiram a *opiniões* e não a *fatos distorcidos*, a Lei eleitoral (Lei n. 9.504/97, no seu art. 45, afirma que "é vedado às emissoras de rádio e televisão, em sua programação normal e em seu noticiário: IV – dar tratamento privilegiado a candidato, partido ou coligação". Nesse caso, decidiu o TSE: "o tratamento privilegiado não está apenas em conceder mais espaço na programação para um candidato. A sociedade, hoje, está em rede, e a apreensão de mensagens se faz de forma complexa. Se uma emissora, efetivamente, direciona sua programação para reverberar *fake news* que acatam adversários de um candidato e a integridade do processo eleitoral, é necessário avaliar os impactos dessa conduta sobre a normalidade eleitoral" (Ação de Investigação Judicial Eleitoral 0601483-41-2022.6.00.000, rel. Min. Benedito Gonçalves, j. 15-10-2022). Nesse caso emblemático, o TSE determinou a instauração de investigação contra a emissora de TV.

Outrossim, a essas restrições aplica-se o parâmetro da **proporcionalidade**, com seu aspecto *proibição do excesso*. O Estado não pode restringir excessivamente o direito fundamental à liberdade de expressão, de modo a ferir seu núcleo essencial, utilizando-se, para tanto, os critérios da *adequação, necessidade e proporcionalidade em sentido estrito*[80]. A primeira pergunta a ser feita é se a restrição à liberdade de expressão (por exemplo, a retirada da postagem do ar, o dever de retratação, o direito de resposta e, em casos extremos, a suspensão da conta em rede social) é ADEQUADA para proteger em parte o direito violado (o direito à informação violado pela propagação das *fake news*). Nesse caso, na enorme maioria dos casos, a resposta será afirmativa. O critério mais POLÊMICO e dependerá da análise do caso concreto é a NECESSIDADE. Das medidas restritivas possíveis, a medida aplicada é a menos lesiva ao direito de liberdade de expressão, dentre as medidas igualmente eficazes? Por exemplo, suspender uma conta de um usuário das redes sociais é a medida necessária para conter a difusão de notícias falsas? Não bastaria a aplicação de uma multa ou outras medidas menos lesivas? A análise dependerá do caso concreto. Entendemos que devem ser aplicadas medidas rigorosas (multas, instauração do processo penal – em caso de crime eleitoral, dever de retratação, direito de resposta etc.) antes da suspensão da conta do usuário ou da proibição de se manifestar. A aplicação de multa diária pela reiteração da prática, dentre outras penalidades, provavelmente conterá os atos ilícitos, antes de se tomar uma medida extrema, como retirar-lhe o poder de fala. Caso tais medidas sejam insuficientes, a suspensão temporária da conta é admitida, já que prevista no art. 4º da Resolução n. 23.714/2022 ("a produção sistemática de desinformação, caracterizada pela publicação contumaz de informações falsas ou descontextualizadas sobre o processo eleitoral, autoriza a determinação de suspensão temporária de perfis, contas ou canais mantidos em mídias sociais"), estendendo-se a outras redes sociais do usuário (art. 4º, parágrafo único).

Da mesma forma, a restrição à liberdade de expressão deve ser **posterior** (já que a restrição prévia, na maioria das vezes, confunde-se com censura). Outrossim, a intervenção deve ser

---

80. Tratamos melhor da *proporcionalidade* no capítulo reservado à Interpretação Constitucional (ou Hermenêutica Constitucional).

posterior, em regra. As consequências jurídicas podem ser aplicadas severamente àquele que infringe a norma legal e utiliza a liberdade de expressão de forma abusiva, como instrumento de desinformação. Todavia, somente depois de praticado o ato é que poderá ocorrer essa intervenção judicial, em regra. Todavia, essa punição só é possível após a prática do ato. Somente em casos excepcionalíssimos poderá o Estado (no caso, o Poder Judiciário) inibir que haja determinadas manifestações ou que sejam suspensos instrumentos de comunicação (como contas de redes sociais). Discordamos, portanto, de muitas das decisões judiciais que suspendem contas de redes sociais de determinadas pessoas acusadas (e até mesmo condenadas) pela prática do art. 323, do Código Eleitoral (difusão de *fake news* durante campanha eleitoral) ou proíbem a pessoa de dar entrevistas.

Por exemplo, discordamos da decisão da decisão proferida no dia 3 de maio de 2022, na Ação Penal n. 1.044, contra o deputado federal Daniel Silveira, que aplicou ao réu a medida cautelar de "proibição de frequentar toda e qualquer rede social e de conceder entrevista sem autorização judicial". Consta da decisão as seguintes medidas cautelares: "proibição de frequentar toda e qualquer rede social, instrumento utilizado para a prática reiterada das infrações penais imputadas ao réu (...); proibição de conceder qualquer espécie de entrevista, independentemente de seu meio de veiculação". Nossa discordância se dá por dois motivos. Primeiramente, a proibição de se manifestar em qualquer rede ou de dar entrevistas, parece-nos uma violação da proporcionalidade, no seu aspecto proibição do excesso, no seu segundo critério (necessidade) que vimos acima. Outrossim, entendemos que não poderia o juiz, no curso do processo penal, aplicar quaisquer medidas cautelares (como a suspensão do direito de dar entrevistas) que não estejam previstas em lei (art. 319, CPP). Essa é opinião de doutrinadores de peso, como Aury Lopes Júnior e Guilherme Madeira Dezem. É também nossa opinião. Todavia, infelizmente, não é a posição do STF (cujo pleno referendou as medidas acima), como do STJ, que decidiu recentemente: "Entende esta Sexta Turma que, 'por força do poder geral de cautela, de forma excepcional e motivada, não há óbice ao magistrado impor ao investigado ou acusado medida cautelar atípica, a fim de evitar a prisão preventiva, isto é, mesmo que não conste literalmente do rol positivado no art. 319 do CPP" (HC 469.453, 6ª Turma, rel. Min. Laurita Vaz, j. 19-9-2019). Somos contra a essa extensão das cautelares, porque dão, no nosso entender, uma "carta branca" ao magistrado que poderá aplicar qualquer restrição a quaisquer direitos. Entendemos que, em caso de reiteração da violação, a prisão preventiva é a medida prevista em lei.

Não obstante, há que se fazer duas ponderações: a) a própria empresa prestadora do serviço poderá, conforme suas regras contratuais e suas políticas de utilização, suspender a conta do usuário. Nesse caso, diante da inafastabilidade do controle jurisdicional, poderá o usuário questionar tal ato perante o Poder Judiciário, alegando violação ao seu direito de liberdade de expressão[81]; b) em casos sistemáticos, reiterados e ininterruptos de violação da norma jurídica, de forma excepcionalíssima, poderá o Poder Judiciário intervir previamente, de modo a impedir novas violações (nesse caso, justificada estaria até mesmo a suspensão de uma conta de

---

81. Essa afirmação demonstra a necessidade de se refletir imediatamente sobre um possível "constitucionalismo digital" (tema do qual tratamos no capítulo 1 desta obra). Indubitavelmente, o poder das grandes empresas tecnológicas as transformam em instituições quase tão poderosas como alguns Estados, merecendo um tratamento diferenciado (e global), de modo a resguardar vários direitos fundamentais que se apresentam nesse caso: a liberdade de expressão, a livre iniciativa, o direito à intimidade e à vida privada, o direito à honra etc., preservando a soberania do Estado.

redes sociais). Aplica-se, nesse caso, o mesmo critério de *cautelaridade* das prisões preventivas (e previsto no Código de Processo Penal). A prisão preventiva pode ser decretada para garantia da ordem pública, ou seja, para impedir a prática de novos crimes, desde que haja prova da materialidade (prova da existência do crime) e indícios de autoria. *Mutatis mutandis*, em se tratando de difusão de *fake news* ou outros discursos que violam a legislação, ao analisar o caso concreto, não havendo uma alternativa aparentemente capaz de impedir a reiteração ilícita, a suspensão da conta de usuário de uma rede social é medida que se torna possível. É o que dispõe o art. 4º da Resolução n. 23.714/2022 do TSE, acima transcrito.

Outro critério que deve ser atendido é a **impossibilidade de atuação jurisdicional de ofício**. Como não poderia ser diferente, a intervenção jurisdicional somente poderá ocorrer se o Judiciário for provocado, até porque seria teratológico se o próprio Tribunal, por sua própria iniciativa, desse ensejo a um processo que ele próprio julgaria ao final (por isso, questionamos a legalidade do chamado "inquérito das *fake news*" instaurado pelo STF, com base em questionável dispositivo de seu Regimento Interno). Não obstante, ao contrário do que muitos alardearam no ano de 2022, não me parece ser ilegal o conteúdo do art. 3º da Resolução n. 23.714/2022, que permite que o Tribunal Superior Eleitoral, por meio de sua presidência, estenda os efeitos de uma decisão colegiada proferida pelo Plenário do Tribunal sobre desinformação, para outras situações com idênticos conteúdos. Ora, nesse caso, o Tribunal foi inicialmente provocado, chegando a uma decisão plenária. Como afirmamos acima, a intervenção jurisdicional deve se pautar em alguns valores, como a eficiência. A extensão da decisão a conteúdos idênticos nos parece razoável e proporcional. Nesse caso, no nosso entender, deve a Justiça Eleitoral ampliar substancialmente seu corpo técnico de servidores, máxime aqueles especializados em mídias digitais e tecnologia da informação, de modo a tornar mais eficazes as decisões proferidas pela Corte Eleitoral.

Por fim, a atuação do judiciário deve se pautar pela *agilidade* e pela *eficácia*. Quanto à primeira, se a atuação jurisdicional não for ágil, os males causados pela proliferação das *fake news* serão irreparáveis. Por isso defendemos uma melhor instrumentalização do Ministério Público Eleitoral e da Justiça Eleitoral, para que estejam preparados para os avanços tecnológicos, com equipes técnicas especializadas no combate a essa prática. Outrossim, quanto à eficácia, a punição exemplar daquele que difundiu notícias sabidamente falsas (em período eleitoral tal conduta configura crime, como vimos) pode servir de exemplo a tantos outros que pensam em praticar condutas semelhantes. Como dizia Beccaria, "o que diminui a criminalidade não é a quantidade da pena, mas a certeza da punição". A ausência de punição àqueles que propagam, especialmente em período eleitoral, notícias sabidamente falsas, serve de estímulo a tantos outros.

A legislação brasileira tenta, a cada ano, coibir de forma eficaz (e a eficácia, nesse caso, está intimamente ligada à agilidade) a propagação de notícias sabidamente falsas. Além da norma penal acima mencionada (art. 323 do Código Eleitoral), seguidas são as Resoluções editadas pelo Tribunal Superior Eleitoral. Importante frisar que essa competência do Tribunal eleitoral decorre da própria lei: o Código Eleitoral, em seu art. 1º, parágrafo único, afirma que "o Tribunal Superior Eleitoral expedirá instruções para sua fiel execução".

14.8.2.2. *Discurso de ódio* (hate speech)

Um dos aspectos do direito à liberdade de expressão é o dever de neutralidade do Estado. O Estado não pode proteger somente os discursos que agradam as maiorias. O Estado deve proteger todos os discursos, ainda que desagradem muitos (desde que não haja violação de outros direitos fundamentais, incitação à violência ou discriminação e não configure a prática de crimes). Cass Sunstein, grande constitucionalista norte-americano, em obra específica sobre o tema (*Democracy and the Problem of Free Speech*), afirma que a liberdade de expressão "deve ser entendida como a incorporação de um forte compromisso de neutralidade. O Governo não pode descrever quais as linhas entre discursos que ele gosta e que ele odeia. [...] A neutralidade entre diferentes pontos de vista é o primeiro e mais importante compromisso do Governo".

Não obstante, embora o Estado não possa dar preferências a certos discursos, deverá coibir discursos criminosos, bem como os "discursos de ódio". Depois de experimentados os perigos do discurso de ódio na Alemanha nazista, vários tratados internacionais proibiram o discurso de ódio (*hate speech*), malgrado igualmente seja valorizada a liberdade de expressão: Declaração Universal dos Direitos Humanos (art. 19), Pacto dos Direitos Civis e Políticos (art. 19), Convenção Europeia de Direitos Humanos (art. 10), Convenção Interamericana de Direitos Humanos (art. 13) etc. Por exemplo, o Pacto de São José da Costa Rica permite restrições legais aos discursos que promovam "incitação à discriminação, à hostilidade, ao crime ou à violência".

Dessa maneira, os discursos de ódio são limites internos (ou limites imanentes) do direito à livre manifestação do pensamento. Isso significa que o direito fundamental não protege todo e qualquer discurso, haja vista que o direito possui um pressuposto fático limitado. Assim, os discursos de ódio não estão acobertados pela proteção constitucional.

No nosso entender, discursos de ódio são palavras que possuam capacidade de instigar violência, ódio ou discriminação contra pessoas, em virtude da raça, cor, etnia, nacionalidade, sexo, religião, ou outro fator de discriminação. Segundo Meyer-Plufg, a "incitação à discriminação" é o elemento nuclear para identificar o discurso de ódio.

Dessa maneira, não se deve confundir o *discurso preconceituoso* do *discurso de ódio*. Este último tem um elemento externo, que consiste na *incitação à discriminação ou à violência*. Por exemplo, o STF decidiu na ADO 26 (que criminalizou a homofobia) que não ferem a Constituição os discursos preconceituosos decorrentes de manifestações religiosas. É comum o ministro de confissão religiosa eleger como pecadores ou desviados pessoas de religião diversa, crenças diversas ou opções sexuais consideradas, pela religião, impróprias[82]. Tais discursos, malgrado preconceituosos ou segregadores, em regra, não ferem a Constituição, desde que não se transformem em discursos de ódio. Segundo o STF, podem os ministros de confissão religiosa "ensinar segundo sua orientação doutrinária e/ou teleológica, podendo buscar e conquistar prosélitos e praticar os atos de culto e respectiva liturgia, independentemente do espaço, público ou privado, de sua atuação individual ou coletivo, desde que tais manifestações não

---

82. Por exemplo, no livro *Sim, Sim! Não, Não! Reflexões de Cura e Libertação*, o padre Jonas Abib escreveu que "o demônio, dizem muitos, não é nada criativo. Ele continua usando o mesmo disfarce. Ele, que no passado se escondia por trás de ídolos, hoje se esconde nos rituais e nas práticas do espiritismo, da umbanda, do candomblé e de outras formas de espiritismo". A questão chegou ao STF, que assim decidiu: "conduta que, embora intolerante, pedante e prepotente, se insere no cenário do embate entre religiões e decorrente da liberdade de proselitismo, essencial ao exercício, em sua inteireza, da liberdade de expressão religiosa. Impossibilidade, sob o ângulo da tipicidade conglobante, que conduta autorizada pelo ordenamento jurídico legitime a intervenção do Direito Penal" (RHC 134.682/BA 1ª Turma, rel. Min. Edson Fachin, 29-11-2016).

configurem discurso de ódio, assim entendidas aquelas exteriorizações que incitem a discriminação, a hostilidade ou a violência contra pessoas em razão de sua orientação sexual ou de sua identidade de gênero" (grifamos).

A recentemente aprovada Convenção contra o Racismo, a Discriminação Racial e Formas Correlatas de Intolerância" traz parâmetros mais objetivos para determinação do "discurso de ódio", que antes era apenas conceituado pela doutrina e pela jurisprudência. Como afirma a doutrina, "o referido dispositivo apresenta uma série de elementos informadores que indicam a construção de um conceito normativo de discurso de ódio com base nas manifestações de discriminação, assim como de incitação ao ódio. Portanto, do ponto de vista da construção de um conceito normativo, em conformidade com os conceitos e critérios contidos na própria lei internacional, pode-se dizer que o discurso de ódio consiste na manifestação de ideias intolerantes, preconceituosas e discriminatórias contra indivíduos ou grupos vulneráveis, com a intenção de ofender-lhes a dignidade e incitar o ódio em razão dos seguintes critérios: idade, sexo, orientação sexual, identidade e expressão de gênero, idioma, religião, identidade cultural, opinião política ou de outra natureza, origem social, posição socioeconômica, nível educacional, condição de migrante, refugiado, repatriado, apátrida ou deslocado interno, deficiência, característica genética, estado de saúde física ou mental, inclusive infectocontagioso e condição psíquica incapacitante, ou qualquer outra condição"[83] (grifamos).

a) O discurso de ódio nos Estados Unidos

A Constituição norte-americana de 1789, como sabemos, no seu texto originário, não continha um rol de direitos e garantias fundamentais. Como estudamos em capítulos anteriores, a preocupação principal dos constitucionalistas norte-americanos era estabelecer a organização federal do novo país, bem como a competência dos órgãos, dos entes federativos e a supremacia da Constituição. Os direitos fundamentais foram incluídos posteriormente, por meio de emendas constitucionais, no que ficou conhecido como *Bill of Rights*, que entrou em vigor em 15 de dezembro de 1791. O preâmbulo da *Bill of Rights* dispunha: "porque muitos cidadãos temiam que o novo governo central estabelecido pela Constituição dos Estados Unidos se tornasse demasiado poderoso foram propostas emendas para proteger a liberdade de expressão, de imprensa, de religião e de outros direitos básicos. Foram aprovadas dez que hoje são conhecidas como Declaração dos Direitos (*Bill of Rights*)". A 1ª Emenda foi a que tratou da liberdade de manifestação do pensamento: "O Congresso não legislará no sentido de estabelecer uma religião, nem proibir o livre exercício de uma; nem cerceando a liberdade de expressão, ou de imprensa; ou o direito de o povo se reunir pacificamente e dirigir petições ao Governo para reparação de injustiças".

O valor dado pelos norte-americanos ao direito de *free speech* previsto na 1ª emenda é expressivo, máxime pela sua redação aparentemente absoluta ("O Congresso não legislará cerceando a liberdade de expressão"). Nas palavras de Daniel Sarmento, "é hoje, sem dúvida, o mais valorizado direito fundamental no âmbito da jurisprudência constitucional norte-americana". A jurisprudência norte-americana tutela substancialmente o direito à liberdade de ex-

---

83. Schäffer, Leivas e Santos. *Discurso de Ódio. Da Abordagem Conceitual ao Discurso Parlamentar*, p. 148. Uma Organização Não Governamental chamada "Artigo 19" elaborou estudo denominado *Princípios de Candem sobre a Liberdade de Expressão e Igualdade*, destinado a oferecer uma proposta para que os Estados possam elaborar um texto legal sobre o discurso de ódio.

pressão, com algumas atenuações, como nos casos de obscenidade, propaganda comercial e discurso político. Os controles e limitações do direito são comumente aplicados à forma do discurso (local, tempo e forma) do que ao seu conteúdo. Segundo Cass Sunstein, em obra específica sobre o tema (*Democracy and the Problem of Free Speech*): "a Primeira Emenda poderia ser entendida como a incorporação de um forte compromisso de neutralidade. O Governo não pode descrever quais as linhas entre discursos que ele gosta e que ele odeia. Todos os discursos estão em pé de igualdade. A proteção dada à liberdade de expressão é estendida igualmente aos comunistas e nazistas, à Ku Klux Klan e os Black Panthers, Martin Luther King, Malcolm X, Huey Long e George Wallace. [...] A neutralidade entre diferentes pontos de vista é o primeiro e mais importante compromisso do Governo. A concepção de neutralidade emergiu como característica principal desse direito".

A primeira decisão da Suprema Corte norte-americana acerca do discurso de ódio (*hate speech*) se deu em 1952. Trata-se do caso *Beauharnais vs. Illinois*, que versou sobre a condenação criminal decorrente da distribuição de panfletos racistas em Chicago, conclamando que os brancos se unissem contra os negros e que evitassem a miscigenação racial, acusando os negros de serem os principais responsáveis pelos crimes da cidade. A condenação foi mantida pela Suprema Corte, sob o argumento de que teria ocorrido difamação coletiva contra um determinado grupo (*group libel*).

Não obstante, anos depois, em 1969, a Suprema Corte norte-americana recuou na limitação do direito ao *free speech*, no caso *Brandemburg vs. Ohio*. A Suprema Corte reverteu à condenação de Brandemburg, líder da Ku Klux Klan no Estado de Ohio, que não só organizou reunião desse grupo, com trechos transmitidos pela TV. No seu discurso, Brandemburg disse que "os crioulos (*nigger* – expressão ofensiva usada por alguns americanos) deveriam ser devolvidos para a África e os judeus para Israel". A Suprema Corte não entrou no mérito do discurso, mas considerou que ele estaria protegido pelo direito da Primeira Emenda.

Não obstante, a doutrina contemporânea norte-americana tenta revisitar o conteúdo quase absoluto da Primeira Emenda, à luz dos novos valores democráticos e defesa das minorias. Voz central desse movimento é o brilhante professor Cass Sunstein (que antes utilizamos como fundamento teórico dos direitos dos animais), que conclui: "Através de uma série de memoráveis interpretações judiciais, nós adquirimos uma nova Primeira Emenda. A lei agora enfrenta novos problemas constitucionais, que emergiram de leis de campanha financeira, discursos de ódio, pornografia, direitos de acesso aos meios e lugares públicos. Esses problemas quebraram velhas alianças e prometem gerar novas compreensões da teoria e da prática da liberdade de expressão. [...] O que pode ser dito às vítimas de discurso de ódio e pornografia violenta? Os controles legais podem melhorar a programação de televisão para crianças? Que formas de deliberação pública o governo pode incentivar? Ao chegar a um acordo com essas questões, proponho que, no mínimo, devemos nos esforçar para produzir uma interpretação da Primeira Emenda que seja adequada aos ideais democráticos. Uma reconexão da Primeira Emenda com as aspirações democráticas exigiria uma reinterpretação ambiciosa do princípio da liberdade de expressão. Mas a reinterpretação teria muitas vantagens. Pode ajudar a trazer uma aliança entre aqueles que aparecem em ambos os lados de velhos e novos debates. Pode até ajudar a promover um 'New Deal' para o discurso, um que está simultaneamente atento aos objetivos históricos da liberdade de expressão e as novas configurações nas quais esses objetivos podem ser harmonizados"[84].

b) O discurso de ódio no Brasil

Vários artigos da Constituição Federal protegem a liberdade de expressão, a começar pelo art. 5º, IV, ora em comento. Além dele, temos o art. 5º, IX (que trata da liberdade intelectual e artística), o art. 220, *caput* ("a manifestação do pensamento, a criação, a expressão e a informação, sob qualquer forma, processo ou veículo não sofrerão qualquer restrição, observado o disposto nesta Constituição").

Não obstante, como mencionamos em item anterior, o direito à liberdade de manifestação do pensamento não é absoluto (assim como todos os demais direitos). A Constituição Federal estabelece uma série de valores que igualmente devem ser tutelados: a fraternidade (prevista no Preâmbulo), a solidariedade (do art. 3º, I, CF) e a busca pelo fim do preconceito de qualquer espécie (art. 3º, IV), dentre outros. Outrossim, o próprio art. 5º da Constituição Federal estabelece outras determinações que, nas palavras de Canotilho, seriam limites imanentes à liberdade de expressão: "a lei punirá qualquer discriminação atentatória dos direitos e liberdades fundamentais" (inciso XLI), "a prática do racismo constitui crime inafiançável e imprescritível, sujeito à pena de reclusão, nos termos da lei" (inciso XLII) etc.

Como afirma a doutrina, a prática do *discurso de ódio*, com seu caráter externo de incitar o ódio, a discriminação ou a violência, configura, na maioria das vezes, infração penal, como o racismo (previsto na Lei n. 7.716/89), mas invariavelmente poderá produzir consequências civis, em razão da lesão à honra, à intimidade ou à imagem das pessoas.

Como vimos acima, não há que se confundir o *discurso de ódio* com o *discurso intolerante*. Quanto a este último, no Recurso Ordinário em *Habeas Corpus* 134.682, o STF considerou atípico o livro de um padre que criticava a doutrina espírita, considerando-a inferior, incitando seus leitores a resgatar (sem violência) as pessoas que professam tal religião.

Em 2019, ao julgar pela criminalização da homofobia (ADO 26), o STF fez esta ressalva: "a repressão à prática da homotransfobia não alcança nem restringe ou limita o exercício da liberdade religiosa, qualquer que seja a denominação confessional professada, a cujos fiéis e ministros (sacerdotes, pastores, rabinos, mulás ou clérigos muçulmanos e líderes ou celebrantes das religiões afro-brasileiras, entre outros) é assegurado o direito de pregar e de divulgar livremente, pela palavra, pela imagem ou por qualquer outro meio, o seu pensamento e de externar suas convicções de acordo com o que se contiver em seus livros e códigos sagrados, bem assim o de ensinar segundo sua orientação doutrinária e/ou teológica, podendo buscar e conquistar prosélitos e praticar os atos de culto e respectiva liturgia, independentemente do espaço, público ou privado, de sua atuação individual ou coletiva, desde que tais manifestações não configurem discursos de ódio, assim entendidas aquelas exteriorizações que incitem a discriminação, a hostilidade ou a violência contra pessoas em razão de sua orientação sexual ou de sua identidade de gênero". Dessa maneira, poderão os religiosos, como muitos já fazem, pregar que a prática homossexual é pecado, que afronta a lei de Deus etc. Desde que esse discurso não incite a violência e o preconceito, será apenas um discurso hostil, de superioridade religiosa, mas não será um discurso vedado.

---

84. Op. cit., p. 102.

Por sua vez, no tocante ao *discurso de* ódio, o caso mais emblemático julgado pelo Supremo Tribunal Federal foi o HC 82.424 ("Caso Ellwanger"). Tratava-se de ação penal por crime de racismo tendo como réu Siegried Ellwanger, que escreveu, editou e publicou diversos livros de conteúdo antissemita, negando a ocorrência do Holocausto e atribuindo inúmeras características negativas ao caráter dos judeus.

c) O caso Ellwanger

O STF, além de examinar o conceito de "raça", para fins da Lei n. 7.716/89 (como já abordamos em capítulo anterior), entendeu que o direito à liberdade de manifestação do pensamento não é um direito absoluto e, por isso, um livro antissemita pode configurar o crime de racismo (art. 20, Lei n. 7.716/89).

Segundo o STF: "A edição e publicação de obras escritas veiculando ideias antissemitas, que buscam resgatar e dar credibilidades à concepção racial definida pelo regime nazista, negadoras e subversoras de fatos históricos incontroversos como o Holocausto, consubstanciadas na pretensa inferioridade e desqualificação do povo judeu, equivalem à incitação ao discrímen com acentuado conteúdo racista, reforçadas pelas consequências históricas dos atos em que se baseiam. Explícita conduta do agente responsável pelo agravo revelador de manifesto dolo, baseado na equivocada premissa de que os judeus não só são uma raça, mas mais do que isso, um segmento racial atávica e geneticamente menor e pernicioso. Liberdade de expressão. Garantia constitucional que não se tem como absoluta. Limites morais e jurídicos. O direito à livre expressão não pode abrigar em sua abrangência, manifestações de conteúdo imoral que implicam ilicitude penal. As liberdades públicas não são incondicionais, por isso devem ser exercidas de maneira harmônica, observados os limites definidos na própria Constituição Federal (CF, art. 5º, parágrafo 2º, primeira parte). O preceito fundamental de liberdade de expressão não consagra o 'direito à incitação ao racismo', dado que um direito individual não pode constituir-se em salvaguarda de condutas ilícitas, como sucede com os crimes contra a honra. Prevalência dos princípios da dignidade da pessoa humana e da igualdade jurídica" (HC 82.424, rel. Min. Moreira Alves, Relator para acórdão: Min. Maurício Corrêa, Tribunal Pleno, j. 17-9-2003).

Em nosso entender, a decisão proferida pelo Supremo Tribunal Federal no "caso Ellwanger" serve de parâmetro para todas as questões envolvendo no Brasil o *hate speech* (discurso de ódio). Nenhum direito é absoluto. Sempre que um ordenamento jurídico ou sistema judiciário afirma que um direito é absoluto, os detentores desse direito costumam dele abusar, violando outros direitos constitucionais tutelados. Ora, quando a Suprema Corte americana decidiu que o *free speech* era absoluto (e, por lá, para muitos, ainda é), um discurso da Ku Klux Klan foi transmitido pela TV e uma passeata antissemita foi realizada em Chicago. No Brasil, ao afirmarem que a presunção de inocência era absoluta, um ex-senador condenado opôs 37 embargos de declaração, com o único intuito de procrastinar o trânsito em julgado.

Malgrado não seja um direito absoluto, a liberdade de manifestação do pensamento é muito importante, umbilicalmente ligada à dignidade da pessoa humana e ao Estado Democrático de Direito. Dessa maneira, a relativização deve ser feita apenas em casos extremos, excepcionais. Não pode ser coibido o discurso apenas porque o conteúdo desagrada os detentores do poder, num determinado momento histórico. Todavia, o discurso não pode, impunemente, disseminar o ódio, o racismo, o preconceito.

14.8.2.3. Liberdade de manifestação do pensamento e a "Marcha da Maconha"

No Brasil, o porte de drogas para consumo pessoal é crime (art. 28, Lei n. 11.343/2006). Embora tenha ocorrido uma diminuição das penas com o advento da Lei n. 11.343/2006 e parte da doutrina (capitaneada por Luiz Flávio Gomes) entenda não se tratar mais de infração penal, o fato é que o porte continua sendo crime, segundo o texto legal. O Supremo Tribunal Federal não concluiu o julgamento do Recurso Extraordinário 635.659, relatado pelo Min. Gilmar Mendes, que analisa a constitucionalidade do art. 28 da Lei n. 11.343/2006.

Por todo o Brasil, houve manifestações públicas defendendo a mudança da legislação antidrogas brasileira. Alguns defendem a descriminalização do porte de drogas. Outros defendem a exclusão da "maconha" ("*Cannabis sativa L*") do rol das substâncias entorpecentes, estabelecido na Portaria n. 344/98 da Anvisa, ligada ao Ministério da Educação. A esses movimentos populares deu-se o nome de "Marcha da Maconha".

Embora, na maioria das vezes, essas "marchas" tenham ocorrido de forma pacífica, sem maiores transtornos, em algumas oportunidades os manifestantes foram presos pela prática do crime previsto no § 2º do art. 33 da Lei n. 11.343/2006 ("induzir, instigar ou auxiliar alguém ao uso indevido de droga"). A questão chegou ao Supremo Tribunal Federal por meio da ADPF 187, relatada pelo Min. Celso de Mello, e da ADI 4.274, relatada pelo Min. Carlos Ayres Britto.

Na ADI 4.274, o Supremo Tribunal Federal decidiu que "nenhuma lei, seja ela civil ou penal, pode blindar-se contra a discussão do seu próprio conteúdo. Nem mesmo a Constituição está a salvo da ampla, livre e aberta discussão dos seus defeitos e das suas virtudes, desde que sejam obedecidas as condicionantes constitucionais de reunião, tal como a prévia comunicação às autoridades competentes [...]. Ação direta julgada procedente para dar ao § 2º do art. 33 da Lei n. 11.343/2006, 'interpretação conforme à Constituição' e dele excluir qualquer significado que enseje a proibição de manifestações e debates públicos acerca da descriminalização ou legalização do uso de drogas ou de qualquer substância que leve o ser humano ao entorpecimento episódico, ou então viciado, das suas faculdades psicofísicas" (ADI 4.274, rel. Min. Ayres Britto, Tribunal Pleno, j. 23-11-2011).

Já na ADPF 187, embora tenha utilizado algumas ideias norte-americanas que criticamos anteriormente (como o *free market of ideas* – mercado livre de ideias, que permite o discurso de ódio – *hate speech*), decidiu-se que: "o direito à livre manifestação do pensamento: núcleo de que se irradiam os direitos de crítica, de protesto, de discordância e de livre circulação de ideias. Abolição penal (*abolitio criminis*) de determinadas condutas puníveis. Debate que não se confunde com incitação à prática de delito nem se identifica com apologia de fato criminoso. Discussão que deve ser realizada de forma racional, com respeito entre interlocutores e sem possibilidade legítima de repressão estatal, ainda que as ideias propostas possam ser consideradas, pela maioria, estranhas, insuportáveis, extravagantes, audaciosas ou inaceitáveis. [...] A proteção constitucional à liberdade de pensamento como salvaguarda não apenas das ideias e propostas prevalecentes no âmbito social, mas, sobretudo, como amparo eficiente às posições que divergem, ainda que radicalmente, das concepções predominantes em dado momento histórico-cultural, no âmbito das formações sociais" (ADPF 187/DF, rel. Min. Celso de Mello, Tribunal Pleno, 15-6-2011).

Embora não conste da emenda das decisões, concordamos com o voto do Min. Luiz Fux, na ADI 4.274/DF, que estabelece, à luz da Constituição, os seguintes parâmetros para tais manifestações: "1) trate-se de reunião pacífica, sem armas, previamente noticiada às autoridades públicas quanto à data, ao horário, ao local e ao objetivo, e sem incitação à violência; 2) não haja incitação, incentivo ou estímulo ao consumo de entorpecentes na sua realização; 3) não haja consumo de entorpecentes na ocasião da manifestação ou evento público [é muito importante, para esclarecer à opinião pública que não haja consumo de entorpecentes na ocasião. É importante distinguir que essa marcha é apenas uma reunião para manifestar livremente o pensamento]; 4) não haja a participação ativa de crianças, adolescentes na sua realização" (trecho do voto do Min. Luiz Fux na ADI 4.274/DF, j. 23-11-2011).

14.8.2.4. Liberdade de manifestação do pensamento e concurseiros tatuados

O Supremo Tribunal Federal, no Recurso Extraordinário 898.450, relatado pelo Min. Luiz Fux, declarou inconstitucionais as leis e editais que determinam a exclusão, nos concursos públicos, de candidatos tatuados, por serem violadores, dentre outros princípios constitucionais, do art. 5º, IV: a liberdade de expressão. Segundo o STF, "É direito fundamental do cidadão preservar sua imagem como reflexo de sua identidade, ressoando indevido o desestímulo estatal à inclusão de tatuagens no corpo. O Estado não pode desempenhar o papel de adversário da liberdade de expressão, incumbindo-lhe, ao revés, assegurar que minorias possam se manifestar livremente" (RE 898.450/SP, rel. Min. Luiz Fux, Tribunal Pleno, j. 17-8-2016).

Não obstante, como decidiu o Supremo Tribunal Federal, o direito de liberdade de expressão por meio das tatuagens também não é absoluto. Tatuagens preconceituosas, que expressam o ódio, o racismo, a incitação ao crime, podem obstacularizar o ingresso do candidato tatuado no concurso: "as restrições estatais para o exercício de funções públicas originadas do uso de tatuagens devem ser excepcionais, na medida em que implicam uma interferência incisiva do Poder Público em direitos fundamentais diretamente relacionados ao modo como o ser humano desenvolve a sua personalidade. A cláusula editalícia que cria condição ou requisito capaz de restringir o acesso ao cargo, emprego ou função pública por candidatos possuidores de tatuagens, pinturas ou marcas, quaisquer que sejam suas extensões e localizações, visíveis ou não, desde que não representem *símbolos ou inscrições alusivas a ideologias que exteriorizem valores excessivamente ofensivos à dignidade dos seres humanos*, ao desempenho da função pública pretendida, *incitação à violência iminente, ameaças reais* ou *representam obscenidades*, é inconstitucional" (RE 898.450/SP, rel. Min. Luiz Fux, Tribunal Pleno, j. 17-8-2016).

Dessa maneira, poderão ter repercussão jurídica, impedindo o ingresso em cargos públicos, as se-

Figura 14.9 – Homem tatuado (créditos ao final do livro).

guintes tatuagens: a) tatuagens que representam obscenidades[85]; b) tatuagens com reais ameaças; c) tatuagens com incitação à violência iminente[86]; d) tatuagens com símbolos ou inscrições alusivas a ideologias excessivamente ofensivas à dignidade dos seres humanos (como, por exemplo, tatuagens com símbolos nazistas).

Tatuagens que podem sofrer restrições em concursos públicos	– Tatuagens que representam obscenidades. – Tatuagens com ameaças reais. – Tatuagens com incitação à violência iminente. – Tatuagens com símbolos ou inscrições alusivas a ideologias excessivamente ofensivas à dignidade dos seres humanos.

14.8.2.5. Inconstitucionalidade da Lei de Radiodifusão Comunitária (Lei n. 9.612/98)

Em 16 de maio de 2018, o STF declarou a inconstitucionalidade do § 1º do art. 4º da Lei n. 9.612/98, Lei que dispõe sobre a "radiodifusão comunitária".

Segundo o referido dispositivo legal, "é vedado o proselitismo de qualquer natureza na programação das expressões de radiodifusão comunitária". Segundo o STF, o referido dispositivo legal fere o art. 5º, IV, da Constituição Federal. Isso porque "a liberdade de pensamento inclui o discurso persuasivo, o uso de argumentos críticos, o consenso e o debate público informado e pressupõe a livre troca de ideias e não apenas a divulgação de informações" (ADI 2.566, rel. p/ o acórdão Edson Fachin, j. 16-5-2018, Tribunal Pleno, Informativo 902).

14.8.2.6. Manifestações em instituições de ensino superior (ADPF 548)

Em 2018, às vésperas do segundo turno das eleições presidenciais, várias decisões foram proferidas, especialmente pela Justiça Eleitoral, proibindo "aulas com temática eleitoral" e quaisquer manifestações de apreço ou reprovação a candidatos. Essas decisões ensejaram a impetração da ADPF 548/DF pela Procuradora-Geral da República.

A Ministra relatora, Cármen Lúcia, suspendeu os efeitos de atos judiciais ou administrativos, que determinaram ou promoverem o ingresso de agentes públicos em universidades públicas e privadas, o recolhimento de documentos, interrupção de aulas, debates ou manifestações docentes ou discentes universitárias. Em sua decisão, a Ministra foi veemente: "O pluralismo de ideias está na base da autonomia universitária como extensão do princípio fundante da democracia brasileira, que é exposta no inc. V do art. 1º da Constituição

---

85. Segundo o STF, "a tatuagem considerada obscena deve submeter-se ao Miller-Test, que, por seu turno, reclama três requisitos que repugnam essa forma de pigmentação, a saber: (i) o homem médio, seguindo padrões contemporâneos da comunidade, considere que a obra, tida como um todo, atrai o interesse lascivo; (ii) quando a obra retrata ou descreve, de modo ofensivo, conduta sexual, nos termos do que definido na legislação estadual aplicável; (iii) quando a obra, como um todo, não possua um sério valor literário, artístico, político ou científico" (RE 898.450/SP, rel. Min. Luiz Fux, Tribunal Pleno, j. 17-8-2016).
86. Segundo o STF, "a tatuagem que incite a prática de uma violência iminente pode impedir o desempenho de uma função pública quando ostentar a aptidão de provocar uma reação violenta imediata naquele que a visualiza, nos termos do que predica a doutrina norte-americana das 'fighting words', como, v.g., 'morte aos delinquentes'" (RE 898.450/SP, rel. Min. Luiz Fux, Tribunal Pleno, j. 17-8-2016).

do Brasil. Pensamento único é para ditadores. Verdade absoluta é para tiranos. A democracia é plural em sua essência. E é esse princípio que assegura a igualdade de direitos individuais na diversidade dos indivíduos. Ao se contrapor a esses direitos fundamentais e determinar providências incompatíveis com o seu pleno exercício e eficaz garantia não se interpretou a norma eleitoral vigente" (Medida Cautelar na ADPF 548/DF, rel. Min. Cármen Lúcia, j. 27-10-2018).

14.8.2.7. Vedação ao anonimato

Como afirmamos anteriormente, a parte final do art. 5º, IV, da Constituição Federal traz a "vedação do anonimato", como garantia destinada a proteger uma série de direitos fundamentais, como a honra e a intimidade. Como decidiu o Supremo Tribunal Federal, "a proibição do anonimato tem um só propósito, qual seja, o de permitir que o autor do escrito ou publicação possa expor-se às consequências jurídicas derivadas de seu comportamento abusivo. Quem manifesta o seu pensamento através da imprensa escrita ou falada, deve começar pela sua identificação. Se não o faz, a responsável por ele é a direção da empresa que o publicou ou transmitiu" (STF – MS 24.369/DF, rel. Min. Celso de Mello).

Figura 14.10 – Fotografia de Cármen Lúcia, Ministra do Supremo Tribunal Federal (créditos ao final do livro).

Todavia, a jurisprudência do Supremo Tribunal Federal e do Superior Tribunal de Justiça admitem uma exceção: a denúncia anônima. Embora largamente disseminada, a expressão "denúncia anônima" não é tecnicamente correta, devendo ser chamada de *notitia criminis* anônima ou, simplesmente, informação anônima da prática de um crime. Nos tempos atuais, não é apenas permitida, como estimulada pelo poder público.

Segundo o STF e o STJ, a denúncia anônima pode ser aceita, com reservas. Isso porque, se de um lado a denúncia anônima auxilia na descoberta e investigação de muitas infrações penais, de outro lado pode esconder a prática de crimes durante a persecução penal. O agente responsável pela investigação, depois de obter uma informação (ainda que verdadeira) através de uma prova ilícita, conseguiria "legitimá-la", escondendo sua origem, através de uma denúncia anônima. Por isso, deve ser aceita com reservas.

Segundo o Supremo Tribunal Federal, uma ação penal não pode ser iniciada tendo como base, exclusivamente, uma denúncia anônima: "É por essa razão que o escrito anônimo não autoriza, desde que isoladamente considerado, a imediata instauração de *persecutio criminis*. Peças apócrifas não podem ser formalmente incorporadas a procedimentos instaurados pelo Estado, salvo quando forem produzidas pelo acusado ou, ainda, quando constituírem, elas próprias, o corpo de delito (como sucede com bilhetes de resgate no crime de extorsão mediante sequestro, ou como ocorre com cartas que evidenciem a prática de crimes contra a honra, ou que corporifiquem o delito de ameaça ou que materializem o *crimen falsi*, p. ex.). Nada impede, contudo, que o Poder Público, provocado por delação anônima ('disque-denúncia', p. ex.), adote medidas informais destinadas a apurar, previamente, em averiguação sumária, 'com prudência e discrição', a possível ocorrência de eventual situação de ilicitude penal, desde que o faça com o objetivo de conferir a verossimilhança dos fatos nela denunciados, em ordem a promover, então, em caso positivo, a formal instauração da *persecutio criminis*, mantendo-se, assim, completa desvinculação desse procedimento estatal em relação às peças apócrifas" (HC 97.197/PR, rel. Min. Joaquim Barbosa, 2ª Turma, j. 27-10-2009).

Não obstante, embora a denúncia anônima não possa ensejar o início da ação penal, nada impede que, com base nela, iniciem-se as investigações criminais, como decidiu o STF: "Admite-se a possibilidade de que a denúncia anônima sirva para deflagrar uma investigação policial, desde que esta seja seguida da devida apuração dos fatos nela noticiados" (AP 530/MS, rel. Min. Rosa Weber, relator p/ acórdão Min. Roberto Barroso, 1ª Turma, j. 9-9-2014).

Todavia, é importante frisar que, segundo o STF, a denúncia anônima não pode ensejar, isoladamente, a instauração de um inquérito policial. Segundo o Tribunal, ao receber uma "denúncia anônima", deverá a autoridade policial realizar diligências preliminares para averiguar se os fatos narrados são materialmente verdadeiros. Somente depois dessa averiguação preliminar é que se poderá instaurar o inquérito policial (HC 98.345/RJ, Primeira Turma, relator para acórdão Min. Dias Toffoli, 17-9-2010).

Segundo o Superior Tribunal de Justiça, não poderá o magistrado decretar a interceptação telefônica, com base apenas em uma denúncia anônima. Isso porque a interceptação é uma medida investigativa drástica, violadora de direitos fundamentais (como a intimidade e a vida privada), motivo pelo qual somente pode ser decretada em casos excepcionais. Decidiu o STJ: As garantias do processo penal albergadas na Constituição Federal não toleram o vício da ilegalidade mesmo que produzido em fase embrionária da persecução penal. A denúncia anônima, como bem definida pelo pensamento desta Corte, pode originar procedimentos de apuração de crime, desde que empreendidas investigações preliminares e respeitados os limites impostos pelos direitos fundamentais do cidadão, o que leva a considerar imprópria a realização de medidas coercitivas absolutamente genéricas e invasivas à intimidade tendo por fundamento somente este elemento de indicação da prática delituosa (HC 137.349, rel. Min. Maria Thereza de Assis Moura).

Por fim, tema polêmico, mas ainda não decidido pelo STF, é a constitucionalidade de leis estaduais que proíbem o uso de máscaras nas manifestações populares. O Estado de São Paulo, por exemplo, editou a Lei n. 50/2014, que proíbe o uso de máscaras em manifestações populares. Outra dessas leis é a Lei Estadual n. 6.528/2013 do Rio de Janeiro, declarada constitucional pelo Tribunal de Justiça daquele Estado, mas objeto de Recurso Extraordinário perante o STF (ARE 905.149, relatado pelo Min. Luís Roberto Barroso). O autor da ação (Partido da República) alega que a lei limita a liberdade de manifestação do pensamento e introduz restrições ao direito, de forma excessiva e desproporcional. Nesse processo, a Procuradoria-Geral da República opinou pela inconstitucionalidade da lei, por considerar uma limitação excessiva do direito fundamental de reunião[87]. De fato, se a vedação das máscaras em manifestações em

---

87. Segundo a PGR, em parecer publicado no dia 31 de março de 2020, "a proibição genérica de ocultação do rosto, durante reuniões públicas, é limitação inconstitucional do direito fundamental de reunião, porque ultrapassa os limites definidos na norma contida no art. 5º, XVI, da Constituição Federal e atinge o princípio democrático. A

tempos de normalidade serve para combater atos de criminalidade e vandalismo, em tempos autoritários de exceção, o uso das máscaras em manifestações pode ser uma forma de preservar a própria identidade e, por consequência, a própria vida. Dessa maneira, concordamos com o entendimento da Procuradoria-Geral da República, no sentido de que a vedação genérica do uso de máscaras em manifestações consiste numa restrição excessiva ao direito fundamental, violando o núcleo essencial do direito de reunião e, por consequência, é inconstitucional.

14.9. DIREITO DE RESPOSTA (ART. 5º, V, CF)

O art. 5º, V, da Constituição Federal traz as consequências civis e constitucionais do uso indevido ou desmedido do art. 5º, IV (a liberdade de manifestação do pensamento). Segundo o art. 5º, V: "é assegurado o direito de resposta, proporcional ao agravo, além da indenização por dano material, moral ou à imagem". Lembramos que o abuso da liberdade de manifestação do pensamento também poderá implicar consequências penais, responsabilizando o agente por crime contra a honra (calúnia, injúria ou difamação), ameaça, incitação ao crime, racismo etc.

Quanto às consequências civis, sendo violada a honra, a imagem, a intimidade, a vida privada ou qualquer outro direito fundamental, a Constituição permite, como forma de coibir lesões e, assim, garantir esses direitos: a) a indenização por dano material; b) a indenização por dano moral ou à imagem; c) direito de resposta, proporcional ao agravo.

Consequências civis do abuso da liberdade de manifestação do pensamento	Indenização por dano material
	Indenização por dano moral ou à imagem
	Direito de resposta, proporcional ao agravo

O *dano material* corresponde à efetiva diminuição do patrimônio ou a frustração de um ganho esperado. No primeiro caso, trata-se dos danos emergentes e, no segundo caso, dos lucros cessantes. Ambos são indenizáveis, nos termos do art. 5º, V, CF. Outrossim, não apenas o dano material é indenizável. Pela primeira vez no direito constitucional brasileiro, o *dano moral* deve ser igualmente reparado. Segundo o STF: "detectado pela mágoa profunda ou constrangimento de toda espécie, que deprecia o ser humano, gerando-lhe lesões extrapatrimoniais" (AI 196.379, rel. Min. Marco Aurélio, j. 23-3-1998).

Tanto o *dano material* quanto o *dano moral* podem ser indenizados, ainda quando o titular do direito violado for pessoa jurídica. Esse é o conteúdo da Súmula 227 do Superior Tribunal de Justiça: "a pessoa jurídica pode sofrer dano moral". No tocante à fixação da indenização por dano moral, tem-se adotado o "método bifásico", criado pelo STJ. Tal método analisa inicialmente um valor básico para a indenização, considerando o interesse jurídico lesado, com base em um grupo de precedentes que apreciaram casos semelhantes e, em seguida, numa segunda fase, faz-se uma análise das circunstâncias específicas do caso para fixação definitiva do valor da indenização[88].

---

proibição apriorística e geral do uso de máscaras em reuniões públicas afeta a liberdade cultural, que é incompatível com condicionamentos pelo Estado que permitam apenas as manifestações de cultura por ele abalizadas".
88. No Recurso Especial n. 1.152.541, o STJ explicou o método bifásico: "Na primeira etapa, deve-se estabelecer um valor básico para a indenização, considerando o interesse jurídico lesado, com base em grupo de precedentes jurispruden-

Outrossim, a jurisprudência é pacífica no sentido de admitir os *danos morais coletivos*. Segundo o STF, "o dano moral coletivo ocorre quando a violação a direito metaindividual causa lesão extrapatrimonial, como a que decorre da propaganda ilícita, que lesiona a sociedade em seus valores coletivos. A valoração da compensação à lesão coletiva deve observar as finalidades punitiva e preventiva, consideradas a repercussão lesiva da propaganda, o grau de culpa na sua produção e veiculação e os malefícios causados à população" (AI 864.832/DF, rel. Min. Ricardo Lewandowski, j. 24-4-2017).

A *imagem* também é tutelada, nas suas três modalidades: a) *imagem social*, também chamada de imagem objetiva ou honra objetiva (o que as pessoas pensam sobre o ofendido, tendo como titular tanto a pessoa física como a pessoa jurídica); b) *imagem-retrato* (a imagem física do indivíduo, capturada por recursos tecnológicos, como fotografias ou filmagens, bem como por meios artificiais, como pinturas e caricaturas; c) *imagem autoral* (imagem do autor que participa de obras coletivas).

Outrossim, o art. 5º, V, da Constituição Federal assegura àquele que foi ofendido em sua honra ou imagem, por conta do uso indevido ou desmedido da liberdade de manifestação do pensamento, o direito de resposta, proporcional ao agravo.

14.9.1. Direito de resposta

O direito consiste na possibilidade de responder às ofensas ou inverdades que foram proferidas, no mesmo veículo, no mesmo espaço e com o mesmo tempo onde a ofensa ou inverdade foi veiculada. Assim, se a ofensa se deu em uma página de um jornal, terá o ofendido o direito de responder em uma página do mesmo jornal. Se a ofensa se deu numa reportagem de cinco minutos de um telejornal, o ofendido terá o direito de responder, por cinco minutos, no mesmo horário em que a ofensa foi veiculada.

O assunto era regulamentado pela Lei de Imprensa (Lei n. 5.250/67), no seu capítulo V, nos arts. 29 a 36. Todavia, em razão da ADPF 130, relatada pelo Ministro Carlos Ayres Britto, o Supremo Tribunal Federal decidiu que a Lei de Imprensa não teria, em bloco, sido recebida pela Constituição Federal. A partir dessa decisão, portanto, o direito de resposta deixou de ter regulamentação. Mesmo sem regulamentação, continuou a ser aplicado, por força do art. 5º, § 1º, da Constituição Federal: "as normas definidoras dos direitos e garantias fundamentais têm aplicação imediata". Sem norma regulamentadora, o magistrado deveria se valer da analogia, costumes ou princípios gerais do direito como forma de integração da lacuna surgida com a decisão do Supremo Tribunal Federal.

A lacuna desapareceu com o advento da Lei n. 13.188, de 11 de novembro de 2015 (Lei do Direito de Resposta). Façamos algumas considerações acerca dessa legislação.

Primeiramente, nos termos do art. 1º da Lei do Direito de Resposta, "esta lei disciplina o exercício do direito de resposta ou retificação do ofendido em matéria divulgada, publicada ou transmitida por veículo de comunicação social". Como se vê, o direito de resposta só pode ser pleiteado quanto às matérias veiculadas por veículos de comunicação social (rádios, jornais, televisão, portais da internet etc.), "[...] independentemente do meio ou da plataforma de dis-

---

ciais que apreciaram casos semelhantes. Na segunda etapa, devem ser consideradas as circunstâncias do caso, para fixação definitiva do valor da indenização, atendendo a determinação legal de arbitramento equitativo pelo juiz" (3ª Turma, rel. Min. Paulo de Tarso Sanseverino, 13-9-2011).

tribuição, publicação ou transmissão [...]" (art. 2º, § 1º). Assim, não cabe a ação de direito de resposta contra ofensas individuais, como aquelas perpetradas em redes sociais, como Twitter e Facebook. Obviamente que ofensas publicadas nas redes sociais podem suscitar medidas civis (indenização, suspensão da postagem etc.) e penais, nos casos mais graves, mas não ensejarão a ação de direito de resposta.

A retratação ou retificação espontânea do ofensor não impedirá a ação pleiteando o direito de resposta (art. 2º, § 3º), que nunca será cabível contra os comentários de usuários da internet, em páginas eletrônicas de veículos de comunicação social (art. 2º, § 2º).

Segundo o art. 5º, § 2º, da Lei, "a ação de rito especial de que trata esta Lei será instruída com as provas do agravo e do pedido de resposta ou retificação não atendido, bem como com o texto da resposta ou retificação a ser divulgado, publicado ou transmitido, sob pena de inépcia da inicial, e processada no prazo máximo de 30 (trinta) dias". A exigência do "texto da resposta" na inicial da ação é importante para evitar as ofensas recíprocas, que não teriam fim.

Outrossim, conforme determina a Constituição, o direito de resposta deve ser "proporcional ao agravo". Para assegurar essa proporcionalidade, o art. 4º da Lei n. 13.188/2015, "a resposta ou retificação atenderá, quanto à forma e à duração, ao seguinte: I – praticado o agravo em mídia escrita ou na internet, terá a resposta ou retificação o destaque, a publicidade, a periodicidade e a dimensão da matéria que a ensejou; II – praticado o agravo em mídia televisiva, terá a resposta ou retificação o destaque, a publicidade e a duração da matéria que a ensejou; III – praticado o agravo em mídia radiofônica, terá a resposta ou retificação o destaque, a publicidade, a periodicidade e a duração da matéria que a ensejou".

Importante: nos termos do art. 3º da Lei n. 13.188/2015, o direito de resposta deve ser exercido no prazo decadencial de 60 dias, contados da data de cada divulgação, publicação ou transmissão da matéria ofensiva. Segundo essa norma, o direito é exercido nesse prazo "mediante correspondência com aviso de recebimento encaminhada diretamente ao veículo de comunicação social".

Se o veículo de comunicação social não divulgar, publicar ou transmitir a resposta ou retificação no prazo de 7 (sete) dias, poderá o interessado ajuizar ação judicial para pleitear o direito de resposta.

Entendemos que esse procedimento (exigência de etapa pré-processual e prazo decadencial de 60 dias) é constitucional, assim como também é constitucional o prazo decadencial do mandado de segurança. A função desse prazo é garantir a segurança jurídica dos veículos de comunicação social, que não serão rés de ações desse jaez contra matérias veiculadas há meses ou anos. Outrossim, esvaído o prazo decadencial, nada impede que o ofendido possa, por outros meios, ordinários, buscar a indenização pelos danos que lhe foram causados, junto ao Poder Judiciário.

Parte do art. 10 da Lei n. 13.188/2015 foi declarada inconstitucional. Isso porque o referido artigo afirma que: "das decisões proferidas nos processos submetidos ao rito especial estabelecido nesta Lei, poderá ser concedido efeito suspensivo pelo tribunal competente, desde que constatadas, em juízo colegiado prévio, a plausibilidade do direito invocado e a urgência na concessão da medida". O STF declarou inconstitucional a expressão "em juízo colegiado prévio", sob o seguinte argumento: "A Lei n. 13.188/15 estabelece um rito especial para o exercício do direito de resposta. O art. 10 da lei, ao exigir deliberação colegiada para a concessão de efeito suspensivo a decisão de primeiro grau em que se concede ou nega direito de resposta, importa em inobservância ao poder geral de cautela do juiz, contraria a organicidade do Judiciário e subverte a hierarquia que inspira a estrutura desse Poder no texto constitucional, conforme indicado no art. 92 da Constituição Federal. 2. Ação direta julgada procedente, declarando-se a inconstitucionalidade da expressão 'em juízo colegiado prévio', do art. 10 da Lei n. 13.188/15, e conferindo-se interpretação conforme à Constituição ao dispositivo, no sentido de permitir ao magistrado integrante do tribunal respectivo decidir monocraticamente sobre a concessão de efeito suspensivo a recurso interposto em face de decisão proferida segundo o rito especial do direito de resposta, nos termos da liminar anteriormente concedida" (ADI 5.415, rel. Min. Dias Toffoli, Pleno, j. 11-3-2021).

14.10. LIBERDADE DE CONSCIÊNCIA E CRENÇA (ART. 5º, VI, CF)

Segundo o art. 5º, VI, da Constituição Federal, "é inviolável a liberdade de consciência e de crença, sendo assegurado o livre exercício dos cultos religiosos e garantida, na forma da lei, a proteção aos locais de culto e a suas liturgias". Vários importantes aspectos podem ser extraídos do art. 5º, VI, da Constituição Federal. Vejamo-los:

a) Liberdade de consciência e crença

A liberdade de consciência consiste na liberdade de pensamento. Ninguém poderá ser cerceado por ter uma ideologia diversa da maioria (comunista numa sociedade que majoritariamente defende o capitalismo, defensor dos direitos sociais numa sociedade que majoritariamente defende o liberalismo etc.). O Estado terá principalmente um dever de abstenção, de não agir, impossibilitado de cercear essa liberdade individual. Não obstante, como vimos no capítulo anterior, esse direito (como os outros) tem uma dimensão objetiva, que exige que o poder público impeça violações a essa liberdade, seja por parte de seus agentes, seja por parte de particulares.

A liberdade de crença é o mesmo que a liberdade de consciência, só que voltada para o aspecto religioso, transcendental. Possui dois aspectos diversos: a) positivo: o direito de escolher a própria religião; b) negativo: o direito de não seguir, de não professar qualquer religião.

A liberdade de consciência decorre da laicidade do Estado brasileiro. O Brasil é um Estado laico, leigo, não possuindo religião oficial. Todas as Constituições brasileiras afirmaram a laicidade do Estado, exceto a Constituição de 1824, que, no seu art. 5º, prescrevia: "A Religião Catholica Apostolica Romana continuará a ser a Religião do Imperio. Todas as outras Religiões serão permitidas com seu culto doméstico, ou particular em casas para isso destinadas, sem forma alguma exterior do Templo".

A relação entre o Estado e Igreja foi diversa, a depender do período histórico e da cultura de cada país. Assim como há Estados laicos, que não possuem uma religião oficial (como o Brasil), há Estados confessionais, como a Argentina, que, no art. 2º de sua Constituição, afirma ser um Estado católico. Outro sistema possível é o chamado sistema da confusão, no qual Estado e Igreja se confundem, tendo como líder do governo e líder religioso a mesma pessoa.

A laicidade do Estado brasileiro pode ser verificada pela leitura do art. 19, I, da Constituição, que estabelece o distanciamento entre Estado e Igreja, de qualquer denominação. Segundo esse artigo, os entes federativos (União, Estados, Distrito Federal e Municípios) não podem estabelecer cultos religiosos ou igrejas, bem como subvencioná-los, embaraçar-lhes o funcionamento ou manter com eles ou seus representantes relações de dependência ou aliança, sendo possível, apenas, a colaboração de interesse público, na forma da lei.

Embora o Brasil seja um Estado laico, ainda há muitos resquícios deixados por um século de Estado Confessional e da intensa participação da Igreja na educação (muitas escolas cristãs foram e ainda são subvencionadas pelo poder público) e até mesmo na proximidade política com os detentores do poder. Alguns desses resquícios podem assim ser enumerados: 1) a palavra "Deus" no preâmbulo; 2) a expressão "Deus seja louvado" nas cédulas de real; 3) feriados cristãos; 4) crucifixos nas repartições públicas; 5) ensino religioso nas escolas. Analisemos essas cinco hipóteses:

1) A palavra "Deus" no Preâmbulo de nossa Constituição: o constituinte de 1988 concluiu o Preâmbulo com a expressão "promulgamos, sob a proteção de Deus, a seguinte Constituição da República Federativa do Brasil". A questão chegou até o Supremo Tribunal Federal, na ADI 2.076, relatada pelo Min. Carlos Velloso. Segundo o Supremo Tribunal Federal, o Preâmbulo não é norma constitucional, sendo norma de natureza política, e não jurídica. Por essa razão, "Invocar o amparo divino, a seu ver, não consigna algo que deva ser elevado ao posto de norma de reprodução obrigatória em constituições estaduais, não tendo força normativa" (STF, ADIn 2.076/AC, rel. Min Carlos Velloso).

2) A expressão "Deus seja louvado" nas cédulas de Real: desde 1986, por determinação do então Presidente da República José Sarney, o Banco Central do Brasil inseriu a expressão "Deus seja louvado" (provavelmente sob inspiração norte-americana, já que as cédulas de dólar ostentam a expressão "In God we trust"). O Ministério Público Federal ajuizou Ação Civil Pública contra o Banco Central (Ação Civil Pública 00119890-16.2012.4.03.6100, da 7ª Vara Federal de São Paulo), na qual afirmou: "A manutenção da expressão 'Deus seja louvado' na cédula monetária brasileira não se coaduna com mencionada condição de coexistência entre convicções religiosas, característica da laicidade estatal, uma vez que configura uma predileção pelas religiões adoradoras de Deus como divindade suprema, fato que, sem dúvida, impede a coexistência em condições igualitárias de todas as religiões cultuadas em solo brasileiro. A manutenção da situação em discussão constrange a liberdade de religião de todos os cidadãos que não cultuam Deus, tais quais os ateus e os que professam a religião budista, muçulmana, hindu e as diversas religiões de origem africana. Para se compreender fielmente o constrangimento e tratamento desigual dispendidos em face dos cidadãos não tementes a Deus, basta empreender um raciocínio de substituição. Imaginemos a cédula de Real com as seguintes expressões: 'Alá seja louvado', 'Buda seja louvado', 'Salve Oxossi', 'Salve Lord Ganesha', 'Deus não existe'. Com certeza cristalina haveria agitação na sociedade brasileira em razão do constrangimento sofrido pelos cidadãos crentes em Deus". A ação foi julgada improcedente, já que a juíza federal Diana Brunstein entendeu que a menção a "Deus" nas cédulas monetárias não parece ser um direcionamento estatal na vida do indivíduo que o obrigue a adotar ou não determinada crença.

3) Feriados cristãos: a Lei federal n. 9.093/95 dispõe sobre os feriados brasileiros. Segundo o art. 2º dessa lei, "são feriados religiosos os dias de guarda, declarados em lei municipal, de acordo com a tradição local e em número não superior a quatro, neste incluída a Sexta-Feira da Paixão". Outrossim, a Lei n. 6.802/80 declara ser "feriado nacional o dia 12 de outubro, para culto público e oficial a Nossa Senhora Aparecida, Padroeira do Brasil". Várias leis estaduais e municipais criaram feriados cristãos, na maioria católicos, algumas delas com a constitucionalidade questionada no Poder Judiciário (como a Lei n. 1.696/2012 do Estado do Amapá, que criou o Feriado Estadual "Dia de São Tiago", questionada na ADI 4.820. Em 20 de setembro de 2018, a ação foi julgada procedente: 1. A Lei n. 1.696/2012 do Estado do Amapá, ao instituir um feriado religioso estadual, usurpou a competência da União para legislar sobre direito do trabalho, uma vez que "implícito ao poder privativo da União de legislar sobre direito do trabalho está o de decretar feriados civis, mediante lei federal ordinária, por envolver tal iniciativa consequências nas relações empregatícias e salariais" (ADI n. 3.069/DF, Relatora a Ministra Ellen Gracie, Tribunal Pleno, DJ de 16/12/05). 2. No exercício de sua competência para legislar sobre o tema, a União promulgou a Lei n. 9.093/95, que estabelece que os Estados-membros somente poderão decretar como feriado a "data magna" de criação da unidade estadual. 3. O valor histórico, cultural e religioso da data não é argumento apto a justificar invasão da competência privativa da União para dispor sobre feriados, mantida a possibilidade de reconhecimento estadual como data comemorativa local. 4. Procedência do pedido inicial para se declarar a inconstitucionalidade da Lei n. 1.696/2012 do Estado do Amapá. (ADI 4820/AP, Amapá, Rel. Min. Dias Toffoli, Tribunal Pleno). Como nos manifestaremos ao final deste item, entendemos que a manutenção dos feriados religiosos já existentes encontra resposta no direito à cultura e às tradições culturais, previstos na Constituição Federal. Todavia, em nosso entender, a criação de novos feriados religiosos fere a laicidade do Estado brasileiro e, por isso, é inconstitucional. Entendemos que a Constituição não pode ser impingida à maioria da população para abolir o feriado do Natal (nascimento de Jesus Cristo) ou o Carnaval. Ambos já estão arraigados na cultura da sociedade brasileira, que, como vimos, também é constitucionalmente tutelada.

4) Crucifixos nas repartições públicas: eis um tema discutido em todo o mundo. Em 2011, a Corte Europeia de Direitos Humanos entendeu que os crucifixos nas escolas públicas da Itália não feriam a laicidade do Estado italiano, já que não feriam a liberdade religiosa dos estudantes de outras religiões. Também na Itália, o juiz Luigi Tosti foi condenado a 1 ano de prisão por ter se recusado a julgar uma causa na sala de audiência em que havia um crucifixo, insistindo em colocar na sala o menorá, símbolo religioso judeu. O Tribunal de Justiça do Rio Grande do Sul determinou que fossem retirados de todos os prédios do Judiciário gaúcho os crucifixos. O desembargador que proferiu a decisão no Processo 0139-11/000348-0 concluiu seu voto lembrando uma frase bíblica: "Dai a César o que é de César, e a Deus o que é de Deus". Todavia, nos Pedidos de Providências 1.344, 1.345, 1.346 e 1.362, de 2007 e mais recentemente, em 2016, no PP 0001058-48.2012.2.00.0000, o Conselho Nacional de Justiça decidiu que os crucifixos nos prédios do Judiciário não ferem a laicidade.

Segundo o Conselho Nacional de Justiça, "há aqueles que confundem Estado Laico com Estado Laicista, deturpação do primeiro, no qual se procura isolar o fator religioso à esfera puramente pessoal, proibindo ou cerceando as manifestações externas da religiosidade. [...] Da mesma maneira, há inegável prevalência do cristianismo, como fé predominante na nação o que não pode ser ignorado, mas que também não pode ofender a laicidade do Estado, nem apresentar caráter excludente. [...] Símbolos religiosos são também símbolos culturais, que corporificam as tradições e valores de uma cultura ou civilização, sintetizando-os. Nesse sentido, o Crucifixo é um símbolo simultaneamente religioso e cultural, consubstanciando um dos pilares – o mais transcendente – de nossa civilização ocidental. [...] Para acolher a pretensão de retirada de símbolos religiosos sob o argumento de ser o Estado laico, seria necessário também, extinguir feriados nacionais religiosos, abolir símbolos nacionais, modificar nomes de cidades e até alterar o preâmbulo da Constituição Federal. [...] Por isso, merece reparo a decisão do Conselho Superior da Magistratura do Tribunal de Justiça do Estado do Rio Grande do Sul que determinou, de forma discriminatória, a retirada dos crucifixos".

Com a devida e máxima vênia, entendemos que o argumento de que os crucifixos representam uma manifestação cultural é compreensível e, até mesmo, aceitável. Não obstante, a frase "para acolher a pretensão da retirada de símbolos religiosos [...] seria necessário também extinguir feriados religiosos [...] e até alterar o preâmbulo", é de um equívoco teratológico. Primeiramente, como alardeado nos bancos da academia, o Preâmbulo é uma manifestação política do poder constituinte originário, não podendo ser alterado, por emenda constitucional (já disse o STF: não é norma jurídica, mas norma política). Outrossim, afirmar que a retirada dos símbolos religiosos depende da abolição dos feriados religiosos é o mesmo que dizer que um erro só pode ser reparado depois que todos os erros semelhantes o sejam.

5) *Ensino religioso nas escolas:* Segundo o art. 210, § 1º, da Constituição Federal, "o ensino religioso, de matrícula facultativa, constituirá disciplina dos horários normais das escolas públicas de ensino fundamental". A norma constitucional é regulamentada pela Lei de Diretrizes e Bases da Educação Nacional (art. 33, §§ 1º e 2º) e pelo Decreto n. 7.107/2010 (art. 11), em razão de um acordo entre o Brasil e o Vaticano (!), para o ensino da matéria.

A Procuradoria-Geral da República ajuizou perante o STF a ADI 4.439. O Supremo Tribunal Federal julgou improcedente, por 6 votos contra 5. Segundo a maioria dos Ministros, o ensino religioso nas escolas brasileiras pode ter natureza confessional, ou seja, vinculado às diversas religiões. Consta do acórdão da referida decisão que o ensino religioso é "disciplina dos horários normais das escolas públicas de ensino fundamental, ministrada de acordo com os princípios de sua confissão religiosa e baseada nos dogmas da fé, inconfundível com outros ramos do conhecimento científico, como história, filosofia ou ciência das religiões" (ADI 4.439/DF, rel. Min. Roberto Barroso, relator para acórdão Min. Alexandre de Moraes, j. 27-9-2017). Assim, o Estado não é obrigado a ensinar às crianças, de forma genérica, o conteúdo das religiões, mas poderá ministrar os dogmas de uma só religião.

Discordamos veementemente da decisão majoritária do STF. Obviamente existem resquícios de aproximação entre o Estado e a Igreja, como estamos apontando nesta obra. Todavia, é dever do Estado, com o passar do tempo, minimizar essas aproximações (e não aumentar). Tal decisão acaba por prestigiar as religiões e as Igrejas da maioria, permitindo uma espécie de "catecismo estatal" na escola pública, em detrimento da minoria. O argumento de que a "matrícula é facultativa" não nos parece robusto, já que o Estado na maioria das vezes não oferece atividades pedagógicas substitutivas para tal disciplina. Em resumo, o aluno que não professa a religião ensinada pelo Estado ou fica em sala de aula contrariado ou fica do lado de fora esperando a aula acabar. Isso é lamentável.

Concordamos integralmente com o Ministro Celso de Melo (voto vencido), segundo o qual: "impõe-se, como elemento viabilizador da liberdade religiosa, a separação institucional entre Estado e Igreja, a significar, portanto, que, no Estado laico, como o é o Estado brasileiro, haverá, sempre, uma clara e precisa demarcação de domínios de atuação e de incidência do poder civil (ou secular) e do poder religioso (ou espiritual), de tal modo que a escolha, ou não, de uma fé religiosa revele-se questão de ordem estritamente privada, vedada, no ponto, qualquer interferência estatal, proibindo, ainda, ao Estado o exercício de sua atividade com apoio em princípios teológicos, ou em razões de ordem confessional, ou, ainda, em artigos de fé, sendo irrelevante – em face da existência constitucional de laicidade do Estado – que se trate de dogmas consagrados por determinada religião considerada hegemônica no meio social, sob pena de concepções de certa denominação religiosa transformarem-se, inconstitucionalmente, em critério definidor de decisões estatais e da formulação e execução de políticas governamentais". Conclui o Ministro: "Em uma palavra, o postulado da separação formal entre Igreja e Estado não permite que o Poder Público, tratando-se de escolas oficiais, culmine por assumir, caso se revelasse lícito reconhecer a possibilidade de ensino confessional, a condição de instrumento de propagação de ideias religiosas ou de meio executivo no processo de formação religiosa dos alunos nas escolas públicas do ensino fundamental" (voto do Min. Celso de Mello na ADI 4.439/DF, 27-9-2017).

De fato, ao mesmo tempo que a Constituição Federal prevê a liberdade de crença como direito fundamental (art. 5º, VI), bem como o distanciamento entre o Estado e a Igreja (art. 18), também prevê a tutela constitucional da cultura (art. 220). Uma Constituição que se distancia da realidade do país, tentando impor seus valores à revelia da vontade da sociedade, não terá força normativa, como já dizia Konrad Hesse. Por isso, entendemos que a laicidade é um valor a ser seguido, buscado, mas não imposto. Utilizar a Constituição para abolir o feriado do "Natal", por exemplo, por ser uma comemoração cristã do nascimento de Jesus Cristo, parece, pelo menos, um exagero desprovido de razoabilidade. Não obstante, como dissemos, a laicidade é um valor a ser seguido, buscado, seja pelo legislador, seja pelos demais detentores do Poder Público. Entender que os feriados cristãos já existentes, bem como os crucifixos já existentes nos prédios públicos, correspondem a uma manifestação cultural e, por isso, não ferem a laicidade é compreensível. Não obstante, não pode o Estado criar novos feriados religiosos, novos símbolos em prédios públicos ou vias públicas. Como já expusemos em capítulo anterior desta obra, não se pode confundir democracia com "ditadura da maioria". Impor a vontade da maioria é comum até mesmo nos regimes mais sangrentos e preconceituosos. Uma verdadeira democracia é aquela que consegue respeitar e valorizar a diferença, sem impor os desejos, a crença daqueles que são mais numerosos.

b) Livre exercício dos cultos religiosos

Assim como a Constituição assegura a liberdade de consciência e crença, assegura igualmente o livre exercício dos cultos religiosos (liturgias, cerimônias, procissões etc.). Todavia, assim como os demais direitos fundamentais, não se trata de um direito absoluto. Não serão admitidos sacrifícios humanos, cerimônias de madrugada que perturbem o sossego da vizinhança, cerimônias com utilização de drogas[89] etc.

b.1) Sacrifício de animais

O Supremo Tribunal Federal analisou em 2019 uma questão extremamente polêmica: o sacrifício de animais durante os cultos religiosos. Trata-se do Recurso Extraordinário n. 494.601, interposto pelo Ministério Público do Estado do Rio Grande do Sul contra decisão do Tribunal de Justiça que declarou a constitucionalidade da Lei estadual n. 12.131, que acrescen-

---

89. O Conselho Nacional de Políticas sobre Drogas (CONAD) editou a Resolução n. 1, de 2010, que regulamenta o uso religioso da *Ayahuasca* (conhecida como Santo Daime).

tou ao Código estadual de Proteção aos Animais gaúcho a possibilidade de sacrifícios de animais, destinados à alimentação humana, dentro dos cultos religiosos africanos.

Em 2018, o Ministro Marco Aurélio já havia proferido seu voto, no sentido da constitucionalidade da lei (admitindo o sacrifício de animais), desde que os animais abatidos fossem destinados ao consumo humano. Agora em 2019, o STF, por unanimidade, declarou a lei constitucional, sem a necessidade do consumo. Nas palavras de Luís Roberto Barroso, "não se trata de sacrifício para fins de entretenimento, mas para fins de exercício de um direito fundamental, que é a liberdade religiosa".

Outrossim, assim como dito por outros ministros, Luiz Fux afirmou que essa declaração de constitucionalidade "vai dar um basta nessa caminhada de violência e de atentados cometidos contra as casas de cultos de matriz africana".

Em resumo, a tese defendida pelo STF foi a seguinte: "é constitucional a lei de proteção animal que, a fim de resguardar a liberdade religiosa, permite o sacrifício de animais em religiões de matriz africana". Foram vencidos os Ministros Alexandre de Moraes, Marco Aurélio e Gilmar Mendes, que haviam proposto interpretação conforme a Constituição. Embora o STF tenha se referido às "religiões de matriz africana", analogicamente tal entendimento poderia ser aplicado a outros sacrifícios de animais, em outras religiões.

A decisão proferida pelo Supremo Tribunal Federal é consentânea com a jurisprudência de outros Tribunais Constitucionais. De fato, tem-se entendido que a liberdade de crença e de culto prevalece sobre o meio ambiente (na visão antropocêntrica) ou sobre o direito à vida dos animais (na visão biocêntrica).

Segundo o STF, o direito supostamente violado pelo sacrifício dos animais seria o meio ambiente (já que ele não reconhece os animais como sujeitos de direitos). Afirmou o Ministro Marco Aurélio: "mesmo condutas inseridas no contexto religioso devem observar o grau de protagonismo conferido, pela Constituição Federal, ao *meio ambiente*" (grifamos).

Nesse caso, podemos entender plenamente as razões da decisão do STF. Nós discordamos dos valores considerados em conflito. Embora o STF, mais uma vez, tenha considerado os animais meros objetos do direito (segundo ele, o direito violado seria o meio ambiente), entendemos que os animais são titulares de direitos fundamentais. Dessa maneira, em nosso ponto de vista, teríamos dois pesos numa balança, a serem ponderados: a vida do animal e o direito à liberdade de culto humano. O resultado da ponderação poderia ser o mesmo, mas os valores ponderados seriam diferentes.

Dessa maneira, como já defendemos em edições anteriores desta obra, em nosso entender, a questão merece legislação infraconstitucional. Simplesmente afirmar que é permitido incondicionalmente o abate de animais para fins religiosos significa "coisificar" a vida não humana, algo incompatível com o direito contemporâneo, biocêntrico (e não mais antropocêntrico). Como defendemos no capítulo anterior, entendemos que os animais não humanos são titulares de alguns direitos fundamentais, entre eles, principalmente, a vida digna. Por essa razão, deve a lei fazer uma ponderação entre os dois valores em conflito, para regulamentar os casos excepcionais em que tal abate pode se dar (por exemplo, registro da igreja e de suas práticas em órgãos públicos, proibição do abate cruel etc.).

A questão já foi decidida pela Suprema Corte dos Estados Unidos, no caso *Church of the Lukumi Babalu Aye v. Hialeah*, em 11 de junho de 1993, entendendo que a prática de sacrifícios animais em cultos religiosos estaria acobertada pela 1ª Emenda Constitucional. Em nosso entender, a questão deve ser vista com parcimônia, à luz do princípio da proporcionalidade. Indubitavelmente, há dois valores constitucionais em conflito. De um lado o meio ambiente e a vedação da crueldade contra os animais (segundo posição tradicional) ou o direito dos animais (segundo nossa posição), e de outro lado a liberdade de exercício dos cultos religiosos (art. 5º, VI, CF). Cabe, portanto, ao legislador estabelecer quais os critérios razoáveis e proporcionais de violação do direito, em caso de conflito, e, inexistindo norma legal, caberá ao Estado-juiz verificar, no caso concreto, a efetiva ponderação.

b.2) Guarda sabática

Uma questão bastante polêmica ao longo dos últimos anos foi a necessidade de se proteger a "guarda sabática" (o período, que se estende do pôr do sol de sexta-feira ao pôr do sol de sábado, considerado sagrado por adeptos de diversas religiões). Como compatibilizar o direito à liberdade religiosa daqueles que não podem realizar atividades aos sábados e às sextas-feiras à noite com o calendário escolar, por exemplo?

O TRF da 4ª Região, por exemplo, decidiu que "a liberdade religiosa assegurada pela Constituição Federal não obriga o Estado – que é laico – a subordinar-se aos preceitos de qualquer religião. (...) Quando o cidadão lida com assuntos terrenos, às regras próprias deve amoldar-se, e não o contrário. E isso não há qualquer ofensa à liberdade religiosa" (TRF4, Apelação Cível n. 5049307-30.2017.4.04.7100/RS, rel. Luís Alberto Azevedo Aurvalle, j. 13-7-2018). A Lei Estadual paulista n. 12.142/2005 determina que as provas de concursos públicos não sejam realizadas nos sábados, antes das 18 horas, propondo uma saída muito aplicada pelo Brasil: quando inviável a promoção de certames fora do horário sobredito, a entidade organizadora poderá realizá-los no sábado, devendo permitir que o candidato, ao alegar motivo de crença religiosa, possa fazer a prova após as 18 horas. Nesse caso, o candidato aguardaria no local da prova, isolado dos demais candidatos, fazendo sua prova após as 18 horas, como determina sua religião.

Quanto às atividades escolares, em 2019 foi editada a Lei n. 13.796, de 3 de janeiro de 2019, que altera a Lei de Diretrizes e Bases da Educação Nacional, para regulamentar a questão.

Segundo o art. 7º-A, "ao aluno regularmente matriculado em instituição de ensino pública ou privada, de qualquer nível, é assegurado, no exercício da liberdade de consciência e de crença, o direito de, mediante prévio e motivado requerimento, ausentar-se de prova ou de aula marcada para dia em que, segundo os preceitos de sua religião, seja vedado o exercício de tais atividades, devendo-se-lhe atribuir, a critério da instituição e sem custos para o aluno, uma das seguintes prestações alternativas, nos termos do inciso VIII do *caput* do art. 5º da Constituição Federal: I – prova ou aula de reposição, conforme o caso, a ser realizada em data alternativa, no turno de estudo do aluno ou em outro horário agendado com sua anuência expressa; II – trabalho escrito ou outra modalidade de atividade de pesquisa, com tema, objetivo e data de entrega definidos pela instituição de ensino".

Dessa forma, o legislador, no conflito entre o *direito à igualdade*, que trata todos igualmente, e o *direito à liberdade de consciência e crença*, deu preferência a este último, devendo as instituições de ensino públicas ou privadas se adaptar a essa nova realidade. A ADI 3.714, que estava pendente de julgamento no STF e que tinha como objeto a Lei estadual paulista sobredita, foi extinta, sem julgamento de mérito, sob o argumento de que "o conteúdo impugnado na presente ação foi encampado pelo legislador federal, que passou a tratar da escusa de consciência em razão da observância de dia de guarda religiosa no próprio corpo da Lei de

Diretrizes e Bases da Educação Nacional" (ADI 3.714, decisão monocrática do Min. Alexandre de Moraes, j. 20-2-2019).

Assim, no caso de atividades escolares, aplica-se a nova regra nacional que exige o respeito às religiões que adotam a guarda sabática. Quanto aos concursos públicos, continuará a ser aplicada a regra acima descrita, positivada na lei paulista e adotada por outros Estados.

b.3) Restrição da liberdade de culto durante a pandemia de Covid-19

Em 2021, durante o período de maior mortalidade da pandemia de Covid-19, o ministro do STF Nunes Marques concedeu uma controvertida liminar, proibindo que estados e municípios proibissem a realização de cultos religiosos durante o feriado da Páscoa, utilizando-se do fundamento constitucional da liberdade de culto, prevista no art. 5º, VI, da CF. Todavia, dias depois, o Pleno do STF entendeu que, em situações excepcionais, como a pandemia mencionada, a liberdade de culto presencial pode ser restringida. Na ADPF 811, decidiu o STF, por larga maioria de votos: "Sob o prisma da constitucionalidade material, as medidas impostas pelo Decreto estadual resultaram de análises técnicas relativas ao risco ambiental de contágio pela Covid-19 conforme o setor econômico e social, bem como de acordo com a necessidade de preservar a capacidade de atendimento da rede de serviço de saúde pública. A norma revelou-se adequada, necessária e proporcional em sentido estrito para o combate do grave quadro de contaminação que antecedeu a sua edição" (ADPF 811, rel. Min. Gilmar Mendes, Pleno, j. 7-4-2021). Essa decisão do STF está acertada. Obviamente, o direito constitucional à liberdade de culto é importantíssima. Não obstante, qualquer direito fundamental poderá ser limitado pelo Estado, desde que de maneira razoável e proporcional. Por fim, absolutamente inadequada a informação de que tais medidas feriam a liberdade de religião, máxime porque o Estado em nenhum momento impingiu às pessoas o dever de professar ou deixar de professar uma fé. Trata-se, no caso, de uma restrição constitucional não à liberdade de crença, mas à liberdade de culto.

14.11. PRESTAÇÃO DE ASSISTÊNCIA RELIGIOSA (ART. 5º, VII, CF)

Segundo o art. 5º, VII, "é assegurada, nos termos da lei, a prestação de assistência religiosa nas entidades civis e militares de internação coletiva".

Trata-se de uma norma constitucional de eficácia limitada, por conta da expressão "nos termos da lei". Como explicamos no capítulo anterior, o art. 5º, § 1º, da Constituição Federal, que determina que as normas definidoras de direitos fundamentais tenham aplicabilidade imediata, não é incompatível com a presença eventual de normas de eficácia limitada. Isso porque, caso não haja norma regulamentadora do dispositivo constitucional, o direito fundamental terá de ser respeitado mesmo assim, buscando-se dar a ele a maior eficácia possível. Evidentemente, com o surgimento da legislação infraconstitucional, saber-se-á exatamente qual a forma de exercício do direito, seus eventuais limites etc.

O dispositivo constitucional trata do direito à assistência religiosa em locais "de internação coletiva". Que locais são esses? são os hospitais, presídios, quartéis, locais destinados à internação de adolescentes etc.

Há normas infraconstitucionais regulamentando o direito ora em comento. A principal legislação acerca do tema é a Lei n. 9.982/2000, que determina: "Aos religiosos de todas as confissões assegura-se o acesso aos hospitais da rede pública ou privada, bem como aos estabelecimentos prisionais civis ou militares, para dar atendimento religioso aos internados, desde que em comum acordo com estes, ou com seus familiares no caso de doentes que já não mais estejam no gozo de suas faculdades mentais" (art. 1º), e que "os religiosos chamados a prestar assistência nas entidades definidas no art. 1º deverão, em suas atividades, acatar as determinações legais e normas internas de cada instituição hospitalar ou penal, a fim de não pôr em risco as condições do paciente ou a segurança do ambiente hospitalar ou prisional" (art. 2º).

Como se vê (e não poderia ser diferente, por conta da laicidade do Estado brasileiro), a assistência religiosa refere-se a quaisquer confissões.

A Lei n. 7.210/84 (Lei de Execução Penal) regulamenta igualmente esse direito: "A assistência religiosa, com liberdade de culto, será prestada aos presos e aos internados, permitindo-se-lhes a participação nos serviços organizados no estabelecimento penal, bem como a posse de livros de instrução religiosa" (art. 24, *caput*). Da mesma maneira, a Lei n. 6.923/81 regulamenta o Serviço de Assistência Religiosa nas Forças Armadas. Por fim, a Lei n. 8.069/90 (Estatuto da Criança e do Adolescente) determina que "as entidades que desenvolvem programas de internação têm as seguintes obrigações: XII – propiciar assistência religiosa àqueles que desejarem, de acordo com suas crenças", e, no art. 124, afirma que "são direitos do adolescente privado de liberdade [...]: XIV – receber assistência religiosa, segundo a sua crença, e desde que assim o deseje".

14.12. ESCUSA DE CONSCIÊNCIA (ART. 5°, VIII, CF)

Segundo o art. 5º, VIII, da Constituição Federal, diante de uma obrigação a todos imposta, pode ser alegada a escusa de consciência para não cumpri-la. Escusa de consciência é uma razão religiosa, política ou filosófica, alegada pela pessoa, a fim de que não seja obrigada a realizar um ato que fira suas convicções.

Importante frisar que a expressão "obrigação a todos imposta" deve ser interpretada *cum grano salis*, pois, como afirma Renato Monteiro de Rezende, "ao aludir obrigação a todos imposta, o constituinte não pretendeu se referir a deveres que são impostos a todas as pessoas, sem exceção, mesmo porque dificilmente se poderá imaginar algum que o seja. Até o caso típico citado pela doutrina, a prestação do serviço militar, não constitui um dever imposto a todas as pessoas, como o demonstra a própria redação do art. 143, da Constituição"[90].

Um dos exemplos mais citados é a obrigação imposta a quase todos os brasileiros (do sexo masculino): o serviço militar obrigatório. Segundo o art. 143, *caput*, da Constituição Federal, "o serviço militar é obrigatório nos termos da lei". Segundo o § 2º do mesmo artigo, estão dispensadas as mulheres e os eclesiásticos. A lei que regulamenta o serviço militar obrigatório é a Lei n. 8.239/91. Um jovem de 17 anos, durante o período do alistamento militar obrigatório, poderá alegar a escusa de consciência para não cumprir a obrigação constitucional do art. 143 da Constituição Federal.

Importante: alegada a escusa de consciência, segundo o art. 5º, VIII, será imposta à pessoa que a invocou uma "prestação alternativa, fixada em lei". Assim, caso a pessoa alegue uma razão filosófica, política ou religiosa para descumprir uma obrigação que lhe era imposta, terá

---

90. *A Obrigatoriedade dos Serviços Obrigatórios e o Programa Mais Médicos*, p. 9.

de cumprir essa prestação social alternativa, determinada por lei. No caso do serviço militar obrigatório, a Lei n. 8.239/91 regulamenta a prestação alternativa: "Art. 3º [...] § 2º Entende-se por Serviço Alternativo o exercício de atividades de caráter administrativo, assistencial, filantrópico ou mesmo produtivo, em substituição às atividades de caráter essencialmente militar. § 3º O Serviço Alternativo será prestado em organizações militares da ativa e em órgãos de formação de reservas das Forças Armadas ou em órgãos subordinados aos Ministérios Civis, mediante convênios entre estes e os Ministérios Militares, desde que haja interesse recíproco e, também, sejam atendidas as aptidões do convocado".

Outro exemplo de obrigação imposta é o serviço de jurado, perante o Tribunal do Júri (que é reconhecido constitucionalmente, pelo art. 5º, XXXVIII). Poderá a pessoa, convocada para ser jurada, alegar a escusa de consciência (razão filosófica, política ou religiosa). Não obstante, ser-lhe-á imposta uma prestação alternativa prevista em lei. Nesse caso, a lei em questão é o Código de Processo Penal, que, no seu art. 438, determina: "A recusa ao serviço do júri fundada em convicção religiosa, filosófica ou política importará no dever de prestar serviço alternativo, sob pena de suspensão dos direitos políticos, enquanto não prestar o serviço imposto. § 1º Entende-se por serviço alternativo o exercício de atividades de caráter administrativo, assistencial, filantrópico ou mesmo produtivo, no Poder Judiciário, na Defensoria Pública, no Ministério Público ou em entidade conveniada para esses fins. § 2º O juiz fixará o serviço alternativo atendendo aos princípios da proporcionalidade e da razoabilidade".

Indaga-se: é possível alegar a escusa de consciência contra quaisquer obrigações legais a todos imposta? Pode-se alegar a escusa de consciência, por razão política e filosófica (a crença na anarquia como princípio político e, assim, a busca pelo fim do Estado), para não cumprir a obrigação de pagar impostos ou a convocação para ser mesário nas eleições? Primeiramente, recordemos a afirmação já muito repetida de que não há direitos absolutos. Assim como a vida, a liberdade de expressão e todos os demais direitos, a escusa de consciência também não será absoluta, sob pena de violar interesses maiores. Alegar a convicção política para não pagar impostos violaria o arcabouço dos direitos individuais, coletivos e sociais (principalmente os sociais), já que todos eles têm custo (lembremos da teoria de Sunstein e Holmes na clássica obra *The Cost of Rights*). Outrossim, admitida a tese de que o anarquista não é obrigado a pagar impostos ao alegar sua convicção política, mais da metade da população brasileira alegaria ser anarquista, para fugir da tributação exagerada que temos. Por fim, não há lei regulamentando (e não haverá) prestação alternativa no caso de escusa de consciência contra o pagamento de tributos.

Quanto à dispensa para ser mesário nas eleições, o Código Eleitoral não prevê a possibilidade de escusa de consciência. O Tribunal Superior Eleitoral, ao examinar essa questão, negou a possibilidade de isentar o cidadão de tais serviços, se convocado, porque "o interesse público inerente ao processo eleitoral se sobrepõe ao interesse de grupos religiosos" (Resolução n. 22.411/SP, relator Min. José Delgado).

Por fim, qual a consequência do descumprimento da prestação alternativa decorrente da escusa de consciência? A consequência será a suspensão dos direitos políticos. Enquanto não cumprir a prestação alternativa, não poderá a pessoa que alegou a escusa de consciência exercer seus direitos políticos na plenitude (votar, ser votada, ajuizar ação popular etc.).

A Lei n. 8.239/91 (que trata do serviço militar obrigatório) e o Código de Processo Penal (que trata do serviço de jurado), ao tratarem do descumprimento da prestação alternativa, referem-se à *suspensão dos direitos políticos*. Não obstante, parte da doutrina (com a qual concordamos) entende se tratar de uma hipótese de *perda* dos direitos políticos (e não *suspensão*), já que não há prazo determinado (enquanto não cumprida a prestação social alternativa, a pessoa não poderá exercer seus direitos políticos). Recomendamos que o leitor, em concursos públicos, utilize a expressão "suspensão", já que se trata de disposição legal.

14.13. LIBERDADE INTELECTUAL, ARTÍSTICA, CIENTÍFICA E DE COMUNICAÇÃO (ART. 5º, IX)

Corolário da liberdade de expressão, o art. 5º, IX, traz um dos mais importantes direitos fundamentais, umbilicalmente ligado à dignidade da pessoa humana: "é livre a expressão da atividade intelectual, artística, científica e de comunicação, independentemente de censura ou licença".

A Constituição assegura, portanto, várias espécies de liberdade: a) liberdade intelectual (a liberdade para escrever livros, artigos, colunas, resenhas, textos dos mais diversos, independentemente de conteúdo questionável); b) liberdade artística (para fazer músicas, peças, filmes, obras de arte); c) liberdade científica (para pesquisar, estudar e fazer experimentos dos mais diversos); d) liberdade de comunicação (para se expressar em qualquer veículo de comunicação social).

Liberdades previstas no art. 5º, IX, CF
- Liberdade intelectual
- Liberdade artística
- Liberdade científica
- Liberdade de comunicação

Não obstante, como já mencionamos quanto aos outros direitos, não se trata de um direito absoluto, como adiante se verá.

a) Liberdade intelectual

A liberdade intelectual implica a possibilidade de livremente se escrever um livro, uma tese, uma dissertação um artigo ou qualquer outro texto, sem prévia censura ou necessidade de autorização. Não obstante, a liberdade intelectual, como qualquer outro direito, não é absoluta.

Como vimos anteriormente, já decidiu o STF que não é possível, a pretexto de exercer tal liberdade, escrever um livro antissemita (aliás, no HC 82.424 – "caso Ellwanger", o STF considerou a obra crime de racismo, nos termos do art. 20 da Lei n. 7.716/89).

b) Liberdade artística

A liberdade artística permite a exibição e a elaboração de qualquer peça de teatro, filme, música poesia etc.

Não obstante, não se trata igualmente de um direito absoluto. Não é possível fazer uma peça de teatro em que, toda noite, é morto alguém da plateia ou do elenco, ou que sejam difundidos conteúdos racistas etc.

Um tema mundialmente discutido são os parâmetros para verificação dos limites da arte. Em que momento a manifestação do pensamento deixa de ser arte constitucionalmente tutelada e passa a ser uma violação de direitos fundamentais de outros?

b.1) Os casos do MAM e do *Queermuseu*

No Brasil, no ano de 2017, houve dois casos extremamente polêmicos: a exposição de nudez no Museu de Arte Moderna (MAM) de São Paulo e a exposição sobre diversidade sexual do *Queermuseu*.

No primeiro caso, no dia 26 de setembro de 2017, no Museu de Arte Moderna de São Paulo, o artista Wagner Schartz, na estreia do "35º Panorama de Arte Brasileira", apresentou-se nu. O Museu informou que havia informações de que a sala conteria nudez artística. As manifestações populares foram tão intensas que a exposição foi cancelada.

No segundo caso, a exposição *Queermuseu – Cartografias da Diferença na Arte Brasileira*, que ficou em cartaz há quase um mês no Santander Cultural, em Porto Alegre, foi cancelada depois de intensos protestos nas redes sociais. Por determinação do Prefeito do Rio de Janeiro, bispo Marcelo Crivella, a exposição foi proibida de ser exercida no MAR (Museu de Arte do Rio de Janeiro). Depois de uma ação de *crowdfunding* (captação de dinheiro por meio eletrônico), a exposição foi feita no Parque Lage. Não obstante, o juiz da 1ª Vara da Infância e da Juventude proibiu o ingresso de menores de 14 anos. Tal decisão foi revertida pela 3ª Câmara Cível do Tribunal de Justiça do Rio de Janeiro, sob o argumento de que a decisão do juiz, embora bem-intencionada, não tinha amparo legal. Segundo o TJRJ, cabe aos pais determinar se seus filhos podem ou não visitar a exposição artística.

Embora o direito à liberdade artística não seja absoluto, podendo ser obstado quando viola outros direitos fundamentais mais relevantes no caso concreto, como afirma Beatriz Bastide Horbach, "a doutrina alemã frisa ainda a importância do denominado critério de reconhecimento por terceiros, isto é, se a obra tem condições de ser vista como tal. Além disso, indica que, por haver amplo conceito de 'arte', há consenso de que esta deve ser interpretada 'de maneira aberta e de também abranger formas expressivas fora do comum e surpreendentes'. Do mesmo modo, o fato de a obra ter procurado um fim político ou religioso não altera sua classificação como 'obra'"[91].

Como inexiste um conceito legal do que é pornográfico, obsceno ou contrário aos bons costumes (porque esses conceitos variam de acordo com o tempo e os costumes), caberá ao juiz fazer essa ponderação. Não obstante, deve-se partir do pressuposto de que a liberdade artística é bastante ampla, em constante movimento[92], podendo chocar, assustar ou ser de péssimo gosto. Não poderá o magistrado proibir a exibição de uma peça, uma música, uma exposição porque é de péssimo gosto, mas porque afronta inequivocamente outros direitos fundamentais.

Assim, somente quando a manifestação artística implicar a prática de crime, incitar a violência ou violar sensivelmente outros direitos fundamentais poderá ser proibida judicialmente. Por exemplo, no dia 8 de fevereiro de 2018, o Tribunal de Justiça do Estado de São Paulo proibiu o bloco carnavalesco "Porão do Dops" de desfilar no carnaval paulistano. A decisão foi tomada pelo Desembargador relator José Rubens Queiroz Gomes, da 7ª Câmara de

---

91. *Quais são os limites constitucionais da liberdade artística?*, p. 1.
92. "Como visto, o conceito de liberdade artística é extremamente amplo e variável. A adequação da conduta ao tempo, ao local e ao contexto em que praticada é essencial para sua caracterização. Ainda assim, há de se proteger manifestações que hoje podem ser consideradas chocantes pela maioria, uma vez que a liberdade artística, como liberdade de expressão, é um dos instrumentos utilizados pelo ser humano como forma de manifestação para própria evolução de ideias" (Beatriz Bastide Horbach, op. cit.).

Direito Privado, sob o argumento de que as canções e a temática do referido bloco configuravam apologia ao crime de tortura[93].

Dessa forma, de maneira muito parcimoniosa, eventuais abusos poderão ser verificados pelo Poder Judiciário. Importante: essa verificação por parte do Judiciário é feita sempre *a posteriori*, nunca antes da elaboração da obra, sob pena de configurar censura. Assim, verificando-se que a obra, a peça, a canção, o filme etc. violam outros direitos fundamentais, como a honra e a intimidade, sanções poderão ser impostas (de natureza penal, civil e constitucional, como o direito de resposta, do art. 5º, V, CF). Foi o que decidiu o STF na ADPF 130/DF: "incidência *a posteriori* do segundo bloco de direitos, para efeito de assegurar o direito de resposta e assentar responsabilidades penal, civil e administrativa, entre outras consequências do pleno gozo da liberdade de imprensa. Peculiar fórmula constitucional de proteção a interesses privados que, mesmo incidindo *a posteriori*, atua sobre as causas para inibir abusos por parte da imprensa".

b.2) Caso *A última tentação de Cristo vs.* Chile

O filme *A última tentação de Cristo*, lançado em 1988, dirigido por Martin Scorcese e com roteiro de Paul Schrader, baseado no romance homônimo de Nikos Nazantzakis (publicado em 1951), foi cercado de polêmicas. Uma obra de ficção, não baseada nos Evangelhos, mostrava um Jesus humano, falível, com família constituída.

Em 1988, o *Consejo de Calificación Cinematográfica* (CCC), órgão de censura chileno (remanescente desde os tempos da ditadura), proibiu a exibição do filme no país. Cerca de 10 anos depois, o referido Conselho permitiu que o filme fosse exibido apenas aos maiores de 18 anos. A proibição foi confirmada pela Corte Suprema do Chile, em 17 de junho de 1997. A questão foi levada à Corte Interamericana de Direitos Humanos, que considerou que o Chile violou o direito à liberdade de pensamento e expressão.

A Corte decidiu: a) "o Estado violou o direito à liberdade de pensamento e de expressão, consagrado no artigo 13 da Convenção Americana sobre Direitos Humanos"; b) o Estado deve modificar seu ordenamento jurídico interno, em um prazo razoável, a fim de suprimir a censura prévia para permitir a exibição do filme 'A Última Tentação de Cristo', e deve apresentar à Corte Interamericana de Direitos Humanos, dentro de um prazo de seis meses a partir da notificação da presente Sentença, um relatório sobre as medidas tomadas a esse respeito".

b.3) Caso da Bienal do Rio de Janeiro e o desenho do beijo

Durante a Bienal do Livro do Rio de Janeiro, ocorrida em setembro de 2019, o Prefeito carioca, sob o argumento de que estava "protegendo os menores de nossa cidade", determinou o recolhimento de uma história em quadrinhos ("Vingadores: A Cruzada das Crianças") porque, na página 264 da obra, dois personagens do sexo masculino estavam se beijando. Depois de decisões conflitantes no Tribunal de Justiça do Estado do Rio de Janeiro, a questão chegou ao STF.

Segundo o STF, retratar uma relação entre pessoas do mesmo sexo em uma obra infantojuvenil não implica violação do Estatuto da Criança e do Adolescente. Este, em seu art. 79, determina que tais obras "não poderão conter ilustrações, fotografias, legendas, crônicas ou anúncios de bebidas alcoólicas, tabaco, armas e munições" e que deverão "respeitar os valores

---

93. Agravo de Instrumento 2014665-60.2018.8.26.0000, Agravante: Ministério Público do Estado de São Paulo.

éticos e sociais da pessoa e da família". Ora, em 2011, o STF já decidiu que a família não é exclusivamente heterossexual. Como decidiu o STF nas históricas ADI 4.277 e ADPF 132, "o sexo das pessoas, salvo disposição constitucional expressa ou implícita em sentido contrário, não se presta como fator de desigualação jurídica. Proibição de preconceito, à luz do inciso IV do art. 3º da Constituição Federal, por colidir frontalmente com o objetivo constitucional de 'promover o bem de todos'. (...) Família como figura central ou continente, de que tudo o mais é conteúdo. Imperiosidade da interpretação não reducionista do conceito de família como instituição que também se forma por vias distintas do casamento civil. (...) A Constituição não interdita a formação de família por pessoas do mesmo sexo".

Assim, se a família também é formada por uniões homoafetivas, o desenho de um beijo entre dois homens não fere "os valores éticos e sociais da pessoa e da família". Por essa razão, o STF decidiu que: "No caso, a decisão cuja suspensão se pretende, ao estabelecer que o conteúdo homoafetivo em publicações infantojuvenis exigiria a prévia indicação de seu teor, findou por assimilar as relações homoafetivas a conteúdo impróprio ou inadequado à infância e juventude, ferindo, a um só tempo, a estrita legalidade e o princípio da igualdade, uma vez que somente àquela específica forma de relação impôs a necessidade de advertência, em disposição que – sob pretensa proteção da criança e do adolescente – se pôs na armadilha sutil da distinção entre proteção e preconceito" (Medida Cautelar na Suspensão de Liminar n. 1.248, voto monocrático do Min. Presidente Dias Toffoli, j. 8-9-2019).

c) **Liberdade científica**

Embora o art. 218, § 2º, da Constituição Federal preveja que "a pesquisa tecnológica voltar-se-á preponderantemente para a solução dos problemas brasileiros e para o desenvolvimento do sistema produtivo nacional e regional", a Constituição assegura a liberdade científica, para quaisquer fins. Assim, poderá o cientista pesquisar temas complexos, como a existência de vida fora da Terra, a existência de vida após a morte, a existência de Deus, as causas da homossexualidade etc.

Como qualquer outro direito, também possui limites. Por exemplo, o art. 26 da Lei de Biossegurança (Lei n. 11.105/2005) prevê que a clonagem humana é crime com pena de até 5 anos de reclusão.

c.1) Liberdade científica e a "cura *gay*"

A Resolução n. 1/99 do Conselho Federal de Psicologia, que "estabelece normas de atuação para os psicólogos em relação à questão da orientação sexual", no seu art. 3º, determina que "os psicólogos não exercerão qualquer ação que favoreça a patologização de comportamentos ou práticas homoeróticas, nem adotarão ação coercitiva tendente a orientar homossexuais para tratamentos não solicitados". Por sua vez, no seu parágrafo único, estabelece que "os psicólogos não colaborarão com eventos e serviços que proponham tratamento e cura das homossexualidades".

Figura 14.11 – União homoafetiva (créditos ao final do livro).

Um grupo de psicólogos ajuizou uma Ação Popular, na qual foi concedida liminar pelo juízo da 14ª Vara Federal da Seção Judiciária do Distrito Federal, no bojo da Ação Popular

1011189-79.2017.4.01.3400. Segundo o magistrado, referindo-se à resolução sobredita, decidiu que "alguns de seus dispositivos, quando e se mal interpretados, podem levar à equivocada hermenêutica no sentido de se considerar vedado ao psicólogo realizar qualquer estudo ou atendimento relacionados à orientação ou reorientação sexual. Digo isso porque a Constituição, por meio dos já citados princípios constitucionais, garante a liberdade científica bem como a plena realização da dignidade da pessoa humana". Concluindo sua decisão, o juiz concedeu liminar para "determinar ao Conselho Federal de Psicologia que não a interprete de modo a impedir os psicólogos de promoverem estudos ou atendimento profissional, de forma reservada, pertinente à (re)orientação sexual".

Depois de inúmeras críticas recebidas por todo o país, máxime por conta da expressão "(re)orientação sexual", o magistrado, na sua sentença, fez algumas atenuações de seu entendimento anterior e, restringindo bastante o conteúdo da liminar anteriormente concedida na sentença, decidiu que os psicólogos não podem anunciar eventuais tratamentos de mudança de orientação sexual egodistônica, mas, caso o paciente queira tratar sua suposta condição, o profissional poderá auxiliá-lo. Dessa maneira, sua decisão visava "garantir aos psicólogos, no exercício de sua profissão, a plena liberdade científica de pesquisa, podendo para tanto, realizar estudos e os respectivos atendimentos terapêuticos pertinentes aos transtornos psicológicos e comportamentais associados à orientação sexual egodistônica[94], previsto no CID-10 F66.1, sem qualquer censura ou necessidade de licença prévia por parte do Conselho Federal de Psicologia".

Sem discutir o cabimento da referida ação popular, que foi fundamentada na suposta violação do *patrimônio cultural* do país, e que nos parece bastante discutível, examinemos o mérito da decisão. Primeiramente, a questão não é de simples resolução, como normalmente acontece em casos de colisão de direitos fundamentais. Não há dúvida de que a "liberdade científica" permite que um tema tão sensível como as causas, características e consequências da homossexualidade seja estudado, pesquisado e discutido. Quanto a isso não há dúvida. No entanto, a Resolução n. 1/99 do Conselho Federal de Psicologia trata do atendimento a pacientes e, nesse ponto, faz limitações, restrições.

A referida resolução proíbe a "ação que favoreça a patologização de comportamentos ou práticas homoeróticas", bem como proíbe a "ação coercitiva tendente a orientar homossexuais para tratamentos não solicitados". Nesse ponto, parece compatibilizar regularmente direitos fundamentais em conflito: a liberdade profissional do psicólogo e a dignidade da pessoa humana do paciente.

O recuo feito pelo magistrado na sua sentença de 15 de dezembro de 2017 foi mais que necessário: não podem os psicólogos propagandear o procedimento da (re)orientação sexual (ou "cura *gay*"), procedimento que pode estigmatizar uma minoria, aprofundando o preconceito já existente. Outrossim, por óbvio, não pode o psicólogo considerar a homossexualidade como doença (como determina a própria OMS – Organização Mundial de Saúde), exceto no caso de sexualidade egodistônica, bem como não pode submeter o paciente a um tratamento que ele não deseja, como afirma a Resolução do CFP.

---

94. A orientação sexual egodistônica é uma condição caracterizada pelo indivíduo que é ciente de sua orientação sexual e que deseja uma diferente por causa de transtornos psicológicos e comportamentais associados, em alguns casos chegando a procurar tratamento. Segundo o dicionário de saúde mental da OMS, CID-10, a homossexualidade, a bissexualidade e a transexualidade não são transtornos nem doenças. O que caracteriza o distúrbio é o sofrimento e ansiedade do indivíduo em lidar com seus desejos sexuais.

A restrição feita pela Resolução do Conselho Federal de Psicologia é, portanto, constitucional, consentânea com os estudos mais avançados acerca da homossexualidade e compatível com a deliberação da Organização Mundial da Saúde. Como vimos no capítulo anterior, a restrição a direitos pode ser realizada, desde que razoável e proporcional. Por exemplo, em 4 de junho de 2018, o Conselho Federal de Nutricionistas editou um Código de Ética que proíbe, no seu art. 58, imagens de "antes e depois" de seus pacientes. Trata-se de uma restrição válida, constitucional, ao direito à liberdade de exercício da profissão.

d) Liberdade de comunicação

A liberdade de comunicação compreende programas de rádio, jornal, TV, bem como *blogs* e outros aplicativos de internet. Nos termos do art. 220, *caput*, da Constituição, "a manifestação do pensamento, a criação, a expressão e a informação, sob qualquer forma, processo ou veículo não sofrerão qualquer restrição, observado o disposto nesta Constituição".

A própria Constituição Federal, no art. 220, § 3º, permite que a lei federal restrinja esse direito, de modo a proteger outros bens jurídicos. Segundo o referido artigo, poderá a lei federal: "I – regular as diversões e espetáculos públicos, cabendo ao Poder Público informar sobre a natureza deles, as faixas etárias a que não se recomendem, locais e horários em que sua apresentação se mostre inadequada; II – estabelecer os meios legais que garantam à pessoa e à família a possibilidade de se defenderem de programas ou programações de rádio e televisão que contrariem o disposto no art. 221, bem como da propaganda de produtos, práticas e serviços que possam ser nocivos à saúde e ao meio ambiente".

Com base no direito constitucional de liberdade de comunicação, o Supremo Tribunal Federal declarou inconstitucional parte da Lei n. 9.504/97, que impedia o uso do humor na cobertura jornalística das eleições (ADI 4.451, rel. Min. Alexandre de Moraes). Como dissemos há pouco, havendo abusos por parte do jornalista, poderá o Judiciário se manifestar *a posteriori*. Outrossim, da mesma forma, o STF declarou inconstitucional parte da Lei n. 11.300/2006, que proibia a divulgação de pesquisas eleitorais nas vésperas da eleição. Na ADI 3.741 (rel. Min. Ricardo Lewandowski), o STF entendeu que tal lei feria a liberdade de comunicação e também o direito à informação da população.

e) Liberdade intelectual e *Minha luta* (*Mein Kampft*), de Adolf Hitler

Minha luta é o título do livro escrito por Adolf Hitler. O primeiro volume foi redigido na prisão, em 1925, e o segundo volume foi escrito e editado em 1926. O livro tornou-se um guia ideológico para a ação dos nazistas e até hoje influencia movimentos neonazistas.

Os direitos autorais do livro, que pertenciam a Adolf Hitler, foram entregues ao Estado da Baviera, por ordem do próprio autor. Todavia, o Estado da Baviera se recusou a publicar o livro, exercendo sua liberdade negativa de publicação da obra. Não obstante, em 31 de dezembro de 2015, setenta anos após a morte de Hitler, seu livro passou a ser de domínio público.

Figura 14.12 – Fotografia de Adolf Hitler (créditos ao final do livro).

O Instituto de História Contemporânea de Munique (*Institut für Zeitgeschichte*) elaborou uma edição comentada do livro, apontando os trechos que apresentam contradições históricas e argumentos absurdos. O Estado da Baviera já se manifestou no sentido de que somente apoiará publicações comentadas do *Mein Kampft*.

No Brasil, o tema é controverso. Por conta de uma decisão de fevereiro de 2016, pela 33ª Vara Criminal do Rio de Janeiro, foi proibida a "venda, divulgação e exposição da obra, no Estado". O fato é que a obra pode ser publicada e vendida no Brasil (em outros Estados que não o Rio de Janeiro).

Em nosso entender, a obra pode (e deve) ser publicada normalmente. Não podemos, por meio de decisões judiciais, mudar o passado. Muitas pessoas sugerem a censura de obras de Monteiro Lobato, alegando suposto racismo. Outros sugerirão a proibição da obra de Hitler, por conta do seu potencial danoso. Não obstante, precisamos de uma população que conheça os dois lados do pensamento, para que opte livremente por quais valores pretende tutelar. Esconder a verdade não é a melhor saída para construir um país consciente. Essa também é a conclusão de Carlos Eduardo Correa Duarte: "Não é negando a História que ela deixa de existir, assim como não é negando alguns ideais que eles deixam de ter efeito. [...] Penso que proibir e negar o acesso a *Mein Kampft* por meio de uma medida judicial vai na contramão dos anseios sociais. É uma medida que vem de cima para baixo, um misto de hipocrisia política e um comportamento de complacência com os discursos de intolerância presentes em nossa sociedade, e a violência que nasce a partir deles. [...] Não permitir que o outro se expresse não é um ato democrático em uma sociedade que se autoproclama democrática"[95].

Esse também é o pensamento de nosso amigo e grande jurista Nelson Rosenvald: "a vedação apenas alimenta o culto em torno do livro e amplifica seu poder de sedução, por via de sites que difundem o radicalismo e o ódio. Assim como nos últimos anos tem feito o cinema e o teatro – exibindo um Hitler simplesmente ridículo – já é hora de desmistificar *Mein Kampft* e colocá-lo sob os holofotes, para que as novas gerações conheçam a intrínseca maldade de suas ideias. Só assim o livro será guindado ao seu verdadeiro posto: a irrelevância"[96].

f) **Proibição de censura e licença**

A parte final do art. 5º, IX, da Constituição Federal veda a prática da censura e da licença. Enquanto a censura é uma ordem proibitiva, a licença é uma autorização prévia. Dessa maneira, não se pode censurar previamente um escritor, impedindo que escreva um livro sobre um determinado assunto. Da mesma maneira, não será necessária autorização prévia estatal (licença) para fazer uma peça de teatro ou um filme sobre um determinado assunto ou para que um cientista pesquise a existência de Deus.

O Pacto de São José da Costa Rica também proíbe a censura prévia a qualquer modalidade de liberdade de expressão, mas, no art. 13, item 4, dispõe que: "a lei pode submeter os espetáculos públicos a censura prévia, com o objetivo exclusivo de regular o acesso a eles, para proteção moral da infância e da adolescência". Apesar da infeliz expressão "censura prévia" do referido dispositivo, inegavelmente o seu escopo é permitir a limitação do acesso de crianças e adolescentes a certos espetáculos, dependendo do seu conteúdo. Nesse diapasão, a Constitui-

---

95. *Não se Pode Deformar a História para Acertar Discursos*.
96. *O Direito Civil em Movimento*, p. 58.

ção Federal, no seu art. 220, § 3º, afirma que "Compete à lei federal: I – regular as diversões e espetáculos públicos, cabendo ao Poder Público informar sobre a natureza deles, as faixas etárias a que não se recomendem, locais e horários em que sua apresentação se mostre inadequada". Evidentemente, tal hipótese não configura censura, mas apenas o estabelecimento de parâmetros absolutamente razoáveis de exercício do direito, a fim de proteger a infância e juventude, que, nos termos do art. 227, têm prioridade absoluta.

Com base no art. 5º, IX, da Constituição Federal, o Supremo Tribunal Federal entendeu que a Lei de Imprensa (Lei n. 5.250/67) não foi recepcionada pela Constituição de 1988. Trata-se da ADPF 130, relatada pelo Ministro Carlos Ayres Britto. Segundo o STF: "O pensamento crítico é parte integrante da informação plena e fidedigna. O possível conteúdo socialmente útil da obra compensa eventuais excessos de estilo e da própria verve do autor. O exercício concreto da liberdade de imprensa assegura ao jornalista o direito de expender críticas a qualquer pessoa, ainda que em tom áspero ou contundente, especialmente contra as autoridades e os agentes do Estado. A crítica jornalística, pela sua relação de inerência com o interesse público, não é aprioristicamente suscetível de censura, mesmo que legislativa ou judicialmente intentada. O próprio das atividades de imprensa é operar como formadora de opinião pública, espaço natural do pensamento crítico e 'real alternativa à versão oficial dos fatos' [...]. Tirante, unicamente, as restrições que a Lei Fundamental de 1988 prevê para o 'estado de sítio' (art. 139), o Poder Público somente pode dispor sobre matérias lateral ou reflexamente de imprensa, respeitada sempre a ideia-força de que 'quem quer que seja tem o direito de dizer o que quer que seja'. Logo, não cabe ao Estado, por qualquer dos seus órgãos, definir previamente o que pode ou o que não pode ser dito por indivíduos e jornalistas. As matérias reflexamente de imprensa, suscetíveis, portanto, de conformação legislativa, são as indicadas pela própria Constituição [...] Regulações estatais que, sobretudo incidindo no plano das consequências ou responsabilizações, repercutem sobre as causas de ofensas pessoais para inibir o cometimento dos abusos de imprensa. Peculiar fórmula constitucional de proteção de interesses privados em face de eventuais descomedimentos da imprensa (justa preocupação do min. Gilmar Mendes), mas sem prejuízo da ordem de precedência a esta conferida, segundo a lógica elementar de que não é pelo temor do abuso que se vai coibir o uso. Ou, nas palavras do ministro Celso de Mello, 'a censura governamental, emanada de qualquer um dos três Poderes, é a expressão odiosa da face autoritária do poder público'. [...] Não recepção em bloco da Lei n. 5.250 pela nova ordem constitucional. Óbice lógico à confecção de uma lei de imprensa que se orne de compleição estatutária ou orgânica. A própria Constituição, quando o quis, convocou o legislador de segundo escalão para o aporte regratório da parte restante de seus dispositivos (art. 29; art. 93; e § 5º do art. 128). São irregulamentáveis os bens de personalidade que se põem como o próprio conteúdo ou substrato da liberdade de informação jornalística, por se tratar de bens jurídicos que têm na própria interdição da prévia interferência do Estado o seu modo natural, cabal e ininterrupto de incidir. Vontade normativa que, em tema elementarmente de imprensa, surge e se exaure no próprio texto da Lei Suprema" (ADPF 130/DF – rel. Min. Carlos Britto, Tribunal Pleno, j. 30-4-2009).

Recentemente, ao julgar a ADI 2.404, o Supremo Tribunal Federal julgou inconstitucional a primeira parte do art. 254 do Estatuto da Criança e do Adolescente (Lei n. 8.069/90). O artigo em comento trata de infração administrativa em caso de transmissão, através de rádio ou televisão, de espetáculo em horário diverso do autorizado ou sem aviso de sua classificação, apenado com multa. A primeira parte desse dispositivo (horário diverso do autorizado) foi declarada inconstitucional, restando válida a obrigação de avisar sobre a classificação do espetáculo. Segundo o Supremo Tribunal Federal, "a Constituição Federal estabeleceu mecanismo apto a oferecer aos telespectadores das diversões públicas de programas de rádio e televisão as indicações, as informações e as recomendações necessárias acerca do conteúdo veiculado." Segundo o Supremo Tribunal Federal, "É o sistema de classificação indicativa esse ponto de equilíbrio tênue, e ao mesmo tempo tenso, adotado pela Carta da República para compatibilizar esses dois axiomas, velando pela integridade das crianças e dos adolescentes sem deixar de lado a preocupação com a garantia da liberdade de expressão. Daí a importância do estudo e do aprofundamento desse mecanismo. Afinal, qual o sentido da classificação indicativa? Qual o seu alcance e sua finalidade? Esses questionamentos, imprescindíveis para o deslinde da presente ação direta, são fundamentais para o delineamento desse instituto de índole constitucional, mas que, infelizmente, é pouco conhecido e debatido no mundo jurídico e no meio social. No meu sentir, buscou a Constituição, em última *ratio*, conferir aos pais, como reflexo do exercício do poder familiar, o papel de supervisão efetiva sobre o conteúdo acessível aos filhos, enquanto não plenamente aptos a conviver com os influxos prejudiciais do meio social. Há de se ressaltar uma diferença que a meu ver é fundamental: a submissão do programa ao órgão do Ministério da Justiça não pode consistir em condição para que possa ser exibido, não se trata de licença ou autorização estatal para sua exibição, o que é terminantemente vedado pela Constituição Federal. O exercício da liberdade de programação pelas emissoras impede que a exibição de determinado espetáculo dependa de ação estatal prévia. Com efeito, para que a União indique as faixas etárias, os locais e os horários de exibição não recomendados, faz-se necessário que determinado programa seja submetido à classificação, não à autorização, do Poder Público. Isso porque, obrigatoriamente, deverá a classificação ser informada aos telespectadores pelas emissoras de rádio e de televisão. Diante isso, o dispositivo ora questionado, ao estabelecer punição às empresas de radiodifusão por exibirem programa em horário diverso do 'autorizado', incorre em abuso constitucional. Lembre-se: não há horário autorizado, mas horário recomendado" (voto do Min. Relator Dias Toffoli).

g) Biografias não autorizadas

Recentemente, o Supremo Tribunal Federal apreciou a questão das biografias escritas sem a autorização do biografado. Segundo o STF, não é necessária a autorização do biografado para elaboração da biografia. Todavia, esse direito, obviamente, não é absoluto. Eventuais abusos, como violações à honra do biografado ou à sua intimidade, poderão ser verificadas *a posteriori* pelo Poder Judiciário.

Decidiu o Supremo Tribunal Federal: *"A Constituição do Brasil proíbe qualquer censura. O exercício do direito à liberdade de expressão não pode ser cerceada pelo Estado ou por particular. O direito de informação, constitucionalmente garantido, contém a liberdade de informar, de se informar e de ser informado. O primeiro refere-se à formação da opinião pública, considerado cada qual dos cidadãos que pode receber livremente dados sobre assuntos de interesse da coletividade e sobre as pessoas cujas ações, público-estatais ou público-sociais, interferem em sua esfera do acerco do direito de saber, de aprender sobre temas relacionados a suas legítimas cogitações.* Biografia é história. A vida não se desenvolve apenas a partir da soleira da porta de casa. [...] Erros corrigem-se segundo o direito, não se coartando liberdades conquistadas. Para a coexistência das normas constitucionais dos incisos IX, IX e X do art. 5º, há de se acolher o balanceamento de direitos, conjugando-se o direito às liberdades com a inviolabilidade da intimidade, da privacidade, da honra e da imagem da pessoa biografada e daqueles que pretendem elaborar as biografias. Ação direta julgada procedente para dar interpretação conforme à Constituição aos arts. 20 e 21 do Código Civil, sem redução de texto, para, em consonância com os direitos fundamentais à liberdade de pensamento e de sua expressão, de criação artística, produção científica, declarar inexigível autorização de pessoa biografada relativamente a obras biográficas literárias ou audiovisuais, sendo também desnecessária autorização de pessoas retratadas como coadjuvantes (ou de seus familiares, em caso de pessoas falecidas ou ausentes)" (ADI 4.815/DF, rel. Min. Cármen Lúcia, Tribunal Pleno, j. 10-6-2015) (grifamos).

Por fim, na ementa do referido acórdão, o Supremo Tribunal Federal conclui: "para a coexistência das normas constitucionais dos incisos IV, IX e X do art. 5º, há de se acolher o balanceamento de direitos, conjugando-se o direito às liberdades com a inviolabilidade da intimidade, da privacidade, da honra e da imagem da pessoa biografada e daqueles que pretendem elaborar as biografias" (ADI 4.815/DF, rel. Min. Cármen Lúcia, Tribunal Pleno, j. 10-6-2015).

14.14. INTIMIDADE E VIDA PRIVADA (ART. 5º, X)

O art. 5º, X, da Constituição Federal dispõe que "são invioláveis a intimidade, a vida privada, a honra e a imagem das pessoas, assegurado o direito a indenização pelo dano material ou moral decorrente de sua violação".

Quatro são os direitos tutelados pelo art. 5º, X, da Constituição Federal, que, ao final, prevê uma garantia constitucional de proteção (a indenização por dano material e moral). Os quatro direitos são a) intimidade; b) vida privada; c) honra; d) imagem.

A *honra* da pessoa compreende dois aspectos: *honra objetiva*, consistente na imagem que a sociedade tem sobre ela, e *honra subjetiva*, consistente no que a pessoa pensa de si própria. O direito à honra é um direito individual, de 1ª dimensão, de *status* negativo (nas palavras de Jellinek), haja vista que não poderá o Estado, por meio de seus atos, violar a honra das pessoas. Não obstante, esse direito inegavelmente possui eficácia horizontal, na medida em que deve ser respeitado pelas próprias pessoas, horizontalmente, sob pena de responsabilização penal e civil pelas violações.

Figura 14.13 – Livro (créditos ao final do livro).

A *imagem* também é tutelada, nas suas três modalidades: a) *imagem social*, também chamada de imagem objetiva (o que as pessoas pensam sobre o ofendido, tendo como titular tanto a pessoa física como a pessoa jurídica); b) *imagem-retrato* (a imagem física do indivíduo, capturada por recursos tecnológicos, como fotografias ou filmagens, bem como por meios artificiais, como pinturas e caricaturas; c) *imagem autoral* (imagem do autor que participa de obras coletivas).

Por fim, indaga-se: qual a diferença entre *intimidade* e *vida privada*? Segundo Uadi Lammêgo Bulos, "a vida privada e a intimidade são os outros nomes do *direito de estar só*, porque salvaguardam a esfera de reserva do ser humano, insuscetível de intromissões externas (aquilo que os italianos chamam de *rezervatezza* e os americanos *privacy*). [...] Amiúde, a ideia de vida privada é mais ampla do que a de intimidade. Vida privada envolve todos os relacionamentos do indivíduo, tais como suas relações comerciais, de trabalho, de estudo, de convívio diário etc. Intimidade diz respeito às relações íntimas e pessoais do indivíduo, seus amigos, familiares, companheiros que participam de sua vida pessoal".

Dessa maneira, podemos afirmar *que intimidade e vida privada são dois círculos concêntricos* que dizem respeito ao mesmo direito: o direito à privacidade ou direito de estar só.

A intimidade é um círculo menor, que se encontra no interior do direito à vida privada, correspondendo às relações mais íntimas da pessoa e até mesmo a integridade corporal, não se admitindo as "intervenções corporais" (admitidas excepcionalmente em outros países).

Decidiu o STF: "discrepa, a mais não poder, de garantias constitucionais implícitas e explícitas – a preservação da dignidade humana, *da intimidade*, da intangibilidade do corpo humano, do império da lei e da inexecução específica e direta de obrigação de fazer – provimento judicial que, em ação civil de investigação de paternidade, implique determinação no sentido de o réu ser conduzido ao laboratório 'debaixo de vara', para coleta do material indispensável à feitura do exame de DNA. A recusa resolve-se no plano jurídico instrumental, consideradas a dogmática, a doutrina e a jurisprudência, no que voltadas ao deslinde das questões ligadas à prova dos fatos" (HC 71.373, rel. Francisco Rezek, relator p/ acórdão Min. Marco Aurélio, Tribunal Pleno, j. 10-11-1994).

Podemos representar os direitos da seguinte maneira:

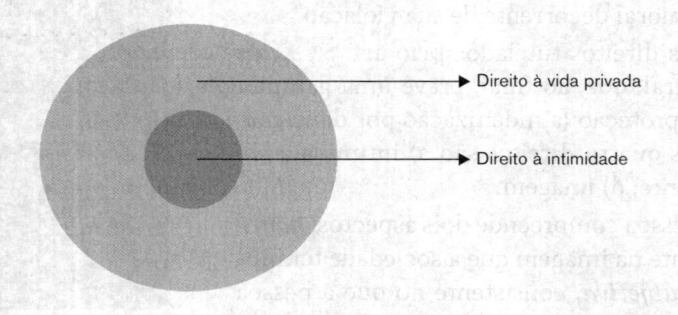

Vida privada (privacidade)	Intimidade
Mais amplo	Mais restrito
Todos os relacionamentos (comerciais, trabalho, estudo, convívio diário etc.)	Relações íntimas (amigos, familiares etc.)

Como afirma Ilton Roberto Robl Filho, "em conformidade com os anseios individuais e sociais, a vida privada e íntima foi reconhecida como um direito humano no art. 8º da Declaração Universal dos Direitos Humanos. A partir do reconhecimento da intimidade e da vida privada pela Declaração Universal, paulatinamente, inúmeros países positivaram explicitamente no texto constitucional e em leis infraconstitucionais esse direito"[97].

---

97. *Direito, Intimidade e Vida Privada*: Paradoxos Jurídicos e Sociais na Sociedade Pós-Moralista e Hipermoderna, p. 166. Prossegue o autor: "Apresentam-se apenas alguns exemplos da proteção da vida privada e da intimidade no âmbito nacional para confirmar a afirmação. Nos Estados Unidos da América, além da importante construção

Assim como os demais direitos, não se trata de um direito absoluto, encontrando várias hipóteses de limitação. Ora, como a intimidade e a vida privada são *princípios constitucionais* (e não regras), devem ser aplicados na maior intensidade possível, e não de forma absoluta e irrestrita. Além dos casos previstos na própria legislação (em que pode ser decretada a interceptação telefônica, busca domiciliar e busca pessoal, quebra do sigilo bancário, fiscal e telefônico etc.), é possível que, havendo conflito entre a intimidade ou vida privada e outro direito, prevaleça este último, no caso de sopesamento a ser feito no caso concreto[98].

Recentemente, foi editada a Lei n. 14.289/2022, que torna obrigatória a preservação do sigilo sobre a condição de pessoa que vive com infecção pelos vírus da imunodeficiência humana (HIV) e das hepatites crônicas (HBV e HCV) e de pessoas com hanseníase e com tuberculose[99]. Como vimos no capítulo anterior, trata-se de um claro exemplo da chamada *eficácia horizontal mediata dos direitos fundamentais*. A lei é aplicável tanto às entidades públicas como às entidades privadas. Outro exemplo de *eficácia vertical* do direito à intimidade é a Lei n. 13.271/2016, que versa sobre a revista íntima de mulheres. Segundo o art. 1º desta lei, "as empresas privadas, os órgãos e entidades da administração pública, direta e indireta, ficam proibidos de adotar qualquer prática de revista íntima de suas funcionárias e de clientes do sexo feminino". Curiosamente, o art. 3º desta lei foi vetado pela Presidente à época. Dispunha o dispositivo que foi vetado: "para revistas em ambientes prisionais e sob investigação policial, a revista será unicamente realizada por funcionários servidores femininos". A Presidente da República nas razões de veto, utilizou-se de dois argumentos: primeiramente, segundo a Presidente, seria inadmissível revista íntima em presídios e, além disso, a redação do dispositivo permitia sua inusitada interpretação de que homens e mulheres, no ambiente prisional, seriam sempre revistados por mulheres.

---

jurisprudencial, foi promulgado o *Privacy Act*, em 1974, protegendo no nível federal as informações pessoais das pessoas privadas e íntimas contra atos da administração pública. Em 1970, a França previu o respeito à vida privada na Lei n. 70.643, que introduziu o art. 9º no Código Civil, cuja função é proteger a vida privada. A Espanha, por sua vez, garante a intimidade e a vida privada no art. 18, n. 1, da Constituição de 1978. Ainda na Europa, deve ser citada a República Portuguesa, a qual tutela a intimidade da vida privada e familiar no art. 26, n. 1, da Constituição de 1976" (op. cit., p. 167).

98. Como afirma Ilton Norberto Robl Filho, "um exemplo tradicional sobre o assunto seria a colisão entre a liberdade de expressão de um jornalista que afronta a intimidade e a vida privada de um outro indivíduo. Neste caso específico, há conflitos entre direitos fundamentais da personalidade, pois esses direitos concretizam e protegem bens essenciais à personalidade humana moral (relação eu-mundo), sendo a liberdade de expressão prevista no art. 5º, IV, CF e a intimidade e a vida privada tuteladas no art. 5º, X, CF. Essa colisão ocorre, pois, de um lado, todos os seres humanos possuem a garantia da tutela dos seus direitos fundamentais da personalidade, aspecto individualista da ética pós-moralista, porém, por outro lado, esses direitos devem ser concretizados para todos os indivíduos, mostrando o aspecto solidário desse projeto ético. Dessa sorte, normalmente, os direitos fundamentais não podem ser compreendidos como regras jurídicas, ou seja, um tipo de norma jurídica que concede um direito definitivo a um sujeito e um dever definitivo aos outros indivíduos e ao Estado. [...] No entanto, os direitos fundamentais caracterizam-se, estruturalmente, por serem, na maior parte das vezes, princípios jurídicos, ou seja, normas jurídicas que atribuem direitos e deveres *prima facie* e concretizam valores. Dessa forma, os princípios jurídicos concedem direitos, em um primeiro momento, aos seus titulares e, por outro lado, impõem em princípio deveres. Assim, em virtude da colisão de princípios, é possível que um direito que se encontrava *prima facie* garantido não o seja após uma análise através da máxima da proporcionalidade" (op. cit., p. 172).

99. Por exemplo, o art. 3º, *caput*, da Lei n. 14.289/2022, afirma que "os serviços de saúde públicos ou privados, e as operadoras de planos privados de assistência à saúde estão obrigados a proteger as informações relativas a pessoas que vivem com infecção pelos vírus da imunodeficiência humana (HIV) e das hepatites crônicas (HBV e HCV) e as pessoas com hanseníase e com tuberculose, bem como garantir o sigilo das informações que eventualmente permitam a identificação dessa condição".

Assim, a Presidente vetou o art. 3º com a intenção de impedir a revista íntima em estabelecimentos prisionais e em pessoas sob investigação criminal. Não obstante, ao contrário da lei, o veto do Poder Executivo não tem caráter normativo (é norma de natureza política). A Constituição determina "ninguém será obrigado a fazer ou deixar de fazer alguma coisa senão em virtude de LEI" (e não do que o Presidente disse nas suas razões de veto). Em outras palavras, o veto presidencial, por si só, não tem o condão de extinguir a revista íntima em estabelecimentos prisionais ou investigações criminais.

Ainda sobre o tema, é importante ressaltar que o Código de Processo Penal, no seu art. 249, dispõe que "A busca em mulher será feita por outra mulher, se não importar retardamento ou prejuízo da diligência". Essa norma continua em vigor (ao contrário do veto presidencial, que é uma opinião política do Presidente).

Da mesma forma, a Corte Interamericana de Direitos Humanos, em Resolução de 22 de maio de 2014, determinou que o Brasil elimine a prática de revistas humilhantes que afetem a intimidade e a dignidade dos visitantes. Não obstante, inexistindo norma legal impedindo expressamente a revista em estabelecimentos prisionais (e, no caso do CPP, a busca pessoal das investigadas é expressamente admitida), estamos diante de dois valores constitucionais em conflito (intimidade e segurança pública), devendo ser feita uma análise de cada caso concreto, através do princípio da proporcionalidade e razoabilidade. Foi o que decidiu o Superior Tribunal de Justiça: "o direito à intimidade não pode servir de escudo protetivo para a prática de ilícitos penais, como o tráfico de entorpecentes no interior de estabelecimentos prisionais, notadamente quando, em casos como o presente, há razoabilidade e proporcionalidade na revista íntima, realizado por agente do sexo feminino e sem qualquer procedimento invasivo" (STJ, HC 328.843/SP, rel. Min. Felix Fisher, 5ª T., *DJe* 9-11-2015).

Violações à intimidade ou vida privada implicarão consequências civis (indenização por dano material e moral), administrativas (quando praticadas por agentes públicos[100]) e, nos casos mais graves, consequências penais. Importante destacar que nem toda lesão à intimidade ou vida privada configura um crime, necessariamente. Isso ocorre graças ao princípio da *fragmentariedade* do Direito Penal[101]. Não existe no Brasil um crime genérico de *violação da intimidade*. Não obstante, várias violações da intimidade ou vida privada podem configurar crime, como, por exemplo, violação de domicílio (art. 150, CP), violação de correspondência (art. 151, CP), divulgação de segredo (art. 153, CP), violação do segredo profissional (art. 154, CP), invasão de dispositivo informático (art. 154-A, CP), registro não autorizado da intimidade sexual (art. 216-B, CP) etc.

a) Sigilo bancário e fiscal

Embora não previstos expressamente na Constituição Federal, o sigilo bancário e o sigilo fiscal são constitucionalmente tutelados, pois estão implícitos no art. 5º, X (direito à intimidade). No passado, algumas decisões judiciais fundamentavam o sigilo bancário ou fiscal

---

100. Por exemplo, a violação do direito à intimidade prevista na Lei n. 14.289/2022 (preservação do sigilo sobre condição de pessoa que vive com HIV, dentre outras enfermidades) por funcionário público, implicará a aplicação das sanções administrativas previstas no art. 52 da Lei n. 13.709/2018, bem como às demais sanções administrativas cabíveis, além da responsabilidade civil, com o dever de indenização por dano material e moral (art. 6º, *caput*).
101. Os bens jurídicos, no Direito Penal, são protegidos de forma fragmentada. Dessa maneira, somente as lesões mais graves é que são penalmente punidas.

no art. 5º, XII, da Constituição Federal, quanto à inviolabilidade de "dados". Era um grave erro: o art. 5º, XII, da Constituição trata da inviolabilidade das comunicações (comunicação telefônica, telegráfica, de dados etc.). Trata-se de um direito constitucional implícito, mas no art. 5º, inciso X (e não no XII). Nesse sentido, decidiu o Supremo Tribunal Federal: "o chamado sigilo fiscal nada mais é que um desdobramento do direito à intimidade e vida privada" (HC 87.654, voto da Min. Ellen Gracie).

Malgrado sejam protegidos constitucionalmente, não são direitos absolutos (como todos os demais), podendo ser decretada: 1) a quebra do sigilo fiscal e 2) a quebra do sigilo bancário.

1) Quebra do sigilo fiscal: pode ser decretada por *autoridade judiciária* e também por *Comissão Parlamentar de Inquérito*.

Quanto às Comissões Parlamentares de Inquérito (CPIs), esse poder é extraído do art. 58, § 3º, da Constituição Federal, que afirma que "as comissões parlamentares de inquérito, que terão poderes de investigação próprios das autoridades judiciais, além de outros previstos nos regimentos das respectivas casas...".

Como estudaremos em capítulo futuro (sobre o Poder Legislativo), a CPI pode ser instalada em qualquer casa parlamentar: Câmara dos Deputados, Senado Federal, Assembleia Legislativa do Estado, Câmara Legislativa do Distrito Federal, Câmara de Vereadores, bem como uma CPI conjunta entre Câmara dos Deputados e Senado Federal. Indaga-se: todas elas podem decretar o sigilo fiscal? Quanto à CPI federal não há a menor dúvida, máxime porque tal competência é extraída diretamente do art. 58, § 3º, da Constituição Federal. Quanto à CPI estadual, o Supremo Tribunal Federal também já se manifestou em sentido favorável: "Violação do equilíbrio federativo e da separação dos Poderes. Poderes de CPI estadual: ainda que seja omissa a Lei Complementar 105/2001, podem essas comissões estaduais requerer quebra de sigilo de dados bancários, com base no artigo 58, § 3º, da Constituição" (RE 584.786, rel. Min. Cármen Lúcia, j. 8-2-2010). O mesmo se aplica à CPI da Câmara Legislativa do Distrito Federal.

Não obstante, o mesmo não se aplica à CPI Municipal. Somente a CPI Federal, Estadual ou Distrital poderão decretar a quebra do sigilo fiscal. Não se trata de violação do princípio da simetria constitucional, pelo seguinte motivo: a CPI, como vimos, tem poderes instrutórios de juiz. Ora, a CPI federal terá poderes instrutórios equivalentes aos de um juiz federal. Por sua vez, a CPI estadual terá poderes instrutórios equivalentes aos um juiz estadual. Como não existe Poder Judiciário Municipal, caso a CPI Municipal entenda ser necessária a quebra do sigilo fiscal, deverá solicitar ao Judiciário local a medida.

Além do Poder Judiciário e da CPI (Federal, Estadual e Distrital), pode o Ministério Público decretar a quebra do sigilo fiscal, solicitando diretamente ao Fisco as informações fiscais que entender pertinentes? Segundo o Supremo Tribunal Federal, não pode! "A norma inscrita no inciso VIII, do art. 129 da CF, não autoriza ao Ministério Público, sem a interferência da autoridade judiciária, quebrar o sigilo bancário de alguém. Se se tem presente que o sigilo bancário é espécie de direito à privacidade, que a CF consagra, art. 5º, X, somente autorização expressa da Constituição legitimaria o Ministério Público a promover, diretamente e sem a intervenção da autoridade judiciária, a quebra do sigilo bancário de qualquer pessoa" (RE 215.301/CE, rel. Min. Carlos Velloso, 2ª Turma, j. 13-4-1999). Obs.: embora a decisão se refira ao sigilo bancário, aplica-se integralmente ao sigilo fiscal, que estamos estudando.

2) Quebra do sigilo bancário: assim como a quebra do sigilo fiscal, a quebra do sigilo bancário também pode ser quebrada por autoridade judiciária, bem como por CPI (federal, distrital e estadual). Assim como na quebra do sigilo fiscal, Ministério Público e a CPI Municipal não podem decretar a quebra do sigilo bancário.

Todavia, aqui há uma novidade. Até 2015, o entendimento do Supremo Tribunal Federal era no sentido de que o Fisco não poderia decretar a quebra do sigilo bancário, solicitando diretamente ao banco os extratos bancários do investigado. Segundo o Tribunal, "conflita com a Carta da República norma atribuindo à Receita Federal – parte na relação jurídico-tributária – o afastamento do sigilo de dados relativos ao contribuinte" (RE 389.808, rel. Min. Marco Aurélio, Tribunal Pleno, j. 15-12-2010).

Todavia, em decisão de 14 de fevereiro de 2016, o Supremo Tribunal Federal mudou seu entendimento. Pode o fisco solicitar diretamente à instituição bancária os extratos bancários, quebrando o sigilo bancário sem autorização judicial: "o litígio constitucional posto se traduz em um confronto entre o direito ao sigilo bancário e o dever de pagar tributos. [...] Entende-se que a igualdade é satisfeita no plano do autogoverno coletivo por meio do pagamento de tributos, na medida da capacidade contributiva do contribuinte. [...] Verifica-se que o Poder Legislativo não desbordou os parâmetros constitucionais, ao exercer sua relativa liberdade de conformação da ordem jurídica, na medida em que estabeleceu requisitos objetivos para a requisição de informação pela Administração Tributária às instituições financeiras, assim como manteve o sigilo dos dados a respeito das transações financeiras do contribuinte, observando-se um traslado do dever de sigilo da esfera bancária para a fiscal" (RE 601.314, rel. Min. Edson Fachin, Tribunal Pleno, j. 24-2-2016).

Quebra do sigilo fiscal	Quebra do sigilo bancário
Juiz	Juiz
CPI (Federal, Estadual e Distrital)	CPI (Federal, Estadual e Distrital)
	Fisco (RE 601.314)

Por fim, é importante frisar que a melhor jurisprudência do STF, com absoluta razão, entende que, por se tratar de medida violadora de direitos fundamentais, embora legítima, deve ser decretada *cum grano salis*, ou seja, com parcimônia, em casos excepcionais, justificados expressamente e limitados: "Para que a medida excepcional da quebra de sigilo bancário não se descaracterize em sua finalidade legítima, torna-se imprescindível que o ato estatal que a decrete, além de adequadamente fundamentado, também indique, de modo preciso, dentre outros dados essenciais, os elementos de identificação do correntista (notadamente o número de sua inscrição no CPF) e o lapso temporal abrangido pela ordem de ruptura dos registros sigilosos mantidos por instituição financeira" (HC 84.758, rel. Min. Celso de Mello, Tribunal Pleno, j. 25-5-2006).

Essa exigência também se aplica às Comissões Parlamentares de Inquérito: "As CPIs, no entanto, para decretarem, legitimamente, por autoridade própria, a quebra do sigilo bancário, do sigilo fiscal, relativamente a pessoas por ela investigadas, devem demonstrar a partir de meros indícios, a existência concreta de causa provável que legitime a medida excepcional (ruptura da esfera de intimidade de quem se acha sob investigação), justificando a necessidade de sua efetivação no procedimento de ampla investigação dos fatos determinados que deram causa à instauração do inquérito parlamentar, sem prejuízo de ulterior controle jurisdicional dos atos em referência" (MS 23.452, rel. Min. Celso de Mello, Tribunal Pleno, j. 16-9-1999).

b) Direito ao esquecimento (*right to be let alone, right to be forgotten*)

Abordamos parcialmente o tema no capítulo anterior. Trata-se de um novo direito, implícito no direito à intimidade e vida privada. Consiste no direito a que sejam esquecidas algumas informações verídicas, mas desairosas, ofensivas ou violadoras da intimidade, ocorridas no passado.

Demos um exemplo no capítulo anterior: imaginemos que um jovem de 18 anos, em seu aniversário, embriaga-se e pratica atos absolutamente vexatórios e dos quais se arrependerá no dia seguinte. O fato será esquecido por todos, EXCETO se algum dos seus amigos grava a cena inóspita e a posta nas redes sociais. Aquele vídeo ou aquela foto poderá se espalhar por toda a internet, ali permanecendo por décadas. Anos depois, aquele mesmo vídeo impede que a pessoa consiga um emprego, uma namorada etc. Tem ela direito a que aquele fato seja esquecido, retirando-se, por exemplo, da internet, todas as cópias do vídeo mencionado.

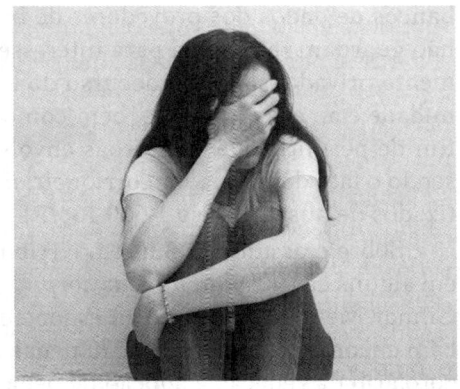

Figura 14.14 – Direito ao esquecimento (créditos ao final do livro).

Caso interessante ocorreu na Europa, em uma inovadora decisão do Tribunal de Justiça da União Europeia em maio de 2014. Mario Costeja González solicitou que fossem retiradas da internet todas as menções sobre um leilão de imóveis para pagamento de dívidas à Segurança Social em que ele era um dos devedores. O leilão constou do jornal *La Vanguardia*, em 1998, que tinha sua versão eletrônica. Todas as vezes que o nome de Mário era digitado nos *sites* de busca, aparecia a notícia desairosa. O Tribunal de Justiça da União Europeia determinou que o operador de um motor de busca (no caso, o Google) fosse obrigado a suprimir da lista de resultados exibida na sequência de uma pesquisa efetuada a partir do nome de uma pessoa as ligações a outras páginas da *web*, publicadas por terceiros e que contêm informações sobre a pessoa.

Nos Estados Unidos, houve decisões importantes acerca do assunto (*right to be forgotten*), sendo que a primeira foi em 1931. No caso *Melvin v. Reid*, uma ex-prostituta foi acusada de assassinato e depois absolvida. Anos depois, foi feito um filme (*The Red Komono*) revelando sua história. Segundo o Tribunal, "qualquer pessoa que vive uma vida de retidão tem esse direito à felicidade, que inclui a liberdade de ataques desnecessários ao seu caráter, posição social ou reputação". No entanto, esse direito é pouco reconhecido porque, como vimos em item anterior deste capítulo, os direitos da 1ª Emenda, dentre eles o *Free Speech* (liberdade de expressão), são vistos quase de forma absoluta, e o direito de ser esquecido seria uma limitação a esse direito.

b.1) Direito ao esquecimento na jurisprudência brasileira

O Superior Tribunal de Justiça já reconheceu o direito ao esquecimento, no Recurso Especial 1.335.153, relatado pelo Min. Luis Felipe Salomão, ainda que não esteja previsto expressamente, por ora, em nossa Constituição. Em 2018, o STJ determinou que uma promotora de Justiça (absolvida pelo CNJ de suposta fraude em concurso para a magistratura) tivesse seu nome desvinculado do tema "fraude em concursos para juiz" nos resultados de pesquisa na internet. Segundo o Tribunal, "há circunstâncias excepcionalíssimas em que é necessária a intervenção pontual do Poder Judiciário para fazer cessar o vínculo criado, nos bancos de dados dos provedores de busca, entre dados pessoais e resultados da busca, que não guardam relevância para interesse público à informação, seja pelo conteúdo eminentemente privado, seja pelo decurso do tempo. Nessas situações excepcionais, o direito à intimidade e ao esquecimento, bem como a proteção aos dados pessoais deverá preponderar, a fim de permitir que as pessoas envolvidas sigam suas vidas com razoável anonimato, não sendo o fato desabonador corriqueiramente rememorado e perenizado por sistemas automatizados de busca" (REsp 1.660.168/RJ – rel. Min. Nancy Andrighi, 3ª Turma, j. 5-6-2018).

Sobre o assunto, o Supremo Tribunal Federal já havia se manifestado incidentalmente, em alguns casos. Num *habeas corpus* que analisava a reincidência penal, decidiu o Ministro Gilmar Mendes: "o direito ao esquecimento, a despeito de inúmeras vozes contrárias, também encontra respaldo na seara penal, enquadrando-se como direito fundamental implícito, corolário da vedação à adoção de pena de caráter perpétuo e dos princípios da dignidade da pessoa humana, da igualdade, da proporcionalidade e da razoabilidade" (HC 126.315/SP, rel. Min Gilmar Mendes, 2ª Turma, j. 15-9-2015). Por sua vez, num outro *habeas corpus*, decidiu o Ministro Dias Toffoli, "o homem não pode ser penalizado eternamente por deslizes em seu passado pelos quais já tenha sido condenado e tenha cumprido a reprimenda imposta em regular processo penal. Faz ele jus ao denominado 'direito ao esquecimento', não podendo perdurar indefinidamente os efeitos nefastos de uma condenação anterior, já regularmente extinta" (RHC 118.977/MS, rel. Min. Dias Toffoli, 1ª Turma, j. 18-3-2014).

Não obstante, para surpresa de quase toda a comunidade jurídica, em 2021 o STF proferiu decisão negando a existência do direito ao esquecimento, ao arrepio de farta doutrina e jurisprudência por todo o mundo. Segundo o STF, "A previsão ou aplicação do direito ao esquecimento afronta a liberdade de expressão. Um comando jurídico que eleja a passagem do tempo como restrição à divulgação de informação verdadeira, licitamente obtida e com adequado tratamento dos dados nela inseridos, precisa estar previsto em lei, de modo pontual, clarividente e sem anulação da liberdade de expressão. Ele não pode, ademais, ser fruto apenas de ponderação judicial. 6. O caso concreto se refere ao programa televisivo Linha Direta: Justiça, que, revisitando alguns crimes que abalaram o Brasil, apresentou, dentre alguns casos verídicos que envolviam vítimas de violência contra a mulher, objetos de farta documentação social e jornalística, o caso de Aida Curi, cujos irmãos são autores da ação que deu origem ao presente recurso. Não cabe a aplicação do direito ao esquecimento a esse caso, tendo em vista que a exibição do referido programa não incorreu em afronta ao nome, à imagem, à vida privada da vítima ou de seus familiares. Recurso extraordinário não provido" (RE 1.010.606, rel. Min. Dias Toffoli, Pleno, j. 11-2-2021).

Como entendemos que tal decisão não deverá prosperar por muitos anos, porque incompatível com os fartos estudos doutrinários sobre o tema, examinaremos os argumentos doutrinários favoráveis ao reconhecimento de tal direito.

b.2) Direito ao esquecimento na doutrina

Como afirma Geisa Daré, em obra específica sobre o tema, "resta nítido que o *right to be let alone* já está sendo apreciado e admitido no Supremo Tribunal Federal, inclusive com a denominação 'direito ao esquecimento', testificando ainda mais sua compatibilidade com a Constituição Federal e inserção no ordenamento jurídico"[102].

Em obra específica sobre o tema, a autora chega a uma brilhante conclusão, que ousamos repetir: "a informação que possua interesse público e seja verídica é de suma importância para a efetivação de um Estado Democrático de Direito, além do que, sua supressão acarretaria risco à própria paz social. Sendo assim, as hipóteses de incidência do direito de ser deixado em paz não são abertas e irrestritas, apresentando os pressupostos abaixo elencados para sua caracterização, conforme se pode inferir do *obter dictum* e da *ratio decidendi* dos diversos julgados emanados pelo Poder Judiciário brasileiro e estrangeiro"[103].

No mesmo sentido, em outra obra específica sobre o tema, Viviane Nóbrega Maldonado sugere alguns parâmetros para aplicação do direito ao esquecimento, dentre eles a ausência do interesse público quanto à informação, em razão do transcurso do tempo. Segundo a autora, "o interesse público não se confunde com o *interesse do público*, este, no mais das vezes, entendido como aquele que se exaure em aspectos de mera satisfação pessoal em termos de curiosidade"[104].

À luz da doutrina sobredita, podemos apontar os seguintes requisitos para utilização da tese do *direito ao esquecimento*, segundo a qual a intimidade prevalecerá sobre o direito à informação:

Requisitos para aplicação do *direito ao esquecimento*	a) o fato pode ser verídico ou não
	b) a veiculação da informação causa sofrimento ou transtorno a algum direito fundamental (honra, intimidade, imagem etc.)
	c) a informação carece de interesse público, originariamente ou em virtude do tempo decorrido
	d) existência de aparente conflito entre a liberdade de expressão e/ou informação e os atributos individuais da pessoa humana
	e) realização de uma ponderação dos princípios conflitantes no caso concreto

Importante ressaltar que não será aplicado o *direito ao esquecimento* aos fatos genuinamente históricos, bem como aos fatos que apresentam inequívoco interesse público[105].

c) Proteção de dados pessoais (Emenda Constitucional n. 115/2022 e Lei Geral de Proteção de Dados Pessoais – LGPD)

Já era entendimento doutrinário e até mesmo jurisprudencial que a proteção de dados pessoais (inclusive nos meios digitais) já era um direito fundamental, corolário do direito à

---

102. *Direito ao Esquecimento*, p. 122.
103. Op. cit., p. 130. Sugere a autora os seguintes requisitos: "1. O fato pode ser verídico ou não; 2. É necessário que a veiculação da informação lhe cause algum tipo de sofrimento ou transtorno (ferimento de um dos direitos subjetivos da personalidade, como imagem, honra, vida privada, intimidade, ou prejuízo à ressocialização); 3. A informação ou crítica careça de interesse público, em virtude do tempo decorrido, ou ainda, quando comprometa o processo de ressocialização do condenado nos casos em que este não mais apresente risco à sociedade; 4. Envolva um conflito aparente entre a liberdade de expressão e/ou de informação e os atributos individuais da pessoa humana, tais como a intimidade, privacidade e honra. 5. Pressuponha a realização da ponderação de princípios no caso concreto para dirimir o conflito, aferindo qual direito deve prevalecer (*vide* teoria apresentada por Robert Alexy). Lembrando que, se o sofrimento da pessoa em ter um fato a seu respeito novamente revelado possuir maior afetação do que o direito de expressão e de informação, este primeiro deve prevalecer, aplicando-se, assim, o direito ao esquecimento a ela" (op. cit., p. 130).
104. *Direito ao Esquecimento*, p. 115.
105. Geisa Daré, op. cit., p. 131.

intimidade e vida privada. Por exemplo, o próprio STF decidiu, na ADI 6.387, que ato normativo governamental que determinava que as operadoras de telefonia compartilhassem com o governo informações pessoais de seus usuários (nome, endereço etc.) era inconstitucional. Decidiu o STF que as "informações, relacionadas à identificação – efetiva ou potencial – de pessoa natural, configuram dados pessoais e integram, nessa medida, o âmbito de proteção das cláusulas constitucionais assecuratórias da liberdade individual (art. 5º, *caput*), da privacidade e do livre desenvolvimento da personalidade (art. 5º, X e XII). (...) A invasão injustificada da privacidade individual deve ser repreendida e, tanto quanto possível, prevenida" (STF, ADI 6.387, MC/DF, rel. Min. Rosa Weber, j. 24-4-2020). Em 2022, para deixar ainda mais clara essa proteção constitucional, foi acrescido o inciso LXXIX ao art. 5º da Constituição Federal: "é assegurado, nos termos da lei, o direito à proteção dos dados pessoais, inclusive nos meios digitais".

Embora defendamos em capítulo anterior que "novos direitos" acrescidos à Constituição por Emendas Constitucionais não seriam cláusulas pétreas (porque não cabe ao poder constituinte derivado reformador criá-las), entendemos aqui se tratar de hipótese diversa, já a proteção dos dados pessoais (inclusive nos meios digitais) já era um direito fundamental decorrente da intimidade. Já era uma cláusula pétrea e continua sendo. A diferença é que agora não se trata mais de uma conclusão doutrinária e jurisprudencial, mas um imperativo constitucional. Dessa maneira, quaisquer restrições a esse direito feitas pela norma infraconstitucional deverão ser pautadas pelos critérios da *razoabilidade* e da *proporcionalidade* (com seus componentes *adequação, necessidade* e *proporcionalidade em sentido estrito*). Remetemos o leitor ao capítulo anterior, sobre teoria geral dos direitos fundamentais, em que explicamos melhor esses requisitos à restrição externa dos direitos fundamentais.

O novo art. 5º, LXXIX, da Constituição faz remissão à lei infraconstitucional para regulamentação desse direito. Trata-se da Lei n. 13.709, de 14 de agosto de 2018 (Lei Geral de Proteção de Dados Pessoais – LGPD). A referida lei tem o claro propósito de proteger a intimidade, a privacidade, a honra e a imagem, como se depreende da leitura dos seus fundamentos, descritos no art. 2º.

Em 2019, a referida lei foi alterada pela Lei n. 13.853, de 8 de julho de 2019, que criou a "Autoridade Nacional de Proteção de Dados" (ANPD). Caberá à Autoridade Nacional de Proteção de Dados, dentre outras atribuições, "I – zelar pela proteção dos dados pessoais, nos termos da legislação; (...) elaborar diretrizes para a Política Nacional de Proteção de Dados Pessoais e da Privacidade; (...) V – apreciar petições de titular contra controlador após comprovada pelo titular a apresentação de reclamação ao controlador não solucionada no prazo estabelecido em regulamentação; (...) XIII – editar regulamentos e procedimentos sobre proteção de dados pessoais e privacidade" etc. (art. 55-J, Lei n. 13.709/2018, com a nova redação).

d) Acesso ao WhatsApp e intimidade

Em junho de 2019, o STF decidiu que o acesso direto a aparelhos telefônicos, bem como à residência de suspeitos, sem autorização judicial, fora das hipóteses de flagrante e sem o estabelecimento de procedimentos bem delimitados que garantam a observância dos direitos fundamentais, conflita com a Constituição. O HC 168.052/SP, relatado pelo Min. Gilmar Mendes, versava sobre a nulidade de um processo penal em que a autoridade policial teve acesso, sem autorização judicial, ao aparelho celular do paciente, bem como às conversas havidas no aplicativo WhatsApp. Segundo o STF, "nos dias atuais, esses aparelhos são capazes de registrar as mais variadas informações sobre seus usuários. Os celulares são a principal forma de acesso dos brasileiros e cidadãos do país à internet. Esse motivo, por si só, já seria suficiente para concluir pela incidência das normas sobre proteção dos dados, dos fluxos de dados e das demais informações contidas nesses dispositivos. (...) É por isso que essas medidas devem ser submetidas a prévia decisão judicial, como garantia procedimental *in concreto* através da qual sejam examinados e registrados, especificamente, os fundamentos que possam afastar os direitos fundamentais envolvidos. Ou seja, a existência de prévia decisão judicial é capaz de demonstrar a necessidade, adequação e proporcionalidade da pretensão dos órgãos de segurança ao acesso aos dados, às informações e à residência dos suspeitos" (STF, HC 168.052/SP, rel. Min. Gilmar Mendes, j. 11-6-2019).

No mesmo sentido, o STF declarou nula a entrevista realizada por autoridade policial na residência do reclamante, sendo-lhe exigida a senha de acesso ao seu *smartphone*. Segundo o STF, o ato estava eivado de nulidade por violação do direito ao silêncio e, principalmente, por violação ao princípio da não autoincriminação (ninguém é obrigado a produzir prova contra si mesmo) (Rcl 3.3711/SP, rel. Min. Gilmar Mendes, j. 11-6-2019).

e) Intervenções corporais e intimidade

A primeira vez que enfrentamos a questão da "intervenção corporal" foi no nosso livro *Poderes Instrutórios do Juiz no Processo Penal*[106], fruto de nossa pesquisa no curso de mestrado. *Intervenções corporais*, como afirma o brilhante professor e nosso orientador no curso de mestrado, Luis Gustavo Grandinetti Castanho de Carvalho, são "medidas de investigação que recaem sobre o corpo do indivíduo, utilizando-se, se necessário, meio de coação direta"[107]. Segundo Mellado, "a intervenção corporal pode ser definida como a utilização do corpo do acusado, mediante atos de intervenção, para efeitos de investigação e comprovação dos crimes de maneira geral, sendo também uma realização de atos investigativos ou de obtenção de provas no corpo do próprio acusado"[108].

Como classifica Rafael da Silva Gonçalves Fernandes, em dissertação de mestrado escrita na Universidade de Lisboa, sobre o tema, existem duas espécies de intervenção corporal: *invasiva* e *não invasiva*. Segundo ele, "as primeiras são entendidas como as que exigem procedimentos que envolvem a penetração do corpo do acusado com aparelhos ou substâncias em canais naturais ou não, como os exames sanguíneos, a recolha de amostras de DNA, entre outros. Já as intervenções corporais não invasivas são aquelas em que não há necessidade de penetração no corpo do arguido. É disso exemplo o uso de fios de cabelo, de unhas, de pelos, posteriormente utilizados como provas contra o acusado"[109].

Como afirmamos na obra sobredita, "não há mácula ao direito individual do acusado o fato de serem examinados objetos que se desprendem da esfera da individualidade do agente. Por exemplo, um fio de cabelo encontrado na cena do crime, resquícios de sangue no chão, sêmen na vítima de estupro, células sob a unha da vítima etc. Não obstante, a dúvida recai sobre a possibilidade de compelir o acusado a contribuir, fornecendo o material que diz respeito ao próprio corpo (sangue, cabelo, células, material gráfico etc.)".

---

106. *Poderes Instrutórios do Juiz no Processo Penal*. Jundiaí: Paco, 2017.
107. *O Processo Penal em Face da Constituição*. 3 ed., p. 231.
108. Apud Rafael da Silva Gonçalves Fernandes. *Intervenções Corporais e Identificação Criminal*, p. 12.
109. Op. cit., p. 12.

Em matéria civil, a recusa em fornecer tais elementos de prova tem sido resolvida segundo as regras do ônus da prova. Assim, se a parte se recusa a fornecer algum elemento importante (como, por exemplo, recusa-se a fazer o exame de DNA), recai sobre ela um forte indício de que o fato imputado é verdadeiro. Em se tratando de investigação de paternidade, a presunção decorre da própria lei. Por força da Lei n. 12.004/2009, "a recusa do réu em se submeter ao exame genético – DNA gerará a presunção da paternidade, a ser apreciada em conjunto com o contexto probatório. Todavia, no processo penal, a negativa do acusado em participar do ato não pode ser considerada como presunção de veracidade do fato, em razão do direito ao silêncio, corolário do *nemo tenetur se detegere*"[110].

A possibilidade de intervenções corporais foi admitida pelo Supremo Tribunal Federal, em 2018, quando, no Recurso Extraordinário 971.959, afirmou: "a jurisprudência do STF, historicamente, adotava uma postura restrita quanto à admissibilidade das chamadas intervenções corporais. Contudo, na linha do que se visualiza no cenário internacional, a jurisprudência desta Corte Superior, gradativamente, iniciou uma caminhada em sentido oposto, do que constitui precedente exemplificativo a RCL 2.040/DF, de relatoria do Min. Néri da Silveira, julgada na data de 21-2-2002, ocasião em que se decidiu que a autoridade jurisdicional poderia autorizar a realização de exame de DNA em material colhido de gestante mesmo sem autorização daquela última, tudo com o objetivo de investigar possível crime de estupro de que tenha sido vítima. [...] O Brasil, quanto à intervenção corporal para fins de investigação penal, assenta fundamental constitucional no inciso XII do art. 5º da Constituição de 1988, que abria cláusula de reserva de jurisdição para o controle quanto ao tangenciamento dos direitos fundamentais à intimidade, privacidade e imagem consagrados na norma constitucional. Nesse contexto normativo, não há dúvidas de que o constituinte brasileiro admitiu a possibilidade de que o legislador autorize intervenções estatais na vida privada, inclusive no que condiz às supracitadas intervenções corporais" (RE 971.959/RS, Pleno, rel. Min. Luiz Fux, j. 14-11-2018).

Entendemos que as intervenções corporais somente podem ser praticadas quando houver previsão legal, e desde que essas normas sejam razoáveis e proporcionais, sob pena de violação do núcleo essencial da intimidade. Em Portugal, o Código de Processo Penal prevê a realização de exames em pessoas contra sua vontade (arts. 171 e 172). Na Alemanha, a intervenção corporal (extração de sangue) será feita, em situação de urgência, desde que não exista nenhum perigo para a saúde do imputado. O Código de Processo Penal Italiano (arts. 244 e 245) afirma que a intervenção será determinada por meio de uma decisão judicial motivada. No Brasil, algumas hipóteses específicas de intervenção corporal são permitidas por lei infraconstitucional.

Nos últimos anos, foram aprovadas no Brasil novas leis que permitem a intervenção corporal no processo penal para colheita de material genético. Uma dessas inovações foi feita na Lei de Identificação Criminal (Lei n. 12.037/2009). Como afirma Guilherme Madeira, "a Constituição Federal fala em identificação criminal, mas não apresenta seu conteúdo. O que a nova legislação fez foi ampliar o conteúdo da identificação criminal, antes só restrita ao exame dactiloscópico e fotográfico e agora também tem-se a possibilidade de identificação genética"[111].

O art. 5º, parágrafo único, da Lei de Identificação Criminal, alterada pela Lei n. 12.654/2012, afirma que, "na hipótese do inciso IV do art. 3º, a identificação criminal poderá incluir a coleta de material biológico para a obtenção do perfil genético". O mencionado

---

110. *Poderes Instrutórios do Juiz no Processo Penal*, p. 235.
111. *Curso de Processo Penal*, p. 244.

inciso IV do art. 3º da mesma lei prevê a seguinte hipótese: quando "a identificação criminal for essencial às investigações policiais, segundo despacho da autoridade judiciária competente, que decidirá de ofício ou mediante representação da autoridade policial, do Ministério Público ou da defesa".

Dessa maneira, segundo a lei, a colheita de material genético poderá ocorrer durante a investigação criminal, por decisão fundamentada de juiz, que poderá fazê-lo de ofício ou mediante representação do delegado, do Ministério Público ou da defesa.

Por sua vez, o art. 9º-A da Lei de Execução Penal (Lei n. 7.210/84) afirma que "os condenados por crime praticado, dolosamente, com violência de natureza grave contra pessoa, ou por qualquer dos crimes previstos no art. 1º da Lei n. 8.072/90 (Lei de Crimes Hediondos), serão submetidos, obrigatoriamente, à identificação do perfil genético, mediante extração de DNA – ácido desoxirribonucleico, por técnica adequada e indolor". Podemos afirmar que tal medida é um novo efeito da condenação transitada em julgado. A constitucionalidade desse dispositivo será examinada pelo STF, que já reconheceu a repercussão geral dessa questão: "a Lei n. 12.654/2012 introduziu a coleta de material biológico para obtenção do perfil genético na execução penal por crimes violentos ou por crimes hediondos (Lei n. 7.210/84, art. 9º-A). Os limites dos poderes do Estado de colher material biológico de armazenar os perfis em bancos de dados e de fazer uso dessas informações são objeto de discussão nos diversos sistemas jurídicos. Possível violação a direitos da personalidade e da prerrogativa de não se incriminar – art. 1º, III, art. 5º, X, LIV e LXIII, da CF. Tem repercussão geral a alegação de inconstitucionalidade do art. 9º-A da Lei n. 7.210/84, introduzido pela Lei n. 12.654/2012, que prevê a identificação e o armazenamento de perfis genéticos de condenados por crimes violentos ou por crimes hediondos. Repercussão geral em recurso extraordinário reconhecida" (STF, RE 973.837/MG, rel. Min. Gilmar Mendes, *DJe* 11-10-2016).

14.15. INVIOLABILIDADE DO DOMICÍLIO (ART. 5º, XI, CF)

Um corolário imediato do direito à intimidade é a inviolabilidade domiciliar. Os ingleses possuem uma frase: *"my home is my castle"* (minha casa é meu castelo). Não é por outro motivo que no direito anglo-saxão o presente instituto recebe o nome de *Castle Doctrine* (Doutrina do Castelo), nome mais utilizado nos Estados Unidos.

a) O que é casa?

Segundo o art. 5º, XI, 1ª parte, da Constituição Federal, "a casa é asilo inviolável do indivíduo, ninguém nela podendo penetrar sem consentimento do morador...".

Figura 14.15 – Casa (créditos ao final do livro).

A primeira pergunta a ser feita é: o que se entende por casa? Se a posição de outrora equiparava casa a residência, o entendimento atual é bem mais amplo. Casa envolve a residência da pessoa, com ou sem ânimo definitivo (englobando a casa na praia, na montanha etc.), o local de trabalho reservado, o quarto de hotel ou motel ocupado, o *trailer* e o barco, caso sirvam de morada. Se o constituinte quisesse utilizar um conceito mais restritivo, utilizaria a expressão "domicílio" em vez de "casa". Nesse sentido, afirma Rubens Geraldi Bertolo: "na atual Constituição, os constituintes preferiram o termo *casa* e não o termo *domicílio*, porque aquele protege um número maior de edificações, desde os palacetes suntuosos, os *trailers* residenciais, os motéis, as casas de prostituição, até os casebres humildes, porque fechados são invioláveis"[112].

a.1) Local de trabalho

Quanto ao *local de trabalho*, é importante fazer essa ressalva: trata-se do *local de trabalho reservado*. Explica-se: é possível que, no local de trabalho, haja um espaço aberto ao público, franqueado a qualquer pessoa que queira entrar e um outro espaço reservado a seus proprietários e funcionários. Imaginemos um bar. No horário comercial, todos entram e saem do estabelecimento, sentam às mesas. Se qualquer cliente pode fazê-lo, a autoridade também poderá, sem mandado judicial. Todavia, há no bar espaços reservados a seus donos e funcionários, como o espaço de trás do balcão do bar. Ele é inviolável. Ele se equipara à casa.

a.2) Quarto de hotel ou motel ocupado

Quanto ao *quarto de hotel ou motel ocupado*, o Supremo Tribunal Federal se manifestou expressamente, equiparando-os à casa: "para os fins da proteção jurídica a que se refere o artigo 5º, XI, da CF, o conceito normativo de 'casa' revela-se abrangente e, por estender-se a qualquer aposento de habilitação coletiva, desde que ocupado (CF, art. 150, § 4º, II), compreende, observada essa específica limitação espacial, os quartos de hotel. Doutrina. Precedentes. Sem que ocorra qualquer das situações excepcionais taxativamente previstas no texto constitucional (art. 5º, XI), nenhum agente público poderá, contra a vontade de quem de direito (invito domino), ingressar, durante o dia, sem mandado judicial, em aposento ocupado de habilitação coletiva, sob pena de a prova resultante dessa diligência de busca e apreensão reputar-se inadmissível, porque impregnada de ilicitude originária" (RHC 90.376, rel. Min. Celso de Mello).

a.3) Automóvel

Busca realizada em *automóvel* se equipara à busca pessoal, e não à busca domiciliar, como afirma a doutrina: "a busca em veículo é, em princípio busca e apreensão pessoal. No entanto, se a função precípua do veículo for a de domicílio, então será caso de busca e apreensão domiciliar (como nas hipóteses de trailer e *motor home*)"[113].

a.4) Boleia ou cabine do caminhão

A boleia (ou cabine) do caminhão, lugar onde o caminhoneiro passa grande parte de sua vida profissional, se equipara à casa? O STJ entendeu que não. Segundo esse Tribunal, "o caminhão é instrumento de trabalho do motorista, assim como, *mutatis mutandis*, a espátula serve ao artesão. Portanto, não pode ser considerado extensão de sua residência, nem local de seu trabalho, mas apenas um meio físico para se chegar ao fim laboral" (STJ, AgRg no REsp

Figura 14.16 – Caminhoneiro (créditos ao final do livro)

---

112. *Inviolabilidade do Domicílio*, p. 73.
113. Guilherme Madeira Dezem, op. cit., p. 644.

1.362.124/MG, rel. Min. Sebastião Reis Júnior, j. 19-3-2013). Com esse entendimento, o Superior Tribunal de Justiça decidiu que a arma ilegal existente no interior do caminhão configura PORTE e não POSSE (já que a cabine do caminhão não se equipara à casa).

Não obstante, em 2016, embora não tenha sido o objeto principal do recurso, posição em sentido contrário foi defendida pelo Ministro Teori Zavascki, do Supremo Tribunal Federal. No Recurso Ordinário em *Habeas Corpus* 117.767, o STF decidiu que "apreensões de documentos realizadas em automóvel, por constituir típica busca pessoal, prescinde de autorização judicial" (RHC 117.767, rel. Min. Teori Zavascki, 2ª Turma, j. 11-10-2016). Todavia, segundo o Ministro sobredito, em seu voto: "o veículo (automóvel, motocicleta, navio, avião etc.) é coisa pertencente à pessoa, razão pela qual deve ser equiparada à busca pessoal, sem necessitar de mandado judicial. A única exceção fica por conta do veículo destinado à habitação do indivíduo, como ocorre com os *trailers*, cabines de caminhão, barcos, entre outros" (trecho do voto do Min. Relator). Tal ressalva não constou da ementa do referido acórdão.

Por essa razão, entendemos que a cabine do caminhão não se equipara à casa, aplicando-se-lhe as regras da busca pessoal.

Nosso querido amigo e o brilhante processualista Guilherme Madeira traz à baila uma tese absolutamente inovadora: o *celular* como sendo uma extensão do domicílio. Segundo ele, "se o domicílio pode ser entendido como o espaço normal da intimidade, onde ela se expressa livremente, sendo inerente à pessoa, e o mais importante, independe de objeto físico para a sua existência, não vislumbramos óbice para que o aparelho celular não possa vir a ser considerado um domicílio e receber a tutela constitucional fundamental da inviolabilidade domiciliar. Por vezes o aparelho celular contém mais dados e informações íntimas sobre a nossa vida privada do que nossa própria residência, não sendo pertinente não ser abrangido como domicílio somente, e tão somente, por não ser dotado de espaço físico"[114]. Embora concordemos com os fundamentos, discordamos da conclusão. Que o celular atualmente contém inúmeras informações sobre o indivíduo, entendemos que a violação indevida dessas informações constitui mácula grave à intimidade, mas isso não transfigura um aparelho telefônico num domicílio, na acepção constitucional. Os dados constantes no celular estão protegidos pelo art. 5º, X, da Constituição Federal (direito à intimidade), e nada impede que o legislador ordinário estabeleça parâmetros específicos para os celulares, máxime os *smartphones*, praticamente computadores portáteis. Aliás, a tese inovadora do processualista parece ter sido refutada pelo STF no HC 91.867, relatada pelo Min. Gilmar Mendes.

b) Relatividade do direito

Assim como os demais direitos fundamentais, a inviolabilidade domiciliar é relativa. Aliás, a própria Constituição estabelece os principais parâmetros de limitação desse direito, permitindo que a autoridade estatal adentre no "castelo", usando a expressão norte-americana.

Além das hipóteses constitucionais que serão a seguir estudadas, poderá também a lei estabelecer restrições a esse direito, desde que razoáveis e proporcionais. Foi o que fez a Lei n. 13.301/2016 ("Lei do Mosquito"), que tenta diminuir os focos do mosquito transmissor da dengue e outras doenças, permitindo o "ingresso forçado em imóveis públicos e particulares, no caso de situações de abandono, ausência ou recusa de pessoa que possa permitir o acesso de agente público, regularmente designado e identificado, quando se mostre essencial para a

---

114. Op. cit., p. 646.

contenção das doenças". Ora, trata-se de uma clara limitação infraconstitucional do direito à inviolabilidade domiciliar.

Além das possíveis limitações infraconstitucionais, há as seguintes hipóteses previstas no próprio art. 5º, XI, da Constituição Federal: 1) consentimento do morador; 2) flagrante delito; 3) desastre; 4) para prestar socorro; 5) mediante mandado judicial, durante o dia.

b.1) Consentimento do morador

Havendo o consentimento legítimo e prévio do morador, a autoridade poderá ingressar na casa sem mandado judicial. Importante frisar que, havendo mais de um morador, havendo o dissenso expresso de um deles, não poderá a autoridade ingressar na casa, sob pena de violar o direito fundamental desse morador que dissentiu. Nesse sentido, a doutrina: "caso se trate de casal morador da residência e um deles discorde, então não será válido esse consentimento, que deve ser validamente dado por ambos"[115]. Importante destacar que esse consentimento poderá ser dado tanto durante o dia quanto durante a noite.

b.2) Flagrante delito

Em caso de flagrante delito, a inviolabilidade da casa poderá ser violada tanto durante o dia quanto durante a noite, tanto pela autoridade pública como por qualquer pessoa (já que, nos termos do art. 301 do Código de Processo Penal), qualquer pessoa poderá prender em flagrante e, em casos de violação a direitos de terceiro, poder-se-ia alegar legítima defesa de terceiro (art. 23, CP).

Questão polêmica gira em torno do flagrante de *crime permanente. Crime permanente* é aquele cuja consumação se prolonga no tempo (como o sequestro e o cárcere privado). Imaginemos que a vítima sequestrada está dentro da residência do sequestrador. Poderá a autoridade violar o domicílio? Claro que sim, durante o dia e durante a noite, como já decidiu o STJ: "tratando-se de crimes de natureza permanente [...] mostra-se prescindível o mandado de busca e apreensão para que os policiais adentrem o domicílio do acusado, não havendo se falar em eventuais ilegalidades relativas ao cumprimento da medida" (STJ, HC 306.560/PR, rel. Min. Felix Fisher, j. 16-10-2014).

Até aqui não houve polêmica. Esta surge quanto ao crime de tráfico de drogas, que, apesar de ter algumas modalidades que configuram crimes instantâneos (vender, por exemplo), tem modalidades que configuram crime permanente (como, por exemplo, "guardar" e "manter em depósito").

No caso de tráfico de drogas, em que o suspeito aparentemente tem drogas dentro de sua casa, poderá ser esta violada sem mandado judicial pelos policiais? Esta questão foi levada ao STF no Recurso Extraordinário 603.616, relatado pelo Min. Gilmar Mendes. O ponto nevrálgico da questão, suscitado pelo recorrente, é que as autoridades policiais, diante de leves suspeitas de tráfico de drogas, invadiam as casas sem mandado judicial. O Supremo Tribunal Federal, embora tenha mantido o entendimento anterior (é possível entrar nas casas sem mandado, em caso de flagrante de crime permanente), estabeleceu novos critérios para a validade do ato: "Busca e apreensão domiciliar sem mandado judicial em caso de crime permanente. Possibilidade. A Constituição dispensa o mandado judicial para ingresso forçado em residên-

---

115. Op. cit., p. 640.

cia no caso de flagrante delito. No crime permanente, a situação de flagrância se protrai no tempo. Controle judicial *a posteriori*. Justa causa. A entrada forçada em domicílio, sem uma justificativa prévia conforme o direito, é arbitrária. Não será a constatação de situação de flagrância, posterior ao ingresso, que justificará a medida. *Os agentes estatais devem demonstrar que havia elementos mínimos a caracterizar fundadas razões (justa causa) para a medida"* (grifamos). Assim, somente poderá ingressar na casa a autoridade policial se houver fundados indícios dessa flagrância (justa causa).

b.3) Desastre ou para prestar socorro

O *desastre* pode ocorrer por causas naturais (enchente, desabamento etc.) ou por incidentes quaisquer (incêndio etc.). A casa poderá ser adentrada, seja durante o dia, seja durante a noite. Da mesma forma, para *prestar socorro*, a casa poderá ser adentrada em qualquer horário do dia ou da noite.

b.4) Ordem judicial, durante o dia

Primeiramente, somente ordem judicial poderá decretar a busca domiciliar. Trata-se de *reserva de jurisdição*, ou seja, nenhuma outra autoridade poderá decretar a medida, como delegado, Ministério Público e Comissão Parlamentar de Inquérito (CPI).

Segundo o Supremo Tribunal Federal, "As Comissões Parlamentares de Inquérito não podem determinar a busca e apreensão domiciliar, por se tratar de ato sujeito ao princípio constitucional da reserva da jurisdição, ou seja, ato cuja prática a CF atribui com exclusividade aos membros do Poder Judiciário (CF, art. 5º, XI)" (MS 23.642/DF, rel. Min. Néri da Silveira, j. 29-11-2000).

Outrossim, o art. 5º, XI, determina que o mandado deve ser cumprido durante o dia. O que é dia? Alexandre de Moraes[116], em posição que nos parece irrazoável, faz uma interpretação climática, geográfica da palavra "dia", afirmando ser o período entre o nascer e o pôr do sol (do alvorecer ao crepúsculo). Adotar essa posição significa determinar que todo policial tenha conhecimentos não apenas jurídicos, mas astronômicos, levando consigo um gráfico meteorológico semanal. Evidentemente que essa posição não é aceita nem pela doutrina nem pela jurisprudência. A posição "majoritariamente admitida (Bento de Faria, Eduardo Espínola e José Afonso da Silva): dia é o período que vai das 6:00 às 18:00"[117].

Segundo o art. 22 da Lei de Abuso de Autoridade (Lei n. 13.869/2019), se a invasão de domicílio é praticada por autoridade pública sem determinação judicial ou fora das condições estabelecidas em lei (por exemplo, sem estar o agente em situação de flagrante), haverá o crime específico da referida lei. Curiosamente, a lei também considera crime cumprir "mandado de busca e apreensão domiciliar após as 21 h (vinte e uma horas) ou antes das 5 h (cinco horas)".

Por conta dessa redação, alguns juristas passaram a entender que houve uma alteração infraconstitucional da palavra "dia", prevista na Constituição. Esse não é nosso entendimento.

Nem toda violação constitucional configura um crime. Segundo o princípio da fragmentariedade, que rege o Direito Penal, somente as infrações mais graves é que são criminalizadas.

---

116. Apud Pedro Lenza, op. cit., p. 1201.
117. Guilherme Madeira Dezem, op. cit., p. 643.

Dessa maneira, se uma autoridade, munida com um mandado de busca domiciliar, ingressa na casa indevidamente das 18 h às 21 h ou das 5 h às 6 h, pratica uma violação constitucional, que implicará nulidade de todas as provas ali produzidas. Não obstante, por determinação da Lei de Abuso de Autoridade, tal violação não configura crime. Por sua vez, se a autoridade, munida de um mandado judicial de busca domiciliar ingressar na casa entre as 21 h e 5 h, além de cometer uma violação constitucional (que implicará nulidade de todas as provas), cometerá uma violação à lei penal, com a prática do crime de abuso de autoridade, nos termos do art. 22, § 1º, III, da Lei n. 12.869/2019.

Por fim, entender que a Lei de Abuso de Autoridade teria alterado o conceito de "dia", previsto na Constituição Federal, configura um grave erro hermenêutico, por violação do princípio da supremacia da Constituição. Segundo esse princípio, as leis devem ser interpretadas de acordo com a Constituição, e não o contrário. Dessa maneira, assim podemos sistematizar:

AUTORIDADE QUE ADENTRA NA CASA...	CONSEQUÊNCIA
Sem mandado judicial (e sem flagrante, autorização do morador, desastre ou para prestar socorro)	Violação ao art. 5º, XI, CF e, como consequência, nulidade de todas as provas e crime do art. 22, da Lei de Abuso de autoridade
Com mandado judicial, das 18 h às 21 h ou das 5 h às 6 h	Violação ao art. 5º, XI, CF e, como consequência, nulidade de todas as provas, mas não ocorrerá a prática do crime de abuso de autoridade
Com mandado judicial, das 21 h às 5 h	Violação ao art. 5º, XI, CF e, como consequência, nulidade de todas as provas e crime do art. 22, § 1º, III, da Lei de Abuso de autoridade

Importante frisar que esse horário (6 às 18 horas) é o momento em que se deve iniciar a medida (de busca e apreensão domiciliar), e não o horário de conclusão da medida. Assim, poderá a autoridade ingressar na casa às 17 horas e, dependendo das medidas a serem realizadas, da quantidade de objetos que serão apreendidos, a medida poderá avançar noite afora.

c) **Inviolabilidade do escritório de advocacia**

O Estatuto da OAB (Lei n. 8.906/94), em seu art. 7º, § 6º, acrescido pela Lei n. 11.767/2008, determina que: "presentes indícios de autoria e materialidade da prática de crime por parte de advogado, a autoridade judiciária competente poderá decretar a quebra da inviolabilidade de que trata o inciso II do *caput* deste artigo, em decisão motivada, expedindo mandado de busca e apreensão, específico e pormenorizado, a ser cumprido na presença de representante da OAB, sendo, em qualquer hipótese, vedada a utilização dos documentos, das mídias e dos objetos pertencentes a clientes do advogado averiguado, bem como dos demais instrumentos de trabalho que contenham informações sobre clientes".

Dessa maneira, em 2010, o STF entendeu ser possível a busca e apreensão em escritório de advocacia, respeitados os requisitos legais: "o sigilo profissional constitucionalmente determinado não exclui a possibilidade de cumprimento de mandado de busca e apreensão em escritório de advocacia. O local de trabalho do advogado, desde que este seja investigado, pode ser alvo de busca e apreensão, observando-se os limites impostos pela autoridade judicial. Tratando-se de local onde existem documentos que dizem respeito a outros sujeitos não investigados, é indispensável a especificação do âmbito da abrangência da medida, que não poderá ser executada sobre a esfera de direitos de não investigados" (HC 91.610, rel. Min. Gilmar Mendes, 2ª Turma, j. 8-6-2010).

Embora a lei determine ser essencial a presença de representante da OAB durante a execução do mandado, o STJ já decidiu que a sua ausência não gera nulidade do ato: "A falta do representante da OAB para acompanhar a diligência não acarreta a nulidade da busca e apreensão empreendida nos escritórios de advocacia, porque se trata de irregularidade que não contamina a prova, especialmente quando a medida foi determinada pela autoridade judiciaria competente e não foi relatado nenhum abuso ou prejuízo às prerrogativas dos advogados" (AP 690/TO, rel. Min. João Otávio Noronha, Corte Especial, j. 15-4-2015).

Decisão excepcional do Supremo Tribunal Federal autorizou a colocação de escuta telefônica em escritório de advocacia, no período da noite, quando os advogados eram os investigados. Segundo o STF: "Escuta ambiental e exploração do local. Captação de sinais óticos e acústicos. Escritório de advocacia. Ingresso da autoridade policial, no período noturno, para instalação de equipamento. Medidas autorizadas por decisão judicial. Invasão de domicílio. Não caracterização. Inteligência do artigo 5º, X e XI da CF; art. 150, § 4º, III, do CP; e art. 7º, II, da Lei n. 8.906/94. Não opera a inviolabilidade do escritório de advocacia, quando o próprio advogado seja suspeito da prática de crime, sobretudo concebido e consumado no âmbito desse local de trabalho, sob pretexto de exercício da profissão" (Inq. 2.424/RJ, rel. Min. Cezar Peluso, Tribunal Pleno, j. 26-11-2008).

d) Violação de domicílio e nova posição do STJ (HC 598.051)

Em 2021, a 6ª Turma do STJ proferiu histórica decisão sobre a inviolabilidade domiciliar, que vem sendo usada como paradigma para outras decisões, desde então. Segundo o STJ, "O ingresso regular em domicílio alheio, na linha de inúmeros precedentes dos Tribunais Superiores, depende, para sua validade e regularidade, da existência de fundadas razões (justa causa) que sinalizem para a possibilidade de mitigação do direito fundamental em questão. É dizer, apenas quando o contexto fático anterior à invasão permitir a conclusão acerca da ocorrência de crime no interior da residência – cuja urgência em sua cessação demande ação imediata – é que se mostra possível sacrificar o direito à inviolabilidade do domicílio. [...] Somente o flagrante delito que traduza verdadeira urgência legitima o ingresso em domicílio alheio, como se infere da própria Lei de Drogas (L. 11.343/2006, art. 53, II) e da Lei 12.850/2013 (art. 8º), que autorizam o retardamento da atuação policial na investigação dos crimes de tráfico de entorpecentes, a denotar que nem sempre o caráter permanente do crime impõe sua interrupção imediata a fim de proteger bem jurídico e evitar danos; é dizer, mesmo diante de situação de flagrância delitiva, a maior segurança e a melhor instrumentalização da investigação – e, no que interessa a este caso, a proteção do direito à inviolabilidade do domicílio – justificam o retardo da cessação da prática delitiva. A autorização judicial para a busca domiciliar, mediante mandado, é o caminho mais acertado a tomar, de sorte a se evitarem situações que possam, a depender das circunstâncias, comprometer a licitude da prova e, por sua vez, ensejar possível responsabilização administrativa, civil e penal do agente da segurança pública autor da ilegalidade, além, é claro, da anulação – amiúde irreversível – de todo o processo, em prejuízo da sociedade. [...] Há de se convir, no entanto, que só justifica o ingresso policial no domicílio alheio a situação de ocorrência de um crime cuja urgência na sua cessação desautorize o aguardo do momento adequado para, mediante mandado judicial – meio ordinário e seguro para o afastamento do direito à inviolabilidade da morada – legitimar a entrada em residência ou local de abrigo. [...] Por isso, avulta de importância que, além da documentação escrita da diligência policial (relatório circunstanciado), seja ela totalmente registrada em vídeo e áudio, de maneira a não deixar dúvidas quanto à legalidade da ação estatal como um todo e, particularmente, quanto ao livre consentimento do morador para o ingresso domiciliar. Semelhante providência resultará na diminuição da criminalidade em geral – pela maior eficácia probatória, bem como pela intimidação a abusos, de um lado, e falsas acusações contra policiais, por outro – e permitirá avaliar se houve, efetivamente, justa causa para o ingresso e, quando indicado ter havido consentimento do morador, se foi ele livremente prestado. [...] Estabelece-se o prazo de um ano para permitir o aparelhamento das polícias, treinamento e demais providências necessárias para a adaptação às diretrizes da presente decisão, de modo a, sem prejuízo do exame singular de casos futuros, evitar situações de ilicitude que possam, entre outros efeitos, implicar responsabilidade administrativa, civil e/ou penal do agente estatal" (STJ, HC 598.051, rel. Min. Rogerio Schietti Cruz, j. 2-3-2021).

14.16. INVIOLABILIDADE DAS COMUNICAÇÕES (ART. 5º, XII, CF)

Corolário do direito à intimidade, o art. 5º, XII, prescreve que: "é inviolável o sigilo da correspondência e das comunicações telegráficas, de dados e das comunicações telefônicas, salvo, no último caso, por ordem judicial, nas hipóteses e na forma que a lei estabelecer para fins de investigação criminal ou instrução processual penal".

O art. 5º, XII, prevê quatro formas de comunicação, tidas como invioláveis: a) correspondência; b) comunicações telegráficas; c) dados; d) comunicações telefônicas.

Comunicações invioláveis (art. 5º, XII, CF):
- correspondência
- comunicações telegráficas
- comunicação de dados
- comunicações telefônicas

Correspondência significa cartas, cartões, enviados pelo correio. *Comunicações telegráficas*, em franco desuso, correspondem aos telegramas e "telex". Por sua vez, os *dados* são a forma mais comum nos dias de hoje de comunicação (e-mail, SMS, videoconferências, fax, mensagens instantâneas por aplicativos diversos). Por fim, *comunicação telefônica* é a conversa realizada por meio de uma linha telefônica.

A inviolabilidade dessas comunicações é um direito absoluto? Claro que não (assim como os demais direitos). O STF já permitiu, por exemplo, a interceptação da correspondência dos presos. Malgrado se tratasse de violação da intimidade do encarcerado, trata-se de tutelar bem jurídico da coletividade, salvaguardando-se da prática de ilícitos que poderiam ser praticados por meio dessa comunicação: "A administração penitenciária, com fundamento em razões de segurança jurídica, de disciplina prisional ou de preservação da ordem jurídica, pode, sempre excepcionalmente, e desde que respeitada a norma inscrita no art. 41, parágrafo único, da Lei n. 7.210/84, proceder a interceptação da correspondência reme-

Figura 14.17 – Telefone e algemas (créditos ao final do livro).

tida pelos sentenciados, eis que a cláusula tutelar da inviolabilidade do sigilo epistolar não pode constituir instrumento de salvaguarda de práticas ilícitas" (HC 70.814, rel. Min. Celso de Mello, 1ª Turma, j. 1º-3-1994).

No mesmo diapasão, o chamado "Pacote Anticrime" (Lei n. 13.964/2019), em seu art. 3º, previu a inclusão, em estabelecimentos penais federais de segurança máxima, o "monitoramento de todos os meios de comunicação, inclusive de correspondência escrita".

Outrossim, por expressa previsão constitucional, a inviolabilidade pode ser suspensa durante o estado de defesa e durante o estado de sítio. Segundo o art. 136, § 1º, da Constituição Federal, que trata do estado de defesa: "o decreto que instituir o estado de defesa determinará o tempo de sua duração, especificará as áreas a serem abrangidas e indicará, nos termos e limites da lei, as medidas coercitivas a vigorarem, dentre as seguintes: I – restrições aos direitos de: [...] *b) sigilo de correspondência; c) sigilo de comunicação telegráfica e telefônica*" (grifamos). Por sua vez, o art. 139, que trata do estado de sítio, dispõe que "Na vigência do estado de sítio decretado com fundamento no art. 137, I, só poderão ser tomadas contra as pessoas as seguintes medidas: [...] III – *restrições relativas à inviolabilidade da correspondência, ao sigilo das comunicações...*" (grifamos).

Além das hipóteses sobreditas de limitação da inviolabilidade das comunicações, o próprio art. 5º, XII, prevê importante limitação do direito: "no último caso, por ordem judicial, nas hipóteses e na forma que a lei estabelecer, para fins de investigação ou instrução processual penal".

a) Interceptação telefônica e de dados

O art. 5º, XII, depois de prever a inviolabilidade de quatro formas diferentes de comunicação, estabeleceu uma exceção: "no último caso, por ordem judicial...".

O que seria "último caso"? A primeira interpretação que surgiu foi a de que "último caso" seria "comunicações telefônicas" (a quarta modalidade das quatro formas diferentes de comunicação). Todavia, não foi a teoria que prevaleceu. Por conta da redação do art. 5º, XII, da Constituição Federal, prevaleceu o entendimento de que "último caso" se refere aos "dados e comunicações telefônicas".

Explico melhor: se o constituinte quisesse que o "último caso" fosse apenas as comunicações telefônicas, teria usado três vírgulas na frase, desta forma: "é inviolável o sigilo da correspondência, das comunicações telegráficas, de dados e das comunicações telefônicas, salvo no último caso". Todavia, a redação foi diferente. O constituinte, em vez de usar vírgulas, usou duas letras "e" separando os substantivos. Dessa forma, formaram-se dois "blocos" de comunicação: "correspondência e comunicações telegráficas" (primeiro "bloco") e o segundo "bloco" como sendo os "dados e comunicações telefônicas". Esse segundo "bloco" é objeto de interceptação. Aliás, é o que dispõe a Lei n. 9.296, de 1996, que regulamenta o art. 5º, XII, da Constituição Federal. Segundo o art. 1º, parágrafo único, dessa lei: "o disposto nesta Lei aplica-se à interceptação do fluxo de comunicações em sistemas de informática e telemática".

Quem pode decretar a interceptação telefônica e de dados? Somente o juiz. Trata-se novamente de reserva de jurisdição (como falamos acima no tocante à inviolabilidade domiciliar). Esse é o posicionamento pacífico do STF: "A cláusula constitucional da reserva de jurisdição – que incide sobre determinadas matérias, como a busca domiciliar (CF, art. 5º, XI), a interceptação telefônica (CF, art. 5º, XII) e a decretação da prisão de qualquer pessoa, ressalvada a hipótese de flagrância (CF, art. 5º, LXI) – traduz a noção de que, nesses temas específicos, assiste ao Poder Judiciário, não apenas o direito de proferir a última palavra, mas, sobretudo, a prerrogativa de dizer, desde logo, a primeira palavra, excluindo-se, desse modo, por força e autoridade do que dispõe a própria Constituição, a possibilidade do exercício de iguais atribuições, por parte de quaisquer outros órgãos ou autoridades do Estado" (MS 23.452/RJ, rel. Min. Celso de Mello, Tribunal Pleno, j. 16-9-1999).

Por expressa previsão constitucional, somente é possível a decretação de interceptação telefônica e de dados durante o processo penal ou investigação criminal, não podendo ser decretada durante o processo administrativo ou durante o processo civil.

Em caso excepcionalíssimo, que não serve de parâmetro, por conta da excepcionalidade, o Superior Tribunal de Justiça admitiu interceptação telefônica no processo civil, em processo envolvendo interesse de criança e adolescente, sob o argumento de que nenhum direito é absoluto, e, no caso, prevalece o art. 227 da Constituição Federal, que estabelece a prioridade absoluta dos direitos das crianças e dos adolescentes. Decidiu o STJ: "a situação, portanto, inspira mais cuidado do que, à primeira vista, pareceria ser o caso de aplicação pura e simples do preceito Constitucional que estipula a garantia do sigilo das comunicações. Há que se proceder à ponderação dos interesses constitucionais em conflito, sem que se possa estabelecer, *a priori*, que a garantia do sigilo deva ter preponderância" (HC 203.405/MS, 3ª Turma, rel. Min. Sidnei Beneti, j. 28-6-2011).

Importante: embora haja entendimento doutrinário contrário (liderado por Luiz Flávio Gomes), prevalece o entendimento de que, se a interceptação telefônica foi decretada regularmente no processo penal ou investigação criminal, o seu conteúdo degravado (colocado no papel) poderá ser utilizado no processo civil ou no processo administrativo, como prova emprestada. Esse é o entendimento do STF: "Prova emprestada. Dados obtidos em interceptação de comunicações telefônicas e em escutas ambientais, judicialmente autorizadas para produção de prova em investigação criminal ou em instrução processual penal, podem ser usados em procedimento administrativo disciplinar, contra a mesma ou as mesmas pessoas em relação às quais foram colhidos, ou contra outros servidores cujos supostos ilícitos teriam despontado a colheita dessa prova" (Inq. 2.424/RJ, rel. Min. Cezar Peluso, Tribunal Pleno, j. 26-11-2008).

Qual o prazo da interceptação? Segundo o art. 5º da Lei n. 9.296/96, "a decisão será fundamentada, sob pena de nulidade, indicando também a forma de execução da diligência, que não poderá exceder o prazo de 15 (quinze) dias, renovável por igual tempo uma vez comprovada a indispensabilidade do meio de prova". Pela redação da norma, poder-se-ia imaginar ser possível uma única prorrogação. Todavia, segundo entendimento do STF, "é lícita a prorrogação do prazo legal de autorização para interceptação telefônica, ainda que de modo sucessivo, quando o fato seja complexo e, como tal, exija investigação diferenciada e contínua" (Inq. 2.424/RJ, rel. Min. Cezar Peluso, Tribunal Pleno, j. 26-11-2008).

Por força do art. 2º da Lei n. 9.296/96, a interceptação telefônica somente pode ser decretada nos crimes punidos com reclusão, não se admitindo interceptação telefônica, portanto, para os crimes punidos com detenção ou as contravenções penais (punidas com prisão simples ou multa).

Sendo uma medida gravosa à intimidade do investigado ou réu, a interceptação telefônica é uma medida excepcional, só podendo ser decretada quando a obtenção da prova não é possível por outros meios. Segundo o art. 2º da Lei n. 9.296/96, "não será admitida a interceptação de comunicações telefônicas quando ocorrer qualquer das seguintes hipóteses: I – não houver indícios razoáveis da autoria ou participação em infração penal; II – a prova puder ser feita por outros meios disponíveis; [...]".

Uma questão nova e interessante é a *serendipidade* (expressão trazida do inglês *serendipity*). Trata-se do encontro fortuito de provas, que recai sobre novos fatos ou novos criminosos. Imaginem que uma interceptação telefônica foi decretada para investigar uma pessoa pelo crime de tráfico de drogas. Imaginem que durante a interceptação descobre-se a prova de outro crime (de que não se tinha notícia) ou o envolvimento de outro criminoso (que não se sabia fazer parte do crime ou do grupo criminoso). Poderá a prova recair sobre o outro criminoso e sobre os outros fatos? O Supremo Tribunal Federal respondeu afirmativamente às duas perguntas.

Pode, portanto, recair a prova sobre outra pessoa, como decidiu o STF: "Interceptação realizada em linha telefônica do corréu que captou diálogo entre este e o ora paciente, mediante autorização judicial. Prova lícita que pode ser utilizada para subsidiar ação penal, sem contrariedade ao art. 5º, XII da CF" (HC 102.304, rel. Min. Cármen Lúcia).

Outrossim, é válida a prova decorrente da serendipidade, recaindo sobre outro crime, ainda que punido com detenção, como já decidiu o Supremo Tribunal Federal: "Crime punido com detenção – "Encontro fortuito de prova da prática de crime punido com detenção [...] O STF, como intérprete maior da CF, considerou compatível com o art. 5º, XII e LVI, o uso de prova obtida fortuitamente através de interceptação telefônica licitamente conduzida, ainda que o crime descoberto, conexo ao que foi objeto da interceptação, seja punido com detenção" (HC 83.515, rel. Nelson Jobim; HC 102.304, rel. Min. Cármen Lucia, j. 25-5-2010).

Por fim, em caso de serendipidade que recaia sobre pessoas que tenham direito a foro especial por prerrogativa de função (ocupantes de cargos públicos), o Supremo Tribunal Federal entendeu que os autos devem ser remetidos à instância superior, competente para julgar essa autoridade. Foi o que ocorreu na histórica interceptação telefônica que recaiu sobre o ex-Presidente Luiz Inácio Lula da Silva e que gravou uma ligação da então Presidente Dilma Rousseff. Segundo liminar concedida pelo Ministro Teori Zavascki (e referendada posteriormente pelos demais Ministros), havendo indício de envolvimento de autoridade com prerrogativa de foro, os autos devem ser remetidos ao tribunal competente (Reclamação 23.457/PR, rel. Min. Teori Zavascki).

b) **Gravação clandestina, apreensão de dados e quebra do sigilo telefônico**

Não há que se confundir a interceptação telefônica com a *apreensão de dados*, a *gravação clandestina* e a *quebra do sigilo telefônico*.

Interceptação telefônica é a gravação da comunicação feita por um terceiro, sem o conhecimento dos interlocutores. Somente é admitida no Brasil mediante ordem judicial, durante o processo penal ou investigação criminal. A interceptação decretada fora das hipóteses legais configura crime de interceptação telefônica, previsto no art. 10 da Lei n. 9.296/96.

Gravação clandestina é a gravação feita por um dos interlocutores, sem o conhecimento do outro. Assim, uma das pessoas que está conversando pelo telefone (gravação clandestina telefônica) ou num ambiente qualquer (gravação clandestina ambiental) grava a conversa sem avisar o outro interlocutor. Embora haja pequena parcela da doutrina entendendo ser uma prova ilícita (por violação da intimidade), prevalece o entendimento de que se trata de uma prova lícita, podendo ser usada não apenas no processo penal. Assim decidiu o Supremo Tribunal Federal: "A gravação de conversa telefônica feita por um dos interlocutores, sem conhecimento do outro, quando ausente causa legal de sigilo ou de reserva da conversação não é considerada prova ilícita" (RE 630.944 AgR/BA, rel. Min. Ayres Britto, 2ª Turma, j. 25-10-2011).

O Pacote Anticrime (Lei n. 13.964/2019) previu e regulamentou a gravação clandestina, acrescentando o art. 8º-A da Lei de Interceptação Telefônica (Lei n. 9.296/96). Segundo esse dispositivo legal, a gravação clandestina ambiental poderá ser autorizada pelo juiz, a requerimento policial ou do Ministério Público. Segundo o § 4º do referido dispositivo legal, "a captação ambiental feita por um dos interlocutores sem o prévio conhecimento da autoridade policial ou do Ministério Público poderá ser utilizada, em matéria de defesa, quando demonstrada a integridade da gravação". Entendemos que esse dispositivo deve ser interpretado à luz da Constituição, sob pena de ser inconstitucional. Explico: muitas vezes, vítimas de crimes gravam seus algozes, sem o conhecimento destes. Muitas vezes, violências policiais são gravadas sub-repticiamente pelas vítimas. Se interpretado estritamente esse dispositivo legal, tais gravações não serão lícitas, pois não serão utilizadas "em matéria de defesa", mas sim de acusação contra os criminosos. Proibir essas provas que, no nosso entender, não violam a intimidade da parte, parece ser uma limitação irrazoável que serviria para proteger apenas os criminosos, em especial os agentes públicos.

Apreensão de dados se dá quando, legalmente, a autoridade tem acesso a dados que não estão sendo transmitidos no momento. Exemplo, ao cumprir um mandado de busca domiciliar, a autoridade policial apreende as cartas sobre a mesa, os aparelhos telefônicos (com suas respectivas mensagens armazenadas) e os computadores (com todo o seu conteúdo).

O Supremo Tribunal Federal entendeu que, assim como as cartas abertas sobre a mesa podem ser apreendidas, não correspondendo violação de correspondência, os dados inseridos nos computadores, como os *e-mails* armazenados, podem ser abertos, não configurando transgressão ao direito à inviolabilidade das comunicações. Equiparam-se a quaisquer documentos. Assim decidiu o STF: "A proteção a que se refere o art. 5º, XII, da Constituição é a da comunicação 'de dados' e não dos 'dados em si mesmos', ainda quando armazenados em computador" (MS 21.729/DF, Pleno, rel. Néri da Silveira, j. 5-10-1995).

Atualmente, segundo entendimento do STJ, quando os dados se encontram dentro do celular da pessoa, a autoridade policial necessita de autorização judicial para ter acesso. Segundo o STJ, "embora não se trate de violação da garantia da inviolabilidade das comunicações, prevista no art. 5º, inciso XII, da CF, houve sim violação dos dados armazenados no celular do recorrente (mensagens de texto arquivadas – *WhatsApp)*. No caso, deveria a autoridade policial, após a apreensão do telefone, ter requerido judicialmente a quebra do sigilo dos dados armazenados, haja vista a garantia, igualmente constitucional, à inviolabilidade da intimidade e da vida privada, prevista no art. 5º, inciso X, da CF. Dessa forma, a análise dos dados telefônicos constante dos aparelhos dos investigados, sem sua prévia autorização ou de prévia autorização judicial devidamente motivada, revela a ilicitude da prova, nos termos do art. 157, do CPP" (RHC 89.981, rel. Min. Reynaldo Soares da Fonseca, j. 13-12-2017).

Esse entendimento foi reiterado pelo STJ no ano de 2018: "A jurisprudência desta Corte Superior é firme ao considerar ilícito o acesso direto da polícia a informações constantes de aparelho celular, sem prévia autorização judicial" (RHC 89.385/SP, rel. Min. Rogerio Schietti Cruz, j. 28-8-2018).

Por fim, *quebra do sigilo telefônico* consiste na obtenção dos *registros telefônicos*, ou seja, obter junto à operadora de telefonia quais números ligaram para o investigado e para quais números aquela linha telefônica ligou. Nesse caso, ao contrário da interceptação telefônica, não há reserva de jurisdição, ou seja, não apenas o juiz poderá decretar a medida.

A *quebra do sigilo telefônico* poderá, portanto, ser decretada não apenas pelo juiz, mas também pela CPI (já que ela tem poderes instrutórios de juiz, nos termos do art. 58, § 3º, da Constituição Federal). E não é só: poderiam essas informações ser obtidas mediante solicitação direta do Ministério Público ou da autoridade policial. Nesse sentido, decidiu o STF: "A obtenção direta pela autoridade policial de dados relativos à hora, ao local e à duração das chamadas realizadas por ocasião da prática criminosa não configura violação ao art. 5º, XII, da CF/88. *Habeas corpus* a que se nega seguimento" (HC 124.322, rel. Min. Roberto Barroso, j. 21-9-2015). No mesmo sentido: "Não se confundem comunicação telefônica e registros telefônicos, que recebem, inclusive, proteção jurídica distinta. Não se pode interpretar a cláusula do art. 5º, XII, da CF, no sentido de proteção aos dados enquanto registro, depósito registral. A proteção constitucional é da comunicação de dados e não dos dados" (STF – HC 91.867, rel. Min. Gilmar Mendes).

O STJ também decidiu dessa maneira: "Não há ilegalidade na quebra do sigilo de dados cadastrais de linhas telefônicas os quais [...] foram obtidos por autoridade policial. Isso porque, conforme entendimentos do STF e do STJ, o disposto no art. 5º, XII, da CF não impede o acessos aos dados em si, ou seja, o objeto protegido pelo direito à inviolabilidade do sigilo não são os dados em si, mas tão somente a comunicação desses dados" (STJ – HC 181.546, rel. Min. Marco Aurelio Bellizze).

Essa posição jurisprudencial é reforçada pela Lei das Organizações Criminosas (Lei n. 12.850/2013), que no seu art. 17 expressamente dispõe que: "as concessionárias de telefonia fixa ou móvel manterão, pelo prazo de 5 (cinco) anos, à disposição das autoridades mencionadas no art. 15 [delegado de polícia e o Ministério Público], registros de identificação dos números dos terminais de origem e de destino das ligações telefônicas internacionais, interurbanas e locais".

14.17. LIBERDADE DE ESCOLHA DE TRABALHO (ART. 5º, XIII)

Trata-se de mais um direito umbilicalmente ligado à dignidade da pessoa humana. Como o trabalho corresponde a um ingrediente significativo da vida e da personalidade de cada pessoa, nada mais natural que cada um possa escolher qual trabalho deseja exercer. Segundo o art. 5º, XIII, da Constituição Federal, "é livre o exercício de qualquer trabalho, ofício ou profissão, atendidas as qualificações profissionais que a lei estabelecer". Esse direito esteve presente em todas as Constituições brasileiras, desde a Constituição de 1824.

Trata-se de uma *norma constitucional de eficácia contida ou redutível ou restringível*, ou seja, a norma produz todos os seus efeitos (todos nós podemos escolher livremente a profissão que pretendemos exercer, o ofício que pretendemos desempenhar), mas a lei pode estabelecer restrições de acesso a algumas profissões.

Obviamente, portanto, não se trata de um direito absoluto. Além dos limites imanentes (não se pode exercer a profissão de assassino profissional, traficante de drogas etc.), a lei poderá estabelecer limites de acesso a algumas profissões, por expressa permissão constitucional, prevista na parte final do art. 5º, XIII.

Assim, a primeira parte do referido dispositivo constitucional produz todos os seus efeitos (todos podem escolher livremente sua profissão), mas a segunda parte permite que a lei restrinja o acesso a algumas profissões, estabelecendo qualificações profissionais mínimas ao seu exercício.

Dessa maneira, a lei infraconstitucional pode restringir o acesso a algumas profissões, como fez a Lei n. 8.906/94 (Estatuto da OAB), que, em seu art. 8°, exige, para o exercício da advocacia, a aprovação no Exame da Ordem dos Advogados do Brasil. Essa restrição ao exercício da advocacia é mesmo constitucional? O Supremo Tribunal Federal decidiu que sim. No Recurso Extraordinário 603.583, o STF decidiu que "O Exame de Ordem, inicialmente previsto no art. 48, inciso III, da Lei n. 4.215/63 e hoje no artigo 84 da Lei n. 8.906/94, no que a atuação profissional repercute no campo de interesse de terceiros, mostra-se consentâneo com a Constituição Federal, que remete às qualificações previstas em lei" (RE 603.583/RS, rel. Min. Marco Aurélio, Tribunal Pleno, j. 26-10-2011).

Basicamente, para considerar constitucional o Exame da OAB, dois foram os argumentos usados: a) a própria Constituição permite restrições infraconstitucionais, estabelecendo critérios para o exercício das profissões; b) a advocacia é uma profissão de extrema relevância social, o que faz com que seja razoável tal limitação legal[118].

Importante: essas restrições infraconstitucionais permitidas pelo próprio texto constitucional podem ser ilimitadas, irrazoáveis, ou há "limites desses limites"? As restrições legais não são ilimitadas. Não seria constitucional a lei que alterasse o Exame da OAB permitindo um único exame por candidato, e, em caso de reprovação, deveria escolher outra profissão. Seria uma limitação desmedida, irrazoável e, principalmente, inconstitucional.

Quais são os "limites dos limites" (como dizem os alemães), ou, mais precisamente, os limites das restrições?

As leis infraconstitucionais que restringem as normas constitucionais devem obedecer a três critérios: a) não podem ferir o núcleo essencial dos direitos fundamentais; b) devem ser razoáveis; c) devem ser proporcionais.

Primeiramente, as normas constitucionais não podem ferir o núcleo essencial dos direitos fundamentais. Abordamos esse tema com mais profundidade no capítulo anterior, sobre "Teoria Geral dos Direitos Fundamentais". As normas constitucionais possuem um núcleo intangível que não pode ser reduzido pela lei infraconstitucional. Prevalece na doutrina brasileira e

---

118. "No tocante ao exercício, se o ofício é lícito, surge a obrigação estatal de não opor embaraços irrazoáveis ou desproporcionais. Há o direito de obterem-se as habilitações versadas em lei para a prática profissional, observadas, igualmente, condições equitativas e as qualificações técnicas previstas em lei. [...] Essa dimensão desvenda outro aspecto a ser realçado: o constituinte originário limitou as restrições à liberdade de ofício às exigências de qualificação profissional. Cabe indagar: por que assim o fez? Ora, precisamente porque o trabalho, além da dimensão subjetiva, também ostenta relevância que transcende os interesses do próprio indivíduo. Em alguns casos, o mister desempenhado pelo profissional resulta em assunção de riscos – os quais podem ser individuais ou coletivos. Quando o risco é predominantemente do indivíduo – exemplo dos mergulhadores, dos profissionais que lidam com a rede elétrica, dos transportadores de cargas perigosas etc., para tentar compensar danos à saúde, o sistema jurídico atribui-lhe vantagens pecuniárias (adicional de periculosidade, insalubridade) ou adianta-lhe a inativação. São vantagens que, longe de ferirem o princípio da isonomia, consubstanciam imposições compensatórias às perdas físicas e psicológicas que esses profissionais sofrem. Quando, por outro lado, o risco é suportado pela coletividade, então, cabe limitar o acesso à profissão e o respectivo exercício, exatamente em função do interesse coletivo. Daí a cláusula constante da parte final do inciso XIII do artigo 5º da Carta Federal, de ressalva das qualificações exigidas pela lei. Ela é a salvaguarda de que as profissões que representam riscos à coletividade serão limitadas, serão exercidas somente por aqueles indivíduos conhecedores da técnica. [...] A esta altura, posso adiantar o entendimento de que o exame de suficiência é compatível com o juízo de proporcionalidade e não alcançou o núcleo essencial da garantia constitucional da liberdade de ofício. [...]".

na jurisprudência que esse núcleo essencial é encontrado na análise do caso concreto (é a teoria relativa do núcleo essencial). Assim, ao nos depararmos com uma lei que restringe o acesso a algumas profissões, por exemplo, devemos examinar se essa restrição é tão excessiva a ponto de ferir ou não o núcleo essencial do direito constitucional[119].

No Recurso Extraordinário 511.961, o Supremo Tribunal Federal considerou inconstitucional a exigência de diploma de jornalismo para a prática de atividades jornalísticas, sob o argumento de que "a reserva legal estabelecida pelo art. 5º, XIII, não confere ao legislador o poder de restringir o exercício da liberdade profissional a ponto de atingir o seu próprio núcleo essencial" (RE 511.961/SP, Tribunal Pleno, rel. Min. Gilmar Mendes, j. 17-6-2009).

Da mesma forma, a lei restritiva deve ser razoável. Estudamos melhor o princípio da razoabilidade no capítulo destinado à "hermenêutica constitucional". Podemos adiantar, nesse instante, que a razoabilidade, oriunda da jurisprudência norte-americana, do devido processo legal substantivo (*substantive due processo of law*) conclui que será inválido, inconstitucional, o ato do poder público irrazoável. Assim, se a restrição infraconstitucional não for razoável, será inconstitucional[120].

No Recurso Extraordinário 414.426, o Supremo Tribunal Federal decidiu que "nem todos os ofícios ou profissões podem ser condicionadas ao cumprimento de condições legais para o seu exercício. A regra é a liberdade. Apenas quando houver potencial lesivo na atividade é que pode ser exigida inscrição em conselho de fiscalização profissional. A atividade de músico prescinde de controle. Constitui, ademais, manifestação artística protegida pela garantia da liberdade de expressão" (RE 414.426/SC, rel. Min. Ellen Gracie, Tribunal Pleno, j. 1º-8-2011)[121].

Em 2017, entrou em vigor no Brasil a Lei n. 13.432/2017, que regulamenta o exercício da profissão de detetive particular. Todavia, vários dos seus dispositivos foram vetados pelo então Presidente da

Figura 14.18 – Silhueta de Sherlock Holmes (créditos ao final do livro).

---

119. No Recurso Extraordinário 603.583, o STF decidiu: "enquanto princípio expressamente consagrado na Constituição ou enquanto postulado constitucional imanente, o princípio da proteção do núcleo essencial destina-se a evitar o esvaziamento do conteúdo do direito fundamental decorrente de restrições descabidas, desmesuradas ou desproporcionais".
120. No mesmo Recurso Extraordinário, o STF decidiu: "Assim, parece certo que, no âmbito desse modelo de reserva legal qualificada presente na formulação do art. 5º, XIII, paira uma imanente questão constitucional quanto à razoabilidade e à proporcionalidade das leis restritivas, especificamente, das leis que disciplinam as qualificações profissionais como condicionantes do livre exercício das profissões. A reserva legal estabelecida pelo art. 5º, XIII, não confere ao legislador o poder de restringir o exercício da liberdade a ponto de atingir o seu próprio núcleo essencial".
121. Ainda nesse julgamento, prosseguiu a Min. Relatora Ellen Gracie: "Sob tal perspectiva, as exigências de inscrição na Ordem dos Músicos do Brasil e de o afiliado estar em dia com o pagamento de anuidade ferem o livre exercício da profissão. Foi o que, sob a égide da Constituição anterior, decidiu esta Corte, no julgamento da Representação 930-DF, em que foi examinado tema semelhante. Naquela ocasião, foi declarada, por maioria, a inconstitucionalidade da lei que impediu o exercício da profissão aos que não estivessem inscritos no Conselho Federal dos Corretores de Imóveis".

República Michel Temer. Dentre os dispositivos, o art. 3º da referida lei exigia a "escolaridade de nível médio ou equivalente" para o exercício da profissão. Ora, a restrição não era razoável. Tal requisito sequer é exigido para ser Presidente da República, mas seria exigido para ser detetive particular? Por ser irrazoável, foi vetado pelo Presidente.

Por fim, a lei restritiva deve ser proporcional[122]. O princípio da proporcionalidade, que também será mais bem estudado no capítulo sobre "hermenêutica constitucional", deriva da jurisprudência do Tribunal Constitucional alemão e estabelece critérios para aferição da constitucionalidade da lei que restringe normas constitucionais: adequação, necessidade e proporcionalidade em sentido estrito. Pelo critério da adequação, verifica-se se a lei restritiva atinge os objetivos por ela estabelecidos; pela necessidade, faz-se uma análise comparativa entre a solução legislativa e outras soluções possíveis; pela proporcionalidade em sentido estrito[123], faz-se uma ponderação entre o direito tutelado pela lei restritiva e o direito restrito na norma constitucional.

14.18. LIBERDADE DE INFORMAÇÃO E SIGILO DE FONTE (ART. 5º, XIV E XXXIII, CF)

O art. 5º, XIV, da Constituição Federal traz um direito fundamental não apenas ligado à dignidade da pessoa humana, mas também umbilicalmente relacionado ao Estado Democrático de Direito e a República. Ora, se o país é uma *res publica*, é consequência natural que todos os seus cidadãos tenham conhecimento de todos os atos praticados pelo poder público. Segundo o art. 5º, XIV, da Constituição Federal, "é assegurado a todos o acesso à informação e resguardado o sigilo da fonte, quando necessário ao exercício profissional".

Parte da doutrina faz uma interessante distinção entre o *direito de se informar* e o *direito de ser informado*.

O primeiro (*direito de se informar*) é relativo ao direito de conhecer as informações de interesse público ou privado, através da liberdade de acesso à informação, consistente na permissão de pesquisa, busca de informações, sem sofrer qualquer interferência do Poder Público, estando previsto no art. 5º, XIV, da Constituição Federal.

Já o *direito de ser informado* "consiste na possibilidade de qualquer cidadão receber de todo e qualquer órgão público informações de interesse particular, coletivo ou geral, ressalva-

---

122. No sobredito Recurso Extraordinário, o STF decidiu: "a doutrina constitucional mais moderna enfatiza que, em se tratando de imposição de restrições a determinados direitos, deve-se indagar não apenas sobre a admissibilidade constitucional da restrição eventual fixada (reserva legal), mas também sobre a compatibilidade das restrições estabelecidas com o princípio da proporcionalidade. Essa orientação, que permitiu converter o princípio da reserva legal no princípio da reserva legal proporcional, pressupõe não só a legitimidade dos meios utilizados e dos fins perseguidos pelo legislador, como também a adequação desses meios para consecução dos objetivos pretendidos e a necessidade de sua utilização. O subprincípio da adequação exige as medidas interventivas adotadas mostrem-se aptas a atingir os objetivos pretendidos. O subprincípio da necessidade significa que nenhum meio menos gravoso para o indivíduo revelar-se-ia igualmente eficaz na consecução dos objetivos pretendidos. Um juízo definitivo sobre a proporcionalidade da medida há também de resultar da rigorosa ponderação e do possível equilíbrio entre o significado da intervenção para o atingido e os objetivos perseguidos pelo legislador (proporcionalidade em sentido estrito)".
123. Nesse Recurso Extraordinário, o STF decidiu: "Por fim, o exame de proporcionalidade em sentido estrito requer o sopesamento entre a importância de realização do fim objetivado pela medida e a intensidade da restrição ao direito fundamental. É dizer: o perigo de dano decorrente da prática da advocacia sem o exame de conhecimentos serve a justificar a restrição ao direito fundamental e geral à liberdade do exercício de profissão? Os benefícios provenientes da medida restritiva são superiores à ofensa à garantia do inciso XIII do artigo 5º da Carta? A resposta é positiva".

das aquelas cujo sigilo seja imprescindível a segurança da sociedade e do Estado. No Brasil, assim como é de se esperar de governos democráticos, a liberdade de imprensa é fundamental ao desenvolvimento"[124]. Está previsto este no art. 5º, XXXIII, da Constituição Federal: "todos têm direito a receber dos órgãos públicos informações de seu interesse particular, ou de interesse coletivo ou geral, que serão prestadas no prazo da lei, sob pena de responsabilidade, ressalvadas aquelas cujo sigilo seja imprescindível à segurança da sociedade e do Estado".

Para assegurar o cumprimento desses direitos, a Constituição prevê várias garantias constitucionais. A primeira delas é o sigilo de fonte, que estudaremos logo na sequência, e está previsto na parte final do art. 5º, XIV, CF. Outrossim, quando o acesso à informação versar sobre dados pessoais cujo acesso for negado por órgãos governamentais ou de caráter público, é cabível o *habeas data* (art. 5º, LXXII, CF). Em outras hipóteses, será possível a impetração de Mandado de Segurança (art. 5º, LXIX, CF), já que se trata de um direito líquido e certo, de *status* constitucional.

O *direito de se informar* e de *ser informado* (que podemos reunir no gênero direito à informação) é um direito absoluto? Claro que não. A própria Constituição Federal estabelece um parâmetro de limitação, no art. 5º, XXXI: "[...] ressalvadas aquelas cujo sigilo seja imprescindível à segurança da sociedade e do Estado".

O direito à informação é um direito individual, ou liberdade pública ou direito de 1ª dimensão (na acepção de Karel Vasak) ou de *status* negativo (na acepção de Georg Jellinek). Assim, o Estado tem o dever principal de não fazer, de não agir, ou seja, de não interferir na liberdade do indivíduo, não praticando atos que o impeçam de ser informado (não cerceando a liberdade de imprensa, não limitando o acesso a buscas pela internet, não limitando o direito de petição junto aos órgãos públicos etc.). Não obstante, como vimos no capítulo anterior, todos os direitos apresentam dois deveres ao Estado: o dever de não fazer e fazer. No caso dos direitos de 1ª dimensão, como o presente, o Estado tem o dever principal de fazer, malgrado também tenha secundariamente o dever de fazer. Assim, o Estado tem o dever de não limitar o acesso às informações, mas também tem o dever de informar aquilo que faz, os contratos que celebra, os atos normativos que elabora.

A lei que regulamenta o exercício e os limites do direito à informação, bem como o dever de informar do Estado, é a Lei n. 12.527/2011. A referida lei se destina aos órgãos públicos integrantes da administração direta dos Poderes Executivo, Legislativo, incluindo os Tribunais de Contas, Judiciário e Ministério Público (art. 1º, parágrafo único, I), bem como aos órgãos da administração indireta (autarquias, fundações públicas, empresas públicas, sociedades de economia mista e demais entidades controladas direta ou indiretamente pela União, Estados, Distrito Federal e Municípios), bem como as entidades privadas sem fins lucrativos que recebam recursos públicos diretamente do orçamento ou mediante subvenções sociais (nesse caso, o dever de publicidade refere-se à parcela dos recursos públicos e a sua destinação), nos termos dos arts. 1º e 2º da Lei n. 12.527/2011.

Os critérios a serem seguidos pelos órgãos sobreditos para o cumprimento do dever de publicidade (dever de informar) são os seguintes: a) observância da publicidade como preceito geral e do sigilo como exceção; b) divulgação de informações de interesse público, inde-

---

124. Bárbara Svalov. O Direito à Informação e a Proteção dos Direitos da Personalidade, p. 63.

pendentemente de solicitações; c) utilização de meios de comunicação viabilizados pela tecnologia da informação; d) fomento ao desenvolvimento da cultura de transparência na administração pública; e) desenvolvimento do controle social da administração pública (art. 3º, I a V, da Lei n. 12.527/2011).

Destacamos alguns pontos dentre esses critérios. O dever de informar, ínsito no art. 5º, XIV, da Constituição Federal, faz com que a publicidade dos atos do poder público sejam a regra, excepcionados nos limites da lei nos casos permitidos de sigilo. Outrossim, as informações de interesse público devem ser sistematicamente "publicizadas", independentemente de solicitação dos interessados, através de veículos tecnológicos de informação.

Os arts. 6º e 7º da Lei n. 12.527/2011 explicitam os detalhes do direito de ser informado, segundo aspecto do direito à informação: "cabe aos órgãos e entidades do poder público [...] assegurar a: I – gestão transparente da informação, propiciando amplo acesso a ela e sua divulgação[125] etc.".

A divulgação desses dados (e outros determinados pela Lei n. 12.527/2011) devem ser (trata-se de um dever, e não uma faculdade) divulgados na rede mundial de computadores, em sítio oficial dos órgãos ou entidades públicas (art. 8º, § 2º). Obviamente as informações devem ser atualizadas (art. 8º, § 3º, VI), devendo o poder público implementar medidas que garantam o acesso a pessoas com deficiência (art. 8º, § 3º, VIII).

O Supremo Tribunal Federal proferiu decisão importante acerca do tema (ARE 652.777/SP), acerca da divulgação do nome e da remuneração dos servidores públicos em sítio eletrônico do órgão ou entidade pública. Como vimos acima, trata-se de uma determinação legal. Não obstante, servidores públicos do Município de São Paulo questionaram o ato de divulgação de suas remunerações, afirmando estar sendo violado seu direito à intimidade. O STF decidiu: "é legítima a publicação, inclusive em sítio eletrônico mantido pela Administração Pública, dos nomes dos seus servidores e do valor dos correspondentes vencimentos e vantagens pecuniárias". O Ministro Teori Zavascki, em seu voto, ainda afirmou: "é o preço que se paga pela opção por uma carreira pública no seio de um Estado republicano. A prevalência do princípio da publicidade administrativa outra coisa não é senão um dos mais altaneiros modos de concretizar a República enquanto forma de governo. Se, por um lado, há um necessário modo republicano de administrar o Estado brasileiro, de outra parte, é a cidadania mesma que tem o direito de ver o seu Estado republicanamente administrado" (ARE 652.777/SP. rel. Min. Teori Zavascki, Tribunal Pleno, j. 23-4-2015).

O procedimento de acesso à informação está previsto nos arts. 10 a 14 da Lei n. 12.527/2011. Segundo o art. 10, "qualquer interessado poderá apresentar pedido de acesso a informações aos órgãos e entidades [...]". Portanto, tratando-se de informação de interesse público, qualquer interessado poderá requerer o acesso à informação. A lei não exige o atributo de "cidadão", podendo estar a pessoa ou não no exercício dos seus direitos políticos. Não é necessário que conste do requerimento a exposição de qualquer motivo especial (art. 10, § 3º, Lei n. 12.527/2011). O motivo implícito é o seguinte: vivemos numa República, vivemos numa democracia!

---

125. Não basta, portanto, manter as informações públicas em um setor do órgão público, sob o argumento de que todo cidadão tem acesso. As informações devem ser de fácil acesso (como, por exemplo, em *sites* do órgão público, que sejam fáceis de serem encontrados).

O órgão ou entidade deve dar as informações imediatamente ou, não sendo possível, garantir o acesso em prazo não superior a 20 dias (podendo ser prorrogado por mais 10 dias), sendo este também o prazo para dar uma resposta negativa, devidamente fundamentada (art. 11, Lei n. 12.527/2011). Caso a decisão seja pela negativa do acesso, o requerente terá direito ao inteiro teor da decisão, por certidão ou cópia (art. 14).

Contra a decisão que nega o acesso à informação, caberá recurso administrativo à autoridade hierarquicamente superior, no prazo de 10 dias, devendo esta se manifestar no prazo de 5 dias (art. 15, Lei n. 12.527/2011).

14.18.1. Restrições de acesso à informação

O próprio art. 5º, XXXIII, da Constituição Federal, depois de apregoar que "todos têm direito a receber dos órgãos públicos informações de seu interesse particular, ou de interesse coletivo ou geral, que serão prestadas no prazo da lei, sob pena de responsabilidade, ressalvadas aquelas cujo sigilo seja imprescindível à segurança da sociedade e do Estado", faz uma ressalva: "ressalvadas aquelas cujo sigilo seja imprescindível à segurança da sociedade e do Estado".

Tratando-se de norma aberta, a delimitação do conceito e o procedimento de decretação de sigilo são determinados pela Lei n. 12.527/2011. Não obstante, nada impede que outras leis também prevejam hipóteses de sigilo, como o art. 189 do Código de Processo Civil, que prevê as hipóteses em que os atos processuais tramitam em "segredo de justiça".

O primeiro critério adotado pela lei é a determinação de que algumas informações nunca poderão ser consideradas sigilosas: as necessárias para a tutela judicial ou administrativa de direitos fundamentais, bem como as informações que versem sobre condutas de agentes públicos ou de outros a mando de autoridades públicas que configurem violação dos direitos humanos (art. 21).

Ato contínuo, a lei traz os critérios para que a informação seja considerada imprescindível à segurança da sociedade ou do Estado. São as informações que possam: I – pôr em risco a defesa e a soberania nacionais ou a integridade do território nacional; II – prejudicar ou pôr em risco a condução de negociações ou das relações internacionais do País, ou as que tenham sido fornecidas em caráter religioso por outros Estados e organismos internacionais; III – pôr em risco a vida, a segurança ou a saúde da população; IV – oferecer elevado risco à estabilidade financeira, econômica ou monetária do País etc.

Com base nos critérios acima, as informações podem ser classificadas em: a) ultrassecreta; b) secreta; e c) reservada. As primeiras (ultrassecretas) podem permanecer sigilosas por 25 anos, as segundas (secretas) podem permanecer sob sigilo por 15 anos e as últimas (reservadas), por cinco anos. As autoridades competentes para decretar o sigilo estão previstas no art. 27 da Lei n. 12.527/2011, regulamentado pelo Decreto n. 7.845/2012 (que estabelece os procedimentos de credenciamento de segurança e tratamento das informações classificadas como sigilosas, tratando também do Núcleo de Segurança e Credenciamento).

Por fim, o próprio texto constitucional (art. 5º, XXXIII) afirma que as autoridades públicas serão responsabilizadas caso não forneçam as informações, nos termos constitucionais e legais. O art. 33 da Lei n. 12.527/2011 estabelece as sanções aplicáveis à autoridade transgressora: advertência, multa, rescisão do vínculo com o poder público, dentre outras.

14.18.2. (In)constitucionalidade de bloqueio de pessoas, por autoridades, nas redes sociais

Uma das principais novidades das tecnologias da informação é a criação das redes sociais. Seguramente, as redes sociais modificaram as formas de interação humana, trazendo profundas vantagens e desvantagens para o convívio social.

Indubitavelmente, uma das vantagens foi exponenciar, potencializar alguns direitos fundamentais, como o direito à informação e o direito à manifestação do pensamento. Outrossim, as redes sociais foram decisivas para o fortalecimento do "direito de reunião". Pelas redes sociais costuma-se agendar reuniões, protestos, que antes dificilmente eram organizados. Por exemplo, em 2020, em poucas horas, jovens do Peru organizaram protestos nas ruas contra o *impeachment* do Presidente Martín Vizcarra. Os protestos foram reprimidos violentamente pelas forças de segurança pública, o que deu ensejo à renúncia do Presidente interino Manuel Merino, tendo sido eleito pelo Congresso peruano o Presidente Francisco Rafael Sagasti (o terceiro Presidente em três dias). Nada disso ocorreria se não fosse as forças das redes sociais.

Da mesma forma, assim como as redes sociais trouxeram importantes inovações no exercício de vários direitos fundamentais, também potencializaram a disseminação de crimes contra a honra, a difusão de notícias falsas, discursos de ódio etc.

Um aspecto interessante das redes sociais é o seu uso frequente por parte de autoridades. O então Presidente norte-americano Donald Trump, antes mesmo de oficializar seus atos de forma oficial, comunicava-os através das redes sociais. Da mesma forma, o Presidente brasileiro Jair Bolsonaro tem por hábito se utilizar das redes sociais para comunicar, em primeira mão, os atos que pretende realizar na Presidência da República. Por exemplo, no dia 23 de março de 2020, escreveu numa das redes sociais (Twitter): "determinei a revogação do art. 18 da MP 927 que permitia a suspensão do contrato de trabalho por até 4 meses sem salário". A efetiva revogação da Medida Provisória só ocorreu no dia seguinte. Também em 2020, depois de ter sido divulgado pela imprensa um estudo do Governo sobre a possível expropriação de terras onde se praticam crimes ambientais, escreveu o Presidente em uma das redes sociais (Facebook): "mais uma mentira do *Estadão* ou delírio de alguém do Governo. Para mim, a propriedade privada é sagrada. O Brasil não é um país socialista/comunista". Dessa maneira, pelas redes sociais, passamos a conhecer as políticas porvindouras do Estado.

A questão é: tendo em vista que o Presidente da República e outras autoridades costumam utilizar as redes sociais como forma de comunicação dos atos do Estado, podem eles bloquear os usuários?

Nos Estados Unidos, a justiça norte-americana proibiu o Presidente da República Donald Trump de bloquear seguidores em redes sociais. Conforme o Segundo Tribunal de Apelações do Circuito dos Estados Unidos, em Manhattan, "a Primeira Emenda não permite que um funcionário que usa uma conta de redes sociais para todo tipo de propósito oficial exclua pessoas de um diálogo online, aberto, porque expressaram opiniões com as quais o funcionário não está de acordo" (grifamos). Da mesma forma, o Tribunal Federal de Recursos da 4ª Região, sediado no estado da Virgínia, decidiu que administradores públicos não podem bloquear seguidores que os criticam na mídia social, porque tal conduta violaria o direito à liberdade de expressão[126]. Em agosto de 2020, o Presidente Donald Trump recorreu à Suprema Corte dos Estados Unidos, sendo que o caso ainda aguarda julgamento.

No Brasil, a mesma discussão chegou ao Supremo Tribunal Federal, por meio do Mandado de Segurança 37.132. Embora o processo ainda esteja pendente de julgamento no momento do fechamento desta Edição, proferiu seu voto o Ministro Marco Aurélio, entendendo que é inconstitucional a conduta de bloquear usuários nas redes sociais, por parte de autoridades públicas. Segundo o Ministro, "o ato de bloqueio não é a forma ideal de combate aos disparates do pensamento, tendo em vista que o Estado se torna mais democrático quando não expõe esse tipo de manifestação à censura, deixando a cargo da coletividade o controle, formando as próprias conclusões. Só se terá uma sociedade aberta, tolerante e consciente se as escolhas puderem ser pautadas em discussões geradas a partir das diferentes opiniões sobre idênticos fatos. [...] Não cabe, ao Presidente da República, avocar o papel de censor de declarações em mídia social, bloqueando o perfil do impetrante, no que revela precedente perigoso. Uma vez aberto canal de comunicação, a censura praticada pelo agente público considerada a participação do cidadão, em debate virtual, com base em opinião crítica, viola a proibição de discriminação, o direito de informar-se e a liberdade de expressão, consagrada no art. 220 da Constituição Federal" (STF, MS 37.132, trecho do voto do Min. Marco Aurélio, j. 13-11-2020).

No nosso entender, estamos diante do conflito entre alguns direitos fundamentais, que podem colidir nesse universo das redes sociais: a) o direito à honra da autoridade (que muitas vezes é ofendida pelos usuários dos respectivos canais). Isso é potencializado, na medida em que muitas ferramentas permitem o uso das contas através de pseudônimos dos usuários; b) o direito de manifestação do pensamento por parte dos usuários, que querem se comunicar com a autoridade, por meio dos canais por ela abertos; c) o direito à informação, tendo em vista que muitas autoridades se utilizam das contas das redes sociais para comunicar ao público atos do Estado.

Diante desse cenário, concordamos com a jurisprudência norte-americana (e com o voto do Ministro Marco Aurélio, do STF). Não pode a autoridade bloquear usuários nas redes sociais quando as utiliza como forma de tornar públicos certos atos estatais ou outras políticas públicas (como fazia o Presidente norte-americano Donald Trump e como faz o Presidente brasileiro Jair Bolsonaro). Bloquear os usuários consiste em alijá-los de um importante direito fundamental, que é o direito à informação. Não obstante, o direito à honra e à intimidade da autoridade não pode ser suprimido por completo. Entendemos que ela poderá "silenciar" o usuário, em caso de ofensas, impropérios. Dessa maneira, tornar-se-ia uma comunicação em via única: os usuários silenciados continuarão a ter acesso às postagens da autoridade, mas não terão a possibilidade de ofendê-la. No nosso entender, tal posição não viola o direito à liberdade de manifestação do pensamento, porque haverá outras formas de acessar as autoridades públicas, de forma diversa das redes sociais. Por fim, entendemos que, caso a rede social não forneça essa opção tecnológica de apenas "silenciar" o usuário, não poderá a autoridade "bloqueá-lo" porque, num conflito entre o <u>direito à informação</u> das pessoas (sobretudo numa República) e o <u>direito à intimidade e à honra</u> da autoridade, prevalecerá o primeiro direito.

---

126. A corte decidiu contra o presidente do Conselho de Supervisores do Condado de Loudoun, Phyllis Randall, que bloqueou o cidadão Brian Davison em sua conta no Facebook. Randall acusou membros do conselho escolar e alguns de seus parentes de corrupção e de conflitos de interesse.

Por isso, discordamos diametralmente da manifestação do Procurador-Geral da República feita no curso do Mandado de Segurança 37.132. Segundo Augusto Aras, "o Presidente Jair Bolsonaro, apesar de divulgar em suas redes sociais uma série de atos relacionados ao seu governo e às suas realizações políticas, essas publicações têm caráter nitidamente informativo, despido de quaisquer efeitos oficiais" (grifamos). Como disse o membro do Ministério Público da União, as informações têm "caráter nitidamente informativo". Pois bem, numa República, o direito à informação é constitucional, não podendo simplesmente ser tolhido pela autoridade, sob o argumento de exercer direitos e liberdades individuais.

14.18.3. Sigilo de fonte

O art. 5º, XIV, da Constituição Federal, depois de assegurar a todos "o acesso à informação", estabeleceu uma garantia constitucional para preservação desse direito: "o sigilo de fonte, quando necessário ao exercício profissional".

O sigilo de fonte, comumente exercido na atividade jornalística, serve de preservação do direito à informação, do direito de informar e do direito de se informar. Ciente da existência dessa garantia constitucional, qualquer pessoa que seja detentora de uma informação de relevante interesse público, sabe que

Figura 14.19 – *Notebook* (créditos ao final do livro).

poderá transmiti-la a um jornalista, sem que sua identidade seja revelada. Essa pessoa, "a fonte da informação", será mantida sob sigilo.

O Ministro Celso de Mello demonstrou a relação umbilical entre o direito à informação e a garantia do sigilo de fonte: "garantia da ordem jurídica que, outorgada a qualquer jornalista em decorrência de sua atividade profissional, destina-se, em última análise, a viabilizar, em favor da própria coletividade, a ampla pesquisa dos fatos ou eventos cuja revelação se impõe como consequência ditada por razões de estrito interesse público [...] Isso claramente significa que a prerrogativa concernente ao sigilo da fonte, longe de qualificar-se como mero privilégio de ordem pessoal ou estamental, configura, na realidade, meio essencial de concretização do direito constitucional de informar, revelando-se oponível, em consequência, a quaisquer órgãos ou autoridades do Poder Público, não importando a esfera em que se situe a atuação institucional dos agentes estatais interessados" (Inq. 870, rel. Min. Celso de Mello, j. 8-4-1996).

14.18.3.1. Sigilo de fonte e blogs *jornalísticos*

O *sigilo de fonte* previsto na Constituição também se estende a *blogs* jornalísticos? A questão é relevante mundialmente. Nos Estados Unidos, a Corte de Apelações da Califórnia, em 2006, no caso *O'Grady vs. Superior Court of Santa Clara*, decidiu que a legislação estadual de sigilo de fonte também deveria ser aplicada a *blog* que revelou determinada notícia.

Em março de 2017 foi bastante divulgada uma decisão da Justiça Federal de 1ª instância (da lavra do juiz Sérgio Moro) que decretou a quebra do sigilo de um "blogueiro", determinando a busca e apreensão de seus telefones e computadores, para apuração de vazamentos no âmbito da operação "Lava Jato". Depois de inúmeras críticas, o próprio magistrado voltou atrás.

Em agosto de 2017, o STF determinou o arquivamento de investigação criminal contra o deputado Miro Teixeira, que, no exercício de atividade jornalística, divulgou informações em seu *blog*. Segundo o STF: "a norma constitucional inserta no art. 5º, XIV, que resguarda o sigilo da fonte quando necessário ao exercício profissional, inviabiliza a continuidade da investigação em relação a Miro Teixeira, uma vez que o parlamentar, investido na atividade de jornalista, resguardou-se ao direito de não revelar como obteve acesso às informações" (Inq. 4.377/DF, rel. Min. Luiz Fux, j. 1º-8-2017, decisão monocrática).

Concordamos com Rodrigo Vidal Nitrini: "nossa tradição jurídica das últimas décadas tinha normalizado a ideia de que a ideia de que a identificação de jornalistas era possível com um tipo de *pedigree*: um registro profissional perante o Ministério do Trabalho, ao qual se tinha direito após a obtenção do diploma em curso superior de jornalismo. Quando decidiu ser inconstitucional a exigência de diploma de jornalismo, em 2009, o STF apenas nivelou o Brasil com a maior parte das democracias. [...] Em paralelo, a popularização da internet intensificou a discussão sobre a possibilidade de diferenciar direitos e prerrogativas entre 'membros da imprensa' e cidadãos em geral – como no caso dos *blogs*. [...] O jornalismo é melhor compreendido como uma atividade, eu independe da plataforma utilizada ou de alguma qualidade inata de seu autor. O melhor critério para identificá-lo deve ser funcional, baseado em uma coleta e apuração sistemática de informações para ampla divulgação ao público"[127].

14.18.3.2. *Direito absoluto ou relativo?*

Trata-se de um direito absoluto? Questão polêmica, certamente. Primeiramente, a Constituição Federal não estabelece expressamente restrições à garantia do sigilo de fonte (como estabeleceu restrições ao direito à informação – informações sigilosas –, restrições à inviolabilidade do domicílio – flagrante delito, desastre etc.). Outrossim, não existe (até hoje) uma lei infraconstitucional estabelecendo restrições, limites do sigilo de fonte. Por fim, até hoje, não houve no Supremo Tribunal Federal nenhum caso em que a Corte tenha considerado tão relevante, a ponto de excepcionar o sigilo de fonte. Pelo contrário, em todos os casos apresentados ao Supremo Tribunal Federal, até hoje, foi decidido que o sigilo de fonte deveria prevalecer sobre os direitos que com ele estivessem conflitantes.

Foi o que decidiu o Supremo Tribunal Federal na Reclamação 19.464, relatada pelo Ministro Ricardo Lewandowski: "Com efeito, de um lado está em jogo uma das garantias mais importantes à liberdade de imprensa e, portanto, à própria democracia: o sigilo de fonte, previsto expressamente no art. 5º, XIV, da Constituição Federal. De outro, a violação do segredo de justiça (art. 93, IX, da CF), destinado a proteger os direitos constitucionais à privacidade, à intimidade, à honra, à imagem ou nos casos em que o interesse público exigir, como por exemplo, para assegurar a apuração de um delito. [...] Por cautela e a fim de resguardar eventual utilidade deste provimento judicial, penso ser necessária a suspensão da decisão judicial impugnada até ulterior apreciação da questão de fundo. Estar-se-á resguardando uma das mais

---

127. *Liberdade de Informação e Sigilo de Fonte.*

importantes garantias constitucionais, a liberdade de imprensa, e, reflexamente, a própria democracia" (Rcl 19.464/SP, decisão da Presidência, j. 9-1-2015).

No mesmo sentido, decidiu o Supremo Tribunal Federal, na Reclamação 21.504, relatada pelo Ministro Celso de Mello: "a prerrogativa do jornalista de preservar o sigilo da fonte (e de não sofrer qualquer sanção, direta ou indireta, em razão da prática legítima dessa franquia outorgada pela própria Constituição da República), oponível, por isso mesmo, a qualquer pessoa, inclusive aos agentes, autoridades e órgãos do Estado, qualifica-se como verdadeira garantia institucional destinada a assegurar o exercício do direito fundamental de livremente buscar e transmitir informações" (Rcl 21.504 AgR/SP, rel. Min. Celso de Mello, 2ª Turma, j. 17-11-2015).

O assunto já foi examinado pela Suprema Corte dos Estados Unidos. No caso *Branzburg v. Hayes*, de 1972, a Suprema Corte norte-americana invalidou decisão de inferior instância, baseada na Primeira Emenda (*First Amendment*), e determinou que um repórter fosse obrigado a testemunhar diante de um grande júri. O jornalista Paul Branzburg, do jornal de Louisville, testemunhou, em reportagem (dois artigos), grupos no Kentucky que faziam uso constante de drogas. As fontes da reportagem solicitaram sigilo. Malgrado tenha alegado o sigilo de fonte (*Press Clause*), foi obrigado pela Suprema Corte a testemunhar. Não obstante, a questão está longe de ser pacífica por lá.

Em 1978, o jornalista Myron Faber, do mesmo jornal, foi preso por 40 dias por se negar a revelar as fontes de uma reportagem sobre um médico acusado de matar pacientes com veneno. Era o "Doctor X. Case" (caso do Doutor X). Em 1975, o jornal recebeu uma carta de uma mulher, afirmando que mais de quarenta pacientes haviam sido mortos no hospital pelo cirurgião-chefe. O jornalista fez uma longa reportagem, tendo ouvido várias testemunhas, incluindo médicos e outras pessoas. Instado a revelar suas fontes, foi condenado a seis meses de prisão sob o argumento de que o repórter "escolheu colocar seu privilégio e o seu conceito de direitos constitucionais acima dos direitos do povo deste Estado".

Em 2005, a repórter do *New York Times* Judith Miller ficou presa por 12 semanas por ter se recusado a revelar a fonte no caso conhecido como *Plame Affair* (ou *CIA Leak Scandal* ou *Plamegate*). Recentemente, um jornalista do periódico norte-americano *New York Times* James Risen escreveu o livro *Estado de guerra*: a história secreta da CIA e do governo Bush. O Departamento de Justiça dos Estados Unidos exigiu que ele revelasse sua fonte, pelo que o jornalista alegou a cláusula do sigilo. A Suprema Corte norte-americana negou seu apelo, mas o próprio governo norte-americano recuou, já que o Procurador-Geral dos Estados Unidos, Eric Holder, não autorizou a seus subordinados que exigisse do jornalista a identificação de suas fontes. Atualmente, os Estados Unidos não possuem uma lei nacional acerca do sigilo de fonte e outras prerrogativas do jornalismo (que a doutrina americana denomina *shield laws*, ou "leis de escudo"), mas mais de 50 Estados têm *shield laws*. Essas leis foram feitas após o julgamento do caso *Branzburg v. Hayes*, que comentamos acima. Todavia, há projeto de lei em tramitação no Congresso norte-americano (*Free Flow of Information Act* – "Lei do Fluxo Livre de Informações"), de autoria dos senadores Charles Schumer e Lindsey Graham, que prevê hipóteses da quebra do sigilo de fonte no processo civil e no processo penal.

A questão é, portanto, complexa em todo o mundo. Em nosso entender, o sigilo de fonte é tão estreitamente ligado ao princípio democrático, republicano e à dignidade da pessoa humana que a relativização se torna quase impossível. Quase! Imaginemos no Brasil um caso semelhante ao do "Doutor X", nos Estados Unidos. Uma reportagem divulga que um médico assassino já matou dezenas de pacientes na mesa de cirurgia e pretende matar milhares até se aposentar. Em nosso entender, preservar o sigilo de fonte, tornando-o absoluto, é macular de morte (literalmente) outros direitos fundamentais mais relevantes.

14.19. LIBERDADE DE LOCOMOÇÃO (ART. 5º, XV, CF)

Um dos direitos há mais tempo reconhecidos pela legislação dos povos, a liberdade de locomoção (direito de ir, vir e ficar, também conhecido como liberdade ambulatória), está previsto no art. 5º, XV, de nossa Constituição: "é livre a locomoção no território nacional em tempo de paz, podendo qualquer pessoa, nos termos da lei, nele entrar, permanecer ou dele sair com seus bens".

A Magna Carta de 1215, no seu art. 39, apregoava que "nenhum homem livre será preso, aprisionado ou privado de sua propriedade, ou tomado fora da lei, ou exilado, ou de maneira alguma destruído, nem agiremos contra ele ou mandaremos alguém contra ele, a não ser por julgamento legal dos seus pares, ou pela lei da terra".

Por óbvio, não se trata de um direito absoluto. Para chegar a essa conclusão, basta verificar a crescente população carcerária em nosso país. Não obstante, a restrição da liberdade encontra ditames constitucionais. Segundo o art. 5º, LXI, da Constituição Federal, "ninguém será preso senão em flagrante delito ou por ordem escrita e fundamentada de autoridade judiciária competente, salvo nos casos de transgressão militar ou crime propriamente militar, definidos em lei". Em outras palavras, somente juiz pode decretar prisão no Brasil, à exceção da prisão em flagrante (que pode ser efetuada por qualquer pessoa, nos termos do art. 301 do Código de Processo Penal) e das prisões disciplinares militares (que podem ser decretadas pelo superior hierárquico militar)[128]. Outrossim, a Constituição Federal e o Pacto de São José da Costa Rica limitam a prisão civil, no Brasil. Atualmente, só se admite a prisão civil do devedor voluntário e inescusável de alimentos, não mais se admitindo a prisão do depositário infiel. Aliás, esse é o claro conteúdo da Súmula Vinculante 25: "É ilícita a prisão civil de depositário infiel, qualquer que seja a modalidade do depósito".

A relatividade do direito à liberdade de locomoção, aliás, está clara no art. 5º, XV, da Constituição, que reconhece que o direito será exercido "em tempo de paz". O que significa essa expressão? A própria Constituição Federal estabelece que, durante o estado de sítio, alguns direitos poderão ser suspensos em âmbito nacional, por decreto presidencial. Entre esses direitos que podem ser suspensos está a liberdade de locomoção. Segundo o art. 139 da Constituição Federal: "Na vigência do estado de sítio decretado com fundamento no art. 137, I, só poderão ser tomadas contra as pessoas as seguintes medidas: I – obrigação de permanência em localidade determinada; II – detenção em edifício não destinado a acusados ou condenados por crimes comuns".

Importante: a *liberdade de locomoção não poderá ser suspensa durante o estado de defesa*, mas *apenas durante o estado de sítio*. Lembro que o estado de defesa, previsto no art. 136 da Constituição Federal, é uma medida de âmbito regional, decretada pelo Presidente da

---

128. Em razão desse dispositivo, as prisões que antes eram decretadas pelo Ministro da Justiça, aplicadas aos estrangeiros em vias de expulsão, deportação ou extradição, ainda existem, mas agora são necessariamente decretadas por juiz.

República, com a apreciação superveniente do Congresso Nacional. Os direitos que podem ser restritos durante o estado de defesa estão previstos no art. 136, § 1º: "a) reunião, ainda que exercida no seio das associações; b) sigilo e correspondência; c) sigilo de comunicação telegráfica e telefônica etc.". Já o estado de sítio é medida mais grave, de âmbito nacional, também decretada pelo Presidente da República, com apreciação prévia do Congresso Nacional. Possui duas modalidades, de gravidade mais ou menos intensa. Em ambas, o direito à liberdade de locomoção poderá ser suspenso, por meio do decreto presidencial.

Questões pontuais sobre a liberdade de locomoção

Fenômeno comum nos dias atuais, máxime por conta da violência urbana, é o movimento de moradores que residem em "ruas sem saída" que se juntam para fechar o acesso ao local para os não moradores, com um portão. Seria essa conduta constitucional? Estamos diante do conflito entre dois direitos fundamentais: a segurança dos moradores (art. 5º, *caput*, CF) e a liberdade de locomoção dos "não moradores" (art. 5º, XV, CF). Não há lei federal tratando do assunto e, em nosso entender, nem deve ser feita. Segundo a jurisprudência atual, compete ao Município legislar acerca do assunto, já que se trata de "assunto de interesse local", de competência da lei municipal, nos termos do art. 30, I, da Constituição Federal. Decidiu o Tribunal de Justiça do Estado de São Paulo: "Compete aos Municípios promover adequado ordenamento territorial do solo urbano, bem como exercer o poder de polícia para fazer valer as posturas municipais" (AI 19106825201282600000). Na cidade de São Paulo, recentemente entrou em vigor a Lei n. 16.439/2016, que regulamenta o fechamento das ruas sem saída. Em nosso entender, tal conduta é constitucional. À luz do princípio da proporcionalidade (necessidade, adequação e proporcionalidade em sentido estrito), as leis que disciplinam o "fechamento" das ruas sem saída restringem, mas de forma proporcional, não excessiva, o direito à liberdade de locomoção dos não moradores. Exceção haverá se naquela rua houver uma obra arquitetônica de interesse coletivo ou uma obra de arte exposta ao público, ou um hospital, por exemplo. Nesse caso, a restrição da via pública seria inconstitucional.

Outra questão: a inexistência de rodovias sem pedágio para chegar a um determinado destino fere a liberdade de locomoção? Imaginemos que, para chegar a uma determinada cidade turística, não haja outras formas de locomoção que não as vias pedagiadas. Embora a questão tenha chegado ao Supremo Tribunal Federal (RE 597.881), não houve julgamento de mérito. Todavia, o Superior Tribunal de Justiça decidiu que a ausência de vias sem pedágio não fere a liberdade de locomoção: "A Lei n. 8.987/95, que regulamenta a concessão e permissão de serviços públicos, não prevê a contrapartida de oferecimento de via alternativa gratuita como condição para a cobrança de pedágio, nem mesmo no seu art. 7º, III. Ao contrário, o artigo 9º, parágrafo 1º, da mesma lei, é expresso em dispor que 'a tarifa não será subordinada à legislação específica anterior e somente nos casos expressamente previstos em lei, sua cobrança poderá ser condicionada à existência de serviço público alternativo e gratuito para o usuário'" (REsp 417.804/PR, rel. Min. Teori Zavascki).

A Constituição Federal, no art. 5º, XV, afirma que as pessoas podem entrar, permanecer ou sair do território brasileiro, com seus bens, nos termos da lei. A legislação brasileira referida pela Constituição Federal não impõe rigorosos limites àquele que pretende deixar o país com seus bens, exceto um rigoroso procedimento fiscal, previsto na Lei n. 11.311/2006, que exige a "Declaração de Saída Definitiva do País", com todos os corolários (tributários, é claro) daí decorrentes.

Por fim, o STF entendeu que é possível, excepcionalmente, a restrição à liberdade de locomoção em tempos de pandemia de um vírus contagioso, com o escopo de minimizar o contágio. Obviamente, medidas sanitárias poderão limitar a liberdade de locomoção, desde que sejam consideradas razoáveis e proporcionais.

14.20. DIREITO DE REUNIÃO (ART. 5º, XVI, CF)

Figura 14.20 – Direito de reunião (créditos ao final do livro).

Direito umbilicalmente ligado à democracia, à República e ao direito à liberdade de manifestação do pensamento (art. 5º, IV, CF), o direito de reunião está previsto no art. 5º, XVI, da Constituição Federal: "todos podem reunir-se pacificamente, sem armas, em locais abertos ao público, independentemente de autorização, desde que não frustrem outra reunião anteriormente convocada para o mesmo local, sendo apenas exigido prévio aviso à autoridade competente".

Não se trata de um direito absoluto, como se vê pela própria leitura do art. 5º, XVI, da Constituição Federal: são os chamados limites internos ou imanentes do direito de reunião. Se não bastassem as limitações constitucionais previstas no art. 5º, XVI, a própria Constituição Federal admite a restrição desse direito, durante o estado de defesa, nos termos do art. 136, I, CF ("restrições ao direito de: a) reunião, ainda que exercida no seio das associações"), e durante o estado de sítio, nos termos do art. 139, IV, CF: "suspensão da liberdade de reunião".

Importante: segundo o próprio art. 5º, XVI, da Constituição Federal, o direito de reunião independe de prévia autorização estatal. Dessa maneira, para a reunião, não será necessário que o poder público local autorize a sua realização. Não obstante, para que seja exercido validamente o direito, devem ser preenchidos os requisitos constitucionais, a seguir elencados. Primeiramente, é essencial afirmar que as limitações constitucionais são de forma, e não de conteúdo. A Constituição limita algumas formalidades da reunião (fins pacíficos, sem armas, aviso prévio à autoridade etc.), mas não se refere ao conteúdo. Assim, poderá haver reunião para defesa dos direitos dos homossexuais ou dos heterossexuais, em defesa do comunismo, do capitalismo, da democracia. Há alguns anos, em São Paulo, houve uma manifestação de apoio ao candidato republicano à presidência dos Estados Unidos Donald Trump! O líder dos manifestantes leu seu discurso de apoio em inglês (com um sotaque irreconhecível) para os poucos manifestantes que vestiam as cores da bandeira norte-americana. Ainda que o conteúdo da manifestação desagrade o poder público (uma passeata contra o próprio governo), não poderá o poder público interferir.

Todavia, nenhum direito é absoluto, como sabemos. Poderia o poder público interferir numa reunião racista, que pregasse a morte aos negros, ou judeus? A questão tem um tratamento diferente pela doutrina e jurisprudência brasileira e norte-americana. Enquanto nos Estados Unidos a liberdade de conteúdo da manifestação é mais ampla (a Suprema Corte chegou a permitir passeatas racistas em Chicago), podemos afirmar que no Brasil algumas pautas de manifestações são vedadas: as que propagam discursos de ódio, que praticam incitação ao crime ou que defendem ideias racistas (configurando o crime do art. 20 da Lei n. 7.716/89). Assim, em regra, não se interferirá no direito de reunião, por conta de seu conteúdo, salvo raríssimas exceções.

São limitações imanentes (expressas) ao direito de reunião, previstas no art. 5º, XVI, da Constituição Federal: a) fins pacíficos; b) sem armas; c) não podem frustrar outra reunião anteriormente marcada para o mesmo local; d) obrigatoriedade de prévio aviso à autoridade competente.

a) Fins pacíficos: o direito fundamental não pode ser utilizado como salvaguarda para ilícitos. Assim, uma reunião cujo propósito é destruir o patrimônio público será inconstitucional, justificando a ação do Estado, em favor da coletividade (titular do direito a segurança, previsto no art. 5º, *caput*, da Constituição Federal).

b) Sem armas: corolário do primeiro requisito, a Constituição federal veda o uso de armas nas manifestações. Malgrado a Constituição não mencione expressamente, refere-se às armas de fogo (revólveres, metralhadoras etc.) e armas brancas (facas, canivetes, coquetéis molotov etc.).

c) Não podem frustrar outra reunião anteriormente marcada para o mesmo local: segundo o art. XXIX, 2, da Declaração Universal dos Direitos Humanos, "no exercício de seus direitos e liberdades, toda pessoa estará sujeita apenas às limitações determinadas pela lei, exclusivamente com o fim de assegurar o devido reconhecimento e respeito dos direitos e liberdades de outrem...". Portanto, na vida em sociedade, é natural que haja uma harmonização entre os direitos fundamentais em conflito. Não se pode, ao exercer um direito fundamental, prejudicar direitos de terceiros.

Na prática, quando um determinado grupo informar que realizará uma reunião em certo local, caso o poder público verifique que já existe uma reunião anteriormente agendada, poderá, juntamente com os organizadores do movimento, realocá-la, de modo que ambos os grupos possam se manifestar livremente.

d) Obrigatoriedade de prévio aviso à autoridade competente: embora não haja necessária autorização do poder público para sua realização, deverá ser a reunião previamente comunicada à autoridade competente. Para que servirá essa autorização? Para que a autoridade local possa garantir a segurança dos seus manifestantes e das demais pessoas, possa organizar o trânsito local etc. Poderá o poder público restringir o espaço da reunião? Atendidos os critérios de razoabilidade, sim. Imaginemos que os manifestantes queiram fazer uma reunião numa via pública onde estão todos os hospitais da cidade. Não pode a autoridade local garantir o direito dos manifestantes, colocando em risco a vida dos que não estão na manifestação. Dessa maneira, poderá limitar o espaço da reunião a algumas faixas da via pública, bem como determinar outros locais alternativos para que a reunião seja realizada.

Além das limitações internas, há também limitações externas. Como sabemos, essas limitações externas são impostas por outros dispositivos constitucionais ou por normas infraconstitucionais, desde que razoáveis e proporcionais. Primeiramente, a reunião não pode violar a *liberdade de locomoção* das pessoas. Portanto, manifestações que bloqueiam a circulação das estradas é flagrantemente inconstitucional. Em 2022, diante do bloqueio de inúmeras rodovias em decorrência de manifestações de descontentamento ao resultado das eleições presenciais, como a Polícia Rodoviária Federal, por alegada falta de contingente, não conseguiu liberar as estradas, o STF determinou que "as Polícias Militares dos Estados possuem plenas atribuições constitucionais e legais para atuar (...) independentemente do lugar em que ocorram, sejam em espaços públicos e rodovias federais, estaduais ou municipais (...) para a imediata desobstrução de todas as vias públicas" (ADPF 519/DF, rel. Alexandre de Moraes, j. 1º-11-2022). Em se tratando de limitação imposta por lei infraconstitucional, poderá, por exemplo, uma lei municipal proibir a realização de manifestações nas proximidades de hospitais.

Questões pontuais: marcha da maconha, restrição excessiva e uso de máscaras

Como dissemos acima, o porte de drogas para consumo pessoal é crime (art. 28, Lei n. 11.343/2006). Por todo o Brasil, houve manifestações públicas defendendo a mudança da legislação antidrogas brasileira. Alguns defendem a descriminalização do porte de drogas. Outros defendem a exclusão da "maconha" ("Cannabis Sativa L") do rol das substâncias entorpecentes, estabelecido na Portaria n. 344/98 da Anvisa, ligada ao Ministério da Saúde. A esses movimentos populares deu-se o nome de "Marcha da Maconha".

Embora, na maioria das vezes, essas "marchas" tenham ocorrido de forma pacífica, sem maiores transtornos, em algumas oportunidades os manifestantes foram presos pela prática do crime previsto no § 2º do art. 33 da Lei n. 11.343/2006 ("induzir, instigar ou auxiliar alguém ao uso indevido de droga"). A questão chegou ao Supremo Tribunal Federal por meio da ADPF 187, relatada pelo Min. Celso de Mello, e da ADI 4.274, relatada pelo Min. Carlos Ayres Britto).

Segundo o STF, a "marcha da maconha" não configura crime, sendo um exemplo regular do exercício da liberdade de reunião: "Nenhuma lei, seja ela civil ou penal, pode blindar-se contra a discussão do seu próprio conteúdo. Nem mesmo a Constituição está a salvo da ampla, livre e aberta discussão dos seus defeitos e das suas virtudes, desde que sejam obedecidas as condicionantes ao direito constitucional de reunião, tal como a prévia comunicação às autoridades competentes" (rel. Min. Carlos Ayres Britto).

Como dissemos no capítulo anterior, em tese, é possível que legislação infraconstitucional restrinja o direito fundamental, desde que atendidos alguns critérios, como a proporcionalidade e a razoabilidade. Dessa maneira, nada impede que o Município faça uma lei, no exercício da competência do art. 30, I, CF (legislar sobre assuntos de interesse local), limitar em parte o direito de reunião nas vias públicas onde se concentram os hospitais. Todavia, repito: essa lei deve ser razoável. O Supremo Tribunal Federal declarou inconstitucional o Decreto n. 20.098/99 do Distrito Federal que restringiu, de forma irrazoável e desproporcional, o direito de reunião em Brasília: "A liberdade de reunião e de associação para fins lícitos constitui uma das mais importantes conquistas da civilização, enquanto fundamento das modernas democracias políticas. A restrição ao direito de reunião estabelecida pelo Decreto distrital 20.098/99, a toda evidência, mostra-se inadequada, desnecessária e desproporcional quando confrontada com a vontade da Constituição" (ADI 1.969, rel. Min. Ricardo Lewandowski, Tribunal Pleno, j. 28-6-2007).

Por fim, tema polêmico, mas ainda não decidido pelo STF, é a constitucionalidade de leis estaduais que proíbem o uso de máscaras nas manifestações populares. Uma dessas leis é a Lei Estadual n. 6.528/2013 do Rio de Janeiro, declarada constitucional pelo Tribunal de Justiça daquele Estado, mas objeto de Recurso Extraordinário perante o STF (RE 905.149, relatado pelo Min. Luís Roberto Barroso). O autor da ação (Partido da República) alega que a lei limita a liberdade de manifestação do pensamento e introduz restrições ao direito, de forma excessiva e desproporcional.

14.21. DIREITO DE ASSOCIAÇÃO (ART. 5º, XVII A XXI, CF)

A Constituição Federal assegura o direito de associação num conjunto de incisos do art. 5º (XVII a XXI). O referido direito é um corolário da cidadania, como fundamento da República (art. 1º, II, CF). Como vimos em capítulo anterior, a cidadania é vista, nos dias atuais, não apenas como a titularidade de direitos políticos, mas também a possibilidade de participar da comunidade, de inúmeras formas, num enlace de direitos e deveres. Dessa maneira, poderá o indivíduo se associar a outros, formando entidades que lutem pelos seus interesses comuns. E não é só. Segundo o Supremo Tribunal Federal, o direito de associação também decorre de outros direitos fundamentais: "o direito à plena liberdade de associação (art. 5º, XVII, da CF) está intrinsecamente ligado aos preceitos constitucionais de proteção da dignidade da pessoa, de livre-iniciativa, da autonomia da vontade e da liberdade de expressão" (HC 106.808, rel. Min. Gilmar Mendes).

Qual a diferença entre o direito de reunião e o direito de associação? Primeiramente, a reunião é efêmera, breve (a brevidade dependerá do ânimo e da persistência dos manifestantes), enquanto a associação é criada para ser longeva. Outrossim, na reunião não há um vínculo jurídico-contratual entre os participantes, enquanto na associação os associados estão ligados por laços jurídico-contratuais (estatutos, atas da assembleia etc.).

O primeiro inciso referente ao direito de associação (art. 5º, XVII, CF) dispõe sobre a liberdade de associação. Assim, será possível a criação de associação religiosa, estudantil, esportiva, literária etc. Não obstante, esse dispositivo constitucional veda a associação "de caráter paramilitar", uma espécie de forças armadas civis, como por décadas existentes na Colômbia (as FARC – Forças Armadas Revolucionárias da Colômbia).

Outrossim, o Estado não interferirá na criação das associações, nos termos do art. 5º, XVIII, 1ª parte, da Constituição: "a criação de associações e, na forma da lei, a de cooperativas independem de autorização". Não obstante, para se criar uma associação, deverão os interessados preencher os requisitos previstos em lei (Lei dos Registros Públicos – Lei n. 6.015/73) e em outras leis pertinentes. Por exemplo, o art. 1º, § 2º, do Estatuto da OAB (Lei n. 8.906/94) determina que "Os atos e contratos constitutivos de pessoas jurídicas, sob pena de nulidade, só podem ser admitidos a registro, nos órgãos competentes, quando visados por advogados". Essas limitações (na realidade, regulamentações seria a expressão mais correta) são absolutamente constitucionais. Nenhum direito é absoluto e, por vezes, a lei infraconstitucional regulamenta ou limita o seu exercício, em defesa de outros direitos fundamentais. Quanto a esse assunto, decidiu o Supremo Tribunal Federal: "a obrigatoriedade do visto de advogado para o registro de atos e contratos constitutivos de pessoas jurídicas (art. 1º, § 2º, da Lei n. 8.906/94) não ofende os princípios constitucionais da isonomia e da liberdade associativa" (ADI 1.194, rel. Min. Cármen Lúcia).

Não obstante, diferente é o tratamento constitucional dado à criação de sindicatos, possuindo, nesse caso, algumas limitações. Por expressa previsão no art. 8º da Constituição Federal, "é livre a associação profissional ou sindical, observado o seguinte: I – a lei não poderá exigir autorização do Estado para a fundação de sindicato, ressalvado o registro no órgão competente, vedadas ao Poder Público a interferência e a intervenção na organização sindical; II – é vedada a criação de mais de uma organização sindical, em qualquer grau, representativa de categoria profissional ou econômica, na mesma base territorial, que será definida pelos trabalhadores ou empregadores interessados, não podendo ser inferior à área de um Município".

Sobre a especificidade da criação dos sindicatos, manifestou-se assim o Supremo Tribunal Federal: "não há de confundir a liberdade de associação, prevista de forma geral no inciso XVII do rol das garantias constitucionais, com a criação, em si, de sindicato. O critério da especificidade direciona à observação do disposto no inciso II do art. 8º da CF, no que agasalha a unicidade sindical de forma mitigada, ou seja, considerada a área de atuação, nunca inferior a de um Município" (RE 207.858, rel. Min. Marco Aurélio).

Da mesma forma, assim como o Estado não interferirá na criação da associação, também não interferirá em seu funcionamento (art. 5º, XVIII, CF), salvo em duas hipóteses previstas constitucionalmente: as atividades da associação poderão ser suspensas por decisão judicial, bem como poderá a associação ser dissolvida, em caso de decisão judicial transitada em julgado (art. 5º, XIX, CF). Dessa maneira, cabe ao Poder Judiciário suspender ou extinguir as associações que comprovadamente pratiquem atos ilícitos, não se admitindo a suspensão ou dissolução por atos do Poder Legislativo ou Executivo, como já decidiu o Supremo Tribunal Federal: "cabe enfatizar, neste ponto, que as normas inscritas no art. 5º, XVII a XXI, da atual CF, protegem as associações, inclusive as sociedades, da atuação eventual arbitrária do legislador e do administrador, eis que somente o Poder Judiciário, por meio de processo regular, poderá decretar a suspensão ou a dissolução compulsória das associações. Mesmo a atuação judicial encontra uma limitação constitucional: apenas as associações que persigam fins ilícitos poderão ser compulsoriamente dissolvidas ou suspensas. Atos emanados do Executivo ou do Legislativo, que provoquem a compulsória suspensão ou dissolução de associações, mesmo as que possuam fins ilícitos, serão inconstitucionais" (ADI 3.045, rel. Min. Celso de Mello, Tribunal Pleno, j. 10-8-2005).

Outrossim, segundo o art. 5º, XX, da Constituição Federal, "ninguém poderá ser compelido a associar-se ou a permanecer associado". Com base nesse inciso, o Supremo Tribunal Federal considerou ilegal a cobrança de mensalidade de morador que não aderiu voluntariamente à Associação de Amigos do Bairro (diferentemente do condomínio, que não se trata, por óbvio, de uma associação): "por não se confundir a associação de moradores com o conjunto disciplinado pela Lei n. 4.951/64, descabe, a pretexto de evitar vantagem sem causa, impor mensalidade a morador ou a proprietário de imóvel que a ela não tenha aderido" (RE 432.106/RJ, rel. Min. Marco Aurélio, 1ª Turma, j. 20-9-2011).

Depois de período de polêmica, a jurisprudência é pacífica em diferenciar a contribuição sindical, prevista nos arts. 578 e seguintes da CLT (de caráter compulsório e exigível, independentemente de filiação sindical, exigível uma única vez, anualmente, em favor do sistema sindical, por todos aqueles que integram determinada categoria profissional ou econômica, seja como empregado ou empregador, seja como profissional liberal) da contribuição confederativa, que surgiu com a Constituição de 1988 (art. 8º, IV), sendo estipulada por intermédio da assembleia geral em favor da cúpula do sistema sindical, aplicável apenas aos empregados sindicalizados.

Outrossim, segundo o art. 5º, XXI, da Constituição Federal, "as entidades associativas, quando expressamente autorizadas, têm legitimidade para representar seus filiados judicial ou extrajudicialmente".

Questão importante: a Constituição exige a autorização dos seus associados para serem representados pela associação judicial ou extrajudicialmente. Como deve ser essa autorização? Deve ser uma autorização individual de cada associado ou basta a previsão estatutária ("a associação poderá representar seus associados")? Segundo entendimento do STF, é necessária a autorização expressa de cada associado (seja individualmente, seja coletivamente em assembleia), não bastando a previsão estatutária: "reafirma-se o entendimento da jurisprudência do STF [...] de que a autorização a que se refere o artigo 5º, XXI, deve ser expressa por ato individual do associado ou por assembleia da entidade, sendo insuficiente a mera autorização genérica prevista em cláusula estatutária" (RE 573.232, rel. Min. Marco Aurélio, voto do Min. Teori Zavascki).

Não obstante, essa regra não é aplicável às ações coletivas (Mandado de Segurança Coletivo e Mandado de Injunção Coletivo). Quanto ao Mandado de Segurança Coletivo, a jurisprudência do Supremo Tribunal Federal é uníssona: "Esta Corte firmou o entendimento segundo o qual o sindicato tem legitimidade para atuar como substituto processual na defesa de direitos e interesses coletivos ou individuais homogêneos da categoria que representa. [...] Quanto à violação ao art. 5º, LXX e XXI, da Carta Magna, esta Corte firmou entendimento de que é desnecessária a expressa autorização dos sindicalizados para a substituição processual" (RE 555.720 AgR, rel. Min. Gilmar Mendes).

Aliás, o Supremo Tribunal Federal editou a Súmula 629: "A impetração de mandado de segurança coletivo por entidade de classe em favor dos associados independe da autorização destes".

O mesmo se aplica ao Mandado de Injunção Coletivo, nos termos do art. 12, III, da Lei n. 13.300/2016: "O mandado de injunção coletivo pode ser promovido: III – por organização sindical, entidade de classe ou associação legalmente constituída e em funcionamento há pelo menos 1 (um) ano, para assegurar o exercício de direitos, liberdades e prerrogativas em favor da totalidade ou de parte de seus membros ou associados, na forma de seus estatutos e desde que pertinentes a suas finalidades, dispensada, para tanto, autorização especial".

Por fim, no Recurso Extraordinário 201.819, o Supremo Tribunal Federal decidiu que a exclusão de um associado de uma associação depende do respeito ao contraditório e ampla defesa (art. 5º, LV, CF). Trata-se, como vimos no capítulo anterior, de uma importante hipótese de eficácia horizontal imediata dos direitos fundamentais. A exclusão de um associado de uma associação deve ser precedida do oferecimento a este dos mecanismos de contraditório e ampla defesa (RE 201.819/RJ, rel. Min. Ellen Gracie, rel. p/ acórdão Min. Gilmar Mendes, 2ª Turma, j. 11-10-2005).

14.22. DIREITO DE PROPRIEDADE (ART. 5º, XXII A XXVI, CF)

O direito de propriedade, ao lado do direito à vida e à liberdade de locomoção, é um dos mais antigos direitos já tutelados pelas legislações dos povos. O importante art. 39 da Magna Carta de 1215 apregoava que "nenhum homem livre será preso, aprisionado ou privado de sua propriedade, ou tomado fora da lei, ou exilado, ou de maneira alguma destruído, nem agiremos contra ele ou mandaremos alguém contra ele, a não ser por julgamento legal dos seus pares, ou pela lei da terra".

John Locke dizia que o direito à propriedade é um direito natural: "sempre que ele tira um objeto do es-

Figura 14.21 – Cofre (créditos ao final do livro).

tado em que a natureza o colocou e deixou, mistura nisso o seu trabalho e a isso acrescenta algo que lhe pertence, por isso o tornando sua propriedade. Ao remover esse objeto do estado comum em que a natureza o colocou, através do seu trabalho adiciona-lhe algo que excluiu o direito comum dos outros homens"[129]. Jean-Jacques Rousseau, malgrado partisse da mesma premissa, chegou a conclusão diametralmente oposta: "verifica-se que Locke e Rousseau apontam o mesmo caminho para a propriedade, qual seja, a transição do trabalho para a posse e desta para a propriedade. Entretanto, enquanto Locke apresenta a propriedade como direito inalienável e objeto de proteção por parte do Estado, Rousseau a qualifica como a degeneração do homem e aproxima-se de Hobbes ao asseverar que ela somente surge com o advento do Estado"[130]. Sendo ou não um direito natural, o fato é que é um direito positivo, constante no art. 5º, XXII e seguintes, da Constituição Federal.

Trata-se de um direito individual, ou liberdade pública, ou direito de 1ª dimensão (na expressão de Karel Vasak), ou direito de *status* negativo (na expressão de Georg Jellinek). O direito nasceu com esse objetivo. Na Magna Carta de 1215, era a preocupação dos barões ingleses quanto aos atos invasivos do Rei. Atualmente, é a liberdade pública impeditiva de ações excessivas (proibição do excesso) por parte do Estado. Todavia, como já afirmamos anteriormente, todo direito de 1ª dimensão também gera ao Estado deveres de fazer. À luz de todo o sistema constitucional (que prevê como objetivo da República "erradicar a pobreza e a marginalização e reduzir as desigualdades sociais e regionais" – art. 3º, III, CF), o direito também corresponde ao dever do Estado de assegurar um mínimo existencial desse direito, garantindo que cada pessoa tenha um mínimo de propriedade, para que possa viver com dignidade. Dessa maneira, é constitucional qualquer modalidade de programa de transferência de renda dos governos federal, estadual ou municipal.

Não obstante, o direito de propriedade não é absoluto (assim como todos os demais direitos). Segundo o Supremo Tribunal Federal, "o direito de propriedade não se revela absoluto. Está relativizado pela Carta da República" (MS 25.284, rel. Min. Marco Aurélio). A relatividade pode ser verificada na redação do próprio art. 5º, XXIII, da Constituição Federal: "a propriedade atenderá a sua função social".

14.22.1. Função social da propriedade (art. 5º, XXIII, CF)

Sobre a relevância dada à função social da propriedade na Constituição de 1988, Gustavo Tepedino afirma que "nunca em toda história constitucional brasileira a função social recebeu tratamento tão amplo e tão concretizante como o que se vê na atual Constituição. Não foi ela apenas referida como direito e garantia individual e como princípio da ordem econômica, mas ganhou, ao lado do seu adequado posicionamento no sistema condicional, indicação de um conteúdo mínimo expresso no que tange à propriedade imobiliária"[131].

A função social da propriedade como condicionamento desse direito individual não faz da Constituição brasileira um documento socialista, mas limita e fixa parâmetros ao capitalismo, como afirma Giberto Bercovici: "a função social da propriedade não tem inspiração socialista, antes é um conceito próprio do regime capitalista, que legitima o lucro e a propriedade privada

---

129. John Locke. *Segundo Tratado sobre o Governo Civil*: ensaio sobre a origem, os limites e os fins verdadeiros do governo civil, p. 98.
130. Enzo Bello. *A Teoria Política da Propriedade em Locke e Rousseau*: uma análise à luz da modernidade tardia.
131. *A Garantia da Propriedade no Direito Brasileiro*, p. 103.

dos bens de produção, ao configurar a execução da atividade do produtor de riquezas, dentro de certos parâmetros constitucionais, como exercida dentro do interesse geral. A função social passou a integrar o conceito de propriedade, justificando-a e legitimando-a"[132].

No que consiste a função social da propriedade? A resposta está na própria Constituição, que diferencia a função social da propriedade urbana e a função social da propriedade rural.

A função social da propriedade urbana está prevista no art. 182, § 2º, da Constituição Federal: "A propriedade urbana cumpre sua função social quando atende às exigências fundamentais de ordenação da cidade expressas no plano diretor". Plano diretor é uma lei municipal, aprovada pela Câmara Municipal de Vereadores, obrigatória nas cidades com mais de 20 mil habitantes, sendo "o instrumento básico da política de desenvolvimento e de expansão urbana" (art. 182, § 1º, CF). Nesse sentido, já decidiu o STF: "o direito de edificar é relativo, dado que condicionado à função social da propriedade" (RE 178.836, rel. Min. Carlos Velloso). Embora a Constituição preveja a obrigatoriedade do plano diretor para as cidades com mais de 20 mil habitantes, a Lei n.10.257/2001 (Estatuto da Cidade) prevê a mesma obrigatoriedade em outros casos[133].

Por sua vez, a função social da propriedade rural está prevista no art. 186 da Constituição Federal: "A função social é cumprida quando a propriedade rural atende, simultaneamente, segundo critérios e graus de exigência estabelecidos em lei, aos seguintes requisitos:: I – aproveitamento racional e adequado; II – utilização adequada dos recursos naturais disponíveis e preservação do meio ambiente; III – observância das disposições que regulam as relações de trabalho; IV – exploração que favoreça o bem-estar dos proprietários e dos trabalhadores". Nesse sentido, já decidiu o STF: "O direito de propriedade não se reveste de caráter absoluto, eis que, sobre ele, pesa grave hipoteca social, a significar que, descumprida a função social que lhe é inerente (CF, art. 5º, XXIII), legitimar-se-á a intervenção estatal na esfera dominial privada, observados, contudo, para esse efeito, os limites, as formas e os procedimentos fixados na própria Constituição da República. O acesso à terra, a solução dos conflitos sociais, o aproveitamento racional e adequado do imóvel rural, a utilização apropriada dos recursos naturais disponíveis e a preservação do meio ambiente constituem elementos de realização da função social da propriedade" (ADI 2.213-MC, rel. Min. Celso de Mello). No mesmo sentido: MS 25.284, rel. Min. Marco Aurélio.

Quais são as consequências jurídico-constitucionais do descumprimento da função social da propriedade?

Em se tratando de propriedade urbana, a resposta está no art. 182, § 4º, da Constituição Federal: "É facultado ao Poder Público municipal, mediante lei específica para área incluída no plano diretor, exigir, nos termos da lei federal, do proprietário do solo urbano não edificado, subutilizado ou não utilizado, que promova seu adequado aproveitamento, sob pena, sucessivamente de: I – parcelamento ou edificação compulsórios; II – imposto sobre a propriedade

---

132. *Propriedade que descumpre Função Social não tem Proteção Constitucional*, p. 1.
133. Segundo o art. 41 do Estatuto das Cidades, "o plano diretor é obrigatório para cidades: I – com mais de vinte mil habitantes; II – integrantes de regiões metropolitanas e aglomerações urbanas; III – onde o Poder Público municipal pretenda utilizar os instrumentos previstos no § 4º do art. 182 da Constituição Federal [imposição de penalidades ao proprietário do solo urbano não edificado]; integrantes de áreas de especial interesse turístico; V – inseridas na área de influência de empreendimentos ou atividades com significativo impacto ambiental de âmbito regional ou nacional; VI – incluídas no cadastro nacional de Municípios como áreas suscetíveis à ocorrência de deslizamentos de grande impacto, inundações bruscas ou processos geológicos ou hidrológicos correlatos".

predial e territorial urbana progressivo no tempo; III – desapropriação com pagamento mediante títulos da dívida pública de emissão previamente aprovada pelo Senado Federal, com prazo de resgate de até dez anos, em parcelas anuais, iguais e sucessivas, assegurados o valor real da indenização e os juros legais".

Em se tratando de propriedade rural, a resposta está no art. 184, *caput*, da Constituição Federal: "compete à União desapropriar por interesse social, para fins de reforma agrária, o imóvel rural que não esteja cumprindo sua função social, mediante prévia e justa indenização em títulos da dívida agrária, com cláusula de preservação do valor real, resgatáveis no prazo de até vinte anos, a partir do segundo ano de sua emissão, e cuja utilização será definida em lei".

Em síntese, podemos resumir a função social da propriedade dessa forma:

FUNÇÃO SOCIAL DA	
PROPRIEDADE URBANA	**PROPRIEDADE RURAL**
Atendimento às exigências fundamentais de ordenação da cidade expressas no plano diretor (art. 182, § 2º, CF)	Aproveitamento racional e adequado; utilização adequada dos recursos naturais disponíveis e preservação do meio ambiente; respeito às disposições que regulam as relações de trabalho; exploração que favoreça o bem-estar dos proprietários e trabalhadores (art. 186, CF)
Em caso de violação da função social em razão de solo urbano não edificado, subutilizado ou não utilizado, de área incluída no plano diretor, o Poder Público municipal poderá determinar o seu adequado aproveitamento, sob pena, sucessivamente, de: I – parcelamento ou edificação compulsórios; II – IPTU progressivo no tempo; III – desapropriação com pagamento mediante título da dívida pública (art. 182, § 4º, CF).	A violação da função social implicará desapropriação para fins de reforma agrária, mediante prévia e justa indenização em títulos da dívida agrária (art. 184, *caput*, CF)

14.22.2. Direito de herança (art. 5º, XXX e XXXI, CF)

Corolário do direito de propriedade, a Constituição Federal reconhece o direito de herança, no art. 5º, XXX: "é garantido o direito de herança". Assim como o direito de propriedade, o direito de herança é, sobretudo, um direito negativo (na expressão de Georg Jellinek), ou seja, impõe ao Estado um dever: o dever de não impedir a transmissão da propriedade do *de cujus* aos seus herdeiros. Dessa maneira, a Constituição de 1988 não permitiria a adoção de teoria socialista que, em uma de suas vertentes, condena o direito de herança, considerado violador dos princípios da justiça e interesse social. Como afirma Maria do Céu Pitanga Pinto: "Apesar de ser uma realidade mundial, concebida desde o direito romanístico, a doutrina socialista condena, veementemente, o direito à herança, afirmando que contraria os princípios de justiça e do interesse social. Nesse sentido, Washington de Barros Monteiro faz constar que, para tal doutrina, o referido instituto foi introduzido pela preguiça, gerando desigualdades, devendo ser o trabalho a única fonte de renda do homem"[134].

Embora o direito de herança seja garantido pela Constituição Federal, o seu exercício será regulado pela lei infraconstitucional (o Código Civil), como já decidiu o Supremo Tribunal

---

134. *A Dimensão Constitucional do Direito de Herança*, p. 14.

Federal: "A Constituição garante o direito de herança, mas a forma como esse direito se exerce é matéria regulada por normas de direito privado" (ADI 1.715 MC, rel. Min. Maurício Corrêa, Tribunal Pleno, j. 21-5-1998).

Por fim, a legislação brasileira também trata da sucessão de bens de estrangeiros situados no Brasil. Segundo o art. 23 do Código de Processo Civil, o inventário de bens situados no Brasil será instaurado em nosso país[135]. Por sua vez, quanto à lei material aplicável, segundo o art. 10 da LINDB (Lei de Introdução às Normas do Direito Brasileiro), "a sucessão por morte ou por ausência obedece à lei do país em que domiciliado o defunto ou o desaparecido, qualquer que seja a natureza e a situação dos bens". Dessa maneira, em regra, quanto aos bens de estrangeiro que estejam situados no Brasil, instaurar-se-á o inventário no Brasil, aplicando-se a lei material do país de residência do falecido. Não obstante, a legislação se torna mais complexa, quando o estrangeiro falecido tinha herdeiros brasileiros.

Nos termos do art. 5º, XXXI, "a sucessão de bens de estrangeiros situados no País será regulada pela lei brasileira em benefício do cônjuge ou dos filhos brasileiros, sempre que não lhes seja mais favorável a lei pessoal do *de cujus*". Denomina-se essa situação como *princípio do "prélèvement"*.

Há na doutrina uma profunda divergência sobre o que seria "lei pessoal do *de cujus*". Enquanto alguns autores (como Gustavo Ferraz de Campos Monaco e Liliana Lyra Jubilut) entendem que é a lei do último domicílio do falecido, outros autores (como Maria Helena Diniz, Pontes de Miranda e outros) entendem que é a lei do país de nacionalidade do falecido.

Parece-nos que a expressão "lei pessoal do *de cujus*" seria a lei de sua nacionalidade. Imaginemos a situação de um estrangeiro residente no Brasil e com imóveis aqui situados. Bem, se consideramos sua "lei pessoal" como sendo a de seu domicílio, a única lei possivelmente aplicada ao caso seria a lei brasileira (já que os bens aqui estão e aqui ele reside). Não obstante, parece-nos bastante adequada e compatível com a vontade da Constituição a proposta de Valério Mazzuolli, segundo o qual "lei pessoal do *de cujus*" pode ser tanto a lei de sua nacionalidade, como a lei de seu último domicílio. Segundo o autor, "Caso o último domicílio do autor da herança tenha sido no Brasil, poderá o juiz verificar se pela lei de sua nacionalidade não haveria benefícios maiores para o cônjuge ou para os filhos brasileiros; caso o último domicílio do *de cujus* tenha sido no exterior, poderá o juiz verificar tanto (a) a lei do domicílio quanto (b) a lei da nacionalidade do autor da herança, para o fim de encontrar a norma mais benéfica aplicável a relação jurídica, sem distinção de uma à outra. Caso, por fim, nenhuma das duas seja mais benéfica que a lei brasileira, deve aplicar-se, evidentemente, a lei nacional"[136]. Assim, essa seria a posição com a qual concordamos:

LEGISLAÇÃO APLICÁVEL EM CASOS DE BENS DE ESTRANGEIROS, QUE ESTEJAM NO BRASIL	
Estrangeiro residente no Brasil	Juiz verifica se a lei da nacionalidade do *de cujus* é mais benéfica
Estrangeiro residente no exterior	Juiz verifica se a lei da nacionalidade e a lei do domicílio do *de cujus* é mais benéfica

---

135. "Compete à autoridade judiciária brasileira, com exclusão de qualquer outra: I – conhecer de ações relativas a imóveis situados no Brasil."
136. *Lei Pessoal do De Cujus pode ser também a Lei da Nacionalidade*, p. 1.

14.22.3. Desapropriação e requisição

Como vimos acima, o direito de propriedade não é absoluto, devendo respeitar sua função social (art. 5º, XXIII, CF). Outrossim, a própria Constituição Federal, no art. 5º, XXIV e XXV, admite duas formas de interferência estatal na propriedade privada: a desapropriação e a requisição da propriedade para uso temporário.

A *desapropriação* está prevista no art. 5º, XXIV, da Constituição Federal, que dispõe: "a lei estabelecerá o procedimento para desapropriação por necessidade ou utilidade pública, ou por interesse social, mediante justa e prévia indenização em dinheiro, ressalvados os casos previstos nesta Constituição".

Portanto, vê-se que a *desapropriação* é uma medida definitiva de intervenção do Estado na propriedade privada. Segundo Hely Lopes Meirelles, *desapropriação* é a "transferência compulsória de bens particulares (ou público de entidade inferior) para o Poder Público ou seus delegados, por necessidade, ou utilidade ou ainda por interesse social, mediante prévia e justa indenização em dinheiro"[137].

A *desapropriação* pode ser decretada em três hipóteses: 1) necessidade (o Estado precisa desapropriar o imóvel que se encontra em área de risco e sujeito a deslizamentos etc.); 2) utilidade (o Estado desapropriará o imóvel para construção de uma estrada, hospital ou rua, por exemplo); 3) por interesse social (como a desapropriação para fins de reforma agrária ou a desapropriação-sanção, que veremos adiante).

Hipóteses de desapropriação	Necessidade
	Utilidade Pública
	Interesse Social

A *necessidade* tem como principal característica a situação de urgência, cuja melhor solução será a transferência de bens particulares para o domínio do poder público. Como afirma Kiyoshi Harada, "a necessidade pública, em matéria de desapropriação, surge quando o poder público defronta-se com um problema urgente e inadiável, só removível mediante a transferência do bem particular a seu domínio"[138]. As hipóteses de desapropriação por necessidade estão previstas no art. 5º, *a* a *d*, do Decreto-Lei n. 3.365/41: a) segurança nacional; b) defesa do Estado; c) socorro público em caso de calamidade; d) salubridade pública.

Já na *utilidade pública* não há o caráter imprescindível da transferência, sendo ela vantajosa e oportuna para o interesse coletivo. As hipóteses estão previstas nas alíneas *e* a *p*, do Decreto-Lei n. 3.365/41. Por exemplo, haverá *desapropriação* por *utilidade pública* para construção de "casas de saúde, clínicas" (alínea *g*), "abertura, conservação e melhoramento de vias ou logradouros públicos" (alínea *i*), "construção de edifícios públicos" (alínea *m*) etc.

Por fim, a *desapropriação por interesse social* consiste na justa distribuição da propriedade, de modo a concretizar sua função social. O conceito de interesse social a justificar a desa-

---

137. Op. cit., p. 493.
138. *Desapropriação. Doutrina e Prática*, p. 16.

propriação está previsto na Lei n. 4.132/62 e as hipóteses de desapropriação estão previstas na Constituição Federal: a propriedade urbana que não cumpre sua função social poderá ser objeto de desapropriação[139] (art. 182, § 4º), bem como a propriedade rural que não cumpre sua função social poderá ser objeto de desapropriação por interesse social, para fins de reforma agrária (art. 184, *caput*, CF).

Outrossim, a desapropriação, por expressa previsão constitucional, só pode ser feita "mediante justa e prévia indenização em dinheiro", salvo as hipóteses constitucionais. Que hipóteses são essas? A própria Constituição estabelece casos em que a desapropriação terá indenização diversa (ou nem terá indenização). No caso de indenização para fins de reforma agrária, prevista no art. 184, *caput*, da Constituição Federal, a indenização será diferente: "prévia e justa indenização em títulos da dívida agrária". Outrossim, o descumprimento da função social da propriedade urbana autoriza, em último caso, "desapropriação com pagamento mediante títulos da dívida pública" (art. 182, § 4º, III, CF). São hipóteses de "desapropriação-sanção", pois decorrem do descumprimento da função social da propriedade. Todavia, não é o pior caso: há uma hipótese de desapropriação sem indenização (expropriação), prevista no art. 243, *caput*, da Constituição Federal: "as propriedades rurais e urbanas de qualquer região do país onde forem localizadas culturas ilegais de plantas psicotrópicas ou a exploração de trabalho escravo na forma da lei serão expropriadas e destinadas à reforma agrária e a programas de habitação popular, sem qualquer indenização ao proprietário e sem prejuízo de outras sanções previstas em lei, observado, no que couber, o disposto no art. 5º". A inclusão da expropriação pelo trabalho escravo foi feita pela Emenda Constitucional n. 81, de 2014. Esta última desapropriação também é denominada *desapropriação de propriedade nociva*.

Já a *requisição da propriedade privada* está prevista no art. 5º, XXV, da Constituição Federal: "no caso de iminente perigo público, a autoridade competente poderá usar de propriedade particular, assegurada ao proprietário indenização ulterior, se houver dano".

Diferentemente da desapropriação (que é uma medida definitiva), a requisição é uma medida temporária, transitória, decretada em caso de "iminente perigo público", como enchentes, epidemias, revoltas populares etc. Outrossim, diferentemente da desapropriação, em que a indenização, em regra, é prévia e justa em dinheiro, na requisição da propriedade privada, somente haverá indenização se houver dano à propriedade.

Dessa forma, podemos diferenciar os institutos, da seguinte maneira:

Desapropriação	Requisição
Art. 5º, XXIV	Art. 5º, XXV
Definitiva	Temporária
Necessidade, utilidade pública e interesse social	Iminente perigo público
Prévia e justa indenização em dinheiro (em regra). Exceções: art. 182, § 4º, III, 184, *caput* e 243, CF	Indenização se houver dano

---

139. Essa desapropriação-sanção, por descumprimento da função social da propriedade urbana, é regulamentada pelo art. 8º do Estatuto da Cidade: "Decorridos cinco anos de cobrança do IPTU progressivo sem que o proprietário tenha cumprido a obrigação de parcelamento, edificação ou utilização, o Município poderá proceder à desapropriação do imóvel, com pagamento em títulos da dívida pública".

Por fim, o art. 5º, XXXVI, da Constituição Federal prevê como direito fundamental a impenhorabilidade da pequena propriedade rural: "a pequena propriedade rural, assim definida em lei, desde que trabalhada pela família, não será objeto de penhora para pagamento de débitos decorrentes de sua atividade produtiva, dispondo a lei sobre os meios de financiar o seu desenvolvimento".

O que seria "pequena propriedade rural"? A definição está no art. 4º, II, da Lei n. 8.629/93, que dispõe: "pequena propriedade – o imóvel rural: a) de área compreendida entre um e quatro módulos fiscais". Módulo fiscal é uma unidade de medida agrária utilizada no Brasil e instituída pela Lei n. 6.746/79, expressa em hectares e variável, sendo fixada em cada município.

Essa pequena propriedade rural, definida nas leis sobreditas, não poderão ser penhoradas, desde que preenchidos dois requisitos: a) deve ser trabalhada pela família; b) a impenhorabilidade refere-se apenas aos débitos decorrentes de sua atividade produtiva. O primeiro requisito (propriedade trabalhada pela família) é regulamentado pela Lei n. 11.326/2006, que estabelece as diretrizes para a formulação da política nacional de agricultura familiar, que, no seu art. 3º, I, estabelece que se considera agricultor familiar aquele que, dentre outros requisitos, "não detenha, a qualquer título, área maior do que 4 (quatro) módulos fiscais'.

Requisitos da impenhorabilidade da propriedade rural	Propriedade rural deve ser *pequena*, nos termos da lei
	Propriedade deve ser trabalhada pela família
	Débitos decorrentes de sua atividade produtiva

14.23. PROPRIEDADE INTELECTUAL (ART. 5º, XXVII A XXIX, CF)

O art. 5º, XXVII a XXIX, da Constituição Federal trata da propriedade intelectual. Nas palavras da brilhante professora Elisabete Vido, "a propriedade intelectual envolve a proteção de todos os bens imateriais oriundos de uma criação intelectual. Engloba, portanto, a propriedade industrial e a propriedade autoral"[140].

| Propriedade imaterial ou intelectual | Propriedade autoral – art. 5º, XXVII e XXVIII, CF |
| | Propriedade industrial – art. 5º, XXIX, CF |

Uma importante diferença entre essas duas propriedades é destacada pela professora Elisabete Vido: "a propriedade autoral começa a partir da criação intelectual e não a partir do registro nos órgãos competentes, sendo estes apenas atos declaratórios que conferem a formalidade da proteção sobre o direito autoral. Sua proteção alcança apenas a forma como a ideia foi exteriorizada, a fim de se evitarem plágios. Já a propriedade industrial é protegida a partir do ato administrativo conferido pelo Instituto de Propriedade Industrial, ou seja, da concessão da patente, do registro da marca e do desenho industrial. Por essa razão, pode-se afirmar que o ato administrativo, nesse caso, tem natureza constitutiva, vez que a proteção começa não

---

140. Elisabete Teixeira Vido dos Santos. *Curso de Direito Empresarial*, p. 107.

pela criação, mas pelo reconhecimento do INPI. A proteção da propriedade industrial alcança tanto a inovação, a ideia da invenção, e até mesmo a forma pela qual a ideia se exterioriza"[141].

Propriedade autoral	Propriedade industrial
A proteção começa a partir da criação	A proteção começa a partir da concessão pelo órgão regulador
O registro é um mero ato declaratório	O registro é um ato constitutivo

14.23.1. Propriedade autoral

Segundo o art. 5º, XXVII, da Constituição Federal, "aos autores pertence o direito exclusivo de utilização, publicação ou reprodução de suas obras, transmissível aos herdeiros pelo tempo que a lei fixar". Sobre o prazo de transmissão dos direitos autorais aos herdeiros, a "Convenção de Berna"[142], que conta com 192 países signatários, prevê um período mínimo de 50 anos. Não obstante, normalmente os países costumam prever, por suas leis, um prazo maior.

No Brasil, a lei que regulamenta o referido dispositivo constitucional é a Lei de Direitos Autorais (Lei n. 9.610/98) e o prazo de transmissão aos herdeiros está previsto no art. 41 da referida lei: "os direitos patrimoniais do autor perduram por 70 anos contados de 1º de janeiro do ano subsequente ao seu falecimento, obedecida a ordem sucessória da lei civil". Esse mesmo prazo de 70 (setenta) anos após a morte do autor é aplicado pela União Europeia. Nos Estados Unidos, esse prazo é de 95 anos, por força da lei *Copyright Term Extension Act*, de 1998 (também conhecida como *Mickey Mouse Act*)[143]. Após o transcurso do prazo legal posterior à morte do autor, afirmamos que a obra caiu no *domínio público*, que é uma situação jurídica em que não há mais restrição de uso da obra por qualquer pessoa ou empresa que queira utilizá-la. Por exemplo, em 2018, a obra de Monteiro Lobato caiu em domínio público, não havendo feitos patrimoniais dos direitos autorais destinados à família, já que o inesquecível escritor morreu em 4 de julho de 1948. A autobiografia de Hitler (*Mein Kampf*) caiu no domínio público no ano de 2016, já que seu autor morreu em 1945. No Brasil, um *site* do governo (www.dominiopublico.gov.br) oferece ao usuário um farto conteúdo de textos, livros e imagens que já estão no domínio público.

O direito autoral (que em Portugal é chamado de "direito do autor") possui dois aspectos, duas dimensões: a) *dimensão patrimonial*; b) *dimensão moral*.

A *dimensão patrimonial* compreende utilizar, fruir e dispor da obra literária, artística ou científica. Os aspectos dos direitos patrimoniais do autor estão previstos no art. 29 da Lei de

---

141. Elisabete Teixeira Vido dos Santos. *Curso de Direito Empresarial*, p. 107.
142. A Convenção de Berna ingressou no Direito brasileiro pelo Decreto n. 75.699, de 6 de maio de 1975. A Convenção da União de Berna (CUB) foi fruto dos trabalhos que resultaram na *Association Littéraire et Artistique Internationale* (Associação Literária e Artística Internacional) de 1878, desenvolvida por insistência do escritor francês Victor Hugo. Antes de sua edição, os autores dificilmente tinham seus direitos autorais reconhecidos quando as publicações ocorriam no exterior.
143. Esse apelido foi dado em razão da pressão do grupo *Walt Disney*, que receava perder o recebimento de direitos autorais decorrentes da criação de Walt Disney, que morreu em 1966.

Direitos Autorais (Lei n. 9.610/98)[144]. Por expressa previsão legal, os direitos patrimoniais decorrentes da obra podem ser transferidos a terceiros, total ou parcialmente, por meio de licenciamento, concessão, cessão ou quaisquer outros meios admitidos em direito, nos termos da Lei de Direitos Autorais (Lei n. 9.610/98).

Já a *dimensão moral* diz respeito às características relacionadas à personalidade do autor e se desdobra em vários aspectos: a) direito à paternidade (direito de ser atribuído como autor da obra e ser sempre citado como fonte de criação, mesmo quando a obra tenha caído no domínio público, quando não mais haverá direitos patrimoniais); b) direito à integridade da obra (a obra não poderá ser alterada, sem autorização do autor); c) direito de inédito (cabe ao autor a decisão de publicar ou não a obra); d) direito de retirar a obra de circulação; e) direito de modificar a obra; f) direito de ter acesso a exemplar único e raro da obra, quando se encontre em poder de outrem. Os direitos morais do autor estão previstos no art. 24 da Lei de Direitos Autorais (Lei n. 9.610/98).

Ainda com relação à propriedade autoral, o art. 5º, XXVIII, da Constituição Federal afirma que "são assegurados, nos termos da lei: a) a proteção às participações individuais em obras coletivas e à reprodução da imagem e voz humanas, inclusive nas atividades desportivas; b) o direito de fiscalização do aproveitamento econômico das obras que criarem ou de que participarem aos criadores, aos intérpretes e às respectivas representações sindicais e associativas". Esse dispositivo constitucional prevê alguns direitos fundamentais do autor, que abaixo destacamos:

Direitos do autor (art. 5º, XXVIII, CF)	Proteção da participação individual em obras coletivas	
	Proteção da reprodução da imagem e voz humanas, inclusive nas atividades desportivas	
	Direito de fiscalização do aproveitamento econômico das obras que criarem ou participarem, por parte de:	Criadores
		Intérpretes
		Representações sindicais e associativas

O direito à *participação individual em obras coletivas* está regulamentado pelo art. 17 da Lei de Direitos Autorais (Lei n. 9.610/98): "é assegurada a proteção às participações individuais em obras coletivas". Segundo o § 1º desse dispositivo legal, poderá o participante da obra coletiva proibir que se indique ou anuncie seu nome na obra, independentemente da remuneração contratada. A contribuição do participante, sua remuneração, prazo para entrega e demais detalhes serão especificados em contrato com o organizador da obra coletiva.

A *proteção da reprodução da imagem e voz humanas* é igualmente regulamentada pela Lei de Direitos Autorais (Lei n. 9.610/98): "a proteção aos artistas intérpretes ou executantes estende-se à reprodução da voz e imagem, quando associadas às suas atuações" (art. 90, § 2º). Segundo o art. 105 da mesma lei, a transmissão ou retransmissão, por qualquer meio ou processo, de obras artísticas e interpretações, mediante violação dos direitos dos seus titulares,

---

144. "Depende de autorização prévia e expressa do autor a utilização da obra por quaisquer modalidades, tais como: I – a reprodução parcial ou integral; II – a edição; III – a adaptação, o arranjo musical e quaisquer outras transformações; IV – a tradução para qualquer idioma; V – a inclusão em fonograma ou produção audiovisual etc."

poderão ser imediatamente suspensas por ordem da autoridade judicial, sem prejuízo de multa diária em caso de descumprimento e demais indenizações cabíveis. Além das consequências civis, o art. 184 do Código Penal prevê o crime de violação de direito autoral, cuja pena é de detenção, de 3 (três) meses a 1 (um) ano, ou multa, sendo quatro vezes maior se o crime for praticado "com intuito de lucro direto ou indireto" (art. 184, § 1º, CP).

A parte final do art. 5º, XVIII, *a*, trata especialmente do direito de imagem nas atividades desportivas. A proteção da imagem do atleta nas atividades desportivas desdobra-se em dois direitos: a) direito de imagem; b) direito de arena. Ambos protegem a imagem do atleta, sendo que o que os diferencia é a forma como esse direito se manifesta. O *direito de imagem*, no desporto, diz respeito à representação do perfil social da pessoa. Assim, o atleta terá direito sobre a utilização de sua imagem em propagandas, álbuns de figurinha, jogos eletrônicos etc. Por ser um direito de natureza civil, o direito de imagem pode ser negociado com terceiros diretamente pelo atleta ou por meio de intermediação do seu empregador. Por se tratar de um direito civil, alguns clubes se utilizaram desse artifício para burlar os direitos trabalhistas. Por exemplo, 95% da remuneração do atleta seria em "direitos de imagem" (sobre os quais não recaem as obrigações trabalhistas). Por conta disso, em 2015, foi alterada a Lei Pelé, determinando que, "quando houver, por parte do atleta, a cessão de direitos ao uso de sua imagem para a entidade de prática desportiva detentora do contrato especial de trabalho desportivo, o valor correspondente ao uso da imagem não poderá ultrapassar 40% (quarenta por cento) da remuneração total paga ao atleta, composta pela soma do salário e dos valores pagos pelo direito ao uso da imagem" (art. 87-A, parágrafo único, Lei n. 9.615/98).

Já o *direito de arena* é limitado ao grupo de atletas que efetivamente tem sua imagem transmitida em razão de sua participação nas atividades desportivas. Todavia, segundo a Lei Pelé (Lei n. 9.615/98), com suas recentes alterações, o direito de arena pertence ao "clube mandante", cabendo apenas 5% da receita para os atletas[145], alterada em 2021 pela Lei n. 14.205/2021 (conhecida como "Lei do Mandante"), fruto de Medida Provisória (jocosamente chamada de "MP rubro-negra"[146]). Segundo o art. 42-A da norma sobredita, "pertence à <u>entidade de prática desportiva</u> de futebol <u>mandante</u> o direito de arena sobre o espetáculo desportivo". Assim, o clube mandante da partida futebolística terá liberdade para negociar a transmissão do evento esportivo (o que possibilitou que um mesmo campeonato fosse transmitido por vários veículos de comunicação[147]).

Por fim, a Constituição prevê o direito fundamental de *fiscalização do aproveitamento econômico das obras por criadores, intérpretes e representações sindicais e associativas*. Em 2013, a legislação brasileira foi aperfeiçoada, a fim de garantir maior fiscalização e transparên-

---

145. Segundo o art. 42, § 1º, da Lei Pelé, "serão distribuídos, em partes iguais, aos atletas profissionais participantes do espetáculo de que trata o *caput*, cinco por cento da receita proveniente da exploração de direitos desportivos audiovisuais, como pagamento de natureza civil, exceto se houver disposição em contrário constante de convenção coletiva de trabalho".
146. Tendo em vista que teve origem em um pleito feito pela diretoria do Clube de Regatas do Flamengo, equipe futebolística com maior número de torcedores no país.
147. Dessa maneira, além de prestigiar os grandes clubes futebolísticos (com maior número de torcedores – e eleitores), que terão maior capacidade de negociar os direitos de transmissão (em detrimento dos clubes menores), o governo brasileiro alterou uma regra que anteriormente favorecia grandes grupos de telecomunicação, pois estes transmitiam as partidas de todas as equipes, em decorrência de uma negociação que era coletiva.

cia no repasse de direitos autorais aos responsáveis pela respectiva obra. Trata-se da Lei n. 12.853/2013, que alterou a Lei de Direitos Autorais (Lei n. 9.610/98), a partir de seu art. 97. Os autores e demais titulares de direitos autorais poderão se fixar a uma associação, que será responsável pela gestão, fiscalização e cobrança dos direitos autorais. Somente é possível se filiar a uma associação (art. 97, § 2º), mas pode o autor se transferir para outra associação, a qualquer momento (art. 97, § 3º). Para efetuar a cobrança em favor dos autores, a associação deve ter habilitação em órgão da Administração Pública Federal (órgão como o Ministério da Cultura, Secretaria da Cultura ou equivalente), nos termos do art. 98, § 1º[148].

Segundo o art. 99 da Lei de Direitos Autorais, alterada pela Lei n. 12.853/2013, a arrecadação e distribuição dos direitos autorais será feita por meio das associações de gestão coletiva, que deverão unificar a cobrança em um único "escritório central para arrecadação e distribuição, que funcionará como ente arrecadador com personalidade jurídica própria", o Ecad, criado originalmente em 1973[149]. Acusado de apropriação indevida de créditos dos autores, expulsões autoritárias de associações, o Ecad foi investigado em Comissão Parlamentar de Inquérito instaurada no Senado em 2011, com trabalhos finalizados em 2012, concluindo pela necessidade de maior transparência do órgão. Isso deu ensejo à Lei n. 12.853/2013. Uma das alterações, prevista no art. 99-A da Lei de Direitos Autorais, é que o Ecad é obrigado a admitir em seus quadros as associações devidamente habilitadas pela Administração Pública Federal. Contra tais alterações legislativas, o Ecad, juntamente com outras associações, ajuizou a ADI 5.062, que foi julgada improcedente pelo STF. Entendeu o STF que a regulação estatal da gestão coletiva não interfere na autonomia da vontade, tendo em vista que "a transindividualidade da gestão coletiva revela sua inequívoca importância, ao envolver interesses de usuários e titulares, justifica a presença regulatória maior do Estado na criação, na organização e no funcionamento das entidades que operam no setor, o que se traduz na incidência de disciplina jurídica específica" (ADI 5.062, rel. Min. Luiz Fux, Pleno, j. 27-10-2016)[150].

Sobre o monopólio legal do Ecad, como único "escritório central para arrecadação e distribuição", entendeu o STF ser constitucional, sob o argumento de que "o monopólio legal que favorece o Ecad, entrevisto como bônus, sofre a incidência da contrapartida consistente no

---

148. Em 2018, o Ministério da Cultura (MinC) habilitou 30 associações de gestão coletiva musical que integram o Escritório Central de Arrecadação e Distribuição (Ecad), como Associação Brasileira de Música e Artes (Abramus), Associação de Músicos Arranjadores e Regentes (Amar), Associação de Intérpretes e Músicos (Assim) etc. Tais organizações devem apresentar documentos todos os anos, a fim de renovar tal habilitação.
149. A gestão coletiva de direitos autorais no Brasil começou em 1920, com a fundação da Sociedade Brasileira de Autores Teatrais (SBAT). Em 1938, após conflitos entre compositores e autores teatrais, surgiu a primeira associação de compositores, com a finalidade arrecadadora de direitos autorais. Apenas em 1973, constatada a necessidade de um único escritório arrecadador dos direitos autorais, criou-se o Conselho Nacional de Direito Autoral (CDNA) e o Escritório Central de Arrecadação e Distribuição (Ecad), que se tornou o único responsável legal pela arrecadação e distribuição de direitos autorais de execução de obras musicais.
150. Ainda consta da ementa: "A exigência de habilitação prévia configura típico exercício de poder de polícia preventivo, voltado a aferir o cumprimento das obrigações legais exigíveis desde o nascedouro da entidade. [...] As taxas de administração e a fixação de limites máximos justificam-se pela estrutura econômica do setor, que, apesar de franquear espaço para ganhos de escala nas atividades de arrecadação e distribuição, não se traduzia em benefícios aos titulares originários de direitos autorais. A nova sistemática, lastreada em sólidas premissas empíricas, procura reconduzir as entidades de gestão coletiva ao seu papel puramente instrumental".

dever de admitir toda e qualquer entidade legalmente habilitada" (ADI 5.062, rel. Min. Luiz Fux, Pleno, j. 27-10-2016).

14.23.2. Propriedade industrial

Por fim, quanto à propriedade industrial, o art. 5º, XXIX, determina que: "lei assegurará aos autores de inventos industriais privilégio temporário para sua utilização, bem como proteção às criações industriais, à propriedade das marcas, aos nomes de empresas e a outros signos distintivos, tendo em vista o interesse social e o desenvolvimento tecnológico e econômico do País".

Podemos assim esquematizar a proteção constitucional da propriedade industrial:

Proteção constitucional da propriedade industrial
- Privilégio temporário para utilização de inventos industriais
  - Invenção industrial
  - Modelo de utilidade
- Proteção às criações industriais
- Propriedade das marcas
- Proteção ao nome empresarial
- Proteção de outros signos distintivos
  - Título do estabelecimento
  - Desenho industrial
  - Domínio eletrônico

a) Privilégio temporário para utilização dos inventos industriais

O primeiro direito fundamental previsto no art. 5º, XXIX, da Constituição Federal é o *privilégio temporário para utilização dos inventos industriais*. Como afirma Denis Borges Barbosa, "na noção constitucional de invento industrial está abrangida, obviamente, tanto a invenção quanto o modelo de utilidade"[151].

Primeiramente, a *invenção industrial*, protegida pelo texto constitucional, consiste na criação de algo absolutamente novo (por exemplo, uma vacina, um medicamento, uma nova molécula para um cosmético etc.). Nos termos do art. 8º, da Lei n. 9.279/96, é o objeto que atenda aos requisitos de novidade, atividade inventiva e aplicação industrial. Por exigir a existência de um "objeto" material e concreto, não se aplica ao software, que tem uma proteção própria, nos termos da Lei n. 9.609/98: "o regime de proteção à propriedade intelectual de programas de computador é o conferido às obras literárias pela legislação de direitos autorais e conexos vigentes no País, observado o disposto nesta Lei" (art. 2º, *caput*).

Por sua vez, o *modelo de utilidade* consiste na melhoria em algo que já existe (como a modificação de uma fórmula, novos modelos de televisão ou telefone etc.). Nos termos do art. 10 da referida lei, é o "objeto de uso prático, ou parte deste, suscetível de aplicação industrial, que apresente nova forma ou disposição, envolvendo ato inventivo, que resulte em melhoria funcional no seu uso ou em sua fabricação".

---

151. *Noção Constitucional e Legal do que são "Inventos Industriais"*, p. 9.

Atentemos para o fato de que a Constituição, nesse inciso, protege o invento "industrial" e não qualquer invenção, fruto do intelecto. Invento industrial é aquele que consiste na criação de um objeto material que pode ser produzido em série, em escala. Como entende Newton Silveira, distingue-se a *invenção industrial* das demais criações do espírito, não só pelo fato de ela objetivar a utilidade como também por seu caráter abstrato. Outros objetos da intelectualidade, como descobertas científicas, métodos matemáticos, por exemplo, podem receber proteção legal, pelos direitos autorais, mas não se consideram inventos industriais, tanto que não podem ser objeto de patente, nos termos dos arts. 10 e 18, da Lei n. 9.279/96[152].

Inventos industriais	Invenção industrial (art. 8º, Lei n. 9.279/96)
	Modelos de utilidade (art. 10, Lei n. 9.279/96)

Por se tratar de uma norma constitucional de eficácia limitada, o dispositivo constitucional faz referência a uma lei infraconstitucional que fixará o prazo para utilização dos inventos industriais. Entenda-se por "uso" qualquer forma de exploração econômica do invento industrial (colocar o produto no mercado, ceder a exclusividade ou conceder licença para exploração). Nos termos do art. 40, *caput*, da Lei n. 9.279/96, "a patente de invenção vigorará pelo prazo de 20 (vinte) anos e a de modelo de utilidade pelo prazo de 15 (quinze) anos contados da data de depósito". A proteção e fiscalização da propriedade industrial são realizadas pelo INPI (Instituto Nacional de Propriedade Industrial). Como afirma Elisabete Vido, "o INPI é uma autarquia federal vinculada ao Ministério do Desenvolvimento, Indústria e Comércio Exterior, e as ações em que o órgão figura como parte devem ser ajuizadas na Justiça Federal, na seção judiciária do Rio de Janeiro, local da sede do referido órgão. Mas, se houver outras pessoas no polo passivo, o que normalmente acontece nas ações de nulidade, por exemplo, podem ser demandadas no Rio de Janeiro ou no domicílio do outro réu, de acordo com orientação jurisprudencial do STJ"[153].

Esse direito, assim como qualquer outro, não é absoluto, existindo hipóteses legais de "licença compulsória". Por exemplo, o titular do direito ficará sujeito a ter a patente licenciada compulsoriamente "se exercer os direitos dela decorrentes de forma abusiva, ou por meio dela praticar abuso de poder econômico" (art. 68, *caput*, da Lei n. 9.279/96). Outro exemplo recente, que ocorreu durante a pandemia de Covid-19, foi a edição da Lei n. 14.200/2021, que alterou a Lei de Propriedade Industrial, permitindo a "licença compulsória" nos casos de "emergência nacional ou internacional ou de interesse público declarados em lei ou em ato do Poder Executivo Federal, ou de reconhecimento de estado de calamidade pública de âmbito nacional[154], pelo Congresso Nacional" (extraído da nova redação do art. 71 da Lei n. 9.279/96). Como qualquer outra restrição de um direito fundamental, essas hipóteses de "licença compulsória", vul-

---

152. Nos termos desses dispositivos legais, não podem ser objeto de patente, descobertas, teorias científicas e métodos matemáticos; concepções puramente abstratas, obras literárias, arquitetônicas, artísticas e científicas, programas de computador, regras de jogo etc.
153. Op. cit., p. 99.
154. O "estado de calamidade pública de âmbito nacional" é uma nova modalidade de instrumento que integra o "sistema constitucional das crises", ao lado do estado de defesa e estado de sítio, tema que é tratado nesta obra, no capítulo reservado à Defesa do Estado e das Instituições Democráticas.

garmente conhecida como "quebra de patente", devem ser excepcionais, atendendo aos princípios da proporcionalidade e razoabilidade.

b) Proteção às criações industriais

O texto constitucional prevê a tutela das "criações industriais", separadamente dos "inventos industriais". Como afirma Denis Borges Barbosa, trata-se de uma cláusula genérica de proteção da propriedade industrial diversa da patente, que recai apenas sobre invenção e modelo de utilidade. "Na noção de criações caberão os cultivares[155], a proteção do software por outros meios que não das patentes, a proteção das topografias de semicondutores, enfim, de outras criações não expressivas de interesse social. Em suma, a cláusula aberta 'criações industriais' legitima, ao nível constitucional, as soluções de proteção diversas da patente"[156].

c) Proteção à propriedade das marcas

Marca é um sinal visual que serve para diferenciar a origem do produto ou do serviço. Como afirma Elisabete Vido, "marca é um sinal visualmente distintivo que pode servir para identificar produtos, serviços, padrões de qualidade ou certificações. O sinal que pode ser registrado como marca não é sonoro nem olfativamente perceptível. A marca serve ao mesmo tempo para diferenciar o produto ou o serviço para o consumidor e para indicar a procedência. Nesse sentido, a utilização indevida da marca por outra pessoa pode lesar moralmente o titular da marca, já que seu produto é confundido com outro, e, portanto, o consumidor não apenas deixa de adquiri-lo para comprar outra marca, fruto de uma imitação, como também pode deixar definitivamente de comprar o produto em virtude de qualidade inferior, que será atribuída erroneamente ao titular da marca"[157]. Pode ser um logotipo, conjunto de letras, uma figura etc. A proteção da marca começa a partir da concessão dada pelo INPI e seu prazo de proteção é de 10 (anos), contados da data da concessão do registro, prorrogável por períodos iguais e sucessivos (art. 133, *caput*, da Lei n. 9.279/96).

d) Proteção aos nomes de empresas

"Nome empresarial", ou "nome de empresa", é o termo utilizado para identificar "o empresário individual, a Eireli (Empresa Individual de Responsabilidade Limitada) e a sociedade empresária no exercício da atividade empresarial. As sociedades simples, fundações e associações, apesar de não exercerem atividade empresarial, possuem equiparação de proteção dos nomes adotados, como a atribuída aos nomes empresariais"[158]. São nomes empresariais os nomes que aparecem na nota fiscal, que são registrados na Junta Comercial. Como afirma Elisabete Vido, "marca, título do estabelecimento e o domínio eletrônico não podem ser confundidos com o nome empresarial".

Ao contrário da *marca*, que é protegida nos termos da Lei de Propriedade Industrial (Lei n. 9.279/96), pelo INPI, o *nome empresarial* é protegido nos termos da Lei n. 8.934/94, pela Junta Comercial.

---

155. *Cultivar* consiste numa variedade de qualquer gênero ou espécie vegetal superior que seja distinguível de outras por margem mínima de descritores, dentre outras características. No Brasil, possui uma lei específica de proteção (Lei n. 9.456/97), registro próprio no SNPC (Serviço Nacional de Proteção de Cultivares) e prazo de proteção de 15 (quinze) anos, a partir da concessão do Certificado Provisório de Proteção (nos termos do art. 11 da referida lei).
156. Op. cit., p. 11.
157. Op. cit., p. 109.
158. Op. cit., p. 60.

Segundo doutrina majoritária, como Pontes de Miranda, Modesto Carvalhosa e Gladston Mamede e Elisabete Vido, o nome empresarial é um direito da personalidade da pessoa jurídica. Aliás, afirma o art. 52, do Código Civil: "aplica-se às pessoas jurídicas, no que couber, a proteção dos direitos da personalidade".

A proteção do *nome empresarial* é a exclusividade de seu uso na área territorial da Junta Comercial onde ele foi registrado. Nos termos do art. 35, da Lei n. 8.934/94, não poderão ser registradas outras empresas com nome idêntico ou semelhante a outro já existente.

e) Proteção a outros signos distintivos

A última proteção constitucional do inciso XXIX recai sobre "outros signos distintivos". Trata-se de uma cláusula genérica, com o condão de proteger, por exemplo, o *título do estabelecimento*, o *desenho industrial* e o *domínio eletrônico* da empresa.

O *título do estabelecimento*, vulgarmente conhecido como "nome fantasia" ou "insígnia", é o sinal diferenciado que consta na fachada ou letreiro do estabelecimento. Como lembra Elisabete Vido, não há um registro próprio para o *título do estabelecimento*, mas isso não o impede de ter uma proteção indireta, nos casos de uso indevido. Isso porque, nos termos do art. 195, V, da Lei n. 9.279/96, configura crime de concorrência desleal o ato quem usa, "indevidamente, nome comercial, título do estabelecimento ou insígnia alheios ou vende, expõe ou oferece à venda ou tem em estoque produto com essas referências" (grifamos).

Já o *desenho industrial*, nas palavras de Elisabete Vido, é "a forma de objetos que, com seus traços e cores, apresentam um resultado visual novo e que podem servir de modelo de fabricação industrial"[159], nos termos do art. 95, da Lei n. 9.279/96[160]. Ressalte-se que o *desenho industrial* não atribui uma nova utilidade ao objeto, já que a inovação apenas altera a sua aparência. Por exemplo, o *design* de um automóvel, se registrado, configura *desenho industrial*, apto a receber a proteção jurídica. Nos termos do art. 108, da Lei n. 9.279/96, o período de proteção do *desenho industrial* é de 10 anos, contados da data do depósito, prorrogável por 3 períodos sucessivos de 5 anos cada.

Por fim, o *domínio eletrônico*, como afirmou o STJ, embora não haja ainda um marco regulatório no Brasil, tem sua relevância, integrando o estabelecimento empresarial, como bem incorpóreo (STJ, Resp 1.238.041, rel. Min. Marco Aurélio Bellizze, 3ª Turma, *DJe* 17-4-2015). Aliás, é o conteúdo do enunciado n. 7 da I Jornada de Direito Comercial do CJF: "o nome de domínio integra o estabelecimento empresarial como bem incorpóreo para todos os fins de direito". Segundo o STJ, aplica-se o direito ao primeiro requerente: "No Brasil, o registro de nomes de domínio é regido pelo princípio '*first come, first served*', segundo o qual é concedido o domínio ao primeiro requerente que satisfizer as exigências para o registro. A legitimidade do registro do nome do domínio obtido pelo primeiro requerente pode ser contestada pelo titular de signo distintivo similar ou idêntico anteriormente registrado, seja nome empresarial, seja marca. Tal pleito, contudo, não pode prescindir da demonstração de má-fé, a ser aferida caso a caso, podendo, se configurada, ensejar inclusive o cancelamento ou transferência do domínio e a responsabilidade por eventuais prejuízos" (Resp 658.789/RS, rel. Min. Ricardo Villas Bôas Cueva, 3ª Turma, *DJe* 12-9-2013).

---

159. Op. cit., p. 106.
160. "Considera-se desenho industrial a forma plástica ornamental de um objeto ou o conjunto ornamental de linhas e cores que possa ser aplicado a um produto, proporcionando resultado visual novo e original na sua configuração externa e que possa servir de tipo de fabricação industrial."

14.24. DEFESA DO CONSUMIDOR (ART. 5º, XXXII, CF)

Segundo o art. 5º, XXXII, da Constituição Federal, "o Estado promoverá, na forma da lei, a defesa do consumidor". Trata-se de norma constitucional de eficácia limitada de princípio institutivo (na nomenclatura de José Afonso da Silva), já que faz remissão à legislação infraconstitucional. Como abordamos no capítulo anterior, é possível compatibilizar dispositivo dessa natureza com o art. 5º, § 1º, da Constituição Federal (que determina a aplicabilidade imediata das normas definidoras de direitos fundamentais): mesmo que não houvesse qualquer lei regulamentar, caberia ao Poder Público extrair toda a eficácia possível do referido dispositivo. Todavia, tudo fica mais fácil com a regulamentação legislativa, que estabelecerá detalhes da proteção, bem como os limites e o exercício do direito fundamental. Nesse caso, há várias leis infraconstitucionais que protegem o consumidor, destacando-se, dentre elas, o Código de Defesa do Consumidor (Lei n. 8.078/90).

Segundo Luiz Antonio Rizzatto Nunes, as leis de proteção ao consumidor decorrem dos princípios fundamentais constitucionais, máxime da dignidade da pessoa humana: "com efeito, o que a lei consumerista faz é tornar explícitos, para as relações de consumo, os comandos constitucionais. Dentre estes destacam-se os Princípios Fundamentais da República, que norteiam todo o regime constitucional e os direitos e garantias fundamentais"[161].

Na classificação dos direitos em gerações (ou dimensões), criada por Karel Vasak, a proteção dos direitos do consumidor seria um *direito de terceira geração (ou dimensão)*, por se tratar de um direito metaindividual ou transindividual.

Por fim, como abordamos no capítulo reservado à eficácia das normas constitucionais, não poderão as leis de defesa do consumidor ser simplesmente revogadas, sem que sejam substituídas por outras leis protetivas. Isso porque a simples revogação significaria diminuir a eficácia da norma constitucional, retrocedendo na tutela dos direitos fundamentais, violando o princípio da proibição do retrocesso ou efeito *cliquet* (para os franceses) ou *ratchet effect* (para os norte-americanos), para aqueles que defendem a existência desse princípio. No nosso entender, a revogação das leis protetivas do consumidor seria inconstitucional por violação do princípio da proporcionalidade, na sua modalidade proibição da proteção insuficiente (*untermassverbot*).

14.25. DIREITO DE PETIÇÃO E DIREITO DE CERTIDÃO (ART. 5º, XXXIV, CF)

14.25.1. Direito de petição

O art. 5º, XXXIV, *a*, da Constituição Federal prevê o *direito de petição*: "são a todos assegurados, independentemente do pagamento de taxas: a) o direito de petição aos Poderes Públicos em defesa de direitos ou contra ilegalidade ou abuso de poder". Trata-se de um corolário da cidadania (art. 1º, II, CF) e do Estado Democrático de Direito, como já decidiu o STF: "O direito de petição, presente em todas as Constituições brasileiras, qualifica-se como importante prerrogativa de caráter democrático. Trata-se de instrumento jurídico-constitucional posto à disposição de qualquer interessado – mesmo daqueles destituídos de personalidade jurídica –, com a explícita finalidade de viabilizar a defesa, perante as instituições estatais, de

---

161. *Curso de Direito do Consumidor*, p. 66.

direitos ou valores revestidos tanto de natureza pessoal quanto de significação coletiva" (ADI 1.247 MC, rel. Min. Celso de Mello, Tribunal Pleno, j. 17-8-1995).

Segundo Jorge Miranda, o direito de petição é, ao mesmo tempo, uma garantia (já que é capaz de tutelar outros direitos), um *direito de liberdade* (direito negativo) e um *direito a prestação* (direito positivo). Segundo o mestre português: "o direito de petição, independentemente de ser direito-garantia ou direito autônomo, é ao mesmo tempo uma liberdade. Tem um conteúdo de liberdade e um conteúdo a prestação. Liberdade no sentido de ninguém ser impedido de apresentar petições. [...] Direito a prestação no sentido de, pelo menos, o peticionante ter direito a que a sua petição seja recebida, seja examinada e venha a ter uma resposta"[162]. Nas palavras de Barbosa Sobrinho, "o direito de petição é um direito público subjetivo de provocação da ação estatal, quer informativa, quer corretiva, quer punitiva. Seja qual for a conclusão dada ao direito fundamental de que se trata, pode, ainda, a questão vir a ser submetida ao julgamento do Poder Judiciário (art. 5º, XXXV, CF)"[163].

O objeto do *direito de petição* é o exercício da defesa de direitos próprios ou de terceiros, privados ou públicos, bem como a defesa da legalidade administrativa com a correção de atos oriundos da ilegalidade e do abuso de poder.

A petição não requer maiores formalidades, como as petições judiciais, tendo como legitimado qualquer pessoa, nacional ou estrangeira, física ou jurídica, de direito público ou privado, podendo igualmente ser individual ou coletiva.

Importante frisar que, como determina a Constituição, o *direito de petição* independe do pagamento de taxas, a qualquer título. Por essa razão, decidiu o Supremo Tribunal Federal: "Parágrafo 1º do art. 636 da CLT: não recepção pela Constituição de 1988. Incompatibilidade da exigência de depósito prévio do valor correspondente à multa como condição de admissibilidade de recurso administrativo interposto junto à autoridade trabalhista (§ 1º do art. 636 da CLT) com a Constituição de 1988" (ADPF 156, rel. Min. Cármen Lúcia). Em razão de decisões reiteradas, o STF editou a Súmula Vinculante 21: "É inconstitucional a exigência de depósito ou arrolamento prévios de dinheiro ou bens para admissibilidade de recurso administrativo".

O *direito de petição* implica o necessário dever de análise e resposta por parte do Poder Público. Toda e qualquer petição dirigida ao Poder Público deverá ser apreciada e respondida dentro do prazo legal (ou de prazo razoável, em caso de lacuna da lei). Responderá administrativamente o agente que deixar de responder o interessado e, nos casos mais graves, a omissão pode implicar responsabilidade penal. Embora seja uma lei específica sobre o *direito de certidão*, podendo defender a aplicação analógica da Lei n. 9.051/95, que, no seu art. 1º, prevê o prazo de 15 dias a contar do recebimento do pedido.

Por fim, não há que se confundir o *direito de petição* (que não depende de capacidade postulatória) com o *direito de ação*, de pleitear uma prestação jurisdicional, que depende de capacidade postulatória, nos termos do art. 1º, I, do Estatuto da OAB ("são atividades privativas da advocacia: I – a postulação a qualquer órgão do Poder Judiciário e aos juizados especiais"), a exceção do *habeas corpus*, que não necessita de capacidade postulatória (art. 1º, § 1º, do Estatuto da OAB). Nesse sentido, já decidiu o STF: "O direito de petição qualifica-se como prerrogativa de extração constitucional assegurada à generalidade das pessoas pela Carta Política (art. 5º, XXXIV, *a*). Traduz direito público subjetivo de índole essencialmente democrática. O

---

162. Op. cit., p. 54.
163. *Direito Constitucional de Petição. Exercício da Cidadania*, p. 51.

direito de petição, contudo, não assegura, por si só, a possibilidade de o interessado – que não dispõe de capacidade postulatória – ingressar em juízo, para, independentemente de advogado, litigar em nome próprio ou como representante de terceiros" (AR 1.354 AgR, rel. Min. Celso de Mello, Tribunal Pleno, j. 21-10-1994).

14.25.2. Direito de certidão

Da mesma forma, o art. 5º, XXXIV, *b*, da Constituição Federal prevê o *direito de certidão*: "são a todos assegurados, independentemente do pagamento de taxas: b) a obtenção de certidões em repartições públicas, para defesa de direitos e esclarecimento de situações de interesse pessoal".

Assim como o direito de petição, o direito de certidão também é isento de taxas, como determina a Constituição: "extração de certidões, em repartições públicas, condicionada ao recolhimento de 'taxas de segurança pública'. Violação à alínea *b* do inciso XXXIV do art. 5º, da CF" (ADI 2.969, rel. Min. Ayres Britto). No mesmo sentido, decidiu o STF que "viola o direito previsto no art. 5º, XXXIV, *b*, da Constituição Federal, a exigência de recolhimento de taxa para emissão de certidão em repartições públicas, para defesa de direitos e esclarecimento de situações de interesse pessoal, porquanto essa atividade estatal está abarcada por regra imunizante de natureza objetiva e política" (ADI 3278, rel. Min. Edson Fachin, Pleno, 3-3-2016).

Por essa razão, o Conselho Nacional de Justiça determinou que as certidões de antecedentes criminais devem ser expedidas gratuitamente pelos Tribunais de Justiça de todo o país[164]. No mesmo sentido, por meio do Provimento n. 19, a Corregedoria do Conselho Nacional de Justiça determinou que, no caso de averbação do reconhecimento da paternidade em assento de nascimento, "é gratuita também a certidão correspondente, na qual não serão inseridas quaisquer menções, palavras ou expressões que indiquem condição de pobreza ou similar".

Nos termos do art. 1º, da Lei n. 9.051/95, "as certidões para a defesa de direitos e esclarecimentos de situações requeridas aos órgãos da administração centralizada ou autárquica, às empresas públicas, às sociedades de economia mista e às funções públicas da União, dos Estados, do Distrito Federal e dos Municípios deverão ser expedidas no <u>prazo improrrogável de quinze dias</u>, contado do registro do pedido no órgão expedidor" (grifamos).

A obtenção de certidão junto ao poder público subordina-se ao atendimento dos seguintes pressupostos constitucionais, cumulativos: a) ser o requerente o interessado; b) destinar-se à defesa de direitos ou esclarecimentos de situações de interesse pessoal; c) não ser a informação de natureza sigilosa.

Requisitos para concessão da certidão	a) ser o requerente o interessado b) destinar-se à defesa de direitos ou esclarecimentos de situações de interesse pessoal c) não ser a informação de natureza sigilosa

Caso o poder público negue ao requerente o direito de certidão, qual será o remédio constitucional capaz de atacar a lesividade? Seria o *habeas data*? Não. O *habeas data* é remédio constitucional destinado a garantir o acesso à informação sobre dados pessoais, bem como a

---

164. Pedido de Providências 0005650-43.2009.2.00.0000 (relator Conselheiro Min. Ives Gandra).

retificação desses dados, se incorretos, segundo a Constituição (art. 5º, LXXII, CF), não cabendo para tutelar o direito de certidão. Nesse caso, seria mais apropriado o mandado de segurança, nos termos do art. 5º, LXIX, CF. Nesse sentido, já julgou o STF: "A injusta recusa estatal em fornecer certidões, não obstante presentes os pressupostos legitimadores dessa pretensão, autorizará a utilização de instrumentos processuais adequados, como o mandado de segurança" (RE 472.489 AgR, rel. Min. Celso de Mello, 2ª Turma, j. 29-4-2008).

Diante desse cenário, podemos estabelecer algumas diferenças entre o direito de petição e o direito de certidão.

Direito de petição	Direito de certidão
Art. 5º, XXXIV, a, CF	Art. 5º, XXXIV, b, CF
Direito gratuito	Direito gratuito
Para defesa de direitos próprios ou de terceiros ou contra ilegalidade ou abuso de poder	Para defesa de direitos e esclarecimento de situações de interesse pessoal

14.26. INAFASTABILIDADE DO CONTROLE JURISDICIONAL (ART. 5º, XXXV, CF)

Segundo o art. 5º, XXXV, da Constituição Federal, "a lei não excluirá da apreciação do Poder Judiciário lesão ou ameaça a direito". O referido dispositivo é conhecido como princípio da inafastabilidade do controle jurisdicional ou, simplesmente, acesso à Justiça.

Primeiramente, ao se referir a qualquer modalidade de "lesão ou ameaça a direito", a Constituição Federal abrange não somente os direitos individuais, como também direitos sociais, privados, públicos e também os transindividuais (difusos, coletivos e individuais homogêneos). Dessa maneira, esse dispositivo corporifica o que costuma ser chamado de "a segunda onda renovatória do acesso à Justiça", nomenclatura famosa dada por Mauro Cappelletti e Bryant Garth, na obra *Acesso à Justiça*.

Outrossim, a Constituição permite que qualquer pessoa tenha acesso ao Judiciário, invocando lesão ou ameaça a direito, mostrando que a atuação jurisdicional poderá ser preventiva ou repressiva (ou reparatória).

Com esse dispositivo, a Constituição brasileira proibiu a chamada "jurisdição condicionada" ou "instância administrativa de curso forçado", teoria segundo a qual seria necessário o esgotamento das vias administrativas. Por exemplo, caso tenha sido negado o seu pedido de aposentadoria junto ao INSS, não precisará a pessoa esgotar as vias administrativas junto a essa autarquia federal para, só depois, bater às portas do Poder Judiciário. Não obstante, há uma exceção: a Justiça Desportiva.

Não obstante, a inexigibilidade de esgotamento das vias administrativas não significa ser permitido buscar a realização do direito junto ao Poder Judiciário, sem ao menos fazer o requerimento junto às instâncias administrativas, quando esse procedimento é devido. Foi o que decidiu o STF: "se a concessão de um direito depende de requerimento, não se pode falar em lesão ou ameaça a tal direito antes mesmo da formulação do pedido administrativo. O prévio requerimento de concessão, assim, é pressuposto para que se possa acionar legitimamente o Poder Judiciário. Eventual lesão a direito decorrerá, por exemplo, da efetiva análise e indeferimento total ou parcial do pedido, ou, ainda, da excessiva demora em sua apreciação (isto é, quando excedido o prazo de 45 dias previsto no art. 41-A, § 5º, da Lei n. 8.213/91[165]). Esta é a interpretação mais adequada ao princípio da separação de Poderes. Permitir que o Judiciário conheça originariamente de pedidos cujo acolhimento, por lei, depende de requerimento à Administração significa transformar o juiz em administrador ou a Justiça em guichê de atendimento do INSS, expressão que já se tornou corrente na matéria[166]" (STF – Rext 631.240/MG, DJe 10-11-2014, rel. Min. Roberto Barroso).

Dessa maneira, não há que se confundir o prévio esgotamento das instâncias administrativas (que é vedado, exceto no caso da Justiça Desportiva) com o interesse de agir, uma das condições da ação. Se eu quero ter porte de arma, não irei primeiramente ao Poder Judiciário, pois ele não é competente para concessão de porte. Segundo a legislação brasileira (Lei n. 10.826/2003), para obter o porte de arma de fogo, a pessoa deve requerê-lo ao Sinarm – Sistema Nacional de Armas, no âmbito da Polícia Federal. Caso a autoridade indefira indevidamente o meu pedido, nesse instante é que eu poderei buscar a via jurisdicional: "A autoridade impetrada indeferiu o pedido administrativo de autorização para o porte de arma de fogo formulado pelo impetrante, sob a assertiva de não ter sido demonstrada a efetiva necessidade de autorização de porte de arma de fogo, nos termos previstos no art. 10, § 1º, inciso I, da Lei n. 10.826/2003. A concessão do porte de arma insere-se no poder discricionário da administração, cujo controle pelo Poder Judiciário se limita ao aspecto da legalidade, sem qualquer incursão sobre a conveniência e oportunidade" (Apelação Cível AMS 8601 SP, TRF 3ª Região).

Da mesma forma, se eu completei 18 anos e desejo obter minha Carteira Nacional de Habilitação, não devo procurar o Poder Judiciário, mas a autoridade administrativa competente. Caso ela negue meu pedido indevidamente, poderá o Poder Judiciário apreciar a ilegalidade da decisão denegatória.

A exigência do requerimento na instância administrativa, quando necessário, para buscar a prestação jurisdicional, encontra uma exceção na jurisprudência do Supremo: quando já é notório o entendimento do INSS negando a pretensão da parte. Nessa hipótese, não seria necessário requerer o benefício ao INSS, pois já se sabe que ele negará. Pode a parte interessada ir diretamente ao Judiciário: "A exigência de prévio requerimento administrativo não deve prevalecer quando o entendimento da Administração for notória e reiteradamente contrário à postulação do segurado. Na hipótese de pretensão de revisão, restabelecimento ou manutenção de benefício anteriormente concedido, considerando que o INSS tem o dever legal de conceder a prestação mais vantajosa possível, o pedido poderá ser formulado diretamente em juízo – salvo se depender da análise de matéria de fato ainda não levada ao conhecimento da Administração –, uma vez que, nesses casos, a conduta do INSS já configura o não acolhimento ao menos tácito da pretensão" (RE 631.240, rel. Min. Roberto Barroso, Tribunal Pleno, j. 3-9-2014).

---

165. O referido dispositivo legal, aplicável à matéria previdenciária, afirma que "o primeiro pagamento do benefício será efetuado até quarenta e cinco dias após a data da apresentação, pelo segurado, da documentação necessária a sua concessão".

166. Prossegue o voto: "O Judiciário não tem, e nem deve ter, a estrutura necessária para atender às pretensões que, de ordinário, devem ser primeiramente formuladas junto à Administração. O juiz deve estar pronto, isto sim, para responder a alegações de lesão ou ameaça a direito. Mas, se o reconhecimento do direito depende de requerimento, não há lesão ou ameaça possível antes da formulação do pedido administrativo. Assim, não há necessidade de acionar o Judiciário antes desta medida".

14.26.1. Atenuações da inafastabilidade do controle jurisdicional: justiça desportiva, arbitragem e *habeas data*

Segundo o art. 217, § 1º, da Constituição Federal, "o Poder Judiciário só admitirá ações relativas à disciplina e às competições desportivas após esgotarem-se as instâncias da justiça desportiva, regulada em lei". Não obstante, para evitar que o assunto fique pendente por muito tempo na justiça desportiva (que é administrativa, não integrando o Judiciário), o § 2º do mesmo artigo dispõe que: "A justiça desportiva terá o prazo máximo de sessenta dias, contados da instauração do processo, para proferir decisão final".

Dessa forma, como vimos, a inafastabilidade do controle jurisdicional não constitui um direito absoluto (como todos os demais), na medida em que a própria Constituição estabelece, no caso da justiça desportiva, a necessidade do esgotamento das vias administrativas, salvo quando a justiça desportiva não julgar a questão no prazo de sessenta dias.

Embora se trate de uma limitação constitucional (criada pelo poder originário) à inafastabilidade do controle jurisdicional, é oportuno frisar que se trata de uma restrição tênue e temporária, como disse o STF: "o próprio legislador constituinte de 1988 limitou a condição de ter-se o exaurimento da fase administrativa, para chegar-se à formalização do pleito no Judiciário. Fê-lo no tocante ao desporto no § 1º do art. 217. Vale dizer que, sob o ângulo constitucional, o livre acesso ao Judiciário sofre uma mitigação e, aí, consubstanciando o preceito respectivo exceção, cabe tão só o empréstimo de interpretação estrita. Destarte, a necessidade de esgotamento na fase administrativa está jungida ao desporto e, mesmo assim, tratando-se de controvérsia a envolver a disciplina e competições, sendo que a chamada justiça desportiva há de atuar dentro do prazo máximo de sessenta dias, contados da formalização do processo, proferindo, então, decisão final – § 2º do art. 217 da CF" (ADI 2.139 MC e ADI 2.160 MC, voto do rel. p/ o ac. Min. Marco Aurélio, j. 13-5-2009).

E não é a única limitação. A Lei de Arbitragem (Lei n. 9.307/96), no seu art. 33, afirma que "A parte interessada poderá pleitear ao órgão do Poder Judiciário competente a declaração de nulidade da sentença arbitral, nos casos previstos nesta Lei". Dessa forma, não poderá a parte sucumbente em um processo arbitral recorrer ao Judiciário para questionar o mérito da sentença arbitral. Não seria inconstitucional essa limitação? O Supremo Tribunal Federal entendeu constitucional, já que o processo arbitral foi escolha da parte e versa sobre direitos disponíveis: "Lei de Arbitragem (Lei n. 9.307/96): constitucionalidade, em tese, do juízo arbitral; discussão incidental da constitucionalidade de vários dos tópicos da nova lei, especialmente acerca da compatibilidade, ou não, entre a execução judicial específica para a solução de futuros conflitos da cláusula compromissória e a garantia constitucional da universalidade da jurisdição do Poder Judiciário (CF, art. 5º, XXXV). Constitucionalidade declarada pelo Plenário, considerando o Tribunal, por maioria de votos, que a manifestação de vontade da parte na cláusula compromissória, quando da celebração do contrato, e a permissão legal dada ao juiz para que substitua a vontade da parte recalcitrante em firmar o compromisso não ofendem o art. 5º, XXXV, da CF" (SE 5.206 AgR, rel. Min. Sepúlveda Pertence, Tribunal Pleno, j. 12-12-2001).

Outrossim, para se impetrar *habeas data*, é necessária a negativa ou demora na via administrativa. É o que determina o art. 8º da Lei n. 9.507/97 e também a Súmula 2 do STJ: "não cabe o *habeas data* (CF, art. 5º, LXXII, letra 'a') se não houver recusa de informações por parte da autoridade administrativa". Trata-se de uma condição da ação (interesse de agir, no seu critério necessidade). Se não houver a negativa na via administrativa, não haverá necessidade de impetrar o *habeas data*, motivo pelo qual a Lei mencionada é absolutamente constitucional. Aliás, foi o que afirmou o Supremo Tribunal Federal no Recurso Extraordinário 631.240, relatado pelo Ministro Roberto Barroso: "a instituição de condições para o regular exercício do direito de ação é compatível com o art. 5º, XXXV, da Constituição".

14.27. DIREITO ADQUIRIDO, ATO JURÍDICO PERFEITO E COISA JULGADA (ART. 5º, XXXVI, CF)

Um dos corolários do princípio da segurança jurídica, decorrente do art. 5º, *caput*, da Constituição Federal, o art. 5º, XXXVI, dispõe que: "a lei não prejudicará o direito adquirido, o ato jurídico perfeito e a coisa julgada". Nesse sentido, o Supremo Tribunal Federal afirmou: "O postulado da segurança jurídica, enquanto expressão do Estado Democrático de Direito, mostra-se impregnado de elevado conteúdo ético, social e jurídico, projetando-se sobre as relações jurídicas, mesmo as de direito público (*RTJ* 191/922), em ordem a viabilizar a incidência desse mesmo princípio sobre comportamentos de qualquer dos Poderes ou órgãos do Estado, para que se preservem, desse modo, sem prejuízo ou surpresa para o administrado, situações já consolidadas no passado. A essencialidade do postulado da segurança jurídica e a necessidade de se respeitarem situações consolidadas no tempo, especialmente quando amparadas pela boa-fé do cidadão, representam fatores a que o Poder Judiciário não pode ficar alheio" (RE 646.313 AgR, rel. Min. Celso de Mello, 2ª Turma, j. 18-11-2014).

Ato jurídico perfeito é o ato jurídico praticado de forma regular, nos termos da lei vigente. Imaginemos um casamento celebrado na vigência do Código Civil. Mudanças supervenientes do Código Civil não mudarão o regime de bens, por exemplo. Da mesma forma, um contrato de locação feito durante a vigência da Lei de Locações, não será alterado se essa lei for posteriormente alterada. Direito adquirido é o direito já incorporado ao patrimônio da pessoa. Em outras palavras, é o direito que já pode ser exercido (ainda que a parte ainda não o tenha exercido). Por exemplo, se uma pessoa preencheu todos os requisitos legais para se aposentar, ela tem direito adquirido, ainda que não faça o respectivo requerimento junto ao setor responsável. Mudança legislativa superveniente não poderá prejudicar o direito que essa pessoa já adquiriu. Coisa julgada é a imutabilidade das decisões judiciais transitadas em julgado. Caso o magistrado tenha proferido uma decisão baseada em determinada lei, transitada em julgado essa decisão, a mudança legislativa superveniente não terá o condão de desconstituir a coisa julgada.

Ao contrário do que muitos apregoam, a presente garantia não torna imutável o ato jurídico perfeito, o direito adquirido e a coisa julgada. A garantia constitucional ora em comento visa a assegurar o direito à segurança jurídica, ou seja, é a garantia da irretroatividade da lei, impossibilitando que ela modifique o direito adquirido, o ato jurídico perfeito e a coisa julgada. Por exemplo, a coisa julgada não é imutável, já que a própria legislação brasileira admite a Ação Rescisória, no processo civil (no prazo de 2 anos), e, no processo penal, admite a Revisão Criminal (que pode ser ajuizada apenas em favor do réu, e não tem prazo para ser ajuizada). Se a coisa julgada fosse constitucionalmente imutável, essas duas ações seriam inconstitucionais (e não são).

Outrossim, o princípio da irretroatividade da lei é atenuado por conta da retroatividade penal benéfica (a lei penal poderá retroagir para casos anteriores, quando for mais benéfica ao réu, ainda quanto às questões já decididas e transitadas em julgado, por força do art. 5º, XL, da Constituição Federal).

Por fim, outra exceção à intangibilidade da coisa julgada foi decidida pelo STF no Recurso Extraordinário 363.889, no qual afastou a segurança jurídica da qual decorre a coisa julgada para, relativizando-a, permitir realização de exame de DNA para aferição da paternidade, em razão do princípio da busca da identidade genética, e, por consequência, a busca da felicidade que, como vimos outrora, é um princípio constitucional implícito. Segundo o STF, "deve ser relativizada a coisa julgada estabelecida em ações de investigação de paternidade em que não foi possível determinar-se a efetiva existência de vínculo genético a unir as partes, em decorrência da não realização do exame de DNA, meio de prova que pode fornecer segurança quase absoluta quanto à existência de tal vínculo" (RE 363.889/DF, rel. Min. Dias Toffoli, Tribunal Pleno, j. 2-6-2011).

Não se pode confundir direito adquirido com expectativa de direito. No primeiro, a pessoa já pode exercer o direito, caso queira, porque ele foi incorporado ao seu patrimônio. No segundo caso, ainda não foram preenchidos os requisitos para o exercício do direito, quando a lei foi alterada. Por exemplo, depois de ter alcançado 90% do tempo destinado a se aposentar, a pessoa se surpreende com a alteração legislativa, que aumenta o tempo necessário. Nesse caso, não tem a pessoa direito adquirido, mas expectativa de direito, e, por isso, a nova lei será aplicada a ela.

Segundo o Supremo Tribunal Federal, a coisa julgada poderá ser desconstituída, por meio de ação própria, quando, no futuro, houver decisão de inconstitucionalidade sobre a norma na qual se baseou a decisão judicial transitada em julgado. Trata-se do fenômeno da coisa julgada inconstitucional, que analisamos no capítulo reservado ao controle de constitucionalidade, para o qual remetemos o leitor. Segundo o STF: "a decisão do STF declarando a constitucionalidade ou a inconstitucionalidade de preceito normativo não produz a automática reforma ou rescisão das sentenças anteriores que tenham adotado entendimento diferente; para que tal ocorra, será indispensável a interposição do recurso próprio ou, se for o caso, a propositura da ação rescisória própria, nos termos do art. 485, V, do CPC, observado o respectivo prazo decadencial (CPC, art. 495). Ressalva-se desse entendimento, quanto à indispensabilidade da ação rescisória, a questão relacionada à execução de efeitos futuros da sentença proferida em caso concreto sobre relações jurídicas de trato continuado" (RE 730.462, rel. Min. Teori Zavascki, Tribunal Pleno, j. 28-5-2015).

Em capítulo anterior, no início desta obra, fizemos uma indagação: qual o grau de eficácia retroativa da Constituição diante de direitos adquiridos? Pode a norma constitucional desconstituir direitos adquiridos?

Como vimos anteriormente, é francamente majoritário o entendimento de que os direitos adquiridos podem ser atingidos por normas constitucionais originárias (fruto do poder constituinte originário). Segundo a doutrina, "no momento constituinte originário, nenhum instituto da ordem jurídica então em vigor está ao resguardo de mudanças e modificações, pois o poder originário não se compadece com o regime anterior, comprometido que está, somente, com a imposição de uma nova ordem constitucional e, consequentemente, jurídica, isto é, a nova ideia de Direito. É nessa perspectiva que ganha sentido a afirmação de que não há direito adquirido contra a Constituição, isto é, apenas o poder constituinte originário, que sofre limitações tão somente de ordem política, tem o condão de desconstituir situações consolidadas sob a égide do ordenamento jurídico anterior"[167].

---

167. Carlos Antonio de Almeida Melo. A Constituição originária, a Constituição derivada e o direito adquirido: considerações, limites e possibilidades, p. 105.

Por sua vez, é bastante polêmica a possibilidade de uma norma constitucional fruto do poder constituinte derivado (uma Emenda Constitucional) retroagir para desconstituir direitos que foram adquiridos antes de sua entrada em vigor. Duas são as posições: a) a garantia do direito adquirido refere-se apenas ao legislador ordinário, não obstando a ação do constituinte derivado, no ato de reforma da Constituição. Dizer o contrário seria tornar o ordenamento jurídico "engessado", perenizando injustiças, privilégios, que podem ser detectados pelo constituinte derivado; b) a garantia do direito adquirido também foi concebida em face do legislador constitucional, que, além de não poder suprimir esse dispositivo (art. 5º, XXXVI, CF), por se tratar de cláusula pétrea, não poderia editar uma Emenda Constitucional que violasse qualquer direito adquirido[168].

O Supremo Tribunal Federal, na maior parte de suas decisões sobre o tema, inclina-se à primeira posição: os direitos adquiridos não prevalecem sobre as normas constitucionais, sejam elas fruto do poder constituinte originário, sejam fruto do poder constituinte derivado.

Por exemplo, no RE 94.414, decidiu o STF: "É firme a jurisprudência desta Corte – assim, por exemplo, já se decidiu nos REs 90.391 e 100.144, o primeiro do Plenário e o segundo desta Segunda Turma – no sentido de que, ainda com referência à relação de trabalho regida pela CLT, não há direito adquirido contra texto constitucional resultante do Poder Constituinte originário ou do Poder Constituinte derivado. As normas constitucionais se aplicam de imediato, sem que se possa invocar contra elas a figura do direito adquirido. Mesmo nas Constituições que vedam ao legislador ordinário a edição de leis retroativas, declarando que a lei nova não prejudicará o direito adquirido, o ato jurídico perfeito e a coisa julgada, esse preceito se dirige apenas ao legislador ordinário, e não ao constituinte, seja ele originário, seja ele derivado" (RE 94414/SP, rel. Min. Moreira Alves, Tribunal Pleno, j. 13-2-1985).

Outrossim, o Supremo Tribunal Federal firmou o entendimento de que não há direito adquirido a regime jurídico de institutos de direito, concluindo que os direitos adquiridos podem ser alterados pelo legislador superveniente. Foi o que decidiu o STF no Recurso Extraordinário 116.683, relatado pelo Min. Celso de Mello: "A Administração Pública, observados os limites ditados pela Constituição Federal, atua de modo discricionário ao instituir o regime jurídico de seus agentes e ao elaborar novos Planos de Carreira, não podendo o servidor a ela estatutariamente vinculado invocar direito adquirido para reivindicar enquadramento diverso daquele determinado pelo Poder Público, com fundamento em norma de caráter legal" (RE 116.683, rel. Min. Celso de Mello, 1ª Turma, j. 11-6-1991).

Por fim, como dissemos outrora, não pode ser invocada a garantia da intangibilidade do direito adquirido para manutenção de privilégios irrazoáveis, já que o direito constitucional não é absoluto, mas relativo. Não obstante, tal visão não é uníssona na doutrina. Em sentido diametralmente oposto, Uadi Lammêgo Bulos afirma que, "certamente, o pensamento preto-

---

168. Defendendo essa segunda posição, Carlos Antonio de Almeida Melo afirma: "Efetivamente não há direito adquirido contra a Constituição originária, pois, como visto, sua inicialidade inaugura uma nova ideia de direito e um novo ordenamento jurídico. Entretanto, cabe direito adquirido contra emendas constitucionais que desbordem os limites materiais estabelecidos no art. 60, § 4º, inciso IV. Ou, nas abalizadas palavras de Raul Machado Horta: 'O Poder Constituinte Originário poderá, em tese, suprimir o direito adquirido, de modo geral incluindo nessa supressão a regra que veda a lei prejudicial ao direito adquirido. No caso do Poder Constituinte de revisão, será questionável a emenda que propuser a supressão do direito adquirido assegurado pelo constituinte originário. A emenda ficará exposta à arguição de inconstitucionalidade. Por outro lado, à emenda constitucional é vedado, por cláusula expressa na Constituição, propor a abolição do princípio que protege o direito adquirido contra a lei prejudicial a ele'" (op. cit., p. 114).

riano destruiu a garantia do direito adquirido, relativizando conquistas alcançadas e incorporadas, em definitivo, ao patrimônio do povo brasileiro"[169].

14.28. PRINCÍPIOS CONSTITUCIONAIS DO PROCESSO (ART. 5º, XXXVII, XXXVIII, LIV A LX, CF)

a) A "publicização"[170] do processo

O Direito Processual pode ser considerado uma ciência relativamente nova. Isso porque sua autonomia só foi reconhecida em meados do século XIX. Antes disso, não se vislumbrava qualquer diferença entre direito material e direito processual. Tanto é verdade que a ação não era tida como autônoma, mas sim "um direto novo nascido da violação do direito subjetivo, enquanto um *slogan* francês proclamava que ela é o próprio direito, encouraçado e armado para a guerra"[171]. Não obstante, percebeu-se que o direito material é diverso do direito processual, tanto que a relação de direito material (entre credor e devedor, por exemplo) é absolutamente diversa da relação de direito processual (entre autor, juiz e réu).

Além da paulatina evolução científica do processo e do aperfeiçoamento de muitos institutos processuais, grandes tendências conceituais influenciaram (e influenciam) o direito processual, desvencilhando o processo do individualismo liberal, influenciando a doutrina de todo o mundo e, em especial, a brasileira.

Uma das tendências sobreditas refere-se à publicização do processo. É extremamente oportuno ressaltar que a natureza pública do processo (em especial o processo civil) sempre foi questionada pela vetusta doutrina. Por exemplo, lembra João Batista Lopes[172] que o processo "se harmonizava com a ideologia liberal do fim do séc. XIX, que restringia os poderes do juiz no processo, uma vez que este era considerado 'coisa das partes' (*Sache der Parteien*)".

A doutrina moderna, por sua vez, refuta o caráter privatista do processo, considerando-o instrumento público de pacificação social.

E não é só: a doutrina pátria moderna percebe que o processo (seja civil, seja penal) possui natureza pública, não importando qual o objeto em discussão. Mesmo que o direito material versado no processo seja absolutamente disponível (direito de crédito, por exemplo), o processo, que é um instrumento estatal, será público, como lembra novamente o professor José Carlos Barbosa Moreira[173]: "Na verdade, não é preciso ir muito longe para perceber a inconsistência do pensamento que desvaloriza o elemento publicístico do processo civil. Nada importa que ele verse sobre matéria de direito privado, consoante pode acontecer, embora não aconteça necessariamente, em nosso ordenamento jurídico. O litígio será talvez privado, mas daí não se segue que seja igualmente privado o processo a ele relativo. Tenho consciência de estar proclamando obviedades, dignas do Conselheiro Acácio: o óbvio, entretanto, é às vezes a coisa mais difícil de enxergar com nitidez".

Nesse mesmo diapasão, entendendo como público o processo, não importando o objeto do litígio, diz José Roberto dos Santos Bedaque[174]: "Não importa, pois, a natureza da relação

---

169. Op. cit., p. 631.
170. Trata-se de neologismo utilizado no sentido de analisar cada vez mais o aspecto público do direito processual.
171. Cândido Rangel Dinamarco. *Fundamentos do Processo Civil Moderno*, v. I, p. 40.
172. *A Prova no Direito Processual Civil*, p. 5.
173. *Temas de Direito Processual*. Sétima Série, p. 13.
174. *Poderes Instrutórios do Juiz*, p. 128.

jurídica controvertida. O processo, como instrumento da atividade jurisdicional do Estado, é um só, sendo irrelevante se a matéria discutida é civil, penal, disponível ou indisponível. Tanto o direito processual civil, como o direito processual penal pertencem ao mesmo ramo do direito. O desenvolvimento dos estudos sobre a teoria geral do processo permite que se fale hoje em direito processual, disciplina que reúne elementos comuns ao processo civil, penal e trabalhista".

Assim, conclui o professor Bedaque[175]: "A doutrina moderna abandonou definitivamente a concepção privatista do direito processual, que via no processo um instrumento para a proteção do direito subjetivo e, portanto, totalmente subordinado à vontade das partes litigantes. A orientação atual, de tendência nitidamente publicista, reconhece a existência de um interesse no resultado do processo que extravasa o estreito limite das relações nele discutidas. A atuação do ordenamento jurídico interessa a toda a coletividade".

Por fim, podemos mencionar a doutrina da professora Ada Pellegrini Grinover[176], que indubitavelmente se filia à tese da publicização do processo: "O direito processual é ramo autônomo do direito, regido por princípios publicistas. Tem ele fins distintos de seu conteúdo e esses fins se confundem com os objetivos do próprio Estado, na medida em que a jurisdição é uma de suas funções. Os objetivos da jurisdição e do seu instrumento, o processo, não se colocam com vistas à parte, a seus interesses e a seus direitos subjetivos, mas em função do Estado e dos objetivos deste".

Essa tendência processual publicista teve um reforço legislativo inabalável no Brasil: a Constituição Federal de 1988. Isso porque a Magna Carta previu em vários de seus dispositivos uma série de garantias constitucionais ligadas ao processo (civil e penal). Um exemplo fortíssimo de tal fato é o tratamento constitucional dado ao contraditório. A Constituição de 1967, com a redação dada pela Emenda Constitucional de 1969, afirmava, no seu art. 153, § 16, que: "a instrução criminal será contraditória, observada a lei anterior, no relativo ao crime e à pena, salvo quando agravar a situação do réu". Vê-se, portanto, que a sobredita Magna Carta, ao tratar do contraditório, referia-se somente ao processo penal. Já a Constituição de 1988 (chamada por muitos de "Constituição Cidadã"), no art. 5º, LV, prevê expressamente que: "aos litigantes, em processo judicial ou administrativo, e aos acusados em geral são assegurados o contraditório e ampla defesa, com os meios e recursos a ela inerentes".

b) A "constitucionalização" do processo

Tendo em vista que o processo (e, de forma geral, toda a atividade estatal) tem como fim mediato a solução pacífica dos conflitos de interesse e é inspirado por princípios de natureza pública, não poderia ficar alheio ao tratamento constitucional.

E não é só: é sabido e consabido por todos que as Constituições dos países, consideradas suas leis fundamentais, têm o escopo de disciplinar, dentre outros assuntos, o exercício do poder do Estado e suas funções estatais, não ficando, pois, alheia a jurisdição. Da mesma forma, abandonando a vetusta teoria de que o processo é apenas um instrumento privatista das partes, mas sim um instrumento público de pacificação social, o tratamento constitucional se torna imperioso.

---

175. *Poderes Instrutórios do Juiz*, p. 133.
176. *A Marcha do Processo*, p. 79.

Todavia, percebe-se que a relação existente entre o processo e a Constituição não se dá de uma só maneira. Podemos dizer que a influência ocorrida entre ambos se dá de forma bilateral. Como já disse o professor Cândido Rangel Dinamarco: "A visão analítica das relações entre processo e Constituição revela ao estudioso dois sentidos vetoriais em que elas se desenvolvem, a saber: a) no sentido Constituição-processo, tem-se tutela constitucional deste e dos princípios que devem regê-lo, alçados a nível constitucional; b) no sentido processo-Constituição, a chamada jurisdição constitucional, voltada ao controle da constitucionalidade das leis e atos administrativos e à preservação de garantias oferecidas pela Constituição ('jurisdição constitucional das liberdades')"[177].

Portanto, em outras palavras, podemos dizer que o Direito Constitucional influencia por demais o processo, ao passo que também o processo influencia o regramento constitucional.

A influência do direito processual no regramento constitucional pode ser verificada através das ações de controle de constitucionalidade (com previsão de antecipação da tutela, efeitos retroativos, legitimidade, competência etc.), das ações constitucionais para defesa da liberdade (como o *habeas corpus*), para defesa de outros direitos líquidos e certos (como o mandado de segurança) etc. A esse fenômeno daremos o nome de Jurisdição Constitucional (o regramento constitucional influenciado pelo direito processual).

Em contrapartida, como vimos, o processo é igualmente influenciado e inspirado no regramento constitucional. Ora, a Constituição prevê uma série de regras ligadas à competência, à constituição dos Tribunais, ao exercício da jurisdição, como também, e principalmente, aos princípios constitucionais ligados ao processo[178].

Essa influência é tamanha, motivo pelo qual ousamos dizer que, hodiernamente, é inescusável que o processualista analise sua ciência se não tiver os olhos voltados para o regramento constitucional explícito e implícito. Estudar o processo olvidando-se da base constitucional sobre o qual ele se fundamenta é o mesmo que edificar sem se preocupar com as estruturas.

Em se tratando de processo penal, essa postura do processualista é mais relevante ainda. Isso porque, se interpretarmos isoladamente as regras previstas no Código de Processo Penal, olvidando-se do texto constitucional, cometeremos equívocos inescusáveis. Nosso Código de Processo Penal (Decreto-lei n. 3.689, de 3 de outubro de 1941) foi editado ainda sob a vigência da Carta Constitucional de 1937 (conhecida por muitos como "A Polaca") e que foi outorgada por Getúlio Vargas.

Aliás, sabe-se que a Constituição é a lei que se encontra no ápice do ordenamento jurídico, sendo o seu pressuposto de validade. Assim, o intérprete, sob pena de conferir à lei a sua invalidade, deve compatibilizá-la com a Constituição. Portanto, as regras processuais somente podem ser interpretadas de forma a não colidirem com o texto constitucional, motivo pelo qual se torna imprescindível o estudo do "direito processual constitucional".

---

177. *A Instrumentalidade do Processo*, p. 25.
178. Quanto aos princípios do processo previstos na Constituição, o estimado professor Luis Gustavo Grandinetti Castanho de Carvalho faz uma distinção: "Há uma distinção entre princípio constitucional aplicado ao Direito Processual e princípio processual-constitucional. O primeiro é um princípio da natureza política que foi primeiro inserido em Cartas Constitucionais, para, só após, ser estendido ao Direito Processual. Já o princípio processual-constitucional é justamente o oposto. É o princípio elaborado pela ciência processual e, devido a sua reconhecida importância política, passou a ocupar lugar nas Constituições Federais". *O Processo Penal em Face da Constituição*, p. 5.

Ademais, não se diga que a previsão constitucional de regras ligadas ao processo é um ato apenas simbólico ou político, sem produção relevante de efeitos jurídicos. Ora, hodiernamente, até mesmo as normas constitucionais chamadas de programáticas inegavelmente produzem efeitos jurídicos relevantes (tais como não recepcionar a legislação anterior incompatível e condicionar a legislação e os atos da administração futuros)[179].

c) Júri (art. 5º, XXXVIII, CF)

O júri foi considerado um direito fundamental e, por consequência, é cláusula pétrea, não podendo ser suprimido da Constituição. O desejo do constituinte foi estabelecer que, por certos crimes, o brasileiro tem o direito de ser julgado por seus pares, por um grupo de jurados leigos, em processo tramitando pelo Poder Judiciário. O art. 5º, XXXVIII, da Constituição Federal estabelece os seguintes princípios que regem o júri:

1) Plenitude de defesa: é mais do que a ampla defesa, consistindo na possibilidade de utilização perante os jurados de argumentos metajurídicos, como políticos, sociológicos, filosóficos e religiosos;

2) Sigilo das votações: enquanto todo o processo é público (não somente no Júri), a decisão dos sete jurados se dará numa sala secreta, apenas com a presença do magistrado, do representante do Ministério Público, dos advogados e de eventuais serventuários. Para assegurar o sigilo do voto dos jurados, o art. 487 do Código de Processo Penal, alterado pela Lei n. 11.689/2008, determina que, apurados quatro votos iguais, encerra-se a apuração.

3) Soberania dos veredictos: o Tribunal não poderá alterar a decisão dos jurados. Assim, caso os jurados considerem o réu culpado de homicídio simples, não poderá o Tribunal, em grau de recurso, absolver o réu ou condená-lo por homicídio qualificado. Doutrina e jurisprudência admitem como exceção a hipótese da revisão criminal (art. 621 e seguintes do CPP), segundo a qual o Tribunal poderia desconstituir a coisa julgada, absolvendo o réu. Isso porque, numa ponderação de interesses entre a soberania dos veredictos e a liberdade do réu, este último direito tem prevalência.

4) Competência para julgar os crimes dolosos contra a vida: os crimes dolosos contra a vida estão previstos no art. 121 e seguintes do Código Penal (homicídio, participação em suicídio, infanticídio e aborto). O júri julgará esses crimes, tanto consumados como tentados. Outrossim, por força do art. 78, I, Código de Processo Penal, o júri também julgará os crimes conexos com os dolosos contra a vida.

Por fim, segundo a Súmula Vinculante 45, "a competência constitucional do Tribunal do Júri prevalece sobre o foro por prerrogativa de função estabelecido exclusivamente pela constituição estadual". Dessa maneira, não será julgada pelo Tribunal do Júri a autoridade cuja competência esteja prevista na Constituição Federal. Por exemplo, se um deputado federal ou senador praticam crime doloso contra a vida, serão julgados pelo Supremo Tribunal Federal, nos termos do art. 53 da Constituição Federal. Todavia, se o homicídio for praticado por um

---

179. Infelizmente, encontramos na doutrina pátria resquícios da vetusta teoria de absoluta ineficácia das normas constitucionais programáticas. *Data venia*, mencionamos a lição do professor Goffredo Telles Júnior, que, depois de mencionar várias normas constitucionais programáticas, disse: "Preceitos como os que acabam de ser citados constituem proclamações de princípios, declarações programáticas. São, muitas vezes, declarações de compromissos, de metas que se quer alcançar. Mas não são autênticas normas jurídicas, porque não são autorizantes" (*Iniciação na Ciência do Direito*, p. 47).

deputado estadual, será julgado pelo Tribunal do Júri, já que a competência por prerrogativa de função do deputado estadual está prevista na Constituição Estadual. Entendemos que essa Súmula deve ser revisitada pelo STF, à luz de sua atual jurisprudência. Isso porque entende o STF que somente a Constituição Federal poderá estabelecer a competência por prerrogativa de função. Aliás, o STF declarou inconstitucional dispositivo da Constituição do Estado do Rio de Janeiro, por exemplo, que previa a competência do Tribunal de Justiça para julgar vereadores (RHC 181.895, rel. Min. Alexandre de Moraes, 1ª Turma, j. 13-6-2020).

d) Princípio do juiz natural (art. 5º, XXXVII e LIII, CF)

O princípio do juiz natural pode ser encontrado em dois incisos do art. 5º da Constituição Federal. O primeiro deles é o art. 5º, XXXVII, segundo o qual "não haverá juízo ou tribunal de exceção". Tribunal de exceção é o Tribunal criado por lei para julgar um fato específico (*ad hoc*) ou uma pessoa específica (*ad personam*). Em regra, é criado após a prática do fato delituoso. A Constituição veda o tribunal de exceção porque esse órgão jurisdicional *ad hoc* ou *ad personam* será parcial, maculando uma série de princípios constitucionais que regem o processo. Nesse sentido, já decidiu o Supremo Tribunal Federal: "O postulado do juiz natural, por encerrar uma expressiva garantia de ordem constitucional, limita, de modo subordinante, os poderes do Estado – que fica, assim, impossibilitado de instituir juízos *ad hoc* ou de criar tribunais de exceção –, ao mesmo tempo em que assegura ao acusado o direito ao processo perante autoridade competente abstratamente designada na forma da lei anterior, vedados, em consequência, os juízos *ex post facto*" (AI 177.313 AgR, rel. Min. Celso de Mello, 1ª Turma, j. 23-4-1996).

Outrossim, decidiu o STF que "o princípio do juiz natural não apenas veda a instituição de tribunais e juízos de exceção, como também impõe que as causas sejam processadas e julgadas pelo órgão jurisdicional previamente determinado a partir de critérios constitucionais de repartição taxativa de competência, excluída qualquer alternativa à discricionariedade" (HC 86.889, rel. Min. Menezes Direito, 1ª Turma, j. 20-11-2007).

Por sua vez, outro aspecto do princípio do juiz natural é a garantia do juiz constitucionalmente competente, prevista no art. 5º, LIII, da Constituição Federal, que dispõe: "ninguém será processado nem sentenciado senão pela autoridade competente".

Questiona-se qual a amplitude da palavra "competente". Qualquer tipo de incompetência processual estaria abarcado pelo art. 5º, LIII, da Constituição Federal? Dessa forma, um processo que tramita na comarca incompetente viola o princípio do juiz natural? Compartilhamos do entendimento de Ada Pellegrini Grinover e outros tantos processualistas, segundo os quais a "competência" prevista na Constituição refere-se à competência constitucional (competência de Justiça e competência por prerrogativa de função), não se estendendo a outras competências, como a territorial. Isso pode ser facilmente comprovado pelo fenômeno da prorrogação da competência, previsto nas leis processuais. Tratando-se de uma incompetência territorial, a nulidade é apenas relativa, e, caso a parte não se manifeste, haverá prorrogação da competência (o juiz que inicialmente era incompetente, torna-se competente).

Dessa maneira, caso o processo tramite na Justiça incompetente ou na Instância incompetente, será absolutamente nulo. Nesse sentido, decidiu o Supremo Tribunal Federal: "a inobservância da prerrogativa de foro conferida a deputado estadual, ainda que na fase pré-processual, torna lícitos os atos investigatórios praticados após sua diplomação" (HC 94.705, rel. Min. Ricardo Lewandowski, 1ª Turma, j. 9-6-2009).

Questiona-se se, do art. 5º, LIII, da Constituição Federal, poderíamos também extrair o princípio do promotor natural. Isso porque o art. 5º, LIII, prevê: "ninguém será processado nem sentenciado senão pela autoridade competente". Enquanto a expressão "sentenciado" estaria se referindo ao princípio do juiz natural, a palavra "processado" seria aplicável ao princípio do promotor natural.

O assunto é controvertido. O princípio do promotor natural tem o seguinte significado: não poderia o Chefe do Ministério Público (Procurador-Geral de Justiça ou Procurador-Geral da República) fazer nomeações, designações casuísticas de membros do Ministério Público para um determinado processo. Não admitir esse princípio seria permitir que o chefe do Ministério Público designasse o mais experiente de seus membros para processar qualquer pessoa malquista ou que tenha interesses contrários aos da instituição ou, muito pior, aos do Procurador-Geral.

O Supremo Tribunal Federal, no *Habeas Corpus* 67.759, admitiu a existência do princípio: "o postulado do promotor natural, que se revela imanente ao sistema constitucional brasileiro, repele, a partir da vedação de designações casuísticas efetuadas pela chefia da instituição, a figura do acusador de exceção. Esse princípio consagra uma garantia de ordem jurídica, destinada tanto a proteger o membro do Ministério Público, na medida em que lhe assegura o exercício pleno e independente do seu ofício, quanto a tutelar a própria coletividade, a quem se reconhece o direito de ver atuando, em quaisquer causas, apenas o promotor cuja intervenção se justifique a partir de critérios abstratos e predeterminados, estabelecidos em lei. A matriz constitucional desse princípio assenta-se nas cláusulas da independência funcional e da inviolabilidade dos membros da instituição" (HC 67.759/RJ, Tribunal Pleno, rel. Min. Celso de Mello, j. 6-8-1992).

Entendemos se tratar de um princípio constitucional importante, que evita, como definiu o próprio Supremo Tribunal Federal, os "acusadores de exceção". Todavia, a lei infraconstitucional atenua a aplicação desse princípio. O art. 10, IX, "f", da Lei n. 8.625/93 (LONMP – Lei Orgânica Nacional do Ministério Público) afirma que o Procurador-Geral de Justiça pode designar membros do Ministério Público para assegurar a continuidade dos serviços, em caso de vacância, afastamento temporário, ausência, impedimento ou suspeição do titular do cargo, ou com consentimento deste. Se não bastasse, o art. 24 da mesma lei afirma: "O Procurador-Geral de Justiça poderá, com a concordância do Promotor de Justiça titular, designar outro Promotor para funcionar em feito determinado, de atribuição daquele". Ora, dificilmente o membro do Ministério Público não cederia à pressão do Procurador-Geral. Dessa maneira, por conta desses dois artigos, o princípio do promotor natural ficou enormemente enfraquecido. Seria inconstitucional essa possibilidade? Infelizmente, o Supremo Tribunal Federal disse que não: "O Procurador-Geral de Justiça poderá, com a concordância do Promotor de Justiça titular, designar outro Promotor para funcionar em feito determinado, de atribuição daquele. Não violação do princípio do promotor natural" (HC 103.038, 2ª Turma, rel. Min. Joaquim Barbosa, j. 11-10-2011).

e) **Devido processo legal (art. 5º, LIV, CF)**

O devido processo legal é uma das cláusulas processuais mais difundidas em todo o mundo. Deriva do *due process of law* anglo-saxão, que por sua vez teve origem na Magna Carta de 1215 (que, na época, recebia o nome de "lei da terra", ou *law of the land*, em inglês, ou *per legem terrae*, em latim). Muitos afirmam que a tradução *due process of law* como "devido processo legal" foi infeliz, influenciada pelo positivismo, corrente majoritária em nosso país até os tempos atuais. A tradução mais adequada seria "justo processo da lei", que daria ao princípio uma carga principiológica muito maior.

Segundo o art. 5º, LIV, da Constituição Federal, "ninguém será privado da liberdade ou de seus bens sem o devido processo legal". O princípio do devido processo legal tem dois aspectos: a) processual ou *procedure due process of law*; b) material ou substantivo ou *substantive due process of law*.

Esse é o entendimento do Supremo Tribunal Federal: "abrindo o debate, deixo expresso que a Constituição de 1988 consagra o devido processo legal nos seus dois aspectos, substantivo e processual, nos incisos LIV e LV do art. 5º, respectivamente. [...] *Due process of law*, com conteúdo substantivo – *substantive due process* – constitui limite ao Poder Legislativo, no sentido de que as leis devem ser elaboradas com justiça, devem ser dotadas de razoabilidade e de racionalidade, devem guardar segundo W. Holmes, um real e substancial nexo com o objetivo que se deve atingir. Paralelamente, *due process of law*, com caráter processual – *procedural due process* – garante às pessoas um procedimento judicial justo, com direito de defesa" (ADI 1.511 MC, rel. Min. Carlos Velloso, Tribunal Pleno, 16-10-1996).

Segundo o aspecto processual, devido processo legal consiste na somatória de direitos constitucionais aplicados ao processo: contraditório, ampla defesa, juiz natural, proibição de provas ilícitas, imparcialidade do juiz, igualdade entre as partes etc. Segundo o Supremo Tribunal Federal, "o tratamento igualitário das partes é a medula do devido processo legal, descabendo, na via interpretativa, afastá-lo, elastecendo prerrogativa constitucionalmente aceitável" (HC 83.255/SP, rel. Min. Marco Aurélio, Tribunal Pleno, j. 5-11-2003).

Por sua vez, segundo o aspecto material ou substantivo (*substantive due process of law*), também conhecido como princípio da razoabilidade, todo ato do poder público que não for razoável será inconstitucional. Esse segundo aspecto do devido processo legal também é conhecido como princípio da razoabilidade (sobre ele falamos no capítulo de interpretação constitucional, para o qual remetemos o leitor).

Assim como qualquer outro direito fundamental, o devido processo legal aceita relativizações, dependendo da análise do caso concreto e dos outros direitos com ele contrapostos, como decidiu o Supremo Tribunal Federal: "as garantias do contraditório e da ampla defesa não são absolutas quando considerado o caráter de urgência do pedido liminar, podendo o relator despachar a medida antes da oitiva das partes interessadas" (MS 28.417 AgR/AP, rel. Min. Dias Toffoli, Tribunal Pleno, j. 27-2-2014).

Segundo o Supremo Tribunal Federal, o devido processo legal também se aplica aos processos administrativos: "o entendimento dessa Corte é no sentido de que o princípio do devido processo legal, de acordo com o texto constitucional, também se aplica aos processos administrativos" (AI 592.340 AgR/PR, rel. Min. Ricardo Lewandowski, 1ª Turma, j. 20-11-2007).

f) Contraditório e ampla defesa (art. 5º, LV, CF)

O art. 5º, LV, da Constituição Federal determina que "aos litigantes, em processo judicial ou administrativo, e aos acusados em geral são assegurados o contraditório e ampla defesa, com os meios e recursos a ela inerentes".

Contraditório, também chamado de audiência bilateral, é a soma da comunicação obrigatória com a reação possível. A parte, no processo judicial ou administrativo, tem o direito de ser comunicada de todos os atos processuais, em tempo hábil para que possa responder. Por sua vez, ampla defesa consiste na possibilidade de utilização de todos os meios legítimos e legais para que possa se defender de alegações contrárias e de refutar decisões judiciais adversas.

A violação do contraditório e da ampla defesa gera no processo nulidade absoluta, insanável, portanto. A Súmula 523 do Supremo Tribunal Federal afirma que, "No processo penal, a falta de defesa constitui nulidade absoluta, mas a sua deficiência só o anulará se houver prova de prejuízo para o réu". Por essa razão, em setembro de 2019, o STF anulou condenação ocorrida na "Operação Lava Jato", sob o argumento de que o acusado tem o direito de apresentar seus memoriais depois dos acusados delatores, em atenção ao princípio da ampla defesa. Segundo o STF, é "evidente a ocorrência de constrangimento ilegal. Nesse sentido, o direito fundamental ao contraditório e à ampla defesa deve permear todo o processo penal, garantindo-se sempre a possibilidade de manifestações oportunas da defesa, bem como a possibilidade de se fazer ouvir no julgamento e de oferecer, por último, os memoriais de alegações finais. Pouco importa, na espécie, a qualificação jurídica do agente acusador: Ministério Público ou corréu colaborador. (...) Inexistente dispositivo processual expresso, é evidente que, sob pena de nulidade, os réus colaboradores não podem se manifestar por último, em razão da carga acusatória que existe em suas informações" (*Informativo* n. 949, STF, HC 157.627 AgR/PR, rel. orig. Min. Edson Fachin, red. p/ ac. Min. Ricardo Lewandowski, j. 27-8-2019, 2ª Turma).

Não obstante, assim como qualquer outro direito fundamental, contraditório e ampla defesa não são absolutos, como já decidiu o Supremo Tribunal Federal: "As garantias do contraditório e da ampla defesa não são absolutas quando considerado o caráter de urgência do pedido liminar, podendo o relator despachar a medida antes da oitiva das partes interessadas (MS 28.417 AgR/AP, rel. Min. Dias Toffoli, Tribunal Pleno, j. 27-2-2014).

O princípio do contraditório e da ampla defesa são aplicáveis também no processo administrativo, por expressa previsão constitucional ("aos litigantes, em processo judicial ou administrativo"). Nesse sentido, afirmou o Supremo Tribunal Federal, na Súmula Vinculante 3: "nos processos perante o TCU asseguram-se o contraditório e a ampla defesa quando da decisão puder ressaltar anulação ou revogação de ato administrativo que beneficie o interessado, excetuada a apreciação da legalidade do ato concessão inicial de aposentadoria, reforma e pensão". Não obstante, em decisão posterior, o Tribunal esclareceu a amplitude da súmula: "os precedentes que subsidiaram a elaboração da Súmula Vinculante 3 tratam tão somente de decisões da Corte de Contas que cancelaram aposentadorias ou pensões. Em nenhum deles há referência a procedimentos de tomadas de contas. O procedimento de tomadas de contas se destina à verificação, pelo Tribunal de Contas, da regularidade da utilização das verbas públicas pelos responsáveis. Ou seja, este procedimento não envolve anulação ou revogação de um ato administrativo que beneficia o administrador público" (Rcl 6.396 AgR/DF, rel. Min. Joaquim Barbosa, Tribunal Pleno, j. 21-10-2009). Da mesma forma, decidiu o STF não poder ser aplicado no processo administrativo o "princípio da verdade sabida", quando a infração é presenciada pelo superior hierárquico, que poderia impor imediatamente uma sanção, sem a necessidade de contraditório. Decidiu o STF, na ADI 2.120, que "mesmo a imposição de sanções disciplinares pelo denominado critério da verdade sabida, ainda que concernentes a ilícitos funcionais desvestidos de maior gravidade, não dispensa a prévia audiência do servidor público interessado, sob pena de vulneração da cláusula constitucional garantidora do direito de defesa".

Não obstante, indaga-se: no processo administrativo, será obrigatória a presença de advogado? O Supremo Tribunal Federal decidiu reiteradamente que não. No Recurso Extraordinário 434.059/DF, relatado pelo Ministro Gilmar Mendes, foi decidido que, "se devidamente garantido o direito (i) à informação, (ii) à manifestação e (iii) à consideração dos argumentos manifestados, a ampla defesa foi exercida em sua plenitude, inexistindo ofensa ao art. 5º, LV, da Constituição Federal. Por si só, a ausência de advogado constituído ou de defensor dativo com habilitação não importa nulidade do processo administrativo disciplinar" (voto do Min. Gilmar Mendes). No mesmo sentido, "descabe falar em ofensa aos princípios da ampla defesa e do contraditório no fato de se considerar dispensável, no processo administrativo, a presença de advogado, cuja atuação, no âmbito judicial, é obrigatória" (RE-AgR 244.027, 1ª T., rel. Min. Ellen Gracie). Depois de reiteradas decisões nesse sentido, o Supremo Tribunal Federal editou a Súmula Vinculante 5: "A falta de defesa técnica por advogado no processo administrativo disciplinar não ofende a Constituição".

Todavia, o contraditório e a ampla defesa não são aplicados ao inquérito policial, que continua sendo inquisitivo, por se tratar de procedimento administrativo, e não de processo administrativo. Assim, caso o delegado decida realizar atos investigatórios, não será obrigado a comunicar o investigado, já que não existe contraditório e ampla defesa. Nesse sentido, decidiu o Supremo Tribunal Federal: "o inquérito policial é mera peça informativa, não suscetível de contraditório, e sua eventual irregularidade não é motivo para decretação de nulidade da ação penal" (HC 83.233, rel. Min. Nelson Jobim).

Por essa razão, tendo em vista que o inquérito policial não tem contraditório e ampla defesa, "ofende a garantia constitucional do contraditório fundar-se a condenação exclusivamente em elementos informativos do inquérito policial não ratificados em juízo" (HC 84.517, rel. Min. Sepúlveda Pertence, 1ª Turma, j. 19-10-2004).

Não obstante, o "Pacote Anticrime" (Lei n. 13.964/2019) criou uma inusitada hipótese de inquérito policial necessariamente contraditório. Nos termos do novo art. 14-A, do Código de Processo Penal, nos crimes praticados com força letal, durante o exercício profissional, de forma tentada ou consumada, por agentes de segurança pública (policiais e militares no exercício da Garantia da Lei e da Ordem), quando investigados, serão necessariamente acompanhados de um advogado. Segundo a nova lei, instaurado o inquérito policial contra esses agentes, deverão ser intimados (a lei impropriamente usa a expressão "citados") para constituir advogado em 48 horas. Caso não o façam, deverá ser intimada a corporação da qual fazem parte, para constituir advogado em 48 horas.

Da mesma forma, o STF decidiu pela desnecessidade de observância no inquérito civil dos princípios do contraditório e da ampla defesa. Outrossim, decidiu o Supremo que "descabe-se como necessário o contraditório em inquérito administrativo. O instrumento consubstancia simples sindicância visando a, se for o caso, instaurar processo administrativo no qual observado o direito de defesa" (RE 304.857, rel. Min. Marco Aurélio, 1ª Turma, j. 24-11-2009).

Não obstante, por força da Súmula Vinculante 14, "É direito do defensor, no interesse do representado, ter acesso amplo aos elementos de prova que, já documentados em procedimento investigatório realizado por órgão com competência de polícia judiciária, digam respeito ao exercício do direito de defesa".

g) Proibição de provas ilícitas (art. 5º, LVI, CF)

Primeira Constituição brasileira a tratar de tal assunto, a Constituição de 1988, no seu art. 5º, LVI, prevê que: "são inadmissíveis, no processo, as provas obtidas por meios ilícitos". A definição de provas ilícitas coube ao Código de Processo Penal, que, no seu art. 157, prevê serem as provas "obtidas em violação a normas constitucionais ou legais". Dessa maneira, se uma prova fere norma constitucional ou fere norma legal, será uma prova ilícita. Normalmente, uma prova ilícita fere tanto a Constituição como a lei. Por exemplo, uma confissão obtida mediante tortura fere a Constituição Federal (art. 5º, III) e também a lei (Lei n. 9.455/97). Da mesma forma, uma prova obtida mediante violação de domicílio também fere a Constituição (art. 5º, XI) e a lei (art. 150, CP).

Segundo o art. 5º, LVI, da Constituição Federal, as provas ilícitas são "inadmissíveis" no processo. A expressão "inadmissíveis" significa que as provas ilícitas não podem ser introduzidas no processo, e, caso sejam, deverão ser desentranhadas e destruídas. É o que determina o art. 157, *caput* e § 3º, do Código de Processo Penal, que dispõe: "são inadmissíveis, devendo ser desentranhadas do processo, as provas ilícitas..." (*caput*); "preclusa a decisão de desentranhamento da prova declarada inadmissível, esta será inutilizada por decisão judicial, facultado às partes acompanhar o incidente".

Dessa maneira, a introdução da prova ilícita no processo não gera nulidade, em regra (ao contrário da violação do contraditório, da ampla defesa ou do juiz natural). A consequência imediata da introdução da prova ilícita no processo será o desentranhamento (a retirada dos autos). Não obstante, caso a única prova do processo seja a prova ilícita, o seu desentranhamento gerará nulidade, por falta de justa causa. Portanto, não sendo a única prova do processo, esse prosseguirá validade, determinando-se, apenas, o desentranhamento da prova considerada ilícita. Segundo o STF: "a prova ilícita [...] não sendo a única mencionada na denúncia, não compromete a validade das demais provas que, por ela não contaminadas e delas não decorrentes, integram o conjunto probatório" (RHC 74.807, rel. Min. Maurício Correa, 2ª Turma, j. 22-4-1997).

Teoria importante, primeiramente acolhida pela jurisprudência brasileira e, depois, inserida na legislação brasileira (art. 157, § 1º, CPP), é a teoria dos frutos da árvore envenenada (*fruits of the poisonous tree*), que tem origem na Suprema Corte dos Estados Unidos. Segundo essa teoria, tudo o que nasce de uma prova ilícita também será ilícito. "Nos EUA o precedente que origina tal construção encontra-se no caso *Silverthorne Lumber & Co v. United States* de 1920, no qual a Suprema Corte considerou inválida uma intimação que tinha sido expedida com base numa informação obtida por meio de uma busca ilegal. A acusação não poderia usar no processo a prova obtida diretamente da busca ilegal, nem a prova obtida indiretamente por meio da intimação baseada nessa busca. Mas, se é verdade que a doutrina surge no caso acima, também é verdadeiro que a expressão '*fruits of the poisonous tree doctrine*' somente seria cunhada em outro julgamento pelo Min. Franckfurter, no caso *Nardone v. United States*, de 1937"[180].

Dessa maneira, todas as provas de derivam de uma prova inicial considerada ilícita também serão ilícitas, devendo ser desentranhadas do processo. Sobre essa teoria, já decidiu o STF: "A questão da doutrina dos frutos da árvore envenenada (*fruits of the poisonous tree*): A questão da ilicitude por derivação. Ninguém pode ser investigado, denunciado ou condenado com base, unicamente, em provas ilícitas, quer se trate de ilicitude originária, quer se cuide de ilicitude por derivação. Qualquer novo dado probatório, ainda que produzido, de modo válido, em momento subsequente, não pode apoiar-se, não pode ter fundamento causal nem derivar de prova comprometida pela mácula da ilicitude originária. A exclusão da prova originaria-

---

180. Guilherme Madeira Dezem, op. cit., p. 508.

mente ilícita – ou daquela afetada pelo vício da ilicitude por derivação – representa um dos meios mais expressivos destinados a conferir efetividade à garantia do *due process of law* e a tornar mais intensa, pelo banimento da prova ilicitamente obtida, a tutela constitucional que preserva os direitos e prerrogativas que assistem a qualquer acusado em sede processual penal. Doutrina. Precedentes [...] A doutrina da ilicitude por derivação (teoria dos 'frutos da árvore envenenada') repudia, por constitucionalmente inadmissíveis, os meios probatórios, que, não obstante produzidos, validamente, em momento ulterior, acham-se afetados, no entanto, pelo vício (gravíssimo) da ilicitude originária, que a eles se transmite, contaminando-os, por efeito de repercussão causal. Hipótese em que os novos dados probatórios somente foram conhecidos, pelo Poder Público, em razão de anterior transgressão praticada, originariamente, pelos agentes estatais, que desrespeitaram a garantia constitucional da inviolabilidade domiciliar. Revelam-se inadmissíveis, desse modo, em decorrência da ilicitude por derivação, os elementos probatórios a que os órgãos estatais somente tiveram acesso em razão da prova originariamente ilícita, obtida como resultado da transgressão, por agentes públicos, de direitos e garantias constitucionais e legais, cuja eficácia condicionante, no plano do ordenamento positivo brasileiro, traduz significativa limitação de ordem jurídica ao poder do Estado em face dos cidadãos" (HC 93.050, rel. Min. Celso de Mello, 2ª Turma, j. 10-6-2008).

Por fim, assim como outros direitos fundamentais, não se trata de um direito absoluto. Como afirma a doutrina, admitir-se-á a prova ilícita em favor do réu. Isso porque estaremos diante do conflito entre dois direitos fundamentais, entre os quais estará a liberdade de um réu inocente que, em regra, prevalece sobre outros direitos fundamentais. Segundo Guilherme Madeira, "a ampla maioria da doutrina acaba por admitir a utilização da prova ilícita favorável ao réu. Como exemplo, citamos Mirabete, Grinover, Scarance e Magalhães. Com efeito, mostra-se acertada esta posição na medida em que está em jogo valor maior que é a liberdade e a inocência do acusado, daí a manifestação de Grinover, Scarance e Magalhães no sentido de que 'além disso, quando da prova, aparentemente ilícita, for colhida pelo próprio acusado, tem-se entendido que a ilicitude é eliminada por causas legais, como a legítima defesa, que exclui a antijuridicidade'"[181]. No ano de 2019 surgiu um fato imensamente polêmico e que despertou paixões políticas (como vem ocorrendo nos últimos anos em nosso país): a descoberta, por meios ilícitos, de que o ex-juiz Sérgio Moro (juiz responsável pela "Lava Jato") se comunicava frequentemente com os procuradores, orientando-os muitas vezes, o que, nos termos do Código de Processo Penal, é causa de suspensão e, por consequência, nulidade do processo. Até o fechamento desta edição, o STF ainda não havia se pronunciado sobre a questão. Embora não se discuta a natureza ilícita das provas da chamada "Vaza Jato" (já que foram interceptados ilicitamente os aparelhos celulares dos procuradores), duas questões precisarão ser respondidas: a) serão essas provas ilícitas utilizadas em favor dos réus que foram julgados por um juiz supostamente parcial e, portanto, suspeito?; b) poderão essas provas ilícitas ser utilizadas contra os procuradores, se comprovada a prática de alguma infração penal? Segundo a posição majoritária, a resposta é afirmativa para a primeira pergunta, e negativa para a segunda. Prevalece o entendimento de que a prova ilícita pode ser utilizada em favor do réu, mas não pode ser utilizada contra ele.

Se não bastasse esse exemplo de relatividade, o próprio Código de Processo Penal admite, em duas situações, a prova ilícita por derivação. Admite-se a prova ilícita derivada "quando não evidenciado o nexo de causalidade entre umas e outras, ou quando as derivadas puderem ser

---

181. Op. cit., p. 502.

obtidas por uma fonte objeto da prova". No primeiro caso, denominado pela doutrina "nexo causal atenuado", a ligação entre a prova originalmente ilícita e a prova derivada é tão tênue que não impedirá a utilização desta última. Na segunda hipótese, impropriamente chamada pela lei de "fonte independente" (*independent source*), consiste na hipótese em que, se meios regulares de investigação iriam chegar até aquela prova, eventual prova derivada produzida antes poderá ser aceita.

h) Presunção de inocência (art. 5º, LVII, CF)

O art. 5º, LVII, da Constituição Federal prevê o princípio da presunção de inocência, ou estado de inocência, ou estado de não culpabilidade, ao afirmar que "ninguém será considerado culpado até o trânsito em julgado de sentença penal condenatória".

O direito à presunção de inocência tem expressão positiva pela primeira vez na Declaração dos Direitos do Homem e do Cidadão, de 1789: "todo homem é considerado inocente, até o momento em que, reconhecido como culpado, se julgar indispensável a sua prisão; todo o rigor desnecessário, empregado para a efetuar, deve ser severamente reprimido pela lei". Igualmente foi proclamado na Declaração Universal dos Direitos do Homem da ONU, de 1948, no seu art. 11: "ninguém será condenado à pena de ofensa tendo o direito de ser presumido inocente até provado a culpa de acordo com a Lei no processo público ele tem toda a garantia necessária para a sua defesa".

No Brasil, a primeira Constituição a admitir o princípio foi a de 1988, mesmo assim, com uma redação diferente: influenciada pelos textos fascistas italianos, em vez de dizer que o réu era inocente até decisão contrária, preferiu chamá-lo de "ainda não culpado". Seguramente, uma opção infeliz do constituinte, que não nos impede de interpretar o dispositivo da seguinte maneira: o réu é considerado inocente, até o trânsito em julgado da sentença penal condenatória.

Trata-se de um direito individual, ou liberdade pública, ou direito de primeira dimensão (segundo Karel Vasak) ou de *status* negativo (segundo Georg Jellinek). Dessa maneira, o Estado terá o dever principal de não fazer: de não considerar o réu culpado antes da sentença condenatória transitada em julgado. Dessa maneira, nos termos da Súmula 444 do Superior Tribunal de Justiça, é "vedada a utilização de inquéritos policiais e ações penais em curso para agravar a pena-base". Ora, se o réu só é considerado culpado com o trânsito em julgado da sentença penal condenatória, inquéritos e processos em andamento não podem configurar maus antecedentes, como afirma o STJ.

Outrossim, o princípio do estado de inocência é um princípio que interfere na conduta processual, no andamento do processo, já que, partindo-se do pressuposto de que o réu é inocente, o ônus de provar sua culpa será do Estado, já que o processo começa com a presunção (relativa) de que o réu é inocente. Segundo o Supremo Tribunal Federal, "Nenhuma acusação penal se presume provada. Não compete ao réu demonstrar a sua inocência. Cabe ao Ministério Público comprovar, de forma inequívoca, a culpabilidade do acusado. Já não mais prevalece, em nosso sistema de direito positivo, a regra, que, em dado momento histórico do processo político brasileiro (Estado Novo), criou, para o réu, com a falta de pudor que caracteriza os regimes autoritários, a obrigação de o acusado provar a sua própria inocência (Decreto-Lei n. 88, de 20-12-1937, art. 20, 5). Não se justifica, sem base probatória idônea, a formulação possível de qualquer juízo condenatório, que deve sempre assentar-se – para que se qualifique como ato revestido de validade ético-jurídica – em elementos de certeza, os quais, ao dissiparem ambiguidades, ao esclarecerem situações equívocas e ao desfazerem dados eivados de obscuridade, revelam-se capazes de informar, com objetividade, o órgão judiciário competente, afastando, desse modo, dúvidas razoáveis, sérias e fundadas que poderiam conduzir qualquer magistrado ou Tribunal a pronunciar o *non liquet*" (HC 73.338/RJ, rel. Min. Celso de Mello, 1ª Turma, j. 13-8-1996).

Segundo o STF, "a presunção de inocência se aplica ao processo em que se apura a prática de ato infracional, uma vez que as medidas socioeducativas, ainda que primordialmente tenham natureza pedagógica e finalidade protetiva, podem importar na compressão da liberdade do adolescente e, portanto, revestem-se de caráter sancionatório-aflitivo" (HC 122.072/SP, rel. Min. Dias Toffoli, 1ª Turma, j. 2-9-2014).

Com o advento da Lei Complementar n. 135, de 2010 (Lei da Ficha Limpa), políticos questionaram a constitucionalidade da norma que prevê a inelegibilidade em decorrência de condenação penal em segunda instância, antes do trânsito em julgado. Segundo o STF, a Lei da Ficha Limpa é constitucional: "a presunção de inocência consagrada no art. 5º, LVII da Constituição Federal deve ser reconhecida como uma regra e interpretada com o recurso da metodologia análoga a uma redução teleológica, que reaproxime o enunciado normativo da sua própria literalidade, de modo a reconduzi-la aos efeitos próprios da condenação criminal (que podem incluir a perda ou a suspensão de direitos políticos, mas não a inelegibilidade), sob pena de frustrar o propósito moralizante do art. 14, § 9º, da Constituição Federal" (ADC 29/DF, rel. Min. Luiz Fux, Tribunal Pleno, j. 16-2-2012).

O princípio da presunção de inocência não impede as prisões cautelares (flagrante, preventiva e temporária) quando presente a cautelaridade, como já decidiu o Supremo Tribunal Federal: "em face do princípio constitucional da não culpabilidade, a custódia acauteladora há de ser tomada como exceção, cumprindo interpretar os preceitos que a regem de forma estrita, reservando-a a situações em que a liberdade do acusado coloque em risco os cidadãos, especialmente aqueles prontos a colaborarem com o estado na elucidação do crime" (HC 85.455, rel. Min. Marco Aurélio, 2ª Turma, j. 8-3-2005).

i) **A relativização da presunção de inocência e a polêmica decisão do STF**

Em outubro de 2016, o Supremo Tribunal Federal, no julgamento das Ações Declaratórias de Constitucionalidade 43 e 44, ajuizadas pelo Partido Nacional Ecológico (PEN) e o Conselho Federal da Ordem dos Advogados do Brasil, decidiu que o princípio da presunção de inocência não impede o início da execução da pena após a condenação em segunda instância.

O Supremo Tribunal Federal já havia se manifestado nesse sentido quando do julgamento do HC 126.292, em fevereiro de 2016. Segundo o STF, "a execução provisória de acórdão penal condenatório proferido em grau de apelação, ainda que sujeito a recurso especial ou extraordinário, não compromete o princípio constitucional da presunção de inocência afirmado pelo artigo 5º, inciso LVII da Constituição Federal" (HC 126.292/SP, rel. Min. Teori Zavascki, Tribunal Pleno, j. 17-2-2016). A diferença é que essa decisão de fevereiro (*habeas corpus*) não tinha efeito vinculante, ao contrário da decisão de outubro, proferida no controle concentrado da constitucionalidade.

Segundo o Ministro Edson Fachin, o início da execução da pena em decorrência da condenação em segunda instância não fere a Constituição Federal, máxime porque é possível a concessão de efeito suspensivo a eventual recurso a cortes superiores. Segundo o Ministro Roberto Barroso, a presunção de inocência é um princípio, e não uma regra, podendo ser ponderado com outros princípios e valores constitucionais que têm a mesma estatura. Segundo o Ministro, "a Constituição Federal abriga valores contrapostos, que entram em tensão, como o direito à liberdade e a pretensão punitiva do Estado". O Ministro Teori Zavascki se manifestou no mesmo sentido, afirmando que "a dignidade defensiva dos acusados deve ser calibrada, em termos de processo, a partir das expectativas mínimas de justiça depositadas no sistema criminal do país" e que "o processo penal deve ser minimamente capaz de garantir a sua finalidade última de pacificação social". Já o Ministro Luiz Fux, entendendo da mesma forma, afirmou que "estamos bem preocupados com o direito fundamental do acusado e nos esquecemos do direito fundamental da sociedade, que tem a prerrogativa de ver aplicada sua ordem penal". Da mesma maneira, considerou o Ministro Gilmar Mendes, países extremamente rígidos e respeitosos com os direitos fundamentais aceitam a ideia da prisão com decisão de segundo grau. Outrossim, ressaltou que, no caso de se constatar abuso na decisão condenatória, os tribunais disporão de meios para sustar a execução antecipada, e a defesa dispõe de instrumentos como o *habeas corpus* e o recurso extraordinário com pedido de efeito suspensivo. No mesmo sentido manifestou-se a Ministra Cármen Lúcia, para a qual, se de um lado há a presunção de inocência, do outro há a necessidade de preservação do sistema e de sua confiabilidade, que é a base das instituições democráticas e que "a comunidade quer uma resposta, e quer obtê-la com uma duração razoável do processo".

Em sentido contrário, a Ministra Rosa Weber entendeu que, por força da redação constitucional, não é possível iniciar a execução da pena privativa de liberdade antes do trânsito em julgado, afirmando: "não vejo como se possa chegar a uma interpretação diversa". No mesmo sentido, o Ministro Ricardo Lewandowski, manifestando-se contrariamente à execução antecipada da pena privativa de liberdade, afirmou: "não vejo como fazer uma interpretação contrária a esse dispositivo tão taxativo". Enfaticamente contrário à tese da execução provisória, o Ministro Celso de Mello afirmou que a nova posição "reflete preocupante inflexão hermenêutica de índole regressista no plano sensível dos direitos e garantias individuais, retardando o avanço de uma agenda judiciaria concretizadora das liberdades fundamentais. [...] Que se reforme o sistema processual, que se confira mais racionalidade ao modelo recursal, mas sem golpear um dos direitos fundamentais a que fazem jus os cidadãos de uma república".

Por sua vez, o Ministro Dias Toffoli adotou uma posição intermediária. Para ele, a execução da pena fica suspensa com a pendência do recurso especial ao STJ, mas não de recurso extraordinário para o STF. Para fundamentar sua decisão, sustentou que a instituição do requisito da repercussão geral dificultou a admissão de recurso extraordinário em matéria penal, que tende a tratar de tema de natureza individual e não de natureza geral, ao contrário do recurso especial, que abrange situações mais comuns de conflito de entendimento entre tribunais.

Consta da ementa do referido julgado: "Declaração de constitucionalidade do artigo 283 do Código de Processo Penal, com interpretação conforme à Constituição, assentando que é coerente com a Constituição o principiar de execução criminal quando houver condenação assentada em segundo grau de jurisdição, salvo atribuição expressa de efeito suspensivo ao recurso cabível" (ADC 43 MC/DF – rel. Min. Marco Aurélio, relator p/ acórdão: Min. Edson Fachin, Tribunal Pleno, j. 5-10-2016).

Em 2019, o STF entendeu que esse mesmo entendimento se aplica às penas restritivas de direitos, ou seja, também é possível iniciar a execução de penas restritivas de direitos em decorrência de condenação em 2ª instância. "Especificamente quanto às penas restritivas de direitos, o relator asseverou que , em diversos julgados, a Primeira Turma e vários ministros do

STF, até mesmo os integrantes da Segunda Turma, reconheceram não estar a possibilidade de execução restrita às hipóteses de reprimendas privativas de liberdade" (*Informativo* 943, RE 1.174.999/RJ, rel Min. Edson Fachin, j. 4-6-2019).

Já em novembro de 2019, o STF mudou seu entendimento acerca da prisão em segunda instância, ao julgar as ADCs 43, 44 e 54. O STF decidiu que a pena só poderá ser executada a partir da condenação penal transitada em julgado (o que não impede a prisão dos réus recorrentes, se presentes os requisitos da prisão preventiva). Votaram a favor desse entendimento os ministros Marco Aurélio (relator), Rosa Weber, Ricardo Lewandowski, Gilmar Mendes, Celso de Mello e Dias Toffoli. Para a corrente vencedora, o art, 283 do Código de Processo Penal, segundo o qual "ninguém poderá ser preso senão em flagrante delito ou por ordem escrita e fundamentada da autoridade judiciária competente, em decorrência de sentença condenatória transitada em julgado ou, no curso da investigação ou do processo, em virtude de prisão temporária ou prisão preventiva", está de acordo com o princípio da presunção de inocência, garantia prevista no art. 5º, LVII, da Constituição Federal. Ficaram vencidos os ministros Alexandre de Moraes, Edson Fachin, Luís Roberto Barroso, Luiz Fux e Cármen Lúcia, que entenderam que a execução da pena após a condenação em segunda instância não viola o princípio da presunção de inocência.

i.1) Nossa posição acerca da relativização da presunção de inocência

Como já nos manifestamos ao longo de todo este capítulo, nenhum direito é absoluto, por duas razões: a) se um direito fundamental é tido como absoluto, todo e qualquer outro direito, por mais relevante que seja, se a ele estiver um dia contraposto, será desprezado, violado, vergastado; b) sempre (ou quase sempre) que se afirma que um direito é absoluto, o titular desse direito tende a dele abusar, violando outros direitos fundamentais. Exemplo irrefutável é o do ex-senador do Distrito Federal Luiz Estêvão. Condenado a 31 anos de prisão, em 2006, pelos crimes de peculato, estelionato qualificado, corrupção passiva, uso de documento falso e formação de quadrilha, interpôs 36 (trinta e seis!!!!) recursos, visando claramente procrastinar o trânsito em julgado, função que estava cumprindo habilmente por dez anos. Essa é a consequência de se considerar qualquer direito absoluto.

Estamos diante do conflito entre o princípio constitucional da presunção de inocência (art. 5º, LVII, CF) e o princípio da segurança (art. 5º, *caput*, e art. 6º, *caput*, CF). Ora, permitir que os réus interponham dezenas de recursos com o fito de adiar a execução da pena cria na sociedade uma sensação de impunidade e insegurança, na medida em que o processo penal transmitiria uma sensação de impunidade, estimulando a prática de novos crimes. Outrossim, outro valor a ser considerado é o constante no art. 3º, I, da Constituição Federal, segundo o qual um dos objetivos da República é construir uma sociedade justa. Que tipo de "justiça" é essa que permite que os mais ricos (os que têm os melhores advogados) possam interpor dezenas de recursos, enquanto os mais pobres, na maioria das vezes assistidos pela Defensoria Pública (que exerce de forma regular a defesa, e não de forma abusiva), iniciem o cumprimento da pena muito antes?

Como afirmou o Ministro Roberto Barroso, estamos diante de um princípio constitucional, que deve ser cumprido na maior intensidade possível, já que se trata de um mandamento de otimização, nas palavras de Robert Alexy. Seu cumprimento não pode ser absoluto, sob pena de macular outros direitos, igualmente relevantes e do mesmo *status* constitucional.

Não obstante, não concordávamos plenamente com a decisão anteriormente adotada pelo STF (assim como não concordamos com a atual).

Entendíamos que a posição anteriormente adotada pelo STF (que permitia, em todos os casos, a prisão em decorrência da prisão em segunda instância) estava equivocada. Naquele entendimento, o STF substituiu uma aparente regra absoluta (que impede, em qualquer situação, a prisão em decorrência de condenação em segunda instância), que ensejava claríssimas injustiças, por uma regra aparentemente absoluta também: todo réu condenado criminalmente em segunda instância automaticamente iniciaria o cumprimento da pena. É fato que havia uma exceção, pouco utilizada na prática: presentes os requisitos legais, ao recorrer para superior instância, poderia ser concedido efeito suspensivo a esse(s) recurso(s), aguardando o réu em liberdade.

Discordávamos dessa posição adotada pelo Supremo Tribunal Federal, da forma como acima descrita. Não consideramos o princípio da presunção de inocência absoluto, como expusemos. Todavia, não nos parece a melhor solução substituir um "princípio absolutamente absoluto" (transformado, pela prática argumentativa, em regra constitucional), numa "outra regra mais palatável". Em suma, o STF substituiu uma "regra indesejável" (a execução da pena somente a partir do trânsito em julgado) por uma "regra mais palatável" (a execução da pena a partir da condenação em segunda instância). Não obstante, pelo que estudamos no decorrer deste livro, essa não é a melhor solução para resolver o conflito entre princípios constitucionais. A solução deve se dar no caso concreto, de modo a sopesar os princípios conflitantes e de modo a não sacrificar demasiadamente nenhum dos dois princípios, tendo em vista que eles são "mandamentos de otimização", nas palavras de Robert Alexy.

<u>Essa seria, em nosso entender, a melhor interpretação:</u> em regra, por força do disposto no art. 5º, LVII, da Constituição Federal, a execução da pena somente pode se iniciar após o trânsito em julgado da sentença penal condenatória (eficácia máxima do princípio da presunção de inocência). Não obstante, em casos excepcionais, se for verificado o uso desmedido do direito de recorrer, o próprio Tribunal poderia, verificando tal procedimento, autorizar o início da execução da pena.

Como vimos, o conflito entre princípios constitucionais deve ser resolvido na análise do caso concreto, e não abstratamente. A solução abstrata do conflito entre princípios deve ser feita pelo legislador, e não pelo Judiciário. Cabe ao Poder Judiciário, por meio das suas decisões, exercer a "arte do bom e do justo", analisando cada caso concreto.

Por fim, é oportuno frisar que tramitam no Congresso Nacional Propostas de Emenda Constitucional, como a PEC n. 199/2019, que possibilitam a prisão em decorrência da condenação em segunda instância. Essa PEC antecipa o trânsito em julgado, transformando os Recurso Especial e Recurso Extraordinário em ações revisionais, ajuizadas após o trânsito em julgado. Aliás, originalmente, essa proposta foi sugerida pelo ex-Ministro do STF Cezar Peluso. Em texto publicado no site do STF, o ex-Ministro escreveu: "minha proposta de emenda constitucional conhecida como PEC dos Recursos ataca frontalmente dois dos mais graves, se não os dois mais graves problemas do sistema judicial brasileiro: a lentidão dos processos e a impunidade. Para tanto, altera a Constituição para acabar com a chamada 'indústria dos recursos', em que manobras protelatórias retardam o andamento dos processos e impedem a execução das sentenças judiciais. Em termos simples, o projeto estabelece o final do processo após duas decisões judiciais. O Brasil é o único país do mundo em que um processo pode percorrer quatro graus de jurisdição. [...] Pela PEC dos Recursos, os processos terminarão depois do julgamento do juiz de primeiro grau e do tribunal competente. Recursos às cortes superiores não impedirão a execução imediata das decisões dos tribunais estaduais e regionais"[182].

Entendemos ser a referida PEC constitucional, ao contrário de outras Propostas que alteravam o art. 5º, LVII, da Constituição, introduzindo uma ressalva para a prisão em decorrência da condenação em segunda instância. Ora, no nosso entender, essas últimas propostas feriam a cláusula pétrea do art. 60, § 4º, IV, da Constituição. Embora as Propostas não estivessem revogando o direito fundamental, estariam restringindo-o consideravelmente. Recordemos que a Constituição veda, no art. 60, § 4º, não apenas a proposta de emenda que extingue a cláusula pétrea, como também aquela "tendente a abolir" a referida cláusula. Não obstante, a "PEC Peluso", ou "PEC dos Recursos", que transforma os Recursos Especial e Extraordinário em Ações de Revisão, antecipando o trânsito em julgado, não tem o mesmo vício. A Constituição condiciona, para o início do cumprimento da pena privativa de liberdade, o "trânsito em julgado", mas não o define. A referida Proposta ajusta o sistema recursal brasileiro para um modelo mais justo e célere.

j) Identificação criminal (art. 5º, LVIII, CF)

Segundo o art. 5º, LVIII, da Constituição Federal, "o civilmente identificado não será submetido à identificação criminal, salvo nas hipóteses previstas em lei".

Trata-se de um direito fundamental decorrente da dignidade da pessoa humana (art. 1º, III, CF) e da vedação do tratamento degradante (art. 5º, III, CF). O constituinte considerou o procedimento de identificação criminal vexatório, motivo pelo qual, em regra, proibiu o Estado de fazê-lo, salvo nas hipóteses previstas na lei infraconstitucional.

Com o avanço da tecnologia na realização da identificação datiloscópica, questiona-se se esse direito continua sendo um "direito fundamental". Como abordamos no capítulo anterior, alguns autores defendem a tese de que, com o passar do tempo, assim como surgem novos direitos fundamentais (como o direito ao esquecimento, por exemplo), alguns direitos perderiam o seu caráter de fundamentalidade, ainda que previstos expressamente na Constituição. Como nos manifestamos no capítulo anterior, entendemos que essa posição (adotada por Daniel Sarmento, por exemplo) é muito perigosa, motivo pelo qual defendemos a tese de que, estando previsto no rol dos direitos fundamentais, por opção do poder constituinte originário, é e sempre será um direito fundamental (enquanto não sobrevier outra constituição, na qual o povo pode entender de forma diferente).

Figura 14.22 – Impressões digitais (créditos ao final do livro).

Esse direito é regulamentado pela Lei n. 12.037/2009 (Lei de Identificação Criminal), que esclarece quem é o "civilmente identificado", no que consiste a "identificação criminal" e, principalmente, quando alguém, mesmo identificado civilmente, será submetido à identificação criminal.

---

182. *Em Defesa de uma Justiça Eficiente*, p. 1.

Trata-se, portanto, de um importante exemplo de norma constitucional de eficácia contida (na expressão de José Afonso da Silva), pois, apesar de produzir todos os seus efeitos, admite a restrição por parte de norma infraconstitucional.

Segundo o art. 2º da Lei n. 12.037/2009, a identificação civil é atestada pelos seguintes documentos: a) carteira de identidade; b) carteira de trabalho; c) carteira profissional; d) passaporte; e) carteira de identificação funcional; f) outro documento público que permita a identificação do indiciado. Dessa maneira, é imperioso que o documento contenha a foto da pessoa, não servindo, por exemplo, o título de eleitor.

Segundo o art. 5º da Lei n. 12.037/2009, "a identificação criminal incluirá o processo datiloscópico e o fotográfico, que serão juntados aos autos da comunicação da prisão em flagrante, ou do inquérito policial ou outra forma de investigação".

A lei estabelece várias hipóteses de restrição do direito fundamental (hipóteses em que, mesmo que tenha sido mostrado o documento de identificação civil, o indivíduo será identificado criminalmente – art. 3º, Lei n. 12.037/2009). Dentre elas, destacamos: a) o documento apresentar rasura ou ter indício de falsificação; b) constar de registros policiais o uso de outros nomes ou diferentes qualificações; c) o estado de conservação ou a distância temporal ou da localidade de expedição do documento apresentado impossibilitar a completa identificação dos caracteres essenciais.

Por fim, por força da Lei n. 12.654/2012, que alterou a Lei de Identificação Criminal, foi introduzida uma nova e excepcional forma de identificação: a identificação genética, decorrente da coleta de material biológico. Nos termos do art. 5º, parágrafo único, da Lei de Identificação Criminal, "a identificação criminal poderá incluir a coleta de material biológico para a obtenção do perfil genético". Trata-se de uma hipótese legal de *intervenção corporal*, já que será retirado do corpo do agente, até mesmo contra sua vontade, material biológico, como sangue, saliva etc. Não obstante, por expressa previsão legal, essa identificação biológica dependerá de "despacho da autoridade judiciária competente". Isso porque o art. 5º, parágrafo único, da Lei de Identificação Criminal faz referência ao art. 3º, IV, que determina que "a identificação criminal <u>for essencial às investigações policiais, segundo despacho da autoridade judiciária competente, que decidirá de ofício ou mediante representação da autoridade policial, do Ministério Público ou da defesa</u>" (grifamos).

k) Ação penal privada subsidiária da pública (art. 5º, LIX)

Segundo o art. 5º, LIX, da Constituição Federal, "será admitida ação privada nos crimes de ação pública, se esta não for intentada no prazo legal". Trata-se da chamada ação penal privada subsidiária da pública.

Nos termos do art. 129, I, da Constituição Federal, compete privativamente ao Ministério Público promover a ação penal pública. Portanto, é da titularidade privativa do Ministério Público o direito de processar os criminosos, nos chamados crimes de ação penal pública.

Trata-se da regra geral, ou seja, em regra os crimes praticados no Brasil são de ação penal pública (o titular da ação é o Ministério Público), que deverá (e não poderá) denunciar o réu no prazo legal, em razão do princípio da obrigatoriedade (que rege essa espécie de ação penal). Raros são os exemplos em que cabe à própria vítima processar os criminosos, destacando-se o exemplo mais comum: os crimes contra a honra (calúnia, injúria e difamação), exceto as exceções legais.

Todavia, a Constituição Federal estabelece, no art. 5º, LIX, que, se o Ministério Público não ajuizar a ação penal no prazo legal, poderá a vítima fazê-lo (através de uma queixa-crime subsidiária). Em outras palavras, a mensagem da Constituição é: cabe ao Estado processar os criminosos, nos crimes de ação penal pública. Caso o Estado não o faça no prazo legal, poderá a vítima processar o criminoso.

A lei infraconstitucional regulamenta essa ação privada subsidiária. Por não se tratar de um direito absoluto, a vítima terá um prazo para ajuizar essa ação: 6 meses, a contar da inércia do Ministério Público. Findo esse prazo, a vítima não poderá mais processá-lo (mas isso não impede que o membro do Ministério Público o faça, enquanto o crime não estiver prescrito).

Esse direito está regulamentado pelo art. 100, § 3º, do Código Penal: "a ação de iniciativa privada pode intentar-se nos crimes de ação pública, se o Ministério Público não oferece denúncia no prazo legal" e pelo art. 29 do Código de Processo Penal: "será admitida ação privada nos crimes de ação pública, se esta não for intentada no prazo legal, cabendo ao Ministério Público aditar a queixa, repudiá-la e oferecer denúncia substitutiva, intervir em todos os termos do processo, fornecer elementos de prova, interpor recurso e, a todo tempo, no caso de negligência do querelante, retomar a ação como parte principal". Quanto ao prazo dessa queixa-crime subsidiária, afirma o art. 38 do CPP: "Salvo disposição em contrário, o ofendido, ou seu representante legal, decairá do direito de queixa ou de representação, se não o exercer dentro do prazo de 6 (seis) meses, contado do dia em que vier a saber quem é o autor do crime, ou, no caso do art. 29, do dia em que se esgotar o prazo para o oferecimento da denúncia".

l) **Princípio da publicidade (art. 5º, LX) e motivação das decisões judiciais (art. 93, IX, CF)**

Os princípios da publicidade e da motivação das decisões judiciais são mais do que meros princípios processuais: são princípios legitimadores da jurisdição, exercendo não apenas um papel jurídico, mas também, e principalmente, um papel político. Ao contrário do Poder Legislativo e do Poder Executivo, que retiram sua legitimidade do voto popular, renovado a cada quatro anos, a legitimidade do Poder Judiciário é retirada da Constituição Federal (que prevê o concurso público de provas e títulos e, no caso dos Tribunais Superiores, nomeações previstas igualmente na Constituição). Além dessa legitimidade inicial, a Constituição prevê esses dois princípios, que legitimam cada ato do Poder Judiciário: todos os atos serão públicos e todas as suas decisões devem ser motivadas, fundamentadas.

l.1) Publicidade

Quanto ao princípio da publicidade dos atos processuais, ele está previsto no art. 93, IX, e no art. 5º, LX, da Constituição Federal. O art. 93, IX, 1ª parte, afirma que "todos os julgamentos dos órgãos do Poder Judiciário serão públicos", enquanto o art. 5º, LX, afirma: "a lei só poderá restringir a publicidade dos atos processuais quando a defesa da intimidade ou o interesse social o exigirem".

Como se vê, a publicidade é a regra, enquanto o segredo ("segredo de justiça", que preferimos chamar de "publicidade restrita") é a exceção, que deve estar prevista em lei. Algumas leis estabelecem o "segredo de justiça", como a própria Constituição Federal, no art. 14, § 11, que trata da ação de impugnação de mandato eletivo: "a ação de impugnação de mandato tramitará em segredo de justiça, respondendo o autor, na forma da lei, temerária ou de manifesta má-

-fé". Ainda na Constituição Federal, o art. 5º, XXXVIII, prevê o sigilo das votações no Tribunal do Júri, o que, segundo o STF, é absolutamente compatível com a regra da publicidade: "Sigilo das votações (art. 5º, XXXVIII, CF) e publicidade dos julgamentos (art. 93, IX, CF). Conflito aparente de normas. Distinção entre julgamento do tribunal do júri e decisão do conselho de jurados. Manutenção pelo sistema constitucional vigente do sigilo das votações, através de disposição específica" (RE 140.975 AgR/RJ, rel. Min. Paulo Brossard, 2ª Turma, j. 26-6-1962).

Da mesma forma, o Estatuto da Criança e do Adolescente afirma que "é vedada a divulgação de atos judiciais, policiais e administrativos que digam respeito a crianças e adolescentes a que se atribua autoria de ato infracional" (art. 143). Por sua vez, segundo o art. 11 do Código de Processo Civil afirma que "todos os julgamentos dos órgãos do Poder Judiciário serão públicos, e fundamentadas todas as decisões, sob pena de nulidade", mas com a ressalva do seu parágrafo único: "nos casos de segredo de justiça, pode ser autorizada a presença somente das partes, de seus advogados, de defensores públicos ou do Ministério Público".

Por fim, o art. 93, IX, na redação dada pela Reforma do Poder Judiciário (EC 45/2004), sobre o princípio da publicidade, afirma que "todos os julgamentos dos órgãos do Poder Judiciário serão públicos [...], podendo a lei limitar a presença, em determinados atos, às próprias partes e a seus advogados, ou somente a estes, em casos nos quais a preservação do direito à intimidade do interessado no sigilo não prejudique o interesse público à informação".

A publicidade não se refere apenas às audiências e sessões, mas a todos os atos e autos do processo, como já decidiu o STF: "a publicidade assegurada constitucionalmente (art. 5º, LX, e 93, IX, da CRFB) alcança os autos do processo, e não somente as sessões e audiências, razão pela qual padece de inconstitucionalidade disposição normativa que determine abstratamente segredo de justiça em todos os processos em curso perante vara criminal" (ADI 4.414/AL, rel. Min. Luiz Fux, Tribunal Pleno, j. 31-5-2012).

Importante frisar que a publicidade processual não se aplica ao inquérito policial, que é um procedimento administrativo. Dispõe o art. 20 do Código de Processo Penal: "a autoridade assegurará no inquérito o sigilo necessário à elucidação do fato ou exigido pelo interesse da sociedade". Ora, o sigilo do inquérito policial é justificado por pelo menos duas razões: na fase de inquérito policial não há réus ou acusados, mas meros suspeitos. Publicizar a imagem dos suspeitos é violar a dignidade da pessoa, colocando em risco sua própria segurança e maculando sua intimidade. Nos termos do art. 13 da nova Lei de Abuso de Autoridade (Lei n. 13.869/2019), em se tratando de presos ou detentos, algumas espécies de publicidade podem configurar o crime de abuso de autoridade: "Constranger o preso ou o detento, mediante violência, grave ameaça ou redução de sua capacidade de resistência, a: I – exibir-se ou ter seu corpo ou parte dele exibido à curiosidade pública". Outrossim, a publicização indevida do inquérito policial pode redundar em sua ineficácia.

Não obstante, mesmo sendo sigiloso o inquérito policial, esse sigilo não se estende ao Ministério Público (já que ele exerce, nos termos do art. 129, VII, da CF, o controle externo da atividade policial), bem como ao juiz e também ao advogado, que terá acesso aos autos do inquérito policial, salvo exceções legais, previstas no art. 7º do Estatuto da OAB. O mesmo raciocínio, segundo o Supremo Tribunal Federal, é aplicado aos procedimentos investigatórios do Ministério Público: "o procedimento investigatório instaurado pelo Ministério Público deverá conter todas as peças, termos de declarações ou depoimentos, laudos periciais e demais subsídios probatórios coligidos no curso da investigação, não podendo o *parquet* sonegar, selecionar ou deixar de juntar aos autos quaisquer desses elementos de informação, cujo conteúdo, por referir-se ao objeto da apuração da ação penal, deve ser tornado acessível tanto à pessoa sob investigação quanto ao seu advogado. O regime de sigilo, sempre excepcional, eventualmente prevalece no contexto de investigação penal promovida pelo Ministério Público, não se revelará oponível ao investigado e ao advogado por este constituído, que terão direito de acesso a todos os elementos de informação que já tenham sido formalmente incorporados aos autos do respectivo procedimento investigatório" (HC 89.837/DF, rel. Min. Celso de Mello, 2ª Turma, j. 20-10-2009). De certa forma, a sobredita decisão é corolário da Súmula Vinculante 14: "é direito do defensor, no interesse do representado, ter acesso amplo aos elementos de prova que, já documentados em procedimento investigatório realizado por órgão com competência de polícia judiciaria, digam respeito ao exercício do direito de defesa'.

l.2) Motivação das decisões judiciais

O professor José Rogério Cruz e Tucci[183], em trabalho específico sobre o tema, elenca três escopos diversos da obrigatória motivação das decisões judiciais: a) um escopo de ordem subjetiva; b) um escopo de ordem técnica e c) um escopo de ordem pública.

Primeiramente, tem a sobredita garantia o escopo de amenizar o inconformismo da parte litigante sucumbente, mostrando-lhe os argumentos através dos quais se chegou ao provimento jurisdicional. Ora, sabendo-se que o Estado não tolera (com raríssimas exceções) a autotutela, trazendo para si a função de dissolver os conflitos de interesses qualificados por pretensões resistidas, deve ele mostrar às partes os motivos de sua decisão. Nas palavras de Cruz e Tucci[184], a motivação visa "persuadir a parte sucumbente, mostrando-lhe que o resultado do litígio não é fruto de sorte ou capricho, mas da verdadeira atuação da lei". Esse seria o denominado escopo de ordem subjetiva.

Outro escopo evidente da garantia da motivação das decisões judiciais é garantir ao interessado a possibilidade de interpor o recurso adequado e com os fundamentos adequados. Em outras palavras, "a garantia processual tem por escopo permitir o conhecimento das razões de decidir, possibilitando a impugnação da decisão e de seus fundamentos pela via recursal"[185]. Outrossim, no mesmo sentido, a motivação das decisões judiciais mostra-se útil para enriquecer e uniformizar a jurisprudência, auxiliando todos os operadores do Direito na diuturna arte da hermenêutica jurídica. Esses seriam, na expressão de José Rogério Cruz e Tucci, os escopos de ordem técnica.

E não é só: outro escopo de ordem técnica é possibilitar o controle vertical das decisões, no âmbito interno do próprio Judiciário. Nesse sentido, Taruffo enfatiza que, "no âmbito de uma organização judiciária que é estruturada segundo os princípios de ordem hierárquica e burocrática, a motivação assegura a possibilidade de controle vertical operado pelo juiz, que é uma exigência típica do Estado Burocrático centralizado"[186].

---
183. Op. cit., p. 21-24.
184. Op. cit., p. 22.
185. Gustavo Henrique Righi Ivahy Badaró. Vícios de Motivação da Sentença Penal: ausência de motivação, motivação contraditória, motivação implícita e motivação *per relationem*. *Revista Brasileira de Ciências Criminais*, p. 124.
186. Apud Sérgio Nojiri. O Dever de Fundamentar as Decisões Judiciais, p. 31.

Por fim, a garantia da motivação das decisões judiciais também tem um escopo de ordem pública. Este nada mais representa do que a função político-axiológica da garantia ora comentada, tendo em vista que "é através da motivação que qualquer do povo poderá controlar a legalidade da decisão, a imparcialidade do juiz, enfim, a justiça do julgamento"[187]. Ora, apenas através da motivação das decisões proferidas é que podemos verificar a imparcialidade do magistrado e a correção e a legalidade de seus atos. Aliás, é por esse motivo que, em nossa Constituição de 1988, a garantia da motivação das decisões judiciais encontra-se no capítulo destinado ao Poder Judiciário.

Assim, embora com outras palavras, poderíamos dizer que a exigência da motivação das decisões judiciais possui escopos endoprocessuais e extraprocessuais[188].

Com o advento da Constituição de 1988, a garantia da motivação das decisões judiciais passou a ter *status* constitucional. Diz o art. 93, IX, da Magna Carta: "todos os julgamentos dos órgãos do Poder Judiciário serão públicos, e fundamentadas todas as decisões, sob pena de nulidade...". Como vimos na introdução do presente trabalho, a "constitucionalização" da exigência de fundamentação das decisões judiciais encontra-se inserida na tendência de "publicização" do processo. Ora, tendo em vista ser o processo um instrumento público de pacificação social, é imperioso que as decisões nele proferidas sejam devidamente fundamentadas, atendendo aos escopos de ordem pública anteriormente vistos.

Outrossim, muitas Constituições de outros países igualmente preveem expressamente o dever de fundamentar as decisões judiciais. É o que ocorre com a Constituição italiana de 1947: "tutti i provvedimenti giurisdizionale devono essere motivati" (art. 111, § 1º).

Já a Constituição portuguesa de 1976 determina que "as decisões dos tribunais que não sejam de mero expediente serão fundamentadas na forma prevista na lei" (art. 205, § 1º). A Constituição espanhola de 1978 prevê que "las sentencias serán siempre motivadas" (art. 102, § 3º), o mesmo ocorrendo com a Constituição peruana: "la motivación escrita de las resoluciones judiciales en todas las instancias, excepto los decretos de mero trámite, con mención expressa de la ley aplicable y de los fundamentos de hecho en que se sustentam" (art. 139, § 5º).

Embora atualmente esteja sedimentada na doutrina e na jurisprudência brasileira a consequência do descumprimento da motivação das decisões judiciais (máxime porque o art. 93, IX, da Constituição Federal expressamente prevê a sanção da "nulidade") é oportuno aventar a discussão doutrinária acerca dos corolários de tão grave vício da sentença.

Isso porque, enquanto muitos afirmam que "o desrespeito a qualquer das finalidades da motivação da sentença será caracterizado como ausência de motivação e acarretará a nulidade do decisório"[189], parte da doutrina, como Taruffo[190], sustenta que, "sendo a motivação essencial ao próprio conceito de jurisdição, o vício de motivação acarreta a inexistência da sentença e não apenas a sua nulidade".

Tal discussão não possui apenas sabor acadêmico, desprovido de consequências práticas. Caso entendamos que a sentença imotivada, por ferir um dos elementos essenciais da jurisdição, inexiste, obviamente não fará coisa julgada. Destarte, para desconstituí-la não seria neces-

---

187. Gustavo Henrique Righi Ivahy Badaró, op. cit., p. 126.
188. Nomenclatura utilizada por Sérgio Nojiri, op. cit., p. 31-74 e outros.
189. Gustavo Henrique Righi Ivahy Badaró, op. cit., p. 126.
190. Apud Gustavo Henrique Righi Ivahy Badaró, op. cit., p. 126.

sária a interposição de revisão criminal ou ação rescisória. Por outro lado, caso entendamos que a sentença imotivada é nula, fará coisa julgada, podendo ser rescindida no prazo previsto em lei (em se tratando de ação rescisória) ou a qualquer momento em favor da defesa (em se tratando de revisão criminal).

Em se tratando do tema ora em questão, podemos afirmar que o vício mais grave que pode atingir a decisão judicial é a absoluta ausência de motivação. Ocorre que decisões absolutamente desprovidas de motivação, malgrado possam existir, são raras. Como lembra a doutrina: "Dificilmente um juiz proferirá uma sentença na qual não haja motivação alguma. Não se chegaria ao absurdo de proferir uma sentença contendo apenas o relatório e o dispositivo"[191].

Não se pode confundir, contudo, sentença sucinta e sentença imotivada. Aliás, a primeira delas é até mesmo permitida pela legislação pátria. Nesse sentido, decidiu o Supremo Tribunal Federal: "a falta de fundamentação não se confunde com fundamentação sucinta. Interpretação que se extrai do inciso IX do art. 93 da CF/1988" (HC 105.349 AgR/SP, rel. Min. Ayres Britto, 2ª Turma, j. 23-11-2010).

Nas palavras dos professores Nelson Nery Júnior e Rosa Maria de Andrade Nery[192], "fundamentação concisa não significa decisão lacônica, sem fundamentação. Decisão concisa é a que tem fundamentação breve, da qual constem os elementos necessários para sua fundamentação, expurgando-se dela aquilo que for supérfluo".

Não obstante, não pode ser considerada sucinta ou concisa a decisão que apenas repete a disposição constante em lei ou se utiliza de expressões lacônicas como "inexistentes os requisitos legais, indefiro"; "presente *fumus boni juris* e *periculum in mora*, defiro" etc. Decisões desse jaez são desprovidas de motivação e, portanto, nulas. Nesse sentido, decidiu o STF: "o exercício desse poder cautelar submete-se à avaliação discricionária dos juízes e tribunais que deverão, no entanto, em obséquio à exigência constitucional inscrita no art. 93, IX, da Carta Política, motivar, sempre as decisões em que apreciam o pedido de liminar a eles dirigido" (HC 70.177 MC/RJ, rel. Min. Celso de Mello, 2ª Turma, j. 6-4-1993). No mesmo sentido: "segundo a jurisprudência do STF, não basta a mera explicitação textual dos requisitos previstos pelo art. 312 do CPP, mas é indispensável a indicação de elementos concretos que demonstrem a necessidade da segregação preventiva [...] A prisão preventiva é medida excepcional que demanda a explicitação de fundamentos consistentes e individualizados com relação a cada um dos cidadãos investigados" (HC 91.514/BA, rel. Min Gilmar Mendes, 2ª Turma, j. 11-3-2008).

Outra questão alvo de sério debate doutrinário e jurisprudencial é a motivação implícita, incidente quando "os motivos que justificam a solução de uma questão servem, implicitamente, para atender à mesma finalidade em relação a outro ponto em que não foram explicitadas as razões do convencimento judicial"[193]. Em outras palavras, ocorrerá a motivação implícita quando o magistrado optar por uma linha de raciocínio que implicitamente exclui uma série de argumentos aventados. Admite-a o STF, quando afirma que "a CF não exige que o acórdão se pronuncie sobre todas as alegações deduzidas pelas partes" (HC 83.073/RJ, rel. Min. Nelson Jobim, 2ª Turma, j. 17-6-2003).

---

191. Gustavo Henrique Righi Ivahy Badaró, op. cit., p. 123.
192. Op. cit., p. 759.
193. Antonio Magalhães Gomes Filho. *A Motivação das Decisões Penais*, p. 197.

Parte da doutrina entende possível a motivação implícita. José Rogério Cruz e Tucci[194], citando Mário Guimarães, afirma que: "se o juiz acolhe um argumento suficiente para embasar a sua conclusão, não necessitará evidentemente salientar se os demais, que colimam idêntico fim, são procedentes ou não". Não obstante, embora igualmente entendamos possível a aplicação da motivação implícita, acreditamos que os seus limites devem ser traçados com muita cautela, sob pena de evitar absurdos tais como: a) o juiz que julga o mérito, "implicitamente", rejeita as preliminares; b) o juiz que profere sentença penal condenatória, "implicitamente", rejeita os álibis sustentados pela defesa etc. Nesse contexto, decidiu o STF: "a sentença que não enfrenta pedido de desclassificação formulado pela defesa ofende a CF, art. 93, IX. É *citra petita*" (HC 77.824, rel. Min. Nelson Jobim, 2ª Turma, j. 11-12-1998).

Entendemos que os dois últimos exemplos, em vez de caracterizarem motivação implícita, representam afronta clara não só ao art. 93, IX, da Constituição Federal como também ao princípio do contraditório. Isso porque, em nosso entendimento, o direito à prova é igualmente uma garantia constitucional. Aliás, na doutrina processual pátria, reconhecem a natureza constitucional do direito à prova, extraindo-o dos princípios constitucionais Barbosa Moreira, Calmon de Passos, Nelson Nery Júnior[195], José Roberto dos Santos Bedaque, dentre outros.

Realmente, não há como ver o contraditório efetivo, sem o poder de se valer dos meios de prova possíveis e aptos a influenciar o convencimento do magistrado. É por esse motivo que o professor José Roberto dos Santos Bedaque afirma que "contraditório efetivo e defesa ampla compreendem o poder conferido à parte, de se valer de todos os meios de prova possíveis e adequados à reconstrução dos fatos constitutivos, impeditivos, modificativos ou extintivos do direito afirmado"[196]. Essa é a mesma conclusão de José Carlos Barbosa Moreira[197].

Tanto é verdade que o professor Cândido Rangel Dinamarco define o contraditório como a dinâmica do pedir-alegar-provar. Segundo ele, "essa participação torna-se criticamente necessária para a defesa dos direitos em juízo"[198].

Mas não é só: a adoção clara, precisa e inegável do direito à prova como garantia do processo justo veio com a incorporação ao nosso ordenamento das garantias contidas no já mencionado Pacto Internacional sobre os Direitos Civis e Políticos de 1966[199] e na Convenção Americana sobre Direitos Humanos (Pacto de São José da Costa Rica), de 1969[200].

---

194. Op. cit., p. 20. No mesmo sentido: "Para que tais regras de lógica possam ser validamente aplicadas é necessário que haja entre as questões efetivamente resolvidas e implicitamente resolvidas uma relação de implicação necessária" (Bellavista, apud Gustavo Henrique Righi Ivahy Badaró, op. cit., p. 131).
195. Apud Antonio Magalhães Gomes Filho, op. cit., p. 80.
196. *Garantia da Amplitude de Produção Probatória*, p. 168.
197. "A garantia do contraditório significa, antes de mais nada, que a ambas as partes se hão de conceder iguais oportunidades de pleitear a produção de provas: seria manifestamente inadmissível a estruturação do procedimento por forma tal que qualquer dos litigantes ficasse impossibilitado de submeter ao juiz a indicação dos meios de prova de que pretende valer-se. Significa, a seguir, que não deve haver disparidade de critérios no deferimento ou indeferimento dessas provas pelo órgão judicial. Também significa que as partes terão as mesmas possibilidades de participar dos atos probatórios e de pronunciar-se sobre os seus resultados" (*A Garantia do Contraditório na Atividade de Instrução*, p. 232).
198. *Fundamentos do Processo Civil Moderno*, v. I, p. 127.
199. O Brasil depositou a Carta de Adesão ao referido Pacto em 24 de janeiro de 1992, após sua promulgação pelo Decreto Legislativo n. 226, de 12 de dezembro de 1991, e o seu cumprimento foi determinado pelo Decreto Presidencial n. 592, de 6 de julho de 1992 (Antônio Magalhães Gomes Filho, op. cit., p. 82).
200. O texto da mencionada Convenção foi aprovado através do Decreto Legislativo n. 27, de 26 de maio de 1992; em 25 de setembro o Brasil depositou a Carta de Adesão e pelo Decreto Presidencial n. 678, de 6 de novembro do mesmo ano, foi determinado seu integral cumprimento (Antônio Magalhães Gomes Filho, op. cit., p. 82).

Esse também é o entendimento do professor Gustavo Henrique Righi Badaró[201]: "são absolutamente nulas as inúmeras decisões que não analisam as teses levantadas pela defesa em alegações finais, sob o argumento de que, tendo sido proferida sentença condenatória, isso implica, implicitamente, repelir os argumentos defensivos".

Por fim, é imperioso o estudo da denominada motivação *per relationem*, bastante frequente hodiernamente. Ocorre a motivação *per relationem* (ou *ad relationem*) quando, nas palavras de Taruffo[202], "sobre um ponto decidido o juiz não elabora uma justificação autônoma *ad hoc*, mas se serve do reenvio à justificação contida em outra decisão" ou em outra manifestação (acrescentamos).

A aceitação da motivação *per relationem* deve ser feita com extrema cautela, como adiante se verá.

Primeiramente, verifica-se que é bastante frequente nas sentenças a menção à decisão judicial proferida em processo distinto, utilizando-a como fundamentação. Tal conduta é lícita? Obviamente que sim. Todavia, não pode ser aceita a sentença que, em vez de tecer fundamentos próprios, limita-se a citar julgados ou súmulas de tribunais superiores. Nesses casos, como lembra a doutrina, ocorre "uma forma de escamoteamento da motivação, consistente em substituir aquela que deveria ser a motivação, como justificação lógico-jurídica da decisão, pela citação de máximas ou precedentes"[203]. Ainda sobre a motivação *per relationem*, discute-se sobre a possibilidade de acórdãos que se limitam a "confirmar" as sentenças de primeiro grau. Como ressalta a doutrina, "o STF chega a aceitar a motivação *per relationem* quando o acórdão confirma a sentença de primeiro grau 'por seus próprios fundamentos', sem que tenha havido oposição de embargos de declaração: *RTJ* 67/745)"[204]. Não obstante, entendemos que o Tribunal deve sempre indicar suas razões, ainda que semelhantes às da sentença de primeira instância. Repetir o conteúdo da decisão de primeiro grau é como repelir o direito ao duplo grau de jurisdição, fato que não se amolda às tendências "publicistas" e "garantistas" do processo contemporâneo. Não parece ser essa a posição do STF, que admite tal motivação *per relationem*: "Não viola o art. 93, IX, da CF o acórdão que adota os fundamentos da sentença de primeiro grau como razão de decidir" (HC 98.814/RS, rel. Min. Ellen Gracie, 2ª Turma, 23-6-2009).

Todavia, tal hipótese de motivação *per relationem*, até hoje criticada pela doutrina, foi acolhida expressamente pela Lei n. 9.099/95, que, no seu art. 82, § 5º, afirma que, "Se a sentença for confirmada pelos próprios fundamentos, a súmula do julgamento servirá de acórdão". Segundo o STF, essa regra é constitucional: "O § 5º do art. 82 da Lei n. 9.099/95 faculta ao Colégio Recursal ao Juizado Especial a remissão aos fundamentos adotados na sentença, sem que isso implique afronta ao art. 93, IX, da CB" (HC 86.533, rel. Min. Eros Grau, 2ª Turma, j. 8-11-2005).

Poderá ocorrer motivação *per relationem* quando o julgador se referir à argumentação de uma das partes. Igualmente, nesse caso, entendemos que deve haver máxima cautela na utili-

---

201. Op. cit., p. 133.
202. Apud Antonio Magalhães Gomes Filho. *A Motivação das Decisões Penais*, p. 199.
203. Gustavo Henrique Righi Ivahy Badaró, op. cit., p. 138.
204. Ada Pellegrini Grinover et al., op. cit., p. 214. Não obstante, os mesmos autores afirmam que, nesse caso, o Tribunal somente poderá se utilizar de tal motivação, devendo "expressamente transcrever os pontos aceitos e incorporados à sentença, ao lado de outros que constituem o enunciado de sua argumentação pessoal" (p. 214).

zação de tal artifício, sob pena de ferir mortalmente o princípio da igualdade das partes. Poderá, é óbvio, haver menção aos argumentos utilizados pelas partes, desde que tais referências façam parte de um encadeamento lógico relacionado aos fatos e ao direito.

Infelizmente, tal artifício é utilizado sobejamente na justiça criminal, como lembra o professor Antonio Magalhães Gomes Filho[205]: "é preciso fazer uma referência destacada ao generalizado costume, sobretudo no juízo criminal, de se adotar como razão de decidir o conteúdo de pronunciamentos do órgão do Ministério Público. Essa prática, além de não atender à apontada exigência de legitimidade, transferindo o ônus de motivar a sujeito diverso, também pode comprometer um dos objetivos processuais da motivação, que é assegurar a imparcialidade da decisão".

Quanto a esta hipótese, a jurisprudência tende a diferenciar a utilização da argumentação do Ministério Público na fundamentação quando este atua como parte e como fiscal da lei. Poder-se-ia admitir a utilização de seus argumentos na motivação apenas na última hipótese, ou seja, quando o Ministério Público atua como *custos legis*[206]. Parece que o Supremo Tribunal Federal não impõe tantos rigores à motivação *per relationem*, admitindo-a em quaisquer casos: "Revela-se legítima e plenamente compatível com a exigência imposta pelo art. 93, IX, da Constituição da República, a utilização, por magistrados, da técnica da motivação *per relationem*, que se caracteriza pela remissão que o ato judicial expressamente faz a outras manifestações ou peças processuais existentes nos autos, mesmo as produzidas pelas partes, pelo Ministério Público ou por autoridades públicas, cujo teor indique fundamentos de fato e/ou de direito que justifiquem a decisão emanada do Poder Judiciário" (MS 25.936 ED/DF, rel. Min. Celso de Mello, Tribunal Pleno, j. 13-6-2007). No mesmo sentido, em decisão mais recente, afirmou o STF: "O Supremo Tribunal Federal tem salientado, em seu magistério jurisprudencial, a propósito da motivação `per relationem', que inocorre ausência de fundamentação quando o ato decisório – o acórdão, inclusive – reporta-se expressamente a manifestações ou a peças processuais outras, mesmo as produzidas pelo Ministério Público, desde que, nestas, se achem expostos os motivos, de fato ou de direito, justificadores da decisão judicial proferida. O acórdão, ao fazer remissão aos fundamentos fático-jurídicos expostos no parecer do Ministério Público – e ao invocá-los como expressa razão de decidir –, ajusta-se com plena fidelidade à exigência jurídico-constitucional de motivação a que estão sujeitos os atos decisórios emanados do Poder Judiciário (CF, art. 93, IX)" (ADI 416-AgR, rel. Min. Celso de Mello, Pleno, *Dje* 3-11-2014).

m) **Erro judiciário (art. 5º, LXXV, CF)**

O art. 5º, LXXV, da Constituição Federal determina que "o Estado indenizará o condenado por erro judiciário, assim como o que ficar preso além do tempo fixado na sentença".

Dessa maneira, a Constituição Federal prevê duas hipóteses de indenização, nos termos do art. 5º, LXXV: a) prisão além do tempo fixado na sentença; b) indenização por erro judiciário.

A primeira hipótese (prisão além do tempo fixado na sentença) é caso de responsabilidade objetiva do Estado, como afirma a jurisprudência: "A Constituição Federal, em seu art. 5º,

---

205. Op. cit., p. 201.
206. Ada Pellegrini Grinover et al., op. cit., p. 214.

LXXV, constitucionalizou o direito à indenização da vítima por erro judiciário, já contemplada no art. 630 do CPP, acrescentando a hipótese da prisão além do tempo devido. Trata-se de hipótese de responsabilidade objetiva do Estado, fundada no risco administrativo, do art. 37, § 6º da Lei Fundamental. A permanência do preso em cárcere por tempo superior ao determinado na sentença, além de violar cânone constitucional específico, afronta o Princípio Fundamental da República Federativa do Brasil, consistente na tutela da Dignidade Humana, centro de gravidade do direito na sua fase atual da ciência jurídica e, instrumento para a construção de uma sociedade justa e solidária. Na espécie está suficientemente demonstrada a responsabilidade objetiva do recorrente, o nexo de causalidade entre a conduta e o dano, bem como o equilíbrio na fixação do 'quantum' indenizatório pela falta objetiva do serviço público, razão pela qual o julgado não merece qualquer reparo" (TJ/RR – Apelação Cível AC 0010109070143). No mesmo sentido: "Constata-se que a autora permaneceu na prisão por tempo superior ao fixado na sentença, por mau funcionamento do sistema judiciário que deveria ter garantido sua imediata liberdade. Configurada a hipótese de responsabilidade objetiva do Estado (art. 37, § 6º da CF), sem possibilidade de escusa na inércia ou inadequada atuação da condenada na defesa de seus direitos, impõe-se a indenização prevista no art. 5º, inciso LXXV da Constituição Federal" (TJ/PR – Apelação Cível 1767026).

Como bem o faz José dos Santos Carvalho Filho, é importante distinguir atos judiciários e atos jurisdicionais. Nos primeiros (atos judiciários), "incide normalmente sobre eles a responsabilidade civil objetiva do Estado, desde que, é lógico, presentes os pressupostos de sua configuração. Enquadram-se aqui os atos de todos os órgãos de apoio administrativo e judicial do Poder Judiciário, bem como os praticados por motoristas, agentes de limpeza e conservação, escrivães, oficiais cartorários, tabeliães e, enfim, de todos aqueles que se caracterizam como agentes do Estado"[207].

Diferente tratamento é dado aos atos jurisdicionais (praticados pelos magistrados no exercício da função jurisdicional – atos processuais como despachos, decisões interlocutórias e sentenças). Segundo José dos Santos Carvalho Filho, esses atos, em princípio, são insuscetíveis de redundar na responsabilidade civil do Estado. "Eles são protegidos por dois princípios básicos. O primeiro é o da soberania do Estado: sendo atos que traduzem uma das funções estruturais do Estado, refletem o exercício da própria soberania. O segundo é o princípio da recorribilidade dos atos jurisdicionais: se um ato do juiz prejudica a parte no processo, tem ela os mecanismos recursais e até mesmo outras ações para postular a sua revisão"[208].

A primeira hipótese a ensejar o direito à indenização por erro judiciário é a conduta lesiva dolosa por parte do magistrado. Aliás, é o que diz o Código de Processo Civil de 2015, no seu art. 143: "o juiz responderá, civil e regressivamente, por perdas e danos quando: I – no exercício de suas funções, proceder com dolo ou fraude". Como lembra José dos Santos Carvalho Filho, "ninguém pode negar que o juiz é um agente do Estado. Sendo assim, não pode deixar de incidir também a regra do art. 37, § 6º, da CF, sendo, então, civilmente responsável a pessoa jurídica federativa (a União ou o Estado-membro), assegurando-lhe, porém, o direito de regresso contra o juiz. Para a compatibilização da norma do Código de Processo Civil com a Constituição, forçoso será reconhecer que o prejudicado pelo ato jurisdicional doloso terá a

---

207. *Manual de Direito Administrativo*, p. 537.
208. Op. cit., p. 538.

alternativa de propor a ação indenizatória contra o Estado ou contra o próprio juiz responsável pelo dano, ou, ainda, contra ambos, o que é admissível porque o autor terá que provar, de qualquer forma, que a conduta judicial foi consumada de forma dolosa"[209].

Se não há dúvida quanto à responsabilidade objetiva pelos atos judiciários e a responsabilidade pelo ato doloso do magistrado, a questão não é tão simples quando se trata de erro judiciário por ato culposo do magistrado (por exemplo, o juiz que decide de modo negligente, sem ter apreciado devidamente as provas processuais).

O Código de Processo Penal, ao tratar da Revisão Criminal ajuizada após o trânsito em julgado da sentença penal condenatória, no seu art. 630, afirma que "O Tribunal, se o interessado o requerer, poderá reconhecer o direito a uma justa indenização pelos prejuízos sofridos". Segundo o § 1º desse artigo, "por essa indenização, que será liquidada no juízo cível, responderá a União, se a condenação tiver sido proferida pela justiça do Distrito Federal ou de Território, ou o Estado, se o tiver sido pela respectiva justiça"[210]. O Pacto de São José da Costa Rica (que, como sabemos, é norma supralegal) apregoa no seu art. 10 que "toda pessoa tem direito de ser indenizada conforme a lei, no caso de haver sido condenada em sentença passada em julgado, por erro judiciário".

Nesse sentido, reconhecendo a indenização pelo erro judiciário, decidiu o Supremo Tribunal Federal: "Erro judiciário. Responsabilidade civil objetiva do Estado. Direito à indenização por danos morais decorrentes de condenação desconstituída em revisão criminal e de prisão preventiva. CF, art. 5º, LXXV. CPP, art. 630. O direito à indenização da vítima de erro judiciário e daquela presa além do tempo devido, previsto no art. 5º, LXXV, da Constituição, já era previsto no art. 630 do CPP, com a exceção do caso de ação penal privada e só uma hipótese de exoneração, quando para a condenação tivesse contribuído o próprio réu. A regra constitucional não veio para aditar pressupostos subjetivos à regra geral da responsabilidade fundada no risco administrativo, conforme o art. 37, § 6º, da Lei Fundamental: a partir do entendimento consolidado de que a regra geral é a irresponsabilidade civil do Estado por atos de jurisdição, estabelece que, naqueles casos, a indenização é uma garantia individual e, manifestamente, não a submete à exigência de dolo ou culpa do magistrado. O art. 5º, LXXV, da Constituição: é uma garantia, um mínimo, que nem impede a lei, nem impede eventuais construções doutrinárias que venham a reconhecer a responsabilidade do Estado em hipóteses que não a de erro judiciário stricto sensu, mas de evidente falta objetiva do serviço público da Justiça" (RE 505.393/PE, rel. Min. Sepúlveda Pertence, 1ª Turma, j. 26-6-2007).

Já no processo civil, a primeira hipótese de indenização por ato jurisdicional equivocado é o dolo ou fraude por parte do magistrado. E quanto ao erro culposo? José dos Santos Carvalho Filho posiciona-se contrariamente a essa possibilidade de indenização argumentando que "se um ato culposo do juiz, de natureza cível, possibilita a ocorrência de danos à parte, deve ela valer-se dos instrumentos recursais e administrativos para evitá-los, sendo inviável a responsabilidade civil do Estado por fatos desse tipo. A não ser assim, os juízes perderiam em muito a independência e a imparcialidade, bem como permaneceriam sempre com a insegurança de

---

209. Op. cit., p. 538.
210. O § 2º do mesmo artigo prevê duas hipóteses em que a indenização não será devida: a) se o erro ou a injustiça da condenação proceder de ato ou falta imputável ao próprio impetrante, como a confissão ou ocultação de prova em seu poder; b) se a acusação houver sido meramente privada. Nesse segundo caso (ação penal privada), deve-se verificar o grau de negligência do magistrado, já que ele é responsável pela condução do processo.

que atos judiciais de seu convencimento pudessem vir a ser considerados resultantes de culpa em sua conduta"[211].

Não obstante, o Código de Processo Civil prevê uma hipótese de indenização por erro judiciário culposo no Processo Civil: "o juiz responderá, civil e regressivamente, por perdas e danos quando: II – recusar, omitir ou retardar, sem justo motivo, providência que deva ordenar de ofício ou a requerimento da parte" (art. 143). Por sua vez, o parágrafo único do mesmo artigo afirma: "as hipóteses previstas no inciso II somente serão verificadas depois que a parte requerer ao juiz que determine a providência e o requerimento não for apreciado no prazo de 10 (dez) dias". Essa é a única hipótese, prevista no CPC, de indenização por erro judiciário culposo no processo civil.

Todavia, gostaríamos de fazer uma consideração. Como diz a doutrina, "a responsabilidade civil do Estado por danos causados aos particulares no exercício das suas funções afigura-se hoje como imperativo de uma sociedade moderna e democrática respeitadora dos direitos fundamentais dos cidadãos e regida pela Justiça e pelo Direito, o que nem sempre aconteceu"[212]. [...] O magistrado ocupa cargo público criado por lei e que se enquadra no conceito legal dessa categoria funcional. O art. 37, § 6º, da Constituição emprega o vocábulo 'agente", abrangendo todos aqueles que, a qualquer título, prestam serviços ao Estado. Realmente, em regra, concordamos que, "se o magistrado não atuou ou se omitiu intencionalmente em prejuízo da parte e se, portanto, essa atuação foi escorreita, baseada no livre convencimento e na garantia constitucional da motivação das decisões judiciais, não há como aceitar a ocorrência do malfadado erro judiciário a conceder reparação a qualquer das partes do processo, com risco de enfraquecimento do Judiciário como um todo"[213]. Todavia, entendemos que essa afirmação deve ter seus temperamentos, suas exceções: a prática de erro grosseiro (como aplicação de dispositivo de lei revogado ou disposições teratológicas). Aliás, essa possibilidade está prevista na legislação portuguesa, com o advento do Regime da Responsabilidade Civil Extracontratual do Estado e Demais Entidades Públicas, que prevê indenização por "decisões manifestamente inconstitucionais ou ilegais, ou injustificadas por erro grosseiro na apreciação dos respectivos pressupostos de fato". Embora no Brasil não haja lei expressa, como em Portugal, entendo que tal conclusão pode ser extraída diretamente do art. 5º, LXXV, CF, que se refere ao "erro judiciário" não fazendo distinção entre a decisão penal ou cível.

n) Duração razoável do processo (art. 5º, LXXVIII, CF)

O direito a um processo célere sempre integrou a noção de devido processo legal, que, por sua vez, tem origem na dignidade da pessoa humana. Disse Ruy Barbosa, na célebre "Oração aos Moços": "Mas justiça atrasada não é justiça, senão injustiça qualificada e manifesta. Por que a dilação ilegal nas mãos do julgador, contraria o direito escrito das partes, e, assim, as lesa no patrimônio, honra e liberdade. Mas sua culpa tresdobra com a terrível agravante de que o lesado não tem meio de reagir contra o delinquente poderoso, em cujas mãos jaz a sorte do litígio pendente"[214]. Segundo o Supremo Tribunal Federal, "o excesso de prazo, mesmo tratan-

---

211. Op. cit., p. 539.
212. Vitor Luís de Almeida. A responsabilidade civil do Estado por erro judiciário sob a ótica do sistema lusófono: análise nos ordenamentos jurídicos português e brasileiro.
213. Op. cit., p. 539.
214. Oração aos Moços, p. 40.

do-se de delito hediondo (ou a este equiparado) não pode ser tolerado, impondo-se ao Poder Judiciário, em obséquio aos princípios consagrados na Constituição da República, a imediata revogação da prisão cautelar do indiciado ou do réu" (HC 100.574/MG, rel. Min. Celso de Mello, 2ª Turma, j. 10-11-2009).

Esse princípio foi acrescido, por Emenda Constitucional (EC 45/2004), no inciso LXXVIII do art. 5º da Constituição Federal: "a todos, no âmbito judicial e administrativo, são assegurados a razoável duração do processo e os meios que garantam a celeridade de sua tramitação".

Marco no Direito Constitucional brasileiro, a "Reforma do Judiciário" (EC 45/2004) mostrou duas grandes preocupações do poder constituinte reformador: a) a tutela dos direitos fundamentais (previu, por exemplo, a incorporação de tratados internacionais com força de emenda constitucional – art. 5º, § 3º, CF); b) a busca por maior celeridade processual ou uma duração razoável do processo.

Além do art. 5º, LXXVIII, acima transcrito, outros dispositivos constitucionais foram criados: a) art. 93, XII, segundo o qual a atividade jurisdicional será ininterrupta, sendo vedadas férias coletivas nos juízos e tribunais de segundo grau, funcionando, nos dias em que não houver expediente forense normal, juízes em plantão permanente; b) art. 93, XIV – os servidores receberão delegação para a prática de atos de administração e atos de mero expediente sem caráter decisório; c) art. 93, XV – a distribuição de processos será imediata, em todos os graus de jurisdição; d) Súmula Vinculante, prevista no art. 103-A da CF, diminuindo o número excessivo de recursos contra decisões pacíficas no Supremo Tribunal Federal, já que, a partir de então, contra decisão que contraria súmula vinculante cabe reclamação diretamente ao STF (art. 103-A, § 3º, CF).

O princípio da duração razoável do processo demanda uma análise do caso concreto, para verificar se de fato houve ou não excesso, como já decidiu o Supremo Tribunal Federal: "o excesso de prazo não resulta de simples operação aritmética. Complexidade do processo, retardamento justificado, atos procrastinatórios da defesa e número de réus envolvidos são fatores que, analisados em conjunto ou separadamente, indicam ser, ou não, razoável o prazo para o encerramento da instrução criminal" (HC 97.461/RJ, rel. Min. Eros Grau, 2ª Turma, j. 12-5-2009). Nesse mesmo sentido: "O STF entende que a aferição de eventual excesso de prazo é de se dar em cada caso concreto, atento o julgador às peculiaridades do processo em que estiver oficiando" (HC 89.622/BA, rel. Min. Ayres Britto, 1ª Turma, j. 3-6-2008).

Segundo o Supremo Tribunal Federal, "extrapola o limite do razoável o não julgamento do recurso de apelação interposto há quase dois anos e meio. Impõe-se rever o entendimento de que o excesso de prazo deve ser computado somente até a prolação da sentença, quando há a formação da culpa. Há de se impor, também, tempo razoável para o julgamento dos recursos, notadamente porque o CPP contém previsão expressa nesse sentido" (HC 99.425/SP, rel. Min. Eros Grau, 2ª Turma, j. 15-12-2009).

Qual a consequência do excesso de prazo? No processo penal, a doutrina é clara: "verifica-se que somente há uma efetiva sanção prevista doutrinaria e jurisprudencialmente para o caso de excesso de prazo: trata-se do processo em que o réu se encontre preso. Nesta situação, a prisão que se origina legal torna-se ilegal, havendo necessidades de seu relaxamento. Contudo, não há previsão de qualquer sanção para o processo em que o réu se encontre solto e esteja a demorar além do razoável"[215].

Portanto, não há legislação expressa sobre a mora excessiva no processo penal, em caso de réu solto, ou mora no processo civil. Não obstante, parte da doutrina passa a levantar a seguinte tese: "em alguns casos, a intolerável lentidão na tramitação processual pode implicar a configuração de dano moral em favor do jurisdicionado"[216].

Segundo a Corte Europeia dos Direitos do Homem, os critérios para aferição objetiva da duração razoável do processo são: a) complexidade da matéria; b) comportamento das partes e de seus procuradores; c) atuação do órgão jurisdicional. Assim, à luz da doutrina, "se a delonga excessiva do procedimento é consequência direta e inafastável da comprovada inércia do juiz e de seus auxiliares no cumprimento de prazos legais, ou na própria falta de controle judicial do comportamento das partes e da redação de provas inúteis, tornar-se-á possível, em tese, a atribuição de responsabilidade ao Judiciário pela infringência ao direito fundamental à duração razoável do processo"[217].

14.29. PRINCÍPIOS E REGRAS PENAIS (ART. 5º, XXXIX A L, CF)

Direito Penal, nas expressões de José Frederico Marques e Von Liszt, é o conjunto das prescrições emanadas do Estado, que ligam ao crime, como fato, a pena, como consequência. Segundo o saudoso jurista paulista, "abolida que está a vingança privada, a sanção penal é hoje monopólio do Estado, pois o Direito Penal tem uma função pública, achando-se fora de seu âmbito qualquer forma de repressão privada. Só o Estado, portanto, tem o poder de punir. O particular pode vingar-se de seu ofensor, reagir contra ele, nunca porém exercer essa tarefa sancionadora"[218].

O Estado exerce, com exclusividade, o direito de punir, impondo sanção penal aos autores de infrações penais. Ora, tratando-se de uma profunda restrição do direito à liberdade de locomoção, natural seria que tema tão importante fosse tratado pela Constituição Federal, que imporá os limites da atuação estatal.

Em histórica obra (*Dei delitti e dele pene*) escrita em 1764, Cesare Bonesana, o Marquês de Beccaria, já aponta a necessidade de limitar, pela lei, o poder de punir do Estado: "Cansados de só viver no meio de temores e de encontrar inimigos por toda parte, fatigados de uma liberdade que a incerteza de conservá-la tornava inútil, sacrificaram uma parte dela para gozar do resto com mais segurança. A soma de todas essas porções de liberdade, sacrificadas assim ao

---

215. Guilherme Madeira Dezem, op. cit., p. 113.
216. Marcelo Veiga Franco. A Violação do Direito Fundamental à Razoável Duração do Processo como Hipótese de Dano Moral, p. 260.
217. Op. cit., p. 274. Prossegue o autor: "É cediço que a imputação de responsabilidade civil ao Estado (art. 37, § 6º, da CRFB) demanda o preenchimento de determinados requisitos, a saber: a) fato administrativo, assim considerado como qualquer forma de conduta, comissiva ou omissiva, legítima ou ilegítima, singular ou coletiva, atribuída ao Poder Público; b) o ano, já que não há falar em responsabilidade civil sem que a conduta haja provocado um dano, ou seja, se o dito lesado não prova que a conduta estatal lhe causou prejuízo, nenhuma reparação terá a postular; c) o nexo causal (ou relação de causalidade) entre o fato administrativo e o dano, significando que se o dano decorre de fato, de modo algum, pode ser imputado à Administração, não se poderá imputar responsabilidade civil a esta; inexistindo o fato administrativo, não haverá por consequência, o nexo causal, motivo pelo qual não se pode responsabilizar o Estado por todos os danos sofridos pelos indivíduos".
218. *Tratado de Direito Penal*, v. 1, p. 23.

bem geral, formou a soberania na nação; e aquele que foi encarregado pelas leis do depósito das liberdades e dos cuidados da administração foi proclamado o soberano do povo. Não bastava, porém, ter formado esse depósito; era preciso protegê-lo contra as usurpações de cada particular, pois tal é a tendência do homem para o despotismo, que ele procura, sem cessar, não só retirar da massa comum sua porção de liberdade, mas ainda usurpar a dos outros"[219].

Não obstante, a Constituição não trata apenas dos limites aplicáveis à imposição da pena, mas também estabelece diretrizes aplicáveis ao legislador penal e àquele que aplicará a norma penal. Segundo Gustavo Junqueira e Patrícia Vanzolini, "dos traços gerais que desenham o Estado Social e Democrático de Direito, materializados juridicamente na Carta Constitucional, extraem-se importantes diretrizes ao legislador penal, reveladas, geralmente, pelo que se usou chamar de princípios penais. Tais princípios dizem respeito aos mais variados aspectos da atividade punitiva do Estado: forma de incriminação (tais como: legalidade e irretroatividade), conteúdo da incriminação (exclusiva proteção a bens jurídicos, fragmentariedade, intervenção mínima, ofensividade etc.), possibilidade de imputação (culpabilidade e pessoalidade) e atribuição da sanção penal (individualização e humanidade)"[220].

a) Reserva legal penal (art. 5º, XXXIX, CF)

Segundo o art. 5º, XXXIX, da Constituição Federal, "não há crime sem lei anterior que o defina, nem pena sem prévia cominação legal". A maioria dos penalistas brasileiros denomina o presente princípio de "princípio da legalidade", numa clara confusão com o conteúdo amplo do art. 5º, II, da Constituição Federal. Ainda nesse capítulo, nos comentários que fizemos ao art. 5º, II, mostramos a diferença. Enquanto o princípio da legalidade é a norma genérica que submete todos (inclusive o Poder Público) à lei, o princípio da reserva legal é a exigência constitucional de que alguns assuntos devem ser tratados por lei, no seu sentido estrito. No caso, estamos diante do princípio da reserva legal.

Segundo Maurício Antonio Ribeiro Lopes, em obra específica sobre o tema, "o princípio da legalidade mais se aproxima de uma garantia constitucional do que de um direito individual, já que não tutela, especificamente, um bem da vida, mas assegura ao particular a prerrogativa de repelir as injunções que lhe sejam impostas por outra via que não seja a da lei"[221].

O sobredito princípio, segundo a maioria da doutrina, tem origem no já alardeado art. 39 da Magna Carta de 1215. Como lembram Gustavo Junqueira e Patrícia Vanzolini, "ao longo da História, a importância do princípio da legalidade teve altos e baixos. Todo retorno ao autoritarismo, em regra, traz consigo o repúdio aos limites impostos pela legalidade, como ocorreu na União das Repúblicas Socialistas Soviéticas e na Alemanha de Hitler"[222].

---

219. *Dos Delitos e das Penas*, p. 17.
220. *Manual de Direito Penal*, p. 31.
221. *Princípio da Legalidade Penal*. São Paulo: Revista dos Tribunais, 1994.
222. Op. cit., p. 32. Prosseguem os autores: "Na época em que imperava o nazismo na Alemanha, permitia-se a punição do fato que tivesse escapado à previsão do legislador, desde que justificada pelo sentimento ou pela consciência do povo (sendo certo que essa última, conforme consta na famigerada obra *Mein Kampf* – Minha luta, encontrava sua mais perfeita expressão na vontade do *Führer*). Igualmente na Rússia Soviética, os Códigos de 1922 e 1926 permitiam expressamente a analogia com o seguinte teor: 'quando algum ato socialmente perigoso não esteja expressamente previsto no presente código, o fundamento e a extensão de sua responsabilidade se determinarão em conformidade com os artigos do mesmo relativos aos delitos de índole análoga'" (p. 32-33).

O princípio da reserva legal aplicado ao Direito Penal possui alguns desdobramentos importantíssimos:

1) Exigibilidade de lei escrita (*nullum crimen, nulla poena sine lege scripta*): por expressa determinação constitucional, somente lei escrita pode definir as infrações penais. Os costumes jamais poderão incriminar uma determinada conduta, ainda que esta seja moralmente reprovada. Por exemplo, adultério e incesto, embora reprovados moralmente na sociedade brasileira, não podem ser considerados infrações penais.

2) Exigibilidade de lei no sentido estrito (*nullum crimen, nulla poena sine lege scripta*): uma das diferenças entre o princípio geral da legalidade e o princípio da reserva legal é que este último exige a edição de lei no sentido estrito, emanada do Poder Legislativo. Dessa maneira, somente lei poderá criar novas infrações penais (e não atos infralegais ou até mesmo medida provisória, por expressa previsão no art. 62 da Constituição Federal).

3) Princípio da anterioridade (*nullum crimen, nulla poena sine lege praevia*): segundo o art. 5º, XXXIX, da Constituição Federal, a lei deve ser anterior ao crime praticado, bem como à pena imposta.

4) Princípio da proibição da analogia (*nullum crimen, nulla poena sine lege stricta*): analogia consiste no uso de uma lei prevista para fato semelhante. Não se admite analogia em Direito Penal para prejudicar o réu, máxime para lhe imputar a prática de um crime prevista para fato semelhante ao que praticou. Por exemplo, a lei brasileira pune o "reingresso de estrangeiro expulso". Não é possível aplicar, por analogia, tal tipo penal ao reingresso de estrangeiro deportado ou extraditado. Não obstante, admite-se o uso da analogia para beneficiar o réu (por exemplo, para utilização de uma circunstância atenuante ou causa de diminuição de pena). Segundo o Supremo Tribunal Federal, "não pode o julgador, por analogia, estabelecer sanção sem previsão legal, ainda que para beneficiar o réu, ao argumento de que o legislador deveria ter disciplinado a situação de outra forma" (HC 92.626/RS, rel. Min. Ricardo Lewandowski, 1ª Turma, j. 25-3-2008).

Curiosamente, no ano de 2019, o STF, no julgamento da Ação Direta de Inconstitucionalidade por Omissão n. 26 (ADO 26), reconheceu a omissão do Congresso Nacional em criminalizar o preconceito contra homossexuais e transexuais e, ato contínuo, aplicou analogicamente a Lei n. 7.716/89 a tais casos, criando uma nova figura típica: o crime de homofobia ou transfobia.

Como dissemos no início deste capítulo (ao comentarmos o princípio da legalidade, para onde remetemos o leitor), por mais odiosa que seja a conduta homofóbica, merecendo a reprimenda penal, a tipificação é tarefa exclusiva do Poder Legislativo, sob pena de violação do princípio da reserva legal.

5) Princípio da taxatividade (*nullum crimen, nulla poena sine lege certa*): segundo esse princípio, não pode o legislador criar "tipos penais abertos", imprecisos, incertos, com definições vagas. Como disse outrora Von Liszt, "o Código Penal é a Magna Carta do criminoso". Deve ele, ao examinar a lei penal, saber exatamente quais são as práticas consideradas delituosas. Esse princípio é excepcionado para os tipos penais culposos, para os quais seria impossível ao legislador prever todas as condutas imprudentes, negligentes ou imperitas.

A prática de ato infracional praticada por adolescente também está sob o pálio do princípio da reserva legal, como já decidiu o STF: "A tipicidade penal, portanto não pode ser percebida como trivial exercício de adequação do fato concreto à norma abstrata. Além da correspondência formal, para configuração da tipicidade, é necessária uma análise materialmente valorativa das circunstâncias do caso concreto, no sentido de verificar a ocorrência de alguma lesão grave, contundente e penalmente relevante do bem jurídico tutelado. No caso, é de dizer-se que o fato não tem nenhuma importância na seara penal, pois, apesar de haver lesão a bem juridicamente tutelado pela norma penal, incide, na espécie, o princípio da insignificância, que reduz o âmbito de proibição aparente da tipicidade legal e, por consequência, torna atípico o fato denunciado. [...] É manifesta, a meu ver, a ausência de justa causa para a propositura da ação penal contra o ora recorrente. Com efeito, não há se subestimar a natureza subsidiária, fragmentária de que se reveste o Direito Penal, que só deve ser acionado quando os outros ramos do direito não sejam suficientes para a proteção dos bens jurídicos envolvidos" (HC 96.520-2, rel. Min. Cármen Lúcia, 1ª Turma, j. 24-3-2009).

b) Retroatividade penal benéfica (art. 5º, XL, CF)

Segundo o art. 5º, XL, da Constituição Federal, "a lei penal não retroagirá, salvo para beneficiar o réu". Trata-se de um corolário do princípio da anterioridade, previsto no inciso anterior. Ora, se a lei penal deve ser anterior ao fato praticado, é natural que, em regra, a lei penal não retroaja, ou seja, não se aplique a fatos pretéritos. Não obstante, há uma exceção: a retroatividade penal benéfica.

Assim, a lei penal retroagirá para beneficiar o réu, seja diminuindo penas, trazendo benefícios penais quanto à execução da pena, ou até mesmo transformando a conduta em fato atípico (*abolitio criminis*).

O art. 2º do Código Penal traça as diretrizes acerca da retroatividade da lei penal benéfica. Primeiramente, trata da *abolitio criminis* (a "abolição do crime"), no *caput*: "ninguém pode ser punido por fato que a lei posterior deixa de considerar crime, cessando em virtude dela a execução e os efeitos penais da sentença condenatória". Outrossim, afirmando que tal retroatividade ocorrerá mesmo após o trânsito em julgado da sentença penal condenatória, o parágrafo único do referido artigo afirma que "a lei posterior, que de qualquer modo favorecer o agente, aplica-se aos fatos anteriores, ainda que decididos por sentença condenatória transitada em julgado".

Segundo a Súmula 711 do STF, "a lei penal mais grave aplica-se ao crime continuado ou ao crime permanente, se a sua vigência é anterior à cessação da continuidade ou da permanência". Imaginemos um crime permanente, cuja consumação se prolonga no tempo: sequestro. Se esse crime se prolongar por semanas e durante esse interregno a lei penal for alterada para pior, será aplicada ao criminoso que, em tese, mesmo sabendo dos rigores da nova legislação, decidiu prosseguir na prática do crime, devendo arcar com as consequências.

Quem é competente para aplicar a *novatio legis in mellius*? Depende do momento em que entra em vigor. Se a lei penal entrar em vigor antes ou durante o inquérito policial, bem como durante o processo, caberá ao próprio juiz, de ofício ou a requerimento das partes, aplicar a nova legislação. Se o processo estiver no Tribunal, em grau de recurso, caberá ao tribunal aplicar, de ofício ou a requerimento das partes, aplicar a nova legislação. Por fim, se o réu estiver cumprindo penal, segundo a Súmula 611 do STF: "transitada em julgado a sentença condenatória, compete ao juízo das execuções a aplicação de lei mais benigna". Por sua vez, se a pena já foi cumprida, não há que se falar em retroatividade, como já decidiu o STF: "não retroatividade da lei mais benigna para alcançar a pena já cumprida" (RE 395.269 AgR, rel. Min. Gilmar Mendes, 2ª Turma, j. 10-2-2004).

c) **Crimes graves (art. 5º, XLI, XLII, XLIII, XLIV, CF)**

Os incisos XLI a XLIV do art. 5º da Constituição Federal estabelecem regras destinadas ao legislador e ao aplicador da norma penal, com relação a crimes considerados pelo constituinte como mais graves. Segundo o art. 5º, XLI, "a lei punirá qualquer discriminação atentatória dos direitos e liberdades fundamentais". Trata-se de uma determinação ao legislador infraconstitucional, que terá o dever de criminalizar as condutas consideradas atentatórias aos direitos e liberdades fundamentais.

Não obstante, o legislador terá uma série de limites principiológicos para estabelecer quais são as normas penais, dentre os quais destacamos:

1) Alteridade: somente pode ser criminalizada a conduta que viole bens jurídicos de terceiro. Assim, não poderia o legislador criminalizar o suicídio e a autolesão (desde que não seja praticada com o intuito de prejudicar terceiros, como, por exemplo, a seguradora). Com base nesse princípio, há quem defenda a inconstitucionalidade do crime de porte de drogas, que implicaria apenas lesão ao usuário da substância entorpecente.

2) Ofensividade: segundo Gustavo Junqueira e Patrícia Vanzolini, "o princípio da ofensividade, também chamado por alguns de princípio da lesividade (*nullum crimen sine injuria*), significa que não há crime sem que haja lesão ou perigo de lesão a um bem jurídico determinado. É em virtude de tal princípio que ataques desprovidos de qualquer idoneidade lesiva, mesmo que dirigidos a importantes bens jurídicos, quedam subtraídos da esfera da tutela penal)"[223]. Com base nesse princípio, já se decidiu que o porte de arma desmuniciada configura fato atípico (STF – HC 99.449, rel. Min. Ellen Gracie, 2ª Turma, j. 25-8-2009).

3) Fragmentariedade: a lei penal não criminalizará todas as lesões aos bens jurídicos, mas apenas aquelas consideradas mais graves. Por exemplo, nem toda lesão à intimidade é crime, mas apenas a violação da correspondência (art. 151, CP), violação de domicílio (art. 150, CP), invasão de dispositivo informático alheio (art. 154-A, CP) etc.

A Constituição Federal estabelece quais são os dois crimes imprescritíveis, nos incisos XLII e XLIV: "a prática do racismo constitui crime inafiançável e imprescritível, sujeito à pena de reclusão, nos termos da lei" (XLII); "constitui crime inafiançável e imprescritível a ação de grupos armados, civis ou militares, contra a ordem constitucional e o Estado Democrático". Como dissemos no comentário ao art. 5º, III, da Constituição Federal, prevalece o entendimento de que o crime de tortura não é imprescritível. Para tanto, remetemos o leitor ao início deste capítulo, para que possa relembrar as duas posições acerca do tema.

Como vimos, o art. 5º, XLIV, da Constituição prevê a "prática do racismo" como crime imprescritível. Fica a dúvida: somente o crime de racismo, previsto na Lei n. 7.716/89 é crime imprescritível ou também está abarcada a figura da "injúria racial", prevista no art. 140, § 3º, do Código Penal[224]? Recentemente, o Superior Tribunal de Justiça entendeu ser a injúria racial também um crime imprescritível. Decidiu o STJ: "A prática de racismo, portanto, constitui crime previsto em lei e sujeito às cláusulas de inafiançabilidade e imprescritibilidade (CF, art. 5º, XLII). O mesmo tratamento, tenho para mim, deve ser dado ao

---

223. Op. cit., p. 42.
224. Injúria consiste em atribuir a alguém uma qualidade negativa, ainda que verdadeira. Se, nas palavras ofensivas, o agente inclui elementos raciais, estamos diante do crime de injúria qualificada, também chamada de injúria racial, prevista no art. 140, § 3º, do Código Penal.

delito de injúria racial" (AREsp 686.965/DF, Min. Ericson Maranho, *DJ* 18-6-2015). Tal posicionamento foi confirmado pelo STF, segundo o qual "com o advento da Lei n. 9.459/97, introduzindo a denominada injúria racial, criou-se mais um delito no cenário do racismo, portanto, imprescritível" (HC 130.104/DF, rel. Min. Cármen Lúcia, j. 11-9-2015). Em 2021, o STF novamente decidiu que a prática de racismo não se resume ao crime previsto na Lei n. 7.716/89, podendo ser aplicado ao crime de injúria racial (HC 154.248, rel. Min. Edson Fachin, j. 28-10-2021).

Concordamos com esse posicionamento dos Tribunais Superiores. A Constituição Federal prevê a "prática do racismo" como crime imprescritível. O racismo pode ser praticado de várias maneiras, como aquelas previstas na Lei n. 7.716/89 e também através de ofensas injuriosas carregadas de palavras racistas.

Por fim, o art. 5º, XLIII, da Constituição Federal trata dos crimes hediondos e equiparados: "a lei considerará crimes inafiançáveis e insuscetíveis de graça ou anistia a prática da tortura, o tráfico ilícito de entorpecentes e drogas afins, o terrorismo e os definidos como crimes hediondos, por eles respondendo os mandantes, os executores e os que, podendo evitá-los, se omitirem".

Primeiramente, crimes hediondos são os previstos na legislação infraconstitucional (Lei n. 8.072/90). Além desses crimes, a própria Constituição já estabelece três crimes que se equiparam aos crimes hediondos: terrorismo, tráfico de drogas e tortura. A própria Constituição veda a esses crimes: 1) anistia (perdão concedido por lei federal, emanada do Congresso Nacional); 2) fiança (modalidade de liberdade provisória); 3) graça (perdão individual concedido pelo Presidente).

Originalmente, a Lei de Crimes Hediondos (Lei n. 8.072/90) previu, além dos rigores constitucionais, o regime integralmente fechado. O Supremo Tribunal Federal entendeu ser inconstitucional tal imposição, por violação do princípio constitucional da individualização da pena (art. 5º, XLVI, CF). Depois de reiteradas decisões, o STF editou a Súmula Vinculante 26: "para efeito de progressão de regime no cumprimento de pena por crime hediondo, ou equiparado, o juízo da execução observará a inconstitucionalidade do art. 2º da Lei n. 8.072, de 25 de julho de 1990, sem prejuízo de avaliar se o condenado preenche, ou não, os requisitos objetivos e subjetivos do benefício, podendo determinar, para tal fim, de modo fundamentado, a realização de exame criminológico".

Outrossim, a Lei de Drogas (Lei n. 11.343/2006), em seus arts. 33, § 4º, e 44, *caput*, havia previsto a vedação de substituição por pena restritiva de direitos aos crimes de tráfico de drogas. Esse dispositivo também foi declarado inconstitucional pelo STF: "Tráfico de drogas. Art. 44 da Lei n. 11.343/2006. Ordem parcialmente concedida tão somente para remover o óbice da parte final do art. 44 da Lei n. 11.343/2006, assim como da vedação análoga 'vedada a conversão em penas restritivas de direitos', constante do § 4º do art. 33 do mesmo diploma legal" (HC 97.256, rel. Min. Ayres Britto, j. 16-12-2010).

Da mesma forma, o Supremo Tribunal Federal decidiu que a vedação genérica da concessão de liberdade provisória aos crimes de tráfico de drogas é igualmente inconstitucional. Isso porque, segundo a Constituição Federal veda aos crimes hediondos e equiparados a fiança, que é uma modalidade de liberdade provisória, não vedando a concessão de liberdade provisória sem fiança. Decidiu o STF: "essa vedação apriorística de concessão de liberdade provisória (Lei n. 11.343/2006, art. 44) é incompatível com o princípio constitucional da presunção de inocência, do devido processo legal, dentre outros. É que a lei de drogas, ao afastar a concessão da liberdade provisória de forma apriorística e genérica, retira do juiz competente a oportunidade de, no caso concreto, analisar os pressupostos da necessidade do cárcere cautelar, em inequívoca antecipação de pena, indo de encontro a diversos dispositivos constitucionais" (HC 104.339, rel. Min. Gilmar Mendes, Tribunal Pleno, j. 11-5-2012).

Outrossim, o Supremo Tribunal Federal entendeu que o "regime inicialmente fechado" previsto na lei de drogas também é inconstitucional, por violação do princípio da individualização da penal (art. 5º, XLVI, CF): "Se a Constituição Federal menciona que a lei regulará a individualização da pena, é natural que ela exista. Do mesmo modo, os critérios para fixação do regime prisional inicial devem-se harmonizar com as garantias constitucionais, sendo necessário exigir-se sempre a fundamentação do regime imposto, ainda que se trate de crime hediondo ou equiparado. [...] Declaração incidental de inconstitucionalidade, com efeito *ex tunc*, da obrigatoriedade de fixação do regime fechado para início do cumprimento de pena decorrente da condenação por crime hediondo ou equiparado" (HC 111.840/ES, rel. Min. Dias Toffoli, Tribunal Pleno, j. 27-6-2012).

Não obstante, o Supremo Tribunal Federal entendeu que a vedação à suspensão condicional da pena, prevista na Lei de Drogas, é constitucional: "o óbice, previsto no art. 44 da Lei n. 11.343/2006, à suspensão condicional da pena imposta ante tráfico de drogas mostra-se afinado com a Lei n. 8.072/90 e com o disposto no inciso XLIII do art. 5º, da CF" (HC 101.919, rel. Min. Marco Aurélio, 1ª Turma, j. 6-9-2011).

Quanto à possibilidade de recorrer ou não em liberdade, segundo o Supremo Tribunal Federal, ficará a cargo do juiz, que apreciará a necessidade ou não da prisão (cautelaridade): "segundo dispõe o § 2º da Lei n. 8.072/90, na sentença, o juízo decidirá, fundamentadamente, sobre a possibilidade, ou não, de o condenado interpor recurso em liberdade, sendo motivo para não acolher o pleito o fato de a persecução criminal haver revelado a necessidade de ter-se o deferimento da extradição" (HC 96.869/MS, rel. Min. Marco Aurélio, 1ª Turma, j. 4-5-2010).

O Supremo Tribunal Federal declarou inconstitucionais dispositivos da Lei n. 10.826/2003 (Estatuto do Desarmamento), que vedavam fiança para crimes previstos nessa lei. Segundo o STF, "a proibição de estabelecimento de fiança para os delitos de 'porte ilegal de arma de fogo de uso permitido e de disparo de arma de fogo mostra-se desarrazoada, porquanto são crimes de mera conduta, que não se equiparam aos crimes que acarretam lesão ou ameaça de lesão à vida ou à propriedade" (ADI 3.112/DF, rel. Min. Ricardo Lewandowski, Tribunal Pleno, j. 2-5-2007).

Embora o art. 5º, XLIII, da CF vede a graça ao crime hediondo (que é o indulto individual), o Supremo Tribunal Federal faz uma interpretação extensiva do dispositivo, ampliando também para o indulto (perdão coletivo): "se o perdão estatal está vedado (graça e anistia), também o indulto, que nada mais é do que uma graça coletiva (ou, se preferirmos, a graça seria o indulto individual) também é proibido" (HC 103.618/RS, rel. Min. Dias Toffoli, 1ª Turma, j. 24-8-2010).

Dessa forma, à luz da legislação e da jurisprudência atual, podemos sistematizar desta maneira o tratamento dado aos crimes hediondos e equiparados:

CRIMES HEDIONDOS OU EQUIPARADOS		
Instituto	Proibição	Autorização
Graça	Art. 5º, XLIII, CF	
Anistia	Art. 5º, XLIII, CF	
Fiança	Art. 5º, XLIII, CF	
Regime inicial semiaberto ou aberto		O STF declarou inconstitucional o regime inicialmente fechado (HC 111.840).
Progressão de regimes		O STF declarou inconstitucional o regime integralmente fechado (Súmula Vinculante 26).
Liberdade provisória sem fiança		O STF declarou inconstitucional a proibição de liberdade provisória (HC 104.339).
Pena restritiva de direitos		O STF declarou inconstitucional a proibição de pena restritiva de direitos (HC 97.256).
Indulto	Interpretação extensiva do art. 5º, XLIII, CF, que veda a graça – STF (HC 84.734; HC 103.618)	

d) Aplicação da pena (art. 5º, XLV, XLVI, XLVII, CF)

Segundo o art. 5º, XLV, da Constituição Federal, "nenhuma pena passará da pessoa do condenado, podendo a obrigação de reparar o dano e a decretação do perdimento de bens ser, nos termos da lei, estendidas aos sucessores e contra eles executadas, até o limite do valor do patrimônio transferido".

Nas palavras de Gustavo Junqueira e Patrícia Vanzolini, "pelo princípio da personalidade, a pena não pode jamais transcender a pessoa que foi a autora ou partícipe do delito, ou, em outras palavras, impede-se a punição por fato alheio. [...] Tal princípio se vincula ao postulado da imputação subjetiva, de modo que apenas têm responsabilidade penal o agente que dolosa ou culposamente deu causa ao resultado, não se estendendo a terceiros as sanções daí decorrentes. Fundamenta-se na culpabilidade, pois, da mesma forma, apenas o agente que praticou o injusto é reprovável por tal prática sofrerá a respectiva sanção penal"[225].

Embora a pena não ultrapasse a pessoa do criminoso, o dever de reparar o dano será transmitido aos sucessores. Assim, poderão os sucessores do criminoso ser processados através de ação civil *ex delicto*, ou, caso ele tenha sido condenado, poderá ser executada a sentença condenatória transitada em julgado contra os sucessores. Não obstante, a responsabilidade civil tem um limite: o "limite do valor do patrimônio transferido".

Nos termos do art. 5º, XLVI, da Constituição, "a lei regulará a individualização da pena e adotará, entre outras, as seguintes: a) privação ou restrição da liberdade; b) perda de bens; c) multa; d) prestação social alternativa; e) suspensão ou interdição de direitos".

---

225. Op. cit., p. 70.

Primeiramente, o art. 5º, XLVI, da Constituição traz o princípio da individualização da pena. Segundo esse princípio, o magistrado deverá analisar o caso concreto para fazer a dosimetria da pena, bem como fixar o regime inicial do seu cumprimento. Segundo o STF, "a dosimetria da pena exige do julgador uma cuidadosa ponderação dos efeitos ético-sociais da sanção e das garantias constitucionais, especialmente a garantia da individualização do castigo. Em matéria penal, a necessidade de fundamentação das decisões judiciais tem na fixação da pena um dos seus momentos culminantes" (RHC 95.778/RJ, rel. Min. Ayres Britto, 1ª Turma, j. 15-9-2009).

Com base nesse princípio, o STF declarou inconstitucional o regime integralmente fechado (Súmula Vinculante 26), o regime inicialmente fechado (HC 111.840) e a proibição de substituição da pena privativa de liberdade por pena restritiva de direitos (HC 97.256).

Outrossim, a Constituição Federal traz um rol de penas vedadas: "não haverá penas: a) de morte, salvo em caso de guerra declarada, nos termos do art. 84, XIX; b) de caráter perpétuo; c) de trabalhos forçados; d) de banimento; e) cruéis" (art. 5º, XLVII).

Com relação à pena de morte, ela só é admitida aos crimes praticados durante a guerra. Estão previstos no Código Penal Militar, e sua execução é regulamentada pelo Código de Processo Penal Militar.

Por sua vez, a Constituição Federal veda as penas de caráter perpétuo, máxime a prisão perpétua. Em razão desse dispositivo constitucional, o Código Penal fixa um limite da pena privativa de liberdade, no seu art. 75: "o tempo de cumprimento das penas privativas de liberdade não pode ser superior a 40 (quarenta) anos". Importante frisar que o tempo máximo do cumprimento de penas foi alterado recentemente pela Lei n. 13.964/2019 (conhecida como "Pacote Anticrime"), ampliando de 30 (trinta) para 40 (quarenta) anos. Essa mudança legislativa seria inconstitucional, por se tratar de um retrocesso em um dos direitos fundamentais? Entendemos que não. Tendo em vista o aumento da expectativa de vida do homem no decorrer das últimas décadas, não é irrazoável a ampliação do limite máximo de cumprimento de pena, motivo pelo qual entendemos ser constitucional a nova lei que alterou o Código Penal.

Segundo o STF, "a unificação penal autorizada pela norma inscrita no art. 75 do CP justifica-se como consequência direta e imediata do preceito constitucional que veda [...] de modo absoluto, a existência, no sistema jurídico brasileiro, se sanções penais de caráter perpétuo. Em decorrência dessa cláusula constitucional, o máximo penal legalmente exequível, no ordenamento positivo nacional, é de quarenta anos, a significar, portanto, que o tempo de cumprimento das penas privativas de liberdade não pode ser superior àquele limite imposto pelo art. 75, *caput*, do CP" (HC 84.766, rel. Min. Celso de Mello, 2ª Turma, j. 11-9-2007).

Também são vedadas as penas de trabalhos forçados, pena de banimento (a retirada compulsória do condenado do território brasileiro) e penas cruéis.

Vários projetos de lei já foram apresentados, na tentativa de implementar no ordenamento jurídico novas penas. Uma delas seria a "castração química", que consiste na administração compulsória de medicamentos hormonais femininos, com o escopo de reduzir os níveis de testosterona e, por consequência, a libido de criminosos sexuais condenados.

No Reino Unido, o cientista da computação Alan Turing, famoso por suas contribuições à matemática e à ciência da computação, declarou-se culpado em 1952 de uma acusação de indecência grosseira por ter um relacionamento homossexual e aceitou a castração química como condição para sua liberdade condicional, evitando, assim, sua prisão. Turing experimentou efeitos colaterais como hipertrofia das glândulas mamárias (ginecomastia) e inchaço corporal[226].

O primeiro país a adotar essa pena, decorrente de sentença condenatória, foram os Estados Unidos, no ano de 1997, no Estado da Califórnia[227], mas também está prevista em outros países como Polônia, Dinamarca e Coreia do Sul. Embora pesquisas nos países que adotam tal pena demonstrem a diminuição dos números de reincidência nos crimes sexuais, os efeitos colaterais comprovados do uso contínuo de tais hormônios podem implicar a crueldade da pena[228]. Da mesma forma, se os níveis hormonais podem voltar ao normal após o término da medida, o que mostra sua reversibilidade, os efeitos colaterais podem ser irreversíveis. Parte da doutrina entende que tal pena seria constitucional, desde que conte com a aceitação do condenado. Bárbara Bisogno Paz, em texto específico sobre o tema, defende "ser aceitável a administração dos inibidores hormonais como um direito ao agressor sexual, o qual voluntariamente requer a aplicação da medida, quando for diagnosticado por profissionais da área da saúde que sua conduta encontra-se motivada em desvios hormonais e neuroquímicos"[229].

e) **Execução da pena (art. 5º, XLVIII, XLIX e L, CF)**

Segundo o art. 5º, XLVIII, da Constituição Federal, "a pena será cumprida em estabelecimentos distintos, de acordo com a natureza do delito, a idade e o sexo do apenado". Trata-se de um direito fundamental que necessita de reiteradas políticas públicas no tocante ao sistema carcerário brasileiro. Recentemente, na ADPF 347, verificando a situação periclitante e indigna do sistema penitenciário brasileiro, o Supremo Tribunal Federal decidiu tratar-se de um "Estado de Coisas Inconstitucional", teoria criada e adotada originalmente na Corte Constitucional colombiana (vide o capítulo sobre controle de constitucionalidade, em que tratamos com mais detalhes da questão). Embora a eficácia da norma constitucional não seja plena (em razão do seu caráter programático), poderá o Poder Judiciário, verificada a violação do mínimo existencial do direito fundamental, exigir da administração penitenciária a prática de atos, como já decidiu o STF: "É lícito ao Judiciário impor à Administração Pública obrigação de fazer, consistente na promoção de medidas ou na execução de obras emergenciais em estabelecimentos prisionais. Supremacia da dignidade da pessoa humana que legitima a intervenção judicial" (RE 592.581/RS, rel. Min. Ricardo Lewandowski, Tribunal Pleno, j. 13-8-2015).

---

226. Em 2009, o primeiro-ministro britânico Gordon Brown emitiu um pedido de desculpas pelo tratamento dado a Turing, que recebeu o perdão póstumo real em dezembro de 2013.
227. Segundo o art. 645 do *Criminal Code* do Estado da Califórnia, "qualquer pessoa culpada em uma primeira condenação, por qualquer crime especificado na subdivisão (c), em que a vítima não tenha atingido 13 anos de idade, pode, em liberdade condicional, ser submetida ao tratamento com acetato de medroxiprogesterona ou substância química equivalente, além de qualquer outra punição descrita para aquele crime ou qualquer outra prevista em lei, a critério do tribunal".
228. "A castração química traz como efeitos o aumento da pressão arterial e a atrofia da genitália masculina, podendo a medida implicar até mesmo no câncer hepático" (Bárbara Bisogno Paz. *A Castração Química como Forma de Punição para os Criminosos Sexuais*, p. 17). Em 1984, o Tribunal de Apelações do Estado de Michigan, nos Estados Unidos, considerou que a obrigatoriedade da castração química como condição de liberdade condicional era ilegal, alegando que o medicamento acetato de medroxiprogesterona ainda não havia sido aceito como seguro e confiável e também devido à dificuldade de obter o consentimento sob essas circunstâncias.
229. Op. cit., p. 17.

Segundo entendimento atual do STF, "estão obrigados juízes e tribunais, observados os arts. 9.3 do Pacto dos Direitos Civis e Políticos e 7.5 da Convenção Interamericana de Direitos Humanos, a realizarem, em até noventa dias, audiências de custódia, viabilizando o comparecimento do preso perante a autoridade judiciaria no prazo máximo de 24 horas, contado do momento da prisão" (ADPF 347 MC/DF, rel. Min. Marco Aurélio, Tribunal Pleno, j. 9-9-2015).

Por sua vez, dois incisos do art. 5º estão umbilicalmente ligados à dignidade da pessoa humana aplicada aos encarcerados: os incisos XLIX e L. Nos termos do art. 5º, XLIX, da Constituição Federal: "é assegurado aos presos o respeito à integridade física e moral". Outrossim, o art. 5º, L, afirma que "às presidiárias serão asseguradas condições para que possam permanecer com seus filhos durante o período de amamentação". Como corolário desses dois últimos incisos, foi editada a Lei n. 14.326/2022, que alterou a Lei de Execução Penal, para reconhecer o "tratamento humanitário à mulher grávida durante os atos médico-hospitalares preparatórios para a realização do parto, bem como no período do puerpério, cabendo ao poder público promover a assistência integral à sua saúde e à do recém-nascido" (nova redação do art. 14, § 4º, da LEP).

14.30. EXTRADIÇÃO (ART. 5º, LI E LII, CF)

Extradição é o envio de uma pessoa para outro país, para que seja processada ou cumpra pena. Segundo o art. 5º, LI, da Constituição Federal: "não será concedida extradição de estrangeiro por crime político ou de opinião". Outrossim, segundo o inciso LII, "não será concedida extradição de estrangeiro por crime político ou de opinião".

Trataremos desses dois dispositivos no capítulo reservado ao direito de nacionalidade, para o qual remetemos o leitor.

14.31. REGRAS SOBRE A PRISÃO (ART. 5º, LXI A LXVII, CF)

Segundo o art. 5º, LXI, da Constituição Federal, "ninguém será preso senão em flagrante delito ou por ordem escrita e fundamentada de autoridade judiciária competente, salvo nos casos de transgressão militar ou crime propriamente militar, definidos em lei".

A legislação brasileira admite várias hipóteses de prisão: a) prisão penal (decorrente da sentença penal condenatória irrecorrível – ou proferida em segunda instância, segundo nova posição do STF, nas ADCs 43 e 44); b) prisão civil (aplicável ao devedor voluntário e inescusável de alimentos); c) prisão disciplinar (decretada contra o militar, por seu superior hierárquico); d) prisão administrativa (que possui fins administrativos, como a prisão do estrangeiro, em vias de ser expulso do Brasil); e) prisão processual (decretada antes ou durante o processo penal – prisão em flagrante, prisão preventiva e prisão temporária).

De todas essas prisões, a regra que se extrai do art. 5º, LXI, é a seguinte: quem decreta prisão no Brasil é autoridade judiciária, somente juiz. Não obstante, há duas exceções: prisão em flagrante (que pode ser decretada por qualquer pessoa, nos termos do art. 301 do Código de Processo Penal) e prisão disciplinar do militar (que é decretada pela autoridade militar superior).

Segundo o art. 5º, LXII, da Constituição Federal, "a prisão de qualquer pessoa e o local onde se encontre serão comunicados imediatamente ao juiz competente e à família do preso ou à pessoa por ele indicada". Recentemente, à luz desse dispositivo e da Convenção Americana de Direitos Humanos, o Supremo Tribunal Federal passou a decidir dessa forma: "A Convenção Americana sobre Direitos do Homem, que dispõe, em seu art. 7º, item 5, que 'toda pessoa presa, detida ou retida deve ser conduzida, sem demora, à presença de um juiz', posto ostentar o *status* jurídico supralegal que os tratados internacionais sobre direitos humanos têm no ordenamento jurídico brasileiro, legitima a denominada audiência de custódia, cuja denominação sugere-se 'audiência de apresentação'" (ADI 5.240/SP, rel. Min. Luiz Fux, Tribunal Pleno, j. 22-8-2015).

Nos termos do art. 12 da nova Lei de Abuso de Autoridade (Lei n. 13.868/2019), é crime "deixar injustificadamente de comunicar prisão em flagrante à autoridade judiciária no prazo legal", cuja pena é de 6 (seis) meses a 2 (dois) anos. A mesma pena é aplicada àquele que "deixa de comunicar, imediatamente, a execução de prisão temporária ou preventiva à autoridade judiciária que a decretou" (art. 12, parágrafo único, I) ou "deixa de comunicar, imediatamente, a prisão de qualquer pessoa e o local onde se encontra à sua família ou à pessoa por ele indicada".

Segundo o art. 5º, LXIV, "o preso tem direito à identificação dos responsáveis por sua prisão ou por seu interrogatório policial". Direito decorrente da dignidade da pessoa humana, já que, quando presa, qualquer pessoa tem o direito de saber quem a prendeu e os motivos dessa prisão. Na prática, em se tratando de prisão em flagrante, deverá ser entregue ao preso um documento chamado nota de culpa, previsto no art. 306, § 2º, do Código de Processo Penal, no prazo de 24 horas, a contar da prisão em flagrante. Por sua vez, quanto a todas as outras prisões (que são decretadas por juiz), deve ser entregue ao preso a cópia do mandado de prisão, que informará o nome da autoridade judiciária responsável pela ordem de prisão (e, com base nisso, poderá ser impetrado *habeas corpus*) e os motivos da prisão.

Com o advento da nova Lei de Abuso de Autoridade (Lei n. 13.868/2019), configura crime deixar "de entregar ao preso, no prazo de 24 (vinte e quatro) horas, a nota de culpa, assinada pela autoridade, com o motivo da prisão e os nomes do condutor e das testemunhas" (art. 12, parágrafo único, III).

Segundo o art. 5º, LXV, "a prisão ilegal será imediatamente relaxada pela autoridade judiciária". Comunicando-se a prisão ao magistrado, verificando que há alguma irregularidade, deverá relaxá-la de imediato. É o que dispõe o art. 310, I, do Código de Processo Penal: "ao receber o auto de prisão em flagrante, o juiz deverá fundamentadamente: I – relaxar a prisão ilegal".

Nos termos do art. 5º, LXVI, "ninguém será levado à prisão ou nela mantido, quando a lei admitir a liberdade provisória, com ou sem fiança". Em razão do princípio da presunção de inocência, a regra é que o réu aguarde o processo em liberdade, só devendo ocorrer a prisão, aguardando o processo preso, se presentes as condições que autorizam a prisão preventiva (art. 312 do Código de Processo Penal), demonstrando-se a necessidade, a cautelaridade dessa prisão. Por essa razão, presentes as condições que autorizam a liberdade provisória, com ou sem fiança, deverá o juiz concedê-la. Segundo o Supremo Tribunal Federal, não pode a lei infraconstitucional abstratamente vedar a liberdade provisória para qualquer crime, ainda que equiparado a hediondo. Isso foi decidido no HC 104.339, relatado pelo Ministro Gilmar Mendes ("essa vedação apriorística de concessão de liberdade provisória [...] é incompatível com o princípio constitucional da presunção de inocência, do devido processo legal, entre outros").

Nos termos do art. 5º, LXVII, da Constituição Federal, "não haverá prisão civil por dívida, salvo a do responsável pelo inadimplemento voluntário e inescusável de obrigação alimentícia e a do depositário infiel".

Importante: por força do Pacto de São José da Costa, Rica, que só admite a prisão civil do devedor de alimentos, o Supremo Tribunal Federal passou a não mais admitir a prisão civil do depositário infiel. Nesse sentido: "A subscrição pelo Brasil do Pacto de São José da Costa Rica, limitando a prisão civil por dívida ao descumprimento inescusável de prestação alimentícia, implicou a derrogação das normas estritamente legais referentes à prisão do depositário infiel" (HC 87.585, rel. Min. Marco Aurélio, Tribunal Pleno, j. 3-12-2008). Muitos interpretaram equivocadamente a decisão do STF, entendendo que ele teria revogado parte do art. 5º, LXVII, da Constituição Federal. Isso seria inadmissível. O que o STF decidiu é que, tendo em vista que o Pacto de São José da Costa Rica é norma supralegal (está acima das leis), como ele afirma não ser possível a prisão civil do depositário infiel, todas as leis infraconstitucionais que tratavam dessa prisão são inválidas (por conta do controle de convencionalidade). Dessa maneira, a parte final do art. 5º, LXVII, da Constituição ficou sem regulamentação válida. Tornou-se um corpo sem vida, sem conteúdo, sem alma. Tantas foram as decisões que o STF editou a Súmula Vinculante 25: "é ilícita a prisão civil de depositário infiel, qualquer que seja a modalidade do depósito".

14.31.1. Direito ao silêncio

Nos termos do art. 5º, LXIII, da Constituição Federal, "o preso será informado de seus direitos, entre os quais o de permanecer calado, sendo-lhe assegurada a assistência da família e de advogado". Primeiramente, embora o dispositivo constitucional refira-se exclusivamente ao "preso", evidentemente a norma constitucional deve ser aplicada para qualquer pessoa que esteja depondo, estando ela presa ou solta. Isso porque tal dispositivo constitucional é um corolário do *princípio da não autoincriminação*. Em outras palavras, ninguém é obrigado a produzir prova contra si mesmo (*nemo tenetur se detegere*). Esse princípio, que está apenas implícito na nossa Constituição, está previsto expressamente no art. 8º, 2, *g*, do Pacto de São José da Costa Rica: "Toda pessoa acusada de um delito tem direito a que se presuma sua inocência, enquanto não for legalmente comprovada sua culpa. Durante o processo, toda pessoa tem direito, em plena igualdade, às seguintes garantias mínimas: (...) g) direito de não ser obrigada a depor contra si mesma, nem a confessar-se culpada".

Dessa maneira, em decorrência do direito ao silêncio previsto constitucionalmente, ninguém é obrigado a produzir prova contra si mesmo: o suspeito não é obrigado a participar de reconstituição do crime, não é obrigado a realizar exame grafotécnico (fornecer textos escritos para que se compare sua letra) etc.

14.31.2. Condução coercitiva

Questão polêmica recentemente julgada pelo Supremo Tribunal Federal diz respeito à condução coercitiva de réus e investigados. Pode o réu ou o investigado ser conduzido coercitivamente para ser interrogado?

Examinamos essa questão no nosso livro *Poderes Instrutórios do Juiz no Processo Penal*. Nessa obra, dissemos: "o próprio Código de Processo Penal autoriza a condução coercitiva do réu para que seja interrogado, ou seja objeto de reconhecimento: 'Se o acusado não atender à intimação para o interrogatório, reconhecimento ou qualquer outro ato que, sem ele, não possa ser realizado, a autoridade poderá mandar conduzi-lo à sua presença' (art. 260). Ora, conhecedores da visão inquisitorial que inspirou o Código de Processo Penal de 1941, podemos entender exatamente qual o mecanismo utilizado pelo sobredito dispositivo legal: se o réu se recusasse a comparecer à audiência de interrogatório, seria conduzido coercitivamente e, em seguida, informado pelo magistrado que o seu silêncio seria utilizado como prova de acusação (isso porque essa era a redação do artigo 186, *in fine*, do Código de Processo Penal). Diante de tal situação, vendo-se 'encurralado' pelo regramento processual, o réu depunha. Hoje, com a vitória da tese segundo a qual o silêncio do réu não pode ser utilizado em prejuízo da defesa, a condução coercitiva para o interrogatório perdeu um de seus objetivos: pressionar o réu, através da 'ameaça' prevista na antiga redação do art. 186, a falar. (...) Assim, entendemos que o magistrado não pode, ao contrário do que afirma o artigo 260 do Código de Processo Penal (que, no nosso entender, deve ser interpretado conforme a Constituição), conduzir coercitivamente o réu para produzir alguma prova (seja através das palavras do réu, seja apenas pela sua presença)"[230].

Anos depois de escrevermos essa obra, foi exatamente o entendimento proferido pelo Supremo Tribunal Federal. Em 2018, por maioria de votos, o Plenário do STF declarou que a condução coercitiva do réu ou investigado para interrogatório, constante do art. 260 do Código de Processo Penal, não foi recepcionada pela Constituição de 1988. A decisão foi tomada no julgamento das ADPFs 395 e 444. Decidiu o STF: "presunção de não culpabilidade. A condução coercitiva representa restrição temporária da liberdade de locomoção mediante condução sob custódia por forças policiais, em vias públicas, não sendo tratamento normalmente aplicado a pessoas inocentes. Violação. 5. Dignidade da pessoa humana (art. 1º, III, da CF/88). O indivíduo deve ser reconhecido como um membro da sociedade dotado de valor intrínseco, em condições de igualdade e com direitos iguais. Tornar o ser humano mero objeto no Estado, consequentemente, contraria a dignidade humana. (...) Na condução coercitiva, resta evidente que o investigado é conduzido para demonstrar sua submissão à força, o que desrespeita a dignidade da pessoa humana. (...) 7. Potencial violação ao direito à não autoincriminação, na modalidade direito ao silêncio" (STF, ADPF 444, rel. Min. Gilmar Mendes. j. 14-6-2018, Pleno).

Obviamente, a proibição da condução coercitiva para investigados e depoentes (já que ninguém é obrigado a produzir prova contra si mesmo) não se aplica a testemunhas. Se uma testemunha, devidamente intimada, não comparecer, poderá ser conduzida coercitivamente. Todavia, a condução coercitiva exige anterior intimação. Por certo tempo, houve no Brasil uma prática de constitucionalidade duvidosa: a condução coercitiva sem prévia intimação. Essa prática foi bastante adotada na "Operação Lava-Jato" da Justiça Federal.

A partir de 2019 essa prática é considerada crime de abuso de autoridade, previsto no art. 10 da novíssima Lei n. 13.868, de 5 de setembro de 2019: "decretar a condução coercitiva de testemunha ou investigado manifestamente descabida ou sem prévia intimação de comparecimento ao juízo", apenada com detenção, de 1 (um) a 4 (quatro) anos, e multa.

---

230. Flávio Martins. *Poderes Instrutórios do Juiz no Processo Penal*. Passim.

14.32. REMÉDIOS CONSTITUCIONAIS (ART. 5º, LXVIII A LXXIII, CF)

A Constituição Federal, no art. 5º, LXVIII a LXXIII, traz os chamados *remédios constitucionais*, que são garantias constitucionais que têm o formato de ações judiciais. Lembramos que garantias constitucionais são normas de conteúdo assecuratório, visando a assegurar direitos fundamentais. No caso dos remédios constitucionais, essas garantias são instrumentalizadas processualmente, como o *habeas corpus*, ação constitucional destinada a tutelar a liberdade de locomoção.

São os seguintes os remédios constitucionais:

a) *habeas corpus* (art. 5º, LXVIII, regulamentado pelos arts. 647 e seguintes do Código de Processo Penal);

b) *habeas data* (art. 5º, LXXII, CF, regulamentado pela Lei n. 9.507/97);

c) mandado de injunção (art. 5º, LXXI, CF, regulamentado pela Lei n. 13.300/2016);

d) ação popular (art. 5º, LXXIII, CF, regulamentado pela Lei n. 4.717/65);

e) mandado de segurança individual e coletivo (art. 5º, LXIX e LXX, CF, regulamentados pela Lei n. 12.016/2009).

REMÉDIOS CONSTITUCIONAIS	
Remédio	Fundamento legal
Habeas corpus	Art. 5º, LXVIII, CF + CPP
Habeas data	Art. 5º, LXXII, CF + Lei n. 9.507/97
Mandado de injunção	Art. 5º, LXXI, CF + Lei n. 13.300/2016
Ação popular	Art. 5º, LXXIII, CF + Lei n. 4.717/65
Mandado de segurança	Art. 5º, LXIX, CF + Lei n. 12.016/2009
Mandado de segurança coletivo	Art. 5º, LXX, CF + Lei n. 12.016/2009

14.32.1. *Habeas corpus* (art. 5º, LXVIII, CF)

Habeas corpus eram as palavras iniciais da fórmula existente no mandado que o Tribunal inglês concedia, endereçado a quantos tivessem em seu poder, ou guarda, o corpo do detido. Como lembra Pontes de Miranda, "a ordem era do teor seguinte: 'toma (literalmente: tome, no subjuntivo, *habeas, de habeo, habere*, ter, exibir, tomar, trazer etc.) o corpo deste detido e vem submeter ao Tribunal o homem e o caso'. Por onde se vê que era preciso produzir e apresentar à Corte o homem e o negócio, para que pudesse a justiça, convenientemente instruída, estatuir, com justiça, sobre a questão, e velar pelo indivíduo"[231]. Dessa maneira, *habeas corpus* significa "dá-me o corpo", sendo que a expressão latina notabilizou-se por todo o mundo como sendo a conhecida ação constitucional para tutela da liberdade de locomoção.

---
231. Op. cit., p. 47.

a) Antecedentes históricos

O *habeas corpus* foi o primeiro remédio a integrar as conquistas liberais. No dizer de José Afonso da Silva, "denota-se sua presença na Inglaterra antes mesmo da *Magna Carta* de 1215, mas foi esta que lhe deu a primeira formulação escrita"[232]. Prevalece o entendimento na doutrina de que a origem histórica do *habeas corpus* é a *Magna Carta*, de 1215, embora não estivesse expresso em seu texto, que previa a liberdade de locomoção. Essa, por exemplo, é a posição de Pontes de Miranda, um dos maiores tratadistas do tema.

No Brasil, o antecedente mais remoto do *habeas corpus* foi o Decreto de 23-5-1821, de D. Pedro I, enquanto príncipe regente. Previa o direito à liberdade, mas não fazia menção ao *habeas corpus*. Dizia o decreto, no seu art. 1º, que "desde sua data em diante nenhuma pessoa livre no Brasil possa jamais ser presa sem ordem por escrito do juiz ou magistrado criminal de território, exceto somente o caso de flagrante delito, em que qualquer do povo deve prender o delinquente".

A Constituição de 1824 não fazia menção ao *habeas corpus*, mas previa o direito à liberdade (art. 179, VIII). Esta Carta, outorgada por D. Pedro I, proibia a prisão de alguém sem culpa formada. Dizia a Constituição de 1824: "Art. 179. A inviolabilidade dos Direitos Civis, e Políticos dos Cidadãos Brazileiros, que tem por base a liberdade, a segurança individual, e a propriedade, é garantida pela Constituição do Império, pela maneira seguinte: [...] VIII. *Ninguém poderá ser preso sem culpa formada, excepto nos casos declarados na Lei*; e nestes dentro de vinte e quatro horas contadas da entrada na prisão, sendo em Cidades, Villas, ou outras Povoações próximas aos logares da residencia do Juiz; e nos logares remotos dentro de um prazo razoável, que a Lei marcará, attenta a extensão do território, o Juiz por uma Nota, por elle assignada, fará constar ao Réo o motivo da prisão, os nomes do seu accusador, e os das testemunhas, havendo-as" (grifamos).

Não previsto expressamente na Constituição de 1824, o *habeas corpus* foi formalmente criado pelo Código de Processo Criminal de 1832. Dessa maneira, no Brasil, o *habeas corpus* não surgiu como ação constitucional, mas como uma ação infraconstitucional para tutela da liberdade de locomoção.

a.1) A teoria brasileira do *habeas corpus* na Constituição de 1891

A Constituição Nacional de 1891, redigida praticamente na íntegra por Ruy Barbosa, elevou o *habeas corpus* a valor de garantia constitucional, estabelecendo um preceito no seu art. 72, § 22, que admitiu a extensão do *habeas corpus* ao amparo dos direitos pessoais, e não só à liberdade física. Essa foi a chamada *teoria brasileira do habeas corpus*.

À época, deu-se uma interpretação ampliativa ao instituto, inclusive para a proteção de direitos pessoais, e não só a liberdade física. Tal interpretação decorria do próprio texto constitucional, que não limitou o *habeas corpus* à liberdade de locomoção: "dar-se-á o *habeas corpus*, sempre que o indivíduo sofrer ou se achar em iminente perigo de sofrer violência ou coação por ilegalidade ou abuso de poder".

Dessa maneira, *teoria brasileira do habeas corpus* é o tratamento diferenciado dado ao *habeas corpus* pela Constituição de 1891, através do qual a ação constitucional tutelava quais-

---

232. Op. cit., p. 444.

quer direitos, e não apenas a liberdade de locomoção. Lembremos que, à época, não havia o mandado de segurança, motivo pelo qual o *habeas corpus* fazia as suas vezes.

Não obstante, embora a teoria brasileira do *habeas corpus* tenha sido, à época, a posição majoritária adotada no Brasil (inclusive pelo STF da época), havia vozes minoritárias. Por exemplo, Pedro Lessa[233] entendia que o *habeas corpus*, respeitando sua origem anglo-saxônica, deveria se limitar a tutelar a liberdade de locomoção. Não obstante, prevaleceu a teoria de Ruy Barbosa (teoria brasileira do *habeas corpus*).

a.2) O fim da teoria brasileira do *habeas corpus*

A teoria brasileira do *habeas corpus* restringiu-se ao período de vigência da Constituição de 1891, nem chegando ao seu final. Isso porque o *habeas corpus* foi limitado, na reforma constitucional de 1926, somente para proteger a liberdade de locomoção e o abuso contra a prisão ilegal, ficando sem amparo os direitos pessoais, protegidos em outros países pelos *writs* especiais, hoje amparados pelo mandado de segurança. Mesmo assim, parte da doutrina entendia que o *habeas corpus* continuava tutelando qualquer direito, além da liberdade de locomoção.

Na Constituição de 1934 encontramos a sua previsão no art. 113, n. 23: "Dar-se-á *habeas corpus* sempre que alguém sofrer, ou se achar ameaçado de sofrer violência ou coação em sua liberdade, por ilegalidade ou abuso de poder". Como se pode perceber, na terceira Constituição brasileira, o *habeas corpus* limitava-se a tutelar a liberdade de locomoção.

A Constituição de 1937, conhecida como "A Polaca", outorgada por Getúlio Vargas, suprimiu o mandado de segurança (criado na Constituição de 1934), mas previu o *habeas corpus*, com a seguinte redação: "Dar-se-á *habeas corpus* sempre que alguém sofrer ou se achar na iminência de sofrer violência ou coação ilegal, na sua liberdade de ir e vir, salvo nos casos de punição disciplinar".

A Constituição Federal de 1946 regulou o instituto em seu art. 141, § 23: "Dar-se-á *habeas corpus* sempre que alguém sofrer ou se achar ameaçado de sofrer violência ou coação em sua liberdade de locomoção, por ilegalidade ou abuso de poder. Nas transgressões disciplinares, não cabe o *habeas corpus*".

A Constituição de 1967 previa o *habeas corpus* no seu art. 150, § 20, e a Emenda Constitucional n. 1, de 1969, em seu art. 153, § 20: "Dar-se-á *habeas corpus* sempre que alguém sofrer ou se achar ameaçado de sofrer violência ou coação em sua liberdade de locomoção, por ilegalidade ou abuso de poder".

Dessa maneira, como se pode perceber, após o fim da *teoria brasileira do habeas corpus*, em todas as Constituições subsequentes (1934, 1937, 1946, 1967 e EC 1/69) o *habeas corpus* esteve previsto constitucionalmente, como ação destinada à tutelar a liberdade de locomoção.

a.3) O retrocesso do *habeas corpus*: o Ato Institucional n. 5, de 1968

O Ato Institucional n. 5, de 13-12-1968, foi o quinto (e mais conhecido) dos dezessete grandes decretos emitidos pelo Regime Militar. O AI-5 (como é conhecido) foi emitido pelo

---

233. Pedro Augusto Carneira Lessa, em decreto de 26 de outubro de 1907, do Presidente Afonso Pena, foi nomeado Ministro do Supremo Tribunal Federal, tomando posse no dia 20 de novembro de 1907. Foi Ministro do STF entre os anos de 1907 e 1921. Ele é apontado como o primeiro Ministro negro do STF em toda a História. Os outros dois teriam sido Hermenegildo de Barros (entre os anos de 1919 e 1937) e Joaquim Barbosa (entre os anos de 2003 e 2014).

Presidente Artur da Costa e Silva, resultando na perda de mandatos de parlamentares contrários ao regime militar, permitindo a suspensão do Congresso, a suspensão dos direitos políticos, e atingindo a garantia do *habeas corpus*.

Previa em seu art. 10: "Fica suspensa a garantia de *habeas corpus*, nos casos de crimes políticos, contra a segurança nacional, a ordem econômica e social e a economia popular". A Emenda Constitucional n. 1, de 17-10-1969, manteve, em seu art. 182, o AI 5.

Encerrado o regime militar, retornando-se à democracia, a atual Constituição Federal, de 1988, dispõe sobre o *habeas corpus* no art. 5º, LXVIII: "Conceder-se-á *habeas corpus* sempre que alguém sofrer ou se achar ameaçado de sofrer violência ou coação em sua liberdade de locomoção, por ilegalidade ou abuso de poder".

b) Exclusivo do processo penal?

Embora regulamentado pelo Código de Processo Penal (art. 647 e seguintes do CPP), o *habeas corpus* não é uma ação exclusiva do processo penal.

Será cabível sempre que estiver em risco a liberdade de locomoção. Dessa maneira, *será cabível contra prisão civil*, como decidiu o Superior Tribunal de Justiça: "restando incontroversos os fatos impeditivos da prestação dos alimentos, fica afastada a possibilidade de prisão civil do alimentante. Ordem concedida" (STJ – 4ª Turma – HC 44.047-SP).

Da mesma forma, por expressa previsão constitucional (art. 114, IV, CF), *cabe também "habeas corpus" na Justiça do Trabalho*: "Compete à Justiça do Trabalho processar e julgar: IV – os mandados de segurança, *habeas corpus* e *habeas data*, quando o ato questionado envolver matéria sujeita à sua jurisdição". Essa alteração foi efetuada pela Emenda Constitucional n. 45, de 2004 (Reforma do Poder Judiciário)[234].

Foi o que recentemente decidiu o TST, em favor do jogador de futebol Gustavo Scarpa, anteriormente vinculado ao Fluminense (do Rio de Janeiro), mas que, por conta de atrasos salariais, pleiteava sua mudança de clube (para o Palmeiras, de São Paulo). O jogador impetrou um *habeas corpus* junto ao TST, para se desvincular do contrato de trabalho anterior, sendo concedida liminar pelo Min. Relator Alexandre de Souza Agra Belmonte, "embora autoaplicá-

---

234. Essa não foi a primeira vez que o Tribunal Superior do Trabalho concedeu *habeas corpus* em favor de um jogador de futebol que tentava se desvencilhar de seu contrato de trabalho. Em 2012, em decisão liminar, o Ministro Caputo Bastos concedeu *habeas corpus* ao jogador de futebol Oscar (que foi titular da seleção brasileira na Copa do Brasil – e autor do gol do Brasil no inesquecível 7x1 contra a Alemanha). Decidiu o Ministro do TST naquela ocasião: "cumpre registrar, no âmbito trabalhista, o estudo do cabimento do *habeas corpus* na Justiça do Trabalho encontrava-se inevitavelmente atrelado à alteração da competência material implementada no art. 114 da Constituição Federal, que foi ampliada com a promulgação da Emenda Constitucional n. 45, de 2004. [...] Essa controvérsia, todavia, restou superada pela referida ampliação que atribuiu a esta Justiça Especializada expressa competência para a apreciação de *habeas corpus* em matéria trabalhista. Assim, após a modificação implementada na atual Constituição Federal, verifico na jurisprudência desta Colenda Corte que essa espécie de ação constitucional tem sido predominantemente utilizada para impugnar decisão que determina a prisão civil do depositário infiel. Entendo, contudo, que o cabimento do *habeas corpus* na Justiça do Trabalho não pode estar restrito às hipóteses em que haja cerceio de liberdade de locomoção do depositário infiel, pois, deste modo, estar-se-ia promovendo o esvaziamento da norma constitucional, face ao reconhecimento da inconstitucionalidade em relação a essa modalidade de prisão civil. Dessarte, implica reconhecer que o alcance atual do *habeas corpus* há de ser estendido para abarcar a ilegalidade ou abuso de poder praticado em face de uma relação de trabalho. Vale dizer: pode ser impetrado contra atos e decisões de juízes, atos de empregadores, de auditores fiscais do trabalho, ou mesmo de terceiros" (Processo 3063-91.2012.5.00.000, rel. Min. Caputo Bastos, 26-4-2012).

veis, os direitos fundamentais são efetivados inclusive por meio de garantias constitucionais, entre elas remédios heroicos de concretização, como mandado de segurança e *habeas corpus*. Assim, tem pleno cabimento o presente *habeas corpus*" (HC – 10000462-85-2018.5.00.0000, 25-6-2018).

Com essa alteração constitucional (que permitiu o *habeas corpus* na Justiça do Trabalho), surgiu uma dúvida se a Justiça do Trabalho poderia, a partir de então, julgar matéria penal. Poderia a Justiça do Trabalho julgar crimes contra redução a condição análoga a de escravo, ou os crimes contra a organização do trabalho?

Decidiu o STF que não: "Justiça do Trabalho. Ações penais. Processo e julgamento. Jurisdição penal genérica. Inexistência. Interpretação conforme dada ao art. 114, incs. I, IV e IX, da CF, acrescidos pela EC 45/2004. Ação direta de inconstitucionalidade. Liminar deferida com efeito *ex tunc*. O disposto no art. 114, incs. I, IV e IX, da Constituição da República, acrescidos pela Emenda Constitucional n. 45, não atribui à Justiça do Trabalho competência para processar e julgar ações penais" (ADI 3.684 MC/DF, rel. Min. Cezar Peluso, Tribunal Pleno, 1º-2-2007).

c) É recurso?

Embora previsto no Código de Processo Penal no Título II (Dos Recursos em Geral), prevalece o entendimento de que o *habeas corpus* não é recurso, mas sim uma ação constitucional. Isso porque nem sempre será cabível contra uma decisão judicial, podendo ser impetrado contra ato de um delegado de polícia ou até mesmo de um particular.

d) Direito tutelado

O direito tutelado pelo *habeas corpus* é a liberdade de locomoção (direito de ir, vir e ficar ou liberdade ambulatória). A única Constituição brasileira que tratava o instituto de forma diferente foi a de 1891, que admitia o *habeas corpus* para tutelar quaisquer direitos.

Dessa maneira, não caberá *habeas corpus* para:

a) para pleitear direito à indenização: "Não é o *habeas corpus* o instrumento processual adequado para o reconhecimento do direito que se pretende ter à indenização, com base no art. 5º, LXXV, da CF" (STF, HC 70.766-1, rel. Moreira Alves);

b) para obter certidões: "O *habeas corpus* é remédio destinado a coartar violência ou coação ilegal à liberdade de ir e vir do indivíduo. Inaplicável, pois, aos casos em que envolvem o não fornecimento de certidões" (*RT* 473/298);

c) para obter restituição de coisas apreendidas: "Não é o *habeas corpus* a via processual adequada à restituição de coisas apreendidas, em inquérito policial, devendo observar-se, para tanto, o procedimento previsto no art. 118 e ss. do CPP" (STJ, RHC 4.317-2, rel. Assis Toledo);

d) para discutir questão relativa à guarda de filhos: "o *habeas corpus* não é sucedâneo de recurso cabível, não sendo, por esse meio, de pretender-se a solução de questão relativa à guarda de filhos" (STF, HC 81.681/RS, rel. Min. Néri da Silveira, *DJ* de 29-8-2003);

e) para impugnar ato alusivo a sequestro de bens: "o *habeas corpus* não é o meio adequado para impugnar ato alusivo a sequestro de bens móveis e imóveis bem como a bloqueio de valores" (HC 103.823, rel. Min. Marco Aurélio, j. 3-4-2012, 1ª T., *DJE* de 25-4-2012);

f) para discutir confisco criminal de bem: "o *habeas corpus*, garantia de liberdade de locomoção, não se presta para discutir o confisco criminal de bem" (STF, HC 99.619, rel. p/ o ac. Min. Rosa Weber, j. 14-2-2012, 1ª T., *DJE* de 22-3-2012);

g) para discutir o afastamento ou perda de cargo: "o afastamento ou a perda do cargo de juiz federal não são ofensas atacáveis por *habeas corpus*" (STF – HC 99.829, rel. Min. Gilmar Mendes, j. 27-9-2011, 2ª T., *DJE* de 21-11-2011);

h) para atacar decisão de "impeachment": "Processo de *Impeachment*. Decisão proferida pela Câmara dos Deputados. Via Processual Inadequada. No caso, a insurgência a que se opõe o impetrante, em rigor, diz respeito a eventual obstáculo ao exercício de direitos políticos e não ao direito de ir e vir. Agravo regimental a que se nega provimento" (HC 134.315 AgR – 16-6-2016, rel. Min. Teori Zavascki);

i) para restituição de documentos: segundo o STJ, não cabe *habeas corpus* para restituição de CNH (carteira nacional de habilitação) apreendida porque tal apreensão não inibe a liberdade de locomoção (mas apenas a condução de veículo automotor): "inquestionavelmente, com a decretação da medida, segue o condutor da habilitação com capacidade de ir e vir, para todo e qualquer lugar, desde que não o faça como condutor do veículo" (STJ – RHC 97.876, rel. Min. Luis Felipe Salomão, 5-6-2018)[235]. No mesmo sentido, o STJ decidiu que "a suspensão da Carteira Nacional de Habilitação não configura dano ou risco potencial direto e imediato à liberdade de locomoção do paciente, devendo a questão ser, pois, enfrentada pelas vias recursais próprias" (RHC 99.606/SP, rel. Min. Nancy Andrighi, j. 13-11-2018). Por sua vez, o mesmo STJ admite a impetração do *habeas corpus* em caso de apreensão de passaporte, sob o argumento de que, nesse caso, existe violação à liberdade de locomoção: "o remédio constitucional do *habeas corpus* é via processual adequada para que se avalie constrangimento ilegal no acautelamento de passaporte de investigados ou condenados penalmente" (HC 192.193/DF, rel. Min. Laurita Vaz, Quinta Turma, *Dje* 17-12-2012). No mesmo sentido: "a apreensão de passaporte de cidadão brasileiro, em liberdade, impedindo-o de viajar para o exterior, para o exercício de atividades laborais, por consistir, em tese, restrição ao pleno direito de locomoção, amparado pela Constituição Federal, pode ser examinada nesta via" (HC 85.495/SP, rel. Min. Jane Silva, Quinta Turma, *Dj* 12-11-2007);

j) para questionar a sequência de processo administrativo: "o *habeas corpus* não é instrumental próprio a questionar a sequência de processo administrativo" (STF – HC 100.664, rel. Min. Marco Aurélio, j. 2-12-2010, 1ª T., *DJE* de 22-2-2011);

k) para discutir direito de visita de filho menor: "*habeas corpus* não é remédio processual adequado para tutela do direito de visita de menor cuja guarda se disputa judicialmente" (HC 99.369 AgR, rel. Min. Cezar Peluso, j. 18-8-2009, 2ª T., *DJE* de 16-10-2009).

e) Espécies

O *habeas corpus* pode ser *preventivo* ou *repressivo*. O primeiro é cabível diante de uma ameaça real de constrangimento à liberdade de locomoção, enquanto o segundo é cabível quando já há um ato constrangedor que viola direta ou indiretamente a liberdade de locomoção.

---

235. Não obstante, já decidiu o STJ ser cabível o *habeas corpus* para questionar decisão que determinou a apreensão indevida de passaporte, por violação da liberdade de locomoção: "tenho por necessária a concessão da ordem a seu titular, por considerar a medida coercitiva ilegal e arbitrária, uma vez que restringiu o direito fundamental de ir e vir de forma desproporcional e não razoável" (STJ – RHC 97.876, rel. Min. Luis Felipe Salomão, 5-6-2018). Da mesma forma, já decidiu o STJ ser cabível o *habeas corpus* contra apreensão de documentos pessoais dos filhos menores do réu, por implicar constrangimento ilegal que impacta na liberdade de locomoção (STJ – HC 61.794/SP, 2006/0140935-0, 5ª Turma, *DJ* 14-5-2007, rel. Min. Laurita Vaz).

HABEAS CORPUS
- **PREVENTIVO:** ocorre uma ameaça real de constrangimento à liberdade de locomoção.
- **REPRESSIVO:** ocorre um ato constrangedor que viola direta ou indiretamente a liberdade de locomoção.

e.1) *Habeas corpus* preventivo

São casos de *habeas corpus* preventivo:

a) habeas corpus preventivo para reconhecimento do direito ao silêncio: "Qualquer pessoa tem o direito público subjetivo de permanecer calado quando for prestar depoimento perante órgão do Poder Legislativo, Executivo ou Judiciário. *Habeas corpus* deferido somente para assegurar o direito do paciente de permanecer em silencio (STF – HC 83357/DF, rel. Min. Nelson Jobim, Tribunal Pleno, 3-3-2004);

b) para evitar novas prisões pela prática reiterada de prostituição: "Se a prostituição e o *trottoir* não são crimes, nem se subsumem na contravenção de vadiagem, o escândalo e o atentado ao público pudor que deles decorre não são reprimíveis [...] E se repetidas as prisões sem fundamento legal, a expedição de salvo-conduto se impõe" (TJSP, RHC, rel. Adriano Marrey, *RT* 444/294);

c) para evitar intimação de índio, deslocando-o da reserva indígena: "A convocação de um índio para prestar depoimento em local diverso de suas terras constrange a sua liberdade de locomoção, na medida em que é vedada pela Constituição da República a remoção dos grupos indígenas de suas terras, salvo exceções nela previstas (art. 231, § 5º, CF)" (STF, HC 80240, rel. Min. Sepúlveda Pertence, Tribunal Pleno, 20-6-2001);

d) para evitar futura prisão em decorrência de eventual condenação em 2ª instância: com o advento da posição do STF segundo a qual seria possível a execução provisória da pena privativa de liberdade a partir da condenação penal em segunda instância, é possível impetrar *habeas corpus* preventivo diante do iminente e provável risco de prisão. Foi o que fez o ex-Presidente da República Luiz Inácio Lula da Silva antes do julgamento de apelação interposta perante o TRF. Para evitar eventual prisão em decorrência de condenação em segunda instância, impetrou *habeas corpus*, que foi negado pela 5ª Turma do STJ (HC 434.766/PR – 2018/0018756-1, rel. Min. Felix Fischer).

Importante frisar que somente caberá o *habeas corpus* preventivo se houver ameaça real de constrangimento à liberdade de locomoção, ou seja, a ameaça deve decorrer de fatos concretos, e não apenas de um temor injustificável do paciente: "Só se admite a concessão de ordem preventiva quando a ameaça de lesão indevida está lastreada em fatos concretos" (STJ – HC 83.402/SP, 2007/0116852-7, Quinta Turma, *DJ* 24-9-2007, rel. Min. Jane Silva). Da mesma forma, já decidiu o STJ que não cabe *habeas corpus* preventivo para afastar o receito do motorista de ser "soprar no bafômetro" se um dia for parado por uma *blitz* policial, já que inexiste, no caso, a ameaça real de constrangimento: "O *habeas corpus* preventivo tem cabimento quando, de fato, houver ameaça à liberdade de locomoção, isto é, sempre que fundado for o receito de o paciente ser preso ilegalmente. Não se vislumbra, na espécie, a efetiva ameaça atual ou iminente, capaz de autorizar a expedição de salvo-conduto, porquanto o que se pede é eximir o impetrante do âmbito de vigência de Lei" (STJ – RHC 25.107/MG, Rel. Adilson Vieira Macabu, 2008/0279189-4).

Julgado procedente o *habeas corpus* preventivo, será concedido pelo juiz o salvo-conduto (uma decisão que determina que, por aquela razão, o indivíduo não poderá ser privado da sua liberdade). É o que determina o art. 660, § 4º, do Código de Processo Penal: "se a ordem de *habeas corpus* for concedida para evitar ameaça de violência ou coação ilegal, dar-se-á ao paciente salvo-conduto assinado pelo juiz".

e.2) *Habeas corpus* repressivo

No *habeas corpus* repressivo já existe um ato que constrange direta ou indiretamente a liberdade de locomoção. Como afirmamos, o constrangimento pode ser direto (já existe uma prisão ou uma ordem de prisão) ou indireto (já existe um inquérito policial irregular, ou um processo irregular, que poderão redundar fatalmente na restrição à liberdade de locomoção). Julgando-se procedente o *habeas corpus* repressivo, é possível a concessão de alvará de soltura (caso o paciente já esteja preso), contramandado de prisão (caso o paciente não esteja preso, mas haja um mandado de prisão contra ele) ou o trancamento da ação penal ou do inquérito policial (em caso de irregularidade).

Sobre o trancamento da ação penal, já decidiu o STF que "o trancamento da ação penal, em *habeas corpus*, constitui medida excepcional que só deve ser aplicada quando indiscutível a ausência de justa causa ou quando há flagrante ilegalidade demonstrada em inequívoca prova pré-constituída" (RHC 95.958, rel. Min. Ricardo Lewandowski, j. 18-8-2009, 1ª T., *DJE* 4-9-2009).

f) **Impetrante**

f.1) Qualquer pessoa

Impetrante no *habeas corpus* pode ser qualquer pessoa, sem a necessidade de ser ou ter advogado. É o que dispõe o art. 1º, § 1º, do Estatuto da OAB (Lei n. 8.906/94): "não se inclui na atividade privativa de advocacia a impetração de *habeas corpus* em qualquer instância ou tribunal". Segundo o STF, "o Código de Processo Penal, em consonância com o texto constitucional de 1988, prestigia o caráter popular do *habeas corpus*, ao admitir a impetração por qualquer pessoa, em seu favor ou de outrem. Assim, não é de se exigir habilitação legal para impetração originária do *writ*" (HC 86.307/SP, Primeira Turma, rel. Min. Carlos Britto, 17-11-2005).

f.2) Desnecessidade de procuração

Se ajuizada por advogado, não precisará de procuração, tendo em vista se tratar de hipótese de legitimação extraordinária ou substituição processual. Não obstante, embora não seja necessária a procuração para a impetração do *habeas corpus*, questiona-se a necessidade de procuração para a interposição de Recurso Ordinário Constitucional contra eventual decisão que indefere o pedido de *habeas corpus*. O STJ já decidiu que "a capacidade postulatória é requisito de admissibilidade do recurso ordinário em *habeas corpus* interposto por advogado, somente sendo dispensada na hipótese em que o leigo impetra o *habeas corpus* e, contra a decisão do *writ*, ele (leigo) interpõe o recurso ordinário" (STJ, AgRg no RHC 63.411/SP, rel. Min. Reynaldo Soares da Fonseca, 5ª T., j. 17-11-2015).

f.3) Analfabeto

Pode ser impetrado por analfabeto (art. 654, § 1º, "c", CPP): "tratando-se de impetrante analfabeto, é de rigor ao conhecimento de *habeas corpus* a assinatura de terceiro na peça inicial, a rogo do interessado, por ser indispensável ao processado do pedido – demonstração de interesse indiscutível de pleiteante em ver resolvido o enunciado na inicial do *writ*" (TACRIM-SP, HC, rel. Onei Raphael, *JUTACRIM-SP* 25/112).

f.4) Réu foragido

Da mesma forma, pode ser impetrado por réu foragido, não sendo necessário seu recolhimento à prisão: "O pressuposto é a constrição, ou ameaça de constrição ao direito de locomoção. Desse modo, o paciente não precisa apresentar-se para interpor a ação, nem se torna prejudicado porque se evadira antes do julgamento" (STJ, RHC 5047, rel. Vicente Cernicchiaro).

f.5) Estrangeiro

Também pode ser impetrado por estrangeiro, desde que em língua portuguesa, em respeito ao princípio da publicidade: "A petição com que impetrado o *habeas corpus* deve ser redigida em português, sob pena de não conhecimento do *writ* constitucional (CPC, art. 156, c/c CPP, art. 3º), eis que o conteúdo dessa peça processual deve ser acessível a todos, sendo irrelevante, para esse efeito, que o juiz da causa conheça, eventualmente, o idioma estrangeiro utilizado pelo impetrante" (STF, HC, rel. Celso de Mello, *DJU* 17-3-1995). A exigência de a peça estar em língua portuguesa se deve ao princípio da publicidade (art. 5º, LX, CF), não importando se o juiz conhece ou não a língua estrangeira.

f.6) *Habeas corpus* apócrifo

Não se admite, segundo a jurisprudência, *habeas corpus* apócrifo (sem assinatura): "Muito embora o *habeas corpus* possa ser impetrado por qualquer pessoa do povo, independentemente de procuração, não se afigura admissível a ausência de assinatura, na petição inicial, do Impetrante ou de alguém a seu rogo. Precedentes. 2. *Writ* não conhecido" (STJ – HC 35314 BA 2004/0063259-4, Laurita Vaz). No mesmo sentido, "não estando assinada pelo Impetrante e Paciente a petição inicial, mas, sim, apenas por terceiros, que não são impetrantes e não assinaram a rogo daquele (pois não há informação sobre tratar-se de analfabeto), não oferecendo a impetração condições para uma perfeita compreensão do pleito, e podendo eventual indeferimento, por má compreensão, causar-lhe prejuízo maior, opta-se pelo não conhecimento do pedido, com ressalva de sua adequada renovação" (STF – HC 73.748/MG, Primeira Turma, rel. Min. Sydney Sanches, 23-4-1996).

f.7) Adolescente

Segundo expressa previsão no Estatuto da Criança e do Adolescente (art. 124), "São direitos do adolescente privado de liberdade, entre outros, os seguintes: II – peticionar diretamente a qualquer autoridade". Assim, poderá ser impetrado por adolescente, como já julgado pelo Tribunal de Justiça do Rio Grande do Sul: "Trata-se de HC impetrado por adolescente que responde processo por alegado ato infracional. [...] Tal situação, que resulta em restrição na liberdade do adolescente, não permite superar o prazo máximo de 45 dias previsto no ECA.

Portanto, havendo afronta à liberalidade dos dispositivos legais, a ordem deve ser concedida. Ante o exposto, julgo procedente o HC e concedo a ordem" (HC 70059918698 RS).

f.8) Discordância expressa do paciente

Segundo a jurisprudência do Supremo Tribunal Federal, não será julgado *o habeas corpus*, se houver expressa discordância do paciente. Isso é muito comum em caso de prisão de pessoas públicas: "paciente que expressamente desautoriza a impetração de *habeas corpus* – Writ não conhecido. Não se conhece de pedido de *habeas corpus* quando este, ajuizado originariamente perante o Supremo Tribunal Federal, é expressamente desautorizado pelo próprio paciente" (RIST, art. 192, parágrafo único) (STF – HC 69.889-1, rel. Min. Celso de Mello).

Recentemente, o STF não conheceu o *habeas corpus* impetrado por terceiro em favor do ex-Presidente Michel Temer, que já tinha advogado constituído. Segundo o voto do Min. Relator Celso de Mello, "a legitimidade ativa para o ajuizamento da ação de *habeas corpus* reveste-se de caráter universal, circunstância essa que torna prescindível, até mesmo, a outorga de mandato judicial que autorize o impetrante a agir em favor de quem estaria sujeito, alegadamente, a situação de injusto constrangimento em sua liberdade de locomoção física. Não obstante, a universalidade da legitimação para agir em sede de *habeas corpus*, cabe ter presente a norma inscrita no art. 192, § 3º (antigo parágrafo único), do RISTF, segundo o qual 'não se conhecerá de pedido desautorizado pelo paciente' (grifei). É por essa razão que esta Suprema Corte, em situações como a que se registra nestes autos, tem decidido, com apoio no preceito regimental mencionado, que 'não se deve conhecer do pedido de '*habeas corpus*' quando este, ajuizado originariamente perante o Supremo Tribunal Federal, é desautorizado pelo próprio paciente'" (HC 145.751/DF, 2-8-2017).

Da mesma forma, em 2018, o STJ também deixou de conhecer 142 *habeas corpus* impetrados em favor do ex-Presidente Luiz Inácio Lula da Silva, quando decretada sua prisão pelo Tribunal Regional Federal da 4ª Região. Foram indeferidos liminarmente pela Ministra Laurita Vaz, sob o argumento de que "é sabido que o ex-presidente Luiz Inácio Lula da Silva está devidamente assistido nos autos da ação penal referida por renomados advogados, que estão se valendo de todas as garantias e prerrogativas do nobre ofício para exercer, com plenitude, a ampla defesa e o contraditório, com a observância do devido processo legal". Outrossim, por serem petições idênticas, a Ministra do STJ também apontou o exercício abusivo do direito, afirmando que o *habeas corpus* não seria meio idôneo para manifestações de natureza política: "O Poder Judiciário não pode ser utilizado como balcão de reinvindicações ou manifestações de natureza política ou ideológico-partidárias. Não é essa sua missão constitucional. Essa petição padronizada de *habeas corpus* foi entregue no protocolo do Superior Tribunal de Justiça, durante o apertado período de Plantão da Presidência, com outras 142, em meio físico, ocupando vários servidores e movimentando diversos órgãos do tribunal, sobrecarregando a rotina de trabalho, á suficientemente pesada" (HC 457.946/PR, 2018/0166671-9, rel. Min. Laurita Vaz, 10-7-2018).

f.9) Pessoa jurídica como impetrante

Segundo o STJ, a pessoa jurídica pode ser impetrante do *habeas corpus*, desde que ele seja impetrado em favor de pessoa física (como veremos adiante, a pessoa jurídica não pode ser paciente do *habeas corpus*): "a pessoa jurídica pode ser, eventualmente, impetrante do *writ*, mas não paciente" (STJ, HC 9080/PR, 5ª Turma, rel. Min. Felix Fischer, *DJ* 16-8-1999).

f.10) Em favor de direito próprio ou de terceiro

O *habeas corpus* pode ser impetrado em favor de direito próprio ou de terceiro. Assim, caso o agente seja preso injustamente, poderá ser impetrado em seu próprio nome, para obtenção de sua liberdade. Da mesma forma, poderá ser impetrado o *habeas corpus* em favor de terceiro, não sendo necessária procuração (pois, nesse caso, estamos diante de uma hipótese de legitimação extraordinária ou substituição processual – pleiteia-se em nome próprio direito alheio). Em 2020, curiosamente, o Ministro da Justiça, André Mendonça, atuando como se fosse o Advogado-Geral da União, impetrou *habeas corpus* (HC 189.296) em favor do então Ministro da Educação, Abraham Weintraub, e outras pessoas, contra ato praticado por Ministro do Supremo Tribunal Federal (Alexandre de Moraes). Embora se trate de uma medida heterodoxa, pouco compatível com a atividade funcional do Ministro, constitucionalmente é possível, como cidadão. O *habeas corpus* não foi conhecido pelo Pleno, tendo em vista que "não cabe pedido de *habeas corpus* originário para o Tribunal Pleno contra ato de Ministro ou outro órgão fracionário da Corte" (HC 186.926, rel. Min. Edson Fachin, j. 22-6-2020).

g) Paciente

O paciente no *habeas corpus* necessariamente é pessoa humana, não sendo cabível em favor de pessoa jurídica ou de animais.

g.1) *Habeas corpus* em favor de pessoa jurídica

Recentemente o Supremo Tribunal Federal analisou o tema, julgando pela ilegitimidade passiva da pessoa jurídica no *habeas corpus* por inexistir o direito de liberdade de locomoção. Vejamos algumas considerações, extraídas do Informativo do STF: "A pessoa jurídica não pode figurar como paciente de *habeas corpus*, pois jamais estará em jogo a sua liberdade de ir e vir, objeto que essa medida visa proteger. Com base nesse entendimento, a Turma, preliminarmente, em votação majoritária, deliberou quanto à exclusão da pessoa jurídica do presente *writ*, quer considerada a qualificação como impetrante, quer como paciente" (STF, HC 92921/BA, j. 19-8-2008, rel. Min. Ricardo Lewandowski).

No mesmo sentido, o Superior Tribunal de Justiça decidiu que, "segundo o ordenamento jurídico pátrio e a partir da Constituição, mesmo quando se encontra no polo passivo de ação penal, a pessoa jurídica não pode se valer do *habeas corpus*, uma vez que o bem jurídico por ele tutelado é a liberdade corporal, própria das pessoas naturais" (STJ, HC 180.987/RS, rel. Min. Laurita Vaz, j. 10-9-2013).

g.2) *Habeas corpus* em favor de animais

Outrossim, segundo a tradicional jurisprudência do STF, não cabe HC em favor de animais (já que, segundo a jurisprudência atual, não seriam eles titulares de direitos, tese da qual discordamos e discorremos no capítulo anterior): "Na relação jurídica processual do *habeas corpus* figura o paciente, que há de ser necessariamente pessoa física, o indivíduo que sofre ou se encontra ameaçado de sofrer constrangimento ilegal em sua liberdade de ir, ficar ou vir. Dessarte, está adstrito à liberdade pessoal. Imbuídos, por certo, dos melhores sentimentos, inspirados no canto poético do 'Pássaro Cativo', de Olavo Bilac, é que o advogado Fortunato Benchimol e a Associação Protetora dos Animais vieram a juízo. Entrementes, como ficou demonstrado, o remédio constitucional do *habeas corpus* não ampara a pretensão" (STF, RHC, rel. Djaci Falcão, *RTJ* 63/399).

Da mesma forma, o STJ já negou pedido de *habeas corpus* impetrado em favor de dois bois (Spas e Lhuba) que seriam utilizados numa manifestação cultural denominada "Farra do Boi". Segundo o STJ, "o legislador constitucional não incluiu a hipótese de cabimento do *writ* em favor de animais (HC 96.344/SP, rel. Min. Castro Meira, *DJe* 7-12-2007)" (HC 397.424-SC, rel. Min. Gurgel de Faria, 29-4-2017).

g.3) *Habeas corpus* coletivo

Sempre houve na doutrina e na jurisprudência uma dúvida acerca do cabimento do *habeas corpus* coletivo (impetrado em favor de pacientes não integralmente identificados na petição). Obviamente, sempre foi cabível *habeas corpus* em favor de pacientes identificados e enumerados na inicial. A questão é: e quanto aos pacientes não identificados de pronto (os presos de um determinado presídio, as presas que preencham determinadas características etc.)?

Antes de 2018 o STF já se inclinava favoravelmente ao instituto do *habeas corpus* coletivo, na medida em que alguns foram impetrados e não deixaram de ser conhecidos (embora não tivessem sido providos), como o *Habeas Corpus* 118.536 MC/SP e o *Habeas Corpus* 119.753/SP.

Não obstante, em fevereiro de 2018, em decisão paradigmática, o STF (no HC 143.641) concedeu *habeas corpus* coletivo para determinar a substituição da prisão preventiva por prisão domiciliar para as mulheres presas, em todo o território nacional, que sejam gestantes ou mães de crianças de até 12 anos ou de pessoas com deficiência, como determina o art. 318, IV e V, do Código de Processo Penal.

Inicialmente, os ministros da 2ª Turma do STF discutiram acerca do cabimento do *habeas corpus coletivo*. Segundo o Ministro relator (Ricardo Lewandowski), assim como o STF construiu, pela jurisprudência, o instituto do mandado de injunção coletivo, também seria possível a admissão do *habeas corpus coletivo*: "com maior razão, penso eu, deve-se autorizar o emprego do presente *writ* coletivo, dado o fato de que se trata de um instrumento que se presta a salvaguardar um dos bens mais preciosos do homem, que é a liberdade. Com isso, ademais, estar-se-á honrando a venerável tradição jurídica pátria, consubstanciada na doutrina brasileira do *habeas corpus*, a qual confere a maior amplitude possível ao remédio heroico" (HC 143.641/SP, trecho do voto do Min. Relator).

Como afirmou o próprio STF no sobredito *habeas corpus*, a impetração coletiva já vinha sendo conhecida e provida em outras instâncias do Poder Judiciário, tal como ocorreu no *Habeas Corpus* 1080118354-9, do Tribunal de Justiça do Rio Grande do Sul, e nos *Habeas Corpus* 207.720/SP e 142.513/ES, ambos do Superior Tribunal de Justiça. Neste último, a extensão da ordem a todos os que estavam na mesma situação do paciente transformou o *habeas corpus* individual em legítimo instrumento processual coletivo, por meio do qual se determinou a substituição da prisão em contêiner pela domiciliar.

Dessa maneira, admite-se atualmente o *habeas corpus* coletivo, desde que os pacientes sejam identificados ou identificáveis. Tal medida, embora fruto de construção jurisprudencial, evitará a multiplicação desnecessária de processos, e levando a justiça sobretudo para os pacientes mais hipossuficientes.

Consta da emenda do sobredito e histórico *habeas corpus*: "I – Existência de relações sociais massificadas e burocratizadas, cujos problemas estão a exigir soluções a partir de remédios processuais coletivos, especialmente para coibir ou prevenir lesões a direitos de grupos vulneráveis. II – Conhecimento do *writ* coletivo homenageia nossa tradição jurídica de conferir a maior amplitude possível ao remédio heroico, conhecida como doutrina brasileira do *habeas corpus*. [...] IV – compreensão que se harmoniza também como o previsto no art. 580 do CPP, que faculta a extensão da ordem a todos que se encontram na mesma situação processual" (HC 143.641/SP, rel. Min. Ricardo Lewandowski, Segunda Turma, j. 20-2-2018).

Por fim, indaga-se: como não há previsão legal, quem tem legitimidade para impetrar o *habeas corpus* coletivo? Segundo o STF, aplica-se por analogia o conteúdo da Lei do Mandado de Injunção (Lei n. 13.300/2016), que admite a modalidade coletiva. Segundo o STF, "legitimidade ativa do *habeas corpus* coletivo, a princípio, deve ser reservada àqueles listados no art. 12 da Lei n. 13.300/2016, por analogia ao que dispõe a legislação referente ao mandado de injunção coletivo" (HC 143.641/SP). Dessa maneira, poderão impetrar o *habeas corpus* coletivo: a) Ministério Público; b) partido político com representação no Congresso Nacional; c) organização sindical, entidade de classe ou associação legalmente constituída e em funcionamento há pelo menos um ano; d) Defensoria Pública.

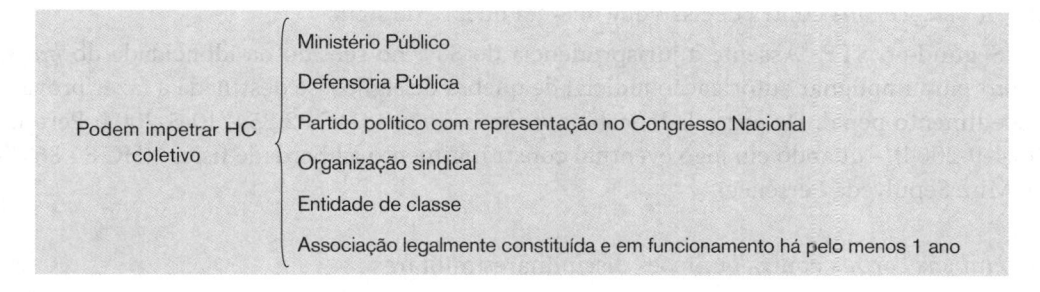

Podem impetrar HC coletivo	Ministério Público
	Defensoria Pública
	Partido político com representação no Congresso Nacional
	Organização sindical
	Entidade de classe
	Associação legalmente constituída e em funcionamento há pelo menos 1 ano

h) Impetrado ou autoridade coatora

Em regra, a autoridade coatora no *habeas corpus* será autoridade pública. Assim, cabe *habeas corpus* contra delegado de polícia: "tendo sido a autoridade policial a mola propulsora da instauração do inquérito policial contra o paciente, é ela, consequentemente, a autoridade coatora" (TJSP, HC, *RT* 548/276). Admite-se também o *habeas corpus* contra membro do Ministério Público: "Requisição indevida de instauração de inquérito (TJSP, HC 282.492); Devolução do inquérito para delegacia para formal indiciamento (TJSP, Dirceu de Mello, *RT* 612/316); recusa de oferecer transação penal ou suspensão condicional do processo (RE 141.209, STF).

Embora não seja tão comum, é cabível *habeas corpus* contra ato de particular: "Cabe *habeas corpus* contra ato de presbítero que impede fiel de participar de culto religioso" (TACRimSP, RHC, rel. Melo Freire, *JUTACRIM* 67/20165). "Internamento de paciente em hospital contra sua vontade. O *habeas corpus* contra ato de particulares é oportuno quando necessário, tal seja o constrangimento que outro remédio tal pronto não haja, ou em casos em que a Polícia não possa intervir imediatamente" (STF, rel. Orosimbo Nonato, *RT* 231/664).

Da mesma forma, o STJ já admitiu *habeas corpus* contra ato de síndico no condomínio: "o *habeas corpus* é ação constitucional destinada a garantir o direito de locomoção, em face de ameaça ou de efetiva violação por ilegalidade ou abuso de poder. Do teor da cláusula constitucional pertinente (art. 5º, LXVIII) exsurge o entendimento no sentido de admitir-se o uso da garantia inclusive na hipótese em que a ilegalidade provenha de ato de particular, não se exigindo que o constrangimento seja exercido por agente do Poder Público" (RHC 4.120-0/RJ, rel. Min. Anselmo Santiago, j. 29-4-1996).

i) **Jurisprudência**

i.1) Ausência do risco de prisão

Segundo a Súmula 693, STF: "Não cabe *habeas corpus* contra decisão condenatória a pena de multa, ou relativo a processo em curso por infração penal que a pena pecuniária seja a única cominada". Isso porque, se não há risco de prisão ao final do processo, não será possível a impetração de *habeas corpus*, já que inexistente risco à liberdade de locomoção.

Outrossim, segundo a Súmula 695, STF: Não cabe *habeas corpus* quando já extinta a pena privativa de liberdade". Da mesma forma, nesse caso, não haveria mais risco à liberdade de locomoção.

i.2) *Habeas corpus* contra decisão que decreta quebra de sigilo

Segundo o STF, "Assente a jurisprudência do STF no sentido da idoneidade do *habeas corpus* para impugnar autorização judicial de quebra de sigilos, se destinada a fazer prova em procedimento penal. De outro lado, cabe o *habeas corpus* (HC 82.354, 10-8-2004, Pertence, *DJ* 24-9-2004) – quando em jogo eventual constrangimento à liberdade física" (HC 84.869/SP, rel. Min. Sepúlveda Pertence).

i.3) *Habeas corpus* contra punições disciplinares militares

Segundo o art. 142, § 2º, da Constituição Federal: "Não caberá *habeas corpus* em relação a punições disciplinares militares". Todavia, atenuando o rigor desse artigo, o Supremo Tribunal Federal entende que: "a legalidade da imposição da punição constritiva da liberdade, em procedimento administrativo castrense, pode ser discutida por meio de *habeas corpus*" (RHC 88.543, rel. Min. Ricardo Lewandowski).

i.4) Competência

A competência para julgar *habeas corpus* será para a autoridade judiciária que esteja acima da autoridade coatora. Assim, se a autoridade coatora for delegado ou particular, caberá *habeas corpus* para o juiz (federal ou estadual). Sendo ele autoridade coatora, caberá *habeas corpus* para o Tribunal de Justiça ou Tribunal Regional Federal (a depender do juiz). Nesse sentido, a jurisprudência: "Somente é competente para conhecer de *habeas corpus* autoridade judiciária de hierarquia superior à de que provier a violência ou coação, sendo incompetente a de hierarquia inferior ou, mesmo, igual" (TJSP, HC, rel. Márcio Bonilha, *RT* 555/345). Nesse mesmo sentido: "A competência para o processo e julgamento do *habeas corpus* obedece ao princípio da hierarquia. Não pode se reputar competente o mesmo juiz que autorizou a coação, ou que a ordenou, nem o seu igual, nem, *a fortiori*, o juiz inferior a ele. As leis porfiaram em dar forma a esse princípio" (TJSP, RHC, rel. Felizardo Calil, *RT* 54/364).

A Súmula 690 do STF afirmava que "compete originariamente ao Supremo Tribunal Federal o julgamento de *habeas corpus* contra decisão de turma recursal dos juizados especiais criminais". Embora essa súmula não tenha sido cancelada expressamente, o STF deixou de aplicá-la. Assim, *habeas corpus* contra turma recursal será da competência do Tribunal de Justiça do Estado ou Tribunal Regional Federal (se o Juizado Especial for estadual ou federal, respectivamente).

Por sua vez, segundo a jurisprudência do STF, "não cabe para o Plenário, impetração de *habeas corpus* contra decisão colegiada de qualquer das Turmas (ou do próprio Pleno), ainda que resultante do julgamento de outros processos de *habeas corpus*" (HC 88.247, STF). Segundo a Súmula 606 do STF "não cabe *habeas corpus* originário para o Tribunal Pleno de decisão de Turma, ou do Plenário, proferida em *habeas corpus* no respectivo recurso". Assim, quando uma Turma ou uma Câmara do Tribunal nega *habeas corpus*, deverá ser impetrado outro *habeas corpus* (ou mais propriamente um recurso ordinário constitucional) contra o Tribunal, para o Tribunal que esteja acima.

i.5) *Habeas corpus* e indeferimento liminar

Segundo a Súmula 691 do STF, "não compete ao Supremo Tribunal Federal conhecer de *habeas corpus* impetrado contra decisão do relator que, em *habeas corpus* requerido a tribunal superior, indefere a liminar". Esse, aliás, também é o entendimento do Superior Tribunal de Justiça: "O STJ já se pronunciou no sentido de que não cabe *habeas corpus* para conceder liminar indeferida pelo relator de *writ* que tem curso perante Tribunal de Justiça, por implicar em substituição daquele relator. Julgado o pedido, o paciente poderá recorrer ou impetrar *habeas corpus* originário perante esta Corte. Excepcionalmente, poderia ser admitido, se ocorresse manifesta ilegalidade ou prejuízo irreparável para o paciente" (STJ, HC 6735, 5ª T., rel. Cid Fláquer Scartezzini). Não obstante, em casos excepcionais, o STF admite o *habeas corpus*, quando a ilegalidade é manifesta.

i.6) Efeito extensivo

Por fim, pode-se fazer analogia com o art. 580 do CPP a fim de entender que, havendo corréus, se apenas um deles impetrar *habeas corpus*, reconhecendo-se alguma situação objetiva que aproveite ao corréu, poderá este ser beneficiado. Imagine-se que dois réus estão sendo processados por um mesmo crime: se um dos corréus impetrar *habeas corpus* e o Tribunal reconhecer que o fato é atípico, tal fato certamente se estenderá ao corréu que não se insurgiu.

Diz a jurisprudência: "*Habeas corpus*. Pedido de extensão de julgado. Aplicação do art. 580 do CPP. Tratando-se de denúncia homogênea em relação a todos os réus, a concessão de *habeas corpus* a requerimento de um deles, para decretar a nulidade da denúncia, deve aproveitar a todos. As situações iguais devem receber o mesmo tratamento em homenagem ao princípio isonômico. Situação amparada pelo art. 580 do CPP. Extensão do julgado concedida aos requerentes" (STJ, HC, rel. Anselmo Santiago, *RSTJ* 99/355). Segundo o STF, essa extensão pode ocorrer até mesmo para o *habeas corpus* já julgado: "Pedido de extensão dos efeitos do julgado do HC 74.116-SP aos demais corréus, protocolizado após o seu julgamento e, por essa razão, autuado como *habeas corpus* originário. Não há, no direito legislado brasileiro, previsão de extensão de julgado em *habeas corpus* aos demais corréus, eis que o art. 580 do CPP contempla essa hipótese, apenas, para as decisões tomadas em recursos. Entretanto, por construção pretoriana, esta extensão vem sendo admitida tanto no caso do *habeas corpus* como no de revisão criminal, desde que atendidos os dois requisitos previstos no art. 580 do CPP: 1º) existência de concurso de agentes; 2º) concessão da ordem por motivos que não são de caráter exclusivamente pessoal. Precedente" (STF, 2ª T., HC 75.039-7, rel. Maurício Corrêa).

Em 23 de setembro de 2014, a Primeira Turma do STF decidiu que "contra a denegação de *habeas corpus* por Tribunal Superior prevê a Constituição Federal remédio jurídico expresso, o recurso ordinário. Diante da dicção do art. 102, II, "a", da Constituição da República, a impetração de novo *habeas corpus* em caráter substitutivo escamoteia o instituto recursal próprio, em manifesta burla ao preceito constitucional" (HC 122.594/SP, rel. Min. Rosa Weber).

14.32.2. *Habeas data* (art. 5º, LXXII, CF)

Habeas data é um remédio constitucional destinado a garantir o acesso a dados pessoais que se encontram em bancos de dados de entidades governamentais ou de caráter público, bem como corrigir esses dados, se incorretos, ou fazer anotações nesses dados, caso estejam corretos, mas passíveis de justificativa.

a) Origem

Tem-se afirmado que sua origem se encontra na legislação norte-americana, através do *Freedom of Information Act*, de 1974. Esse ato foi editado com o objetivo de proteger e tornar efetivo o direito à privacidade (*right to privacy*) e de impedir a manipulação abusiva das informações. Posteriormente, em 1986, o Congresso norte-americano aprovou o *Freedom of Information Reform Act*, visando possibilitar o acesso do particular às informações constantes de registros públicos ou particulares permitidos ao público. Ambos os *statutes*, editados pelo Congresso Nacional dos Estados Unidos da América, objetivam, dentre outras prescrições, disciplinar: a) o tema da *disclosure of the information* (revelação de informações); b) a regulação do direito de acesso (*right of access*), de retificação (*correction*) ou de complementação (*amendment*) dos registros (*records*) ou dos sistemas de registro (*system of records*) e c) o procedimento judicial destinado a conferir efetividade a esses direitos (*the individual may bring a civil action against the agency*), conferindo aos tribunais federais competência para prevalecer, quando for o caso, a pretensão do interessado.

Da mesma forma, a Constituição da República Portuguesa, promulgada em 1976, restringiu o poder do Estado na utilização da informática e garantiu, claramente, o aceso das pessoas às informações sobre elas existentes em órgãos estatais ou não (art. 35): "Todos os cidadãos têm o direito de tomar conhecimento dos dados constantes de ficheiros ou registros informáticos a seu respeito e do fim a que se destinam, podendo exigir a sua rectificação e actualização, sem prejuízo do disposto na lei sobre segredo de justiça".

b) Negativa ou demora na via administrativa

É jurisprudência pacífica no STF e no STJ a necessidade de negativa na via administrativa para justificar o ajuizamento do *habeas data*. Isso porque, sendo o *habeas data* uma ação constitucional, estará submetida às condições da ação, dentre elas o interesse de agir.

O Superior Tribunal de Justiça consagrou, através da Súmula 2, o entendimento segundo o qual "não cabe o *habeas data* (CF, art. 5º, LXXII, "a") se não houve recusa de informações por parte da autoridade administrativa". É necessário, portanto, como condição da ação, na modalidade interesse de agir, que tenha havido a resistência na via administrativa para autorizar o uso do presente remédio.

A Lei n. 9.507, de 12-11-1997, que disciplina o *habeas data*, afirma, em seu art. 8º, que o autor da ação deve instruir a inicial com a prova da recusa ou da inércia do órgão administrativo: "Art. 8º A petição inicial, que deverá preencher os requisitos dos arts. 282 a 285 do Código de Processo Civil, será apresentada em duas vias, e os documentos que instruírem a primeira serão reproduzidos por cópia na segunda. Parágrafo único. A petição inicial deverá ser instruída com prova: I – da recusa ao acesso às informações ou do decurso de mais de 10 (dez) dias sem decisão; II – da recusa em fazer-se a retificação ou do decurso de mais de 15 (quinze) dias, sem decisão; ou III – da recusa em fazer-se a anotação a que se refere o § 2º do art. 4º ou do decurso de mais de 15 (quinze) dias sem decisão".

c) Cabimento

Conforme previsto no texto constitucional, visa o remédio em exame assegurar apenas o conhecimento de informações relativas à pessoa do impetrante, constantes de registros ou bancos de dados, ou o conhecimento delas e a retificação de dados.

Segundo a Lei n. 9.507/97, também se mostra admissível o *habeas data* para se proceder à anotação de esclarecimentos ou justificativas no registro de dados.

Portanto, o dispositivo constitucional que prevê o *habeas data* possui dupla finalidade: a primeira é a obtenção de informações existentes em órgãos governamentais ou órgãos de caráter público (informações que versem sobre a própria pessoa do impetrante); a segunda finalidade é a eventual retificação dos dados neles constantes. Por fim, como dissemos, a lei criou uma terceira finalidade do *habeas data*: a anotação, nos assentamentos, de contestação ou explicação sobre dado verdadeiro, mas justificável.

Essa terceira hipótese, criada pela lei, tem como justificativa a ideia de evitar ou remediar possíveis humilhações que possa sofrer o indivíduo em virtude de dados constantes que, apesar de verdadeiros, seriam insuficientes para uma correta e ampla análise, possibilitando uma interpretação dúbia ou errônea, se não houvesse a oportunidade de maiores esclarecimentos.

Segundo o STF, não caberá *habeas data* para pleitear o direito a esquecimento: "O *habeas data* é via processual inadequada ao atendimento de pretensão do autor de sustar a publicação de matéria em sítio eletrônico" (HD 100/DF, rel. Luiz Fux, 1ª Turma, j. 25-11-2004).

d) Legitimidade ativa

Pode ser pessoa física ou jurídica, brasileira ou estrangeira, já que todos são titulares de direito à informação.

Como o *habeas data* só pode pleitear informações da pessoa do impetrante, não será possível impetrá-lo para obtenção de informações de terceiros, salvo uma exceção: já decidiu o Superior Tribunal de Justiça: "Em se tratando de 'dado pessoal' – ou personalíssimo –, somente a pessoa em cujo nome constar o registro tem legitimidade ativa *ad causam* ou legitimação para agir. Exceção feita aos mortos, quando, então, o herdeiro legítimo ou cônjuge supérstite poderão impetrar o *writ*" (STJ, REsp 781969, rel. Min. Luiz Fux, j. 8-5-2007).

Por fim, seria possível a impetração de *habeas data* coletivo (em favor de sindicalizados, filiados a partidos políticos, membros de associações etc.)? Concordamos, nesse ponto, com Uadi Lammêgo Bulos, no sentido de que é possível a representação processual, mas não é possível a substituição processual. Na primeira, tutela-se, em nome alheio, direito alheio. Ocorre quando a associação, por exemplo, recebe de seus filiados expressa autorização, mediante procuração, para que ela impetre *habeas data* em favor de todos. Já na segunda (substituição processual), as associações atuariam diretamente, em nome próprio, representando os seus associados. Nesse caso, haveria uma indevida investida em direito personalíssimo dos associados, consistente no sigilo dos dados pessoais constantes em bancos de dados de instituições públicas.

e) **Legitimidade passiva**

Segundo a Constituição Federal, o *habeas data* deve ser impetrado contra entidade governamental ou de caráter público que tenha registro ou banco de dados sobre a pessoa. Entidades governamentais compreendem, sem dúvida, aquelas que compõem o elenco das integrantes da Administração direta e indireta, como as autarquias. Segundo Carreira Alvim, não há "motivo para restrições àquelas dotadas de personalidade jurídica de direito privado, como as empresas públicas e sociedades de economia mista"[236].

Não obstante, o assunto é polêmico. O Supremo Tribunal Federal já decidiu pela ilegitimidade passiva do Banco do Brasil para a revelação a ex-empregado do conteúdo da ficha pessoa, por não se tratar, no caso, de registro de caráter público, nem atuar o impetrado na condição de entidade governamental" (RE 165.304/MG, Tribunal Pleno, rel. Min. Octavio Gallotti, j. 19-10-2000). Em seu voto, disse o Ministro Gallotti: "a despeito de ser ele sociedade de economia mista, e assim compreendido na Administração Indireta, não atua, no caso, como agente ou delegado do Poder Público, capaz da prática de atos governamentais; mas na simples exploração de atividade econômica, por pessoa jurídica de direito privado, figurando como empregador em relação trabalhista, sujeita ao regime das empresas privadas" (RE 165.304/MG, Tribunal Pleno, Min. Octavio Gallotti, j. 19-10-2000).

Em contrapartida, o TJSP já entendeu que sociedade de economia mista é "de caráter público": "*Habeas Data* – Concessão de ordem de fornecimento de cópia de sindicância e relatório conclusivo que ensejou a dispensa do postulante por justa causa – FEPASA – Empresa de economia mista – Entidade de caráter público – Artigo 5º, LXXII da Constituição Federal – Recurso provido" (ApCiv. 40.225-5/SP, 1ª Câmara de Direito Público, rel. Octaviano Lobo, 15-6-1999, v.u.).

A definição de órgão de caráter público, para fins de *habeas data*, está no art. 1º, parágrafo único, da Lei n. 9.507/97: "Considera-se de caráter público todo registro ou banco de dados contendo informações que sejam ou que possam ser transmitidas a terceiros ou que não sejam de uso privativo do órgão ou entidade produtora ou depositária das informações".

14.32.3. Mandado de injunção (art. 5º, LXXI, CF)

Segundo o art. 5º, LXXI, da Constituição Federal, "conceder-se-á mandado de injunção sempre que a falta de norma regulamentadora torne inviável o exercício dos direitos e liberdades constitucionais e das prerrogativas inerentes à nacionalidade, à soberania e à cidadania".

---

236. *Habeas data*, p. 47.

a) Origem

Parte da doutrina entende que a origem do mandado de injunção vem do direito norte-americano, através do *writ of injunction* (que é uma ação baseada na chamada "jurisdição de equidade", aplicando-se sempre quando a norma legal é insuficiente para resolver com justiça o caso concreto). Outra parte da doutrina entende que a origem vem do direito português, através de instrumentos cuja finalidade é advertir o poder competente omisso.

b) Cabimento

O mandado de injunção é cabível quanto à norma constitucional de eficácia limitada, em uma de suas espécies mais conhecidas: a norma de eficácia limitada de princípio institutivo. Esta é a norma constitucional que precisa de um complemento, de uma regulamentação, para gerar todos os seus efeitos. Dessa forma, é necessário que haja lacuna na estrutura normativa, apta a ser sanada através de qualquer lei ou ato normativo.

Todavia, sua amplitude de cabimento é menor que o da ação direta de inconstitucionalidade por omissão, embora sejam semelhantes. A conhecida ADIn por omissão é cabível em face de qualquer norma constitucional de eficácia limitada de princípio institutivo. Em outras palavras, em qualquer situação de norma constitucional que precise de um complemento, inerte o poder público, poderá ser ajuizada a ADIn por omissão. Por sua vez, o mandado de injunção tem um cabimento mais restrito: só é possível em caso de inviabilização do exercício dos direitos e liberdades constitucionais e das prerrogativas inerentes à nacionalidade, à soberania e à cidadania.

Imaginemos que determinada pessoa é detentora de um direito garantido pelo texto constitucional. Não obstante, para exercitar esse direito é necessária a edição de norma regulamentadora até aquele instante inexistente. Esse é o cabimento do mandado de injunção.

Foi o último remédio constitucional a ser regulamentado no Brasil. A regulamentação só veio recentemente, com a Lei n. 13.300/2016.

c) Legitimidade ativa

Qualquer pessoa é parte legítima para ajuizar a ação sobredita. Não obstante, é necessário que essa pessoa seja detentora de um direito que não é possível ser realizado pela inexistência de norma regulamentadora, como o funcionário público que, para exercer o direito de greve previsto na Constituição (art. 37, VII, CF), precisa de norma regulamentar. Segundo o art. 3º da Lei n. 13.300/2016, "são legitimados para o mandado de injunção, como impetrantes, as pessoas naturais ou jurídicas que se afirmam titulares dos direitos, das liberdades ou das prerrogativas referidos no art. 2º".

O Supremo Tribunal Federal, antes da edição da Lei n. 13.300/2016, já admitia mandado de injunção coletivo, como aplicação analógica do art. 5º, LXX, da CF.

Atualmente, o tema é tratado no art. 12 da Lei n. 13.300/2016: "Art. 12. O mandado de injunção coletivo pode ser promovido: I – pelo Ministério Público, quando a tutela requerida for especialmente relevante para a defesa da ordem jurídica, do regime democrático ou dos interesses sociais ou individuais indisponíveis; II – por partido político com representação no Congresso Nacional, para assegurar o exercício de direitos, liberdades e prerrogativas de seus integrantes ou relacionados com a finalidade partidária; III – por organização sindical, entidade de classe ou associação legalmente constituída e em funcionamento há pelo menos 1 (um) ano, para assegurar o exercício de direitos, liberdades e prerrogativas em favor da totalidade ou de parte de seus membros ou associados, na forma de seus estatutos e desde que pertinentes a suas finalidades, dispensada, para tanto, autorização especial; IV – pela Defensoria Pública, quando a tutela requerida for especialmente relevante para a promoção dos direitos humanos e a defesa dos direitos individuais e coletivos dos necessitados, na forma do inciso LXXIV do art. 5º, da Constituição Federal".

Em resumo, a jurisprudência, por analogia ao mandado de segurança coletivo, já admitia o mandado de injunção coletivo para os mesmos legitimados da primeira ação (art. 5º, LXX, CF). Agora, com a nova lei, além dos mesmos quatro legitimados do mandado de segurança coletivo, também podem impetrar mandado de injunção coletivo a Defensoria e o Ministério Público.

Por fim, segundo o art. 13, parágrafo único da sobredita lei, "O mandado de injunção coletivo não induz litispendência em relação aos individuais, mas os efeitos da coisa julgada não beneficiarão o impetrante que não requerer a desistência da demanda individual no prazo de 30 (trinta) dias a contar da ciência comprovada da impetração coletiva".

d) Legitimidade passiva

É da autoridade do órgão competente para a expedição da norma regulamentadora da vontade constitucional: "Somente pessoas estatais podem figurar no polo passivo da relação processual instaurada com a impetração do mandado de injunção, eis que apenas a elas é imputável o dever jurídico de emanação de provimentos normativos. A natureza jurídico-processual do instituto do mandado de injunção – ação judicial de índole mandamental – inviabiliza, em função de seu próprio objeto, a formação de litisconsórcio passivo, necessário ou facultativo, entre particulares e entes estatais" (STF, MI-AgR335/DF, rel. Min. Celso de Mello, *DJ* 17-6-1994, p. 15720). Nos termos do art. 3º, *in fine*, da Lei n. 13.300/2016, figurará "como impetrado, o Poder, o órgão ou a autoridade com atribuição para editar a norma regulamentadora".

e) Decisão e efeitos no mandado de injunção

Segundo o art. 8º da Lei n. 13.300/2016, julgado procedente o mandado de injunção, o Judiciário "determinará o prazo razoável para que o impetrado promova a edição da norma regulamentadora" (inciso I). Todavia, essa decisão será concedida uma só vez. Caso o Legislativo não cumpra esse prazo, o Judiciário irá "estabelecer as condições em que se dará o exercício dos direitos, das liberdades ou das prerrogativas reclamados ou, se for o caso, as condições em que poderá o interessado promover ação própria visando a exercê-los, caso não seja suprida a mora legislativa no prazo determinado".

Trata-se da eficácia concretista do mandado de injunção, que já era admitida antes mesmo da edição da Lei n. 13.300/2016. Ao contrário da ADI por omissão, em que a procedência da ação implica a mera comunicação ao órgão legislativo, no mandado de injunção, descumprido o prazo limite para se legislar, o Judiciário estabelecerá as regras necessárias ao exercício do direito (eficácia concretista).

Como dissemos acima, a fixação do prazo para elaboração da norma legal se dará uma só vez. Isso porque o art. 8º da Lei n. 13.300/2016 afirma que "Será dispensada a determinação a que se refere o inciso I do *caput* quando comprovado que o impetrado deixou de atender, em mandado de injunção anterior, ao prazo estabelecido para a edição da norma".

Importante: segundo o art. 9º da Lei n. 13.300/2016, a decisão produzirá efeitos até o advento da norma regulamentadora. Ou seja, as regras estabelecidas pelo Judiciário são provisórias, sendo aplicadas até que a norma regulamentar seja feita pelo órgão competente.

Qual a consequência da elaboração da norma regulamentadora? Se ela for editada no curso do processo, este será extinto sem julgamento de mérito, pela perda do objeto (art. 11, parágrafo único, Lei n. 13.300/2016). Todavia, se for editada depois do trânsito em julgado do mandado de injunção, a lei regulamentadora produzirá efeitos *ex nunc* em relação aos beneficiados por decisão transitada em julgado, salvo se a aplicação da norma editada lhes for mais favorável. Nesse caso, se a lei regulamentadora trouxer mais vantagens aos impetrantes do Mandado de Injunção, será retroativa, pois mais benéfica às partes que impetraram mandado de injunção (art. 11, *caput*, Lei n. 13.300/2016).

Segundo o art. 9º, § 1º, da Lei n. 13.300/2016, "Poderá ser conferida eficácia *ultra partes* ou *erga omnes* à decisão, quando isso for inerente ou indispensável ao exercício do direito, da liberdade ou da prerrogativa objeto da impetração". Esse já era o entendimento do STF, que foi confirmado pela legislação. Por exemplo, no Mandado de Injunção 708, que trata da ausência de lei específica sobre a greve do servidor público (nos termos do art. 37, VII, CF), o efeito da decisão foi *erga omnes*, aplicando-se a todos os servidores públicos brasileiros. Segundo o STF, até que seja editada a lei específica da greve, aplica-se a todos os servidores a Lei Geral da Greve (Lei n. 7.783/89). Segundo o Supremo Tribunal Federal: "Considerada a omissão legislativa alegada na espécie, seria o caso de se acolher a pretensão, tão somente no sentido de que se aplique a Lei n. 7783/89 enquanto a omissão não for devidamente regulamentada por lei específica para os servidores públicos civis" (MI 708/DF, rel. Min. Gilmar Mendes, Tribunal Pleno, j. 25-10-2007).

Segundo o § 2º desse mesmo artigo, "Transitada em julgado a decisão, seus efeitos poderão ser estendidos aos casos análogos por decisão monocrática do relator". Por fim, segundo o art. 10 da referida lei, "em prejuízo dos efeitos já produzidos, a decisão poderá ser revista, a pedido de qualquer interessado, quando sobrevierem relevantes modificações das circunstâncias de fato ou de direito".

14.32.4. Ação popular (art. 5º, LXXIII, CF)

Segundo o art. 5º, LXXIII, da Constituição Federal: "qualquer cidadão é parte legítima para propor ação popular que vise a anular ato lesivo ao patrimônio público ou de entidade de que o Estado participe, à moralidade administrativa, ao meio ambiente e ao patrimônio histórico e cultural, ficando o autor, salvo comprovada má-fé, isento de custas judiciais e do ônus da sucumbência".

Segundo Uadi Lammêgo Bulos, "é o instrumento constitucional colocado ao dispor de qualquer cidadão, no pleno gozo de seus direitos políticos, para invalidar atos ou contratos administrativos ilegais ou lesivos ao patrimônio da União, Estados, Distrito Federal e Municípios. Trata-se de um mecanismo que permite a qualquer cidadão, no pleno gozo de seus direitos políticos, invocar a tutela jurisdicional de interesses difusos"[237].

---

237. Op. cit., p. 616.

a) Origem

A ação popular teve origem no Direito Romano. Para o cidadão romano, os bens de uso comum, tais os caminhos, as praças, os risos, eram vistos como uma universalidade indivisa, na qual também se integravam o próprio cidadão e o incipiente Estado, o que tornava esbatidos os contornos do que hoje conhecemos como interesse individual e interesse público.

No Brasil, a ação popular teria surgido na Constituição de 1934, no art. 114, item 38: "Qualquer cidadão será parte legítima para pleitear a declaração de nulidade ou anulação dos atos lesivos do patrimônio da União, dos Estados ou dos Municípios". Com o advento da Ditadura Vargas, foi ela revogada pela nova Constituição de 1937, conhecida como "Polaca", diante da influência da Constituição polonesa.

Passado o período ditatorial, ressurge a ação popular na Constituição de 1946, no art. 141, § 38: "Qualquer cidadão será parte legítima para pleitear a anulação ou a declaração de nulidade de atos lesivos do patrimônio da União, dos Estados, dos Municípios, das entidades autárquicas e das sociedades de economia mista".

Em comparação com a previsão constitucional da Carta de 1934, nota-se que a norma do referido artigo da Constituição de 1946 ampliou o objeto da ação popular, pois agora albergava também a administração indireta (autarquias e sociedades de economia mista), o que foi mantido pelas Constituições seguintes.

Na Constituição de 1967, a ação popular aparecia de forma muito semelhante à da Constituição anterior, malgrado com a imprecisa expressão "entidades públicas" (art. 150, § 38). Curiosamente, dois anos antes, entrou em vigor a Lei n. 4.717/65, até hoje vigente, que não permite uma interpretação restrita de seu objeto e de seu âmbito de proteção, como aparentemente preconizava a Constituição de 1967.

b) Cabimento

Conforme a dicção constitucional, a ação popular visa a evitar ou anular atos lesivos ao *patrimônio público* ou de entidade de que o Estado participe, à *moralidade administrativa*, ao *meio ambiente* e ao *patrimônio histórico e cultural*, podendo ser preventiva ou repressiva. A ação, na modalidade preventiva, visa a impedir a realização do ato lesivo. Já na modalidade repressiva, a lesão já foi ocorrida, devendo ser buscada sua reparação.

Cabimento da ação popular:
evitar ou reparar lesão a
- patrimônio público
- meio ambiente
- moralidade administrativa
- patrimônio histórico ou cultural

b.1) Lesão ao patrimônio público

Exemplo de atentado ao patrimônio público é a ausência de licitação, nos casos em que o Poder Público deveria fazê-la. Nesse sentido, já julgou o TJSP: "Anulação de ato ilegal. Falta de licitação. Dano ao patrimônio público configurado. Afronta aos princípios da moralidade administrativa e da legalidade. Sentença mantida" (Ap 994.060.583166. rel. Antonio Carlos Malheiros).

Segundo doutrina e jurisprudência, em regra, a lesão precisa ser demonstrada pelo autor da ação popular (lesividade provada). Como exceção, situam-se as hipóteses constantes do art. 4º da lei da ação popular[238], em que a lesividade é presumida.

Nos casos de lesividade presumida, a presunção é relativa, já que admite prova em contrário a cargo do réu. Assim, podemos afirmar que a lesividade é um requisito em ambos os casos. Não obstante, na *lesividade provada*, a prova competirá ao autor da ação popular e, na *lesividade presumida*, por força da presunção legal e da inversão do ônus da prova, caberá, ao réu, que deverá demonstrar a ausência de lesão.

Segundo a doutrina, "nos casos elencados taxativamente pela lei, o autor está dispensado de prova da lesividade, em decorrência da presunção, cabendo ao réu demonstrar a ausência de lesão. A questão da lesividade patrimonial, presumida ou não, quer pela ótica da legislação infraconstitucional, quer pela interpretação da Constituição Federal, quer pela jurisprudência, é núcleo central da ação popular"[239].

b.2) Lesão à moralidade administrativa

A *moralidade* é um dos princípios que rege a Administração Pública, nos termos do art. 37, *caput*, da Constituição. Dessa maneira, não somente os atos claramente ilegais podem ser vergastados por meio da ação popular, mas também os atos imorais.

Como afirma a doutrina, "a abrangência do princípio vai além da estrita legalidade. Logo, não gasta que o administrador, no exercício da função, restrinja-se à observância da lei, é preciso que ele zele também pelos valores morais e éticos inerentes a ela"[240]

O STF já proferiu algumas decisões com base nesse princípio: "por ofensa à moralidade administrativa, é inválida a nomeação para cargo público quando o nomeado não exibe um mínimo de pertinência entre suas qualidades intelectuais e o ofício a ser desempenhado" (RE 167.137, rel. Min. Paulo Brossard, Primeira Turma, *DJ* de 25-11-1994). Com base nesse entendimento, defendemos que as nomeações meramente políticas de secretários, Ministros etc., quando o nomeado não possui qualquer experiência na área da sua atuação, fere a moralidade administrativa e, portanto, pode sua nomeação ser questionada por ação popular.

---

238. "Art. 4º São também nulos os seguintes atos ou contratos, praticados ou celebrados por quaisquer das pessoas ou entidades referidas no art. 1º: I – a admissão ao serviço público remunerado, com desobediência, quanto às condições de habilitação, das normas legais, regulamentares ou constantes de instruções gerais; II – A operação bancária ou de crédito real, quando: a) for realizada com desobediência a normas legais, regulamentares, estatutárias, regimentais ou internas; b) o valor real do bem dado em hipoteca ou penhor for inferior ao constante da escritura, contrato ou avaliação. III – A empreitada, a tarefa e a concessão do serviço público, quando: a) o respectivo contrato houver sido celebrado sem prévia concorrência pública ou administrativa, sem que essa condição seja estabelecida em lei, regulamento ou norma geral; b) no edital de concorrência forem incluídas cláusulas ou condições, que comprometam o seu caráter competitivo; c) a concorrência administrativa for processada em condições que impliquem na limitação das possibilidades normais de competição. IV – As modificações ou vantagens, inclusive prorrogações que forem admitidas, em favor do adjudicatário, durante a execução dos contratos de empreitada, tarefa e concessão de serviço público, sem que estejam previstas em lei ou nos respectivos instrumentos. V – A compra e venda de bens móveis ou imóveis, nos casos em que não cabível concorrência pública ou administrativa, quando: a) for realizada com desobediência a normas legais, regulamentares, ou constantes de instrumentos gerais; b) o preço de compra dos bens for superior ao corrente no mercado, na época da operação; c) o preço de venda dos bens for inferior ao corrente no mercado, na época da operação..."
239. Antonio Cecilio Moreira Pires; Lilian Regina Gabriel Moreira Pires. *Ação Popular como Meio de Controle das Contratações Públicas*, p. 128.
240. Op. cit., p. 129.

Também decidiu o STF que "ofende o princípio da moralidade e da impessoalidade a alteração das regras de edital de concurso em andamento quando podem levar, ainda que de forma velada, à escolha direcionada dos candidatos habilitados às provas orais, já que não se deu modificação na legislação que disciplina a respectiva carreira" (MS 27.165, rel. Min. Joaquim Barbosa, Plenário, *DJ* de 6-3-2009).

Por fim, já decidiu o STF que "viola a impessoalidade e a moralidade o ato administrativo do magistrado em casos nos quais há impedimento e suspeição, o que enseja presunção *juris et de jure* de parcialidade, uma vez que não é possível ao juiz praticar ato de seu ofício (jurisdicional ou administrativo) nessas condições" (MS 21.814, rel. Min. Néri da Silveira, Plenário, *DJ* de 10-6-1994).

b.3) Lesão ao meio ambiente

Segundo a doutrina, "o cidadão tem a sua disponibilidade importante instrumento de mitigar ou até mesmo afastar agravos ao meio ambiente ocorridos em virtude da ação ou da omissão do Poder Público. A educação para a cidadania compreende a atuação dos indivíduos em favor dos interesses da coletividade na garantia de um desenvolvimento sustentável. A República defendida pelo cidadão tem hoje necessariamente uma tonalidade verde"[241].

Dessa maneira, o STJ já admitiu ação popular para defesa do meio ambiente: "a ação popular é o instrumento jurídico que qualquer cidadão pode utilizar para impugnar atos omissivos ou comissivos que possam causar dano ao meio ambiente. Assim, pode ser proposta para que o Estado promova condições para a melhoria da coleta de esgoto de uma penitenciária com a finalidade de que cesse o despejo de poluentes em um córrego" (REsp 889.766/SP, rel. Min. Castro Meira, j. 4-10-2007).

b.4) Lesão ao patrimônio histórico ou cultural

O patrimônio cultural abrange os bens de valor histórico, um acervo ou conjunto de bens de natureza material ou imaterial, tomados individualmente ou em conjunto. Por exemplo, qualquer cidadão poderá ajuizar essa ação contra ato do poder público que visa a demolir prédio de valor histórico, bem como ato do poder público que visa a impedir a realização de uma manifestação cultural.

c) **Legitimidade ativa**

Qualquer cidadão é parte legítima para promover a ação popular. Em primeiro lugar, deve-se entender por cidadão aquele que estiver no gozo de seus direitos políticos, donde a prova dessa condição deve ser feita já na inicial, através da apresentação do título de eleitor ou documento equivalente. Outra questão interessante é a suspensão superveniente dos direitos políticos do autor da ação. A doutrina majoritária entende que o processo deve ser extinto sem julgamento do mérito, pois houve a perda de uma condição da ação. Não obstante, nesse caso, nada impede que outro cidadão ou o Ministério Público deem continuidade à ação, nos termos do art. 9º da Lei n. 4.717/65 (Lei da Ação Popular).

Mostra-se perfeitamente possível a formação de litisconsórcio ativo, que será facultativo.

---

241. Geisa de Assis Rodrigues. *Questões sobre a Ação Popular Ambiental*, p. 170.

Quanto à legitimidade da pessoa jurídica, o Supremo Tribunal Federal sumulou entendimento segundo o qual ela não possui legitimidade ativa (Súmula 365: "Pessoa jurídica não tem legitimidade para propor ação popular").

Estrangeiro não pode ajuizar ação popular, mas há uma exceção: os portugueses equiparados, no exercício dos direitos políticos, poderão ajuizar ação popular, desde que apresentem certificado de equiparação e título de eleitor, nos termos da Convenção sobre Igualdade de Direitos Civis e Políticos entre Brasil e Portugal, promulgada pelo Decreto n. 3.927/2001.

Não pode a ação popular ser ajuizada por quem está com os direitos políticos suspensos ou perdidos.

O Ministério Público não pode ajuizar ação popular. Não obstante, incumbe-lhe prosseguir no curso da ação popular, desde que o seu autor inicial desista de intentá-la ou dê ensejo à extinção do processo sem julgamento de mérito, por abandono de causa ou negligência.

Finalmente, é necessário possuir capacidade postulatória para propor a ação popular: "I – Não há confundir capacidade postulatória com legitimidade processual para propor ação. II – Na ação popular movida por parlamentar (deputado federal) contra Estado da Federação, não pode o autor, mesmo em causa própria e na condição de advogado, interpor, como signatário único, recurso de agravo regimental, impugnando decisão que, no curso do processo, suspendeu liminar concedida em 1º grau, porquanto está impedido de exercer a advocacia, no caso, a teor do disposto no art. 30, II, da Lei n. 8.906/94. III – Recurso especial parcialmente conhecido e provido, para reformar a decisão recorrida, acolhendo a preliminar de não conhecimento do agravo regimental" (STJ, REsp 292985/RS, rel. Min. Garcia Vieira, *DJ* 11-6-2001, p. 131).

d) Legitimidade passiva

A Lei de Ação Popular é bastante clara ao elencar como polo passivo a pessoa jurídica de direito público ou privado que manuseie dinheiro público, bem como todos os envolvidos com o ato que se pretenda anular. Diz a jurisprudência: "I – Nos termos do art. 6º da Lei n. 4.717/1965, a ação popular 'será proposta contra as pessoas públicas ou privadas e as entidades referidas no art. 1º, contra as autoridades, funcionários ou administradores que houverem autorizado, aprovado, ratificado ou praticado o ato impugnado, ou que, por omissão, tiverem dado oportunidade à lesão, e contra os beneficiários diretos do mesmo'. II – Pretendeu o legislador alcançar, de forma mais abrangente possível, todos aqueles que de alguma forma contribuíram para a realização dos atos impugnados na ação popular. III – Havendo a participação do recorrente na elaboração de Resolução objeto da ação popular, não há como se afastar a sua legitimidade para integrar o polo passivo da ação, sobretudo porque a referida Resolução autorizou a realização de nomeações tidas como ilegais, em afronta ao disposto no art. 18 da Lei n. 7.873/1989" (STJ, REsp 644580/GO, rel. Min. Gilson Dipp, *DJ* 18-12-2006, p. 467).

A jurisprudência já decidiu que promotor de justiça pode ser demandado em sede de ação popular caso lhe seja atribuída a realização de ato lesivo ao patrimônio público.

Questão interessantíssima é uma hipótese, prevista no art. 7º, III, da Lei da Ação Popular, de litisconsórcio passivo ulterior excepcional, pelo qual se permite que qualquer pessoa, beneficiada ou responsável pelo ato impugnado, cuja existência ou identidade se torne conhecida no curso do processo e antes de proferida a sentença final de primeira instância, seja citada para a integração do contraditório, restituindo-se o prazo para contestação e produção de provas, sem necessidade de anulação de todos os atos do processo desde a falta de citação do litisconsorte necessário.

As Casas Legislativas, como não possuem personalidade jurídica nem capacidade processual, não podem figurar no polo passivo da ação. Isso porque, tratando-se de órgãos públicos, o sistema tem reconhecido capacidade processual para figurarem em juízo apenas para a defesa de questões atinentes às suas competências constitucionais, afastando referida capacidade quando a causa versar sobre matéria patrimonial.

e) Competência

A competência para processar e julgar a ação popular é sempre da primeira instância. Mesmo que o ato lesivo emane de alguma das autoridades sujeitas à jurisdição de Tribunais, sempre será parte na ação a própria pessoa jurídica a que pertence o autor do ato. Desse modo, a ação deverá ser deflagrada nos juízos de primeira instância da Justiça Federal ou da Justiça Estadual, conforme o foro apropriado para a pessoa jurídica.

f) Custas

O autor da ação popular estará isento de custas e ônus de sucumbência, salvo comprovada má-fé. Aliás, é o que diz o próprio art. 5º, LXXIII, da CF. Assim, tenta-se evitar o uso político da ação popular. Disse o Supremo Tribunal Federal: "Tratando-se de rescisória ajuizada contra acórdão proferido em ação popular julgada procedente, descabe a condenação dos autores desta e réus na ação rescisória ao pagamento dos honorários advocatícios, a menos que exsurja a iniciativa em propô-la, como configuradora de procedimento de má-fé" (STF, AgRg 1.178, rel. Min. Marco Aurélio, *DJ* de 30-8-1996).

14.32.5. Mandado de segurança (art. 5º, LXIX, CF)

Segundo o art. 5º, LXIX, da Constituição Federal, "conceder-se-á mandado de segurança para proteger direito líquido e certo, não amparado por *habeas corpus* ou *habeas data*, quando o responsável pela ilegalidade ou abuso de poder for autoridade pública ou agente de pessoa jurídica no exercício de atribuições do Poder Público".

a) Origem

Surgiu expressamente no Brasil na Constituição de 1934, com a respectiva regulamentação em 1936 (pela Lei n. 191). Um revés na história do mandado de segurança foi a sua revogação pela Constituição de 1934, permanecendo apenas como direito infraconstitucional, com a seguinte ressalva feita pelo Decreto-lei n. 6/37: não cabia mandado de segurança contra atos do Presidente da República, dos Ministros de Estado, Governadores e Interventores (atitude típica de uma ditadura, que então fora instalada).

b) Cabimento

O mandado de segurança visa garantir uma obrigação negativa do Estado para com o cidadão, como desdobramento do princípio da legalidade.

Direito líquido e certo é aquele que pode ser comprovado de plano, por prova documental, ou seja, pode ser demonstrado no momento da inicial, independentemente de dilação probatória.

A jurisprudência é farta em indicar que o mandado de segurança, por possuir um rito sumaríssimo, não comporta dilação probatória: "Mandado de segurança – Requisitos – Direito líquido e certo e prova pré-constituída – Inexistência – Dilação probatória na sede do *man-*

damus – Proibição – Recurso não provido" (TJSP, Ap. 366.795-5/5-00/Marília, 2ª Câmara de Direito Público, rel. Alves Bevilacqua, 19-12-2006, v.u.). No mesmo sentido: "Mandado de segurança – Prova pré-constituída – Direito líquido e certo. O mandado de segurança supõe direito líquido e certo, isto é, aquele emergente de prova pré-constituída no processo, não se prestando para dirimir litígio que exija dilação probatória. Mandado de segurança denegado. Recurso não provido" (TJSP, AC 4.121-5/São Joaquim da Barra, 1ª Câmara de Direito Público, rel. Luiz Tâmbara, 14-10-1997, v.u.).

Outrossim, como dizem a doutrina e a jurisprudência, não cabe mandado de segurança contra lei em tese, pois esta, como norma abstrata de conduta, não lesa, por si só, qualquer direito individual. Seria necessário que ela se converta em ato concreto para ensejar a impetração. Aliás, diz a jurisprudência: "Não cabe mandado de segurança contra lei em tese" (Súmula 266, STF). Nesse sentido: "Mandado de segurança – Lei em tese – Inadmissibilidade – Impetração contra medida provisória – Criação do PROUNI – Alegação de inconstitucionalidade – Necessidade de adesão ao Programa para obtenção de isenção ou imunidade tributária – Efeito concreto dependente de cadeia de atos administrativos por praticar em diversas esferas de competência – Justo receio inexistente – Caráter preventivo não caracterizado – Processo extinto, sem julgamento de mérito – Improvimento liminar do recurso ordinário – Agravo regimental improvido – Aplicação da Súmula 266 – Não cabe mandado de segurança contra lei em tese, nem sequer sob alegação de caráter preventivo, quando não tenha sido praticado nenhum ato suscetível de induzir receio fundado de lesão a direito subjetivo" (STF, RMS-AgR 25473/DF, j. 22-5-2007, rel. Min. Cezar Peluso, *DJ* 29-6-2007, p. 123).

c) **Legitimidade ativa**

Pode ser impetrado por qualquer pessoa, física ou jurídica, brasileira ou estrangeira. É de se consignar que o impetrante deve comparecer em juízo devidamente representado por advogado, na medida em que, ao contrário do que ocorre no *habeas corpus*, exige-se a capacidade postulatória da parte como pressuposto processual para a válida instauração da relação jurídica processual.

d) **Legitimidade passiva**

Parte da doutrina entende que deva ser considerada como legitimada no polo passivo a pessoa jurídica de direito público a cujos quadros pertencem à autoridade coatora (*Recursos no Processo Penal*, p. 401): "Mandado de segurança – Legitimidade passiva ad causam – *Writ* que deve ser dirigido contra a pessoa jurídica de direito público a que se vincula a autoridade apontada como coatora – Hipótese em que a intimação para contrarrazões deve ser feita ao representante judicial da própria pessoa jurídica" (STJ, *RT* 831/234).

Não obstante, parte da doutrina e da jurisprudência entende que o remédio em apreço não é proposto contra a pessoa jurídica de direito público, mas contra a autoridade coatora): "Ilegitimidade *ad causam* Mandado de segurança – Impetração apontando como autoridade coatora aquela que expediu ato administrativo prejudicando o recorrido – Legitimidade passiva *ad causam* reconhecida – Recursos da Fazenda do Estado e reexame necessário improvidos" (AC c/ Rev. 254.104-5/1/SP, 19-10-2005, 9ª Câmara de Direito Público, rel. Des. Antonio Rulli, v.u.).

A autoridade coatora é todo agente público, servidor público ou particular em colaboração com o Estado, desde que praticando ato típico de império estatal, que tem o poder de fazer cessar a execução ou inexecução do ato tido por ilegal.

Atualmente, a Lei n. 12.016/2009 manda dar ciência em todos os casos ao órgão de representação judicial da pessoa jurídica representada que, para este fim específico, passa a ter poderes para receber citação, independentemente da regulamentação administrativa da matéria. Assim, a pessoa jurídica é litisconsorte. Outrossim, a autoridade coatora sempre será parte na causa, devendo prestar as informações pessoalmente no prazo legal.

Outrossim, a Lei n. 12.016/2009 (art. 1º, § 1º), esclarecendo ainda mais a questão, afirma que "equiparam-se às autoridades, para os efeitos desta Lei, os representantes ou órgãos de partidos políticos e os administradores de entidades autárquicas, bem como os dirigentes de pessoas jurídicas ou as pessoas naturais no exercício de atribuições do poder público, somente no que disser respeito a essas atribuições". Outrossim, diz também que "não cabe mandado de segurança contra os atos de gestão comercial praticados pelos administradores de empresas públicas, de sociedade de economia mista e de concessionárias de serviço público" (art. 1º, § 2º).

Não há que se confundir a autoridade coatora com o mero executor material do ato. Com efeito, a doutrina indica que se deve tratar da autoridade que concreta e especificamente tem poder sobre a situação jurídica do impetrante. Assim, coator é a autoridade superior que pratica ou ordena concreta e especificamente a execução ou inexecução do ato impugnado e responde pelas suas consequências administrativas.

Nos órgãos colegiados, considera-se coator o Presidente que subscreve o ato impugnado e responde pela sua execução. Já nos atos complexos, coator é a última autoridade que neles intervém (podendo ser citados todos os que eles intervêm).

14.32.6. Mandado de segurança coletivo (art. 5º, LXX, CF)

O mandado de segurança coletivo é um remédio constitucional criado pela Constituição de 1988, destinado a tutelar os direitos transindividuais (ou metaindividuais ou coletivos em sentido amplo).

A tutela dos direitos metaindividuais é uma das denominadas ondas renovatórias de acesso à Justiça, no dizer de Mauro Cappelletti. Indubitavelmente, a tutela dos direitos metaindividuais traz inúmeras vantagens, como: a) a possibilidade de tutelar direitos de hipossuficientes que, sem a tutela coletiva, estariam incapacitados de pleitear seus direitos e b) reduzir a multiplicidade de processos sobre questões idênticas.

Sendo uma espécie de mandado de segurança, possui os mesmos pressupostos constitucionais para impetração: (a) destina-se a proteger direito líquido e certo; (b) esse direito líquido e certo não é amparado por *habeas corpus* ou *habeas data*; (c) pode ser ajuizado contra ato ou omissão, marcado por ilegalidade ou abuso de poder; (d) ato praticado por autoridade pública ou agente de pessoa jurídica no exercício de atribuições do Poder Público.

As distinções entre o mandado de segurança e o mandado de segurança coletivo são: (a) os legitimados; (b) o objeto.

Por fim, a impetração do mandado de segurança coletivo não impede a impetração de mandado de segurança individual, desde que dentro do prazo de 120 dias.

A impetração do mandado coletivo não impede o uso, simultâneo, do *writ* individual. Não obstante, por expressa previsão na Lei n. 12.016/2009, no art. 22, § 1º, "o mandado de segurança coletivo não induz litispendência para as ações individuais, mas os efeitos da coisa julgada não beneficiarão o impetrante a título individual se não requerer a desistência de seu mandado de segurança no prazo de 30 (trinta) dias a contar da ciência comprovada da impetração da segurança coletiva".

a) Legitimidade ativa

O remédio constitucional em exame pode ser proposto por partido político com representação no Congresso Nacional ou organização sindical, entidade de classe ou associação legalmente constituída e em funcionamento há pelo menos um ano, em defesa dos interesses de seus membros ou associados.

Prevalece no Supremo Tribunal Federal o entendimento de que o mandado de segurança coletivo impetrado por partido político não versa apenas sobre os direitos de seus filiados, nem apenas sobre direitos políticos, sendo mais amplo.

Organizações sindicais: são os sindicatos, as federações e as confederações. Poderão impetrar mandado de segurança coletivo desde que haja pertinência temática entre o interesse pleiteado no *writ* e os interesses defendidos pelo sindicato ou organização sindical. Não é necessária a apresentação nominal dos sindicalizados, nem é necessário que o sindicato esteja em funcionamento há pelo menos um ano, pois tal exigência recai apenas sobre a associação. Nesse sentido decidiu o STF. Assim, não se restringe à tutela dos seus filiados, podendo tutelar os direitos da classe. É o que diz o art. 8º, III, da Constituição: "ao sindicato, cabe a defesa dos direitos e interesses coletivos ou individuais da categoria, inclusive em questões judiciais ou da administrativas".

Entidade de classe: representa entes associativos que congregam profissionais ou pessoas pertencentes a um determinado segmento profissional ou atividade. Deve existir pertinência temática entre os interesses pleiteados no mandado de segurança coletivo e os interesses da entidade de classe. Não é necessária a constituição e funcionamento há pelo menos um ano, já que tal requisito é reservado às associações;

Associação: para que a associação possa impetrar mandado de segurança, deve estar legalmente constituída há mais de um ano. Tal exigência constitucional se impõe para evitar reuniões esporádicas que justificariam casuísmos desnecessários, incompatíveis com a tutela coletiva. Não obstante, é importante frisar que, embora a associação não possa se valer da substituição processual do art. 5º, LXX, da CF, poderá se valer de mandados de segurança individuais, em um *writ* plúrimo.

Nessas três hipóteses (organização sindical, entidade de classe e associação), o Supremo Tribunal Federal exige que haja pertinência temática entre os direitos subjetivos comuns dos integrantes da categoria e os fins institucionais dos sindicatos e associações legitimadas (RE 181.438-1, rel. Min. Carlos Velloso, Tribunal Pleno, j. 28-6-1996).

b) Legitimidade passiva

A legitimidade passiva do mandado de segurança coletivo é igual à do mandado de segurança singular.

c) Cabimento

O mandado de segurança coletivo tem por objeto a defesa dos mesmos direitos que podem ser objeto de mandado de segurança individual, estando direcionado, no caso, à tutela dos interesses coletivos e individuais homogêneos (são os chamados direitos metaindividuais, ou transindividuais, ou direitos coletivos em sentido amplo).

Interesses coletivos são comuns a uma coletividade de pessoas determinadas, como interesses de condôminos, estudantes de uma mesma universidade, correntistas de um determinado banco etc. Nos termos do Código de Defesa do Consumidor (art. 81, parágrafo único) e da nova Lei do Mandado de Segurança (Lei n. 12.016/2009), direitos coletivos são direitos transindividuais, de natureza indivisível, de que seja titular grupo, categoria ou classe de pessoas ligadas entre si ou com a parte contrária por uma relação jurídica base.

Primeiramente, afirmar que o direito é de natureza indivisível significa dizer que, tutelando-se o direito de um, tutela-se o direito de todos. Não é possível fracionar a tutela do direito. Outrossim, ao contrário dos direitos difusos (em que os titulares fazem parte de um grupo indeterminado ou indeterminável de pessoas), nos direitos coletivos, os titulares são um grupo ou categoria de pessoas determinadas ou determináveis (clientes de um banco, condôminos, estudantes de uma escola etc.). Por fim, estão essas pessoas ligadas por uma relação jurídica-base (um contrato educacional, no último caso, por exemplo).

Interesses individuais homogêneos (ou direitos coletivos por acidente) são interesses acidentalmente coletivos. O rótulo individual homogêneo visa permitir que situações comuns, derivadas de gênese idêntica, recebam o devido amparo legal, tornando inviável a defesa conjunta de vários interesses singulares. Interesses de origem comum são aqueles que possuem identidade com a *causa petendi*. Logo, as causas de pedir de tais interesses são as mesmas ou, ao menos, similares. Mas origem comum não significa que o fato gerador seja o único, e o mesmo, para todos os direitos individuais. O preponderante é que sejam situações juridicamente iguais, ainda que os fatos se diferenciem no plano empírico.

Sempre houve controvérsia na doutrina sobre a impetração de mandado de segurança coletivo para tutelar interesses difusos, que são aqueles pertencentes a uma coletividade indeterminada ou indeterminável de pessoas cujo direito é indivisível (resolvida a situação de uma pessoa, resolve-se a situação de todos). Exemplo de direitos difusos é o direito ao meio ambiente sadio ou o direito de que não seja veiculada nos meios de comunicação propaganda enganosa. ATENÇÃO: A Lei n. 12.016/2009 optou por não tutelar os direitos difusos, que são os direitos transindividuais, de natureza indivisível, de que sejam titulares pessoas indeterminadas ou indetermináveis, ligadas por uma circunstância de fato (conforme definição dada pelo art. 81 do Código de Defesa do Consumidor). Essa vedação se dá tendo em vista que não é possível assegurar um direito subjetivo líquido e certo para um grupo indeterminado de pessoas.

14.33. ASSISTÊNCIA JUDICIÁRIA GRATUITA (ART. 5º, LXXIV, CF)

Segundo o art. 5º, LXXIV, da Constituição Federal, "o Estado prestará assistência jurídica integral e gratuita aos que comprovarem insuficiência de recursos".

Trata-se de direito decorrente da dignidade da pessoa humana, tendo em vista que todos, ricos ou pobres, têm o direito de contar com auxílio jurídico habilitado para resolver seus problemas. Importante frisar que, ao contrário de Constituições anteriores, que tratavam da assistência judiciária gratuita, a Constituição de 1988 trata da assistência jurídica gratuita. Qual a diferença? A assistência judiciária gratuita refere-se apenas ao auxílio para ingressar em juízo de demandar qualquer espécie de ação penal ou recurso. Já a assistência jurídica gratuita é mais ampla, envolvendo também consultorias jurídicas ou auxílio profissional habilitado diverso do ingresso em juízo (por exemplo, como a lei exige a presença de advogado para constituição de pessoas jurídicas, sendo a pessoa hipossuficiente, poderá solicitar do Estado tal assistência).

Esse direito é concretizado principalmente através da Defensoria Pública, prevista nos arts. 134 e 135 da Constituição Federal. Segundo o art. 134, "a Defensoria Pública é instituição permanente, essencial à função jurisdicional do Estado, incumbindo-lhe, como expressão e instrumento do regime democrático, fundamentalmente, a orientação jurídica, a promoção dos direitos humanos e a defesa, em todos os graus, judicial e extrajudicial, dos direitos individuais e coletivos, de forma integral e gratuita, aos necessitados, na forma do inciso LXXIV do art. 5º desta Constituição Federal".

Importante frisar que esse não é um direito universal, já que possui destinatários específicos: as pessoas que comprovarem insuficiência de recursos. Segundo o Supremo Tribunal Federal, "a demonstração do estado de miserabilidade pode resultar de quaisquer outros meios probatórios idôneos, além do atestado de pobreza fornecido por autoridade policial competente" (HC 72.328, rel. Min. Celso de Mello, 2ª Turma, j. 21-3-1995).

14.34. GRATUIDADE DE DIREITOS (ART. 5º, LXXVI E LXXVII, CF)

Segundo o art. 5º, LXXVI, da Constituição Federal: "são gratuitos para os reconhecidamente pobres, na forma da lei: a) o registro civil de nascimento; b) a certidão de óbito".

Embora a Constituição Federal afirme que a gratuidade do registro civil de nascimento e da certidão de óbito é apenas para os "reconhecidamente pobres", a Lei n. 9.534/97, que alterou a Lei de Registros Públicos, afirmou, no seu art. 30, que "não serão cobrados emolumentos pelo registro civil de nascimento e pelo assento de óbito, bem como pela primeira certidão respectiva". Dessa forma, a lei não faz alusão apenas aos reconhecidamente pobres. O Supremo Tribunal Federal, na ADI 1.800 e na ADC 5, declarou constitucional a referida lei, mantendo-se, pois, a gratuidade do registro civil de nascimento e certidão de nascimento e a primeira certidão respectiva. Na Ação Declaratória de Constitucionalidade 5, o STF se manifestou sobre a questão: "Lei n. 9.534/97. Registros Públicos. Atos relacionados ao exercício da cidadania. Gratuidade [...] A atividade desenvolvida pelos titulares das serventias de notas e registros, embora seja análoga à atividade empresarial, sujeita-se a um regime de direito público. Não ofende o princípio da proporcionalidade lei que isenta os 'reconhecidamente pobres' do pagamento dos emolumentos devidos pela expedição do registro civil de nascimento e de óbito, bem como a primeira certidão respectiva" (ADC 5, rel. Min. Ricardo Lewandowski, Tribunal Pleno, j. 11-6-2007)

Segundo o art. 5º, LXXVII, da Constituição Federal, são gratuitas as ações de *habeas corpus* e *habeas data*, e, na forma da lei, os atos necessários ao exercício da cidadania". Quanto à gratuidade do *habeas corpus* e do *habeas data*, remetemos o leitor ao item anterior, que trata dos remédios constitucionais. Reforçamos apenas que ambas as ações são gratuitas para todos, e não apenas para os reconhecidamente pobres.

Quanto à parte final do referido inciso ("atos necessários ao exercício da cidadania"), está ela regulamentada pela Lei n. 9.265/96 que, no seu art. 1º, dispõe que: "são gratuitos os atos necessários ao exercício da cidadania, assim considerados: I – os que capacitam o cidadão ao exercício da soberania popular, a que se reporta o art. 14 da Constituição; II – aqueles referentes ao alistamento militar; III – os pedidos de informações ao poder público, em todos os seus âmbitos, objetivando a instrução de defesa ou a denúncia de irregularidades administrativas na órbita pública; IV – as ações de impugnação de mandato eletivo por abuso do poder econômico, corrupção ou fraude; V – quaisquer requerimentos ou petições que visem às garantias individuais e à defesa do interesse público; VI – o registro civil de nascimento e o assento de óbito, bem como a primeira certidão respectiva".

Conteúdo digital – Acesse: https://somos.in/CDC7

Conteúdo em vídeo
Questões com gabarito comentado

15

DIREITOS SOCIAIS

> **Sumário**
>
> **15.1.** O surgimento do constitucionalismo social – **15.2.** Os direitos sociais no ordenamento jurídico brasileiro – **15.2.1.** A renda básica familiar – **15.3.** Uma questão de nomenclatura – **15.3.1.** Metodologia "fuzzy" e os camaleões normativos – **15.4.** A natureza jurídica dos direitos sociais – **15.5.** Um limite à eficácia dos direitos sociais: a reserva do possível – **15.5.1.** Natureza jurídica da reserva do possível – **15.5.2.** A reserva do possível na doutrina e na jurisprudência – **15.6.** Mínimo existencial – **15.6.1.** Mínimo existencial e mínimo vital – **15.7.** Proibição do retrocesso – **15.7.1.** A proibição do retrocesso na Constituição de 1988 – **15.7.2.** As modalidades de vedação ao retrocesso admitidas pelo STF – **15.8.** Direitos sociais em espécie e sua respectiva eficácia – **15.8.1.** Direito à saúde – **15.8.2.** Direito à educação – **15.8.3.** Direito ao trabalho – **15.8.4.** Direito à moradia – **15.8.5.** Direito ao transporte – **15.8.6.** Direito ao lazer – **15.8.7.** Direito à segurança – **15.8.8.** Previdência Social – **15.8.9.** Proteção à maternidade – **15.8.10.** Proteção à infância – **15.8.11.** Proteção aos desamparados – **15.8.12.** Alimentação.

Seguramente, os *Direitos Sociais* consistem no mais relevante e complexo tema constitucional da atualidade. Sua natureza, sua eficácia e seus eventuais limites são temas discutidos por todo o mundo.

Até mesmo a Europa, cujas Constituições muitas vezes não consideram os *direitos sociais* como sendo direitos fundamentais, no ano de 2021 deu um grande passo para a concretização de tais direitos: em março de 2021, a Comissão Europeia apresentou um plano de ação para a aplicação do "Pilar Europeu dos Direitos Sociais, de 2017". O Plano de Ação traz uma série de iniciativas e fixa três objetivos principais para se atingir na Europa até 2030: a) uma taxa de emprego, de pelo menos, 78% na União Europeia; b) uma participação de, pelo menos, 60% dos adultos em cursos de formação todos os anos; c) uma redução do número de pessoas em risco de exclusão social ou de pobreza, de pelo menos 15 milhões de pessoas, incluindo 5 milhões de crianças. Foi elaborada a "Carta do Porto" ou "Compromisso Social do Porto", de 2021.

Como se vê, o mundo discute cada vez mais a concretização dos direitos sociais.

Por essa razão, decidimos lançar uma nova obra, complementar a esta, denominada *Direitos sociais em tempos de crise econômica*. Essa obra é fruto dos nossos estudos de doutorado (no Brasil) e no pós-doutorado (na Espanha). Nela, abordamos com relativa profundidade temas como: a) a natureza dos direitos sociais; b) a teoria do mínimo existencial; c) a teoria da reserva do possível; d) a teoria da proibição do retrocesso. Além disso, defendemos na obra uma tese à qual dedicaremos grande parte de nossas porvindouras palestras e exposições: o direito à educação básica gratuita e de qualidade. Entendemos que, através da admissão dessa teoria (sobre a qual nos debruçamos na mencionada obra), podemos efetivamente transformar o nosso país.

15.1. O SURGIMENTO DO CONSTITUCIONALISMO SOCIAL

O movimento denominado pela doutrina "constitucionalismo moderno", que eclodiu com a Constituição norte-americana de 1787 e a Constituição francesa de 1791, consiste na tentativa de limitar o poder do Estado através de uma Constituição ou, nas palavras de Canotilho, "uma técnica específica de limitação do poder com fins garantísticos"[1]. Dessa maneira, Constituição moderna é "a ordenação sistemática e racional da comunidade política através de um documento escrito no qual se declaram as liberdades e os direitos e se fixam os limites do poder político"[2].

O século XVIII e o século anterior foram marcados pela ascensão política da burguesia, opondo-se ao absolutismo. As aspirações humanistas, bem como o anseio pela eliminação dos privilégios e a incerteza dos direitos daqueles que não compartilhavam do poder político, deram a base política, econômica e social para a eclosão de movimentos revolucionários conhecidos como "revoluções burguesas". Assim, o Constitucionalismo moderno tem o escopo principal de sedimentar os anseios da burguesia que ascendera ao poder. Nas palavras de Dalmo de Abreu Dallari, "para dar certeza e segurança às relações econômicas e financeiras, bem como para deixar o caminho livre para novos empreendimentos, era necessário fixar regras claras e duráveis, não sujeitas a decisões arbitrárias de governantes e aos caprichos de uma classe social parasitária e detentora de privilégios, como era a nobreza. A consciência dessa

---
1. *Direito Constitucional e Teoria da Constituição*. Coimbra: Almedina, p. 51.
2. José Joaquim Gomes Canotilho, op. cit., p. 52.

necessidade contribuiu muito para que se desenvolvesse a ideia da Constituição como estatuto político-jurídico fundamental"[3]. Nesse estágio, o Constitucionalismo nasce com a concepção burguesa da ordem política. Até hoje há a corrente filosófica conhecida como *Libertarianismo*, que defende principalmente a proteção dos direitos patrimoniais, em detrimento da realização de programas sociais de distribuição de renda[4].

A Primeira Grande Guerra Mundial (de 28 de julho de 1914 a 11 de novembro de 1918) abriu os olhos de muitos pensadores da escola liberal para um fato irrefutável, lembrado por Paulo Bonavides: enquanto trabalhadores "morriam de fome e de opressão, ao passo que os mais respeitáveis tribunais do Ocidente assentavam as bases de toda sua jurisprudência constitucional na inocência e no lirismo daqueles formosos postulados de que 'todos são iguais perante a lei'..."[5].

O antigo liberalismo não poderia resolver os problemas gravíssimos das camadas mais pobres da sociedade. A liberdade, por si só, era um remédio ineficaz aos famintos e oprimidos. O Estado deveria abandonar sua postura passiva, negativa e assumir um papel positivo, ativo, a fim de que a igualdade jurídico-formal apregoada nos textos constitucionais fosse, de fato, concretizada.

Desse novo pensamento nasce o chamado "Constitucionalismo Social", que tem como marco histórico a Constituição do México, de 1917, e a Constituição alemã de Weimar, de 1919.

a) Constituição do México, de 1917

A primeira Constituição que atribuiu o caráter de fundamentalidade aos direitos sociais, ao lado das liberdades públicas e dos direitos políticos, foi a "Constituição Política dos Estados Unidos Mexicanos", de 1917[6]. Nesse período, na Europa, nascia a consciência de que os direitos fundamentais também teriam uma dimensão social (após a grande guerra de 1914-1918, culminando com a Constituição de Weimar, de 1919, as convenções da recém-criada Organização Internacional do Trabalho e a Revolução Russa e a consequente "Declaração dos Direitos do Povo Trabalhador e Explorado", de janeiro de 1918).

Promulgada em 5 de fevereiro de 1917, na cidade de Querétaro, a "Constituição Política dos Estados Unidos Mexicanos" decorreu de um manifesto clandestino elaborado em 1906 por um grupo revolucionário ("Regeneración"), liderado por Ricardo Flore Magón, contra a ditadura de Porfirio Diaz. Várias propostas desse manifesto foram inseridas no texto constitucional de 1917 (proibição de reeleição para Presidente da República, já que Porfirio Diaz havia governado por mais de 30 anos, quebra do poder da Igreja Católica, expansão do sistema de educação pública, reforma agrária etc.).

---

3. *A Constituição na Vida dos Povos*, p. 100.
4. O libertarianismo é uma corrente filosófica idealizada por Friedrich A. Hayek e Robert Nozick e que defende a existência de um "Estado Mínimo", incompatível com o "Estado Social de Direito" que encontramos como corolário da Constituição de 1988, que determina o cumprimento de uma série de direitos sociais pelo Estado. Como afirmam Daniel Sarmento e Cláudio Pereira de Souza Neto, "o libertarianismo é uma vertente do liberalismo, cujo foco central está na economia e na proteção de direitos patrimoniais. Ele é francamente refratário à intervenção estatal no domínio econômico e às políticas de redistribuição de renda, defendendo a existência de um Estado mínimo. O papel do Estado para os libertários seria apenas o de garantir a segurança interna e externa e prover as bases para o funcionamento do mercado" (op. cit., p. 214).
5. Op. cit., p. 61.
6. Disponível em: <http://www.juridicas.unam.mx/infjur/leg/conshist/pdf/1917.pdf>.

Não obstante, o ponto mais significativo da "Constituição Política dos Estados Unidos Mexicanos" foi a inserção de um título específico ao direito fundamental social do trabalho (o título sexto – "Del Trabajo y de la Previsión Social", composto de um único artigo – art. 123).

Dispõe o *caput* do sobredito artigo: "El Congreso de la Unión y las Legislaturas de los Estados deberán expedir leyes sobre el trabajo, fundadas en las necesidades de cada región, sin contravenir a las bases siguientes, las cuales regirán el trabajo de los obreros, jornaleros, empleados, domésticos y artesanos, y de una manera general todo contrato de trabajo".

Segundo Fábio Konder Comparato, "o que importa, na verdade, é o fato de que a Constituição mexicana foi a primeira a estabelecer a desmercantilização do trabalho, própria do sistema capitalista, ou seja, a proibição de equipará-lo a uma mercadoria qualquer, sujeita à lei da oferta e da procura no mercado. A Constituição mexicana estabeleceu, firmemente, o princípio da igualdade substancial na posição jurídica entre trabalhadores e empresários na relação contratual de trabalho, criou a responsabilidade dos empregadores por acidentes de trabalho e lançou, de modo geral, as bases para a construção do moderno Estado Social de Direito. Deslegitimou, com isso, as práticas de exploração mercantil do trabalho, e portanto da pessoa humana, cuja justificação se procurava fazer, abusivamente, sob a invocação da liberdade de contratar"[7].

O direito ao trabalho teve na Constituição do México de 1917 inúmeros dispositivos a ele dedicados. Inicialmente, o direito individual de liberdade de escolha do trabalho[8], bem como a vedação do trabalho pessoal sem justa retribuição e consentimento[9]. Todavia, é o Título Sexto ("Del Trabajo y de La Previsión Social") o trecho mais marcante e historicamente pioneiro.

b) **Constituição de Weimar, de 1919**

Trata-se da Constituição que instituiu a primeira república alemã, elaborada e votada na cidade de Weimar, sendo produto da grande guerra de 1914-1918, sete meses após o armistício. Antes da edição da Constituição de Weimar[10], movimentos revolucionários alemães contra o *kaiser* Guilherme II deram ensejo à sua abdicação, constituindo-se um governo provisório (Conselho dos Delegados do Povo), cujos primeiros decretos foram o estabelecimento da jornada de trabalho de oito horas e a atribuição do direito de voto às mulheres, bem como medidas de assistência social aos setores mais carentes da população. Promulgada a lei eleitoral em novembro de 1918, foi convocada Assembleia Nacional Constituinte, eleita em 6 de fevereiro de 1919, votando e aprovando a nova Constituição em 31 de julho de 1919.

Tem uma importância histórica ímpar, ao instituir um Estado Social, cujas ideias centrais foram introduzidas pela Constituição do México de 1917, influenciando todas as legislações do mundo ocidental. Dividida em duas grandes partes, tem na sua primeira parte a or-

---

7. A Constituição mexicana de 1917, artigo retirado da internet em 17 de outubro de 2015: <http://www.dhnet.org.br/educar/redeedh/anthist/mex1917.htm>.
8. "Art. 4º A ninguna persona podrá impedirse que se dedique a la profesión, industria, comercio o trabajo que le acomode, siendo lícitos. El ejercicio de esta libertad sólo podrá vedarse por determinación judicial, cuando se ataquen los derechos de tercero o por resolución gubernativa, dictada en los términos que marque la ley, cuando se ofendan los derechos de la sociedad. Nadie puede ser privado del producto de su trabajo, sino por resolución judicial."
9. "Art. 5º Nadie podrá ser obligado a prestar trabajos personales sin la justa retribución y sin su pleno consentimiento, salvo el trabajo impuesto como pena por la autoridad judicial, el cual se ajustará a lo dispuesto en las fracciones I y II del artículo 123."
10. Disponível na internet, em inglês, no *link*: <http://www.zum.de/psm/weimar/weimar_vve.php>.

ganização do Estado e na sua segunda parte as liberdades individuais e os novos direitos de conteúdo social.

Foi pioneira na previsão da igualdade entre marido e mulher (art. 119), na equiparação de filhos legítimos e ilegítimos (art. 121), na tutela estatal da família e da juventude (art. 119 e 122), mas tem importância histórica marcante na previsão de disposições sobre educação pública e direito trabalhista, a partir do art. 157. Segundo esse artigo, "o trabalhador recebe especial proteção do *Reich*. O *Reich* elaborará uniforme legislação acerca do tema". A sindicalização está garantida no art. 159 ("o direito de formar sindicatos e melhorar as condições do trabalho e da economia é garantido para cada indivíduo e para todas as ocupações. Todos os acordos e medidas que limitem ou obstruam esse direito são ilegais"). Inovadora e vanguardista foi a previsão de um direito internacional de garantias mínimas do trabalho, no art. 162 ("o *Reich* defende uma regulamentação internacional sobre os direitos dos trabalhadores, que se esforça para garantir um mínimo de direitos sociais para a classe trabalhadora da humanidade").

Talvez o mais marcante dispositivo seja o art. 163, que prevê expressamente o direito ao trabalho: "Apesar de sua liberdade pessoal, todo alemão é obrigado a investir sua energia física e intelectual de forma necessária ao benefício público. A cada alemão será dada a oportunidade de ganhar a vida mediante um trabalho econômico. Não sendo oferecidas aberturas apropriadas de trabalho, ele receberá apoio financeiro. Mais detalhes são especificados pela Lei do *Reich* (império)".

15.2. OS DIREITOS SOCIAIS NO ORDENAMENTO JURÍDICO BRASILEIRO

Embora fosse marcadamente uma Constituição liberal, na Constituição de 1824 poderia ser encontrado, ainda que de forma tênue, o primeiro direito social constitucional brasileiro: a garantia dos socorros públicos e o direito à instrução primária gratuita (art. 179, XXXI e XXXII), "uma precoce manifestação da influência do constitucionalismo francês revolucionário, com destaque para a Constituição de 1793"[11]. Já a Constituição de 1891, ainda mais liberal, não previu nenhum direito social, mas apenas e tão somente os direitos individuais e políticos.

Por sua vez, diversa foi a Constituição de 1934, inspirada na Constituição mexicana de 1917 e na Constituição de Weimar, de 1919. A Constituição brasileira de 1934 foi a primeira a prever sistematicamente os direitos sociais, dentre eles a inviolabilidade do direito à subsistência (art. 113, *caput*), os direitos à assistência judiciária gratuita, direitos ao trabalho e à assistência dos indigentes, além de afirmar a existência digna como objeto da ordem econômica (art. 115) e de dispor sobre assistência social e saúde pública (art. 138), bem como o direito à educação (art. 149).

Já a Constituição de 1937 (*A Polaca*) previa igualmente um rol de direitos sociais, dentre eles a educação dos filhos (art. 125), a proteção da infância e da juventude (art. 127), a gratuidade e obrigatoriedade do ensino primário (art. 130), o dever social do trabalho e o direito à subsistência mediante o trabalho (art. 136).

Por sua vez, a Constituição de 1946 também previu uma série de direitos sociais, dentre eles o direito dos necessitados à assistência judiciária (art. 141, § 35), bem como o direito ao trabalho (art. 145, parágrafo único), a assistência à maternidade e à infância (art. 164), e o di-

---

11. Ingo Wolfgang Sarlet e outros. *Curso de Direito Constitucional*, p. 587.

reito à educação (art. 166). A Constituição de 1967 manteve o conteúdo social das constituições anteriores, que igualmente foi mantido pela Emenda Constitucional n. 1, de 1969.

Todavia, é com a Constituição de 1988 que os direitos sociais ganham maior projeção, não só por estarem previstos no início da Constituição Federal (a partir do art. 6º, CF) como também pelo grau de amplitude e especificidade de muitos dos direitos sociais. Aliás, essa preocupação com os direitos sociais já aparece no Preâmbulo da Constituição, que assinala a função do constituinte originário: "instituir um Estado Democrático, destinado a assegurar o exercício dos *direitos sociais* e individuais, a liberdade, a segurança, o *bem-estar*, o desenvolvimento, a igualdade e *justiça* como valores supremos de uma *sociedade fraterna, pluralista e sem preconceitos...*". Se não bastasse, no art. 3º da Constituição Federal encontramos entre os objetivos da República: "construir uma sociedade livre, justa e solidária", bem como "erradicar a pobreza e a marginalização e reduzir as desigualdades sociais e regionais". Dessa maneira, podemos afirmar que o Brasil, além de ser um Estado Democrático de Direito, também é um Estado Social.

No art. 6º da Constituição Federal, encontramos um rol de direitos sociais básicos: educação, saúde, alimentação, trabalho, moradia, transporte, segurança, lazer, previdência social, proteção à maternidade e à infância e assistência aos desamparados.

Importante frisar que esse rol vem sendo ampliado sistematicamente. Primeiramente, foi acrescido o direito à "moradia", pela Emenda Constitucional n. 26, de 2000. Anos depois, foi acrescido o direito à alimentação (Emenda Constitucional n. 64/2010). Mais recentemente foi acrescido o direito ao transporte, por força da Emenda Constitucional n. 90, de 2015. Esse rol ainda pode ser ampliado, tendo em vista que tramita no Congresso Nacional a Proposta de Emenda n. 19/2010, que insere no art. 6º da Constituição Federal o "direito à busca da felicidade" (conhecida como PEC da Felicidade).

Portanto, façamos uma breve análise da evolução literal do art. 6º da Constituição Federal:

Direito social	Ato normativo
Educação, saúde, trabalho, lazer, segurança, previdência social, proteção à maternidade e à infância, assistência aos desamparados	Texto originário da Constituição
Moradia	Emenda Constitucional n. 26/2000
Alimentação	Emenda Constitucional n. 64/2010
Transporte	Emenda Constitucional n. 90/2015

Como afirma Ingo Wolfgang Sarlet, "boa parte dos direitos sociais consagrados, em termos gerais, no art. 6º, da CF, foi objeto de densificação por meio de dispositivos diversos ao longo do texto constitucional, especialmente nos títulos que tratam da ordem econômica (por exemplo, no que diz com aspectos ligados à função social da propriedade urbana e rural) e da ordem social (normas sobre o sistema de seguridade social, designadamente, saúde, assistência e previdência social, bens culturais, família, proteção do idoso, meio ambiente, educação etc.), destacando-se os diversos direitos dos trabalhadores enunciados nos arts. 7º a 11, que constituem um conjunto de direitos e garantias que concretizam o direito geral ao trabalho e à proteção ao trabalhador (contemplado no art. 6º, em condição de igualdade em relação aos demais direitos sociais), especialmente no sentido de imposição dos deveres de proteção do trabalho e dos trabalhadores, além de uma série de garantias específicas"[12].

15.2.1. Renda básica familiar

A Emenda Constitucional n. 114/2021 acrescentou um parágrafo único ao art. 6º da Constituição Federal, incluindo um novo direito fundamental social: o direito a uma renda básica familiar, num programa permanente, às pessoas em situação de vulnerabilidade social. Consta do novel dispositivo constitucional: "todo brasileiro em situação de vulnerabilidade social terá direito a uma renda básica familiar, garantida pelo poder público em programa permanente de transferência de renda, cujas normas e requisitos de acesso serão determinados em lei, observada a legislação fiscal e orçamentária".

Como afirmamos em nosso livro *Direitos sociais em tempos de crise econômica*, embora o Estado não consiga cumprir na integralidade os direitos sociais constitucionalmente previstos (máxime porque há situações fáticas e jurídicas que impedem esse cumprimento – a chamada "reserva do possível", que logo veremos), há alguns aspectos dos direitos fundamentais que devem ser cumpridos imediatamente. É o chamado "mínimo existencial", que também veremos neste capítulo. Todavia, como afirmamos no nosso outro livro acima mencionado, existem dois direitos em sociais aos quais o Estado deve reservar absoluta prioridade: a educação básica pública e de qualidade e o direito à sobrevivência digna (que decorre não apenas do "mínimo existencial", mas do "mínimo vital"). A esses dois direitos damos o nome de "mínimo dos mínimos existenciais". Ou seja, antes de buscar tutelar os demais direitos fundamentais sociais (como a cultura e o lazer), o Estado deve tentar cumprir, numa saudável obsessão de interesse público, esses dois direitos. Permitir que crianças se tornem adultos semianalfabetos (ou analfabetos funcionais, incapazes de ler um texto complexo) sem quaisquer experiências culturais ou que pessoas morram de fome, é a decretação de falência e incapacidade do Estado Social. Por isso, essa Emenda Constitucional n. 114/2021 foi um grande avanço.

Segundo o dispositivo constitucional, a renda básica familiar deve estar presente "em programa permanente de transferência de renda". Ou seja, políticas públicas de distribuição de renda aos mais vulneráveis deixou de ser uma faculdade do administrador e passou a ser um dever. No nosso entender, somente a adoção de nossa teoria (a do "mínimo dos mínimos existenciais") pela doutrina e pela jurisprudência permitirá que extraiamos a maior eficácia desse dispositivo constitucional, cujo cumprimento sempre terá como desculpa as restrições orçamentárias. Por ser um "mínimo dos mínimos existenciais", escolhas políticas para consecução de outros direitos fundamentais (como contratações milionárias de artistas para realização de *shows* patrocinados pelo Poder Público, embora corolário importante do direito à cultura) serão inconstitucionais enquanto houver pessoas morrendo de fome ou sobrevivendo das migalhas deixadas pelos mais afortunados.

Atualmente, a principal política pública de distribuição de renda à população mais vulnerável recebe o nome de "Programa Auxílio Brasil" (em substituição ao programa anterior, denominado de "Bolsa Família"), regulamentado pela Lei n. 14.284/2021. Segundo essa lei, são

---

12. Op. cit., p. 595.

elegíveis ao "Programa Auxílio Brasil" as famílias: a) em situação de pobreza (com renda familiar *per capita* mensal seja de R$ 105,01 a R$ 210,00 ou b) situação de extrema pobreza (renda familiar *per capita* igual ou inferior a R$ 105,00).

15.3. UMA QUESTÃO DE NOMENCLATURA

Embora a maioria da doutrina pátria utilize a expressão *direitos sociais*[13], por vezes são utilizadas as expressões *direitos econômicos e sociais* ou *direitos econômicos, sociais e culturais*. De fato, enquanto a Constituição brasileira utiliza a expressão "direitos sociais", vários documentos internacionais, como a Declaração Universal de Direitos do Homem e o Pacto Internacional dos Direitos Econômicos, Sociais e Culturais, utilizam a última nomenclatura, o que foi seguido por várias constituições europeias posteriores, como a portuguesa. Segundo Catarina dos Santos Botelho, a doutrina majoritária prefere a expressão *direitos sociais* "pelo seu maior grau de generalidade ou indeterminação designativa"[14]. Entendemos que a expressão *direitos sociais*, em sentido amplo, abrange os *direitos sociais em sentido estrito* (saúde, moradia, assistência social etc.), bem como os direitos econômicos e culturais (trabalho, cultura, desporto, educação etc.). Aliás, a própria doutrina brasileira aponta a dificuldade de apontar a diferença clara entre os *direitos sociais em sentido estrito* e os demais direitos econômicos e culturais: "Não é fácil extremar, com nitidez, os direitos sociais dos direitos econômicos. Basta ver que alguns colocam os direitos dos trabalhadores entre os direitos econômicos, e não há nisso motivo de censura, porque, em verdade, o trabalho é um componente das relações de produção e, nesse sentido, tem dimensão econômica indiscutível"[15].

Doutrina tradicional costumava classificar os direitos sociais como *direitos positivos*, em contraposição aos direitos individuais (ou civis ou liberdades públicas), como *direitos negativos*. Enquanto os primeiros gerariam para o Estado um dever de fazer, os demais gerariam um dever de não fazer. Não obstante, como apontaremos no próximo capítulo, modernamente, vê-se que essa classificação é, em grande parte, equivocada. Mesmo nos direitos de 1ª dimensão, o Estado tem um dever de fazer (no direito à vida, por exemplo, o Estado tem o dever de assegurar a todos uma vida minimamente digna). Basta lembrar que, para a execução dos direitos políticos (como o voto, o plebiscito etc.), tidos como direitos de 1ª dimensão, é necessário um aparato estatal extremamente custoso para que haja o seu regular exercício. Outrossim, no tocante aos direitos de 2ª dimensão o Estado terá obrigações de não fazer (como não discriminar os doentes na execução do direito social à saúde). Nos Estados Unidos, Cass Sunstein e Stephen Holmes abordaram bem tal tema na conhecida obra *The Cost of Rights*. Em Portugal, Catarina Botelho afirma que "as fronteiras entre os direitos de liberdade como direitos de abstenção e direitos sociais como direitos de prestação estão cada vez mais diluídas. Afinal de contas, se atendermos ao conteúdo prescritivo dos direitos sociais, verificamos que o seu conteúdo tanto pode articular-se como direito de defesa (v.g., a proibição de trabalho infantil) ou como direito de prestação (atribuição de subsídios sociais)"[16]. Não obstante, embora os direitos

---

13. Seguramente por força da nomenclatura utilizada pela Constituição Federal de 1988 (Capítulo II do Título II).
14. Op. cit., p. 116.
15. Op. cit., p. 286.
16. Op. cit., p. 119. Prossegue a autora: "em bom rigor, os direitos sociais também implicam obrigações negativas. Senão veja-se: o direito à saúde pressupõe o dever estatal de não privar os cidadãos do acesso à saúde, e o direito à educação, o dever de a não anular" (p. 120).

sociais não sejam apenas e tão somente direitos positivos, possuem uma carga majoritariamente prestacional por parte do Estado, enquanto os direitos de liberdade (ou liberdades públicas) possuem majoritariamente um dever de abstenção estatal.

Tal predominância do caráter prestacional dos direitos sociais é que faz deles serem "mais custosos". Embora todos os direitos tenham custos (como ficou provado na obra *The Cost of Rights*, de Sunstein e Holmes), alguns direitos "custam mais que outros". Como disse Rui Medeiros, "a efetivação de todos os direitos fundamentais 'custa dinheiro', mas a dos direitos sociais poderá 'custar muito dinheiro'"[17].

Todavia, a conceituação e delimitação dos direitos sociais não encontram na doutrina um consenso, deixando os termos muito vagos e imprecisos, o que deu ensejo à chamada metodologia "fuzzy" ou camaleões normativos, na expressão de José Joaquim Gomes Canotilho, como veremos a seguir.

15.3.1. Metodologia "fuzzy" e os camaleões normativos

Canotilho, professor de Coimbra, em texto apresentado na Espanha, utilizou o termo "fuzzy", que em inglês significa coisas vagas, imprecisas, indeterminadas, para se referir à dogmática e teoria jurídica dos direitos econômicos, sociais e culturais que, segundo ele, tem "uma carga metodológica de indeterminação, imprecisão, que a teoria da ciência vem apontando, em termos algumas vezes caricaturescos, através da designação de 'fuzzysmo' ou 'metodologia fuzzy'"[18].

Além disso, segundo o autor, esse indeterminismo dos conceitos jurídicos referentes aos direitos sociais faz gerar os "camaleões normativos", que seria um "transformismo normativo" decorrente dessa indeterminação conceitual, uma confusão entre *conteúdo* de um direito juridicamente definido e determinado e a *sugestão de conteúdo*, sujeita a modelos político-jurídicos cambiantes. Ele defende o rigor de uma ciência normativa para que possa delimitar o conteúdo dos direitos sociais, de modo a entender quais são as exigências imediatas e futuras para o Estado. Segundo ele, "em outras palavras, o 'transformismo normativo' dará lugar ao trânsito de um discurso jurídico rigoroso, centrado em categorias como os 'direitos subjetivos'

---

17. Apud Catarina dos Santos Botelho, op. cit., p. 121.
18. *Metodologia "Fuzzy" y "Camaleones Normativos" en la problemática actual de los derechos económicos, sociales y culturales*; p. 1. Segundo o autor, a crítica que se faz ao "fuzzysmo" significa que os juristas que abordam os direitos sociais só se sentem à vontade com a imprecisão dos conceitos. Indaga o professor de Coimbra: quando se insiste nas fórmulas emancipatórias do "direito ao emprego" ou "ao trabalho", passarão os juristas as metanarrativas da modernidade sobre a liberação do sujeito histórico? Ao abordar o "direito à universidade", temos alguma ideia sobre a estrutura da busca do trabalho ou da bolsa de emprego? Quando proclamamos o indeclinável direito à seguridade social, temos as noções mínimas sobre o regime de pensões e sobre a engenharia financeira de distribuição do financiamento das gerações futuras? Por fim, importante frisar que dez anos depois de escrever tal texto, que defendia uma maior concretização dos direitos sociais, o professor Canotilho escreveu outro texto, afirmando que tal visão deve ser atenuada pela "Crise do Estado Social", que afeta não apenas a graduabilidade, mas também a reversibilidade das posições sociais. Em outras palavras, a visão clássica (e até utópica) de que os direitos sociais devem sempre se desenvolver, sem qualquer possibilidade de retrocesso, resta enfraquecida pelas crises econômicas, como afirmamos no nosso livro *Direitos sociais em tempos de crise econômica*. Vide "O Direito Constitucional como Ciência de Direção: o núcleo essencial das prestações sociais ou a localização incerta da socialidade (contributo para a reabilitação da força normativa da Constituição social), p. 1.

e os 'deveres jurídicos' até um *discurso político-constitucional* baseado em programas concretizadores de 'princípios vetores' e de diretivas políticas"[19].

15.4. A NATUREZA JURÍDICA DOS DIREITOS SOCIAIS

Da mesma forma que há divergência acerca da nomenclatura "direitos sociais", como vimos anteriormente neste capítulo, a divergência se agiganta quando se perquire a natureza jurídica de tais direitos. Como lembra Ingo Wolfgang Sarlet, "dentre os temas preferidos pela doutrina (e que acabam refletindo, com maior ou menor intensidade, na esfera jurisprudencial, legislativa e administrativa) destacam-se, notadamente em matéria de dos assim chamados direitos sociais, tanto as teses que questionam a própria constitucionalização de tais direitos sociais (sustentando até mesmo que, no todo ou em parte, tais direitos sequer deveriam estar na Constituição!) quanto as vozes daqueles que, embora admitam a possibilidade de ter tais direitos previstos no texto constitucional, refutam a sua condição de autênticos direitos fundamentais"[20].

Sob o ponto de vista dogmático, a Constituição de 1988 insere os direitos sociais no Título destinado aos direitos e garantias fundamentais. Sob esse aspecto, afirma Marcus Orione Gonçalves Correia: "sob as perspectivas dos direitos fundamentais da pessoa humana, os direitos sociais foram destacados, no nosso contexto, para o título II do texto constitucional, que se refere exatamente aos direitos e garantias fundamentais. A despeito da impossibilidade, admitida pela doutrina e jurisprudência em geral (incluída aqui a do Supremo Tribunal Federal), de hierarquização das normas constitucionais, não há como se esconder"[21]. Não obstante, evidentemente aqui não se quer resumir os direitos fundamentais àqueles que estão previstos expressamente na Constituição. Aliás, o próprio art. 5º, § 2º, da Constituição Federal traz uma cláusula de abertura, segundo a qual os direitos fundamentais expressos não excluem outros direitos decorrentes dos princípios constitucionais e de tratados internacionais.

É certo que os direitos fundamentais não se resumem àqueles previstos expressamente no texto constitucional. Não obstante, há certa dúvida doutrinária se todos os direitos previstos na Constituição são efetivamente fundamentais. Aliás, tratamos desse assunto em nosso livro *Curso de Direito Constitucional*: "Questão polêmica é a seguinte: pode um direito fundamental perder sua 'fundamentabilidade' com o passar do tempo? Um direito constitucional pode deixar de ser fundamental? Existe uma polêmica grande acerca da eventual possibilidade de se utilizar o princípio da *dignidade da pessoa humana* para considerar a perda da 'fundamentalidade' de alguns direitos fundamentais. Por exemplo, poder-se-ia argumentar que o art. 5º, LVIII, da Constituição Federal, que veda a identificação criminal àqueles já identificados civilmente, com o passar do tempo e com o avanço da tecnologia para colheita de impressões digitais, perdeu o seu caráter de fundamentalidade. Seria fundamental quando da década de 80, quando feita a Constituição Federal, mas não possui mais tal caráter essencial"[22]. Sobre o tema, Sarmento afirma: "o tema é polêmico e ainda não foi enfrentado pela jurisprudência brasileira.

---

19. Op. cit., p. 39.
20. *Os Direitos Sociais como Direitos Fundamentais:* Contributo para um Balanço aos Vinte Anos da Constituição Federal de 1988.
21. *Os Direitos Sociais enquanto Direitos Fundamentais*, p. 307.
22. Op. cit., p. 1030.

A possibilidade é enfaticamente rejeitada por Ingo Wolfgang Sarlet, que aduziu que a sua admissão exporia a grave risco os direitos fundamentais, em razão da diversidade de filosofias constitucionais existentes, o que acabaria tornando o reconhecimento da fundamentalidade dependente da ideologia do juiz de plantão. Um juiz libertário, por exemplo, poderia adotar leitura que excluísse a fundamentalidade dos direitos sociais, enquanto um marxista poderia fazê-lo em relação às liberdades civis tradicionais. Para evitar esse risco – afirma Sarlet – seria preferível tratar a todos os direitos inseridos no catálogo constitucional como fundamentais, independentemente de qualquer juízo acerca do seu conteúdo"[23].

Ainda que não estivesse expresso na Constituição (como ocorre na Alemanha), não seria possível nos dias atuais negar a fundamentalidade a direitos básicos como saúde, educação, alimentação e moradia, por exemplo, podendo ser extraídos de outros direitos (como o direito à vida, por exemplo), da cláusula constitucional do Estado Social de Direito ou do princípio da solidariedade, da dignidade da pessoa humana etc. Quanto a este último argumento, afirma Cláudio Ari Mello que "uma interpretação constitucionalmente adequada do princípio da dignidade da pessoa humana como ideia fonte do sistema de direitos fundamentais deve compreender uma composição analítica de todos os direitos que, no programa da Constituição, garantem a vida boa para a pessoa humana".

Dessa maneira, entendemos que os direitos sociais são efetivamente "direitos fundamentais", embora haja diferença de tratamento, como adiante se verá, com os direitos individuais ou liberdades públicas. Esse também é o entendimento de Ingo Wolfgang Sarlet: "como corolário desta decisão em prol da fundamentalidade dos direitos sociais na ordem constitucional brasileira, e por mais que se possa, e, até mesmo (a depender das circunstâncias e a partir de uma exegese sistemática, por mais que seja possível reconhecer eventuais diferenças de tratamento, os direitos sociais – por serem fundamentais –, comungam do regime da dupla fundamentalidade (formal e material) dos direitos fundamentais"[24].

De fato, os direitos sociais são formalmente fundamentais (estão previstos no texto constitucional como direitos fundamentais) e materialmente fundamentais. Segundo Ana Carolina Lopes Olsen, "a fundamentalidade material está relacionada à correspondência havida entre os direitos fundamentais e o núcleo de valores que informa a Constituição [...] dentre os quais vale destacar a dignidade da pessoa humana"[25]. Nesse sentido, concordam com a fundamentalidade dos direitos sociais autores como José Joaquim Gomes Canotilho, Jorge Miranda, Vital Moreira, Ricardo Maurício Freire Soares[26], dentre outros.

---

23. Op. cit., p. 85.
24. Op. cit.
25. *Direitos Fundamentais Sociais*, p. 26.
26. Segundo o autor, "a partir da leitura principiológica da dignidade da pessoa humana, pode-se asseverar que o sistema constitucional brasileiro não previu nenhum regime jurídico diferenciado para os direitos fundamentais, seja para os direitos individuais, seja para os direitos sociais. Esse entendimento se reforça pela constatação de que o Poder Constituinte pátrio optou por um modelo de constitucionalismo dirigente, a ser implementado por um Estado intervencionista no campo econômico-social (arts. 1º e 3º), além da Carta Magna, no art. 5º, § 1º, estabelecer que as normas definidoras dos direitos e garantias fundamentais têm aplicação imediata, aqui englobando todas as normas de direitos fundamentais, até mesmo aquelas que regulam os direitos sociais, e não somente as que tratam dos direitos individuais dos cidadãos. [...] Sendo assim, revela-se, portanto, insustentável a interpretação constitucional de que os direitos sociais a prestações positivas do Estado estão excluídos da categoria dos direitos fundamentais, não apresentando eficácia plena e imediata aplicáveis, porquanto a dignidade da pessoa humana e os demais direitos fundamentais, inclusive individuais, só se realizam plenamente com o reconhecimento da aplicabilidade e efetividade dos direitos sociais" (*O Princípio da Dignidade da Pessoa Humana*, p. 154).

15.5. UM LIMITE À EFICÁCIA DOS DIREITOS SOCIAIS: A RESERVA DO POSSÍVEL

Teoria que surgiu na Alemanha, na década de 1970, a reserva do possível consiste nos limites fáticos e jurídicos que impedem a realização integral do direito social.

Malgrado tenha sido recepcionada pela doutrina e jurisprudência brasileiras, a teoria da "reserva do possível" passou por uma sensível transformação, como lembra Sgarbossa: "da análise da doutrina se observa que vem sendo hoje considerada, sob a expressão *reserva do possível*, em geral, toda restrição à realização de direitos fundamentais sociais baseada em escassez de recursos, seja esta compreendida como inexistência ou insuficiência econômica (real) dos recursos, seja compreendida como indisponibilidade jurídica dos mesmos, por força da legislação orçamentária, v.g. Tal compreensão se afasta sensivelmente do modelo originário"[27].

Na concepção original (alemã), a "reserva do possível" refere-se àquilo que é razoavelmente concebido como prestação social devida, em decorrência da interpretação dos direitos fundamentais sociais, eliminando as demandas irrazoáveis, desproporcionais e excessivas. Nas palavras de Ingo Wolfgang Sarlet, "mesmo em disposto o Estado dos recursos e tendo o poder de disposição, não se pode falar em uma obrigação de prestar algo que não se mantenha nos limites do razoável"[28]. Como lembra Sgarbossa, "apenas secundariamente entraram na fundamentação da sentença aspectos relativos à reserva orçamentária"[29]. Essa mutação da "reserva do possível" também é verificada por Catarina dos Santos Botelho: "Assim, foi na jurisprudência alemã que, no domínio dos direitos sociais, primeiramente se invocou a noção de 'reserva do possível ou do razoável' (*Vorbehalt des Möglichen oder der Vernunftigen*) no sentido de aquilo que os cidadãos poderiam razoavelmente exigir do Estado. Com o passar do tempo, o conceito de reserva do possível foi sendo depurado e acabou por se direcionar no sentido originalmente referido pela doutrina, ou seja, enfatizando as condições financeiras e orçamentais do Estado – 'reserva do financeiramente possível'. A 'dependência de recursos' (*Ressourcenabhändigkeit*) ou a 'escassez de recursos' (*Ressourcenknappheit*) surge, portanto, como um 'limite constitucional' (*verfassungsrechtliche Schranke*) ao Estado social"[30].

15.5.1. Natureza da reserva do possível

A doutrina brasileira diverge acerca da natureza da "reserva do possível". Enquanto alguns afirmam ser um princípio[31], outros afirmam ser uma cláusula ou postulado e, por fim, outros consideram uma condição da realidade que impacta na eficácia dos direitos fundamentais.

---

27. Op. cit., p. 148.
28. *Reserva do Possível, Mínimo Existencial e Direito à Saúde:* Algumas Aproximações, p. 29.
29. Op. cit., p. 153.
30. Op. cit., p. 432.
31. Patrícia Gomes Ribeiro afirma que "o princípio da reserva do possível originou-se na Alemanha, nos anos 1970, sendo igualmente conhecido como *reserva do financeiramente possível*. Tal princípio consiste na garantia dos direitos já previstos no ordenamento jurídico, desde que existentes os recursos públicos correlatos" (*O Direito à Saúde e o Princípio da Reserva do Possível*). Também usa a expressão "princípio" Allan Thiago Barbosa Arakaki: "resta evidenciado que o *princípio da reserva do possível* concilia o papel do Estado na consecução dos direitos de segunda geração com os limites estatais e que, por conseguinte, não se destoa com o sistema constitucional vigente ao promover uma discussão conciliatória da responsabilidade civil estatal nesses casos diante da razoabilidade e da realidade estatal" (*A Limitação da Responsabilidade Estatal pelo Princípio da Reserva do Possível*).

Diante dessa divergência terminológica, parte da doutrina considera a "reserva do possível" uma condição da realidade que interfere na aplicação dos direitos fundamentais. Nesse sentido, Ana Carolina Lopes Olsen afirma que "a reserva do possível corresponde a um dado de realidade, um elemento do mundo dos fatos que influencia na aplicação do Direito"[32]. Nesse ponto, concordamos com a autora. A "reserva do possível" não é um princípio constitucional implícito, já que não se trata de um mandamento de otimização. Da mesma forma, não parece ser um postulado, já que será sujeita a ponderação, à luz dos valores em conflito. Assim, entendemos que a "reserva do possível" é uma situação fática que limita a aplicação e a eficácia dos direitos sociais.

15.5.2. A reserva do possível na doutrina e na jurisprudência

A "reserva do possível" já foi largamente reconhecida pela jurisprudência de Tribunais federais, estaduais e dos Tribunais Superiores. No Supremo Tribunal Federal, por exemplo, várias foram as vezes em que mencionada a "reserva do possível", ora aplicando-a para refutar a exigibilidade dos direitos fundamentais sociais, ora para afastá-la. Uma das mais importantes decisões refere-se à ADPF 45, relatada pelo Min. Celso de Mello, segundo o qual "a realização dos direitos econômicos, sociais e culturais – além de caracterizar-se pela gradualidade de seu processo de concretização – depende, em grande medida, de um inescapável vínculo financeiro subordinado às possibilidades orçamentárias do Estado, de tal modo que, comprovada, objetivamente, a incapacidade econômico-financeira da pessoa estatal, desta não se poderá razoavelmente exigir, então, considerada a limitação material referida, a imediata efetivação do comando fundado no texto da Carta Política".

Luís Fernando Sgarbossa propõe a seguinte classificação da reserva do possível[33]: a) reserva do possível como limitação fática (com base na escassez real ou econômica); b) reserva do possível como limitação jurídica, esta última podendo ter o seguinte desdobramento: b.1) limitação imposta aos direitos sociais com base na *escassez ficta*; b.2) limitação imposta por ausência de razoabilidade ou proporcionalidade da pretensão.

Adotamos a seguinte classificação da reserva do possível:

Reserva do possível	por limitação fática (escassez real ou econômica)	
	por limitação jurídica	decorrente de *escassez ficta*
		decorrente de ausência de razoabilidade ou proporcionalidade

Quanto à primeira modalidade de "reserva do possível" (por limitação fática, decorrente de escassez real ou econômica), estamos diante de um *limite imanente*, como defendemos acima. Isso porque "a impossibilidade de satisfazer determinada necessidade com base em uma situação de escassez real ou econômica caracteriza uma limitação fática à normatividade, um choque entre realidade concreta, independente do desígnio humano, e comando normativo. Em tal tipo de situação encontra-se a origem da forte carga de racionalidade característica

---

32. Op. cit., p. 201.
33. Op. cit., p. 216.

da elaboração conhecida como *reserva do possível*, que ostenta ares de evidência lógica aparentemente inegável e incontrolável, no sentido de que aquilo que não existe não pode ser postulado ou deferido, e outros truísmos que se tem afirmado com base em tal compreensão"[34]. Enquadram-se nessa primeira modalidade de "reserva do possível" a impossibilidade de ofertar um medicamento que não existe, ou transplante de órgãos a todos os que dele necessitam.

Por sua vez, quanto à segunda modalidade de "reserva do possível" (por limitação jurídica), os recursos econômicos faticamente existem, mas sua "alocação em determinados setores acaba por implicar o não atendimento de outras necessidades, por uma decisão disjuntiva do órgão ou agente com competência em matéria alocativa, seja ele qual for. [...] Vislumbra-se aqui a existência de uma escolha alocativa pelo órgão competente, notadamente pelos órgãos políticos e pela Administração Pública, privilegiando determinados setores com o investimento de recursos que não são escassos por natureza, em detrimento de outros. As escolhas revestem-se de nítido caráter político, eis que os recursos podem ou poderiam ser alocados de diferentes maneiras no caso concreto, segundo as prioridades definidas pelos órgãos com atribuição legal para tanto"[35].

Essa alocação dos recursos (que são limitados) foi denominada "escolhas trágicas" (*tragic choices*) pelos professores norte-americanos Guido Calabresi e Philip Bobbitt, na obra *Tragic Choices*[36].

Como a *"reserva do possível" por limitação jurídica* é uma espécie de restrição a um direito fundamental social *prima facie*, poderá ter sua constitucionalidade verificada através de critérios identificados pela doutrina pátria e alienígena, ao que se denominou de "limites dos limites" ou "restrições das restrições" ou (*"Schranken-Schranken"*). Como afirma a doutrina, tal ideia se difundiu na dogmática germânica sob a égide da Lei Fundamental de Bonn, e visa identificar os obstáculos que restringem a possibilidade de o poder público restringir os direitos fundamentais (individuais ou sociais). "Tal locução originou-se de uma conhecida conferência sobre os limites dos direitos fundamentais proferida por Karl August Betterman, na sociedade jurídica de Berlim, em 1964. [...] Consoante seu pensamento, as condições mais importantes estabelecidas na Lei Fundamental são a garantia do conteúdo essencial e a dignidade humana, sendo também relevante o imperativo de que todas as limitações aos direitos fundamentais devem objetivar a promoção do bem comum"[37]. Segundo Gilmar Mendes, a expressão "limites dos limites", que teria sido utilizada primeiramente por K. H. Wernicke, "balizam a ação do legislador quando restringe direitos. [...] Esses limites, que decorrem da própria Constituição, referem-se tanto à necessidade de proteção de um núcleo essencial do

---

34. Luís Fernando Sgarbossa, op. cit., p. 219.
35. Luís Fernando Sgarbossa, op. cit., p. 220-221.
36. Guido Calabresi e Philip Bobbitt. *Tragic Choices*. Essa expressão também é utilizada pela professora da Universidade de Chicago Martha Nussbaum, na obra *Creating Capabilities*: "Algumas vezes as condições sociais tornam impossíveis entregar uma quantidade mínima das dez capacidades para todos: duas ou mais delas podem estar em conflito. [...] Quando as capacidades têm valor intrínseco e importância, a situação produzida quando duas delas coligem é trágica: qualquer caminho que seguirmos envolve fazer algo errado a alguém. A situação de *escolha trágica* não é totalmente capturada na análise de custo-benefício padrão: a violação de um direito fundamentado na justiça básica não é só o alto custo; é um custo de um tipo distinto, que em uma sociedade totalmente justa ninguém deve suportar" (op. cit., p. 419-420).
37. Clovis Demarchi e Fernanda Sell de Souto Goulart Fernandes. *Teoria dos Limites dos Limites:* Análise de Limitação à Restrição dos Direitos Fundamentais no Direito Brasileiro, p. 83.

direito fundamental quanto à clareza, determinação, generalidade e proporcionalidade das restrições impostas"[38].

Dessa maneira, podemos elencar como critérios destinados a verificar a constitucionalidade da restrição operada pela "reserva do possível", por limitações jurídicas, os seguintes critérios: a proporcionalidade, com seus corolários: a) proibição do excesso (*übermassverbot*) e b) proibição da proteção insuficiente (*untermassverbot*), a razoabilidade, a proteção do mínimo existencial dos direitos sociais (*existenzminimum*) e, para aqueles que consideram um princípio jurídico limitativo, a cláusula da proibição de retrocesso (*verbot des sozialen rückschritts*).

15.6. MÍNIMO EXISTENCIAL

A origem da discussão acerca do "mínimo existencial" dos direitos fundamentais, principalmente os direitos sociais, está na doutrina alemã, no texto *"Begriff und Wesen des sozialen Rechtsstaates" (Conceito e Essência dos Estados Sociais de Direito)*, de Otto Bachof[39]. Inusitada a fonte doutrinária, não pelo brilho do autor, mas pelo fato de que, escrito em 1954, comentava a Lei Fundamental alemã de 1949, que não previu expressamente um rol de direitos sociais, diferentemente da Constituição brasileira[40].

Esse assunto foi pela primeira vez abordado no Brasil, no ano de 1989, por Ricardo Lobo Torres, no artigo O Mínimo Existencial e os Direitos Fundamentais, publicado na *Revista de Direito Administrativo*, n. 177. Nesse texto, o autor afirma que o mínimo existencial dos direitos seriam "condições mínimas de existência humana digna que não pode ser objeto de intervenção do Estado e que ainda exige prestações estatais positivas"[41]. Para o autor, o mínimo existencial abrange qualquer direito, considerado em sua dimensão essencial e inalienável e não tem dicção normativa específica, estando compreendido em diversos princípios constitucionais, como o princípio da igualdade (que assegura a proteção contra a pobreza absoluta), o respeito à dignidade humana, na cláusula do Estado Social de Direito. Dessa maneira, "o mínimo existencial é direito protegido negativamente contra a intervenção do Estado e, ao mesmo tempo, garantido positivamente pelas prestações estatais. Diz-se, pois, que é direito de

---

38. Op. cit., p. 211.
39. *Veröffentlichungen der Vereinigung der deutschen Staatsrechtlehrer*, n. 12.
40. Segundo Ingo Sarlet, "em que pese não existirem, de um modo geral, direitos sociais típicos, notadamente de cunho prestacional, expressamente positivados na Lei Fundamental da Alemanha (1949), [...] a discussão em torno da garantia do mínimo indispensável para uma existência digna ocupou posição destacada não apenas nos trabalhos preparatórios no âmbito do processo constituinte, mas também após a entrada em vigor da Lei Fundamental de 1949, onde foi desenvolvida pela doutrina, mas também no âmbito da práxis legislativa, administrativa e jurisprudencial" (Ingo Wolfgang Sarlet e Mariana Filchtiner Figueiredo. *Reserva do Possível, Mínimo Existencial e Direito à Saúde*: Algumas Aproximações, p. 20).
41. Op. cit., p. 29. Prossegue o autor: "O mínimo existencial não tem dicção própria. Deve-se procurá-lo na ideia de liberdade, nos princípios constitucionais da igualdade, do devido processo legal e da livre-iniciativa, na Declaração dos Direitos Humanos e nas imunidades e privilégios do cidadão. [...] O direito às condições mínimas de existência digna inclui-se entre *os direitos de liberdade ou direitos individuais*, formas diferentes de expressar a mesma realidade. Aparece explicitamente em alguns itens do art. 5º da CF de 1988, sede constitucional dos direitos humanos. O mínimo existencial exibe as características básicas do direito da liberdade: é pré-constitucional, posto que inerente à pessoa humana; constitui direito público subjetivo do cidadão. [...] O mínimo existencial pode surgir também da inserção de interesses fundamentais nos *direitos políticos, econômicos e sociais*. Os direitos à alimentação, saúde e educação, embora não sejam originariamente fundamentais, adquirem o *status* daqueles no que concerne à parcela mínima sem a qual o homem não sobrevive".

status negativus e de *status positivo*, sendo certo que não raro se convertem uma na outra ou se coimplicam mutuamente a proteção constitucional positiva e a negativa"⁴².

George Marmelstein assim sintetiza a abordagem histórica e geográfica do *mínimo existencial*: "Em diversos países mais desenvolvidos (Alemanha, Espanha e Portugal, por exemplo), a possibilidade de o Judiciário vir a efetivar direitos a prestações materiais é vista com bastante desconfiança, pois se entende que a escassez de recursos necessários à concretização de direitos prestacionais demandaria escolhas políticas, que deveriam ser tomadas preferencialmente por órgãos politicamente responsáveis (legislador e administrador) e não pelos juízes. Além disso, são poucas as Constituições, como a brasileira, que incluíram em seu rol de direitos fundamentais diversos direitos sociais. Apesar disso, mesmo nesses países, entende-se que o Estado é obrigado a assegurar aos cidadãos pelo menos as condições mínimas para uma existência digna. É a chamada 'teoria do mínimo existencial'. De acordo com essa teoria, apenas o conteúdo essencial dos direitos sociais teria um grau de fundamentalidade capaz de gerar, por si só, direitos subjetivos aos respectivos titulares. Se a pretensão estiver fora do mínimo existencial, o reconhecimento de direitos subjetivos ficaria na dependência de legislação infraconstitucional regulamentando a matéria, não podendo o Judiciário agir além da previsão legal"⁴³.

Várias são as decisões do Supremo Tribunal Federal que mencionam expressamente o "mínimo existencial" dos direitos sociais.

Por exemplo, no Agravo Regimental no Recurso Extraordinário com Agravo (ARE 639.337 AgR/SP), de 23-8-2011, que versa sobre educação infantil, o Supremo Tribunal Federal, na ementa de seu julgado, afirmou: "A destinação de recursos públicos, sempre tão drasticamente escassos, faz instaurar situações de conflito, quer com a execução de políticas públicas definidas no texto constitucional, quer, também, com a própria implementação de direitos sociais assegurados pela Constituição da República, daí resultando contextos de antagonismo que impõem, ao Estado, o encargo de superá-los mediante opções por determinados valores, em detrimento de outros igualmente relevantes, compelindo, o Poder Público, em face dessa relação dilemática, causada pela insuficiência de disponibilidade financeira e orçamentária, a proceder a verdadeiras 'escolhas trágicas', em decisão governamental cujo parâmetro, fundado na dignidade da pessoa humana, deverá ter em perspectiva a intangibilidade do mínimo existencial, em ordem a conferir a real efetividade às normas programáticas positivadas na própria Lei Fundamental. [...] A cláusula da reserva do possível – que não pode ser invocada, pelo Poder Público, com o propósito de fraudar, de frustrar e de inviabilizar a implementação de políticas públicas definidas na própria Constituição – encontra insuperável limitação na garantia constitucional do mínimo existencial, que representa, no contexto de nosso ordenamento positivo, emanação direta do postulado da essencial dignidade da pessoa humana. [...] *A noção de 'mínimo existencial', que resulta, por implicitude, de determinados preceitos constitucionais (CF, art. 1º, III, e art. 3º, III), compreende um complexo de prerrogativas cuja concretização revela-se capaz de garantir condições adequadas de existência digna, em ordem a assegurar, à pessoa, acesso efetivo ao direito geral de liberdade e, também, a prestações positivas originárias do Estado, viabilizadoras da plena fruição de direitos sociais básicos, tais como o direi-*

---

42. Op. cit., p. 35.
43. *Curso de Direitos Fundamentais*, p. 324.

to à educação, o direito à proteção integral da criança e do adolescente, o direito à saúde, o direito à assistência social, o direito à moradia, o direito à alimentação e o direito à segurança" (grifamos).

O Supremo Tribunal Federal voltou a utilizar a tese no Recurso Extraordinário 567.985/MT, de 18-4-2013, que versa sobre o benefício assistencial de prestação continuada ao idoso e ao deficiente, previsto no art. 203, V, da Constituição Federal ("a garantia de um salário mínimo de benefício mensal à pessoa portadora de deficiência e ao idoso que comprovem não possuir meios de prover a própria manutenção e de tê-la provida por sua família, conforme dispuser a lei") e no art. 20, § 3º, da Lei n. 8.742/93 (Lei Orgânica da Assistência Social – LOAS), que dispõe: "Considera-se incapaz de prover a manutenção da pessoa com deficiência ou idosa a família cuja renda mensal *per capita* seja inferior a 1/4 (um quarto) do salário mínimo". O Recurso Extraordinário foi interposto pelo Instituto Nacional do Seguro Social (INSS) em razão de decisão da Turma Recursal da Seção Judiciária do Estado de Mato Grosso, que concedeu à recorrida o benefício previsto no art. 20, § 3º, da LOAS, muito embora ela não estivesse dentro do parâmetro estabelecido por esta regra (a renda *per capita* mensal de sua família era superior a 1/4 do salário mínimo). O STF manteve a decisão da Turma Recursal, afirmando que essa regra não era absoluta e que o Poder Judiciário deve adequar tal critério ao princípio da dignidade da pessoa humana. Em sua fundamentação, invocou o direito ao mínimo existencial para manter a decisão que concedeu à recorrida um direito que a lei não lhe conferiu. No julgamento desse recurso, votou assim o Min. Marco Aurélio (relator): "É certo que as prestações básicas que compõem o mínimo existencial – esse conjunto sem o qual o ser humano não tem dignidade – não são as mesmas de ontem, e certamente não serão iguais às de amanhã. Assim, embora as definições legais nessa matéria sejam essencialmente contingentes, não chegam a mostrar-se desimportantes. Fixam os patamares gerais para a atuação da Administração Pública, além de permitir razoável margem de certeza quanto ao grupo geral de favorecidos pela regra, o que terá impactos na programação financeira do Estado". Outrossim, para suplantar os parâmetros legais, utilizou-se do seguinte argumento: "No mais, acerca da obediência cega à lei, cito as agudas palavras de Gustav Radbruch, o primeiro filósofo do Direito a defender, no pós-guerra, uma concepção mais próxima do valor justiça e menos apegada ao formalismo jurídico. Assevera ele: 'esta concepção de lei e sua validade, a que chamamos Positivismo, foi a que deixou sem defesa o povo e o jurista contra as leis mais arbitrárias, mais cruéis e mais criminosas'".

Por sua vez, a Segunda Turma do Superior Tribunal de Justiça, no julgamento do Recurso Especial 1.302.237/RJ (rel. Min. Mauro Campbell Marques, *DJe* de 25-9-2013), em caso envolvendo pagamento de pensão militar à mãe do instituidor do benefício, cujo marido era segurado do INSS, decidiu que, apesar de a interessada ser casada e seu marido receber benefício previdenciário no valor de um salário mínimo, não pode haver obstáculo ao reconhecimento da necessidade e urgência na concessão da pensão militar, "em observância à cultura brasileira de ajuda aos pais idosos, à garantia do mínimo existencial e do princípio da dignidade da pessoa humana. [...] Nessas circunstâncias, em que demonstrada a insubsistência dos fundamentos do ato impetrado de ausência de comprovação da dependência econômica, é de se reconhecer o direito líquido e certo afirmado na inicial".

Outrossim, além da *saúde*, da *educação* e do *transporte*, o STF também analisou o mínimo existencial do *acesso à justiça*, ao determinar que o Estado do Paraná criasse, sob pagamento de multa, a Defensoria Pública no Estado (Embargos de Declaração no Agravo de Instrumento 598.212, de 25-3-2014): "Intervenção jurisdicional concretizadora de programa constitucional destinado a viabilizar o acesso dos necessitados à orientação jurídica integral e à assistência judiciária gratuitas (CF, art. 5º, inciso LXXIV, e art. 134) – legitimidade dessa atuação dos juízes e tribunais – o papel do Poder Judiciário na implementação de políticos públicas instituídas pela Constituição e não efetivadas pelo Poder Público. [...] Atividade de fiscalização judicial que se justifica pela necessidade de observância de certos parâmetros constitucionais (proibição do retrocesso social, proteção ao mínimo existencial, vedação da proteção insuficiente e proibição de excesso). [...] O descumprimento, pelo Poder Público, do dever que lhe impõe o art. 134 da Constituição da República traduz grave omissão que frustra, injustamente, o direito dos necessitados à plena orientação jurídica e à integral assistência judiciaria e que culmina, em razão desse inconstitucional inadimplemento, por transformar os direitos e as liberdades fundamentais em proclamações inúteis, convertendo-os em expectativas vãs" (rel. Min. Celso de Mello).

Em histórica decisão, na ADPF 347 MC/DF, de 9-9-2015, acerca do sistema carcerário nacional, o Supremo Tribunal Federal, pela primeira vez, reconheceu o "Estado de Coisas Inconstitucional", teoria construída pelo Tribunal Constitucional colombiano, decorrente de algumas *Sentencias de Unificación* (*Sentencia* SU-559, de 6 de novembro de 1997; *Sentencia* T-068, de 5 de março de 1998; *Sentencia* SU-250, de 26 de maio de 1998; *Sentencia* T-590, de 20 de outubro de 1998; *Sentencia* T-525, de 23 de julho de 1999; *Sentencia* T-253, de 28 de abril de 1998; *Sentencia* T-025, de 22 de janeiro de 2004).

Ainda nessa decisão, o Supremo Tribunal Federal decidiu que "a violação da dignidade da pessoa humana e do mínimo existencial autoriza a judicialização do orçamento, sobretudo se considerado o fato de que recursos legalmente previstos para o combate a esse quadro vêm sendo contingenciados, anualmente, em valores muito superiores aos efetivamente realizados, apenas para alcançar metas fiscais. Essa prática explica parte do fracasso das políticas públicas existentes".

15.6.1. Mínimo existencial e mínimo vital

Na doutrina alemã, o mínimo existencial tem se desdobrado em dois aspectos: um mínimo fisiológico, ou seja, as condições materiais mínimas para uma vida digna (sendo esse o conteúdo essencial da garantia do mínimo existencial), e também um mínimo existencial sociocultural, objetivando assegurar ao indivíduo um mínimo de inserção, em razão de uma igualdade real, na vida social. Assim, enquanto o primeiro "encontra-se diretamente fundado no direito à vida e na dignidade da pessoa humana (abrangendo, por exemplo, prestações básicas em termos de alimentação, vestimenta, abrigo, saúde ou os meios indispensáveis para a sua satisfação), o assim designado mínimo sociocultural encontra-se fundado no princípio do Estado Social e no princípio da igualdade no que diz com o seu conteúdo material"[44]. Jorge Reis faz a distinção da seguinte maneira: enquanto o *mínimo vital* consiste na "proteção contra as ameaças à sobrevivência, uma garantia mínima da existência fisiológica, associado, portanto, à garantia dos pressupostos mínimos de uma sobrevivência digna e, logo, de alimentação, roupa, cuidados de saúde e de alojamento sem cuja existência a dignidade da pessoa humana e o próprio direito à vida

---

44. Ingo Wolfgang Sarlet e Mariana Filchtiner Figueiredo, op. cit., p. 22.

estariam ameaçados"⁴⁵, o *mínimo existencial* "seria ampliado em função da existência da pessoa num contexto sociocultural, significando também condições reais de uma existência digna em função desse contexto, associado já, portanto, às exigências de prestação material que, considerados dinamicamente o desenvolvimento e as disponibilidades do Estado e a evolução cultural das necessidades individuais, procuram assegurar as condições de desenvolvimento da personalidade, de participação e de integração comunitária"⁴⁶.

Dessa maneira, não se pode confundir o *mínimo existencial* com o mínimo vital ou mínimo de sobrevivência, pois este é um corolário do direito à vida (art. 5º, *caput*, da Constituição Federal). Não permitir que alguém morra de fome, embora seja o primeiro e mais básico aspecto do *mínimo existencial*, com ele não se confunde. O mínimo existencial é um conjunto de garantias materiais para uma vida condigna, que implica deveres de abstenção e ação por parte do Estado. Confundir o *mínimo existencial* com o *mínimo vital* (de sobrevivência física) é reduzir o *mínimo existencial* ao direito à vida. Ora, o direito ao mínimo existencial é muito mais que isso: "implica uma dimensão sociocultural, que também constitui elemento nuclear a ser respeitado e promovido, razão pela qual determinadas prestações em termos de direitos culturais haverão de estar sempre incluídas no mínimo existencial"⁴⁷.

Não obstante, o *mínimo vital* está inserido no *mínimo existencial* pelo que podemos afirmar serem círculos concêntricos, que não se confundem.

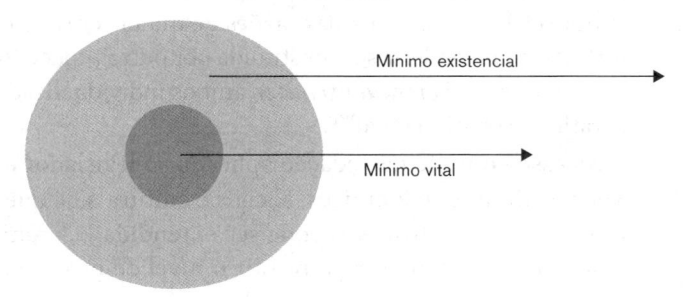

O Superior Tribunal de Justiça no AgRg no AREsp 790.767/MG, decidiu que "o mínimo existencial não se resume ao mínimo vital, ou seja, o mínimo para se viver. O conteúdo daquilo que seja o mínimo existencial abrange também as condições socioculturais, que, para além da questão da mera sobrevivência, asseguram ao indivíduo um mínimo de inserção na 'vida' social".

15.7. PROIBIÇÃO DO RETROCESSO

O fenômeno conhecido como "proibição do retrocesso" ou "vedação do retrocesso", "prohibición de regresividad" (no espanhol), "ratchet effect" (no inglês)⁴⁸, "efeito cliquet" (no francês), *Nichtumkehrbarkeitstheorie* ou *Rückschrittsverbot* (no alemão), é discutido pela doutri-

---

45. *Direitos Sociais*: Teoria Jurídica dos Direitos Sociais Enquanto Direitos Fundamentais, p. 195.
46. Op. cit., p. 195.
47. Op. cit., p. 25.
48. A expressão "ratchet effect" foi estudada no livro *Constitutional Process*, de Maxwell L. Stearns. "Com efeito, a análise revela que certos períodos de redução de direitos podem estar sujeitos ao que podemos considerar como um *efeito catraca* judicial. Um efeito catraca significa uma tendência de certos fenômenos para moverem-se mais firmemente em uma única direção" (p. 220).

na constitucional e internacional, bem como pela jurisprudência de praticamente todo o mundo, mormente em se tratando dos direitos sociais, que mais sofrem com os impactos das crises econômicas, que implicam um automático retrocesso (ou ausência de progressividade) na implantação de políticas públicas. Nas palavras de Christian Courtis, "a proibição da regressividade (ou proibição do retrocesso, como também é denominada) forma parte da bagagem teórica tanto do direito internacional dos direitos humanos, como do direito constitucional doméstico, ao menos na parte dos direitos sociais, ainda que sua aplicabilidade não tenha por que limitar-se a esse campo"[49].

A expressão francesa "efeito cliquet", numa tradução literal, seria "efeito catraca" (expressão que, decorrente do alpinismo, significa o movimento que só permite ao alpinista ir para cima, ou seja, subir, já que os pinos de sustentação estão sempre acima do alpinista). A expressão foi usada na jurisprudência do Conselho Constitucional francês (*cliquet effet*) para fornecer proteção especial para certas liberdades, declarando inconstitucional a lei que, em vez de torná-los mais eficazes, restringe-nos excessivamente. Por exemplo, na Decisão n. 83.165 DC, de 20 de janeiro de 1984, o Conselho Constitucional considerou inconstitucional a revogação total da *lei da liberdade acadêmica,* de 12 de novembro de 1968, sem a substituição por uma nova lei para amparar os respectivos direitos.

Não obstante, como afirma Cristina Queiroz, a expressão "proibição do retrocesso social" talvez não seja uma expressão feliz (sendo uma das razões de muitas críticas doutrinárias): "a expressão [...] não é feliz. Juridicamente poderia ser substituída por outros conceitos, v.g., a 'segurança jurídica' ou a 'proteção da confiança' (*Vertrauenschutz*), ambos individualizadores da cláusula do Estado de Direito democrático e constitucional"[50].

A *proibição do* retrocesso consiste na vedação aplicada ao legislador e ao administrador de reduzir o nível o nível dos direitos econômicos, sociais e culturais de que goza a população. Em outras palavras, "a proibição do retrocesso pode ser entendida [...] como uma vedação às normas e medidas estatais que, por debilitar ou retrair o nível de proteção outorgado, reinstauram obstáculos para a satisfação de suas necessidades básicas, ou, em termos mais amplos, fazem renascer obstáculos de caráter econômico e social que limitam de fato a liberdade e a igualdade das pessoas, e impedem o pleno desenvolvimento da pessoa humana e a efetiva participação de todos na organização política, econômica e social de um país"[51]. Segundo as palavras de Cristina Queiroz, "o princípio da 'proibição do retrocesso social' determina, de um lado, que uma vez consagradas legalmente as 'prestações sociais', o legislador não poderá depois eliminá-las sem alternativas ou compensações. Uma vez dimanada pelo Estado a legislação concretizadora do direito fundamental social, que se apresenta face a esse direito como uma 'lei de proteção', a ação do Estado, que se consubstanciava num 'dever de legislar', transforma-se num dever mais abrangente: o de não *eliminar* ou *revogar* essa lei"[52].

Segundo Jorge Reis Novais, teria a teoria sido construída na Alemanha dos anos 1970. Segundo o autor, "quando a crise econômica punha em causa a possibilidade de progredir indefinidamente nos benefícios sociais proporcionados pelo Estado social ou fazia duvidar, sim-

---

49. La Prohibición de Regresividad en Materia de Derechos Sociales: Apuntes Introductorios, in *Ni un paso atrás*, p. 3.
50. *O Princípio da Não Reversibilidade dos Direitos Fundamentais Sociais*, p. 71.
51. Christian Courtis, op. cit., p. 20.
52. Op. cit., p. 116.

plesmente, da possibilidade de os manter inalterados, desenvolveu-se uma discussão doutrinária e jurisprudencial acerca dos limites que o princípio constitucional do Estado social colocaria a uma intervenção que afetasse os benefícios outrora concedidos"[53].

Outrossim, a teoria da irreversibilidade foi uma construção doutrinária alemã no escopo de resolver uma problemática questão: como a *Lei Fundamental de Bonn* não previu expressamente direitos sociais, não haveria na Constituição um meio jurídico-constitucional para defesa desses direitos já implementados. Como afirma Jorge Reis Novais, "tratando-se de meras realizações do legislador ordinário, elas estariam naturalmente, como qualquer outra lei ordinária, à mercê do poder de conformação e autorrevisibilidade do mesmo legislador"[54].

Segundo a doutrina, o princípio da proibição do retrocesso (ou vedação do retrocesso) guarda íntima correlação como princípio da segurança jurídica. Nas palavras de Celso Antônio Bandeira de Mello, a segurança jurídica coincide com uma das mais profundas aspirações do ser humano, viabilizando, mediante a garantia de certa estabilidade nas relações jurídicas e da própria ordem jurídica, tanto elaboração de projetos de vida, bem como de sua realização, de sorte que desde logo verifica-se que a segurança jurídica decorre da dignidade da pessoa humana[55]. Nas palavras de Ingo Sarlet, "a dignidade não restará suficientemente respeitada e protegida em todo o lugar onde as pessoas estejam sendo atingidas por um tal nível de instabilidade jurídica que não estejam mais em condições de, com um mínimo de segurança e tranquilidade, confiar nas instituições sociais e estatais (incluindo o Direito) e numa certa estabilidade das suas próprias posições jurídicas"[56].

Um dos maiores defensores da *proibição do retrocesso* foi o professor de Coimbra José Joaquim Gomes Canotilho, segundo o qual, após sua concretização em nível infraconstitucional, os direitos sociais assumem, simultaneamente, a condição de direitos subjetivos a determinadas prestações estatais e de uma garantia institucional, de tal sorte que não se encontram mais na esfera de disponibilidade do legislador, no sentido de que os direitos adquiridos não mais podem ser reduzidos ou suprimidos, sob pena de flagrante infração do princípio da proteção da confiança (por sua vez, diretamente deduzido do princípio do Estado de Direito), que, de sua parte, implica a inconstitucionalidade de todas as medidas que inequivocamente venham a ameaçar o padrão de prestações já alcançado. Nas palavras do professor português: "a ideia aqui expressa também tem sido designada como proibição de 'contrarrevolução social' ou da 'evolução reacionária'. Com isto quer dizer-se que os direitos sociais e econômicos (ex.: direito dos trabalhadores, direito à assistência, direito à educação), uma vez obtido um determinado grau de realização, passam a constituir, simultaneamente, uma garantia institucional a

---

53. Op. cit., p. 240. Prossegue o autor: "a *teoria da irreversibilidade*, ou a fórmula da *proibição do retrocesso* como viria, posteriormente, a ser designada e *exportada*, constituiria a referência-chave desse debate, encerrando em si mesma a ideia, todavia controversa, de que as realizações do Estado social, apoiadas que estavam no correspondente princípio diretivo constitucional [...], estariam constitucionalmente protegidas contra eventuais retrocessos que as afetassem no seu conteúdo essencial ou, pelo menos, contra retrocessos não suficientemente justificados" (p. 240).
54. Op. cit., p. 241. Ainda de acordo com o autor, "nesse contexto, a fórmula e o eventual princípio da *proibição do retrocesso* surgiram, então, como invenção engenhosa destinada a justificar uma proteção jurídica reforçada a direitos a que se recusara natureza constitucional, jusfundamental. Tratava-se, em qualquer caso, nesse contexto, de uma invenção alemã para resolver uma dificuldade ou uma eventual lacuna constitucional alemã" (op. cit., p. 241).
55. Op. cit., p. 112.
56. *A Eficácia dos Direitos Fundamentais*, p. 437.

um direito subjetivo. [...] O reconhecimento dessa proteção de 'direitos prestacionais de propriedade', subjetivamente adquiridos, constitui um limite jurídico do legislador e, ao mesmo tempo, uma obrigação de prossecução de uma política congruente com os direitos concretos e as expectativas subjetivamente alicerçadas. A violação do núcleo essencial efetivado justificará a sanção da inconstitucionalidade relativamente a normas manifestamente aniquiladoras da chamada "justiça social"'[57].

No Brasil, Luís Roberto Barroso afirma que, "por este princípio, que não é expresso, mas decorre do sistema jurídico constitucional, entende-se que, se uma lei, ao regulamentar um mandamento constitucional, instituir determinado direito, ele se incorpora ao patrimônio da cidadania e não pode ser absolutamente suprimido"[58]. Dessa maneira, o legislador não pode ser simplesmente eliminar as normas e os atos concretizadores dos direitos sociais, pois isso equivaleria a retirar a eficácia jurídica das normas constitucionais definidoras dos direitos sociais.

Ingo Sarlet afirma que a "proibição do retrocesso" serviria para preservar, sobretudo em países como o Brasil, de prestação precária dos direitos sociais, as poucas conquistas sociais já alcançadas. Segundo o autor, "também entre nós a crescente insegurança no âmbito da segurança social (aqui tomada em sentido amplo) decorre de uma demanda cada vez maior por prestações sociais (ainda mais em se cuidando de sociedades marcadas pelo incremento da exclusão social) e de um paralelo decréscimo da capacidade prestacional do Estado e da sociedade, revela, por sua vez, o quanto assume relevo a discussão em torno dos níveis possíveis de prestação (e, portanto, de proteção) das precárias conquistas sociais já alcançadas"[59].

Embora usualmente seja utilizada a expressão *proibição do retrocesso social*, prevalece o entendimento de que tal princípio seria aplicado a quaisquer direitos, embora encontre maior ressonância nos direitos sociais. Segundo Sarlet, "não estamos diante de um fenômeno que se manifesta apenas na seara dos direitos fundamentais sociais (o que, considerando uma acepção ampla da proibição de retrocesso, já deflui da já referida proteção outorgada aos direitos adquiridos em geral e à proteção com base nas assim denominadas cláusulas pétreas da Constituição) igualmente merece destaque".

Outrossim, a proibição do retrocesso não se aplicaria apenas ao legislador, embora este tenha uma posição de destaque, mas também aos órgãos executivos, em especial no campo das políticas públicas e sua respectiva execução.

Não obstante, atualmente o princípio parece não gozar do mesmo prestígio de outrora. Segundo Catarina Botelho, "Paulo Otero alude à passagem da 'hipervalorização doutrinária à arqueologia argumentativa', no sentido de o princípio da proibição do retrocesso se ter tornado, hoje, numa 'peça retórica de pura arqueologia jurídica'. Também, em França, Dominique Chagnollaud entende que este princípio está em vias de extinção, tendo perdido uma relevância significativa a partir do momento em que o Conselho Constitucional deixou de o aplicar em termos absolutos e passou a ter um entendimento mais relativo do mesmo"[60].

---

57. Op. cit., p. 337.
58. Op. cit., p. 158.
59. Op. cit., p. 441. Afirma também o autor que "o Estado democrático (e social) de Direito brasileiro, na condição de Estado da justiça material, não passa de um simulacro, torna a discussão em torno da proibição do retrocesso na esfera dos direitos sociais absolutamente obrigatória e inadiável" (p. 443).
60. Op. cit., p. 446.

15.7.1. A proibição do retrocesso na Constituição de 1988

Embora não prevista genericamente na Constituição brasileira, há alguns aspectos da *proibição do retrocesso* que estão positivados. Por exemplo, o art. 5º, XXXVI, da Constituição Federal determina que "a lei não prejudicará o direito adquirido, o ato jurídico perfeito e a coisa julgada", e o art. 60, § 4º, IV, impede a Emenda Constitucional tendente a abolir direitos e garantias individuais.

Como mencionamos anteriormente, a proibição do retrocesso não é um princípio expresso na Constituição brasileira (a não ser em alguns aspectos, como a impossibilidade de supressão normativa – cláusulas pétreas, por exemplo). A questão é: seria um princípio constitucional implícito? Doutrina e jurisprudência se debruçam sobre a questão.

Como mencionamos no início deste capítulo, parte da doutrina entende que a proibição do retrocesso seria um princípio constitucional implícito, decorrente do direito à segurança (art. 6º, CF), mais especificamente a segurança jurídica. Além dos autores acima apontados, concorda com essa conclusão o constitucionalista argentino Christian Courtis, segundo o qual: "a proibição da regressividade supõe a extensão deste princípio ao campo das posições jurídicas criadas por normas e medidas de caráter social. Trata-se, em alguma medida, da consequência da adoção de um modelo de Estado de Direito de caráter social, ou Estado Social de Direito. No modelo liberal clássico, somente os interesses vinculados à proteção de interesses patrimoniais mereciam proteção em termos de previsibilidade; as medidas de corte social adotadas pelo Estado estariam liberadas"[61].

Doutrina e jurisprudência brasileiras utilizam a paradigmática decisão do Tribunal Constitucional português (Acórdão 39/84), que analisou a constitucionalidade do Decreto-lei n. 254/82, que por sua vez revogou grande parte da Lei n. 56/79 (Serviço Nacional de Saúde). Segundo o Tribunal Constitucional português: "Em grande medida, os direitos sociais traduzem-se para o Estado em obrigação de fazer, sobretudo de criar, certas instituições públicas, sistema escolar, sistema de segurança social etc.). Enquanto elas não forem criadas, a Constituição só pode fundamentar exigências para que se criem; mas, após terem sido criadas, a Constituição passa a proteger a sua existência, como se já existissem à data da Constituição. As tarefas constitucionais impostas ao Estado em sede de direitos fundamentais no sentido de criar certas instituições ou serviços não o obrigam apenas a criá-los, obrigam-no também a não aboli-los uma vez criados. Quer isto dizer que, a partir do momento em que o Estado cumpre (total ou parcialmente) as tarefas constitucionalmente impostas para realizar um direito social, o respeito constitucional deste deixa de consistir (ou deixa de consistir apenas) numa obrigação, positiva, para se transformar (ou passar também a ser) uma obrigação negativa. O Estado, que estava obrigado a atuar para dar satisfação ao direito social, passa a estar obrigado a abster-se de atentar contra a realização dada ao direito social".

Em emblemática e sempre lembrada decisão, o Supremo Tribunal Federal utiliza a doutrina de Canotilho (com a qual ele próprio não mais concorda) e a jurisprudência do Tribunal Constitucional português (que ele próprio não mais aplica): "Lapidar, *sob todos os aspectos*, o magistério de J. J. GOMES CANOTILHO, cuja lição, a propósito do tema, estimula as seguintes reflexões ('Direito Constitucional e Teoria da Constituição', p. 320/321, item n. 3, 1998, Alme-

---

61. Op. cit., p. 18.

dina), [...] O princípio da proibição de retrocesso social pode formular-se assim: o núcleo essencial dos direitos já realizado e efectivado através de medidas legislativas ('lei da segurança social', 'lei do subsídio de desemprego', 'lei do serviço de saúde') deve considerar-se constitucionalmente garantido, sendo inconstitucionais quaisquer medidas estaduais que, sem a criação de outros esquemas alternativos ou compensatórios, se traduzam na prática numa 'anulação', 'revogação' ou 'aniquilação' pura a simples desse núcleo essencial. A liberdade de conformação do legislador e inerente autorreversibilidade têm como limite o núcleo essencial já realizado.' Bem por isso, o Tribunal Constitucional português (Acórdão n. 39/84), ao invocar a cláusula da proibição do retrocesso, reconheceu a inconstitucionalidade de ato estatal que revogara garantias já conquistadas em tema de saúde pública, vindo a proferir decisão assim resumida pelo ilustre Relator da causa, Conselheiro VITAL MOREIRA, em douto voto de que extraio o seguinte fragmento ('Acórdãos do Tribunal Constitucional', vol. 3/95-131, 117-118, 1984, Imprensa Nacional, Lisboa): 'Que o Estado não dê a devida realização às tarefas constitucionais, concretas e determinadas, que lhe estão cometidas, isso só poderá ser objecto de censura constitucional em sede de inconstitucionalidade por omissão. Mas quando desfaz o que já havia sido realizado para cumprir essa tarefa, e com isso atinge uma garantia de um direito fundamental, então a censura constitucional já se coloca no plano da própria inconstitucionalidade por acção. Se a Constituição impõe ao Estado a realização de uma determinada tarefa – a criação de uma certa instituição, uma determinada alteração na ordem jurídica –, então, quando ela seja levada a cabo, o resultado passa a ter a protecção directa da Constituição. O Estado não pode voltar atrás, não pode descumprir o que cumpriu, não pode tornar a colocar-se na situação de devedor. [...] Se o fizesse, incorreria em violação positiva [...] da Constituição'" (Ag. Reg. no Recurso Extraordinário com Agravo 745.745, Minas Gerais, rel. Min. Celso de Mello).

Não obstante, ao contrário do que normalmente se afirma em terras brasileiras, inúmeras decisões pretéritas no Tribunal Constitucional português vieram no sentido de minimizar esse princípio. Como afirma Catarina Botelho, "No Acórdão n. 352/91, o TC sublinhou que 'o legislador não está, em regra, obrigado a manter as soluções jurídicas que algumas vezes adotou. Notas constitutivas da função legislativa são justamente, entre outras, a *liberdade constitutiva e a autorrevisibilidade*'. Como viemos de afirmar, o próprio Tribunal não parece entender que o princípio da proibição do retrocesso tenha fundamento autônomo, optando por associá-lo, como fez no Acórdão n. 101/92, violação do princípio da proteção da confiança, ou do mínimo de existência condigna. Mais explicitamente, no Acórdão n. 509/2002, o Tribunal deixou claro que adere a uma *leitura restritiva* na matéria e que o apelo à proibição do retrocesso social 'apenas pode funcionar em casos-limite, uma vez que, desde logo, o *princípio da alternância democrática* [...] inculca a revisibilidade das opções político-legislativas, ainda quando estas assumam o caráter de opções legislativas fundamentadas'"[62].

Por essa razão, fazemos nossas as palavras de Catarina Botelho, que, ao se referir à doutrina portuguesa, poderia se referir, ainda em maior medida, à doutrina brasileira: "a doutrina e a jurisprudência portuguesas deverão *repensar o apelo ou a referência* que fazem a este princípio, aquando das discussões dogmáticas e práticas dos direitos fundamentais. Permita-se-nos um comentário no sentido de que porventura a razão das *referências jurisprudenciais descafeinadas* – mas sempre presentes – a esse princípio se deverem ao fato de este ter sido

---

62. Op. cit., p. 444.

aplicado num Acórdão, ao que sucedeu, em jeito de, e seja-nos permitido em lugar-comum, 'marcar o ponto', tendo assim permanecido essa obrigação jurisprudencial e doutrinária de o *revisitar ao de leve*, dando a impressão de que a jurisprudência o continua a aplicar, mas acabando sempre por o afastar"[63].

De fato, na doutrina e na jurisprudência brasileiras, o princípio da *proibição do retrocesso* (que encontra fácil empatia num país em que os direitos fundamentais sociais são sistematicamente desrespeitados pelo poder público) é costumeiramente utilizado sempre que se deseja declarar qualquer escolha trágica governamental como inconstitucional, de forma assistemática. Ora, como disse Canotilho, "a proibição do retrocesso social nada pode fazer contra a recessão e crises econômicas"[64].

Dessa maneira, mais que nunca, parece-nos oportuno identificar os parâmetros constitucionais, os limites jurídicos do eventual retrocesso social. Afirmar que o retrocesso é inadmissível, quando o retrocesso é inevitável em decorrência de crises econômicas, é o mesmo que desproteger as expectativas dos direitos, querendo protegê-las.

Assim, não restam dúvidas de que o princípio da proibição do retrocesso (ou proibição do retrocesso social) não é um princípio expresso na Constituição brasileira de 1988 (ou em outra Constituição contemporânea). Embora sejam sedutores os argumentos de que a proibição do retrocesso é um princípio constitucional implícito (decorrente do Estado Social de Direito, ou do princípio da segurança jurídica etc.), entendemos se tratar de um princípio de índole política, mas não jurídica.

Parece-nos que a busca pela constitucionalização do princípio da proibição do retrocesso é uma tentativa de o jurista limitar a liberdade política, máxime em razão do seríssimo e histórico déficit no tocante aos direitos sociais. Percebe-se tal escopo das palavras de Ingo Sarlet, segundo o qual, "atentando especialmente para os gritantes níveis de exclusão social e os correspondentes reclamos de proteção contra medidas que venham a correr ainda mais os deficitários patamares de segurança social ora vigentes entre nós, é possível afirmar – com ênfase – que a análise sóbria e constitucionalmente adequada da temática ora sumariamente versada, assume caráter emergencial"[65].

Canotilho, um dos maiores defensores da proibição do retrocesso social, em obra posterior, afirmou que "A 'proibição de retrocesso social' nada pode fazer contra as recessões e crises econômicas (reversibilidade fática)"[66]. Em texto posterior, foi bem mais pessimista o mestre português: "O rígido princípio da 'não reversibilidade' ou, formulação marcadamente ideológica, o 'princípio da proibição da evolução reacionária' pressupunha um progresso, uma direção e uma meta emancipatória e unilateralmente definidas: aumento contínuo de prestações sociais. Deve relativizar-se este discurso que nós próprios enfatizamos noutros trabalhos. A dramática aceitação de 'menos trabalho e menos salário, mas trabalho e salário e para todos', o desafio da bancarrota da previdência social, o desemprego duradouro, parecem apontar para a insustentabilidade do princípio da não reversibilidade social"[67].

---

63. Op. cit., p. 446.
64. Op. cit., p. 479.
65. Op. cit., p. 462.
66. Op. cit., p. 337.
67. *Estudos sobre Direitos Fundamentais*, p. 111.

No mesmo sentido, Jorge Reis Novais afirma que o princípio da proibição do retrocesso social "não tem, pura e simplesmente, nem arrimo positivo em qualquer ordem constitucional, nem sustentação dogmática, nem justificação ou apoio em quaisquer critérios de simples razoabilidade"[68], porque pressupõe uma concepção determinista da história e um otimismo inabalável.

De fato, com drástica redução do orçamento, por conta da queda da arrecadação, é impossível manter o mesmo número de políticas públicas, com a mesma intensidade, com a mesma amplitude. Reduzindo a arrecadação, como manter o investimento do FIES, ProUni, Bolsa Família e outros programas que atingiram seu ápice quando da pujança econômica? Como vimos anteriormente, os direitos têm custos e eles são impactados pelo orçamento exequível. Por essa razão, concordamos com Catarina Botelho, segundo a qual a proibição do retrocesso é (e deve ser) um princípio político, mas não pode ser um princípio jurídico-constitucional: "quanto a nós, não julgamos possível retirar da Constituição um princípio geral de proibição de retrocesso social. Até um certo ponto, deverá ser possível – o que, ressalve-se, não quer dizer que seja sempre constitucionalmente admissível – retroceder nas prestações que foram sendo atribuídas, em diferentes momentos históricos e com diversas motivações sociais e políticas, sem que contudo seja tolerável colocar em perigo a dignidade da pessoa humana. Assim, a *reformatio in pejus* tem-se por permitida, em geral, desde que não afete a salvaguarda constitucional da dignidade da pessoa humana, seja suficientemente fundamentada e, por último, adequada e proporcional ao prejuízo que impõe"[69].

Dessa maneira, em nosso entender, impossível sustentar a autonomia jurídica do princípio da proibição do retrocesso, quer explicitamente, quer implicitamente, em nosso ordenamento jurídico constitucional. Como afirma Catarina Botelho, de forma incisiva, o princípio da "proibição do retrocesso social nada pode fazer contra as recessões e crises econômicas (*reversibilidade fática*). Há que atender, além disso, ao fato de a proibição do retrocesso social apenas poder ser encarada como um mote de luta política, ao jeito de um expressivo e ecoante 'nem um passo atrás' (*ni un paso atrás*), mas não constituir um princípio jurídico-constitucional"[70].

Na nossa nova obra *Direitos sociais em tempos de crise econômica*, adentramos com profundidade nessa questão e estabelecemos os LIMITES DO RETROCESSO, algo que, no nosso entender, deve ser estudado urgentemente por todos no Brasil.

15.7.2. As modalidades de vedação ao retrocesso admitidas pelo STF

O Supremo Tribunal Federal (e, por consequência, a maioria da doutrina brasileira) é um entusiasta do princípio da proibição do retrocesso. Talvez seja um dos últimos defensores em todo o mundo. Não apenas reconhece o princípio da *vedação ao retrocesso social*, como também admite a existência de uma *vedação ao retrocesso político* (por exemplo, nas decisões que entenderam ser inadmissível a volta do voto impresso – STF, ADI 4.543-MC, Rel. Min. Cármen Lúcia, j. 19-10-2021, pleno), a *vedação ao retrocesso civil* (entendendo ser inconstitucional a nova legislação civil que diferenciava os regimes sucessórios entre cônjuges e compa-

---

68. Op. cit., p. 244-245.
69. Op. cit., p. 444.
70. Op. cit., p. 439.

nheiros na união estável – RE 878.694/MG, trecho do voto do Min. Luís Roberto Barroso), *vedação ao retrocesso ecológico* (que impede uma atuação legislativa e administrativa que reduza a proteção do meio ambiente – por exemplo, na ADI 4.717), *vedação ao retrocesso institucional* (que considera inconstitucional o retrocesso democrático e enfraquecimento das instituições de controle, bem como as instituições de controle às violações dos direitos fundamentais – como na decisão que julgou inconstitucional o Decreto n. 9.831/2019, que exonerou membros do Mecanismo Nacional de Prevenção e Combate à Tortura – MNPCT), *vedação ao retrocesso consumerista* (tese doutrinária segundo a qual não é possível um retrocesso na proteção dos direitos do consumidor. Tal tese foi utilizada para criticar o entendimento do STJ que passou a reconhecer o rol de situações atendidas pelo plano de saúde como taxativas (posição judicial que, posteriormente, foi alterada por lei federal).

15.8. DIREITOS SOCIAIS EM ESPÉCIE E SUA RESPECTIVA EFICÁCIA

Como escrevemos no livro *Direitos sociais em tempos de crise econômica*, a Constituição brasileira, assim como as Constituições sul-americanas, adotou o modelo de previsão expressa dos direitos sociais, dando-lhes o *status* de direitos fundamentais. Doutrinas que negam a fundamentalidade dos direitos sociais são minoritárias no Brasil, que não resistem a uma análise literal da Constituição. Quanto à eficácia dos direitos fundamentais sociais, quando a norma constitucional sobre direito social é uma *norma-regra*, o cumprimento deve ser integral. Não se trata de uma opção normalmente feita pelo constituinte, tendo em vista a retirada da discricionariedade de seu cumprimento. Norma constitucional que é regra deve ser cumprida integralmente ou, utilizando-se a expressão de Ronald Dworkin, aplica-se a regra do *tudo ou nada* (ou é aplicada integralmente ou é violada, deixando de ser aplicada). São exemplos de *normas-regras* sobre direitos sociais:

a) o art. 230, § 2º, da CF, que prevê que "aos maiores de sessenta e cinco anos é garantida a gratuidade dos transportes coletivos urbanos". Trata-se, nesse caso, de uma obrigação do Estado, que deve ser cumprida integralmente. Não pode o município, por exemplo, atender apenas parcialmente esse direito, estabelecer regras exageradas para o seu exercício, muito menos não o aplicar, sob o argumento de necessidade de regulamentação ou orçamento. Segundo o STF, "a norma constitucional é de eficácia plena e aplicabilidade imediata, pelo que não há eiva de invalidade jurídica da norma legal que repete os seus termos e determina que se concretize o quanto constitucionalmente disposto" (ADI 3.768, rel. Min. Cármen Lúcia, j. 19-9-2007).

b) o art. 212, *caput*, da CF, que determina aos entes federativos um investimento mínimo na educação: "a União aplicará, anualmente, nunca menos de dezoito, e os Estados, o Distrito Federal e os Municípios vinte e cinco por cento, no mínimo, da receita resultante de impostos, compreendida a proveniente de transferências, na manutenção e desenvolvimento do ensino". Trata-se de uma norma-regra, que deve ser cumprida integralmente pelos entes federativos, não podendo ser burlada. Por exemplo, em 2020, o STF declarou inconstitucional lei estadual paulista que permitia ao Estado contabilizar as despesas com servidores inativos na educação estadual como gastos em manutenção e desenvolvimento do ensino[71]. Uma análise sistemática da Cons-

---

71. Segundo o ministro relator Edson Fachin, em seu voto, "o percentual de vinculação de receita do art. 212 da CRFB representa o mínimo exigido em investimentos na educação. Por óbvio que está amplamente de acordo com a inter-

tituição já possibilitaria esse entendimento, máxime porque o descumprimento, por parte de estados, Distrito Federal e municípios, pode ensejar a intervenção no ente federativo, nos termos dos arts. 34, VII, *e* (intervenção federal), e 35, III (intervenção estadual).

c) art. 208, I, c.c. seu § 1º, da Constituição. Segundo esse dispositivo, a educação básica é obrigatória e gratuita dos 4 (quatro) aos 17 (dezessete) anos de idade e, na sequência, afirma que "o acesso ao ensino obrigatório e gratuito é direito público subjetivo". Para deixar ainda mais clara a necessidade do cumprimento integral dessa norma, o art. 208, § 2º, determina que "o não oferecimento do ensino obrigatório pelo Poder Público, ou sua oferta irregular, importa responsabilidade da autoridade competente".

d) art. 217, § 2º, da Constituição, que trata do "desporto", segundo o qual "a justiça desportiva terá o prazo máximo de sessenta dias, contados da instauração do processo, para proferir decisão final". A Justiça Desportiva é uma modalidade administrativa de justiça especializada e utilizada como meio alternativo de solução dos conflitos, sendo ela uma mitigação do princípio da inafastabilidade do controle jurisdicional, na medida em que veda, nos termos do art. 217, § 1º, da Constituição Federal, ações relativas à disciplina e às competições desportivas, antes do esgotamento das instâncias da justiça desportiva. Todavia, como vimos, a Justiça Desportiva tem o prazo de sessenta dias para decidir, que deve ser cumprido integralmente, já que se trata de uma *norma-regra*.

e) art. 220, § 6º, da CF, segundo o qual "a publicação de veículo impresso de comunicação independe de licença de autoridade". Trata-se de uma *norma-regra*, que deve ser aplicada integralmente. Qualquer tentativa estatal de minimizar tal norma será considerada inconstitucional.

Todavia, embora haja na Constituição brasileira algumas *normas-regras* sobre direitos sociais, indubitavelmente a maioria das normas constitucionais sobre tais direitos são *normas-princípios*. Como vimos no capítulo anterior, segundo Robert Alexy, essas normas devem ser aplicadas na maior intensidade possível, máxime porque a busca por uma maior eficácia da Constituição (e de todas as normas constitucionais) é um corolário do neoconstitucionalismo e do princípio da força normativa da Constituição. O grande desafio é encontrar a eficácia das *normas-princípio* que tratam dos direitos sociais. Como vimos, em resumo, aplicar-se-ão para essa solução a combinação entre os princípios da *reserva do possível* e do *mínimo existencial* dos direitos sociais.

15.8.1. Direito à saúde

À luz do princípio da razoabilidade e da proporcionalidade (na sua modalidade "proibição da proteção insuficiente"), deverá o Judiciário, dentro dos parâmetros já estabelecidos pelo Estado (legislador e administrador), analisando o caso concreto, exigir o cumprimento do mínimo existencial do direito à saúde. Quanto ao fornecimento de medicamentos, remetemos o leitor ao capítulo destinado à ordem social.

---

pretação constitucional que um Estado economicamente desenvolvido como São Paulo faça a escolha constitucional de ampliar o percentual de destinação em investimentos na educação exigido em sua constituição estadual. [...] Ocorre que os gastos com servidores inativos não estão entre as exceções do art. 167, e o cômputo das despesas da São Paulo Previdência (SPPREV) na área fim de educação representa uma afronta ao dispositivo constitucional citado" (ADI 5.719/SP, Plenário, j. 18-8-2020).

15.8.2. Direito à educação

Primeiramente, em decorrência de determinação constitucional expressa (art. 208, § 1º, CF), "o acesso ao ensino obrigatório e gratuito é direito público subjetivo". Portanto, inicialmente, como se vê no próprio texto constitucional, o ensino obrigatório gratuito é o primeiro mínimo existencial relacionado à educação.

Indaga-se: a "educação infantil", prevista no art. 208, IV, da Constituição Federal, também é mínimo existencial do direito à educação? Segundo tal dispositivo, o Estado tem o dever de garantir a "educação infantil, em creche e pré-escola, às crianças até 5 (cinco) anos de idade". Segundo o STF, a educação infantil também é mínimo existencial: "A educação infantil representa prerrogativa constitucional indisponível, que, deferida às crianças, a estas assegura, para efeito de seu desenvolvimento integral, e como primeira etapa do processo de educação básica, o atendimento em creche e o acesso à pré-escola (art. 208, IV, CF). Essa prerrogativa jurídica, em consequência, impõe, ao Estado, por efeito da alta significação social de que se reveste a educação infantil, a obrigação constitucional de criar condições objetivas que possibilitem, de maneira concreta, em favor das 'crianças até cinco anos de idade' (art. 208, IV, CF), o efetivo acesso e atendimento em creches e unidades de pré-escola, sob pena de configurar-se inaceitável omissão governamental, apta a frustrar, injustamente, por inércia, o integral adimplemento, pelo poder público, de prestação estatal que lhe impôs o próprio texto da CF. A educação infantil, por qualificar-se como direito fundamental de toda criança, não se expõe, em seu processo de concretização, a avaliações meramente discricionárias da administração pública nem se subordina a razões de puro pragmatismo governamental" (ARE 639.337, AgR, 2ª T, rel. min. Celso de Mello, j. 23-8-2011).

15.8.3. Direito ao trabalho

Assim como considerou os valores sociais do trabalho um dos fundamentos da República (art. 1º) e um dos princípios da ordem econômica (art. 170), bem como considerou o "primado do trabalho" a base da ordem social (art. 193), a Constituição de 1988 considerou o direito ao trabalho um direito social.

Como é sabido e consabido por todos, direitos sociais (também chamados de 2ª dimensão ou de 2ª geração) são aqueles que exigem do poder público uma atuação positiva, uma forma atuante na implementação da igualdade social dos hipossuficientes.

15.8.4. Direito à moradia

É possível se exigir do Estado, de imediato, que deixe de intervir indevidamente no direito à moradia, bem como proteja a moradia contra violações indevidas. Assim, na ADPF 828, o STF protegeu a moradia em tempos de pandemia, limitando despejos e desocupações.

15.8.5. Direito ao transporte

O transporte passou a ser um direito fundamental social expresso na Constituição, a partir da Emenda Constitucional n. 90/2015, que alterou o art. 6º do texto constitucional.

A primeira eficácia imediata dessa norma e que pode ser exigida judicialmente é o dever do Estado em não interferir indevidamente no direito ao transporte de sua população. Isso ficou claro quando o STF, na ADPF 449, considerou inconstitucional lei municipal que proibia o transporte remunerado por meio de automóveis contratados por aplicativos (como Uber e outros).

Por sua vez, entendemos que todos os demais aspectos relacionados ao transporte, como melhoria das estradas, subsídio ao preço de pedágios e outras questões, devem ser regidos pela sistemática geral dos direitos sociais, que exige o maior cumprimento possível, mas dentro dos limites da razoabilidade, proporcionalidade e reserva do possível.

15.8.6. Direito ao lazer

O direito social ao lazer está expresso, desde o texto originário de 1988, na Constituição Federal, em seu art. 6º: "São direitos sociais a educação, a saúde, a alimentação, o trabalho, a moradia, o transporte, o lazer, a segurança, a previdência social, a proteção à maternidade e à infância, a assistência aos desamparados, na forma desta Constituição". Por sua vez, no art. 217, § 3º, afirma que "o Poder Público incentivará o lazer, como forma de promoção social".

Embora seja um direito fundamental importantíssimo, entendemos é regido pela sistemática geral dos direitos sociais, que exige o maior cumprimento possível, mas dentro dos limites da razoabilidade, proporcionalidade e reserva do possível.

15.8.7. Direito à segurança

Deve o Estado implementar políticas públicas relacionadas à segurança, tanto sob o aspecto preventivo como sob o aspecto repressivo, na maior intensidade possível, utilizando-se racionalmente os recursos orçamentários dos quais dispõe.

Somente em situações mais sensíveis, à luz do caso concreto, poderá o Poder Judiciário extrair dessa *norma-princípio* obrigações imediatas de fazer ao Poder Executivo, máxime quando há uma clara violação do princípio da proporcionalidade, na sua modalidade *proibição da proteção insuficiente* (*untermassverbot*, da doutrina alemã). Por exemplo, no Recurso Extraordinário 669.635, AgR, o STF determinou a manutenção de uma delegacia de polícia numa determinada cidade catarinense, com seu funcionamento contínuo em regime de plantão. Essa determinação se deu à luz do caso concreto e da violação do princípio constitucional da "proibição da proteção insuficiente", já que havia na cidade "atrasos injustificados nas comunicações de prisão em flagrante e no encaminhamento de inquéritos policiais ao Fórum, funcionamento da Delegacia apenas no horário comercial, ausência de carcereiro e constantes fugas de presos provisórios, cumprimento da função de escrivão policial por estagiários e bolsistas, ausência de delegado titular e de outros agentes policiais". Nesse caso, por conta de uma omissão desmesurada do Estado, o STF manteve a decisão do Tribunal de Justiça de Santa Catarina, que determinava uma ação do poder público no sentido de designar funcionários para o funcionamento contínuo de uma delegacia de polícia numa determinada localidade. Segundo o STF: "O direito a segurança é prerrogativa constitucional indisponível, garantido mediante a implementação de políticas públicas, impondo ao Estado a obrigação de criar condições objetivas que possibilitem o efetivo acesso a tal serviço. É possível ao Poder Judiciário determinar a implementação pelo Estado, quando inadimplente, de políticas públicas constitucionalmente previstas, sem que haja ingerência em questão que envolve o poder discricionário do Poder Executivo" (RE 559.646, AgR, 2ª T, rel. Min. Ellen Gracie, j. 7-6-2011, *DJE* 24-6-2011). O pleito partiu do Ministério Público, através de uma ação civil pública, para tutela desse importante direito difuso, que é a "segurança pública".

15.8.8. Previdência social

Na Constituição brasileira, a "previdência social" consta no rol dos direitos sociais do art. 6º. Portanto, parte-se do pressuposto de que não pode ser um direito suprimido da Constituição, adotando-se um modelo exclusivamente privado de previdência, sendo um dever do Estado garanti-la.

15.8.9. Proteção à maternidade

A "proteção à maternidade", além de figurar como um dos direitos fundamentais sociais do art. 6º da Constituição Federal, é um dos objetivos da previdência social (art. 201, II, CF) e da assistência social (art. 203, I, CF).

De fato, a Constituição Federal impõe uma série de direitos decorrentes da "proteção da maternidade". É o caso da licença à gestante, previsto no art. 7º, XVIII, da Constituição: "licença à gestante, sem prejuízo do emprego e do salário, com duração de cento e vinte dias". Tais direitos, dispostos como liberdades públicas de eficácia vertical (de obrigatoriedade ao Estado) ou horizontal (de eficácia para os particulares contratantes), devem ser integralmente cumpridos.

15.8.10. Proteção à infância

A proteção à infância tem destaque no texto constitucional, a começar pelo art. 6º, que a reconhece como direito fundamental social. No contexto protetivo, entende-se por infância tanto a criança (menor de 12 anos) como o adolescente (até 18 anos incompletos), por força do art. 1º da Convenção dos Direitos da Criança, da qual o Brasil é signatário.

Todavia, tratando-se de uma *norma-princípio*, deverá ser cumprida na maior intensidade possível, dentro dos limites do razoável, proporcional e da reserva do possível. Somente em casos excepcionais, em que configurada clara violação do poder público que, por omissão, desrespeita o princípio da proporcionalidade, na sua modalidade proibição da proteção insuficiente (*untermassverbot*), poderá o Poder Judiciário determinar a realização de atos concretos em defesa do direito da criança e adolescente.

15.8.11. Proteção aos desamparados

A assistência aos desamparados é um direito social previsto no art. 6º da Constituição Federal, bem como seus princípios constitucionais são delineados nos arts. 203 e 204 da Lei Maior. Por exemplo, uma das características mais importantes desse direito, e que consta expressamente no art. 203, *caput*, da Constituição Federal, é a desnecessidade de contribuição. Por razões óbvias, ao contrário da previdência social, que será um benefício decorrente, em regra, da contribuição do segurado, a assistência social aos desamparados não necessita prévia contribuição.

Todavia, as normas constitucionais acerca do tema são principiológicas e até mesmo as normas mais concretas (como o direito a um salário mínimo mensal à pessoa portadora de deficiência e ao idoso que comprovem não ter como prover a própria manutenção – art. 203, V, CF) são uma norma de eficácia limitada de princípio institutivo, ao remeterem à "lei" infraconstitucional.

Muitos casos envolvendo os benefícios de assistência social chegam até o Poder Judiciário, que examina os requisitos estabelecidos em lei e, em alguns casos, aponta a mora do Legislativo em regulamentar as normas constitucionais.

15.8.12. Alimentação

O direito à alimentação é um dos direitos sociais que apresenta profunda correlação com os direitos individuais, já que está umbilicalmente ligado ao direito à vida, para a qual a alimentação adequada é imprescindível.

Como defendemos no nosso livro *Direitos sociais em tempos de crise econômica*, a manutenção da vida digna é um "mínimo dos mínimos existenciais". Dessa maneira, um dos aspectos do direito à alimentação deve ser cumprido integral e imediatamente pelo Estado: garantir que toda pessoa residente em seu território tenha a dignidade de se alimentar diariamente. Esse dever é inafastável, inderrogável e pode ser exigido por vias judiciais.

Todavia, entendemos que todos os aspectos relacionados à alimentação saudável, aplicáveis à produção de alimentos, soberania alimentar e outros temas devem ser regidos pela sistemática geral dos direitos sociais, que exige o maior cumprimento possível, mas dentro dos limites da razoabilidade, proporcionalidade e reserva do possível[72].

Conteúdo digital – Acesse: https://somos.in/CDC7

Conteúdo em vídeo
Questões com gabarito comentado

---

72. A parte final da Lei n. 14.284/2021 (que instituiu o "Programa Auxílio Brasil") instituiu o "Programa Alimenta Brasil", em que uma das finalidades é "promover o acesso à alimentação, em quantidade, qualidade e regularidade necessárias, pelas pessoas em situação de insegurança alimentar e nutricional, sob a perspectiva do direito humano à alimentação adequada e saudável".

16

DIREITO DE NACIONALIDADE

Sumário

16.1. Apátridas – **16.1.1.** Processo de reconhecimento da condição de apátrida – **16.1.2.** Processo especial de naturalização de apátridas – **16.2.** Definições correlatas – **16.3.** Espécies de nacionalidade – **16.4.** Brasileiros natos – **16.5.** Naturalização – **16.5.1.** Naturalização ordinária (art. 12, II, "a", CF) – **16.5.2.** Naturalização extraordinária ou quinzenária (art. 12, II, "b", CF) – **16.5.3.** Naturalização especial – **16.5.4.** Naturalização provisória – **16.6.** Quase nacionalidade – **16.7.** Diferenças entre brasileiro nato e naturalizado – **16.8.** Perda da nacionalidade – **16.8.1.** Dupla nacionalidade (art. 12, § 4º, CF) – **16.9.** Repatriação, deportação, expulsão e extradição (Lei n. 11.445/2017) – **16.9.1.** Repatriação – **16.9.1.1.** Repatriação sumária – **16.9.2.** Deportação – **16.9.2.1.** Deportação sumária – **16.9.3.** Expulsão – **16.9.3.1.** Vedações à expulsão – **16.9.3.2.** Requerimento de suspensão ou revogação da expulsão – **16.9.4.** Extradição – **16.9.4.1.** Extradição ativa – **16.9.4.2.** Extradição passiva – **16.9.4.3.** Requisitos legais da extradição passiva – **16.9.4.4.** Compromissos obrigatórios do Estado requerente – **16.9.4.5.** Prisão e medidas cautelares ao extraditando – **16.9.5.** Quadro comparativo.

Nacionalidade é o vínculo jurídico e político de uma pessoa com um Estado. A vinculação jurídica se dá porque o próprio texto constitucional assegura direitos aos que tiverem com ele vinculação. O art. 5º, *caput*, da Constituição Federal, por exemplo, assegura "aos brasileiros e estrangeiros residentes no país a inviolabilidade do direito à vida, à liberdade...". Outrossim, a vinculação política se dá porque, sendo brasileira e preenchidas condições mínimas previstas na Constituição, poderá a pessoa interferir nos destinos políticos do país.

Figura 16.1 – Passaporte (créditos ao final do livro).

A nacionalidade é seguramente um direito fundamental, previsto na Constituição Federal (art. 12) e em vários tratados internacionais sobre direitos humanos. Por exemplo, o Pacto de São José da Costa Rica, que ingressou no ordenamento jurídico brasileiro pelo Decreto n. 678, de 6 de novembro de 1992, dispõe no art. 20: "1. Toda pessoa tem direito a uma nacionalidade; 2. Toda pessoa tem direito à nacionalidade do Estado em cujo território houver nascido, se não tiver direito a outra; 3. A ninguém se deve privar arbitrariamente de sua nacionalidade nem do direito de mudá-la".

Dos três itens do art. 20 do Pacto de São José da Costa Rica, dois deles estão expressos ou implícitos em nossa Constituição. O item 1 (toda pessoa tem direito a uma nacionalidade) decorre implicitamente da sistemática da Constituição brasileira que, no rol dos direitos fundamentais, prevê os direitos individuais e coletivos, os direitos sociais, os direitos políticos e o direito de nacionalidade. Outrossim, o item 3 está implícito também em nosso regime constitucional (a ninguém se deve privar arbitrariamente de sua nacionalidade, nem do direito de mudá-la". A Constituição brasileira prevê casos excepcionalíssimos de perda da nacionalidade, que serão estudados mais adiante.

Não obstante, o art. 20, item 2, traz uma importante inovação no direito brasileiro: "Toda pessoa tem direito à nacionalidade do Estado em cujo território houver nascido, se não tiver direito a outra". Em outras palavras, esse artigo determina que nenhuma criança nascerá sem nacionalidade. Se porventura não nascer com a nacionalidade de seus pais (*jus sanguinis*), terá a nacionalidade do Estado em que nasceu (*jus solis*). Aliás, esse dispositivo é muito semelhante ao art. 24, item 3, do Pacto de Direitos Civis e Políticos, que ingressou no Direito Brasileiro pelo Decreto n. 592, de 6 de julho de 1992: "Toda criança terá o direito de adquirir uma nacionalidade". Lembramos que, segundo a jurisprudência do Supremo Tribunal Federal, o Pacto de São José da Costa Rica e o Pacto de Direitos Civis e Políticos possuem hierarquia supralegal e infraconstitucional.

O art. 15 da Declaração Universal dos Direitos Humanos, semelhante aos itens 1 e 3 do art. 20 do Pacto de São José da Costa Rica, prevê que: "Toda pessoa tem direito a uma nacionalidade; ninguém será arbitrariamente privado de sua nacionalidade, nem do direito de mudar de nacionalidade".

16.1. APÁTRIDAS

Apátridas são pessoas que nasceram sem nacionalidade ou que perderam a nacionalidade posteriormente ao nascimento. Essa situação pode ocorrer em várias situações: a) um Estado deixa de existir, não sendo substituído por nenhum outro; b) um Estado não reconhece determinado grupo de pessoas – uma minoria étnica – como nacionais; c) uma pessoa tem decretada a perda da sua nacionalidade pelas regras existentes em seu país; d) uma pessoa nasceu em um Estado que adota o *jus sanguinis*, mas filho de pais estrangeiros.

Na Alemanha nazista foram aprovadas leis de "desnacionalização", aplicadas majoritariamente aos judeus: "As leis de desnacionalização do Terceiro *Reich* não se limitavam aos judeus, mas foram dirigidas principalmente contra eles. As Leis de Nuremberg de 1935 tinham deixado os judeus como súditos alemães, mas não os cidadãos alemães. O secretário Stuckart anunciou, em junho de 1938, que futuros filhos nascidos de judeus seriam apátridas [...]. Em outubro de 1938, cartões de identificação em vez dos passaportes foram emitidos aos judeus com a marca 'J' para indicar que o portador é um judeu"[1]. Tal norma foi aplicada a Sigmund Freud, com origens judaicas, tendo que abandonar a Áustria durante o governo de Adolf Hitler. Privado de sua nacionalidade em 1938, transferiu-se com a família para Londres, onde ganhou o *status* de refugiado político. Também foram célebres apátridas: Albert Einstein, que renunciou a nacionalidade por um período de sua vida[2], assim como também Hannah Arendt, que fugiu do nazismo para os Estados Unidos. Tal fato, inclusive, influenciou suas reflexões, com a ideia da importância do chamado "direito a ter direitos", ou seja, da cidadania, na garantia dos direitos humanos. A filósofa só adquiriu nacionalidade norte-americana em 1951.

Figura 16.2 – Selo comemorativo Hannah Arendt (Alemanha, 1986) (créditos ao final do livro).

Segundo relatório recente da ONU, há no mundo cerca de 10 milhões de crianças apátridas, por conta de 20 países que mantêm leis que negam a nacionalidade ou permitem a retirada em razão da etnia, raça ou religião. Além disso, 27 países têm leis que não permitem que as mulheres passem sua nacionalidade aos filhos na mesma base que os homens. Segundo esse relatório: "Discriminação – por exemplo, com base na etnia, raça, religião ou sexo – é a principal causa de apatridia globalmente. A maioria das populações apátridas conhecidas do mundo pertencem a

---

1. *Nationality and Statelessness in the International Law of Refugee* Status, p. 120.
2. Einstein referia-se a esse período como "totally without state papers" (totalmente sem papéis estatais). "No verão de 1876, a firma de Israel e Levi, dirigida por dois mercadores judeus na cidade de Ulm, no estado de Württemberg, Alemanha, ganhou novo sócio, Hermann Einstein. Na juventude, Hermann havia mostrado considerável habilidade em matemática, mas seus pais não tinham dinheiro para matriculá-lo na universidade. Agora ele se associava a uma empresa que vendia colchões de penas. Em agosto, Hermann se casou com Pauline Koch na sinagoga de Cannstatt, e o casal acabou indo morar em Bahnhofstrasse – Estação Real. Menos de oito meses depois nascia o primeiro filho. De acordo com a certidão de nascimento, "uma criança do sexo masculino, que recebeu o nome de Albert, nasceu em Ulm, na residência de Hermann e de sua esposa Pauline Einstein, nascida Koch, de fé israelita". [...] No início dos anos 1890, nem tudo andava bem na Elektronische Fabrik J. Einstein und Co. As vendas ficavam difíceis na Alemanha, e o agente italiano da empresa, Lorenzo Garrone, sugeriu que eles se mudassem para a Itália. [...] Albert foi deixado por conta própria em Munique. [...] Em 1896, Einstein entrou para a ETH, renunciando à cidadania de Wurttemberg e tornando-se apátrida. Economizava um quinto de sua mesada para pagar a naturalização suíça" (*Uma História da Simetria na Matemática*, p. 218).

um grupo minoritário, e pelo menos 20 países mantêm leis da nacionalidade que negam a nacionalidade ou permitem a retirada da nacionalidade em razão de etnia, raça ou religião"[3].

Como a nacionalidade é um direito fundamental, é uma preocupação global diminuir a apatridia mundial. Em contrapartida, enquanto esse fato persiste, são firmados entre os Estados acordos internacionais (tratados, convenções etc.) a fim de preservar os direitos dos apátridas. O Brasil incorporou ao seu ordenamento jurídico a Convenção sobre o Estatuto dos Apátridas, por meio do Decreto n. 4.246, de 22 de maio de 2002. A referida convenção prevê uma série de direitos aos apátridas residentes nos países contratantes, como direito à liberdade religiosa (art. 4º), direito de propriedade material (art. 13) e imaterial (art. 14), direito de associação (art. 15), direito de demandar em juízo (art. 16), direito de profissões assalariadas e não assalariadas (arts. 17 e 18), bem como o direito de exercer profissões liberais (art. 19), direito à educação (art. 22), dentre outros.

Figura 16.3 – Selo comemorativo Sigmund Freud (Tchecoslováquia, 2006) (créditos ao final do livro).

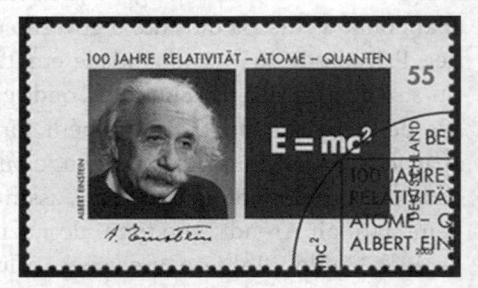

Figura 16.4 – Selo comemorativo Albert Einstein (Alemanha, 2005) (créditos ao final do livro).

Segundo o art. 31 da referida Convenção: "Os Estados Contratantes não expulsarão um apátrida que se encontre regularmente no seu território senão por motivos de segurança nacional ou de ordem pública". Outrossim, no art. 32, afirma: "Os Estados Contratantes facilitarão, na medida do possível, a assimilação e a naturalização dos apátridas".

A nova Lei da Migração (Lei n. 13.445/2017) prevê uma seção específica sobre a "Proteção do Apátrida" e a "Redução da Apatridia". Segundo o art. 26, *caput*, da referida lei: "regulamento disporá sobre instituto protetivo especial do apátrida, consolidado em processo simplificado de naturalização". O referido regulamento é o Decreto n. 9.199, de 20 novembro de 2017, que dispõe sobre o processo administrativo de reconhecimento da apatridia.

16.1.1. Processo de reconhecimento da condição de apátrida

Segundo o art. 96, § 2º, do referido Decreto: "o processo de reconhecimento da condição de apátrida será iniciado por meio da solicitação do interessado apresentada ao Ministério da Justiça ou às unidades da Polícia Federal"[4]. O pedido poderá ser feito pela pessoa, ainda que tenha ingressado no Brasil irregularmente (art. 97). A decisão caberá ao ministro de Estado da

---

3. Disponível em: <www.unhcr.org/ibelong/wp-content/uploads/2015-10-StatelessReport_ENG16.pdf>.
4. Outrossim, nos termos do § 3º do mesmo artigo: "a solicitação de reconhecimento da condição de apátrida será instruída com cópias dos documentos de que o solicitante dispuser, sem prejuízo de diligências realizadas perante órgãos e instituições nacionais ou internacionais a fim de comprovar as alegações". Enquanto durar o processo, a pessoa "fará jus à autorização provisória de residência [...] até a obtenção de resposta ao pedido" (art. 96, § 4º).

Justiça, em decisão fundamentada, após manifestação pelo Comitê Nacional para Refugiados (art. 96, § 7º, do Decreto n. 9.199/2017).

Ao fazer o requerimento para reconhecimento da apatridia, poderá a pessoa já antecipar seu pedido de naturalização brasileira. Caso não faça esse pedido, reconhecida a apatridia pelo Ministério da Justiça, será o apátrida consultado sobre essa possibilidade (art. 98). Enquanto durar o processo, terá autorização provisória de residência[5].

Reconhecida a condição de apátrida, a pessoa poderá: a) adquirir a nacionalidade brasileira por meio da naturalização, devendo ser iniciado o processo em 30 dias (art. 26, § 7º, LM)[6]; b) não optar pela naturalização imediata, sendo-lhe autorizada a residência em caráter definitivo e por prazo indeterminado (art. 26, § 8º, LM, e art. 100 do Decreto n. 9.199/2017).

O processo de naturalização do apátrida será simplificado, nos termos do art. 99 do Decreto n. 9.199/2017. Nos termos do parágrafo único do mesmo artigo, o solicitante deve comprovar residência no território nacional pelo prazo mínimo de 2 (dois) anos. Como veremos mais adiante, em regra, o prazo exigido para a naturalização ordinária é de 4 (quatro) anos (art. 65, II, LM).

Se for negado pelo ministro da Justiça a condição de apátrida, caberá recurso administrativo, no prazo de 10 dias (art. 101, Decreto n. 9.199/2017). Durante o trâmite do recurso, o solicitante poderá continuar residindo no Brasil (art. 101, § 1º, Decreto n. 9.199/2017).

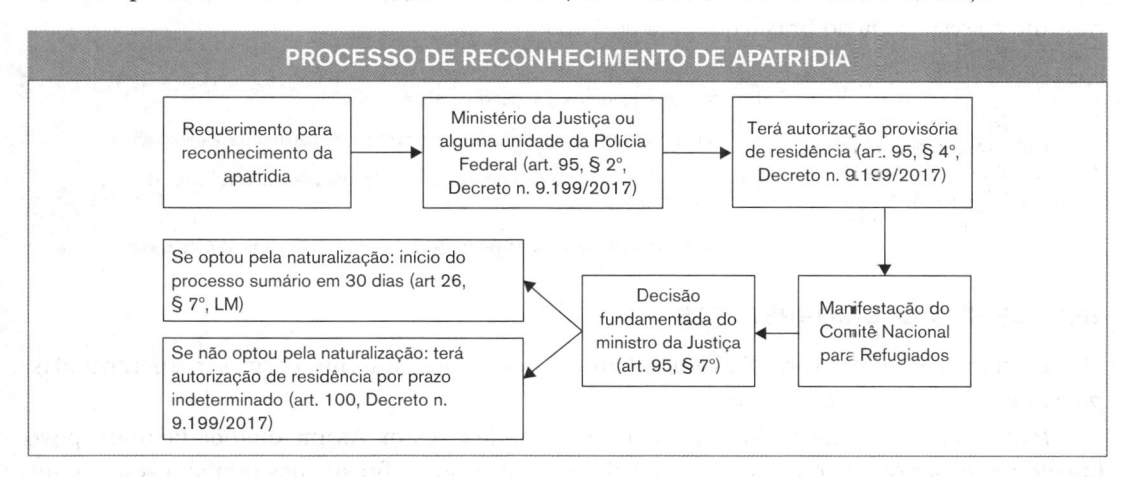

PROCESSO DE RECONHECIMENTO DE APATRIDIA

Requerimento para reconhecimento da apatridia → Ministério da Justiça ou alguma unidade da Polícia Federal (art. 95, § 2º, Decreto n. 9.199/2017) → Terá autorização provisória de residência (art. 95, § 4º, Decreto n. 9.199/2017) → Manifestação do Comitê Nacional para Refugiados → Decisão fundamentada do ministro da Justiça (art. 95, § 7º) → Se optou pela naturalização: início do processo sumário em 30 dias (art 26, § 7º, LM) / Se não optou pela naturalização: terá autorização de residência por prazo indeterminado (art. 100, Decreto n. 9.199/2017).

Pela primeira vez em sua história, o governo brasileiro reconheceu a condição de apátrida, no dia 25 de junho de 2018, a duas pessoas que viviam no Brasil como refugiadas sírias: Maha e Souad Mamo. O ato foi assinado pelo ministro da Justiça Torquato Jardim, em cerimônia realizada em Brasília, quando da abertura da "Semana Nacional do Refugiado". Maha e Souad,

---

5. Art. 95, § 4º, Decreto n. 9.199/2017. Além desse direito, também terá direito à "expedição de carteira de trabalho provisória, incluso no Cadastro de Pessoa Física e abertura de conta bancária em instituição financeira" (art. 95, § 5º). Outrossim, segundo o art. 104, parágrafo único, do mesmo Decreto, o direito à residência temporária no Brasil também se estende aos familiares: "a autorização provisória de residência concedida ao solicitante de reconhecimento da condição de apátrida será estendida aos familiares a que se refere o art. 153, desde que se encontrem em território nacional".
6. Segundo o Decreto n. 9.199/2017, além dos demais requisitos da naturalização (capacidade civil, ausência de condenação penal e comunicar-se em língua portuguesa), é requisito a residência no Brasil por pelo menos dois anos (art. 99, parágrafo único).

com 30 e 32 anos, respectivamente, nasceram no Líbano, mas não tinham a nacionalidade libanesa, pois não eram filhas de pais e mães libaneses (como a lei libanesa determina). Também não puderam receber a nacionalidade do pai (síria), porque a lei daquele país só concede a nacionalidade quando as crianças são fruto de um casamento oficial (que não era o caso).

16.1.2. Processo especial de naturalização de apátridas

A existência de um processo mais célere de naturalização dos apátridas é uma decorrência da Convenção sobre o Estatuto dos Apátridas, que entrou em vigor no Brasil através do Decreto n. 4.246, de 22 de maio de 2002, com força de norma supralegal e infraconstitucional (como vem entendendo o Supremo Tribunal Federal, como explicamos em capítulos anteriores). Segundo o art. 32 da referida Convenção: "os Estados Contratantes facilitarão, na medida do possível, a assimilação e a naturalização dos apátridas. Esforçar-se-ão notadamente para acelerar o processo de naturalização e reduzir, na medida do possível, as taxas e despesas desse processo".

Como vimos no item anterior, reconhecida a condição de apátrida pelo ministro da Justiça, o processo especial de naturalização terá início no prazo de 30 dias (art. 26, § 7º, da Lei da Migração, e art. 99 do Decreto n. 9.199/2017). Os requisitos para naturalização do apátrida são os mesmos que os destinados aos outros estrangeiros (art. 65 da Lei da Migração), exceto o prazo mínimo de residência no Brasil, que será de 2 anos.

Condições para a naturalização do apátrida (art. 65, Lei da Migração c.c. art. 99, parágrafo único, Decreto n. 9.199/2017)	– Ter capacidade civil, segundo a lei brasileira. – Ter residência em território nacional pelo prazo mínimo de 2 (dois) anos. – Comunicar-se em língua portuguesa, consideradas as condições do naturalizando. – Não possuir condenação penal ou estar reabilitado, nos termos da lei.

16.2. DEFINIÇÕES CORRELATAS

Existem algumas expressões semelhantes e correlatas que merecem ser diferenciadas: *povo, população, nação* e *cidadão*.

Povo é o conjunto de nacionais, não importa onde estejam. Assim, quando falamos "povo brasileiro", estamos nos referindo aos brasileiros que estão no Brasil, mas também àqueles que estão fora de nosso território, ainda que temporariamente. A Constituição Federal se refere ao povo em alguns de seus artigos.

Primeiramente, o preâmbulo da Constituição começa com a expressão: "Nós, representantes do povo brasileiro, reunidos em Assembleia Nacional Constituinte [...]". Outrossim, no art. 1º, parágrafo único, a Constituição traz a célebre frase: "todo o poder emana do povo, que o exerce por meio de representantes eleitos ou diretamente, nos termos desta Constituição". No art. 45, *caput*, afirma que a "Câmara dos Deputados compõe-se de representantes do povo [...]". No art. 78, que trata do presidente e do vice-presidente, afirma que eles, no momento da posse, prestarão o compromisso de manter, "defender e cumprir a Constituição, observar as leis, promover o bem geral do povo brasileiro [...]" etc.

Por sua vez, *população* corresponde a um grupo de pessoas em determinada localidade, independentemente de sua nacionalidade. Quando falamos da "população paulistana", estamos nos referindo à população da cidade de São Paulo. Alguns artigos da Constituição se referem à população, como o art. 18, § 3º, que trata da criação de novos Estados, que dependerá de "aprovação da população diretamente interessada, através de plebiscito", bem como o art. 29-A, que ao definir o número de vereadores, regula percentuais diferentes de acordo com a "população" de cada Município; o art. 45, § 1º, estabelece que o número de deputados federais variará de acordo com a população de cada Estado etc.

A palavra *nação* significa um grupo de pessoas ligadas por laços históricos, culturais, linguísticos, ainda que não estejam ligados pelo laço da nacionalidade. Atualmente, no Brasil, tem um sentido sociológico, mas não jurídico, já que não está presente na Constituição de 1988. Como vimos no capítulo 1 desta obra, alguns países da América do Sul atualmente estão adotando a noção de "Estado Plurinacional", como o caso da Bolívia, que no seu art. 1º afirma: "Bolívia se constitui em um Estado Unitário Social de Direito Plurinacional[7] Comunitário, livre, independente, soberano, democrático, intercultural, descentralizado e com autonomias. Bolívia se funda na pluralidade e no pluralismo político, econômico, jurídico, cultural e linguístico, dentro do processo integrador do país".

Por sua vez, a palavra *cidadania* possui duas acepções distintas: uma acepção mais estrita e uma mais ampla. Na acepção mais estrita, cidadania é a possibilidade de interferência nas decisões políticas do Estado, por meio dos direitos políticos. Atualmente, o conceito de cidadania é mais amplo, refletindo a titularidade de direitos e deveres do brasileiro. Sobre a evolução do conceito de cidadania, brilhantemente expõe Gianpaolo Smanio: "A Constituição Federal de 1988, chamada de 'Constituição Cidadã', efetivou uma mudança na conceituação de cidadania, conferindo maior amplitude ao seu significado, ao colocá-la dentre os princípios fundamentais da República Federativa do Brasil (art. 1º, II). A cidadania deixou de estar relacionada apenas com a nacionalidade, deixou de ser considerada apenas um *status* de reconhecimento do Estado, para ser um conceito amplo, compatível com uma nova dimensão da cidadania, como expressão de direitos fundamentais e de solidariedade. Conforme análise de Hannah Arendt, o primeiro dos direitos do homem é o direito a ter direitos, o que implica a dimensão e conceito de cidadania, como um meio para a proteção de direitos e também como um princípio, pois a destituição da cidadania implica a perda desses direitos. Portanto, quando a nossa Constituição estabelece a cidadania como um princípio fundamental da República, abrange essa dimensão de concretização dos direitos fundamentais"[8].

---

7. A plurinacionalidade do Estado boliviano decorre dos arts. 2º e 3º da Constituição: "Art. 2º. Dada a existência pré-colonial das nações e povos indígenas originários campesinos e seu domínio ancestral sobre seus territórios, garante-se sua livre determinação no marco da unidade do Estado, que consiste em seu direito à autonomia, ao autogoverno, a sua cultura, ao reconhecimento de suas instituições e à consolidação de suas entidades territoriais, conforme esta Constituição e a lei. Art. 3º. A nação boliviana está conformada pela totalidade de bolivianas e bolivianos, as nações e povos indígenas originários campesinos, e as comunidades interculturais e afrobolivianas que, em conjunto, constituem o povo boliviano".

8. Legitimidade Jurídica das Políticas Públicas: A Efetivação da Cidadania, p. 13. No mesmo sentido, José Afonso da Silva afirma: "a nova ideia de cidadania se constrói, pois, sob o influxo do progressivo enriquecimento dos direitos fundamentais do homem. A Constituição de 1988, que assume as feições de uma constituição dirigente, incorporou essa nova dimensão da cidadania quando, no art. 1º, II, indicou-a como um dos fundamentos do Estado Democrático de Direito. [...] A cidadania, assim considerada, consiste na consciência de pertinência à sociedade estatal como titular dos direitos fundamentais, da dignidade como pessoa humana, da integração participativa no processo do poder, com a igual consciência de que essa situação subjetiva envolve também deveres de respeito à dignidade do outro, de contribuir para o aperfeiçoamento de todos" (op. cit., p. 36). Nas palavras de Liszt Vieira: "a cidadania não

Embora o conceito de cidadania e nacionalidade sejam bem próximos, é possível se fazer a seguinte distinção, como o fez o constitucionalista argentino Linares Quintana: "a nacionalidade é o vínculo jurídico que une um indivíduo à sociedade civil (nação, povo etc.); e a cidadania é o vínculo jurídico-político que une a sociedade politicamente organizada ao Estado. Aquele tem influência no domínio das relações civis e se rege pelo direito civil; este, no terreno político, e se regula pelo direito constitucional. A distinção poderá ser mais teórica que prática, mas é real e, portanto, útil na regulamentação sistemática da relação. [...] Podem ter recíproca influência em seus respectivos campos de ação, mas são relações de natureza diferente, que podem adquirir-se, conservar-se e perder-se, separada e independentemente, por diversas causas e razões. Daí a utilidade imediata da distinção. [...] Tal distinção permite harmonizar situações que, do contrário, pareceriam insolúveis: pode-se ser cidadão sem ser nacional 'no caso brasileiro, seria a situação do português equiparado'; pode-se ser nacional sem ser cidadão (os menores); pode-se perder os direitos políticos sem perder a nacionalidade, porque esta surge de um fato (o nascimento) independentemente da vontade do sujeito"[9].

16.3. ESPÉCIES DE NACIONALIDADE

Existem dois tipos de nacionalidade: a) nacionalidade originária (ou primária); b) nacionalidade secundária (ou adquirida).

a) Nacionalidade originária ou primária

A nacionalidade originária é aquela adquirida pelo nascimento (a pessoa já nasce brasileira, ou argentina, ou boliviana etc.). Somente a Constituição Federal pode estabelecer os casos de nacionalidade originária (no caso brasileiro, as hipóteses estão no rol taxativo do art. 12, I, CF).

Existem dois critérios principais para aquisição da nacionalidade originária: a) o critério territorial (*jus solis*), critério segundo o qual não importa a nacionalidade dos pais, mas o local onde a pessoa nasceu; b) critério sanguíneo (*jus sanguinis*), segundo o qual não importa onde a pessoa nasceu, mas quem são seus ascendentes. Nesse segundo critério, a nacionalidade é transmitida pelo sangue dos seus ascendentes (filho de italiano, por exemplo, será igualmente italiano). Faz parte da soberania dos países escolher o critério de aquisição da nacionalidade originária. Podem, portanto, adotar o *jus solis* ou o *jus sanguinis* ou utilizar as duas hipóteses, com combinações (como é o caso brasileiro, como estudaremos a seguir).

Em regra, os países do continente americano adotam o *jus solis*, já que se trata de um continente de imigração[10]. Por sua vez, os países da Europa, em regra, adotam como critério principal de aquisição da nacionalidade o *jus sanguinis*[11].

---

pode mais ser vista como um conjunto de direitos formais, mas como um modo de incorporação de indivíduos e grupos ao contexto social" (*Notas sobre o Conceito de Cidadania*, p. 44).
9. *Tratado de La Ciencia del Derecho Constitucional*, t. VIII, p. 23.
10. Nos Estados Unidos, por exemplo, por força da 14ª Emenda: "todas as pessoas nascidas ou naturalizadas nos Estados Unidos e sujeitas a sua jurisdição são cidadãos dos Estados Unidos". Embora o texto constitucional aparentemente seja claro, atualmente há movimentos políticos norte-americanos que tentam dar nova interpretação à expressão "sujeitas à sua jurisdição", visando restringir a nacionalidade para algumas pessoas nascidas em território norte-americano. Tal texto, que sempre foi aplicado aos filhos de funcionários públicos estrangeiros, poderia (segundo alguns) ser aplicado aos filhos de imigrantes ilegais (chamados de "anchor babies" – "crianças âncoras"). Em defesa dessa tese, há inclusive um movimento, previsto no *site*: <www.14thamendment.us>.
11. Segundo a legislação italiana, por exemplo (Lei n. 91, de 15 de fevereiro de 1992), será italiano o filho de pai que seja

b) Nacionalidade secundária ou adquirida

A nacionalidade secundária é aquela adquirida por um ato posterior de vontade, máxime a naturalização[12]. As hipóteses de nacionalidade secundária (ou adquirida) estão previstas na Constituição Federal (art. 12, II, CF) e também na lei infraconstitucional. No caso brasileiro, trata-se da Lei da Migração (Lei n. 13.445/2017).

Lei Estadual ou Municipal pode tratar de nacionalidade? Não! Segundo o art. 22, XIII, da Constituição Federal, trata-se de competência privativa da União legislar sobre nacionalidade. Assim, jamais o Município legislará sobre nacionalidade, e os Estados somente poderiam legislar sobre nacionalidade (o que é muito pouco provável) se houvesse Lei Complementar federal delegando aos Estados a possibilidade de legislar sobre matérias específicas desse tema (art. 22, parágrafo único, CF).

Outrossim, não pode ser editada Medida Provisória sobre nacionalidade, por expressa vedação no art. 62, § 1º, I, "a", da Constituição Federal. Assim, somente lei federal, no sentido estrito, poderá versar sobre novas hipóteses de nacionalidade secundária (novos casos de naturalização).

NACIONALIDADE	
	ORIGINÁRIA (PRIMÁRIA) – adquirida pelo nascimento. Prevista apenas na Constituição Federal (art. 12, I, CF). Tem dois critérios tradicionais (*jus solis* e *jus sanguinis*).
	SECUNDÁRIA (ADQUIRIDA) – adquirida por um ato posterior de vontade (naturalização). Pode estar prevista na Constituição e na lei infraconstitucional (Lei Federal – art. 22, XIII, CF), não podendo ser Medida Provisória.

16.4. BRASILEIROS NATOS

A Constituição Federal, no seu art. 12, I, prevê quatro hipóteses de nacionalidade originária (pessoas que já nascem brasileiras ou brasileiros natos). São essas as hipóteses:

a) Nascido em território brasileiro, salvo se de pais estrangeiros a serviço do seu país

O Brasil adota, como regra, o critério do *jus solis*. Assim, nascido em território brasileiro será considerado brasileiro nato. A Constituição, no art. 12, I, "a", trata dos "nascidos na República Federativa do Brasil", em vez de "nascidos no território brasileiro". Trata-se de uma escolha infeliz do constituinte originário. Não há por que vincular a nacionalidade de uma pessoa à forma de Estado ou à Forma de Governo. Uma pessoa nascida no "Império do Brasil" ou nos "Estados Unidos do Brasil" (nomes que nos foram dados antes da década de 1960) é igualmente brasileira, porque todos nasceram no território brasileiro. Assim, a melhor interpretação que se dá ao art. 12, I, "a", da Constituição Federal é "os nascidos no território brasileiro".

---

considerado italiano à época do seu nascimento, o filho de mãe que seja considerada cidadã italiana à época do seu nascimento, desde que nascidos após 1º de janeiro de 1948 etc. Em Portugal, por exemplo, a regra também é o *jus sanguinis*, adotando-se o *jus soli* apenas excepcionalmente: são nacionais portugueses os "nascidos no território português desde que não possuam outra nacionalidade".

12. Alguns países adotam também a aquisição da nacionalidade pelo casamento. Por exemplo, o art. 21 do Código Civil francês prevê que se um estrangeiro ou apátrida contrair casamento com um cônjuge de nacionalidade francesa poderá, após o prazo de dois anos a contar do casamento, adquirir a nacionalidade francesa, preenchidos alguns requisitos legais.

Mas o que significa território brasileiro? É a soma do território material com o território por extensão.

Território material compreende o solo e o subsolo, as águas internas (rios, lagos), o espaço aéreo correspondente e o mar territorial (que, segundo o art. 1º da Lei n. 8.617/93, "compreende uma faixa de 12 milhas marítimas de largura, medidas a partir da linha de baixa-mar do litoral continental e insular brasileiro, tal como indicada nas cartas náuticas de grande escala, reconhecidas oficialmente no Brasil").

Figura 16.5 – Garoto brasileiro (créditos ao final do livro).

Por sua vez, no que consiste o território por extensão? Seriam as embaixadas? Não. As embaixadas não são extensão do território do país, embora sejam invioláveis. A confusão se deve por conta da inviolabilidade, decorrente do art. 22 da Convenção de Viena, incorporada ao Direito Brasileiro pelo Decreto n. 56.435/65[13]. Território por extensão são, portanto, os navios e aeronaves públicos, onde quer que estejam, bem como os navios e aeronaves privados se estiverem dentro do Brasil ou em alto-mar. Embora seja um conceito previsto no art. 5º, § 1º, do Código Penal, diante do silêncio constitucional, deve ser aplicado à hipótese[14].

TERRITÓRIO	
MATERIAL	solo e subsolo, espaço aéreo correspondente, águas internas e mar territorial.
POR EXTENSÃO	navios e aeronaves públicos (onde quer que estejam) e navios e aeronaves privados, se estiverem dentro do Brasil ou em alto-mar.

Dessa maneira, todos que nasceram no território brasileiro (seja o território material, seja o território por extensão) serão brasileiros natos, com uma exceção: se os pais forem estrangeiros e estiverem a serviço de seu país.

13. Não são extensão do território do país, mas são invioláveis. Art. 22 da Convenção de Viena: "1. Os locais da Missão são invioláveis. Os Agentes do Estado acreditado não poderão neles penetrar sem o consentimento do Chefe da Missão. 2. O Estado acreditado tem a obrigação especial de adotar todas as medidas apropriadas para proteger os locais da Missão contra qualquer instrução ou dano e evitar perturbações à tranquilidade da Missão ou ofensas à sua dignidade. 3. Os locais da Missão, seu mobiliário e demais bens neles situados, assim como os meios de transporte da Missão, não poderão ser objeto de busca, requisição, embargo ou medida de execução".
14. Concorda conosco Valerio Mazzuoli, para quem "Frise-se que a Constituição de 1988 se absteve de tratar, ainda que implicitamente, do problema atinente aos espaços aéreos, hídricos ou mesmo terrestres, imunes à soberania de qualquer Estado (o mar, o espaço aéreo e também o continente antártico). Sem embargo disso, cremos reputar-se nascidos no Brasil os nascidos a bordo de aeronaves e navios de guerra brasileiros (onde quer que se encontrem), bem como nas aeronaves e navios mercantes de bandeira brasileira quando em trânsito por espaços neutros, como o alto-mar, não ocorrendo semelhante hipótese caso o espaço de tráfego esteja afeto à soberania de outro Estado, ainda que a embarcação ou aeronave seja de natureza pública" (op. cit., p. 684). Todavia, discorda de nossa posição quando versa sobre navios ou aeronaves públicos que se encontram em espaço aéreo ou marítimo de outro Estado: "Atente-se que os navios e aeronaves de natureza pública não são obrigatoriamente de guerra. Apenas os nascidos em navios e aeronaves de guerra serão brasileiros natos, onde quer que se encontre a embarcação ou a aeronave. O mesmo já não ocorre com os nascidos em navios ou aeronaves de natureza pública (que não são de guerra) quando atracados ou estabelecidos em espaço pertencente a outra soberania" (op. cit., p. 684).

Assim, se a criança nasce no Brasil, tendo como pai o embaixador de outro país, que está no Brasil a serviço desse país, a criança não será brasileira. Todavia, como vimos no início deste capítulo, caso o Estado de nacionalidade dos pais negar a nacionalidade àquela criança, por força do Pacto de São José da Costa Rica, será dada a nacionalidade do Estado onde ela nasceu (Brasil). É o que dispõe também o art. 2, item 3, do Pacto de Direitos Civis e Políticos, que ingressou no Direito Brasileiro pelo Decreto n. 592, de 6 de julho de 1992: "toda criança terá o direito de adquirir uma nacionalidade".

Segundo o art. 15 da Resolução n. 155/2012 do Conselho Nacional de Justiça: "os registros de nascimento de nascidos no território nacional em que ambos os genitores sejam estrangeiros e em que pelo menos um deles esteja a serviço de seu país no Brasil deverão ser efetuados no Livro "E" do 1º Ofício do Registro Civil da Comarca, devendo constar do assento e da respectiva certidão a seguinte observação: 'O registrando não possui a nacionalidade brasileira, conforme o art. 12, inciso I, alínea 'a', *in fine*, da Constituição Federal'".

Lembre-se: para que a criança não tenha a nacionalidade brasileira os pais devem ser estrangeiros, ou seja, se o pai for brasileiro ou a mãe for brasileira, ainda que o outro esteja a serviço do seu país estrangeiro, a criança será brasileira.

a.1) Nacionalidade em casos de adoção internacional

Questão interessante gira em torno da nacionalidade em casos de adoção de criança ou adolescente de outra nacionalidade (adoção internacional). O Brasil é signatário da Convenção Relativa à Proteção das Crianças e a Cooperação em Matéria de Adoção Internacional das Nações Unidas, aprovada em Haia, em 29 de maio de 1993, entrando em vigor no Brasil por força do Decreto n. 3.087/96. A referida Convenção não tratou diretamente da nacionalidade das crianças adotadas, deixando a cargo da legislação de cada país (que poderá prever a aquisição automática da nacionalidade, procedimentos de naturalização etc.).

Nos termos do art. 51 do Estatuto da Criança e do Adolescente, alterado pela Lei n. 13.509/2017 "considera-se adoção internacional aquela na qual o pretendente possui residência habitual em país-parte da Convenção de Haia, de 29 de maio de 1993 [...] e deseja adotar criança em outro país-parte da Convenção".

Até 2009, a legislação brasileira não tratava da presente questão: a nacionalidade das crianças estrangeiras adotadas por brasileiros. Surgiram, na oportunidade, duas posições: enquanto alguns defendiam a necessidade da naturalização[15], outros defendiam a aquisição automática da nacionalidade brasileira, por força do art. 227, § 6º, da Constituição Federal, que veda qualquer distinção aos filhos havidos por adoção[16].

---

15. Era a posição de Vera Lúcia Jucovsky: "No que pertine à adoção, impende notar que há divergências doutrinárias quanto à adoção, em geral, e quanto a de filho estrangeiro por genitor ou genitores brasileiros, porque, nesta última situação, alguns entendem que ela não tem o condão de alterar a nacionalidade do filho estrangeiro adotado. Corroboram esse posicionamento no fato de que a Constituição Federal não traz regra específica a respeito deste ponto, motivo pelo qual a interpretação do texto constitucional deve ser restritiva. Então, o parentesco civil que passa a existir entre adotante e adotado tem consequências civis e não modificaria a nacionalidade. Tal se daria, apenas, com a naturalização do adotado para adquirir a nacionalidade brasileira" (*Comentários ao Estatuto do Estrangeiro e Opção de Nacionalidade*, p. 289).
16. Alguns doutrinadores firmaram posicionamento que a interpretação do texto constitucional deve ser restritiva e que a adoção geraria apenas consequências civis; como posição contrária, o festejado professor José Afonso da Silva entende que em razão do princípio isonômico não poderia existir quaisquer diferenças em direitos e qualificações dos filhos naturais e os adotados, mesmo que estes sejam estrangeiros" (*Adoção Internacional e Nacionalidade*, Luiz Philipe Ferreira de Oliveira).

A partir de 2009, por força da Lei n. 12.010/2009, foi acrescido o art. 52-C, do Estatuto da Criança e do Adolescente: "nas adoções internacionais, quando o Brasil for o país de acolhida, a decisão da autoridade competente do país de origem da criança ou do adolescente será conhecida pela Autoridade Central Estadual que tiver processado o pedido de habilitação dos pais adotivos, que comunicará o fato à Autoridade Central Federal[17] e determinará as providências necessárias à expedição do Certificado de Naturalização Provisório". Dessa maneira, a legislação brasileira escolheu a primeira das duas soluções acima (a necessidade de naturalização da criança adotada). Nos termos da própria legislação, aplicar-se-á a hipótese de naturalização provisória, disciplinada hoje pela Lei da Migração (Lei n. 13.445/2017), que adiante estudaremos.

Como vimos, cada país pode dar um tratamento diferente às crianças e aos adolescentes estrangeiros adotados. Os Estados Unidos, por exemplo, possuem uma lei (Lei Clinton) que facilita o processo de naturalização. A França, no art. 20 do seu Código Civil, prevê a aquisição da nacionalidade francesa como efeito imediato da adoção.

Importante: segundo a Convenção de Haia, de 1930, essa criança só perderá a nacionalidade de origem depois de adquirir formalmente a nacionalidade brasileira: "Se a lei de um Estado admitir a perda da nacionalidade, em consequência da adoção, esta perda ficará, entretanto, subordinada à aquisição pelo adotado da nacionalidade do adotante, de acordo com a lei do Estado, de que este for nacional, relativa aos efeitos da adoção sobre a nacionalidade" (art. 17 da Convenção de Haia de 1930, que entrou em vigor no Brasil por força do Decreto n. 21.798, de 6 de setembro de 1932).

b) Nascido no estrangeiro, de pai brasileiro ou mãe brasileira, a serviço do Brasil

Segundo o art. 12, I, "b", são brasileiros natos "os nascidos no estrangeiro, de pai brasileiro ou mãe brasileira, desde que qualquer deles esteja a serviço da República Federativa do Brasil".

Trata-se de hipótese de *jus sanguinis*, tendo em vista que, para ser brasileiro, deve a pessoa ser filha de brasileiro ou de brasileira que esteja a serviço do Brasil no exterior. Nesse caso, não importa onde a pessoa nasceu, mas sim de quem é filho.

Todavia, o Brasil nunca adota o critério puro do *jus sanguinis*, mas sempre com a cumulação de outro critério. Nesse caso, é necessária a cumulação do *jus sanguinis* com um critério funcional (o pai ou a mãe deve estar a serviço do Brasil).

O que significa "estar a serviço do Brasil"? Significa estar a serviço do Estado Brasileiro, numa missão diplomática, ou a serviço da Administração Pública direta ou indireta, federal, estadual ou municipal. Nesse sentido, Valerio Mazzuoli afirma que: "o serviço a que se refere o texto constitucional deve ser entendido em sentido largo, compreendendo qualquer encargo derivado dos poderes da União, dos Estados e dos Municípios, bem como as autarquias. Amplia-se também o conceito aos serviços que o Brasil participa nas Organizações Internacionais das quais é parte"[18].

---

17. A Autoridade Central Administrativa Federal (ACAF) é o órgão, no Brasil, incumbido da adoção de providências para o adequado cumprimento das obrigações impostas pela Convenção de Haia de 1993 relativa à proteção das crianças e cooperação em matéria de adoção internacional. Com a publicação do Decreto n. 9.150, de 4 de setembro de 2017, as atribuições da ACAF passam a ser exercidas no âmbito do Departamento de Recuperação de Ativos e Cooperação Jurídica Internacional da Secretaria Nacional de Justiça do Ministério da Justiça.
18. Op. cit., p. 687.

Importante frisar que basta que o pai ou a mãe seja brasileiro e que este esteja "a serviço do Brasil". Outrossim tanto faz se esse brasileiro é nato ou naturalizado, não fazendo a Constituição brasileira qualquer distinção.

c) Nascido no estrangeiro, de pai brasileiro ou mãe brasileira, desde que seja registrado em repartição brasileira competente

Trata-se de hipótese recriada pela Emenda Constitucional n. 54, de 2007, presente na primeira parte do art. 12, I, "c", da Constituição Federal: são brasileiros natos: "os nascidos no estrangeiro de pai brasileiro ou de mãe brasileira, desde que sejam registrados em repartição brasileira competente...".

Mais uma vez, a Constituição brasileira adotou o critério do *jus sanguinis*, pois não importa onde a pessoa nasceu e sim o fato de ser filho de brasileiro ou de brasileira. Todavia, como dissemos antes, a Constituição brasileira não adota o critério do *jus sanguinis* puro, necessitando sempre de uma combinação. Nesse caso, é o *jus sanguinis* cumulado com o registro.

A criança, nascida no estrangeiro, de pai brasileiro ou mãe brasileira, deverá ser registrada em repartição brasileira competente. Qual é essa repartição? Trata-se, em regra, da repartição consular (segundo informações do Ministério das Relações Exteriores: "os postos com serviços consulares poderão, mediante requerimento, lavrar o registro de nascimento de filho(a) de pai brasileiro ou mãe brasileira, ocorrido no exterior"[19]. Não obstante, também é possível que esse registro seja feito em repartição diplomática, bem como em ofício de registro no Brasil, caso a pessoa venha a residir em nosso país[20]. Segundo o art. 9º da Resolução n. 155, do Conselho Nacional de Justiça: "o traslado de assento de nascimento ocorrido em país estrangeiro poderá ser requerido a qualquer tempo".

Todavia, como afirmamos acima, essa hipótese só existe no Brasil desde a Emenda Constitucional n. 54, de 20 de setembro de 2007. Antes disso, não poderia ser registrada uma criança nascida no exterior nos consulados como brasileira? Explico melhor o que ocorreu:

O texto originário da Constituição de 1988 previa a hipótese do registro nos consulados dos nascidos fora do Brasil. Todavia, surgiu um "inconveniente", na visão do Congresso Nacional: o surgimento de vários brasileiros natos que não tinham vínculo com o Brasil, que não

---

19. Disponível em: <www.portalconsular.mre.gov.br/outros-servicos/registro-de-nascimento>.
20. Art. 32, § 2º, Lei de Registros Públicos (Lei n. 6.015/73): "O filho de brasileiro ou brasileira, nascido no estrangeiro, e cujos pais não estejam ali a serviço do Brasil, desde que registrado em consulado brasileiro ou não registrado, venha a residir no território nacional antes de atingir a maioridade, poderá requerer, no juízo de seu domicílio, se registre, no livro "E" do 1º Ofício do Registro Civil, o termo de nascimento". O procedimento para transcrição da certidão de nascimento no exterior varia de acordo com cada Estado, sendo mais simples quando se tratar de mera transcrição da certidão consular, bastando em muitos Estados solicitar o registro no Cartório do 1º Ofício do Registro Civil. A fim de uniformizar os procedimentos para transcrições no Brasil de assentos de nascimento ocorridos no exterior, foi editada a Resolução n. 155/2012 do Conselho Nacional de Justiça. Nos termos do art. 8º: "o traslado de assento estrangeiro de nascimento de brasileiro, que não tenha sido previamente registrado em repartição consular brasileira, deverá ser efetuado mediante a apresentação dos seguintes documentos: a) certidão do assento estrangeiro de nascimento, legalizada por autoridade consular brasileira e traduzida por tradutor público juramentado; b) declaração de domicílio do registrando na Comarca ou comprovante de residência/domicílio, a critério do interessado. Na falta de domicílio no Brasil, o traslado deverá ser efetuado no 1º Ofício do Distrito Federal; c) requerimento assinado pelo registrado, por um dos seus genitores, pelo responsável legal ou por procurador; e d) documento que comprove a nacionalidade brasileira de um dos genitores". Por fim, segundo o § 1º do mesmo artigo: ' deverá constar do assento e da respectiva certidão do traslado a seguinte observação: 'nos termos do art. 12, inciso I, alínea 'c', da Constituição Federal, a confirmação da nacionalidade brasileira depende de residência no Brasil e de opção, depois de atingida a maioridade, em qualquer tempo, pela nacionalidade brasileira, perante a Justiça Federal'".

falavam português e mal sabiam geograficamente onde o Brasil situava-se. Por essa razão, o Congresso Nacional aprovou a Emenda Constitucional de Revisão n. 3, de 7 de junho de 1994 (fruto da Revisão Constitucional), abolindo a hipótese do registro. Assim, a partir de 7 de junho de 1994, filhos de brasileiros nascidos no exterior não podiam mais ser registrados nos consulados como brasileiros natos.

Ora, o Congresso Nacional, visando resolver um "problema", criou um problema muito maior: graças à Emenda Constitucional de Revisão n. 3/94, surgiram pelo mundo mais de 200.000 apátridas. Imaginemos um casal de brasileiros, residentes na Itália, tendo um filho em Roma. O garoto não seria italiano (pois naquele país adota-se o critério do *jus sanguinis*), nem brasileiro (pois não podia mais ser registrado no Brasil). Por culpa da legislação brasileira, seria um apátrida! Houve um movimento popular grande, intitulado "brasileirinhos apátridas", com *site* próprio (www.brasileirinhosapatridas.org), que sensibilizou o Congresso Nacional, dando ensejo à Emenda Constitucional n. 54, de 2007.

Indaga-se: como ficou a situação dos nascidos entre 1994 e 2007, período em que não podiam os nascidos no estrangeiro ser registrados nos consulados como brasileiros natos? Segundo o art. 2º da Emenda Constitucional n. 54: "os nascidos no estrangeiro entre 7 de julho de 1994 e a data da promulgação desta Emenda Constitucional, filhos de pai brasileiro ou mãe brasileira, poderão ser registrados em repartição diplomática ou consular brasileira competente ou em ofício de registro, se vierem a residir na República Federativa do Brasil".

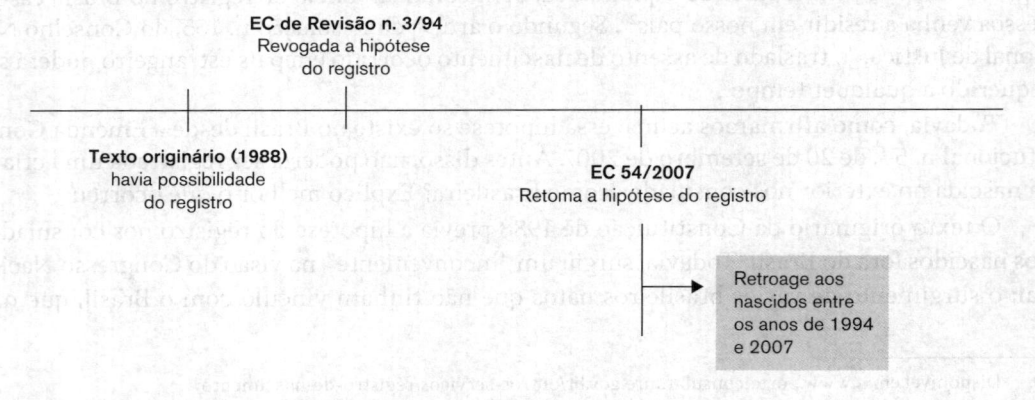

EC de Revisão n. 3/94
Revogada a hipótese do registro

Texto originário (1988)
havia possibilidade do registro

EC 54/2007
Retoma a hipótese do registro

Retroage aos nascidos entre os anos de 1994 e 2007

d) Nascido no estrangeiro, de pai brasileiro ou mãe brasileira, desde que venha a residir no Brasil e opte pela nacionalidade brasileira

Segundo o art. 12, I, "c", *in fine*, da Constituição Federal, são brasileiros natos "os nascidos no estrangeiro de pai brasileiro ou de mãe brasileira, desde que [...] venham a residir na República Federativa do Brasil e optem, em qualquer tempo, depois de atingida a maioridade, pela nacionalidade brasileira".

Trata-se da combinação de três critérios: *jus sanguinis* (a pessoa nascida no exterior é filha de brasileiro ou brasileira) mais o critério da residência no Brasil e a opção pela nacionalidade brasileira.

Primeiramente, quanto à residência no Brasil, não há prazo para fazê-la, podendo se dar a qualquer tempo.

Por sua vez, a opção pela nacionalidade é um ato personalíssimo, que só pode ser feito depois de atingida a maioridade, e deve ser feita perante a Justiça Federal.

Até 2017, a lei que regulamentava a opção pela nacionalidade era a vetusta Lei n. 818/49, que foi expressamente revogada pela nova Lei da Migração (Lei n. 13.445/2017). A nova legislação deixou à regulamentação infralegal o procedimento da opção pela nacionalidade. Trata-se do Decreto n. 9.199/2017. Não obstante, esse decreto não traz detalhes acerca do procedimento, motivo pelo qual esse será regulado pelos arts. 719 e seguintes do Código de Processo Civil ("Dos Procedimentos de Jurisdição Voluntária").

Nos termos do art. 720 do Código de Processo Civil, o procedimento terá início mediante provocação do interessado (filho de brasileiro ou brasileira que veio a residir no Brasil, após atingida a maioridade). Tratando-se de um procedimento de jurisdição voluntária (pois não há litígio, não há réu), deverá ser intimado o Ministério Público, para que possa se manifestar em quinze dias (art. 721, CPC), bem como a Advocacia-Geral da União (art. 213, § 3º, Decreto n. 9.199/2017), devendo o magistrado decidir no prazo de dez dias (art. 723, CPC). Da decisão caberá apelação (art. 724, CPC).

Por força de norma constitucional, a opção pela nacionalidade brasileira é feita perante a Justiça Federal. Isso porque compete à Justiça Federal "as causas referentes à nacionalidade, inclusive a respectiva opção, e à naturalização" (art. 109, X, *in fine*, CF).

Outrossim, reafirmando o que está na Constituição Federal, o art. 213 do Decreto n. 9.199/2017 determina que a "opção de nacionalidade é ato personalíssimo e deverá ocorrer por meio de procedimento específico de jurisdição voluntária, perante a Justiça Federal, a qualquer tempo, após atingida a maioridade civil". A sentença deverá ser registrada no Cartório de Registro Civil das Pessoas Naturais, nos termos do art. 216, do Decreto n. 9.199/2017.

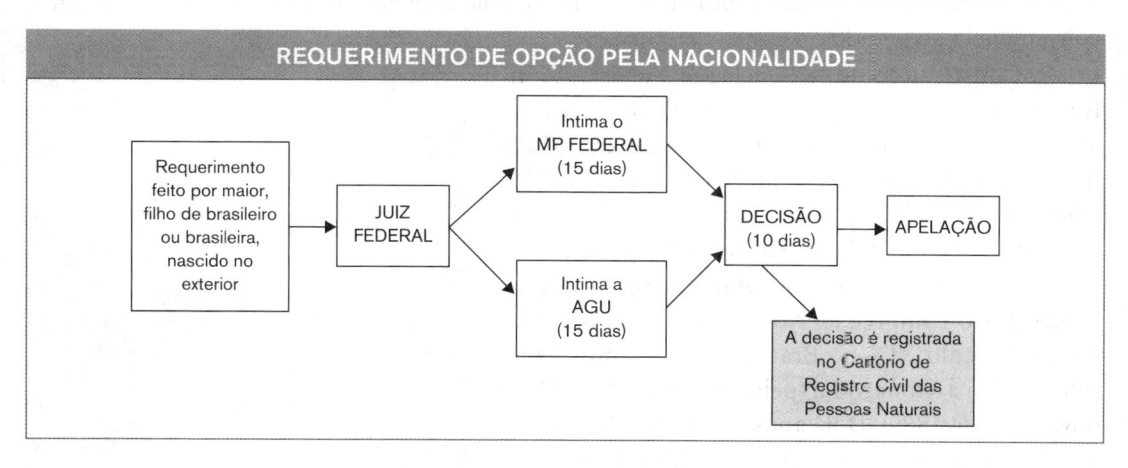

REQUERIMENTO DE OPÇÃO PELA NACIONALIDADE

Requerimento feito por maior, filho de brasileiro ou brasileira, nascido no exterior → JUIZ FEDERAL → Intima o MP FEDERAL (15 dias) / Intima a AGU (15 dias) → DECISÃO (10 dias) → APELAÇÃO / A decisão é registrada no Cartório de Registro Civil das Pessoas Naturais

d.1) Opção pela nacionalidade dos nascidos no estrangeiro que não foram registrados em repartição consular

O art. 215 do Decreto n. 9.199/2017 positiva uma hipótese anteriormente aceita pela jurisprudência: a nacionalidade originária "precária", dependente de superveniente opção pela nacionalidade. Trata-se do caso de filho de brasileiro ou brasileira nascido no exterior, que não tenha sido registrado em repartição brasileira consular competente (como brasileiro nato). Nesse caso, caso seu registro de nascimento seja transcrito em cartório brasileiro, terá uma nacionalidade brasileira "precária", a depender da opção pela nacionalidade brasileira.

Segundo o art. 215, *caput*, do referido decreto: "o filho de pai ou mãe brasileira nascido no exterior e cujo registro estrangeiro de nascimento tenha sido transcrito diretamente em cartório competente no País terá a confirmação da nacionalidade vinculada à opção pela nacionalidade brasileira e pela residência no território nacional".

Nesse caso, a nacionalidade brasileira será "precária" porque dependerá da confirmação posterior através da opção da nacionalidade brasileira. Até lá, será brasileiro nato para todos os efeitos. Atingida a maioridade, "até que se faça a opção pela nacionalidade brasileira, a condição de brasileiro nato ficará suspensa para todos os efeitos" (art. 215, § 1º, Decreto n. 9.199/2017). Outrossim, feita a opção pela nacionalidade brasileira, "os efeitos da condição de brasileiro nato retroagem à data do nascimento do interessado" (art. 215, § 2º, Decreto n. 9.199/2017).

No nosso entender, essa hipótese deveria ser revista pela legislação pátria. Entendemos que seria mais consentâneo com a EC 54/2007 que o registro em Cartório de Registro das Pessoas Naturais no Brasil já deveria atribuir à pessoa sua nacionalidade originária de forma definitiva, e não precária (a depender de opção pela nacionalidade brasileira).

16.5. NATURALIZAÇÃO

Naturalização consiste na aquisição voluntária da nacionalidade. Nas palavras de Valério Mazzuoli: "a naturalização depende de um ato de vontade do indivíduo, que a adquire livremente (sem imposição do Estado) no decorrer de sua vida. Em outras palavras, a naturalização é o processo por meio do qual um estrangeiro, mediante certas formalidades exigidas pelo Estado, solicita a esse que seja declarada sua aceitação como membro da comunidade interna estatal, cabendo a esse mesmo Estado, unilateral e discricionariamente, decidir sobre a viabilidade e conveniência do pedido"[21].

A Constituição de 1824 delegou à legislação infraconstitucional as regras da naturalização (art. 6º, V), mas a concessão da "carta de naturalização" era da competência do Imperador (art. 102, X). Já a Constituição de 1891 trouxe uma inovação histórica: a *naturalização tácita ou grande naturalização*.

Para entender o que foi a *naturalização tácita*, é necessário compreender o momento histórico do final do século XIX no Brasil. Um ano antes havia sido abolida a Monarquia (pelo Decreto n. 1, de 15 de novembro de 1889). Dois anos antes, em 13 de maio de 1888, foi abolida a escravidão no Brasil, pela "Lei Áurea". Abolida a escravidão, além dos negros trazidos de variados países da África, estimulou-se a imigração de brancos europeus e asiáticos. Portanto, no Brasil havia milhões de estrangeiros de inúmeras nacionalidades diversas. Eis a solução da Constituição de 1891 (conhecida como Constituição de Ruy Barbosa): todos que estão no Brasil são brasileiros! Segundo o art. 69, § 4º, CF de 1891: "São cidadãos

Figura 16.6 – Retrato de Ruy Barbosa (créditos ao final do livro).

---

21. Op. cit., p. 681.

brasileiros: os estrangeiros que, achando-se no Brasil aos 15 de novembro de 1889, não declararem, dentro de seis meses depois de entrar em vigor a Constituição, o ânimo de conservar a nacionalidade de origem".

Na Constituição de 1988, não há hipóteses de *naturalização tácita*. As hipóteses constitucionais, que estudaremos a seguir, são de *naturalização expressa* (a pessoa, interessada, requer livremente sua naturalização).

O processo de naturalização é administrativo ou jurisdicional? Até 2017, era um procedimento misto, cuja primeira parte era administrativa e a segunda parte era jurisdicional, nos termos do art. 111 do revogado Estatuto do Estrangeiro (iniciava com um processo administrativo e culminava com a entrega do certificado de naturalização por um juiz federal). Todavia, com o advento da Lei da Migração (Lei n. 13.445/2017), a naturalização transformou-se em um procedimento exclusivamente administrativo. Segundo o art. 71 da Lei da Migração: "o pedido de naturalização será apresentado e processado na forma prevista pelo órgão competente do Poder Executivo, sendo cabível recurso em caso de denegação". O órgão responsável por apreciar os pedidos de naturalização é o Ministério da Justiça, nos termos dos arts. 218 e seguintes do Decreto n. 9.199/2017, que regulamenta o procedimento de naturalização.

O pedido de naturalização deve ser feito em uma unidade da Polícia Federal e endereçado ao Ministério da Justiça (art. 224, Decreto n. 9.199/2017). Em seu pedido de naturalização, poderá o estrangeiro requerer a tradução ou adaptação de seu nome para a língua portuguesa (art. 223, Decreto n. 9.199/2017). O procedimento de naturalização, que será instruído junto à Polícia Federal[22], será encerrado no prazo de 180 (cento e oitenta) dias a partir do recebimento do pedido (art. 228, *caput*, Decreto n. 9.199/2017), podendo esse prazo ser prorrogado por ato do Ministro da Justiça, em caso de diligências necessárias (art. 228, § 2º, Decreto n. 9.199/2017).

O momento exato da aquisição da nacionalidade brasileira será a "publicação no *Diário Oficial da União* do ato da naturalização" (art. 230, Decreto n. 9.199/2017, e art. 73 da Lei da Migração). Até 2017 (quando o procedimento não era apenas administrativo, mas misto), o momento da aquisição da nacionalidade era a entrega do certificado pela Justiça Federal. Veja, portanto, as diferenças ocorridas em 2017, no tocante à natureza do procedimento de naturalização:

NATURALIZAÇÃO	
Antes (Estatuto do Estrangeiro)	Agora (Lei da Migração)
Processo administrativo e judicial	Processo administrativo
Efeitos: entrega do certificado de naturalização pelo juiz federal	Efeitos: publicação no *Diário Oficial*

É oportuno identificar o momento exato da aquisição da nacionalidade brasileira porque, como se verá adiante, há diferenças importantes entre brasileiros e estrangeiros no tocante à retirada do território nacional (brasileiros – natos ou naturalizados – não podem ser deportados e expulsos do Brasil, por exemplo).

---

22. Segundo o art. 227, do mencionado decreto: "A Polícia Federal, ao processar o pedido de naturalização: I – coletará os dados biométricos do naturalizando; II – juntará as informações sobre os antecedentes criminais do naturalizando; III – relatará o requerimento de naturalização; e IV – poderá apresentar outras informações que instruam a decisão quanto ao pedido de naturalização".

Os efeitos da naturalização são *ex nunc*, como lembra a doutrina: "Quanto aos seus efeitos, pode-se dizer que a naturalização visa, em primeiro lugar, transformar o estrangeiro em um nacional brasileiro, integrando-o à comunidade política brasileira a que passa a pertencer (com basicamente os mesmos direitos conferidos aos nossos nacionais) e, em segundo plano, desvincular *ex nunc* (para o futuro) esse estrangeiro da sua nacionalidade anterior"[23].

Com o advento da nova Lei da Migração (Lei n. 13.445/2017), temos as seguintes espécies de naturalização: a) naturalização ordinária; b) naturalização extraordinária ou quinzenária; c) naturalização especial; d) naturalização provisória. Lembramos que as hipóteses de naturalização podem estar previstas na Constituição e na lei infraconstitucional. De fato, as duas primeiras hipóteses (naturalização ordinária e extraordinária) estão previstas na Constituição (art. 12, II, CF) e na lei infraconstitucional (Lei da Migração), enquanto as duas últimas (naturalização especial e extraordinária) estão exclusivamente na lei infraconstitucional (Lei da Migração).

NATURALIZAÇÃO	
	ORDINÁRIA (art. 12, II, "a", CF, e art. 65, LM)
	EXTRAORDINÁRIA ou QUINZENÁRIA (ART. 12, II, "b", CF, e art. 66, LM)
	ESPECIAL (art. 68, LM)
	PROVISÓRIA (art. 70, LM)

16.5.1. Naturalização ordinária (art. 12, II, "a", CF)

Segundo o art. 12, II, "a", primeira parte, da Constituição Federal, são brasileiros naturalizados "os que, na forma da lei, adquiram a nacionalidade brasileira".

Portanto, os requisitos da naturalização ordinária estão previstos na legislação infraconstitucional. No caso, trata-se do art. 65 da Lei da Migração (Lei n. 13.445/2017): I – ter capacidade civil, segundo a lei brasileira; II – ter residência em território nacional, pelo prazo mínimo de 4 (quatro) anos; III – comunicar-se em língua portuguesa, consideradas as condições do naturalizando; e IV – não possuir condenação penal ou estiver reabilitado, nos termos da lei.

Dessa maneira, foram suprimidos alguns requisitos outrora exigidos pelo art. 112 do Estatuto do Estrangeiro, como ter "boa saúde" (VIII) e "exercício de profissão ou posse de bens suficientes à manutenção própria e da família" (V). Dessa maneira, pobreza e doença não são mais impeditivos da naturalização.

Em síntese, são requisitos da naturalização ordinária:

Requisitos para naturalização ordinária (art. 65, Lei da Migração)	– Ter capacidade civil, segundo a lei brasileira.
	– Ter residência em território nacional pelo prazo mínimo de 4 (quatro) anos.
	– Comunicar-se em língua portuguesa, consideradas as condições do naturalizando.
	– Não possuir condenação penal ou estar reabilitado, nos termos da lei.

---

23. Valerio Mazzuoli, op. cit., p. 697.

Quanto ao primeiro requisito (capacidade civil), o art. 5º do Código Civil afirma que "a menoridade cessa aos dezoito anos completos, quando a pessoa fica habilitada à prática de todos os atos da vida civil". Isso porque os menores de 16 anos são absolutamente incapazes (art. 3º, CC) e os menores de 18 e maiores de 16 anos são relativamente incapazes (art. 4º, I, CC). A naturalização que pode recair sobre os menores de 18 anos é a naturalização provisória, que adiante será estudada.

Quanto ao segundo requisito (residência em território nacional por quatro anos), esse período de quatro anos deve ter sido preenchido até o momento do pedido de naturalização, nada obstando que o estrangeiro faça viagens para o exterior por período não superior a doze meses (art. 233, Decreto n. 9.199/2017).

Não obstante, a legislação brasileira prevê algumas hipóteses em que o prazo de residência do Brasil é reduzido. Exigir-se-á apenas 1 (um) ano de residência no Brasil nas seguintes hipóteses, previstas no art. 66 da Lei da Migração (regulamentado pelo Decreto n. 9.199/2017): a) ter filho brasileiro; b) ter cônjuge ou companheiro brasileiro e não estar dele separado legalmente ou de fato no momento de concessão da naturalização. Por sua vez, o prazo será de dois anos nos seguintes casos: a) haver prestado ou poder prestar serviço relevante ao Brasil; c) recomendar-se por sua capacidade profissional, científica ou artística; d) pedido de naturalização de apátrida (art. 99, parágrafo único, Decreto n. 9.199/2017). Em síntese, esses são os prazos legais e infralegais de residência no Brasil:

Residência no Brasil	Hipótese	Previsão legal
4 anos	Regra geral (naturalização ordinária)	Art. 65, II, Lei da Migração
1 ano	Ter filho brasileiro	Art. 66, II, Lei da Migração, e art. 235, Decreto n. 9.199/2017
1 ano	Ter cônjuge brasileiro e não estar dele separado legalmente ou de fato no momento de concessão da naturalização	Art. 66, III, Lei da Migração, e art. 235, II, Decreto n. 9.199/2017
2 anos	Ter prestado ou poder prestar serviço relevante ao País	Art. 66, IV, Lei da Migração, e art. 236, I, Decreto n. 9.199/2017
2 anos	Ser recomendado por sua capacidade profissional, científica ou artística	Art. 66, VI, Lei da Migração, e art. 236, II, Decreto n. 9.199/2017
2 anos	Naturalização do apátrida reconhecido por decisão do Ministro da Justiça	Art. 99, parágrafo único, Decreto n. 9.199/2017
1 ano	Estrangeiro oriundo de país de língua portuguesa e que tenha idoneidade moral	Art. 12, II, "a", CF

Quanto ao terceiro requisito (comunicar-se em língua portuguesa), o próprio dispositivo legal minimiza os rigores, na medida em que admite um juízo de ponderação: "consideradas as condições do naturalizando" (art. 65, III, Lei da Migração). Segundo o art. 222 do Decreto n. 9.199/2017: "a avaliação da capacidade do naturalizando de se comunicar em língua portuguesa será regulamentada por ato do Ministro de Estado da Justiça".

Por fim, quanto ao quarto e último requisito (não possuir condenação penal ou estiver reabilitado), a Lei da Migração permite que, mesmo condenado criminalmente, caso tenha ocorrido a "reabilitação", poderá o estrangeiro se naturalizar brasileiro. A reabilitação é uma ação que está prevista no art. 93 e seguintes do Código Penal. Segundo o art. 94, do Código Penal, ela pode ser requerida depois de 2 (dois) anos da extinção da pena, computando-se o período de prova da suspensão ou livramento condicional. De certa forma, a legislação brasileira encampou entendimento que já era admitido na jurisprudência: havendo a reabilitação, a condenação penal não servirá de óbice à naturalização[24].

Importante frisar que, ainda que preenchidos todos os requisitos legais, não terá o estrangeiro direito subjetivo a naturalização. Na legislação anterior, isso estava previsto expressamente: "a satisfação das condições previstas nesta Lei não assegura ao estrangeiro direito à naturalização" (art. 121 do revogado Estatuto do Estrangeiro). Embora atualmente a legislação não utilize as mesmas palavras, o raciocínio é o mesmo. Segundo o art. 220 do Decreto n. 9.199/2017: "ato do Ministro de Estado da Justiça concederá a naturalização, desde que satisfeitas as condições objetivas necessárias à naturalização, <u>consideradas requisito preliminar para o processamento do pedido</u>" (grifamos). Ora, não poderá ser concedida a naturalização quando não preenchidos os quatro requisitos legais. Todavia, o preenchimento dos quatro requisitos não implica necessariamente a concessão da naturalização. Isso porque se trata de um ato de soberania do Estado[25].

Por fim, a Constituição Federal prevê uma hipótese especial de naturalização, para um grupo específico de estrangeiros: os estrangeiros oriundos dos países de língua portuguesa. São países de língua portuguesa: Portugal, Angola, Cabo Verde, Guiné-Bissau, Moçambique, São Tomé e Príncipe, Timor-Leste.

Para esses estrangeiros, os requisitos são apenas dois: a) residência no Brasil por um ano; b) idoneidade moral (art. 12, II, "a", parte final, CF). A "idoneidade moral" será apreciada pelo Ministério da Justiça, que apreciará principalmente os antecedentes criminais do requerente. Assim como expusemos anteriormente, ainda que preenchidos os requisitos legais, não terá o estrangeiro direito subjetivo à naturalização ordinária, como ressalta Valerio Mazzuoli: "Não existe direito público subjetivo à naturalização, a qual é sempre discricionária do governo e se opera em atenção aos interesses nacionais, mesmo que o requerente satisfaça todos os requisitos necessários à sua concessão"[26].

---

24. "A concessão da naturalização com base na alínea *b* do inciso II do art. 12 da Constituição Federal configura hipótese de ato vinculado da Administração, estando sujeito a controle de legalidade pelo Poder Judiciário. Para adquirir a naturalização extraordinária, o estrangeiro deve residir no país há mais de 15 anos, não possuir condenação criminal e postular a concessão. Extinta a pena pelo seu cumprimento e obtida, judicialmente, a reabilitação, a condenação penal deixa de configurar óbice à obtenção da nacionalidade brasileira" (TRF – 4ª Região – 3ª Turma – 7-8-2013 – AC 50239598320124047100).

25. Decidiu o antigo Tribunal Federal de Recursos que "a outorga de naturalização é ato de soberania, é ato político, de conveniência do chefe de Estado, não podendo haver direito subjetivo à naturalização" (Relator: rel. Min. Evandro Gueiros Leite, MS 97.596, 18-11-1982). Mais recentemente, decidiu o TRF da 3ª Região que não pode o Poder Judiciário rever a deliberação política do Poder Executivo: "Não cabe ao Poder Judiciário conceder naturalização, revisar juízo de conveniência e oportunidade quanto à naturalização [...] pois, em quaisquer das hipóteses, a decisão judicial invadiria a esfera de competência discricionária do Executivo de formular juízo político em matéria intrinsecamente vinculada ao exercício da soberania nacional" (Apelação cível número 0015131-09.2012.4.03.6100/SP, rel. Desembargador Carlos Muta, 17-7-2014).

26. Op. cit., p. 694.

16.5.2. Naturalização extraordinária ou quinzenária (art. 12, II, "b", CF)

Além da naturalização ordinária, prevista no art. 12, II, "a", a Constituição Federal admite a *naturalização extraordinária ou quinzenária*: são brasileiros naturalizados "os estrangeiros de qualquer nacionalidade residentes na República Federativa do Brasil há mais de quinze anos ininterruptos e sem condenação penal, desde que requeiram a nacionalidade brasileira" (art. 12, II, "b", CF).

A presente naturalização é aplicável aos estrangeiros de qualquer nacionalidade, desde que preenchidos apenas dois requisitos: a) residência no Brasil por quinze anos ininterruptos (daí o nome naturalização quinzenária); b) inexistência de condenação criminal.

Quanto ao primeiro requisito (residência no Brasil por quinze anos ininterruptos), é importante frisar que deve ser residência regular, não se aplicando aos imigrantes ilegais. Outrossim, a expressão "ininterruptos" não impede a ausência temporária. Ou seja, poderá o estrangeiro residente no Brasil viajar ao exterior, desde que mantenha no Brasil sua residência pelo período de quinze anos. Aliás, tal questão foi decidida pelo STF: "A ausência temporária não significa que a residência não foi contínua, pois há que distinguir entre residência contínua e permanência contínua" (AI 32074/DF, rel. Min. Hermes Lima). É o que dispõe o art. 238, § 2º, do Decreto n. 9.199/2017: "na contagem do prazo previsto no *caput*, as viagens esporádicas do naturalizando ao exterior não impedirão o deferimento da naturalização extraordinária".

Quanto ao segundo requisito (inexistência de condenação criminal), entendemos que deve ser feita uma interpretação sistemática da Constituição, que exige a condenação transitada em julgado, em razão do princípio da presunção de inocência (art. 5º, LVII, CF). Outrossim, como já foi objeto de jurisprudência anterior, se o condenado obteve a reabilitação, nos termos dos arts. 93 e seguintes do Código Penal, a condenação penal anterior não poderá servir de óbice à obtenção na nacionalidade brasileira.

Por fim, segundo entendimento doutrinário e jurisprudencial, ao contrário da naturalização ordinária, preenchidos os dois requisitos da *naturalização extraordinária ou quinzenária*, o estrangeiro terá direito subjetivo à naturalização. Tal entendimento decorre da leitura do art. 12, II, "b", da Constituição Federal, que dispõe: são brasileiros naturalizados "os estrangeiros de qualquer nacionalidade residentes na República Federativa do Brasil há mais de quinze anos ininterruptos e sem condenação penal, desde que requeiram a nacionalidade brasileira". A expressão "desde que requeiram" denota se tratar de um ato vinculado por parte do Estado brasileiro, e não de um ato discricionário (como ocorre na naturalização ordinária). Nesse sentido, decidiu o STF: "Verifica-se, nessa linha, que a naturalização, em sua forma ordinária, prevista no art. 12, II, *a*, da CF, caracteriza-se por ser ato discricionário da Administração relativamente àqueles que preencham os requisitos estabelecidos na Lei n. 6.815/1980. É verdade que a doutrina chama a hipótese do art. 12, II, *b*, do Texto Constitucional, de naturalização, extraordinária, hipótese em que o ato seria vinculado" (ROC em Mandado de Segurança 27.840, rel. Min. Marco Aurélio).

16.5.3. Naturalização especial

A naturalização especial é hipótese prevista exclusivamente na Lei da Migração (Lei n. 13.445/2017). Segundo o art. 68 da referida lei: "a naturalização especial poderá ser concedida ao estrangeiro que se encontre em uma das seguintes situações: I – seja cônjuge ou companheiro, há mais de 5 (cinco) anos, de integrante de Serviço Exterior Brasileiro em atividade ou de pessoa a serviço do Estado brasileiro no exterior; ou II – seja ou tenha sido empregado em missão diplomática ou em repartição consular do Brasil por mais de 10 (dez) anos ininterruptos".

Naturalização Especial (art. 68, LM)	Cônjuge ou companheiro, há mais de 5 anos, de integrante do Serviço Exterior Brasileiro ou de pessoa a serviço do Estado brasileiro no exterior.
	Empregado em missão diplomática ou repartição consular no Brasil por mais de 10 (dez) anos ininterruptos.

A expressão "Serviço Exterior Brasileiro" é regida pela Lei n. 11.440/2006, segundo a qual "o Serviço Exterior Brasileiro, essencial à execução da política exterior do Brasil, constitui-se do corpo de servidores, ocupantes de cargos de provimento efetivo, capacitados profissionalmente como agentes do Ministério das Relações Exteriores, no Brasil e no exterior, organizados em carreiras definidas e hierarquizadas" (art. 1º), sendo composto "da Carreira de Diplomata, da Carreira de Oficial de Chancelaria e da Carreira de Assistente de Chancelaria" (art. 2º)[27].

Dessa maneira, o cônjuge ou o companheiro (em união estável ou união homoafetiva) de funcionário brasileiro em atividade no "Serviço Exterior Brasileiro" ou a "serviço do Estado brasileiro no exterior" (administração direta ou indireta), há mais de cinco anos, poderá requerer a naturalização especial.

A segunda hipótese se refere ao estrangeiro que é funcionário em missão diplomática ou consular brasileira por 10 (dez) anos ininterruptos. Segundo o art. 240, § 2º, do Decreto n. 9.199/2017: "serão computados na contagem do prazo [...] os afastamentos do empregado por motivo de: I – férias; II – licença-maternidade ou licença-paternidade; III – saúde; IV – licença, nos termos da legislação trabalhista do país em que esteja instalada a missão diplomática ou repartição consular, cujo prazo de duração seja inferior a seis meses".

Em ambos os casos, a naturalização especial dependerá dos seguintes requisitos, nos termos do art. 69 da Lei da Migração: a) ter capacidade civil, segundo a lei brasileira; b) comunicar-se em língua portuguesa, consideradas as condições do naturalizando; c) não possuir condenação penal ou estiver reabilitado, nos termos da lei. Segundo o art. 242 do Decreto n. 9.199/2017: "o pedido de naturalização especial se efetivará por meio da: I – apresentação de documento de identidade civil válido do naturalizando; II – demonstração do naturalizando de que se comunica em língua portuguesa, consideradas as suas condições; III – apresentação de atestado de antecedentes criminais expedido pelo país de origem e, se residir em país diferente, também pelo país de residência".

---

27. "Aos servidores da Carreira de Diplomata incumbem atividades de natureza diplomática e consular, em seus aspectos específicos de representação, negociação, informação e proteção de interesses brasileiros no campo internacional" (art. 3º); "Aos servidores integrantes da Carreira de Oficial de Chancelaria, de nível superior, incumbem atividades de formulação, implementação e execução dos atos de análise técnica e gestão administrativa necessários ao desenvolvimento da política externa brasileira" (art. 4º); "Aos servidores integrantes da Carreira de Assistente de Chancelaria, de nível médio, incumbem tarefas de apoio técnico e administrativo" (art. 5º).

16.5.4. Naturalização provisória

Prevista na Lei da Migração, em substituição à anterior "radicação precoce" (prevista no Estatuto do Estrangeiro), a naturalização provisória é aquela "concedida ao migrante criança ou adolescente que tenha fixado residência em território nacional antes de completar 10 (dez) anos de idade e deverá ser requerida por intermédio de seu representante legal" (art. 70, *caput*, Lei n. 13.445/2017).

Após deliberação do ministro da Justiça (e publicação de seu ato no *Diário Oficial da União*), a criança ou adolescente terá a nacionalidade brasileira. Todavia, essa nacionalidade será "provisória", somente se tornando definitiva "se o naturalizando expressamente assim o requerer no prazo de 2 (dois) anos após atingir a maioridade" (art. 70, parágrafo único).

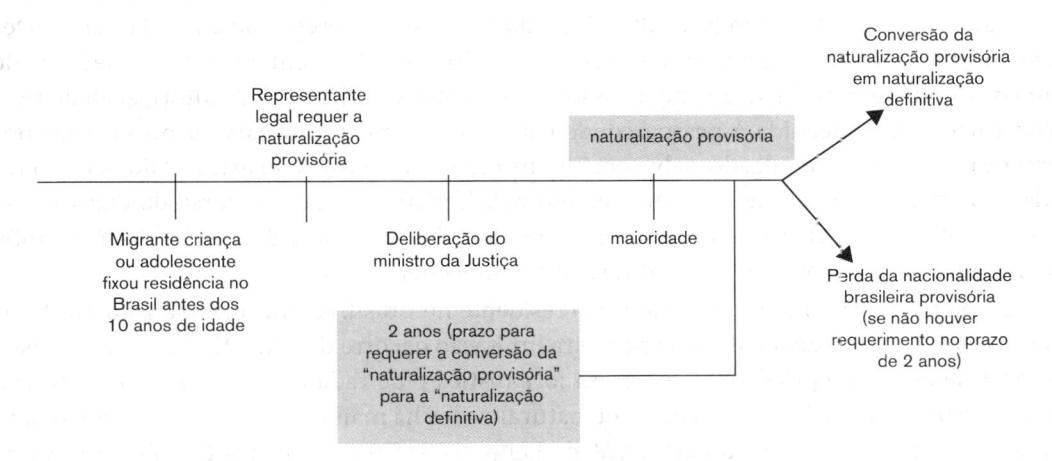

Segundo o art. 71 da Lei da Migração, caberá recurso administrativo contra a decisão que denegar a naturalização provisória. Aplica-se, ao caso, o art. 232 do Decreto n. 9.199/2017, segundo o qual "o prazo para apresentação de recurso na hipótese de indeferimento do pedido de naturalização será de dez dias, contado da data do recebimento da notificação". O recurso será julgado em 60 (sessenta) dias da data da interposição (§ 1º).

Segundo o art. 246 do Decreto n. 9.199/2017, o pedido de conversão da naturalização provisória em naturalização definitiva será apreciado pelo Ministério da Justiça. Não se trata de um direito subjetivo do estrangeiro (não basta o requerimento), mas de uma deliberação discricionária do Estado brasileiro. Tanto que o referido dispositivo afirma que "na avaliação do pedido de conversão [...] será exigida a apresentação de certidões de antecedentes criminais expedidas pelos Estados onde o naturalizando tenha residido antes de completar a maioridade civil e, se for o caso, de certidão de reabilitação".

16.6. QUASE NACIONALIDADE

Se a Constituição Federal de 1988 dá um tratamento diferenciado aos estrangeiros oriundos dos países de língua portuguesa (permitindo-lhes a naturalização com requisitos mais facilitados: residência no Brasil por um ano e idoneidade moral), há um estrangeiro que tem um tratamento ainda mais especial: o português residente no Brasil.

O português residente no Brasil terá três opções, nos termos da Constituição brasileira: a) poderá manter sua nacionalidade de origem, vivendo no Brasil como estrangeiro; b) poderá se naturalizar brasileiro; c) poderá requerer a equiparação.

3 opções do português residente no Brasil	Manter sua nacionalidade de origem, vivendo no Brasil como estrangeiro.
	Naturalizar-se brasileiro (deixará de ser português).
	Requerer a equiparação (terá todos os direitos de um brasileiro naturalizado e continua sendo português).

No primeiro caso (manutenção da nacionalidade estrangeira), deverá respeitar os preceitos legais da Lei da Migração (arts. 30 a 36) e do respectivo decreto que a regulamenta (Decreto n. 9.199/2017). Segundo o art. 127, *caput*, do referido regulamento: "os pedidos de autorização de residência serão endereçados ao Ministério da Justiça". A autorização de residência não será concedida à pessoa condenada criminalmente no país ou no exterior por sentença transitada em julgado, salvo em alguns casos, nos termos do art. 132 do decreto regulamentar[28]. Segundo o art. 134 do Decreto n. 9.199/2017: "caberá recurso da decisão que negar a autorização de residência, no prazo de dez dias, contados da ciência do imigrante, assegurados os princípios do contraditório e da ampla defesa [...]".

Caso opte por permanecer estrangeiro residente no Brasil, estará sujeito a algumas limitações legais e constitucionais. Uma primeira limitação decorre do art. 222, *caput*, da Constituição Federal ("a propriedade de empresa jornalística e de radiodifusão sonora e de sons e imagens é privativa de brasileiros natos ou naturalizados há mais de dez anos [...]"). Outrossim, sendo estrangeiro, por força do art. 2º, V, da Lei n. 6.634/79 (lei que dispõe sobre a faixa de fronteira), são vedadas "transações com imóvel rural, que impliquem a obtenção, por estrangeiro, do domínio, da posse ou de qualquer direito real sobre o imóvel". Zona de Fronteira, segundo o art. 20, § 2º, da Constituição Federal, é "a faixa de até cento e cinquenta quilômetros de largura, ao longo das fronteiras terrestres".

No segundo caso, o português residente no Brasil poderá se naturalizar brasileiro. Para tanto, deverá preencher os dois requisitos previstos no art. 12, II, "a", da Constituição Federal: residência no Brasil por um ano e idoneidade moral. Todavia, importante ressaltar que, ao se naturalizar brasileiro, perderá a nacionalidade originária (deixará de ser português). Trata-se

---

28. Art. 132. A autorização de residência não será concedida à pessoa condenada criminalmente no País ou no exterior por sentença transitada em julgado, desde que a conduta esteja tipificada na legislação penal brasileira, ressalvadas as hipóteses em que: I – a conduta caracterize infração de menor potencial ofensivo; II – o prazo de cinco anos, após a extinção da pena, tenha transcorrido; III – o crime a que o imigrante tenha sido condenado no exterior não seja passível de extradição ou a punibilidade segundo a lei brasileira esteja extinta; ou IV – o pedido de autorização de residência se fundamente em: a) tratamento de saúde; b) acolhida humanitária; c) reunião familiar; d) tratado em matéria de residência e livre circulação; ou e) cumprimento de pena no País". "Art. 133. A autorização de residência poderá ser negada à pessoa: I – anteriormente expulsa do País, enquanto os efeitos da expulsão vigorarem; II – nos termos definidos pelo Estatuto de Roma do Tribunal Penal Internacional, de 1988 [...], condenada ou respondendo a processo por: a) crime de genocídio; b) crime contra a humanidade; c) crime de guerra; ou d) crime de agressão; III – condenada ou respondendo a processo em outro país por crime doloso passível de extradição segundo a lei brasileira; IV – que tenha nome incluído em lista de restrições por ordem judicial ou por compromisso assumido pelo País perante organismo internacional; e V – que tenha praticado ato contrário aos princípios ou aos objetivos dispostos na Constituição".

de uma regra geral: em razão do princípio da *aligeância*[29], adquirida voluntariamente uma nova nacionalidade, perderá a pessoa a nacionalidade de origem (embora haja exceções que veremos adiante).

Por fim, a terceira hipótese, específica para o português residente no Brasil, é requerer a equiparação. Nesse caso, poderá requerer à autoridade competente a equiparação, adquirindo todos os direitos de um brasileiro naturalizado, mantendo sua nacionalidade portuguesa. Obtida essa equiparação, será chamado de "português equiparado". Trata-se de hipótese mais vantajosa, já que terá todos os direitos de um brasileiro naturalizado sem perder sua nacionalidade originária.

A "quase-nacionalidade" ou equiparação, permitida para os portugueses residentes no Brasil, só será admitida se houver reciprocidade em favor dos brasileiros residentes em Portugal. É o que exige o art. 12, § 1º, da Constituição Federal: "aos portugueses com residência permanente no País, se houver reciprocidade em favor de brasileiros, serão atribuídos os direitos inerentes ao brasileiro, salvo os casos previstos nesta Constituição".

A expressão "direitos inerentes ao brasileiro, salvo os casos previstos nesta Constituição", demonstra que o "português equiparado" terá os mesmos direitos de um brasileiro naturalizado (já que a Constituição estabelece direitos exclusivos do brasileiro nato, como adiante se verá). Outrossim, a permanência no país deve ser em caráter permanente.

Atualmente, existe reciprocidade por parte de Portugal aos brasileiros lá residentes? Sim, por força do Tratado de Amizade, Cooperação e Consulta entre Brasil e Portugal, de 22 de abril de 2000 (incorporado ao direito brasileiro pelo Decreto n. 3.927/2001).

Segundo o referido tratado: "o estatuto de igualdade será atribuído mediante decisão do Ministério da Justiça, no Brasil, e do Ministério da Administração Interna, em Portugal, aos brasileiros e portugueses que o requeiram, desde que civilmente capazes e com residência habitual no país em que ele é requerido" (art. 15).

Três regras previstas nesse tratado são de extrema importância:

a) <u>o português equiparado poderá exercer direitos políticos no Brasil desde que resida no Brasil por pelo menos três anos e assim o requeira.</u> Não obstante, exercer os direitos políticos no Brasil é causa impeditiva de exercer os direitos políticos em Portugal: "O gozo de direitos políticos no Estado de residência importa na suspensão do exercício dos mesmos direitos no Estado da nacionalidade" (art. 17, item 3).

b) a equiparação do português será comunicada diplomaticamente a Portugal: "Os Governos do Brasil e de Portugal comunicarão reciprocamente, por via diplomática, a aquisição e perda do estatuto de igualdade regulado no presente Tratado" (art. 21).

c) <u>o português equiparado somente poderá ser extraditado para Portugal</u> ("os brasileiros e portugueses beneficiários do estatuto de igualdade ficam submetidos à lei penal do Estado de

---

29. "A perda da nacionalidade tem suas origens históricas no chamado princípio da aligeância (*allégeance perpétuelle*, vassalagem ou sujeição perpétua), segundo o qual os indivíduos de determinado Estado ligam-se a ele por um laço de sujeição perpétua, devendo fidelidade e obediência ao suserano imediato e lealdade perpétua ao suserano superior, que concentrava o poder militar (aligeância absoluta). Esta obrigação os impedia de adquirir outra nacionalidade sem a autorização do soberano ou chefe de Estado, ou outras nacionalidades indicadas por ele. Sua infração era punida com a perda da nacionalidade, que somente poderia ser readquirida depois de desaparecidas as causas que determinaram a punição" (Valerio Mazzuoli, op. cit., p. 699).

residência nas mesmas condições em que os respectivos nacionais e não estão sujeitos à extradição, salvo se requerida pelo Governo do Estado da nacionalidade").

16.7. DIFERENÇAS ENTRE BRASILEIRO NATO E NATURALIZADO

Segundo a Constituição Federal, somente a Constituição pode estabelecer diferenças entre o brasileiro nato e naturalizado, não podendo a lei infraconstitucional fazê-lo: "a lei não poderá estabelecer distinção entre brasileiros natos e naturalizados, salvo nos casos previstos nesta Constituição" (art. 12, § 2º).

Quatro são as diferenças previstas na Constituição entre o brasileiro nato e o naturalizado: a) cargos privativos de brasileiros natos; b) funções privativas de brasileiros natos; c) diferenças quanto à extradição; d) propriedade de empresas jornalísticas.

a) Cargos privativos de brasileiros natos

A Constituição Federal prevê, no art. 12, § 3º, um rol taxativo de cargos que só podem ser ocupados por brasileiros natos: Presidente e Vice-Presidente da República, Presidente da Câmara dos Deputados, Presidente do Senado Federal, Ministro do Supremo Tribunal Federal, da carreira diplomática, de oficial das Forças Armadas, de Ministro de Estado da Defesa.

Primeiramente, o cargo mais importante do país (Chefe de Estado: Presidente da República) é cargo privativo de brasileiro nato. Além dele, todos os cargos que estão na linha sucessória presidencial são privativos de brasileiros natos. Assim, podemos dizer que "um brasileiro naturalizado jamais sentará na cadeira de Presidente", ainda que por um dia. Fazem parte da linha sucessória presidencial: Vice-Presidente, Presidente da Câmara dos Deputados, Presidente do Senado Federal e Min. Presidente do STF. Importante frisar que: a) brasileiro naturalizado pode ser deputado federal ou senador, não podendo ser eleito Presidente da Câmara dos Deputados ou Senado Federal; b) não apenas o presidente do STF deve ser brasileiro nato, mas todos os ministros do STF, por força do art. 12, § 3º, IV, CF.

PRESIDENTE
↓
VICE-PRESIDENTE
↓
PRES. DA CÂMARA DOS DEPUTADOS
↓
PRES. DO SENADO FEDERAL
↓
MINISTRO DO STF

Outrossim, os cargos de carreira diplomática também são privativos de brasileiros natos. São cargos da carreira diplomática: Segundo-secretário, Primeiro-Secretário, Conselheiro, Ministro de Segunda Classe e Ministro de Primeira Classe (embaixador). Todos os diplomatas devem ser aprovados em concurso de admissão, cuja participação é reservada a brasileiros natos.

Da mesma maneira, são privativos de brasileiros natos os cargos de oficiais das Forças Armadas. Importante: os militares são classificados, de acordo com seu respectivo estatuto, em oficiais (os que exercem função de comando e chefia) e os praças. Estes últimos podem ser brasileiros naturalizados, ao contrário dos primeiros (os oficiais). A definição dos oficiais está prevista no Estatuto dos Militares (Lei n. 6.880/80).

Por fim, também é cargo privativo de brasileiro nato o Ministro de Estado da Defesa. De todos os Ministérios que auxiliam o presidente da República, o único que exige a nacionalidade brasileira de seu ministro é o Ministério da Defesa. Ministro da Defesa é quem auxilia o presidente da República no comando das Forças Armadas, nos termos do art. 2º, II, da Lei Complementar n. 97/99 (que dispõe sobre as normas gerais para a organização, o preparo e o emprego das Forças Armadas): "O Presidente da República, na condição de Comandante Supremo das Forças Armadas, é assessorado: [...] II – no que concerne aos demais assuntos pertinentes à área militar, pelo Ministro de Estado da Defesa". Assim, todos os outros ministros (da Saúde, da Educação, da Economia, das Relações Exteriores etc.) podem ser brasileiros natos ou naturalizados.

Importante: o rol visto acima é taxativo. Todos os outros cargos públicos eletivos ou não podem ser ocupados por brasileiros natos ou naturalizados. Assim, o brasileiro naturalizado poderá ser: juiz, promotor de justiça, delegado, defensor público, prefeito, governador, deputado estadual, deputado federal (exceto presidente da Câmara dos Deputados), ministro do STJ etc.

CARGOS PRIVATIVOS DE BRASILEIROS NATOS
Cargos que estão na linha sucessória presidencial: Presidente, Vice-Presidente, Presidente da Câmara dos Deputados, Presidente do Senado, Ministro do Supremo Tribunal Federal
Cargos na carreira diplomática
Oficial das Forças Armadas
Ministro de Estado da Defesa

b) Funções privativas de brasileiros natos

Segundo o art. 89 da Constituição Federal, no Conselho da República haverá seis assentos reservados a brasileiros natos (art. 89, VII, CF). Conselho da República é órgão superior de consulta do presidente da República, que será ouvido antes de decisões importantes, como decretação de estado de sítio, estado de defesa e intervenção federal (art. 90, I, CF), bem como outras hipóteses em que o presidente entender oportuno consultá-lo (art. 90, II, CF).

Dentre as autoridades que compõem o Conselho da República, determina a Constituição Federal a presença de "seis cidadãos brasileiros natos, com mais de trinta e cinco anos de idade, sendo dois nomeados pelo Presidente da República, dois eleitos pelo Senado Federal e dois eleitos pela Câmara dos Deputados, todos com mandato de três anos, vedada a recondução" (art. 89, VII).

Por expressa previsão constitucional, esses seis assentos devem ser ocupados exclusivamente por brasileiros natos, não podendo ser nomeados ou eleitos brasileiros naturalizados. Outrossim, não podemos dizer que o Conselho da República é formado apenas por brasileiros natos. Isso porque alguns dos seus membros poderão ser brasileiros naturalizados (como o ministro da Justiça e os líderes da maioria e minoria da Câmara e do Senado).

c) Extradição passiva

Extradição é o envio de uma pessoa para outro país, para que lá seja processada ou cumpra pena. Como veremos no final deste capítulo, a extradição pode ser passiva (quando algum país pede a extradição para o Brasil) ou ativa (quando o Brasil pede a extradição para algum país). A diferença aqui tratada refere-se à extradição passiva (aquele em que algum país pede a extradição para o Brasil).

Segundo o art. 5º, LI, primeira parte, da Constituição Federal, o brasileiro nato nunca poderá ser extraditado do Brasil para outro país. Assim já decidiu o STF: "Pedido de extradição formulado pelo Governo do Uruguai contra brasileiro nato, nascido no estrangeiro, filho de pai brasileiro e devidamente registrado em repartição brasileira competente, nos termos do art. 12, I, "c", da Magna Carta. O ordenamento jurídico brasileiro veda expressamente a extradição de brasileiro nato, arts. 5º, LI, da Constituição da República, 77, I, da Lei n. 6.815/1980 e 11, item 1, Tratado de Extradição entre os Estados Partes do Mercosul" (Ext 1349/DF, rel. Min. Rosa Weber). Por exemplo, em 2002, os Estados Unidos pediram ao Brasil a extradição do narcotraficante Luis Fernando da Costa (conhecido como Fernandinho Beira-Mar) pelo envio de carregamentos de drogas da Colômbia para os Estados Unidos. Por mais grave que seja o crime, tratando-se de brasileiro nato, a extradição passiva é constitucionalmente vedada. Da mesma forma, embora condenado criminalmente, com sentença transitada em julgado em solo italiano, o ex-jogador Robinho não poderá ser extraditado para a Itália, embora haja seu pedido de extradição por parte daquele país.

Por sua vez, por expressa previsão no art. 5º, LI, *in fine*, da Constituição Federal, será possível a extradição passiva do brasileiro naturalizado, em dois casos: a) crime anterior à naturalização; b) tráfico de drogas. Na primeira hipótese, se a pessoa praticou crimes no exterior antes de se naturalizar brasileira, poderá ser extraditada por esses crimes. Assim, não poderá ser extraditado o brasileiro naturalizado por crimes cometidos depois de sua naturalização, como decidiu o STF: "inextraditabilidade de brasileiro naturalizado que haja cometido delito comum após a naturalização, exceto se se tratar de tráfico ilícito de entorpecentes e drogas afins" (CF, art. 5º, inciso LI) (Ext 1.223, rel. Min. Celso de Mello).

Já a segunda hipótese (tráfico de drogas), a extradição do brasileiro naturalizado será permitida, não importando se tráfico internacional ou doméstico, praticado antes ou depois da naturalização. Segundo o STF: "o brasileiro naturalizado, em tema de extradição passiva dispõe de proteção constitucional mais intensa que aquela outorgada aos súditos estrangeiros em geral, pois somente pode ser extraditado pelo Governo do Brasil em duas hipóteses excepcionais: a) crimes comuns cometidos antes da naturalização e b) tráfico ilícito de entorpecentes e drogas afins praticado em qualquer momento, antes ou depois de obtida a naturalização (CF, art. 5º, LI)" (Ext 1.074, rel. Min. Celso de Mello).

Indaga-se: o art. 5º, LI, da Constituição Federal proíbe a entrega do brasileiro nato ao Tribunal Penal Internacional? Entendemos que não proíbe, motivo pelo qual será possível a entrega de brasileiro nato ao Tribunal Penal Internacional. Trata-se de hipótese diversa da extradição. No caso da extradição, o Brasil envia a outro país determinada pessoa, abrindo mão de sua soberania. Por isso, é vedada a extradição passiva de brasileiros natos. Já no caso da entrega ao Tribunal Penal Internacional, não se trata de relativização da soberania, já que a própria Constituição brasileira, no seu art. 5º, § 4º, prevê que "O Brasil se submete à jurisdição de Tribunal Penal Internacional a cuja criação tenha manifestado adesão". O Brasil incorporou ao seu ordenamento jurídico, pelo Decreto n. 4388, de 25 de setembro de 2002, o "Estatuto de Roma", que em seu art. 89, § 1º, prevê a hipótese de detenção e entrega da pessoa para o Tribunal Penal Internacional. No nosso entender, essa entrega pode recair sobre estrangeiro, brasileiro naturalizado e brasileiro nato. Isso porque, enquanto na extradição o indivíduo será julgado pelo Tribunal de outro Estado, em processo que não teve a participação do Estado brasileiro, na entrega, a pessoa será julgada pelo Tribunal Penal Internacional, em processo que conta com a participação brasileira e sua respectiva adesão, nos termos do art. 5º, § 4º, CF.

c.1) O STF autorizou extradição de brasileiro nato em 2017?

Em 2017, o STJ julgou um caso curioso, no qual uma brasileira nata mudou-se para os Estados Unidos, casou-se com um norte-americano, obteve o visto de residência permanente (*green card*) e matou o esposo. Por ter se naturalizado norte-americana, em ato do ministro da Justiça (publicado no *Diário Oficial da União* no dia 4-7-2013), perdeu a nacionalidade brasileira. Impetrou Mandado de Segurança contra esse ato (MS 33.864/DF, 1ª Turma, 19-4-2016, rel. Min. Roberto Barroso), mas o STF manteve a perda da nacionalidade[30]. Por essa razão, a extraditanda perdeu a nacionalidade brasileira, pela aquisição voluntária de outra nacionalidade. Como não era mais brasileira (agora era norte-americana), poderia ser extraditada para os Estados Unidos. Foi o que decidiu o STF: "conforme decidido no MS 33.864, a Extraditanda não ostenta nacionalidade brasileira por ter adquirido nacionalidade secundária norte-americana, em situação que não se subsume às exceções previstas no § 4º, do art. 12, para a regra de perda da nacionalidade brasileira como decorrência da aquisição de nacionalidade estrangeira por naturalização. Encontram-se atendidos os requisitos formais e legais previstos na Lei n. 6.815/1980 e no Tratado de Extradição Brasil-Estados Unidos, presentes os pressupostos materiais: a dupla tipicidade e punibilidade de crime comum praticado por estrangeiro" (Extradição 1.462/DF, 28-3-2017, 1ª Turma, rel. Min. Roberto Barroso).

d) Propriedade de empresas jornalísticas (art. 222, CF)

Segundo o art. 222, 1ª parte, da Constituição Federal: "a propriedade de empresa jornalística e de radiodifusão sonora e de sons e imagens é privativa de brasileiros natos ou naturalizados há mais de dez anos [...]".

Trata-se de uma tentativa da Constituição Federal de manter os veículos de comunicação longe de interesses estrangeiros. Não obstante, essa regra foi paulatinamente perdendo seu vigor, na medida em que emendas constitucionais supervenientes permitiram a entrada de capital estrangeiro nessas empresas. Por força da Emenda Constitucional n. 36, de 2002: "em qualquer caso, pelo menos setenta por cento do capital total e do capital votante das empresas jornalísticas e de radiodifusão sonora e de sons e imagens deverá pertencer, direta ou indiretamente, a brasileiros natos ou naturalizados há mais de dez anos [...]" (art. 222, § 1º, CF).

Não obstante, ainda há a distinção prevista no *caput* do art. 222, no tocante às pessoas físicas: somente brasileiros natos poderão ser proprietários dessas empresas, bem como os brasileiros naturalizados há mais de dez anos.

---

30. "O Supremo Tribunal Federal é competente para o julgamento de mandado de segurança impetrado contra ato do Ministro da Justiça em matéria extradicional (HC 83.113/DF, rel. Min. Celso de Mello). A Constituição Federal, ao cuidar da perda da nacionalidade brasileira, estabelece duas hipóteses: (i) o cancelamento judicial da naturalização (art. 12, § 4º, I); e (ii) a aquisição de outra nacionalidade. Nesta última hipótese, a nacionalidade brasileira só não será perdida em duas situações que constituem exceção à regra: (i) reconhecimento de outra nacionalidade originária (art. 12, § 4º, II, *a*); e (ii) ter sido a outra nacionalidade imposta pelo Estado estrangeiro como condição de permanência em seu território ou para o exercício de direitos civis (art. 12, § 4º, II, *b*). No caso sob exame, a situação da impetrante não se subsume a qualquer das exceções constitucionalmente previstas para a aquisição de outra nacionalidade, sem perda da nacionalidade brasileira. Denegação da ordem com a revogação da liminar concedida".

16.8. PERDA DA NACIONALIDADE

Como vimos no início deste capítulo, segundo o art. 20, item 3, do Pacto de São José da Costa Rica, que ingressou no ordenamento jurídico brasileiro pelo Decreto n. 678, de 6 de novembro de 1992: "a ninguém se deve privar arbitrariamente de sua nacionalidade nem do direito de mudá-la". Portanto, somente em casos excepcionais alguém poderá ser privado de sua nacionalidade. A nova Lei da Migração introduziu um importante princípio que deve nortear as hipóteses de perda da nacionalidade: o juiz (no primeiro caso que estudaremos) ou o ministro da Justiça (no segundo caso que estudaremos) devem levar em consideração, antes de concluir pela perda da nacionalidade, o "risco de geração de situação de apatridia". Dessa maneira, somente em casos excepcionalíssimos poderá o juiz ou o ministro da Justiça decretar a perda da nacionalidade de alguém que, com essa decisão, tornar-se-á apátrida.

A Constituição Federal, no seu art. 12, § 4º, prevê duas hipóteses de perda da nacionalidade, que agora estudaremos:

a) Ação para cancelamento da naturalização

Segundo o art. 12, § 4º, I: "será declarada a perda da nacionalidade do brasileiro que tiver cancelada sua naturalização, por sentença judicial, em virtude de atividade nociva ao interesse nacional".

Primeiramente, essa hipótese de perda da nacionalidade recai apenas e tão somente aos brasileiros naturalizados (já que se trata do cancelamento da naturalização). Outrossim, trata-se de uma ação judicial que tramitará na Justiça Federal, por força do art. 109, X, da Constituição Federal.

Até 2017, o procedimento dessa ação para cancelamento da naturalização estava previsto na Lei n. 818/49 (que foi expressamente revogado pela Lei da Migração – Lei n. 13.445/2017). A Lei da Migração não estabelece o procedimento dessa ação, mas apenas reitera o que já está previsto na Constituição: "o naturalizado perderá a nacionalidade em razão de condenação transitada em julgado por atividade nociva ao interesse nacional, nos termos do inciso I do § 4º do art. 12 da Constituição Federal" (art. 75, *caput*). Dessa maneira, embora não esteja expresso na Constituição, a perda da nacionalidade brasileira, nesse caso, depende do trânsito em julgado da sentença, como, aliás, dispõe o art. 75 da Lei da Migração, bem como o art. 248, parágrafo único, do Decreto n. 9.199/2017: "a sentença judicial que cancelar a naturalização por atividade nociva ao interesse nacional produzirá efeitos após o trânsito em julgado".

Com a revogação da Lei n. 818/48, há na legislação brasileira uma lacuna acerca do procedimento da ação. Não obstante, entendemos que deve ser aplicado subsidiariamente o Código de Processo Civil, com a observância dos seguintes aspectos: a) a ação tramita na Justiça Federal (art. 109, X, CF); b) a ação é ajuizada pelo Ministério Público Federal; c) a ação será ajuizada quando houver a prática de atividade nociva ao interesse nacional (embora não haja previsão legal do que significa essa "atividade nociva", certamente será aplicada às hipóteses de condenação penal transitada em julgado); d) deverá ser respeitado o contraditório e a ampla defesa (art. 5º, LV, CF).

Por fim, cancelada a naturalização, não poderá o estrangeiro novamente se naturalizar brasileiro. Só haverá uma hipótese de reaquisição da nacionalidade brasileira: ajuizar uma ação rescisória contra a sentença transitada em julgado que decretou a perda da sua nacionalidade. Não obstante, como sabido e consabido por todos, a ação rescisória tem o prazo de dois anos. Depois desse prazo, não poderá a pessoa readquirir a nacionalidade brasileira.

16 • Direito de Nacionalidade

AÇÃO PARA CANCELAMENTO DA NATURALIZAÇÃO	
Só recai sobre	Brasileiros naturalizados
Competente	Justiça Federal
Legitimado	Ministério Público Federal
Cabimento	Atividade nociva ao interesse nacional
Momento da perda da nacionalidade	Sentença transitada em julgado
Reaquisição da nacionalidade	Através de ação rescisória (art. 966, CPC)

b) Aquisição voluntária de outra nacionalidade

Outra hipótese de perda da nacionalidade brasileira se dá nos termos do art. 12, § 4º, II, "b": quando o brasileiro adquirir voluntariamente outra nacionalidade.

Essa hipótese se aplica tanto aos brasileiros natos como os brasileiros naturalizados. Assim, se um brasileiro nato se naturaliza americano, português, argentino etc., perderá a nacionalidade brasileira, em regra. Trata-se de um resquício no direito brasileiro do "princípio da aligeância".

Quando ocorre o momento da perda da nacionalidade? A lógica diria que é o exato momento da naturalização. Todavia, não se aplica a lógica nesse caso. O momento exato da perda da nacionalidade brasileira será a publicação de ato do ministro de Estado da Justiça, após processo administrativo, assegurado o contraditório e a ampla defesa (art. 250, Decreto n. 9.199/2017). Essa regra se justifica pelo seguinte motivo: pode ser que o brasileiro tenha sido obrigado a se naturalizar, razão pela qual não seria justo aplicar-lhe uma "segunda penalidade", retirando-lhe a nacionalidade brasileira.

Até 2017, essa perda se dava por "decreto presidencial". A nova legislação (Lei de Migração e o respectivo decreto que a regulamenta) retira essa atribuição do presidente da República e a entrega ao ministro da Justiça. Segundo o art. 251, § 1º, do Decreto n. 9.199/2017, contra a decisão do ministro da Justiça caberá recurso administrativo, no prazo de dez dias, contado da data da publicação no sítio eletrônico do Ministério da Justiça.

Perdida a nacionalidade por ato do ministro da Justiça, poderá a pessoa readquiri-la? Sim, nos termos art. 76 da Lei da Migração: "o brasileiro que, em razão do previsto no inciso II do § 4º do art. 12 da Constituição Federal, houver perdido a nacionalidade, uma vez cessada a causa, poderá readquiri-la ou ter o ato que declarou a perda revogado, na forma definida pelo órgão do Poder Executivo".

O procedimento, como previsto expressamente na Lei da Migração, está no Decreto n. 9.199/2017. Nos termos do art. 254 do referido decreto, é possível readquirir a nacionalidade brasileira de três maneiras: a) readquirindo novamente a nacionalidade brasileira por requerimento; b) revogando o ato ministerial que decretou sua perda.

No primeiro caso (reaquisição da nacionalidade mediante requerimento), houve uma grande mudança legislativa em 2017. Até 2017 (quando estava em vigor a Lei n. 818/48, para readquirir a nacionalidade brasileira, bastava a pessoa residir no Brasil e fazer o requerimento. Atualmente, por força da Lei da Migração, o requerimento exige que seja "cessada a causa" da perda da nacionalidade (art. 76, LM). Como a causa da perda foi a aquisição da nacionalidade estrangeira, entendemos que, nesse caso, somente poderá voltar a ser brasileiro se for cancelada, por qualquer razão, sua nacionalidade estrangeira. Parece corroborar nosso entendimento o art. 254, § 2º, do Decreto n. 9.199/2017: "a reaquisição da nacionalidade brasileira ficará condicionada à: I – comprovação de que possuía a nacionalidade brasileira; e II – comprovação de que a causa que lhe deu razão à perda da nacionalidade cessou". Mais claro ainda é o art. 254, § 3º, do referido decreto: "a cessação da causa da perda da nacionalidade brasileira poderá ser demonstrada por meio de ato do interessado que represente pedido de renúncia da nacionalidade então adquirida".

Nessa hipótese, assim como o ato do Ministro da Justiça tirou a nacionalidade, outro ato do Ministro da Justiça a devolverá. Na 1ª edição deste livro, defendíamos o entendimento de que a pessoa voltará a ter a nacionalidade que tinha antes (se era brasileiro nato, o ato ministerial lhe daria a nacionalidade originária; se era brasileiro naturalizado, com o ato ministerial, voltaria a ser brasileiro naturalizado). Esse entendimento, que não tinha enquadramento legislativo (mas apenas doutrinário), agora está previsto no art. 254, § 7º, do Decreto n. 9.199/2017: "o deferimento do requerimento de reaquisição ou a revogação da perda importará no restabelecimento da nacionalidade originária brasileira". Uma ressalva deve ser feita a este dispositivo: se originalmente o brasileiro era naturalizado, voltará a ter essa nacionalidade (não poderia o ministro da Justiça transformar o brasileiro naturalizado em brasileiro nato).

No segundo caso (revogação do ato ministerial), nos termos do art. 254, § 4º, do Decreto n. 9.199/2017, poderá o ministro da Justiça revogar o ato que anteriormente determinou a perda, caso esteja presente uma das hipóteses de dupla nacionalidade (que veremos a seguir).

Embora não haja previsão na Lei da Migração, contra o ato do ministro da Justiça poderá eventualmente ser impetrado Mandado de Segurança. Nos termos do art. 105, I, "b", da Constituição Federal, competente para julgar mandado de segurança contra ato de ministro de Estado é o Superior Tribunal de Justiça. Esse é o nosso entendimento. Até 2017, a jurisprudência entendia ser da competência do STF (porque o ato que decretava a perda da nacionalidade era de competência do presidente da República).

AQUISIÇÃO VOLUNTÁRIA DE OUTRA NACIONALIDADE	
Recai sobre	Brasileiros natos e naturalizados
Quem decreta a perda	Ministro da Justiça
Momento da perda	Publicação do ato do ministro no *Diário Oficial da União*
Recurso contra o ato ministerial	Recurso administrativo, no prazo de 10 dias
Reaquisição da nacionalidade brasileira	Novo ato do ministro da Justiça (mediante requerimento, em caso de renúncia a outra nacionalidade) ou revogação do ato ministerial, nas hipóteses de dupla nacionalidade

Assim, em regra, adquirida voluntariamente a nacionalidade estrangeira, perderá o brasileiro nato ou naturalizado a nacionalidade brasileira. Não obstante, existem dois casos previstos na Constituição brasileira de "dupla ou múltipla nacionalidade", que veremos agora.

16.8.1. Dupla nacionalidade (art. 12, § 4º, CF)

A Constituição Federal, no seu art. 12, § 4º, II, "a" e "b", incluído pela Emenda Constitucional de Revisão n. 3, de 1994, previu duas hipóteses de dupla (ou múltipla) nacionalidade. É possível, assim, que o brasileiro adquira outra ou outras nacionalidades estrangeiras, mantendo a nacionalidade brasileira, nos casos seguintes:

a) Reconhecimento de outra nacionalidade originária

Como vimos, nacionalidade originária consiste na nacionalidade adquirida pelo nascimento. Dessa maneira, se a pessoa nasceu no Brasil e, por exemplo, é neta de italianos, poderá adquirir a nacionalidade italiana, sem perder a nacionalidade brasileira, nos termos do art. 12, § 4º, II, "a", CF: "reconhecimento de nacionalidade originária pela lei estrangeira". Ora, como a Itália (e a maioria dos países da Europa) adotam como regra de aquisição da nacionalidade o critério do *jus sanguinis*, poderá o brasileiro ter uma segunda nacionalidade. Outrossim, nada impede que tenha mais que duas nacionalidades. Por exemplo, se for neto de italianos e portugueses, poderá ser brasileiro, italiano e português.

b) Imposição de naturalização pela norma constitucional estrangeira

Outrossim, também poderá adquirir outra nacionalidade estrangeira sem perder a brasileira, quando houver "imposição de naturalização, pela norma estrangeira, ao brasileiro residente em estado estrangeiro, como condição de permanência em seu território ou para o exercício de direitos civis" (art. 12, § 4º, II, "b", CF).

Trata-se de hipótese de naturalização involuntária. O brasileiro não deseja se naturalizar estrangeiro, mas é forçado a se naturalizar, por força da norma estrangeira, seja para permanecer no país, seja para exercer algum direito.

Por exemplo, se a lei estrangeira (como a lei francesa) determina que o casamento com um nacional implicará a aquisição da nacionalidade secundária, não fará com que o brasileiro ou brasileira perca a nacionalidade brasileira por se casar com um francês. Outro exemplo, muito comum na prática, aplica-se aos jogadores de futebol que vão jogar no exterior. Praticamente em todos os campeonatos de todos os países há cotas para jogadores estrangeiros. Dessa maneira, naturalizando-se europeu, por exemplo, o jogador brasileiro poderá continuar jogando no clube, exercendo os benefícios contratuais reservados aos europeus. Nesses casos, adquirirá a nacionalidade estrangeira, sem perder a nacionalidade brasileira. Exemplo recente se deu com o jogador de futebol Marlos (ex-Coritiba e ex-São Paulo), que no ano de 2017 se naturalizou ucraniano e, por isso, poderá jogar pela seleção nacional de futebol da Ucrânia, inclusive. Agora, ele é ucraniano e brasileiro, já que a Constituição brasileira admite, nesse caso, a dupla nacionalidade.

Dupla (ou múltipla) nacionalidade	Aquisição de outra nacionalidade originária (art. 12, § 4º, II, "a", CF).
	Quando o Estado estrangeiro exige a naturalização do brasileiro como condição de permanência no país ou para exercício de algum direito (art. 12, § 4º, II, "b", CF).

16.9. REPATRIAÇÃO, DEPORTAÇÃO, EXPULSÃO E EXTRADIÇÃO (LEI N. 11.445/2017)

Quatro institutos importantes que devem ser estudados são aqueles que implicam a "retirada compulsória" de certas pessoas que ingressam em território brasileiro: são a repatriação, a deportação, a expulsão e a extradição, regulamentados pela Lei da Migração (Lei n. 13.445/2017).

Primeiramente, nos termos do art. 47 da Lei da Migração: "a repatriação, a deportação e a expulsão serão feitas para o país da nacionalidade ou de procedência do migrante ou do visitante, ou para outro que o aceite, em observância aos tratados dos quais o Brasil seja parte".

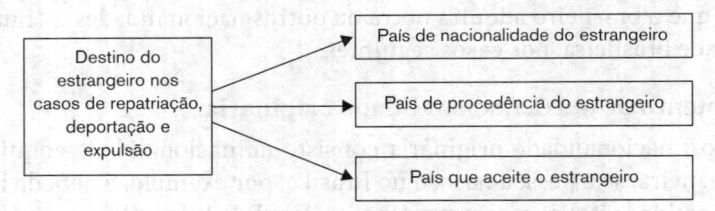

Destino do estrangeiro nos casos de repatriação, deportação e expulsão:
- País de nacionalidade do estrangeiro
- País de procedência do estrangeiro
- País que aceite o estrangeiro

Importante: por expressa previsão legal, não se procederá à repatriação, à deportação ou à expulsão coletivas (art. 61 da Lei da Migração). "Coletivas" são as medidas administrativas que não individualizam a situação migratória irregular de cada pessoa (art. 61, parágrafo único, da Lei da Migração). Dessa maneira, não será irregular a repatriação de um grupo de dez pessoas, desde que os aspectos irregulares de seu ingresso no Brasil sejam individualizados.

Da mesma forma, por expressa previsão no art. 62, da Lei da Migração: "não se procederá à repatriação, à deportação ou à expulsão de nenhum indivíduo quando subsistirem razões para acreditar que a medida poderá colocar em risco a vida ou a integridade pessoal".

É vedada repatriação, deportação ou expulsão:
- Coletiva (que não individualiza a situação migratória irregular de cada pessoa) (art. 61, LM).
- Quando subsistirem razões para acreditar que a medida poderá colocar em risco a vida ou a integridade pessoal (art. 62, LM).

Os institutos que serão estudados foram intensamente remodelados pela nova Lei da Migração (Lei n. 13.445/2017), que passa a considerar o migrante como sujeito de direitos, e não um invasor do Estado-nação. Nas palavras de Paula Zambeli: "contrariamente ao modo tradicional de abordar o fenômeno migratório próprio das teorias nacionalistas, culturalista, assimilacionista, os atuais estudos das ciências sociais acerca da migração internacional passaram a enfatizar e privilegiar uma nova forma de entendê-la como um processo global, que deve analisar simultaneamente sua origem, sua causa, os tipos de trânsito e práticas sociais realizadas no local de destino. Assim, passou-se a fixar o olhar nas relações, nos vínculos e nas práticas realizadas nos distintos momentos da migração, e não apenas nos cercados nas fronteiras do território onde se esteja residindo"[31].

16.9.1. Repatriação

A repatriação é uma medida administrativa de devolução de pessoa em situação de impedimento (art. 49, Lei da Migração). Em outras palavras, a repatriação ocorrerá quando o migrante é impedido de ingressar em território nacional pela fiscalização fronteiriça e aeroportuária brasileira.

Figura 16.7 – Repatriação (créditos ao final do livro).

---

31. A construção do marco legal para a (i)migração no Brasil: uma análise da transição paradigmática a partir da existência do município de São Paulo (2013-2016), p. 212.

As hipóteses de impedimento de ingresso no território brasileiro estão previstas no art. 45 da Lei da Migração: I – pessoa anteriormente expulsa do país, enquanto os efeitos da expulsão vigorarem; II – condenada ou respondendo a processo por ato de terrorismo ou por crime de genocídio, crime contra a humanidade, crime de guerra ou crime de agressão; III – condenada ou respondendo a processo em outro país por crime doloso passível de extradição segundo a lei brasileira; IV – que tenha o nome incluído em lista de restrições por ordem judicial ou por compromisso assumido pelo Brasil perante organismo internacional; V – que apresente documento de viagem que: a) não seja válido para o Brasil; b) esteja com o prazo de validade vencido; ou c) esteja com rasura ou indício de falsificação; VI – que não apresente documento de viagem ou documento de identidade, quando admitido; VII – cuja razão da viagem não seja condizente com o visto ou com o motivo alegado para a isenção de visto; VIII – que tenha, comprovadamente, fraudado documentação ou prestado informação falsa por ocasião da solicitação de visto; ou IX – que tenha praticado ato contrário aos princípios e objetivos dispostos na Constituição Federal".

Decidida a repatriação pela autoridade responsável pela fiscalização fronteiriça ou aeroportuária, "será feita imediata comunicação do ato fundamentado [...] à empresa transportadora e à autoridade consular do país de procedência ou de nacionalidade do migrante ou do visitante, ou a quem o representa" (art. 49, § 1º, LM).

Não será admitida a repatriação nas seguintes hipóteses: a) pessoa em situação de refúgio; b) apátrida, de fato ou de direito; c) ao menor de 18 anos desacompanhado ou separado de sua família (exceto nos casos em que se demonstrar favorável para a garantia de seus direitos ou para a reintegração a sua família de origem); d) a quem necessite de acolhimento humanitário; e) devolução para o país ou região que possa apresentar risco à vida, à integridade pessoal ou à liberdade da pessoa.

É vedada a repatriação (art. 49, § 4º, LM)	a) Pessoa em situação de refúgio.
	b) Apátrida.
	c) Menor de 18 anos desacompanhado (salvo se for benéfico).
	d) Quem necessite de tratamento humanitário.
	e) Devolução causa risco à vida, à liberdade ou integridade.

A repatriação deve ser comunicada à Defensoria Pública da União (DPU) quando a realização imediata da medida não for possível (não há, por exemplo, um voo para o país de origem do estrangeiro) ou em qualquer hipótese do art. 49, § 4º, da Lei da Migração (por exemplo, quando se decide repatriar a criança desacompanhada, encaminhando-a para o país onde está sua família). Não obstante, segundo o art. 185, § 4º, do Decreto n. 9.199/2017: "a ausência de manifestação da Defensoria Pública da União, desde que prévia e devidamente notificada, não impedirá a efetivação da medida de repatriação".

Comunica-se a DPU (art. 49, § 2º, LM)	Casos do art. 49, § 4º, LM.
	Quando não for possível a repatriação imediata.

Não existe previsão legal para a "prisão do estrangeiro em vias de ser repatriado". Dessa maneira, caso seja decidida a repatriação e ela não puder ser feita imediatamente, além de ser comunicada a Defensoria Pública da União, deve-se adotar o procedimento previsto no art. 185, § 2º, do Decreto n. 9.199/2017: "[...] o transportador ou seu agente deverá assinar termo de compromisso que assegure o custeio das despesas com a permanência e com as providências para a repatriação do imigrante, do qual constarão o seu prazo de estada, as condições e o local em que o imigrante" (sic) estará. Não obstante, segundo o art. 210 do Decreto n. 9.199/2017, se a Polícia Federal entender necessário, poderá o estrangeiro permanecer no Brasil, terá sua "liberdade vigiada"[32].

Importante: como mencionado acima, não poderá ser repatriado o estrangeiro em situação de refúgio[33], ainda que tenha ingressado no Brasil de forma irregular (art. 8º, Lei n. 9.474/97). Segundo o art. 7º da mencionada lei (Lei dos Refugiados), "o estrangeiro que chegar ao território nacional poderá expressar sua vontade de solicitar reconhecimento como refugiado a qualquer autoridade migratória que se encontre na fronteira", que "deverá ouvir o interessado e preparar termo de declaração, que deverá conter as informações relativas à entrada no Brasil e às razões que o fizeram deixar o país de origem" (art. 9º).

16.9.1.1 *Repatriação sumária*

Por meio da Portaria n. 666, de 25 de julho de 2019, do Ministério da Justiça e Segurança Pública, da lavra do Ministro Sérgio Moro, foram criadas hipóteses de "repatriação sumária".

Essa repatriação é aplicada aos "suspeitos de envolvimento" em crimes graves, elencados na portaria: a) terrorismo; b) grupo organizado ou associação criminosa armada; c) tráfico de drogas, pessoas ou armas de fogo; d) pornografia ou exploração sexual infantojuvenil; e) torcida com histórico de violência em estádios. Nos termos do § 1º do art. 1º dessa norma, poderão ser utilizadas para consideração dessas circunstâncias a "investigação criminal em curso" (inciso IV) ou "informação de inteligência proveniente de autoridade brasileira ou estrangeira" (inciso III).

Dessa maneira, se uma pessoa for suspeita de praticar um dos crimes previstos nessa portaria, poderá ser repatriada sumariamente. Com a devida vênia, entendemos que tal dispositivo extrapola os limites regulamentares e fere a Constituição Federal, numa clara violação do princípio da presunção de inocência. Por essa razão, no final de 2019, essa portaria foi substituída por outra, mais branda: a Portaria n. 770/2019. Veja nossos comentários no material online deste livro (*QR code* na primeira página).

---

32. "A pessoa em situação de impedimento de ingresso, identificada no momento da entrada no território nacional, que não possa ser repatriada de imediato, será mantida em liberdade vigiada até a sua devolução ao país de procedência ou de nacionalidade, quando essa necessidade for identificada pela Polícia Federal."
33. Segundo o art. 1º, da Lei n. 9.474/97 (Lei dos Refugiados): "será considerado como refugiado todo indivíduo que: I – devido a fundados temores de perseguição por motivos de raça, religião, nacionalidade, grupo social ou opiniões políticas encontre-se fora de seu país de nacionalidade e não possa ou não queira acolher-se à proteção de tal país; II – não tendo nacionalidade e estando fora do país onde antes teve sua residência habitual, não possa ou não queira regressar a ele, em função das circunstâncias descritas no inciso anterior; III – devido a grave e generalizada violação de direitos humanos, é obrigado a deixar seu país de nacionalidade para buscar refúgio em outro país".

16.9.2. Deportação

Deportação é medida que decorre de procedimento administrativo e que consiste na retirada compulsória de pessoa que se encontre em situação migratória irregular em território nacional. Ao contrário da repatriação, que acontece na fronteira ou no aeroporto, a deportação recai sobre o estrangeiro que já ingressou no território brasileiro. A situação migratória irregular pode se dar por várias razões. Por exemplo, o estrangeiro ingressou no Brasil com visto temporário (art. 14, LM), mas fica no país além do prazo determinado[34], o estrangeiro que passa a residir no Brasil sem a devida "autorização de residência" (cujo procedimento está no art. 123 e seguintes do Decreto n. 9.199/2017). A deportação é um ato unilateral por parte do Estado brasileiro (não dependendo de requerimento do Estado estrangeiro), somente recaindo sobre estrangeiros (nunca brasileiros natos ou naturalizados poderão ser deportados!). Trata-se de um procedimento instaurado e instruído pela Polícia Federal (art. 188, Decreto n. 9.199/2017).

Figura 16.8 – Deportação (créditos ao final do livro).

O estrangeiro será deportado para o país de sua nacionalidade, para o país de sua procedência anterior ou para qualquer outro país que consinta em recebê-lo (art. 47 da Lei da Migração). Importante: até 2017, segundo o art. 61 do Estatuto do Estrangeiro, o estrangeiro em vias de ser deportado poderia ser preso pelo prazo de sessenta dias. Com o advento da nova Lei da Migração (Lei n. 13.445/2017), houve uma mudança profunda no procedimento de deportação.

Segundo o art. 50, § 1º, da Lei da Migração, a deportação será precedida de notificação pessoal ao deportando, da qual constarão expressamente as irregularidades verificadas e o prazo para a regularização não inferior a 60 (sessenta) dias, podendo ser prorrogado por igual período (por despacho fundamentado e mediante compromisso de a pessoa manter atualizadas suas informações domiciliares.

Outrossim, por força do § 2º do mesmo artigo, a sobredita notificação "não impede a livre circulação em território nacional", motivo pelo qual não mais existe a prisão do estrangeiro em vias de ser deportado. Não obstante, o art. 211 do Decreto n. 9.199/2017 prevê a prisão do estrangeiro, em vias de ser deportado ou expulso. Segundo o referido artigo, deveria o delegado da Polícia Federal representar ao juízo federal pela prisão ou outra medida cautelar. Entendemos que esse dispositivo é ilegal (contraria a Lei da Migração). Claramente, a Lei da Migração teve o escopo de revogar as anteriores prisões do estrangeiro em vias de ser deportado ou expulso. Não poderiam essas prisões serem recriadas por meio de Decreto infralegal[35].

---

34. Segundo o art. 16 do Decreto n. 9.199/2017: "o visto temporário poderá ser concedido com prazo de validade de até um ano".
35. "Art. 211. O delegado da Polícia Federal poderá representar perante o juízo federal pela prisão ou outra medida cautelar, observado o disposto no Título IX do Decreto-Lei n. 3.689, de 3 de outubro de 1941 – Código de Processo Penal. § 1º A medida cautelar aplicada vinculada à mobilidade do imigrante ou do visitante deverá ser comunicada ao juízo federal e à repartição consular do país de nacionalidade do preso e registrada em sistema próprio da Polícia Federal. § 2º Na hipótese de o imigrante sobre quem recai a medida estar preso por outro motivo, o fato deverá ser

Segundo o art. 51 da Lei da Migração, no procedimento de deportação deverá ser notificada a Defensoria Pública[36], e contra a decisão de deportação caberá recurso administrativo com efeito suspensivo, com prazo de dez dias a contar da data da notificação do deportando (art. 189, Decreto n. 9.199/2017). Além do recurso administrativo, por força do princípio da inafastabilidade do controle jurisdicional, também é possível questionar judicialmente a decisão de deportação, por exemplo, pela via constitucional do *habeas corpus*. Por exemplo, em 2016 (antes da entrada em vigor da Lei da Migração), o TRF da 1ª Região, por meio de *habeas corpus*, impediu a deportação de 450 venezuelanos que entraram no país de forma ilegal. Tal medida era admitida pela lei infraconstitucional à época em vigor (Estatuto do Estrangeiro). Vários dispositivos da nova Lei da Migração impedem esse tipo de deportação (deportação em massa, pessoas em situação de refúgio etc.).

Assim como já previa o revogado Estatuto do Estrangeiro: "não se procederá à deportação se a medida configurar extradição não admitida pela legislação brasileira" (art. 53 da Lei da Migração). Por exemplo, não poderá ser deportado o estrangeiro que em seu país praticou crime político ou de opinião (já que, nesses casos, a extradição é vedada). Aliás, o art. 62 da Lei da Migração veda a deportação quando implicar "risco à vida ou à integridade pessoal" do deportando.

Por fim, o revogado Estatuto do Estrangeiro, no seu art. 64, previa que o reingresso do estrangeiro deportado somente seria possível se ressarcisse o Tesouro Nacional com as despesas da deportação. Na nova legislação não há qualquer vedação da mesma ordem. Na nova legislação: "o custeio das despesas com a retirada compulsória correrá com recursos da União somente depois de esgotados todos os esforços para a sua efetivação com recursos da pessoa sobre quem recair a medida, do transportador ou de terceiros", não existindo vedação de seu reingresso.

Em resumo, esse é o processo administrativo da deportação:

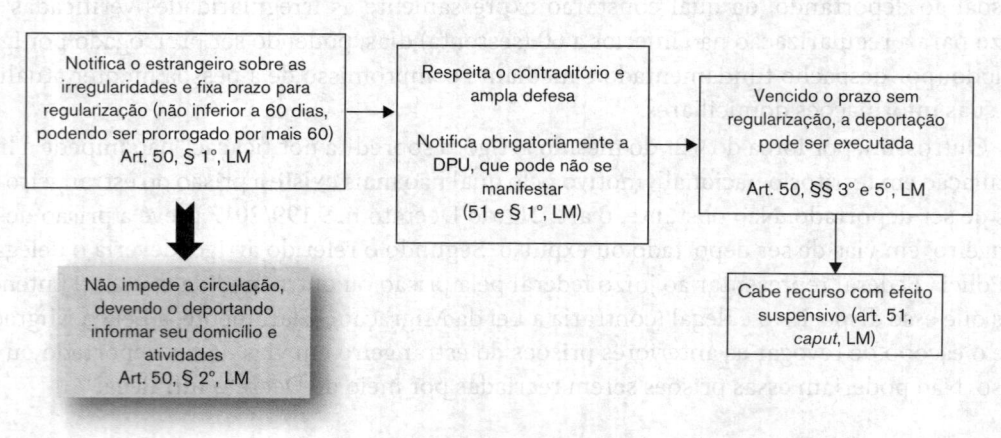

```
┌─────────────────────────┐      ┌─────────────────────────┐      ┌─────────────────────────┐
│ Notifica o estrangeiro  │      │ Respeita o contraditório│      │                         │
│ sobre as irregularidades│      │ e ampla defesa          │      │ Vencido o prazo sem     │
│ e fixa prazo para       │─────▶│                         │─────▶│ regularização, a        │
│ regularização (não      │      │ Notifica obrigatoria-   │      │ deportação pode ser     │
│ inferior a 60 dias,     │      │ mente a DPU, que pode   │      │ executada               │
│ podendo ser prorrogado  │      │ não se manifestar       │      │                         │
│ por mais 60)            │      │ (51 e § 1°, LM)         │      │ Art. 50, §§ 3° e 5°, LM │
│ Art. 50, § 1°, LM       │      │                         │      │                         │
└─────────────────────────┘      └─────────────────────────┘      └─────────────────────────┘
             │                                                                │
             ▼                                                                ▼
┌─────────────────────────┐                                      ┌─────────────────────────┐
│ Não impede a circulação,│                                      │ Cabe recurso com efeito │
│ devendo o deportando    │                                      │ suspensivo (art. 51,    │
│ informar seu domicílio  │                                      │ caput, LM)              │
│ e atividades            │                                      │                         │
│ Art. 50, § 2°, LM       │                                      │                         │
└─────────────────────────┘                                      └─────────────────────────┘
```

---

comunicado ao juízo de execuções penais competente, para determinar a apresentação do deportando ou do expulsando à Polícia Federal. § 3° O deportando ou o expulsando preso será informado de seus direitos, observado o disposto no inciso LXIII do *caput* do art. 5° da Constituição e, caso ele não informe o nome de seu defensor, a Defensoria Pública da União será notificada."

36. É obrigatória apenas a sua notificação, já que a ausência de manifestação não impede a deportação (art. 51, § 2°, Lei da Migração).

16.9.2.1. Deportação sumária

A mesma portaria que criou a "repatriação sumária" (Portaria n. 666, de 25-7-2019) também criou a "deportação sumária", aplicada às pessoas suspeitas da prática de crimes graves (elencados no art. 1º da referida norma regulamentar). Como dissemos acima, ao tratarmos da *repatriação sumária*, a portaria em exame é de legalidade e constitucionalidade duvidosas, na medida em que permite a deportação de pessoas "suspeitas", bastando para tanto a existência de inquérito policial acerca do fato, ou de "informação de inteligência proveniente de autoridade brasileira", o que pode violar frontalmente o princípio da presunção de inocência. Ora, basta uma "informação" de uma autoridade brasileira para justificar um processo de deportação sumária, cuja possibilidade de defesa é remota e cujo procedimento, como adiante se verá, parece não respeitar os princípios constitucionais, como o contraditório.

O procedimento de *deportação sumária* está previsto no art. 3º da sobredita portaria: "A pessoa sobre quem recai a medida de deportação de que trata esta Portaria será pessoalmente notificada para que apresente defesa ou deixe o País voluntariamente, no prazo de até quarenta e oito horas, contado da notificação" (art. 3º, *caput*). Na ausência de defensor constituído, deverá ser intimada a Defensoria Pública (art. 3º, § 1º), e, terminado o prazo para a apresentação da defesa, "a ausência de manifestação do deportando ou de seu defensor não impedirá a efetivação da medida de deportação" (art. 3º, § 1º).

O art. 5º da mesma portaria traz, por via infralegal, o que a lei havia revogado: a possibilidade de prisão do estrangeiro em vias de ser deportado: "a autoridade policial federal poderá representar perante o juízo federal pela prisão ou por outra medida cautelar, em qualquer fase do processo de deportação disciplinado nesta Portaria..." (art. 5º, *caput*).

A sobredita portaria tem como fundamento o art. 207 do decreto que regulamenta a Lei da Migração (Decreto n. 9.199/2017): "ato do Ministro de Estado da Justiça e Segurança Pública disporá sobre o regramento específico para efetivação em caráter excepcional da repatriação e da deportação de pessoa que tenha praticado ato contrário aos princípios e aos objetivos dispostos na Constituição, nos termos estabelecidos no art. 45, *caput*, inciso IX, da Lei n. 13.445, de 2017". O art. 45 da Lei da Migração, ao qual o decreto faz menção, prevê quais são as hipóteses em que seria possível essa medida extrema. Dentre elas, temos o processo ou a condenação por terrorismo (art. 45, II) e a condenação por crime doloso passível de extradição (art. 45, III). Como se vê, enquanto a Lei da Migração exige ao menos o processo penal, a portaria regulamentar vai além e admite a mera investigação criminal, apta a justificar a repatriação ou deportação sumária. A portaria ora comentada é fundamentada no último inciso do art. 45 da Lei da Migração, aplicando-se ao estrangeiro que tenha "praticado ato contrário aos princípios e objetivos dispostos na Constituição Federal". Não é de admirar que a portaria, no nosso entender abusiva, tenha se baseado no inciso mais genérico e abstrato do art. 45. Em tempos de legalidade e Estado de Direito, o arbítrio, o abuso, encontra-se nas consequências dos dispositivos legais genéricos e incertos.

Em resumo, entendemos que a Portaria n. 666, de 2019, extrapolou os seus limites regulamentares e violou a Constituição Federal quando criou nova modalidade de prisão durante o processo de deportação, bem como utilizou como base autorizativa da medida a mera suspeita, fundamentada em informes policiais ou investigações criminais. Há, no nosso entender, tanto ilegalidade quanto inconstitucionalidade, por clara violação do princípio da presunção de inocência. Por essa razão, no final de 2019, essa portaria foi substituída por outra, mais branda: a Portaria n. 770/2019.

16.9.3. Expulsão

Expulsão é medida bem mais grave que a deportação. Trata-se da retirada do estrangeiro do território brasileiro, com o respectivo impedimento de reingresso por prazo determinado, se aqui praticou ato atentatório ao interesse nacional, previsto em lei. Nos termos do art. 54, *caput*, da Lei da Migração: "a expulsão consiste em medida administrativa de retirada compulsória de migrante ou visitante do território nacional, conjugada com o impedimento de reingresso por prazo determinado". Uma relevantíssima mudança ocorreu em 2017 no tocante à expulsão. Até 2017, poderia ser decretada a expulsão em caso de qualquer "ato atentatório ao interesse nacional". A partir de 2017, com o advento da Lei da Migração, só é possível decretar a expulsão nas hipóteses taxativas previstas na legislação. Até 2017, cabia discricionariamente ao presidente da República decidir sobre a expulsão. Assim, o presidente deveria apreciar o ato praticado pelo estrangeiro, considerando-o ou não atentatório ao interesse nacional. Por exemplo, em 2004 houve um caso de repercussão internacional em que o presidente brasileiro decretou a expulsão de um jornalista norte-americano residente no Brasil (Larry Rother Júnior, repórter do *The New York Times*), depois de uma reportagem que o presidente considerou ofensiva à sua honra[37]. Dessa maneira, a expulsão deixou de ser um ato amplamente discricionário e passou a ser um ato legalmente vinculado: só é possível a expulsão do estrangeiro nas hipóteses previstas em lei. Tais hipóteses estão no art. 54, § 1º, da Lei da Migração: "Poderá dar causa à expulsão a condenação com sentença transitada em julgado relativa à prática de: I – crime de genocídio, crime contra a humanidade, crime de guerra ou crime de agressão, nos termos definidos pelo Estatuto de Roma do Tribunal Penal Internacional, de 1998, promulgado pelo Decreto n. 4.388, de 25 de setembro de 2002; ou II – crime comum doloso passível de pena privativa de liberdade, considerada a gravidade e as possibilidades de ressocialização em território nacional". Outrossim, outra importante mudança ocorrida em 2017 é que, a partir de agora, a expulsão tem prazo determinado de proibição do reingresso. Segundo o art. 54, § 4º, da Lei da Migração, o prazo deve ser proporcional ao total da pena aplicada, nunca podendo ser superior ao dobro do seu tempo.

Figura 16.9 – Expulsão (créditos ao final do livro).

EXPULSÃO	
Até 2017 (Estatuto do Estrangeiro)	A partir de 2017 (Lei da Migração)
Ato atentatório ao interesse nacional	2 casos previstos em lei: a) crime de genocídio, contra a humanidade, crime de guerra ou crime de agressão; b) crime comum doloso passível de pena privativa de liberdade

---

37. Segundo noticiado pelos jornais à época, convencido pelo então ministro da Justiça, Márcio Thomaz Bastos, o ex-presidente Luiz Inácio Lula da Silva revogou seu próprio decreto de expulsão.

Ato discricionário do presidente	Ato vinculado do ministro da Justiça (a discricionariedade é limitada, na medida em que considerará se o crime doloso pelo qual o estrangeiro foi condenado é grave e se é impossível a ressocialização em território nacional
Prazo indeterminado	Prazo determinado ("o prazo de vigência da medida de impedimento vinculada aos efeitos da expulsão será proporcional ao prazo total da pena aplicada e nunca será superior ao dobro de seu tempo". Art. 54, § 4°, Lei da Migração)

O procedimento da expulsão é regulamentado pelo Decreto n. 9.199/2017. A expulsão será precedida de um Inquérito Policial de Expulsão (art. 192). Esse Inquérito Policial de Expulsão poderá ser instaurado pela Polícia Federal de ofício ou por determinação do Ministro da Justiça, de requisição ou de requerimento, cabendo a decisão da expulsão ao Ministro de Estado da Justiça (art. 195, § 1º, do Decreto).

Os procedimentos concernentes à expulsão observarão os princípios do contraditório e da ampla defesa (art. 57 da Lei da Migração e art. 195, § 3º, do Decreto n. 9.199/2017). Nos termos do art. 201 do referido decreto: "o direito à palavra deverá ser dado ao expulsando e ao seu defensor na oitiva de testemunhas e no interrogatório, anteriormente ao encerramento do Inquérito Policial de Expulsão". Outrossim: "a Defensoria Pública da União será notificada da instauração do processo de expulsão, se não houver defensor constituído" (art. 58, § 1º, Lei da Migração). Trata-se de uma exceção legal de tratamento dado ao inquérito policial. Esse, em regra, é inquisitivo, mas, por expressa previsão legal, o inquérito policial de expulsão deve obedecer aos princípios do contraditório e ampla defesa.

Publicado o ato do ministro da Justiça sobre a expulsão e o prazo de impedimento de reingresso, caberá pedido de reconsideração no prazo de dez dias (art. 59, Lei da Migração, e art. 203, do Decreto n. 9.199/2017). Indeferido o eventual pedido de consideração ou transcorrido seu prazo, "a Polícia Federal ficará autorizada a efetivar o ato expulsório" (art. 204, § 3º, do Decreto).

A retirada voluntária do estrangeiro em vias de ser expulso não obsta o processo de expulsão (art. 205, § 1º, Decreto n. 9.199/2017), que poderá concluir pelo prazo de impedimento de regressar ao Brasil por um prazo determinado.

16.9.3.1. Vedações à expulsão

O antigo e revogado Estatuto do Estrangeiro já trazia algumas hipóteses de proteção ao estrangeiro e vedações à sua expulsão. Essas hipóteses foram ampliadas pela Lei da Migração (art. 55). Segundo o referido dispositivo legal, não se procederá à expulsão quando: I – a medida configurar extradição inadmitida pela legislação brasileira; II – o expulsando: a) tiver filho brasileiro que esteja sob sua guarda ou dependência econômica ou socioafetiva ou tiver pessoa brasileira sob sua tutela; b) tiver cônjuge ou companheiro residente no Brasil, sem discriminação alguma, reconhecido judicial ou legalmente; c) tiver ingressado no Brasil até os 12 (doze) anos de idade, residindo desde então no País; d) for pessoa com mais de 70 (setenta) anos que resida no país há mais de 10 (dez) anos, considerados a gravidade e o fundamento da expulsão".

EXPULSÃO VEDADA

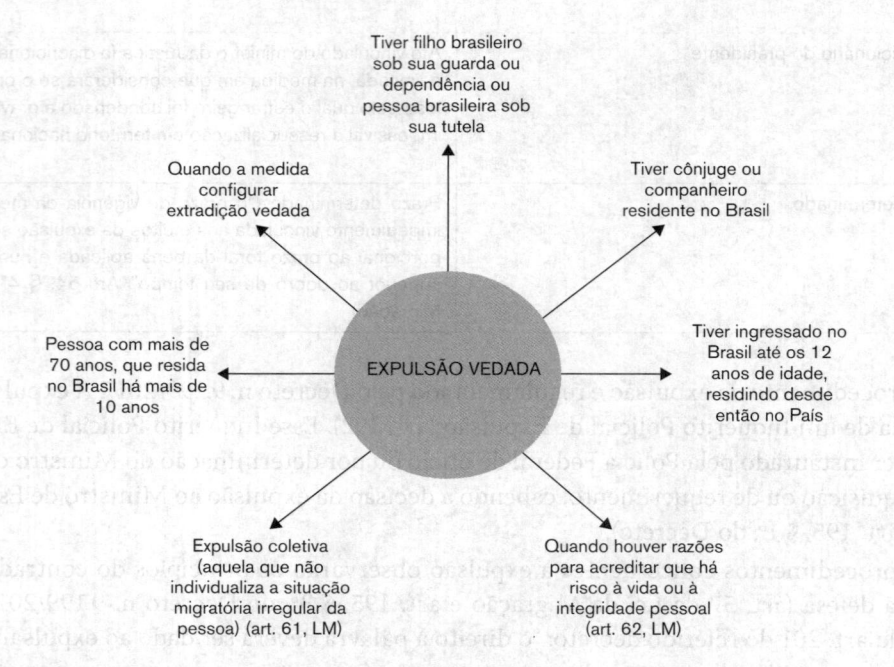

- Tiver filho brasileiro sob sua guarda ou dependência ou pessoa brasileira sob sua tutela
- Quando a medida configurar extradição vedada
- Tiver cônjuge ou companheiro residente no Brasil
- Pessoa com mais de 70 anos, que resida no Brasil há mais de 10 anos
- Tiver ingressado no Brasil até os 12 anos de idade, residindo desde então no País
- Expulsão coletiva (aquela que não individualiza a situação migratória irregular da pessoa) (art. 61, LM)
- Quando houver razões para acreditar que há risco à vida ou à integridade pessoal (art. 62, LM)

Importante: ter filho brasileiro ou cônjuge brasileiro pode impedir a expulsão, mas não a extradição, como já decidiu o STF: "A existência de relações familiares, a comprovação de vínculo conjugal ou a convivência 'more uxorio' do extraditando com pessoa de nacionalidade brasileira constituem fatos destituídos de relevância jurídica para efeitos extradicionais, não impedindo, em consequência, a efetivação da extradição do súdito estrangeiro. Não impede a extradição o fato de o súdito estrangeiro ser casado ou viver em união estável com pessoa de nacionalidade brasileira, ainda que com esta possua filho brasileiro" (Ext 1073, rel. Min. Celso de Mello). Aliás, é o que consta da Súmula 421 do STF: "não impede a extradição a circunstância de ser o extraditando casado com brasileira ou ter filho brasileiro".

Por fim, é oportuno lembrar que se o estrangeiro regressar ao Brasil sem autorização durante o prazo que durar o impedimento, cometerá o crime previsto no art. 338 do Código Penal (reingresso de estrangeiro expulso): "reingressar no território nacional o estrangeiro que dele foi expulso. Pena – reclusão, de um a quatro anos, sem prejuízo de nova expulsão após o cumprimento da pena".

16.9.3.2. Requerimento de suspensão ou revogação da expulsão

Nos termos do art. 56 da Lei da Migração: "regulamento definirá procedimentos para apresentação e processamento de pedidos de suspensão e de revogação dos efeitos das medidas de expulsão e de impedimento de ingresso e permanência em território nacional". O regulamento mencionado na Lei da Migração é o Decreto n. 9.199/2017.

Segundo o art. 206 do referido decreto, poderá ser requerida a suspensão ou a revogação dos efeitos da medida com fundamento na "causa de inexpulsabilidade prevista no art. 193, *caput*, II, "a" a "d", quando não observada ou não existente no decorrer do processo administrativo".

As hipóteses mencionadas no referido dispositivo são as seguintes: a) tiver filho brasileiro que esteja sob a sua guarda ou dependência econômica ou socioafetiva ou tiver pessoa brasileira sob a sua tutela; b) tiver cônjuge ou companheiro residente no país, sem discriminação alguma, reconhecido judicial ou legalmente; c) tiver ingressado no país antes de completar os doze anos de idade, desde que resida, desde então, no país; d) seja pessoa com mais de setenta anos que resida no país há mais de dez anos, considerados a gravidade e o fundamento da expulsão".

Dessa maneira, se uma dessas hipóteses não for aplicada durante o processo de expulsão (por não reconhecimento ou porque não existia à época), o requerimento de suspensão ou revogação da expulsão deve ser apresentado em "representação diplomática brasileira e será enviado ao Ministério da Justiça para avaliação" (art. 206, § 1º, Decreto n. 9.199/2017) e a suspensão ou revogação da medida dependerá de decisão do ministro da Justiça (art. 206, §§ 2º e 4º).

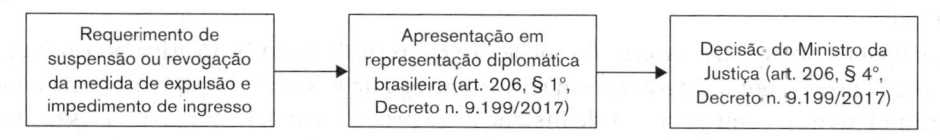

Requerimento de suspensão ou revogação da medida de expulsão e impedimento de ingresso → Apresentação em representação diplomática brasileira (art. 206, § 1º, Decreto n. 9.199/2017) → Decisão do Ministro da Justiça (art. 206, § 4º, Decreto n. 9.199/2017)

16.9.4. Extradição

O instituto da extradição, na nova legislação que rege a questão (Lei da Migração – Lei n. 13.445/2017), está no capítulo reservado às Medidas de Cooperação (ao lado de outras medidas como a Transferência de Execução da Pena e a Transferência de Pessoa Condenada), ao contrário da repatriação, deportação e expulsão, que estão no capítulo destinado às Medidas de Retirada Compulsória. A natureza dos institutos é diversa porque a extradição é BILATERAL, enquanto as outras medidas (repatriação, deportação e expulsão) são UNILATERAIS. A extradição é bilateral porque decorre da relação entre dois países: enquanto um país pede a extradição de alguém, o outro concede. Por sua vez, a repatriação, a deportação e a expulsão são unilaterais, pois consistem em decisões exclusivas do Estado brasileiro (por meio de deliberação do ministro da Justiça), sem qualquer interferência do Estado estrangeiro.

Além dessa importante distinção, enquanto a repatriação, deportação e expulsão somente recaem sobre estrangeiros, a extradição pode recair sobre estrangeiros e brasileiros naturalizados (em algumas situações).

Dessa maneira, podemos estabelecer preliminarmente pelo menos essas duas diferenças entre os institutos mencionados:

Extradição passiva	Repatriação, deportação e expulsão
Pode recair sobre estrangeiros e brasileiros naturalizados (em alguns casos)	Somente recai sobre estrangeiros
Ato bilateral	Ato unilateral

Por ser um ato bilateral (um Estado pede e outro Estado concede a extradição), existem duas espécies de extradição: a) extradição ativa; b) extradição passiva. Na primeira (extradição ativa), o Brasil pede a extradição de alguém para outro país. Por sua vez, na extradição passiva, algum país pede a extradição de alguém para o Brasil.

EXTRADIÇÃO	ATIVA – O Brasil pede para outro país a extradição de alguém (que alguém seja enviado ao Brasil para ser processado criminalmente ou cumprir pena).
	PASSIVA – Algum país pede para o Brasil a extradição de alguém para lá ser processado criminalmente ou cumprir pena.

16.9.4.1. Extradição ativa

Anteriormente não disciplinada pela lei brasileira (no revogado Estatuto do Estrangeiro), a extradição ativa hoje está prevista no art. 88 da Lei da Migração (e nos arts. 278 a 280 do Decreto n. 9.199/2017). A parca legislação brasileira acerca do assunto se dá por uma simples razão: como na extradição ativa o Brasil pede para outro país a extradição de alguém, os requisitos e o procedimento dessa extradição serão estabelecidos pelo Estado estrangeiro, e não pelo Brasil.

Nos termos do art. 278, *caput*, do sobredito decreto: "a extradição ativa ocorre quando o Estado brasileiro requer a Estado estrangeiro a entrega de pessoa sobre quem recaia condenação criminal definitiva ou para fins de instrução de processo penal em curso". Dessa maneira, não será possível o pedido de extradição ativa ainda na fase de investigação criminal.

O pedido que pode gerar a extradição ativa deve ser encaminhado pelo Poder Judiciário responsável pela decisão ou pelo processo penal ao Ministério da Justiça. Segundo o art. 88, § 2º, da Lei da Migração, caberá ao Poder Judiciário a apresentação de todos os documentos, inclusive suas traduções oficiais[38].

O Ministério da Justiça realizará o exame da presença dos pressupostos formais de admissibilidade exigidos em lei ou em tratado e, caso atendidos, providenciará o encaminhamento imediato do pedido de prisão ou de extradição ao Estado requerido, por via diplomática ou por via de autoridades centrais (art. 280, Decreto n. 9.199/2017).

O Ministério da Justiça editou, no ano de 2018, uma portaria, destinada a regulamentar mais detalhadamente o trâmite da extradição ativa. Trata-se da Portaria n. 217/2018. O trâmite, no Ministério da Justiça, da decisão judicial que solicita a extradição ativa, será feito pelo "Departamento de Recuperação de Ativos e Cooperação Jurídica Internacional", que fará o exame da presença dos pressupostos formais de admissibilidade exigidos em lei e tratado. Essa competência foi definida pelo Decreto Presidencial n. 9.662/2019, segundo o qual o trâmite das medidas relativas à extradição e à transferência de pessoas condenadas ocorre junto ao Departamento de Recuperação de Ativos e Cooperação Jurídica Internacional da Secretaria Nacional de Justiça do Ministério da Justiça e Segurança Pública (DRCI/Senajus), autoridade central brasileira para a cooperação jurídica internacional. Essa competência foi mantida pelo Decreto Presidencial n. 10.785/2021.

Internamente, até outubro de 2021, as extradições passivas não eram assinadas pelo Secretário Nacional de Justiça, tramitando apenas no Departamento de Recuperação de Ativos e Cooperação Jurídica Internacional da Secretaria. Ocorre que, em 5 de outubro de 2021, o STF determinou a

---

38. Nos termos do § 3º do mesmo artigo: "o pedido deverá ser instruído com cópia autêntica ou com o original da sentença condenatória ou da decisão penal proferida, conterá indicações precisas sobre o local, a data, a natureza e as circunstâncias do fato criminoso e a identidade do extraditando e será acompanhado de cópia dos textos legais sobre o crime, a competência, a pena e a prescrição".

prisão (e respectiva extradição) do jornalista Allan dos Santos, famoso apoiador do governo federal[39]. O DRCI (Departamento de Cooperação Jurídica Internacional), por meio da sua diretora, deu seguimento ao pedido de extradição. Duas consequências foram tomadas no Ministério da Justiça: a diretora responsável pelo departamento (delegada federal Amélia da Fonseca) foi exonerada e, desde então, o Secretário Nacional de Justiça passa a assinar todos os casos de extradição ativa.

O deputado federal e presidente da Comissão de Relações Exteriores da Câmara dos Deputados, Eduardo Bolsonaro, pronunciou-se publicamente, afirmando que a determinação da extradição do jornalista brasileiro seria inconstitucional por violar o art. 5º da Constituição, que proíbe a extradição de estrangeiros por crimes políticos ou de opinião (art. 5º, LII, CF). Todavia, esse pronunciamento foi absolutamente equivocado, já que o referido dispositivo constitucional limita a extradição passiva (a extradição de estrangeiros que se encontram no Brasil e sobre os quais há solicitação de extradição por países estrangeiros). A explicação é lógica: como o Brasil não tem condições de examinar profundamente a legalidade das ordens de prisão ou processos penais estrangeiros sobre crimes políticos ou de opinião, a Constituição brasileira tenta se prevenir contra pedidos autoritários vindos do exterior. Não obstante, isso não se aplica quando a solicitação da extradição é oriunda do Judiciário brasileiro (extradição ativa). Aliás, o texto constitucional é bastante claro ao afirmar que "não será concedida extradição de <u>estrangeiro</u> por crime político ou de opinião" (art. 5º, LII, CF – grifamos).

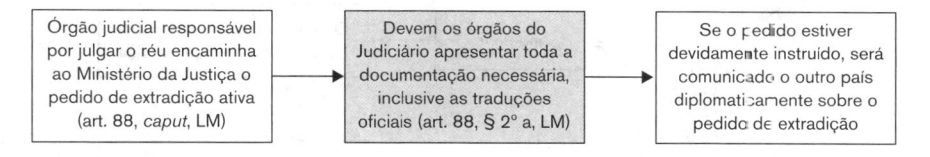

Órgão judicial responsável por julgar o réu encaminha ao Ministério da Justiça o pedido de extradição ativa (art. 88, *caput*, LM)	→	Devem os órgãos do Judiciário apresentar toda a documentação necessária, inclusive as traduções oficiais (art. 88, § 2º a, LM)	→	Se o pedido estiver devidamente instruído, será comunicado o outro país diplomaticamente sobre o pedido de extradição

16.9.4.2. Extradição passiva

Como vimos acima, a extradição passiva se dá quando o Estado estrangeiro pede ao Brasil a entrega de alguém para ser processado criminalmente ou cumprir pena. Nos termos do art. 266, *caput*, do Decreto n. 9.199/2017: "a extradição passiva ocorre quando o Estado estrangeiro solicita ao Estado brasileiro a entrega de pessoa que se encontre no território nacional sobre quem recaia condenação criminal definitiva ou para fins de instrução de processo penal em curso".

Ao contrário da extradição ativa, que não possui muito detalhamento na legislação pátria, a extradição passiva é detalhadamente tratada pela legislação brasileira (arts. 81 a 99 da Lei da Migração, arts. 266 a 277 do Decreto n. 9.199/2017 e arts 4º e seguintes da Portaria n. 217/2018 do Ministério da Justiça).

---

39. "Determino à Polícia Federal que inclua o mandado de prisão expedido em face de Allan Lopes dos Santos, investigado no INQ 4.874/DF, em trâmite perante o Supremo Tribunal Federal, pela prática de crimes mencionados nesta decisão, com finalidade de viabilizar sua prisão, neste país ou em outro, na Difusão Vermelha da Interpol, haja vista constar que atualmente ele se encontra nos Estados Unidos. Determino a expedição de ofício ao Presidente do Conselho da Justiça Federal, Min. Humberto Martins, solicitando a colaboração do Centro de Cooperação Jurídica Internacional do Conselho da Justiça Federal (CECINT) para a tradução para o idioma inglês dos documentos necessários à formulação do pedido de extradição de Allan Lopes dos Santos, investigado nestes autos" (Pet. 9.935, rel. Min. Alexandre de Moraes, j. 5-10-2021).

Primeiramente, o pedido de extradição originado do Estado estrangeiro será recebido pelo Ministério da Justiça e, após exame da presença dos pressupostos formais de admissibilidade exigidos nesta Lei ou em tratado, encaminhado para o Supremo Tribunal Federal (art. 269, Decreto n. 9.199/2017). O órgão do Ministério da Justiça responsável por essa análise é o DRCI (Departamento de Recuperação de Ativos e Cooperação Jurídica Internacional).

Ao receber o pedido de extradição emanado de outro país, o Ministério da Justiça analisará os requisitos formais do pedido, podendo arquivar tal pedido, caso não estejam presentes (sem prejuízo de renovação do pedido, devidamente instruído, superado o óbice apontado) (art. 89, parágrafo único, da Lei da Migração). Segundo o art. 7º, *caput*, da Portaria n. 217/2018 do Ministério da Justiça, "Presentes os pressupostos formais de admissibilidade previstos no art. 88, § 3º, da Lei n. 13.445, de 2017, ou em tratado, o Departamento de Recuperação de Ativos e Cooperação Jurídica Internacional encaminhará o pedido de extradição passiva ao Supremo Tribunal Federal".

Acompanhe a etapa inicial da extradição passiva no fluxograma abaixo:

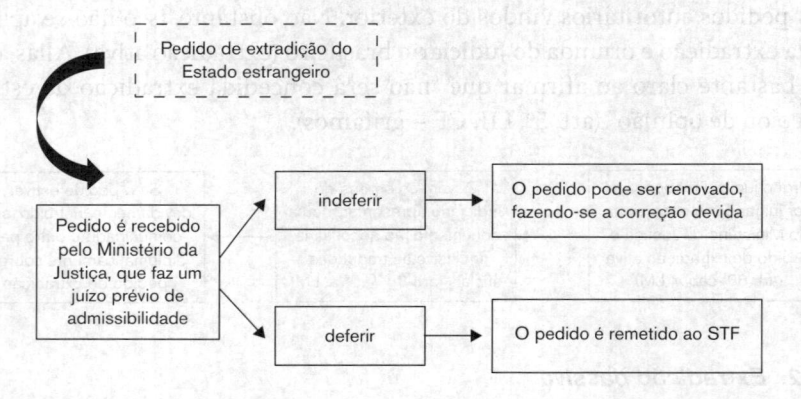

```
                    ┌─────────────────────────┐
                    │ Pedido de extradição do │
                    │   Estado estrangeiro    │
                    └─────────────────────────┘
                                │
                                ▼
           ┌──────────────────┐       ┌──────────┐      ┌──────────────────────────┐
           │ Pedido é recebido│ ────► │ indeferir│ ───► │ O pedido pode ser renovado,│
           │  pelo Ministério │       └──────────┘      │ fazendo-se a correção devida│
           │  da Justiça, que │                          └──────────────────────────┘
           │   faz um juízo   │
           │    prévio de     │       ┌──────────┐      ┌──────────────────────────┐
           │  admissibilidade │ ────► │  deferir │ ───► │ O pedido é remetido ao STF│
           └──────────────────┘       └──────────┘      └──────────────────────────┘
```

O Supremo Tribunal Federal é competente para julgar os pedidos de extradição passiva, nos termos do art. 102, I, "g", da Constituição Federal ("Compete ao Supremo Tribunal Federal [...] cabendo-lhe [...] processar e julgar, originariamente: [...] a extradição solicitada por Estado estrangeiro". O STF apreciará os requisitos legais da extradição passiva, respeitando o procedimento previsto na Lei da Migração (Lei n. 13.445/2017).

No Supremo Tribunal Federal, o ministro relator designará dia e hora para o interrogatório do extraditando e, conforme o caso, nomear-lhe-á curador ou advogado, se não o tiver (art. 91, LM). A defesa, a ser apresentada em dez dias a partir do interrogatório, versará sobre a identidade do extraditando, defeitos formais do documento apresentado ou ilegalidade da extradição (art. 91, § 1º, LM).

Conteúdo da defesa no processo de extradição (art. 91, § 1º, LM)	
	Identidade da pessoa reclamada
	Defeito de forma do documento apresentado
	Ilegalidade da extradição

O STF poderá julgar procedente ou improcedente o pedido de extradição. Julgando procedente a extradição, será comunicado o Ministério da Justiça e Segurança Nacional, que deliberará sobre a entrega do extraditando, comunicando por via diplomática ao Estado requerente que, no prazo de 60 dias da comunicação, deverá retirar o extraditando do território nacional, nos termos do art. 92, da Lei da Migração.

A atuação do ministério da Justiça é vinculada ou discricionária? O Supremo Tribunal Federal teve a oportunidade de analisar a questão, no rumoroso caso envolvendo o italiano Cesare Battisti. Na época, quem era responsável pela extradição era o presidente da República (como vimos, na nova Lei da Migração, a decisão caberá ao ministro da Justiça). No referido caso, embora o STF tenha afirmado ser possível a extradição, o presidente da República se negou a fazê-lo. Segundo o Supremo Tribunal Federal, a última palavra, nesse caso, era do presidente da República: "O presidente da República, no sistema vigente, resta vinculado à decisão do Supremo Tribunal Federal apenas quando reconhecida alguma irregularidade no processo extradicional, de modo a impedir a remessa do extraditando ao arrepio do ordenamento jurídico, nunca, contudo, para determinar semelhante remessa, porquanto o Poder Judiciário deve ser o último guardião dos direitos fundamentais de um indivíduo, seja ele nacional ou estrangeiro, mas não dos interesses políticos de Estados alienígenas, os quais devem entabular entendimentos com o Chefe de Estado, vedada a pretensão de impor sua vontade através dos Tribunais internos" (Rcl 11.243/2011, rel. Min. Gilmar Mendes).

Dessa maneira, entendemos que o raciocínio deve permanecer com a nova legislação: se o STF entender impossível a extradição, por ausência dos requisitos legais, o Poder Executivo (Ministério da Justiça) não poderá fazê-lo. Nesse caso, não se admitirá novo pedido baseado no mesmo fato (art. 94, LM). Todavia, se o STF entender possível a extradição, caberá ao Ministério da Justiça a palavra final. Evidentemente, em regra, deverá determinar a extradição, a não ser que haja algum argumento substancial que justifique a permanência do estrangeiro em território brasileiro.

Em resumo, esse é o procedimento da extradição no Supremo Tribunal Federal:

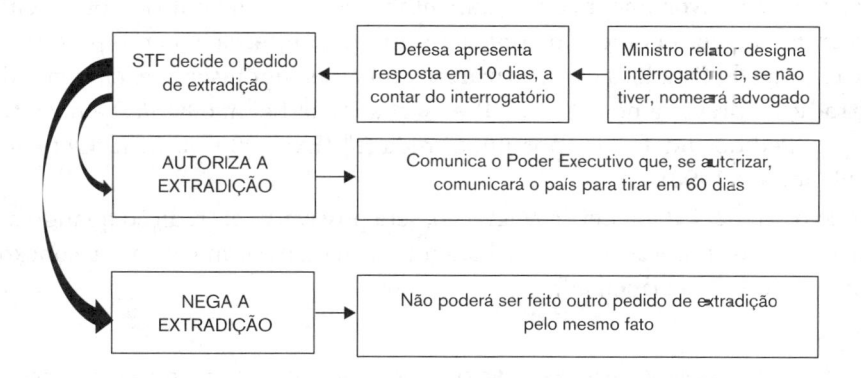

```
STF decide o pedido  ←  Defesa apresenta         ←  Ministro relator designa
de extradição           resposta em 10 dias, a      interrogatório e, se não
                        contar do interrogatório    tiver, nomeará advogado

AUTORIZA A           →  Comunica o Poder Executivo que, se autorizar,
EXTRADIÇÃO              comunicará o país para tirar em 60 dias

NEGA A               →  Não poderá ser feito outro pedido de extradição
EXTRADIÇÃO              pelo mesmo fato
```

16.9.4.3. Requisitos legais da extradição passiva

Como dissemos acima, vários são os requisitos legais que serão apreciados pelo Supremo Tribunal Federal em caso de pedido de extradição passiva. Comecemos pelos requisitos constitucionais (art. 5º, LI e LII, CF).

a) **Requisitos constitucionais (art. 5º, LI e LII, CF)**

Segundo o art. 5º, LI, da Constituição Federal, nenhum brasileiro nato será extraditado do Brasil. Essa proibição, evidentemente, refere-se à extradição passiva, ou seja, um brasileiro nato poderá ser extraditado do exterior para o Brasil (extradição ativa). Foi o que ocorreu, por exemplo, com Henrique Pizzolato, ex-diretor do Banco do Brasil, que foi condenado pelo STF no processo penal conhecido como "Mensalão" e que havia fugido para a Itália. Dessa maneira, o Brasil jamais extraditará para outro país um brasileiro nato, por força do art. 5º, LI, da Constituição Federal[40]. Essa proibição, como abordamos acima, não se aplica aos casos de "entrega" ao Tribunal Penal Internacional. A "entrega" está prevista no art. 89 do Estatuto de Roma do Tribunal Penal Internacional[41], que entrou em vigor no Brasil através do Decreto n. 4.388/2002. Segundo o art. 5º, § 4º, da Constituição Federal, "o Brasil se submete à jurisdição de Tribunal Penal Internacional a cuja criação tenha manifestado adesão".

Por sua vez, brasileiros naturalizados somente poderão ser extraditados do Brasil em duas situações: a) por crimes praticados antes da naturalização e b) tráfico de drogas (praticado antes ou depois da naturalização). É o que dispõe a parte final do art. 5º, LI, da Constituição Federal.

O art. 5º, LII, da Constituição Federal veda a extradição passiva por crime político ou crime de opinião (vedação também prevista no art. 82, VII, da Lei da Migração). Segundo o Supremo Tribunal Federal: "como a Constituição não define crime político, cabe ao intérprete fazê-lo diante do caso concreto e da lei vigente. Só haverá crime político quando presentes os pressupostos do art. 2º da Lei de Segurança Nacional (Lei n. 7.170/82), ao qual se integram os do art. 1º: a materialidade da conduta deve lesar real ou potencialmente ou expor a perigo de lesão a soberania nacional, de forma que, ainda que a conduta esteja tipificada no art. 12 da Lei de Segurança Nacional, é preciso que se lhe agregue a motivação política" (Reclamação 1468, Rel. Ilmar Galvão, rel. p/ acórdão Min. Maurício Corrêa, *DJ* 16-8-2000). Por exemplo, o Supremo Tribunal Federal negou a extradição de Karl-Heinz Schaab para a Alemanha com esse fundamento. Segundo o STF: "extraditando acusado de transmitir ao Iraque segredo de estado do Governo Requerente (República Federal da Alemanha), utilizável em projeto de desenvolvimento de armamento nuclear. Crime político puro, cujo conceito compreende não só o cometido contra a segurança interna, como o praticado contra a segurança externa do Estado, a caracterizarem ambas as hipóteses, a excludente da concessão de extradição, prevista no art. 77, VII e §§ 1º a 3º, da Lei n. 6.815/80 e no art. 5º, LII da Constituição. Pedido indeferido, por unanimidade" (Ext 700, rel. Min. Octavio Gallotti, Tribunal Pleno, 4-3-1998).

Segundo o art. 82, § 1º, da Lei da Migração, será possível a "extradição quando o fato constituir, principalmente, infração à lei penal comum ou quando o crime comum, conexo ao delito político, constituir o fato principal".

---

40. Trata-se de uma regra constitucional, e não um princípio constitucional. É uma regra por ser uma norma clara, precisa, delimitada, determinada, que não admitiria ponderações. Todavia, como afirma a doutrina: "é certo que, mais recentemente, já se discute [...] a possibilidade de também as regras serem ponderadas. Isso porque [...] há situações em que uma regra, perfeitamente válida em abstrato, poderá gerar uma inconstitucionalidade ao incidir em determinado ambiente ou, ainda, há hipóteses em que a adoção do comportamento descrito pela regra violará gravemente o próprio fim que ela busca alcançar" (Luís Roberto Barroso; Ana Paula de Barcellos. *O Começo da História. A Nova Interpretação Constitucional e o Papel dos Princípios no Direito Brasileiro*, p. 36).
41. "O Tribunal poderá dirigir um pedido de detenção e entrega de uma pessoa, instruído com os documentos comprovativos referidos no artigo 91, a qualquer Estado em cujo território essa pessoa se possa encontrar, e solicitar a cooperação desse Estado na detenção e entrega da pessoa em causa. Os Estados Partes darão satisfação aos pedidos de detenção e de entrega em conformidade com o presente Capítulo e com os procedimentos previstos nos respectivos direitos internos."

Por sua vez, o crime de opinião ou de palavra é aquele praticado por meio do abuso da liberdade de expressão (como no caso da injúria, difamação, calúnia, apologia de crime ou criminoso etc.).

b) Dupla tipicidade

Para que seja decretada a extradição, é necessário que o fato que a tenha ensejado seja crime nos dois países (no país que está requerendo e no Brasil). É o que dispõe o art. 82, II, da Lei da Migração: "Não se concederá a extradição quando: [...] II – o fato que motivar o pedido não for considerado crime no Brasil ou no Estado requerente".

É importante frisar que o nome do crime pode ser diverso, importando que o fato seja considerado crime em ambas as leis. Nesse sentido, já decidiu o STF: "A análise do requisito da dupla tipicidade, previsto no art. 77, inciso II, da Lei n. 6.815/80, dispensa a perfeita identidade dos nomes dos crimes imputados em ambas as legislações, sendo indispensável à sua configuração, apenas a subsunção das condutas elementares dos tipos penais" (Ext 1418/DF, rel. Min. Luiz Fux, 28-9-2015).

c) Incompetência do Brasil para julgar o crime

Se o Brasil for competente para julgar o mesmo crime pelo qual é requerida a extradição, será negado o pedido, nos termos do art. 82, III, da Lei da Migração: "Não será concedida a extradição quando: [...] III – o Brasil for competente, segundo suas leis, para julgar o crime imputado ao extraditando".

Exceção a essa regra é prevista na Convenção Única de Nova York, segundo a qual, pelo crime de tráfico de drogas, ainda que o Brasil seja competente para julgar o crime, poderá autorizar a extradição para outros países, como já julgou o STF: "Extradição. Passiva. Competência internacional concorrente. Tráfico internacional de substâncias entorpecentes. Tipo penal de incriminação múltipla. Delitos cometidos em diferentes países. Consideração como delitos autônomos e distintos. Aplicação do art. 36, II, 'a', I, da Convenção Única de Nova York, promulgada pelo Dec. n. 54.216/64. Competência reconhecida ao Estado requerente. Preliminar rejeitada. Precedentes. Tem competência para processar e julgar extraditando, por crime de tráfico internacional de substâncias entorpecentes, o Estado em cujo território se realizou uma das modalidades incriminadas no tipo misto alternativo daquele delito, cada uma das quais se considera como crime autônomo" (Ext 1033/PT, rel. Min. Cezar Peluso, Pleno, 2-4-2007).

d) Relevância da pena

Segundo o art. 82, IV, da Lei da Migração: "Não se concederá a extradição quando: [...] IV – a lei brasileira impuser ao crime pena de prisão inferior a 2 (dois) anos". Nesse sentido, já decidiu o STF (lembrando que, até 2017, o *quantum* da pena era de 1 ano): "Pela simples circunstância de os delitos em causa serem considerados como contravenção penal, não poderá a extradição ser concedida, uma vez que incide, no caso, o disposto no art. 77, da Lei n. 6.815/80" (Ext 473/IT, rel. Min. Moreira Alves, Tribunal Pleno, 8-3-1989). No mesmo sentido: "Impossibilidade de deferimento do pedido de extradição quanto ao delito ao qual é cominada pena inferior ou igual a um ano (art. 77, inc. IV, da Lei n. 6.815/80)" (Ext 1378/DF, Min. Cármen Lúcia, Segunda Turma, 28-6-2016).

e) **Não estar sendo processado ou já ter sido julgado no Brasil pelo mesmo crime**

Segundo o art. 82, V, da Lei da Migração: "Não se concederá a extradição quando: [...] V – o extraditando estiver respondendo a processo ou já houver sido condenado ou absolvido no Brasil pelo mesmo fato em que se fundar o pedido".

Nesse sentido, já decidiu o STF: "Extradição. Prisão preventiva. Inadmissibilidade. Pedido fundado em causa por cujos fatos o extraditando já foi definitivamente condenado no Brasil. Indeferimento do pedido de prisão. Extinção do processo, com julgamento de mérito. Aplicação do art. 77, V, da Lei n. 6.815/80 – Estatuto do Estrangeiro, e do art. 3, letra 'a', n. 1, do Tratado de Extradição entre Brasil e Itália. Precedente. Já havendo condenação definitiva do extraditando pelo mesmo fato, não se defere pedido de prisão preventiva para fim de extradição, mas se lhe extingue o processo, com julgamento de mérito" (Ext 1118, rel. Min. Cezar Peluso).

Não obstante, como já julgado pelo STF, a existência de inquéritos policiais no Brasil não impede a extradição: "A simples possibilidade de instauração de inquérito policial no Brasil não é óbice ao deferimento da extradição" (Ext 1100, rel. Min. Marco Aurélio).

f) **Não estar extinta a punibilidade (dupla punibilidade)**

Para se autorizar a extradição, o Supremo Tribunal Federal verificará se a punibilidade foi extinta segundo a lei dos dois países (requerente e requerido). Tendo ocorrido a extinção da punibilidade (pela prescrição, por exemplo), não será autorizada a extradição. Foi o que ocorreu no famoso caso de Ronald Biggs, condenado pelo "assalto ao trem pagador" na Inglaterra. O STF negou sua extradição, tendo em vista que o crime estaria prescrito segundo a lei brasileira (Ext 721 – QO, rel. Min. Mauricio Correa, Pleno, 12-11-1997). É o que determina o art. 82, VI, da Lei da Migração: "Não se concederá a extradição quando: VI – a punibilidade estiver extinta pela prescrição, segundo a lei brasileira ou a do Estado requerente".

g) **Competência do Estado para julgar processo penal incurso ou pena imposta**

Segundo o art. 83 da Lei da Migração: "são condições para concessão da extradição: I – ter sido o crime cometido no território do Estado requerente ou serem aplicáveis ao extraditando as leis penais desse Estado; e II – estar o extraditando respondendo a processo investigatório ou a processo penal ou ter sido condenado pelas autoridades judiciárias do Estado requerente a pena privativa de liberdade".

Nos termos do artigo ora em comento, dois são os requisitos cumulativos para que o Brasil possa autorizar a extradição de alguém: a) o país requerente deve ser competente para julgar o respectivo crime; b) já deve estar sendo processado criminalmente ou já deve ter sido proferida sentença penal condenatória a pena privativa de liberdade. Nesse sentido, o art. 266 do Decreto n. 9.199/2017 afirma que "a extradição passiva ocorre quando o Estado estrangeiro solicita ao Estado brasileiro a entrega de pessoa que se encontre no território nacional sobre quem recaia condenação criminal definitiva ou para fins de instrução de processo penal em curso".

Nesse sentido, julgou o Supremo Tribunal Federal: "O pedido formulado pelo Governo da Polônia atende aos pressupostos necessários ao deferimento, nos termos da Lei n. 6.815/80 e do Tratado de Extradição específico, inexistindo irregularidades formais. O Estado requerente dispõe de competência jurisdicional para processar e julgar os crimes imputados ao Extraditando que, naquele Estado, teria sido autor de atos configuradores, em tese, de vários delitos" (Ext 1.378/DF, rel. Min. Cármen Lúcia, Segunda Turma, 28-6-2016).

h) Inexistência de Tribunal ou Juízo de Exceção

Segundo o art. 82, VIII, da Lei da Migração: "Não se concederá a extradição quando: VIII – o extraditando tiver de responder, no Estado requerente, perante tribunal ou juízo de exceção". Segundo o STF: "A perspectiva – inocorrente no caso concreto – de submissão do extraditando a tribunal de exceção, qualquer que seja a noção conceitual que se lhe atribua, veda, de modo absoluto, a possibilidade de deferimento do pedido extradicional. A noção de tribunal de exceção admite, para esse efeito, configuração conceitual mais ampla. Além de abranger órgãos estatais criados *ex post facto*, especialmente instituídos para o julgamento de determinadas pessoas ou de certas infrações penais, com evidente ofensa ao princípio da naturalidade do juízo, também compreende os tribunais regulares, desde que caracterizada, em tal hipótese, a supressão, em desfavor do réu, de qualquer das garantias inerentes ao devido processo legal. A possibilidade de privação, em juízo penal, do *due process of law*, nos múltiplos contornos em que se desenvolve esse princípio assegurador dos direitos e da própria liberdade do acusado – garantia de ampla defesa, garantia do contraditório, igualdade entre as partes perante o juiz natural e garantia de imparcialidade do magistrado processante – impede o válido deferimento do pedido extradicional" (Ext 524/República do Paraguai, rel. Min. Celso de Mello, Tribunal Pleno, 31-10-1990).

i) Não extradição de refugiado ou asilado

Segundo o art. 82, IX, da Lei da Migração: "Não se concederá a extradição quando: [...] IX – o extraditando for beneficiário de refúgio, nos termos da Lei n. 9.474, de 22 de julho de 1997, ou de asilo territorial". Realmente, segundo o art. 33 da Lei dos Refugiados (Lei n. 9.474/97): "o reconhecimento da condição de refugiado obstará o seguimento de qualquer pedido de extradição baseado nos fatos que fundamentaram a concessão de refúgio". Se já houver sido feito anteriormente o pedido de extradição, esse será suspenso em caso de solicitação de refúgio, até decisão definitiva (art. 34, Lei dos Refugiados).

A mesma vedação se aplica ao asilado no Brasil. O asilo territorial nada mais é do que a aceitação de um estrangeiro, com o intuito de protegê-lo contra perseguição por suas crenças, opiniões ou filiação política ou por atos que possam ser considerados delitos políticos. Segundo o art. IV da Convenção sobre Asilo Territorial, que ingressou no Brasil por força do Decreto n. 55.929, de 19 de abril de 1965, "a extradição não se aplica quando se trate de pessoas que segundo a classificação do Estado suplicado sejam perseguidas por delitos políticos ou delitos comuns cometidos com fins políticos, nem quando a extradição for solicitada obedecendo a motivos predominantemente políticos".

16.9.4.4. Compromissos obrigatórios do Estado requerente

Segundo o art. 96 da Lei da Migração: "não será efetivada a entrega do extraditando sem que o Estado requerente assuma o compromisso de: I – não submeter o extraditando a prisão ou processo por fato anterior ao pedido de extradição; II – computar o tempo da prisão que, no Brasil, foi imposta por força da extradição; III – comutar a pena corporal, perpétua ou de morte em pena privativa de liberdade, respeitado o limite máximo de cumprimento de 30 (trinta) anos; IV – não entregar o extraditando, sem consentimento do Brasil, a outro Estado que o reclame; V – não considerar qualquer motivo político para agravar a pena; e VI – não submeter o extraditando a tortura ou a outros tratamentos ou penas cruéis, desumanos ou degradantes".

Assim, exceto nos raríssimos casos em que o Brasil admite a pena de morte (caso de guerra declarada), só se deferirá a extradição caso o país se comprometa a não aplicar a pena de morte (ou outra pena corporal). A vedação de aplicação de penas perpétuas, que era anteriormente apenas jurisprudência do STF, agora é vedação prevista na legislação pátria em vigor (Lei da Migração).

Em resumo, esses são os compromissos que o Estado requerente desse assumir quanto ao extraditando:

Compromissos que devem ser assumidos pelo Estado requerente (art. 96, LM)	I – Não submeter o extraditando a prisão ou processo por fato anterior ao pedido de extradição. II – Computar o tempo de prisão que, no Brasil, foi imposta por força da extradição. III – Comutar a pena perpétua de morte em pena privativa de liberdade de até 30 anos. IV – Não entregar o extraditando a outro país, salvo se houver consentimento do Brasil. V – Não considerar qualquer motivo político para agravar a pena. VI – Não submeter o extraditando a tortura ou tratamentos ou penas cruéis.

16.9.4.5. Prisão e medidas cautelares ao extraditando

Ao contrário do que dispunha o antigo Estatuto do Estrangeiro, a nova Lei da Migração não prevê mais prisões nos casos de repatriação, deportação e expulsão. Todavia, ainda existe a prisão do estrangeiro em vias de ser extraditado. Ela está prevista no art. 84 da Lei da Migração: "Em caso de urgência, o Estado interessado na extradição poderá, previamente ou conjuntamente com a formalização do pedido extradicional, requerer, por via diplomática ou por meio de autoridade central do Poder Executivo, prisão cautelar com o objetivo de assegurar a executoriedade da medida de extradição que, após exame da presença dos pressupostos formais de admissibilidade exigidos nesta Lei ou em tratado, deverá representar à autoridade judicial competente, ouvido previamente o Ministério Público Federal".

Decretada a prisão, o Estado estrangeiro terá o prazo de 60 dias para formalizar o pedido de extradição, contados da data em que tiver sido cientificado da prisão do extraditando (art. 84, § 4º, LM), salvo se houver disposição específica em tratado de extradição entre os dois países. Se o pedido de extradição não for feito nesse prazo, o extraditando será solto, não se admitindo novo pedido de prisão cautelar pelo mesmo fato antes do pedido formal de extradição (art. 84, § 5º, LM). A prisão cautelar poderá durar até a decisão definitiva do STF quanto ao processo de extradição (art. 84, § 6º, LM).

Uma grande inovação da Lei da Migração é a possibilidade de aplicação de medidas cautelares diversas da prisão aplicadas ao estrangeiro, em vias de ser extraditado. Segundo o art. 86 da Lei da Migração: "O Supremo Tribunal Federal, ouvido o Ministério Público, poderá autorizar prisão albergue ou domiciliar ou determinar que o extraditando responda ao processo de extradição em liberdade, com retenção do documento de viagem ou outras medidas cautelares necessárias, até o julgamento da extradição ou a entrega do extraditando, se pertinente, considerando a situação administrativa migratória, os antecedentes do extraditando e as circunstâncias do caso".

16.9.5. Quadro comparativo

Repatriação	Deportação	Expulsão	Extradição passiva
Art. 49 da Lei da Migração (Lei n. 13.445/ 2017)	Arts. 50 a 53 da Lei da Migração (Lei n. 13.445/ 2017)	Arts. 54 a 60 da Lei da Migração (Lei n. 13.445/ 2017)	Arts. 76 a 94 do Estatuto do Estrangeiro (Lei n. 6.815/80)
Recai sobre estrangeiro	Recai sobre estrangeiro	Recai sobre estrangeiro	Recai sobre o estrangeiro e o brasileiro naturalizado (por crime anterior à naturalização ou tráfico de drogas)
Ato unilateral	Ato unilateral	Ato unilateral	Ato bilateral
Pode regressar ao Brasil	Pode regressar ao Brasil	O reingresso, no prazo em que durar o impedimento, configura crime (art. 338, CP)	Pode regressar ao Brasil, preenchidos os requisitos legais para seu ingresso
Não há previsão legal de prisão administrativa	Não há previsão legal de prisão administrativa	Não há previsão legal de prisão administrativa	Prisão administrativa, decretada pelo STF, durará até o julgamento definitivo do STF sobre a extradição (art. 84, Lei da Migração)
Análise jurisdicional posterior (para verificar ilegalidades)	Análise jurisdicional posterior (para verificar ilegalidades)	Análise jurisdicional posterior (para verificar ilegalidades)	Análise jurisdicional anterior (o STF aprecia os requisitos da extradição)
Ter filho brasileiro ou cônjuge brasileiro não impede a repatriação	Ter filho brasileiro ou cônjuge brasileiro não impede a deportação	Ter filho brasileiro ou cônjuge brasileiro pode impedir a expulsão (Lei da Migração)	Ter filho brasileiro ou cônjuge brasileiro não impede a extradição (Súmula 421, STF)

Conteúdo digital – Acesse: https://somos.in/CDC7

Conteúdo em vídeo
Questões com gabarito comentado

17

DIREITOS POLÍTICOS

Sumário

17.1. Democracia brasileira – **17.2.** Direitos políticos – **17.3.** Plebiscito e referendo – **17.4.** Iniciativa popular – **17.5.** Direito de sufrágio – **17.6.** Ação de impugnação do mandato eletivo – AIME (art. 14, §§ 10 e 11, CF) – **17.7.** Perda e suspensão dos direitos políticos (art. 15, CF) – **17.8.** Princípio da anterioridade eleitoral (art. 16, CF) – **17.9.** Partidos políticos (art. 17, CF) – **17.9.1.** Inexistência de verticalização das coligações (art. 17, § 1º, CF) – **17.9.2.** Surgimento dos partidos políticos (art. 17, § 2º, CF) – **17.9.2.1.** Incorporação de partidos e sanções anteriores e alteração nos estatutos dos partidos políticos (EC n. 111/2021) – **17.9.3.** Direito de antena, fundo partidário, cláusula de barreira e direito das minorias.

Direitos políticos são os direitos destinados a assegurar a soberania popular, dando ensejo à possibilidade de se interferir nas decisões políticas do Estado, direta ou indiretamente. Embora a palavra soberania tenha surgido originalmente como atributo do *monarca* ou do *Estado* (como na teoria do francês Jean Bodin[1]), com o passar do tempo e graças à obra de autores como Jean-Jacques Rousseau e Emmanuel Sieyès passou a ser um atributo do *povo*[2].

Vários textos de importância constitucional apregoaram a soberania popular, como a Declaração de Independência dos Estados Unidos ("para garantir estes Direitos, são instituídos Governos entre os Homens, derivando os seus justos poderes do consentimento dos governados"), a primeira frase da Constituição norte-americana ("Nós, o povo dos Estados Unidos..." – *"We, The People of the United States"*) etc. A Constituição de 1988, em seu art. 1º, parágrafo único, afirma que "todo o poder emana do povo". Mas como esse poder será exercido? Através dos direitos políticos, que adiante estudaremos.

Figura 17.1 – Urna eletrônica (créditos ao final do livro).

Na classificação tradicional dos direitos em gerações ou dimensões, costuma-se classificar os direitos políticos entre os <u>direitos de primeira geração</u>, isso porque, historicamente, surgiram ao lado dos direitos civis (individuais ou liberdades públicas). No Brasil, por exemplo, a primeira Constituição brasileira (de 1824), em seu art. 91, já previa as regras das eleições, estabelecendo as condições de elegibilidade e alistabilidade.

17.1. DEMOCRACIA BRASILEIRA

Como vimos no capítulo reservado aos princípios fundamentais, democracia, com origem na Grécia antiga (Atenas, sobretudo), significa literalmente poder do povo ou poder exercido pelo povo. Segundo o professor colombiano Álvaro Echeverri Uruburu, os traços

---

1. "Jean Bodin publicou a primeira obra em que desenvolveu o conceito de soberania de maneira sistemática. *Lex Six Livres de la République*, datado de 1576, tras a concepção de Bodin para o que haveria de ser a autoridade real, conceituando a soberania da seguinte forma: 'Soberania é o poder absoluto e perpétuo de uma República, palavra que se usa tanto em relação aos particulares quanto em relação aos que manipulam todos os negócios de estado de uma República'" (Apud Rafael Ferreira Fumelli Monti. *Conceito de Soberania sobre Divergências Constantes*).
2. Como afirmou Marcelo Forneiro Machado, em dissertação de mestrado específica sobre o tema: "Os estudos mais acurados sobre o tema da soberania revelam que embora o grande sistematizador do conceito tenha sido Jean Bodin, no século XVI o termo já existia, pelo menos desde o século XII, disperso em inúmeras obras que discutiam o poder temporal do imperador e o poder espiritual do Papado. [...] É com a obra 'Os seis libros da república', todavia, que a teoria da soberania de Jean Bodin encontrará sua expressão definitiva. [...] O seu conceito de soberania, como 'poder absoluto e perpétuo de uma República' vai ao encontro das necessidades que o incipiente Estado Moderno reclama. [...] Trata-se, assim, do mais importante elemento do Estado Moderno, aquilo que lhe dá verdadeira feição, transformando a comunidade política e suas estruturas em algo que seja uno, perene e com uma organização particular. [...] A teoria da soberania popular é desenvolvida por Rousseau e firma-se na vontade geral composta de indivíduos que, cada qual, possuem uma parcela da soberania. Opõe-se, pois, à teoria clássica da soberania de Bodin, bem como o poder soberano de Hobbes e à teoria da soberania da nação proposta por Sieyès, um século depois. [...] A teoria da soberania popular concebe a titularidade da soberania como pertencendo a todos os componentes do povo, atribuindo a cada cidadão uma parcela da soberania" (*A evolução do conceito de soberania e a análise de suas problemáticas interna e externa*, p. 1-9).

principais do exercício democrático do poder são os seguintes: "a) fragmentação do poder político mediante a entrega das distintas fases e atividades do processo político (mandar, executar, julgar e controlar) a diversos detentores do poder, autônomos e independentes dentro da esfera de suas concretas competências (legislativo, executivo, jurisdicional e órgãos de fiscalização); b) submissão dos diversos detentores do poder a normas preexistentes, das quais devem sujeitar-se no exercício de suas atribuições (princípio da legalidade); c) o âmbito do poder de cada um deles não só se encontra limitado por regulações normativas com respeito às suas competências, mas também que incluem a proteção dos destinatários do poder frente a eventuais abusos e arbitrariedades dos governantes (regime de liberdades); d) caráter representativo e eletivo dos principais detentores do poder. Representativo em virtude de um mandato conferido pelo povo de maneira direta ou em sua qualidade de agente da vontade nacional. Eletivo por meio de processos eleitorais exercidos pelos governados mediante o sufrágio; e) caráter independente e autônomo da função jurisdicional"[3].

Figura 17.2 – Panteão (créditos ao final do livro).

A democracia pode ser classificada em três modalidades distintas. A primeira modalidade de democracia é a ***democracia direta***, em que o povo toma suas decisões diretamente, sem a necessidade de representantes, intermediários ou interlocutores. Tem-se como exemplo algumas decisões da Grécia antiga, através de atos praticados por cidadãos gregos (um percentual pequeno de toda a população, já que excluídos os estrangeiros, os escravos e as mulheres) e experiências praticadas em alguns cantões suíços[4]. Curiosamente, com o avanço rápido das tecnologias de informação e comunicação (TICs), discute-se um retorno gradual à democracia direta, na medida em que facilitaria uma cada vez maior participação do povo na tomada de decisões e respectivo controle dos atos governamentais, dando ensejo a uma *democracia digital*[5] ou *democracia eletrônica* (*e-democracia*)[6].

A segunda modalidade, mais comum de democracia atualmente, é a ***democracia indireta ou representativa***. Nela, o povo tomará suas decisões por meio de representantes devidamente eleitos.

---

3. *Teoría Constitucional y ciencia política*, p. 451.
4. "Entretanto, embora com amplitude bastante reduzida, não desapareceu de todo a prática de pronunciamento direto do povo, existindo alguns institutos que são classificados como expressões de democracia direta. Referindo-se a essas práticas, Burdeau qualifica-as de mera curiosidade histórica, entendendo que só existe mesmo a democracia direta na Landsgemeinde, que ainda se encontra em alguns cantões suíços: Glaris, Unterwalden e Appenzell" (*Elementos de Teoria Geral do Estado*, Dalmo de Abreu Dallari, p. 152).
5. Sivaldo Pereira da Silva sugere uma curiosa classificação sobre os graus de democracia digital.
6. "A democracia eletrônica (e-democracia) que compreende a busca de transparência da gestão pública e participação dos cidadãos nas decisões governamentais por meios eletrônicos, como acesso aos processos legislativos, comunicação eletrônica com representantes eleitos, votação eletrônica etc." (*Democracia Eletrônica e Competência Informacional*. Jussara Boerges; Helena Pereira da Silva, p. 133).

O Brasil, como vimos em capítulo anterior, é um Estado democrático de Direito. Em nosso país, a democracia é híbrida, uma mistura das duas democracias anteriormente mencionadas. É, pois, uma **democracia semidireta ou participativa**. Isso decorre do art. 1º, parágrafo único, da Constituição Federal: "Todo o poder emana do povo, que o exerce por meio de representantes eleitos ou diretamente, nos termos desta Constituição". Assim, em regra, o Brasil é uma democracia indireta, em que o povo toma suas decisões (legislativas, políticas, administrativas) por meio de seus representantes eleitos. Não obstante, a própria Constituição admite hipóteses de democracia direta, como o plebiscito, o referendo etc.

DEMOCRACIA	direta
	indireta (representativa)
	semidireta (participativa) – art. 1º, parágrafo único, CF

No nosso entender, a democracia brasileira (*semidireta*) deve ser aperfeiçoada. Seguindo exemplo de outros países da América do Sul, uma das saídas é o fortalecimento dos instrumentos de democracia direta, infelizmente pouco utilizados no Brasil (por culpa do desconhecimento da população, mas também por culpa da própria lei, que propositalmente não valoriza e instrumentaliza tais práticas). No Brasil, nos últimos trinta anos, em âmbito nacional, houve apenas um plebiscito (sobre a forma e o sistema de governo) e um referendo (sobre a venda de armas de fogo). É necessário incrementar, aperfeiçoar os instrumentos de democracia direta, de modo que integrem mais a população no processo democrático. No nosso entender, uma das saídas é pela implantação da denominada *"democracia digital"*. Esse também é o entendimento de Wilson Gomes: "A alternativa histórica à democracia representativa é a democracia direta, vencida historicamente por inadequada à sociedade de massa e à complexidade do Estado contemporâneo. [...] A introdução de uma nova infraestrutura tecnológica, entretanto, faz ressurgir fortemente as esperanças de modelos alternativos de democracia"[7].

Em 2021, houve um pequeno (quase imperceptível) avanço: a Constituição Federal foi alterada, para acréscimo de novas regras sobre consultas populares concomitantes às <u>eleições municipais</u> (como já ocorrem em outros países)[8]. A medida, que serve de estímulo à maior

---

7. *A democracia digital e o problema da participação civil na decisão política*, p. 218. Nessa obra, o autor traz uma interessante classificação, apontando diversos graus de democracia digital. Para ele o primeiro grau (mais elementar) corresponde ao "acesso do cidadão aos serviços através da rede". Por sua vez: "o segundo grau é constituído por um Estado que consulta os cidadãos pela rede para averiguar a sua opinião a respeito de temas da agenda pública e até, eventualmente, para a formação da agenda pública". Outrossim: "o terceiro grau de democracia digital é representado por um Estado com tal volume e intensidade na sua prestação de informação e prestação de contas que, de algum modo, adquire um alto nível de transparência para o cidadão comum". O quarto grau de democracia digital está baseado na democracia deliberativa, criando processos e mecanismos de discussão, com práticas mais sofisticadas de participação democrática. Por fim: "o quinto grau, evidentemente, é representado pelos modelos de democracia direta, onde a esfera política profissional se extinguiria porque o público mesmo controlaria a decisão política válida e legítima no interior do Estado. Trata-se do modelo de *democracy plug'n play*, do voto eletrônico, preferencialmente *on-line*, da conversão do cidadão não apenas em controlador da esfera política, mas em produtor da decisão política sobre os negócios públicos" (op. cit., p. 219).
8. Segundo o art. 14, § 12, da Constituição Federal (com a redação estabelecida pela Emenda Constitucional n.

participação popular nas decisões e atos governamentais, é um passo na direção do que defendemos. Isso também deveria ser estendido às outras esferas de governo (estaduais e federal), como adiante defenderemos. Portanto, esse avanço legislativo é muito tênue, sobretudo diante do célere avanço da tecnologia da informação. Enquanto hoje tomamos decisões imediatas sobre novas vidas com a ponta dos dedos (qual o melhor trajeto para se chegar em casa, chamar um transporte, pedir uma pizza etc.), na política representativa, mantemo-nos como nos séculos anteriores: decidimos quais serão nossos representantes pelos próximos anos e, nesse período, eles tomam quaisquer decisões em nosso nome, ainda que essas contrariem nossos interesses.

17.2. DIREITOS POLÍTICOS

Como vimos acima, os direitos políticos são os direitos destinados a concretizar a soberania popular, destinados a possibilitar que o povo possa interferir nas decisões políticas do Estado. Segundo o art. 14 da Constituição Federal, são exemplos de direitos políticos: a) plebiscito; b) referendo; c) iniciativa popular e d) direito de sufrágio universal. Todavia, esse rol do art. 14 da Constituição é apenas e tão somente exemplificativo. Em toda a Constituição encontramos outras hipóteses de participação popular na gestão pública, sendo exemplos claros de direitos políticos:

a) A ação popular (art. 5º, LXXIII, CF): qualquer cidadão poderá ajuizar essa ação para evitar ou reparar lesão a patrimônio público, meio ambiente, moralidade administrativa e patrimônio histórico e cultural, sendo o autor isento de custas e ônus de sucumbência, salvo comprovada má-fé.

b) Possibilidade de o cidadão denunciar irregularidades perante o Tribunal de Contas da União (art. 74, § 2º, CF): Segundo o art. 74, § 2º, da Constituição Federal, "qualquer cidadão, partido político, associação ou sindicato é parte legítima para, na forma da lei, denunciar irregularidades ou ilegalidades perante o Tribunal de Contas da União". Segundo a Lei n. 8.443/92 (Lei Orgânica do Tribunal de Contas da União), que disciplina a questão nos arts. 53 a 55, a denúncia tramitará em caráter sigiloso; a decisão acerca da denúncia deve ser fundamentada; admitida inicialmente a denúncia, será permitida a ampla defesa aos acusados; o denunciante tem direito a certidão depois do processo findo, no prazo de quinze dias; o denunciante tem direito a certidão sobre o andamento da investigação depois de noventa dias a partir da denúncia; até decisão definitiva, o andamento do procedimento será sigiloso e o denunciante não será responsabilizado penal, civil ou administrativamente, salvo comprovada má-fé.

c) Participação de seis cidadãos brasileiros natos no Conselho da República (art. 89, CF): segundo o art. 89 da Constituição Federal, o Conselho da República é órgão superior de consulta do presidente da República, por ele sendo convocado antes da tomada de decisões importantes, ou, nos termos do art. 90, II, "as questões relevantes para a estabilidade das instituições democráticas". Vários são os integrantes do Conselho da República, elencados no

---

111/2021), "serão realizadas concomitantemente às eleições municipais as consultas populares sobre questões locais aprovadas pelas Câmaras Municipais e encaminhadas à Justiça Eleitoral até 90 (noventa) dias antes da data das eleições, observados os limites operacionais relativos ao número de quesitos".

art. 89 da Constituição Federal. Dentre eles estão "seis cidadãos brasileiros natos, com mais de 35 anos de idade, sendo dois nomeados pelo presidente da República, dois eleitos pelo Senado Federal e dois eleitos pela Câmara dos Deputados, todos com mandato de três anos, vedada a recondução". A Lei que regulamenta o art. 89 da CF (Lei n. 8.041/90) determina que os seis cidadãos brasileiros natos terão suplentes, com eles juntamente nomeados ou eleitos (art. 3º, § 2º). A atividade do conselheiro não é remunerada (art. 3º, § 4º).

d) Participação de cidadãos eleitos pelo voto direto, na justiça de paz (art. 98, II, CF): Segundo o art. 98, II, da Constituição Federal, a União, no DF e Territórios, e os Estados criarão "justiça de paz, remunerada, composta de cidadãos eleitos pelo voto direto, universal e secreto, com mandato de quatro anos e competência para, na forma da lei, celebrar casamentos, verificar, de ofício ou em face de impugnação apresentada, o processo de habilitação e exercer atribuições conciliatórias, sem caráter jurisdicional, além de outras previstas na legislação". Segundo o STF, o juiz de paz integra o Poder Judiciário, aplicando-se-lhe as vedações impostas aos demais juízes (ADI 954, rel. Min. Gilmar Mendes), bem como são exigidas as mesmas condições de elegibilidade do art. 14, § 3º, CF, como alistamento eleitoral, filiação partidária etc. (ADI 2.938, rel. Min. Eros Grau). Como integrante do Poder Judiciário, a remuneração do juiz de paz deve ser fixada por lei de iniciativa do Tribunal de Justiça do Estado (ADI 1.051, rel. Min. Maurício Corrêa).

e) Participação de dois cidadãos no Conselho Nacional de Justiça (art. 103-B, XIII, CF): criado pela Reforma do Poder Judiciário (EC 45/2004), o Conselho Nacional de Justiça é órgão do Poder Judiciário, responsável pelo controle da atuação administrativa e financeira do Poder Judiciário, bem como do cumprimento dos deveres funcionais dos magistrados. Nesse importante órgão de fiscalização e controle do Poder Judiciário, há a presença de nove integrantes do Poder Judiciário (dentre eles o presidente do STF, um ministro do STJ etc.), dois membros do Ministério Público, dois advogados e "dois cidadãos, de notável saber jurídico e reputação ilibada, indicados um pela Câmara dos Deputados e outro pelo Senado Federal" (art. 103-B, XIII, CF). O mandato desses dois cidadãos será de 2 (dois) anos, admitida 1 (uma) recondução (art. 103-A, *caput*, CF). A presença de cidadãos num dos órgãos mais importantes de controle e fiscalização do Judiciário é um importante exemplo de direitos políticos.

f) Participação de dois cidadãos no Conselho Nacional do Ministério Público (art. 130-A, VI, CF): a Reforma do Poder Judiciário (EC 45/2004), além de criar o CNJ (Conselho Nacional de Justiça), também criou órgão congênere para o Ministério Público: o Conselho Nacional do Ministério Público (CNMP). Segundo o art. 130-A, da Constituição Federal, o órgão é composto de quatorze membros, também com dois anos de mandato, admitida uma recondução. Dentre os seus membros, estão "dois cidadãos de notável saber jurídico e reputação ilibada, indicados um pela Câmara dos Deputados e outro pelo Senado Federal" (art. 130-A, VI, CF). Ao permitir que cidadãos exerçam o controle administrativo, financeiro e o cumprimento dos deveres funcionais do Ministério Público, estamos diante de mais uma demonstração de direitos políticos.

g) Possibilidade de denunciar magistrados e serviços judiciários junto ao CNJ (art. 103-B, § 5º, I, CF): segundo o mencionado dispositivo constitucional, o ministro do Superior Tribunal de Justiça exercerá a função de ministro-corregedor, sendo uma de suas atribuições "receber as reclamações e denúncias, de qualquer interessado, relativas aos magistrados e aos serviços judiciários". Nesse dispositivo legal, ao contrário de tantos outros, permitiu-se a "qualquer interessado" fazer a denúncia ou reclamação, não limitando ao "cidadão" (pessoa no gozo dos seus direitos políticos). Para instrumentalizar esse direito político, a Resolução 103 do CNJ regulamenta a Ouvidoria do CNJ, que "tem por missão servir de canal de comunicação direta entre o cidadão e o Conselho Nacional de Justiça" (art. 2º), competindo-lhe, dentre outras atribuições, "receber informações, sugestões, reclamações, denúncias, críticas e elogios" (art. 4º, II).

h) Possibilidade de denunciar membros do Ministério Público e serviços auxiliares (art. 130-A, § 3º, I, CF): segundo o referido dispositivo constitucional, o corregedor nacional do Ministério Público, eleito dentre os conselheiros do CNMP, tem como uma de suas atribuições "receber reclamações e denúncias, de qualquer interessado, relativas aos Membros do Ministério Público e dos seus serviços auxiliares". Assim como no dispositivo congênere do CNJ, não se limita ao cidadão a possibilidade de fazer as reclamações ou denúncias, permitindo que "qualquer interessado" o faça.

i) Gestão quadripartite da seguridade social, com participação dos trabalhadores, empregadores, aposentados e governo nos órgãos colegiados (art. 194, parágrafo único, VII, CF): segundo o art. 194 da Constituição Federal, o Poder Público deve organizar a seguridade social com base em alguns objetivos, dentre eles o "caráter democrático e descentralizado da administração, mediante gestão quadripartite, com participação dos trabalhadores, dos empregadores, dos aposentados e do Governo nos órgãos colegiados" (art. 194, parágrafo único, VII, CP). A Lei n. 8.213/91 instituiu o CNPS – Conselho Nacional de Previdência Social, órgão superior de deliberação colegiada, tendo como membros: seis representantes do Governo Federal, nove representantes da sociedade civil, sendo: a) três representantes dos aposentados e pensionistas; b) três representantes dos trabalhadores em atividade; c) três representantes dos empregadores (art. 3º, Lei n. 8.213/91). Esse conselho, dentre outras competências, estabelecerá diretrizes gerais e apreciará as decisões de políticas aplicáveis à Previdência Social (art. 4º, Lei n. 8.213/91). Outrossim, a Lei que trata da Organização da Assistência Social – LOAS (Lei n. 8.742/93) instituiu o CNAS (Conselho Nacional de Assistência Social), composto de nove representantes governamentais (incluindo um representante dos Estados e outro dos municípios) e nove representantes da sociedade civil (art. 17, § 1º, I e II, Lei n. 8.742/93).

j) Gestão democrática do ensino público, na forma da lei (art. 206, VI, CF): segundo o art. 206 da Constituição Federal, o ensino será ministrado com base em alguns princípios, dentre os quais a "gestão democrática do ensino público, na forma da lei" (inciso VI). Segundo o art. 14 da Lei de Diretrizes e Bases da Educação Nacional (Lei n. 9.394/96): "os sistemas de ensino definirão as normas da gestão democrática do ensino público na educação básica, de acordo com as suas peculiaridades e conforme os seguintes princípios: I – participação dos profissionais da educação na elaboração do projeto pedagógico da escola; II – participação das comunidades escolar e local em conselhos escolares ou equivalentes". A Lei n. 9.131/95 criou o Conselho Nacional de Educação, com o intuito de "assegurar a participação da sociedade no aperfeiçoamento da educação nacional" (art. 7º), contando com vários representantes da sociedade civil.

k) Sistema Nacional de Cultura, de forma participativa e gestão democrática (art. 216-A, CF): segundo o art. 216-A da Constituição Federal, o SNC (Sistema Nacional de Cultura), organizado em regime de colaboração de forma descentralizada e participativa, institui um processo de gestão e promoção conjunta de políticas públicas de cultura, democráticas e permanentes, pactuadas entre os entes da Federação e a sociedade. A Lei n. 12.343/2010, que criou o Plano Nacional de Cultura, prevê como integrantes do seu Comitê Executivo pessoas "do setor cultural" (art. 12, § 1º).

l) Participação popular na tramitação de proposições legislativas: não se trata de iniciativa popular para elaboração de projetos de lei, algo previsto no art. 61, § 2º, da Constituição Federal, que será adiante estudada. Segundo a Resolução n. 26/2013 do Senado, foi criado o mecanismo de "consultas públicas" quanto às proposições legislativas que tramitam no Senado Federal: "Qualquer cidadão, mediante cadastro único com seus dados pessoais de identificação, poderá apoiar ou recusar as proposições legislativas em tramitação no Senado Federal" (art. 2º).

m) Necessária participação popular no processo de elaboração do plano diretor das cidades: segundo o Estatuto da Cidade (Lei n. 10.257/2001), "no processo de elaboração do plano diretor e na fiscalização de sua implementação, os Poderes Legislativo e Executivo municipais garantirão: I – a promoção de audiências públicas e debates com a participação da população e de associações representativas dos vários segmentos da comunidade" (art. 40, § 4º, I). Segundo jurisprudência pacífica, a aprovação do plano diretor sem essa participação popular no seu processo de elaboração macula de inconstitucionalidade a lei aprovada.

Importante frisar que esse rol é meramente exemplificativo, havendo muitas possibilidades (pouco conhecidas, infelizmente) de participação do povo na gestão pública, na tomada de decisões. Não houvesse mecanismos dessa natureza, haveria uma "ditadura de quatro anos", em que a democracia só se exerceria no momento da escolha periódica de seus representantes, como disse Jean-Jacques Rousseau no histórico *Contrato Social*: "O povo inglês pensa ser livre – engana-se redondamente: só o é durante a eleição dos membros do Parlamento; uma vez que são eleitos ele é escravo, ele não é nada. Nos efêmeros momentos de sua liberdade, o uso que dela faz indica que merece perdê-la"[9].

Estudemos os direitos políticos mais relevantes, previstos no art. 14 da Constituição Federal.

17.3. PLEBISCITO E REFERENDO

Não é pacífica no direito comparado a diferenciação entre plebiscito e referendo, muito menos o uso desses dois institutos. A confusão, como disse o professor peruano Carlos Blancas Bustamante, "nasce do fato de que em ambos os casos se trata de votações populares desprovidas de caráter eletivo, decisões diretas que concernem a vida do Estado ou de uma comunidade intraestatal em particular"[10]. Alguns países usam o referendo (ou *referendum*) apenas, como toda forma de consulta popular, outros usam apenas o plebiscito etc.

Indubitavelmente há um ponto de contato entre ambos os institutos, motivo pelo qual podemos dar um conceito geral dessa maneira: plebiscito e referendo são modalidades de consulta popular realizadas antes ou depois da edição de uma norma jurídica ou de um ato político-administrativo,

---

9. Op. cit., p. 114.
10. *El referendum en la Constitución Peruana*, p. 195.

cujas características e amplitudes serão estabelecidas na Constituição de cada país, com a respectiva regulamentação infraconstitucional.

A Constituição Portuguesa de 1976, por exemplo, aborda apenas o instituto do referendo, abrangendo as duas figuras ora em comento (consulta prévia ou posterior). Segundo o art. 115 daquela Constituição: "os cidadãos eleitos recenseados no território nacional podem ser chamados a pronunciar-se diretamente, a título vinculativo, através de referendo, por decisão do presidente da República, mediante proposta da Assembleia da República ou do Governo, em matérias das respectivas competências, nos casos e nos termos previstos na Constituição e na lei. [...] O referendo pode ainda resultar da iniciativa de cidadãos dirigida à Assembleia da República, que será apresentada e apreciada nos termos e nos prazos fixados por lei". Destaca-se, portanto, no instituto português: a) previsão expressa do "título vinculativo" – os Poderes Públicos estão vinculados ao resultado do referendo; b) a proposta do referendo pode ser da Assembleia da República ou do Governo; c) o referendo pode ser de iniciativa dos próprios cidadãos. Esse último aspecto (convocação popular de um referendo), presente na Constituição portuguesa, é uma das grandes falhas da Constituição brasileira, como adiante defenderemos.

Uma tentativa doutrinária de se diferenciar plebiscito de referendo seria o *conteúdo*: enquanto o referendo se refere a um conteúdo normativo, o plebiscito se refere a um conteúdo político. Segundo Blancas Bustamante: "O referendo se concretiza em uma manifestação do corpo eleitoral com respeito a um ato normativo. Já o plebiscito, mais precisamente, refere-se a uma manifestação do corpo eleitoral não atuada em relação a um ato normativo (como o referendo), mas quanto a um simples fato concernente a estrutura essencial do Estado ou de seu governo"[11]. Assim, segundo essa classificação, o referendo seria a apreciação popular de um ato normativo estatal (uma lei, uma medida provisória etc.), enquanto o plebiscito seria uma consulta popular sobre determinada decisão político-administrativa ou constitucional (a decisão sobre qual será o sistema de governo, se haverá acordo de paz com grupo guerrilheiro – como ocorreu recentemente na Colômbia, se o Brasil deve fazer um acordo internacional com aquele país etc.)[12]. Todavia, essa diferenciação nem sempre é adotada nas legislações dos países (e, como veremos, não é adotada no Brasil, que distingue os institutos pelo tempo da realização, e não pelo conteúdo).

Os referendos (considerados aqui como consultas populares) podem ser classificados de acordo com os seguintes critérios: *fundamento jurídico, matéria, amplitude, eficácia jurídica, tempo de realização, origem* e *âmbito territorial.*

Quanto ao fundamento jurídico, o referendo pode ser obrigatório e facultativo. O referendo obrigatório é requisito para validade das normas jurídicas, fazendo parte do processo de

---

11. Op. cit., p. 195.
12. Nesse sentido, García Pelayo afirma: "o referendo é o direito do corpo eleitoral a aprovar ou rechaçar as decisões das autoridades legislativas ordinárias, enquanto o plebiscito é a consulta ao corpo eleitoral sobre um ato de natureza governamental ou constitucional, é dizer, política, no genuíno sentido da palavra" (apud Carlos Blancas Bustamante, op. cit., p. 195). Critério coincidente manifesta Loewenstein para quem a expressão plebiscito deveria ficar reservada das votações sobre questões não legislativas. Assinala esse autor que o plebiscito se tem utilizado preferencialmente para resolver questões territoriais, tais como a modificação de fronteiras, a adesão a um Estado ou a autodeterminação e soberania de uma comunidade ou minoria nacional (op. cit., p. 196).

criação da norma. Por exemplo, segundo o art. 411 da Constituição boliviana, toda emenda constitucional precisa ser aprovada por um referendo popular. Já o referendo facultativo não é um requisito de validade da norma jurídica, podendo ser convocado por iniciativa de um órgão ou autoridade estatal, por parcela do eleitorado, a depender da legislação de cada país. Entendemos que essa norma constitucional boliviana, embora dificulte bastante o exercício do poder constituinte reformador, para o Brasil seria extremamente salutar, já que acompanhamos em nossas terras as mais absurdas mudanças constitucionais, muitas delas casuísticas e destinadas a beneficiar a classe política dominante.

Quanto à matéria, o referendo pode ser constitucional, legislativo e político-administrativo. O primeiro (referendo constitucional) se refere ao texto constitucional, podendo se referir a uma Constituição inteira (referendo constituinte) ou apenas a uma reforma constitucional. O segundo (referendo legislativo) refere-se à lei ordinária ou norma semelhante (lei complementar, por exemplo). O terceiro (político) não versa sobre ato normativo, mas sobre uma decisão política ou administrativa (acordo de paz, ingresso em órgão internacional etc.).

Quanto à amplitude, pode ser restrito (ou limitado) e irrestrito (ou ilimitado). O referendo restrito possui duas subespécies: a) circunscrito, limitado a assuntos preestabelecidos pela Constituição, como no art. 11 da Constituição francesa, que permite o referendo apenas para projetos de lei relativos à organização dos poderes públicos; b) excludente: pode versar sobre qualquer matéria, exceto aquelas determinadas pela Constituição (p. ex., o art. 170 da Constituição da Colômbia veda referendo sobre matérias fiscais e tributárias). Já o referendo irrestrito não possui qualquer restrição, seja circunscrita, seja excludente, por parte da Constituição.

Quanto à sua eficácia jurídica, o referendo pode ser vinculante e consultivo. O referendo vinculante tem como resultado a criação ou extinção de uma norma jurídica. Pode resultar na criação (referendo constitutivo) de uma norma jurídica, apenas ratificando-a (confirmando uma norma jurídica feita pelo corpo legislativo) ou pode ser inovativo (aprovando um projeto de lei de iniciativa popular sem ter passado por um corpo legislativo, como é possível no Uruguai, com projeto de reforma constitucional). O referendo vinculante também pode ser revogatório quando visa à extinção de uma norma jurídica (no Uruguai, até um ano após a promulgação de leis, 25% da população pode convocar o referendo revogatório). Já no referendo consultivo, o resultado não dá ensejo a uma norma jurídica, recaindo sobretudo como decisões políticas de maior transcendência, como o ingresso num organismo internacional.

Quanto ao tempo de sua realização, o referendo pode ser sucessivo e programático (ou prévio). O referendo sucessivo ocorre depois da formulação ou aprovação de uma norma estatal, para conferir-lhe eficácia jurídica. Vários Estados utilizam para referendar uma nova Constituição. O referendo programático (ou prévio) tem lugar antes da criação jurídica da norma ou ato estatal para determinar seu conteúdo material. No Brasil, recebe o nome de plebiscito.

Quanto à origem, o referendo pode ser institucional e popular. O referendo institucional é aquele convocado por uma ou algumas autoridades. No caso brasileiro, é convocado ou autorizado pelo Congresso Nacional, nos termos do art. 49, XV, da Constituição Federal. O referendo popular é aquele convocado por uma parte, uma fração do eleitorado (por exemplo, no Uruguai, pode ser convocado por 25% dos eleitores).

Quanto ao seu âmbito territorial: o referendo pode ser nacional ou subnacional. Enquanto no primeiro a decisão se refere a temas nacionais e tem a participação do eleitorado de todo o país, o segundo é realizado em estados federados, regiões e municípios, sobre normas da competência destes. No Brasil, por exemplo, o art. 18, § 3º, da Constituição Federal, prevê a realização de plebiscitos regionais (subnacionais) para criação de novos Estados-membros.

Podemos, então, sistematizar as modalidades de referendo dessa maneira:

REFERENDO			
	Quanto ao fundamento jurídico	Obrigatório	
		Facultativo	
	Quanto à matéria	Constitucional	
		Legislativo	
		Político-administrativo	
	Quanto à amplitude	Restrito (limitado)	Circunscrito
			Excludente
		Irrestrito	
	Quanto à eficácia jurídica	Vinculante	Constitutivo (ratificatório ou inovativo)
			Revogatório
		Consultivo	
	Quanto ao tempo de sua realização	Sucessivo	
		Prévio (programático) – Plebiscito, no Brasil	
	Quanto à origem	Institucional	
		Popular	
	Quanto ao âmbito territorial	Nacional	
		Subnacional	

No Brasil, quais são as modalidades de referendo / plebiscito existentes? Primeiramente, o referendo no Brasil, em regra, é *facultativo* (poderá ser convocado pelo Congresso Nacional apenas nas hipóteses em que ele considerar mais importantes). Excepcionalmente, há na Constituição uma hipótese em que é *obrigatório* (no caso, o plebiscito): para criação de novos Estados (art. 18, § 3º, CF) ou criação de novos Municípios (art. 18, § 4º).

Quanto à matéria, é possível que haja no Brasil tanto plebiscitos, como referendos nas suas três modalidades (constitucional, legislativo e político). Por exemplo, houve no Brasil, no ano de 1993, um plebiscito constitucional (indagando sobre a forma de governo e o sistema de governo), bem como houve em 2005 um referendo sobre a venda de arma de fogo no Brasil (um referendo legislativo). Embora não tenha ocorrido nesses quase trinta anos de vigência da Constituição de 1988, a Lei n. 9.709/98, que regulamenta o plebiscito e o referendo, permite que ele verse sobre decisão administrativa[13].

Quanto à amplitude, não há restrições constitucionais no Brasil à temática do plebiscito ou referendo, sendo, pois, irrestrito, podendo versar sobre matéria constitucional, penal, civil etc., desde que haja determinação do Congresso Nacional (art. 49, XV, CF). *Quanto à eficácia jurídica,* entendemos que o plebiscito/referendo pode ser, no Brasil, tanto vinculante como consultivo. Será vinculante quando se tratar de atos normativos, não podendo o Legislativo desrespeitar, sob pena de séria violação democrática, o que foi determinado pelo povo soberano. Não obstante, os plebiscitos para criação de novos Estados ou Municípios são apenas consultivos, na medida em que, depois de sua realização, a criação dos entes federativos dependerá de lei federal ou estadual, que poderá ser vetada pelo chefe do Poder Executivo. Assim, o Presidente da República, alegando violação de interesse público, pode vetar projeto de lei complementar que cria novo Estado, depois de aprovado o tema em plebiscito junto à população diretamente interessada.

Quanto à origem, o referendo ou o plebiscito brasileiro é sempre institucional (pois é sempre convocado ou autorizado pelo Congresso Nacional, e não pelo povo). Por fim, no Brasil, *quanto ao âmbito territorial,* poderemos ter plebiscitos e referendos *nacionais* (como em 1993, em que a população foi questionada sobre a forma e o sistema de governo) e *subnacionais* (como a consulta à população paraense, sobre o possível desmembramento-formação do Pará, cuja aprovação – que não houve – possibilitaria o surgimento de dois novos Estados – Tapajós e Carajás).

a) Plebiscito e referendo na América do Sul – Quadro comparativo

Na América do Sul, o tratamento dado pelas Constituições é bem distinto, a começar pela nomenclatura. Brasil e Colômbia adotam a mesma nomenclatura: plebiscito e referendo. Por sua vez, Uruguai, Peru e Paraguai preveem apenas o referendo, servindo para ambos os fenômenos. Equador adota o *referendum* e, quanto ao plebiscito, chama-o de "consulta popular" (na Bolívia, o plebiscito é chamado de "consulta prévia"). Veja mais detalhes na tabela adiante.

Além da diferença no uso da nomenclatura, há enorme diferença no tocante ao funcionamento do(s) instituto(s), com maiores ou menores graus de participação popular. De todos os países da América do Sul, o PIOR, repito, o PIOR tratamento dado ao plebiscito/referendo é o brasileiro. Como adiante se explicará melhor, somente o Congresso Nacional poderá convocar plebiscito e autorizar referendo em âmbito nacional (art. 49, XV, CF). Já em vários outros países, essa convocação pode se dar pelo presidente e por iniciativa popular. No Brasil, ao contrário de Colômbia, Equador, Bolívia, Venezuela e Peru, não existe a "revocatória de mandato" ou "referendo revogatório" ou "recall" (cancelamento do mandato eletivo pelo voto popular). Outrossim, no Brasil não há previsão constitucional de referendo às mudanças constitucionais (ao contrário de Colômbia, Equador, Bolívia, Uruguai, Venezuela, Peru, Chile e Paraguai).

---

13. Art. 2º Plebiscito e referendo são consultas formuladas ao povo para que delibere sobre matéria de acentuada relevância, de natureza constitucional, legislativa ou administrativa.

Veja abaixo um comparativo das Constituições da maioria dos países da América do Sul:

País	Previsão de plebiscito/referendo	Iniciativa do plebiscito / referendo	Previsão de "recall"	Participação popular na reforma da Constituição
Brasil	Previsão de plebiscito e referendo (art. 14, I e II)	Somente do Congresso Nacional (49, XV)	Não	Não
Colômbia	Previsão de plebiscito e referendo (art. 40, 2)	Presidente, com aprovação do Senado (art. 104), governadores e "prefeitos" (art. 105)	Sim – revocatória de mandato (art. 40, 4), regulamentado por lei (art. 103)	Projeto de emenda de iniciativa popular (art. 155), e poderá ser submetida a referendo (art. 378)
Equador	Previsão de *referendum* e "consulta popular" (plebiscito)	Presidente da República (art. 104) e iniciativa popular, com aprovação da constitucionalidade da Corte Constitucional (art. 104)	Sim – revocatória de mandato (art. 106), depois de um ano do mandato (art. 105)	Projeto de emenda de iniciativa popular (art. 442) pode ser submetido a referendo convocado pelo presidente (art. 441)
Bolívia	Prevê referendo e consulta prévia (art. 11, II, 1)	Pelo governo nacional, pelos governos departamentais autônomos (art. 300, 3) e governos municipais (art. 302)	Revocatória de mandato (art. 11, II, 1), depois da primeira metade do mandato (art. 240, II)	Projeto de emenda de iniciativa popular (art. 411, II). Toda reforma necessita de referendo (art. 411, II). Constituição foi aprovada por referendo (disposição final)
Uruguai	Prevê o referendo contra leis, no prazo de um ano (exceto leis tributárias) (art. 79)	Iniciativa de 25% dos eleitores (art. 79)	Não	Projeto de emenda de iniciativa popular (art. 331), podendo ser submetido a referendo na eleição mais próxima (art. 331)
Argentina	Prevê como "consulta popular" (art. 40)	Presidente e Congresso (art. 40)	Não (previsão em constituições e leis provinciais, mas não em nível nacional)	Não é possível projeto de emenda de iniciativa popular (art. 40)
Venezuela	Previsão de "referendo" (art. 73) e consulta popular (art. 70)	Presidente, com aprovação da Assembleia Nacional e Iniciativa popular (10% dos eleitores) (art. 71)	Referendo revocatório depois da metade do mandato (art. 72)	Projeto de emenda de iniciativa popular (art. 341, 1). Submissão da reforma a referendo, em 30 dias (art. 344).
Peru	Prevê como *referendum*	Congresso Nacional ou iniciativa popular (arts. 31 e 32)	Sim (remoção ou revogação de autoridades) art. 2°, 17	Projeto de emenda de iniciativa popular (art. 206). Em regra, toda reforma constitucional é submetida a referendo (art. 32, 1)

Chile	Prevê apenas o plebiscito (art. 5º)	Convocado pelo presidente (art. 32, 4) ou Congresso (art. 119)	Não	Não prevê emenda de iniciativa popular, mas prevê plebiscito sobre Emenda (art. 119). A Constituição foi submetida a "ratificação plebiscitaria" (Preâmbulo)
Paraguai	Previsão de *referendum*, podendo ser ou não vinculante (art. 121)	Congresso Nacional (art. 259, Código Eleitoral Paraguaio)	Não	Projeto de emenda constitucional, de iniciativa de trinta mil eleitores (art. 290). Toda emenda é submetida a referendo (art. 290)

b) Plebiscito e referendo no Brasil

Em nosso país, a primeira menção aos institutos ora em comento foi feita por d. Pedro I, logo após dissolver a Assembleia Constituinte que estava por elaborar a primeira Constituição brasileira ("Constituição da Mandioca"). Dissolvida a Assembleia, d. Pedro I criou um Conselho de Estado, entregando-lhe a tarefa de elaborar a Constituição e, por meio do Decreto Imperial de 13 de novembro de 1823, prometeu submeter essa Constituição à aprovação das Câmaras Municipais. Como concluiu Almino Affonso: "é difícil dizer que tal procedimento tenha tido força de um referendo. Mais parece um recurso político de que se valeu o Imperador para minimizar o desastrado gesto de dissolver a Assembleia Constituinte, com que empanara a função do império"[14]. Como se poderia imaginar, na Constituição de 1824, não houve menção a qualquer modalidade de plebiscito ou referendo.

Quando da Proclamação da República, o governo provisório, no Decreto n. 1, de 15 de novembro de 1889 (que, como vimos em capítulo anterior, serviu como "Constituição Provisória") previu a necessidade de manifestação popular, no seu art. 7º: "o Governo Provisório não reconhece nem reconhecerá nenhum governo local contrário à forma republicana, aguardando, como lhe cumpre, o pronunciamento definitivo do voto da nação, livremente expressado pelo sufrágio popular". A Constituição de 1891 foi feita, estabeleceu-se a República como forma de Governo e nunca houve o referendo mencionado pelo Governo Provisório. Mais uma promessa não realizada de consulta popular.

No texto constitucional de 1891, nenhuma menção foi feita a referendos ou plebiscitos, bem como na Constituição de 1934. Ironicamente, a primeira Constituição brasileira a prever o instituto do plebiscito foi a mais ditatorial de todas: a Constituição de 1937 (a "polaca" de Getúlio Vargas). Vários dispositivos faziam referência a plebiscitos (que nunca houve) e, principalmente, o art. 187 dispunha: "Esta constituição entrará em vigor na sua data e será submetida ao plebiscito nacional na forma regulada em decreto do Presidente da República". Esse plebiscito nunca foi realizado, sendo a terceira vez seguida em que a promessa de consulta popular não foi cumprida.

A Constituição de 1946 manteve o plebiscito apenas para a hipótese de criação de novos Estados. Segundo o art. 2º daquela Constituição: "Os Estados podem incorporar-se entre si,

---
14. Op. cit., p. 13.

subdividir-se ou desmembrar-se para se anexarem a outros ou formarem novos Estados, mediante voto das respectivas Assembleias Legislativas, plebiscito das populações diretamente interessadas e aprovação do Congresso Nacional". Essa possibilidade foi suprimida na Constituição de 1967, regressando na Constituição de 1988.

No ano de 1961, por meio de uma Emenda Constitucional (EC 4/61), foi alterada a Constituição de 1946, instituindo a figura do plebiscito para que o povo definisse sobre a manutenção do sistema parlamentar de governo (que havia sido criado por Emenda Constitucional) ou a restauração do presidencialismo, devolvendo ao presidente João Goulart os poderes que lhe foram tirados. Esse plebiscito foi realizado em 6 de janeiro de 1963 e se tornou uma norma constitucional de eficácia exaurida. Isso porque a Constituição não previa a realização de plebiscitos ou referendos, mas apenas um plebiscito para analisar aquele caso específico.

O assunto, de fato, foi tratado com maior amplitude na Constituição Federal de 1988. O art. 1º, parágrafo único, da Constituição, ao tratar da democracia semidireta brasileira, prevê que "todo o poder emana do povo, que o exerce por meio de seus representantes eleitos ou diretamente, nos termos desta Constituição". O plebiscito e o referendo são institutos que se enquadram no disposto na parte final do mencionado dispositivo legal.

Primeiramente, poucos são os artigos da Constituição Federal de 1988 sobre plebiscito e referendo. O primeiro deles (art. 14, I e II, CF) afirma que o plebiscito e o referendo são modalidades de direitos políticos, corolários da soberania popular ("A soberania popular será exercida pelo sufrágio universal e pelo voto direto e secreto, com valor igual para todos, e, nos termos da lei, mediante: I – plebiscito; II – referendo").

Outrossim, mais adiante, a Constituição Federal prevê duas hipóteses de consulta obrigatória (ou plebiscito obrigatório): para criação de novos Estados (art. 18, § 3º, CF) e para criação de novos Municípios (art. 18, § 4º, CF). Malgrado iremos estudar o tema no próximo capítulo (sobre Federação), antecipamos que um dos requisitos do processo de criação de novos Estados ou Municípios é o plebiscito com a população diretamente interessada. Sem a decisão favorável da população envolvida, em plebiscito, o Estado ou o Município não poderá ser criado. Importante reiterar que a palavra do povo não é, nesse caso, a decisão final: caso aprovada em plebiscito a criação do novo Estado ou Município, será feita lei (federal ou estadual), que poderá ser vetada pelo chefe do Poder Executivo.

Dispositivo importante de nossa Constituição é o art. 49, XV, que afirma ser competência do Congresso Nacional "autorizar referendo e convocar plebiscito". Portanto, no Brasil, não há plebiscito ou referendo *popular* (ou de iniciativa popular), mas apenas *institucional* (convocado ou autorizado pelo Congresso Nacional). Por estar no art. 49 da Constituição Federal, o plebiscito é convocado e o referendo é autorizado por <u>Decreto Legislativo</u> do Congresso Nacional (ato normativo destinado a disciplinar as competências do art. 49, da Constituição Federal, que não conta com a sanção ou veto presidencial e é aprovado por maioria simples ou relativa das duas casas do Congresso Nacional, em turno único, em ambas as casas). Embora o quórum de aprovação seja de apenas maioria simples, é importante destacar que, por força do art. 3º da Lei n. 9.709/98, a iniciativa do projeto de Decreto Legislativo deve ser de 1/3 de deputados ou senadores, como adiante se verá.

Por fim, o último dispositivo constitucional sobre o tema é o art. 2º do ADCT (Ato das Disposições Constitucionais Transitórias), casuístico, pontual e episódico, determinou a realização de plebiscito, no ano de 1993, para que o povo decidisse a forma de governo (República ou Monarquia) e o sistema de governo (presidencialismo ou parlamentarismo). Curiosidade: embora a data originalmente marcada para a realização desse plebiscito tenha sido 7 de setembro de 1993, a Emenda Constitucional n. 2, de 1992, antecipou o plebiscito para o dia 21 de abril do mesmo ano (1993).

Como são poucos os dispositivos constitucionais sobre o assunto, imperiosa a análise da Lei Federal n. 9.709/98, que regulamenta tanto o plebiscito e o referendo, como também a iniciativa popular, que será estudada na sequência.

Primeiramente, a lei define plebiscito e referendo, de forma um pouco diversa da doutrina majoritária. Não diferencia os institutos pelo conteúdo, mas pelo momento de sua realização. Segundo a lei: "o plebiscito é convocado com anterioridade a ato legislativo ou administrativo, cabendo ao povo, pelo voto, aprovar ou denegar o que lhe tenha sido submetido" (art. 2º, § 1º), enquanto "o referendo é convocado com posterioridade a ato legislativo ou administrativo, cumprindo ao povo a respectiva ratificação ou rejeição" (art. 2º, § 2º). Assim, podemos sistematizar os institutos, segundo a lei brasileira, desta maneira:

Plebiscito	Referendo
Convocado pelo Congresso Nacional	Autorizado pelo Congresso Nacional
Ar. 14, I, c.c. art. 49, XV, CF	Art. 14, II, c.c. art. 49, XV, CF
Convocação se dá por decreto legislativo	Autorização se dá por decreto legislativo
Realizado antes da edição da lei ou ato administrativo	Realizado depois da edição da lei ou ato administrativo

Como vimos acima, tanto o referendo como o plebiscito são exclusivamente, no Brasil, de iniciativa do Congresso Nacional, através de decreto legislativo. Por força do art. 3º da Lei n. 9.709/98, esse decreto legislativo não pode ser de iniciativa de um único parlamentar, mas de pelo menos 1/3 (um terço) dos parlamentares de qualquer das casas do Congresso Nacional. Assim, somente 171 deputados (1/3 da Câmara de Deputados) ou 27 senadores (1/3 do Senado Federal) poderá propor o projeto de decreto legislativo que convoca plebiscito ou autoriza referendo.

É possível plebiscito e referendo em âmbitos estaduais e municipais? Sim. Primeiramente, por força do princípio da simetria constitucional (aquilo que vale para a União, guardadas as devidas proporções e salvo algumas exceções, se aplica também para Estados e Municípios). Aliás, é o que dispõe o art. 6º da Lei n. 9.709/98: "nas demais questões, de competência dos Estados, do Distrito Federal e dos Municípios, o plebiscito e o referendo serão convocados de conformidade, respectivamente, com a Constituição Estadual e com a Lei Orgânica". Para respeitar a simetria referida, os plebiscitos e referendos estaduais e municipais devem ser convocados ou autorizados pelo Poder Legislativo local (Assembleia Legislativa do Estado ou Câmara de Vereadores, no Município). Por exemplo, é o que faz a Constituição do Estado de São Paulo, que no art. 20 prevê que "Compete, exclusivamente, à Assembleia Legislativa: XVIII – autorizar referendo e convocar plebiscito, exceto nos casos previstos nesta Constituição"[15].

---

15. Além da hipótese sobredita, a Constituição do Estado de São Paulo prevê hipótese em que o povo diretamente pode solicitar plebiscito ou referendo. Segundo o art. 24, § 3º: "o exercício direto da soberania popular realizar-se-á da seguinte forma: [...] 2 – um por cento do eleitorado do Estado poderá requerer à Assembleia Legislativa a realização

Curiosamente, algumas Constituições Estaduais estabeleceram regras muito mais democráticas no tocante à convocação de plebiscito e à autorização de referendo. Enquanto a Constituição Federal deixa tal convocação ou autorização apenas e tão somente nas mãos do Congresso Nacional (art. 49, XV, CF), a Constituição do Estado do Rio de Janeiro, por exemplo, permite que 5% dos eleitores do Estado requeiram a realização de plebiscito sobre determinado assunto (art. 120, *caput*), limitando-se a, no máximo, duas consultas plebiscitárias por ano (art. 120, § 2º). Por sua vez, a Constituição do Estado de São Paulo prevê que 1% do eleitorado do Estado pode requerer ao Tribunal Regional Federal a realização de plebiscito (art. 24, § 3º, 1), bem como requerer à Assembleia Legislativa a realização de referendo sobre lei (art. 24, § 3º, 2). Evidentemente, tais normas previstas nas Constituições estaduais são constitucionais, máxime por serem medidas de incremento e fomento da democracia.

No nosso entender, deveria o Congresso Nacional se inspirar nesses exemplos das Constituições Estaduais e, por meio de Emenda Constitucional à Constituição Federal, estabelecer outros legitimados que poderiam propor o plebiscito ou o referendo. Entendemos que o modelo ideal seria a solicitação de plebiscito ou referendo: a) pelo próprio Legislativo; b) pelo chefe do Poder Executivo[16] e c) por um percentual da população.

Quem será responsável pela realização do plebiscito ou referendo convocado pelo Congresso Nacional será a Justiça Eleitoral, a quem incumbirá: "fixar a data da consulta popular, tornar pública a cédula respectiva, expedir instruções para a realização do plebiscito ou referendo, assegurar a gratuidade nos meios de comunicação de massa concessionários de serviço público, aos partidos políticos e às frentes suprapartidárias organizadas pela sociedade civil em torno da matéria em questão, para a divulgação de seus postulados referentes ao tema sob consulta (art. 8º, Lei n. 9.709/98).

Se for convocado um plebiscito (consulta prévia sobre determinado tema), todos os projetos de lei ou medidas administrativas que versarem sobre o tema serão suspensos até que seja proclamado o resultado da consulta popular (art. 9º, Lei n. 9.709/98).

O quórum de aprovação do plebiscito e do referendo será maioria simples ou relativa (se forem feitas três perguntas alternativas, por exemplo, vencerá a que tiver mais votos) (art. 10, Lei n. 9.709/98). Por sua vez, por expressa previsão legal, o referendo (que é consulta posterior à edição da lei ou ato administrativo) pode ser convocado no prazo de trinta dias, a contar da promulgação da lei ou adoção de medida administrativa (art. 11, Lei n. 9.709/98).

---

de referendo sobre lei; 3 – as questões relevantes aos destinos do Estado poderão ser submetidas a plebiscito, quando pelo menos um por cento do eleitorado o requerer ao Tribunal Regional Eleitoral, ouvida a Assembleia Legislativa. [...] o Tribunal Regional Eleitoral, observada a legislação federal pertinente, providenciará a consulta popular prevista nos itens 2 e 3, no prazo de sessenta dias". No nosso entender, a norma constitucional paulista é constitucional, embora não seja simétrica com a Constituição Federal. Isso porque potencializa a soberania popular, dando ao povo maiores poderes políticos, o que atende aos ditames constitucionais do Estado Democrático de Direito.

16. Essa hipótese, no nosso entender, é essencial, sobretudo graças às características peculiares do nosso sistema de governo presidencialista, chamado por alguns de "presidencialismo de coalisão", no qual o Presidente só consegue implementar seu plano de governo se tiver uma ampla maioria no Congresso Nacional, muitas vezes conquistada de maneira imoral e outras vezes de maneira ilegal. Para minimizar o excessivo poder que o Legislativo exerce sobre o Executivo federal, poderia esse último convocar plebiscito ou referendo para submeter diretamente ao povo algumas de suas propostas de governo.

c) **Referendo revogatório** (*recall, recall election, recall referendum* ou *representative recall*)

Importante mecanismo de democracia direta que vem sendo implantado pelas Constituições de vários países na América Latina é o "referendo revogatório". Como afirma o professor chileno Francisco Soto Barrientos: "consiste basicamente na faculdade de deixar sem efeito o mandato do titular de um cargo eletivo popular mediante referendo. Em geral, esta fórmula participativa se encontra limitada ao âmbito regional ou local, salvo nos casos de Bolívia, Equador, Venezuela, Peru e Panamá, que o contemplam em nível constitucional"[17].

Este instituto, também conhecido como "recall" (termo em inglês que se traduz em fazer um novo chamado), tem sua origem no direito anglo-saxão, nos Estados Unidos. Surgiu, ainda na América colonial, nas leis do Tribunal Geral da Colônia de Massachusetts, em 1631. Durante a Revolução Americana os artigos da Confederação estipularam que os legislativos estaduais poderiam cancelar os mandatos dos delegados do Congresso continental (embora esse poder nunca tenha sido exercido). Ocorreu em solo norte-americano o "recall" em 1921, com o governador de Dakota do Norte Lynn Frazier, bem como em 2003, com o governador da Califórnia Gray Davis. Em 2012, o governador de Wisconsin, Scott Walker, tornou-se o primeiro governador dos Estados Unidos a "sobreviver" a um "recall". As Constituições dos estados norte-americanos podem estabelecer regras específicas sobre o "recall" (por exemplo, Alasca, Geórgia, Kansas, Minnesota, Montada, Rhode Island e Washington exigem motivos específicos: alguma forma de má-fé ou má conduta no exercício do mandato). Assim, o número mínimo de assinaturas e o limite de tempo para se estabelecer o "recall" variam entre os Estados.

Figura 17.3 – Gray Davis, governador da Califórnia, submetido a *recall* em 2003 (créditos ao final do livro).

Fundamenta-se no princípio da soberania popular e da representação. Mediante esse procedimento, o eleitoral tem o direito de destituir de seu cargo o funcionário público a quem ele mesmo elegeu, antes de que conclua o período para o qual foi eleito. Em outras palavras, o povo, mediante sufrágio e de maneira vinculante, decide sobre a continuidade do mandato eletivo. Os efeitos produzidos pela revogatória do mandato é a destituição ou remoção do cargo que ocupa o funcionário público de eleição popular, celebrando-se novas eleições ou substituindo-se pelo funcionário estabelecido pelo ordenamento jurídico do país.

Tal instituto está previsto no art. 31 da Constituição do Peru ("os cidadãos têm direito a participar nos assuntos mediante referendo, iniciativa legislativa, remoção ou revogação de autoridades [...]". Outrossim, o art. 103 da Constituição colombiana afirma que "são mecanismos de participação do povo no exercício de sua soberania: o voto, o plebiscito, o referendo, a

---

17. *El referendum en Latinoamérica: Un análisis desde el derecho comparado.*

consulta popular, a iniciativa legislativa e a revogatória do mandato". Da mesma forma, o art. 109 da Constituição do Equador afirma que "os cidadãos terão direito a resolver a revogatória do mandato outorgado aos prefeitos e deputados de sua eleição, por atos de corrupção ou descumprimento de seu plano de trabalho".

O Brasil não prevê o instituto do "recall", seja em âmbito federal, seja em âmbito estadual ou municipal. Concordamos com Fábio Konder Comparato, de que seria uma excelente maneira de incrementar a democracia brasileira, aumentando o interesse dos eleitores em assuntos políticos, bem como obrigando os eleitos a manter uma relação mais próxima do eleitorado: "Infelizmente, a atual Constituição não prevê o exercício, pelo povo soberano, desse poder revocatório, que a doutrina qualifica como direito potestativo ou formador. E essa omissão constitui uma falha grave, a comprometer a legitimidade do processo democrático. Importa, pois, reconhecer a necessidade política de se introduzir urgentemente, entre nós, o instituto da revogação popular de mandatos eletivos – o recall, como o denominam os norte-americanos –, de forma que fortaleça na vida política a soberania do povo, dando-lhe novas razões para confiar nas instituições democráticas"[18].

d) Plebiscitos e referendos em âmbito municipal (a inovação da EC n. 111/2021)

A primeira alteração realizada pela Emenda Constitucional n. 111/2021 foi a inclusão de dois novos parágrafos no importante art. 14 da Constituição Federal. Esse artigo inaugura o Capítulo dos *direitos políticos*. Depois de explicar as hipóteses de demonstração da soberania popular (art. 14, I a III, CF), delimitar a capacidade eleitoral ativa, ou alistabilidade (art. 14, §§ 1º e 2º, CF), a capacidade eleitoral passiva ou elegibilidade (art. 14, §§ 3º e 4º, CF), as hipóteses de inelegibilidade (art. 14, §§ 5º a 9º, CF) e estabelecer as regras sobre a AIME (ação de impugnação de mandato eletivo – art. 14, §§ 10 e 11), a Constituição agora possui dois novos parágrafos que tratam de *consultas populares realizadas no âmbito municipal* (art. 14, §§ 12 e 13, CF).

Como defendemos há tempos, é urgente e necessária uma ampliação da utilização desses institutos de maior participação popular nas decisões políticas, como vem ocorrendo em países vizinhos. Sempre defendemos que fosse utilizado o dia das eleições periódicas para realização de consultas ao povo sobre temas relevantes (como já ocorre nos Estados Unidos ou no vizinho Uruguai). A Emenda Constitucional n. 111/2021 deu um passo nessa direção, ao prever tais consultas no âmbito municipal.

Segundo o novo art. 14, § 12, da Constituição Federal, "serão realizadas concomitantemente às eleições municipais as consultas populares sobre questões locais aprovadas pelas Câmaras Municipais e encaminhadas à Justiça Eleitoral até 90 (noventa) dias antes da data das eleições, observados os limites operacionais relativos ao número de quesitos". Examinemos alguns aspectos desse novo dispositivo constitucional:

a) "consultas populares": essas consultas poderão ocorrer por meio de plebiscito (consulta anterior à elaboração de lei ou ato administrativo) ou referendo (consulta posterior à elaboração da lei ou ato administrativo);

b) "concomitantes às eleições municipais": as consultas populares deverão ocorrer no dia das eleições municipais, ou seja, ao digitar o número de seu candidato na urna eletrônica, o

---

18. *Brasil: Verso e Reverso Constitucional.*

eleitor também poderá opinar em assuntos municipais sugeridos pela Câmara Municipal de Vereadores;

c) "questões locais": o dispositivo constitucional deixou claro que as consultas populares tratarão apenas de temas principais, de competência do município. Nos termos do art. 30 da Constituição Federal, caberá ao município legislar sobre assuntos de interesse local. Da mesma maneira, o mesmo artigo da Constituição prevê a competência administrativa e política dos municípios (prestar serviços públicos diretamente ou mediante concessão ou permissão; criar distritos etc.), que se refere também ao interesse local do município. Dessa maneira, esse dispositivo constitucional não se aplica às eleições estaduais e nacionais. Todavia, entendemos que, embora não haja previsão expressa desse mesmo procedimento aos plebiscitos e referendos no âmbito estadual e federal, entendemos que tal medida poderá ser adotada, desde que haja essa deliberação por parte do Congresso Nacional, nos termos do procedimento previsto no art. 3º da Lei n. 7.909/98.

d) encaminhadas à Justiça Eleitoral até 90 (noventa) dias antes da data das eleições: para fins operacionais, para que a Justiça Eleitoral tenha tempo suficiente para incluir as questões suscitadas nas urnas eletrônicas dos municípios, a Constituição estabelece o prazo mínimo de 90 (noventa) dias para que tal consulta seja concretizada. Entendemos que, se a Câmara de Vereadores enviar essa solicitação fora desse prazo constitucional, embora a Justiça Eleitoral possa se esforçar para realizar a consulta, sua negativa não ensejará violação da Constituição.

Por fim, o novo art. 14, § 13, da Constituição Federal trata da campanha eleitoral referente aos temas objeto do plebiscito ou referendo: "as manifestações favoráveis e contrárias às questões submetidas às consultas populares nos termos do § 12 ocorrerão durante as campanhas eleitorais, sem a utilização de propaganda gratuita no rádio e na televisão".

Como se vê nesse dispositivo constitucional, a campanha favorável ou contrária aos temas objeto da consulta popular deve ocorrer concomitantemente às campanhas eleitorais eleições municipais. Todavia, não será reservado tempo específico em propaganda gratuita no rádio e televisão.

Se as democracias liberais em todo o mundo passam por retrocessos, a maneira de aprimorar a democracia é com mais democracia, ou seja, incrementando os instrumentos de democracia direta. Assim, esses dois novos parágrafos do art. 14 da Constituição Federal demonstram um avanço nessa direção. Todavia, lamentamos o fato de que tal avanço não foi previsto para plebiscitos e referendos de âmbito estadual ou federal. É lamentável que o povo seja tão pouco consultado sobre temas relevantes. Temas complexos acabam sendo influenciados por lobistas, grandes empresas, grandes setores da economia, menos pelo povo. Defendemos a ampliação dessa norma constitucional também para consultas populares em âmbito estadual e federal. Embora não haja uma norma constitucional expressa, é plenamente possível, por iniciativa do Congresso Nacional (por 1/3 dos parlamentares, através de decreto legislativo), a convocação de plebiscito ou referendo, a ser realizado no mesmo dia das eleições, utilizando-se todo o aparato da Justiça Eleitoral. Discute-se tanto, sobretudo em épocas de eleição, temas como aborto, legalização das drogas etc. No nosso entender, a maneira mais democrática de resolver tais questões é submetendo-as à apreciação do povo. Isso porque as deficiências da democracia são solucionadas com "mais democracia".

17.4. INICIATIVA POPULAR

Um dos direitos políticos mais importantes é a "iniciativa popular", ou seja, a possibilidade de a própria população criar um projeto de lei. Está previsto inicialmente no art. 14, III, da Constituição Federal: "A soberania popular será exercida pelo sufrágio universal e pelo voto direto e secreto, com valor igual para todos, e, nos termos da lei, mediante: [...] III – iniciativa popular". Cabe à Constituição de cada país estabelecer as regras, os limites e os parâmetros da iniciativa popular.

O art. 61, § 2º, da Constituição Federal estabelece as regras da iniciativa popular em âmbito federal: "A iniciativa popular pode ser exercida pela apresentação à Câmara dos Deputados de projeto de lei subscrito por, no mínimo, um por cento do eleitorado nacional, distribuído pelo menos por cinco Estados, com não menos de três décimos por cento dos eleitores de cada um deles". Assim, podemos sistematizar os requisitos da iniciativa popular em âmbito federal nesses três requisitos cumulativos:

Iniciativa popular (art. 61, § 2º, CF)	Projeto de lei subscrito por, no mínimo, 1% do eleitorado nacional
	Assinatura e pelo menos 5 Estados
	Assinaturas de 0,3% dos eleitores de cada um desses Estados

Preenchidos os requisitos constitucionais, o projeto de lei deverá ser apresentado à Câmara dos Deputados. A Constituição Federal não estabelece prazo para votação, nem o procedimento de apreciação pelo Congresso Nacional. Não obstante, a Lei n. 9.709/98 fixa alguns parâmetros. No seu art. 13, § 1º, afirma que "o projeto de lei de iniciativa popular deverá circunscrever-se a um só assunto" e no art. 13, § 2º, determina que "o projeto de lei de iniciativa popular não poderá ser rejeitado por vício de forma, cabendo à Câmara dos Deputados, por seu órgão competente, providenciar a correção de eventuais impropriedades de técnica legislativa ou de redação".

Outrossim, o Regimento Interno da Câmara dos Deputados, no seu art. 252, estabelece parâmetros para o projeto de lei de iniciativa popular: assinatura de cada eleitor deverá ser acompanhada de seu nome completo e legível, endereço e dados identificadores de seu título eleitoral; o projeto será instruído com documento hábil da Justiça Eleitoral quanto ao contingente de eleitores alistados em cada Unidade da Federação (para se comprovar o percentual mínimo de assinaturas) etc.

Como se vê, extremamente rigorosos são os requisitos do projeto de lei de iniciativa popular. Por essa razão, a maioria dos projetos de lei considerados de iniciativa popular só tramitou no Poder Legislativo por força da coautoria, prática muito utilizada pelo Congresso Nacional até o ano de 2016[19]. Importante lei de iniciativa popular foi a Lei Complementar n. 135, de 2010,

---

19. "Em face da absurda configuração do instituto, nenhum projeto de lei apresentado na Câmara dos Deputados efetivamente se caracterizou como de iniciativa popular. Três projetos que recolheram assinaturas foram transformados em lei, mas tramitaram graças à coautoria. O Projeto de Lei n. 4.146/93, que teve o Poder Executivo como coator, tornou-se a Lei n. 8.930/94 e alterou a Lei n. 8.072/90, adicionando o homicídio quando praticado em atividade típica de grupo de extermínio no rol dos crimes hediondos. O Projeto de Lei n. 1.517/99, com a coautoria do Deputado Albérico Cordeiro (e a assinatura de todos os líderes partidários) transforma-se na Lei n. 9.840/99 e inclui na Lei n. 9.504/97 o art. 41A, permitindo a cassação do candidato que incidir em captação ilícita de sufrágio. Finalmente, o projeto de Lei n. 2.710/92 torna-se, com muitas modificações, a Lei n. 11.124 e cria o Sistema Nacional de Habitação de Interesse Social. Teve o deputado Nilmario Miranda como coautor" (Eneida Desiree Salgado. *Iniciativa Popular de Leis. As proposições, o positivado e o possível*).

conhecida como "Lei da Ficha Limpa". Essa lei altera a Lei Complementar n. 64, de 1990, que trata de hipóteses de inelegibilidade. A coleta de assinaturas foi iniciada em 2008, sendo enviada à Câmara dos Deputados com 1,6 milhão de assinaturas. Recentemente, um movimento capitaneado pelo Ministério Público Federal colheu assinaturas para um projeto de lei conhecido como "Dez Medidas contra a Corrupção". Foram colhidos 2 milhões de assinaturas, que foram enviadas à Câmara dos Deputados no dia 29 de março de 2016. Ao todo, foram pouco mais de 2 milhões de assinaturas, sendo 28,7% colhidas no sudeste, 21,7% no Sul, 18,1% no Centro-Oeste, 14,4% no Nordeste e 7,1% no Norte. Na Câmara dos Deputados, o projeto foi "adotado" pelos deputados Antonio Carlos Thame (PV/SP), Diego Garcia (PHS/PR) e outros. O projeto ainda tramita na Câmara dos Deputados, embora tenha havido a intervenção do Supremo Tribunal Federal, como adiante se verá.

Que espécies normativas podem ser objeto de iniciativa popular? Tem prevalecido o entendimento de que o projeto de lei pode versar sobre lei ordinária e lei complementar (desde que não sejam de iniciativa privativa, como adiante se verá). Assim, poderá ser elaborado, por iniciativa popular, projeto de lei sobre matéria penal, civil, processual (temas reservados à lei ordinária), bem como novas hipóteses de inelegibilidade, imposto sobre grandes fortunas (temas reservados à lei complementar, nos arts. 14, § 9º, e 153, VII, da Constituição, respectivamente).

Pode ser feita Proposta de Emenda Constitucional (PEC) por iniciativa popular? O assunto é polêmico. O art. 60 da Constituição Federal, ao prever o procedimento da Emenda Constitucional, somente estabelece três legitimados (1/3 de deputados ou senadores, presidente da República e mais da metade das Assembleias Legislativas, pela maioria relativa de seus membros). Por essa razão, muitos entendem (incluindo o Supremo Tribunal Federal) que esse rol é taxativo, não se admitindo a iniciativa popular sobre a proposta de Emenda Constitucional.

Todavia, no nosso entender, negar ao povo a possibilidade de fazer proposta de Emenda Constitucional é um terrível contrassenso. Ora, se o poder constituinte é de titularidade do povo, nada mais natural que o próprio povo possa fazer proposta de Emenda Constitucional. Ora, interpretar de forma contrária é reduzir injustificadamente a expressão "todo o poder emana do povo", cunhada no art. 1º, parágrafo único, de nossa Constituição. Esse também é o entendimento de Fábio Konder Comparato, em obra de 1986: "Atribuir a iniciativa das leis também ao povo, diretamente, é medida importante para associar os cidadãos à tarefa de transformação ou aperfeiçoamento do Direito e, também, para desbloquear o Legislativo, sujeito ao controle oligárquico partidário"[20]. A Proposta de Emenda de iniciativa popular já é uma realidade em todos os países da América do Sul, com exceção de Argentina, Chile e Brasil.

Embora, nesse caso, o ideal fosse uma Emenda Constitucional alterando formalmente o art. 60, da Constituição Federal, incluindo o povo como um dos legitimados da Proposta de Emenda Constitucional (PEC), entendemos ser possível nesse caso a realização de mutação constitucional (uma mudança de interpretação da constituição, sem alteração do seu texto). Como vimos no capítulo sobre Constitucionalismo (em que abordamos o constitucionalismo democrático) e no capítulo destinado à Hermenêutica Constitucional (em que abordamos o princípio da sociedade aberta dos intérpretes da Constituição), todos somos potenciais intérpretes da Constituição. Dessa maneira, cabe a cada um de nós interpretar sistematicamente a Constituição para chegar à

---

20. *Muda Brasil. Uma Constituição para o Desenvolvimento Democrático*. São Paulo: Brasiliense, 1986.

conclusão de que o povo pode apresentar a Proposta de Emenda Constitucional, já que, nos termos do art. 1º, parágrafo único, da Constituição, "todo poder emana do povo".

Como já foi dito acima, o projeto de lei de iniciativa popular pode versar sobre matéria penal, civil, processual, eleitoral, reservada à lei complementar ou ordinária. Indaga-se: há vedações aplicáveis à iniciativa popular? Há alguns projetos de lei que não podem ser feitos por iniciativa popular?

Embora não haja na Constituição um rol de vedações expressas à iniciativa popular, podemos arrolar algumas vedações implícitas:

a) Projeto de lei de iniciativa privativa do Poder Executivo: segundo o art. 61, § 1º, da Constituição Federal, são de iniciativa privativa do Presidente a criação de cargos, funções ou empregos públicos na administração direta e autárquica, bem como o aumento de sua remuneração, a criação ou extinção de Ministérios etc. Esses projetos não podem ser de iniciativa popular, pois esta é reservada àqueles casos em que a iniciativa caberia ao Congresso Nacional.

b) Projeto de lei de iniciativa privativa do Poder Judiciário ou Ministério Público: segundo o art. 96, II, compete ao Supremo Tribunal Federal, aos Tribunais Superiores e aos Tribunais de Justiça propor ao Poder Legislativo respectivo a alteração do número de membros dos tribunais inferiores, bem como a criação e extinção de cargos e a remuneração dos seus serviços auxiliares. Da mesma forma, o art. 93, *caput*, determina que lei complementar, de iniciativa do STF, disporá sobre o Estatuto da Magistratura. Por sua vez, o art. 127, § 2º, da Constituição Federal assegura ao Ministério Público a proposta de lei enviada ao Legislativo, sobre a criação e a extinção de seus cargos e serviços auxiliares. Esses projetos não podem ser de iniciativa popular.

c) Projetos de decreto legislativo ou resolução, por se tratar de assuntos de competência exclusiva da Câmara dos Deputados (art. 51, CF), do Senado Federal (art. 52, CF) ou do Congresso Nacional (art. 49, CF).

Dessa maneira, podemos assim sistematizar:

INICIATIVA POPULAR	
É possível	Não é possível
Lei ordinária (desde que não seja de iniciativa privativa)	Lei ordinária que seja de iniciativa privativa (do presidente, do Judiciário etc.)
Lei complementar (desde que não seja de iniciativa privativa)	Lei complementar que seja de iniciativa privativa (do presidente, do Judiciário etc.)
	Proposta de Emenda Constitucional (entendimento majoritário, por inexistir previsão expressa no art. 60 da Constituição Federal)
	Projetos de decreto legislativo ou resolução
	Leis delegadas
	Medidas Provisórias

Apresentado à Câmara dos Deputados o projeto de lei de iniciativa popular, qual será o procedimento? A Constituição Federal não estabelece o processo legislativo, mas apenas os requisitos para elaboração do projeto (art. 61, § 2º) e a Lei n. 9.709/98 traz apenas algumas poucas considerações: a proibição de rejeição pelo vício de forma, devendo a Câmara dos Deputados corrigir as eventuais impropriedades de técnica legislativa ou redação (art. 13, § 2º). A sobredita lei delegou aos Regimentos Internos da Câmara e do Senado o trâmite dos projetos de lei de iniciativa popular ("A Câmara dos Deputados, verificando o cumprimento das exigências estabelecidas no art. 13 e respectivos parágrafos, dará seguimento à iniciativa popular, consoante as normas do Regimento Interno" – art. 14).

O assunto é tratado pelo art. 252 do Regimento Interno da Câmara dos Deputados, que no seu inciso VI esclarece (e decepciona): "o projeto de lei de iniciativa popular terá a mesma tramitação dos demais, integrando a numeração geral das proposições". Assim, o projeto de lei de iniciativa popular tem o mesmo tratamento dado ao projeto de lei de um único parlamentar. Seu trâmite, que não tem prazo determinado, seguirá o mesmo procedimento dos demais projetos de lei. O projeto poderá ser rejeitado e emendado livremente pelos parlamentares, não tendo prazo para tal. Assim, somente a pressão das ruas, da imprensa, será capaz de agilizar o trâmite legislativo (o que mostra que o instituto brasileiro precisa de muitos aperfeiçoamentos).

Em 2017, o povo brasileiro, perplexo, viu na prática aquilo que acabamos de mencionar no parágrafo anterior: o Projeto de Lei n. 4.850/2016, conhecido como "10 medidas de combate à corrupção", de iniciativa popular, foi encaminhado à Câmara dos Deputados (com 2.028.263 assinaturas). Não obstante, como é usual, o projeto foi "adotado" por alguns parlamentares (já que o trâmite do processo legislativo é o mesmo) e, ato contínuo, foi enormemente emendado, desvirtuando o escopo inicial e popular. Aprovado na Câmara dos Deputados, o projeto foi encaminhado ao Senado Federal (casa revisora). Ocorre que, em liminar em Mandado de Segurança (Medida Cautelar em MS 34.530/DF), o Supremo Tribunal Federal, por voto do Min. Luiz Fux (em 14-12-2016), determinou que o projeto retornasse à Câmara dos Deputados e fosse novamente iniciado.

Primeiramente, em sua decisão liminar, o STF considerou inconstitucional a usual e tradicional prática da "adoção" do projeto de lei de iniciativa popular por parte de parlamentares. Segundo o STF: "A assunção da titularidade do projeto por parlamentar, legitimado independente para dar início ao processo legislativo, amesquinha a magnitude democrática e constitucional da iniciativa popular, subjugando um exercício por excelência da soberania pelos seus titulares aos meandros legislativos nem sempre permeáveis às vozes das ruas".

Outrossim, o STF entendeu que, embora sejam possíveis emendas ao projeto de lei de iniciativa popular, essas não podem descaracterizar o projeto, desfigurando-o e alijando-o de seus propósitos iniciais: "o projeto de lei de iniciativa popular será debatido na sua essência, interditando-se emendas e substitutivos que desfigurem a proposta original para simular apoio público a um texto essencialmente distinto do subscrito por milhões de eleitores". Analogicamente, o STF utilizou o mesmo raciocínio das "emendas jabutis" (textos estranhos inseridos em emendas feitas a Medidas Provisórias). Segundo o STF: "viola a Constituição da República, notadamente o princípio democrático e o devido processo legislativo (arts. 1º, *caput*, parágrafo único, 2º, *caput*, 5º, *caput* e LIV, CRFB), a prática da inserção, mediante emenda parlamentar no processo legislativo de conversão de medida provisória em lei, de matérias de conteúdo temático estranho ao objeto originário da medida provisória" (ADI 5.127, rel. Min. Rosa Weber, relator p/ Acórdão: Min. Edson Fachin, Tribunal Pleno, julgado em 15-10-2015).

Ao proferir esse novo entendimento, o STF inovou, utilizando princípios constitucionais (moralidade e democracia) para afastar práticas legislativas já tradicionais no Brasil. Assim como em outros casos, essa decisão do STF pode ensejar (e ensejou) dois comentários antagônicos: para alguns, houve um exagero do *judicial review* caracterizador de um *ativismo judicial*, alterando práticas políticas consolidadas, por não serem vedadas pela lei; para outros, o Judiciário apenas exerceu um papel de protagonista na implantação dos valores constitucionais substantivos, como o princípio democrático. Nesse caso, optamos pela segunda conclusão. Dessa maneira, podemos resumir assim o atual entendimento do STF:

Vedações no processo legislativo da lei de iniciativa popular (MS 34.530/DF)	a) Não pode o parlamentar se apropriar da iniciativa do projeto, assumindo sua titularidade ("adoção" do projeto por parlamentar/es)
	b) Não pode o Legislativo editar emendas de modo que desvirtue os objetivos iniciais do projeto de lei

A iniciativa popular pode recair sobre leis federais (cujo procedimento vimos acima), leis estaduais, distritais e municipais. No tocante às leis federais, os requisitos constitucionais estão previstos no art. 61, § 2º, da Constituição Federal: "A iniciativa popular pode ser exercida pela apresentação à Câmara dos Deputados de projeto de lei subscrito por, no mínimo, um por cento do eleitorado nacional, distribuído por cinco Estados, com não menos de três décimos por cento dos eleitores de cada um deles". Como vimos acima, o projeto deverá ser encaminhado à Câmara dos Deputados e, com as ressalvas recentes feitas pelo STF, terá o mesmo procedimento de um projeto de lei de iniciativa de um parlamentar.

Quanto às leis estaduais, quais são os requisitos constitucionais? A Constituição Federal não estabelece os requisitos, ficando a cargo da Constituição de cada Estado. As Constituições estaduais (e a Lei Orgânica do Distrito Federal) tratam a questão de forma bastante heterogênea. Por exemplo, a Constituição do Estado de São Paulo prevê que a iniciativa popular depende de "0,5% do eleitorado estadual (art. 24, § 3º, 1), distribuídos em pelo menos 5 dentre os 15 maiores municípios, com não menos que 0,2% de eleitores de cada um deles".

Quanto às propostas de emenda constitucional de iniciativa popular, há uma novidade: em 25 de outubro de 2018, o STF, no julgamento da ADI 825, de relatoria do Ministro Alexandre de Moraes, decidiu que a Constituição estadual pode prever a edição de Emenda Constitucional de iniciativa popular. A ação foi ajuizada pelo Governo do Estado do Amapá, que admite a iniciativa popular para reforma de sua Constituição. Segundo os ministros, embora a Constituição Federal não autorize expressamente proposta de iniciativa popular para emendas ao próprio texto, mas apenas para normas infraconstitucionais, não há impedimento para que as constituições estaduais prevejam a possibilidade, ampliando a competência constante na Constituição Federal. Prevaleceu o entendimento do Ministro Edson Fachin, segundo o qual "na democracia representativa, além dos mecanismos tradicionais de seu exercício, por meio dos representantes eleitos pelo povo, também há esses mecanismos de participação direta". Por exemplo, a Constituição do Estado de São Paulo, quanto às Emendas à Constituição estadual, assegura que tal Emenda deve ser proposta por 1% do eleitorado do Estado (art. 22, IV, Constituição do Estado de São Paulo).

Por sua vez, no tocante às leis municipais de iniciativa popular, os requisitos estão previstos no art. 29, XIII, da Constituição Federal: "iniciativa popular de projetos de lei de interesse específico do Município, da cidade ou de bairros, através de manifestação de, pelo menos, cinco por cento do eleitorado".

No nosso entender, é necessária urgentemente uma reforma legislativa no Brasil (seja por Emenda Constitucional, seja por Lei ordinária), a fim de que seja revitalizada e potencializada a "iniciativa popular", tão importante para concretização da democracia. Entendemos serem necessárias as seguintes mudanças: a) Emenda Constitucional prevendo expressamente a possibilidade de Emenda Constitucional por iniciativa popular, bem como estabelecendo prazo para o Congresso Nacional apreciar e votar os projetos de iniciativa popular[21], sob pena de trancamento da pauta; b) mudança na Lei n. 9.709/98, a fim de que seja criado um instrumento oficial eletrônico de colheita das assinaturas (explica-se: na forma atual, a conferência das assinaturas é praticamente impossível, motivo pelo qual ocorria na prática a "adoção" por parte de parlamentares ou pelo Executivo, que assumiam o projeto em coautoria – prática atualmente vedada pelo Supremo Tribunal Federal).

17.5. DIREITO DE SUFRÁGIO

Um dos mais importantes direitos políticos (e o mais exercitado no Brasil, já que os outros, como vimos, não possuem, por parte da legislação pátria, meios eficazes de instrumentalização) é o direito de sufrágio, composto de dois aspectos: a) alistabilidade (direito de votar ou capacidade eleitoral ativa); b) elegibilidade (direito de ser votado ou capacidade eleitoral passiva).

Direito de sufrágio { Direito de votar (alistabilidade) / Direito de ser votado (elegibilidade) }

O art. 14, *caput,* da Constituição Federal afirma que a "soberania popular será exercida pelo sufrágio universal". Significa que, preenchidos alguns requisitos mínimos, todos podem votar e ser votados (um dos requisitos para votar é a idade mínima e um dos requisitos para ser votado é a filiação partidária).

Nem sempre, no Brasil, o sufrágio foi universal. Na Constituição de 1824, o sufrágio era censitário (somente os homens mais ricos podiam votar – quem tivesse renda de 100.000 réis anuais –, e os homens mais ricos ainda podiam ser votados – quem tivesse renda mínima de 200.000 réis anuais). Na Constituição de 1891, não podia votar nem ser votados os mendigos, os analfabetos e as mulheres (art. 70). Na Constituição de 1934, admitiu-se o voto feminino, mas manteve-se a exclusão de analfabetos e mendigos da alistabilidade e da elegibilidade. A mencionada exclusão foi mantida na Constituição de 1937, mas, ditadura que era, não foram realizadas eleições naquele período. Na Constituição de 1946, pela primeira vez, foram permi-

---

21. Algumas Constituições Estaduais já preveem regras semelhantes no tocante aos projetos de lei estadual de iniciativa popular. Por exemplo, a Constituição do Amapá, desde 2006 (por força de Emenda Constitucional n. 35, de 2006), afirma que "os projetos de emenda à Constituição e de lei apresentados mediante iniciativa popular terão inscrição prioritária na Ordem do Dia da Assembleia Legislativa, no prazo de quarenta e cinco dias de seu recebimento, garantindo-se sua defesa em Plenário por qualquer dos cidadãos que o tiverem subscrito". A Constituição do Ceará também prevê que o projeto de lei de iniciativa popular tramitará em regime de prioridade e terá prazo de tramitação de 45 dias (art. 6º, § 1º). Da mesma forma, a Constituição do Espírito Santo prevê o prazo máximo de noventa dias para discussão e votação do projeto de lei de iniciativa popular (art. 69, § 2º), podendo as assinaturas serem subscritas por meios eletrônicos, através da Rede Mundial de Computadores (art. 69, § 1º) e, não sendo votado no prazo, ingressa automaticamente na pauta da próxima sessão (art. 69, § 3º), dispositivos que foram inseridos pela EC 102, de 19-11-2015. Outro exemplo é a Constituição do Maranhão, emendada em 2009 (pela EC 58), que prevê o prazo máximo de sessenta dias para apreciação (art. 44, § 1º).

tidas a alistabilidade e a elegibilidade dos mendigos, bem como mantidos os direitos políticos das mulheres. Estavam excluídos do direito de votar e de serem votados os analfabetos, regra que foi mantida na Constituição de 1967 (art. 142, § 3º).

A Constituição de 1988 ampliou o direito de votar e ser votado no Brasil. Embora haja hipóteses de inalistabilidade e inelegibilidade, foi a primeira Constituição brasileira a permitir a alistabilidade dos analfabetos (art. 14, § 1º, II, "a", CF), para os quais o voto é facultativo.

> Note bem:
> Voto feminino: surgiu com o Código Eleitoral de 1932 e foi constitucionalizado na Constituição de 1934.
> Voto secreto: surgiu com o Código Eleitoral de 1932 (art. 56) e foi constitucionalizado na Constituição de 1934.
> Voto dos analfabetos: passou a ser admitido com a Constituição de 1988, considerando-o facultativo.
> Voto censitário: era o voto que exigia requisitos econômicos mínimos. Foi adotado pela Constituição de 1824.

Além de prever o "sufrágio universal", o art. 14, *caput*, da Constituição Federal prevê como consequência da soberania popular o "voto direto e secreto, com valor igual para todos". Assim, três foram as características do voto, destacadas pelo constituinte originário: a) direto; b) secreto; c) igualitário.

Voto direto é aquele em que o eleitor escolhe diretamente seu representante (presidente, governador, deputado, senador, vereador etc.), sem intermediários. O povo vai diretamente às urnas e escolhe seus representantes. Importante frisar que há uma exceção prevista na Constituição, de voto indireto: ocorrendo a vacância dos cargos de presidente e vice-presidente da República nos dois últimos anos do mandato, "a eleição para ambos os cargos será feita trinta dias depois da última vaga, pelo Congresso Nacional, na forma da lei" (art. 81, § 1º, CF).

Voto secreto é o voto sigiloso, contrário do voto aberto (que existia no início de nossa República, que facilitou o "coronelismo eleitoral" e o "voto de cabresto"[22]).

Por fim, o *voto igualitário* significa que todos os votos têm o mesmo peso, o mesmo valor. O voto a um candidato presidencial dado por um amazonense, gaúcho ou carioca terá sempre o mesmo peso. Não obstante, atenua-se a igualdade do voto no que toca à composição da Câmara dos Deputados. Explica-se: segundo o art. 45, § 1º, da Constituição Federal, todo Estado terá pelo menos 8 (oito) deputados federais e no máximo 70 (setenta). Por conta desses limites, para se eleger um deputado federal nos Estados mais populosos (como São Paulo e Minas Gerais, por exemplo), são necessários mais votos do que para se eleger um deputado federal nos Estados menos populosos (como Acre e Tocantins, por exemplo). Assim, para eleição de deputado federal, o voto de um acreano vale mais do que o voto de um paulista. Não obstante, não há como resolver essa diferenciação, a não ser que se aumentasse enormemente o número de deputados federais, o que é uma medida irrazoável[23].

---

22. Ruy Barbosa criticava o voto aberto na Constituição de 1891: "No dia em que houvermos estabelecido o recato impenetrável da cédula eleitoral, teremos escoimado a eleição das suas duas grandes chagas: a intimidação e o suborno. A publicidade é a servidão do votante. O segredo, a sua independência" (*Comentários à Constituição Federal Brasileira*, p. 157, volume V).
23. Sobre essa questão, em monografia específica sobre o tema, Arlindo Fernandes de Oliveira afirma que a Constituição, "ao tratar da composição da Câmara dos Deputados, institui um critério para sua composição que implica, de modo evidente e flagrante, afrontosa desigualdade do peso do voto de um eleitor, no caso das eleições para essa Casa do

a) Alistabilidade

Segundo a Constituição Federal, a regra é o voto obrigatório. "O alistamento eleitoral e o voto são obrigatórios para os maiores de dezoito anos" (art. 14, 1º, I) e menores de setenta anos. Por sua vez, o alistamento eleitoral e o voto são facultativos para: a) os analfabetos; b) os maiores de setenta anos; c) os maiores de dezesseis e menores de dezoito anos (art. 14, § 1º, II). Por fim, o alistamento eleitoral e o voto são proibidos, nos termos do art. 14, § 2º, para os estrangeiros[24] e para os militares conscritos[25], durante o serviço militar obrigatório.

Quanto aos que não podem temporariamente votar, porque perderam ou tiveram suspensos seus direitos políticos, falaremos em tópico posterior. Dessa maneira, podemos sistematizar assim a alistabilidade:

VOTO	Obrigatório (maiores de 18 e menores de 70 anos)
	Facultativo (maiores de 16 e menores de 18 anos, maiores de 70 anos e analfabetos)
	Proibidos (menores de 16 anos, estrangeiros e militar conscrito)

O alistamento eleitoral, procedimento administrativo realizado junto à Justiça Eleitoral, requisito obrigatório para votar e ser votado, é regulamento pela Lei das Eleições (Lei n. 9.504/97). Nos termos do art. 91, o alistamento eleitoral se encerra 150 dias antes das eleições, reabrindo-se novamente logo que estejam concluídos os trabalhos de apuração da respectiva junta eleitoral.

O brasileiro naturalizado deve se alistar obrigatoriamente no prazo de 1 (um) ano após sua naturalização, sob pena de pagamento de multa, nos termos do art. 8º do Código Eleitoral (Lei n. 4.737/65).

Parlamento" (*O Princípio da Igualdade do Voto na Constituição Brasileira e as Distorções na Representação nas Unidades Federadas na Câmara dos Deputados*, p. 33).

24. Existe aqui uma rara e pouco conhecida exceção: o "português equiparado" que reside no Brasil há mais de três anos, nos termos do art. 17, do Tratado de Amizade, Cooperação e Consulta entre a República Federativa do Brasil e a República Portuguesa (que ingressou no Brasil pelo Decreto n. 3.927/2001): "O gozo de direitos políticos por brasileiros em Portugal e por portugueses no Brasil só será reconhecido aos que tiverem três anos de residência habitual e depende de requerimento à autoridade competente. [...] 3. O gozo de direitos políticos no Estado de residência importa na suspensão do exercício dos mesmos direitos no Estado da nacionalidade".

25. A proibição do voto dos conscritos já foi abordada em Constituições brasileiras anteriores. Segundo Natália Souza dos Santos, conscrito "é o recrutado para servir o Exército, não o integrando na condição de profissional, mas sim na condição de cidadão em cumprimento com o ônus constitucional de prestação de serviço militar pelo tempo devido. Ou seja, conscrito será a pessoa incorporada às Forças Armadas, enquanto durar essa situação. Durante esse período, lhe serão vedados tanto o alistamento eleitoral quanto o voto, e, como consequência lógica, sua elegibilidade para qualquer cargo eletivo no país". "O Tribunal Superior Eleitoral, na Consulta n. 10.471/89, [...] consignou estarem incluídos no conceito os convocados à prestação de serviço militar obrigatório, os alunos matriculados em órgãos de formação de reservas e os médicos, dentistas, farmacêuticos e veterinários". Na Assembleia Nacional Constituinte "prevaleceu o entendimento da maioria, que julgou correto que os militares conscritos estivessem prontos para defender a população (e por que não, a própria democracia) caso fosse preciso utilizar sua força ante qualquer uma das normas que legitimam a sua propositura". Afinal, Por que os Conscritos não votam. *Revista Jurídica Consulex*, 15 fev. 2013.

Por fim, quanto à alistabilidade dos índios, o tema é relativamente tormentoso na doutrina e jurisprudência. Não obstante, percebe-se nitidamente uma evolução doutrinária e jurisprudencial em favor do voto do índio. Por exemplo, se antes se entendia que o índio, para se alistar, tinha que comprovar a quitação do serviço militar (TSE, Res. n. 20.806/2001, rel. Garcia Vieira), o entendimento doutrinário e jurisprudencial hoje é diverso. Segundo Cristiano Alves Rodrigues: "não merece prosperar o entendimento consagrado na Resolução TSE n. 20.806, que concluiu que aos índios integrados deve-se exigir o certificado de quitação do serviço militar. Tal Resolução conflita frontalmente com a Constituição da República de 1988, excluindo o direito dos índios a esse relevante direito fundamental"[26]. Por sua vez, recentemente o TRE/RO entendeu não ser mais exigível tal quitação, máxime porque o serviço militar dos indígenas é facultativo (Representação 30.29.2014.6.22.0000). Da mesma forma, o TSE decidiu que "a atual ordem constitucional, ao ampliar o direito à participação política dos cidadãos, restringindo o alistamento somente aos estrangeiros e aos conscritos, [...] assegurou-os, em caráter facultativo, a todos os indígenas, independentes da categorização estabelecida na legislação infraconstitucional anterior" (Ac. De 6.12.2011 no PA n. 180.681, rel. Min. Nancy Andrighi)[27].

Em resumo, podemos afirmar que, quanto aos índios integrados e alfabetizados, o alistamento eleitoral é obrigatório. Por sua vez, para os índios não integrados e os em vias de integração, o alistamento eleitoral é facultativo, não podendo ser exigida a fluência da língua portuguesa, como já decidiu o TSE: "vedado impor qualquer empecilho ao alistamento eleitoral que não esteja previsto na Lei Maior, por caracterizar restrição indevida a direito político, há que afirmar a inexigibilidade de fluência da língua pátria para que o indígena ainda sob tutela e o brasileiro possam alistar-se como eleitores" (TSE, PA n. 19.840/2010).

Alistamento eleitoral e voto dos índios	Integrados e alfabetizados – alistamento eleitoral e voto obrigatórios
	Não integrados e não alfabetizados – voto facultativo (ainda que não tenham fluência na língua portuguesa)

b) Elegibilidade

Como vimos acima, elegibilidade (ou capacidade eleitoral passiva) é o direito de ser votado, que, nos termos do art. 14, § 3º, exige a presença de algumas condições cumulativas:

1. Nacionalidade brasileira: a primeira condição de elegibilidade é a nacionalidade brasileira. Para ser eleito, a pessoa deve ser brasileira (nata ou naturalizada). Praticamente todos os cargos públicos eletivos podem ser ocupados por brasileiros natos ou naturalizados (salvo as exceções previstas no capítulo anterior). Importante: há uma exceção, em que o estrangeiro poderá se candidatar no Brasil. Trata-se do "português equiparado" residente no Brasil há mais

---

26. *O reconhecimento do direito dos índios ao alistamento eleitoral.*
27. Não obstante, o entendimento não é pacífico, havendo decisão do TSE em sentido contrário: "será solicitado, na hipótese de requerer alistamento eleitoral, documento hábil obtido na unidade do serviço militar do qual se infira sua regularidade com as obrigações correspondentes, seja pela prestação, dispensa, isenção ou quaisquer outros motivos admitidos pela legislação de regência da matéria" (Ac. de 10-2-2015 no pA n. 191.930, rel. Min. João Otávio de Noronha).

de três anos, se assim o requerer (nos termos do art. 17 do Tratado de Amizade entre Brasil e Portugal, que ingressou no direito brasileiro pelo Decreto n. 3.927, de 2001).

É oportuno recordar que os cargos de Presidente e Vice-Presidente são exclusivos de brasileiros natos. Brasileiro naturalizado poderá ser Governador, Prefeito, Vereador, Deputado Estadual ou Distrital, Deputado Federal (só não poderá ser Presidente da Câmara dos Deputados) e Senador (só não poderá ser Presidente do Senado).

2. Pleno exercício dos direitos políticos: para se candidatar a um cargo público eletivo, é imperioso estar no pleno exercício dos direitos políticos, ou seja, não pode ter perdido os direitos políticos ou estar com eles suspensos, nos termos do art. 15 da Constituição Federal, que examinaremos a seguir.

3. Alistamento eleitoral: o alistamento eleitoral, procedimento administrativo feito perante à Justiça Eleitoral, é uma condição de alistabilidade e elegibilidade.

4. Domicílio eleitoral na circunscrição: o candidato deve ter domicílio eleitoral na circunscrição em que pretende se eleger. Não se pode confundir domicílio eleitoral com domicílio civil. Este é o local em que o indivíduo possui residência com ânimo definitivo, enquanto aquele (domicílio eleitoral) é o local onde o indivíduo se alistou e, por isso, onde ele vota e é votado. Nada impede que a pessoa tenha o domicílio civil em um local e o domicílio eleitoral em outro local.

5. Filiação partidária: no Brasil não se admitem candidaturas avulsas, como nos Estados Unidos. Por aqui, para se candidatar a um cargo público eletivo, a pessoa deve se filiar a um partido político. A única exceção, como se explicará melhor adiante, aplica-se ao militar com mais de dez anos de atividade. Segundo entendimento jurisprudencial, ele poderá se candidatar a um cargo público eletivo sem se filiar a um partido político, o que deverá ser feito imediatamente se for eleito.

Recentemente, o STF reconheceu a repercussão geral num Recurso Extraordinário com Agravo (ARE 1054490), relatado pelo Min. Luís Roberto Barroso. A polêmica gira em torno do conflito entre duas normas: o art. 14, § 3º, V (que exige, como condição de elegibilidade, a filiação partidária) e o art. 23, inciso 2, do Pacto de São José da Costa Rica. Segundo este último dispositivo, o acesso às funções públicas somente poderá ser reduzido pelos seguintes motivos: "idade, nacionalidade, residência, idioma, instrução, capacidade civil ou mental, ou condenação, por juiz competente, em processo penal". Como se vê, o Pacto de São José (Convenção Americana de Direitos Humanos) não prevê a filiação partidária como requisito para o acesso aos cargos públicos eletivos.

Embora o STF ainda não tenha julgado o mérito da questão, o resultado é previsível. Como o STF entende que o Pacto de São José da Costa Rica é norma infraconstitucional (e supralegal), o conflito entre as duas normas será resolvido facilmente pelo critério hierárquico: a norma superior (a norma constitucional) prevalecerá sobre a norma infraconstitucional.

Não obstante, como já criticamos no decorrer do livro, a posição do STF segundo a qual o Pacto de São José da Costa Rica é isolada na América do Sul. O Brasil é o único país que não reconhece o Pacto de São José como sendo norma constitucional. Tal posição seguramente enfraquece a tutela dos direitos humanos em nosso país, como no caso concreto. O interesse de partidos políticos, por conta dessa interpretação do STF, acaba prevalecendo sobre o direito do cidadão, de participar do processo democrático, sem se filiar a um dos partidos políticos já existentes. Atualmente, somente vinte países do mundo exigem que candidatos façam parte de partidos políticos (é o caso da Argentina, Uruguai, Suécia, África do Sul, Camboja, Suriname e Brasil).

Embora respeitemos os argumentos de que a candidatura avulsa pode enfraquecer os partidos políticos e o sistema partidário nacional, entendemos que o atual sistema político brasileiro faz com que muitos cidadãos não queiram participar da vida política por conta do modelo corrompido e corrupto atual. Por conta disso, entendemos que a candidatura avulsa pode ser um avanço para o processo democrático brasileiro, com o surgimento de novas lideranças. Não obstante, como dissemos antes, para que isso ocorra, o STF deve mudar seu posicionamento e passar a entender que o Pacto de São José tem força de norma constitucional (teoria que é defendida por Celso de Mello, Flávia Piovesan e a qual também nos filiamos).

Sobre o tema, a Corte Interamericana de Direitos Humanos decidiu em favor do cidadão (caso *Yatama v. Nicarágua*, de 2005). Decidiu a Corte Interamericana que "um cidadão – que deve ser obviamente uma pessoa, e não um grupo – tem um direito absoluto de votar e ser votado em eleições democráticas, tal como o estabelece o referido artigo. Desse modo, qualquer requisito de que um cidadão deva ser membro de um partido político ou de qualquer outra forma de organização política para exercer aquele direito viola claramente tanto o espírito como a letra da norma em questão"[28]. Não obstante, como o STF ainda admite a infraconstitucionalidade do Pacto de São José da Costa Rica, em 2018, o TSE indeferiu o registro de inúmeras candidaturas avulsas[29]. A questão está pendente de julgamento perante o STF (ARE 1054490, rel. Min. Roberto Barroso), mas tem pouquíssimas chances de prosperar, enquanto o STF defender a infraconstitucionalidade da maioria dos tratados internacionais sobre direitos humanos.

6. Idade mínima: a Constituição Federal estabelece idade mínima diferente para vários cargos eletivos (35 anos para ser presidente, vice-presidente e senador; 30 anos para ser governador e vice-governador; 21 anos para ser deputado – estadual, federal ou distrital –, prefeito, vice-prefeito e juiz de Paz; 18 anos para ser vereador). Importante: não há idade máxima para se candidatar a cargos públicos eleitos, mas apenas idade mínima.

---

28. É bem verdade que, no ano de 2008 (portanto, três anos depois do julgamento do *Yatama v. Nicarágua*), a Corte Interamericana, no *Caso Castañeda Gutman v. México*, decidiu que o sistema partidário não fere o Pacto de São José, podendo o país adotar um sistema diferente, abrangendo ou não a candidatura independente: "A Corte considera que ambos os sistemas, um construído sobre a base exclusiva de partidos políticos e outro que admite também as candidaturas independentes, podem ser compatíveis com a Convenção e, portanto, a decisão de qual sistema escolher está nas mãos da definição política que faça o estado, de acordo com suas normas constitucionais".

29. Segundo notícia do *site* do TSE: "o Tribunal Superior Eleitoral (TSE) já negou seguimento (julgou inviável) a 12 dos 22 pedidos de registro de candidatura avulsa apresentados por cidadãos que pretendem disputar os cargos de presidente e vice-presidente sem nenhum vínculo com partido político. Os requerentes afirmam que o Brasil é signatário de pactos e convenções internacionais, como a Convenção Americana de Direitos Humanos (Pacto de San José da Costa Rica), que asseguram a participação de todos os cidadãos na vida pública. [...] Nas decisões em que negou seguimento a quatro pedidos de candidatura avulsa sob sua relatoria, o Ministro Tarcisio Vieira de Carvalho Neto ressaltou que o fato de a matéria estar pendente de decisão do STF não atrai, por si só, a aplicação do art. 16-A da Lei das Eleições. [...] O Ministro esclareceu que, em julgamento realizado em junho deste ano, o Plenário do TSE reafirmou o entendimento de que o inciso V, do parágrafo 3º, do art. 14 da Constituição Federal é claro ao fixar, como condição de elegibilidade, a filiação partidária" (disponível em: <http://www.tse.jus.br/imprensa/noticias-tse/2018/Setembro/negado-seguimento-a-primeiros-pedidos-de-registro-de-candidatura--avulsa-a-presidente>).

CONDIÇÕES DE ELEGIBILIDADE	Nacionalidade brasileira (exceção feita ao "português equiparado" residente no Brasil há 3 anos, se requerer)	
	Pleno exercício dos direitos políticos	
	Alistamento eleitoral	
	Domicílio eleitoral na circunscrição	
	Idade mínima	35 anos (Presidente, Vice-Presidente e Senador)
		30 anos (Governador e Vice-Governador)
		21 anos (Prefeito, Vice-Prefeito, Deputado e Juiz de Paz)
		18 anos (Vereador)

c) **Momento para aferição das condições de elegibilidade**

Qual o momento para aferição das condições de elegibilidade? Em regra, é o momento do registro da candidatura. Assim, no momento do registro da candidatura, verificar-se-á se a pessoa preenche todos os requisitos constitucionais para se candidatar. É o que dispõe o art. 11, § 10, da Lei de Eleições (Lei n. 9.504/97): "As condições de elegibilidade e as causas de inelegibilidade devem ser aferidas no momento da formalização do pedido de registro da candidatura". Todavia, desde 2015, tal dispositivo legal tem uma parte final: "ressalvadas as alterações, fáticas ou jurídicas, supervenientes ao registro que afastem a inelegibilidade". Essa parte final refere-se à hipótese em que a condição de elegibilidade, antes inexistente, volta a existir depois do registro da candidatura. Segundo o TSE, o termo final para que a elegibilidade possa ser retomada é a data da diplomação (Embargos de Declaração no Recurso Especial Eleitoral n. 166-29, Senhora dos Remédios/MG, rel. Min. Henrique Neves da Silva, julgado em 7-3-2017).

Da mesma forma que hipóteses de inelegibilidade podem ser sanadas até a diplomação, também é possível que surja uma hipótese de inelegibilidade até a mesma diplomação. É a denominada inelegibilidade superveniente ao registro. Imaginemos que entre o registro da candidatura e a diplomação o candidato é condenado penalmente por sentença transitada em julgado (hipótese de suspensão dos direitos políticos, nos termos do art. 15, CF). Não poderá ser diplomado, como já decidiu o TSE[30]. Esse é o mesmo entendimento nos casos de condenação penal por órgão judicial colegiado (por força do art. 1º, I, "d", da Lei Complementar n. 64/90, alterada pela LC 135/2010 (Lei da Ficha Limpa)[31].

---

30. "Condenação criminal. Trânsito em julgado. Direitos Políticos. Suspensão. Efeito automático. Inelegibilidade. Diplomação negada. Desprovimento. Há de se negar a diplomação ao eleito que não possui, na data da diplomação, a plenitude de seus direitos políticos. A condenação criminal transitada em julgado ocasiona a suspensão dos direitos políticos, enquanto durarem seus efeitos, independentemente da natureza do crime. A suspensão dos direitos políticos prevista no art. 15, III, da Constituição Federal é efeito automático da condenação criminal transitada em julgado e não exige qualquer outro procedimento à sua aplicação" (Ac. de 15-10-2009 no AgR-REspe n. 35.803, rel. Min. Marcelo Ribeiro).

31. "A diplomação é ato jurídico apto a mudar o *status* do candidato eleito. O mandato, em verdade, não nasce da aclamação pela vontade popular: esse é apenas um dos condicionantes fáticos do ato jurídico 'diplomação'. Refiro-me ao suporte fático, o qual corresponde a fato, evento ou conduta que poderá ocorrer no mundo e que por ter sido considerado relevante tornou-se objeto da normatividade jurídica. Tanto a diplomação tem dentre seus efeitos a outorga do mandato do ganhador das eleições, como o início da prerrogativa de foro no âmbito criminal que se dá também com a expedição do diploma e não com a vitória nas urnas. [...] São os suportes fáticos constituídos de elementos positivos

Outrossim, algumas condições de elegibilidade têm por referência outras datas. É o caso da idade mínima, a filiação partidária e o domicílio eleitoral.

Quanto à idade mínima, deve ela ser verificada no momento da posse. Assim, o candidato, para ser presidente da República, precisa ter 35 anos no momento da posse, e não no momento do registro da candidatura ou da eleição. Por esse motivo, poderá ser eleito um prefeito com 20 anos de idade (desde que complete os 21 anos até a data da posse), bem como um presidente com 34 anos (desde que complete os 35 anos até a data da posse). Não obstante, desde 2015, por força da Lei n. 13.165/2015, que alterou a Lei das Eleições (Lei n. 9.504/97), a idade mínima para ser vereador (18 anos) deve ser verificada no momento do registro da candidatura, e não no momento da posse (como nos demais cargos públicos eletivos): "A idade mínima constitucionalmente estabelecida como condição de elegibilidade é verificada tendo por referência a data da posse, salvo quando fixada em dezoito anos, hipótese em que será aferida na data-limite para o pedido de registro" (art. 11, § 2º)[32].

Quanto ao domicílio eleitoral e à filiação partidária, devem estar presentes no prazo mínimo de seis meses a contar da eleição, nos termos da Lei n. 13.488/2017, que alterou a Lei das Eleições. Consta do art. 9º da Lei das Eleições (Lei n. 9.504/97): "Para concorrer às eleições, o candidato deverá possuir domicílio eleitoral na respectiva circunscrição pelo prazo de seis meses e estar com filiação deferida pelo partido no mesmo prazo". Podemos assim esquematizar o momento de aferição das causas de inelegibilidade:

Condição de elegibilidade	Momento da sua aferição
Regra geral (nacionalidade brasileira, plexo exercício dos direitos políticos, alistamento eleitoral)	Registro da candidatura
Idade mínima	Momento da posse, exceto o vereador, que será no registro da candidatura (art. 11, § 2º, Lei n. 9.504/97)
Domicílio eleitoral	6 meses antes da eleição – art. 9º da Lei das Eleições (Lei n. 9.504/97)
Filiação partidária	6 meses antes da eleição – art. 9º da Lei das Eleições (Lei n. 9.504/97)

d) Candidaturas coletivas

Fenômeno que vem ocorrendo com cada vez mais frequência no Brasil são as "candidaturas coletivas": um grupo de pessoas divulga a campanha eleitoral, sob o argumento de que essas pessoas que interam o grupo exercerão o mandato coletivamente. Não obstante, tal fenômeno não tem previsão legal, ou seja, embora possa ocorrer a "candidatura coletiva", não haverá "mandato coletivo". Assim, somente uma pessoa (aquela que teve sua candidatura registrada e aparece na urna) exercerá o seu mandato. Obviamente, nada impede que, depois de

---

ou negativos. A inelegibilidade superveniente é um dos elementos negativos do suporte fático da diplomação. Presente a inelegibilidade, essa não se concretizará" (TSE – REspe 1699520166220004 Vilhena/RO 148682016, rel. Min. Henrique Neves da Silva, 7-2-2017).

32. Essa nova regra tem uma importante justificativa: antes da mudança legislativa, o candidato poderia ser eleito com menos de 18 anos (desde que completasse essa idade antes da posse). Nesse caso, seria um candidato a vereador ainda na adolescência e, por isso, não praticará crime, mas ato infracional. Seria pelo menos estranho o agente, ao praticar um "crime eleitoral", ser encaminhado ao Juízo da Infância e Juventude. A alteração legislativa veio em boa hora.

eleita, a pessoa exerça o seu mandato de forma mais democrática, dando voz e oportunidades para os seus demais colegas de campanha.

Sobre as "candidaturas coletivas", creio que há dois aspectos a considerar. Primeiramente, um aspecto positivo: a "candidatura coletiva" permite uma gestão mais democrática e compartilhada da atividade parlamentar, bem como fortalece a representação certos grupos minoritários, mas com interesses e pleitos comuns. Não obstante, há um aspecto negativo: caso seja, por lei, permitida a eleição simultânea de vários candidatos que compõem a "candidatura coletiva" (que ainda não existe em lei, frise-se), haverá dificuldade na repartição das atribuições entre os parlamentares eleitos, bem como um alargamento excessivo da imunidade parlamentar e da competência por prerrogativa de função, tornando-se um perigoso instrumento de ampliação de privilégios.

Inicialmente, o Tribunal Superior Eleitoral se mostrou contrário às "candidaturas coletivas", não permitindo que o nome do grupo aparecesse na urna eletrônica (Recurso Especial Eleitoral, n. 0600280-86.2020.6.17.0082, rel. Min. Luis Felipe Salomão). Todavia, desde dezembro de 2021, o Tribunal alterou seu entendimento, por meio da Resolução n. 23.675 do TSE que, no seu art. 2º, afirma que, "no caso de candidaturas promovidas coletivamente, <u>a candidata ou o candidato poderá, na composição de seu nome para a urna, apor ao nome pelo qual se identifica individualmente a designação do grupo ou coletivo social que apoia sua candidatura</u>, respeitado o limite máximo de caracteres" (grifamos). Como se vê, o candidato registrado será um só (e somente ele oficialmente exercerá o mandato). Pode constar na urna, além do nome do candidato, o nome do coletivo do qual faz parte. Quanto aos acertos referentes ao exercício do mandato (qual será a participação dos demais integrantes do coletivo), deverá ser feito um arranjo interno, que não constará do registro eleitoral. Nas eleições do ano de 2022, foram registradas 213 candidaturas coletivas.

e) Inelegibilidade

Se elegibilidade é a capacidade de ser votado, inelegibilidade é a incapacidade de ser votado. Segundo o TSE: "a inelegibilidade importa no impedimento temporário da capacidade eleitoral passiva do cidadão, que consiste na restrição de ser votado, não atingindo, portanto, os demais direitos políticos, como, por exemplo, votar e participar de partidos políticos"[33]. No Brasil, há duas espécies de inelegibilidade: a *inelegibilidade absoluta* (incapacidade de ser votado que se aplica a todos os cargos) e a *inelegibilidade relativa* (incapacidade de ser votado para alguns cargos).

INELEGIBILIDADE	Absoluta (art. 14, § 4º, CF): para todos os cargos – inalistáveis e analfabetos
	Relativa (art. 14, §§ 5º a 9º, CF): para alguns cargos
	– pela reeleição (art. 14º, § 5º, CF)
	– para outros cargos (art. 14, § 6º, CF)
	– reflexa (pelo parentesco) (art. 14, § 7º, CF)
	– do militar (art. 14, § 8º, CF)
	– prevista e lei complementar (art. 14, § 9º, CF)

---

33. Ac. de 3.6.2004 no AgRgAg n. 4.598, rel. Min. Fernando Neves.

A *inelegibilidade absoluta* (para todos os cargos) está prevista no art. 14, § 4º, da Constituição Federal: "são inelegíveis os inalistáveis e os analfabetos". Assim, além dos analfabetos (que nunca puderam ser votados na História do nosso país), também não poderão ser eleitos os inalistáveis, ou seja, aqueles que não podem votar: os estrangeiros (salvo o português equiparado, na hipótese prevista em lei) e o militar conscrito. Acrescente-se nessa lista de inelegibilidade absoluta aquele que não tem 18 anos no momento do registro da sua candidatura.

Já a *inelegibilidade relativa* (referente a alguns cargos) está prevista no art. 14, §§ 5º a 9º, da Constituição Federal, que estudaremos nos itens seguintes:

e.1) Inelegibilidade pela reeleição (art. 14, § 5º, CF)

Segundo o art. 14, § 5º, da Constituição Federal: "o Presidente da República, os Governadores de Estado e do Distrito Federal, os Prefeitos e quem os houver sucedido ou substituído no curso dos mandatos poderão ser reeleitos para um único período subsequente". Trata-se de hipótese incorporada ao Direito brasileiro pela Emenda Constitucional n. 16, de 1997.

Como se vê do texto sobredito, o chefe do Poder Executivo só poderá se reeleger para um mandato consecutivo. Da redação do referido dispositivo constitucional, podemos chegar a algumas conclusões:

1) O limite de reeleições só é aplicado aos chefes do Poder Executivo (Presidente, Governador e Prefeito). Assim, membros do Poder Legislativo poderão se reeleger sem quaisquer limitações[34];

2) Não é vedado um terceiro ou quarto mandato não consecutivo. Dessa maneira, se uma pessoa foi eleita presidente e reeleita para o mandato seguinte, não poderá se candidatar à reeleição para um terceiro mandato consecutivo mas poderá se candidatar quatro anos depois (e, se eleito, poderá se reeleger na sequência). O mesmo não ocorre nos Estados Unidos[35].

A reeleição não exige a desincompatibilização, ou seja, é possível se candidatar a um segundo mandato consecutivo sem a necessidade de renunciar ao atual mandato. Pacífico é o entendimento do TSE nesse sentido: "consulta que se responde, negativamente, quanto à necessidade de desincompatibilização dos titulares dos Poderes Executivos Federal, Estadual, Distrital ou Municipal, para disputarem a reeleição, solução que se estende aos vice-presidente da República, vice-governador de Estado e do Distrito Federal e Vice-Prefeito" (Res. n. 19.952, de 2-9-1997, rel. Min. Néri da Silveira).

Essa inelegibilidade também se aplica àquele que assumiu o cargo por suceder o anterior, como decidiu o STF: "Vice-prefeito que ocupou o cargo de prefeito por força de decisão judicial que determinou o afastamento do titular. Registro de candidatura a uma terceira assunção na chefia do Poder Executivo municipal. Impossibilidade. Nos termos do § 5º do art. 14 da CF, 'os

---

34. Por exemplo, ao se reeleger deputado federal nas eleições de 2014, o deputado Miro Teixeira (PROS) foi eleito para o 11º mandato.
35. Segundo a 1ª parte da 22ª Emenda da Constituição norte-americana, "ninguém poderá ser eleito mais de duas vezes para o cargo de Presidente". Dessa maneira, Barack Obama, George Bush, Bill Clinton jamais poderão se candidatar novamente à Presidência dos Estados Unidos. Originalmente, a vedação não decorria do texto constitucional, mas de uma tradição inaugurada por George Washington, que se recusou a um terceiro mandato. Todos os Presidentes seguiram o exemplo do "pai fundador", como Thomas Jefferson, Abraham Lincoln, Ulysses Grant etc. Franklin Roosevelt rompeu com a tradição, elegendo-se mais de 2 mandatos (foi eleito para 4 mandatos), dando ensejo à aprovação da 22ª emenda à Constituição, que entrou em vigor poucos anos depois (1951).

prefeitos e quem os houver sucedido ou substituído no curso dos mandatos poderão ser reeleitos para um único período subsequente'" (RE 464.277 AgR, rel. Min. Ayres Britto)[36]. Essa regra não se aplica, segundo decidiu o STF, àquele que apenas substituiu o titular, e não o sucedeu[37]. Nesse caso, o fato de ter apenas substituído o titular nos mandatos anteriores não o impedirá de se candidatar ao cargo de titular nos dois mandatos seguintes: "O vice-prefeito que assumir a chefia do Poder Executivo em decorrência do afastamento temporário do titular poderá candidatar-se ao cargo de prefeito por dois períodos subsequentes" (Ac. de 17-12-2012 no AgR-Respe n. 5373, rel. Min. Luciana Lóssio).

Dessa maneira, quem foi vice por dois mandatos consecutivos poderá se candidatar ao cargo de titular, num terceiro mandato, em regra[38]. A recíproca não é verdadeira: quem foi o titular por dois mandatos consecutivos não poderá se candidatar a vice, já que, a qualquer momento, poderá assumir novamente a titularidade. Por fim, assim como o titular não pode se candidatar a um terceiro mandato consecutivo, não é possível também a candidatura para um terceiro mandato consecutivo de vice.

Para facilitar o entendimento, vejamos a tabela abaixo, com perguntas e respostas:

Perguntas sobre reeleição	Respostas
Membro do Poder Legislativo pode se reeleger?	SIM, não havendo limites de mandatos consecutivos
Chefe do Poder Executivo pode se reeleger para um segundo mandato consecutivo?	SIM (art. 14, § 5°, CF)
Chefe do Poder Executivo pode se reeleger para um terceiro mandato consecutivo?	NÃO, por conta da vedação constitucional (art. 14, § 5°)
Chefe do Poder Executivo pode se reeleger para um terceiro mandato não consecutivo?	SIM, já que não há vedação constitucional
Chefe do Poder Executivo pode se candidatar para um segundo mandato para vice?	SIM, se renunciar ao mandato seis meses antes do pleito
Chefe do Poder Executivo, reeleito para um segundo mandato consecutivo, pode se candidatar a Vice para um terceiro mandato?	NÃO, por conta da probabilidade de assumir a titularidade, ainda que substituindo o titular
Vice pode se candidatar para um segundo mandato consecutivo?	SIM (art. 14, § 5° CF)

---

36. No mesmo sentido: "Vice-governador eleito duas vezes para o cargo de vice-governador. No segundo mandato de vice, sucedeu o titular. Certo que, no seu primeiro mandato de vice, teria substituído o governador. Possibilidade de reeleger-se ao cargo de governador, porque o exercício da titularidade do cargo dá-se mediante eleição ou por sucessão. Somente quando sucedeu o titular é que passou a exercer o seu primeiro mandato como titular do cargo. Inteligência do disposto no § 5° do art. 14 da CF" (RE 366.488, rel. Min. Carlos Velloso).
37. A sucessão se dá quando o titular deixa o cargo definitivamente, por conta de renúncia, morte ou perda do cargo. Já a substituição se dá de forma episódica, sempre quando há a saída temporária do titular ou sua eventual licença.
38. Tem-se entendido que, se a substituição se deu nos últimos seis meses do mandato, não poderá se candidatar ao cargo de titular, mas apenas poderá tentar a reeleição para vice ("O Vice-Prefeito que substitui o Prefeito nos seis meses anteriores ao pleito é inelegível para outros cargos, na forma do art. 1°, § 2°, da Lei Complementar n. 64/90. Essa restrição não se aplica à hipótese de reeleição (recondução para o mesmo cargo), ainda que tenha havido a substituição nos seis meses anteriores ao pleito, pois é da essência do mandato do Vice-prefeito a substituição do titular" (TRE/PA – Recurso Ordinário RO 4.138, 11-11-2008).

Vice pode se candidatar para um terceiro mandato consecutivo?	NÃO, por conta da vedação constitucional (art. 14, § 5º)
Vice pode se candidatar para um terceiro mandato não consecutivo?	SIM, já que não há vedação constitucional
Vice, reeleito para um segundo mandato consecutivo, pode se candidatar ao cargo de titular?	SIM, desde que não tenha substituído o titular nos últimos seis meses do mandato
Vice, que sucedeu o titular durante seu mandato, poderá se reeleger?	SIM, ao suceder, assumiu o cargo de titular. Por isso, poderá se reeleger para um segundo mandato consecutivo

Regra interessante foi criada pelo Tribunal Superior Eleitoral para proibir a figura do "prefeito itinerante" ou "prefeito profissional". O fenômeno, que ocorria muito no interior do Brasil, consistia no fato de o prefeito de uma cidade renunciar ao seu mandato para se candidatar em município vizinho, perpetuando-se no poder (já que preenchidas todas as condições de elegibilidade). No Recurso Especial Eleitoral n. 32.507, relatado pelo Min. Eros Grau, o TSE decidiu: "Fraude consumada mediante o desvirtuamento da faculdade de transferir-se domicílio eleitoral de um para outro Município, de modo a ilidir-se a incidência do preceito legal disposto no § 5º do art. 14 da CB. Evidente desvio de finalidade do direito à fixação do domicílio eleitoral". No mesmo sentido, sobre esse tema, manifestou-se o STF: "O instituto da reeleição tem fundamento não somente no postulado da continuidade administrativa, mas também no princípio republicano, que impede a perpetuação de uma mesma pessoa ou grupo no poder. O princípio republicano condiciona a interpretação e a aplicação do próprio comando da norma constitucional, de modo que a reeleição não apenas no mesmo município, mas em relação a qualquer outro município da federação. Entendimento contrário tornaria possível a figura do denominado 'prefeito itinerante' ou do 'prefeito profissional', o que claramente é incompatível com esse princípio, que também traduz um postulado de temporariedade/alternância do exercício do poder. Portanto, ambos os princípios – continuidade administrativa e republicanismo – condicionam a interpretação e aplicação teleológicas do art. 14, § 5º, da Constituição. O cidadão que exerce dois mandatos consecutivos como prefeito de determinado município fica inelegível para o cargo da mesma natureza em qualquer outro município da federação" (RE 637.485/RJ, rel. Min. Gilmar Mendes).

e.2) Inelegibilidade para outros cargos (art. 14, § 6º, CF)

Segundo o art. 14, § 6º, da Constituição Federal: "para concorrerem a outros cargos, o Presidente da República, os Governadores de Estado e do Distrito Federal e os Prefeitos devem renunciar aos respectivos mandatos até seis meses antes do pleito".

Trata-se de mais uma hipótese de inelegibilidade aplicada aos chefes do Poder Executivo (presidente, governador e prefeito). Caso um desses três queira se candidatar a qualquer outro cargo público eletivo (se o prefeito quiser se candidatar a governador, se o governador quiser se candidatar a senador etc.), deverá renunciar ao atual mandato até seis meses antes do pleito eleitoral.

Essa inelegibilidade também se aplica àqueles que ocuparam a titularidade do Poder Executivo, ainda que de forma temporária, no prazo de seis meses antes do pleito, segundo o STF: "Presidente da Câmara Municipal que substitui ou sucede o prefeito nos seis meses anteriores ao pleito é inelegível para o cargo de vereador. CF, art. 14, § 6º. Inaplicabilidade das regras dos § 5º e § 7º do art. 14, CF (RE 345.822, rel. Min. Carlos Velloso).

Aplica-se também esse dispositivo constitucional àquele que, exercendo o cargo de titular pela primeira vez, queira se candidatar para o cargo de vice, como já decidiu o TSE: "Se o vice que se tornou titular desejar ser eleito para o cargo de vice, deverá renunciar ao mandato de titular que ocupa até seis meses antes do pleito, para afastar a inelegibilidade" (TSE – Res. n. 22.129 – 13-3-2006); no mesmo sentido: TSE – Res. n. 22.763, de 15-4-2008, rel. Min. Caputo Bastos).

Por força do presente dispositivo constitucional, os membros do Poder Legislativo que substituírem o chefe do Poder Executivo nos últimos seis meses do mandato não poderão se candidatar a quaisquer cargos. Nesse sentido, decidiu o STF: "Presidente da Câmara Municipal que substitui ou sucede o prefeito nos seis meses anteriores ao pleito é inelegível para o cargo de vereador. CF, art. 14, § 6º" (RE 345.822, rel. Min. Carlos Velloso, j. 18-11-2003, 2ª T, *DJ* de 12-12-2003). Nesse mesmo sentido, o TSE: "Substituição de Chefe de Poder Executivo por Presidente de Poder Legislativo nos seis meses anteriores ao pleito eleitoral. É inelegível, para qualquer cargo, o parlamentar que, Presidente do Poder Legislativo, substitua o Chefe do Poder Executivo nos seis meses anteriores ao pleito. Irrelevante a circunstância de ser a candidatura à reeleição ao mandato parlamentar"[39].

Outrossim, segundo o art. 1º, § 2º, da Lei Complementar n. 64/90, o vice poderá se candidatar a outros cargos, sem a necessidade de renunciar, desde que não substitua o titular nos últimos seis meses do mandato: "O Vice-Presidente, o Vice-Governador e o Vice-Prefeito poderão candidatar-se a outros cargos, preservando os seus mandatos respectivos, desde que, nos últimos 6 (seis) meses anteriores ao pleito, não tenham sucedido ou substituído o titular". Foi o que ocorreu com o então Vice-Presidente da República Hamilton Mourão que, no ano de 2022, foi eleito Senador pelo Estado do Rio Grande do Sul.

Por fim, não se aplica essa regra aos ocupantes de cargos no Poder Legislativo. Assim, poderá o senador se candidatar a presidente sem ter que renunciar ao atual mandato, assim como também pode o deputado federal se candidatar a prefeito sem ter que renunciar.

e.3) Inelegibilidade reflexa ou pelo parentesco (art. 14, § 7º, CF)

Segundo o art. 14, § 7º, da Constituição Federal: "são inelegíveis, no território de jurisdição do titular, o cônjuge e os parentes consanguíneos ou afins, até o segundo grau ou por adoção, do Presidente da República, de Governador de Estado ou Território, do Distrito Federal, de Prefeito ou de quem os haja substituído dentro dos seis meses anteriores ao pleito, salvo se já titular de mandato eletivo e candidato à reeleição".

Trata-se de inelegibilidade pelo parentesco. Alguns parentes do chefe do Poder Executivo não podem se candidatar a cargos que estejam na mesma circunscrição. Primeiramente, o constituinte originário, no art. 14, § 7º, da Constituição comete um grave erro técnico ao utilizar a expressão "jurisdição", em vez de "circunscrição", já que a primeira expressão se refere ao Poder Judiciário.

Resumindo o conteúdo do art. 14, § 7º, da Constituição, alguns parentes do prefeito não podem se candidatar no mesmo município, bem como alguns parentes do governador não podem se candidatar no mesmo Estado e, por fim, parentes do presidente não poderão se candidatar em todo o país. Quanto a este último caso, o filho do ex-presidente Lula tentou se candidatar a vereador enquanto o pai era presidente da República. Evidentemente não conseguiu: "O

---

39. Consulta n. 14.203, de 24-3-1994, rel. Min. Torquato Jardim.

art. 14, § 7º, CR, abarca hipótese de candidatura ao cargo de Vereador, quando o candidato é parente (cônjuge e parentes consanguíneos ou afins, até o segundo grau ou por adoção) do Presidente da República" (TSE – Ac. de 18.9.2008 no REspe n. 29.730, rel. Min. Felix Fischer).

Mais uma vez, essa inelegibilidade não se aplica aos ocupantes de cargos no Poder Legislativo. Assim, parentes de um deputado federal poderão se candidatar a quaisquer cargos públicos eleitos, bem como parentes dos senadores ou vereadores.

Que parentes do Chefe do Poder Executivo são inelegíveis? Primeiramente, o cônjuge (marido ou mulher). Essa inelegibilidade também se aplica ao companheiro ou companheira na união estável, bem como o companheiro ou companheira na união homoafetiva, como já decidido pelo TSE[40]. A presente hipótese de inelegibilidade não se aplica quando a relação entre o casal é caracterizada como um mero namoro[41].

Importante: segundo o STF, caso o casal se separe durante o mandato, não ficará afastada a inelegibilidade. Trata-se da Súmula Vinculante n. 18: "a dissolução da sociedade ou do vínculo conjugal, no curso do mandato, não afasta a inelegibilidade prevista no § 7º do art. 14 da Constituição Federal". Segundo o STF, a Súmula Vinculante foi editada por conta de dissoluções simuladas de casamentos, portanto não se aplicando em caso de morte do cônjuge ou companheiro: "o que orientou a edição da Súmula Vinculante 18 e os recentes precedentes do STF foi a preocupação de inibir que a dissolução fraudulenta ou simulada de sociedade conjugal seja utilizada como mecanismo de burla à norma da inelegibilidade reflexa prevista no § 7º do art. 14 da Constituição. Portanto, não atrai a aplicação do entendimento constante da referida súmula a extinção do vínculo conjugal pela morte de um dos cônjuges" (RE 758.461, rel. Min. Teori Zavascki).

Igualmente, também são inelegíveis os parentes consanguíneos ou afins, até o segundo grau, ou por adoção. Parentes por afinidade são aqueles advindos do casamento (sogra, cunhado, genro, enteado etc.). Decidiu o STF: "A causa de inelegibilidade prevista no art. 14, § 7º, da Constituição alcança a cunhada de governador quando concorre a cargo eletivo de Município situado no mesmo Estado" (RE 171.061, rel. Min. Francisco Rezek). Parentes até o segundo grau são pai, mãe, filho, filha (1º grau), avô, neto, irmão (2º grau). Esses parentes não poderão se candidatar na mesma circunscrição do titular.

Os parentes do vice também são inelegíveis reflexamente? Segundo o TSE, os parentes do vice somente serão inelegíveis se este substituiu o titular nos últimos seis meses do mandato ou se sucedeu o titular em qualquer momento do mandato: "cônjuge ou parente, até o segundo grau, de vice-prefeito ou vice-governador. Inelegibilidade para o mesmo cargo se houve substituição do prefeito ou governador, pelo vice-prefeito ou vice-governador, respectivamente, nos seis meses anteriores ao pleito, ou sucessão, em qualquer tempo"[42].

---

40. Quanto à união estável: "A convivência marital, seja união estável ou concubinato, gera inelegibilidade reflexa em função do parentesco por afinidade. O vínculo por parentesco, no qual incide a inelegibilidade reflexa em função de parentesco por afinidade" (Res. n. 22.784, de 5-5-2008, rel. Min. Felix Fischer). Quanto à união homoafetiva: "Candidata ao cargo de prefeito. Elação estável homossexual com a prefeita reeleita do município. Inelegibilidade. Art. 14, § 7º, da Constituição Federal. Os sujeitos de uma relação estável homossexual, à semelhança do que ocorre com os de relação estável, de concubinato e de casamento, submetem-se à regra de inelegibilidade prevista no art. 14, § 7º, da Constituição Federal" (Ac. de 1º-10-2004 no REspe n. 24.564, rel. Min. Gilmar Mendes).
41. "Relativamente ao aspecto da união estável, a hipótese dos autos caracteriza mero namoro, o que não atrai a inelegibilidade prevista no § 7º do art. 14, da CF/88, consoante Res. TSE n. 21.655/2004, rel. Min. Fernando Neves" (Ac. de 21-10-2004 no REspe n. 24.672, rel. Min. Caputo Bastos).
42. Res. n. 22.245, de 8-6-2006, rel. Min. José Delgado.

Poderão se candidatar em outra circunscrição? Sim. Dessa maneira, por exemplo, a esposa do governador poderá se candidatar em outro Estado, bem como o filho do prefeito poderá se candidatar na cidade vizinha, como já decidiu o TSE: "A inelegibilidade de candidato [...] não acarreta a inelegibilidade de membro de sua família, candidato a cargo diverso, não obstante da mesma espécie (prefeito), em outro município, ainda que vizinho"[43].

Atenção: parentes que não ocupam cargos públicos eleitos podem se candidatar simultaneamente a quaisquer cargos públicos. Por exemplo, enquanto o marido se candidata a governador, a esposa se candidata a presidente. Ambos podem ser eleitos, não havendo qualquer hipótese de inelegibilidade. Essa só ocorreria se a esposa já fosse presidente e o marido tentasse se candidatar a outro cargo público eletivo.

Como fica a inelegibilidade reflexa quando há desmembramento de município? Segundo o TSE: "nos casos de desmembramento de municípios, não é possível ao titular de chefia do Poder Executivo, no pleito imediatamente seguinte, candidatar-se a idêntico ou diverso cargo no município desmembrado daquele em que está a exercer o mandato, bem como seu cônjuge ou parentes"[44]. Aliás, esse é o conteúdo da Súmula 12 do TSE[45].

E se o titular renunciar ao mandato seis meses antes do pleito? Fica extinta a inelegibilidade? Se o titular renunciar ao seu mandato seis meses antes do pleito, seus parentes poderão se candidatar a outros cargos públicos eletivos. O fundamento é simples: se o próprio titular, renunciando seis meses antes do pleito, poderia se candidatar a outros cargos (nos termos do art. 14, § 6º, da CF), com mais razão, seus parentes também poderão.

Todavia, a pergunta mais complexa é: a renúncia do titular seis meses antes do pleito permitirá que o parente se candidate para o mesmo cargo do titular? Nesse caso, o Tribunal Superior Eleitoral estabeleceu uma regra quanto à inelegibilidade reflexa de parente que deseja se candidatar ao cargo de chefe do Poder Executivo. Segundo o TSE, se o titular renunciar a seu primeiro mandato seis meses antes do pleito, os seus parentes poderão se candidatar na mesma circunscrição[46]. Por sua vez, se a renúncia se deu no segundo mandato consecutivo (em razão de reeleição), seus parentes sempre serão inelegíveis para o cargo do titular[47]. Aliás, é o conteúdo da Súmula 6, do TSE, cuja redação é de 10-5-2016: "São inelegíveis para o cargo de chefe do Executivo o cônjuge e os parentes, indicados no § 7º do art. 14 da Constituição Fede-

---

43. Ac. de 24-4-2012 no REspe n. 5.433.805, rel. Min. Arnaldo Versiani.
44. Res. TSE n. 21.437, de 7-8-2003, rel. Min. Carlos Velloso. No mesmo sentido: "A Corte, partindo da premissa de que os eleitores inscritos no município desmembrado são os mesmos que participaram da eleição anterior, entende que tal candidatura ensejaria o comprometimento da lisura do processo eleitoral, que poderia ser maculado pela influência do titular do cargo nas eleições. Tal influência somente deixaria de existir, na verdade, depois da instalação do município desmembrado, com a posse dos eleitos, quando o município passaria a ter autonomia administrativa, portanto, após um mandato" (Res. n. 21.437, de 7-8-2003, rel. Min. Fernando Neves).
45. "São inelegíveis, no município desmembrado, e ainda não instalado, o cônjuge e os parentes consanguíneos ou afins, até o segundo grau ou por adoção, do prefeito do município-mãe, ou de quem o tenha substituído, dentro dos seis meses anteriores ao pleito, salvo se já titular de mandato eletivo".
46. "O cônjuge e os parentes de governador são elegíveis para sua sucessão, desde que o titular tenha sido eleito para o primeiro mandato e renunciado até seis meses antes do pleito" (Res. n. 21.099, de 16-5-2002, rel. Min. Ellen Gracie). O fundamento é simples: se o próprio titular poderia se candidatar à reeleição, com mais razão, seu parente também poderá.
47. "Deputada federal não pode concorrer ao cargo de prefeito no município onde seu marido já é prefeito reeleito, ainda que este venha a se desincompatibilizar seis meses antes da eleição, pois estaria configurada violação à intenção da norma constitucional de impedir a perpetuação de uma mesma família na chefia do Poder Executivo" (Res. n. 21.520, de 7-10-2003, rel. Min. Ellen Gracie).

ral, do titular do mandato, salvo se este, reelegível, tenha falecido, renunciado ou se afastado definitivamente do cargo até seis meses antes do pleito".

Por fim, há uma exceção, prevista no próprio dispositivo constitucional: se o parente do chefe do Poder Executivo já ocupava anteriormente um cargo público eletivo, poderá candidatar-se à reeleição. Assim, se a esposa de um vereador é eleita prefeita, governadora ou presidente, o vereador poderá se candidatar à reeleição por várias vezes seguidas. Isso porque se entende que sua primeira eleição não se deu por influência do parente que é chefe do Executivo (ele já ocupava o cargo público eletivo anteriormente). Veja o exemplo abaixo:

Em 2008 Otávio era vereador em Campinas/SP	Em 2012 Otávio é reeleito vereador. Iolanda, esposa de Otávio, é eleita prefeita de Campinas/SP	Em 2016 Otávio pode se candidatar a reeleição, como vereador

e.4) Inelegibilidade do militar (art. 14, § 8º, CF)

Segundo o art. 14, § 8º: "o militar alistável é elegível, atendidas as seguintes condições: I – se contar menos de dez anos de serviço, deverá afastar-se da atividade; II – se contar mais de dez anos de serviço, será agregado pela autoridade superior e, se eleito, passará automaticamente, no ato da diplomação, para a inatividade".

Primeiramente, trata-se de inelegibilidade aplicada ao "militar alistável", ou seja, aquele que pode votar. Isso porque, como vimos acima, os "militares conscritos" (que estão durante o serviço militar obrigatório) não podem votar e ser votados.

A Constituição deu um tratamento diferente aos militares com menos de dez anos de atividade militar e mais de dez anos de atividade. Para os primeiros, caso queiram se candidatar, deverão se afastar da atividade militar, tornando-se inativos. Nesse sentido, decidiu o STF: "diversamente do que sucede ao militar com mais de dez anos de serviço, deve afastar-se definitivamente da atividade o servidor militar que, contando menos de dez anos de serviço, pretenda candidatar-se a cargo eletivo" (RE 279.469, Min. Cezar Peluso).

Por sua vez, o militar com mais de dez anos de serviço poderá se candidatar, ao contrário do anterior. Todavia, deverá se afastar temporariamente (será agregado) e, caso seja eleito, passa automaticamente para a inatividade.

Uma aparente antinomia precisou ser resolvida pela jurisprudência do Supremo Tribunal Federal. O art. 14, § 3º, V, da Constituição Federal exige, como condição de elegibilidade, a "filiação partidária". Não obstante, o art. 142, § 3º, V, da Constituição afirma que "o militar, enquanto em serviço ativo, não pode estar filiado a partidos políticos". Assim, como um militar com mais de dez anos de atividade poderá se candidatar se não pode se filiar a partidos políticos? Assim resolveu o Tribunal Superior Eleitoral: o militar com mais de dez anos de atividade poderá se candidatar sem filiação partidária, mas apenas indicado pelo partido político. Se eleito, além de passar para a inatividade, filiar-se-á imediatamente ao partido político. Nesse sentido, Hallexandrey Marx Bincovski afirma: "Para os militares com mais de dez anos de serviço, estes serão agregados pela autoridade superior, tendo em vista que permanecerá na ativa, em atividade meramente administrativa. Será, ainda, desnecessária a filiação partidária para esses militares, tendo em vista que essa filiação não será exigida do militar da ativa que queira concorrer a mandato eletivo, pois bastará que, feita a escolha em convenção partidária, seja feito o pedido de registro de candidatura, conforme resolução do TSE: 'A filiação partidária contida no art. 14, § 3º, V, Constituição Federal não é exigível ao militar da ativa que pretenda concorrer a cargo eletivo, bastando o pedido de registro de candidatura após prévia escolha em convenção partidária' (Res.-TSE n. 21.608/2004, art. 14, § 1º)"[48].

e.5) Inelegibilidade prevista em lei complementar (art. 14, § 9º, CF)

Segundo o art. 14, § 9º, da Constituição Federal: "lei complementar estabelecerá outros casos de inelegibilidade e os prazos de sua cessação, a fim de proteger a probidade administrativa, a moralidade para exercício do mandato, considerada a vida pregressa do candidato, e a normalidade e legitimidade das eleições contra a influência do poder econômico ou o abuso do exercício de função, cargo ou emprego na administração direta ou indireta".

A Lei Complementar que regulamenta esse dispositivo constitucional é a Lei Complementar n. 64/90, alterada posteriormente pela Lei Complementar n. 135/2010 ("Lei da Ficha Limpa").

Primeiramente, a Lei Complementar mencionada prevê a inelegibilidade dos parlamentares que perderem seus mandatos por quebra do decoro parlamentar ou que infringir o disposto no art. 55, I, da Constituição Federal para as eleições que ocorrerem durante o mandato para o qual foram eleitos e pelos oito anos subsequentes (art. 1º, I, "b", Lei Complementar n. 64/90). Por exemplo, em 2016, foi cassado o mandato do deputado federal Eduardo Cunha, por quebra do decoro parlamentar (teria mentido para uma Comissão daquela casa, ao dizer que não possuía contas no exterior). Não pôde se candidatar nas eleições que ocorreram em 2018, bem como pelos oitos anos seguintes. O mesmo período de inelegibilidade se aplica ao governador, vice-governador, prefeito e vice-prefeito que perderem seus cargos por infringência ao disposto na Constituição Estadual ou Lei Orgânica do Município (art. 1º, I, "c", Lei Complementar n. 64/90).

Nos termos do art. 1º, I, "d" da sobredita lei, julgado procedente pela Justiça Eleitoral, em decisão transitada em julgado, processo de apuração de abuso do poder econômico, a inelegibilidade também se dará para a eleição para a qual concorrem e as que ocorrerem nos oito anos seguintes. Regra polêmica foi incluída no art. 1º, I, "e", ao afirmar que são inelegíveis "os que forem condenados, em decisão transitada em julgado ou proferida por órgão judicial colegiado, desde a condenação até o transcurso do prazo de 8 (oito) anos após o cumprimento da pena". A inelegibilidade decorrente de condenação penal por órgão colegiado (antes do trânsito em julgado) não fere o princípio do estado de inocência (art. 5º, LVII, CF), segundo o qual o réu só é considerado culpado após o trânsito em julgado? Decidiu o Supremo Tribunal Federal que não fere: "A razoabilidade da expectativa de um indivíduo de concorrer a cargo público eletivo, à luz da existência constitucional de moralidade para o exercício do mandato (art. 14, § 9º), resta afastada em face da condenação prolatada em segunda instância ou por um colegiado no exercício da competência de foro por prerrogativa de função, da rejeição das contas públicas, da perda de cargo público ou do impedimento do exercício de profissão por violação de dever ético-profissional. A presunção de inocência consagrada no art. 5º, LVII, da Constituição Federal deve ser reconhecida como uma regra e interpretada com o recurso da metodologia análoga a uma redução teleológica, que reaproxime o enunciado normativo da sua própria literalidade, de modo a reconduzi-la aos efeitos próprios da condenação criminal (que podem incluir a perda ou a suspensão de direitos políticos, mas não a

---

48. *A Inelegibilidade para os Militares*, p. 62.

inelegibilidade), sob pena de frustrar o propósito moralizante do art. 14, § 9º, da Constituição Federal" (ADC 29/DF, rel. Min. Luiz Fux). Dessa maneira, segundo o STF, o trânsito em julgado é exigido para a suspensão dos direitos políticos (nos termos do art. 15, III, da Constituição Federal), mas não para a consideração da inelegibilidade, nos termos da Lei Complementar n. 64/90, com as alterações da "Lei da Ficha Limpa".

Em 2017, por seis votos contra cinco, o STF decidiu que o prazo de inelegibilidade fixado na Lei da Ficha Limpa para os que foram condenados pela Justiça Eleitoral por abuso do poder econômico ou político (oito anos) pode ser aplicado aos fatos praticados antes da entrada em vigor dessa lei, retroagindo (STF, RE 929.670, 4-10-2017)[49]. Reconheceram a constitucionalidade da aplicação retroativa do prazo de oito anos os ministros Luiz Fux, Edson Fachin, Luís Roberto Barroso, Rosa Weber, Dias Toffoli e Cármen Lúcia. Ficaram vencidos os ministros Ricardo Lewandowski, Gilmar Mendes, Alexandre de Moraes, Marco Aurélio e Celso de Mello.

Importante frisar que toda condenação penal transitada em julgado suspende os direitos políticos (direito de votar e de ser votado) enquanto durarem os efeitos da condenação (art. 15, III, CF). Todavia, por expressa previsão na Lei Complementar n. 64/90 (art. 1º, I, "e"), a condenação por alguns crimes implica uma penalidade ainda maior: a inelegibilidade por oito anos[50].

17.6. AÇÃO DE IMPUGNAÇÃO DO MANDATO ELETIVO – AIME (ART. 14, §§ 10 E 11, CF)

Segundo o art. 14, § 10, da Constituição Federal: "o mandato eletivo poderá ser impugnado ante a Justiça Eleitoral no prazo de quinze dias contados da diplomação, instruída a ação com provas de abuso do poder econômico, corrupção ou fraude". Por sua vez, o art. 14, § 11, da Constituição Federal, afirma que "a ação de impugnação de mandato tramitará em segredo de justiça, respondendo o autor, na forma da lei, se temerária ou de manifesta má-fé".

A ação de impugnação do mandato eletivo é uma ação eleitoral, que tramita perante a Justiça Eleitoral, e que tem por finalidade impugnar o mandato objetivo com abuso do poder econômico, corrupção ou fraude. O procedimento da AIME (Ação de Impugnação do Mandato Eletivo) é o mesmo da Ação de Impugnação do Registro das Candidaturas, previsto nos arts. 3º a 16, da Lei Complementar n. 64/90 (conforme Resolução n. 23.372/2011 do TSE, art. 170). Dessa maneira, segundo o TSE, são legitimados para ajuizar a Ação: Partidos Políticos, Coligações, Candidatos e Ministério Público Eleitoral, tendo como legitimado passivo o candidato diplomado (legitimados previstos no art. 22, da Lei Complementar n. 64/90).

---

49. O recurso foi interposto pelo vereador de Nova Soure (BA), que foi condenado nos autos de representação eleitoral por abuso do poder econômico e compra de votos por fatos ocorridos em 2004, ficando inelegível por três anos. Nas eleições de 2008, concorreu e foi eleito para mais um mandato na Câmara de Vereadores do município. Todavia, no pleito de 2012, seu registro foi indeferido porque a Lei da Ficha Limpa (que passou a vigorar efetivamente naquele pleito) aumentou de três para oito anos o prazo da inelegibilidade, previsto no art. 1º, inciso I, alínea "d", da LC 64/90.

50. "1. Contra a economia popular, a fé pública, a administração pública e o patrimônio público. 2. Contra o patrimônio privado, o sistema financeiro, o mercado de capitais e os previstos na lei que regula a falência. 3. Contra o meio ambiente e a saúde pública. 4. Eleitorais, para os quais a lei comine pena privativa de liberdade. 5. De abuso de autoridade, nos casos em que houver condenação à perda do cargo ou à inabilitação para o exercício de função pública. 6. De lavagem ou ocultação de bens, direitos e valores. 7. De tráfico de entorpecentes e drogas afins, racismo, tortura, terrorismo e hediondos. 8. De redução à condição análoga à de escravo. 9. Contra a vida e a dignidade sexual. 10. Praticados por organização criminosa, quadrilha ou bando".

Legitimados da AIME (segundo o TSE)	Partido político
	Coligação
	Candidato
	Ministério Público Eleitoral

Curiosamente, a Lei não prevê o cidadão como um dos legitimados. Por essa razão, segundo o entendimento do TSE, inexistindo previsão legal, não poderá o eleitor ajuizar essa ação: "Correto o acórdão regional quando afirmou que mera eleitora não tem legitimidade para ajuizar ação de impugnação de mandato eletivo" Ac. n. 21.095, de 25-3-2003, rel. Min. Luiz Carlos Madeira. Embora essa seja a posição hoje dominante (e que deve ser assinalada em concursos públicos), há entendimento doutrinário em sentido contrário[51].

No polo passivo deve figurar o candidato diplomado. Tratando-se de chefe do Poder Executivo, deve ser ajuizada contra o titular e o vice, conjuntamente, por se tratar de litisconsórcio necessário, como já decidiu o TSE: "cassação dos mandatos de prefeito e vice-prefeito por abuso de poder político. Litisconsórcio necessário unitário entre prefeito e vice-prefeito. Mudança jurisprudencial do Tribunal Superior Eleitoral a ser observada para novos processos a partir de 3-6-2008" (Ac. de 17-2-2011 no AgRREspe n. 462673364, rel. Min. Cármen Lúcia). Aliás, esse é o conteúdo da Súmula n. 38, do TSE: "nas ações que visem à cassação de registro, diploma ou mandato, há litisconsórcio passivo necessário entre o titular e o respectivo vice da chapa majoritária".

Competente para julgar essa ação será a Justiça Eleitoral (o Tribunal ou junta responsável pela diplomação da autoridade). Veja abaixo a tabela de competência dessa ação:

AÇÃO DE IMPUGNAÇÃO DO MANDATO ELETIVO	
Tribunal	Autoridade
TSE	Presidente e Vice-Presidente
TRE	Governadores e Vices, Deputados estaduais e federais, Senadores e suplentes
JUNTA ELEITORAL	Prefeitos, Vice-Prefeitos e Vereadores

Segundo o art. 14, § 11, da Constituição Federal, a AIME tramitará em "segredo de justiça". Não obstante, o TSE já decidiu que a mera divulgação da sua propositura, bem como da sua peça inicial podem ser divulgadas, sem que isso provoque a nulidade processual[52]. Não obstante, como já decidiu reiteradamente o TSE, embora o trâmite da ação se dê em "segredo de justiça", o seu julgamento será público: "O trâmite da ação de impugnação de mandato eletivo deve ser reali-

---

51. "Retirar dos eleitores o direito de propor uma ação que visa a fiscalizar o processo eleitoral é ir contra o texto constitucional, que assim não o fez, e esvaziar a norma do art. 1º, parágrafo único, da Constituição Federal. [...] Alguns autores, como Adriano Soares da Costa, consideram que a Constituição Federal silenciou quanto à legitimidade ativa por reputar que todos os eleitores são partes legítimas para a impetração da AIME, criando, dessa forma, uma espécie de ação popular eleitoral" (Alexandre Roberto Berenauser e Edmar Sá. *Da Legitimidade Ativa do Eleitor para a Ação de Impugnação de Mandato Eletivo*).
52. Ac. de 24-3-2011 no AgR-REspe n. 8772384929, rel. Min. Aldir Passarinho.

zado em segredo de justiça, mas o seu julgamento deve ser público" (Res. n. 21. 283, de 5-11-2002, rel. Min. Ellen Gracie).

Nos termos do art. 14, § 10, a AIME deve ser ajuizada quando houver prova de: a) abuso do poder econômico; b) corrupção ou c) fraude. Configura-se abuso do poder econômico nas eleições "quando o candidato ou partido político utiliza recursos financeiros de qualquer natureza em desconformidade com a previsão legal"[53]. Importante frisar que não basta o abuso do poder político, devendo haver uma dimensão econômica[54]. Por sua vez, segundo a jurisprudência, corrupção aqui é vista como sendo a corrupção eleitoral, prevista no art. 41-A, da Lei das Eleições (Lei n. 9.504/97)[55]. Por fim, a fraude ensejadora da AIME, nas palavras de Djalma Pinto, consiste "na utilização pelo candidato de meios enganosos ou atos de má-fé para captar votos ou macular a imagem do concorrente, de sorte que sua ação astuciosa interfira no resultado do pleito. [...] Por exemplo, apresentar, em programa eleitoral, pessoas se dizendo pistoleiros responsáveis por crimes de morte atribuídos ao concorrente. A fraude alicerça-se na mentira, justificando a cassação do mandato quando a sua dimensão interfira ou repercuta de forma intensa ou definitiva para a obtenção deste"[56]. Dessa maneira, a fraude não ocorre apenas no momento do voto, podendo ocorrer durante a campanha, como já decidiu o TSE[57].

Segundo entendimento do TSE, a Ação de Impugnação do Mandato Eletivo não admite desistência ou composição entre as partes[58].

---

53. João Batista Rodrigues Rebouças. *Abuso do Poder Econômico no Processo Eleitoral e o seu Instrumento Sancionador*, p. 33. Prossegue o autor: "Verifica-se, assim, que o abuso do poder de autoridade pode se manifestar sobre a forma de excesso de poder ou através do desvio de poder ou de finalidade. No primeiro caso, essa manifestação dá-se quando o agente público atua arbitrariamente além de sua competência legal, exorbitando da moldura traçada pela lei para o seu agir. O desvio de finalidade, por sua vez, revela-se quando o agente muda a direção do objetivo originalmente traçado pela lei. Em ambas as hipóteses há infração ao princípio da legalidade estrita a que está adstrito o avente público. [...] Sendo assim, a jurisprudência eleitoral, bem como a corrente doutrinária majoritária sedimentou posição no sentido de que a utilização indevida dos meios de comunicação social de massa, nas eleições, com o fim de beneficiar candidato, desde que inserido em um contexto econômico configura abuso do poder econômico por uso indevido dos veículos de comunicação social. [...] Na jurisprudência e na doutrina encontramos outras hipóteses configuradoras de abuso do poder econômico, [...] sobressaindo-se a captação ilícita de sufrágio e a utilização indevida de transportes com eleitores no dia das eleições" (p. 35).
54. "É cabível AIME quando o abuso de poder político revelar dimensão econômica ou corrupção" (Ac. de 13.4.2010 no AgR-REspe n. 35.725, rel. Min. Ricardo Lewandowski). No mesmo sentido: "O abuso de poder econômico entrelaçado com o abuso de poder político pode ser objeto de Ação de Impugnação de Mandato Eletivo (AIME), porquanto abusa do poder econômico o candidato que despende recursos patrimoniais, públicos ou privados, dos quais detém o controle ou a gestão em contexto revelador de desbordamento ou excesso no emprego desses recursos em seu favorecimento eleitoral" (Ac. de 18-3-2010 no AgR-AI n. 11.708, rel. Min. Felix Fischer).
55. "Ressalvado o disposto no art. 26 e seus incisos, constitui captação de sufrágio, vedada por esta Lei, o candidato doar, oferecer, prometer, ou entregar, ao eleitor, com o fim de obter-lhe o voto, bem ou vantagem pessoal de qualquer natureza, inclusive emprego ou função pública, desde o registro da candidatura até o dia da eleição, inclusive". Dessa maneira, já julgou o TSE: "Caracteriza corrupção a promessa de, caso os candidatos se elejam, assegurar a permanência de pessoas em cargos na Prefeitura Municipal, certamente em troca de votos ou de apoio político-eleitoral. Reconhecidas a potencialidade e a gravidade da conduta, devem ser cassados os mandatos do Prefeito e do Vice-Prefeito, com a posse da chapa segunda colocada" (TSE, Recurso Especial Eleitoral n. 28.396, de 18-12-2007, Rel. Min. Arnaldo Versiani).
56. *Direito Eleitoral: Anotações e Temas Polêmicos*, p. 135.
57. "A fraude eleitoral a ser apurada na ação de impugnação de mandato eletivo não se deve restringir àquela sucedida no exato momento da votação ou da apuração dos votos, podendo-se configurar, também, por qualquer artifício ou ardil que induz o eleitor a erro, com possibilidade de influenciar sua vontade no momento do voto, favorecendo candidato ou prejudicando seu adversário" (Ac. n. 4.661, de 15-6-2004, rel. Min. Fernando Neves).
58. "Não homologado o pedido de desistência ao fundamento de que a ação de impugnação de mandato eletivo destina-se à tutela do interesse público, uma vez que tem a missão constitucional de impedir que atos de abuso do poder, corrupção ou fraude contaminem a eleição, tornando ilegítimos os mandatos assim obtidos. Trata-se de matéria

Por sua vez, segundo o art. 14, § 11, o autor responderá, nos termos da lei, se a ação for "temerária ou de manifesta má-fé". Nesse caso, se o autor ajuizar a ação de forma temerária (sem provas que embasam seu pedido) ou de má-fé (destorcendo os fatos, para obter vantagens eleitorais), segundo o TSE, haverá "condenação do autor em perdas e danos, na forma prevista no art. 14, § 11, da Constituição" (Ac. n. 12.708, de 14.8.96).

Por fim, o prazo para ajuizar a AIME é de 15 dias, a contar da diplomação. Não obstante, o TSE já decidiu que, se o prazo terminar em fim de semana ou feriado, prorrogar-se-á para o próximo dia útil (Ac. de 9.10.2003 no REspe n. 21.341, rel. Min. Peçanha Martins).

Julgada procedente a demanda, caberá à Justiça Eleitoral decretar a cassação do mandato, não podendo declarar a inexigibilidade, por inexistir previsão legal. Nesse sentido, o TSE: "A ação de impugnação de mandato eletivo enseja tão somente a cassação do mandato, não se podendo declarar a inelegibilidade, à falta de previsão normativa"[59]. Não obstante, um efeito indireto da procedência da AIME é a nulidade dos votos, por força do art. 224, do Código Eleitoral: "o TSE concedeu segurança, a fim de reconhecer a aplicabilidade do artigo 224 do Código Eleitoral, em caso de procedência da AIME, com a consequente anulação dos votos conferidos aos candidatos que tiveram seus mandatos cassados"[60]. Se os votos anulados corresponderem a mais da metade dos votos, o Tribunal marcará dia para realização de novas eleições, por força do referido artigo do Código Eleitoral.

Em 2017, o Tribunal Superior Eleitoral, por 4 votos contra 3, decidiu pela improcedência da AIME 761, protocolada pelo PSDB e pela Coligação Muda Brasil. O voto do Min. relator (Herman Benjamin), com 550 páginas, foi pela procedência do pedido de cassação da chapa presidencial Dilma Rousseff/Michel Temer. Os ministros Napoleão Nunes Maia, Admar Gonzaga, Tarcísio Vieira e o Presidente do TSE Gilmar Mendes votaram pelo não acolhimento das provas decorrentes de outro processo (conhecido como "operação Lava-Jato"). Foram votos vencidos os Ministros Luiz Fux e Rosa Weber.

O referido processo é a prova de que é necessário repensar a forma de nomeação dos ministros dos Tribunais Superiores, especialmente o STF e o TSE. Dos 7 (sete) ministros do Tribunal Superior Eleitoral, 2 (dois) são nomeados pelo presidente, dentre seis advogados indicados pelo Supremo Tribunal Federal. Um dos juízes da AIME ora em questão foi Admar Gonzaga Neto, indicado pelo presidente Michel Temer (um dos réus). O mencionado ministro, na campanha de 2010, foi advogado de Dilma Rousseff (a outra ré). O ministro votou pela improcedência.

17.7. PERDA E SUSPENSÃO DOS DIREITOS POLÍTICOS (ART. 15, CF)

Segundo a Constituição Federal: "é vedada a cassação de direitos políticos", ou seja, a retirada arbitrária dos direitos políticos, como já ocorreu na década de 1960, por força de atos institucionais. Não obstante, o mesmo art. 15, da Constituição Federal, permite a perda e a suspensão dos direitos políticos. Embora o mencionado dispositivo legal não estabeleça as diferenças entre ambas as penalidades constitucionais, podemos afirmar que a perda se dá por prazo inde-

---

sobre a qual não se admite desistência ou composição das partes" (Ac. n. 104, de 24-8-2000, rel. Min. Eduardo Alckmin, red. designado Min. Maurício Corrêa).
59. Ac. de 5-2-2015 no AgR-REspe n. 118.232, rel. Min. Gilmar Mendes.
60. Ac. de 4-3-2008 no REspe n. 28.391, rel. Min. José Delgado.

terminado e a suspensão se dá por prazo determinado. Não nos parece correto afirmar que a perda é definitiva e a suspensão é temporária. Isso porque haverá casos de perda que poderá não ser definitiva (quando, por exemplo, quem teve sua naturalização cancelada consegue reverter a coisa julgada por meio de ação rescisória). Outrossim, há casos de suspensão que pode se tornar definitiva (por exemplo, se, por conta de escusa de consciência, o beneficiário se recusa a cumprir a prestação alternativa).

Examinemos as hipóteses de perda e suspensão previstas no art. 15 da Constituição Federal:

I – Cancelamento da naturalização por sentença transitada em julgado: como vimos no capítulo anterior, uma das hipóteses de perda da nacionalidade brasileira é o cancelamento da naturalização, por sentença transitada em julgado, em ação que tramita na Justiça Federal. Trata-se de uma hipótese de perda dos direitos políticos, pois não possui prazo determinado e, em regra, é definitiva. Não obstante, como mencionamos no capítulo anterior, haverá uma hipótese de reconquistar a nacionalidade brasileira e, por consequência, seus direitos políticos: a procedência em ação rescisória (nos termos do art. 966 do Código de Processo Civil). Embora não prevista expressamente na Constituição, a aquisição voluntária de outra nacionalidade também implicará a perda dos direitos políticos. Isso porque, nos termos do art. 12, II, da Constituição Federal, configura uma hipótese de perda da nacionalidade. Ora, deixando de ser brasileira, deixará a pessoa de possuir direitos políticos. Trata-se de mais uma modalidade de perda, tendo em vista que não há prazo determinado. Não obstante, nos termos do art. 76, da Lei da Migração (Lei n. 13.445/2017), poderá readquirir a nacionalidade brasileira por deliberação do Poder Executivo.

II – Incapacidade civil absoluta: a definição de incapacidade civil absoluta está na legislação infraconstitucional (Código Civil), que sofreu grande alteração em 2016. Com o advento da Lei n. 13.146/2015, são absolutamente incapazes somente os menores de 16 (dezesseis) anos (art. 3º, *caput*, Código Civil). Os incisos que anteriormente tratavam da enfermidade ou deficiência mental foram vetados pela novel lei, conhecida como "Estatuto da Pessoa com Deficiência". Dessa maneira, doentes mentais que não podem exprimir sua vontade hoje são considerados relativamente incapazes: "são incapazes, relativamente a certos atos ou à maneira de os exercer: [...] III – aqueles que, por causa transitória ou permanente, não puderem exprimir sua vontade". Portanto, com o advento do "Estatuto da Pessoa com Deficiência", não podem mais os deficientes ter seus direitos políticos suspensos, como ocorria até 2015. Aliás, o art. 76 da nova legislação trata especificamente do "Direito à Participação na Vida Pública e Política"[61]. Dessa

---

61. "Art. 76. O poder público deve garantir à pessoa com deficiência todos os direitos políticos e a oportunidade de exercê-los em igualdade de condições com as demais pessoas. § 1º À pessoa com deficiência será assegurado o direito de votar e de ser votada, inclusive por meio das seguintes ações: I – garantia de que os procedimentos, as instalações, os materiais e os equipamentos para votação sejam apropriados, acessíveis a todas as pessoas e de fácil compreensão e uso, sendo vedada a instalação de seções eleitorais exclusivas para a pessoa com deficiência; II – incentivo à pessoa com deficiência a candidatar-se e a desempenhar quaisquer funções públicas em todos os níveis de governo, inclusive por meio do uso de novas tecnologias assistivas, quando apropriado; III – garantia de que os pronunciamentos oficiais, a propaganda eleitoral obrigatória e os debates transmitidos pelas emissoras de televisão possuam, pelo menos, os recursos elencados no art. 67 desta Lei; IV – garantia do livre exercício do direito ao voto e, para tanto, sempre que necessário e a seu pedido, permissão para que a pessoa com deficiência seja auxiliada na votação por pessoa de sua escolha. § 2º O poder público promoverá a participação da pessoa com deficiência, inclusive quando institucionalizada, na condução das questões públicas, sem discriminação e em igualdade de oportunidades, observado o seguinte: I – participação em organizações não governamentais relacionadas à vida

maneira, no presente momento, o dispositivo constitucional ora em comento não possui eficácia. Isso porque os únicos considerados absolutamente incapazes pela lei civil são os menores de dezesseis anos que, como sabemos, não têm direitos políticos (e, por isso, não podem perdê-los ou tê-los suspensos – só se perde o que tem).

III – Condenação criminal transitada em julgado, enquanto durarem seus efeitos: ao contrário do inciso I (que trata de perda dos direitos políticos), o presente inciso trata de suspensão dos direitos políticos. Condenado criminalmente por qualquer infração penal, por decisão transitada em julgado, o condenado terá suspensos os seus direitos políticos, enquanto durarem os efeitos de sua condenação.

A condenação penal aqui pode se dar por qualquer crime[62], ainda que de menor potencial ofensivo ou contravenção penal, não importando também a pena imposta (privativa de liberdade, restritiva de direitos ou multa). Essa é a posição do STF: "a substituição da pena privativa de liberdade por restritiva de direitos não impede a suspensão dos direitos políticos. No julgamento do RE 179.502/SP, rel. Min. Moreira Alves, firmou-se o entendimento no sentido de que não é o recolhimento do condenado à prisão que justifica a suspensão de seus direitos políticos, mas o juízo de reprovabilidade expresso na condenação" (RE 577.012 AgR, rel. Min. Ricardo Lewandowski). Segundo o TSE, até mesmo a condenação penal à pena de multa é suficiente para ensejar a suspensão dos direitos políticos (Ac. de 3-4-2014 no AgR-RO n. 1000638, rel. Min. Dias Toffoli). Não obstante, por não se equiparar a uma sentença penal condenatória, a sentença que homologa transação penal não implica suspensão dos direitos políticos, como já decidiu o TSE[63].

Em 2019, o STF aplicou o mesmo entendimento para a pena restritiva de direitos. Ao julgar o Recurso Extraordinário n. 601.182, por maioria de votos, o STF fixou o entendimento de que a suspensão de direitos políticos nos casos de condenação criminal transitada em julgado aplica-se às hipóteses de substituição da pena privativa de liberdade pela restritiva de direitos. Foi voto vencido o Min. Marco Aurélio, sob o argumento de violação do princípio da proporcionalidade. Segundo a maioria dos Ministros, a condenação atinge os direitos políticos, independentemente de se tratar de pena que afeta a liberdade ou apenas restringe direitos. A Corte fixou a seguinte tese de repercussão geral: "a suspensão de direitos políticos prevista no artigo 15, inciso III, da Constituição Federal, aplica-se no caso de substituição da pena privativa de liberdade pela restritiva de direitos".

Dessa maneira, não importa se o réu condenado está em liberdade, podendo fisicamente votar (porque foi beneficiado pelo *sursis*, livramento condicional, ou está cumprindo pena no regime aberto). A suspensão dos direitos políticos trata-se de uma consequência política de sua condenação penal, como decidiu o STF: "a norma inscrita no art. 15, III, da Constituição reveste-

---

pública e à política do País e em atividades e administração de partidos políticos; II – formação de organizações para representar a pessoa com deficiência em todos os níveis; III – participação da pessoa com deficiência em organizações que as representem."

62. "Sobre a aplicação do disposto no inciso III do art. 15 da Constituição Federal, este Tribunal tem jurisprudência firme no sentido de que o dispositivo é autoaplicável, surtindo efeitos pelo tempo em que durar a pena, qualquer que tenha sido o crime praticado, inclusive aqueles contra o patrimônio privado" (Ac. de 12-9-2000 no Respe n. 16.863, rel. Min. Fernando Neves).

63. "Nos termos do art. 15, III, da Constituição Federal, a suspensão dos direitos políticos somente pode ocorrer com a condenação que, além de transitada em julgado materialmente, decorra do devido processo legal e apure a culpabilidade do cidadão, o que não ocorre na transação penal" (Ac. de 2-10-2012 no REspe n. 12602, rel. Min. Dias Toffoli).

-se de autoaplicabilidade, independendo, para efeito de sua imediata incidência, de qualquer ato de intermediação legislativa. Essa circunstância legitima as decisões da Justiça Eleitoral que declaram aplicável, nos casos de condenação penal irrecorrível, e enquanto durarem os seus efeitos, como ocorre na vigência do período de prova do *sursis*, a sanção constitucional concernente à privação de direitos políticos do sentenciado" (RMS 22.470 AgR, rel. Min. Celso de Mello). Não obstante, a condenação por órgão colegiado por alguns crimes previstos na LC 64/90 (contra a economia popular, a fé pública, a administração pública etc.), implica a inelegibilidade (não poderá ser votado), mas não suspenderá a alistabilidade (poderá votar).

Para readquirir os direitos políticos não é necessário ajuizar uma ação de Reabilitação, prevista no art. 93 do Código Penal, bastando cessarem os efeitos da condenação, com a respectiva extinção da punibilidade. Esse é o conteúdo da Súmula 9 do TSE: "A suspensão de direitos políticos decorrentes de condenação criminal transitada em julgado cessa com o cumprimento ou extinção da pena, independendo de reabilitação ou de prova de reparação dos danos".

IV – Recusa de cumprir obrigação a todos imposta ou prestação alternativa, nos termos do art. 5º, VIII: Como estudamos em capítulo anterior, a escusa de consciência é um direito fundamental, previsto no art. 5º, VIII, da Constituição Federal. Diante de uma obrigação a todos imposta, a pessoa poderá alegar essa escusa de consciência (razões filosóficas, religiosas ou políticas), para não cumpri-la. Todavia, terá que cumprir uma prestação social alternativa, sob pena de ter suspensos os seus direitos políticos.

Há polêmica na doutrina se a presente hipótese se trata de *perda* ou *suspensão* dos direitos políticos. Embora nos pareça ser um caso de *perda* dos direitos políticos (já que não há prazo determinado para reaquisição, dependendo do cumprimento da prestação alternativa), a legislação brasileira denomina como sendo *suspensão* dos direitos políticos. É o que faz a Lei n. 8.239/91 (que dispõe sobre o serviço alternativo ao serviço militar obrigatório). Segundo o art. 4º, § 2º, da referida lei, haverá a "suspensão dos direitos políticos do inadimplente, que poderá, a qualquer tempo, regularizar sua situação mediante cumprimento das obrigações devidas". Da mesma forma, o Código de Processo Penal, quando trata da dispensa do jurado pela escusa de consciência, afirma que "a recusa ao serviço do júri fundada em convicção religiosa, filosófica ou política importará no dever de prestar serviço alternativo, sob pena de suspensão dos direitos políticos, enquanto não prestar o serviço imposto" (art. 438).

V – Improbidade administrativa, nos termos do art. 37, § 4º: Trata-se de hipótese de suspensão dos direitos políticos. Segundo o art. 37, § 4º: "os atos de improbidade administrativa importarão a suspensão dos direitos políticos, a perda da função pública, a indisponibilidade dos bens e o ressarcimento ao erário, na forma e gradação previstas em lei, sem prejuízo da ação penal cabível". Como o próprio dispositivo constitucional estabeleceu, lei infraconstitucional dosará as penalidades aplicáveis ao improbo. Trata-se da Lei n. 8.249/92, alterada pela Lei n. 14.230/2021, que prevê várias infrações e penas diversas, de acordo com a gravidade. No art. 12 da sobredita lei há penalidades de suspensão dos direitos políticos até 14 anos (art. 12, I) e até 12 anos (art. 12, II). Segundo o art. 12, § 10, "para efeitos de contagem do prazo da sanção de suspensão dos direitos políticos, computar-se-á retroativamente o intervalo de tempo entre a decisão colegiada e o trânsito em julgado da sentença condenatória". Por se tratar de prazo determinado, indubitavelmente é hipótese de suspensão dos direitos políticos.

Previsão	Hipótese	Perda ou suspensão	Reaquisição
15, I, CF	Cancelamento da naturalização	Perda	Ação rescisória
15, II, CF	Incapacidade civil absoluta	Hipótese inaplicável atualmente, por força do Estatuto da Pessoa com Deficiência (Lei n. 13.146/2015)	
15, III, CF	Condenação criminal transitada em julgado	Suspensão	Quando terminarem os efeitos da condenação (extinção da punibilidade)
15, IV, CF	Escusa de consciência e não cumprimento de prestação alternativa	Suspensão (segundo a lei), perda (segundo parte da doutrina)	Quando cumprir a prestação alternativa
15, V, CF	Improbidade administrativa	Suspensão	Quando terminar o prazo, nos termos da Lei n. 8.429/92

17.8. PRINCÍPIO DA ANTERIORIDADE ELEITORAL (ART. 16, CF)

Segundo o art. 16 da Constituição Federal: "a lei que alterar o processo eleitoral entrará em vigor na data de sua publicação, não se aplicando à eleição que ocorra até um ano da data de sua vigência".

Trata-se de uma regra constitucional destinada a proteger os eleitores de surpresas legislativas às vésperas da eleição. Assim, uma lei que modifica o processo eleitoral, embora entre em vigor imediatamente, somente poderá se aplicar às eleições que ocorrerem pelo menos um ano depois (por essa razão, preferimos o nome anualidade eleitoral). É necessário que haja um interstício mínimo de um ano entre a entrada em vigor da nova lei eleitoral e a realização das eleições. Tamanha a importância desse dispositivo, que o Supremo Tribunal Federal considerou-o cláusula pétrea, por se tratar de direito individual do eleitor: "Enquanto o art. 150, III, *b*, da CF encerra garantia individual do contribuinte (ADI 939, rel. Min. Sydney Sanches, *DJ* 18-3-1994), o art. 16 representa garantia individual do cidadão-eleitor, detentor originário do poder exercido pelos representantes eleitos e 'a quem assiste o direito de receber, do Estado, o necessário grau de segurança e de certeza jurídicas contra alterações abruptas das regras inerentes à disputa eleitoral' (ADI 3.345, rel. Min. Celso de Mello). Além de o referido princípio conter, sem si mesmo, elementos que o caracterizam como uma garantia fundamental oponível até mesmo à atividade do legislador constituinte derivado, nos termos dos arts. 5º, § 2º, e 60, § 4º, IV, a burla ao que contido no art. 16 ainda afronta os direitos individuais da segurança jurídica (CF, art. 5º, *caput*) e do devido processo legal (CF, art. 5º, LIV)" (ADI 3.685-8/DF, rel. Min. Ellen Gracie, 22-3-2006, Tribunal Pleno).

A referida decisão do Supremo Tribunal Federal referiu-se à Emenda Constitucional n. 52, de 2006, que depois de revogar a "verticalização das coligações partidárias" nas eleições (permitindo que quaisquer partidos se coligassem com quaisquer partidos nas eleições federais, estaduais e municipais, sem qualquer correlação entre tais coligações), no art. 2º permitiu que tal regra se aplicasse às eleições do mesmo ano, o que foi julgado inconstitucional.

Mais recentemente, o Supremo Tribunal Federal se deparou com mais uma questão polêmica: a Lei Complementar n. 135, de 4 de junho de 2010 (Lei da Ficha Limpa), que criou novas hipóteses de inelegibilidade, poderia ser aplicada às eleições de 2010? O STF entendeu que, por mais moralizante que fosse a Lei da Ficha Limpa, somente poderia ser aplicada depois de um ano, por conta do princípio da anterioridade eleitoral: "O princípio da anterioridade eleitoral constitui uma garantia fundamental também destinada a assegurar o próprio exercício do direito de minoria parlamentar em situações nas quais, por razões de conveniência da maioria, o Poder Legislativo pretenda modificar, a qualquer tempo, as regras e critérios que regerão o processo eleitoral. A aplicação do princípio da anterioridade não depende de considerações sobre a moralidade da legislação. O art. 16 é uma barreira objetiva contra abusos e desvios da maioria, e dessa forma deve ser aplicado por esta Corte. A proteção das minorias parlamentares exige reflexão acerca do papel da Jurisdição Constitucional desta tarefa. A Jurisdição Constitucional cumpre a sua função quando aplica rigorosamente, sem subterfúgios calcados em considerações subjetivas de moralidade, o princípio da anterioridade eleitoral previsto no art. 16 da Constituição, pois essa norma constitui uma garantia da minoria, portanto, uma barreira contra a atuação sempre ameaçadora da maioria. Recurso extraordinário conhecido [...] fixando a não aplicabilidade da Lei Complementar n. 135/2010 às eleições gerais de 2010" (RE 633.703/MG, rel. Min. Gilmar Mendes).

Decidiu recentemente o STF que não fere o princípio da anterioridade eleitoral a aplicação retroativa da Lei da Ficha Limpa (LC 135/2010), que ampliou os prazos de inelegibilidade aos fatos praticados antes da lei (RE 929.670, rel. Min. Ricardo Lewandowski). Aliás, esse já era o entendimento do Tribunal Superior Eleitoral: "As inelegibilidades da Lei Complementar n. 135/2010 incidem de imediato sobre todas as hipóteses nela contempladas, ainda que o respectivo fato seja anterior à sua entrada em vigor, pois as causas de inelegibilidade devem ser aferidas no momento da formalização do pedido de registro da candidatura, não havendo, portanto, que se falar em retroatividade da lei" (Ac. de 30-9-2010 no AgR-RO n. 60.998, rel. Min. Arnaldo Versiani).

Por fim, no ano de 2020, por força da pandemia de Covid-19, foi editada a Emenda Constitucional n. 107/2020, alterando a data das eleições. Nos termos do art. 1º, *caput*, da referida emenda, "as eleições municipais previstas para outubro de 2020 realizar-se-ão no dia 15 de novembro, em primeiro turno, e no dia 29 de novembro de 2020, em segundo turno, onde houver". Quando editada a referida emenda, questionou-se uma eventual violação ao art. 16 da Constituição Federal, que prevê o princípio da anterioridade eleitoral (uma lei que altera o processo eleitoral somente poderia ser aplicada às eleições que ocorrerem um ano depois)[64]. No nosso entender, nenhum direito ou princípio é absoluto. No caso em tela, o adiamento se deu para preservar a vida e a saúde dos eleitores, diante de um episódio histórico de pandemia, depois da morte de quase duzentos mil brasileiros. Numa ponderação de interesses, a vida e a saúde devem prevalecer sobre o princípio da anterioridade eleitoral. O espírito do dispositivo constitucional (art. 16, da Constituição Federal) é evitar que os detentores do poder se utilizem de mudanças do procedimento eleitoral para se beneficiar. No caso em tela, não foi o que ocorreu. Pelo contrário. Adiar excepcionalmente a data das eleições, sem prorrogar um só dia dos mandatos, em nada beneficiou os atuais Prefeitos, dando mais tempo para a oposição apresentar suas ideias.

---

64. Defendeu a tese da inconstitucionalidade: "Mesmo nos valendo de um momento totalmente fora dos padrões, não pode a Corte Suprema, em hipótese alguma, admitir uma possível aplicação inconstitucional de uma norma por ser esta a 'única' saída. Se tal afastamento viola o princípio da anterioridade da lei eleitoral, resta, infelizmente, a declaração de inconstitucionalidade e a não aplicação da EC 107/2020 na própria eleição" (Guilherme Francisco Souza Perez, *Como o Adiamento das Eleições de 2020 pode vir a ser Inconstitucional*, p. 1).

17.9. PARTIDOS POLÍTICOS (ART. 17, CF)

Os partidos políticos são instrumentos importantes na concretização da soberania popular e da democracia. Nas palavras de Sahid Maluf: "os partidos políticos são peças necessárias, senão mesmo as vigas mestras do travejamento político e jurídico do Estado democrático"[65]. Esse é o motivo de estar o tema previsto como o último capítulo do Título II (Direitos e Garantias Fundamentais).

O primeiro princípio que aparece na Constituição Federal acerca dos partidos políticos é o princípio da liberdade: "É livre a criação, fusão, incorporação e extinção de partidos políticos" (art. 17, *caput*, 1ª parte, CF). Assim, segundo o texto constitucional, é possível a criação, a fusão, a incorporação e a extinção de partidos políticos.

A criação de novos partidos políticos é permitida pela Constituição Federal, ao contrário de épocas não muito distantes em que só se permitia a existência de dois partidos políticos: a ARENA e o MDB. Todavia, a criação de novos partidos deverá atender os requisitos da legislação infraconstitucional sobre o tema (Lei n. 9.096/95 – "Lei dos Partidos Políticos"). Segundo o art. 8º da "Lei dos Partidos Políticos", o requerimento de registro de partido político deve ser subscrito por seus fundadores, em número nunca inferior a 101 (cento e um), com domicílio eleitoral em, no mínimo 1/3 (um terço) dos Estados. Outrossim, segundo o art. 7º, § 1º, da sobredita lei, "só é admitido o registro do estatuto de partido político que tenha caráter nacional, considerando-se como tal aquele que comprove, no período de dois anos, o apoiamento de eleitores não filiados a partido político, correspondente a, pelo menos, 0,5% (cinco décimos por cento) dos votos dados na última eleição geral para a Câmara dos Deputados, não computados os votos em branco e os nulos, distribuídos por um terço, ou mais, dos Estados, com um mínimo de 0,1% (um décimo por cento) do eleitorado que haja votado em cada um deles". Assim, exigem-se assinaturas de pessoas de pelo menos 9 (nove) Estados (pelo menos 1/3 dos Estados da Federação).

A *fusão* consiste na união de dois ou mais partidos políticos, transformando-os num só (como ocorreu em 2022 com a fusão entre os partidos *PSL* e *Democratas*, dando ensejo ao surgimento do partido *União Brasil*). *Incorporação* significa a inclusão de um partido em outro, com o desaparecimento do primeiro e a permanência do segundo. Por fim, *extinção* é o fim da personalidade jurídica do partido. Os três institutos estão previstos nos arts. 27 a 29 da Lei dos Partidos Políticos (Lei n. 9.096/95). Segundo o art. 27 da referida lei: "fica cancelado, junto ao Ofício Civil e ao Tribunal Superior Eleitoral, o registro do partido que, na forma de seu estatuto, se dissolva, se incorpore ou venha a se fundir a outro".

O princípio da liberdade que se aplica aos partidos políticos não é absoluto. A própria Constituição Federal impõe uma série de critérios e princípios a serem seguidos pelos partidos políticos. Nesse sentido, decidiu o Supremo Tribunal Federal: "A Constituição da República assegura a livre criação, fusão e incorporação de partidos políticos. Liberdade não é absoluta, condicionando-se aos princípios do sistema democrático-representativo e do pluripartidarismo. São constitucionais as normas que fortalecem o controle quantitativo e qualitativo dos partidos, sem afronta ao princípio da igualdade ou qualquer ingerência em seu

---

65. *Teoria Geral do Estado*, p. 343.

funcionamento interno. O requisito constitucional do caráter nacional dos partidos políticos objetiva impedir a proliferação de agremiações sem expressão política, que podem atuar como 'legendas de aluguel', fraudando a representação, base do regime democrático" (ADI 5.311 MC, rel. Min. Cármen Lúcia).

O próprio art. 17, *caput*, da Constituição Federal estabelece quatro princípios constitucionais que limitam a liberdade de criação de partidos: a) a proteção da soberania nacional; b) o regime democrático; c) o pluripartidarismo e d) os direitos fundamentais da pessoa humana.

Outrossim, o art. 17 da Constituição Federal estabelece também algumas obrigações e proibições aplicadas aos partidos políticos. São obrigações constitucionais: a) a observância do caráter nacional (art. 17, I); prestar contas junto à Justiça Eleitoral (art. 17, III), e ter o funcionamento parlamentar adequado à legislação pertinente (art. 17, IV). Por sua vez, são vedações: utilização pelos partidos de organização paramilitar (art. 17, § 4º) e o recebimento de recursos financeiros de entidade ou governo estrangeiro ou de subordinação a estes (art. 17, II).

Podemos assim sistematizar os princípios, obrigações e vedações constitucionais aplicados aos partidos:

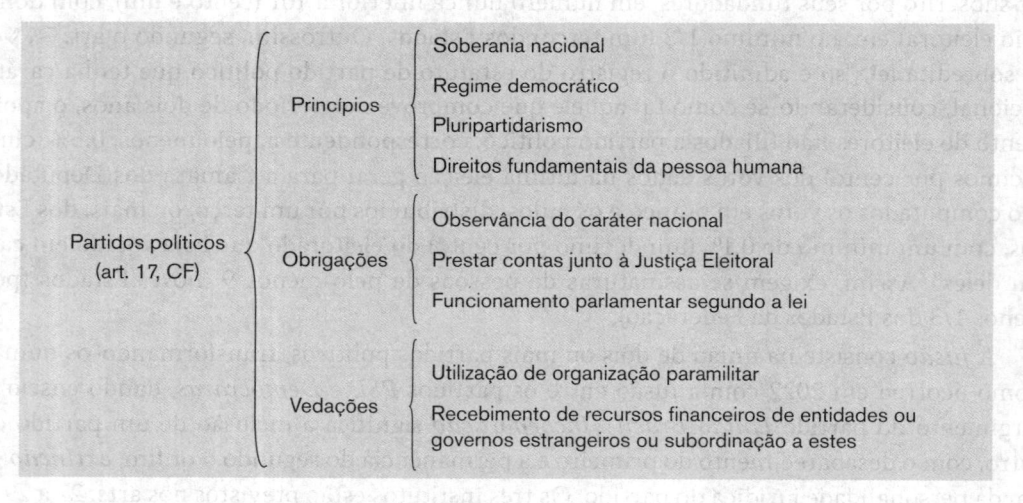

Partidos políticos (art. 17, CF)		
Princípios	Soberania nacional	
	Regime democrático	
	Pluripartidarismo	
	Direitos fundamentais da pessoa humana	
Obrigações	Observância do caráter nacional	
	Prestar contas junto à Justiça Eleitoral	
	Funcionamento parlamentar segundo a lei	
Vedações	Utilização de organização paramilitar	
	Recebimento de recursos financeiros de entidades ou governos estrangeiros ou subordinação a estes	

a) **Princípios constitucionais aplicados aos partidos**

Como já estudamos em outros capítulos deste livro, a soberania, originariamente considerada um atributo do monarca, passou a ser considerada, com o passar da História, como sendo um atributo essencial à existência do Estado (Jean Bodin) ou um poder que emana do povo (Jean-Jacques Rousseau). A soberania, como um atributo do Estado e um dos fundamentos da República (art. 1º, I, CF), é a soma da supremacia (no plano interno) com a independência (no plano externo). Por estar prevista no art. 17 da Constituição Federal (que trata dos partidos políticos), a soberania tem aqui a seguinte conotação: "o respeito à soberania nacional assume as proporções de um preceito balizador do processo de criação das organizações partidárias. Entende-se, assim, que a liberdade de criação e organização dos partidos políticos será incompatível 'com programas ou atividades que – sob qualquer forma – ponham em risco ou enfraqueçam a plenitude do exercício da soberania nacional. Diante disso, os estatutos partidários ficam impedidos de adotar princípios programáticos que proponham a submissão da República Federativa do Brasil a qualquer Estado ou organismo internacional"[66].

Outrossim, deverá o partido político estar comprometido com a preservação do regime democrático, tendo a "responsabilidade de fazer com que, no interior de suas organizações, estruturas e, fundamentalmente, no seu funcionamento, os princípios democráticos sejam devidamente respeitados. Portanto, o grande compromisso que se coloca para os partidos políticos brasileiros é o respeito ao regime democrático, tanto externa como internamente"[67].

Da mesma forma, outro princípio aplicado aos partidos políticos é o pluripartidarismo, que decorre do "pluralismo político", um dos fundamentos da República (art. 1º, V, CF). Para legitimar e instrumentalizar o pluralismo de ideias, valores, costumes e culturas (o pluralismo político), a Constituição assegura o pluripartidarismo. Dessa maneira, não será constitucional um artifício que restrinja excessivamente a criação de partidos políticos. Assim como em qualquer outro direito fundamental, é possível que haja restrições ao exercício desse direito (por exemplo, com a criação de requisitos legais para criação de partidos políticos). Não obstante, essa restrição não pode ser exagerada, excessiva, desmesurada (sob pena de violação do princípio da proibição do excesso, um dos corolários do princípio da proporcionalidade. Assim, será inconstitucional a legislação que estabeleça um número fixo de partidos políticos (sistema já adotado no Brasil, que admitia dois únicos partidos), bem como que estabeleça requisitos desproporcionais e quase inatingíveis para criação dos partidos[68].

Até 2018 o Brasil tinha 35 partidos políticos devidamente registrados no TSE, sendo que três foram criados em 2015: "Partido Novo", "Rede Sustentabilidade" e "Partido da Mulher Brasileira". Já em 2022, o número de partidos políticos foi reduzido para 32. Indubitavelmente, um número mais reduzido de partidos é salutar para a democracia, de modo a claramente identificar as ideias e os propósitos de cada um deles.

Por fim, ao estabelecer os direitos fundamentais da pessoa humana como um dos princípios que regem os partidos políticos, a Constituição "obriga os partidos políticos a adotarem duas posições: em primeiro lugar, excluir de seus princípios programáticos orientações que não os acolham [...] e, em segundo lugar, o compromisso dos partidos políticos com o resguardo dos Direitos Fundamentais que os obriga a vinculá-los e efetivá-los em suas próprias estruturas"[69].

b) Obrigações constitucionais aplicadas aos partidos

Como vimos acima, três são as obrigações constitucionais aplicadas aos partidos políticos: 1) caráter nacional; 2) prestação de contas à Justiça Eleitoral e 3) funcionamento parlamentar de acordo com a lei.

---

66. Orides Mezzaroba. *Partidos Políticos. Princípios e Garantias Constitucionais*, p. 18.
67. Op. cit., p. 19.
68. Por essa razão, não nos parece correta a conclusão de que qualquer restrição à criação de partidos políticos seja inconstitucional. A restrição aos direitos fundamentais pode ser feita pela legislação infraconstitucional, como vimos em capítulo anterior, desde que razoável e proporcional. Por isso, entendemos equivocada a conclusão de Orides Mezzaroba, segundo o qual seria inconstitucional "qualquer artifício redutor, como, por exemplo, as cláusulas de barreira ou de exclusão" (op. cit., p. 23).
69. Op. cit., p. 24.

b.1) Caráter nacional

Ao estabelecer o *caráter nacional*, a Constituição Federal não permite a criação de partidos regionais (por exemplo, um Partido Socialista Paulista, Partido Republicano do Sul etc.). Por esse motivo, o art. 7º, § 1º, da Lei dos Partidos Políticos exige o apoio de eleitores de pelo menos nove Estados. É pacífico na jurisprudência o entendimento que essa exigência é constitucional: "Indefere-se pedido de registro de partido que não atende aos requisitos estabelecidos na legislação de regência. O Tribunal Superior Eleitoral já assentou a constitucionalidade do apoiamento mínimo de eleitores, previsto no art. 9º, § 1º, da Lei n. 9.096/95, por ser um critério para verificação do caráter nacional" (Ac. de 22.4.2014 no RPP n. 61360, rel. Min. Luciana Lóssio).

b.2) Prestação de contas à Justiça Eleitoral

Da mesma forma, a Constituição Federal exige a *prestação de contas à Justiça Eleitoral*, tema que é regulamentado pela Lei n. 9.096/95. No seu art. 32, dispõe que "O partido está obrigado a enviar, anualmente, à Justiça Eleitoral, o balanço contábil do exercício findo, até o dia 30 de abril do ano seguinte". Nessa fiscalização, "constatada a violação de normas legais ou estatutárias, ficará o partido sujeito: [...] no caso de recursos de origem não mencionada ou esclarecida, fica suspenso o recebimento das quotas do fundo partidário até que o esclarecimento seja aceito pela Justiça Eleitoral", dentre outras sanções (art. 36, Lei n. 9.096/95). Outrossim, segundo o art. 37 da referida lei: "a desaprovação das contas do partido implicará exclusivamente a sanção de devolução da importância apontada como irregular, acrescida de multa de até 20% (vinte por cento)".

b.2.1) Financiamento das campanhas eleitorais

b.2.1.1) Doações de pessoas jurídicas

Acerca do financiamento das campanhas políticas, o STF, na ADI 4650, declarou inconstitucionais os dispositivos legais que autorizavam as contribuições de pessoas jurídicas às campanhas eleitorais. De fato, várias eleições brasileiras contaram com financiamentos bilionários de um grupo de empresas que, por conta desse auxílio financeiro, participavam de forma criminosa da gestão pública, num dos maiores e mais metastáticos escândalos de corrupção da história do país.

Decidiu o STF, em 17 de setembro de 2015: "Os limites previstos pela legislação de regência para a doação de pessoas jurídicas para as campanhas eleitorais se afiguram assaz insuficiente a coibir, ou, ao menos, amainar, a captura do político pelo poder econômico, de maneira a criar indesejada 'plutocratização' do processo político. [...] A doação por pessoas jurídicas a campanhas eleitorais, antes de refletir eventuais preferências políticas, denota um agir estratégico destes grandes doadores, no afã de estreitar suas relações com o poder público, em pactos, muitas vezes desprovidos de espírito republicano. [...] os critérios normativos vigentes relativos à doação a campanhas eleitorais feitas por pessoas naturais, bem como o uso próprio de recursos pelos próprios candidatos, não vulneram os princípios fundamentais democrático, republicano e da igualdade política" (ADI 4.650, rel. Min. Luiz Fux).

Entendemos correta a jurisprudência do STF. Possivelmente, no futuro, nossos descendentes, ao examinarem os aspectos políticos e eleitorais de nosso tempo, dirão que, por algumas décadas, a democracia brasileira era deficitária, já que os eleitores eram influenciados por bilionárias campanhas eleitorais, financiadas por grandes empresas (que recebiam a contraprestação dos políticos que elas ajudaram a eleger). Por essa razão, defendemos, nos moldes da democracia norte-americana, que o financiamento das campanhas eleitorais ocorra exclusivamente por doações de pessoas físicas, desde que devidamente identificadas. Ora, se os políticos ou partidos não conseguem despertar na população o desejo de financiar seus projetos, é porque provavelmente não estão a fazer um bom trabalho. Infelizmente, como partidos políticos brasileiros não incutem nas pessoas o desejo de financiá-los, o legislador criou, além do fundo partidário, o fundo de financiamento de campanha, que adiante será mais bem explicado.

b.2.1.2) Doações anônimas?

O STF declarou inconstitucional o art. 28, § 12, da Lei n. 9.504/2007 (alterada pela minirreforma eleitoral), que permitia a doação aos partidos, *sem identificação dos doadores*[70]. Na ADI 5394 MC/DF, considerou inconstitucional a parte final do art. 28, § 12, da Lei Federal 13.165/2015, que permitia a "doação oculta" para campanhas eleitorais (sem identificação do doador).

b.2.1.3) Doações de pessoas físicas

Como vimos, inexiste hoje no Brasil o financiamento de campanha por meio de pessoa jurídica. As tentativas legislativas de implementar novamente esse financiamento (anteriormente declarado inconstitucional, pelo STF) foram vetadas pela então presidente da República, Dilma Rousseff[71]. As doações para as campanhas eleitorais somente podem ser feitas por pessoas físicas, preenchendo-se os requisitos previstos na Lei n. 9.504/97 (com todas as alterações posteriores). Em resumo, são regras para doação por meio de pessoas físicas: 1) as doações ficam limitadas a 10% dos rendimentos brutos auferidos pelo doador no ano anterior à eleição; 2) as doações a candidato, comitê ou partido devem ser feitas mediante recibo, assinado pelo doador; 3) as doações podem ser feitas em cartão de crédito, identificando-se o doador; 4) podem ser feitas campanhas de financiamento coletivo (*crowdfunding*) no ano eleitoral; 5) as doações podem ser feitas mediante cheques cruzados e nominais, transferências eletrônicas, depósitos identificados ou através do sistema disponível no *site* do candidato, partido ou coligação.

b.2.1.4) Limites de gastos na campanha eleitoral

A Lei n. 13.488, de 6 de outubro de 2017, fixou o limite de gasto de campanha eleitoral em valores absolutos por cargo eletivo para as eleições de 2018. Segundo o art. 1º dessa lei (que alterou o art. 18 da Lei n. 9.504/97): "os limites de gastos de campanha serão definidos em lei e

---

70. O STF também declarou liminarmente inconstitucional o art. 28, § 12, da Lei n. 9.504/97, que dispunha: "os valores transferidos pelos partidos políticos oriundos de doações serão registrados na prestação de contas dos candidatos como transferência dos partidos e, na prestação de contas dos partidos, como transferência aos candidatos, *sem individualização dos doadores*". Segundo o Min. Teori Zavascki: "ao determinar que as doações feitas a candidatos por intermédio de partidos sejam registradas sem a identificação dos doadores originários, a norma instituiu uma metodologia contábil diversionista, estabelecendo uma verdadeira cortina de fumaça sobre as declarações de campanha e positivando um controle de fantasia. Pior, premia um comportamento elusivo dos participantes do processo eleitoral e dos responsáveis pela administração dos gastos de campanha". Em 22 de março de 2018, o STF, por maioria de votos, julgou procedente o pedido, mantendo a liminar (ADI 5.394, rel. Teori Zavascki).

71. Ao vetar o art. 24-B, da Lei n. 9.504, de 30 de setembro de 1997, a Presidente afirmou, nas razões do veto: "a possibilidade de doações e contribuições por pessoas jurídicas a partidos políticos e campanhas eleitorais, que seriam regulamentadas por esses dispositivos, confrontaria a igualdade política e os princípios republicano e democrático, como decidiu o Supremo Tribunal Federal, em sede de Ação Direta de Inconstitucionalidade (ADI 4.650/DF)".

divulgados pelo Tribunal Superior Eleitoral". Por exemplo, para as eleições de 2022, o TSE (por meio da Portaria n. 647) estabeleceu os limites máximos para a campanha eleitoral. Por exemplo, para a campanha à Presidência da República, o limite de gastos foi R$ 88.944.030,80 (no primeiro turno) e R$ 44.472.015,40 (no segundo turno).

b.3) Funcionamento parlamentar de acordo com a lei

Por fim, o art. 17 também dispõe que um dos parâmetros a serem seguidos pelos partidos é o *funcionamento parlamentar de acordo com a lei*, como, por exemplo, e principalmente, a Lei n. 9.096/95 (Lei dos Partidos Políticos).

b.3.1.) Fidelidade partidária

O tema é regulamentado pelos arts. 23 a 26 da Lei n. 9.096/95 (Lei dos Partidos Políticos), cujo tema é "fidelidade e da disciplina partidárias"[72]. Por exemplo, o art. 26 da referida lei afirma: "Perde automaticamente a função ou cargo que exerça, na respectiva Casa Legislativa, em virtude da proporção partidária, o parlamentar que deixar o partido sob cuja legenda tenha sido eleito".

Importante: o STF entendeu que tal regra não se aplica aos que forem eleitos pelo sistema majoritário (por exemplo, o Senador, o Governador etc.), mas apenas aos eleitos no sistema proporcional (Deputados e Vereadores).

Decidiu o STF: "O sistema majoritário, adotado para a eleição de presidente, governador, prefeito e senador, tem lógica e dinâmica diversas da do sistema proporcional. As características do sistema majoritário, com sua ênfase na figura do candidato, fazem com que a perda do mandato, no caso de mudança de partido, frustre a vontade do eleitor e vulnere a soberania popular (CF, art. 1º, parágrafo único; e art. 14, *caput*)" (ADI 5.081/DF, Pleno, 27-5-2015, rel. Min. Roberto Barroso). Aliás, esse é o conteúdo da Súmula 67 do TSE: "a perda do mandato em razão da desfiliação partidária não se aplica aos candidatos eleitos pelo sistema majoritário".

Outra exceção admitida pelo Supremo Tribunal Federal para a troca de partidos políticos sem a perda do mandato parlamentar é a "justa causa" para a mudança.

Nesse sentido, a Lei n. 13.165/2015, que alterou a Lei dos Partidos Políticos, acrescentou o art. 22-A, que dispõe: "Perderá o mandato o detentor de cargo eletivo que se desfiliar, sem justa causa, do partido pelo qual foi eleito. Parágrafo único. Consideram-se justa causa para a desfiliação partidária somente as seguintes hipóteses: I – mudança substancial ou desvio reiterado do programa partidário; II – grave discriminação política pessoal; e III – *mudança de partido efetuada durante o período de trinta dias que antecede o prazo de filiação exigido*

---

[72] "Art. 23. A responsabilidade por violação dos deveres partidários deve ser apurada e punida pelo competente órgão, na conformidade do que disponha o estatuto de cada partido. § 1º Filiado algum pode sofrer medida disciplinar ou punição por conduta que não esteja tipificada no estatuto do partido político. § 2º Ao acusado é assegurado amplo direito de defesa. Art. 24. Na Casa Legislativa, o integrante da bancada de partido deve subordinar sua ação parlamentar aos princípios doutrinários e programáticos e às diretrizes estabelecidas pelos órgãos de direção partidários, na forma do estatuto. Art. 25. O estatuto do partido poderá estabelecer, além das medidas disciplinares básicas de caráter partidário, normas sobre penalidades, inclusive com desligamento temporário da bancada, suspensão do direito de voto nas reuniões internas ou perda de todas as prerrogativas, cargos e funções que exerça em decorrência da representação e da proporção partidária, na respectiva Casa Legislativa, ao parlamentar que se opuser, pela atitude ou pelo voto, às diretrizes legitimamente estabelecidas pelos órgãos partidários."

em lei para concorrer à eleição, majoritária ou proporcional, ao término do mandato vigente" (grifos nossos).

Como se vê, o inciso III sobredito criou um período temporal (uma *janela permanente*) em que autoridades poderiam mudar livremente de partido.

Segundo o STF, em caso de morte do parlamentar que trocou regularmente de partido político, a sucessão à vaga se dará pelo partido de origem, pelo qual ele foi eleito (e não pelo novo partido). Segundo o STF: "o reconhecimento da justa causa para transferência de partido político afasta a perda do mandato eletivo por infidelidade partidária. Contudo, ela não transfere ao novo partido o direito de sucessão à vaga" (MS 27.938, rel. Min. Joaquim Barbosa, Tribunal Pleno, j. 11-3-2010).

Além da *"janela permanente"* de transferências partidárias, permitidas pelo art. 22-A, III, da Lei n. 9.096/95, a Emenda Constitucional n. 91, de 2016, criou uma nova *janela excepcional* de transferência partidária, aplicável uma única vez (sendo, portanto, uma norma constitucional de eficácia exaurida). Segundo o art. 1º dessa Emenda Constitucional: "É facultado ao detentor de mandato eletivo desligar-se do partido pelo qual foi eleito <u>nos trinta dias seguintes à promulgação desta Emenda Constitucional,</u> sem prejuízo do mandato, não sendo essa desfiliação considerada para fins de distribuição dos recursos do Fundo Partidário e de acesso gratuito ao tempo de rádio e televisão". Com a devida vênia, no nosso entender essa emenda constitucional é casuística, usurpando o poder constituinte, que é do povo. Trata-se de uma mudança constitucional feita exclusivamente em favor dos que exercem o poder constituinte reformador (os parlamentares) em detrimento dos seus reais detentores (o povo). Por essa razão, entendo ser materialmente inconstitucional a EC n. 91/2016, por absoluta violação da razoabilidade e proporcionalidade. Por essa e outras razões é que defendemos, nos moldes do que já ocorre em outros países, que a Emenda Constitucional só entra em vigor depois de aprovada diretamente pela população, mediante referendo.

A Emenda Constitucional n. 97/2017 criou uma nova *janela* (uma *"janela constitucional permanente por baixo desempenho eleitoral"*), nos termos do art. 17, § 5º, da Constituição. Se o candidato foi eleito por partido que não alcançou a *cláusula de barreira* (prevista no § 3º do art. 17), poderá mudar para um partido que alcançou a referida cláusula. Nos termos do artigo constitucional: "ao eleito por partido que não preencher os requisitos previstos no § 3º deste artigo, é assegurado o mandato e facultada a filiação, sem perda do mandato, a outro partido que os tenha atingido, não sendo essa filiação considerada para fins de distribuição dos recursos do fundo partidário e de acesso gratuito ao tempo de rádio e de televisão".

"Janelas" de transferências partidárias	
"Janela permanente" (22-A, III, da Lei n. 9.096/95):	trinta dias que antecedem o prazo de filiação para concorrer à eleição, ao término do mandato vigente
Janela excepcional (EC 91/2016):	trinta dias seguintes à promulgação da Emenda n. 91/2016
Janela permanente por baixo desempenho eleitoral (EC 97/2017 – art. 17, § 5º, CF):	caso o partido não alcance a cláusula de barreira do art. 17, § 3º, CF

Por fim, por força da Emenda Constitucional n. 111/2021, criou-se hipótese de permissão de transferência partidária, sem qualquer penalidade: "anuência do partido". Essa hipótese não estava prevista na Constituição ou na Lei dos Partidos Políticos. Segundo o novo art. 17, § 6º, da Constituição Federal: "Os Deputados Federais, os Deputados Estaduais, os Deputados Distritais e os Vereadores que se desligarem do partido pelo qual tenham sido eleitos perderão o mandato, salvo nos casos de anuência do partido ou de outras hipóteses de justa causa estabelecidas em lei, não computada, em qualquer caso, a migração de partido para fins de distribuição de recursos do fundo partidário ou de outros fundos públicos e de acesso gratuito ao rádio e à televisão" (grifamos). Seguem alguns comentários pontuais sobre esse dispositivo:

a) A perda do mandato por infidelidade não se aplica aos membros dos cargos eleitos pelo sistema majoritário (prefeitos, governadores, presidente e senadores). Por isso, o § 6º do art. 17 da Constituição começa com a expressão "Os Deputados Federais, os Deputados Estaduais, os Deputados Distritais e os Vereadores", que são cargos eleitos pelo sistema proporcional.

b) A regra constitucional é que a infidelidade partidária (a troca injustificada de partido político) por político eleito pelo sistema proporcional implica a perda do mandato. As exceções estão previstas na segunda parte do § 6º do art. 17 da Constituição.

c) A troca de partido pelos ocupantes dos cargos eleitos pelo sistema proporcional poderá ocorrer, sem sanção pela infidelidade, nas seguintes hipóteses: 1) anuência do partido; 2) outras hipóteses de justa causa estabelecidas em lei. Essa lei, como vimos acima, é a Lei dos Partidos Políticos (Lei n. 9.096/95).

d) A troca de partido não será computada para fins de: 1) distribuição de recursos do fundo partidário; 2) distribuição de recursos de outros fundos públicos (como o bilionário Fundo Especial de Financiamento de Campanha – FEFC) e 3) acesso gratuito ao rádio e à televisão. Dessa maneira, serão considerados os números obtidos na eleição para deputado federal, para distribuição dos recursos do fundo partidário, do FEFC e da distribuição do horário gratuito no rádio e televisão, não importando mudanças partidárias que ocorrerem ao longo do mandato do parlamentar.

b.3.2.) Licenciamento do parlamentar e vaga do suplente

Segundo o STF, em caso de licenciamento do parlamentar (para ser ministro, por exemplo, nos termos do art. 56, I, CF), quem deverá assumir a vaga é o próximo da *coligação partidária* que o elegeu, e não do seu *partido político*. Importante lembrar que, nos termos do art. 17, § 1º, da Constituição Federal (alterado pela EC n. 97/2017), não há mais coligações partidárias para eleições proporcionais desde 2020, devendo o suplente ser chamado entre os candidatos do próprio partido político (ou federação de partidos, criada pela Lei n. 14.208/2021, que alterou a Lei das Eleições – (Lei n. 9.504/97 –, que adiante será estudada).

b.3.3.) Incentivos às candidaturas de pessoas negras

Na ADPF 738, o STF determinou a aplicação, já a partir das eleições de 2020, de incentivos às candidaturas de pessoas negras. Ficou decidido que deve haver uma distribuição dos recursos do Fundo Especial de Financiamento de Campanha (FEFC) e do tempo de propaganda eleitoral gratuita no rádio e na televisão de forma proporcional à quantidade de candidatos negros de cada partido. Segundo o voto do Ministro relator Ricardo Lewandowski, que foi referendado pelo plenário do STF, "deve-se distribuir as candidaturas entre dois grupos – homens e mulheres. Na sequência, deve-se estabelecer o percentual de candidaturas de mulheres negras em relação ao total de candidaturas femininas, bem como o percentual de candidaturas de homens negros em relação ao total de candidaturas masculinas. Do total de recursos destinados a cada gênero é que se separará a fatia mínima de recursos a ser destinada a pessoas negras desse gênero" (ADPF 738/DF, MC, j. 24-9-2020). Não obstante, é importantíssimo frisar que, embora haja discussões sobre o tema, não há norma (constitucional ou legal) determinando um percentual de cotas reservadas a candidatos(as) negros(as). Assim, caberá ao partido escolher quantos candidatos negros disputarão os cargos públicos eletivos. A jurisprudência do STF não determina um percentual mínimo de candidatos negros, mas assegura que o mesmo percentual de negros deve ser igual ao percentual de distribuição dos recursos públicos para o financiamento das campanhas.

b.3.4.) Incentivos às candidaturas de mulheres

Apesar do avanço proporcional da participação das mulheres na vida político-partidária, ainda há um profundo descompasso de gênero na participação da vida pública, cujos cargos são ocupados majoritariamente por homens brancos. A Emenda Constitucional n. 117, de 5 de abril de 2022, acrescentou dois novos parágrafos no art. 17, da Constituição Federal, com o escopo de fomentar e garantir a maior participação feminina no cenário político-partidário nacional. Segundo o § 7º desse artigo, "os partidos políticos devem aplicar no mínimo 5% (cinco por cento) dos recursos do fundo partidário na criação e na manutenção de programas de promoção e difusão da participação política das mulheres, de acordo com os interesses intrapartidários".

Da mesma forma, outros dois incentivos à participação das mulheres na vida político-partidária foram: a) o art. 10, § 3º, da Lei das Eleições (Lei n. 9.504/97), que estabelece um número mínimo de candidaturas femininas (30%) e b) um investimento garantido nessas campanhas femininas, mediante a distribuição proporcional dos recursos do fundo partidário e do fundo especial de financiamento de campanha (art. 17, § 8º, CF, acrescentado pela Emenda Constitucional n. 117/2022). A aferição do respeito à cota das candidaturas femininas, segundo o TSE, pode ser feita não só no momento do registro das candidaturas, mas também em momento superveniente, caso haja complementação da lista ou substituição de candidaturas (Resolução n. 23.675/2021).

Mais adiante, ainda neste capítulo, trataremos mais desses dois dispositivos. O TSE, por sua vez, diante dessa decisão do STF, estabeleceu que "os recursos públicos do Fundo Partidário e do FEFC e o tempo de rádio e TV destinados às candidaturas de mulheres, pela aplicação das decisões judiciais do STF na ADI 5.617/DF e do TSE na Consulta n. 0600252-18/DF, devem ser repartidos entre mulheres negras e brancas na exata proporção das candidaturas apresentadas pelas agremiações".

Não obstante, infelizmente, os avanços em direção à igualdade de gênero na vida político-partidária previstos no novo § 7º do art. 17 da CF, pela mesma Emenda Constitucional na qual surgiram (EC n. 117/2022), também foram contidos, limitados. Isso porque os arts. 2º e 3º dessa Emenda Constitucional estabeleceram regras de atenuação das penalidades aos partidos políticos que infringem ou infringiram os §§ 7º e 8º do art. 17, da Constituição Federal. Segundo o art. 2º, da sobredita Emenda Constitucional, "aos partidos políticos que não tenham utilizado os recursos destinados aos programas de promoção e difusão da participação política das mulheres ou cujos valores destinados a essa finalidade não tenham sido reconhecidos pela

Justiça Eleitoral, é assegurada a utilização desses valores nas eleições subsequentes, vedada a condenação pela Justiça Eleitoral nos processos de prestação de contas dos exercícios financeiros anteriores que ainda não tenham transitado em julgado até a data da promulgação desta Emenda Constitucional". De maneira semelhante, estabelece o art. 3º da Emenda Constitucional n. 117/2022: "não serão aplicadas sanções de qualquer natureza, inclusive de devolução de valores, multa ou suspensão do fundo partidário, aos partidos que não preencheram a cota mínima de recursos ou que não destinaram valores mínimos em razão de sexo e raça em eleições ocorridas antes da promulgação desta Emenda Constitucional".

b.3.5.) Quadro sinótico: vagas e financiamento de candidaturas de homens e mulheres, brancos e negros

Situação	Regra legal ou jurisprudencial
Determinação do número de candidatos por partido	Cada partido pode registrar 1 candidato para cada cargo majoritário em disputa (Prefeito, Governador, Presidente). 100% das vagas (mais um) a serem preenchidas na Câmara dos Deputados (513 deputados federais), Assembleias Legislativas, Câmaras Municipais e Câmara Legislativa (art. 10, Lei das Eleições – com redação dada pela Lei n. 14.211/2021). Obs. Não há número mínimo de candidaturas por partidos.
Distribuição das candidaturas entre os gêneros	30%, no mínimo, de candidatas mulheres (máximo de 70%) Art. 10, da Lei das Eleições (Lei n. 9.504/97)
Distribuição das candidaturas entre brancos e negros	Não há uma cota mínima para candidatos negros pois, segundo STF e TSE, tal regra dependeria de lei
Financiamento de campanhas de mulheres	Proporcional ao número de candidatas (art. 17, § 8º, acrescentado pela Emenda Constitucional n. 117/2022)
Financiamento das candidaturas de brancos e negros	Proporcional ao número de candidatas negras e candidatos negros (ADPF 738/MC, STF)

c) **Vedações constitucionais aplicadas aos partidos**

O art. 17, II, da Constituição Federal prevê a proibição de recebimento de recursos financeiros de entidades ou governos estrangeiros, que também está prevista no art. 31 da Lei dos Partidos Políticos. Segundo o art. 36, II, dessa lei: "no caso de recebimento de recursos mencionados no art. 31, fica suspensa a participação no fundo partidário por 1 (um) ano".

Segundo o art. 28 da Lei dos Partidos Políticos (Lei n. 9.096/95), o TSE, após trânsito e julgado da decisão, determinará o cancelamento do registro civil e do estatuto do partido político que contra o qual fique provado "ter recebido ou estar recebendo recursos financeiros de procedência estrangeira" ou "estar subordinado a entidade ou governo estrangeiros".

Outra limitação importante imposta pela Constituição Federal é a vedação da "utilização pelos partidos políticos de organização paramilitar" (art. 17, § 4º). Organização paramilitar é uma espécie de "exército paralelo", "civil", como existente por décadas na Colômbia (as FARC – Forças Armadas Revolucionárias da Colômbia). Assim, estão proibidos os partidos políticos de utilizarem, de qualquer modo, organizações que tenham esse jaez. Comprovada a utilização de organização paramilitar, por decisão transitada em julgado, o TSE também determinará o cancelamento do registro civil e do estatuto do partido político (art. 28, IV, da Lei dos Partidos Políticos).

d) Garantias constitucionais dos partidos políticos

Por expressa previsão constitucional, gozam os partidos políticos das seguintes garantias: 1) autonomia para definir sua estrutura interna, organização e funcionamento, devendo seus estatutos estabelecer normas de fidelidade e disciplina partidária (art. 17, § 1º). Com base nesse dispositivo, foi editada em 2019 a Lei n. 13.831, que dispõe: "é assegurada aos partidos políticos autonomia para definir o prazo de duração dos mandatos dos membros dos seus órgãos partidários permanentes ou provisórios" (art. 3º, § 2º, da Lei dos Partidos Políticos – Lei n. 9.096/95, com a nova redação); 2) personalidade jurídica de acordo com a lei civil (art. 17, § 1º); 3) direito ao recebimento dos recursos do fundo partidário e acesso gratuito ao rádio e à televisão, na forma da lei (art. 17, § 3º).

Abordaremos tais garantias nos itens a seguir.

17.9.1. Inexistência de verticalização das coligações (art. 17, § 1º, CF)

A redação original do art. 17, § 1º, da Constituição Federal, dispunha: "é assegurada aos partidos políticos autonomia para definir sua estrutura interna, organização e funcionamento, devendo seus estatutos estabelecer normas de fidelidade partidária". Interpretando esse artigo, o Tribunal Superior Eleitoral elaborou a Resolução 20.933, de 26 de fevereiro de 2002. No polêmico art. 4º, § 1º, estabeleceu a "verticalização das coligações partidárias", ou seja, os partidos deveriam respeitar a mesma coligação partidária em todas as esferas da federação (federal, estadual e municipal): "os partidos que lançarem, isoladamente ou em coligação, candidato/a à eleição de presidente da República, não poderão formar coligações para eleição de governador/a de Estado ou do Distrito Federal, senador/a, deputado/a federal e deputado/a estadual ou distrital com partido político que tenha, isoladamente ou em aliança diversa, lançado candidato/a à eleição presidencial" (Lei n. 9.504/97, art. 6º; Consulta n. 715, de 26-2-2002).

O Congresso Nacional nada gostou da nova regra, estabelecida pelo TSE, sobretudo porque a "verticalização das coligações partidárias" vinha de encontro às tradições políticas brasileiras. No Brasil, infelizmente, poucas são as diferenças ideológicas entre a maioria dos partidos políticos. Dessa maneira, as coligações partidárias não se dão por razões ideológicas, mas por motivos exclusivamente eleitorais, que variam de acordo com a eleição e o local onde é realizada. Assim, partidos de oposição no âmbito nacional podem ser aliados umbilicais no âmbito municipal ou estadual. Alguns partidos políticos (PL e PSB) ajuizaram uma Ação Direta de Inconstitucionalidade contra a Resolução 20.933 do TSE. Todavia, o mérito dessa ação não foi julgada, tendo em vista que se tratava de controle de legalidade, e não de constitucionalidade, como decidiu o STF: "Saber se esta interpretação excedeu ou não os limites da norma que visava integrar, exigiria, necessariamente, o seu confronto com esta regra, e a Casa tem rechaçado as tentativas de submeter ao controle concentrado o de legalidade do poder regulamentar. [...] Por outro lado, nenhum dispositivo da Constituição Federal se ocupa diretamente de coligações partidárias ou estabelece o âmbito de circunscrições em que se disputam os pleitos eleitorais, exatamente, os dois pontos que levaram à interpretação do TSE. Sendo assim, não há como vislumbrar ofensa direta a qualquer dos dispositivos constitucionais invocados. Ação direta não conhecida" (ADI 2626/DF, rel. Min. Sydney Sanches).

Não logrando êxito perante o Supremo Tribunal Federal, o Congresso Nacional aprovou rapidamente uma Emenda Constitucional (EC 52, de 8 de março de 2006), aproveitando-se de uma Proposta de Emenda Constitucional que já tramitava nas casas. O art. 17, § 1º, da Constituição Federal foi alterado para permitir a coligação partidária sem qualquer obrigação de se respeitarem as coligações feitas em outras instâncias federativas. Dessa maneira, por Emenda Constitucional, eliminou-se a tese da "verticalização das coligações partidárias", num claro desserviço à melhor prática político-ideológica dos partidos e das coligações. Em 2017, apesar de esse dispositivo constitucional ter sido alterado novamente (por força da Emenda Constitucional n. 97/2017), esse tema permaneceu como estava: não existe verticalização das coligações partidárias.

A tentativa do Congresso Nacional de aplicar a Emenda Constitucional n. 52/2006 às eleições de 2006 restou frustrada[73]. Isso porque, como dissemos acima, o Supremo Tribunal Federal declarou inconstitucional o art. 2º da Emenda Constitucional n. 52, por violação do princípio da anterioridade eleitoral (art. 16, CF), considerado cláusula pétrea, por ser um direito individual do eleitor (ADI 3.685/DF, rel. Min. Ellen Gracie).

a) **O fim das coligações partidárias nas eleições proporcionais – Emenda Constitucional n. 97/2017 e a Lei n. 14.208/2021**

Em 4 de outubro de 2017, entrou e vigor a Emenda Constitucional n. 97, que, dentre outras alterações, modificou o art. 17, § 1º, da Constituição Federal. Conforme a nova redação do dispositivo constitucional, o regime de coligações partidárias não mais se aplica nas eleições proporcionais, mas apenas e tão somente nas eleições majoritárias.

Eleições proporcionais são aquelas que elegem todos os membros do Poder Legislativo, exceto o senador (que é eleito pelo sistema majoritário com maioria simples). Assim, são eleitos pelo sistema proporcional: vereadores, deputados estaduais, distritais e federais. Por sua vez, eleições majoritárias são aquelas que elegem todos os membros do Poder Executivo e os Senadores.

Segundo a nova regra constitucional, nas eleições majoritárias admite-se a coligação partidária. Assim, vários partidos podem se coligar para lançar um só candidato a Prefeito, Governador, Presidente ou Senador. Todavia, não haverá coligação partidária para as eleições proporcionais. Qual o objetivo dessa Emenda Constitucional, nesse aspecto? O objetivo foi claramente fortalecer os grandes partidos políticos, tendo em vista que dificultará a eleição de parlamentares por parte de pequenos partidos políticos.

Explica-se: no sistema proporcional (que elege os parlamentares, exceto o senador) nem sempre o candidato com mais votos é sempre eleito. Isso porque o número de candidatos eleitos por cada partido depende do atingimento do chamado "quociente eleitoral", que é o resultado da divisão do total de votos válidos pelo número de cargos em disputa. Assim, se houve 1.000 votos válidos para 5 cadeiras, o quociente eleitoral será de 200. Posteriormente, verifica-se a quantidade de votos obtida por cada partido (ou, antes da EC 97/2017, da coligação), dividindo pelo quociente eleitoral, para verificar quantas cadeiras terá cada partido (ou coligação, antes da EC 97/2017). No nosso exemplo, se o partido teve 600 votos, terá direito a 3 cadeiras (600 votos / quociente eleitoral). Antes da EC 97/2017, um partido pequeno teria mais chance de

---

73. Na realidade, a redação do art. 2º, da Emenda Constitucional n. 52, de 2006, referia-se à aplicação da nova regra às "eleições que ocorrerão no ano de 2002". Na realidade, como afirmamos acima, tratava-se de uma Proposta de Emenda Constitucional que já tramitava no Congresso Nacional há anos e, aprovada às pressas, tinha a intenção de ser aplicada às eleições de 2006.

eleger um parlamentar, caso um dos seus candidatos tivesse uma votação mais expressiva. Com a nova regra, esse parlamentar somente será eleito se o seu partido (e não mais a coligação) alcança o quociente eleitoral.

Por expressa previsão constitucional, essa nova regra (a proibição de coligações nas eleições proporcionais) somente foi aplicada a partir das eleições de 2020 (eleições municipais). É o que dispõe o art. 2º da EC n. 97/2017: "a vedação à celebração de coligações nas eleições proporcionais, prevista no § 1º do art. 17 da Constituição Federal, aplicar-se-á a partir das eleições de 2020".

Em 2021, a Câmara dos Deputados tentou alterar novamente a Constituição, regressando com as coligações partidárias nas eleições proporcionais. Por poucos votos, a proposta não logrou êxito. Ato contínuo, o Congresso Nacional aprovou a Lei Ordinária n. 14.208/2021, que criou as "federações de partidos políticos". Segundo o novo art. 11-A da Lei dos Partidos Políticos (Lei n. 9.096/95), acrescido pela Lei n. 14.208/2021, "dois ou mais partidos políticos poderão reunir-se em federação, a qual, após sua constituição e respectivo registro perante o Tribunal Superior Eleitoral, atuará como se fosse uma única agremiação partidária". Segundo o § 3º, II, desse dispositivo, "os partidos reunidos em federação deverão permanecer a ela filiados por, no mínimo, 4 (quatro) anos". O STF considerou que a lei que criou as "federações de partidos políticos" é constitucional, no julgamento da ADI 7.021. Segundo o Min. Luís Roberto Barroso, relator dessa ação, a federação partidária não se confunde com coligação partidária. Enquanto as coligações, agora vedadas nas eleições proporcionais, consistiam na reunião puramente circunstancial de partidos, para fins eleitorais, sem qualquer compromisso de alinhamento programático, a federação partidária, embora assegure a autonomia dos partidos que a integram, requer uma afinidade programática entre eles e os vincula nos anos seguintes à eleição.

As federações de partidos funcionarão, portanto, por no mínimo 4 (quatro) anos como se fosse um único partido, inclusive para fins de registro de candidaturas, eleições majoritárias e proporcionais, arrecadação e aplicação de recursos de campanhas etc. (art. 11-A, § 8º, Lei n. 9.096/95).

17.9.2. Surgimento dos partidos políticos (art. 17, § 2º, CF)

Segundo o art. 17, § 2º, da Constituição Federal: "os partidos políticos, após adquirirem personalidade jurídica, na forma da lei civil, registrarão seus estatutos no Tribunal Superior Eleitoral".

Dessa maneira, o momento de criação do partido político não é o do registro de seus estatutos no Tribunal Superior Eleitoral, mas momento anterior. Assim, o partido adquirirá personalidade jurídica a partir do momento em que registrado junto ao cartório competente do Registro Civil das Pessoas Jurídicas, na Capital Federal, nos termos do art. 3º, da Lei n. 9.096/95: "o requerimento do registro de partido político, dirigido ao cartório competente do Registro Civil das Pessoas Jurídicas, da Capital Federal, deve ser subscrito pelos seus fundadores, em número nunca inferior a 101, com domicílio eleitoral em, no mínimo, 1/3 (um terço) dos Estados". Depois de adquirir a personalidade jurídica, o partido promoverá a obtenção do "apoiamento mínimo de eleitores", nos termos do art. 8º, § 3º, da referida lei. Somente depois disso, "os dirigentes nacionais promoverão o registro do estatuto do partido junto ao Tribunal Superior Eleitoral" (art. 9º, *caput*, Lei n. 9.096/95).

Segundo o Supremo Tribunal Federal, o registro do estatuto no Tribunal Superior Eleitoral tem o condão de verificar a presença dos requisitos constitucionais e legais para a criação do partido político: "o procedimento de registro partidário, embora formalmente instaurado perante órgão do Poder Judiciário (TSE), reveste-se de natureza materialmente administrativa. Destina-se a permitir ao TSE a verificação dos requisitos constitucionais e legais que, atendidos pelo partido político, legitimarão a outorga de plena capacidade jurídico-eleitoral à agremiação partidária interessada" (RE 164.458 AgR, rel. Min. Celso de Mello).

17.9.2.1. Incorporação de partidos e sanções anteriores e alteração nos estatutos dos partidos políticos (EC n. 111/2021)

O art. 17, *caput*, da Constituição Federal, ao prever o princípio da *liberdade partidária*, afirma ser livre "a criação, a fusão, incorporação e extinção de partidos políticos". Uma importante fusão ocorreu no ano de 2021, entre os partidos *Democratas* e *PSL*, dando ensejo a um novo partido: *União Brasil*.

Todavia, o novo artigo estabelece uma regra em caso de *incorporação*. Incorporação ocorre quando um partido menor se junta a um partido maior, desaparecendo sua legenda. Assim, continuará a existir a legenda do partido maior, sendo a ele incorporado o partido menor. Indaga-se: o que ocorre com as sanções eleitorais aplicadas aos órgãos partidários daquele partido que foi incorporado e a seus respectivos dirigentes? Segundo o art. 3º, I, da Emenda Constitucional n. 111, essas sanções não serão aplicadas ao partido incorporador, nem a seus dirigentes, "exceto aos que já integravam o partido incorporado".

Por fim, segundo o art. 17, § 2º, da Constituição Federal, embora os partidos políticos adquiram sua personalidade jurídica na forma da lei civil (com seu registro no cartório de registro das pessoas jurídicas), devem registrar seus estatutos no Tribunal Superior Eleitoral.

Da mesma forma, todas as alterações em seus estatutos também devem ser registradas no TSE (Tribunal Superior Eleitoral), para que ele possa verificar se tais novas regras são compatíveis com a legislação eleitoral pertinente.

Segundo o art. 3º, II, da Emenda Constitucional n. 111/2021, "nas anotações relativas às alterações dos estatutos dos partidos políticos, serão objeto de análise pelo Tribunal Superior Eleitoral apenas os dispositivos objeto de alteração". Dessa maneira, o que esse dispositivo constitucional visa é limitar a análise do TSE. Não poderá o TSE apreciar novamente todo o Estatuto do Partido, anteriormente aprovado, mas apenas as regras alteradas e submetidas à sua aprovação. De certo modo, tal regra visa dar uma maior segurança jurídica e estabilidade ao estatuto do partido político que já foi aprovado pelo TSE (com uma espécie de preclusão da análise anterior do TSE). Não obstante, indubitavelmente, não existe direito adquirido a ilegalidades ou inconstitucionalidades. Dessa maneira, se o estatuto do partido violar a lei ou a Constituição, poderá ser declarado inválido pelo Poder Judiciário.

17.9.3. Direito de antena, fundo partidário, cláusula de barreira e direito das minorias

a) **Direito de antena e fundo partidário**

O art. 17, § 3º, da Constituição Federal trata de dois direitos constitucionais dos partidos políticos: acesso aos recursos do fundo partidário e acesso gratuito ao rádio e televisão, na forma da lei.

Ao direito de "acesso gratuito ao rádio e à televisão" tem-se dado o nome de direito de antena, que é reservado aos partidos políticos formalmente criados e registrados, que preencherem os requisitos constitucionais e legais. Segundo o art. 7º, § 2º, da Lei n. 9.096/95: "só o partido que tenha registrado seu estatuto no Tribunal Superior Eleitoral pode participar do processo eleitoral, receber recursos do Fundo Partidário e ter acesso gratuito ao rádio e à televisão, nos termos fixados nesta lei".

Os arts. 45 a 49 da Lei dos Partidos Políticos (Lei n. 9.096/95) regulamentam o acesso gratuito ao rádio e à televisão dos partidos políticos. Descumpridos os requisitos legais, o partido poderá ser punido "com a cassação do direito de transmissão no semestre seguinte" (art. 45, § 2º, I). Foi o que aconteceu no "caso surreal" ocorrido em 2005. Em propaganda nacional de rádio e televisão, o PRP teria desvirtuado a finalidade de sua propaganda partidária ao utilizar o espaço a ela destinado para fazer considerações acerca da composição do refrigerante fabricado pela empresa *Coca-Cola*, afirmando que o produto se compõe de folha de coca, extrato vegetal considerado entorpecente no país. Segundo TSE: "a utilização de espaço destinado à propaganda partidária em desacordo com os permissivos do art. 45 da Lei Orgânica dos Partidos Políticos atrai a sanção prevista no § 2º do citado diploma legal. Cassação integral do tempo de propaganda partidária, em cadeia nacional, a que faria jus o representado no semestre seguinte" (TSE, RP 762/DF, rel. Min. Humberto Gomes de Barros).

Até o advento da EC 97/2017, todos os partidos tinham direito de antena, ainda que não tivessem qualquer representante nos Poderes Legislativo ou Executivo. A mencionada Emenda Constitucional implantou requisitos constitucionais que devem ser preenchidos pelos partidos políticos para obtenção desse direito constitucional de antena. A criação desses "requisitos de desempenho eleitoral", que limitam o acesso ao direito de antena, faz parte da chamada "cláusula de barreira", que será adiante estudada.

Da mesma forma, a Constituição assegura aos partidos o acesso a "recursos do fundo partidário", que é regulamentado pelos arts. 38 a 44 da Lei n. 9.096/95. Segundo o art. 38 da referida lei: "O Fundo Especial de Assistência Financeira aos Partidos Políticos (Fundo Partidário) é constituído por: I – multas e penalidades pecuniárias aplicadas nos termos do Código Eleitoral e leis conexas; II – recursos financeiros que lhe forem destinados por lei, em caráter permanente ou eventual; III – doações de pessoa física ou jurídica, efetuadas por intermédio de depósitos bancários diretamente na conta do Fundo Partidário; IV – dotações orçamentárias da União [...]".

Os recursos do Fundo Partidário serão distribuídos proporcionalmente aos partidos políticos, de acordo com o maior número de Deputados Federais eleitos. Não obstante, como mencionamos acima, a EC 97/2017 estabeleceu critérios mínimos de desempenho (a chamada *cláusula de barreira*, que será adiante estudada), que devem ser preenchidos pelo partido político, para que tenha acesso aos recursos do fundo partidário (regra também aplicada ao direito de antena, como vimos).

Conforme informação obtida no *site* do TSE, no ano de 2022 o valor do fundo partidário foi de R$ 984.098.628,00.

b) **Fundo Especial de Financiamento de Campanha (FEFC)**

Não se deve confundir Fundo Partidário com o Fundo Especial de Financiamento de Campanha (FEFC). Esse último Fundo foi criado pelo Congresso Nacional como forma de substituir o agora inexistente financiamento de campanha por empresas (não só por conta da decisão do STF, como também em razão da prisão de vários empresários, flagrados em escândalos de corrupção). No ano de 2022, o montante total foi de R$ 4.961.519.777,00.

O referido fundo, ao retirar recursos referentes às emendas de bancada parlamentar, afeta diretamente políticas públicas referentes à saúde, à educação, ao transporte etc. Dessa maneira, parece-nos uma escolha desproposital, irrazoável, máxime porque os partidos já contam com o bilionário fundo partidário para auxiliar no financiamento das campanhas eleitorais.

Por essa razão, entendemos que o referido fundo é desproporcional e, por isso, inconstitucional. Como disse a ex-primeira-ministra inglesa Margaret Thatcher: "Não existe essa coisa de dinheiro público, existe apenas o dinheiro dos pagadores de impostos. A prosperidade não virá por inventarmos mais e mais programas generosos de gastos públicos. Você não enriquece por pedir outro talão de cheques ao banco. E nenhuma nação jamais se tornou próspera por tributar seus cidadãos além de sua capacidade de pagar. Nós temos o dever de garantir que cada centavo que arrecadamos com a tributação seja gasto bem e sabiamente". Dessa maneira, como os partidos políticos já tinham acesso aos recursos do Fundo Partidário (que não foi extinto), a criação de um novo Fundo nos parece irrazoável.

c) **Cláusula de barreira**

Como dissemos acima, a EC n. 97/2017 recriou no Brasil a chamada "cláusula de barreira", ou seja, condições mínimas de desempenho eleitoral para que o partido político tenha acesso aos recursos do

Figura 17.4 – Margaret Thatcher, primeira-ministra britânica durante o período de 1979 a 1990, em pronunciamento de 1º de julho de 1991 (créditos ao final do livro).

fundo partidário e acesso gratuito ao rádio e televisão. Importante frisar que, nos termos do art. 3º da Emenda Constitucional n. 97/2017, essa limitação somente será aplicada a partir das *eleições de 2030*: "O disposto no § 3º do art. 17 da Constituição Federal quanto ao acesso dos partidos políticos aos recursos do fundo partidário e à propaganda gratuita no rádio e na televisão aplicar-se-á a partir das eleições de 2030".

Segundo o art. 17, § 3º, da Constituição (alterado pela EC n. 97/2017), em 2030, para ter acesso aos recursos do fundo partidário e direito de antena, o partido deve, alternativamente:

a) obter, nas eleições para a Câmara dos Deputados, no mínimo 3% dos votos válidos, distribuídos em pelo menos um terço das unidades da federação (nove Estados ou DF), com um mínimo de 2% dos votos válidos em cada uma delas; ou

b) tiver elegido pelo menos quinze deputados federais distribuídos e pelo menos um terço das unidades da federação (nove Estados ou DF).

Requisitos da cláusula de barreira a partir de 2030	Obter, na eleição para a Câmara, pelo menos 3% dos votos válidos, em pelo menos 9 unidades da Federação (um terço), com pelo menos 2% dos votos validos em cada uma delas
	ou
	Eleger pelo menos 15 deputados federais em pelo menos 9 unidades da Federação (um terço)

A EC 97/2017 criou uma regra crescente de desempenho para os partidos, para que tenham direito aos recursos do fundo partidário e direito de antena, a cada eleição parlamentar. Como a regra acima somente será aplicada a partir das eleições de 2030, o constituinte reformador criou critérios progressivos a cada eleição. Esses são os critérios:

1) nas eleições de 2018 devem obter, na Câmara dos Deputados, pelo menos 1,5% dos votos válidos, distribuídos em pelo menos 1/3 das unidades da Federação, com pelo menos 1% dos votos válidos em cada uma delas OU tiverem elegido pelo menos nove deputados federais distribuídos em pelo menos 1/3 das unidades da Federação;

2) nas eleições de 2022, os partidos devem obter 2% dos votos válidos, distribuídos em pelo menos 1/3 das unidades da Federação, com um mínimo de 1% dos votos válidos em cada uma delas OU tiverem elegido pelo menos onze deputados federais em pelo menos um terço das unidades da Federação;

3) na eleição de 2026, deve obter 2,5% dos votos válidos em pelo menos 1/3 das unidades da Federação, com pelo menos 1,5% dos votos válidos de cada uma delas OU eleger pelo menos treze deputados federais em pelo menos 1/3 das unidades da Federação. Em resumo, essas são as metas que o partido político deve alcançar para ter acesso aos recursos do fundo partidário e ao direito de antena:

2018	2022	2026	2030
1,5% dos votos válidos, em pelo menos 1/3 das unidades da Federação (9 unidades), com pelo menos 1% em cada uma delas	2% dos votos válidos, em pelo menos 1/3 das unidades da Federação (9 unidades), com pelo menos 1% em cada uma delas	2,5% dos votos válidos, em pelo menos 1/3 das unidades da Federação (9 unidades), com pelo menos 1,5% em cada uma delas	3% dos votos válidos, em pelo menos 1/3 das unidades da Federação (9 unidades), com pelo menos 2% em cada uma delas
ou	ou	ou	ou
Eleger pelo menos 9 deputados federais, em pelo menos 1/3 das unidades da Federação (9 unidades)	Eleger pelo menos 11 deputados federais, em pelo menos 1/3 das unidades da Federação (9 unidades)	Eleger pelo menos 13 deputados federais, em pelo menos 1/3 das unidades da Federação (9 unidades)	Eleger pelo menos 15 deputados federais, em pelo menos 1/3 das unidades da Federação (9 unidades)

Assim, como se vê na tabela acima, nas eleições parlamentares realizadas em 2018, os partidos políticos deveriam (para atingir a cláusula de barreira) atender a um desses dois requisitos:

a) eleger pelo menos nove deputados federais em nove Estados diferentes ou

b) ter pelo menos 1,5% dos votos da Câmara dos Deputados, em pelo menos nove Estados, com pelo menos 1% dos votos em cada Estado.

Com o resultado das eleições parlamentares de 2018, passaram na cláusula de barreira: PV, PATRI, PHS, AVANTE, PROS, NOVO, PPS, PSC, PSOL, PTB, PODE, SD, PDT, PSDB,

DEM, PRB, PR, MDB, PSD, PP, PSL e PT. Ao todo, portanto, 22 (vinte e dois) partidos atingiram a cláusula de barreira. Já nas eleições de 2022 apenas 12 partidos atingiram a cláusula de desempenho: As federações FE BRASIL (PT/PCDB/PV), PSDB e Cidadania, Psol e Rede, bem como os partidos MDB, PDT, PL, Podemos, PP, PSB e PSD. Os outros 16 partidos não terão, nos próximos quatro anos, acesso aos recursos do fundo partidário e direito de antena (tempo gratuito no rádio e TV).

c.1) Constitucionalidade da cláusula de barreira

A cláusula de barreira (essa limitação de acesso aos recursos do fundo partidário e direito de antena) é constitucional? O tema é complexo, pois envolve a colisão entre dois valores constitucionais: de um lado a "soberania popular" e o "regular funcionamento dos partidos políticos" e de outro lado o "direito das minorias". Realmente, retirar dos pequenos partidos políticos (com pequena representação no Congresso Nacional) os recursos do fundo partidário e o acesso ao rádio e televisão dificultará ainda mais o surgimento de novas lideranças, novos partidos, em detrimento dos grandes partidos já existentes.

Por essa razão, o Supremo Tribunal Federal, no ano de 2006, declarou inconstitucional a "cláusula de barreira", afirmando que "surge conflitante com a Constituição Federal lei que, em face da gradação de votos obtidos por partido político, afasta o funcionamento parlamentar e reduz, substancialmente, o tempo de propaganda partidária gratuita e a participação no rateio do Fundo Partidário" (ADI 1.351/DF, rel. Min. Marco Aurélio). Anos depois, a Lei n. 9.096/95 foi alterada pela Lei n. 12.875/2013, com nova "cláusula de barreira". Em nova ADI, o STF voltou a afirmar que ela seria inconstitucional, por se tratar de "uma tentativa obtusa de inviabilizar o funcionamento e o desenvolvimento das novas agremiações, sob o rótulo falacioso de fortalecer os partidos políticos" (ADI 5.105, Min. Luiz Fux).

Sendo inconstitucional a cláusula de barreira, todos os partidos políticos, independentemente do número de candidatos eleitos, teriam direito de acesso gratuito ao rádio e televisão (direito de antena) e acesso a recursos do fundo partidário.

Não se conformando com esse reiterado posicionamento do STF, o Congresso Nacional aprovou a Emenda Constitucional n. 97/2017 que, com *status* constitucional, reintroduziu a "cláusula de barreira" no direito brasileiro.

De fato, havia problemas na regra anterior (que permitia a distribuição de recursos a quaisquer partidos políticos). À época, o menor partido político registrado no Tribunal Superior Eleitoral recebe mensalmente cerca de meio milhão de reais[74]. Isso permitiu a criação de "siglas de aluguel" ou "clãs familiares" sustentados pelo dinheiro público, como largamente noticiado pela imprensa. Não obstante, se a "cláusula de barreira" pode auxiliar no aperfeiçoamento dos partidos políticos, também tem um efeito perverso: fortalece os partidos políticos que já estão no poder e dificulta o surgimento de novas lideranças políticas.

Apesar dos riscos de concentração do poder nas mãos dos maiores partidos políticos, entendemos ser necessária a "cláusula de barreira", principalmente com a construção de maiores limi-

---

74. Disponível em: <http://www.justicaeleitoral.jus.br/arquivos/tse-distribuicao-do-fundo-partidario-duodecimos-2015-1429900293402>. Da mesma forma, Alexandre de Moraes, quando sabatinado pelo Senado Federal, criticou a decisão anterior do STF, afirmando que "esse é um dos grandes exemplos onde o Poder Judiciário substituiu uma opção legítima do legislador".

tes para criação, fusão e incorporação de partidos políticos. A pulverização dos partidos políticos no Brasil torna a coalisão em favor de um projeto de governo cada vez mais difícil, dando ensejo ao chamado "Presidencialismo de Coalisão", no qual o governante tem que negociar com muitos partidos políticos dispersos, com exigências nada programáticas e republicanas.

Assim, entendemos que a EC n. 97/2017 é constitucional, sendo uma limitação proporcional e razoável aos direitos constitucionais dos partidos políticos. Esperemos que o STF assim se manifeste.

Por fim, a EC n. 97/2017 acrescentou um novo parágrafo no art. 17 da Constituição (o § 5º): "ao eleito por partido que não preencher os requisitos previstos no § 3º deste artigo é assegurado o mandato e facultada a filiação, sem perda do mandato, a outro partido que os tenha atingido, não sendo essa filiação considerada para fins de distribuição dos recursos do fundo partidário e de acesso gratuito ao tempo de rádio e de televisão".

Dessa maneira, se um candidato se eleger deputado federal por um partido pequeno, que não elegeu o número mínimo de deputados federais (e, por isso, não terá direito de antena e acesso ao fundo partidário), poderá se filiar a um outro partido (que atingiu os requisitos mínimos constitucionais). Essa sua nova filiação não interferirá no montante que o partido receberá do Fundo Partidário, bem como não interferirá no tempo de rádio e TV. Seguramente, essa regra estimulará a "infidelidade partidária" e aumentará a força dos partidos fortemente estabelecidos na Câmara dos Deputados.

d) Novas regras para candidatas mulheres e candidatos negros (EC n. 111/2021 e EC n. 117/2022)

O art. 2º da Emenda Constitucional n. 111/2021 prevê uma regra especial de estímulo às candidaturas de mulheres e negros no Brasil. Por isso, o art. 2º dessa Emenda Constitucional (cujo texto não está inserido na Constituição), afirma que, "para fins de distribuição entre os partidos políticos dos recursos do fundo partidário e do Fundo Especial de Financiamento de Campanha (FEFC), os votos dados a candidatas mulheres ou a candidatos negros para a Câmara dos Deputados nas eleições realizadas de 2022 a 2030 serão contados em dobro". Como a distribuição dos recursos públicos para o financiamento das atividades partidárias e das campanhas eleitorais é proporcional ao número de votos dados ao partido na eleição de deputados federais, a nova regra constitucional (temporária), prevê que o voto dado em candidatas mulheres e candidatos negros seja computado em dobro[75].

Outro importante passo para estimular essa representatividade diferenciada no Legislativo brasileiro, historicamente formado por homens brancos, é o art. 10, § 3º, da Lei das Eleições (Lei n. 9.504/97): "do número de vagas resultantes das regras previstas neste artigo, cada partido ou coligação preencherá o mínimo de 30% (trinta por cento) e o máximo de 70% (setenta por cento) para candidaturas de cada sexo".

Não obstante, embora seja importante (essencial, eu diria) essa regra que determina um percentual mínimo de candidatas mulheres, a classe política brasileira criou uma figura nefasta: as "candidaturas laranjas". Em resumo, muitas mulheres eram incluídas na lista de candi-

---

75. O parágrafo único do art. 2º da Emenda Constitucional n. 111/2021 determina que "a contagem em dobro de votos a que se refere o *caput* somente se aplica uma única vez". Isso significa que o voto dado em uma candidata negra contará dobrado (ou não quadruplicado, porque ela preenche os dois requisitos – o gênero e a cor).

datas, a fim de cumprir o requisito legal, mas sem qualquer apoio partidário (sem investimento em sua campanha, sem utilização de qualquer recurso destinado ao partido). Muitas vezes, essa "candidatura laranja" era fruto de um acerco entre os dirigentes do partido e a candidata (que obtinha alguma vantagem financeira ou trabalhista, obtendo licença de seu trabalho, por exemplo). Muitas dessas "candidatas laranja" nem sequer tinham o voto de seus familiares. Para minimizar a prática imoral das "candidaturas femininas laranjas", a Emenda Constitucional n. 117, de 5 de abril de 2022, criou um patamar mínimo de investimento nas campanhas eleitorais de mulheres, especialmente no novo § 8º do art. 17 da Constituição Federal: "o montante do Fundo Especial de Financiamento de Campanha e da parcela do fundo partidário destinada a campanhas eleitorais, bem como o tempo de propaganda gratuita no rádio e na televisão a ser distribuído pelos partidos às respectivas candidatas, deverão ser de no mínimo 30% (trinta por cento), <u>proporcional ao número de candidatas</u>, e a distribuição deverá ser realizada conforme critérios definidos pelos respectivos órgãos de direção e pelas normas estatutárias, considerados a autonomia e o interesse partidário"[76]. Assim, o partido político deverá destinar às candidaturas femininas o mesmo percentual de mulheres candidatas (pelo menos 30%). Esse montante será distribuído entre as mulheres candidatas "conforme critérios definidos" pelo próprio partido político. A figura das "candidaturas laranjas" não foi eliminada por completo (já que ainda é possível registrar a candidatura de uma mulher sem qualquer investimento nela), mas foi bastante reduzida.

Quanto à candidatura de negros, a legislação não estabeleceu a mesma cota destinada às mulheres (de, no mínimo, 30%). Ao ser consultado sobre o assunto, o TSE (Tribunal Superior Eleitoral) afirmou que seria necessária uma lei estabelecendo tais cotas aos negros. Todavia, segundo o STF, os recursos e o tempo gratuito no rádio e televisão devem ser proporcionais ao número de candidatos negros registrados na disputa, sejam homens ou mulheres.

Conteúdo digital – Acesse: https://somos.in/CDC7

Conteúdo em vídeo
Questões com gabarito comentado

---

76. Dessa maneira, os recursos advindos dos dois fundos (fundo partidário e FEFC) devem ser direcionados às campanhas eleitorais das candidatas mulheres, na mesma proporção do número dessas candidaturas. Por exemplo, se forem 30% de candidatas (esse é o patamar mínimo, segundo a lei), 30% dos recursos devem ser investidos. Sendo 50% as candidatas mulheres (o patamar máximo é de 70%), metade dos recursos deverá ser investido em sua campanha. Entre as candidaturas femininas, o valor diferenciado do financiamento de cada campanha variará de acordo com as diretrizes do partido político, não exigindo o texto constitucional que a distribuição se dê de forma homogênea.

18

ORGANIZAÇÃO DO ESTADO
(A FEDERAÇÃO)

Sumário

18.1. Sistema de governo – **18.1.1.** Parlamentarismo – **18.1.2.** Presidencialismo – **18.1.3.** Diferenças entre o parlamentarismo e o presidencialismo – **18.1.3.1.** A insuficiência do modelo dualista – **18.1.4.** Sistema diretorial – **18.1.5.** Sistema semipresidencialista – **18.1.6.** O presidencialismo é cláusula pétrea? – **18.2.** Formas de governo – **18.2.1.** República – **18.2.2.** Monarquia – **18.2.3.** República é cláusula pétrea? – **18.3.** Formas de Estado – **18.3.1.** Estado Unitário ou Simples – **18.3.2.** Estado Regional – **18.3.3.** Estado Autonômico – **18.3.4.** Estado Federal (Federação) – **18.3.4.1.** Origem da Federação – **18.3.4.2.** Características da Federação – **18.3.4.3.** Quadro sinótico de distinção – **18.3.4.4.** Federalismo no Brasil – **18.3.4.5.** Espécies de Federalismo – **18.4.** Língua oficial e símbolos da República – **18.4.1.** A língua portuguesa – **18.4.2.** Símbolos da República (art. 13, § 1º, CF) – **18.4.2.1.** A bandeira nacional – **18.4.2.2.** Hino Nacional – **18.4.2.3.** Armas nacionais – **18.4.2.4.** Selo nacional – **18.4.2.5.** Contravenção penal ou liberdade de expressão? – **18.4.2.6.** Símbolos estaduais – **18.5.** Vedação entre os entes federativos – **18.6.** Os entes federativos brasileiros – **18.6.1.** Brasília – **18.6.2.** Territórios Federais – **18.7.** Criação de novos Estados – **18.8.** Criação de novos Municípios – **18.9.** União – **18.9.1.** Bens da União – **18.9.2.** Competências da União – **18.10.** Estados-Membros – **18.10.1.** Bens dos Estados – **18.10.2.** Competência dos Estados – **18.10.3.** Regiões administrativas ou em desenvolvimento (art. 43, CF) – **18.10.4.** Regiões metropolitanas, aglomerações urbanas e microrregiões (art. 25, § 3º, CF) – **18.11.** Municípios – **18.11.1.** Competência dos Municípios – **18.12.** Distrito Federal – **18.12.1.** Competências do Distrito Federal – **18.13.** Modelos de repartição de competências – **18.14.** Competência legislativa durante a pandemia de Covid-19 – **18.15.** Intervenção – **18.15.1.** Intervenção federal – **18.15.2.** Intervenção estadual.

Uma das funções mais importantes da Constituição de um país, além de limitar o poder do Estado, fixando direitos e garantias fundamentais, é exatamente estruturar o Estado. Aliás, a palavra "constituição" significa o conjunto dos elementos essenciais de um todo. Dessa maneira, a Constituição de 1988 estabelece tanto a forma de governo como a forma de Estado e o sistema de governo.

Enquanto a forma de Estado afeta a estrutura da organização política, a forma de Governo trata dos órgãos de governo, através de sua estrutura fundamental e da maneira como estão relacionados, e o sistema de governo trata das relações entre as instituições políticas[1].

18.1. SISTEMA DE GOVERNO

Sistemas de governo, nas palavras de José Afonso da Silva, "são técnicas que regem as relações entre o Poder Legislativo e o Poder Executivo no exercício das funções governamentais"[2]. Em nosso entendimento, são quatro os tipos de sistemas de governo: a) parlamentarismo; b) presidencialismo; c) semipresidencialismo ou sistema misto; d) sistema diretorial. Analisaremos as quatro espécies, mas saibamos que as duas primeiras (presidencialismo e parlamentarismo) são as predominantes atualmente.

Sistemas de governo:
- Parlamentarismo
- Presidencialismo
- Semipresidencialismo (sistema misto)
- Sistema diretorial

18.1.1. Parlamentarismo

Há divergência na doutrina sobre o momento exato do nascimento do "parlamento" e, por consequência, do "parlamentarismo". Embora haja dúvida sobre o momento do nascimento, o local é inequívoco: Inglaterra.

Como vimos no capítulo 1 desta obra, no ano de 1215 houve uma grande revolta dos barões ingleses, que exigiram, por meio de um documento (a Magna Carta), que o rei se submetesse a uma série de limitações, algumas das quais se tornaram a fonte de direitos fundamentais por todo o mundo (como a cláusula do devido processo legal, à época chamada de lei da terra).

Como dissemos no início deste livro, não há um consenso sobre o início histórico exato do parlamento inglês. Enquanto alguns entendem ter sido a Assembleia de 1258[3] (que elaborou as "provisões de Oxford"), outros alegam que foi o Grande Conselho, convocado por Edward I em 1295[4], posição que goza de maior prestígio. Dalmo de Abreu Dallari sugere outra data: "No ano de 1265 um nobre francês, Simon de Montfort, neto de inglesa e grande amigo de barões e eclesiásticos ingleses, chefiou uma revolta contra o rei da Inglaterra, Henrique III, promovendo uma reunião que muitos apontam como a verdadeira criação do Parlamento"[5].

---

1. Dalmo de Abreu Dallari. *Elementos de Teoria Geral do Estado*, p. 224.
2. *Curso de Direito Constitucional Positivo*, p. 505.
3. "Foi esse, na verdade, o primeiro parlamento propriamente dito. Não haja dúvida sobre esse ponto" (Pontes de Miranda, op. cit., p. 43).
4. "Desde aquele tempo, o parlamento tem sido composto por dois grupos: os que integram em virtude de seu *status* aristocrático e os que fazem na qualidade de representantes de outras classes" (Luís Roberto Barroso, op. cit., p. 11).
5. Op. cit., p. 232.

Todavia, independentemente do momento exato do surgimento do parlamento, o certo é que os conflitos entre o Rei e o Parlamento começaram no reinado de James I, em 1603, e aumentaram no reinado de Charles I, em 1625[6]. A Inglaterra do século XVII foi marcada pela luta entre o Rei e o Parlamento, culminando com a "Petition of Rights", de 1628, as revoluções de 1648 e 1688 e o "Bill of Rights", de 1689. Em 1628, o Parlamento britânico submeteu ao rei Charles (Carlos I) a "Petition of Rights", com importantes limitações de seu poder[7]. Sucedeu-se um período de séria instabilidade política, culminando com a Revolução Gloriosa, em 1688[8]. Essa Revolução[9], ocorrida nos anos de 1688 e 1689, liderada pelos nobres britânicos, insatisfeitos com a postura do rei de reconduzir o país à doutrina católica, resultou na substituição da "dinastia Stuart", católica, pelo protestante Guilherme (William), príncipe de Orange, da Holanda, e sua mulher, Maria (respectivamente, genro e filha de Jaime II). Ao assumir o trono, Guilherme jurou cumprir a Declaração de Direitos ("Bill of Rights"), em abril de 1689[10].

Sobre esse período, sintetiza Dalmo de Abreu Dallari: "a Revolução Inglesa, que teve seu ápice nos anos de 1688 e 1689, culminou com a expulsão do rei católico Jaime II, que foi substituído por Guilherme de Orange e Maria, ambos protestantes, embora ela fosse filha do próprio Jaime II. A partir de 1688 o Parlamento inglês se impõe como a maior força política, e altera, inclusive, a linha de sucessão com a expulsão do ramo católico dos Stuarts"[11]. Lentamente, em razão de fatos históricos, o parlamentarismo britânico foi ganhando os contornos que hoje possui.

---

6. Segundo Pontes de Miranda, o rei Charles (ou Carlos I) "pretendia governar sem leis e sem nobreza" e "foi-se tornando aos poucos detestado e suspeito. No meio de todas essas dificuldades, com que o temperamento do rei não sabia arrostar, dissolveu ele quatro vezes, sucessivamente, o Parlamento, porque lhe recusava subsídios e lhe fazia justas reclamações" (op. cit., p. 71).
7. "A Petição de Direitos protestava contra o lançamento de tributos sem aprovação do Parlamento, as prisões arbitrárias, o uso da lei marcial em tempos de paz e a ocupação de casas particulares por soldados" (Luís Roberto Barroso, op. cit., p. 11).
8. "Tem início um longo período de tensão política e religiosa [...] que vai desaguar na guerra civil (1642-1648), na execução de Charles I (1649) e na implantação da República (1649-1658), sob o comando de Cromwell. A República não sobreviveu à morte de seu fundador, dando-se à restauração monárquica com Charles II, em 1660. Seu filho e sucessor, James II, pretendeu retomar práticas absolutistas e reverter a Inglaterra à Igreja Católica, tendo sido derrubado em 1688, na denominada Revolução Gloriosa" (Luís Roberto Barroso, op. cit., p. 11).
9. Também conhecida como revolução sem sangue, tendo em vista que foi fruto de um acordo político entre o parlamento britânico e Guilherme de Orange, príncipe da Holanda, e o exército inglês, que desertou, redundando na fuga do rei e sua consequente abdicação.
10. "A Declaração de Direitos previa a convocação regular do Parlamento, de cujo consentimento dependiam medidas como a criação de leis, a instituição de tributos e a manutenção de exército permanente em tempos de paz. Assegurava, ademais, imunidade aos parlamentares por suas manifestações no Parlamento e impedia a aplicação de penas sem prévio julgamento" (Luís Roberto Barroso, op. cit., p. 11).
11. Op. cit., p. 233. Prossegue o autor: "Durante o reinado de Guilherme e Maria, bem como no da sua sucessora, a rainha Ana, estabeleceu-se o hábito de convocação pelo soberano de um 'Conselho de Gabinete', que era um corpo restrito de conselheiros privados, consultados regularmente sobre assuntos de relações exteriores. Com o falecimento da Rainha Ana, em agosto de 1714, o príncipe alemão Jorge, [...] foi considerado herdeiro legítimo da coroa britânica, subindo ao trono da Inglaterra com o título de Jorge I. Nem ele, nem seu sucessor Jorge II, tinham conhecimento dos problemas políticos ingleses, e não revelaram o menor interesse por eles. [...] Uma das principais consequências de todas essas foi que o Gabinete continuou a se reunir e a tomar decisões, sem a presença do rei. E logo um dos ministros, membro do Gabinete, foi se destacando dos demais, liderando o Gabinete e passando a expor e defender suas decisões perante o Parlamento. Esse Ministro, Roberto Walpole, foi chamado, de início por ironia, Primeiro-Ministro, por sua ascendência sobre os demais e no controlar o rei. Mas sua atuação teve importância decisiva para que, com a redução da participação e da autoridade do monarca nas decisões políticas, ficasse claramente delineado um dos pontos básicos do parlamentarismo: a distinção entre o Chefe do Governo, que passou a ser o Primeiro-Ministro, e o Chefe de Estado, que continuou sendo o monarca" (op. cit., p. 233-234).

São características centrais do parlamentarismo: a) distinção entre Chefe de Estado e Chefe de Governo; b) chefia do governo com responsabilidade política; c) possibilidade de dissolução do parlamento[12].

Principais características do parlamentarismo
- Distinção entre Chefe de Estado e Chefe de Governo
- Chefia do Governo com responsabilidade política
- Possibilidade de dissolução do parlamento

Primeiramente, no parlamentarismo, a chefia de Estado e a chefia de Governo são exercidas por pessoas distintas. O Chefe de Estado exerce preponderantemente a função de representante do Estado, colocando-se acima das disputas políticas, que são sempre cíclicas, atuando, muitas vezes, em tempos de crise, como um interlocutor entre os Poderes instituídos. Como lembra Sahid Maluf, "do fato de não exercer o Chefe de Estado funções próprias do governo, originou-se o lema da organização constitucional britânica: o Rei reina mas não governa"[13]. Por sua vez, Chefe de Governo é a figura política central no parlamentarismo, pois exerce o Poder Executivo. Muitas vezes é indicado pelo Chefe de Estado, e seu nome deve ser aprovado pelo Parlamento. Por isso, é tido como "um delegado do Parlamento, pois ele só pode assumir a chefia do governo e permanecer nela com a aprovação da maioria parlamentar"[14].

Outra característica importante é a responsabilidade política da chefia do governo. Em outras palavras, o Chefe de Governo não tem um mandato determinado, permanecendo no cargo enquanto tiver a maioria parlamentar. A verificação dessa maioria é feita a cada eleição parlamentar (facilmente verificada num sistema bipartidário; caso o sistema seja pluripartidário, deve-se verificar, por meio de coligações partidárias, se o atual governo manteve ou não a maioria no parlamento). Outra hipótese que determina a demissão do Primeiro-Ministro é o voto de desconfiança, assim explicado por Dalmo de Abreu Dallari: "Se um parlamentar desaprova, no todo ou num importante aspecto particular, a política desenvolvida pelo Primeiro-Ministro, propõe um voto de desconfiança. Se este for aprovado pela maioria parlamentar, isso revela que o Chefe de Governo está contrariando a vontade da maioria do povo, de quem os parlamentares são representantes. Assim sendo, deve demitir-se"[15].

---

12. Segundo José Joaquim Gomes Canotilho, o sistema de governo parlamentar "assume também várias expressões concretas, mas existem traços estruturantes que se podem sintetizar em três ideias: (1) responsabilidade do gabinete perante o parlamento: o gabinete ou o primeiro-ministro é nomeado pelo Chefe de Estado (rei ou presidente da república), mas deve, antes, obter a confiança do parlamento, havendo a obrigação de demitir-se no caso de aprovação de moções de censura ou de rejeição de votos de confiança; (2) dissolução do parlamento pelo chefe de estado, sob proposta do gabinete (do primeiro-ministro), ou seja, a dissolução é feita por decreto presidencial ou real (consoante se trate de república ou monarquia), mas trata-se de um ato de iniciativa do gabinete que assume a responsabilidade política do mesmo através da referenda (dissolução ministerial ou governamental); (3) eleição (no caso de se tratar de um regime republicano) do presidente da república pelo parlamento, sem relevantes funções de direção política mas com um estatuto constitucional de irresponsabilidade política perante o mesmo. O esquema é aplicável aos regimes parlamentares monárquicos e republicanos, com a diferença de nos primeiros não haver um chefe de estado eleito pelo parlamento (*vide* o modelo inglês)" (op. cit., p. 577).
13. Op. cit., p. 296. Continua o autor: "Nas Monarquias parlamentares, o Chefe de Estado é vitalício; sua substituição opera-se pela sucessão hereditária, segundo a tradição e as leis da dinastia reinante. Nas Repúblicas, porém, a escolha do Chefe de Estado obedece aos postulados fundamentais do governo democrático, quais sejam a eletividade e a temporariedade".
14. Dalmo de Abreu Dallari, op. cit., p. 236.
15. Op. cit., p. 237.

Por fim, é característica do parlamentarismo a possibilidade de dissolução do parlamento por parte do Primeiro-Ministro, normalmente quando este percebe que sua maioria parlamentar é tênue e acredita que, com novas eleições parlamentares, essa maioria será ampliada.

O parlamentarismo pode ser implantado nas duas formas de governo: República ou Monarquia, com as devidas adaptações. Assim, "como se ajusta à monarquia inglesa, conforma-se com a república francesa"[16].

18.1.2. Presidencialismo

Ao contrário do parlamentarismo, cuja noção foi sendo construída ao longo de séculos, na Inglaterra, o presidencialismo tem local e data de nascimento certos: a Constituição norte-americana de 1787. Segundo Dalmo de Abreu Dallari, "pode-se afirmar com toda a segurança que o presidencialismo foi uma criação americana do século XVIII, tendo resultado da aplicação das ideias democráticas, concentradas na liberdade e na igualdade dos indivíduos e na soberania popular, conjugadas com o espírito pragmático dos criadores do Estado norte-americano. A péssima lembrança que tinham da atuação do monarca, enquanto estiveram submetidos à coroa inglesa, mais a influência dos autores que se opunham ao absolutismo, especialmente de Montesquieu, determinou a criação de um sistema que, consagrando a soberania da vontade popular, adotava ao mesmo tempo um mecanismo de governo que impedia a concentração do poder. O sistema presidencial norte-americano aplicou, com o máximo rigor possível, o princípio dos freios e contrapesos, contido na doutrina da separação dos poderes"[17].

Sempre foi e continua sendo uma preocupação do constitucionalismo norte-americano ter o chefe do Poder Executivo subordinado à lei. Segundo Laurence Tribe, "o problema mais fundamental do governo é 'como uma comunidade vem a ser um império de leis, e não de homens'. Nenhum aspecto desse problema aflige tanto os construtores de nação ao longo da história como a questão de como garantir que mesmo o extraordinário poder executivo, seja exercido por um Príncipe ou por um Presidente, seja ele próprio governado e responsável perante a lei – isto é, como assegurar que 'a espada que executa a Lei está nela, e não acima dela'"[18].

As características marcantes do presidencialismo são: a) o Presidente da República é Chefe de Estado e Chefe de Governo; b) a chefia do Executivo é unipessoal; c) o Presidente da República é escolhido pelo povo; d) o Presidente é escolhido para um mandato determinado; e) o Presidente da República tem poder de veto; f) o Presidente pode ser responsabilizado politicamente.

Principais características do Presidencialismo	O Presidente é Chefe de Estado e Chefe de Governo
	A chefia do Executivo é unipessoal
	O Presidente é escolhido pelo povo
	O Presidente tem um mandato determinado
	O Presidente pode ser responsabilizado politicamente

---

16. Sahid Maluf, op. cit., p. 292.
17. Op. cit., p. 240.
18. *American Constitutional Law*, p. 633.

Primeiramente, no Presidencialismo, o Presidente da República exerce simultaneamente as funções de Chefe de Estado (representando o país internacionalmente) e de Chefe de Governo (pois exerce funções autenticamente governativas, ditando o norte da política social, econômica, tributária, de imigração etc.).

Por sua vez, embora tenha um corpo de auxiliares por ele nomeados (Ministros ou Secretários, dependendo da denominação), a responsabilidade pela fixação das diretrizes do Poder Executivo cabe exclusivamente ao Presidente da República. Os seus assessores (Ministros ou Secretários) são nomeados e exonerados livremente pelo Presidente, não necessitando da aprovação do Poder Legislativo. Outrossim, o caráter unipessoal da chefia do Executivo se denota no "esvaziamento" das atribuições do Vice-Presidente da República. Este não possui atribuições autônomas relevantes, só atuando efetivamente nos casos de substituição ou sucessão (na vacância do titular).

Ponto nevrálgico do presidencialismo é que o Presidente da República é escolhido pelo povo. Em regra, o Presidente é escolhido diretamente pela população. Curiosamente, no entanto, no sistema presidencialista norte-americano, a eleição se dá por Colégio Eleitoral, impedindo que, por vezes, o candidato presidencial mais votado seja eleito, tendo em vista que não elegeu, na maioria dos Estados, o número de delegados suficientes para sua escolha. Foi o que ocorreu no ano 2000 na eleição norte-americana. O candidato democrata Al Gore teve 51.003.926 votos, enquanto o candidato republicano George W. Bush teve 50.460.110 votos. O segundo, que elegeu 271 delegados no Colégio Eleitoral, foi eleito presidente, enquanto o primeiro elegeu 266 delegados. Mais recentemente, em 2016, a candidata democrata Hillary Clinton teve 62.391.335 votos (48,01% dos votos), enquanto o candidato republicano Donald Trump teve 61.125.956 votos (47,03% dos votos). Mesmo tendo votação menor, o candidato republicano foi eleito presidente, porque conquistou 290 delegados (enquanto a candidata democrata conquistou 270).

Outrossim, no sistema de governo presidencialista, o Presidente é escolhido para um prazo determinado. De fato, se o mandato fosse indeterminado, o sistema seria uma espécie de monarquia eletiva. Além disso, costuma-se limitar (ou impedir) as reeleições, com o intuito de evitar a perpetuação no cargo. Sobre a limitação da reeleição norte-americana, bem esclarece Dalmo de Abreu Dallari: "No sistema norte-americano não se estabeleceu, de início, a proibição de reeleições para períodos imediatos. Contra essa omissão houve expressa manifestação de Jefferson, que observou que a possibilidade imediata de reeleições daria caráter vitalício à investidura, e daí seria fatal que se passasse à hereditariedade. Mantido o silêncio constitucional, criou-se a praxe e um máximo de dois períodos consecutivos para cada presidente, o que foi respeitado até o período de Franklin Roosevelt, que, valendo-se das circunstâncias da guerra, foi eleito para um terceiro período consecutivo. Esse fato despertou reação e fez com que se aprovasse uma emenda constitucional, incorporada à Constituição em 27 de fevereiro de 1951, estabelecendo o limite máximo de dois períodos consecutivos"[19].

Inspirados no princípio do *checks and balances* (freios e contrapesos), os constituintes norte-americanos, apesar de atribuírem ao Congresso Nacional a atividade legislativa, atribuíram ao Presidente da República a possibilidade de vetar os projetos de lei. Assim, salvo as raras hipóteses em que o projeto seja de competência exclusiva do Poder Legislativo (como, no Brasil, se dá com os decretos legislativos, resoluções ou emendas constitucionais), o Presidente poderá vetar os projetos de lei que considere inconvenientes ou inconstitucionais.

---

19. Op. cit., p. 244.

Por fim, o Presidente pode ser responsabilizado politicamente por seus atos, embora de maneira mais traumática que no parlamentarismo. Neste último, basta que o Primeiro-Ministro perca sua maioria junto ao Poder Legislativo para que tenha que pedir demissão. No presidencialismo, existe a figura do *impeachment*, pelo qual pode ser afastado o Presidente que comete um crime de responsabilidade. Outrossim, não pode o Presidente da República dissolver o Legislativo, como lembra Canotilho: "não existem controles primários entre o Presidente da República e o Congresso: o Presidente não tem poderes de dissolução das câmaras e nenhuma destas ou ambas têm a possibilidade de aprovar moções de censura contra o presidente. O governo é 'irresponsável' e o parlamento 'indissolúvel'. Daí o afirmar-se que os poderes são poderes separados. De todo o modo, existem alguns elementos de 'contrapeso': o Presidente pode ser destituído através do processo de *impeachment* e o Senado tem de dar o seu assentimento à nomeação dos secretários de Estado e altos funcionários do Executivo. Por sua vez, o Presidente dispõe do direito de veto relativamente aos atos legislativos mas com possibilidade de superação do veto político por cada uma das câmaras através de deliberação"[20] por quórum qualificado.

18.1.3. Diferenças entre o parlamentarismo e o presidencialismo

Como se vê, a maior diferença entre esses dois sistemas de governo é a aproximação (maior ou menor) entre o Poder Legislativo e o Poder Executivo. Enquanto no parlamentarismo há uma grande proximidade entre o Legislativo e o Executivo (já que é o Parlamento que escolhe o Presidente e a qualquer momento pode destituí-lo), no presidencialismo o distanciamento é maior, embora haja pontos de interseção entre ambos (o Presidente pode fazer projetos de lei, pode vetar projetos de lei do Legislativo etc.).

Presidencialismo	Parlamentarismo
O Presidente é Chefe de Estado e Chefe de Governo.	O Primeiro-Ministro é apenas chefe de governo (já que outra pessoa – um Rei, por exemplo – exercerá a chefia de Estado).
O Presidente é escolhido pelo povo.	O Primeiro-Ministro é escolhido pelo Parlamento.
O Presidente tem mandato determinado.	O Primeiro-Ministro não tem mandato determinado.
O Legislativo não pode tirar o Presidente, salvo por crime de responsabilidade.	O Primeiro-Ministro deve se demitir quando perde a maioria no Parlamento.
O Presidente da República não pode dissolver o Legislativo.	O Primeiro-Ministro pode dissolver o Parlamento e convocar novas eleições.

Cientistas políticos apontam vantagens e desvantagens de ambos os sistemas. A vantagem mais alardeada do presidencialismo é o fato de o chefe de governo ser escolhido diretamente pelo povo e, com a força política que possui, poder agir rapidamente para atender, por uma série de políticas públicas, ao anseio da população que o elegeu. Não obstante, os opositores do presidencialismo o chamam de "uma ditadura por prazo determinado". De fato, caso o Presidente da República desagrade os anseios da população antes de concluir o seu mandato, o presidencialismo não comportaria sua responsabilização política, exceto no grave caso do cri-

---

20. Op. cit., p. 581.

me de responsabilidade (por essa razão, alguns países adotam como ferramenta democrática o *recall* ou referendo revogatório – como vimos no capítulo dos direitos políticos).

Já o parlamentarismo tem como maior vantagem o fato de o mandato do Primeiro-Ministro ser indeterminado. Sendo considerado um bom Primeiro-Ministro, permanecerá no poder por décadas, e, quando desaprovado, não permanecerá no cargo. Critica-se o parlamentarismo pelo fato de ter uma aproximação muito estreita entre Legislativo e Executivo, tornando-se mais moroso que o presidencialismo, além de gerar certa instabilidade, já não se tem certeza da continuidade das políticas públicas do Executivo, pelo fato de este depender sempre da maioria no Parlamento.

18.1.3.1. A insuficiência do modelo dualista

Como vimos, o parlamentarismo e o presidencialismo nasceram cada qual de um contexto histórico, sendo o primeiro fruto de séculos de evolução do sistema político britânico, enquanto o segundo nasceu de uma decisão histórica norte-americana (e evoluiu desde então). É natural que cada sistema evolua de forma diferente em cada país, atribuindo mais poderes para um ou outro Poder, criando ferramentas mais ou menos intensas de controle de um sobre o outro[21]. Como lembra José Joaquim Gomes Canotilho, "dizer-se, por exemplo, que as formas de governo da Inglaterra e da Itália são parlamentares, não quer dizer que funcionem do mesmo modo. Afirmou-se que Portugal e França tem 'regimes semipresidencialistas' de modo algum significa similitude de práticas dinâmicas de funcionamento"[22].

As peculiaridades de cada Estado são tamanhas que surgiram variações dos dois sistemas de governo acima. Surgiram formas atípicas, sistemas não clássicos, sistemas impuros, formas ecléticas ou mistas, como as que veremos a seguir. Como afirma Dalmo de Abreu Dallari, "é preciso aceitar, portanto, que o parlamentarismo e o presidencialismo já não são as opções necessárias para a formação de um governo"[23].

Outrossim, segundo Canotilho, "a matriz originária (a matriz presidencialista americana) sofre tantos desvios que o melhor será falar de 'presidencialismos'. O presidencialismo latino-americano é o exemplo mais significativo"[24].

18.1.4. Sistema diretorial

Segundo Sahid Maluf, "Sistema diretorial é aquele em que todo o poder de Estado se concentra no parlamento, sendo a função executiva exercida por uma junta governativa por delegação do mesmo parlamento"[25]. O sistema de governo diretorial é o modelo da Federação Suíça, cujos traços estruturais são os seguintes: 1) existência de um diretório, ou seja, um poder executivo colegial (*Conseil Fédéral*) que é eleito pelo parlamento (Assembleia Federal) para um perío-

---

21. Por exemplo, "uma forma específica de regime parlamentar é a existente na Alemanha e designada por democracia de Chanceler (*Kanzler-Demokratie*). O primeiro-ministro – Chanceler – é eleito diretamente pela Câmara dos Deputados (*Bundestag*) que só pode votar moções de censura ao chefe de governo se, no mesmo contexto, eleger por maioria absoluta um novo Chanceler (voto de censura construtivo)". José Joaquim Gomes Canotilho, op. cit., p. 577.
22. Op. cit., p. 568.
23. Op. cit., p. 251.
24. Op. cit., p. 582.
25. Op. cit., p. 273.

do de quatro anos; 2) inexistência de um chefe de estado autônomo, já que essas funções são exercidas pelo diretório. O "Presidente da Confederação"(de rotatividade anual) é quem preside as sessões daquele órgão.

Nesse sistema, o Diretório é irrevogável, já que não existe a possibilidade de votos ou moções de censura do parlamento federal. Da mesma forma, o Diretório não pode dissolver o parlamento (Assembleia Federal, composta por duas Câmaras – *Conseil National*, eleito diretamente segundo o método proporcional e por um mandato de quatro anos, e *Conseil des États*, constituído por dois representantes de cada cantão suíço).

18.1.5. Sistema semipresidencialista

Com traços de presidencialismo e parlamentarismo, o semipresidencialismo é adotado na França, na Finlândia e também em Portugal, embora com traços distintos entre eles.

No sistema semipresidencialista, há dois órgãos eleitos pelo sufrágio direto: o Presidente e o Parlamento. Da mesma forma, há dupla responsabilidade do governo (do gabinete), perante o Presidente da República e perante o Parlamento. Outrossim, existe a possibilidade de dissolução do Parlamento por decisão e iniciativa autônomas do Presidente da República. O Presidente tem poderes de direção política próprios.

A escolha do povo português por esse sistema foi explicada por Canotilho: "parece seguro que a Constituição Portuguesa de 1976 não acolheu uma forma de governo 'quimicamente pura' (presidencialismo, parlamentarismo) antes procurou articular dimensões próprias de várias formas de governo"[26].

O sistema português tem traços do regime parlamentarista (autonomia do governo – liderado pelo Primeiro-Ministro; responsabilidade ministerial, com a possibilidade de moção de censura pelo Parlamento) e traços do regime presidencialista (Presidente da República eleito pelo voto popular; veto político do Presidente da República). No sistema português, o chefe de governo é o Primeiro-Ministro, enquanto o Presidente é o chefe de Estado. Segundo Canotilho, há uma interdependência que caracteriza as relações entre o Presidente da República e o Primeiro-Ministro (e, através dele, o governo): "o Primeiro-Ministro, embora responsável politicamente perante o Presidente da República, é definidor de uma política governamental autônoma, pode-se dizer que há uma interdependência institucional entre Presidente da República e Primeiro-Ministro com autonomia governamental"[27].

Nos termos do art. 133 da Constituição portuguesa, compete ao presidente da República "dissolver a Assembleia Legislativa" (alínea *e*), "nomear o Primeiro-Ministro" (alínea *f*), dentre outras tantas atribuições. Essa dissolução da Assembleia da República está prevista no art. 172 da Constituição portuguesa: "A Assembleia da República não pode ser dissolvida nos seis meses posteriores à sua eleição, no último semestre do mandato do Presidente ou durante a vigência do estado de sítio ou do estado de emergência". Isso ocorreu em novembro de 2021, quando o presidente da República Marcelo Rebelo de Sousa aprovou a dissolução do parlamento e agendou eleições legislativas antecipadas para 30 de janeiro de 2022. Como afirmou o presidente, que também é professor de Direito Constitucional, "em momentos como este existe sempre uma

---

26. Op. cit., p. 592
27. Op. cit., p. 597.

solução em democracia, sem dramatizações nem temores, faz parte da vida própria da democracia: devolver a palavra ao povo".

18.1.6. O presidencialismo é cláusula pétrea?

O Brasil adotou, tradicionalmente, o presidencialismo em todas as suas Constituições (exceto a Constituição de 1824, em que o chefe do Poder Executivo era o Imperador). Não obstante, houve em nossa história dois momentos parlamentaristas.

O primeiro momento em que o Brasil experimentou o parlamentarismo foi no Segundo Reinado (o reinado de Dom Pedro II). O Imperador, que também exercia o Poder Moderador, nomeava o chefe de governo (Presidente do Conselho de Ministros e membro do partido com maioria no Parlamento, atuava como Primeiro-Ministro). Assim, na prática, o Brasil tornou-se uma monarquia parlamentarista durante o reinado de Dom Pedro II. O segundo momento parlamentarista veio no século seguinte.

Com a renúncia do Presidente Jânio Quadros (em 25 de agosto de 1961), deveria assumir a Presidência o então Vice-Presidente eleito João Goulart, que se encontrava em viagem oficial à República Popular da China. Acusado pelos militares de ser comunista, sofreu séria resistência para assumir o cargo. Houve um acordo político para solucionar o empasse: criar-se-ia o regime parlamentarista, por meio de uma Emenda Constitucional aprovada às pressas, no dia 2 de setembro de 1961, sendo Jango apenas chefe de Estado. Foram 17 meses de parlamentarismo no Brasil, tendo como primeiros-ministros Tancredo Neves, Brochado da Rocha e Hermes Lima. Todavia, em 1963, houve plebiscito popular, optando a população pelo retorno do presidencialismo, quando Jango assumiu a Presidência com plenos poderes.

Promulgada a Constituição de 1988, havia previsão no art. 2º do Ato das Disposições Constitucionais Transitórias (ADCT) de que "no dia 7 de setembro de 1993 o eleitorado definirá, através de plebiscito, a forma (república ou monarquia constitucional) e o sistema de governo (parlamentarismo ou presidencialismo) que devem vigorar no País".

Embora marcado para o dia 7 de setembro de 1993, o plebiscito teve sua data antecipada para 21 de abril de 1993, por força de uma Emenda Constitucional (a Emenda n. 2/92). O Congresso decidiu antecipar a data, para não evitar casuísmos na discussão do plebiscito. Isso porque no final do ano de 1993 já haveria candidatos declarados à Presidência da República para as eleições do ano seguinte. Foi ajuizada uma Ação Declaratória de Constitucionalidade contra a Emenda Constitucional n. 2 (a antecipação do plebiscito) – ADI 829, relatada pelo Min. Moreira Alves –, e o Supremo Tribunal Federal declarou a emenda constitucional ("contendo as normas constitucionais transitórias exceções à parte permanente da Constituição, não tem sentido pretender-se que o ato que as contém seja independente desta, até porque é da natureza mesma das coisas que, para haver exceção, é necessário que haja regra"). Em outras palavras, como o ADCT era composto de normas constitucionais, poderia ser objeto de emenda constitucional.

O plebiscito foi realizado em 21 de abril de 1993, e o povo brasileiro decidiu manter a forma de governo (República) e o sistema de governo (presidencialista). A República teve 44.366.608 votos (66% da votação), contra 6.843.196 (10,2% em favor da monarquia). Por sua vez, o Presidencialismo venceu com 55,4% dos votos (37.156.884), contra 16.518.028 votos (24,6%) em favor do parlamentarismo.

Indaga-se: é possível hoje alterar o sistema de governo de presidencialismo para parlamentarismo? O presidencialismo é cláusula pétrea? A Constituição não prevê expressamente que o presidencialismo é cláusula pétrea, não estando no rol do art. 60, § 4º, da Constituição

Federal. Por essa razão, há no Congresso Nacional várias Propostas de Emenda Constitucional parlamentaristas. Trata-se de uma tentativa de controle preventivo da constitucionalidade, já que esse remédio constitucional foi impetrado por parlamentares.

O Supremo Tribunal Federal chegou a colocar em pauta de julgamento o referido mandado de segurança, no momento em que o Senado Federal sinalizou que votaria essa Proposta de Emenda (quando do ponto culminante da crise política que culminou com o *impeachment* da Presidente Dilma Rousseff). Não obstante, como o Senado recuou na sua proposta, o STF tirou o Mandado de Segurança de Pauta, não julgando o seu mérito.

Em nosso entender, o sistema de governo presidencialista não é cláusula pétrea, podendo ser alterado para parlamentarismo (ou outro sistema que vimos acima – diretorial ou semipresidencialista). Não obstante, à luz de uma interpretação sistemática da Constituição, entendemos que essa mudança dependerá de aprovação popular (seja por plebiscito, seja por referendo). Isso porque o texto originário da Constituição brasileira exigia essa participação popular para eventual mudança. Trinta anos depois da escolha, seria possível a mudança do sistema de governo, mas, em nosso entender, a participação popular seria essencial para a validade da Emenda.

18.2. FORMAS DE GOVERNO

Aristóteles concebeu três formas básicas de governo: a Monarquia, governo de um só; a Aristocracia (governo de mais de um) e a República (governo em que o povo governa no interesse do povo). Maquiavel, em *O Príncipe*, declarou que todo Estado, todos os domínios que exerceram e exercem poder sobre os homens, foram e são ou Repúblicas ou Principados. Desde então, tem prevalecido a classificação dualista das formas de governo em República e Monarquia (o primeiro caracterizado pela eletividade periódica do chefe de Estado e o segundo, pela hereditariedade e vitaliciedade do respectivo titular da chefia do Estado). Com pequena variação, Montesquieu, em *O Espírito das Leis*, aponta três espécies de governo: o republicano, o monárquico e o despótico, esclarecendo: "o governo republicano é aquele em que o povo, como um todo, ou somente uma parcela do povo, possui o poder soberano; a monarquia é aquele em que um só governa, mas de acordo com as leis fixas e estabelecidas, enquanto no governo despótico, uma só pessoa, sem obedecer às leis e regras, realiza tudo por sua vontade e seus caprichos". Como se vê, não houve grandes avanços desde a antiguidade, como ressalta Hans Kelsen: "a teoria política da Antiguidade distinguia três formas de Estado: monarquia, aristocracia e democracia. A teoria moderna não foi além dessa tricotomia. A organização do poder soberano é apresentada como o critério dessa classificação. Quando o poder soberano de uma comunidade pertence a um indivíduo, diz-se que o governo, ou a constituição, é monárquico. Quando o poder pertence a vários indivíduos, a constituição é chamada republicana. Uma república é uma aristocracia ou uma democracia, conforme o poder soberano pertença a uma minoria ou uma maioria do povo"[28].

18.2.1. República

Como vimos anteriormente, a República (do latim *res publica*, coisa pública) configura forma de Governo na qual o governante é um representante do povo, por ele escolhido, para

---

28. *Teoria Geral do Direito e do Estado*, p. 405.

um mandato determinado, podendo ser responsabilizado por seus atos, já que é um gestor da coisa pública. Com origem na Idade Antiga, a República se opõe à Monarquia, na qual o governante, embora se considere um representante do povo, não é por ele escolhido, bem como não tem um mandato determinado, e, em regra, não pode ser responsabilizado por seus atos[29]. Por exemplo, o art. 99 da Constituição brasileira de 1824 afirmava: "A pessoa do Imperador é inviolável, e sagrada: ele não está sujeito a responsabilidade alguma".

Nas palavras de Dalmo de Abreu Dallari, "a República, que é a forma de governo que se opõe à monarquia, tem um sentido muito próximo do significado de democracia, uma vez que indica a possibilidade de participação do povo no governo. [...] As características fundamentais da república, mantidas desde o século XVII e que foram a razão de seu prestígio e de sua receptividade, são as seguintes: Temporariedade. O Chefe de Governo recebe um mandato, com o prazo de duração predeterminado. E para evitar que as eleições reiteradas do mesmo indivíduo criassem um paralelo com a monarquia, estabeleceu-se a proibição de reeleições sucessivas. Eletividade. Na república o Chefe de Governo é eleito pelo povo, não se admitindo a sucessão hereditária ou por qualquer forma que impeça o povo de participar da escolha. Responsabilidade. O chefe do Governo é politicamente responsável, o que quer dizer que ele deve prestar contas de sua orientação política, ou ao povo diretamente ou a um órgão de representação popular"[30].

18.2.2. Monarquia

A monarquia é uma forma de governo extremamente usada em quase todo o mundo. Com o passar do tempo, essa forma de governo foi sendo abandonada, ou pelo menos relativizada (de uma monarquia absoluta para uma monarquia constitucional). As características fundamentais da monarquia são: 1) vitaliciedade; 2) hereditariedade; 3) irresponsabilidade.

Segundo a vitaliciedade, o monarca não exerce o poder por um tempo determinado, mas enquanto viver ou enquanto tiver condições para governar (por exemplo, em 2014, o Rei Juan Carlos I da Espanha decidiu abdicar em favor do seu filho). Quanto à hereditariedade, a escolha do monarca se dá pela sucessão hereditária, e não pelo voto popular. Por fim, em razão da irresponsabilidade, o monarca não tem responsabilidade política, como no art. 99 da Constituição de 1824: "A pessoa do Imperador é inviolável, e Sagrada: ele não está sujeito a responsabilidade alguma".

Se, para os monarquistas, a Monarquia tem como vantagem um rei distanciado das disputas políticas cíclicas, podendo dar unidade ao país, sem contar sua formação intelectual, que o capacita para o exercício dessas funções. Para os republicanos, a monarquia é, em regra, antidemocrática e dispendiosa e dependente das características pessoais do monarca, que pode ser uma pessoa ponderada, ou um déspota.

---

29. "A monarquia é uma forma de governo que já foi adotada, há muitos séculos, por quase todos os Estados do mundo. Com o passar dos séculos, ela foi sendo gradativamente enfraquecida e abandonada. Quando nasce o Estado Moderno a necessidade de governos fortes favorece o ressurgimento da monarquia, não sujeita a limitações jurídicas, donde o qualificativo de monarquia absoluta. Aos poucos, entretanto, vai crescendo a resistência ao absolutismo e, já a partir do final do século XVIII, surgem as monarquias constitucionais. [...] As características fundamentais da monarquia, das quais decorrem os argumentos favoráveis e contrários a ela são: vitaliciedade. O monarca não governa por um tempo certo e limitado, podendo governar enquanto viver ou enquanto tiver condições para continuar governando; hereditariedade. A escolha do monarca se faz pela simples verificação da linha de sucessão; Irresponsabilidade. O monarca não tem responsabilidade política" (Dalmo de Abreu Dallari, op. cit., p. 228).
30. Op. cit., p. 230.

18.2.3. República é cláusula pétrea?

Importante: embora não seja uma cláusula pétrea expressa, segundo a doutrina francamente majoritária e segundo o Supremo Tribunal Federal, a República é uma cláusula pétrea implícita. Até mesmo José Afonso da Silva, único constitucionalista de escol que adotava posição diversa, mudou de opinião em edições mais recentes de seu *Curso de Direito Constitucional*. Segundo o autor: "Os fundamentos que justificam a inclusão da República entre as cláusulas intangíveis continuam presentes na Constituição, que só os afastou por um momento, a fim de que o povo decidisse sobre ela. Como o povo o fez no sentido de sua preservação, todos aqueles fundamentos readquiriram plena eficácia de cláusulas intocáveis por via de emenda constitucional. Não se trata, no caso, de simples limitação implícita, mas de limitação que encontra no contexto constitucional seus fundamentos, tanto quanto o encontraria se a limitação fosse expressa". Nesse mesmo sentido posiciona-se Gilmar Ferreira Mendes: "A periodicidade dos mandatos é consequência do voto periódico estabelecido como cláusula pétrea. Uma emenda não está legitimada para transformar cargos políticos que o constituinte originário previu como suscetíveis de eleição em cargos vitalícios ou hereditários. Isso, aliado também à decisão do poder constituinte originário colhida das urnas do plebiscito de 1993 sobre a forma de governo, gera obstáculo a uma emenda monarquista" (*Curso de Direito Constitucional*, p. 126).

Por fim, como dissemos, também é a posição proferida pelo Supremo Tribunal Federal, em Mandado de Segurança impetrado por parlamentares, para impedir a votação e o trâmite de uma Proposta de Emenda monarquista: "Mandado de segurança contra ato da Mesa do Congresso que admitiu a deliberação de proposta de emenda constitucional que a impetração alega ser tendente à abolição da república (obs.: na vigência da Constituição anterior, a matéria 'república' também era cláusula pétrea). Cabimento do mandado de segurança em hipóteses em que a vedação constitucional se dirige ao próprio processamento da lei ou da emenda, vedando sua apresentação (como é o caso previsto no parágrafo único do art. 57) ou a sua deliberação (como na espécie). Nesses casos, a inconstitucionalidade diz respeito ao próprio andamento do processo legislativo, e isso porque a Constituição não quer – em face da gravidade das deliberações, se consumadas – que sequer se chegue à deliberação proibindo-a taxativamente. A inconstitucionalidade, se ocorrente, já existe antes de o projeto ou de a proposta se transformar em lei ou em emenda constitucional, porque o próprio processamento já desrespeita, frontalmente a Constituição" (*RTJ* 99/1031).

18.3. FORMAS DE ESTADO

Além dos sistemas de governo e das formas de governo, é imperioso verificar as formas de Estado, que afetam diretamente a estrutura da organização política. Atualmente, três são as formas de Estado: a) Estado Unitário: os que têm um poder central, que é a cúpula e o centro do poder político; b) Estado Federal (Federação): vários centros de poder autônomo convivem; c) Estado Regional: menos centralizado que o Estado Unitário, mas sem chegar ao extremo da descentralização federal (como no caso da Itália)[31]; d) Estado Autonômico.

---

31. Segundo Dalmo de Abreu Dallari, "para a maioria dos autores que tratam do assunto, o Estado Regional é apenas uma forma unitária um pouco descentralizada, pois não elimina a completa superioridade política e jurídica do poder central. Por esse motivo, considera que o Estado Federal continua sendo a opção para se fugir ao excesso da centralização", op. cit., p. 255.

Como se vê, a complexidade dos Estados contemporâneos tornou insuficiente a clássica distinção entre Estado Unitário e Estado Federal, como lembra José Luiz Quadros de Magalhães: "a tradicional classificação de Formas de Estado apenas entre Estado Unitário e Federal está absolutamente superada pela evolução das formas de organização territorial e repartição de competências, cada vez mais complexas e ricas, havendo claramente, em nível mundial, uma valorização crescente da descentralização territorial efetiva, como forma de ganhar em agilidade, eficiência e, principalmente, democracia, consagrando o respeito à diversidade cultural, que permite que sejam encontradas soluções criativas que respeitem o sentimento da localidade, da região cultural e, especialmente, do sentimento de cidadania que se constrói na rica diversidade das culturas das cidades, espaço real e não virtual"[32].

Formas de Estado
- Estado Unitário
- Estado Federal (Federação)
- Estado Regional
- Estado Autonômico

18.3.1. Estado Unitário ou Simples

Como dissemos acima, o Estado Unitário (bastante utilizado pelos países de todo o mundo) consiste na presença de um poder central, que é a cúpula e o centro do poder político. Possui quatro modalidades: 1) Estado Unitário Puro; 2) Estado Unitário Desconcentrado; 2) Estado Unitário descentralizado administrativamente; 3) Estado Unitário descentralizado administrativa e politicamente.

Estado Unitário ou Simples
- Estado Unitário Puro
- Estado Unitário Desconcentrado
- Estado Unitário descentralizado politicamente
- Estado Unitário descentralizado administrativa e politicamente

Segundo Darcy Azambuja, "o tipo puro do Estado simples é aquele em que somente existe um Poder Legislativo, um Poder Executivo e um Poder Judiciário, todos centrais, com sede na capital. Todas as autoridades executivas ou judiciárias que existem no território, são delegações do Poder central, tiram dele sua força; é ele que as nomeia e lhes fixa as atribuições. O Poder Legislativo de um Estado simples é único, nenhum outro órgão existindo com atribuições de fazer leis nesta ou naquela parte do território"[33]. Assim, o Estado Unitário Puro é aquele que,

---

32. *O Território do Estado no Direito Comparado.*
33. *Teoria Geral do Estado*, p. 364. Prossegue o autor: "na realidade, porém, as coisas são mais complexas. Os Estados simples são divididos em partes, que se denominam municípios, comunas, departamentos, províncias etc., nas quais há geralmente uma autoridade executiva eleita pelos habitantes dessas regiões e também conselhos, câmaras etc., que são pequenos poderes legislativos com a função de elaborar certas leis de aplicação local. Apesar disso, essas autoridades locais continuam como delegações dos órgão centrais, que as controlam e fiscalizam. O Poder central tem atribuições mesmo para suprimir aquelas circunscrições, aumentar ou diminuir a sua extensão e competência. Em todo o território, enfim, só há um governo estatal, que dirige toda a vida política e administrativa" (p. 364).

mesmo dividido em circunscrições, o governo nacional assume exclusivamente a direção de todos os serviços, que uniformemente estende sua ação sobre todo o território, sobre todas as autoridades, que são direta emanação e criação dos órgãos centrais. Em tese, uma forma de governo assim só seria admissível num país de pequeno território, com população reduzida.

Como vimos, nos dias de hoje, é difícil imaginar um país que seja um Estado Unitário Puro ou Simples, motivo pelo qual é natural que se imagine um grau de desconcentração ou descentralização.

Estado Unitário Desconcentrado é aquele em que ocorre uma desconcentração territorial administrativa, o que significa que são criados órgãos territoriais desconcentrados que não têm personalidade jurídica própria, separada do poder central, não tendo autonomia, portanto (não podendo tomar decisões sem a interveniência do poder central). Como lembra José Luiz Quadros de Magalhães, "o modelo meramente desconcentrado aproxima a administração da população e dos diversos problemas comuns as esferas territoriais diferentes. Entretanto, como toda decisão depende do Poder Central, torna-se lento. Os Estados democráticos avançados não mais adotam esse modelo, que permanece apenas em estados autoritários"[34].

Já o Estado Unitário Descentralizado é diferente. Como diz a doutrina, foi uma evolução dos Estados Unitários Desconcentrados, na medida em que os entes desconcentrados (regiões, departamentos ou províncias, comunas, municípios etc.) ganharam personalidade jurídica própria, com competências administrativas transferidas por lei nacional a estes. A descentralização pode ser administrativa ou política. A primeira (descentralização administrativa) refere-se aos serviços públicos. Segundo Sahid Maluf, "embora descentralizados em municípios, distritos ou departamentos, tais divisões são de direito administrativo. Não têm esses organismos menores uma autonomia política"[35]. Já a segunda descentralização (descentralização política) "consiste na atribuição de funções políticas aos órgãos regionais ou locais, com o intuito de dar maior participação aos cidadãos nos poderes estatais"[36]. Como lembra José Luiz Quadros de Magalhães, "não é necessário se reportar ao Poder central. [...] Quanto mais competências forem transferidas para os entes descentralizados, mais ágil e mais democrática a administração. A doutrina europeia tem ressaltado a necessidade da eleição de órgãos dirigentes dos entes territoriais descentralizados como característica essencial de sua autonomia em relação ao poder central"[37].

Segundo o professor chileno Juan Carlos Ferrada Bórquez, houve um processo de evolução do Estado chileno, por exemplo, de um Estado Unitário Puro para um Estado Unitário Descentralizado: "Evidencia-se que a descentralização territorial é um processo histórico desenvolvido na segunda metade do século XX, marcado por uma necessidade real de democratizar o poder local e regional e aproximar suas estruturas de decisão aos cidadãos. No fundo, dar mais participação às comunidades territoriais nas decisões políticas cotidianas, entregando-lhes um rol de sujeito ativo na solução de seus problemas mais imediatos. Isto não significa necessariamente romper com o modelo ou forma de Estado Unitário, sendo que o que se pre-

---

34. Op. cit.
35. Op. cit., p. 200.
36. Darcy Azambuja, op. cit., p. 365.
37. Op. cit.

tende é operar uma descentralização política e/ou administrativa do Estado, mantendo-se os níveis de coesão nacional desejados pelos cidadãos"[38].

18.3.2. Estado Regional

É uma forma de Estado intermediária entre o Estado Unitário, que acabamos de ver, e o Estado Federal, buscando compatibilizar a ideia de descentralização ou autonomia. Comumente possui divisões territoriais, chamadas de regiões. Também costuma ser chamado de Estado Unitário com Autogoverno.

Para parte da doutrina, não haveria uma diferença fundamental entre Estado Federal e Estado Regional, a não ser a origem das atribuições: enquanto no Estado Federal são os Estados que decidem ceder parte de suas atribuições à Federação, no Estado Regional, o Estado central é que cede suas atribuições às entidades subnacionais, que o compõem. Outrossim, entende-se que um Estado regional é mais centralizado que um estado federal e menos centralizado que um Estado unitário. Para alguns, é uma espécie de Estado Unitário, com maior grau de descentralização. Segundo José Luiz Quadros de Magalhães, a diferença "está no grau da descentralização ou no número de competências transferidas para as regiões, assim como quais tipos de competências são transferidas. Enquanto no primeiro só há transferência de competências administrativas, no Estado Regional, além destas, as regiões possuem crescentes competências legislativas ordinárias".

E o caso da Itália, principal exemplo de Estado Regional. Embora a Constituição refira-se à Itália como Estado Unitário, inauguraram-se regionalismos autônomos. Há quatro níveis de competências administrativas (o Estado Nacional, a região, a província e a comuna), dois níveis de competência legislativa ordinária (o legislativo nacional e regional) e um judiciário unitário, mas descentralizado.

Segundo a doutrina, "no Estado regional, a descentralização ocorre de cima para baixo, sendo que o Poder central transfere, através de lei nacional, competências administrativas e legislativas ordinárias. Não há que se falar, no Estado Regional, assim como no Estado autonômico, que estudaremos a seguir, em poder constituinte decorrente, que implica descentralização de competências legislativas constitucionais e só ocorre no Estado federal. No Estado Regional, o poder central concede autonomia, amplia e reduz esta mesma autonomia administrativa e legislativa ordinária"[39].

18.3.3. Estado Autonômico

É o criativo modelo espanhol, decorrente da Constituição de 1978. Como se sabe, a Espanha é rica no seu pluralismo cultural, possuindo inclusive quatro idiomas reconhecidos no seu texto constitucional (o castelhano, o galego, o basco e o catalão).

A Espanha possui várias comunidades autônomas (CAs), que são entidades territoriais administrativas dotadas de certa autonomia legislativa e com representantes próprios, bem como com determinadas competências executivas e administrativas. Essa estrutura decorre da Constituição espanhola de 1978, ainda hoje em vigor. No seu art. 2º, reconhece e garante o

---

38. *El Estado Administrador de Chile:* de Unitario Centralizado a Descentralizado y Desconcentrado.
39. Op. cit.

direito à autonomia das regiões que compõem a Nação. Dentre as regiões, podemos apontar: Andaluzia, Galícia, Estremadura, Castilla-La Mancha, Cataluña, La Rioja, País Basco etc. Os órgãos básicos comuns a todas as comunidades autônomas são uma Assembleia Legislativa, eleita pelo sufrágio universal, um Conselho de Governo, com funções executivas, e um Presidente da comunidade autônoma, eleito pela Assembleia Legislativa dentre seus membros, que ostenta a mais alta representação da comunidade.

Quais as diferenças entre o Estado autonômico e o Estado Regional? A primeira diferença é que, no Estado Autonômico, a iniciativa da criação de regiões autônomas parte de baixo para cima, sendo que as províncias devem se unir, formando uma região, e, através de uma assembleia, elaborar seu estatuto de autonomia. Esse estatuto de autonomia poderá assumir todas as competências delegáveis pelo poder central, ou parte delas (as competências que não forem aceitas pela região ficarão com o poder central nacional). Os estatutos de autonomia devem ser aprovados pelo Parlamento espanhol.

Um dos maiores constitucionalistas da Espanha, professor Roberto Blanco Valdés, do qual tive a honra de ser aluno no curso de pós-doutorado na Espanha, discorda dessa análise costumeiramente feita no Brasil. Para ele, a Espanha também adota um modelo de Federação, embora diverso de outros modelos federativos existentes. Isso porque, para o autor espanhol, há vários tipos de federalismo, pois, "se por um lado as técnicas federais tem sido aplicado em lugares de características físicas e políticas muito distintas e em que, por outro lado, os processos históricos que estão na origem da aparição dos distintos Estados Federais apresentam também contrastes muito notáveis"[40].

18.3.4. Estado Federal (Federação)

A palavra "Federação" vem do latim *foedus, foederis*, que significa pacto, aliança. Federação é a união de vários Estados, cada qual com uma parcela de autonomia. É a forma do Estado brasileiro. O Brasil é composto de vários Estados, e cada um deles tem autonomia para legislar (fazer sua própria constituição, inclusive), administrar etc. Importante: não se pode confundir autonomia com independência. Na Federação, os Entes Federativos são autônomos, mas não independentes. À união de Estados independentes dá-se o nome de Confederação.

Não há que se confundir Federação com Confederação. Enquanto a Federação é formada pela união de entes federativos autônomos (mas não independentes), na Confederação, os Estados são independentes. Segundo Darcy Azambuja, Confederação "é a união permanente e contratual de Estados independentes que se unem com o objetivo de defender o território da Confederação e assegurar a paz interior, além de outras finalidades que podem ser pactuadas. Essa união, para atingir seus objetivos, necessita uma organização permanente, mas não fere a soberania dos Estados confederados, que apenas se obrigam a exercer em comum certas funções ou a exercê-las em casos determinados. Essas funções geralmente se referem ao Direito internacional, como o direito de paz e de guerra, conclusão de tratados etc."[41].

---

40. *Los Rostros del Federalismo*, p. 37.
41. Op. cit., p. 368.

Podemos estabelecer as seguintes diferenças entre Confederação e Federação:

Confederação	Federação
É uma simples pessoa de Direito Público	É mais que uma pessoa de Direito Público, mas de um Estado soberano
Os membros da confederação são Estados soberanos	Os membros da Federação, não obstante o título e as honras que conservam, não são soberanos
A atividade da Confederação limita-se a negócios externos	A autoridade do Estado abrange os negócios externos e internos
Os indivíduos na Confederação mantêm a nacionalidade dos seus respectivos Estados	Os indivíduos de todos os entes federativos têm a mesma nacionalidade
Na Confederação os Estados estão ligados por um Tratado ou Convenção Internacional	Os entes federativos estão ligados por uma Constituição
Na Confederação existe o direito de secessão (retirada do bloco)	Na Federação não se admite o direito de secessão

Acerca da União Europeia, parte da doutrina afirma ser um estágio intermediário entre a Confederação e a Federação. Não é certamente uma Federação, máxime porque admite o direito de secessão (como ocorreu recentemente com a Inglaterra, através de um movimento que ficou conhecido como Brexit – um neologismo decorrente da junção de *British* e *Exit*). Todavia, não é uma clássica confederação, ligada por laços tênues e frágeis[42].

18.3.4.1. Origem da Federação

A Federação nasceu nos Estados Unidos da América, por conta da independência das ex-colônias britânicas. A partir do século XVII, a costa leste norte-americana foi povoada por colonos ingleses[43]. As colônias eram leais à coroa britânica até meados do século XVIII. Não obstante, imposições tributárias cada vez maiores e restrições às atividades econômicas e comerciais romperam a paz entre a metrópole e a colônia. Destacam-se historicamente o *Stamp Act*, de 1765, e o *Boston Tea Party* (Festa do Chá de Boston), de 1773[44]. Esses atos dos colonos

---

42. Segundo a doutrina: "ainda não é possível concluir sobre qual é, realmente, a natureza jurídica da União Europeia, o que se justifica pela seguinte constatação: a consagração dos princípios da subsidiariedade e da primazia do Direito Comunitário sobre o nacional – aliada ao conjunto de direitos políticos assegurados aos cidadãos europeus; à constante delegação (ou transferência) de competência dos Estados-membros para a União Europeia, à impossibilidade do Direito Comunitário ser invalidado pelo Direito interno, ainda que de nível constitucional; ao fato de os acordos celebrados entre a União e um ou mais Estados ou organizações internacionais vincularem os Estados-membros e as instituições da União Europeia; ao fato de tais acordos submeterem-se à competência jurisdicional do TJCE – no âmbito comunitário –, especialmente com relação à sua interpretação e aplicação; à legitimidade democrática do Parlamento Europeu que é a instituição competente para aprovar a indicação do presidente da Comissão Europeia, e a execução do orçamento da União Europeia [...] sugerem uma federação; por outro lado, a inexistência de uma Constituição, de soberania e das Forças Armadas, e a existência do direito de secessão e soberania, por parte dos Estados-membros, sinalizam uma confederação" (José Costa Ribeiro Filho, *União Europeia:* Federação ou Confederação?, p. 107).
43. "A primeira colônia foi Virgínia, fundada em 1606, por uma companhia de comércio internacional. Massachusetts foi colonizada pelos puritanos, que vieram no navio Mayflower e desejavam criar uma comunidade regida por seus valores religiosos. Para Maryland foram os católicos, então perseguidos na Inglaterra" (Luís Roberto Barroso, op. cit., p. 15).
44. A Festa do Chá de Boston (*Boston Tea Party*), ocorrida em 16 de dezembro de 1773, foi uma ação dos colonos ameri-

motivaram uma resposta do governo britânico: as "leis intoleráveis" (*intolerable acts*) de 1774: o porto de Boston foi interditado, até indenização da Companhia Britânica das Índias Orientais, proibição de toda e qualquer manifestação pública contra a metrópole, os colonos estavam obrigados a proporcionar alojamento e estada de soldados britânicos etc.

Os ânimos na colônia se acirraram ainda mais. Em 1774 foi convocado o Primeiro Congresso Continental, dando início a uma reação organizada contra a coroa britânica. Em 1775, o parlamento britânico declarou Massachusetts em estado de rebelião. Iniciou-se a guerra. Nesse mesmo ano, foi convocado o Segundo Congresso Continental (que funcionou até 1788), deliberando sobre a criação de um exército organizado, cujo comando foi entregue ao general George Washington. A Guerra durou até 1783, findando com o Tratado de Paris, de 3 de setembro desse ano, pelo qual o governo britânico aceitou a independência das colônias norte-americanas. Designou-se uma comissão para elaboração da Declaração de Independência, cujo principal redator foi Thomas Jefferson. Foi o documento assinado em 4 de julho de 1776[45].

Importante: nesse instante, surgiu uma Confederação entre as treze colônias, recém-declaradas independentes. A união mostrou-se frágil e incapaz de resolver problemas como o comércio entre as colônias, por exemplo. Foi convocada uma nova convenção, na Filadélfia, a partir de 14 de maio de 1787. Com a participação de doze colônias (Rhode Island não enviou representantes) e sob a liderança de George Washington, Benjamin Franklin, Alexander Hamilton e James Madison, o texto foi aprovado em 17 de setembro de 1787, iniciando-se um processo de ratificação dos Estados, que durou cerca de um ano. O processo de ratificação pelos Estados foi árduo, principalmente em Massachusetts e Nova York[46]. Em Nova York, o debate deu ensejo à publicação na imprensa de vários artigos de autoria de John Jay, James Madison e Alexander Hamilton. Posteriormente, foram reunidos em um volume único, denominado *O Federalista* (*Federalist Papers*). Trata-se de uma série de 85 artigos sustentando a ratificação da Constituição norte-americana, sendo o resultado de várias reuniões que ocorreram na Filadélfia, em 1787, para elaboração da Constituição. Dessas reuniões surgiram os artigos que foram publicados em Nova York com o objetivo de ratificar a Constituição norte-americana. Depois da promulgação da Constituição, os autores continuaram envolvidos com a política nacional: James Madison foi um dos fundadores do Partido

---

canos, que atacaram três navios carregados de chá, pertencentes à Companhia Britânica das Índias Orientais, atirando-os às águas do porto de Boston. Esse movimento ocorreu em retaliação à "Lei do Chá" (*Tea Act*), aprovada no Parlamento britânico em 1773, autorizando a distribuição de chá britânico em solo norte-americano, causando prejuízo aos comerciantes locais. Mais detalhes são dados por Paixão e Bigliazzi: "No fim de 1773, um navio com carregamento de chá atracou no porto de Boston. Havia um temor generalizado de que, casso fosse efetivamente descarregado o produto, ter-se-ia a materialização da tributação almejada pela metrópole. Assim, um grupo de ativistas coloniais (ao que parece, mal disfarçados de índios Mohawk) invadiu o porto no dia 16 de dezembro e lançou cerca de 90 toneladas de chá ao mar. O episódio, normalmente conhecido como *Boston Tea Party*, foi utilizado por Londres para a adoção de severas medidas punitivas" (*História Constitucional Inglesa e Norte-americana: do surgimento à estabilização da forma constitucional*, p. 112).

45. O documento é concluído desta forma: "Nós, por conseguinte, representantes dos Estados Unidos da América, reunidos em Congresso Geral, apelando para o Juiz Supremo do mundo pela retidão de nossas intenções, em nome e por autoridade do bom povo destas colônias, publicamos e declaramos solenemente: que estas colônias unidas são e de direito têm de ser Estados livres e independentes; que estão desoneradas de qualquer vassalagem para com a Coroa Britânica, e que todo vínculo político entre elas e a Grã-Bretanha está e deve ficar totalmente dissolvido".

46. Em Nova York, o debate deu ensejo à publicação na imprensa de vários artigos de autoria de John Jay, James Madison e Alexander Hamilton. Posteriormente, foram reunidos em um volume único, denominado *O Federalista* (*Federalist Papers*).

Republicano, juntamente com Thomas Jefferson (eleito presidente em 1808). Alexander Hamilton foi o primeiro secretário do Tesouro dos Estados Unidos e, assim como John Jay, foi conselheiro de George Washington, presidente dos Estados Unidos em 1789.

Dessa maneira, a Federação nasce com os Estados Unidos da América. Como lembra a doutrina, antes do surgimento dos Estados Unidos houve outras alianças entre os Estados, mas foram todas eles precárias, casuísticas, temporárias. Como diz Dalmo de Abreu Dallari: "na realidade, o Estado Federal é um fenômeno moderno, que só aparece no século XVIII, não tendo sido conhecido na Antiguidade e na Idade Média. Sem dúvida, houve muitas alianças entre os Estados antes do século XVIII, mas quase sempre temporárias e limitadas a determinados objetivos, não implicando a totalidade dos interesses de todos os integrantes"[47].

No texto originário, a Constituição norte-americana não previa direitos e garantias fundamentais, que foram acrescidas posteriormente, em 1791, por meio de dez emendas constitucionais (*amendments*). Uma das grandes características da Constituição norte-americana foi a introdução da noção de supremacia formal da Constituição sobre os demais atos normativos. Segundo Jorge Miranda, é característica marcante nesse momento "a noção de Constituição e do seu valor superior a todos os demais atos da Federação e dos Estados federados e, em especial, a autoridade reconhecida aos tribunais na sua interpretação"[48]. Curiosamente, embora não houvesse nenhum dispositivo constitucional expresso dando aos tribunais a possibilidade do *judicial review* dos atos normativos, razões sólidas a justificavam[49]. O controle de constitucionalidade foi colocado em prática pela primeira vez em 1803, no acórdão da Suprema Corte, presidido pelo *Chief Justice* John Marshall no caso Marbury *vs.* Madison. Pela primeira vez, declarou-se inválida uma lei por ser contrária à Constituição. A Constituição norte-americana é rígida e elástica. Rígida porque possui um processo de alteração mais rigoroso que o destinado às outras leis[50]. Elástica porque "tem podido ser concretizada, adaptada, vivificada (e até metamorfoseada) sobretudo pela ação dos tribunais"[51].

Todavia, o ponto mais importante para o nosso estudo neste momento é o seguinte: a Constituição norte-americana institui um Estado Federal. As colônias recém-declaradas independentes se uniram para formar um país, constituído por estados relativamente autônomos. O federalismo norte-americano se baseia em quatro princípios jurídicos: a) poder constituinte de

---

47. Op. cit., p. 256.
48. *Manual de Direito Constitucional*, t. I, p. 136. Segundo o mestre português, "ao invés da França e dos países Europeus durante o século XIX, os Estados Unidos vivem quase desde a sua formação sob o princípio da constitucionalidade – o princípio de que as leis e os outros atos do Estado devem ser conformes com a Constituição e não devem ser aplicados pelos tribunais no caso de serem desconformes".
49. "O poder legislativo é um poder constituído, que não pode ser exercido contra a Constituição, obra do poder constituinte; os tribunais só podem aplicar leis válidas e são inválidas as leis contrárias à Constituição – que é lei superior a todas as outras leis" (Jorge Miranda, op. cit., p. 141).
50. Segundo o art. 5º da Constituição norte-americana, "o Congresso, todas as vezes que dois terços de ambas as Câmaras o julgarem necessário, proporá emendas a esta Constituição, ou, a pedido das legislaturas de dois terços dos diversos Estados, convocará uma convenção para a proposta de emendas que, em ambos os casos, serão válidas para todos os fins e propósitos, como parte desta Constituição, quando ratificadas pelas legislaturas de três quartos dos diversos Estados, ou por três quartos das convenções para tanto reunidas, conforme um ou outro modo de ratificação tenha sido proposto pelo Congresso".
51. Jorge Miranda, op. cit., p. 134. Por essa razão, estudar o Direito Constitucional norte-americano não é uma tarefa simples, tendo em vista a enorme importância das decisões judiciais sobre interpretação e aplicação da Constituição, o costume e as Constituições dos Estados com enorme influência em muitos temas, como eleições, participação popular, poder local, educação etc.

cada Estado, nos limites da Constituição Federal, respeitando obrigatoriamente a forma republicana (art. 4º, seção IV); b) intervenção institucionalizada na formação da vontade política federal (com a existência de um Senado, representante dos Estados, com igual representação – dois senadores por Estado, processo de votação do colégio eleitoral presidencial, emendas à Constituição serem aprovadas por 2/3 dos membros das duas câmaras e ratificados por 3/4 dos Estados); c) repartição de competências entre os entes federativos[52]; d) igualdade jurídica dos Estados Federados (representada, por exemplo, pela igualdade de representação no Senado Federal).

18.3.4.2. Características da Federação

São características comuns do Estado Federal: a) a união faz nascer um novo Estado, fazendo os Estados que aderiram perder essa condição; b) a base jurídica do Estado é uma Constituição (e não um tratado); c) não existe o direito de secessão; d) só o Estado Federal tem soberania; e) a Constituição distribui as competências dos entes federativos; e) cada esfera de competência tem renda própria; f) o poder político é compartilhado pela União e pelas unidades federadas; g) todas as pessoas do Estado adquirem essa nacionalidade, perdendo a eventual nacionalidade de origem.

Características da Federação
A União faz nascer um novo Estado (e os Estados que aderiram à Federação perdem esse *status*).
A base jurídica do Estado Federal é a Constituição (e não um tratado, como na Confederação).
Não existe o direito de secessão.
Só o Estado Federal tem soberania.
As competências dos entes federativos são determinadas pela Constituição.
Cada ente federativo tem receita própria.
O poder político é compartilhado pela União e pelos entes federativos.
Existe um órgão representativo dos entes federativos no governo central.
Todas as pessoas do Estado adquirem essa nacionalidade, perdendo a eventual nacionalidade de origem.

Primeiramente, a União faz nascer um novo Estado, um novo país, sendo que os entes federativos perdem essa natureza. Curiosamente, nos Estados Unidos da América (e também no Brasil), alguns entes federativos mantiveram o nome de "Estados", embora não o sejam (não têm soberania, independência). Como afirma Dalmo de Abreu Dallari, essa nomenclatura se deu por razões políticas: "No caso norte-americano, como no brasileiro e em vários outros, foi dado o nome de Estado a cada unidade federada, mas apenas como artifício político, porquanto na verdade não são Estados".

Por sua vez, a base jurídica do Estado Federal é a Constituição. Enquanto nas Confederações o laço que as une é um tratado ou convenção internacional, na Federação o laço é feito pela Constituição. Há uma diferença substancial: enquanto os tratados podem ser denunciados pelos Estados contratantes, isso não pode ocorrer com os entes federativos em uma Federação.

---

52. As competências que não pertencem expressamente ao Estado Federal (como defesa, comércio externo, moeda, correios) pertencem ou podem pertencer aos Estados Federados (como Direito Civil, Direito Penal, poder local etc.).

Outrossim, na Federação não existe o direito de secessão, diferentemente da Confederação. Na Constituição brasileira, a impossibilidade da secessão já se apresenta no art. 1º, *caput*, ao afirmar que o país é formado "pela união indissolúvel dos Estados e Municípios e do Distrito Federal". Não obstante, mais enfático é o art. 34, I, da Constituição Federal, que afirma que qualquer tentativa de separação do território brasileiro poderá ser punida com intervenção federal.

Da mesma forma, na Federação somente o Estado Federa tem soberania. Os Estados que ingressam na Federação perdem a soberania que tinham e passam a gozar de relativa autonomia. Como afirma Dalmo de Abreu Dallari, "Pelo próprio conceito de soberania se verifica ser impossível a coexistência de mais de uma soberania no mesmo Estado, não tendo, portanto, qualquer consistência a pretensão de que as unidades federadas tenham soberania limitada ou parcial"[53].

Da mesma forma, toda Federação terá uma repartição de competências estabelecida pela Constituição. Nessa repartição, poderá ser dada maior autonomia para os entes federativos (Estados-membros), como ocorreu nos Estados Unidos da América, ou menor autonomia (como ocorreu no Brasil). Outrossim, o critério dessa repartição será estabelecido pelo Estado (que pode enumerar as competências da União, deixando aos Estados a competência residual – como, em regra, no Brasil –, ou, ao contrário, enumerar a competência dos Estados-membros, deixando ao Estado soberano a competência residual).

Como é atribuída aos entes federativos uma série de competências (que implicam gastos), é natural que haja na Constituição uma regra de repartição das receitas públicas. Na Constituição brasileira, os arts. 157 e seguintes tratam da "repartição das receitas tributárias", estabelecendo quais as receitas específicas dos Estados-membros e dos municípios, por exemplo.

Outrossim, o poder político é compartilhado pela União e pelas unidades federadas. Como afirma Dalmo de Abreu Dallari, "existe um governo federal, do qual participam as unidades federadas e o povo, e existem governos estaduais dotados de autonomia política, podendo fixar sua própria orientação nos assuntos de seu interesse, desde que não contrariem a Constituição Federal"[54].

A Federação também prevê um órgão no governo federal representativo dos Estados-membros, como é o caso do Senado Federal. "O Senado é o órgão de representação dos Estados, sendo praxe, embora haja algumas exceções, assegurar-se a todas as unidades federadas igual número de representantes"[55]. No Brasil, por Exemplo, cada Estado-membro (e também o Distrito Federal) tem três representantes no Senado Federal.

Por fim, na Federação, os cidadãos do Estado que adere à Federação adquirem a cidadania no novo Estado Federal. Assim como não há coexistência de soberanias, não há coexistência de cidadanias ou nacionalidades.

---

53. Op. cit., p. 259.
54. Op. cit., p. 260.
55. Dalmo de Abreu Dallari, op. cit., p. 260.

18.3.4.3. Quadro sinótico de distinção

Estado Federal	Estado Unitário descentralizado	Estado regional	Estado autonômico
Exemplos: EUA, Suíça, Alemanha, Brasil	Exemplo: Chile	Exemplo: Itália	Exemplo: Espanha
Os entes federativos têm competência constitucional. Além das competências legislativas e administrativas, têm competências para elaborar sua própria constituição (poder constituinte derivado decorrente).	As regiões autônomas recebem por lei nacional competências administrativas e possuem personalidade jurídica própria, muitas vezes elegendo seus respectivos órgãos regionais (descentralização política).	As regiões autônomas recebem competências administrativas e legislativas ordinárias. O movimento de criação das regiões parte "de cima para baixo" (o Estado nacional cria as regiões).	As regiões autônomas recebem competências administrativas e legislativas, mas o movimento é "de baixo para cima", partindo das províncias a iniciativa de criar uma nova região autônoma, validando-se o novo estatuto pelo legislativo nacional.

18.3.4.4. Federalismo no Brasil

A Federação brasileira tem seu início oficial através do Decreto n. 1, de 15 de novembro de 1889, que, como vimos no capítulo 5 deste livro (reservado à história das Constituições brasileiras), serviu como espécie de "Constituição Provisória ou Pré-Constituição, até que editada a Constituição definitiva (de 1891)". Segundo o art. 1º desse decreto, "fica proclamada provisoriamente e decretada como a forma de governo da nação brasileira – a República Federativa". Os artigos seguintes não deixam dúvida: "as Províncias do Brasil, reunidas pelo laço da federação, ficam constituindo os Estados Unidos do Brasil" (art. 2º); "Cada um desses Estados, no exercício de sua legítima soberania, decretará oportunamente a sua constituição definitiva, elegendo os seus corpos deliberantes e os seus governos locais".

Realmente, segundo a Constituição de 1824, o Brasil era um Estado Unitário, embora desconcentrado e descentralizado em províncias, nos termos do art. 2º: "O seu territorio é dividido em Provincias na fórma em que actualmente se acha, as quaes poderão ser subdivididas, como pedir o bem do Estado". Com a reforma constitucional de 1834 (Ato Adicional de 1834), cada província pode criar sua Assembleia Legislativa, embora subordinada ao Poder Legislativo central. Como as províncias tinham relativas autonomias administrativas e legislativas, algumas pessoas passaram chamar o Brasil de "Império Federado". Todavia, o Estado brasileiro, a partir do Ato Adicional de 1834, não poderia ser chamado de Federação, já que as províncias tinham subordinação ao poder central, aproximando-se, no máximo, de um Estado Regional, mas não de uma Federação, já que nenhuma das províncias poderia fazer a sua própria Constituição.

Dessa maneira, a Federação brasileira nasce com o Decreto n. 1, de 1889, confirmado pela Constituição de 1891, que no seu art. 1º declarava: "a Nação brasileira adota como forma de governo, sob o regime representativo, a República Federativa, proclamada a 15 de novembro de 1889, e constitui-se, por união perpétua e indissolúvel das suas antigas Províncias, em Estados Unidos do Brasil". A Constituição de 1891 instituiu um patrimônio de cada Estado (art. 64), bem como suas respectivas competências (art. 65), e, claro, permitiu que cada Estado elaborasse sua própria Constituição (art. 63).

Como diz a doutrina, o Brasil adotou com a Constituição de 1891 um Federalismo de primeiro grau, concebendo-se a existência da União e dos Estados como entes federativos e um Federalismo dual ou dualista, no qual as duas esferas de governo comportam-se como órgãos isolados, detendo os Estados-membros ampla autonomia. Outrossim, "os antigos laços de coronelismo dos tempos imperialistas ainda não haviam sido superados, de forma que sob o modelo federal ressurgem sob a égide da 'política dos estados', que em sua forma degenerada, converteu-se na 'política dos governadores'. [...] Tendo em vista a capacidade dos Estados elegerem seus próprios representantes, não dependendo puramente da vontade do Presidente, suas antigas oligarquias utilizavam-se desse dualismo para exercer esse domínio, agora pelo modo político direto. [...] Todo esse panorama desembocou no que se convencionou chamar de 'República Velha', que se caracterizava pelo fortalecimento das oligarquias e do coronelismo a nível estadual e em fraude eleitoral. [...] Sob a presidência de Artur Bernardes, se propôs a reforma constitucional de 1926, restringindo a autonomia dos Estados e aumentando o rol de competências da União. [...] Uma nova Constituição era requerida e não demorou muito para que ela fosse elaborada"[56].

A Federação brasileira começa a ter seus contratempos com o Decreto n. 19.398, de 11 de novembro de 1930, de Getúlio Vargas. Nos termos do art. 2º desse decreto, foram dissolvidas todas as Assembleias Legislativas dos Estados, Câmaras ou Assembleias Municipais, embora mantivesse sua autonomia financeira (art. 9º), sendo que o governo nomearia um interventor para cada Estado (art. 11). A partir daí, como se vê, os entes federativos começam a perder grande parte de sua autonomia.

Tamanhos foram os conflitos (dentre os quais se destaca a Revolução Constitucionalista de São Paulo, em 1932), que se instalou uma Assembleia Constituinte em 1933. Na Constituição de 1934, houve uma grande ampliação da Competência da União, em detrimento da competência dos Estados. Essa perda da influência dos Estados refletiu no Poder Legislativo da União, em razão do esvaziamento do Senado Federal, que perdeu seus poderes, passando a ser uma casa colaboradora da Câmara dos Deputados: "o Poder Legislativo é exercido pela Câmara dos Deputados com a colaboração do Senado Federal" (art. 22).

Com a outorga da Constituição de 1937 por Getúlio Vargas (a Polaca, como é conhecida), o Brasil passa a ter um Federalismo apenas nominal, em razão da absoluta concentração do poder na União (e no Poder Executivo ditatorial). Segundo o art. 8º, parágrafo único, "O Estado que, por três anos consecutivos, não arrecadar receita suficiente à manutenção dos seus serviços, será transformado em território até o restabelecimento de sua capacidade financeira". Em outras palavras, "a Constituição de 1937 implantou a ditadura varguista e extinguiu a Federação, organizando o Estado Novo, uma espécie de ditadura, atuando de forma autoritarista e de poder individualizado"[57].

Como a retomada da democracia, a Constituição de 1946 consegue aliar o princípio da autonomia, oriundo do federalismo clássico, com o princípio da cooperação, decorrente de um federalismo contemporâneo. O Brasil abandona o federalismo dual ou dualista da Constituição de 1891 e passa a adotar um Constitucionalismo cooperativo, criando organismos regionais protetivos, que projetam a presença da União em amplas áreas do território nacional, com a crescente cooperação administrativa e financeira entre a União e os Estados.

---

56. Ronaldo Alencar dos Santos; Priscilla Lopes Andrade. *A Evolução Histórica do Federalismo Brasileiro:* uma análise histórico-sociológica a partir das Constituições federais.
57. Milena Petters Melo; Felipe Gabriel Schultze. *O Federalismo no Sistema Constitucional Brasileiro.*

Não obstante, com a queda da democracia em 1964, foi outorgada a nova Constituição de 1967. Assim como a Constituição de 1937, implantou novamente um Federalismo nominal, em razão da concentração dos poderes na União. Essa concentração agigantou-se com o Ato Institucional n. 5 (AI 5), de 13 de dezembro de 1968, que permitiu a nomeação de Governadores e Prefeitos de Capital pelo Presidente da República. Segundo a doutrina, "o fortalecimento da União consubstancia-se como uma forma de centralização do poder político e o seu predomínio sobre o ente jurídico, vinculando todas as entidades federadas aos desmandos centrais. Contudo, dentro da divisão orgânica do poder, percebe-se um engrandecimento do Poder Executivo em relação aos demais. Sob a ideologia da consecução da segurança nacional e desenvolvimento econômico, o totalitarismo avança e deixa suas marcas no espírito popular, que agora temeroso, busca saída às escondidas. O nome de 'Federalismo de Integração' que recebeu essa forma federalista, apenas representava a obsessão pela segurança nacional como forma de se institucionalizar uma maneira legítima de se centralizar o poder nas mãos de poucos"[58].

Com o advento da Constituição de 1988, houve substancial alteração do Federalismo brasileiro. Primeiramente, considerou a Federação cláusula pétrea (art. 60, § 4º, I, CF), bem como implantou novamente um Federalismo cooperativo, ampliando-se consideravelmente o rol das competências comuns e concorrentes aos entes federativos, para que pudessem atuar de conjunta, e não mais isolada. Outrossim, implantou um Federalismo trinário ou de segundo grau, na medida em que foram considerados entes federativos a União, os Estados (e o Distrito Federal) e também os Municípios. Todavia, embora considerado ente federativo sob o aspecto formal, o Município não participa diretamente do Congresso Nacional, motivo pelo qual alguns negam seu caráter de ente federativo sob o aspecto material. Aos Estados, a competência continuou sendo residual (o que não é da competência dos Estados e dos Municípios).

18.3.4.5. Espécies de Federalismo

Como vimos acima, a forma de Estado reflete a realidade de um país, bem como sua história, suas tensões, suas características próprias. Por essa razão, não existe apenas um tipo de Federalismo ou Federação, como a norte-americana. O Federalismo pode ser classificado: 1) quanto à origem; 2) quanto ao tratamento dos entes federativos; 3) quanto à separação das competências dos entes federativos; 4) quanto aos níveis de entes federativos.

a) **Quanto à origem**

Quanto à origem, podemos classificar o federalismo em por agregação ou por desagregação.

O federalismo por agregação ou centrípeto consiste na união de Estados que abrem mão de sua independência, de sua soberania, para constituir um único Estado. Nessa espécie de federalismo, ocorre um movimento centrípeto (em direção ao centro). Como exemplo, temos os Estados Unidos da América, que, como vimos, foram criados a partir da união das ex-colônias britânicas, inicialmente soberanas, mas que abriram mão dessa soberania para constituir um novo país. Apesar do nome (centrípeto), é o Federalismo que mantém maior autonomia para os Estados-membros da Federação, que continuam com um extenso rol de competências legislativas e administrativas. É o caso do federalismo alemão, suíço e norte-americano.

---

58. Ronaldo Alencar dos Santos; Priscila Lopes Andrade, op. cit.

O professor espanhol Roberto Blanco Valdés chama esse modelo de "federalismo unificador" e os norte-americanos chamam de coming together federalism. Segundo o professor Valdés, "o federalismo que chamaremos unificador ou federalismo por associação ou 'coming together', aparecerá, basicamente, como uma realidade do século XIX e o início do XX. Aparte a experiência dos Estados Unidos, país que verá a ser não apenas o modelo originário de sistema federal: um federalismo que persegue a criação de um novo Estado agrupando territórios coloniais antes independentes de outro ou, também, territórios por completo independentes"[59].

No federalismo por desagregação ou centrífugo (ou na nomenclatura norte-americana, holding together federation, um Estado unitário, desconcentrado ou descentralizado, reconhece autonomia às suas subdivisões territoriais (províncias, estados-membros etc.), dando a elas não apenas autonomia administrativa e legislativa (dentro dos limites estabelecidos pelo poder nacional), mas também competência constitucional (poder constituinte derivado decorrente). O professor espanhol Roberto Blanco Valdés denomina esse modelo "federalismo descentralizador", dando como exemplo países como Venezuela, Argentina, México e Brasil. Segundo o professor espanhol, há uma importante semelhança entre esses países: "em primeiro lugar, a definitiva consolidação desses Estados, como unidades políticas com identidade nacional independente, ocorreu com bastante anterioridade ao assentamento deles, com maior ou menor vigor, de um autêntico sistema de tipo federal"[60].

O Brasil é um federalismo por desagregação, tendo em vista que, inicialmente, na vigência da Constituição de 1824, éramos um Estado Unitário (embora descentralizado por meio das províncias, outrora capitanias hereditárias). Com a Constituição de 1891, às províncias foi dada uma parcela de autonomia, e, influenciadas pelo constitucionalismo norte-americano, passaram a ser chamadas de Estados. Nas palavras de José Luiz Quadros de Magalhães, "a visão de nosso federalismo como federalismo centrífugo explica a nossa federação extremamente centralizada, que, para aperfeiçoar-se, deve buscar constantemente a descentralização. Somo um Estado federal que surgiu a partir de um Estado Unitário, o que explica a tradição centralizadora e autoritária que devemos procurar abandonar para construir uma federação moderna e um Estado democrático de Direito"[61].

b) **Quanto ao tratamento dos entes federativos**

Quanto ao tratamento que é dado aos entes federativos, o Federalismo pode ser simétrico ou assimétrico. No federalismo simétrico, todos os entes federativos têm idêntico tratamento, não podendo ser estabelecidas vantagens de um com relação ao outro. O tratamento é paritário, isonômico entre os integrantes da Federação. Já no federalismo assimétrico, o poder central pode dar aos entes federativos um tratamento diferenciado. Como lembra a doutrina, embora toda federação tenha uma "assimetria de fato" (os entes federativos nunca são idênticos), nem sempre terá uma "assimetria de direito", um tratamento diferente dado pela Constituição do país[62].

---

59. Op. cit., p. 59.
60. Op. cit., p. 69.
61. Op. cit. Parece existir na doutrina uma grande confusão quanto à nomenclatura, já que alguns entendem que federalismo centrípeto é aquele que concentra os poderes nas mãos da União (no centro da Federação), enquanto o centrífugo é aquele que, fugindo do centro, distribui mais poderes para os Estados, diminuindo os poderes da União. Preferimos a nomenclatura que usamos acima, no qual as expressões centrípeto ou centrífugo são usadas para delinear o surgimento do federalismo, e não a concentração atual de suas competências.
62. "A presente espécie de disposição assimétrica está presente em todos os Estados Federais do mundo, recebendo a ru-

O Federalismo brasileiro é assimétrico, na medida em que a Constituição Federal prevê hipóteses de tratamento diferenciado entre os entes federativos, buscando atender a um dos objetivos da República: reduzir as desigualdades regionais (art. 3º, III, *in fine*, CF). Vários são os exemplos desse tratamento assimétrico presente na Constituição de 1988:

a) **as competências comuns previstas no art. 23, parágrafo único, da Constituição Federal:** segundo o mencionado dispositivo constitucional, "leis complementares fixarão normas para a cooperação entre a União e os Estados, o Distrito Federal e os Municípios, tendo em vista o equilíbrio do desenvolvimento e do bem-estar em âmbito nacional". Segundo Ricardo Victalino de Oliveira, em dissertação de mestrado específica sobre o tema, "a interpretação sistemática do mandamento constitucional insculpido no parágrafo único do art. 23 da Carta Constitucional permite que se extraia significativa ferramenta para vencer por meio da cooperação, as dificuldades de coesão governamental e de harmonia política, constantemente potencializadas pelas desigualdades que marcam as regiões do país"[63]. A eficácia desse dispositivo constitucional foi alavancada pela Emenda Constitucional n. 53, de 2006. Antes dessa alteração, a Constituição Federal previa a edição de uma única Lei Complementar ("Lei Complementar fixará normas para a cooperação entre a União e os Estados, o Distrito Federal e os Municípios..."). Exemplo de lei complementar com esse intuito é a Lei Complementar n. 140, de 8 de dezembro de 2011, que trata da cooperação entre a União, os Estados, o Distrito Federal e os Municípios nas ações administrativas decorrentes do exercício da competência comum relativas à proteção das paisagens naturais notáveis, à proteção do meio ambiente, ao combate à poluição em qualquer de suas formas e à preservação das florestas, da fauna e da flora;

b) **a possibilidade de criação de regiões metropolitanas:** segundo o art. 25, § 3º, da Constituição Federal, os Estados-membros, de acordo com sua conveniência e discricionariedade, podem criar, por lei complementar específica, Regiões Metropolitanas, Microrregiões e Aglomerados Urbanos. Segundo a doutrina, "no que concerne aos motivos que levam ao surgimento de tais regiões, verifica-se que isso tende a acontecer quando, em áreas de conturbação, apenas um Município não consegue resolver sozinho, determinados problemas que acabam ultrapassando seus limites geográficos, a exemplo dos serviços de abastecimento de água, de tratamento de esgotos, de combate à poluição, de transportes etc."[64];

c) **criação de regiões administrativas (regiões em desenvolvimento):** segundo o art. 43 da Constituição Federal, Lei Complementar disporá sobre "as condições para integração de regiões em desenvolvimento", cujo objetivo será fomentar o desenvolvimento dessas regiões, reduzindo as desigualdades regionais (nos termos do art. 43, *caput*). A primeira medida que

---

brica de 'assimetria de fato' ou 'assimetria política'. Sua conformação está relacionada com a existência de impactantes desníveis em matérias culturais, históricas, econômicas, geográficas, políticas e sociais, em patamares suficientes para provocar a perceptível diferenciação de cada uma das unidades federadas, ainda que essas gozem do mesmo enquadramento jurídico. [...] O outro tipo de manifestação do federalismo assimétrico, rotulado de 'assimetria constitucional', 'assimetria de direito', ou 'assimetria *juris*', nem sempre será observado nas Federações. Há sistemas federais que não o utilizam, porque seu emprego depende de expressa consagração nas respectivas constituições. Essa espécie de assimetria repousa, no geral, em fórmulas diferenciadas de distribuição de competências entre entes federados, além de serem albergadas em múltiplas alternativas de compatibilização das heterogeneidades regionais por meio de arranjos constitucionais encarregados de definir a feição de cada um dos Estados federais existentes" (Ricardo Victalino de Oliveira. *A Configuração Assimétrica do Federalismo Brasileiro*. Dissertação de Mestrado).

63. Op. cit., p. 191.
64. Op. cit., p. 195.

pode ser adotada pela União é a "composição de organismos regionais que executarão, na forma da lei, os planos regionais...". Assim, a Lei Complementar n. 124, de 2007, criou a SUDAM (Superintendência do Desenvolvimento da Amazônia), a Lei Complementar n. 125, de 2007, criou a SUDENE (Superintendência do Desenvolvimento do Nordeste), e a Lei Complementar n. 129, de 2009, criou a SUDECO (Superintendência do Desenvolvimento do Centro-oeste).

Outrossim, vários incentivos regionais poderão ser criados, na forma da lei: I – igualdade de tarifas, fretes, seguros e outros itens de custos e preços de responsabilidade do Poder Público; II – juros favorecidos para financiamento de atividades prioritárias; III – isenções, reduções ou diferimento temporário de tributos federais devidos por pessoas físicas ou jurídicas; IV – prioridade para o aproveitamento econômico e social dos rios e das massas de água represadas ou represáveis nas regiões de baixa renda, sujeitas a secas periódicas (art. 43, § 2º, CF). Segundo a doutrina, "a interpretação tirada de tal comando certifica que o federalismo brasileiro não é avesso ao tratamento diferenciado de determinadas unidades político-administrativas, o que reflete, consequentemente, sua visível feição assimétrica. Seja mediante uniformização de preços dos serviços públicos prestados pela União; seja por meio da fixação de juros favorecidos para o financiamento das atividades prioritárias; ou ainda em decorrência de regras tributárias mais benéficas (isenção, redução ou diferimento) de tributos federais, o poder central poderá incentivar o crescimento de regiões em desenvolvimento discriminando-as positivamente como forma de compensar o grau de retardamento que as aflige"[65].

Por fim, a Emenda Constitucional n. 109, de 15 de março de 2021, no seu art. 4º, § 2º, IV, ao estabelecer um plano de redução gradual de incentivos e benefícios federais de natureza tributária, de responsabilidade do Presidente, estabeleceu como uma das exceções os benefícios "relativos ao regime especial estabelecido nos termos do art. 40 do Ato das Disposições Constitucionais Transitórias e às áreas de livre comércio e zonas francas estabelecidas na forma da lei" (grifamos). Dessa maneira, manteve-se o sistema de benefícios das zonas francas (como a Zona Franca de Manaus), sem a necessidade de redução, de modo a incentivar o desenvolvimento dessas regiões[66].

c) **Quanto à separação das competências dos entes federativos**

Quanto à separação das competências dos entes federativos, o Federalismo pode ser dual ou dualista e, de outro lado, pode ser o Federalismo cooperativo.

O Federalismo dual é marcado pela forte separação das competências dos entes federativos, prevalecendo as competências privativas ou exclusivas de cada ente federativo sobre as competências compartilhadas, concorrentes ou comuns (que integram a outra modalidade de federalismo). A expressão vem do federalismo norte-americano (*dual federalism*), também chamado por lá de "soberania dividida", por ser um arranjo político no qual o poder é dividido entre governos federal e estaduais em termos claramente definidos. Na expressão norte-americana, trata-se do "federalismo de bolo de camadas" (*layer cake*), em oposição ao federalismo cooperativo, que seria um "bolo de mármore" (*marble cake*), em razão das camadas nitidamente se-

---

65. Op. cit., p. 298.
66. A Emenda Constitucional n. 121, de 10 de maio de 2022, acrescentou uma parte final a esse dispositivo legal, determinando também a manutenção dos benefícios tributários à "política industrial para o setor de tecnologias da informação e comunicação e para o setor de semicondutores, na forma da lei".

paradas do primeiro bolo, e da mistura, da interpenetração das camadas que ocorre no segundo. Essas expressões (bolo de camadas e bolo de mármore) foram criadas pelo cientista político norte-americano Morton Grodzins.

O Brasil adotou, com a Constituição de 1891, um Federalismo dual ou dualista, no qual as duas esferas de governo comportam-se como órgãos isolados, detendo os Estados-membros ampla autonomia. Foi a única Constituição brasileira que adotou esse modelo[67].

A Constituição de 1934 (de vida muito curta) já previa competências que seriam exercidas simultaneamente pelos Estados e União. Por exemplo, o art. 10 previa as competências que seriam exercidas concorrentemente por União e Estados. Com o hiato democrático operado pela Constituição de 1937, o Federalismo brasileiro, como vimos acima, foi superado por uma ditadura que concentrou os poderes na União, especialmente no Poder Executivo. O Brasil foi, nesse período, um Federalismo apenas nominal. Com a retomada da democracia, a Constituição de 1946 consegue aliar o princípio da autonomia, oriundo do federalismo clássico, com o princípio da cooperação, decorrente de um federalismo contemporâneo. O Brasil abandona o federalismo dual ou dualista da Constituição de 1891 e passa a adotar um Constitucionalismo cooperativo, criando organismos regionais protetivos, que projetam a presença da União em amplas áreas do território nacional, com a crescente cooperação administrativa e financeira entre a União e os Estados.

Algumas demonstrações desse federalismo cooperativo podem ser encontradas em reformas constitucionais recentes. A Emenda Constitucional n. 112/2021 aumentou de 49 para 50% a transferência de recursos dos impostos de renda e de produtos industrializados para os Fundos de Participação de Estados e de Municípios (art. 159, I, CF). Já a Emenda Constitucional n. 120, de 5 de maio de 2022, estabeleceu um arranjo federativo entre União, Estados, Distrito Federal e Municípios, quanto aos agentes comunitários de saúde e agentes de combate às endemias. Segundo o novo § 7º, do art. 198, da Constituição, acrescentado pela sobredita Emenda Constitucional, "o vencimento dos agentes comunitários de saúde e dos agentes de combate às endemias fica sob responsabilidade da União, e cabe aos Estados, ao Distrito Federal e aos Municípios estabelecer, além de outros consectários e vantagens, incentivos, auxílios, gratificações e indenizações, a fim de valorizar o trabalho desses profissionais".

d) **Quanto aos níveis de entes federativos**

O Federalismo nasceu, nos Estados Unidos, com dois níveis de entes federativos (Estados-membros e União). Trata-se de um federalismo de primeiro grau. Não obstante, a Constituição Federal de 1988 implantou uma espécie de Federalismo Trino ou Federalismo de Segundo Grau, pois possui três níveis de poder quanto aos entes federativos: a União, os Estados (e o Distrito Federal) e os Municípios, todos considerados entes federativos, com certo grau de autonomia (embora com algumas atenuações, como vimos anteriormente: não possuem representação no Congresso Nacional e inexistência de Poder Judiciário Municipal).

Embora os Municípios sejam considerados, no Brasil, entes federativos (segundo o art. 18, *caput*, da Constituição Federal), prevalece o entendimento na doutrina de que os Municípios

---

67. Segundo a doutrina norte-americana, o Federalismo Dual nos Estados Unidos terminou durante a presidência de Franklin Roosevelt, em 1937, quando as políticas do *New Deal* foram decididas constitucionalmente pela Suprema Corte, e governo federal e Estados passaram a trabalhar juntos, movendo-se para um federalismo cooperativo.

não possuem poder constituinte derivado decorrente, já que a Lei Orgânica do Município não teria *status* constitucional, pois precisa ser compatível não somente com a Constituição Federal, mas também com a Constituição Estadual. Outrossim, no confronto entre a lei municipal e a lei orgânica do município, não seria possível um controle de constitucionalidade, mas apenas e tão somente um controle de legalidade, que pode ser feito por qualquer juiz. É o pensamento, por exemplo, de Luiz Alberto David Araújo, segundo o qual: "enquanto aos Estados foi conferida organização por Constituições, aos Municípios cogitou-se de leis orgânicas, as quais, de sua vez, deveriam guardar fidelidade não só à Constituição da República, mas também à respectiva Constituição do Estado, revelando-se assim que o mais alto documento normativo municipal não adviria de um Poder Constituinte, mas de mero órgão legislativo: a Câmara de Vereadores"[68]. Não obstante, parte da doutrina brasileira passa a reconhecer que os Municípios também são detentores do poder constituinte derivado decorrente. Assim, haveria um poder decorrente de segundo grau (dos Estados e do Distrito Federal) e de terceiro grau (dos Municípios). É o entendimento de José Luiz Quadros de Magalhães: "os municípios detêm competências legislativas ordinárias, administrativas (não detêm competências jurisdicionais) e competências legislativas constitucionais, ou seja, o poder constituinte decorrente de elaborar suas constituições (chamadas de leis orgânicas) e lógico o poder derivado de reformar suas constituições"[69].

e) **Outras nomenclaturas**

Federalismo de integração: trata-se de um eufemismo utilizado por Alfredo Buzaid para se referir ao federalismo utilizado durante do regime militar, a partir de 1964. Na realidade, como vimos, tratava-se de um federalismo apenas nominal, já que, na prática, havia concentração dos poderes na União, sobretudo no Poder Executivo. Sobre esse federalismo, explica Manoel Gonçalves Ferreira Filho, ao comentar a Constituição de 1967 (e a Emenda n. 1, de 1969): "é mantido na Constituição vigente o federalismo, embora muitos se interroguem se isso não ocorre apenas nominalmente. Com efeito, a Constituição de 1967 já era de cunho centralizador, o que foi acentuado pela Emenda de 1969 e pelas alterações posteriores, bem como pela prática desde então instaurada. É nítida a hegemonia da União no atual federalismo brasileiro, qualificado de federalismo de integração pelo eminente jurista, Prof. Alfredo Buzaid, Ministro da Justiça, no período de 1969-1974"[70].

Federalismo de equilíbrio: quando se institui o federalismo, pode-se dar um grande número de competências aos Estados (como na Constituição de 1891) ou concentrar muito os poderes na União (como a Constituição de 1934, em grande medida, e a Constituição de 1967, em imensa medida), que pode ser chamado de federalismo orgânico (como adiante se verá). Já o federalismo de equilíbrio é aquele que tenta equilibrar a repartição de competências entre os entes federativos. Segundo a doutrina, a Constituição de 1988 teria instalado um federalismo de equilíbrio: "o Brasil enquadra-se no tipo de federação de equilíbrio, a qual se baseia no equi-

---

68. Op. cit., p. 333. No mesmo sentido, Dirley da Cunha Júnior afirma que: "o poder constituinte decorrente só pode ser exercido por Estados-membros e pelo Distrito Federal e não pelos Municípios porque as Leis Orgânicas Municipais se subordinam à Constituição Estadual e à Constituição Federal. Falar de um poder constituinte decorrente dos Municípios é cogitar da existência de um poder decorrente de poder decorrente" (op. cit., p. 263).
69. *O Poder Constituinte Decorrente.* No mesmo sentido, Ana Luiza Santos e Cristiane Vitório de Souza (Poder Constituinte Derivado Decorrente dos Municípios: uma análise fundamentada nos princípios federativo e da simetria).
70. *O Estado Federal Brasileiro*, p. 136.

líbrio entre as competências e autonomia conferidas aos entes federados pela Constituição Federal. Tal equilíbrio está disposto nas regras para a criação de regiões de desenvolvimento entre os Estados. [...] Nesse sentido, a Constituição Federal, em seu art. 25, parágrafo 3º, também dispõe sobre a criação de regiões metropolitanas"[71].

Federalismo orgânico: na doutrina mexicana, é aquele em que o governo federal é dotado de amplíssimos poderes, que lhe dão preeminência real sobre os Estados[72]. Dessa maneira, "os Estados-membros, por consequência, aparecem como um simples reflexo do 'todo-poderoso poder central'"[73]. Segundo o constitucionalista indiano Ramesh Dutta Dikshit, "o papel crescente do governo federal como regulador centralizado levou inevitavelmente a uma nova fase no desenvolvimento do federalismo. Esta nova fase foi denominada como federalismo orgânico. O federalismo orgânico é aquela categoria de federalismo em que o centro exerce a maior parte dos poderes e dá a liderança aos governos estaduais em algumas das áreas"[74].

Federalismo sinalagmático: expressão cunhada por Francisco Pi y Margall, político, filósofo, jurista e escritor espanhol. Embora a expressão seja utilizada na aplicação jurídica dos contratos, Pi a utilizou como definição elementar de sua teoria política. Segundo a doutrina, os entes federativos "se federam mediante pactos que preservam sua liberdade e que evitam os riscos do centralismo usurpador de direitos. Todos obtêm mais do que cedem, garantindo-se a capacidade própria de decisão e a defesa dos interesses comuns. Dessa maneira, alcança-se uma moral política que descarta qualquer recurso à violência: a revolução e o terrorismo não são necessários nesse marco de liberdades públicas"[75].

Federalismo plurinacional: segundo a doutrina, o fenômeno da plurinacionalidade está presente em vários países, muitas vezes se mostrando de forma não harmônica, através de movimentos separatistas ou secessionistas (como na Espanha dos dias de hoje). Pode ser que o Estado reconheça a multiplicidade de nações (como a Bolívia, que se declara um Estado Plurinacional), pode ser que não (como a Espanha). O federalismo plurinacional é um estágio adiante do federalismo tradicional, reconhecendo nações com maior autonomia (mas ainda não independentes), com sua própria língua etc. É uma expressão utilizada na Espanha, como alternativa ao presente Estado Autonômico. Segundo o professor madrilenho Gonzalo Gabriel Carranza, em vez de uma causa de separação, pode ser uma forma de coesão: "o que proponho é que o Estado deve valorar a existência dos plurinacionalismos, mas não tomá-los como fatos diferenciadores, mas como um todo coexistente que permita dar uma identidade de multi-identidades a esse Estado. O Estado pode afirmar que tem uma série de nacionalidades em seu interior, dentro de suas barreiras fronteiriças. Assim, reconhecendo-as, pode pensar que a identidade própria do Estado é sua pluri-identidade, uma identidade diferenciada dos demais Estados, que provavelmente têm uma só nacionalidade"[76].

---

71. Lisiê Ferreira Prestes. *Federalismo e sua Aplicabilidade no Sistema Brasileiro Atual*.
72. José Gamas Torruco. *Teoría de la Constitución:* Orígen y Desarrollo de las Constituciones mexicanas. Normas e Instituciones de la Constitución de 1917.
73. Pedro Lenza, op. cit., p. 501.
74. *Political Geography:* the Spatiality of Politics, p. 130.
75. Arturo del Villar. *El Federalismo Humanista de Pi y Margall*, p. 10.
76. Gonzalo Gabriel Carranza. *La Identidad Estatal Plurinacional como Elemento Cohesionante (y no diferenciador) de la Ciudadanía*.

f) **Classificação da Federação brasileira, segundo a Constituição de 1988**

O Federalismo brasileiro previsto na Constituição de 1988 pode ser classificado:

a) quanto à origem: federalismo por desagregação (ou centrífugo);
b) quanto ao tratamento dos entes federativos: federalismo assimétrico;
c) quanto à separação de competências: cooperativo (ou *marble cake*);
d) quanto aos níveis de entes federativos: federalismo de segundo grau (ou trino);
e) outras nomenclaturas: de equilíbrio.

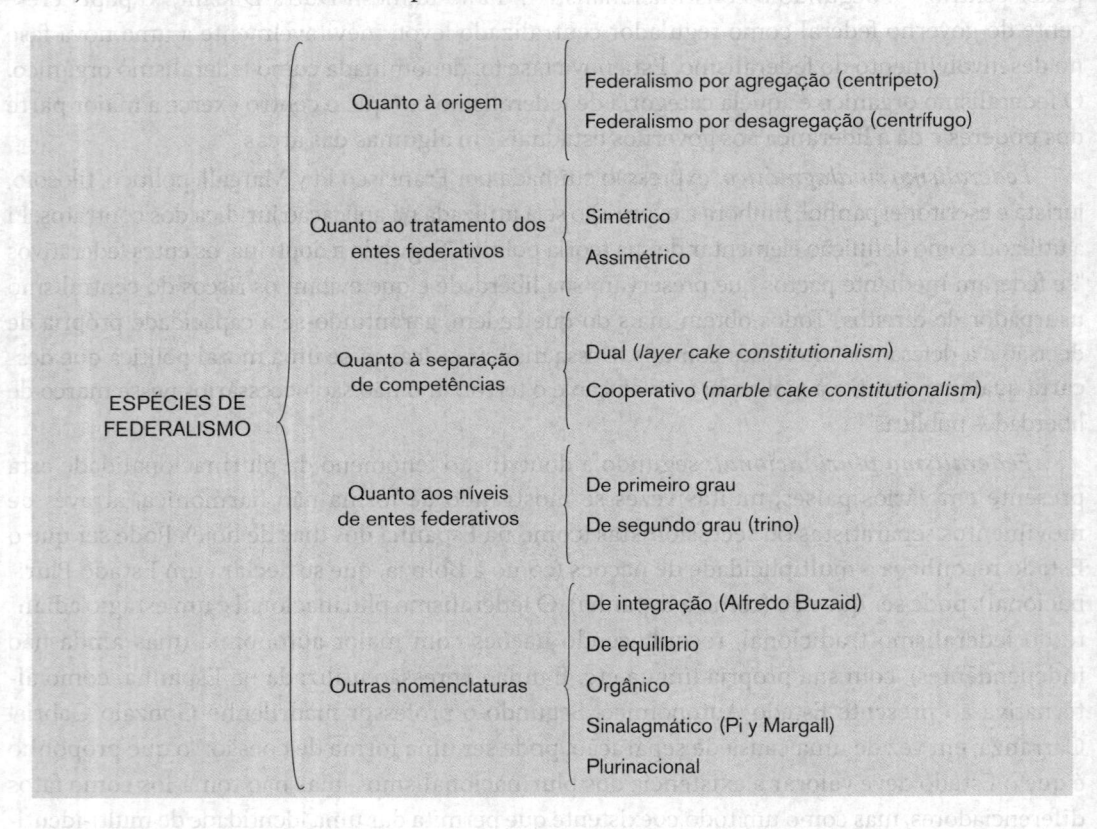

ESPÉCIES DE FEDERALISMO		
Quanto à origem	Federalismo por agregação (centrípeto)	
	Federalismo por desagregação (centrífugo)	
Quanto ao tratamento dos entes federativos	Simétrico	
	Assimétrico	
Quanto à separação de competências	Dual (*layer cake constitutionalism*)	
	Cooperativo (*marble cake constitutionalism*)	
Quanto aos níveis de entes federativos	De primeiro grau	
	De segundo grau (trino)	
Outras nomenclaturas	De integração (Alfredo Buzaid)	
	De equilíbrio	
	Orgânico	
	Sinalagmático (Pi y Margall)	
	Plurinacional	

18.4. LÍNGUA OFICIAL E SÍMBOLOS DA REPÚBLICA

18.4.1. A língua portuguesa

O art. 13, *caput*, da Constituição Federal determina que a língua oficial é a "língua portuguesa": "a língua portuguesa é o idioma oficial da República Federativa do Brasil". Ao contrário de outros países, o Brasil não reconheceu as línguas indígenas como línguas oficiais. Na Constituição boliviana (art. 5º, I), são idiomas oficiais: "o castelhano e todos os idiomas das nações e povos indígenas originários campesinos que são aymara, araona, baure, bésiro, canichana, cavineño, cayubaba, chácobo, chimán, eseejja, guarani, guarasu'we, guarayu, itonama etc.". No Equador, o castelhano é a língua oficial, mas são reconhecidos como "idiomas oficiais de relação intercultural" o kichwa e o shuar (art. 2º).

Como dissemos, no Brasil a língua oficial é a língua portuguesa. Quanto às línguas indígenas, a Constituição reserva o art. 210, § 2º, que afirma: "o ensino fundamental regular será ministrado em língua portuguesa, assegurada às comunidades indígenas também a utilização de suas línguas maternas e processos próprios de aprendizagem".

Em razão do art. 13, *caput*, da Constituição Federal, todas as peças processuais devem ser redigidas em português, ainda que o juiz conheça a língua estrangeira. Isso se dá não apenas pelo fato de a língua portuguesa ser nossa língua oficial, mas também, e principalmente, em razão do princípio da publicidade (art. 5º, LX, e art. 93, IX, CF). Ora, o processo somente será público, na acepção integral da palavra, se as peças estiverem em língua portuguesa. Nesse sentido, já decidiu o STF: "a petição com que impetrado o *habeas corpus* deve ser redigida em português, sob pena de não conhecimento do *writ* constitucional, eis que o conteúdo dessa peça processual deve ser acessível a todos, sendo irrelevante, para esse efeito, que o juiz da causa conheça, eventualmente, o idioma estrangeiro utilizado pelo impetrante. A imprescindibilidade do uso do idioma nacional nos atos processuais, além de corresponder a uma exigência que decorre de razões vinculadas à própria soberania nacional, constitui projeção concretizadora da norma inscrita no art. 13, *caput*, da Carta Federal, que proclama ser a língua portuguesa 'o idioma oficial da República Federativa do Brasil'" (HC 72.391 QO, rel. Min. Celso de Mello).

18.4.2. Símbolos da República (art. 13, § 1º, CF)

Segundo o art. 13, § 1º, da Constituição Federal, "são símbolos da República Federativa do Brasil a bandeira, o hino, as armas e o selo nacionais". Este artigo é regulamentado pela Lei n. 5.700/71, alterada pela Lei n. 8.421/92.

18.4.2.1. A bandeira nacional

Conhecida de todos os brasileiros, em verde, amarelo, azul e branco, a bandeira nacional, no círculo azul, representando o céu, tem um conjunto de 27 estrelas, que representam os entes federativos. Nos termos do art. 3º, § 2º, da Lei n. 5.700/71, se forem criados novos Estados, deverão ser inseridas as estrelas correspondentes na constelação, e, caso sejam extintos, deverão ser suprimidas as respectivas estrelas (§ 3º).

Segundo o art. 3º, § 1º, da Lei n. 5.700/71, "as constelações que figuram na Bandeira Nacional correspondem ao aspecto do céu, na cidade do Rio de Janeiro, às 8 horas e 30 minutos do dia 15 de novembro de 1889 (doze horas siderais) e devem ser consideradas como vistas por um observador situado fora da esfera celeste".

A frase "Ordem e progresso" foi retirada de um lema político do positivismo, formulado pelo filósofo francês Augusto Comte: "O amor por princípio e a ordem por base; o progresso por fim (*l'amour por principe et l'ordre pour base; le progrès pour but*). Suprimido o "amor", restaram a ordem e o progresso.

Na bandeira, cada estrela representa um Estado da Federação. A estrela acima da frase "Ordem e progresso" representa o Estado do Pará, que, à época da proclamação da República, tinha a maior parte do seu território acima da linha do Equador. A representação de cada estrela consta do Anexo 2 da Lei n. 5.700/71, com a inserção posterior de novos Estados, como Tocantins, Amapá e Rondônia.

18.4.2.2. Hino Nacional

O Hino Nacional Brasileiro tem letra de Joaquim Osório Duque Estrada e música de Francisco Manuel da Silva. A melodia foi composta no início do século XIX e era chamada de "Marcha Triunfal", composta para comemorar a independência do país. Tamanha sua popularidade que já foi considerada hino nacional, durante o Império. Embora os governantes revolucionários republicanos quisessem trocar a melodia, por pressão popular, decidiram manter aquela composta por Francisco Manuel da Silva. Em 1906 foi realizado concurso para escolher a melhor letra, tendo como vencedor Joaquim Osório Duque Estrada. Por meio do Decreto n. 4.559, de 21 de agosto de 1922, foi adquirida pela União, pelo valor de cinco contos de réis, a sua letra.

A letra do Hino Nacional consta do anexo 6 da Lei n. 5.700/71:

ANEXO N. 6
HINO NACIONAL
POEMA

I – POEMA DE JOAQUIM OSÓRIO DUQUE ESTRADA
II – PARTE PARA CONTO EM FÁ MAIOR

I	II
Ouviram do Ipiranga as margens plácidas	Deitado eternamente em berço esplêndido
De um povo heroico o brado retumbante	Ao som do mar e à luz do céu profundo
E o sol da liberdade, em raios fúlgidos	Fulguras, ó Brasil, florão da América
Brilhou no céu da pátria nesse instante	Iluminado ao sol do Novo Mundo!
Se o penhor dessa igualdade	Do que a terra, mais garrida
Conseguimos conquistar com braço forte	Teus risonhos, lindos campos têm mais flores
Em teu seio, ó liberdade	Nossos bosques têm mais vida
Desafia o nosso peito a própria morte!	Nossa vida no teu seio mais amores
Ó Pátria amada	Ó Pátria amada
Idolatrada	Idolatrada
Salve! Salve!	Salve! Salve!
Brasil, um sonho intenso, um raio vívido	Brasil, de amor eterno seja símbolo
De amor e de esperança à terra desce	O lábaro que ostentas estrelado
Se em teu formoso céu, risonho e límpido	E diga o verde-louro dessa flâmula
A imagem do Cruzeiro resplandece	Paz no futuro e glória no passado
Gigante pela própria natureza	Mas, se ergues da justiça a clava forte
És belo, és forte, impávido colosso	Verás que um filho teu não foge à luta
E o teu futuro espelha essa grandeza	Nem teme, quem te adora, a própria morte
Terra adorada	Terra adorada
Entre outras mil	Entre outras mil
És tu, Brasil	És tu, Brasil
Ó Pátria amada	Ó Pátria amada!
Dos filhos deste solo és mãe gentil	Dos filhos deste solo és mãe gentil
Pátria amada	Pátria amada
Brasil!	Brasil!

18.4.2.3. Armas nacionais

As "armas nacionais" são um símbolo nacional de uso obrigatório: na Presidência da República, nos edifícios-sede dos Ministérios, nas Casas do Congresso Nacional, nos edifícios-sede dos Poderes Executivo, Legislativo e Judiciário dos Estados, Territórios, Distrito Federal, nas Prefeituras e Câmaras Municipais, nos edifícios das repartições públicas federais, no salão principal das escolas públicas etc. (art. 26 da Lei n. 5.700/71).

Nos termos do art. 8º da Lei n. 5.700/71, o símbolo é composto de um escudo redondo com cinco estrelas douradas, na forma da constelação Cruzeiro do Sul, rodeado de estrelas prateadas, correspondendo aos Estados-membros da Federação. No centro há uma espada, do lado esquerdo um pé de café frutificado e do lado direito um ramo de tabaco florido. No fundo, uma estrela dourada de 20 pontas e, embaixo, as inscrições "República Federativa do Brasil" e "15 de novembro de 1889".

18.4.2.4. Selo nacional

O selo nacional é "usado para autenticar os atos de governo e bem assim os diplomas e certificados expedidos pelos estabelecimentos de ensino oficiais ou reconhecidos" (art. 27, Lei n. 5.700/71). O selo nacional é constituído de um círculo representando uma esfera celeste, igual ao que se encontra na bandeira nacional, tendo em volta as palavras "República Federativa do Brasil".

18.4.2.5. Contravenção penal ou liberdade de expressão?

Segundo os arts. 31, 34 e 35 da Lei n. 5.700/71, constituem contravenções penais: mudar a forma, as cores, as proporções da bandeira nacional, bem como acrescentar-lhe outras inscrições, usá-la como roupagem ou reproduzi-la em invólucros de produtos expostos à venda. Outrossim, considera-se contravenção penal entoar o hino com arranjos vocais ou instrumentais diversos dos oficiais.

Dessa maneira, usar uma camiseta com a bandeira do Brasil seria contravenção penal, bem como tocar o hino nacional com um arranjo de violas ou violinos, nos termos da Lei. Não obstante, o professor Felipe Chiarello de Souza Pinto, em obra específica sobre o tema, sustenta a invalidade da norma. Segundo o autor, as normas referidas na sobredita lei não foram recepcionadas pela Constituição de 1988, por violação à liberdade de manifestação do pensamento (art. 5º, IV) e à liberdade de manifestação artística e intelectual (art. 5º, IX). Segundo ele: "nenhum governo tem o direito de impedir que os indivíduos de sua nação deixem de exprimir, seja na forma escrita, seja na falada, suas considerações a respeito de qualquer assunto que lhes interessa, valendo-se, no entanto, de afirmações verdadeiras"[77].

Concordamos com o referido autor. Cantar o hino nacional com acordes diferentes, mas respeitosos, não pode configurar contravenção penal. Recentemente, as Olimpíadas do Rio de Janeiro foram abertas com o Hino Nacional cantado por Paulinho da Viola, ao som de violões. À letra fria da lei seria uma contravenção penal, mas todos se emocionaram e sentiram orgulho

---

77. *Os Símbolos Nacionais e a Liberdade de Expressão*, p. 88.

da arte brasileira. Da mesma forma, estampar a bandeira nacional em uma vestimenta não é um ato de desrespeito. Não obstante, entendemos que atos ofensivos aos símbolos da República podem configurar contravenção penal (por exemplo, inserir palavrões na bandeira nacional, usar a bandeira como pano de chão etc.). Outrossim, se o ato é praticado por militar, configura crime militar, com pena de detenção de um a dois anos (art. 161, Código Penal Militar). Por exemplo, em 2013 foram condenados militares que, no interior da Organização Militar onde serviam, devidamente fardados, entraram em formação e passaram a dançar uma versão modificada do Hino Nacional em ritmo de *funk* (Superior Tribunal Militar, Apelação 60-86.2011.7.03.0203/RS, rel. Min. Carlos Alberto Marques Soares).

18.4.2.6. Símbolos estaduais

Segundo o art. 13, § 2°, da Constituição Federal, "Os Estados, o Distrito Federal e os Municípios poderão ter símbolos próprios". Assim, cada ente federativo pode ter seu próprio hino e bandeira. Destacamos, por exemplo a "bandeira da Paraíba" e o "Hino do Rio Grande do Sul".

A bandeira da Paraíba, bastante conhecida, tem as cores preta e vermelha e uma única palavra: NEGO. A cor preta integra um terço da bandeira e representa o luto pela morte do Presidente João Pessoa, que governou o Estado em 1929. O vermelho representa a cor da Aliança Liberal. A palavra "Nego" significa a conjugação do verbo "negar", no presente do indicativo da primeira pessoa do singular, referindo-se à não aceitação do sucessor indicado pelo então Presidente do Brasil Washington Luís, que insistiu em repetir um representante paulista (durante a conhecida "República do Café com Leite").

Por sua vez, o Hino do Rio Grande do Sul teria sido composto em 1838, pelo maestro Joaquim José Mendanha, que teria sido aprisionado durante a Revolução Farroupilha. Seria o hino da República Rio-Grandense, e, segundo os historiadores, a primeira execução teria ocorrido em 5 de maio de 1838. Foi considerado o hino oficial do Rio Grande do Sul pela Lei Estadual gaúcha n. 5.213, de 1966, com o famoso e triunfante final: "Sirvam nossas façanhas de modelo a toda a Terra".

18.5. VEDAÇÃO ENTRE OS ENTES FEDERATIVOS

O art. 19 da Constituição Federal prevê algumas vedações a todos os entes federativos (União, Estados, Distrito Federal e Municípios). A primeira delas é "estabelecer cultos religiosos ou igrejas, subvencioná-los, embaraçar-lhes o funcionamento ou manter com eles ou seus representantes relações de dependência ou aliança, ressalvada, na forma da lei, a colaboração de interesse público".

A primeira vedação aplicada aos entes federativos é a de estabelecer cultos religiosos. Ora, inadmissível seria, pois, o Brasil, como vimos em capítulo anterior, um estado laico ou leigo, não possuir religião oficial. Da mesma forma, não poderá o ente federativo subvencionar ou manter relações de dependência ou aliança. Da mesma forma, assim como não é possível relações de indevida proximidade entre o Estado e a Igreja (de qualquer denominação), também não é possível o oposto: a Constituição proíbe que o ente federativo embarace o seu funcionamento.

Atualmente, em todo o mundo (e no Brasil isso pode ser visto de maneira muito clara) há uma perigosa reaproximação entre o Estado e a Igreja (da maioria da população). Essa reaproximação de dá por benefícios recíprocos e bilaterais. As Igrejas são beneficiadas e os grupos que estão no poder também se beneficiam. Enquanto os grupos que estão no poder recebem o apoio (não apenas moral, mas também eleitoral) de muitos fiéis eleitores, insuflados pelos líderes religiosos, as Igrejas também são beneficiadas. São reiteradas as anistias governamentais aos débitos tributários das Igrejas e até mesmo a Constituição Federal foi alterada em 2022 em benefício das Igrejas. Trata-se da Emenda Constitucional n. 116/2022, que acrescentou o § 1º-A do art. 156: "O imposto previsto no inciso I do *caput* deste artigo não incide sobre templos de qualquer culto, ainda que as entidades abrangidas pela imunidade de que trata a alínea *b* do inciso VI do *caput* do art. 150 desta Constituição sejam apenas locatárias do bem imóvel"[78].

Por fim, o art. 19, I, *in fine*, da Constituição Federal traz uma exceção: a colaboração de interesse público, na forma da lei. Trata-se da Lei n. 31 de julho de 2014, alterada pela Lei n. 13.204, de 2015. A lei trata do "regime jurídico de parcerias entre a administração pública e as organizações da sociedade civil, em regime de mútua cooperação, para a consecução de finalidades de interesse público e recíproco". São consideradas, nos termos da lei, organizações da sociedade civil "as organizações religiosas que se dediquem a atividades ou a projetos de interesse público e de cunho social distintas das destinadas a fins exclusivamente religiosos".

Segundo o art. 10 da sobredita lei, "a administração pública deverá manter, em seu sítio oficial na internet, a relação das parcerias celebradas e dos respectivos planos de trabalho, até cento e oitenta dias após o respectivo encerramento". A referida lei prevê a transferência de recursos públicos a essas instituições, para o cumprimento de um plano de trabalho (previsto no art. 22). A lei é regulamentada pelo Decreto n. 8.726, de 27 de abril de 2016. No art. 33, § 1º, desse decreto tem-se que "os recursos serão depositados em conta corrente específica, isenta de tarifa bancária, em instituição financeira pública, que poderá atuar como mandatária do órgão ou da entidade pública na execução e no monitoramento dos termos de fomento ou de colaboração".

A segunda vedação aplicada aos entes federativos é "recusar fé aos documentos públicos" (art. 19, II, CF). Assim, um ente federativo não pode recusar fé aos documentos públicos de outros entes federativos. Trata-se do respeito mútuo entre todos os entes federativos.

Por fim, a terceira vedação, que consta do art. 19, III, é: "criar distinções entre brasileiros ou preferências entre si". Dessa maneira, não pode um ente federativo criar distinções entre brasileiros, por exemplo, admitindo vagas preferenciais em concursos ou licitações para os que nele residam ou estejam constituídos. Nesse sentido, já julgou o Supremo Tribunal Federal: "é inconstitucional a lei estadual que estabeleça como condição de acesso a licitação pública, para aquisição de bens ou serviços, que a empresa licitante tenha a fábrica ou sede no Estado-membro" (ADI 3.583, rel. Min. Cezar Peluso).

18.6. OS ENTES FEDERATIVOS BRASILEIROS

Segundo o art. 18, *caput*, da Constituição Federal, são entes federativos: União, Estados, Distrito Federal e Municípios, todos autônomos.

Como vimos acima, o Brasil adotou um Federalismo Trino ou Federalismo de Segundo

---

78. O referido dispositivo se refere ao IPTU, que é devido pelo proprietário do imóvel. Se uma Igreja aluga um espaço físico para realização dos seus cultos, é o locador (proprietário do imóvel) que é responsável pelo pagamento do imposto. Para evitar que as Igrejas fossem indiretamente cobradas por esse imposto, os parlamentares alteraram a Constituição Federal. Dessa maneira, sobre esse imóvel de terceiro, alugado por uma Igreja, ninguém pagará imposto predial (nem o proprietário, muito menos a Igreja).

Grau, já que, além da União e dos Estados (bem como o Distrito Federal), também é considerado ente federativo o Município. Como abordamos há pouco, embora formalmente considerado um ente federativo, discute-se se o Município é materialmente um ente federativo. Isso porque o Município não tem participação direta no Congresso Nacional (já que o Senado tem apenas representantes dos Estados e do Distrito Federal), não possui Poder Judiciário e, para a maioria, não possui o poder constituinte derivado decorrente (já que prevalece o entendimento de que a Lei Orgânica do Município não tem *status* constitucional). O caráter de ente federativo do Município se deve, portanto, ao seu poder de autoadministração, legislação própria e autogoverno, como já decidiu o Supremo Tribunal Federal: "A Constituição Federal conferiu ênfase à autonomia municipal ao mencionar os Municípios como integrantes do sistema federativo (art. 1º da CF/1988) e ao fixá-la junto com os Estados e o Distrito Federal (art. 18 da CF/1988). A essência da autonomia municipal contém primordialmente (i) autoadministração, que implica capacidade decisória quanto aos interesses locais, sem delegação ou aprovação hierárquica e (ii) autogoverno, que determina a eleição do chefe do Poder Executivo e dos representantes no Legislativo" (ADI 1.842, rel. Min. Gilmar Mendes).

18.6.1. Brasília

Segundo o art. 18, § 1º, da Constituição Federal, "Brasília é a Capital Federal" e também sede do governo do Distrito Federal.

A capital está localizada na região Centro-Oeste do Brasil, ao longo da região geográfica conhecida como Planalto Central. Brasília abriga o governo federal, os Ministérios, a sede dos três Poderes da República (Executivo, Legislativo e Judiciário), as embaixadas estrangeiras etc.

A intenção de mudar a capital do País para o interior de seu território não era recente. Já na Constituição de 1891 havia dispositivo que previa a mudança da Capital Federal do Rio de Janeiro para o interior do País, afirmando como "pertencente à União, no Planalto Central da República, uma zona de 14.400 quilômetros quadrados, que será oportunamente demarcada, para nela estabelecer-se a futura Capital Federal". Ainda em 1891, foi nomeada a Comissão Exploradora do Planalto Central do Brasil, liderada pelo astrônomo Luís Cruls, que fez um levantamento sobre a topografia, o clima, a geologia e os recursos naturais da região do Planalto Central, área que ficou conhecida como quadrilátero Cruls. A área foi acrescentada ao Governo Republicano em 1894.

Durante um comício na cidade de Jataí, em Goiás, no ano de 1955, o então candidato à Presidência da República foi questionado por um eleitor se cumpriria o que dispunha a Constituição, levando a capital federal para o interior, ao que Juscelino Kubitschek respondeu afirmativamente.

O plano urbanístico da capital, conhecido como "Plano Piloto", foi elaborado pelo urbanista Lúcio Costa, e o arquiteto Oscar Niemeyer projetou os principais prédios públicos da cidade. Brasília foi inaugurada no dia 21 de abril de 1960, pelo presidente Juscelino Kubitschek, sendo a terceira capital brasileira, depois de Salvador e Rio de Janeiro.

Desde então, Brasília é uma cidade, sem ser um município. Ou seja, não há um Prefeito de Brasília, assim como não há Câmara de Vereadores. Brasília integra o Distrito Federal, bem como as demais cidades-satélite. Todas elas são administradas pelo Governador do Distrito Federal, eleito juntamente com os governadores dos Estados, e o Poder Legislativo do Distrito Federal é a Câmara Legislativa.

Segundo o art. 48, VII, da Constituição Federal, cabe ao Congresso Nacional, por meio de lei, com a sanção do Presidente da República, determinar a "transferência temporária da sede do

Governo Federal". Não se trata de transferência da capital federal, mas da sede do governo federal, como foi feita, ainda que temporária e simbolicamente, pela Lei n. 8.675/93, cujo art. 1º dispôs: "A sede do Governo Federal será transferida simbolicamente para a Cidade de Salvador, capital do Estado da Bahia, nos dias 15 e 16 de julho de 1993, datas da realização das reuniões de cúpula da III Conferência Ibero-Americana dos Chefes de Estados e de Governo".

18.6.2. Territórios Federais

Segundo o art. 18, § 2º, da Constituição Federal: "Os Territórios Federais integram a União, e sua criação, transformação em Estado ou reintegração ao Estado de origem serão reguladas em lei complementar".

A ideia de criar territórios já havia sido discutida na época da Constituinte de 1824, de modo que as capitanias menos prósperas fossem consideradas territórios antes de adquirir a condição de províncias. Não obstante, não figurou nas Constituições de 1824 e 1891. O art. 4º da nossa primeira Constituição republicana afirmava que "os Estados podem incorporar-se entre si, subdividir-se ou desmembrar-se para se anexar a outros, ou formar novos Estados...", e não se referia à criação de Territórios Federais.

O primeiro Território Federal brasileiro foi o Acre, fruto de uma expansão territorial brasileira. Até o início do século XX, o Acre pertencia à Bolívia, mas era ocupado majoritariamente por brasileiros, que exploravam os seringais. Em 17 de novembro de 1903, com a assinatura do Tratado de Petrópolis, o Brasil recebeu a posse definitiva da região. Por meio do Decreto n. 1.181, de 25 de fevereiro de 1904, o Acre foi transformado em território federal, e, segundo o seu art. 1º, "Fica o Presidente da República autorizado a administrar provisoriamente o território reconhecido brasileiro, em virtude do tratado de 17 de novembro de 1903, entre o Brasil e a Bolívia...".

Com a Constituição de 1934, foram previstos pela primeira vez na Constituição Federal os Territórios Federais, já no art. 1º: "A Nação brasileira, constituída pela união perpétua e indissolúvel dos Estados, do Distrito Federal e dos Territórios em Estados Unidos do Brasil...". Outrossim, o art. 16 previa que, "além do Acre, constituirão territórios nacionais outros que venham a pertencer à União, por qualquer título legítimo"[79].

Da mesma forma, a Constituição de 1937 previu a existência de Territórios ("O Brasil é um Estado Federal, constituído pela união indissolúvel dos Estados, do Distrito Federal e dos Territórios" – art. 3º). Outrossim, previa que a União poderia desmembrar parte dos Estados, transformando-as em Territórios Federais: "a União poderá criar, no interesse da defesa nacional, com partes desmembradas dos Estados, territórios federais, cuja administração será regulada em lei especial" (art. 6º).

Como lembra a doutrina, "os Territórios Federais foram implantados sob a ideologia da defesa nacional, em época de guerra, com Fernando de Noronha (arquipélago desmembrado do Estado de Pernambuco), Amapá, o Rio Branco (que hoje constitui o Estado de Roraima), no Guaporé (atualmente é conhecido como Estado de Rondônia), de Ponta Porã e o Iguaçu. No que se refere à sua origem política, deu-se a partir de Decreto-lei, sem consulta à população por plebiscitos, nem às

---

79. Previa também que, "logo que tiver 300.000 habitantes e recursos suficientes para a manutenção dos serviços públicos, o Território poderá ser, por lei especial, erigido em Estado" (art. 16, § 1º).

Assembleias Legislativas, ou seja, foram impostos pelo Governo Central sobre as regiões fronteiriças do Brasil. Este período histórico relaciona-se à primeira gestão de Getúlio Vargas (1937-1945), quando governou o Brasil com a participação de interventores, sem discussões no Congresso Nacional dos seus projetos, pois esta instituição foi dissolvida por sua determinação"[80].

A Constituição de 1946, no seu art. 3º, previa que "os Territórios poderão, mediante lei especial, constituir-se em Estados, subdividir-se em novos Territórios ou volver a participar dos Estados de que tenham sido desmembrados". Aliás, o art. 8º do ADCT daquela Constituição dispôs: "Ficam extintos os atuais Territórios de Iguaçu e Ponta Porã, cujas áreas volverão aos Estados de onde foram desmembradas". Com base nessas disposições constitucionais, o Acre transformou-se em Estado em 1962, por meio da Lei n. 4.070, de 15 de junho de 1962, cujo art. 1º dispunha: "O Território do Acre, com seus atuais limites, é erigido em Estado do Acre".

A Constituição de 1967 manteve a previsão dos Territórios, no seu art. 1º: "O Brasil é uma República Federativa, constituída sob o regime representativo, pela união indissolúvel dos Estados, do Distrito Federal e dos Territórios", bem como previa a possível criação de novos Territórios: "A criação de novos Estados e Territórios dependerá de lei complementar" (art. 3º). Em 1981, a Lei Complementar n. 41, de 22 de setembro daquele ano, transformou o território de Rondônia em Estado de Rondônia.

Com a Constituição Federal de 1988, os territórios então existentes (Roraima, Amapá e Fernando de Noronha) foram extintos. Segundo o art. 14 do Ato das Disposições Constitucionais Transitórias, "os Territórios Federais de Roraima e do Amapá são transformados em Estados Federados, mantidos seus atuais limites geográficos". Por sua vez, o art. 15 do mesmo ADCT dispõe que "fica extinto o Território Federal de Fernando de Noronha, sendo sua área reincorporada ao Estado de Pernambuco".

a) Situação atual dos Territórios Federais

Embora não estejam previstos no art. 18, *caput*, da Constituição Federal, que só prevê a União, os Estados, o Distrito Federal e os Municípios, os Territórios podem ser criados no Brasil, nos termos do art. 18º, § 2º, da Constituição Federal: "Os Territórios Federais integram a União, e sua criação, transformação em Estado ou reintegração ao Estado de origem serão reguladas em lei complementar". Como vimos acima, com o advento da Constituição de 1988, os Territórios Federais deixaram de existir, mas nada impede que novamente sejam criados, por lei complementar.

Assim, nada impede que haja o desmembramento de um Estado (parte de um Estado-membro seja desmembrada) para criar um novo Território Federal. Todavia, tal procedimento deve respeitar o procedimento do art. 18, § 3º, da Constituição Federal (que estudaremos no próximo item).

Importante: os Territórios Federais eventualmente criados não serão considerados entes federativos, já que não gozam de autonomia política. Por expressa previsão do art. 18, § 2º, da Constituição Federal, eles integram a União, sendo, pois, mera descentralização administrativo-territorial da União, uma autarquia territorial.

---

80. Jadson Luís Rebelo Porto. *Os Territórios Federais e sua Evolução no Brasil*. Prossegue o autor: "Vários objetivos foram traçados com a criação e instalação desses Territórios, dentre os quais se destacam: proteger as regiões fronteiriças de vazio demográfico; garantir a atuação do governo em regiões longínquas e criar condições jurídicas e econômicas para reorganizar o espaço brasileiro, de acordo com as orientações constitucionais e com um programa para sua organização e desenvolvimento que preconizava sanear, educar e povoar".

Por essa razão, o art. 21, XIII, da Constituição Federal afirma ser competência da União "organizar e manter o Poder Judiciário, o Ministério Público do Distrito Federal e dos Territórios e a Defensoria Pública dos Territórios". Outrossim, segundo o art. 22, XVII, da Constituição Federal, compete privativamente à União legislar sobre "organização judiciaria, do Ministério Público do Distrito Federal e dos Territórios e da Defensoria Pública dos Territórios, bem como organização administrativa destes".

Segundo o art. 84, XIV, da Constituição Federal, compete ao Presidente da República nomear, após aprovação do Senado Federal, os Governadores de Territórios. Outrossim, por expressa previsão no art. 45, § 2º, da Constituição Federal, cada Território elegerá quatro deputados federais (não importando o número de habitantes). Não haverá senadores do Território, já que não é considerado ente federativo.

A Constituição Federal reserva o art. 33 para tratar especificamente dos Territórios Federais, se criados. Segundo o art. 33, § 1º, "os territórios poderão ser divididos em Municípios". Segundo o § 2º do mesmo artigo, as contas do governo do Território serão submetidas ao Congresso Nacional, com parecer prévio do Tribunal de Contas da União. Por fim, segundo o § 3º desse artigo: "nos Territórios Federais com mais de cem mil habitantes, além do Governador nomeado na forma desta Constituição, haverá órgãos judiciários de primeira e segunda instância, membros do Ministério Público e defensores públicos federais; a lei disporá sobre as eleições para a Câmara Territorial e sua competência deliberativa".

b) Quadro esquemático do Território Federal

TERRITÓRIOS FEDERAIS	
Possibilidade de criação	Art. 18, § 2º, CF (sua criação, transformação em Estado ou reintegração ao Estado de origem serão reguladas em lei complementar).
Procedimento de criação	Art. 18, § 3º, CF (Congresso Nacional aprova decreto legislativo convocando plebiscito com a população diretamente interessada. Aprovado o plebiscito, lei complementar criará o novo Território).
Natureza do Território	Não é considerado ente federativo, integrando a União (é pois, uma descentralização administrativo-territorial da União).
Representação no Congresso Nacional	Cada território terá quatro deputados federais (art. 45, § 2º, CF), mas não terá senadores.
Poder Executivo no Território	Haverá um Governador, nomeado pelo Presidente da República, após a aprovação do Senado Federal (art. 84, XIV, CF).
Poder Legislativo no Território	Segundo o art. 33, § 3º, CF, a lei disporá sobre as eleições para a Câmara Territorial.
Poder Judiciário no Território	Segundo o art. 33, § 3º, CF, nos Territórios com mais de 100 mil habitantes, haverá órgãos judiciários de primeira e segunda instância (assim como Membros do Ministério Público e Defensores Públicos federais).
Divisão em Municípios	O art. 33, § 1º, prevê a divisão em Municípios, aplicando-se as regras constitucionais dos Municípios (art. 29 e seguintes).
Controle de Contas	Realizado pelo Congresso Nacional, com o apoio do Tribunal de Contas da União (art. 33, § 2º, CF).

18.7. CRIAÇÃO DE NOVOS ESTADOS

Embora a Constituição Federal vede a secessão (a retirada de um ente federativo do território brasileiro), não está proibida a modificação, a readequação de seus entes federativos. O art. 18, § 3º, da Constituição Federal prevê não apenas essa possibilidade, como também o respectivo procedimento.

Segundo o art. 18, § 3º, da Constituição Federal, será possível a fusão, a cisão e o desmembramento entre os Estados-membros.

a) Cisão

Quando afirma que os Estados podem "subdividir-se", a Constituição Federal refere-se à cisão. Esta ocorre quando um Estado se divide em dois ou mais Estados diferentes, desaparecendo o Estado de origem.

Assim, o Estado A se divide em Estado B e Estado C, como no esquema abaixo:

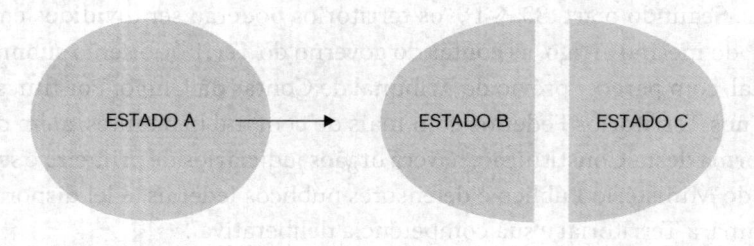

b) Fusão

A fusão ocorre quando dois ou mais Estados se juntam para formar um novo Estado, diferente dos dois anteriores. É o contrário da cisão:

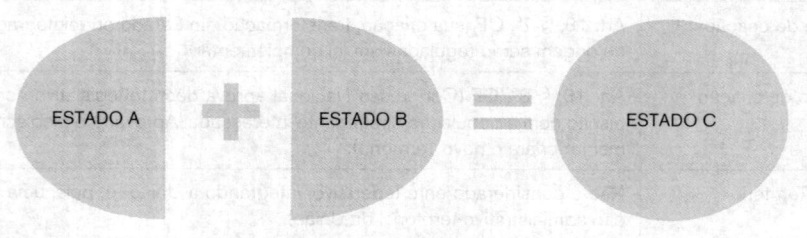

c) Desmembramento

Por sua vez, o desmembramento ocorre quando parte de um Estado é desmembrada, retirada, enquanto o Estado original persiste, agora com um território menor.

Existem dois tipos de desmembramento: o desmembramento-anexação (quando parte do Estado se desmembra para se anexar a outro Estado) ou o desmembramento-formação (quando parte do Estado se desmembra para formar um novo Estado ou Território Federal).

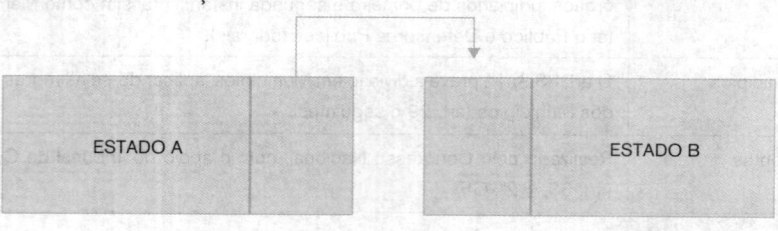

Desmembramento-anexação:

Desmembramento-formação:

```
                    ┌─────────────┐
                    │             ▼
┌──────────────────────────┐   ┌──────────────────┐
│                          │   │                  │
│        ESTADO A          │   │   NOVO ESTADO    │
│                          │   │   OU TERRITÓRIO  │
└──────────────────────────┘   └──────────────────┘
```

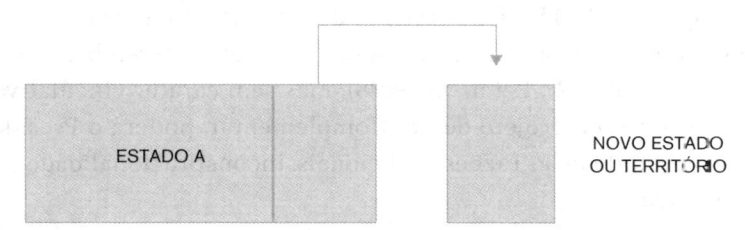

d) Procedimento de criação de novos Estados

Segundo o art. 18, § 3º, da Constituição Federal, para que haja a mudança entre os Estados brasileiros, é necessária a realização do seguinte procedimento, nesta ordem: 1) o Congresso Nacional elabora projeto de decreto legislativo, para convocar plebiscito sobre a criação do(s) novo(s) Estado(s); 2) o Congresso nacional aprova o decreto legislativo convocando plebiscito; 3) faz-se plebiscito com a população diretamente interessada; 4) se aprovado o plebiscito, o Congresso Nacional fará lei complementar criando o(s) novo(s) Estado(s).

Como se vê, a iniciativa de criação de novo(s) Estado(s) parte do Congresso Nacional. Primeiramente, deverá ser feito projeto de decreto legislativo para convocar plebiscito junto às populações diretamente interessadas. Esse plebiscito, por força do art. 3º da Lei n. 9.709/98, deve ser subscrito por, pelo menos, um terço de deputados ou de senadores. Discutido esse projeto, poderá ser aprovado o decreto legislativo por maioria simples dos parlamentares, nas duas casas do Congresso Nacional.

Depois dessas duas etapas, será realizado plebiscito com a população diretamente interessada, que será realizado pela Justiça Eleitoral (nos termos da Lei n. 9.709/98). Segundo o art. 8º da Lei, "aprovado o ato convocatório, o Presidente do Congresso Nacional dará ciência à Justiça Eleitoral, a quem incumbirá, nos limites de sua circunscrição: I – fixar a data da consulta popular; II – tornar pública a cédula respectiva; III – expedir instruções para a realização do plebiscito ou referendo" etc. O que é exatamente "população diretamente interessada"? É a população que será atingida diretamente pela decisão do plebiscito. Assim, no caso de fusão (em que dois ou mais Estados se juntam), a população de todos os Estados será impactada e, portanto, todos serão ouvidos. Já no caso da cisão (em que um Estado se divide em dois ou mais), a população desse Estado deverá ser ouvida. Por fim, no caso de desmembramento-formação (em que parte de um Estado se desmembra para formar um novo Estado ou Território), a população de todo o Estado deve ser ouvida (e não apenas da parte desmembrada). Por fim, no desmembramento-anexação (em que parte de um Estado será desmembrada para se anexar a outro), a população de ambos os Estados deve ser ouvida, já que ambos serão impactados pela modificação. Segundo o art. 7º da sobredita lei, "entende-se por população diretamente interessada tanto a do território que se pretende desmembrar, quanto a do que sofrerá desmembramento; em caso de fusão ou anexação, tanto a população da área que se quer anexar quanto a da que receberá o acréscimo".

Se a população rejeitar a proposta do plebiscito, o processo será arquivado, não podendo o Poder Legislativo (o Congresso Nacional) aprovar a mudança territorial por meio de lei, à revelia da vontade da população (se aprovada essa lei, seria formalmente inconstitucional, pois desrespeitou o processo legislativo pertinente). Se a população aceitar a proposta do plebiscito (e esta aprovação se dá por maioria simples, nos termos do art. 10 da

Lei n. 9.709/98), será apresentado projeto de Lei Complementar perante qualquer uma das duas casas do Congresso Nacional, nos termos do art. 4º, § 1º, da Lei n. 9.709/98. Durante a discussão do projeto de Lei Complementar, serão ouvidas as Assembleias Legislativas dos Estados envolvidos (art. 4º, § 2º, Lei n. 9.709/98), mas sem caráter vinculativo (art. 4º, § 3º, Lei n. 9.709/98). Aprovado o projeto de Lei Complementar, poderá o Presidente da República sancioná-lo ou vetá-lo pelas razões tradicionais: inconstitucionalidade ou contrariedade ao interesse público.

Criado um novo Estado, a Constituição Federal, no seu art. 235, estabelece as regras dos seus primeiros dez anos[81].

d.1) O caso recente do Pará

Recentemente, o Congresso Nacional aprovou dois decretos legislativos destinados a alterar o território do Estado do Pará. Tratar-se-ia de um desmembramento-formação (parte do Pará seria desmembrada e seria transformada, no caso, em dois novos Estados: Tapajós e Carajás). O Decreto Legislativo n. 136/2011 versava sobre a criação do novo Estado de Carajás, e o Decreto Legislativo n. 137/2011 versava sobre a criação do novo Estado de Tapajós. O resultado foi pela manutenção do território do Pará. Votaram contra a criação de Carajás 66,6%, e 66,08% votaram contra a criação de Tapajós. Veja no mapa qual foi a proposta de mudança.

Figura 18.1 – Mapa do Pará (créditos ao final do livro).

---

[81]. "Nos dez primeiros anos da criação de Estado, serão observadas as seguintes normas básicas: I – a Assembleia Legislativa será composta de dezessete Deputados se a população do Estado for inferior a seiscentos mil habitantes, e de vinte e quatro, se igual ou superior a esse número, até um milhão e quinhentos mil; II – o Governo terá no máximo dez Secretarias; III – o Tribunal de Contas terá três membros, nomeados, pelo Governo eleito, dentre brasileiros de comprovada idoneidade e notório saber; IV – o Tribunal de Justiça terá sete Desembargadores; V – os primeiros Desembargadores serão nomeados pelo Governador eleito, escolhidos da seguinte forma: a) cinco dentre os magistrados com mais de trinta e cinco anos de idade, em exercício na área do novo Estado ou do Estado originário; b) dois dentre promotores, nas mesmas condições, e advogados de comprovada idoneidade e saber jurídico, com dez anos, no mínimo, de exercício profissional, obedecido o procedimento fixado na Constituição; VI – no caso de Estado proveniente de Território Federal, os cinco primeiros Desembargadores poderão ser escolhidos entre juízes de direito de qualquer parte do País; VII – em cada Comarca, o primeiro Juiz de Direito, o primeiro Promotor de Justiça e o primeiro Defensor Público serão nomeados pelo Governador eleito após concurso público de provas e títulos; VIII – até a promulgação da Constituição Estadual, responderão pela Procuradoria-Geral, pela Advocacia-Geral e pela Defensoria-Geral do Estado advogados de notório saber, com trinta e cinco anos de idade, no mínimo, nomeados pelo Governador eleito e demissíveis *ad nutum*; IX – se o novo Estado for resultado de transformação de Território Federal, a transferência de encargos financeiros da União para pagamento dos servidores optantes que pertenciam à Administração Federal ocorrerá da seguinte forma: a) no sexto ano de instalação, o Estado assumirá vinte por cento dos encargos financeiros para fazer face ao pagamento dos servidores públicos, ficando ainda o restante sob a responsabilidade da União; b) no sétimo ano, os encargos do Estado serão acrescidos de trinta por cento e, no oitavo, dos restantes cinquenta por cento; X – as nomeações que se seguirem às primeiras, para os cargos mencionados neste artigo, serão disciplinadas na Constituição Estadual; XI – as despesas orçamentárias com pessoal não poderão ultrapassar cinquenta por cento de receita do Estado."

18.8. CRIAÇÃO DE NOVOS MUNICÍPIOS

A redação original do art. 18, § 4º, da Constituição Federal era bastante flexível quanto à criação de novos Municípios: "a criação, a incorporação, a fusão e o desmembramento de Municípios preservarão a continuidade e a unidade histórico-cultural do ambiente urbano, far-se-ão por lei estadual, obedecidos os requisitos previstos em lei complementar estadual, e dependerão de consulta prévia, mediante plebiscito, às populações diretamente interessadas". Criou-se, com a Constituição de 1988, um processo de fragmentação dos municípios brasileiros. Segundo a doutrina, essa nova regra "gerou 1.438 novos municípios, 25% de todos municípios existentes atualmente no Brasil"[82].

Todavia, o art. 18, § 4º, foi alterado pela Emenda Constitucional n. 15, de 1996, passando a ter a seguinte redação: "a criação, a incorporação, a fusão e o desmembramento de Municípios, far-se-ão por lei estadual, dentro do período determinado por Lei Complementar Federal, e dependerão de consulta prévia, mediante plebiscito, às populações dos Municípios envolvidos, após divulgação dos Estudos de Viabilidade Municipal, apresentados e publicados na forma da lei". Dessa maneira, estes são os requisitos necessários à criação de novos municípios, na ordem: a) Lei Complementar Federal fixará prazo para criação de novos Municípios; b) realização de Estudos de Viabilidade Municipal; c) plebiscito com a população diretamente interessada;

O primeiro requisito previsto na Constituição Federal é a necessidade de uma Lei Complementar Federal que fixará prazo para a criação dos novos municípios. Todavia, essa Lei Complementar até hoje não existe. Em 2014, o Congresso Nacional aprovou projeto de Lei Complementar acerca do assunto, mas ele foi vetado integralmente, por ter sido considerado contrário ao interesse público. Segundo a Presidente da República à época, "depreende-se que haverá aumento de despesas com as novas estruturas municipais sem que haja a correspondente geração de novas receitas".

Dessa maneira, até que seja feita essa Lei Complementar federal, não poderão ser criados novos Municípios no Brasil, ainda que sejam preenchidos todos os requisitos seguintes. Todavia, em todo o país foram criados municípios de forma irregular (já que inexistente a sobredita Lei Complementar). Só no Rio Grande do Sul foram criados 29 municípios: Aceguá, Almirante Tamandaré do Sul, Bozano, Paulo Bento, Quatro Irmãos, Pinto Bandeira, Mato Queimado etc.

Várias foram as Ações Diretas de Inconstitucionalidade ajuizadas, sendo uma das mais importantes a ADI 2.240/BA, acerca do Município baiano de Luís Eduardo Magalhães. O Supremo Tribunal Federal declarou a lei inconstitucional, com efeitos prospectivos (a decisão só produziria efeitos no futuro). Sob o argumento de que "a criação do Município de Luís Eduardo Magalhães importa, tal como se deu, uma situação excepcional não prevista pelo direito positivo", já que o Município havia sido criado havia seis anos, o Supremo Tribunal Federal julgou a ação "procedente para declarar a inconstitucionalidade, mas não pronunciar a nulidade pelo prazo de 24 meses da Lei n. 7.619, de 30 de março de 2000, do Estado da Bahia". O Supremo assim decidiu porque a tradicional decisão de inconstitucionalidade com efeito *ex tunc* ou até mesmo *ex nunc* faria todas as instituições municipais serem imediatamente extintas, bem como todos os cargos públicos daquele Município. Por essa razão, os efeitos foram

---

82. Fabrício Ricardo de Limas Tomio. *A Criação de Municípios Após a Constituição de 1988*.

prospectivos ou *pro futuro*. A decisão produziria efeitos no prazo de 24 meses. Assim, o tempo de sobrevida dado a esse Município estava em contagem regressiva: 24 meses a partir da decisão do Supremo Tribunal Federal, que foi em 9 de maio de 2007.

Ocorre que o Congresso Nacional aprovou a Emenda Constitucional n. 57, de 18 de dezembro de 2008, acrescentando o art. 96 ao ADCT, com a seguinte redação: "Ficam convalidados os atos de criação, fusão, incorporação e desmembramento de Municípios, cuja lei tenha sido publicada até 31 de dezembro de 2006, atendidos os requisitos estabelecidos na legislação do respectivo Estado à época de sua criação". Ao todo, foram beneficiados 57 municípios criados irregularmente em todo o Brasil.

A omissão legislativa ainda persiste, já que, até o momento, não foi feita a sobredita lei complementar. Na Ação Direta de Inconstitucionalidade por omissão (ADI 3.682), o STF declarou a omissão do Congresso Nacional inconstitucional: "ação julgada procedente para declarar o estado de mora em que se encontra o Congresso Nacional, a fim de que, em prazo razoável de 18 (dezoito) meses, adote ele todas as providências legislativas necessárias ao cumprimento do dever imposto pelo art. 18, § 4º da Constituição". Todavia, na própria ementa, o Supremo Tribunal Federal deixou claro que "não se trata de impor um prazo para atuação legislativa do Congresso Nacional, mas apenas da fixação de um parâmetro temporal razoável". Como vimos no capítulo reservado ao controle de constitucionalidade, julgada procedente a ADO, não pode o Supremo Tribunal Federal fazer mais do que pedir, recomendar, indicar, sugerir a edição da norma. Foi o que ele fez na ADI 3.682.

Depois do primeiro requisito (Lei Complementar Federal fixando o prazo para a criação de novos municípios), que, como vimos acima, até o momento não existe no Brasil, o segundo requisito para a criação dos novos municípios é o Estudo de Viabilidade Municipal. Inexiste até o momento lei que discipline o procedimento de elaboração desse estudo, de extrema importância para a doutrina: "o Estudo de Viabilidade Municipal se mostra como um ferramental excepcional para definir novos paradigmas de desenvolvimento nacional"[83].

O terceiro requisito para a criação do Município é o plebiscito com a população diretamente interessada. Segundo o art. 5º da Lei n. 9.709/98, esse plebiscito será convocado pela Assembleia Legislativa do Estado. Esse plebiscito deverá ser feito tanto nos casos de fusão, cisão e des-

---

83. Nelson Alexandre Paloni. *O Estudo de Viabilidade Municipal e Seu Impacto no Desenvolvimento Nacional*, p. 124. Prossegue o autor: "Passamos a resumir os principais pontos que o Estudo de Viabilidade Municipal deveria estabelecer. São os seguintes: 1) diante da vigência do anacrônico Decreto-lei n. 311/38, que estabelece os critérios de cidade e zona urbana, os dados do IBGE, nesse tocante, devem ser analisados com reserva, mesclando-se, ao menos para o critério de taxa de urbanização, critérios mais modernos e padrões internacionais, como, por exemplo, o da Organização para Cooperação e Desenvolvimento Econômico (OCDE). 2) O foco a ser dado pelo Estudo de Viabilidade Municipal deverá ser a microrregião à qual pertence o município candidato à autonomia, bem como sua vocação econômica e seu histórico e laços culturais e sociais que o ligam a seu entorno. Esse é sentido apontado pela Emenda Constitucional n. 15/96, que exigiu o mínimo, isto é, a opinião plebiscitária do município-sede. 3) A preocupação central com relação ao novo município que estará para surgir deverá ser não o crescimento econômico com um fim absoluto, mas como meio para alcançar o desenvolvimento sustentável. Crescimento econômico é um todo formado de partes do processo de desenvolvimento, processo esse que inclui outros componentes essenciais normalmente relegados a segundo plano, como educação, produção científica e sustentabilidade ambiental. E o crescimento econômico pode ser obtido também com a exploração de atividade rural, o que já é um fato. 4) consequência do crescimento consciente adotado pelo novo município surgido será a satisfatória prestação de serviços públicos e atendimento das necessidades dos munícipes. 5) com a prestação de serviços dignos o cidadão reconhecerá a preocupação por parte do Estado com o cidadão, de forma a permitir sua perfeita integração à sociedade da qual faz parte, resgatando sua consciência coletiva e o prazer não só em viver, mas em conviver. [...]" (p. 124-125).

membramento, que explicamos acima. Outrossim, assim como na mudança da configuração dos Estados, a população diretamente interessada é aquela que será de alguma forma impactada diretamente com a decisão plebiscitária.

Assim como no plebiscito para criação de novos Estados, a aprovação popular plebiscitária é *conditio sine qua non* à criação dos novos municípios. Se rejeitada a proposta em plebiscito, não poderá ser criado o novo município. Por sua vez, aprovado o plebiscito, dá-se ensejo à última etapa: a elaboração de lei estadual. A Constituição Federal não exige que seja uma lei complementar estadual, já que o texto constitucional faz menção apenas à "lei estadual", bastando, portanto, uma lei ordinária. Aprovada essa lei ordinária pela Assembleia Legislativa do Estado, poderá o Governador sancionar ou vetar (neste último caso, por inconstitucionalidade ou contrariedade ao interesse público).

18.9. UNIÃO

A União é o ente federativo formado pela reunião de todos os Estados-membros. Assim, é um ente central formado pela reunião das partes e decorrente do pacto federativo.

A União não se confunde com o Estado brasileiro, a República Federativa do Brasil, já que somente este tem soberania. A União, como todo ente federativo, não tem soberania, mas autonomia (financeira, administrativa e política).

Dessa maneira, como ente federativo, a União tem capacidade de: a) auto-organização; b) autogoverno; c) autoadministração; d) autolegislação.

Primeiramente, a auto-organização por parte da União se dá por meio da Constituição Federal, bem como das leis federais (que, por exemplo, criam ou extinguem ministérios), bem como de atos infralegais (como os decretos presidenciais que organizam o funcionamento da administração federal, nos termos do art. 84, VI, "a", CF). Por sua vez, o autogoverno se dá pela existência de Poderes federais (Legislativo, Executivo e Judiciário), sendo os dois primeiros escolhidos pelo voto popular. Por fim, a União goza de autoadministração, dentro dos limites legais e constitucionais, bem como de autolegislação, já que pode elaborar uma série de leis e atos normativos federais, nos termos dos arts. 59 a 69 da Constituição Federal.

A União exerce dupla função: interna e externa. Internamente, a União é uma pessoa jurídica de direito público, com capacidade de auto-organização, autogoverno, autolegislação e autoadministração. Já externamente, a União representa a República Federativa do Brasil, nos termos do art. 21, I, da Constituição Federal: "compete à União: I – manter relações com Estados estrangeiros e participar de organizações internacionais".

Nas palavras de Luiz Alberto David Araújo e Vidal Serrano Júnior: "a União age em nome de toda a Federação quando, no plano internacional, representa o País, ou, no plano interno, intervém em um Estado-membro. Outras vezes, porém, a União age por si, como nas situações em que organiza a Justiça Federal, realiza uma obra política ou organiza o serviço público federal"[84].

União	República Federativa do Brasil
Autônoma	Independente
Não tem soberania	Tem soberania

---

84. Op. cit., p. 211.

18.9.1. Bens da União

O art. 20 da Constituição Federal enumera os bens da União, que passamos a comentar:

a) **Os que atualmente lhe pertencem e os que lhe vierem a ser atribuídos (art. 20, I, CF)**

Trata-se de uma regra genérica, para evitar casuísmos minuciosos. As terras que já pertenciam à União e aquelas que a União adquirir onerosamente (por compra, doação com encargo etc.), não onerosamente ou por desapropriação serão da União.

b) **As terras devolutas indispensáveis à defesa das fronteiras, das fortificações e construções militares, das vias federais de comunicação e à preservação ambiental, definidas em lei**

Terras devolutas são terras públicas sem destinação pelo Poder Público e que em nenhum momento integraram o patrimônio de um particular, ainda que estejam irregularmente sob sua posse. O termo "devoluta" relaciona-se ao conceito de terra devolvida ou a ser devolvida ao Estado. O conceito legal de terra devoluta está no art. 5º do Decreto-Lei n. 9.760/46. Outrossim, o processo discriminatório das terras devolutas da União está disciplinado na Lei n. 6.383, de 7 de dezembro de 1976.

Essas terras devolutas, na Constituição do Império, pertenciam à União. Já na Constituição de 1891, passaram a pertencer aos Estados, exceto as indispensáveis à segurança. Com a Constituição de 1988, algumas outras terras devolutas voltaram para a União (por exemplo, as terras devolutas indispensáveis à preservação ambiental). Tal mudança é possível em razão de ser uma decisão do poder constituinte originário.

Dessa maneira, podemos assim estabelecer um parâmetro quanto à propriedade das terras devolutas: em regra, pertencem aos Estados, nos termos do art. 26, IV, CF. Todavia, as terras devolutas "mais importantes" pertencem à União: as terras devolutas indispensáveis, à defesa das fronteiras (aquelas existentes na faixa de fronteira), das fortificações e construções militares, das vias federais de comunicação e à preservação ambiental.

TERRAS DEVOLUTAS	
Pertencentes aos Estados	**Pertencentes à União**
Todas as terras devolutas que não pertencem à União (art. 26, IV, CF)	As terras devolutas "mais importantes" ("indispensáveis à defesa das fronteiras, das fortificações e construções militares, das vias federais de comunicação e à preservação ambiental"), nos termos do art. 20, II, CF

c) **Lagos, rios e quaisquer correntes de água (art. 20, III, CF)**

Segundo o art. 20, III, da Constituição Federal, são bens da União os "lagos, rios e quaisquer correntes de água em terrenos de seu domínio, ou que banhem mais de um Estado, sirvam de limites com outros países, ou se estendam a território estrangeiro ou dele provenham, bem como os terrenos marginais e as praias fluviais".

Assim, são bens da União os rios, lagos e quaisquer correntes de água que estiverem: 1) nos domínios da União (por exemplo, em um Território Federal ou em terra devoluta pertencente à União); 2) que banhem mais de um Estado (como o rio São Francisco, que passa por Minas Gerais, Bahia, Pernambuco e Alagoas, conforme se vê na imagem ao lado).

Também são bens da União os rios e lagos que: 3) sirvam de limites com outros países (como os rios Uruguai, Paraguai, Oiapoque); 4) provenham de território estrangeiro ou se estendam a eles. O rio Paraguai, por exemplo, nasce no município do Alto Paraguai, no Estado do Mato Grosso, e define parte da fronteira entre Brasil e Paraguai. Por sua vez, o rio Solimões nasce no Peru e entra no Brasil pelo município de Tabatinga, totalizando aproximadamente 1.700 km até chegar a Manaus, onde, ao encontrar o rio Negro, recebe o nome de rio Amazonas, como se vê na imagem ao lado.

Figura 18.2 – Mapa do Rio São Francisco (créditos ao final do livro).

Por fim, são bens da União: 5) terrenos marginais e 6) as praias fluviais. Terrenos marginais são definidos pelo art. 4º do Decreto-Lei n. 9.760/46: "São terrenos marginais os que banhados pelas correntes navegáveis, fora do alcance das marés, vão até a distância de 15 (quinze) metros, medidos horizontalmente para a parte da terra, contados desde a linha média das enchentes ordinárias". Já as praias fluviais são aquelas formadas pelas mudanças do nível da água dos rios que, em alguns momentos do ano, podem formar praias, que serão propriedades da União. Entendemos que tais praias fluviais e terrenos marginais referem-se aos rios e lagos da União (e não quaisquer rios e lagos, como afirma parte da doutrina[85]).

Figura 18.3 – Mapa do Rio Amazonas (créditos ao final do livro).

d) **As ilhas fluviais e lacustres nas zonas limítrofes com outros países; as praias marítimas, as ilhas oceânicas e as costeiras (art. 20, IV, CF)**

Segundo o art. 20, IV, da Constituição Federal, são bens da União "as ilhas fluviais e lacustres nas zonas limítrofes com outros países; as praias marítimas; as ilhas oceânicas e as costeiras, excluídas, destas, as que contenham a sede de Municípios, exceto aquelas áreas afetadas ao serviço público e a unidade ambiental federal, e as referidas no art. 26, II".

Primeiramente, são bens da união as ilhas fluviais (ilhas que se formam em rios) e as ilhas lacustres (ilhas que se formam em lagos), desde que estejam nas zonas limítrofes com outros países. Também são consideradas bens da União todas as praias marítimas. Acerca das praias marítimas, o art. 10 da Lei n. 7.661/88 estabelece que as praias são bens públicos de uso comum

---

85. Manoel Adam Lacayo Valente. *O Domínio Público dos Terrenos Fluviais na Constituição de 1988*, p. 243: "a União é proprietária exclusiva de todos os terrenos de marinha, estejam esses em margens de rios federais ou estaduais. Assim, s.m.j., à luz do novo texto constitucional, a propriedade dos terrenos marginais, em sua totalidade, é da União".

do povo, sendo assegurado, sempre, livre e franco acesso a elas e ao mar, em qualquer direção e sentido, ressalvados os trechos considerados de interesse da segurança nacional ou incluídos em áreas protegidas por legislação específica (neste último caso, trata-se de área de proteção ambiental instituída por lei). Dessa maneira, entendemos que, por força da legislação brasileira, não pode o município autorizar loteamentos em praias, com a criação de "praias privadas"[86].

Por sua vez, quanto às ilhas oceânicas, houve uma mudança constitucional, operada pela Emenda Constitucional n. 46/2005. A redação original previa: "as ilhas oceânicas e as costeiras, excluídas destas, as áreas referidas no art. 26, II". Assim, eram considerados bens da União os municípios de Florianópolis/SC, São Luís/MA e Vitória/ES, dentre tantos outros. Os moradores desses municípios deviam pagar, além de IPTU aos respectivos municípios, uma taxa de foro à União. Outrossim, os moradores desses municípios não eram considerados proprietários das áreas onde moravam, mas considerados legítimos possuidores. Com a mudança operada pela Emenda Constitucional n. 46/2005, são bens da União as ilhas oceânicas e as costeiras, "excluídas, destas, as que contenham a sede de Municípios". Dessa maneira, os Municípios supramencionados deixaram de ser considerados bens da União, com uma exceção: as "áreas afetadas ao serviço público e a unidade ambiental federal".

Importante lembrar que ilhas costeiras, que também são chamadas de ilhas continentais, situam-se próximo da costa, enquanto as ilhas oceânicas, também chamadas de ilhas pelágicas, localizam-se em alto-mar. Como critério objetivo, tem-se o mar territorial. As ilhas que se encontram dentro da faixa de mar territorial (12 milhas náuticas ou 22.224 metros contados a partir da linha de baixa-mar) são denominadas ilhas costeiras e as demais, ilhas oceânicas.

e) Direito do mar (art. 20, V e VI, CF)

Segundo o art. 20, V, da Constituição Federal, são bens da União "os recursos naturais da plataforma continental e da zona econômica exclusiva". Já o art. 20, VI, afirma ser bem da União o "mar territorial".

Esses conceitos estão definidos na Convenção das Nações Unidas sobre o Direito do Mar, de Montego Bay, Jamaica, de 1982, e na Lei n. 8.617/93.

Mar territorial é a faixa de 12 milhas marítimas de largura medidas a partir da linha de baixa-mar do litoral continental e insular (art. 1º, Lei n. 8.617/93).

Por sua vez, zona econômica exclusiva é a faixa que se estende das doze às duzentas milhas marítimas, contadas a partir das linhas de base que servem para medir a largura do mar territorial (art. 6º, Lei n. 8.617/93). Nela, o Brasil tem direitos de soberania para fins de exploração e aproveitamento, conservação e gestão dos recursos naturais, vivos ou não vivos (art. 7º) e regulamentar a investigação científica marinha e a proteção do meio marítimo (art. 8º). Pesquisas científicas ou manobras militares feitas por outro país, só com autorização do Brasil (art. 9º).

---

86. Nesse sentido: "A praia é, portanto, bem de uso comum do povo, de fruição geral, e nessa condição, mesmo com todas as alterações legislativas surgidas nos últimos anos, permanece na condição de bem indisponível da União, cuja utilização por particular somente poderia ser de forma excepcional, e desde que se garanta o livre acesso da população" (Marcos Luiz da Silva. *O Regime Jurídico das Praias Marinhas*). No mesmo sentido: "evidente a inconstitucionalidade e a ilegalidade destes condomínios que proíbem o acesso de turistas e banhistas às descritas praias, configurando verdadeiro constrangimento ilegal ante o flagrante desrespeito às normas sob exame. [...] Os bens de uso comum do povo não estão sujeitos à concessão de direito real de uso, uma vez que sua essência constitucional inviabiliza sobremaneira a transferência do domínio (titularidade) para particulares, a qualquer título" (Richard Paes Lyra Júnior. *Da Inconstitucionalidade das Praias Particulares no Brasil*).

Já a plataforma continental é o leito e o subsolo das áreas submarinas que se estendem além do seu mar territorial, em toda a extensão do prolongamento natural de seu território terrestre, até o bordo exterior da margem continental, ou até uma distância de duzentas milhas marítimas das linhas de base, a partir das quais se mede a largura do mar territorial, nos casos em que o bordo exterior da margem continental não atinja essa distância (art. 11). O limite exterior da plataforma continental será fixado de conformidade com os critérios estabelecidos no art. 76 da Convenção das Nações Unidas sobre o Direito do Mar, celebrada em Montego Bay, em 10 de dezembro de 1982 (art. 11, parágrafo único). Essa convenção admite que a plataforma continental seja de 200 a 350 milhas marítimas.

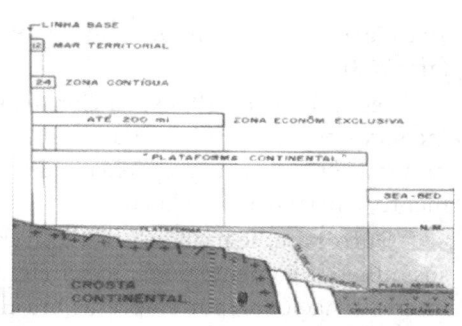

Figura 18.4 – Dimensões do mar territorial, zona contígua, zona econômica exclusiva e plataforma continental (créditos ao final do livro).

f) Terrenos de marinha e seus acrescidos (art. 20, VII, CF)

Segundo o art. 20, VII, da Constituição Federal, são bens da União os "terrenos de marinha e seus acrescidos". O art. 2º do Decreto-Lei n. 9.760/46 define como terrenos de marinha aqueles situados no continente, na costa marítima, numa largura de 33 metros. Não se confundem com as praias marítimas, que têm extensão variada, podendo ser menores ou maiores que os 33 metros, sempre considerados os terrenos de marinha bens da União.

g) Potenciais de energia hidráulica (art. 20, VIII, CF)

Segundo o art. 20, VIII, da Constituição Federal, também são bens da União "os potenciais de energia hidráulica". A federalização dos potenciais de energia hidráulica se deu na Constituição de 1946.

O referido dispositivo é regulado pelo Código de Águas (Decreto n. 24.643/34), que traz uma exceção: quando a potência for inferior a 50 kw, para uso exclusivo do proprietário (art. 139, § 2º). Segundo o art. 176 da Constituição Federal, os potenciais de energia hidráulica constituem propriedade distinta da do solo, para efeito de exploração ou aproveitamento, e pertencem à União, garantida ao concessionário a propriedade do produto da lavra" (art. 176, *caput*). Todavia, o § 4º do mesmo artigo abre uma exceção: "não dependerá de autorização ou concessão o aproveitamento do potencial de energia renovável de capacidade reduzida".

h) Recursos minerais, inclusive os do subsolo (art. 20, IX, CF)

Quanto aos recursos minerais, a Constituição de 1891 consagrou o sistema de acessão, por meio do qual o proprietário da superfície passava também a ser o proprietário do subsolo, embora o art. 72, § 17, daquela Constituição permitisse a desapropriação das minas pertencentes aos proprietários do solo.

Em 1915, o governo brasileiro regulamentou o disposto na Constituição de 1891, criando o instituto do manifesto do descoberto, através do qual o proprietário do solo detinha a preferência para explorar o subsolo. Caso não o aproveitasse, teria direito a 3% do lucro líquido da exploração. Recusando-se a exploração, poderia ser objeto de desapropriação.

As Constituições de 1934 (art. 119) e 1937 (art. 143) previram o sistema de autorizações/concessões para exploração dos recursos minerais, assim como a Constituição de

1946 (art. 153), a Constituição de 1967 (art. 161) e a Emenda Constitucional n. 1, de 1969 (art. 168).

Segundo o art. 20, IX, da Constituição Federal, são bens da União "os recursos minerais, inclusive os do subsolo". O art. 176, *caput*, da Constituição Federal afirma que os recursos minerais constituem propriedade distinta da do solo, para efeito de exploração ou aproveitamento, e pertencem à União.

Outrossim, segundo o art. 176, § 1º, da Constituição Federal, a pesquisa e a lavra de recursos minerais somente poderão ser efetuados mediante autorização ou concessão da União, no interesse nacional, por empresas brasileiras ou empresas constituídas sob as leis brasileiras e que tenham sua sede e administração no País.

Assim, em regra, a propriedade do solo é privada, podendo eventualmente ser pública (como vimos nos primeiros incisos deste artigo). Outrossim, nos termos do Código Civil, a propriedade do solo abrange a do subsolo correspondente. Todavia, a propriedade do solo não abrange as jazidas, minas e demais recursos minerais.

i) **Cavidades naturais subterrâneas e os sítios arqueológicos e pré-históricos (art. 20, X, CF)**

Segundo o art. 20, X, da Constituição Federal, são bens da União "as cavidades naturais subterrâneas e os sítios arqueológicos e pré-históricos".

Cavidades naturais subterrâneas são as grutas espeleológicas, como a gruta do Maquiné (MG) e a Caverna do Diabo (SP). Por sua vez, sítios arqueológicos e pré-históricos são regulados pela Lei n. 3.924, de 26 de julho de 1961, que os define como: "a) as jazidas de qualquer natureza, origem ou finalidade, que representem testemunhos de cultura dos paleoameríndios do Brasil, tais como sambaquis, montes artificiais ou tesos, poços sepulcrais, jazigos, aterrados, estearias e quaisquer outras não especificadas aqui, mas de significado idêntico a juízo da autoridade competente; b) os sítios nos quais se encontram vestígios positivos de ocupação pelos paleomeríndios tais como grutas, lapas e abrigos sob rocha; c) os sítios identificados como cemitérios, sepulturas ou locais de pouso prolongado ou de aldeiamento, 'estações' e 'cerâmios', nos quais se encontram vestígios humanos de interesse arqueológico ou paleoetnográfico; d) as inscrições rupestres ou locais como sulcos de polimentos de utensílios e outros vestígios de atividade de paleoameríndios".

Segundo o art. 8º da referida lei, "o direito de realizar escavações para fins arqueológicos, em terras de domínio público ou particular, constitui-se mediante permissão do Governo da União, através da Diretoria do Patrimônio Histórico e Artístico Nacional, ficando obrigado a respeitá-lo o proprietário ou possuidor do solo". Caso seja encontrado fortuitamente um sítio arqueológico ou pré-histórico, deve ser comunicada imediatamente a União, nos termos do art. 18 da sobredita lei. No Brasil, a maior concentração de sítios arqueológicos se encontra no Parque Nacional da Serra da Capivara, em São Raimundo Nonato, no Piauí. Com mais de setecentos sítios, o local é considerado pela Organização das Nações Unidas patrimônio cultural da humanidade. De todos os sítios da região, considera-se o mais antigo o Boqueirão da Pedra Furada, onde foram encontrados vestígios de presença humana há cerca de 50 mil anos.

j) **Terras tradicionalmente ocupadas pelos índios**

Segundo o art. 20, XI, da Constituição Federal, são bens da União "as terras tradicionalmente ocupadas pelos índios".

No mesmo sentido, o art. 231, § 1º, da Constituição Federal define: "são terras tradicionalmente ocupadas pelos índios as por ele habitadas em caráter permanente, as utilizadas para suas atividades produtivas, as imprescindíveis à preservação dos recursos ambientais necessários a seu bem-estar e as necessárias a sua reprodução física e cultural, segundo seus usos, costumes e tradições".

A Constituição Federal, no tocante às terras tradicionalmente ocupadas pelos índios, adotou o indigenato, instituto tradicional da doutrina luso-brasileira, desde os primeiros tempos da Colônia, quando, no Alvará de 1º de abril de 1680, constava que as terras outorgadas aos particulares sempre deveriam respeitar o direito dos índios, primários e naturais senhores delas.

O indigenato não se confunde com a posse ou ocupação, mas se trata de um direito congênito. E um direito que não precisa de confirmação. Por essa razão, o Supremo Tribunal Federal decidiu que a demarcação das terras indígenas tem natureza declaratória e não constitutiva: "os direitos dos índios sobre as terras que tradicionalmente ocupam foram constitucionalmente 'reconhecidos', e não simplesmente outorgados, com o que o ato de demarcação se orna de natureza declaratória, e não propriamente constitutiva. Ato declaratório de uma situação jurídica ativa preexistente. Essa a razão de a Carta Magna havê-los chamado de 'originários', a traduzir um direito mais antigo do que qualquer outro, de maneira a preponderar sobre pretensos direitos adquiridos, mesmo os materializados em escrituras públicas ou outros títulos de legitimação de posse em favor de não índios. Atos, estes, que a própria Constituição declarou como 'nulos e extintos' (§ 6º do art. 231 da CF)" (Pet. 3.388, rel. Min. Ayres Britto).

k) Faixa de fronteira

Segundo o art. 20, § 2º, da Constituição Federal, "a faixa de até cento e cinquenta quilômetros de largura, ao longo das fronteiras terrestres, designada como faixa de fronteira, é considerada fundamental para defesa do território nacional, e sua ocupação e utilização serão reguladas em lei".

Importante: a faixa de fronteira não é, por si só, bem da União (a não ser as terras devolutas ali existentes – art. 20, II, CF). A lei mencionada no art. 20, § 2º, da Constituição Federal é a Lei n. 6.634/79. Segundo o art. 2º da referida lei, salvo com o assentimento prévio do Conselho de Segurança Nacional, será vedada, na Faixa de Fronteira, a prática dos atos referentes a: construção de pontes, estradas internacionais e campos de pouso, transações com imóvel rural que impliquem a obtenção, por estrangeiro, do domínio, posse ou qualquer outro direito real sobre o imóvel etc.

Outrossim, segundo o art. 91, § 1º, III, da Constituição Federal, compete ao Conselho de Defesa Nacional (órgão superior de consulta do Presidente da República): "propor os critérios e condições de utilização de áreas indispensáveis à segurança do território nacional e opinar sobre seu efetivo uso, especialmente na faixa de fronteira e nas relacionadas com a preservação e a exploração dos recursos naturais de qualquer tipo".

l) Participação dos entes federativos na exploração

Segundo o art. 20, § 1º, da Constituição Federal, com redação da EC n. 102/2019, "é assegurada, nos termos da lei, à União, aos Estados, ao Distrito Federal e aos Municípios a participação no resultado da exploração de petróleo ou gás natural, de recursos hídricos para fins de geração de energia elétrica e de outros recursos minerais no respectivo território, plataforma continental, mar territorial ou zona econômica exclusiva, ou compensação financeira por essa exploração".

Por força do disposto no artigo sobredito, foi editada a Lei n. 7.990, de 1989, que trata da "compensação financeira pelo resultado da exploração de petróleo ou gás natural, de recursos hídricos para fins de geração de energia elétrica, de recursos minerais em seus respectivos territórios".

18.9.2. Competências da União

Uma das características de toda Federação é a existência de regras claras de distribuição de competências entre os entes federativos, previstas na Constituição Federal.

Todos os entes federativos possuem duas espécies de competência: a) competência legislativa (para elaboração das leis e atos normativos); b) competência não legislativa (competência política e administrativa).

A União, nos termos da Constituição Federal, possui quatro tipos de competência, sendo duas legislativas e duas não legislativas, assim distribuídas:

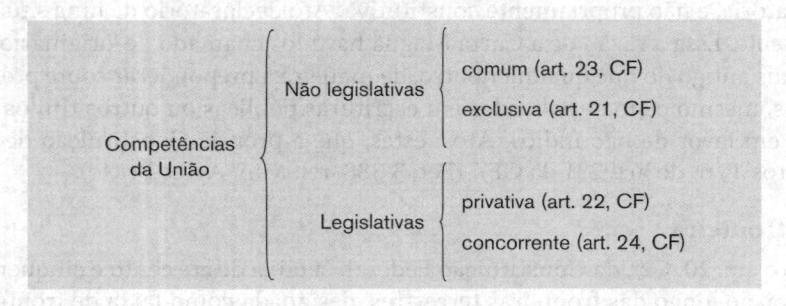

Competências da União
- Não legislativas
  - comum (art. 23, CF)
  - exclusiva (art. 21, CF)
- Legislativas
  - privativa (art. 22, CF)
  - concorrente (art. 24, CF)

a) Competência não legislativa comum da União (art. 23, CF)

Competência comum é aquela atribuída de forma igual a todos os entes federativos (União, Estados, Distrito Federal e Municípios). Tanto que o art. 23, *caput*, da Constituição Federal afirma: "é competência comum da União, dos Estados, do Distrito Federal e dos Municípios".

A primeira competência comum é "zelar pela guarda da Constituição, das leis e das instituições democráticas e conservar o patrimônio público" (art. 23, I, CF).

Outrossim, é competência comum a todos os entes federativos "cuidar da saúde e assistência pública, da proteção e garantia das pessoas portadoras de deficiência" (art. 23, II, CF). Dessa maneira, todos os entes federativos têm o dever de cuidar da saúde da população, não sendo um dever apenas da União. Nesse sentido, decidiu o Supremo Tribunal Federal: "o Estado deve criar para prover serviços médico-hospitalares e fornecimento de medicamentos, além da implementação de políticas públicas preventivas, mercê de os entes federativos garantirem recursos em seus orçamentos para implementação delas" (RE 607.381 AgR, rel. Min. Luiz Fux). Aliás, o art. 198, § 1º, da Constituição Federal afirma que o "sistema único de saúde será financiado, nos termos do art. 195, com recursos do orçamento da seguridade social, da União, dos Estados, do Distrito Federal e dos Municípios, além de outras fontes".

A Constituição Federal estabelece mínimos a serem aplicados em ações e serviços públicos de saúde, por parte da União, Estados, Distrito Federal e Municípios, na seguinte proporção: "I – no caso da União, a receita corrente líquida do respectivo exercício financeiro, não podendo ser inferior a 15% (quinze por cento); II – no caso dos Estados e do Distrito Federal, o produto da arrecadação dos impostos a que se refere o art. 155 e dos recursos de que tratam os arts. 157 e 159, inciso I, alínea *a*, e inciso II, deduzidas as parcelas que forem transferidas aos respectivos Municípios; III – no caso dos Municípios e do Distrito Federal, o produto da arrecadação dos impostos a que se refere o art. 156 e dos recursos de que tratam os arts. 158 e 159, inciso I, alínea *b* e § 3º".

Dessa maneira, sendo dever da União, Estados, Distrito Federal e Municípios cuidar da saúde, em casos excepcionais, para execução do mínimo existencial desse direito, podem ser acionados jurisdicionalmente qualquer um desses entes federativos, como já decidiu o Supremo Tribunal Federal: "o direito à saúde – além de qualificar-se como direito fundamental que assiste a todas as pessoas – representa consequência constitucional indissociável do direito à vida. O Poder Público, qualquer que seja a esfera institucional de sua atuação no plano da organização federativa brasileira, não pode mostrar-se indiferente ao problema da saúde da população, sob pena de incidir, ainda que por censurável omissão, em grave comportamento inconstitucional. A interpretação da norma programática não pode transformá-la em promessa constitucional inconsequente, sob pena de o Poder Público, fraudando justas expectativas nele depositadas pela coletividade, substituir, de maneira ilegítima, o cumprimento de seu impostergável dever, por um gesto irresponsável de infidelidade governamental ao que determina a própria Lei Fundamental do Estado" (RE 271.286-AgR, rel. Min. Celso de Mello).

Por sua vez, também é competência comum de todos os entes federativos "proteger os documentos, as obras e outros bens de valor histórico, artístico e cultural, os monumentos, as paisagens naturais notáveis e os sítios arqueológicos" (art. 23, III, CF). O fato de ser competência comum de todos os entes federativos não significa que todos agirão da mesma forma, da mesma medida. Por isso, o parágrafo único do art. 23 afirma que "leis complementares fixarão normas para a cooperação entre a União e os Estados, o Distrito Federal e os Municípios, tendo em vista o equilíbrio do desenvolvimento e do bem-estar em âmbito nacional". Assim, não poderá o Município se esquivar por completo dessa obrigação, bem como o Estado não poderá fazê-lo, sendo de atribuição de Lei Complementar federal a distribuição das competências comuns, como já decidiu o Supremo Tribunal Federal, ao declarar uma lei estadual inconstitucional que atribuiu exclusivamente aos municípios o dever unilateral de proteger os sítios arqueológicos que estiverem em seus domínios (ADI 2.544, rel. Min. Sepúlveda Pertence).

Também é competência comum entre todos os entes federativos "impedir a evasão, a destruição e a descaracterização de obras de arte e de outros bens de valor histórico, artístico e cultural" (art. 23, IV, CF), bem como "proporcionar os meios de acesso à cultura, à educação, à ciência, à tecnologia, à pesquisa e à inovação" (art. 23, V, CF). Com base nesse dispositivo, o Supremo Tribunal Federal declarou constitucional a lei estadual paulista (Lei n. 7.844/92) que previa a meia entrada aos estudantes regularmente matriculados em estabelecimentos de ensino: "Lei n. 7.844/92 do Estado de São Paulo. Meia entrada assegurada aos estudantes regularmente matriculados em estabelecimentos de ensino. Ingresso em casas de diversão, esporte, cultura e lazer [...]. Se de um lado a Constituição assegura a livre-iniciativa, de outro determina ao Estado a adoção de todas as providências tendentes a garantir o efetivo exercício do direito à educação, à cultura e ao desporto (arts. 23, V, 205, 208, 215 e 217, § 3º, da Constituição). Na composição entre esses princípios e regras há de ser preservado o interesse da coletividade, interesse público primário. O direito ao acesso à cultura, ao esporte e ao lazer são meios de complementar a formação dos estudantes" (ADI 1.950, rel. Min. Eros Grau).

Por sua vez, é competência comum de todos os entes federativos "proteger o meio ambiente e combater a poluição em qualquer de suas formas" (art. 23, VI, CF). Por essa razão, o Supremo Tribunal Federal considerou constitucional legislação local que instituiu o sistema de inspeção veicular, para aferição da poluição causada pelos veículos, não sendo uma legislação sobre trânsito e, por isso, não ferindo o art. 22, XI, da Constituição Federal: "Instituição do Programa de Inspeção e Manutenção de Veículos em uso no âmbito do Distrito Federal. [...] O ato normativo impugnado não dispõe sobre trânsito ao criar serviços públicos necessários à proteção do meio ambiente por meio do controle de gases emitidos pela rota de veículos do Distrito Federal. A alegação do requerente de afronta ao disposto no art. 22, XI, da CB não procede. A lei distrital apenas regula como o Distrito Federal cumprirá o dever-poder que lhe incumbe – proteção ao meio ambiente. O Distrito Federal possui competência para implementar medidas de proteção ao meio ambiente, fazendo-o nos termos do disposto no art. 23, VI, da CF/1988" (ADI 3.338, rel. Min. Eros Grau).

Da mesma forma, é competência comum de todos os entes federativos "preservar as florestas, a fauna e a flora" (art. 23, VII, CF), bem como "fomentar a produção agropecuária e organizar o abastecimento alimentar" (art. 23, VIII, CF) e "promover programas de construção de moradias e a melhoria das condições habitacionais e de saneamento básico" (art. 23, IX, CF). Assim, na medida de suas possibilidades orçamentárias, deve o poder público (municipal, estadual, distrital e federal) estabelecer programas de construção de moradias e de saneamento básico.

Outrossim, é também competência comum "combater as causas da pobreza e os fatores de marginalização, promovendo a integração social dos setores desfavorecidos" (art. 23, X, CF). Assim, devem os entes federativos criar programas de assistência social, a fim de auxiliar os mais pobres, dentro de seus limites orçamentários. Da mesma forma, é competência comum "registrar, acompanhar e fiscalizar as concessões de direitos de pesquisa e exploração de recursos hídricos e minerais em seus territórios" (art. 23, XI, CF).

Com base nesse dispositivo, em 2021, o STF admitiu que municípios (assim como todos os demais entes federativos) podem implantar serviços de assistência judiciária gratuita. Segundo o STF, "importa realçar que a competência material para o combate às causas e ao controle das condições dos vulneráveis em razão da pobreza e para a assistência aos desfavorecidos é comum a todos os entes federados, conforme determinado expressamente na Constituição da República (art. 23, X, CF). Essa competência constitucional comum dos entes federados decorre dos objetivos fundamentais da República previstos no art. 3º da Constituição" (ADPF 279, trecho do voto da Ministra relatora Cármen Lúcia, j. 25-9-2020).

É competência comum dos entes federativos "estabelecer e implantar política de educação para a segurança do trânsito" (art. 23, XII, CF). Essa competência não significa, é claro, o poder de regulamentar profissões, cuja competência é exclusiva da União, como já decidiu o Supremo Tribunal Federal: "Profissão de motoboy. Regulamentação. Inadmissibilidade. Competências exclusivas da União. É inconstitucional a lei distrital ou estadual que disponha sobre condições do exercício ou criação de profissão, sobretudo quando diga à segurança de trânsito" (ADI 3.610, rel. Min. Cezar Peluso).

Por fim, como mencionamos acima, o art. 23, parágrafo único, da Constituição Federal dita que as competências acima mencionadas não implicam em deveres idênticos aos entes federativos. Para melhor coordenação das tarefas a serem desempenhadas por cada ente federativo, a União editará leis complementares. Trata-se de um corolário do federalismo cooperativo (ou, no dizer dos norte-americanos, *marble cake federalism*).

b) **Competência não legislativa exclusiva da União (art. 21, CF)**

O art. 21 da Constituição Federal traz um rol de competências não legislativas exclusivas da União. Primeiramente, as competências não legislativas implicam competências políticas e administrativas, que serão exercidas pela União. Outrossim, competências exclusivas são aquelas intransferíveis, indelegáveis aos demais entes federativos.

O primeiro grupo de competências exclusivas (art. 21, I a V, CF) corresponde às competências pelas quais a União representa o Estado brasileiro internacionalmente, como vimos em item anterior deste capítulo. São competências da União: "manter relações com Estados estrangeiros e participar de organizações internacionais" (art. 21, I, CF), bem como "declarar a guerra e celebrar a paz" (art. 21, II, CF). No caso da guerra, será declarada pelo Presidente da República, depois de autorizado pelo Congresso Nacional (art. 49, II, CF).

Também é competência exclusiva da União "assegurar a defesa nacional" (art. 21, III, CF) e "permitir, nos casos previstos em lei complementar, que forças estrangeiras transitem pelo território nacional ou nele permaneçam temporariamente" (art. 23, IV, CF). Esse caso também compete ao Presidente da República (art. 84, XXII, CF), após a anuência do Congresso Nacional (art. 49, II, CF).

Outrossim, compete exclusivamente à União "decretar o estado de sítio, o estado de defesa e a intervenção federal" (art. 21, V, CF). Os três são decretados pelo Presidente da República, com a participação do Congresso Nacional. Da mesma forma, é competência da União "autorizar e fiscalizar a produção e o comércio de material bélico" (art. 23, VI, CF). Com base nesse inciso, o Supremo Tribunal Federal decidiu que "a competência exclusiva da União para legislar sobre material bélico, complementada pela competência para autorizar e fiscalizar a produção de material bélico abrange a disciplina sobre a destinação de armas apreendidas em situação irregular" (ADI 3.258, rel. Min. Joaquim Barbosa).

Também é da competência exclusiva da União "administrar as reservas cambiais do País e fiscalizar as operações de natureza financeira, especialmente as de crédito, câmbio e capitalização, bem como as de seguros e de previdência privada" (art. 21, VIII, CF). Dessa maneira, o Supremo Tribunal Federal declarou inconstitucional lei estadual que dispunha sobre adoção de equipamento que atestasse a autenticidade das cédulas de dinheiro pelos bancos: "Lei n. 12.775/2003 do Estado de Santa Catarina. Competência legislativa. Sistema financeiro nacional. Banco. Agência bancária. Adoção de equipamentos que, embora indicado pelo Banco Central, ateste autenticidade das cédulas de dinheiro nas transações bancárias. Previsão de obrigatoriedade. Inadmissibilidade. Regras de fiscalização de operações financeiras e de autenticidade do ativo circulante. Competências exclusivas da União. Ofensa aos artigos 21, VIII e 192, da CF" (ADI 3.515, rel. Min. Cezar Peluso). Da mesma maneira, o STF também declarou inconstitucional lei estadual que tratava de prazos máximos para autorização de exames pelas operadoras de planos de saúde: "Ação Direta de Inconstitucionalidade. Lei estadual que fixa prazos máximos, segundo a faixa etária dos usuários, para a autorização de exames pelas operadoras de planos de saúde. [...] Os arts. 22, VII, e 21, VIII, da CF atribuem à União competência para legislar sobre seguros e fiscalizar as operações relacionadas a essa matéria. Tais previsões alcançam os planos de saúde, tendo em vista a sua íntima afinidade com a lógica dos contratos de seguro, notadamente por conta do componente atuarial" (ADI 4.701, rel. Min. Roberto Barroso).

Outrossim, é competência exclusiva da União "elaborar e executar planos nacionais e regionais de ordenação do território e de desenvolvimento econômico e social" (art. 21, IX, CF), bem como "manter o serviço postal e o correio aéreo nacional" (art. 21, X, CF). O Supremo Tribunal Federal já decidiu que "a Constituição brasileira confere à União, em caráter exclusivo, a exploração do serviço postal e o correio aéreo nacional (art. 21, X). O serviço postal é prestado pela Empresa Brasileira de Correios e Telégrafos (ECT), empresa pública, entidade da administração indireta da União, criada pelo Decreto-lei n. 509, de 10.3.1969" (ADPF 46, rel. Min. Eros Grau). Outrossim, decidiu também que "é pacífico o entendimento deste Supremo Tribunal quanto à inconstitucionalidade de normas estaduais que tenham como objeto matérias de competência privativa da União [...] O serviço postal está no rol das matérias cuja normatização é de competência privativa da União (art. 22, V). É a União, ainda, por força do art. 21, X, da Constituição, o ente da Federação responsável pela manutenção desta modalidade de serviço público" (ADI 3.080, rel. Min. Ellen Gracie).

Segundo o art. 21, XI, compete exclusivamente à União "explorar, diretamente ou mediante autorização, concessão ou permissão, os serviços de telecomunicações, nos termos da lei, que disporá sobre a organização dos serviços, a criação de um órgão regulador e outros aspectos institucionais". Com base nesse dispositivo constitucional, o Supremo Tribunal Federal declarou inconstitucional lei estadual que tratava de telefonia celular: "ante lei estadual que veio a dispor sobre validade de crédito de celular pré-pago, projetando-o no tempo, surge relevante argumentação no sentido de competir à União legislar sobre telecomunicação" (ADI 4.715 MC, rel. Min. Marco Aurélio). No mesmo sentido, o STF declarou inconstitucional lei estadual que dispõe sobre bloqueadores de sinal celular em presídio, por invadir competência da União: "lei estadual que disponha sobre bloqueadores de sinal de celular em presídio invade a competência da União para legislar sobre telecomunicações [...] A Corte afirmou que, ao determinar às empresas de telefonia a instalação de equipamentos para interrupção de sinal nas unidades prisionais, o legislador local instituíra obrigação diretamente relacionada ao objeto da concessão do serviço móvel pessoal. Dessa forma, teria atuado no núcleo de regulação da atividade de telecomunicações, de competência da União, já que a ela caberia disciplinar a transmissão de sinais no campo eletromagnético de maneira adequada (CF, art. 21, XI e 175, IV)" (ADI 3.835, rel. Min. Marco Aurélio).

Outrossim, compete exclusivamente à União "explorar, diretamente ou mediante autorização, concessão ou permissão: a) os serviços de radiodifusão sonora e de sons e imagens; b) os serviços e instalações de energia elétrica e o aproveitamento energético dos cursos de água, em articulação com os Estados onde se situam os potenciais hidroenergéticos; c) a navegação aérea, aeroespacial e a infraestrutura aeroportuária; d) os serviços de transporte ferroviário e aquaviário entre portos brasileiros e fronteiras nacionais, ou que transponham os limites de Estado ou Território; e) os serviços de transporte rodoviário interestadual e internacional de passageiros; f) os portos marítimos, fluviais e lacustres" (art. 21, XII, CF). Com base nesse inciso, o Supremo Tribunal Federal entendeu que "a Lei n. 4.117/1962, que obriga empresa de radiodifusão a transmitir o programa 'A Voz do Brasil' foi recepcionada pela CF de 1988" (RE 531.908 AgR, rel. Min. Ayres Britto).

Da mesma forma, como os serviços e instalações de energia elétrica são de competência exclusiva da União, segundo o STF, "as leis fluminenses 3.915/2002 e 4.561/2005, ao obrigarem as concessionárias dos serviços de telefonia fixa, energia elétrica, água e gás a instalar medidores de consumo, intervêm na relação firmada entre a União e suas concessionárias, pelo que contrariam os arts. 21, XI e XII, *b*; e 22, IV, da Constituição da República" (ADI 3.558, voto da rel. Min. Cármen Lúcia).

Quanto ao transporte rodoviário interestadual, já julgou o STF: "transporte rodoviário interestadual de passageiros. Não pode ser dispensada, a título de proteção da livre-iniciativa, a regular autorização, concessão ou permissão da União, para a sua exploração por empresa particular. Recurso extraordinário provido por contrariedade ao disposto no art. 21, XII, *e*, da CF" (RE 214.382, rel. Min. Octavio Gallotti).

Segundo o art. 21, XIII, da Constituição Federal, compete exclusivamente à União "organizar e manter o Poder Judiciário, o Ministério Público do Distrito Federal e dos Territórios e a Defensoria Pública dos Territórios". Esse inciso se justifica porque, como vimos anteriormente, os Territórios Federais (que não existem atualmente), se criados, integram a União, sendo por ela administrados.

Por sua vez, compete exclusivamente à União "organizar e manter a polícia civil, a polícia penal, a polícia militar e o corpo de bombeiros militar do Distrito Federal, bem como prestar assistência financeira ao Distrito Federal para a execução de serviços públicos, por meio de fundo próprio" (art. 21, XIV, CF – com redação da EC n. 104/2019).

O Distrito Federal, como veremos ainda neste capítulo, é um ente federativo que se assemelha ao Estado e ao Município. Não obstante, por ter orçamento limitado, conta com o auxílio administrativo da União, como vemos nesse inciso. Embora essas polícias estejam subordinadas ao Governador do Distrito Federal (nos termos do art. 144, § 6º, da Constituição Federal), a organização e a manutenção dessas instituições são de responsabilidade da União. Aliás, nesse sentido, a Súmula Vinculante 39 dispõe que: "compete privativamente à União legislar sobre vencimentos dos membros das polícias civil e militar e do corpo de bombeiros militar do Distrito Federal".

Compete, outrossim, exclusivamente à União "organizar e manter os serviços oficiais de estatística, geografia, geologia e cartografia de âmbito nacional" (art. 21, XV, CF), bem como "exercer a classificação, para efeito indicativo, de diversões públicas e de programas de rádio e televisão" (art. 21, XVI, CF). Recentemente, o Supremo Tribunal Federal declarou inconstitucional parte do art. 254 do Estatuto da Criança e do Adolescente (Lei n. 8.069/90), que previa a imposição de multa caso a emissora de rádio ou televisão transmitisse o espetáculo em horário diverso do autorizado. Segundo o STF, cabe à União exercer a classificação para efeito indicativo, não podendo proibir a transmissão em horário diverso, sob pena de configurar censura. Segundo o STF, "A exibição do aviso de classificação indicativa teria efeito pedagógico, a exigir reflexão por parte do espectador e dos responsáveis. [...] As emissoras deveriam observar na sua programação as cautelas necessárias às peculiaridades do público infanto-juvenil. Elas, e não o Estado, deveriam, não obstante, proceder ao enquadramento horário de sua programação" (ADI 2.404, rel. Min. Dias Toffoli).

Compete exclusivamente à União "conceder anistia" (art. 21, XVII, CF). Anistia é o perdão concedido por lei, pelo Congresso Nacional. É o caso da Lei Federal n. 13.293, de 1º de junho de 2016, que concede anistia aos policiais e bombeiros militares dos Estados de Alagoas, de

Goiás, do Maranhão, de Minas Gerais, dentre outros Estados, punidos por participar de movimentos reivindicatórios.

Outrossim, são competências exclusivas da União: "planejar e promover a defesa permanente contra as calamidades públicas, especialmente as secas e as inundações" (art. 21, XVIII); "instituir sistema nacional de gerenciamento de recursos hídricos e definir critérios de outorga de direitos de seu uso" (art. 21, XIX); "instituir diretrizes para o desenvolvimento urbano, inclusive habitação, saneamento básico e transportes urbanos" (art. 21, XX, CF); "estabelecer princípios e diretrizes para o sistema nacional de viação" (art. 21, XXI, CF); "executar os serviços de polícia marítima, aeroportuária e de fronteiras" (art. 21, XXII, CF). Quanto a este último inciso, afirma o art. 144, § 1º, da Constituição Federal, é atribuição da polícia federal "exercer as funções de polícia marítima, aeroportuária e de fronteiras" (art. 144, § 1º, III, CF).

Segundo o art. 21, XXIII, da Constituição Federal, é também competência exclusiva da União: "explorar os serviços e instalações nucleares de qualquer natureza e exercer monopólio estatal sobre a pesquisa, a lavra, o enriquecimento e reprocessamento, a industrialização e o comércio de minérios nucleares e seus derivados, atendidos os seguintes princípios e condições: a) toda atividade nuclear em território nacional somente será admitida para fins pacíficos e mediante aprovação do Congresso nacional; b) sob regime de permissão, são autorizadas a comercialização e a utilização de radioisótopos para a pesquisa e uso, agrícolas e industriais[87]; c) sob regime de permissão, são autorizadas a produção, comercialização e utilização de radioisótopos para pesquisa e uso médicos[88]; d) a responsabilidade civil por danos nucleares independe da existência de culpa". Já o art. 21, XXIV, da Constituição Federal prevê ser competência exclusiva da União "organizar, manter e executar a inspeção do trabalho" e o art. 21, XXV, prevê: "estabelecer as áreas e as condições para o exercício da atividade de garimpagem, em forma associativa".

Por fim, a Emenda Constitucional n. 115/2022 acrescentou uma nova Competência exclusiva da União: "organizar e fiscalizar a proteção e o tratamento de dados pessoais, nos termos da lei" (art. 21, XXVI, CF). Regulamentada por lei federal (a LGPD – Lei Geral de Proteção de Dados), esse dispositivo demonstra que a organização, fiscalização e tratamento dos dados pessoais é de responsabilidade da União (e não dos Estados e Municípios), através dos organismos criados e regulamentados pela sobredita lei.

c) Competência legislativa privativa da União (art. 22, CF)

O art. 22 da Constituição Federal trata da competência legislativa privativa da União. Qual a diferença entre a competência exclusiva (que vimos no art. 21 da CF) e a presente competência privativa? Enquanto a competência exclusiva é indelegável, intransferível, a competência privativa é delegável, transferível.

---

87. Esse dispositivo foi alterado pela Emenda Constitucional n. 118/2022, que excluiu da alínea *b*, a permissão para a comercialização e a utilização de radioisótopos para usos médicos, que foi inserida, com algumas alterações, na alínea seguinte.
88. Por força da Emenda Constitucional n. 118/2022, a pesquisa e comercialização de radioisótopos para fins médicos foi transportada da alínea *b* para a alínea *c*. Dessa última alínea foi exclusiva a limitação para uso de radioisótopos, que antes havia no texto constitucional (desde a redação dada pela EC n. 49/2006), aos "radioisótopos de meia vida igual ou inferior a duas horas". Não há mais no texto constitucional essa limitação. Com essa alteração, o Congresso quebrou o monopólio do poder público, permitindo a fabricação, pela iniciativa privada, de todos os tipos de radioisótopos de uso médico.

Segundo o art. 22, parágrafo único, da Constituição Federal, "Lei complementar poderá autorizar os Estados a legislar sobre questões específicas das matérias relacionadas neste artigo". Assim, poderá Lei Complementar Federal delegar a um determinado Estado a possibilidade de fazer uma lei sobre algum tema específico de Direito Penal, Direito do Trabalho etc.

A primeira competência legislativa privativa da União é legislar sobre "direito civil, comercial, penal, processual, eleitoral, agrário, marítimo, aeronáutico, espacial e do trabalho" (art. 22, I, CF). Dessa maneira, se qualquer ente federativo elaborar uma lei sobre um desses assuntos, será de flagrante inconstitucionalidade. Por essa razão, o Supremo Tribunal Federal editou a Súmula Vinculante 46, que dispõe: "a definição dos crimes de responsabilidade e o estabelecimento das respectivas normas de processo e julgamento são da competência legislativa privativa da União".

Diante desse dispositivo, o STF declarou inconstitucional lei estadual que versou sobre direito eleitoral: "Lei estadual 5.729/95. [...] Elegibilidade do policial militar. Matéria de direito eleitoral. Competência legislativa da União (CF, art. 22, I)" (ADI 1.381, rel. Min. Dias Toffoli). Da mesma forma, declarou inconstitucional lei maranhense que tratava de prioridade de processos judiciais em que a parte era mulher vítima de violência doméstica ou familiar: "Lei n. 7.716/2001 do Estado do Maranhão. Fixação de nova hipótese de prioridade, em qualquer instância, de tramitação processual para as causas em que for parte mulher vítima de violência doméstica. Vício formal. A definição de regras sobre a tramitação das demandas judiciais e de sua priorização, na medida em que reflete parte importante da prestação da atividade jurisdicional pelo Estado, é aspecto abrangido pelo ramo processual do direito, cuja positivação foi atribuída pela CF privativamente à União (art. 22, I, da CF/1988)" (ADI 3.483, rel. Min. Dias Toffoli). Outrossim, o Supremo Tribunal Federal também declarou inconstitucional lei estadual que versava sobre Direito do Trabalho, vedando a revista íntima em empresas: "Matéria concernente a relações de trabalho. Usurpação de competência privativa da União. Ofensa aos arts. 21, XXIV, e 22, I, da CF. Vício formal caracterizado. [...] É inconstitucional norma do Estado ou do Distrito Federal que disponha sobre proibição de revista íntima em empregados de estabelecimentos situados no respectivo território" (ADI 2.947, rel. Min. Cezar Peluso). Por fim, leis estaduais que versem sobre Direito Civil serão igualmente inconstitucionais: "estacionamento de veículos em áreas particulares. Lei estadual que limita o valor das quantias cobradas pelo seu uso. Direito Civil. Invasão de competência privativa da União. Hipótese de inconstitucionalidade formal por invasão de competência privativa da União para legislar sobre Direito Civil (CF, art. 22, I). Enquanto a União regula o direito de propriedade e estabelece as regras substantivas de intervenção no domínio econômico, os outros níveis de governo apenas exercem o policiamento administrativo do uso da propriedade e da atividade econômica dos particulares, tendo em vista, sempre, as normas substantivas editadas pela União" (ADI 4.862, rel. Min. Gilmar Mendes).

Também é da competência privativa da União legislar sobre "desapropriação" (art. 22, II, CF) e sobre "requisições civis e militares, em caso de iminente perigo e em tempo de guerra" (art. 22, III, CF). Por essa razão, o Supremo Tribunal Federal considerou "inconstitucional, por invadir a competência legislativa da União e violar o princípio da separação dos poderes, norma distrital que submeta as desapropriações, no âmbito do Distrito Federal, à aprovação prévia da Câmara Legislativa do Distrito Federal" (ADI 969, rel. Min. Joaquim Barbosa). Outrossim, o Supremo Tribunal Federal declarou inconstitucional lei estadual que permitia à administração a utilização de veículos particulares apreendidos: "Nos termos da Constituição, compete à União legislar sobre direito penal (perdimento de bens), processual (apreensão), requisição civil (uso de bens particulares enquanto não declarado o perdimento ou resolvida a situação lesiva, e devolvido o bem ao proprietário) e de trânsito. Portanto, não poderia o Estado-membro criar hipóteses semelhantes à requisição administrativa para aplicação no período em que o veículo aguarda definição de sua alienação compulsória ou de retorno ao proprietário" (ADI 3.639, rel. Min. Joaquim Barbosa).

Compete também privativamente à União legislar sobre "águas, energia, informática, telecomunicações e radiodifusão" (art. 22, IV, CF). Por essa razão, o supremo Tribunal Federal declarou inconstitucional "lei local a dispor sobre a impossibilidade de cobrança de assinatura básica mensal pelas concessionárias de serviços de telecomunicações" (ADI 4.369, rel. Min. Marco Aurélio). No mesmo sentido, o STF decidiu: "Lei n. 10.248/93 do Estado do Paraná, que obriga os estabelecimentos que comercializem Gás Liquefeito de Petróleo (GLP) a pesarem, à vista do consumidor, os botijões ou cilindros entregues ou recebidos para substituição, com abatimento proporcional do preço do produto ante a eventual verificação de diferença a menor entre o conteúdo e a quantidade líquida especificada no recipiente. Inconstitucionalidade formal, por ofensa à competência privativa da União para legislar sobre o tema (CF/1988, art. 22, IV, e art. 238)" (ADI 855, rel. Min. Gilmar Mendes).

Compete também à União legislar privativamente sobre "serviço postal" (art. 22, V, CF) e sobre "sistema monetário e de medidas, títulos e garantias dos metais" (art. 22, VI, CF). Por essa razão, o Supremo Tribunal Federal decidiu: "entendimento assentado pelo STF no sentido da incompetência das unidades federadas para a fixação de índices de correção monetária de créditos fiscais em percentuais superiores aos fixados pela União para o mesmo fim" (RE 183.907, rel. Min. Ilmar Galvão). Outrossim, também é competência privativa da União legislar sobre "política de crédito, câmbio, seguros e transferência de valores" (art. 22, VII, CF). Com base nesse inciso, o STF declarou inconstitucional lei paulista que "previu a incidência de ICMS sobre as operações de vendas, por seguradoras, de veículos envolvidos em sinistros. Vendas que integram a própria operação de seguro, constituindo recuperação de receitas e não atividade mercantil" (RE 588.149, rel. Min. Gilmar Mendes). Outrossim, declarou inconstitucional "lei estadual que regula obrigações relativas a serviços de assistência médico-hospitalar regidos por contratos de natureza privada, universalizando a cobertura de doenças. Vício formal. Competência privativa da União para legislar sobre direito civil, comercial e sobre política de seguros" (ADI 1.646, rel. Min. Gilmar Mendes).

É competência privativa da União legislar sobre "comércio exterior e interestadual" (art. 22, VIII, CF). Com base nesse inciso, o Supremo Tribunal Federal declarou ser "formalmente inconstitucional a lei estadual que cria restrições à comercialização, à estocagem e ao trânsito de produtos agrícolas importados no Estado, ainda que tenha por objeto a proteção da saúde dos consumidores" (ADI 3.813, rel. Min. Dias Toffoli). Não obstante, o STF declarou constitucional lei estadual que obriga a prestação de algumas informações em rótulos de embalagem: "ação direta de inconstitucionalidade contra lei paranaense 13.519, de 8-4-2002, que estabelece obrigatoriedade de informação, conforme especifica, nos rótulos de embalagens de café comercializado no Paraná. [...] Não há usurpação de competência da União para legislar sobre direito comercial e comércio interestadual porque o ato normativo impugnado buscou, tão somente, assegurar a proteção ao consumidor. Precedente deste Tribunal (ADI 1.980-MC, rel. Min. Sydney Sanches) no sentido de que não invade esfera de competência da União, para legislar sobre normas gerais, lei paranaense que assegura ao consumidor o direito de obter informações sobre produtos combustíveis" (ADI 2.832, rel. Min. Ricardo Lewandowski).

Também é da competência privativa da União, legislar sobre: "diretrizes da política nacional de transportes" (art. 22, IX, CF), "regime dos portos, navegação lacustre, fluvial, marítima, aérea e aeroespacial" (art. 22, X, CF) e "trânsito e transporte" (art. 22, XI, CF). Quanto a este último inciso, não poderá o Estado ou o Município legislar sobre assuntos gerais de trânsito e transporte, por se tratar de competência privativa da União. Por essa razão, o STF declarou inconstitucional lei estadual que tratava de cintos de segurança (ADI 2.960, rel. Min. Dias Toffoli), penalidades para motorista embriagado (ADI 3.269, rel. Min. Cezar Peluso), uso de faróis (ADI 3.055, rel. Min. Carlos Velloso) ou idade mínima para dirigir veículo automotor (ADI 476, rel. Min. Sepúlveda Pertence).

Também é competência privativa da União legislar sobre "jazidas, minas, outros recursos minerais e metalurgia" (art. 22, XII, CF) (a principal norma é o Código de Mineração – Decreto-lei n. 227, de 28 de fevereiro de 1967, recepcionado como lei ordinária) bem como "nacionalidade, cidadania e naturalização" (art. 22, XIII, CF). Quanto a esse último inciso, a principal norma é o Estatuto do Estrangeiro (Lei n. 6.815, de 19 de agosto de 1980).

Por sua vez, também compete privativamente à União legislar sobre "populações indígenas" (art. 22, XIV, CF), "emigração e imigração, entrada, extradição e expulsão de estrangeiros" (art. 22, XV, CF) e "organização do sistema nacional de emprego e condições para o exercício de profissões" (art. 22, XVI, CF). Quanto a este último inciso, corresponde à possibilidade prevista no art. 5º, XIII, da Constituição Federal, que permite a criação legal de restrições de acesso a algumas profissões. Essas restrições necessariamente devem ser feitas por lei federal, como prevê o dispositivo ora em comento.

Compete igualmente à União legislar privativamente sobre "organização judiciária, do Ministério Público do Distrito Federal e dos Territórios e da Defensoria Pública dos Territórios, bem como organização administrativa destes" (art. 22, XVII, CF), bem como legislar sobre "sistema estatístico, sistema cartográfico e de geologia nacionais" (art. 22, XVIII, CF)", sistemas de poupança, captação e garantia da poupança popular" (art. 22, XIX, CF) e "sistemas de consórcios e sorteios" (art. 22, XX, CF). Com base neste último inciso, o Supremo Tribunal Federal editou a Súmula Vinculante 2, segundo a qual "é inconstitucional a lei ou ato normativo estadual ou distrital que disponha sobre sistemas de consórcios e sorteios, inclusive bingos e loterias".

Segundo o art. 22, XXI, da Constituição Federal – com redação da EC n. 103/2019 –, compete privativamente à União legislar sobre "normas gerais de organização, efetivos, material bélico, garantias, convocação, mobilização, inatividades e pensões das polícias militares e dos corpos de bombeiros militares". Com base nesse inciso, decidiu o STF: "a regulamentação das promoções dos policiais militares é tratada em leis que disponham sobre normas gerais de organização das polícias militares, por sua vez, estão sob reserva de lei federal (CF, art. 22, XXI)" (ADI 1.540, rel. Min. Maurício Correa).

Por sua vez, também é competência privativa da União legislar sobre "competência da polícia federal e das polícias rodoviária e ferroviária federais" (art. 22, XXII, CF). Destaca-se a Lei n. 10.446, de 8 de maio de 2002, que trata de infrações penais cuja apuração é de responsabilidade da Polícia Federal (infrações penais de repercussão interestadual ou internacional que exigem repressão uniforme).

Compete à União também legislar sobre "seguridade social" (art. 22, XXIII, CF) (nessa área, temos a Lei n. 8.212, de 24 de julho de 1991 – que dispõe sobre a organização da seguridade social – e a Lei n. 8.213, de 24 de julho de 1991, que dispõe sobre os benefícios da Previdência Social) e sobre "diretrizes e bases da educação nacional" (art. 22, XXIV, CF). Neste último caso, trata-se da Lei n. 9.394, de 20 de dezembro de 1996 (Lei de Diretrizes e Bases da Educação Nacional).

Também é competência privativa da União legislar sobre "registros públicos" (art. 22, XXV, CF). A lei mais importante acerca do assunto é a Lei federal n. 6.015, de 31 de dezembro de 1973 (Lei de Registros Públicos). Outrossim, também é competência da União legislar sobre "atividades nucleares de qualquer natureza" (art. 22, XXVI, CF). Nessa área, temos a Lei n. 6.453, de 17 de outubro de 1977, que trata da responsabilidade civil por danos nucleares e a responsabilidade criminal por atos relacionados com atividades nucleares. Também compete à União legislar sobre "normas gerais de licitação e contratação, em todas as modalidades, para as administrações públicas diretas, autárquicas e fundacionais da União, Estados, Distrito Federal e Municípios, obedecido o disposto no art. 37, XXI, e para as empresas públicas e sociedades de economia mista, nos termos do art. 173, § 1º, III". A mais importante lei acerca do assunto é a Lei federal n. 8.666, de 21 de junho de 1993 (Lei de Licitações). Com base nesse inciso o STF, na ADI 3.735, relatada pelo Min. Teori Zavascki, declarou inconstitucional a Lei n. 3.041/2005 do Estado do Mato Grosso do Sul, por violar a competência constitucional privativa da União para legislar sobre normas gerais relativas à licitação e contratação.

Por fim, compete privativamente à União também legislar sobre "defesa territorial, defesa aeroespacial, defesa marítima, defesa civil e mobilização nacional" (art. 22, XXVIII, CF). Foi editada a Lei n. 11.631, de 27 de dezembro de 2007, dispondo sobre a "Mobilização Nacional". Segundo o art. 2º, I, da referida lei, considera-se "Mobilização Nacional o conjunto de atividades planejadas, orientadas e empreendidas pelo Estado, complementando a Logística Nacional, destinadas a capacitar o País a realizar ações estratégicas, no campo da Defesa Nacional, diante de agressão estrangeira". Segundo o art. 4º desta lei, "a execução da Mobilização Nacional, caracterizada pela celeridade e compulsoriedade das ações a serem implementadas, com vistas em propiciar ao País condições para enfrentar o fato que a motivou, será decretada por ato do Poder Executivo autorizado pelo Congresso Nacional ou referendado por ele, quando no intervalo das sessões legislativas"[89]. Quanto à defesa aeroespacial, há o Decreto-Lei n. 1.778/80 (recepcionado como lei ordinária) e o Código Brasileiro de Aeronáutica (Lei federal n. 7.565/86), que prevê até mesmo a destruição de aeronaves consideradas hostis, no seu art. 303 (chamada vulgarmente de "lei do abate").

Também compete à União legislar sobre "propaganda comercial" (art. 22, XXIX, CF). Quanto a este último inciso, temos a Lei n. 9.294, de 15 de julho de 1996, que dispõe sobre a propaganda de produtos fumígenos, bebidas alcóolicas, medicamentos, terapias e defensivos agrícolas. Na Ação Direta de Inconstitucionalidade 5.424/SC, o STF declarou inconstitucional lei catarinense que vedava a propaganda de medicamentos no Estado. Segundo o Supremo, "a Lei n. 16.751 do Estado de Santa Catarina configura usurpação da competência privativa da

---

89. Segundo o art. 4º, parágrafo único: "na decretação da Mobilização Nacional, o Poder Executivo especificará o espaço geográfico do território nacional em que será realizada e as medidas necessárias à sua execução, dentre elas: I – a convocação dos entes federados para integrar o esforço da Mobilização Nacional; II – a reorientação da produção, da comercialização, da distribuição e do consumo de bens e da utilização de serviços; III – a intervenção nos fatores de produção públicos e privados; IV – a requisição e a ocupação de bens e serviços e V – a convocação de civis e militares".

União para legislar sobre propaganda comercial (art. 22, inc. XXIX, da Constituição)" (voto do Min. Dias Toffoli).

Por fim, a Emenda Constitucional n. 115/2022 acrescentou um novo inciso ao art. 22, afirmando ser competência privativa da União legislar sobre "proteção e tratamento de dados pessoais" (art. 22, XXX). Dessa maneira, assim como editou a Lei Geral de Proteção de Dados, caberá privativamente à União reformar ou editar novas leis sobre esse assunto.

d) Competência legislativa concorrente da União (art. 24, CF)

Uma das competências legislativas mais importantes previstas na Constituição Federal é a concorrente. Nessa competência, quanto aos temas previstos no art. 24 da Constituição Federal, enquanto a União faz a lei geral, dispondo de forma geral, cabe aos Estados e ao Distrito Federal elaborarem as leis específicas. Trata-se de uma clara demonstração do federalismo de cooperação (ou *marble cake federalism*, nas palavras dos norte-americanos). Esse fenômeno está previsto no art. 24, § 1º, da Constituição Federal: "no âmbito da legislação concorrente, a competência da União limitar-se-á a estabelecer normas gerais". Nesse caso, enquanto a União faz a lei geral, o Estado possui competência complementar, devendo fazer a lei específica.

Importante: caso a União não faça a lei geral sobre um dos temas do art. 24 da Constituição Federal, o Estado poderá fazê-lo, de forma plena. Trata-se, nesse caso, de competência supletiva, prevista no art. 24, § 3º, da Constituição Federal: "inexistindo lei federal sobre normas gerais, os Estados exercerão a competência legislativa plena, para atender a suas peculiaridades". Não obstante, essa "lei geral estadual" não vigerá para sempre. Segundo o art. 24, § 4º, da Constituição Federal, sobrevindo lei geral federal, esta suspenderá a eficácia da lei estadual, no que for contrário. Não se trata de revogação (pois esta ocorre em normas da mesma hierarquia, natureza e fonte legislativa), mas de suspensão da eficácia: "a superveniência de lei federal sobre normas gerais suspende a eficácia da lei estadual, no que lhe for contrário" (art. 24, § 4º, CF).

São temas de competência concorrente entre União, Estados e Distrito Federal: "Direito Tributário, financeiro, penitenciário, econômico e urbanístico" (art. 24, I, CF). Dessa maneira, em se tratando de Direito Tributário, por exemplo, enquanto a União faz a lei geral (Código Tributário Nacional – Lei n. 5.172, de 25 de outubro de 1966), cada Estado pode elaborar a lei específica. O mesmo se aplica ao direito penitenciário e direito econômico, por exemplo. Quanto a este último, o Supremo Tribunal Federal decidiu: "Lei n. 7.737/2004 do Estado do Espírito Santo. Garantia de meia entrada aos doadores regulares de sangue. Acesso a locais públicos de cultura, esporte e lazer. Competência concorrente entre a União, Estados-membros e o Distrito Federal para legislar sobre direito econômico" (ADI 3.512, rel. Min. Eros Grau).

Outrossim, compete concorrentemente legislar sobre "orçamento' (art. 24, II, CF), bem como sobre "juntas comerciais" (art. 24, III, CF). A Lei federal que trata do tema é a Lei n. 8.934, de 18 de novembro de 1994 (que dispõe sobre o Registro Público de Empresas Mercantis e Atividades Afins), podendo os Estados e o DF elaborar normas específicas.

Também é competência concorrente legislar sobre "custas dos serviços forenses" (art. 24, IV, CF). Por essa razão, decidiu o Supremo Tribunal Federal: "custas e emolumentos são espécies tributárias, classificando-se como taxas. [...] À União, ao Estado-membro e ao Distrito Federal é conferida competência para legislar concorrentemente sobre custas dos serviços forenses, restringindo-se a competência da União, ao âmbito dessa legislação concorrente, ao estabelecimento de normas gerais, certo que, inexistindo tais normas gerais, os Estados exercerão a competência legislativa plena, para atender a suas peculiaridades (CF, art. 24, IV, §§ 1º e 3º)" (ADI 1.624, rel. Min. Carlos Velloso). Outrossim, é competência concorrente legislar sobre "produção e consumo" (art. 24, V, CF). Nesse assunto (como nos demais), a União fará a lei geral, enquanto os Estados e o DF farão as leis específicas sobre o assunto. Assim, por exemplo, a União fez a Lei n. 11.105, de 24 de março de 2005, estabelecendo normas de segurança e fiscalização de atividades que envolvam organismos geneticamente modificados. Por exemplo, o art. 40 desta lei determina que "os alimentos e ingredientes alimentares destinados ao consumo humano ou animal que contenham ou sejam produzidos a partir de OGM ou derivados deverão conter informação nesse sentido em seus rótulos, conforme regulamento". A lei estadual ou distrital deverá tratar de temas específicos, complementando a lei federal, não podendo jamais substituí-la, suplantá-la. Por essa razão, decidiu o Supremo Tribunal Federal: "Lei n. 14.861/2005 do Estado do Paraná Informação quanto à presença de organismos geneticamente modificados em alimentos e ingredientes alimentares destinados ao consumo humano e animal. Lei federal 11.105/2005 e Decretos 4.680/2003 e 5.591/2005. Competência legislativa concorrente para dispor sobre produção, consumo e proteção e defesa da saúde. Art. 24, V e XII, da CF. [...] Ocorrência de substituição – e não suplementação – das regras que cuidam das exigências, procedimentos e penalidades relativos à rotulagem informativa de produtos transgênicos por norma estadual que dispôs sobre o tema de maneira igualmente abrangente. Extrapolação, pelo legislador estadual, da autorização constitucional voltada para o preenchimento de lacunas acaso verificadas na legislação federal" (ADI 3.645, rel. Min. Ellen Gracie).

Também é competência concorrente legislar sobre "florestas, caça, pesca, fauna, conservação da natureza, defesa do solo e dos recursos naturais, proteção do meio ambiente e controle da poluição" (art. 24, VI, CF). Por exemplo, temos em âmbito federal a Lei federal n. 9.605, de 12 de fevereiro de 1998, que trata das sanções penais e administrativas derivadas de condutas e atividades lesivas ao meio ambiente. Cada Estado (e assim também o DF) poderá fazer as respectivas leis específicas, como o caso do Rio Grande do Sul, que elaborou a Lei n. 11.520, de 3 de agosto de 2000 (Código Estadual do Meio Ambiente).

Outrossim, é competência concorrente legislar sobre "proteção ao patrimônio histórico, cultural, artístico, turístico e paisagístico" (art. 24, VII, CF); "responsabilidade por dano ao meio ambiente, ao consumidor, a bens e direitos de valor artístico, estético, histórico, turístico e paisagístico" (art. 24, VIII, CF). Quanto a este último inciso, decidiu o Supremo Tribunal Federal: "a competência do Estado para instituir regras de efetiva proteção aos consumidores nasce-lhe do art. 24, V e VIII, c.c. o art. 2º [...] Cumpre ao Estado legislar concorrentemente, de forma específica, adaptando as normas gerais de 'produção e consumo' e de 'responsabilidade por dano ao [...] consumidor' expedidas pela União às peculiaridades e circunstâncias locais. E foi o que fez a legislação impugnada, pretendendo dar concreção e efetividade aos ditames da legislação federal correlativa, em tema de comercialização de combustíveis" (ADI 1.980, rel. Min. Cezar Peluso).

Da mesma maneira, é competência concorrente legislar sobre "educação, cultura, ensino, desporto, ciência, tecnologia, pesquisa, desenvolvimento e inovação" (art. 24, IX, CF). Como dissemos acima, enquanto à União caberá legislar sobre os assuntos gerais sobre educação, por exemplo (elaborando a Lei de Diretrizes e Bases da Educação Nacional), caberá aos Estados e ao DF elaborarem leis específicas, como a fixação do número de alunos em sala de aula. Nesse sentido, já decidiu o Supremo Tribunal Federal: "a competência legislativa do Estado-membro para dispor sobre educação e ensino (CRFB, art. 24, IX) autoriza a fixação, por lei local, do número máximo de alunos em sala de aula, no afã de viabilizar o adequado aproveitamento dos estudantes. O limite máximo de alunos em sala de aula não ostenta natureza de norma legal, uma vez que dependente das circunstâncias peculiares a cada ente da federação, tais como o número de escolas colocadas à disposição da comunidade, a oferta de vagas para o ensino, o quantitativo de crianças em idade escolar para o nível fundamental e médio, o número de professores em oferta na região, além de aspectos ligados ao desenvolvimento tecnológico nas áreas de educação e ensino" (ADI 4.060, rel. Min. Luiz Fux). No mesmo sentido: "competência concorrente entre a União, que define as normas gerais, e os entes estaduais e Distrito Federal, que fixam as especificidades, os modos e meios de cumprir o quanto estabelecido no art. 24, IX, da CR, ou seja, para legislar sobre educação. O art. 22, XXIV, da CR enfatiza a competência privativa do legislador nacional para definir as diretrizes e bases da educação nacional, deixando as singularidades no âmbito de competências dos Estados e do Distrito Federal" (ADI 3.669, rel. Min. Cármen Lúcia).

Também é competência concorrente legislar sobre "criação, funcionamento e processo do juizado de pequenas causas" (art. 24, X, CF). Dessa maneira, enquanto a União faz a lei geral acerca do assunto (como a Lei n. 9.099/95), cada Estado poderá elaborar a lei específica (como o Rio de Janeiro, que publicou a Lei n. 5.781, de 1º de julho de 2010, disciplinando o funcionamento dos Juizados Especiais no Estado do Rio de Janeiro).

O art. 24, XI, da Constituição Federal traz uma competência concorrente polêmica: legislar sobre "procedimentos em matéria processual". A confusão se dá por conta do art. 22, I, da Constituição Federal que afirma ser competência privativa da União legislar sobre "direito processual". Qual seria a diferença entre direito processual e procedimentos em matéria processual? A melhor resposta é aquela extraída da jurisprudência do Supremo Tribunal Federal. Não poderá o Estado alterar normas do Código de Processo Penal ou Código de Processo Civil (por exemplo, criando recursos, novas defesas processuais etc.), pois isso é competência privativa da União. Caberá ao Estado legislar sobre temas específicos em matéria processual, por exemplo, criando varas especializadas, protocolo e distribuição de processos etc.

Dessa maneira, o Supremo Tribunal Federal declarou inconstitucional a Lei estadual paulista n. 11.819/2005 que criou o interrogatório por videoconferência, por se tratar de direito processual, usurpando-se a competência legislativa da União (HC 90.900, rel. Min. Ellen Gracie). Da mesma forma, o STF declarou inconstitucional lei estadual que criava recurso (AI 253.518 AgR, rel. Min. Marco Aurélio). Não obstante, o Supremo Tribunal Federal decidiu: "criação, por lei estadual, de varas especializadas em delitos praticados por organizações criminosas [...] A composição do órgão jurisdicional se insere na competência legislativa concorrente para versar sobre procedimentos em matéria processual, mercê da caracterização do procedimento como a exteriorização da relação jurídica em desenvolvimento, a englobar o modo de produção dos atos decisórios do Estado-juiz, se com a chancela de um ou de vários magistrados [...] Os Estados-membros podem dispor, mediante lei, sobre protocolo e distribuição de processos, no âmbito de sua competência para editar normas específicas sobre procedimentos em matéria processual (art. 24, XI, da CRFB)" (ADI 4.414, rel. Min. Luiz Fux).

Também é competência concorrente legislar sobre "previdência social, proteção e defesa da saúde" (art. 24, XII, CF). Com base nesse inciso, decidiu o STF: "a competência dos Estados para legislar sobre proteção e defesa da saúde é concorrente à União e, nesse âmbito, a União deve limitar-se a editar normas gerais, conforme o art. 24, XII, § 1º e § 2º da CF. Não usurpa competência da União lei estadual que dispõe sobre o beneficiamento de lei de cabra em condições artesanais" (ADI 1.278, rel. Min. Ricardo Lewandowski). Com base nesse inciso, entendemos que as leis estaduais "antifumo" são constitucionais, já que destinadas à defesa da saúde. Enquanto a União tem um conjunto de legislações (muitas delas decorrentes de tratados internacionais) que visam a diminuição do consumo do cigarro, pode cada Estado elaborar sua respectiva legislação específica.

Compete igualmente, concorrentemente, legislar sobre "assistência jurídica e Defensoria Pública" (art. 24, XIII, CF). Dessa maneira, assim como há lei federal tratando da assistência judiciária aos necessitados (Lei n. 1.060/50), também poderão os Estados (e o DF) elaborar suas respectivas leis específicas. O mesmo se aplica para as Defensorias Públicas Estaduais. Enquanto a União elaborou a lei geral, poderão os Estados elaborar suas respectivas leis específicas. Nesse sentido, o STF decidiu: "Organização da Defensoria Pública nos Estados-membros. Estabelecimento, pela União Federal, mediante lei complementar nacional, de requisitos mínimos para investidura nos cargos de defensor público-geral, de seu substituto e do corregedor-geral da Defensoria Pública dos Estados-membros. Normas gerais, que, editadas pela União Federal, no exercício de competência concorrente, não podem ser desrespeitadas pelo Estado-membro" (ADI 2.903, rel. Min. Celso de Mello).

Outrossim, também é competência concorrente "proteção e integração social das pessoas portadoras de deficiência" (art. 24, XIV, CF). Com base nesse inciso, o STF declarou constitucional lei de Minas Gerais que trata de adaptação de veículos de transporte coletivo com a finalidade de assegurar seu acesso por pessoas com deficiência ou dificuldade de locomoção (ADI 903, rel. Min. Dias Toffoli). Também é competência concorrente legislar sobre "proteção à infância e à juventude" (art. 24, XV, CF). A União, nesse assunto, elaborou o Estatuto da Criança e do Adolescente (Lei n. 8.069/90), e o Rio de Janeiro, por exemplo, elaborou a Lei estadual n. 6.742, de 8 de abril de 2014, que dispõe sobre a política de combate ao abuso e à exploração sexual de crianças e adolescentes no Estado do Rio de Janeiro.

Por fim, é competência concorrente entre União, Estados e Distrito Federal legislar sobre "organização, garantias, direitos e deveres das polícias civis" (art. 24, XVI, CF). Dessa maneira, enquanto a União faz as leis gerais (como a Lei n. 12.830, de 20 de junho de 2013, que, no seu art. 3º, afirma que "o cargo de delegado de polícia é privativo de bacharel em Direito, devendo-lhe ser dispensado o mesmo tratamento protocolar que recebem os magistrados, os membros da Defensoria Pública e do Ministério Público e os advogados)", cada Estado poderá fazer suas respectivas leis específicas.

e) **Outras competências legislativas da União**

Além das duas competências legislativas da União acima mencionadas (competência privativa – art. 22, CF –, e competência concorrente – art. 24, CF), podemos mencionar as seguintes outras competências: 1) competência para alterar a Constituição Federal, por meio de Emenda Constitucional. Como vimos em capítulo específico sobre o Poder Constituinte, embora seja ele de titularidade do povo, será exercido diretamente pelo Congresso Nacional; 2) competência tributária expressa (art. 153, CF). Por exemplo, o art. 153, VII, prevê que a União criará, por lei complementar, o Imposto sobre Grandes Fortunas (IGF); 3) competência tributária residual. Segundo o art. 154, I, da Constituição Federal, "a União poderá instituir I – mediante lei complementar, impostos não previstos no artigo anterior, desde que sejam não cumulativos e não tenham fato gerador ou base de cálculo próprios dos discriminados nesta Constituição"; 4) competência tributária extraordinária. Segundo o art. 154, II, da Constituição Federal, pode a União instituir "na iminência ou no caso de guerra externa, impostos extraordinários, compreendidos ou não em sua competência tributária, os quais serão suprimidos, gradativamente, cessadas as causas de sua criação".

18.10. ESTADOS-MEMBROS

Como vimos anteriormente, com o Decreto n. 1, de 15 de novembro de 1889, as antigas Províncias que compunham o Brasil passaram a ser os Estados-membros da nossa Federação.

Como Estados, gozam de auto-organização, autogoverno, autoadministração e autolegislação.

Primeiramente, auto-organização significa que cada Estado-membro pode se organizar através de uma Constituição Estadual e suas respectivas leis. Aliás, é o que dispõe o art. 25, *caput*, da Constituição Federal: "os Estados organizam-se e regem-se pelas Constituições e leis que adotarem, observados os princípios desta Constituição". Tratamos desse assunto no item Poder constituinte derivado decorrente, no capítulo referente ao Poder Constituinte.

Outrossim, os Estados gozam de autogoverno, já que possuem seu próprio Poder Judiciário, bem como Poder Executivo e Legislativo, estes últimos escolhidos pelo voto direto da população do respectivo Estado.

Por fim, os Estados também gozam de autoadministração (tendo liberdade para praticar atos de administração, dentro dos limites legais) e autolegislação (no exercício da competência legislativa estadual, que será vista a seguir).

18.10.1. Bens dos Estados

O tema é tratado no art. 26 da Constituição Federal, segundo o qual são bens dos Estados: "I – as águas superficiais ou subterrâneas, fluentes, emergentes e em depósito, ressalvadas, neste caso, na forma da lei, as decorrentes de obras da União; II – as áreas, nas ilhas oceânicas e costeiras, que estiverem no seu domínio, excluídas aquelas sob domínio da União, Municípios ou terceiros; III – as ilhas fluviais e lacustres não pertencentes à União; IV – as terras devolutas não compreendidas entre as da União".

Quanto às águas internas, serão bens dos Estados todas aquelas que não forem particulares ou bens da União. Assim, rios e lagos que banham mais de um Estado, que sirvam de limite com outros países, por exemplo, serão águas da União. Nos demais casos, serão bens dos Estados. Assim, serão bens dos Estados as águas superficiais (que estão na superfície da terra, como rios, córregos, ribeirões, lagoas) e águas subterrâneas (como os lençóis freáticos).

Por sua vez, como vimos anteriormente, a ilha oceânica ou costeira, em regra, é bem da União ou do Município (quando é sede de município). Não obstante, segundo o art. 26, II, áreas existentes nessas ilhas podem configurar bens dos Estados, se estiverem no seu domínio.

Quanto às ilhas fluviais (dos rios) e lacustres (dos lagos), interpretamos desta forma: caso elas integrem os rios que pertencem à União, como aqueles "nas zonas limítrofes com outros países" (art. 20, IV, CF), serão bens da União. Em todos os demais casos, serão bens dos Estados.

Quanto às terras devolutas, como vimos anteriormente, a Constituição de 1988 fez a seguinte distinção: em regra, as terras devolutas pertencem aos Estados, exceto aquelas consideradas mais importantes (por exemplo, indispensáveis à defesa das fronteiras), que pertencem à União. Dessa maneira, decidiu o STF: "A jurisprudência do STF, por diversas vezes, reconheceu que as terras dos aldeamentos indígenas que se extinguiram antes da Constituição de 1891, por haverem perdido o caráter de bens destinados a uso especial, passaram à categoria de terras devolutas. Uma vez reconhecidos como terras devolutas, por força do art. 64 da Constituição de 1891, os aldeamentos extintos transferiram-se ao domínio dos Estados" (ADI 255, rel. Min. Ricardo Lewandowski).

18.10.2. Competência dos Estados

Tratando-se de uma Federação, é natural que a Constituição estabeleça a competência de cada ente federativo. Assim também a Constituição fez com a competência dos Estados, dando-lhes competência legislativa e não legislativa (política e administrativa).

Quanto à competência não legislativa do Estado, temos duas: a) competência não legislativa comum (art. 23, CF); b) competência não legislativa residual (ou remanescente) (art. 25, § 1º, CF). Por sua vez, quanto à competência legislativa reservada aos Estados, temos as seguintes modalidades: a) competência legislativa expressa para elaborar a Constituição Estadual (art. 25, *caput*, CF); b) competência residual (ou remanescente) – art. 25, § 1º, CF; c) competência delegada pela União (art. 22, parágrafo único, CF); d) competência concorrente complementar (art. 24, § 1º, CF); e) competência concorrente suplementar (art. 24, § 3º, CF); e) competência tributária expressa (art. 155, CF).

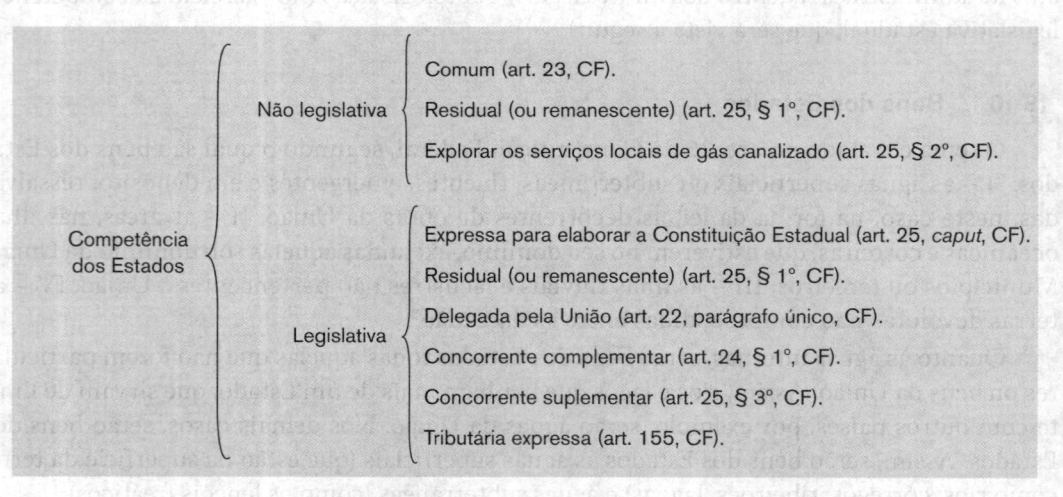

Competência dos Estados		
	Não legislativa	Comum (art. 23, CF).
		Residual (ou remanescente) (art. 25, § 1º, CF).
		Explorar os serviços locais de gás canalizado (art. 25, § 2º, CF).
	Legislativa	Expressa para elaborar a Constituição Estadual (art. 25, *caput*, CF).
		Residual (ou remanescente) (art. 25, § 1º, CF).
		Delegada pela União (art. 22, parágrafo único, CF).
		Concorrente complementar (art. 24, § 1º, CF).
		Concorrente suplementar (art. 25, § 3º, CF).
		Tributária expressa (art. 155, CF).

a) Competência não legislativa comum (art. 23, CF)

Como vimos em item anterior, a Constituição Federal, no art. 23, estabeleceu um rol de competências não legislativas (referente a atribuições políticas e administrativas) que se aplicam igualmente à União, Estados, Distrito Federal e Municípios. Essa competência também é chamada de cumulativa, concorrente ou paralela. Em item anterior, examinamos individualmente cada inciso do art. 23, ao qual remetemos o leitor.

b) Competência não legislativa residual ou remanescente (art. 25, § 1º, CF)

Ao contrário da Constituição do Canadá, que enumerou os poderes dos Estados, atribuindo poderes remanescentes à União (art. 92), o Brasil fez o inverso: enumerou os poderes da União (art. 21, CF) e dos Municípios (art. 30, CF), reservando aos Estados a competência residual ou remanescente. Dessa maneira, a competência que não é reservada à União e não é reservada aos Municípios será a competência dos Estados-membros, nos termos do art. 25, § 1º, da Constituição Federal: "São reservadas aos Estados as competências que não lhes sejam vedadas por esta Constituição".

Por exemplo, em se tratando do tema transporte público, compete à União legislar privativamente sobre "trânsito e transporte" (art. 22, XI, CF). O referido artigo diz respeito a leis de cunho geral, de âmbito nacional (por exemplo, habilitação de veículos automotores etc.). Por sua vez, compete ao município legislar sobre "assuntos de interesse local" (art. 30, I, CF), como o transporte público urbano. Caberá ao Estado legislar sobre o que não é de competência da União (art. 22, XI, CF) e dos Municípios (art. 30, I, CF), por exemplo, transporte intermunicipal. Nesse sentido, decidiu o Supremo Tribunal Federal: "A competência para legislar a propósito da prestação de serviços públicos de transporte intermunicipal é dos Estados-membros. Não há inconstitucionalidade no que toca ao benefício, concedido pela Constituição estadual, de 'meia passagem' aos estudantes nos transportes coletivos intermunicipais" (ADI 845, rel. Min. Eros Grau).

c) Competência para explorar os serviços locais de gás canalizado (art. 25, § 2º, CF)

Segundo o art. 25, § 2º, da Constituição Federal, "Cabe aos Estados explorar diretamente, ou mediante concessão, os serviços locais de gás canalizado, na forma da lei, vedada a edição de medida provisória para a sua regulamentação".

A lei a que se refere esse dispositivo constitucional é a Lei n. 9.478, de 6 de agosto de 1997, que dispõe sobre a política energética nacional. No art. 6º, XXII, a referida lei já define distribuição de gás canalizado como sendo "serviços locais de comercialização de gás canalizado, junto aos usuários finais, explorados com exclusividade pelos Estados, diretamente ou mediante concessão, nos termos do § 2º do art. 25 da Constituição Federal".

d) Competência legislativa expressa – Constituição Estadual (art. 25, *caput*, CF)

Como vimos no início deste capítulo, a maior diferença entre o Estado Federativo e o Estado Autonômico ou o Estado Unitário Descentralizado é que somente no primeiro as descentralizações (estados, províncias etc.) têm a possibilidade de elaborar sua própria Constituição. Trata-se do poder constituinte derivado decorrente, que estudamos em capítulo anterior.

Segundo o art. 25, *caput*, da Constituição Federal, "Os Estados organizam-se e regem-se pelas Constituições e leis que adotarem, observados os princípios desta Constituição". Portanto, como se vê, esse poder constituinte, por ser derivado, encontra limites no próprio texto constitucional. Como vimos em capítulo anterior, esses limites decorrem de alguns princípios: a) princípios sensíveis; b) princípios estabelecidos; c) princípios extensíveis (remetemos o leitor ao capítulo destinado ao estudo do poder constituinte). Por essa razão, já decidiu o Supremo Tribunal Federal: "o poder constituinte outorgado aos Estados-membros sofre as limitações jurídicas impostas pela Constituição da República. Os Estados-membros organizam-se e regem-se pelas Constituições e leis que adotarem (CF, art. 25), submetendo-se, no entanto, quanto ao exercício dessa prerrogativa institucional (essencialmente limitada em sua extensão), aos condicionamentos normativos impostos pela CF, pois é nessa que reside o núcleo de emanação (e de restrição) que informa e dá substância ao poder constituinte decorrente que a Lei Fundamental da República confere a essas unidades regionais da Federação" (ADI 507, rel. Min. Celso de Mello).

e) **Competência legislativa residual ou remanescente (art. 25, § 1º, CF)**

Da mesma forma que os Estados têm competência não legislativa residual (ou remanescente), também possuem competência legislativa residual ou remanescente. Assim, aquilo que não for de competência legislativa da União (art. 22, CF) ou dos Municípios (art. 30, I e II, CF) será da competência dos Estados. Como vimos acima, por exemplo, poderão os Estados legislar sobre transporte intermunicipal, já que não é matéria de competência nem da União nem dos Municípios. O art. 25, § 1º, da Constituição Federal dispõe que: "são reservadas aos Estados as competências que não lhes sejam vedadas por esta Constituição".

f) **Competência legislativa delegada pela União (art. 22, parágrafo único, CF)**

Como vimos anteriormente (quando tratamos das competências legislativas da União), compete à União legislar privativamente sobre uma série de questões, previstas no art. 22 da Constituição Federal. Outrossim, como sabemos, competência privativa é aquela que pertence à União, mas que pode ser delegada aos Estados, por meio de lei complementar, para tratar de questões específicas dos temas ali tratados.

Dessa maneira, trata-se de mais uma competência legislativa dos Estados: a competência delegada pela União, por meio de Lei Complementar, nos casos de sua competência privativa. Foi o que ocorreu com a Lei Complementar n. 103, de 14 de julho de 2000, que autoriza os Estados e o Distrito Federal a instituírem o piso salarial para os empregados que não o tenham definido em lei federal, convenção ou acordo coletivo de trabalho.

g) **Competência legislativa concorrente complementar (art. 24, §§ 1º e 2º, CF)**

Como vimos anteriormente, uma das competências previstas na Constituição Federal é a competência legislativa concorrente. Prevista no art. 24 da Constituição Federal, consiste na competência através da qual a União elabora a lei geral, enquanto os Estados e o Distrito Federal fazem as leis específicas. Essa competência para elaborar as leis específicas, em se tratando de competência concorrente, recebe o nome de competência legislativa concorrente complementar e está prevista no art. 24, §§ 1º e 2º, da Constituição Federal: "No âmbito da legislação concorrente, a competência da União limitar-se-á a estabelecer normas gerais" (§ 1º). "A competência da União para legislar sobre normas gerais não exclui a competência suplementar dos Estados" (§ 2º).

h) **Competência legislativa concorrente suplementar (art. 24, § 3º, CF)**

Segundo o art. 24, § 3º, da Constituição Federal, em se tratando de competência concorrente entre União, Estados e DF, se a União não fizer a lei geral, poderá o Estado fazê-la supletivamente, de forma geral, até o advento da lei federal geral, que suspenderá a eficácia da lei estadual no que for contrário: "inexistindo lei federal sobre normas gerais, os Estados exercerão a competência legislativa plena, para atender a suas peculiaridades".

Nesse sentido, já decidiu o Supremo Tribunal Federal: "enquanto não editada a lei a que se refere o § 21 do art. 40 da CF/1988, vigem os diplomas estaduais que regem a matéria, que só serão suspensos se, e no que, forem contrários à lei complementar nacional (CF, art. 24, §§ 3º e 4º) (SS 3.679 AgR, rel. Min. Gilmar Mendes). No mesmo sentido: "custas dos serviços forenses: matéria de competência concorrente da União e dos Estados (CF 24, IV), donde restringir-se o âmbito da legislação federal ao estabelecimento de normas gerais, cuja omissão não inibe os Estados, enquanto perdure, de exercer competência plena a respeito (CF, art. 24, § 3º e § 4º)" (ADI 1.926 MC, rel. Min. Sepúlveda Pertence).

O referido § 21 do art. 40 da CF/1988 foi revogado pela EC n. 103/2019.

i) Competência legislativa tributária expressa (art. 155, CF)

O art. 155 da Constituição Federal trata da competência legislativa tributária referente aos Estados. Segundo esse dispositivo constitucional, "compete aos Estados e ao Distrito Federal instituir impostos sobre: I – transmissão *causa mortis* e doação, de quaisquer bens ou direitos; II – operações relativas à circulação de mercadorias e sobre prestações de serviços de transporte interestadual e intermunicipal e de comunicação, ainda que as operações e as prestações se iniciem no exterior; III – propriedade de veículos automotores".

18.10.3. Regiões administrativas ou em desenvolvimento (art. 43, CF)

Segundo o art. 43, *caput*, da Constituição Federal, "para efeitos administrativos, a União poderá articular sua ação em um mesmo complexo geoeconômico e social, visando a seu desenvolvimento e à redução das desigualdades regionais". Trata-se da mais importante demonstração de que o Brasil adotou o federalismo assimétrico, já que a própria Constituição admite o tratamento diferenciado dado a algumas regiões, por parte da União, a fim de reduzir as desigualdades regionais e atingir, portanto, o objetivo da República previsto no art. 3º, III, da Constituição Federal.

Segundo o art. 43, § 1º, da Constituição Federal, lei complementar federal criará organismos regionais que executarão os planos regionais aptos a fomentar o desenvolvimento da região. Dessa maneira temos: a) Lei Complementar n. 124, de 3 de janeiro de 2007, que criou a SUDAM (Superintendência do Desenvolvimento da Amazônia); b) Lei Complementar n. 125, de 3 de janeiro de 2007, que criou a SUDENE (Superintendência do Desenvolvimento do Nordeste); c) Lei Complementar n. 129, de 8 de janeiro de 2009, que criou a SUDECO (Superintendência do Desenvolvimento do Centro-Oeste), dentre outras.

Segundo o art. 43, § 2º, da Constituição Federal, são incentivos regionais, além de outros previstos em lei: a) igualdade de tarifas, fretes, seguros e outros itens de custos e preços de responsabilidade do Poder Público; b) juros favorecidos para financiamento de atividades prioritárias; c) isenções, reduções ou diferimento temporário de tributos federais devidos por pessoas físicas ou jurídicas; d) prioridade para o aproveitamento econômico e social dos rios e das massas de água represadas ou represáveis nas regiões de baixa renda, sujeitas a secas periódicas.

18.10.4. Regiões metropolitanas, aglomerações urbanas e microrregiões (art. 25, § 3º, CF)

Segundo o art. 25, § 3º, da Constituição Federal, "os Estados poderão, mediante lei complementar, instituir regiões metropolitanas, aglomerações urbanas e microrregiões, constituídas por agrupamentos de municípios limítrofes, para integrar a organização, o planejamento e a execução de funções públicas de interesse comum".

A primeira constituição brasileira que previu a integração de municípios em uma pessoa jurídica diversa, mas com autonomia limitada, foi a Constituição de 1937, que no seu art. 29 e parágrafo único dispunha: "os municípios na mesma região podem agrupar-se para a instalação, exploração e administração de serviços públicos comuns. O agrupamento, assim constituído, será dotado de personalidade jurídica limitada a seus fins. Caberá aos Estados regular as condições em que tais agrupamentos poderão constituir-se, bem como a forma, de sua administração". Já a Constituição de 1946 permitiu ao Estado "a criação de órgão de assistência técnica aos Municípios" (art. 24). Já a Constituição de 1967 foi mais minuciosa, aproximando-se da nomenclatura atualmente adotada, mas reservando a competência para criação dessas áreas à União: "A União, mediante lei complementar, poderá estabelecer regiões metropolitanas, constituídas por Municípios que, independentemente de sua vinculação administrativa, integrem a mesma comunidade socioeconômica, visando à realização de serviços de interesse comum" (art. 157, § 10, CF). Eventuais regiões metropolitanas criadas pela União na vigência da Constituição de 1967 foram recepcionadas pela Constituição de 1988, embora os respectivos Estados possam fazer novas leis regulamentando-as.

Segundo a Constituição de 1988, a competência para criar essas regiões metropolitanas, aglomerações urbanas e microrregiões é do Estado, por meio de lei complementar estadual (art. 25, § 3º, CF).

Regiões metropolitanas são aquelas formadas por um conjunto de municípios que se encontram no entorno de uma grande cidade (como São Paulo e as cidades vizinhas). Por exemplo, a Lei Complementar do Estado de São Paulo n. 1.139, de 16 de junho de 2011, reorganizou a "Região Metropolitana da Grande São Paulo", que, nos termos do art. 3º, § 1º, é composta dos seguintes Municípios: Arujá, Barueri, Biritiba-Mirim, Caieiras, Cajamar, Carapicuíba, Cotia, Diadema, Embu, Embu-Guaçu, Ferraz de Vasconcelos etc.

Microrregiões consistem no conjunto de municípios limítrofes que possuem os mesmos problemas administrativos e urbanísticos, mas sem a existência de uma metrópole (um município-polo) e sem a existência de continuidade urbana (ou conurbação).

Por sua vez, aglomeração urbana, nos termos do art. 2º, I, da Lei n. 13.089, de 12 de janeiro de 2015, consiste na "unidade territorial urbana constituída pelo agrupamento de 2 (dois) ou mais Municípios limítrofes, caracterizada por complementariedade funcional e integração das dinâmicas geográficas, ambientais, políticas e socioeconômicas".

Nos três casos acima (regiões metropolitanas, microrregiões e aglomerações urbanas), a criação se dará por lei complementar estadual e sempre referentes a municípios limítrofes, por expressa previsão no art. 25, § 3º, da Constituição Federal.

Importante: aprovada a lei complementar estadual, criando-se uma nova região (região metropolitana, microrregião ou aglomeração urbana), os Municípios que ela integram estão vinculados, não se tratando de uma faculdade participar ou não dessa região. Nesse sentido, o STF decidiu ser inconstitucional a exigência de plebiscito no município como condicionante de sua participação na região administrativa ("a instituição de regiões metropolitanas, aglomerações urbanas e microrregiões, constituídas por agrupamentos de Municípios limítrofes, depende, apenas, de lei complementar estadual" – ADI 1.841, rel. Min. Carlos Velloso). Não obstante, na ADI 1.842, relatada pelo Min. Gilmar Mendes, o STF condicionou a constitucionalidade da lei complementar estadual ao respeito à autonomia dos Municípios: "o parâmetro para aferição da constitucionalidade reside no respeito à divisão de responsabilidades entre Municípios e Estado. É necessário evitar que o poder decisório e o poder concedente se concentrem nas mãos de um único ente para preservação do autogoverno e da autoadministração dos Municípios. [...] A participação dos entes nesse colegiado não necessita de ser paritária, desde que apta a prevenir a concentração do poder decisório no âmbito de um único ente. A participação de cada Município e do Estado deve ser estipulada em cada região metropolitana de acordo com suas particularidades, sem que se permita que um ente tenha predomínio absoluto".

Importante: essas regiões criadas por lei complementar estadual não serão novos entes federativos, não gozando de autonomia. São órgãos com funções meramente administrativas e executórias.

Por fim, nos termos do art. 4º da Lei n. 13.089/2015 (Estatuto da Metrópole), é possível a criação de uma mesma região administrativa envolvendo municípios de diferentes Estados: "A instituição de região metropolitana ou de aglomeração urbana que envolva Municípios pertencentes a mais de um Estado será formalizada mediante a aprovação de leis complementares pelas assembleias legislativas de cada um dos Estados envolvidos". Assim, dessa maneira, para se criar uma mesma região envolvendo municípios limítrofes de Estados diversos, é necessária a aprovação de lei complementar em cada um deles. Segundo o parágrafo único do mesmo artigo, se a lei complementar for aprovada em apenas um Estado, a região metropolitana ou aglomeração urbana terá validade apenas nesse Estado, até que seja aprovada a lei complementar do Estado vizinho.

18.11. MUNICÍPIOS

Como afirmamos acima, o Federalismo adotado na Constituição de 1988 é trino ou de segundo grau, na medida em que possui três níveis de entes federativos: além da União e dos Estados-membros (e do Distrito Federal), os Municípios também são considerados entes federativos. É o que dispõe o art. 18, *caput*, da Constituição Federal: "A organização político-administrativa da República Federativa do Brasil compreende a União, os Estados, o Distrito Federal e os Municípios, todos autônomos, nos termos desta Constituição". Segundo Marco Cesar de Carvalho, "na maioria dos países que adota o federalismo, a ênfase maior é dada à União e aos Estados-membros. O federalismo de dois níveis é a regra. Mesmo naqueles países, como a Alemanha, onde é garantido aos municípios o direito de resolver os assuntos da comunidade local, há certa limitação de suas atribuições, e a autonomia é mais administrativa. Mas no Brasil, a posição do município como ente da federação se deu, efetivamente, a partir da Constituição da República Federativa do Brasil, de 5 de outubro de 1988, pela redação do seu artigo 18, *caput*"[90].

Assim como mencionamos no início deste capítulo, parte da doutrina considera que os municípios, embora sejam entes federativos sob o ponto de vista formal, não o seriam sob o ponto de vista material, tendo em vista que: a) os municípios não gozam de participação direta no Congresso Nacional (ao contrário dos Estados e do Distrito Federal, que possuem, cada qual, três senadores); b) os municípios não teriam poder constituinte derivado decorrente, já que a lei orgânica do município não teria *status* constitucional; c) os municípios não possuem Poder Judiciário, ao contrário de todos os outros entes federativos[91].

---

90. *A Federação Brasileira e o Município:* Fortalecimento ou Fragilização do Estado, p. 501.
91. Além disso, segundo Marco Cesar de Carvalho, "a fragilização do pacto federativo é bem demonstrada quando 58% da receita de tributos pagos pela sociedade brasileira ficam com a União, 25% com Estados-membros e apenas 16%

Entendemos que, embora diferenciada dos outros entes federativos, inegavelmente os Municípios gozam de uma parcela de autonomia, motivo pelo qual não se pode negar a eles o caráter de ente federativo. Ora, os municípios gozam da capacidade de auto-organização, autogoverno, autoadministração e autolegislação, assim como os demais entes federativos.

O poder de auto-organização dos Municípios se dá por meio da Lei Orgânica do Município (art. 29, *caput*, CF). Outrossim, o poder de autogoverno se dá na medida em que cada Município possui seu Poder Legislativo e Poder Executivo, cujos membros são escolhidos diretamente pela população. Da mesma forma, tem o Município liberdade para administrar (nos limites legais) e elaborar suas próprias leis (desde que obedeçam à competência determinada pela Constituição Federal).

O art. 29-A da Constituição Federal foi alterado pela Emenda Constitucional n. 109/2021. Ele estabelece os limites de gastos das Câmaras Municipais de vereadores. O percentual varia de acordo com o número de habitantes do município. Por exemplo, nos municípios com população de até 100.000 (cem mil) habitantes, o gasto não poderá ser superior a 7% (sete por cento) da receita tributária e das transferências feitas ao município. Já nos municípios com até 300.000 (trezentos mil) habitantes, o limite de gasto é de 6% (seis por cento). Por sua vez, nos municípios com população acima de oito milhões e um habitantes, o gasto não pode exceder 3,5% dos sobreditos recursos. O que mudou? Nesse percentual destinado às Câmaras Municipais, não eram computados os gastos com inativos e pensionistas. Agora, a partir de 2021, os gastos com inativos e pensionistas entram no teto dos gastos do Legislativo Municipal.

ART. 29-A, CAPUT, CF	
ANTES	**AGORA**
Art. 29-A. O total da despesa do Poder Legislativo Municipal, incluídos os subsídios dos Vereadores **e excluídos os gastos com inativos,** não poderá ultrapassar os seguintes percentuais, relativos ao somatório da receita tributária e das transferências previstas no § 5º do art. 153 e nos arts. 158 e 159, efetivamente realizado no exercício anterior:	Art. 29-A. O total da despesa do Poder Legislativo Municipal, incluídos os subsídios dos Vereadores **e os demais gastos com pessoal inativo e pensionistas,** não poderá ultrapassar os seguintes percentuais, relativos ao somatório da receita tributária e das transferências previstas no § 5º do art. 153 e nos arts. 158 e 159 desta Constituição, efetivamente realizado no exercício anterior:

Importante: esse dispositivo, por força do art. 7º da Emenda Constitucional n. 109/2021, somente entrará em vigor a partir do início da próxima legislatura após a data da publicação dessa emenda (15 de março de 2021).

18.11.1. Competência dos Municípios

Assim como União e Estados, os Municípios possuem competências não legislativas e competências legislativas, previstas na Constituição Federal.

São competências não legislativas: a) competência comum, ou cumulativa ou paralela (art. 23, CF); b) exclusiva ou enumerada (art. 30, III a IX, CF). Por sua vez, são competências legis-

---

com os Municípios. Mas, estes não possuem apenas 16% das competências materiais constitucionais para serem executadas, ao contrário, é no Município onde os problemas sociais desenvolvem-se" (op. cit., p. 516).

lativas: a) competência expressa para elaborar a Lei Orgânica (art. 29, *caput*, CF); b) competência para legislar sobre assunto de interesse local (art. 30, I, CF); c) competência suplementar (art. 30, II, CF); d) competência para elaborar o plano diretor (art. 182, § 1º, CF); e) competência tributária expressa (art. 156, CF).

a) Competência não legislativa comum (art. 23, CF)

Abordamos minuciosamente essa competência quando tratamos das competências da União. Competência comum (também chamada de cumulativa ou paralela) é a competência de todos os entes federativos (União, Estados, DF e Municípios). Destacamos o art. 23, II, CF, segundo o qual compete a todos os entes federativos "cuidar da saúde". Assim, todos os entes federativos são responsáveis por cuidar da saúde da população, inclusive os Municípios. Não obstante, como vimos acima, não se trata de deveres idênticos aplicados a todos os entes federativos. Exigir da União e de um pequeno Município os mesmos afazeres quanto à saúde seria impensável. Cada ente federativo deve praticar, nos limites do seu orçamento e dentro dos mínimos previstos na Constituição Federal, as políticas públicas referentes à saúde da população. Por essa razão, para melhor coordenar as atividades dos entes federativos, numa clara demonstração de que nosso Federalismo é cooperativo, o art. 23, parágrafo único, da Constituição dispõe que leis complementares disporão sobre normas para cooperação entre a União, os Estados, o Distrito Federal e os Municípios, tendo em vista o equilíbrio do desenvolvimento e do bem-estar em âmbito nacional.

b) Competência não legislativa exclusiva ou enumerada (art. 30, III a IX, CF)

As competências não legislativas dos Municípios estão enumeradas nos incisos III a IX do art. 30 da Constituição Federal.

A primeira competência não legislativa do Município é "instituir e arrecadar os tributos de sua competência, bem como aplicar suas rendas, sem prejuízo da obrigatoriedade de prestar contas e publicar balancetes nos prazos fixados em lei" (art. 30, III, CF). Segundo o art. 156 da Constituição Federal, compete aos Municípios instituir impostos sobre propriedade predial e territorial urbana (IPTU), transmissão *inter vivos* a qualquer título, por ato oneroso, de bens imóveis, de serviços de qualquer natureza (ISS).

Outrossim, compete aos Municípios "criar, organizar e suprimir distritos, observada a legislação estadual" (art. 30, IV, CF). Distritos são subdivisões administrativas criadas pelo próprio município, de modo a atender com maior rapidez às especificidades de uma determinada região dentro de seu território. Por exemplo, por conta de lei municipal, o município fluminense de Valença é dividido em seis subdistritos: Barão de Juparanã, Parapeúna, Pentagna, Santa Isabel do Rio Preto, Valença e o aprazível distrito de Conservatória. Segundo o STF, "a criação, a organização e a supressão de distritos, da competência dos Municípios, faz-se com observância da legislação estadual (CF, art. 30, IV). Também a competência municipal, para promover, no que couber, adequado ordenamento territorial, mediante planejamento e controle do uso, do parcelamento e da ocupação do solo urbano – CF, art. 30, VIII – por relacionar-se com o direito urbanístico, está sujeita a normas federais e estaduais (CF, art. 24, I). As normas das entidades políticas diversas – União e Estado-membro – deverão, entretanto, ser gerais, em forma de diretrizes, sob pena de tornarem inócua a competência municipal, que constitui exercício de sua autonomia constitucional" (ADI 478, rel. Min. Carlos Velloso).

Também é da competência exclusiva do Município "organizar e prestar, diretamente ou sob regime de concessão ou permissão, os serviços públicos de interesse local, incluído o de transporte coletivo, que tem caráter essencial" (art. 30, V, CF). Dessa maneira, compete ao Município prestar direta ou indiretamente serviços de transporte coletivo municipal, coleta de lixo, serviço funerário etc. Quanto a este último, decidiu o Supremo Tribunal Federal: "os serviços funerários constituem serviços municipais, dado que dizem respeito com necessidades imediatas do Município. Art. 30, V, CF" (ADI 1.221, rel. Min. Carlos Velloso).

Outrossim, também é da competência do Município "manter, com a cooperação técnica e financeira da União e do Estado, programas de educação infantil e de ensino fundamental" (art. 30, VI, CF). O art. 211 estabelece a distribuição das competências administrativas no tocante à educação: "A União organizará o sistema federal de ensino e o dos Territórios, financiará as instituições de ensino públicas federais e exercerá, em matéria educacional, função redistributiva e supletiva, de forma a garantir equalização de oportunidades educacionais e padrão mínimo de qualidade" (§ 1º). "Os Municípios atuarão prioritariamente no ensino fundamental e na educação infantil" (§ 2º). "Os Estados e o Distrito Federal atuarão prioritariamente no ensino fundamental e médio" (§ 3º). Ampliando a questão da gratuidade, estabeleceu: "gratuidade do ensino público em estabelecimentos oficiais" (art. 206, IV). Outrossim, estabeleceu que o dever do Estado com a educação será efetivado mediante garantia de "educação básica obrigatória e gratuita dos 4 (quatro) aos 17 (dezessete) anos de idade, assegurada inclusive sua oferta gratuita para todos os que a ela não tiveram acesso na idade própria" (art. 208, I), bem como "educação infantil, em creche e pré-escola, às crianças até 5 (cinco) anos de idade" (art. 208, IV). Quanto ao ensino médio, estabeleceu a "progressiva universalização do ensino médio gratuito" (art. 208, II). Dispõe que "o acesso ao ensino obrigatório e gratuito é direito público subjetivo" (art. 208, § 1º) e que "o não oferecimento do ensino obrigatório pelo Poder Público, ou sua oferta irregular, importa responsabilidade da autoridade competente" (art. 208, § 2º).

Segundo a legislação atual (Lei de Diretrizes e Bases da Educação Nacional – Lei n. 9.394/1996), a educação básica divide-se em: **a) educação infantil (primeira etapa)** – primeira etapa da Educação Básica, é oferecida em creches e pré-escolas, as quais se caracterizam como espaços institucionais não domésticos que constituem estabelecimentos educacionais públicos ou privados que educam e cuidam de crianças de 0 a 5 anos de idade no período diurno, em jornada integral ou parcial, regulados e supervisionados por órgão competente do sistema de ensino e submetidos a controle social[92]; **b) ensino fundamental (segunda etapa)** – com 9 (nove) anos de duração, de matrícula obrigatória para as crianças a partir dos 6 (seis) anos de idade, tem duas fases sequentes com características próprias, chamadas de anos iniciais, com 5 (cinco) anos de duração, em regra para estudantes de 6 (seis) a 10 (dez) anos de idade; e anos finais, com 4 (quatro) anos de duração, para os de 11 (onze) a 14 (quatorze) anos; e **c) ensino médio (terceira etapa)** – duração mínima de 3 anos, função de dar competências para prática social vinculadas ao mundo do trabalho. Vejamos o quadro esquemático de tal classificação, elaborado pela professora Fulvia Helena de Gioia[93]:

---

92. Segundo a Lei de Diretrizes e Bases da Educação Nacional, "A educação infantil será oferecida em: I – creches, ou entidades equivalentes, para crianças de até três anos de idade; II – pré-escolas, para as crianças de 4 (quatro) a 5 (cinco) anos de idade" (art. 30).
93. *Tributação e Custeio da Educação Pública no Brasil Após 1988*.

NÍVEIS DE ENSINO*					
Níveis	Etapas			Duração	Faixa etária
Educação básica (competência prioritária dos Estados, DF e Municípios)	Educação infantil (competência prioritária dos Municípios)	Creche		3 anos	0 a 3 anos
		Pré-escola		3 anos	3 a 6 anos
	Ensino fundamental (competência prioritária dos Estados, DF e Municípios)			9 anos	6 a 14 anos
	Ensino médio (competência prioritária dos Estados e DF)			3 anos	15 a 17 anos
Educação superior (competência prioritária da União)	Ensino superior	Graduação		Variável	Acima de 18 anos
		Pós-graduação			

Fonte: Tese de doutorado da Dra. Fulvia Helena Gioia. Tributação e Custeio da Educação Pública no Brasil Após 1988.

Também é da competência exclusiva dos Municípios "prestar, com cooperação técnica e financeira da União e do Estado, serviços de atendimento à saúde da população" (art. 30, VII, CF). Embora também seja da competência da União, dos Estados e do Distrito Federal, os Municípios têm deveres de atendimento à saúde da população, dentro dos limites mínimos (orçamentários, inclusive) impostos pela própria Constituição Federal. Nesse sentido, já decidiu o Supremo Tribunal Federal: "ampliação e melhoria no atendimento à população no Hospital Municipal Souza Aguiar. Dever estatal de assistência à saúde resultante de norma constitucional. Obrigação jurídico-constitucional que se impõe aos Municípios (CF, art. 30, VII). Configuração, no caso, de típica hipótese de omissão inconstitucional imputável ao Município do Rio de Janeiro/RJ. Desrespeito à Constituição provocado por inércia estatal. Comportamento que transgride a autoridade da Lei Fundamental da República" (AI 759.543 AgR, rel. Min. Celso de Mello).

Outrossim, compete igualmente ao Município "promover, no que couber, adequado ordenamento territorial, mediante planejamento e controle do uso, do parcelamento e da ocupação do solo urbano" (art. 30, VIII, CF). Por exemplo, com base nesse inciso, decidiu o Supremo Tribunal Federal: "instalação de torres de telefonia celular. Competência legislativa municipal para disciplinar o uso e a ocupação do solo urbano" (RE 632.006 AgR, rel. Min. Cármen Lúcia).

Por fim, compete também ao Município "promover a proteção do patrimônio histórico-cultural local, observada a legislação e a ação fiscalizadora federal e estadual" (art. 30, IX, CF).

c) **Competência legislativa expressa – Lei Orgânica do Município (art. 29, *caput*, CF)**

Segundo o art. 29 da Constituição Federal, cada Município elaborará sua lei orgânica, nos seguintes termos: "O Município reger-se-á por lei orgânica, votada em dois turnos, com o interstício mínimo de dez dias, e aprovada por dois terços dos membros da Câmara Municipal, que a promulgará, atendidos os princípios estabelecidos nesta Constituição, na Constituição do respectivo Estado e os seguintes preceitos...".

Dessa maneira, como se vê, a Lei Orgânica do Município deve ser compatível com a Constituição Federal (as regras previstas nos incisos do art. 29, por exemplo) e com a Constituição Estadual. Por essa razão, muitos afirmam que a Lei Orgânica do Município não teria *status* constitucional, não decorrendo de poder constituinte derivado decorrente.

Importante frisar que a própria Constituição estabelece um procedimento mínimo para elaboração da Lei Orgânica do Município: deve ser aprovada pela Câmara Municipal de Vereadores em dois turnos (duas votações), com interstício mínimo de 10 dias entre a primeira e a segunda votação e com o elevado quórum de dois terços de seus membros.

d) **Competência legislativa exclusiva: assunto de interesse local (art. 30, I, CF)**

Atendendo ao princípio da predominância do interesse, a Constituição Federal determinou que compete ao Município legislar sobre assunto de interesse local (art. 30, I, CF).

Por conta desse dispositivo constitucional, o Supremo Tribunal Federal editou a Súmula Vinculante 38, que dispõe: "é competente o Município para fixar o horário de funcionamento de estabelecimento comercial". Da mesma maneira, o Supremo Tribunal Federal também considerou interesse local e, portanto, competência do Município, legislar sobre: 1) matéria de segurança em estabelecimentos financeiros (ARE 784.981 AgR, rel. Min. Rosa Weber); 2) direito ambiental, desde que diga respeito a interesse local e que tal regramento seja harmônico com leis federais e estaduais (RE 586.224, rel. Min. Luiz Fux); 3) paisagem urbana, limitando a poluição visual ("Lei Cidade Limpa") (AI 799.690 AgR, rel. Min. Rosa Weber); 4) concessão de gratuidade de transporte público urbano a pessoas entre 60 e 65 anos (lembrando que aos maiores de 65 anos o dever decorre da própria CF) (RE 702.848, rel. Min. Celso de Mello); 5) disciplinar a distância mínima entre postos de revenda de combustíveis (RE 566.836, ED, rel. Min. Cármen Lúcia)[94]; 6) disciplinar o regime de sucessão do Poder Executivo, em caso de dupla vacância dos cargos de Prefeito e Vice-Prefeito (ADI 3.549, rel. Min. Cármen Lúcia); 6) tempo de espera na fila dos usuários dos serviços de cartórios (RE 397.094, rel. Min. Sepúlveda Pertence); 7) edificações ou construções realizadas no seu território (AI 491.420 AgR, rel. Min. Cezar Peluso); 8) tempo de espera em filas de instituições bancárias (RE 432.789, rel. Min. Eros Grau).

Por sua vez, extrapola os limites constitucionais a lei municipal que cria infrações de trânsito (ARE 639.496 RG, rel. Min. Cezar Peluso).

Quanto à criação de serviços alternativos de transportes públicos municipais (mototáxis, peruas ou outros meios congêneres), embora entendamos ser da competência do município, em razão do interesse local, vem prevalecendo na jurisprudência o entendimento de que se trata de competência privativa da União, por se tratar de "trânsito e transporte" (art. 22, XI, CF). Nesse sentido decidiu o TJ de Minas Gerais: "Competindo privativamente à União legislar sobre trânsito e transporte (art. 22, XI da Constituição Federal) é inconstitucional lei municipal que regulamenta o transporte individual de passageiro em 'mototáxi'" (ADI 10000110479227000). Assim também decidiu o Tribunal de Justiça de Sergipe: "Serviço de transporte de passageiros prestado por meio de motocicletas e similares – Mototáxis – Ilegalidade – Competência privativa e exclusiva da União para legislar sobre trânsito e transporte" (Reexame Necessário 2006209165 SE).

Fazendo-se uma analogia com o serviço de mototáxi ou semelhante, o mesmo se aplica ao transporte por motoristas particulares intermediados por aplicativos, como o Uber. Em nosso entender, seria da competência do município regulamentar o serviço, já que se trata de assun-

---

94. Obviamente, dentro de alguns limites. Tanto é verdade que o STF editou a Súmula Vinculante 49, segundo a qual "ofende o princípio da livre concorrência lei municipal que impede a instalação de estabelecimentos comerciais no mesmo ramo em determinada área".

to de interesse local. Não obstante, José Joaquim Gomes Canotilho entende que não cabe ao município legislar sobre o assunto, já que se trataria de competência privativa da União legislar sobre transporte (art. 22, XI, CF). Segundo o professor português: "estas reservas ou exclusivas, proibições e inibições de forma primária e inovatória, a legislar sobre matéria – diversa matéria – que é da competência legislativa privativa da União. A inconstitucionalidade orgânica de tais diplomas é, pois, direta e manifesta, por invasão das competências legislativas constitucionalmente reservadas à intervenção prévia e inovatória da União"[95]. Embora discordemos do professor português quanto à inconstitucionalidade formal (pois entendemos que poderia o Município legislar sobre tal assunto, por interesse local), concordamos com a inconstitucionalidade material das leis municipais que proíbem o Uber, já que o transporte é um direito social (art. 6º, CF).

Sobre esse polêmico assunto, o Tribunal de Justiça do Estado de São Paulo declarou inconstitucional lei municipal paulistana que proibia o Uber na cidade, com o seguinte argumento: "A proibição normativa instituída na lei municipal impugnada contraria preponderantemente o livre exercício de qualquer atividade econômica, a livre concorrência e o direito de escolha do consumidor, corolários da livre-iniciativa, mitigando o espectro de incidência desses valores" (Proc. 2216901-06.2015.8.26.0000).

e) **Competência legislativa exclusiva suplementar (art. 30, II, CF)**

Segundo o art. 30, II, da Constituição Federal, compete ao Município "suplementar a legislação federal e a estadual no que couber". Dessa maneira, caberá ao Município complementar a legislação federal e a legislação estadual no que couber. O que significa a expressão "no que couber"? Significa naquilo que for do interesse local.

Dessa maneira, por exemplo, poderá o Município suplementar a legislação federal e estadual, no que toca ao meio ambiente, desde que a lei municipal seja editada no tocante ao interesse local do Município. Nesse sentido, decidiu o Supremo Tribunal Federal: "O Município é competente para legislar sobre meio ambiente com União e Estado, no limite de seu interesse local e desde que tal regramento seja harmônico com a disciplina estabelecida pelos demais entes federados (art. 24, VI c/c 30, I e II da CRFB)" (RE 586.224, rel. Min. Luiz Fux).

f) **Competência legislativa para elaborar o plano diretor (art. 182, § 1º, CF)**

Segundo o art. 182, § 1º, da Constituição Federal, "o plano diretor, aprovado pela Câmara Municipal, obrigatório para cidades com mais de vinte mil habitantes, é o instrumento básico da política de desenvolvimento e de expansão urbana".

Dessa maneira, o plano diretor é importante lei municipal que serve de instrumento básico da política de desenvolvimento e expansão urbana. Segundo a Constituição Federal, o plano diretor é uma lei municipal aprovada na Câmara de Vereadores e obrigatório nos municípios com mais de 20.000 habitantes. A lei que regulamenta o art. 182, § 1º, da Constituição Federal é o Estatuto das Cidades (Lei n. 10.527, de 10 de julho de 2001).

Segundo o art. 40 dessa lei, "o plano diretor, aprovado por lei municipal, é o instrumento básico da política de desenvolvimento e expansão urbana". Trata-se de uma lei importantíssima não apenas para regular a ocupação do solo urbano, mas para também servir de parâmetro

---

95. Parecer de 4 de novembro de 2015.

ao cumprimento da função social da propriedade privada. Segundo o art. 39 da sobredita lei, "a propriedade urbana cumpre sua função social quando atende às exigências fundamentais de ordenação da cidade expressas no plano diretor". Além da exigência constitucional (para os municípios com mais de 20.000 habitantes), o Estatuto da Cidade traz outras obrigações. Segundo o art. 41, "O plano diretor é obrigatório para cidades: I – com mais de vinte mil habitantes; II – integrantes de regiões metropolitanas e aglomerações urbanas; III – onde o Poder Público municipal pretenda utilizar os instrumentos previstos no § 4º do art. 182, da Constituição Federal; IV – integrantes de áreas de especial interesse turístico; V – inseridas na área de influência de empreendimentos ou atividades com significativo impacto ambiental de âmbito regional ou nacional; VI – incluídas no cadastro nacional de Municípios com áreas suscetíveis à ocorrência de deslizamentos de grande impacto, inundações bruscas ou processos geológicos ou hidrológicos correlatos".

g) Competência legislativa tributária expressa (art. 156, CF)

Segundo o art. 156 da Constituição Federal, "compete aos Municípios instituir impostos sobre: I – propriedade predial e territorial urbana; II – transmissão *inter vivos*, a qualquer título, por ato oneroso, de bens imóveis, por natureza ou acessão física, e de direitos reais sobre imóveis, exceto os de garantia, bem como cessão de direitos a sua aquisição; III – serviços de qualquer natureza, não compreendidos no art. 155, II, definidos em lei complementar".

18.12. DISTRITO FEDERAL

O Distrito Federal surge com a Constituição de 1891. Segundo o art. 2º dessa Constituição, a cidade do Rio de Janeiro (antigo Município Neutro no período imperial) continuou a ser a capital do País, só que agora com o nome de Distrito Federal: "Cada uma das antigas Províncias formará um Estado e o antigo Município Neutro constituirá o Distrito Federal, continuando a ser a Capital da União, enquanto não se der execução ao disposto no artigo seguinte". O artigo seguinte referia-se à transferência da capital federal para uma região no Planalto Central, o que só se concretizou décadas depois, com a construção de Brasília, em 21 de abril de 1960, durante a presidência de Juscelino Kubitschek.

O Distrito Federal é, nos termos do art. 32 da Constituição Federal, ente federativo autônomo como os demais. Assim, goza das seguintes prerrogativas: auto-organização, autogoverno, autoadministração e autolegislação.

Primeiramente, a auto-organização se dá por meio de uma Lei Orgânica do Distrito Federal, prevista no art. 32, *caput*, da Constituição Federal, e de outras leis distritais que com ela sejam compatíveis. Por sua vez, o autogoverno se dá tendo em vista que o Distrito Federal possui seus Poderes Legislativo e Executivo escolhidos pelo próprio povo, bem como tem seu próprio Poder Judiciário, Ministério Público etc. Por fim, tem capacidade de autoadministração (dentro dos limites legais) e capacidade de autolegislação, desde que atendidas as competências previstas na Constituição Federal.

Importante: diferentemente dos Estados-membros, o Distrito Federal tem sua autonomia mitigada, atenuada. Isso porque, diferentemente dos Estados, com maior população e dimensão territorial, o Distrito Federal necessita do auxílio da União para gerir parte de seus serviços públicos. Dessa maneira, parte das instituições do DF será mantida e organizada pela União. É o que se encontra no art. 32, § 4º – com redação da EC n. 104/2019 –, da

Constituição Federal: "Lei federal disporá sobre a utilização, pelo Governo do Distrito Federal, da polícia civil, da polícia penal, da polícia militar e do corpo de bombeiros militar". Esse artigo se deve à análise do art. 21, XIV – com redação da EC n. 104/2019 –, da Constituição Federal: "Compete à União: XIV – organizar e manter a polícia civil, a polícia penal, a polícia militar e o corpo de bombeiros militar do Distrito Federal, bem como prestar assistência financeira ao Distrito Federal para a execução de serviços públicos, por meio de fundo próprio[96]". Importante frisar que, apesar de mantidas e organizadas pela União, as polícias do DF estarão sob a chefia do Governador do Distrito Federal, nos termos do art. 144, § 6º, da CF. Da mesma forma, segundo o art. 21, XIII, da Constituição Federal, compete exclusivamente à União "organizar e manter o Poder Judiciário, o Ministério Público do Distrito Federal", competindo também à União legislar sobre "organização judiciária, do Ministério Público do Distrito Federal" (art. 22, XVII, CF)[97].

Segundo o art. 32, *caput*, da Constituição Federal, o Distrito Federal não pode ser dividido em Municípios. Ele é composto por Brasília (que é a capital federal e, como vimos anteriormente, é uma cidade, sem ser um município), bem como pelas demais cidades-satélite. O Poder Executivo do Distrito Federal será chefiado pelo Governador e Vice-Governador, que serão eleitos juntamente com os Governadores dos Estados, nos termos do art. 32, § 2º, da Constituição Federal. Outrossim, o Poder Legislativo do DF é formado pela Câmara Legislativa do Distrito Federal, composta por deputados distritais, eleitos na mesma eleição do Governador e Vice-Governador.

18.12.1. Competências do Distrito Federal

Assim como os demais entes federativos, o Distrito Federal tem competências não legislativas e legislativas. Como competência não legislativa, o DF tem a competência comum ou paralela, prevista no art. 23 da Constituição Federal. Como competências legislativas, tem: a) competência expressa exclusiva, para elaborar a Lei Orgânica do DF (art. 32, *caput*, CF); b) competência delegada (art. 22, parágrafo único, CF); c) competência concorrente complementar (art. 24, § 1º, CF); d) competência concorrente suplementar (art. 24, § 3º, CF); e) competência para legislar sobre assunto de interesse local; f) competência tributária expressa.

a) Competência não legislativa comum (art. 23, CF)

Como vimos anteriormente, a competência do art. 23 da Constituição Federal aplica-se a todos os entes federativos (União, Estados, Distrito Federal e Municípios). Como falamos anteriormente, leis complementares federais serão feitas de modo a coordenar as atividades de todos esses entes federativos. Como examinamos cada um dos incisos desse artigo anteriormente, remetemos o leitor ao início do capítulo.

---

96. A lei a que se refere esse artigo é a Lei n. 10.633/2002, que criou o FCDF – Fundo Constitucional do Distrito Federal, para atender o disposto no inciso XIV do art. 21 da Constituição Federal. Segundo o art. 1º dessa lei: "Fica instituído o Fundo Constitucional do Distrito Federal – FCDF, de natureza contábil, com a finalidade de prover os recursos necessários à organização e manutenção da polícia civil, da polícia militar e do corpo de bombeiros militar do Distrito Federal, bem como assistência financeira para execução de serviços públicos de saúde e educação, conforme disposto no inciso XIV do art. 21 da Constituição Federal".

97. Antes da Emenda Constitucional n. 69/2002, também competia à União organizar, manter e legislar sobre a Defensoria Pública do DF. Não obstante, com a sobredita emenda constitucional, essa competência passou a ser diretamente do Distrito Federal.

b) Competência legislativa expressa e exclusiva para elaborar a Lei Orgânica (art. 32, *caput*, CF)

Segundo o art. 32, *caput*, o Distrito Federal "reger-se-á por lei orgânica, votada em dois turnos com interstício mínimo de dez dias, e aprovada por dois terços da Câmara Legislativa, que a promulgará, atendidos os princípios estabelecidos nesta Constituição".

Apesar de receber o nome "Lei Orgânica", segundo o Supremo Tribunal Federal, essa norma tem *status* de Constituição Estadual, sendo fruto do poder constituinte derivado decorrente. Tanto é verdade que, caso uma lei distrital esteja em conflito com a Lei Orgânica do Distrito Federal, caberá Ação Direta de Inconstitucionalidade ao Tribunal de Justiça do Distrito Federal.

c) Demais competências legislativas (art. 32, § 1º, CF)

Segundo o art. 32, § 1º, da Constituição Federal, "ao Distrito Federal são atribuídas as competências legislativas reservadas aos Estados e Municípios". Dessa maneira, como se vê, o Distrito Federal é um ente federativo híbrido, que cumula as competências legislativas tanto dos Estados como dos Municípios. Dessa maneira, são competências legislativas do Distrito Federal:

c.1) Competência delegada (art. 22, parágrafo único, CF)

Segundo o art. 22, parágrafo único, da Constituição Federal, poderá lei complementar federal delegar aos Estados (e também ao DF) a possibilidade de elaborar uma lei específica sobre as matérias relacionadas no art. 22 da Constituição (competências privativas da União). Por exemplo, a Lei Complementar n. 103, de 2000, delegou aos Estados e ao Distrito Federal a possibilidade de instituir um piso salarial para empregados que não tenham piso salarial definido em lei federal, convenção ou acordo coletivo de trabalho.

c.2) Competência concorrente complementar (art. 24, §§ 1º e 2º, CF)

Como vimos anteriormente, a competência concorrente, prevista no art. 24 da Constituição Federal, é aquela pela qual cabe à União elaborar a lei geral sobre determinado assunto, enquanto cabe aos Estados e ao Distrito Federal elaborar uma lei específica. Segundo o art. 24, § 1º, "no âmbito da legislação concorrente, a competência da União limitar-se-á a estabelecer normas gerais". Já para o § 2º do mesmo artigo, "a competência da União para legislar sobre normas gerais não exclui a competência suplementar dos Estados".

c.3) Competência concorrente suplementar (art. 24, § 3º, CF)

Assim como ocorre quanto aos Estados-membros, na competência concorrente do art. 24 da Constituição Federal, se a União não fizer a lei geral sobre determinado assunto, poderá o Estado (ou o DF) fazê-la, até que sobrevenha lei geral federal, que suspenderá a lei estadual ou distrital naquilo que for contrário (art. 24, §§ 3º e 4º, CF).

c.4) Competência para legislar sobre assunto de interesse local

Como dissemos acima, nos termos do art. 32, § 1º, da Constituição Federal, o Distrito Federal, além de ter a competência dos Estados, também tem a competência legislativa dos Municípios. Dessa maneira, a principal competência do município (legislar sobre assunto de interesse local) também é uma competência distrital.

Dessa maneira, o Distrito Federal poderá fazer leis de caráter estadual e leis de caráter municipal. Conhecer o conteúdo da norma distrital é muito importante, para fins de controle de constitucionalidade. Como estudamos no capítulo específico sobre o tema, em se tratando de uma lei distrital de caráter municipal que fere a Constituição Federal, não caberá Ação Direta de Inconstitucionalidade (pois se equipara a uma lei municipal), cabendo apenas controle difuso e ADPF (arguição de descumprimento de preceito fundamental).

c.5) Competência tributária expressa

Por fim, o Distrito Federal tem competência tributária expressa, no art. 147, *in fine*, da Constituição Federal: "ao Distrito Federal cabem os impostos Municipais". Da mesma maneira, o art. 155, da Constituição Federal dispõe que: "compete aos Estados e ao Distrito Federal instituir impostos sobre: I – transmissão *causa mortis* e doação, de quaisquer bens ou direitos; II – operações relativas à circulação de mercadorias e sobre prestações de serviços de transporte interestadual e intermunicipal e de comunicação, ainda que as operações e as prestações se iniciem no exterior; III – propriedade de veículos automotores". Por sua vez, o art. 156 trata dos impostos municipais, que, como vimos acima, são cabíveis também aos Municípios.

18.13. MODELOS DE REPARTIÇÃO DE COMPETÊNCIAS

Existem três modelos tradicionais de repartição de competências, segundo o direito comparado. O primeiro deles é a enumeração das competências da União, deixando aos Estados as competências remanescentes. É o que ocorre nos Estados Unidos, na Argentina, no México e na Suíça. Por exemplo, a Emenda 10 à Constituição norte-americana afirma que "os poderes não delegados aos Estados Unidos pela Constituição, nem por ela negados aos Estados, são reservados, respectivamente, aos Estados ou ao povo". No mesmo sentido, o art. 121 da Constituição da Argentina dispõe que "as províncias conservam todo o poder não delegado por esta Constituição ao Governo Federal, e o que expressamente se tenham reservado por atos especial ao tempo de sua incorporação". Já o art. 124 da Constituição do México afirma que "as faculdades que não estão expressamente concedidas por esta Constituição aos funcionários federais se entendem reservadas aos Estados". Por fim, o art. 3º da Constituição Suíça de 1999 determina que "os cantões são soberanos, desde que sua soberania não seja limitada pela Constituição Federal; eles exercem todos os direitos não delegados à Confederação".

Outro modelo tradicional consiste na enumeração dos poderes dos Estados, atribuindo poderes remanescentes à União. É o que ocorre, por exemplo, no Canadá. Segundo o art. 92 da Constituição canadense, "em cada província o Legislativo pode fazer leis exclusivamente em relação aos assuntos adiante enumerados, ou seja...".

Por sua vez, um terceiro modelo tradicional de repartição de competências é aquele que enumera os poderes dos Estados e da União, como a Constituição da Venezuela, que prevê as competências enumeradas da União no art. 156 e as competências enumeradas dos Estados no art. 164.

A Constituição brasileira adota um sistema bastante complexo de repartição de competências (não legislativas e legislativas). Primeiramente, parte do modelo norte-americano, já que enumera as competências da União (art. 21 e 22, CF), deixando para os Estados as matérias remanescentes (art. 25, § 1º, CF). Todavia, como vimos, não é apenas isso. Como o Federalismo brasileiro é trino ou de segundo grau, os Municípios também são considerados entes federativos. Para eles, a competência também é reservada (art. 30, CF, principalmente).

Se as competências constitucionais terminassem aí, poderíamos dizer que o modelo brasileiro seria horizontal apenas (reservando as competências de cada ente federativo), como no esquema a seguir:

COMPETÊNCIAS DA UNIÃO (ARTS. 21 E 22, CF)	COMPETÊNCIA DOS MUNICÍPIOS (ART. 30, CF)	COMPETÊNCIA DOS ESTADOS (ART. 25, § 1º)

Não obstante, a Constituição Federal prevê várias hipóteses de competência vertical, ou seja, em que os entes federativos versam sobre a mesma matéria, todavia com enfoques diferentes. Por exemplo, na competência comum (art. 23, CF), todos os entes federativos têm responsabilidades (União, Estados, Distrito Federal e Municípios), mas com enfoques diferentes. O mesmo se aplica à competência concorrente (art. 24, CF), em que cabe à União fazer a lei geral, aos Estados e ao DF a lei específica (art. 24, § 2º, CF) e aos municípios, nos termos do art. 30, II, CF, suplementar a lei federal e estadual no que couber, ou seja, naquilo que for do interesse local.

18.14. COMPETÊNCIA LEGISLATIVA E ADMINISTRATIVA DURANTE A PANDEMIA DE COVID-19

Como vimos, segundo o art. 23, II, da Constituição Federal, "é competência comum da União, dos Estados, do Distrito Federal e dos Municípios: II – cuidar da saúde". Trata-se de uma competência não legislativa comum, que pertence a todos os entes federativos. Assim, cuidar da saúde é responsabilidade de todos os entes federativos (União, Estados, DF e Municípios). Dessa maneira, todos os entes federativos devem adotar medidas administrativas para atender à saúde da sua população, dentro ou fora da atual pandemia.

Quanto à competência legislativa, segundo o art. 24, XII, da Constituição Federal, é competência concorrente entre os entes federativos legislar sobre "proteção e defesa da saúde". Competência concorrente, prevista no art. 24 da Constituição Federal, é aquela na qual a União faz a lei geral e os Estados e o DF fazem a lei específica. Dessa maneira, enquanto a União faz a lei geral sobre a saúde e sobre o combate ao coronavírus (como a Lei n. 13.979/2020), cada Estado pode fazer suas leis específicas, atendendo às suas peculiaridades.

E os Municípios? Podem legislar sobre a proteção da saúde? Segundo o art. 30, II, da Constituição Federal, compete aos municípios "suplementar a legislação federal e a estadual no que couber". Dessa maneira, atendendo às peculiaridades e às necessidades particulares de cada município, poderão legislar acerca da saúde, adotando medidas no combate à pandemia do novo coronavírus.

A profunda crise causada pela pandemia de Covid-19 gerou dúvidas no tocante a essa competência legislativa e administrativa, que deu ensejo a decisão liminar proferida na ADPF 672, no Supremo Tribunal Federal. O STF reconheceu e assegurou "o exercício da competência concorrente dos governos estaduais e distrital e suplementar dos governos municipais, cada qual no exercício de suas atribuições e no âmbito de seus respectivos territórios, para a adoção ou manutenção de medidas restritivas legalmente permitidas durante a pandemia, tais como a imposição de distanciamento/isolamento social, quarentena, suspensão de atividades de ensino, restrições de comércio, atividades culturais e à circulação de pessoas".

Posteriormente, ao julgar o mérito da referida ação, o STF decidiu que "A Constituição Federal, em diversos dispositivos, prevê princípios informadores e regras de competência no tocante à proteção da saúde pública, destacando, desde logo, no próprio preâmbulo a necessidade de o Estado Democrático assegurar o bem-estar da sociedade. Logicamente, dentro da ideia de bem-estar, deve ser destacada como uma das principais finalidades do Estado a efetividade de políticas públicas destinadas à saúde. O direito à vida e à saúde aparecem como consequência imediata da consagração da dignidade da pessoa humana como fundamento da República Federativa do Brasil. Nesse sentido, a Constituição Federal consagrou, nos arts. 196 e 197, a saúde como direito de todos e dever do Estado, garantindo sua universalidade e igualdade no acesso às ações e serviços de saúde. [...] Em relação à saúde e assistência pública, inclusive no tocante à organização do abastecimento alimentar, a Constituição Federal consagra, nos termos dos incisos II e IX, do art. 23, a existência de competência administrativa comum entre União, Estados, Distrito Federal e Municípios. Igualmente, nos termos do art. 24, XII, o texto constitucional prevê competência concorrente entre União e Estados/Distrito Federal para legislar sobre proteção e defesa da saúde; permitindo, ainda, aos Municípios, nos termos do art. 30, inciso II, a possibilidade de suplementar a legislação federal e a estadual no que couber, desde que haja interesse local; devendo, ainda, ser considerada a descentralização político-administrativa do Sistema de Saúde (art. 198, CF, e art. 7º da Lei n. 8.080/90), com a consequente descentralização da execução de serviços e distribuição dos encargos financeiros entre os entes federativos, inclusive no que diz respeito às atividades de vigilância sanitária e epidemiológica (art. 6º, I, da Lei n. 8.080/90). Dessa maneira, não compete ao Poder Executivo federal afastar, unilateralmente, as decisões dos governos estaduais, distrital e municipais que, no exercício de suas competências constitucionais, adotaram ou venham a adotar, no âmbito de seus respectivos territórios, importantes medidas restritivas como a imposição de distanciamento/isolamento social, quarentena, suspensão de atividades de ensino, restrições de comércio, atividades culturais e à circulação de pessoas, entre outros mecanismos reconhecidamente eficazes para a redução do número de infectados e de óbitos, como demonstram a recomendação da OMS (Organização Mundial de Saúde) e vários estudos técnicos científicos, como, por exemplo, os estudos realizados pelo Imperial College of London, a partir de modelos matemáticos (ADPF 672, rel. Min. Alexandre de Moraes, j. 8-4-2020).

Em 2021, novas polêmicas surgiram quanto à competência dos entes federativos no combate à pandemia de Covid-19. Alguns municípios ou estados editaram atos normativos que previam a exigência de comprovante vacinal para o ingresso das pessoas em determinados lugares, como prédios públicos etc. Além do inconformismo de algumas pessoas que se recusaram a se vacinar, o Tribunal de Justiça do Estado do Rio de Janeiro, numa decisão liminar bastante "peculiar" e "heterodoxa", que chegou a comparar a exigência do comprovante vacinal às medidas do regime nazista contra os judeus, suspendeu um dos atos normativos, sob a alegação de inconstitucionalidade material (por violação do direito de liberdade) e formal (por incompetência do município. O STF, poucas horas depois dessa decisão teratológica, suspendeu-a, sob o argumento de que "cumpre pontuar que, na presente situação de pandemia da COVID-19, especialmente na tentativa de equacionar os inevitáveis conflitos federativos, sociais e econômicos existentes, a gravidade da situação vivenciada exige a tomada de medidas coordenadas e voltadas ao bem comum, sempre respeitadas a competência constitucional e a autonomia de cada ente da Federação. Esse entendimento foi explicitado pelo Plenário desta Suprema Corte no referendo da medida cautelar proferida na ADI 6.341 ação proposta em face de dispositivos da Lei Federal 13.979/2020, ocasião em que restou consignado que os entes federativos possuem competência administrativa comum e legislativa concorrente para dispor sobre o funcionamento de serviços públicos e outras atividades econômicas no âmbito de suas atribuições, nos termos do art. 198, I, da Constituição Federal. [...] verifico que a restrição impugnada na origem é medida de combate à pandemia da Covid-19 prevista no rol exemplificativo do art. 3º da Lei Federal n. 13.979/2020, tendo a Municipalidade competência para sua adoção, nos termos da jurisprudência deste Supremo Tribunal Federal, acima mencionada" (SL 1.481/RJ, trecho do voto do min. Presidente Luiz Fux, j. 1º-10-2021).

18.15. INTERVENÇÃO

Federação, como sabemos, é a união de vários Estados, cada qual com uma parcela de autonomia. Não obstante, é possível que, caso o Estado extrapole os limites dessa autonomia, a União tenha de impor sanções, limitando essa autonomia. Estamos tratando da intervenção. Dessa maneira, intervenção é a retirada da autonomia do ente federativo. É uma medida excepcional na federação. Se a regra é a autonomia dos entes federativos, a exceção é a intervenção.

Existem dois tipos de intervenção: intervenção federal e intervenção estadual. Intervenção federal, cujas hipóteses estão previstas no art. 34 da Constituição Federal, é a intervenção da União em algum Estado ou no Distrito Federal. Por sua vez, intervenção estadual, cujas hipóteses estão previstas no art. 35 da Constituição Federal, é a intervenção do Estado no Município.

Importante: a União não poderá intervir diretamente no Município, a não ser que este faça parte de Território Federal (que atualmente não existe no Brasil, como vimos). Em 10 de março de 2005, o então Presidente da República Luiz Inácio Lula da Silva decretou uma espécie de intervenção na cidade do Rio de Janeiro, ao declarar, no art. 1º do Decreto Presidencial n. 5.392/2005, "estado de calamidade pública no setor hospitalar do Sistema Único de Saúde no Município do Rio de Janeiro". Ocorre que o Supremo Tribunal Federal, no Mandado de Segurança 25.295, considerou a medida inconstitucional. O Ministro Relator Joaquim Barbosa, dentre outros argumentos, decidiu que: "extintos os territórios federais, inexiste hoje possibilidade jurídica de a União diretamente intervir em Municípios, pois aquela era a única possibilidade de uma intervenção *per saltum*. Quanto a isso não há dúvida".

18.15.1. Intervenção federal

a) **Cabimento**

As hipóteses de intervenção federal estão previstas no art. 34 da Constituição Federal. Caberá intervenção da União no Estado ou no Distrito Federal para "manter a integridade nacional" (art. 34, I, CF). Dessa maneira, caso o Estado, por exemplo, tente se separar do Brasil, será punido com intervenção federal, já que a Constituição brasileira veda o direito de secessão.

Da mesma forma, também cabe intervenção federal para "repelir invasão estrangeira ou de uma unidade da Federação em outra" (art. 34, II, CF). Nesse sentido, já julgou o Supremo Tribunal Federal, "o instituto da intervenção federal, consagrado por todas as Constituições republicanas, representa um elemento fundamental na própria formulação da doutrina do federalismo, que dele não pode prescindir – inobstante a excepcionalidade de sua aplicação –, para efeito de preservação da intangibilidade do vínculo federativo, da unidade do Estado Federal e da integridade territorial das unidades federadas. A invasão territorial de um Estado por outro constitui um dos pressupostos de admissibilidade da intervenção federal" (MS 21.041, rel. Min. Celso de Mello).

Outrossim, também cabe intervenção federal para "pôr termo a grave comprometimento da ordem pública" (art. 34, III, CF). Dessa maneira, caso a União (por parte do Presidente da República) entenda que a ordem pública está sensivelmente abalada no Estado, não tendo o Estado-membro capacidade de manter a ordem, poderá ser decretada a intervenção.

Também cabe intervenção federal para "garantir o livre exercício de qualquer dos Poderes nas unidades da Federação" (art. 34, IV, CF). Dessa maneira, caso, por exemplo, o Poder Executivo interfira no livre funcionamento do Poder Legislativo, ou vice-versa, é possível a intervenção federal naquele Estado. Outrossim, caso um dos Poderes descumpra sistematicamente decisões do Poder Judiciário, também é possível intervenção federal, como já decidiu o Supremo Tribunal Federal: "decisão agravada que se encontra em consonância com a orientação desta Corte, no sentido de que o descumprimento voluntário e intencional de decisão judicial transitada em julgado é pressuposto indispensável ao acolhimento do pedido de intervenção federal" (IF 5.050 AgR, rel. Min. Ellen Gracie).

Caberá igualmente intervenção federal para "reorganizar as finanças da unidade da Federação que: a) suspender o pagamento da dívida fundada por mais de dois anos consecutivos, salvo motivo de força maior; b) deixar de entregar aos Municípios receitas tributárias fixadas nesta Constituição, dentro dos prazos estabelecidos em lei" (art. 34, V, CF). Primeiramente, importante frisar que "dívida fundada" é aquela com compromissos de exigibilidade superior a doze meses, contraídos para atender a desequilíbrio orçamentário ou a financiamento de obras e serviços públicos. Esse conceito decorre do art. 98 da Lei n. 4.320/64. Assim, se o Estado-membro (ou DF) suspender o pagamento das dúvidas fundadas por mais de dois anos consecutivos (exceto motivos de força maior), poderá ser objeto de intervenção federal. Da mesma maneira, se o Estado não repassa aos Municípios as receitas tributárias fixadas na Constituição nos prazos legais, poderá também ser alvo de intervenção. Aliás, o art. 160 da Constituição Federal afirma ser "vedada a retenção ou qualquer restrição à entrega e ao emprego dos recursos atribuídos, nesta seção, aos Estados, ao Distrito Federal e aos Municípios, neles compreendidos adicionais e acréscimos relativos a impostos". Por exemplo, pertence aos Municípios "cinquenta por cento do produto da arrecadação do imposto do Estado sobre a propriedade de veículos automotores licenciados em seus territórios" (art. 158, III, CF). Da mesma maneira, pertence também aos Municípios "vinte e cinco por cento do produto da arrecadação do imposto do Estado sobre operações relativas à circulação de mercadorias e sobre prestações de serviços de transporte interestadual e intermunicipal e de comunicação" (art. 158, IV, CF). Segundo o art. 5º da Lei Complementar n. 63, de 11 de janeiro de 1990, o repasse das receitas ao Município será feito da seguinte forma: "até o segundo dia útil de cada semana, o estabelecimento oficial de crédito entregará, a cada Município, mediante crédito em conta individual ou pagamento em dinheiro, à conveniência do beneficiário, a parcela que a este pertencer, do valor dos depósitos ou remessas feitos, na semana imediatamente anterior, na conta a que se refere o artigo anterior".

Assim, caso não sejam repassados no prazo acima os tributos mencionados na Constituição Federal por parte dos Estados aos Municípios, será possível a intervenção federal.

Da mesma maneira, cabe também intervenção federal para "prover a execução de lei federal, ordem ou decisão judicial" (art. 34, VI, CF). Caso o Estado descumpra leis ou decisões judiciais, trata-se de uma grave violação da Constituição, que justifica a intervenção federal, como já decidiu o Supremo Tribunal Federal: "a exigência de respeito incondicional às decisões judiciais transitadas em julgado traduz imposição constitucional, justificada pelo princípio da separação de poderes e fundada nos postulados que informam, em nosso sistema jurídico, a própria concepção de Estado Democrático de Direito. O dever de cumprir as decisões emanadas do Poder Judiciário, notadamente nos casos em que a condenação judicial tem por destinatário o próprio poder público, muito mais do que simples incumbência de ordem constitucional, representa uma incontornável obrigação institucional a que não se pode subtrair o aparelho de Estado, sob pena de grave comprometimento dos princípios consagrados no texto da Constituição da República. A desobediência a ordem ou a decisão judicial pode gerar, em nosso sistema jurídico, gravíssimas consequências, quer no plano penal, quer no plano político-administrativo (possibilidade de *impeachment*), quer, ainda, na esfera institucional (decretabilidade de intervenção federal nos Estados-membros ou em Municípios situados em Território Federal, ou de intervenção estadual nos Municípios" (IF 590 QO, rel. Min. Celso de Mello).

Não obstante, com relação ao não pagamento de precatórios, o Supremo Tribunal Federal relativizou os rigores desse dispositivo constitucional: "o descumprimento voluntário e intencional de decisão transitada em julgado configura pressuposto indispensável ao acolhimento do pedido de intervenção federal. A ausência de voluntariedade em não pagar precatórios, consubstanciada na insuficiência de recursos para satisfazer os créditos contra a Fazenda Estadual no prazo previsto no § 1º do art. 100 da Constituição da República, não legitima a subtração temporária da autonomia estatal, mormente quando o ente público, apesar da exaustão do erário, vem sendo zeloso, na medida do possível, com suas obrigações derivadas de provimentos judiciais" (IF 1.917, rel. Min. Maurício Corrêa).

Também cabe intervenção federal, nos termos do art. 34, VII, da Constituição Federal, quando houver lesão aos princípios constitucionais sensíveis (que estudamos no capítulo reservado ao controle de constitucionalidade, quando tratamos da ADI Interventiva). Assim, caberá intervenção federal para "assegurar a observância dos seguintes princípios constitucionais: a) forma republicana, sistema representativo e regime democrático; b) direitos da pessoa humana; c) autonomia municipal; d) prestação de contas da administração pública, direta e indireta; e) aplicação do mínimo exigido da receita resultante de impostos estaduais, compreendida a proveniente de transferências, na manutenção e desenvolvimento do ensino e nas ações e serviços públicos de saúde" (art. 34, VII, CF).

Primeiramente, cabe intervenção federal se houver violação da forma republicana, sistema representativo e regime democrático. Foi o argumento utilizado pelo Procurador-Geral da República para pleitear a intervenção federal no Distrito Federal, alegando "existência de largo esquema de corrupção. Envolvimento do ex-governador, deputados distritais e suplentes. Comprometimento das funções governamentais no âmbito dos Poderes Executivo e Legislativo. [...] Ofensa aos princípios inscritos no art. 34, VII, *a*, da CF" (IF 5.179, rel. Min. Cezar Peluso).

Da mesma forma, também caberá intervenção federal se houver violação dos direitos da pessoa humana. Foi o argumento utilizado pelo Procurador-Geral da República para pleitear intervenção federal no Estado de Mato Grosso a fim de "assegurar a observância dos 'direitos da pessoa humana', em face de fato criminoso praticado com extrema crueldade a indicar a inexistência de 'condição mínima', no Estado 'para assegurar o respeito ao primordial direito da pessoa humana, que é o direito à vida'. Representação que merece conhecida, por seu fundamento: alegação de inobservância pelo Estado-membro do princípio constitucional sensível previsto no art. 34, VII, alínea *b*, da Constituição de 1988, quanto aos 'direitos da pessoa humana'. Hipótese em que estão em causa direitos da pessoa humana, em sua compreensão mais ampla, revelando-se impotentes as autoridades policiais locais para manter a segurança de três presos que acabaram subtraídos de sua proteção, por populares revoltados pelo crime que lhes era imputado, sendo mortos com requintes de crueldade" (IF 114, rel. Min. Néri da Silveira).

Outrossim, um dos princípios sensíveis que, se violado, autoriza a intervenção federal é a autonomia municipal. Segundo a doutrina, "na Constituição de 1988, o arranjo da autonomia municipal, está estruturado pelos artigos 1º, 18, 29, 30, 35, 39, 145, 149, 150, 158 e 182, entre outros. O conteúdo do poder aí delineado expressa-se em quatro planos: o da auto-organização, o do autogoverno, o da autolegislação e o da autoadministração, sendo o primeiro a principal novidade incluída no objeto do 'direito público subjetivo' do Município, oponível aos demais entes federativos. [...] O teor político da autonomia revela a capacidade de o Município estruturar seus poderes, organizar e constituir seu próprio governo mediante eleições diretas de prefeitos, vice-prefeitos e vereadores e de editar o seu próprio direito, observados os princípios estabelecidos na Carta da República e na Constituição do Estado. Nesse plano, ganha relevância a análise da competência legislativa do ente local"[98].

Outro princípio sensível é a prestação de contas da administração pública, direta e indireta. A prestação de contas é o instrumento através do qual se torna possível fiscalizar os atos e as despesas realizados pelos gestores públicos. Assim como o Presidente da República deve prestar contas anualmente ao Congresso Nacional, quanto às contas referentes ao exercício anterior, deverá o governador igualmente fazê-lo, pelo princípio da simetria constitucional. Nesse sentido, o art. 47 da Constituição do Estado de São Paulo, compete privativamente ao Governador "prestar contas da administração do Estado à Assembleia Legislativa na forma desta Constituição" (art. 47, IX). Outrossim, segundo o art. 33, I, dessa mesma Constituição: "O controle externo, a cargo da Assembleia Legislativa, será exercido com auxílio do Tribunal de Contas do Estado, ao qual compete: I – apreciar as contas prestadas anualmente pelo Governador do Estado, mediante parecer prévio que deverá ser elaborado em sessenta dias, a contar do seu recebimento". Caso o Estado não cumpra os deveres constitucionais quanto à prestação de contas, poderá ser decretada a intervenção federal.

Por fim, o último princípio sensível é a aplicação do mínimo exigido na saúde e na educação. Segundo o art. 212 da Constituição Federal, os Estados e o Distrito Federal devem aplicar pelo menos vinte e cinco por cento da receita resultante de impostos, compreendida a proveniente de transferências, na manutenção e desenvolvimento do Ensino. Caso não seja cumprido esse percentual, justifica-se a intervenção federal. No mesmo sentido, segundo o art. 198, § 2º, da Constituição Federal, os Estados devem aplicar anualmente em ações e serviços públicos de saúde "o produto da arrecadação dos impostos a que se refere o art. 155 e dos recursos de que tratam os arts. 157 e 159, inciso I, alínea *a*, e inciso II, deduzidas as parcelas que forem transfe-

---

98. Maria Coeli Simões Pires. *Autonomia Municipal no Estado Brasileiro*.

ridas aos respectivos Municípios". O percentual mínimo referente a esses impostos (como IPVA, ICMS etc.) está previsto no art. 6º da Lei Complementar n. 141, de 13 de janeiro de 2012: "Os Estados e o Distrito Federal aplicarão, anualmente, em ações e serviços públicos de saúde, no mínimo, 12% (doze por cento) da arrecadação...". Assim, não sendo aplicado o mínimo na saúde e na educação, será possível intervenção federal.

b) **Iniciativa**

O responsável por decretar a intervenção federal é o Presidente da República, nos termos do art. 84, X, CF: "compete privativamente ao Presidente da República: X – decretar e executar a intervenção federal". Essa decretação da intervenção federal pelo Presidente poderá se dar das seguintes maneiras:

1) de ofício pelo Presidente: são aquelas hipóteses em que, independentemente de provocação, poderá o Presidente decretar a intervenção federal. São as hipóteses previstas no art. 34, I, II, III e V: "manter a integridade nacional" (art. 34, I, CF); "repelir invasão estrangeira ou de uma unidade da Federação em outra" (art. 34, II, CF); "pôr termo a grave comprometimento da ordem pública" (art. 34, III, CF); "reorganizar as finanças da unidade da Federação" (art. 34, V, CF);

2) provocada por solicitação do "Poder coacto ou impedido": na hipótese do art. 34, IV, da Constituição Federal ("garantir o livre exercício de qualquer dos Poderes nas unidades da Federação"), caberá intervenção federal através de "solicitação do Poder Legislativo ou do Poder Executivo coacto ou impedido" (art. 36, I, 1ª parte, CF);

3) provocada por requisição do Poder Judiciário: na hipótese do art. 34, IV, da Constituição Federal ("garantir o livre exercício de qualquer dos Poderes nas unidades da Federação"), caberá intervenção federal através de "requisição do Supremo Tribunal Federal, se a coação for exercida contra o Poder Judiciário" (art. 36, I, *in fine*, CF). Também caberá intervenção mediante requisição do Poder Judiciário na hipótese para "prover a execução de [...] ordem ou decisão judicial" (art. 34, VI, *in fine*, CF), mediante "requisição do Supremo Tribunal Federal, do Superior Tribunal de Justiça ou do Tribunal Superior Eleitoral" (art. 36, II, CF);

4) provocada por ação do Procurador-Geral da República: o Procurador-Geral da República poderá ajuizar a Ação Direta de Inconstitucionalidade Interventiva (ADI Interventiva, que estudamos em capítulo específico sobre o controle de constitucionalidade), nos termos do art. 36, III, 1ª parte, CF: "provimento, pelo Supremo Tribunal Federal, de representação do Procurador-Geral da República, na hipótese do art. 34, VII". Embora a Constituição Federal utilize a expressão "representação", trata-se inegavelmente de uma ação judicial. Como vimos em capítulo específico, trata-se de ação que será julgada pelo Supremo Tribunal Federal, quando houver lesão a um dos princípios constitucionais sensíveis.

Outrossim, também pode o Procurador-Geral da República ajuizar "ação para cumprimento de lei federal", nos termos do art. 36, III, *in fine*, da Constituição Federal, junto ao STF: "provimento, pelo Supremo Tribunal Federal, [...] no caso de recusa à execução de lei federal". As duas ações (ADI Interventiva e Ação para Cumprimento de Lei Federal, que também é chamada por alguns de uma modalidade de ADI interventiva), são regulamentadas pela Lei n. 12.562, de 23 de dezembro de 2011.

18 • Organização do Estado (e Federação)

Iniciativa da intervenção federal	a) de ofício pelo Presidente: art. 34, I, II, III, V, CF;
	b) por solicitação do Poder Executivo ou Legislativo coacto: art. 34, IV, CF;
	c) por requisição do Poder Judiciário: quando estiver coacto ou impedido (art. 24, IV, *in fine*, CF) ou para prover a execução de decisão judicial (art. 24, VI, *in fine*, CF);
	d) por ação do PGR no STF: ADI Interventiva (art. 34, VII, CF) e Ação para Cumprimento de Lei Federal (art. 34, VI, 1ª parte, CF).

c) **Etapas de uma intervenção federal**

Quatro são as etapas possíveis de uma intervenção: a) iniciativa; b) controle jurisdicional; c) decreto interventivo; d) controle político. Importante: toda hipótese de intervenção terá três etapas (dentre as quatro possíveis). Isso porque algumas hipóteses não terão o controle político (do Congresso Nacional) e outras hipóteses não terão o controle jurisdicional, como adiante explicaremos.

A iniciativa, como vimos acima, pode se dar de várias maneiras (de ofício pelo Presidente, por solicitação do Poder Executivo ou Legislativo coacto, por requisição do Poder Judiciário ou por ação do Procurador-Geral da República). Essa etapa estará presente em toda hipótese de intervenção.

O controle jurisdicional acontecerá somente nos casos de ações ajuizadas pelo Procurador-Geral da República (ADI Interventiva e Ação para Cumprimento de Lei Federal). Nos termos do art. 36, III, da Constituição Federal, a competência para o julgamento dessas ações é do Supremo Tribunal Federal. Caso o Judiciário julgue improcedentes os pedidos, não poderá o Presidente decretar a intervenção. Todavia, julgando procedentes os pedidos dessas ações, haverá a remessa dos autos ao Presidente, que poderá decretar a intervenção federal. Segundo o art. 11 da Lei n. 12.562/2011, o Presidente deve ser comunicado no prazo improrrogável de até 15 dias.

O decreto presidencial de intervenção, nos termos do art. 36, § 1º, da Constituição Federal, especificará a amplitude, o prazo, as condições de execução e, se for o caso, nomeará interventor.

A amplitude da intervenção federal dependerá da causa da sua decretação. Pode recair, por exemplo, sobre o Poder Executivo, afastando-se o governador do Estado. Pode também recair sobre o Poder Legislativo, suspendendo-se a Assembleia Legislativa, ou, eventualmente, pode recair sobre os dois poderes. Por sua vez, o Presidente fixará o prazo dessa intervenção, bem como as condições de execução da intervenção. Por fim, se for o caso, poderá nomear interventor. Nem sempre, portanto, haverá um interventor nomeado pelo Presidente. Por exemplo, caso a intervenção federal recaia sobre o Poder Legislativo do Estado, o Presidente poderá suspender a Assembleia Legislativa, atribuindo ao Governador do Estado poderes legislativos. Nesse caso, haveria uma intervenção sem a necessidade de nomeação de interventor. Todavia, recaindo a intervenção sobre o Poder Executivo, ou sobre todos os poderes, será nomeado interventor pelo Presidente.

O controle político consiste na apreciação da intervenção federal pelo Congresso Nacional. Ele está previsto no art. 36, §§ 1º e 2º, da Constituição Federal. Segundo o art. 36, § 1º, "o decreto de intervenção [...] será submetido à apreciação do Congresso Nacional [...] no prazo de vinte e quatro horas". Segundo o § 2º desse artigo, "se não estiver funcionando o Congresso Nacional [...] far-se-á convocação extraordinária, no mesmo prazo de vinte e quatro horas". Importante: esse controle político não ocorrerá nas hipóteses de ações ajuizadas pelo PGR (nesse caso, já houve análise por parte do Poder Judiciário, sobre a validade da medida). É o que dispõe o art. 36, § 3º, 1ª parte, CF: "nos casos do art. 34, VI e VII [...] dispensada a apreciação pelo Congresso Nacional...".

Nesse controle político, o Congresso Nacional poderá aprovar ou rejeitar o decreto interventivo. Trata-se de competência prevista no art. 49, IV, da Constituição Federal. O Congresso Nacional fará um decreto legislativo (aprovado por maioria simples), aprovando ou rejeitando o decreto interventivo presidencial. Neste último caso, se o Congresso rejeitar a intervenção, deverá o Presidente interromper imediatamente as medidas, sob pena de praticar crime de responsabilidade.

Por fim, como lembra Uadi Lammêgo Bulos, "concluída a intervenção, uma vez que cessados os motivos por que foi decretada, findam-se os efeitos do decreto interventivo, com o restabelecimento da normalidade constitucional. As autoridades afastadas de seus cargos a eles voltarão, salvo se estiverem impedidas de voltar às suas funções. Incluem-se aí os casos de término de mandato, de perda ou suspensão de direitos políticos, de morte do titular, quando devem reassumir seus respectivos sucessores"[99].

Iniciativa	Controle jurisdicional	Decreto interventivo	Controle político
Ocorre em todas as hipóteses de intervenção	Ocorrerá nas duas ações ajuizadas pelo Procurador-Geral da República (ADI interventiva e Ação para Cumprimento de Lei Federal)	Deverá especificar a amplitude, o prazo, as condições de execução e, se for o caso, nomear interventor	Ocorre depois de decretada a intervenção, exceto nas hipóteses de ação do Procurador-Geral da República

18.15.2. Intervenção estadual

a) Cabimento

As hipóteses de intervenção estadual (intervenção do Estado no Município) ou da intervenção da União em um Município que faz parte de território federal estão previstas no art. 35 da Constituição Federal. Caberá intervenção estadual quando "deixar de ser paga, sem motivo de força maior, por dois anos consecutivos, a dívida fundada" (art. 35, I, CF). Como dissemos acima, "dívida fundada" é aquela com compromissos de exigibilidade superior a doze meses, contraídos para atender a desequilíbrio orçamentário ou a financiamento de obras e serviços públicos. Esse conceito decorre do art. 98 da Lei n. 4.320/64. Assim, se o Município suspender o pagamento das dúvidas fundadas por mais de dois anos consecutivos (exceto motivos de força maior), poderá ser objeto de intervenção estadual.

Também caberá intervenção estadual quando "não forem prestadas contas devidas, na forma da lei" (art. 35, II, CF). Segundo o art. 31 da Constituição Federal, "a fiscalização do Município será exercida pelo Poder Legislativo Municipal, mediante controle externo, e pelos sistemas de controle interno do Poder Executivo Municipal, na forma da lei". Outrossim, "o

---

99. Op. cit., p. 997.

controle externo da Câmara Municipal será exercido com o auxílio dos Tribunais de Contas dos Estados ou do Município ou dos Conselhos ou Tribunais de Contas dos Municípios, onde houver" (art. 31, § 1º, CF). Por fim, segundo o § 2º do mesmo artigo, o Prefeito deve prestar contas anualmente e, nos termos do § 3º, as contas devem ficar anualmente, durante sessenta dias, à disposição de qualquer contribuinte. Descumpridos os mandamentos constitucionais, justifica-se a intervenção estadual no Município.

É possível também a intervenção estadual quando "não tiver sido aplicado o mínimo exigido da receita municipal na manutenção e desenvolvimento do ensino e nas ações e serviços públicos de saúde" (art. 35, III, CF).

Segundo o art. 212 da Constituição Federal, os Municípios devem aplicar pelo menos vinte e cinco por cento da receita resultante de impostos, compreendida a proveniente de transferências, na manutenção e desenvolvimento do ensino. Outrossim, segundo o art. 198, § 2º, III, da Constituição Federal, "os Municípios devem aplicar um percentual mínimo do produto da arrecadação dos impostos a que se refere o art. 156 e dos recursos de que tratam os artigos 158 e 159, inciso I, alínea *b* e § 3º". O percentual mínimo é definido no art. 7º da Lei Complementar n. 141, de 13 de janeiro de 2012, que dispõe: "os Municípios e o Distrito Federal aplicarão anualmente em ações e serviços públicos de saúde, no mínimo, 15% (quinze por cento) da arrecadação dos impostos a que se refere o art. 156 e dos recursos...". Dessa maneira, se o Município não aplicar o mínimo exigido na saúde ou na educação, poderá ser decretada intervenção estadual.

Por fim, também cabe intervenção estadual quando "o Tribunal de Justiça der provimento a representação para assegurar a observância de princípios indicados na Constituição Estadual, ou para prover a execução de lei, de ordem ou de decisão judicial" (art. 35, IV, CF).

b) **Iniciativa**

A intervenção estadual é decretada pelo Governador do Estado, podendo isso ocorrer da seguinte maneira:

1) de ofício pelo Governador: poderá ser decretada espontaneamente pelo Governador nas hipóteses do art. 35, I, II e III, da Constituição Federal: "deixar de ser paga, sem motivo de força maior, por dois anos consecutivos, a dívida fundada"; "não forem prestadas contas devidas, na forma da lei"; "não tiver sido aplicado o mínimo exigido da receita municipal na manutenção e desenvolvimento do ensino e nas ações e serviços públicos de saúde";

2) provimento pelo Tribunal de Justiça de representação para assegurar a observância de princípios indicados na Constituição Estadual, ou para prover a execução de lei, de ordem ou decisão judicial (art. 35, IV, CF).

Segundo o Supremo Tribunal Federal, não pode a Constituição estadual criar outras hipóteses de intervenção estadual: "é inconstitucional a atribuição conferida, pela Constituição do Pará, art. 85, I, ao Tribunal de Contas dos Municípios, para requerer ao Governador do Estado a intervenção em Município" (ADI 2.631, rel. Min. Carlos Velloso).

c) **Etapas da intervenção estadual**

Quatro são as etapas possíveis de uma intervenção estadual: a) iniciativa; b) controle jurisdicional; c) decreto interventivo; d) controle político. Importante: toda hipótese de intervenção terá três etapas (dentre as quatro possíveis). Isso porque algumas hipóteses não terão o controle político (da Assembleia Legislativa do Estado) e outras hipóteses não terão o controle jurisdicional, como adiante explicaremos.

A iniciativa, como vimos acima, pode se dar de duas maneiras (de ofício pelo Governador ou por provimento de representação no Tribunal de Justiça). Essa etapa estará presente em toda hipótese de intervenção.

O controle jurisdicional acontecerá somente nos casos de ações ajuizadas perante o Tribunal de Justiça, pelo Procurador-Geral de Justiça (chefe do Ministério Público do Estado). Nesse sentido, afirma Uadi Lammêgo Bulos: "Essa representação ao Tribunal de Justiça é a peça inaugural da ação interventiva no Município, devendo ser elaborada pelo Procurador--Geral de Justiça que funcione junto à Corte Estadual"[100].

O decreto do Governador, nos termos do art. 36, § 1º, da Constituição Federal, especificará a amplitude, o prazo, as condições de execução e, se for o caso, nomeará interventor.

A amplitude da intervenção estadual dependerá da causa da sua decretação. Pode recair, por exemplo, sobre o Poder Executivo, afastando-se o Prefeito. Pode também recair sobre o Poder Legislativo, suspendendo-se a Câmara de Vereadores, ou, eventualmente, pode recair sobre os dois poderes. Por sua vez, o Governador fixará o prazo dessa intervenção, bem como as condições de execução da intervenção. Por fim, se for o caso, poderá nomear interventor. Nem sempre, portanto, haverá um interventor nomeado pelo Governador. Por exemplo, caso a intervenção estadual recaia sobre o Poder Legislativo do Município, o Governador poderá suspender a Câmara de Vereadores, atribuindo ao Prefeito poderes legislativos. Nesse caso, haveria uma intervenção sem a necessidade de nomeação de interventor. Todavia, recaindo a intervenção sobre o Poder Executivo, ou sobre todos os poderes, será nomeado interventor pelo Governador.

O controle político consiste na apreciação da intervenção estadual pelo Assembleia Legislativa. Ele está previsto no art. 36, §§ 1º e 2º, da Constituição Federal. Segundo o art. 36, § 1º, "o decreto de intervenção [...] será submetido à apreciação da Assembleia Legislativa do Estado [...] no prazo de vinte e quatro horas". Segundo o § 2º desse artigo, "se não estiver funcionando [...] a Assembleia Legislativa, far-se-á convocação extraordinária, no mesmo prazo de vinte e quatro horas". Importante: esse controle político não ocorrerá nas hipóteses de ações ajuizadas pelo PGJ (nesse caso, já houve análise por parte do Poder Judiciário, sobre a validade da medida). É o que dispõe o art. 36, § 3º, 1ª parte, CF: "nos casos [...] do art. 35, IV [...] dispensada a apreciação [...] pela Assembleia Legislativa...".

Nesse controle político, a Assembleia Legislativa poderá aprovar ou rejeitar o decreto interventivo. Segundo a Súmula 637 do Supremo Tribunal Federal, "não cabe recurso extraordinário contra acórdão de Tribunal de Justiça que defere pedido de intervenção estadual em município".

Por fim, como lembra Uadi Lammêgo Bulos, "concluída a intervenção, uma vez que cessados os motivos por que foi decretada, findam-se os efeitos do decreto interventivo, com o restabele-

---

100. Op. cit., p. 999.

cimento da normalidade constitucional. As autoridades afastadas de seus cargos a eles voltarão, salvo se estiverem impedidas de voltar às suas funções. Incluem-se aí os casos de término de mandato, de perda ou suspensão de direitos políticos, de morte do titular, quando devem reassumir seus respectivos sucessores"[101].

Conteúdo digital – Acesse: https://somos.in/CDC7

Conteúdo em vídeo
Questões com gabarito comentado

---

101. Op. cit., p. 997.

19

SEPARAÇÃO DOS PODERES

Sumário

19.1. Nomenclatura – **19.1.1.** Separação dos Poderes como cláusula pétrea – **19.2.** Antecedentes históricos – **19.3.** Finalidade – **19.4.** Bipartição, tripartição, quadripartição e pentapartição – **19.5.** Separação dos Poderes no Brasil – **19.6.** Princípios que regem a separação dos Poderes – **19.6.1.** Independência e harmonia – **19.6.1.1.** Interferência do Judiciário em matéria *interna corporis* de outro Poder – **19.6.1.2.** O controle preventivo da constitucionalidade pelo Judiciário – **19.6.1.3.** Criação do controle externo de um Poder – **19.6.1.4.** A inconstitucionalidade da EC n. 88/2015 ("PEC da Bengala") – **19.6.1.5.** Efeitos concretos do mandado de injunção – **19.6.1.6.** Aplicação de medidas cautelares diversas da prisão a parlamentares – **19.6.1.7.** Aplicação de medidas cautelares diversas da prisão a prefeitos e governadores – **19.6.1.8.** Interferência do Poder Judiciário na nomeação de servidores públicos (o caso da Presidente do Iphan e do delegado Alexandre Ramagem, de 2020) – **19.6.2.** Indelegabilidade – **19.6.2.1** Competência normativa de agências reguladoras – **19.7.** Funções típicas e atípicas – **19.8.** Sistema de freios e contrapesos – **19.9.** Poder Legislativo – **19.9.1.** Câmara dos Deputados – **19.9.2.** Senado Federal – **19.9.3.** Quadro esquemático: diferenças entre Câmara dos Deputados e Senado Federal – **19.9.4.** Reuniões – **19.9.5.** Comissões Parlamentares – **19.9.5.1.** Comissão Parlamentar de Inquérito – **19.9.5.2.** Comissões Mistas – **19.9.5.3.** Comissão Representativa – **19.10.** Imunidade Parlamentar – **19.10.1.** Conceito – **19.10.2.** Modalidades – **19.10.3.** Imunidade material – **19.10.4.** Imunidade formal quanto à prisão – **19.10.5.** Imunidade formal quanto ao processo – **19.10.6.** Prerrogativa de foro (foro por prerrogativa de função) – **19.10.7.** Outras imunidades – **19.11.** Incompatibilidades dos parlamentares federais – **19.12.** Perda do mandato e cassação do mandato do deputado federal e do senador – **19.13.** Processo Legislativo – **19.13.1.** Emenda Constitucional – **19.13.2.** Lei ordinária – **19.13.3.** Lei complementar – **19.13.4.** Lei delegada – **19.13.5.** Medida provisória – **19.13.6.** Decreto legislativo – **19.13.7.** Resolução – **19.14.** Função Fiscalizatória Exercida pelo Legislativo – **19.14.1.** Tribunal de Contas da União – **19.15.** Poder Executivo – **19.16.** Poder Judiciário – **19.16.1.** Estatuto da Magistratura – **19.16.2.** O quinto constitucional – **19.16.3.** Garantias do Poder Judiciário – **19.16.4.** Vedações dos membros do Poder Judiciário – **19.16.5.** Estrutura do Poder Judiciário (quadro esquemático) – **19.16.6.** Supremo Tribunal Federal – **19.16.6.1.** Composição – **19.16.6.2.** *Court-packing* (alteração da composição do Tribunal Constitucional) – **19.16.6.2.1.** Análise constitucional sobre um possível *court-packing* – **19.16.6.3.** Competência do STF – **19.16.6.4.** Súmula Vinculante – **19.16.6.4.1.** Legitimados – **19.16.6.4.2.** Quórum do STF – **19.16.6.4.3.** Requisitos – **19.16.6.4.4.** Efeitos – **19.16.6.4.5.** Procedimento – **19.16.6.4.6.** Cancelamento – **19.16.6.4.7.** Reclamação – **19.16.6.5.** Superior Tribunal de Justiça – **19.16.6.5.1.** Recurso Especial (e a EC n. 125/2022) – **19.16.6.6.** Juizados Especiais e Justiça de Paz – **19.16.6.7.** Justiça Comum – Justiça Estadual – **19.16.6.8.** Justiça Comum – Justiça Federal – **19.16.6.9.** Justiça Especial – Justiça Eleitoral – **19.16.6.10.** Justiça Especial – Justiça do Trabalho – **19.16.6.11.** Justiça Especial – Justiça Militar – **19.16.6.12.** Conselho Nacional de Justiça – **19.16.6.12.1** Origem e constitucionalidade – **19.16.6.12.2.** Composição – **19.16.6.12.3.** Atribuições – **19.17.** Funções Essenciais à Justiça – **19.17.1.** Ministério Público – **19.17.1.1.** Evolução histórica – **19.17.1.2.** Autonomias – **19.17.1.3.**

Princípios institucionais – **19.17.1.4.** A organização do Ministério Público – **19.17.1.5.** As garantias e vedações dos membros do Ministério Público – **19.17.1.6.** Funções institucionais do Ministério Público – **19.17.1.7.** Conselho Nacional do Ministério Público – **19.17.2.** Advocacia Pública – **19.17.2.1.** Advocacia-Geral da União – 19.17.2.2. Procuradoria do Estado – **19.17.3.** Advocacia – **19.17.4.** Defensoria Pública – **19.17.4.1.** Evolução histórica – **19.17.4.2.** Assistência judiciária e assistência jurídica – **19.17.4.3.** Conceito – **19.17.4.4.** Defensoria Pública como cláusula pétrea – **19.17.4.5.** Hipossuficiência econômica – **19.17.4.6.** Defensoria Pública e ação civil pública – **19.17.4.7.** Autonomia funcional, administrativa e financeira da Defensoria Pública – **19.17.4.7.1.** Autonomia funcional – **19.17.4.7.2.** Autonomia administrativa – **19.17.4.7.3.** Autonomia orçamentária (financeira) – **19.17.4.8.** Princípios da Defensoria Pública – **19.17.4.8.1.** Unidade – **19.17.4.8.2.** Indivisibilidade – **19.17.4.8.3.** Independência funcional – **19.17.4.8.4.** Defensor natural – **19.17.4.9.** Garantias dos defensores públicos – **19.17.4.9.1.** Inamovibilidade – **19.17.4.9.2.** Independência funcional – **19.17.4.9.3.** Irredutibilidade de vencimentos – **19.17.4.9.4.** Estabilidade – **19.17.4.9.5.** Prerrogativa de foro – **19.17.4.9.6.** Promoção – **19.17.4.10.** Prerrogativas dos defensores públicos – **19.17.4.10.1.** Intimação pessoal – **19.17.4.10.2.** Contagem do prazo em dobro – **19.17.4.10.2.1.** Defensores dativos – **19.17.4.10.3.** Representação independente de mandato – **19.17.4.10.4.** Poder de requisição – **19.17.4.10.5.** Deixar de patrocinar ações – **19.17.4.10.6.** Honorários de sucumbência – **19.17.4.10.7.** Inscrição nos quadros da OAB – **19.17.4.11.** Estrutura da Defensoria Pública – **19.17.4.11.1.** Defensoria Pública da União – **19.17.4.11.1.1.** Atuação exclusiva em Tribunais Superiores? – **19.17.4.11.2.** Defensoria Pública dos Estados – **19.17.4.11.3.** Defensoria Pública do Distrito Federal – **19.17.4.11.4.** Defensoria Pública dos Territórios – **19.17.4.11.5.** Defensoria Pública nos Municípios? – **19.17.4.11.6.** Número de defensores públicos.

19.1. NOMENCLATURA

O que se convencionou chamar de separação dos Poderes é mais propriamente denominado separação das funções estatais. Isso porque o Estado é uno, tendo um único poder, indivisível, portanto. As funções exercidas pelo Estado é que são distintas, exercidas por órgãos distintos. Aliás, essa é a nomenclatura utilizada pela Constituição do Equador, que prevê as seguintes funções estatais (*Función Legislativa, Función Ejecutiva, Función Judicial y Justicia Indígena, Función de Transparencia y Control Social* e *Función Electoral*).

Não obstante, apesar da impropriedade da expressão, a própria Constituição Federal de 1988 utilizou a nomenclatura, no art. 60, § 4º, III, da Constituição Federal, considerando cláusula pétrea a "separação dos Poderes".

Trata-se de um modelo político no qual o Estado tem suas funções divididas e delineadas em órgãos diferentes e independentes, cada qual com distintas áreas de responsabilidade e, em regra, indelegáveis. Embora independentes, há casos de inter-relacionamento entre eles, o que a doutrina convencionou chamar de freios e contrapesos (*checks and balances*).

19.1.1. Separação dos Poderes como cláusula pétrea

Como afirmamos acima, nos termos do art. 60, § 4º, III, da Constituição Federal, a "separação dos Poderes" é uma cláusula pétrea, matéria que não pode ser suprimida da Constituição Federal, por emenda constitucional. Como afirmamos em capítulo anterior, reservado ao PODER CONSTITUINTE, por se tratar de cláusula pétrea, não será possível emenda constitucional tendente a abolir a matéria constitucionalmente prevista. Dessa maneira, não será apenas inconstitucional a Proposta de Emenda Constitucional que suprime integralmente a separação dos Poderes, mas também a Emenda Constitucional que acaba por concentrar poderes nas mãos de uma só pessoa ou só órgão, ou cria controles ou interferências indevidas de um Poder sobre o outro.

É importante frisar que a cláusula pétrea é a separação dos Poderes e não a tripartição de Poderes. Dessa maneira, será possível uma Emenda Constitucional aperfeiçoando cada Poder (como já houve, por exemplo, a Reforma do Poder Judiciário – Emenda Constitucional n. 45, de 2004), bem como uma Emenda Constitucional criando um novo Poder, desde que não se fira a independência e a harmonia entre eles.

19.2. ANTECEDENTES HISTÓRICOS

a) Aristóteles

O primeiro a tratar do assunto ora em análise foi Aristóteles, na obra *A Política*. Nascido em Estagira (em 384 a.C.) e falecido em Atenas (em 322 a.C.), o aluno de Platão foi um dos pensadores mais influentes de toda a História. Para ele, é "injusto e perigoso atribuir-se a um só indivíduo o exercício do poder, havendo também em sua obra uma ligeira referência ao problema da eficiência, quando menciona a impossibilidade prática de que um só homem previsse tudo o que nem a lei pode especificar"[1]. Para ele, as funções do Estado eram a deliberativa (a que delibera sobre os negócios do Estado), a executiva (a aplicação, pelos magistrados, das decisões políticas) e a judiciária (exercida por uma ordem de juízes responsáveis por julgar as matérias penais, civis etc.).

Segundo Aristóteles, quanto ao poder deliberativo, "cabe à Assembleia decidir sobre a paz e a guerra, contrair alianças ou rompê-las, fazer as leis e suprimi-las, decretar a pena de morte, de banimento e de confisco, assim como prestar contas aos magistrados"[2]. Já o poder executivo, segundo Aristóteles, seria exercido pelas "magistraturas governamentais": "as que participam do poder público quanto a certos objetos, para deliberar sobre eles, julgá-los e, sobretudo, ordená-los, pois é o mando o seu atributo característico"[3]. Por fim, a terceira função seria a judiciária: "A ordem judiciária é o terceiro órgão da Constituição e do governo, responsável por julgar os crimes, os negócios envolvendo os cidadãos etc.

Figura 19.1 – Busto de Aristóteles (créditos ao final do livro).

b) Marsílio de Pádua

O pensamento de Aristóteles influenciou gerações. No século XIV, no ano de 1324, na obra *Defensor Pacis*, Marsílio de Pádua já estabelece uma distinção entre o poder legislativo e o poder executivo[4]. Marsílio de Pádua (nascido em Pádua – ou Padova, em italiano – no final

---

1. Dalmo de Abreu Dallari, op. cit., p. 218.
2. *A Política*, p. 76.
3. Op. cit., p. 79.
4. "A base do pensamento de Marsílio de Pádua é a afirmação de uma oposição entre o povo, que chama de primeiro legislador, e o príncipe, a quem atribui função executiva, podendo-se vislumbrar aí uma primeira tentativa de afirmação da soberania popular" (Dalmo de Abreu Dallari, op. cit., p. 218).

do século XIII), foi um filósofo, pensador político, médico e teólogo italiano. A obra mencionada, que pode ser traduzida como O Defensor da Paz, é um texto anticlerical, tendo sido censurada pelo Papa Bento XII e pelo Papa Clemente VI. Defende a separação entre o Estado e a autoridade religiosa e afirma a soberania do povo. Considerou o poder do papado a "causa do problema que prevalece entre os homens". Propõe a apreensão dos bens da igreja pela autoridade civil e a eliminação dos dízimos. O Defensor da Paz seria o Estado, responsável pela manutenção da paz pública. Como esclarece a doutrina, "o *Defensor Pacis* compõe-se de três partes. Na primeira parte, o autor desenvolve uma teoria acerca da comunidade civil. Na segunda parte, pelas intermináveis discussões doutrinárias, desfecha o ataque contra o estatuto abusivo do sacerdócio, as pretensões e usurpações políticas. Uma brevíssima terceira parte recapitula e destaca as principais conclusões"[5].

c) Nicolau Maquiavel

No século XVI, na histórica obra *O Príncipe*, escrita em 1513, Nicolau Maquiavel já afirma que no começo daquele século, na França, havia três poderes distintos: o legislativo (parlamento), o executivo (o rei) e um judiciário independente. "É curioso notar que Maquiavel louva essa organização porque dava mais liberdade e segurança ao rei. Agindo em nome próprio o judiciário poderia proteger os mais fracos, vítimas de ambições e das insolências dos poderosos, poupando o rei da necessidade de interferir nas disputas e de, em consequência, enfrentar o desagrado dos que não tivessem suas razões acolhidas". Segundo Maquiavel, "entre os reinos bem organizados e governados nos nossos tempos está aquele da França. Nele existem inúmeras boas instituições, das quais dependem a liberdade e a segurança do rei; a primeira delas é o Parlamento com a sua autoridade. Aquele que organizou esse reino, conhecendo a ambição dos poderosos e a sua insolência, julgando ser necessário pôr um freio para corrigi-los e, de outra parte, por conhecer o ódio da maioria contra os grandes com base no medo, desejando protegê-la mas não querendo fosse esse particular cuidado do rei, buscou dele retirar o peso da odiosidade dos grandes em sendo favorecido o povo ou deste ao dever apoiar os grandes; por isso, constituiu um terceiro juiz que fosse aquele que, sem responsabilidade do rei, contivesse os grandes e amparasse os pequenos. Essa ordem não podia ser melhor nem mais prudente, nem se pode negar seja a maior razão da segurança do rei e do reino. Daí pode-se extrair outra conclusão digna de nota: os príncipes devem atribuir a outrem as coisas odiosas, reservando para si aquelas de graça"[6].

Figura 19.2 – Estátua de Nicolau Maquiavel (créditos ao final do livro).

---

5. Sérgio Ricardo Strefling. *A Concepção de Paz na* Civitas *de Marsílio de Pádua*, p. 154.
6. Nicolau Maquiavel. *O Príncipe*, p. 113.

d) John Locke

No século XVII, o filósofo inglês John Locke (1632-1704) foi o responsável pela primeira sistematização doutrinária da separação dos poderes. Segundo a doutrina, "baseado, evidentemente, no Estado inglês de seu tempo, Locke aponta a existência de quatro funções fundamentais, exercidas por dois órgãos do poder. A função legislativa caberia ao Parlamento. A função executiva, exercida pelo rei, comportava um desdobramento, chamando-se função federativa quando se tratasse do poder de guerra e paz, de ligas e alianças, e de todas as questões que devessem ser tratadas fora do Estado. A quarta função, também exercida pelo rei, era a prerrogativa, conceituada como 'o poder de fazer o bem público sem se subordinar a regras'"[7]. Sua principal obra foi *O Segundo Tratado sobre o Governo Civil*, publicada em 1681.

Figura 19.3 – Retrato de John Locke (créditos ao final do livro)

Como lembra a doutrina, "como uma concepção antiabsolutista do poder, o cerne da filosofia política lockeana consiste na decomposição e no enfraquecimento da soberania absoluta do monarca (*summa potestas*). Assim, o poder do rei, que antes concentrava as funções executiva, legislativa e jurisdicional, restringiu-se agora ao poder executivo. Dessa forma, o poder de elaborar as leis e o poder de executá-las se encontravam agora em mãos distintas. Não há mais condições para um poder monocrático"[8].

e) Montesquieu

Por sua vez, foi com Montesquieu que a teoria da separação dos poderes é concebida como um sistema em que estão presentes um legislativo, um executivo e um judiciário, como poderes independentes e harmônicos entre si, configuração que apareceu em praticamente todas as constituições a partir final do século XVIII.

Figura 19.4 – Retrato de Montesquieu (créditos ao final do livro).

---

7. Dalmo de Abreu Dallari, op. cit., p. 218.
8. Armando Albuquerque. *A Teoria Lockeana da Separação dos Poderes*. Segundo o autor: "O legislativo e o executivo, portanto, são os dois poderes estabelecidos por Locke. Um terceiro poder que ele denominará de federativo constitui-se, na realidade, em parte do poder executivo e nada mais é do que 'o poder de guerra e de paz, de ligas e alianças, e todas as transações com todas as pessoas e comunidades estranhas à sociedade'. Assim, o poder federativo nada mais é do que o poder que possui o governante, portanto, o executivo, de tratar das questões de ordem externa do Estado. [...] Quanto ao judiciário, este não se configura como um poder autônomo, não se distinguindo, pois, do poder executivo, a quem cabe aplicar a lei. [...] O poder legislativo não só é aquele estabelecido pela primeira lei positiva, mas também encarna o supremo poder entre os demais. A ele, tais poderes estão subordinados".

Charles-Louis de Secondat, mais conhecido como barão de Montesquieu, nasceu em Brède, em 1689, falecendo em Paris, em 1755. Na sua clássica obra *O Espírito das Leis* (*L'esprit des Lois*), de 1748, no livro 11º, fala da Tripartição de Poderes. Montesquieu viveu no final do século XVII e início do século XVIII, período do apogeu do denominado Antigo Regime (*Ancient Regimé*) na França, ou seja, uma Monarquia Absolutista. Seguramente, esse é um dos motivos da conclusão de Montesquieu: "estaria tudo perdido se um mesmo homem, ou um mesmo corpo de principais ou nobres, ou do Povo, exercesse esses três poderes: o de fazer as leis; o de executar as resoluções públicas; e o de julgar os crimes ou as demandas dos particulares"[9].

A teoria de Montesquieu influenciou as Constituições modernas de todo o mundo. A Declaração dos Direitos do Homem e do Cidadão, de 1789, no seu art. 16, dispôs que: "a sociedade em que não esteja assegurada a garantia dos direitos nem estabelecida a separação dos poderes não tem Constituição".

Uma das primeiras constituições modernas foi a norte-americana, de 1787, que previu a tripartição de Poderes, embora não tenha sistematizado claramente dessa forma. No seu art. 1º, a Constituição trata de "todos os poderes legislativos" atribuídos a um Congresso bicameral, a ser formado por representantes dos eleitores de cada Estado-membro da União e de representantes dos próprios Estados. Outrossim, no art. 2º, aborda a função executiva, atribuída a um Presidente da República, sem especificação quanto ao modo ou aos limites do seu exercício. Por fim, o art. 3º trata do Poder Judiciário, abordando especificamente a Suprema Corte e remetendo ao Congresso Nacional a atribuição de criar outras cortes. Assim, o constituinte norte-americano fez uma divisão orgânica das funções estatais, mas não construiu as linhas gerais acerca do tema, o que, em razão do modelo jurídico da *common law*, ficaria a cargo da jurisprudência. De fato, a separação dos Poderes era uma preocupação do constituinte norte-americano, tanto que Madison escreveu em um dos artigos de *O Federalista*: "a acumulação de todos os poderes, legislativos, executivos e judiciais, nas mesmas mãos, sejam estas de um, de poucos, ou de muitos, hereditárias, autonomeadas ou eletivas, pode-se dizer com exatidão que constituiu a própria definição de tirania"[10].

Da mesma forma, a primeira constituição francesa adotou a tripartição de poderes de Montesquieu. O Poder Legislativo está previsto no Título III, art. 3º: "O Poder Legislativo é delegado a uma Assembleia Nacional composta por representantes temporários, livremente eleitos pelo povo, para ser por ela exercido, com a sanção do Rei". Já no art. 1º do capítulo IV afirma que "o Poder Executivo supremo reside exclusivamente na mão do Rei". Já no capítulo V trata do Poder Judiciário.

19.3. FINALIDADE

Como se depreende das palavras de Aristóteles, Montesquieu, Madison e tantos outros, a separação dos Poderes tem a função de evitar a concentração do poder e, com isso, o arbítrio, a tirania. Foi uma teoria que se fortaleceu como resposta às monarquias absolutistas europeias, máxime aquelas que existiram durante o Antigo Regime ou *Ancien Regimé*, para os franceses. O ápice do absolutismo francês ocorreu no reinado de Luís XIV, conhecido como Rei Sol, monarquia que influenciou as outras monarquias de seu tempo. A realidade dos fatos

---

9. *O Espírito das Leis*, p. 75.
10. Apud Dalmo de Abreu Dallari, op. cit., p. 220.

aliou-se a teóricos que justificavam o absolutismo, como Jean Bodin, professor de Direito de Toulouse, que, no seu livro *Six Livres de la République*, afirmava que a soberania era um poder indivisível e que o rei, na qualidade de soberano, não poderia compartilhar seu poder. Luís XIV foi um dos maiores exemplos de rei absolutista, a ele sendo atribuída a frase "O Estado sou eu" (*L'État c'est moi*).

Tamanha a importância da separação dos poderes que a Declaração dos Direitos do Homem, de 1789, como vimos acima, afirmou que um país sem separação de poderes não tem Constituição. No Brasil, foi dada ao tema a importância devida, na medida em que a separação dos poderes é uma cláusula pétrea (art. 60, § 4º, III, CF).

Não obstante, apesar da necessidade de se ter um modelo de separação dos poderes, não é imune a críticas: "como se tem observado, a separação de poderes foi concebida num momento histórico em que se pretendia limitar o poder do Estado e reduzir ao mínimo sua atuação. Mas a evolução da sociedade criou exigências novas, que atingiram profundamente o Estado. Este passou a ser cada vez mais solicitado a agir, ampliando sua esfera de ação e intensificando sua participação nas áreas tradicionais. Tudo isso impôs a necessidade de uma legislação muito mais numerosa e mais técnica, incompatível com os modelos da separação dos poderes. O legislativo não tem condições para fixar regras gerais sem ter conhecimento do que já foi ou está sendo feito pelo executivo e sem saber de que meios este dispõe para atuar. O executivo, por seu lado, não pode ficar à mercê de um lento processo de elaboração legislativa, nem sempre adequadamente concluído, para só então responder às exigências sociais, muitas vezes graves e urgentes"[11].

19.4. BIPARTIÇÃO, TRIPARTIÇÃO, QUADRIPARTIÇÃO E PENTAPARTIÇÃO

Como mencionamos em item anterior, partindo do pressuposto de que a separação dos poderes é essencial para evitar a tirania, a concentração do poder, vários modelos foram idealizados para implementar essa separação.

a) Bipartição de poderes

A bipartição de poderes foi implantada na Inglaterra, influenciada pelos fatos políticos existentes desde o século XIII e pela doutrina de John Locke. Primeiramente, como vimos desde o primeiro capítulo desta obra, já no século XIII, o Rei foi obrigado a ceder parte dos seus poderes a um grupo de barões revoltosos (através da Magna Carta, de 1215). Já em 1688 ocorre a Revolução Gloriosa, pondo fim ao absolutismo através da transição de uma Monarquia Absolutista para uma Monarquia Parlamentar, na qual o Rei estaria subordinado ao parlamento. Como vimos anteriormente, apoiado pelo parlamento, quando assumiram a coroa William (Guilherme) de Orange e Marta Stuart, assinaram o *Bill of Rights*. Assim, enquanto o Poder Legislativo tem a função de elaborar as leis que regerão a sociedade, como o poder supremo, o Rei é o detentor das demais funções políticas.

Segundo a doutrina, "para o inglês, a função de julgar se incluiria na função legislativa. Tendo em vista o papel dos juízes e tribunais na formação da *common law*, ele via como declaração do direito também a sentença. [...] O marco fundamental a esse propósito é, na história, o *Act of Settlement*, editado na Inglaterra em 1701. Por força desta lei, que integra a Constituição inglesa até hoje, o magistrado deixou de ter o seu cargo na dependência da boa vontade do monarca"[12].

---

11. Dalmo de Abreu Dallari, op. cit., p. 222.
12. Manoel Gonçalves Ferreira Filho. *O Estado de Direito, o Judiciário e a Nova Constituição*, p. 65.

b) Tripartição de poderes

A tripartição de poderes foi influenciada pela obra de Montesquieu, publicada em 1748: *O Espírito das Leis*. Esse modelo foi difundido graças à Constituição norte-americana, de 1787, e a Constituição francesa, de 1791, acima comentadas. A doutrina menciona o tamanho da influência da teoria do barão francês: "somente no século XVIII, porém, Montesquieu, autor da obra famosa *O Espírito das Leis* (1748), que alcançou 22 edições em 18 meses, sistematizou o princípio com profunda intuição. Coube-lhe a glória de erigir as divagações filosóficas de seus predecessores em uma doutrina sólida, que foi desde logo acolhida como dogma dos Estados liberais e que permanece até hoje sem alterações substanciais. Antes mesmo dos Estados europeus, a América do Norte acolheu com entusiasmo a fórmula do genial escritor. A primeira Constituição escrita que adotou integralmente a doutrina de Montesquieu foi a de Virgínia, em 1776, seguida pelas Constituições de Massachusetts, Maryland, New Hampshire e pela própria Constituição Federal de 1787"[13].

O Brasil, como veremos no item seguinte, adotou a teoria de Montesquieu a partir da primeira Constituição republicana, de 1891.

c) Quadripartição de poderes

Grande era a crítica sobre a tripartição de poderes, no tocante à cumulação num mesmo órgão da chefia de Estado e da chefia de Governo. Tentou-se na Inglaterra implantar uma quadripartição de poderes, na medida em que seria feita a cisão do Poder Executivo em Poder Governamental e Poder Real, mas essa realidade não foi implantada, tendo vista que o Gabinete criado fixou subordinado ao rei. A maior autonomia do gabinete só ocorreu em 1832, com a primeira reforma eleitoral, quando a escolha do Primeiro-Ministro, que antes era do rei, passou a ser do parlamento, escolhido pelo povo. Essa teoria da quadripartição de poderes é de responsabilidade do franco-suíço Benjamin Constant, que sugeria a criação de um novo poder: o *pouvouir ministérie* (poder ministerial), separado do *pouvouir royal* (poder real). O poder ministerial seria o responsável pela função governamental, enquanto o poder real seria o responsável pela chefia do Estado e da administração pública.

Constant desenvolveu uma nova teoria de Monarquia Constitucional, na qual o poder real deveria ser um poder neutro, protegendo, balanceando e restringindo os excessos dos outros, poderes ativos (Executivo, Legislativo e Judiciário). No esquema de Constant, no poder executivo seria acreditado um Conselho de Ministros (ou Gabinete) o qual, apesar de apontado pelo Monarca, seria o supremo responsável pelo parlamento. Fazendo essa clara distinção teorética entre os poderes do Monarca (como o Chefe de Estado) e os ministros (como o Executivo), Constant estava respondendo à realidade política que era aparente na Grã-Bretanha por mais de um século: que os ministros, e não o Rei, são responsáveis – e também que o Rei "reina mas não governa". Isso foi importante para o desenvolvimento do governo parlamentarista francês e nos outros lugares. Essa teoria foi literalmente aplicada em Portugal (1826) e no Brasil (1824), onde ao Rei/Imperador foi dado explicitamente o Poder Moderador em vez do Poder Executivo (no Brasil, porém, o Imperador manteve o controle do Poder Executivo até 1847, quando da criação do Presidente do Conselho de Ministros, que tornou a figura do Imperador detentora somente do poder de moderação).

---

13. Sahid Maluf, op. cit., p. 240.

Segundo o art. 10 da Constituição brasileira de 1824, "Os Poderes Políticos reconhecidos pela Constituição do Império do Brazil são quatro: o Poder Legislativo, o Poder Moderador, o Poder Executivo, e o Poder Judicial".

d) Pentapartição de poderes

Atualmente, algumas constituições vêm adotando outro sistema de separação dos poderes: a pentapartição de poderes (a Constituição venezuelana, de 1999, a Constituição da Costa Rica, de 1949, a Constituição da China, de 1947).

O art. 136 da Constituição da Venezuela prevê cinco poderes: "O Poder Público Nacional se divide em Legislativo, Executivo, Judicial, Cidadão e Eleitoral". O "Poder Cidadão" está previsto nos art. 273 e seguintes daquela Constituição. O art. 273 afirma que "o Poder Cidadão se exerce pelo Conselho Moral Republicano integrado pelo Defensor ou Defensora do Povo, o Fiscal Geral e o Controlador ou a Controladora Geral da República". Em resumo, trata-se de um poder de fiscalização (prevenir, investigar e sancionar os fatos que atentem contra a ética pública e a moralidade administrativa, nos termos do art. 274 daquela Constituição). Por fim, o Poder Eleitoral está previsto no art. 292 da Constituição, que apregoa: "o Poder Eleitoral se exerce pelo Conselho Nacional Eleitoral como diretor e, são organismos subordinados a este, a Junta Eleitoral Nacional, a Comissão de Registro Civil e Eleitoral e a Comissão de Participação Política e Financiamento". Suas atribuições são, nos termos do art. 293, regulamentar as leis eleitorais e resolver as dúvidas e vazios que estas suscitem, declarar a nulidade total ou parcial das eleições, manter, organizar e dirigir o Registro Civil e Eleitoral etc.

Da mesma forma, a Constituição do Equador também prevê cinco poderes (embora a Constituição, de forma muitíssimo adequada, refira-se a cinco funções). Além das clássicas funções legislativa, executiva e judiciária, prevê a função de controle (art. 204 e seguintes) e a função eleitoral (art. 217 e seguintes).

Segundo Ernst Caldwell[14], para a *Max Planck Encyclopedia of Comparative Constitutional Law*, na Constituição da China também foram previstos cinco Poderes (*Yuans*). Temos o *Yuan* Presidencial e Executivo (o Presidente da República tem poderes que se referem às relações externas e o Comando das Forças Armadas, também podendo declarar a lei marcial e promulgar estados de emergência). É, portanto, o chefe de Estado. Nomeados pelo Presidente, temos os Ministros, Chefes de Comissões e Ministérios, que compõem o Poder Executivo, tendo como chefe o primeiro-ministro. O primeiro-ministro é nomeado pelo Presidente, com a aprovação da Assembleia Nacional. O *Yuan* Legislativo, que é unicameral, consiste nos representantes eleitos e responsáveis por aprovar estatutos, leis orçamentárias, aprovar anistias etc. O *Yuan* Judicial goza de independência, bem como não podem os juízes ser removidos.

Os dois poderes mais diferentes são o *Yuan* Controlador e o *Yuan* Examinador. O Poder Controlador (*Yuan* Controlador) é destinado à supervisão, evitando situações de corrupção e abandono. O *Yuan* Controlador moderno tem membros eleitos democraticamente nas províncias e municípios, com assentos reservados igualmente para Mongólia, Tibete e terrenos ultramarinos. Esse poder tem a possibilidade de recusar as nomeações presidenciais para o Judiciário e para o *Yuan* Examinador. Já o Poder Examinador (*Yuan* Examinador) decorre da herança imperial chinesa. Esse poder controla o exame, emprego, registro, classificação de

---

14. *Chinese Constitutionalism*: Five-Power Constitution, passim.

serviço, escala de salários, promoção e transferência, aposentadoria, pensão etc. Segundo determinações constitucionais, o Presidente da República, com a aprovação do Poder Controlador (*Yuan* Controlador), indica seus membros, presidente e vice-presidente.

19.5. SEPARAÇÃO DOS PODERES NO BRASIL

a) Constituição de 1824

Na Constituição de 1824, inspirado na teoria de Benjamin Constant, o Brasil adotou a quadripartição de poderes: além dos poderes Legislativo, Executivo e Judiciário (então chamado de Judicial), previa a Constituição de 1824 o "Poder Moderador"[15]. Esse poder era exercido privativamente pelo Imperador (art. 98) e tinha a função de fiscalizar o exercício dos demais poderes. Não obstante, conhecendo os detalhes do "Poder Moderador" da Constituição de 1824, percebe-se o objetivo de D. Pedro I: concentrar os poderes em suas mãos, ao contrário do que pretendia fazer a Assembleia Constituinte de 1823, por ele dissolvida[16].

Segundo o art. 99, "a pessoa do imperador é inviolável e sagrada: ele não está sujeito a responsabilidade alguma". Outrossim, no exercício do Poder Moderador, poderia o imperador dissolver a Câmara dos Deputados (art. 101, V) e suspender os magistrados (art. 101, VII). Em resumo, o Imperador, além de ser chefe do Poder Executivo (art. 102), no exercício do Poder Moderador poderia dissolver o Legislativo e suspender membros do Judiciário. Em resumo, não há dúvida de que D. Pedro conseguiu seu intento autoritário.

O Poder Legislativo, chamado de "Assembleia Geral" já era dividido em duas casas ou câmaras: a Câmara dos Deputados e a Câmara de Senadores ou Senado (art. 14). Cada legislatura compreendia quatro anos (art. 17), havendo previsão de imunidade parlamentar material (art. 26), imunidade parlamentar formal quanto à prisão (art. 27). Enquanto os deputados eram eleitos, para mandato determinado (art. 35), os senadores eram vitalícios, eleitos em lista tríplice, com escolha final do Imperador (arts. 40 e 43).

Quanto ao Poder Judiciário (ou Judicial), previsto nos arts. 151 e seguintes, havia previsão de um "Supremo Tribunal de Justiça" (art. 163), com competência para julgar os recursos "pela

---

15. "A contribuição mais relevante do pensamento de Benjamin Constant para as instituições políticas do Brasil Império foi a ideia de previsão constitucional de um Poder Moderador, que na dicção do autor francês era chamado de Poder Real. Aliás, como alerta Afonso Arinos, o próprio Constant reconhece que a originalidade da propositura desse instituto não lhe pertence; ele se inspirara nos escritos de Clermont Tannerre, deputado aos Estados-Gerais que fora morto no período revolucionário francês. Trazemos à coloção, neste momento, algumas passagens da obra 'Princípios Políticos Constitucionais', com os ensinamentos de Benjamin Constant, sobre o Poder Real. Senão vejamos: 'O poder real (refiro-me ao chefe do Estado, qualquer que seja o seu título) é poder neutro e o dos ministros é um poder ativo [...] O poder real precisa estar situado acima dos fatos, e que, sob certo aspecto, seja neutro, a fim de que sua ação se estenda a todos os entes que se necessite e o faça com um critério preservador, reparador, não hostil. A monarquia constitucional tem esse poder neutro na pessoa do Chefe do Estado. O verdadeiro interesse deste poder é evitar que um dos poderes destrua o outro, e permitir que todos se apoiem, compreendam-se e que atinem comumente" (Cleber Francisco Alves. A Influência do Pensamento Liberal de Benjamin Constant na Formação do Estado Imperial Brasileiro).
16. O Poder Moderador foi idealizado pelo suíço Benjamin Constant, em contraposição à conhecida e difundida Tripartição de Poderes, de Montesquieu. Segundo a doutrina, somente duas Constituições previram expressamente o Poder Moderador, orgânico e autônomo: a Constituição brasileira de 1824 e a Constituição portuguesa de 1826. Afonso Arinos de Melo Franco, sagazmente, afirmou que, "quando o detentor destas funções arbitrárias era um homem da moderação e virtudes de Pedro II, era de se esperar uma boa execução delas. Mas muito duvidoso seria tal resultado quando as atribuições estivessem enfeixadas nas mãos de um Pedro I, por exemplo. Aliás, no seu curto reinado, o primeiro imperador mostrou bem a diferença de comportamento entre ele o filho" (op. cit., p. 94).

maneira que a lei determinar", julgar os crimes praticados pelos Ministros, Ministros das Relações (Tribunais das Províncias), empregados do Corpo Diplomático e os Presidentes das Províncias, bem como o conflito de jurisdição das relações provinciais (art. 164).

b) Constituição de 1891

Inaugurou no Brasil a tripartição de Poderes (art. 15), pondo fim ao chamado Poder Moderador. No mesmo dispositivo constitucional estabeleceu os princípios que regem a separação dos poderes: harmonia e independência.

Outrossim, manteve o bicameralismo do Poder Legislativo federal, com a Câmara dos Deputados e o Senado Federal (art. 16). Não obstante, assim como os deputados federais, os senadores eram eleitos para mandato determinado de nove anos (art. 31), e não mais vitalícios, como na Constituição anterior. A presidência do Senado era exercida pelo Vice-Presidente da República, que exercia o "voto de qualidade" (art. 32). Outrossim, no art. 11, com o intuito de separar Estado e Igreja, considerou vedado aos entes federativos "estabelecer, subvencionar ou embaraçar o exercício de cultos religiosos" (art. 11, 2º).

Quanto ao Poder Executivo, a Constituição de 1891 adotou o sistema de governo Presidencialista, com o Presidente eleito juntamente com o Vice-Presidente para um mandato de quatro anos (art. 43), em sufrágio universal pela maioria absoluta dos votos (art. 47). Prevê a possibilidade de *impeachment* (julgamento por crime de responsabilidade) no art. 53, elencando os crimes de responsabilidade no art. 54. Por fim, no tocante ao Poder Judiciário, criou o Supremo Tribunal Federal, composto de 15 juízes (art. 56), indicados pelo Presidente e aprovados pelo Senado (art. 48, 12º).

c) Constituição de 1934

Manteve a tripartição de Poderes, no seu art. 3º (Executivo, Legislativo e Judiciário), prevendo ser eles "independentes e coordenados entre si". Além da independência e coordenação entre os poderes, previa expressamente a indelegabilidade de suas atribuições (art. 3º, § 1º).

Não obstante, houve alterações: no tocante ao Poder Legislativo, sua maior alteração foi o esvaziamento do Senado Federal, que perdeu seus poderes, passando a ser uma casa colaboradora da Câmara dos Deputados ("Art. 22. O Poder Legislativo é exercido pela Câmara dos Deputados com a colaboração do Senado Federal").

O sistema de governo era Presidencialista, sendo que o mandato do Presidente era de quatro anos, não podendo ser reeleito para um mandato consecutivo, mas somente depois de quatro anos (art. 52). Previu a prática de crimes de responsabilidade e o processo e julgamento do Presidente por tais crimes, nos arts. 57 e 58 (*impeachment*). Segundo o art. 1º das "Disposições Transitórias", promulgada a Constituição, a Assembleia elegerá, no dia imediato, o Presidente da República (Getúlio Vargas) para o primeiro quadriênio constitucional.

Quanto ao Poder Judiciário, denominou o Supremo Tribunal Federal "Corte Suprema" (art. 73), composta de 11 ministros, podendo ser elevado até a 16, nomeados pelo Presidente e aprovados pelo Senado Federal. Outrossim, implantou a Justiça do Trabalho, mantendo-a na esfera administrativa (art. 122), e a Justiça Eleitoral (art. 82). Por fim, previu o Ministério Público, nos arts. 95 ao 98, estabelecendo como chefe do Ministério Público Federal o Procurador-Geral da República, "de livre nomeação do Presidente da República" (art. 95, § 1º), bem como o Tribunal de Contas, nos arts. 99 a 102.

d) Constituição de 1937

Não obstante a Constituição de 1937 tenha previsto a tripartição de Poderes, tal separação era apenas nominal. Quanto ao Poder Legislativo, foi extinto o Senado Federal. Importante frisar que, nos termos do art. 178 da Constituição, "são dissolvidos nesta data a Câmara dos Deputados, o Senado Federal, as Assembleias Legislativas dos Estados e as Câmaras Municipais". A parte final do dispositivo sobredito afirmava: "As eleições ao Parlamento nacional serão marcadas pelo Presidente da República, depois de realizado o plebiscito a que se refere o art. 187". Ocorre que esse plebiscito nunca foi realizado. Assim, durante o governo ditatorial de Getúlio Vargas, não houve Poder Legislativo da União. O Brasil era, pois, legislado por meio de decretos-leis, feitos pelo Presidente Vargas, dentre os quais se destacam o Código Penal (Decreto-lei n. 2.848/40) e o Código de Processo Penal (Decreto-lei n. 3.689/41)[17]. Tal conduta era permitida pelo art. 13 da Constituição, que afirmava: "O Presidente da República, nos períodos de recesso do parlamento ou de dissolução da Câmara dos Deputados, poderá, se o exigirem as necessidades do Estado, expedir decretos-leis sobre as matérias de competência legislativa da União".

O Poder Executivo, portanto, concentrava as atividades de administração e legislação. Embora fossem absolutamente "letra morta", os arts. 85 e 86 previam o processo de *impeachment* do Presidente, que seria julgado pelo Legislativo (que, como vimos, estava dissolvido).

Com um Executivo centralizador e ditatorial, um Legislativo inexistente, o Judiciário não passaria incólume no Estado Novo. Aparentemente independente, sofria o controle do governo, devido a um dispositivo constitucional que permitia ao Presidente da República a aposentadoria compulsória de qualquer agente.

e) Constituição de 1946

Restabelecida a democracia, a Constituição de 1946 retomou a real tripartição de poderes, adotada desde a Constituição de 1891, prevendo expressamente a independência e harmonia entre eles (art. 36), bem como a indelegabilidade de suas funções (art. 36, § 2º).

O Poder Legislativo volta a ser exercido por um Congresso Nacional bicameral, formado pela Câmara dos Deputados e pelo Senado Federal (art. 37). A Câmara dos Deputados compunha-se de representantes do povo, eleitos pelo sistema proporcional (art. 56), para mandato de quatro anos (art. 57). Os Senadores eram representantes dos Estados e do Distrito Federal, eleitos pelo sistema majoritário (art. 60), para mandato de oito anos (art. 60, § 2º).

Sendo o sistema de governo presidencialista, o chefe do Poder Executivo era o Presidente da República (art. 78), eleito pelo voto direto para mandato de cinco anos (art. 82). O texto originário da Constituição não vinculava a candidatura do Presidente à do Vice-Presidente (art. 81), o que traria no futuro consequências históricas. Previa o processo do Presidente da República pelo crime de responsabilidade (*impeachment*).

---

17. Afonso Arinos de Mello Franco, citando Karl Loewenstein, afirma: "imponente, não formidável e terrífica é a produção legislativa desde o Estado Novo, superando mesmo a habitual atividade das impressoras na Itália e Alemanha ditatoriais. Textos legislativos fluem do presidente como decretos-leis, sobre as assinaturas de um ou mais ministros, ou dos ministros individualmente, sob a forma de decretos, instruções e regulamentos; elas se duplicam e multiplicam por numerosos e volumosos atos semelhantes provenientes dos Estados, pelos interventores e departamentos administrativos. É uma torrente sem fim, sempre crescente, que afoga o consulente" (op. cit., p. 213).

No Poder Judiciário, foi criado o Tribunal Federal de Recursos (art. 94, II). Quanto à Justiça do Trabalho, transformou-a em órgão do Poder Judiciário, mantendo a estrutura que tinha como órgão administrativo, inclusive com a representação classista.

f) Constituição de 1967

Como é comum em regimes de exceção, ditatoriais, a Constituição de 1967 manteve formalmente a separação dos Poderes, mas havia uma clara preponderância do Poder Executivo sobre os demais.

Quanto ao Poder Legislativo, foi mantido o bicameralismo no âmbito federal (Câmara dos Deputados e Senado Federal). Quanto ao Poder Executivo da União, era exercido pelo Presidente, eleito pelo voto indireto (art. 76) de um Colégio Eleitoral, regulado em lei complementar, para mandato de quatro anos.

Quanto ao Judiciário, foi criado o Conselho Nacional da Magistratura, com sede na Capital da União e jurisdição em todo o território nacional, composto de sete Ministros do Supremo Tribunal Federal (art. 120), com competência para conhecer reclamações contra membros dos Tribunais, podendo determinar a disponibilidade e aposentadoria. A composição do Tribunal Federal de Recursos foi aumentada para 27 ministros vitalícios (art. 121).

g) Constituição de 1988

Restabelecida a democracia, a Constituição de 1988 também restabelece a real separação dos Poderes, não havendo uma preponderância de um sobre os demais. Manteve a tripartição de Poderes (Executivo, Legislativo e Judiciário), estabelecendo expressamente os princípios da independência e harmonia (art. 2º), mas não mais o princípio da indelegabilidade.

Quanto ao Poder Legislativo da União, manteve o bicameralismo, sem a existência dos antigos "senadores biônicos", eleitos diretamente. Todos os parlamentares são eleitos pelo voto direto (sendo os senadores eleitos pelo sistema majoritário e os demais parlamentares pelo sistema proporcional).

Quanto ao Poder Judiciário, criou o Superior Tribunal de Justiça (antigo Tribunal Federal de Recursos). Em 2004, foi editada importante Emenda Constitucional, que ficou conhecida como Reforma do Poder Judiciário (EC 45/2004). Dentre as inovações, criou o Conselho Nacional de Justiça (art. 103-B) e a Súmula Vinculante (art. 103-A), bem como inúmeros mecanismos destinados a buscar a celeridade processual, que passou a ser um novo direito fundamental (art. 5º, LXXVIII).

19.6. PRINCÍPIOS QUE REGEM A SEPARAÇÃO DOS PODERES

19.6.1. Independência e harmonia

Segundo o art. 2º da Constituição Federal, dois são os princípios expressos da separação dos poderes no Brasil: a independência e a harmonia entre eles. Segundo José Afonso da Silva, "a independência dos poderes significa: a) que a investidura e a permanência das pessoas num órgão do governo não dependem da confiança nem da vontade dos outros; b) que, no exercício das atribuições que lhes sejam próprias, não precisam os titulares consultar os outros nem necessitam de sua autorização; c) que, na organização dos respectivos serviços, cada um é livre, observadas apenas as disposições constitucionais e legais [...]"[18]. Independência significa a não interferência indevida de um Poder sobre o outro. Decorre do princípio da *independência* o princípio da *reserva de administração*, que impede a ingerência do Poder Legislativo em matérias sujeitas à exclusiva competência administrativa do Poder Executivo, que também pode ser chamado de "núcleo funcional da administração resistente à lei". Dessa maneira, assim como o Legislativo não pode invadir indevidamente a competência do Executivo, o mesmo não pode ocorrer entre todos os Poderes. Abaixo, vejamos alguns temas polêmicos e recentes que envolvem a independência entre os Poderes.

19.6.1.1. *Interferência do Judiciário em matéria* interna corporis *de outro Poder*

Conforme já foi decidido inúmeras vezes, não pode o Poder Judiciário examinar as matérias regimentais do Poder Legislativo, sendo estas matérias *interna corporis*, como já decidiu o STF: "é defeso ao Poder Judiciário questionar os critérios utilizados na convocação de sessão extraordinária para eleger membros de cargos diretivos, que observou os critérios regimentais da Casa de Leis, não podendo adentrar no juízo de pertinência assegurado àqueles que ocupam cargo eletivo na Câmara de Vereadores. A convocação de sessão extraordinária pela edilidade <u>configura ato *interna corporis*, não passível, portanto, de revisão pelo Poder Judiciário, maculando-se o princípio da separação dos Poderes</u>, assegurado no art. 2º da CF" (SL 846-AgR, rel. Min. Ricardo Lewandowski, Pleno, j. 24-9-2015) (grifamos).

No mesmo sentido, o STF decidiu que "a interpretação incidente sobre normas de índole meramente regimental, por qualificar-se como típica matéria *interna corporis*, suscita questão que se deve resolver, 'exclusivamente, no âmbito do Poder Legislativo, sendo vedada sua apreciação pelo Judiciário'" (MS 23.920 MC, rel. Min. Celso de Mello, j. 28-3-2001, decisão monocrática, *DJ* 3-4-2001). Mais recentemente, em 2021, o STF manteve seu entendimento seu tradicional posicionamento: "Em respeito ao princípio da separação dos poderes, previsto no art. 2º da Constituição Federal, quando não caracterizado o desrespeito às normas constitucionais pertinentes ao processo legislativo, é defeso ao Poder Judiciário exercer o controle jurisdicional em relação à interpretação no sentido e do alcance de normas meramente regimentais das Casas Legislativas, por se tratar de matéria *interna corporis*" (RE 1.297.884, rel. Min. Dias Toffoli, Pleno, j. 4-6-2021).

Outro exemplo importante diz respeito ao procedimento da Emenda Constitucional. Segundo a Constituição Federal, a Emenda Constitucional deve ser aprovada nas duas Casas do Congresso Nacional, em dois turnos de votação. Todavia, a Constituição não estabeleceu o interstício entre esses dois turnos de votação. Isso ficou a cargo dos Regimentos Internos da Câmara e do Senado Federal.

Segundo o Regimento Interno da Câmara dos Deputados, "a proposta será submetida a dois turnos de discussão e votação, com interstício de cinco sessões" (art. 202, § 6º). Por sua vez, segundo o Regimento Interno do Senado, "o interstício entre o primeiro e o segundo turno será de, no mínimo, cinco dias úteis" (art. 362). Todavia, essas normas regimentais nem sempre são respeitadas pelo Congresso Nacional. Foi o que aconteceu com a aprovação no Senado da EC 96/2017 (conhecida como "PEC da Vaquejada"). Como noticiado pela imprensa, "após

---

18. *Curso de Direito Constitucional Positivo*, p. 110.

um acordo de líderes, o Presidente do Senado, Eunício Oliveira, autorizou a votação dos dois turnos da PEC da vaquejada no mesmo dia. Se fosse seguir o regulamento da Casa, seria necessário esperar cinco dias entre os turnos"[19]. Da mesma forma, em 2020, a PEC n. 18/2020 (que se transformou na Emenda Constitucional n. 107, que adiou a data das eleições municipais, por força da pandemia do novo coronavírus), foi aprovada em 2 turnos no Senado, que ocorreram no mesmo dia (23-6-2020). De fato, esse procedimento se tornou uma regra, e não apenas uma exceção. Em 2021, a Câmara dos Deputados aprovou a PEC 17/2019 (que torna a proteção de dados pessoais, inclusive nos meios digitais, um direito fundamental) em dois turnos, que ocorreram no mesmo dia: 31 de agosto de 2021. Obviamente, como os turnos ocorreram com um interstício de poucos minutos entre um e outro, os quóruns foram quase idênticos (439 a 1, no primeiro turno e 436 a 4, no segundo turno).

Poderia o Supremo Tribunal Federal analisar essa violação regimental? Segundo o próprio Supremo Tribunal Federal, não: "A Constituição Federal de 1988 não fixou um intervalo temporal mínimo entre os dois turnos de votação para fins de aprovação de emendas à Constituição (CF, art. 60, § 2º), de sorte que inexiste parâmetro objetivo que oriente o exame judicial do grau de solidez da vontade política de reformar a Lei Maior. A interferência judicial no âmago do processo político, verdadeiro *locus* da atuação típica dos agentes do Poder Legislativo, tem de gozar de lastro forte e categórico no que prevê o texto da CF" (ADI 4.425, rel. p/ o acórdão Min. Luiz Fux, 14-3-2013).

Não obstante, discordamos, em parte, da jurisprudência do Supremo Tribunal Federal. Embora concordemos que, em regra, não pode o Poder Judiciário apreciar violações regimentais; há (ou deveria haver) exceções. Algumas hipóteses consistem em violação indireta da Constituição Federal, que deveria ser suscetível de apreciação jurisdicional. Ora, o exemplo acima é inequívoco, em nosso entendimento. A Constituição determina que a Proposta de Emenda Constitucional deva ser votada em dois turnos de votação. O objetivo da Constituição é claro: evitar que os parlamentares votem a alteração constitucional de forma açodada, precipitada, irrefletida. A votação desses dois turnos NUM SÓ DIA fere clamorosamente (e indiretamente) a Constituição Federal. Essa inconstitucionalidade reflexa ou indireta deveria ser apreciada pelo STF[20]. Dessa maneira, concordamos com Marcos Bernardes de Mello, segundo o qual "não nos parece possível negar que a Constituição pode ser infringida de modo indireto por lei, ato normativo e atos de administração e que tal infringência conduz, necessariamente, à inconstitucionalidade com todos os seus consectários. A sanção a aplicar deve ser a mesma que se aplicaria à inconstitucionalidade por infração indireta, porque, em essência, não há diferença entre elas"[21].

Esse nosso entendimento é compartilhado pelo Ministro Gilmar Mendes. No MS 26.915, embora tenha sido julgado prejudicado pela perda do objeto, no voto do sobredito Ministro, ficou assentado que "se é certo que a jurisprudência do Supremo Tribunal Federal reconhece a

---

19. Disponível em: <http://www.canalrural.com.br/noticias/noticias/senado-aprova-pec-vaquejada-dois-turnos-66077>.
20. Hipóteses semelhantes foram apontadas no trabalho de Marcos Bernardes de Mello (*Da Fraude à Constituição no Sistema Jurídico Nacional*): "Essa maneira de agir, é manifesto, infringe indiretamente a norma constitucional, embora aparente respeitar a sua literalidade. Como podemos concluir, todos esses procedimentos implicam infração indireta dos fins das normas da Constituição, apesar da aparência de licitude. A fraude à Constituição é evidente, não é algo fantasioso, mas real" (p. 170).
21. Op. cit., p. 172.

possibilidade de avançar na análise da constitucionalidade da administração ou organização interna das Casas Legislativas, também é verdade que isso somente tem sido admitido em situações excepcionais, em que há flagrante desrespeito ao devido processo legislativo ou aos direitos e garantias fundamentais. [...] A doutrina tradicional da insindicabilidade das questões *interna corporis* sempre esteve firmada na ideia de que as Casas Legislativas, ao aprovar os seus regimentos internos, estariam a disciplinar tão somente questões internas, de forma que a violação às normas regimentais deveria como tal ser considerada. [...] Na verdade, o órgão jurisdicional competente deve examinar a regularidade do processo legislativo, sempre tendo em vista a constatação de eventual afronta à Constituição" (voto do Min. Gilmar Mendes, 8-10-2007).

19.6.1.2. *O controle preventivo da constitucionalidade pelo Judiciário*

Outrossim, a fim de preservar a independência entre os três Poderes, evitando uma interferência indevida do Poder Judiciário sobre o Poder Legislativo, o Supremo Tribunal Federal, no Mandado de Segurança 32.033/DF, restringiu a amplitude do controle preventivo de constitucionalidade feito pelo Poder Judiciário.

Segundo o Supremo Tribunal Federal, essa deve ser a atuação do Poder Judiciário na análise dos projetos de lei: a) Em se tratando de projetos de lei, só se admite o controle preventivo de constitucionalidade pelo Judiciário para apreciação da inconstitucionalidade formal (vício já ocorrido no processo de criação da norma), não sendo admissível a apreciação do conteúdo da norma (inconstitucionalidade material), pois seria uma intervenção prematura e desnecessária (uma vez que o projeto poderá ser modificado ou rejeitado durante o processo, que ainda não findou). Segundo o STF, "Nessas excepcionais situações, em que o vício de inconstitucionalidade está diretamente relacionado a aspectos formais e procedimentais da atuação legislativa, a impetração de segurança é admissível, segundo a jurisprudência do STF, porque visa a corrigir vício já efetivamente concretizado no próprio curso do processo de formação da norma, antes mesmo e independentemente de sua final aprovação ou não. Sendo inadmissível o controle preventivo da constitucionalidade material das normas em curso de formação, não cabe atribuir a parlamentar, a quem a Constituição nega habilitação para provocar o controle abstrato repressivo, a prerrogativa, sob todos os aspectos mais abrangente e mais eficiente, de provocar esse mesmo controle antecipadamente, por via de segurança" (MS 32.033/DF, redator do acórdão: Min. Teori Zavascki)[22]; b) em se tratando de Propostas de Emenda Constitucional (PECs), pode o Judiciário fazer o controle preventivo tanto quanto aos aspectos procedimentais (inconstitucionalidade formal) quanto aos aspectos materiais (inconstitucionalidade material), ou seja, violação das cláusulas pétreas. Segundo o Min. Teori Zavascki, o controle

---

22. E ainda consta do acórdão: "A prematura intervenção do Judiciário em domínio jurídico e político de formação dos atos normativos em curso no Parlamento, além de universalizar um sistema de controle preventivo não admitido pela Constituição, subtrairia dos outros Poderes da República, sem justificação plausível, a prerrogativa constitucional que detém de debater e aperfeiçoar os projetos, inclusive para sanar seus eventuais vícios de inconstitucionalidade. Quanto mais evidente e grotesca possa ser a inconstitucionalidade material de projetos de lei, menos ainda se deverá duvidar do exercício responsável do papel do Legislativo, de negar-lhe aprovação, e do Executivo, de apor-lhe veto, se for o caso. Partir da suposição contrária significaria menosprezar a seriedade e o senso de responsabilidade desses dois Poderes do Estado. E se, eventualmente, um projeto assim se transformar em lei, sempre haverá a possibilidade de provocar o controle repressivo pelo Judiciário, para negar-lhe validade, retirando-a do ordenamento jurídico".

preventivo pelo Judiciário poderá ser feito em duas situações: "a primeira, quando se trata de Proposta de Emenda à Constituição – PEC que seja manifestamente ofensiva à cláusula pétrea; e a segunda, em relação a projeto de lei ou de PEC em cuja tramitação for manifesta ofensa a alguma das cláusulas constitucionais que disciplinam o correspondente processo legislativo. Nos dois casos, as justificativas para excepcionar a regra estão claramente definidas na jurisprudência do Tribunal: em ambos, o vício de inconstitucionalidade está diretamente relacionado a aspectos formais e procedimentais da atuação legislativa".

19.6.1.3. Criação do controle externo de um Poder

O Supremo Tribunal Federal declarou inconstitucional a tentativa de criação pelo Poder Legislativo de um "controle externo" do Poder Judiciário, sendo uma interferência indevida de um poder sobre o outro: "na formulação positiva do constitucionalismo republicano brasileiro, o autogoverno do Judiciário – além de espaços variáveis de autonomia financeira e orçamentária – reputa-se corolário da independência do Poder (ADI 135/PB, Gallotti, Pleno, 21-11-1996). Essa ação tratava da tentativa de criação, pela Constituição do Estado da Paraíba, de um "Conselho Estadual de Justiça". No mesmo sentido, decidiu ser inconstitucional a "instituição de órgão do chamado 'controle externo', com participação de agentes ou representantes dos outros Poderes do Estado" (ADI 98, rel. Min. Sepúlveda Pertence). Todavia, no tocante à criação do Conselho Nacional de Justiça (CNJ), pela Emenda Constitucional n. 45, de 2004, o Supremo Tribunal Federal entendeu não se tratar de controle externo do Poder Judiciário: "Ora, não é esse o caso do Conselho Nacional de Justiça, que se define como órgão interno do Judiciário e, em sua formação, apresenta maioria qualificada (três quintos) de membros da magistratura (arts. 92, I-A, e 103-B). Desses caracteres vem-lhe a natureza de órgão de controle e interno, conduzido pelo próprio Judiciário, conquanto democratizado na composição por meio da participação minoritária de representantes das áreas profissionais afins" (ADI 3.367/DF, rel. Min. Cezar Peluso).

19.6.1.4. A inconstitucionalidade da EC n. 88/2015 ("PEC da Bengala")

A Emenda Constitucional n. 88/2015, também conhecida como "PEC da Bengala", ampliou de 70 para 75 anos a idade de aposentadoria compulsória em alguns cargos públicos (idade que foi posteriormente ampliada para todos os cargos públicos não eletivos pela Lei Complementar n. 152/2015). Essa parte não foi declarada inconstitucional.

Ocorre que a Emenda Constitucional n. 88/2015 acrescentou a expressão "nas condições do art. 52 da Constituição Federal". Tal expressão visava submeter os Ministros dos Tribunais Superiores a uma nova sabatina perante o Senado Federal, caso quisessem permanecer no Tribunal, dos 70 aos 75 anos. O Supremo Tribunal Federal, na ADI 5.316, liminarmente suspendeu, por inconstitucionalidade, a parte final da EC 88/2015, "por vulnerar as condições materiais necessárias ao exercício imparcial e independente da função jurisdicional, ultrajando a separação de Poderes, cláusula pétrea inscrita no artigo 60, parágrafo 4º, inciso III, da Constituição Federal" (Medida Cautelar na ADI 5.316/DF – Plenário, rel. Min. Luiz Fux, 21-5-2015).

19.6.1.5. Efeitos concretos do mandado de injunção

Os efeitos concretos que podem ser gerados pelo mandado de injunção não ferem, segundo o Supremo Tribunal Federal, o princípio da separação dos Poderes: "O argumento de que a Corte estaria então a legislar – o que se afiguraria inconcebível, por ferir a independência e harmonia entre os poderes [art. 2º da Constituição do Brasil] e a separação dos poderes [art. 60, § 4º, III] – é insubsistente. O Poder Judiciário está vinculado pelo dever-poder de, no mandado de injunção, formular supletivamente a norma regulamentadora de que carece o ordenamento jurídico. No mandado de injunção o Poder Judiciário não define norma de decisão, mas enuncia o texto normativo que faltava para, no caso, tornar viável o exercício do direito de greve dos servidores públicos. Mandado de injunção julgado procedente para remover o obstáculo decorrente da omissão legislativa e, supletivamente, tornar viável o exercício do direito consagrado no artigo 37, VII, da Constituição do Brasil" (MI 712/PA, rel. Min. Eros Grau).

Com o advento da nova Lei do Mandado de Injunção (Lei n. 13.300/2016), os efeitos dessa ação constitucional foram majorados. Nos termos do art. 8º, da referida lei, julgado procedente o mandado de injunção, o Judiciário determinará "prazo razoável para que o impetrado promova a edição da norma regulamentadora", e, caso não faça a norma regulamentadora no prazo determinado, poderá o Judiciário "estabelecer as condições em que se dará o exercício dos direitos, das liberdades e das prerrogativas reclamados ou, se for o caso, as condições em que poderá o interessado promover ação própria visando a exercê-los".

Entendemos que a jurisprudência construída pelo Supremo Tribunal Federal antes da Lei do Mandado de Injunção deve se manter, apesar da ampliação dos efeitos dessa ação constitucional. Embora, em regra, um Poder não possa interferir no outro, essa interferência pode ser admitida em casos de inércia inconstitucional de um dos Poderes, máxime quando essa inércia violar direta ou indiretamente direitos fundamentais. Trata-se de uma omissão inconstitucional, que viola o princípio da proporcionalidade, na sua modalidade proibição da proteção insuficiente.

19.6.1.6. Aplicação de medidas cautelares diversas da prisão a parlamentares

O Código de Processo Penal, no seu art. 319, prevê uma série de medidas cautelares diversas da prisão, que podem ser aplicadas pelo juiz, isolada ou cumulativamente, no curso do processo ou investigação criminal (art. 282, § 3º, CPP). Dentre elas, está a "suspensão do exercício de função pública ou de atividade de natureza econômica ou financeira quando houver justo receio de sua utilização para a prática de infrações penais". A questão é: pode essa medida cautelar ser aplicada para ocupantes de cargos públicos eletivos? Poderia o Judiciário suspender o mandato de prefeitos, governadores e parlamentares?

Primeiramente, a jurisprudência é uníssona quanto à possibilidade de aplicação dessa medida cautelar a prefeitos e governadores, sem prévia oitiva da Casa parlamentar respectiva. Por exemplo, em 2021, a Corte Especial do Superior Tribunal de Justiça (STJ) confirmou a decisão cautelar do ministro Mauro Campbell Marques que determinou o afastamento do governador do Tocantins, no âmbito de duas investigações policiais complementares que apuravam a formação de organização criminosa voltada para o cometimento de crimes contra o plano de saúde dos servidores estaduais. O afastamento foi decretado por 180 dias, sem prejuízo da reavaliação da necessidade de manutenção (MI 203, rel. Min. Mauro Campbell Marques, j. 20-10-2021).

O STF decidiu que é inconstitucional previsão na Constituição do Estado de exigência de consulta à Assembleia Legislativa do Estado para decretação de medida cautelar penal, como o afastamento do cargo do governador: "Não há necessidade de prévia autorização da Assembleia Legislativa para o recebimento de denúncia ou queixa e instauração de ação penal contra Governador de Estado, por crime comum, cabendo ao STJ, no ato de recebimento ou no curso do processo, dispor, fundamentadamente, sobre a aplicação de medidas cautelares penais, inclusive o afastamento do cargo" (ADI 5540, rel. Min. Edson Fachin, Pleno, j. 3-5-2017).

Obviamente, quem poderá decretar a medida cautelar de suspensão do mandato deve ser o Tribunal competente: em se tratando de governadores, é o STJ e em se tratando de prefeitos, em regra, o Tribunal de Justiça do respectivo estado.

Questão que vem sendo levantada pela doutrina é a exigência de decisão judicial colegiada ou se é possível a suspensão do mandato feita por decisão democrática. Essa discussão ocorreu quando decisão monocrática de um ministro do STJ suspendeu, em 2020, o mandato do então governador do Rio de Janeiro Wilson Witzel. Em entrevista à imprensa, vários constitucionalistas (Pedro Serrano, Daniel Sarmento, Lenio Streck etc.[23]) afirmaram que tal decisão teria sido abusiva.

Com todo respeito aos sobreditos constitucionalistas, entendemos que eles estão equivocados. No nosso entender, até que seja editada uma lei exigindo que tal medida cautelar seja concedida apenas por decisão colegiada do Tribunal, é possível que seja decretada monocraticamente. Obviamente, uma decisão monocrática de um desembargador ou ministro, suspendendo mandato de prefeito ou governador, eleito por milhões de votos, não parece a escolha mais acertada da lei, pelos riscos à democracia que isso pode causar. Todavia, essa é a escolha atual da legislação brasileira. Eu defendo uma mudança legislativa, exigindo que tais cautelares que suspendam mandatos eletivos somente possam ser concedidas por decisões colegiadas dos Tribunais. Até que haja uma mudança legislativa, entendo que a decisão cautelar de suspensão do mandato decretada monocraticamente seja submetida imediatamente ao referendo do órgão colegiado do Tribunal. Parece concordar conosco a ministra do STJ Maria Thereza de Assis Moura que, no julgamento da cautelar que suspendeu o mandato do então governador do Rio de Janeiro Wilson Witzel, em 2020, afirmou que "trata-se de governador de Estado eleito com mais de 4,6 milhões de votos. Embora haja expressa previsão regimental de decisão monocrática, em se tratando de afastamento de autoridade eleita pelo voto popular, com foro privilegiado, a submissão do caso à Corte Especial me parece uma medida de prudência, mais compatível com o princípio democrático. Como essa medida foi trazida prontamente para a Corte Especial, não vejo nulidade".

Tratamento jurídico bastante diferente tem sido aplicado à suspensão de mandatos de parlamentares. Em 2017, por maioria de votos, o Plenário do Supremo Tribunal Federal decidiu que o Poder Judiciário tem competência para impor medidas cautelares diversas da prisão, previstas no art. 319 do Código de Processo Penal, a parlamentares durante os seus respectivos mandatos. Não obstante, *no caso de imposição de medida que dificulte ou impeça, direta ou*

---

23. Disponível em: <https://www.conjur.com.br/2020-ago-28/afastamento-cautelar-witzel-decisao-monocratica-controverso>. Acesso em: 10-11-2021. No julgamento da cautelar de suspensão do mandato do ex-governador Wilson Witzel, o ministro do STJ Napoleão Nunes Maia mostrou essa preocupação. Segundo ele, o afastamento de Witzel deveria ser imposto pelo colegiado e somente após ouvir a defesa do governador.

indiretamente, o exercício regular do mandato, a decisão judicial deve ser remetida, em 24 horas, à respectiva Casa Legislativa para deliberação, por analogia do art. 53, § 2º, da Constituição Federal.

Consta da ementa do respectivo acórdão: "O Poder Judiciário dispõe de competência para impor aos parlamentares, por autoridade própria, as medidas cautelares a que se refere o art. 319 do Código de Processo Penal, seja em substituição de prisão em flagrante delito por crime inafiançável, por constituírem medidas individuais e específicas menos gravosas; seja autonomamente em circunstâncias de excepcional gravidade. Os autos da prisão em flagrante delito por crime inafiançável ou a decisão judicial de imposição de medidas cautelares que impossibilitem, direta ou indiretamente, o pleno e regular exercício do mandato parlamentar e de suas funções legislativas, serão remetidos dentro de vinte e quatro horas à Casa respectiva, nos termos do § 2º do artigo 53 da Constituição Federal, para que, pelo voto nominal e aberto da maioria de seus membros, resolva sobre a prisão ou a medida cautelar" (STF – ADI 5.526/DF, redator do acórdão: Min. Alexandre de Moraes, 11-10-2017, Plenário).

Com essa decisão, o Supremo Tribunal Federal reverteu o entendimento anterior (com o qual concordávamos), de que seria possível aplicar medidas cautelares diversas da prisão, nos termos do art. 319 do Código de Processo Penal, dentre elas a suspensão do mandato parlamentar, sem a possibilidade de interferência do Poder Legislativo nessa decisão. São as medidas cautelares previstas no art. 319 do Código de Processo Penal: "I – comparecimento periódico em juízo, no prazo e nas condições fixadas pelo juiz, para informar e justificar atividades; II – proibição de acesso ou frequência a determinados lugares quando, por circunstâncias relacionadas ao fato, deva o indiciado ou acusado permanecer distante desses locais para evitar o risco de novas infrações; III – proibição de manter contato com pessoa determinada quando, por circunstâncias relacionadas ao fato, deva o indiciado ou acusado dela permanecer distante; [...] VI – suspensão do exercício de função pública ou de atividade de natureza econômica ou financeira quando houver justo receio de sua utilização para a prática de infrações penais...".

Em 2016, na Ação Cautelar (AC) 4.070, o Supremo Tribunal Federal suspendeu o mandato do então deputado federal (e Presidente da Câmara dos Deputados) Eduardo Cunha. Decidiu o Tribunal: "A ascensão política do investigado à posição de Presidente da Câmara, além de não imunizá-lo de eventuais medidas penais de caráter cautelar, concorre, na verdade, para que o escrutínio a respeito do cabimento dessas medidas seja ainda mais aprofundado. Afinal, de acordo com a cláusula geral de adequação, ínsita no art. 282, II, do Código de Processo Penal, este exame deve tomar em consideração as condições pessoais do agente – o que remete, quando a medida postulada for aquela do art. 319, VI, do mesmo Código – a uma investigação sobre a realidade de poder em que ele está inserido. Logicamente, quando esta realidade corresponder às responsabilidades da liderança de uma das duas Casas Legislativas mais importantes da Nação, que exige escrúpulos compatíveis com a sua altíssima honorabilidade, mais intensa deve ser a crítica judiciária a respeito da presença de riscos para o bom desenvolvimento da jurisdição penal" (rel. Min. Teori Zavascki, Plenário, 5-5-2016).

Preferíamos o entendimento do Supremo Tribunal Federal de 2016, exarado na AC 4.070: "Ainda que em seu próprio domínio institucional, nenhum órgão estatal pode, legitimamente, pretender-se superior ou supor-se fora do alcance da autoridade suprema da Constituição Federal e das leis da República. O respeito efetivo pelos direitos individuais e pelas garantias fundamentais outorgadas pela ordem jurídica aos cidadãos em geral representa, no contexto de nossa experiência institucional, o sinal mais expressivo e o indício mais veemente de que se consolidou, em nosso País, de maneira real, o quadro democrático delineado na Constituição da República. A separação de poderes – consideradas as circunstâncias históricas que justificaram a sua concepção no plano da teoria constitucional – não pode ser jamais invocada como princípio destinado a frustrar a resistência jurídica a qualquer ensaio de opressão estatal ou a inviabilizar a oposição a qualquer tentativa de comprometer, sem justa causa, o exercício do direito de protesto contra abusos que possam ser cometidos pelas instituições do Estado. As razões ora expostas, que bem traduzem anterior decisão por mim proferida, justificam a possibilidade de o Supremo Tribunal Federal conhecer da presente ação mandamental, eis que a alegação de ofensa a princípios de índole constitucional – precisamente por introduzir, no exame da controvérsia, um dado de natureza jurídica – descaracteriza a existência de questão exclusivamente política, permitindo, desse modo, ante a inocorrência de ato *interna corporis*, o pleno exercício, por esta Corte, de sua jurisdição constitucional".

Alguns poderiam argumentar que a suspensão do mandato parlamentar por parte do Poder Judiciário seria interferência de um Poder sobre outro. Não há dúvida que se trata de uma grave interferência, todavia, em nosso entender, constitucional e necessária em casos excepcionais.

De acordo com a nova jurisprudência do Supremo Tribunal Federal, nada, absolutamente nada poderá ser feito pelo Poder Judiciário contra um parlamentar que pratica e continua a praticar crimes afiançáveis (lembro que, com a alteração feita recentemente no Código de Processo Penal, quase todos os crimes são afiançáveis[24]). Se houver o conluio dos demais parlamentares, não poderá ser preso em flagrante (já que a Constituição só permite o flagrante de crimes inafiançáveis), não poderá ser preso preventivamente (por expressa vedação constitucional), bem como não poderá ter seu mandato suspenso. Continuará a praticar seus crimes, com o aval de seus pares.

Para aqueles que afirmam que essa interferência jurisdicional não está prevista na Constituição, lembro que a maior interferência histórica do Judiciário sobre atos de outros Poderes (o *judicial review* decorrente da Constituição norte-americana) não estava prevista (e até hoje não está) na Constituição dos Estados Unidos. Trata-se de uma necessidade decorrente do modelo de separação dos Poderes, um corolário do sistema de freios e contrapesos.

Embora o Supremo Tribunal Federal não tenha determinado que tal garantia se estende a outros parlamentares, entendemos que outra não pode ser a conclusão. Ora, segundo o art. 27, § 1º, da Constituição Federal, "será de quatro anos o mandato dos Deputados Estaduais, aplicando-se-lhes as regras desta Constituição sobre sistema eleitoral, inviolabilidade, imunidades, remuneração, perda do mandato, licença, impedimentos e incorporação às Forças Armadas". As mesmas garantias de imunidade aplicadas aos deputados federais devem se aplicar aos deputados estaduais, por determinação constitucional. Defender um tratamento diverso seria constitucionalmente teratológico.

Por fim, a convivência entre os Poderes deve ser harmônica. Segundo José Afonso da Silva, "a harmonia entre os poderes verifica-se primeiramente pelas normas de cortesia no trato recíproco e no respeito às prerrogativas e faculdades a que mutuamente todos têm direito. De

---

24. Exceções feitas às vedações constitucionais à fiança, como o crime de racismo, grupos armados contra o Estado Democrático, bem como os crimes hediondos e equiparados aos hediondos (tráfico de drogas, terrorismo e tortura).

outro lado, cabe assinalar que nem a divisão de funções entre os órgãos do poder nem a sua independência são absolutas. Há interferências, que visam ao estabelecimento de um sistema de freios e contrapesos, à busca do equilíbrio necessário à realização do bem da coletividade e indispensável para evitar o arbítrio e o desmando de um em detrimento do outro e especialmente dos governados"[25].

19.6.1.7. *Aplicação de medidas cautelares diversas da prisão a Prefeitos e Governadores*

Como vimos acima, o STF entende ser possível a aplicação de medidas cautelares diversas da prisão (nos termos do art. 319, do CPP) a Prefeitos e Governadores, incluindo a "suspensão do exercício de função pública" (art. 319, VI, CPP), que implicará a suspensão do mandato. Foi o que ocorreu em 2020, com a suspensão do mandato do governador do Rio de Janeiro Wilson Witzel, por decisão do Superior Tribunal de Justiça (que é o Tribunal competente para julgar crimes de governadores)[26].

Nesse caso, entende-se que deve ser fixado um prazo da suspensão do mandato. Foi o que fez o STJ, ao "determinar o afastamento de Wilson José Witzel do exercício da função pública de Governador e proibir o seu ingresso nas dependências do Governo do Estado do Rio de Janeiro e de se comunicar com funcionários e de utilizar seus serviços, pelo prazo inicial de 180 (cento e oitenta) dias, sem prejuízo de nova avaliação, ressalvada a possibilidade de residência oficial e de pessoal e serviços imediatamente a ela correspondentes" (trecho do voto do Ministro Benedito Gonçalves na Cautelar Inominada Criminal n. 35-DF).

É o entendimento do STF: "afastamento de Prefeito, via de regra, não deve ocorrer por tempo indeterminado, sob pena de a medida acautelatória se configurar antecipação dos desdobramentos de um suposto juízo condenatório" (Suspensão de Liminar 1.376/RJ, voto do Ministro Dias Toffoli, 9-9-2020). No mesmo sentido: Suspensão de Liminar 1.359, voto do Ministro Dias Toffoli, 30-7-2020).

19.6.1.8. *Interferência do Poder Judiciário na nomeação de servidores públicos (o caso da Presidente do Iphan e do delegado Alexandre Ramagem, de 2020)*

Discute-se a possibilidade de interferência do Poder Judiciário no controle das nomeações feitas pelo Poder Executivo. Poderia o Poder Judiciário interferir na nomeação de um Ministro ou Secretário, por exemplo? Quando a violação atenta claramente contra a lei, contra os requisitos legais, a resposta é claramente afirmativa. Por exemplo, o art. 87 determina que os requisitos para ser Ministro de Estado são: a) ser brasileiro; b) maior de vinte e um anos; c) estar no gozo dos direitos políticos. Caso o Presidente da República nomeie um estrangeiro ou uma pessoa de 20 anos, obviamente poderá o Poder Judiciário declarar inválida tal nomeação.

---

25. Op. cit., p. 110.
26. A decisão inicialmente foi proferida monocraticamente pelo Ministro relator. Houve uma grande celeuma acerca dessa decisão, sob o argumento de que seria antidemocrática: um Ministro do STJ poderia suspender um Governador eleito por milhões de pessoas. Embora talvez não seja a melhor opção legislativa (entendemos que a lei deveria exigir uma decisão colegiada), a lei não veda a medida cautelar diversa da prisão aplicada por um Ministro ou Desembargador, desde que seja a autoridade competente.

Em 2020, a nomeação da Presidente do Iphan (Instituto do Patrimônio Histórico e Artístico Nacional) foi suspensa, no curso de uma ação popular, pelo juiz da 28ª Vara Federal do Rio de Janeiro, sob o argumento de que ela não preenchia os requisitos legais exigidos para o preenchimento do cargo (determinados pelo Decreto n. 9.727, de 15 de março de 2019). Nesse caso, trata-se de uma clara violação da legalidade, que justifica a invalidação da nomeação.

A questão se torna mais polêmica quando a invalidação da nomeação se dá com base em princípios constitucionais, e não nas regras constitucionais objetivas que disciplinam o cargo em análise. Poderia o Judiciário invalidar uma nomeação, com base nos princípios da moralidade, impessoalidade ou eficiência? Embora haja muitas opiniões em sentido contrário, entendemos que sim.

Obviamente, em regra, não poderá, sob pena de interferência indevida de um Poder sobre o outro, o Judiciário invalidar uma escolha, com base em preferências pessoais. Não obstante, algumas nomeações são feitas de forma a contrariar visceralmente os princípios constitucionais. Por exemplo, uma nomeação (ainda que de livre escolha) de uma pessoa sem qualquer preparo técnico para o cargo, apenas e tão somente por razões políticas, fere o princípio da eficiência, que está previsto expressamente na Constituição Federal (art. 37, *caput*, CF). Por essa razão, o juiz federal que suspendeu a nomeação da Presidente do Iphan afirmou que "a nomeação para presidência da autarquia ré de servidor com formação profissional e acadêmica incompatível – até contraposta – com o cargo põe manifestamente em risco a própria eficiência da instituição. [...] O princípio da eficiência, além de norma jurídica, traduz-se em bem jurídico constitucionalmente e legalmente protegido" (Ação Popular n. 5028551-32.2020.4.02.5101/RJ, 28ª Vara Federal do Rio de Janeiro, juiz Adriano de Oliveira França).

Outro exemplo bastante polêmico ocorreu em 2020, com a tentativa de nomeação do Diretor-Geral da Polícia Federal. Depois de ser investigado por interferência indevida na Polícia Federal, o Presidente da República tentou nomear o delegado Alexandre Ramagem Rodrigues, que possuía laços estreitos com alguns dos familiares do Presidente. A nomeação foi suspensa pelo STF, em decisão monocrática do Ministro Alexandre de Moraes, sob o argumento de que "A Constituição da República de 1988, ao constitucionalizar os princípios e os preceitos básicos da Administração Pública, permitiu um alargamento da função jurisdicional sobre os atos administrativos discricionários, consagrando a possibilidade de revisão judicial" (Mandado de Segurança 37.097/DF, rel. Min. Alexandre de Moraes, 29-4-2020). No caso, o Ministro utilizou como argumentos para invalidação da nomeação princípios como a impessoalidade e a moralidade administrativa: "a obrigatoriedade de respeito ao princípio da moralidade por toda a Administração Pública foi consagrada pelo Supremo Tribunal Federal, bem como destacado pelo Ministro Marco Aurélio, ao lembrar que 'o agente público não só tem que ser honesto e probo, mas tem que mostrar que possui tal qualidade. Como a mulher de César'" (Mandado de Segurança 37.097/DF, rel. Min. Alexandre de Moraes, 29-4-2020).

19.6.2. Indelegabilidade

O princípio da indelegabilidade tem origem na Constituição norte-americana, que no seu art. 1, seção 1, prevê que o Congresso dos Estados Unidos é investido de "todos os poderes legislativos", dando ensejo à doutrina da indelegabilidade ou não delegação (*non-delegation doctrine*). A origem teórica da indelegabilidade (*non-delegation doctrine*) remonta à clássica obra de John Locke (*Segundo Tratado sobre o Governo Civil*), segundo o qual "o Legislativo não pode transferir o poder de legislar a nenhuma outra mão. Por ser apenas um Poder delegado do povo, eles, que o possuem, não podem passá-lo a outros"[27]. Como afirmou a Suprema Corte dos Estados Unidos, "o Congresso não pode delegar poder legislativo ao Presidente por ser um princípio universalmente reconhecido como vital para a integridade e manutenção do sistema de governo ordenado pela Constituição" (*Field v. Clark*, 143 US 649, 1892).

Uma das primeiras decisões da Suprema Corte dos Estados Unidos envolvendo o princípio da indelegabilidade e suas respectivas exceções foi *Wayman v. Southard* (1825), sobre uma delegação do Congresso aos Tribunais sobre o poder de prescrever procedimentos judiciais. Segundo o *Chief of Justice* John Marshall, "uma provisão geral pode ser feita e o poder dado àqueles que devem agir de acordo com tais provisões gerais, para preencher os detalhes". Dessa maneira, nasce a *teoria dos princípios inteligíveis* (*intelligible principles*). Segundo Marshall, se o Legislativo delega poderes legislativos a outro órgão, deve fornecer uma "disposição geral", que dê as diretrizes para eles preencherem os detalhes. Assim, não pode o Congresso dar a liberdade de ação a uma agência externa para fazer leis, mas pode autorizar essa agência a detalhar uma lei que o Congresso já estabeleceu.

Esse princípio foi abordado pelo STF, no julgamento da ADI 4.923: "a moderna concepção do princípio da legalidade, em sua acepção principiológica ou formal axiológica, chancela a atribuição de poderes normativos ao Poder Executivo, desde que pautada por princípios inteligíveis (*intelligible principles*) capazes de permitir o controle legislativo e judicial sobre os atos da Administração" (ADI 4923/DF, plenário, rel. Min. Luiz Fux, j. 8-11-2017).

Durante a década de 1930, em razão da grave crise econômica, o Congresso Nacional delegou amplos poderes ao Presidente para o combate à "Grande Depressão". Muitas dessas delegações foram declaradas inconstitucionais pela Suprema Corte, em casos como *Panama Refining Co. v. Ryan*, 293 U.S. 388 (1935) e *Schechter Poultry Corp. v. Estados Unidos* (1935). Nesse último caso, a Suprema Corte decidiu que a lei era inconstitucional por não estabelecer diretrizes explícitas, podendo o Presidente agir como achasse conveniente.

Em 1989, a Suprema Corte reforçou esse entendimento de que é possível a delegação feita pelo Congresso, desde que sejam estabelecidas diretrizes gerais da atuação para a autoridade que recebeu essa delegação: "em nossa sociedade cada vez mais complexa, repleta de problemas cada vez mais mutáveis e técnicos, o Congresso simplesmente não pode fazer seu trabalho sem a capacidade de delegar poder sob diretrizes gerais. Consequentemente, esta Corte considerou constitucionalmente suficiente se o Congresso delinear claramente a política geral, o órgão público que deve aplicá-la e os limites dessa autoridade delegada' (*Mistretta v. Estados Unidos*, 1989).

No Brasil, o princípio da indelegabilidade, sob forte influência norte-americana, esteve presente nas Constituições de 1891, 1934, 1946, 1967 e 1969. Não está previsto expressamente na Constituição de 1988. A ausência do princípio da indelegabilidade no atual texto constitucional foi lamentada pela doutrina: "afigura-se-nos uma lástima que o Texto tenha suprimido o parágrafo único da Constituição anterior – que previa o princípio da indelegabilidade das funções, exceção feita aos casos por ela autorizados"[28].

---

27. Op. cit., p. 145.
28. Celso Ribeiro Bastos; Ives Gandra Martins. *Comentários à Constituição do Brasil promulgada em 5 de Outubro de 1988*, p. 438.

Não obstante, embora não esteja prevista expressamente no texto constitucional, a indelegabilidade continua a ser um princípio constitucional que rege a separação dos Poderes. Ora, estaria fragilizada a separação das funções estatais, se os órgãos pudessem delegar suas atribuições a outros. Nesse sentido, Luiz Alberto David Araújo afirma que: "não seria possível manter-se a independência entre os Poderes se, na vicissitude da atividade pública, um deles pudesse ordinariamente delegar suas funções para que o outro as exercesse"[29].

Não obstante, trata-se de uma regra geral, que comporta várias exceções, de acordo com os ditames constitucionais. Por exemplo, temos a lei delegada, prevista no art. 68 da Constituição Federal, na qual poderá o Congresso Nacional delegar ao Presidente da República a possibilidade de fazer uma lei sobre um assunto específico.

O princípio da indelegabilidade (*non-delegation doctrine*) foi citado pelo Supremo Tribunal Federal na ADI 4.679 (que declarou inconstitucional o art. 25 da Lei n. 12.485/2011, sobre TV por assinaturas e a delegação de poder regulamentar às Agências Reguladoras: "nos Estados Unidos, Erwin Chemerinsky relata que, em mais de sessenta anos desde o julgamento dos casos *Panama Oil e Schechter*, que assentaram, ainda durante o período do New Deal, as bases teóricas da *non-delegation doctrine*, a Suprema Corte norte-americana não declarou inconstitucional nenhuma lei que tenha conferido poderes normativos a agências reguladoras independentes. Todas as delegações, ainda que amplas, foram reputadas válidas. Segundo o festejado professor da Universidade da Califórnia (Irvine), 'isso reflete um entendimento judicial de que delegações abrangentes são necessárias em um mundo complexo'. É preciso, pois, cautela do Poder Judiciário ao declarar inconstitucionalidade de leis que atribuam poderes normativos às agências reguladoras" (ADI 4.679, trecho do voto do Min. Luiz Fux).

Por fim, é um corolário da indelegabilidade a impossibilidade de investidura em funções de poderes distintos. Dessa maneira, não pode um membro de um órgão exercer concomitantemente as funções típicas de outros Poderes. O que pode ocorrer é a abdicação de uma das funções para o exercício da outra, desde que autorizado pela Constituição. É o que apregoa, por exemplo, o art. 56, da Constituição Federal ("Não perderá o mandato o Deputado ou Senador: I – investido no cargo de Ministro de Estado, do Distrito Federal, de Território, de Prefeitura de Capital ou chefe de missão diplomática temporária").

19.6.2.1. Competência normativa de agências reguladoras

Como vimos acima, a indelegabilidade é a regra, mas comporta exceções. Segundo os "princípios inteligíveis", de John Marshall, poderá o Poder Legislativo delegar a função típica a outro poder, desde que estabeleça os parâmetros claros dessa atividade.

O Supremo Tribunal Federal teve a oportunidade de abordar tal questão em pelo menos duas ações: na ADI 4.923 (sobre o poder regulatório da Ancine – Agência Nacional do Cinema) e a ADI 1.668 (sobre o poder regulatório da Agência Nacional de Telecomunicações).

Na ADI 4.923, o Ministro relator (Luiz Fux) transcreve trecho da doutrina norte-americana que excepciona o princípio da indelegabilidade (*non-delegation doctrine*) e admite os princípios inteligíveis (*intelligible principles*): "Enquanto as cortes podem, em alguns casos, limi-

---

29. Op. cit., p. 224.

tar amplas delegações legislativas por intermédio de interpretação jurídica, a adoção generalizada da doutrina da não delegação (*non-delegation doctrine*) seria claramente pouco sábia. No mundo contemporâneo, previsões legislativas detalhadas de políticas públicas não seriam nem factíveis nem desejáveis, e os juízes não estão bem preparados para distinguir as situações. Em relação a muitas medidas estatais, pode ser impossível especificar o curso particular de ação a ser seguido. Isso é mais óbvio em um novo campo regulatório. [...] Ademais, há sérias limitações institucionais à habilidade do Congresso em detalhar políticas regulatórias" (Richard Stewart. *The Reformation of American Administrative Law*) (ADI 4.923. Plenário, rel. Min. Luiz Fux, j. 8-11-2017).

No mesmo diapasão, no julgamento da ADI n. 1.668 (que questionava a competência da Anatel para expedir normas, decidiu o Supremo Tribunal Federal que tal delegação é constitucional, devendo a Agência fazer a regulamentação de acordo com as normas de âmbito legal e regulamentar.

Como afirma a doutrina, o poder regulamentar das agências reguladoras é constitucional, sendo uma exceção à indelegabilidade. Não obstante, "não parece haver dúvidas de que as normas editadas por entidades reguladoras devem obedecer aos preceitos legais – *standards*, pois a administração pública não tem um poder normativo incondicional e geral como ocorre com o Poder Legislativo"[30].

19.7. FUNÇÕES TÍPICAS E ATÍPICAS

A distinção entre os Poderes não pode ser feita de forma orgânica, rígida. No passado, dizia-se: o Poder Legislativo é aquele que legisla, o Judiciário é aquele que julga etc. Embora, em parte, esse critério não seja totalmente errôneo, ele é incompleto e impreciso. Isso porque cada Poder exerce uma função principal, que normalmente lhe dá o nome.

Ora, o Poder Judiciário, por exemplo, tem como função principal (função típica) julgar (aplicar as leis aos casos concretos). A função por ele exercida (função jurisdicional) etimologicamente já demonstra isso: *juris dictio* significa dizer o direito. Não obstante, o Judiciário também exerce as outras funções, de forma secundária, subsidiária, atípica.

Dessa maneira, cada Poder exercerá uma função principal, predominante, que normalmente lhe dá o nome (função típica), mas também exercerá as outras funções de forma subsidiária (funções atípicas).

Assim, o Poder Judiciário tem como função típica julgar, ou seja, aplicar a lei aos casos concretos. Não obstante, também exerce duas funções de forma excepcional (funções atípicas): legislar (quando os Tribunais, por exemplo, editam seus regimentos internos) e administrar (quando o próprio Judiciário faz a contratação, demissão de seus funcionários, bem como verifica licenças, férias, sanções etc.).

Por sua vez, o Poder Executivo tem como função típica administrar, dentro dos limites legais. Não obstante, também terá como funções atípicas: legislar (o chefe do Poder Executivo, por exemplo, pode editar medidas provisórias) e julgar (aplicar a lei nos casos concretos, nos processos administrativos). Parte da doutrina constitucional entende que o Poder Executivo

---

30. Sérgio Guerra. *Função Normativa das Agências Reguladoras: Uma Nova Categoria de Direito Administrativo?*, p. 1.

não teria a função jurisdicional porque as decisões por ele proferidas nos processos administrativos poderiam ser revistas pelo Judiciário, já que não possuem caráter definitivo, não fazem coisa julgada. Discordamos desse entendimento. Embora as decisões proferidas pelo Poder Executivo realmente não tenham definitividade, podendo ser revistas pelo Poder Judiciário, não retira delas a característica de decisão, já que consistem na aplicação das leis aos casos concretos.

Por fim, o Poder Legislativo, diferentemente dos dois anteriores, tem duas funções típicas: além de legislar, fiscalizar (já que, nos termos do art. 70 e seguintes da Constituição Federal, ele exerce o controle externo orçamentário, financeiro, contábil sobre os demais poderes). Além dessas das funções típicas, exerce duas funções atípicas: administrar (contratando, demitindo funcionários, bem como verificando férias, licenças, contratos etc.) e julgar (o Senado Federal, por exemplo, nos termos do art. 52, I, da Constituição Federal, pode julgar o Presidente da República no crime de responsabilidade).

Vejamos o quadro a seguir:

Poder	Função típica	Funções atípicas
LEGISLATIVO	– Legislar – Fiscalizar (art. 70 e seguintes da CF)	– Julgar (por exemplo, o Senado julga o Presidente no crime de responsabilidade) – Administrar (contratar funcionários, dispor sobre licença, aposentadoria etc.)
EXECUTIVO	Administrar	Legislar (por exemplo, o Presidente pode editar medidas provisórias) Julgar (o Executivo pode julgar os processos administrativos)
JUDICIÁRIO	Julgar	– Administrar (dispor sobre férias, licenças, aposentadorias dos seus funcionários etc.) – Legislar (podem, por exemplo, os tribunais, editar seus regimentos internos)

Importante: como já decidiu o Supremo Tribunal Federal, caso um Poder use de forma desmedida, desproporcional, uma função atípica, tornando-a preponderante, haverá violação da separação dos poderes. Exemplo ocorrido no Brasil foi o uso desmesurado de medidas provisórias: "a crescente apropriação institucional do poder de legislar, por parte dos sucessivos Presidentes da República, tem despertado graves preocupações de ordem jurídica, em razão do fato de a utilização excessiva das medidas provisórias causar profundas distorções que se projetam no plano das relações políticas entre os Poderes Executivo e Legislativo. Nada pode justificar a utilização abusiva de medidas provisórias, sob pena de o Executivo, quando ausentes razões constitucionais de urgência, necessidade e relevância material, investir-se, ilegitimamente, na mais relevante função institucional que pertence ao Congresso nacional, vindo a converter-se, no âmbito da comunidade estatal, em instância hegemônica de poder, afetando, desse modo, com grave prejuízo para o regime das liberdades públicas e sérios reflexos sobre o sistema de *checks and balances*, a relação de equilíbrio que necessariamente deve existir entre os Poderes da República. Cabe ao Poder Judiciário, no desempenho das funções que lhe são inerentes, impedir que o exercício compulsivo da competência extraordinária de editar medida provisória culmine por induzir, no processo institucional brasileiro, em matéria legislativa, verdadeiro cesarismo governamental, provocando, assim, graves distorções no modelo político e gerando sérias disfunções comprometedoras da integridade do princípio constitucional da separação dos poderes" (ADI 2.213, rel. Min. Celso de Mello).

19.8. SISTEMA DE FREIOS E CONTRAPESOS

Para evitar que um Poder se sobreponha aos demais, bem como para induzir a cooperação entre órgãos distintos, é necessária uma maneira de equilibrá-los. O método encontrado foi o sistema de freios e contrapesos (*checks and balances*). A origem é atribuída a Montesquieu, que no clássico *O Espírito das Leis* afirmou: "Ora, isto se dará se elas formarem um corpo com direito de frear as iniciativas do Povo, assim como o Povo terá o direito de frear as delas". Os freios e contrapesos permitem que um órgão limite a atuação dos outros, interferindo na sua composição (por exemplo, na participação do Poder Executivo e Legislativo na composição dos Tribunais Superiores) ou funcionamento (como, por exemplo, no veto presidencial a projetos de lei do parlamento).

A primeira demonstração do sistema de freios e contrapesos se deu na Inglaterra, em razão do relacionamento entre a Câmara dos Lordes (nobreza), balanceando os projetos de lei da Câmara dos Comuns. Todavia, foi na teoria e na prática constitucional norte-americana que o sistema de freios e contrapesos ganhou a projeção que ostenta até os dias atuais.

Na clássica obra O Federalista (*The Federalist Papers*), o artigo de número 51, escrito por James Madison, tinha como título: "A estrutura do governo deve fornecer freios e contrapesos apropriados entre os diferentes departamentos". James Madison é considerado um dos fundadores dos Estados Unidos (*Founding Father*), tendo sido o quarto Presidente dos Estados Unidos, de 1809 a 1817. É considerado o "pai da Constituição", por seu papel fundamental na elaboração e promoção da Constituição dos Estados Unidos.

Assim, o sistema de freios e contrapesos consiste na interferência permitida pela própria Constituição de um Poder sobre o outro. Assim, trata-se de uma interferência, de uma fiscalização recíproca entre os Poderes, de modo a que um não se sobreponha aos demais. A Constituição brasileira de 1988 prevê várias hipóteses de interferências recíprocas entre os três Poderes: a) o Poder Executivo pode vetar projetos de lei aprovados pelo Poder Legislativo (art. 66, § 1º, CF); b) o Poder Legislativo pode rejeitar medidas provisórias editadas pelo Poder Executivo (art. 62, CF) etc. Veja mais alguns exemplos:

Exemplos do sistema de freios e contrapesos	a) EXECUTIVO veta projeto de lei do LEGISLATIVO (art. 66, § 1º). b) LEGISLATIVO rejeita medida provisória do EXECUTIVO (art. 62). c) LEGISLATIVO julga o EXECUTIVO (art. 52, I). d) JUDICIÁRIO pode declarar lei do LEGISLATIVO inconstitucional (art. 97). e) EXECUTIVO escolhe os ministros do STF (JUDICIÁRIO) com a participação do LEGISLATIVO (art. 101, parágrafo único).

Em nosso entender, nem toda hipótese de freios e contrapesos deve estar necessariamente prevista na Constituição (embora normalmente esteja). É possível que a hipótese de interferência de um Poder sobre o outro esteja prevista na legislação infraconstitucional ou decorra do próprio modelo constitucional. No primeiro caso, temos como exemplo os efeitos do mandado de injunção. Nos termos do art. 8º da Lei n. 13.300/2016, julgado procedente o mandado de injunção, o Judiciário fixará um prazo para que órgão público elabore o complemento necessário e, caso não o faça no prazo, o próprio Judiciário estabelecerá as regras necessárias ao exercício do direito. Por sua vez, é possível que haja interferência de um Poder sobre o outro em decorrência do próprio modelo constitucional. Por exemplo, o Supremo Tribunal Federal estabeleceu critérios objetivos a serem seguidos pelo Poder Legislativo no caso de projetos de lei de iniciativa popular (Medida Cautelar em Mandado de Segurança 34.530/DF, Min. Luiz Fux). Trata-se de uma interferência do Poder Judiciário no Legislativo, decorrente do *judicial review*, e que não está prevista expressamente na Constituição. Por essa razão, entendemos que era adequado o anterior posicionamento do Supremo Tribunal Federal, adotado até 2017, acerca da possibilidade de aplicação de medidas cautelares diversas da prisão a parlamentares (incluindo a suspensão do mandato parlamentar). Em nosso entender, era uma interferência de um Poder sobre outro, mas razoável, já que aplicada em casos excepcionais.

19.9. PODER LEGISLATIVO

Não importando o modelo utilizado pelo país no tocante à separação dos Poderes (bipartição, tripartição, quadripartição ou pentapartição), o Poder Legislativo sempre estará presente. Embora não haja uma hierarquia formal do Poder Legislativo sobre os demais, existe uma anterioridade lógica. Isso porque a função típica do Judiciário é a jurisdicional (aplicar a lei aos casos concretos), e a função típica do Executivo é administrar dentro dos limites da lei.

No Brasil, o Poder Legislativo é um dos três Poderes e está presente em todos os entes federativos:

Figura 19.5 – Congresso Nacional em Brasília/DF (créditos ao final do livro).

no município (Câmara Municipal de Vereadores), nos Estados (Assembleias Legislativas), no Distrito Federal (Câmara Legislativa) e na União (Congresso Nacional).

Em regra, o Poder Legislativo no Brasil é unicameral, ou seja, tem uma única casa, uma única Câmara. É o que ocorre com a Câmara de Vereadores, com a Assembleia Legislativa do Estado e a Câmara Legislativa do Distrito Federal. Todavia, o Poder Legislativo da União é bicameral. Isso porque o Congresso Nacional é composto da Câmara dos Deputados e do Senado Federal. Aliás, é o que dispõe o art. 44, *caput*, da Constituição Federal: "o Poder Legislativo é exercido pelo Congresso Nacional, que se compõe da Câmara dos Deputados e do Senado Federal".

19.9.1. Câmara dos Deputados

A Câmara dos Deputados representa o povo. Por essa razão, cada Estado (e o Distrito Federal) terá um número diferente de deputados federais, variando de acordo com o número de habitantes de cada Estado. Dessa maneira, o Estado que tem menos habitantes terá menos deputados federais e vice-versa.

Segundo o art. 45, § 1º, da Constituição Federal, o Estado que tem menos deputados federais tem 8 e o Estado que tem mais deputados federais tem 70. Esse número será fixado por lei complementar, levando-se em consideração os dados demográficos oficiais. Segundo o art. 1º da Lei Complementar n. 78, de 30 de dezembro de 1993, o número de deputados federais não ultrapassará 513 (quinhentos e treze). Segundo o art. 1º, parágrafo único, "feitos os cálculos da representação dos Estados e do Distrito Federal, o Tribunal Superior Eleitoral fornecerá aos Tribunais Regionais Eleitorais e aos partidos políticos o número de vagas a serem disputadas". Como se vê, a Lei Complementar atribui ao TSE a responsabilidade de determinar o número de deputados federais para cada Estado. O TSE editou a Resolução n. 23.389/2013 determinando a distribuição de parlamentares federais.

Todavia, o Supremo Tribunal Federal declarou inconstitucional o art. 1º, parágrafo único, da Lei Complementar n. 78, de 1993, pois não poderia o Poder Legislativo delegar uma função típica, como a de fixar o número de parlamentares por Estado ao Tribunal Superior Eleitoral. De fato, embora o princípio da Indelegabilidade não esteja expresso na Constituição de 1988, como vimos no início deste capítulo, é um princípio implícito que decorre da Separação dos Poderes. Como estabeleceram os juristas norte-americanos, a *non-delegation doctrine* somente poderia ser atenuada por meio dos princípios inteligíveis (*intelligible principles*). No caso em tela, entendemos ser impertinente a delegação de um tema sensível, típico do Poder Legislativo, para o Poder Judiciário. Decidiu o STF: "compete ao legislador complementar definir, dentre as possibilidades existentes, o critério de distribuição do número de Deputados dos Estados e do Distrito Federal, proporcionalmente à população, observados os demais parâmetros constitucionais. De todo inviável transferir a escolha de tal critério, que necessariamente envolve juízo de valor, ao Tribunal Superior Eleitoral ou a outro órgão" (ADI 4.947/DF, rel. Min. Gilmar Mendes). Dessa maneira, o Estado de São Paulo terá 70 deputados federais. Por sua vez, Acre, Tocantins, Sergipe, por exemplo, terão 8 deputados federais.

No momento, como vimos no capítulo anterior, não há Territórios Federais, mas, se forem criados, terão quatro deputados federais, nos termos do art. 45, § 2º, da Constituição Federal.

O mandato de cada deputado é de quatro anos, não tendo limites para reeleição, e o sistema eleitoral que elege o deputado é o sistema proporcional. Trata-se de um método complexo, que leva em consideração não apenas os votos recebidos pelo candidato, mas pelo partido do qual ele faz parte. Para chegar ao resultado final, aplicam-se os chamados quocientes eleitoral (QE) e partidário (QP). O quociente eleitoral é definido pela soma do número de votos válidos (ou seja, os votos na legenda e os votos nominais, excluídos os votos brancos e nulos), dividida pelo número de cadeiras em disputa. Apenas os partidos que atingirem o quociente eleitoral terão direito a alguma vaga. A partir desse momento, analisa-se o quociente partidário, que é o resultado do número de votos válidos obtidos, divido pelo quociente eleitoral. O resultado obtido será o número de cadeiras a ser ocupadas.

Com o advento da Emenda Constitucional n. 97/2017, não mais existem coligações partidárias para as eleições proporcionais (para vereador e deputados). Dessa maneira, cada partido político deve alcançar o quociente eleitoral. Segundo o art. 17, § 1º, da CF: "é assegurada aos partidos políticos autonomia para definir sua estrutura interna e estabelecer regras sobre escolha, formação e duração de seus órgãos permanentes e provisórios e sobre sua organização e funcionamento e para adotar os critérios de escolha e o regime de suas coligações nas eleições majoritárias, vedada a sua celebração nas eleições proporcionais, sem obrigatoriedade de vinculação entre as candidaturas em âmbito nacional, estadual, distrital ou municipal, devendo seus estatutos estabelecer normas de disciplina e fidelidade partidária" (grifamos). Essa regra já foi aplicada às eleições municipais de 2020[31].

São requisitos para ser deputado federal: a) ser brasileiro nato ou naturalizado (excepcionalmente, admite-se que o português equiparado, residente no Brasil há mais de três anos, exerça, aqui seus direitos políticos); b) maior de 21 anos; c) ter domicílio eleitoral na circunscrição; d) estar no gozo dos direitos políticos; e) alistamento eleitoral; f) filiação partidária.

O art. 51 da Constituição Federal prevê um rol de competências privativas da Câmara dos Deputados. Primeiramente, deve-se fazer uma correção do texto constitucional: embora a Constituição preveja a competência privativa, trata-se, na realidade, de competência exclusiva, já que não pode ser delegada (é intransferível). Essa competência privativa (ou melhor, exclusiva) da Câmara dos Deputados será feita por Resolução da Câmara dos Deputados, sobre a qual não haverá sanção ou veto presidencial.

São competências privativas da Câmara dos Deputados:

I – Autorizar, por dois terços de seus membros, a instauração de processo contra o Presidente e o Vice-Presidente da República e os Ministros de Estado. Trata-se do juízo de admissibilidade que é feito pela Câmara dos Deputados, no processo de *impeachment* dessas autoridades. Abordaremos melhor esse procedimento quando tratarmos do tema *impeachment*, em item seguinte, neste capítulo. Por ora, é importante assinalar que, segundo o STF, essa regra não deve ser prevista em Constituição Estadual, para exigência de autorização prévia para processo de governador.

II – Proceder à tomada de contas do Presidente da República, quando não apresentadas ao Congresso Nacional dentro de sessenta dias após a abertura da sessão legislativa.

III – Elaborar seu regimento interno. O Regimento Interno da Câmara dos Deputados, portanto, será feito por meio de uma resolução da Câmara, sem a participação do Presidente da República, seja por meio de sanção, seja por meio de veto.

IV – Dispor sobre sua organização, funcionamento, polícia, criação, transformação ou extinção dos cargos, empregos e funções de seus serviços, e a iniciativa de lei para fixação da respectiva remuneração, observados os parâmetros estabelecidos na lei de diretrizes orçamentárias.

O presente inciso trata da elaboração de projeto de lei sobre a remuneração dos seus respectivos servidores, regra não aplicável à fixação dos subsídios dos deputados federais. No primeiro caso (subsídio dos servidores), a Câmara deve fazer projeto de lei, que será aprovado nas duas casas e sancionado pelo Presidente. No segundo caso (subsídios dos deputados e senadores), basta um Decreto Legislativo, nos termos do art. 49, VII, sem a participação do Presidente da República.

V – Eleger membros do Conselho da República, nos termos do art. 89, VII.

Conselho da República é órgão superior de Consulta do Presidente da República. Integram o Conselho da República seis cidadãos brasileiros natos, dentre os quais dois serão no-

---

31. No nosso entender, trata-se de um avanço nas regras das eleições. Antes da referida Emenda Constitucional, o eleitor, sem saber, ao votar em uma coligação partidária, poderia contribuir para a eleição de outros candidatos, de outros partidos. Com o fim das coligações proporcionais, os eleitores terão maior poder de decisão quanto ao projeto político que querem apoiar com seu voto. Escolhendo um candidato a vereador, terão clareza quanto ao partido político que se beneficia do seu voto.

meados pelo Presidente, dois eleitos pelo Senado e dois eleitos pela Câmara dos Deputados, com mandato de três anos, vedada a recondução.

19.9.2. Senado Federal

O Senado Federal representa os Estados e o Distrito Federal. Por essa razão, cada Estado (e também o Distrito Federal) terá três senadores (que serão eleitos com dois suplentes, nos termos do art. 46, § 3º, CF).

Dessa maneira, enquanto a Câmara dos Deputados representa o povo, o Senado Federal tem a função de representar, de forma paritária, os entes federativos (Estado e Distrito Federal). Como falamos no capítulo anterior, os Municípios não têm representação direta no Senado Federal, o que faz dele um ente federativo *sui generis*.

Como o mandato dos senadores é de oito anos (art. 46, § 1º, CF), a cada quatro anos a população elegerá 1/3 e 2/3 dos senadores. Ou seja, se numa eleição o povo elege um senador, depois de quatro anos, na eleição seguinte, elegerá dois senadores.

Por essa razão, afirma-se que o Senado Federal é a casa mais conservadora do Congresso Nacional. Enquanto é possível renovar 100% dos membros da Câmara dos Deputados numa votação, no Senado Federal, por maior que seja a renovação desejada pela população, a alteração máxima será de 2/3 de seus membros. Como temos 26 Estados e um Distrito Federal, temos, no total, 81 Senadores. A cada quatro anos, elegemos 27 e 54 senadores, respectivamente.

O sistema eleitoral que elege o senador é o sistema majoritário com maioria simples, ou seja, basta ter mais votos que os demais candidatos para ser considerado eleito.

Os requisitos para ser Senador são: a) ser brasileiro nato ou naturalizado (embora, como falamos anteriormente, o português equiparado e residente no Brasil há mais de três anos possa requerer o exercício dos direitos políticos); b) maior de 35 anos; c) no gozo dos direitos políticos; d) alistamento eleitoral; e) domicílio eleitoral na circunscrição; f) filiação partidária.

No art. 52, a Constituição Federal prevê uma grande lista de competências privativas do Senado Federal. Faz-se aqui novamente a mesma observação que fizemos há pouco: onde se lê competência privativa, leia-se competência exclusiva, já que não pode ser delegada.

Compete privativamente ao Senado, nos termos do art. 52 da Constituição Federal: "I – processar e julgar o Presidente e o Vice-Presidente da República nos crimes de responsabilidade, bem como os Ministros de Estado e os Comandantes da Marinha, do Exército e da Aeronáutica nos crimes da mesma natureza conexos com aqueles; II – processar e julgar os Ministros do Supremo Tribunal Federal, os membros do Conselho Nacional de Justiça e do Conselho Nacional do Ministério Público, o Procurador-Geral da República e o Advogado--Geral da União nos crimes de responsabilidade; III – aprovar previamente, por voto secreto, após arguição pública, a escolha de: a) Magistrados, nos casos estabelecidos nesta Constituição; b) Ministros do Tribunal de Contas da União indicados pelo Presidente da República; c) Governador de Território; d) Presidente e diretores do Banco Central; e) Procurador-Geral da República; f) titulares de outros cargos que a lei determinar; IV – aprovar previamente, por voto secreto, após arguição em sessão secreta, a escolha dos chefes de missão diplomática de caráter permanente; V – autorizar operações externas de natureza financeira, de interesse da União, dos Estados, do Distrito Federal, dos Territórios e dos Municípios; VI – fixar, por proposta do Presidente da República, limites globais para o montante da dívida consolidada da

União, dos Estados, do Distrito Federal e dos Municípios – VII – dispor sobre limites globais e condições para as operações de crédito externo e interno da União, dos Estados, do Distrito Federal e dos Municípios, de suas autarquias e demais entidades controladas pelo Poder Público Federal; VIII – dispor sobre limites e condições para a concessão de garantia da União em operações de crédito externo e interno; IX – estabelecer limites globais e condições para o montante da dívida mobiliária dos Estados, do Distrito Federal e dos Municípios; X – suspender a execução, no todo ou em parte, de lei declarada inconstitucional por decisão definitiva do Supremo Tribunal Federal; XI – aprovar, por maioria absoluta e por voto secreto, a exoneração, de ofício, do Procurador-Geral da República antes do término de seu mandato; XII – elaborar seu regimento interno; XIII – dispor sobre sua organização, funcionamento, polícia, criação, transformação ou extinção dos cargos, empregos e funções de seus serviços, e a iniciativa de lei para fixação da respectiva remuneração, observados os parâmetros estabelecidos na lei de diretrizes orçamentárias; XIV – eleger membros do Conselho da República, nos termos do art. 89, VII; XV – avaliar periodicamente a funcionalidade do Sistema Tributário Nacional, em sua estrutura e seus componentes, e o desempenho das administrações tributárias da União, dos Estados e do Distrito Federal e dos Municípios".

19.9.3. Quadro esquemático: diferenças entre Câmara dos Deputados e Senado Federal

Câmara dos Deputados	Senado Federal
513 deputados federais	81 senadores
Representa o povo	Representa os Estados e o DF
O número de deputados varia, de acordo com o número de habitantes de cada Estado (o número será fixado por lei complementar)	Cada Estado (e o DF) tem 3 senadores (eleitos, cada um deles, com dois suplentes)
Mandato de 4 anos	Mandato de 8 anos
Idade mínima = 21 anos	Idade mínima = 35 anos
Sistema eleitoral proporcional	Sistema eleitoral majoritário com maioria simples

19.9.4. Reuniões

O art. 57 da Constituição Federal prevê as reuniões que serão realizadas no Congresso Nacional. São elas: a) sessão ordinária (art. 57, *caput*, CF); b) sessão extraordinária (art. 57, § 6º, CF); c) sessão preparatória (art. 57, § 4º, CF); d) sessão conjunta (art. 57, § 4º, CF).

a) **Sessão legislativa ordinária (art. 57, *caput*, CF)**

Segundo o art. 57, *caput*, da Constituição Federal, "o Congresso Nacional reunir-se-á, anualmente, na Capital Federal, de 2 de fevereiro a 17 de julho e de 1º de agosto a 22 de dezembro".

Esse período anual de reunião do Congresso Nacional é a denominada sessão legislativa. Cada semestre legislativo é o denominado período legislativo. Entre os períodos legislativos ocorre o recesso parlamentar. O período correspondente a quatro sessões legislativas denomina-se legislatura. Podemos resumir sessa maneira:

Período	Nomenclatura
Ano legislativo	Sessão legislativa
Semestre legislativo	Período legislativo
Quatro anos	Legislatura

O art. 57, *caput*, ora em comento foi alterado pela Emenda Constitucional n. 50, de 2006. Antes dessa reforma constitucional, o período do recesso do Congresso Nacional era bem maior. A redação original era: "o Congresso Nacional reunir-se-á, anualmente, na Capital Federal, de 15 de fevereiro a 30 de junho e de 1º de agosto a 15 de dezembro". Assim, o recesso compreendia os meses de julho e janeiro, bem como metade de fevereiro de dezembro. Três meses de recesso! A Emenda Constitucional sobredita reduziu o período do recesso, como vimos no início deste item.

b) **Sessão legislativa extraordinária (art. 57, §§ 6º ao 8º, CF)**

Sessão legislativa extraordinária é a convocação do Congresso Nacional no período do recesso parlamentar (nos intervalos da sessão legislativa, ou seja, o mês de janeiro, parte de julho e de dezembro).

Em regra, quem convoca a sessão legislativa extraordinária é o Presidente do Senado, nos termos do art. 57, § 6º, da Constituição Federal: "A convocação extraordinária do Congresso Nacional far-se-á: I – pelo Presidente do Senado Federal, em caso de decretação de estado de defesa ou de intervenção federal, de pedido de autorização para a decretação de estado de sítio e para o compromisso e a posse do Presidente e do Vice-Presidente da República". Outrossim, a segunda hipótese de convocação da sessão legislativa extraordinária está prevista no art. 57, § 6º, II, da Constituição Federal, e pode ser feita: "pelo Presidente da República, pelos Presidentes da Câmara dos Deputados e do Senado Federal ou a requerimento da maioria dos membros de ambas as Casas, em caso de urgência ou interesse público relevante, em todas as hipóteses deste inciso com a aprovação da maioria absoluta de cada uma das Casas do Congresso Nacional".

Dessa maneira, podemos sistematizar da seguinte maneira:

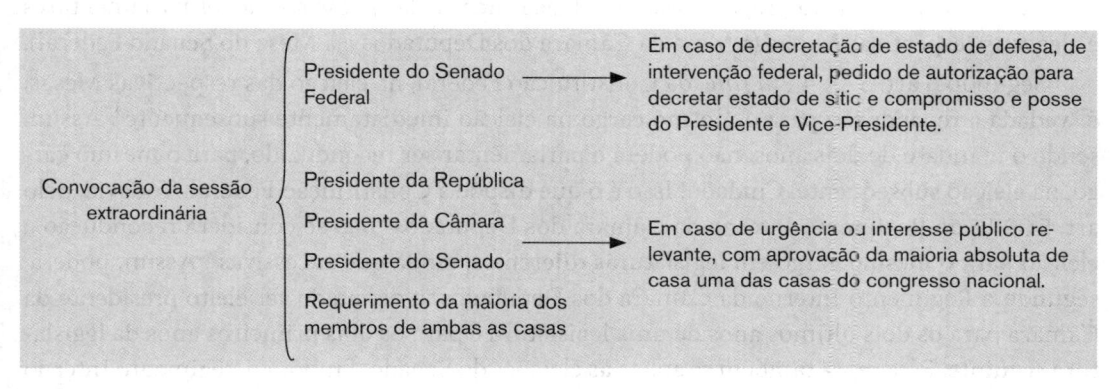

Convocação da sessão extraordinária:
- Presidente do Senado Federal → Em caso de decretação de estado de defesa, de intervenção federal, pedido de autorização para decretar estado de sítio e compromisso e posse do Presidente e Vice-Presidente.
- Presidente da República
- Presidente da Câmara
- Presidente do Senado
- Requerimento da maioria dos membros de ambas as casas
→ Em caso de urgência ou interesse público relevante, com aprovação da maioria absoluta de casa uma das casas do congresso nacional.

Segundo o art. 57, § 7º, da Constituição Federal, durante a sessão legislativa extraordinária, não poderá o Congresso Nacional deliberar sobre outras matérias que não sejam aquela que foi o objeto da convocação. A única exceção são as medidas provisórias que, em vigor, estejam pendentes de votação do Congresso Nacional: "havendo medidas provisórias em vigor na data de convocação extraordinária do Congresso Nacional, serão elas automaticamente incluídas na pauta da convocação" (art. 57, § 8º, CF).

Por fim, uma nova regra foi introduzida pela Emenda Constitucional n. 50, de 2006: pela sessão legislativa extraordinária, os parlamentares não receberão nenhuma parcela indenizatória. É o que dispõe a parte final do art. 57, § 7º, da Constituição Federal: "vedado o pagamento de parcela indenizatória, em razão da convocação". Essa alteração se deu porque, por várias vezes, o Congresso Nacional providenciava a sessão legislativa extraordinária sem ter como objeto relevantes temas, fazendo crer que o objetivo principal da convocação seria o recebimento da parcela indenizatória.

Importante frisar que essa regra também se aplica a Assembleias Legislativas dos Estados, Câmara Legislativa do Distrito Federal e Câmara Municipal de Vereadores, pelo princípio da simetria constitucional. Dessa maneira, não pode a Constituição estadual ou a Lei Orgânica do Município trazer regras diversas, prevendo verbas indenizatórias em caso de sessão legislativa extraordinária.

c) **Sessão legislativa preparatória (art. 57, § 4º, CF)**

Como vimos acima, a sessão legislativa ordinária começa no dia 2 de fevereiro (art. 57, *caput*, CF). Dessa maneira, por força do art. 57, § 4º, 1ª parte, da Constituição Federal, "cada uma das Casas reunir-se-á em sessões preparatórias, a partir de 1º de fevereiro, no primeiro ano da legislatura, para a posse de seus membros e eleição das respectivas Mesas, para mandato de 2 (dois) anos".

Como se vê, essa sessão legislativa ocorre uma vez a cada quatro anos (a cada legislatura). Ocorrerá, em regra, no dia 1º de fevereiro do primeiro ano da legislatura. Se, eventualmente, o dia 1º de fevereiro cair, por exemplo, num fim de semana, será o dia útil subsequente. Aliás, regra semelhante está presente no art. 57, § 1º, da Constituição Federal: "as reuniões marcadas para essas datas serão transferidas para o primeiro dia útil subsequente, quando recaírem em sábados, domingos ou feriados".

Essa sessão legislativa preparatória tem duas funções: dar posse aos novos parlamentares e eleger as respectivas Mesas (a Mesa da Câmara dos Deputados e a Mesa do Senado Federal).

Segundo o art. 57, § 4º, *in fine*, da Constituição Federal, na eleição das respectivas Mesas, é "vedada a recondução para o mesmo cargo na eleição imediatamente subsequente". Assim, sendo o mandato de dois anos, não poderá o parlamentar ser reconduzido, para o mesmo cargo, na eleição subsequente. Cuidado! Isso é o que dispõe a Constituição Federal. Todavia, pelo art. 5º, § 1º, do Regimento Interno da Câmara dos Deputados "não se considera recondução a eleição para o mesmo cargo em legislaturas diferentes, ainda que sucessivas". Assim, poderá, segundo o Regimento Interno da Câmara dos Deputados, o deputado ser eleito presidente da Câmara para os dois últimos anos de uma legislatura e para os dois primeiros anos da legislatura seguinte. Essa regra também se aplica às eleições do Senado. Embora o Regimento Interno do Senado não traga esse entendimento expressamente, ele foi exarado no Parecer n. 555, de 1998, da Comissão de Constituição e Justiça e Cidadania, do Senado. Com base nesse entendimento, foram reconduzidos ao cargo de Presidente do Senado os Senadores José Sarney e Renan Calheiros, já em legislaturas diferentes. Em nosso entender, trata-se de uma violação da regra constitucional, que veda a recondução para o mesmo cargo na eleição seguinte. Todavia, como vimos em item anterior, a jurisprudência do Supremo Tribunal Federal entende que não pode ser declarada inconstitucional norma regimental do Congresso Nacional, por se tratar de matéria *interna corporis*.

Outra hipótese em que se admitiu a recondução, dessa vez na mesma legislatura, é aquela em que o parlamentar ocupa a presidência da Casa em caráter residual ("mandato tampão"). Nesse caso, como entendeu o STF, esse mandato residual não impedirá a recondução para mandato consecutivo, ainda que dentro da mesma legislatura. O caso ocorreu quando o deputado Rodrigo Maia foi eleito para ocupar a Presidência da Câmara dos Deputados no lugar do seu presidente Eduardo Cunha. Nesse caso, o STF entendeu que, como a Constituição Federal não foi clara e específica quanto a essa hipótese, a possibilidade seria uma opção política do Poder Legislativo, sobre a qual o Judiciário não poderia interferir: "não se colhe no relato do § 4º do art. 57 uma inequívoca proibição à reeleição de quem tenha substituído o Presidente que renunciou. Por outro lado, como a Constituição não tratou diretamente da hipótese aqui cogitada, também não seria correto afirmar que a possibilidade de reeleição decorra do texto constitucional" (MS 34.574, rel. Min. Celso de Mello, j. 1º-2-2017).

Em 2020, foi elaborada uma Proposta de Emenda Constitucional para alteração desse dispositivo (a PEC n. 33/2020), com o objetivo de permitir a reeleição dos membros das Mesas, ainda que na mesma legislatura. Tal emenda beneficiaria os Presidentes das duas Casas (Rodrigo Maia e David Alcolumbre). No nosso entender, essa emenda integra o chamado "constitucionalismo abusivo", tratado no primeiro capítulo deste livro. Ora, os parlamentares estariam se utilizando do poder constituinte reformador para tentar perpetuar certos grupos no poder. Entendemos que essa proposta de emenda usurpa o poder constituinte do povo e, por isso, é inconstitucional. Essa proposta de emenda viola o princípio republicano (art. 1º, CF), cujo corolário é a alternância no poder, bem como o princípio democrático (art. 1º, parágrafo único, CF), já que se utilizaria do constitucionalismo abusivo para usurpar o poder constituinte do povo para benefício próprio e casuístico. A proposta de Emenda não foi colocada em votação.

d) **Sessão legislativa conjunta (art. 57, § 3º, CF)**

Sessão legislativa conjunta está prevista no art. 57, § 3º, da Constituição Federal. Primeiramente, não há que se confundir sessão conjunta com sessão unicameral. Em ambas, as casas do Congresso Nacional estarão reunidas, num trabalho conjunto. A diferença é a seguinte: enquanto na sessão unicameral todos os votos são computados conjuntamente, como se fosse uma única casa, na sessão conjunta os votos são computados separadamente, apesar de ter sido a votação feita no mesmo ambiente, no mesmo momento. É o que dispõe o art. 43 do Regimento Comum do Congresso Nacional ("nas deliberações, os votos da Câmara dos Deputados e do Senado Federal serão sempre compulsados separadamente"). A sessão unicameral ocorreu quando da realização da Revisão Constitucional, nos termos do art. 3º do ADCT, enquanto a sessão conjunta ainda acontece com frequência, nos termos do art. 57, § 3º, da Constituição Federal. Portanto, podemos sistematizar dessa maneira:

Sessão unicameral	Sessão conjunta
Art. 3º do ADCT	Art. 57, § 3º, CF
A votação se dá em conjunto	A votação se dá em conjunto
Os votos são apurados conjuntamente	Os votos são apurados separadamente (art. 43 do Regimento Comum do Congresso Nacional)

São hipóteses de sessão conjunta, nos termos do art. 57, § 3º, da Constituição Federal: "I – inaugurar a sessão legislativa; II – elaborar o regimento comum e regular a criação de serviços comuns às duas casas; III – receber o compromisso do Presidente e do Vice-Presidente da República; IV – conhecer do veto e sobre ele deliberar".

Quanto às hipóteses previstas nos incisos I e III, não há efetivamente uma votação dos parlamentares, mas uma atuação protocolar ("inaugurar a sessão legislativa" e "receber o compromisso do Presidente e do Vice-Presidente da República"). Por exemplo, recentemente, no dia 31 de agosto de 2016, em uma cerimônia de 11 minutos, realizada no plenário do Senado Federal, o Congresso Nacional recebeu o compromisso do então Presidente da República Michel Temer, logo após a conclusão do processo de *impeachment* da Presidente Dilma Rousseff.

O local de realização da sessão conjunta, em regra, é o plenário da Câmara dos Deputados, mas pode ser marcado outro lugar, nos termos do art. 3º do Regimento Comum do Congresso Nacional: "As sessões realizar-se-ão no Plenário da Câmara dos Deputados, salvo escolha prévia de outro local devidamente anunciado".

Quanto às hipóteses previstas no inciso II ("elaborar o regimento comum e regular a criação de serviços comuns às duas casas") e no inciso IV ("conhecer do veto e sobre ele deliberar"), haverá efetivamente uma votação.

Segundo o art. 28 do Regimento Comum do Congresso Nacional, a sessão conjunta somente será iniciada quando estiver presente um sexto (1/6) da composição de cada Casa do Congresso Nacional.

Dispõe o art. 36 do Regimento Comum do Congresso Nacional que "a apreciação das matérias será feita em um só turno de discussão e votação". Outrossim, nos termos do art. 43, § 1º, da mesma norma regimental, "o voto contrário de uma das Casas importará rejeição da matéria".

Quanto ao primeiro assunto (regimento interno e serviços comuns das Casas) o quórum de aprovação será de maioria simples (mais da metade dos presentes de ambas as Casas). Por sua vez, quanto ao segundo assunto (deliberar sobre o veto presidencial), o quórum será de maioria absoluta, nos termos do art. 66, § 4º, da Constituição Federal: "o veto será apreciado em sessão conjunta, dentro de trinta dias a contar de seu recebimento, só podendo ser rejeitado pelo voto da maioria absoluta dos Deputados e Senadores". Dessa maneira, o veto presidencial somente poderá ser rejeitado se tal rejeição contar com voto de mais da metade de todos os deputados (257 deputados federais) e dos senadores (41 senadores).

Durante a pandemia de Covid-19, nos anos de 2020 e 2021, houve algo inusitado: as sessões conjuntas para apreciação do veto presidencial contaram com votações separadas. Isso se deu por razões técnicas: os sistemas tecnológicos da Câmara e do Senado eram incompatíveis, para realização da votação remota e simultânea das duas Casas. Por isso, em alguns casos, as votações ocorreram em dias diferentes. Por exemplo, os vetos ao chamado "Pacote Anticrime" (Lei n. 13.964/2019). Dos 24 dispositivos vetados pelo presidente da República, o Congresso

Nacional rejeitou 16 deles. A Câmara rejeitou os vetos no dia 17 de março de 2021 e o Senado rejeitou esses vetos no dia 16 de abril de 2021. Com a devida vênia, esse procedimento padece de inconstitucionalidade formal. Ora, a Constituição Federal exige que a votação seja conjunta. Isso se dá por uma razão: que as duas Casas apreciem simultaneamente o tema. A votação feita nas Casas parlamentares com meses de diferença não nos parece ser compatível com a Constituição, ainda que estejamos diante de uma situação peculiar e excepcionalíssima, que foi a pandemia de Covid-19.

19.9.5. Comissões Parlamentares

Toda Casa parlamentar é composta de várias comissões, permanentes e temporárias. São organismos internos, compostos de parlamentares, para apreciar, discutir e deliberar sobre temas que lhe são pertinentes.

Nos termos do art. 58, § 2º, da Constituição Federal, "às comissões, em razão da matéria de sua competência, cabe: I – discutir e votar projeto de lei que dispensar, na forma do regimento, a competência do Plenário, salvo se houver recurso de um décimo dos membros da Casa; II – realizar audiências públicas com entidades da sociedade civil; III – convocar Ministro de Estado para prestar informações sobre assuntos inerentes a suas atribuições; IV – receber petições, reclamações, representações ou queixas de qualquer pessoa contra atos ou omissões das autoridades ou entidades públicas; V – solicitar depoimento de qualquer autoridade ou cidadão; VI – apreciar programas de obras, planos nacionais, regionais e setoriais de desenvolvimento e sobre eles emitir parecer".

Segundo o art. 58, § 1º, da Constituição Federal, "na constituição [...] de cada Comissão, é assegurada, tanto quanto possível, a representação proporcional dos partidos ou dos blocos parlamentares que participam da respectiva Casa". O escopo dessa norma constitucional é que cada comissão seja uma espécie de espelho da respectiva Casa, de modo a representar a composição parlamentar então existente. A fixação do número de membros das Comissões, bem como a sua distribuição entre os Partidos Políticos e Blocos parlamentares é de responsabilidade da Mesa da respectiva Casa, dentro dos parâmetros regimentais. Por exemplo, o art. 25, *caput*, do Regimento da Câmara dos Deputados afirma que "o número de membros efetivos das Comissões Permanentes será fixado por ato da Mesa, ouvido o Colégio de Líderes, no início dos trabalhos de cada legislatura". Essa liberdade tem o limite previsto no § 2º do mesmo artigo: "nenhuma Comissão terá mais de treze centésimos nem menos de três e meio centésimos do total de Deputados, desprezando-se a fração". Outrossim, o art. 26 do mesmo Regimento afirma que "a distribuição das vagas nas Comissões Permanentes entre os Partidos e Blocos Parlamentares será organizada pela Mesa logo após a fixação da respectiva composição numérica e mantida durante toda a legislatura". Segundo o § 4º do mesmo artigo, alterações das bancadas não importarão mudança na composição das Comissões, que permanecerá inalterada durante toda a legislatura, independentemente de mudança partidária dos parlamentares. Os critérios a ser utilizados pela Mesa da Casa para distribuição dos parlamentares entre as Comissões estão previstos, por exemplo, no art. 27 do Regimento Interno da Câmara dos Deputados.

Eventual irregularidade na composição das Comissões não poderá ser apreciada pelo Poder Judiciário, pois o Supremo Tribunal Federal entende ser matéria *interna corporis*, não passível de apreciação judicial: "Ato do Presidente da Câmara que, tendo em vista a impossibilidade, pelo critério proporcional, defere, para fins de registro, a candidatura para o cargo de presidente e indefere para o de membro titular da Mesa. Mandado de Segurança impetrado para o fim de anular a eleição da Mesa da Câmara e validar o registro da candidatura ao cargo de 3º secretário. Decisão fundada, exclusivamente, em norma regimental referente à composição da Mesa e indicação de candidaturas para seus cargos (art. 8º). O fundamental regimental, por ser matéria *interna corporis*, só pode encontrar solução no âmbito do Poder Legislativo, não ficando sujeito à apreciação do Poder Judiciário. Inexistência de fundamento constitucional (art. 58, § 1º), caso em que a questão poderia ser submetida ao Judiciário" (MS 22.183, rel. Min. Maurício Corrêa).

Podemos, assim, sistematizar as Comissões existentes no Congresso Nacional, à luz dos dispositivos constitucionais: a) Comissões Permanentes; b) Comissões Temporárias; c) Comissões Parlamentares de Inquérito – CPIs; d) Comissão representativa (durante o recesso); e) Comissões mistas.

COMISSÕES
- Comissões Permanentes
- Comissões Temporárias
- Comissões Parlamentares de Inquérito
- Comissões Mistas
- Comissão Representativa (durante o recesso)

As Comissões Permanentes estão previstas nos Regimentos Internos da Câmara dos Deputados e do Senado Federal. Segundo o art. 32 do Regimento Interno da Câmara dos Deputados, são Comissões Permanentes: I – Comissão de Agricultura, Pecuária, Abastecimento e Desenvolvimento Rural; II – Comissão de Integração Nacional, Desenvolvimento Regional e da Amazônia; III – Comissão de Ciência e Tecnologia, Comunicação e Informática; IV – Comissão de Constituição e Justiça e de Cidadania; V – Comissão de Defesa do Consumidor; VI – Comissão de Desenvolvimento Econômico, Indústria, Comércio e Serviços; VII – Comissão de Desenvolvimento Urbano; VIII – Comissão de Direitos Humanos e Minorias; IX – Comissão de Educação; X – Comissão de Finanças e Tributação; XI – Comissão de Fiscalização Financeira e Controle; XII – Comissão de Legislação Participativa; XIII – Comissão de Meio Ambiente e Desenvolvimento Sustentável; XIV – Comissão de Minas e Energia; XV – Comissão de Relações Exteriores e de Defesa Nacional; XVI – Comissão de Segurança Pública e Combate ao Crime Organizado; XVII – Comissão de Seguridade Social e Família; XVIII – Comissão de Trabalho, de Administração e Serviço Público; XIX – Comissão de Turismo; XX – Comissão de Viação e Transportes; XXI – Comissão de Cultura; XXII – Comissão do Esporte; XXIII – Comissão de Defesa dos Direitos das Pessoas com Deficiência; XXIV – Comissão de Defesa dos Direitos da Mulher; XXV – Comissão de Defesa dos Direitos da Pessoa Idosa. Segundo o art. 72 do Regimento Interno do Senado Federal, são Comissões Permanentes: I – Comissão de Assuntos Econômicos (CAE); II – Comissão de Assuntos Sociais (CAS); III – Comissão de Constituição, Justiça e Cidadania (CCJ); IV – Comissão de Educação, Cultura e Esporte (CE); V – Comissão de Meio Ambiente, Defesa do Consumidor e Fiscalização e Controle (CMA); VI – Comissão de Direitos Humanos e Legislação Participativa (CDH); VII – Comissão de Relações Exteriores e Defesa Nacional (CRE); VIII – Comissão de Serviços de Infraestrutura (CI); IX – Comissão de Desenvolvimento Regional e Turismo (CDR); X – Comissão de Agricultura e Reforma Agrária (CRA); XI – Comissão de Ciência, Tecnologia, Inovação, Comunicação e Informática (CCT); XII – Comissão Senado do Futuro; XIII – Comissão de Transparência e Governança Pública (CTG).

Por sua vez, as Comissões Temporárias também estão previstas em ambos os Regimentos Internos. Nos termos do art. 33 do Regimento Interno da Câmara dos Deputados, há três espécies de Comissões Temporárias: I – Especiais; II – de Inquérito; III – Externas. As Comissões Especiais, nos termos do art. 34 do Regimento Interno, podem ser constituídas para analisar Proposta de Emenda à Constituição, Projeto de Código, bem como matéria que verse sobre a competência de mais de 3 Comissões. Por sua vez, Comissões Externas, nos termos do art. 38 do Regimento Interno da Câmara dos Deputados, serão instituídas pelo Presidente da Câmara, de ofício ou a requerimento de qualquer deputado, para cumprir missão temporária autorizada. Já o Regimento Interno do Senado Federal, no seu art. 74, prevê como Comissões Temporárias as Comissões Internas, Comissões Externas e Comissões Parlamentares de Inquérito.

19.9.5.1. Comissão Parlamentar de Inquérito

Como vimos no início deste capítulo, o Poder Legislativo possui duas funções típicas, segundo a Constituição de 1988. Além de legislar, a fiscalização é uma de suas funções típicas. O art. 70, *caput*, da Constituição Federal dispõe que "a fiscalização contábil, financeira, orçamentária, operacional e patrimonial da União e das entidades da administração direta e indireta, quanto à legalidade, legitimidade, economicidade, aplicação das subvenções e renúncia de receitas, será exercida pelo Congresso Nacional, mediante controle externo, e pelo sistema de controle interno de cada Poder".

Dessa maneira, as Comissões Parlamentares de Inquérito (CPIs) são comissões temporárias, criadas por qualquer das casas parlamentares, com o intuito de investigar fato certo por prazo determinado, dentro de sua esfera de competência fiscalizatória e nos limites legais e constitucionais. Como já decidiu o próprio Supremo Tribunal Federal, trata-se de um exemplo do sistema de freios e contrapesos (*checks and balances* ou *checks-and-counterchecks*): "Função fiscalizadora exercida pelo Poder Legislativo. Mecanismo essencial do sistema de *checks-and-counterchecks* adotado pela Constituição Federal de 1988" (ACO 730, rel. Min. Joaquim Barbosa).

a) Legislação pertinente

O texto principal que regula a Comissão Parlamentar de Inquérito é o art. 58, § 3º, da Constituição Federal: "As comissões parlamentares de inquérito, que terão poderes de investigação próprios das autoridades judiciais, além de outros previstos nos regimentos das respectivas Casas, serão criadas pela Câmara dos Deputados e pelo Senado Federal, em conjunto ou separadamente, mediante requerimento de um terço de seus membros, para a apuração de fato determinado e por prazo certo, sendo suas conclusões, se for o caso, encaminhadas ao Ministério Público, para que promova a responsabilidade civil ou criminal dos infratores".

Outrossim, a Lei Federal n. 1.579, de 18 de março de 1952, dispõe sobre as Comissões Parlamentares de Inquérito. A Lei n. 10.001, de 2000, dispõe sobre a prioridade nos procedimentos a serem adotados pelo Ministério Público e outros órgãos a respeito das conclusões das Comissões Parlamentares de Inquérito. Recentemente, a Lei n. 1.579/52 foi alterada pela Lei n. 13.367/2016.

Da mesma forma, é importante examinar o Regimento Interno da Câmara dos Deputados, nos arts. 35 e seguintes, e o Regimento Interno do Senado Federal, nos arts. 145 e seguintes.

b) Criação

A Comissão Parlamentar de Inquérito pode ser criada por qualquer Casa parlamentar. Dessa maneira, pode ser criada CPI na Câmara dos Deputados, no Senado Federal, na Assembleia Legislativa do Estado, na Câmara Legislativa do Distrito Federal e na Câmara Municipal de Vereadores. Sobre a CPI instaurada na Câmara Legislativa do Distrito Federal, decidiu o Supremo Tribunal Federal: "A Câmara do Distrito Federal ombreia, sob o ângulo da atuação, com as Assembleias Legislativas, tendo-se, em linhas gerais, simples distinção de nomenclaturas" (ACO 796-MC, rel. Min. Marco Aurélio).

No tocante ao Congresso Nacional, além da CPI da Câmara dos Deputados ou do Senado Federal, é possível a criação de uma CPI conjunta das duas Casas, ou uma CPI Mista, composta de deputados federais e senadores. Isso se depreende da primeira parte do art. 58, § 3º, da Constituição Federal: "as comissões parlamentares de inquérito, que terão poderes de investigação próprios das autoridades judiciais, além de outros previstos nos regimentos das respectivas casas, serão criadas pela Câmara dos Deputados e pelo Senado Federal, em conjunto ou separadamente". Com a recente mudança legislativa da Lei n. 1.579/52, o seu art. 1º, parágrafo único, passou a prever expressamente a criação de CPI conjunta das duas casas do Congresso Nacional: "a criação de Comissão Parlamentar de Inquérito dependerá de requerimento de um terço da totalidade dos membros da Câmara dos Deputados e do Senado Federal, em conjunto ou separadamente".

Segundo o mencionado art. 58, § 3º, da Constituição Federal, é necessário 1/3 dos parlamentares para criação de uma Comissão Parlamentar de Inquérito. Esse percentual é aplicável a todas as Casas legislativas. Assim, para criar uma CPI na Câmara dos Deputados é necessário 1/3 dos 513 deputados federais (171 deputados), e para criar uma CPI no Senado é necessário 1/3 dos 81 senadores (27 Senadores).

Dessa maneira, segundo entendimento uníssono da doutrina e da jurisprudência, preenchido o número mínimo de assinaturas, é direito líquido e certo dos parlamentares instaurar a Comissão Parlamentar de Inquérito. Trata-se de tutela do *direito das minorias*, um dos corolários do princípio democrático. Decidiu o Supremo Tribunal Federal: "A prerrogativa institucional de investigar, deferida ao Parlamento (especialmente aos grupos minoritários que atuam no âmbito dos corpos legislativos), não pode ser comprometida pelo bloco majoritário existente no Congresso Nacional e que, por efeito de sua intencional recusa em indicar membros para determinada comissão de inquérito parlamentar (ainda que fundada em razões de estrita conveniência político-partidária), culmine por frustrar e nulificar, de modo inaceitável e arbitrário, o exercício, pelo Legislativo (e pelas minorias que o integram), do poder constitucional de fiscalização e investigação do comportamento dos órgãos, agentes e instituições do Estado, notadamente daqueles que se estruturam na esfera orgânica do Poder Executivo" (MS 24.831, rel. Min. Celso de Mello). No mesmo sentido: SS 3.405, rel. Min. Ellen Gracie; MS 24.4845, MS 24.846, MS 24.848 e MS 24.849, rel. Min. Celso de Mello.

Em 2021, o STF, ao determinar a instauração da "CPI da Covid", no Senado Federal, afirmou que "a instauração do inquérito parlamentar depende, unicamente, do preenchimento dos três requisitos previstos no art. 58, § 3º, da Constituição: (i) o requerimento de um terço dos membros das Casas legislativas; (ii) a indicação de fato determinado a ser apurado; (iii) a definição de prazo certo para sua duração. Atendidas as exigências constitucionais, impõe-se a criação da Comissão Parlamentar de Inquérito, cuja instalação não pode ser obstada pela vontade da maioria parlamentar ou dos órgãos diretivos das casas legislativas" (Medida Cautelar em MS 37.760, rel. Min. Roberto Barroso, 8-4-2021).

c) Objeto

Segundo o art. 58, § 3º, da Constituição Federal, as Comissões Parlamentares de Inquérito poderão investigar e apurar "fato determinado". No mesmo sentido, o art. 1º da Lei n. 1.579, de 1952, dispõe que a CPI é destinada a apurar "os fatos determinados que deram origem à sua formação". Dessa maneira, não é possível a criação de uma CPI para investigar fatos genéricos, imprecisos, indeterminados, como "a corrupção no Brasil", "a prostituição infantil", por exemplo. É necessário que haja um fato determinado, ou fatos determinados.

Segundo o art. 35, § 1º, do Regimento Interno da Câmara dos Deputados, "considera-se fato determinado o acontecimento de relevante interesse para a vida pública e a ordem constitucional, legal, econômica e social do País, que estiver devidamente caracterizado no requerimento de constituição da Comissão".

Outrossim, já decidiu o Supremo Tribunal Federal que pode a CPI investigar fatos conexos com o fato que ensejou sua criação: "A comissão parlamentar de inquérito deve apurar fato determinado. CF, art. 58, § 3º. Todavia, não está impedida de investigar fatos que se ligam, intimamente, com o fato principal" (HC 71.231, rel. Min. Carlos Velloso).

Da mesma forma, o Supremo Tribunal Federal entendeu lícita a ampliação do objeto de investigação da CPI em razão do surgimento de fatos novos: "Ampliação do objeto de investigação de Comissão Parlamentar de Inquérito no curso dos trabalhos. Possibilidade. Precedentes. Não há ilegalidade no fato de a investigação da CPMI dos Correios ter sido ampliada em razão do surgimento de fatos novos, relacionados com os que constituíam o seu objeto inicial (Precedentes, MS 23.639/DF, rel. Min. Celso de Mello; HC 71.039/RJ, rel. Min. Paulo Brossard)" (Inq. 2.245, rel. Min. Joaquim Barbosa). No mesmo sentido, afirmando que a CPI poderá investigar fatos novos, desde que haja conexão com os fatos que a ensejaram: "Mesmo que o Requerimento de criação da Comissão Parlamentar de Inquérito em questão não fizesse qualquer menção às causas do acidente aéreo, ainda assim a investigação poderia incidir sobre elas, pois, como se sabe, a jurisprudência do Supremo Tribunal Federal tem afirmado inexistir obstáculo constitucional a que a CPI apure novos fatos, sequer referidos em seu ato de criação, se esses novos fatos guardarem conexão com o fato determinado expressamente indicado no requerimento de instauração da CPI" (MS 26.441-MC, rel. Min. Celso de Mello).

Por fim, é necessário que haja pertinência temática no tocante ao objeto da investigação da Comissão Parlamentar de Inquérito. Dessa maneira, a Comissão Parlamentar de Inquérito instaurada no Congresso Nacional (seja na Câmara, seja no Senado, seja a CPI conjunta ou mista) poderá investigar os fatos que estejam relacionados com a sua atribuição fiscalizatória, assim como as Assembleias Legislativas dos Estados, a Câmara Legislativa do Distrito Federal e a Câmara de Vereadores. Não seria possível, por exemplo, uma Câmara de Vereadores investigando supostos malfeitos do Governador, nem seria possível uma CPI de uma Assembleia Legislativa de um Estado investigando irregularidades de uma Autarquia Federal. Nesse sentido, decidiu o Supremo Tribunal Federal: "A possibilidade de criação de CPI se não duvida, nem discute; é tranquila; sobre todo e qualquer assunto? Evidentemente, não; mas sobre todos os assuntos de competência da Assembleia; assim, Câmara e Senado podem investigar questões relacionadas com a esfera federal de governo; tudo quanto o Congresso pode regular, cabe-lhe investigar; segundo Bernard Schwartz, o poder investigatório do Congresso se estende a toda a gama dos interesses nacionais a respeito dos quais ele pode legislar, 'it may be employed over the Whole range of the national interests concerning which the Congress may legislate or decide', *A Commentary on the Constitution of the United Station*, 1963, I, n. 42, p. 126. O mesmo vale dizer em relação às CPIs estaduais; seu raio de ação é circunscrito aos interesses do Estado; da mesma forma quanto às comissões municipais, que hão de limitar-se às questões de competência do município" (HC 71.039, rel. Min. Paulo Brossard).

Por fim, como destacado pelo próprio Supremo Tribunal Federal (e como consta expressamente no Regimento Interno da Câmara dos Deputados), poderá a CPI do Congresso Nacional, ou de uma de suas Casas, investigar fatos da vida privada que tenham relevância pública, como ocorreu com a "CPI do Futebol": "Como se nota, atos praticados na esfera privada não são imunes à investigação parlamentar, desde que evidenciada a presença de interesse público potencial em tal proceder. Sendo assim, mais que sustentáculo da responsabilização civil ou criminal, a apuração empreendida no contexto das CPIs deve guardar relação instrumental com o conjunto das atividades parlamentares. Ou seja, o que deve ser perquirido, portanto, é a existência potencial de interesse público no objeto de investigação, sob a perspectiva das competências, no caso concreto, do Senado Federal. Sendo assim, considerando que os fatos apurados têm abrangência nacional, relacionam-se ao futebol, esporte de inegável predileção nacional (nas palavras de Nelson Rodrigues, 'o Brasil é a pátria de chuteiras'), e reconhecendo que o tema está inserido nas competências legislativas do Congresso Nacional (desporte e lazer como instrumentos de promoção social), não verifico que a investigação incorra em devassa desprovida de interesse público ou que desborde da competência constitucional das CPIs" (MS 33.751, rel. Min. Edson Fachin).

d) Número-limite de CPIs na casa parlamentar

A Constituição Federal não prevê um número-limite de Comissões Parlamentares de Inquérito instauradas simultaneamente, ficando a cargo do Regimento Interno de cada casa parlamentar. O art. 35, § 4º, do Regimento Interno da Câmara dos Deputados limita em cinco o número de CPIs simultâneas: "Não será criada Comissão Parlamentar de Inquérito enquanto estiverem funcionando pelo menos cinco na Câmara, salvo mediante projeto de resolução com o mesmo quórum de apresentação previsto no *caput* deste artigo". O Supremo Tribunal Federal entendeu que tal norma regimental não fere a Constituição Federal: "A restrição estabelecida no § 4º do artigo 35 do Regimento Interno da Câmara dos Deputados, que limita em cinco o número de CPIs em funcionamento simultâneo, está em consonância com os incisos III e IV do artigo 51 da Constituição Federal, que conferem a essa Casa Legislativa a prerrogativa de elaborar o seu regimento interno e dispor sobre sua organização. Tais competências são um poder-dever que permite regular o exercício de suas atividades constitucionais. Ação direta de inconstitucionalidade julgada improcedente" (ADI 1.635/DF, rel. Min. Mauricio Corrêa).

e) Prazo certo

Segundo o art. 58, § 3º, da Constituição Federal, as CPIs investigarão fato certo e por prazo determinado. Como a Constituição não estabelece qual o prazo, isso fica a cargo do Regimento Interno de cada Casa parlamentar.

Todavia, o art. 5º, § 2º, da Lei n. 1.579/52 estabelece que: "a incumbência da Comissão Parlamentar de Inquérito termina com a sessão legislativa em que tiver sido outorgada, salvo deliberação da respectiva Câmara, prorrogando-a dentro da Legislatura em curso".

Os regimentos internos da Câmara e do Senado estabelecem prazos e fixam suas respectivas prorrogações. O art. 35, § 3º, do Regimento Interno da Câmara dos Deputados afirma que "a Comissão, que poderá atuar também durante o recesso parlamentar, terá o prazo de cento e vinte dias, prorrogável por até metade, mediante deliberação do Plenário, para conclusão de seus trabalhos". Segundo o art. 152 do Regimento Interno do Senado Federal: "O prazo da comissão parlamentar de inquérito poderá ser prorrogado automaticamente, a requerimento de um terço dos membros do Senado, comunicado por escrito à Mesa, lido e publicado no *Diário do Senado Federal*, observado o disposto no art. 76, § 4º". O art. 76, § 4º, prevê que "em qualquer hipótese o prazo da comissão parlamentar de inquérito não poderá ultrapassar o período da legislatura em que foi criada". Lembramos que legislatura é o período de quatro anos.

Portanto, em resumo, o prazo da Comissão Parlamentar de Inquérito é definido no Regimento Interno de cada Casa parlamentar, que também regulará a possibilidade e o procedimento de prorrogação desse prazo. Quanto a prorrogações sucessivas, o Supremo Tribunal Federal entende que não ocorre violação da lei ou da Constituição, ocorrendo dentro da mesma legislatura, por expressa previsão da Lei n. 1.579, de 1952: "Prazo certo: o Supremo Tribunal Federal, julgando o HC 71.193-SP, decidiu que a locução 'prazo certo', inscrita no § 3º do artigo 58 da Constituição, não impede prorrogações sucessivas dentro da legislatura, nos termos da Lei n. 1.579/52" (HC 71.231, rel. Min. Carlos Velloso).

Importante frisar que o Supremo Tribunal Federal entendeu que, respeitado o limite da legislatura, prorrogações poderão ser feitas, ainda que haja descumprimento de alguma regra regimental (a qual o Supremo não poderia examinar, por ser *interna corporis*). Segundo o STF: "A disciplina da mesma matéria pelo regimento interno diz apenas com as conveniências de administração parlamentar, das quais cada câmara é o juiz exclusivo, e da qual, por isso – desde que respeitado o limite máximo fixado em lei, o fim da legislatura em curso –, não decorrem direitos para terceiros, nem a legitimação para questionar em juízo sobre a interpretação que lhe dê a Casa do Congresso Nacional" (HC 71.261, rel. Min. Sepúlveda Pertence).

f) Composição da CPI

Como vimos anteriormente, segundo o art. 58, § 1º, da Constituição Federal, "na constituição [...] de cada Comissão, é assegurada, tanto quanto possível, a representação proporcional dos partidos ou dos blocos parlamentares que participam da respectiva Casa". O escopo dessa norma constitucional é que a comissão seja uma espécie de espelho da respectiva Casa, de modo a representar a composição parlamentar então existente. A fixação do número de membros das Comissões, bem como a sua distribuição entre os Partidos Políticos e Blocos parlamentares é de responsabilidade da Mesa da respectiva Casa, dentro dos parâmetros regimentais. Por fim, eventual irregularidade na composição das Comissões não poderá ser apreciada pelo Poder Judiciário, pois o Supremo Tribunal Federal entende ser matéria *interna corporis*, não passível de apreciação judicial: "Ato do Presidente da Câmara que, tendo em vista a impossibilidade, pelo critério proporcional, defere, para fins de registro, a candidatura para o cargo de presidente e indefere para o de membro titular da Mesa. Mandado de Segurança impetrado para o fim de anular a eleição da Mesa da Câmara e validar o registro da candidatura ao cargo de 3º secretário. Decisão fundada, exclusivamente, em norma regimental referente à composição da Mesa e indicação de candidaturas para seus cargos (art. 8º). O fundamental regimental, por ser matéria *interna corporis*, só pode encontrar solução no âmbito do Poder Legislativo, não ficando sujeito à apreciação do Poder Judiciário. Inexistência de fundamento constitucional (art. 58, § 1º), caso em que a questão poderia ser submetida ao Judiciário" (MS 22.183, rel. Min. Maurício Corrêa).

g) Poderes da CPI

Segundo o art. 58, § 3º, da Constituição Federal, as Comissões Parlamentares de Inquérito terão "poderes de investigação próprios das autoridades judiciais, além de outros previstos nos regimentos das respectivas casas". Dessa maneira, podemos afirmar, primeiramente, que a CPI possui poderes instrutórios de juiz, ou seja, as mesmas provas que um juiz pode produzir, a CPI também poderá. Vejamos alguns desses poderes:

g.1) Intimação de testemunhas

Ora, assim como um juiz pode determinar a intimação de testemunhas, a CPI também poderá fazê-lo, sob pena de condução coercitiva, como já decidiu o Supremo Tribunal Federal: "convocações emanadas de comissões parlamentares de inquérito, em que as pessoas – além de intimadas a comparecer, sob pena de condução coercitiva – estão obrigadas a depor, quando arroladas como testemunhas (ressalvado, sempre, em seu benefício, o exercício do privilégio constitucional contra a autoincriminação)" (HC 88.189-MC, rel. Min. Celso de Mello). Nos termos do art. 3º, § 1º, da Lei n. 1.579/52, alterada pela Lei n. 13.367/2016, "em caso de não comparecimento da testemunha sem motivo justificado, a sua intimação será solicitada ao juiz criminal da localidade em que resida ou se encontre, nos termos dos arts. 218 e 219" do Código de Processo Penal.

Não obstante, a depender do cargo ocupado pelo depoente, aplicar-se-á a legislação referente a sua oitiva como testemunha, que poderá ser um convite, em vez de convocação, como já decidiu o Supremo Tribunal Federal: "Os artigos 411, IX e parágrafo único, do Código de Processo Civil e 221 do Código de Processo Penal asseguram aos auditores dos Tribunais de Contas dos Estados o direito de serem inquiridos em local, dia e hora previamente ajustados com a autoridade competente, quando arrolados como testemunhas. Precedente: Inq. n. 1.504-DF, Min. Celso de Mello. Ante o exposto, defiro a cautelar requerida para suspender a realização do depoimento da paciente devendo outro ser marcado com observância do que dispõe o artigo 221 do Código de Processo Penal" (HC 80.153-MC, rel. Min. Maurício Corrêa).

Outrossim, nos moldes do previsto no Código de Processo Penal, é possível que a testemunha possa se isentar do compromisso de dizer a verdade, caso seja cônjuge, ascendente, descendente ou irmão do investigado em CPI, como já decidiu o Supremo Tribunal Federal, no *Habeas Corpus* 86.355: "a testemunha não pode se eximir da obrigação de depor, mas sendo cônjuge de um dos investigados, não é obrigada a firmar o compromisso de dizer a verdade".

g.1.1) Condução coercitiva das testemunhas intimadas

Nos termos da Lei que rege as CPIs (Lei n. 1.579/52, com as alterações realizadas pela Lei n. 13.367/2016), caso o depoente devidamente intimado não compareça à intimação, poderá ser conduzido coercitivamente. Segundo o art. 3º, § 1º, da referida lei, "em caso de não comparecimento da testemunha sem motivo justificado, a sua intimação será solicitada ao juiz criminal da localidade em que resida ou se encontre, nos termos dos artigos 218 e 219 do Código de Processo Penal".

Segundo o art. 218 do Código de Processo Penal, "se, regularmente intimada, a testemunha deixar de comparecer sem motivo justificado, o juiz poderá requisitar à autoridade policial a sua apresentação ou determinar seja conduzida por oficial de justiça, que poderá solicitar o auxílio da força pública".

Como se vê, embora infelizmente a lei não seja cumprida por muitas autoridades judiciárias, a condução coercitiva somente pode ser determinada quando o intimado não comparecer, sem justo motivo, para o ato ao qual é intimado. Primeiramente, a CPI deve determinar a intimação do depoente. Caso ele não compareça, poderá a CPI requerer ao Poder Judiciário a sua condução coercitiva, nos termos da lei.

Não resta dúvida sobre a possibilidade de condução coercitiva de testemunhas. Aliás, isso decorre do próprio Código de Processo Penal que, no seu art. 206, 1ª parte: "a testemunha não poderá eximir-se da obrigação de depor". Dessa maneira, se uma testemunha devidamente intimada para depor em CPI não comparece, poderá ser conduzida coercitivamente.

A questão não é tão simples quando se trata de investigados pela CPI. De maneira geral, a partir de 2019, o STF adotou o seguinte entendimento: em se tratando de investigados ou suspeitos, diante do inafastável direito ao silêncio, a compulsoriedade de comparecimento deve ser transformada em facultatividade. Segundo o Ministro Gilmar Mendes, 'por sua qualidade de investigado, o paciente não pode ser convocado a comparecimento compulsório, menos ainda sob ameaça de responsabilização penal" (HC 171.438/DF, rel. Min. Gilmar Mendes, j. 28-5-2019, 2ª Turma). Além disso, a Turma assegurou ao paciente daquele *habeas corpus*, caso queira comparecer ao ato: a) o direito ao silêncio, ou seja, a não responder perguntas a ele direcionadas; b) o direito à assistência por advogado, durante o ato; c) o direito de não ser submetido ao compromisso de dizer a verdade ou de subscrever termos com esse conteúdo; e d) o direito de não sofrer constrangimentos físicos ou morais decorrentes do exercício dos direitos anteriores.

Dessa maneira, entendemos que suspeitos ou investigados por uma CPI teriam, à luz do entendimento que acabamos de indicar, o direito de não comparecer na CPI. Afinal, se têm o direito de permanecer em silêncio, teriam também o direito de não comparecer. Parece ser esse o entendimento da própria legislação. Isso porque, segundo a Lei de Abuso de Autoridade (Lei n. 13.869/2019), comete crime "quem prossegue com o interrogatório de pessoa que tenha decidido exercer o direito ao silêncio" (art. 15, I). Todavia, estranhamente, no ano de 2021, o STF, demandado muitas vezes por investigados pela CPI da Covid, criou um posicionamento diferente: quando a intimação é feita por CPI, o investigado é obrigado a comparecer, e obrigado a ouvir todas as perguntas que lhe são feitas, ainda que permaneça em silêncio todas as vezes. Foi o que ocorreu com o investigado e empresário Carlos Wizard. O STF não o dispensou de comparecer e, durante sua oitiva, o Brasil viu uma cena lamentável de senadores fazendo centenas de perguntas, diante do silêncio constante do depoente. Nesse caso, o STF decidiu: "embora assegurado ao paciente o direito de permanecer em silêncio, o atendimento à convocação não configura mera liberalidade, mas obrigação imposta a todo cidadão. As providências determinadas pela Comissão Parlamentar de Inquérito, no sentido do comparecimento compulsório do paciente, estão em harmonia com a decisão por mim proferida" (Medida Cautelar em HC 203.387, rel. Min. Roberto Barroso, j. 18-6-2021).

g.2) Inspeção local

Nos termos do art. 2º da Lei n. 1.579/52, a Comissão Parlamentar de Inquérito pode "transportar-se aos lugares onde se fizer mister a sua presença". Dessa maneira, poderá ouvir testemunhas *in loco*, bem como poderá fazer uma inspeção no local onde ocorreram os fatos para os quais ela foi instalada.

Outrossim, é o que deve ser feito, por exemplo, quando se quiser ouvir um índio, já que, como decidiu o Supremo Tribunal Federal, ele não pode ser compulsoriamente retirado das terras que tradicionalmente ocupa, por força de norma constitucional: "Comissão Parlamentar de Inquérito: intimação de indígena para prestar depoimento na condição de testemunha, fora do seu habitat: violação às normas constitucionais que conferem proteção específica aos povos indígenas (CF, arts. 215, 216 e 231). A convocação de um índio para prestar depoimento em local diverso de suas terras constrange a sua liberdade de locomoção, na medida em que é vedada pela Constituição da República a remoção dos grupos indígenas de suas terras, salvo exceções nela previstas (CF/88, artigo 231, § 5º)" (HC 80.240, rel. Min. Sepúlveda Pertence).

g.3) Requisitar documentos

Assim como poderá o juiz requisitar documentos de quaisquer instituições, também poderá a Comissão Parlamentar de Inquérito fazê-lo, como é cediço na jurisprudência do Supremo Tribunal Federal: "Também pode requisitar documentos e buscar todos os meios de provas legalmente admitidos" (HC 71.039, rel. Min. Paulo Brossard).

Outrossim, o STF já decidiu que pode a CPI se utilizar de documentos oriundos de inquérito policial sigiloso: "Utilização, por CPI, de documentos oriundos de inquérito sigiloso. Possibilidade" (HC 100.341, rel. Min. Joaquim Barbosa).

g.4) Decretar a quebra do sigilo bancário, fiscal e telefônico

Assim como o juiz pode decretar a quebra do sigilo bancário e fiscal dos réus ou investigados, a CPI (que tem poderes instrutórios de juiz) também poderá fazê-lo, como já decidiu reiteradamente o Supremo Tribunal Federal: "Esta Corte, em julgamentos relativos a mandados de segurança contra a quebra de sigilo bancário e fiscal determinada por comissão de inquérito parlamentar (assim, entre outros, nos MMSS 23.454, 23.851, 23.868 e 23.964), já firmou o entendimento de que tais comissões têm competência para isso" (MS 23.843, rel. Min. Moreira Alves).

Aliás, o art. 4º, § 1º, da Lei Complementar n. 105/2001 afirma que "as comissões parlamentares de inquérito, no exercício de sua competência constitucional e legal de ampla investigação, obterão as informações e documentos sigilosos de que necessitarem, diretamente das instituições financeiras, ou por intermédio do Banco Central do Brasil ou da Comissão de Valores Mobiliários".

Além da quebra do sigilo bancário ou fiscal, que podem ser decretados pela CPI sem a necessidade de autorização judicial, poderá também decretar a quebra do sigilo telefônico. Por quebra do sigilo telefônico entenda-se a obtenção de registros telefônicos junto às operadoras de telefonia. Sobre o tema, já decidiu o Supremo Tribunal Federal: "O sigilo bancário, o sigilo fiscal e o sigilo telefônico (sigilo este que incide sobre os dados/registros telefônicos e que não se identifica com a inviolabilidade das comunicações telefônicas) – ainda que representem projeções específicas do direito à intimidade, fundado no art. 5º, X, da Carta Política – não se revelam oponíveis, em nosso sistema jurídico, às Comissões Parlamentares de Inquérito, eis que o ato que lhes decreta a quebra traduz natural derivação dos poderes de investigação que lhes foram conferidos, pela própria Constituição da República, aos órgãos de investigação parlamentar" (MS 23.452, rel. Min. Celso de Mello).

Segundo o Supremo Tribunal Federal, essa quebra dos sigilos bancário, fiscal e telefônico também pode ser decretada pela CPI estadual ou distrital, em razão do princípio da simetria: "Observância obrigatória, pelos Estados-Membros, de aspectos fundamentais decorrentes do princípio da separação de poderes previsto na Constituição Federal de 1988. Função fiscalizadora exercida pelo Poder Legislativo. [...] Poderes de CPI estadual: ainda que seja omissa a Lei Complementar n. 105/2001, podem essas comissões estaduais requerer quebra de sigilo de dados bancários, com base no art. 58, § 3º, desta Constituição" (ACO 730, rel. Min. Joaquim Barbosa).

Não obstante, entendemos que o mesmo não se aplica à CPI Municipal, que dependerá de autorização judicial para solicitar a quebra do sigilo bancário, fiscal e telefônico, bem como determinar a condução coercitiva de eventuais depoentes. Não há como se aplicar, nesse caso, o princípio da simetria constitucional. Isso porque, se a CPI possui poderes instrutórios de juiz, a CPI estadual teria poderes instrutórios de um magistrado estadual. Não havendo Poder Judiciário Municipal, deverá a CPI Municipal solicitar tais providências ao Poder Judiciário. Nesse sentido, já decidiu o Supremo Tribunal Federal: "Comissão parlamentar de inquérito instaurada pela Câmara Municipal. Não se lhe aplica o disposto no artigo 3º, da Lei n. 1.579/52 e artigo 218 do Código de Processo Penal, para compelir estranhos a sua órbita de indagação" (RE 96.049, rel. Min. Oscar Correa).

Por fim, malgrado possa a CPI determinar a quebra do sigilo bancário, fiscal e telefônico, como vimos, tem ela duas condições: a) princípio da colegialidade; b) motivação idônea de suas decisões. Primeiramente, em razão do princípio da colegialidade, as decisões tomadas pela CPI não podem ser monocráticas, tomadas apenas pelo seu presidente, devendo ser colegiadas, máxime as decisões que impliquem restrições a direitos como a intimidade (como no caso da quebra do sigilo bancário, fiscal e telefônico). Por sua vez, como reiteradamente decidido pelo Supremo Tribunal Federal, a decisão de quebra do sigilo bancário, fiscal ou telefônico é uma medida excepcional, e essa excepcionalidade deve ser devidamente justificada no ato decisório da CPI.

Quanto ao princípio da colegialidade, já decidiu o Supremo Tribunal Federal: "o princípio da colegialidade traduz diretriz de fundamental importância na regência das deliberações tomadas por qualquer Comissão Parlamentar de Inquérito, notadamente quando esta, no desempenho de sua competência investigatória, ordena a adoção de medidas restritivas de direitos, como aquelas que importam na revelação (*disclosure*) das operações financeiras ativas e passivas de qualquer pessoa. A legitimidade do ato de quebra do sigilo bancário, além de supor a plena adequação de tal medida ao que preserve a Constituição, deriva da necessidade de a providência em causa respeitar, quanto à sua adoção e efetivamente, o princípio da colegialidade, sob pena de essa deliberação reputar-se nula" (MS 24.817, rel. Min. Celso de Mello).

Quanto à necessidade de motivação idônea, já decidiu o Supremo Tribunal Federal que: "a quebra de sigilo, para legitimar-se em face do sistema jurídico constitucional brasileiro, necessita apoiar-se em decisão revestida de fundamentação adequada, que encontre apoio concreto em suporte fático idôneo, sob pena de invalidade do ato estatal que a decreta. A ruptura da esfera de intimidade de qualquer pessoa – quando ausente a hipótese configuradora de causa provável – revela-se incompatível com o modelo consagrado na Constituição da República, pois a quebra de sigilo não pode ser manipulada, de modo arbitrário, pelo Poder Público ou por seus agentes" (MS 23.851, rel. Min. Celso de Mello). No mesmo sentido: "O direito ao sigilo bancário – que também não tem caráter absoluto – constitui expressão da garantia da intimidade. O sigilo bancário reflete expressiva projeção da garantia fundamental da intimidade das pessoas, não se expondo, em consequência, enquanto valor constitucional que é, a intervenções de terceiros ou a intrusões do Poder Público desvestidas de causa provável ou destituídas de base jurídica idônea" (MS 23.669-MC, rel. Min. Celso de Mello).

h) Limitações aos poderes da CPI

Como se viu, a Comissão Parlamentar de Inquérito tem poderes instrutórios de juiz, o que não compreende poderes que são exclusivos do juiz (como atos decisórios, cautelares etc.), bem como atos instrutórios sobre os quais há reserva de jurisdição (ou seja, que somente podem ser decretados por juiz, por determinação constitucional). Dessa maneira, não poderá a CPI:

h.1) Decretar bloqueios de bens

Segundo o Supremo Tribunal Federal, "entendimento do STF segundo o qual as CPIs não podem decretar bloqueios de bens [...] sem ordem judicial" (MS 23.455, rel. Min. Néri da Silveira). Trata-se de uma decisão que somente o juiz poderá tomar, não podendo qualquer Comissão Parlamentar de Inquérito fazê-lo. Aliás, foi inserido o art. 3º-A na Lei da CPI (Lei n. 1.579/52, alterado pela Lei n. 13.367/2016), cuja redação é clara: "Caberá ao presidente da Comissão Parlamentar de Inquérito, por deliberação desta, solicitar em qualquer fase da investigação, ao juízo criminal competente medida cautelar necessária, quando se verificar a existência de indícios veementes da proveniência ilícita de bens".

h.2) Prisões

A CPI não pode decretar prisões, tendo em vista que a própria Constituição Federal determina que somente juiz poderá decretá-las. Nesse sentido: "a preservação da respeitabilidade de órgão do Legislativo – Comissão Parlamentar de Inquérito – prescinde de medidas extremas, como é a prisão preventiva do acusado da prática criminosa" (HC 85.646, rel. Min. Marco Aurélio). No mesmo sentido: "Entendimento do STF segundo o qual as CPIs não podem decretar bloqueios de bens, prisões preventivas [...] sem ordem judicial" (MS 23.455, rel. Min. Néri da Silveira).

Não obstante, há uma exceção: a prisão em flagrante. Assim como qualquer pessoa pode prender em flagrante, nos termos do art. 301 do Código de Processo Penal, a Comissão Parlamentar de Inquérito também poderá decretá-la, caso haja a situação de flagrância. Nesse sentido, já decidiu o Supremo Tribunal Federal: "O Tribunal, em Sessão Plenária, já decidiu ser exclusivo de membros do Poder Judiciário, salvo o estado de flagrância, a decretação de prisão (MS 23.452, rel. Min. Celso de Mello).

h.3) Busca domiciliar

Segundo o art. 5º, XI, da Constituição Federal, "a casa é asilo inviolável do indivíduo, ninguém nela podendo penetrar sem consentimento do morador, salvo em caso de flagrante delito ou desastre, ou para prestar socorro, ou, durante o dia, por determinação judicial". Assim, por expressa determinação constitucional, somente juiz poderá determinar a busca e apreensão em domicílio, motivo pelo qual a CPI não poderá fazê-lo. É o que se denomina reserva de jurisdição, já tendo sido objeto de reiteradas decisões do Supremo Tribunal Federal: "As Comissões Parlamentares de Inquérito não podem determinar a busca e apreensão domiciliar, por se tratar de ato sujeito ao princípio constitucional da reserva de jurisdição, ou seja, ato cuja prática a CF atribui com exclusividade aos membros do Poder Judiciário (CF, art. 5º, XI)" (MS 23.452, rel. Min. Celso de Mello).

h.4) Interceptação telefônica

O art. 5º, XII, da Constituição Federal traz outra hipótese de reserva de jurisdição, na medida em que permite a decretação da interceptação telefônica e de dados, somente por decisão judicial. Dessa maneira, não poderá a Comissão Parlamentar de Inquérito decretar a interceptação telefônica, como já decidiu o Supremo Tribunal Federal: "O princípio constitucional da reserva de jurisdição – que incide sobre as hipóteses de busca domiciliar (CF, art. 5º, XI), de interceptação telefônica (art. 5º, XII) e de decretação da prisão, ressalvada a situação de flagrância penal (CF, art. 5º, LXI) – não se estende ao tema da quebra do sigilo, pois, tem tal matéria, e por efeito de expressa autorização dada pela própria Constituição da República (art. 58, § 3º), assiste competência à Comissão Parlamentar de Inquérito, para decretar, sempre em ato necessariamente motivado, a excepcional ruptura dessa esfera de privacidade das pessoas" (MS 23.639, rel. Min. Celso de Mello).

h.5) Indiciamento de suspeitos

A Comissão Parlamentar de inquérito tem poderes instrutórios de juiz, não podendo proceder ao indiciamento de investigados, nos termos do art. 1º, § 6º, da Lei n. 12.830, de 20 de junho de 2013, que dispõe: "o indiciamento, privativo de delegado de polícia, dar-se-á por ato fundamentado, mediante análise técnico-jurídica do fato, que deverá indicar a autoria, materialidade e suas circunstâncias".

h.6) Investigação de atos de conteúdo jurisdicional

O Supremo Tribunal Federal entendeu ser um limite de atuação investigatória da CPI a impossibilidade de apurar decisões judiciais, por configurar violação de um poder em outro. Nesse sentido: "convocação de juiz para depor em CPI da Câmara dos Deputados sobre decisão judicial caracteriza indevida ingerência de um poder em outro" (HC 80.089, rel. Min. Nelson Jobim).

No mesmo sentido: "configura constrangimento ilegal, com evidente ofensa ao princípio da separação dos Poderes, a convocação de magistrado a fim de que preste depoimento em razão de decisões de conteúdo jurisdicional atinentes ao fato investigado pela Comissão Parlamentar de Inquérito" (HC 80.539, rel. Min. Maurício Correa). Não obstante, isso não significa que a CPI não possa intimar juízes como depoentes, desde que suas decisões judiciais não estejam sob o exame da Comissão: "A CPI não está a investigar qualquer ato pertinente à jurisdição do Poder Judiciário. Não há prova de que ela busque investigar decisão judicial da paciente. A só convocação para depor não caracteriza ameaça à liberdade ou ofensa ao princípio da independência dos poderes" (HC 83.438-MC, rel. Min. Nelson Jobim). No mesmo sentido, já decidiu o Ministro Celso de Mello que atos não jurisdicionais praticados pelo Judiciário podem ser investigados pela CPI: "isso não significa, porém, que todos os atos do Poder Judiciário estejam excluídos do âmbito de incidência da investigação parlamentar. Na verdade, entendo que se revela constitucionalmente lícito, a uma Comissão Parlamentar de Inquérito, investigar atos de caráter não jurisdicional emanados do Poder Judiciário, de seus integrantes ou de seus servidores, especialmente se se cuidar de atos, que, por efeito de expressa determinação constitucional se exponham à fiscalização contábil, financeira, orçamentária, operacional e patrimonial do Poder Legislativo (art. 70 e 71) ou que traduzam comportamentos configuradores de infrações político-administrativas eventualmente praticadas por Juízes" (HC 79.441, rel. Min. Celso de Mello).

i) **Direito ao silêncio**

Quanto ao direito ao silêncio, o texto Constitucional foi bastante limitado. O único dispositivo constitucional que trata do assunto é o art. 5º, LXIII: "o preso será informado de seus direitos, entre os quais o de permanecer calado, sendo-lhe assegurada a assistência da família e de advogado".

Embora não haja previsão expressa na Constituição Federal, obviamente todo investigado, ainda que solto, também tem o direito de permanecer em silêncio. Trata-se de um corolário do princípio segundo o qual ninguém é obrigado a produzir prova contra si mesmo (*nemo tenetur se detegere*). Aliás, esse direito, que está implícito na Constituição Federal, está expresso no art. 8º, inciso 2, alínea "g", do Pacto de São José da Costa Rica: "direito de não ser obrigado a depor contra si mesma, nem a declarar-se culpada".

Nesse sentido, já decidiu o Supremo Tribunal Federal: "Tenho enfatizado, em decisões proferidas no Supremo Tribunal Federal, a propósito da prerrogativa constitucional contra a autoincriminação, e com apoio na jurisprudência prevalente no âmbito desta Corte, que assiste, a qualquer pessoa, regularmente convocada para depor perante Comissão Parlamentar de Inquérito, o direito de se manter em silêncio, sem se expor – em virtude do exercício legítimo dessa faculdade – a qualquer restrição em sua esfera jurídica, desde que as suas respostas, às indagações que lhe venham a ser feitas possam acarretar-lhes grave dano (nemo tenetur se detegere). Com o explícito reconhecimento dessa prerrogativa, constitucionalizou-se, em nosso sistema jurídico, uma das mais expressivas consequências derivadas da cláusula do due process of law. Em sua: o direito ao silêncio – e de não produzir provas contra si próprio – constitui prerrogativa individual que não pode ser desconsiderada por qualquer dos Poderes da República" (HC 94.082-MC, rel. Min. Celso de Mello).

Importante frisar que esse direito pode ser invocado não apenas pelos investigados pelas Comissões Parlamentares de Inquérito, como também pelas testemunhas, no tocante aos fatos que eventualmente as incriminem. A jurisprudência do Supremo Tribunal Federal é uníssona nesse sentido: "Não obstante a possível dúvida a respeito do teor da convocação do paciente, se lhe formaliza ou não a condição de investigado, pode-se inferir que é esta a condição que lhe advém das notícias veiculadas pela imprensa. [...] Nesse sentido, HC n. 86.232-MC, rel. Min. Ellen Gracie. Além disso, não menos aturada e firma a jurisprudência deste Tribunal no sentido de que a garantia constitucional contra autoincriminação se estende a todas as pessoas sujeitas aos poderes instrutórios das Comissões Parlamentares de Inquérito, assim aos indiciados mesmos, ou, *recte*, envolvidos, investigados, ou suspeitos, como às que ostentem a só qualidade de testemunhas, *ex vi* do art. 406, I, do Código de Processo Civil, c.c. art. 3º, do Código de Processo Penal e art. 6º, da Lei n. 1.579, de 18 de março de 1952" (HC 88.703-MC, rel. Min. Cezar Peluso).

Dessa maneira, caso a testemunha permaneça em silêncio no tocante aos fatos que eventualmente a incriminam exercerá regularmente um direito constitucional, não praticando crime de falso testemunho, como já decidiu o STF: "Não configura o crime de falso testemunho, quando a pessoa, depondo como testemunha, ainda que compromissada, deixa de revelar fatos que possam incriminá-la" (HC 73.035, rel. Min. Carlos Velloso).

j) Direito de petição

O art. 5º, XXXIV, "a", da Constituição Federal prevê o direito de petição, nos seguintes termos: "o direito de petição aos Poderes Públicos em defesa de direitos ou contra ilegalidade ou abuso de poder". Dessa maneira, decidiu o Supremo Tribunal Federal que esse direito de petição também pode ser direcionado à Comissão Parlamentar de Inquérito: "o direito de petição, o direito de obter informações consubstanciam garantias constitucionais e nenhuma autoridade pode, sem desrespeito à Carta da República, arvorar-se em detentora do odioso privilégio de menosprezá-los. Defiro a liminar, compelindo, com isso, sob o ângulo da prevalência do ordenamento jurídico, a Comissão Parlamentar de Inquérito do Narcotráfico a expedir certidão sobre o envolvimento, na citada Comissão, do Impetrante, assentando os dados de fato coligidos e formalizados em documentos – atas e relatórios – que lhe digam respeito" (MS 23.674-MC, rel. Min. Marco Aurélio).

k) Exercício da advocacia

O Supremo Tribunal Federal é pacífico ao entender que os investigados numa Comissão Parlamentar de Inquérito têm o direito de ser assistidos por advogados, podendo, inclusive, com eles se comunicar durante seus respectivos depoimentos. Nesse sentido, decidiu o STF: "o fato irrecusável é um só: assiste plena legitimidade jurídico-legal ao advogado, quando presente seja-lhe garantido o exercício das prerrogativas jurídicas asseguradas pelo Estatuto da Advocacia (Lei n. 8.906/94), notadamente aquelas que outorgam, a esse profissional, determinados direitos, tais como o de 'reclamar, verbalmente ou por escrito, perante qualquer [...] autoridade, contra a inobservância de preceito de lei, regulamento ou regimento' (art. 7º, XI), ou o de 'falar, sentado ou em pé, em [...] órgão [...] do Poder Legislativo' (art. 7º, XII), ou o de comunicar-se, pessoal e diretamente, com o seu cliente (sem, no entanto, poder substitui-lo, como é óbvio, no depoimento, que constitui ato personalíssimo), para adverti-lo que de lhe assiste o direito de permanecer em silêncio, fundado no privilégio jurídico contra a autoincriminação, ou o de opor-se a qualquer ato arbitrário ou abusivo cometido, contra o seu cliente, por membros da CPI, inclusive naquelas hipóteses em que, no curso do depoimento, venha a ser eventualmente exibida prova de origem ilícita. A presença de advogado, nesse contexto, reveste-se de alta significação, pois, no desempenho de seu ministério privado, incumbe-lhe promover a intransigente defesa da ordem jurídica sobre a qual se estrutura o Estado democrático de Direito" (MS 24.118-MC, rel. Min. Celso de Mello).

Dessa maneira, como vimos, o Supremo Tribunal Federal decidiu que o advogado terá também direito à palavra, podendo exercê-la regularmente, "fazendo uso da palavra pela ordem": "Por outro lado, e no tocante à pretensão dos Advogados dos ora pacientes de 'fazerem uso da palavra pela ordem', assinalo, por oportuno, trecho de decisão proferida pelo Ministro Sepúlveda Pertence no MS 23.684-MC/DF, em que se assegurou a Advogados, no âmbito de Comissão Parlamentar de Inquérito, 'o exercício regular do direito à palavra, na conformidade do art. 7º, X e XI, da Lei n. 8.906/94': 'Como tenho afirmado em casos anteriores, ao conferir às CPIs 'os poderes de investigação próprios das autoridades judiciais' (art. 58, § 3º), a Constituição impôs ao órgão parlamentar as mesmas limitações e a mesma submissão às regras do devido processo legal a que sujeitos os titulares da jurisdição. Entre umas e outras, situam-se com relevo as prerrogativas elementares do exercício da advocacia, outorgadas aos seus profissionais em favor da defesa dos direitos de seus constituintes" (HC 128.390, rel. Min. Celso de Mello).

Além desses direitos, o advogado do investigado terá acesso aos autos da investigação, como determina a Súmula Vinculante 14: "É direito do defensor, no interesse do representado, ter acesso amplo aos elementos de prova que, já documentados em procedimento investigatório realizado por órgão com competência de polícia judiciária, digam respeito ao exercício do direito de defesa".

Irregular, portanto, foi o ato da "CPI dos Maus-Tratos", realizado no dia 9 de novembro de 2016, que levou ao plenário um presidiário acusado de pedofilia. O preso chegou ao Senado desacompanhado de defensor. O presidente da CPI designou às pressas um advogado da casa para auxiliar o presidiário. A conversa entre o advogado e o preso foi transmitida pela TV Senado. A conduta teratológica da CPI somente se justifica pela proximidade das eleições parlamentares de 2018. Os parlamentares, depois de três anos de tentativas de acobertar a prática da corrupção, tentam mostrar à sociedade seu "combate aos crimes de pedofilia e maus-tratos".

l) **Imunidade material**

Caso seja ouvido um parlamentar numa Comissão Parlamentar de Inquérito ou durante as inquirições feitas pelo parlamentar, havendo vinculação das palavras por ele proferidas com função parlamentar por ele exercida, gozará de imunidade material, não podendo responder penal ou civilmente por suas opiniões, palavras e votos. Nesse sentido, já decidiu o Supremo Tribunal Federal: "O Supremo Tribunal Federal tem acentuado que a prerrogativa constitucional da imunidade parlamentar em sentido material protege o congressista em todas as suas manifestações que guardem relação com o exercício do mandato, ainda que produzidas fora do recinto da própria casa, ou, com maior razão, quando exteriorizadas no âmbito do Congresso Nacional. O depoimento prestado por membro do Congresso Nacional a uma comissão parlamentar de inquérito está protegido pela cláusula de inviolabilidade que tutela o legislador no desempenho do seu mandato, especialmente quando a narração dos fatos – ainda que veiculadora de supostas ofensas morais – guarda íntima conexão com o exercício do ofício legislativo e com a necessidade de esclarecer os episódios objeto da investigação parlamentar" (Inq. 681-QO, rel. Min. Celso de Mello).

m) **Conteúdo das perguntas**

O Supremo Tribunal Federal já decidiu diversas vezes que não é possível exercer um controle jurisdicional prévio sobre o conteúdo das perguntas que serão feitas a investigados e testemunhas em Comissão Parlamentar de Inquérito. Por vezes, o Supremo Tribunal Federal foi acionado previamente, com o escopo de evitar o questionamento de temas que não estejam sendo investigados pela CPI, não fazendo parte do objeto principal que ensejou sua instauração. O Supremo Tribunal Federal decidiu que a análise jurisdicional pode ser *a posteriori*, e não previamente. Ora, como vimos acima, é possível que a CPI investigue fatos conexos àqueles que ensejaram a instalação da Comissão. Outrossim, nada impede que o investigado e até mesmo a testemunha permaneçam em silêncio quanto às perguntas que lhes possam causar prejuízo, já que ninguém é obrigado a produzir prova contra si mesmo. Nesse sentido: "ao contrário do que sucede com o direito ao silêncio – em relação ao qual, só o depoente é quem pode identificar o risco da autoincriminação da resposta a certas indagações – no que toca a caber ou não determinada pergunta no âmbito material da investigação parlamentar, não creio possível erigir o particular intimado a depor no árbitro das limitações de uma comissão do Congresso Nacional: aí, o controle jurisdicional há de fazer-se *a posteriori*, caso posta a controvérsia sobre questão concreta. De resto, o que a petição pode indicar como matéria de provável questionamento estranho ao objeto da CPI é a atinente às relações entre suas empresas e a SUDAM: trata-se, contudo, nos termos da impetração mesma, de fatos a respeito dos quais será possível a invocação do privilégio constitucional contra a autoincriminação" (HC 80.868-MC, rel. Min. Sepúlveda Pertence).

n) Publicidade dos atos e sigilo

Já houve casos em que a CPI realizou audiências sigilosas, em razão da tutela da intimidade das partes envolvidas ou por questões de segurança pública. Trata-se de uma medida excepcional, já que a regra é a publicidade de todos os seus atos.

O que o Supremo Tribunal Federal já decidiu é que cabe exclusivamente à Casa parlamentar decidir acerca da realização da audiência sigilosa, não podendo o Judiciário determinar que deva o ato ser realizado de forma reservada: "O pedido de restrição da mídia e de jornalistas fica indeferido, por tratar-se de questão interna do Poder Legislativo" (HC 89.226, rel. Min. Ellen Gracie). No mesmo sentido, "não cabe ao Supremo Tribunal Federal, interditar o acesso dos cidadãos às sessões dos órgãos que compõem o Poder Legislativo, muito menos privá-los do conhecimento dos atos do Congresso Nacional e de suas Comissões de Inquérito, pois, nesse domínio, há de preponderar um valor maior, representado pela exposição, ao escrutínio público, dos processos decisórios e investigatórios em curso no Parlamento" (MS 25.832-MC, rel. Min. Celso de Mello).

Todavia, como já decidiu o Supremo Tribunal Federal, quando a CPI tem acesso a dados sigilosos (como fiscais e bancários), não pode publicá-los, sob pena de ferir a intimidade dos investigados. Esses documentos são de acesso exclusivo das autoridades responsáveis pela investigação: "É manifesto que se devassa o sigilo bancário, fiscal e de comunicações, em caráter excepcional, apenas para a autoridade requerente e para todos os demais parlamentares jurídica e diretamente responsáveis pela investigação, nos estritos limites da necessidade e da proporcionalidade, donde o específico e correlato dever de o guardarem todos eles quanto a terceiros, enfim ao público. Noutras palavras, somente têm direito de acesso aos dados sigilosos recolhidos pela Comissão Parlamentar de Inquérito, neste caso, a autoridade, os senhores parlamentares membros da Comissão, o ora impetrante e seu defensor, tocando àqueles o inarredável dever jurídico-constitucional de a todo custo preservar-lhes o sigilo relativamente a outras pessoas" (MS 25.721-MC, rel. Min. Sepúlveda Pertence).

Nesse mesmo sentido, já decidiu o STF: "A Comissão Parlamentar de Inquérito, embora disponha, *ex propria auctoritate*, de competência para ter acesso a dados reservados, não pode, agindo arbitrariamente, conferir indevida publicidade a registros sobre os quis incide a cláusula de reserva derivada do sigilo bancário, do sigilo fiscal e do sigilo telefônico. Com a transmissão das informações pertinentes aos dados reservados, transmite-se à comissão parlamentar de inquérito – enquanto depositária desses elementos informativos – a nota de confidencialidade reservada aos registros sigilosos. Constitui conduta altamente censurável – com todas as consequências jurídicas (inclusive aquelas de ordem penal) que dela possam resultar – a transgressão, por qualquer membro de uma comissão parlamentar de inquérito, do dever jurídico de respeitar e de preservar o sigilo concernente aos dados a ela transmitidos" (MS 23.452, rel. Min. Celso de Mello).

o) **Relatório parcial e final**

Embora não haja previsão constitucional para tanto, o Supremo Tribunal Federal entende ser possível que a CPI elabore "relatórios parciais" durante a investigação. Como já se decidiu: "a aprovação de tais conclusões parciais não traduz a automática abertura de qualquer procedimento criminal contra o autor. Procedimento criminal que ficará subordinado à minuciosa análise do Ministério Público e, em momento posterior, ao Poder Judiciário, na eventualidade de ajuizamento de ação" (MS 25.996-MC, rel. Min. Ayres Britto). No mesmo sentido: "A produção de relatórios parciais constitui prática que não traduz nem se qualifica como ato abusivo das comissões parlamentares de inquérito, cujos trabalhos – porque voltados ao esclarecimento de ocorrências anômalas que afetam, gravemente, o interesse geral da sociedade e do Estado – devem estar sujeitos a permanente escrutínio público, representando, por isso mesmo, forma legítima de apresentação de resultados, ainda que setoriais, das atividades desenvolvidas ao longo do inquérito legislativo, assim permitindo que a coletividade exerça, sobre tais órgãos de investigação, a necessária fiscalização social. Na realidade, a divulgação de relatórios parciais traduz a legítima expressão do necessário diálogo democrático que se estabelece entre a comissão parlamentar de inquérito e os cidadãos da República, que têm direito público subjetivo à prestação de informações por parte dos órgãos parlamentares de representação popular, notadamente nos casos em que se registra – considerada a gravidade dos fatos sob investigação legislativa – direta repercussão sobre o interesse público" (MS 25.717-MC, rel. Min. Celso de Mello).

Quanto ao relatório final, está ele previsto no art. 5º da Lei n. 1.579, de 18 de março de 1952: "As Comissões Parlamentares de Inquérito apresentarão relatório de seus trabalhos à respectiva Câmara, concluindo por projeto de resolução". Esmiuçando o tema, o art. 37 do Regimento Interno da Câmara dos Deputados afirma que "ao termo dos trabalhos a Comissão apresentará relatório circunstanciado, com suas conclusões, que será publicado no *Diário Oficial da Câmara dos Deputados* e encaminhado: I – à Mesa, para as providências de alçada desta ou do Plenário, oferecendo, conforme o caso, projeto de lei, de decreto legislativo ou de resolução, ou indicação, que será incluída em Ordem do Dia, dentro de cinco sessões; II – ao Ministério Público ou à Advocacia-Geral da União, com a cópia da documentação, para que promovam a responsabilidade civil ou criminal, por infrações apuradas e adotem outras medidas decorrentes de suas funções institucionais; III – ao Poder Executivo, par adotar as providências saneadoras e de caráter disciplinar e administrativo decorrentes do art. 37, §§ 2º a 6º, da Constituição Federal, e demais dispositivos constitucionais e legais aplicáveis, assinalando prazo hábil para seu cumprimento; IV – à Comissão Permanente que tenha maior pertinência com a matéria, à qual incumbirá fiscalizar o atendimento do prescrito no inciso anterior; V – à Comissão Mista Permanente de que trata o artigo 166, § 1º, da Constituição Federal, e ao Tribunal de Contas da União, para as providências previstas no art. 71 da mesma Carta". De forma mais sintética, o art. 150 do Regimento Interno da Câmara dos Deputados determina que será feito relatório e encaminhado à Mesa do Senado, bem como ao Ministério Público, nos termos do art. 151 do mesmo Regimento.

p) Envio ao Ministério Público

A Constituição Federal, no art. 58, § 3º, *in fine*, determina que as conclusões da CPI serão, "se for o caso, encaminhadas ao Ministério Público, para que promova a responsabilidade civil ou criminal dos infratores".

Essa comunicação é regulamentada pela Lei n. 10.001, de 4 de setembro de 2000, que no seu art. 1º determina que "Os Presidentes da Câmara dos Deputados, do Senado Federal ou do Congresso Nacional encaminharão o relatório da Comissão Parlamentar de Inquérito respectiva, e a resolução que o aprovar, aos chefes do Ministério Público da União ou dos Estados, ou ainda às autoridades administrativas ou judiciais com poder de decisão, conforme o caso, para a prática de atos de sua competência".

Segundo o art. 2º da mesma Lei, a autoridade a quem foi encaminhada a resolução deverá informar ao remetente, no prazo de 30 dias, quais foram as providências adotadas, e, da mesma forma, a autoridade que presidir o processo ou procedimento instaurado deverá comunicar semestralmente a fase em que tal processo ou procedimento se encontra.

Por sua vez, nos termos do art. 3º da sobredita lei, esse processo ou procedimento terá prioridade sobre todos os demais, exceto *habeas corpus* e *habeas data*.

Importante frisar que a Constituição Federal afirma que o relatório será encaminhado ao Ministério Público "se for o caso", ou seja, ficará a critério da Comissão Parlamentar de Inquérito remeter ou não o procedimento ao Ministério Público, como já decidiu o Supremo Tribunal Federal: "A Constituição Federal, no § 3º do seu artigo 58, dispõe que as conclusões da CPI 'se for o caso', serão encaminhadas ao Ministério Público para que promova a responsabilidade civil e criminal dos infratores. Ora, somente a comissão poderá decidir se verifica, ou não, a hipótese do referido encaminhamento das conclusões, o que não implica, necessariamente, que sejam elas acompanhadas dos documentos sigilosos" (MS 23.970-MC, rel. Min. Maurício Corrêa).

Com o advento da Lei n. 13.367/2016, que inseriu o art. 6º-A na Lei da CPI (Lei n. 1.579/52), a Comissão Parlamentar de Inquérito pode enviar o relatório para outros órgãos, como a Advocacia-Geral da União, o Tribunal de Contas da União etc. Segundo o novo texto normativo: "A Comissão Parlamentar de Inquérito encaminhará relatório circunstanciado, com suas conclusões, para as devidas providências, entre outros órgãos, ao Ministério Público ou à Advocacia-Geral da União, com cópia da documentação, para que promovam a responsabilidade civil ou criminal por infrações apuradas e adotem outras medidas decorrentes de suas funções institucionais".

q) Controle jurisdicional

Como todo e qualquer ato do poder público, é possível acionar o Poder Judiciário para conter excessos praticados pela Comissão Parlamentar de Inquérito. Dessa maneira, poderão ser, por exemplo, impetrados *habeas corpus*, para evitar ou reparar lesão à liberdade de locomoção, como também mandados de segurança, para proteger quaisquer outros direitos líquidos e certos do impetrante.

Nesse sentido, já julgou o Supremo Tribunal Federal: "é induvidoso que, ao poder instrutório das CPIs, hão de aplicar-se as mesmas limitações materiais e formar oponíveis ao poder instrutório dos órgãos judiciários. Limitação relevantíssima dos poderes de decisão do juiz é a exigência de motivação, hoje, com hierarquia constitucional explícita – CF, art. 93, IX: [...]. A exigência cresce de tomo quando se trata, como na espécie, de um juízo de ponderação, à luz do princípio da proporcionalidade, entre o interesse público na produção de prova visada e as garantias constitucionais de sigilo e privacidade por ela necessariamente comprometidas. De resto, se se cogita de CPI, a escrupulosa observância do imperativo constitucional de motivação serve ainda a viabilizar o controle jurisdicional de conter-se a medida nos limites materiais de legitimidade da ação da comissão, em particular, dos derivados de sua pertinência ao fato ou fatos determinados, que lhe demarcam os lindes da investigação" (MS 25.281-MC, rel. Min. Sepúlveda Pertence).

A competência varia de acordo com a Comissão Parlamentar de Inquérito. Sendo uma Comissão do Congresso Nacional (CPI da Câmara dos Deputados, do Senado Federal ou Mista), a competência para verificar quaisquer irregularidades será do Supremo Tribunal Federal: "a Comissão Parlamentar de Inquérito, enquanto projeção orgânica do Poder Legislativo da União, nada mais é senão a *longa manus* do próprio Congresso nacional ou das Casas que o compõem, sujeitando-se, em consequência, em tema de mandado de segurança ou de *habeas corpus*, ao controle jurisdicional originário do Supremo Tribunal Federal (CF, art. 102, I, d e i)" (MS 23.452/RJ, rel. Min. Celso de Mello).

Por sua vez, contra atos praticados pela CPI da Assembleia Legislativa dos Estados, será competente o Tribunal de Justiça do Estado. Outrossim, contra atos praticados pela CPI da Câmara Legislativa do Distrito Federal, será competente o Tribunal de Justiça do Distrito Federal. Por fim, contra ato praticado pela CPI da Câmara Municipal de Vereadores, será competente o juiz da comarca.

r) Princípio da colegialidade

Segundo o Supremo Tribunal Federal, as decisões tomadas pela Comissão Parlamentar de Inquérito devem sempre ser tomadas de forma colegiada, e não monocrática ou unilateral. Segundo o STF: "o princípio da colegialidade traduz diretriz de fundamental importância na regência das deliberações tomadas por qualquer comissão parlamentar de inquérito, notadamente quando esta, no desempenho de sua competência investigatória, ordena a adoção de medidas restritivas de direitos, como aquela que importa na revelação das operações financeiras ativas e passivas de qualquer pessoa. O necessário respeito ao postulado da colegialidade qualifica-se como pressuposto de validade e de legitimidade das deliberações parlamentares, especialmente quando estas – adotadas no âmbito de comissão parlamentar de inquérito – implicam ruptura, sempre excepcional, da esfera de intimidade das pessoas. A quebra do sigilo bancário, que compreende a ruptura da esfera das pessoas. A quebra do sigilo bancário, que compreende a ruptura da esfera de intimidade financeira da pessoa, quando determinada por ato de qualquer comissão parlamentar de inquérito, depende, para revestir-se de validade jurídica, da aprovação da maioria absoluta dos membros que compõe o órgão de investigação legislativa" (Lei n. 4.595/64, art. 38, § 4º) (MS 23.669-MC, Min. Celso de Mello). No mesmo sentido: "a legitimidade do ato de quebra do sigilo bancário, além de supor a plena adequação de tal medida ao que prescreve a Constituição, deriva da necessidade de a providência em causa respeitar, quanto à sua adoção e efetivação, o princípio da colegialidade, sob pena de essa deliberação reputar-se nula" (MS 24.817, rel. Min. Celso de Mello).

s) Dever de motivação

Segundo reiteradas decisões do Supremo Tribunal Federal, as decisões tomadas pela Comissão Parlamentar de Inquérito, máxime aquelas restritivas de direitos, devem ser fundamentadas, motivadas, sob pena de invalidade. Nesse sentido: "As deliberações de qualquer Comissão Parlamentar de Inquérito, à semelhança do que também ocorre com as decisões judiciais, quando destituídas de motivação, mostram-se írritas e despojadas de eficácia jurídica, pois nenhuma medida restritiva de direitos pode ser adotada pelo Poder Público, sem que o ato que a decreta seja adequadamente fundamentado pela autoridade estatal" (MS 23.452, rel. Min. Celso de Mello). No mesmo sentido: "Quebra ou transferência de sigilos bancário, fiscal e de registros telefônicos que, ainda quando se admita, em tese, susceptível de ser objeto de decreto de CPI [...] há de ser adequadamente fundamentada: aplicação no exercício pela CPI dos poderes instrutórios das autoridades judiciárias da exigência de motivação do art. 93, IX, da Constituição da República" (MS 23.466, rel. Min. Sepúlveda Pertence).

t) CPI Estadual

Como mencionamos acima, a Comissão Parlamentar de Inquérito pode ser criada em qualquer casa parlamentar, inclusive na Assembleia Legislativa de cada Estado.

t.1) Quórum de instalação e simetria

Aplicando-se o princípio da simetria constitucional, podemos concluir que, para ser criada a CPI, é necessário que haja assinatura de 1/3 dos parlamentares estaduais. Não obstante, como também mencionamos acima, caso a minoria parlamentar não consiga esse quórum, poderá ser acionado o Poder Judiciário, por meio de mandado de segurança, pleiteando a instauração da CPI, em nome do direito das minorias. Dessa forma, esse critério de instalação de CPI deve ser respeitado pelas Constituições estaduais, sob pena de violação do princípio da simetria, como já decidiu o Supremo Tribunal Federal: "A garantia assegurada a um terço dos membros da Câmara ou do Senado estende-se aos membros das assembleias legislativas estaduais. O modelo federal de criação e instauração das comissões parlamentares de inquérito constitui matéria a ser compulsoriamente observada pelas casas legislativas estaduais" (ADI 3.619, rel. Min. Eros Grau).

t.2) Pertinência temática: matéria estadual

Outrossim, como já abordamos, é necessário que haja pertinência temática dos temas investigados pela CPI Estadual. Isso porque, sendo um instrumento de fiscalização e controle, o objeto da Comissão Parlamentar de Inquérito deve estar necessariamente vinculado às competências de fiscalização e controle do órgão ao qual está vinculada. Nesse sentido, já decidiu o STF, no HC 71.039-5, relatado pelo Ministro Paulo Brossard: "o mesmo vale dizer em relação às CPIs estaduais; seu raio de ação é circunscrito aos interesses do Estado; da mesma forma quanto às comissões municipais, que hão de limitar-se às questões de competência do Município".

t.3) Poderes instrutórios da CPI Estadual

Como chegamos a mencionar em item anterior, assim como a CPI Federal tem poderes instrutórios de um juiz federal (podendo decretar fundamentadamente a quebra do sigilo bancário, fiscal e telefônico, por exemplo), a CPI Estadual tem poderes instrutórios de um juiz estadual, também podendo decretar a quebra do sigilo bancário, fiscal e telefônico, sem a necessidade de requerimento ao órgão jurisdicional. Nesse sentido, já decidiu o Supremo Tribunal Federal: "ainda que seja omissa a Lei Complementar n. 105/2001, podem essas comissões estaduais requerer quebra de sigilo de dados bancários, com base no art. 58, § 3º, da Constituição" (ACO 730, rel. Min. Joaquim Barbosa). No mesmo sentido: RE 584.786, rel. Min. Cármen Lúcia.

u) **CPI Distrital**

Tudo o que foi dito sobre a Comissão Parlamentar de Inquérito estadual aplica-se também à CPI distrital, inclusive seus poderes instrutórios. Aliás, o STF já decidiu nesse sentido: "A Câmara do Distrito Federal ombreia, sob o ângulo da atuação, com as Assembleias Legislativas, tendo-se, em linhas gerais, simples distinção de nomenclaturas" (ACO 796-MC, rel. Min. Marco Aurélio).

v) **CPI Municipal**

Assim como é possível criar uma CPI no Congresso Nacional (Câmara dos Deputados, Senado Federal ou mista entre as duas Casas), na Assembleia Legislativa do Estado, na Câmara Legislativa do Distrito Federal, também é possível criar uma CPI na Câmara Municipal de Vereadores. Trata-se do princípio da simetria constitucional.

Todavia, aqui se faz uma ressalva. Como não existe Poder Judiciário municipal, os atos constritivos deverão ter necessariamente a intervenção do Poder Judiciário. Dessa maneira, não poderá a CPI Municipal determinar a condução coercitiva de investigados ou testemunhas, bem como não poderá, por sua própria autoridade, decretar a quebra do sigilo bancário, fiscal e telefônico. Nesse sentido foi o voto do Ministro Joaquim Barbosa na ACO 730: "Essa transferência de poderes jurisdicionais não se pode dar no âmbito do Município, exatamente porque o município não dispõe de jurisdição nem de poder jurisdicional, a transferir, na área da CPI, do Judiciário ao Legislativo".

Quanto à impossibilidade de determinar a condução coercitiva de testemunhas por parte da CPI municipal, já decidiu o Supremo Tribunal Federal: "Comissão Parlamentar de Inquérito instaurada pela Câmara Municipal. Não se lhe aplica o disposto no artigo 3º da Lei n. 1.579/52 e artigo 218 do Código de Processo Penal, para compelir estranhos a sua órbita de indagação" (RE 96.049, rel. Min. Oscar Corrêa).

Não há que se falar de quebra do princípio da simetria constitucional, pois o município já possui um tratamento diferenciado pela própria Constituição Federal: não possui representação direta no Senado Federal, não possui Poder Judiciário Municipal, não possui (segundo a maioria) poder constituinte derivado decorrente etc. Dessa maneira, prevalece o entendimento de que também não poderá, sem a interveniência do Poder Judiciário, decretar as medidas constritivas, como as suas congêneres CPIs estadual, distrital e federal.

19.9.5.2. Comissões Mistas

A Constituição Federal prevê hipóteses de criação de Comissões Mistas de Deputados Federais e Senadores.

A primeira Comissão Mista que pode ser criada é a CPMI (Comissão Parlamentar Mista de Inquérito Policial), prevista no próprio art. 58, § 3º, da Constituição Federal, regulamentado pelo art. 21 do Regimento Comum do Congresso Nacional, que determina: "As Comissões Parlamentares Mistas de Inquérito serão criadas em sessão conjunta, sendo automática a sua instituição se requerida por 1/3 (um terço) dos membros da Câmara dos Deputados mais 1/3 (um terço) dos membros do Senado Federal". Nos termos do parágrafo único desse mesmo artigo, "As Comissões Parlamentares Mistas de Inquérito terão o número de membros, fixado no ato da sua criação, devendo ser igual a participação de Deputados e Senadores, obedecido o princípio da proporcionalidade partidária".

Outro exemplo de Comissão Mista está previsto no art. 62, § 9º, da Constituição Federal. Trata-se de hipótese referente à apreciação de Medida Provisória editada pelo Presidente da República. Segundo o dispositivo mencionado, "caberá à comissão mista de Deputados e Senadores examinar as medidas provisórias e sobre elas emitir parecer, antes de serem apreciadas, em sessão separada, pelo plenário de cada uma das Casas do Congresso Nacional". Sobre esse assunto, o Supremo Tribunal Federal decidiu que não pode a Medida Provisória ser aprovada sem o parecer dessa Comissão Mista, sob pena de inconstitucionalidade formal: "As Comissões Mistas e a magnitude das funções das mesmas no processo de conversão de Medidas Provisórias decorrem da necessidade, imposta pela Constituição, de assegurar uma reflexão mais detida sobre o ato normativo primário emanado pelo Executivo, evitando que a apreciação pelo Plenário seja feita de maneira inopinada, percebendo-se, assim, que o parecer desse colegiado representa, em vez de formalidade desimportante, uma garantia de que o Legislativo fiscalize o exercício atípico da função legiferante pelo Executivo" (ADI 4.029, rel. Min. Luiz Fux).

Outrossim, o art. 166, § 1º, da Constituição Federal prevê a existência de uma Comissão mista permanente de Senadores e Deputados. Essa comissão (comissão mista do orçamento) tem as seguintes funções: "I – examinar e emitir parecer sobre os projetos referidos neste artigo e sobre as contas apresentadas anualmente pelo Presidente da República; II – examinar e emitir parecer sobre os planos e programas nacionais, regionais e setoriais previstos nesta Constituição e exercer o acompanhamento e a fiscalização orçamentária, sem prejuízo da atuação das demais comissões do Congresso Nacional e de suas Casas, criadas de acordo com o art. 58" (art. 166, § 1º, CF).

O art. 26 do Ato das Disposições Constitucionais Transitórias previu a criação de uma Comissão Mista a ser constituída um ano após a promulgação da Constituição Federal: "No prazo de um ano a contar da promulgação da Constituição, o Congresso Nacional promoverá, através de Comissão Mista, exame analítico e pericial dos atos e fatos geradores do endividamento externo brasileiro".

Por sua vez, o art. 51 do Ato das Disposições Constitucionais Transitórias previu outra espécie de Comissão Mista: "Serão revistos pelo Congresso Nacional, através de Comissão Mista, nos três anos a contar da data da promulgação da Constituição, todas as doações, vendas e concessões de terras públicas com área superior a três mil hectares, realizadas no período de 1º de janeiro de 1962 a 31 de dezembro de 1987".

19.9.5.3. Comissão Representativa

Nos termos do art. 58, § 4º, da Constituição Federal, "durante o recesso, haverá uma Comissão representativa do Congresso Nacional, eleita por suas Casas na última sessão ordinária do período legislativo, com atribuições definidas no regimento comum, cuja composição reproduzirá, quanto possível, a proporcionalidade da representação partidária".

Primeiramente, essa comissão mista representativa funcionará no período do recesso parlamentar (o período que ocorre entre os períodos legislativos). A eleição dos membros dessa comissão será feita em ambas as casas na última sessão do período legislativo (o semestre legislativo). Essa Comissão Representativa é composta de sete senadores e dezesseis deputados, com igual número de suplentes, que representará o Congresso Nacional no período do recesso. Seus representantes, portanto, são eleitos por ambas as casas para um único período de recesso.

A Comissão Representativa do Congresso Nacional está regulamentada pela Resolução n. 3, de 1990, do Congresso Nacional. Compete a essa Comissão, nos termos do art. 7º da sobredita Resolução: "I – zelar pelas prerrogativas do Congresso Nacional, de suas casas e de seus membros; II – zelar pela preservação da competência legislativa do Congresso Nacional em face da atribuição normativa dos outros Poderes; III – autorizar o Presidente e o Vice-Presidente da República a se ausentarem do país".

19.10. IMUNIDADE PARLAMENTAR

19.10.1. Conceito

Imunidade parlamentar é um conjunto de prerrogativas destinadas a assegurar o livre exercício da função parlamentar. Trata-se, portanto, de uma prerrogativa, e não de um privilégio. Enquanto o privilégio diz respeito à pessoa, a prerrogativa relaciona-se à função exercida, garantindo-lhe o livre exercício. Dessa maneira, a imunidade parlamentar não viola o princípio da igualdade, pois não se trata de um privilégio. Terminado o mandato parlamentar (seja por renúncia, perda do mandato, seja por encerramento do mandato) o parlamentar não prosseguirá com essa imunidade, pois não é um atributo pessoal, mas relacionado à função por ele exercida.

19.10.2. Modalidades

Há duas espécies de imunidade parlamentar: a imunidade material (real ou substantiva) e a imunidade formal (processual ou adjetiva), sendo esta última dividida em duas subespécies: quanto à prisão e quanto ao processo.

Imunidade
- Material (real ou substantiva)
- Formal (processual ou adjetiva)
  - Quanto à prisão
  - Quanto ao processo

19.10.3. Imunidade material

a) Irresponsabilidade penal e civil e responsabilidade política

A imunidade parlamentar material (real ou substantiva) corresponde à irresponsabilidade penal e civil por opiniões, palavras e votos dos parlamentares. Está prevista no art. 53, *caput*, da Constituição Federal: "Os Deputados e Senadores são invioláveis, civil e penalmente, por quaisquer de suas opiniões, palavras e votos".

Dessa maneira, não responderá civilmente pelas suas palavras, votos e opiniões o parlamentar, não podendo ser obrigado a indenizar por danos materiais ou morais decorrentes de suas palavras, ainda que ofensivas. Nesse sentido, o STF já decidiu: "a incidência da imunidade parlamentar material – por tornar inviável o ajuizamento de ação penal de conhecimento e da ação de indenização civil, ambas de índole principal – afeta a possibilidade jurídica de formulação, e até mesmo de processamento do próprio pedido de explicações, em face da natureza meramente acessória de que se reveste tal providência de ordem cautelar" (AC 3.883 AgR, rel. Min. Celso de Mello).

Da mesma maneira, não responderá penalmente por suas palavras, não respondendo por crime contra a honra, apologia ao crime, incitação ao uso de drogas, ameaça, racismo etc. Não obstante, poderá ser responsável politicamente por suas opiniões palavras e votos, podendo perder o mandato por quebra do decoro parlamentar, nos termos do art. 55, II, da Constituição Federal: "Perderá o mandato o Deputado ou Senador: II – cujo procedimento for declarado incompatível com o decoro parlamentar". Por exemplo, o ex-deputado federal e ex-presidente da Câmara dos Deputados Eduardo Cunha teve o mandato cassado por seus pares porque, em uma Comissão Parlamentar de Inquérito, teria mentido. Segundo o relatório aprovado pela Comissão de Ética da Câmara dos Deputados: "ante o quadro, fica evidente o uso de instrumentos jurídicos pelo representado para a prática de fraudes e com o único objetivo de mascarar a existência de patrimônio no exterior. O Deputado Eduardo Cunha mentiu à CPI, pois sempre soube e teve pleno conhecimento de que ele era o verdadeiro proprietário do dinheiro".

Todavia, a responsabilização política ficará a cargo da própria casa parlamentar. No caso do ex-deputado Eduardo Cunha, entendeu-se que houve quebra do decoro parlamentar. Por sua vez, o Conselho de Ética da Câmara dos Deputados arquivou, por 9 votos contra 1, o processo disciplinar aberto para apurar quebra do decoro parlamentar eventualmente praticada pelo então Deputado Federal Jair Bolsonaro, que, durante votação em processo de *impeachment*, teria prestado homenagem ao ex-coronel do Exército brasileiro Carlos Brilhante Ustra. Segundo representação contra ele oferecida pelo PV na ocasião, teria o então deputado praticado "uma verdadeira apologia ao crime de tortura". Todavia, no relatório aprovado pela grande maioria daquele Conselho, considerou-se que os parlamentares têm o direito de expressar de forma livre suas convicções dentro do espaço do Congresso. Admitir o contrário seria uma espécie de censura. Em 2021, o Conselho de Ética da Câmara dos Deputados, por 12 votos a 5, arquivou as representações feitas contra o deputado federal Eduardo Bolsonaro, que havia, em entrevista, afirmado que uma das respostas do governo poderia ser "via um novo AI-5". Não há como recorrer ao Judiciário contra essa decisão, mas apenas internamente dentro do próprio Poder Legislativo, de acordo com as regras regimentais.

b) Imunidade dentro e fora do recinto parlamentar

A imunidade parlamentar material não se restringe às palavras proferidas dentro da casa parlamentar. Nesse ponto, a jurisprudência do STF é uníssona. Ora, o parlamentar exerce sua função não apenas dentro das respectivas casas, mas também em entrevistas, pronunciamentos, reuniões externas etc. Em regra, estará acobertado pelo manto da imunidade parlamentar material em todas essas hipóteses. Nesse sentido, já decidiu o STF: "a cláusula de inviolabilidade constitucional, que impede a responsabilização penal e/ou civil do membro do Congresso Nacional, por suas palavras, opiniões e votos, também abrange, sob seu manto protetor, as entrevistas jornalísticas, a transmissão para a imprensa, do conteúdo de pronunciamentos ou relatórios produzidos nas Casas Legislativas e as declarações feitas aos meios de comunicação social, eis que tais manifestações – desde que vinculadas ao desempenho do mandato – qualificam-se como natural projeção do exercício das atividades parlamentares" (Inq. 2.332 AgR, rel. Min. Celso de Mello). No mesmo sentido, decidiu recentemente o STF: "Ofensas em entrevistas a meios de comunicação de massa e em postagens na rede social WhatsApp. O 'manto protetor' da imunidade alcança quaisquer meios que venham a ser empregados para propagar palavras e opiniões dos parlamentares. Possível aplicação da imunidade a manifestações em meios de comunicação social e em redes sociais. Imunidade parlamentar. A vinculação da declaração com o desempenho do mandato deve ser aferida com base no alcance das atribuições dos parlamentares. As 'funções parlamentares abrangem, além da elaboração das leis, a fiscalização dos outros Poderes e, de modo ainda mais amplo, o debate de ideias, fundamental para o desenvolvimento da democracia' – Recurso Extraordinário com Repercussão Geral 600.063, rel. Min. Roberto Barroso. Imunidade Parlamentar. Parlamentares em posição de antagonismo ideológico. Presunção de ligação de ofensas ao exercício das 'atividades políticas' de seu prolator, que as desempenha 'vestido de seu mandato parlamentar, logo, sob o manto da imunidade constitucional'. Afastamento da imunidade parlamentar apenas 'quando claramente ausente vínculo entre o conteúdo do ato praticado e a função pública parlamentar exercida" (AO 2.002 ED, rel. Min. Gilmar Mendes).

Todavia, à luz da jurisprudência do Supremo Tribunal Federal, há que se fazer uma importantíssima distinção. Quanto às palavras proferidas no plenário das respectivas Casas parlamentares (bem como durante a atividade parlamentar típica, nas comissões parlamentares), a imunidade é absoluta, não se podendo perquirir o conteúdo das declarações. Todavia, quanto às palavras proferidas fora do plenário da respectiva Casa ou Comissões, a imunidade é relativa, devendo haver necessário vínculo com a função parlamentar. Assim, segundo a jurisprudência do STF, podemos sistematizar dessa forma:

Palavras proferidas	no plenário da casa: imunidade absoluta (não importa o conteúdo)
	fora do plenário da casa: imunidade relativa (deve haver o vínculo com a função parlamentar)

Dessa maneira, quanto às palavras proferidas no plenário da casa, a imunidade é absoluta, não importando o conteúdo das declarações. Nesse sentido, é pacífica a jurisprudência do Supremo Tribunal Federal: "imunidade parlamentar material: ofensa irrogada em plenário, independentemente de conexão com o mandato, elide a responsabilidade civil por dano moral" (RE 463.671 AgR, rel. Min. Sepúlveda Pertence).

Em didático voto, o Ministro Carlos Ayres Brito elucidou a questão: "a palavra 'inviolabilidade' significa intocabilidade, intangibilidade do parlamentar quanto ao cometimento de crime ou contravenção. Tal inviolabilidade é de natureza material e decorre da função parlamentar, porque em jogo a representatividade do povo. O art. 53 da CF, com a redação da Emenda 35, não reeditou a ressalva quanto aos crimes contra a honra, prevista no art. 32 da EC 1, de 1969. Assim, é de se distinguir as situações em que as supostas ofensas são proferidas dentro e fora do Parlamento. Somente nestas últimas ofensas irrogadas fora do Parlamento é de se perquirir da chamada 'conexão com o exercício do mandato ou com a condição parlamentar' (Inq. 390 e 1.710). Para os pronunciamentos feitos no interior das Casas Legislativas não cabe indagar sobre o conteúdo das ofensas ou a conexão com o mandato, dado que acobertadas com o manto da inviolabilidade. Em tal seara, caberá à própria Casa a que pertencer o parlamentar coibir eventuais excessos no desempenho dessa prerrogativa. No caso, o discurso se deu no plenário da Assembleia Legislativa, estando, portanto, abarcado pela inviolabilidade" (Inq. 1.958, rel. Min. Ayres Britto).

Quando dissemos "palavras proferidas no plenário", referimo-nos a todas as declarações, votos e opiniões exarados pelos parlamentares seja no Plenário da Casa, seja durante as reuniões das respectivas comissões. Importante: o Supremo Tribunal Federal entendeu que palavras proferidas fora dessas atividades tipicamente parlamentares gozam de imunidade apenas relativa (devem ter vínculo com a função parlamentar). Dessa maneira, o STF entendeu ser a imunidade relativa, por exemplo, nas palavras proferidas em entrevista concedida pelo parlamentar, ainda que dentro da casa parlamentar: "o fato de o parlamentar estar em seu gabinete no momento em que concedeu a entrevista é fato meramente acidental, já que não foi ali que se tornaram públicas as ofensas, mas sim através da imprensa e da internet" (Inq. 3.932, rel. Min. Luiz Fux). Em 2021, no plenário da Assembleia Legislativa do Estado de São Paulo, deputado estadual ofendeu um arcebispo brasileiro e o Papa Francisco, chamando-os de "vagabundos". Segundo a jurisprudência do STF, está ele abrigado pela imunidade parlamentar absoluta, embora possa (ou deva) ser responsabilizado politicamente por quebra do decoro parlamentar.

Embora a jurisprudência do Supremo Tribunal Federal seja uníssona no sentido de que a imunidade é absoluta quanto às palavras proferidas dentro das respectivas casas, não podendo ser analisado o seu conteúdo, fazemos uma indagação: caso o parlamentar utilize da palavra para fazer "discursos de ódio" (*hate speech*), defendendo, por exemplo, a "supremacia branca", o ódio aos judeus etc., deve ser mantido esse entendimento? Entendemos que a liberdade de opinião do parlamentar é muito maior que a liberdade de opinião de qualquer outro brasileiro. Os parlamentares são eleitos para representar a ideologia do grupo que os elegeu, ainda que seja essa ideologia repugnante para a maioria dos brasileiros. Uma verdadeira democracia é aquela que consegue conviver com as opiniões da minoria, ainda que essas opiniões sejam desprovidas de bom senso. Parlamentares que defendem discursos de exclusão são encontrados em parlamentos de todo o mundo. Discursos parlamentares contra os imigrantes, contra os negros, contra os pobres etc. podem ser veementemente criticados, mas não podem ser proibidos. Dessa maneira, se um discurso de ódio (*hate speech*), se praticado por um particular, pode configurar crime (incitação ao crime, racismo etc.), se proferido por um parlamentar será atípico. Todavia, como não poderia ser diferente, embora não seja responsabilizado penal ou civilmente pelo seu "discurso de ódio", o parlamentar poderá ser responsabilizado politicamente (por quebra do decoro parlamentar). Assim, um discurso racista, homofóbico, ofensivo à honra ou à intimidade de qualquer pessoa etc. pode ser analisado politicamente pelos seus pares.

Não obstante, embora isso jamais tenha sido decidido pelo Supremo Tribunal Federal, entendemos que há que se fazer uma ressalva: se o discurso parlamentar colocar em risco à segurança pública, poderá ser excepcionalmente coibido pelo Poder Judiciário, penal ou civilmente. Por exemplo, se o parlamentar insuflar a população a praticar saques, homicídios etc., entendemos que ultrapassa a cláusula de razoabilidade da imunidade parlamentar, podendo ser perquirida junto ao Poder Judiciário.

Por sua vez, quanto às palavras proferidas fora da Casa parlamentar, a imunidade é relativa: deve ter vínculo com a função parlamentar.

Recentemente, um deputado federal, em entrevista dada a um jornal gaúcho, afirmou que uma deputada federal não "merecia" ser estuprada por ser feia. O Supremo Tribunal Federal entendeu que aquelas palavras, proferidas fora da casa parlamentar, não tinham vínculo com a função parlamentar. Por essa razão, recebeu denúncia e queixa contra o parlamentar. Denúncia pelo crime de incitação ao crime de estupro e queixa pela injúria (por tê-la chamado de "feia"). Decidiu o STF: "o parlamentar é acusado de incitação ao crime de estupro, ao afirmar que não estupraria uma deputada federal porque ela 'merece'; o emprego do vocábulo 'merece', no sentido e contexto presentes no caso *sub judice*, teve por fim conferir a este gravíssimo delito, que é o estupro, o atributo de um prêmio, um favor, uma benesse à mulher, revelando interpretação de que o homem estaria em posição de avaliar qual mulher 'poderia' ou 'mereceria' ser estuprada. *In casu*, a entrevista concedida a veículo de imprensa não atrai a imunidade parlamentar, porquanto as manifestações se revelam estranhas ao exercício do mandato legislativo" (Inq. 3.932, rel. Min. Luiz Fux).

Em 2017, esse mesmo deputado federal foi condenado civilmente em duas ações. Na primeira, foi condenado civilmente (condenação confirmada pelo Tribunal de Justiça do Rio de Janeiro) por dano moral coletivo, com pagamento de multa de R$ 150 mil por declarações em um programa de TV. Teria afirmado que "nunca passou pela sua cabeça ter um filho *gay* porque seus filhos tiveram uma boa educação"[32]. Outrossim, em decisão de primeira instância, foi condenado a danos morais no valor de R$ 50 mil porque, num discurso em evento no Rio de Janeiro, referindo-se a visita feita em um quilombola, afirmou que "o afrodescendente mais leve lá pesava sete arrobas. [...] não fazem nada, eu acho que nem pra procriar servem mais". Nesses casos, por não existir vínculo com a função parlamentar, a jurisprudência do STF permite a responsabilização civil, como ocorreu. Em 2021, o deputado federal Eduardo Bolsonaro foi condenado a indenizar civilmente a jornalista Patrícia Campos Melo porque, em entrevista, teria afirmado que a jornalista "tentava seduzir fontes para obter informações que fossem prejudiciais ao Presidente". Na sentença, o magistrado afirmou que "afasta a incidência da imunidade prevista no art. 53, já que ela não é absoluta, não alcançando eventuais ofensas praticadas sem qualquer relação com o mandato em exercício".

Não obstante, definir o que está (e o que não está) vinculado ao exercício da função parlamentar não é tarefa simples. Em abril de 2017, o sobredito parlamentar, numa palestra proferida no Rio de Janeiro, proferiu frases desairosas aos quilombolas: "eu fui em um quilombola

---

32. Disponível em: <http://www1.folha.uol.com.br/poder/2017/11/1934062-bolsonaro-e-condenado-a-pagar-r-150--mil-por-declaracoes-contra-gays.shtml>.

sic) em Eldorado Paulista. Olha, o afrodescendente mais leve lá pesava sete arrobas. Não fazem nada! Eu acho que nem para procriador eles servem mais". Foi denunciado criminalmente perante o STF pelo crime de racismo. Por 3 votos a 2, a 1ª Turma do Supremo Tribunal Federal rejeitou a denúncia. Segundo o Ministro Alexandre de Moraes, as palavras, embora inapropriadas, faziam crítica ao governo federal, não configurando discurso de ódio: "no caso em questão, apesar da grosseria, da vulgaridade, não me parece ter extrapolado limites da sua liberdade de expressão qualificada. Essas palavras devem ser analisadas pelo eleitor, pelo cidadão. Está claro que foram críticas a políticas do governo e não um discurso de ódio" (trecho do voto do Min. Alexandre de Moraes, 1ª Turma, j. 11-9-2018).

c) **Parlamentar enquanto candidato à reeleição**

Quando o parlamentar se pronuncia como candidato à reeleição (numa entrevista, num debate, num discurso etc.), não está no exercício da sua função parlamentar e, por essa razão, não terá imunidade parlamentar por essas palavras, como vimos acima (explicamos que, fora do recinto parlamentar, as palavras do parlamentar só têm imunidade quando proferidas no exercício da função parlamentar). Nesse sentido, já decidiu o Supremo Tribunal Federal: "A garantia constitucional da imunidade parlamentar em sentido material (CF, art. 53, *caput*) – destinada a viabilizar a prática independente, pelo membro do Congresso Nacional, do mandato legislativo de que é titular – não se estende ao congressista quando, na condição de candidato a qualquer cargo eletivo, vem a ofender, moralmente, a honra de terceira pessoa, inclusive a de outros candidatos, em pronunciamento motivado por finalidade exclusivamente eleitoral, que não guarda conexão com o exercício das funções congressuais" (Inq. 1.400, rel. Min. Celso de Mello).

d) **Natureza da imunidade parlamentar material**

Muitas são as posições doutrinárias acerca da natureza da imunidade parlamentar material. Alguns autores entendem que é uma "causa excludente do delito" (Pontes de Miranda e Nélson Hungria), outros entendem que é uma "causa oposta à formação do crime" (Basileu Garcia); ou que é uma causa pessoal ou funcional de isenção ou exclusão de pena (Aníbal Bruno e Heleno Cláudio Fragoso) ou "causa de incapacidade penal por motivos políticos" (José Frederico Marques" e também "causa de atipicidade" (Luiz Flávio Gomes). Com a devida vênia, ousamos discordar de todas as definições acima. Em nosso entender, todas padecem do mesmo erro: reduzem a imunidade parlamentar material a mero instituto de natureza penal. Ora, embora haja reflexos penais evidentes, não se trata de simples instituto de atipicidade ou despenalizador. Por essa razão, preferimos assim definir: a imunidade material é uma cláusula constitucional de irresponsabilidade penal e civil, aplicada ao parlamentar, para o livre exercício da sua função parlamentar, que tem o caráter absoluto (para as palavras proferidas no plenário ou nas respectivas comissões) ou relativo (quanto às palavras proferidas fora desses recintos).

e) **A imunidade parlamentar material é renunciável?**

No passado não muito distante, quando envolvido em escândalos de corrupção, um ex-presidente do Senado Federal, em entrevista coletiva, disse: "para provar minha inocência, renuncio à minha imunidade parlamentar". Indaga-se: é a imunidade parlamentar renunciável? Claro que não (o discurso acima foi apenas populista, desprovido de qualquer eficácia).

Como dissemos acima, a imunidade parlamentar não é um privilégio, não pertence à pessoa do parlamentar, e, por isso, é irrenunciável. A imunidade não pertence ao parlamentar, mas à função que por ele exerce. Caso ele queira renunciar à sua imunidade parlamentar, deverá renunciar ao seu mandato parlamentar.

f) Comunicabilidade aos coautores

Imaginemos o caso em que um parlamentar, em entrevista, faz duras críticas ao Presidente da República, insinuando a prática de crimes contra a Administração por ele cometidos. Como vimos acima, por mais graves que sejam tais palavras, sendo elas proferidas no exercício da função fiscalizatória parlamentar, estão cobertas pelo manto da imunidade parlamentar material. Agora, se esse parlamentar dá a mesma entrevista ao lado de seu irmão, candidato a deputado, ambos proferindo as mesmas palavras ofensivas, a imunidade do parlamentar se comunicará a seu irmão? É claro que não. A imunidade parlamentar não se comunica àqueles que não possuem essa prerrogativa. Aliás, esse é o conteúdo da Súmula 245 do STF: "A imunidade parlamentar não se estende ao corréu sem essa prerrogativa".

Há na doutrina entendimento diverso. Luiz Flávio Gomes, que defende que a imunidade parlamentar material é uma "cláusula de atipicidade", defende a comunicabilidade da imunidade material. Para ele, se o fato é atípico para um, é atípico para todos. Com a devida vênia, qual o erro desse entendimento? Como dissemos acima, o erro é reduzir o instituto da imunidade material a mera circunstância penal de exclusão da tipicidade. Trata-se de um instituto de natureza constitucional, com reflexos penais e civis, que se aplica à função parlamentar, não se aplicando a terceiros sem essa prerrogativa.

g) Parlamentar licenciado para ser Ministro

É comum na política brasileira nomear-se um Deputado Federal ou um Senador para exercer a função de Ministro de Estado. Indaga-se: durante essa função junto ao Poder Executivo, permanece com sua imunidade parlamentar material? Não! Isso porque a imunidade, como vimos, refere-se à função parlamentar, consistindo num conjunto de garantias destinadas a assegurar o seu livre exercício. Se o parlamentar não está exercendo a função parlamentar, não terá, ainda que temporariamente, os benefícios da imunidade parlamentar material. Nesse sentido, já decidiu o Supremo Tribunal Federal: "Não assiste a prerrogativa da imunidade processual ao Deputado estadual, licenciado à época do fato, para o exercício do cargo de Secretário de Estado, mesmo havendo, após, reassumido o desempenho do mandato" (HC 78093/AM, Min. Octavio Gallotti). No mesmo sentido: "O Deputado que exerce a função de Ministro de Estado não perde o mandato, porém não pode invocar a prerrogativa da imunidade, material e processual, pelo cometimento de crime no exercício da nova função" (Inq. 105/DF, rel. Min. Néri da Silveira).

Cuidado: embora não tenha imunidade parlamentar material, o Supremo Tribunal Federal já decidiu que o parlamentar licenciado para exercer a função de Secretário ou Ministro continua com: a) foro por prerrogativa de função; b) dever de respeitar o decoro parlamentar.

Quanto ao foro por prerrogativa de função, já decidiu o STF: "Inquérito Policial. Foro por prerrogativa de função. Deputado licenciado para exercer cargo de Secretário de Estado. No sistema da CF, a proteção especial a pessoa do parlamentar, independentemente do exercício do mandato, reside no foro por prerrogativa de função que lhe assegura o artigo 53, § 4º, da

Carta Magna, ainda quando afastado da função legislativa para exercer cargo público constitucionalmente permitido" (Inq. 777-QO, rel. Min. Moreira Alves).

Outrossim, quanto ao dever de respeitar o decoro parlamentar, já decidiu o STF: "Tramitação e processamento de representação por quebra de decoro parlamentar. Deputado federal licenciado e investido no cargo de ministro de Estado. Liminar indeferida [...] O membro do Congresso nacional que se licencia do mandato para investir-se no cargo de ministro de Estado não perde os laços que o unem organicamente ao Parlamento (CF, art. 56, I). Consequentemente, continua a subsistir em seu favor a garantia constitucional da prerrogativa de foro em matéria penal (Inq. 777-3/TO, rel. Min. Moreira Alves). Da mesma forma, ainda que licenciado, cumpre-lhe guardar estrita observância às vedações e incompatibilidades inerentes ao estatuto constitucional do congressista, assim como às exigências ético-jurídicas que a Constituição (CF, art. 55, § 1º) e os regimentos internos das casas legislativas estabelecem como elementos caracterizadores do decoro parlamentar" (MS 25.579-MC, Rel Min. Joaquim Barbosa).

h) Efeitos temporais

Quanto às palavras proferidas no exercício da função parlamentar, o deputado ou senador jamais poderá ser processado, ainda que tenha terminado o seu mandato parlamentar, por qualquer razão. Dessa maneira, jamais poderá ser processado penal ou civilmente pelas palavras proferidas no exercício da função parlamentar.

i) Quais parlamentares têm imunidade material?

Primeiramente, todos os deputados federais e senadores gozam de imunidade parlamentar material, por suas opiniões, palavras e votos.

Da mesma forma, também possuem essa imunidade parlamentar material os deputados estaduais e distritais, por força do art. 27, § 1º, da Constituição Federal, que dispõe que: "será de quatro anos o mandato dos Deputados Estaduais, aplicando-se-lhes as regras desta Constituição sobre sistema eleitoral, inviolabilidade, imunidades, remuneração, perda de mandato, licença, impedimentos e incorporação às Forças Armadas". Dessa maneira, gozarão de imunidade parlamentar material não apenas quanto às palavras proferidas na Casa parlamentar, como também às palavras proferidas fora das respectivas casas, desde que no exercício da função parlamentar.

E quanto aos vereadores? Segundo o art. 29, VIII, da Constituição Federal, a imunidade do vereador é limitada, se comparada à imunidade material dos deputados e senadores. Nos termos desse dispositivo legal, o vereador terá inviolabilidade por suas opiniões, palavras e votos no exercício do mandato e na circunscrição do Município. Assim, além do requisito funcional (palavras proferidas no exercício da função parlamentar), o vereador também tem um requisito territorial (só gozará de imunidade quanto às palavras proferidas na circunscrição do seu Município). Importante frisar que essa limitação territorial não se aplica aos deputados (federais, estaduais ou distritais) e senadores, que poderão, por exemplo, conceder entrevistas em lugares distantes do Brasil, desde que haja vínculo com a função parlamentar.

Quanto ao primeiro requisito (funcional), as palavras devem ser proferidas no exercício da função parlamentar. Dessa maneira, já decidiu o STF que "as supostas ofensas foram proferidas em contexto que não guardava nenhuma relação com o mandato parlamentar – circunstância imprescindível para o reconhecimento da imunidade – durante altercação entre duas pessoas que se encontravam em local totalmente alheio à vereança" (Inq. 3.215, rel. Min. Dias Toffoli). No mesmo sentido: "O art. 29, inciso VIII, da Constituição Federal garante ao vereador imunidade parlamentar dentro da circunscrição do Município. No caso em tela, tendo as supostas ofensas ocorrido no exercício da função, dentro dos limites da cidade e sem abuso de direito, não há danos materiais e morais a serem indenizados. Ao proferir as pretensas ofensas, buscava o edil o interesse dos munícipes, em proteger a moralidade das eleições de 2004 para o cargo de Prefeito" (RE 647.672 AgR, rel. Min. Luiz Fux).

Assim como no caso dos demais parlamentares, a imunidade material do vereador existirá dentro ou fora do recinto parlamentar, desde que no exercício da função (e, no caso do vereador, dentro da circunscrição do município): "O vereador, atuando no âmbito da circunscrição territorial do Município a que está vinculado, não pode ser indiciado em inquérito policial e nem submetido a processo penal por atos que, qualificando-se como delitos contra a honra (calúnia, difamação e injúria), tenham sido por ele praticados no exercício de qualquer das funções inerentes ao mandato parlamentar: função de representação, função de fiscalização, e função de legislação. A eventual instauração de *persecutio criminis* contra o Vereador, nas situações infracionais estritamente protegidas pela cláusula constitucional de inviolabilidade, qualifica-se como ato de injusta constrição ao *status libertatis* do legislador local, legitimando, em consequência do que dispõe a Carta Política (CF, art. 29, VIII), a extinção, por ordem judicial, do próprio procedimento penal persecutório" (HC 74.201, rel. Min. Celso de Mello).

Assim como no caso dos demais parlamentares, segundo o Supremo Tribunal Federal, quanto às palavras proferidas na tribuna da respectiva casa, não poderá o Poder Judiciário perquirir o conteúdo das declarações, gozando o parlamentar de imunidade absoluta. Não obstante, nesse caso, caberá à Casa parlamentar verificar eventual quebra do decoro parlamentar. Assim decidiu o STF: "Inviolabilidade por suas opiniões, palavras e votos. Imunidade de ordem material. Garantia constitucional que obsta sua submissão a processo penal por atos que se caracterizam como delitos contra a honra, em decorrência de manifestações havidas no exercício das funções inerentes ao mandato e nos limites da circunscrição do Município que representa. Excessos cometidos pelo vereador em suas opiniões, palavras e votos, no âmbito do município e no exercício do mandato. Questão a ser submetida à Casa Legislativa, nos termos das disposições regimentais" (RE 140.867-7/MS, rel. Min. Marco Aurélio).

Por fim, uma questão polêmica e recente: o vereador goza de imunidade quando dá entrevista a qualquer veículo de imprensa dentro da circunscrição do seu Município? A polêmica se dá pelo fato de que toda e qualquer entrevista raramente ficará circunscrita ao território do Município, pois será divulgada por meios diferentes para todo o país e todo o mundo (pela internet). Entendemos, como o fez Alberto Zacharias Toron, em obra específica sobre o tema, que: "Fixe-se, novamente, a hipótese de um Vereador que, dentro do Município em que exerce as suas funções, venha a conceder uma entrevista para emissora de âmbito nacional. Se, porventura, alguém divisasse ofensa, a tipicidade desta estaria afastada em razão da garantia constitucional em exame"[33]. Dessa maneira, entendemos que o parlamentar terá imunidade parlamentar quanto às palavras proferidas em entrevista, desde que ela seja concedida dentro da circunscrição do município e desde que as palavras tenham vínculo com a função parla-

---

33. *Inviolabilidade Penal dos Vereadores*, p. 302.

mentar. Por exemplo, em 2019, o vereador da cidade do Rio de Janeiro Carlos Bolsonaro foi acusado por muitas pessoas de conspirar contra a democracia, supostamente defendendo um regime ditatorial, ao postar em sua conta nas redes sociais uma crítica no sentido de que a democracia não é capaz de atender agilmente às nossas pretensões. Entendemos que, mesmo apesar da repercussão nacional de suas declarações, o parlamentar goza de imunidade parlamentar material, como expusemos acima.

19.10.4. Imunidade formal quanto à prisão

a) **Conceito**

Segundo o art. 53, § 2º, da Constituição Federal, "desde a expedição do diploma, os membros do Congresso Nacional não poderão ser presos, salvo em flagrante de crime inafiançável. Nesse caso, os autos serão remetidos dentro de vinte e quatro horas à Casa respectiva, para que, pelo voto da maioria de seus membros, resolva sobre a prisão".

Trata-se da primeira modalidade de imunidade formal. Como consta da primeira parte do art. 53, § 2º, da Constituição Federal, a única prisão que pode recair sobre os parlamentares é a prisão em flagrante de crime inafiançável.

b) **Flagrante de crime inafiançável**

A palavra flagrante vem do latim *flagrare*, que significa queimar, crepitar. Portanto, em princípio, flagrante é aquilo que está acontecendo. Todavia, flagrante não é apenas isso. A definição de flagrante está prevista no art. 302 do Código de Processo Penal, que possui três modalidades: a) flagrante próprio: o agente está praticado ou acaba de praticar; b) flagrante impróprio ou quase flagrante: logo após a prática da infração, o agente é perseguido e preso; c) flagrante presumido: logo após a prática da infração, o agente é encontrado com algum objeto que faça presumir ser ele o autor da infração.

Quanto aos crimes inafiançáveis, estão eles previstos na Constituição Federal (e repetidos pelo Código de Processo Penal). Segundo o art. 5º, XLII, da Constituição Federal, o racismo é o primeiro crime inafiançável. Outrossim, segundo o art. 5º, XLIV, também é inafiançável a ação de grupos armados, civis ou militares, contra a ordem constitucional e o Estado Democrático. Por fim, também são crimes inafiançáveis os crimes hediondos e equiparados (tortura, tráfico de drogas e terrorismo).

Até 2011, havia no Código de Processo Penal outro grupo de crimes inafiançáveis: "os crimes punidos com reclusão em que a pena mínima cominada for superior a 2 (dois) anos" (antiga redação do art. 323, I, CPP). Todavia, esse dispositivo foi substancialmente alterado pela Lei n. 12.403, de 2011, que no novo art. 323 do Código de Processo Penal basicamente repetiu os crimes inafiançáveis previstos na Constituição Federal: "Art. 323. Não será concedida fiança: I – nos crimes de racismo; II – nos crimes de tortura, tráfico ilícito de entorpecentes e drogas afins, terrorismo e nos definidos como crimes hediondos; III – nos crimes cometidos por grupos armados, civis ou militares, contra a ordem constitucional e o Estado Democrático".

Dessa maneira, desde 2011, não existem mais crimes inafiançáveis com base no *quantum* da pena ou na gravidade específica do crime, além daqueles previstos na Constituição Federal. Existe, de fato, outra hipótese de inafiançabilidade: não será concedida a fiança quando presentes os motivos que autorizam a decretação da prisão preventiva (art. 324, IV, CPP). As hipóteses que autorizam a prisão preventiva, previstas no art. 312 do Código de Processo Penal, são: a) garantia da ordem pública ou econômica; b) conveniência da instrução criminal; b) para assegurar a aplicação da lei penal.

Em resumo, com a alteração legislativa de 2011, raríssima será a prisão em flagrante que possa recair sobre parlamentar, pois pouquíssimos são os crimes inafiançáveis. Por essa razão, em alguns casos, o Poder Judiciário já se utilizou de um subterfúgio para decretar a prisão do parlamentar, mesmo em crimes afiançáveis (o que é, evidentemente, equivocado). O Judiciário, em dois rumorosos casos, permitiu a prisão em flagrante de um crime afiançável, afirmando existir uma hipótese de inafiançabilidade (presença das hipóteses que autorizam a prisão preventiva).

A primeira vez em que isso ocorreu foi na decisão do STF que permitiu a prisão em flagrante do ex-senador Delcídio do Amaral. No caso, o Procurador-Geral da República requereu ao STF a prisão preventiva do Senador (sob o argumento de que, embora não haja permissão constitucional, a gravidade do caso justificaria a exceção). O Supremo Tribunal Federal permitiu a prisão, mas com outros argumentos: afirmou que a prisão era flagrante (embora o crime tivesse ocorrido havia um mês) e que o crime era inafiançável (porque estariam presentes as hipóteses que autorizam a prisão preventiva). Segundo o Min. Teori Zavascki, que permitiu tal prisão: "em qualquer caso, a hipótese é de inafiançabilidade decorrente do disposto no art. 324, IV, do Código de Processo Penal. [...] Ante o exposto, presentes situação de flagrância e os requisitos do art. 312 do Código de Processo Penal, decreto a prisão cautelar do Senador Delcídio do Amaral, observadas as especificações apontadas e ad referendum da Segunda Turma do Supremo Tribunal Federal" (Ação Cautelar 4039, rel. Min. Teori Zavascki, 24-11-2015).

Em novembro de 2017, o Tribunal Regional Federal da 2ª Região determinou, por unanimidade, a prisão em flagrante de três deputados estaduais cariocas, dentre eles o Presidente da Assembleia Legislativa. O argumento foi o mesmo: estariam presentes as hipóteses de inafiançabilidade, por conta da existência dos requisitos da prisão preventiva. A Assembleia Legislativa do Estado do Rio de Janeiro foi comunicada em 24 horas e deliberou pela soltura dos parlamentares[34]. Sobre a inesperada polêmica superveniente levantada por essa questão, teceremos alguns comentários em item seguinte.

Dessa maneira, somente uma prisão é possível quanto ao parlamentar, e é muito rara: a prisão deve ser em flagrante, e não se aplica a qualquer crime, aplicando-se somente aos crimes inafiançáveis vistos acima. Rara, mas possível, como adiante se verá.

Em julho de 2008, o deputado estadual do Rio de Janeiro Natalino José Guimarães foi preso em flagrante na própria casa, na zona oeste do Rio de Janeiro, após troca de tiros entre a polícia e uma suposta quadrilha ligada ao parlamentar(!). O deputado era acusado de ser o chefe de uma milícia que controlaria favelas na zona oeste do Rio de Janeiro. Curiosidade: o filme *Tropa de elite 2*, de José Padilha, tem um de seus personagens inspirado no sobremencionado parlamentar.

---

34. Imediatamente, a Assembleia Legislativa determinou a soltura dos deputados estaduais presos, sem antes comunicar o Tribunal Regional Federal. Dias depois, o Tribunal ordenou novamente a prisão dos parlamentares, pois eles teriam sido libertados sem que a decisão tivesse sido comunicada oficialmente ao Tribunal. Em entrevista aos jornais, o desembargador federal Abel Gomes afirmou: "só pode soltar quem pode prender. Só pode expedir alvará de soltura quem expede mandado de prisão. Portanto, só poderia ser revogada a prisão por órgão judiciário" (disponível em: <https://g1.globo.com/rj/rio-de-janeiro/noticia/desembargador-pede-reestabelecimento-da-prisao-dos-deputados--do-pmdb-do-rj.ghtml>).

Todavia, um dos casos mais importantes de nossa história foi a prisão em flagrante de um Senador da República. Isso ocorreu em 24 de novembro de 2015, quando o Supremo Tribunal Federal autorizou a "prisão em flagrante" do então Senador Delcídio do Amaral. Segundo apurado, o Senador teria oferecido a Bernardo Cerveró (filho de Nestor Cerveró, preso na operação "Lava Jato" – que apurou e apura grave esquema de corrupção no governo federal) cerca de 50 mil reais mensais, bem como intercessão junto ao Poder Judiciário em favor de sua liberdade, além de auxílio em sua possível fuga para o exterior.

O Supremo Tribunal Federal entendeu que havia "situação de flagrância" e o que o crime seria inafiançável, já que, segundo o Supremo, estariam presentes os requisitos do art. 312 do Código de Processo Penal. Com esses argumentos, decretou a prisão em flagrante do Senador. Decidiu o STF: "ante o exposto, presentes situação de flagrância e os requisitos do art. 312 do Código de Processo Penal, decreto a prisão cautelar do Senado Delcídio Amaral, observadas as especificações apontadas e *ad referendum* da Segunda Turma do Supremo Tribunal Federal. Expeça-se o mandado de prisão, a ser cumprido na presença de representante da Procuradoria-Geral da República"[35].

Anos depois, em 2021, o STF volta a decretar a prisão em flagrante de um parlamentar: o deputado federal Daniel Silveira. O deputado foi preso depois de divulgar um vídeo com ataques e incitação de violência contra integrantes do Supremo Tribunal Federal. Mais uma vez, assim como fez no caso do Senador Delcídio do Amaral, o STF adotou a tese da inafiançabilidade, por que estariam presentes as condições que autorizam sua prisão preventiva. Segundo o STF, "considera-se em flagrante delito aquele que está cometendo a ação penal, ou ainda acabou de cometê-la" (Inq. 4.781, rel. Min. Alexandre de Moraes, j. 16-2-2021). Embora discordemos profundamente da postura do parlamentar, entendemos que sua prisão foi ilegal por duas razões:

a) primeiramente, não entendemos que estava ele em situação de flagrância. Os crimes por ele praticados (ofensas, ameaças etc.) não seriam crimes permanentes (como afirmou o ministro Alexandre de Moraes), mas crimes instantâneos com efeitos permanentes, o que desconfiguraria a flagrância;

b) segundo motivo, e ainda mais importante, é a deturpação que o STF vem fazendo da inafiançabilidade. Ora, a Constituição Federal somente permite a prisão em flagrante do parlamentar pela prática de "crime inafiançável". O que são crimes inafiançáveis? São aqueles em que a Constituição Federal (e, por consequência, o Código de Processo Penal) veda a fiança (como racismo, grupos armados contra o Estado Democrático e crimes hediondos e equipara-

---

35. Embora entendamos que a situação tenha sido gravíssima (Senador oferecendo dinheiro para a família de réu, bem como oferecendo ajuda em plano de fuga etc.), acreditamos que a prisão foi irregular, por duas razões. Primeiramente, não houve exatamente flagrante, já que o crime tinha ocorrido no passado. Ora, o flagrante próprio é aquele praticado enquanto o agente está praticando a infração ou acaba de praticá-la. A proposta feita pelo parlamentar se deu no dia 18 de novembro de 2015 e a "prisão em flagrante" foi decretada no dia 24 de novembro de 2015, quando já não existia situação de flagrância. Outrossim, teria sido um crime inafiançável? Entendemos que não. O Código de Processo Penal, ao tratar dos "crimes inafiançáveis", repete os crimes previstos na Constituição Federal (racismo, grupos armados contra o Estado Democrático, crimes hediondos e equiparados). No caso, o que há é uma "situação de inafiançabilidade" (art. 324, CPP), e não exatamente um "crime inafiançável". Para qualquer pessoa (que não parlamentar) a prisão indicada seria a prisão preventiva. Foi o que pediu o Ministério Público Federal (argumentando que o art. 53, § 2º, da Constituição Federal não seria absoluto). Bem, o STF autorizou a prisão. Todavia, em vez de chamá-la de preventiva, chamou-a de flagrante, apenas para que não houvesse afronta ao texto do art. 53, § 2º, da Constituição Federal.

dos). O STF, pela segunda vez (a primeira foi no caso do sobredito senador) utilizou o art. 324, IV, do CPP, segundo o qual não será concedida a fiança, "quando presentes os motivos que autorizam a decretação da prisão preventiva". Dessa maneira, segundo o STF, qualquer crime, portanto, poderia ensejar a prisão do parlamentar, desde que presente esse requisito. Não entendemos ser esse o espírito da Constituição. Por fim, importante frisar que, à época, nem todo crime previsto na então Lei de Segurança Nacional seria inafiançável, mas somente os "grupos armados", como determina a Constituição.

Nos dois casos sobreditos, as respectivas Casas parlamentares referendaram as prisões em flagrante decretadas. No caso do deputado federal Daniel Silveira, a prisão foi mantida pelo voto de 364 deputados. Houve 130 votos contrários à prisão.

c) Outras prisões processuais

Importante frisar que a única prisão processual que pode recair sobre o parlamentar é a prisão em flagrante, não podendo ser decretada a prisão preventiva (art. 312 e seguintes do CPP), nem a prisão temporária (Lei n. 7.960/89).

Por exemplo, no Recurso Extraordinário 456.679, o Supremo Tribunal Federal revogou prisão preventiva decretada contra deputado distrital.

Decisão curiosa ocorreu em 2021, no caso do deputado Daniel Silveira. Como vimos anteriormente, foi decretada inicialmente sua prisão em flagrante (que, no nosso entender, foi irregular), posteriormente convertida em medida cautelar diversa da prisão (recolhimento domiciliar e monitoramento eletrônico). Ocorre que o parlamentar desrespeitou, por dezenas de vezes, as medidas cautelares que lhe foram impostas. Se tal descumprimento fosse feito por qualquer réu, a solução legal é clara: a conversão da medida em prisão preventiva, por expressa previsão no art. 282, § 4º, do Código de Processo Penal. Todavia, em se tratando de deputado federal, a prisão preventiva é vedada, como vimos adiante. Numa decisão, com a devida *vênia*, totalmente equivocada, o STF, aplicando o dispositivo legal citado, decretou a prisão. Todavia, em vez de chamá-la de prisão preventiva, chamou-a de prisão em flagrante: "diante do exposto, em face do reiterado desrespeito às medidas restritivas estabelecidas, restabeleço a prisão de Daniel Lúcio da Silveira, nos termos do art. 282, § 4º, do CPP, devendo ser recolhido, imediatamente" (Pet 9.456, rel. Min. Alexandre de Moraes, j. 24-6-2021). No nosso entender, a decisão é teratológica. É óbvio que a conduta do parlamentar é absolutamente reprovável e envergonha nosso país, enquanto democracia, mas, entendemos, isso não justifica a deturpação da lei, violando a sua imunidade parlamentar quanto à prisão.

Por fim, até recentemente, um fato causava estranheza e perplexidade: se um particular, réu no processo penal, ameaça fugir do país, poderá (e pode) ser preso preventivamente, para assegurar a aplicação da lei penal (art. 312, CPP). Por sua vez, se um parlamentar fugisse do país, nada poderia ser feito. Por pouco tempo, o STF, por meio de sua jurisprudência, inovou, permitindo a aplicação de "medidas cautelares diversas da prisão", previstas no art. 319 do Código de Processo Penal, alterado pela Lei n. 12.403/2011. Não obstante, como afirmamos anteriormente e explicaremos também a seguir, essa jurisprudência perdeu força em 2017, pelas mãos do próprio STF: no caso de imposição de medida que dificulte ou impeça, direta ou indiretamente, o exercício regular do mandato, deve remeter a decisão judicial, em 24 horas, à respectiva Casa Legislativa para deliberação, por analogia com o art. 53, § 2º, da Constituição Federal.

d) Medidas cautelares diversas da prisão

Como vimos acima, a Constituição Federal só permite uma prisão sobre os parlamentares: prisão em flagrante de crime inafiançável. Em 2011, Lei Federal alterou o Código de Processo Penal e acrescentou as "medidas cautelares diversas da prisão", previstas no art. 319. Trata-se de medidas despenalizadoras, alternativas à prisão preventiva. Destacam-se, dentre elas: o comparecimento periódico em juízo, o recolhimento domiciliar noturno e a suspensão de atividade pública. Poderiam essas medidas ser aplicadas aos parlamentares, máxime a suspensão da atividade pública (a suspensão do seu mandato)?

Em 2016, na Ação Cautelar (AC) 4.070, o Supremo Tribunal Federal suspendeu o mandato do então deputado federal (e Presidente da Câmara dos Deputados) Eduardo Cunha (rel. Min. Teori Zavascki, Plenário, 5-5-2016). Na primeira edição de nosso livro, concordávamos com a decisão do STF. Em nosso entender, tratava-se de uma hipótese excepcionalíssima de interferência de um Poder sobre outro. Excepcional, mas razoável. Como um parlamentar não pode ser preso em flagrante de crimes afiançáveis, a única alternativa para coibir a prática de crimes no exercício do mandato, impedindo sua prática reiterada, seria a suspensão do seu mandato, aplicando-se o art. 319 do Código de Processo Penal.

Todavia, em 2017, por maioria de votos, o Plenário do Supremo Tribunal Federal decidiu que o Poder Judiciário, no caso de imposição de medida que dificulte ou impeça, direta ou indiretamente, o exercício regular do mandato, deve remeter a decisão judicial, em 24 horas, à respectiva Casa Legislativa para deliberação, por analogia com o art. 53, § 2º, da Constituição Federal.

Consta da ementa do respectivo acórdão: "O Poder Judiciário dispõe de competência para impor aos parlamentares, por autoridade própria, as medidas cautelares a que se refere o art. 319 do Código de Processo Penal, seja em substituição de prisão em flagrante delito por crime inafiançável, por constituírem medidas individuais e específicas menos gravosas; seja autonomamente em circunstâncias de excepcional gravidade. Os autos da prisão em flagrante delito por crime inafiançável ou a decisão judicial de imposição de medidas cautelares que impossibilitem, direta ou indiretamente, o pleno e regular exercício do mandato parlamentar e de suas funções legislativas, serão remetidos dentro de vinte e quatro horas à Casa respectiva, nos termos do § 2º do artigo 53 da Constituição Federal, para que, pelo voto nominal e aberto da maioria de seus membros, resolva sobre a prisão ou a medida cautelar" (STF – ADI 5.526/DF, redator do acórdão: Min. Alexandre de Moraes, 11-10-2017, Plenário).

e) Prisão-pena ou prisão penal

Embora não esteja prevista expressamente na Constituição Federal (que no art. 53, § 2º, somente prevê a prisão em flagrante de crime inafiançável), há outra prisão que pode recair sobre o parlamentar: a prisão-pena ou prisão penal, ou seja, a prisão decorrente de sentença penal condenatória irrecorrível.

Foi o que ocorreu em 2013 contra o deputado federal Natan Donadon. Por maioria de votos, o Supremo Tribunal Federal declarou o trânsito em julgado de sua condenação penal na Ação Penal 396 e determinou a expedição do mandado de prisão contra o parlamentar, para o início do cumprimento da pena. O deputado foi condenado à pena de 13 anos, 4 meses e 10 dias de reclusão, em regime inicialmente fechado.

Dessa maneira, podemos afirmar que há duas prisões que podem recair sobre o parlamentar: a) prisão em flagrante de crime inafiançável; b) prisão decorrente de sentença penal condenatória irrecorrível.

f) A condenação penal (e eventual prisão) implica perda do mandato?

Como vimos no item anterior, a condenação penal por sentença transitada em julgado permite o início do cumprimento de pena por parte do parlamentar.

Todavia, indaga-se: a condenação penal implica perda automática do mandato? Ora, a lógica e o bom senso diriam que sim. Qualquer autoridade pública que detém mandato eletivo perderá o mandato se condenada criminalmente por sentença transitada em julgado, nos termos do art. 92, I, do Código Penal. Na realidade, quase todas as autoridades públicas. Nos termos do absurdo art. 55, VI, c/c art. 55, § 2°, da Constituição Federal, se o parlamentar for condenado criminalmente por sentença transitada em julgado, a perda do mandato não é automática(!!). Afirma a Constituição Federal: "perderá o mandato o deputado ou senador: VI – que sofrer condenação criminal em sentença transitada em julgado". Todavia, há uma ressalva: *"nos casos dos incisos I, II e VI, a perda do mandato será decidida pela Câmara dos Deputados ou pelo Senado Federal, por maioria absoluta, mediante provocação da respectiva Mesa ou de partido político representado no Congresso Nacional, assegurada ampla defesa"* (grifamos).

Dessa maneira, poderá o parlamentar ser condenado criminalmente por sentença transitada em julgado e, mesmo assim, não perder o mandato.

O dispositivo é realmente teratológico. Por essa razão, na Ação Penal 470, o Supremo Tribunal Federal aplicou aos parlamentares condenados o art. 92 do Código Penal, que prevê: "São também efeitos da condenação: I – a perda de cargo, função pública ou mandato eletivo: a) quando aplicada pena privativa de liberdade por tempo igual ou superior a 1 (um) ano, nos crimes praticados com abuso de poder ou violação de dever para com a Administração Pública; II – quando for aplicada pena privativa de liberdade por tempo superior a 4 (quatro) anos nos demais casos".

Dessa maneira, esse seria o raciocínio, nos termos do art. 92 do Código Penal:

CONDENAÇÃO POR SENTENÇA TRANSITADA EM JULGADO	
Pena superior a 4 anos (não importando o crime)	Perda do mandato (art. 92, CP) e prisão
Pena superior a 1 ano (com atos de improbidade)	Perda do mandato (art. 92, CP) e prisão
Pena de 4 anos ou menos (sem atos de improbidade)	Perda do mandato e prisão dependem de deliberação da Casa (art. 55, VI e § 2°, CF)

Embora o entendimento acima nos pareça justo, também parece trazer consigo um vício hermenêutico: havendo conflito entre o art. 55, § 2°, da Constituição Federal e o art. 92 do Código Penal, não poderia este último prevalecer. Certamente, por essa razão, esse posicionamento do STF não prevaleceu.

Realmente, em julgado posterior, o Supremo Tribunal Federal mudou seu entendimento. Na Ação Penal 565, foi condenado o Senador Ivo Cassol, pelo crime de fraude a licitações, à pena de 4 anos e 8 meses de detenção. Aplicado o entendimento anterior, como a condenação foi superior a quatro anos, perderia automaticamente o mandato. Todavia, no novo entendimento, a perda do mandato é uma decisão exclusiva da Casa parlamentar, nos termos do art. 55, inciso VI e § 2º, da Constituição Federal.

O Senado não decretou a perda do mandato do Senador condenado pelo STF, sob o argumento de que só o fará após a condenação transitada em julgado. O senador foi condenado no dia 8 de agosto de 2013. O trânsito em julgado se deu em junho de 2018. A Ministra Cármen Lúcia determinou o início imediato do cumprimento da pena, comunicando o Senado para cassação do seu mandato.

O STF proferiu uma terceira decisão diferente, dessa vez intermediária, na Ação Penal 694/MT (rel. Min. Rosa Weber, julgamento em 2-5-2017). A 1ª Turma do STF, "nos termos do voto do ministro Roberto Barroso e por decisão majoritária, decidiu que a perda do mandato com base no inciso III do art. 55 da Constituição Federal (CF), que prevê essa punição ao parlamentar que, em cada sessão legislativa, faltar a 1/3 das sessões ordinárias. Nesse caso, não há necessidade de deliberação do Plenário e a perda do mandato deve ser automaticamente declarada pela Mesa Diretora da Câmara dos Deputados. Salientou que, como regra geral, quando a condenação ultrapassar 120 dias em regime fechado, a perda do mandato é consequência lógica. Nos casos de condenação em regime inicial aberto ou semiaberto, há a possibilidade de autorização de trabalho externo, que inexiste em condenação em regime fechado".

Dessa maneira, de acordo com o entendimento mais recente do STF (AP 694/MT), podemos assim sintetizar:

CONDENAÇÃO PENAL E PERDA DO MANDATO PARLAMENTAR	
Condenação	Condenação
Pena privativa de liberdade no REGIME FECHADO a pena superior a 120 dias.	A qualquer outra pena (multa, restritiva de direitos ou privativa de liberdade no REGIME SEMIABERTO ou ABERTO).
Perda automática do mandato (bastando apenas uma declaração da Mesa da Casa Parlamentar).	A perda do mandato depende de deliberação da Casa Parlamentar, por maioria absoluta.
Fundamento: por força do art. 56, II, afastamento parlamentar superior a 120 dias implica a perda do mandato.	Fundamento: é o que determina o art. 55, § 2º, da Constituição Federal.

Esse entendimento foi aplicado, em 2018, ao ex-deputado federal Paulo Maluf, na Ação Penal (AP) 863. Por unanimidade, a 1ª Turma do Supremo Tribunal Federal condenou o então deputado federal, pelo crime de lavagem de dinheiro, a 7 anos, 9 meses e 10 dias de reclusão. Os ministros também decidiram por unanimidade que, como efeito da condenação, fica determinada a perda do mandato, devendo ser declarada pela Mesa Diretora da Câmara dos Deputados. A Mesa da Câmara dos Deputados, mesmo contrariada com a decisão do STF (entendendo que a decisão deveria ir ao Plenário da Casa[36]), declarou no dia 22 de agosto de 2018 a perda do mandato do deputado.

---

36. Segundo o corregedor da Câmara Evandro Gussi (PV-SP), a Mesa decidiu cumprir a ordem judicial, mas ressaltou que a determinação do Supremo ofende a Constituição. Segundo o parlamentar, a Câmara teve de escolher entre cumprir ou não uma decisão judicial. Disponível em: <http://www2.camara.leg.br/camaranoticias/noticias/POLITICA/561589-MESA-DIRETORA-DECLARA-A-PERDA-DO-MANDATO-DE-MALUF.html>.

A perda do mandato não seria, portanto, automática se o parlamentar for condenado à pena privativa de liberdade no REGIME ABERTO ou SEMIABERTO. E de fato, há exemplo real nesse sentido. Conforme noticiado recentemente, "depois de pouco mais de 20 dias na prisão em Brasília, o deputado Celso Jacob (PMDB-RJ) voltou hoje ao trabalho na Câmara dos Deputados, após ter sido autorizado pela Justiça a cumprir sua pena no regime semiaberto. [...] O advogado informou que o deputado Celso Jacob deverá ir à Câmara de segunda a sexta-feira, nos horários estabelecidos pela Justiça, para desempenhar suas atividades parlamentares no gabinete, nas comissões e no plenário. O deputado vai almoçar na Câmara e não usará transporte da Casa para se deslocar do presídio para a Câmara e para retornar ao presídio"[37]. O mesmo ocorreu em 2018. O senador Acir Gurgacz (PDT-RO) foi condenado a 4 anos e 6 meses de prisão, no regime semiaberto. O STF permitiu que ele legislasse durante o dia e dormisse na prisão, até que o Senado deliberasse sobre a perda de seu mandato. Segundo decisão de Alexandre de Moraes: "fica, portanto, assegurado o trabalho externo do sentenciado, a ser exercido no Senado Federal, mediante o cumprimento das condições e horários a serem estabelecidos e fiscalizados pelo Juízo da Execução".

g) Desde a expedição do diploma

A imunidade formal quanto à prisão começa a vigorar "desde a expedição do diploma". Diplomação é o ato pelo qual a Justiça Eleitoral atesta que o candidato foi efetivamente eleito pelo povo e, por isso, está apto a tomar posse no cargo. A entrega do diploma ocorre depois de terminado o pleito, apurados os votos e passados os prazos de questionamentos e de processamento do resultado das eleições. No caso de eleições presidenciais, é o TSE que faz essa diplomação. Para os eleitos aos demais cargos federais, estaduais e distritais, assim como para os suplentes, a entrega do diploma fica a cargo dos TREs. Já nas eleições municipais, a competência é das juntas eleitorais.

Dessa maneira, o termo *a quo* da imunidade formal quanto à prisão é a diplomação, e não a posse, como poderiam alguns imaginar.

h) Comunicação à casa parlamentar

Se o parlamentar for preso em flagrante de crime inafiançável, "os autos serão remetidos dentro de vinte e quatro horas à Casa respectiva, para que, pelo voto da maioria de seus membros, resolva sobre a prisão" (art. 53, § 2º, *in fine*, CF). Dessa maneira, efetuada a prisão em flagrante, deverá ser comunicada a Casa parlamentar. Em se tratando de prisão em flagrante de deputado federal, deve ser comunicada a Câmara dos Deputados; em se tratando de prisão em flagrante de senador, deve ser comunicado o Senado Federal; preso o deputado estadual, será comunicada a Assembleia Legislativa do Estado e, por fim, preso o deputado distrital, será comunicada a Câmara Legislativa do DF.

Por exemplo, efetuada a prisão do deputado estadual Natalino Guimarães, foi comunicada a Assembleia Legislativa do Estado do Rio de Janeiro, que decidiu (por 43 votos a 5) manter a prisão em flagrante. Mais recentemente, no dia 25 de novembro de 2015, o Senado Federal

---

37. Disponível em: <http://agenciabrasil.ebc.com.br/politica/noticia/2017-06/deputado-que-cumpre-pena-no-regime--semiaberto-volta-ao-trabalho-na-camara>. O referido deputado participou da votação na Câmara dos Deputados que impediu o recebimento da denúncia contra o Presidente da República. Ironicamente, o parlamentar foi o voto número 171.

manteve a prisão em flagrante do Senador Delcídio do Amaral, por 59 votos a favor, 13 votos contrários e uma abstenção.

A votação será secreta ou aberta? O texto originário da Constituição de 1988 afirmava: "no caso de flagrante de crime inafiançável, os autos serão remetidos, dentro de vinte e quatro horas, à Casa respectiva, para que, pelo voto secreto da maioria de seus membros, resolva sobre a prisão e autorize, ou não, a formação de culpa" (art. 53, § 2º, do texto originário). Todavia, a Constituição foi alterada pela Emenda Constitucional n. 35, de 2001. Na nova redação não há mais menção ao "voto secreto". Portanto, a votação deve ser aberta. Foi o que ocorreu na decisão do Senado que manteve a prisão do Senador Delcídio do Amaral. Dessa maneira, não pode mais prosperar o art. 291, I, "c", do Regimento Interno do Senado, que afirma: "será secreta a votação: I – quando o Senado tiver que deliberar sobre: c) prisão de Senador e autorização da formação de culpa, no caso de flagrante de crime inafiançável".

O quórum para essa deliberação deve ser de maioria absoluta, por expressa previsão do art. 53, § 2º, da Constituição Federal: "pelo voto da maioria de seus membros".

i) Vereador?

Importante: vereador não tem imunidade parlamentar formal (seja quanto à prisão, seja quanto ao processo). A única imunidade que possui o vereador é a imunidade material quanto à prisão, mesmo assim, se as palavras forem proferidas no exercício da função parlamentar e dentro da circunscrição do município. Dessa maneira, o vereador pode ser preso em flagrante, preventivamente, temporariamente, bem como pode ser decretada prisão civil etc.

j) Deputados estaduais?

Segundo o art. 27, § 1º, da Constituição Federal, aplicam-se aos *deputados federais* as mesmas regras de inviolabilidade e imunidade dos deputados federais. O texto é bastante claro: "será de quatro anos o mandato dos Deputados Estaduais, aplicando-se-lhes as regras desta Constituição sobre sistema eleitoral, inviolabilidade, *imunidades*, remuneração, perda do mandato, licença, impedimentos e incorporação às Forças Armadas" (grifamos).

Não obstante, um fato muito inusitado ocorreu no final de 2017. Deputados estaduais cariocas (Jorge Picciane, Paulo Melo e Edson Albertassi, todos do PMDB) foram presos por determinação da justiça federal. Havia dúvidas quanto à natureza daquela prisão (prisão preventiva ou prisão em flagrante). Bem, se a prisão fosse preventiva, não teria autorização constitucional (já que só é possível a prisão em flagrante de crime inafiançável). De qualquer forma, a Assembleia Legislativa do Rio de Janeiro reverteu a decisão judicial e determinou a soltura dos três deputados presos.

A questão chegou até o STF, por meio das medidas cautelares nas ADIs 5.823 e 5.824. No dia 7 de dezembro de 2017, 9 Ministros votaram (5 votos contra 4), decidindo que (pasmem!) não se aplica aos deputados estaduais a possibilidade de suspensão da prisão pela Assembleia Legislativa. Tal decisão, com a devida vênia, contrariava o texto constitucional de forma teratológica.

Esse é o risco de fazer a *mutação constitucional* com base nos seus valores pessoais, e não dentro dos limites do texto constitucional. É óbvio que o Brasil, atingido por uma corrupção endêmica, precisa encontrar meios de combater a malversação, a criminalidade institucional. Não obstante, segundo a Constituição, esse combate deve ser feito nos termos da lei.

A questão foi decidida definitivamente em 2019 e, felizmente, voltou a ser aplicado o texto constitucional, ou seja, ainda que possa ser criticada a extensão da imunidade parlamentar aos deputados estaduais, ela decorre expressamente da Constituição Federal. Assim, se um parlamentar estadual for preso em flagrante de crime inafiançável, poderá a Casa parlamentar suspender sua prisão, pelo voto da maioria dos seus membros. Decidiu o STF: "A teor do disposto no art. 27 da Constituição Federal, os deputados estaduais estão protegidos pelas regras de inviolabilidade previstas em relação aos parlamentares federais, sendo constitucional preceito da Constituição do Estado que dispõe sobre o tema" (ADI 5.823 MC/RN, rel. Min. Marco Aurélio, Pleno, j. 8-5-2019).

19.10.5. Imunidade formal quanto ao processo

Deputados e senadores podem ser processados criminalmente durante os seus respectivos mandatos? A Constituição Federal responde afirmativamente, desde 2001. Isso porque houve uma importante Emenda Constitucional alterando a regra acerca da imunidade quanto ao processo: a Emenda Constitucional n. 35/2001. Até a edição dessa Emenda Constitucional, os parlamentares somente poderiam ser processados criminalmente se houvesse autorização expressa da Casa parlamentar. É o que dizia a redação originária do art. 53, § 1º, *in fine*, da Constituição Federal: "desde a expedição do diploma, os membros do Congresso Nacional não poderão ser [...] processados criminalmente sem prévia licença de sua Casa". Essa regra propiciava mais do que uma imunidade parlamentar, mas uma "impunidade parlamentar". Isso porque essa licença da Casa praticamente nunca era concedida. A Casa recebia o pedido por parte do Supremo Tribunal Federal, mas não deliberava acerca desse pedido. Era o chamado vulgarmente "embargo de gaveta". Inexistindo deliberação (favorável ou negativa) sobre o pedido, o parlamentar ficava impune.

Com o advento da Emenda Constitucional n. 35, de 2001, criou-se uma nova regra, que pode assim ser sistematizada: a) para os crimes praticados antes da diplomação, o processo continuará normalmente; b) para os crimes praticados depois da diplomação, o processo poderá começar normalmente, mas a Casa pode suspender o processo. Portanto, podemos assim resumir:

Crime praticado	antes da diplomação: o processo continua normalmente, somente se alterando a competência.
	após a diplomação: o processo pode começar normalmente, mas a casa pode suspender o processo.

a) Crime praticado antes da diplomação (e "teoria dos mandatos cruzados")

Ao contrário do que ocorria anteriormente (quando o início do processo dependia de autorização da Casa parlamentar), quanto aos crimes cometidos antes da diplomação, o processo prosseguirá normalmente, não podendo a Casa parlamentar suspendê-lo. Todavia, por conta da nova função pública exercida, a única mudança seria a da competência (se o réu, durante o processo, fosse eleito deputado federal ou senador, o processo seria remetido ao STF). Não obstante, a partir de 2018, o entendimento do STF é no sentido de que não se aplica a competência por prerrogativa de função aos crimes praticados antes da diplomação. Dessa maneira, para os crimes praticados antes do mandato parlamentar, a competência será do juiz de primeira instância.

Trata-se de uma importante evolução da jurisprudência, à luz do princípio constitucional da igualdade. Se a pessoa praticou crime antes de se eleger parlamentar, deverá, como qualquer outro cidadão, ser processada na primeira instância.

Todavia, o próprio STF criou uma exceção: a "tese dos mandatos cruzados". Segundo o STF, a competência criminal originária do STF para julgar congressistas federais deve ser mantida na hipótese de "mandatos cruzados", ou seja, quando o parlamentar trocar de casa legislativa sem solução de continuidade. Segundo o voto prevalente (do ministro Edson Fachin), "a competência do Supremo Tribunal Federal alcança os Congressistas Federais no exercício de mandato em casa parlamentar diversa daquela em que fora consumada a hipotética conduta delitiva, pois hipótese que encontra subsunção no art. 102, I, 'b', da Constituição Federal, desde que não haja solução de continuidade" (Pet. 9.189, trecho do voto do Min. Edson Fachin, j. 13-5-2021).

Assim, se um deputado federal está sendo processado criminalmente perante o STF por suposto crime praticado durante seu mandato, caso seja eleito senador, o processo continuará no STF. Todavia, há uma exceção, segundo o próprio STF: "havendo interrupção ou término do mandato parlamentar, sem que o investigado ou acusado tenha sido novamente eleito para os cargos de Deputado Federal ou Senador da República, exclusivamente, o declínio da competência é medida impositiva" (Pet. 9.189, trecho do voto do Min. Edson Fachin, j. 13-5-2021).

Essa "teoria dos mandatos cruzados" foi adotada, de forma mais ampliada e análoga, para o caso envolvendo o senador carioca Flávio Bolsonaro. O parlamentar estava sendo processado por crimes supostamente praticados enquanto era deputado estadual. À luz da jurisprudência do STF, o processo tramitou na primeira instância. Todavia, o STJ entendeu que, por ter sido eleito senador da República, aplica-se a ele a "teoria dos mandatos cruzados", não podendo ser processado na primeira instância. Nesse caso específico e peculiar, decidiu o Superior Tribunal de Justiça que a competência continuaria a ser do Tribunal de Justiça do Rio de Janeiro, competente para julgar os crimes praticados por deputados estaduais (RHC 135.206)

O fato é que, em se tratando de "mandatos cruzados" de entes federativos diferentes, como o caso (crime praticado por deputado estadual que é eleito deputado federal ou senador), é recomendável aguardar a jurisprudência dos próximos anos, especialmente do STF, tendo em vista que o assunto está longe de ser pacífico. O STF analisará o tema na ADI 6.477, que estava pendente de julgamento no momento do fechamento da presente edição.

Dessa maneira, exceção feita à teoria dos mandatos cruzados, quanto aos crimes praticados antes da diplomação, os processos tramitarão na primeira instância e o início não dependerá de autorização da Casa parlamentar. Quanto a esse segundo aspecto (desnecessidade de autorização da Casa), trata-se de uma inovação da Emenda Constitucional n. 35, de 2001. Indaga-se: essa Emenda Constitucional n. 35, que deu nova redação ao art. 53 da Constituição Federal, aplicou-se imediatamente aos deputados e senadores que praticaram crimes anteriores à sua edição? Para desespero de muitos deputados federais e senadores, a Emenda aplicou-se imediatamente. Isso porque, no entendimento do Supremo Tribunal Federal, trata-se de uma nova regra processual, e, nos termos do art. 2º do Código de Processo Penal, que traz o princípio do *tempus regit actum* ou efeito imediato: "a lei processual penal aplicar-se-á desde logo, sem prejuízo da validade dos atos realizados sob a vigência da lei anterior". Dessa maneira, todos os parlamentares que não estavam sendo processados criminalmente porque não havia sido concedida a licença da Casa parlamentar passaram a ser imediatamente processados criminalmente, pelos crimes praticados antes da diplomação. Decidiu o STF: "o STF, em várias oportunidades, firmou o entendimento de que a EC 35, publicada em 21-12-2001, tem aplicabilidade imediata, por referir-se a imunidade processual apta a alcançar as situações em curso. Referida emenda 'suprimiu, para efeito de prosseguimento da *persecutio criminis*, a necessidade de licença parlamentar, distinguindo, ainda, entre delitos ocorridos antes e após a diplomação, para admitir, somente quanto a estes últimos, a possibilidade de suspensão do curso da ação penal' (Inq. 1.637, Min. Celso de Mello). Em face dessa orientação, carece de plausibilidade jurídica, para o fim de atribuir-se efeitos suspensivo a recurso extraordinário, a tese de que a norma inscrita no atual § 3º do art. 53 da Magna Carta se aplica também a crimes ocorridos após a diplomação de mandatos pretéritos" (AC 700 AgR, rel. Min. Ayres Britto).

b) Crime praticado após a diplomação

Quanto aos crimes praticados após a diplomação (durante o mandato), a regra constitucional é diversa. Segundo o art. 53, § 3º, da Constituição Federal, "recebida a denúncia contra o Senador ou Deputado, por crime ocorrido após a diplomação, o Supremo Tribunal Federal dará ciência à Casa respectiva, que, por iniciativa de partido político nela representado e pelo voto da maioria de seus membros, poderá, até a decisão final, sustar o andamento da ação".

Vejamos alguns detalhes dessa regra constitucional, inserida pela Emenda Constitucional n. 35, de 2001:

b.1) Após a diplomação

Como vimos cima, essa regra é específica para os crimes praticados após a diplomação. Outrossim, como já abordamos, a diplomação é ato que ocorre perante a Justiça Eleitoral e que certifica que o parlamentar eleito tem condições de tomar posse. Não se confunde com a posse, que é ato posterior. Assim, o marco divisório da imunidade parlamentar quanto ao processo é a diplomação, e não a posse do parlamentar.

b.2) Oferecimento e recebimento da denúncia

Nos termos do art. 53, § 3º, da Constituição Federal, pelos crimes praticados após a diplomação, o Supremo Tribunal Federal poderá receber a denúncia pelo crime praticado por deputado federal ou senador. Assim, o Procurador-Geral da República poderá denunciar os parlamentares criminosos, bem como o Supremo Tribunal Federal poderá receber a denúncia. Seja para o oferecimento, seja para o recebimento da denúncia, não é necessária autorização ou licença do Congresso Nacional (como ocorria até 2001, em que a licença da respectiva Casa era *conditio sine qua non* para o recebimento da denúncia). Por exemplo, no dia 22 de junho de 2016, o STF recebeu, por unanimidade, denúncia contra o então deputado federal Eduardo Cunha, pela prática de corrupção passiva, lavagem de dinheiro, evasão de divisas e falsidade ideológica para fins eleitorais (Inq. 4146). Para receber essa denúncia, não precisou de autorização da Casa. Da mesma forma, sem autorização da Câmara dos Deputados, no Inquérito 3.932, o STF recebeu denúncia contra o então deputado Jair Bolsonaro, pela prática de incitação ao crime de estupro.

b.3) Comunicação à Casa parlamentar

Segundo o art. 53, § 3º, da Constituição Federal, recebida a denúncia contra deputado federal ou senador, deve ser comunicada imediatamente a Casa parlamentar. Assim, em se tratando de deputado federal, deve ser comunicada a Câmara dos Deputados. Em se tratando de senador, será comunicado imediatamente o Senado Federal. Por sua vez, sendo deputado estadual ou distrital, serão comunicadas pelo Judiciário a Assembleia Legislativa do Estado e a Câmara Legislativa do Distrito Federal, respectivamente.

b.4) Sustação do andamento da ação

Segundo o art. 53, § 3º, *in fine*, do Código de Processo Penal, recebida a denúncia contra deputado federal ou senador, pelos crimes praticados após a diplomação, depois de comunicada a respectiva casa, "por iniciativa de partido político nela representado e pelo voto da maioria de seus membros, poderá, até a decisão final, sustar o andamento da ação".

Como se vê, recebida a denúncia contra deputado ou senador, por crime praticado após a diplomação, a Casa poderá sustar o processo. Trata-se de uma inovação da Emenda Constitucional n. 35, de 2001. Num primeiro momento, muitos críticos afirmaram que a mudança havia sido pequenina e que estaria mantida a "impunidade parlamentar". Discordamos dessas críticas. Anteriormente, bastava o silêncio da Casa parlamentar para que o deputado ou senador ficasse impune. O "embargo de gaveta" era uma prática que não maculava individualmente nenhum parlamentar. A inércia era geral. Desde 2001, no entanto, se a Casa quiser suspender o processo de um de seus pares, terá de fazer isso publicamente, nominalmente, o que é muito mais difícil, por conta da pressão da opinião pública.

O pedido de sustação do processo é de iniciativa de partido político representado na Casa Parlamentar. Assim, pode ser o partido político do próprio parlamentar processado criminalmente, ou outro partido qualquer que tenha pelo menos um parlamentar naquela casa. O pedido de sustação do processo será encaminhado à Mesa da respectiva casa.

Nos termos do art. 53, § 4º, da Constituição Federal, a Casa parlamentar terá o prazo improrrogável de 45 dias, a contar do recebimento pela Mesa Diretora da Casa, para apreciar o pedido de sustação do processo ("o pedido de sustação será apreciado pela Casa respectiva no prazo improrrogável de quarenta e cinco dias do seu recebimento pela Mesa Diretora"). Dessa maneira, entendemos que, pela redação do sobredito art. 53, § 4º, passados 45 dias do recebimento do pedido pela Mesa Diretora, não poderá mais a Casa suspender o processo-crime do parlamentar.

Quando se dará essa sustação? Segundo o art. 53, § 3º, da Constituição Federal, a Casa poderá sustar o processo "até a decisão final". Isso significa que o pedido de sustação poderá se dar em qualquer momento do processo penal, até o seu trânsito em julgado. Assim, mesmo estando em vias de ser condenado ou até mesmo após a condenação, mas aguardando recurso, poderá a Casa parlamentar sustar o processo. Importante frisar que, feito o pedido para a Mesa Diretora (em qualquer momento ou estágio da ação penal), a Casa terá o prazo de 45 dias para deliberar sobre o pedido.

Por quanto tempo será essa sustação? Não há prazo determinado na Constituição Federal. Dessa maneira, entende-se que o processo ficará suspenso até o término do mandato do parlamentar. Há certa polêmica na doutrina caso o parlamentar seja reeleito para um mandato subsequente. A sustação do processo dada na legislatura anterior permaneceria para a legislatura posterior? Embora entendamos os fundamentos da posição contrária, parece-nos que o escopo da Constituição é que a sustação, tão excepcional, perdure enquanto o réu estiver exercendo a função parlamentar (seja na mesma ou em nova legislatura). Caso contrário, a cada quatro anos, seria necessária uma nova deliberação parlamentar pela sustação do processo, o que não nos parece ter sido o escopo constitucional.

Por fim, por expressa previsão no art. 53, § 5º, da Constituição Federal, "a sustação do processo suspende a prescrição, enquanto durar o mandato".

b.5) Vereadores?

A presente imunidade formal quanto ao processo não se aplica ao vereador. Isso porque o vereador só possui uma imunidade parlamentar: a imunidade parlamentar material, quanto às palavras, às opiniões e aos votos proferidos no exercício da função, desde que proferidos dentro da circunscrição do Município. Assim, o vereador poderá ser processado criminalmente, seja por crimes praticados antes ou após a diplomação, e, se condenado, poderá ser preso, inclusive.

19.10.6. Prerrogativa de foro (foro por prerrogativa de função)

A Constituição Federal, em várias passagens, prevê hipóteses de competência por prerrogativa de função. Em outras palavras, algumas autoridades, quando praticam crimes, têm o direito de ser julgadas por instâncias diversas. Trata-se de uma garantia constitucional, destinada a preservar as funções públicas. Importante: por mais que seja uma expressão largamente usada, é tecnicamente incorreto o termo "foro privilegiado". Isso porque não se trata de um privilégio, mas de uma prerrogativa. Como vimos anteriormente, o privilégio diz respeito à pessoa, é algo personalíssimo e renunciável. Já a prerrogativa diz respeito à função exercida, sendo irrenunciável, portanto. A prova mais clara disso é que, terminado o mandato da autoridade (seja pelo decurso do prazo, seja por vias anômalas), o processo não permanecerá no Tribunal, pois não mais presente a função pública exercida.

No passado, o Supremo Tribunal Federal adotava o entendimento de que, terminado o mandato da autoridade, o processo penal continuaria no Tribunal. Era o conteúdo da Súmula 394: "Cometido o crime durante o exercício funcional, prevalece a competência especial por prerrogativa de função, ainda que o inquérito ou a ação penal sejam iniciados após a cessação daquele exercício". Todavia, felizmente, a Súmula foi cancelada, pois feria o princípio da igualdade (não exercendo mais a função pública, não havia por que o processo continuar em superior instância). Segundo nova posição do STF: "Depois de cessado o exercício da função, não deve manter-se o foro por prerrogativa de função, porque cessada a investidura a que essa prerrogativa é inerente, deve esta cessar por não tê-la estendido mais além a própria Constituição" (AP 315 QO, rel. Min. Moreira Alves).

Todavia, como vimos acima, o próprio STF criou uma exceção: a "tese dos mandatos cruzados". Segundo o STF, a competência criminal originária do STF para julgar congressistas federais deve ser mantida na hipótese de "mandatos cruzados", ou seja, quando o parlamentar trocar de casa legislativa sem solução de continuidade. O STJ, no caso envolvendo o Senador Flávio Bolsonaro (que era deputado estadual e foi eleito senador), aplicou a "tese dos mandatos cruzados" de forma inédita, de modo a manter o foro privilegiado do parlamentar.

Importante frisar que essa competência por prerrogativa de função refere-se às ações penais, não se aplicando às ações civis, como a ação de improbidade administrativa: "ação civil pública por ato de improbidade administrativa que tenha por réu parlamentar deve ser julgada na Primeira Instância. Declaração de inconstitucionalidade do art. 84, § 2º, do CPP no julgamento da ADI 2797" (Pet. 3067 AgR, rel. Min. Roberto Barroso).

a) **Renúncia de parlamentar**

Como vimos, conforme o entendimento atual do Supremo Tribunal Federal, terminado o mandato da autoridade, o processo não mais continuará no Tribunal, devendo descer para a comarca onde o crime aconteceu. Foi o que ocorreu no caso do ex-deputado federal Eduardo Cunha. Tendo seu mandato cassado por seus pares, por quebra do decoro parlamentar, os processos e inquéritos que contra ele estavam tramitando junto ao Supremo Tribunal Federal desceram para a comarca em que o processo já estava tramitando (vara federal de Curitiba), tendo o magistrado decretado sua prisão preventiva, inclusive.

Todavia, essa regra fez gerar na prática da política brasileira um ato absolutamente inescrupuloso praticado pelos nossos políticos: vendo o processo-crime tramitar, diante do risco de condenação penal, renunciam a seus respectivos mandatos. Assim, não sendo mais parlamentares, não teriam mais foro por prerrogativa de função, devendo o processo ser remetido à instância inferior. Foi o que fez o ex-governador de Minas Gerais Eduardo Azeredo. Processado no STF pelo caso conhecido como "mensalão mineiro", renunciou ao seu mandato de deputado federal, no dia 19 de fevereiro de 2014, alegando que "precisava de mais tempo para se defender". Na realidade, a renúncia teve um único propósito: fazer com que o processo fosse remetido à inferior instância. Remetido o processo à primeira instância, foi o ex-governador condenado a 20 anos de reclusão pela juíza da 9ª Vara Criminal de Belo Horizonte. Qual foi então a vantagem? Por ter sido condenação em primeira instância, tem o réu o direito de recorrer (o que não teria, em princípio, se a decisão fosse proferida diretamente pelo STF). Em 22 de agosto de 2017, a condenação foi mantida pela 5ª Câmara Criminal do Tribunal de Justiça de Minas Gerais. O Tribunal concluiu que o réu só poderia ser preso depois de julgados os recursos no próprio Tribunal de Justiça (embargos de declaração, embargos infringentes etc.). Foi preso em 2018, iniciando o cumprimento de sua pena.

Dessa maneira, em regra, a renúncia do parlamentar ao seu respectivo mandato fará com que o processo seja remetido à inferior instância. Todavia, o Supremo Tribunal Federal criou uma exceção, uma atenuação dessa regra: *se a renúncia ocorrer após a instrução, não acarretará a perda da competência do Tribunal*. Dessa maneira, se o parlamentar renunciar depois da instrução, mas às vésperas do julgamento, o processo não descerá à instância inferior. Nesse sentido, decidiu o Supremo Tribunal Federal: "a renúncia de parlamentar, após o final da instrução, não acarreta a perda de competência do supremo Tribunal Federal. Superação da jurisprudência anterior. Havendo a renúncia ocorrido anteriormente ao final da instrução, declina-se da competência para o juízo de primeiro grau" (AP 606 QO, rel. Min. Roberto Barroso, j. 12-8-2014, 1ª Turma)[38].

O mesmo raciocínio não se aplicaria ao caso de não reeleição do parlamentar. Foi o que decidiu o STF em 2015: "A Turma, por maioria de votos, já decidiu que a renúncia de parla-

---

38. Em voto proferido na Questão de Ordem na Ação Penal 937/RJ, o Min. Roberto Barroso sugere um momento exato para definição da competência do STF: "a partir do final da instrução processual, com a publicação do despacho de intimação para alegações finais, a competência para processar e julgar ações penais – do STF ou de qualquer outro órgão – não será mais afetada em razão de o agente público vir a ocupar outro cargo ou deixar o cargo que ocupava".

mentar, após o final da instrução, não acarreta a perda de competência do Supremo Tribunal Federal. [...] Todavia, na hipótese de não reeleição, não se afigura ser o caso de aplicação da mesma doutrina. Declínio da competência para o juízo de primeiro grau" (INQ 3.734/SP, Min. Roberto Barroso, 1ª Turma, 10-2-2015). Todavia, nesse caso de não reeleição, o STF já admitiu uma exceção: um parlamentar que não foi reeleito (e, portanto, o processo desceria para a instância inferior), mas que o voto do Ministro relator já estava pronto, pela absolvição. Nesse caso, o Supremo Tribunal Federal julgou o caso, sem remetê-lo à instância inferior (AP 568/SP, rel. Min. Roberto Barroso, j. 14-4-2015, 1ª Turma).

Dessa maneira, podemos assim sistematizar a jurisprudência atual do STF:

COMPETÊNCIA POR PRERROGATIVA DE FUNÇÃO E TÉRMINO DO MANDATO	
Renúncia até o fim da instrução	Processo desce para inferior instância
Renúncia após a instrução	Processo continua no Tribunal
Não reeleição	Processo desce para inferior instância
Não reeleição, mas com voto do relator já pronto	Processo continua no Tribunal

b) Extensão aos corréus

A competência por prerrogativa de função se estende aos corréus, que não possuem essa mesma prerrogativa? Tradicionalmente, o Supremo Tribunal Federal adota a posição afirmativa, por meio da Súmula 704: "não viola as garantias do juiz natural, da ampla defesa e do devido processo legal a atração por continência ou conexão do processo do corréu ao foro por prerrogativa de função de um dos denunciados".

Essa posição do Supremo Tribunal Federal era extraída do conteúdo do art. 77 do Código de Processo Penal: "a competência será determinada pela continência quando: I – duas ou mais pessoas forem acusadas pela mesma infração". Esse foi o entendimento que prevaleceu na Ação Penal 470/MG (conhecida como "caso do mensalão"), em que todos os réus foram julgados pelo Supremo Tribunal Federal, ocupantes ou não de cargos públicos eletivos.

Todavia, essa posição tradicional mostrou-se absolutamente incompatível com o direito processual contemporâneo. Isso porque o Pacto de São José da Costa Rica, no seu art. 8º, afirma ser direito do réu condenado "recorrer da sentença para juiz ou tribunal superior". Ora, o entendimento anterior do Supremo Tribunal Federal, aplicando o art. 77 do Código de Processo Penal, suprimia dos corréus o direito de recorrer a um Tribunal de superior instância. Como poderia o art. 77 do Código de Processo Penal (de Getúlio Vargas) prevalecer sobre o Pacto de São José da Costa Rica, que, como sabemos, é considerado norma supralegal?

Assim, o entendimento do Supremo Tribunal Federal foi alterado a partir do Inquérito 3.515/MT, de 2014. A partir de então, a regra é a separação dos processos. Somente haverá a unidade dos processos "quando as condutas dos acusados forem de tal forma imbricadas que o julgamento isolado dos acusados impeça o seu julgamento"[39]. Nesse sentido, decidiu recentemente o STF, em 2015: "Competência do Supremo Tribunal Federal. Desmembramento do Processo como regra geral. Deve-se proceder ao desmembramento, como regra geral, de inves-

---

39. Guilherme Madeira Dezem, op. cit., p. 337.

tigação ou processo já instaurado a fim de limitar a atuação do Supremo Tribunal Federal aos detentores de foro por prerrogativa de função. Precedentes do Plenário desta Corte. As condutas estão devidamente delineadas e são independentes, o que permite o julgamento em separado, sem prejuízo para a instrução e/ou julgamento da ação penal" (AP 908 AgR, rel. Min. Roberto Barroso).

Embora o critério não seja preciso, necessitando de uma análise por parte do Supremo Tribunal Federal (se as condutas dos réus são cindíveis ou não), a doutrina aponta uma hipótese de separação obrigatória dos processos: quando se tratar de duas competências constitucionais. Assim, "quando se tratar de competência constitucional deverá haver separação obrigatória dos processos. Vale dizer: caso os corréus cometam crimes em que haja competência prevista na Constituição Federal, deverá obrigatoriamente haver a separação de processos"[40]. Por exemplo, se um deputado federal pratica um crime doloso contra a vida juntamente com um particular, haverá obrigatoriamente a cisão dos processos, sendo que este último será julgado pelo Tribunal do Júri, por se tratar de competência constitucional.

c) **Direito de recorrer**

Questão interessante e importantíssima foi levada ao Supremo Tribunal Federal por força da Ação Penal 470/MG: o réu condenado originariamente no Tribunal terá direito de recorrer?

Tradicionalmente, a jurisprudência sempre foi unânime em dizer que, em casos de condenação originária nos Tribunais, não seria possível recorrer plenamente contra o mérito da decisão. Assim, não seria possível apelação ou qualquer outro recurso que apreciasse o mérito. Isso porque o réu já teria sido condenado por um órgão colegiado, de superior instância, não sendo necessário um novo julgamento que apreciasse o mérito novamente. Exceção seria feita aos recursos de âmbito processual, quando admissíveis (como Recurso Especial, Recurso Extraordinário ou Embargos de Declaração).

Todavia, esse entendimento tradicional parece contrariar o disposto no Pacto de São José da Costa Rica, segundo o qual todo réu condenado criminalmente tem o direito de recorrer a um juiz ou Tribunal de superior instância (art. 8º, 2, "h"). Assim, nos termos do Pacto de São José da Costa Rica, mesmo sendo condenado originariamente pelos Tribunais, teria o réu o direito de recorrer.

Não obstante, há uma questão mais sensível: e se o réu é condenado perante o Supremo Tribunal Federal? Para quem ele recorrerá? O Supremo Tribunal Federal analisou essa questão, no julgamento da AP 470/MG. Utilizando-se de precedente da Corte Interamericana de Direitos Humanos (caso Barreto Leiva *vs.* Venezuela), o STF entendeu que, nos casos de condenação pela Corte maior, caberá recurso para a própria Corte. Segundo o Supremo Tribunal Federal, "esse direito vale para todos os réus, inclusive os julgados pelo Tribunal máximo do país, em razão do foro especial por prerrogativa de função ou de conexão com quem desfruta dessa prerrogativa" (voto do Min. Celso de Melo, sobre a admissibilidade dos embargos infringentes). Com esse entendimento, o Supremo Tribunal Federal admitiu embargos infringentes por parte de vários réus condenados na AP 470. Condenados pelo STF, recorreram ao próprio STF, para fazer valer o conteúdo do art. 8º do Pacto de São José da Costa Rica.

---

40. Op. cit., p. 338.

d) Competência para julgar os parlamentares

A Constituição Federal, no art. 53, § 1º, determina ser competência do Supremo Tribunal Federal o julgamento dos crimes praticados por deputados federais e senadores. Quanto à competência para julgar deputados estaduais e distritais, estará ela prevista, respectivamente, na Constituição do Estado e na Lei Orgânica do Distrito Federal.

E quanto ao Vereador? Terá ele também foro por prerrogativa de função? Nessa questão, o Supremo Tribunal Federal mudou sua posição. Anteriormente, o Supremo Tribunal Federal entendia que poderia ser estabelecida uma competência por prerrogativa de função ao vereador na Constituição do Estado. Não obstante, em 2019, o STF mudou de posição. Por maioria de votos, o Plenário do Supremo Tribunal Federal julgou procedente a Ação Direta de Inconstitucionalidade n. 2.553, que versava sobre um dispositivo da Constituição do Estado do Maranhão que estabelecia competência por prerrogativa de função para os cargos de procuradores do Estado, defensores públicos, delegados de polícia, dentre outros. Segundo a maioria dos Ministros, a prerrogativa de foro é uma excepcionalidade de que a Constituição Federal já excepcionou, também nos Estados, as autoridades dos Três Poderes com direito a essa prerrogativa. Dessa maneira, segundo essa nova posição do STF, cabe somente à Constituição Federal estabelecer hipóteses de competência por prerrogativa de função. Em 2020, esse posicionamento foi reafirmado, agora aplicando-se aos vereadores. Isso porque a Constituição do Estado do Rio de Janeiro previa que vereadores deveriam ser processados criminalmente perante o Supremo Tribunal Federal. O STF entendeu que tais dispositivos são inconstitucionais, já que somente a Constituição Federal pode estabelecer competências por prerrogativa de função.

É importante frisar uma regra: havendo concorrência entre essa competência por prerrogativa de função e a competência do Júri, qual prevalecerá? O Supremo Tribunal Federal editou a Súmula Vinculante 45, sobre esse assunto: "A competência constitucional do Tribunal do Júri prevalece sobre o foro por prerrogativa de função estabelecido exclusivamente pela Constituição estadual". Assim, se o crime doloso contra a vida foi praticado por deputado estadual ou distrital, a competência constitucional do Júri (art. 5º, CF) prevalecerá sobre o foro por prerrogativa de função, que, nesse caso, está previsto na Constituição Estadual (ou Lei Orgânica do DF).

Por fim, é importante fazer uma consideração: até 2018, se o crime doloso contra a vida fosse praticado por Deputado Federal ou Senador, seria julgado sempre pelo STF, nos termos do art. 53 da Constituição Federal, por conta do princípio da especialidade (a competência por prerrogativa de função é especial, na comparação com a competência do Júri, que é geral). Não obstante, com o advento da nova jurisprudência do STF (decorrente da AP 937) isso mudou. Como, segundo o STF, os crimes praticados fora do exercício da função deverão ser julgados na primeira instância, em regra, os crimes dolosos contra a vida praticados por deputados federais ou senadores serão julgados na primeira instância, pelo Tribunal do Júri. O crime doloso contra a vida somente seria julgado pelo STF caso o crime tivesse ocorrido no exercício da função parlamentar, o que seria raríssimo (por exemplo, se em plenário, para defender-se de uma agressão de um opositor político, o parlamentar praticasse homicídio).

Dessa maneira, podemos assim sistematizar:

CRIME DOLOSO CONTRA A VIDA PRATICADO POR PARLAMENTAR	
Deputado federal ou senador	Em regra, Tribunal do Júri, já que o crime não foi praticado no exercício da função (AP 937). Se praticado no exercício da função, excepcionalmente, a competência será do STF.
Deputado estadual	Júri (Súmula Vinculante 45)
Deputado distrital	Júri (Súmula Vinculante 45)
Vereador	Júri (Súmula Vinculante 45)

e) Novo posicionamento do STF sobre a prerrogativa de função (AP 937)

Em 2017, a maioria dos Ministros do Supremo Tribunal Federal, em Questão de Ordem na Ação Penal 937, fez uma grande e importante modificação interpretativa sobre o instituto da "prerrogativa de função" (normalmente chamado pelos leigos de "foro privilegiado"). O Ministro relator, Roberto Barroso, acompanhado pela maioria dos Ministros do STF, decidiu restringir a competência por prerrogativa de função aos crimes praticados no cargo e em razão dele. Dessa maneira, a competência por prerrogativa de função possui dois requisitos: a) o crime deve ser praticado durante o mandato ou função e b) o crime deve ter vínculo com a função. Assim, se o crime foi praticado antes do mandato ou sem qualquer vínculo com o mandato, o réu será processado criminalmente na primeira instância.

Importante frisar que essa nova posição do STF não se aplica apenas a parlamentares federais, mas a todas as autoridades públicas. No julgamento do Recurso Extraordinário n. 1.185.838, o STF aplicou tal entendimento ao Prefeito, quanto ao crime praticado antes do mandato. Como consta do *Informativo* n. 940, "A turma determinou a remessa dos autos à primeira instância, mantida a validade de todos os atos praticados por tribunal de justiça responsável pelo recebimento de denúncia contra prefeito que supostamente havia praticado os fatos imputados em mandato anterior e, após o interregno de 4 anos, foi eleito para um novo mandato de prefeito. (...) O Colegiado reafirmou jurisprudência firmada no Supremo Tribunal Federal (STF) no sentido de que o foro por prerrogativa de função se aplica apenas aos crimes cometidos durante o exercício do cargo e relacionados às funções desempenhadas" (RE 1.185.838/SP, rel. Min. Rosa Weber, j. 14-5-2019, 1ª Turma).

f) Mais um novo posicionamento do STF (ADI 2.553)

Em 2019, por maioria de votos, o Plenário do Supremo Tribunal Federal julgou procedente a Ação Direta de Inconstitucionalidade n. 2.553, que versava sobre um dispositivo da Constituição do Estado do Maranhão que estabelecia competência por prerrogativa de função para os cargos de procuradores do Estado, defensores públicos, delegados de polícia, dentre outros.

Segundo a maioria dos Ministros, a prerrogativa de foro é uma excepcionalidade de que a Constituição Federal já excepcionou, também nos Estados, as autoridades dos três Poderes com direito a essa prerrogativa. Dessa maneira, segundo essa nova posição do STF, cabe somente à Constituição Federal estabelecer hipóteses de competência por prerrogativa de função.

Como fica a competência para julgar crimes de deputado estadual? Bem, embora o STF não tenha se manifestado expressamente sobre a questão, entendemos que essa competência (prevista nas Constituições dos Estados, e normalmente sendo atribuída ao Tribunal de Justiça) deve ser mantida, por força do art. 27, § 1º, da Constituição Federal, que prevê a equiparação das garantias dos parlamentares estaduais às dos deputados federais.

Em 2020, como vimos acima, a 1ª Turma do STF reiterou esse entendimento, considerando inconstitucionais dispositivos da Constituição do Estado do Rio de Janeiro que previam a competência por prerrogativa de vereadores. Segundo o STF, como vimos, somente a Constituição Federal pode criar hipóteses de competência por prerrogativa de função.

g) Novíssimo posicionamento do STF: "Tese dos mandatos cruzados" (Pet. 9.189)

Como vimos, em regra, os crimes praticados antes do mandato devem ser julgados na primeira instância. Todavia, o próprio STF criou uma exceção: a "tese dos mandatos cruzados". Segundo o STF, a competência criminal originária do STF para julgar congressistas federais deve ser mantida na hipótese de "mandatos cruzados", ou seja, quando o parlamentar trocar de casa legislativa sem solução de continuidade. Segundo o voto prevalente (do ministro Edson Fachin), "a competência do Supremo Tribunal Federal alcança os Congressistas Federais no exercício de mandato em casa parlamentar diversa daquela em que fora consumada a hipotética conduta delitiva, pois hipótese que encontra subsunção no art. 102, I, 'b', da Constituição Federal, desde que não haja solução de continuidade" (Pet. 9.189, trecho do voto do Min. Edson Fachin, j. 13-5-2021).

Assim, se um deputado federal está sendo processado criminalmente perante o STF por suposto crime praticado durante seu mandato, caso seja eleito senador, o processo continuará no STF. Como vimos acima, essa "teoria dos mandatos cruzados" foi adotada, de forma mais ampliada e análoga, para o caso envolvendo o Senador carioca Flávio Bolsonaro, eleito para entes federativos diferentes. O STF analisará o tema na ADI 6.477, que estava pendente de julgamento no momento do fechamento da presente edição.

19.10.7. Outras imunidades

O art. 53, §§ 5º ao 7º, prevê outras garantias aplicadas aos parlamentares. O art. 53, § 6º, afirma que "os deputados e senadores não serão obrigados a testemunhar sobre informações recebidas ou prestadas em razão do exercício do mandato, nem sobre as pessoas que lhes confiaram ou deles receberam informações". Trata-se do sigilo de fonte aplicado aos parlamentares, bem como a possibilidade de não testemunhar sobre informações recebidas no exercício do mandato.

Outrossim, o art. 53, § 7º, afirma que: "a incorporação às Forças Armadas de Deputados e Senadores, embora militares e ainda que em tempo de guerra, dependerá de prévia licença da Casa respectiva".

Por fim, segundo o art. 53, § 8º, CF: "as imunidades de Deputados ou Senadores subsistirão durante o estado de sítio, só podendo ser suspensas mediante o voto de dois terços dos membros da Casa respectiva, nos casos de atos praticados fora do recinto do Congresso Nacional, que sejam incompatíveis com a execução da medida".

19.11. INCOMPATIBILIDADES DOS PARLAMENTARES FEDERAIS

O art. 54 da Constituição Federal estabelece uma série de vedações aplicadas aos parlamentares federais. Algumas delas têm origem desde a expedição do diploma e outras aplicam-se desde a posse.

Já fizemos anteriormente a distinção entre a expedição do diploma, que ocorre após as eleições perante a Justiça Eleitoral, que certifica que o candidato está apto a tomar posse. Já a posse se dá no ano seguinte à eleição, ocorrendo, em regra, no dia 1º de fevereiro no 1º ano da legislatura, em sessão legislativa preparatória, prevista no art. 57, § 4º, da Constituição Federal.

Podemos sistematizar o art. 54 da Constituição Federal desta maneira:

NÃO PODERÃO OS DEPUTADOS FEDERAIS E SENADORES	
Desde a expedição do diploma	**Desde a posse**
Firmar ou manter contrato com pessoa jurídica de direito público, autarquia, empresa pública, sociedade de economia mista ou empresa concessionária de serviço público, salvo quando o contrato obedecer a cláusulas uniformes (art. 54, I, "a", CF).	Ser proprietários, controladores ou diretores de empresa que goze de favor decorrente de contrato com pessoa jurídica de direito público, ou nela exercer função remunerada (art. 54, II, "a", CF).
Aceitar ou exercer cargo, função ou emprego remunerado, inclusive os de que sejam demissíveis *ad nutum*, nas entidades constantes da alínea anterior (art. 54, I, "b", CF).	Ocupar cargo ou função de que sejam demissíveis *ad nutum*, nas entidades referidas no inciso I, "a" (art. 54, II, "b", CF).
	Patrocinar causa em que seja interessada qualquer das entidades a que se refere o inciso I, "a" (art. 54, II, "c", CF).
	Ser titulares de mais de um cargo ou mandato público eletivo (art. 54, II, "d", CF).

Conforme mencionado, o art. 55, I, "b", da Constituição Federal estabelece que não poderá o parlamentar exercer cargo ou emprego nas pessoas jurídicas de direito público, autarquia, empresa pública etc. Indaga-se: como ficará a situação do funcionário público que se candidata a um cargo público eletivo e é eleito? A resposta é dada pelo art. 38 da Constituição Federal. Segundo esse artigo, "ao servidor público da administração direta, autárquica e fundacional, no exercício de mandato eletivo, aplicam-se as seguintes disposições: I – tratando-se de mandato eletivo federal, estadual ou distrital, ficará afastado de seu cargo, emprego ou função; III – investido no mandato de vereador, havendo compatibilidade de horários, perceberá as vantagens de seu cargo, emprego ou função, sem prejuízo da remuneração do cargo eletivo, e, não havendo compatibilidade, será aplicada a norma do inciso anterior". Podemos assim sistematizar.

SERVIDOR PÚBLICO DA ADMINISTRAÇÃO DIRETA, AUTÁRQUICA E FUNDACIONAL, SE FOR ELEITO	
Para cargo público federal, estadual ou distrital	Afasta-se do cargo, emprego ou função e deve escolher a remuneração.
Vereador	Poderá exercer as duas funções, se houver compatibilidade de horários. Não havendo compatibilidade, afasta-se da atividade e escolhe a remuneração.

19.12. PERDA DO MANDATO E CASSAÇÃO DO MANDATO DO DEPUTADO FEDERAL E DO SENADOR

O art. 55 da Constituição Federal prevê hipóteses de perda do mandato e cassação do mandato do Deputado Federal ou Senador.

a) Perda do mandato parlamentar

As hipóteses de perda do mandato parlamentar estão previstas no art. 55, III, IV e V, da Constituição Federal. Nessas três hipóteses, a perda será declarada por ato declaratório da Mesa Diretora respectiva (Mesa da Câmara dos Deputados ou do Senado Federal). São estas as hipóteses de perda do mandato parlamentar:

1) deixar de comparecer, em cada sessão legislativa, à terça parte das sessões ordinárias da Casa a que pertencer, salvo licença ou missão por esta autorizada (art. 55, III, CF);

2) que perder ou tiver suspensos os direitos políticos (art. 55, IV, CF);

3) quando o decretar a Justiça Eleitoral, nos casos previstos nesta Constituição (art. 55, V, CF).

Nessas três hipóteses, por força do art. 55, § 3º, da Constituição Federal, "a perda será declarada pela Mesa da Casa respectiva, de ofício ou mediante provocação de qualquer de seus membros, ou de partido político representado no Congresso Nacional, assegurada ampla defesa".

A perda do mandato parlamentar consiste num mero ato declaratório por parte da Mesa da Casa parlamentar respectiva, decorrente dos fatos previstos no art. 55, III, IV ou V, da Constituição Federal.

b) Cassação do mandato parlamentar

Ao contrário da perda do mandato parlamentar, cuja manifestação da mesa da Casa é um mero ato declaratório, a cassação do mandato parlamentar consiste num ato constitutivo tomado pela Casa Parlamentar, que revogará (cassará) o mandato do parlamentar. Não há que se confundir cassação do mandato parlamentar (revogação do mandato parlamentar, por decisão dos seus pares) com cassação dos direitos políticos (que é vedada, nos termos do art. 15 da Constituição Federal).

A cassação do mandato parlamentar ocorrerá nas hipóteses previstas no art. 55, I, II e VI, da Constituição Federal, a saber:

1) que infringir qualquer das proibições estabelecidas no artigo anterior (art. 55, I, CF). São as hipóteses de incompatibilidade que estudamos no item anterior, e que estão previstas no art. 54 da Constituição Federal;

2) cujo procedimento for declarado incompatível com o decoro parlamentar (art. 55, II, CF). Segundo o art. 55, § 1º, da Constituição Federal, "é incompatível com o decoro parlamentar, além dos casos definidos no regimento interno, o abuso das prerrogativas asseguradas a membro do Congresso Nacional ou a percepção de vantagens indevidas". No caso do Regimento Interno da Câmara dos Deputados, o art. 3º afirmou que "a Mesa da Câmara apresentará projeto de resolução sobre o Código de Ética e Decoro Parlamentar". Trata-se da Resolução n. 25, de 2001. Por sua vez, o Senado possui a Resolução n. 20, de 1993, que institui o "Código de Ética e Decoro Parlamentar";

3) que sofrer condenação criminal em sentença transitada em julgado (art. 55, VI, CF). Quanto a essa hipótese, remetemos o leitor a item anterior, no qual abordamos a polêmica do tema junto ao Supremo Tribunal Federal acerca da automática perda do mandato em razão de sentença penal condenatória irrecorrível. Embora o STF já tenha no passado adotado a aplicação do art. 92 do Código Penal (que permitiria a perda do mandato automática quando a pena ultrapassasse 4 anos ou, se superior a 1 ano, tivesse vínculo com a função exercida), como afirmamos anteriormente, a posição atual do STF é no sentido de que, não importando a pena, a condenação penal transitada em julgado do parlamentar não implicará automática perda do seu mandato, por força do art. 55, VI e § 2º, da CF, que, como veremos, exige apreciação da respectiva Casa parlamentar.

Nas três hipóteses sobreditas, por força do art. 55, § 2º, da Constituição Federal, "a perda do mandato será decidida pela Câmara dos Deputados ou pelo Senado Federal, por maioria absoluta, mediante provocação da respectiva Mesa ou de partido político representado no Congresso Nacional, assegurada ampla defesa". Importante frisar que a votação deve ser aberta e não secreta. Isso porque o art. 55, § 2º, da Constituição Federal foi alterado pela Emenda Constitucional n. 76, de 2013. A redação original previa: "nos casos dos incisos I, II e VI, a perda do mandato será decidida pela Câmara dos Deputados ou pelo Senado Federal, por voto secreto e maioria absoluta...". Com a nova redação, manteve-se o quórum de maioria absoluta, mas excluiu-se a previsão do voto secreto. Recentemente, por exemplo, Eduardo Cunha teve seu mandato cassado, por decisão de 450 votos a favor e apenas 10 votos contra e 9 abstenções. Para a cassação, bastaria voto favorável de mais da metade de todos os parlamentares (257 deputados federais).

Por sua vez, indaga-se: quais os efeitos da renúncia do parlamentar submetido a processo que vise à cassação de seu mandato? A resposta está no art. 55, § 4º, da Constituição Federal: "a renúncia de parlamentar submetido a processo que vise ou possa levar à perda do mandato, nos termos deste artigo, terá seus efeitos suspensos até as deliberações finais de que tratam os §§ 2º e 3º". Dessa forma, caso o parlamentar, antes do início do processo que pode ensejar a cassação de seu mandato (por exemplo, antes do início do processo no Conselho de Ética), renuncie ao mandato, ficará com seus direitos políticos intactos. Por sua vez, caso renuncie após o início desses processos, a renúncia terá seus efeitos suspensos, até que haja deliberação por parte da Mesa ou da Casa. Outrossim, a Lei da Ficha Limpa (Lei Complementar n. 135, de 2010) trouxe outra punição ao parlamentar que renuncia nessa circunstância: nos termos do art. 1º, I, "k", da Lei Complementar n. 64/90 (alterada pela Lei da Ficha Limpa), "os membros do Congresso Nacional, das Assembleias Legislativas, da Câmara Legislativa, das Câmaras Municipais, que renunciarem a seus mandatos desde o oferecimento de representação ou petição capaz de autorizar a abertura de processo por infringência a dispositivo da Constituição Federal, da Constituição Estadual, da Lei Orgânica do Distrito Federal ou da Lei Orgânica do Município, para as eleições que se realizarem durante o período remanescente do mandato para o qual foram eleitos e nos 8 (oito) anos subsequentes ao término da legislatura".

c) **Hipóteses em que não haverá perda do mandato do deputado federal ou senador**

Segundo o art. 56 da Constituição Federal, não perderá o mandato o Deputado ou Senador "I – investido no cargo de Ministro de Estado, Governador de Território, Secretário de Estado, do Distrito Federal, de Território, de Prefeitura de Capital ou chefe de missão diplomática temporária; II – licenciado pela respectiva Casa por motivo de doença, ou para tratar, sem remuneração, de interesse particular, desde que, neste caso, o afastamento não ultrapasse cento e vinte dias por sessão legislativa". Segundo o art. 56, § 1º, "o suplente será convocado nos casos de vaga, de investidura em funções previstas neste artigo ou de licença superior a cento e vinte dias". Já segundo o § 2º do mesmo artigo, "ocorrendo vaga e não havendo suplente, far-se-á eleição para preenchê-la se faltarem mais de quinze meses para o término do mandato".

Quanto à primeira hipótese (deputado ou senador investido em outro cargo, como o de Ministro de Estado ou Secretário de Estado), poderá optar pela remuneração (art. 56, § 3º, CF) e, como vimos anteriormente, não gozará de imunidade parlamentar material (porque não estará no exercício da função parlamentar), mas continuará a gozar de foro por prerrogativa de função e continuará com o dever de respeitar o decoro parlamentar, como já decidiu o Supremo Tribunal Federal.

d) Perda do mandato parlamentar e (in)fidelidade partidária

A Constituição Federal trata do tema "fidelidade partidária" no art. 17, § 1º, recentemente alterado pela EC 97/2017. Nos termos desse dispositivo constitucional, "É assegurada aos partidos políticos autonomia para definir sua estrutura interna e estabelecer regras sobre sua escolha, formação e duração de seus órgãos permanentes e provisórios [...], devendo seus estatutos estabelecer normas de disciplina e fidelidade partidária".

Por cerca de 20 anos, o Supremo Tribunal Federal entendeu que a troca de partido político por parte do parlamentar não implicava a perda do seu mandato. Todavia, em 27 de março de 2007, o TSE concluiu que o mandato pertence ao partido político e não ao parlamentar e que a migração partidária poderia redundar na perda do mandato (Consulta n. 1.398; Resolução n. 22.526), o que foi confirmado pelo STF (MS 26.602, rel. Min. Eros Grau; MS 26.603, rel. Min. Celso de Mello; MS 26.604, rel. Min. Cármen Lúcia).

Em 2015, o STF decidiu que a perda do mandato pela infidelidade partidária não se aplica aos cargos eleitos no sistema majoritário (Poder Executivo e Senadores), na ADI 5.081, que redundou na Súmula 67 do TSE, no mesmo sentido.

Igualmente em 2015 foi publicada a Lei n. 13.165, com as seguintes inovações: a criação de justa causa para troca de partidos políticos nas eleições proporcionais, assim definida: "mudança substancial ou desvio reiterado do programa partidário; grave discriminação política pessoal e mudança de partido efetuada durante o período de trinta dias que antecede o prazo de filiação exigido em lei para concorrer à eleição".

Além dessa "janela" para troca de partidos (30 dias anteriores ao prazo da filiação exigido em lei – 6 meses antes da eleição), a EC 91/2016 criou uma nova janela: "é facultado ao detentor de mandato eletivo desligar-se do partido pelo qual foi eleito trinta dias seguintes à promulgação desta Emenda Constitucional, sem prejuízo do mandato, não sendo essa desfiliação considerada para fins de distribuição dos recursos do Fundo Partidário e de acesso gratuito ao tempo de rádio e televisão". Por fim, a EC 97/2017 criou mais uma hipótese de troca de partidos sem perda do mandato: se o candidato foi eleito por um partido que não atingiu a "cláusula de barreira" (percentual mínimo de votos, nos termos do art. 17, § 3º, CF), lhe "é assegurado o mandato e facultada a filiação, sem perda de mandato, a outro partido que os tenha atingido, não sendo essa filiação considerada para fins de distribuição dos recursos do fundo partidário e de acesso gratuito ao tempo de rádio e televisão".

Por fim, a Emenda Constitucional n. 111, ao incluir o § 6º no art. 17 da Constituição Federal, criou expressamente mais uma exceção à regra da fidelidade partidária: o desligamento ocorrido com a anuência do partido.

Com explicamos mais detalhadamente no capítulo dos direitos políticos, existem, portanto, três "janelas" de transferências partidárias:

"Janelas" de transferências partidárias	"Janela permanente" (art. 22-A, III, Lei n. 9.096/95): trinta dias que antecedem o prazo de filiação para concorrer à eleição, ao término do mandato vigente.
	Janela excepcional (EC 91/2016): trinta dias seguintes à promulgação desta Emenda.
	Janela permanente por baixo desempenho eleitoral (EC 97/2017 – art. 17, § 5º, CF): caso o partido não alcance a cláusula de barreira do art. 17, § 3º, CF.

19.13. PROCESSO LEGISLATIVO

Conceito

Processo legislativo consiste na sucessão ordenada de atos destinados à elaboração de uma lei ou ato normativo.

A palavra tem origem no latim *procedere*, que significa "caminhar para a frente". Trata-se de um dos temas mais importantes do Poder Legislativo e do Direito Constitucional, tendo em vista que, desrespeitado o processo legislativo, uma lei padecerá do vício formal de inconstitucionalidade.

Segundo o art. 59 da Constituição Federal, o processo legislativo compreende a elaboração de: "I – emendas à Constituição; II – leis complementares; III – leis ordinárias; IV – leis delegadas; V – medidas provisórias; VI – decretos legislativos; VII – resoluções". Abordaremos, na sequência, cada um deles.

Espécies normativas primárias	Emendas à Constituição
	Leis Complementares
	Leis Ordinárias
	Leis Delegadas
	Medidas Provisórias
	Decretos Legislativos
	Resoluções

Segundo o art. 59, parágrafo único, da Constituição, "Lei complementar disporá sobre a elaboração, redação, alteração e consolidação das leis". Trata-se da Lei Complementar n. 95, de 26 de fevereiro de 1998, com as alterações decorrentes da Lei Complementar n. 107, de 2001.

19.13.1. Emenda Constitucional

A primeira espécie normativa prevista no art. 59 da Constituição Federal é a Emenda Constitucional, que é disciplinada no art. 60 da Constituição.

a) Iniciativa

A Emenda Constitucional pode ser proposta por: a) pelo menos 1/3 dos deputados federais ou dos senadores; b) pelo Presidente da República; c) por mais da metade das Assembleias Legislativas, pela maioria simples de seus membros.

Atualmente, sendo 513 deputados federais no total, são necessários 171 deputados para subscrição de uma Proposta de Emenda Constitucional (PEC). Sendo, ao todo, 81 senadores, são necessários 27 senadores para subscrição de uma PEC no Senado.

Como vimos, o Presidente da República também pode elaborar Proposta de Emenda Constitucional. Embora a origem seja democraticamente duvidosa (apareceu pela primeira vez na Constituição de Getúlio Vargas, de 1937), o fato é que permaneceu nas Constituições seguintes.

Por fim, a Proposta de Emenda Constitucional pode ser feita por mais da metade das Assembleias Legislativas das unidades da Federação. Como são, atualmente, 26 Estados e o Distrito Federal, são necessárias 14 Assembleias Legislativas, com a mesma proposta de Emenda Constitucional, aprovada pela maioria simples (ou relativa) em cada uma dessas casas. Esta última hipótese, de difícil consecução, visa a prestigiar a Federação e as respectivas unidades federativas.

Quem pode fazer Proposta de Emenda Constitucional (PEC)	I – 1/3 (um terço) de deputados ou de senadores
	II – Presidente da República
	III – mais da 1/2 (metade) das Assembleias Legislativas, pela maioria relativa de seus membros

a.1) Iniciativa popular?

Por fim, quanto aos legitimados, prevalece o entendimento de que esse rol, previsto no art. 60, I, II e II, da Constituição, é taxativo.

Isso significa que, para o entendimento da maioria da doutrina, não se admite Proposta de Emenda Constitucional de Iniciativa Popular, porque inexiste previsão constitucional.

Embora essa seja a posição majoritária (e a cobrada em provas objetivas de concurso público), é atualmente uma posição indefensável, ferindo uma interpretação sistemática da Constituição. É, no mínimo, um contrassenso, depois de afirmar que o titular do Poder Constituinte é o povo, afirmar que o povo não pode fazer proposta de Emenda Constitucional. A grande parcela dos países democráticos que nos cerca admite maior participação popular no processo de alteração da Constituição.

Se o Brasil é uma democracia semidireta (e afirma ser, no art. 1º, parágrafo único, da Constituição Federal), o mínimo de atuação direta que se espera é a possibilidade de propor as mudanças no texto constitucional. Por essa razão, autores mais tradicionais ou mais modernos afirmam tratar-se de uma decorrência da interpretação sistemática da Constituição o fato de que poderia o povo apresentar, por analogia com o art. 61, § 2º, da Constituição, proposta de emenda constitucional de iniciativa popular.

Em 2018 tivemos uma novidade: um pequeno passo na direção da admissão da Emenda Constitucional de iniciativa popular. Em 25 de outubro de 2018, o STF, no julgamento da ADI

825, de relatoria do Ministro Alexandre de Moraes, decidiu que a Constituição estadual pode prever a edição de Emenda Constitucional de iniciativa popular. A ação foi ajuizada pelo Governo do Estado do Amapá, que admite a iniciativa popular para reforma de sua Constituição. Segundo os ministros, embora a Constituição Federal não autorize expressamente proposta de iniciativa popular para emendas ao próprio texto, mas apenas para normas infraconstitucionais, não há impedimento para que as constituições estaduais prevejam a possibilidade, ampliando a competência constante na Constituição Federal. Prevaleceu o entendimento do Ministro Edson Fachin, segundo o qual "na democracia representativa, além dos mecanismos tradicionais de seu exercício, por meio dos representantes eleitos pelo povo, também há esses mecanismos de participação direta".

b) Procedimento

Feita a proposta de Emenda Constitucional, ela será discutida, votada e, eventualmente, aprovada pelas duas casas do Congresso Nacional. Segundo a Constituição Federal (art. 60, § 2º), "a proposta será discutida e votada em cada Casa do Congresso Nacional, em dois turnos, considerando-se aprovada se obtiver, em ambos, três quintos dos votos dos respectivos membros". Assim, a PEC será votada nas duas casas do Congresso Nacional (Senado e Câmara), aprovando-se em dois turnos (duas vezes em cada uma das casas) e por 3/5 dos votos dos seus respectivos membros. Indaga-se: em qual das casas iniciará a discussão da Proposta de Emenda Constitucional? Qual será a casa iniciadora? Depende de quem foi a Proposta de Emenda. Se a proposta de Emenda for de iniciativa de 1/3 dos Senadores, a PEC será discutida inicialmente no Senado. Em todas as outras hipóteses (PEC de iniciativa da Câmara, do Presidente, das Assembleias Legislativas ou do povo – para aqueles que admitem essa tese), a casa iniciadora será a Câmara dos Deputados.

Aprovação da Proposta de Emenda Constitucional:
- 2 Casas do Congresso Nacional
- 2 turnos (2 vezes)
- quórum de 3/5 dos seus membros

b.1) Prazo para discussão

Como já indagamos no capítulo reservado ao Poder Constituinte, haverá prazo para discussão da PEC? Não há prazo. O Congresso Nacional poderá aprovar uma PEC em tempo reduzido, em poucas semanas, bem como pode demorar décadas. Não há previsão constitucional quanto ao prazo do processo de aprovação da Proposta de Emenda Constitucional.

b.2) Interstício entre os dois turnos

Todavia, entre os dois turnos de aprovação em cada casa há um interstício mínimo, previsto no Regimento Interno das Casas Parlamentares. Segundo o art. 202, § 6º, do Regimento Interno da Câmara dos Deputados, o interstício será de cinco sessões[41]. Por sua vez, o Regi-

---

41. "A proposta será submetida a dois turnos de discussão e votação, com interstício de cinco sessões."

mento Interno do Senado prevê que o interstício entre o primeiro e o segundo turno será de, no mínimo, "cinco dias úteis" (art. 362).

Não obstante, como já decidido pelo Supremo Tribunal Federal, a violação do regimento interno não pode ser apreciada pelo Poder Judiciário, por se tratar de matéria *interna corporis*. Infelizmente, é comum ver no Congresso Nacional o desrespeito às normas regimentais que asseguram o interstício mínimo entre as sessões. Em 2019, isso ocorreu com a PEC da "Reforma da Previdência" e em 2020 com a Emenda Constitucional n. 107 (que adiou a data das eleições municipais). O dispositivo constitucional exige os "dois turnos" exatamente para ensejar maior reflexão por parte dos parlamentares. Realizar os dois turnos em dois dias seguintes (ou até no mesmo dia, como já ocorreu) viola o espírito da Constituição e, no nosso entender, mereceria uma intervenção do Poder Judiciário. Não obstante, como destacamos acima, o STF entende ser matéria *interna corporis*, alheia à apreciação judicial.

Por fim, se uma Proposta de Emenda Constitucional for rejeitada ou havida por prejudicada, nos termos do art. 60, § 4º, da Constituição Federal, não poderá ser objeto de nova proposta na mesma *sessão legislativa*. *Sessão legislativa* é o ano legislativo, diferente do *período legislativo* (semestre legislativo) e da *legislatura* (o período de quatro anos). Se uma Proposta de Emenda Constitucional foi rejeitada (ou havida por prejudicada), somente poderá ser reapresentada no ano seguinte, na próxima sessão legislativa.

b.3) Sanção ou veto

Aprovada a Proposta de Emenda Constitucional pelo Congresso Nacional, não haverá sanção ou veto presidencial. O Presidente não participa do processo de aprovação da Emenda. A única participação possível do Presidente é a elaboração da PEC, nos termos do art. 60, II, CF. Depois de eventual PEC, não mais participará do processo de aprovação, não havendo sanção ou veto. Isso porque, como a Emenda Constitucional é fruto do Poder Constituinte Derivado Reformador, o titular desse poder é o povo, mas seu exercício será realizado pelo Congresso Nacional.

b.4) Promulgação

Depois de aprovada a Proposta de Emenda Constitucional, ela será, nos termos do art. 60, § 3º, da Constituição, "promulgada pelas Mesas da Câmara dos Deputados e do Senado Federal, com o respectivo número de ordem". Quanto à parte final, trata-se de uma simples conclusão constitucional. Depois da Emenda Constitucional n. 97, será aprovada a Emenda n. 98, a 99, e assim por diante. Quanto à primeira parte do dispositivo legal, é oportuno frisar que são responsáveis pela promulgação da Emenda Constitucional duas mesas: a Mesa da Câmara e a Mesa do Senado.

Importante: não se pode confundir Mesa da Câmara, Mesa do Senado e Mesa do Congresso Nacional. A Mesa da Câmara é o órgão que representa da Câmara dos Deputados (e cujos representantes são eleitos pelos seus pares, periodicamente, para mandato de dois anos, não se admitindo reeleição para o mesmo cargo para o período subsequente, desde que na mesma legislatura). Da mesma forma, Mesa do Senado é o órgão representativo do Senado, cujos representantes são eleitos periodicamente pelos Senadores, com os mesmos critérios da Mesa da Câmara dos Deputados. Mesa do Congresso Nacional é uma terceira mesa, que não é eleita pelos parlamentares. Nos termos do art. 57, § 5º, da Constituição Federal, "A Mesa do Congresso Nacional será presidida pelo Presidente do Senado Federal, e os demais cargos serão exercidos, alternadamente, pelos ocupantes de cargos equivalentes na Câmara dos Deputados e no Senado Federal". Assim, a Mesa do Congresso Nacional não promulga a Emenda Constitucional, mas as Mesas da Câmara e do Senado.

b.5) Quadro esquemático

Dessa maneira, podemos fazer o seguinte esquema quanto ao procedimento da Emenda Constitucional nas duas Casas do Congresso Nacional:

Casa iniciadora	Casa revisora	Consequência
Aprovada	Aprovada	Não haverá sanção ou veto presidencial. A Emenda será promulgada pelas Mesas da Câmara e do Senado.
Aprovada	Rejeitada	Somente poderá ser reapresentada na próxima sessão legislativa
Rejeitada		
Aprovada	Emendada	Voltará para a Casa Iniciadora, para apreciar as emendas, a não ser que sejam meras emendas de redação, que não alteram o conteúdo da norma. Nesse caso, a Emenda Constitucional poderá ser promulgada pelas Mesas da Câmara e do Senado.

b.6) Limitações circunstanciais

Por fim, duas considerações formais importantes acerca da Proposta de Emenda Constitucional. Há três circunstâncias nas quais a Constituição Federal não poderá ser emendada: intervenção federal, estado de sítio e estado de defesa (art. 60, § 1º, CF).

Intervenção federal, prevista no art. 34 da Constituição Federal, consiste na intervenção da União em algum Estado ou no Distrito Federal, retirando parcela de sua autonomia, em razão da infringência de uma das hipóteses constitucionais. Por exemplo, se um Estado tentar se separar do país, por infringir o art. 34, I, CF ("A União não intervirá nos Estados nem no Distrito Federal, exceto para: I – manter a integridade nacional"). Decretada a intervenção federal em qualquer dos Estados-membros brasileiros ou no Distrito Federal, não poderá ser emendada a Constituição Federal.

No Mandado de Segurança 35.535/DF, o Ministro Dias Toffoli deixou de conceder liminar para suspender a tramitação de Proposta de Emenda Constitucional, entendendo que a Constituição veda a 'aprovação' da Emenda Constitucional, mas não sua 'tramitação': "o dispositivo contém clara vedação à aprovação de emenda na vigência de intervenção federal, mas não proíbe expressamente a tramitação de PEC no mesmo período. Não vislumbro de que modo se possa interpretar a Constituição Federal no sentido de restringir a atuação de um dos Poderes da República sob óptica ampliada de proibições constitucionais. [...] Nessa concepção, ficam suspensos – é certo – todos os atos deliberativos do processo legislativo da emenda constitucional, mas não a tramitação das propostas de emendas" (MS 35.535/DF, rel. Min. Dias Toffoli, j. 26-6-2018).

Da mesma forma, durante o estado de defesa e o estado de sítio. Essas duas medidas, previstas nos arts. 136 e seguintes da Constituição Federal, são instrumentos constitucionais excepcionais, decretados em hipóteses extremas – previstas na Constituição – pelo Presidente da República – e que consistem na suspensão de alguns direitos para garantia da estabilidade e da ordem pública. Dentre outras diferenças, enquanto o estado de defesa é uma medida de âmbito nacional e que passará pelo crivo posterior do Congresso Nacional, o estado de sítio é uma medida de âmbito nacional, e deve passar pelo crivo anterior do Congresso Nacional (para ser instaurado, a decretação do Presidente deve ser aprovada pelo Congresso, nos termos do art. 137, CF).

b.7) Inconstitucionalidade formal

Desrespeitado o procedimento de criação da Emenda Constitucional, será inconstitucional (inconstitucionalidade formal), podendo ser questionada durante o seu processo de criação (controle preventivo da constitucionalidade) ou depois de sua edição (controle repressivo), seja pela via difusa, seja vela via concentrada (como se estudará amiúde no capítulo destinado ao controle de constitucionalidade).

19.13.2. Lei ordinária

A lei ordinária é a lei mais utilizada no ordenamento jurídico brasileiro, em razão de sua amplitude. É a regra geral das leis emanadas do Poder Legislativo, podendo versar sobre matéria penal, civil, trabalhista, tributária, previdenciária, processual etc.

O processo de aprovação de uma lei ordinária pode ser dividido nestas etapas: 1) iniciativa; 2) deliberação parlamentar; 3) deliberação executiva; 4) fase complementar.

a) Iniciativa da lei ordinária

Segundo o art. 61, *caput*, da Constituição Federal, "a iniciativa das leis [...] e ordinárias cabe a qualquer membro ou Comissão da Câmara dos Deputados, do Senado Federal ou do Congresso Nacional, ao Presidente da República, ao Supremo Tribunal Federal, aos Tribunais Superiores, ao Procurador-Geral da República e aos cidadãos, na forma e nos casos previstos nesta Constituição".

Todavia, podemos dividir a iniciativa para elaboração da lei ordinária desta maneira: 1) iniciativa concorrente (ou geral); 2) iniciativa privativa (ou reservada).

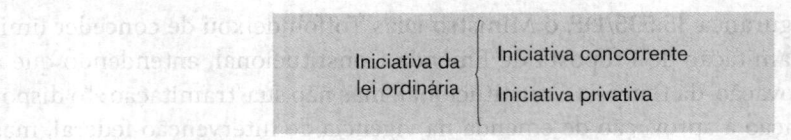

Iniciativa da lei ordinária	Iniciativa concorrente
	Iniciativa privativa

a.1) Iniciativa concorrente

A iniciativa concorrente (regra geral) para elaboração das leis ordinárias cabe ao "CPP": Congresso, Presidente e Povo. Assim, poderá apresentar um projeto de lei ordinária o Congresso Nacional (um deputado, um senador, uma Comissão da Câmara, uma Comissão do Senado ou uma Comissão Mista do Congresso Nacional), bem como o Presidente da República e o povo (por meio da iniciativa popular, que veremos adiante). É o que consta do art. 61, *caput*, da Constituição Federal.

> Iniciativa concorrente (CPP)
> - Congresso
> - Presidente
> - Povo

Em regra, portanto, o projeto de lei ordinária poderá ser apresentado pelo Congresso Nacional, pelo Presidente ou pelo próprio povo.

Quanto ao *Congresso Nacional*, poderá o projeto de lei ser apresentado por um parlamentar, um conjunto de parlamentares ou uma comissão. Por exemplo, nos termos do art. 109, § 1º, do Regimento Interno da Câmara dos Deputados, os projetos de lei poderão ser de iniciativa: "I – de Deputados, individual ou coletivamente; II – de Comissão ou da Mesa" etc.

O segundo legitimado para apresentar Projeto de Lei Ordinária (PLO) é o *Presidente da República*. Na prática, tal iniciativa não é muito exercitada, pois, normalmente, os Presidentes, alegando urgência, elaboram medida provisória (que será adiante estudada). Caso o Presidente apresente projeto de lei ordinária, poderá solicitar urgência para o Congresso Nacional (art. 64, § 1º, CF), dando ensejo ao chamado *processo legislativo sumário*, que será adiante estudado.

Por fim, o terceiro legitimado é o *povo*. Em se tratando de lei federal, os requisitos para que o povo elabore projeto de lei estão no art. 61, § 2º, da Constituição Federal: a) assinatura de, pelo menos, 1% do eleitorado nacional; b) assinaturas de eleitores de pelo menos cinco Estados; c) pelo menos 0,3% dos eleitores desses Estados.

Como estudaremos amiúde no capítulo reservado aos direitos políticos, em se tratando de lei estadual, a iniciativa popular será regulamentada pela Constituição de cada Estado. Em se tratando de lei municipal, é necessário 5% do eleitorado municipal.

Sobre o projeto de lei de iniciativa popular, remetemos o leitor ao capítulo reservado aos *Direitos Políticos*, onde abordamos amiúde a legislação e a jurisprudência pertinente, bem como fazemos intensas críticas ao atual modelo brasileiro.

a.2) Iniciativa privativa

A Constituição Federal prevê, em dispositivos diversos, hipóteses de iniciativa privativa de algumas autoridades (a expressão mais adequada seria "iniciativa exclusiva", por conta da indelegabilidade, mas a Constituição comumente usa a expressão "privativa").

A primeira e mais importante iniciativa privativa prevista na Constituição Federal diz respeito aos projetos de lei de iniciativa do Presidente da República (art. 61, § 1º, CF).

a.2.1) Iniciativa reservada do Presidente da República

Segundo o art. 61, § 1º, da Constituição Federal, "são de iniciativa privativa do Presidente da República as leis que: I – fixem ou modifiquem os efetivos das Forças Armadas; II – disponham sobre: a) criação de cargos, funções ou empregos públicos na administração direta e autárquica ou aumento de sua remuneração; b) organização administrativa e judiciária, matéria tributária e orçamentária, serviços públicos e pessoal da administração dos territórios; c) servidores públicos da União e Territórios, seu regime jurídico, provimento de cargos, estabilidade e aposentadoria; d) organização do Ministério Público e da Defensoria Pública da União, bem como normas gerais para a organização do Ministério Público e da Defensoria Pública dos Estados, do Distrito Federal e dos Territórios; e) criação e extinção de Ministérios e órgãos da administração pública, observado o disposto no art. 84, VI; f) militares das Forças Armadas, seu regime jurídico, provimento de cargos, promoções, estabilidade, remuneração, reforma e transferência para a reserva".

Portanto, podemos sistematizar desta maneira as matérias de iniciativa privativa (ou exclusiva) do Presidente da República:

Temas de iniciativa privativa do Presidente	Considerações
Fixem ou modifiquem os efeitos das Forças Armadas.	Art. 61, § 1º, I, CF. Tendo em vista que o Presidente da República exerce a função de "Comandante Supremo das Forças Armadas" (art. 84, XIII, CF), natural que somente ele pode instaurar processo legislativo que fixa ou modifica o efetivo das Forças Armadas.
Criação de cargos, funções ou empregos públicos na administração direta e autárquica ou aumento de sua remuneração.	Art. 61, § 1º, II, "a", CF. Como já decidiu o STF: "Em se tratando de servidor cedido pelo Executivo, a este cabe a iniciativa de lei a alcançar a respectiva remuneração" (ADI 4.759 MC, rel. Min. Marco Aurélio). No mesmo sentido, "A extinção de cargos públicos, sejam eles efetivos ou em comissão, pressupõe lei específica, dispondo quantos e quais cargos serão extintos" (ADI 1.521, rel. Min. Ricardo Lewandowski).
Organização administrativa e judiciária, matéria tributária e orçamentária, serviços públicos e pessoal da administração dos territórios.	Art. 61, § 1º, II, "b", CF. Como vimos em capítulo anterior, os Territórios, se forem criados no Brasil não serão considerados entes federativos, mas integrantes da União. Por essa razão, esses projetos de lei serão de iniciativa privativa do Presidente da República.
Serviços públicos da União e Territórios, seu regime jurídico, provimento de cargos, estabilidade e aposentadoria.	Art. 61, § 1º, II, "c", CF. Segundo o STF, "a locução constitucional 'regime jurídico dos servidores públicos' corresponde ao conjunto de normas que disciplinam os diversos aspectos das relações, estatutárias ou contratuais, mantidas pelo Estado com os seus agentes" (ADI 2.867, rel. Min. Celso de Mello).
Organização do Ministério Público e da Defensoria da União, bem como normas gerais para a organização do Ministério Público e da Defensoria dos Estados, do DF e Territórios.	Art. 61, § 1º, II, "d", CF. Primeiramente quanto ao MPU e quanto à DPU, poderá o Presidente propor projeto de lei sobre sua organização (depois falaremos sobre a iniciativa referente ao MPU, pois o Presidente não é o único). Por fim, quanto a essas instituições de âmbito estadual (DPE e MPE), poderá o Presidente fazer projeto de lei sobre "normas gerais".
Criação e extinção de Ministérios e órgãos da administração pública, ressalvado o disposto no art. 84, VI, CF.	Art. 61, § 2º, II, "e", CF. Para se criar Ministério ou quaisquer órgãos da administração pública, é necessário projeto de lei de iniciativa privativa do Presidente. A ressalva do final desse dispositivo diz respeito a decretos presidenciais que podem organizar a Administração Federal, sem aumentar despesas e sem criar ou extinguir órgãos públicos.
Militares das Forças Armadas, seu regime jurídico, provimento de cargos, promoções, estabilidade, remuneração, reforma e transferência para a reserva.	Art. 61, § 1º, II, "f", CF. Como o Presidente da República exerce a função de Comandante Supremo das Forças Armadas, projetos de lei que versem sobre elas serão de iniciativa privativa do Presidente.

Segundo o art. 63, "Não será admitido aumento de despesas prevista: I – nos projetos de iniciativa exclusiva do Presidente da República, ressalvado o disposto no art. 166, § 3º e 4º" (art. 63, I, CF). Assim, conforme explicitado pelo próprio Supremo Tribunal Federal, é possível a realização de emendas parlamentares ao projeto de lei de iniciativa exclusiva do Poder Executivo, com duas ressalvas: não se pode emendar o projeto de modo a desfigurá-lo e não se pode fazer emendas que impliquem aumento de despesa, salvo exceção. "As normas constitucionais de processo legislativo não impossibilitam, em regra, a modificação, por meio de emendas parlamentares, dos projetos de lei enviados pelo chefe do Poder Executivo no exercício de sua iniciativa privada. Essa atribuição do Poder Legislativo brasileiro esbarra, porém, em duas limitações: a) a impossibilidade de o parlamento veicular matérias diferentes das versadas no projeto de lei, de modo a desfigurá-lo; e b) a impossibilidade de as emendas parlamentares aos projetos de lei de iniciativa do Presidente da República, ressalvado o disposto no § 3º e no § 4º do art. 166, implicarem aumento de despesa pública" (ADI 3.114, rel. Min. Ayres Britto, j. 24-8-2005).

O art. 166, § 3º, trata do projeto de lei do orçamento anual, que admitirá emendas, em algumas situações: "I – sejam compatíveis com o plano plurianual e com a lei de diretrizes orçamentárias; II – indiquem os recursos necessários, admitidos apenas os provenientes de anulação de despesa, excluídas as que incidam sobre: a) dotações para pessoal e seus encargos; b) serviço da dívida; c) transferências tributárias constitucionais para Estados, Municípios e Distrito Federal; ou III – sejam relacionadas: a) com a correção de erros ou omissões; b) com os dispositivos do texto do projeto de lei". Por sua vez, o art. 166, § 4º, da Constituição se refere às emendas ao projeto de lei de diretrizes orçamentárias, que admitirá emendas, que "não poderão ser aprovadas quando incompatíveis com o plano plurianual".

Por fim, o art. 165 da Constituição Federal trata da iniciativa reservada ao Presidente da República (e aos chefes do Poder Executivo estadual, distrital e municipal, pela simetria), no tocante à matéria orçamentária. Segundo o art. 165 da Constituição Federal: "Leis de iniciativa do Poder Executivo estabelecerão: I – o plano plurianual; II – as diretrizes orçamentárias; III – os orçamentos anuais". Nesse sentido, já decidiu o Supremo Tribunal Federal: "orçamento anual. Competência privativa. Por força de vinculação administrativo-constitucional, a competência para propor orçamento anual é privativa do Chefe do Poder Executivo" (ADI 882, rel. Min. Mauricio Corrêa).

a.2.2) Iniciativa reservada do Governador e Prefeito (simetria)

Importante: essa competência privativa do Presidente da República (art. 61, § 1º da Constituição Federal), que estudamos há pouco, aplica-se ao Governador do Estado ou do DF, bem como ao Prefeito, por força do princípio da simetria constitucional.

Reiteradas são as decisões do Supremo Tribunal Federal sobre o tema, senão vejamos: "Lei estadual que dispõe sobre a situação funcional de servidores públicos: iniciativa do chefe do Poder Executivo. Princípio da simetria" (ADI 2.029, rel. Min. Ricardo Lewandowski). No mesmo sentido: "Lei do Estado de São Paulo. Criação de Conselho Estadual de Controle e Fiscalização do Sangue (COFISAN). Órgão auxiliar da Secretaria de Estado da Saúde. Lei de iniciativa parlamentar. Vício de iniciativa. Inconstitucionalidade reconhecida. Projeto de lei que visa à estruturação de órgão da administração pública: iniciativa do chefe do Poder Executivo (art. 61, § 1º, II, e, CF/88). Princípio da Simetria" (ADI 1.275, rel. Min. Ricardo Lewandowski). Por fim, também já decidiu o STF que "à luz do princípio da simetria é de iniciativa do chefe do Poder Executivo estadual as leis que disciplinem o regime jurídico dos militares (art. 61, § 1º, II, f, da CF/88). Matéria restrita à iniciativa do Poder Executivo não pode ser regulada por emenda constitucional de origem parlamentar" (ADI 2.966, rel. Min. Joaquim Barbosa).

a.2.3) Iniciativa reservada do Poder Judiciário

Primeiramente, o art. 93, *caput*, da Constituição Federal afirma que "lei complementar, de iniciativa do Supremo Tribunal Federal, disporá sobre o Estatuto da Magistratura...". Dessa maneira, quem elaborará o projeto de Estatuto da Magistratura será o Judiciário, através do Supremo Tribunal Federal. Segundo o próprio STF, até que seja elaborado esse Estatuto, aplicar-se-á a Lei Orgânica da Magistratura Nacional, que foi recepcionada pela Constituição de 1988: "até o advento da lei complementar prevista no art. 93, *caput*, da Constituição de 1988, o Estatuto da Magistratura será disciplinado pelo texto da LC 35/1979, que foi recebida pela Constituição" (ADI 1.985, rel. Min. Eros Grau).

Por sua vez, nos termos do art. 96, II, da Constituição Federal, compete "ao Supremo Tribunal Federal, aos Tribunais Superiores e aos Tribunais de Justiça propor ao Poder Legislativo respectivo, observado o disposto no art. 169: a) a alteração do número de membros dos tribunais inferiores; b) a criação e a extinção de cargos e a remuneração dos seus serviços auxiliares e dos juízos que lhes forem vinculados, bem como a fixação do subsídio de seus membros e dos juízes, inclusive dos tribunais inferiores, onde houver; c) a criação ou extinção dos tribunais inferiores; d) a alteração da organização e da divisão judiciárias". Por exemplo, em 2019, o Superior Tribunal de Justiça encaminhou à Câmara dos Deputados projeto de lei para criação de um novo Tribunal Regional Federal (o TRF da 6ª Região). Trata-se do PL n. 5919/2019, já aprovado pela Câmara dos Deputados e pendente de aprovação no Senado, no momento do fechamento desta edição.

Quanto à primeira competência ("a alteração do número de membros dos tribunais inferiores", o STF declarou inconstitucional o art. 85 da Constituição do Estado de Rondônia, "que elevou para treze o número de desembargadores do Tribunal de Justiça. Ofensa manifesta ao princípio da iniciativa privativa para o assunto, do Tribunal de Justiça, consagrada no art. 96, II, *a*, da CF, de observância imperiosa pelo Poder Constituinte derivado estadual" (ADI 142, rel. Min. Ilmar Galvão).

Quanto à segunda competência (art. 96, II, "b", CF), o Supremo Tribunal Federal já decidiu: "competência do Tribunal de Justiça para criar e disciplinar seus serviços auxiliares. Inconstitucionalidade da estipulação de prazo para que o Tribunal de Justiça envie projeto de lei dispondo sobre matéria que lhe é privativa" (ADI 106, rel. Min. Gilmar Mendes).

Entendemos que essa iniciativa reservada ao Poder Judiciário encontraria como exceção as Emendas Constitucionais, que poderiam ser de iniciativa dos legitimados do art. 60, I, II e III, da Constituição Federal. Assim, foi aprovada uma reforma do Poder Judiciário, modificando a competência dos Tribunais, criando novos órgãos no Poder Judiciário, como o Conselho Nacional de Justiça etc. Não obstante, de forma diversa, em decisão liminar (ainda pendente de julgamento), na ADI 5.017, o Supremo Tribunal Federal, por decisão do Ministro Joaquim Barbosa, suspendeu os efeitos da Emenda Constitucional n. 73, de 2013, que criou novos Tribunais Regionais Federais. Segundo o Ministro Joaquim Barbosa, essa Emenda deveria ser de iniciativa reservada do Poder Judiciário (embora não seja o Judiciário um dos legitimados da

Emenda Constitucional!). O Procurador-Geral da República, em seu parecer, manifestou-se de acordo com nosso entendimento: "As garantias de autonomia orgânico-administrativa e financeira asseguradas pela lei fundamental brasileira ao Judiciário não lhe conferem iniciativa para submeter ao poder constituinte derivado propostas de emenda à Constituição. [...] Dessa forma, deve-se concluir que a reserva de iniciativa legislativa prevista no inciso II do art. 96 da CR abrange, tão somente, a propositura de leis (ordinárias ou complementares) sobre as matérias ali especificadas".

a.2.4) Iniciativa reservada ao Ministério Público

Segundo o art. 128, § 5º, da Constituição Federal, "leis complementares da União e dos Estados, cuja iniciativa é facultada aos respectivos Procuradores-Gerais, estabelecerão a organização, as atribuições e o estatuto de cada Ministério Público, observadas, relativamente a seus membros...".

Dessa maneira, o sobredito artigo previu uma iniciativa reservada aos chefes do Ministério Público: o Procurador-Geral da República (chefe do MPU) e o Procurador-Geral de Justiça (chefe do MPE). Poderão os Procuradores-Gerais elaborar projeto de lei sobre a organização, as atribuições e o estatuto de cada Ministério Público.

Assim como cabe ao Poder Judiciário elaborar os projetos de lei sobre sua organização, também caberá ao chefe do Ministério Público a iniciativa dos projetos de lei sobre o mesmo conteúdo.

Todavia, no caso do Ministério Público, há algumas diferenças previstas na Constituição Federal: a participação do Presidente da República em alguns temas. Primeiramente, segundo o art. 61, § 1º, "d", o Presidente da República tem iniciativa reservada para dispor sobre "organização do Ministério Público [...] da União", bem como projeto de lei sobre "normas gerais para a organização do Ministério Público [...] dos Estados, do Distrito Federal e Territórios".

Dessa maneira, no tocante ao Ministério Público da União, percebe-se que a iniciativa é concorrente entre o Procurador-Geral da República (art. 128, § 5º, CF) e o Presidente da República (art. 61, § 1º, d, CF). Nesse sentido, o Supremo Tribunal Federal: 'o Procurador-Geral da República detém a prerrogativa, ao lado daquela atribuída ao Chefe do Poder Executivo, de iniciar os projetos de lei que versem sobre a organização e as atribuições do Ministério Público Eleitoral" (ADI 3.802, rel. Min. Dias Toffoli).

Assim, podemos sistematizar desta maneira os projetos de lei sobre o Ministério Público:

PROJETOS DE LEI SOBRE O MINISTÉRIO PÚBLICO	
Ministério Público da União	**Ministério Público dos Estados**
"Organização do Ministério Público da União" – iniciativa reservada do Presidente da República (art. 61, § 1º, "d", CF). Obs.: segundo o art. 128 da CF, o MPU compreende o Ministério Público Federal, Ministério Público do Trabalho, Ministério Público Militar e Ministério Público do DF e Territórios.	Normas gerais sobre o Ministério Público dos Estados, DF e Territórios – iniciativa reservada do Presidente (art. 61, § 1º, "d", CF).
"Organização do Ministério Público da União" – iniciativa reservada ao Procurador-Geral da República (art. 128, § 5º, CF).	"Organização do Ministério Público dos Estados" – iniciativa reservada ao Procurador-Geral de Justiça (art. 128, § 5º, CF).

a.2.5) Iniciativa reservada à Defensoria Pública

Primeiramente, o art. 61, § 1º, "d", da Constituição Federal afirma ser iniciativa reservada do Presidente da República o projeto de lei sobre "organização [...] da Defensoria Pública da União", bem como "normas gerais para organização [...] da Defensoria Pública dos Estados, do Distrito Federal e dos Territórios".

Por sua vez, o art. 134, § 4º, da Constituição Federal afirma que "são princípios institucionais da Defensoria Pública a unidade, a indivisibilidade e a independência funcional, aplicando-se também, no que couber, o disposto no art. 93 e no inciso II do art. 96 desta Constituição Federal". O art. 96, II, da Constituição Federal, aqui referido, trata da iniciativa legislativa sobre a organização administrativa, fixação do subsídio dos seus membros etc. Esse dispositivo foi acrescido pela Emenda Constitucional n. 80, de 2014, que deu às Defensorias Públicas dos Estados e do Distrito Federal autonomia organizacional. Podemos assim sistematizar a iniciativa dos projetos de lei sobre a Defensoria Pública:

PROJETOS DE LEI SOBRE DEFENSORIA PÚBLICA	
Defensoria Pública da União	**Defensoria Pública dos Estados**
"Organização da Defensoria Pública da União", incluindo os Territórios – iniciativa reservada do Presidente da República (art. 61, § 1º, "d", CF).	Normas gerais sobre a Defensoria Pública dos Estados, DF e Territórios – iniciativa reservada do Presidente (art. 61, § 1º, "d", CF).
	"Organização da Defensoria Pública dos Estados e do Distrito Federal" – iniciativa reservada à Defensoria Pública dos Estados ou DF (art. 134, § 4º, CF).

a.2.6) Iniciativa reservada ao Tribunal de Contas

Segundo o art. 73 da Constituição Federal, "o Tribunal de Contas da União, integrado por nove Ministros, tem sede no Distrito Federal, quadro próprio de pessoal e jurisdição em todo o território nacional, exercendo, no que couber, as atribuições previstas no art. 96". Como vimos acima, o art. 96, II, fala da iniciativa reservada ao Judiciário sobre organização e remuneração de seus membros, dentre outros temas. Dessa maneira, projeto de lei que versa sobre organização, funcionamento, remuneração dos membros do Tribunal de Contas será de inciativa reservada do próprio Tribunal de Contas, como já decidiu o Supremo Tribunal Federal: "Conforme reconhecido pela Constituição de 1988 e por esta Suprema Corte, gozam as Cortes de Contas do país das prerrogativas da autonomia e do autogoverno, o que inclui, essencialmente, a iniciativa reservada para instaurar processo legislativo que pretenda alterar sua organização e seu funcionamento, como resulta da interpretação sistemática dos arts. 73, 75 e 96, II, *d*, da CF" (ADI 4.418-MC, rel. Min. Dias Toffoli). Em 2019, o STF declarou inconstitucional Lei Complementar do Rio de Janeiro que disciplinava a organização e o funcionamento do Tribunal de Contas Estadual, sob o argumento de que "os tribunais de contas, conforme reconhecido pela Constituição de 1988 e pelo Supremo Tribunal Federal, gozam das prerrogativas da autonomia e do autogoverno, o que inclui, essencialmente, a iniciativa privativa para instaurar processo legislativo que pretenda alterar sua organização e funcionamento" (*Informativo* n. 940, ADI 4643/RJ, rel. Min. Luiz Fux, Pleno, j. 15-5-2019).

a.2.7) Iniciativa reservada da Câmara dos Deputados e do Senado Federal

Segundo o art. 51, IV, da Constituição Federal, compete privativamente à Câmara dos Deputados "a iniciativa de lei para fixação da respectiva remuneração". Esse inciso está se referindo à remuneração dos servidores da Câmara dos Deputados, excluindo os parlamentares. Para estes últimos, aplica-se o art. 49, VII ("fixar idêntico subsídio para os Deputados Federais e os Senadores"), que será regulado por meio de Decreto Legislativo. Por exemplo, o Decreto Legislativo n. 276, de 2014, no seu art. 1º, afirmou que "o subsídio mensal dos membros do Congresso Nacional, referido no inciso VII do art. 49 da Constituição Federal, é fixado em R$ 33.763,00". Por sua vez, quanto à remuneração dos servidores do Senado, o art. 52, XIII, dispõe ser da competência privativa do Senado "a iniciativa de lei para fixação da respectiva remuneração".

a.2.8) Quadro esquemático da lei ordinária

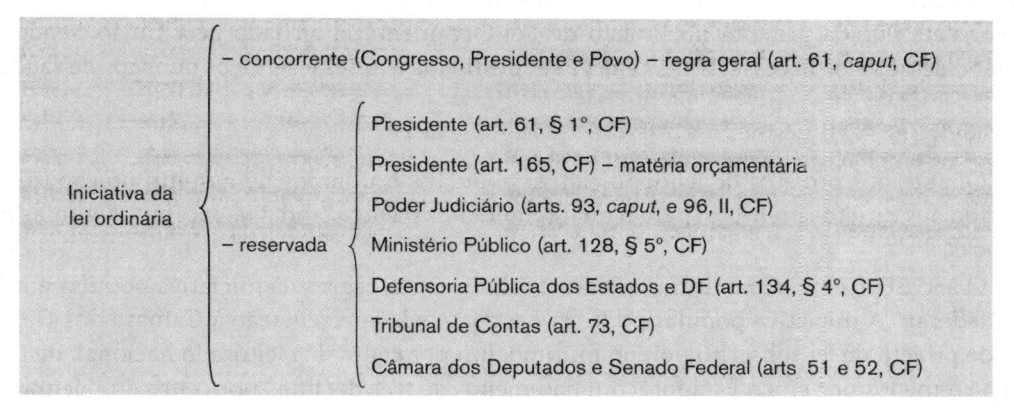

Iniciativa da lei ordinária:
- concorrente (Congresso, Presidente e Povo) – regra geral (art. 61, *caput*, CF)
- reservada:
  - Presidente (art. 61, § 1º, CF)
  - Presidente (art. 165, CF) – matéria orçamentária
  - Poder Judiciário (arts. 93, *caput*, e 96, II, CF)
  - Ministério Público (art. 128, § 5º, CF)
  - Defensoria Pública dos Estados e DF (art. 134, § 4º, CF)
  - Tribunal de Contas (art. 73, CF)
  - Câmara dos Deputados e Senado Federal (arts. 51 e 52, CF)

a.2.9) Sanção presidencial e vício de iniciativa

No passado, o Supremo Tribunal Federal adotava a Súmula 5, segundo a qual "a sanção do projeto supre a falta de iniciativa do Poder Executivo". Assim, se o projeto fosse de iniciativa privativa do Presidente, mas fosse iniciado por parlamentares, por exemplo, a sanção do Presidente supriria, sanaria, o vício de origem. Todavia, há anos o Supremo Tribunal Federal abandonou essa tese. Dessa maneira, o vício de origem, de iniciativa, não será convalidado por eventual sanção presidencial: "A sanção do projeto de lei não convalida o vício de inconstitucionalidade resultante da usurpação do poder de iniciativa. A ulterior aquiescência do chefe do Poder Executivo, mediante sanção do projeto de lei, ainda quando dele seja a prerrogativa usurpada, não tem o condão de sanar o vício radical da inconstitucionalidade. Insubsistência da Súmula 5/STF" (ADI 2.867, rel. Min. Celso de Mello).

a.2.10) Emenda parlamentar a projetos de iniciativa reservada

Segundo o Supremo Tribunal Federal, poderão os parlamentares fazer emendas aos projetos de iniciativa privativa, desde que preenchidos dois requisitos: a) devem ter pertinência temática com o objeto do projeto; b) não podem acarretar aumento de despesas.

No tocante ao primeiro requisito (pertinência temática), decidiu o STF: "Não havendo aumento de despesa, o Poder Legislativo pode emendar projeto de iniciativa privativa do chefe do Poder Executivo, mas esse poder não é ilimitado, não se estendendo ele a emendas que não guardem estreita pertinência com o objeto do projeto encaminhado ao Legislativo pelo Executivo e que digam respeito a matéria que também é da iniciativa privativa daquela autoridade" (ADI 546, rel. Min. Moreira Alves).

No tocante ao segundo requisito (impossibilidade de aumento de despesa), decidiu o STF: "a jurisprudência desta Corte firmou-se no sentido de que gera inconstitucionalidade formal a emenda parlamentar a projeto de lei de iniciativa do Ministério Público estadual que importa aumento de despesa" (ADI 4.075 MC, rel. Min. Joaquim Barbosa).

Não obstante, há uma exceção: em se tratando de projetos orçamentários de iniciativa do Presidente, poderão os parlamentares fazer emendas que impliquem aumento de despesas, nos termos do art. 166 da Constituição Federal. Recentemente, foi aprovada Emenda Constitucional n. 86, de 2015, criando o "orçamento impositivo", no qual fica estabelecida uma vinculação de receitas para gastos com emendas parlamentares individuais no percentual de até 1,2% da receita corrente líquida prevista no Projeto de Lei Orçamentária enviado pela União, sendo que metade desse valor necessariamente deve ser destinada a ações e serviços públicos de saúde.

a.3) Iniciativa popular

Quanto aos projetos de lei de iniciativa popular, abordamos tal assunto no capítulo reservado aos direitos políticos, para o qual remetemos o leitor. Todavia, façamos algumas lembranças.

O art. 61, § 2º, da Constituição Federal estabelece as regras da iniciativa popular em âmbito federal: "A iniciativa popular pode ser exercida pela apresentação à Câmara dos Deputados de projeto de lei subscrito por, no mínimo, um por cento do eleitorado nacional, distribuído pelo menos por cinco Estados, com não menos de três décimos por cento dos eleitores de cada um deles". Assim, podemos sistematizar os requisitos da iniciativa popular em âmbito federal nesses três requisitos cumulativos:

Iniciativa popular (art. 61, § 2º, CF)	projeto de lei subscrito por, no mínimo, 1% do eleitorado nacional
	assinaturas de pelo menos 5 Estados
	assinaturas de 0,3% dos eleitores de cada um desses Estados

Preenchidos os requisitos constitucionais, o projeto de lei deverá ser apresentado à Câmara dos Deputados. A Constituição Federal não estabelece prazo para votação nem o procedimento de apreciação pelo Congresso Nacional. Não obstante, a Lei n. 9.709/98 fixa alguns parâmetros. No seu art. 13, § 1º, afirma que "o projeto de lei de iniciativa popular deverá circunscrever-se a um só assunto", e no art. 13, § 2º, determina que "o projeto de lei de iniciativa popular não poderá ser rejeitado por vício de forma, cabendo à Câmara dos Deputados, por seu órgão competente, providenciar a correção de eventuais impropriedades de técnica legislativa ou de redação".

Outrossim, o Regimento Interno da Câmara dos Deputados, no seu art. 252, estabelece parâmetros para o projeto de lei de iniciativa popular: a assinatura de cada eleitor deverá ser acompanhada de seu nome completo e legível, endereço e dados identificadores de seu título eleitoral; o projeto será instruído com documento hábil da Justiça Eleitoral quanto ao contingente de eleitores alistados em cada Unidade da Federação (para se comprovar o percentual mínimo de assinaturas) etc.

Como se vê, extremamente rigorosos são os requisitos do projeto de lei de iniciativa popular. Por essa razão, a maioria dos projetos de lei considerados de iniciativa popular só tramitou no Poder Legislativo por força da coautoria[42]. Importante lei de iniciativa popular foi a Lei Complementar n. 135, de 2010, conhecida como Lei da Ficha Limpa. Essa lei altera a Lei Complementar n. 64, de 1990, que trata de hipóteses de inelegibilidade. A coleta de assinaturas foi iniciada em 2008, sendo enviada à Câmara dos Deputados com 1,6 milhão de assinaturas. Nesse sentido, um movimento capitaneado pelo Ministério Público Federal colheu assinaturas para um projeto de lei conhecido como "Dez Medidas contra a Corrupção". Foram colhidos 2 milhões de assinaturas, que foram enviadas à Câmara dos Deputados no dia 29 de março de 2016.

Tem prevalecido o entendimento de que o projeto de lei pode versar sobre lei ordinária e lei complementar. Assim, poderá ser elaborado, por iniciativa popular, projeto de lei sobre matéria penal, civil, processual (temas reservados à lei ordinária), bem como novas hipóteses de inelegibilidade, imposto sobre grandes fortunas (temas reservados à lei complementar, nos arts. 14, § 9º, e 153, VII, da Constituição, respectivamente).

Quanto ao projeto de Emenda Constitucional de iniciativa popular, prevalece o entendimento de que o rol é taxativo, não se admitindo a iniciativa popular sobre a proposta de Emenda Constitucional. Todavia, em nosso entender, negar ao povo a possibilidade de fazer Proposta de Emenda Constitucional é um terrível contrassenso. Ora, se o poder constituinte é de titularidade do povo, nada mais natural que o próprio povo possa fazer proposta de Emenda Constitucional. Interpretar de forma contrária é reduzir injustificadamente a expressão "todo o poder emana do povo", cunhada no art. 1º, parágrafo único, de nossa Constituição. Esse também é o entendimento de Fábio Konder Comparato, em obra de 1986: "Atribuir a iniciativa das leis também ao povo, diretamente, é medida importante para associar os cidadãos à tarefa de transformação ou aperfeiçoamento do Direito e, também, para desbloquear o Legislativo, sujeito ao controle oligárquico partidário"[43]. A Proposta de Emenda de iniciativa popular já é uma realidade em todos os países da América do Sul, com exceção de Argentina, Chile e Brasil.

Apresentado à Câmara dos Deputados o projeto de lei de iniciativa popular, qual será o procedimento? A Constituição Federal não estabelece o processo legislativo, mas apenas os requisitos para elaboração do projeto (art. 61, § 2º), e a Lei n. 9.709/98 traz apenas algumas poucas considerações: a proibição de rejeição pelo vício de forma, devendo a Câmara dos Deputados corrigir as eventuais impropriedades de técnica legislativa ou redação (art. 13, § 2º). A

---

42. "Em face da absurda configuração do instituto, nenhum projeto de lei apresentado na Câmara dos Deputados efetivamente se caracterizou como de iniciativa popular. Três projetos que recolheram assinaturas foram transformados em lei, mas tramitaram graças à coautoria. O Projeto de Lei n. 4.146/93, que teve o Poder Executivo como coautor, tornou-se a Lei n. 8.930/94 e alterou a Lei n. 8.072/90, adicionando o homicídio quando praticado em atividade típica de grupo de extermínio no rol dos crimes hediondos. O Projeto de Lei n. 1.517/99, com a coautoria do Deputado Albérico Cordeiro (e a assinatura de todos os líderes partidários) transforma-se na Lei n. 9.840/99 e inclui na Lei n. 9.504/97 o artigo 41-A, permitindo a cassação do candidato que incidir em captação ilícita de sufrágio. Finalmente, o projeto de Lei n. 2.710/92 torna-se, com muitas modificações, a Lei n. 11.124 e cria o Sistema Nacional de Habitação de Interesse Social. Teve o deputado Nilmario Miranda como coautor" (Eneida Desiree Salgado. *Iniciativa Popular de Leis*: as Proposições, o Positivado e o Possível, *passim*).

43. *Muda Brasil*: uma Constituição para o Desenvolvimento Democrático. São Paulo: Brasiliense, 1986.

sobredita lei delegou aos Regimentos Internos da Câmara e do Senado o trâmite dos projetos de lei de iniciativa popular ("A Câmara dos Deputados, verificando o cumprimento das exigências estabelecidas no art. 13 e respectivos parágrafos, dará seguimento à iniciativa popular, consoante as normas do Regimento Interno" – art. 14).

Como já foi dito acima, o projeto de lei de iniciativa popular pode versar sobre matéria penal, civil, processual, eleitoral, reservada à lei complementar ou ordinária. Indaga-se: há vedações aplicáveis à iniciativa popular? Há alguns projetos de lei que não podem ser feitos por iniciativa popular?

Embora não haja na Constituição um rol de vedações expressas à iniciativa popular, podemos arrolar algumas vedações implícitas:

a) Projeto de lei de iniciativa privativa do Poder Executivo: segundo o art. 61, § 1º, da Constituição Federal, é de iniciativa privativa do Presidente a criação de cargos, funções ou empregos públicos na administração direta e autárquica, bem como o aumento de sua remuneração, a criação ou extinção de Ministérios etc. Esses projetos não podem ser de iniciativa popular, pois esta é reservada àqueles casos em que a iniciativa caberia ao Congresso Nacional.

b) Projeto de lei de iniciativa privativa do Poder Judiciário ou Ministério Público: segundo o art. 96, II, compete ao Supremo Tribunal Federal, aos Tribunais Superiores e aos Tribunais de Justiça propor ao Poder Legislativo respectivo a alteração do número de membros dos tribunais inferiores, bem como a criação e extinção de cargos e a remuneração dos seus serviços auxiliares. Da mesma forma, o art. 93, *caput*, determina que Lei Complementar, de iniciativa do STF, disporá sobre o Estatuto da Magistratura. Por sua vez, o art. 127, § 2º, da Constituição Federal assegura ao Ministério Público a proposta de lei enviada ao Legislativo, sobre a criação e a extinção de seus cargos e serviços auxiliares. Esses projetos não podem ser de iniciativa popular.

c) Outras iniciativas reservadas: iniciativa privativa da Câmara dos Deputados (art. 51, CF), Senado Federal (art. 52, CF), Defensoria Pública (art. 134, CF), Tribunal de Contas da União (art. 73, CF) etc.

Nesse sentido, José Afonso da Silva afirma que: "não se admite iniciativa legislativa popular em matéria reservada à iniciativa exclusiva de outros titulares"[44].

Por fim, como explicamos no capítulo reservado aos direitos políticos, como decidiu recentemente o STF, os projetos de lei de iniciativa popular não podem: a) ser "adotados" pelos parlamentares no tocante à sua legitimidade (prática utilizada largamente até 2017); b) ser emendados de forma a alterar os escopos iniciais do projeto original, alterando substancialmente o conteúdo da norma. Isso porque, em liminar em mandado de segurança (Medida Cautelar em MS 34.530/DF), o Supremo Tribunal Federal, por voto do Min. Luiz Fux (em 14-12-2016) considerou inconstitucional a usual e tradicional prática da "adoção" do projeto de lei de iniciativa popular por parte de parlamentares. Segundo o STF, "A assunção da titularidade do projeto por parlamentar, legitimado independente para dar início ao processo legislativo, amesquinha a magnitude democrática e constitucional da iniciativa popular, subjugando um exercício por excelência da soberania pelos seus titulares aos meandros legislativos nem sempre permeáveis às vozes das ruas".

---

44. Op. cit., p. 449.

a.4) Deliberação parlamentar

Feito o projeto de lei (pelos legitimados analisados nos itens anteriores), ele será discutido, votado e, eventualmente, aprovado pelas Casas parlamentares. Trata-se da deliberação parlamentar. Com raras exceções de atos normativos aprovados em uma só casa (como as Resoluções da Câmara ou do Senado), os projetos de lei serão discutidos, votados e aprovados nas duas Casas do Congresso Nacional.

a.4.1) Casa iniciadora e casa revisora

Como acabamos de mencionar, o projeto de lei será discutido, votado e aprovado nas duas Casas do Congresso Nacional. A Casa que analisará o projeto pela primeira vez recebe o nome de casa iniciadora. Por sua vez, a Casa parlamentar que analisará e discutirá o projeto posteriormente recebe o nome de casa revisora.

Quem será a casa iniciadora dos projetos de lei? Depende de quem é a iniciativa. Segundo o art. 64, *caput*, da Constituição Federal, "a discussão e votação dos projetos de lei de iniciativa do Presidente da República, do Supremo Tribunal Federal e dos Tribunais Superiores terão início na Câmara dos Deputados". Além dessa regra, o art. 61, § 2º, da Constituição Federal afirma que o projeto de lei de iniciativa popular tem também início na Câmara dos Deputados.

Dessa maneira, podemos estabelecer a seguinte regra: o projeto de lei somente terá o Senado como Casa Iniciadora quando for de iniciativa de senadores (um senador ou Comissões do Senado). Em todas as outras hipóteses, a casa iniciadora será a Câmara dos Deputados.

Podemos, então, estabelecer o seguinte esquema:

Projeto de Lei de iniciativa	Casa iniciadora
De Senador (ou Comissão do Senado)	Senado Federal
De Deputado Federal (ou Comissão da Câmara)	Câmara dos Deputados
Do Presidente da República	Câmara dos Deputados
Popular	Câmara dos Deputados
Do Ministério Público	Câmara dos Deputados
Do Poder Judiciário	Câmara dos Deputados
Da Defensoria Pública	Câmara dos Deputados
Do Tribunal de Contas	Câmara dos Deputados

Como adiante se verá, o fato de ser quase sempre a casa revisora faz com que o Senado tenha uma importância reduzida no processo legislativo, se comparado à Câmara dos Deputados. Isso porque, havendo emendas parlamentares realizadas no Senado, a última palavra no processo legislativo da lei ordinária será da Câmara dos Deputados (que, em regra, é a casa iniciadora).

a.4.2) Apreciação pelas Comissões

Antes da deliberação em plenário, os projetos de lei serão apreciados pelas Comissões de cada uma das Casas Parlamentares. Nos termos do art. 53 do Regimento Interno da Câmara dos Deputados, "antes da deliberação do Plenário, [...] as proposições, exceto os requerimentos, serão apreciadas: I – pelas Comissões de mérito a que a matéria estiver afeta; II – pela Comissão de Finanças e Tributação, para o exame dos aspectos financeiro e orçamentários [...]; III – pela Comissão de Constituição e Justiça e de Cidadania, para o exame dos aspectos de constitucionalidade, legalidade, juridicidade e de técnica legislativa...". Segundo o sobredito regimento interno, enquanto o parecer das Comissões Temáticas é opinativo, o parecer da Comissão de Constituição e Justiça e o da Comissão de Finanças e Tributação é terminativo (art. 54, Regimento Interno da Câmara dos Deputados), cabendo recurso para o Plenário.

De forma mais concisa, o Regimento Interno do Senado Federal (art. 253) afirma que, "antes da deliberação do Plenário, haverá manifestação das comissões competentes para o estudo da matéria". Por sua vez, o art. 254 afirma que "quando os projetos receberem pareceres contrários, quanto ao mérito, serão tidos como rejeitados e arquivados definitivamente, salvo recurso de um décimo dos membros do Senado no sentido de sua tramitação".

a.4.3) Quórum de votação e aprovação

Existem dois quóruns a ser verificados no processo de deliberação parlamentar de discussão dos projetos de lei: o *quórum de votação (ou instalação da sessão)* e o *quórum de aprovação*.

Quórum de votação (ou instalação da sessão) é o número mínimo de parlamentares para se votar um projeto de lei, ou seja, para se iniciar uma sessão deliberativa. *Segundo o art. 47 da Constituição Federal, esse quórum é sempre o mesmo: maioria absoluta (mais da metade de todos os membros daquela Casa parlamentar)*. De acordo com o art. 47 da Constituição Federal: "salvo disposição constitucional em contrário, as deliberações de cada Casa e de suas Comissões serão tomadas por maioria dos votos, presente a maioria absoluta de seus membros". No mesmo sentido, o art. 56, § 2º, do Regimento Interno da Câmara dos Deputados reitera o conteúdo constitucional: "salvo disposição constitucional em contrário, as deliberações das Comissões, serão tomadas por maioria dos votos, presente a maioria absoluta de seus membros, prevalecendo em caso de empate o voto do Relator". No mesmo sentido, o art. 83 do Regimento Interno da Câmara dos Deputados e o art. 288 do Regimento Interno do Senado Federal.

QUÓRUM
- de votação (ou instalação da sessão): número mínimo de parlamentares para se iniciar uma sessão deliberativa.
- de aprovação: número mínimo de parlamentares para se aprovar um projeto de lei.

Importante frisar que o quórum de votação será o mesmo para todas as espécies normativas.

Por sua vez, quórum de aprovação é o número mínimo de parlamentares necessários para aprovar um projeto de lei. Esse quórum varia de acordo com cada espécie normativa. Em se tratando de lei ordinária, o quórum de aprovação é maioria simples ou relativa (mais da metade dos presentes, por força do art. 47, 1ª parte, da Constituição Federal: "salvo disposição constitucional em contrário, as deliberações de cada Casa e de suas Comissões serão tomadas por maioria dos votos").

Quórum de votação	Quórum de aprovação
É o mesmo para todas as leis (maioria absoluta) – art. 47, CF.	Varia de acordo com cada espécie normativa. Por exemplo: lei complementar (maioria absoluta), lei ordinária (maioria relativa) etc.

a.4.4) Espécies de votação

Nos termos dos Regimentos Internos das respectivas casas, a votação pode se dar de várias maneiras. Primeiramente, em regra, a votação se dá de forma aberta, ostensiva. Enquanto o voto da população é secreto, o voto dos parlamentares, em regra, é aberto. Trata-se de um corolário do princípio democrático e republicano.

Somente nos casos excepcionais, principalmente nos casos previstos na Constituição Federal, é que o *voto será secreto*. Vejamos algumas das hipóteses ainda previstas na Constituição de voto secreto:

1) compete privativamente ao Senado Federal aprovar previamente, por voto secreto, após arguição pública, a escolha de: a) magistrados, os casos estabelecidos nesta Constituição; b) Ministros do Tribunal de Contas da União indicados pelo Presidente da República; c) Governador de Território; d) Presidente e diretores do Banco Central; e) Procurador-Geral da República; f) titulares de outros cargos que a lei determinar (art. 52, III, CF);

2) compete privativamente ao Senado aprovar previamente, por voto secreto, após arguição em sessão secreta, a escolha dos chefes de missão diplomática de caráter permanente (art. 52, IV, CF);

3) compete privativamente ao Senado aprovar, por maioria absoluta e por voto secreto, a exoneração, de ofício, do Procurador-Geral da República antes do término de seu mandato (art. 52, XI, CF);

Além dessas hipóteses constitucionais, o Regimento Interno da Câmara dos Deputados e do Senado Federal trazem outras hipóteses de votação secreta. O Regimento Interno da Câmara dos Deputados prevê várias hipóteses de escrutínio secreto no art. 188. Por sua vez, o Regimento Interno do Senado também o faz nos arts. 60, 88 e, principalmente, 116.

Embora o assunto seja polêmico, entendemos que, à exceção das hipóteses previstas expressamente na Constituição Federal, todas as votações devem ser abertas, ostensivas (seja pelo processo nominal, seja pelo processo simbólico, nos termos do regimento interno de cada Casa). Entendemos que o voto secreto previsto em Regimento Interno destoa dos valores democráticos e republicanos que inspiram o processo legislativo.

Por fim, o voto aberto, nos termos do Regimento Interno das respectivas Casas parlamentares, tem duas modalidades: *voto nominal* (por meio do sistema eletrônico de votos) ou *voto simbólico*. Nos termos do art. 184 do Regimento Interno da Câmara dos Deputados: "a votação poderá ser ostensiva, adotando-se o processo simbólico ou o nominal". O processo simbólico é definido no art. 185 do Regimento Interno da Câmara dos Deputados: "pelo processo simbólico, que será utilizado na votação das proposições em geral, o Presidente, ao anunciar a votação de qualquer matéria, convidará os Deputados a favor a permanecerem sentados e proclamará o resultado manifesto dos votos".

a.4.5) Atuação das casas

Se o projeto de lei for aprovado nas duas casas parlamentares (casa iniciadora e casa revisora), o projeto de lei será enviado para o Chefe do Poder Executivo, para sanção ou veto (que estudaremos adiante). Trata-se do disposto no art. 65, *caput*, da Constituição Federal: "o projeto de lei aprovado por uma Casa será revisto pela outra, em um só turno de discussão e votação, e enviado à sanção ou promulgação, se a Casa revisora o aprovar...".

Se o projeto de lei for rejeitado em qualquer uma das casas (seja na casa iniciadora, seja na casa revisora), somente poderá ser reapresentado na próxima sessão legislativa, nos termos do art. 67 da Constituição Federal. Todavia, essa é apenas a regra. Esse mesmo artigo da Constituição Federal prevê uma exceção: "a matéria constante de projeto de lei rejeitado somente poderá constituir objeto de novo projeto, na mesma sessão legislativa, mediante proposta da maioria absoluta dos membros de qualquer das Casas do Congresso Nacional".

Dessa maneira, caso um projeto de lei ordinária tenha sido rejeitado na casa iniciadora ou na casa revisora, em regra, somente poderá ser reapresentado na próxima sessão legislativa (no ano seguinte), salvo se houver proposta da maioria absoluta da Câmara dos Deputados ou do Senado Federal. Essa regra, nos termos da jurisprudência do STF, é a denominada "irrepetibilidade dos projetos rejeitados" (ADI 2.010 MC, rel. Min. Celso de Mello). Nesse sentido, o art. 110 do Regimento Interno da Câmara dos Deputados afirma: "a matéria constante de projeto de lei rejeitado somente poderá constituir objeto de novo projeto, na mesma sessão legislativa, mediante proposta da maioria absoluta dos membros da Câmara". No mesmo sentido, o art. 240 do Regimento Interno do Senado Federal: "as matérias constantes de projeto de lei rejeitado somente poderão ser objeto de novo projeto, na mesma sessão legislativa, mediante proposta da maioria absoluta dos membros do Senado".

Terceira opção que pode ocorrer é, depois de aprovado na casa iniciadora, o projeto de lei ser emendado na casa revisora. São as chamadas emendas parlamentares, que podem apresentar características bem diversas: é possível emenda aditiva (que acrescenta dispositivos no projeto); supressiva (que retira normas do projeto); emenda aglutinativa (que funde dispositivos diversos do projeto); emenda substitutiva (substitui a norma por outra); emenda de redação (que apenas altera a redação da norma, sem mudar substancialmente seu conteúdo). Nesse caso, feitas emendas pela casa revisora ao projeto de lei aprovado pela casa iniciadora, o projeto de lei voltará para a casa iniciadora para apreciação dessas emendas. É o que está disposto no art. 65, parágrafo único, da Constituição Federal: "sendo o projeto emendado, voltará à Casa Iniciadora".

Importante: na apreciação dessas emendas, prevalecerá a vontade da casa iniciadora. Assim, se a casa iniciadora entender que as emendas da casa revisora são impertinentes, poderá rejeitar todas elas. Nessa hipótese, o projeto de lei será aprovado sem a participação efetiva da casa revisora. Por essa razão, como afirmamos anteriormente, no processo de elaboração de uma lei ordinária (mas isso também se aplica para a maioria das outras normas, exceto a emenda constitucional), a Casa Revisora tem poderes reduzidos, se comparados aos da casa iniciadora. Como, em regra, o Senado é a casa revisora, tem ele, no processo legislativo ordinário, poderes relativamente menores que os da Câmara, que costuma dar a palavra final na aprovação da lei ordinária.

Por fim, segundo a jurisprudência do Supremo Tribunal Federal, se a emenda feita pela casa revisora não alterar o conteúdo da norma, sendo mera emenda de redação, não será necessário regressar à casa iniciadora, podendo partir para a próxima etapa (em se tratando de lei ordinária, sanção ou veto presidencial). Nesse sentido: "O parágrafo único do art. 65 da CF só determina o retorno do projeto de lei à Casa iniciadora se a emenda parlamentar introduzida acarretar modificação no sentido da proposição jurídica" (ADI 2.238 MC, rel. Min. Ayres Britto).

Dessa forma, podemos assim sistematizar a atuação das duas casas no processo legislativo ordinário:

Casa iniciadora	Casa revisora	Consequência
Aprovado	Aprovado	Irá para o Presidente, para sanção ou veto (art. 65, CF).
Aprovado	Rejeitado	Somente poderá ser reapresentado na próxima sessão legislativa, salvo se houver deliberação da maioria absoluta de qualquer uma das duas Casas (art. 67, CF).
Rejeitado		
Aprovado	Emendado	Voltará para a Casa iniciadora, para apreciar as emendas (art. 65, parágrafo único, CF), exceto se as emendas não alterarem o significado da norma (STF – ADI 2.238).

a.4.6) Prazo para a deliberação parlamentar (processo legislativo com prazo)

Em regra, o processo legislativo ordinário não tem prazo. Muitas leis têm um processo legislativo mais demorado, com anos ou décadas de discussão e análise. Todavia, há uma exceção: o regime de urgência, que tem duas modalidades: 1) regime de urgência constitucional; 2) regime de urgência regimental.

1) *Regime de urgência constitucional:* é o processo legislativo com prazo, previsto na própria Constitucional Federal. Tem apenas dois requisitos para que aconteça: a) o projeto de lei deve ser de iniciativa do Presidente da República; b) o Presidente deve solicitar a urgência.

Requisitos do regime de urgência constitucional
- Projeto de iniciativa do Presidente
- Presidente solicita urgência

Está previsto no art. 64, §§ 1º a 4º, da Constituição Federal. O art. 64, § 1º, afirma que: "O Presidente da República poderá solicitar urgência para apreciação de projetos de sua iniciativa". Dessa maneira, o processo legislativo desse projeto de lei terá prazo previsto na Constituição. Segundo o art. 64, § 2º, da Constituição Federal, a Casa Iniciadora (a Câmara, já que o projeto é de iniciativa do Presidente) terá o prazo de 45 (quarenta e cinco) dias para votar o projeto de lei, e, por sua vez, a Casa Revisora (o Senado) terá também 45 dias para votar o projeto de lei.

Caso a Casa não cumpra esse prazo de 45 dias, trancar-se-á a pauta, ou seja, não poderá ser votada outra matéria a não ser o projeto de lei que está atrasado (com exceção das medidas provisórias pendentes). É o disposto no art. 64, § 2º, da Constituição Federal: "Se, no caso do § 1º, a Câmara dos Deputados e o Senado Federal não se manifestarem sobre a proposição, cada qual sucessivamente, em até quarenta e cinco dias, sobrestar-se-ão todas as demais deliberações legislativas da respectiva Casa, com exceção das que tenham prazo constitucional determinado, até que se ultime a votação".

Caso o Senado faça alguma emenda (supressiva, aditiva, modificativa etc.), o projeto voltará para a Câmara dos Deputados, que terá 10 (dez) dias para apreciar as Emendas. Assim, somando-se os prazos, a Constituição tem como escopo que o projeto de lei em regime de urgência constitucional seja discutido e votado pelo Congresso Nacional em 100 dias (45 + 45 + 10). Por fim, nos termos do art. 64, § 2º, da Constituição Federal, esses prazos não correm no período de recesso parlamentar nem se aplicam aos projetos de Código. Podemos esquematizar da seguinte maneira:

REGIME DE URGÊNCIA CONSTITUCIONAL		
Casa iniciadora	Casa revisora	Casa iniciadora (se houver emendas)
45 dias.	45 dias.	10 dias.
Se não votar nesse prazo, tranca a pauta.	Se não votar nesse prazo, tranca a pauta.	Se não votar nesse prazo, tranca a pauta.
Esses prazos não são contados durante o recesso e não se aplicam aos projetos de Código.		

2) *Regime de urgência regimental:* trata-se de processo legislativo abreviado, nos termos de normas regimentais. Está previsto no art. 153 e seguintes do Regimento Interno da Câmara dos Deputados e no art. 336 e seguintes do Regimento Interno do Senado.

Segundo o Regimento Interno da Câmara dos Deputados, o requerimento de urgência poderá ser submetido ao Plenário se for apresentado por 2/3 dos membros da Mesa, ou líderes que representem esse número, ou por 2/3 dos membros da Câmara, ou líderes que representem esse número. A urgência será requerida quando se tratar de matéria que envolva a defesa da sociedade democrática e as liberdades fundamentais; tratar-se de providência para atender a calamidade pública; visar à prorrogação de prazos legais ou pretender-se a apreciação da matéria na mesma sessão (art. 153).

Aprovado o requerimento de urgência, entrará a matéria em discussão na sessão imediata, ocupando o primeiro lugar na Ordem do Dia (art. 157, *caput*, Regimento Interno da Câmara).

Por sua vez, segundo o Regimento Interno do Senado Federal, a urgência poderá ser proposta pela Mesa, pela maioria dos membros do Senado ou líderes que representem esse número, em sendo caso de matéria que envolva perigo para a segurança nacional. Outrossim, por outras razões, o quórum é diferenciado. Por exemplo, quando se pretenda incluir em Ordem do Dia matéria pendente de parecer, o requerimento deve se dar por um quarto do Senado ou líderes que representem esse número.

a.5) Deliberação executiva

Aprovado o projeto de lei pelo Poder Legislativo, será ele enviado ao Poder Executivo para *sanção* ou *veto*. Segundo a primeira parte do art. 65, *caput*, da Constituição Federal, "o projeto de lei aprovado por uma Casa será revisto pela outra, em um só turno de discussão e votação, e enviado à sanção...".

Como dissemos, a *sanção* é de responsabilidade do Chefe do Poder Executivo. Trata-se de uma clara demonstração do sistema de freios e contrapesos (*checks and balances*), em que um Poder interfere diretamente no funcionamento de outro Poder, dentro dos limites e parâmetros constitucionais.

Caso o Presidente concorde com o projeto de lei, sancioná-lo-á. Caso discorde, vetá-lo-á. Por razões óbvias, em decorrência da simetria constitucional, também gozam dessa prerrogativa o Governador do Estado ou do DF (nas leis estaduais ou distritais, respectivamente), bem como o Prefeito (quanto às leis municipais). Segundo o art. 66 da Constituição Federal, "A Casa na qual tenha sido concluída a votação enviará o projeto de lei ao Presidente da República, que, aquiescendo, o sancionará". O Presidente terá o prazo de quinze dias úteis para fazê-lo (art. 66, §§ 1º e 3º, CF).

Ainda que os projetos de lei sejam de iniciativa do Poder Executivo, deverá ocorrer essa etapa, máxime porque, como vimos acima, dentro de alguns limites, o Congresso Nacional poderá ter emendado o projeto.

Todavia, como dissemos, caso o Presidente discorde do projeto de lei, fará, no prazo de 15 dias úteis, o veto presidencial.

O *veto* pode se dar por duas razões, por dois motivos: *a) inconstitucionalidade*; b) *contrariedade ao interesse público*. O primeiro veto (por inconstitucionalidade) recebe o nome de *veto jurídico* e é um importante exemplo de controle preventivo da constitucionalidade (que estudamos em capítulo específico sobre o tema). Por sua vez, o segundo veto (por contrariedade ao interesse público) recebe o nome de *veto político*.

VETO
- JURÍDICO: com fundamento na inconstitucionalidade
- POLÍTICO: por contrariedade ao interesse público

O veto, não importa a razão, é considerado um ato político e, por isso, não pode ter seu conteúdo questionado no Poder Judiciário, como já decidiu o Supremo Tribunal Federal: "Não é, assim, enquadrável, em princípio, o veto, devidamente fundamentado, pendente de deliberação política do Poder Legislativo – que pode, sempre, mantê-lo ou recusá-lo, no conceito de ato do Poder Público, para os fins do art. 1º da Lei n. 9.882/99. Impossibilidade de intervenção antecipada do Judiciário, eis que o projeto de lei, na parte vetada, não é lei nem ato normativo – poder que a ordem jurídica, na espécie, não confere ao Supremo Tribunal Federal, em via de controle concentrado" (ADPF 1-QO, rel. Min. Néri da Silveira).

Concordamos com o Supremo Tribunal Federal. Ainda que o veto do Presidente seja juridicamente questionável ou se refira à norma importante, essencial ao cumprimento de um direito fundamental, não há que existir uma interferência indevida do Poder Judiciário. A Constituição prevê o mecanismo legítimo para refutar esse veto: o Congresso poderá rejeitar o veto presidencial, não cabendo ao Judiciário interferir nas decisões políticas do chefe do Poder Executivo.

O prazo do veto também é de 15 dias úteis, e, caso o Presidente permaneça em silêncio nesse prazo, presume-se que sancionou. Trata-se de sanção tácita, nos termos do art. 66, § 3º, da Constituição Federal.

São características do veto:

1) Expresso: o Presidente, se quiser vetar um projeto de lei, terá de fazê-lo expressamente, já que o seu silêncio configura sanção.

2) Motivado: caso vete um projeto de lei, o Presidente deverá expor as razões do seu veto (fundamentado na inconstitucionalidade ou na contrariedade ao interesse público), devendo encaminhar em 48 horas para o Presidente do Senado Federal, nos termos do art. 66, § 1º, *in fine*, da Constituição Federal: "se o Presidente da República considerar o projeto, no todo ou em parte, inconstitucional ou contrário ao interesse público, vetá-lo-á total ou parcialmente, no prazo de quinze dias úteis, contados da data do recebimento, e comunicará, dentro de quarenta e oito horas, ao Presidente do Senado Federal os motivos do veto'.

3) **Supressivo:** por meio do veto, o Presidente só pode retirar parte do texto, não podendo acrescentar quaisquer palavras ou expressões, muito menos modificá-las. Dessa maneira, só poderá suprimir parte do texto (ou todo o texto, no caso do veto integral).

4) **Total ou parcial:** o Presidente poderá vetar todo o projeto de lei ou apenas parte dele. Nesse caso, não poderá vetar palavras isoladas (parte de artigo, de inciso, de alínea, de parágrafo etc.), sob pena de mudar o sentido da norma. É o que dispõe o art. 66, § 2º, da Constituição Federal: "o veto parcial somente abrangerá texto integral de artigo, de parágrafo, de inciso ou de alínea".

O veto parcial só apareceu no Brasil na Constituição de 1891, na reforma constitucional de 1926. Segundo a doutrina, "o fator preponderante para a adoção nacional do poder de veto parcial foi a necessidade de contenção da introdução de emendas legislativas, sobretudo incidentes nos projetos de lei orçamentária (as chamadas caudas ou *riders*), as quais se consubstanciam em 'disposições que, nada tendo que ver com a matéria regulada no projeto, são nele enxertadas para que o Presidente tenha de aceitá-las, se não quiser fulminar todo o projeto'"[45].

5) **Superável ou relativo:** trata-se da característica mais importante do veto. Caso o Presidente vete um projeto de lei, o Congresso Nacional poderá rejeitar esse veto, nos termos do art. 66, § 4º, da Constituição Federal: "o veto será apreciado em sessão conjunta, dentro de trinta dias a contar de seu recebimento, só podendo ser rejeitado pelo voto da maioria absoluta dos Deputados e Senadores". Esse artigo foi alterado pela Emenda Constitucional n. 76, de 2013. Antes dessa Emenda, havia previsão de que o voto dos parlamentares seria secreto, o que não mais ocorre. Dessa maneira, vetando um projeto de lei, será comunicado o Presidente do Senado Federal em 48 horas (art. 66, § 1º, CF). Segundo o art. 66, § 4º, o Congresso poderá rejeitar o veto no prazo de 30 dias, a contar do seu recebimento, pela maioria absoluta dos deputados e dos senadores (votos esses que serão apurados separadamente, mas em sessão conjunta).

Segundo o art. 66, § 6º, da Constituição Federal, esgotado o prazo de 30 dias para análise do veto, será ele colocado na ordem do dia da sessão imediata, sobrestando-se as demais proposições, até sua votação final. Segundo o art. 104-A do Regimento Comum do Congresso Nacional, esse prazo de 30 dias "será contado da protocolização do veto na Presidência do Senado Federal".

Não obstante, embora a Constituição seja clara no tocante ao prazo para o Congresso Nacional se manifestar acerca dos vetos presidenciais, infelizmente não é o que vem ocorrendo na prática política brasileira. A grande maioria dos vetos presidenciais não é apreciada pelo Congresso Nacional, muito menos no prazo constitucionalmente estabelecido.

Foram criadas duas práticas políticas reiteradas para flexibilizar a norma constitucional: primeiramente, o "trancamento da pauta" a que se refere o art. 66, § 6º, da Constituição tem se aplicado apenas às sessões conjuntas do Congresso Nacional. Dessa maneira, ficam liberadas as pautas de cada Casa parlamentar, e os vetos presidenciais apenas ganham prioridade nas pautas futuras das sessões conjuntas do Congresso Nacional. Além disso, entendeu o Congresso Nacional que esse trancamento não ocorreria nem mesmo nas sessões conjuntas do Congresso Nacional, que ocorreram de forma remota, por conta da pandemia de Covid-19.

---

45. Rafael Vargas Hetsper. *O Poder de Veto no Ordenamento Jurídico Brasileiro*, p. 222.

Segunda prática que foi criada refere-se ao claro e absoluto desrespeito da ordem cronológica dos vetos. Como milhares de vetos estão pendentes de votação, o Congresso Nacional adota a tática do *pick and choose* (uma escolha aleatória e imprevisível) dos vetos pendentes.

Em 2012, houve um fato importante. Diante do veto presidencial a um importante projeto de lei sobre os *royalties* do petróleo para os Estados, o Congresso Nacional rejeitou esse veto, fora da ordem cronológica (havia milhares de vetos que não haviam sido anteriormente apreciados). Embora, por decisão monocrática do Ministro Luiz Fux, o Supremo tenha determinado que o Congresso examinasse antes os vetos pendentes, essa decisão foi superada pela votação em plenário. Assim, segundo o STF (nos Mandados de Segurança 31.816 e 31.814), o Congresso Nacional tem liberdade para escolher que vetos irá apreciar, na ordem que achar mais conveniente. O prazo de 30 (trinta) dias, segundo o STF, deve ser respeitado para os próximos vetos, mas deixando a critério do Congresso Nacional a apreciação dos vetos mais antigos.

Essa flexibilização dada, pelo próprio STF, ao art. 66, § 4º, da Constituição Federal, que prevê que "o veto será apreciado em sessão conjunta, dentro de trinta dias a contar de seu recebimento", vem gerando uma inconveniente (e entendemos inconstitucional) insegurança jurídica. Por exemplo, em abril de 2021 o Congresso nacional apreciou veto parcial a projeto de lei feito pelo Presidente Luís Inácio Lula da Silva, em 2008, ou seja, doze anos depois!

Nos Estados Unidos, o veto é classificado de forma diferente. Existe um veto tácito, também chamado de *pocket veto*, resultante da inação presidencial perante projeto de lei levado a sua apreciação, sem a possibilidade de retorno à deliberação legislativa. Está previsto no art. 1º, Seção 7, da Constituição norte-americana. Por sua vez, o veto expresso no direito norte-americano pode ser total (*package veto*) ou parcial (*line item veto* ou *selective veto*).

CARACTERÍSTICAS DO VETO
- **EXPRESSO:** o silêncio presidencial configura sanção.
- **MOTIVADO:** o Presidente deve fundamentar os motivos, as razões de seu veto.
- **SUPRESSIVO:** o Presidente, por meio do seu veto, não pode acrescentar texto ou emendá-lo. Somente pode suprimir os trechos que entender inconvenientes.
- **TOTAL OU PARCIAL:** o Presidente pode vetar todo o projeto de lei ou apenas parte dele (não podendo vetar palavras isoladas, sob pena de mudar o sentido do projeto).
- **SUPERÁVEL OU RELATIVO:** o Congresso Nacional pode rejeitar o veto presidencial pela maioria absoluta de seus membros, no prazo de 30 dias, em sessão conjunta.

a.6) Fase complementar

Depois de aprovado o projeto de lei pelo Poder Legislativo e depois de sancionado pelo Presidente (ou caso o Poder Legislativo rejeite o veto presidencial), haverá a fase complementar, composta de promulgação e publicação.

A promulgação é o atestado de existência de uma nova lei. *Mutatis mutandis*, equipara-se à "certidão de nascimento" de uma nova lei. Dessa maneira, prevalece o entendimento de que a lei nasce com a sanção (ou rejeição do veto pelo Poder Legislativo) e, com a promulgação, certifica-se, atesta-se o seu nascimento, atesta-se que o ordenamento jurídico foi inovado.

O responsável pela promulgação das leis é o Presidente da República, nos termos do art. 66, § 7º, da Constituição Federal. Terá ele o prazo de 48 horas a contar da sanção ou da comunicação ao Presidente da rejeição do seu veto pelo parlamento. Caso o Presidente não promulgue a nova lei, caberá ao Presidente do Senado fazê-lo em igual prazo (48 horas). Caso este não o faça, caberá ao Vice-Presidente do Senado: "se a lei não for promulgada dentro de quarenta e oito horas pelo Presidente da República, nos casos dos § 3º e § 5º, o Presidente do Senado a promulgará, e, se este não o fizer em igual prazo, caberá ao Vice-Presidente do Senado fazê-lo" (art. 66, § 7º, CF).

Por sua vez, a publicação é o ato de se tornar pública a nova lei, inserindo seu texto no *Diário Oficial*. A partir desse momento, presume-se que a lei é do conhecimento de todos, tanto que "ninguém se escusa de cumprir a lei, alegando que não a conhece" (art. 3º da Lei de Introdução às Normas do Direito Brasileiro – LINDB).

Nos termos da Lei de Introdução às Normas do Direito Brasileiro, em regra, a lei entrará em vigor 45 (quarenta e cinco) dias após a sua publicação (art. 1º, *caput*). Não obstante, por expressa previsão na própria lei, o prazo poderá ser maior, menor ou pode até não existir (neste último caso, a lei trará o dispositivo com a seguinte redação: "esta lei entra em vigor na data da sua publicação"). Esse período entre a publicação da lei e sua entrada em vigor chama-se *vacatio legis*, é um período de vacância da lei e tem o escopo de permitir que a população se adapte à nova realidade legislativa. Segundo o art. 1º, § 1º, da LINDB, "Nos Estados estrangeiros, a obrigatoriedade da lei brasileira, quando admitida, se inicia três meses depois de oficialmente publicada".

19.13.3. Lei complementar

a) **Conceito**

Lei complementar é a lei que se destina a complementar a Constituição, nas hipóteses expressamente previstas. Como vimos no início desta obra, a Constituição brasileira é analítica, ou seja, extensa, prolixa, repetitiva, detalhista. Para não ser ainda mais prolixa, vários dispositivos da Constituição fazem referência à complementação legal. Muitos artigos fazem remissão à lei ("nos termos da lei", "na forma da lei", "segundo a lei" etc.), e outros dispositivos fazem remissão à lei complementar. Importante: quando a Constituição se refere à "lei", está se referindo à lei ordinária. Quando a Constituição Federal deseja que o complemento seja feito por lei complementar, ela expressamente afirma: "nos termos de lei complementar".

Muitos são os dispositivos constitucionais que remetem à elaboração de uma lei complementar. Vejamos alguns exemplos:

a) art. 7º, I, CF: "relação de emprego protegida contra despedida arbitrária ou sem justa causa, nos termos de lei complementar, que preverá indenização compensatória, dentre outros direitos";

b) art. 14, § 9º, CF: "lei complementar estabelecerá outros casos de inelegibilidade e os prazos de sua cessação, a fim de proteger a probidade administrativa...";

c) art. 21, IV, CF: "Compete à União: IV – permitir, nos casos previstos em lei complementar, que forças estrangeiras transitem pelo território nacional ou nele permaneçam temporariamente";

d) art. 22, parágrafo único, CF: "lei complementar poderá autorizar os Estados a legislar sobre questões específicas das matérias relacionadas neste artigo";

e) art. 25, § 3º, CF: "Os Estados poderão, mediante lei complementar, instituir regiões metropolitanas, aglomerações urbanas e microrregiões...";

f) art. 45, § 1º, CF: "o número total de deputados, bem como a representação por Estado e pelo Distrito Federal, será estabelecido por lei complementar, proporcionalmente à população";

g) art. 59, parágrafo único, CF: "lei complementar disporá sobre a elaboração, redação, alteração e consolidação das leis";

h) art. 153, VII, CF: "Compete à União instituir impostos sobre: VII – grandes fortunas, nos termos de lei complementar".

b) Lei complementar e lei ordinária

A lei complementar tem procedimento muito semelhante ao da lei ordinária, possuindo duas diferenças: 1) quórum de aprovação; 2) conteúdo.

O quórum de aprovação de uma lei complementar é de maioria absoluta (mais da metade de todos os membros), nos termos do art. 69 da Constituição Federal: "as leis complementares serão aprovadas por maioria absoluta". Lembremos que quórum de aprovação é o número mínimo de parlamentares para se aprovar um projeto de lei. Quanto à lei ordinária, como vimos acima, o quórum de aprovação é maioria simples ou relativa (mais da metade dos presentes). Importante frisar que o quórum de votação ou instalação da sessão é igual para todas as leis: maioria absoluta (mais da metade de todos os membros).

A segunda diferença diz respeito ao conteúdo: enquanto a lei complementar somente pode ser feita sobre as matérias reservadas pela Constituição Federal, a lei ordinária pode versar sobre qualquer assunto (que não seja reservado à lei complementar).

Podemos sistematizar assim as diferenças entre lei complementar e lei ordinária:

Lei Complementar	Lei Ordinária
Quórum de aprovação: maioria absoluta.	Quórum de aprovação: maioria simples.
Conteúdo: somente pode ser feito sobre matéria reservada na Constituição Federal.	Conteúdo: pode ser feito sobre qualquer matéria (que não esteja reservada à lei complementar).

Importante frisar que todo o procedimento visto acima (sobre a lei ordinária) aplicar-se-á para a lei complementar. Assim, aplica-se a regra da iniciativa, bem como a deliberação executiva (com a única diferença do quórum de aprovação – maioria absoluta), deliberação executiva e fase complementar.

c) Lei ordinária sobre matéria reservada à lei complementar

Caso a Constituição Federal exija a realização de uma lei complementar sobre determinado assunto, editada uma lei ordinária, será esta formalmente inconstitucional, por desrespeitar o procedimento legislativo previsto na Constituição.

d) Lei complementar sobre matéria que não lhe era reservada

Caso o Congresso Nacional elabore uma lei complementar sobre assunto que não era reservado a essa espécie normativa, não haverá inconstitucionalidade, como na hipótese vista no item anterior. Isso porque, sendo possível mera lei ordinária (cujo quórum de aprovação é de maioria simples ou relativa), não haverá problemas formais se for aprovada uma lei complementar (cujo quórum de aprovação é de maioria absoluta).

Todavia, como já decidiu o Supremo Tribunal Federal, essa lei complementar será materialmente uma lei ordinária, ou seja, formalmente é uma lei complementar, mas o seu conteúdo é de lei ordinária e, por isso, poderá ser revogada por uma lei ordinária. Decidiu o STF: "contribuição social sobre o Faturamento (COFINS) (CF, art. 195, I). Revogação pelo art. 56 da Lei n. 9.430/96 da isenção concedida às sociedades civis de profissão regulamentada pelo art. 6º, II, da LC 70/91. Legitimidade. Inexistência de relação hierárquica entre lei ordinária e lei complementar. Questão exclusivamente constitucional, relacionada à distribuição material entre as espécies legais. Precedentes. A LC 70/91 é apenas formalmente complementar, mas materialmente ordinária, com relação aos dispositivos concernentes à contribuição social por ela instituída. ADC 1, rel. Min. Moreira Alves" (RE 377.457, rel. Min. Gilmar Mendes).

e) Hierarquia entre lei complementar e lei ordinária?

A hierarquia das normas constitucionais decorre da teoria de Kelsen, segundo a qual a norma hierarquicamente superior obtém sua validade da norma superior. Segundo essa conceituação, lei complementar e lei ordinária têm a mesma hierarquia. Isso porque, apesar de serem diferentes, ambas extraem sua validade diretamente da Constituição. Em outras palavras, a lei ordinária não obtém sua validade de uma eventual lei complementar que esteja acima dela. Tanto a lei ordinária quanto a lei complementar obtém sua validade na norma constitucional.

Reduzidíssima parte da doutrina, como Alexandre de Moraes, entende haver hierarquia, e comete um gravíssimo erro, por não possuir lastro doutrinário e jurisprudencial. Provavelmente, essa doutrina tenta embasar a hierarquia diversa no distinto quórum de aprovação. Ora, lei complementar e lei ordinária não são iguais (se fossem iguais, não teriam nomes diferentes!). O quórum diferenciado não tem o condão de fazer uma norma superior à outra. Se não bastasse o erro doutrinário, defender a hierarquia da lei complementar sobre a lei ordinária é desconhecer a jurisprudência do STF, que é uníssona no tocante à inexistência de qualquer hierarquia entre essas duas normas: "Inexistência de relação hierárquica entre lei ordinária e lei complementar. Questão exclusivamente constitucional" (RE 544.477 AgR, rel. Min. Cármen Lúcia; AI 591.353 AgR, rel. Min. Ellen Gracie; ADI 4.071 AgR, rel. Min. Menezes Direito).

19.13.4. Lei delegada

a) Conceito

Lei delegada é aquela em que o Congresso Nacional delega, transfere para o Presidente a possibilidade de fazer uma lei sobre um assunto específico. Trata-se de uma espécie normativa pouquíssimo utilizada no Brasil, principalmente graças ao uso da medida provisória. Está prevista no art. 68 da Constituição Federal: "As leis delegadas serão elaboradas pelo Presidente da República, que deverá solicitar a delegação ao Congresso Nacional".

A última lei delegada feita no Brasil é a de número 13, de 27 de agosto de 1992, de autoria do então Presidente da República Fenando Collor de Mello.

b) Procedimento

Caso o Presidente da República queira elaborar uma lei delegada sobre determinado assunto, deverá solicitar essa delegação para o Congresso Nacional, nos termos do art. 68, *caput*, da Constituição Federal.

A delegação do Congresso Nacional terá a forma de resolução, nos termos do art. 68, § 2º, da Constituição Federal: "a delegação ao Presidente da República terá a forma de resolução do Congresso Nacional, que especificará seu conteúdo e os termos de seu exercício".

Dessa maneira, a resolução do Congresso Nacional fixará: a) o tema delegado; b) o prazo dessa delegação, que não poderá ultrapassar o período da legislatura; c) as condições do exercício dessa delegação.

No tocante ao último aspecto (as condições do exercício da delegação), é importante frisar que existem duas espécies de delegação: a) delegação típica ou própria; b) delegação atípica ou imprópria.

Na *delegação típica* ou *própria*, a lei delegada não voltará para a apreciação do Congresso Nacional. Assim, depois de elaborada, o Presidente da República providenciará a respectiva promulgação. Todavia, na *delegação atípica ou imprópria*, a lei delegada voltará para a apreciação do Congresso Nacional que, nos termos do art. 68, § 3º, da Constituição Federal, fará em votação única, sendo vedada qualquer emenda. Quem determina se a delegação é típica ou atípica é a própria resolução do Congresso Nacional.

Caso o Presidente da República extrapole dos limites dessa delegação, poderá o Congresso Nacional, por meio de decreto legislativo, sustar a lei delegada, nos termos do art. 49, V, da Constituição Federal.

c) Matérias que não podem ser delegadas

Segundo o art. 68, § 1º, da Constituição Federal, não serão objeto de delegação:

1) os atos de competência exclusiva do Congresso Nacional (são os atos previstos no art. 49 da Constituição Federal, e que são elaborados por meio de decreto legislativo do Congresso Nacional, sem a participação do Presidente da República);

2) os atos de competência privativa da Câmara dos Deputados (são os atos previstos no art. 51 da Constituição Federal, que serão feitos por meio de resolução da Câmara dos Deputados, sem a participação do Congresso Nacional);

3) os atos de competência privativa do Senado Federal (são os atos previstos no art. 52 da Constituição Federal, sem a participação do Presidente da República);

4) matéria reservada à lei complementar (por razões óbvias, se a Constituição determina que o tema será regulado por lei complementar, com quórum qualificado, não poderá ser feito por lei delegada);

5) organização do Poder Judiciário e do Ministério Público, a carreira e a garantia de seus membros (como vimos acima, projetos de lei que versam sobre a organização do Poder Judiciário e do Ministério Público são de iniciativa dessas duas instituições, respectivamente, não podendo ser elaborada pelo Presidente da República por meio de lei delegada);

6) nacionalidade, cidadania, direitos individuais, políticos e eleitorais;

7) planos plurianuais, diretrizes orçamentárias e orçamentos (a legislação sobre matéria orçamentária, de iniciativa do Poder Executivo, está prevista no art. 165 e seguintes da Constituição Federal, não podendo ser feita por lei delegada).

19.13.5. Medida provisória

a) Conceito

Medida provisória é o ato com força de lei feito pelo Chefe do Poder Executivo, em caso de relevância e urgência, com prazo determinado. Previsto no art. 62 da Constituição Federal, prevê ser de iniciativa do Presidente da República, em âmbito federal.

a.1) Medida provisória estadual e municipal

Em razão do princípio da simetria constitucional, poderá também ser feita pelo Governador do Estado, se estiver prevista na Constituição Estadual. Nesse sentido, decidiu o STF: "quis o constituinte que as unidades federadas pudessem adotar o modelo do processo legislativo admitido para União, uma vez que nada está disposto, no ponto, que lhes seja vedado" (ADI 425-TO, rel. Min. Maurício Correa). Michel Temer se posiciona em sentido contrário, malgrado sua posição já tenha sido superada pelo próprio STF[46].

Quanto à medida provisória municipal, o entendimento que antes prevalecia nos tribunais era da impossibilidade[47]. Não obstante, o entendimento mudou, seja na jurisprudência, seja na doutrina.

A doutrina é uníssona em admitir, em tese, a medida provisória municipal, não apenas por razões constitucionais, mas por razões políticas: "a medida provisória municipal pode ser tida como mais um instrumento de gestão e reafirmação da autonomia municipal, servindo de ferramenta à execução de projetos urgentes e fundamentais à boa administração do município"[48].

Como lembra a doutrina, há três posições: "com relação à adoção de Medidas Provisórias especificamente pelos Municípios, *há três correntes doutrinárias*. A *primeira* afirma que, se houver previsão de tal possibilidade pelo Governador na Constituição de determinado Estado em que se localiza um Município, a Lei Orgânica deste poderá incluir a medida provisória no processo legislativo municipal. No entanto, se a Constituição estadual não contiver tal disposição, a Lei Orgânica não a poderá prever, considerando o art. 29, da Constituição Federal. [...] A *segunda* corrente doutrina defende que, ainda que a Constituição Estadual não contemple a previsão de Medidas Provisórias no âmbito do Estado, os prefeitos podem editá-las desde que

---

46. "As medidas provisórias só podem ser editadas pelo Presidente da República. Não podem adotá-las os Estados e os Municípios. É que a medida provisória é exceção ao princípio segundo o qual legislar compete ao Poder Legislativo. Sendo exceção, a sua interpretação há de ser restritiva, nunca ampliativa" (op. cit., p. 146).

47. Em relação aos Prefeitos e Governadores, havia decidido o Superior Tribunal de Justiça que "a medida provisória, inspirada nos 'provvedimenti provvisori' da Itália, é privativa do Presidente da República (Constituição, art. 62 c/c art. 84, XXVI). O Governador e o Prefeito não podem expedi-la" (Recurso Especial n. 78.425 RS, *DOU* de 8-9-1997). No mesmo sentido, em 1991, o Tribunal de Justiça do Estado de São Paulo declarou inconstitucionais medidas provisórias municipais de Indaiatuba, afirmando que somente o Presidente poderia editá-las.

48. Marcio Filipe Carvalho Pereira. *Medidas Provisórias Municipais*, p. 42.

a Lei Orgânica autorize esses atos. [...] A *terceira* corrente doutrinária defende a hipótese de o prefeito editar Medidas Provisórias a despeito da própria Lei Orgânica não conter previsão nesse sentido"⁴⁹. Concordamos, como desejamos demonstrar, com a primeira posição.

MEDIDA PROVISÓRIA MUNICIPAL? 3 POSIÇÕES	É POSSÍVEL, desde que haja previsão na Constituição do respectivo Estado e também que haja previsão na Lei Orgânica do respectivo Município (nossa posição). É POSSÍVEL, desde que haja previsão na Lei Orgânica do respectivo município (não necessitando de previsão na Constituição do Estado). É POSSÍVEL, ainda que não haja previsão na Constituição do Estado ou na Lei Orgânica do Município.

Em nosso entender, é possível que haja medida provisória municipal, se estiver prevista na Lei Orgânica do Município e na Constituição do respectivo Estado. Isso porque, como mencionamos em capítulo anterior, prevalece o entendimento de que a Lei Orgânica do Município não é fruto de um poder constituinte derivado decorrente, mas mera competência legislativa, que está subordinada não só à Constituição Federal, mas também à Constituição Estadual, nos termos do art. 29, *caput*, da CF: "O município reger-se-á por lei orgânica, votada em dois turnos, com o interstício mínimo de dez dias, e aprovada por dois terços dos membros da Câmara Municipal, que a promulgará, atendidos os princípios estabelecidos nesta Constituição, na Constituição do respectivo Estado".

Esse também é o entendimento de Rachel Farhi: "embora possamos compreender o interesse de inúmeros Prefeitos em adotar a MP em seu Município, pelas razões aqui aduzidas concluímos que tal só será viável se: 1) houver a previsão de edição de MP pelo Governador, na Constituição do Estado; e 2) estiver também prevista tal possibilidade na LOM, observado o modelo federal"⁵⁰.

b) **Requisitos**

A medida provisória deve ser editada em caso de "relevância e urgência". Seu antecedente legislativo no Brasil foi o "decreto-lei" de tempos ditatoriais. Todavia, quanto a este último, o requisito era "relevância ou urgência".

---

49. Eduardo Martins de Lima, Matheus Faria Carneiro e Juliana Marinho de Oliveira. *Medidas Provisórias*, p. 202.
50. *Medida Provisória:* Possibilidade de Sua Adoção pelo Município. Anderson Sant'Ana Pedra defende a 2ª posição (para a qual não é necessária previsão na Constituição do Estado, bastando previsão na Lei Orgânica do Município). Segundo ele: "o Município poderá adotar o instituto da medida provisória, desde que sua Lei Orgânica Municipal contenha tal previsão, independentemente do que dispõe a Constituição estadual respectiva, face à autonomia municipal conferida pela CF, caso contrário, verificar-se-ia um achegamento, omissivo ou comissivo, do legislador constituinte estadual na esfera municipal, ofendendo o princípio republicano e o pacto federativo" (*Possibilidade de Edição de Medidas Provisórias pelos Municípios*, p. 17). Por sua vez, defende a 3ª posição (possibilidade de edição de medida provisória municipal mesmo sem a previsão na Lei Orgânica do Município) Moacyr de Araújo Nunes: "da mesma forma que o novo equilíbrio dos poderes extinguiu desde 05-10-88 o decurso do prazo como forma de aprovação tácita de normas legais, as Medidas Provisórias adotadas pelo Executivo estão em conformidade com o nosso ordenamento constitucional, sendo, portanto, legítima a sua edição, independentemente da promulgação da Lei Orgânica e da adaptação do Regimento Interno das Câmaras, nas mesmas hipóteses previstas na Constituição" (*Medidas Provisórias:* Adoção por Estados e Municípios, Fim da Polêmica, p. 319).

Relevância é sinônimo de importância. Assim, somente poderá ser editada uma medida provisória sobre assuntos considerados relevantes, de destaque.

Por sua vez, *urgência* é a pressa, a necessidade de elaborar o ato normativo já, sem poder esperar os trâmites normais de um processo legislativo regular. Em nosso entender, haveria um parâmetro objetivo na Constituição para "medir" a urgência: a necessidade de fazer o ato num período inferior a 100 dias. Explico: como vimos acima, caso o Presidente da República elabore um projeto de lei e solicite urgência, o projeto terá o prazo de até 100 dias para ser votado. Assim, caso considere o assunto urgente, deve elaborar projeto de lei, encaminhando ao Congresso Nacional, e solicitando a urgência constitucional. Todavia, caso entenda que não é possível esperar esse período, poderá editar a medida provisória.

Não obstante, esse critério sobredito não é adotado na prática política brasileira. Houve um grande abuso na edição de Medidas Provisórias, alegando-se uma "urgência política", bastante flexível e relativa, máxime porque, em regra, não poderá o Poder Judiciário apreciar os requisitos de relevância e urgência. Segundo a jurisprudência, em regra, tal análise caberá ao próprio chefe do Poder Executivo, que elaborou o ato normativo, bem como ao Poder Legislativo, que tem a competência constitucional para apreciar e votar a medida provisória. Somente em casos extremos, excepcionais, é que o Poder Judiciário poderá examinar os requisitos de "relevância e urgência", para declarar a medida provisória inconstitucional. Na ADI 2.213-MC/DF, relatada pelo Min. Celso de Mello, decidiu o STF: "A edição de medidas provisórias, pelo Presidente da República, para legitimar-se juridicamente, depende, dentre outros requisitos, da estrita observância dos pressupostos constitucionais da urgência e da relevância (CF, art. 62, *caput*). – Os pressupostos da urgência e da relevância, embora conceitos jurídicos relativamente indeterminados e fluidos, mesmo expondo-se, inicialmente, à avaliação discricionária do Presidente da República, estão sujeitos, ainda que excepcionalmente, ao controle do Poder Judiciário, porque compõem a própria estrutura constitucional que disciplina as medidas provisórias, qualificando-se como requisitos legitimadores e juridicamente condicionantes do exercício, pelo Chefe do Poder Executivo, da competência normativa primária que lhe foi outorgada, extraordinariamente, pela Constituição da República. Doutrina. Precedentes. – A possibilidade de controle jurisdicional, mesmo sendo excepcional, apoia-se na necessidade de impedir que o Presidente da República, ao editar medidas provisórias, incida em excesso de poder ou em situação de manifesto abuso institucional, pois o sistema de limitação de poderes não permite que práticas governamentais abusivas venham a prevalecer sobre os postulados constitucionais que informam a concepção democrática de Poder e de Estado, especialmente naquelas hipóteses em que se registrar o exercício anômalo e arbitrário das funções estatais. Utilização abusiva de medidas provisórias – Inadmissibilidade – Princípio da separação dos poderes – Competência extraordinária do Presidente da República. – A crescente apropriação institucional do poder de legislar, por parte dos sucessivos Presidentes da República, tem despertado graves preocupações de ordem jurídica, em razão do fato de a utilização excessiva das medidas provisórias causar profundas distorções que se projetam no plano das relações políticas entre os Poderes Executivo e Legislativo. – Nada pode justificar a utilização abusiva de medidas provisórias, sob pena de o Executivo – quando ausentes razões constitucionais de urgência, necessidade e relevância material –, investir-se, ilegitimamente, na mais relevante função institucional que pertence ao Congresso Nacional, vindo a converter-se, no âmbito da comunidade estatal, em instância hegemônica de poder, afetando, desse modo, com grave prejuízo para o regime das liberdades públicas e sérios reflexos sobre o sistema de *checks and balances*, a relação de equilíbrio que necessariamente deve existir entre os Poderes da República. – Cabe, ao Poder Judiciário, no desempenho das funções que lhe são inerentes, impedir que o exercício compulsivo da competência extraordinária de editar medida provisória culmine por introduzir, no processo institucional brasileiro, em matéria legislativa, verdadeiro cesarismo governamental, provocando, assim, graves distorções no modelo político e gerando sérias disfunções comprometedoras da integridade do princípio constitucional da separação de poderes. – Configuração, na espécie, dos pressupostos constitucionais legitimadores das medidas provisórias ora impugnadas. Consequente reconhecimento da constitucionalidade formal dos atos presidenciais em questão".

c) **Procedimento**

Editada a medida provisória pelo Presidente da República, em caso de relevância e urgência, deverá submetê-la imediatamente ao Congresso Nacional, nos termos do art. 62, *caput*, da Constituição Federal.

Importante frisar que, publicada a medida provisória, ela já começa a produzir efeitos imediatamente, sendo ela um "ato com força de lei". Nos termos do art. 62, § 8º, da Constituição Federal, "as medidas provisórias terão sua votação iniciada na Câmara dos Deputados", regra introduzida pela Emenda Constitucional n. 32, de 2001. Desde então, a votação será bicameral, iniciando na Câmara dos Deputados e depois passando para o Senado Federal[51].

Antes da votação na Câmara e no Senado, será constituída uma Comissão Mista de Deputados e Senadores, que examinará a medida provisória e sobre ela emitirá um parecer. Trata-se da determinação imposta pelo art. 62, § 9º, da Constituição Federal: "Caberá à comissão mista de Deputados e Senadores examinar as medidas provisórias e sobre elas emitir parecer, antes de serem apreciadas, em sessão separada, pelo plenário de cada uma das Casas do Congresso Nacional".

Segundo o Supremo Tribunal Federal, a apreciação da medida provisória pela Comissão Mista de Deputados e Senadores é obrigatória, não podendo ser dispensada pelas Casas: "Ação direta de inconstitucionalidade. Lei federal 11.516/2007. Criação do Instituto Chico Mendes de Conservação da Biodiversidade [...] Não emissão de parecer pela Comissão Mista Parlamentar. [...] As comissões mistas e a magnitude das funções das mesmas no processo de conversão de medidas provisórias decorrem da necessidade, imposta pela Constituição, de assegurar uma reflexão mais detida sobre o ato normativo primário emanado pelo Executivo, evitando que o parecer desse colegiado represente, em vez de formalidade desimportante, uma garantia de que o Legislativo fiscalize o exercício atípico da função legiferante pelo Executivo. O art. 6º da Resolução 1 de 2002 do Congresso Nacional, que permite a emissão do parecer por meio de relator nomeado pela Comissão Mista, diretamente ao Plenário da Câmara dos Deputados, é inconstitucional" (ADI 4.029, rel. Min. Luiz Fux).

Depois do parecer da Comissão Mista de Deputados Federais e Senadores, a medida provisória será votada nas duas casas do Congresso Nacional, iniciando na Câmara dos Deputados. Segundo o art. 62, § 5º, da Constituição Federal, "a deliberação de cada uma das Casas do

---

51. Antes da Emenda Constitucional n. 32/2001, a votação da medida provisória ocorria em sessão conjunta do Congresso Nacional.

Congresso Nacional sobre o mérito das medidas provisórias dependerá de juízo prévio sobre o atendimento de seus pressupostos constitucionais". Dessa maneira, o Congresso Nacional primeiramente apreciará a existência dos requisitos constitucionais de relevância e urgência, para depois examinar o mérito da medida provisória.

Vejamos as opções do Congresso Nacional:

c.1) Aprovar a medida provisória

Se o Congresso Nacional aprovar a medida provisória, ela será convertida em lei. Lembremos que a medida provisória, em sua origem, é um ato com força de lei, que será convertido em lei pelo Congresso Nacional, se for por ele aprovado, nas duas Casas, separadamente, pelo quórum de maioria simples ou relativa. A medida provisória aprovada terá força de lei ordinária.

c.2) Rejeitar a medida provisória

Caso o Congresso Nacional entenda que a medida provisória não preenche os requisitos de relevância ou urgência, ou tem conteúdo inadequado ou inoportuno, rejeitá-la-á. Nesse caso, ela perderá sua eficácia, de forma *ex tunc*, em regra. Isso decorre do art. 62, § 3º, da Constituição Federal: "as medidas provisórias [...] perderão eficácia, desde a edição".

Dessa maneira, em regra, os atos já gerados pela medida provisória rejeitada serão desconstituídos: os tributos já pagos devem ser devolvidos, os contratos já firmados devem ser anulados etc.

Todavia, essa desconstituição não se dará de forma automática, necessitando, por parte do Congresso Nacional, da edição de um decreto legislativo, que deverá ser editado no prazo de sessenta dias a contar da rejeição da medida provisória. Nos termos do art. 62, § 3º, da Constituição Federal: "as medidas provisórias [...] perderão eficácia, desde a edição [...] devendo o Congresso Nacional disciplinar, por decreto legislativo, as relações jurídicas delas decorrentes".

Todavia, caso o Congresso Nacional não elabore esse decreto legislativo no prazo de 60 dias a contar da rejeição da medida provisória, a rejeição desta gerará apenas efeitos *ex nunc*, mantendo os efeitos já gerados anteriormente.

É o que dispõe o art. 62, § 11, da Constituição Federal: "Não editado o decreto legislativo a que se refere o § 3º até sessenta dias após a rejeição ou perda de eficácia de medida provisória, as relações jurídicas constituídas e decorrentes de atos praticados durante sua vigência conservar-se-ão por ela regidas".

Se for rejeitada a medida provisória, não poderá ser reeditada na mesma sessão legislativa (no mesmo ano legislativo), nos termos do art. 62, § 10, da Constituição Federal: "É vedada a reedição, na mesma sessão legislativa, de medida provisória que tenha sido rejeitada ou que tenha perdido sua eficácia por decurso de prazo".

Por essa razão, o STF julgou inconstitucional a Medida Provisória editada pelo Presidente da República Jair Bolsonaro, acerca da competência da Fundação Nacional do Índio (FUNAI). Em 2019, foi editada pelo Presidente a MP 870, para transferir a competência para a demarcação de terras indígenas ao Ministério da Agricultura. Posteriormente, essa MP foi submetida à deliberação do Congresso Nacional e tornou-se a Lei n. 13.844/2019. Na conversão, o Congresso rejeitou a transferência da aludida competência para o Ministério da Agricultura. Promulgada a lei de conversão com a referida rejeição, o Presidente publicou, na mesma data, a MP

886/2019, para reincluir na mesma lei de conversão a exata medida que havia sido rejeitada pela deliberação do Congresso Nacional. Dessa maneira, essa nova Medida Provisória afrontou o texto constitucional, que impede sua reedição na mesma sessão legislativa. Segundo o STF, "pela lógica da separação de Poderes, ao se admitir, diante da rejeição do Congresso, a possibilidade de edição de nova MP com a mesma matéria anteriormente rejeitada, haveria uma sucessão infindável de atos normativos. Além disso, a última palavra, no momento de conversão de projeto de lei em lei, é do Congresso Nacional. O Presidente da República tem apenas o poder de veto" (ADI 6.062 MC, rel. Min. Roberto Barroso, j. 1º-8-2019).

c.3) Não votar a medida provisória no prazo

Por ser "provisória", evidentemente a medida provisória tem prazo determinado, previsto no art. 62, §§ 3º e 7º, da Constituição Federal: terá duração de 60 dias prorrogáveis automaticamente por mais 60 dias. Importante frisar que, nos termos do art. 62, § 4º, da Constituição Federal, o prazo de 60 dias começa a contar da publicação da medida provisória e não será computado nos períodos de recesso do Congresso Nacional. Dessa maneira, como se vê, uma medida provisória pode durar mais que 120 dias (60 dias + 60 dias + recesso parlamentar).

Todavia, se o Congresso Nacional não votar a medida provisória durante todo esse prazo, a consequência será a rejeição tácita, nos termos do art. 62, § 3º, da Constituição Federal: "As medidas provisórias [...] perderão eficácia, desde a edição, se não forem convertidas em lei no prazo de sessenta dias, prorrogável, nos termos do § 7º, uma vez por igual período".

Assim como mencionamos no item acima, essa rejeição (no caso, rejeição tácita) produzirá efeitos *ex tunc* (desde a origem da medida provisória). Todavia, a desconstituição dos efeitos não será automática, dependendo da edição de um decreto legislativo, a ser editado no prazo de 60 dias a contar da rejeição tácita. Caso não seja feito esse decreto legislativo, a rejeição tácita produzirá apenas efeitos *ex nunc*, mantendo válidos os efeitos já gerados pela medida provisória.

Se for rejeitada, não poderá ser reeditada na mesma sessão legislativa (no mesmo ano legislativo), nos termos do art. 62, § 10, da Constituição Federal: "É vedada a reedição, na mesma sessão legislativa, de medida provisória que tenha sido rejeitada ou que tenha perdido sua eficácia por decurso de prazo".

c.3.1) Trancamento da pauta pelo decurso do prazo

Não obstante, a Constituição Federal, com o advento da Emenda Constitucional n. 32, de 2001, criou um mecanismo para impedir que o Congresso Nacional fique todo esse tempo sem apreciar a medida provisória. Segundo o art. 62, § 6º, da Constituição Federal, se a medida provisória não for apreciada em até 45 dias contados da sua publicação, trancará a pauta da casa onde estiver. Assim, passados os primeiros 45 dias, a Casa Parlamentar em que estiver a medida provisória não poderá votar outras matérias que não sejam a medida provisória pendente de votação. Segundo a Constituição: "se a medida provisória não for apreciada em até quarenta e cinco dias contados de sua publicação, entrará em regime de urgência, subsequentemente, em cada uma das Casas do Congresso Nacional, ficando sobrestadas, até que se ultime a votação, todas as demais deliberações legislativas da Casa em que estiver tramitando".

Embora o texto constitucional seja claro ao dizer que ficam sobrestadas "todas as demais deliberações legislativas", o Supremo Tribunal Federal relativizou esse "trancamento da pauta". Para o STF, caso o Congresso Nacional não vote a medida provisória nos primeiros 45 dias, nem todas as matérias estarão proibidas de análise e votação. Somente ficarão "trancados" os projetos de lei que poderiam ser feitos por medida provisória. Em outras palavras, todos os projetos que não poderiam ser feitos por medida provisória poderão ser votados normalmente: matéria penal, matéria orçamentária, matéria reservada à lei complementar, proposta de emenda constitucional etc. Segundo o STF: "trata-se de mandado de segurança preventivo [...] contra decisão do Senhor Presidente da Câmara dos Deputados [...] no sentido de que o sobrestamento das deliberações legislativas – previsto no § 6º do art. 62 da CF – só se aplicaria, supostamente, aos projetos de lei ordinária. [...] A construção jurídica formulada pelo Senhor presidente da Câmara dos Deputados, além de propiciar o regular desenvolvimento dos trabalhos legislativos no Congresso Nacional, parece demonstrar reverência ao texto constitucional, pois – reconhecendo a subsistência do bloqueio da pauta daquela Casa legislativa quanto às proposições normativas que veiculem matéria passível de regulação por medidas provisórias (não compreendidas, unicamente, aquelas abrangidas pela cláusula de pré-exclusão inscrita no art. 62, § 1º, da Constituição, na redação dada pela EC 32/2001) – preserva, íntegro, o poder ordinário de legislar atribuído ao Parlamento" (MS 27.931 MC, rel. Min. Celso de Mello).

c.4) Fazer alterações na medida provisória

O Congresso Nacional também poderá alterar a medida provisória editada pelo Presidente, elaborando, então, um "projeto de lei de conversão", que será encaminhado ao Presidente da República, para sanção ou veto, nos termos do art. 62, § 12, da Constituição Federal. Segundo esse dispositivo constitucional, até que o Presidente se manifeste sobre o projeto de lei de conversão, permanecerá em vigor o texto original da medida provisória: "aprovado projeto de lei de conversão alterando o texto original da medida provisória, esta manter-se-á integralmente em vigor até que seja sancionado ou vetado o projeto".

Segundo o Supremo Tribunal Federal, essas emendas feitas pelo Congresso Nacional devem ter pertinência temática com a medida provisória. Infelizmente, criou-se a prática política de criação de emendas impertinentes, divorciadas do tema da medida provisória, sendo apelidadas de "emendas-jabuti". Esse nome decorre de um pensamento popular clássico: jabuti não sobe em árvore sozinho; se está em cima de uma árvore, é porque alguém o colocou lá. Segundo o STF, as "emendas-jabuti" são espécies de "contrabando legislativo" e, por isso, inconstitucionais: "viola a Constituição da República, notadamente o princípio democrático e o devido processo legislativo (arts. 1º, *caput*, parágrafo único, 2º, *caput*, 5º, *caput*, e LIV, CRFB), a prática da inserção, mediante emenda parlamentar no processo legislativo de conversão de medida provisória em lei, de matérias de conteúdo temático estranho ao objeto originário da medida provisória. Em atenção ao princípio da segurança jurídica (art. 1º e 5º, XXXVI, CRFB), mantêm-se hígidas todas as leis de conversão fruto dessa prática promulgadas até a data do presente julgamento" (ADI 5.127, rel. Min. Rosa Weber).

c.5) Devolução da Medida Provisória

Embora não prevista na Constituição Federal, tornou-se praxe na política brasileira a "devolução da Medida Provisória", por ato do Presidente do Congresso Nacional (que é o Presidente do Senado). A ideia é a seguinte: quando a Medida Provisória é absolutamente inconstitucional ou inconveniente, poderia o Presidente do Congresso devolver a Medida Provisória diretamente ao Presidente, sem submetê-la à apreciação do Congresso Nacional.

Isso aconteceu em 2020, com a Medida Provisória n. 979/2020, que autorizava que o Ministério da Educação designasse, temporariamente, reitores para universidades federais e institutos federais, durante a pandemia de Covid-19.

Claramente, a Medida Provisória sobredita violava o princípio da autonomia universitária, prevista no art. 207 da Constituição Federal: "As Universidades gozam de autonomia didático-científica, administrativa e de gestão financeira e patrimonial, e obedecerão ao princípio da indissociabilidade entre ensino, pesquisa e extensão".

Por essa razão, o Presidente do Senado devolveu a Medida Provisória ao Presidente da República, sem submetê-la à apreciação do Congresso Nacional. Essa medida, que não encontra previsão constitucional expressa, costuma ser fundamentada no art. 48, do Regimento Interno do Senado, segundo o qual compete ao Presidente do Senado: "XI – impugnar as proposições que lhe pareçam contrárias à Constituição, às leis, ou a este Regimento, ressalvado ao autor recurso para o Plenário, que decidirá após audiência da Comissão de Constituição, Justiça e Cidadania".

Esse episódio de devolução da Medida Provisória, ocorrido em 2020, verificou-se em outras poucas oportunidades anteriores: 1) MP n. 33/89 (durante o governo do Presidente José Sarney). A medida exonerava servidores da administração federal admitidos sem concurso e sem estabilidade. O Presidente do Senado José Ignácio Ferreira devolveu a Medida Provisória, alegando clara inconstitucionalidade, pois não seria necessário ato legislativo, mas mero ato administrativo; 2) MP n. 446/2008 (durante o governo do Presidente Luiz Inácio Lula da Silva). A Medida Provisória alterava as regras de concessão e renovação do Certificado de Entidade Beneficente de Assistência Social. Foi devolvida pelo Presidente do Senado, Garibaldi Alves, sob o argumento de que não estavam presentes os requisitos de relevância e urgência; 3) MP n. 669/2015 (editada durante o governo da Presidente Dilma Rousseff). Essa Medida Provisória definia regras de desoneração da folha de pagamento de empresas e foi devolvida pelo Presidente do Senado, Senador Renan Calheiros, sob o argumento de que teria sido feita "sem a mínima discussão com o Congresso Nacional, é apequenar o Parlamento, é diminuir e desrespeitar suas prerrogativas institucionais e o próprio Estado Democrático de Direito".

O fato ocorreu novamente em 2021: o Presidente do Senado devolveu ao Presidente a Medida Provisória n. 1.068/2021, que limitava a atuação de plataformas digitais no controle de notícias falsas (*fake News*). A Medida Provisória, conhecida como "medida provisória das *fake news*" condicionava a retirada de postagens falsas nas redes sociais a decisões judiciais assim determinando. Segundo o presidente do Senado, a medida provisória não era relevante ou urgente.

Trata-se de um ato político, simbólico e que, até hoje, foi aceito pelos presidentes da República. Até 2021, não havia manifestação do STF sobre o tema. Todavia, em 2021, o STF, em despacho da ministra Rosa Weber, decidiu que a devolução da medida provisória feita pelo presidente do Senado implica encerramento da tramitação da matéria no Congresso Nacional e perda da eficácia da medida provisória. Tal decisão foi proferida na ADI 6.991 (que apreciava a constitucionalidade dessa medida provisória). Com a devolução da norma ao presidente da República, o STF decidiu que houve perda do objeto da ADI: "Constitui fato público e notório

– independente de prova nos autos (art. 374, I, CPC) que o eminente Presidente do Congresso Nacional, Senador Rodrigo Pacheco, devolveu a Medida Provisória 1.068/2021. (...) Tal fato produz significativo efeito na ordem jurídica, acarretando a perda superveniente de objeto das presentes ações diretas de inconstitucionalidade, nos termos do art. 62, § 5º, da Constituição Federal" (ADI 6.991, rel. Min. Rosa Weber, j. 15-9-2021).

Dessa maneira, no nosso entender estamos diante de uma "mutação constitucional" (mudança informal da Constituição, sem alteração do seu texto) decorrente de uma "praxe constitucional": uma prática política reiterada que, pouco a pouco, vai se tornando uma realidade, a ponto de ser aceita pelo próprio STF, como ocorreu com a devolução a medida provisória das *fake news*.

d) Medida provisória e o ordenamento jurídico

Uma medida provisória, como vimos, se for aprovada, será convertida em lei ordinária. Quando editada, poderá ela revogar uma lei ordinária? Quando editada uma medida provisória, ela suspenderá a eficácia das leis com ela incompatíveis. Se a medida provisória for convertida em lei, revogará a lei anterior. Caso seja rejeitada a medida provisória, expressa ou tacitamente, deixará de produzir efeitos e, com isso, a lei suspensa voltará a produzir seus efeitos.

Pode o Presidente da República retirar uma medida provisória da qual se arrependeu de editar? Não. O que é possível é fazer uma medida provisória revogando a medida provisória anterior. Foi o que ocorreu recentemente com o Presidente Michel Temer, que, depois de editar uma medida provisória extinguindo o Ministério da Cultura, em razão de pressão popular, fez uma nova medida provisória revogando a anterior e reestabelecendo o Ministério da Cultura.

Isso também ocorreu em 2020, quando o Presidente Jair Bolsonaro, no início da pandemia de Covid-19, editou Medida Provisória n. 927, que permitia a suspensão do contrato de trabalho e de salários por até quatro meses. Diante da pressão popular, no dia seguinte, editou nova Medida Provisória, revogando a anterior.

Nesse sentido, já decidiu o Supremo Tribunal Federal: "porque possui força de lei e eficácia imediata a partir de sua publicação, a medida provisória não pode ser 'retirada' pelo Presidente da República à apreciação do Congresso Nacional. [...] Como qualquer outro ato legislativo, a medida provisória é passível de ab-rogação mediante diploma de igual ou superior hierarquia" (ADI 2.984 MC, rel. Min. Ellen Gracie).

Todavia, editada uma medida provisória revogando medida provisória anterior, as duas MPs serão apreciadas pelo Congresso Nacional. Poderá eventualmente o Congresso Nacional rejeitar a segunda medida provisória (a que revogou a anterior), aprovando a primeira, contrariando a vontade presidencial.

e) Matérias que não podem ser editadas por medida provisória

Segundo o art. 62, § 1º, da Constituição Federal, é vedada a edição de medidas provisórias sobre as seguintes matérias:

1) Nacionalidade, cidadania, direitos políticos, partidos políticos e direito eleitoral. Tais matérias somente podem ser editadas pela União, por meio de lei federal (art. 22, CF), não podendo ser editadas por medida provisória.

2) **Direito penal, processual penal e processual civil.** Primeiramente, como a medida provisória não é lei, mas um ato com força de lei, esbarraria no "princípio da reserva legal" que disciplina a criação de novos crimes. Assim, não pode medida provisória versar sobre Direito Penal. Todavia, o STF já admitiu ser possível medida provisória sobre matéria penal que beneficia os réus: "medida provisória: sua inadmissibilidade em matéria penal, extraída pela doutrina consensual da interpretação sistemática da Constituição, não compreende a de normas penais benéficas, assim, as que abolem crimes ou lhes restringem o alcance, extingam ou abrandem penas ou ampliam os casos de isenção de pena ou de extinção da punibilidade" (RE 254.818, rel. Min. Sepúlveda Pertence). Da mesma forma, não poderá o Presidente editar medida provisória sobre processo penal ou processo civil. Nesse sentido, já decidiu o STF: "é inconstitucional a medida provisória que, alterando lei, suprime condenação em honorários advocatícios, por sucumbência..." (ADI 2.736, rel. Min. Cezar Peluso).

3) **Organização do Poder Judiciário e do Ministério Público, a carreira e a garantia de seus membros.** Como vimos anteriormente, projetos de lei que versam sobre o Poder Judiciário ou sobre o Ministério Público são de iniciativa dessas instituições. Mesmo a atribuição do Presidente de legislar sobre normas gerais do Ministério Público (prevista no art. 61, § 1º, da Constituição Federal) não lhe dá o direito de editar medida provisória.

4) **Planos plurianuais, diretrizes orçamentárias, orçamento e créditos adicionais e suplementares, ressalvado o previsto no art. 167, § 3º.** Como vimos anteriormente, em se tratando de matéria orçamentária, as leis de iniciativa do Presidente terão procedimento especial, não podendo ser editadas por medida provisória. Não obstante, há uma exceção: de acordo com o art. 167, § 3º, a abertura de crédito extraordinário será admitida para atender a despesas imprescindíveis e urgentes, como as decorrentes de guerra, comoção interna ou calamidade pública.

5) **Que vise à detenção ou ao sequestro de bens, de poupança popular ou qualquer outro ativo financeiro.** Trata-se de uma norma acrescida pela Emenda Constitucional n. 32/2001, com o claro objetivo de não se repetir um novo "Plano Collor". O recém-eleito Presidente da República Fernando Collor de Mello, tentando combater uma inflação que girava em torno de 2.000% ao ano, editou uma medida provisória, bloqueando a poupança e todas as aplicações financeiras acima de 50 mil cruzados novos (algo equivalente a 6 mil reais).

6) **Reservada à lei complementar.** A medida provisória aprovada, como vimos, terá força de lei ordinária, tanto que o quórum de sua aprovação é de maioria simples. Assim, não pode versar sobre matéria reservada à lei complementar, sob pena de ser formalmente inconstitucional.

7) **Já disciplinada em projeto de lei aprovado pelo Congresso Nacional e pendente de sanção ou veto do Presidente da República.** Trata-se de uma medida inteligente, criada pela Emenda Constitucional n. 32/2001, para preservação da separação dos Poderes. Se o Congresso Nacional aprovou projeto de lei que se encontra pendente de sanção ou veto, não poderá o Presidente editar uma medida provisória sobre o mesmo tema.

8) **Serviços locais de gás canalizado.** Nos termos do art. 25, § 2º, da Constituição Federal, "Cabe aos Estados explorar diretamente, ou mediante concessão, os serviços locais de gás canalizado, na forma da lei, vedada a edição de medida provisória para a sua regulamentação".

9) **Matérias reservadas às resoluções da Câmara ou do Senado (arts. 51 e 52, CF) ou decreto legislativo (art. 49, CF).** Por serem matérias exclusivas do Congresso Nacional, não poderão ser feitas pela iniciativa do Presidente da República.

Por fim, segundo o art. 62, § 2º, da Constituição Federal, "medida provisória que implique instituição ou majoração de impostos, exceto os previstos nos arts. 153, I, II, IV, V, e 154, II, só produzirá efeitos no exercício financeiro seguinte se houver sido convertida em lei até o último dia daquele em que foi editada". Dessa maneira, é possível medida provisória versar sobre matéria tributária, instituindo ou majorando tributos (desde que não sejam reservados à lei complementar). Todavia, quando exigido o princípio da anterioridade tributária, levar-se-á em conta a data da conversão da medida provisória em lei pelo Congresso Nacional.

19.13.6. Decreto legislativo

Decreto legislativo é o ato normativo previsto no art. 59, VI, da Constituição Federal e, em regra, é o ato destinado a concretizar a "competência exclusiva do Congresso Nacional", que está prevista no art. 49 da Constituição Federal. Assim, todas as competências previstas no mencionado artigo serão exercidas por meio de decreto legislativo do Congresso Nacional. Outra hipótese prevista na Constituição Federal para realização do decreto legislativo é disciplinar os atos já produzidos por Medida Provisória rejeitada (art. 62, § 3º, da Constituição Federal).

Não se pode confundir decreto legislativo com decreto-lei. Este último é o antecessor da Medida Provisória, também era feito pelo Presidente, em caso de relevância ou urgência, e, caso não analisado pelo Congresso Nacional no prazo de 30 dias, era convertido em lei. Já o decreto legislativo é ato da competência exclusiva do Congresso Nacional, que sequer conta com a participação do Presidente da República.

Além do decreto legislativo a ser editado no prazo de 60 dias a partir da rejeição da Medida Provisória (art. 62, § 3º, CF), são matérias de competência exclusiva do Congresso Nacional e que serão disciplinados por decreto legislativo: "I – resolver definitivamente sobre tratados, acordos ou atos internacionais que acarretem encargos ou compromissos gravosos ao patrimônio nacional; II – autorizar o Presidente da República a declarar guerra, a celebrar a paz, a permitir que forças estrangeiras transitem pelo território nacional ou nele permaneçam temporariamente, ressalvados os casos previstos em lei complementar; III – autorizar o Presidente e o Vice-Presidente da República a se ausentarem do país, quando a ausência exceder a quinze dias; IV – aprovar o estado de defesa e a intervenção federal, autorizar o estado de sítio, ou suspender qualquer uma dessas medidas; V – sustar os atos normativos do Poder Executivo que exorbitem do poder regulamentar ou dos limites de delegação legislativa; VI – mudar temporariamente sua sede; VII – fixar idêntico subsídio para os Deputados Federais e os Senadores [...]; VIII – fixar os subsídios do Presidente e do Vice-Presidente da República e dos Ministros de Estado [...]; IX – julgar anualmente as contas prestadas pelo Presidente da República e apreciar os relatórios sobre a execução dos planos de governo; X – fiscalizar e controlar, diretamente, ou por qualquer de suas Casas, os atos do Poder Executivo, incluídos os da administração indireta; XI – zelar pela preservação de sua competência legislativa em face da atribuição normativa dos outros Poderes; XII – apreciar os atos de concessão e renovação de concessão de emissoras de rádio e televisão; XIII – escolher dois terços dos membros do Tribunal de Contas da União; XIV – aprovar iniciativas do Poder Executivo referentes a atividades nucleares; XV – autorizar referendo e convocar plebiscito; XVI – autorizar, em terras indígenas, a exploração e o aproveitamento de recursos hídricos e a pesquisa e lavra de riquezas minerais; XVII – aprovar, previamente, a alienação ou concessão de terras públicas com área superior a dois mil e quinhentos hectares".

a) Procedimento

Em regra, o projeto de decreto legislativo é de iniciativa de qualquer deputado federal, senador ou Comissão. É o que afirma o art. 109, § 2º, do Regimento Interno da Câmara dos Deputados: "os projetos de decreto legislativo e de resolução podem ser apresentados por qualquer deputado ou Comissão, quando não sejam de iniciativa privativa da mesa ou de outro colegiado específico". Como ressaltado pelo próprio dispositivo regimental, por expressa previsão legal ou regimental, outros poderão ser os legitimados para instaurar o processo de um decreto legislativo. Por exemplo, nos termos do art. 3º da Lei n. 9.709/98, o decreto legislativo que convoca plebiscito ou autoriza referendo deve ser de iniciativa de pelo menos 1/3 de deputados ou de senadores.

Iniciado o processo legislativo, ele deverá ser discutido, votado e aprovado nas duas Casas do Congresso Nacional, de forma bicameral, em um único turno, pela maioria simples ou relativa, nos termos do art. 47 da Constituição Federal. Aprovado o decreto legislativo, será ele promulgado pelo Presidente do Senado Federal. Como se vê, não haverá participação do Presidente da República durante o processo (inexistindo, por exemplo, sanção ou veto presidencial).

b) Incorporação dos tratados internacionais

Como vimos anteriormente nesta obra, a Constituição Federal possui um procedimento de incorporação dos tratados internacionais. Primeiramente, o responsável constitucional pela celebração dos tratados internacionais é o Presidente da República, nos termos do art. 84, VIII, CF ("celebrar tratados, convenções e atos internacionais, sujeitos a referendo do Congresso Nacional"). A segunda etapa dessa incorporação dos tratados internacionais é o referendo do Congresso Nacional, por meio de decreto legislativo (art. 49, I, CF). Por fim, para que o tratado ingresse no ordenamento jurídico brasileiro, haverá o decreto presidencial.

Em regra, os tratados internacionais ingressam no Direito brasileiro com força de lei ordinária. Não obstante, como vimos anteriormente, se o tratado versar sobre direitos humanos e for aprovado nas duas Casas do Congresso Nacional, em dois turnos, por três quintos dos seus membros, ingressará no Direito brasileiro com força de Emenda Constitucional (art. 5º, § 3º, da Constituição Federal). Como vimos em capítulo anterior, esses tratados comporão o chamado bloco de constitucionalidade, servindo, inclusive, de parâmetro ou paradigma no controle de constitucionalidade.

Dessa maneira, abaixo da Constituição brasileira (ou do bloco de constitucionalidade), encontramos, segundo a jurisprudência majoritária do Supremo Tribunal Federal, os tratados internacionais sobre direitos humanos que não foram aprovados com o procedimento especial do art. 5º, § 3º, da Constituição Federal (incluindo os tratados aprovados antes de 2004). Esses tratados ou convenções internacionais (dentre os quais se destaca o Pacto de São José da Costa Rica) têm força de norma supralegal e infraconstitucional, segundo o STF, desde o julgamento do Recurso Extraordinário 349.703, de 2008, que julgou inválida a prisão civil do depositário infiel[52].

---

52. "Desde a adesão do Brasil, sem qualquer reserva, ao Pacto Internacional dos Direitos Civis e Políticos (art. 11) e à Convenção Americana sobre Direitos Humanos – Pacto de San José da Costa Rica (art. 7º, 7), ambos no ano de 1992, não há mais base legal para prisão civil do depositário infiel, pois o caráter especial desses diplomas internacionais sobre direitos humanos lhes reserva lugar específico no ordenamento jurídico, estando abaixo da Constituição,

Essa configuração da "pirâmide brasileira", com a presença de um segundo patamar formado por alguns tratados internacionais de direitos humanos, criou um dúplice controle de validade das leis: para que as leis sejam válidas, precisam ser compatíveis com a Constituição (e com o bloco de constitucionalidade) e com tais tratados supralegais. O controle de verificação da compatibilidade das leis com a Constituição é o já conhecido controle de constitucionalidade. Agora, a análise de verificação da compatibilidade das leis com os tratados supralegais vem recebendo da doutrina[53] e da jurisprudência[54] o nome de controle de convencionalidade, embora o utilizem de forma um tanto distinta. Posicionamo-nos como o fez o Supremo Tribunal Federal (e não como parte da doutrina): o controle de convencionalidade se refere à verificação da compatibilidade das leis e demais atos normativos com os tratados de caráter supralegal (isso porque os tratados de direitos humanos que possuem *status* constitucional compõem, como vimos, o bloco de constitucionalidade e, por isso mesmo, faz-se, quanto a eles, o controle de constitucionalidade).

19.13.7. Resolução

Resolução é o ato normativo destinado a disciplinar a competência privativa da Câmara dos Deputados (art. 51 da Constituição Federal), a competência privativa do Senado Federal (art. 52 da Constituição Federal) e, em alguns casos, a competência do Congresso Nacional, nas hipóteses previstas na Constituição ou no Regimento Comum do Congresso Nacional.

Cabe à resolução da Câmara dos Deputados, por exemplo, elaborar seu regimento interno (art. 51, III, CF), bem como autorizar o processo contra o Presidente da República (art. 51, I, CF). Por sua vez, será feito por resolução do Senado Federal julgar o Presidente da República por crime de responsabilidade (art. 52, I, CF), suspender a execução de lei declarada inconstitucional no controle difuso de constitucionalidade (art. 52, X, CF), elaborar seu regimento interno (art. 52, XII, CF) etc.

Uma hipótese de resolução do Congresso Nacional está prevista no art. 68, § 2º, da Constituição Federal. Trata-se da delegação legislativa, que estudamos anteriormente: "a delegação

---

porém acima da legislação interna. O *status* normativo supralegal dos tratados internacionais de direitos humanos subscritos pelo Brasil torna inaplicável a legislação infraconstitucional com ele conflitante, seja ela anterior ou posterior ao ato de adesão."

53. Na doutrina brasileira, foi Valerio Mazzuoli o primeiro a empregar tal expressão (*Curso de Direito Constitucional*, p. 382), todavia, de forma diferente da adotada pelo STF e que nós consideramos correta. Segundo o autor, "os tratados de direitos humanos internalizados com essa maioria qualificada servem de meio de controle concentrado (de convencionalidade) da produção normativa doméstica, para além de servirem como paradigma para o controle difuso. [...] Em relação aos tratados de direitos humanos que não servirão de paradigma do controle de convencionalidade (expressão reservada aos tratados com nível constitucional), mas do controle de supralegalidade das normas infraconstitucionais. Assim, as leis contrárias aos tratados comuns são inválidas por violação ao princípio da hierarquia, uma vez que tais tratados (sendo supralegais) acima delas se encontram".

54. Na ADI 5.240, de 20-8-2015, o Min. Teori Zavascki assim se manifestou: "a questão da natureza do Pacto de São José da Costa Rica surge, na verdade, porque a convenção trata de direitos humanos. Se tratasse de outros temas, penso que não haveria dúvida a respeito da sua natureza equivalente à lei ordinária, e há afirmação do Supremo Tribunal Federal, desde muito tempo nesse sentido. A questão surgiu com a Emenda n. 45, que veio a conferir certas características especiais às convenções sobre direitos humanos. Essa convenção foi anterior à Emenda n. 45, por isso que se gerou debate. Mas, mesmo que seja considerada, como reza a jurisprudência do Supremo, uma norma de hierarquia supralegal (e não constitucional), penso que o controle – que se poderia encartar no sistema de controle da convencionalidade – deve ser exercido para aferir a compatibilidade da relação entre uma norma supralegal e uma norma legal. E o exercício desse controle só pode ser da competência do Supremo Tribunal Federal".

ao Presidente da República terá a forma de resolução do Congresso Nacional, que especificará seu conteúdo e os termos de seu exercício".

Outrossim, como vimos, há hipóteses de resolução do Congresso Nacional previstas no Regimento Comum do Congresso Nacional. Por exemplo, o art. 128 desse regimento prevê que as mudanças regimentais (do Regimento Comum do Congresso Nacional) serão feitas por projeto de resolução de iniciativa "a) das Mesas do Senado Federal e da Câmara dos Deputados; e, b) de, no mínimo, 100 (cem) subscritores, sendo 20 (vinte) Senadores e 80 (oitenta) deputados".

Procedimento

Como vimos, a resolução pode ser votada em apenas uma das Casas (por exemplo, a resolução que altera o regimento interno da Câmara dos Deputados será discutida e aprovada apenas na Câmara dos Deputados) ou nas duas Casas, quando for resolução do Congresso Nacional.

Assim, como no processo de aprovação do decreto legislativo, não haverá sanção ou veto presidencial. Aprovado o projeto de resolução, será ele promulgado pelo Presidente da Câmara (quando for uma resolução da Câmara dos Deputados) ou pelo Presidente do Senado (quando for uma resolução do Senado ou do Congresso Nacional).

19.14. FUNÇÃO FISCALIZATÓRIA EXERCIDA PELO LEGISLATIVO

Como vimos no início deste capítulo, o Poder Legislativo possui duas funções típicas: além de legislar, é sua função típica fiscalizar. Essa segunda função decorre do art. 70, *caput*, da Constituição Federal: "A fiscalização contábil, financeira, orçamentária, operacional e patrimonial da União e das entidades da administração direta e indireta, quanto à legalidade, legitimidade, economicidade, aplicação das subvenções e renúncia de receitas, será exercida pelo Congresso Nacional, mediante controle externo, e pelo sistema de controle interno de cada Poder". Segundo o parágrafo único do mesmo artigo, "prestará contas qualquer pessoa física ou jurídica, pública ou privada, que utilize, arrecade, guarde, gerencie ou administre dinheiros, bens e valores públicos ou pelos quais a União responda, ou que, em nome desta, assuma obrigações de natureza pecuniária".

Dessa maneira, quanto à fiscalização contábil, financeira e orçamentária, a Constituição prevê um duplo controle:

CONTROLE	
	INTERNO: realizado por cada um dos Poderes, nos termos do art. 74 da Constituição Federal.
	EXTERNO: realizado pelo Judiciário, auxiliado pelo Tribunal de Contas, nos termos do art. 70 e seguintes da Constituição Federal.

Quanto ao controle interno de cada Poder, o art. 74 da Constituição Federal afirma que "os Poderes Legislativo, Executivo e Judiciário manterão, de forma integrada, sistema de controle interno com a finalidade de: I – avaliar o cumprimento das metas previstas no plano plurianual, a execução dos programas de governo e dos orçamentos da União; II – comprovar a legalidade e avaliar os resultados, quanto à eficácia e eficiência, da gestão orçamentária, financeira e patrimonial nos órgãos e entidades da administração federal, bem como da aplicação de recursos públicos por entidades de direito privado; III – exercer o controle das operações de crédito, avais e garantias, bem como dos direitos e haveres da União; IV – apoiar o controle externo no exercício de sua missão institucional".

Cada Poder terá seus organismos de controle interno. Por exemplo, nas Casas legislativas haverá comissões internas (como a Comissão de Ética, Comissão de Fiscalização Financeira e Controle etc.). O Poder Judiciário, além de suas respectivas corregedorias, possui o Conselho Nacional de Justiça (art. 103-B, CF), cuja competência é "o controle da atuação administrativa e financeira do Poder Judiciário e do cumprimento dos deveres funcionais dos juízes" (art. 103-B, § 4º, CF). Quanto ao Poder Executivo da União, recentemente foi criado o Ministério da Transparência, Fiscalização e Controladoria-Geral da União (CGU). O Ministério da Transparência foi criado por Medida Provisória, no primeiro dia do governo efetivo do Presidente Michel Temer (após o *impeachment* de Dilma Rousseff), tendo sido convertida em lei pelo Congresso Nacional (Lei n. 13.341, de 29 de setembro de 2016).

Outrossim, afirma a Constituição Federal que "os responsáveis pelo controle interno, ao tomarem conhecimento de qualquer irregularidade ou ilegalidade, dela darão ciência ao Tribunal de Contas da União, sob pena de responsabilidade solidária" (art. 74, § 1º).

Da mesma forma, como já abordamos no capítulo relacionado aos direitos políticos, "qualquer cidadão, partido político, associação ou sindicato é parte legítima para, na forma da lei, denunciar irregularidades ou ilegalidades perante o Tribunal de Contas da União" (art. 74, § 2º, CF). Segundo o art. 53 da Lei n. 8.443, de 16 de julho de 1992 (que dispõe sobre a Lei Orgânica do Tribunal de Contas da União), "qualquer cidadão, partido político, associação ou sindicato é parte legítima para denunciar irregularidades ou ilegalidades perante o Tribunal de Contas da União". Segundo o art. 55 da mesma lei, "No resguardo dos direitos e garantias individuais, o Tribunal dará tratamento sigiloso às denúncias formuladas, até decisão definitiva sobre a matéria". Portanto, depois da decisão definitiva acerca da denúncia, os dados devem ser aclarados, por conta do princípio constitucional da publicidade. Não obstante, em 2019, a legislação foi alterada, criando-se uma exceção: "Ao decidir, caberá ao Tribunal manter o sigilo do objeto e da autoria da denúncia quando imprescindível à segurança da sociedade e do Estado" (art. 55, § 3º). Essa alteração foi feita pela Lei n. 13.866, de 26 de agosto de 2019.

Além do controle interno, realizado por cada Poder, o Legislativo exercerá o controle externo, nos termos da Constituição Federal. Por essa razão, o art. 84, XXIV, da Constituição Federal afirma ser atribuição do Presidente da República "prestar, anualmente, ao Congresso Nacional, dentro de sessenta dias após a abertura da sessão legislativa, as contas referentes ao exercício anterior". Não prestadas as contas no prazo previsto neste artigo, afirma o art. 51, II, da Constituição Federal ser da competência privativa da Câmara dos Deputados "proceder à tomada de contas do Presidente da República, quando não apresentadas ao Congresso Nacional dentro de sessenta dias após a abertura da sessão legislativa".

Segundo o art. 71 da Constituição Federal, o controle externo, a cargo do Congresso Nacional, será exercido com o auxílio do Tribunal de Contas da União. Dessa maneira, podemos sintetizar que o controle externo financeiro, contábil, orçamentário do poder público é realizado pelo Poder Legislativo, com o auxílio do Tribunal de Contas. Em se tratando das despesas federais, o controle externo será feito pelo Congresso Nacional, auxiliado pelo Tribunal de Contas da União. Já as contas estaduais serão controladas pela Assembleia Legislativa do Estado, auxiliado pelo Tribunal de Contas do respectivo Estado. Por sua vez, as contas do Distrito Federal serão fiscalizadas pela Câmara Legislativa do DF, auxiliado pelo Tribunal de Contas do

Distrito Federal. Por fim, quanto às contas Municipais, a fiscalização será feita pela Câmara de Vereadores, auxiliada pelo Tribunal de Contas do Estado (ou pelo Tribunal de Contas do Município, onde houver – item que será adiante estudado).

Quanto à natureza do Tribunal de Contas, a doutrina não é pacífica. Embora haja entendimento doutrinário de que o Tribunal de Contas seja um órgão do Poder Legislativo[55], prevalece o entendimento de que se trata de um órgão autônomo. Nesse sentido posiciona-se Fernanda de Carvalho Lage: "com relação à atuação do Tribunal de Contas da União em auxílio do Congresso Nacional, observa-se que aquele não está de forma alguma subordinado a este, que não atua como delegado seu, e não pode lhe ditar ordens nem determinar como deve atuar em situações específicas. [...]"[56]. No mesmo sentido, José de Ribamar Barreiros Soares[57]. Sobre o tema, manifestou-se o Supremo Tribunal Federal: "os Tribunais de Contas ostentam posição eminente na estrutura constitucional brasileira, não se achando subordinados, por qualquer vínculo de ordem hierárquica, ao Poder Legislativo, de que não são órgãos delegatários nem organismos de mero assessoramento técnico. A competência institucional dos Tribunais de Contas não deriva, por isso mesmo, de delegação dos órgãos do Poder Legislativo, mas traduz emanação que resulta, primariamente, da própria Constituição da República" (ADI 4.190, rel. Min. Celso de Mello). Tanto é verdade essa autonomia do Tribunal de Contas que, como vimos no início deste capítulo, gozam de autonomia de autogoverno, pois podem deflagrar o processo legislativo sobre sua organização e funcionamento: "o Tribunal de Contas da União, integrado por nove Ministros, tem sede no Distrito Federal, quadro próprio de pessoal e jurisdição em todo o território nacional, exercendo, no que couber, as atribuições previstas no art. 96". Como vimos acima, o art. 96, II, fala da iniciativa reservada ao Judiciário sobre organização e remuneração de seus membros, dentre outros temas. Dessa maneira, projeto de lei que versa sobre organização, funcionamento, remuneração dos membros do Tribunal de

---

55. "Resulta do exposto que o Tribunal de Contas é parte componente do Poder Legislativo, na qualidade de órgão auxiliar, e os atos que pratica são de natureza administrativa. [...] Celso Antonio Bandeira de Mello, no seu insuperável trabalho Natureza e Regime Jurídico das Autarquias, abonando a lição citada, escreve: 'Poder-se-ia citar, ainda, o caso do Tribunal de Contas. É o caso do Legislativo e desempenha funções administrativas de controle como instrumento auxiliar daquele Poder'" (Michel Temer. *Elementos de Direito Constitucional*, p. 134).
56. *A Natureza Jurídica do Tribunal de Contas da União*. Prossegue a autora: "Vale ressaltar o posicionamento de Carlos Ayres Britto sobre o tema: 'Feita a ressalva, começo por dizer que o Tribunal de Contas da União não é órgão do Congresso nacional, não é órgão do Poder Legislativo. Quem assim me autoriza a falar é a Constituição Federal, com todas as letras do seu art. 44, *litteris:* 'O Poder Legislativo é exercido pelo Congresso Nacional, que se compõe da Câmara dos Deputados e do Senado Federal. Logo, o Parlamento brasileiro não se compõe do Tribunal de Contas da União. Da sua estrutura orgânica ou formal deixa de fazer parte a Corte Federal de Contas e o mesmo é de se dizer para a dualidade Poder Legislativo/Tribunal de Contas, no âmbito das demais pessoas estatais de base territorial e natureza federada".
57. *A Natureza Jurídica do Tribunal de Contas da União*, p. 262. Segundo o autor: "O Tribunal de Contas da União é um órgão administrativo autônomo, que não pertence à estrutura de nenhum dos Poderes da República, nem está subordinado a qualquer um deles. O controle e fiscalização dos atos da administração pública requerem a existência de um órgão independente, autônomo em relação aos Poderes Executivo, Legislativo e Judiciário, como corolário de um Estado Democrático de Direito. [...] Como entidade administrativa independente, exerce o seu mister constitucional de órgão fiscalizador da legalidade e do mérito dos atos de todos aqueles que lidam com recursos públicos. Cabendo também ao Congresso nacional a tarefa de exercer o controle externo, esses entes acabam por atuar de forma integrada, embora resguardada a independência de cada um, daí a assertiva constitucional no sentido de que 'o controle externo, a cargo do Congresso Nacional, será exercido com o auxílio do Tribunal de Contas', vale dizer, será exercido de forma integrada com a fiscalização contábil, financeira e orçamentária atribuída ao Tribunal de Contas da União".

Contas será de inciativa reservada do próprio Tribunal de Contas, como já decidiu o Supremo Tribunal Federal: "Conforme reconhecido pela Constituição de 1988 e por esta Suprema Corte, gozam as Cortes de Contas do país das prerrogativas da autonomia e do autogoverno, o que inclui, essencialmente, a iniciativa reservada para instaurar processo legislativo que pretenda alterar sua organização e seu funcionamento, como resulta da interpretação sistemática dos arts. 73, 75 e 96, II, *d*, da CF" (ADI 4.418-MC, rel. Min. Dias Toffoli).

Essa controvérsia se dá pela seguinte razão: muitos países (e o Brasil é um deles) têm um apreço umbilical e quase "religioso" pela Tripartição de Poderes de Montesquieu, fruto de uma obra doutrinária de meados do século XVIII. Ora, o Estado do século XXI é muito mais complexo do que o Estado do século XVIII, motivo pelo qual vários países já passam a adotar expressamente a existência de um quarto ou quinto poder. Por exemplo, a Constituição do Equador, além da Função Legislativa, Executiva e Judiciária, tem a quarta função: a Função de Transparência e Controle Social. Nos termos do art. 204: "a Função de Transparência e Controle Social estará formada pelo Conselho de Participação Cidadã e Controle Social, a Defensoria do Povo, a Controladoria Geral do Estado e as superintendências. Estas entidades terão personalidade jurídica e autonomia administrativa, financeira e organizativa". Cremos que seria oportuna uma reforma constitucional para alocar em um (ou mais de um) Poder as funções de fiscalização e controle, dando maior independência a essa função, máxime no tocante à composição dos Tribunais de Contas, que, como veremos a seguir, ainda se dá de forma extremamente política.

19.14.1. Tribunal de Contas da União

a) **Composição, natureza e características**

O Tribunal de Contas da União tem composição prevista no art. 73 da Constituição Federal. Ele tem sede no Distrito Federal e será integrado por nove Ministros, com quadro próprio de pessoal e "jurisdição em todo o território nacional". Embora a Constituição Federal utilize a expressão "jurisdição", trata-se de uma expressão mal utilizada, pelo menos no sentido técnico da palavra. O Tribunal de Contas não é órgão jurisdicional, mas um órgão técnico. Aliás, não é a única vez que a Constituição comete essa impropriedade. Por exemplo, ao tratar de inelegibilidade do parentesco, a Constituição Federal prevê a inelegibilidade "no território da jurisdição do titular", numa expressão claramente inapropriada. Assim, as decisões tomadas pelo Tribunal de Contas da União são administrativas, que serão submetidas à apreciação do Poder Legislativo.

Segundo o art. 73, § 1º, da Constituição Federal, os 9 (nove) Ministros do Tribunal de Contas da União devem preencher os seguintes requisitos: I – mais de trinta e cinco e menos de setenta anos de idade[58]; II – idoneidade moral e reputação ilibada; III – notórios conhecimentos jurídicos, contábeis, econômicos e financeiros ou de administração pública; IV – mais de dez anos de exercício de função ou de efetiva atividade profissional que exija os conhecimentos mencionados no inciso anterior. Segundo a jurisprudência do STF, os requisitos acima são absolutos, não podendo ser relativizados: "elaboração de lista singular para preenchimento

---

58. A idade máxima passou a ser de 70 (setenta) anos, por força da Emenda Constitucional n. 122/2022, já que a idade máxima anterior era de 65 (sessenta e cinco) anos.

de cargo de Ministro do TCU. Pedido de elaboração de nova lista tríplice. Limite objetivo de idade não admite exceções. CF, art. 73, § 1º. A lista deve ser tríplice quando houver candidatos aptos. Regimento Interno do TCU, art. 281, § 5º. Lista singular elaborada em conformidade com o Regimento Interno do TCU. Prejuízo do mandado de segurança em virtude do fato de o impetrante já ter completado setenta anos" (MS 23.968, rel. Min. Gilmar Mendes). Não obstante, o requisito "notórios conhecimentos" tem elevada carga de subjetividade, ficando a cargo do chefe do Poder Executivo: "a qualificação profissional formal não é requisito à nomeação de conselheiro de tribunal de contas estadual. O requisito notório saber é pressuposto subjetivo a ser analisado pelo governador do Estado, a seu juízo discricionário" (AO 476, rel. Min. Nelson Jobim).

CONTROLE
- Brasileiros
- Maior de 35 e menor de 65 anos de idade
- Notórios conhecimentos jurídicos, contábeis, econômicos e financeiros ou de administração pública
- Mais de dez anos de exercício de função ou de efetiva atividade profissional que exija os conhecimentos acima mencionados

A nomeação dos Ministros do TCU se dará da seguinte forma: 1/3 será escolhido pelo Presidente da República, com aprovação do Senado Federal, sendo dois alternadamente dentre auditores e membros do Ministério Público junto ao Tribunal, indicados em lista tríplice pelo Tribunal, segundo os critérios de antiguidade e merecimento e 2/3 pelo Congresso Nacional.

Assim, quanto à escolha do Presidente da República, essa se dará da seguinte forma: ele poderá nomear 1/3 dos 9 (nove) Ministros, ou seja, 3 (três) Ministros do TCU (com aprovação do Senado Federal). Desses três Ministros, um será indicado em lista tríplice do próprio Tribunal dentre auditores do Tribunal de Contas e outro será indicado em lista tríplice do próprio Tribunal dentre os membros do Ministério Público especial junto ao Tribunal. O terceiro Ministro do TCU é de escolha livre do Presidente.

Outrossim, 2/3 dos Ministros do Tribunal de Contas da União (6 Ministros) serão escolhidos pelo Congresso Nacional, nos termos dos Decretos Legislativos 6/93 e 18/94.

Na medida em que os Ministros do TCU forem se aposentando (ou deixando o cargo por qualquer razão), será o novo Ministro nomeado por quem nomeou o anterior. Ou seja, se quem se aposentou foi um Ministro do TCU nomeado anteriormente pelo Presidente, o novo Ministro também será escolhido pelo Presidente da República.

MINISTROS DO TCU (9 MINISTROS)
- 2/3 (6 Ministros) escolhidos pelo Congresso Nacional
- 1/3 (3 Ministros) escolhidos pelo Presidente, com aprovação do Senado
  - 1 escolhido livremente.
  - 1 escolhido em lista tríplice do Tribunal, dentre auditores.
  - 1 escolhido em lista tríplice do Tribunal, dentre membros do MP junto ao Tribunal de Contas.

Nos termos do art. 73, § 3º, da Constituição Federal, "os Ministros do Tribunal de Contas da União terão as mesmas garantias, prerrogativas, impedimentos, vencimentos e vantagens dos Ministros do Superior Tribunal de Justiça, aplicando-se-lhes, quanto à aposentadoria e pensão, as normas constantes do art. 40". Nesse sentido, decidiu o Supremo Tribunal Federal: "Equiparação constitucional dos membros dos tribunais de contas à magistratura – garantia de vitaliciedade: impossibilidade de perda do cargo de conselheiro do Tribunal de Contas local, exceto mediante decisão emanada do Poder Judiciário. Os Conselheiros do Tribunal de Contas do Estado-membro, dispõem dos mesmos predicamentos que protegem os magistrados, notadamente a prerrogativa jurídica da vitaliciedade (CF, art. 75, c.c. art. 73, § 3º), que representa garantia constitucional destinada a impedir a perda do cargo, exceto por sentença judicial transitada em julgado. [...] A Assembleia Legislativa do Estado-membro não tem poder para decretar, ex propria auctoritate, a perda do cargo de Conselheiro do Tribunal de Contas local, ainda que a pretexto de exercer, sobre referido agente público, uma inexistente jurisdição política" (ADI 4.190 MC-REF, rel. Min. Celso de Mello).

Por sua vez, o § 4º do mesmo artigo afirma que "o auditor, quando em substituição a Ministro, terá as mesmas garantias e impedimentos do titular e, quando no exercício das demais atribuições da judicatura, as de juiz de Tribunal Regional Federal". A presente regra aplica-se ao auditores que estejam substituindo os conselheiros ou Ministros dos Tribunais de Conta, não se aplicando durante o mero exercício de suas regulares atribuições, como já decidiu o Supremo Tribunal Federal: "os auditores do Tribunal de Contas estadual, quando não estejam substituindo os conselheiros do Tribunal de Contas, não podem ser equiparados, em decorrência do mero exercício das demais atribuições inerentes ao seu cargo, a qualquer membro do Poder Judiciário local, no que se refere a vencimentos e vantagens, eis que a Carta Política, em matéria remuneratória, veda a instituição de regramentos normativos de equiparação ou de vinculação, ressalvadas as hipóteses expressamente autorizadas em sede constitucional" (ADI 507, rel. Min. Celso de Mello).

Segundo o Supremo Tribunal Federal, "não é possível ao Estado-membro extinguir o cargo de auditor na Corte de Contas estadual, previsto constitucionalmente, e substitui-lo por outro cuja forma de provimento igualmente divirja no modelo definido pela CB/88" (ADI 1.994, rel. Min. Eros Grau).

b) Atribuições do Tribunal de Contas da União

As atribuições do Tribunal de Contas estão previstas no art. 71 da Constituição Federal. São elas:

I – apreciar as contas prestadas anualmente pelo Presidente da República, mediante parecer prévio que deverá ser elaborado em sessenta dias a contar de seu recebimento. A Constituição Federal prevê vários dispositivos acerca da prestação de contas anual do Presidente da República. Essas contas serão apreciadas pelo Congresso Nacional, com o auxílio do Tribunal de Contas da União. Segundo o art. 84 da Constituição Federal, compete privativamente ao Presidente "prestar, anualmente, ao Congresso nacional, dentro de sessenta dias após a abertura da sessão legislativa, as contas referentes ao exercício anterior" (inciso XXIV). Segundo o art. 166, § 1º, I, da Constituição Federal, caberá a uma Comissão Mista permanente de Senadores e Deputados "examinar e emitir parecer sobre os projetos referidos neste artigo e sobre as contas apresentadas anualmente pelo Presidente da República". Por sua vez, nos termos do art. 49, IX, da Constituição Federal, compete exclusivamente ao Congresso nacional "julgar anualmente as contas prestadas pelo Presidente da República e apreciar os relatórios sobre a execução dos planos de governo". Dessa maneira, o Tribunal de Contas da União fará um parecer prévio sobre as contas apresentadas pelo Presidente, no prazo de 60 dias a contar do seu recebimento. Essas contas serão, por fim, votadas pelo Congresso Nacional, por meio de decreto legislativo, nos termos do art. 49, IX, CF;

Não obstante, o Congresso Nacional não vem fazendo sua função a contento. Quando do término da primeira edição desta obra (em 2017), a última aprovação pelo Congresso Nacional refere-se às contas do Presidente da República Fernando Henrique Cardoso referentes ao ano de 2001 (aprovadas pelo Decreto Legislativo n. 447, de 2002).

Até mesmo as contas do Prefeito devem ser submetidas anualmente à apreciação do Poder Legislativo. Nos termos do art. 31 da Constituição Federal, "a fiscalização do Município será exercida pelo Poder Legislativo Municipal, mediante controle externo, e pelos sistemas de controle interno do Poder Executivo Municipal, na forma da lei". Esse controle externo será exercido pela Câmara Municipal de Vereadores, com o auxílio do Tribunal de Contas do Estado ou do Município, onde houver (art. 31, § 1º, CF). Por sua vez, segundo o art. 31, § 2º, da Constituição Federal, "o parecer prévio, emitido pelo órgão competente sobre as contas que o Prefeito deve anualmente prestar, só deixará de prevalecer por decisão de dois terços dos membros da Câmara Municipal".

II – julgar as contas dos administradores e demais responsáveis por dinheiro, bens e valores públicos da administração direta e indireta, incluídas as fundações e sociedades instituídas e mantidas pelo Poder Público federal, e as contas daqueles que derem causa a perda, extravio ou outra irregularidade de que resulte prejuízo ao erário público. Nos termos desse dispositivo, todas as contas das instituições da administração pública direta ou indireta serão fiscalizadas pelo Tribunal de Contas da União. Já decidiu o STF que "a circunstância de a sociedade de economia mista não ter sido criada por lei não afasta a competência do Tribunal de Contas" (MS 26.117, rel. Min. Eros Grau). Outrossim, até mesmo instituições privadas poderão ser fiscalizadas, se a origem dos recursos envolvida for pública: "em decorrência da amplitude das competências fiscalizadoras da Corte de Contas, tem-se que não é a natureza do ente envolvido na relação que permite, ou não, a incidência da fiscalização da Corte de Contas, mas sim a origem dos recursos envolvidos, conforme dispõe o art. 71, II, da Constituição Federal" (MS 24.379, rel. Min. Dias Toffoli). No mesmo sentido: "embora a entidade seja de direito privado, sujeita-se à fiscalização do Estado, pois recebe recursos de origem estatal, e seus dirigentes hão de prestar contas dos valores recebidos; quem gere dinheiro público ou administra bens ou interesses da comunidade deve contas ao órgão competente para a fiscalização" (MS 21.644, rel. Min. Néri da Silveira). Esse dispositivo se aplica inclusive para os Conselhos profissionais, criados por lei: "Natureza autárquica do Conselho Federal e dos Conselhos Regionais de Odontologia. Obrigatoriedade de prestar contas ao TCU" (MS 21.797, rel. Min. Carlos Velloso). Se até mesmo entidades privadas podem ser fiscalizadas pelo TCU, com mais razão essa regra se aplica às sociedades de economia mista: "As empresas públicas e as sociedades de economia mista, integrantes da administração indireta, estão sujeitas à fiscalização do Tribunal de Contas, não obstante os seus servidores estarem sujeitos ao regime celetista" (MS 25.092, rel. Min. Carlos Velloso);

III – apreciar, para fins de registro, a legalidade dos atos de admissão de pessoal, a qualquer título, na administração direta e indireta, incluídas as fundações instituídas e mantidas pelo Poder Público, excetuadas as nomeações para cargo de provimento em comissão, bem como a das concessões de aposentadorias, reformas e pensões, ressalvadas as melhorias posteriores que não alterem o fundamento legal do ato concessório;

Segundo a Súmula Vinculante 3, "nos processos perante o Tribunal de Contas da União asseguram-se o contraditório e a ampla defesa quando da decisão puder resultar anulação ou revogação de ato administrativo que beneficie o interessado, excetuada a apreciação da legalidade do ato de concessão inicial de aposentadoria, reforma e pensão". No tocante às aposentadorias, já decidiu o STF: "o ato de aposentadoria configura ato administrativo complexo, aperfeiçoando-se somente com o registro perante o Tribunal de Contas. Submetido à condição resolutiva, não se operam os efeitos da decadência antes da vontade final da administração" (MS 24.997, MS 25.015, MS 25.036, MS 25.037, rel. Min. Eros Grau). Quanto à atuação do TCU no tocante à concessão de aposentadorias, decidiu o STF: "no exercício de sua função constitucional de controle, o TCU procede, dentre outras atribuições, a verificação da legalidade da aposentadoria e determina, tal seja a situação jurídica emergente do respectivo ato concessivo, a efetivação, ou não, de seu registro. O TCU, no desempenho nessa específica atribuição, não dispõe de competência para proceder a qualquer inovação no título jurídico de aposentação submetido a seu exame. Constatada a ocorrência de vício de legalidade no ato concessivo de aposentadoria, torna-se lícito ao TCU, especialmente ante a ampliação do espaço institucional de sua atuação fiscalizadora, recomendar ao órgão ou entidade competente que adote as medidas necessárias ao exato cumprimento da lei, evitando, desse modo, a medida radical da recusa de registro. Se o órgão de que proveio o ato juridicamente viciado, agindo nos limites de sua esfera de atribuições, recusar-se a dar execução à diligência recomendada pelo TCU – reafirmando, assim, o seu entendimento quanto à plena legalidade da concessão da aposentadoria – caberá a Corte de Contas, então, pronunciar-se definitivamente, sobre a efetivação do registro" (MS 21.466, rel. Min. Celso de Mello). Cabe, por exemplo, em decorrência desse inciso, a atribuição do Tribunal de Contas de apreciar o "nepotismo cruzado" das nomeações: "a nomeação para cargo de assessor do impetrante é ato formalmente lícito. Contudo, no momento em que é apurada a finalidade contrária ao interesse público, qual seja, uma troca de favores entre membros do Judiciário, o ato deve ser invalidado, por violação ao princípio da moralidade administrativa e por estar caracterizada a sua ilegalidade, por desvio de finalidade" (MS 24.020, rel. Min. Joaquim Barbosa).

IV – realizar, por iniciativa própria, da Câmara dos Deputados, do Senado Federal, de Comissão Técnica ou de Inquérito, inspeções e auditorias de natureza contábil, orçamentária, operacional e patrimonial, das unidades administrativas dos Poderes Legislativo, Executivo e Judiciário, e demais entidades referidas no inciso II;

V – fiscalizar as contas nacionais das empresas supranacionais de cujo capital social a União participe, de forma direta ou indireta, nos termos do tratado constitutivo;

VI – fiscalizar a aplicação de quaisquer recursos repassados pela União mediante convênio, acordo, ajuste ou outros instrumentos congêneres, a Estado, ao Distrito Federal ou a Município;

VII – prestar as informações solicitadas pelo Congresso Nacional, por qualquer de suas Casas, ou por qualquer das respectivas Comissões, sobre a fiscalização contábil, financeira, operacional e patrimonial e sobre resultados de auditorias e inspeções realizadas;

VIII – aplicar aos responsáveis, em caso de ilegalidade de despesa ou irregularidade de contas, as sanções previstas em lei, que estabelecerá, entre outras cominações, multa proporcional ao dano causado ao erário;

Segundo julgado pelo STF, as decisões do STF baseadas nesse inciso têm poder de coercibilidade: "não é possível, efetivamente, entender que as decisões das Cortes de Contas, no exercício de sua competência constitucional, não possuam teor de coercibilidade. Possibilidade de impor sanções, assim como a lei disciplinar. Certo está que, na hipótese de abuso no exercício dessas atribuições por agentes da fiscalização dos tribunais de contas, ou de desvio de poder, os sujeitos passivos das sanções impostas possuem os meios que a ordem jurídica contém para o controle de legalidade dos atos de quem quer que exerça parcela de autoridade ou poder, garantidos, a tanto, ampla defesa e o devido processo legal" (RE 190.985, rel. Min. Néri da Silveira);

IX – assinar prazo para que o órgão ou entidade adote as providências necessárias ao exato cumprimento da lei, se verificada ilegalidade. Decidiu o STF: "o TCU, embora não tenha poder para anular ou sustar contratos administrativos, tem competência, conforme o art. 71, IX, para determinar à autoridade administrativa que promova a anulação do contrato e, se for o caso, da licitação de que se originou" (MS 23.550, rel. Min. Sepúlveda Pertence);

X – sustar, se não atendido, a execução do ato impugnado, comunicando a decisão à Câmara dos Deputados e ao Senado Federal;

XI – representar ao Poder competente sobre irregularidades ou abusos apurados.

Não sendo órgão do Poder Judiciário, não poderá o Tribunal de Contas da União decretar a quebra do sigilo bancário, fiscal e telefônico, como já decidiu o Supremo Tribunal Federal: "A Lei Complementar n. 105/2001 não conferiu ao Tribunal de Contas da União poderes para determinar a quebra do sigilo bancário de dados constantes do Banco Central do Brasil. O legislador conferiu esses poderes ao Poder Judiciário (art. 3º), ao Poder Legislativo Federal (art. 4º), bem como às comissões parlamentares de inquérito, após prévia aprovação do pedido pelo Plenário da Câmara dos Deputados, do Senado Federal ou do plenário de suas respectivas Comissões Parlamentares de Inquérito (§ 1º e 2º do art. 4º). Embora as atividades do TCU, por sua natureza, verificação de contas e até mesmo o julgamento das contas das pessoas enumeradas no art. 71, II, da CF, justifiquem a eventual quebra do sigilo, não houve essa intimidade e a vida privada, do art. 5º, X, da CF, no qual está inserida a garantia ao sigilo bancário" (MS 22.801, rel. Min. Menezes Direito).

Nos termos do art. 71, § 1º, da Constituição Federal, "no caso de contrato, o ato de sustação será adotado diretamente pelo Congresso Nacional, que solicitará, de imediato, ao Poder Executivo as medidas cabíveis". Importante frisar que, segundo o STF, "o art. 71 da Constituição Federal não insere na competência do TCU a aptidão para examinar, previamente, a validade de contratos administrativos celebrados pelo Poder Público. Atividade que se insere no âmbito de competência da função executiva. É inconstitucional norma local que estabeleça a competência do tribunal de contas para realizar exame prévio de validade de contratos firmados com o Poder Público".

Por sua vez, o § 2º do mesmo artigo afirma que "se o Congresso Nacional ou o Poder Executivo, no prazo de noventa dias, não efetivar as medidas previstas no parágrafo anterior, o Tribunal decidirá a respeito". Por sua vez, o § 3º afirma: "as decisões do Tribunal de que resulte imputação de débito ou multa terão eficácia de título executivo". Segundo o STF, "em caso de multa imposta por Tribunal de Contas estadual a responsáveis por irregularidades no uso de bens públicos, a ação de cobrança somente pode ser proposta pelo ente público beneficiário da condenação do Tribunal de Contas" (RE 510.034 AgR, rel. Min. Eros Grau).

Outrossim, o § 4º, afirma que "o Tribunal encaminhará ao Congresso nacional, trimestral e anualmente, relatório de suas atividades". Segundo o STF, "o Tribunal de Contas está obrigado, por expressa determinação constitucional (CF, art. 71, § 4º), aplicável ao plano local (CF, art. 75), a encaminhar ao Poder Legislativo a que se acha institucionalmente vinculado tanto relatórios trimestrais quanto anuais de suas próprias atividades, pois tais relatórios, além de permitirem o exame parlamentar do desempenho, pela Corte de Contas, de suas atribuições fiscalizadoras, também se destinam a expor ao Legislativo a situação das finanças públicas administradas pelos órgãos e entidades governamentais, em ordem a conferir um grau de maior eficácia ao exercício, pela instituição parlamentar, do seu poder de controle externo" (ADI 687, rel. Min. Celso de Mello).

Por fim, segundo a jurisprudência do STF, poderá o Poder Legislativo julgar anualmente as contas do Tribunal de Contas: "surge harmônico com a CF diploma revelador do controle pelo Legislativo das contas dos órgãos que o auxiliam, ou seja, dos tribunais de contas" (ADI 1.175, Min. Marco Aurélio).

c) **Tribunais de Contas Estaduais, Distrital e Municipais**

Segundo o art. 75 da Constituição Federal, "as normas estabelecidas nesta seção aplicam-se, no que couber, à organização, composição e fiscalização dos Tribunais de Contas dos Estados e do Distrito Federal, bem como dos Tribunais e Conselhos de Contas dos Municípios".

Quanto aos Tribunais de Contas Estaduais, o art. 75, parágrafo único, afirma que "As Constituições estaduais disporão sobre os Tribunais de Contas respectivos, que serão integrados por sete Conselheiros". Embora a Constituição Federal não disponha sobre os detalhes da distribuição proporcional desses conselheiros do Tribunal de Contas dos Estados, a Súmula 653 do STF dispõe que: "No tribunal de contas estadual, composto por sete conselheiros, quatro devem ser escolhidos pela Assembleia Legislativa e três pelo chefe do Poder Executivo estadual, cabendo a este indicar um dentre auditores e outro dentre membros do Ministério Público, e um terceiro à sua livre escolha". No mesmo sentido: ADI 397, rel. Min. Eros Grau e ADI 2.502 MC, rel. Min. Sydney Sanches.

O mesmo critério adotado para nomeação dos Ministros do TCU será adotado para nomeação dos Conselheiros dos Tribunais de Contas dos Estados. Assim, quando se aposentar um Conselheiro nomeado pelo Governador, ele nomeará o próximo, desde que seja da carreira do anterior (membro do Ministério Público ou auditor).

Dessa maneira, podemos assim sistematizar:

CONSELHEIROS DO TCE (7 Conselheiros)	4 Conselheiros escolhidos pela Assembleia Legislativa	
	3 Conselheiros escolhidos pelo Governador	1 escolhido livremente
		1 escolhido dentre auditores
		1 escolhido dentre membros do MP junto ao Tribunal de Contas

O Tribunal de Contas do Distrito Federal terá o mesmo tratamento (formação, composição, competências) dos Tribunais de Contas dos Estados, e seus conselheiros gozarão das mesmas garantias, prerrogativas, impedimentos, vencimentos e vantagens dos desembargadores dos Tribunais de Justiça.

Por fim, assim como ocorre com o TCU, os Tribunais de Contas do Estado, nos termos do art. 96, podem propor ao respectivo Poder Legislativo (Assembleia Legislativa do Estado) os projetos de lei para criação, extinção de cargos, remuneração de seus serviços auxiliares, fixação do subsídio dos seus membros e sua atuação.

Quanto aos Municípios, o art. 31, § 4º, da Constituição Federal afirma que "é vedada a criação de Tribunais, Conselhos ou órgãos de Contas Municipais". Nesse sentido, decidiu o Supremo Tribunal Federal: "A Constituição Federal impede que os Municípios criem os seus próprios Tribunais, Conselhos ou órgãos de contas municipais (CF, art. 31, § 4º), mas permite que os Estados-membros, mediante autônoma deliberação, instituam órgão estadual denominado Conselho ou Tribunal de Contas dos Municípios, incumbido de auxiliar as Câmaras Municipais no exercício de seu poder de controle externo (CF, art. 31, § 1º)" (ADI 687, rel. Min. Celso de Mello). Como compatibilizar o art. 75 (que trata da função dos Tribunais de Contas ou Conselhos de Contas Municipais) e o art. 31, § 4º (que veda sua criação)? Com o advento da Constituição de 1988, não podem ser criados novos Tribunais de Contas Municipais, mantendo-se os Tribunais de Contas existentes antes da Constituição de 1988, como é o caso do Município de São Paulo (instituído pela Lei n. 7.213, de 1968), Rio de Janeiro (instituído pela Lei n. 289, de 25 de novembro de 1981), o Tribunal de Contas dos Municípios da Bahia (criado pela Lei Estadual n. 2.838, de 1979), o Conselho de Contas dos Municípios do Ceará (hoje denominado Tribunal de Contas dos Municípios do Ceará, criado originalmente pela Lei n. 2.343, de 1954) etc.

Dessa maneira, as contas municipais são fiscalizadas pelas Câmaras Municipais de Vereadores, auxiliadas pelo Tribunal de Contas do Estado ou pelo Tribunal de Contas dos Municípios (onde houver). Segundo o art. 31, § 2º, da Constituição Federal, o Tribunal de Contas emitirá parecer técnico prévio sobre as contas prestadas anualmente pelo Prefeito, podendo ser rejeitado pela Câmara Municipal pelo voto de 2/3 de seus membros. Dessa maneira, difere do parecer do TCU, que pode ser rejeitado pelo Congresso Nacional com quórum de maioria simples, por decreto legislativo. Dessa maneira, pode-se afirmar que o parecer do Tribunal dos Estados (ou Municípios) sobre as contas municipais gozam de presunção de validade, só podendo ser rejeitados pelo quórum qualificado de 2/3 da Câmara Municipal de Vereadores.

d) Ministério Público especial

Segundo o Supremo Tribunal Federal, trata-se de instituição ligada ao Tribunal de Contas, e não ao Ministério Público Comum: "segundo precedente do STF (ADI 789/DF), os procuradores das Cortes de Contas são ligados administrativamente a elas, sem qualquer vínculo com o Ministério Público comum. Além de violar os arts. 73, § 2º, I e 130, da CF, a conversão automática dos cargos de procurador do Tribunal de Contas dos Municípios para os de procurador de Justiça – cuja investidura depende de prévia aprovação em concurso público de provas e títulos – ofende também o art. 37, II, do texto magno" (ADI 3.315, rel. Min. Ricardo Lewandowski). No mesmo sentido: "MP junto ao TCU. Instituição que não integra o MPU. [...] O MP que atua perante o TCU qualifica-se como órgão de extração constitucional, eis que a sua existência jurídica resulta de expressa previsão normativa constante da Carta Política (art. 73, § 2º, I e art. 130), sendo indiferente, para efeito de sua configuração jurídico-institucional, a circunstância de não constar do rol taxativo inscrito no art. 128, I, da Constituição, que define a estrutura orgânica do MPU. O MP junto ao TCU não dispõe de fisionomia institucional própria e, não obstante as expressivas garantias de ordem subjetiva concedidas aos seus procuradores pela própria Constituição (art. 130), encontra-se consolidado na 'intimidade estrutural' dessa Corte de Contas, que se acha investida – até mesmo em função do poder de autogoverno que lhe confere a Carta Política (art. 73, *caput, in fine*) – da prerrogativa de fazer instaurar o processo legislativo concernente a sua organização, a sua estruturação interna, a definição do seu quadro de pessoal e a criação dos cargos respectivos" (ADI 789, rel. Min. Celso de Mello).

Sendo órgão ligado administrativamente ao Tribunal de Contas, não podem ser aproveitados nesse Ministério Público membros do MP "comum", como já decidiu o STF (ADI 3.192/ES, rel. Min. Eros Grau).

Não obstante, embora não integrem o Ministério Público "comum", os procuradores do Ministério Público junto ao Tribunal de Contas têm os mesmos direitos, vedações e forma de investidura dos membros do Ministério Público, nos termos do art. 130 da Constituição Federal: "aos membros do Ministério Público junto aos Tribunais de Contas aplicam-se as disposições desta seção pertinentes a direitos, vedações e forma de investidura".

19.15. PODER EXECUTIVO

a) **Introdução**

Clássico "poder", presente nas obras dos mais variados teóricos, o Poder Executivo está presente no Brasil em todos os entes federativos. Tem como chefes o Prefeito (no Município), o Governador (nos Estados e no Distrito Federal) e o Presidente (na União).

O Brasil historicamente adotou o Presidencialismo, como seu sistema de governo, apesar de alguns lapsos parlamentaristas. O primeiro momento em que o Brasil experimentou o parlamentarismo foi no Segundo Reinado (o reinado de Dom Pedro II). O Imperador, que também exercia o Poder Moderador, nomeava o chefe de governo (o Presidente do Conselho de Ministros e era membro do partido com maioria no parlamento, que atuava como Primeiro-Ministro). Assim, na prática, o Brasil se tornou uma monarquia parlamentarista durante o reinado de Dom Pedro II. O segundo momento parlamentarista veio no século seguinte. Outro momento se deu na década de 1960. Com a renúncia do Presidente Jânio Quadros (em 25 de agosto de 1961), deveria assumir a Presidência o então Vice-Presidente eleito, João Goulart, que se encontrava em viagem oficial à República Popular da China. Acusado pelos militares de ser comunista, sofreu séria resistência para assumir o cargo. Houve um acordo político para solucionar o empasse: criar-se-ia o regime parlamentarista, por meio de uma Emenda Constitucional aprovada às pressas, no dia 2 de setembro de 1961, sendo Jango apenas chefe de Estado. Foram 17 meses de parlamentarismo no Brasil, tendo como primeiros-ministros Tancredo Neves, Brochado da Rocha e Hermes Lima. Todavia, em 1963 houve plebiscito popular, optando a população pelo retorno do presidencialismo, quando Jango assumiu a Presidência com plenos poderes.

Como vimos no capítulo anterior, surgiram variações do sistema presidencialista e parlamentarista, como o sistema diretorial e o sistema semipresidencial (como o adotado em Portugal).

O Poder Executivo tem como função típica, no Brasil, administrar, e, como funções atípicas, legislar e julgar. No caso do Presidente da República, além de administrar, sua função típica é representar o país externamente, já que, além de chefe de governo, ele também é chefe de Estado.

b) Eleição presidencial

Segundo o art. 77, *caput*, da Constituição Federal, a eleição presidencial ocorrerá no primeiro domingo de outubro do último ano do mandato presidencial. Essa data também é utilizada para eleição de Prefeitos, nos termos do art. 29, II, da Constituição Federal. Ocorre que, no ano de 2020, por força da pandemia de Covid-19, foi editada a Emenda Constitucional n. 107/2020, alterando a data das eleições. Nos termos do art. 1º, *caput*, da referida emenda, "as eleições municipais previstas para outubro de 2020 realizar-se-ão no dia 15 de novembro, em primeiro turno, e no dia 29 de novembro de 2020, em segundo turno, onde houver". Quando editada a referida emenda, questionou-se uma eventual violação ao art. 16 da Constituição Federal, que prevê o princípio da anterioridade eleitoral (uma lei que altera o processo eleitoral somente poderia ser aplicada às eleições que ocorrerem um ano depois). No nosso entender, nenhum direito ou princípio é absoluto. No caso em tela, o adiamento se deu para preservar a vida e a saúde dos eleitores, diante de um episódio histórico de pandemia, depois da morte de quase duzentos mil brasileiros. Numa ponderação de interesses, a vida e a saúde devem prevalecer sobre o princípio da anterioridade eleitoral. O espírito do dispositivo constitucional (art. 16 da Constituição Federal) é evitar que os detentores do poder se utilizem de mudanças do procedimento eleitoral para se beneficiar. No caso em tela, não foi o que ocorreu. Pelo contrário. Adiar excepcionalmente a data das eleições, sem prorrogar um só dia dos mandatos, em nada beneficiou os atuais Prefeitos, dando mais tempo para a oposição apresentar suas ideias.

O candidato à presidência registrar-se-á juntamente com o Vice-Presidente da República; segundo o § 1º do mesmo artigo, "a eleição do Presidente da República importará a do Vice-Presidente com ele registrado". Nem sempre foi assim no Brasil. No texto originário da Constituição de 1946, a eleições de Presidente e Vice-Presidente eram independentes, o que ensejou a eleição de um Presidente conservador (Jânio Quadros) e um Vice-Presidente de tendências socialistas (João Goulart).

Será eleito Presidente da República o que obtiver maioria absoluta dos votos válidos (todos os votos, excluídos os brancos e os nulos). Segundo o art. 77, § 2º, da Constituição Federal, "será considerado eleito Presidente o candidato que, registrado por partido político, obtiver a maioria absoluta de votos, não computados os em branco e os nulos". Assim, o sistema eleitoral que se aplica ao Presidente da República é o sistema majoritário com maioria absoluta. Esse mesmo sistema se aplica aos Governadores (dos Estados e do Distrito Federal) e aos Prefeitos dos Municípios com mais de duzentos mil eleitores (isso porque nos Municípios com até duzentos mil eleitores, o sistema eleitoral é o majoritário com maioria simples, nos termos do art. 29, II, CF).

Se nenhum candidato obtiver, no primeiro turno, maioria absoluta dos votos válidos, far-se-á segundo turno, com os dois candidatos mais votados, no último domingo de outubro. É o que consta da parte final do art. 77, *caput*, da Constituição Federal: "A eleição do Presidente e do Vice-Presidente da República realizar-se-á, simultaneamente, no primeiro domingo de outubro, em primeiro turno, e no último domingo de outubro, em segundo turno, se houver, do ano anterior ao do término do mandato presidencial vigente". Cuidado: o art. 77, § 3º, da

Constituição Federal, afirma que o segundo turno será realizado "em até vinte dias após a proclamação do resultado". Na realidade, este último dispositivo, originário de 1988, foi tacitamente revogado pelo *caput*, que foi alterado pela Emenda Constitucional n. 16, de 1997, em razão do critério cronológico (a norma posterior revoga a anterior).

Existe uma "lenda" segundo a qual, se mais da metade da população anular seu voto, serão marcadas novas eleições. Esse entendimento decorre de uma má interpretação do art. 224 do Código Eleitoral, segundo o qual, "se a nulidade atingir mais de metade dos votos do país nas eleições presidenciais, do Estado nas eleições federais e estaduais ou do município nas eleições municipais, julgar-se-ão prejudicadas as demais votações e o Tribunal marcará dia para nova eleição dentro do prazo de 20 (vinte) a 40 (quarenta) dias". Todavia, a "nulidade" mencionada por esse artigo refere-se à constatação de nulidade do voto pela Justiça Eleitoral, por exemplo, quando da cassação de candidato eleito condenado por compra de votos. Assim, os votos nulos (e os votos em branco) são descartados para fins de apuração do candidato eleito. Será considerado Presidente quem obtiver mais da metade dos votos válidos.

Segundo o art. 77, § 4º, da Constituição, "se, antes de realizado o segundo turno, ocorrer morte, desistência ou impedimento legal de candidato, convocar-se-á, dentre os remanescentes, o de maior votação". Todavia, se a morte, desistência ou impedimento legal ocorre antes da realização do primeiro turno, poderá o partido ou coligação substituí-lo, nos termos do art. 13 da Lei n. 9.504/97. Foi o que ocorreu com a trágica morte do candidato à presidência Eduardo Campos, em 13 de agosto de 2014, sendo substituído pela candidata Marina Silva.

Por fim, uma hipótese raríssima e inusitada: se houver empate, eleger-se-á o candidato mais idoso, nos termos do art. 77, § 5º, da Constituição Federal: "Se, na hipótese dos parágrafos anteriores, remanescer, em segundo lugar, mais de um candidato com a mesma votação, qualificar-se-á o mais idoso". Esse foi o critério utilizado para determinar o Prefeito de Cariús, cidade cearense, nas eleições municipais de 2016. Os dois candidatos mais votados foram Iran Ferreira e Nizo Costa, ambos com 5.811 votos. Foi eleito Iran, com 46 anos, já que seu oponente tinha 5 anos a menos. Em 2020, tal fenômeno ocorreu novamente, agora no Município de Caraúbas/PB. Houve um empate entre os dois candidatos (Silvano Dudu – DEM e Nerivam – MDB), ambos com 1.761 votos. Como Silvano tinha 52 anos, 18 a mais que seu adversário, foi eleito Prefeito.

Segundo o art. 78, *caput*, da Constituição Federal, "O Presidente e o Vice-Presidente da República tomarão posse em sessão do Congresso Nacional, prestando o compromisso de manter, defender e cumprir a Constituição, observar as leis, promover o bem geral do povo brasileiro, sustentar a união, a integridade e a independência do Brasil". Conforme o parágrafo único do mesmo artigo, "se, decorridos dez dias da data fixada para a posse, o Presidente ou o Vice-Presidente, salvo motivo de força maior, não tiver assumido o cargo, este será declarado vago". Como se vê, o parágrafo único somente determina que o cargo somente será declarado vago se o Presidente ou o Vice-presidente não tomarem posse, salvo motivo de força maior". Dispositivo semelhante havia na Constituição de 1967 e que garantiu a posse do então Vice-Presidente José Sarney. Explica-se: eleito Presidente da República pelo colégio eleitoral em 15 de janeiro de 1985, Tancredo Neves foi hospitalizado na noite do dia 14 de março, véspera da posse. Tomou posse no dia 15 de março o então Vice-Presidente José Sarney (que se tornou Presidente, em razão da morte de Tancredo).

Nos termos do art. 82, da Constituição Federal, com a redação dada pela Emenda Constitucional n. 111/2021, "o mandato do Presidente da República é de 4 (quatro) anos e terá início em 5 de janeiro do ano seguinte ao de sua eleição". A Emenda Constitucional n. 111/2021 alterou a data da posse de governadores e do presidente da República, a partir das eleições de 2026. Dessa maneira, a partir dessa eleição presidencial, foi mantido o mandato de 4 (quatro) anos, alterando-se apenas a data da posse dessas autoridades. O presidente da República tomará posse no dia 5 de janeiro de 2027 (aplicando-se essa mesma data para as eleições presidenciais seguintes) e os governadores tomarão posse no dia 6 de janeiro de 2027 (aplicando-se essa mesma data para as eleições subsequentes). Esse era um antigo pleito da classe política e dos jornalistas, que se viam obrigados a cobrir todas as posses de governadores e presidente, que ocorriam no primeiro dia do ano, após a eleição. Importante frisar que os governadores e o presidente eleitos na eleição de 2022, tomarão posse no dia 1º de janeiro de 2023.

Segundo o art. 28, da Constituição Federal, com sua nova redação: "A eleição do Governador e do Vice-Governador de Estado, para mandato de 4 (quatro) anos, realizar-se-á no primeiro domingo de outubro, em primeiro turno, e no último domingo de outubro, em segundo turno, se houver, do ano anterior ao do término do mandato de seus antecessores, e a posse ocorrerá em 6 de janeiro do ano subsequente, observado, quanto ao mais, o disposto no art. 77 desta Constituição". Comparemos as redações anterior e atual.

c) **Sucessão presidencial**

O Presidente da República poderá ser substituído em caso de impedimento, ou sucedido, em caso de vacância.

SUBSTITUIÇÃO ⟶ IMPEDIMENTO

SUCESSÃO ⟶ VACÂNCIA

O impedimento é temporário, ocorrendo em caso de doença, férias etc. Já a vacância é definitiva, ocorrendo em caso de cassação, renúncia ou morte. O substituto natural do Presidente da República é o Vice-Presidente, mas a linha sucessória presidencial brasileira está prevista no art. 80 da Constituição Federal: "Em caso de impedimento do Presidente e do Vice-Presidente, ou vacância dos respectivos cargos, serão sucessivamente chamados ao exercício da Presidência o Presidente da Câmara dos Deputados, o do Senado Federal e o do Supremo Tribunal Federal".

Eis, portanto, a linha sucessória presidencial:

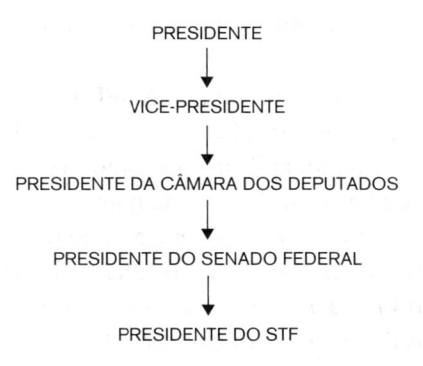

PRESIDENTE
↓
VICE-PRESIDENTE
↓
PRESIDENTE DA CÂMARA DOS DEPUTADOS
↓
PRESIDENTE DO SENADO FEDERAL
↓
PRESIDENTE DO STF

Todos esses cargos acima mencionados são ocupados por brasileiros natos. Assim, embora deputados federais e senadores possam ser brasileiros natos ou naturalizados, somente podem ser eleitos Presidentes das respectivas mesas os parlamentares que sejam brasileiros natos.

Questão interessante: poderá ser Presidente da Câmara dos Deputados menor de 35 anos? A questão ganha destaque porque ele poderá assumir a Presidência da República (em que uma das condições de elegibilidade é a idade mínima de 35 anos). Recentemente, a imprensa noticiou o desejo de um deputado federal eleito por São Paulo, com 22 anos de idade (Kim Kataguiri), presidir a Câmara dos Deputados. Ele pode?

Não há qualquer impedimento constitucional ou regimental para eleição do Presidente da Câmara dos Deputados menor de 35 anos. O art. 16, parágrafo único, do Regimento Interno da Câmara dos Deputados determina apenas que "o cargo de Presidente é privativo de brasileiro nato". Cremos também que o entendimento restritivo não poderia ser extraído da Constituição Federal. A idade mínima de 35 anos é uma condição de "elegibilidade" do Presidente da República. Ou seja, o menor de 35 anos (no momento da posse) não poderá jamais ser eleito Presidente, mas nada impede que, por alguns dias, exerça a presidência, pela substituição constitucional, se legitimamente escolhido pela Câmara dos Deputados. É muito comum, nesse caso, pessoas responderem com o "bom senso". "Não é razoável que um jovem esteja na Presidência, ainda que por alguns poucos dias", "a imaturidade impediria assumir a presidência" etc. Bem, assumimos, como sociedade, o dever de cumprir a Constituição, e não aquilo que achamos melhor. O fato é que a questão irá ao Supremo Tribunal Federal quando um menor de 35 anos se candidatar à Presidência da Câmara e, nesse momento, o Tribunal fará sua interpretação constitucional. É possível que o Supremo restrinja a idade do Presidente da Câmara (para os maiores de 35 anos) ou, o que é mais provável, permita que o menor de 35 anos seja eleito pelos seus pares, como Presidente da Câmara, mas não permita que ele substitua o Presidente da República. O Supremo fez isso (como menor razão), para réus em processos criminais. Podem assumir a Presidência da Câmara e do Senado, mas não podem assumir a Presidência da República, como adiante se verá.

Resumindo: entendemos que poderá o Presidente da Câmara dos Deputados ter menos de 35 anos e, mesmo assim, assumir temporariamente a Presidência da República. O art. 14 da Constituição Federal prevê que a idade de 35 anos é uma "condição de elegibilidade" do Presidente da República. Ora, não poderá ser eleito o menor de 35 anos, o que não significa que, excepcionalmente, por outros meios, não possa ocupar a Presidência o deputado federal com idade inferior a essa. Não obstante, supomos (e é apenas uma suposição) que o STF entenda ser possível eleger o jovem como Presidente da Câmara, mas o impeça de assumir a Presidência da República.

Isso porque, em recente decisão, proferida na ADPF 402, a maioria dos Ministros do STF entendeu que réus em ação penal perante o Supremo Tribunal Federal não podem substituir o Presidente da República. A decisão foi aplicada ao então Presidente do Senado Renan Calheiros. O STF entendeu que ele poderia continuar a ocupar o cargo de Presidente do Senado, mas não poderia assumir temporariamente a Presidência da República. Decidiu o STF: "os substitutos eventuais do Presidente da República – o Presidente da Câmara dos Deputados, o Presidente do Senado Federal e o Presidente do Supremo Tribunal Federal (CF, art. 80) – ficarão unicamente impossibilitados de exercer, em caráter interino, a Chefia do Poder Executivo da

União, caso ostentem a posição de réus criminais, condição que assumem somente após o recebimento judicial da denúncia ou da queixa-crime (CF, art. 86, § 1º, I). Esta interdição, contudo, por unicamente incidir na hipótese estrita de convocação para o exercício, por substituição, da Presidência da República (CF, art. 80), não os impede de desempenhar a Chefia que titularizam no órgão de Poder que dirigem, razão pela qual não se legitima qualquer decisão que importe em afastamento imediato de tal posição funcional em seu órgão de origem" (Referendo na Medida Cautelar na ADPF 402, rel. Min. Marco Aurélio, redator do acórdão Min. Celso de Mello, plenário, j. 7-12-2016).

Com a devida vênia, a decisão do STF nos parece absolutamente equivocada, embora com boas intenções (o que não legitima, por si só, a decisão). Ora, trata-se de um incremento constitucional indevido, feito por vias jurisdicionais. É possível eleger o Presidente da República mesmo sendo réu em processos penais (aliás, o Presidente eleito Jair Bolsonaro, enquanto deputado federal, era réu em duas ações penais). Trata-se, no nosso entender, de um uso indevido da "mutação constitucional", invadindo a competência do Poder Legislativo e um ato antidemocrático, já que o titular do Poder Constituinte é o povo.

Por fim, é importante destacar que a substituição do Presidente pelo Vice-Presidente pode ser definitiva (até o final do mandato). Foi o que aconteceu com o Vice-Presidente José Sarney (que assumiu a Presidência com a morte de Tancredo Neves) e com o Vice-Presidente Itamar Franco (que assumiu a Presidência com o *impeachment* de Fernando Collor de Mello).

Todavia, a substituição pelo Presidente da Câmara dos Deputados, do Senado Federal ou do Supremo Tribunal Federal é sempre temporária. Isso porque, segundo o art. 81 da Constituição Federal, se os cargo de Presidente e Vice-Presidente ficam vagos na primeira metade do mandato (por morte, renúncia, *impeachment* etc.), haverá novas eleições diretas, em 90 dias. Por sua vez, se os cargos de Presidente e Vice-Presidente ficarem vagos nos últimos dois anos do mandato, haverá eleições indiretas, pelo Congresso Nacional, no prazo de 30 dias.

PRESIDENTE / VICE-PRESIDENTE	A substituição pode ser definitiva (até o final do mandato).
PRESIDENTE DA CÂMARA / PRESIDENTE DO SENADO / PRESIDENTE DO STF	A substituição é sempre temporária (nos termos do art. 81 da Constituição Federal).

Segundo o mencionado dispositivo constitucional: "vagando os cargos de Presidente e Vice-Presidente da República, far-se-á eleição noventa dias depois de aberta a última vaga" (art. 81, *caput*, CF). De acordo com o § 1º do mesmo artigo, "ocorrendo a vacância nos últimos dois anos do período presidencial, a eleição para ambos os cargos será feita trinta dias depois da última vaga, pelo Congresso Nacional, na forma da lei". Esse novo Presidente eleito apenas concluirá o mandato de seu antecessor, num denominado "mandato-tampão".

Podemos assim sistematizar:

Primeira metade do mandato (2 anos)	Segunda metade do mandato (2 anos)
Cargos de Presidente e Vice-Presidente ficam vagos.	Cargos de Presidente e Vice-Presidente ficam vagos.
Novas eleições diretas em 90 dias.	Eleições indiretas no Congresso Nacional, em 30 dias.
Esse novo Presidente eleito apenas concluirá o mandato de seu antecessor (mandato-tampão).	

Como vimos, caso os cargos de Presidente e Vice-Presidente fiquem vagos nos últimos dois anos do mandato, haverá eleições indiretas no Congresso Nacional, na forma da lei. Sobre o tema, foi editada a Lei n. 1.395, de 13 de julho de 1951. Todavia, ela foi revogada expressamente pelo art. 50 da Lei Complementar ao Ato Adicional de 17 de julho de 1962. Em 1964, foi editada a Lei n. 4.321, que regula a eleição indireta no Brasil.

A referida lei prevê que a eleição se dará por voto secreto, em escrutínios distintos para Presidente e Vice-Presidente. Será eleito o candidato que obtiver maioria absoluta dos membros do Congresso Nacional. Dessa maneira, entendemos se tratar de outra hipótese de sessão unicameral (os votos de deputados e senadores são computados conjuntamente). Com muitas lacunas, a Lei n. 4.321/64 deve ser substituída. Primeiramente, a previsão do "voto secreto" não se mostra mais compatível com o regime democrático e republicano, que, como vimos anteriormente, exige que, em regra, a votação dos parlamentares seja aberta. Nesse sentido, referindo-se à votação indireta no âmbito estadual, decidiu o Supremo Tribunal Federal que o voto secreto é garantia do eleitor, devendo a votação indireta ser aberta (ADI 4.298-MC, rel. Min. Cezar Peluso).

Tramita no Congresso Nacional o projeto de Lei n. 5.821/2013, de Comissão Mista do Congresso. Segundo esse projeto, no prazo de 10 dias a contar da publicação do edital, os Partidos Políticos ou Coligações partidárias devem indicar seus candidatos à Mesa do Congresso Nacional, podendo ser parlamentares ou não, preenchidos os requisitos de elegibilidade do Presidente (35 anos, brasileiro nato etc.).

c.1) Sucessão estadual, distrital e municipal

No âmbito estadual, em razão da simetria constitucional, a linha sucessória do Governador deve ser formada pelo Vice-Governador, pelo Presidente da Assembleia Legislativa e pelo Presidente do Tribunal de Justiça, o mesmo ocorrendo, *mutatis mutandis*, com a linha sucessória do Distrito Federal. No caso do Município, o substituto natural do Prefeito é o Vice--Prefeito e, no seu impedimento ou vacância, o Presidente da Câmara de Vereadores.

Como é feita a sucessão do Poder Executivo em caso de dupla vacância? Deve-se obedecer às regras da eleição indireta presidencial? O tema já foi abordado algumas vezes pelo Supremo Tribunal Federal.

Podemos sistematizar a jurisprudência do STF da seguinte maneira: compete aos respectivos Estados, DF e Municípios legislar acerca da sucessão do Poder Executivo, não sendo exigida a absoluta simetria com o modelo federal, em razão da capacidade de autogoverno e auto--organização própria que gozam esses entes federativos. Assim, caberá à Constituição do Estado disciplinar a eleição indireta para Governador e Vice-Governador, bem como caberá à Lei Orgânica do Município fazê-lo, em âmbito municipal. Como já decidiu o STF, não pode o

Estado legislar acerca das eleições municipais, sob pena de ferir a autonomia do Município (ADI 3.549, rel. Min. Cármen Lúcia).

Essa capacidade do Estado, DF ou Município legislar acerca do tema foi mencionada pelo STF na ADI 1.057, relatada pelo Min. Celso de Mello: "o Estado-membro dispõe de competência para disciplinar o processo de escolha, por sua Assembleia legislativa, do Governador e do Vice-Governador do Estado, nas hipóteses em que se verificar a dupla vacância desses cargos nos últimos dois anos do período governamental. Essa competência legislativa do Estado-membro decorre da capacidade de autogoverno que lhe outorgou a própria Constituição da República. As condições de elegibilidade (CF, art. 14, § 8º a § 9º) e as hipóteses de inelegibilidade (CF, art. 14, § 4º a § 8º), inclusive aquelas decorrentes da legislação complementar (CF, art. 14, § 9º), aplicam-se de pleno direito, independentemente de sua expressa previsão na lei local, à eleição indireta para Governador e Vice-Governador do Estado, realizada pela Assembleia Legislativa em caso de dupla vacância desses cargos executivos no último biênio do período de governo".

Todavia, essa independência tem temperanças. Na ADI 2.709, relatada pelo Min. Gilmar Mendes e julgada em 2008, o STF declarou inconstitucional dispositivo da Constituição de Sergipe que suprimia a hipótese de eleição indireta. Segundo o Tribunal, "EC 28, que alterou o § 2º do art. 79 da Constituição do Estado de Sergipe, estabelecendo que, no caso de vacância dos cargos de Governador e Vice-Governador do Estado, no último ano do período governamental, serão sucessivamente chamados o Presidente da Assembleia Legislativa e o Presidente do Tribunal de Justiça, para exercer o cargo de Governador. A norma impugnada suprimiu a eleição indireta para Governador e Vice-Governador do Estado, realizada pela Assembleia Legislativa em caso de dupla vacância desses cargos no último biênio do período de governo. Afronta aos parâmetros constitucionais que determinam o preenchimento desses cargos mediante eleição".

Outra temperança foi imposta pelo art. 224, § 4º, do Código Eleitoral. Esse dispositivo, acrescentado pela Lei n. 13.165, de 2015, estabelece regras sobre eleição direta ou indireta, em caso de perda do mandato em decorrência de decisão da Justiça Eleitoral. Segundo o referido dispositivo legal, havendo decisão da Justiça Eleitoral que importe o indeferimento do registro, a cassação do diploma ou a perda do mandato de candidato eleito em pleito majoritário, caso ocorra a menos de 6 (seis) meses do final do mandato, ensejará eleição indireta. Caso ocorra nos demais casos, dará ensejo à nova eleição direta. Vejamos, de forma esquemática:

NOVA ELEIÇÃO EM CASO DE DECISÃO DA JUSTIÇA ELEITORAL QUE DECRETA PERDA DO MANDATO OU CASSAÇÃO DE DIPLOMA	
A menos de 6 meses do final do mandato	Nos demais casos
Eleição indireta	Eleição direta
Art. 224, § 4º, Código Eleitoral (declarado constitucional pelo STF – ADI 5.525)	Art. 224, § 4º, Código Eleitora (declarado constitucional pelo STF – ADI 5.525)

O STF declarou esse dispositivo constitucional: "É constitucional, por outro lado, o tratamento dado pela lei impugnada à hipótese de dupla vacância dos cargos de Governador e Prefeito. É que, para esses casos, a Constituição não prevê solução única. Assim, tratando-se de casos eleitorais de extinção do mandato, a competência para legislar a respeito pertence à União, por força do disposto no art. 22, I, da Constituição Federal, e não aos entes da Federação, aos quais compete dispor sobre a solução de vacância por causas não eleitorais de extinção de mandato, na linha da jurisprudência do STF" (ADI 5.525, rel. Min. Roberto Barroso, Pleno, j. 8-3-2019). Dessa maneira, o STF entendeu, nessa recente decisão, que a competência para legislar sobre eleições diretas ou indiretas, em caso de dupla vacância do Executivo estadual ou municipal, é dos Estados ou municípios <u>quando a causa da vacância não decorrer de decisão da Justiça Eleitoral</u>. Isso porque, quando a vacância decorrer de decisão da Justiça Eleitoral, a competência para legislar sobre a questão é da União, nos termos do art. 22, I, da Constituição Federal e art. 224, do Código Eleitoral.

d) Ausência do País

Segundo o art. 83 da Constituição Federal, "o Presidente e o Vice-Presidente da República não poderão, sem licença do Congresso Nacional, ausentar-se do País por período superior a quinze dias, sob pena de perda do cargo".

A autorização para que o Presidente e o Vice-Presidente se ausentem do país por período superior a 15 dias é feita por decreto legislativo do Congresso Nacional, nos termos do art. 49, III, CF.

Podemos assim sistematizar:

Ausência do Presidente ou do Vice-Presidente de até 15 dias	Ausência do Presidente ou do Vice-Presidente superior a 15 dias
Não é necessária autorização do Congresso Nacional.	É necessária autorização do Congresso Nacional, por meio de decreto legislativo, sob pena de perda do cargo.

Segundo o STF, essa regra prevista no art. 83 da Constituição Federal deve ser aplicada aos outros entes federativos, para evitar, nas palavras do próprio STF, a "acefalia no âmbito do Poder Executivo". Portanto, são normas de repetição obrigatória pelos demais entes federativos: "a ausência do Presidente da República do país ou a ausência do Governador do Estado do território estadual ou do país é uma causa temporária que impossibilita o cumprimento, pelo chefe do Poder Executivo, dos deveres e responsabilidades inerentes ao cargo. Desse modo, para que não haja acefalia no âmbito do Poder Executivo, o Presidente da República ou o Governador do Estado deve ser devidamente substituído pelo Vice-Presidente ou Vice-Governador respectivamente [...]. Em decorrência do princípio da simetria, a Constituição estadual deve estabelecer sanção para o afastamento do Governador ou do Vice-Governador do Estado sem a devida licença da Assembleia Legislativa" (ADI 3.647, rel. Min. Joaquim Barbosa).

Não obstante, não pode a legislação estadual ou municipal extrapolar os limites da Constituição Federal, impedindo que o Governador ou Prefeito deixem o país, sem autorização, por período inferior a 15 dias. Regra dessa natureza, além de ferir a simetria constitucional, seria uma interferência indevida do Poder Legislativo no Poder Executivo. Nesse sentido, já decidiu o STF: "Afronta os princípios constitucionais da harmonia e independência entre os Poderes e da liberdade de locomoção norma estadual que exige prévia licença da Assembleia Legislativa para que o Governador e o Vice-Governador possam ausentar-se do País por qualquer prazo. Espécie de autorização que, segundo o modelo federal, somente se justifica quando o afastamento exceder a quinze dias. Aplicação do princípio da simetria" (ADI 738, rel. Min. Maurício Correa).

e) **Atribuições do Presidente da República**

Como mencionamos acima, o Presidente da República exerce simultaneamente duas funções: além de ser chefe de Estado (representar o país externamente) é chefe de Governo (praticando atos de natureza administrativa e política). As atribuições do Presidente da República estão previstas no art. 84 da Constituição Federal. Primeiramente, esse rol não é taxativo. Tanto que o próprio inciso XXVII desse artigo afirma ser atribuição do Presidente "exercer outras atribuições previstas nesta Constituição".

Vejamos as atribuições do Presidente:

I – nomear e exonerar os Ministros de Estado. Trata-se de uma das mais importantes atribuições do Presidente, na medida em que os Ministros o auxiliarão diretamente em uma de suas funções principais: a administração federal. Embora tenha liberdade para nomear os Ministros, há parâmetros constitucionais, previstos no art. 87 da Constituição Federal. Primeiramente, os Ministros devem ser brasileiros (natos ou naturalizados). No caso do Ministro da Defesa, deve necessariamente ser brasileiro nato, nos termos do art. 12 da Constituição Federal. À exceção do Ministro da Defesa, todos os demais Ministros podem ser natos, naturalizados ou até mesmo português equiparado (se aqui puder exercer os seus direitos políticos, ou seja, se estiver residindo no Brasil há mais de três anos e os tenha requerido). Além disso, segundo o art. 87, *caput*, da Constituição Federal, os Ministros devem ser maiores de 21 anos e estar no gozo dos seus direitos políticos;

Recentemente, um caso muito polêmico despertou imensa controvérsia acerca da nomeação de Ministros de Estado. A ex-presidente Dilma Rousseff teria nomeado o ex-Presidente Luiz Inácio Lula da Silva como Ministro Chefe da Casa Civil, com o intuito de dar a ele foro por prerrogativa de função, de modo que ele não fosse investigado e processado na primeira instância, mas perante o STF. Essa tese se reforçou quando "vazou" na imprensa uma gravação entre ambos, na qual a Presidente teria dito que estava enviando o termo de posse para que ele utilizasse "em caso de necessidade". Sobre a questão, o Supremo Tribunal Federal, em Medida Cautelar em Mandado de Segurança 34.070, suspendeu a nomeação do ex-presidente, sob a afirmação de que teria ocorrido desvio de finalidade do ato. Afirmou o STF que, se "alguém acusado da prática de um delito é convidado a ocupar um cargo que lhe dê foro especial, isto é, dê-lhe a possibilidade de livrar-se da Justiça de primeira instância e de responder em um tribunal", haverá desvio de finalidade, portanto, nulidade do ato.

Gostaríamos de propor um avanço ao entendimento sobredito do Supremo Tribunal Federal. É praxe no Brasil a nomeação de Ministros de Estado que são réus em processos criminais (muitos deles ligados a malfeitos na administração pública). Em nosso entender, tais nomeações também são nulas, por violarem o princípio constitucional da moralidade (art. 37, *caput*, da Constituição Federal). Tal entendimento não viola o princípio da presunção de inocência (art. 5º, LVII, CF), na medida em que se trata de uma salvaguarda da Administração Pública. A nomeação desses réus (ou investigados) é legal (não há como negar), mas é imoral, e, por essa razão, viola o art. 37 da Constituição Federal. Ora, o mesmo zelo que um pai teria no momento de contratar a babá de seus filhos (e tentaria evitar a contratação daqueles que estão sendo processados por estupro de crianças) deveria ter o Presidente ao nomear os Ministros de Estado (muitas vezes processados por crimes contra a Administração). E vou além: há outro mal que ocorre na Administração Pública brasileira, acobertada sob o pálio da discricionariedade do chefe do Poder Executivo. Trata-se da nomeação de Ministros de Estado sem qualquer experiência da área de sua pasta, apenas por razões políticas. Por exemplo, em cerimônia de posse, em 2 de janeiro de 2015, o nomeado Ministro dos Esportes deixou todos perplexos quando disse "não entendo nada de esporte, mas entendo de gente". Em nosso entender, essas nomeações de políticos sem qualquer experiência na área envolvida também ferem a moralidade e a eficiência da Administração Pública, ambos princípios constitucionais, previstos no art. 37, CF. A nosso ver, poderia o Poder Judiciário declarar a nulidade de nomeações desse jaez. Qualquer cidadão poderia ajuizar ação popular contra tais nomeações, nos termos do art. 5º, LXXIII, da Constituição Federal, alegando violação da moralidade administrativa.

Em 2020, aparentemente o Supremo Tribunal Federal acolheu nossa posição, no Mandado de Segurança n. 37.097, que suspendeu a nomeação do Diretor-Geral da Polícia Federal. Segundo o STF, "logicamente, não cabe ao Poder Judiciário moldar subjetivamente a Administração Pública, porém a constitucionalização das normas básicas do Direito Administrativo permite ao Judiciário impedir que o Executivo molde a Administração Pública em discordância a seus princípios e preceitos constitucionais básicos, pois a finalidade da revisão judicial é impedir atos incompatíveis com a ordem constitucional, inclusive no tocante as nomeações para cargos públicos, que devem observância não somente ao princípio da legalidade, <u>mas também aos princípios da impessoalidade, da moralidade e do interesse público</u>" (grifamos) (trecho do voto do Min. Alexandre de Moraes, 29-4-2020).

II – exercer, com o auxílio dos Ministros de Estado, a direção superior da administração federal. Esse inciso é a essência principal da atribuição do Presidente, enquanto Chefe de Governo. Cabe, portanto, ao Presidente, estabelecer as políticas públicas prioritárias, levando-se em conta os parâmetros constitucionais mínimos, bem como as diretrizes da administração pública, ao lado de seus ministros. O Supremo Tribunal Federal já decidiu que "é inconstitucional qualquer tentativa do Poder Legislativo de definir previamente conteúdos ou estabelecer prazos para que o Poder Executivo, em relação às matérias afetas a sua iniciativa, apresente proposições legislativas, mesmo em sede de Constituição estadual, porquanto ofende, na seara administrativa, a garantia de gestão superior dada ao chefe daquele Poder" (ADI 179, rel. Min. Dias Toffoli);

III – iniciar o processo legislativo, na forma e nos casos previstos nesta Constituição. Como vimos no início deste capítulo, o Presidente da República é, em regra, um dos legitimados para iniciar o processo legislativo ordinário. Outrossim, é ele quem pode elaborar as Medidas Provisórias (art. 62, CF), pode solicitar urgência nos projetos de sua iniciativa (art. 64, § 1º, CF), é um dos legitimados da Emenda Constitucional (art. 60, II, CF), sem contar as hipóteses em que ele tem iniciativa reservada (privativa), prevista no art. 61, § 1º, da Constituição Federal;

IV – sancionar, promulgar e fazer publicar as leis, bem como expedir decretos e regulamentos para sua fiel execução. A primeira atribuição diz respeito à sanção presidencial aos projetos de lei aprovados pelo Congresso Nacional. Aplica-se às leis ordinárias e complementares, não se aplicando às Emendas Constitucionais, Leis Delegadas, Medidas Provisórias, Decretos Legislativos e Resoluções, que possuem procedimento diferenciado. Por sua vez, como vimos, depois da sanção presidencial (ou da comunicação da rejeição do veto, pelo Congresso

Nacional, o Presidente terá o prazo de 48 horas para promulgar as leis). Por fim, a última atribuição prevista nesse inciso, muito importante, consiste na possibilidade de se expedir decretos e regulamentos infralegais, cuja função é regulamentar as leis. Por exemplo, a Lei n. 10.826, de 22 de dezembro de 2003 (Estatuto do Desarmamento), prevê que "as armas de fogo de uso restrito serão registradas no Comando do Exército, na forma do regulamento desta lei" (art. 3º, parágrafo único). Para tanto, o Presidente da República Fenando Henrique Cardoso editou o Decreto n. 3.665, de 20 de novembro de 2000;

V – vetar projetos de lei, total ou parcialmente. Como vimos ainda neste capítulo, o Presidente pode sancionar ou vetar os projetos de lei. O veto, que se dá por inconstitucionalidade ou contrariedade ao interesse público, pode ser total ou parcial;

VI – dispor, mediante decreto, sobre: a) organização e funcionamento da administração federal, quando não implicar aumento de despesa nem criação ou extinção de órgãos públicos; b) extinção de funções ou cargos públicos, quando vagos. Trata-se de uma novação criada pela Emenda Constitucional n. 32, de 2001. Essa emenda, que reduziu bastante os poderes presidenciais de edição de Medidas Provisórias, aumentou bastante os poderes do Presidente de editar decretos. A primeira alínea prevê a possibilidade de fazer decretos, organizando a Administração Federal, com dois limites: não pode aumentar despesas e também não pode criar ou extinguir órgãos públicos. É muito comum no Brasil. Por exemplo, o Decreto n. 8.910, de 22 de novembro de 2016, foi editado pelo Presidente para aprovar a estrutura regimental e o quadro dos cargos em comissão e das funções de confiança do Ministério da Transparência, Fiscalização e Controladoria-Geral da União – CGU, remanejando cargos em comissão e funções de confiança. Já a segunda alínea prevê a possibilidade de extinção de cargos públicos da administração federal, por decreto, quando vagos;

Importante frisar que o decreto presidencial não poderá nem criar nem extinguir órgãos públicos. Por essa razão, em 2019, o Plenário do STF deferiu medida cautelar em ADI para suspender a eficácia do art. 1º do Decreto n. 9.759/2019, para afastar a possibilidade de ter-se a extinção, por ato unilateralmente editado pelo Chefe do Executivo, de colegiado cuja existência encontre menção em lei em sentido formal (ADI 6.121 MC/DF, rel. Min. Marco Aurélio, Pleno, j. 13-6-2019).

VII – manter relações com Estados estrangeiros e acreditar seus representantes diplomáticos. Como vimos acima, além de Chefe de Governo, o Presidente é Chefe de Estado, sendo o presente inciso uma importante demonstração dessa segunda função. Segundo o STF, "a soberania nacional no plano transnacional funda-se no princípio da independência nacional, efetivada pelo presidente da República, consoante suas atribuições previstas no art. 84, VII e VIII, da Lei Maior. A soberania, dicotomizada em interna e externa, tem na primeira a exteriorização da vontade popular (art. 14 da CRFB) através dos representantes do povo no parlamento e no governo; na segunda, a sua expressão no plano internacional, por meio do presidente da República" (Rcl 11.243, rel. Min. Luiz Fux);

VIII – celebrar tratados, convenções e atos internacionais, sujeitos a referendo do Congresso Nacional. Mais uma atribuição dada ao Presidente da República, na função de Chefe de Estado. Cabe ao Presidente da República celebrar os tratados, convenções e atos internacionais, que serão posteriormente referendados pelo Congresso Nacional e, após essa etapa, serão objeto de decreto presidencial, quando entrarão em vigor no direito brasileiro;

IX – decretar o estado de defesa e o estado de sítio. Compete ao Presidente da República decretar o estado de defesa (art. 136, CF) e o estado de sítio (art. 137 e seguintes da CF). O primeiro consistirá numa medida de âmbito regional, decretada depois de ouvir os Conselhos da República e de Defesa Nacional, com a anuência posterior do Congresso Nacional. Pode ser decretado para "preservar ou prontamente restabelecer, em locais restritos e determinados, a ordem pública ou a paz social ameaçadas por grave e iminente instabilidade institucional ou atingidas por calamidades de grandes proporções na natureza" (art. 136, *caput*, CF);

Por sua vez, o estado de sítio também é decretado pelo Presidente da República, depois de ouvidos o Conselho da República e de Defesa Nacional. Todavia, ao contrário do estado de defesa, só pode decretar o estado de sítio depois da autorização do Congresso Nacional, tendo âmbito nacional.

X – decretar e executar a intervenção federal. Como vimos no capítulo anterior, compete ao Presidente da República decretar e executar a intervenção federal (a intervenção da União em algum Estado ou no Distrito Federal). Segundo o art. 36, § 1º, da Constituição Federal, "o decreto de intervenção, que especificará a amplitude, o prazo e as condições de execução e que, se couber, nomeará o interventor";

XI – remeter mensagem e plano de governo ao Congresso Nacional por ocasião da abertura da sessão legislativa, expondo a situação do País e solicitando as providências que julgar necessárias. Tal providência deve ser tomada pelo Presidente quando do início de cada sessão legislativa, que compreende o ano legislativo;

XII – conceder indulto e comutar penas, com audiência, se necessário, dos órgãos instituídos em lei. Indulto é o perdão coletivo concedido pelo Presidente da República, por meio de decretos. É uma das causas de extinção da punibilidade, prevista no art. 107, II, do Código Penal. É um ato de clemência do Poder Público, exclusivo do Presidente da República. É uma tradição no Direito brasileiro ser editado um decreto presidencial às vésperas do Natal, como um benefício aos condenados que preencherem certos requisitos. Já a comutação da pena é um benefício concedido igualmente pelo Presidente da República, por meio de decreto (costuma estar previsto no mesmo decreto de indulto), e consiste na redução da pena, calculada sobre o que resta a ser cumprida. A análise da aplicação da comutação da pena é de responsabilidade do juiz da execução penal;

XIII – exercer o comando supremo das Forças Armadas; nomear os Comandantes da Marinha, do Exército e da Aeronáutica, promover seus oficiais-generais e nomeá-los para os cargos que lhe são privativos. Segundo o art. 142 da Constituição Federal, as Forças Armadas, constituídas por Marinha, Exército e Aeronáutica, são instituições sob "a autoridade suprema do Presidente da República". Dessa maneira, o art. 84 prevê a atribuição do Presidente de nomear os comandantes das Forças Armadas;

XIV – nomear, após aprovação pelo Senado Federal, os Ministros do Supremo Tribunal Federal, e dos Tribunais Superiores, os Governadores de Territórios, o Procurador-Geral da República, o Presidente e os Diretores do Banco Central e outros servidores, quando determinado em lei. Em homenagem ao sistema de freios e contrapesos (*checks and balances*), cabe ao Presidente da República nomear os Ministros do STF, bem como de outros Tribunais Superiores, após a aprovação do Senado Federal. Outrossim, compete ao Presidente nomear o Procurador-Geral da República, nos termos do art. 128, § 1º, da CF (nomeado pelo Presidente, dentre integrantes da carreira, maiores de 35 anos, após a aprovação de seu nome pela maioria absoluta dos membros do Senado, para mandato de 2 anos, permitida a recondução), dentre outras autoridades;

XV – nomear, observado o disposto no art. 73, os Ministros do Tribunal de Contas da União. Como abordamos em item anterior, compete ao Presidente da República nomear 3, dos 9 Ministros do TCU, nos termos do art. 73 da Constituição Federal. Um desses escolhidos dentre auditores junto ao Tribunal de Contas, outro escolhido dentre membros do Ministério Público junto ao Tribunal de Contas, ambos indicados por lista tríplice do Tribunal, e um terceiro escolhido livremente pelo Presidente;

XVI – nomear os magistrados, nos casos previstos nesta Constituição, e o Advogado--Geral da União. A primeira parte do dispositivo aplica-se, por exemplo, aos Tribunais Regionais do Trabalho, previstos no art. 115 da Constituição Federal. Por sua vez, o Advogado-Geral da União, chefe da Advocacia-Geral da União, é nomeado livremente pelo Presidente da República "dentre cidadãos maiores de trinta e cinco anos, de notável saber jurídico e reputação ilibada" (art. 131, § 1º, CF);

XVII – nomear membros do Conselho da República, nos termos do art. 89, VII. Conselho da República é um dos órgãos superiores de consulta do Presidente da República. Dentre os seus integrantes (Vice-Presidente, Presidente da Câmara dos Deputados etc.) há 6 cadeiras reservadas para brasileiros natos, das quais dois serão nomeados pelo Presidente da República, para mandato de três anos, vedada a recondução (art. 89, VII, CF);

XVIII – convocar e presidir o Conselho da República e o Conselho de Defesa Nacional. O Conselho da República e o Conselho de Defesa Nacional são órgãos de consulta do Presidente da República que serão presididos por ele e convocados quando entender oportuno, bem como serão ouvidos obrigatoriamente antes de tomadas algumas decisões importantes, como intervenção federal, estado de defesa e estado de sítio (arts. 90, I, 91, § 1º, I, CF);

XIX – declarar guerra, no caso de agressão estrangeira, autorizado pelo Congresso Nacional ou referendado por ele, quando ocorrida no intervalo das sessões legislativas e, nas mesmas condições, decretar, total ou parcialmente, a mobilização nacional. Embora a "defesa da paz" seja um dos princípios que regem as relações internacionais (art. 4º, VI, CF), a Constituição Federal prevê a declaração da guerra. É de responsabilidade do Presidente da República, desde que autorizado pelo Congresso Nacional (ou por ele referendado, se decretada no intervalo das sessões legislativas). Outrossim, também caberá ao Presidente decretar total ou parcialmente a mobilização nacional, prevista na Lei n. 11.631, de 2007. Segundo o art 2º, I, dessa lei, mobilização nacional é "o conjunto de atividades planejadas, orientadas e empreendidas pelo Estado, complementando a Logística Nacional, destinadas a capacitar o País a realizar ações estratégicas, no campo da Defesa Nacional, diante de agressão estrangeira". A autorização do Congresso Nacional se dará por meio de decreto legislativo, nos termos do art. 49, II, da Constituição Federal;

XX – celebrar a paz, autorizado ou com o referendo do Congresso Nacional. Assim como compete ao Presidente da República declarar a guerra, também cabe a ele celebrar a paz. Em ambos os casos, é necessária autorização ou referendo do Congresso Nacional, nos termos do art. 49, II, da Constituição Federal;

XXI – conferir condecorações e distinções honoríficas. O Decreto n. 51.697/63 criou a Ordem do Rio Branco e tem como objetivo "galardoar as pessoas físicas ou jurídicas estrangeiras ou nacionais, que pelos seus serviços ou mérito excepcional, se tenham tornado merecedoras desta distinção". Segundo o art. 5º do Decreto n. 51.698/63, a condecoração é concedida por decreto presidencial. Em 2011 foram condecorados com essa medalha os Ministros Aloizio Mercadante e Mário Negromonte. O Decreto n. 3.400, de 2000, aprova o regulamento da Ordem do Mérito Naval, que, segundo seu art. 1º, "destina-se a premiar os militares da Marinha que se tenham distinguido no exercício de sua profissão e, excepcionalmente, corporações militares e instituições civis, nacionais e estrangeiras, suas bandeiras e estandartes, assim como personalidades civis e militares, brasileiras ou estrangeiras, que houverem prestado serviços à Marinha". Foram premiados com essas medalhas o ex-ministro José Dirceu e o ex-deputado federal José Genoíno. Por sua vez, o Decreto n. 3.047, de 6 de maio de 1999, estabelece a "Medalha do Mérito Mauá". No dia 3 de novembro de 2021, o Presidente da República Jair Bolsonaro concedeu a medalha da "Ordem Nacional do Mérito Científico" a dezenas de cientistas e pesquisadores. Todavia, como revogou a condecoração dada aos médicos que fizeram estudos comprovando a ineficácia de um determinado medicamento cujo uso era defendido pelo presidente (hidroxicloroquina), o prêmio foi recusado por dezenas dos homenageados;

XXII – permitir, nos casos previstos em lei complementar, que forças estrangeiras transitem pelo território nacional ou nele permaneçam temporariamente. Trata-se de medida tomada pelo Presidente, que, em regra, depende de autorização do Congresso Nacional, por meio de decreto legislativo (art. 49, II, CF). Não obstante, a Lei Complementar n. 90, de 1997, prevê alguns casos em que não será necessária a autorização do Congresso: "I – para a execução de programas de adestramento ou aperfeiçoamento ou de missão militar de transporte, de pessoal, carga ou de apoio logístico do interesse e sob a coordenação de instituição pública nacional; II – em visita oficial ou não oficial programada pelos órgãos governamentais, inclusive as de finalidade científica e tecnológica; III – para atendimento técnico, nas situações de abastecimento, reparo ou manutenção de navios ou aeronaves estrangeiras; IV – em missão de busca e salvamento" (art. 1º, Lei Complementar n. 90/97). Com exceção das hipóteses sobreditas, "o Presidente da República dependerá de autorização do Congresso Nacional para permitir que forças estrangeiras transitem ou permaneçam no território nacional, quando será ouvido sempre, o Conselho de Defesa Nacional" (art. 1º, parágrafo único, Lei Complementar n. 90/97);

XXIII – enviar ao Congresso Nacional o plano plurianual, o projeto de lei de diretrizes orçamentárias e as propostas de orçamento previstos nesta Constituição. Segundo o art. 165 da Constituição Federal, leis de iniciativa do Poder Executivo estabelecerão o plano plurianual, as diretrizes orçamentárias e os orçamentos anuais;

XXIV – prestar, anualmente, ao Congresso Nacional, dentro de sessenta dias após a abertura da sessão legislativa, as contas referentes ao exercício anterior. Segundo o art. 49, IX, da Constituição Federal, compete ao Congresso Nacional, por decreto legislativo, julgar as contas prestadas pelo Presidente da República, depois de elaborado pelo Tribunal de Contas da União, que será elaborado em sessenta dias a contar de seu recebimento (art. 71, I, CF). Não obstante, como dissemos anteriormente, o Congresso Nacional não vem fazendo sua atribuição a contento. A última aprovação se deu com relação às contas de 2001, do ex-Presidente Fernando Henrique Cardoso;

XXV – prover e extinguir os cargos públicos federais, na forma da lei. O provimento dos cargos públicos (ato de fazer preencher o cargo público) é feito pela autoridade competente de cada Poder, nos termos do art. 6º da Lei n. 8.112/90 (que dispõe sobre o regime jurídico dos servidores públicos civis da União, autarquias e fundações públicas federais). Por exemplo, por meio do Decreto n. 8.821, de 26 de julho de 2016, "fica delegada competência ao Ministro de Estado Chefe da Casa Civil da Presidência da República para os atos de nomeação de cargos em comissão ou de designação de funções de confiança no âmbito da administração pública federal direta, autárquica e fundacional" (art. 2º do Decreto). Quanto à extinção de cargos públicos federais, é ela regulada pela Lei n. 8.112/90, regulamentada pelo Decreto n. 3.151, de 23 de agosto de 1999. Segundo o art. 5º desse decreto, "extinto o cargo ou declarada sua desnecessidade, o servidor estável nele investido será imediatamente posto em disponibilidade, com remuneração proporcional ao respectivo tempo de serviço";

XXVI – editar medidas provisórias com força de lei, nos termos do art. 62. Como estudamos ainda neste capítulo, pode o Presidente da República editar Medidas Provisórias, em caso de relevância e urgência, com prazo determinado, dentro dos limites constitucionais previstos no art. 62 da Constituição Federal;

XXVII – propor ao Congresso Nacional a decretação de estado de calamidade pública de âmbito nacional: trata-se de uma nova hipótese que integra o "sistema constitucional das crises" e criada pela Emenda Constitucional n. 109/2021. O trâmite será semelhante ao do "estado de sítio": o presidente solicita ao Congresso Nacional e somente poderá decretar se houver a autorização dele. Sobre o tema, analisamos o instituto no capítulo reservado à "Segurança Pública".

e.1) Atribuições delegáveis e indelegáveis

Em regra, as atribuições do Presidente da República, acima estudadas, são indelegáveis, intransferíveis (por exemplo, nomear e exonerar Ministros, editar Medida Provisória, declarar a guerra, celebrar a paz etc.). Todavia, há três atribuições que são delegáveis.

Segundo o art. 84, parágrafo único, da Constituição Federal, a delegação pode ser feita para algum Ministro de Estado, para o Procurador-Geral da República ou para o Advogado-Geral da União. Quais são as atribuições delegáveis? As previstas no art. 84, VI, XII e XXV, primeira parte, da Constituição Federal.

1) Art. 84, VI, CF – como vimos acima, trata-se da atribuição de fazer decreto sobre a Administração Federal, dentro dos limites constitucionais (sem aumentar despesas e sem criar ou extinguir órgãos públicos), bem como, por decreto, extinguir cargos públicos vagos. Assim, poderá o Presidente da República delegar, por exemplo, para o Ministro do Turismo, a possibilidade de reorganizar os cargos do Ministério, dentro dos limites constitucionais. Da mesma forma, poderá o Presidente delegar para as três autoridades acima a possibilidade de "extinguir cargos públicos, quando vagos". O Decreto n. 3.151, de 1999, no seu art. 10, dispõe que "fica delegada competência aos Ministros de Estado e ao Advogado-Geral da União para a prática de atos de declaração de desnecessidade de cargos públicos e de colocação dos respectivos ocupantes em disponibilidade remunerada", ficando vedada a subdelegação (art. 10, parágrafo único, do mesmo decreto).

2) Art. 84, XII, CF – trata-se da possibilidade de o Presidente, por decreto, conceder indulto ou comutar penas. Poderá delegar essa atribuição para algum Ministro (por exemplo, o Ministro da Justiça), bem como para o Procurador-Geral da República e para o Advogado-Geral da União.

3) Art. 84, XXV, primeira parte, CF – trata-se da competência para dar provimento a cargos públicos da Administração Federal. O provimento dos cargos públicos (ato de fazer preencher o cargo público) é feito pela autoridade competente de cada Poder, nos termos do art. 6º da Lei n. 8.112/90. Segundo o STF, assim como é possível delegar o provimento do cargo público, também é delegável o desprovimento do cargo público: "Presidente da República: competência para prover cargos públicos (CF, art. 84, XXV, primeira parte), que abrange a de desprovê-los, a qual, portanto, é susceptível de delegação a Ministro de Estado (CF, art. 84, parágrafo único): validade da Portaria do Ministro de Estado que, no uso de competência delegada, aplicou a pena de demissão ao impetrante" (MS 25.518, rel. Min. Sepúlveda Pertence). Outrossim, pelo princípio da simetria, o Supremo Tribunal Federal entendeu essa regra aplicável aos Estados-membros: "Esta Corte firmou orientação no sentido da legitimidade de delegação a Ministro de Estado da Competência do chefe do Executivo Federal para, nos termos do art. 84, XXV, e parágrafo único da CF, aplicar pena de demissão a servidores públicos federais [...] Legitimidade da delegação a secretários estaduais da competência do governador do Estado de Goiás para [...] aplicar penalidade de demissão aos servidores do Executivo, tendo em vista o princípio da simetria" (RE 633.009, rel. Min. Ricardo Lewandowski).

e.2) Indulto presidencial (origem, vantagens, desvantagens e o indulto do Presidente Jair Bolsonaro dado a policiais condenados)

O perdão do governante tem origem bastante remota, com muitas notícias de sua utilização já na Antiguidade. Na Babilônia antiga, embora não houvesse previsão no Código de Hamurabi, há registros de que o filho de Hamurabi teria perdoado um escravo foragido, condenado à pena de morte. Em Atenas, no século IV a.C., a clemência do condenado dependia de requerimento assinado por 6.000 pessoas.

O indulto também era um costume do povo hebreu, concedido principalmente durante as comemorações da Páscoa, como se extrai do texto bíblico, quando do julgamento de Jesus Cristo pelo governador Pôncio Pilatos. Segundo Aguado Renedo, o indulto também esteve presente no povo hebreu: "el ejercicio institucionalizado del perdón en la cultura hebrea se hallaba fuertemente enraizado mucho antes del evento que ha dividido el cómputo del tiempo histórico de la civilización occidental en dos, antes y después de Cristo" (Antecedentes Históricos del Indulto. *Revista de Derecho UNED*, n. 10, p. 687-709, Madrid: Uned, 2012, p. 688-689).

Na República Romana, o perdão, ou a clemência, tinha duas modalidades (*restituo in integrum* e *restituo damnatorum*) e era concedido por lei. Com o fim da República, o poder passou a ser exercido pelo Imperador. O Código Justiniano previa a possibilidade da *indulgentia principis*, que podia ser geral ou especial. Durante a Idade Média, os reis concediam indultos, perdoando ofensas contra a lei, invocando o direito divino.

Não obstante, como afirma a doutrina, "embora haja referência a mecanismos de clemência dentre os hebreus, os gregos e os romanos, as origens mais próximas do indulto presidencial tal como o concebemos atualmente parecem estar associadas a institutos de clemência existentes na Inglaterra Medieval" (Bruno Galindo. *Tudo sobre Indulto: Clemência e Combate à Criminalidade*). Esse é o pensamento de William F. Duker, no artigo "The President's Power to Pardon: A Constitutional History", segundo o qual "embora possamos encontrar numerosas referências ao exercício da prerrogativa do perdão na lei Mosaica, grega e romana, [...] a prerrogativa teve sua origem entre os monarcas anglo-saxões durante o reinado do Rei Ine de Wessex (668-725 d.C.)".

A prerrogativa do perdão atravessou as fronteiras para o "Novo Mundo", como afirma William Duker: "quando a Inglaterra ampliou seus limites para o 'Novo Mundo', o poder de perdão foi seguido. A prerrogativa foi delegada pela Coroa à autoridade executiva na colônia, com poucas limitações no poder. A Carta da Virgínia de 1609 concedeu ao governador 'poder e autoridade completos e absolutos para corrigir, punir, perdoar e governar todos os nossos súditos'" ("The President's Power to Pardon: A Constitutional History"). Essa prerrogativa de perdão, adotada nas ex-colônias inglesas, passou a fazer parte do texto da Constituição dos Estados Unidos da América: "Embora os principais planos (o plano da Virgínia e New Jersey) não contivessem um poder de perdão, Charles Pinckney, Alexander Hamilton e John Rutledge lutaram e ganharam a inclusão de um poder de perdão: o poder de perdoar investido no Chefe do Executivo, mas que não pode ser invocável em caso de *impeachment*" (*The President's Power to Pardon: A Constitutional History*).

Hoje o poder de indulto presidencial está no art. 2º, Seção 2, da Constituição norte-americana: "O Presidente [...] terá poder para conceder perdão por ofensas contra os Estados Unidos, exceto em casos de *impeachment*". Um caso histórico de indulto foi do Presidente da República Gerald Ford, que perdoou Richard Nixon, antes de qualquer acusação ter sido apresentada.

Hoje o indulto está presente em várias Constituições contemporâneas: "apesar da origem absolutista, a clemência a partir de atos do poder executivo sobreviveu ao *Ancien Régime*, sendo incorporada aos constitucionalismos de matriz liberal norte-americano e francês oriundos das revoluções do século XVIII. Mecanismos de clemência atribuídos aos chefes de Estado continuam desde então sendo incorporados às Constituições contemporâneas, sendo raros os casos de inexistência deles. Destaque-se que estão presentes em Constituições como as da Alemanha (art. 60, 2, 3), França (art. 17), Itália (arts. 79 e 97), Espanha (art. 62, *i*), Portugal (art. 134, *f*), Argentina (art. 99, 5), Colômbia (art. 150, 17) e Peru (art. 118, 21)" (Bruno Galindo. *Tudo sobre Indulto: Clemência e Combate à Criminalidade*).

A primeira Constituição brasileira, de 1824, previa, em seu art. 101, IX, a competência do Imperador para, no exercício do seu poder moderador, conceder "anistia", "em caso urgente, e que assim aconselhem a humanidade, e bem do Estado".

A Constituição de 1891, com clara inspiração norte-americana, previa a possibilidade de o Presidente da República conceder indulto, bem como comutar penas (art. 48, 6º), limitando-se à jurisdição federal.

A Constituição de 1934 previu a mesma atribuição para o Presidente da República, sem distinção de jurisdições, excluindo os crimes de responsabilidade. O poder de indultar foi mantido na Constituição de 1937 (art. 75, *f*), de 1946 (art. 87, XIX) e nas Constituições de 1967 e 1969 (arts. 83, XX, e 81, XXII, respectivamente).

O indulto foi mantido na Constituição de 1988, como uma das atribuições do Presidente da República: "compete privativamente ao Presidente da República: XII – conceder indulto e comutar penas, com audiência, se necessário, dos órgãos instituídos em lei".

O primeiro dos órgãos de execução penal é o Conselho Nacional de Política Criminal e Penitenciária, com sede na Capital da República e subordinado ao Ministro da Justiça. Tem como função principal a implementação, em todo o território nacional, de uma política criminal e penitenciária, a partir de periódicas avaliações do sistema criminal, criminológico e penitenciário, bem como a execução de planos nacionais de desenvolvimento quanto às metas e prioridades da política a ser executada. Segundo a Lei de Execução Penal (Lei n. 7.210/84), o Conselho Penitenciário, órgão subordinado ao Ministério da Justiça, tem a atribuição de "emitir parecer sobre indulto e comutação de pena", "excetuada a hipótese de pedido de indulto com base no estado de saúde do preso" (art. 70, I).

Importante destacar que o parecer do Conselho Penitenciário não vincula o Presidente da República. Por exemplo, em 2019, o CNPCP elaborou proposta de indulto natalino que não dava um tratamento diferenciado a agentes de segurança pública, contrariando promessa do Presidente da República, Jair Bolsonaro. O Presidente editou um decreto de indulto diferente do recomendado pelo Conselho Nacional de Política Criminal e Penitenciária (CNPCP).

O indulto é uma causa de extinção da punibilidade, prevista no art. 107 do Código Penal. Dessa maneira, o indulto é uma hipótese de perdão que não apaga o crime e suas consequências civis e penais, exceto uma: a execução da pena. Embora seja comum a aplicação do indulto àqueles que já foram condenados por sentença transitada em julgado, o indulto também pode ser aplicado antes da condenação (como já ocorreu no caso do decreto de indulto de 2013).

Segundo a Constituição Federal, uma das atribuições do Presidente da República é a concessão de indulto (art. 84, XII). O indulto é uma espécie de perdão presidencial concedido àqueles que foram condenados criminalmente, sendo uma das causas de extinção da punibilidade, previstas no Código Penal (art. 107, II, CP).

O indulto pode ser coletivo ou individual. Neste último caso, o indulto individual recebe o nome de "graça". Segundo o art. 188, da Lei de Execução Penal (Lei n. 7.210/84), a graça (ou indulto individual) "poderá ser provocado por petição do condenado, por iniciativa do Ministério Público, do Conselho Penitenciário ou da autoridade administrativa", sendo necessário parecer prévio do Conselho Penitenciário, com posterior encaminhamento ao Ministério da Justiça e ao Presidente da República (art. 189, LEP).

Embora tenha se tornado uma tradição brasileira à época do Natal, não existe nenhuma norma legal que restrinja a concessão desse instituto nessa época do ano. Podemos afirmar que a tradição do "indulto de Natal" começou com o governo Itamar Franco. Até lá, vários Presidentes concederam indulto em épocas diferentes do ano. Por exemplo, após a Segunda Guerra Mundial, José Linhares concedeu indulto em 3 de dezembro de 1945 a oficiais e praças integrantes das Forças Expedicionárias Brasileiras. Juscelino Kubitschek, por ocasião da inauguração de Brasília, concedeu indulto no mês de abril, sob o argumento de que "todos os brasileiros devem participar desse acontecimento, inclusive os que estão em cumprimento de pena" (Rodrigo de Oliveira Ribeiro. *Indulto Virou Tradição de Natal, Mas Já Foi Concedido em Outras Datas*).

Essa tradição recente foi rompida já em 2019, quando em 8 de fevereiro o Presidente Jair Bolsonaro, por meio do Decreto n. 9.706, concedeu indulto "às pessoas nacionais e estrangeiras condenadas, que, até a data da publicação desse Decreto, tenham sido acometidas: I – por paraplegia, tetraplegia ou cegueira adquirida posteriormente à prática do delito ou dele consequente, comprovada por laudo médico oficial, ou, na falta do laudo, por médico designado pelo juízo da execução; II – por doença grave, permanente, que, simultaneamente, imponha severa limitação de atividade e que exija cuidados contínuos que não possam ser prestados no estabelecimento penal, desde que comprovada por laudo médico oficial, ou, na falta do laudo, por médico designado pelo juízo da execução; ou III – por doença grave, neoplasia maligna ou síndrome da deficiência imunológica adquirida (aids), desde que em estágio terminal e comprovada por laudo médico oficial, ou, na falta do laudo, por médico designado pelo juízo da execução".

Controversos são os benefícios ou malefícios do indulto presidencial: "um instituto pacificador, um ato soberano de perdão, uma causa extintiva de punibilidade, causa extintiva da execução da pena, um resquício absolutista, uma contradição às leis, uma benevolente prerrogativa régia, um remédio para esvaziar as prisões, instrumento de política criminal, meio de atenuar penas cruéis e suspender penas capitais, uma garantia constitucional: o indulto é objeto de inúmeras controvérsias e, ainda assim, objeto de poucos estudos" (Rodrigo de Oliveira Ribeiro. "O Indulto Presidencial: Origens, Evolução e Perspectivas". *Revista Brasileira de Ciências Criminais*, v. 117, nov.-dez. 2015).

O Ministro Maurício Corrêa, do STF, na MC na ADIn 2795/DF, definiu o indulto como: "instrumento de política criminal colocado à disposição do Estado para a reinserção e ressocialização dos condenados que a ele façam jus, segundo a conveniência e oportunidade das autoridades competentes".

Não obstante, embora o indulto seja comumente utilizado como instrumento de política criminal (de desencarceramento), essa finalidade não está prevista na Constituição Federal, que dá ampla liberdade ao Presidente da República. Como diz a doutrina, "o poder presidencial de concessão de indulto e de comutação das penas é de fato amplo e dotado de alto grau de discricionariedade. O posicionamento histórico do Excelso Pretório é, aliás, no sentido da ampla discricionariedade do chefe do poder executivo para estabelecer o regramento para a concessão dos referidos benefícios. Esse posicionamento foi reafirmado pelo STF no julgamento [...] da ADI 5874, [...] considerando válido e constitucional o Decreto 9246/2017 dentro do exercício da discricionariedade presidencial na concessão desses benefícios" (Bruno Galindo. *Tudo sobre Indulto: Clemência e Combate à Criminalidade*).

Em 2019, por exemplo, o Presidente Jair Bolsonaro editou decreto de indulto atendendo a dois públicos: a) condenados que tenham sido acometidos por doenças graves ou deficiências; b) agentes de segurança pública que tenham cometido excessos culposos ou praticado crimes em face de risco decorrente de sua condição funcional. Percentualmente, poucos serão os condenados atingidos pela concessão do indulto presidencial. Podemos afirmar que o efeito simbólico do referido indulto é maior que os efeitos práticos. Por integrar a retórica presidencial de combate à criminalidade, o decreto de 2019 distancia-se da "política criminal" e aproxima-se da "política eleitoral". Não obstante, como veremos abaixo, tal liberdade foi concedida pela Constituição Federal.

Segundo parte da doutrina, o indulto é um instrumento importante de política criminal. "O indulto termina por ser em termos práticos um importante instrumento de política criminal para a redução do hiperencarceramento existente no Brasil (3ª população carcerária do mundo – 726.712 encarcerados) e, ao mesmo tempo, para a promoção do aspecto ressocializador da pena, já que é concedido tradicionalmente aos condenados que demonstram, a partir de critérios normativos objetivos, comportamento tendente à sua adequada reinserção social, aliados a outros aspectos como a primariedade e o tipo de crime cometido, suas condições pessoais familiares e/ou de saúde, bem como o *quantum* de sua pena" (Bruno Galindo. *Tudo sobre Indulto: Clemência e Combate à Criminalidade*).

Todavia, como vimos acima, embora tradicionalmente utilizado como instrumento de política criminal, não encontra na Constituição essa condição. Assim como o Presidente Ford, nos Estados Unidos, concedeu indulto a Nixon, poderia um Presidente brasileiro conceder indulto a um outro político criminoso, de seu partido. O Decreto de indulto de 2019, por exemplo, não foi utilizado como política criminal, mas como reforço do discurso retórico do Presidente de tolerar juridicamente os excessos praticados por agentes de segurança pública.

Sem desconhecer a situação caótica do sistema carcerário nacional, nossa tendência é concordar com Beccaria (no clássico livro *Dos Delitos e das Penas*), segundo o qual o indulto permite "que os homens vejam que o crime pode ser perdoado e que o castigo nem sempre constitui a sua necessária consequência, alimenta neles a esperança de ficarem impunes; faz com que aceitem os tormentos não como atos de justiça, porém como atos de violência".

O indulto só foi mantido na Constituição norte-americana por ser considerado um exemplo de freios e contrapesos na tradicional separação dos Poderes. Não obstante, entendo que esse instituto pode ser aperfeiçoado (poderia o decreto de indulto passar pelo crivo do Congresso Nacional, como já ocorre no decreto de intervenção federal; poderia se tornar vinculante o parecer dos órgãos colegiados e especializados em política criminal etc.).

Com a amplitude que hoje possui, vejo no decreto presidencial um resquício autoritário do *Ancien Régime*, um ato que não se coaduna com a separação dos poderes e que pode ser utilizado com finalidades eleitorais, beneficiando grupos políticos condenados ou reforçando um discurso retórico (um Presidente indultaria policiais, outro Presidente indultaria sindicalistas, e a cada Presidente teríamos exceções ao princípio da isonomia, num claro incentivo à impunidade, como disse Beccaria).

Em 2017, o Presidente Michel Temer editou o Decreto de Indulto n. 9.246, conhecido por ser muito amplo. Segundo o art. 1º, seriam perdoados os que tivessem cumprido "um quinto da pena, se não reincidentes, e um terço da pena, se reincidentes, nos crimes praticados sem grave ameaça ou violência à pessoa". O tema foi levado ao STF, por meio da Ação Direta de Inconstitucionalidade 5.874.

Em novembro de 2018, o Ministro Roberto Barroso votou pela procedência parcial da ação. Ele se pronunciou no sentido de excluir do âmbito de incidência do indulto natalino os crimes de peculato, concussão, corrupção passiva, corrupção ativa, tráfico de influência, os praticados contra o sistema financeiro nacional, os previstos na Lei de Licitações e os crimes de lavagem de dinheiro. Com a devida vênia, embora cheia de boas intenções, a decisão do Ministro relator carece de juridicidade. Não pode o Poder Judiciário escolher os crimes que podem e os que não podem ser indultados. Decisões como essa reforçam o "coro" daqueles que acusam o Poder Judiciário brasileiro de comumente invadir a competência dos outros poderes.

A maioria dos Ministros do STF votou pela improcedência da ADI. Decidiram os Ministros que a concessão de indulto, prevista no art. 84, XII, da Constituição Federal, é ato privativo do Presidente da República e não fere o princípio da separação de Poderes. O ministro explicou que existem limites à discricionariedade do chefe do Poder Executivo, como a impossibilidade de conceder indulto aos crimes hediondos ou equiparados.

Dessa maneira, o indulto de 2019, concedido pelo Presidente Jair Bolsonaro, através do Decreto n. 10.189/2019, embora possa ser questionado politicamente, é constitucional, no nosso entendimento.

É atribuição constitucional do Presidente conceder indulto (art. 82, XII, CF), que pode ser coletivo ou individual. Ora, se pode conceder indulto para todos os condenados ou algumas poucas pessoas ("graça"), também pode conceder para certos grupos, como policiais.

Não há que se falar de violação ao princípio da isonomia. Assim como já foi concedido indulto em 1945 aos membros da Força Expedicionária Brasileira, agora foi concedido indulto aos agentes de segurança pública. Dessa maneira, o argumento de violação da isonomia não me parece sólido.

Poder-se-ia argumentar que o Decreto de Indulto de 2019 poderia servir de estímulo à violência excessiva policial. Argumentar-se-ia violação ao princípio constitucional da razoabilidade (decorrente do *substantive due process of law*) e da proporcionalidade, na sua modalidade "proibição da proteção insuficiente" (o decreto teria, além de efeitos passados, efeitos futuros, ao estimular a violência).

Todavia, não me parece que o STF fará tal interpretação. O estímulo à impunidade é, como disse Beccaria, uma consequência de todo indulto. Assim, entendemos que o STF, da mesma forma que permitiu o "indulto amplíssimo" concedido pelo ex-Presidente Michel Temer (ADI n. 5.874), deve permitir o "indulto seletivo" concedido pelo Presidente Bolsonaro.

f) Ministros de Estado

Como vimos acima, compete ao Presidente da República nomear e exonerar livremente os Ministros de Estado. Os requisitos constitucionais para ser ministro estão previstos no art. 87 da Constituição Federal e são: 1) nacionalidade brasileira; 2) maiores de vinte e um anos; 3) no gozo dos seus direitos políticos.

Dessa maneira, os Ministros devem ser brasileiros. Em regra, podem ser brasileiros natos ou naturalizados, à exceção do Ministro da Defesa, que necessariamente deve ser brasileiro nato. Por sua vez, devem ser maiores de vinte e um anos, não havendo idade máxima para tanto. Por fim, deve estar no gozo dos seus direitos políticos, ou seja, não pode ter perdido ou estar com os direitos políticos suspensos, nos termos do art. 15 da Constituição Federal.

Como explicamos anteriormente, além dos requisitos presentes nas regras constitucionais do art. 87, da Constituição Federal, entendemos que os princípios constitucionais devem ser igualmente respeitados, como a moralidade, a eficiência e a legalidade. Em algumas oportunidades, decidiu dessa maneira o Supremo Tribunal Federal.

O STF invalidou a nomeação do ex-Presidente da República Luiz Inácio Lula da Silva como Ministro de Estado (Ministro Chefe da Casa Civil), à luz de princípios constitucionais. Decidiu o STF: "nenhum Chefe do Poder Executivo, em qualquer de suas esferas, é dono da condução dos destinos do país; na verdade, ostenta papel de simples mandatário da vontade popular, a qual deve ser seguida em consonância com os princípios constitucionais explícitos e implícitos, entre eles a probidade e a moralidade no trato do interesse público *lato sensu*. O princípio da moralidade pauta qualquer ato administrativo, inclusive a nomeação de Ministro de Estado, de maneira a impedir que sejam conspurcados os predicados da honestidade, da probidade e da boa-fé no trato da *res publica*" (grifamos) (Medida Cautelar em Mandado de Segurança 34.070/DF, rel. Min. Gilmar Mendes, j. 18-3-2016).

Entendimento semelhante ocorreu em 2020, quando o STF suspendeu a nomeação do Diretor-Geral da Polícia Federal, Alexandre Ramagem, pelos laços estreitos com a família do Presidente da República (embora não se trate de um Ministro de Estado, os argumentos jurídicos são os mesmos): "a constitucionalização das normas básicas do Direito Administrativo permite ao Judiciário impedir que o Executivo molde a Administração Pública em discordância a seus princípios e preceitos constitucionais básicos, pois a finalidade da revisão judicial é impedir atos incompatíveis com a ordem constitucional, inclusive no tocante as nomeações para cargos públicos, que <u>devem observância não somente ao princípio da legalidade, mas também aos princípios da impessoalidade, da moralidade e do interesse público</u>" (grifamos) (Mandado de Segurança 37.097/DF, rel. Min. Alexandre de Moraes, j. 29-4-2020).

A criação ou extinção de Ministérios só é possível por meio de lei de iniciativa do Presidente da República, nos termos do art. 61, § 1º, *e*, da Constituição Federal. Tornou-se uma "tradição" no Brasil a criação ou a extinção de Ministérios por Medida Provisória, sob o argumento de "relevância e urgência" na Administração Pública. Por exemplo, em 2020, foi editada a Medida Provisória n. 980, de 10 de junho de 2020, criando o Ministério das Comunicações. Da mesma forma, em 2021 foi criado por Medida Provisória (MP n. 1.058/2021) o Ministério do Trabalho (medida que foi convertida na Lei n. 14.261/2021). Importante lembrar que a criação de um Ministério, por medida provisória, deveria ser uma medida extremamente excepcional, em razão da sua natureza precária (já que depende de aprovação do Congresso Nacional, para que haja conversão da norma em lei). A rejeição da referida Medida Provisória (improvável, mas possível) implicaria um grave dano à Administração Pública pois o Ministério criado precariamente deixaria de existir.

As atribuições dos Ministros, previstas no art. 87, parágrafo único, da Constituição Federal, são: "I – exercer a orientação, coordenação e supervisão dos órgãos e entidades da administração federal na área de sua competência e referendar os atos e decretos assinados pelo Presidente da República; II – expedir instruções para a execução das leis, decretos e regulamentos; III – apresentar ao Presidente da República relatório anual de sua gestão no Ministério; IV – praticar os atos pertinentes às atribuições que lhe forem outorgadas ou delegadas pelo Presidente da República".

Quanto ao inciso I, no tocante à atribuição de "referendar" os atos praticados pelo Presidente, no tocante à respectiva pasta, já decidiu o STF que tal assinatura não é requisito de validade dos decretos presidenciais: "a referenda ministerial, que não se reveste de consequências de ordem processual, projeta-se, quanto aos seus efeitos, numa dimensão estritamente institucional, qualificando-se, sob tal perspectiva, como causa geradora de corresponsabilidade político-administrativa dos Ministros de Estado [...]. Cumpre ter presente, por isso mesmo, no que concerne à função da referenda ministerial, que <u>esta não se qualifica como requisito indispensável de validade dos decretos presidenciais</u>" (grifamos) (MS 22.706 MC, rel. Min. Celso de Mello)[59].

Quanto ao inciso II (instruções para a execução das leis, decretos e regulamentos), o Supremo Tribunal Federal já determinou o caráter de infralegalidade desses atos: "o poder regulamentar deferido aos Ministros de Estado, embora de extração constitucional, não legitima a edição de atos normativos de caráter primário, estando necessariamente subordinado, no que

---

59. Em 2020, um episódio inusitado ocorreu, com a publicação, no *Diário Oficial da União*, da exoneração do Diretor-Geral da Polícia Federal, Maurício Valeixo. Nessa publicação, constava a assinatura do então Ministro da Justiça, Sérgio Moro. Ocorre que ele não havia concordado com tal exoneração e, por isso, sua assinatura teria sido utilizada indevidamente. No dia seguinte, a exoneração foi republicada, sem a assinatura do Ministro (que deixou o Governo por essa razão). O uso indevido da assinatura deu ensejo à investigação criminal pela suposta prática de crime de falsidade ideológica.

concerne ao seu exercício, conteúdo e limites, ao que prescrevem as leis e a CR" (ADI 1.075 MC, rel. Min. Celso de Mello).

Por fim, quanto ao último inciso (praticar atos que lhe foram delegados pelo Presidente da República), podemos exemplificar com o Decreto n. 3.447/2000, que delega ao Ministro de Estado da Justiça, o exercício da competência legal de expulsão de estrangeiro, o que foi considerado válido pelo Supremo Tribunal Federal: "A competência da expulsão é exclusiva do Presidente da República (Lei n. 6.815/80, art. 66), com delegação desses poderes ao Ministro de Estado da Justiça, a partir do Decreto n. 3.447/2000 (art. 1º). O fato de o Presidente da República delegar ao Ministro de Estado da Justiça, mediante ato administrativo por ele próprio assinado, o exercício da competência legal de expulsão do estrangeiro não implica disposição da própria competência" (HC 101.528, rel. Min. Dias Toffoli).

f.1) Julgamento dos Ministros de Estado

Segundo o art. 102, I, "c", 1ª parte, da Constituição Federal, compete ao Supremo Tribunal Federal julgar "nas infrações penais comuns e nos crimes de responsabilidade, os Ministros de Estado". Todavia, há uma exceção: nos termos do art. 52, I, da Constituição Federal, se o Ministro praticar crime de responsabilidade conexo com o Presidente da República, serão ambos julgados pelo Senado Federal. Há crimes de responsabilidade praticados por Ministros e previstos na Constituição Federal (art. 50) e na Lei n. 1.079/50 (art. 13).

Crimes praticados por Ministros de Estado	Crime comum = STF (art. 102, I, "c", CF).
	Crime de responsabilidade = STF (art. 102, I, "c", CF), salvo se conexo com crime do Presidente da República, quando será julgado pelo Senado (art. 52, I, CF).

Segundo o art. 50, *caput*, da Constituição Federal, "A Câmara dos Deputados e o Senado Federal, ou qualquer de suas Comissões, poderão convocar Ministro de Estado ou quaisquer titulares de órgãos diretamente subordinados à Presidência da República para prestarem, pessoalmente, informações sobre assunto previamente determinado, importando crime de responsabilidade a ausência sem justificação adequada".

Outrossim, o art. 50, § 2º, da Constituição Federal também afirma que "as Mesas da Câmara dos Deputados e do Senado Federal poderão encaminhar pedidos escritos de informação a Ministros de Estado ou a qualquer das pessoas referidas no *caput* deste artigo, importando em crime de responsabilidade a recusa, ou o não atendimento, no prazo de trinta dias, bem como a prestação de informações falsas".

Podemos assim sistematizar:

Crimes de responsabilidade de Ministros (art. 50, CF)	Se, convocado para comparecer no Congresso, ausentar-se sem justificação adequada.
	Se, solicitadas informações escritas, o Ministro: a) recusar-se a dar; b) não atender em 30 dias; c) prestar informações falsas.

No caso de crime de responsabilidade praticado juntamente com o Presidente da República, serão ambos julgados pelo Senado, e, nesse caso, será necessária autorização da Câmara dos Deputados (juízo de admissibilidade), por dois terços de seus membros, nos termos do art. 51, I, da Constituição Federal: "compete privativamente à Câmara dos Deputados: I – autorizar, por dois terços de seus membros, a instauração de processo contra o Presidente e o Vice-Presidente da República e os Ministros de Estado".

g) Conselho da República e Conselho de Defesa Nacional

O Conselho da República e o Conselho de Defesa Nacional são órgãos superiores de consulta do Presidente da República, por ele presididos e que por ele serão convocados (art. 84, XVIII, CF). O Conselho da República está previsto nos arts. 89 e 90 da Constituição Federal, enquanto o Conselho de Defesa Nacional está previsto no art. 91 da Constituição Federal.

g.1) Conselho da República

Participam do Conselho da República, nos termos do art. 89 da Constituição Federal: "I – o Vice-Presidente da República; II – o Presidente da Câmara dos Deputados; III – o Presidente do Senado Federal; IV – os líderes da maioria e da minoria da Câmara dos Deputados; V – os líderes da maioria e da minoria no Senado Federal; VI – o Ministro da Justiça; VII – seis cidadãos brasileiros natos, com mais de trinta e cinco anos de idade, sendo dois nomeados pelo Presidente da República, dois eleitos pelo Senado Federal e dois eleitos pela Câmara dos Deputados, todos com mandato de três anos, vedada a recondução".

Importante frisar que, como dissemos no capítulo destinado ao direito de nacionalidade, embora haja seis assentos reservados a brasileiros natos, é possível que brasileiros naturalizados componham o Conselho da República, nas cadeiras reservadas ao Ministro da Justiça (que pode ser nato ou naturalizado) ou nas cadeiras reservadas aos líderes da maioria e da minoria na Câmara dos Deputados e no Senado Federal.

A lei que dispõe sobre a organização e o funcionamento do Conselho da República é a Lei n. 8.041, de 5 de junho de 1990. Segundo o art. 3º, § 4º, da referida lei, "a participação no Conselho da República é considerada atividade relevante e não remunerada". O Presidente poderá convocar o Conselho da República sempre que achar relevante, nos termos do art. 90, II, CF ("questões relevantes para a estabilidade das instituições democráticas"). Todavia, além dessa discricionariedade do Presidente quanto à convocação do Conselho da República, há uma hipótese constitucional em que o Conselho da República deverá ser ouvido: antes da decretação de intervenção federal, estado de defesa e estado de sítio (art. 90, I, CF). Importante frisar que essa manifestação do Conselho da República é meramente opinativa, não vinculando o Presidente da República.

Segundo o art. 90, § 1º, da Constituição Federal, "o Presidente da República poderá convocar Ministro de Estado para participar da reunião do Conselho quando constar da pauta questão relacionada com o respectivo Ministério".

g.2) Conselho de Defesa Nacional

Outro órgão superior de consulta do Presidente da República, por ele presidido e por ele convocado (art. 84, XVIII, CF), o Conselho de Defesa Nacional manifestar-se-á nos "assuntos relacionados com a soberania nacional e a defesa do Estado democrático", tendo como integrantes: "I – o Vice-Presidente da República; II – o Presidente da Câmara dos Deputados; III – o Presidente do Senado Federal; IV – o Ministro da Justiça; V – o Ministro de Estado da Defesa; VI – o Ministro das Relações Exteriores; VII – o Ministro do Planejamento; VIII – os Comandantes da Marinha, do Exército e da Aeronáutica" (art. 91, CF).

A organização e o funcionamento do Conselho de Defesa Nacional estão previstos na Lei n. 8.183, de 11 de abril de 1991. Segundo o art. 7º desta lei, "a participação, efetiva ou eventual, no Conselho de Defesa Nacional, constitui serviço público relevante e seus membros não poderão receber remuneração sob qualquer título ou pretexto".

Segundo o art. 91, § 1º, da Constituição Federal, são atribuições do Conselho de Defesa Nacional: "I – opinar nas hipóteses de declaração de guerra e de celebração da paz, nos termos desta Constituição; II – opinar sobre a decretação do estado de defesa, do estado de sítio e da intervenção federal; III – propor os critérios e condições de utilização de áreas indispensáveis à segurança do território nacional e opinar sobre seu efetivo uso, especialmente na faixa de fronteira e nas relacionadas com a preservação e a exploração dos recursos naturais de qualquer tipo; IV – estudar, propor e acompanhar o desenvolvimento de iniciativas necessárias a garantir a independência nacional e a defesa do Estado democrático".

Importante frisar que as manifestações do Conselho da República são opinativas, não estando vinculado o Presidente da República. Todavia, uma questão se faz importante: as manifestações do Conselho da República ou de Defesa Nacional podem ser supervenientes ao ato do Presidente? Entendemos que a manifestação deve ser anterior à prática do ato. Aliás, não teria sentido algum a manifestação superveniente. Por se tratarem de órgãos superiores de consulta, devem ser ouvidos previamente, antes da prática dos atos previstos na Constituição, como a decretação de intervenção federal, estado de defesa e estado de sítio (art. 90, I, CF), declaração de guerra e celebração da paz (art. 91, § 1º, I, CF) etc. Não obstante, num caso concreto, o STF se manifestou em sentido contrário. Quando foi decretada em 2018 a intervenção federal no Estado do Rio de Janeiro, de forma inescusável, não foi consultado o Conselho da República previamente, mas dias depois da decretação. O STF decidiu que tal procedimento não feriu a Constituição, sob o argumento de que "a Constituição é clara ao tornar indispensável essa manifestação, que se mostra impregnada de conteúdo meramente opinativo, <u>muito embora o texto constitucional não imponha que tal pronunciamento se faça, necessariamente, em momento que anteceda a formal decretação da intervenção federal</u>" (Medida Cautelar em Mandado de Segurança 35.537/DF, rel. Min. Celso de Mello, j. 19-2-2018). Entendemos que tal decisão é absolutamente equivocada, com a devida vênia. Não se trata de um "mero" desrespeito formal aos arts. 90 e 91 da Constituição, mas sim de uma violação da democracia. Ora, por determinação constitucional, o Presidente <u>deve</u> ouvir o Conselho da República, formado por autoridades e também por cidadãos. Desprezar essa etapa prévia é dar as costas para a opinião da própria população, ali representada por alguns integrantes.

No tocante à faixa de fronteira, está ela definida no art. 20, § 2º, da Constituição Federal: "a faixa de até cento e cinquenta quilômetros de largura, ao longo das fronteiras terrestres, designada como faixa de fronteira, é considerada fundamental para defesa do território nacional, e sua ocupação e utilização serão reguladas em lei". Trata-se da Lei n. 6.634, de 1979, que prevê a participação ativa do Conselho de Defesa Nacional, que poderá permitir, por exemplo, a construção de pontes, estradas internacionais e campos de pouso (art. 2º, I, da Lei). Já decidiu o STF que "a manifestação do Conselho de Defesa Nacional não é requisito de validade da demarcação de terras indígenas, mesmo daquelas situadas em região de fronteira" (MS 25.483, rel. Min. Ayres Britto, Pleno, j. 4-6-2007).

h) Responsabilidade do Presidente

Segundo o art. 99 da Constituição brasileira de 1824, "a pessoa do Imperador é inviolável, e sagrada: Elle não está sujeito a responsabilidade alguma". Em tempos de monarquia, o imperador era considerado inviolável. Como vimos no capítulo anterior, uma das características da República, além da temporariedade dos mandatos dos governantes, é a responsabilidade desses por seus atos, seja politicamente, seja penalmente.

A Constituição de 1988 prevê que o Presidente pode ser responsabilizado penal e politicamente por seus atos. Assim, poderá o Presidente da República ser processado e julgado por crime comum e por crime de responsabilidade.

Crime comum é a infração penal praticada pelo Presidente, prevista na legislação penal (seja no Código Penal ou na legislação penal especial). Por sua vez, crime de responsabilidade é uma infração política, praticada pelo Presidente, prevista no rol do art. 85 da Constituição Federal e regulamentada pela Lei n. 1.079/50.

Crimes praticados pelo Presidente	CRIME COMUM (infração penal propriamente dita, prevista no Código Penal ou em Lei Penal Especial)
	CRIME DE RESPONSABILIDADE (infração política, praticada pelo Presidente, prevista no art. 85 da CF, regulamentado pela Lei n. 1.079/50)

Segundo o Supremo Tribunal Federal, compete à União legislar sobre a definição e o julgamento dos crimes de responsabilidade do Presidente e de outras autoridades (como Governadores e Prefeitos, por exemplo). Trata-se da Súmula Vinculante 46: "A definição dos crimes de responsabilidade e o estabelecimento das respectivas normas de processo e julgamento são da competência legislativa privativa da União".

Quanto ao julgamento do Presidente por crime de responsabilidade, com inspiração norte-americana, doutrina e jurisprudência o denominam de *impeachment*. Não obstante, oportuno informar que não somente o Presidente da República poderá ser julgado por crime de responsabilidade, mas também o Vice-Presidente da República (art. 52, I, CF), os Ministros de Estado, como vimos acima (art. 102, I, "c", CF e art. 52, II, CF), os Membros do Conselho Nacional de Justiça e do Conselho Nacional do Ministério Público (art. 52, II, CF), o Procurador-Geral da República (art. 52, II, CF), o Advogado-Geral da União (art. 52, II, CF), assim como Governadores e Prefeitos.

Segundo o art. 85 da Constituição Federal, são crimes de responsabilidade os atos do Presidente da República que atentem contra a Constituição Federal e, especialmente, contra: "I – a existência da União; II – o livre exercício do Poder Legislativo, do Poder Judiciário, do Ministério Público e dos Poderes constitucionais das unidades da Federação; III – o exercício dos direitos políticos, individuais e sociais; IV – a segurança interna do País; V – a probidade na administração; VI – a lei orçamentária; VII – o cumprimento das leis e das decisões judiciais". Todos esses incisos estão regulamentados pela Lei n. 1.079/50, nos arts. 5º a 12.

h.1) Competência

Nos crimes comuns, a competência para julgar o Presidente da República é do Supremo Tribunal Federal, nos termos do art. 102, I, "b", da Constituição Federal.

Por sua vez, nos crimes de responsabilidade, quem julgará o Presidente da República é o Senado Federal, tendo como Presidente o Ministro Presidente do Supremo Tribunal Federal, nos termos do art. 52, parágrafo único, da Constituição Federal. Por exemplo, quando do julgamento do *impeachment* da ex-Presidente Dilma Rousseff, quem comandou os trabalhos e a votação no Senado Federal foi o então Presidente do STF, o Ministro Ricardo Lewandowski.

h.2) Investigação criminal contra o Presidente da República

Embora a Constituição Federal exija, para o recebimento da denúncia, a autorização da Câmara dos Deputados, não faz a mesma exigência para as investigações criminais que recaem sobre o Presidente da República. Dessa maneira, o Presidente da República poderá ser investigado criminalmente, seja por crimes supostamente praticados dentro ou fora da função.

Não obstante, segundo o STF, os atos investigatórios devem tramitar sob a supervisão do Supremo Tribunal Federal. Isso porque, para o STF, sempre que uma autoridade que possui prerrogativa de função é investigada, o respectivo Tribunal competente para julgá-la deve supervisionar a investigação: "Consoante a jurisprudência consolidada desta Suprema Corte, não só os atos processuais, mas também os investigatórios, devem ser supervisionados pelo Tribunal competente, segundo a Constituição, para processar e julgar autoridade com direito a foro por prerrogativa de função" (Inq. 3.438/SP, 1ª Turma, rel. Min. Rosa Weber, j. 11-11-04)[60].

Por exemplo, em 2020, o Supremo Tribunal Federal autorizou a instauração de inquérito policial contra o Presidente da República, para investigar suposta intervenção indevida na Polícia Federal[61]. Na decisão que autorizou a instauração do inquérito policial sobredito, o Ministro Celso de Mello esclareceu que a investigação deve ser conduzida pela Polícia Federal (que é polícia judiciária da União, nos termos do art. 144, § 1º, IV, CF) e que poderá realizar atos investigativos além dos solicitados pela Procuradoria-Geral da República[62].

h.2.1) Depoimento do Presidente durante a investigação

Segundo o art. 221 do Código de Processo Penal, algumas autoridades, quando ouvidas como testemunhas, têm algumas prerrogativas. Primeiramente, Presidente, Vice-Presidente, Senadores e Deputados Federais ou Estaduais, Ministros de Estado, Governadores, Secretários de Estado, Prefeitos, Ministros e Juízes de Tribunais de Contas "serão inquiridos em local, dia e hora devidamente ajustados entre eles e o juiz". Por sua vez, Presidente, Vice-Presidente,

---

60. Segundo o STF, as provas produzidas durante a investigação sem a supervisão do respectivo Tribunal competente são inválidas: "a competência do Supremo Tribunal Federal, quando da possibilidade de envolvimento de parlamentar em ilícito penal, alcança a fase de investigação, materializada pelo desenvolvimento de inquérito. [...] A usurpação da competência do STF traz como consequência a inviabilidade de tais elementos operarem sobre a esfera penal do denunciado" (Inq. 2.842, rel. Min. Ricardo Lewandowski, Pleno, j. 2-5-2013).
61. Em 2020, o então Ministro da Justiça Sérgio Moro acusou o Presidente da República de tentar inferir na Polícia Federal, de modo a ter conhecimento de possíveis procedimentos investigativos no Estado do Rio de Janeiro, que poderiam recair sobre seus familiares. Por esses fatos, o Presidente passou a ser investigado criminalmente, no Inquérito 4.831.
62. "Autonomia investigatória, de índole constitucional, da Polícia Federal em sua condição de polícia judiciária da União (CF 144, § 1º, IV). Embora desnecessário dizê-lo, acentuo que a Polícia Federal, independentemente das diligências investigatórias requeridas pela douta Procuradoria-Geral da República, poderá, por autoridade própria, proceder a outras atividades de caráter investigatório, tais como aquelas sugeridas pelo Senhor Sérgio Fernando Moro no depoimento que prestou no último dia 2-5-2020, dentre as quais, p. ex., a requisição à ABIN dos 'protocolos de encaminhamento dos relatórios de inteligência [...]', eis que o objetivo de ambas as instituições (PGR e PF) é comum no sistema acusatório, ainda mais se se tiver em consideração o que dispõe o art. 144, § 1º, IV, da Constituição da República" (Inq. 4831/DF, rel. Min. Celso de Mello, j. 5-5-2020).

Presidentes do Senado, Câmara e STF têm uma prerrogativa a mais: eles "poderão optar pela prestação de depoimento por escrito, caso em que as perguntas, formuladas pelas partes e deferidas pelo juiz, lhes serão transmitidas por ofício" (art. 221, § 1º, CPP).

Dessa maneira, segundo o Código de Processo Penal, o Presidente da República, como testemunha, terá o direito de prestar seu depoimento por escrito. A dúvida é: o mesmo procedimento deve ser adotado quando o Presidente da República é o investigado?

No ano de 2017, o STF entendeu que sim, no curso do Inquérito 4.621, que investigava o Presidente da República Michel Temer. Decidiu o Ministro Luis Roberto Barroso: "quanto à oitiva do Excelentíssimo Senhor Presidente da República, à falta de regulamentação específica – e observada a estatura da função –, estabeleço que se observe a regra prevista no art. 221, do Código de Processo Penal referente à oitiva de autoridades pelo juiz, no processo judicial, na condição de testemunhas" (Inq. 4.621. Min. Luis Roberto Barroso, j. 5-10-2017).

Não obstante, em 2020 essa questão voltou à baila, no Inquérito 4.831, que investigava o Presidente da República Jair Bolsonaro. O Ministro relator, Celso de Mello, entendeu que a prerrogativa do art. 221 do Código de Processo Penal deve ser aplicada quando o Presidente é testemunha, e não investigado ou réu. Afirmou o Ministro: "entendo não assistir razão ao Senhor Chefe do Poder Executivo da União, eis que a decisão agravada – cujos fundamentos são ora por mim reafirmados – ajusta-se, com integral fidelidade, (i) à legislação processual penal vigente; (ii) à ampla orientação doutrinária sobre o tema e (iii) a inúmeros julgados do Supremo Tribunal Federal sobre a aplicabilidade do art. 221 do Código de Processo Penal apenas quando as autoridades públicas nele descritas ostentarem a condição de testemunhas, respeitando-se, desse modo, tanto o comparecimento pessoal quanto a necessária relação de direta imediatidade com a autoridade competente (a Polícia Federal, na espécie), conferindo-se, assim, efetividade ao princípio da oralidade" (Ag. Reg. no Inq. 4.831, plenário, trecho do voto rel. Min. Celso de Mello, j. 8-10-2020). Por sua vez, votou em sentido contrário o Ministro Marco Aurélio, segundo o qual "no contexto de 1941, imaginado Presidente ou Vice-Presidente da República, do Senado, da Câmara, do Supremo envolvido em inquérito ou processo-crime, prever-se-ia o comparecimento para audição olho no olho? A resposta positiva assenta-se em injustiça normativa, em incongruência, em presumir não o ordinário, mas o extraordinário, o extravagante a mais não poder, contrariando-se boas regras de interpretação e aplicação do direito, do contexto processual penal, a revelar um grande todo, imaginado – e o é – harmônico" (Ag. Reg. no Inquérito 4.831/DF, trecho do voto do Min. Marco Aurélio). O tema ainda não foi decidido definitivamente pelo STF quando do fechamento desta edição.

No nosso entender, a razão está com o ex-Ministro Celso de Mello. Ora, segundo o art. 5º da Constituição Federal, "todos são iguais perante a lei". Uma das belezas do princípio da legalidade é que todos nós (desde o mais simples e humilde cidadão até o Presidente da República) estamos submetidos aos rigores e ditames da lei, malgrado haja exceções. Realmente, a lei, para preservar, prestigiar e proteger certas funções públicas, estabelece algumas prerrogativas (como a competência especial por prerrogativa de função, imunidades etc.). Todavia, tudo aquilo que a lei não diferencia, deve ser aplicado de forma igual para todos. O Código de Processo Penal estabeleceu prerrogativas para certas autoridades, quando ouvidas como testemunhas, e não como réus ou investigados. Utilizar a analogia para criar novas prerrogativas para certas autoridades, com base no argumento da "estatura da função" (Inq. 4.621. Min. Luis Roberto Barroso, j. 5-10-2017) é, no nosso entender, uma burla ao princípio da igualdade, criando um privilégio não previsto em lei, reforçando a imagem criada por George Orwell, no clássico *Revolução dos Bichos*: "todos são iguais, mas uns são mais iguais que os outros".

h.3) Procedimento

O processo contra o Presidente da República, seja por crime comum, seja por crime de responsabilidade, depende de um juízo de admissibilidade favorável por parte da Câmara dos Deputados, nos termos do art. 51, I, da Constituição Federal: "compete privativamente à Câmara dos Deputados: autorizar, por dois terços de seus membros, a instauração de processo contra o Presidente e o Vice-Presidente da República e os Ministros de Estado".

Assim, o Supremo Tribunal Federal somente poderá receber a denúncia contra o Presidente da República e o Senado somente poderá iniciar o processo de *impeachment* se houver autorização de 2/3 da Câmara dos Deputados. Como são ao todo 513 deputados federais, são necessários, ao menos, 342 deputados para a autorização sobredita.

h.3.1) Responsabilidade por crime comum

Como vimos acima, crime comum é a infração penal praticada pelo Presidente, prevista no Código Penal ou em Lei Penal Especial. Poderá ser investigado criminalmente durante a Presidência da República, mas essa investigação deve estar subordinada à jurisdição do Supremo Tribunal Federal. Coligidas provas suficientes, pode ser oferecida denúncia pelo Procurador-Geral da República. Eventualmente, tratando-se de crime de ação penal privada, poderá ser oferecida queixa-crime pela própria vítima.

Embora possa ser oferecida denúncia ou queixa contra o Presidente perante o STF, o recebimento da denúncia está condicionado à autorização da Câmara dos Deputados. Segundo o art. 217 do Regimento Interno da Câmara dos Deputados, a solicitação será feita pelo Presidente do STF e endereçada ao Presidente da Câmara dos Deputados, que notificará o Presidente e despachará o expediente à Comissão de Constituição e Justiça.

Segundo o sobredito artigo do Regimento Interno, o Presidente da República ou seu advogado terá o prazo de dez sessões para se manifestar. Na sequência, "a Comissão proferirá parecer dentro de cinco sessões contadas do oferecimento da manifestação do acusado ou do término do prazo previsto no inciso anterior, concluindo pelo deferimento ou indeferimento do pedido de autorização" (art. 217, II). O parecer será lido no expediente, pulicado no *Diário da Câmara dos Deputados*, distribuído em avulsos e incluído na Ordem do Dia da sessão seguinte à de seu recebimento pela Mesa (art. 217, III). Segundo o art. 217, IV, do Regimento Interno da Câmara, "encerrada a discussão, será o parecer submetido a votação nominal, pelo processo da chamada dos Deputados". A decisão será comunicada pelo Presidente ao Supremo Tribunal Federal dentro do prazo de duas sessões (art. 217, § 2º, do Regimento Interno).

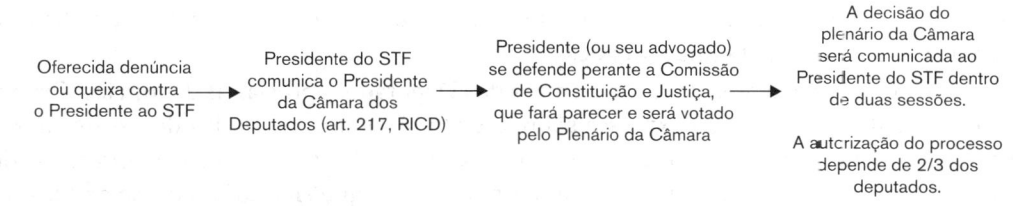

Oferecida denúncia ou queixa contra o Presidente ao STF → Presidente do STF comunica o Presidente da Câmara dos Deputados (art. 217, RICD) → Presidente (ou seu advogado) se defende perante a Comissão de Constituição e Justiça, que fará parecer e será votado pelo Plenário da Câmara → A decisão do plenário da Câmara será comunicada ao Presidente do STF dentro de duas sessões.

A autorização do processo depende de 2/3 dos deputados.

Segundo o art. 86, § 1º, I, da Constituição Federal, "o Presidente ficará suspenso de suas funções: II – nas infrações penais comuns, se recebida a denúncia ou queixa-crime pelo Supremo Tribunal Federal". Esse afastamento do Presidente da República só ocorrerá se a denúncia for recebida pelo Supremo Tribunal Federal, não bastando o oferecimento da denúncia ou queixa, bem como a autorização pela Câmara dos Deputados.

A suspensão durará até 180 dias, nos termos do art. 86, § 2º, da Constituição Federal. É o prazo estabelecido pela Constituição Federal para que o Presidente da República seja julgado pelo Supremo Tribunal Federal. Caso não seja julgado nesse prazo, voltará a ocupar a Presidência, sem prejuízo do andamento do processo: "se, decorrido o prazo de cento e oitenta dias, o julgamento não estiver concluído, cessará o afastamento do Presidente, sem prejuízo do regular prosseguimento do processo".

h.3.2) Responsabilidade por crime de responsabilidade

Segundo o art. 14 da Lei n. 1.079/50, "é permitido a qualquer cidadão denunciar o Presidente da República ou Ministro de Estado por crime de responsabilidade perante a Câmara dos Deputados". Nos termos do art. 16 da mesma Lei, "a denúncia assinada pelo denunciante e com a firma reconhecida, deve ser acompanhada dos documentos que a comprovem, ou da declaração de impossibilidade de apresentá-los, com a indicação do local onde possam ser encontrados, nos crimes de que haja prova testemunhal, a denúncia deverá conter o rol das testemunhas, em número de cinco no mínimo".

Caberá ao Presidente da Câmara dos Deputados receber ou não a denúncia, nos termos do art. 218, § 2º, do Regimento Interno da Câmara dos Deputados. Segundo o § 3º desse mesmo artigo, "do despacho do Presidente que indeferir o recebimento da denúncia, caberá recurso ao Plenário". Entendemos que, nesse momento, não caberá recurso ao Poder Judiciário, não podendo este determinar ou não o início do processo contra o Presidente, sob pena de interferência do Judiciário no Legislativo. Foi o que decidiu o Ministro Celso de Mello, no Mandado de Segurança 34.099 MC/DF: "É por tal razão que o Plenário do Supremo Tribunal Federal tem reiteradamente advertido que atos emanados dos órgãos de direção das Casas do Congresso Nacional – o Presidente da Câmara dos Deputados, p. ex. –, quando praticados, por eles, nos estritos limites de sua competência e desde que apoiados em fundamentos exclusivamente regimentais, sem qualquer conotação de índole jurídico-constitucional, revelam-se imunes ao 'judicial review', pois – não custa enfatizar – a interpretação de normas de índole meramente regimental, por qualificar-se como típica matéria *interna corporis*, suscita questão que se deve resolver 'exclusivamente no âmbito do Poder Legislativo, sendo vedada sua apreciação pelo Judiciário". No mesmo sentido: "Oferecimento de denúncia por qualquer cidadão imputando crime de responsabilidade ao Presidente da República [...]. Impossibilidade de interposição de recurso contra decisão que negou seguimento à denúncia. Ausência de previsão legal (Lei n. 1.079/50). A interpretação e a aplicação do Regimento Interno da Câmara dos Deputados constituem matéria *interna corporis*, insuscetível de apreciação pelo Poder Judiciário" (MS 26.062 AgR, rel. Min. Gilmar Mendes).

Haveria prazo para o presidente da Câmara dos Deputados apreciar as denúncias? Primeiramente, inexiste previsão legal expressa sobre o tema. A lacuna legislativa deu ensejo a uma praxe política pouco democrática: o presidente da Câmara dos Deputados não aprecia as denúncias dos cidadãos, nem para deferir nem para rejeitar (o que ensejaria recurso ao Plenário da Casa). Assim, para evitar a discussão do tema pelo Plenário, o presidente da Câmara absolutamente silencia. A questão foi levada até o STF. Parlamentares impetraram mandado de injunção ao STF, sob o argumento de que havia mais de 100 (cem) pedidos de *impeachment* do Presidente da República sem apreciação do Presidente da Câmara dos Deputados. A ministra relatora, Cármen Lúcia, afirmou ser impossível que o Poder Judiciário fixe um prazo para apreciação dos pedidos de *impeachment*. Segundo a ministra, "a imposição de prazo, pelo Poder Judiciário, para a realização do ato pretendido (análise das denúncias apresentadas para apuração de responsabilidade do Presidente da República), macularia o princípio da separação dos Poderes" (MI 7.362, rel. Min. Cármen Lúcia, j. 10-9-2021). O tema, no momento do fechamento desta edição, estava pendente de julgamento. Entendemos que, como afirmou a ministra Cármen Lúcia, não pode o Poder Judiciário estabelecer um prazo para a análise das denúncias, já que inexiste lei a respeito. Todavia, discordamos num ponto: entendemos que essa lacuna legislativa que permite o absoluto silêncio do presidente da Câmara e a sua decorrente impossibilidade de recurso viola o princípio democrático. Ou seja, trata-se de um esvaziamento indevido do direito de denunciar as autoridades, por crime de responsabilidade. Por isso, entendemos que a posição mais adequada do STF seria a determinação que a Câmara dos Deputados estabeleça um prazo para apreciação dos pedidos de *impeachment*, sob pena de que o próprio STF estabeleça um prazo razoável.

Recebida a denúncia pelo Presidente da Câmara dos Deputados, será lida no expediente da sessão seguinte e despachada a uma comissão especial eleita, da qual participem, observada a respectiva proporção, representantes de todos os partidos para opinar sobre a mesma (art. 19, Lei n. 1.079/50). Segundo o STF, todas as votações do *impeachment* devem ser abertas, inclusive a votação sobre a composição da comissão que examinará a denúncia contra o Presidente da República: "no *impeachment*, todas as votações devem ser abertas, de modo a permitir maior transparência, controle dos representantes e legitimação do processo" (ADPF 378).

Essa Comissão analisará a denúncia e elaborará parecer no prazo de 10 dias e, depois disso, votado pela Comissão. Poderá a comissão arquivar o processo (art. 22, Lei n. 1.079/50) e, caso contrário, remeterá cópia ao Presidente da República, para que possa contestá-la. Finda a instrução, prevista no art. 22 da sobredita lei, a Comissão elaborará parecer sobre a procedência ou improcedência da denúncia e submeterá ao Plenário.

O Plenário da Câmara dos Deputados poderá autorizar o processo contra o Presidente da República, em votação aberta, sendo necessários pelo menos 2/3 dos deputados federais.

Importante frisar que essa decisão de 2/3 da Câmara dos Deputados é uma autorização para o processo contra o Presidente, que poderá ou não ser iniciado no Senado Federal. Esse é o novo posicionamento do Supremo Tribunal Federal, desde a ADPF 378, de 2015, relatada pelo Ministro Edson Fachin: "Apresentada denúncia contra o Presidente da República por crime de responsabilidade, compete à Câmara dos Deputados autorizar a instauração de processo (art. 51, I, da CF/88). A Câmara exerce, assim, um juízo eminentemente político sobre os fatos narrados, que constitui condição para o prosseguimento da denúncia. Ao Senado compete, privativamente, processar e julgar o Presidente (art. 52, I), locução que abrange a realização de um juízo inicial de instauração ou não do processo, isto é, de recebimento ou não da denúncia autorizada pela Câmara".

Segundo o STF, o processo somente poderá ser iniciado pelo Senado Federal, por deliberação da maioria simples de seus membros, a partir de parecer elaborado por Comissão Especial. Somente nesse momento é que o Presidente será suspenso de suas funções, por até 180 dias, nos termos do art. 86, § 1º, da Constituição Federal: "O Presidente ficará suspenso de suas funções: II – nos crimes de responsabilidade, após a instauração do processo pelo Senado Federal". Caso o Presidente não seja julgado pelo Senado Federal nesse prazo, cessará o afastamento do Presidente, sem prejuízo do regular prosseguimento do processo (art. 86, § 2º, CF).

O processo no Senado se dará em três fases, segundo o Supremo Tribunal Federal. A primeira parte será formada por uma Comissão Especial que elaborará parecer e submeterá ao Pleno que iniciará o processo pelo voto da maioria simples dos seus membros, presente a maioria absoluta. Com a aprovação da maioria simples, o Presidente será suspenso do cargo por até 180 dias. Se o parecer for rejeitado pela Comissão, dar-se-á o arquivamento do processo. A segunda fase do processo é a instrução probatória, seguida da votação pelo Plenário do Senado, por maioria simples dos seus membros e voto aberto, presente a maioria absoluta. A terceira e última fase do processo é o julgamento pelo Plenário do Senado Federal, que poderá ensejar a condenação do Presidente, por 2/3 dos seus membros. A sentença do Senado terá a forma de Resolução (art. 52, I, CF).

Segundo o Supremo Tribunal Federal, a renúncia do Presidente da República depois de iniciado o processo no Senado não paralisa o processo de *impeachment* (MS 21.689, rel. Min. Carlos Velloso).

h.4) Condenação do Presidente

Se o Presidente for condenado por crime comum, são consequências: a) perda do cargo; b) cumprimento da pena; c) suspensão dos direitos políticos, enquanto durarem os efeitos da condenação (art. 15, III, CF).

Se o Presidente for condenado por crime de responsabilidade, as punições estão previstas no art. 52, parágrafo único: "Nos casos previstos nos incisos I e II, funcionará como Presidente o do Supremo Tribunal Federal, limitando-se a condenação, que somente será proferida por dois terços dos votos do Senado Federal, à perda do cargo, com inabilitação, por oito anos, para o exercício de função pública, sem prejuízo das demais sanções judiciais cabíveis". Duas, portanto, são as punições do Presidente condenado no processo de *impeachment*: perda do cargo e inabilitação para a função pública por oito anos. Não há que se confundir a "inabilitação para a função pública" com "suspensão dos direitos políticos". É uma punição mais gravosa, que impede que o Presidente condenado no *impeachment* exerça qualquer função pública, concursada, comissionada ou eletiva. Embora sejam as duas punições sobreditas cumulativas, no *impeachment* da ex-Presidente Dilma Rousseff, o Senado, com a anuência do Presidente do STF, decidiu fazer duas votações, ao que se denominou "fatiamento" do julgamento. O Senado, nesse caso, condenou a Presidente, com a consequente perda do cargo, mas a isentou da pena da inabilitação para função pública por oito anos. Uma equivocada e lamentável decisão, pois viola o texto constitucional.

Segundo o STF, por se tratar de um julgamento político pelo Poder Legislativo, não cabe ao Judiciário apreciar o mérito da autorização da Câmara dos Deputados ou do julgamento pelo Senado. Não obstante, nos termos do Mandado de Segurança 21.689, relatado pelo Min. Carlos Velloso, entendeu que o controle judicial do *impeachment* é possível, "desde que se alegue lesão ou ameaça a direito. CF, art. 5º, XXXV".

i) **Imunidades do Presidente**

O Presidente da República goza de duas imunidades, previstas no art. 86, §§ 3º e 4º, da Constituição Federal.

Nos termos do art. 86, § 4º, da Constituição Federal, o Presidente não poderá ser responsabilizado por atos estranhos ao exercício de suas funções. Dessa maneira, o Presidente somente poderá ser processado criminalmente pelos crimes comuns que estejam vinculados com a função (peculato, prevaricação, corrupção passiva, tráfico de influência etc.). Quanto aos crimes praticados pelo Presidente que não tenham vínculo com a função, o Presidente somente poderá ser processado após o término do mandato. Por essa razão, em 2019, o Supremo Tribunal Federal suspendeu os dois processos penais que tramitavam contra o Presidente da República Jair Bolsonaro, por supostos crimes praticados quando ele era deputado federal. Decidiu o STF: "relativamente aos atos estranhos ao exercício de suas funções, a Constituição Federal estabelece a imunidade formal temporária do Presidente da República, na vigência do seu mandato (art. 86, § 4º, da CRFB). Portanto, nas hipóteses que envolvam atos estranhos ao exercício das funções, é constitucionalmente vedado processar e julgar o Presidente da República durante o exercício do mandato" (Ação Penal 1.007, rel. Min. Luiz Fux, j. 11-2-2019).

Enquanto o processo ficar suspenso, ficará também suspensa a prescrição? Embora não haja previsão constitucional ou legal expressa, o Supremo Tribunal Federal entende que sim, a prescrição ficará suspensa. Foi o que decidiu o Tribunal, ao suspender os processos criminais que tramitavam contra o Presidente da República Jair Bolsonaro: "consectariamente, à luz do art. 116, I, do Código Penal, e por extensão da norma prevista no art. 53, § 5º, da Constituição Federal, aplica-se a suspensão do prazo prescricional, enquanto permanecer suspensa a ação penal, por força da prerrogativa prevista no art. 86, § 4º, da Constituição Federal" (Ação Penal 1.007, rel. Min. Luiz Fux, j. 11-2-2019).

Decidiu o Supremo Tribunal Federal: "o que o art. 86, § 4º, confere ao Presidente da República não é imunidade penal, mas imunidade temporária à persecução penal: nele não se prescreve que o Presidente é irresponsável por crimes não funcionais praticados no curso do mandato, mas apenas que, por tais crimes, não poderá ser responsabilizado, enquanto não cesse a investidura na presidência. [...] Na questão similar do impedimento temporário à persecução penal do Congressista, quando não concedida a licença para o processo, o STF já extraíra antes que a Constituição o tornasse expresso, a suspensão do curso da prescrição, até a extinção do parlamentar, deixa-se, no entanto, de dar força de decisão à aplicabilidade, no caso da mesma solução, à falta de competência do Tribunal para, neste momento, decidir a respeito" (HC 83.154, rel. Min. Sepúlveda Pertence, j. 11-9-2003).

Essa imunidade é exclusiva do Presidente da República, por ser o único Chefe de Estado, não se estendendo a Governadores e Prefeitos, como já decidiu o Supremo Tribunal Federal: "A previsão constitucional do art. 86, § 4º, da Constituição da República se destina expressamente ao Chefe do Poder Executivo da União, não autorizando, por sua natureza restritiva, qualquer interpretação que amplie sua incidência a outras autoridades, nomeadamente do Poder Legislativo" (Inq. 3.983, rel. Min. Teori Zavascki).

Como afirmado, o Presidente só pode ser processado pelos crimes que tenham vínculo com a função. Os crimes que não têm vínculo com a função não serão objeto de processo, incluindo os crimes praticados antes do mandato, como já afirmou o Supremo Tribunal Federal: "O art. 86, § 4º, da Constituição, ao outorgar privilégio de ordem político-funcional ao presidente da República, excluiu-o durante a vigência de seu mandato – e por atos estranhos ao seu exercício – da possibilidade de ser ele submetido, no plano judicial, a qualquer ação persecutória do Estado. A cláusula de exclusão inscrita nesse preceito da Carta Federal, ao inibir a atividade do Poder Público, em sede judicial, alcança as infrações penais comuns praticadas em momento anterior ao da investidura no cargo de chefe do Poder Executivo da União, bem assim aquelas praticadas na vigência do mandato, desde que estranhas ao ofício presidencial" (Inq. 672 QO, rel. Min. Celso de Mello).

Outrossim essa imunidade penal não se estende para a responsabilidade civil ou fiscal, como já decidiu o STF: "O presidente da República não dispõe de imunidade, quer em face de ações judiciais que visem a definir-lhe a responsabilidade civil, quer em função de processos instaurados por suposta prática de infrações político-administrativas, quer, ainda, em virtude de procedimentos destinados a apurar, para efeitos estritamente fiscais, a sua responsabilidade tributária" (Inq. 672 QO, rel. Min. Celso de Mello). Por essa razão, em 2019, o Presidente da República Jair Bolsonaro foi obrigado a indenizar vítima de crime contra a honra (Deputada Federal Maria do Rosário), embora o processo penal tenha sido suspenso, por conta da sua imunidade. A condenação civil foi mantida pelo Supremo Tribunal Federal (Recurso Extraordinário com Agravo – ARE n. 1098601/DF, rel. Min. Marco Aurélio, j. 14-2-2019).

Por fim, o Presidente da República, nos termos do art. 86, § 3º, da Constituição Federal, não poderá ser preso enquanto não sobrevier sentença condenatória, nas infrações comuns. Dessa maneira, não poderá ser o Presidente preso em flagrante, preventivamente etc. A única prisão que pode recair sobre o Presidente da República é a decorrente de sentença penal condenatória. Segundo o STF, essa imunidade não se estenderá a outros chefes do Poder Executivo, sendo exclusiva do Presidente da República, chefe de Estado: "Orientação desta Corte, no que concerne ao art. 86, § 3º e § 4º, da Constituição, na ADI 1.028, de referência à imunidade à prisão cautelar como prerrogativa exclusiva do Presidente da República, insusceptível de estender-se aos governadores dos Estados, que institucionalmente, não a possuem" (ADI 1.634 MC, rel. Min. Néri da Silveira).

j) Atribuições do Vice-Presidente

A Constituição de 1988 não tratou com detalhes as atribuições do Vice-Presidente da República, numa clara influência da Constituição norte-americana, que fez o mesmo (dando ensejo à jocosa expressão *"forgotten man in America"* – *o homem esquecido da América*).

Primeiramente, lembremos que o Vice-Presidente da República exerce o papel de substituto imediato do Presidente da República, substituindo-o (na ausência temporária) ou sucedendo-o (em caso de vacância), nos termos do art. 79, *caput*, da Constituição Federal.

Por sua vez, o art. 79, parágrafo único, da Constituição estabelece que "o Vice-Presidente da República, além de outras atribuições que lhe forem conferidas por lei complementar, auxiliará o Presidente, sempre que por ele convocado para missões especiais".

Dessa maneira, vê-se que há duas possíveis atribuições exclusivas do Vice-Presidente: a) atribuições que podem ser previstas por lei complementar; b) missões especiais convocadas pelo Presidente.

Primeiramente, até o presente momento, não existe uma Lei Complementar estabelecendo as atribuições do Vice-Presidente. Por sua vez, é habitual a convocação presidencial do Vice-Presidente para missões especiais. Por exemplo, em 2020, por força do Decreto presidencial n. 10.239, de 11 de fevereiro de 2020, foi transferido o Conselho Nacional da Amazônia Legal do Ministério do Meio Ambiente para a Vice-Presidência da República.

k) Poder Executivo nos outros entes federativos

No âmbito Estadual, o Poder Executivo é chefiado pelo Governador do Estado, auxiliado por seus Secretários. A eleição ocorre no 1º domingo de outubro do último ano do mandato do Governador, e, havendo segundo turno, esse ocorrerá no último domingo de outubro do mesmo ano. Trata-se, pois, do sistema majoritário com maioria absoluta. O mandato do Governador é de quatro anos, admita uma reeleição consecutiva. Os subsídios serão fixados por lei de iniciativa da Assembleia Legislativa (art. 28, § 2º, CF). A competência para julgar crime comum praticado pelo Governador é do Superior Tribunal de Justiça e, por crime de responsabilidade, da forma como determinar a Constituição Estadual. É o que dispõe o art. 78 da Lei federal 1.079/50. Segundo o § 3º desse artigo, "Nos Estados, onde as Constituições não determinarem o processo nos crimes de responsabilidade dos Governadores, aplicar-se-á o disposto nesta lei, devendo, porém, o julgamento ser proferido por um tribunal composto de cinco membros do Legislativo e de cinco desembargadores, sob a presidência do Presidente do Tribunal de Justiça local, que terá direito de voto no caso de empate. A escolha desse Tribunal será feita – a dos membros do legislativo, mediante eleição pela Assembleia: a dos desembargadores, mediante sorteio".

Segundo o STF, pode a Constituição do Estado estabelecer a licença por parte da Assembleia Legislativa para processar o Governador do Estado: "A necessidade de autorização prévia da Assembleia Legislativa não traz o risco, quando negadas, de propiciar a impunidade dos delitos dos Governadores: a denegação traduz simples obstáculo temporário ao curso de ação penal, que implica, enquanto durar, a suspensão do fluxo do prazo prescricional" (HC 86.015, rel. Min. Sepúlveda Pertence).

No âmbito distrital, o chefe do Poder Executivo é o Governador, eleito juntamente com os demais Governadores Estaduais. Seu mandato também é de 4 anos, admitindo-se sua reeleição para um mandato consecutivo.

No âmbito Municipal, o Chefe do Poder Executivo é o Prefeito, eleito para mandato de 4 anos, admitindo-se uma reeleição para um mandato consecutivo. Aplica-se o sistema majoritário com maioria absoluta (com segundo turno, se necessário) somente nos Municípios com mais de 200 mil eleitores. Nos demais municípios, aplicar-se-á o sistema majoritário com maioria simples.

Por fim, no âmbito dos territórios federais, se criados, o Prefeito será nomeado pelo Presidente da República, após aprovação pelo Senado Federal, nos termos dos arts. 33, § 3º, 52, III, "c", e 84, XIV, da Constituição Federal.

l) **Quadro esquemático da competência para julgamento das principais autoridades**

Autoridade	Crime comum	Crime de responsabilidade
Prefeito	Tribunal de Justiça (art. 29, X). Obs.: se for crime federal, competente será o TRF, e, se for crime eleitoral, será o TRE	Crime de responsabilidade (de natureza penal) – TJ; crime de responsabilidade de natureza política – Câmara de Vereadores
Governador	STJ (art. 105, I, "a")	Previsão na Constituição do Estado. Em regra, Tribunal Especial, previsto na Lei n. 1.079/50.
Presidente e Vice-Presidente	STF (art. 102, I, "b")	Senado Federal (art. 52, I, CF)
Ministro de Estado	STF (art. 102, I, "c")	STF (art. 102, I, "c") e crimes de responsabilidade conexos com crime do Presidente – Senado (art. 52, I, CF)
Comandantes da Marinha, Exército e Aeronáutica	STF (art. 102, I, "c")	STF (art. 102, I, "c"), salvo se for conexo com crime do Presidente – Senado (art. 52, I, CF)
Ministro do STF	STF (art. 102, I, "b")	Senado Federal (art. 52, II)
Procurador-Geral da República	STF (art. 102, I, "b")	Senado Federal (art. 52, II)
Advogado-Geral da União	STF (art. 102, I, "c")	Senado Federal (art. 52, II)
Deputados Federais e Senadores	STF (art. 53, § 1º)	Câmara dos Deputados e Senado Federal (art. 55, § 2º)
Membros dos Tribunais Superiores, TCU e chefes de missão diplomática de caráter permanente	STF (art. 102, I, "c")	STF (art. 102, I, "c")
Desembargadores dos TJs, membros dos TCEs, TRFs, TRTs	STJ (art. 105, I, "a")	STJ (art. 105, I, "a")
Juízes estaduais e membros do MP estadual	TJ (art. 96, III), se for crime eleitoral – TRE	TJ (art. 96, III)
Deputado Estadual	Previsão na Constituição do Estado. Se for doloso contra a vida – júri.	Assembleia Legislativa (art. 27, § 3º)

19.16. PODER JUDICIÁRIO

Um dos três Poderes reconhecidos expressamente no art. 2º da Constituição Federal, o Poder Judiciário tem seus órgãos previstos no art. 92 da Constituição Federal: "I – o Supremo Tribunal Federal; I-A – o Conselho Nacional de Justiça; II – o Superior Tribunal de Justiça; II-A – o Tribunal Superior do Trabalho; III – os Tribunais Regionais Federais e Juízes Federais; IV – os Tribunais e Juízes do Trabalho; V – os Tribunais e Juízes Eleitorais; VI – os Tribunais e Juízes Militares; VII – os Tribunais e Juízes dos Estados e do Distrito Federal e Territórios".

O art. 92 não prevê as Turmas Recursais dos Juizados Especiais como Tribunais, motivo pelo qual contra suas decisões não caberá Recurso Especial, como decidiu o STF: "a Constituição não arrola as turmas recursais dentre os órgãos do Poder Judiciário, os quais são por ela discriminados, em *numerus clausus*, no art. 92. Apenas lhes outorga, no art. 98, I, a incumbência de julgar os recursos provenientes dos juizados especiais. Vê-se, assim, que a Carta Magna não conferiu às turmas recursais, sabidamente integradas por juízes de primeiro grau, a natureza de órgãos autárquicos do Poder Judiciário, e nem tampouco a qualidade de tribunais, como também não lhes outorgou qualquer autonomia com relação aos TRFs. É por essa razão que, contra suas decisões, não cabe recurso especial ao STJ, a teor da Súmula 203 daquela Corte, mas tão somente recurso extraordinário ao STF, nos termos de sua Súmula 640. Isso ocorre, insisto, porque elas constituem órgãos recursais ordinários de última instância relativamente às decisões dos juizados especiais, mas não tribunais, requisito essencial para que se instaure a competência especial do STJ" (RE 590.409, rel. Min. Ricardo Lewandowski) (grifamos)[63].

19.16.1. Estatuto da Magistratura

Segundo o art. 93 da Constituição Federal, lei complementar, de iniciativa do Supremo Tribunal Federal, disporá sobre o Estatuto da Magistratura. Trata-se de iniciativa reservada ao Judiciário, especialmente ao Supremo Tribunal Federal. Assim, quem elaborará o projeto de Estatuto da Magistratura é o Judiciário, através do Supremo Tribunal Federal. Segundo o próprio STF, até que seja elaborado esse Estatuto, aplicar-se-á a Lei Orgânica da Magistratura Nacional, que foi recepcionada pela Constituição de 1988: "até o advento da lei complementar prevista no art. 93, *caput*, da Constituição de 1988, o Estatuto da Magistratura será disciplinado pelo texto da LC 35/1979, que foi recebida pela Constituição" (ADI 1.985, rel. Min. Eros Grau). Outrossim, já decidiu o STF que a norma constitucional ora em comento é de eficácia plena: "A aplicabilidade das normas e princípios inscritos no art. 93 da CF independe da promulgação do Estatuto da Magistratura, em face do caráter de plena e integral eficácia de que se revestem aqueles preceitos" (ADI 189, rel. Min. Celso de Mello, j. 9-10-1991, P, *DJ* 22-5-1992).

São princípios que regem o Poder Judiciário:

I – ingresso na carreira, cujo cargo inicial será o de juiz substituto, mediante concurso público de provas e títulos, com a participação da Ordem dos Advogados do Brasil em todas as fases, exigindo-se do bacharel em direito, no mínimo, três anos de atividade jurídica e obedecendo-se, nas nomeações, à ordem de classificação. Embora não haja lei complementar, a jurisprudência admite como parâmetro a Resolução n. 75, de 12 de maio de 2009, do Conselho Nacional de Justiça. Nos termos do art. 59 da sobredita Resolução, considera-se atividade jurídica: "I – aquela exercida com exclusividade por bacharel em Direito; II – o efetivo exercício de advocacia, inclusive voluntária, mediante a participação anual mínima em 5 (cinco) atos privativos de advogado em causas ou questões distintas; III – o exercício de cargos, empregos ou funções, inclusive de magistério superior, que exija a utilização preponderante de conheci-

---

63. Como não cabe Recurso Especial contra decisão de Turma Recursal, o STF, no julgamento dos embargos de declaração no RE 571.572, decidiu que, como o STJ é responsável pela uniformização da interpretação da legislação infraconstitucional, e por ser inadmissível interposição de Recurso Especial contra decisões proferidas pelas Turmas Recursais, na ausência de órgão uniformizador, cabe ajuizar reclamação, prevista no art. 105, I, *f*, da CF, perante o STJ. Em 2016, o STJ editou a Resolução 3/2016, estabelecendo que caberá "às Câmaras Reunidas ou à Seção Especializada dos Tribunais de Justiça a competência para processar e julgar as Reclamações destinadas a dirimir divergência entre acórdão prolatado por Turma Recursal Estadual e do Distrito Federal e a jurisprudência do Superior Tribunal de Justiça".

mento jurídico; IV – o exercício da função de conciliador junto a Tribunais judiciais, juizados especiais, varas especiais, anexos de juizados especiais ou de varas judiciais, no mínimo por 16 (dezesseis) horas mensais e durante 1 (um) ano; V – o exercício da atividade de mediação ou de arbitragem na composição de litígios". Não obstante, o § 2º desse artigo prevê uma hipótese mais genérica, que ficará a critério da Comissão do Concurso: "a comprovação do tempo de atividade jurídica relativamente a cargos, empregos ou funções não privativos de bacharel em Direito será realizada mediante certidão circunstanciada, expedida pelo órgão competente, indicando as respectivas atribuições e a prática reiterada de atos que exijam a utilização preponderante de conhecimento jurídico, cabendo à Comissão de Concurso, em decisão fundamentada, analisar a validade do documento". Por fim, segundo o § 1º desse mesmo artigo, "é vedada, para efeito de comprovação de atividade jurídica, a contagem do estágio acadêmico ou qualquer outra atividade anterior à obtenção do grau de bacharel em Direito". Segundo essa Resolução do CNJ, que revogou resolução anterior, não são mais considerados como atividades jurídicas os cursos de pós-graduação.

Segundo o STF, o termo *ad quem* para cômputo da atividade jurídica é o momento da inscrição definitiva no concurso público, e não a posse (RE 655.265, rel. Min. Edson Fachin). Importante: esse entendimento também foi acolhido pelo CNMP, que revogou, em 26 de abril de 2016, a Resolução n. 87/2012 (que previa que a atividade jurídica deveria ser computada até o momento da posse).

Por fim, o Supremo Tribunal Federal admite "a comprovação de atividade jurídica, com o tempo de exercício em cargo não privativo de bacharel em Direito, desde que ausentes dúvidas acerca da natureza eminentemente jurídica das funções desempenhadas" (MS 28.226 AgR, rel. Min. Luiz Fux).

Já decidiu o STF que é possível ação direta de inconstitucionalidade contra atos normativos dos Tribunais que tenham caráter autônomo: "Esta Suprema Corte tem admitido o controle concentrado de constitucionalidade de preceitos oriundos da atividade administrativa dos tribunais, desde que presente, de forma inequívoca, o caráter normativo e autônomo do ato impugnado [...]. O Tribunal de Justiça do Estado de Minas Gerais, ao adotar, em seu regimento interno, um critério próprio de especificação do número de membros aptos a concorrerem aos seus cargos de direção, destoou do modelo previsto no art. 102 da legislação nacional vigente, a LC 35/1979 (Loman). O Plenário do STF já fixou entendimento no sentido de que o regramento relativo à escolha dos ocupantes dos cargos diretivos dos tribunais brasileiros, por tratar de tema eminentemente institucional, situa-se como matéria própria de Estatuto da Magistratura, dependendo, portanto, para uma nova regulamentação, da edição de lei complementar federal, nos termos do que dispõe o art. 93 da CF" (ADI 4.108 MC-REF, rel. Min. Ellen Gracie, j. 2-2-2009, P, *DJE* 6-3-2009).

Por fim, recentemente decidiu o STF que a fixação de idade mínima ou máxima para ingresso nos concursos da Magistratura é inconstitucional. Quanto à idade mínima, a Constituição estabeleceu um critério objetivo: os três anos de atividade jurídica. Quanto à idade máxima, ela não teria correção com as atividades jurisdicionais: "O art. 52, V, da Lei 11.697/2008, ao estabelecer como requisito para ingresso na carreira da magistratura do Distrito Federal ou dos Territórios a idade mínima de 25 anos e máxima de 50, viola o disposto no art. 93, I, da Constituição Federal. Em assuntos diretamente relacionados à magistratura nacional, como as condições para investidura no cargo, a disciplina da matéria deve ser versada pela Constituição Federal ou pela LOMAN, não podendo lei ordinária federal inovar e prever norma de caráter restritivo ao ingresso na magistratura que não encontra pertinência nos citados diplomas normativos. A Constituição Federal não exige idade mínima para o ingresso na magistratura, mas sim a exigência de 'três anos de atividade jurídica' ao bacharel em direito (CF, art. 93, I). O limite de 50 anos de idade para ingresso em cargo de magistrado não guarda correlação com a natureza do cargo e destoa do critério a que a Constituição adotou para a composição dos Tribunais Superiores, Tribunais Regionais Federais e Tribunais Regionais do Trabalho" (ADI 5.329, rel. p/ o ac. Min. Alexandre de Moraes, j. 15-12-2020, P, *DJE* 23-2-2021).

Art. 93, II, da CF – promoção de entrância para entrância, alternadamente, por antiguidade e merecimento, atendidas as seguintes normas: a) é obrigatória a promoção do juiz que figure por três vezes consecutivas ou cinco alternadas em lista de merecimento; b) a promoção por merecimento pressupõe dois anos de exercício na respectiva entrância e integrar o juiz a primeira quinta parte da lista de antiguidade desta, salvo se não houver com tais requisitos quem aceite o lugar vago; c) aferição do merecimento conforme o desempenho e pelos critérios objetivos de produtividade e presteza no exercício da jurisdição e pela frequência e aproveitamento em cursos oficiais ou reconhecidos de aperfeiçoamento; d) na apuração de antiguidade, o tribunal somente poderá recusar o juiz mais antigo pelo voto fundamentado de dois terços de seus membros, conforme procedimento próprio, e assegurada ampla defesa, repetindo-se a votação até fixar-se a indicação.

Segundo o STF, com base nesse artigo, "é inconstitucional a cláusula constante de ato regimental, editado por tribunal de Justiça, que estabelece, como elemento de desempate nas promoções por merecimento, o fator de ordem temporal – a antiguidade na entrância – desestruturando, desse modo, a dualidade de critérios para acesso aos tribunais de segundo grau, consagrada no art. 93 da Lei Fundamental da República" (ADI 189, rel. Min. Celso de Mello). No mesmo sentido, decidiu o Supremo Tribunal Federal: "Promoção por antiguidade na magistratura tocantinense. Inobservância dos critérios estabelecidos na lei orgânica da magistratura nacional – LOMAN. Impossibilidade de reconhecimento de tempo de serviço público no Estado ou de tempo de serviço público. Contrariedade ao art. 93 da Constituição da República" (ADI 4.462, rel. Min. Cármen Lúcia). Por fim, segundo a Súmula 40, do STF: "a elevação da entrância da comarca não promove automaticamente o juiz, mas não interrompe o exercício de suas funções na mesma comarca".

III – o acesso aos tribunais de segundo grau far-se-á por antiguidade e merecimento, alternadamente, apurados na última ou única entrância. Segundo o STF, "a aferição do merecimento deve ser feita segundo os critérios fixados na alínea *c* do inciso II do art. 93 da Constituição. A obrigatoriedade da promoção do juiz somente ocorre na hipótese inscrita na alínea *a* do inciso II do art. 93 da Constituição. Não pode o ato normativo primário ou secundário privilegiar a antiguidade, na promoção por merecimento do magistrado, mais do que faz a Constituição" (ADI 654, rel. Min. Carlos Velloso). Por fim, o STF já decidiu que "o provimento dos cargos judiciários nos tribunais de 2º grau, em vagas reservadas à magistratura de carreira, insere-se na competência institucional do próprio Tribunal de Justiça, constituindo específica projeção concretizadora do postulado do autogoverno do Poder Judiciário. Não ofende a Constituição, em consequência, o ato regimental que, subordinando o exercício dessa competência à deliberação do Órgão Especial do Tribunal de Justiça, vincula o presidente dessa Corte Judiciária na promoção do juiz mais votado dentre os que constarem da lista tríplice" (ADI 189, rel. Min. Celso de Mello);

IV – previsão de cursos oficiais de preparação, aperfeiçoamento e promoção de magistrados, constituindo etapa obrigatória do processo de vitaliciamento a participação em curso oficial ou reconhecido por escola nacional de formação e aperfeiçoamento de magistrados;

V – o subsídio dos Ministros dos Tribunais Superiores corresponderá a noventa e cinco por cento do subsídio mensal fixado para os Ministros do Supremo Tribunal Federal e os subsídios dos demais magistrados serão fixados em lei e escalonados, em nível federal e estadual, conforme as respectivas categorias da estrutura judiciária nacional, não podendo a diferença entre uma e outra ser superior a dez por cento ou inferior a cinco por cento, nem exceder a noventa e cinco por cento do subsídio mensal dos Ministros dos Tribunais Superiores, obedecido, em qualquer caso, o disposto nos arts. 37, XI, e 39, § 4º;

VI – a aposentadoria dos magistrados e a pensão de seus dependentes observarão o disposto no art. 40;

VII – o juiz titular residirá na respectiva comarca, salvo autorização do tribunal. Segundo o STF, não pode o Tribunal proibir que os magistrados se ausentem da comarca. Nesse sentido: "Dispositivo que exige autorização formal do juiz para se ausentar da Comarca. 3. Cabimento da ação. Precedente. 4. Vício de inconstitucionalidade formal. Matéria reservada a lei complementar. Artigo 93, VII, da CF e Lei Complementar n. 35/79. 5. Liminar concedida" (STF, ADI-MC 2880/MA, rel. Min. Gilmar Mendes, j. 8-5-2003).

Por fim, segundo o CNJ, o Tribunal deve estabelecer os critérios objetivos para autorização da residência do magistrado fora da comarca;

VIII – o ato de remoção, disponibilidade e aposentadoria do magistrado, por interesse público, fundar-se-á em decisão por voto da maioria absoluta do respectivo tribunal ou do Conselho Nacional de Justiça, assegurada ampla defesa. Como veremos a seguir, a inamovibilidade dos magistrados é relativizada por esse dispositivo, já que o Tribunal, por maioria absoluta, poderá remover o magistrado, bem como colocá-lo em disponibilidade ou aplicar a ele a aposentadoria compulsória. O quórum de maioria absoluta foi estabelecido pela EC n. 45/2004, pois antes esse quórum era de dois terços.

Decidiu o STF que "o ato administrativo do Tribunal recorrido está motivado e atende satisfatoriamente o art. 93, X, da Constituição. A ampla defesa e o contraditório previstos no inciso VIII do mesmo artigo aplicam-se apenas aos casos de remoção, disponibilidade e aposentadoria por interesse público; não se aplicam a ato não punitivo, de rotina administrativa e em obediência a comando legal" (RMS 21.950, rel. Min. Paulo Brossard);

VIII-A – a remoção a pedido ou a permuta de magistrados de comarca de igual entrância atenderá, no que couber, ao disposto nas alíneas "a", "b", "c" e "e", do inciso II;

IX – todos os julgamentos dos órgãos do Poder Judiciário serão públicos, e fundamentadas todas as decisões, sob pena de nulidade, podendo a lei limitar a presença, em determinados atos, às próprias partes e a seus advogados, ou somente a estes, em casos nos quais a preservação do direito à intimidade do interessado no sigilo não prejudique o interesse público à informação.

Segundo o Supremo Tribunal Federal, "a publicidade assegurada constitucionalmente (art. 5º, LX, e 93, IX, da CRFB) alcança os autos do processo, e não somente as sessões e audiências, razão pela qual padece de inconstitucionalidade disposição normativa que determine abstratamente segredo de justiça em todos os processos em curso perante vara Criminal" (ADI 4.414, rel. Min. Luiz Fux). Quanto ao princípio da publicidade e da motivação das decisões judiciais, tratamos com maior profundidade no capítulo reservado aos direitos e garantias fundamentais;

X – as decisões administrativas dos tribunais serão motivadas e em sessão pública, sendo as disciplinares tomadas pelo voto da maioria absoluta de seus membros. Segundo o STF, "é da competência do órgão especial de tribunal de justiça instaurar, conduzir e julgar processo administrativo-disciplinar contra magistrado" (Rcl 3.626 AgR, rel. Min. Cezar Peluso). Outrossim, decidiu que "as penas de advertência e de censura são aplicáveis aos juízes de 1º grau, pelo Tribunal, pelo voto da maioria absoluta de seus membros" (ADI 2.580, rel. Min. Carlos Velloso);

XI – nos tribunais com número superior a vinte e cinco julgadores, poderá ser constituído órgão especial, com o mínimo de onze e o máximo de vinte e cinco membros, para o exercício das atribuições administrativas e jurisdicionais delegadas da competência do tribunal pleno, provendo-se metade das vagas por antiguidade e a outra metade por eleição pelo tribunal pleno;

Segundo o Supremo Tribunal Federal, "o órgão Especial age por delegação do Plenário, que é o órgão maior dos Tribunais, conforme prevê o art. 93, XI, da Constituição Federal, na redação conferida pela EC 45/2004. [...] Incumbindo ao Plenário, de modo facultativo, a criação do Órgão Especial, compete somente a ele definir quais são as atribuições que delega ao referido Órgão, que, por expressa disciplina do art. 93, XI, da Constituição, exerce as atribuições administrativas e jurisdicionais da competência do Pleno que lhes sejam por esse delegadas" (MS 26.411 QO, rel. Min. Teori Zavascki).

XII – a atividade jurisdicional será ininterrupta, sendo vedado férias coletivas nos juízos e tribunais de segundo grau, funcionando, nos dias em que não houver expediente forense normal, juízes em plantão permanente. Segundo o Supremo Tribunal Federal, "princípio da ininterruptibilidade da jurisdição. As regras legais que estabeleciam que os magistrados gozariam de férias coletivas perderam seu fundamento de validade pela promulgação da EC 45/2004. A nova norma constitucional plasmou paradigma para a matéria, contra a qual nada pode prevalecer. Enquanto vigente a norma constitucional, pelo menos em exame cautelar, cumpre fazer prevalecer a vedação de férias coletivas de juízes e membros dos tribunais de segundo grau, suspendendo-se a eficácia de atos que ponham em risco a efetividade daquela proibição" (ADI 3.823, rel. Min. Cármen Lúcia);

XIII – o número de juízes na unidade jurisdicional será proporcional à efetiva demanda judicial e à respectiva população;

XIV – os servidores receberão delegação para a prática de atos de administração e atos de mero expediente sem caráter decisório;

XV – a distribuição de processos será imediata, em todos os graus de jurisdição.

19.16.2. O quinto constitucional

Segundo o art. 94 da Constituição Federal, "um quinto dos lugares dos Tribunais Regionais Federais, dos Tribunais dos Estados, e do Distrito Federal e Territórios será composto de membros, do Ministério Público, com mais de dez anos de carreira, e de advogados de notório saber jurídico e de reputação ilibada, com mais de dez anos de efetiva atividade profissional, indicados em lista sêxtupla pelos órgãos de representação das respectivas classes". Segundo o parágrafo único do mesmo artigo: "recebidas as indicações, o tribunal formará lista tríplice, enviando-a ao Poder Executivo, que, nos vinte dias subsequentes, escolherá um de seus integrantes para nomeação".

O quinto constitucional é uma medida prevista no texto originário da Constituição de 1988, de modo a dar ainda maior legitimidade ao Poder Judiciário, determinando que, em alguns Tribunais, 1/5 (um quinto) de seus membros deve ser composto por advogados e membros do Ministério Público.

Quais Tribunais devem obedecer à regra do quinto constitucional? Primeiramente, os Tribunais de Justiça (dos Estados, DF e Territórios) e Tribunais Regionais Federais (art. 94, *caput*, CF). Com o advento da Reforma do Poder Judiciário (EC 45/2004), também devem obedecer à regra do quinto constitucional o Tribunal Regional do Trabalho (art. 115, I, CF) e o Tribunal Superior do Trabalho (art. 111-A, I, CF). Quanto à composição do TRT, decidiu o STF: "composição dos TRTs em decorrência da extinção da representação classista da justiça laboral. EC 24/99. Vagas destinadas a advogados e membros do MPT. Critério de proporcionalidade. Por simetria com os TRFs e todos os demais tribunais de grau de apelação, as listas tríplices haverão de ser extraídas das listas sêxtuplas encaminhadas pelos órgãos representativos de ambas as categorias, a teor do disposto no art. 94, *in fine*. A regra de escolha da lista tríplice, independentemente de indicação pelos órgãos de representação das respectivas classes, é restrita aos tribunais superiores (TST e STJ). Não procede a pretensão da impetrante de aplicar aos TRT a regra especial de proporcionalidade estatuída pelo § 1º do art. 111 da Constituição, alusiva ao TST" (MS 23.769, rel. Min. Ellen Gracie).

Tribunais que obedecem à regra do quinto constitucional
TJs (art. 94, CF)
TRFs (art. 94, CF)
TRTs (art. 115, I, CF)
TST (art. 111-A, I, CF)

Quem poderá ingressar diretamente nos Tribunais pela regra do quinto constitucional? Segundo o art. 94 da Constituição Federal, são os advogados (com notório saber jurídico e reputação ilibada e pelo menos 10 anos de atividade profissional) e membros do Ministério Público, com mais de dez anos de carreira.

Como se dá o processo de escolha? Dá-se em três etapas: a) o órgão de classe (MP ou OAB, respectivamente) fará uma lista sêxtupla. Internamente, o órgão de classe estabelecerá o processo de indicação dos seis nomes, comumente por eleição, de todos os membros da classe ou de órgão representativo dela; b) o próprio Tribunal selecionará três desses nomes, formando uma lista tríplice, e encaminhará ao Chefe do Poder Executivo, que escolherá um nome. Em se tratando de novo membro do Tribunal de Justiça, quem escolherá é o Governador. Em se tratando de todos os outros Tribunais (TRF, TRT ou TST), quem escolherá é o Presidente da República.

Importante frisar que, ingressando no Tribunal pelo quinto constitucional, o novo integrante será vitalício desde o primeiro dia, não sendo necessário o decurso de dois anos para aquisição da vitaliciedade, nos termos do art. 95, I, CF.

Na medida em que os membros do Tribunal, oriundos da regra do quinto constitucional, forem se aposentando, novos deverão ser indicados, nas respectivas vagas. Assim, se quem se aposentou foi o julgador egresso da advocacia, novo advogado será escolhido para sua vaga.

Outrossim, trata-se da regra do "quinto" constitucional, ou seja, 1/5 dos membros do Tribunal deve ser composto pelas duas carreiras, em conjunto. Não é necessário 1/5 de advogado e 1/5 de membros do Ministério Público, mas 1/5 para a somatória dessas carreiras. Se o número não for inteiro (exemplo, 2,3), será arredondado para cima (no nosso exemplo, 3 julgadores). Nesse sentido, o Supremo Tribunal Federal: "Se o número total de sua composição não for divisível por cinco, arredonda-se a fração restante (seja superior ou inferior à metade) para o número inteiro seguinte, a fim de alcançar-se a quantidade de vagas destinadas ao quinto constitucional destinado ao provimento por advogados e membros do Ministério Público" (AO 493, rel. Min. Octavio Gallotti). Caso o número seja ímpar, como no nosso exemplo, haverá revezamento em uma das vagas. Aposentando-se um membro que seja egresso do Ministério Público, escolher-se-á um egresso da advocacia e assim sucessivamente.

19.16.3. Garantias do Poder Judiciário

A Constituição Federal prevê dois tipos de garantias aplicadas ao Poder Judiciário: 1) garantias institucionais; b) garantias dos membros.

São garantias institucionais a autonomia orgânico-administrativa (art. 96, CF), a autonomia financeira (art. 99) e a autonomia funcional. Segundo o art. 96, CF (autonomia orgânico-administrativa), cabe ao Poder Judiciário organizar-se internamente, elegendo seus órgãos diretivos, elaborando seus regimentos internos, organizando suas secretarias, promovendo os juízes em suas entrâncias, promovendo-as entre as instâncias, dar provimento a novos juízes, conceder licença, férias aos seus membros, bem como propor ao Poder Legislativo projeto de lei de iniciativa reservada sobre a alteração da organização e divisão judiciárias, fixação dos subsídios de seus membros e dos juízes, dentre outros temas. Por essa razão, decidiu o STF que "o provimento do cargo de desembargador, mediante promoção de juiz de carreira, é ato privativo do tribunal de justiça (CF, art. 96, I, c). Inconstitucionalidade de disposição constante da Constituição de Pernambuco, art. 58, § 2º, que diz caber ao governador o ato de provimento desse cargo" (ADI 314, rel. Min. Carlos Velloso, j. 4-9-1991, P, *DJ* 20-4-2001). Da mesma forma, decidiu que "o art. 85 da Constituição do Estado de Rondônia, que elevou para treze o número de desembargadores do Tribunal de Justiça. Ofensa manifesta ao princípio da iniciativa privativa, para o assunto, do Tribunal de Justiça, consagrada no art. 96, II, *b*, da CF, de observância imperiosa pelo poder constituinte derivado estadual, como previsto no art. 11 do ADCT/1988" (ADI 142, rel. Min. Ilmar Galvão, j. 19-6-1996, P, *DJ* de 6-9-1996).

Em 2021, por exemplo, o Congresso Nacional aprovou a Lei n. 14.226/2021, de iniciativa do STJ, que criou um novo Tribunal Regional Federal (da 6ª região, com jurisdição em Minas Gerais).

Já a autonomia financeira decorre do art. 99 da Constituição Federal, segundo o qual "os tribunais elaborarão suas propostas orçamentárias dentro dos limites estipulados conjuntamente com os demais Poderes na lei de diretrizes orçamentárias".

Segundo o STF, é necessária a participação do Poder Judiciário na elaboração da Lei de Diretrizes Orçamentárias que estabelece a fixação do limite de sua proposta orçamentária (ADI 848 MC, rel. Min. Sepúlveda Pertence, Pleno, j. 18-3-1993).

Já as garantias dos membros do Poder Judiciário, destinadas a preservar a sua imparcialidade, estão previstas no art. 95 da Constituição Federal, sendo elas: 1) vitaliciedade, 2) inamovibilidade, 3) irredutibilidade de subsídio.

1) Vitaliciedade – segundo o art. 95, I, da Constituição Federal, a "vitaliciedade, que, no primeiro grau, só será adquirida após dois anos de exercício, dependendo a perda do cargo, nesse período, de deliberação do tribunal a que o juiz estiver vinculado e, nos demais casos, de sentença judicial transitada em julgado".

Vitaliciedade é uma espécie qualificada de estabilidade, aplicada aos juízes. A primeira diferença é que, ao contrário da estabilidade (que é adquirida após 3 anos, nos termos do art. 41, *caput*, CF), a vitaliciedade é adquirida após dois anos de exercício. Enquanto não for vitalício, o magistrado poderá perder o cargo por deliberação do Tribunal a que estiver vinculado. Por sua vez, adquirida a estabilidade, o magistrado poderá perder o cargo somente por sentença judicial transitada em julgado. Já no caso do servidor público estável, nos termos do art. 41 da Constituição Federal, poderá perder o cargo por sentença judicial transitada em julgado (art. 41, § 1º, I), bem como mediante processo administrativo em que lhe seja assegurada ampla defesa (art. 41, § 1º, II) ou mediante procedimento de avaliação periódica de desempenho, na forma de lei complementar, assegurada ampla defesa (art. 41, § 1º, III). Podemos assim sistematizar:

Vitaliciedade	Estabilidade
Adquirida após 2 anos	Adquirida após 3 anos
Vitalício, o magistrado só pode perder o cargo por sentença transitada em julgado (art. 95, I, CF)	Estável, poderá perder o cargo por sentença transitada em julgado, processo administrativo ou avaliação periódica de desempenho (art. 41, § 1º, CF)

Como dissemos acima, não se aplica o prazo para aquisição da vitaliciedade quando há o ingresso diretamente nos Tribunais (seja pela regra do quinto constitucional, seja pela nomeação para Tribunal Superior). Nesse caso, a vitaliciedade será adquirida no primeiro dia.

2) Inamovibilidade – segundo o art. 95, II, da Constituição Federal, os juízes gozam de "inamovibilidade, salvo por motivo de interesse público, na forma do art. 93, VIII". A exceção prevista no final do artigo refere-se à deliberação da maioria absoluta do Tribunal ou do Conselho Nacional de Justiça, em caso de interesse público. Segundo o Supremo Tribunal Federal, "a inamovibilidade é, nos termos do art. 95, II, da CF, garantia de toda a magis-

tratura, alcançando não apenas o juiz titular como também o substituto. O magistrado só poderá ser removido por designação, para responder por determinada vara ou comarca ou para prestar auxílio com o seu consentimento, ou, ainda, se o interesse público o exigir, nos termos do inciso VIII do art. 93 do Texto Constitucional" (MS 27.958, rel. Min. Ricardo Lewandowski).

3) Irredutibilidade de subsídios – segundo o art. 95, III, da Constituição Federal, os juízes gozam de "irredutibilidade de subsídio". Trata-se de irredutibilidade nominal, não sendo o magistrado imune a impostos e nem havendo direito a correção monetária automática para assegurar a manutenção do valor real.

19.16.4. Vedações dos membros do Poder Judiciário

O art. 95, parágrafo único, da Constituição Federal prevê cinco vedações aplicadas aos juízes para manutenção de sua imparcialidade: "I – exercer, ainda que em disponibilidade, outro cargo ou função, salvo uma de magistério; II – receber, a qualquer título ou pretexto, custas ou participação em processo; III – dedicar-se à atividade político-partidária; IV – receber, a qualquer título ou pretexto, auxílios ou contribuições de pessoas físicas, entidades públicas ou privadas, ressalvadas as exceções previstas em lei; V – exercer a advocacia no juízo ou tribunal do qual se afastou, antes de decorridos três anos do afastamento do cargo por aposentadoria ou exoneração".

1) Outro cargo ou função, salvo uma de magistério – os magistrados, de modo a não prejudicar a atividade jurisdicional, não podem se dedicar a outras profissões, exceto de magistério. O tema foi regulamentado pela Resolução n. 34, de 2007, do Conselho Nacional de Justiça. Segundo o art. 1º, parágrafo único, dessa resolução, "o exercício da docência por magistrados, na forma estabelecida nesta Resolução, pressupõe compatibilidade entre os horários fixados para o expediente forense e para a atividade acadêmica, o que deverá ser comprovado perante o Tribunal". Segundo o art. 3º dessa resolução, o exercício de qualquer atividade docente deve ser comunicado formalmente ao órgão competente do Tribunal, mediante registro eletrônico, aplicando-se também às atividades em cursos preparatórios para ingresso em carreiras públicas e pós-graduação (art. 4º)[64].

Em 2020, o Órgão Especial do Tribunal de Justiça de São Paulo aplicou, por maioria absoluta, a pena de demissão de um juiz aprovado no concurso 187, nos termos do art. 47, II, da LOMAN. O juiz, que estava em período probatório, teria descumprido decisão proferida pelo Conselho Superior da Magistratura, que considerou a prestação de serviços de *coaching* como atividade alheia à magistratura (Procedimento Administrativo Disciplinar n. 122.944/2019). Essa decisão é compatível com o art. 5º-A, da Resolução 34, de 2007, do Conselho Nacional de Justiça que afirma: "as atividades de *coaching*, similares e congêneres, destinadas à assessoria individual ou coletiva de pessoas, inclusive na preparação de candidatos a concursos públicos, não são consideradas atividade docente, sendo vedada a sua prática por magistrados" (grifamos).

---

64. Segundo essa mesma resolução, o controle da atividade docente do professor "aplica-se inclusive às atividades docentes desempenhadas por magistrados em cursos preparatórios para ingresso em carreiras públicas e em cursos de pós-graduação" (art. 4º).

2) Receber custas ou participação em processo – segundo o STF, "os juízes de paz integram o Poder Judiciário e a eles se impõe a vedação prevista no art. 95, parágrafo único, II, da Constituição, a qual proíbe a percepção, a qualquer título ou pretexto, de custas ou participação em processo pelos membros do Judiciário" (ADI 954, rel. Min. Gilmar Mendes).

3) Dedicar-se à vida político-partidária – embora possa ter uma vida política, já que o homem é um "animal político" (*zoon politikon*, nas palavras de Aristóteles), não pode ter vida político-partidária, filiando-se a um partido político. Além da clara vedação de se filiar a partido político, o Conselho Nacional de Justiça editou a Resolução 305, de 2019, limitando a atividade do magistrado nas redes sociais. Nos termos do art. 4º da referida Resolução, "constituem condutas vedadas aos magistrados nas redes sociais: II – emitir opinião que demonstre atuação em atividade político-partidária ou manifestar-se em apoio ou crítica públicos a candidato, lideranças políticas ou partidos políticos".

Não obstante, o art. 4º, § 1º, da referida Resolução estabelece uma permissão: "a vedação da atividade político-partidária não abrange manifestações, públicas ou privadas, sobre projetos e programas de governo, processos legislativos ou outras questões de interesse público, de interesse do Poder Judiciário ou da carreira da magistratura, desde que respeitada a dignidade do Poder Judiciário".

4) Receber, a qualquer título, auxílios ou contribuições – foi uma vedação acrescida pela Emenda Constitucional n. 45, de 2004 (Reforma do Poder Judiciário). Nesse sentido, decidiu o Supremo Tribunal Federal: "Resolução 170/2013 do CNJ. [...] Ato do CNJ que objetivou regulamentar a participação de magistrados em congressos, seminários, simpósios, encontros jurídicos e culturais e eventos similares. Competência do CNJ, que traduz direta emanação do texto da CR e que lhe outorga poder para, legitimamente, praticar atos e expedir regulações normativas destinados a viabilizar o cumprimento, por parte dos magistrados, de seus deveres funcionais, notadamente os de probidade e de respeito aos princípios da legalidade, da moralidade, e da impessoalidade no desempenho do ofício jurisdicional. Necessidade de o magistrado manter conduta irrepreensível em sua vida pública e particular, respeitando, sempre, a vedação constitucional que o impede de receber, a qualquer título ou pretexto, auxílios ou contribuições de pessoas físicas, de entidades públicas ou de empresas privadas, ressalvadas as exceções previstas em lei" (MS 32.040 MC, rel. Min. Celso de Mello).

5) Exercer a advocacia no juízo ou tribunal do qual se afastou, antes de decorrido três anos do afastamento do cargo por aposentadoria ou exoneração. Podemos chamar esse fenômeno como "quarentena de saída" ou "triênio impeditivo". Assim, não poderá advogar por três anos o magistrado que se afastou do Tribunal ou do "juízo". Entendemos que a palavra "juízo" deve ser interpretada como foro ou circunscrição. Concordou conosco o CNJ (Conselho Nacional de Justiça), que decidiu que "ao juiz de Direito é vedado exercer a advocacia na Comarca da qual se afastou, antes de decorridos três anos do afastamento do cargo, por aposentadoria ou exoneração. Ao juiz federal, ou juiz do trabalho, é vedado exercer a advocacia na seção ou foro do qual se afastou, antes de decorridos três anos do afastamento do cargo por aposentadoria ou exoneração" (Pedido de Providências 200910000010374, rel. Conselheiro José Adonis Callou de Araújo Sá, 14-4-2009).

19.16.5. Estrutura do Poder Judiciário (quadro esquemático)

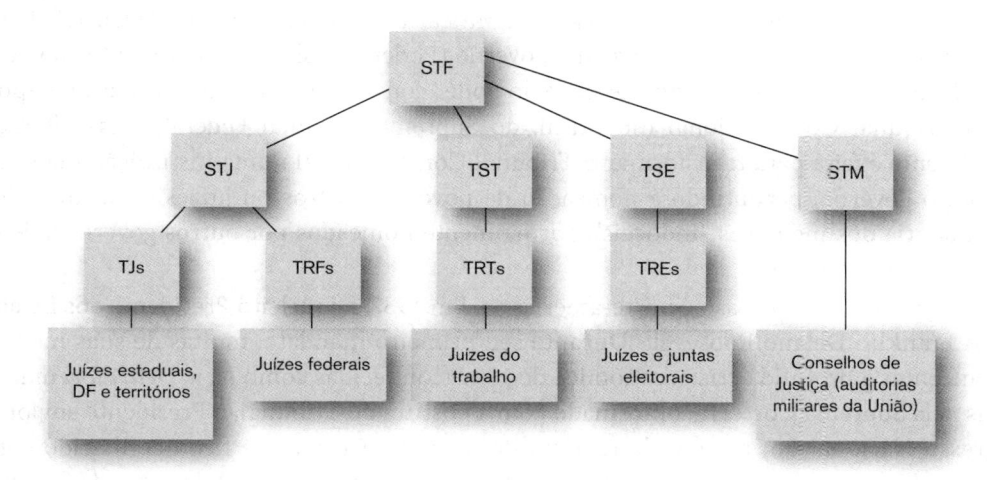

```
                           STF
        ┌───────────┬───────┴───────┬───────────┐
       STJ         TST             TSE         STM
     ┌──┴──┐        │               │           │
    TJs   TRFs     TRTs           TREs          │
     │     │        │               │           │
  Juízes  Juízes  Juízes do    Juízes e juntas  Conselhos de
 estaduais, federais trabalho    eleitorais     Justiça (auditorias
 DF e territórios                               militares da União)
```

19.16.6. Supremo Tribunal Federal

Criado pela Constituição de 1891, o Supremo Tribunal Federal é composto por onze ministros, nos termos do art. 101, *caput*, da Constituição Federal.

19.16.6.1. Composição

São requisitos para ser Ministro do STF: 1) ser brasileiro nato; b) ter mais de 35 e menos de 70 anos de idade; c) ter notável saber jurídico e reputação ilibada; d) ser cidadão (estar no gozo dos seus direitos políticos). Importante frisar que a idade máxima (70 anos) foi trazida pela Emenda Constitucional n. 122/2022, já que a idade máxima anterior era de 65 anos. Dessa maneira, se de um lado prestigiou os juristas mais experientes, por outro lado permitiu que alguém ocupe o cargo por apenas 5 anos, tendo em vista que a aposentadoria compulsória se dará aos 75 anos.

O Presidente tem liberdade para escolher um nome que, no seu entender, preenche os requisitos sobreditos, devendo submeter esse nome ao Senado, que deverá aprová-lo por maioria absoluta. Aprovado o nome pelo Senado, dar-se-á a nomeação pelo Presidente da República. Segundo o art. 101, parágrafo único, da Constituição Federal, "os Ministros do Supremo Tribunal Federal serão nomeados pelo Presidente da República, depois de aprovada a escolha pela maioria absoluta do Senado Federal".

Não é usual no Brasil a recusa do nome pelo Senado Federal, tendo ocorrido apenas em 1894, com a rejeição do nome do médico Barata Ribeiro, indicado pelo então Presidente da República Floriano Peixoto. Barata Ribeiro diplomou-se em Medicina pela Faculdade de Medicina do Rio de Janeiro. Por decreto de 23 de outubro de 1893, foi nomeado Ministro do Supremo Tribunal Federal, para a vaga aberta pelo falecimento do Barão de Sobral e tomou posse em 25 de novembro seguinte. Não obstante, sua nomeação foi negada pelo Senado Federal em 24 de setembro de 1894, por entender que não estava presente o requisito do "notável saber jurídico".

19.16.6.2. Court-packing *(alteração da composição do Tribunal Constitucional)*

Traduzindo literalmente, *court-packing* significaria o "empacotamento da Corte". Trata-se de um procedimento segundo o qual o governo (Poder Legislativo, comumente com a intervenção do Poder Executivo), no exercício do poder constituinte derivado, altera a composição do Tribunal Constitucional (no Brasil, do Supremo Tribunal Federal). Essa alteração normalmente é feita para transformar o Tribunal Constitucional numa instituição mais "dócil" com o governo, permitindo a nomeação de novos Ministros ou juízes ou facilitando a aposentadoria dos membros "indóceis", normalmente nomeados por outros governos, de diversos espectros políticos.

A origem dessa expressão é norte-americana. Em 1937, foi reeleito Presidente dos Estados Unidos Franklin Delano Roosevelt. Durante seu primeiro mandato, muitas de suas medidas para enfrentar a profunda crise econômica de 1929 (conhecidas como *New Deal*) foram invalidadas pela Suprema Corte. Inconformado com a postura do Tribunal, o Presidente enviou ao Congresso Nacional um projeto de reforma da Suprema Corte, que ficou conhecido como *"court-packing plan"*. Nesse plano, o Presidente poderia nomear mais Ministros da Suprema Corte. O projeto foi visto como uma interferência indevida do Poder Executivo no Poder Judiciário, não seguindo adiante.

O tema é pouquíssimo abordado pela doutrina brasileira e largamente estudado pela doutrina norte-americana. Destacamos o estudo específico feito pelo professor da Universidade da Pensilvânia John M. Lawlor, intitulado *Court-Packing Revisited: A Proposal for Rationalizing the Timing of Appointments to the Supreme Court.* Segundo o referido autor, nos primeiros 80 anos dos Estados Unidos, o Congresso alterou a frequência de nomeações dos Ministros da Suprema Corte, mudando o número de juízes. A última dessas mudanças teria ocorrido em 1869. Desde então, manteve-se o número de 9 (nove) ministros na Suprema Corte, o que foi reforçado após a rejeição da proposta de Franklin Roosevelt, que deu ensejo à expressão *"court-packing plan"*.

Atualmente, esse movimento de *court-packing* é visto em vários países. Como afirmamos no primeiro capítulo deste livro, esse é um dos sintomas de retrocessos democráticos que ocorrem em todo o mundo. Uma tendência à autocracia lentamente tenta minar a separação dos Poderes, máxime do Poder Judiciário. Aponta-se o uso do *court-packing* na Argentina, nos anos 1990, com o *impeachment* de juízes no Peru, em 1997, com a dissolução da corte na Venezuela, em 1999, dentre outros casos. Vejamos alguns exemplos mais recentes:

a) **Turquia**

A Turquia, nos últimos anos, vem sendo um exemplo recorrente de retrocessos democráticos, com tendências autoritárias. Se não bastasse a profunda reaproximação entre o Estado e a Igreja, mitigação de direitos fundamentais como a liberdade de imprensa, o governo turco também realizou o *court-packing*.

Em 2016, o governo turco apresentou projeto de lei para redesenhar a composição dos Tribunais Superiores. Nas palavras do professor turco Aykan Erdemir, "se o Partido da Justiça e Desenvolvimento (AKP) da Turquia, com raízes islâmicas, for bem-sucedido na aprovação dessa legislação, isso irá corroer ainda mais a separação dos Poderes, entre o Executivo e o

Judiciário, levando o país um passo mais perto do sonho despótico de Erdogan de uma 'unidade de poderes'"[65].

As propostas do governo Erdogan foram aprovadas em referendo de abril de 2017, reduzindo consideravelmente a independência judicial. Segundo o professor turco Ali Dursun Ulusoy, "o enfraquecimento da independência judicial na Turquia após o referendo constitucional de 2017 é um obstáculo ao objetivo do país de alcançar a democracia consolidada e o Estado de direito pelos padrões ocidentais"[66].

b) Estados Unidos

No final do governo de Donald Trump, em razão da morte da juíza Ruth Bader Ginsburg, o Presidente de forma célere nomeou uma nova juíza para a Suprema Corte, conhecida como conservadora: Amy Coney Barret. A iniciativa foi bastante criticada, máxime pelos democratas, que defendiam que o procedimento ocorresse no ano seguinte, durante o próximo mandato presidencial. Com essa nomeação (que foi aprovada pelo Senado, por 52 votos a 48), a Suprema Corte seria formada majoritariamente por juízes de tendência conservadora (seis, contra três de tendência progressista).

Com a eleição do democrata Joe Biden, uma das propostas que ele afirmou ter o interesse de apresentar é uma reforma do Poder Judiciário, incluindo uma alteração do número de Ministros da Suprema Corte. Como noticiado nos jornais norte-americanos, "os democratas caracterizam a expansão do Tribunal como um movimento defensivo contra as ações republicanas"[67].

c) Polônia

Assim como a Turquia, o governo polonês estava descontente com as decisões do Tribunal Constitucional. Dessa maneira, alterou a legislação, de modo a propiciar a aposentadoria antecipada dos ministros do Tribunal Constitucional, permitindo que o governo nomeasse novos ministros, com ele alinhados.

Todavia, diferentemente da Turquia, a Polônia integra a União Europeia. O Tribunal de Justiça da União Europeia determinou que essas mudanças legislativas polonesas violam o direito da União Europeia. O Tribunal de Justiça da União Europeia afirmou que as reformas possibilitavam a influência política sobre o Judiciário e que "a independência exige que o Tribunal em questão exerça suas funções de maneira totalmente autônoma e imparcial".

Em 2020, um novo processo é instaurado contra a Polônia no Tribunal de Justiça da União Europeia, para verificar nova interferência no Poder Judiciário, tendo em vista a introdução de um novo e questionável regime disciplinar para juízes.

---

65. *Erdogan's New Assault on Turkey's Judiciary*. Disponível em: <https://www.fdd.org/analysis/2016/06/24/erdogans-new-assault-on-turkeys-judiciary/>.
66. *Understanding Turkey's Restructured System for Judicial Appointments and Promotions*. Disponível em: <http://www.iconnectblog.com/2018/04/understanding-turkeys-restructured-system-for-judicial-appointments-and-promotions/>.
67. *The New York Times*. Disponível em: <https://www.nytimes.com/2020/09/19/us/politics/what-is-court-packing.html>.

d) Brasil (a PEC n. 159/2019)

Em setembro de 2018, em um pronunciamento durante a campanha eleitoral, o então candidato Jair Bolsonaro afirmou que, se eleito, elevaria o número de Ministros do Supremo Tribunal Federal, de 11 para 21 Ministros. Segundo suas próprias palavras, "A questão do Supremo, o que nós temos discutido, é, sim, aumentar para 21 ministros. Você pode falar 'é um absurdo!', mas é uma maneira de você botar 10 isentos lá dentro"[68]. Felizmente, depois de eleito Presidente da República, Jair Bolsonaro não apresentou nenhuma Proposta de Emenda Constitucional nesse sentido.

Não obstante, infelizmente, o Brasil não está alheio a esse movimento mundial de violação da separação dos Poderes. Em 2015, foi aprovada a Emenda Constitucional n. 88 (conhecida como "PEC da Bengala"), que ampliou de 70 para 75 anos a idade de aposentadoria compulsória dos Ministros dos Tribunais Superiores. Embora muitos afirmassem que a medida visava prestigiar os septuagenários, a intenção principal do Congresso Nacional era impedir que a então Presidente da República (Dilma Rousseff) nomeasse dois novos Ministros do STF.

O STF declarou apenas parte da PEC da Bengala como inconstitucional (a parte final, que determinava uma nova sabatina perante o Senado Federal).

Por fim, em 2019, foi apresentada nova Proposta de Emenda à Constituição (PEC n. 159/2019), apresentada pela deputada Bia Kicis (PSL-DF), com o escopo de revogar a EC n. 88/2015. Tal Emenda, como aquela que ocorreu na Polônia, visa antecipar a aposentadoria de Ministros do STF, permitindo que o Executivo escolha novos nomes, com ele mais alinhados ideologicamente.

19.16.6.2.1. Análise constitucional sobre um possível *court-packing*

Entendemos que o *court-packing* é absolutamente inconstitucional. Primeiramente, trata-se de uma clara e perigosa demonstração de "constitucionalismo abusivo" ou "autoritário", tema que abordamos no capítulo 1 desta obra. Esse movimento consiste em alterar a Constituição para aumentar os poderes do governo, minando a democracia. Outrossim, trata-se de uma clara violação da "separação dos Poderes", que é considerada uma cláusula pétrea em nosso país. Como afirma John Lawlor, em trabalho específico sobre o tema, "a combinação da relativa fragilidade institucional do Tribunal e a impopularidade de seu papel contramajoritário exige que a instituição receba proteção extraordinária"[69].

Dessa maneira, entendemos que a alteração da composição do Supremo Tribunal Federal somente poderá ser feita, em regra, por meio de uma nova Constituição, através do poder constituinte originário, sobretudo quando essa mudança consiste em alterar o número de membros do Tribunal. Ora, ampliar o número de ministros significa dar extraordinários poderes para quem os nomeia (no Brasil, o Presidente, com a participação do Senado Federal). Da mesma forma, reduzir o número de Ministros consiste em igual interferência, como ocorreu recentemente na Polônia, o que foi invalidado pelo Tribunal de Justiça da União Europeia.

---

68. Disponível em: <https://www.conjur.com.br/2018-set-25/bolsonaro-21-ministros-stf-aval-policial-matar>.
69. Op. cit., p. 982.

Não obstante, entendemos que algumas mudanças podem ser feitas pelo poder constituinte derivado reformador na composição do Supremo Tribunal Federal. Por exemplo, poderia ser feito, por Emenda Constitucional, um aperfeiçoamento do processo de escolha. Assim, como ocorre na composição do Conselho Nacional de Justiça (art. 103-B, CF), poderiam as cadeiras ser divididas entre membros do Judiciário, Ministério Público, advocacia e demais cidadãos. Da mesma forma, poderia ser fixado um mandato para os Ministros do Tribunal, como já ocorre em outros Tribunais Constitucionais pelo mundo afora. Todavia, importante frisar que: quaisquer mudanças somente poderiam ser aplicadas para novas nomeações. Não poderia, no nosso entender, uma emenda constitucional ser aplicada aos atuais Ministros, antecipando sua aposentadoria, por exemplo. Parece ser esse também o entendimento do professor norte-americano John Lawlor, segundo o qual uma proposta legislativa de reforma da composição da Suprema Corte deveria ter uma suspensão da data da sua vigência, vigorando depois de um certo tempo, de modo a evitar o uso da reforma como uma tentativa de avançar numa agenda político-partidária.

19.16.6.3. Competência do STF

O art. 102 da Constituição Federal prevê competências originárias e competências recursais ao Supremo Tribunal Federal. É competência originária do Supremo Tribunal Federal:

1) ação direta de inconstitucionalidade de lei ou ato normativo federal ou estadual e a ação declaratória de constitucionalidade de lei ou ato normativo federal. Como estudamos no capítulo reservado ao controle de constitucionalidade, compete ao Supremo Tribunal Federal julgar a ADI contra lei ou ato normativo federal ou estadual, bem como ADC contra lei ou ato normativo federal. Quanto às leis municipais que ferem a Constituição Federal, pode ser ajuizada ADPF (art. 102, § 1º, CF) ou controle difuso perante qualquer órgão do Poder Judiciário;

2) nas infrações penais comuns, o Presidente da República, o Vice-Presidente, os membros do Congresso Nacional, seus próprios Ministros e o Procurador-Geral da República. Como vimos em item anterior, crimes comuns praticados pelo Presidente da República, Deputado Federal ou Senador, Procurador-Geral da República ou pelos próprios Ministros do STF serão julgados pelo Supremo Tribunal Federal;

3) nas infrações penais comuns e nos crimes de responsabilidade, os Ministros de Estado e os Comandantes da Marinha, do Exército e da Aeronáutica, ressalvado o disposto no art. 52, I, os membros dos Tribunais Superiores, os do Tribunal de Contas da União e os chefes de missão diplomática de caráter permanente. Segundo o Supremo Tribunal Federal, "consoante posicionamento jurisprudencial dessa Colenda Corte Constitucional, a competência penal do STF por prerrogativa de função advinda da investidura de sujeito ativo de um delito, no curso do processo, em uma das funções descritas no art. 102, I, *b* e *c*, da CF/88 não acarreta a nulidade da denúncia oferecida, nem dos atos processuais praticados anteriormente perante a justiça competente à época dos fatos" (AP 527, rel. Min. Dias Toffoli);

4) o *habeas corpus*, sendo paciente qualquer das pessoas proferidas nas alíneas anteriores, o mandado de segurança e o *habeas data* contra atos do Presidente da República, das Mesas da Câmara dos Deputados e do Senado Federal, do Tribunal de Contas da União, do Procurador-Geral da República e do próprio Supremo Tribunal Federal;

5) o litígio entre o Estado estrangeiro ou organismo internacional e a União, o Estado, o Distrito Federal ou o Território. Com base nesse inciso, julgou o STF que "ante o disposto na alínea *e* no inciso I do art. 102 da CF, cabe ao Supremo processar e julgar originariamente ação civil pública proposta pelo MPF contra a Itaipu Binacional" (Rcl 2.937, rel. Min. Marco Aurélio);

6) as causas e os conflitos entre a União e os Estados, a União e o Distrito Federal, ou entre uns e outros, inclusive as respectivas entidades da administração indireta. Segundo a Súmula 517 do STF, "as sociedades de economia mista só têm foro na Justiça Federal, quando a União intervém como assistente ou oponente";

7) a extradição solicitada por Estado estrangeiro. Trata-se da extradição passiva, cujo procedimento e requisitos estudamos no capítulo reservado ao direito de nacionalidade;

8) o *habeas corpus*, quando o coator for o Tribunal Superior ou quando o coator ou o paciente for autoridade ou funcionário cujos atos estejam sujeitos diretamente à jurisdição do Supremo Tribunal Federal, ou se trate de crime sujeito à mesma jurisdição ou em única instância;

9) revisão criminal e a ação rescisória de seus julgados. Segundo a Súmula 515 do STF: "a competência para a ação rescisória não é do Supremo Tribunal Federal, quando a questão federal, apreciada no recurso extraordinário ou no agravo de instrumento, seja diversa da que foi suscitada no pedido rescisório". Por sua vez, a Súmula 343 afirma que "não cabe ação rescisória por ofensa a literal disposição de lei, quando a decisão rescindenda se tiver baseado em texto legal de interpretação controvertida nos tribunais". Por fim, segundo a Súmula 249 do STF, "é competente o Supremo Tribunal Federal para a ação rescisória, quando, embora não tendo conhecido do recurso extraordinário, ou havendo negado provimento ao agravo, tiver apreciado a questão federal controvertida";

10) a reclamação para a preservação de sua competência e garantia da autoridade de suas decisões. Segundo a Súmula 734 do STF, "não cabe reclamação quando já houver transitado em julgado o ato judicial que se alega tenha respeitado decisão do Supremo Tribunal Federal";

11) a execução de sentença nas causas de sua competência originária, facultada a delegação de atribuições para a prática de atos processuais;

12) a ação em que todos os membros da magistratura sejam direta ou indiretamente interessados, e aquela em que mais da metade dos membros do tribunal de origem estejam impedidos ou sejam direta ou indiretamente interessados. Segundo a Súmula 731 do STF: "para fim da competência originária do Supremo Tribunal Federal, é de interesse geral da magistratura a questão de saber se, em face da Lei Orgânica da Magistratura Nacional, os juízes têm direito à licença-prêmio";

13) os conflitos de competência entre o Superior Tribunal de Justiça e quaisquer tribunais, entre Tribunais Superiores, ou entre estes e qualquer outro tribunal;

14) o pedido de medida cautelar das ações diretas de inconstitucionalidade;

15) o mandado de injunção, quando a elaboração da norma regulamentadora for atribuição do Presidente da República, do Congresso Nacional, da Câmara dos Deputados, do Senado Federal, das Mesas de uma dessas Casas Legislativas, do Tribunal de Contas da União, de um dos Tribunais Superiores, ou do próprio Supremo Tribunal Federal;

19 • Separação dos Poderes   1361

16) as ações contra o Conselho Nacional de Justiça e contra o Conselho Nacional do Ministério Público. Segundo o STF, "o STF não se reduz à singela instância revisora das decisões proferidas pelo CNJ. Em especial, descabe compelir o CNJ a adotar a providência de fundo entendida pela parte interessada como correta, se a decisão impugnada não tiver alterado relações jurídicas ou, de modo ativo, agravado a situação de jurisdicionado. Cabe à parte interessada, que não teve sua pretensão atendida no campo administrativo com uma decisão positiva-ativa, busca a tutela jurisdicional que, no caso, é alheia à competência originária do STF" (MS 28.133 AgR, rel. Min. Joaquim Barbosa);

17) compete também ao STF julgar originariamente a Arguição de Descumprimento de Preceito Fundamental, nos termos do art. 102, § 1º, CF;

Por sua vez, prevê como competência recursal o Recurso Ordinário Constitucional (art. 102, II, CF) e o Recurso Extraordinário (art. 102, III, CF).

17.1) Caberá Recurso ordinário contra decisão que julga "o *habeas corpus*, o mandado de segurança, o *habeas data* e o mandado de injunção decididos em única instância pelos Tribunais Superiores, se denegatória a decisão" e contra decisão que julga "crime político".

17.2) Por sua vez, caberá recurso extraordinário "quando a decisão recorrida: a) contrariar dispositivo desta Constituição; b) declarar a inconstitucionalidade de tratado ou lei federal; c) julgar válida lei ou ato de governo local contestado em face desta Constituição; d) julgar válida lei local contestada em face de lei federal".

19.16.6.4. Súmula Vinculante

Inovação trazida pela Reforma do Poder Judiciário (Emenda Constitucional n. 45/2004), a Súmula Vinculante pode ser editada somente pelo Supremo Tribunal Federal. O tema, previsto no art. 103-A da Constituição Federal está regulamentado pela Lei n. 11.417/2006 e pelo Regimento Interno do STF, nos seus arts. 354-A a 354-G.

19.16.6.4.1. Legitimados

Quem pode provocar a edição da Súmula Vinculante? A resposta está no art. 103-A, § 2º, da Constituição Federal e no art. 3º da Lei n. 11.417/2006. Em regra, podem requerer ao STF a edição de súmula vinculante os mesmos legitimados da Ação Direta de Inconstitucionalidade (as nove pessoas previstas no art. 103 da Constituição Federal), nos termos do art. 103-A, § 2º: "sem prejuízo do que vier a ser estabelecido em lei, a aprovação, revisão ou cancelamento de súmula poderá ser provocada por aqueles que podem propor a ação direta de inconstitucionalidade". Além dessas pessoas, o art. 3º da Lei n. 11.417/2006 (lei que regulamenta a Súmula Vinculante) acrescenta as seguintes pessoas: Defensor Público-Geral da União, Tribunais Superiores, Tribunais de Justiça dos Estados, do DF e Territórios, Tribunais Regionais Federais, Tribunais Regionais do Trabalho, Tribunais Regionais Eleitorais e os Tribunais Militares, bem como o Município, incidentalmente.

Quanto a este último, dispõe o art. 3º, § 1º da referida lei: "o Município poderá propor, incidentalmente ao curso de processo em que seja parte, a edição, a revisão ou o cancelamento de enunciado de súmula vinculante, o que não autoriza a suspensão do processo".

LEGITIMADOS
(Podem propor a edição de Súmula Vinculante)

Os nove legitimados da ADI (art. 103, CF):
- Presidente da República
- Mesa do Senado Federal
- Mesa da Câmara dos Deputados
- Governador
- Mesa da Assembleia Legislativa
- Procurador-Geral da República
- Conselho Federal da OAB
- Partido Político (com representação no CN)
- Confederação Sindical ou Entidade de Classe de âmbito nacional
- Defensor Público-Geral da União
- Tribunais
- Município (incidentalmente)

19.16.6.4.2. Quórum do STF

Segundo o art. 103-A da Constituição Federal, poderá o STF editar a Súmula Vinculante de ofício ou mediante provocação, mediante decisão de dois terços de seus membros (8 ministros). Segundo o art. 354-E do Regimento Interno do STF, o ministro do STF, depois do julgamento de questão com repercussão geral, poderá propor a edição de Súmula Vinculante.

19.16.6.4.3. Requisitos

Primeiramente, o art. 103-A, *caput*, da Constituição Federal prevê que a Súmula Vinculante deve ser editada após "reiteradas decisões sobre matéria constitucional". Outrossim, segundo o § 1º do mesmo artigo, "a súmula terá por objetivo a validade, a interpretação e a eficácia de normas determinadas, acerca das quais haja controvérsia atual entre órgãos judiciários ou entre esses e a administração pública que acarrete grave insegurança jurídica e relevante multiplicação de processos sobre questão idêntica".

19.16.6.4.4. Efeitos

Nos termos do art. 103-A, *caput*, da Constituição Federal, "a partir de sua publicação na imprensa oficial, terá efeito vinculante em relação aos demais órgãos do Poder Judiciário e à administração pública direta e indireta, nas esferas federal, estadual e municipal". Dessa maneira, os efeitos da súmula vinculante são *erga omnes* e, obviamente, vinculante.

Importante frisar que a Súmula Vinculante não vinculará os poderes na sua função legislativa. Assim, não estará vinculado o Poder Legislativo, por exemplo, quanto à sua função típica de legislar, mas estará vinculado no tocante às suas funções atípicas, por exemplo, administrar.

Segundo o art. 4º da Lei n. 11.417/2006, o STF pode também modular os efeitos da Súmula Vinculante (algo que já explicamos no controle concentrado de constitucionalidade). Dessa maneira, por 2/3 de seus membros, o STF pode estabelecer os efeitos *ex nunc* da sua Súmula Vinculante ou fixar outro momento a partir do qual a súmula produzirá seus efeitos: "A súmula com efeito vinculante tem eficácia imediata, mas o Supremo Tribunal Federal, por decisão de 2/3 (dois terços) dos seus membros, poderá restringir os efeitos vinculantes ou decidir que só tenha eficácia a partir de outro momento, tendo em vista razões de segurança jurídica ou de excepcional interesse público".

19.16.6.4.5. Procedimento

O procedimento de edição da súmula vinculante está previsto na Lei n. 11.417/ 2006 e no Regimento Interno do STF. Depois de feito o requerimento de edição de súmula vinculante, o presidente do STF apreciará a adequação formal em 5 dias (art. 354-A, Regimento Interno do STF). Será publicado no *site* do STF e no *Diário da Justiça* o início do procedimento, para ciência e manifestação dos interessados em 5 dias (art. 354-A, RISTF).

Haverá a participação do Procurador-Geral de Justiça, nos termos do art. 2º, § 2º, da Lei n. 11.417/2006 e dos ministros que compõem a Comissão de Jurisprudência do STF, no prazo de 15 dias (art. 354-C, RISTF). Depois haverá manifestação dos demais ministros do STF (art. 354-C, RISTF), podendo o presidente do Tribunal incluir o procedimento na pauta do Pleno do Tribunal (art. 354-D, RISTF).

Segundo o art. 3º, § 2º, da sobredita lei, "No procedimento de edição, revisão ou cancelamento de enunciado da súmula vinculante, o relator poderá admitir, por decisão irrecorrível, a manifestação de terceiros na questão, nos termos do Regimento Interno do Supremo Tribunal Federal". Trata-se da possibilidade de admissão do *amicus curiae*, trazido do processo do controle de constitucionalidade e decorrente do princípio da interpretação aberta da Constituição.

Segundo o art. 6º da mesma lei, "a proposta de edição, revisão ou cancelamento de enunciado de súmula vinculante não autoriza a suspensão dos processos em que se discuta a mesma questão".

O acórdão publicado conterá a cópia dos debates (art. 354-F, RISTF). A edição, a revisão e o cancelamento do enunciado da Súmula Vinculante poderão ser feitos não apenas por provocação dos legitimados acima, como também de ofício pelo próprio Tribunal (art. 1º da Lei n. 11.417/2006).

19.16.6.4.6. Cancelamento

Segundo o art. 103-A, § 2º, da Constituição Federal, "sem prejuízo do que vier a ser estabelecido em lei, a aprovação, revisão ou cancelamento de súmula poderá ser provocada por aqueles que podem propor a ação direta de inconstitucionalidade". O procedimento de revisão ou cancelamento da Súmula Vinculante seguirá o mesmo procedimento de aprovação, aplicando-se subsidiariamente as regras do Regimento Interno do Supremo Tribunal Federal. Nos termos do art. 2º, § 3º, da referida lei, a revisão e o cancelamento da Súmula Vinculante também dependem de decisão de 2/3 dos membros do STF.

Já decidiu o STF que a ADPF não é a via adequada para se pleitear o cancelamento da Súmula Vinculante: "A arguição de descumprimento de preceito fundamental não é a via adequada para se obter a interpretação, a revisão ou o cancelamento de súmula vinculante" (ADPF 147 AgR, rel. Min. Cármen Lúcia).

19.16.6.4.7. Reclamação

Nos termos do art. 103-A, § 3º, da Constituição Federal, "do ato administrativo ou decisão judicial que contrariar a súmula aplicável ou que indevidamente a aplicar, caberá reclamação ao Supremo Tribunal Federal que, julgando-a procedente, anulará o ato administrativo ou cassará a decisão judicial reclamada, e determinará que outra seja proferida com ou sem a aplicação da súmula, conforme o caso".

Não caberá reclamação contra decisões que contrariarem as outras súmulas, que não sejam vinculantes, como já decidiu o Supremo Tribunal Federal: "Súmulas Vinculantes. Natureza constitucional específica que as distingue das demais súmulas da Corte. Súmulas 634 e 635 do STF. Natureza simplesmente processual não constitucional. Ausência de vinculação ou subordinação por parte do STJ" (Rcl 3.979 AgR, rel. Min. Gilmar Mendes).

Por fim, segundo o art. 7º, § 1º, da Lei da Súmula Vinculante (Lei n. 11.417/2006), "contra omissão ou ato da administração pública, o uso da reclamação só será admitido após esgotamento das vias administrativas".

19.16.6.5. Superior Tribunal de Justiça

Segundo o art. 104 da Constituição Federal, o Superior Tribunal de Justiça compõe-se de, no mínimo, trinta e três Ministros.

Nos termos do parágrafo único do sobredito artigo, os Ministros do STJ serão nomeados pelo Presidente da República, dentre brasileiros com mais de trinta e cinco e menos de setenta anos[70], de notável saber jurídico e reputação ilibada, depois de aprovada a escolha pela maioria absoluta do Senado Federal, sendo: a) um terço dentre juízes dos Tribunais Regionais Federais e um terço dentre desembargadores dos Tribunais de Justiça, indicados em lista tríplice elaborada pelo próprio Tribunal; b) um terço, em partes iguais, dentre advogados e membros do Ministério Público Federal, Estadual, do Distrito Federal e Territórios, alternadamente, indicados na forma do art. 94.

Dessa maneira, não se aplica a regra do quinto constitucional, já que 1/3 dos membros do STJ deve ser composto por advogados e membros do Ministério Público, com dez anos de experiência.

Podemos assim sistematizar:

Ministros do STJ (33 Ministros)		
	1/3 de juízes dos TRFs	Escolha do Presidente, em lista tríplice elaborada pelo Tribunal, submetendo-se à sabatina pelo Senado Federal.
	1/3 de juízes dos TJs	
	1/3 de advogados e membros do Ministério Público	Aplica-se a regra do quinto constitucional (órgão de classe indica 6, Tribunal seleciona 3, Presidente escolhe 1). Posterior sabatina pelo Senado Federal.

---

70. A idade máxima dos novos membros do Superior Tribunal de Justiça foi ampliada (de sessenta e cinco para setenta anos), por força da Emenda Constitucional n. 122, de 17 de maio de 2022. Se, por um lado, essa Emenda Constitucional prestigiou os juristas mais experientes, com mais de 65 (sessenta e cinco) anos, por outro lado permitiu que sejam nomeados como Ministros do Superior Tribunal de Justiça juristas que ali ficarão por muito pouco tempo (já que a idade de aposentadoria compulsória é de 75 (setenta e cinco) anos.

A competência do Superior Tribunal de Justiça está prevista no art. 105 da Constituição Federal, dividindo-se em competência originária (art. 105, I, CF) e competência recursal (art. 105, II e III, CF).

Compete originariamente ao Superior Tribunal de Justiça julgar:

1) nos crimes comuns, os Governadores dos Estados e do Distrito Federal, e, nestes e nos de responsabilidade, os desembargadores dos Tribunais de Justiça dos Estados e do Distrito Federal, os membros dos Tribunais de Contas dos Estados e do Distrito Federal, os dos Tribunais Regionais Federais, dos Tribunais Regionais Eleitorais e do Trabalho, os membros dos Conselhos ou Tribunais de Contas dos Municípios e os do Ministério Público da União que oficiem perante tribunais.

Importante frisar que, como afirmamos no início deste capítulo, no curso do processo penal (contra o Governador do Estado, por exemplo), poderá o Tribunal aplicar medidas cautelares diversas da prisão, até mesmo a que permite a suspensão do cargo. Essa decisão, que pode ser proferida de forma monocrática por um Ministro do STJ, deverá ser referendada pelo pleno do Tribunal, de modo a delimitar o papel do Judiciário na interferência sobre o mandato de um ocupante de um cargo público eletivo. Aliás, foi o que ocorreu quando o Superior Tribunal de Justiça aplicou a medida cautelar de suspensão do mandato do ex-governador do Rio de Janeiro Wilson Witzel.

2) os mandados de segurança e os *habeas data* contra ato de Ministro de Estado, dos Comandantes da Marinha, do Exército e da Aeronáutica ou do próprio Tribunal;

3) os *habeas corpus*, quando o coator ou paciente for qualquer das pessoas mencionadas na alínea "a", ou quando o coator for tribunal sujeito à sua jurisdição, Ministro de Estado ou Comandante da Marinha, do Exército ou da Aeronáutica, ressalvada a competência da Justiça Eleitoral;

4) os conflitos de competência entre quaisquer tribunais, ressalvado o disposto no art. 102, I, "o", bem como entre tribunal e juízes a ele não vinculados e entre juízes vinculados a tribunais diversos;

5) as revisões criminais e as ações rescisórias de seus julgados;

6) a reclamação para a preservação de sua competência e garantia da autoridade de suas decisões;

7) os conflitos de atribuições entre autoridades administrativas e judiciárias da União, ou entre autoridades judiciárias de um Estado e administrativas de outro ou do Distrito Federal, ou entre as deste e da União;

8) o mandado de injunção, quando a elaboração da norma regulamentadora for de órgão, entidade ou autoridade federal, da administração direta ou indireta, excetuados os casos de competência do Supremo Tribunal Federal e dos órgãos da Justiça Militar, da Justiça Eleitoral, da Justiça do Trabalho e da Justiça Federal;

9) a homologação de sentenças estrangeiras e a concessão de *exequatur* às cartas rogatórias.

Por sua vez, a competência recursal do Superior Tribunal de Justiça está prevista nos arts. 105, II e III, da Constituição Federal. Segundo o art. 105, II, da Constituição, cabe recurso ordinário constitucional ao STJ contra decisão que julga "os *habeas corpus* decididos em única ou última instância pelos Tribunais Regionais Federais ou pelos Tribunais dos Estados, do Distrito Federal e Territórios, quando a decisão for denegatória", bem como "os mandados de segurança decididos em única instância pelos Tribunais Regionais Federais ou pelos tribunais dos Estados, do Distrito Federal e Territórios, quando denegatória a decisão" e "as causas em que forem partes Estado estrangeiro ou organismo internacional, de um lado, e, do outro, Município ou pessoa residente ou domiciliada no País".

19.16.6.5.1. Recurso Especial (e a EC n. 125/2022)

Cabe Recurso Especial ao STJ contra "as causas decididas, em única ou última instância, pelos Tribunais Regionais Federais ou pelos Tribunais dos Estados, do Distrito Federal e Territórios, quando a decisão recorrida: a) contrariar tratado ou lei federal, ou negar-lhes vigência; b) julgar válido ato de governo local contestado em face de lei federal; c) der a lei federal interpretação divergente da que lhe haja atribuído outro tribunal".

Uma grande inovação no texto constitucional foi trazida pela Emenda Constitucional n. 125, de 14 de julho de 2022. Com o intuito de reduzir os recursos especiais cujo mérito é julgado pelo Superior Tribunal de Justiça, sob o argumento de assim dar maior agilidade à prestação jurisdicional daquele Tribunal, a sobredita Emenda Constitucional criou o requisito da "relevância das questões de direito federal infraconstitucional". Assim, nos moldes do requisito da "repercussão geral", requisito introduzido na Constituição por emenda constitucional para limitar o julgamento de mérito dos recursos extraordinários, a Constituição agora possui instrumento semelhante que funciona como novo requisito à análise do mérito recursal.

Segundo o novo art. 105, § 2º, 1ª parte, da Constituição Federal, "no recurso especial, o recorrente deve demonstrar a relevância das questões de direito federal infraconstitucional discutidas no caso, nos termos da lei, a fim de que a admissão do recurso seja examinada pelo Tribunal". Ao utilizar a expressão "nos termos da lei", o Constituinte reformador determinou que o processamento do requisito da "relevância das questões de direito federal infraconstitucional" deverá ser disciplinado pela lei processual (no caso, o Código de Processo Civil).

A nova condição de admissibilidade constitucional aqui relatada tem aplicação imediata, exigindo-a nos Recursos Especiais agora interpostos, ou somente será aplicada quando da edição da sua regulamentação infraconstitucional? Segundo o entendimento do próprio STJ, esse requisito somente será exigido quando a lei infraconstitucional regulamentar for editada.

Segundo a parte final desse mesmo dispositivo constitucional, o Tribunal "somente pode dele não conhecer com base nesse motivo pela manifestação de 2/3 (dois terços) dos membros do órgão competente para o julgamento". Dessa maneira, nos moldes do requisito da "repercussão geral" (no recurso extraordinário), o não conhecimento do recurso (não julgamento do mérito por ausência de um pressuposto ou requisito recursal) exige quórum qualificado do órgão julgador.

Além disso, a própria Constituição estabelece um rol mínimo de causas que presume possuírem "relevância", para fins de julgamento de mérito. O rol está no art. 105, § 3º: "haverá a relevância de que trata o § 2º deste artigo nos seguintes casos: I – ações penais; II – ações de improbidade administrativa; III – ações cujo valor da causa ultrapasse 500 (quinhentos) salários mínimos; IV – ações que possam gerar inelegibilidade; V – hipóteses em que o acórdão recorrido contrariar jurisprudência dominante do Superior Tribunal de Justiça; VI – outras hipóteses previstas em lei". Como afirmamos acima, trata-se de um rol mínimo, que pode ser ampliado pela legislação infraconstitucional (a lei processual, especialmente o Código de Processo Civil), em face do último inciso que prevê tal complemento, de forma expressa: "outras hipóteses previstas em lei".

Por fim, segundo o art. 105, § 1º, da Constituição Federal, "funcionarão junto ao Superior Tribunal de Justiça: I – a Escola Nacional de Formação e Aperfeiçoamento de Magistrados, cabendo-lhe, dentre outras funções, regulamentar os cursos oficiais para o ingresso e promoção na carreira; II – o Conselho da Justiça Federal, cabendo-lhe exercer, na forma da lei, a supervisão administrativa e orçamentária da Justiça Federal de primeiro e segundo graus, como órgão central do sistema e com poderes correicionais, cujas decisões terão caráter vinculante".

19.16.6.6. Juizados Especiais e Justiça de Paz

O art. 98 da Constituição Federal, no seu inciso I, prevê que a União, no Distrito Federal e Territórios, e os Estados criarão: "juizados especiais, providos por juízes togados, ou togados e leigos, competentes para a conciliação, o julgamento e a execução de causas cíveis de menor complexidade e infrações penais de menor potencial ofensivo, mediante os procedimentos oral e sumaríssimo, permitidos, nas hipóteses previstas em lei, a transação e o julgamento de recursos por turmas de juízes de primeiro grau".

Muitas foram as novidades trazidas por esse dispositivo constitucional, dentre elas: a) a possibilidade de juízes leigos; b) a competência para julgar causas cíveis de menor complexidade de infrações penais de menor potencial ofensivo; c) princípio da oralidade; d) procedimento sumaríssimo; e) transação penal; f) julgamento de recursos por turmas de juízes de primeiro grau. Os juizados especiais estaduais estão regulamentados pela Lei n. 9.099/95 e, na Justiça Federal, estão regulamentados pela Lei n. 10.259, de 12 de julho de 2001 (por determinação do art. 98, § 1º, da Constituição Federal).

O art. 98, II, da Constituição Federal prevê a criação da "justiça de paz, remunerada, composta de cidadãos eleitos pelo voto direto, universal e secreto, com mandato de quatro anos e competência para, na forma da lei, celebrar casamentos, verificar, de ofício ou em face de impugnação apresentada, o processo de habilitação e exercer atribuições conciliatórias, sem caráter jurisdicional, além de outras previstas na legislação".

Segundo o STF, "os juízes de paz, na qualidade de agentes públicos, ocupam cargo cuja remuneração deve ocorrer com base em valor fixo e predeterminado, e não por participação no que é recolhido aos cofres públicos. Além disso, os juízes de paz integram o Poder Judiciário e a eles se impõe prevista no art. 95, parágrafo único, II, da Constituição, a qual proíbe a percepção, a qualquer título ou pretexto, de custas ou participação em processo pelos membros do Judiciário" (ADI 954, rel. Min. Gilmar Mendes).

19.16.6.7. Justiça Comum – Justiça Estadual

A Justiça estadual é formada pelos juízes estaduais de primeira instância e pelos Tribunais de Justiça, em segunda instância. A competência da Justiça Estadual é residual, ou seja, julgará todas as causas que não forem de competência da Justiça Especial (Justiça Militar, do Trabalho e Eleitoral) e da Justiça Federal.

Segundo o art. 125, § 1º, da Constituição Federal, "a competência dos Tribunais será definida na Constituição do Estado, sendo a lei de organização judiciária de iniciativa do Tribunal de Justiça". Segundo o Supremo Tribunal Federal, "é competente a Justiça comum para julgar as causas em que é parte sociedade de economia mista" (Súmula 556), bem como "compete à Justiça estadual, em ambas as instâncias, processar e julgar as causas em que for parte o Banco do Brasil" (Súmula 508).

Da mesma maneira, em regra, crimes praticados pela internet são de competência da Justiça Estadual, como já decidiu o STF: "é da Justiça Estadual a competência para processar e julgar o crime de incitação à discriminação racial por meio da internet cometido contra pessoas determinadas e cujo resultado não ultrapassou as fronteiras territoriais brasileiras" (HC 121.283, rel. Min. Roberto Barroso).

Por sua vez, nos termos do art. 125, § 3º, da Constituição Federal, poderá lei estadual criar, por proposta do Tribunal de Justiça, a Justiça Militar estadual "constituída, em primeiro grau, pelos juízes de direito e pelos Conselhos de Justiça e, em segundo grau, pelo próprio Tribunal de Justiça, ou por Tribunal de Justiça Militar nos Estados em que o efetivo militar seja superior a vinte mil integrantes". Segundo o § 4º do mesmo artigo, competirá à Justiça Militar estadual "processar e julgar os militares dos Estados, nos crimes militares definidos em lei e as ações judiciais contra atos disciplinares militares, ressalvada a competência do júri quando a vítima for civil, cabendo ao tribunal competente decidir sobre a perda do posto e da patente dos oficiais e da graduação das praças". Por fim, "compete aos juízes de direito do juízo militar processar e julgar, singularmente, os crimes militares cometidos contra civis e as ações judiciais contra atos disciplinares militares, cabendo ao Conselho de Justiça, sob a presidência de juiz de direito, processar e julgar os demais crimes militares".

Para atender o princípio da celeridade e do acesso à jurisdição, a Emenda Constitucional n. 45/2004 (Reforma do Poder Judiciário) previu a instituição de Câmaras descentralizadas dos Tribunais, bem como a Justiça Itinerante. Segundo o art. 125, § 6º, "o Tribunal de Justiça poderá funcionar descentralizadamente, constituindo Câmaras regionais, a fim de assegurar o pleno acesso do jurisdicionado à justiça em todas as fases do processo". Por sua vez, o § 7º do mesmo artigo prevê que "o Tribunal de Justiça instalará a justiça itinerante, com a realização de audiências e demais funções da atividade jurisdicional, nos limites territoriais da respectiva jurisdição, servindo-se de equipamentos públicos e comunitários".

Por fim, segundo o art. 126 da Constituição Federal, "para dirimir conflitos fundiários, o Tribunal de Justiça proporá a criação de varas especializadas, com competência exclusiva para questões agrárias". Segundo o parágrafo único do mesmo artigo, "sempre que necessário à eficiente prestação jurisdicional, o juiz far-se-á presente no local do litígio".

19.16.6.8. Justiça Comum – Justiça Federal

Segundo o art. 106 da Constituição Federal, são órgãos da Justiça Federal os Tribunais Regionais Federais (na segunda instância) e os Juízes Federais (na primeira instância). Nos termos do art. 107 da Constituição Federal, os Tribunais Regionais Federais compõem-se de, no mínimo, sete juízes, recrutados, quando possível, na respectiva região e nomeados pelo Presidente da República, dentre brasileiros com mais de 35 e menos de 70 anos[71], da seguinte maneira: a) um quinto dentre advogados com mais de dez anos de efetiva atividade profissional e membros do Ministério Público Federal com mais de dez anos de carreira (obedecendo à regra do quinto constitucional) e b) os demais, mediante promoção de juízes federais com mais de cinco anos de exercício, por antiguidade e merecimento, alternadamente. Quanto ao quinto constitucional, como vimos, deve-se obedecer ao procedimento do

---

71. A idade máxima passou a ser de 70 (setenta) anos, por força da Emenda Constitucional n. 122/2022, já que a idade máxima anterior era de 65 (sessenta e cinco) anos.

art. 94 da Constituição Federal: o órgão de classe indica 6, o Tribunal seleciona 3 e o Presidente da República escolhe um.

Assim como visto acima para os Tribunais de Justiça, a Constituição Federal também permite a atuação descentralizada do Tribunal Regional Federal, bem como a criação da justiça itinerante (art. 107, §§ 2º e 3º, CF).

A competência dos Tribunais Regionais Federais está prevista no art. 108 da Constituição Federal, dividindo-se em competência originária e competência recursal. É competência originária do TRF processar e julgar: "a) os juízes federais da área de sua jurisdição, incluídos os da Justiça Militar e da Justiça do Trabalho, nos crimes comuns e de responsabilidade, e os membros do Ministério Público da União, ressalvada a competência da Justiça Eleitoral; b) as revisões criminais e as ações rescisórias de julgados seus ou dos juízes federais da região; c) os mandados de segurança e os *habeas data* contra ato do próprio Tribunal ou de juiz federal; d) os *habeas corpus*, quando a autoridade coatora for juiz federal; e) os conflitos de competência entre juízes federais vinculados ao Tribunal". Por sua vez, compete ao TRF "julgar, em grau de recurso, as causas decididas pelos juízes federais e pelos juízes estaduais no exercício da competência federal da área de sua jurisdição".

A competência dos juízes federais está prevista no art. 109 da Constituição Federal, cabendo-lhe processar e julgar: "I – as causas em que a União, entidade autárquica ou empresa pública federal forem interessadas na condição de autoras, rés, assistentes ou oponentes, exceto as de falência, as de acidentes de trabalho e as sujeitas à Justiça Eleitoral e à Justiça do Trabalho; II – as causas entre Estado estrangeiro ou organismo internacional e Município ou pessoa domiciliada ou residente no País; III – as causas fundadas em tratado ou contrato da União com Estado estrangeiro ou organismo internacional; IV – os crimes políticos e as infrações penais praticadas em detrimento de bens, serviços ou interesse da União ou de suas entidades autárquicas ou empresas públicas, excluídas as contravenções e ressalvada a competência da Justiça Militar e da Justiça Eleitoral; V – os crimes previstos em tratado ou convenção internacional, quando, iniciada a execução no País, o resultado tenha ou devesse ter ocorrido no estrangeiro, ou reciprocamente; V-A – as causas relativas a direitos humanos a que se refere o § 5º deste artigo; VI – os crimes contra a organização do trabalho e, nos casos determinados por lei, contra o sistema financeiro e a ordem econômico-financeira; VII – os *habeas corpus*, em matéria criminal de sua competência ou quando o constrangimento provier de autoridade cujos atos não estejam diretamente sujeitos a outra jurisdição; VIII – os mandados de segurança e os *habeas data* contra ato de autoridade federal, excetuados os casos de competência dos tribunais federais; IX – os crimes cometidos a bordo de navios ou aeronaves, ressalvada a competência da Justiça Militar; X – os crimes de ingresso ou permanência irregular de estrangeiro, a execução de carta rogatória, após o *exequatur*, e de sentença estrangeira, após a homologação, as causas referentes à nacionalidade, inclusive a respectiva opção, e à naturalização'; XI – a disputa sobre direitos indígenas".

Segundo o art. 109, § 2º, "as causas intentadas contra a União poderão ser aforadas na seção judiciária em que for domiciliado o autor, naquela onde houver ocorrido o ato ou fato que deu origem à demanda ou onde esteja situada a coisa, ou, ainda, no Distrito Federal". Por sua vez, o § 3º, com redação da EC n. 103/2019, do mesmo artigo afirma que "lei poderá autorizar que as causas de competência da Justiça Federal em que forem parte instituição de previdência social e segurado possam ser processadas e julgadas na justiça estadual quando a comarca do domicílio do segurado não for sede de vara federal".

Por fim, segundo o art. 109, § 5º, "nas hipóteses de grave violação de direitos humanos, o Procurador-Geral da República, com a finalidade de assegurar o cumprimento de obrigações decorrentes de tratados internacionais de direitos humanos dos quais o Brasil seja parte, poderá suscitar, perante o Superior Tribunal de Justiça, em qualquer fase do inquérito ou processo, incidente de deslocamento de competência para a Justiça Federal".

19.16.6.9. Justiça Especial – Justiça Eleitoral

A Justiça Eleitoral está prevista nos arts. 118 a 121 da Constituição Federal. Segundo o art. 118, são órgãos da Justiça Eleitoral: o Tribunal Superior Eleitoral, os Tribunais Regionais Eleitorais, os Juízes Eleitorais e as Juntas Eleitorais.

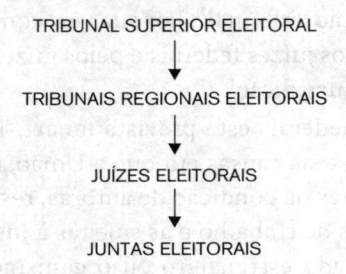

TRIBUNAL SUPERIOR ELEITORAL
↓
TRIBUNAIS REGIONAIS ELEITORAIS
↓
JUÍZES ELEITORAIS
↓
JUNTAS ELEITORAIS

Segundo o art. 119 da Constituição Federal, o Tribunal Superior Eleitoral será composto de, pelo menos, 7 ministros, assim escolhidos: I – mediante eleição, pelo voto secreto: a) três juízes dentre os Ministros do STF; b) dois juízes dentre os Ministros do STJ; II – por nomeação do Presidente da República, dois juízes dentre seis advogados de notável saber jurídico e idoneidade moral, indicados pelo STF.

Nos termos do parágrafo único do sobredito artigo, "o Tribunal Superior Eleitoral elegerá seu Presidente e o Vice-Presidente dentre os Ministros do Supremo Tribunal Federal, e o Corregedor Eleitoral dentre os Ministros do Superior Tribunal de Justiça".

Já os Tribunais Regionais Eleitorais, que estarão presentes na capital de cada Estado e também no Distrito Federal, compor-se-ão, nos termos do art. 120, § 1º, da Constituição Federal: I – mediante eleição, pelo voto secreto: a) de dois juízes dentre os desembargadores do Tribunal de Justiça, b) de dois juízes, dentre juízes de direito, escolhidos pelo Tribunal de Justiça, II – de um juiz do Tribunal Regional Federal com sede na Capital do Estado ou do DF, ou, não havendo, de um juiz federal, escolhido, em qualquer caso, pelo Tribunal Regional Federal respectivo; III – por nomeação, pelo Presidente da República, de dois dentre seis advogados de notável saber jurídico e idoneidade moral, indicados pelo Tribunal de Justiça.

Quanto à última hipótese (nomeação do advogado), o STF decidiu que a OAB não participa do processo de indicação, ao contrário do que ocorre com a regra do quinto constitucional: "TRE. Composição. Vaga reservada à classe dos advogados. Participação da OAB no procedimento de indicação. Direito inexistente. Indicação em lista tríplice pelo Tribunal de Justiça" (MS 21.073, rel. Min. Paulo Brossard). Outrossim, embora a Constituição não preveja expressamente, o STF já decidiu que também se aplicaria, por analogia, a exigência de dez anos de atividade (RMS 24.334, rel. Min. Gilmar Mendes).

Segundo o art. 121, § 2º, da Constituição Federal, "os juízes dos tribunais eleitorais, salvo motivo justificado, servirão por dois anos, no mínimo, e nunca por mais de dois biênios consecutivos, sendo os substitutos escolhidos na mesma ocasião e pelo mesmo processo, em número igual para cada categoria". Por sua vez, segundo o § 3º do mesmo artigo, "são irrecorríveis as decisões do Tribunal Superior Eleitoral, salvo as que contrariarem esta Constituição e as denegatórias de *habeas corpus* ou mandado de segurança".

Por fim, das decisões dos Tribunais Regionais Eleitorais caberá recurso quando, nos termos do art. 121, § 4º, da Constituição Federal: "I – forem proferidas contra disposição expressa desta Constituição ou de lei; II – ocorrer divergência na interpretação de lei entre dois ou mais tribunais eleitorais; III – versarem sobre inelegibilidade ou expedição de diplomas nas eleições federais ou estaduais; IV – anularem diplomas ou decretarem a perda de mandatos eletivos federais ou estaduais; V – denegarem *habeas corpus*, mandado de segurança, *habeas data* ou mandado de injunção".

Segundo o STF, "contra acórdão de TRE somente cabe recurso para o TSE, mesmo que nele se discuta matéria constitucional. É o que se extrai do disposto no art. 121, *caput*, e seu § 4º, I, da CF de 1988, e nos arts. 22, II, e 276, I e II, do Código Eleitoral (Lei n. 4.737, de 15-7-1965). No âmbito da Justiça Eleitoral, somente os acórdãos do TSE é que podem ser impugnados, perante o STF, em recurso extraordinário (arts. 121, § 3º, e 102, III. *a*, *b* e *c*, da CF)" (AI 164.491 AgR, rel. Min. Sydney Sanches).

19.16.6.10. *Justiça Especial – Justiça do Trabalho*

Segundo o art. 111 da Constituição Federal, são órgãos da Justiça do Trabalho o Tribunal Superior do Trabalho, os Tribunais Regionais do Trabalho e os Juízes do Trabalho.

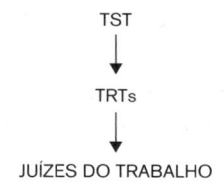

TST
↓
TRTs
↓
JUÍZES DO TRABALHO

Nos termos do art. 111-A da Constituição Federal, o TST será composto de 27 Ministros, escolhidos dentre brasileiros com mais de 35 anos e menos de 70 anos[72], de notável saber jurídico e reputação ilibada (requisito acrescentado pela EC 92/2016), após aprovação pela maioria absoluta do Senado Federal, sendo: I – um quinto dentre advogados e membros do MP, obedecendo às regras do quinto constitucional, II – os demais dentre juízes dos Tribunais Regionais do Trabalho, oriundos da magistratura da carreira, indicados pelo próprio TST.

Segundo o art. 111-A, § 2º, funcionarão junto ao TST: "I – a Escola Nacional de Formação e Aperfeiçoamento de Magistrados do Trabalho, cabendo-lhe, dentre outras funções, regula-

---

72. A idade máxima passou a ser de 70 (setenta) anos, por força da Emenda Constitucional n. 122/2022, já que a idade máxima anterior era de 65 (sessenta e cinco) anos.

mentar os cursos oficiais para o ingresso e promoção na carreira; II – o Conselho Superior da Justiça do Trabalho, cabendo-lhe exercer, na forma da lei, a supervisão administrativa, orçamentária, financeira e patrimonial da Justiça do Trabalho de primeiro e segundo graus, como órgão central do sistema, cujas decisões terão efeito vinculante".

Já os TRTs são compostos de, pelo menos, sete juízes, recrutados, quando possível, na respectiva região e nomeados pelo Presidente da República dentre brasileiros com mais de trinta e menos de setenta anos[73], sendo: I – 1/5 dentre advogados e membros do MP, com mais de 10 anos de atividade, para atender ao critério do quinto constitucional; II – os demais mediante promoção de juízes do trabalho por antiguidade e merecimento, alternadamente.

A competência da Justiça do Trabalho está prevista no art. 114 da Constituição Federal. Vejamos:

I – as ações oriundas da relação de trabalho, abrangidos os entes de direito público externo e da administração pública direta e indireta da União, dos Estados, do Distrito Federal e dos Municípios. Segundo o Supremo Tribunal Federal, "tendo a ação civil pública como causas de pedir disposições trabalhistas e pedidos voltados à preservação do meio ambiente do trabalho e, portanto, aos interesses dos empregados, a competência para julgá-la é da Justiça do Trabalho" (RE 206.220, rel. Min. Marco Aurélio). Nesse sentido, a Súmula 736 do STF afirma que "compete à Justiça do Trabalho julgar as ações que tenham como causa de pedir o descumprimento de normas trabalhistas relativas à segurança, higiene e saúde dos trabalhadores";

II – as ações que envolvam exercício do direito de greve. Nos termos da Súmula Vinculante 23, "a Justiça do Trabalho é competente para processar e julgar ação possessória ajuizada em decorrência do exercício do direito de greve pelos trabalhadores da iniciativa privada". Outrossim, com base nesse inciso, o STF decidiu: "Ato de interdito proibitório. Movimento grevista. Acesso de funcionários e clientes à agência bancaria: 'piquete'. Competência da justiça do trabalho" (RE 579.648, rel. Min. Cármen Lúcia);

III – as ações sobre representação sindical, entre sindicatos, entre sindicatos e trabalhadores, e entre sindicatos e empregadores. Segundo o STF, "é pacífico o entendimento da Corte, segundo o qual compete à Justiça do Trabalho processar e julgar ações que versem sobre representação sindical entre sindicatos, entre sindicatos e trabalhadores e entre sindicatos e empregadores, quando não há sentença de mérito, antes da promulgação da EC 45/2004" (RE 476.890 AgR, rel. Min. Cezar Peluso);

IV – os mandados de segurança, *habeas corpus* e *habeas data*, quando o ato questionado envolver matéria sujeita à sua jurisdição. Trata-se de inciso incluído pela Emenda Constitucional n. 45, de 2004. Segundo o STF, apesar de ter incluído o *habeas corpus* na competência da Justiça do Trabalho, a Constituição não transferiu a ela competência penal: "competência criminal. Justiça do Trabalho. Ações penais. Processo e julgamento. Jurisdição penal genérica. Inexistência. Interpretação conforme dada ao art. 114, I, IV e IX da CF, acrescido pela EC 45/2004. Ação direta de inconstitucionalidade. [...] O disposto no art. 114, I, IV e IX, da CF, acrescido pela EC 45, não atribui à Justiça do Trabalho competência para processar e julgar ações penais" (ADI 3.684 MC, rel. Min. Cezar Peluso);

---

73. A idade máxima passou a ser de 70 (setenta) anos, por força da Emenda Constitucional n. 122/2022, já que a idade máxima anterior era de 65 (sessenta e cinco) anos.

V – conflitos de competência entre órgãos com jurisdição trabalhista, ressalvado o disposto no art. 102, I, "o". Segundo o STF, "incumbe ao TRT o poder de dirimir conflito de competência que se registre entre Vara do Trabalho e magistrado estadual investido de jurisdição trabalhista (CF, art. 112, *in fine*), pois, em tal situação, ambos os órgãos judiciários estão vinculados, em sede recursal, à competência do respectivo TRT" (CC 7.080, rel. Min. Celso de Mello);

VI – as ações de indenização por dano moral ou patrimonial, decorrentes da relação de trabalho. Segundo a Súmula Vinculante 22, "a Justiça do Trabalho é competente para processar e julgar as ações de indenização por danos morais e patrimoniais decorrentes de acidente de trabalho propostas por empregado contra empregador, inclusive aquelas que ainda não possuíam sentença de mérito em primeiro grau quando da promulgação da EC 45/2004";

VII – as ações relativas às penalidades administrativas impostas aos empregadores pelos órgãos de fiscalização das relações de trabalho;

VIII – a execução, de ofício, das contribuições sociais previstas no art. 195, I, "a", e II, e seus acréscimos legais, decorrentes das sentenças que proferir. Segundo a Súmula Vinculante 53, "a competência da Justiça do Trabalho prevista no art. 114, VIII, da Constituição Federal alcança a execução de ofício das contribuições previdenciárias relativas ao objeto da condenação constante das sentenças que proferir e acordos por ela homologados";

IX – outras controvérsias decorrentes da relação de trabalho, na forma da lei. Segundo o STF, "a Justiça do Trabalho é competente para determinar o recolhimento dos tributos incidentes sobre as parcelas tributáveis decorrentes da condenação, o que inclui a definição das verbas que compõem a base de cálculo do imposto de renda" (ARE 696.411 AgR, rel. Min. Dias Toffoli).

A Emenda Constitucional n. 24, de 1999, extinguiu os representantes classistas da Justiça do Trabalho. A nova redação do art. 116 da Constituição Federal passou a dispor que, "Nas Varas do Trabalho, a jurisdição será exercida por um juiz singular".

19.16.6.11. *Justiça Especial – Justiça Militar*

Segundo o art. 122 da Constituição Federal, são órgãos da Justiça Militar: o Superior Tribunal Militar e os Tribunais e Juízes Militares, instituídos por lei.

SUPERIOR TRIBUNAL MILITAR
↓
TRIBUNAIS E JUÍZES MILITARES

Nos termos do art. 123 da Constituição Federal, o Superior Tribunal Militar compor-se-á de quinze Ministros vitalícios, nomeados pelo Presidente da República, depois de aprovada a indicação pelo Senado Federal, sendo três dentre oficiais-generais da Marinha, quatro dentre oficiais-generais do Exército, três dentre oficiais-generais da Aeronáutica, todos da ativa e do posto mais elevado da carreira, e cinco dentre civis.

Nos termos do art. 123, parágrafo único, da Constituição Federal, "os Ministros civis serão escolhidos pelo Presidente da República dentre brasileiros maiores de trinta e cinco anos, sendo: I – três dentre advogados de notório saber jurídico e conduta ilibada, com mais de dez anos de efetiva atividade profissional; II – dois, por escolha paritária, dentre juízes auditores e membros do Ministério Público da Justiça Militar".

Quanto à competência da Justiça Militar, o art. 124 da Constituição Federal dispõe que "à Justiça Militar compete processar e julgar os crimes militares definidos em lei". O parágrafo único desse mesmo artigo dispõe que "a lei disporá sobre a organização, o funcionamento e a competência da Justiça Militar".

A definição de crime militar está no art. 9º do Código Penal Militar: "consideram-se crimes militares, em tempo de paz: I – os crimes de que trata este Código, quando definidos de modo diverso na lei penal comum, ou nela não previstos, qualquer que seja o agente, salvo disposição especial; II – os crimes previstos neste Código, embora também o sejam com igual definição na lei penal comum, quando praticados: a) por militar em situação de atividade ou assemelhado, contra militar na mesma situação ou assemelhado; b) por militar em situação de atividade ou assemelhado, em lugar sujeito à administração militar, contra militar da reserva, ou reformado, ou assemelhado, ou civil; c) por militar em serviço ou atuando em razão da função, em comissão de natureza militar, ou em formatura, ainda que fora do lugar sujeito à administração militar contra militar da reserva, ou reformado, ou civil", dentre outros. Dessa maneira, não estando previsto no Código Penal Militar, não será o crime julgado pela Justiça Militar: "A jurisprudência do STF firmou entendimento no sentido de que, por não estar inserido no CPM, o crime de abuso de autoridade seria da competência da Justiça Comum" (HC 92.912, rel. Min. Cármen Lúcia).

Não obstante, segundo o art. 9º, parágrafo único, do Código Penal Militar, os crimes de que trata esse artigo, quando dolosos contra a vida e cometidos contra civil, serão da competência da justiça comum, salvo quando praticados no contexto da ação militar realizada na forma do art. 303 da Lei n. 7.565, de 19 de dezembro de 1986 – Código Brasileiro de Aeronáutica. Dessa maneira, em regra, crimes dolosos contra a vida praticados por militares contra civis são julgados pelo Tribunal do Júri. A exceção prevista ao final desse dispositivo refere-se à "lei do abate", ou seja, o art. 303 do Código Brasileiro de Aeronáutica: quando destruída uma aeronave hostil que invada o espaço aéreo correspondente, eventual ação penal tramitará na Justiça Militar.

19.16.6.12. Conselho Nacional de Justiça

19.16.6.12.1. Origem e constitucionalidade

Criado pela Emenda Constitucional n. 45, de 2004, o Conselho Nacional de Justiça é órgão que integra o Poder Judiciário e tem como escopo o "controle da atuação administrativa e financeira do Poder Judiciário e do cumprimento dos deveres funcionais dos juízes" (art. 103-A, § 4º, CF).

Histórica e importante decisão do Supremo Tribunal Federal foi proferida na ADI 3.367, relatada pelo Ministro Cezar Peluso. A referida ação direta de inconstitucionalidade foi ajuizada pela Associação dos Magistrados Brasileiros (AMB), questionando a constitucionalidade de alguns dispositivos da Reforma do Judiciário, máxime o Conselho Nacional de Justiça.

O Conselho Nacional de Justiça (CNJ) foi criado pela Reforma do Judiciário (EC n. 45/2004), sendo inserido no art. 103-B da Constituição Federal. O autor da ADI questionou a inconstitucionalidade do CNJ, utilizando-se de dois principais argumentos: a) o CNJ seria um controle externo do Judiciário, e, por essa razão, estaria mitigando sua autonomia e independência; b) a composição do CNJ estaria ferindo a separação dos poderes, na medida em que, dos 15 membros, 6 não fariam parte do Poder Judiciário (2 advogados, 2 membros do Ministério Público e 2 cidadãos).

O STF decidiu que o Conselho Nacional de Justiça é constitucional. Primeiramente, não se trata de controle externo do Poder Judiciário, sendo um órgão do Poder Judiciário (é, pois, um controle interno). Ora, o art. 92 da Constituição Federal estabelece que o CNJ é um de seus órgãos. Outrossim, quanto ao segundo argumento, o STF decidiu que a participação no CNJ de pessoas externas ao Poder Judiciário é uma medida republicana e democrática. Em vez de ser um retrocesso, é um avanço na estrutura do Poder Judiciário. Decidiu o STF: "Ora, não é esse o caso do Conselho Nacional de Justiça, que se define como órgão interno do Judiciário e, em sua formação, apresenta maioria qualificada (três quintos) de membros da magistratura (arts. 92, I-A e 103-B). Desses caracteres vem-lhe a natureza de órgão de controle interno, conduzido pelo próprio Judiciário, conquanto democratizado na composição por meio da participação minoritária de representantes das áreas profissionais afins". Da mesma forma, decidiu que: "Pressuposto agora que a instituição do Conselho, não apenas simboliza, mas também opera ligeira abertura das portas do Judiciário para que representantes da sociedade tomem parte no controle administrativo-financeiro e ético-disciplinar da atuação do Poder, robustecendo-lhe o caráter republicano e democrático, nada mais natural que os dois setores sociais, cujos misteres estão mais próximos das atividades profissionais da magistratura, a advocacia e o Ministério Público, integrem o Conselho responsável por esse mesmo controle" (ADI 3.367, rel. Min. Cezar Peluso, Pleno, j. 13-4-2005).

19.16.6.12.2. Composição

Segundo o art. 103-B, o Conselho Nacional de Justiça compõe-se de 15 (quinze) membros com mandato de 2 (dois) anos, admitida 1 (uma) recondução. Desses membros, 9 (nove) são do Poder Judiciário e 6 (seis) são de fora, assim distribuídos: I – o Presidente do STF; II – um Ministro do STJ, indicado pelo respectivo tribunal; III – um Ministro do TST, indicado pelo respectivo Tribunal; IV – um desembargador de TJ, indicado pelo STF; V – um juiz estadual, indicado pelo STF; VI – um juiz de TRF, indicado pelo STJ; VII – um juiz federal, indicado pelo STJ; VIII – um juiz do TRT, indicado pelo TST; IX – juiz do trabalho, indicado pelo TST; X – um membro do MPU, indicado pelo Procurador-Geral da República; XI – um membro do MP estadual, escolhido pelo Procurador-Geral da República dentre os nomes indicados pelo órgão competente de cada instituição estadual; XII – dois advogados, indicados pelo Conselho Federal da OAB; XIII – dois cidadãos, de notável saber jurídico e reputação ilibada, indicados um pela Câmara dos Deputados e outro pelo Senado Federal.

O Presidente do CNJ será necessariamente o Presidente do STF e, nas suas ausências e impedimentos, o Vice-Presidente do STF (art. 103-B, § 1º, CF). Todos os demais membros do Conselho serão nomeados pelo Presidente da República, depois de aprovada a escolha pela maioria absoluta do Senado Federal (art. 103-B, § 2º, CF). Não efetuadas, no prazo legal, as indicações previstas neste artigo, caberá a escolha ao Supremo Tribunal Federal (art. 103-B, § 3º, CF).

O STF já decidiu que "não há impedimento do presidente do CNJ que fez a publicação da decisão, mesmo que tivesse participado eventualmente da própria sessão que deu ensejo à prática do ato" (MS 25.938, rel. Min. Cármen Lúcia, j. 24-4-2008, Pleno).

19.16.6.12.3. Atribuições

Segundo o art. 103-B, § 4º, da Constituição Federal, compete ao Conselho o controle da atuação administrativa e financeira do Poder Judiciário e do cumprimento dos deveres funcionais dos juízes, cabendo-lhe, além de outras atribuições que lhe forem conferidas pelo Estatuto da Magistratura:

I – zelar pela autonomia do Poder Judiciário e pelo cumprimento do Estatuto da Magistratura, podendo expedir atos regulamentares, no âmbito de sua competência, ou recomendar providências;

Trata-se de uma competência muito utilizada, já que o Conselho Nacional de Justiça edita inúmeros atos regulamentares sobre o Judiciário, como a Resolução n.75/2009 (que regulamenta o concurso para ingresso na magistratura, densificando os requisitos de atividade jurídica, por exemplo). Em 2021, essa resolução foi alterada, para a inclusão de novas disciplinas obrigatórias, como direito digital, análise econômica do direito, direito antidiscriminação etc.

Como já decidiu o STF, é possível ação direta de inconstitucionalidade contra ato normativo do Conselho Nacional de Justiça, como ocorreu com a Resolução n. 59/2008, que proibia o magistrado de prorrogar interceptação telefônica durante o plantão judiciário ou recesso de fim de ano, o que era matéria de natureza processual e dependente de lei: "1. O objeto das ações concentradas na jurisdição constitucional brasileira, além das espécies normativas primárias previstas no art. 59 da Constituição Federal, engloba a possibilidade de controle de todos os atos revestidos de indiscutível conteúdo normativo e autônomo. Ato normativo do Conselho Nacional de Justiça revestido dos atributos da generalidade, impessoalidade e abstratividade, permitindo a análise de sua constitucionalidade. Jurisprudência pacífica desta CORTE. 2. Inconstitucionalidade de norma administrativa proibitiva de plena atuação jurisdicional durante o plantão judiciário. Resolução do Conselho Nacional de Justiça que, visando disciplinar e uniformizar procedimentos de interceptação de comunicações telefônicas e de sistemas de informática e telemática nos órgãos jurisdicionais do Poder Judiciário, criou, administrativamente, inadmissível vedação ao exercício regular da função jurisdicional, ao vedar a análise judicial de pedidos de prorrogação de prazo de medida cautelar de interceptação de comunicação telefônica, telemática ou de informática durante o plantão judiciário, ressalvada a hipótese de risco iminente e grave à integridade ou à vida de terceiros. 3. Inconstitucionalidade do § 1º do art. 13 da Resolução n. 59/2008, com posteriores alterações, do Conselho Nacional de Justiça, que desrespeitou a competência constitucional dos Estados para legislar sobre a Organização Judiciária (CF, art. 125, § 1º), inclusive plantão judicial; bem como os artigos 22, I, competência privativa da União para legislar sobre processo penal; 5º, incisos XII (reserva legal) e XXXV (inafastabilidade de jurisdição). 4. Ação direta de inconstitucionalidade julgada parcialmente procedente para declarar inconstitucional o § 1º do art. 13 da Resolução n. 59 do Conselho Nacional de Justiça (ADI 4.145, rel. Edson Fachin, rel. p/ ac. Alexandre de Moraes, Pleno, j. 26.04.2018). Da mesma forma, foi ajuizada ação direta de inconstitucionalidade (ADI 6.293) contra a Resolução n. 305/2019 do Conselho Nacional de Justiça, que estabelece parâmetros para o uso das redes sociais pelos membros do Judiciário".

II – zelar pela observância do art. 37 e apreciar, de ofício ou mediante provocação, a legalidade dos atos administrativos praticados por membros ou órgãos do Poder Judiciário, podendo desconstituí-los, revê-los ou fixar prazo para que se adotem as providências necessárias ao exato cumprimento da lei, sem prejuízo da competência do Tribunal de Contas da União;

Como decidiu o STF, não é necessário o exaurimento da instância administrativa: "Não há necessidade de exaurimento da instância administrativa ordinária para a atuação do CNJ. Competência concorrente, e não subsidiária" (MS 28.620, rel. min. Dias Toffoli, j. 23-9-2014, 1ª T, *DJE* 8-10-2014).

Como já decidiu o STF (e veremos melhor no capítulo destinado ao Controle de Constitucionalidade), não cabe ao CNJ fazer o controle de constitucionalidade de normas aparentemente inconstitucionais que lhe são apresentadas: "O CNJ, embora seja órgão do Poder Judiciário, nos termos do art. 103-B, § 4º, II, da CF, possui, tão somente, atribuições de natureza administrativa e, nesse sentido, não lhe é permitido apreciar a constitucionalidade dos atos administrativos, mas somente sua legalidade" (MS 28.872 AgR, rel. Min. Ricardo Lewandowski, j. 24-2-2011, P, *DJE* 18-3-2011).

III – Receber e conhecer das reclamações contra membros ou órgãos do Poder Judiciário, inclusive contra seus serviços auxiliares, serventias e órgãos prestadores de serviços notariais e de registro que atuem por delegação do poder público ou oficializados, sem prejuízo da competência disciplinar e correicional dos tribunais, podendo avocar processos disciplinares em curso e determinar a remoção, a disponibilidade ou a aposentadoria com subsídios ou proventos proporcionais ao tempo de serviço e aplicar outras sanções administrativas, assegurada ampla defesa;

IV – Representar ao Ministério Público, no caso de crime contra a administração pública ou de abuso de autoridade;

Qualquer pessoa pode representar ao CNJ, como já decidiu o STF: "Qualquer pessoa é parte legítima para representar ilegalidades perante o CNJ. Apuração que é de interesse público" (MS 28.620, rel. Min. Dias Toffoli, j. 23-9-2014, 1ª T., *DJE* de 8-10-2014).

V – Rever, de ofício ou mediante provocação, os processos disciplinares de juízes e membros de tribunais julgados há menos de um ano;

O STF já decidiu que essa avocação pelo CNJ é constitucional: "Não há ilegalidade no ato coator, tendo em vista que o CNJ possui competência constitucional para avocar processos disciplinares em curso (art. 103-B, § 4º, III, CF), assim como para rever, de ofício ou mediante provocação, os processos disciplinares de juízes e membros de tribunais julgados há menos de um ano (art. 103-B, § 4º, V, CF). 4. Além disso, diante das circunstâncias dos autos, se revela plenamente razoável a manutenção do afastamento cautelar do magistrado. 5. Segurança denegada" (MS 35.100, rel. Min. Luiz Fux Relator(a) p/ Acórdão: Min. Roberto Barroso, 1ª T., j. 8-5-2018).

Importante frisar que há prazo para rever os processos disciplinares, mas não há prazo para apurar a infração disciplinar, como decidiu o STF: "A competência originária do CNJ para a apuração disciplinar, ao contrário da revisional, não se sujeita ao parâmetro temporal previsto no art. 103-B, § 4º, V, da CF. Com base nesse entendimento, a Segunda Turma negou provimento a agravo regimental em mandado de segurança em que se discutia deliberação do CNJ que aplicou pena de aposentadoria compulsória a magistrado em processo disciplinar administrativo" (MS 34.685 AgR, rel. Min. Dias Toffoli, j. 28-11-2017, 2ª T., *Informativo* 886).

O prazo de 1 (um) ano para rever os processos disciplinares começa a contar da publicação da decisão do Tribunal local: "O prazo estabelecido no art. 103-B, § 4º, V, da Constituição da República para o CNJ rever processo disciplinar instaurado contra magistrado começa a fluir da publicação da decisão do tribunal de justiça em órgão oficial" (MS 26.540, rel. Min. Cármen Lúcia, j. 24-6-2014, 2ª T., *DJE* 1º-8-2014). Da mesma forma, o pedido de revisão pela parte interessada deve ser feita dentro desse prazo de um ano: "O pedido de revisão disciplinar para o CNJ deve ser feito até um ano após o julgamento do processo disciplinar pelo respectivo tribunal, nos termos do art. 103-B, § 4º, V, da Constituição. Dessa forma, esgotado tal prazo só restará ao interessado socorrer-se da via judicial para discutir a punição que lhe foi aplicada" (MS 27.767 AgR, rel. Min. Ricardo Lewandowski, j. 23-3-2011, P, *DJE* d8-4-2011).

VI – elaborar semestralmente relatório estatístico sobre processos e sentenças prolatadas, por unidade da Federação, nos diferentes órgãos do Poder Judiciário;

VII – elaborar relatório anual, propondo as providências que julgar necessárias, sobre a situação do Poder Judiciário no País e as atividades do Conselho, o qual deve integrar mensagem do Presidente do Supremo Tribunal Federal a ser remetida ao Congresso Nacional, por ocasião da abertura da sessão legislativa".

Segundo o art. 103-B, § 5º, da Constituição Federal, "o Ministro do Superior Tribunal de Justiça exercerá a função de Ministro-Corregedor e ficará excluído da distribuição de processos no Tribunal, competindo-lhe, além das atribuições que lhe forem conferidas pelo Estatuto da Magistratura, as seguintes: I – receber as reclamações e denúncias, de qualquer interessado, relativas aos magistrados e aos serviços judiciários; II – exercer funções executivas do Conselho, de inspeção e de correição geral; III – requisitar e designar magistrados, delegando-lhes atribuições, e requisitar servidores de juízos ou tribunais, inclusive nos Estados, Distrito Federal e Territórios".

Segundo o § 6º do mesmo artigo, "junto ao Conselho oficiarão o Procurador-Geral da República e o Presidente do Conselho Federal da Ordem dos Advogados do Brasil". Como já decidiu o STF, a ausência deles nas sessões do Conselho não importa nulidade delas (MS 25.879 AgR, rel. Min. Sepúlveda Pertence, Pleno, j. 23-8-2006).

Por fim, segundo o § 7º, "a União, inclusive no Distrito Federal e nos Territórios, criará ouvidorias de justiça, competentes para receber reclamações e denúncias de qualquer interessado contra membros ou órgãos do Poder Judiciário, ou contra seus serviços auxiliares, representando diretamente ao Conselho Nacional de Justiça".

19.17. FUNÇÕES ESSENCIAIS À JUSTIÇA

Depois de dispor sobre o Poder Judiciário, a Constituição Federal reserva um capítulo específico às Funções Essenciais à Justiça, dividindo-os nas seguintes seções: a) do Ministério Público; b) da Advocacia Pública; c) da Advocacia; d) da Defensoria Pública.

19.17.1. Ministério Público

19.17.1.1. Evolução histórica

Segundo a doutrina, a origem do Ministério Público coincide com a formação do Estado Moderno e a consequente implantação da separação das funções estatais, embora haja antecedentes remotos existentes no Egito antigo[74], e na Idade Média (com a figura dos *procureurs du roi* – procuradores do Rei, na França do século XIII. Para grande parte da doutrina, o surgimento do Ministério Público teria se dado entre os anos de 1302 e 1303, no reinado do francês Felipe, o Belo: "Franco Cordero, invocando o autorizado testemunho de Adhemar Esmein, informa que o primeiro diploma que faz menção aos Procuradores do Rei é uma *Ordonnance* de 1302, editada por Felipe, o Belo, que estabelece o juramento como requisito prévio à investidura nesse cargo e que impõe a eles a dedicação exclusiva aos encargos. Já José Frederico Marques, baseando-se em lição de René Garraud, afirma que foi uma *Ordonnance* de cinco de março de 1303, editada por Felipe, o Belo, que pela primeira vez mencionou *les gens du roi*"[75].

No Brasil, o primeiro diploma legal a fazer menção indireta ao Ministério Público foi o Regimento da Primeira Relação, de 1609 (criava cargos de Procurador dos Feitos da Coroa, Fazenda e Fisco e de Promotor de Justiça). Um alvará de 1808, que transformou a Relação da cidade do Rio de Janeiro em Casa da Suplicação do Brasil, prevê a atuação de um Promotor de Justiça.

A Constituição de 1824 não fez menção ao Ministério Público enquanto instituição, apenas se referendo ao cargo de Procurador da Coroa[76]. Lei de 18 de setembro de 1828 previa a atuação de um Promotor de Justiça em cada Relação e em cada comarca. Lei de três de dezembro de 1841 atribuiu a Promotores de Justiça o papel de "produzir a acusação dos delinquentes e fazê-los condenar".

A Constituição de 1891 também não fez menção à instituição do Ministério Público, limitando-se a indicar o critério de nomeação do Procurador-Geral da República, que deveria recair sobre um dos Ministros do Supremo Tribunal Federal (art. 58, § 2º).

Somente na Constituição de 1934 é que o Ministério Público passou a ser tratado como um dos órgãos de cooperação nas atividades governamentais. Quatro foram os artigos reser-

---

74. "Alguns estudiosos costumam apontar o *magiai* do Egito como 'parente' mais remoto dos atuais membros do Ministério Público. Eram eles agentes públicos incumbidos de punir os rebeldes e os violentos, proteger os cidadãos pacíficos, acolher os pedidos do homem justo, ouvir as notícias de delitos, tomar parte nas instruções para descobrir a verdade e indicar as disposições legais aplicáveis a cada caso. Não tinham, no entanto, o plexo de atribuições, as garantias, as prerrogativas e a posição estratégica dentro do sistema de Justiça ora ostentadas por aqueles que compõem o Ministério Público moderno" (Kleber Martins. *A Origem Histórica do Ministério Público*).
75. João Gualberto Garcez Ramos. Reflexões sobre o perfil do Ministério Público de ontem, de hoje e do 3º Milênio, p. 3. Segundo o autor, "Depois dessa primeira *Ordonnance*, outras fizeram menção ao Ministério Público, como a de dezembro de 1335, a de julho de 1367, a de novembro de 1371, a de julho de 1493 (editada por Carlos VIII), a de 1499 (editada por Luís XII), a de agosto de 1522, a de novembro de 1553 e a de maio de 1586". Segundo Victor Roberto Corrêa de Souza, quanto aos "procuradores do rei" na França do século XIV, "eram eles delegados do Rei, incumbidos de denunciar e perseguir os criminosos. Suas presenças não reduziram os poderes do juiz inquisidor e sua correlata perseguição criminal. Seguia ele facultado a iniciar o processo penal" (*Ministério Público*: aspectos históricos).
76. Segundo Samantha Ribeiro Meyer-Pflug, "o Ministério Público se fez presente desde a primeira Constituição, qual seja, a de 1824. Nela ficava estabelecido que ao procurador da coroa cabia a acusação no Juízo dos crimes, ressalvada a competência da câmara dos deputados (ministros ou conselheiros de estado). Rezava o seu art. 48 que 'No Juízo dos crimes, cuja acusação não pertence à Câmara dos Deputados, acusará o Procurador da Coroa, e Soberania Nacional'" (op. cit., p. 181).

vados ao Ministério Público (arts. 95 a 98). Segundo o art. 95, "O Ministério Público será organizado na União, no Distrito Federal e nos Territórios por lei federal, e, nos Estados, pelas leis locais". O Chefe do Ministério Público Federal era o Procurador-Geral da República, de nomeação do Presidente da República, com aprovação do Senado Federal, podendo ser demitido *ad nutum* pelo Presidente. Conclui Samantha Meyer-Pflug: "daí se depreende uma nítida subordinação do Ministério Público ao Poder Executivo, pois o chefe da instituição exerca cargo de confiança do Ministério Público ao Poder Executivo, pois o chefe da instituição exerca cargo de confiança do Presidente da República, podendo ser demitido a qualquer tempo. Tal fato impedia por completo a autonomia do Procurador-Geral no desempenho de suas atividades, pois não usufruía de nenhuma garantia que lhe assegurasse a independência necessária para realizar o seu mister"[77].

Mantido pela Constituição de 1937, o Ministério Público teve previsão constitucional ainda mais restrita, passando a fazer parte do Poder Judiciário. A chefia do Ministério Público Federal continuava a ser exercida pelo Procurador-Geral da República (demissível *ad nutum* pelo Presidente), nos termos do art. 99. Como afirmou Victor Roberto de Souza, "coma Constituição elaborada pelo Ministro Francisco Campos, mentor de nosso Código Penal, o Ministério Público perde a estabilidade e a paridade de vencimentos com os magistrados. Cria-se a máxima, que se veria repetida no Golpe Militar de 31 de março de 1964: regime ditatorial forte, Ministério Público fraco"[78].

A Constituição de 1946, embora tenha mantido a possibilidade de demissão *ad nutum* do Procurador-Geral da República, restaurou os dispositivos antes previstos na Constituição de 1934 sobre o Ministério Público (como a garantia de seus membros). Segundo o art. 126, o Ministério Público tinha o encargo de representar em juízo à União. Todavia, como lembra a doutrina, "diversos Estados da Federação optaram por desvincular seus *parquets* da representação judicial do Estado, como ocorreu com o Ministério Público de São Paulo e do antigo Estado da Guanabara, dentre ouros, que tiveram suas atividades restritas às funções típicas de fiscal da lei"[79].

A Constituição de 1967 manteve tais dispositivos, mas a Emenda n. 1, de 1969, transferiu o Ministério Público para o capítulo reservado ao Poder Executivo. Como afirma Victor Roberto de Souza, "passou ele a figurar como parte integrante do Poder Executivo, sem independência funcional, financeira e administrativa, o que lhe tirava vigor para alçar voos maiores. Voltava ele a ser mero funcionário administrativo do Estado. Lembremos que, em adendo, esta Carta também suprimiu a oitiva do Senado Federal, quando da nomeação do Procurador-Geral da República, acentuando sua subordinação ao Presidente da República"[80].

A Constituição de 1988 foi a que mais inovou no tocante ao Ministério Público, dando ao Ministério Público um papel destacado no Estado Democrático de Direito. Segundo Samantha Ribeiro Meyer-Pflug, "o texto constitucional, tendo em vista a grande relevância da função do *parquet*, além de assegurar-lhe autonomia, também delineou detalhadamente a sua

---

77. Op. cit., p. 181.
78. *Ministério Público:* Aspectos Históricos.
79. Op. cit.
80. Op. cit.

estrutura, propiciando os elementos necessários para que possa levar a efeito a defesa do regime democrático"[81].

Dentre as principais inovações, destacam-se: a) exclusividade para promoção da ação penal pública; b) possibilidade de requisição de investigações às autoridades públicas competentes; c) autonomia funcional, financeira ou orçamentária e administrativa; d) consagração dos princípios constitucionais da unidade, indivisibilidade e independência funcional; e) fim da representação da União e dos Estados, com a respectiva vedação à representação e consultoria de órgãos públicos; f) o Procurador-Geral da República deve ser da carreira, não podendo ser demitido *ad nutum* pelo Presidente; g) promoção de inquérito civil e ação civil pública para proteção do patrimônio público e social, do meio ambiente e de outros interesses difusos e coletivos etc.

Segundo o art. 127, *caput*, da Constituição Federal, "o Ministério Público é instituição permanente, essencial à função jurisdicional do Estado, incumbindo-lhe a defesa da ordem jurídica, do regime democrático e dos interesses sociais e individuais indisponíveis". O Ministério Público adquiriu *status* constitucional a partir da Constituição brasileira de 1934.

Ao contrário da Constituição anterior, que colocava o Ministério Público como órgão do Poder Executivo, o mesmo não ocorreu com a Constituição de 1988. Ao lado do Tribunal de Contas, o Ministério Público é um órgão que exerce importantes funções fiscalizatórias e que não pode ser considerado como integrante do Legislativo (no caso do Tribunal de Contas) ou do Executivo (no caso do Ministério Público). Como dissemos no início deste capítulo, essa polêmica deriva da irracional fidelidade à teoria da tripartição de poderes, teoria importantíssima, mas aplicada à realidade do século XVIII. Algumas Constituições preveem a função fiscalizatória como um Quarto Poder ou uma Quarta Função, o que não foi feito expressamente pela Constituição, o que de fato não é absolutamente necessário. Mesmo sem ser chamado de Quarto Poder, o Ministério Público e o Tribunal de Contas já gozam das autonomias destinadas ao livre exercício de suas respectivas funções.

No Brasil, o Ministério Público encontra raízes na legislação portuguesa vigente no país durante o período colonial, imperial e republicano. Como afirma a doutrina, "As Ordenações Manuelinas de 1521 já mencionavam o promotor de justiça e suas obrigações perante as Casas da Suplicação e nos juízos das terras"[82].

19.17.1.2. Autonomias

O Ministério Público goza de autonomia orgânico-administrativa, autonomia financeira e autonomia funcional.

Quanto à primeira, assegura o art. 127, § 2º, da Constituição Federal que "ao Ministério Público é assegurada autonomia funcional e administrativa, podendo, observado o disposto no art. 169, propor ao Poder Legislativo a criação e extinção de seus cargos e serviços auxiliares, provendo-os por concurso público de provas ou de provas e títulos, a política remuneratória e os planos de carreira; a lei disporá sobre sua organização e funcionamento".

---

81. *O Ministério Público na Constituição Federal de 1988*, p. 180.
82. Op. cit., p. 68. Prossegue o autor: "Em 1609, com a criação do Tribunal da Relação da Bahia, foi definida pela primeira vez a figura do promotor de justiça, que, juntamente com o procurador dos feitos da coroa e da fazenda, integrava o tribunal composto por dez desembargadores".

Assim, como já decidiu o STF, "a iniciativa legislativa prevista no art. 127, § 2º, da Constituição para a criação de cargos e serviços auxiliares, a política remuneratória e os planos de carreira do Ministério Público é privativa do Procurador-Geral de Justiça, no âmbito estadual, e do PGR, na esfera federal" (ADI 1.757, rel. Min. Alexandre de Moraes, Pleno, j. 20-9-2018).

Embora os projetos de lei sobre a criação e extinção de seus cargos e serviços auxiliares (art. 127, § 2º, CF), bem como a "organização, as atribuições" (art. 128, § 5º, CF), sejam de iniciativa do Ministério Público (do PGR, no âmbito federal e do PGJ, no âmbito estadual), o presidente da República tem iniciativa para propor projeto de lei sobre "normas gerais para a organização do Ministério Público [...] dos Estados, do Distrito Federal e dos Territórios" (art. 61, § 1º, II, *d*, CF), bem como propor projeto de lei sobre a "organização do Ministério Público [...] da União" (art. 61, § 1º, II, *d*, 1ª parte, CF). Nesse último caso, trata-se de uma iniciativa legislativa concorrente entre o presidente da República e o Procurador-Geral da República.

Indaga-se: mesmo sendo de iniciativa do Ministério Público o projeto de lei que versa sobre sua organização, poderão os parlamentares fazer emendas? A resposta é sim. Segundo o STF, "o poder de emendar projetos de lei – que se reveste de natureza eminentemente constitucional – qualifica-se como prerrogativa de ordem político-jurídica inerente ao exercício da atividade legislativa. Essa prerrogativa institucional, precisamente por não traduzir corolário do poder de iniciar o processo de formação das leis, pode ser legitimidade exercida pelos membros do Legislativo, ainda que se cuide de proposições constitucionalmente sujeitas à cláusula de reserva de iniciativa, desde que respeitadas as limitações estabelecidas na Constituição da República – as emendas parlamentares (a) não importem em aumento da despesa prevista no projeto de lei e (b) guardem afinidade lógica com a proposição original (*vínculo de pertinência*)" (ADI 4.138, rel. Min. Celso de Mello, Pleno, j. 17-10-2018).

No tocante à autonomia financeira, conforme dispõe o art. 127, § 3º, da Constituição Federal, "o Ministério Público elaborará sua proposta orçamentária dentro dos limites estabelecidos na lei de diretrizes orçamentárias". Segundo o § 4º do mesmo artigo, "Se o Ministério Público não encaminhar a respectiva proposta orçamentária dentro do prazo estabelecido na lei de diretrizes orçamentárias, o Poder Executivo considerará, para fins de consolidação da proposta orçamentária anual, os valores aprovados na lei orçamentária vigente, ajustados de acordo com os limites estipulados na forma do § 3º".

Como decidiu o STF, a autonomia orçamentária consiste na "elaboração, da fase pré-legislativa, de sua proposta orçamentária, dentro dos limites estabelecidos na lei de diretrizes" (ADI 514 MC, rel. Min. Celso de Mello, j. 13-6-1991).

Por fim, a autonomia funcional está prevista no art. 127, § 1º, da Constituição Federal e significa que os membros do Ministério Público têm liberdade para fazer seus pronunciamentos processuais e extraprocessuais com independência. A hierarquia existente diz respeito às questões administrativas, por conta da chefia do Procurador-Geral de Justiça (no Ministério Público Estadual) e do Procurador-Geral da República (no Ministério Público da União) e, somente em casos excepcionais, quando há afronta aos ditames constitucionais e legais, poderá ser apreciada a atuação do membro do Ministério Público, como adiante explicaremos.

19.17.1.3. *Princípios institucionais*

Segundo o art. 127, § 1º, da Constituição Federal, "são princípios institucionais do Ministério Público a unidade, a indivisibilidade e a independência funcional".

a) Unidade

De acordo com o princípio da unidade, o Ministério Público é uno, tendo órgãos diversos que compõem a mesma instituição. Essa divisão existente é meramente funcional. Em 2020, o STF deu novos contornos ao princípio da unidade: "por força do princípio da unidade do Ministério Público (art. 127, § 1º, da CF), os membros do Ministério Público integram um só órgão sob a direção única de um só Procurador-Geral. Só existe unidade dentro de cada Ministério Público, não havendo unidade entre o Ministério Público de um Estado e o de outro, nem entre esses e os diversos ramos do Ministério Público da União" (ADPF 482, rel. Min. Alexandre de Moraes, Pleno, j. 3-3-2020). Com essa decisão, o STF entendeu ser impossível a remoção, por permuta nacional, entre membros do Ministério Público dos estados e entre esses e membros do Ministério Público do Distrito Federal e territórios.

b) Indivisibilidade

Segundo o princípio da indivisibilidade, sempre que se manifesta um representante do Ministério Público, está se manifestando o Ministério Público. Dessa maneira, num mesmo processo, podem participar vários representantes do Ministério Público. Em outras palavras, os membros do Ministério Público não se vinculam aos processos nos quais atuam, podendo ser substituídos uns pelos outros. Evidentemente, essa possibilidade apenas se confirma entre membros de um mesmo ramo, ou seja, procuradores da República não substituem procuradores do Trabalho ou promotores de Justiça, mas apenas membros do Ministério Público Federal (mesmo ramo do MP).

Dessa maneira, quando atua um integrante do Ministério Público, é a instituição inteira que se manifesta. Assim, a substituição legal de um membro do Ministério Público por outro não implica alteração subjetiva da relação jurídica processual.

c) Independência funcional

Independência funcional significa que os membros do Ministério Público são independentes no exercício de suas funções, não estando sujeitos a ordens de terceiros, nem mesmo de seus superiores hierárquicos, no sentido de agir desta ou daquela maneira dentro do processo. Como bem assevera a doutrina, "o princípio da independência funcional garante imunidade ao membro do Ministério Público contra pressões *externas* (dos agentes dos poderes do Estado e dos agentes do poder econômico) e *internas* (dos órgãos da Administração Superior do Ministério Público)"[83].

Em diversas oportunidades, o CNMP (Conselho Nacional do Ministério Público) tem reforçado a importância do princípio da independência funcional ao rechaçar o controle da atividade-fim dos membros do Ministério Público. Por exemplo, no Processo 628/2010, julgou improcedente representação que questionava o arquivamento de procedimento. Afirmou o CNMP que a conduta do membro do Ministério Público é insindicável, por estar baseada em parecer fundamentado.

Todavia, assim como ocorre com os demais princípios constitucionais, o princípio da independência funcional não é absoluto. Como já decidiu o CNMP, a independência funcional comporta limites, quando resulta na violação de deveres funcionais. Por exemplo, no Processo

---

83. Eduardo Cambi. *Princípio da Independência Funcional e Planejamento Estratégico do Ministério Público*, p. 168.

582/2013, o CNMP consignou que os órgãos de Administração Superior e o Conselho Nacional do Ministério Público pode controlar a atividade finalística de membros do Ministério Público, quando atuações teratológicas resvalem na seara disciplinar. O STF também já considerou que o princípio da independência funcional não é absoluto: "os limites do princípio da independência funcional do Ministério Público, art. 127, § 1º, CRFB, encontram-se circunscritos pelo respeito à Constituição da República e às leis" (ADI 5.434, rel. Min. Alexandre de Moraes, red. do ac. Min. Edson Fachin, Pleno, j. 26-4-2018).

É também o posicionamento de Eduardo Cambi, segundo o qual o princípio da independência funcional "não assegura que o agente ministerial possa agir *contra legem* ou mesmo, com base em pautas pessoais ou subjetivas, que contrariem os objetivos institucionais, presentes na Constituição Federal, assumidos perante a sociedade brasileira"[84].

Entendeu o STF que não fere o princípio da independência funcional a resolução do CNMP que determina que a decisão do membro do MP que conclui, após a instauração do inquérito civil ou do respectivo procedimento preparatório, ser este ou aquele de atribuição de outro ramo do Ministério Público, deve ser referendada pelo órgão de revisão competente. Segundo o STF, esse "regramento se insere na ambiência da estruturação administrativa da instituição e não viola o princípio da independência funcional, eis que é compatível com ele e também com o princípio da unidade, nos termos do art. 127, § 1º, CRFB" (ADI 5.424, rel. p/ o ac. Edson Fachin, j. 26-4-2018).

Por fim, entendeu o STF que "a independência funcional a que alude o art. 127, § 1º, da CF é do Ministério Público como instituição, e não dos conselhos que o integram, em cada um dos quais, evidentemente, a legislação competente pode atribuir funções e competência, delimitando, assim, sua esfera de atuação" (ADI 1.285, rel. Min. Moreira Alves, j. 25-10-1995)

d) Promotor natural

Quanto ao possível princípio do promotor natural, o assunto é controvertido, a começar pela sua previsão constitucional. Embora não esteja previsto expressamente no art. 127, *d*, da Constituição Federal, grande parte da doutrina entende que o *promotor natural* é um corolário do art. 5º, LIII, da CF, segundo o qual "ninguém será processado nem sentenciado senão pela autoridade competente" (grifamos).

O princípio do promotor natural tem o seguinte significado: não poderia o Chefe do Ministério Público (Procurador-Geral de Justiça ou Procurador-Geral da República) fazer nomeações, designações casuísticas de membros do Ministério Público para um determinado processo. Não admitir esse princípio seria permitir que o chefe do Ministério Público designasse o mais experiente de seus membros para processar qualquer pessoa malquista ou que tenha interesses contrários aos da instituição ou, muito pior, aos do Procurador-Geral.

---

84. Op. cit., p. 69. Prossegue o autor: "tal como a liberdade está sujeita à lei, a independência funcional do Ministério Público deve ser harmonizada com outros princípios, como os da legalidade, moralidade e eficiência. Assim, presente uma hipótese em que a lei determina o agir ministerial, não pode o membro do Ministério Público deixar de atuar, seja para instaurar um procedimento administrativo, realizar uma diligência, propor uma ação, recorrer ou simplesmente participar de um ato judicial. A recusa em agir deve ser justificada, em elementos fáticos e jurídicos. Assim, não existe independência funcional para violar a lei, os deveres éticos do Ministério Público e o planejamento estratégico que permite, de forma organizada, otimizar os recursos públicos para que a instituição possua efetividade mínima necessária para ser reconhecida como essencial à defesa da ordem jurídica, do regime democrático e dos interesses sociais e individuais indisponíveis" (op. cit., p. 70). Dessa maneira, à luz do princípio constitucional da eficiência, entende o autor que o planejamento estratégico estabelecido pelo Ministério Público deverá vincular a atuação de seus membros, a começar pelo Procurador-Geral.

O Supremo Tribunal Federal, em várias oportunidades, já se manifestou pela existência do princípio do *promotor natural*: "A consagração constitucional do princípio do Promotor Natural significou o banimento de 'manipulações casuísticas ou designações seletivas efetuadas pela Chefia da Instituição' (HC 71.429/SC, rel. Min. Celso de Mello), em ordem a fazer suprimir, de vez, a figura esdrúxula do 'acusador de exceção' (HC 67.759/RJ, rel. Min. Celso e Mello)" (HC 136.503, rel. Min. Dias Toffoli, 2ª T., j. 4-4-2017).

Entendemos se tratar de um princípio constitucional importante, que evita, como definiu o próprio Supremo Tribunal Federal, os "acusadores de exceção". Todavia, a lei infraconstitucional atenua a aplicação desse princípio. O art. 10, IX, *f*, da Lei n. 8.625/93 (LONMP – Lei Orgânica Nacional do Ministério Público) afirma que o Procurador-Geral de Justiça pode designar membros do Ministério Público para assegurar a continuidade dos serviços, em caso de vacância, afastamento temporário, ausência, impedimento ou suspeição do titular do cargo, ou *com consentimento deste*. Se não bastasse, o art. 24 da mesma lei afirma: "O Procurador-Geral de Justiça poderá, com a concordância do Promotor de Justiça titular, designar outro Promotor para funcionar em feito determinado, de atribuição daquele". Ora, dificilmente o membro do Ministério Público não cederia à pressão do Procurador-Geral. Dessa maneira, por conta desses dois artigos, o princípio do promotor natural ficou enormemente enfraquecido. Seria inconstitucional essa possibilidade? Infelizmente, o Supremo Tribunal Federal considera constitucional, na medida em considera válida a avocação de atribuições de membros do MP pelo Procurador-Geral quando há anuência do primeiro: "A avocação de atribuições do membro do Ministério Público pelo Procurador-Geral implica quebra na identidade natural do promotor responsável, já que não é atribuição ordinária da Chefia do Ministério Público atuar em substituição a membros do órgão. Essa hipótese de avocação deve ser condicionada à aceitação do próprio promotor natural, cujas atribuições se pretende avocar pelo PGJ, para afastar a possibilidade de desempenho de atividades ministeriais por acusador de exceção, em prejuízo da independência funcional de todos os membros" (ADI 2.854, rel. p/ ac. Alexandre de Moraes, Pleno, j. 13-10-2020). Esse também é o entendimento do Superior Tribunal de Justiça (HC 57.506).

19.17.1.4. A organização do Ministério Público

Segundo o art. 128 da Constituição Federal, o Ministério Público abrange o Ministério Público da União e o Ministério Público dos Estados. O primeiro (Ministério Público da União) compreende: Ministério Público Federal, Ministério Público do Trabalho, Ministério Público Militar, Ministério Público do Distrito Federal e Territórios.

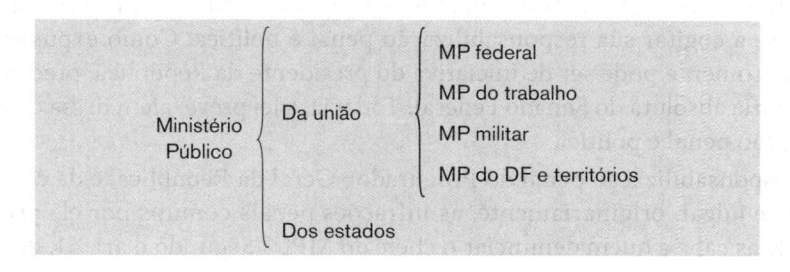

Ministério Público	Da união	MP federal
		MP do trabalho
		MP militar
		MP do DF e territórios
	Dos estados	

A chefia do Ministério Público

a) Procurador-Geral da República

Segundo o art. 128, § 1º, da Constituição Federal, "o Ministério Público da União tem por chefe o Procurador-Geral da República, nomeado pelo Presidente da República dentre integrantes da carreira, maiores de trinta e cinco anos, após a aprovação de seu nome pela maioria absoluta dos membros do Senado Federal, para mandato de dois anos, permitida a recondução".

Como se percebe pela leitura do dispositivo constitucional, a escolha do nome pelo presidente é livre, desde que seja de um integrante da carreira do Ministério Público da União (em qualquer de seus ramos: MPF, MPM, MPT etc.) e seja maior de 35 anos. Tradicionalmente, a ANPR (Associação Nacional dos Procuradores da República) elabora uma lista tríplice com os procuradores mais votados e apresenta ao presidente. Trata-se de uma mera sugestão, que pode ou não ser aceita. Por exemplo, em 2019, o presidente da República Jair Bolsonaro indicou o nome do procurador Augusto Aras, que não figurava na lista tríplice apresentada pela ANPR. Entendemos que é imperiosa a mudança constitucional nesse ponto. Assim como ocorre na escolha do Procurador-Geral de Justiça nos estados, deve a escolha do presidente da República ser limitada a uma lista tríplice indicada pela própria carreira. Essa mudança constitucional necessária dará maior autonomia ao Ministério Público, hoje suscetível a pressões políticas em sua cúpula.

O referido dispositivo constitucional, ao firmar que é "permitida a recondução", admite que sejam feitas ilimitadas reconduções do Procurador-Geral da República, para mandatos sucessivos de 2 (dois) anos, desde que o nome seja aprovado pelo Senado Federal. Cumpre ressaltar que essa escolha pelo Senado se dará pelo voto secreto: "Compete privativamente ao Senado Federal: III – aprovar previamente, por voto secreto, após arguição pública, a escolha de: [...] e) Procurador-Geral da República" (art. 52, III, *e*, CF).

Nos termos do art. 128, § 2º, da Constituição Federal, "a destituição do Procurador-Geral da República, por iniciativa do Presidente da República, deverá ser precedida de autorização da maioria absoluta do Senado Federal". Assim, ao contrário do que ocorria na Constituição anterior, não é possível a demissão *ad nutum* do Procurador-Geral da República, pelo presidente da República ou do Procurador-Geral de Justiça, pelo governador do estado, como decidiu o STF: "a Constituição Federal consagrou os requisitos básicos para a escolha do Procurador-Geral de Justiça, bem como a existência de mandato por tempo certo, impossibilitando sua demissão *ad nutum*, garantindo-lhe a imparcialidade necessária para o pleno exercício da autonomia administrativa da instituição, sem possibilidade de ingerências externas" (ADI 5.700, rel. Min. Alexandre de Moraes, Pleno, j. 23-8-2019).

Diante de uma alegada omissão institucional frente a atos do governo federal no enfrentamento da pandemia de Covid-10, o Procurador-Geral da República foi imensamente criticado, chegando-se a cogitar sua responsabilização penal e política. Como expusemos acima, a sua destituição somente pode ser de iniciativa do presidente da República, precedida de autorização da maioria absoluta do Senado Federal. Todavia, a lei prevê, além dessa destituição, sua responsabilização penal e política.

Sobre a responsabilização penal do Procurador-Geral da República, é da competência do STF processar e julgar, originariamente, as infrações penais comuns por ele praticadas (art. 102, I, *b*, CF). Mas cabe a quem denunciar o chefe do MPU? Segundo o art. 51, da Lei Complementar n. 75/93 (Lei Orgânica do MPU), "a ação penal pública contra o Procurador-Geral da República, quando no exercício do cargo, caberá ao Subprocurador-Geral da República, que for designado pelo Conselho Superior do Ministério Público Federal".

Sobre a responsabilização política, a Lei n. 1.079/50 prevê os crimes de responsabilidade praticados pelo Procurador-Geral da República, podendo qualquer cidadão denunciá-lo perante o Senado Federal (art. 41). Dentre os crimes de responsabilidade do Procurador-Geral da República estão "emitir parecer, quando, por lei, seja suspeito na causa", "recusar-se a prática de ato que lhe incumba", "ser patentemente desidioso no cumprimento de suas atribuições" e "proceder de modo incompatível com a dignidade e o decoro do cargo" (art. 40, 1 a 4, Lei n. 1.079/50).

Nesse último caso, trata-se do *impeachment* do Procurador-Geral da República, cujo processo é regulamentado pela Lei n. 1.079/50 e pelo Regimento Interno do Senado Federal. A denúncia feita pelo cidadão deve ter firma reconhecida e ser acompanhada de documentos que comprovem a declaração (art. 43, Lei n. 1.079/50). A Mesa do Senado, por meio do seu presidente, poderá receber ou rejeitar a denúncia, nos termos do art. 44 da Lei n. 1.079/50. Em agosto de 2021, o presidente do Senado, orientado pela assessoria jurídica do Senado, rejeitou denúncia, por crime de responsabilidade, oferecida pelo presidente da República, contra um dos ministros do STF[85]. O *impeachment* de ministros do STF segue o mesmo rito do *impeachment* do Procurador-Geral da República.

b) Procurador-Geral de Justiça

Por sua vez, a chefia do Ministério Público dos estados, DF e territórios está prevista no art. 128, § 3º, da Constituição Federal: "Os Ministérios Públicos dos Estados e o do Distrito Federal e Territórios formarão lista tríplice dentre integrantes da carreira, na forma da lei respectiva, para escolha de seu Procurador-Geral, que será nomeado pelo Chefe do Poder Executivo, para mandato de dois anos, permitida uma recondução".

Ao contrário da escolha do Procurador-Geral da República, que se dá de forma livre pelo presidente da República, a escolha do Procurador-Geral de Justiça está circunscrita a uma lista tríplice elaborada pelos integrantes da carreira. O dispositivo constitucional em tela afirma que a escolha baseada em lista tríplice será feita "na forma da lei respectiva". A qual lei a Constituição está se referindo? Isso porque, como sabemos, assim como é possível a Lei Federal que trata de normas gerais para a organização dos Ministérios Públicos estaduais, também haverá as respectivas leis estaduais, de iniciativa do Procurador-Geral de Justiça. Sobre o tema, o STF decidiu reiteradas vezes. Segundo o STF, a função da legislação estadual, nesse caso, será apenas concretizar a eleição, atendendo às determinações do art. 128, § 3º, da CF e a LONMP (Lei Orgânica Nacional do Ministério Público), não podendo alterar a substância da eleição, como restringindo os eleitores e os eleitos. Decidiu o STF: "A jurisprudência do Supremo Tribunal Federal se firmou no sentido da necessidade de que os Estados observem as balizas

---

85. Segundo consta na parte final do parecer: "No que tange ao previsto na Lei n. 1.079/50, e nessa fase embrionária do procedimento, como salientado, importa avaliar se há mínimos elementos que demonstrem ação típica, isto é, se há mínimas provas de que as condutas das autoridades denunciadas são passíveis de enquadramento nos crimes de responsabilidade apontados pelo denunciante. No caso em tela, a continuidade do processo de *impeachment* acarretaria desbalanceamento dos mecanismos de freios e contrapesos destinados a propiciar segurança jurídica e estabilidade ao regime democrático" (Parecer n. 659/2021, Nasset/Advosf).

normativas estabelecidas pelo art. 128, § 3º, da Carta da República, para a escolha do Procurador-Geral de Justiça. [...] Quando a Constituição de 1988 e a Lei Orgânica Nacional do Ministério Público preveem que os Ministérios Públicos dos estados formarão lista tríplice dentre integrantes da carreira, na forma da lei respectiva, para escolha de seu Procurador-Geral, conferem a lei estadual tão somente a disciplina relativa à materialização dessa escolha. São, portanto, materialmente inconstitucionais as normas estaduais que restrinjam a capacidade eleitoral passiva de membros do Ministério Público para concorrerem à chefia de Ministério Público estadual" (ADI 6.294, rel. Min. Dias Toffoli, Pleno, j. 27-10-2020)[86].

Quanto à recondução do Procurador-Geral de Justiça, a Constituição Federal dá um tratamento diferente daquele destinado ao Procurador-Geral da República. Enquanto o art. 128, § 1º, ao se referir ao Procurador-Geral da República utiliza a expressão "permitida a recondução", o art. 128, § 3º, refere-se a "permitida uma recondução" (grifamos). Dessa maneira, enquanto o Procurador-Geral da República poderá ser reconduzido sucessivas vezes, o Procurador-Geral de Justiça poderá ser reconduzido uma única vez. É o que decidiu o STF: "Se a norma de Constituição estadual, ao prever a recondução ao cargo de procurador-geral do Ministério Público, não a limita, deve ser interpretada como permissão para uma única recondução" (ADI 2.622, rel. Min. Cezar Peluso, Pleno, j. 10-11-2011).

Por fim, nos termos do art. 128, § 4º, da Constituição Federal, "os Procuradores-Gerais nos Estados e no Distrito Federal e Territórios poderão ser destituídos por deliberação da maioria absoluta do Poder Legislativo, na forma da lei complementar respectiva". Dessa maneira, a destituição do Procurador-Geral de Justiça ocorrerá por deliberação da maioria absoluta do Poder Legislativo respectivo (Assembleia Legislativa do Estado, ou Câmara Legislativa do DF). Segundo o art. 12 da LONMP, compete ao Colégio de Procuradores de Justiça propor ao Poder Legislativo a destituição do Procurador-Geral de Justiça, pelo voto de dois terços dos membros e por iniciativa da maioria absoluta de seus integrantes em caso de abuso de poder, conduta incompatível ou grave omissão nos deveres do cargo, assegurada ampla defesa (art. 12, IV). Não pode o Procurador-Geral de Justiça ser exonerado por vontade do governador, como já decidiu o STF: "A Constituição consagrou os requisitos básicos para a escolha do Procurador-Geral de Justiça, bem como a existência de mandato por tempo certo, impossibilitando sua demissão *ad nutum*, garantindo-lhe a imparcialidade necessária para o pleno exercício da autonomia administrativa da instituição, sem possibilidade de ingerências externas" (ADI 5.700, rel. Min. Alexandre de Moraes, Pleno, j. 23-8-2019).

19.17.1.5. As garantias e vedações dos membros do Ministério Público

a) Vitaliciedade

Assim como ocorre com os magistrados, os membros do Ministério Público gozam de vitaliciedade (uma espécie robustecida de estabilidade). Diferentemente da estabilidade, que é adquirida após três anos (ar. 41, *caput*, CF), a vitaliciedade do membro do Ministério Público

---

86. No mesmo sentido, o STF declarou inconstitucional dispositivo da Constituição do estado de Rondônia, que limitada os possíveis eleitos a Procurador-Geral da República entre os membros vitalícios (ADI 5.653, rel. Min. Cármen Lúcia, Pleno, j. 13-9-2019).

é adquirida após dois anos do exercício da função. Além disso, após vitalício, o membro do Ministério Público somente poderá perder o cargo através de sentença judicial transitada em julgado (o servidor público estável, por sua vez, além da sentença transitada em julgado, poderá perder o cargo por meio de processo administrativo ou avaliação periódica de desempenho, sempre assegurada a ampla defesa).

Dessa maneira, o membro vitalício do Ministério Público não poderá perder o cargo por meio de sanção imposta pelo Conselho Nacional do Ministério Público, como já decidiu o STF: "Conselho Nacional do Ministério Público. Órgão constitucional de perfil estritamente administrativo. Consequente impossibilidade de impor aos integrantes do Ministério Público da União e dos Estados-membros, que gozam do predicamento constitucional da vitaliciedade (CF, art. 128, § 5º, I, *a*), a sanção da perda do cargo" (MS 31.523 AgR, rel. Min. Celso de Mello, 2ª T., j. 3-10-2020).

Em se tratando do Ministério Público da União, segundo o art. 208, parágrafo único, da Lei Complementar n. 75/93 (LOMPU), "a propositura de ação para perda de cargo, quando decorrente de proposta do Conselho Superior depois de apreciado o processo administrativo, acarretará o afastamento do membro do Ministério Público da União do exercício de suas funções, com a perda dos vencimentos e das vantagens pecuniárias do respectivo cargo". O STF já decidiu que essa punição de perda dos vencimentos é constitucional (MS 30.493, rel. p/ ac. Min. Edson Fachin, Pleno, j. 16-6-2020).

Quanto ao Ministério Público Estadual, a LONMP (Lei n. 8.625/93) afirma, em seu art. 38, § 1º, que "o membro vitalício do Ministério Público somente perderá o cargo por sentença transitada em julgado, proferida em ação civil própria, nos seguintes casos: I – prática de crime incompatível com o exercício do cargo, após decisão judicial transitada em julgado; II – exercício da advocacia; III – abandono do cargo por prazo superior a trinta dias seguidos". Por sua vez, o § 2º desse artigo prevê o procedimento a ser seguido: "a ação civil para decretação da perda do cargo será proposta pelo Procurador-Geral de Justiça perante o Tribunal de Justiça local, após autorização do Colégio de Procuradores, na forma da Lei Orgânica".

b) Inamovibilidade

Assim como os magistrados, os membros do Ministério Público não podem ser removidos do foro onde atuam contra a sua vontade, salvo exceções previstas na Constituição. Tal garantia visa a dar maior autonomia ao membro do Ministério Público que poderá processar autoridades da região, sem ter o receio de ser removido em decorrência de pressões políticas. Assim como ocorre com os magistrados, o membro do Ministério Público poderá ser removido "por motivo de interesse público" (art. 128, § 5º, I, *b*, CF). Nesse caso, a remoção se dará "mediante decisão do órgão colegiado competente do Ministério Público, por voto da maioria absoluta de seus membros, assegurada ampla defesa". O quórum de maioria absoluta foi estabelecido pela EC n. 45/2004 (Reforma do Judiciário), pois o texto originário constitucional previa o quórum de dois terços. Nos termos da LONMP (Lei n. 8.625/93), a remoção é de competência do Conselho Superior do Ministério Público (art. 15). Da mesma forma, o art. 211 da LOMPU (LC n. 75/93) afirma que a remoção do membro do MPU se dará mediante decisão do Conselho Superior e por iniciativa do Procurador-Geral da República.

c) Irredutibilidade de subsídios

Assim como os magistrados, os membros do Ministério Público gozam da garantia da irredutibilidade de subsídios, o que não significa que têm direito a correção monetária automática. A irredutibilidade diz respeito ao valor nominal da remuneração.

Por sua vez, o inciso II do mesmo dispositivo constitucional prevê como vedações: "a) receber, a qualquer título e sob qualquer pretexto, honorários, percentagens ou custas processuais; b) exercer a advocacia; c) participar de sociedade comercial, na forma da lei; d) exercer, ainda que em disponibilidade, qualquer outra função pública, salvo uma de magistério; e) exercer atividade político-partidária; f) receber, a qualquer título ou pretexto, auxílios ou contribuições de pessoas físicas, entidades públicas ou privadas, ressalvadas as exceções previstas em lei". Analisemos tais vedações:

a) Recebimento de honorários

Segundo entendimento do STJ, "a impossibilidade de condenação do Ministério Público ou da União em honorários advocatícios – salvo comprovada má-fé – impede serem beneficiados quando vencedores na ação civil pública (STJ, AgInt no AREsp 996.192, rel. Min. Benedito Gonçalves, 1ª T., j. 30-8-2017). Esse entendimento passou a ser adotado a partir de 2009 e tem sido criticado por parte da doutrina, máxime porque dá um tratamento diferenciado entre Ministério Público e Defensoria Pública[87].

b) Exercer a advocacia

Segundo o STF, não poderá o membro do Ministério Público exercer a atividade de advocacia, ainda que em causa própria: "nas ações penais originárias, a defesa preliminar (Lei n. 8.038/90, art. 4º) é atividade privativa de advogados. Os membros do Ministério Público estão impedidos de exercer advocacia, mesmo que em causa própria. São atividades incompatíveis" (HC 76.671, rel. Min. Néri da Silveira, 2ª T., j. 9-6-1988). Segundo o art. 38, § 1º, da LONMP, o exercício da advocacia é uma das hipóteses que autorizam a perda do cargo do membro do Ministério Público, por sentença judicial transitada em julgado (art. 38, § 1º, II).

c) Participar de sociedade comercial

Segundo o art. 128, § 5º, II, *c*, da Constituição Federal, não pode o membro do Ministério Público "participar de sociedade comercial, na forma da lei". A LONMP (Lei n. 8.625/93) permite que o membro do Ministério Público participe de sociedade comercial "como cotista ou acionista" (art. 44, III). A mesma exceção está prevista na LONMPU (LC n. 75/93), no seu art. 237, III. Como afirmam os procuradores Pires e Andrade, "o membro do Ministério Público, então, pode contribuir para o capital de uma ou mais empresas com quota(s), por meio de

---

87. Como veremos mais adiante, a Defensoria Pública, salvo exceções, tem direito aos honorários e sucumbência (que não são destinados aos servidores, mas à instituição). Segundo a doutrina, "a distinção traçada pelo STJ entre o MP e a DP em relação à questão, causa espécie, sobretudo porque os entes encontram-se em situações absolutamente idênticas, não havendo fundamento legal ou constitucional que justifique lhes conferir tratamento desigual" (Heloisa Carpena; Renata Ortenblad. *Ganha, mas não leva. Por que o vencido nas ações civis públicas não paga honorários sucumbenciais ao Ministério Público?* P. 1). Obviamente, ainda que essa tese (de honorários ao Ministério Público) prevaleça no futuro, eles seriam revertidos à instituição, e não aos seus membros.

bens, dinheiro e valores, sendo-lhes vedado, no entanto, toda e qualquer forma de direção e/ou gerência de sociedade da qual participe[88].

d) Exercer outra função pública

Membros do Ministério Público não poderão exercer outras funções públicas, salvo três exceções.

Primeiramente, em razão de expressa disposição constitucional, poderá o membro do Ministério Público exercer uma função pública de magistério (podendo ser professor de uma Universidade Pública, por exemplo). Sobre a atividade docente do membro do Ministério Público, o CNMP editou a Resolução n. 73/2011, estabelecendo critérios, com destaque à compatibilidade entre os horários das duas atividades. Em 2021, essa resolução foi alterada para vedação da atividade de *coaching*. Segundo o art. 1º, § 5º, "as atividades de *coaching*, similares e congêneres, destinadas à assessoria individual ou coletiva de pessoas, inclusive na preparação de candidatos a concursos públicos, não são consideradas atividades docentes, sendo vedada a sua prática por membros do Ministério Público" (redação dada pela Resolução n. 222, de 26 de fevereiro de 2021).

A segunda exceção é que o membro do Ministério Público poderá exercer função pública que faça parte da própria instituição, como já decidiu reiteradamente o STF: "Ministério Público estadual. Exercício de outra função. O afastamento de membro do *Parquet* para exercer outra função pública viabiliza-se nas hipóteses de ocupação de cargos na administração superior do próprio Ministério Público (ADI 3.574, rel. Min. Ricardo Lewandowski, Pleno, j. 16-5-2007). Obviamente, isso não se aplica a quaisquer outras funções públicas. Por exemplo, a ex-presidente da República Dilma Roussef nomeou como Ministro da Justiça um procurador do Ministério Público da Bahia, Wellington Lima e Silva. À época, a Resolução n. 72/2011 do CNMP permitia. O STF, na ADPF 388, decidiu que "membros do Ministério Público não podem ocupar cargos públicos, fora do âmbito da instituição, salvo cargo de professor e funções de magistério, e declarar a inconstitucionalidade da Resolução n. 72/2011, do CNMP. Outrossim, determinada a exoneração dos ocupantes de cargos em desconformidade com a interpretação fixada, no prazo de até vinte dias após a publicação da ata desse julgamento" (ADPF 388, rel. Min. Gilmar Mendes, Pleno, j. 9-3-2016).

---

88. *Proibição de Exercer o Comércio ou Participar de Sociedade Comercial pelo Membro do Ministério Público*, p. 207. Os autores fazem ressalvas importantes. Segundo eles, o mero registro do membro do MP como sócio administrador ou gerente de sociedade comercial, por si só, não configura prova suficiente da violação da vedação constitucional. Entendemos que isso se aplica, principalmente, aos casos em que a atividade docente é prestada por meio de uma Pessoa Jurídica (o que se tem sido cada vez mais comum no Brasil), tanto que há proposta de alteração da Resolução n. 73/2011, do CNMP, para a inclusão expressa da possibilidade de exercer a docência através de contrato por meio de pessoa jurídica. Hoje, inexistindo essa possibilidade no regramento do CNMP, poderá o membro do MP criar uma sociedade unipessoal limitada, sendo o único sócio, mas designando outra pessoa para ser a administradora. Por fim, segundo os autores, "proíbem-se o exercício do comércio e a administração ou gerência em sociedade comercial pelo membro do Ministério Público licenciado para tratar de interesses particulares, tendo em vista que tal vedação incide desde a investidura no cargo, afigurando-se irrelevante o efetivo exercício, ou não, das funções. Enquanto permanecer válida a atual redação da Resolução 18/2007, não há impedimento para que membros do Ministério Público exerçam cargos de direção e administração em cooperativas de crédito constituídas para prestar serviços não somente aos membros do Ministério Público, mas também a servidores da própria instituição e de outras, como Poder Judiciário e Defensoria Pública, sem prejuízo de que o Plenário do CNMP volte a se debruçar sobre a matéria e adote posicionamento diverso por meio de alteração/revogação da referida resolução" (p. 224).

Por fim, a terceira e última exceção é aquela aplicada àqueles que ingressaram no Ministério Público antes de 1988 e optaram pelo regime jurídico anterior, nos termos do art. 29 do ADCT.

e) Exercer atividade político-partidária

A vedação da atividade político-partidária aplicável aos membros do Ministério Público teve um tratamento constitucional diverso com o passar do tempo. Nos termos da Constituição anterior, tal atividade político-partidária era permitida. Assim, nos termos do art. 29, § 3º, do ADCT, membros do Ministério Público que ingressaram na instituição antes da Constituição de 1988 e que optaram pelo regime jurídico anterior poderão continuar a exercer a atividade político-partidária.

Com o advento da CF/88, segundo entendimento do STF, membros do Ministério Público poderiam se licenciar para se filiar a partido político e concorrer a cargos públicos eleitos[89]. Isso porque o texto originário da Constituição afirmava ser vedação "exercer atividade político-partidária, salvo exceções previstas na lei" (grifamos). Essa permissão constitucional acabou, com o advento da EC n. 45/2004 (Reforma do Judiciário).

Atualmente não há mais a exceção prevista no termo "salvo exceções previstas na lei". Surgiu uma dúvida quanto aos membros do Ministério Público que ingressaram na carreira entre 1988 e 2004. Poderiam eles exercer atividade político-partidária ou a EC n. 45/2004 teria sobre eles aplicação imediata? O CNMP editou a Resolução n. 5/2006, segundo a qual "estão proibidos de exercer atividade político-partidária os membros do Ministério Público que ingressaram na carreira após a publicação da Emenda n. 45/2004". Todavia, o TSE entendeu que tal Resolução colidia com o texto constitucional. Segundo Tribunal Superior Eleitoral, todos os membros do Ministério Público que ingressaram na carreira após a CF/88, para se filiar a partido político, devem deixar definitivamente o cargo: "A Emenda Constitucional n. 45 tem aplicação imediata, no tocante à proibição de atividade político-patidária por integrante do Ministério Público, não trouxe qualquer disposição transitória, ressalvando a situação daqueles que, à época da promulgação, já se encontravam integrados ao órgão. Está-se diante de norma imperativa, de envergadura maior, a apanhar, de forma linear, relações jurídicas continuadas, pouco importando a data do ingresso do cidadão no Ministério Público" (TSE, Cta n. 1.153/DF, Min. Marco Aurélio, *DJ* 26-8-2005)[90].

A ANPR (Associação Nacional dos Procuradores da República) ajuizou no STF ação de direta de inconstitucionalidade contra esse dispositivo da EC n. 45/2004. Trata-se da ADI 5.985, ainda pendente de julgamento quando do fechamento dessa edição.

Entendemos que o escopo da EC n. 45/2004 é equiparar o Ministério Público à magistratura e vedar completamente a atividade político-partidária dos membros do MP (exceto aqueles que, por exceção constitucional, ingressaram na carreira antes de 1988), dando à institui-

---

89. "A interpretação conforme a Constituição, que o Supremo Tribunal Federal emprestou ao art. 237, V, da Lei Complementar n. 75, de 1993 – ADIn 1.371-DF, Neri da Silveira, Plenário, 03.06.98 – é no sentido de que a filiação partidária de membro do Ministério Público somente pode efetivar-se na hipótese de afastamento de suas funções institucionais, mediante licença, nos termos da lei. [...] Afastamento será sem remuneração, a partir da filiação (art. 204, IV, *a*). Efetivado o registro da candidatura, o afastamento será remunerado" (STF, MS 24235, rel. Min. Carlos Velloso, Pleno, j. 26-6-2002).
90. O STF admitiu uma raríssima exceção à essa proibição: garantiu o direito à recandidatura (reeleição a membro do MP que se elegeu antes da vigência da EC n. 45/2004, para o cargo do Poder Executivo, com base no art. 14, § 5º, da CF (STF, RE 597.994/PA, rel. Min. Ellen Gracie, rel. p/ ac. Min. Eros Grau, Pleno, j. 4-6-2009).

ção maior autonomia e independência. Por essa razão, concordamos com o parecer do Procurador-Geral da República feito nessa ADI 5.985: "o membro do Ministério Público que, após a EC n. 45/2004, pretenda exercer atividade político-partidária, poderá fazê-lo, desde que renuncie o vínculo institucional com o Ministério Público".

Dessa maneira, podemos assim sistematizar a atividade político-partidária do membro do Ministério Público:

Antes da CF/88	CF/88 (até a EC n. 45/2004)	CF/88 (a partir da EC n. 45/2004
Era permitida atividade político-partidária. Se o membro do MP ingressou na carreira antes da CF/88 poderá continuar a exercer a atividade político partidária, se fez a opção pelo regime jurídico anterior (art. 29, § 3º, ADCT).	Era permitida a licença do cargo para se filiar a partido político e concorrer às eleições.	Passa a ser totalmente proibida a atividade político-partidária de todos os membros do Ministério Público. Segundo o TSE, essa norma se aplica a todos os ingressos na carreira após 1988.

Por fim, é importante frisar que o exercício da atividade político-partidária não se resume à filiação a partido político. O Conselho Nacional do Ministério Público editou a Recomendação de Caráter Geral n. 1/2016, segundo a qual "a vedação de atividade político-partidária aos membros do Ministério Público, salvo a exceção prevista constitucionalmente (§ 3º do at. 29 do Ato das Disposições Constitucionais Transitórias), não se restringe apenas à prática de atos de filiação partidária, abrangendo, também, a participação de membro do Ministério Público em situações que possam ensejar claramente a demonstração de apoio público a candidato ou que deixe evidenciado, mesmo que de maneira informal, a vinculação a determinado partido político" (A.III)[91].

Com base nesse entendimento, por exemplo, o CNMP aplicou pena de suspensão por 60 dias, convertida em multa correspondente à metade dos subsídios do período, a promotor de Justiça que gravou vídeo nas redes sociais, exaltando um dos candidatos a prefeito do município (RPD n. 1.00555/2017-43, conselheiro Gustavo Rocha).

f) Receber auxílios e contribuições

Diferentemente da magistratura (que possui a Resolução n. 170/2013), que regulamenta a remuneração dos seus membros em congressos, seminários, simpósios, palestras etc., embora haja propostas nesse sentido, o Ministério Público ainda não possui regramento semelhante, aplicando-se a essas atividades a natureza de "magistério", autorizada constitucionalmente. Dessa maneira, poderá o membro do Ministério Público ser remunerado por essas atividades, equiparando-as à docência. Eventuais dúvidas sobre a natureza docente de tais atividades e respectivas remunerações podem ser levadas à Corregedoria da instituição e ao próprio CNMP.

---

91. Esse mesmo documento afirma que tal limitação não significa a supressão da liberdade de expressão, já que "não configura atividade político-partidária a crítica pública por parte do Membro do Ministério Público dirigida, entre outros, a ideias, a ideologias, a projetos legislativos, a programas de governo, a medidas, sendo vedados, contudo, ataques de cunho pessoal, que possam configurar violação do dever de manter conduta ilibada e de guardar decoro pessoal, direcionados a candidato, a liderança política ou a partido político, com a finalidade de descredenciá-los perante a opinião pública em razão de ideias ou ideologias de que discorde o membro do Ministério Público" (A.VII).

g) Quarentena de saída

Nos termos do art. 128, § 1º, da Constituição Federal, "aplica-se aos membros do Ministério Público o disposto no art. 95, parágrafo único, V", ou seja, a "quarentena de saída", aquela segundo a qual o magistrado não poderá advogar na comarca ou no Tribunal do qual se afastou, pelo prazo de três anos. Além dessa vedação constitucional, importante frisar que a legislação infraconstitucional impõe outras limitações à advocacia após deixar o cargo. Embora a Lei sobre o conflito de interesses (Lei n. 12.813/2013) não se aplique aos membros do Ministério Público, a doutrina também defende a limitação, por razões éticas, da advocacia em casos que o Ministério Público tenha atuado[92].

19.17.1.6. Funções institucionais do Ministério Público

Segundo o art. 129 da Constituição Federal, são funções institucionais do Ministério Público:

I – Promover, privativamente, a ação penal pública, na forma da lei: essa é uma das atribuições mais antigas e tradicionais do Ministério Público (processar os criminosos na ação penal pública). Trata-se do princípio da *oficialidade*: a legislação brasileira, no momento de escolher quem seria o titular da ação penal pública, optou por um órgão oficial (em vez de uma espécie de ação popular, ou atribuir a titularidade à vítima).

Segundo posição doutrinária e jurisprudencial francamente majoritária, no curso da ação penal pública, o pedido de absolvição feito pelo Ministério Público não vincula o juiz, que poderá condenar o réu. Foi o que decidiu o STJ em 2020: "o fato de o *parquet* manifestar-se pela absolvição do acusado, como *custos legis*, em alegações finais ou em contrarrazões recursais, não vincula o órgão julgador, cujo mister jurisdicional funda-se no princípio do livre convencimento motivado, conforme interpretação sistemática dos arts. 155, *caput*, e 385, ambos do Código de Processo Penal" (STJ, HC 623.598, rel. Min. Laurita Vaz, j. 28-10-2020).

A omissão do representante do Ministério Público, não oferecendo a denúncia, nos crimes de ação penal pública, ou não dando seguimento ao processo, traz consequências jurídicas. Primeiramente, caso o membro do Ministério Público não ofereça a denúncia, poderá a vítima fazê-lo, dentro do prazo previsto em lei (seis meses, a partir da inércia do membro do MP). Trata-se da ação penal privada subsidiária da pública, que é um direito fundamental das vítimas (art. 5º, LIX, CF). Há uma certa lacuna legislativa, em se tratando dos chamados "crimes vagos" (aqueles crimes que não têm uma vítima definida, quando o bem jurídico violado é da sociedade como um todo). Nesse ponto, alterações legislativas parecem oportunas.

Nesse diapasão, nos termos do art. 598 do Código de Processo Penal, "se da sentença não for interposta apelação pelo Ministério Público no prazo legal, o ofendido ou qualquer das pessoas enumeradas no art. 31, ainda que não se tenha habilitado como assistente, poderá interpor apelação". Trata-se da chamada *apelação supletiva da vítima*. No mesmo sentido, a Súmula 210 do STF afirma que "o assistente do Ministério Público pode recorrer, inclusive extraordinariamente, na ação penal, nos casos dos arts. 584, § 1º, e 598, do CPP".

---

92. Marcelo de Oliveira Santos. *O Exercício da Advocacia por Membros do Ministério Público após o seu Desligamento do Cargo*: análise constitucional, p. 112.

Tem-se discutido no Brasil uma suposta excessiva exceção do Procurador-Geral da República (chefe do Ministério Público da União e quem tem o poder de denunciar o presidente da República, ministros de Estado e outras autoridades, por crime comum). Embora ninguém possa obrigar o Procurador-Geral da República a oferecer a denúncia, a sua omissão pode configurar crime comum de prevaricação e crime de responsabilidade de ser "patentemente desidioso no cumprimento de suas atribuições" (art. 40, 3, Lei n. 1.075/50). Da mesma forma, o Poder Judiciário poderá instá-lo a cumprir suas funções, como o fez o STF em 2021, na Petição 9.760. Nesse caso, o Procurador-Geral da República decidiu não dar seguimento a *notitia criminis* feita contra o presidente da República por Comissão Parlamentar de Inquérito, sob o argumento de que a informação era "precoce". O STF, em voto da ministra Rosa Weber, afirmou que "o exercício do poder público é condicionado. E no desenho das atribuições do Ministério Público, não se vislumbra o papel de espectador das ações dos Poderes da República. Até porque a instauração de Comissão Parlamentar de Inquérito não inviabiliza a apuração simultânea dos mesmos fatos por outros atores investidos de concorrentes atribuições, dentre os quais as autoridades do sistema de justiça criminal" (Petição 9.760, rel. Min. Rosa Weber, j. 1º-7-2021).

Por fim, conforme já decidiu o STF algumas vezes, assim como o Ministério Público tem poderes de processar o criminoso, também tem poderes para investigá-lo: "O Ministério Público dispõe de competência para promover, por autoridade própria, e por prazo razoável, investigações de natureza penal, desde que respeitados os direitos e garantias que assisem a qualquer indiciado ou a qualquer pessoa sob investigação do Estado, observadas, sempre, por seus agentes, as hipóteses de reserva constitucional de jurisdição e, também, as prerrogativas profissionais de que se acham investidos, em nosso País, os Advogados (Lei 8.906/94, artigo 7º, notadamente os incisos I, II, III, XI, XIII, XIV e XIX), sem prejuízo da possibilidade – sempre presente no Estado democrático de Direito – do permanente controle jurisdicional dos atos necessariamente documentados praticados pelos membros essa instituição" (RE 593.727, rel. Min. Cezar Peluso, red. Ac. Min. Gilmar Mendes, Pleno, j. 14-5-2015).

II – Zelar pelo efetivo respeito dos Poderes Públicos e dos serviços de relevância pública aos direitos assegurados nesta Constituição, promovendo as medidas necessárias à sua garantia: como afirmou o STF, "Legitimidade do órgão ministerial público para promover as medidas necessárias à efetivação de todos os direitos assegurados pela Constituição, inclusive o controle externo da atividade policial (HC 97.969, rel. Min. Ayres Britto, 2ª T., j. 2-2-2011). Outrossim, também decidiu: "constitucionalmente qualificada como direito fundamental de dupla face (direito social e individual indisponível), a saúde é tema que se infere no âmbito de legitimação do Ministério Público para a propositura de ação em sua defesa" (AC 2.836 MC-QO, rel. Min. Ayres Britto, 2ª T., j. 27-3-2012).

III – Promover o inquérito civil e a ação civil pública, para a proteção do patrimônio público e social, do meio ambiente e de outros interesses difusos e coletivos: o STJ já decidiu que o Ministério Público tem legitimidade para promover ação civil pública cujo fundamento seja ilegalidade de reajuste de mensalidades escolares (Súmula 643), para a propositura de ação civil pública em defesa de direitos sociais relacionados ao FGTS (RE 643.978, rel. Min. Alexandre de Moraes, Pleno, j. 9-10-2019), ajuizar ação civil pública que vise anular ato administrativo de aposentadoria que importe em lesão ao patrimônio público (RE 409.356, rel. Min. Luiz Fux, Pleno, j. 25-10-2018), ajuizar ação civil pública com objetivo de compelir entes federados a entregarem medicamentos a portadores de certa doença (RE 605.533, rel. Min. Marco Aurélio, j. 15-8-2018, Pleno), ajuizar ação civil pública que tenha por objeto a condenação do agente público ao ressarcimento de prejuízos causados ao erário (RE 629.840 AgR, rel. Min. Marco Aurélio, 1ª T., j. 4-8-2015), ajuizar ação civil pública para questionar o benefício fiscal concedido pelo Estado a determinada empresa (RE 586.705 AgR, rel. Min. Ricardo Lewandowski, 2a T., j. 23-8-2011) etc.

IV – Promover a ação de inconstitucionalidade ou representação para fins de intervenção da União e dos estados, nos casos previstos nesta Constituição: o Procurador-Geral da República é um dos legitimados da ação direta de inconstitucionalidade (art. 103, VI, CF) e era o único antes da Constituição de 1988. Da mesma forma, provavelmente constará nas Constituições estaduais como sendo um dos legitimados da ADI estadual, máxime porque o art. 125, da Constituição Federal afirma ser "vedada a atribuição da legitimação para agir a um único órgão". Quanto à "representação para fins de intervenção", trata-se da ADI interventiva, que pode ser ajuizada no âmbito federal (no STF) ou estadual (no TJ), quando há violação de princípios constitucionais sensíveis. Embora a Constituição utilize a expressão "representação para fins de intervenção" (arts. 129, IV, e 36, III, CF), trata-se de ação de iniciativa do Ministério Público (através do Procurador-Geral da República, no âmbito federal, e Procurador-Geral de Justiça, no âmbito estadual).

V – Defender judicialmente os direitos e interesses das populações indígenas: a Constituição de 1988 deu legitimidade ao Ministério Público para pleitear a tutela dos direitos das populações indígenas, como exigir maior celeridade no processo de delimitação e demarcação (TRF 4, AI 2009.04.00.026965-0, Des. Federal Carlos Eduardo Thompson Flores Lenz, *Dje* 16-10-2009). Em 2021, por exemplo, o Ministério Público Federal ajuizou ação de improbidade administrativa contra o presidente da Funai por retardar ou deixar de praticar atos necessários ao processo de demarcação de terras indígenas.

VI – Expedir notificações nos procedimentos administrativos de sua competência, requisitando informações e documentos para instruí-los, na forma da lei complementar respectiva: o poder e requisição, que é decorrente de lei infraconstitucional para a Defensoria Pública, está previsto expressamente na Constituição Federal para o Ministério Público. O poder de requisição busca robustecer os poderes de investigação do Ministério Público e, dessa maneira, proteger os direitos difusos e coletivos, dando instrumentos ao Ministério Público nessa defesa. O STF, por exemplo, entendeu que o Ministério Público pode requisitar os dados bancários de contas públicas, sobre as quais não recairia o direito à intimidade das contas de pessoas físicas (que exigiriam determinação judicial ou de Comissão Parlamentar de Inquérito): "O poder do Ministério Público de requisitar informações bancárias de conta corrente de titularidade da prefeitura municipal compreende, por extensão, o acesso aos registros das operações bancárias realizadas por particulares, a partir das verbas públicas creditadas naquela conta" (RHC 133.118, rel. Min. Dias Toffoli, 2a T., j. 26-9-2017).

VII – Exercer o controle externo da atividade policial, na forma da lei complementar mencionada no artigo anterior: como já decidiu o STF, "A CF de 1988, ao regrar as competências do Ministério Público, o fez sob a técnica do reforço normativo. Isso porque o controle externo da atividade policial engloba a atuação supridora e complementar do órgão ministerial no campo da investigação criminal. Controle naquilo que a polícia tem de mais específico: a investigação de qualidade. Nem insuficiente, nem inexistente, seja por comodidade, seja por cumplicidade. Cuida-se de controle técnico ou operacional, e não administrativo-disciplinar" (HC 97.969, rel. Min. Ayres Britto, 2ª T., j. 1º-2-2011). O controle externo da atividade policial pelo Ministério Público está regulamentado pelos arts. 9º e seguintes da LC n. 75/93 (LOMPU) e especialmente pela Resolução n. 20/2007 do Conselho Nacional do Ministério Público.

VIII – requisitar diligências investigatórias e a instauração de inquérito policial, indicados os fundamentos jurídicos de suas manifestações processuais: embora o Ministério Público tenha poderes de investigação, como decidiu o STF e explicamos acima, também pode o Ministério Público requisitar a instauração de inquérito policial, bem como outras diligências da autoridade policial. Tratando-se de uma *requisição*, e não um *requerimento*, deve ser atendida pela autoridade policial, exceto quando se tratar de clara e inequívoca ilegalidade. O descumprimento da requisição, por parte da autoridade policial não configura crime de desobediência (pois este é praticado por particulares contra a Administração), mas pode configurar infração administrativa e, em casos mais graves, crime de prevaricação.

IX – Exercer outras funções que lhe forem conferidas, desde que compatíveis com sua finalidade, sendo-lhe vedada a representação judicial e a consultoria jurídica de entidades públicas: como decidiu o STF, "o rol de atribuições conferidas ao Ministério Público pelo art. 129 não constitui *numerus clausus*. O inciso IX do mesmo artigo permite ao Ministério Público 'exercer outras funções que lhe forem conferidas, desde que compatíveis com sua finalidade'" (ADI 3.463, rel. Min. Ayres Britto, Pleno, j. 27-10-2011).

Nos termos do § 1º desse artigo, "a legitimação do Ministério Público para as ações civis previstas neste artigo não impede a de terceiros, nas mesmas hipóteses, segundo o disposto nesta Constituição e na lei". Por exemplo, a Lei da Ação Civil Pública (Lei n. 7.347/85), no seu art. 5º, afirma que "têm legitimidade para propor a ação principal e a ação cautelar: I – o Ministério Público; II – a Defensoria Pública; III – a União, os Estados, o Distrito Federal e os Municípios; IV – a autarquia, empresa pública, fundação ou sociedade de economia mista; V – a associação que, concomitantemente: a) esteja constituída há pelo menos 1 (um) ano nos termos da lei civil; b) inclua, entre suas finalidades institucionais, a proteção ao patrimônio público e social, ao meio ambiente, ao consumidor, à ordem econômica, à livre concorrência, aos direitos de grupos raciais, étnicos ou religiosos ou ao patrimônio artístico, estético, histórico, turístico e paisagístico".

Já o § 2º dispõe que "as funções do Ministério Público só podem ser exercidas por integrantes da carreira, que deverão residir na comarca da respectiva lotação, salvo autorização do chefe da instituição". O tema é regulamentado pela Resolução n. 26/2007 do CNMP (Conselho Nacional do Ministério Público), com alterações posteriores. O art. 1º dessa norma, com redação dada pela Resolução n. 211/2020 afirma que "é obrigatória a residência do membro do Ministério Público na Comarca ou na localidade onde exerce a titularidade de seu cargo", sendo que "considera-se cumprida a exigência prevista no *caput* deste artigo com a residência, pelo membro, em município que pertença à mesma região metropolitana ou aglomeração urbana" (art. 1º, § 3º). Quanto à autorização para residir fora da comarca, está regulamentada pelo art. 2º dessa norma: "O Procurador-Geral, após manifestação da Corregedoria-Geral, poderá autorizar, por ato motivado, em caráter excepcional, a residência fora da Comarca ou da localidade onde o membro do Ministério Público exerce a titularidade de seu cargo", sendo que "a autorização somente poderá ocorrer se não houver prejuízo ao serviço e à comunidade atendida" (art. 2º, § 1º).

Nos termos do art. 129, § 3º, "o ingresso na carreira do Ministério Público far-se-á mediante concurso público de provas e títulos, assegurada a participação da Ordem dos Advogados do Brasil em sua realização, exigindo-se do bacharel em direito, no mínimo, três anos de atividade jurídica e observando-se, nas nomeações, a ordem de classificação". Segundo o STF, a "atividade jurídica" mencionada no texto constitucional pode ser explicada ou densificada por norma do Conselho Nacional do Ministério Público, podendo dela constar cursos de pós-graduação: "Possibilidade de comprovação do triênio constitucional com cursos de pós-graduação. [...] Em sua função regulamentadora, o Conselho Nacional do Ministério Público está autorizado a densificar o comando constitucional de exigência de atividade jurídica com cursos de pós-graduação" (ADI 4.219, rel. p/ o ac. Min. Edson Fachin, Pleno, j. 5-8-2020). Como já decidiu o STF reiteradas vezes, a comprovação do requisito de três anos de atividade jurídica "deve ocorrer na data da inscrição no concurso e não em momento posterior" (ADI 3.460, rel. Min. Ayres Britto, Pleno, j. 21-8-2006).

19.17.1.7. Conselho Nacional do Ministério Público

Criado pela Emenda Constitucional n. 45, de 2004 (Reforma do Poder Judiciário), o Conselho Nacional do Ministério Público exerce o controle da atuação administrativa e financeira do Ministério Público e do cumprimento dos seus deveres funcionais.

a) **Composição**

É composto por quatorze membros, nomeados pelo Presidente da República, depois de aprovada a escolha pela maioria absoluta do Senado Federal, para mandato de dois anos, admitida uma recondução, nos termos do art. 130-A da Constituição Federal. Fazem parte do CNMP: "I – o Procurador-Geral da República, que o preside; II – quatro membros do Ministério Público da União, assegurada a representação de cada uma de suas carreiras; III – três membros do Ministério Público dos Estados; IV – dois juízes, indicados um pelo Supremo Tribunal Federal e outro pelo Superior Tribunal de Justiça; V – dois advogados, indicados pelo Conselho Federal da Ordem dos Advogados do Brasil; VI – dois cidadãos de notável saber jurídico e reputação ilibada, indicados um pela Câmara dos Deputados e outro pelo Senado Federal". Segundo o art. 130-A, § 1º, da Constituição Federal, "os membros do Conselho oriundos do Ministério Público serão indicados pelos respectivos Ministérios Públicos, na forma da lei".

Essa norma constitucional é regulamentada pela Lei n. 11.372/2006. Por exemplo, segundo o art. 1º, *caput*, dessa norma, "os membros do Conselho Nacional do Ministério Público oriundos do Ministério Público da União serão escolhidos pelo Procurador-Geral de cada um dos ramos, a partir de uma lista tríplice composta por membros com mais de 35 (trinta e cinco) anos de idade, que já tenham completado mais de 10 (dez) anos na respectiva carreira". Por sua vez, os membros do CNMP oriundos dos Ministérios Públicos dos Estados serão indicados pelos respectivos Procuradores-Gerais de Justiça, a partir de uma lista tríplice elaborada pelos integrantes da Carreira de cada instituição (art. 2º, *caput*).

b) **Atribuição**

Segundo o art. 130-A, § 2º, da Constituição Federal, "compete ao Conselho Nacional do Ministério Público o controle da atuação administrativa e financeira do Ministério Público e do cumprimento dos deveres funcionais de seus membros, cabendo-lhe: I – zelar pela autonomia funcional e administrativa do Ministério Público, podendo expedir atos regulamentares, no âmbito de sua competência, ou recomendar providências; II – zelar pela observância do art. 37 e apreciar, de ofício ou mediante provocação, a legalidade dos atos administrativos praticados por membros ou órgãos do Ministério Público da União e dos Estados, podendo desconstituí-los, revê-los ou fixar prazo para que se adotem as providências necessárias ao exato cumprimento da lei, sem prejuízo da competência dos Tribunais de Contas; III – receber e conhecer das reclamações contra membros ou órgãos do Ministério Público da União ou dos Estados, inclusive contra seus serviços auxiliares, sem prejuízo da competência disciplinar e correicional da instituição, podendo avocar processos disciplinares em curso, determinar a remoção ou a disponibilidade e aplicar outras sanções administrativas, assegurada ampla defesa (com redação da EC n. 103/2019); IV – rever, de ofício ou mediante provocação, os processos disciplinares de membros do Ministério Público da União ou dos Estados julgados há menos de um ano; V – elaborar relatório anual, propondo as providências que julgar necessárias sobre a situação do Ministério Público no País e as atividades do Conselho, o qual deve integrar a mensagem prevista no art. 84, XI".

Segundo o STF, não pode o Conselho Nacional do Ministério Público efetuar controle e constitucionalidade de lei, por se tratar de órgão de natureza administrativa: "O Conselho Nacional do Ministério Público não ostenta competência para efetuar controle de constitucionalidade de lei, posto consabido tratar-se de órgão de natureza administrativa, cuja atribuição adstringe-se ao controle da legitimidade dos atos administrativos praticados por membros ou órgãos do Ministério Público federal e estadual" (MS 27.744, rel. Min. Luiz Fux).

Outrossim, segundo o STF, a competência para rever processos disciplinares refere-se aos membros do Ministério Público, não sendo possível a revisão de processo disciplinar contra servidores: "a competência revisora conferida ao Conselho Nacional do Ministério Público (CNMP) limita-se aos processos disciplinares instaurados contra os membros do Ministério Público da União ou dos Estados (inciso IV do § 2º do art. 130-A da CR), não sendo possível a revisão de processo disciplinar contra servidores. Somente com o esgotamento da atuação correicional do Ministério Público paulista, o ex-servidor apresentou no CNMP, reclamação contra a pena de demissão aplicada. A CR resguardou o CNMP da possibilidade de se tornar instância revisora dos processos administrativos disciplinares instaurados nos órgãos correicionais competentes contra servidores auxiliares do Ministério Público em situações que não digam respeito à atividade-fim da própria instituição" (MS 28.827, rel. Min. Cármen Lúcia).

Nos termos do art. 130-A, § 3º, da Constituição Federal, "o Conselho escolherá, em votação secreta, um Corregedor nacional, dentre os membros do Ministério Público que o integram, vedada a recondução, competindo-lhe, além das atribuições que lhe forem conferidas pela lei, as seguintes: I – receber reclamações e denúncias, de qualquer interessado, relativas aos membros do Ministério Público e dos seus serviços auxiliares; II – exercer funções executivas do Conselho, de inspeção e correição geral; III – requisitar e designar membros do Ministério Público, delegando-lhes atribuições, e requisitar servidores de órgãos do Ministério Público". Nos termos do art. 130-A, § 4º, "o Presidente do Conselho Federal da Ordem dos Advogados do Brasil oficiará junto ao Conselho".

19.17.2. Advocacia Pública

Os arts. 131 e 132 da Constituição Federal tratam da "Advocacia Pública", sendo que o art. 131 aborda a Advocacia-Geral da União e o art. 132 da Constituição Federal aborda a Procuradoria dos Estados.

19.17.2.1. Advocacia-Geral da União

Segundo o art. 131 da Constituição Federal, "a Advocacia-Geral da União é a instituição que, diretamente ou através de órgão vinculado, representa a União, judicial e extrajudicialmente, cabendo-lhe, nos termos da lei complementar que dispuser sobre sua organização e funcionamento, as atividades de consultoria e assessoramento jurídico do Poder Executivo".

Em 2021, diante da assessoria jurídica prestada pela Advocacia-Geral da União ao ex-ministro da Saúde Eduardo Pazzuelo, investigado pela possível má-condução do enfrentamento da pandemia de Covid-19, surgiu uma dúvida: poderia a AGU prestar essa assistência jurídica a ex-ministro?

Tal assessoria jurídica encontra previsão na Lei n. 9.028/95 que, no seu art. 22, afirma que a AGU fica autorizada "a representar judicialmente os titulares e os membros dos Poderes da República [...] bem como os titulares dos ministérios e demais órgãos da Presidência da República, de autarquias e funções públicas federais (...) quanto a atos praticados no exercício de suas atribuições constitucionais, legais ou regulamentares, no interesse público, especialmente da União". Por sua vez, o § 1º desse dispositivo legal é ainda mais claro: "o disposto neste artigo aplica-se aos ex-titulares dos cargos ou funções referidos no *caput*". Importante ressaltar que tal defesa só será legalmente permitida quando se referir aos atos praticados no exercício da função.

Foi o que decidiu o Tribunal de Contas da União, ao afirmar que são necessários "três os requisitos básicos para que o pedido de representação judicial pela AGU e por seus órgãos vinculados seja deferido: a) requerente deve estar incluído no rol de contemplados pela lei; b) ato deve ter sido praticado em cumprimento de dever constitucional, legal ou regulamentar; c) existência de interesse público, especialmente da União, suas autarquias e funções, ou das instituições correlatas. [...] É notório que a convocação do ex-ministro para depor na CPI da Covid-19 decorre do propósito daquela Comissão de apurar fatos que têm integral relação com o estrito exercício das atribuições constitucionais, legais ou regulamentares que o ex-Ministro exerceu enquanto esteve no cargo. (...) Portanto, como se vê, a jurisprudência mais recente desta Corte de Contas tem admitido a representação processual do agente público pela advocacia pública quando não há conflito de interesses" (TC 014.556/2021-9, rel. Min. Raimundo Carneiro, J. 23-6-2021).

Segundo o STF, é dispensável a apresentação de instrumento de mandato o ato subscrito por advogado da União: "Representação Processual – Pessoa Jurídica de Direito Público – União –Instrumento de Mandato – Dispensa – Uma vez subscrito o ato por detentor do cargo de advogado da União, dispensável é a apresentação de instrumento de mandato, da procuração" (AO 1.757, rel. Min. Marco Aurélio, 1ª T., j. 3-12-2013). Esse entendimento não se aplica apenas aos advogados da União, mas a todos os procuradores públicos (da União, estados, municípios, Distrito Federal, bem como suas autarquias e fundações públicas), segundo o STF[93], exceção feita aos advogados de empresas públicas e sociedades de economia mista.

Nos termos do § 1º do mesmo artigo: "A Advocacia-Geral da União tem por chefe o Advogado-Geral da União, de livre nomeação pelo Presidente da República dentre cidadãos maiores de trinta e cinco anos, de notável saber jurídico e reputação ilibada".

O Advogado-Geral da União tem foro privilegiado ou, em palavras mais técnicas, tem direito ao foro por prerrogativa de função? Embora o art. 52, II, da Constituição Federa preveja que o Advogado-Geral da União será julgado pelo Senado Federal nos crimes de responsabilidade, o art. 102 da Constituição Federal não prevê que o Advogado-Geral da União será julgado pelo STF nos crimes comuns. A Lei n. 8.682/93 (que dispõe sobre a Advocacia-Geral da União) afirma que "O cargo de Advogado-Geral da União confere ao seu titular os direitos, deveres e prerrogativas de Ministro de Estado, bem assim o tratamento a este dispensado". Assim, desde 1993, foi dado ao Advogado-Geral da União o *status* de ministro.

Como não era ministro (apenas tinha o *status* de ministro), o STF chegou a entender que o AGU não teria foro privilegiado (Pet. 2.084 MC/DF, rel. Min. Sepúlveda Pertence, j. 8-8-2000). Por conta dessa decisão, a Medida Provisória n. 2.049-22/2000, editada pelo então presidente Fernando Henrique Cardoso, passou a considerar o Advogado-Geral da União um ministro de Estado. Hoje, o art. 20 da Lei n. 13.844/2019 afirma que "são Ministros de Estado: [...] VI – o Advogado-Geral da União, até que seja aprovada emenda constitucional para incluí-lo no rol das alíneas *c* e *d* do inciso I do *caput* do art. 102, da Constituição Federal". Claramente, essa lei não apenas dá ao Advogado-Geral da União o *status* de ministro de Estado, como o considera um ministro de Estado, com o objetivo de lhe dar o foro privilegiado (tanto que faz a observação de que esse tratamento é provisório, até que seja emendada a Constituição Federal). No nosso entender, essa lei é inconstitucional. Ora, o próprio STF já decidiu que "os casos de foro por prerrogativa de função decorrem diretamente da Constituição Federal. A partir da leitura do texto constitucional, percebe-se que o legislador constituinte não disciplinou a matéria apenas na esfera federal, mas já determinou quais seriam as autoridades em âmbito estadual e municipal que seriam detentoras dessa prerrogativa" (ADI 6.501, trecho do voto do Min. Roberto Barroso, Pleno, j. 23-11-2020). Não obstante, infelizmente no Brasil contemporâneo, a análise do foro privilegiado nem sempre é pautada por razões estritamente constitucionais, recebendo altas doses de interesses políticos e corporativistas.

Segundo o art. 131, § 2º, "o ingresso nas classes iniciais das carreiras da instituição de que trata este artigo far-se-á mediante concurso público de provas e títulos".

A destituição do Advogado-Geral da União também é de responsabilidade do presidente da República, o que é extensível, pelo princípio da simetria, no âmbito estadual, como já decidiu o STF: "a Constituição do Estado do Mato Grosso, ao condicionar a destituição do Procurador-Geral do Estado à autorização da Assembleia Legislativa, ofende o disposto no art. 84, XXV e art. 131, § 1º da CF/88. Compete ao chefe do Executivo dispor sobre as matérias exclusivas de sua iniciativa, não podendo tal prerrogativa ser estendida ao Procurador-Geral do Estado" (ADI 291, rel. Min. Joaquim Barbosa).

---

93. "Representação judicial do Estado e das suas autarquias. A representação judicial do Estado, por seus procuradores, decorre de lei. Por essa razão, dispensa-se a juntada de instrumento de mandato em autos de processo judicial" (RE 121.856 ED, rel. Min. Paulo Brossard, 2ª T., j. 24-4-1990).

Nos termos do art. 131, § 3º, da Constituição Federal, "na execução da dívida ativa de natureza tributária, a representação da União cabe à Procuradoria-Geral da Fazenda Nacional, observado o disposto em lei".

Como decidido pelo STF, em 2020, como a Procuradoria-Geral da Fazenda Nacional é órgão integrante da Advocacia-Geral da União, "o art. 30 do Decreto-lei n. 147/67, que equiparava os vencimentos e vantagens dos Procuradores da Fazenda Nacional aos Procuradores da República, também foi revogado tacitamente pelo art. 5º, da Lei n. 9.527/1977. (...) Ainda que os dispositivos não tivessem sido revogados pela Lei n. 9.527/1977, o art. 37, XIII, da Constituição veda a vinculação de remuneração entre carreiras no serviço público" (RE 594.481, rel. Min. Roberto Barroso, Pleno, j. 20-4-2020). Na mesma decisão, entendeu o STF que os Procuradores da Fazenda Nacional não têm direito a férias de 60 (sessenta) dias, tendo em vista que as leis que previam tal direito foram revogadas[94].

19.17.2.2. Procuradoria do Estado

Por sua vez, segundo o art. 132 da Constituição Federal, "os Procuradores dos Estados e do Distrito Federal, organizados em carreira, na qual o ingresso dependerá de concurso público de provas e títulos, com a participação da Ordem dos Advogados do Brasil em todas as suas fases, exercerão a representação judicial e a consultoria jurídica das respectivas unidades federadas". Segundo o STF, "o cargo de Procurador Geral do Estado é de livre nomeação e exoneração pelo Governador do Estado, que pode escolher o Procurador-Geral entre membros da carreira ou não" (ADI 291, rel. Min. Joaquim Barbosa).

Segundo o STF, esse artigo "confere às Procuradorias dos Estados atribuições para as atividades de consultoria jurídica e representação judicial das respectivas unidades federadas, aí se compreendo apenas a administração pública direta, autárquica e fundacional. A atuação de órgãos da Advocacia Pública em prol de empresas públicas e sociedades de economia mista, além de descaracterizar o perfil constitucional atribuído às Procuradorias dos Estados, implicaria favorecimento indevido a entidades que não gozam do regime jurídico de Fazenda Pública, em afronta ao princípio constitucional da isonomia" (ADI 3.536, rel. Min. Alexandre de Moraes, Pleno, j. 3-10-2019).

Em 2021, o STF decidiu que decorre do art. 132 da Constituição Federal a competência do Estado para organizar sua representação judicial e extrajudicial, inclusive legislando sobre procedimentos em matéria processual, indicando o destinatário da citação no órgão da Advocacia estadual (ADI 5.773, rel. Min. Alexandre de Moraes, redatora do acórdão: Min. Cármen Lúcia, Pleno, j. 8-3-2021). Também decidiu o STF que, em razão da autonomia administrativa (art. 207, *caput*, CF), "as universidades estaduais também podem criar e organizar procuradorias jurídicas. Tais órgãos jurídicos exercem um papel fundamental na defesa dos interesses das Universidades, inclusive em face dos próprios Estados-membros que as constituíram. [...]

---

94. "A Lei n. 2.123/1953, a Lei n. 4.069/1962 e o Decreto-lei n. 147/1967, na parte em que disciplinam o regime jurídico dos Procuradores da Fazenda, não foram recepcionados pela Constituição com *status* de lei complementar, mas sim com *status* de lei ordinária, em razão de não se tratar de matéria pertinente à organização e funcionamento da Advocacia-Geral da União (art. 131, CF/88). Portanto, o art. 18 da Lei n. 9.527/1997 revogou expressamente o art. 1º da Lei 2.123/1953 e o art. 17, parágrafo único da Lei n. 4.069/1962, que supostamente garantiam o direito a sessenta dias de férias aos Procuradores da Fazenda Nacional" RE 594.481, rel. Min. Roberto Barroso, Pleno, j. 20.04.2020).

A existência dessas procuradorias não viola o art. 132 da Constituição" (ADI 5.215, rel. Min. Roberto Barroso, Pleno, j. 28-3-2019).

Segundo o STJ, não é necessária a juntada de procuração para o procurador do Estado (e municípios, Distrito Federal, suas autarquias e fundações públicas), não tendo aplicada tal dispensa aos advogados de empresas públicas e sociedades de economia mista: "a jurisprudência desta Corte Superior entende que há necessidade de constituição de advogado, com a devida procuração nos autos, para representar, em juízo, sociedade de economia mista" (REsp 853964 SE, rel. Min. José Delgado, 1ª T., j. 15-8-2006).

Segundo o parágrafo único do mesmo artigo, "aos procuradores referidos neste artigo é assegurada estabilidade após três anos de efetivo exercício, mediante avaliação de desempenho perante os órgãos próprios, após relatório circunstanciado das corregedorias". Segundo o STF, "a garantia da inamovibilidade é conferida pela CF apenas aos magistrados, aos membros do Ministério Público e aos membros da Defensoria Pública, não podendo ser estendida aos procuradores do Estado" (ADI 291, rel. Min. Joaquim Barbosa).

Procuradores do Estado não têm direito a foro privilegiado, ainda que haja previsão na Constituição do Respectivo Estado. Como decidiu o STF reiteradas vezes, dispositivos de Constituições Estaduais que prevejam tal prerrogativa serão inconstitucionais, pois a Constituição Federal "já disciplinou de forma minudente e detalhada as hipóteses de prerrogativa de foro, a evidenciar sua exaustão e, em consequência, a impossibilidade de ampliação de seu alcance pelo poder constituinte decorrente" (ADI 6.504, rel. Min. Rosa Weber, Pleno, j. 25-10-2021).

O STF decidiu que a natureza constitucional dos serviços prestados pelos advogados públicos possibilita o recebimento os honorários de sucumbência, mas a soma dos subsídios e dos honorários mensais não pode exceder o teto remuneratório dos Ministros do STF. Como decidiu o STF, "a natureza constitucional dos serviços prestados pelos advogados públicos possibilita o recebimento da verba de honorários sucumbenciais, nos termos da lei. [...] Não obstante, [...] a possibilidade de advogados públicos perceberem verbas honorárias sucumbenciais não afasta a incidência do teto remuneratório estabelecido pelo art. 37, XI, da Constituição Federal" (ADI 6.053, rel. Min. Marco Aurélio, red. do ac. Min. Alexandre de Moraes, Pleno, j. 22-6-2020).

19.17.3. Advocacia

Segundo o art. 133 da Constituição Federal, "o advogado é indispensável à administração da justiça, sendo inviolável por seus atos e manifestações no exercício da profissão, nos limites da lei".

O Estatuto da Ordem dos Advogados do Brasil (Lei n. 8.906, de 4 de julho de 1994), no seu art. 2º, depois de repetir que "o advogado é indispensável à administração da Justiça", afirma que "o advogado presta serviço público e exerce função social" (art. 2º, § 1º). Outrossim, afirma que, "no exercício da profissão, o advogado é inviolável por seus atos e manifestações, nos limites desta lei".

Acerca das imunidades profissionais do advogado, o art. 7º do Estatuto da OAB assegura, no seu § 2º: "o advogado tem imunidade profissional, não constituindo injúria, difamação ou desacato puníveis qualquer manifestação de sua parte, no exercício de sua atividade, em juízo ou fora dele, sem prejuízo das sanções disciplinares perante a OAB, pelos excessos que cometer". Todavia, com relação a esse artigo, o Supremo Tribunal Federal declarou inconstitucional a palavra "desacato": "A imunidade profissional do advogado não compreende o desacato, pois conflita com a autoridade do magistrado da condução da atividade jurisdicional" (ADI 1.127, rel. Min. Ricardo Lewandowski, Tribunal Pleno, j. 17-5-2006).

Excluído o desacato, verifica-se que a imunidade do advogado refere-se à injúria e à difamação, em juízo ou fora dele, mas no exercício da sua função. Segundo o Supremo Tribunal Federal, "A invocação da imunidade constitucional pressupõe, necessariamente, o exercício regular e legítimo da advocacia. Essa prerrogativa jurídico-constitucional, no entanto, revela-se incompatível com práticas abusivas ou atentatórias à dignidade da profissão ou às normas ético-jurídicas que lhe regem o exercício" (RHC 81.750, rel. Min. Celso de Mello, Segunda Turma, j. 12-11-2002).

19.17.4. Defensoria Pública

19.17.4.1. Evolução histórica

A origem da Defensoria Pública está intimamente ligada com a evolução do direito à assistência jurídica gratuita. Nas palavras de José Fontenelle Teixeira da Silva[95], as origens mais remotas em nossa legislação estão nas Ordenações Filipinas[96]. Em 1870, o Instituto da Ordem dos Advogados Brasileiros, sob a presidência de Nabuco de Araújo, criou a praxe de oferecer, por parte de alguns membros, consultas jurídicas às pessoas pobres, defendendo-as em juízo. Décadas depois, a Constituição Federal de 1934 previu o "direito de acesso gratuito à Justiça" (art. 113, n. 32). A primeira legislação a prever a "Defensoria Pública" foi a Constituição do Estado do Rio de Janeiro, de 1975. No âmbito da Constituição Federal, a Defensoria Pública somente apareceu no texto da Constituição de 1988.

Como afirma Thiago de Miranda Queiroz Moreira, "a constitucionalização da Defensoria Pública foi uma das inovações introduzidas pela Assembleia Nacional Constituinte de 1987-1988 no sistema de justiça brasileiro. A Constituição Federal, em seu texto original, definiu que a Defensoria Pública é 'instituição essencial à função jurisdicional do Estado' e deve ser composta por servidores públicos concursados responsáveis por prestar orientação e defesa jurídica aos necessitados, ou seja, a toda pessoa que comprovar insuficiência de recursos para arcar com os custos da advocacia privada. Desse modo, cabe à Defensoria oferecer 'assistência jurídica integral e gratuita' à população carente, nos termos do art. 5º, LXXIV, da Constituição"[97].

19.17.4.2. Assistência judiciária e assistência jurídica

Embora sejam expressões semelhantes, há diferenças essenciais entre a assistência judiciária e a assistência jurídica. Enquanto a primeira consiste em garantir a todos os necessitados o acesso aos instrumentos jurisdicionais necessários (em outras palavras, o acesso facilitado ao

---

95. *Defensoria Pública no Brasil:* Minuta Histórica.
96. Segundo o Livro III, Título 84, § 10, da Lei de 2 de outubro de 1823, "em sendo o agravante tão pobre que jure não ter bens móveis, nem de rais, nem por onde pague o agravo, e dizendo na audiência uma vez o Pater Noster pela alma Del Rey Don Diniz, ser-lhe-á havido, como se pagasse os novecentos réis, contanto que tire de tudo certidão dentro do tempo, em que havia de pagar o agravo".
97. *A Constitucionalização da Defensoria Pública: Disputas por Espaço no Sistema de Justiça*, p. 1.

Poder Judiciário), a segunda (a assistência jurídica) consiste no auxílio pré-processual, endoprocessual e pós-processual a todos aqueles que, necessitando de auxílio jurídico, não têm condições financeiras de custeá-los.

Assistência judiciária gratuita	Assistência jurídica gratuita
Gratuidade de acesso aos instrumentos jurisdicionais (Poder Judiciário)	Gratuidade de todos os instrumentos jurisdicionais e extraprocessuais
Constituição de 1967 (art. 150, § 32)	Constituição de 1988 (art. 5º, LXXIV)

Analisando as duas Constituições brasileiras mais recentes, percebe-se a enorme diferença de tratamento dado por ambas. Enquanto a Constituição de 1967 afirmava que "será concedida assistência Judiciária aos necessitados, na forma da lei" (art. 150, § 32), a Constituição de 1988 afirma que "o Estado prestará assistência jurídica integral e gratuita aos que comprovarem insuficiência de recursos" (art. 5º, LXXIV). Portanto, se a Constituição de 1967 previa a assistência judiciária, a Constituição de 1988 prevê a assistência jurídica. Segundo José Carlos Barbosa Moreira, "a mudança do adjetivo qualificador da 'assistência', reforçada pelo acréscimo 'integral', importa notável aplicação do universo que se quer cobrir. Os necessitados fazem jus agora à dispensa de pagamentos e à prestação de serviços não apenas na esfera judicial, mas em todo o campo dos atos jurídicos. Incluem-se também na franquia: a instauração e movimentação de processos administrativos, perante quaisquer órgãos públicos, em todos os níveis; os atos notariais e quaisquer outros atos de natureza jurídica, praticados extrajudicialmente; a prestação de serviços de consultoria, ou seja, de informação e aconselhamento em assuntos jurídicos"[98].

Dessa maneira, como afirma Ana Carvalho Ferreira Bueno de Moraes, em dissertação específica sobre o tema, "pode-se entender a assistência jurídica, instrumento fundamental à ordem justa no Estado Social Democrático de Direito, como o dever estatal de auxílio jurídico prestado ao hipossuficiente em sentido amplo, caracterizado pelo dever de: a) prestar informação e conscientização dos indivíduos acerca dos seus direitos; b) prestar orientação jurídica; c) realizar atividades extrajudiciais, buscando prevenir a constituição de conflito, como envio de ofício, elaboração de contratos etc.; d) buscar a composição extrajudicial dos conflitos; e) representar e defender os interesses do indivíduo em processos administrativos; f) representar e defender os interesses do indivíduo em processos judiciais; g) defender os interesses da coletividade"[99].

Não se confunda assistência jurídica gratuita com gratuidade de justiça ou gratuidade judiciária ou justiça gratuita. Enquanto a assistência jurídica gratuita é a assistência, orientação e patrocínio da causa por um profissional habilitado (preferencialmente membro da Defensoria Pública), a gratuidade da justiça (ou gratuidade judiciária ou justiça gratuita) é, nas palavras de Rogério Nunes de Oliveira, "a isenção total, parcial ou diferida, do pagamento das despesas necessárias à realização de um direito subjetivo ou de uma faculdade jurídica, tanto no plano judicial quanto no extrajudicial, conferida a pessoa carente de recursos econômico-financeiros"[100].

---

98. *O Direito à Assistência Jurídica*, p. 59.
99. *A Defensoria Pública como Instrumento de Acesso à Justiça*, p. 37.
100. *Assistência Jurídica Gratuita*, p. 101. Segundo Ana Carvalho Ferreira Bueno de Moraes, nos termos da Lei Com-

A Defensoria Pública é um instrumento indispensável à consecução da assistência jurídica gratuita. Aliás, a própria Constituição Federal (art. 134, *caput*) afirma que a Defensoria é "essencial à função jurisdicional do Estado", "expressão e instrumento do regime democrático", cabendo-lhe a "orientação jurídica, a promoção dos direitos humanos e a defesa, em todos os graus, judicial e extrajudicial, dos direitos individuais e coletivos, de forma integral e gratuita, aos necessitados".

Tamanha a importância do direito à assistência judiciária gratuita, parte da doutrina identifica como sendo mínimo existencial dos direitos fundamentais, como o faz Ana Paula de Barcellos: "[...] O mínimo existencial que ora se concebe é composto de quatro elementos, três materiais e um instrumental, a saber: a educação fundamental, a saúde básica, a assistência aos desamparados e o acesso à justiça. Repita-se, mais uma vez, que esses quatro pontos correspondem ao núcleo da dignidade da pessoa humana a que se reconhece eficácia jurídica positiva e, *a fortiori*, o *status* de direito subjetivo exigível diante do Poder Judiciário"[101].

Segundo Ana Carvalho Ferreira Bueno de Moraes, "o constituinte de 1988 foi expresso na sua escolha: a Defensoria Pública é a instituição responsável pela assistência jurídica integral e gratuita aos necessitados. Assim, a nosso ver, adotou-se um sistema próximo ao sistema de advogados remunerados pelos cofres públicos; porém, com diferenças substanciais. Em vez de serem advogados, são agentes políticos concursados. Ademais, esses agentes políticos são dotados de garantias e prerrogativas próprias"[102].

Por fim, à luz da famosa obra *Acesso à Justiça*, de Mauro Cappelletti e Bryan Garth, a assistência jurídica gratuita e a Defensoria Pública se enquadram na denominada "primeira onda renovatória do acesso à justiça"[103]. A primeira onda renovatória, segundo os mencionados autores, teve início nos países ocidentais que iniciaram a proporcionar serviços jurídicos aos pobres, adotando modelos diversos: a) o sistema *judicare*; b) advogado remunerado pelos cofres públicos; c) modelos combinados.

---

plementar n. 80/94, é incumbência do defensor público "postular a concessão de gratuidade de justiça para os necessitados" (op. cit., p. 57).

101. Apud Ricardo Lobo Torres. O mínimo existencial, os direitos sociais e os desafios de natureza orçamentária. In *Direitos Fundamentais*, Ingo Wolfgang Sarlet, p. 70.
102. Op. cit., p. 46. Não obstante, continua a autora: "é muito importante destacar que a Defensoria Pública não tem exclusividade na prestação de serviço de assistência jurídica aos necessitados. Assim, é possível que advogados privados prestem serviços de forma gratuita, bem como é possível a existência de escritórios modelos em faculdades que prestem serviço de advocacia sem qualquer custo. Ou seja, há a possibilidade de a assistência judiciária ser prestada também por organismos não estatais, independentemente de convênios com a Defensoria Pública" (p. 52). Aliás, nesse sentido, o STF já decidiu que a Defensoria não é obrigada a firmar convênio exclusivo com a OAB para prestação de assistência jurídica gratuita: "é inconstitucional toda norma que, impondo à Defensoria Pública Estadual, para prestação de serviço jurídico integral e gratuito aos necessitados, a obrigatoriedade de assinatura de convênio exclusivo com a Ordem dos Advogados do Brasil, ou com qualquer outra entidade, viola, por conseguinte, a autonomia funcional, administrativa e financeira daquele órgão público" (ADI 4.163, rel. Min. Cezar Peluso, j. 29-2-2012).
103. Segundo os autores, "o recente despertar de interesse em torno do acesso efetivo à Justiça levou a três posições básicas, pelo menos nos países do mundo Ocidental. Tendo início em 1965, estes posicionamentos emergiram mais ou menos em sequência cronológica. Podemos afirmar que a primeira solução para o acesso – a primeira 'onda' desse movimento novo – foi a assistência judiciária; a segunda dizia respeito às reformas tendentes a proporcionar representação jurídica para os interesses 'difusos', especialmente nas áreas de proteção ambiental e do consumidor; e do terceiro – e mais recente – é o problema que nos propomos a chamar simplesmente 'enfoque de acesso à justiça' porque inclui os posicionamentos anteriores, mas vai muito além deles, representando, dessa forma, uma tentativa de atacar as barreiras ao acesso de modo mais articulado e compreensivo" (*Acesso à Justiça*, p. 31).

19.17.4.3. Conceito

Segundo o art. 134 da Constituição Federal, "a Defensoria Pública é instituição permanente, essencial à função jurisdicional do Estado, incumbindo-lhe, como expressão e instrumento do regime democrático, fundamentalmente, a orientação jurídica, a promoção dos direitos humanos e a defesa, em todos os graus, judicial e extrajudicial, dos direitos individuais e coletivos, de forma integral e gratuita, aos necessitados, na forma do inciso LXXIV do art. 5º, desta Constituição Federal".

A Defensoria Pública é indispensável à concretização do direito à assistência jurídica gratuita, prevista no art. 5º, LXXIV, da Constituição Federal: "o Estado prestará assistência jurídica integral e gratuita aos que comprovarem insuficiência de recursos". Tanto é verdade que, diante da inércia do Estado do Paraná em implantar naquele Estado a Defensoria Pública, o Supremo Tribunal Federal ordenou que o Estado implantasse a instituição, sob pena de multa: "Omissão estatal que compromete e frustra direitos fundamentais de pessoas necessitadas. Situação constitucionalmente intolerável. O reconhecimento, em favor de populações carentes e desassistidas, postas à margem do sistema jurídico, do 'direito a ter direitos' como pressuposto de acesso aos demais direitos, liberdades e garantias. [...] A função constitucional da Defensoria Pública e a essencialidade dessa instituição da República" (AI 598.212 ED, rel. Min. Celso de Mello).

No mesmo sentido, decidiu o Supremo Tribunal Federal: "A Defensoria Pública, enquanto instituição permanente, essencial à função jurisdicional do Estado, qualifica-se como instrumento de concretização dos direitos e das liberdades de que são titulares as pessoas carentes e necessitadas. É por essa razão que a Defensoria Pública não pode (e não deve) ser tratada de modo inconsequente pelo Poder Público, pois a proteção jurisdicional de milhões de pessoas – carentes e desassistidas – que sofrem inaceitável processo de exclusão jurídica e social, depende da adequada organização e da efetiva institucionalização desse órgão do Estado" (ADI 2.903, rel. Min. Celso de Mello).

19.17.4.4. Defensoria Pública como cláusula pétrea

Por ser um órgão indispensável à efetivação de um importantíssimo direito fundamental (a assistência jurídica integral e gratuita), a Defensoria Pública é uma cláusula pétrea, não podendo ser suprimida da Constituição.

Lembremos que cláusulas pétreas decorrem do art. 60, § 4º, da Constituição Federal, segundo o qual não será objeto de deliberação Proposta de Emenda Constitucional "tendente a abolir", dentre outras hipóteses, "direitos e garantias individuais". Ora, a supressão da Defensoria Pública do texto constitucional consistiria num grave retrocesso tendente a abolir o direito individual de assistência judiciária gratuita. Mesmo sem alegar o princípio da vedação do retrocesso (juridicamente polêmico, como vimos no capítulo reservado aos direitos sociais), é inegável a impossibilidade de supressão da Defensoria Pública do texto constitucional. Ora, como já reconhecido largamente na jurisprudência do Supremo Tribunal Federal, são integrantes do princípio da proporcionalidade a proibição do excesso e a proibição da proteção insuficiente. Retirar a Defensoria Pública do texto constitucional significa deixar de fazer o mínimo necessário para implementação do direito em tela.

Poderíamos afirmar que a Defensoria Pública é uma "garantia institucional" ligada aos "direitos individuais" (a assistência jurídica gratuita) e, portanto, cláusula pétrea. Concorda com esse posicionamento o Defensor Público do Estado de Alagoas, Gustavo Barbosa Giudicelli: "indubitável se mostra o caráter de garantia institucional fundamental dada à Defensoria Pública pela Constituição Federal de 1988, assim como indubitável é o novo alcance dado ao direito de acesso à tutela jurisdicional, superador de qualquer conceito meramente formal de acesso ao Poder Judiciário"[104].

Concorda conosco o Defensor Público Haman Tabosa de Moraes e Córdova, segundo o qual "defende-se, portanto, que a Defensoria Pública, inserida de forma estratégica pelo constituinte no citado art. 134 da Carta de 1988, integra o seu núcleo essencial ou imodificável justamente por inserir-se dentre as garantias individuais – fora do catálogo do art. 5º – protegidas de qualquer proposta de emenda à Constituição que tenha por objeto sua supressão ou mesmo redução do seu alcance por obra do Poder Constituinte de Reforma"[105].

19.17.4.5. Hipossuficiência econômica

Segundo o art. 134, *caput*, da Constituição Federal, a Defensoria Pública prestará a orientação jurídica em todos os graus "aos necessitados, na forma do inciso LXXIV do art. 5º desta Constituição Federal". Segundo este dispositivo, "o Estado prestará assistência jurídica integral e gratuita aos que comprovarem insuficiência de recursos".

Quem são os "necessitados"? Qual a medida da "insuficiência de recursos", que justifica a atuação da Defensoria Pública? A questão é polêmica e vem recebendo tratamentos distintos das Defensorias Públicas estaduais, que adotam, na sua maioria, critérios baseados na renda familiar (por exemplo, em São Paulo, Santa Catarina, Piauí, Paraná, Mato Grosso e Amazonas, adotam como parâmetro a renda familiar mensal de até 3 salários mínimos). Já a Defensoria Pública da União definiu o valor de 2 mil reais, corrigidos anualmente segundo a inflação acumulada (Resolução n. 133 do Conselho Superior da Defensoria Pública da União, de 7 de dezembro de 2016).

No Recurso Especial 1.264.116/RS (relator Min. Herman Benjamin, Segunda Turma, 18-10-2011), o ministro relator, em seu voto, sugere um conceito mais amplo de necessitados, não exclusivamente econômico, incluindo-se os "hipervulneráveis": "A expressão 'necessitados'

---

104. *A Defensoria Pública Enquanto Garantia Fundamental Institucional*, p. 6.
105. Defensoria Pública é Cláusula Pétrea da Constituição. Prossegue o autor: "Assim, a opção do constituinte originário no sentido de fazer da Defensoria Pública o instrumental necessário à real e efetiva materialização da garantia prevista no multicitado inciso LXXIV do art. 5º, deve ser rememorada todos os dias, cabendo às autoridades políticas, seja nos estados, seja no DF ou na União Federal, o estabelecimento de metas para estruturá-la adequadamente, a fim de que a Instituição consiga atender de forma suficiente a população de baixa renda deste país. Querer alterar essa opção, deturpá-la ou mesmo olvidá-la, representa um golpe contra a ordem constitucional, não havendo outro caminho senão o de se dar cumprimento à ordem emanada da Carta Magna, consistente no enfrentamento do problema da precariedade da assistência jurídica estatal, estruturando-se adequadamente a Instituição Defensoria Pública para que funcione a contento, não se permitindo que essas pessoas, humildes, continuem sendo mal informadas, mal orientadas ou mesmo enganadas em seus direitos em razão da ausência de cobertura institucional na maior parte deste país. Desta forma, reafirma-se à exaustão: a Defensoria Pública e sua condição de cláusula pétrea determinada pelo constituinte originário exigem dos Poderes Constituídos obediência ao seu conteúdo normativo e ao seu significado constitucional, garantidor do acesso à Justiça por parte da população mais humilde, em estrita obediência não apenas aos dispositivos constitucionais já mencionados, mas, ainda, ao disposto no art. 5º, XXXV, da CRFB/88, que consagra entre nós o princípio da inafastabilidade do Poder Judiciário, base deste Estado Democrático de Direito".

(art. 134, *caput*, da Constituição), que qualifica, orienta e enobrece a atuação da Defensoria Pública, deve ser entendida, no campo da Ação Civil Pública, em sentido amplo, de modo a incluir, ao lado dos estritamente carentes de recursos financeiros – os miseráveis e pobres – os hipervulneráveis (isto é, os socialmente estigmatizados ou excluídos, as crianças, os idosos, as gerações futuras), enfim, todos aqueles que, como indivíduo ou classe, por conta de sua real debilidade perante abusos ou arbítrio dos detentores do poder econômico ou político, necessitem da mão benevolente e solidarista do Estado para sua proteção".

19.17.4.6. Defensoria Pública e ação civil pública

Segundo jurisprudência pacífica, poderá a Defensoria Pública ajuizar ação civil pública. Foi o que decidiu o STF no RE 733.433: "Assentada a tese de que a Defensoria Pública tem legitimidade para a propositura de ação civil pública que vise a promover a tutela judicial de direitos difusos e coletivos de que sejam titulares, em tese, pessoas necessitadas" (RE 733.433/MG, rel. Min. Dias Toffoli, plenário, j. 4-11-2015). No mesmo sentido: "Legitimidade ativa da Defensoria Pública para ajuizar ação civil pública (art. 5º, II, da Lei n. 7.347/85, alterado pelo art. 2º da Lei n. 11.448/2007). Tutela de interesses transindividuais (coletivos *stricto sensu* e difusos) e individuais homogêneos. [...] Inexistência de norma de exclusividade do Ministério Público para ajuizamento de ação civil pública. Ausência de prejuízo institucional do Ministério Público pelo reconhecimento da legitimidade da Defensoria Pública" (ADI 3.943, rel. Min. Cármen Lúcia, Pleno, j. 7-5-2015).

Todavia, como compatibilizar a ação civil pública (que tutela direitos difusos, coletivos e individuais homogêneos) com os beneficiados da assistência jurídica gratuita (os "necessitados", nos termos da Constituição)? Segundo o Superior Tribunal de Justiça, em se tratando de interesses difusos (que pertencem a uma coletividade indeterminável de pessoas), basta a alegação de que necessitados podem se beneficiar da demanda da Defensoria Pública. Todavia, em se tratando de interesses coletivos ou individuais homogêneos, deverá a Defensoria Pública representar apenas os que são necessitados. Segundo o STJ: "Diante das funções institucionais da Defensoria Pública, há, sob o aspecto subjetivo, limitador constitucional ao exercício de sua finalidade específica – 'a defesa dos necessitados' (CF, art. 134), devendo os demais normativos serem interpretados à luz desse parâmetro. A Defensoria tem pertinência subjetiva para ajuizar ações coletivas em defesa de interesses difusos, coletivos ou individuais homogêneos, sendo que no tocante aos difusos, sua legitimidade será ampla (basta que possa beneficiar grupo de pessoas necessitadas), haja vista que o direito tutelado é pertencente a pessoas indeterminadas. No entanto, em se tratando de interesses coletivos em sentido estrito ou individuais homogêneos, diante de grupos determinados de lesados, a legitimação deverá ser restrita às pessoas notadamente necessitadas" (REsp 1.192.577-RS, rel. Min. Luis Felipe Salomão, Quarta Turma, por unanimidade, 15-5-2014).

19.17.4.7. Autonomia funcional, administrativa e financeira da Defensoria Pública

Nos termos do art. 134, § 2º da Constituição Federal, "às Defensorias Públicas Estaduais são asseguradas autonomia funcional e administrativa e a iniciativa de sua proposta orçamentária dentro dos limites estabelecidos na lei de diretrizes orçamentárias e subordinação ao disposto no art. 99, § 2º". Por sua vez, segundo o art. 134, § 3º, da Constituição Federal (incluído pela Emenda Constitucional n. 74/2013), "aplica-se o disposto no § 2º às Defensorias Públicas da União e do Distrito Federal".

Dessa maneira, nos termos da legislação vigente, as Defensorias Públicas da União, do Distrito Federal e dos Estados gozam de autonomia funcional, administrativa e financeira.

A então Presidente da República Dilma Rousseff ajuizou ADI contra a referida Emenda Constitucional, sob o argumento de que tal matéria seria de iniciativa privativa do Presidente (art. 61, § 1º, CF). O STF, em decisão cautelar proferida em 18 de maio de 2016, indeferiu a medida, argumentando que, "no plano federal, o poder constituinte derivado submete-se aos limites formais e materiais fixados no art. 60 da Constituição da República, a ele não extensível a cláusula de reserva de iniciativa do Chefe do Poder Executivo, prevista de modo expresso no art. 61, § 1º, apenas para o poder legislativo complementar e ordinário – poderes constituídos" (Medida Cautelar na ADI 5.296/DF, Plenário, rel. Min. Rosa Weber, 18-5-2016). Em 2020, o mérito da ação foi julgado, mantendo-se o conteúdo da cautelar, julgando improcedente a ADI 5.296. Reafirmou o STF, por maioria de votos (o único voto vencido foi o Ministro Marco Aurélio), que a iniciativa privativa prevista no art. 61 da Constituição Federal não se estende às emendas constitucionais.

O Supremo Tribunal Federal agiu corretamente. As hipóteses constitucionais de iniciativa privativa referem-se à legislação ordinária e complementar, mas não às Emendas Constitucionais. Caso contrário, não poderia a "Reforma do Judiciário" ter sido de iniciativa do Poder Legislativo (como foi), sob o argumento de separação dos Poderes, o que é, claro, impertinente.

19.17.4.7.1. Autonomia funcional

No tocante à autonomia funcional, podemos afirmar que não há qualquer grau de hierarquia entre a Defensoria Pública e outras instituições (Ministério Público, Poder Executivo, Poder Judiciário etc.). Dessa maneira, a Defensoria Pública não pode estar vinculada a nenhum órgão dos três poderes. For isso, o STF declarou inconstitucional lei estadual que vinculava a Defensoria Pública à Secretaria do Estado de Pernambuco[106], bem como Lei maranhense que vinculava a Defensoria Pública ao Poder Executivo[107].

Essa autonomia funcional (desvinculação da Defensoria Pública dos demais Poderes) é necessária, tendo em vista que muitas vezes a Defensoria Pública demandará contra o Estado, em favor de brasileiros necessitados. Um segundo aspecto dessa autonomia funcional se dá internamente: "no aspecto interno, é a chamada independência funcional, prerrogativa própria de todos os membros da Defensoria Pública. [...] Isso significa que, no exercício de suas atividades, deve o defensor público observar a lei e suas convicções. [...] Essa garantia, ao contrário do que possa parecer, não se trata de uma carta em branco, conferindo ao defensor público o poder de agir como bem entender, justificando pela independência funcional, pois a independência funcional sempre deve estar subordinada à função institucional da Defensoria Pública, prevista na CF, que é a assistência ao necessitado, de forma integral"[108].

---

106. STF, Tribunal Pleno, ADI 3.569/PE, rel. Min. Sepúlveda Pertence, j. 2-4-2007.
107. STF, Tribunal Pleno, ADI 4.056/MA, rel. Min. Ricardo Lewandowski, j. 7-3-2012. Segundo o STF: "A EC 45/2004 reforçou a autonomia funcional e administrativa às defensorias públicas estaduais, ao assegurar-lhes a iniciativa para a propositura de seus orçamentos (art. 134, § 2º). Qualquer medida normativa que suprima essa autonomia da Defensoria Pública, vinculando-a a outros Poderes, em especial ao Executivo, implicará violação à Constituição Federal".
108. Ana Carvalho Ferreira Bueno de Moraes, op. cit., p. 196. Tema bastante polêmico é a obrigatoriedade de aplicação, por parte dos defensores públicos, das "teses institucionais" estabelecidas pela cúpula do órgão. Segundo Carlos Weis,

Essa questão ganhou bastante destaque em 2020, quando um defensor público da União ajuizou uma ação civil pública contra a empresa Magazine Luiza, que adotara um sistema de contratação específico de candidatos negros (numa espécie de ação afirmativa por uma empresa privada). A prática realizada pela empresa era compatível com a Convenção Internacional sobre a Eliminação de todas as Formas de Discriminação e a Nota Técnica 001/2018 do Ministério Público do Trabalho. Mesmo assim, o Defensor Público Federal Jovino Bento Júnior ajuizou a ação, pedindo uma indenização de 10 milhões de reais. Em sua petição inicial, escreveu o funcionário público sobredito: "trata-se de fenômeno amplamente difundido hodiernamente, sendo que os profissionais que trabalham com publicidade, propaganda e marketing já possuem até mesmo um nome 'técnico' (sic) para ele: MARKETING DE LACRAÇÃO". Lamentável. Sobre esse tema, escreveu sabiamente o jurista Marçal Justen Filho, com o qual concordamos: "se os interesses dos cidadãos são repetidamente ignorados pelos agentes públicos, é necessário alterar o sistema jurídico. É preciso criar uma governança interna capaz de limitar a independência pessoal e preservar a independência da instituição, evitando assim que meros voluntarismos atentem contra os limites da função pública. O episódio do Magazine Luiza é a oportunidade para iniciar essa discussão"[109].

19.17.4.7.2. Autonomia administrativa

A autonomia administrativa significa a autonomia de se autogerir. Isso significa que "a administração superior da instituição pode, livremente, distribuir seus recursos humanos e seu orçamento como bem lhe provier, sempre respeitando o comando constitucional de prestar, com excelência, assistência jurídica e integral aos necessitados, sem a interferência de qualquer outro órgão"[110].

Até 2014, a autonomia administrativa das Defensorias Públicas tinha uma limitação: não poderia criar cargos, estabelecer a política remuneratória o plano de carreira. Isso porque, ao contrário do Ministério Público (instituição semelhante à Defensoria), que possuía previsão constitucional expressa (art. 127, § 2º)[111], a Defensoria Pública não tinha o mesmo tratamento constitucional. Assim, até 2014 a Defensoria Pública não tinha "capacidade de criar cargos, estabelecer a política remuneratória e o plano de carreira, dependendo, para tanto, da iniciativa do chefe do executivo estadual"[112].

Todavia, esse cenário mudou em 2014, por força da EC 80/2014, que incluiu o § 4º no art. 134 da Constituição Federal: "são princípios institucionais da Defensoria Pública a unidade, a

---

"parece-me que as 'teses institucionais' invadem área reservada à independência funcional do Defensor Público, conflitando com o paradigma constitucional" (apud Ana Carvalho Ferreira Bueno de Moraes, op. cit., p. 196). Parece-nos coerente o posicionamento de Caio Paiva: "Toda a celeuma em torno da vinculatividade das teses institucionais para os defensores públicos perde, porém, um pouco de importância se invocarmos e resgatarmos o fundamento maior da garantia da independencia funcional: a melhor defesa para o assistido. Podemos, a partir desse cenário, estabelecer o seguinte: os enunciados meritórios vinculam, como regra, a atuação do defensor público, o qual poderá, no entanto, deixar de seguir o enunciado, desde que motivadamente, demonstre que a sua linha de atuação acarrete mais benefício para a defesa do assistido" (Entendimento Institucional Pode Vincular Defensor Público?).

109. *Magazine Luiza: Um Caso Lamentável*, p. 1.
110. Op. cit., p. 98.
111. "Ao Ministério Público é assegurada autonomia funcional e administrativa, podendo, observado o disposto no art. 169, propor ao Poder Legislativo a criação e a extinção de seus cargos e serviços auxiliares, provendo-os por concurso público de provas ou de provas e títulos, a política remuneratória e os planos de carreira".
112. Op. cit., p. 100.

indivisibilidade e a independência funcional, aplicando-se também, no que couber, o disposto no art. 93 e no inciso II do art. 96 desta Constituição Federal". O art. 93 afirma que os princípios que regem o Poder Judiciário serão de iniciativa do próprio Judiciário (pelo Supremo Tribunal Federal). Por sua vez, o art. 96, II, CF afirma que "Compete privativamente: II – ao Supremo Tribunal Federal, aos Tribunais Superiores e aos Tribunais de Justiça propor ao Poder Legislativo respectivo, observado o disposto no art. 169: a) a alteração do número de membros dos tribunais inferiores; b) a criação e a extinção de cargos e a remuneração dos seus serviços auxiliares e dos juízes que lhes forem vinculados, bem como a fixação do subsídio de seus membros e dos juízes, inclusive dos tribunais inferiores, onde houver; c) a criação ou extinção dos tribunais inferiores; d) a alteração da organização e da divisão judiciárias".

Dessa maneira, desde 2014 poderá a Defensoria Pública propor (como já faziam o Poder Judiciário e o Ministério Público) ao Poder Legislativo a criação de cargos, alteração de seus órgãos etc.

19.17.4.7.3. Autonomia orçamentária (financeira)

Por fim, no tocante à autonomia financeira, a Defensoria Pública tem iniciativa de proposta orçamentária: "Às Defensorias [...] são asseguradas autonomia funcional e administrativa e a iniciativa de sua proposta orçamentária dentro dos limites estabelecidos na lei de diretrizes orçamentárias e subordinação ao disposto no art. 99, § 2º" (art. 134, § 2º, CF). Assim como as demais autonomias (funcional e administrativa), a autonomia financeira, outrora reservada somente às Defensorias Estaduais (em razão da EC 45/2004), passou a ser uma característica da Defensoria Pública da União e do Distrito Federal[113]. Como afirma Ana Carvalho Ferreira Bueno de Moraes, "a intenção do legislador reformador foi, então, dar à iniciativa orçamentária da Defensoria os mesmos contornos da iniciativa orçamentária do Poder Judiciário, de sorte que a iniciativa orçamentária deve ser encaminhada ao Chefe do Poder Executivo pelos dirigentes da instituição da Defensoria Pública"[114].

O que ocorre se a Defensoria não encaminhar a proposta orçamentária dentro do prazo constitucional? Aplicar-se-ão os §§ 3º e 4º do art. 99 da Constituição Federal. Segundo o § 3º, "se os órgãos referidos no § 2º não encaminharem as respectivas propostas orçamentárias dentro do prazo estabelecido na lei de diretrizes orçamentárias, o Poder Executivo considerará, para fins de consolidação da proposta orçamentária anual, os valores aprovados na lei orçamentária vigente, ajustados de acordo com os limites estipulados na forma do § 1º deste artigo".

Para assegurar o equilíbrio financeiro da instituição, bem como de forma a dar à Magistratura, Ministério Público e Defensoria Pública um tratamento isonômico, a EC 45/2004 incluiu a Defensoria como beneficiária dos "duodécimos", ou seja, o repasse orçamentário men-

---

113. Conforme consta do site institucional da DPU, "A DPU que antes era vinculada ao Ministério da Justiça, agora é um órgão autônomo. A EC 74/2013 ao assegurar à DPU e à Defensoria Pública do Distrito Federal autonomia funcional e administrativa, corrigiu um erro legislativo histórico, já que a Emenda Constitucional n. 45, de 2004 já havia garantido autonomia às Defensorias Estaduais, não observando a unidade das Defensorias. Agora todas possuem as mesmas prerrogativas institucionais de um órgão autônomo" (<http://www.dpu.def.br/assessoria-memoria/eventos-marcantes/192-memoria/eventos-marcantes/30926-autonomia-da-defensoria-publica-da-uniao-ec-n-74-13>).
114. Op. cit., p. 101.

sal à Defensoria Pública de parcelas nunca inferiores a 1/12 do total do orçamento previsto para o ano de exercício[115].

19.17.4.8. Princípios da Defensoria Pública

19.17.4.8.1. Unidade

Segundo o princípio da unidade, a Defensoria Pública deve ser vista como uma única instituição (assim como o Ministério Público, que possui o mesmo princípio). As divisões existentes buscam apenas operacionalizar a função institucional da Defensoria Pública. A unidade decorre do art. 134, § 4º da Constituição Federal, segundo o qual "são princípios institucionais da Defensoria Pública a unidade, a indivisibilidade e a independência funcional, aplicando-se também, no que couber, o disposto no art. 93 e no inciso II do art. 96 desta Constituição Federal". Segundo o art. 3º da LC 80/94, "são princípios institucionais da Defensoria Pública a unidade, a indivisibilidade e a independência funcional" (grifamos).

Uma demonstração clara dessa unidade é a subsidiariedade da atuação da Defensoria Pública da União nos Tribunais Superiores, quando a Defensoria Pública do Estado não estiver estruturada para tal. Outrossim, o art. 14, § 1º, da LC 80/94 prevê a realização de convênios entre a DPU e as Defensorias dos Estados para atuação junto a órgãos de primeiro se segundo graus de jurisdição. Essa possibilidade se dá por conta do princípio da unidade.

19.17.4.8.2. Indivisibilidade

O princípio da indivisibilidade, também aplicado ao Ministério Público, "indica que os atos são exercidos pela Defensoria Pública, e não pela pessoa do defensor público. [...] Isso implica dizer que é possível a substituição automática de um membro da Defensoria Pública por outro sem a necessidade de qualquer procedimento próprio"[116].

Dessa maneira, com base nesse princípio, é possível que, num só processo, a petição inicial seja feita por um defensor público, a audiência de instrução seja realizada por outro membro e a interposição de um recurso feita por um terceiro defensor.

19.17.4.8.3. Independência funcional

Referimo-nos à independência funcional como o aspecto interno da autonomia funcional. Como afirmamos acima, no aspecto interno, a chamada independência funcional é prerrogativa própria de todos os membros da Defensoria Pública que, no exercício de suas atividades, podem seguir livremente suas convicções, desde que no cumprimento de seus deveres funcionais. Acima, abordamos a questão das "teses institucionais" e sua eventual violação da independência funcional.

---

115. Segundo o art. 168 da Constituição Federal, "os recursos correspondentes às dotações orçamentárias, compreendidos os créditos suplementares e especiais, destinados aos órgãos dos Poderes Legislativo e Judiciário, do Ministério Público e da Defensoria Pública, ser-lhe-ão entregues até o dia 20 de cada mês, em duodécimos, na forma da lei complementar a que se refere o art. 165, § 9º".

116. Op. cit., p. 106. Prossegue a autora: "Destaque-se apenas que a forma dessa substituição deve ser previamente estabelecida, evitando substituições arbitrárias por entes da Administração Superior. A substituição deve ocorrer em caso de férias, licenças, afastamentos, impedimento, suspeição, colisão de interesses de partes assistidas pela Defensoria Pública etc." (p. 107).

19.17.4.8.4. Defensor natural

Para analisar o presente princípio (que não consta expressamente do art. 134, § 4º, da Constituição Federal), é necessário relembrar o princípio do juiz natural. Este é composto de dois elementos: a proibição do juízo ou tribunal de exceção e a garantia do juiz constitucionalmente competente (art. 5º, LIII, CF). Em outras palavras, "pode-se dizer que o princípio do juiz natural reclama três requisitos: a) somente é juiz aquele que integra o Poder Judiciário, de tal sorte que não existe juiz *ad hoc* para um determinado caso; b) necessidades de regras preestabelecidas e aleatórias, ou seja, regras que vêm preceder o processo para evitar manipulação; c) estrita observância dessas regras, sem a possibilidade de se impor exceção"[117].

Como o passar do tempo, passou-se a defender o princípio do promotor natural (visando a impedir designações arbitrárias feitas pelo Procurador-Geral). Assim como é questionável a existência de um princípio do promotor natural, também se discute a existência de um princípio do defensor natural.

O art. 4º-A da LC 80/94 afirma que "são direitos dos assistidos da Defensoria Pública [...]: IV – o patrocínio de seus direitos e interesses pelo defensor natural". Dessa maneira, aparentemente, a Lei Complementar da Defensoria Pública parece ter acolhido o referido princípio. Segundo a doutrina, o princípio do defensor natural deve assim ser interpretado: "da mesma forma que o princípio do juiz natural impede que a parte escolha qual juiz irá julgar sua causa, o princípio do defensor natural implica a vedação de a parte escolher o defensor público que irá defender seus interesses. Ao assistido não é concedida a assistência por determinado defensor público, mas sim pela Defensoria Pública"[118].

Outro aspecto desse princípio é abordado também pela doutrina: "o Defensor Público não poderá ser afastado arbitrariamente dos casos em que deva oficiar, de acordo com critérios legais estabelecidos anteriormente, de maneira que apenas os membros da Defensoria Pública que tiverem atribuições predeterminadas é que poderão atuar nos casos a que forem submetidos"[119].

O princípio do defensor natural já foi reconhecido pelo STJ: "No caso dos autos, há violação dos princípios da ampla defesa, do contraditório e do <u>defensor público natural, tendo em vista a nomeação de defensor *ad hoc* para realizar audiência de instrução e julgamento ao invés de tentar intimar o acusado para constituir novo advogado ou preterindo o Defensor Público Estadual com atribuição para atuar no juízo coator</u>. Concedo a ordem de ofício para anular o processo a partir da audiência realizada [...], para que se permita ao acusado constituir novo procurador e, em caso de inércia, seja intimada a Defensoria Pública estadual para realizar a defesa do paciente" (STJ, HC 332.895, 5ª Turma, rel. Min. Felix Fischer, j. 3-11-2016) (grifamos).

Por fim, o STJ já decidiu que é nulo o processo quando "há nomeação de defensor dativo em comarcas em que existe Defensoria Pública estruturada, só se admitindo a designação de

---

117. Op. cit., p. 109.
118. Op. cit., p. 111. Complementa a autora: "outro reflexo da existência do princípio do defensor natural é a impossibilidade de nomeação pelo juiz, de advogado dativo, quando existe Defensor Público atuante no juízo. Tal nomeação só poderá ocorrer na hipótese de impossibilidade de atuação da Defensoria Pública. O que se vincula é o órgão da Defensoria Pública, independentemente de quem, no momento, esteja exercendo a função" (p. 113).
119. José Almeida Júnior. *O Princípio do Defensor Natural*: Definição, Limites e Previsão Legal.

advogado *ad hoc* para atuar no feito quando não há órgão de assistência judiciária na comarca, ou se este não está devidamente organizado na localidade, havendo desproporção entre os assistidos e os respectivos defensores" (HC 337.754/SC, 5ª Turma, rel. Min. Jorge Mussi, *DJ* 26-11-2015).

19.17.4.9. Garantias dos defensores públicos

Segundo o art. 134, § 1º, da Constituição Federal, "Lei complementar organizará a Defensoria Pública da União e do Distrito Federal e dos Territórios e prescreverá normas gerais para sua organização nos Estados, em cargos de carreira, providos, na classe inicial, mediante concurso público de provas e títulos, assegurada a seus integrantes a garantia da inamovibilidade e vedado o exercício da advocacia fora das atribuições institucionais" (grifamos). Outrossim, o art. 43 da LC 80/94 afirma que "são garantias dos membros da Defensoria Pública da União: I – a independência funcional no desempenho de suas atribuições; II – a inamovibilidade; III – a irredutibilidade de vencimentos; IV – a estabilidade".

19.17.4.9.1. Inamovibilidade

Prevista expressamente na Constituição Federal (art. 134, § 1º) e na Lei Complementar n. 80/94 (art. 43, II), a inamovibilidade visa a garantir a independência funcional do defensor público, que terá a liberdade de litigar contra autoridades locais, sem o risco de ser removido arbitrariamente lotação onde atua, contra sua vontade[120]. Como afirma a doutrina, "essa garantia significa que o defensor público não pode ser removido de sua lotação para atuar em órgão distinto, ainda que situado em uma mesma comarca ou até de um mesmo fórum. É, portanto, violação dessa garantia a remoção compulsória do defensor público lotado para atuar na 1ª Vara Cível do Fórum de Santana para atuar na 2ª Vara do mesmo fórum".

Essa garantia da inamovibilidade, quando aplicada ao membro do Ministério Público e do Poder Judiciário, permite uma exceção constitucional: podem os juízes e os membros do MP ser removidos por interesse público. É o que afirma o art. 95, II, CF (para os juízes) e o art. 128, § 5º, I, "b", CF, para os membros do Ministério Público. Curiosamente, a Constituição Federal não prevê a mesma exceção para os defensores públicos. Embora a Constituição não preveja, poderá a lei infraconstitucional prever as hipóteses de remoção do defensor público de sua respectiva lotação (desde que preveja a exceção, de forma razoável e proporcional). Atualmente, existe a exceção prevista nos arts. 34 a 38 e 79 a 83 da LC 80/94. Segundo o art. 79, por exemplo "os membros da Defensoria Pública do Distrito Federal e dos Territórios são inamovíveis, salvo se apenados com remoção compulsória, na forma desta Lei Complementar". Leis estaduais podem estabelecer parâmetros semelhantes para os Defensores Públicos estaduais.

---

120. Op. cit., p. 191. Continua a autora: "é de fundamental importância tal garantia para a atuação realmente livre do defensor público. Somente com a previsão dessa garantia o defensor público, no exercício de suas atividades, fica preservado de ingerências. Assim, a garantia da inamovibilidade está intrinsecamente relacionada ao princípio da independência funcional. [...] Vale mencionar que a garantia da inamovibilidade também é prevista para os membros da Magistratura e do Ministério Público" (p. 192).

19.17.4.9.2. Independência funcional

A independência funcional está prevista expressamente no art. 134, § 4º, da Constituição Federal ("São princípios institucionais da Defensoria Pública a unidade, a indivisibilidade e a independência funcional...". Outrossim, está prevista no art. 43, I, da LC 80/94: "são garantias dos membros da Defensoria Pública da União: I – a independência funcional no desempenho de suas atribuições".

Como afirmamos anteriormente, a independência funcional significa que os defensores são plenamente independentes no exercício de suas atividades funcionais, no que se refere aos aspectos e estratégias de natureza técnico-jurídica de que pretendam se valer para levar a cabo a assistência e o patrocínio dos interesses das partes que estiverem sob seus cuidados.

Até que ponto a subordinação do defensor público às autoridades superiores não fere a independência funcional? Segundo a doutrina, "os membros da Administração Superior da Defensoria Pública não têm nenhum poder de interferir nesse âmbito, sendo que suas decisões somente devem ser obrigatoriamente acatadas pelos membros da instituição nas matérias de ordem administrativa e disciplinar"[121].

19.17.4.9.3. Irredutibilidade de vencimentos

Embora não prevista expressamente na Constituição Federal, a irredutibilidade de vencimentos decorre do art. 43, III, da Constituição Federal: "são garantias dos membros da Defensoria Pública da União: III – a irredutibilidade de vencimentos".

Não é nova a discussão sobre o conteúdo dessa garantia: se ela se refere ao valor real da remuneração ou apenas e tão somente ao valor nominal. Se considerarmos que a garantia se refere ao valor real, implicaria dizer que o servidor teria direito a reajustes periódicos de modo a manter o mesmo poder de compra.

Por mais que respeitemos entendimento em sentido contrário, a garantia ora em análise se refere ao valor nominal. Dessa maneira, o valor nominal recebido pelo defensor público não poderá ser reduzido nos meses supervenientes. A Constituição somente prevê o reajuste de modo a manter o "valor real" em se tratamento de benefícios previdenciários: "é assegurado o reajustamento dos benefícios para preservar-lhes, em caráter permanente, o valor real, conforme critérios definidos em lei" (art. 201, § 4º, CF).

Aliás, esse é o entendimento jurisprudencial contemporâneo. O TRF da 3ª Região, no tocante à Defensoria Pública, decidiu: "o princípio da irredutibilidade de vencimentos diz respeito à garantia da irredutibilidade do valor nominal e não do valor real dos estipêndios. Precedentes do STF. Descabe providência do Judiciário deferindo reajuste dos proventos e pensões relativos a servidores públicos em decorrência de desvalorização da moeda provocada pelo processo inflacionário" (AC 1.171 SP 2001.61.18.001171-0, 2ª Turma, 31-5-2005, rel. Des. Federal Peixoto Júnior). O STF já se posicionou no mesmo sentido: "não há falar-se, no caso, em violação ao princípio da irredutibilidade de vencimentos, já que não tem ele por escopo assegurar o valor real dos estipêndios, não havendo espaço, portanto, para se falar em vencimentos reduzidos, mas simplesmente em expectativa de correção não verificada, coisa diversa" (AI 283.302 AgR/DF, rel. Min. Sydney Sanches, 1ª Turma, 20-8-2002).

---

121. Op. cit., p. 196.

19.17.4.9.4. Estabilidade

Outra garantia dos membros da Defensoria Pública é a "estabilidade", prevista no art. 43, IV, da LC 80/94: "são garantias dos membros da Defensoria Pública da União: IV – a estabilidade". Aplica-se, portanto, ao Defensor Público a estabilidade, prevista no art. 41, da Constituição Federal: "são estáveis após três anos de efetivo exercício os servidores nomeados para cargo de provimento efetivo em virtude de concurso público".

Segundo o § 4º do mesmo artigo, "como condição para aquisição da estabilidade, é obrigatória a avaliação especial de desempenho por comissão instituída para essa finalidade". Durante esse período, afirma-se que o defensor público está em "estágio probatório", que será acompanhado pela Corregedoria-Geral da Defensoria Pública, nos termos do art. 105, VII, da LC 80/94.

Não há que se confundir a estabilidade (do defensor público e demais servidores públicos) com a vitaliciedade (dos juízes). Esta última (a vitaliciedade) é adquirida após 2 (dois) anos, e, adquirida, somente poderá o magistrado perder o cargo por sentença transitada em julgado. Já a estabilidade, depois de adquirida (no prazo de 3 anos), só permite a demissão do servidor estável por meio de sentença transitada em julgado, processo administrativo (assegurada a ampla defesa) e avaliação periódica de desempenho (assegurada a ampla defesa), nos termos do art. 41, § 1º, CF. Aos defensores públicos é garantida a estabilidade, e não a vitaliciedade, apesar das críticas doutrinárias[122].

O STF declarou inconstitucional dispositivo da Constituição do Estado do Rio de Janeiro (art. 181, I, "g", da Constituição estadual) que garantiu aos defensores públicos a vitaliciedade após dois anos, em vez da estabilidade após três anos (ADI 230/RJ, rel. Min. Cármen Lúcia, j. 1º-2-2010).

19.17.4.9.5. Prerrogativa de foro

A Constituição Federal não prevê foro por prerrogativa de função aos defensores públicos, ao contrário do que ocorre com os membros do Ministério Público e da magistratura.

Até 2019, entendia-se ser possível a previsão dessa competência nas Constituições Estaduais. É o que previa a Constituição do Rio de Janeiro, segundo a qual (art. 161, IV, "d", 2) compete ao Tribunal de Justiça do Estado processar e julgar, originariamente, nos crimes comuns e de responsabilidade, os membros da Defensoria Pública do Estado. Não obstante, como vimos anteriormente, segundo entendimento atual do Supremo Tribunal Federal, somente a Constituição Federal pode enumerar as hipóteses de competência por prerrogativa de função. Dessa maneira, não pode mais a Constituição Estadual prever o foro privilegiado para defensores públicos, delegados, vereadores, procuradores etc. Foi o que decidiu o STF, em

---

122. "A garantia da vitaliciedade é mais abrangente que a garantia da estabilidade, pois nesta é impossível a perda do cargo mediante procedimento administrativo. A decisão de demissão é exclusivamente judicial. Questionamos essa diferença de tratamento para os membros da Defensoria Pública em relação aos membros dessas outras duas carreiras. A nosso ver, como se tratam de agentes políticos dotados de independência, com a mesma grandeza e importância, não podem receber tratamento diferenciado. Isso porque tal garantia tem por fundamento não o de erigir casta privilegiada de servidores públicos, mas tão somente o de conferir a certos agentes políticos do Estado as condições imprescindíveis para que possam desempenhar com plena independência e estabilidade suas funções constitucionais, em prol do bem comum" (op. cit., p. 203).

2021, ao declarar inconstitucional dispositivo da Constituição do estado do Piauí, que previa prerrogativa de foro para os defensores públicos. Segundo o STF, a Constituição Federal "já disciplinou de forma minudente e detalhada as hipóteses de prerrogativa de foro, a evidenciar sua exaustão e, em consequência, a impossibilidade de ampliação de seu alcance pelo poder constituinte decorrente" (ADI 6504, rel. Min. Rosa Weber, Pleno, j. 25-10-2021).

19.17.4.9.6. Promoção

Segundo a doutrina, "os membros da Defensoria Pública têm a garantia da existência de um plano de carreira por meio de promoções. Assim, a promoção é o acesso do membro da Defensoria Pública à próxima categoria de carreira"[123]. A Lei Complementar n. 80/94 trata da promoção da Defensoria Pública da União, do Distrito Federal e Estados. Em todas, por expressa previsão legal, tal promoção deve ser realizada com base nos critérios da antiguidade e merecimento (arts. 31, 76 e 116).

No caso da Defensoria Pública da União, "as promoções serão efetivadas por ato do Defensor Público-Geral Federal" (art. 30, § 4º, LC n. 80/94)[124]. Por sua vez, segundo o art. 116, *caput*, da mesma lei, "as promoções serão efetivadas por ato do Defensor Público-Geral do Estado, obedecidos, alternadamente, os critérios de antiguidade e merecimento".

19.17.4.10. Prerrogativas dos defensores públicos

O art. 44 da Lei Complementar n. 80/94 prevê uma série de prerrogativas aplicadas aos Defensores Públicos da União. Dispositivos semelhantes da mesma lei são aplicados aos Defensores Públicos do Distrito Federal e Territórios (art. 89) e Estados (art. 128).

19.17.4.10.1. Intimação pessoal

Segundo os sobreditos dispositivos da LC 80/94, é prerrogativa do defensor público "receber, inclusive quando necessário, mediante entrega dos autos com vista, intimação pessoal em qualquer processo e grau de jurisdição ou instância administrativa...".

Sobre a questão, decidiu a Segunda Turma do STF que constitui prerrogativa da Defensoria Pública a intimação pessoal para todos os atos do processo, mediante a entrega dos autos, sob pena de nulidade. Com esse entendimento, o STF afastou a intempestividade de um recurso de apelação interposto ao STM e concedeu *habeas corpus* para determinar que a apelação de um condenado, assistido pela Defensoria Pública da União, seja submetida a novo julgamento. Segundo o STF: "À Defensoria Pública, instituição permanente e essencial à função jurisdicional do Estado, compete promover a assistência jurídica, judicial e extrajudicial, aos necessitados (art. 134 da Constituição Federal), sendo-lhe asseguradas determinadas prerrogativas para o efetivo exercício de sua missão constitucional. Constitui prerrogativa a intimação pessoal da Defensoria Pública para todos os atos do processo. [...] A intimação da Defensoria Pública, a despeito da presença do defensor na audiência de leitura da sentença condenatória, se perfaz com a intimação pessoal mediante remessa dos autos" (HC 125.270/

---

123. Op. cit., p. 206.
124. Até 2009 essa atribuição era do Presidente da República, o que hoje se mostra incompatível com o atual tratamento da Defensoria Pública da União, que goza de autonomia funcional, não sendo órgão do Poder Executivo.

DF, Segunda Turma, relator Min. Teori Zavascki, 23-6-2015). Não obstante, segundo o STF, essa hipótese de nulidade deve ser alegada no primeiro momento processual possível: "O defensor dativo foi intimado pessoalmente do resultado do julgamento da apelação e não arguiu, por meio dos instrumentos processuais cabíveis, a nulidade suscitada nesta impetração. Preclusão da matéria com o trânsito em julgado da apelação" (HC 102.077/SP, rel. Min. Roberto Barroso, 1ª Turma, 11-3-2014).

19.17.4.10.2. Contagem do prazo em dobro

O Código de Processo Civil, de 2015, afirma que a "Defensoria Pública gozará de prazo em dobro para todas as suas manifestações processuais". Aliás, garantia idêntica é reservada ao Ministério Público (art. 180, *caput*, CPC) e Advocacia Pública (art. 183, *caput*, CPC). O art. 44, I, da LC 80/94, que não se restringe ao Processo Civil, também prevê para a Defensoria Pública o prazo em dobro: "contando-se-lhes em dobro todos os prazos".

Segundo o Supremo Tribunal Federal, esse prazo em dobro dado às Defensorias Públicas também é constitucional no processo penal (por mais que não existe esse mesmo prazo para o Ministério Público). A explicação é que a Defensoria Pública não tem ainda a mesma estrutura do Ministério Público. Por essa razão, decidiu o STF: "não é de ser reconhecida a inconstitucionalidade [...] no ponto em que confere prazo em dobro, para recurso, às Defensorias Públicas, ao menos até que sua organização, nos Estados, alcance o nível de organização do respectivo Ministério Público, que é a parte adversa, como órgão de acusação, no processo da ação penal pública" (HC 70.514/RS, rel. Min. Sydney Sanches, Tribunal Pleno, 23-3-1994). Trata-se da chamada inconstitucionalidade progressiva ou lei ainda constitucional. O tratamento diferenciado se justifica na medida em que os órgãos possuem estruturas distintas. No dia em que a estrutura for semelhante, o tratamento processual diferenciado não mais se justificará.

Por fim, em razão do princípio da especialidade, há legislação especial não aplicando essa prerrogativa (da intimação pessoal e prazo em dobro) no rito dos Juizados Especiais. Segundo o art. 82, § 4º, da Lei n. 9.099/95, "as partes serão intimadas da data da sessão de julgamento pela imprensa". Da mesma forma, segundo o art. 7º da Lei n. 12.153/2009, "não haverá prazo diferenciado para a prática de qualquer ato processual pelas pessoas jurídicas de direito público, inclusive a interposição de recursos".

19.17.4.10.2.1. Defensores dativos

Já decidiu o STF que a contagem do prazo em dobro não se aplica aos advogados dativos, que atuam nas causas patrocinadas pelos Estados na modalidade de assistência judiciária: "não se estendem aos defensores dativos as prerrogativas processuais da intimação pessoal e do prazo em dobro asseguradas aos defensores públicos em geral e aos profissionais que atuam nas causas patrocinadas pelos serviços estaduais de assistência judiciária" (Pet. 932-SP, 14-9-1994).

No tocante ao processo penal, segundo o Código de Processo Penal (art. 370, § 4º), por expressa previsão, a intimação do defensor nomeado deverá ser pessoal ("a intimação do Ministério Público e do defensor nomeado será pessoal"). Tal garantia visa tutelar de forma mais efetiva o contraditório e a ampla defesa. Aliás, foi o que decidiu o STF: é "obrigatória a intimação pessoal dos defensores nomeados, sejam eles defensores públicos, procuradores da assistência judiciária ou defensores dativos" (HC 89.315, 1ª Turma, rel. Min. Ricardo Lewandowski, 19-9-2006).

19.17.4.10.3. Representação independente de mandato

Está expressamente prevista na Lei Complementar n. 80/94 a prerrogativa de o defensor público representar a parte em feito administrativo ou judicial, independentemente de mandato. É o que dispõe o art. 44, XI, da referida lei: "representar a parte, em feito administrativo ou judicial, independentemente de mandato, ressalvados os casos para os quais a lei exija poderes especiais".

Dessa maneira, a atuação pode se dar sem mandato, ressalvados os casos para os quais a lei exija poderes especiais. Por exemplo, em se tratando de queixa-crime, por expressa previsão no Código de Processo Penal, é necessária procuração com poderes especiais (art. 44).

19.17.4.10.4. Poder de requisição

Segundo a Lei Complementar n. 80/94 (arts. 44, X, 89, X, e 128, X), é prerrogativa do defensor público "requisitar de autoridade pública e de seus agentes, certidões, perícias, vistorias, diligências, processos, documentos, informações, esclarecimentos e providências necessárias ao exercício de suas atribuições".

Segundo a doutrina, "o poder de requisição pode ter como destinatário qualquer autoridade pública, seja federal, estadual ou municipal, tendo em vista que a lei federal não faz qualquer ressalva. [...] Trata-se de um ato administrativo autoexecutável, de sorte que prescinde do Poder Judiciário para efetivá-lo"[125].

É extremamente controvertida a constitucionalidade dos dispositivos legais sobremencionados que dão ao defensor público poderes de requisição. Se, de um lado, tais poderes dariam à Defensoria Pública a possibilidade de buscar informações com mais celeridade, presteza, tutelando o direito do jurisdicionado necessitado, por outro lado, tal poder não tem previsão constitucional (ao contrário do que ocorre com o Ministério Público – art. 129, VI, CF) e implicaria a criação de um "advogado com superpoderes", violando a "paridade de armas", um dos princípios constitucionais.

O Tribunal de Justiça do Estado de São Paulo decidiu ser válido o poder de requisição da Defensoria (Ap. 91335041-05.2008.8.26.0000, 5ª Câmara de Direito Público, rel. Des. Francisco Bianco). Não obstante, o STF, na ADI 230, julgada em 2010, declarou inconstitucional trecho da Constituição do estado do Rio de Janeiro que previa tal prerrogativa. Segundo voto da ministra relatora (Cármen Lúcia), "a condição do Defensor Público [...] não o torna um superadvogado, superior a qualquer outro, até mesmo porque então teria condições de desonomia relativamente aos demais advogados, incluídos os da parte contrária, que podem até mesmo ser advogados também públicos, defensores das entidades estatais". Foram ajuizadas mais de 20 ADI's no STF contra leis estaduais que previram o mesmo poder de requisição das Defensorias Públicas. Dentre elas, a ADI 6.852 que estava pendente de julgamento quando do fechamento dessa edição (recomendamos que o leitor acesso o complemento *online* de atualização desta obra). Nessa ação, o ministro Edson Fachin, em seu voto, afirmou que "Delineado o papel

---

125. Op. cit., p. 228.

atribuído à Defensoria Pública pela Constituição Federal, resta evidente não se tratar de categoria equiparada à Advocacia, seja ela pública ou privada, estando, na realidade, mais próxima ao desenho institucional atribuído ao próprio Ministério Público. [...] Assim, ao conceder tal prerrogativa aos membros da Defensoria Pública, o legislador buscou propiciar condições materiais para o exercício de seu mister, não havendo que se falar em qualquer espécie de violação ao texto constitucional, mas ao contrário, em sua densificação" (ADI 6.852, trecho do voto do Min. Edson Fachin, j. 12-11-2021).

19.17.4.10.5. Deixar de patrocinar ações

Segundo o inciso XII dos arts. 44, 89 e 128 da Lei Complementar n. 80/94, uma das prerrogativas do defensor público é "deixar de patrocinar ação, quando ela for manifestamente incabível ou inconveniente aos interesses da parte sob seu patrocínio, comunicando o fato ao Defensor-Público Geral, com as razões de seu proceder".

Segundo a doutrina, não se trata de um pré-julgamento por parte do defensor, aplicando-se tais dispositivos legais aos casos em que "não existe qualquer fundamental legal para a demanda. São as demandas teratológicas. Na dúvida, o defensor deve agir"[126].

19.17.4.10.6. Honorários de sucumbência

Primeiramente, por força do art. 46, III, da LC 80/94, é vedado ao defensor público "receber, a qualquer título e sob qualquer pretexto, honorários, percentagens ou custas processuais, em razão de suas atribuições".

Diferente questão se refere aos honorários de sucumbência. Em 2010, sobre o assunto, o Superior Tribunal de Justiça editou a Súmula 421, segundo a qual "os honorários advocatícios não são devidos à Defensoria Pública quando ela atua contra a pessoa jurídica de direito público a qual pertença". Em decisão recente, o STJ manteve o entendimento: "INSS. Pagamento de Honorários Advocatícios à Defensoria Pública da União. Condenação. Impossibilidade. Pessoa Jurídica de Direito Público integrante da Mesma Fazenda Pública. Incidência da Súmula 421/STJ" (AI no REsp 1.560.642/SP, rel. Min. Benedito Gonçalves, 24-4-2017).

Não obstante, em 2021, o STJ fez uma ressalva: ainda que pertença ao mesmo ente federativo, empresa pública integrante da administração indireta, por possuir orçamento próprio, pode ser condenada a pagar os honorários de sucumbência (REsp 1.829.436-DF, rel. Min. Francisco Falcão, j. 26-4-2021).

Todavia, em mais recente decisão, o Supremo Tribunal Federal entendeu de forma diversa. Segundo o STF, terá direito aos honorários de sucumbência a Defensoria Pública, ainda que demande contra outro órgão público do mesmo ente federativo: "honorários em favor da Defensoria Pública da União. Mesmo ente público. Condenação. Possibilidade após EC 80/2014" (Ação Rescisória 1937, rel. Min. Gilmar Mendes, 9-8-2017). O mesmo raciocínio poderá, portanto, ser aplicado à Defensoria Pública dos estados e os respectivos estados-membros.

---

126. Op. cit., p. 229.

Em 2018, o STF reconheceu a repercussão geral em 2018, por conta das alterações constitucionais (EC n. 74/2013 e EC n. 80/2014) que deram autonomia administrativa às Defensorias Públicas. Segundo o STF, "constitui questão constitucional relevante definir se os entes federativos devem pagar honorários advocatícios às Defensorias Públicas que os integram. Repercussão geral reconhecida" (STF, RE 1.140.005/RJ, rel. Min. Roberto Barroso, Pleno, j. 3-8-2018). Até que essa questão seja julgada, entendemos que restará uma divergência sobre a amplitude dos honorários devidos à Defensoria, quando a parte é o mesmo ente público do qual a Defensoria faz parte.

Por fim, é importante frisar que, ao contrário dos advogados públicos, os honorários sucumbenciais não são devidos ao defensor, mas sim ao Fundo de aparelhamento da instituição, nos termos do art. 4º, XXI, da Lei Complementar n. 80/94, segundo o qual é uma das funções institucionais da Defensoria Pública: "executar e receber as verbas sucumbenciais decorrentes de sua atuação, inclusive quando devidas por quaisquer entes públicos, destinando-as a fundos geridos pela Defensoria Pública e <u>destinados, exclusivamente, ao aparelhamento da Defensoria Pública e à capacitação profissional de seus membros e servidores</u>" (grifamos).

19.17.4.10.7. Inscrição nos quadros da OAB

Tema polêmico é a necessidade (ou não) de o defensor público estar inscrito nos quadros da OAB, como advogado. Em 2017, o STF reconheceu a existência de repercussão geral em Recurso Extraordinário que discute a questão (RE 609.517, rel. Min. Ricardo Lewandowski, j. 3-3-2017). Em 2021, o STF entendeu ser inconstitucional a exigência de inscrição de defensor público nos quadros do Conselho Federal da OAB, para o exercício de suas funções. Segundo o Ministro Relator, Alexandre de Moraes, "a capacidade postulatória autônoma e imediata, expressamente prevista no art. 4º, § 6º, da Lei Complementar n. 80/94, decorre da mera nomeação e posse do Defensor em seu respectivo cargo, sem que seja necessário qualquer outro requisito, como sua inscrição nos quadros de profissionais de qualquer outra entidade" (RE 1.240.999, trecho do voto do Min. Alexandre de Moraes, j. 2-10-2020). Acompanharam o ministro relator: Edson Fachin, Celso de Mello, Rosa Weber, Cármen Lúcia e Luiz Fux, ficando vencidos os ministros Dias Toffoli e Marco Aurélio.

19.17.4.11. Estrutura da Defensoria Pública

A Constituição Federal e a Lei Complementar n. 80/94 preveem quatro Defensorias Públicas: a) Defensoria Pública da União (DPU); b) Defensoria Pública do Distrito Federal[127]; c) Defensoria Pública dos Territórios; d) Defensorias Públicas Estaduais.

19.17.4.11.1. Defensoria Pública da União

O campo de atuação da Defensoria Pública da União está no art. 14 da Lei Complementar n. 80/94: "A Defensoria Pública da União atuará nos Estados, no Distrito Federal e nos Territó-

---

127. A autonomia da Defensoria Pública do Distrito Federal decorre do advento da Emenda Constitucional n. 69, de 2012. Segundo o art. 2º da mencionada Emenda, "sem prejuízo dos preceitos estabelecidos na Lei Orgânica do Distrito Federal, aplicam-se à Defensoria Pública do Distrito Federal os mesmos princípios e regras que, nos termos da Constituição Federal, regem as Defensorias Públicas dos Estados".

rios, junto às Justiças Federal, do Trabalho, Eleitoral, Militar, Tribunais Militares Superiores e instâncias administrativas da União".

DPU atuará nos Estados, DF e Territórios junto à
- Justiça Federal
- Justiça do Trabalho
- Justiça Eleitoral
- Justiça Militar
- Tribunais Militares Superiores
- Instâncias administrativas da União

Embora a área de atuação da Defensoria Pública seja muito extensa[123], o número de defensores públicos da União atualmente é bastante reduzido. Em outubro de 2017, segundo dados oficiais da Defensoria Pública da União, havia em todo o Brasil um total de 628 defensores[129]. Em 2020, esse número foi praticamente inalterado[130]. Segundo relatório divulgado pela Assessoria de Planejamento, Estratégia e Modernização da Gestão, a DPU realizou, em 2017 (até outubro), 1.551.002 atendimentos em todo o Brasil.

Por força do art. 14 da LC 80/94, no mesmo Estado (e no DF) haverá atuação da Defensoria Pública do Estado (ou do DF) (nas demandas estaduais) e da Defensoria Pública da União (nas demandas federais, trabalhistas, eleitorais, militares etc.).

Muito importante: com o advento da EC 74/2013, que incluiu o § 3º no art. 134 da Constituição Federal, a Defensoria Pública da União passa a gozar das mesmas garantias das Defensorias Públicas dos Estados: autonomia funcional, administrativa e orçamentária.

19.17.4.11.1.1. Atuação exclusiva em Tribunais Superiores?

Indaga-se: nas demandas estaduais que chegarem aos Tribunais Superiores, quem representará o jurisdicionado necessitado? A Defensoria Pública da União ou a Defensoria Pública estadual? Analisando o art. 14 da LC 80/94, não se vê exclusividade da Defensoria Pública da União de atuação nos Tribunais Superiores[131]. Foi o que decidiu o STF no HC 92.399 (rel. Min. Ayres Britto, j. 29-6-2010, 1ª Turma): "o art. 106 da LC 80/94 afasta eventual tentativa de conferir à Defensoria Pública da União a exclusividade de atuação no STJ". Realmente, a verdadeira assistência jurídica gratuita implica o direito de recorrer aos Tribunais Superiores. Assim, terá o brasileiro necessitado direito de ter sua demanda levada aos Tribunais, pela via recursal, por meio da Defensoria Pública. Se a demanda for estadual, deverá a Defensoria

---

128. Em 2017, por força da Lei da Migração (Lei n. 13.445/2017), a atuação foi ainda mais ampliada, já que, em vários casos, caso o estrangeiro em vias de ser expulso, repatriado, deportado ou extraditado não tenha advogado, será notificada a Defensoria Pública da União.
129. Disponível em: < http://www.dpu.def.br/images/stories/transparencia/gestao_de_pessoas/2017/10/ANEXO_I_TAB_II_.pdf>.
130. Segundo o site da DPU, havia em 2020 638 defensores públicos. https://dwrh.dpu.def.br/pentaho/api/repos/%3Ahome%3ARH%3Aquadro_cargo%3Aquadro_cargos.wcdf/generatedContent?userid=pentaho&password=pentaho.
131. O texto legal aprovado pelo Congresso Nacional previa tal exclusividade, mas o art. 22, parágrafo único, da LC 80/94 foi vetado pelo então Presidente da República.

Pública estadual demandar junto aos Tribunais Superiores[132]. Nos Tribunais Superiores, a Defensoria Pública da União atuará apenas subsidiariamente, como afirma a doutrina: "sendo um processo de origem da Justiça Estadual, caberá à Defensoria Pública do respectivo Estado continuar atuando no processo. Entretanto, apenas algumas Defensorias se estruturaram para realizar esse acompanhamento. E, na hipótese de ausência, caberá à Defensoria Pública da União, de forma subsidiária, atuar no processo"[133]. O mesmo já foi decidido pelo Superior Tribunal de Justiça[134].

Em decisão recente, o STJ entendeu que a Defensoria Pública da União somente substituirá a Defensoria Pública Estadual nos Tribunais superiores, se preenchidos dois requisitos cumulativos: a) a Defensoria Pública Estadual não possua espaço físico na capital federal; b) a Defensoria Pública Estadual não aderiu ao Portal de Intimações Eletrônicas (AREsp 1513956, 5ª Turma do STJ, rel. Min. Reynaldo Soares da Fonseca, j. 26-2-2019).

19.17.4.11.2. Defensoria Pública dos Estados

Todo Estado-membro tem o dever de criar e estruturar sua respectiva Defensoria Pública. Não a implementar significa dar as costas para um importante direito fundamental, tido por alguns como mínimo existencial: a assistência jurídica gratuita. Por essa razão, o STF já decidiu que: "por desempenhar, com exclusividade, um mister estatal genuíno e essencial à jurisdição, a Defensoria Pública não convive com a possibilidade de que seus agentes sejam recrutados em caráter precário. Urge estruturá-la em cargos de provimento efetivo e, mais que isso, cargos de carreira. A estruturação da Defensoria Pública em cargos de carreira, providos mediante concurso público de provas e títulos, opera como garantia da independência técnica da instituição, a se refletir na boa qualidade da assistência a que fazem jus os estratos mais economicamente débeis da coletividade" (ADI 3.700, rel. Min. Ayres Britto, j. 15-10-2008). Por essa razão, o STF condenou o Estado do Paraná a implantar e estruturar a Defensoria Pública do Estado, no prazo de 06 meses, sob pena de cominação de multa diária (Agravo de Instrumento 598.212/PR, rel. Min. Celso de Mello, j. 10-6-2013).

Nos termos do art. 134, § 2º, da Constituição Federal (acrescido pela EC 45/2004), as Defensorias Públicas estaduais gozam da tríplice garantia sobredita: autonomia administrativa, funcional e financeira ou orçamentária.

---

132. É o que afirma Caio Paiva: "podemos afirmar e reiterar que não há qualquer exclusividade da DPU para atuar perante o STF e o STJ, havendo apenas uma atuação preferencial (ou subsidiária), condicionada, portanto, à impossibilidade de as demais defensorias atuarem. Não altera essa conclusão o fato de a LC 80 prever que o 'defensor público-geral [Federal] atuará junto ao Supremo Tribunal Federal' (art. 23), uma vez que essa disposição diz respeito apenas à organização da carreira da DPU, em que, de fato, o DPGF atua junto ao STF. Assim, seja originariamente (numa Reclamação, por exemplo), seja em decorrência de interposição de recurso extraordinário, as defensorias estaduais e distrital podem atuar junto ao Supremo (e ao STJ), inclusive com sustentação oral" (*Organização da Defensoria para Atuar em 2º Grau e Cortes Superiores*).
133. Ana Carvalho Ferreira Bueno de Moraes, op. cit., p. 87.
134. "Como decidido na mesma questão de ordem, a atuação da DPU não é exclusiva. Se a Defensoria Pública Estadual mantiver representação em Brasília, poderá ser intimada e atuar sem restrições no Superior Tribunal de Justiça. Por isso que, interposto agravo regimental pela Defensoria Pública Estadual, não há necessidade de ratificação pela Defensoria Pública da União. Ambos os órgãos detêm capacidade postulatória para atuar no STJ" (3ª T, AgRg no REsp 802.745/RJ, rel. Min. Humberto Gomes de Barros, j. 3-12-2007).

19.17.4.11.3. Defensoria Pública do Distrito Federal

A Emenda Constitucional n. 69, de 2012, alterou vários dispositivos constitucionais para transferir da União para o Distrito Federal as atribuições de organizar e manter a Defensoria Pública do Distrito Federal. Até 2012, era competência da União manter e organizar a Defensoria Pública do Distrito Federal (art. 21, XIII, CF). Com o advento da referida Emenda, tal poder passou a ser do Distrito Federal. O referido dispositivo passou a dispor que compete à União "organizar e manter o Poder Judiciário, o Ministério Público do Distrito Federal e dos Territórios e a Defensoria Pública dos Territórios" (excluindo a Defensoria Pública do DF desse texto).

Dessa maneira, a Defensoria Pública do Distrito Federal é regida da mesma maneira que a Defensoria Pública dos Estados, gozando das garantias da autonomia funcional, administrativa e financeira (ou orçamentária).

19.17.4.11.4. Defensoria Pública dos Territórios

Como sabemos, no momento não há territórios federais (que podem ser criados por Lei Complementar federal). Todavia, se criados, serão mantidos e organizados pela União, nos termos do art. 21, XIII, da Constituição Federal.

A organização da Defensoria Pública dos Territórios está prevista nos arts. 52 e seguintes da Lei Complementar n. 80/94.

19.17.4.11.5. Defensoria Pública nos Municípios?

A Constituição Federal não prevê, portanto, a Defensoria Pública Municipal. Dessa maneira, por ausência constitucional que pode ser entendida como um silêncio eloquente, não será possível a criação de Defensoria Pública municipal (assim como não há Ministério Público Municipal ou Judiciário Municipal). Assim entendemos. Não pode uma Lei Municipal criar uma "Defensoria Pública Municipal", já que a estrutura da Defensoria Pública decorre do texto constitucional.

A questão polêmica é se o Município poderia criar políticas públicas de assistência judiciária (não criando uma instituição autônoma, mas políticas públicas diversas que auxiliam a concretização da assistência jurídica gratuita). Essa questão chegou ao STF por meio da ADPF 279, que questionava a constitucionalidade de Lei do Município de Diadema/SP, que criou o serviço de Assistência Judiciária gratuita, subordinado ao Departamento Jurídico do Município.

Primeiramente, entendeu o STF que não compete ao município criar uma "Defensoria Pública Municipal", como nós já defendíamos em edições anteriores. Não obstante, entendeu que pode o município criar e implantar serviços de assistência judiciária gratuita. Dessa maneira, o STF julgou da maneira que nós defendíamos nas edições anteriores:

Primeiramente, de acordo com o art. 5º, LXXV, da Constituição Federal, "o Estado prestará assistência jurídica integral e gratuita aos que comprovarem insuficiência de recursos". A expressão "Estado" se refere a todos os entes federativos. Outrossim, o art. 23 da Constituição Federal afirma ser competência comum de todos os entes federativos "zelar pela guarda da Constituição" (I), promover "a integração social dos setores desfavorecidos" (X). Por fim, ainda mais claro é o art. 30, V, da Constituição Federal, segundo o qual é competência do Município "organizar e prestar [...] os serviços públicos de interesse local...". Portanto, parece-nos constitucional lei municipal que implanta mecanismos de assistência jurídica gratuita. Dizer o contrário nos parece irrazoável. Dizer que um ente federativo não pode facilitar a realização de um direito fundamental dos seus munícipes porque não é da sua competência é preocupar-se demasiadamente com formalismos ou vaidades institucionais e menos com os objetivos da Constituição.

Concordaram com nosso entendimento, além da ministra relatora (Cármen Lúcia), os ministros Dias Toffoli, Alexandre de Moraes, Edson Fachin, Luís Roberto Barroso, Rosa Weber, Ricardo Lewandowski e Gilmar Mendes. Vários foram os argumentos que justificaram a possibilidade de criação dos serviços de assistência judiciária gratuita municipal: a) seria uma competência comum, buscar a integração social dos desfavorecidos (art. 23, X, CF); b) a assistência jurídica gratuita é um direito fundamental e quanto maior a oferta, melhor; c) a criação desse serviço pelos municípios não impacta no orçamento das defensorias dos estados etc.

Não obstante, embora entendamos que tal serviço municipal seja constitucional, fazemos uma ponderação: a Constituição Federal, ao prever as competências do município, destacou expressamente aquelas que considerou mais importantes, como "a educação infantil e o ensino fundamental" (art. 30, VI, CF), os "serviços de atendimento à saúde da população" (art. 30, VII, CF), promover o "adequado ordenamento territorial" (art. 30, VIII, CF), "promover a proteção do patrimônio histórico-cultural local" (art. 30, IX, CF), bem como outras hipóteses de competência que são comuns a todos os entes federativos, como "proteger o meio ambiente e combater a poluição" (art. 23, VI, CF), criar "programas de construção de moradias" (art. 23, IX, CF) etc.

Como se vê, a competência municipal para criar serviço de assistência judiciária gratuita é extraída implicitamente dos dispositivos constitucionais (como o art. 23, X, que trata da competência para a promoção da "integração social dos setores desfavorecidos). Ou seja, deve o município se concentrar nas competências constitucionais que lhe são atribuídas expressamente pela Constituição, como implantar uma educação infantil de qualidade, prestar um adequado serviço à saúde da população, implantar um programa de habitações populares, antes de implantar serviços diversos. Entendemos que escolhas orçamentárias que pervertem as determinações constitucionais podem ser questionadas judicialmente, máxime quando violam o mínimo existencial de alguns direitos fundamentais. Afinal, quando tratamos da implantação de direitos fundamentais, lidamos com a escassez. Como dizem os autores norte-americanos Cass Sunstein e Stephen Holmes, no já clássico livro *O Custo dos Direitos*, "levar os direitos a sério significa levar a escassez a sério". Com a devida vênia, discordamos, portanto, do argumento do Ministro Luiz Fux, no julgamento dessa ação, que caso fosse proibida a assistência judiciária municipal, também seriam fechados os escritórios jurídicos de faculdades de Direito e outros centros de cidadania que prestam esses serviços gratuitamente. Ora, nessas duas hipóteses não há um financiamento público, que é disciplinado pela Constituição Federal.

Dessa maneira, entendemos que o jurista não pode simplesmente se omitir diante de escolhas orçamentárias que invertem as prioridades constitucionais do ente federativo, máxime quando a sua omissão em uma das áreas viola o princípio da proporcionalidade, no seu aspecto "proibição da proteção insuficiente" (*untermassverbot*).

Por exemplo, em nosso livro *Direitos Sociais em Tempos de Crise Econômica*, defendemos que há alguns "mínimos dos mínimos existenciais", ou seja, alguns direitos que devem ser cumpridos pelo Estado imediatamente, antes de quaisquer outros direitos. Dentre eles, destacamos a "educação pública e gratuita de qualidade". Entendemos que, caso o município não preste um serviço de qualidade quanto à educação básica e o ensino fundamental, outras escolhas orçamentárias podem ser consideradas inconstitucionais. Não obstante, entendemos que, até que nossa teoria seja acolhida de forma majoritária pela doutrina e jurisprudência brasileiras, dificilmente será possível um controle da constitucionalidade da escolha orçamentária que cria ou amplia um sistema de assistência jurídica gratuita, máxime depois da decisão do STF de 2021, na ADPF 279.

19.17.4.11.6. Número de defensores públicos

A Emenda Constitucional n. 80/2014 acrescentou o art. 98 ao ADCT (Ato das Disposições Constitucionais Transitórias), com a seguinte redação: "O número de defensores públicos da unidade jurisdicional será proporcional à efetiva demanda pelo serviço da Defensoria Pública e à respectiva população. § 1º No prazo de 8 (oito) anos, a União, os Estados e o Distrito Federal deverão contar com defensores públicos em todas as unidades jurisdicionais, observado o disposto no *caput* deste artigo. § 2º Durante o decurso do prazo previsto no § 1º deste artigo, a lotação dos defensores públicos ocorrerá, prioritariamente, atendendo as regiões com maiores índices de exclusão social e adensamento populacional".

O referido dispositivo é uma norma programática. Deve-se ter cuidado com o uso dessa expressão. No passado, normas programáticas eram normas desprovidas de eficácia jurídica. Atualmente, normas programáticas são normas que produzem eficácia jurídica (aliás, toda norma constitucional produz), mas que fixam um programa de atuação para o Estado. Nesse "programa" constitucional aplicado à Defensoria, algumas normas são bem claras, possuindo o formato de regras: em 8 anos, deverá haver defensor público em todas as unidades jurisdicionais.

A meta está longe de ser alcançada. Segundo Rômulo Luis Veloso de Carvalho, "inegável que a norma impõe aportes financeiros proporcionais para contratação de pessoal e realização de periódicos concursos. É inconstitucional, por óbvio, tanto a inércia quanto qualquer pretensão de corte nos recursos de pessoal"[135]. Para o cumprimento dessa norma, é importante que haja um controle a cada ano, por parte da sociedade e do Judiciário, no tocante às escolhas orçamentárias.

Para que as normas programáticas produzam os efeitos desejados, é essencial que o Judiciário e a sociedade façam um controle das "escolhas trágicas", as escolhas orçamentárias que fixarão os aportes a cada área. Evidentemente não há recursos para resolver todos os problemas sociais, para satisfazer todos os direitos. Todavia, como a Constituição estabelece

---

135. Defensoria Pública, Crise Econômica e a Emenda Constitucional n. 80.

uma REGRA no tocante à defensoria (e essa é uma escolha perigosa, mas válida), deve ser eficácia plena. Ou seja, em nosso entender, enquanto não cumprida integralmente essa meta constitucional, será inconstitucional o aporte orçamentário feito em outras áreas que não gozam da mesma essencialidade: como o financiamento público de campanhas eleitorais.

Conteúdo digital – Acesse: https://somos.in/CDC7

Conteúdo em vídeo
Questões com gabarito comentado

20

ORDEM ECONÔMICA E FINANCEIRA

Sumário

20.1. Direito e Economia – **20.2.** Análise econômica do Direito (AED) – **20.2.1.** A contribuição de Ronald Harry Coase – **20.2.2.** Vilfredo Pareto e o "ótimo de Pareto" (ou "eficiência de Pareto") – **20.2.3.** A contribuição de Guido Calabresi – **20.2.4.** A contribuição de Richard Posner – **20.2.5.** Noções de AED (análise econômica do Direito) – **20.2.5.1.** Eficiência e bem-estar social – **20.2.5.1.1.** Eficiência de Kaldor-Hicks – **20.2.5.1.2.** Eficiência de Pareto – **20.2.5.2.** Análise de custo-benefício – **20.2.5.3.** Teoria da Escolha Racional e a racionalidade limitada – **20.2.5.4.** Teoria Nudge – **20.2.5.5.** Falhas de mercado – **20.2.5.5.1.** Competição imperfeita – **20.2.5.5.2.** Externalidades – **20.2.5.5.3.** Bens públicos – **20.2.5.5.4.** Monopólios naturais – **20.2.5.5.5.** Assimetria de informação – **20.2.5.6.** Falhas de governo – **20.2.5.7.** Teorema de Coase – **20.2.5.8.** Teorema de Hobbes – **20.2.5.9.** Teoria dos Jogos – **20.2.6.** A aplicação da AED (análise econômica do Direito) na jurisprudência do STF – **20.2.6.1.** A limitação da taxa de juros a 12% ao ano (ADI 4) – **20.2.6.2.** Bloqueio de cruzados novos pelo Plano Collor (ADI 534-MC) – **20.2.6.3.** Meia entrada para estudantes (ADI 1.950) – **20.2.6.4.** Penhora de bem de família de fiador (RE 407.688) – **20.2.6.5.** Meia entrada para doadores de sangue (ADI 3.512) – **20.2.6.6.** Lei de Biossegurança (ADI 3.510) – **20.2.6.7.** Fundo de participação dos estados (ADI 875) – **20.2.6.8.** Extensão do benefício fiscal na importação de pneus (RE 405.579) – **20.2.6.9.** Limite de renda para benefício assistencial (Rcl 4.374) – **20.2.6.10.** Prestação de contas de prefeito municipal (RE 848.826) – **20.2.6.11.** Gestão coletiva de direitos autorais (ADI 5.062) – **20.2.6.12.** Desaposentação (RE 661.256) – **20.2.6.13.** Contribuição sindical (ADI 5.794) – **20.2.6.14.** Conciliação prévia trabalhista (ADI 2.160) – **20.2.6.15.** Terceirização (RE 958.252) – **20.2.6.16.** Depósito prévio – ação rescisória trabalhista (ADI 3.995) – **20.2.6.17.** Aplicativo de transporte (ADPF 449) – **20.2.6.18.** Proibição do bloqueio de estradas por caminhoneiros grevistas (STP 830) – **20.3.** Constituição econômica – **20.3.1.** Constituição fiscal, Constituição social e Constituição econômica – **20.3.2.** A importância atual da Constituição econômica – **20.3.3.** Experiências constitucionais relevantes – **20.3.4.** As Constituições econômicas brasileiras – **20.4.** Ordem econômica: fundamentos, fins e princípios – **20.4.1.** Os fundamentos da ordem econômica – **20.4.1.1.** Livre-iniciativa – **20.4.1.1.1.** Livre-iniciativa na jurisprudência do STF – **20.4.1.1.2.** Meia entrada em estabelecimentos culturais e esportivos – **20.4.1.2.** Valorização do trabalho humano – **20.4.2.** Os fins da ordem econômica – **20.4.3.** Os princípios que regem a ordem econômica – **20.4.3.1.** Soberania nacional (art. 170, I, CF) – **20.4.3.2.** Propriedade privada (art. 170, II, CF) – **20.4.3.3.** Função social da propriedade privada (art. 170, III, CF) – **20.4.3.4.** Livre concorrência (art. 170, IV, CF) – **20.4.3.5.** Defesa do consumidor (art. 170, V, CF) – **20.4.3.6.** Defesa do meio ambiente (art. 170, VI, CF) – **20.4.3.7.** Redução das desigualdades regionais e sociais (art. 170, VII, CF) – **20.4.3.8.** Busca do pleno emprego – **20.4.3.9.** Tratamento favorecido a pequenas empresas – **20.5.** Investimentos de capital estrangeiro – **20.6.** Exploração direta da atividade econômica pelo Estado – **20.6.1.** Grupo A: atividades econômicas em casos de "imperativos da segurança nacional" ou "relevante interesse coletivo" – **20.6.1.1.** Empresas públicas e sociedades de economia mista – **20.6.2.** Grupo B: atividades econômicas atribuídas diretamente pela Constituição – **20.6.3.** Grupo C: atividades econômicas qualificadas como serviços públicos (art. 175, CF) – **20.7.** Estado como agente regulador da atividade econômica – **20.7.1.** Agências reguladoras – **20.7.2.** Planejamento do desenvolvimento nacional equilibrado – **20.7.3.** Cooperativismo – **20.7.3.1.** Cooperativas previstas expressamente na Constituição: cooperativas de garimpeiros, cooperativas de créditos e cooperativas médicas – **20.7.4.** Abuso do poder econômico – **20.7.5.** Responsabilidade da pessoa jurídica nos atos contra a ordem econômica e financeira – **20.8.** Regramento constitucional sobre recursos minerais – **20.8.1.** Os direitos do proprietário do solo – **20.8.2.** Autorização ou concessão de pesquisa e lavra de recursos minerais – **20.9.** Monopólio da União – **20.9.1.** CIDE Combustível – **20.10.** Transporte aéreo, aquático e terrestre – **20.11.** Microempresas e empresas de pequeno porte – **20.12.** Turismo – **20.13.** Informação comercial por autoridade estrangeira – **20.14.** Política urbana – **20.14.1.** Estatuto da Cidade (Lei n. 10.257/2001) – **20.14.2.** Plano diretor – **20.14.2.1.** Obrigatoriedade do plano diretor – **20.14.2.2.** Iniciativa do plano diretor – **20.14.2.3.** Emendas ao projeto de plano diretor – **20.14.2.4.** Revisão do plano diretor – **20.14.2.5.** Processo de elaboração do plano diretor – **20.14.2.6.** Conteúdo mínimo do plano diretor – **20.14.3.** Função social da propriedade urbana – **20.14.3.1.** Sanções constitucionais por descumprimento da função social da propriedade urbana – **20.14.4.** Usucapião especial urbana – **20.15.** Política agrícola, fundiária e reforma agrária – **20.15.1.** Função social da propriedade rural – **20.15.2.** Desapropriação para fins de reforma agrária – **20.15.2.1.** Procedimento – **20.15.2.2.** Orçamento – **20.15.2.3.** Isenção tributária – **20.15.2.4.** Imóveis que não podem ser desapropriados para fins de reforma agrária – **20.15.2.5.** Desapropriação de imóvel invadido por movimentos sociais – **20.15.3.** Política agrícola – **20.15.4.** Terras públicas – **20.15.5.** Beneficiários dos imóveis da reforma agrária – **20.15.6.** Aquisição de terras por estrangeiros – **20.15.6.1.** Imóveis na faixa de fronteira – **20.15.7.** Usucapião especial rural – **20.16.** Sistema Financeiro Nacional – **20.16.1.** Leis complementares – **20.16.2.** Estrutura – **20.16.2.1.** Conselho Monetário Nacional – **20.16.2.2.** Banco Central do Brasil (sua autonomia e a posição do STF) – **20.16.2.3.** Comissão de Valores Mobiliários (CVM) – **20.16.2.4.** Cooperativas de crédito – **20.16.2.5.** Banco Nacional do Desenvolvimento Econômico e Social (BNDES) – **20.16.3.** Participação de capital estrangeiro.

20.1. DIREITO E ECONOMIA

Embora Direito e Economia não se confundam, sendo ciências autônomas, é inequívoca a existência de uma correlação entre ambas, sendo que o fenômeno econômico, na maioria das vezes, reclama um revestimento jurídico. Um *fato econômico*, que repercute na atividade econômica, terá, pois, contornos jurídicos, já que impacta nas relações sociais de diversas formas[1]. Embora o Direito não possa fechar os olhos para os princípios que regem a Economia, sob o risco de suas normas não serem cumpridas por imposições fáticas do próprio mercado[2], cabe ao Direito dirigir, tanto quanto possível, a Economia, na busca da justiça social[3]. Como afirma Lafayete Petter, "como elemento tipicamente regulador, o Direito não pode desconhecer o

---

1. Como afirma Lafayete Josué Petter, "se tivermos em mente que um fato só pode ser considerado econômico em função da repercussão que terá na atividade econômica, e que esta se constitui de condutas que se verificam no meio social, condutas que adotam um determinado valor como referencial, e que tal valor surge da ponderação dos interesses em conflito na sociedade, e estabelecido já que é ao Direito que incumbe dita ponderação, para que o interesse tido por mais valioso se realize, a relação entre Economia e Direito se torna patente" (*Princípios Constitucionais da Ordem Econômica*, p. 56).
2. Por exemplo, o texto originário da Constituição de 1988, no seu art. 192, § 3º, limitava a taxa de juros reais anuais a 12%. Todavia, o próprio STF, numa interpretação heterodoxa, com o intuito de não aplicar imediatamente tal norma constitucional, entendeu ser ela uma norma de eficácia limitada (ADI 4, rel. Min. Sydney Sanches, Pleno, j. 7-3-1991). Segundo a maior parte dos economistas, tal dispositivo constitucional viola as "leis do mercado", já que não se regulam preços através de lei, enquanto ordenamento jurídico, pois a maior lei do mercado sobre oferta e procura continua sendo o único balizador de preços na economia. Outrossim, a questão da formação da taxa de juros é bastante complexa e limitar constitucionalmente a taxa de juros em 12% não seria a solução. Isso porque o sistema financeiro é um intermediário entre depositantes e tomadores de recursos e, portanto, o que se poderia discutir e regular é a intermediação financeira. Por sua vez, o juro básico da economia, referência fundamental da intermediação financeira, é fixado pelo Banco Central e depende, em última análise, da qualidade da moeda. Depois de mais de uma década de discussões, doutrinárias e jurisprudenciais, a norma constitucional mencionada foi revogada pela EC n. 40/2003 e, para relações jurídicas anteriores, o STF editou a Súmula 648: "A norma do § 3º do art. 192 da Constituição, revogada pela EC 40/2003, que limitava a taxa de juros reais a 12% ao ano, tinha sua aplicabilidade condicionada à edição de lei complementar".
3. Como afirma Lafayete Josué Petter, "Ao Direito caberá, então, dirigir o sentido de suas apreciações sem olvidar que os mesmos fatos se encontram submetidos à influência das 'leis' econômicas, de modo que, em assim percebendo, melhor terá compreendido a vida, e, portanto, mais apto se encontrará para cumprir o desiderato de justiça para o qual se propõe e que é causa de sua própria legitimidade" (op. cit., p. 74).

dado econômico, porém deve captar e delinear o seu conteúdo, para disciplinar-se a finalidade. Nele não se alisa ou se resume. De fato, norteia-lhe o destino"[4].

Muitas são as vezes em que o Estado se depara com questões que envolvem, ao mesmo tempo, o *Direito* (e seus princípios constitucionais, como a livre concorrência, propriedade privada etc.) e a *Economia*. Por exemplo, ao conceder o benefício da "meia entrada" a estudantes, idosos, jovens carentes, o Estado faz uma ponderação entre os impactos econômicos e sociais da medida. Da mesma forma, quando discute a impossibilidade de cobrança de bagagem por companhias aéreas, a discussão se torna jurídica e econômica, ao mesmo tempo.

Nesse cenário de interpenetração entre o Direito e a Economia, é tarefa do jurista conhecer a ciência econômica. Não obstante, como afirma Guilherme Caon, o estudo da Economia pelos juristas, máxime naquilo que se denominou *análise econômica do Direito* (AED), ainda é incipiente em terras brasileiras. Os motivos parecem claros: "Seja em razão de uma tumultuada relação entre Economia e Direito por força dos planos econômicos do passado, seja por causa da deficiência das disciplinas de Economia nos cursos de Direito, seja em razão da formação acadêmica dos professores, predominantemente feita na Europa continental, ou mesmo por força de preconceito ideológico, existe certo distanciamento entre Economia e o Direito no Brasil. Entre muitos juristas, há ainda um certo temor de que com o florescimento da AED, o Direito se desvie de seu objetivo central, o justo, em direção à eficiência, distanciando-se de questões morais e éticas"[5].

Como o Direito, dentro de certos limites, deve nortear a Economia, em busca da concretização de valores constitucionais como a *justiça social*, ou do objetivo constitucional do *desenvolvimento nacional*, é necessário estudar dois importantes temas: a) a *análise econômica do Direito* (AED) e b) os dispositivos constitucionais reservados à *ordem econômica e financeira*.

20.2. ANÁLISE ECONÔMICA DO DIREITO (AED)

A proximidade do pensamento jurídico e do pensamento econômico originou uma série de estudos que foram sintetizados na expressão "análise econômica do Direito" (AED) ou na expressão originária norte-americana *Law and Economics (L&E)*.

Em breve síntese, a AED visa a instituição de um Direito eficiente, enquanto valor econômico primordial, dando à eficiência econômica o maior valor a nortear todo o ordenamento jurídico. Seria o uso do raciocínio econômico, de princípios fundamentais e lições da economia (especialmente, da microeconomia) como instrumentos para a aplicação das normas jurídicas.

Nas palavras de Antônio Porto e Nuno Garoupa, autores de importante obra sobre o tema no Brasil, a AED "pode ser definida como a aplicação da teoria econômica, e dos métodos econométricos, no exame da formação, da estrutura, dos processos e dos impactos do Direito e das instituições legais"[6].

---

4. *Princípios Constitucionais da Ordem Econômica*, p. 75.
5. *Análise Econômica do Direito*: aplicação pelo Supremo Tribunal Federal, p. 17.
6. *Curso de Análise Econômica do Direito*, p. 53. Continuam os autores: "A AED explicitamente considera as instituições jurídicas não como exógenas ao sistema econômico, mas como variáveis pertencentes a ele, e observa os efeitos de mudanças em uma ou mais destas variáveis sobre elementos do sistema. Essa aproximação é reivindicada não apenas para as regras jurídicas com óbvias conexões com a realidade econômica, como Direito da Concorrência, Regulação, Direito do Trabalho e Direito Tributário, mas também para todas as áreas do Direito, em particular o Di-

Tal visão do Direito não seria aplicável apenas ao legislador, mas também ao julgador, ao qual teria "a função de compreender as consequências econômicas de suas decisões, atentando-se para a obtenção desse novo critério"[7]. Na realidade, a AED pressupõe sua aplicação nas proposições legislativas, nas políticas públicas e na atividade jurisdicional.

Como sintetiza Benjamin Tabak, "o objetivo do direito, na ótica da Análise Econômica do Direito, é o de analisar as normas legais de modo a promover a eficiência, o que implica a maximização do bem-estar social. Leis ou políticas públicas mal elaboradas levam à insegurança jurídica, reduzindo o bem-estar. Nesse sentido, o uso da AED para avaliar proposições legislativas e políticas públicas, em geral, é essencial"[8].

Em outras palavras, a AED, em sentido estrito, seria a aplicação conceitual de métodos econômicos para entender o Direito e as suas instituições de forma simples e não jurídica. Ela pode se dar de várias formas, a depender da vertente seguida: análise a partir da *teoria dos jogos*, a *teoria das escolas públicas* etc.

Embora a primeira aparição da AED tenha ocorrido sem muito sucesso e alarde, na Europa Continental, através da obra do professor da Universidade de Viena Victor Mantaja, intitulada "Das Recht des Schadensersatzes vom Standpunkte der Nationalökonomie" (O Direito da Responsabilidade Civil sobre o ponto de vista da Economia Política), há um certo consenso doutrinário no sentido de que a AED surgiu como forte teoria jurídica a partir da Segunda Guerra Mundial, nos Estados Unidos, especialmente nas décadas de 1940 e 1950.

Nos Estados Unidos, os primeiros estudos remontam a Ronald H. Coase (*The Problem of Social Cost*) e Guido Calabresi (*The Cost of Accidents*). Como resume Lafayete Petter, Coase demonstrou que o Direito importa em custos de transação do ponto de vista econômico. Calabresi, por sua vez, ressaltou a importância da análise dos impactos econômicos de alocação de recursos nos casos de responsabilidade civil. Defendeu explicitamente a necessidade de um adequado tratamento econômico das questões para fins de aplicação do Direito[9]. Outro nome de destaque é o professor de Princeton e Chicago, Gary Becker, ganhador do Prêmio Nobel de

---

reito de Propriedade, dos Contratos, da Responsabilidade Civil e Penal. Para isso, a AED toma emprestado conceitos e métodos da economia e, ao fazê-lo assume as controvérsias com as quais essa se envolve" (op. cit., p. 53).

7. Amanda Flávio de Oliveira. *O Direito da Concorrência e o Poder Judiciário*, p. 95.
8. *A Análise Econômica do Direito*: Proposições Legislativas e Políticas Públicas, p. 323. Prossegue o autor: "A AED procura responder a algumas perguntas essenciais. Primeiramente, quais são os efeitos das regras jurídicas sobre as decisões dos agentes? Segundo, esses efeitos são socialmente desejáveis? Ainda, uma das questões centrais é como desenhar políticas, leis, instituições que gerem os incentivos 'corretos' aos agentes econômicos. Para responder a esses questionamentos, é possível utilizar ferramentas disponíveis na economia. Em particular, parte-se da premissa de que os agentes são racionais e olham para o futuro. Ao tomarem decisões, levam em consideração seus custos e benefícios privados. O objetivo dos agentes, então, é o de maximizar seus benefícios incorrendo no menor custo possível. Por exemplo, ao decidir quanto produzir, uma firma compara os benefícios e custos adicionais de produzir uma unidade a mais. Esses benefícios e custos adicionais são denominados benefícios e custos marginais. A 'regra de ouro' é a de que os custos marginais devem se igualar aos benefícios marginais para que se encontre o ponto de equilíbrio. Isto ocorre porque, se o benefício marginal é maior que o custo marginal, então uma unidade produzida a mais gera mais benefício que custo. Nesse caso, a firma é induzida a aumentar sua produção. Por outro lado, se o custo marginal é maior que o benefício marginal, a firma reduzirá seu nível de produção e aumentará seu benefício líquido. Isso vale para consumidores, trabalhadores, empresas e agentes econômicos em geral. Esse comportamento maximizador levanta uma série de questões no desenho de políticas públicas e normas legais em geral. Em particular, ao avaliar seus custos e benefícios privados, os agentes podem acabar por ignorar eventuais custos e benefícios sociais, gerando externalidades, que podem ser negativas para a sociedade. Ainda, os agentes podem não ser totalmente racionais e incorrer em vieses e julgamento, o que pode levar a decisões que não necessariamente maximizam seu bem-estar. Dessa forma, é fundamental levar em consideração esses aspectos na avaliação de proposições legislativas, políticas públicas e normas em geral" (op. cit., p. 322-323).
9. Op. cit., p. 72.

Economia de 1992. Ele ficou famoso por aplicar os princípios da economia à análise do crime, das questões raciais e da vida familiar. Suas ideias foram popularizadas nas universidades americanas, especialmente por Guido Calabresi, Henri Manne e Richard Posner.

Richard Posner, provavelmente o autor da AED de maior destaque, enquanto professor da Universidade de Chicago, publicou a monografia *Economic Analysis of*, tendo sido o primeiro a submeter a maior parte dos ramos do Direito a uma análise sistemática sob a perspectiva econômica.

Dessa maneira, quando se menciona a expressão *análise econômica do Direito* (AED) ou *Law and Economics* (L&E), busca-se referir a um determinado método de estudo jurídico construído após o esforço inicial de alguns economistas e juristas que se valeram de técnicas econômicas neoclássicas para estudar assuntos jurídicos a partir de construtos derivados da teoria dos preços. Alguns temas já estavam bem próximos da preocupação econômica, como o direito concorrencial, regulatório e comercial; outros, contudo, pareciam mais distantes, como a responsabilidade civil, contratos, direito de família e direito processual.

No Brasil, a doutrina e a jurisprudência dos Tribunais estão cada vez mais receptivas aos argumentos de matriz econômica. É cada vez maior o número de decisões judiciais que se preocupam com incentivos, consequências e análises de custo-benefício dos regimes jurídicos. A alteração feita em 2018 na LINDB (Lei de Introdução às Normas do Direito Brasileiro) parece ter sido uma autorização legislativa à maior aplicação da AED no Brasil. O art. 20, *caput*, da referida lei afirma que "nas esferas administrativa, controladora e judicial, não se decidirá com base em valores jurídicos abstratos sem que sejam consideradas as consequências práticas da decisão".

Da mesma forma, a Lei n. 9.868/99 (que trata do procedimento da ADI, no controle concentrado da constitucionalidade), ao introduzir a possibilidade de modulação dos efeitos da declaração de inconstitucionalidade (o que depois foi estendido para o controle difuso pela jurisprudência, e até mesmo para a Súmula Vinculante), no seu art. 28, tendo em vista "razões de segurança jurídica ou de excepcional interesse social", também abre algumas portas de interpretação e aplicação do Direito, no nosso entender, à análise econômica do Direito.

Nas palavras do ministro do STF Luiz Fux, que prefaciou um dos livros mais completos sobre a "análise econômica do Direito" no Brasil, "o novo jurista tem familiaridade com o conceito de escassez e sabe que a aplicação da lei não pode negligenciar a finitude dos recursos. O operador do Direito se torna mais humano quando a sua atuação é pautada por dados e evidências extraídos de pessoas reais, em vez do clássico recurso ao seu instinto íntimo de justiça"[10]. Segundo esse ponto de vista, estudar a cronologia e o pensamento dos maiores autores da AED é tarefa que se impõe.

No nosso entender, o jurista deve estar aberto a novos saberes, a novos conhecimentos. Dessa forma, não deve ficar preso a fronteiras, geográficas ou intelectuais. Assim, é sempre oportuno pesquisar o desenrolar do pensamento jurídico ao redor do mundo. Não precisamos sempre tentar "inventar a roda" de institutos jurídicos, já que outras sociedades enfrentaram e resolveram problemas semelhantes anteriormente. Por isso, neste livro, tivemos o cuidado de sempre examinar a doutrina estrangeira, defendendo sua aplicação no Brasil quando entende-

---

10. Op. cit., p. IX.

mos oportuna: como no capítulo em que defendemos o "direito dos animais", como já o fazem autores estrangeiros como Cass Sunstein (Estados Unidos), Fernando Araújo (Portugal) etc. Assim como não devemos nos prender nas "fronteiras geográficas" do saber, também devemos buscar outros saberes oriundos de outras ciências: Sociologia, Filosofia, Antropologia. Não seria diferente com a Economia.

Todavia, com a devida vênia, devemos fazer isso com cautela. Adotar, no Brasil, sem quaisquer reservas, a AED com a amplitude que fazem os norte-americanos é, para dizer o mínimo, imprudente. Ora, primeiramente, o modelo norte-americano, baseado na hipervalorizarão do mercado e do liberalismo, não encontra equivalência na realidade brasileira. O "amor ao mercado" dos norte-americanos fez com que criassem até uma teoria da liberdade de expressão à luz do mercado: o "mercado livre de ideias" (*the Marketplace of Ideas*). Outra diferença é que, enquanto os Estados Unidos adotam o modelo da *common law*, em que a jurisprudência tem um protagonismo considerável, o Brasil (embora paulatinamente isso venha se alterando) adota o modelo da *civil law*, em que a lei continua sendo a mais importante fonte formal do Direito. Os juristas têm a liberdade de aplicar o Direito, considerando os impactos econômicos de suas decisões (aliás, esse é um dever imposto pela LINDB, inclusive), mas não podem descumprir a lei ou invadir indevidamente a competência do Legislativo, fazendo opções que não se encontram na lei.

Feita essa observação, analisemos a seguir os principais autores da AED e os principais institutos, mostrando como eles vêm sendo aplicados na jurisprudência brasileira.

20.2.1. A contribuição de Ronald Harry Coase

Ronald Coase foi um economista britânico. Nascido em 1910, formado pela *London School of Economics*, mudou-se para os Estados Unidos na década de 1950, tendo lecionado na Universidade da Virgínia e Universidade de Chicago. Foi ganhador do Prêmio Nobel de Economia, de 1991. Coase acreditava que as economias deveriam estudar os mercados reais, e não apenas os teóricos. Seus três textos mais importantes, cujo conjunto lhe conferiu o Prêmio Nobel de Economia, são *The Nature of the Firm* (1937), que introduz o conceito de custos de transação para explicar a natureza e os limites das empresas, *The Problem of Social Cost* (1960), no qual sugere que direitos de propriedade bem definidos podem superar os problemas de externalidades, e *The lighthouse in Economics* (1974), que analisa a natureza de bens públicos.

Figura 20.1 – Ronald Coase (créditos ao final do livro).

Na primeira obra (*The Nature of the Firm*), Coase tenta explicar a natureza e os limites de uma empresa. O economista explica o motivo pelo qual a economia é constituída por uma vasta diversidade de empresas, embora as pessoas possam buscar a realização independente dos serviços. Por exemplo, se um eletrodoméstico apresenta defeito, por que o consumidor o leva a uma empresa de assistência técnica, em vez de consertar sozinho o aparelho? Segundo o autor, as empresas existem porque recorrer diretamente ao mercado, com inúmeros contratos, pode impor às pessoas grandes custos de transação. Assim, as empresas provocam uma redução dos custos do mercado. Assim, as empresas devem ser concebidas como entidades endógenas ao sistema econômico, cuja existência só se justifica na presença de custos de transação para a produção. Todavia, essa redução dos custos diminui à medida que a empresa aumenta de tamanho, já que aumentam os custos indiretos de transação, os custos burocráticos, contábeis, trabalhistas etc.

Essa obra foi utilizada como fundamento teórico do RE XXX, julgado pelo STF, que apreciou a constitucionalidade da terceirização das atividades-fim das empresas. Como afirmou o STF, faz sentido "a produção de um bem ou serviço internamente em sua estrutura quando os custos disso não ultrapassem os custos de obtenção perante terceiros no mercado, estes denominados 'custos de transação', método segundo o qual firma e sociedade desfrutam de maior produção e menor desperdício" (RE 958.252/MG, rel. Min. Luiz Fux, Pleno, j. 30-8-2018).

A segunda obra (*The Problem of Social Cost*) foi inicialmente apresentada, em 1960, aos professores da Universidade de Chicago (em que anos depois ele iria ingressar como docente) em um seminário. O texto foi publicado no *Journal of Law and Economics*, no mesmo ano. O autor inicia seu trabalho com a seguinte premissa: "O presente ensaio versa sobre as ações das firmas de negócios que geram efeitos danosos em outros. O exemplo padrão é aquele da fábrica cuja fumaça causa efeitos aos ocupantes de propriedades vizinhas. A análise econômica de uma situação como essa se dá, geralmente, nas bases da divergência entre o produto privado e o social da fábrica. [...] As conclusões a que tal tipo de análise parece ter levado a maioria dos economistas são as de que se desejaria tornar o proprietário da fábrica responsável pelos danos causados aos atingidos pela fumaça ou, alternativamente, aplicar uma multa ao proprietário da fábrica [...]. A minha argumentação é no sentido de que os aludidos cursos de ação são inapropriados, vez que conduzem a resultados que não são necessariamente, ou, ainda, geralmente, desejáveis"[11].

Segundo Coase, uma maior eficiência e prosperidade podem ser obtidas reduzindo e eliminando custos de transação, que são criados através de obstáculos burocráticos instituídos pelo governo. Assim, a sociedade seria mais próspera se os custos de transação fossem minimizados, devendo os governos se concentrarem na redução desses custos. Ainda no início do trabalho, Coase propõe uma situação hipotética em que o gado de uma Fazenda A destrói parte da plantação de uma Fazenda B. A intervenção estatal em favor da Fazenda B fará com que o fazendeiro A suporte todos os custos. Segundo o autor, o ideal seria que os proprietários negociassem livremente, sem que a Justiça interfira na atribuição de valores, pois cada proprietário ganharia com isso. Como afirmam Silva e Farias, segundo Coase, "por trás do problema da externalidade negativa, há um problema de alocação e/ou definição de direitos de propriedade. Ele busca desenvolver a sua visão a partir de duas situações: uma situação ideal, em que os custos de transação são nulos, e outra em que os custos de transação existem e são significativos. Quando não há custos de transação – desde que os direitos de propriedade estejam bem definidos – a situação final sempre será eficiente no sentido econômico, uma vez que as partes irão, voluntariamente, barganhar seus direitos até que tal estágio seja alcançado"[12]. Essa obra de Coase foi uti-

---

11. *O Problema do Custo Social*, p. 1.
12. *Uma Revisita a Ronald H. Coase*, p. 2. Como afirma Fábio da Silva Porto, "na visão de Coase, contraposta às ideias intervencionistas de outro economista chamado Pigou, é possível corrigir as externalidades por intermédio de transações de mercado entre os envolvidos na relação econômica/jurídica que sofreu a influência da economia [...], tendo em vista que os agentes do mercado movem-se naturalmente na busca da maximização de seus objetivos, circunstância que os empurra para a concretização do inevitável equilíbrio. Para que essa solução pactuada possa se operar, Coase entende ser imprescindível que os custos dessa transação sejam inexistentes ou irrisórios, o que se poderia atingir através de um ordenamento jurídico indutor, que propiciasse mecanismos simples, acessíveis, flexíveis e baratos de negociação privada, incluindo-se os contratos. Coase propugna, então, o mercado das normas jurídicas como

lizada para fundamentar algumas decisões do STF, como a ADI 5.062, que analisou a constitucionalidade da gestão coletiva de direitos autorais. Segundo o STF, "a ausência de suporte físico que delimite o domínio intelectual cria dificuldades de monitoramento da utilização da obra, sobretudo na execução pública [...], tornando o mercado de obras intelectuais refém de elevados *custos de transação*" (ADI 5.062/DF, rel. Min. Luiz Fux, Pleno, j. 27-10-2016)[13].

Não obstante, Coase entende que nem sempre é possível a solução das externalidades através de uma composição interna do mercado, máxime quando são muitos agentes envolvidos ou quando o custo da transação seja muito elevado. Nesse caso, entende que a participação estatal deve ser supletiva, seja pela via jurisdicional, seja pela via da regulamentação abstrata de determinadas situações, embora seja ela custosa (mas com custo menor na solução da externalidade).

Dessa maneira, Coase contribui imensamente para o Direito na medida em que demonstra que a definição clara e precisa dos direitos de propriedade impacta no mercado, em razão da redução considerável dos custos de transação, possibilitando a correção consensual das externalidades, minimizando a litigiosidade.

Coase é autor de uma das grandes teorias da AED: o "teorema de Coase", que estudaremos mais adiante. Em resumo, o "teorema de Coase" defende uma diminuição do papel do Estado na solução dos conflitos, somente sendo justificável sua intervenção quando presentes dois requisitos: a ineficácia da solução espontânea e a eficiência da sua própria intervenção. Assim, a atuação do Estado, seja no momento das proposições legislativas, seja na implementação de políticas públicas é aumentar a eficiência da economia, cuja conceituação comumente é realizada através do "ótimo de Pareto", que será a seguir examinado.

20.2.2. Vilfredo Pareto e o "ótimo de Pareto" (ou "eficiência de Pareto")

Vilfredo Pareto foi um sociólogo, economista, cientista político e filósofo italiano, nascido em 1848. Embora tenha nascido na França e com o nome Wilfried Fritz Pareto, teve seu nome alterado quando sua família regressou à Itália, dez anos após seu nascimento, tendo obtido seu título de doutor pela Universidade de Turim.

A eficiência, sob a perspectiva econômica, na ótica de Vilfredo Pareto, consiste no fato de que não é possível melhorar a situação de um agente sem piorar a de outro. Nas palavras de Benjamin Tabak, "se for possível promover uma redistribuição da riqueza entre agentes, de modo que alguns fiquem em situação melhor sem que haja piora da situação dos outros agentes, temos uma melhoria de Pareto. [...] Ao introduzir determinada política pública ou norma legal se todos os

Figura 20.2 – Vilfredo Pareto (créditos ao final do livro).

---

mecanismos facilitadores da solução das externalidades pelo próprio mercado, ou seja, trabalha com a perspectiva de intervenção mínima destinada apenas a propiciar e induzir a atuação natural do aludido mercado" (*As Externalidades*: análise de um enfoque do pensamento de Ronald H. Coase, p. 5).

13. Prossegue o ministro Fux em seu voto "O termo 'custos de transação' ganhou destaque nas ciências econômicas com o trabalho seminal de Ronald Coase, que posteriormente lhe rendeu o Prêmio Nobel em 1991. [...] Quer-se, com essa ideia, designar os recursos sacrificados (i) na procura e na identificação da contraparte negocial, (ii) na barganha e na decisão quanto aos termos contratuais, (iii) na supervisão das condutas e na responsabilização das violações ao ajuste firmado. Custos de transação elevados comprometem o sistema de incentivos voltado a induzir a produção intelectual ao reduzirem o retorno esperado dos criadores".

agentes que são afetados estão em situação melhor ou pelo menos igual, considera-se que essa introdução foi eficiente no sentido de Pareto"[14]. Outro modelo de *eficiência* é o de Kaldor-Hicks[15].

Como afirmam Pimenta e Boglione, "o conceito de eficiência para Pareto – ou, como diz em economia, o ótimo de Pareto – pode ser traduzido no ponto de equilíbrio no qual não é possível melhorar a situação de um agente sem piorar a situação de pelo menos outro agente econômico, ou seja, a posição de uma parte A melhora sem a constatação de prejuízo da posição de uma parte B. Ou, ainda, mais precisamente, quando não há mudanças suficientes a satisfazer uma pessoa em melhor situação, sem deixar outras em situação pior"[16]. O *ótimo de Pareto* representa o momento em que as transações sejam tão eficientes, até que se alcançasse o ponto em que não fosse mais possível realizar qualquer transação sem que resultasse prejuízo a algum indivíduo.

Assim, segundo a eficiência de Pareto, os bens devem ser transferidos de quem os valoriza pouco, em favor daqueles indivíduos que mais os valorizam. Haveria eficiência, segundo Pareto, sempre que houvesse uma transação que viesse a melhorar a situação de uma pessoa, sem que a de outra pessoa fosse piorada.

José Maria Arruda de Andrade explica a importância do *ótimo de Pareto* na AED: "A análise econômica do Direito em sentido estrito seria, portanto, uma teoria orientada pela eficiência econômica lastreada no Ótimo de Pareto. Nesse sentido, a interpretação do direito deveria buscar a eficiência econômica típica dos neoclássicos, ainda que isso, metodologicamente, esteja em colisão com as características tipicamente valorativas de algum direito concretamente referido (se pensarmos naqueles que defendem a transposição direta daquele método a outros países, incluindo os que possuem uma ordem econômica constitucional positivada, como o Brasil). Em termos mais simples, a análise econômica do direito – em seu sentido mais tradicional – prega a utilização de técnicas de estudo das consequências econômicas das decisões jurídicas, sempre em termos de eficiência alocativa. O próprio fundamento do direito seria a economia em seu viés neoclássico, tendo como pressuposto a não intervenção estatal (sempre mais defendida do que adotada, já o sabemos) e a eleição da previsibilidade dos mercados como algo superior a outros argumentos (como os fundamentos e garantias constitucionais)"[17].

20.2.3. A contribuição de Guido Calabresi

Considerado um dos fundadores da AED, Guido Calabresi é um jurista italiano, nascido em Milão, em 1932, mas cuja família se mudou e se naturalizou nor-

Imagem 20.3 – Guido Calabresi (créditos ao final do livro).

---

14. Op. cit., p. 324.
15. O modelo de eficiência em Kaldor-Hicks significa que as leis escritas devem ser utilizadas para causar o máximo de bem-estar, em relação ao maior número de indivíduos, na medida em que os ganhos gerais compensem as possíveis perdas sofridas individualmente por alguns.
16. *O Princípio da Preservação da Empresa em Crise Econômico-Financeira em Direito & Economia*, p. 100.
17. Op. cit., p. 1.

te-americana, fugindo do fascismo italiano. Tornou-se um importante jurista norte-americano, professor da Universidade de Yale, juiz da Corte de Apelações do Segundo Circuito dos Estados Unidos e autor de várias obras importantes, dentre as quais destacam-se *Tragic Choices* e *The Costs of Accidents*.

Em nosso livro *Direitos Sociais em Tempos de Crise Econômica*, comentamos muitas das ideias de Calabresi na obra *Tragic Choices*. Como escrevemos naquela obra, a alocação de recursos nas diversas políticas públicas, diante da escassez desses recursos, foi denominada "escolhas trágicas" (*tragic choices*). Segundo Calabresi "a alocação de recursos enfrenta uma sociedade com duas distintas, mas interligadas, questões: quantos recursos a sociedade deve disponibilizar e a quem deve premiar. Uma sociedade obviamente tem grande variedade de opções para decidir como responder a essas questões. Calabresi procura desenvolver os papéis da moral e economia em fazer escolhas trágicas. Ele acredita que a investigação cuidadosa dos métodos e resultados das escolhas trágicas de uma sociedade revela muito sobre os padrões e ideias morais dessa sociedade.

Principal responsável pela "Escola de Yale", Calabresi entende que a noção de custos e benefícios contribuiria para alcançar a melhor forma de justiça, ou seja, o Direito, como forma de regulação das relações sociais e concretização de políticas públicas, utilizaria conceitos de economia para concretizar as noções de justiça. Na sua obra *The Cost of Accidents*, o autor ressalta a importância dos instrumentos econômicos para reduzir o custo dos acidentes.

Muitas foram as vezes em que a obra de Guido Calabresi foi citada pelo Supremo Tribunal Federal, máxime quando o assunto se refere à atuação do Poder Judiciário no controle de políticas públicas, como a distribuição de remédios de algo custo. Por exemplo, no RE 605.533, o STF afirmou "O Poder Público [...] deve proporcionar aos cidadãos o acesso à saúde por meio de atendimento médico adequado. [...] A impostergabilidade da efetivação desse preceito constitucional deve ser sempre preservada por esta Corte, pois entre proteger a inviolabilidade do direito à vida e à saúde [...] ou fazer prevalecer, contra essa prerrogativa fundamental, um interesse financeiro e secundário do Estado, [...] impõe-se ao julgador, uma só e possível opção: aquela que privilegia o respeito indeclinável à vida e à saúde humanas. Essa relação dilemática, que se instaura na presente causa, conduz os Juízes deste Supremo Tribunal a proferir decisão que se projeta no contexto das denominadas 'escolhas trágicas' (Guido Calabresi e Philip Bobbit), que nada exprimem senão o estado de tensão dialética entre a necessidade estatal de tornar concretas e reais as ações e prestações de saúde em favor das pessoas, de um lado, e as dificuldades governamentais de viabilizar a alocação de recursos financeiros, sempre tão dramaticamente escassos" (trecho do voto do Min. Celso de Mello, Plenário, j. 15-8-2018).

20.2.4. A contribuição de Richard Posner

Richard Posner, um dos maiores expoentes (talvez o maior) da AED, é um jurista norte-americano, nascido em 1939, tendo lecionado nas Universidades de Stanford e Chicago, até se tornar juiz do Tribunal de Apelação da 7ª região. É um dos mentores da "Escola de Chicago", considerada a mais radical aplicação da análise econômica do Direito, pois a determinação, no caso concreto, do que seria eficiente, é pré-requisito para a interpretação das normas jurídicas. Assim, a justiça da norma seria avaliada de acordo com sua capacidade de atingir a maior eficiência ou de maximizar da melhor forma a riqueza no caso concreto.

Como afirma Luana Heinen, "a obra de Richard Posner *Economic Analysis of Law* (1973) representou um importante passo para a difusão da AED, tendo em vista que serviu como um manual que consolidou as teorias e serviu de guia para os estudantes de Chicago. Nessa obra, Posner se utiliza da economia para construir uma teoria explicativa (descritiva) dos institutos jurídicos, considera que tais institutos podem ser explicados como resultados da maximização de forma relativamente coordenada de preferências individuais. Também propõe uma teoria normativa, em que avalia como as normas legais e sanções afetam o comportamento dos indivíduos e, utilizando-se dos pressupostos econômicos, quais seriam as normas jurídicas mais eficientes"[18].

Com base em três fundamentos da Economia (a lei da demanda, o equilíbrio competitivo e a eficiência do livre mercado), Posner propõe construir uma nova teoria jurídica unificada. "O pressuposto assumido por Posner para a construção de sua teoria é de que a função do direito é facilitar a operação dos mercados livres e, onde haja custos de transação proibitivos, o direito deveria imitar o mercado, criando o resultado a ser esperado caso as transações fossem factíveis. Para isso ele se vale de três chaves para compreender as questões de teoria do direito: a economia, o pragmatismo e o liberalismo"[19].

20.2.5. Noções de AED (análise econômica do Direito)

Vejamos abaixo alguns dos princípios e institutos que integram a AED, mostrando como eles vêm sendo utilizados na aplicação e interpretação do Direito. Não obstante, como o tema é importante e denso, estamos a nos dedicar à elaboração de uma nova obra (*Curso de Análise Econômica do Direito*), para a qual remetemos o leitor. Vejamos alguns dos institutos mais relevantes da AED.

20.2.5.1. Eficiência e bem-estar social

Uma das maiores discussões realizadas pela AED gira em torno da ideia de "eficiência". Segundo essa perspectiva teórica, o jurista, antes de tomar uma decisão, deve comparar os custos das diferentes alternativas, sejam elas de natureza econômica, sejam de natureza social. Assim, essa análise de custo-benefício é consequencialista, já que considera, em termos probabilísticos, o que vai acontecer após a tomada de decisão. A "eficiência", que pode ser interpretada sob o olhar econômico da AED, encontra guarida no próprio texto constitucional que, ao tratar dos princípios que regem a Administração Pública, prevê os "princípios de legalidade, impessoalidade, moralidade, publicidade e eficiência" (art. 37, CF).

Assim, como afirmam Antônio Porto e Nuno Garoupa, "a AED é, então, a aplicação de uma perspectiva de 'eficiência' às normas jurídicas. [...] Quando analisamos as normas com o grau em que facilitam o uso de recursos escassos, estamos avaliando consequências que terão efeitos sobre toda sociedade. Nesse sentido, a AED pertence ao que é conhecido como ética consequencialista"[20].

---

18. *A Análise Econômica do Direito de Richard Posner e os Pressupostos Irrealistas da Economia Neoclássica*, p. 5.
19. Op. cit., p. 7.
20. Op. cit., p. 54.

Assim, a AED vê o Direito como uma instituição que deve promover a "eficiência", de modo a contribuir na construção do bem-estar social[21]. Dessa maneira, eficiência e "bem-estar social" estão interligados, já que eficiência é a maximização do valor, cuja medida é aferida através da "fórmula do bem-estar social".

Como afirma a doutrina, "a fórmula do bem-estar social é uma medida de agregação do nível de utilidade aferido por cada membro de uma determinada sociedade em face das consequências resultantes de determinada escolha política, jurídica ou social. [...] Será eficiente toda medida que gerar a maior satisfação do maior número de indivíduos de uma sociedade. Esta ideia é a base da filosofia utilitarista"[22].

Essa visão já foi aplicada pelo STF inúmeras vezes. Por exemplo, no Recurso Extraordinário n. 240.785, o ministro Gilmar Mendes transcreveu trecho da obra *Economic Analysis of Law*, de Richard Posner, relativo à necessidade de instituição de um sistema tributário mais eficiente. No Recurso Extraordinário n. 760.931, o ministro Roberto Barroso abordou o princípio da eficiência na Administração Pública, sob o ponto de vista econômico, com citação indireta de Cooter e Ulen, afirmando que um desempenho eficiente consistiria na obtenção do melhor resultado, representado pela maior utilidade buscada pela Administração com menor uso de recursos.

Existem dois critérios para aferição da eficiência, segundo a economia clássica: a) a eficiência de Kaldor-Hicks e b) a eficiência de Pareto.

20.2.5.1.1. Eficiência de Kaldor-Hicks

O critério de eficiência de Kaldor-Hicks consiste num somatório simples dos níveis de utilidade atribuído pelos indivíduos da sociedade, numa fórmula de bem-estar social que, numa sociedade hipotética de três pessoas, poderia assim ser representada:

> Bem-estar social = utilidade da pessoa 1 +
> utilidade da pessoa 2 + utilidade da pessoa 3

Assim, segundo esse critério, se uma medida causar o aumento do somatório de todas as utilidades individuais, poderá ser considerada eficiente, ainda que algumas pessoas tenham perdas. Nesses casos, como afirma Tabak, "um problema é que as políticas públicas podem gerar conflitos distributivos por gerar ganhos líquidos para determinados setores da população e perdas líquidas para outros setores. Nesse sentido, embora a adoção da política ou a aprovação da proposição legislativa sejam eficientes no sentido de *Kaldor-Hicks*, elas não são eficientes no sentido de *Pareto*. Nesse caso, é possível adotar medidas compensatórias para que os setores mais desfavorecidos sejam compensados pelas suas perdas"[23].

---

21. Não obstante, como afirmam Nuno e Garoupa, "do ponto de vista econômico, o Direito não deve ser usado para corrigir aspectos de distribuição ou desigualdade social. Deve, no entanto, estar associado instrumentalmente com outras áreas do saber, para que possa promover elementos distributivos. Mecanismos como a política fiscal ou orçamentária, por exemplo, podem corrigir esses aspectos com um menor custo social" (op. cit., p. 55).
22. Antônio Porto e Nuno Garoupa, op. cit., p. 57.
23. Op. cit., p. 329.

20.2.5.1.2. Eficiência de Pareto

O critério de eficiência de Pareto, diferentemente do critério anterior, considera que uma determinada medida somente pode ser considerada eficiente quando melhora o nível do bem-estar de alguém sem piorar o nível de bem-estar de outra pessoa.

Como afirmam Porto e Garoupa, "é fácil perceber que a regra de eficiência de Pareto é mais restritiva que o de Kaldor-Hicks. Na realidade, nem sempre é possível encontrar medidas que melhorem a situação de parte da sociedade sem prejudicar ninguém, ou seja, nem sempre é possível encontrar melhorias de Pareto. [...] A metodologia de Pareto leva em consideração a diferença entre a maximização da utilidade e a da riqueza. Isso porque, indivíduos podem atribuir utilidades distintas a uma mesma quantidade de riqueza. [...] Desta forma, o critério de eficiência de Pareto, apesar de mais restritivo, garante que o aumento de bem-estar se dê também em termos de utilidade"[24].

O critério de eficiência de Pareto já foi utilizado pelo STF, como na ADI 4.923 (que analisou o Marco Legal da Televisão por Assinatura, como se vê no voto do ministro relator Luiz Fux: "os economistas apontam que mercados perfeitamente competitivos promovem uma alocação eficiente de recursos escassos, uma vez que maximizam tanto o bem-estar individual, medido pelo excedente do consumidor, quanto o lucro do produtor, aferido pela diferença entre sua receita e seus custos. [...] Diz-se então que todo equilíbrio geral competitivo é eficiente no sentido de Pareto, isto é, não admite que qualquer agente econômico tenha sua situação melhorada sem que tal melhora venha ao preço da piora da situação de outro" (ADI 4.923/DF, Plenário, 8-11-2017).

20.2.5.2. Análise de custo-benefício

Como vimos acima, segundo a AED, para que o bem-estar da sociedade seja maximizado, as proposições legislativas e todas as políticas públicas devem passar por uma análise de custo-benefício. Assim, a análise de custo-benefício pressupõe a confrontação de *todos os custos e benefícios* gerados pela introdução da norma legal, de uma política pública, de uma decisão judicial etc.

Nas palavras de Tabak, "a análise de custo-benefício tem dois objetivos primordiais: 1) alcançar a eficiência analisando todos os custos e benefícios, e 2) maior igualdade – que seria alcançada dando pesos diferentes aos grupos que são afetados pelas medidas. Esse tipo de análise pode ajudar a justificar proposições que transfiram renda de um grupo mais abastado para outro mais carente"[25].

Assim, costuma-se examinar o custo-benefício de várias políticas públicas relacionadas à área da saúde, ao tratamento dos dependentes químicos, aos projetos ambientais, à regulação financeira, ao mercado de trabalho, às políticas educacionais etc.

O STF por vezes já se utilizou da análise do custo-benefício para proferir sua decisão. Por exemplo, na ADI 2.160 (que analisou a conciliação prévia trabalhista), o ministro Luiz Fux, em

---

24. Op. cit., p. 58.
25. Op. cit., p. 330.

seu voto, fazendo menção expressa à análise econômica do Direito, destacou, segundo a lição de Shavell, que a litigância em juízo somente seria socialmente desejável se os seus custos fossem inferiores aos benefícios que a comunidade teria em razão da modificação de conduta por seus componentes.

Embora o critério do custo-benefício continue a ser bastante utilizado, é necessário fazer uma ponderação e algumas críticas. A primeira ponderação, como lembra Tabak, é que "podem existir outros objetivos para as proposições ou políticas públicas, além da busca da eficiência e equidade. Nesse sentido, a análise de custo-benefício é um elemento importante, mas não necessariamente deve ser visto como exclusivo"[26]. Quanto às críticas, elas são feitas por Porto e Garoupa: "a métrica estritamente monetária, que acaba se mostrando inadequada para a aferição do valor de determinados bens jurídicos, como meio ambiente, qualidade de vida, que são, monetariamente incomensuráveis. Ademais, o parâmetro monetário também é acusado de ser meramente utilitarista, sem a existência de preocupações éticas"[27].

20.2.5.3. Teoria da Escolha Racional e a racionalidade limitada

A "Teoria da Escolha Racional" (*rational choyce theory* – RCT) é o modelo teórico tradicional da compreensão da escolha humana, segundo a AED. Conforme essa teoria, as pessoas são agentes racionais que buscam a maximização da sua utilidade (bem-estar ou riqueza). Surge daí a figura do *homo economicus* (*economic man*): o ser humano passou a ser visto, sob o ponto de vista teórico-econômico, como um agente racional que age para maximizar seus interesses. Assim, "com base nisso, são elaboradas previsões relativas ao comportamento humano, de forma que a ação previsível para um agente racional é que maior promove sua utilidade"[28].

O STF se utilizou da "Teoria da Escolha Racional", em algumas de suas decisões, como na ADI 3.995 (que examinou o depósito prévio em ação rescisória trabalhista). Ao tratar do direito de acesso à justiça, o ministro relator, Roberto Barroso, teceu argumentos pautados na AED, com referência às obras de Shavell, Cooter e Ulen. O relator mencionou a *Teoria da Escolha Racional*, segundo a qual, por serem agentes racionais, as pessoas adotariam comportamentos que as levassem a otimizar seus ganhos. Assim, optariam por determinada ação quando, em uma análise de custo-benefício, tivessem um retorno positivo.

Tendo em vista que esse não é sempre o comportamento humano verificado na prática, Herbert Simon criou o termo "racionalidade limitada" (*bounded rationality*), para designar a racionalidade humana empiricamente observável. Nas palavras do autor, a expressão foi criada "para chamar atenção sobre a discrepância entre a racionalidade humana perfeita, assumida pela teoria econômica clássica e neoclássica, e a realidade do comportamento humano como observado na vida econômica"[29].

---

26. Op. cit., p. 331. Prossegue o autor: "o princípio-chave é o de que todos os custos e benefícios devem ser levados em conta. Se não for possível quantificá-los, deve-se ao menos explicitá-los e descrevê-los tão bem quanto possível. Assim, as decisões a serem tomadas pelos formuladores de políticas serão mais bem formuladas" (p. 331).
27. Op. cit., p. 59.
28. Op. cit., p. 59.
29. *Apud* Porto e Garoupa. Op. cit., p. 59.

20.2.5.4.Teoria Nudge

A "Teoria *Nudge*" (cuja expressão em inglês significativa "cutucar", provocar, impurrar, impulsionar, mas a tradução melhor seria um "empurrãozinho gentil") defende o oferecimento de pequenos incentivos aos regulados, sem ferir sua liberdade de escolha, de modo a propiciar que eles tomem suas decisões em um sentido melhor para si mesmas e para a toda a sociedade. Dessa maneira, o Estado, através de pequenas e baratas medidas, daria certos incentivos para a prática de comportamentos sociais mais eficientes por parte dos seus cidadãos.

Figura 20.4 – Teoria Nudge (créditos ao final do livro).

Segundo a doutrina, "o ponto principal é que os *nudges* não são comandos, não se confundem com ordens de polícia, que proíbem ou condicionam uma atividade, mas sim pequenas mudanças na arquitetura de escolhas das pessoas, capazes de, gentilmente, incentivá-las a tomar as decisões consideradas melhores pelos gestores públicos"[30]. No Reino Unido, foi criado o *Nudge Insight Team* (ou *Nudge Unit*), com a intenção de utilizar as descobertas científicas comportamentais na implementação de políticas públicas. Aliás, no Reio Unido foi implantada uma experiência interessante: pessoas começaram a receber as cobranças de impostos com mensagens como "9 entre 10 residentes da sua região estão em dia com seus impostos". Com o escopo de marginalizar os inadimplentes, o pagamento de impostos dessas pessoas foi 15% maior, em comparação com aqueles que não receberam essas mensagens.

Um dos livros mais importantes e dedicados exclusivamente ao tema é *Nudge*, do festejado jurista norte-americano e professor da Universidade de Harvard Cass Sunstein, e de Richard Thaler, professor de Economia da Universidade de Chicago e ganhador do prêmio Nobel de Economia de 2017. Ao longo do livro, os autores trazem vários exemplos de *nudges* em diversos setores da Economia. Na apresentação da obra, conceituam *nudge* como "um estímulo, um empurrãozinho, um cutucão: é qualquer aspecto da arquitetura de escolhas capaz de mudar o comportamento das pessoas de forma previsível sem vetar qualquer opção e sem nenhuma mudança significativa em seus incentivos econômicos. Para ser considerada um *nudge*, a intervenção deve ser barata e fácil de evitar. Um *nudge* não é uma ordem. Colocar as frutas em posição bem visível é um exemplo de *nudge*. Simplesmente proibir a *junk food*, não"[31]. Segundo os autores, os *nudges* podem ser úteis não somente nas relações privadas (para empresas, empregadores etc.), como também para o próprio Estado. Segundo os autores, as políticas governamentais de *nudges* podem ser adotadas por todos os espectros políticos de governo, mais à direita ou mais à esquerda, mais liberais ou mais intervencionistas, já que os *nudges* "custam pouco ou não têm ônus algum; não aumentam a carga tributária dos contribuintes"[32].

A Teoria Nudge já foi utilizada pelo STF como fundamento de sua decisão. No Recurso Extraordinário n. 1.070.522, o ministro Luiz Fux afirmou que "perante os cidadãos-usuários, a

---

30. Op. cit., p. 154.
31. *Nudge*: Como Tomar Melhores Decisões sobre Saúde, Dinheiro e Felicidade, p. 14.
32. Op. cit., p. 22.

'cota' de produções locais funciona como uma circunstância condicionante da arquitetura de escolhas, e não como uma limitação definitiva das opções. Quando o Poder Público aumenta a oferta de programas locais por meio de um percentual mínimo de exibição, porém sem qualquer vinculação prévia sobre o modo de inserção na grade de programação, ele cria um *nudge*, isto é, uma política pública de difusão da cultura que se beneficia do viés cognitivo dos cidadãos" (RE 1.070.522, Pleno, j. 18-3-2021).

20.2.5.5. Falhas de mercado

Trata-se de um conceito estudado em *microeconomia*, segundo o qual seriam "circunstâncias específicas que levam um sistema de livre mercado à alocação ineficiente de bens e serviços. As imperfeições refletem desvios das condições ideais de um sistema competitivo: indivíduos e organizações, que buscam maximizar seus interesses próprios, passam a agir em dissonância com o interesse social"[33].

O tema já foi citado várias vezes pelo STF, como na ADI 5.062, relatada pelo ministro Luiz Fux, segundo o qual o monopólio é uma falha de mercado, que justificaria a intervenção estatal.

As falhas do mercado muitas vezes são utilizadas para justificar a intervenção governamental no mercado. Segundo a doutrina, as principais falhas de mercado podem ser classificadas como: a) competição imperfeita; b) externalidades; c) bens públicos; d) monopólios naturais; e) assimetria de informações.

20.2.5.5.1. Competição imperfeita

A teoria da "competição perfeita" considera que no mercado inexiste um participante tão grande que seja capaz de definir o preço de um produto homogêneo. Assim, para que haja a "competição perfeita", devem existir no mercado vários compradores e vendedores. Como afirma a doutrina, haverá a concorrência imperfeita nos seguintes casos: "monopólio, em que há somente um vendedor de uma mercadoria; oligopólio, em que existem poucos vendedores de uma mercadoria; concorrência monopolística, em que há muitos vendedores que produzem bens altamente diferenciados; monopsônio, em que há apenas um comprador de um bem ofertado por vários vendedores; e oligopsônio, em que há poucos compradores de um bem e inúmeros vendedores"[34].

20.2.5.5.2. Externalidades

Externalidades são os impactos da ação de um agente sobre um terceiro que dela não participou. Como afirma a doutrina, externalidades são "custos ou benefícios que não são internalizados pelo indivíduo ou pela empresa em suas ações, e que impõem diretamente custos ou benefícios a terceiros. [...] Quando temos uma externalidade negativa de produção, o custo de produção é maior para a sociedade que para o produtor, fazendo com que este último gere uma quantidade acima da desejada pela sociedade. Por outro lado, externalidades positivas ocorrem toda vez que o valor social é superior ao valor privado, tendo como resultado uma produção inferior àquela socialmente desejável"[35].

---

33. Porto e Garoupa. Op. cit., p. 64.
34. Op. cit., p. 65.
35. Op. cit., p. 66.

Assim, as *externalidades negativas* seriam os impactos negativos com que uma ação pode recair sobre terceiros. Por exemplo, quando uma pessoa decide ir ao trabalho com seu automóvel (em razão de conforto, agilidade etc.), produz um resultado nocivo a toda sociedade (maior trânsito e poluição, por exemplo). Nesse caso, como afirma a doutrina, "uma solução típica para este tipo de problema seria a imposição de uma taxa, pelo Estado, sobre esta atividade, a fim de imputar aos agentes o custo decorrente da externalidade. [...] Nesse sentido, a regulação do setor de transporte tem tentado imputar tais custos ao uso de automóveis, em diversos países. Os exemplos são os mais diversos. Em São Paulo, foi criado um sistema de revezamento de veículos. Em Estocolmo e em Londres, foram criadas taxas de acordo com o uso de veículos em regiões específicas da cidade"[36].

O conceito de *externalidades negativas* foi utilizado pelo STF, na ADI 2.160. Em seu voto, o ministro Luiz Fux afirmou que a decisão de ajuizar uma demanda poderia causar uma externalidade negativa, pois o litigante poderia vir a onerar a sociedade com as despesas da justiça e o seu congestionamento por meio da proliferação de ações frívolas. Neste cenário, mencionou que, além de enfrentarem tribunais mais lentos e congestionados, conforme relataram Cass Sunstein e Stephen Holmes, os trabalhadores com demandas legítimas teriam que arcar com os custos do excesso de ações, mediante o pagamento de tributos maiores e sofreriam as consequências negativas dos gastos públicos desnecessários.

Já as *externalidades positivas* seriam os benefícios indiretamente gerados a terceiros, em decorrência da ação do agente. Por exemplo, o morador de uma casa que a embeleza, reforma sua fachada, acaba por valorizar os imóveis de todo bairro. Como afirma a doutrina, "mecanismos oferecidos, como prêmios, promovem um incentivo de baixo custo para que os moradores da cidade invistam em um maior cuidado em relação a suas propriedades, contribuindo indiretamente para um aumento no bem-estar social da cidade como um todo"[37].

20.2.5.5.3. Bens públicos

Economicamente, o conceito de "bens públicos" é diferente do conceito jurídico (onde essa conceituação se refere a titularidade do bem). Em economia, o "bem público", uma modalidade de *falha de mercado*, seria todo e qualquer bem que, simultaneamente é: a) não rival e b) não excludente.

Não rival é o bem cujo consumo por um indivíduo não reduz a sua disponibilidade para o consumo dos outros. Por exemplo, assistir a uma partida de futebol pela TV é um bem *não rival*. Por sua vez, uma pizza é um *bem rival*, já que cada pedaço comido pelo consumidor reduz, na mesma proporção, a disponibilidade para os demais consumidores.

Não excludente é o bem cujo uso não pode ser excluído de terceiros. Como diz a doutrina, "bens não excludentes são precisamente caracterizados pela impossibilidade de se 'cobrar a entrada'. Um exemplo seria um espetáculo de fotos em local público"[38].

Economicamente, é difícil garantir o financiamento de setores que fornecem bens públicos, já que as pessoas acabam por usufruir de tais bens sem qualquer ônus. Nesses casos, pode se tornar necessária uma intervenção estatal para assegurar a remuneração adequada do setor pelos usuários do bem, mediante o pagamento de um imposto, por exemplo.

---

36. Op. cit., p. 67.
37. Op. Cit., p. 68.
38. Op. cit., p. 69.

O tema já foi enfrentado pelo STF. Na ADI 5.794, que apreciou a contribuição sindical, o ministro Luiz Fux, em seu voto, traçou vários argumentos de ordem econômica. Mencionou que o argumento teórico principal em favor da cobrança forçada de valores em favor dos sindicatos estaria relacionado ao conceito econômico de "bens públicos" ou "coletivos". De acordo com a Economia, os bens públicos se caracterizariam pela não rivalidade ou não exclusão, de modo que o uso do bem por um indivíduo não excluiria o aproveitamento por outro, sendo impossível ou excessivamente custoso impedir que terceiros não pagantes consumissem o bem comum.

Por fim, razões fáticas podem alterar a natureza dos bens. É o que vem ocorrendo com a música, com os livros, filmes e outros produtos intelectuais, que, com os avanços da tecnologia, passam a ser compartilhados livremente, e, pouco a pouco, vão se tornando bens públicos, o que dificulta cada vez mais os custos de toda a produção de tais obras.

20.2.5.5.4. Monopólios naturais

Os monopólios ocorrem quando a maioria das vendas (ou, em alguns casos, todas as vendas) de um determinado mercado são feitas por uma única empresa. Em alguns mercados, por exemplo, o custo de uma infraestrutura mínima de entrada (o que os economistas chamam de "infraestrutura essencial" ou *essencial facilities*) é muito alto, como ocorre nos serviços de distribuição de água, gás, eletricidade e linhas telefônicas.

Como afirma a doutrina, "tipicamente, monopólios naturais são entendidos como falhas de mercado que suscitam a intervenção estatal para regular preço, quantidade e qualidade dos bens ou serviços prestados. [...] Recentemente, a limitação legal sobre estes setores tem procurado viabilizar um tipo de competição 'saudável', forçando a empresa que controla a infraestrutura essencial a compartilhá-la, a preços razoáveis, com seus competidores. Com exemplo, podemos mencionar países como a França, em que, por força deste tipo de regulação, empresas de distribuição de energia elétrica utilizam-se de uma única rede de distribuição mesmo competindo entre elas"[39].

O tema já foi enfrentado pelo STF. Na ADI 4.923, que tratou do Marco Legal da Televisão por Assinatura, em seu voto, o ministro Luiz Fux afirmou que, nas situações em que a competição é inviável, usualmente monopólios naturais, caberia ao Estado regular as variáveis centrais para a atividade econômica, tais como o acesso ao mercado, padrões de qualidade e de informação e limites de preço.

20.2.5.5.5. Assimetria de informação

A assimetria de informação é uma "falha de mercado" que ocorre quando os contratantes, no momento da celebração contratual, não têm todas as informações necessárias para o pleno entendimento da transação.

O tema já foi enfrentado pelo STF, como na ADPF 449 (sobre os aplicativos de transporte). Em seu voto, o relator, ministro Luiz Fux, afirmou que as modificações tecnológicas afastaram os inconvenientes que os custos de transação e as assimetrias de informação poderiam causar em um mercado sem barreiras de entrada. Segundo ele, sob o prisma da proporcionalidade, a norma que veda o transporte de aplicativos não seria necessária nem adequada para reduzir custos de transação ou assimetrias de informação no mercado de consumo.

---

39. Op. cit., p. 72.

Segundo a doutrina, a assimetria da informação comumente ocorre nos problemas denominados "agente-principal" (ou "Teoria da Agência"), bem como nas hipóteses de "risco moral" ou "seleção adversa".

a) Teoria da Agência

Em 1976, na obra *Teoria da Firma*, Jensen e Meckling apontaram, pela primeira vez, esse problema de assimetria de informação entre "agentes" e "principais". Segundo eles, em qualquer tipo de organização, é necessário que sejam mantidas pessoas ("agentes") com poder decisório para consecução das finalidades propostas por vários acionistas, controladores e sociedade ("principais"). Essa relação pressupõe vários custos para garantir que os "agentes" não atuem em benefício próprio, mas para a realização das metas traçadas.

No âmbito do Direito, como afirma Leandro Luis Dall'Olio, "refletindo tal premissa, a Constituição Federal de 1988 criou um complexo sistema de controle (freios e contrapesos), composto por cada um dos Poderes da República (controle interno), pelos Tribunais de Contas e pelo Ministério Público, alicerçado pelo controle social (imprensa, cidadãos, partidos políticos, associações, sindicatos). Estabeleceu, igualmente, um sistema de planejamento, composto por peças orçamentárias (Plano Plurianual, Lei de Diretrizes Orçamentárias e Lei Orçamentária Anual) e setoriais (Educação, Saúde, Urbanismo, entre outros), com metas quantitativas e qualitativas, tudo isso divulgado, discutido e acompanhado pela sociedade (publicidade e transparência)"[40].

O tema já foi citado pelo STF, na ADI 3.510. O Ministro Cezar Peluso invocou a "Teoria da Agência" como fundamento para a crítica de dispositivo da Lei 11.105/2005, que trata da nomeação de membros de determinado comitê de ética e pesquisa.

b) Risco moral e seleção adversa

Uma hipótese de assimetria de informação que pode gerar "falhas de mercado", levando à alocação ineficiente de recursos é o "risco moral". Segundo a doutrina, esse termo "designa situações nas quais a conduta de um dos agentes envolvidos numa relação econômica não pode ser verificada pela outra parte, embora seja fundamental para a consecução eficiente do negócio"[41].

Outra hipótese de assimetria de informação que pode gerar "falhas de mercado", levando à alocação ineficiente de recursos é a "seleção adversa". Segundo a doutrina, este termo "designa as situações em que as variações de qualidade têm impacto direto sobre o preço estabelecido e podem ser facilmente verificadas por um dos lados do mercado, mas não podem ser verificadas pelo outro"[42].

---

40. *A Teoria da Agência e os Tribunais de Contas*, p. 1. Prossegue o autor: "A Lei Maior elegeu os Tribunais de Contas como principais responsáveis pela fiscalização do gasto público em face do interesse público. Outorga-lhes, para tanto, prerrogativas, garantias e poderes para alcance de tal mister (artigos 70 a 75). [...] Durante muito tempo, a atuação das mencionadas Cortes primou pela auditoria de conformidade, ou seja, a adequação dos atos e fatos administrativos em relação às normas legais. A regularidade formal, todavia, não se mostrou a melhor maneira para controle/qualidade da despesa pública, uma vez que a simples adequação a procedimentos legais nem sempre corresponde ao melhor desempenho finalístico da gestão. [...] Hoje, sem prejuízo ao atendimento ao princípio da legalidade, a prioridade é a fiscalização de resultados, ou seja, a análise do gasto público sob o prisma de como a política pública executada melhorou/impactou a vida do cidadão (efetividade), tendo em conta as metas (eficácia) e custos programados (eficiência). (...) Face ao exposto, o controle externo tem se aprimorado e se fortalecido, diminuindo a assimetria informacional entre agentes públicos e sociedade. Contudo, a melhora desse cenário depende, ainda, de uma maior profissionalização da gestão pública em termos de planejamento, transparência e controle interno" (op. cit., p. 1).

41. Porto e Garoupa, op. cit., p. 74.

42. Op. cit., p. 73. Prosseguem os autores: "os problemas da seleção adversa e do risco moral decorrem de uma assime-

O tema foi enfrentado pelo STF, na ADI 3395, o Ministro relator Luis Roberto Barroso, a sobrecarga na Justiça do Trabalho traria ganhos aos maus devedores. Segundo ele, restaria um mecanismo perverso de "seleção adversa". O litigante que tivesse razão optaria por não litigar ou cederia a acordos desvantajosos, enquanto o oportunista se beneficiaria do mau funcionamento do sistema, em um ciclo vicioso no qual o Judiciário se tornaria instrumento de injustiça.

20.2.5.6. Falhas de governo

Muitas vezes, ao exercer o controle sobre o mercado, com o intuito de minimizar suas falhas, o governo também as comete. Como afirma a doutrina, "falhas de governo ocorrem quando o governo cria ineficiências porque interferiu quando não deveria ou quando poderia ter resolvido determinado problema ou conjunto de problemas de forma mais eficiente, ou seja, gerando maiores benefícios líquidos"[43].

20.2.5.7. Teorema de Coase

O "teorema de Coase" afirma que os fatores externos (ou "externalidades", como afirma o autor) não são motivos para a interferência governamental, sendo ideal que haja uma solução consensual entre as partes envolvidas. Se uma pessoa adquire uma propriedade com um rio, que posteriormente descobre ser poluído, em vez de exigir a interferência estatal, o ideal é que haja um acordo entre as partes.

A essência do "teorema de Coase" reside na descoberta dos custos da transação e sua relação com os arranjos dos direitos de propriedade, fornecendo um método eficaz para que as pessoas tomem suas respectivas decisões. Quando as pessoas lidam com um determinado assunto, se o preço (não necessariamente monetário) que precisa ser pago na transação for alto, as pessoas podem considerar a adoção de métodos alternativos com os custos da transação mais baixos.

Nas palavras de Benjamin Tabak, o "teorema de Coase" poderia assim ser resumido: "na ausência de custos de transação, não importa como é feita inicialmente a distribuição dos direitos de propriedade. Nesse caso, com direitos de propriedade bem definidos, num mercado em que as trocas entre os agentes econômicos são livres, a *eficiência econômica* será sempre alcançada"[44].

Tais ideias influenciaram uma geração de economistas e juristas, fazendo com que os "custos de transação" passassem a ser considerados na avaliação das leis, políticas públicas e decisões judiciais. A existência de altos custos de transação levam à economia a ficar aquém do seu potencial e, assim, cabendo às proposições legislativas e demais políticas públicas reduzir tais custos.

O tema já foi mencionado pelo STF várias vezes. Por exemplo, na ADC 42, o ministro Luiz Fux relatou que a inspiração para soluções ambientais baseadas na dinâmica do mercado deri-

---

tria de informações entre as partes: uma das partes dispõe de informações relevantes para o contrato que a outra não é capaz de obter. Tais problemas são comumente apresentados como razões para a implementação de mecanismos de defesa dos interesses dos consumidores, como o Código de Defesa do Consumidor". É o caso de regulações que visam garantir padrões mínimos de qualidade sobre certos custos, estipular regras mínimas de garantia ou critérios de responsabilização civil de profissionais liberais, como advogados ou médicos" (op. cit., p. 74).

43. Op. cit., p. 76.
44. Op. cit., p. 323.

varia da lição de Ronald Coase, para quem a correção das externalidades negativas, como a poluição, poderia ser feita por meio da definição de direitos de propriedade e da redução os custos de transação.

20.2.5.8. Teorema de Hobbes

Como afirmou a doutrina espanhola, "além de facilitar a negociação, a lei deveria minimizar as perdas da falta de acordos. Assim, junto ao *teorema normativo de Coase*, podemos formalizar outro princípio normativo do direito de propriedade: o *teorema normativo de Hobbes*. Esse filósofo do século XVII considerava que os indivíduos vivem em um constante estado de temor porque são incapazes de chegar a acordos eficientes, já que o próprio interesse eliminaria qualquer possibilidade deum pacto que beneficiará ambas as partes"[45].

Diante desse cenário, afirmou a doutrina brasileira: "uma das mais famosas passagens da obra de Hobbes é o momento em que aborda o estado de natureza. Para ele, durante o período em que os homens viviam sem um poder comum capaz de impor temor a eles, viviam em estado de guerra, uma guerra de todos contra todos (*such a war as is of every man against every man*). No que tange à AED, as suas ideias em relação à minimização de prejuízos decorrentes de conflitos entre as partes em negociação podem ser expressas por meio do chamado teorema normativo de Hobbes, que dispõe o seguinte: 'o sistema legal deve estruturar-se para minimizar os prejuízos causados pelas falhas em acordos privados'. Com base nesse princípio, o Direito deveria impedir a existência de ameaças coercitivas e eliminar os prejuízos que decorrem dos litígios. Se as partes não chegam a acordos, elas perdem o excedente que decorreria das trocas. Para diminuir esse prejuízo, o sistema de justiça deveria 'alocar os direitos de propriedade à parte que mais os valoriza'. Por isso, o Direito faz que o intercâmbio de direitos seja desnecessário, reduzindo os custos de transação"[46].

20.2.5.9. Teoria dos Jogos

Embora notabilizada pelo texto do professor norte-americano John Nash (*Non-cooperative Games*), de 1951, a origem da "teoria dos jogos" teria ocorrido em 1838, com a publicação da obra *Recherche sur les Principes Mathématiques de La Théorie des Richesses*, do matemático francês Antoine Augustin Cournot.

Segundo a doutrina, "a teoria dos jogos engloba um conjunto de teorias filosóficas, matemáticas, estatísticas e políticas sobre como os agentes racionais tomam ou deveriam tomar suas decisões ao longo das interações humanas. São situações que envolvem a adoção de estratégias para tomada de decisão, em razão da interdependência das ações dos agentes envolvidos. [...] Mais especificamente, um objetivo direto da teoria dos jogos é auxiliar os jogadores a adotarem estratégias ótimas para cada jogo. Significa, portanto, pensar em escolhas que produzam o melhor resultado possível para cada jogador em determinado contexto do jogo"[47].

Dessa maneira, a teoria dos jogos tem três principais aplicações. Primeiramente, fornece uma compreensão adequada de problemas de decisão interativa entre agentes racionais (as situações de jogo). Da mesma forma, ela ajuda a solucionar situações em que há potencial con-

---
45. José Maria Aguilar González. *El Análisis Económico del Derecho de Propiedad: Uma Aproximación*, p. 126.
46. Porto e Gaoupa, op. cit., p. 169.
47. Porto e Garoupa, op. cit., p. 110.

flito em que algum grau de cooperação é desejável. Por fim, auxilia na criação de mecanismos jurídicos de incentivo, com o intuito de produzir determinados comportamentos desejáveis.

São cada vez mais frequentes no Brasil os estudos sobre a aplicação da teoria dos jogos em diversos ramos do Direito, como na mediação de conflitos[48], no processo penal[49], na proteção da propriedade intelectual[50] etc. Da mesma forma, também já foi utilizada pelo STF. Na ADI 3.995, segundo o ministro relator Ministro Luis Roberto Barroso, as pessoas elaborariam suas estratégias de ação de acordo com o comportamento esperado daqueles com quem viessem a interagir, em consonância com a *teoria dos jogos*. Segundo ele, essa lógica poderia ser aplicada a qualquer comportamento humano, inclusive quanto à decisão de se demandar em juízo.

20.2.6. A aplicação da AED (análise econômica do Direito) na jurisprudência do STF

É considerável o aumento da aplicação da AED pelo Supremo Tribunal Federal. Esse aumento pode ser medido tanto em termos quantitativos (crescimento do número de decisões que se utilizaram de argumentos econômicos ou de conceitos relacionados à AED), quanto em termos qualitativos (maior densidade do emprego da racionalidade econômica na fundamentação das decisões). Dentre os ministros, o que mais se utilizou dos conceitos relacionados à AED foi o ministro Luiz Fux. Não é, portanto, coincidência, o fato de que, na Presidência do STF (e do Conselho Nacional de Justiça, portanto), foi o grande responsável por tornar a AED uma das disciplinas obrigatórias nos concursos da magistratura, a partir de 2021.

Uma das primeiras e importantes decisões do STF que aplicou a AED foi a ADI 4 (e a ADI 2.591), que discutiu a limitação da taxa de juros em 12% ao ano. Em seu voto, o ministro Eros Grau utilizou critérios nitidamente econômicos, relacionados às consequências micro e macroeconômicas que a limitação da taxa de juros poderia causar na economia nacional.

Sobre o impacto contemporâneo da AED na jurisprudência do STF, a obra *Análise Econômica do Direito: Aplicação pelo STF*, do juiz federal Guilherme Maines Caon, é leitura obrigatória. Segundo o autor, que fez uma análise da jurisprudência do STF após a promulgação da Constituição de 1988, "foram localizados trinta e nove acórdãos, tendo sido o primeiro julgamento (ADI 4) realizado em 07/03/1991 e o último (AC 3.637 ED-AgR) em

---

48. "A função do mediador assume relevância, uma vez que seu papel consiste em auxiliar os envolvidos em um conflito a perceberem qual a melhor estratégia a ser seguida e, assim, atingir o Equilíbrio de Nash. [...] Em outras palavras, o mediador deve ter a habilidade de fazer com que os envolvidos percebam que maximizarão seus ganhos individuais, quando agirem de forma cooperativa" (Carla Maria Vitale; Luciana Gonçalves da Silva. *Aplicação da Teoria dos Jogos na Mediação de Conflitos*, p. 107).
49. "Diante das referências ao uso da Teoria dos Jogos no processo penal, cabe dizer que, para situar a estratégia no contexto do jogo processual penal singularizado, será necessário que tenhamos ferramentas analíticas capazes de gerar plano de ação adequado, com sínteses, passos, caminhos, árvores de decisão, análise de cenários, pontos de discussão e lista de tarefas no decorrer de cada jogo" (Alexandre Moraes da Rosa. *Como Usar a Teoria dos Jogos no Processo Penal?*, p. 1).
50. "A Teoria dos Jogos será utilizada para modelar um jogo que permita a visualização do impacto do modelo de acesso aos bens protegidos por Propriedade Intelectual nos incentivos e recompensas dos titulares desses direitos. A partir dessa modelagem, poder-se-á chegar a algumas conclusões acerca do incentivo à inovação promovido pela proteção à propriedade intelectual" (Ananda Portes Souza; Andre Costa Teixeira. *A Teoria dos Jogos e o Direito: Entendendo a Aplicabilidade da Teoria dos Jogos ao Direito a Partir dos Jogos de Gun Jumping e de Investimento em Propriedade Intelectual*, p. 5).

11/09/2019. Segundo um dos muitos gráficos apresentados pelo autor, vê-se o aumento vertiginoso da utilização da AED como fundamento das decisões do STF:

REFERÊNCIAS NO TEMPO

Imagem 20.5 - Aumento das referências à AED nas decisões do STF (informações ao final do livro).

À luz dos institutos que descrevemos suscintamente acima, bem como com os exemplos de demos de aplicação pela jurisprudência do STF, podemos sintetizar no quadro abaixo:

Instituto da AED (análise econômica do Direito)	Exemplo de decisão do STF que utilizou tal instituto
Eficiência e bem-estar social	RE 240.785 RE 760.931
Eficiência de Pareto	ADI 4.923
Análise de custo-benefício	ADI 2.160
Teoria da Escolha Racional e racionalidade limitada	ADI 3.995
Teoria Nudge	RE 1.070.522
Falhas de mercado	ADI 5.062
Externalidades	ADI 2.160
Bens públicos	ADI 5.794
Monopólios naturais	ADI 4.923
Assimetria da informação	ADPF 449
Teoria da Agência	ADI 3.510
Risco moral e seleção adversa	ADI 3.395
Teorema de Coase	ADC 42
Teoria dos jogos	ADI 3.995

Vejamos algumas outras decisões do STF em que foram utilizados preceitos da *análise econômica do Direito*.

20.2.6.1. A limitação da taxa de juros a 12% ao ano (ADI 4)

Nessa decisão, o STF entendeu que o art. 192, § 3º, da Constituição Federal, que, na sua redação original, limitava a taxa de juros anuais a 12%, não era autoaplicável. O ministro relator, Sydney Sanches, adotou como razões de decidir, ainda que indiretamente, possíveis consequências desastrosas à Economia.

20.2.6.2. Bloqueio de cruzados novos pelo Plano Collor (ADI 534-MC)

Esse julgamento tratou da constitucionalidade da Lei n. 8.024/90, resultado da conversão da Medida Provisória n. 168/90 (o denominado Plano Collor). Nessa decisão, houve muitos argumentos econômicos quanto à oferta de moeda e dos impactos de uma decisão que determinasse a liberação dos valores bloqueados. Em seu voto, o ministro Celso de Mello demonstra sua preocupação nos impactos que a decisão do STF poderia levar à exacerbação do processo inflacionário. Como resume Guilherme Caon, "nesse julgamento, diversos ministros usaram de conceitos de macroeconomia visando, na maior parte das vezes, dimensionar os efeitos da decisão judicial. Destaque-se que, com os mesmos dados acerca do volume de recursos bloqueados e já liberados, alguns entenderam pela existência de risco de hiperinflação e fracasso do plano econômico, enquanto outros, na linha do relator, se manifestaram em sentido diametralmente inverso"[51].

20.2.6.3. Meia entrada para estudantes (ADI 1.950)

Essa ação discutiu a constitucionalidade da instituição do direito à meia entrada para estudantes (tema que será analisado mais profundamente ao longo desse capítulo). O ministro Eros Grau, inicialmente, destacou a opção constitucional pelo sistema capitalista, no qual prepondera a livre-iniciativa. Não obstante, afirmou que a regulação da política de preços de bens e serviços poderá ocorrer para preservar o interesse público primário na garantia do acesso à educação, cultura e desporto.

20.2.6.4. Penhora de bem de família de fiador (RE 407.688)

Essa ação discutiu a constitucionalidade da exceção à regra da impenhorabilidade do bem de família do fiador do contrato de locação residencial. A decisão do STF foi centrada no raciocínio econômico sobre o funcionamento do mercado de locação de bens imóveis, sendo que o direito à moradia foi apreciado à luz de um olhar diferenciado sobre o funcionamento do mercado.

20.2.6.5. Meia entrada para doadores de sangue (ADI 3.512)

Essa ação analisou a constitucionalidade da Lei Estadual n. 7.735/2004 do estado do Espírito Santo, que instituiu o desconto de meia entrada para doadores de sangue. Foram utilizados os mesmos argumentos da ADI 1.950, acima mencionada, inclusive quanto ao voto vencido do ministro Marco Aurélio, contrário à possibilidade de intervenção do Estado na economia sem a realização de uma contraprestação.

---

51. Op. cit., p. 900.

20.2.6.6. Lei de Biossegurança (ADI 3.510)

Essa ação analisou a constitucionalidade de vários dispositivos da Lei de Biossegurança (Lei n. 11.105/2005), em especial a responsabilidade dos Comitês de Ética e Pesquisa no cumprimento dos deveres substantivos de controle nas pesquisas com células-tronco embrionárias. Em seu voto, o ministro Cezar Peluso fez referência à teoria econômica, ao destacar a possibilidade de ocorrência de grave conflito de interesses que possa comprometer a independência da entidade enquanto responsável pela garantia da observância dos parâmetros constitucionais e legais nas pesquisas. O ministro também citou expressamente a doutrina de Joseph Stigliz, acerca da definição do problema do agente principal.

20.2.6.7. Fundo de participação dos estados (ADI 875)

Essa ação (julgada em conjunto com as ADI's 1.987, 2.727 e 3.243) apreciou a constitucionalidade de dispositivos da Lei Complementar n. 62, que estabeleceu normas sobre o cálculo, entrega e controle das deliberações de recursos dos Fundos de Participação de Estados, Distrito Federal e Municípios. O ministro relator, Gilmar Mendes, apresentou quadros comparativos da realidade socioeconômica dos estados entre 1985 e 2007, a partir de estatísticas do IBGE. Como afirma Guilherme Caon, "os dados econômicos relacionados pelo relator e a conclusão acerca da existência de prejuízo à economia dos Estados foram decisivos para a conclusão acerca da inconstitucionalidade dos coeficientes de participação no FPE previstos na LC 62. Houve notória consideração das consequências econômicas da decisão judicial, tendo o tribunal ainda postergado os efeitos da declaração de inconstitucionalidade para evitar maior dano aos estados"[52].

20.2.6.8. Extensão do benefício fiscal na importação de pneus (RE 405.579)

Essa ação analisou a possibilidade de extensão, para empresas unicamente importadoras, da redução da alíquota do imposto de IPI de pneus destinados a fabricantes de veículos e autopeças, inclusive no mercado de reposição, conforme prevista na Lei n. 10.182/2001. O voto do ministro Gilmar Mendes apreciou elementos relativos à competição no mercado de reposição de pneus. Relatou que a norma questionada criava uma vantagem competitiva não extensiva às importadoras. Todavia, afirmou que a declaração de inconstitucionalidade extinguiria o benefício fiscal, levando a uma distorção no mercado de reposição de peças. Citando a obra de Cooler e Ulen, entendeu ser necessária uma solução que preservasse os estímulos ao investimento e à produção, assegurando a extensão do benefício fiscal aos demais contribuintes em situação equivalente, pois isso teria menor impacto negativo no equilíbrio do mercado, no consumo e na infração. Esse posicionamento foi vencido no STF, cuja maioria entendeu não poder o Judiciário estender benefícios fiscais.

20.2.6.9. Limite de renda para benefício assistencial (Rcl 4.374)

Nessa reclamação o STF reapreciou a constitucionalidade do art. 20, § 3º, da Lei n. 8.742/93 (realizado na ADI 1.232), quanto aos parâmetros para aferição da hipossuficiência econômica,

---

52. Op. cit., p. 71.

para fins de concessão do benefício assistencial de prestação continuada. O ministro relator Gilmar Mendes analisou os impactos financeiros decorrentes da elevação do critério de hipossuficiência (de ¼ do salário mínimo para ½ salário mínimo), destacando que muitos são os componentes econômicos a serem considerados na definição de uma política de assistência social eficiente.

20.2.6.10. Prestação de contas de prefeito municipal (RE 848.826)

Esse recurso definiu, para fins de verificação da condição de inelegibilidade prevista no art. 1º, I, *g*, da LC n. 64, que a apreciação das contas dos prefeitos, tanto as de governo como as de gestão, deve ser feita pelas Câmaras Municipais, a partir de parecer prévio dos Tribunais de Contas competentes, o qual só deixará de prevalecer por decisão de 2/3 dos vereadores. Em seu voto, o ministro Luiz Fux sustentou a necessidade de utilização de algum *pragmatismo jurídico*, conforme defendido por Richard Posner, de modo que cabe ao magistrado examinar as consequências imediatas e sistêmicas da decisão judicial na realidade social.

20.2.6.11. Gestão coletiva de direitos autorais (ADI 5.062)

Essa ação apreciou a constitucionalidade de diversas normas da Lei de Direitos Autorais (Lei n. 9.610/98), com as alterações realizadas pela Lei n. 12.853/2013. O ministro relator Luiz Fux, citando Landes e Posner, aplicou a racionalidade econômica ao tema em análise. Outrossim, citando o pensamento de Ronald Coase, referiu-se aos altos custos de transação no mercado de direitos autorais. Nesse cenário, segundo o relator, a gestão coletiva reduziria os custos e as dificuldades operacionais para a proteção dos direitos autorais. Outrossim, o relator entendeu que o monopólio na fiscalização dos direitos autorais seria uma *falha do mercado*.

Ao fazer considerações sobre os parâmetros adequados para a revisão judicial de marcos regulatórios dos setores econômicos, o ministro utilizou os estudos da Teoria da Escolha Pública (*Public Choice Theory*).

Nessa ação, foram abordados temas típicos de Economia, como o sistema de incentivos, custos de transação, falhas de mercado, assimetria de informação, problema do agente principal, *trade-offs* e a Teoria das Escolhas Públicas. Nas palavras de Guilherme Caon, "trata-se possivelmente do primeiro julgado do STF em que houve uma aplicação adequadamente fundamentada e consciente dos institutos da Análise Econômica do Direito como premissa intelectual para a decisão. A conclusão do voto do reator sustentou-se nesses pressupostos econômicos, de modo que a influência da *Análise Econômica do Direito* foi determinante para o resultado da ação"[53].

20.2.6.12. Desaposentação (RE 661.256)

Nesse recurso, o STF apreciou a constitucionalidade da chamada *desaposentação*, reconhecendo-se a constitucionalidade do art. 18, § 2º, da Lei n. 8.213/91, que veda, como regra, a concessão de novos benefícios previdenciários ao aposentado que permanecer em atividade. O ministro Gilmar Mendes, em seu voto, além de mensurar os efeitos econômicos do reconhecimento do direito à desaposentação, utilizou-se de conceitos econômicos fundamentais, como a eficiência e a "tragédia dos comuns".

---

53. Op. cit., p. 96.

20.2.6.13. Contribuição sindical (ADI 5.794)

Essa ação apreciou a constitucionalidade do fim da obrigatoriedade do pagamento da contribuição sindical, realizada pela Lei n. 13.467/2017. O ministro Luiz Fux, cujo voto foi acolhido pela maioria dos ministros, utilizou-se de vários argumentos econômicos, como o conceito econômico de "bens públicos" ou "bens coletivos".

20.2.6.14. Conciliação prévia trabalhista (ADI 2.160)

Essa ação apreciou a constitucionalidade da obrigatoriedade de submissão prévia dos conflitos trabalhistas à Comissão de Conciliação Prévia. O ministro Luiz Fux, por várias vezes, referiu-se à *análise econômica do Direito*, destacando a importância dos meios alternativos de resolução dos conflitos, citando Katherine Stone (*Alternative Dispute Resolution*). Citando Shavell, afirmou que a litigância em juízo somente seria socialmente desejável se os seus custos fossem inferiores aos benefícios que a comunidade teria em razão da modificação da conduta por seus componentes.

20.2.6.15. Terceirização (RE 958.252)

Nesse recurso, o STF apreciou a constitucionalidade da "terceirização" das atividades-fim e a responsabilização do contratante pelas obrigações trabalhistas da empresa terceirizada.

O ministro Luiz Fux afirmou que a terceirização foi teorizada inicialmente por Ronald Coase, na obra *The Nature of the Firm* (autor e obra também citados pelo ministro Gilmar Mendes). Também se referiu ao pensamento de Oliver Hart, que desenvolveu o modelo de Coase a partir de novas ferramentas, como a economia comportamental. Assim, afirmou que a terceirização das atividades-fim facilitaria a especialização, gerando melhores serviços com menores custos.

Assim, a possibilidade da terceirização das atividades-fim decorreu diretamente da *análise econômica do Direito*, com citação de importantes fontes acadêmicas.

20.2.6.16. Depósito prévio – ação rescisória trabalhista (ADI 3.995)

Essa ação analisou a constitucionalidade da exigência de depósito prévio nas ações rescisórias trabalhistas, nos termos do art. 836 da CLT (modificado pela Lei n. 11.495/2007).

O ministro relator Roberto Barroso se utilizou de vários argumentos de AED, como a teoria das escolhas racionais, a teoria dos jogos, os custos sociais da litigância, externalidade negativa etc.

20.2.6.17. Aplicativo de transporte (ADPF 449)

Nessa ação, o STF declarou a inconstitucionalidade da legislação que proibia o transporte individual de passageiros contratados por meio de aplicativos. O voto do ministro Luiz Fux apresentou uma série de argumentos econômicos. Apreciou os parâmetros que deveriam nortear a análise da proporcionalidade de atos regulatórios em cenários de evidente captura regulatória, mencionando a Teoria da Escolha Pública (*Public Choice Theory*). Afirmou que, pela teoria do *enforcement*, as estratégias de controle social dos negócios seriam imperfeitas, de modo que um desenho institucional ótimo exigiria um *trade-off* básico entre os custos sociais de cada instituição, quais sejam, a desordem e a ditadura. O voto do ministro Fux, com seus argumentos econômicos, trouxe a posição vencedora no STF.

20.2.6.18. Proibição do bloqueio de estradas por caminhoneiros grevistas (STP 830)

No dia 4 de novembro de 2021, em Medida Cautelar na Suspensão de Tutela Provisória 830, o Ministro Luiz Fux, Presidente do STF, suspendeu decisão do TRF da 1ª Região que permitia que caminhoneiros grevistas bloqueassem estradas. Um dos argumentos centrais que serviram de fundamentação dessa decisão foi o econômico: "a eventual ocupação de rodovias federais, possibilitada pela suspensão dos mandatos proibitórios, acarreta grave risco de prejuízos econômicos generalizados, pela obstaculização do livre trânsito de bens e pessoas de que depende fundamentalmente a economia nacional".

20.3. CONSTITUIÇÃO ECONÔMICA

A Constituição brasileira de 1988, com inspiração na Constituição portuguesa, de 1976, é uma *Constituição econômica*. Segundo o professor português da Universidade de Coimbra Vital Moreira, um dos maiores expoentes nesse assunto, *Constituição econômica* é "o conjunto de preceitos e instituições jurídicas que, garantindo os elementos definidores de um determinado sistema econômico, instituem uma determinada forma de organização e funcionamento da economia e constituem, por si mesmo, uma determinada ordem econômica: ou, de outro modo, aquelas normas ou instituições jurídicas que, dentro de um determinado sistema e forma econômicos, que garante e (ou) instauram, realizam uma determinada ordem econômica concreta"[54].

Meu querido amigo e brilhante professor português Pedro Coutinho, em obra específica sobre o tema, afirma que a *Constituição econômica* é "o conjunto de princípios e normas de conteúdo econômico que constam do texto fundamental. Por outras palavras, a constituição econômica é composta pelos preceitos dirigidos à condução da economia e sobre esta impactantes, constantes do texto da Constituição"[55].

Canotilho sintetiza *Constituição econômica* como "o conjunto de disposições constitucionais – regras e princípios – que dizem respeito à conformação da ordem fundamental da economia"[56].

20.3.1. Constituição fiscal, Constituição social e Constituição econômica

Como explicamos no capítulo destinado à análise da *classificação das Constituições*, há uma diferença conceitual entre *Constituição fiscal*, *Constituição social* e *Constituição econômica*.

Constituição fiscal consiste no conjunto de regras e princípios constitucionais que disciplinam a tomada de decisões na área de política fiscal, limitando a atuação do Estado nessa seara. Em outras palavras, é o conjunto de normas constitucionais que limitam os poderes fiscais do Estado (cobrar, gastar e emitir moeda).

---

54. *Economia e Constituição*, 1979, p. 12.
55. *A Constituição Econômica Portuguesa*, p. 45. Adotamos, pois, um *conceito formal* de *Constituição econômica*, que entende ser o conjunto de normas (regras e princípios) expressos ou implícitos na Constituição que tenta estabelecer as regras e diretrizes econômicas do país.
56. *Direito Constitucional e Teoria da Constituição*, p. 343.

Segundo o professor Jaroslaw Kantorowickz, da Universidade de Leiden, na Holanda, em obra específica sobre o tema, "as constituições fiscais contêm um conjunto específico de leis, regras e regulamentos de cada país, que afetam a tomada de decisões na área de política fiscal. As constituições fiscais cobrem o direito constitucional, bem como o direito estatutário ordinário, como leis fiscais e financeiras básicas, decisões do tribunal constitucional, normas e compromissos culturais[57]. As constituições fiscais determinam as regras do 'jogo' das finanças públicas, fornecendo assim uma estrutura para os formuladores de políticas e impulsionando ou desencorajando certos padrões de política. Ao moldar incentivos e limitar a arbitrariedade, a constituição fiscal pode, portanto, determinar o curso da política fiscal e os resultados fiscais"[58].

Por sua vez, a *Constituição social* é aquela que reconhece expressamente o dever do Estado de implementar os direitos sociais (saúde, educação, moradia), seja como *direitos fundamentais* expressos (como fez a Constituição brasileira de 1988), seja como uma decorrência da natureza do próprio Estado (como fez a Constituição alemã – Lei Fundamental de Bonn, de 1949, ao prever que "a República Federal da Alemanha é um Estado federal, democrático e social" – art. 20).

Como brilhantemente afirma Pedro Coutinho, embora possamos fazer uma distinção entre *Constituição fiscal*, *Constituição econômica* e *Constituição social*, são conceitos que se interpenetram e, principalmente, se complementam. Segundo o autor português, esses três aspectos são "partes de um todo maior, e não realidades isoladas", já que "estas várias dimensões do modelo de sociedade vertido na constituição são, ou pelo menos devem ser, articuladas entre si, e orientadas finalisticamente para os propósitos constitucionalmente consagrados"[59].

20.3.2. A importância atual da Constituição econômica

Atualmente, vários fatores apontam um declínio da importância das *Constituições econômicas*: elas teriam perdido o espaço de atuação numa economia globalizada, máxime diante da criação de blocos econômicos, como o da União Europeia.

Não obstante, como alerta sabiamente Pedro Coutinho: "cremos, aliás, que nunca como hoje as constituições econômicas terão sido tão necessárias, pois vivemos tempos de crescentes assimetrias sociais, que fazem perigar, se é que não a eliminam por todo, a cidadania

---

57. Importante frisar que essa concepção mais ampla de *constituição social* (que abrange não somente o texto constitucional, mas também as leis infraconstitucionais, a jurisprudência constitucional e até mesmo os "compromissos culturais" compreende um *conceito material* de *constituição fiscal*. Isso porque, sob o ponto de vista *formal*, *constituição fiscal* se limita às normas constitucionais (regras e princípios) expressos ou implícitos no texto constitucional. Como afirma Pedro Coutinho, o *conceito material* de *constituição fiscal* "é, pois, um conceito substancialmente mais amplo, podendo incluir qualquer norma que, pela sua natureza e não pela sua forma, assuma um caráter na ordem jurídico-econômica" (Op. cit., p. 46).
58. *Fiscal Constitutions. EDLE – The European Doctorate in Law and Economics Programme*. No capítulo reservado à *Classificação das Constituições*, explicamos as diferenças entre as *constituições fiscais descentralizadas* (em que os entes federativos têm maior autonomia para tributar e gastar) e as *concentradas ou integradas* (em que essa autonomia dos entes federativos é menor). Da mesma forma, explicamos que há as *constituições fiscais coerentes* e *menos coerentes*, quando conseguem (ou não) ajustar adequadamente a liberdade de tributar com os poderes e limites de gastos. Importante conclusão chegam os autores europeus sobre as *constituições fiscais* na economia de um país: "evidências sugerem que o grau de descentralização das *constituições fiscais* dificilmente afeta os resultados econômicos fiscais, mas a coerência das constituições fiscais, sim. Ao longo do período entre 1980-2010, *constituições fiscais menos coerentes* foram associadas a maior dívida, gastos crescentes e crises econômicas", bem como um menor crescimento do PIB (op. cit., p. 5).
59. Op. cit., p. 48.

econômica"⁶⁰. Todavia, como afirma o professor português, as atuais constituições econômicas devem se adaptar à realidade dos fatos: "rejeitando a ideia de inutilidade das constituições econômicas nacionais, não se pretende afirmar a sua vigência isolada como em tempo de antanho. Antes, pelo contrário, urge, à luz dos fatos acima apontados, repensar e atribuir sentido útil às constituições econômicas, numa espécie de quadratura do círculo entre a integração europeia, a globalização da economia e o espaço da Constituição"⁶¹.

20.3.3. Experiências constitucionais relevantes

A primeira *constituição econômica* foi a Constituição de Weimar de 1919 (também uma das primeiras *constituições sociais*, logo após a Constituição do México de 1917). A *Seção V* dessa Constituição foi reservada à "Vida Econômica", prevendo em seu art. 151: "a organização da vida econômica deve ser conforme ao princípio da justiça, por forma a que todos seja garantida uma qualidade de vida decente. Dentro destes limites a liberdade econômica do indivíduo será garantida". Tal ponderação entre a liberdade econômica e o bem-estar das pessoas será vista na Constituição brasileira de 1988, como adiante explicaremos.

A Constituição italiana de 1948 foi, nas palavras de Vital Moreira, "o caso mais exemplar de uma ordem constitucional econômica"⁶². Como afirma Pedro Coutinho, a Constituição italiana ensejou uma "intensa atividade do Estado no domínio econômico, a diversos títulos. Em primeiro lugar, o Estado detinha uma extensa série de participações estatais, no setor das fontes de energia, das empresas monopolistas e dos serviços públicos essenciais. Em segundo lugar, o Estado procurava financiar a economia. Em terceiro lugar, o Estado procurou planificar a economia, com recurso a mecanismos legais de planificação, quer globais, quer setoriais"⁶³.

Também são exemplos de *Constituições econômicas* a Constituição da Espanha, de 1978 e a Constituição de Portugal de 1976. Nesta última, a *Parte II* é reservada à "Organização Econômica", trazendo os seus "princípios gerais" (art. 80), as "incumbências prioritárias do Estado" (art. 81) etc. Sobre a Constituição portuguesa, Canotilho afirma que ela "consagrou uma 'constituição econômica' que, embora não reproduza uma 'ordem econômica' ou um 'sistema econômico' abstrato e puro, é fundamentalmente caracterizada pela ideia de democratização econômica e social [...] [que caracteriza um] limite e um impulso para o legislador. Como *limite*, o legislador não pode executar uma política econômica e social de sinal contrário ao imposto pelas normas constitucionais; como *impulso*, o princípio da democracia econômica e social exige positivamente ao legislador uma política em conformidade com as normas concretamente impositivas da Constituição"⁶⁴.

20.3.4. As Constituições econômicas brasileiras

No Brasil, as duas primeiras Constituições liberais (1824 e 1891) pouco tratavam das diretrizes econômicas e da interferência do Estado em tais questões. Como aponta Nelia Edna Miranda Batisti, em trabalho específico sobre o tema, "não há na Constituição de 1891 nada

---

60. Op. cit., p. 50.
61. Op. cit., p. 50.
62. Op. cit., p. 77.
63. Op. cit., p. 59.
64. Op. cit., p. 344.

precisamente claro sobre sistema econômico"[65]. A primeira Constituição brasileira a enfrentar expressamente o tema foi a de 1934. O seu *Título IV* foi reservado à 'Ordem Econômica e Social" e seu art. 115 previa que "a ordem econômica deve ser organizada conforme os princípios da Justiça e as necessidades da vida nacional, de modo que possibilite a todos existência digna. Dentro desses limites, é garantia a liberdade econômica", numa clara inspiração na Constituição de Weimar, de 1919.

A Constituição de 1937 manteve formalmente dispositivos semelhantes aos da Constituição anterior, com algumas poucas alterações: "a *declaração de princípios e o sentido da ordem econômica* contêm algum sentido diverso daquele da Constituição de 1934. Propõem-se a serem mais descritivos de valores abstratos e direcionados ao caráter. Estão centrados no indivíduo, ficando a intervenção do Estado como subsidiária"[66].

Após a retomada da democracia, a Constituição de 1946 ampliou os dispositivos constitucionais sobre a economia, estabelecendo uma clara "conjugação necessária entre a liberdade de iniciativa com a valorização do trabalho, para obter assim a denominada justiça social"[67]. A Constituição de 1967 também reservou um capítulo próprio para a *Ordem Econômica e Social*, com algumas mudanças, como a *não previsão da função social da propriedade*, como nas Constituições anteriores.

A Constituição de 1988 fez significativas mudanças, como sintetiza Nelia Batisti: "A Constituição de 1988 integrou o sistema financeiro nacional à Ordem Econômica, passando a ser regulado no Título VII, sob a denominação de *Ordem Econômica e Financeira*. Conferiu autonomia à *ordem social*, ampliando a matéria, que passou a ser integrada pela Seguridade Social, Saúde, Previdência Social, Assistência Social, Educação, Cultura etc. Os direitos dos trabalhadores, que nas Constituições anteriores compunham a *ordem social* foram deslocados para o campo dos *Direitos Sociais*, localizados no Título dos Direitos e Garantias Fundamentais"[68]. Essas mudanças visaram a dar maior especificidade à ordem econômica e à ordem social, sobretudo a esta última, diante do contexto histórico em que a Constituição foi elaborada: logo após a ditadura militar, quando houve um escopo de fortalecer os direitos sociais, o dever do Estado na sua implementação, tanto que passaram a integrar o título reservado aos direitos fundamentais.

20.4. ORDEM ECONÔMICA: FUNDAMENTOS, FINS E PRINCÍPIOS

O art. 170, da Constituição Federal, inaugura o Título da *Ordem Econômica e Financeira* e traz três elementos importantes dessa temática: os *fundamentos*, os *fins* da ordem econômica e os *princípios* que regem a ordem econômica.

Segundo o referido artigo: "A ordem econômica, fundada na valorização do trabalho humano e na livre-iniciativa, tem por fim assegurar a todos existência digna, conforme os ditames da justiça social, observados os seguintes princípios: I – soberania nacional; II – propriedade privada; III – função social da propriedade; IV – livre concorrência; V – defesa do consumidor; VI – defesa do meio ambiente, inclusive mediante tratamento diferenciado con-

---

65. *Evolução da Ordem Econômica no Contexto Político-Econômico das Constituições Brasileiras*, p. 57.
66. Op. cit., p. 74.
67. Op. cit., p. 85.
68. Op. cit., p. 116.

forme o impacto ambiental dos produtos e serviços e de seus processos de elaboração e prestação; VII – redução das desigualdades regionais e sociais; VIII – busca do pleno emprego; IX – tratamento favorecido para as empresas de pequeno porte constituídas sob as leis brasileiras e que tenham sua sede e administração no País".

O art. 170 da Constituição Federal é bastante representativo do espírito da Constituição brasileira, ao combinar <u>a tutela dos direitos individuais contra a indevida interferência estatal</u> (como a propriedade privada, a livre concorrência e ter como fundamento da ordem econômica a livre-iniciativa) com <u>a busca do bem-estar social</u> (ao exigir a função social da propriedade e ter também como fundamento da ordem econômica a valorização do trabalho). Isso denota no Brasil a adoção de um "Estado Social e Democrático de Direito" que, nas palavras do saudoso Paulo Bonavides: "o Estado social da democracia distingue-se, em suma do Estado social dos sistemas totalitários por oferecer, concomitantemente, na sua feição jurídico-constitucional, a garantia tutelar dos direitos da personalidade"[69]. A busca por esse equilíbrio entre a justiça social e os direitos individuais de liberdade é vista em toda Constituição, mas especialmente nesse art. 170. Segundo Bonavides, "o Estado Social da Democracia realizará esse equilíbrio"[70], embora haja riscos que devem ser enfrentados de forma contínua e diligente[71].

ORDEM ECONÔMICA
- **Fundamentos**
  - Valorização do trabalho humano
  - Livre-iniciativa
- **Fins**
  - Assegurar a todos existência digna
  - Conforme os ditames de justiça social
- **Princípios**
  - Soberania nacional
  - Propriedade privada
  - Função social da propriedade
  - Livre concorrência
  - Defesa do consumidor
  - Defesa do meio ambiente
  - Redução das desigualdades regionais e sociais
  - Busca do pleno emprego
  - Tratamento favorecido para pequenas empresas

---

69. *Do Estado Liberal ao Estado Social*, p. 204.
70. Op. cit., p. 204.
71. Como afirma Bonavides, "a democracia moderna oferece problemas capitais, ligados às contradições internas do elemento político sobre que se apoia (as massas) e a hipóteses de um desvirtuamento do poder, por parte dos governantes, pelo fato de possuírem o controle da função social e ficarem sujeitos à tentação, daí decorrente, de o utilizarem a favor próprio (caminho da corrupção e da plutocracia) ou no interesse do avassalamento do indivíduo (estrada do totalitarismo)" (op. cit., p. 203). Como eu afirmo no meu livro *Direitos Sociais em Tempos de Crise Econômica*, uma das deturpações existentes no *Estado Social de Direito* brasileiro é a implantação das políticas públicas de distribuição direta de renda (necessária, importante dizer) sem uma prévia educação pública e gratuita de qualidade faz com que sejam transformadas em políticas eleitorais, já que o povo as entende como benesses de um governante, e não um dever do Estado.

Vejamos abaixo cada um desses três elementos que regem a ordem econômica.

20.4.1. Os fundamentos da ordem econômica

Segundo o art. 170, *caput*, da Constituição Federal, "a ordem econômica, fundada na valorização do trabalho humano e na livre-iniciativa". Portanto, esses são os dois fundamentos da ordem econômica: a) valorização do trabalho humano; b) livre-iniciativa.

Fundamentos são as bases intelectuais e principiológicas sobre as quais construímos uma determinada ideia (no caso, a ordem econômica). Dessa maneira, todos os princípios, regras, diretrizes, políticas públicas relacionados à ordem econômica a serem implantados no país devem levar em consideração esses dois pilares: a *livre-iniciativa* e a *valorização do trabalho humano*. O constituinte originário contemplou tais elementos não apenas como fundamentos da ordem econômica (art. 170, *caput*, CF), como também fundamentos da República (art. 1º, IV, CF – "valores sociais do trabalho e da livre-iniciativa").

20.4.1.1. Livre-iniciativa

A *livre-iniciativa* é fundamento que estabelece a possibilidade de qualquer pessoa participar do mercado, seja como trabalhador, seja como empreendedor, sem a necessidade de autorização ou aprovação do Estado. Qualquer um pode abrir uma empresa, vender um produto, negociar o preço mais justo, contratar outras pessoas como empregados etc. Distingue-se da *livre concorrência*, que adiante se verá. Nas palavras de Fernando Facury Scaff, "liberdade de iniciativa econômica decorre de um primado de *liberdade*, que permite a todo agente econômico, público ou privado, pessoa física ou jurídica, exercer livremente, nos termos das leis, atividade econômica em sentido amplo. Parte de um conceito de liberdade de exercício da profissão para trabalhadores, e da liberdade de uma atividade econômica, para empresas"[72].

Como afirmamos, a livre-iniciativa se aplica ao trabalhador (que tem a liberdade de escolher sua profissão) e para o empreendedor (que poderá constituir livremente sua empresa): "dessa liberdade econômica emanam a garantia de livre exercício de qualquer trabalho, ofício ou profissão e o livre exercício de qualquer atividade econômica, consagrados respectivamente no inc. XIII do art. 5º e no parágrafo único do art. 170 da Constituição" (ADC 66, voto da rel. Min. Cármen Lúcia, j. 21-12-2020).

Segundo o art. 170, parágrafo único, da Constituição, "é assegurado a todos o livre exercício de qualquer atividade econômica, independentemente de autorização de órgãos públicos, salvo nos casos previstos em lei". Dessa maneira, estamos diante de uma *norma constitucional de eficácia contida ou redutível ou restringível*, ou seja, em regra estamos diante de uma norma que produz todos os seus efeitos (a liberdade de exercer qualquer atividade econômica), embora possam ser criadas limitações, por meio da lei, para atender o interesse público. De fato, assim como ocorre com quaisquer princípios constitucionais ou direitos fundamentais, a livre-iniciativa pode sofrer restrições estatais, desde que razoáveis e proporcionais, como decidiu o STF: "O princípio da livre-iniciativa, inserido no *caput* do art. 170 da Constituição nada mais é do que uma cláusula geral cujo conteúdo é preenchido pelos incisos do mesmo artigo. Esses princípios claramente definem a liberdade de iniciativa não como uma liberdade anár-

---

72. *Efeitos da Coisa Julgada em Matéria Tributária e Livre concorrência*, p. 110.

quica, mas social, e que pode, consequentemente, ser limitada" (ARE 1.104.226 AgR, rel. Min. Roberto Barroso, Pleno, j. 27-4-2018).

20.4.1.1.1. Livre-iniciativa na jurisprudência do STF

Restrição excessiva à atividade econômica (Uber): o STF declarou inconstitucionais as leis municipais que proíbem a contratação de motoristas particulares por aplicativos (como a *Uber*, por exemplo): "O exercício de atividades econômicas e profissionais por particulares deve ser protegido da coerção arbitrária por parte do Estado, competindo ao Judiciário, à luz do sistema de freios e contrapesos estabelecidos na Constituição brasileira, invalidar atos normativos que estabeleçam restrições desproporcionais à livre-iniciativa" (ADPF 449, rel. Min. Luiz Fux, j. 8-5-2019, Pleno). No mesmo sentido: "a proibição ou restrição da atividade de transporte privado individual por motorista cadastrado em aplicativo é inconstitucional, por violação aos princípios da livre-iniciativa e da livre concorrência" (RE 1.054.110, rel. Roberto Barroso, Pleno, j. 9-5-2019).

Manutenção artificial de postos de trabalho: uma das consequências inevitáveis da modernidade, da tecnologia e das inovações é a extinção de vários postos de trabalho, de várias funções. Nesse caso, o STF entendeu ser inconstitucional lei municipal que obrigava estabelecimentos comerciais a manterem postos de serviços de "empacotadores" em supermercados. Segundo o STF, "o princípio da livre-iniciativa, plasmado no art. 1º, IV, da Constituição como fundamento da República e reiterado no art. 170 do texto constitucional, veda a adoção de medidas que, direta ou indiretamente, destinem-se à manutenção artificial de postos de trabalho, em detrimento das reconfigurações de mercado necessárias à inovação e ao desenvolvimento, mormente porque essa providência não é capaz de gerar riqueza para trabalhadores ou consumidores" (RE 838.950/RS, rel. Min. Luiz Fux, Pleno, j. 24-10-2018).

Fixação de horário de funcionamento de estabelecimento não fere a livre-iniciativa: segundo o STF, "a fixação de horário de funcionamento de estabelecimento comercial é matéria de competência municipal, considerando improcedentes as alegações de ofensa aos princípios constitucionais da isonomia, da livre-iniciativa, da livre concorrência, da liberdade de trabalho, da busca do pleno emprego e da proteção do consumidor" (AI 481.886 AgR, 2ª T, rel. Min. Carlos Velloso, j. 15-2-2005).

Determinação de cota de veículos adaptados a pessoas com deficiência em locadoras: segundo o STF, "o *caput* do art. 52 Lei 13.146/2015, pelo qual fixada cota de veículos adaptados a pessoas com deficiência em locadoras, consubstancia disciplina legítima da ordem econômica. Não se vislumbra, na espécie, contrariedade ao princípio da livre-iniciativa, porque concretiza os direitos fundamentais de mobilidade pessoal e de acesso a tecnologia assistiva" (ADI 5.452, voto da rel. Min. Cármen Lúcia, j. 22-8-2020).

Constitucionalidade da Lei n. 11.442/2007, que permite a terceirização das atividades-fim das empresas: segundo o STF, "É legítima a terceirização das atividades-fim de uma empresa. A Constituição não impõe uma única forma de estruturar a produção. Ao contrário, o princípio constitucional da livre-iniciativa garante aos agentes econômicos liberdade para eleger suas estratégias empresariais dentro do marco vigente. A proteção constitucional ao trabalho não impõe que toda e qualquer prestação remunerada de serviços configure relação de emprego" (ADC 48, rel. Min. Roberto Barroso, Pleno, j. 15-4-2020).

20.4.1.1.2. Meia entrada em estabelecimentos culturais e esportivos

O STF entendeu não ser inconstitucional a lei que determina desconto para estudantes em eventos culturais (conhecido como "meia entrada"), sob o argumento de que "a livre-iniciativa é expressão de liberdade titulada não apenas pela empresa mas também pelo trabalho. Por isso a Constituição, ao contemplá-la, cogita também da 'iniciativa do Estado'; não a privilegia, portanto, como bem pertinente apenas à empresa. Se de um lado a Constituição assegura a livre-iniciativa, de outro determina ao Estado a adoção de todas as providências tendentes a garantir o efetivo exercício do direito à educação, à cultura e ao desporto (arts. 23, V; 205; 208; 215; e 217, § 3º, da Constituição). Na composição entre esses princípios e regras, há de ser preservado o interesse da coletividade, interesse público primário. O direito ao acesso à cultura, ao esporte e ao lazer são meios de complementar a formação dos estudantes" (ADI 1.950, rel. Min. Eros Grau, Pleno, j. 3-11-2005).

Em decisão mais recente, o STF entendeu ser competente o Estado-membro para legislar sobre o tema, sob o argumento de que "é concorrente a competência constitucional para legislar sobre direito econômico. Não havendo legislação federal sobre a matéria, cabe ao Estado-membro exercer de forma plena a competência legislativa sobre o tema. É legítima e adequada a atuação do Estado sobre o domínio econômico que visa garantir o efetivo exercício do direito à educação, à cultura e ao desporto, nos termos da Constituição Federal" (ADI 2.163/RJ, rel. Min. Luiz Fux, red. do ac. Min. Ricardo Lewandowski, Plenário, j. 12-4-2018).

Concordamos, em parte, com essa decisão do STF. Primeiramente, legislar sobre "direito econômico" é realmente competência concorrente, nos termos do art. 24, I, da CF. Da mesma forma, também é competência concorrente legislar sobre "cultura, ensino, desporto" (art. 24, IX, CF). Dessa maneira, cabe à União legislar de forma geral e ao Estado de forma específica sobre o tema). Todavia, ao contrário do que afirmou o STF, há lei federal que regulamenta a "meia entrada" (Lei n. 12.933/2013), enumerando os beneficiários. Caberá ao Estado-membro, portanto, legislar de forma mais específica sobre o tema, sem poder contrariar a legislação federal.

Em 2021, a Assembleia Legislativa do Estado de São Paulo aprovou projeto de lei estadual que, na prática, extinguiria no estado o benefício da meia entrada. Isso porque, sob o argumento de que todas as pessoas entre 0 (zero) e 99 (noventa e nove anos) teriam direito ao benefício, tornaria o preço igual para todos os consumidores (exceto aqueles com mais de 100 anos de idade, o que é de uma ironia típica de uma mesa de bar ou um *show* de humor). O governador do estado vetou o projeto, por flagrante inconstitucionalidade. De fato, por se tratar de competência concorrente, poderia o Estado-membro legislar sobre o tema, especificando novas hipóteses, regulamentando a fiscalização, mas jamais desrespeitando a legislação federal. O projeto de lei paulista violava não apenas a Lei Federal sobre a meia entrada (Lei n. 12.933/2013), como também o Estatuto do Idoso (Lei n. 10.741/2003), que no seu art. 23 assegura o desconto de 50% em eventos artísticos, culturais, esportivos e de lazer às pessoas com 60 (sessenta) anos ou mais.

20.4.1.2. Valorização do trabalho humano

Outro pilar, outro fundamento sobre o qual a ordem econômica será construída, é a "valorização do trabalho humano". Em outras palavras, a ordem econômica não poderá ser desenvolvida desprezando a dignidade dos trabalhadores, devendo prestigiá-los o mais intensamente possível. Por essa razão, muitos direitos dos trabalhadores são tidos como direitos fundamentais (art. 7º, CF), o bem-estar dos trabalhadores é um dos elementos da função social da propriedade rural (art. 186, III, CF), a ordem social em como base o "primado do trabalho" (art. 193, *caput*, CF) etc.

Historicamente, o trabalho humano passou a ser valorizado a partir das Revoluções Industriais e, pela ética católica, a partir da *Rerum Novarum*, do papa Leão XXIII, de 1891. Como afirmou o Procurador Federal Rafael Severo de Lemos, "Ainda que não se possa falar em obrigação social consistente na oferta de trabalho, é certo que a ordem jurídica quer garantir a todos o exercício das atividades lícitas. Cabe à sociedade, na medida em que resolve considerar o valor social do trabalho como fundamental, buscar proporcionar oportunidades de emprego para todos. Dessa feita, por outro lado, a ordem jurídica tem que garantir ao indivíduo a possibilidade de cumprir com seu dever de trabalhar sem restrições de qualquer espécie, havendo ampla liberdade de iniciativa o que, a propósito, é outro preceito constitucional cuja valorização é equiparada ao do trabalho"[73].

20.4.2. Os fins da ordem econômica

Segundo o art. 170, *caput*, da Constituição Federal, "a ordem econômica (...) tem por fim assegurar a todos existência digna, conforme os ditames da justiça social". Esse dispositivo é muito importante, tendo em vista que deve servir como elemento norteador para o Estado-legislador e Estado-administrador: todas as leis e políticas públicas relacionadas à ordem econômica, devem ter como escopo final propiciar a todos "existência digna", conforme os "ditames da justiça social".

Quando a Constituição estabelece que a ordem econômica tem a finalidade de "assegurar a todos existência digna", não se referiu apenas aos trabalhadores, mas "a todos". Não à toa um dos princípios da ordem econômica é a *redução das desigualdades sociais*, ou seja, a diminuição da distância entre os mais ricos e os mais pobres. Esse dispositivo constitucional se coaduna com outros importantes dispositivos constitucionais: é objetivo da República de "erradicar a pobreza e a marginalização" (art. 3º, III, CF), é competência comum de todos os entes federativos "combater as causas da pobreza e os fatores de marginalização, promovendo a integração social dos setores desfavorecidos" (art. 23, X, CF) etc.

A *justiça social*, instrumento através do qual se buscará dar a todos existência digna, consiste no compromisso do Estado e de todos em buscar mecanismos para compensar as desigualdades sociais. Um dos principais pensadores acerca do tema foi o norte-americano John Rawls, cuja teoria existente na obra *Teoria da Justiça*, explicamos com mais detalhes em nosso livro *Direitos Sociais em Tempos de Crise Econômica*.

Segundo José Afonso da Silva, "a justiça social só se realiza mediante equitativa distribuição da riqueza. Um regime de acumulação ou de concentração do capital e da renda nacional, que resulta da apropriação privada dos meios e produção, não propicia efetiva justiça social, porque nele sempre se manifesta grande diversidade de classe social, com amplas camadas da população carente ao lado de minoria afortunada. [...] Esta é realmente uma determinante essencial, que impõe e obriga a que todas as demais regras da Constituição econômica sejam

---

73. *A Valorização do Trabalho Humano*: fundamento da República, da ordem econômica e da ordem social na Constituição brasileira de 1988, p. 1.

entendidas e operadas em função dela. Um regime de justiça social será aquele em que cada um deve poder dispor dos meios materiais para viver confortavelmente segundo as exigências de sua natureza física, espiritual e política. Não aceita as profundas desigualdades, a pobreza absoluta e a miséria. O reconhecimento dos direitos sociais, como instrumentos da tutela dos menos favorecidos, não teve, até aqui, a eficácia necessária para reequilibrar a posição de inferioridade que lhes impede o efetivo exercício das liberdades garantidas"[74].

20.4.3. Os princípios que regem a ordem econômica

O art. 170 da Constituição Federal traz nove princípios que regem a ordem econômica. Estudaremos abaixo cada um deles:

20.4.3.1. Soberania nacional (art. 170, I, CF)

Como afirma Leandro Pereira Colombano, em obra específica sobre o tema, "a raiz etimológica do vocábulo soberania está nas palavras latinas *super omnium*, significando, em português, *acima de tudo*, sendo provável que tenha ingressado no vernáculo pelo termo francês *souveraineté*. [...] Sinteticamente, pode-se, pois, conceituar soberania como o poder que, por meio do Estado, reúne condições de se impor ilimitadamente sobre quaisquer outros e que, de fato, se impõe livre de constrangimentos, sem contrastes, decidindo, em última instância, e efetivando suas decisões inclusive pela coação física, se necessário"[75].

O conceito de soberania, que nasceu atrelado ao monarca, àquele que exercia o poder de forma absoluta, pouco a pouco foi sendo transformado, sobretudo no século XVIII, com as obras de vários pensadores e políticos, como *O que é o Terceiro Estado*, de 1789, do padre Sieyès, e *O Contrato Social*, de Jean Jacques Rousseau, de 1762, quando nasce a noção de "soberania popular": o poder exercido soberanamente pelo Estado decorre da vontade geral das pessoas, por ela condicionado[76].

Dois são os aspectos da soberania: a) a supremacia (no plano interno) e b) a independência (no plano internacional). Dessa maneira, a ordem econômica é regida pela *soberania nacional*, segundo a qual, no plano interno, somente o Estado terá o poder de regular a atividade econômica (supremacia), não se submetendo de forma subserviente a orientações de outros Estados soberanos (independência).

Sobre o tema, foi celebrado internacionalmente o *Pacto Internacional sobre Direitos*

O princípio da *soberania nacional* sob o ponto de vista internacional (independência) é desafiado pelo fenômeno da globalização, mas essa não é sua sentença de morte. Como afirma Pedro Coutinho, "a globalização não provoca a erosão do direito que é invocada [sendo sempre invocada como] um bode expiatório para justificar a inação estadual. Por tudo isso, julgamos

---

74. Op. cit., p. 710.
75. *Soberania Popular e Supremacia Constitucional*, p. 15.
76. "Assim como a natureza dá a cada homem poder absoluto sobre todos os seus membros, o pacto social dá ao corpo político <u>um poder absoluto sobre todos os seus, e é esse mesmo poder que, dirigido pela vontade geral, ganha, como já se disse, o nome de soberania</u>. Afirmo, pois, que a soberania, não sendo senão o exercício da vontade geral, jamais pode alienar-se, e que o soberano, que nada é senão um ser coletivo, só pode ser representado por si mesmo" (grifamos. *O Contrato Social*, p. 86).

que apenas se pode concluir afirmando que a Constituição econômica permanece como a grande balizadora e guia da atuação do legislador"[77].

20.4.3.2. Propriedade privada (art. 170, II, CF)

O direito à propriedade privada, previsto em várias passagens da Constituição brasileira, seja como direito individual ou liberdade pública (art. 5º, *caput* e inciso XXII, CF), seja como princípio da ordem econômica (art. 170, II, CF), é uma consequência das *revoluções burguesas* (que, ao assumirem o poder, utilizaram-se das constituições para assegurarem seus direitos) e do *capitalismo*, fundado na propriedade privada e no crédito, distinguindo-se as funções dos prestadores de trabalho (que são remunerados por um salário) dos prestadores de capital (que são remunerados por dividendos). Dessa maneira, é um disparate afirmar (como fazem alguns políticos influentes, inclusive) que a Constituição de 1988 é uma "Constituição socialista".

A "propriedade privada" prevista no art. 170, II, da Constituição, como princípio da ordem econômica é um desdobramento do "direito à propriedade", previsto no art. 5º, *caput* e inciso XXII. Essa última é mais ampla, referindo-se a qualquer espécie de propriedade (urbana, rural, empresarial etc.), enquanto a primeira se refere à propriedade privada de todos os meios de produção e o conjunto de bens que compõem o estabelecimento comercial. Como a propriedade dos meios de produção se reflete diretamente na vida de outros homens, encontra limites na própria Constituição, máxime na exigência do cumprimento de sua função social.

20.4.3.3. Função social da propriedade privada (art. 170, III, CF)

Como vimos acima, a propriedade privada dos meios de produção, sem quaisquer limites pode visar apenas o enriquecimento dos seus proprietários e, utilizada de forma ilimitada, pode prejudicar enormemente as demais pessoas que, não possuidoras dos meios de produção, são exploradas, submetendo-se a quaisquer relações de trabalho, para sobreviver.

A "função social da propriedade" também aparece na Constituição em outras situações. Como princípio geral limitador do direito à propriedade (no art. 5º, XXIII, CF), especificado posteriormente na propriedade urbana (art. 182, § 2º, CF) e na propriedade rural (art. 186, CF). Todavia, como princípio que rege a ordem econômica, confunde-se também com a *função social da empresa*, a função social dos meios de produção.

Como afirmam Débora Vasconcelos e Simone Genovez, "A hermenêutica que deve ser feita é que a função social da propriedade, entendida aqui de forma ativa, a empresa, no exercício de suas atribuições, deve respeitar o trabalho humano, a defesa do consumidor, do meio ambiente, a redução das desigualdades regionais e sociais e a busca do pleno emprego, visando à melhoria da qualidade de vida das pessoas e o desenvolvimento socioeconômico pretendido pela ordem econômica. A propriedade socialmente funcionalizada afasta o caráter individualista e impõe ao empresário, administradores ou quem exerce o seu controle, o dever de exercer em benefício de todos e, diante do poder e influência que estas pessoas representam no contexto socioeconômico, o dever de apresentar comportamento adequado e sem qualquer desvio de conduta, assim como se exige daqueles que exercem cargos públicos"[78].

---

77. Op. cit., p. 351.
78. *Análise dos Princípios Constitucionais Econômicos à Luz da Iniciativa Privada*, p. 11.

Nesse sentido, o STF entendeu ser constitucional a Lei n. 12.006/2009, que determina a veiculação de mensagens educativas de trânsito em campanhas publicitárias de produtos da indústria automobilística, sob o argumento de que se trata "apenas, de cooperação da indústria automobilística, consectária da proteção ao consumidor e da função social da propriedade (princípios da ordem econômica), na divulgação de boas práticas de trânsito" (ADI 4.613/DF, rel. Min. Dias Toffoli, Plenário, j. 20-9-2018). Da mesma forma, entendeu o STF ser constitucional a limitação dos créditos trabalhistas na falência, para preservação do interesse de um maior número de credores, tendo em vista que "o diploma legal objetiva prestigiar a função social da empresa e assegurar, tanto quanto possível, a preservação dos postos de trabalho" (ADI 3.934, rel. Min. Ricardo Lewandowski, Pleno, j. 27-5-2009).

20.4.3.4. Livre concorrência (art. 170, IV, CF)

A *livre concorrência* consiste no princípio destinado a equilibrar as forças do poder econômico empresarial, valorizando as práticas comerciais lícitas, transparentes e éticas, de acordo com os ditames constitucionais e legais do país. É a abertura jurídica concedida aos particulares para competirem livremente, de forma lícita, objetivando o êxito econômico pelas leis do mercado, dentro dos limites estabelecidos pela Constituição e pelas leis.

Não se confunde com o princípio da "livre-iniciativa", que explicamos anteriormente. Como afirmam Castro e Genovez, "A liberdade de iniciativa econômica tem a ver com o livre exercício da atividade econômica, enquanto que a livre concorrência pauta-se no princípio da isonomia, onde as empresas estarão no mesmo patamar, sem que existam favorecimentos a umas em detrimentos de outras, salvo nos casos especificados pela própria Constituição Federal, como se dá, por exemplo, no inciso IX do art. 170, que prevê a necessidade de se proporcionar tratamento favorecido para empresas de pequeno porte constituídas sob as leis brasileiras e que tenham sede e administração no Brasil (incluindo, neste privilégio, também as microempresas), conforme os princípios garantidores da ordem econômica constitucionalmente previstos"[79] (grifamos). Nas palavras do brilhante e estimado jurista Rodrigo Aiache, extraordinário representante da advocacia acreana, "ao lado da livre iniciativa, a livre concorrência é um dos pilares do sistema capitalista[80], isto é, como alicerce fundamental da economia liberal, tem por finalidade assegurar o regime de economia de mercado, não tolerando o monopólio ou qualquer outra forma de distorção do mercado livre. (...) Deste modo, 'livre concorrência' nada mais quer denotar que, em condições de igualdade, a disputa por espaços com objetivos lícitos e compatíveis com as aspirações nacionais. A inclusão deste postulado na Constituição assegura a disputa franca entre os empreendimentos de negócios congêneres e avaliza o entendimento de que é disto que resultará, pelo incentivo à criatividade e pela competição no respeitante a preços, o melhor atendimento aos consumidores e ao mercado"[81].

O Estado deve intervir quando detectar qualquer forma de concorrência desleal, como práticas monopolistas, oligopolistas, *dumpings*, formação de trustes e cartéis etc. Segundo a

---

79. *A Aplicabilidade dos Princípios da Livre-Iniciativa e da Livre Concorrência com Vistas ao Desenvolvimento Econômico*, p. 1.
80. Imagino o quão aflito deve se sentir o autor, ao ouvir tantas pessoas (incluindo políticos influentes) reiteradamente dizerem que a Constituição de 1988 é socialista.
81. *Poder Econômico & Livre Concorrência*, p. 126.

Súmula Vinculante 49, "ofende o princípio da livre concorrência a lei municipal que impede a instalação de estabelecimentos comerciais do mesmo ramo em determinada área". Todavia, como ressalta o já prestigiado Rodrigo Aiache, "cumpre asseverar que proteção constitucional da livre concorrência jamais pode se confundir com a conservação de uma perfeita concorrência, onde inexista qualquer amostra de poder por parte dos agentes econômicos, até porque é impossível, na prática, chegar-se a um modelo de concorrência perfeita"[82].

20.4.3.5. Defesa do consumidor (art. 170, V, CF)

A *defesa do consumidor*, que também figura como direito coletivo, previsto no art. 5º, XXXII, da Constituição Federal, no art. 170, V, é apresentada como um dos princípios da ordem econômica. De fato, o consumidor é personagem importantíssimo no desenvolvimento econômico e sua proteção, em razão da sua costumeira hipossuficiência na relação de consumo, é medida que constitucionalmente se impõe. Como afirmam Vasconcelos e Genovez, "O consumidor foi considerado a parte mais fraca das relações de consumo, devido a formação de monopólios, oligopólios, carência de informações sobre a qualidade dos produtos, serviços, preços dentre outros, encontrando-se desprotegido frente à organização das empresas. Deste modo, a proteção do consumidor veio com o fim de reequilibrar as relações de consumo, assim como proibir e limitar determinadas práticas consideradas abusivas de mercado"[83].

20.4.3.6. Defesa do meio ambiente (art. 170, VI, CF)

Segundo o art. 170, VI, da Constituição Federal, é um princípio que rege a ordem econômica a "defesa do meio ambiente, inclusive mediante tratamento diferenciado conforme o impacto ambiental dos produtos e serviços e de seus processos de elaboração e prestação".

O meio ambiente, protegido constitucionalmente em vários dispositivos, especialmente no art. 225 da Constituição Federal, também integra um dos princípios que regem a ordem econômica. A razão é simples: da mesma forma que o desenvolvimento econômico não poderá subjugar os trabalhadores, também não poderá vilipendiar o meio ambiente. Como afirmam Vasconcelos e Genovez, "O fim maior buscado é assegurar a existência digna a todos: trabalhador, empregador e meio ambiente, ou seja, o equilíbrio entre os três pilares da ordem econômica. Nesse particular, a Lei Maior é materializada pelo que se conhece como sustentabilidade empresarial ou desenvolvimento sustentável, que é definido como uma empresa que produz resultados econômicos e concomitantemente prima pelo desenvolvimento social e preservação ambiental"[84].

---

82. Op. cit., p. 129. Como ressalta o autor, a Constituição não tem o condão de propiciar a "concorrência perfeita", em que não há vendedores capazes de dominar o mercado, já que todos os produtos seriam substituíveis. Na realidade, além de existirem monopólios, oligopólios, muitos produtos são apenas parcialmente substituíveis. Por essa razão, como afirma o autor, deve-se buscar "um modelo de concorrência mais condizente com a realidade, em que possam ser estabelecidos graus mínimos de competição. Tal conceito ficou conhecido como 'concorrência praticável' ou '*workable competition*'" (op. cit., p. 131).
83. Op. cit., p. 12. "O equilíbrio nas relações de consumo além de promover a dignidade do consumidor, reflete positivamente na qualidade dos produtos e serviços prestados pelas empresas, isso porque o Estado impõe a todos os fornecedores um dever de qualidade dos produtos e serviços que presta, e assegura a todos os consumidores um direito de proteção à vida, saúde e segurança" (p. 12).
84. Op. cit., p. 18.

Por essa razão, o STF julgou constitucionais dispositivos que proibiam a importação de pneus usados, numa clara limitação da atividade econômica, em decorrência do princípio da proteção do meio ambiente: "constitucionalidade de atos normativos proibitivos da importação de pneus usados. Reciclagem de pneus usados: ausência de eliminação total dos seus efeitos nocivos à saúde e ao meio ambiente equilibrado. [...] Ponderação dos princípios constitucionais" (ADPF 101, rel. min. Cármen Lúcia, Pleno, j. 24-6-2009).

Em lição costumeiramente magistral sobre o tema, o ex-ministro Celso de Melo afirmou: "a incolumidade do meio ambiente não pode ser comprometida por interesses empresariais, nem ficar dependente de motivações de índole meramente econômica, ainda mais se se tiver presente que a atividade econômica, considerada a disciplina constitucional que a rege, está subordinada, dentre outros princípios gerais, aquela que privilegia a 'defesa do meio ambiente' (CF, art. 170, VI), que traduz conceito amplo e abrangente das noções de meio ambiente natural, de meio ambiente cultural, de meio ambiente artificial (espaço urbano) e de meio ambiente laboral" (ADI 3.540-1-MC/DF, rel. Min. Celso de Mello, Pleno, j. 1º-9-2005).

A "defesa do meio ambiente", como princípio da ordem econômica, estava prevista desde o texto constitucional originário de 1988. A Emenda Constitucional n. 42, de 2003, acrescentou a parte final do dispositivo, que se refere ao tratamento diferenciado, conforme o impacto ambiental causado pela atividade econômica. A Lei n. 6.938/81, que regula a Política Nacional do Meio Ambiente, atribui ao Conama (Conselho Nacional do Meio Ambiente) a competência para "determinar, quando julgar necessário, a realização de estudos das alternativas e das consequências ambientais de projetos públicos ou privados, requisitando aos órgãos federais, estaduais e municipais, bem assim a entidades privadas, as informações indispensáveis para apreciação dos estudos de impacto ambiental, e respectivos relatórios, no caso de obras ou atividades de significativa degradação ambiental, especialmente nas áreas consideradas patrimônio nacional" (art. 8º, II).

20.4.3.7. Redução das desigualdades regionais e sociais (art. 170, VII, CF)

A redução das desigualdades regionais e sociais é um dos objetivos da República (art. 3º, III, parte final, CF). Seria estranho que esse objetivo não figurasse entre os princípios que regem a ordem econômica, pois é o desenvolvimento econômico do país que terá o maior e melhor potencial de promover esse escopo, reduzindo a *desigualdade social* (a distância entre os mais ricos e os mais pobres) e a *desigualdade regional* (a distância entre as regiões mais ricas e as mais pobres). Trata-se do denominado "desenvolvimento nacional equilibrado".

Como afirmam Vasconcelos e Genovez, uma das formas de promover a redução de tais desigualmente é através da "implementação de políticas públicas de incentivos fiscais para o fomento das regiões mais carentes, como forma de tentar compensar as dificuldades daí advindas e, assim, buscar nivelar o desenvolvimento, propiciando uma maior equalização das condições sociais pela iniciativa privada, onde empresas recebem incentivos fiscais para se instalarem em regiões carentes e assim gerar riquezas pelo trabalho. Isso porque a equiparação de renda nas regiões menos desenvolvidas ou o desenvolvimento econômico dessas regiões irá concorrer para reduzir as proporções da pobreza, gerando trabalho para os menos favorecidos e recursos"[85].

---

85. Op. cit., p. 20.

Em decorrência desse princípio, o art. 174, § 1º, da Constituição Federal determina que "a lei estabelecerá as diretrizes e bases do planejamento do desenvolvimento nacional equilibrado, o qual incorporará e compatibilizará os planos nacionais e regionais de desenvolvimento". Infelizmente, a lei mencionada no texto constitucional ainda não foi aprovada, embora haja projetos de lei acerca do tema.

20.4.3.8. Busca do pleno emprego

O pleno emprego, expressão utilizada na macroeconomia, significa a utilização da capacidade máxima de produção de uma sociedade. Em outras palavras, pleno emprego em teoria econômica representa uma conjuntura temporal e espacial na qual a população economicamente ativa (PEA) consegue implementar o máximo de volume de atividade laboral capaz de ser exercitado, ou seja, numa conjuntura na qual todas as pessoas que procuram emprego o encontram em um determinado momento.

Ele é definido, por muitos economistas, como um nível aceitável de desemprego em algum lugar acima de 0%. A discrepância do percentual surge devido a tipos não cíclicos do desemprego, como o desemprego "friccional" (sempre haverá pessoas que pararam ou que perderam um emprego sazonal e estão em processo de obtenção de um novo emprego) e do desemprego estrutural (descasamento entre as competências dos trabalhadores e exigências do trabalho). De forma diversa, o economista britânico do século XX William Beveridge declarou que uma taxa de desemprego de 3% seria de pleno emprego. Outros economistas forneceram estimativas entre 2% e 13%, dependendo do país, período e aspectos políticos. Para os Estados Unidos, o economista William T. Dickens estabeleceu que a taxa de desemprego do pleno emprego variou muito ao longo do tempo, mas atingiu cerca de 5,5% da força de trabalho civil durante os anos 2000.

O conceito de pleno emprego, portanto, não é um consenso absoluto entre os especialistas, podendo ser encontradas duas correntes principais: uma análise neoclássica e uma análise keynesiana. Para os neoclássicos, o conceito de pleno emprego tem como base o estado de equilíbrio entre oferta e a demanda dos fatores de produção, com capacidade máxima de produção da sociedade instalada. Para esses estudiosos, não haveria qualquer desemprego, apenas o "friccional" e o "voluntário", acima mencionados. Em outras palavras, o desemprego seria zero "quando o mercado corrigisse as imperfeições no lado da oferta de emprego no mercado de trabalho, resultando, com isso, na inflexibilidade dos salários".

O Supremo Tribunal Federal se utilizou do princípio da busca do pleno emprego (bem como outros princípios constitucionais relacionados ao trabalho) na ADI 1.721. Segundo o STF, "esse arcabouço principiológico, densificado em regras como a do inciso I do art. 7º da Magna Carta e as do art. 10 do ADCT/88, desvela um mandamento constitucional que perpassa toda relação de emprego, no sentido de sua desejada continuidade. A Constituição Federal versa a aposentadoria como um benefício que se dá mediante o exercício regular de um direito. E o certo é que o regular exercício de um direito não é de colocar o seu titular numa situação jurídico-passiva de efeitos ainda mais drásticos do que aqueles que resultariam do cometimento de uma falta grave (sabido que, nesse caso, a ruptura do vínculo empregatício não opera automaticamente). O ordenamento constitucional não autoriza o legislador ordinário a criar modalidade de rompimento automático do vínculo de emprego, em desfavor do trabalhador, na situação em que este apenas exerça o seu direito de aposentadoria espontânea, sem cometer deslize algum. A mera concessão da aposentadoria voluntária ao trabalhador não tem por efeito extinguir, instantânea e automaticamente, o seu vínculo de emprego. Inconstitucionalidade do § 2º do art. 453 da CLT, introduzido pela Lei n. 9.528/97)" (ADI 1.721/DF, rel. Min. Carlos Ayres Britto, j. 11-10-2006).

Da mesma forma, decidiu que seria inconstitucional lei que proíbe o exercício da profissão de motorista particular, contratado por meio de aplicativos (como a *Uber*), por violação, dentre outros princípios, da *busca do pleno emprego*: "a proibição legal do livre exercício da profissão de transporte individual remunerado afronta o princípio da busca pelo pleno emprego, insculpido no art. 170, VIII, da Constituição, pois impede a abertura do mercado a novos entrantes, eventualmente interessados em migrar para a atividade como consectário da crise econômica, para promover indevidamente a manutenção do valor de permissões de táxi" (ADPF 449, rel. Min. Luiz Fux, Pleno, j. 8-5-2019).

20.4.3.9. Tratamento favorecido a pequenas empresas

Segundo o art. 170, IX, da Constituição Federal, um dos princípios que regem a ordem econômica é o "tratamento favorecido para as empresas de pequeno porte constituídas sob as leis brasileiras e que tenham sua sede e administração no País".

Esse tratamento favorecido e diferenciado às empresas de pequeno porte nada mais é do que, na ordem econômica, a aplicação do princípio da igualdade real (tratar desigualmente os desiguais). Ora, como o Estado funciona como "agente normativo e regulador da atividade econômica" (art. 174, CF), tendo como funções fiscalizar e incentivar a atuação nesse setor, é natural que dê atenção especial às pequenas empresas, que muitas vezes precisam de auxílio.

Por essa razão, o art. 179, da Constituição Federal, prevê que "A União, os Estados, o Distrito Federal e os Municípios dispensarão às microempresas e às empresas de pequeno porte, assim definidas em lei, tratamento jurídico diferenciado, visando incentivá-las pela simplificação de suas obrigações administrativas, tributárias, previdenciárias e creditícias, ou pela eliminação ou redução destas por meio de lei".

A competência para legislar sobre "direito tributário" e "econômico" é concorrente entre União, estados e Distrito Federal, nos termos do art. 24, I, da Constituição Federal. Isso significa que sobre tais temas a União fará uma lei geral e os estados (e o Distrito Federal) farão leis específicas. Os municípios, por sua vez, poderão suplementar a legislação federal e estadual, "no que couber", ou seja, naquilo que for do interesse local.

Como legislar sobre direito empresarial (ou "direito comercial") é competência privativa da União (art. 22, I, CF), no âmbito federal, destaca-se a Lei Complementar n. 123/2006, que instituiu o Estatuto Nacional da Microempresa e da Empresa de Pequeno Porte. Nessa lei, as empresas de pequeno porte têm uma série de tratamentos diferenciados como sintetiza Elisabete Vido[86]: a) recolhimento simplificado de tributos; b) abertura e encerramento facilitados da empresa; c) incentivo à associação entre empresas; d) pagamento facilitado no protesto de títulos; e) tratamento diferenciado nas licitações etc. Outrossim, em 2021 entrou em vigor o chamado Marco Legal das Startups (Lei Complementar n. 182/2021), que regulamenta a captação de investimento, facilita a contratação com o ente público dessas organizações sindicais, que normalmente se iniciam pequenas, necessitando de um tratamento diferenciado.

---

86. Op. cit., p. 135 e s.

Por sua vez, leis estaduais e municipais poderão, dentro dos limites de suas competências, legislar de modo a favorecer as empresas de pequeno porte. Por exemplo, a Lei Estadual do Estado de São Paulo n. 16.928/2019 dispõe sobre o tratamento diferenciado e simplificado às microempresas e às empresas de pequeno porte, na contratação no âmbito da Administração estadual.

20.5. INVESTIMENTOS DE CAPITAL ESTRANGEIRO

Segundo o art. 172 da Constituição Federal, "a lei disciplinará, com base no interesse nacional, os investimentos de capital estrangeiro, incentivará os reinvestimentos e regulará a remessa de lucros".

Primeiramente, trata-se de uma *norma constitucional de eficácia limitada de princípio institutivo*, ou seja, uma norma constitucional que precisa de regulamentação infraconstitucional. Outrossim, estamos diante de uma *reserva legal qualificada*, ou seja, como afirmamos em capítulo anterior, ao analisar o "princípio da legalidade", é aquela em que "o constituinte estabelece os parâmetros a serem seguidos pela legislação infraconstitucional regulamentar". Nesse caso, a lei que disporá sobre os investimentos de capital estrangeiro e a remessa de lucros, terá como base o "interesse nacional", bem como "incentivará os reinvestimentos", como determina o art. 172 da Constituição Federal.

Sobre o tema, temos a Lei n. 4.131/62, que "disciplina a aplicação do capital estrangeiro e a remessa de valores para o exterior e dá outras providências". Mesmo sendo uma lei anterior à Constituição de 1988, foi por ela recepcionada. Da mesma forma, outra lei que dispõe sobre o tema é a Lei n. 11.371/2006 (que dispõe sobre registro de capitais estrangeiros, dentre outros temas), além de normas regulamentares do Conselho Monetário Nacional (CMN) e do Banco Central do Brasil (Bacen).

20.6. EXPLORAÇÃO DIRETA DA ATIVIDADE ECONÔMICA PELO ESTADO

Segundo o art. 173, *caput*, da Constituição Federal, "ressalvados os casos previstos nesta Constituição, a exploração direta de atividade econômica pelo Estado só será permitida quando necessária aos imperativos da segurança nacional ou a relevante interesse coletivo, conforme definidos em lei".

Além das competências clássicas do Estado na atividade econômica (regular, fiscalizar e fomentar), que serão adiante explicadas, em alguns casos excepcionais, previstos na Constituição Federal e na lei infraconstitucional, poderá o Estado atuar diretamente na atividade econômica, seja com exclusividade, seja concorrendo com particulares. Como afirmamos anteriormente, a Constituição brasileira de 1988 filiou-se claramente ao sistema capitalista, que permite a propriedade privada dos meios de produção, mas dá poderes ao Estado de atuar diretamente nessa área, em situações estratégicas. Como afirma Luiz Gustavo Loureiro, "Essa vinculação estreita entre as ações econômicas estatais e os objetivos e fundamentos da República se reforça ainda mais se se tem presente que a adoção da ordem capitalista na economia importa uma preferência pela ação econômica privada. Nesse ambiente, a atribuição de tarefas econômicas ao Estado — na medida em que se constitui em uma importante exceção aos princípios da livre-iniciativa, livre concorrência e livre exercício de profissão — só pode ser feita na medida em que há motivos fundamentais para tanto. E esses motivos fundamentais estão, necessariamente, relacionados com os valores e princípios máximos elencados pela Constituição. Quanto mais forte e abrangente é o princípio da organização capitalista da economia, mais cheias de significado jurídico devem ser as exceções a ele, como é o caso aqui"[87].

Como bem sistematiza Loureiro, podemos dividir as atividades econômicas estatais diretas em três grandes grupos, à luz do que determina a Constituição:

a) atividades econômicas que atendam a: 1) imperativos de segurança nacional; 2) relevante interesse coletivo (art. 173, *caput*, CF).

b) atividades econômicas atribuídas diretamente ao Estado pela Constituição (art. 173, *caput*, primeira parte, CF);

c) atividades econômicas qualificadas como *serviços públicos* (art. 175, CF).

Exploração direta da atividade econômica pelo Estado
- **Grupo A:** por *imperativos de segurança nacional ou relevante interesse coletivo* (art. 173, *caput*, CF)
- **Grupo B:** atividades econômicas atribuídas ao Estado diretamente pela Constituição (art. 173, *caput*, primeira parte, CF)
- **Grupo C:** atividades econômicas qualificadas como serviços públicos (art. 175, CF)

20.6.1. Grupo A: atividades econômicas em casos de "imperativos da segurança nacional" ou "relevante interesse coletivo"

Essas duas hipóteses mostram a excepcionalidade da atuação direta do Estado nas atividades econômicas. Primeiramente, não basta a conveniência ou argumentos favoráveis à segurança nacional, mas *imperativos da segurança nacional*, ou seja, necessidade imperiosa, primordial, indispensável para garantia da segurança nacional. A segunda hipótese prevê não um mero interesse coletivo, mas um *relevante* interesse coletivo, embora essa palavra seja repleta de subjetividade.

Entendemos que um exemplo de empresa pública decorrente dos "imperativos de segurança nacional" é a Imbel (Indústria de Material Bélico do Brasil), decorrente da Lei n. 6.227/75. Por sua vez, um exemplo de empresa pública decorrente de "relevante interesse coletivo" seria a Caixa Econômica Federal, decorrente do Decreto-lei n. 759/69.

Como afirma Loureiro, nesses dois casos, "o Estado atua em paralelo com os privados. Assim, os instrumentos para a atuação aqui são a sociedade de economia mista e a empresa pública. São elas que, por realizarem tarefas que atendem a imperativos de segurança nacional e a relevante interesse coletivo, possuem uma 'função social' – ideal regulativo que se relaciona diretamente com os objetivos e valores da República brasileira"[88] (grifamos).

Dessa maneira, tais atividades serão praticadas diretamente pelo Estado, através de empresas públicas e sociedades de economia mista (art. 173, § 1º, CF), paralelamente à iniciativa

---

87. *A Atuação Econômica Estatal Direta*: hipóteses e regimes jurídicos, p. 172.
88. Op. cit., p. 176. Prossegue o autor: "em razão da característica básica que possuem (personalidade jurídica de direito privado), o regime jurídico destes entes deve se aproximar ao máximo daquele vigente para as demais empresas. A Constituição, decididamente, não deseja criar diferenças entre sujeitos de direito privado criados pelo poder público e os demais, que acabem por dotar os primeiros de vantagens competitivas em relação aos segundos" (p. 176).

privada, não podendo gozar de privilégios fiscais não extensivos às do setor privado (art. 173, § 2º, CF). Por essa razão, decidiu o STF que "os privilégios da Fazenda Pública são inextensíveis às sociedades de economia mista que executam atividades em regime de concorrência ou que tenham como objetivo distribuir lucros aos seus acionistas" (RE 599.628, rel. p/ ac. Min. Joaquim Barbosa, Pleno, j. 25-5-2011), também não se aplicando o prazo recursal em dobro (AI 349.477 AgR, rel. Min. Celso de Mello, 2ª T, j. 11-2-2003).

Por fim, o STF faz uma distinção entre as *sociedades de economia mista e empresas públicas que exploram atividade econômica em sentido estrito* e aquelas que *prestam serviços públicos*, aplicando-se somente às primeiras (que exercem atividade econômica em sentido estrito) o regime jurídico das empresas privadas[89].

20.6.1.1. Empresas públicas e sociedades de economia mista

Segundo o art. 173, § 1º, da Constituição Federal, "a lei estabelecerá o estatuto jurídico da empresa pública, da sociedade de economia mista e de suas subsidiárias que explorem atividade econômica de produção ou comercialização de bens ou de prestação de serviços, dispondo sobre: I – sua função social e formas de fiscalização pelo Estado e pela sociedade; II – a sujeição ao regime jurídico próprio das empresas privadas, inclusive quanto aos direitos e obrigações civis, comerciais, trabalhistas e tributários; III – licitação e contratação de obras, serviços, compras e alienações, observados os princípios da administração pública; IV – a constituição e o funcionamento dos conselhos de administração e fiscal, com a participação de acionistas minoritários; V – os mandatos, a avaliação de desempenho e a responsabilidade dos administradores".

Mais uma vez, ao se referir à necessária edição de uma lei infraconstitucional para regulamentar um determinado tema, a Constituição adotou o expediente da *reserva legal qualificada*, ou seja, exigiu a edição de uma lei infraconstitucional, mas já estabeleceu quais suas diretrizes, seus parâmetros, seus valores a seguir. A referida lei, mencionada no art. 173, § 1º, da Constituição Federal é principalmente a Lei n. 13.303/2016, que dispõe sobre o "estatuto jurídico da empresa pública, da sociedade de economia mista e de suas subsidiárias".

Quanto ao primeiro inciso (função social e fiscalização dessas empresas), a referida lei reserva capítulos específicos. Sobre a "Função Social da Empresa Pública e da Sociedade de Economia Mista", a lei reservou o art. 27, segundo o qual "a empresa pública e a sociedade de economia mista terão a função social de realização do interesse coletivo ou de atendimento a imperativo da segurança nacional expressa no instrumento de autorização legal para a sua criação" (*caput*, Lei n. 13.303/2016). Por sua vez, quanto à fiscalização pelo Estado e pela sociedade, a lei reservou os arts. 85 a 90[90].

---

89. "A expressão atividade econômica conota, no contexto do art. 173 e seu § 1º, atividade econômica em sentido estrito. O art. 173, *caput*, enuncia as hipóteses nas quais é permitida ao Estado a exploração da atividade econômica. Trata-se, aqui, de atuação do Estado – isto é, da União, do Estado-Membro, do Distrito Federal e do Município – como agente econômico, em área da titularidade do setor privado. Atividade econômica em sentido amplo é território dividido em dois campos: o do *serviço público* e o da *atividade econômica em sentido estrito*". [...] O § 1º do artigo 173 da Constituição do Brasil não se aplica às empresas públicas, sociedades de economia mista e entidades (estatais) que prestam serviço público" (ADI 1.642-3/MG, rel. Min. Eros Grau, Plenário, j. 3-4-2008). No mesmo sentido: RE 596.729 AgR, rel. Min. Ricardo Lewandowski, 1ª T., j. 19.10.2010).
90. Segundo o art. 85, *caput*, da referida lei, "os órgãos de controle externo e interno das 3 (três) esferas de governo fiscalizarão as empresas públicas e as sociedades de economia mista a elas relacionadas, inclusive aquelas domiciliadas no exterior, quanto à legitimidade, à economicidade e à eficácia da aplicação de seus recursos, sob o ponto de vista

Quanto ao inciso II, a Constituição afirma que a lei disporá sobre a "sujeição ao regime jurídico próprio das empresas privadas". Embora as especificidades da lei aparentem ser um desrespeito ao dispositivo constitucional, o escopo da norma é claro, como afirma Celso Antônio Bandeira de Mello: "impedir que as empresas estatais pudessem dispor de situação privilegiada quando concebidas para operar no setor econômico, que é esfera reservada aos particulares e na qual a intervenção estatal personalizada é excepcional e só possível em hipóteses muito restritas"[91].

Quanto ao inciso III, a lei sobredita reserva vários dispositivos sobre *licitação* (arts. 28 e 29), *contratos* (arts. 31 a 41) etc. Quanto ao inciso IV, sobre os *Conselhos de Administração* e Fiscal e a *participação dos acionistas minoritários*, a lei reservou os arts. 18 a 26. Por fim, quanto ao inciso V (mandatos, avaliação de desempenho e responsabilidade dos administradores) a Lei sobredita reserva alguns dispositivos, como o art. 13, III (segundo o qual a lei que autorizar a criação da empresa púbica ou da sociedade de economia mista disporá sobre a avaliação de desempenho, de periodicidade anual, dos administradores). Da mesma forma, como a sociedade será criada sob a forma de sociedade anônima (art. 4º, Lei n. 13.303/2016), aplicam-se todos os arts. 153 a 159 da Lei n. 6.404/76 (Lei das Sociedades Anônimas), que dispõem sobre os deveres e responsabilidades dos administradores.

20.6.2. Grupo B: atividades econômicas atribuídas diretamente pela Constituição

Algumas atividades econômicas são atribuídas diretamente pela Constituição ao Estado. É o que ocorre com o serviço postal (art. 21, X, 1ª parte, CF), o correio aéreo nacional (art. 21, X, 2ª parte, CF), o serviço oficial de estatística, geografia e cartografia (art. 21, XV, CF), por exemplo. Nesses casos, como afirma Loureiro, "a Constituição limitou-se a dizer, de modo totalmente indeterminado, que tal ou qual tarefa econômica compete ou é de responsabilidade do Poder Público. Nada dispôs sobre o regime jurídico ou o papel de eventuais agentes privados"[92].

Já em outros casos, a Constituição Federal não apenas apresenta as hipóteses em que atuará diretamente na economia, como traz parcial indicação do regime jurídico que será aplicado. Vários são os exemplos: a) serviços de telecomunicações (art. 21, XI, CF); b) serviços de radiodifusão sonora e de sons e imagens (arts. 21, XII, *a*, e 223, CF); c) serviços de energia elétrica (art. 21, XII, *b*, CF); d) serviços de navegação aérea e aeroespacial (art. 21, XII, *c*, CF); e) serviços de infraestrutura portuária (art. 21, XII, *c*, CF); f) serviços de transporte ferroviário (art. 21, XII, *d*, CF); g) serviços de transporte aquaviário entre portos brasileiros e fronteiras nacionais ou que transponham os limites de estado ou território (art. 21, XII, *d*, CF); h) serviços e atividades nucleares de qualquer natureza (art. 21, XXIII, CF); i) serviços locais de gás canalizado (art. 25, § 2º, CF); j) atividades de lavra e exploração de jazidas minerais (art. 176, CF); k) pesquisa de jazidas de petróleo, gás e outros hidrocarbonetos fluidos (art. 177, I, CF); l) refinação de petróleo nacional ou estrangeiro (art. 177, II ,CF); m) serviços notariais e de registro (art. 236) etc. Nessas hipóteses, como afirma Loureiro, esses "institutos indicam – com muito poucas exceções, como no caso das atividades nucleares – que a participação privada

---

contábil, financeiro, operacional e patrimonial".
91. *Sociedades Mistas, Empresas Públicas e o Regime de Direito Público*, p. 12.
92. Op. cit., p. 179.

em sua execução é possível, sempre que titulada pelo ente competente (em todas as atividades de uma determinada área econômica ou parte dela)"[93].

20.6.3. Grupo C: atividades econômicas qualificadas como serviços públicos (art. 175, CF)

Segundo o art. 175 da Constituição Federal, "incumbe ao Poder Público, na forma da lei, diretamente ou sob o regime de concessão ou permissão, sempre através de licitação, a prestação de serviços públicos". Como se depreende da leitura do referido dispositivo constitucional, o Estado é o responsável primário por prover as referidas atividades, mesmo quando executadas materialmente por empresas privadas (realização pública indireta).

Como afirmam Neves e Santana, serviço público seria "qualquer atividade em que se oferte utilidade ou comodidade material exercitável por seus administrados diretamente, cujo prestador será o Estado ou por quem lhe represente, fazendo isso no regime de direito público"[94].

Segundo o parágrafo único do art. 175 da Constituição Federal, "a lei disporá sobre: I – o regime das empresas concessionárias e permissionárias de serviços públicos, o caráter especial de seu contrato e de sua prorrogação, bem como as condições de caducidade, fiscalização e rescisão da concessão ou permissão; II – os direitos dos usuários; III – política tarifária; IV – a obrigação de manter serviço adequado".

O art. 175 da Constituição Federal é regulamentado pelas Leis n. 8.987/95 e 9.074/95. Há três regimes de delegação a terceiros para a prestação de serviços públicos: a) concessão de serviços públicos; b) permissão de serviços públicos; c) autorização.

A *concessão*, nos termos da Lei n. 8.987/95, é uma "delegação de sua prestação, feita pelo poder concedente mediante licitação, na modalidade concorrência ou diálogo competitivo, a pessoa jurídica ou consórcio de empresas que demonstre capacidade para seu desempenho, por sua conta e risco e por prazo determinado" (art. 2º, II), cuja redação foi dada pela Lei n. 14.133/2021. Como afirmam Neves e Santana, "é tema pacificado na doutrina que o contrato de concessão tem natureza do regime de contrato administrativo, submetendo-se ao regime de Direito Público. [...] A previsão contratual deverá abranger o modo, forma e as respectivas condições da prestação do serviço"[95].

A *permissão*, nos termos do art. 2º, III, da Lei n. 8.987/95, é "a delegação, a título precário, mediante licitação, da prestação de serviços públicos, feita pelo poder concedente à pessoa física ou jurídica que demonstre capacidade para seu desempenho, por sua conta e risco". Segundo Neves e Santana, assim como a *concessão*, é submetida a um contrato especial, mas, nos termos do art. 40 da referida lei, possui natureza de contrato de adesão. Outrossim, "na concessão, abrange-se, apenas, pessoas jurídicas e consórcios de empresas, enquanto na permissão, podem ser permissionárias tanto pessoas físicas como jurídicas, mas não consórcios de empresas"[96].

Por fim, a *autorização* não consta dos instrumentos translativos de serviços públicos da legislação sobredita. Todavia, o legislador constituinte concebeu a autorização, dentre as com-

---

93. Op. cit., p. 185.
94. *A Intervenção Direta e Indireta na Atividade Econômica em Face da Ordem Jurídica Brasileira*, p. 343.
95. Op. cit., p. 345.
96. Op. cit., p. 345.

petências da União (art. 21, XII, CF) para explorar serviços como a radiodifusão sonora de sons e imagens e outras atividades vistas no item anterior.

20.7. ESTADO COMO AGENTE REGULADOR DA ATIVIDADE ECONÔMICA

Embora haja várias hipóteses em que o Estado atua diretamente na atividade econômica, como vimos acima, houve desde a promulgação da Constituição de 1988 três transformações estruturais do Estado brasileiro, de modo a diminuir sua atuação direta na atividade econômica, abrindo a participação cada vez maior da iniciativa privada. Como afirma Luís Roberto Barroso, "as recentes reformas econômicas brasileiras envolveram três transformações estruturais que se complementam, mas não se confundem. Duas delas tiveram de ser precedidas de emendas à Constituição, ao passo que a terceira se fez mediante a edição de legislação infraconstitucional e a prática de atos administrativos"[97]. Segundo Barroso, seriam essas as três transformações econômicas recentes: a) a extinção de determinadas restrições ao capital estrangeiro; b) a flexibilização dos monopólios estatais; c) a progressiva privatização (os programas de desestatização). Dessa maneira, houve uma tendência neoliberalista de retirar o Estado da atuação direta na atividade econômica, reforçando seu papel de regulação e fiscalização[98].

Segundo o art. 174, *caput*, da Constituição Federal, "como agente normativo e regulador da atividade econômica, o Estado exercerá, na forma da lei, as funções de fiscalização, incentivo e planejamento, sendo este determinante para o setor público e indicativo para o setor privado".

Como afirma Loureiro, "o art. 174 apresenta a faceta 'clássica' de um Estado que escolhe um funcionamento preponderantemente capitalista da economia: ele será o ente normativo e regulador da atividade econômica. Para assim agir, conta com as competências de *fiscalização, incentivo e planejamento* da economia"[99].

---

97. *Agências Reguladoras. Constituição, Transformações do Estado e Legitimidade Democrática*, p. 1.
98. Segundo o autor, "a primeira transformação subjetiva da ordem econômica foi a *extinção de determinadas restrições ao capital estrangeiro*. A Emenda Constitucional n. 6, de 15.08.95, suprimiu o artigo 171 da Constituição, que trazia a conceituação de empresa brasileira de capital nacional e admitia a outorga a elas de proteção, benefícios especiais e preferências. [...] Na mesma linha, a Emenda Constitucional n. 7, de 15.08.95, modificou o art. 178, não mais exigindo que a navegação de cabotagem e interior seja privativa de embarcações nacionais. [...] A segunda linha de reformas que modificaram a feição da ordem econômica foi a chamada *flexibilização dos monopólios estatais*. A Emenda Constitucional n. 5, de 15.08.95, alterou a redação do § 2º, do art. 25, abrindo a possibilidade de os Estados-membros concederem às empresas privadas a exploração dos serviços públicos locais de distribuição de gás canalizado. [...] O mesmo se passou com relação aos serviços de telecomunicações e de radiodifusão sonora e de sons e imagens. É que a Emenda Constitucional n. 8, de 15.08.95, modificou o texto dos incisos XI e XII, que só admitiam a concessão a empresa estatal. E, na área do petróleo, a Emenda Constitucional n. 9, de 09.11.95, rompeu, igualmente, com o monopólio estatal, facultando à União Federal a contratação com empresas privadas de atividades relativas à pesquisa e lavra de jazidas de petróleo, gás natural e outros hidrocarbonetos fluidos. [...] A terceira transformação econômica de relevo – a denominada *privatização* – operou-se sem alteração do texto constitucional, com a edição da Lei n. 8.031, de 12.04.90, que instituiu o Programa Nacional de Privatização, depois substituída pela Lei 9.491, de 09.09.97. [...] O programa de desestatização tem sido levado a efeito por mecanismos como (a) a alienação, em leilão nas bolsas de valores, do controle de entidades estatais, tanto as que exploram atividades econômicas como as que prestam serviços públicos e (b) a concessão de serviços públicos a empresas privadas. No plano federal, inicialmente, foram privatizadas empresas dos setores petroquímico, siderúrgico, metalúrgico e de fertilizantes, seguindo-se a privatização da infraestrutura, envolvendo a venda da empresa com a concomitante outorga do serviço público, como tem se passado com as empresas de energia e telecomunicações e com rodovias e ferrovias" (Op. cit., p. 1).
99. Op. cit., p. 168. Prossegue o autor: "conquanto existam também aqui várias questões exegéticas intrincadas, parece fora de dúvida que não se trata de tarefas por si mesmas geradoras de riqueza, de bens e/ou de serviços, mas de ações de inteligência, estratégia e controle. Elas supõem um segundo sujeito (no mais das vezes a iniciativa privada) que age e sobre cuja atividade recaem a fiscalização, o incentivo e o planejamento. [...]. Mesmo a função de planejamento, que poderia sugerir leituras menos ortodoxas, é considerada pela Constituição como meramente 'indicativa' para o setor privado, como a reiterar que, na arena econômica, as ações dos indivíduos não podem ser coativamente dirigidas ou cerceadas por planos ou ordens estatais mais guiam-se prevalentemente por seus próprios interesses e pelas exigências do mercado e da livre concorrência" (p. 169).

Muito antes da edição da Constituição de 1988, entre as décadas de 1930 e 1970, surgiram órgãos estatais com funções reguladoras, como o Contel (Conselho Nacional de Telecomunicações) e o CADE (Conselho Administrativo de Defesa Econômica). Todavia, como afirma Barroso, esses órgãos "viram frustrada sua efetiva atuação reguladora porque, à exceção do CADE, nasceram subordinados, decisória e financeiramente, ao Poder Executivo, fosse à Presidência da República ou mesmo a algum Ministério"[100]. Todavia, atualmente, por força de modificações no texto constitucional, passou-se a ter previsão expressa de órgãos reguladores para os setores de telecomunicação (art. 21, XI, CF) e petróleo (art. 177, § 2º, III). Assim, foram introduzidos na dinâmica estatal brasileira os *órgãos reguladores*, aos quais a lei infraconstitucional dotou de *autonomia*, expandindo-se a atividade regulatórias para outras áreas.

20.7.1. Agências reguladoras

As agências reguladoras, no Brasil, possuem a forma de autarquias e, assim, possuem personalidade jurídica de direito público. Sua criação ou sua extinção somente poderá ocorrer mediante lei específica. São *autarquias especiais*, dotadas de prerrogativas próprias e autonomia em relação ao Poder Público. Tal autonomia tem o escopo de evitar indevidas ingerências por parte dos agentes públicos, fortalecendo, pois, seus juízos técnicos. Essa autonomia político-administrativa estará esmiuçada na legislação instituidora de cada agência, segundo as diretrizes estabelecidas na Lei n. 13.848/2019, que dispõe sobre a gestão, organização, processo decisório e controle social das agências reguladoras. É que o dispõe o art. 2º, parágrafo único, da referida lei: "ressalvado o que dispuser a legislação específica, aplica-se o disposto nesta Lei às autarquias especiais caracterizadas, nos termos desta Lei, como agências reguladoras e criadas a partir de sua vigência".

A referida lei enumera as seguintes agências reguladoras no âmbito federal: a) Aneel (Agência Nacional de Energia Elétrica); b) ANP (Agência Nacional do Petróleo, Gás Natural e Biocombustíveis); c) Anatel (Agência Nacional de Telecomunicações); d) Anvisa (Agência Nacional de Vigilância Sanitária); e) ANS (Agência Nacional de Saúde Suplementar); f) ANA (Agência Nacional de Águas); g) Antaq (Agência Nacional de Transportes Aquaviários); h) ANTT (Agência Nacional de Transportes Terrestres); i) Ancine (Agência Nacional do Cinema); j) Anac (Agência Nacional de Aviação Civil) e k) ANM (Agência Nacional de Mineração).

Como afirma Álvaro Mesquita, "as agências reguladoras foram idealizadas para atuar num ponto equidistante em relação aos interesses dos usuários, dos prestadores de serviços concedidos e do próprio Poder Executivo, de forma a evitar eventuais pressões conjunturais, principalmente quando as empresas estatais convivam com empresas privadas na prestação do serviço, como acontece nos setores de energia elétrica, petróleo e gás"[101].

20.7.2. Planejamento do desenvolvimento nacional equilibrado

Uma das diretrizes estabelecidas pela própria Constituição, no âmbito da atividade de *planejamento* da atividade econômica pelo Estado está a de planejar o desenvolvimento nacio-

---

100. Op. cit., p. 1.
101. *O Papel e o Funcionamento das Agências Reguladoras no Contexto do Estado Brasileiro*, p. 24.

nal equilibrado. Segundo o art. 174, § 1º, "a lei estabelecerá as diretrizes e bases do planejamento do desenvolvimento nacional equilibrado, o qual incorporará e compatibilizará os planos nacionais e regionais de desenvolvimento". Trata-se de um corolário de um dos objetivos da República, que é *reduzir as desigualdades regionais* (art. 3º, I, CF).

A Lei n. 13.844/2019 prevê o Ministério do Desenvolvimento Regional, que tem como atribuições., dentre outras, elaborar uma "política nacional de desenvolvimento regional". Através do Decreto n. 9.810/2019, ficou instituída a *Política Nacional de Desenvolvimento Regional* – PNDR, cuja finalidade é reduzir as desigualdades econômicas e sociais.

20.7.3. Cooperativismo

Segundo Vitor Reisdorfer, em obra específica sobre o tema, "cooperativa é uma associação autônoma de pessoas que se unem, voluntariamente, para satisfazer aspirações e necessidades econômicas, sociais e culturais comuns, por meio de uma empresa de propriedade coletiva e democraticamente gerida"[102].

Dispõe o art. 174, § 2º, da Constituição Federal que "a lei apoiará e estimulará o cooperativismo e outras formas de associativismo". Trata-se da Lei n. 5.764/71, que, nos termos do art. 2º, parágrafo único, prevê que "a ação do Poder Público se exercerá, principalmente, mediante prestação de assistência técnica e incentivos financeiros e créditos especiais, necessários à criação, desenvolvimento e integração das entidades cooperativas". A referida lei prevê os parâmetros mínimos das cooperativas, como a presença mínima de 20 pessoas físicas (art. 6º, I), a vedação do uso da expressão "banco" (art. 5º, parágrafo único), a constituição por meio de deliberação da Assembleia Geral dos fundadores (art. 14) etc. Segundo o STF, tal lei "foi recepcionada pela Constituição de 1988 com natureza de lei ordinária" (RE 599.362, rel. Min. Dias Toffoli, Pleno, j. 10-2-2015).

Por sua vez, o art. 146, III, *c*, da Constituição Federal prevê que lei complementar estabelecerá normas gerais em matéria tributária sobre o "adequado tratamento tributário ao ato cooperativo praticado pelas sociedades cooperativas".

Como legislar sobre *Direito Econômico, Direito Tributário e Direito Financeiro é* competência concorrente entre União e estados (art. 24, I, CF), além da Lei Federal sobre o fomento ao cooperativismo, vários estados fizeram suas respectivas leis, complementando o disposto na legislação federal. Caso a União não legisle sobre um determinado aspecto do cooperativismo, nada impede que o Estado-Membro o faça suplementarmente. Por exemplo, a Lei referida no art. 146, III, *c*, da Constituição Federal não foi feita. Por essa razão, decidiu o STF que, "na ausência da lei a que se refere o art. 146, III, *c*, da Constituição, que estabelece que lei complementar disporá sobre o adequado tratamento do ato cooperativo, os Estados-Membros podem exercer sua competência residual de forma plena, inclusive instituindo isenção de tributos estaduais para operações entre cooperativas" (ADI 2.811/RS, rel. Min. Rosa Weber, Plenário, j. 25-10-2019).

Obviamente, não poderá o Estado invadir a competência da União, como fez a Lei paraibana n. 11.699/2000, que suspendeu a cobrança por instituições financeiras (incluindo cooperativas) de empréstimos consignados durante a pandemia do coronavírus. Segundo o STF, a

---

102. *Introdução ao Cooperativismo*, p. 16.

competência para legislar sobre Direito Civil (art. 22, I, CF) e política creditícia (art. 22, VII, CF) é privativa da União (ADI 6.451, rel. Min. Cármen Lúcia, Plenário, j. 8-2-2021).

Segundo o art. 103 da *Lei Federal das Cooperativas* (Lei n. 5.764/71), "as cooperativas são obrigadas, para seu funcionamento, a registrar-se na Organização das Cooperativas Brasileiras ou na entidade estadual, se houver, mediante apresentação dos estatutos sociais". Segundo o STF, essa exigência é constitucional, "não havendo que se falar em restrição ilegítima à liberdade de exercício da atividade cooperativa e à liberdade econômica" (ARE 1.280.820/RS, rel. Min. Gilmar Mendes, j. 5-4-2021).

A Medida Provisória n. 2.168-40/2001 (ainda em vigor com força de lei ordinária) autoriza a criação do Sescoop (Serviço Nacional de Aprendizagem do Cooperativismo) e, para financiá-lo, instituiu uma contribuição substitutiva das anteriormente pagas pelas sociedades cooperativas às entidades do chamado "Sistema S". O STF entendeu que tal destinação é constitucional (ADI 1.924, rel. Min. Rosa Weber, Pleno, j. 16-9-2020)[103].

20.7.3.1. Cooperativas previstas expressamente na Constituição: cooperativas de garimpeiros, cooperativas de créditos e cooperativas médicas

Dentre as mais variadas espécies de cooperativas, a Constituição Federal dá um tratamento especial às cooperativas de garimpeiros. Segundo o art. 174, § 3º, "o Estado favorecerá a organização da atividade garimpeira em cooperativas, levando em conta a proteção do meio ambiente e a promoção econômico-social dos garimpeiros".

A Lei n. 11.685/2008, que instituiu o *Estatuto do Garimpeiro*, prevê várias modalidades de trabalho do garimpeiro: a) autônomo; b) regime de economia familiar; c) individual com formação de relação de emprego; d) contrato de parceria; e) cooperativa. A cooperativa de garimpeiros recebe um tratamento legal diferenciado, por expressa determinação constitucional. Segundo o art. 174, § 4º, dispõe que as cooperativas de garimpeiros "terão prioridade na autorização ou concessão para a pesquisa e lavra dos recursos e jazidas de minerais garimpáveis, nas áreas onde estejam atuando, e naquelas fixadas de acordo com o art. 21, XXV, na forma da lei". O art. 5º do Estatuto do Garimpeiro prevê que "as cooperativas de garimpeiros terão prioridade na obtenção da permissão de lavra garimpeira nas áreas nas quais estejam atuando, desde que a ocupação tenha ocorrido nos seguintes casos: I – em áreas consideradas livres [...]; II – em áreas requeridas com prioridade, até a data de 20 de julho de 1989; III – em áreas onde sejam titulares de permissão de lavra garimpeira".

O art. 192 da Constituição refere-se expressamente às "cooperativas de crédito", incluindo-as no sistema financeiro nacional. Tal tema é regulamentado pela Lei Complementar n. 130/2009 (que dispõe sobre o Sistema Nacional de Crédito Cooperativo). Segundo o art. 2º, *caput*, dessa norma, "as cooperativas de crédito destinam-se, precipuamente, a prover, por

---

103. Segundo o STF, "a contribuição para o SESCOOP tem natureza jurídica de contribuição de intervenção no domínio econômico (art. 149 da Constituição) destinada a incentivar o cooperativismo como forma de organização da atividade econômica, como amparo no § 2º do artigo 174 da Carta Política. As contribuições de intervenção no domínio econômico sujeitam-se às normas gerais de direito tributário a serem instituídas por lei complementar, mas podem ser criadas por lei ordinária. (...) Não há vedação constitucional para a destinação de recursos públicos – como o produto da arrecadação de uma contribuição – a entes privados, embora sempre com finalidade pública e dever de prestação de contas. [...] O estímulo ao cooperativismo é finalidade pública, por expressa previsão constitucional (art. 174, § 2º, da CF) e o dever de prestar contas ao TCU está previsto, em caráter meramente didático, pois existiria de qualquer forma, no *caput* do artigo 8º da MP 2.168-40".

meio da mutualidade, a prestação de serviços financeiros a seus associados, sendo-lhes assegurado o acesso aos instrumentos do mercado financeiro".

Por sua vez, o art. 199, § 1º, permite também as cooperativas médicas, ao afirmar que "as instituições privadas poderão participar de forma complementar do sistema único de saúde, segundo diretrizes deste, mediante contrato de direito público ou convênio, tendo preferência as entidades filantrópicas e as sem fins lucrativos". Nesse diapasão a Resolução n. 39/2000 da ANS, no seu art. 12, dispõe que "classificam-se na modalidade de cooperativa médica as sociedades de pessoas sem fins lucrativos, constituídas conforme o disposto na Lei n. 5.764, de 16 de dezembro de 1971, que operam Planos Privados de Assistência à Saúde".

20.7.4. Abuso do poder econômico

Segundo o art. 173, § 4º, da Constituição Federal, "a lei reprimirá o abuso do poder econômico que vise à dominação dos mercados, à eliminação da concorrência e ao aumento arbitrário dos lucros". Trata-se de uma função típica, decorrente do poder regulador e fiscalizador do Estado na atividade econômica.

Várias são as leis que tratam desse assunto: a) Lei n. 4.137/62 (que prevê a repressão do abuso do poder econômico); b) Lei n. 12.529/2011 (Lei antitruste – sistema brasileiro de defesa da concorrência); c) Lei n. 8.137/90 (que prevê os crimes contra a ordem tributária, econômica e relações de consumo); d) Lei n. 7.492/86 (que prevê os crimes contra o sistema financeiro) etc.

20.7.5. Responsabilidade da pessoa jurídica nos atos contra a ordem econômica e financeira

Segundo o art. 173, § 5º, da Constituição Federal, "a lei, sem prejuízo da responsabilidade individual dos dirigentes da pessoa jurídica, estabelecerá a responsabilidade desta, sujeitando-se às punições compatíveis com sua natureza, nos atos praticados contra a ordem econômica e financeira e contra a economia popular".

A Constituição de 1988 inovou no tema da responsabilização penal, prevendo duas hipóteses de responsabilidade penal da pessoa jurídica (atendendo, é óbvio, a compatibilidade das possíveis penas à pessoa jurídica): nos crimes ambientais (art. 225, § 3º, CF) e nos crimes contra a ordem econômica, financeira e economia popular (art. 173, § 5º, CF). Embora, inicialmente, tal tema tenha contado com forte resistência da doutrina penal brasileira, pouco a pouco foi sendo aceito, máxime com o advento da Lei de Crimes Ambientais (Lei n. 9.605/98), que prevê as penas aplicáveis às pessoas jurídicas que praticam tais crimes. Não obstante, embora haja legislação infraconstitucional prevendo a responsabilidade penal da pessoa jurídica por crimes ambientais, não há legislação prevendo tal responsabilização para crimes contra a ordem econômica, financeira e economia popular.

Embora inexista legislação infraconstitucional prevendo a responsabilização penal da pessoa jurídica por tais crimes, há leis que preveem outras formas de responsabilidade. É o que faz a Lei Antitruste (Lei n. 12.529/2011), que, no seu art. 37, prevê uma série de penas de multa à pessoa jurídica pela prática de infração da ordem econômica e, no seu art. 38, prevê como pena a recomendação aos órgãos públicos para "qualquer outro ato ou providência necessários para a eliminação dos efeitos nocivos à ordem econômica".

20.8. REGRAMENTO CONSTITUCIONAL SOBRE RECURSOS MINERAIS

Desde 1934, qualquer substância mineral, seja ouro ou areia, lavrada em território nacional, pertence à União. Isso, atualmente, decorre do art. 20 da Constituição Federal. Quanto às atividades de mineração, o órgão governamental responsável por gerir e fiscalizar o seu exercício é a ANM (Agência Nacional de Mineração). Por sua vez, o controle sobre o aproveitamento dos potenciais hidráulicos (que também são bens da União) é feito pela Aneel (Agência Nacional e Energia Elétrica).

Segundo o art. 176, *caput*, da Constituição Federal, "as jazidas, em lavras ou não, e demais recursos minerais e os potenciais de energia hidráulica constituem propriedade distinta da do solo, para efeito de exploração ou aproveitamento, e pertencem à União, garantida ao concessionário a propriedade do produto da lavra" (grifamos).

Dessa maneira, em complemento ao já mencionado art. 20 da Constituição Federal, o art. 176, *caput*, reafirma que os potenciais de energia hidráulica e os recursos minerais pertencem à União. Todavia, esse último artigo esclarece que: a) tais bens se distinguem da propriedade do solo e b) a propriedade do produto da lavra é garantida ao concessionário.

20.8.1. Os direitos do proprietário do solo

Como vimos acima, a propriedade do solo, do terreno não se confunde com a propriedade mineral. Como já decidiu o STF, "o sistema de direito constitucional positivo vigente no Brasil – fiel à tradição republicana iniciada com a Constituição de 1934 instituiu verdadeira separação jurídica entre a propriedade do solo e a propriedade mineral (que incide sobre as jazidas, em lavras ou não, e demais recursos minerais existentes no imóvel) e atribuiu, à União Federal, a titularidade da propriedade mineral, para o específico efeito de exploração econômica e/ou de aproveitamento industrial. A propriedade mineral submete-se ao regime de dominialidade pública. Os bens que a compõem qualificam-se como bens públicos dominiais, achando-se constitucionalmente integrados ao patrimônio da União Federal" (RE 140.254 AgR, rel. Min. Celso de Mello, 1ª T., j. 5-12-1995).

O proprietário do solo (também chamado de *superficiário*) possui três direitos específicos que compensam o ônus que sofre em razão do uso de sua propriedade:

a) direito de participação ao proprietário do solo, previsto no art. 176, § 2º, da Constituição Federal: "é assegurada participação ao proprietário do solo nos resultados da lavra, na forma e no valor que dispuser a lei". A lei referida no texto constitucional é o Código de Mineração (Decreto-lei n. 227/67);

b) indenização por danos e prejuízos (materiais ou morais) causados à propriedade ou ao proprietário (art. 27, I, do Código de Mineração);

c) garantia de recuperação da área lavrada (reabilitação para uso pós-mineração) (art. 43-A do Código de Mineração, com as alterações decorrentes da Lei n. 14.066/2020).

20.8.2. Autorização ou concessão de pesquisa e lavra de recursos minerais

Segundo o art. 176, § 1º, da Constituição Federal, "a pesquisa e a lavra de recursos minerais e o aproveitamento dos potenciais a que se refere o 'caput' deste artigo somente poderão ser efetuados mediante autorização ou concessão da União, no interesse nacional, por brasileiros ou empresa constituída sob as leis brasileiras e que tenha sua sede e administração no País, na forma da lei, que estabelecerá as condições específicas quando essas atividades se desenvolverem em faixa de fronteira ou terras indígenas".

Ao contrário do que induz o senso comum, o proprietário do solo (o *superficiário*) não possui exclusividade para a realização das atividades de exploração mineral sobre os bens que se encontram no subsolo. Na realidade, não possui nem mesmo a preferência para a realização de tais atividades, podendo qualquer indivíduo requerer à ANM (Agência Nacional de Mineração) a autorização para realização de trabalhos de pesquisa e exploração mineral, mesmo que sobre área pertencente a terceiros. Assim, nem sempre o proprietário do solo é quem terá o direito de pesquisa e exploração. Esse direito será do proprietário somente se ele for o titular do requerimento protocolado junto aos órgãos competentes.

Os regimes de aproveitamento das substâncias minerais estão previstos no Código de Mineração, regulamentado pelo Decreto n. 9.406/2018 e são: *concessão* (quando depender de Portaria do Ministro de Estado de Minas e Energia ou quando outorgada pela ANM); *autorização* (quando depender de expedição de alvará pela ANM; *licenciamento* (quando depender de licença expedida em obediência a regulamentos administrativos locais e de registro de licença na ANM); *permissão de lavra garimpeira* (quando depender de permissão expedida pela ANM) e *monopolização* (quando, em decorrência de lei especial, depender de execução direta ou indireta do Poder Executivo Federal).

Nos termos do art. 176, § 3º, da Constituição, "a autorização de pesquisa será sempre por prazo determinado, e as autorizações e concessões previstas neste artigo não poderão ser cedidas ou transferidas, total ou parcialmente, sem prévia anuência do poder concedente".

Por fim, segundo o art. 176, § 4º, da Constituição Federal, "não dependerá de autorização ou concessão o aproveitamento do potencial de energia renovável de capacidade reduzida". Essa norma é regulamentada pelo art. 8º da Lei n. 9.074/95, segundo o qual "o aproveitamento de potenciais hidráulicos e a implantação de usinas termoelétricas de potência igual ou inferior a 5.000 (cinco mil quilowatts) estão dispensados de concessão, permissão ou autorização, devendo apenas ser comunicados ao poder concedente".

20.9. MONOPÓLIO DA UNIÃO

Por expressa previsão constitucional, em alguns setores da economia, o Estado atua como monopolista daquele bem, produto ou serviço. Trata-se de uma medida excepcional, por consistir numa atenuação constitucional do princípio da "livre concorrência" (art. 170, IV, CF). Obviamente, não há que se falar da inconstitucionalidade do monopólio previsto na Constituição, já que se trata de uma norma constitucional originária (fruto do poder constituinte originário e que, segundo o STF e doutrina majoritária, não pode ser declarada inconstitucional).

O art. 177 da Constituição Federal apresenta uma lista de atividades econômicas que constituem monopólio da União (relacionadas à pesquisa, lavra, refinação, importação e transporte de *petróleo, gás natural* e *material nuclear*).

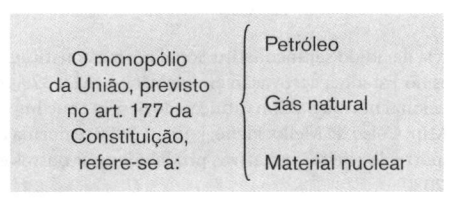

O monopólio da União, previsto no art. 177 da Constituição, refere-se a:
- Petróleo
- Gás natural
- Material nuclear

Segundo o art. 177 da Constituição Federal, constituem monopólio da União: "I – a pesquisa e a lavra das jazidas de petróleo e gás natural e outros hidrocarbonetos fluidos; II – a refinação do petróleo nacional ou estrangeiro; III – a importação e exportação dos produtos e derivados básicos resultantes das atividades previstas nos incisos anteriores; IV – o transporte marítimo do petróleo bruto de origem nacional ou de derivados básicos de petróleo produzidos no País, bem assim o transporte, por meio de conduto, de petróleo bruto, seus derivados e gás natural de qualquer origem; V – a pesquisa, a lavra, o enriquecimento, o reprocessamento, a industrialização e o comércio de minérios e minerais nucleares e seus derivados, com exceção dos radioisótopos cuja produção, comercialização e utilização poderão ser autorizadas sob regime de permissão, conforme as alíneas *b* e *c* do inciso XXIII do *caput* do art. 21 desta Constituição Federal".

Embora essas atividades sejam monopólios da União, o art. 177, § 1º, da Constituição Federal prevê a possibilidade de participação de outras empresas, inclusive privadas, salvo nos casos de minerais nucleares e derivados: "a União poderá contratar com empresas estatais ou privadas a realização das atividades previstas nos incisos I a IV deste artigo observadas as condições estabelecidas em lei". Esse dispositivo constitucional é regulamentado pela Lei n. 9.478/97 (que dispõe sobre a política energética nacional e atividades relacionadas ao monopólio do petróleo). Essa lei, por determinação constitucional, dispõe sobre: "I – a garantia do fornecimento dos derivados de petróleo em todo o território nacional; II – as condições de contratação; III – a estrutura e atribuições do órgão regulador do monopólio da União" (art. 177, § 2º, CF).

Quanto aos materiais radioativos, a Constituição teve uma cautela ainda maior. Além de vedar a contratação com empresas estatais ou privadas para realização das atividades do art. 177, V (lavra, enriquecimento, reprocessamento, industrialização e comércio de materiais nucleares), reservou à lei a regulamentação do transporte: "a lei disporá sobre o transporte e a utilização de materiais radioativos no território nacional" (art. 177, § 3º, CF).

Em 2021, o STF reafirmou ser competência privativa da União legislar sobre "atividades nucleares de qualquer natureza". Outrossim, o art. 225, § 6º, da Constituição, afirma que "as usinas que operem com reator nuclear deverão ter sua localização definida em lei federal, sem o que não poderão ser instaladas". Dessa maneira, declarou inconstitucional dispositivo da Constituição do Ceará que permitia o embargo a instalação de reatores nucleares no Estado. Segundo o STF, tal dispositivo incorreu "em clara ofensa à Constituição Federal, que confere à União competência privativa para legislar sobre a matéria" (ADI 6.909 e ADI 6.913, trecho do voto do Min. Alexandre de Moraes, j. 20-9-2021)[104].

20.9.1. CIDE Combustível

O art. 149 da Constituição Federal afirma que "compete exclusivamente à União instituir contribuições sociais, de intervenção no domínio econômico e interesse das categorias profis-

---

104. No mesmo sentido, o STF já havia decidido ser inconstitucional norma constitucional catarinense que condicionava a instalação de reatores nucleares no Estado à aprovação em plebiscito (ADI 329, rel. Min. Ellen Gracie, Pleno, j. 28-5-2004), bem como ser inconstitucional norma da Constituição do Sergipe que impunha restrições às instalações nucleares no Estado (ADI 4.973, rel. Min. Celso de Mello, Pleno, j. 19-10-2020) e norma constitucional do Rio Grande do Sul, que vedava o depósito e o transporte de rejeitos radiativos produzidos por outros estados ou países (ADI 330, rel. Min. Celso de Mello, Pleno, j. 30-11-2020).

sionais ou econômicas, como instrumento de sua atuação, nas respectivas áreas..." (grifamos). A contribuição de intervenção no domínio econômico (CIDE) é de competência exclusiva da União, sendo manuseada como ferramenta de gerência na vida econômica e comunitária, tendo propósito extrafiscal.

A *CIDE Combustível* foi introduzida na Constituição pela EC n. 33/2001 e seus recursos serão destinados "a) ao pagamento de subsídios a preços ou transporte de álcool combustível, gás natural e seus derivados e derivados de petróleo; b) ao financiamento de projetos ambientais relacionados com a indústria do petróleo e do gás; c) ao financiamento de programas de infraestrutura de transportes" (art. 177, § 4º, II, CF).

Segundo o art. 177, § 4º, da Constituição Federal, a *CIDE Combustível* será instituída por lei, referindo-se às "atividades de importação ou comercialização de petróleo e seus derivados, gás natural e seus derivados e álcool combustível". Trata-se da Lei n. 10.336/2001. Segundo o art. 177, § 4º, I, da Constituição, "a alíquota poderá ser: a) diferenciada por produto ou uso; b) reduzida e restabelecida por ato do Poder Executivo, não se aplicando o disposto no art. 150, III, *b*". A parte final desse dispositivo esclarece que a CIDE Combustível não está sujeita ao princípio da anterioridade tributária, podendo ser cobrada no mesmo exercício financeiro em que a respectiva lei foi publicada.

20.10. TRANSPORTE AÉREO, AQUÁTICO E TERRESTRE

Segundo o art. 178, da Constituição Federal, "a lei disporá sobre a ordenação dos transportes aéreo, aquático e terrestre, devendo, quanto à ordenação do transporte internacional, observar os acordos firmados pela União, atendido o princípio da reciprocidade".

Acerca do transporte aéreo, foi editado o *Código Brasileiro de Aeronáutica* (Lei n. 7.565/86). Tendo como base a parte final do dispositivo constitucional sobredito ("quanto à ordenação do transporte internacional, observar os acordos firmados pela União"), o STF já decidiu ser "aplicável o limite indenizatório estabelecido na Convenção de Varsóvia e demais acordos internacionais subscritos pelo Brasil, em relação às condenações por dano material decorrente de extravio de bagagem, em voos internacionais. Repercussão geral. Tema 210. Fixação da tese: Nos termos do art. 178 da Constituição da República, as normas e os tratados internacionais limitadores da responsabilidade das transportadoras aéreas, especialmente as Convenções de Varsóvia e Montreal, têm prevalência em relação ao Código de Defesa do Consumidor" (RE 636.331, rel. Min. Gilmar Mendes, Pleno, j. 25-5-2017)[105].

Sobre o transporte aquático e terrestre, foi editada a Lei n. 10.233/2001, que dispõe sobre a reestruturação dos transportes aquaviário e terrestre, cria o Conselho Nacional de Integração de Políticas de Transporte, a Agência Nacional de Transportes Terrestres, a Agência Nacional de Transportes Aquaviários e o Departamento Nacional de Infraestrutura de Transportes.

---

105. Não obstante, sobre esse tema, ainda há resistência na doutrina e na jurisprudência, de modo a enfraquecer a aplicação dos tratados internacionais sobre transporte aéreo internacional, em detrimento do ordenamento jurídico nacional. Segundo o STJ, por exemplo, "a Convenção de Montreal não pode ser aplicada para limitar a indenização devida aos passageiros em caso de danos morais decorrentes de atraso de voo ou extravio de bagagem" (REsp 1.842.066, rel. Min. Moura Ribeiro, 3ª T., j. 9-6-2020). Decisões como essa, se prestigiam o direito individual do passageiro e a norma jurídica interna, ao desprezar o vigor normativo das normas internacionais internalizadas, geram insegurança jurídica que impede, dentre outros motivos, o ingresso no Brasil de outras companhias aéreas.

A competência para legislar sobre "trânsito e transporte" (art. 22, XI, CF) e "diretrizes da política nacional de transportes" (art. 22, IX, CF) é privativa da União. Não obstante, o *transporte de passageiros* não é matéria de competência apenas da União. Segundo o art. 21, XII, *e*, da CF, compete exclusivamente à União "explorar, diretamente ou mediante autorização, concessão ou permissão, os serviços de transporte rodoviário interestadual e internacional de passageiros"[106]. Já os municípios têm a competência para "organizar e prestar, diretamente ou sob regime de concessão ou permissão, os serviços públicos de interesse local, incluído o de transporte coletivo, que tem caráter essencial" (art. 30, V, CF). Já os estados têm competência residual, nos termos do art. 25, § 1º, da Constituição Federal, sendo responsáveis por regulamentar o transporte rodoviário intermunicipal, como já decidiu o STF (ADI 903/MG, rel. Min. Celso de Mello, j. 14-10-1993).

Por fim, segundo o art. 178, parágrafo único, da Constituição Federal, "na ordenação do transporte aquático, a lei estabelecerá as condições em que o transporte de mercadorias na cabotagem e a navegação interior poderão ser feitos por embarcações estrangeiras".

Cabotagem é o termo utilizado para a navegação entre portos brasileiros. Segundo o art. 2º da Lei n. 9.432/97, que regula o transporte aquaviário, navegação de cabotagem é "a realizada entre portos ou pontos do território brasileiro, utilizando a via marítima ou esta e as vias navegáveis interiores".

Segundo o art. 7º da referida lei, as embarcações estrangeiras encontram uma limitação legal (autorizada pela Constituição) de realizar a navegação de cabotagem no Brasil: "as embarcações estrangeiras poderão participar do transporte de mercadorias na navegação de cabotagem e da navegação interior de percurso nacional, bem como da navegação de apoio portuário e da navegação de apoio marítimo, quando afretadas por empresas brasileiras de navegação"[107].

20.11. MICROEMPRESAS E EMPRESAS DE PEQUENO PORTE

Como vimos anteriormente, um dos princípios que regem a ordem econômica é o "tratamento favorecido para as empresas de pequeno porte" (art. 170, IX, CF). Nesse diapasão, o art. 179 da Constituição Federal dispõe que "a União, os Estados, o Distrito Federal e os Municípios dispensarão às microempresas e às empresas de pequeno porte, assim definidas em lei, tratamento jurídico diferenciado, visando a incentivá-las pela simplificação de suas obrigações administrativas, tributárias, previdenciárias e creditícias, ou pela eliminação ou redução destas por meio de lei".

Como dispõe o referido dispositivo constitucional, a definição de *microempresas* e *empresas de pequeno porte* será feita por lei. Trata-se da Lei Complementar n. 123/2006, que, no seu art. 3º, traz a definição exigida pela Constituição[108]. Embora a definição legal dessas em-

---

106. "Por essa razão, o STF entendeu ser inconstitucional Lei do Distrito Federal que dispunha sobre o transporte interestadual de passageiros, por ferir os artigos 21, XII, 'e', 22, XI e 178 da Constituição da República [segundo os quais] compete privativamente à União, porque titular da exploração do serviço, legislar sobre transporte interestadual de passageiros" (ADI 4.338/DF, rel. Min. Rosa Weber, Pleno, j. 23-8-2019).
107. No ano de 2020, o presidente da República enviou ao Congresso Nacional um projeto de lei modernizando a navegação de cabotagem, através do "Programa de Estímulo ao Transporte por Cabotagem", projeto que ficou conhecido como "BR do Mar". Trata-se do Projeto de Lei n. 4.199/2020, não aprovado pelo Congresso Nacional quando do momento do fechamento desta edição.
108. "Para os efeitos desta Lei Complementar, consideram-se microempresas ou empresas de pequeno porte, a sociedade empresária, a sociedade simples, a empresa individual de responsabilidade limitada e o empresário a que se refere o

presas seja de competência da União (art. 22, I, CF), o tratamento jurídico diferenciado dado a elas é de responsabilidade de todos os entes federativos, nos limites de suas respectivas competências. A União, por exemplo, editou a Lei n. 13.999/2020, que instituiu o *Pronampe* (Programa Nacional de Apoio às Microempresas e Empresas de Pequeno Porte). O estado de São Paulo editou a Lei Estadual n. 16.928/2019, que prevê um tratamento diferenciado, favorecido e simplificado às microempresas e às empresas de pequeno porte, nas contratações realizadas no âmbito da administração federal.

Como já decidiu o STF, esse tratamento diferenciado não fere o princípio constitucional da igualdade porque, primeiramente, trata-se de uma determinação constitucional (arts. 170, IX, e 179, CF). Outrossim, como sabido e consabido por todos, a verdadeira igualdade consiste em tratar desigualmente os desiguais: "ausência de afronta ao princípio da isonomia tributária. O regime foi criado para diferenciar, em iguais condições, os empreendedores com menor capacidade contributiva e menor potencial econômico" (RE 627.543/RS, rel. Min. Dias Toffoli, Pleno, j. 30-10-2013).

20.12. TURISMO

Segundo a *Organização Mundial do Turismo* (OMT), uma das agências especializadas da ONU, "o turismo, que é uma atividade geralmente associada ao descanso, à diversão, ao esporte e ao acesso à cultura e à natureza, deve ser entendido e praticado como um meio privilegiado de desenvolvimento individual e coletivo. Quando vivenciado com a abertura de espírito necessária, é um fator insubstituível de autoeducação, tolerância mútua e aprendizagem das legítimas diferenças entre povos, culturas e sua diversidade" (art. 2º, inciso 1, do Código de Ética Mundial para o Turismo). É indubitável que o turismo tem um papel indispensável no desenvolvimento social, cultural e econômico do país e seu povo. Por isso, em razão de sua importância econômica, a Constituição reservou ao tema o art. 180: "a União, os Estados, o Distrito Federal e os Municípios promoverão e incentivarão o turismo como fator de desenvolvimento social e econômico".

Muitas são as leis que versam sobre o turismo, como a Lei n. 6.513/77 (que dispõe sobre a criação de áreas especiais e de locais de interesse turístico), a Lei n. 8.623/93 (que dispõe sobre a profissão de guia de turismo), a Lei n. 11.637/2007 (que dispõe sobre o programa de qualificação dos serviços turísticos), a Lei n. 11.771/2008 (que dispõe sobre a Política Nacional de Turismo) etc. Não obstante, o art. 180 da Constituição traz uma nova hipótese de *competência comum* não legislativa a todos os entes federativos: promover e incentivar o turismo.

20.13. INFORMAÇÃO COMERCIAL POR AUTORIDADE ESTRANGEIRA

Segundo o art. 181 da Constituição Federal, "o atendimento de requisição de documento ou informação de natureza comercial, feita por autoridade administrativa ou judiciária estrangeira, a pessoa física ou jurídica residente ou domiciliada no país dependerá de autorização do Poder competente".

---

art. 966 da Lei 10.406, de 2002 (Código Civil), devidamente registrados no Registro de Empresas Mercantis ou no Registro Civil de Pessoas Jurídicas, conforme o caso, desde que: I – no caso da microempresa, aufira, em cada ano--calendário, receita bruta igual ou inferior a R$ 360.000,00 (trezentos e sessenta mil reais); e II – no caso de empresa de pequeno porte, aufira, em cada ano calendário, receita bruta superior a R$ 360.000,00 (trezentos e sessenta mil reais) e igual ou inferior a R$ 4.800.000,00 (quatro milhões e oitocentos mil reais)".

O referido dispositivo constitucional visa regular uma maior proteção das informações comerciais, quando solicitadas por autoridades (administrativas ou judiciárias) estrangeiras. Em minuciosa obra específica sobre o tema, Bruno Fernandes Dias afirma que "o artigo 181 não deixa dúvidas quanto à vontade do constituinte brasileiro de armar o poder público de um instrumento de controle, tanto das autoridades estrangeiras, como das empresas e pessoas domiciliadas e residentes"[109].

O Código de Processo Civil inovou quanto ao tema "Cooperação Internacional", reservando-lhe um capítulo específico, determinando que "o Ministério da Justiça exercerá as funções de autoridade central na ausência de designação específica". Essa *cooperação internacional* poderá se dar de várias formas, como o "auxílio direto" ou a "carta rogatória". O primeiro ocorrerá "quando a medida não decorrer diretamente de decisão de autoridade jurisdicional estrangeira" (art. 28, CPC), sendo que a solicitação será encaminhada pelo órgão estrangeiro diretamente à nossa autoridade central (art. 29, CPC). No Brasil, por determinação constante no Decreto n. 9.662/2019, a autoridade central é responsabilidade do Ministério da Justiça, através do seu *Departamento de Recuperação de Ativos e Cooperação Jurídica Internacional*.

No caso de solicitação das informações comerciais feita por autoridade administrativa estrangeira (*auxílio direto*), esse será o procedimento: "a) havendo um órgão administrativo competente diverso da Autoridade Central para o atendimento do pedido de auxílio, o pedido é enviado a esse pela Autoridade Central, para cumprimento; b) não havendo um órgão administrativo diverso da Autoridade Central para o atendimento do pedido, esse é cumprido pela própria Autoridade Central). Em qualquer dessas hipóteses, assim que executado o pedido de cooperação, a Autoridade Central enviará sua resposta à Autoridade Central do Estado requerente"[110].

Em se tratando de carta rogatória, o procedimento é diverso. Se a *carta rogatória é baseada em tratado* (atualmente, há vários tratados que possibilitam a comunicação direta entre Autoridades Centrais), a Autoridade Central do país encaminha-a à Autoridade Central brasileira que, por sua vez, encaminhará ao STJ para concessão do *exequatur*, caso não haja ofensa à ordem pública nacional. Concedido o *exequatur*, a rogatória será encaminhada ao Juiz Federal de 1ª instância para sua execução. Já a *carta rogatória não baseada em tratado* será recebida pelo Ministério das Relações Exteriores, que a encaminhará ao Superior Tribunal de Justiça para o trâmite descrito acima.

20.14. POLÍTICA URBANA

Durante o processo de elaboração da Constituição de 1988, um movimento multissetorial de abrangência nacional lutou pela inclusão no texto constitucional de instrumentos jurídicos aplicáveis à política urbana, como a função social da propriedade no processo de construção das cidades. Com isso, a Constituição de 1988 foi a primeira a prever um capítulo específico sobre Política Urbana (arts. 182 e 183).

Segundo o art. 182, *caput*, da Constituição Federal, "a política de desenvolvimento urbano, executada pelo Poder Público municipal, conforme diretrizes gerais fixadas em lei, tem por

---

109. *Submissão de Documentos e Informações Comerciais a Autoridades Estrangeiras: o Regime Jurídico do art. 181 da CF/88 e as Leis de Bloqueio*, p. 39.
110. Segundo o *Manual de Cooperação Jurídica Internacional e Recuperação de Ativos*, do Ministério da Justiça.

objetivo ordenar o pleno desenvolvimento das funções sociais da cidade e garantir o bem-estar de seus habitantes". Depois de aproximadamente dez anos de negociações no âmbito federal, foi editada a Lei n. 12.257/2001 (Estatuto da Cidade), como propósito de regulamentar os dispositivos constitucionais sobreditos.

Primeiramente, a execução da política de desenvolvimento urbano é de responsabilidade do município nos termos do art. 182, *caput*, e do art. 30, VIII, da Constituição: "promover, no que couber, adequado ordenamento territorial, mediante planejamento e controle do uso, do parcelamento e da ocupação do solo urbano". Não obstante, há algumas outras competências federativas que se interpenetram (já que o federalismo brasileiro é *cooperativo* ou, na linguagem norte-americana, um federalismo que se assemelha a um "bolo de mármore" – *marble cake*). Por exemplo, é competência comum de todos os entes federativos "promover programas de construção de moradias e a melhoria das condições habitacionais e de saneamento básico" (art. 23, IX, CF).

As diretrizes dessa execução estão previstas no *Estatuto da Cidade*. Ao se referir à lei infraconstitucional, mais uma vez a Constituição Federal utilizou-se de um habitual expediente: a *reserva legal qualificada*, na qual já estabelece as diretrizes a serem seguidas pela lei infraconstitucional. No caso, a lei infraconstitucional deverá ter "por objetivo ordenar o pleno desenvolvimento das funções sociais da cidade e garantir o bem-estar de seus habitantes".

20.14.1. Estatuto da Cidade (Lei n. 10.257/2001)

Conforme dispõe o art. 1º, parágrafo único, do *Estatuto da Cidade*, a referida lei "estabelece normas de ordem pública e interesse social que regulam o uso da propriedade urbana em prol do bem coletivo, da segurança e do bem-estar dos cidadãos, bem como do equilíbrio ambiental". Dessa maneira, estabelece as diretrizes gerais da política urbana (art. 2º), prevê instrumentos da política urbana, como planos nacionais, regionais e estaduais, plano diretor, desapropriação, tombamento etc. (arts. 4º e s.), estabelece os parâmetros para a gestão democrática da cidade (arts. 43 a 45), dentre outros temas importantes da política urbana.

20.14.2. Plano diretor

Segundo o art. 182, § 1º, da Constituição Federal, "o plano diretor, aprovado pela Câmara Municipal, obrigatório para cidades com mais de vinte mil habitantes, é o instrumento básico da política de desenvolvimento e de expansão urbana".

O *plano diretor* é uma lei municipal, aprovada pela Câmara Municipal de Vereadores e consiste num dos mais relevantes direcionadores da execução da política de desenvolvimento urbano. Embora seja uma lei municipal (e, portanto, atenderá aos interesses locais – art. 30, I, CF), deve obedecer aos parâmetros constitucionais e legais, estabelecidos no *Estatuto da Cidade*. O *plano diretor* é tão importante, a ponto de integrar o conceito de "função social da propriedade urbana", como adiante se verá.

20.14.2.1. Obrigatoriedade do plano diretor

Segundo o art. 182, § 1º, da Constituição Federal, o plano diretor é obrigatório "para cidades com mais de vinte mil habitantes". Todavia, o *Estatuto da Cidade* amplia os casos de obrigatoriedade para:

a) cidades integrantes de regiões metropolitanas e aglomerações urbanas (art. 41, II): as regiões metropolitanas poderão ser criadas, pelos Estados-Membros, por meio de lei complementar, assim como as aglomerações urbanas (art. 25, § 3º, CF). Segundo esse dispositivo constitucional, consistem em "agrupamentos de municípios limítrofes, para integrar a organização, o planejamento e a execução de funções públicas de interesse comum".

b) cidades onde o Poder Público municipal pretende utilizar os instrumentos previstos no § 4º do art. 182, da Constituição Federal (art. 42, III): caso o município queira aplicar as penalidades constitucionais ao proprietário do solo urbano não edificado, subutilizado ou não utilizado (como o IPTU progressivo, por exemplo), deverá, através da Câmara Municipal, editar o plano diretor.

c) cidades integrantes de áreas de especial interesse turístico (art. 42, IV): segundo a Lei n. 6.513/77, "as áreas especiais de interesse turístico serão instituídas por decreto do Poder Executivo, mediante proposta do CNTur, para fins de elaboração e execução de planos e programas" (art. 11, *caput*). Nos termos do art. 21 da referida lei, "poderão ser instituídas Áreas Especiais de Interesse Turístico e locais de Interesse Turístico, complementarmente, a nível estadual, metropolitano ou municipal, nos termos da legislação própria".

d) cidades inseridas na área de influência de empreendimentos ou atividades com significativo impacto ambiental regional ou nacional (art. 42, V). As atividades que causam significativo impacto ou degradação ambiental foram previstas na Constituição Federal, que exigiu, "na forma da lei, [...] estudo prévio de impacto ambiental, a que se dará publicidade" (art. 225, § 1º, IV, CF). O tema é tratado por várias leis ambientais, como a Lei n. 6.938/81, regulamentada pelo Decreto n. 4.340/2002, segundo o qual o Ibama "estabelecerá o grau de impacto a partir de estudo prévio de impacto ambiental e respetivo relatório" (art. 31, *caput*).

e) cidades incluídas no cadastro nacional de municípios com áreas suscetíveis à ocorrência de deslizamentos de grande impacto, inundações bruscas ou processos geológicos ou hidrológicos correlatos (art. 42, VI): segundo a Lei n. 12.340/2010 (que trata do repasse da União aos outros entes federativos em caso de calamidades públicas), "o governo federal instituirá cadastro nacional de municípios com áreas suscetíveis à ocorrência de deslizamentos de grande impacto" (art. 3º-A). Esse cadastro foi criado pelo Decreto n. 10.692/2021 e os municípios que o integram são obrigados a editar o plano diretor.

20.14.2.2. Iniciativa do plano diretor

Doutrina especializada diverge acerca da iniciativa para deflagrar o processo de edição e revisão do *plano diretor*. Parte da doutrina entende que a iniciativa seria do Poder Executivo Municipal (o prefeito), tendo em vista que o Poder Legislativo não teria um corpo de servidores suficientemente capacitados para a coleta de dados, diagnósticos e elaboração de um projeto dotado de tamanha especificidade. Essa é a opinião, por exemplo, de José Afonso da Silva, em obra específica sobre o tema. Segundo o renomado constitucionalista, "entre os instrumentos que integram a elaboração do plano diretor encontra-se o projeto de lei a ser submetido à Câmara Municipal, para sua aprovação. A iniciativa essa lei pertence ao Prefeito, sob cuja orientação se prepara o plano"[111].

---

111. *Direito Municipal Brasileiro*, p. 144.

Não obstante, outra parte da doutrina entende que, não havendo na Constituição Federal uma determinação de que projetos de lei sobre "direito urbanístico" sejam de iniciativa privativa do Poder Executivo, a competência para propor o projeto de *plano diretor* seria geral (uma iniciativa concorrente entre Executivo, Legislativo e povo)[112].

Embora entendamos que a segunda posição esteja juridicamente mais correta (malgrado a primeira posição seja tecnicamente mais oportuna e razoável), parece que a jurisprudência dos Tribunais se inclina para a primeira posição (a de que a iniciativa seria do Poder Executivo Municipal). Foi o que decidiu o TJ/RJ, por exemplo: "Lei Municipal que cria núcleo de Regularização de Loteamento, de iniciativa da Câmara Municipal, subtrai do Chefe do Poder Executivo a iniciativa de matéria de sua competência privativa" (ADI n. 11/2008, rel. Sergio Cavalieri Filho). De forma semelhante, decidiu o TJ/SP, sob o argumento de que matéria urbanística implica a administração pública e, por isso, seria de iniciativa do prefeito: "Ribeirão Preto. Lei Complementar n. 1.973, de 03 de março de 2006, de iniciativa de Vereador, dispondo sobre matéria urbanística, exigente de prévio planejamento. Caracterizada interferência na competência legislativa reservada ao Chefe do Poder Executivo local" (ADI 134.169-0/3-00, rel. Des. Oliveira Santos, j. 19-12-2007).

20.14.2.3. Emendas ao projeto de plano diretor

Embora o projeto seja, segundo parte da doutrina e jurisprudência, de iniciativa do Poder Executivo Municipal, poderão os vereadores apresentar emendas ao projeto, de modo a aperfeiçoá-lo. É que afirma José Afonso da Silva: "não há proibição de emendas. Se o plano deixar algo a desejar, importa aos Vereadores procurar seu aperfeiçoamento, antes de sacrificá-lo de vez. Aperfeiçoar projetos é missão do legislador"[113]. Todavia, esse entendimento não é unânime, nem na doutrina, nem na jurisprudência. Para os que se manifestam contrários às emendas parlamentares ao *plano diretor*, dois seriam os argumentos: a) emendas parlamentares alterariam significativamente o planejamento da administração, que é exclusiva do Executivo; b) emendas parlamentares ocorreriam depois da participação popular na elaboração do plano diretor. Nesse sentido, decidiu o TJ/SP: "À Câmara Municipal, por conseguinte, cabe aprová-lo, como expressa literalmente o § 1º do art. 182 da Constituição Federal, sem poder via emendas modificá-lo, ainda mais se desse processo alijou o povo e o direito que este tem de influenciá-lo" (ADI 142.426-0/0-00, rel. Paulo Bisson, 6-6-2007).

No nosso entender, poderão ser feitas emendas parlamentares ao projeto de *plano diretor*, desde que também haja, na discussão dessas emendas, a participação popular exigida pelos princípios constitucionais republicano e democrático e, mais especificamente, de forma expressa, o art. 40, § 4º, do *Estatuto da Cidade*: "no processo de elaboração do plano diretor e na fiscalização de sua implementação, os Poderes Legislativo e Executivo municipais garantirão:

---

112. Segundo José dos Santos Carvalho Filho, "quanto à iniciativa, embora omissa a lei a respeito, é e considerar-se que a iniciativa do projeto de lei de instituição do plano diretor é geral, isto é, o projeto pode ser deflagrado pelo prefeito, por qualquer vereador ou comissão da Câmara Municipal, ou através de iniciativa popular, como certamente estará previsto na lei orgânica. A razão consiste em que a lei orgânica deve observar os princípios das Constituições Federal e Estadual (art. 29, CF), e na Carta federal não foi contemplada para o chefe do Executivo iniciativa reservada para instaurar processo legislativo que trate de matéria urbanística (art. 61, § 1º)" (*Comentários ao Estatuto da Cidade*, 2009, p. 30).
113. Op. cit., p. 145.

I – a promoção de audiências públicas e debates com a participação da população..." (grifamos).

20.14.2.4. Revisão do plano diretor

Segundo o art. 40, § 3º, do *Estatuto da Cidade*, "a lei que instituir o plano diretor deverá ser revista, pelo menos, a cada dez anos". Trata-se de uma norma legal importantíssima, tendo em vista que é necessário adaptar o *plano diretor* da cidade às novas realidades, exigências alteradas pelo passar do tempo.

No nosso entender, após transcorrer os 10 (dez) anos sem a revisão do *plano diretor*, a legislação não se torna, por si só, ilegal ou inconstitucional, mas surge o dever jurídico da Câmara Municipal de Vereadores de iniciar o processo de revisão e sua omissão pode ser questionada judicialmente.

Nesse sentido, o Tribunal de Justiça de Minas Gerais, em julgamento de ação civil pública ajuizada pelo Ministério Público, determinou que o prefeito do município de Patrocínio/MG apresentasse à Câmara Municipal o projeto de revisão do plano diretor (como vimos no item anterior, prevalece o entendimento de que o projeto de lei é e iniciativa do Poder Executivo Municipal).

Contra a omissão do município para dar início ao processo de revisão do plano diretor, entendemos ser cabível a ação civil pública ou também o mandado de injunção coletivo. Admitindo essa última ação, o TJ/MA manteve sentença judicial da Vara de Interesses Difusos e Coletivos do município de Paço do Luminar, que fixou prazo para o prefeito apresentar à Câmara Municipal projeto de revisão do plano diretor.

20.14.2.5. Processo de elaboração do plano diretor

Segundo o art. 40, § 4º, do *Estatuto da Cidade*, "no processo de elaboração do plano diretor e fiscalização de sua implementação, os Poderes Legislativo e Executivo municipais garantirão: I – a promoção de audiências públicas e debates com a participação da população e de associações representativas dos vários segmentos da comunidade; II – a publicidade quanto aos documentos e informações produzidos; III – o acesso de qualquer interessado aos documentos e informações traduzidos".

Trata-se de uma determinação legal importantíssima, decorrente dos princípios democráticos e republicanos. A aprovação do plano diretor sem o cumprimento dessas determinações legais produzirá a invalidade da norma jurídica, seja por ilegalidade (por violar as determinações legais), seja por inconstitucionalidade (por violar os princípios democrático e republicano, previstos na Constituição Federal e eventuais dispositivos previstos na Constituição do respectivo estado). Foi o que decidiu o Tribunal de Justiça do Rio Grande do Sul: "É inconstitucional a Lei Complementar n. 792/2016, do Município de Porto Alegre, porque alterou o Plano Diretor, sem a necessária observância da exigência constitucional de participação popular" (TJ/RS, ADI 7007159513, rel. Rui Portanova, Pleno, j. 20-2-2017). No mesmo sentido, várias foram as decisões do Tribunal de Justiça do Estado de São Paulo: "Imprescindível a efetiva participação da comunidade, por suas entidades representativas, máxime quando, como no caso, o ônus com o cumprimento da nova exigência, ainda que em favor da acessibilidade, será suportado pela população. Inconstitucional o ato normativo impugnado" (ADI 225.6300-08-2016.000).

Importante frisar que, como expusemos anteriormente, essa participação popular é exigida tanto no processo de elaboração como de revisão do plano diretor, bem como durante o processo de emendas parlamentares que alteram o projeto original[114].

Por fim, no ano de 2020, o STJ manteve decisão do TJ/RN, que admitiu a realização de audiências públicas para revisão do *plano diretor* de forma virtual (SL 2.741, decisão do ministro presidente João Otávio Noronha, j. 16-6-2020). Entendemos correta a decisão. A legislação exige a participação popular e esta pode ocorrer não necessariamente de forma presencial.

20.14.2.6. Conteúdo mínimo do plano diretor

O art. 42 do Estatuto da Cidade prevê o conteúdo mínimo do plano diretor. Segundo a referida norma, "o plano diretor deverá conter no mínimo: I – a delimitação das áreas urbanas onde poderá ser aplicado o parcelamento, edificação ou utilização compulsórios, considerando a existência de infraestrutura e de demanda para utilização, na forma do art. 5º desta Lei; II – disposições requeridas pelos arts. 25, 28, 29, 32 e 25 desta Lei[115]; III – sistema de acompanhamento e controle".

20.14.3. Função social da propriedade urbana

Como estudamos no capítulo reservado aos *Direitos Fundamentais*, não há direitos absolutos. Por razões óbvias, essa característica recai sobre o direito de propriedade. Embora seja um direito fundamental importante, não é considerado pela Constituição como um fim em si mesmo. Em outras palavras, o exercício legítimo do direito à propriedade está condicionado ao cumprimento de sua função social.

A Constituição Federal define, de forma diferente, a função social da propriedade urbana (art. 182, § 2º, CF) e rural (art. 186, CF).

Segundo o art. 182, § 2º, da Constituição Federal, "a propriedade urbana cumpre sua função social quando atende às exigências fundamentais de ordenação da cidade expressas no plano diretor".

Dessa maneira, haverá o cumprimento da função social da propriedade desde que respeitadas as exigências de ordenação previstas no plano diretor, que, por sua vez, obedecem às diretrizes do art. 2º do *Estatuto da Cidade*, como a utilização adequada dos imóveis urbanos, parcelamento do solo adequado em relação à infraestrutura urbana, instalação de empreendimentos ou atividades que impactam no tráfego, acompanhados de infraestrutura correspondente, rejeição a retenção especulativa do imóvel urbano ou a deterioração das áreas urbanizadas ou a poluição e degradação ambiental, por exemplo.

---

114. Foi o que decidiu, por exemplo o TJ/SP: "flagrante a inconstitucionalidade da lei. Isto porque a norma impugnada promoveu alterações no Plano Diretor do Município [...] sem observância da necessária participação popular, bem como planejamento e estudo prévios, como exige a Constituição Bandeirante" (ADI 21.03782-96-2017.8.26.0000).
115. O art. 25 trata do "direito de preempção" (que confere ao Poder Público preferência para aquisição de imóvel urbano objeto de alienação onerosa entre particulares). O art. 28 trata da "outorga onerosa do direito de construir ("o plano diretor poderá fixar áreas nas quais o direito de construir poderá ser exercido acima do coeficiente de aproveitamento básico adotado, mediante contrapartida a ser prestada pelo beneficiário"). O art. 29 trata da permissão de alteração do uso do solo, mediante contrapartida a ser prestada pelo beneficiário. O art. 32 trata das operações urbanas consorciadas (conjuntos de intervenções e medidas coordenadas pelo Poder Público municipal, com a participação dos proprietários, moradores, usuários permanentes e investidores privados, com o objetivo de alcançar em uma área transformações urbanísticas estruturais, melhorias sociais e a valorização ambiental). Por fim, o art. 35 trata da "transferência do direito de construir".

O descumprimento da função social da propriedade viola, portanto, a Constituição Federal e retira do direito à propriedade a proteção jurídica, dando ensejo a consequências previstas na própria Constituição ou na legislação infraconstitucional.

Por exemplo, o uso indevido da propriedade em um condomínio, possibilita a imposição de multa ao condômino (nos termos do art. 1.337 do Código Civil) e, em caso de infrações reiteradas, sua exclusão, como consta do Enunciado n. 508 da V Jornada de Direito Civil: "verificando-se que a sanção pecuniária se mostrou ineficaz, a garantia fundamental da função social da propriedade (arts. 5º, XXIII, da CRFB e 1.228, § 1º, do CC) e a vedação ao abuso do direito (arts. 187 e 1.228, § 2º, do CC) justificam a exclusão do condômino antissocial, desde que a ulterior assembleia prevista na parte final do parágrafo único do art. 1.337 do Código Civil delibere a propositura de ação judicial com esse fim, asseguradas todas as garantias inerentes ao devido processo legal" (grifamos).

Da mesma forma, a aquisição de imóvel em local de loteamento irregular ou clandestino não dá ao proprietário a proteção constitucional da propriedade, como já decidiu o TJ/DF: "embora seja reconhecido o direito social fundamental à moradia (art. 6º da CF/88), não se trata de direito absoluto, devendo ser limitado quando houver provas do abuso do exercício desse direito, em grave afronta ao direito coletivo ao meio ambiente ecologicamente equilibrado (art. 225 da CF/88). Ao adquirir imóvel irregular, a autora assumiu o risco, inclusive contratualmente, de sofrer prejuízos em razão da cediça ilegalidade. [...] A Constituição Federal dispõe que a função social da propriedade urbana é cumprida quando atende às exigências fundamentais de ordenação da cidade expressas no plano diretor (art. 182, § 2º, da CF/88). A construção que viola o plano diretor, no que tange ao parcelamento irregular do solo, não cumpre a sua função social" (Ac. 1.256.014, rel. Robson Teixeira de Freitas, 8ª T. Cív., j. 10-6-2020).

Outrossim, o descumprimento da função social da propriedade urbana autoriza o Poder Público municipal a exercitar o seu poder de polícia, através de suas características de *autoexecutoriedade* e *coercibilidade*. Dessa maneira, poderá o Poder Público municipal determinar ações ou omissões dos proprietários urbanos, impor multas e até mesmo executar o ato urbanístico, às custas do proprietário. Evidentemente, caso o proprietário se sinta violado em seu direito à propriedade, poderá buscar amparo perante o Poder Judiciário.

A própria Constituição Federal estabeleceu algumas sanções ao proprietário que descumpre a função social da propriedade, no seu art. 182, § 4º, que explicaremos a seguir.

20.14.3.1. Sanções constitucionais por descumprimento da função social da propriedade urbana

Segundo o art. 182, § 2º, da Constituição Federal, "é facultado ao Poder Público municipal, mediante lei específica para área incluída no plano diretor, exigir, nos termos da lei federal, do proprietário do solo urbano não edificado, subutilizado ou não utilizado, que promova seu adequado aproveitamento, sob pena sucessivamente de: I – parcelamento ou edificação compulsórios; II – imposto sobre a propriedade predial e territorial urbana progressivo no tempo; III – desapropriação com pagamento mediante títulos da dívida pública de emissão previamente aprovada pelo Senado Federal, com prazo de resgate de até dez anos, em parcelas anuais, iguais e sucessivas, assegurados o valor real da indenização e os juros legais".

Primeiramente, estamos diante de uma forma específica de descumprimento da função social da propriedade urbana: a manutenção do solo urbano não edificado, subutilizado ou não utilizado.

Nesse caso, utilizando-se do *poder de polícia*, poderá o Poder Público municipal determinar que o proprietário dê ao imóvel o seu aproveitamento adequado, sob pena de sanções previstas constitucionalmente.

Importante frisar que o Poder Público municipal somente poderá se valer desse dispositivo constitucional: a) nos termos da lei federal; b) se houver previsão em lei específica municipal.

Quando ao primeiro aspecto (*nos termos da lei federal*), o município deve atuar nos limites do *Estatuto da Cidade*. O parcelamento, edificação e utilização compulsórios estão previstos nos arts. 5º e 6º da lei, o IPTU progressivo está previsto no art. 7º e a desapropriação-sanção está prevista no art. 8º da referida Lei. Quanto ao segundo aspecto (*lei municipal específica*), é necessário que haja no município uma lei específica regulamentando as sanções previstas constitucionalmente e no *Estatuto da Cidade*.

Por fim, como dispõe a Constituição Federal, as sanções poderão ser aplicadas pelo Poder Público municipal "sucessivamente", ou seja, as três penalidades constitucionais aplicadas ao proprietário do solo urbano não edificado ou subutilizado devem ser aplicadas na ordem sucessiva prevista no art. 182, § 4º, a saber:

I – parcelamento ou edificações compulsórios: segundo o art. 5º do *Estatuto da Cidade*, "lei municipal específica para área incluída no plano diretor poderá determinar o parcelamento, a edificação ou a utilização compulsórios do solo urbano não edificado, subutilizado ou não utilizado, devendo fixar as condições e os prazos para implementação da referida obrigação", sendo que tais prazos não podem ser inferiores a 1 (um) ano, a partir da notificação, para que seja protocolado o projeto no órgão municipal competente (art. 5º, § 4º, do Estatuto da Cidade), nem inferior a 2 (dois) anos a partir da aprovação do projeto, para o início das obras (art. 5º, § 4º, II, do Estatuto da Cidade). Em se tratando de empreendimentos de grande porte, a lei municipal específica poderá prever a conclusão em partes (art. 5º, § 5º, do Estatuto da Cidade).

II – IPTU progressivo no tempo: em caso de descumprimento das condições e prazos previstos na sanção anterior, o município poderá aplicar o IPTU progressivo no tempo, "mediante a majoração da alíquota pelo prazo de cinco anos consecutivos" (art. 7º, *caput*, do Estatuto da Cidade), sendo que a lei municipal específica disporá sobre os valores, não podendo exceder a duas vezes o valor referente ao ano anterior, respeitada a alíquota máxima de 15% (quinze por cento), conforme dispõe o art. 7º, § 1º, do Estatuto da Cidade.

Se a obrigação de parcelar, edificar ou utilizar não for atendida em cinco anos, o município continuará cobrando o IPTU pela alíquota máxima, até que as determinações sejam cumpridas, podendo o município buscar a *desapropriação-sanção*, abaixo explicada.

Importante: até o ano de 2000, a progressividade do IPTU somente poderia ocorrer para "assegurar o cumprimento da função social da propriedade" urbana. Isso porque o art. 156, § 1º, da Constituição, em sua redação originária, ao tratar da competência municipal para instituir impostos, afirmava que o IPTU "poderá ser progressivo, nos termos de lei municipal, de forma a assegurar o cumprimento da função social da propriedade". Todavia, esse dispositivo foi alterado pela EC n. 29/2000, ampliando as hipóteses de progressividade do IPTU. Na nova redação do art. 156, § 1º, "sem prejuízo da progressividade no tempo a que se refere o art. 182, § 4º, inciso II, o imposto previsto no inciso I poderá: I – ser progressivo em razão do valor do imóvel; e II – ter alíquotas diferentes de acordo com a localização e o uso do imóvel". Segundo o STF, essas novas hipóteses de progressividade do IPTU somente poderão ser criadas a partir da EC n. 29/2000, sendo inválidas as leis que as instituíram antes da mudança constitucional.

Evidentemente, isso não se aplica à progressividade do IPTU para assegurar a função social da propriedade: "é inconstitucional lei municipal que tenha estabelecido, antes da EC n. 29/2000, alíquotas progressivas para o IPTU, salvo se destinada a assegurar o cumprimento da função social da propriedade" (Súmula 668, STF).

III – desapropriação-sanção: caso reste infrutífera a progressividade do IPTU como forma de impelir o proprietário a edificar, parcelar ou utilizar o imóvel urbano, poderá proceder o município à desapropriação do imóvel. Todavia, trata-se de uma hipótese diferente de desapropriação.

Em regra, para resguardar o direito constitucional à propriedade, a Constituição Federal assegura que a desapropriação ocorrerá em casos de "necessidade ou utilidade pública, ou por interesse social, mediante justa e prévia indenização em dinheiro" (art. 5º, XXIV). Da mesma forma, ressaltando a norma constitucional geral, o art. 182, § 3º, da Constituição, afirma que "as desapropriações de imóveis urbanos serão feitas com prévia e justa indenização em dinheiro".

Todavia, no presente caso, estamos diante de uma *desapropriação-sanção*, que se dá por descumprimento da função social da propriedade, somente depois de restarem infrutíferas sanções anteriores previstas no art. 182, § 4º, da Constituição. No caso da *desapropriação-sanção* do imóvel urbano, a indenização se dará com "pagamento mediante títulos da dívida pública de emissão previamente aprovada pelo Senado Federal, com prazo de resgate de até dez anos, em parcelas anuais, iguais e sucessivas, assegurados o valor real da indenização e os juros legais".

20.14.4. Usucapião especial urbana

A usucapião, instituto que surgiu no Direito Romano, configura um modo de aquisição da propriedade pelo exercício da posse, nos prazos e condições estabelecidos em lei. Consiste numa ponderação, segundo critérios estabelecidos pelo próprio legislador, entre o direito à propriedade e o direito à posse e moradia.

Três são os requisitos para aquisição do domínio pela usucapião: a) *posse* (que deve ser mansa, pacífica e com *animus domini*, ou seja, vontade de ser dono e mostrar que possui a coisa como se fosse sua, sem oposição); b) *espaço temporal* (a posse deve demorar o tempo previsto em lei); c) *coisa hábil* (a lei deve admitir a aquisição da posse pela usucapião. Por exemplo, segundo o art. 183, § 3º, da CF, os imóveis públicos não serão adquiridos pela usucapião).

Existem dez modalidades de usucapião, conforme disciplina a doutrina. São elas: a) usucapião extraordinária; b) usucapião extraordinária com prazo reduzido; c) usucapião ordinária; d) usucapião ordinária com prazo reduzido; e) usucapião especial urbana; f) usucapião especial rural; g) usucapião coletiva; h) usucapião em defesa na ação reivindicatória; i) usucapião indígena; j) usucapião especial urbana por abandono de lar. No nosso trabalho, interessa agora examinar a "usucapião especial urbana", prevista especialmente no art. 183 da Constituição Federal.

A usucapião especial urbana está prevista no art. 183 da Constituição Federal, regulamentado pelos arts. 9º a 14 do Estatuto da Cidade e art. 1.240 do Código Civil.

Segundo o art. 183, *caput*, da Constituição Federal, "aquele que possuir como sua área de até duzentos e cinquenta metros quadrados, por cinco anos, ininterruptamente e sem oposição, utilizando-a para sua moradia ou de sua família, adquirir-lhe-á o domínio, desde que não seja proprietário de outro imóvel urbano ou rural". Destarte, segundo o dispositivo constitucional, são os seguintes os requisitos para a aquisição da propriedade por meio da usucapião especial urbana:

Requisitos da usucapião especial urbana (art. 183, CF)
- Área urbana de até 250 metros quadrados
- Prazo de 5 anos ininterruptos
- Posse mansa e pacífica (sem oposição)
- Utilização como moradia ou da família
- Não pode ser proprietário de outro imóvel urbano ou rural

Segundo o art. 183, § 1º, da Constituição, "o título de domínio e a concessão de uso serão conferidos ao homem ou à mulher, ou a ambos, independentemente do estado civil", norma que é repetida pelo art. 9º, § 1º, do Estatuto da Cidade e pelo art. 1.240, § 1º, do Código Civil. Nos termos do art. 183, § 1º, da Constituição, "esse direito não será reconhecido ao mesmo possuidor mais de uma vez".

20.15. POLÍTICA AGRÍCOLA, FUNDIÁRIA E REFORMA AGRÁRIA

A Constituição Federal reserva uma série de artigos sobre a política agrária e fundiária e a reforma agrária, especialmente a função social da propriedade rural (art. 186), a desapropriação para fins de reforma agrária (arts. 184 e 185), política agrícola (art. 187) etc.

20.15.1. Função social da propriedade rural

Como vimos em outras passagens desta obra, o direito à propriedade não é absoluto, somente podendo ser exigido de forma legítima quando cumpre sua "função social", nos termos da lei (constitucional e infraconstitucional). Se, no caso da propriedade urbana, a função social foi praticamente delegada aos contornos da lei infraconstitucional (segundo o art. 182, § 2º, da Constituição Federal, a propriedade urbana cumpre sua função social "quando atende às exigências fundamentais de ordenação da cidade expressas no plano diretor"), a função social da propriedade rural encontra seus requisitos de forma mais detalhada na Constituição Federal, no seu art. 186.

Segundo o art. 186 da Constituição Federal, "a função social é cumprida quando a propriedade rural atende, simultaneamente, segundo critérios e graus de exigência estabelecidos em lei, aos seguintes requisitos: I – aproveitamento racional e adequado; II – utilização adequada dos recursos naturais disponíveis e preservação do meio ambiente; III – observância das disposições que regulam as relações de trabalho; IV – exploração que favoreça o bem-estar dos proprietários e dos trabalhadores".

Esse dispositivo constitucional é regulamentado por algumas normas infraconstitucionais como o *Estatuto da Terra* (Lei n. 4.504/64), o *Código Florestal* (Lei n. 4.771/65) e principalmente a Lei n. 8.629/93. Nas palavras de Ricardo de Carvalho Barros, em trabalho específico sobre o tema, "por mais rigorosos que possam parecer os requisitos da função social da propriedade rural, esta apenas e tão somente estará cumprida se a propriedade rural atender, de forma conjunta, as determinações expressas nos incisos do artigo 186, ou seja, se atender as finalidades ecológica, trabalhista e social"[116] (grifamos). Analisemos, separadamente, os requisitos cumulativos:

I – Aproveitamento racional adequado (art. 186, I, CF): como afirma Ricardo de Carvalho Barros, "o aproveitamento racional e adequado da terra, que, no *Estatuto da Terra* corresponde ao requisito 'níveis satisfatórios de produtividade', é mensurado objetivamente pelos graus de utilização (GUT) e de eficiência na exploração (GEE), fixados em 80% ou mais para o primeiro, e 100% ou mais para o segundo. É evidente que o primeiro requisito da função social da propriedade rural possui caráter objeto calcado nos índices de produtividade previamente estabelecidos em lei que, se não cumpridos, ensejarão a aplicação do artigo 184, da Constituição Federal"[117].

II – Utilização adequada dos recursos naturais disponíveis e preservação do meio ambiente (art. 186, II, CF): a lei infraconstitucional (Lei n. 8.629/93) considera adequada a utilização dos recursos naturais disponíveis, desde que respeitada a vocação natural da terra de modo a garantir o potencial da produtividade, preservando-se as características próprias do meio natural e qualidade dos recursos naturais (art. 9º, §§ 1º e 2º, da referida lei).

III – Observância das leis que regulam as relações de trabalho (art. 186, III, CF): segundo o art. 9º, § 4º, da Lei n. 8.629/93, integra a função social da propriedade rural o "respeito às leis trabalhistas e aos acordos coletivos de trabalho, como as disposições que disciplinam os contratos de arrendamento e parcerias rurais". Discute-se na doutrina a intensidade das violações trabalhistas capazes de ensejar o descumprimento desse requisito constitucional. Enquanto alguns entendem que uma única infração trabalhista, sujeita a multa ou sentença judicial desfavorável já justificaria a aplicação desse dispositivo constitucional, outros entendem que a ofensa às relações trabalhistas, para fins de desapropriação, "deverá ser aquela a ameaçar a consecução da dignidade da pessoa humana, dos objetivos fundamentais da República Federativa do Brasil e do próprio emprego em si"[118].

IV – Exploração que favoreça o bem-estar dos proprietários e dos trabalhadores (art. 186, IV, CF): nos termos do art. 9º, § 5º, da n. Lei n. 8.629/93, "a exploração que favorece o bem-estar dos proprietários e trabalhadores rurais é a que objetiva o atendimento das necessidades básicas dos que trabalham a terra, observa as normas de segurança do trabalho e não provoca conflitos e tensões sociais no imóvel".

20.15.2. Desapropriação para fins de reforma agrária

Como dispõe o art. 5º, XXIV, da Constituição Federal, para proteção do direito à propriedade, a desapropriação ocorrerá "mediante justa e prévia indenização em dinheiro, ressalvados

---

116. *A Função Social da Propriedade Rural como Vetora da Promoção da Dignidade do Trabalho Humano no Campo*, p. 71.
117. Op. cit., p. 71.
118. Op. cit., p. 88. Continua o autor: "As simples infrações passíveis de multas aplicadas pelo Ministério do Trabalho e Emprego por meio de suas delegacias e de restituição de valores pecuniários determinados por sentenças judiciais transitadas em julgado não possuem força suficiente para relegar em segundo plano o princípio fundamental da propriedade privada. Apenas as infrações às disposições que regulam as relações do trabalho capazes de rebaixar o homem à mínima condição de dignidade humana é que autorizarão a aplicação do enunciado 184 do diploma Constitucional, pois haverá infração não somente às disposições trabalhistas, mas a todo o corpo normativo constitucional" (p. 88). No nosso entender, é necessário um juízo de razoabilidade no caso. Entendemos que uma única violação das regras trabalhistas não justifica a aplicação do dispositivo constitucional, mas sim a reiteração de infrações, que demonstra o desprezo reiterado do proprietário aos direitos dos trabalhadores rurais.

os casos previstos nesta Constituição". A desapropriação da propriedade rural que não cumpre sua função social, para fins de reforma agrária, é uma dessas exceções.

Segundo o art. 184, *caput*, da Constituição Federal, "compete à União desapropriar por interesse social, para fins de reforma agrária, o imóvel rural que não esteja cumprindo sua função social, mediante prévia e justa indenização em títulos da dívida agrária, com cláusula de preservação do valor real, resgatáveis no prazo de até vinte anos, a partir do segundo ano de sua emissão, e cuja utilização será definida em lei". A lei referida no texto constitucional é a Lei n. 8.629/93.

Primeiramente, como determina a Constituição Federal, a desapropriação para fins de reforma agrária, é de competência da União, não podendo ser feita por estados e municípios, como já decidiu o STF: "os Estados-Membros e os Municípios não dispõem do poder de desapropriar imóveis rurais, por interesse social, para efeito de reforma agrária, inclusive para fins de implementação de projetos de assentamento rural ou de estabelecimento de colônias agrícolas" (RE 496.861 AgR, rel. Min. Celso de Mello, 2ª T., j. 30-6-2015).

Outra determinação constitucional é de que a indenização deve ser "justa" e se referir ao "valor real" do imóvel. Por essa razão, decidiu o STF que "determinar a incidência automática de um percentual qualquer – no caso, de 60% – para reduzir o valor do imóvel regularmente definido por perito judicial, sem que seja demonstrada a sua efetiva depreciação em razão da presença de posseiros no local ofende o princípio constitucional da justa indenização" (RE 348.769, rel. Min. Sepúlveda Pertence, 1ª T., j. 2-5-2006).

Todavia, ao contrário da desapropriação regular, na qual a indenização é prévia e justa em dinheiro, na indenização para fins de reforma agrária a indenização será "em títulos da dívida agrária", prevista no art. 184, *caput*, da Constituição Federal e regulamentada pela Lei n. 8.629/93.

Os "títulos da dívida agrária" foram criados no ano de 1964, no Programa Nacional de Reforma Agrária. À época, eram *cartulares*, ou seja, só existiam fisicamente, como papel, podendo ser nominais ou ao portador. A partir de 1992, esses títulos passaram a ser emitidos pelo Tesouro Nacional, não são mais *cartulares*, mas *escriturais*, sendo regulamentados pelo Decreto n. 578/92.

Segundo o art. 184, § 1º, da Constituição Federal, "as benfeitorias úteis e necessárias serão indenizadas em dinheiro". Enquanto as *benfeitorias necessárias* são aquelas que têm por fim conservar ou evitar que o bem se deteriore (art. 96, § 3º, CC), as *benfeitorias úteis* são aquelas que aumentam ou facilitam o uso da coisa, tornando-a mais útil (art. 96, § 2º, CC).

Por fim, verificando-se que a propriedade rural é produtiva e não viola a função social da propriedade, não poderá ser objeto da *desapropriação-sanção*, mas poderá ocorrer a desapropriação regular, "passando o processo de indenização, em princípio, a submeter-se às regras constantes do inciso XXIV do artigo 5º da CF, mediante justa e prévia indenização em dinheiro" (MS 22.193, rel. Min. Mauricio Corrêa, Pleno, j. 21-3-1996).

20.15.2.1. Procedimento

Segundo o art. 184, § 3º, da Constituição Federal, "cabe à lei complementar estabelecer procedimento contraditório especial, de rito sumário, para o processo judicial de desapropriação". Trata-se da Lei Complementar n. 76/93.

Segundo o art. 2º, *caput*, da referida Lei Complementar, "a desapropriação de que trata esta lei é de competência privativa da União e será precedida de decreto declarando o imóvel de interesse social, para fins de reforma agrária". Por exemplo, no dia 15 de junho de 2021, o Presidente da República, por meio do Decreto n. 10.723/2021, declarou de interesse social, para fins de desapropriação, os imóveis rurais com domínio válido abrangido pelo território quilombola Pedro Cubas, no interior do estado de São Paulo.

A referida lei complementar traz inúmeras e importantes observações acerca do processo judicial para a desapropriação. A ação de desapropriação será proposta no prazo de 2 (dois) anos, a contar da publicação do decreto declaratório (art. 3º), na Justiça Federal (art. 2º, § 1º), devendo o Ministério Público intervir, obrigatoriamente, antes de cada decisão proferida no processo (art. 18, § 2º).

20.15.2.2. Orçamento

Segundo o art. 184, § 4º, da Constituição Federal, "o orçamento fixará anualmente o volume total de títulos da dívida agrária, assim como o montante de recursos para atender ao programa de reforma agrária no exercício". Por conta da crise econômica decorrente da pandemia do coronavírus, houve uma intensa redução orçamentária da Reforma Agrária (de centenas de milhões anuais, o orçamento de 2021 destinou 12 milhões para a reforma agrária) não tendo ocorrido, no ano de 2021, nenhuma desapropriação para esse fim. Diante da omissão do Poder Público, foi ajuizada no STF a ADPF 769. Todavia, o STF afirmou que nem sequer julgou o mérito da ação, sob o argumento de que "ao Supremo não cabe substituir-se ao Executivo federal, implementando política neste ou naquele sentido. A arguição de descumprimento de preceito fundamental alcança controle de constitucionalidade e não a política governamental que deva ser implementada. Há de observar-se em época de crise, como a atual, os parâmetros constitucionais e legais, evitando-se a doção de medidas discrepantes da ordem jurídica" (ADPF 769, decisão do Min. Marco Aurélio, 9-6-2021).

20.15.2.3. Isenção tributária

Segundo o art. 184, § 5º, da Constituição Federal, "são isentas de impostos federais, estaduais e municipais as operações de transferência de imóveis desapropriados para fins de reforma agrária". Essa isenção se dá porque os valores recebidos pelo expropriado, inclusive os juros moratórios e compensatórios, caracterizam-se como indenização. Dessa maneira, não configuram nova propriedade, aumento da riqueza.

Nesse sentido, decidiu o STJ: "a jurisprudência do Superior Tribunal de Justiça firmou-se no sentido da não incidência da exação sobre as verbas auferidas a título de indenização advinda de desapropriação, seja por necessidade ou utilidade pública ou por interesse social, porquanto não representam acréscimo patrimonial" (REsp 1.116.460/2009, 1ª S., rel. Min. Luiz Fux, j. 9-12-2009).

20.15.2.4. Imóveis que não podem ser desapropriados para fins de reforma agrária

Segundo o art. 185 da Constituição Federal, "são insuscetíveis de desapropriação para fins de reforma agrária: I – a pequena e média propriedade rural, assim definida em lei, desde que seu proprietário não possua outra; II – a propriedade produtiva". Podemos sistematizar da seguinte maneira os imóveis rurais que não podem ser desapropriados, para fins de reforma agrária:

a) pequena propriedade rural (desde que o seu proprietário não possua outra): o conceito de pequena propriedade rural está no art. 4º, II, da Lei n. 8.629/93 (imóvel com "área até quatro módulos fiscais, respeitada a fração mínima de parcelamento"). O tamanho dos *módulos fiscais*, fixado em hectares pelo Incra, varia de acordo com cada município, levando-se em consideração o tipo predominante de exploração no município, a renda média, variando entre 5 e 110 hectares. Como já decidiu o STF, "é possível decretar-se a *desapropriação-sanção*, mesmo que se trate de pequena ou de média propriedade rural, se resultar comprovado que o proprietário afetado pelo ato presidencial também possui outra propriedade imobiliária rural" (MS 24.595, rel. Min. Celso de Mello, Pleno, j. 20-9-2006).

b) média propriedade rural (desde que o seu proprietário não possua outra): o conceito de média propriedade rural está no art. 4º, III, da Lei n. 8.629/93 ("área superior a 4 (quatro) e até 15 (quinze) módulos fiscais"). O STF já decidiu que o desdobramento do imóvel, ainda que ocorrido durante a fase administrativa da desapropriação, se resultar em propriedades rurais médias ou pequenas, impossibilita a desapropriação-sanção (MS 22.591, rel. Min. Moreira Alves, Pleno, j. 20-8-1999).

c) propriedade produtiva: segundo o art. 6º da Lei n. 8.629/93, "considera-se propriedade produtiva aquela que, explorada econômica e racionalmente, atinge, simultaneamente, graus de utilização da terra e de eficiência na exploração, segundo índices fixados pelo órgão federal competente". O grau de utilização da terra deve ser igual ou superior a 80% (art. 6º, § 1º) e o grau de eficiência na exploração da terra deve ser igual ou superior a 100% (art. 6º, § 2º).

Nos termos do art. 185, parágrafo único, da Constituição Federal, "a lei garantirá tratamento especial à propriedade produtiva e fixará normas para o cumprimento os requisitos relativos à sua função social". Trata-se, principalmente, da Lei n. 8.629/93.

20.15.2.5. Desapropriação de imóvel invadido por movimentos sociais

O STF já decidiu que a invasão da terra por movimentos sociais (como o MST – Movimento dos Sem Terra), por configurar o ato ilícito do esbulho possessório, pode afastar a alegação do descumprimento da função social da propriedade e, por isso, invalidar o decreto destinado à desapropriação-sanção: "a prática ilícita do esbulho possessório que compromete a racional e adequada exploração do imóvel rural qualifica-se, em face do caráter extraordinário que decorre dessa anômala situação, como hipótese configuradora de força maior, constituindo, por efeito da incidência dessa circunstância excepcional, causa inibitória da válida edição do decreto presidencial consubstanciador da declaração expropriatória, por interesse social, para fins de reforma agrária, notadamente naqueles casos em que a direta e imediata ação predatória desenvolvida pelos invasores culmina por frustrar a própria realização da função social inerente à propriedade" (AgRg em MS 32.752/DF, Pleno, rel. Celso de Mello, j. 17-6-2015).

Concordamos, apenas em parte, com a posição do STF. Indubitavelmente, o Direito não pode compactuar com o esbulho possessório, ainda que haja evidências da existência de grandes propriedades rurais improdutivas, que violam a função social da propriedade. Não obstante, o esbulho possessório (a invasão de uma propriedade rural pelo "Movimento dos Sem-terra", por exemplo), por si só, não é capaz de apagar a violação da função social da propriedade. Em outras palavras, se a invasão da terra for a causadora da sua improdutividade, evidentemente não poderá ser ela desapropriada. Todavia, se restar provas de que o proprietário não cumpria a função social da propriedade por vários anos, sem qualquer relação com a invasão superveniente, não há que se invalidar o processo de desapropriação. O proprietário não pode se beneficiar indevidamente da omissão do Estado. Ora, é sabido e consabido por todos que os mais ricos são capazes de influenciar os detentores do Poder Público. Punir apenas os mais pobres que, num ato de desespero, invadem terras improdutivas não consiste em fazer justiça, mas perpetuar a injustiça.

20.15.3. Política agrícola

Nos termos do art. 187 da Constituição Federal, "a política agrícola será planejada e executada na forma da lei, com a participação efetiva do setor de produção, envolvendo produtores e trabalhadores rurais, bem como dos setores de comercialização, de armazenamento e de transportes, levando em conta, especialmente: I – os instrumentos creditícios e fiscais; II – os preços compatíveis com os custos de produção e a garantia de comercialização; III – o incentivo à pesquisa e à tecnologia; IV – a assistência técnica e extensão rural; V – o seguro agrícola; VI – o cooperativismo; VII – a eletrificação rural e irrigação; VIII – a habitação para o trabalhador rural".

Trata-se da Lei n. 8.171/91, que dispõe sobre pesquisa agrícola (arts. 11 a 14), assistência técnica e extensão rural (arts. 16 a 18), produção, comercialização, abastecimento e armazenagem (arts. 31 a 42), cooperativismo (art. 45), eletrificação rural (arts. 93 a 95) etc.

Segundo o art. 187, § 1º, da Constituição Federal, "incluem-se no planejamento agrícola as atividades agroindustriais, agropecuárias, pesqueiras e florestais". Por sua vez, o § 2º do mesmo dispositivo constitucional afirma que "serão compatibilizadas as ações de política agrícola e de reforma agrária". Trata-se de uma norma importante, segundo a qual o Estado não pode prestigiar apenas e tão somente a política agrícola, abandonando a reforma agrária (ou vice-versa). A escolha por apenas um desses valores é capaz de ensejar cada vez mais conflitos sociais, invasões de propriedade, massacres no campo etc.

20.15.4. Terras públicas

Segundo o art. 188 da Constituição Federal, "a destinação de terras públicas e devolutas será compatibilizada com a política agrícola e com o plano nacional de reforma agrária". Trata-se de um dispositivo constitucional que determina a ponderação entre os valores da "política agrícola" e da "reforma agrária", em se tratando de terras públicas e devolutas. Tal ponderação deve ser de iniciativa do Poder Público, no momento de fazer as respectivas dotações orçamentárias para as políticas públicas nas duas áreas, bem como pelo próprio legislador, que trata da questão nos arts. 10 e 11 da Lei n. 4.504/64 (*Estatuto da Terra*).

O art. 188, § 1º, da Constituição Federal determina que "a alienação ou a concessão, a qualquer título, de terras públicas com área superior a dois mil e quinhentos hectares a pessoa física ou jurídica, ainda que por interposta pessoa, dependerá de prévia aprovação do Congresso Nacional", não se aplicando tal regra quanto às alienações ou concessões de terras públicas para fins de reforma agrária (art. 188, § 2º, CF).

Trata-se de uma aprovação prévia que deve ser feita pelo Congresso Nacional, prevista no art. 49, XVII, da Constituição Federal: "É da competência exclusiva do Congresso Nacional: XVII – aprovar, previamente, a alienação ou concessão de terras públicas com área superior a dois mil e quinhentos hectares". Como ocorre nos demais temas previstos no art. 49 da Constituição Federal, tal aprovação prévia deverá ocorrer por *decreto legislativo*, votado nas duas Casas do Congresso Nacional, aprovado por maioria simples de seus membros.

20.15.5. Beneficiários dos imóveis da reforma agrária

Segundo o art. 189 da Constituição Federal, "os beneficiários da distribuição de imóveis rurais pela reforma agrária receberão títulos de domínio ou de concessão de uso, inegociáveis pelo prazo de dez anos".

A Instrução Normativa n. 97/2018 do Incra (Instituto Nacional de Colonização e Reforma Agrária) regulamenta os procedimentos administrativos de distribuição dos imóveis rurais em projetos de reforma agrária, prevendo o *Contrato de Concessão de Uso – CCU*, o *Contrato de Direito Real de Uso – CDRU* e o *Título de Domínio*. Todos esses títulos, por determinação constitucional, são inegociáveis por 10 (dez) anos. Passados esses 10 (dez) anos, a propriedade passa a ser negociável, exceto nos casos que a lei fixar[119].

Nos termos do art. 189, parágrafo único, da Constituição Federal, "o título de domínio e a concessão de uso serão conferidos ao homem ou à mulher, ou a ambos, independentemente do estado civil, nos termos e condições previstos em lei". Trata-se da Lei n. 8.629/93, que regulamenta a reforma agrária. Segundo o art. 18, § 13, "os títulos de domínio, a concessão de uso ou a CDRU a que se refere o *caput* deste artigo serão conferidos ao homem, na ausência de cônjuge ou companheira, à mulher, na ausência de cônjuge ou companheiro, ou ao homem e à mulher, obrigatoriamente, nos casos de casamento ou união estável".

20.15.6. Aquisição de terras por estrangeiros

Nos termos do art. 190, da Constituição Federal, "a lei regulará e limitará a aquisição ou o arrendamento de propriedade rural por pessoa física ou jurídica estrangeira e estabelecerá os casos que dependerão de autorização do Congresso Nacional". Trata-se da Lei n. 5.709/71.

Quanto às pessoas físicas estrangeiras, segundo o art. 3º dessa norma, "a aquisição de imóvel rural por pessoa física estrangeira não poderá exceder a 50 (cinquenta) módulos de exploração indefinida, em área contínua ou descontínua", sendo que não será necessária autorização ou licença quando o imóvel não for superior a 3 (três) módulos (art. 3º, § 1º) ou quando o proprietário tiver filho brasileiro ou for casado com brasileiro sob o regime de comunhão de bens (Instrução Normativa n. 94/2018 do Incra). A aquisição de imóvel rural entre 3 (três) e 50 (cinquenta) módulos depende de autorização do Incra (art. 8º, Instrução Normativa n. 94/2018, do Incra). A aquisição de imóvel rural superior a 50 (cinquenta) módulos depende de autorização do Congresso Nacional.

Já as pessoas jurídicas estrangeiras "só poderão adquirir imóveis rurais destinados à implantação de projetos agrícolas, pecuários, industriais ou de colonização, vinculados aos seus objetivos estatutários" (art. 5º, *caput*). As aquisições superiores a 100 (cem) módulos de exploração indefinida dependem de autorização do Congresso Nacional (art. 23, § 2º, Lei n. 8.629/93).

---

119. Por exemplo, segundo o art. 25 da referida Instrução Normativa, "decorrido o prazo de 10 (dez) anos e cumpridas as condições resolutivas, a propriedade objeto do TD é negociável por ato *inter vivos*, sendo vedada a incorporação da área titulada a outro imóvel cuja área final ultrapasse 04 (quatro) módulos fiscais" (grifamos).

Por fim, segundo o art. 12 da Lei n. 5.709/71, "a soma das áreas rurais pertencentes a pessoas estrangeiras, físicas ou jurídicas, não poderá ultrapassar a um quarto da superfície dos Municípios onde se situem, comprovada por certidão do Registro de Imóveis, com base no livro auxiliar de que trata o art. 10".

20.15.6.1. Imóveis na faixa de fronteira

Segundo o art. 20, § 2°, da Constituição Federal, "a faixa de até cento e cinquenta quilômetros de largura, ao longo das fronteiras terrestres, designada como faixa de fronteira, é considerada fundamental para defesa do território nacional, e sua ocupação e utilização serão reguladas em lei". Dessa maneira, os imóveis rurais existentes na faixa de fronteira têm um tratamento ainda mais diferenciado.

Segundo o art. 29 da Instrução Normativa n. 94/2018 do Incra, "Em se tratando de imóvel localizado em faixa de fronteira ou em área indispensável à segurança nacional, assim como nos casos em que o somatório das áreas arrendadas ou adquiridas por estrangeiro, pessoa física exceder 50 (cinquenta) MEI ou por pessoa jurídica estrangeira ou pessoa jurídica brasileira a ela equiparada 100 (cem) MEI, a sua aquisição ou o seu arrendamento por estrangeiro ficam condicionados, respectivamente, à autorização pelo Presidente da República, ouvido o Conselho de Segurança Nacional, ou pelo Congresso Nacional".

Deverá ocorrer manifestação prévia do Conselho de Segurança Nacional e, nos termos do art. 29, § 3°, da sobredita Instrução Normativa, "caso o Conselho de Defesa Nacional não assinta com o requerimento do estrangeiro interessado, o Incra não expedirá a autorização para a aquisição ou arrendamento do imóvel rural".

20.15.7. Usucapião especial rural

Segundo o art. 191 da Constituição Federal, "aquele que, não sendo proprietário de imóvel rural ou urbano, possua como seu, por cinco anos ininterruptos, sem oposição, área de terra, em zona rural, não superior a cinquenta hectares, tornando-a produtiva por seu trabalho ou de sua família, tendo nela sua moradia, adquirir-lhe-á a propriedade". Os mesmos requisitos foram transcritos no art. 1.239 do Código Civil.

Esse dispositivo constitucional é regulamentado pela Lei n. 6.969/81, que trata dos requisitos e do procedimento da ação especial de usucapião, que será processada e julgada na comarca da situação do imóvel (art. 4°, *caput*).

Segundo o respectivo dispositivo constitucional, são necessários os seguintes requisitos cumulativos para que haja a aquisição da propriedade rural pela usucapião:

Requisitos da usucapião especial urbana (art. 191, CF)	– área rural de até 50 hectares – prazo de 5 anos ininterruptos – posse mansa e pacífica (sem oposição) – não pode ser proprietário de outro imóvel urbano ou rural – o possuidor tornou o imóvel produtivo por seu trabalho ou da família – o possuidor deve morar no imóvel

Para que seja julgado procedente o pedido da ação de usucapião, os requisitos devem estar presentes cumulativamente: "para o reconhecimento da usucapião especial rural, exige-se a comprovação de posse mansa, pacífica e ininterrupta por pelo menos cinco anos, sobre imóvel rural de até 50 hectares, além de sua utilização como moradia e exploração produtiva. Faltando qualquer desses requisitos, a improcedência do pedido é medida que se impõe" (TJ/MG, AC 10699120039051002, rel. Cláudia Maia, j. 13-9-2018).

Assim como ocorre na usucapião especial urbana, o art. 191, parágrafo único, da Constituição Federal afirma que "os imóveis públicos não serão adquiridos por usucapião".

20.16. SISTEMA FINANCEIRO NACIONAL

Segundo o art. 192 da Constituição Federal, "o sistema financeiro nacional, estruturado de forma a promover o desenvolvimento equilibrado do País e a servir aos interesses da coletividade, em todas as partes que o compõem, abrangendo as cooperativas de crédito, será regulado por leis complementares que disporão, inclusive, sobre a participação do capital estrangeiro nas instituições que o integram".

O *Sistema Financeiro Nacional* (SFN) é o conjunto de Órgãos de Regulação e Instituições que operam os instrumentos financeiros do sistema com o objetivo de transferir recursos dos agentes econômicos (pessoas, empresas e governos) superavitários para os deficitários. É por meio do *Sistema Financeiro Nacional* (SFN) que as pessoas, empresas e governo circulam a maior parte de seus ativos, pagam suas dívidas e realizam seus investimentos.

Segundo o referido dispositivo constitucional, a legislação que regulamenta o *Sistema Financeiro Nacional*, ao estruturá-lo, deve buscar "o desenvolvimento equilibrado do País e a servir aos interesses da coletividade". Por exemplo, o art. 3º da Lei n. 4.595/64 prevê que um dos objetivos do Conselho Monetário Nacional é "propiciar, nas diferentes regiões do País, condições favoráveis ao desenvolvimento harmônico da economia nacional".

20.16.1. Leis complementares

A redação originária do art. 192 fazia referência à "lei complementar" (no singular) sobre a regulamentação do SFN (*Sistema Financeiro Nacional*), surgindo a dúvida sobre a possibilidade de edição de várias leis complementares sobre o tema ou sobre a necessidade de edição de uma única lei[120].

Essa polêmica deixou de existir com a alteração da redação do art. 192 da Constituição Federal, ocorrida com a Emenda Constitucional n. 40/2003, que passou a fazer expressa previsão a "leis complementares", no plural.

Dentre as leis complementares que regem o SFN (Sistema Financeiro Nacional), podemos mencionar a Lei Complementar n. 179/2021 (que define os objetivos do Banco Central do Brasil e dispõe sobre sua autonomia).

A mais importante lei que regula o *Sistema Financeiro Nacional* (SFN) é a Lei n. 4.595/64. Não obstante, trata-se de uma lei ordinária editada antes da Constituição de 1988. Isso

---

120. Sobre essa discussão, escreveu Virgílio Afonso da Silva: "Na concepção do relator da proposta de emenda e de vários outros autores que escreveram sobre o tema, a regulamentação do sistema financeiro nacional deve ser feita, por imposição do *caput* do art. 192, por meio de uma *única* lei complementar. [...] A tese da necessidade de lei única, baseada na menção à *lei complementar* no singular é tão frágil que não há muito que argumentar em sentido contrário. Basta ler a Constituição com um pouco de vagar, para perceber que a previsão de lei complementar, no singular, não indica necessidade de uma lei única". (*A Regulamentação do Sistema Financeiro Nacional*, p. 10).

significa que ela não foi recepcionada? Pelo contrário. Segundo decidido pelo Supremo Tribunal Federal, a Lei ordinária que regulamenta o *Sistema Financeiro Nacional* foi recepcionada como lei complementar, como decidiu há tempos o próprio Supremo Tribunal Federal, na ADI 4. Isso porque a recepção tem o poder de alterar a natureza normativa da lei, desde que o conteúdo seja compatível com a nova Constituição. Dessa maneira, qualquer alteração na legislação sobre o *Sistema Financeiro Nacional* deverá ser feita por Lei Complementar (como ocorreu com a Lei Complementar n. 179/2021, que deu autonomia ao Banco Central do Brasil.

20.16.2. Estrutura

Podemos sistematizar a estrutura do Sistema Financeiro Nacional em três áreas de atuação: a) moeda, crédito, capitais e câmbio; b) seguros privados; c) previdência fechada.

O principal ramo do *Sistema Financeiro Nacional* é a moeda, crédito, capitais e câmbio. Nesse caso, o SFN cuida diretamente de quatro tipos de mercado: 1) mercado monetário: é o mercado que fornece à economia papel-moeda e moeda escritural, aquela depositada em conta corrente; 2) mercado de crédito: é o mercado que fornece recursos para o consumo das pessoas em geral e para o funcionamento das empresas; 3) mercado de capitais: é o mercado que permite às empresas em geral captar recursos de terceiros e, portanto, compartilhar os ganhos e os riscos; 4) mercado de câmbio: é o mercado de compra e venda de moeda estrangeira.

Quanto aos *Seguros Privados*, é o ramo do SFN para quem busca seguros privados, contratos de capitalização e previdência complementar aberta. O mercado de seguros privados é o mercado que oferece serviços de proteção contra riscos; a previdência complementar aberta é um tipo de plano para aposentadoria, poupança ou pensão. Funciona à parte do regime geral de previdência e aceita a participação do público em geral. Por fim, os contratos de capitalização são os acordos em que o contratante deposita valores, podendo recebê-los de volta com juros e concorrer a prêmios.

Por fim, a *Previdência Fechada* é voltada para funcionários de empresas e organizações. O ramo dos fundos de pensão trata de planos de aposentadoria, poupança ou pensão para funcionários de empresas, servidores públicos e integrantes de associações ou entidades de classe.

Podemos assim sistematizar a estrutura do *Sistema Financeiro Nacional*:

	MOEDA, CRÉDITO, CAPITAIS E CÂMBIO		SEGUROS PRIVADOS	PREVIDÊNCIA FECHADA
Órgãos normativos	CMN (Conselho Monetário Nacional)		CNSP (Conselho Nacional de Seguros Privados)	CNPC (Conselho Nacional de Previdência Complementar)
Supervisores	BC (Banco Central do Brasil)	CVM (Comissão de Valores Mobiliários)	Susep (Superintendência de Seguros Privados)	Previc (Superintendência Nacional de Previdência Complementar)
Operadores	Bancos e Caixas Econômicas	Bolsa de valores	Seguradoras e resseguradores	Entidades fechadas de previdência complementar (fundos de pensão)
	Cooperativas de crédito	Bolsa de mercadorias e futuros	Entidades abertas de previdência	

Operadores	Instituições de pagamento		Sociedades de capitalização	
	Administradoras de consórcios			
	Corretoras e distribuidoras			
	Instituições não bancárias			

20.16.2.1. Conselho Monetário Nacional

O *Conselho Monetário Nacional (CMN)* é o órgão superior do *Sistema Financeiro Nacional* e tem a responsabilidade de formular a política da moeda e do crédito. Seu objetivo é garantir a estabilidade da moeda e o desenvolvimento econômico e social do país. O *Conselho Monetário Nacional (CMN)* foi criado, junto ao Banco Central, pela Lei n. 4.595/64.

20.16.2.2. Banco Central do Brasil (sua autonomia e a posição do STF)

O Banco Central é uma autarquia de natureza especial, criado pela Lei n. 4.595/64 e com autonomia estabelecida pela Lei Complementar n. 179/2021. Ele tem como missão garantir a estabilidade do poder de compra da moeda, zelar por um sistema financeiro sólido, eficiente e competitivo, e fomentar o bem-estar econômico e social. É responsável por executar a estratégia estabelecida pelo Conselho Monetário Nacional (CMN) para manter a inflação sob controle e atua como secretaria executiva desse órgão.

A Lei Complementar n. 179/2021 deu maior autonomia ao Banco Central do Brasil, concedendo mandatos fixos de quatro anos ao seu presidente e aos oito diretores, não coincidentes com os do presidente da República responsável pelas nomeações, com a possibilidade de uma recondução.

A referida lei teve sua constitucionalidade questionada perante o Supremo Tribunal Federal (ADI 6.696), por possível vício de iniciativa. Isso porque, segundo os autores da ação, a iniciativa teria sido do Senado Federal, e não do presidente da República, que teria iniciativa privativa, por se tratar de órgão da Administração Pública, nos termos do art. 61, § 1º, II, *e* ("criação e extinção de Ministérios e órgãos da Administração Pública"). A maioria dos ministros entendeu que a lei é constitucional porque não criado Ministério ou órgão da administração, nem alterado regime jurídico de servidores públicos. Como afirmou o ministro Gilmar Mendes, o escopo da norma foi reformular o desenho institucional do Sistema Financeiro Nacional. Alguns ministros (Alexandre de Moraes, Edson Fachin e Cármen Lúcia), embora tenham entendido que o projeto era de iniciativa privativa do presidente da República, afirmaram que o projeto de Lei Complementar apreciado pelo Senado tinha conteúdo idêntico a um projeto de lei apresentado pelo presidente da República, o que sanaria sua possível inconstitucionalidade formal. Foram votos vencidos os ministros Ricardo Lewandowski e Rosa Weber.

20.16.2.3. Comissão de Valores Mobiliários (CVM)

Como afirma Elisabete Vido, inicialmente "o Banco Central era responsável pelo mercado de capitais, mas no final da década de 1960, em virtude dos incentivos criados pelo Governo

Federal, um grande volume de recursos foi levado ao mercado de capitais, aumentando rapidamente a procura por ações pelos investidores, sem que houvesse um aumento correspondente na oferta das novas emissões de ações de empresas"[121].

Por isso, a *Comissão de Valores Mobiliários (CVM)*, uma autarquia em regime especial vinculada ao Ministério da Economia, é um órgão que tem a mesma hierarquia do Banco Central, tendo sido criada pela Lei n. 6.385/76. Segundo o art. 6º da referida lei, "a Comissão de Valores Mobiliários será administrada por um Presidente e quatro Diretores, nomeados pelo Presidente da República, depois de aprovados pelo Senado Federal, dentre pessoas de ilibada reputação e reconhecida competência em matéria de mercado de capitais".

Dentre as competências da *CVM (Comissão de Valores Mobiliários)* está a fiscalização permanente das atividades e serviços do mercado de valores mobiliários e fiscalizar e inspecionar as companhias abertas (sociedades anônimas abertas), nos termos do art. 8º, III e V, da sobredita lei. Como afirma Elisabete Vido, "o Mercado de Capitais é um sistema de distribuição de títulos emitidos pela S.A., reunindo de um lado as S.A. abertas, autorizadas a disponibilizar títulos para captar recursos no mercado, e de outro lado pessoas que dispõem de recursos para investir nesse mercado. [...] Para a S.A., a oferta de títulos no mercado de capitais é uma forma de levantar recursos para manter e viabilizar seu desenvolvimento econômico, e, para os investidores, mais uma opção de investimento"[122].

20.16.2.4. Cooperativas de crédito

Dentre as instituições que integram o *Sistema Financeiro Nacional* (SFN), o art. 192, da Constituição Federal faz menção expressa a apenas uma delas: a cooperativa de crédito.

Cooperativa de crédito é uma instituição financeira formada pela associação de pessoas para prestar serviços financeiros exclusivamente aos seus associados. Os cooperados são ao mesmo tempo donos e usuários da cooperativa, participando de sua gestão e usufruindo de seus produtos e serviços. Nas cooperativas de crédito, os associados encontram os principais serviços disponíveis nos bancos, como conta corrente, aplicações financeiras, cartão de crédito, empréstimos e financiamentos.

As cooperativas de crédito são autorizadas e supervisionadas pelo Banco Central, ao contrário dos outros ramos do cooperativismo, como transporte, educação e agropecuária.

Dentre as normas legais que regulam as cooperativas de crédito, destacam-se a Lei n. 5.764/71 (que define a Política Nacional de Cooperativismo), a Lei Complementar n. 130/2009 (que dispõe sobre o Sistema Nacional de Crédito Cooperativo) e a Resolução n. 4.434/2015 do Conselho Monetário Nacional (que consolida as normas relativas à constituição e ao funcionamento das cooperativas de crédito).

20.16.2.5. Banco Nacional do Desenvolvimento Econômico e Social (BNDES)

Segundo o art. 1º da Lei n. 5.764/71, o *Sistema Financeiro Nacional* é constituído pelo CMN (Conselho Monetário Nacional); BC (Banco Central do Brasil), BB (Banco do Brasil) e demais instituições financeiras públicas e privadas e o Banco Nacional do Desenvolvimento Econômico, nascido BNDE.

---

121. Op. cit., p. 209.
122. Op. cit., p. 208.

Por força da Lei n. 5.662/71, o então BNDE foi enquadrado na categoria de empresa pública, dotado de personalidade jurídica de direito privado e patrimônio próprio, vinculado ao Ministério do Planejamento. Em 1982, o Banco passou a se chamar Banco Nacional de Desenvolvimento Econômico e Social (BNDES).

20.16.3. Participação de capital estrangeiro

Segundo a parte final do art. 192 da Constituição Federal, as leis complementares que disporão sobre o *Sistema Financeiro Nacional (SFN)* também regularão "a participação do capital estrangeiro nas instituições que o integram".

A Lei n. 4.131/62 regula a aplicação do capital estrangeiro no país e, segundo seu art. 2º, "ao capital estrangeiro que se investir no País, será dispensado tratamento jurídico idêntico ao concedido ao capital nacional em igualdade de condições, sendo vedadas quaisquer discriminações não previstas na presente lei" (grifamos). A referida lei traz o procedimento de registro de capitais estrangeiros (art. 4º), com prazo de trinta dias (art. 5º), dentre outros detalhes.

Conteúdo digital – Acesse: https://somos.in/CDC7

Conteúdo em vídeo
Questões com gabarito comentado

21

ORDEM SOCIAL E REFORMA DA PREVIDÊNCIA

Conteúdo disponível exclusivamente na plataforma digital Saraiva Conecta.

Acesse o *link*

https://somos.in/CDC7

ou use seu celular para ler o *QRCode*

Confira os temas abordados neste capítulo disponível exclusivamente *on-line*:

21.1. Conceito; **21.2.** Seguridade Social: **21.2.1.** Objetivos da Seguridade Social; **21.2.1.1.** Universalidade da cobertura e do atendimento; **21.2.1.2.** Uniformidade e equivalência dos benefícios e serviços às populações urbanas e rurais; **21.2.1.3.** Seletividade e distributividade na prestação dos benefícios e serviços; **21.2.1.4.** Irredutibilidade do valor dos benefícios; **21.2.1.5.** Equidade na forma de participação no custeio; **21.2.1.6.** Diversidade da base de financiamento; **21.2.1.7.** Caráter democrático e descentralizado da Administração, mediante gestão quadripartite; **21.2.1.8.** Outros princípios; **21.2.2.** Custeio da Seguridade Social; **21.3.** Saúde: **21.3.1.** A "judicialização" da saúde; **21.3.1.1.** O STF e os medicamentos de alto custo e sem registro na ANVISA; **21.3.1.1.1.** Remédios experimentais; **21.3.1.1.2.** Remédios sem registro; **21.3.1.1.3.** Competência para acionar o Estado; **21.3.2.** Diretrizes do Sistema Único de Saúde; **21.3.3.** Patamares mínimos de investimento; **21.3.4.** Iniciativa privada; **21.3.5.** Remoção de órgãos; **21.3.5.1.** Incentivos estatais à doação de sangue; **21.3.6.** Atribuições do Sistema Único de Saúde; **21.4.** Previdência Social e Reforma da Previdência: **21.4.1.** A Reforma da Previdência; **21.5.** Assistência Social: **21.5.1.** Objetivos da Assistência Social; **21.5.2.** Diretrizes da Assistência Social; **21.6.** Educação: **21.6.1.** Princípios que regem o ensino; **21.6.1.1.** "Escola Sem Partido" e princípios constitucionais; **21.6.1.2.** Mensalidade e taxa de matrícula em universidades públicas?; **21.6.1.3.** Transferência de alunos servidores públicos federais civis ou militares; **21.6.2.** Universidades; **21.6.2.1.** Constitucionalidade do sistema de cotas;

21.6.3. Níveis e modalidades de educação e ensino; **21.6.4.** Dever do Estado; **21.6.4.1.** Corte de idade para matrícula na educação infantil; **21.6.5.** Iniciativa privada; **21.6.6.** Conteúdos mínimos; **21.6.7.** Ensino religioso nas escolas; **21.6.8.** Competências quanto à educação; **21.6.9.** Patamares mínimos de investimento; **21.6.10.** Financiamento público do ensino privado; **21.6.11.** Plano Nacional de Educação; **21.7.** Cultura: **21.7.1.** Datas comemorativas; **21.7.2.** Plano Nacional de Cultura; **21.7.3.** Patrimônio cultural brasileiro; **21.7.4.** Fomento à cultura; **21.7.5.** Sistema Nacional de Cultura; **21.8.** Desporto: **21.8.1.** Justiça Desportiva; **21.8.2.** Lazer; **21.9.** Ciência, Tecnologia e Inovação: **21.9.1.** Mercado interno; **21.9.2.** Instrumentos de cooperação; **21.9.3.** Sistema Nacional de Ciências, Tecnologia e Inovação (SNCTI); **21.10.** Comunicação Social: **21.10.1.** Liberdade jornalística; **21.10.2.** Competências da União; **21.10.3.** Propaganda de produtos nocivos; **21.10.4.** Vedação do monopólio ou oligopólio; **21.10.4.1.** "A Voz do Brasil"; **21.10.5.** Princípios constitucionais aplicáveis à produção e programação; **21.10.6.** Propriedade de empresas jornalísticas; **21.10.7.** Concessão, permissão e autorização; **21.10.8.** Conselho de Comunicação Social; **21.10.9.** Direito de Antena; **21.11.** Meio Ambiente: **21.11.1.** Deveres do Poder Público; **21.11.2.** Danos ao meio ambiente; **21.11.2.1.** Responsabilidade penal da pessoa jurídica; **21.11.3.** Patrimônio nacional; **21.11.4.** Terras devolutas; **21.11.5.** Usinas nucleares; **21.11.6.** "Emenda da Vaquejada"; **21.11.7.** Uso do amianto; **21.12.** Família: **21.12.1.** Casamento; **21.12.2.** União estável; **21.12.2.1.** União homoafetiva; **21.12.3.** Planejamento familiar; **21.12.3.1.** Planejamento familiar e embriões congelados; **21.12.3.2.** Princípio da paternidade responsável; **21.12.4.** Violência familiar; **21.12.5.** Mudança de registro civil sem mudança de sexo; **21.13.** Criança, Adolescente e Jovem: **21.13.1.** Proteção especial; **21.13.2.** Violência e exploração sexual da criança e do adolescente; **21.13.3.** Adoção; **21.13.4.** Filhos; **21.13.5.** Assistência social de crianças; **21.13.6.** Estatuto da Juventude; **21.13.7.** Inimputabilidade; **21.13.7.1.** Redução da idade penal?; **21.13.8.** Pais e filhos; **21.14.** Idoso; **21.15.** Índios: **21.15.1.** Legislação indígena; **21.15.1.1.** Terras indígenas; **21.15.1.2.** Demarcação das terras indígenas; **21.15.1.3.** Usufruto das riquezas; **21.15.2.** Remoção de grupos indígenas; **21.15.3.** Legitimidade para ingressar em juízo; **21.15.3.1.** Comunidades indígenas demandadas; **21.15.3.2.** Prazos processuais; **21.15.3.3.** Competência; **21.15.3.4.** Legitimidade do Ministério Público; **21.15.3.5.** Legitimidade da Funai.

22

DEFESA DO ESTADO E DAS INSTITUIÇÕES DEMOCRÁTICAS

Conteúdo disponível exclusivamente na plataforma digital Saraiva Conecta.

Acesse o *link*

https://somos.in/CDC7

ou use seu celular para ler o *QRCode*

Confira os temas abordados neste capítulo disponível exclusivamente *on-line*:

22.1. Introdução; **22.2.** Sistema Constitucional das Crises: **22.2.1.** Princípios do sistema constitucional das crises; **22.2.2.** Sistema constitucional das crises nas Constituições brasileiras; **22.2.3.** Episódios ilustrativos da História brasileira; **22.2.4.** Regime de legalidade extraordinária; **22.2.5.** Diferenças entre golpe de Estado e sistema constitucional das crises; **22.3.** Estado de Defesa: **22.3.1.** Previsão constitucional; **22.3.2.** Cabimento; **22.3.3.** Titularidade; **22.3.4.** Procedimento; **22.3.5.** Tempo de duração; **22.3.6.** Medidas coercitivas; **22.3.7.** Controle; **22.3.8.** Quadro esquemático: estado de defesa; **22.4.** Estado de Sítio: **22.4.1.** Previsão constitucional; **22.4.2.** Cabimento: **22.4.3.** Titularidade; **22.4.4.** Procedimento; **22.4.5.** Tempo de duração; **22.4.6.** Medidas coercitivas; **22.4.7.** Controle; **22.4.8.** Quadro esquemático; **22.5.** Diferenças entre Estado de Defesa e Estado de Sítio: **22.6.** Forças Armadas: **22.6.1.** Estrutura; **22.6.2.** Funções e princípios; **22.6.2.1.** Garantia da Lei e da Ordem (GLO); **22.6.3.** *Habeas corpus* e punições disciplinares militares (art. 142, § 2º, CF); **22.6.4.** Regras constitucionais sobre os militares (art. 142, § 3º, CF); **22.6.5.** Serviço militar obrigatório; **22.6.5.1.** Isenção; **22.7.** Segurança Pública: **22.7.1.** Segurança Pública como direito social; **22.7.2.** Ministério da Segurança Pública; **22.7.3.** Órgãos de Segurança Pública (art. 144, CF); **22.7.4.** Inquéritos extrapoliciais; **22.7.5.** Investigação de crimes praticados por pessoas com prerrogativa de função; **22.7.6.** Polícia Federal; **22.7.6.1.** Estrutura da Polícia Federal; **22.7.6.2.** Remuneração; **22.7.6.3.** Atribuições da Polícia Federal; **22.7.7.** Polícia Rodoviária Federal; **22.7.8.** Polícia Ferroviária Federal;

22.7.9. Polícias dos Estados; **22.7.9.1.** Polícia Civil; **22.7.9.2.** Polícias Militares; **22.7.10.** Polícias do Distrito Federal; **22.7.11.** Polícias dos Territórios; **22.7.12.** Guardas Municipais; **22.7.13.** Segurança viária; **22.7.14.** Força Nacional de Segurança Pública (FNSP).

23

A NOVA CONSTITUIÇÃO DE 1988: DOCUMENTOS INTERNACIONAIS COM *STATUS* CONSTITUCIONAL

Conteúdo disponível exclusivamente na plataforma digital Saraiva Conecta.

Acesse o *link*

https://somos.in/CDC7

ou use seu celular para ler o *QRCode*

Confira os temas abordados neste capítulo disponível exclusivamente *on-line*:

23.1. Introdução; **23.2.** A incorporação dos documentos; **23.3.** Alteração do bloco de constitucionalidade e limitações circunstanciais; **23.4.** Convenção Internacional sobre os Direitos das Pessoas com Deficiência: **23.4.1.** Procedimento de incorporação; **23.4.2.** Pessoas com deficiência; **23.4.3.** Princípios da Convenção; **23.4.4.** Obrigações gerais; **23.4.5.** Igualdade e não discriminação; **23.4.6.** Mulheres e crianças com deficiência; **23.4.7.** Acessibilidade; **23.4.8.** Direito à vida e impossibilidade de esterilização compulsória; **23.4.9.** Acesso à Justiça; **23.4.10.** Tortura, penas cruéis e tratamento desumano ou degradante; **23.4.11.** Liberdade de movimentação e nacionalidade; **23.4.12.** Mobilidade pessoal; **23.4.13.** Liberdade de expressão e de opinião e acesso à informação; **23.4.14.** Respeito pelo lar e pela família; **23.4.15.** Educação; **23.4.16.** Saúde; **23.4.17.** Habilitação e reabilitação; **23.4.18.** Trabalho e emprego; **23.4.19.** Assistência social; **23.4.20.** Participação na vida política e pública; **23.4.21.** Participação na vida cultural; **23.4.22.** Processo de monitoramento; **23.4.23.** Protocolo Facultativo à Convenção sobre os Direitos das Pessoas com Deficiência; **23.5.** Tratado de Marraqueche: **23.5.1.** Beneficiários; **23.5.2.** Mudanças necessárias na Lei de Direitos Autorais; **23.5.3.** Intercâmbio transfronteiriço; **23.5.4.** Importação de exemplares em formato acessível; **23.5.5.** Assembleia e Escritório Internacional.

24

DIGNIDADE DA PESSOA HUMANA

Conteúdo disponível exclusivamente na
plataforma digital Saraiva Conecta.

Acesse o *link*

https://somos.in/CDC7

ou use seu celular para ler o *QRCode*

Confira os temas abordados neste capítulo disponível exclusivamente *on-line*:
24.1. Fundamento jurídico e filosófico; **24.2.** Origem histórica; **24.3.** Abordagem jurisprudencial; **24.4.** É um princípio absoluto?; **24.5.** A especial abstração do princípio; **24.6.** Natureza do princípio; **24.7.** Aplicação do princípio: **24.7.1.** Dimensão axiológica; **24.7.2.** Ponderação entre direitos conflitantes; **24.7.3.** Utilização como controle das restrições; **24.8.** Como delimitar o princípio: a proposta da delimitação negativa.

REFERÊNCIAS BIBLIOGRÁFICAS

II Conferência da Paz, Haia, 1907: a correspondência telegráfica entre o Barão do Rio Branco e Rui Barbosa. Centro de História e Documentação Diplomática. Brasília: FUNAG, 2014.

AGOSTINHO, Santo, Bispo de Hipoma. *A Cidade de Deus*. 7. ed. Rio de Janeiro: Vozes, 2002, parte I.

AIACHE, Rodrigo. *Poder Econômico & Livre Concorrência*. Londrina: Itálico Editorial, 2020.

ALBUQUERQUE, Armando. *A Teoria Lockeana da Separação dos Poderes*. Disponível em: <www.publicadireito.com.br/artigos/?cod=4129304d04cff4cb>.

ALEXY, Robert. *Teoria dos Direitos Fundamentais*. São Paulo: Malheiros, 2008.

ALMEIDA, Kellyne Laís Laburú Alencar de. *As Sentenças com Efeitos Aditivos e o Princípio da Separação dos Poderes*. Mestrado Científico em Direitos Fundamentais, Universidade de Lisboa.

ALMEIDA JÚNIOR, José. *O Princípio do Defensor Natural*: Definição, Limites e Previsão Legal. Disponível em: <www.anadep.org.br/wtksite/cms/conteudo/20620/Jos__Almeida_J_nior_-_DPDF_-_Princ_pio_do_Defensor_Natural_Defini__o__Li....pdf>.

ALMEIDA, Silvio. *Racismo Estrutural*. São Paulo: Pólen, 2019.

ALMEIDA, Vitor Luís de. A Responsabilidade Civil do Estado por Erro Judiciário sob a Ótica do Sistema Lusófono. *Revista de Informação Legislativa*, Brasília, ano 49, n. 196, out.-dez. 2012.

ALMORA, Juan José Janampa. *Los Derechos Sociales como Derechos Fundamentales:* Fundamentos, Factibilidades y Alcances de un Estado Social Mínimo. Dissertação (Mestrado). Disponível em: <https://gredos.usal.es/jspui/bitstream/10366/132582/1/TFM_JanampaAlmora_Derechos.pdf>. Acesso em: 1º maio 2017.

ALTEMANI, Henrique; LESSA, Antônio Carlos. *Relações Internacionais do Brasil*. São Paulo: Saraiva, 2006.

ALTERIO, Ana Micaela; ORTEGA, Roberto Niembro. *Constitucionalismo Popular en Latinoamérica*. México: Porrúa, 2013.

ALVARENGA, Fabiana Cristina da Silveira. *A Incidência do Imposto sobre Grandes Fortunas a Partir de uma Perspectiva Voltada a um Sistema Tributário Equilibrado*. Trabalho apresentado no CONPEDI, na cidade de Montevidéu, Uruguai, em 2016.

ALVES, Cleber Francisco. A Influência do pensamento Liberal de Benjamin Constant na Formação do Estado Imperial Brasileiro. *Revista de Informação Legislativa*, Brasília, Senado Federal, n. 180. out.--dez. 2008.

ALVES, Giulia Ferrigno Poli Ide. *Reflexões sobre o Fenômeno da Desinformação: Impactos Democráticos e o Papel do Direito*. 16. ed. Brasília: RED, UnB, p. 263-280.

AMARAL JÚNIOR, Alberto do; JUBILUT, Liliana Lyra (org). *O STF e o Direito Internacional dos Direitos Humanos*. São Paulo: Quartier Latin, 2009.

ANDRADE, Édison Prado de. Educação Domiciliar: Encontrando o Direito. *Revista Proposições*, v. 28, n. 2 (83), p. 172-192, maio-ago. 2017.

ANDRADE, José Carlos Vieira de. *Os Direitos Fundamentais na Constituição Portuguesa de 1976*. Coimbra: Almedina, 1987.

ANDRADE, José Maria Arruda de. *A Importância da Análise Econômica do Direito*. Disponível em: <https://www.conjur.com.br/2020-mai-31/importancia-analise-economica-direito>. Acesso em: 02.11.2021.

AQUINO, Santo Tomás de. *Suma de Teología*. Madrid: Biblioteca de Autores Cristianos, 1993.

ARISTÓTELES. *A Política*. São Paulo: Saraiva, 2010.

ASSIS, Christiane Costa. *O Constitucionalismo Whig e os Limites do Estado de Direito*. Porto Alegre: IOB; IDP, ano 9, n. 49, p. 200-209, jan.-fev. 2013.

ATAÍDE JÚNIOR, Vicente de Paula; MACHADO, Maykon Fagundes; SANTOS, Adriana Cecílio Marco. *Constituição e o Veganismo*. Disponível em: <https://migalhas.uol.com.br/depeso/332535/a-constituicao-e-o-veganismo>.

ÁVILA, Humberto. *Teoria dos Princípios*: da Definição à Aplicação dos Princípios Jurídicos. 4. ed. São Paulo: Malheiros, 2005.

AZAMBUJA, Darcy. *Teoria Geral do Estado*. Porto Alegre: Globo, 1941.

AZEVEDO NETO, Álvaro de Oliveira Azevedo. *Constitucionalismo Transnacional: o Sistema Constitucional da União Europeia e o Funcionamento do Tribunal de Justiça da União Europeia como Corte Constitucional*. Tese (Doutorado) – Universidade Federal de Pernambuco, Recife, 2010.

BACHOF, Otto. *Normas Constitucionais Inconstitucionais?* Coimbra: Almedina, 1994.

BACHOF, Otto. Begriff und Wesen des Sozialen Rechtsstaates. In: *Veröffentlichungen der Vereinigung*.

BAINES, Beverley; BARAK-EREZ, Daphne; KAHANA, Tsvi. *Feminist Constitutionalism: Global Perspectives*. Cambridge: Cambridge University Press, 2012.

BALKIN, Jack M. *Constitutional Rot*. Yale Law School, Public Law Research n. 604.

BARACHO, José Alfredo de Oliveira. *Processo Constitucional*. Rio de Janeiro: Forense, 1984.

BARATELA, Daiane Fernandes. *Peter Singer e Jeremy Bentham*: Construindo o Direitos dos Animais. Disponível em: <http://revistasapereaude.org/index.php/edicoes/anos-anteriores/ano-3-vol-1-12/ano-3-volume-2-setembro-2014/send/73-09-2014-ano-3-volume-2/140-peter-singer-e-jeremy--bentham-construindo-o-direito-dos-animais>.

BARBOSA, Denis Borges. *Noção Constitucional e Legal do que são "Inventos Industriais"*. Disponível em: <http://denisbarbosa.addr.com/softpat.pdf>. Acesso em: 16 ago. 2020.

BARBOSA, Joaquim. *Ação Afirmativa e Princípio Constitucional da Igualdade*. Rio de Janeiro: Renovar, 2001.

BARBOSA, Ruy. *Comentários à Constituição Federal Brasileira*. São Paulo: Saraiva, 1933.

BARBOSA, Ruy. *Oração aos Moços*. Rio de Janeiro: Fundação Casa de Rui Barbosa, 1997.

BARBOSA SOBRINHO, Osório Silva. *Direito Constitucional de Petição. Exercício da Cidadania*. Brasília: ESMPU, 2016.

BARBOZA, Estefânia Maria de Queiroz. Quando o Gênero bate à Porta do STF: A Busca por um Constitucionalismo Feminista. *Rev. Direito GV* [online], v. 15, n. 3, 2019. Disponível em: <http://www.scielo.br/scielo.php?script=sci_arttext&pid=S1808-24322019000300204&lng=pt&nrm=iso>. Epub 28-Out-2019. ISSN 2317-6172.

BARCELLOS, Ana Paula de. *A Eficácia Jurídica dos Princípios Constitucionais*. Rio de Janeiro: Renovar, 2002.

BARCELLOS, Ana Paula de. *Neoconstitucionalismo, Direitos Fundamentais e Controle das Políticas Públicas*. Disponível em: <http://bibliotecadigital.fgv.br/ojs/index.php/rda/article/view/43620/44697>.

BARRIENTOS, Francisco Soto. El Referéndum en Latinoamérica: un Análisis desde el Derecho Comparado. *Boletín Mexicano de Derecho Comparado*, v. 46, 136, p. 317-346, jan.-abr. 2013.

BARROSO, Luís Roberto; BARCELLOS, Ana Paula de. O Começo da História: a Nova Interpretação Constitucional e o Papel dos Princípios no Direito Brasileiro. *Revista da EMERJ*, v. 6, n. 23, 2003.

BARROSO, Luis Roberto. *O Controle de Constitucionalidade no Direito Brasileiro*. 2. ed. São Paulo: Saraiva, 2006.

BARROSO, Luís Roberto. *Curso de Direito Constitucional Contemporâneo*: os Conceitos Fundamentais e a Construção do Novo Modelo. São Paulo: Saraiva, 2009.

BARROSO, Luís Roberto. *Interpretação e Aplicação da Constituição*. 7. ed. São Paulo: RT, 2009.

BARROSO, Luís Roberto. *Judicialização, Ativismo Judicial e Legitimidade Democrática*. Disponível em: <www.oab.org.br/editora/revista/users/revista/1235066670174218181901.pdf>.

BARROSO, Luís Roberto. *Neoconstitucionalismo e Constitucionalização do Direito (O Triunfo Tardio do Direito Constitucional no Brasil)*. Disponível em: <www.luisrobertobarroso.com.br/wp-content/themes/LRB/pdf/neoconstitucionalismo_e_constitucionalizacao_do_direito_pt.pdf>.

BARROSO, Luís Roberto. Da Falta de Efetividade à Judicialização Excessiva: Direito à Saúde, Fornecimento Gratuito de Medicamentos e Parâmetros para a Atuação Judicial. *Conjur*. Disponível em: <conjur.com.br/dl/estudobarroso.pdf>. Acesso em: 30 maio 2019.

BARROSO, Luís Roberto. *No Mundo Ideal, Direito é Imune à Política; No Real, Não*. Disponível em: <www.conjur.com.br/2010-fev-16/mundo-ideal-direito-imune-politica-real-nao-bem-assim? pagina=2>.

BARROSO, Luís Roberto. *Agências Reguladoras. Constituição, Transformações do Estado e Legitimidade Democrática*. Disponível em: <https://www.migalhas.com.br/depeso/1007/agencias-reguladoras>. Acesso em: 20-10-2021.

BARROS, Ricardo Maravalhas de Carvalho. *A Função Social da Propriedade Rural como Vetora da Promoção da Dignidade do Trabalho Humano no Campo*. Dissertação de Mestrado apresentada à Universidade de Marília. Orientador: Lourival José de Oliveira, 2008.

BASTOS, Celso Ribeiro. *Hermenêutica e Interpretação Constitucional*. São Paulo: Celso Bastos, 1999.

BASTOS, Celso Ribeiro. *Direito de Recusa de Pacientes Submetidos a Tratamento Terapêutico às Transfusões de Sangue, por Razões Científicas ou Convicções Religiosas*. São Paulo: RT, ano 90, v. 787, 2001.

BASTOS, Celso Ribeiro; MARTINS, Ives Gandra. *Comentários à Constituição do Brasil Promulgada em 5 de Outubro de 1988*. São Paulo: Saraiva, v. I, 1989.

BATEUP, Christine. The Dialogic Promise: Assessing the Normative Potential of Theories of Constitutional Dialogue. *Brooklyn Law Review*, v. 71, Issue 3, article 1, 2006.

BATISTI, Nelia Edna Miranda. *Evolução da Ordem Econômica no Contexto Político-Econômico das Constituições Brasileiras*. Dissertação de Mestrado. Universidade Estadual de Londrina. 2007.

BECCARIA, Cesare. *Dos Delitos e das Penas*. Bauru: Edipro, 2000.

BEDAQUE, José Roberto dos Santos. *Direito e Processo*: Influência do Direito Material sobre o Processo. 2. ed. São Paulo: Malheiros, 1997.

BEDAQUE, José Roberto dos Santos. Nulidade Processual e Instrumentalidade do Processo (a Não Intervenção do Ministério Público e a Nulidade do Processo). *Justitia*, n. 52, p. 54-66, 1990.

BEDAQUE, José Roberto dos Santos. *Poderes Instrutórios do Juiz*. 3. ed. rev., atual. e ampl. São Paulo: RT, 2001.

BELLO, Enzo. *A Teoria Política da Propriedade em Locke e Rousseau*: uma Análise à luz da modernidade tardia. Disponível em: <www.egov.ufsc.br/portal/sites/default/files/anexos/ 25367-25369-1-PB.pdf>.

BENTHAM, Jeremy. *Introduction to the Principles of Moral and Legislation* London: W. Pickering, 1823. Livro disponível em: <http://books.google.com/books?id=pEgJAAAAQAAJ&pg=PA236#v=onepage&q&f=fal se>.

BERCOVICI, Gilberto. Carl Schmitt, o Estado Total e o Guardião da Constituição. *Revista Brasileira de Direito Constitucional*, São Paulo: RT, n. 1, jan.-jun. 2003.

BERCOVICI, Gilberto. *Entre o Estado Total e o Estado Social*. Atualidade do debate sobre direito, Estado e economia na República de Weimar. Tese de Livre-Docência apresentada ao Departamento de Direito Econômico e Financeiro da Faculdade de Direito da Universidade de São Paulo.

BERCOVICI, Gilberto *Propriedade que descumpre Função Social não tem Proteção Constitucional*. Disponível em: <https://www.conjur.com.br/2015-dez-06/estado-economia-propriedade-nao-cumpre-funcao-social-nao-protecao-constitucional>; Acesso em: 13 ago. 2020.

BERENHAUSER, Alexandre Roberto; SÁ, Edmar. Da Legitimidade Ativa do Eleitor para Ação de Impugnação de Mandato Eletivo. *Resenha Eleitoral*, Nova Série, v. 15, 2008.

BERNO, Alexandre Alberto. *A Legitimação Constitucional Ad Processum dos Índios em Face do Não Atendimento dos Direitos Indígenas*. Trabalho de Conclusão de Curso da pós-graduação em Direito Processual Público da Universidade Federal Fluminense, orientado pelo prof. Dr. Wilson Madeira Filho, 2007.

BERTOLO, Rubens Geraldi. *Inviolabilidade do Domicílio*. São Paulo: Método, 2003.

BEZERRA, Helga Maria Saboia. A Constituição de Cádiz de 1812. *Revista de Informação Legislativa*, ano 50, n. 198, p. 89-112, abr.-jun. 2013.

BINCOVSKI, Hallexandrey Marx. A Inelegibilidade Para os Militares. *Revista Estudos Eleitorais*, Brasília, v. 10, n. 3, set.-dez. 2015.

BITENCOURT, Cezar Roberto. *Tratado de Direito Penal*. 9. ed. São Paulo: Saraiva, 2004. v. 1.

BOBBIO, Norberto. *A Era dos Direitos*. Rio de Janeiro: Elsevier, 2004.

BOBBIO, Norberto. *Teoria do Ordenamento Jurídico*. 10. ed. Brasília: UnB, 1999.

BODANSKY, Daniel. Is There an International Environmental Constitution? *Indiana Journal of Global Legal Studies*, v. 16, Issue 2, Article 8. Disponível em: <https://www.repository.law.indiana.edu/cgi/viewcontent.cgi?article=1402&context=ijgls>.

BONAVIDES, Paulo. *Curso de Direito Constitucional*. 25. ed. São Paulo: Malheiros, 2010.

BONAVIDES, Paulo. *Do Estado Liberal ao Estado Social*. 11. ed. São Paulo: Malheiros, 2014.

BONAVIDES, Paulo; ANDRADE, Paes de. *História Constitucional do Brasil*. Brasília: OAB Editora, 2008.

BONFIM, Vinícius Silva. O Patriotismo Constitucional na Efetividade da Constituição. *Revista CEJ*, Brasília, ano XIV, n. 50, p. 11-17, jul.-set. 2010.

BORGES, Jussara; SILVA, Helena Pereira da. Democracia Eletrônica e Competência Informacional. *Inf. & Soc.: Est.*, João Pessoa, v. 16, n. 1, p. 129-137, jan.-jun. 2006.

BÓRQUEZ, Juan Carlos Ferrada. *El Estado Administrador de Chile*: de Unitario Centralizado a Descentralizado y Desconcentrado. Disponível em: <http://mingaonline.uach.cl/scielo.php?pid=S0718-09501999000200011&script=sci_arttext>.

BOSQUÊ, Deborah Sant'Anna Lima. A Tutela Difusa do Direito de Informação Verdadeira Através da Ação Civil Pública. *RJLB*, ano 4, n. 6, 2018.

BOTELHO, Catarina Santos. *Os Direitos Sociais em Tempos de Crise*. Coimbra: Almedina, 2015.

BOTELHO, Catarina Santos. *Turquia:* Democracia (Constitucional)? Disponível em: <http://observador.pt/opiniao/turquia-democracia-constitucional/>.

BOTELHO, Catarina Santos. *Aspirações Constitucionais e Força Normativa da Constituição:* Réquiem pelo Conceito Ocidental de Constituição. Disponível em: <https://papers.ssrn.com/sol3/papers.cfm?abstract_id=2913580>.

BOTELHO, Catarina Santos. *Mude-se a Constituição!* Disponível em: <https://observador.pt/opiniao/mude-se-a-constituicao-i/>.

BOTELHO, Catarina. Social Rights Trapped in Enduring Misconceptions of the Social State, *Rivista di Diritti Comparati – Special Issue on Economic Inequality as a Global Constitutional Challenge*, 1, 2019, p. 7-31.

BOTELHO, Catarina. *Narcisismo Constitucional*. Disponível em: <https://observador.pt/opiniao/narcisismo-constitucional-mude-se-a-constituicao-ii/>. Acesso em: 20 nov. 2020.

BRAGA, Janine de Carvalho Ferreira; SALDANHA, Bianca de Souza. *O Direito Cultural como Elemento Emancipatório e Civilizatório e a Efetivação da Proteção do Patrimônio Cultural no Brasil*. Disponível em: http://publicadireito.com.br/artigos/?cod=68dad4509908e9a2. Acesso em: 15 ago. 2019.

BRAGA, Ricardo Peake. Panconstitucionalismo, Democracia e juristocracia. *Revista da Universidade do Sul de Santa Catarina*, ano X, n. 20, jan.-jun. 2020.

BRANDÃO, P. *O Constitucionalismo Pluralista Latino-americano*. Rio de janeiro: Lumen Juris, 2015.

BRASIL. Ministério Público Federal. Câmara de Coordenação e Revisão, 6. *Manual de Jurisprudência dos Direitos Indígenas* / 6ª Câmara de Coordenação e Revisão – Populações Indígenas e Comunidades Tradicionais – Brasília: MPF, 2019. 920 p.

BRASIL, Paula Zambelli Salgado. *A Construção do Marco Legal para a (I)migração no Brasil*: uma Análise da Transição Paradigmática a Partir da Experiência no Município de São Paulo. Tese (Doutorado) – Universidade Presbiteriana Mackenzie, São Paulo, 2017.

BREAY, Claire; HARRISON, Julian. *Magna Carta:* Law, Liberty, Legacy. London: British Library, 2015.

BRIGOLA, João Carlos. *A Declaração dos Direitos da Virgínia: Enquadramento histórico-político*. Marcos Históricos dos Direitos do Homem. I Volume. Disponível em: <http://rdpc.uevora.pt/bitstream/10174/24099/1/A%20Declara%C3%A7%C3%A3o%20dos%20Direitos%20da%20Virg%C3%ADnia%20%28...%29.pdf>. Acesso em: 17.11.2021.

BRUGGER, Winfried. *The Treatment of Hate Speech in German Constitutional Law*. Cambridge University Press, 6 mar. 2019.

BUCCI, Maria Paula Dallari. *Políticas Públicas: reflexões sobre o conceito jurídico*. São Paulo: Saraiva, 2006, p. 37).

BULOS, Uadi Lammêgo. *Curso de Direito Constitucional*. São Paulo: Saraiva, 2013.

BUNCHAFT, Maria Eugenia. Constitucionalismo Democrático *Versus* Minimalismo Judicial. *Direito, Estado e Sociedade*, n. 38, p. 154 a 180, jan.-jun. 2011.

BUNCHAFT, Maria Eugenia. *Patriotismo Constitucional*: Jürgen Habermas e a Reconstrução da Ideia de Nação na Filosofia Política Contemporânea. 2. ed. Curitiba: Juruá, 2015.

BUNCHAFT, Maria Eugenia. *Entre* Diversidade Profunda e Patriotismo Constitucional: o Diálogo entre Habermas e Taylor. *Revista da Faculdade de Direito UFG*, v. 37, n. 2, p. 12-40, jul./dez. 2013.

BUSTAMANTE, Carlos Blancas. *El Referéndum en la Constitución Peruana*. Oficina Nacional de Procesos Electorales: Elecciones (2004) 3, 193.

BUZANELLO, José Carlos. Em torno da Constituição do Direito de Resistência. *Revista de Informação Legislativa*, Brasília, ano 42, n. 168, out.-dez. 2005.

CABETTE, Eduardo Luiz Santos; SANNINI NETO, Francisco. *Esterilização Compulsória de Deficientes Mentais*. Disponível em: <https://jus.com.br/artigos/67206/esterilizacao-compulsoria-de-deficientes-mentais-entre-a-imoralidade-e-a-ilegalidade>.

CABRAL, Bruno Fontenele. *State Action Doctrine:* os Limites da Eficácia Horizontal dos Direitos Fundamentais nos Estados Unidos. Disponível em: <https://jus.com.br/artigos/18416/state-action-doctrine>.

CALDWELL, Ernest. Chinese Constitutionalism: Five-Power Constitution. *Max Planck Encyclopedia of Comparative Constitutional Law*. Disponível em: <https://papers.ssrn.com/sol3/papers.cfm?abstract_id=2828104>.

CAMBI, Eduardo. *Princípio da Independência Funcional e Planejamento Estratégico do Ministério Público*. Revista do Ministério Público do Rio de Janeiro, n. 57, jul/set 2015.

CAMPAÑA, Farith Simon. *Derechos de la Naturaleza*: Innovación Transcedental, Retórica Jurídica o Proyecto Político? Disponível em: <www.usfq.edu.ec/publicaciones/iurisDictio/archivo_de_contenidos/Documents/IurisDictio_15/iurisdictio_015_001.pdf>.

CAMPOS, Carlos Alexandre de Azevedo. *Antonin Scalia e o STF*. Disponível em: <www.osconstitucionalistas.com.br/antonin-scalia-e-o-stf>.

CAMPOS, Carlos Alexandre de Azevedo. *Dimensões do Ativismo Judicial do STF*. Rio de Janeiro: Forense, 2014.

CAMPOS, Miguel Ramos. Poder Executivo: Negativa de Aplicação de Lei Supostamente Inconstitucional. *Revista Jurídica da Procuradoria-Geral do Estado do Paraná*, Curitiba, n. 2, p. 11-32, 2011.

CANOTILHO, José Joaquim Gomes. *Direito Constitucional e Teoria da Constituição*. Coimbra: Almedina, 2012.

CANOTILHO, José Joaquim Gomes. *Constituição Dirigente e Vinculação do Legislador*. Contributo para a Compreensão das Normas Constitucionais Programáticas. 2. ed. Coimbra: Coimbra Ed., 2012.

CANOTILHO, José Joaquim Gomes. *Estudos sobre Direitos Fundamentais*. Coimbra: Almedina, 2004.

CANOTILHO, José Joaquim Gomes. *Parecer acerca da Inconstitucionalidade de Leis Municipais que Versam sobre o Uber.* Disponível em: <www.migalhas.com.br/arquivos/2015/11/art20151109-03.pdf>.

CANOTILHO, José Joaquim Gomes. *Metodología "Fuzzy" y "Camaleones Normativos" en la problemática actual de los derechos económicos, sociales y culturales.* Revista del Instituto Bartolomé de las Casas. n. 6.

CANOTILHO, José Joaquim Gomes. *O Direito Constitucional como Ciência de Direção: o núcleo essencial de prestações sociais ou a localização incerta da socialidade (contributo para a reabilitação da força normativa da 'constituição social').* Disponível em: <https://revistadoutrina.trf4.jus.br/index.htm?https://revistadoutrina.trf4.jus.br/artigos/edicao022/Jose_Canotilho.htm>. Acesso em: 06.10.2022.

CAON, Guilherme Maines. *Análise Econômica do Direito: Aplicação pelo Supremo Tribunal Federal.* Belo Horizonte: Dialética, 2021.

CAPPELLETTI, Mauro; GARTH, Bryant. *Acesso à Justiça.* Porto Alegre: Sergio Antonio Fabris Editor, 1988.

CARDOSO, Fabiano Mendes. O Pós-Positivismo e a Normatividade dos Princípios Constitucionais. *Revista Jurídica do Ministério Público*, v. 6, 2006, p. 435-441.

CARDOSO, Rodrigo Mendes. As Teorias do Constitucionalismo Popular e do Diálogo na Perspectiva da Jurisdição Constitucional Brasileira. *Revista de Estudos Constitucionais, Hermenêutica e Teoria do Direito*, 6(2):218-227.

CARPENA, Heloisa; ORTENBLAD, Renata. *Ganha, mas não leva. Por que o vencido nas ações civis públicas não paga honorários sucumbenciais ao Ministério Público?* Disponível em: <http://www.mprj.mp.br/documents/20184/1506380/Heloisa+Carpena+%26+Renata+Ortenblad.pdf>. Acesso em: 10.11.2021.

CARVALHO, Romulo Luis Veloso de. *Defensoria Pública, Crise Econômica e a Emenda Constitucional 80.* Disponível em: <www.conjur.com.br/2017-out-24/tribuna-defensoria-defensoria-publica--crise-economica-emenda-constitucional-80>.

CARRANZA, Gonzalo Gabriel. La Identidad Estatal Plurinacional como Elemento Cohesionante (y No Diferenciador) de la Ciudadanía. *Rev. Fac. Derecho* (online), p. 39-61, 2015.

CARVALHO FILHO, José dos Santos. *Comentários ao Estatuto da Cidade.* Rio de Janeiro: Lumen Juris, 2009.

CARVALHO. José Murilo de. *Cidadania no Brasil*: o Longo Caminho. 10. ed. Rio de Janeiro: Civilização Brasileira, 2008.

CARVALHO, Kildare Gonçalves. *Direito Constitucional:* Teoria do Estado e da Constituição. Direito Constitucional Positivo. 14. ed. Belo Horizonte: Del Rey, 2008.

CARVALHO, Luis Gustavo Grandinetti Castanho de. *O Processo Penal em Face da Constituição.* Rio de Janeiro: Lumen Juris, 2002.

CARVALHO, Marco Cesar de. *A Federação Brasileira e o Município:* Fortalecimento ou Fragilização do Estado? Bandeirantes: REDIGE Produção Editorial, 2014.

CARVALHO FILHO, José dos Santos. *Manual de Direito Administrativo.* 20. ed. Rio de Janeiro: Lumen Juris, 2008.

CARVALHO FILHO, José dos Santos. *Aborto de Fetos com Microcefalia não é Tema para o STF*. Disponível em: <https://www.conjur.com.br/2016-fev-29/observatorio-constitucional-aborto-fetos--microcefalia-nao-tema-stf>.

CASTRO, Aldo Aranha de; GENOVEZ, Simone. *A Aplicabilidade dos Princípios da Livre Iniciativa e da Livre Concorrência com Vistas ao Desenvolvimento Econômico*. Disponível em: <http://www.publicadireito.com.br/artigos/?cod=48af87b587036693>. Acesso em: 12/10/2021.

CASTRO, Henrique Hoffmann Monteiro de. *Inamovibilidade É Prerrogativa do Delegado e Garantia do Cidadão*. Disponível em: <https://www.conjur.com.br/2015-out-27/academia-policia-inamovibilidade-prerrogativa-delegado-garantia-cidadao>.

CAVALCANTE, Bruno R. *A Teoria da Abstrativização no Controle Difuso*. Disponível em: <https://www.jota.info/opiniao-e-analise/artigos/teoria-da-abstrativizacao-no-controle-difuso-12012018>. Acesso em: 10 set. 2019.

CAVALCANTE FILHO, João Trindade. *O Discurso do Ódio na Jurisprudência Alemã, Americana e Brasileira*. São Paulo: Saraiva, 2018.

CENCI, Elve Miguel. Contribuições do Conceito de Patriotismo Constitucional para a Esfera Político--Judiciária Brasileira. *Scientia Iuris,* Londrina, v. 10, p. 121-133, 2006.

CERQUEIRA NETO, José Nunes de. *Cortes Não Têm Papel Central no Sistema Político Constitucional*. Disponível em: <www.conjur.com.br/2014-jul-21/jose-nunes-cortes-nao-papel-central-sistema-constitucional>.

CLÈVE, Clèmerson Merlin. *A Fiscalização Abstrata da Constitucionalidade no Direito Brasileiro*. 2. ed. São Paulo: RT, 2000.

CLÈVE, Clèmerson Merlin. A Eficácia dos Direitos Fundamentais Sociais. *Revista de Direito Constitucional e Internacional*, São Paulo, v. 14, n. 54, p. 28-39, jan.-mar. 2006.

CLÈVE, Clèmerson Merlin. *Após 20 Anos, Podemos Falar em um Patriotismo Constitucional*. Disponível em: <https://www.conjur.com.br/2008-out-06/20_anos_podemos_falar_patriotismo_constitucional>. Acesso em: 15 ago. 2018.

COASE, Ronald H. *O Problema do Custo Social*. The Journal of Law & Economics. Volume III, Outubro de 1960. Traduzido por Francisco Kümmel F. Alves e Renato Vieira Caovilha. Disponível em: <https://edisciplinas.usp.br/pluginfile.php/3806050/mod_resource/content/1/custosocial.pdf>.

COELHO, Gabriela. *Proposta de Autonomia da Polícia Federal divide especialistas*. Disponível em: <https://www.conjur.com.br/2019-ago-26/proposta-autonomia-policia-federal-divide-especialistas>. Acesso em: 10.11.2021.

COELHO, Inocêncio Mártires. Constituição: Conceito, Objeto e Elementos. *Revista de Informação Legislativa,* Brasília, ano 29, n. 116, out.-dez. 1992. Disponível em: <www2.senado.leg.br/bdsf/bitstream/handle/id/176004/000469129.pdf?sequence=1>.

COELHO, Inocêncio Mártires. *Interpretação Constitucional*. 4. ed. São Paulo: Saraiva, 2011.

COELHO, Inocêncio Mártires. Métodos e Princípios da Interpretação Constitucional. *Revista de Direito Administrativo*, Rio de Janeiro, 230:163-186, out.-dez. 2002.

COLIVER, Sandra. *Striking a Balance:* Hate Speech, Freedom of Expression and Non-discrimination. Disponível em: <www.article19.org/data/files/pdfs/publications/striking-a-balance.pdf>.

COLOMER, Josep M.; BANERJEA, David; MELLO, Fernando B. de. To Democracy Through Anocracy. *Democracy & Society*, v. 13. Issue 1, Center for Democracy and Civil Society. Fall-Winter 2016.

COMPARATO, Fábio Konder. *A Constituição Mexicana de 1917*. Disponível em: <www.dhnet.org.br/educar/redeedh/anthist/mex1917.htm>.

COMPARATO, Fábio Konder. A Nova Cidadania. *Lua Nova*: Revista de Cultura e Política (28-29). p. 85-106.

COMPARATO, Fábio Konder. *Brasil*: Verso e Reverso Constitucional. Disponível em: <www.inesc.org.br/biblioteca/textos/25-anos-da-constituicao>.

COMPARATO, Fábio Konder. *Muda Brasil*: uma Constituição para o Desenvolvimento Democrático. São Paulo: Brasiliense, 1986.

COMPARATO, Fábio Konder. *Réquiem para uma Constituição*. Disponível em: <www.dhnet.org.br/direitos/militantes/comparato/comparato_requiem.html>.

CONTINENTINO, Marcelo Casseb. História do *Judicial Review*: o Mito de Marbury. *RIL Brasília*, ano 53, n. 209, p. 115-132, jan.-mar 2016.

CONTRERAS, Sérgio Gamonal. Procedimiento de Tutela y Eficacia Diagonal de los Derechos Fundamentales. *Revista Laboral Chilena*, nov. 2009.

CONSTANT, Benjamin. *Princípios Políticos Constitucionais*. Rio de Janeiro: Liber Juris, 1989.

COOK JÚNIOR, Peter John Arrowsmith. A Recusa à Aplicação de Lei pelo Executivo, sob o Juízo de Inconstitucionalidade. *Revista de Informação Legislativa*, Brasília, ano 34, n. 136. out.-dez. 1997.

COSTA, Fabrício Veiga; PINTO, Alisson Alves. *Pan-principiologismo, metajuridicidade e segurança jurídica*. Revista do Direito Público, Londrina, v. 16, p. 144-169, ago. 2021.

COUTINHO, Pedro. *A Constituição Econômica Portuguesa*. À luz da globalização e da integração europeia. Lisboa: Editora AAFDL, 2021.

CRAVEIRO, Renato de Souza Marques. *O Direito à Honra Post Mortem e sua Tutela*. Dissertação de Mestrado apresentada ao Departamento de Direito Civil da Universidade de São Paulo.

CRETELLA JÚNIOR, José. *Comentários à Lei do Mandado de Segurança*. 10. ed. Rio de Janeiro: Forense, 1999.

CRONIN, Ciaran. Democracy and Colletive Identity: in Defence of Constitutional Patriotism. *European Journal of Philosophy*, London: Blackwell Publishing, v. 11, 1, abr. 2003.

CUNHA JÚNIOR, Dirley. *Curso de Direito Constitucional*. 2. ed. Salvador: Juspodivm, 2008.

Você Sabe o que é Patriotismo Constitucional? Disponível em: <https://dirleydacunhajunior.jusbrasil.com.br/artigos/198651213/voce-sabe-o-que-e-patriotismo-constitucional>. Acesso em: 2 ago. 2018.

DALLARI, Dalmo de Abreu. *A Constituição e a Vida dos Povos*. São Paulo: Saraiva, 2010.

DALLARI, Dalmo de Abreu. *A Constituição na Vida dos Povos*. São Paulo: Saraiva, 2012.

DALLARI, Dalmo de Abreu. *Elementos de Teoria Geral do Estado*. 25. ed. São Paulo: Saraiva, 2005.

DALL'OLIO, Leandro Luis dos Santos. *A Teoria da Agência e os Tribunais de Contas*. Disponível em: <https://jus.com.br/artigos/56483/a-teoria-da-agencia-e-os-tribunais-de-contas>. Acesso em: 20.10.2021.

DARÉ, Geisa Oliveira. *Direito ao Esquecimento*. Bauru: Canal 6 Editora, 2015.

DELGADO, Maurício Godinho. *Capitalismo, Trabalho e Emprego*: Entre o Paradigma da Destruição e os Caminhos da Reconstrução. 2. ed. São Paulo: LTr, 2015.

DEZEM, Guilherme Madeira. *Curso de Processo Penal*. 2. ed. São Paulo: RT, 2015.

DIAS, Bruno Fernandes. *Submissão de Docuemntos e Informações Comerciais a Autoridades Estrangeiras: O Regime Jurídico do art. 181 da CF/88 e as Leis de Bloqueio*. Cadernos do Programa de Pós-graduação da UFRGS. Edição Digital. Porto Alegre. Volume X. Número 1, 2015.

DIAS, Edna Cardozo. *Os Animais como Sujeitos de Direito*. Disponível em: <https://jus.com.br/artigos/7667/os-animais-como-sujeitos-de-direito>.

DICIONÁRIO ESCOLAR DA LÍNGUA PORTUGUESA. Academia Brasileira de Letras. 2. ed. São Paulo: Companhia Editora Nacional, 2008.

DIKSHIT, Ramesh Dutta. *Political Geography:* the Spatiality of Politics. 3. ed. New Delhi: Tata McGraw-Hill, 2000.

DINAMARCO, Cândido Rangel. *Fundamentos do Processo Civil Moderno*. 3. ed. rev. e atualização de Antônio Rulli Neto. São Paulo: Malheiros, 2000. v. 2.

DINAMARCO, Cândido Rangel. *A Instrumentalidade do Processo*. 6. ed. São Paulo: Malheiros, 1998.

DINIZ, Maria Helena. *Compêndio de Introdução à Ciência do Direito*. 25. ed. São Paulo: Saraiva, 2015.

DINIZ, Maria Helena. *Curso de Direito Civil Brasileiro*. São Paulo: Saraiva, 2007. v. I.

DINIZ, Maria Helena. *Lei de Introdução às Normas do Direito Brasileiro Interpretada*. 19. ed. São Paulo, Saraiva, 2017.

DONNELLY, Tom. Making Popular Constitutionalism Work. *Wisconsin Law Review*, v. 2012, Harvard Public Law Working Paper n. 11-29.

DUARTE, Carlos Eduardo Correa. *Não se Pode Deformar a História para Acertar Discursos*. Disponível em: <https://www.jota.info/opiniao-e-analise/artigos/deformar-a-historia-para-acertar-discursos-24022016>.

DWORKIN, Ronald. *Domínio da Vida:* Aborto, Eutanásia e Liberdades Individuais. São Paulo: Martins Fontes, 2003.

DWORKIN, Ronald. *O Império do Direito*. São Paulo: Martins Fontes, 1999.

ENGLUND, Steven. *Napoleão*: uma Biografia Política. Rio de Janeiro: Jorge Zahar Editor, 2005.

ERDEMIR, Aykan. *Erdogan's New Assault on Turkey's Judiciary*. Disponível em: <https://www.fdd.org/analysis/2016/06/24/erdogans-new-assault-on-turkeys-judiciary/>.

ESPINOZA, Lodovico Luis. *L'Ordinamento Costituzionale di San Marino e il Ruolo del Collegio Garante della Costituzionalità delle norme*. Disponível em: <https://core.ac.uk/download/pdf/79621098.pdf>.

ESTORILIO, Rafael; BENVINDO, Juliano Zaiden. *O Supremo Tribunal Federal como Agente do Constitucionalismo Abusivo*. Disponível em: <http://www.kas.de/wf/doc/23077-1442-5-30.pdf>.

FAJARDO, Cláudio Marcelo Spalla. Súmula STF n. 347: uma Nova Abordagem sobre a Competência do TCU para Apreciar a Constitucionalidade de Leis e de Atos Normativos do Poder Público. *Revista do TCU*, Brasília, jan.-abr. 2008.

FARHI, Rachel. *Medida Provisória. Possibilidade de Sua Adoção pelo Município*. Disponível em: <http://www.tdbvia.com.br/arquivos/web/medida%20provisoria%20possibilidade%20de%20sua%20adocao%20pelo%20municipio.pdf>.

FEFERBAUM, Marina. *Proteção Internacional dos Direitos Humanos. Análise do Sistema Africano*. São Paulo: Saraiva, 2012.

FERNANDES, Bernardo Gonçalves. *Curso de Direito Constitucional*. 6. ed. Salvador: Juspodivm, 2014.

FERNANDES, Bernardo Gonçalves. *A Teoria da Interpretação Judicial para Além do Interpretativismo e do Não Interpretativismo*. Disponível em: <www.publicadireito.com.br/artigos/? cod=f3 173935ed8ac4bf>.

FERRAJOLI, Luigi. *Constitucionalismo Garantista e Neoconstitucionalismo*. Disponível em: <http://www.abdconst.com.br/revista3/luigiferrajoli.pdf>. Acesso em: 20 nov. 2020.

FERRAJOLI, Luigi. *Constitucionalismo Más Allá del Estado*. Madrid: Trotta, 2012.

FERRARI, Regina Maria Macedo Nery. *Normas Constitucionais Programáticas*: Normatividade, Operatividade e Efetividade. São Paulo: RT, 2001.

FERRAZ, Anna Cândida da Cunha. *Poder Constituinte do Estado-membro*. São Paulo: RT, 1979.

FERRAZ, Tércio Sampaio. *Introdução ao Estudo do Direito*. 9. ed. São Paulo: Atlas, 2016.

FERREIRA FILHO, Manoel Gonçalves. *Curso de Direito Constitucional*. São Paulo: Saraiva, 1999.

FERREIRA FILHO, Manoel Gonçalves. O Estado de Direito, o Judiciário e a Nova Constituição. *Revista de Direito Administrativo*, Rio de Janeiro, 160: 61-76, abr./jun. 1985.

FERREIRA FILHO, Manoel Gonçalves. *O Estado Federal Brasileiro*. Disponível em: <www.revistas.usp.br/rfdusp/article/download/66947/69557>.

FERREIRA FILHO, Manoel Gonçalves. *O Poder Constituinte*. São Paulo: Saraiva, 1999.

FERREIRA, Marco Aurélio Gonçalves. *A Difícil Relação Entre Igualdade, Justiça Social e Políticas Públicas no Sistema de Justiça Brasileiro*. Disponível em: <http://www.publicadireito.com.br/conpedi/manaus/arquivos/anais/salvador/marco_aurelio_goncalves_ferreira.pdf>.

FIORILLO, Celso Antonio Pacheco. O Direito de Antena no Brasil em Face das Novas Tecnologias na Sociedade da Informação. *Revista Brasileira de Direito*. Disponível em: <https://seer.imed.edu.br/index.php/revistadedireito/article/view/1156/1110>. Acesso em: 15 ago. 2019.

FONSECA, Bruno Gomes Borges da. Ministério Público é Cláusula Pétrea? Análise na Perspectiva da Teoria das Garantias Institucionais. *Revista do Ministério Público do Trabalho*. Brasília, ano XXI, n. 41, mar. 2011.

FONTELES, Samuel Sales. Aborto e Microcefalia: uma Análise Constitucional. *Revista do Ministério Público do Estado de Goiás*, Goiânia: ESMP-GO, 1996, n. 31, jan.-jun. 2016.

FONTELES, Samuel Sales. *Apostasia Constitucional*. Disponível em: <https://www.migalhas.com.br/coluna/olhar-constitucional/329178/apostasia-constitucional>. Acesso em: 06.10.2022.

FRAGOSO, Suely. *Huehuehue eu sou BR: Spam, Trollagem e Griefing nos Jogos Online*. Revista Famecos. Porto Alegre, v. 22, n. 3, julho a setembro de 2015.

FRANCISCO, José Carlos. *Neoconstitucionalismo e Atividade Jurisdicional*: do Passivismo ao Ativismo Judicial. Belo Horizonte: Del Rey, 2012.

FRANCO, Afonso Arinos de Melo. *Curso de Direito Constitucional Brasileiro*. Rio de Janeiro: Forense, 1960.

FRANCO, Marcelo Veiga. A Violação do Direito Fundamental à Razoável Duração do Processo como Hipótese de Dano Moral. *Direitos Fundamentais e Justiça*, ano 7, n. 23, p. 256-282, abr.-jun. 2013.

FRANCO MONTORO, André. *Introdução à Ciência do Direito*. São Paulo: RT, 2015.

FREITAS, Paulo Springer de; MENDES, Francisco Schertel. *Comentários sobre a PEC do Teto de Gastos Públicos aprovada na Câmara dos Deputados*. Disponível em: <https://www.conjur.com.br/dl/pec-teto-estudo-55-constitucionalidade.pdf>.

FREITAS, Riva Sobrado de; CASTRO, Matheus Felipe de. Liberdade de Expressão e Discurso do Ódio: Um Exame sobre as Possíveis Limitações à Liberdade de Expressão. *Sequência* (Florianópolis), n. 66, jul. 2013, p. 327-355.

FRIEDRICH, Tatyana Scheila; LEITE, Rafael Soares. *Entre Compromissos Constitucionais e Vazios Normativos:* Uma Análise da Incorporação da Convenção n. 169 da OIT no Direito Brasileiro e a Proteção dos Povos Indígenas e Tribais. Disponível em: <http://www.publicadireito.com.br/artigos/?cod=b5d62aa6024ab6a6>. Acesso em: 15 ago. 2019.

FRIPP, Eric. *Nationality and Statelessness in the International Law of Refugee Status*. Oxford and Portland, Oregon: Hart Publishing, 2016.

FRITZ, Karina Nunes. *Decisões Históricas: O Caso Lüth e a Eficácia Horizontal dos Direitos Fundamentais*. Disponível em: <https://www.migalhas.com.br/coluna/german-report/313983/decisoes--historicas-o-caso-luth-e-a-eficacia-horizontal-dos-direitos-fundamentais>. Acesso em: 1º ago. 2020.

GADOTTI, Moacir. *Educação Popular e Educação ao Longo da Vida*. Disponível em: <https://www.paulofreire.org/images/pdfs/Educacao_Popular_e_ELV_Gadotti.pdf>. Acesso em: 20 nov. 2020.

GARCEZ, William. *A Autonomia da Polícia Judiciária é Questão de Sobrevivência da Democracia*. Disponível em: <https://meusitejuridico.editorajuspodivm.com.br/2020/05/01/autonomia-da-policia-judiciaria-e-questao-de-sobrevivencia-da-democracia/>. Acesso em: 10.11.2021.

GARCIA, Emerson. *Conflito entre Normas Constitucionais*. São Paulo: Saraiva, 2015.

GARCIA, Emerson. *O Direito à Educação e Suas Perspectivas de Efetividade*. Disponível em: <www.tjrj.jus.br/c/document_library/get_file?uuid=e6ecb9f7-96dc-4500-8a60-f79b8dc6f517&groupId=10136>.

GARCIA, Maria. A Desobediência Civil como Defesa da Constituição. *Revista Brasileira de Direito Constitucional*, n. 2, jul.-dez. 2013.

GARCIA-PELAYO, Manuel. *Derecho Constitucional Comparado*. Madrid: Revista de Occidente, 1953.

GEBARA, Gassen Zaki. *O Constitucionalismo nos Estados Unidos da América*: das Treze Colônias à República Federativa Presidencialista. Disponível em: <www.unigran.br/revista_juridica/ed_anteriores/23/artigos/artigo04.pdf>.

GEOCONDA, Molina Chillagana Catalina. *Los Animales Sujetos de Derecho en la Constitución de 2008*. Disponível em: <www.dspace.uce.edu.ec/bitstream/25000/6560/1/ T-UCE-0013-Ab-257.pdf>.

GIOIA, Fulvia Helena. *Tributação e Custeio da Educação Pública no Brasil após 1988*. Tese (Doutorado) – Universidade Presbiteriana Mackenzie, 2015.

GIUDICELLI, Gustavo Barbosa. *A Defensoria Pública enquanto Garantia Fundamental Institucional*. Disponível em: <https://www.anadep.org.br/wtksite/cms/conteudo/17278/A_Defensoria_P_blica_enquanto_direito_fundamental_institucional.pdf>. Acesso em: 20 nov. 2020.

GOMES, Christianne Luce; Hélder Ferreira Isayama. *O Direito Social ao Lazer no Brasil*. Campinas: Autores Associados, 2015 (Col. Educação Física e Esportes).

GOMES, Laurentino. *1808*. São Paulo: Planeta, 2007.

GOMES, Laurentino. *1889*. São Paulo: Globo, 2013.

GOMES, Wilson. A Democracia Digital e o Problema da Participação Civil na Decisão Política. *Revista Fronteiras* – Estudos Midiáticos – v. VII, n. 3, set.-dez. 2005.

GONZÁLES, José Maria Aguilar. *El Análisis Económico del Derecho de Propiedad: uma Aproximaxión*. Anuário Jurídico y Económico Escurialense, XLII (2009).

GORZONI, Paula Fernanda Alves da Cunha. *Supremo Tribunal Federal e a Vinculação dos Direitos Fundamentais nas Relações entre Particulares*. Disponível em: <www.sbdp.org.br/arquivos/monografia/70_Paula%20Gorzoni.pdf>.

GOUVEIA, Jorge Bacelar. *Manual de Direito Constitucional*. 4. ed. Coimbra: Almedina, 2011.

GRINOVER, Ada Pellegrini. *A Marcha do Processo*. Rio de Janeiro: Forense Universitária, 2000.

GROFF, Paulo Vargas. Direitos Fundamentais nas Constituições Brasileiras. *Revista de Informação Legislativa*, Brasília, n. 178. abr.-jun. 2008.

GUEDES, Néviton. *Alexander Bickel e o Ano do Supremo Tribunal Federal*. Disponível em: <www.conjur.com.br/2012-dez-25/constituicao-poder-alexander-bickel-ano-supremo-tribunal-federal>.

GUEDES, Néviton. *Uma Decisão Judicial que se tornou Celebridade Internacional*. Disponível em: <https://www.conjur.com.br/2014-ago-19/decisao-judicial-tornou-celebridade-internacional>. Acesso em: 1º ago. 2020.

GUERRA, Sergio. Função Normativa das Agências Reguladoras: Uma Nova Categoria de Direito Administrativo? *Revista Direito GV* [online], v. 7, n. 1, 2011, p. 131-152.

GUSSOLI, Felipe Klein. *A Natureza como Sujeito de Direito na Constituição do Equador*: Considerações a Partir do Caso Vilacamba. Disponível em: <www.direito.ufpr.br/portal/wp-content/uploads/2014/12/Artigo-Felipe-Gussoli-classificado-em-1%C2%BA-lugar-.pdf>.

HÄBERLE, Peter. *Hermenêutica Constitucional:* a Sociedade Aberta dos Intérpretes da Constituição. Porto Alegre: Sérgio Antonio Fabris, 2002.

HABERMAS, Jurgen. *A Inclusão do Outro*. São Paulo: Loyola, 2004.

HABERMAS, Jurgen. *Staatsbürgerschaft und nationale Identität, in Faztizität und Geltung*. Suhrkamp: Frankfurt, 1992.

HABERMAS, Jurgen. *Identidades Nacionales y Postnacionales*. Madrid: Tecnos, 1998.

HABERMAS, Jurgen. *A Constelação Pós-nacional:* Ensaios Políticos. São Paulo: Littera Mundi, 2001.

HAMOUDI, Haider Ala. Constitutional Theocrary. *Osgoode Hall Law Journal*, York University, v. 49, n. 1, Summer 2011, artigo 5.

HEINEN, Luana Renostro. *A Análise Econômica do Direito de Richard Posner e os Pressupostos Irrealistas da Economia Neoclássica*. Disponível em: <http://www.publicadireito.com.br/artigos/?cod=991c0955da231335>. Acesso em: 02.11.2021.

HESSE, Konrad. *Elementos de Direito Constitucional da República Federal da Alemanha*. Porto Alegre: Sergio Antonio Fabris, 1998.

HETSPER, Rafael Vargas. O Poder de Veto no Ordenamento Jurídico Brasileiro. *Revista de Informação Legislativa*, Brasília, ano 49, n. 193, jan.-mar. 2012.

HIRSCHL, Ran. The Rise of Constitutional Theocracy. *Harvard International Law Journal*, v. 49, 16 out. 2008.

HOLMES, Stephen; SUNSTEIN, Cass R. *The Cost of Rights:* Why Liberty Depends on Taxes. New York: Norton and Company, 2000.

HORBACK, Beatriz Bastide. *Quais São os Limites Constitucionais da Liberdade Artística?* Disponível em: <https://www.conjur.com.br/2017-out-07/observatorio-constitucional-quais-limites-constitucionais-liberdade-artistica>.

HORTA, Raul Machado. *Direito Constitucional*. Belo Horizonte: Del Rey, 2010.

HUNGARO, Luis Alberto. A Ideia de Veto Popular (*People's Veto*) de Tom Donnelly e a Instrumentalização dos Postulados do Constitucionalismo Popular. *Revista Eletrônica Jurídica REJUR*, v. 4, n. 1, Campo Largo, jul.-dez. 2016.

JÁCOME, Jorge González. El Autoritarismo Latinoamericano en la Era Democrática. *Precedentes*, v. 6, Cali, Colômbia, jan.-jun. 2015, p. 9-31.

JELLINEK, Georg. *Teoría General del Estado*. Montevideo: Julio Cesar Faira Editor, 2015.

JELLINEK, Georg. *Sistema dei Diritti Pubblici Subiettivi*. Milano: Società Editrice Libraria, 1912.

JONAS, Hans. *O Princípio Responsabilidade*: Ensaio de uma Ética para uma Civilização Tecnológica. Rio de Janeiro: PUC Rio, 2006.

JUCOVSKY, Vera Lúcia R. S. *Comentários ao Estatuto do Estrangeiro e Opção de Nacionalidade*. Campinas: Millennium, 2006.

JUNQUEIRA, Gustavo; VANZOLINI, Patrícia. *Manual de Direito Penal*. São Paulo: Saraiva, 2013.

JUSTEN FILHO, Marçal. *Magazine Luiza: Um Caso Lamentável*. Disponível em: <https://www.jota.info/opiniao-e-analise/colunas/publicistas/magazine-luiza-independencia-funcional-13102020>. Acesso em: 20 nov. 2020.

KANTOROWICZ, J. J. *Fiscal Constitutions. EDLE - The European Doctorate in Law and Economics Programme*. Erasmus University Rotterdam.

_____; Hansjörg Blöchlinger. *Fiscal Constitutions: An Empirical Assessment*. OECD Economics Department Working Papers n. 1248.

KELSEN, Hans. *Teoria Geral do Direito e do Estado*. São Paulo: Martins Fontes, 2000.

KELSEN, Hans. *Teoria Pura do Direito*. São Paulo: Martins Fontes, 2000.

KORZENIAK, José. *Primer Curso de Derecho Público:* Derecho Constitucional. Montevideo: Fundación de Cultura Universitaria, 2008.

KOZICKI, Katya. *Backlash:* As "Reações Contrárias" à Decisão do Supremo Tribunal Federal na ADPF n. 153. *O Direito Achado na Rua*, Brasília, v. 7, 2015. Disponível em: <www.justica.gov.br/central-de-conteudo/anistia/anexos/15-12-15-direito-achado-na-rua-vol-7_web-versao-10mb-1.pdf>.

KRAMER, Larry D. The People Themselves: Popular Constitutionalism and Judicial Review. *Oxford University Press*, 2004.

KREUZ, Letícia Regina Camargo. *Constitucionalismo nos Tempos do Cólera: Neoconservadorismo e Desnaturação Constitucional*. Tese de doutorado. UFPR.

LACERDA, Bruno Amaro. Origens e Consolidação da Ideia de Justiça Social. *Revista Brasileira de Estudos Políticos*, Belo Horizonte, n. 112, p. 67-88, jan.-jun. 2016.

LAFER, Celso. Conferências da Paz de Haia (1899 e 1907). Disponível em: <cpdoc.fgv.br/sites/default/files/verbetes/primeira-republica/CONFER%C3%8ANCIAS%20DA%20PAZ%20DE%20HAIA.pdf>.

LAGE, Fernanda de Carvalho. *A Natureza Jurídica do Tribunal de Contas da União*. Disponível em: <www.publicadireito.com.br/artigos/?cod=57e5cb96e2254600>.

LANDAU, David. *Abusive Constitutionalism*, University of California, v. 47, p. 189.

LASSALE, Ferdinand. *O que É uma Constituição?* Belo Horizonte: Editora Líder, 2001.

LAWLOR, John M. *Court Packing Revisited: A Proposal for Rationalizing the Timing of Appointments to the Supreme Court*. Disponível em: <https://scholarship.law.upenn.edu/cgi/viewcontent.cgi?article=4000&context=penn_law_review>.

LAZARI, Rafael José Nadim de. Reflexiones Críticas sobre la Viabilidad del "Constitucionalismo del Futuro" en Brasil. *Rev. da Fac. de Derecho e Ciencia Política Pontifícia Bolivar*, Medellín, v. 42, n. 116, jan.-jun. 2012.

LEITE, Gisele. *Neovisão da Ordem Constitucional*. Disponível em: <https://giseleleite2.jusbrasil.com.br/noticias/307563560/neovisao-da-ordem-constitucional?ref=serp>. Acesso em: 1º ago. 2020.

LEMOS, Rafael Severo de. *A Valorização do Trabalho Humano: Fundamento da República, da Ordem Econômica e da Ordem Social na Constituição Brasileira de 1988*. Disponível em: <https://www.paginasdedireito.com.br/index.php/artigos/306-artigos-jun-2015/7243-a-valorizacao-do-trabalho-humano-fundamento-da-republica-da-ordem-economica-e-da-ordem-social-na-constituicao-brasileira-de-1988>. Acesso em: 15 de outubro de 2021.

LENZA, Pedro. *Direito Constitucional Esquematizado*. São Paulo: Saraiva, 2015.

LEVITSKY, Steven; ZIBLATT, Daniel. *Como as Democracias Morrem*. Zahar. Rio de Janeiro, 2018.

LIMA, Eduardo Martins de; CARNEIRO, Matheus Faria; OLIVEIRA, Juliana Marinho. Medidas Provisórias: o Quadro Normativo no Brasil e o Processo de Edição. *Revista de Informação Legislativa*, Brasília, ano 45, n. 177, jan.-mar. 2008.

LIMA, Gabriela Carneiro de Albuquerque Basto Lima. *A Tensão entre o Povo e as Cortes*: a Escolha do Constitucionalismo Popular. Dissertação (Mestrado). Disponível em: <www.teses.usp.br/teses/disponiveis/2/2139/de-27012015-160043/pt-br.php>.

LIMA, Iara Menezes; LANÇA, João André Alves. A Força Normativa da Constituição e os Limites à Mutação Constitucional em Konrad Hesse. *Revista da Faculdade de Direito UFMG*, Belo Horizonte, n. 62, p. 275-303, jan.-jun. 2013.

LOCKE, John. *Segundo Tratado sobre o Governo Civil:* Ensaio sobre a Origem, os Limites e os Fins Verdadeiros do Governo Civil. Petrópolis: Vozes, 1994.

LOEWENSTEIN, Karl. *Teoría de La Constitución*. Barcelona: Ariel, 1964.

LOPES, A. M. D. *A Cidadania na Constituição Federal Brasileira de 1988*. São Paulo: Malheiros, 2006.

LOPES, Maurício Antonio Ribeiro. *Princípio da Legalidade Penal*. São Paulo: RT, 1994.

LORDELO, João. *Afinal, o STF adotou a teoria da abstrativização do controle difuso ou da transcendência dos motivos determinantes?* Disponível em: https://www.joaolordelo.com/single-post/2018/01/09/Afinal-o-STF-adotou-a-teoria-da-abstrativiza%C3%A7%C3%A3o-do-controle-difuso-ou-da-transcend%C3%AAncia-dos-motivos-determinantes-ADI-3406RJ-e-ADI-3470RJ--Rel-Min-Rosa-Weber-julgados-em-29112017-Info-886. Acesso em: 9 set. 2019.

LOUREIRO, João Carlos. *Fiat Constitutio, Pereat Mundus?* Neojoaquimismo, Constitucionalismo e Escassez. *Revista Portuguesa de Filosofia*, t. 70, Fasc. 2/3, Direito e Filosofia: Fundamentos e Hermenêutica (2014), p. 231-260.

LOUREIRO, João Carlos. Postconstitucionalism, Welfare and Crises. *Revista Eletrônica de Direito Público*. Disponível em: http://www.scielo.mec.pt/scielo.php?script=sci_arttext&pid=S2183-184X2014000300004&lng=en&nrm=iso&tlng=en>. Acesso em: 29 jul. 2020.

LOUREIRO, Luiz Gustavo Kaercher. *A Atuação Econômica Estatal direta: hipóteses e regimes jurídicos*. Revista de Direito Administrativo & Constitucional. Ano 3, n. 11, jan/mar 2003. Belo Horizonte: Fórum, 2003.

LOVELOCK, James. *Gaia, Alerta Final*. Rio de Janeiro, Intrínseca, 2009.

LOVELOCK, James. *A Vingança de Gaia*. Rio de Janeiro: Intrínseca, 2001.

LUÍS, Leonardo. *Bens Digitais guardados na Nuvem estão entrando em Testamentos*. Disponível em: <http://www1.folha.uol.com.br/tec/1000237-bensdigitais-guardados-na-nuvem-estao- entrando--em-testamentos.shtml>. Acesso em: 2 nov. 2020.

MACEDO JÚNIOR, Ronaldo Porto. *A Evolução Institucional do Ministério Público Brasileiro*. Rio de Janeiro: Centro Edelstein de Pesquisas Sociais, 2010.

MACHADO, Marcelo Forneiro. *A Evolução do Conceito de Soberania e a Análise de Suas Problemáticas Interna e Externa*. Dissertação (Mestrado). Disponível em: <https://sapientia.pucsp.br/bitstream/handle/8485/1/Marcelo%20Forneiro%20Machado.pdf>.

MADEIRA, Dhenis Cruz. *O que é solipsismo judicial?* Revista Jurídica da Presidência, Brasília. v. 22, n. 126, fev./maio 2020, p. 191-210.

MAGALHÃES, José Luiz Quadros de. *O Poder Constituinte Decorrente*. Disponível em: <www.egov.ufsc.br/portal/sites/default/files/anexos/14944-14945-1-PB.html>.

MAGALHÃES, José Luiz Quadros de. *O Território do Estado no Direito Comparado*. Disponível em: <https://jus.com.br/artiso/3156>.

MAIA, Antonio. *A Ideia de Patriotismo Constitucional e sua Integração à Cultura Político-Jurídica Brasileira*. Disponível em: <http://direitoestadosociedade.jur.puc-rio.br/media/Maia_n27.pdf>. Acesso em: 2 ago. 2018.

MALDONADO, Viviane Nóbrega. *Direito ao Esquecimento*. São Paulo: Novo Século, 2017.

MALUF, Sahid. *Teoria Geral do Estado*. São Paulo: Saraiva, 2014.

MAQUIAVEL, Nicolau. *O Príncipe*. São Paulo: Companhia das Letras, 2010.

MARCATO, Antonio Carlos. *Código de Processo Civil Interpretado*. 5. ed. São Paulo: Atlas, 2008.

MARINGONI, Gilberto. *O Destino dos Negros Após a Abolição*. Disponível em: <www.ipea.gov.br/desafios/index.php?option=com_content&id=2673%3Acatid%3D28&Itemid=23>.

MARMELSTEIN, George. *Efeito Backlasch da Jurisdição Constitucional:* Reações Políticas à Atuação Judicial. Disponível em: <http://direitosfundamentais.net>.

MARMELSTEIN, George. *O Estado Pode Ser Titular de Direitos Fundamentais?* Disponível em: <https://direitosfundamentais.net/2008/04/23/o-estado-pode-ser-titular-de-direitos-fundamentais/>.

MARMELSTEIN, George. *Benefício Assistencial para Estrangeiro:* Caso Mama Selo Djalo. Disponível em: <https://direitosfundamentais.net/2010/04/21/beneficio-assistencial-para-estrangeiro-caso--mama-selo-djalo/>.

MARQUES, José Frederico. *Tratado de Direito Penal*. Campinas: Bookseller, 1997. v. 1.

MARSHALL, T. H. *Cidadania, Classe Social e* Status. Rio de Janeiro: Zahar, 1977.

MARTÍNEZ, Esperanza. *Direitos Não Humanos*. Disponível em: <http://piseagrama.org/direitos-nao--humanos/>.

MARTINS, Ana Maria Guerra. *Curso de Direito Constitucional da União Europeia*. Coimbra: Almedina, 2004.

MARTINS, Maria d'Oliveira. *Contributo para a Compreensão da Figura das Garantias Institucionais*. Coimbra: Almedina, 2007.

MARTINS, Ives Gandra. *Cabe às Forças Armadas Moderar os Conflitos entre os Poderes*. Disponível em: <https://www.conjur.com.br/2020-mai-28/ives-gandra-artigo-142-constituicao-brasileira>. Acesso em: 10.11.2021.

MARTINS, Kleber. *A Origem Histórica do Ministério Público*. Disponível em: <www.prpb.mpf.mp.br/artigos/artigos-procuradores/a-origem-historica-do-ministerio-publico>.

MARTINS, Leonardo; MOREIRA, Thiago Oliveira. *Direito Internacional dos Direitos Humanos*. Belo Horizonte: Fórum, 2012.

MASCARO, Alysson Leandro. *Filosofia do Direito*. 4. ed. São Paulo: Altas, 2014.

MASCARO, Alysson Leandro. *Introdução ao Estudo do Direito*. São Paulo: Atlas, 2015.

MAYER, David N. The English Radical Whig Origins of American Constitutionalism. *Washington University Law Review*, v. 70, Issue 1, jan. 1992.

MAYORGA, Fernando. Estado Plurinacional y Democracia Intercultural en Bolivia. *RBCS*, v. 32, n. 94, jun. 2017. Disponível em: <http://www.scielo.br/pdf/rbcsoc/v32n94/0102-6909-rbcsoc-3294012017.pdf>.

MAXIMILIANO, Carlos. *Hermenêutica e Aplicação do Direito*. Rio de Janeiro: Forense, 2000.

MAZZILLI, Hugo Nigro. *Regime Jurídico do Ministério Público*. 3. ed. rev., ampl. e atual. São Paulo: Saraiva, 1996.

MAZZUOLI, Valerio de Oliveira. *Curso de Direito Internacional Público*. 5. ed. São Paulo: RT, 2011.

MAZZUOLI, Valerio de Oliveira. *Direito dos Tratados*. São Paulo: Ed. RT, 2011.

MAZZUOLI, Valerio de Oliveira. *Entra em Vigor Tratado que Facilita Acesso para Cegos a Livros*. Disponível em: <https://www.conjur.com.br/2016-out-06/entrou-vigor-tratado-facilita-acesso-cegos-livros>.

MAZZUOLI, Valério de Oliveira. *Lei Pessoal do De Cujus pode ser também a Lei da Nacionalidade*. Disponível em: <https://www.conjur.com.br/2016-dez-31/valerio-mazzuoli-lei-cujus-lei-nacionalidade>. Acesso em: 11 ago. 2020.

MAZZUOLI, Valério de Oliveira. *O Direito Internacional do Meio Ambiente e o "Greening" da Convenção Americana sobre Direitos Humanos*. Disponível em: <https://www.scielo.br/j/rdgv/a/wfckkDYPYZdbq3CkmwtBYyj/?lang=pt>. Acesso em: 08.10.2022.

McCRUDEN, Christopher. *Human Dignity and Judicial Interpretation of Human Rights*. Disponível em: <http://ejil.oxfordjournals.org/content/19/4/655.full>.

MELO, Irandavid Gomes de. *Uma Análise Sistêmica da Teoria Norte-Americana do Constitucionalismo Popular*. Monografia apresentada em 2017.

MELLO FILHO, José Celso de. *Constituição Federal Anotada*. São Paulo: Saraiva, 1984.

MEIRELLES, Hely Lopes. *Direito Administrativo Brasileiro*. 29. ed. São Paulo: Malheiros, 2004.

MEIRELLES TEIXEIRA, J. H. *Curso de Direito Constitucional*. São Paulo: Editora Modelo, 2011.

MELLO, Celso Antonio Bandeira de. *Curso de Direito Administrativo*. 26 ed. São Paulo: Malheiros, 2009.

MELLO, Celso Antônio Bandeira de. *Sociedades Mistas, Empresas Públicas e o Regime de Direito Público*. Revista Diálogo Jurídico, número 13, abril/maio de 2002, Salvador-BA.

MELLO, Marcos Bernardes de. Da Fraude à Constituição no Sistema Jurídico Nacional. *Revista da Faculdade de Direito* – UFPR, Curitiba, n. 52, p. 137-174, 2010.

MELO, Carlos Antonio de Almeida. A Constituição originária, a Constituição Derivada e o Direito Adquirido: Considerações, Limites e Possibilidades. *Revista de Informação Legislativa*, Brasília, ano 36, n. 143, jul.-set. 1999.

MENDES, Gilmar Ferreira. O Papel do Senado Federal no Controle de Constitucionalidade: um Caso Clássico de Mutação Constitucional. *Revista de Informação Legislativa*, Brasília, v. 41, n. 162, p. 149-168, abr.-jun. 2004.

MENDES, Gilmar Ferreira. Ação Declaratória de Constitucionalidade no Âmbito Estadual. *Revista Eletrônica de Direito do Estado*, n. 12. Salvador, out.-dez. 2007.

MENDES, Gilmar Ferreira. *Controle Abstrato de Constitucionalidade:* ADI, ADC e ADO. São Paulo: Saraiva, 2012.

MENDES, Gilmar Ferreira. *Direitos Fundamentais e Controle de Constitucionalidade*. 2. ed. São Paulo: Celso Bastos Editor, 1999.

MENDES, Gilmar Ferreira. *Jurisdição Constitucional*. São Paulo: Saraiva, 1999.

MENDES, Gilmar Ferreira; MARTINS, Ives Gandra da Silva. *Controle Concentrado de Constitucionalidade*. São Paulo: Saraiva, 2001.

MENDES, Gilmar Ferreira; BRANCO, Paulo Gustavo Gonet. *Curso de Direito Constitucional*. 14. ed. São Paulo: Saraiva, 2019.

MENDES, Gilmar Ferreira; BRANCO, Paulo Gustavo Gonet. *Curso de Direito Constitucional*. 8. ed. São Paulo: Saraiva, 2013.

MENDES, Gilmar; FERNANDES, Victor Oliveira. *Constitucionalismo Digital e Jurisdição Constitucional: Uma Agenda de Pesquisa para o Caso Brasileiro*. Disponível em: <http://seer.upf.br/index.php/rjd/article/view/11038/114115429>. Acesso em: 10.11.2021.

MERA, Manuel Eduardo Góngora. *La Difusión del Bloque de Constitucionalidade en La Jurisprudencia Latinoamericana y su potencial en la Construcción del Ius Constitutionale Commune Latino-americano*. Instituto Max Planck de Derecho Público Comparado y Derecho Internacional. Disponível em: <www.corteidh.or.cr/tablas/r31277.pdf>.

MESQUISTA, Álvaro Augusto Pereira. *O Papel e o Funcionamento das Agências Reguladoras no Contexto do Estado Brasileiro*. Revista de Informação Legislativa. Brasília. a 42, n. 166, abr/jun 2005.

MEYER-PFLUG, Samantha Ribeiro. *O Ministério Público na Constituição Federal de 1988*. Disponível em: <www.esmp.sp.gov.br/revista_esmp/index.php/RJESMPSP/article/view/46>.

MEZZAROBA, Orides. *Partidos Políticos:* Princípios e Garantias Constitucionais. Curitiba: Juruá, 2004.

MIRANDA, Jorge. *Manual de Direito Constitucional*. Coimbra: Coimbra Editora, 2009.

MIRANDA, Pontes de. *História e Prática do* Habeas Corpus. Campinas: Bookseller, 2007.

MOCHIZUKE, Kaciane Correa. *A Garantia do Atendimento à Saúde do Estrangeiro em Solo Brasileiro*. Disponível em: <http://sef.ufms.br/v/wp-content/uploads/2015/09/1-Kaciane-Corr% C3%A Aa-Mochizuke.pdf>.

MOEHLECKE, Sabrina. Ação Afirmativa: História e Debates no Brasil. *Cadernos de Pesquisa*, n. 117, p. 197-217, nov. 2002.

MÖLLER, Letícia Ludwing. *Direito à Morte com Dignidade e Autonomia*. Curitba: Juruá, 2010.

MÖLLER, Max. *Teoria Geral do Neoconstitucionalismo*: Bases Teóricas do Constitucionalismo Contemporâneo. Porto Alegre: Livraria do Advogado, 2011.

MONIZ, Ana Raquel Gonçalves. Os Direitos Fundamentais e a sua Circunstância. *Coimbra Jurídica*, 2017.

MONTEIRO, Marco Antonio Corrêa. *Incorporação dos Tratados Internacionais de Direitos Humanos ao Direito Interno Brasileiro e sua Posição Hierárquica no Plano das Fontes Normativas.* Dissertação de Mestrado. USP. 2008.

MONTEIRO, Washington de Barros. *Curso de Direito Civil.* São Paulo: Saraiva, 1998. v. 2.

MONTI, Rafael Ferreira Fumelli. *Conceito de Soberania sobre Divergências Constantes.* Disponível em: <www.conjur.com.br/2009-mai-12/conceito-soberania-principais-fundamentos-estado-moderno>.

MORAES, Ana Carvalho Ferreira Bueno de. *A Defensoria Pública como Instrumento de Acesso à Justiça.* Dissertação (Mestrado) – Pontifícia Universidade Católica de São Paulo, 2009.

MORAES, Germana de Oliveira. *Por Los Derechos de Pachamama y por el Buen Vivir.* Disponível em: <www.corteconstitucional.gob.ec/images/stories/001_evento11y122014/ponencia_resumida.doc>.

MOREIRA, Adilson José. *Tratado de Direito Antidiscriminatório.* São Paulo: Contracorrente, 2020.

MOREIRA, José Carlos Barbosa. *O Direito à Assistência Jurídica.* São Paulo: Saraiva, 1994.

MOREIRA, Thiago de Miranda Queiroz. *A Constitucionalização da Defensoria Pública: Disputas por Espaço no Sistema de Justiça.* Disponível em: <https://www.scielo.br/pdf/op/v23n3/1807-0191-op-23-3-0647.pdf>. Acesso em: 17 nov. 2020.

MOREIRA, Vital. *Economia e Constituição.* Coimbra: Coimbra Editora, 1979.

MORGAN, Fernanda; MENDONÇA; José Vicente. *O Ensino Domiciliar já Existe no Brasil: Falta Regulamentar.* Disponível em: <https://www.jota.info/opiniao-e-analise/colunas/reg/ensino-domiciliar-o-homeschooling-em-debate-29082018>.

MÜLLER, Gustavo. Condições para a Democracia ou Democracias Sem Condições: Dilemas de um Pensamento Político Contemporâneo. *Século XXI,* UFSM, Santa Maria, v. 1, jan./jun. 2011, p. 9-24.

MUNIZ, Jacqueline. *Autonomia Policial ou Emancipação Predatória? Os Riscos para a Sociedade.* Disponível em: <https://www.redebrasilatual.com.br/blogs/blog-na-rede/2021/01/autonomia-policial-emancipacao-predatoria-riscos-sociedade/>. Acesso em: 10.11.2021.

MUSSO, Enrico Spagna. *Scritti di Diritto Costituzionale.* Milano: Giuffrè, 2008.

NELSON, Rocco Antonio Rangel Rosso; MEDEIROS, Jackson Tavares da Silva de. As Bases do Neoconstitucionalismo como Justificadora da Maior Atuação do Poder Judiciário. *Revista Eletrônica do Curso de Direito,* PUC Minas. Serro, n. 8, jun.-dez. 2013.

NETO, Luísa. O princípio da Confiança em Tempo de Crise. *Revista do Centro de Estudos Judiciários,* p. 69-106, ago. 2014.

NEVES, Antonio Francisco Frota; SANTANA, Hector Valverde. *A Intervenção Direta e Indireta na Atividade Econômica em Face da Ordem Jurídica Brasileira.* Revista Brasileira de Políticas Públicas. Vol. 7, n. 2, agosto de 2017.

NEVES, Marcelo. *A Constitucionalização Simbólica.* São Paulo: Martins Fontes, 2011.

NEVES, Marcelo. *Transconstitucionalismo.* São Paulo: Martins Fontes, 2009.

NEWTON, Eduardo Januário. *Assistência Judiciária Municipal?* Disponível em: <https://www.conjur.com.br/2020-out-02/newton-assistencia-judiciaria-municipal-stf-afaste-diadema>. Acesso em: 20 out. 2020.

NIEMBRO, Roberto. Una Mirada al Constitucionalismo Popular. *Isonomia,* n. 38, p. 191-224, abr. 2013.

NIEMBRO, Roberto. *Desenmascarando el Constitucionalismo Autoritario.* Universidad Nacional Autónoma de México, Instituto de Investigaciones Jurídicas, Instituto de Estudios Constitucionales del Estado de Querétaro. Disponível em: <https://archivos.juridicas.unam.mx/www/bjv/libros/9/4257/10.pdf>.

NITRINI, Rodrigo Vidal. *Liberdade de Informação e Sigilo de Fonte*. Disponível em: <https://www.jota.info/opiniao-e-analise/artigos/liberdade-de-informacao-e-sigilo-de-fonte-06092017#_ftn2>.

NODARI, Paulo César. Ética da Responsabilidade em Hans Jonas. Disponível em: <www.faculdadejesuita.edu.br/simposio/cd10/textos/doutores/paulo_nodari.pdf>.

NOGUEIRA, Vera Maria Ribeiro. Estado de Bem-Estar Social: origens e desenvolvimento. *Revista Katálysis*, n. 5. jul.-dez. 2001.

NOVAIS, Fabrício Muraro; JACOB, Muriel Amaral. *Mutação Constitucional e Abstrativização do Controle Difuso de Constitucionalidade no Brasil: Alcance Eficacial do art 525, § 12, do Código de Processo Civil*. Disponível em: <http://www.mpsp.mp.br/portal/page/portal/documentacao_e_divulgacao/doc_biblioteca/bibli_servicos_produtos/bibli_boletim/bibli_bol_2006/Rev-Pensamento-Jur_v.12_n.2.13.pdf>. Acesso em: 10-09-19.

NOVAIS, Jorge Reis. *A Dignidade da Pessoa Humana*. Coimbra: Almedina, 2016.

NOVAIS, Jorge Reis. *Direitos Fundamentais*: Trunfos contra a Maioria. Coimbra: Coimbra Ed., 2006.

NUNES JÚNIOR, Flávio Martins Alves. O Multiculturalismo na América do Sul: do Constitucionalismo Multicultural a um Constitucionalismo Plurinacional. In: VEIGA, Fábio da Silva (Org.). *O Direito Constitucional e Seu Papel na Construção do Cenário Jurídico Global*. Barcelos: Instituto Politécnico do Cávado e do Ave, 2016.

NUNES, Luiz Antonio Rizzatto. *O Princípio Constitucional da Dignidade da Pessoa Humana*. São Paulo: Saraiva, 2002.

NUNES JÚNIOR, Flávio Martins Alves. *Curso de Direito do Consumidor*. São Paulo: Saraiva, 2007.

NUNES JÚNIOR, Flávio Martins Alves. Direito Fundamental Social ao Trabalho: *a Efetividade dos Direitos Sociais no Brasil*. São Paulo: Paco Editorial, 2016.

NUNES JÚNIOR, Flávio Martins Alves. *Leis Penais Especiais*. 4. ed. São Paulo: RT, 2015.

NUNES JÚNIOR, Flávio Martins Alves. *Remédios Constitucionais*. 5. ed. São Paulo: RT, 2015.

NUNES JÚNIOR, Flávio Martins Alves. *Poderes Instrutórios do Juiz no Processo Penal*. Jundiaí: Paco, 2017.

NUNES, Moacyr de Araújo. Medidas Provisórias: Adoção por Estados e Municípios, Fim da Polêmica. *Revista da Faculdade de Direito de São Bernardo do Campo*, n. 9. p. 319.

NUSSBAUM, Martha. *Las Fronteras de la Justicia*: Consideraciones sobre la Exclusión. Barcelona: Paidos, 2012.

OLSEN, Ana Carolina Lopes. *Direitos Fundamentais Sociais*. Curitiba: Juruá, 2008.

OLIVEIRA, Amanda Flávio de. *O Direito da Concorrência e o Poder Judiciário*. Rio de Janeiro: Forense, 2002.

OLIVEIRA, Arlindo Fernandes de. *O Princípio da Igualdade do Voto na Constituição Brasileira e as Distorções na Representação das Unidades Federadas na Câmara dos Deputados*. Monografia (Pós-Graduação) – curso de pós-graduação *lato sensu* do IDP.

OLIVEIRA, Claudio Ladeira de; MOURA, Suellen Patrícia. *O Minimalismo Judicial de Cass Sunstein e a Resolução do Senado Federal no Controle de Constitucionalidade*: Ativismo Judicial e Legitimidade Democrática. Disponível em: <http://abdconst.com.br/revista15/minimalismoClaudio.pdf>.

OLIVEIRA, Luiz Philipe Ferreira de. *Adoção Internacional e Nacionalidade*: um Estudo Comparado Brasil e Japão. Dissertação (Mestrado) – Universidade de São Paulo.

OLIVEIRA, Ricardo Victalino de. *A Configuração Assimétrica do Federalismo Brasileiro*. Dissertação (Mestrado). Disponível em: <www.teses.usp.br/teses/disponiveis/2/2134/tde-08092011-093940/publico/Dissertacao_Ricardo_Victalino_de_Oliveira.pdf>.

OLIVEIRA, Ricardo Victalino de. *A Abertura do Estado Constitucional Brasileiro ao Direito Internacional*. Tese de Doutorado. USP. 2014.

OLIVEIRA, Rogério Nunes de. *Assistência Jurídica Gratuita*. Rio de Janeiro: Lumen Juris, 2006.

ORDACGY, André da Silva. *O Direito Humano Fundamental à Saúde*. Disponível em: <http://www.ceap-rs.org.br/wp-content/uploads/2014/02/Direito-Humano-a-saude-oublica.pdf>. Acesso em: 15 ago. 2019.

PALONI, Nelson Alexandre. *O Estudo de Viabilidade Municipal e Seu Impacto no Desenvolvimento Nacional*. Dissertação (Mestrado). Disponível em: <www.dominiopublico.gov.br/download/teste/arqs/cp072231.pdf>.

PAREDES, Joan Estefany Correa. *Los Primates, Sujetos del Derecho Ecuatoriano*. Disponível em: <http://repositorio.puce.edu.ec/bitstream/handle/22000/6998/13.J01.001690.pdf?sequence=4&isAllowed=y>.

PEDRA, Anderson Sant'Ana. Possibilidade de Edição de Medidas Provisórias pelos Municípios. *Revista de Direito Administrativo*, São Paulo, v. 230, out.-dez. 2002. p. 17.

PEDROSA, Ronaldo Leite. *Direito em História*. 4. ed. Nova Friburgo: Imagem Virtual, 2002.

PERES LUÑO, A. H. *Derechos Humanos, Estado de Derecho e Constitución*. Madrid: Tecnos, 2003.

PAIVA, Caio. *Organização da Defensoria para Atuar em 2º Grau e Cortes Superiores*. Disponível em: <www.conjur.com.br/2016-jun-28/tribuna-defensoria-organizacao-defensoria-atuar-grau- cortes--superiores>.

PAIVA, Caio. *Entendimento Institucional Pode Vincular Defensor Público?* Disponível em: <www.conjur.com.br/2015-dez-01/tribuna-defensoria-entendimento-institucional-vincular-defensor-publico>.

PAIXÃO, Cristiano; BIGLIAZZI, Renato. *História Constitucional Inglesa e Norte-americana*: do Surgimento à Estabilização da Forma Constitucional. Brasília: Editora UnB, 2008.

PALMA, Rodrigo Freitas. *História do Direito*. 4. ed. São Paulo: Saraiva, 2014.

PAUL, Ellen Frankel; MILLER JR., Fred. D.; PAUL, Jeffrey. *What Should Constitutions Do?* Cambridge: Cambridge University Press, 2011.

PAZ, Bárbara Bisogno. *A Castração Química como Forma de Punição para os Criminosos Sexuais*. Disponível em: <http://www.pucrs.br/direito/wp-content/uploads/sites/11/2018/09/barbara_paz.pdf>. Acesso em: 20 ago. 2020.

PELUSO, Cezar. *Em Defesa de uma Justiça Eficiente*. Disponível em: <http://www.stf.jus.br/portal/cms/verNoticiaDetalhe.asp?idConteudo=181248>. Acesso em: 17 ago. 2020.

PEREIRA, Jorge Daniel de Albuquerque; COSTA, João Santos. *Herança Digital: As Redes Sociais e sua Proteção pelo Direito Sucessório Brasileiro*. Disponível em: <https://ambitojuridico.com.br/cadernos/direito-civil/heranca-digital-as-redes-sociais-e-sua-protecao-pelo-direito-sucessorio-brasileiro/>. Acesso em: 20 nov. 2020.

PEREIRA, Marcio Filipe Carvalho. *Medidas Provisórias Municipais*. Trabalho de Conclusão de Curso apresentado à Universidade Federal de Viçosa.

PEREZ, Guilherme Francisco Souza. *Como o Adiamento das Eleições de 2020 pode vir a ser Inconstiutcional*. Disponível em: <https://www.conjur.com.br/2020-jul-19/perez-adiamento-eleicoes-inconstitucional>. Acesso em: 11 nov. 2020.

PERNICE, Ingolf. *La Dimensión Global del Constitucionalismo Multinivel*: una Respuesta Global a los Desafíos de la Globalización. Serie Unión Europea y Relaciones Internacionales, n. 61, 2012.

PESSINI, Leo. *Distanásia:* Até Quando Prolongar a Vida? São Paulo: Editora do Centro Universitário São Camilo: Loyola, 2001.

PESSINI, Leo. *Sobre o Conceito Ético de Mistanásia*. Disponível em: <https://www.a12.com/redacaoa12/igreja/sobre-o-conceito-etico-de-mistanasia>. Acesso em: 20 nov. 2020.

PETERS, Anne. *Global Constitucionalism*. Disponível em: <www.mpil.de/files/pdf4/Peters_Global_Constitutionalism3.pdf>. Acesso em: 4 ago. 2016.

PETTER, Lafayete Josué. *Princípios Constitucionais da Ordem Econômica* 2 ed. São Paulo: Revista dos Tribunais, 2008.

PIERDONÁ, Zélia Luiza. *A Violação do Trabalho pela Legislação Previdenciária*. Anais do XIX Encontro Nacional do CONPEDI realizado em Fortaleza, nos dias 9, 10, 11 e 12 de junho de 2010. Disponível em: http://www.publicadireito.com.br/conpedi/manaus/arquivos/anais/fortaleza/3548.pdf.

PIERDONÁ, Zélia Luiza. A Proteção Social na Constituição de 1988. *Revista de Direito Social*, n. 28, out.-dez. 2007.

PIERDONÁ, Zélia Luiza. *Reforma Previdenciária:* Importantes Reflexões. Disponível em: <http://www.cartaforense.com.br/conteudo/artigos/reforma-previdenciaria---importantes-reflexoes/16905>. Acesso em: 15 ago. 2019

PIMENTA, Eduardo Goulart; BOGLIONE, Stefano. *O Princípio da Preservação da Empresa em Crise Econômico-financeira em Direito & Economia*. Revista Faculdade Mineira de Direito. PUC/MG, vol. 11, 2008.

PIMENTEL, Mariana Barsaglia. *Backlash* às Decisões do Supremo Tribunal Federal sobre União Homoafetiva. *RIL*, Brasília, ano 54, n. 214, p. 189-202, abr.-jun. 2017.

PIOVESAN, Flávia. *Direitos Humanos e o Direito Constitucional Internacional*. 16. ed. São Paulo: Saraiva, 2016.

PIOVESAN, Flávia. *Direitos Humanos e Diálogos entre Jurisdições*. Revista Brasileira de Direito Constitucional – RBDC, n. 19 – jan./jun. 2012, p. 70.

PINTO, Djalma. *Direito Eleitoral*: Anotações e Temas Polêmicos. 3 ed. Rio de Janeiro: Forense, 2000.

PINTO, Felipe Chiarello de Souza. *Os Símbolos Nacionais e a Liberdade de Expressão*. São Paulo: Max Limonad, 2001.

PINTO, Luzia Marques da Silva Cabral. *Os Limites do Poder Constituinte e a Legitimidade Material da Constituição*. Coimbra: Coimbra Ed., 1994.

PINTO, Maria do Céu Pitanga. *A Dimensão Constitucional do Direito de Herança*. Disponível em: <www.dominiopublico.gov.br/download/teste/arqs/cp075377.pdf>.

PIRES, Filipe Albernaz; ANDRADE, Ricardo Rangel de. *Proibição de Exercer o Comércio ou Participar de Sociedade Comercial pelo Membro do Ministério Público*. Revista Jurídica. Corregedoria Nacional. Vol. III, CNMP, 2017.

PIRES, Maria Coeli Simões. Autonomia Municipal no Estado Brasileiro. *Revista de Informação Legislativa*, Brasília, ano 36, n. 142, abr.-jun. 1999.

PISARELLO, Gerardo. Qué Fue del Contrato Social? Los Derechos Sociales entre el Asedio y la Reinvención Garantista. In: *Los Derechos Sociales en Tiempos de Crisis*. Ararteko: Vitoria-Gasteiz, 2012.

PLATÃO. *A República*. São Paulo: Nova Cultural, 2004.

PORTO, Fábio da Silva. *As Externalidades: Análise de um enfoque do pensamento de Ronald H. Coase*, disponível em: <https://periodicos.ufsm.br/revistadireito/article/viewFile/7139/4290>. Acesso em: 2.11.2021.

PORTO, Jadson Luís Rebelo. Os Territórios Federais e a SUA Evolução no Brasil. *Revista de Educação, Cultura e Meio Ambiente*, n. 15, v. III, mar. 1999.

PORTO, José Roberto Mello; MARTINS, Danniel Adriano Araldi. *STF não adota (ainda) a abstrativização do controle difuso*. Disponível em: <https://www.conjur.com.br/2019-mai-10/opiniao-stf-nao-adota-ainda-abstrativizacao-controle-difuso>. Acesso em: 10 set. 2019.

POST, Robert; SIEGEL; Reva. *Constitucionalismo Democrático:* por una Reconciliación entre Constitución y Pueblo. Madrid, 2015.

POST, Robert. *Roe Rage:* Democratic Constitutionalism and Backlash. Faculty Scholarship Series. Paper 169, 2007.

POWELL, H. Jefferson. *Overcoming Democracy*: Richard Posner and Bush v. Gore. Disponível em: <http://scholarship.law.duke.edu/cgi/viewcontent.cgi?article=1870&context=faculty_scholarship>.

PRADA, Alfredo Gonzales. *El Derecho y el Animal:* Tesis para el Doctorado en Jurisprudencia. Lima: Imp. Artística Calonge, 1914.

PRATS, Barbara Eva Sot; ZUÑIGA, Franz Veja. Consideraciones Jurídicas Acerca del Uso de la Anticoncepción Oral de Emergencia en Costa Rica. *Revista de Ciências Jurídicas*, n. 137, Costa Rica, maio-ago. 2015, p. 50-57.

PRESTES, Lisiê Ferreira. *Federalismo e Sua Aplicabilidade no Sistema Brasileiro Atual*. Disponível em: <www.ambito-juridico.com.br/site/?n_link=revista_artigos_leitura&artigo_id=13396>.

QUEIROZ, Cristina. *Direitos Fundamentais:* Teoria Geral. 2. ed. Coimbra: Coimbra Ed., 2010.

QUIJADA, Mónica. Una Constitución Singular: la Carta Gaditana en Perspectiva Comparada. *Revista das Índias*, n. 242, v. LXVIII, p. 15-38, 2008.

QUIJANO, A. *Estado-nación y "Movimentos Indígenas" en la Región Andina:* Cuestiones Abiertas. Buenos Aires: Consejo Latinoamericano de Ciencias Sociales, 2006.

QUINTANA, Segundo V. Linares. *Tratado de la Ciencia del Derecho Constitucional*. Buenos Aires: Plus Ultra, 1988.

RAMÍREZ, Manuel Fernando Quinche. *El Control de Convencionalidad y el Sistema Colombiano*. Disponível em: <www.corteidh.or.cr/tablas/r25586.pdf>.

RAMOS, André de Carvalho. *Curso de Direitos Humanos*. 2. ed. São Paulo: Saraiva, 2015.

RAMOS, André de Carvalho. *Processo Internacional de Direitos Humanos*. São Paulo: Saraiva, 2019.

RAMOS, Elival da Silva. *A Inconstitucionalidade das Leis*: Vício e Sanção. São Paulo: Saraiva, 1994.

RAMOS, João Guarberto Garcez. Reflexões sobre o Perfil do Ministério Público de Ontem, de Hoje e do 3º Milênio. *Revista Justitia*. Disponível em: <www.revistajustitia.com.br/artigos/zdxab3.pdf>.

RAMOS, Rui; SOUZA, Bernardo Vasconcelos; MONTEIRO, Nuno Gonçalo. *História de Portugal*. 5. ed. Lisboa: Esfera dos Livros, 2009.

RÁO, Vicente. *O Direito e a Vida dos Direitos*. São Paulo: RT, 1999.

REBOUÇAS, João Batista Rodrigues. Abuso de Poder Econômico no Processo Eleitoral e o Seu Instrumento Sancionador. *Revista Eleitoral TRE/RN*, v. 26, 2012.

REISDORFER, Vitor Kochhann. *Introdução ao Cooperativismo*. Santa Maria: Universidade Federal de Santa Maria, 2004.

REZEK, Francisco. *Direito Internacional Público*. 10. ed. São Paulo: Saraiva, 2005.

REZENDE, Renato Monteiro. *A Constitucionalidade dos Serviços Obrigatórios e o Programa Mais Médicos*. Brasília, Senado Federal, Núcleo de Estudos e Pesquisas da Consultoria Legislativa, ago. 2013.

RIBEIRO, Marilda Rosado de Sá. Princípio da Cooperação no Direito Internacional. *Dicionário de Princípios Jurídicos*. Rio de Janeiro: Elsevier, 2011.

RIBEIRO FILHO, João Costa. *União Europeia*: Federação ou Confederação? Dissertação (Mestrado). Disponível em: <http://150.161.6.101:8080/bitstream/handle/123456789/4350/arquivo5498_1.pdf?sequence=1&isAllowed=y>.

ROBL FILHO, Ilton Norberto. *Direito, Intimidade e Vida Privada:* Paradoxos Jurídicos e Sociais na Sociedade Pós-Moralista e Hipermoderna. Curitiba: Juruá, 2013.

ROCHA, Ethel Menezes. Animais, Homens e Sensações Segundo Descartes. *Kriterion*, Belo Horizonte, v. 45, n. 110, p. 350-364, dez. 2004.

RODAS, João Grandino. *Tratado Internacional só É Executório no Brasil Depois da Promulgação e Publicação*. Disponível em: <https://www.conjur.com.br/2015-dez-24/olhar-economico-tratado--executorio-depois-promulgacao>.

RODRIGUES, Cristiano Alves. *O Reconhecimento do Direito dos Índios ao Alistamento Eleitoral*. Disponível em: <www.conteudojuridico.com.br/artigo,o-reconhecimento-do-direito-dos-indios--ao-alistamento-eleitoral-e-a-dispensabilidade-do-certificado-de-quitaca,44767.html>.

RODRIGUES, Eder Bomfim. *Ações Afirmativas nos EUA e Sua Legitimidade no Brasil*. Disponível em: <www.fmd.pucminas.br/Virtuajus/1_2005/Discentes/PDF/Acoes%20afirmativas%20nos%20eua%20e%20sua%20legitimidade%20no%20brasil.pdf>.

ROSA, Alexandre Morais da. *Como Usar a Teoria dos Jogos no Processo Penal*? Disponível em: <https://www.conjur.com.br/2018-abr-13/limite-penal-usar-teoria-jogos-processo-penal>. Acesso em: 20.10.2021.

ROSENVALD, Nelson. *O Direito Civil em Movimento*: Desafios Contemporâneos. Salvador: Juspodivm, 2017.

ROSENVALD, Nelson; FARIAS, Cristiano Chaves de. *Curso de Direito Civil*. 7. ed. São Paulo: Atlas, 2015. v. 6.

ROUSSEAU, Jean Jacques. *O Contrato Social*. São Paulo: Martins Fontes, 1999.

ROUSSEAU, Jean Jacques. *Discurso sobre a Origem da Desigualdade entre os Homens*. Disponível em: <www.dominiopublico.gov.br/download/texto/cv000053.pdf>.

SAGÜÉS, Néstor Pedro. *Manual de Derecho Constitucional*. 2. ed. Buenos Aires: Astrea, 2014.

SAGÜÉS, Néstor Pedro. *El Control de Convencionalidad em Argentina. Ante las Puertas de la Constitución Convencionalizada?* Disponível em: <https://www.corteidh.or.cr/tablas/r32257.pdf>. Acesso em: 20.12.2022.

SALLES, Bruno. *As Inconstitucionalidades da Nova Lei de Cães e Gatos e o Populismo Penal.* Disponível em: <https://www.conjur.com.br/2020-out-03/bruno-salles-inconstitucionalidades-lei-caes-gatos>. Acesso em: 20 nov. 2020.

SIEYÈS, Emmanuel Joseph. *A Constituinte Burguesa (Qu'est-ce que le Tiers État).* Rio de Janeiro: Lumen Juris, 2009.

SAMPAIO, José Adércio Leite. *Termidores e* Whigs. Disponível em: <http://joseadercio.blogspot.com.br/2010/12/termidores-e-whigs.html>.

SAMPAIO, José Adércio Leite. Os Ciclos do Constitucionalismo Ecológico. *Revista Jurídica FA7*, Fortaleza, v. 13, n. 2, p. 83-101, jul.-dez. 2016.

SAMPAIO, José Adércio Leite. *Teorias Constitucionais em Perspectiva em busca de uma Constituição Pluridimensional.* Belo Horizonte: Del Rey, 2003.

SAMPAIO, José Adércio Leite. *A Constituição Austeritária.* Joaçaba, v. 21, n. 1, p. 39-58, jan./jun. 2020.

SAMPAIO, José Adércio Leite. *O Esverdeamento da Convenção Europeia de Direitos Humanos: Vícios e Virtudes.* Disponível em: <https://www.e-publicacoes.uerj.br/index.php/quaestioiuris/article/view/25466/20483>. Acesso em: 08.10.2022.

SANNINI NETO, Francisco. *Indiciamento:* Ato Privativo do Delegado de Polícia. Disponível em: <https://franciscosannini.jusbrasil.com.br/artigos/121943720/indiciamento-ato-privativo-do-delegado-de-policia>.

SANT'ANNA, Marcio. *O Culto aos Animais Sagrados no Egito Antigo.* Disponível em: <https://cpantiguidade.wordpress.com/2011/02/20/o-culto-aos-animais-sagrados-no-egito-antigo/>.

SANTOS, Ana Luiza; SOUZA, Cristiane Vitório de. Poder Constituinte Derivado Decorrente dos Municípios: uma Análise Fundamentada nos Princípios Federativo e da Simetria. *Revista Eletrônica de Direito e Política da Univali*, Itajaí, v. 8, n. 1, 1º quadrimestre de 2013.

SANTOS, Boaventura de Souza. *A Difícil Democracia.*

SANTOS, Boaventura de Souza. *Pneumatóforo*: Escritos Políticos. Coimbra: Almedina, 2018.

SANTOS, Elisabete Teixeira Vido dos. *Curso de Direito Empresarial.* 4. ed. São Paulo: RT, 2015.

SANTOS, Fernando Ferreira dos. *Princípio Constitucional da Dignidade da Pessoa Humana.* São Paulo: Celso Bastos Editor, 1999.

SANTOS, Marcelo de Oliveira Fausto Figueiredo. *O Exercício da Advocacia por Membros do Ministério Público após o seu Desligamento do Cargo: Análise Constitucional.* Revista Jurídica ESMP-SP, v. 11, 2017: 107-163.

SANTOS, Marcus Gouveia dos. *Limites ao Poder Constituinte.* RJLB, ano 1 (2015), n. 2, p. 1359-1420

SANTOS, Natália Souza dos. Afinal, Por Que os Conscritos não Votam? *Revista Jurídica Consulex*, n. 386, 15. fev. 2013.

SARLET, Ingo Wolfgang. *A Eficácia dos Direitos Fundamentais.* Porto Alegre: Livraria do Advogado, 2007.

SARLET, Ingo Wolfgang; FIGUEIREDO, Mariana Filchtiner. Reserva do Possível, Mínimo Existencial e Direito à Saúde: Algumas Aproximações. In: *Direitos Fundamentais.* Porto Alegre: Livraria do Advogado, 2010.

SARMENTO, Daniel. *A Liberdade de Expressão e o Problema do "Hate Speech".* Disponível em: <www.dsarmento.adv.br/content/3-publicacoes/18-a-liberdade-de-expressao-e-o-problema-do-hate-speech/a-liberdade-de-expressao-e-o-problema-do-hate-speech-daniel-sarmento.pdf>.

SARMENTO, Daniel. *Direitos Fundamentais e Relações Privadas*. 2. ed. Rio de Janeiro: Lumen Juris, 2008.

SARMENTO, Daniel; SOUZA NETO, Cláudio Pereira de. *Direito Constitucional*: Teoria, História e Métodos de Trabalho. 2. ed. Belo Horizonte: Fórum, 2016.

SCAFF, Fernando Facury. *Efeitos da Coisa Julgada em Matéria Tributária e Livre-concorrência*. São Paulo: Dialética, 2006.

SCHÄFER, Gilberto; LEIVAS, Paulo Gilberto Cogo; SANTOS, Rodrigo Hamilton dos. Discurso de Ódio. Da Abordagem Conceitual ao Discurso Parlamentar. *RIL*, Brasília, ano 52, n. 207, jul./set. 2015, p. 143-158.

SCHEUERMAN, Willian E. *Carl Schmitt:* The End of Law. Maryland: Rowman & Littlefield Publishers, 1965.

SCHMITT, Carl. *O Guardião da Constituição*. Belo Horizonte: Del Rey, 2007.

SCHMITT, Carl. *Teoría de La Constitución*. Madrid: Revista de Derecho Privado, 1980.

SCHLESINGER JR., Arthur M. *The Cycles of American History*. Boston: Mariner Book, 1999.

SEIXAS, Clarice. *O Ciclo das Políticas Públicas*. Disponível em: <https://edisciplinas.usp.br/mod/resource/view.php?id=2753828>.

SERRES, Michel. *O Contrato Natural*. Lisboa: Instituto Piaget.

SGARBOSSA, Luís Fernando. *Crítica à Teoria dos Custos dos Direitos*. V. 1: Reserva do Possível. Porto Alegre: Sergio Antonio Fabris, 2010.

SHEPPELE, Kim Lane. *Aspirational and Aversive Constitutionalism: The Case for Studying Cross-Constitutional Influence Through Negative Models*. I.Con, Volume 1, Number 2, 2003, pp. 296-324.

SIEBERT, Fred. *Four Theories of the Press: The Authoritarian, Libertarian, Social Responsibility, and Soviet Communist Concepts of What the Press Should Be and Do*. Chicago: University of Illinois Press, 1963.

SILVA, Alfredo Canellas Guilherme da. *Constitucionalismo Democrático*: o Caso do Juiz Hércules e a Ascensão do Juiz Péricles. Disponível em: <www.academia.edu/14713054/CONSTITUCIONALISMO_DEMOCR%C3%81TICO_OCASO_DO_JUIZ_H%C3%89RCULES_E_A_ASCENS%C3%83O_DO_JUIZ_P%C3%89RICLES_Alfredo_Canellas_Guilherme_da_Silva>.

SILVA, Chiara Michelle Ramos Moura da. *Direito Animal*: uma Breve Digressão Histórica. Disponível em: <www.conteudojuridico.com.br/artigo,direito-animal-uma-breve-digressao-historica,48729.html>.

SILVA, José Afonso da. *Curso de Direito Constitucional Positivo*. São Paulo: Malheiros, 2013.

SILVA, José Afonso da. *Aplicabilidade das Normas Constitucionais*. 8. ed. São Paulo: Malheiros, 2015.

SILVA, José Afonso da. *Poder Constituinte e Poder Popular*. São Paulo: Malheiros, 2002.

SILVA, José Afonso. *Direito Municipal Brasileiro*. São Paulo: Revista dos Tribunais, 2010.

SILVA, José Fontenelle Teixeira da. *Defensoria Pública no Brasil*: Minuta Histórica. Disponível em: <www.jfontenelle.net/publicados4.htm>.

SILVA, H. F. *Teoria do Estado Plurinacional*. Curitiba: Juruá, 2014.

SILVA, Lucas Emanuel da; FARIAS, Tácito Augusto. *Uma Revisita a Ronald H. Coase*. Revista de Desenvolvimento Econômico - RDE - Ano XVIII - v. 3, n. 35, dezembro de 2016, Salvador/BA.

SILVA, Magne Cristine Cabral da. *É Preciso que a Polícia Ferroviária Faça Parte do Susp*. Disponível em: <https://www.conjur.com.br/2018-jun-27/magne-cristine-policia-ferroviaria-federal-parte-susp>.

SILVA, Virgílio Afonso. *A Constitucionalização do Direito:* os Direitos Fundamentais nas Relações entre Particulares. São Paulo: Malheiros, 2008.

SILVA, Virgílio Afonso. *Direitos Fundamentais:* Conteúdo Essencial, Restrições e Eficácia. São Paulo: Malheiros, 2009.

SILVA, Virgílio Afonso. *Interpretação Constitucional.* São Paulo: Malheiros, 2007.

SILVA, Virgílio Afonso. O Proporcional e o Razoável. *Revista dos Tribunais,* 798, p. 23-50, 2002.

SILVA, Virgílio Afonso da; ROCHA, Jean Paul Cabral Veiga da. *A Regulamentação do Sistema Financeiro Nacional.* Revista de Direito Mercantil 127 (2002): 79-92.

SILVA NETO, Manoel Jorge e. *O Constitucionalismo Brasileiro Tardio.* Brasília: ESMPU, 2016.

SILVEIRA, André Bueno da. *Análise Econômica do Direito e Teoria dos Jogos.* Disponível em: <http://escola.mpu.mp.br/conteudos-educacionais/cursos/aperfeicoamento/analise-economica-do-direito-e-teoria-dos-jogos/texto-complementar_aula-2.pdf>. Acesso em: 02.11.21.

SILVEIRA, Newton. *Propriedade Intelectual: Propriedade Industrial, Direito de Autor, Software, Cultivares.* 3 ed. rev. e ampl., Baureri: Manole, 2005.

SILVEIRA, Jacqueline Passos da. Direitos Humanos e Patriotismo Constitucional. *Revista da Faculdade de Direito da UFMG,* Belo Horizonte, n. 51, p. 153-173, jul.-dez. 2007.

SILVEIRA NETO. *Direito Constitucional.* São Paulo: Max Limonad, 1970.

SINGER, Peter. *Libertação Animal.* São Paulo: Martins Fontes, 2013.

SIQUEIRA, Julio Pinheiro Faro Homem de. Elementos para uma Teoria dos Deveres Fundamentais: uma Perspectiva Jurídica. *Revista de Direito Constitucional e Internacional,* v. 95, p. 125-159, abr.--jun. 2016.

SIQUEIRA JÚNIOR, Paulo Hamilton. *Direito Processual Constitucional.* 4. ed. São Paulo: Saraiva, 2010.

SMANIO, Gianpaolo Poggio. A Conceituação da Cidadania Brasileira e a Constituição Federal de 1988. In: MORAES, A; GRINOVER, Ada Pelegrini (Coord.). *Os 20 Anos da Constituição da República Federativa do Brasil.* São Paulo: Atlas, 2009.

SMANIO, Gianpaolo Poggio. As Dimensões da Cidadania. *Revista da ESMP,* São Paulo, ano 2, p. 13-23, 2009.

SMANIO, Gianpaolo Poggio (Org.). *Os Direitos e as Políticas Públicas no Brasil.* São Paulo: Atlas, 2013.

SMANIO, Gianpaolo Poggio; BERTOLIN, Patrícias Tuma Martins. *O Direito e as Políticas Públicas no Brasil.* São Paulo: Atlas, 2013.

SOARES, José de Ribamar Barreiros. A Natureza Jurídica do Tribunal de Contas da União. *Revista de Informação Legislativa,* Brasília, ano 33, n. 132, out.-dez. 1996.

SOUZA, Ananda Portes; TEIXEIRA, André Costa Ferreira de Belfort. *A Teoria dos Jogos e o Direito: Entendendo a Aplicabilidade da Teoria dos Jogos ao Direito a partir dos jogos de Gun Jumping e de Investimento em Propriedade Intelectual.* Revista de Direito, Inovação, Propriedade Intelectual e Concorrência. Minas Gerais. Vol. 1., n. 2, p.21-41,

SOUZA, Victor Roberto Corrêa. *Ministério Público:* Aspectos Históricos. Disponível em: <https://jus.com.br/artigos/4867/ministerio-publico>.

STEARNS, Maxell L. *Constitutional Process.* Michigan: The University of Michigan Press, 2005.

STERNBERGER, Dolf. *Verfassungspatriotismus*. Insel: Frankfurt, 1990.

STERNBERGER, Dolf. *Patriotismo Constitucional*. Bogotá: Universidad Externado de Colombia, 2001.

STREFLING, Sérgio Ricardo. A Concepção de Paz na Civitas de Marsílio de Pádua. *Acta Scientiarum Education*, Maringá, v. 32, n. 2, p. 153-161, 2010.

STEWART, Ian. *Uma História da Simetria na Matemática*. Rio de Janeiro: Zahar, 2012.

SUNSTEIN, Cass R. *One Case at a Time:* Judicial Minimalism in The Supreme Court. Cambridge: Harvard University, 1999.

SUNSTEIN, Cass R. *Beyond Judicial Minimalism*. University of Chicago Law School. Disponível em: <www.law.uchicago.edu/files/files/LE432.pdf>.

SUNSTEIN, Cass R. *The Rights of Animals*: a Very Short Primer. The Law School. The University of Chicago.

SUNSTEIN, Cass R. *Democracy and the Problem of Free Speech*. New York: Free Press, 1995.

SUNSTEIN, Cass R. *Backlash's Travels*. Disponível em: <http://chicagounbound.uchicago.edu/cgi/viewcontent.cgi?article=12212&context=journal_articles>.

SUNSTEIN, Cass. *Originalism*: Early Draft of the Clynes Chair Lecture, Notre Dame Law Shool, nov. 2017.

SUNSTEIN, Cass; THALER, Richard H. *Nudge: Como Tomar Melhores Decisões sobre Saúde, Dinheiro e Felicidade*. Rio de Janeiro: Objetiva, 2019.

SVALOV, Bárbara. O Direito à Informação e a Proteção dos direitos da Personalidade. In: GOZZO, Débora (Coord.). *Informação e Direitos Fundamentais*. São Paulo: Saraiva, 2012.

TABAK, Benjamin Miranda. *A Análise Econômica do Direito. Proposições Legislativas e Políticas Públicas*. Revista de Informação Legislativa. Ano 52. Número 205. Jan/mar 2015.

TAVARES, André Ramos. A Constituição é um Documento Valorativo? *Revista Brasileira de Direito Constitucional* – RBDC, n. 9, jan.-jul. 2007.

TAVARES, André Ramos. *Curso de Direito Constitucional*. São Paulo: Saraiva, 2002.

TAVARES, André Ramos. *Curso de Direito Constitucional*. 13. ed. São Paulo: Saraiva, 2015.

TAVARES, André Ramos. *Tratado da Arguição de Preceito Fundamental*. São Paulo: Saraiva, 2001.

TELLES JÚNIOR, Goffredo. *Iniciação na Ciência do Direito*. São Paulo: Saraiva, 2001.

TELLES JÚNIOR, Goffredo. *Iniciação na Ciência do Direito*. 4. ed. São Paulo: Saraiva, 2011.

TEIXEIRA, Anderson Vichinkeski; NASCIMENTO, João Luis Rocha do. Mutação Constitucional como Evolução Normativa ou Patologia Constitucional? *Revista Estudos Institucionais*, v. 3, 1, 2017.

TEPEDINO, Gustavo. A Garantia da Propriedade no Direito Brasileiro. *Revista da Faculdade de Direito de Campos*, ano VI, n. 06, jun. 2005.

TIBURCIO, Carmen. *Vigência dos Tratados:* Atividade Orquestrada ou Acaso? Disponível em: <https://www.conjur.com.br/2013-jul-04/vigencia-interna-internacional-tratados-atividade-orquestrada-ou-acaso>.

TOLEDO, Maria Izabel Vasco de. *A Tutela Jurídica dos Animais no Brasil e no Direito Comparado*. Disponível em: <https://portalseer.ufba.br/index.php/RBDA/article/viewFile/ 8426/6187>.

TOMIO, Fabrício Ricardo de Limas. A Criação de Municípios Após a Constituição de 1988. *Revista Brasileira de Ciências Sociais*, São Paulo, v. 17, n. 48, fev. 2002.

TORON, Alberto Zacharias. *Imunidade Penal do Vereador*. São Paulo: Saraiva, 2010.

TORRES, Ricardo Lobo. O Mínimo Existencial e os Direitos Fundamentais. *Revista de Direito Administrativo*, Rio de Janeiro, n. 177, p. 29-49, jul.-set. 1989.

TRIBE, Laurence H. *Constitutional Choices.* Cambridge: Harvard University Press, 1985.

TRINDADE, Antônio Augusto Cançado. O Brasil e o Direito Internacional dos Direitos Humanos: as Últimas Décadas. In: LESSA, Antonio Carlos. *Relações Internacionais do Brasil.* São Paulo: Saraiva, 2014.

TSAGOURIAS, Nicholas. *Transnational Constitucionalism:* International and European Models. Cambridge: Cambridge University Press, 2007.

TUSHNET, Mark. Authoritarian Constitutionalism. *100 Cornell L. Rev. 291 (2015).* Disponível em: <scholarship.law.cornell.edu/cgi/viewcontent.cgi?article=4654&context=clr>.

TUSHNET, Mark. *Taking the Constitution Away from the Courts.* New Jersey: Princeton University Press, 1999.

TUSHNET, Mark. *Constitutional Hardball.* The John Marshall Law Review. Rev. 524, 2003-2004.

ULUSOY, Ali Dursun. *Understanding Turkey's Restructured System for Judicial Appointments and Promotions.* Disponível em: <http://www.iconnectblog.com/2018/04/understanding-turkeys-restructured-system-for-judicial-appointments-and-promotions/>.

URNAU, Lílian Caroline; SEKKEL, Marie Claire. Desafio às Políticas Públicas Diante da Desigualdade Social. *Psicologia & Sociedade*, 27(1). p. 142-146.

URUBURU, Álvaro Echeverri. *Teoría Constitucional y Ciencia Política.* 7. ed. Buenos Aires: Astrea, 2014.

VALDÉS, Roberto L. Blanco. *Los Rostros del Federalismo.* Madrid: Alianza Editorial, 2012.

VALENÇA, Marcelo. *Electing to Fight: Why Democracies Go to War.* Disponível em: <https:// www.scielo.br/pdf/cint/v28n2/a06v28n2.pdf. Acesso em: 10 out. 2020.

VALENTE, Manoel Adam Lacayo. O Domínio Público dos Terrenos Fluviais na Constituição Federal de 1988. *Revista de Informação Legislativa,* Brasília, ano 37, n. 147, jul.-set. 2000.

VALLE, Vanice Regina Lírio do. *Backlash à Decisão do Supremo Tribunal Federal*: pela Naturalização do Dissenso como Possibilidade Democrática. Disponível em: <www.academia.edu/5159210/Backlash_%C3%A0_decis%C3%A3o_do_Supremo_Tribunal_Federal_pela_naturaliza%C3%A7%C3%A3o_do_dissenso_como_possibilidade_democr%C3%A1tica>.

VANNUCCI, Flávia Hunzicker; MELLO, Roberta Salvático Vaz de. *Os Dados Pessoais em Rede Social e Morte do Sujeito.* Disponível em: <http://www.esamg.org.br/artigo/DADOS_PESSOAIS_EM_REDE_SOCIAL_E_A_MORTE_DO_SUJEITO_43.pdf>. Acesso em: 20 nov. 2020.

VARGAS, Denise Soares Vargas. *Mutação Constitucional Via Decisões Aditivas.* São Paulo: Saraiva, 2014.

VARGAS, Matheus. *Mistanásia.* Disponível em: <https://mvmatheusvargas.jusbrasil.com.br/artigos/940296560/mistanasia>. Acesso em: 20 nov. 2020.

VAREZ, Marina Casas; CABEZAS, Gabriela. *Reflexiones en Torno a la Sentencia de la Corte Interamericana de Derechos Humanos sobre la Fertilización In Vitro en Costa Rica.* Centro de Derechos Humanos. Facultad de Derecho. Universidad de Chile. 2016.

VASAK, Karel. *The International Dimensions of Human Rights.* Paris: Greenwook Press, 1982.

VASCONCELOS, Débora Camargo; GENOVEZ, Simone. *Análise dos Princípios Constitucionais Econômicos à Luz da Iniciativa Privada.* Disponível em: <http://www.publicadireito.com.br/artigos/?cod=c05c0c0aa89b97ef>. Acesso em: 12/10/2021.

VELLOSO, Paula Campos Pimenta. *Edição e Recepção de Kelsen no Brasil*. Disponível em: <http://escritos.rb.gov.br/numero08/cap_11.pdf>.

VELOSO, Maria Cristina Brugnara. *A Condição Animal*: uma Aporia Moderna. Dissertação (Mestrado) – Pontifícia Universidade Católica de Minas Gerais.

VERDUGO, Sérgio; PRIETO, Marcela. *The Dual Aversion of Chile's Constitution-Making Process*. I.CON (2021), vol. 19, n. 1, 149-168.

VIANA, Mateus Gomes. A Terra como Sujeito de Direitos. *Revista da Faculdade de Direito*, Fortaleza, v. 34, n. 2, p. 247-275, jul.-dez. 2013.

VIDAL, José A. Albentosa. *Turquia*: Autoritarismo, Islamismo y Neo-otomanismo. Instituto Español de Estudos Estratégicos. *Documento Marco*, 21 ago. 2017.

VIEHWEG, Theodor. *Tópica e Jurisprudência*. Porto Alegre: Sérgio Antonio Fabris, 2008.

VIEIRA, Liszt. Notas sobre o Conceito de Cidadania. *BIB*, São Paulo, n. 51, p. 35-47, 1º semestre de 2001.

VIEIRA, Tereza Rodrigues; SILVA, Camilo Henrique. *Família Multiespécie. Animais de Estimação e Direito*. Brasília: Zakarewicz, 2020.

VILAR, Arturo del. *El Federalismo Humanista de Pi y Margall*. Madrid: Biblioteca de Divulgación Republicana, 2006.

VILHENA, Oscar. Supremocracia. *Revista Direito GV*, São Paulo, 4, jul.-dez. 2008, p. 441-444.

VILLEGAS, Maurício García. *Constitucionalismo Aspiracional*. Disponível em: <https://core.ac.uk/download/pdf/51408654.pdf>. Acesso em: 20 nov. 2020.

VIROLI, Maurizio. *For Love of Country*: an Essay on Patriotism and Nationalism. Oxford: Clarendon Press, 1995.

VITALE, Carla Maria Franco Lameira; SILVA, Luciana Aboim Machado. *Aplicação da Teoria dos Jogos na Mediação de Conflitos*. Revista Fonamec. Rio de Janeiro, v. 1., n. 1., p. 94-110, maio de 2017.

VIVIANI, Maury Roberto. *O Constitucionalismo Global no Cenário de uma Nova Ordem Mundial*: uma Crítica a Partir de uma Teoria Forte em Face da Realidade das Relações Internacionais Contemporâneas. Tese (Doutorado), 2014. Disponível em: <www.univali.br/Lists/TrabalhosDoutorado/Attachments/5/TESE%20CONSTITUCIONALISMO%20GLOBAL%20CORRIGIDA%20-%20Maury%202014.pdf>.

VOLTAIRE. *Dicionário Filosófico*. Disponível em: <www.dominiopublico.gov.br/download/texto/cv000022.pdf>.

WEBBER, Suelen da Silva. *O Panprincipiologismo como Propulsor da Arbitrariedade Judicial e Impossibilitador da Concretização de Direitos Fundamentais*. Curitiba: Revista de Direitos Fundamentais e Democracia, v. 13, p. 305-324, jan./jun. 2013.

WOLKMER, Antonio Carlos (Org.). *Fundamentos de História do Direito*. 3. ed. Belo Horizonte: Del Rey, 2006.

WOLKMER, Antonio Carlos; FAGUNDES, Lucas Machado. Tendências Contemporâneas do Constitucionalismo Latino-americano: Estado Plurinacional e Pluralismo Jurídico. *Pensar,* Fortaleza, v. 16, n. 2, p. 371-408, jul.-dez. 2011.

ZAFFARONI, Eugenio Raúl. *La Pachamama y el Humano*. Disponível em: <www.pensamiento penal.com.ar/system/files/2015/07/doctrina41580.pdf>.

ZAGREBELSKY, Gustavo. *La Giustizia Costituzionale*. Bolonha: Il Mulino, 1979.

ZIEGLER, Mary. *Beyond Backlash*: Legal History, Polarization, and Roe v. Wade. Disponível em: <http://ir.law.fsu.edu/articles/326/>.

ÍNDICE DE FIGURAS

CAPÍTULO 1 – CONSTITUCIONALISMO

Figura 1.1 – Caricatura de Karl Loewenstein, por Gilmar Machado (Cartunista das Cavernas) e Luiz Carlos Fernandes.

Figura 1.2 – *Salomé com a Cabeça de São João Batista, por Andrea Solário*

SOLARIO, Andrea. *Salomé com a Cabeça de São João Batista*, ca. 1507, óleo sobre madeira, 57,2 x 47 cm. Metropolitan Museum of Art, Nova York, EUA. 22 de janeiro de 2019. Shutterstock.com (direitos adquiridos).

Figura 1.3 – Lei das XII Tábuas – *Twelve Tables Engraving*. Imagem de domínio público (autoria desconhecida). Acessada em wikipedia.org/wiki/ficheiro, em 15 de jan. 2019.

Figura 1.4 – Deusa Maat – *Vector illustration of Ma'at (Maat), ancient Egyptian goddess of justice* – Imagem 731805481. Shutterstock.com (direitos adquiridos).

Figura 1.5 – Um dos exemplares até hoje existentes do Código de Hammurabi (fotografia tirada pelo autor no Museu do Louvre, em Paris, em 2016)

NUNES JÚNIOR, Flávio Martins Alves. Código de Hammurabi. Fotografia. Museu do Louvre, Paris, França. 15 de jan. de 2017. (Acervo pessoal do autor).

Figura 1.6 – Mapa da Índia – *India political map with capital New Delhi, national borders, important cities, rivers and lakes. English labeling and scaling. Illustration.* Imagem 303745196. Shutterstock.com (direitos adquiridos).

Figura 1.7 – João, Rei da Inglaterra (1166-1216) – Imagem 86442259. *John King of England (1166-1216) Engraved by Bocquet and published in the Catalogue of the Royal and Noble Authors*, United Kingdom, 1806. Licença: SSTK-0F865-FA18. Shutterstock.com (direitos adquiridos).

Figura 1.8 – Fotos tiradas pelo autor de um dos originais da Magna Carta de 1215, exposto na British Library em 2015, em comemoração aos 800 anos do documento, bem como foto de réplica do sepulcro do rei João I.

NUNES JÚNIOR, Flávio Martins Alves. Magna Carta de 1215. Fotografia. British Library, Londres, Inglaterra. 15 de jan. de 2017. (Acervo pessoal do autor)

NUNES JÚNIOR, Flávio Martins Alves. Sepulcro do rei João I. Fotografia. British Library, Londres, Inglaterra. 15 de jan. de 2017. (Acervo pessoal do autor)

Figura 1.9 – Selo impresso nos Estados Unidos, por volta de 1920, em comemoração à travessia do navio Mayflower. Imagem 510449006 – Shutterstock.com (direitos adquiridos).

Figura 1.9.1. – Bandeira de San Marino. Page symbol for your web site design San Marino flag logo, app, UI. San Marino flag Vector illustration, EPS10. Imagem 518521219 – Shutterstock.com (direitos adquiridos).

Figura 1.10 – Estátua do Rei de Orange (William III da Inglaterra) na parte externa do Palácio de Kensington, em Londres. *Statue of King William III of England outside Kensington Palace in London, England* – Imagem 142103965 – Shutterstock.com (direitos adquiridos).

Figura 1.11 – Mapa da França – Imagem France. Highly detailed editable political map with labeling. France Political Map with capital Paris, national borders, most important cities and rivers. English labeling and scaling. Illustration. Imagem 218333659. Shutterstock.com (direitos adquiridos).

Figura 1.12 – Thomas Jefferson (Presidente dos EUA) – *US President Thomas Jefferson face on USA two dollar bill macro isolated, United States of America money closeup.* Shutterstock com (direitos adquiridos).

Figura 1.13 – Napoleão Bonaparte (1769-1821) – Imagem *Napoleon Bonaparte (1769-1821). Engraved by D.J. Pound and published in The Gallery of Portraits with Memoirs encyclopedia*, United Kingdom, 1860. Imagem 81841255. Shutterstock.com.

Figura 1.14 – Caricatura de Konrad Hesse, por Gilmar Machado (Cartunista das Cavernas) e Luiz Carlos Fernandes.

Figura 1.15 – Constituição do México – *Constitution of Mexico Concept.* Imagem 1023445252 – Shutterstock.com (direitos adquiridos).

Figura 1.16 – Kaiser Guilherme II da Alemanha, 1900 – *Kaiser Guilherme II (Wilhelm II da Alemanha)*, 1900. Imagem 785842486 – Shutterstock.com (direitos adquiridos).

Figura 1.17 – Caricatura de Immanuel Kant, por Gilmar Machado (Cartunista das Cavernas) e Luiz Carlos Fernandes.

Figura 1.18 – Caricatura de José Roberto Dromi, por Gilmar Machado (Cartunista das Cavernas) e Luiz Carlos Fernandes.

Figura 1.19 – Caricatura de Mark Tushnet, por Gilmar Machado (Cartunista das Cavernas) e Luiz Carlos Fernandes.

Figura 1.20 – Caricatura de Robert Post e Reva Siegel, por Gilmar Machado (Cartunista das Cavernas) e Luiz Carlos Fernandes.

Figura 1.21 – Caricatura de Mark Tushnet, por Gilmar Machado (Cartunista das Cavernas) e Luiz Carlos Fernandes.

Imagem 1.21.1. – Pêndulo democrático, baseado na teoria de Arthur Schlesinger Jr. Vector Illustration of a Newton Pendulum, Balance Ball. Imagem 1657619086 – Shutterstock.com (direitos adquiridos).

Figura. 1.22 – Caricatura de Jürgen Habermas, por Gilmar Machado (Cartunista das Cavernas) e Luiz Carlos Fernandes.

Figura 1.23 – Caricatura de Boaventura de Souza Santos por Gilmar Machado (Cartunista das Cavernas) e Luiz Carlos Fernandes.

Figura 1.24. – Imagem medieval de Joaquim de Fiore. Medieval engraving of Joachim of Fiore (also known as Joachim of Flora), a benedictine monk and milenarist philosopher. Disponível em: <wikipedia.org/wiki/Joaquim_de_Fiore#/media/Ficheiro:Joachim_of_Flora.jpg>. Acesso em: 15 jan. 2021.

CAPÍTULO 2 – DIREITO CONSTITUCIONAL

Figura 2.1 – Desenho de Pellegrino Rossi. Imagem de domínio público (autoria desconhecida). Acessada em wikipedia.org/wiki/ficheiro, em 15 de jan. de 2018.

CAPÍTULO 3 – TEORIA DA CONSTITUIÇÃO

Figura 3.1 – Caricatura de Ferdinand Lassale, por Gilmar Machado (Cartunista das Cavernas) e Luiz Carlos Fernandes.

Figura 3.2 – Caricatura de Carl Schmitt, por Gilmar Machado (Cartunista das Cavernas) e Luiz Carlos Fernandes.

Figura 3.3 – Caricatura de Hans Kelsen, por Gilmar Machado (Cartunista das Cavernas) e Luiz Carlos Fernandes.

Figura 3.4 – Caricatura de Vladimir Herzog, por Gilmar Machado (Cartunista das Cavernas) e Luiz Carlos Fernandes.

Figura 3.5 – Caricatura de Karl Marx, por Gilmar Machado (Cartunista das Cavernas) e Luiz Carlos Fernandes.

Figura 3.6 – Caricatura de José Joaquim Gomes Canotilho, por Gilmar Machado (Cartunista das Cavernas) e Luiz Carlos Fernandes.

Figura 3.7 – Caricatura de Niklas Luhmann, por Gilmar Machado (Cartunista das Cavernas) e Luiz Carlos Fernandes.

Figura 3.8 – Caricatura de Peter Häberle, por Gilmar Machado (Cartunista das Cavernas) e Luiz Carlos Fernandes.

Figura 3.9 – Caricatura de Jürgen Habermas, por Gilmar Machado (Cartunista das Cavernas) e Luiz Carlos Fernandes.

Figura 3.10 – Caricatura de Konrad Hesse, por Gilmar Machado (Cartunista das Cavernas) e Luiz Carlos Fernandes.

CAPÍTULO 4 – CLASSIFICAÇÃO DAS CONSTITUIÇÕES

Figura 4.1 – Classificação – Imagem 1356000032. Shutterstock.com (direitos adquiridos).

Figura 4.2 – Napoleão Bonaparte (1769-1821) – *Imagem Napoleon Bonaparte (1769-1821). Engraved by D.J. Pound and published in The Gallery of Portraits with Memoirs encyclopedia*, United Kingdom, 1860. Imagem 81841255. Shutterstock.com.

Figura 4.3 – Caricatura de José Joaquim Gomes Canotilho, por Gilmar Machado (Cartunista das Cavernas) e Luiz Carlos Fernandes.

Figura 4.4 – Caricatura de Karl Loewenstein, por Gilmar Machado (Cartunista das Cavernas) e Luiz Carlos Fernandes.

CAPÍTULO 5 – HISTÓRICO DAS CONSTITUIÇÕES BRASILEIRAS

Figura 5.1 – Constituição Brasileira – *Brazil law constitution legal judgment justice legislation trial concept using flag gavel paper and pen vector* – Imagem 602213141. Shutterstock.com (direitos adquiridos).

Figura 5.2 – Retrato de D. João VI, por Jean-Baptiste Debret. Imagem de domínio público. Acessada em wikipedia.org/wiki/ficheiro, em 15 jan. 2018.

Figura 5.3 – Retrato de D. Pedro I, 1902, por Benedito Calixto. Imagem de domínio público. Acessada em wikipedia.org/wiki/ficheiro, em 15 jan. 2018.

Figura 5.4 – Fotografia de Ruy Barbosa, 1907. Imagem de domínio público. Acessada em wikipedia.org/wiki/ficheiro, em 15 jan. 2018.

Figura 5.5 – Retrato de Getúlio Vargas. Retrato oficial de 1930. Imagem de domínio público. Acessada em wikipedia.org/wiki/ficheiro, em 15 jan. 2018.

Figura 5.6 – Retrato de Benito Mussolini e Adolf Hitler juntos. Wikimedia Commons. Imagem de domínio público. Acessada em wikipedia.org/wiki/ficheiro, em 15 jan. 2018.

Figura 5.7 – Caricatura de João Goulart, por Gilmar Machado (Cartunista das Cavernas) e Luiz Carlos Fernandes.

Figura 5.8 – Caricatura de Ulysses Guimarães, por Gilmar Machado (Cartunista das Cavernas) e Luiz Carlos Fernandes.

CAPÍTULO 8 – PODER CONSTITUINTE

Figura 8.1 – Retrato de Emmanuel Joseph Sieyès, por Jacques Louis David. Imagem de domínio público (Public domain due to death over painter over 100 years ago – 1825).

CAPÍTULO 12 – CONTROLE DE CONSTITUCIONALIDADE

Figura 12.1 – Caricatura de Konrad Hesse, por Gilmar Machado (Cartunista das Cavernas) e Luiz Carlos Fernandes.

Figura 12.2 – Panteão – *Roman/Greek pantheon with Corinthian columns, high detailed* – Imagem 165792566 – Shutterstock.com (direitos adquiridos).

CAPÍTULO 13 – TEORIA GERAL DOS DIREITOS FUNDAMENTAIS

Figura 13.1 – Direitos Humanos – *Macro photo of tooth wheel mechanism with Human Rights letters imprinted on metal surface.* Imagem 687065524. Shutterstock.com (direitos adquiridos).

Figura 13.2 – Embrião – *Embryo phase of bord 3D render.* Imagem 411340213. Shutterstock.com (direitos adquiridos).

Figura 13.3 – Grupo de cães e gatos – *Group of cats and dogs in front of white background.* Imagem 91233320 – Shutterstock.com (direitos adquiridos).

Figura 13.4 – NUNES JÚNIOR, Flávio Martins Alves. Cão Ringo Starr. Fotografia, 15 jan. 2017. (Acervo pessoal do autor).

Figura 13.5 – NUNES JÚNIOR, Flávio Martins Alves. Cão Paul McCartney. Fotografia, 15 jan. 2017. (Acervo pessoal do autor).

Figura 13.6 – Elefante Africano – *African Elephant (Loxodonta africana) balancing on a blue ball.* Imagem 168824630. Shutterstock.com (direitos adquiridos).

Figura 13.7 – Retrato de Jeremy Bentham (1748-1832). *Engraved by J. Pofselwhite and published in The Gallery of Portraits With Memoirs Encyclopedia*, United Kingdom, 1933. Imagem 81842440. Shutterstock.com (direitos adquiridos).

Figura 13.8 – Garota com cão de estimação – *Portrait of beautiful Young woman with her dog using mobile phone at home.* Imagem 401837899. Shutterstock.com (direitos adquiridos).

Figura 13.9 – Planeta Terra – *Planet earth with some clouds. Americas view. Elements of image (like cloud map, world map etc.) are furnished by NASA and the sphere with added bump is created in Photoshop CS6 Extended.* Imagem 222842452 – Shutterstock.com (direitos adquiridos).

Figura 13.10 – Província de Loja, Equador – Imagem: Google Maps – Acessada em www.maps.google.com, em 15 jan. 2017.

CAPÍTULO 14 – DIREITOS INDIVIDUAIS E COLETIVOS (ART. 5º, CF)

Figura 14.1 – Imigrantes – *International migrants day concept.* Imagem 656672665. Shutterstock.com (direitos adquiridos).

Figura 14.2 – *Homeschooling* – *Homeschooling concept.* Chalkboard. Imagem 251872234. Shutterstock.com (direitos adquiridos).

Figura 14.3 – Direito à vida – *Mother's hands holding a newborn baby. By gosphotodesign.* Imagem 66553729. Shutterstock.com (direitos adquiridos).

Figura 14.4 – Contornos humanos em papel – *Paper Men Vector.* Imagem 50122552. Shutterstock.com (direitos adquiridos).

Figura 14.5 – Igualdade de gênero – *Male equals female concept with businessman hand holding against blackboard background.* Imagem 276043097. Shutterstock.com (direitos adquiridos).

Figura 14.6 – Tortura – *Prisoner being punished with cruel interrogation technique of waterboarding.* Imagem 405711409. Shutterstock.com (direitos adquiridos).

Figura 14.7 – Caricatura de Vladimir Herzog, por Gilmar Machado (Cartunista das Cavernas) e Luiz Carlos Fernandes.

Figura 14.8 – Liberdade de manifestação – *Closeup of a microfone in the hand of a Young man tied with rope.* Imagem 411388780. Shutterstock.com (direitos adquiridos).

Figura 14.9 – Homem tatuado – *Closeup portrait of Young good-looking bearded tattooed guy with fashionable short haircut in casual gray t-shirt closing face with hands. By Cookie Studio.* Imagem 7398000058. Shutterstock.com (direitos adquiridos).

Figura 14.10 – SANTOS, Patrícia. Fotografia de Cármen Lúcia, Ministra do Supremo Tribunal Federal – Imagem 1051653227. Shutterstock.com (direitos adquiridos).

Figura 14.11 – União homoafetiva – *Cute cartoon gay couple in wedding tuxedos holding hands inside a heart shape.* Imagem 291756017. *By Sudowoodo.* Shutterstock.com (direitos adquiridos).

Figura 14.12 – Fotografia de Adolf Hitler – *BERLIN, GERMANY, CIRCA 1939 - Vintage portrait of Adolf Hitler, leader of nazi Germany* – Imagem 184347203. Shutterstock.com (direitos adquiridos).

Figura 14.13 – Livro – *Old Book Vintage Book Cover.* Imagem 573832429. Shutterstock.com (direitos adquiridos).

Figura 14.14 – Direito ao esquecimento – *Panic attacks Young girl in sad and fear stressful depressed emotional.* By Panitanphoto. Imagem 1145860307. Shutterstock.com (direitos adquiridos).

Figura 14.15 – TAVARES, Pedro. Casa – *My House.* Imagem 11709055. Shutterstock.com (direitos adquiridos).

Figura 14.16 – Caminhoneiro – *Red Semi Truck. Caucasian Truck Driver Preparing for the next destination.* Imagem 693905824. Shutterstock.com (direitos adquiridos).

Figura 14.17 – TALAJ. Telefone e algemas – *Telephone with handcuffs isolated on White background.* Imagem 1145800388. Shutterstock.com (direitos adquiridos).

Figura 14.18 – Silhueta de Sherlock Holmes – *Sherlock Holmes silhouette in studio on White background.* Imagem 110867483. Shutterstock.com (direitos adquiridos).

Figura 14.19 – *Notebook – Blogging blog word coder coding using laptop page keyboard notebook blogger internet computer marketing opinion interface layout designer concept.* Imagem 520314613. Shutterstock.com (direitos adquiridos).

Figura 14.20 – Direito de reunião – *Crowd of people with flags, banners.* Imagem 1035377830. Shutterstock.com (direitos adquiridos).

Figura 14.21 – Cofre – *Open metal bank security safe with dial code lock isolated on White background. 3D illustration.* Imagem 399959029. Shutterstock.com (direitos adquiridos).

Figura 14.22 – Impressões digitais – *Two detailed vector thumb prints.* Imagem 61807216. Shutterstock.com (direitos adquiridos).

CAPÍTULO 16 - DIREITO DE NACIONALIDADE

Figura 16.1 – *Realistic open foreign passport with immigration stamps isolated on White – vector – By Lars Poyansky.* Imagem 582435526. Shutterstock.com (direitos adquiridos).

Figura 16.2 – Selo Comemorativo Hannah Arendt (Alemanha, 1986) – *Berlin, Germany – 1986: Johanna Hannah Arendt (1906-1975), German-born Jewish American political theorist and philosopher. Stamp issued by German Post during 1986-91.* Imagem 628573379. Shutterstock.com (direitos adquiridos).

Figura 16.3 – Selo Comemorativo Sigmund Freud (Tchecoslováquia, 2006) – *CZECHOSLOVAKIA – CIRCA 2006: A stamp printed by CZECHOSLOVAKIA shows image portrait of Austrian neurologist Sigmund Freud who became known as the founding father of psychoanalysis, circa 2006.* Imagem 149410349. Shutterstock.com (direitos adquiridos).

Figura 16.4 – Selo Comemorativo Albert Einstein (Alemanha, 2005) – *GERMANY, CIRCA 2005 – A German Postage Stamp featuring a portrait of Albert Einstein, circa 2005.* Imagem 189533057. Shutterstock.com (direitos adquiridos).

Figura 16.5 – Garoto brasileiro – *Brazilian boy, soccer player and fan, celebrates on White background. Cheering faces. Hands up.* Imagem 1070962136. Shutterstock.com (direitos adquiridos).

Figura 16.6 – PIENKOWSKI, Janusz. Retrato de Ruy Barbosa – *Ruy Barbosa de Oliveira portrait from Brazilian Money*, Imagem 656563138. Shutterstock.com (direitos adquiridos).

Figura 16.7 – Repatriação – *Immigration repatriation journey border man standing. Color vector illustration. EPS8* – Imagem 363821912 – Shutterstock.com (direitos adquiridos).

Figura 16.8 – Deportação – Imagem 279449589 – Shutterstock.com (direitos adquiridos).

Figura 16.9 – Expulsão – *A man wearing a suit pointing with the finger the way out.* Imagem 175028777. Shutterstock.com (direitos adquiridos).

CAPÍTULO 17 - DIREITOS POLÍTICOS

Figura 17.1 – GAVINI, Rodrigo. Urna eletrônica – *The Regional Electoral Court (TRE) presented earlier this week the Electronic Ballot Boxes that will be used in the October elections throughout Brazil* – Imagem 1146947054. Vitoria – ES, Brasil – 27 jul. 2018 Shutterstock.com (direitos adquiridos).

Figura 17.2 – Panteão – *Roman/Greek pantheon with Corinthian columns, high detailed* – Imagem 165792566 – Shutterstock.com (direitos adquiridos).

Figura 17.3 – Gray Davis, governador da Califórnia e submetido a recall. *Gray Davis arrives to the 2nd Annual Evening of Environmental Excellence.* Los Angeles, California, EUA – 3 mar. 2013 – Imagem 449721127. Shutterstock.com (direitos adquiridos).

Figura 17.4 – Margaret Thatcher, primeira-ministra britânica durante o período de 1979 a 1990 em pronunciamento de 1º de julho de 1991. *LONDON-JULY 1: Margaret Thatcher, British Prime Minister, speaks on July 1, 1991 in London. She was Prime Minister from 1979-1990.* Imagem 32861560. Shutterstock.com (direitos adquiridos).

CAPÍTULO 18 - ORGANIZAÇÃO DO ESTADO (A FEDERAÇÃO)

Figura 18.1 – Mapa do Pará – Fonte: <http://congressoemfoco.uol.com.br/noticias/quem-vota-no-plebiscito-de-tapajos-e-carajas/>. Acesso em: 10 dez. 2018.

Figura 18.2 – Mapa do Rio São Francisco – Fonte: <https://pt.wikipedia.org/wiki/Rio_S%C3% A3º_Francisco>. Acesso em: 10 dez. 2018

Figura 18.3 – Mapa do Rio Amazonas – Fonte: <https://pt.wikipedia.org/wiki/Rio_Amazonas>. Acesso em: 10 dez. 2018

Figura 18.4 – Fonte: <https://geopoliticadopetroleo.wordpress.com/2010/02/01/a-amazonia-azul-o-mar-que-nos-pertence/zona-economica-exclusiva/>. Acesso em: 10 dez. 2018.

CAPÍTULO 19 – SEPARAÇÃO DOS PODERES

Figura 19.1 – Busto de Aristóteles. *Greek Philosopher Aristotle Sculpture Isolated on Black Background* – Imagem 202409776 – Shutterstock.com (direitos adquiridos).

Figura 19.2 – Estátua de Nicolau Maquiavel. *Statue of Italian Renaissance diplomat and writer Niccolo Machiavelli outside the Uffizi Gallery in Florence, Italy. Father of Modern Political Science. Concepts include history, art politics, others* – Imagem 387089485 – Shutterstock.com (direitos adquiridos).

Figura 19.3 – John Locke (1632-1704). *Engraved by J. Pofselwhite and published in the Gallery of Portraits With Memoirs Encyclopedia*, United Kingdom, 1836, Imagem 81841921. Shutterstock.com (direitos adquiridos).

Figura 19.4 – Retrato de Montesquieu. Charles Montesquieu (Charles-Louis de Secondat, baron de La Brede et de Montesquieu, 1689-1755). *French political philosopher and author of "The Spirit of Laws," 1750*. Imagem 239399296 - Shutterstock.com (direitos adquiridos).

Figura 19.5 – Congresso Nacional em Brasília/DF. Brasília, Brazil, circa March *Brazilian National Congress in Brasília, Brazil* – Imagem 288673730 – Shutterstock.com (direitos adquiridos).

CAPÍTULO 20 - ORDEM ECONÔMICA E FINANCEIRA

Imagem 20.1.- Ronald Coase - *Ronald Coase Profile Photo in 2003. Photo taken at and by University of Chicago Law School*. Coase-Sandor Institute of Law and Economics, University of Chicago Law School. Copyright: o detentor dos direitos autorais desse arquivo permite que qualquer pessoa o utilize para qualquer finalidade, desde que o detentor dos direitos autorais seja devidamente atribuído: https://commons.wikimedia.org/wiki/File:Coase_profile_2003.jpg#filehistory

Imagem 20.2 - Vifredo Pareto (fotografia de Vilfredo Pareto, de 1870, de autoria desconhecida, que se encontra em domínio público. Disponível em: https://commons.wikimedia.org/wiki/File:Vilfredo_Pareto_1870s2.jpg)

Imagem 20.3 - Guido Calabresi (fotografia do juiz Guido Calabresi e que, segundo as leis norte-americanas, estão no domínio público - Title 17, Chapter 1, Section 105, US Code).

Imagem 20.4 - Teoria Nudge (Nudge - Word from wooden blocks with letters. ID da foto: 11.78585330 - Acerco iStock - direitos adquiridos.

Imagem 20.5 - gráfico presente em CAON, Guilherme Maines. *Análise Econômica do Direito: Aplicação pelo Supremo Tribunal Federal*. Belo Horizonte: Dialética, 2021, p. 200.